O Princípio da Proibição do Excesso na Conformação e no Controlo de Atos Legislativos

O Princípio da Proibição do Excesso na Conformação e no Controlo de Atos Legislativos

2019 · Reimpressão

Vitalino Canas

**O PRINCÍPIO DA PROIBIÇÃO DO EXCESSO
NA CONFORMAÇÃO E NO CONTROLO
DE ATOS LEGISLATIVOS**

AUTOR
Vitalino Canas

EDITOR
EDIÇÕES ALMEDINA, S.A.
Rua Fernandes Tomás, nºs 76-80
3000-167 Coimbra
Tel.: 239 851 904 · Fax: 239 851 901
www.almedina.net · editora@almedina.net

DESIGN DE CAPA
FBA.

PRÉ-IMPRESSÃO
EDIÇÕES ALMEDINA, SA

IMPRESSÃO E ACABAMENTO
Artipol – www.aripol.net

Janeiro, 2019

DEPÓSITO LEGAL
427657/17

Os dados e as opiniões inseridos na presente publicação são da exclusiva responsabilidade do(s) seu(s) autor(es).
Toda a reprodução desta obra, por fotocópia ou outro qualquer processo, sem prévia autorização escrita do Editor, é ilícita e passível de procedimento judicial contra o infrator.

 GRUPOALMEDINA

BIBLIOTECA NACIONAL DE PORTUGAL – CATALOGAÇÃO NA PUBLICAÇÃO

CANAS, Vitalino, 1959-

Princípio da proibição do excesso na conformação
e no controlo de atos legislativos. - (Teses de
doutoramento)
ISBN 978-972-40-7027-8

CDU 342

A Jorge Miranda

À Natália,
ao Martim, à Sofia e à Leonor

NOTA À PRIMEIRA REIMPRESSÃO

Fui informado pela Editora de que a primeira tiragem da primeira edição, de 2017, se encontra esgotada.

A rapidez com que isso sucedeu bem como o interesse da Editora em promover de imediato uma reimpressão impede o aditamento de um posfácio, com atualizações bibliográficas e reações a posições doutrinárias e jurisprudenciais mais recentes, que planeio fazer quando oportuno.

Lisboa, dezembro de 2018

Vitalino Canas

APRESENTAÇÃO E AGRADECIMENTOS

Em setembro de 2015 apresentei na Faculdade de Direito da Universidade de Lisboa a versão provisória do presente trabalho, para efeitos de doutoramento em Ciências Jurídico-Políticas. Em 16 de dezembro de 2016 realizaram-se as competentes provas, perante júri presidido pelo Doutor Vasco Pereira da Silva, Professor Catedrático da Faculdade de Direito da Universidade de Lisboa e composto pelos Doutores Diogo Freitas do Amaral, Professor Catedrático Jubilado da Faculdade de Direito da Universidade Nova de Lisboa, Maria Lúcia Amaral, Professora Catedrática da Faculdade de Direito da Universidade Nova de Lisboa, Jorge Miranda, Professor Catedrático Jubilado da Faculdade de Direito da Universidade de Lisboa, Paulo Otero, Professor Catedrático da Faculdade de Direito da Universidade de Lisboa, Maria Fernanda Palma, Professora Catedrática da Faculdade de Direito da Universidade de Lisboa e Carlos Blanco de Morais, Professor Catedrático da Faculdade de Direito da Universidade de Lisboa. Foram arguentes a Doutora Maria Lúcia Amaral e o Doutor Carlos Blanco de Morais. O júri atribuiu a classificação de aprovado com distinção e louvor, por unanimidade.

O tempo de espera pela realização das provas e as arguições (superlativas, se é permitido que o avaliado se ponha por um instante nas vestes de avaliador...) criaram a ocasião e o pretexto para a introdução de algumas alterações clarificadoras do texto – sem repercussões na sua estrutura original –, bem como para a atualização da bibliografia e da jurisprudência citadas.

Ao longo dos últimos 30 anos passei por várias geografias e atividades profissionais, mas duas coisas mantiveram-se constantes.

Uma, o interesse pelo princípio da proibição do excesso. Muitos temas me atraíram dos pontos de vista académico e científico, mas esse foi o que persistiu desde os tempos em que, na qualidade de assessor de juízes conselheiros do Tribunal Constitucional, fui solicitado a pesquisar sobre o princípio, então pouco conhecido em Portugal e, a uma vez, estimulante e assustador para um jovem jurista. Regressei ao tema no final da década de 1980, início de 1990, após a admissão a doutoramento pela Faculdade de Direito de Lisboa. Das primeiras investigações com esse propósito resultaram trabalhos publicados na década de 1990; o primeiro, de 1994, "forçado" pelo convite de Jorge Bacelar Gouveia quando se aventurou na reativação do Dicionário Jurídico da Administração Pública; o segundo, de 1997, publicado no vol. II das *Perspectivas Constitucionais*, organizadas por Jorge Miranda. Ao tema volvi periodicamente, com prolongados interregnos por força do exercício de cargos políticos.

Outra, o persistente incentivo do Professor Jorge Miranda. Ano após ano, mês após mês, não deve ter havido uma única ocasião em que nos tenhamos encontrado – e, felizmente, encontrámo-nos muitas vezes – em que não viesse a pergunta: "então, como está a tese?". Poderia encontrar muitas razões para, aos 56 anos e depois de incontáveis (re)começos e adiamentos, ainda haver motivação para ter submetido este trabalho ao veredicto do júri. Mas não é necessário ir mais longe.

O decurso de quase três décadas talvez não tenha beneficiado o produto do trabalho, mas fez aumentar as dívidas de gratidão e os deveres de agradecimento. Tentar identificar aqui todos aqueles que nesse percurso contribuíram para facilitar o meu esforço correria o risco de injustiça para com os omitidos. Para usar um critério objetivo, limito-me a invocar quem me ajudou na última fase.

À minha mulher e aos meus filhos, além da dedicatória, o agradecimento pela forma como suportaram a falta de tempo e de atenção, a indisponibilidade e o mau humor que a elaboração desta tese atirou sobre eles.

A Natália Meirinhos, o Paulo Tavares e a Sónia Proença de Oliveira ajudaram-me a rever versões quase finais da maior parte dos capítulos.

A Cecília Ho e a Fernanda Carpinteiro tiveram um papel decisivo no processamento do texto e na sua edição.

Ao longo de toda a investigação beneficiei do serviço de várias bibliotecas. Realço as da Assembleia da República, da Faculdade de Direito de Lisboa, do Max-Planck-Institut für ausländisches öffentliches Recht und Völkerrecht, em Heidelberg, do Tribunal Constitucional e as cooperantes com a da Assembleia da República.

Foram numerosos os autores de trabalhos sobre o objeto do estudo a quem solicitei exemplares, na impossibilidade de acesso através de outros meios. Não poderei aqui referi-los exaustivamente.

A todos o meu agradecimento.

Não sei a quem devo agradecer pela existência e funcionamento da *Internet*, mas sem ela e os imensos recursos que disponibiliza este trabalho seria mais pobre.

Pelo contrário, sei a quem devo agradecer a circunstância de a ideia da tese ter permanecido viva ao longo destes anos: ao Professor e amigo Jorge Miranda.

RESUMO

O princípio da proibição do excesso ou da proporcionalidade clássica é considerado por muitos o mais importante princípio do Direito Constitucional gerado pelas perspetivas pós-positivistas do direito e o centro da dogmática dos direitos fundamentais. A sua universalidade tem-se acentuado, sendo visto como um dos pilares do vocabulário comum de um constitucionalismo global. Em Portugal, a Constituição consagra-o, tendo sido, aliás, um dos primeiros textos constitucionais a referir-se-lhe expressamente. O Tribunal Constitucional, afastada alguma relutância inicial e diluídas – mas não superadas – algumas inconsistências, aplica-o com regularidade.

O presente estudo demonstra que o princípio da proibição do excesso tem conteúdo, estrutura e metódica aplicativa variáveis consoante seja encarado como norma de ação dirigida ao legislador ou como parâmetro de controlo ao dispor do juiz constitucional. É dado particular relevo à proibição do excesso como instrumento de mediação de operações de harmonização realizadas pelo legislador, porque é a situação menos – ou quase nada – estudada. Porém, esclarecem-se também as condições essenciais da sua aplicação pelo juiz constitucional.

A aplicação do princípio decorre de comandos de harmonização expressa ou implicitamente consagrados na Constituição, particularmente nas zonas que a definem como Constituição *prima facie*. Todavia, a proibição do excesso não é o único instrumento de harmonização existente. Ele é apenas um dos instrumentos de harmonização que, a par da proporcionalidade equitativa e da proibição do defeito, se abrigam sob o conceito agregador de proporcionalidade moderna.

A necessidade e existência de mais do que um instrumento de mediação de operações de harmonização resulta de haver vários tipos de colisões normativas de acordo com os critérios dos bens, interesses ou valores colidentes e das posições do legislador sobre essas colisões. A presente dissertação recorta os critérios que permitem definir quando é que se aplica a proibição do excesso e quando é que são aplicáveis outros instrumentos de harmonização. Além disso, são estudadas as

O PRINCÍPIO DA PROIBIÇÃO DO EXCESSO

relações com outras figuras, afins ou não, como a proporcionalidade quantitativa, a concordância prática, a razoabilidade, a igualdade ou a proteção da confiança.

Enquanto norma de ação, mas também enquanto norma de controlo, o princípio da proibição do excesso é um veículo de racionalização, objetivação e transparência da deliberação prática. O esforço de depuração dos seus três segmentos – adequação, necessidade e proporcionalidade em sentido estrito – de modo a que, na medida do possível, assumam a natureza de critérios de decisão, contribui para esses objetivos.

Mas, como veículo de racionalização, objetivação e transparência, a proibição do excesso não é um instrumento de otimização ou de imposição da melhor solução possível.

Os capítulos 1 e 2 debruçam-se sobre a "arqueologia" do princípio da proporcionalidade ao nível global e em espaços supranacionais e convencionais europeus. No capítulo 3 investiga-se se foi adotado nos EUA, eventualmente sob outra designação. Os capítulos 4 e 5 identificam as expressões doutrinárias e jurisprudenciais do princípio em Portugal. No capítulo 6 averigua-se o fundamento do princípio. O capítulo 7 enuncia os pressupostos de aplicabilidade do princípio da proporcionalidade clássica ou proibição do excesso, depois sucessivamente estudados nos capítulos 8 (conformação do fim), 9 (interferência da norma legislativa em bens, interesses ou valores), 10 (não diminuição, por parte da norma legislativa, da extensão e alcance do conteúdo essencial dos preceitos constitucionais sobre direitos, liberdades e garantias), 11 (não proibição categórica do meio), 12 e 13 (colisões normativas propulsionadoras da emissão da norma legislativa). A partir do capítulo 14, inclusive, passam a estudar-se a estrutura e funções da proibição do excesso como norma dirigida ao legislador (norma de ação). São sucessivamente estudados os segmentos da adequação, no capítulo 15, da necessidade, no capítulo 16 e da proporcionalidade em sentido estrito, no capítulo 18. Considerando-se a proporcionalidade em sentido estrito uma instanciação da ponderação, esta é estudada de forma geral no capítulo 17. No capítulo 19 faz-se uma apresentação sumária da proibição do excesso como norma empregue pelo juiz constitucional no controlo da atividade legislativa (norma de controlo). No capítulo 20 toma-se posição sobre se a proibição do excesso é objeto de uma norma regra, de uma norma princípio ou de outro tipo de norma. Nos capítulos 21, 22, 23, 24, 25, 26, 27 e 28, contrasta-se a proibição do excesso com outras figuras normativas afins ou vizinhas: a proibição do defeito, a proporcionalidade da lei penal e das penas, a proporcionalidade equitativa, a proporcionalidade quantitativa, a concordância prática, a razoabilidade, a igualdade e a proteção da confiança. Finalmente, no capítulo 29 verificaremos se é verdade que o princípio da proibição do excesso pode ser considerado um instrumento de otimização.

Palavras chave: proibição do excesso, constituição *prima facie*, colisões normativas, harmonização, ponderação

ABSTRACT

The classical principle of proportionality or principle of prohibition of excess is considered by many to be the most important principle in Constitutional Law generated by the post-positivist perspectives of Law and a central tool of fundamental rights scholarship. It is an increasingly universal principle, and is seen as one of the pillars of a common vocabulary of global constitutionalism. The principle is enshrined in the Portuguese Constitution, which was in fact one of the first constitutional texts that made explicit reference to it. The principle has been frequently applied by the Constitutional Court, once it had set aside some initial reluctance and moderated, though not overcome, some inconsistencies.

The present study demonstrates that the content, structure and application of the classical principle of proportionality vary depending on whether it is considered as a norm of action for legislators, or as a tool at the disposal of the constitutional judge within the judicial review of the legislative norms. Particular emphasis is given to classical proportionality as a mediation instrument used by legislators in harmonization operations as this has received scant attention in the literature. In addition, the essential conditions for its application by the constitutional judge are also described.

The application of this principle derives from harmonization norms that are explicitly or implicitly enshrined in the Constitution, particularly in the areas that define it as *prima facie* Constitution. However, classical proportionality is not the only harmonization instrument. Classical proportionality or prohibition of excess is just one such instrument that comes under the broader concept of modern proportionality, along with equitative proportionality and prohibition of deficit.

The need for and existence of more than one mediation instrument for harmonization operations arises from the fact that there are several types of normative collisions to address. The present study outlines the criteria that govern when the classical proportionality is applicable and when the other harmonization instruments should be applied. Additionally, the study establishes the links with other concepts, similar or not, such as quantitative proportionality, practical concordance, reasonableness, equality or the protection of trust.

O PRINCÍPIO DA PROIBIÇÃO DO EXCESSO

As a norm for both action and control, the principle of the prohibition of excess is a vehicle for rationalization, objectification, and transparency in practical deliberation. These objectives are furthered by the attempt to formalize its three segments – suitability, necessity and proportionality in the strict sense –, so that they assume the nature of decision-making criteria as far as possible.

Notwithstanding, as a rationalization, objectification and transparency vehicle, prohibition of excess is not an instrument aimed at reaching the best possible solution or optimization.

Chapters 1 and 2 address the "archaeology" of the principle of proportionality both at the global level and within European supranational and conventional frameworks. In chapter 3 an investigation on whether the principle was adopted in the USA with a different name and structure is carried out. Chapters 4 and 5 identify the scholar and jurisprudential expressions of the principle in Portugal. In chapter 6 the ground of the principle is studied. Chapter 7 lists the requirements for the application of the classical principle of proportionality or prohibition of excess. Those requirements are addressed to in chapters 8 (end setting), 9 (interference of the legislative norm in goods, interests and values), 10 (no interference by the legislative norm in the essential extension and scope of the dispositions on rights, liberties and guarantees), 11 (no categorical prohibition of the mean), 12 and 13 (normative collisions propulsive of the issuing of the legislative norm). From chapter 14 onwards the functions and structure of the classical principle of proportionality as a binding norm of action addressed to the legislator (action norm) are analysed. Chapters 15, 16 and 18 look at the segments of suitability, necessity and proportionality in the strict sense, respectively. As the proportionality in the strict sense is an instantiation of the wider concept of balancing this one is studied in general terms in chapter 17. In chapter 19 the classical principle of proportionality as a judicial review tool (control norm) is presented. In chapter 20 a position on the issue of whether the classical principle of proportionality is a rule, a principle or a third alternative is essayed. In chapters 21, 22, 23, 24, 25, 26, 27 and 28, the classical principle of proportionality is contrasted with other tools and concepts: prohibition of the deficit, proportionality of penal law and criminal sanctions, equitative proportionality, quantitative proportionality, practical concordance, reasonableness, equality and the protection of trust. At last, the question of whether the classical principle of proportionality may be seen as an optimization tool is discussed in chapter 29.

Keywords: proportionality, *prima facie* constitution, normative collisions, harmonization, balancing.

ABREVIATURAS

AAFDL	–	Associação Académica da Faculdade de Direito de Lisboa
AcP	–	Archiv für die civilistische Praxis
AJCL	–	American Journal of Comparative Law
AJDA	–	L'Actualité Juridique – Droit Administratif
AJIL	–	The American Journal of International Law
ALR	–	American Law Review
AöR	–	Archiv des öffentlichen Rechts
AP	–	Actualidad Penal
APQ	–	American Philosophical Quaterly
ARSP	–	Archiv für Rechts- und Sozialphilosophie
BayVBL	–	Bayerische Verwaltungsblätter
BFDUC	–	Boletim da Faculdade de Direito da Universidade de Coimbra
BMJ	–	Boletim do Ministério da Justiça
BULR	–	Boston University Law Review
BVerfG	–	Bundesverfassungsgericht (Tribunal Constitucional alemão)
BVerfGE	–	Entscheidungen des Bundesverfassungsgerichts (Decisões do Tribunal Constitucional alemão)
CC	–	Código Civil português
CD	–	Cahiers de Droit
CDP	–	Cuadernos de Derecho Público
CEDH	–	Convenção para a Proteção dos Direitos do Homem e das Liberdades Fundamentais
CLQ	–	Cornell Law Quaterly
CaLR	–	California Law Review
CoLR	–	Columbia Law Review
CreigLR	–	Creighton Law Review
CRP	–	Constituição da República Portuguesa de 1976
CSLR	–	Cleveland State Law Review

O PRINCÍPIO DA PROIBIÇÃO DO EXCESSO

CWLR – Case Western Law Review
DDHC – Declaração dos Direitos do Homem e do Cidadão
DJ – Direito e Justiça
DJAP – Dicionário Jurídico da Administração Pública
DLJ – Duke Law Journal
DLR – Dickinson Law Review
DÖV – Die öffentliche Verwaltung
DS – Diritto e societá
DUDH – Declaração Universal dos Direitos do Homem
DVBl – Deutsches Verwaltungsblatt
ECHR – European Court of Human Rights
ECJ – European Court of Justice
ELR – European Law Review
EP – Enciclopédia *Polis*
ETAF – Estatuto dos Tribunais Administrativos e Fiscais
EuGRZ – Europäische Grundrechtszeitung
EuR – Europarecht
FDL – Faculdade de Direito de Lisboa
FDPUCRS – Pontifícia Universidade Católica do Rio Grande do Sul
FI – Foro italiano
FSULR – Florida State University Law Review
GLJ – Georgetown Law Journal
GLR – Georgia Law Review
GWLR – George Washington Law Review
HCLQ – Hastings Constitutional Law Quaterly
HCRCLLR – Harvard Civil Rights & Civil Liberties Law Review
HLR – Harvard Law Review
HRLJ – Human Rights Law Journal
ICon – International Journal of Constitutional Law
IJ – The Irish Jurist
ILJ – Indiana Law Journal
ILR – Iowa Law Review
IN-CM – Imprensa Nacional – Casa da Moeda
JA – Juristiche Arbeitsblätter
JöR – Jahrbuch des öffentlichen Rechts der Gegenwart
JPL – Journal of Public Law
JR – Judicial Review
Jura – Juristische Ausbildung
JuS – Juristische Schulung
JZ – Juristenzeitung
KLR – Kentucky Law Review

ABREVIATURAS

LCPR	–	Law & Contemporary Problems Review
Leg.	–	Legislação. Cadernos de Ciência de Legislação
LOFPTC	–	Lei sobre Organização, Funcionamento e Processo do Tribunal Constitucional
LSR	–	Law & Society Review
MichLR	–	Michigan Law Review
MinnLR	–	Minnesota Law Review
MLR	–	Maryland Law Review
NELR	–	New England Law Review
NJW	–	Neue Juristische Wochenschrift
NLR	–	Nebraska Law Review
NVwZ	–	Neue Zeitschrift für Verwaltungsrecht
NWLR	–	North Western Law Review
NYU	–	New York University
NYULR	–	New York University Law Review
OJLS	–	Oxford Journal of Legal Studies
OLQ	–	Oregon Law Quaterly
PJ	–	Revista Poder Judicial (Espanha)
RAP	–	Revista de Administración Pública
RCEC	–	Revista del Centro de Estudios Constitucionales
RDE	–	Revista de Direito e Economia
RDerP	–	Revista de Derecho Político
RDES	–	Revista de Direito e Estudos Sociais
RDP	–	Revue du droit public et de la science politique en France et à l'etranger
REDA	–	Revista Española de Derecho Administrativo
REDC	–	Revista Española de Derecho Constitucional
REP	–	Revista de Estudios Políticos
RFDC	–	Revue Française de Droit Constitutionnel
RFDUL	–	Revista da Faculdade de Direito da Universidade de Lisboa
RIE	–	Revista de Instituciones Europeas
RIEJ	–	Revue interdisciplinaire d'études juridiques
RJUA	–	Revista Jurídica do Urbanismo e do Ambiente
RLR	–	Rutgers Law Review
RMLR	–	Rocky Mountain Law Review
RPCC	–	Revista Portuguesa de Ciência Criminal
RTDE	–	Revue Trimestrielle de Droit Européen
RTDH	–	Revue Trimestrielle des Droits de l'homme
RTDP	–	Rivista Trimestrale di Diritto Pubblico
SchlHA	–	Schleswig-Holsteinische Anzeigen
SCLR	–	Southern California Law Review

SDLR	–	San Diego Law Review
SLR	–	Stanford Law Review
SSRN	–	Social Science Research Network
TC	–	Tribunal Constitucional português
TEDH	–	Tribunal Europeu dos Direitos do Homem
TFUE	–	Tratado sobre o Funcionamento da União Europeia
TJUE	–	Tribunal de Justiça da União Europeia
TLQ	–	Temple Law Quaterly
UCLALR	–	University of California – Los Angeles Law Review
UCLR	–	University of Chicago Law Review
UE	–	União Europeia
UPLR	–	University of Pennsylvania Law Review
VArch	–	Verwaltungs-Archiv
VanLR	–	Vanderbilt Law Review
VerLR	–	Vermont Law Review
VLR	–	Virginia Law Review
VVDStRL	–	Veröffentlichungen der Vereinigung Deutscher Staatsrechtslehrer
WFLR	–	Wake Forest Law Review
WisLR	–	Wisconsin Law Review
WLR	–	Washington Law Review
YEL	–	Yearbook of European Law
YLJ	–	Yale Law Journal
ZG	–	Zeitschrift für Gesetzgebung
ZRP	–	Zeitschrift für Rechtspolitik

INTRODUÇÃO

1. A idade da proporcionalidade

A *ideia de proporcionalidade* é conatural às relações entre as pessoas[1]. A interiorização plena dessa ideia trouxe-nos a *idade da proporcionalidade*[2]. A idade da proporcionalidade não é mais do que uma peça da institucionalização da exigência de temperança dos governantes de que ARISTÓTELES nos falou[3]. Se quiséssemos prestar mais uma homenagem ao *Estagirita*, poderíamos até dizer *princípio da temperança* em vez de princípio da proporcionalidade. Pouco ou nada se perderia no trânsito entre os dois conceitos.

A mais eminente manifestação da idade da proporcionalidade é o movimento de planetarização daquilo que designaremos por proporcionalidade clássica ou proibição do excesso[4].

---

[1] MIRANDA, *Manual* ..., IV, 5ª ed., p. 302. Todas as obras abreviadamente citadas constam, regra geral, de notas no início dos capítulos ou da bibliografia final. Os preceitos citados sem indicação de fonte são da Constituição da República Portuguesa, de 1976.

[2] A alusão a uma idade ou era da proporcionalidade não é original e tornou-se quase irresistível, de alguma forma homenageando o ensaio de ALEINIKOFF, «Constitutional Law in the Age of Balancing», de 1987: v. BARAK, «Proportionality...», p. 14; PERJU, «Proportionality....», p. 2; JACKSON, «Constitutional Law in an age of Proportionality». O "contraparte" no ambiente europeu é o "estado de ponderação": LEISNER, *Der Abwägungsstaat. Verhältnismässigkeit...*, *cit.*

[3] ARISTÓTELES, *Política*, trad. de António Campelo Amaral e Carlos Carvalho Gomes, Vega, Lisboa, 1998, livro III, p. 201 (nesta tradução).

[4] Estando em causa, por enquanto, tendências universais, ao longo dos próximos parágrafos a expressão proporcionalidade será ainda empregue num sentido algo difuso e descomprometido, que irá sendo progressivamente especificado, até se ter uma noção precisa das ramificações que dele decorrem no seu sentido mais moderno.

O PRINCÍPIO DA PROIBIÇÃO DO EXCESSO

1.1. A proporcionalidade como reação ao formalismo dedutivista

A proporcionalidade está no centro de uma querela entre duas escolas do pensamento, duas metódicas, duas tendências dogmáticas, com fortes e persistentes instanciações na Europa e nos Estados Unidos.

Uma, a escola lógico-formalista, dedutivista, silogística, interpretativo-subsuntiva, categorial-absolutista, analítico-dogmática (todas estas denominações têm significado próprio, mas também vastas zonas de sobreposição) que ou não reconhece reais colisões entre normas constitucionais (*maxime* entre normas de direitos fundamentais), ou advoga que são apenas aparentes, podendo ser resolvidas, em última instância, através da subsunção.

Outra, a escola anti-formalista, indutivista, valorativa, dialética, relativista que, reconhecendo mais ou menos o papel das estruturas formais dedutivistas da interpretação/subsunção, não prescinde da ponderação como método autónomo de resolução de colisões normativas.

Na Europa, no Canadá, Israel, em alguns países africanos (África do Sul, Países de língua portuguesa e, recentemente, Tunísia), na América do Sul e noutras paragens, a proporcionalidade é um dos subprodutos dessa querela e das escolhas que ela suscita. Nos EUA seguem-se caminhos distintos, não obstante esporádicas manifestações de entusiasmo com a aproximação entre as culturas jurídicas transatlânticas.

Em qualquer dos casos, esta querela é mais visível, mais aguda e mais pertinente no contexto da função de garantia e aplicação jurisdicional da constituição do que ao nível da atividade do legislador.

Por outro lado, veremos que a tendência é para fugir a manifestações radicais daquelas escolas. A maior parte das doutrinas mais influentes admitem – ou consideram inevitável – a conjugação de momentos formais, dedutivos, silogísticos com momentos não formais, não dedutivos[5]. A teoria da proporcionalidade como proteção da posição mínima, o especificacionismo[6], o suficientismo[7], o satisficientismo[8] e até, num quadrante oposto, a teoria dos princípios, são quadros explicativos que invariavelmente procuram atenuar a complexi-

---

[5] POSCHER, «Insights, Errors...», p. 439 (refutando que a aplicação das normas se restrinja à alternativa subsunção/ponderação, antes exigindo a combinação de um conjunto complexo de técnicas de aplicação).

[6] O neologismo visa preservar o sentido da designação que autores como MORESO, «Ways of Solving Conflicts of Constitutional Rights: Proportionalism and Specificationism», *cit.*, ZORRILLA, *Conflictos...*, cit; *idem*, «Alternativas...», *cit.* ou MENDONCA, *Los derechos..., cit.*, deram à construção que estudaremos mais adiante.

[7] *Idem*, para *sufficientist*: v. SARTOR, «A Sufficientist Approach to Reasonableness in Legal Decision-Making and Judicial Review», *cit.*

[8] *Idem*, para *satisficing*: v. ŠUŠNJAR, *Proportionality, cit., passim.*

INTRODUÇÃO

dade metódica da resolução de colisões normativas com utilização de todos os recursos que a teoria do direito oferece. A presente investigação, afastando-se *mutatis mutandis* dessas orientações, conflui com elas na tentativa de cumprimento desse caderno de encargos e na assunção básica de que é possível um modelo racional de redução da complexidade da deliberação prática.

1.2. O paradoxo

Aprofundemos um pouco este tópico. Comecemos pela apreciação da situação paradoxal em que se encontra a proporcionalidade tal como vista pela doutrina e pela jurisprudência.

Por um lado, a proporcionalidade é encarada por um vasto quadrante com a veneração outorgada às fórmulas mágicas e às alquimias. Não é difícil encontrar celebrações grandiloquentes do sucesso da proporcionalidade. Sintomaticamente muitas delas não são originárias do espaço de gestação inicial. Diz-se que a proporcionalidade é o mais importante princípio do direito constitucional material[9] gerado pelas perspetivas pós-positivistas do Direito[10]. Outros consideram-na o centro da dogmática dos direitos fundamentais[11]. Há uma pletora de qualificativos que destacam a sua putativa universalidade: *jus cogens* do regime dos direitos humanos[12], gramática global, mecanismo standardizante das diferentes culturas constitucionais[13], vocabulário comum do direito constitucional ou de um constitucionalismo global[14], *lingua franca*[15]. A proporcionalidade, como elemento fundacional desse constitucionalismo global, funcionaria como critério universal de constitucionalidade[16], *ius commune* da limitação do poder[17].

Mas, por outro lado, a proporcionalidade está muito longe de ser um instrumento consensual, sintomaticamente até no espaço de gestação inicial. Nunca o foi e o estudo de tendências recentes contribui para a dúvida sobre se alguma vez o será.

---

[9] ALEXY, «Die Gewichtsformel», trad. castelhana, «La fórmula del peso», *cit.*, p. 15.

[10] A referência deste movimento, que par e passo emergirá no texto, é ALEXY. Entre muitas manifestações da tentativa da superação do positivismo, pode ver-se «On the Necessary Relations Between Law and Morality», in *Ratio Juris*, vol. 2 (1989), pp. 167 ss.

[11] Com algum exagero, COHEN-ELIYA/PORAT, *Proportionality...*, p. 2, escrevem que hoje em dia os juristas europeus estão sobretudo preocupados com uma coisa: a proporcionalidade.

[12] HUSCROFT/MILLER/WEBBER, «Introduction», p. 3.

[13] SCHLINK, «Proportionality in Constitutional Law...», p. 302.

[14] SWEET/MATHEWS, «Proportionality Balancing and Global Constitutionalism», *cit.*

[15] COHEN-ELIYA/PORAT, *Proportionality...*, p. 135: a proporcionalidade é *lingua franca* da comunidade global dos juízes, permitindo-lhes comunicar e comparar decisões.

[16] BEATTY, *The Ultimate...*, p. 162.

[17] MIRANDA, *Manual ...*, IV, 5ª ed., p. 303; ENGLE, «The History...», p. 2.

O PRINCÍPIO DA PROIBIÇÃO DO EXCESSO

A proporcionalidade começa por ser objeto de reservas semelhantes às que o *balancing*, na versão americana, suscitou. Incorporando a proporcionalidade momentos de ponderação, as críticas dirigidas ao *balancing* são-lhe *mutatis mutandis* aplicáveis. Ambos motivam inquietações em relação ao advento da idade da ponderação (*the age of balancing*) no direito constitucional[18]. O *balancing* seria um veículo do afastamento[19] ou até da violentação da constituição[20] ou de niilismo destruidor dos direitos[21]. Estes seriam degradados a meras premissas da argumentação da proporcionalidade e da ponderação[22]. Nesse contexto, poderia falar-se do perigo do enfraquecimento axiológico do sistema de direitos[23]. Este coro é inadvertidamente encorajado por alguns prosélitos da proporcionalidade, particularmente aqueles que admitem que o princípio torna os direitos mero "floreado retórico"[24] ou lhes negam força normativa especial[25].

[18] Como se mencionou em nota anterior, a expressão foi cunhada por ALEINIKOFF, «Constitutional Law in the Age of Balancing», *cit*. O trabalho de ALEINIKOFF, apesar de se inserir numa linha crítica e de advertir para os riscos do *balancing*, terá contribuído, ironicamente, para a sua imparável difusão a partir do final do século passado, sendo certamente um dos textos mais influentes e mais estudados no contexto do movimento de universalização e tendencial homogeneização do pensamento de ponderação. Contestando a ideia de uma idade global do *balancing*, por todos, BOMHOFF, *Balancing...*, p. 30, *passim*.

[19] ALEINIKOFF, «Constitutional Law...», p. 1004.

[20] G. WEBBER, «Proportionality, Balancing...», p. 198.

[21] A expressão é de J. BRENNAN, juiz do Supremo Tribunal dos Estados Unidos da América, citado por WEBBER, «Proportionality, Balancing...», *cit*., p. 179; para uma resenha das posições mais extremadas, v. KLATT/MEISTER, *The Constitutional Structure...*, pp. 1 ss.

[22] WEBBER, *The Negotiable Constitution...*, pp. 4, 69 (em «Proportionality and Absolute Rights», pp. 11 ss., volta ao tema, observando que, além do mais, o *direito à proporcionalidade*, bem como o inseparável *direito à justificação*, seriam os únicos direitos independentes de um juízo de proporcionalidade). Entre nós, fica próximo de ser atingido por esta linha crítica NOVAIS, *Restrições...*, p. 377, quando admite que o legislador constituinte possa limitar-se a uma consagração genérica das liberdades, acompanhada da necessidade de observância de certos princípios, como o da proporcionalidade.

[23] ANDRADE, *Os Direitos Fundamentais...*, 5º ed., p. 268 (criticando as teorias dos direitos como princípios, como a de Alexy, que, como é sabido, postulam um uso intensivo da proporcionalidade); BILCHITZ, «Does Balancing Adequately...», pp. 69 ss.

[24] BEATTY, *The Ultimate...*, p. 171, no quadro da sua conceção radical-pragmática da proporcionalidade; numa fórmula mais matizada, KUMM, «Democracy is not enough...», p. 13 ("um detentor de direitos não tem muita coisa só em virtude de ter um direito...").

[25] V., por todos, entre os mais notórios expoentes da cultura da justificação como alternativa à ideia de força normativa dos direitos: KUMM, «The Idea of Socratic Contestation...», pp. 150 ss.; MÖLLER, «Proportionality and the Rights Inflation», p. 166; *idem*, «U.S. Constitutional Law...», *cit.*; COHEN-ELIYA/PORAT, *Proportionality...*, pp. 103 ss.; THORBURN, «Proportionality», *cit*. A expressão "cultura de justificação" deve-se ao jus-publicista sul-africano ETIENNE MUREINIK, «A bridge to where? Introducing the Interim Bill of Rights», in *South African Journal of Human Rights*, vol. 10 (1994), p. 31, mas adquiriu um significado que se afastou da intenção inicial.

INTRODUÇÃO

Esta desconfiança em relação ao efeito do pensamento balanceador e pro-porcionalista, é acentuada pela circunstância de o "triunfo" do princípio da proporcionalidade – ou, especificamente, da componente de ponderação – se ter imposto contra boa parte do melhor pensamento jus-filosófico das últimas décadas. Alguns dos mais eminentes filósofos e teóricos dos direitos e do di-reito constitucional, como RONALD DWORKIN, JÜRGEN HABERMAS, JEREMY WALDRON, ROBERT NOZICK, JOHN FINNIS, JOSEPH RAZ OU JOHN RAWLS, igno-raram ou refutaram os fundamentos da ponderação (ou *balancing*)[26] como mé-todo de resolução racional e aceitável de colisões normativas ou de bens, inte-resses ou valores[27]. Se os sábios menosprezam ou ignoram a proporcionalidade esta não pode ser boa coisa...

[26] Designadamente criticando a aplicação aos direitos fundamentais de todas as formas de conse-quencialismo (utilitarismos, análise custo-benefício, análise económica do Direito, proporciona-lismos) que *grosso modo* postulam que o legislador escolha a solução legislativa que entre as dis-poníveis seja aquela cujos efeitos se traduzam num valor agregado líquido máximo ou ótimo para a sociedade. Para uma definição de consequencialismo, JAMES GRIFFIN, «Consequentialism», in Ted Honderich (ed.), *The Oxford Companion to Philosophy*, Oxford University Press, Oxford, 1995; SIMON BLACKBURN, «Consequentialism», in *The Oxford Dictionary of Philosophy*, 2ª ed, Oxford Uni-versity Press, Oxford, 2008.

[27] Embora por vezes a estrutura discursiva de alguns deles se confunda com a ponderação ou *balancing*, como nota, por exemplo, WALDRON, «Fake Incommensurability...», pp. 819-820. Um caso paradigmático é o de DWORKIN. Apesar da escassa elaboração sobre *balancing*, não restam dúvidas sobre a sua posição: "numa cultura de liberdade (...) certas liberdades estão em princí-pio isentas [de um] processo ordinário de *balancing* e regulação (...), [mesmo que o governo] pen-se com boas razões que a infração destas liberdades protegeria no computo global (*on balance*) a segurança ou promoveria a economia ou a eficiência ou a conveniência". Todavia, defende que quando os "princípios colidam (...) quem tiver de resolver o conflito tem de tomar em conta o peso relativo de cada um deles" (*Taking Rights...*, p. 26). Apesar de todos os esforços de explicação de DWORKIN e de investigação dos seus intérpretes, esta continua a ser uma das mais enigmáti-cas frases para quem procura compreender a fundamentação da rejeição do *balancing* e, concomi-tantemente, da proporcionalidade e.s.e. (embora o autor sobre esta não se tenha pronunciado). Aparentemente, quando alude a "tomar em conta o peso relativo" de cada um dos princípios coli-dentes, refere-se ao peso de cada princípio *per se* no contexto do sistema jurídico como integri-dade (ou, como se diria em linguagem "europeia", do sistema jurídico como unidade sistemática). Aquele princípio que tiver maior peso absoluto é aquele que tem de ser aplicado. A ambiguidade dá lastro a alguma especulação sobre a viabilidade da adaptação da proibição do excesso à teo-ria de direitos de DWORKIN. A controvérsia sobre se a conceção dos *rights as trumps* é conciliável com a proporcionalidade gera conclusões em várias direções. MÖLLER, «Balancing...», *cit.*, p. 460 (v., também, «Two Conceptions of Positive Liberty: Towards an Autonomy-based Theory of Constitutional Rights», in *OJLS*, vol. 29 (2009), p. 757; *idem*, «Proportionality...», p. 710), espe-cula que Dworkin poderia subscrever a tese dos direitos fundamentais como princípios, mas que rejeita o *balancing* (mesmo que excecionalmente o pareça aceitar quando um direito tenha de ser restringido para prevenir um *clear and serious danger: Freedom's Law*, Oxford University Press, 1996, p. 353). Na mesma direção, sustentando que a visão própria da proporcionalidade não é compa-

O PRINCÍPIO DA PROIBIÇÃO DO EXCESSO

Se atentarmos no próprio espaço geográfico, cultural e jurídico-político onde a proporcionalidade foi concebida, não encontramos um panorama radicalmente diferente. Também aí são persistentes as vozes que alertam para os seus perigos. Ou, mais especificamente, para os perigos da proporcionalidade em sentido estrito e da operação de valoração/ponderação que ela envolve, ou da ponderação quando não enquadrada pelo instrumento mais abrangente da proporcionalidade em sentido amplo. Há quem nela veja um "cavalo de Troia" de mudanças drásticas das conceções dogmáticas clássicas, ou um veículo da conceção da constituição como *Weltenei*[28], ou quem se insurja contra a aplicação excessiva da proibição do excesso[29] e o "amaciamento" da ordem jurídica[30]. Teme-se o assalto aos direitos fundamentais[31], mas também a inflação de direitos fundamentais, que pode chegar à admissão de um direito a assassinar[32].

tível com a conceção dos *rights as trumps*, uma vez que consideraria os direitos apenas como *mais um* interesse a ser considerado no contexto de uma análise meio-fim, NEOMI RAO, «On the Use and Abuse of Dignity...», *cit.*, p. 238 (baseando-se na visão da *proporcionalidade pragmática* de DAVID BEATTY, *The Ultimate Rule...*, p. 171); pode ver-se a discussão desse aspeto em VICKI C. JACKSON, «Being Proportional...», *cit.* p. 849. Em sentido diverso, R. FALLON («Individual Rights and Governmental Powers», in *GLR*, vol. 27, nº 2 (1993), pp. 343-390, 345, 369 ss.; também *Sibley Lectures, Paper* 27 (1992), consultado em http://digitalcommons.law.uga.edu/lectures_pre_arch_lectures_sibley/27), sustenta que não há verdadeiramente incompatibilidade estrutural entre a tese de Dworkin dos trunfos – "o que quer que isso signifique" – e a ponderação de bens. E a imagem dos direitos como trunfos tem sido invocada mesmo por quem não rejeita a proporcionalidade: v., por exemplo, NOVAIS, *ob. cit*, pp. 37 ss.; BARAK, *Proportionality...*, p. 365; KLATT/MEISTER, *The Constitutional...*, *cit.*, pp. 17 ss. (falando de *strong trump model, medium trump model, weak trump model* e garantindo a compatibilidade pelo menos do último).

[28] FORSTHOFF, *Lo stato della societá industriale*, pp. 154 ss., 161. A expressão *Weltenei* tem sido traduzida de diferentes formas, umas mais literais do que outras, mas nenhuma verdadeiramente satisfatória: "ovo de Colombo", "ovo jurídico originário", "ovo do Mundo".

[29] Em relação a isso, ISENSEE, *Subsidiaritätsprinzip und Verfassungsrecht...*, p. 377; MÖLLERS, «Wandel der Grundrechtsjudikatur...», *cit.*; KLUTH, «Prohibición...», p. 237.

[30] A literatura está pejada de imagens sobre o princípio da proporcionalidade e seus segmentos, particularmente o da proporcionalidade em sentido estrito. O princípio da proibição do excesso, juntamente com o da ponderação de bens, é visto como um dos grandes "amolecedores" ou "amortecedores" (*Weichmacher*) do moderno direito público: OSSENBÜHL, in *VVDStRL*, vol. 39, p. 189; *idem*, «Abwägung im Verfassungsrecht», p. 34; FRIEDRICH E. SCHNAPP, *Die Verhältnismäßigkeit des Grundrechtseingriffs*, p. 850; HIRSCHBERG, *Grundsatz...*, pp. 186 ss., prefere a expressão "cláusula de relativização" (*Relativierungsklausel*) de normas abertas. WEBBER tem sido um dos críticos mais veementes: v., por exemplo, «On tle Loss of Rights», pp. 137 ss.

[31] V. o enfático título do ensaio, muito citado e rebatido, de TSAKYRAKIS: «Proportionality: An Assault on Human Rights?», *cit.*

[32] Veja-se o que escreve um dos mais notórios apologistas da inflação de direitos fundamentais, em nome de uma conceção de direitos baseada na projeção máxima da autonomia individual: "sob uma teoria de direitos que incorpore a proporcionalidade não há nenhuma via coerente de evitar a conclusão de que todos os interesses de autonomia devem ser protegidos como direitos,

INTRODUÇÃO

É certo que boa parte das críticas à proporcionalidade e a outros instrumentos afins a atingem por ricochete e, quase exclusivamente, apenas quando é aplicada pelo juiz, particularmente o juiz constitucional, seja na apreciação da constitucionalidade de normas jurídicas, seja na aplicação de normas constitucionais (designadamente normas jusfundamentais) a casos concretos. Quem crítica o alegado excesso de protagonismo do juiz constitucional, a erosão ou esbatimento da separação de poderes, a invasão do domínio do legislador democrático, a supremacia do Tribunal Constitucional, tenderá a visar os veículos desses malefícios[33]. Ora, um dos veículos suspeito de possibilitar a apropriação pelo juiz constitucional de relevantes poderes de decisão é a proporcionalidade[34].

Essa linha tem-se manifestado com veemência em Portugal nos últimos anos (sobretudo no contexto da crítica à chamada jurisprudência da crise e ao alegado excesso de protagonismo do Tribunal Constitucional[35]), mas também na Alemanha, onde a reverência em relação ao papel fulcral do *BVerfG* na construção de uma ordem constitucional *perfeita* parece ser ultimamente menos incondicional do que há algumas décadas. De alguma forma, assiste-se ao reavivamento das críticas, inicialmente minoritárias, ao "Estado de juízes", propagadas por FORSTHOFF[36] e continuadas por BÖCKENFÖRDE[37] e outros. Por isso, reaviva-se a voz daqueles que, em vez da desconstrução da Constituição, reivindicam (ou anunciam) a desconstrução da jurisprudência e da dogmática dos direitos fundamentais, a "reabertura do debate da ponderação" bem como da

---

incluindo interesses em se envolver em atividades triviais e até imorais", como o interesse em assassinar. Note-se, porém, que esta posição só é compreensível nos seus exatos contornos se tivermos em conta a distinção do autor entre direitos *prima facie* e definitivos: MÖLLER, «Proportionality and the Rights Inflation», pp.155, 164, 172; para um tratamento mais profundo, *The Global Model...*, *cit.*

[33] Inclinação que seria justa se fosse certeira a afirmação de BONAVIDES, *Curso...*, 25ª ed., p. 424, de que a primeira virtude do princípio da proporcionalidade é a transformação do legislador num "funcionário da Constituição".

[34] V., por todos, MUZNY, *La Technique de Proportionnalité...*, pp. 365 ss., salientando todavia que, em contrapartida, a proporcionalidade também traça limites à competência do juiz. Aliás, sem a utilização da proporcionalidade, o juiz (no caso por ele estudado, o juiz do TEDH) poderia cair ou na inanidade total ou no poder absoluto (*ob. cit.*, p. 429).

[35] Para o "tom" geral, v. RIBEIRO/COUTINHO, *O Tribunal Constitucional e a Crise, cit.*; GOUVEIA/PIÇARRA, *A Crise e o Direito, cit.* Para um posicionamento menos conjuntural, v. a recente proposta de retoma do pensamento de racionalidade formal e legalista, lógico dedutiva – numa visão pós--discursiva e superadora da compreensão material-axiológica do direito e sempre com o pano de fundo da adequada distribuição de competências para a criação de direito entre legislador e juiz –, de LAMEGO, *Elementos de Metodologia...*, esp. pp. 168 ss.

[36] Logo em «Die Umbildung des Verfassungsgesetz» (1959).

[37] Entre os escritos mais recentes, v. «Schutzbereich...», *cit.*

O PRINCÍPIO DA PROIBIÇÃO DO EXCESSO

posição dominante do Tribunal Constitucional alemão[38]. A proposta de revisão de pilares essenciais daquela dogmática, entre os quais o caráter absoluto da dignidade humana e (com sinal contrário) o direito ao livre desenvolvimento da personalidade como princípio geral de liberdade e porta de entrada de novos direitos, bem como a aplicação extensiva do princípio da proporcionalidade, parecem ter algum eco no próprio *BVerfG*[39].

Na verdade, o que esta situação paradoxal (com o seu pêndulo oscilante entre a euforia e a crítica da proporcionalidade) denota é que a tensão entre as duas escolas de pensamento referidas inicialmente não encontrou ainda o seu ponto de equilíbrio. Por vezes, a proporcionalidade em sentido estrito e as operações de ponderação parecem suplantar, com sucesso e definitivamente, a "primeira racionalidade" da ciência do direito, a racionalidade da interpretação e da aplicação de normas jurídicas através da subsunção ou da analogia. Outras vezes, parece que a "velha" racionalidade está aí de novo, moderando as pretensões hegemónicas da "nova" racionalidade[40]. Na última década, alega-se, o Primeiro Senado do *BVerfG* está a moderar significativamente a postura tradicionalmente proporcionalista, optando agora pela resolução de colisões entre normas através da redução do respetivo âmbito de proteção (designadamente, quando se trata de direitos) e não através da aplicação de instrumentos de harmonização que suponham o emprego de operações de ponderação, como a proporcionalidade. Outros sustentam que o juiz constitucional em regra não pondera bilateralmente (não contrapesa), ficando-se pela salvaguarda de uma *minimal position*, definida através da aplicação de testes parcialmente dedutivos[41]. Mas logo se adverte que este regresso à "velha racionalidade" lógico-formal transporta aqueles mesmos excessos que se quer evitar com a rei-

---

[38] Cfr., entre muitos, Knies, «Auf dem Weg in den «verfassungsgerichtlichen Jurisdiktionsstaat», cit; Scholz, «Karlsruhe im Zwielicht...», *cit.*; Isensee, «Bundesverfassungsgericht – quo vadis?», in *JZ*, vol. 51 (1996), pp. 1085-1093; Jestaedt, *Grundrechtsentfaltung...*, pp. 60 ss.; Brohm, «Die Funktion des BVerfG- Oligarchie in der Demokratie?», in *NJW*, vol. 54 (2001), pp. 1-10; Cornils, *Die Ausgestaltung...*, pp. 39 ss.; Holoubek, «Der Grundrechtseingriff...», p. 23.

[39] Como o demonstram as posições públicas de Papier («Aktuelle grundrechtsdogmatische...», *cit.*) ou de Hoffmann-Riem («Enge oder weite Gewährleistungsgehalte der Grundrechte?», in Michael Bäuerle e outros (org.) *Haben wir wirklich Recht?*, Nomos, Baden-Baden, 2004, pp. 53 ss.) e até a aparente inflexão que as decisões do Primeiro Senado sofreram.

[40] Por exemplo, na Austrália, onde o princípio emergiu numa forma atenuada nos anos de 1980/90, tem havido um marcado retrocesso: Evans/Stone, «Balancing and Proportionality...», p. 2; sobre a alegada moderação do recurso à ponderação pelo Tribunal Constitucional espanhol a partir do final dos anos 1990, v., por exemplo, Villaverde, «La resolución...», p. 178.

[41] Šušnjar, *Proportionality...*, p. 238. Saliente-se que o autor admite que embora essa seja a regra, há também situações em que o juiz tem de recorrer a metódicas não dedutivistas que podem ser reconduzidas à categoria da ponderação entendida de uma certa forma (*ob. cit.*, p. 252).

INTRODUÇÃO

vindicada moderação (da aplicação) da proporcionalidade: o decaimento da proporcionalidade e o concomitante reconhecimento ao juíz constitucional de um intenso papel de determinação hermenêutica do âmbito protegido do direito não diminui o seu poder, antes o pode aumentar, para já não falar do risco de novos défices argumentativos[42].

1.3. A urgência da síntese

Esta dialética e estes movimentos pendulares só podem ser lidos de uma maneira: no direito constitucional da atualidade, as duas escolas de pensamento e os respetivos subprodutos estão condenadas a coexistir. Definir uma posição de equilíbrio entre elas é o que se pede à doutrina. Essa posição de equilíbrio é facilitada se for possível construir uma teoria da proporcionalidade mais formalizada e mais densificada e talvez mais universalizante. Esta dissertação pretende ser um contributo para esse objetivo.

Esse projeto enfrenta, naturalmente, dificuldades. Mesmo alguns daqueles que admitem a imprescindibilidade e autonomia (ou pelo menos não a rejeitam liminarmente) da proporcionalidade como instrumento mediador da resolução de colisões normativas, lhe detetam patologias[43] e/ou propõem revisões profundas na sua estrutura. Algumas visam, por exemplo, libertá-la de uma lógica exclusivamente consequencialista, introduzindo na sua estrutura espaço para considerações deontológicas[44].

Por outro lado, a pretensão universalista, que está subjacente a algumas das efusivas sínteses inicialmente citadas, esbarra com questões pragmáticas: a propensão *"camaleónica"* do princípio e das suas derivações, isto é a sua capaci-

---

[42] Para uma crítica dos desenvolvimentos da jurisprudência constitucional jusfundamental alemã, cfr. WOLFGANG KAHL, «Vom weiten Schutzbereich zum engen Gewährleistungsgehalt. Kritik einer neuen Richtung der deutschen Grundrechtsdogmatik», in *Der Staat*, vol. 43 (2004), pp. 167-202; *idem*, «Neuere Entwicklungslinien der Grundrechtsdogmatik», in *AöR*, vol. 131, nº 4 (2006), pp. 579-620; RENATA MARTINS, «Grundrechtsdogmatik im Gewährleistungsstaat: Rationalisierung derGrundrechtsanwendung?» in *DöV* (2007), pp. 456-464. Para um relato sumário, MARIBEL PASCUAL, *El Tribunal...*, pp. 69 ss., 155 ss., 193 ss.

[43] A expressão é de ENDICOTT, «Proportionality and Incommensurability», pp. 329 ss.

[44] V. a exposição clara desta fratura em GARDBAUM, «Proportionality...», *cit.* Para diferentes aproximações, KUMM, «Más allá del principio...», pp. 274 ss.; BARAK, *Proportionality...*, pp. 468 ss., 490, *passim* (admitindo a incorporação das noções dos direitos como trunfos [DWORKIN] ou como *firewalls* [HABERMAS] na estrutura da proporcionalidade em sentido estrito); MÖLLER, «Proportionality...», p. 710. Partindo de uma base teórica substancialmente diversa, é significativo que uma voz tão autorizada na doutrina constitucional americana como FREDERICK SCHAUER tenha ensaiado a compatibilização entre a sua conhecida teoria dos direitos como *shields* (v. «A Comment on the Structure of Rights», pp. 429 ss.) e o tópico da proporcionalidade, embora em termos que não estão isentos de crítica: v. «Proportionality and the question of Weight», pp. 174 ss.

O PRINCÍPIO DA PROIBIÇÃO DO EXCESSO

dade de se metamorfosear e de se adaptar – mantendo eventualmente a estrutura básica – aos vários ordenamentos, contextos e culturas, leva a que quando focamos aspetos específicos da teoria e da dogmática do princípio da proporcionalidade em distintos ambientes jurídicos nem sempre estejamos a falar da mesma coisa[45].

A proporcionalidade tem aplicações com diferentes graus de exigência. A neutralização das críticas às aplicações menos exigentes não será, porventura, difícil. O facto de o princípio ter começado a ser aplicado mesmo antes de constar das monografias académicas, dos índices ideográficos ou dos dicionários jurídicos[46], e num contexto acentuadamente formalista[47], é um sintoma de que responde a um apelo da ideia de justiça e também a uma necessidade prática: o Direito vê-se obrigado a renovar e a aprimorar os seus utensílios, de modo a melhorar a *performance* na resolução das intrincadas colisões de bens, interesses ou valores que uma sociedade pluralista e democrática cada vez mais complexa lhe confia. Um desses utensílios é, justamente, o princípio da proporcionalidade, que não resultou, nem dependeu, de um ato de vontade do legislador, ou de um momento de inspiração criativa do cientista do direito. O princípio foi moldado pela própria dinâmica da resolução concreta de problemas juridicamente relevantes. Até chegar a ser visto como candidato a elemento fundamental do constitucionalismo global[48].

O grosso desse debate virá mais adiante.

Por agora, basta acrescentar que, apesar da forte relutância que as expressões de distanciamento indiciam, a principal fratura contemporânea talvez não seja entre formalistas e anti-formalistas ou, mais especificamente, entre quem refuta as bases teóricas e a autonomia da proporcionalidade e quem as defende, entre aqueles que rejeitam a proporcionalidade e aqueles que a aceitam[49].

---

[45] Cfr. HUSCROFT/MILLER/WEBBER, «Introduction», p. 3; SCHLINK, «Proportionality in Constitutional Law...», p. 301; MACIERINHA, «Avaliar a avaliação...», pp. 13-14; HARBO, «The Function of Proportionality...», p. 171.

[46] JEAN-PAUL COSTA, *Le principe de proportionnalité...*, p. 434, por exemplo, recorda a observação feita por BRAIBANT na década de 70 de que o juiz administrativo francês aplicaria o princípio da proporcionalidade sem o saber. O estudo sobre a gradual perceção do princípio na Alemanha revela também uma doutrina e um legislador mais ou menos surpreendidos e "a reboque" da jurisprudência.

[47] O ambiente da jurisprudência administrativa prussiana do século XIX: notando o ponto, COHEN-ELIYA/PORAT, *Proportionality...*, p. 6.

[48] SWEET/MATHEWS, «Proportionality...», p. 62.

[49] Mesmo as vozes críticas normalmente não questionam o princípio enquanto tal, apenas contestam a sua expansão ou utilização inadequada. Assim, PIRKER, *Proportionality...*, p. 114. O princípio vai recebendo a adesão, certamente cautelosa e com limitações, de autores que nunca mostraram entusiasmo por um "pensamento de ponderação": assim v. MORAIS, *Curso...*, II, 2, p. 749.

INTRODUÇÃO

É sim entre os que desistem de uma teoria dos direitos fundamentais, tudo reconduzindo – incluindo as expressões normativas *mais elementares* de *todos* os direitos – a uma teoria da proporcionalidade ou da otimização e aqueles que consideram que a teoria dos direitos não se confunde com a teoria da proporcionalidade, embora esta seja uma componente primordial daquela. O segundo grupo reconhece que há uma teoria dos direitos que, além de receber parte da teoria da proporcionalidade, contempla temas imunes à proporcionalidade, como a garantia do conteúdo essencial dos direitos, o absolutismo de certas posições jurídicas jusfundamentais, a proibição categórica de certos fins e de certos meios. O Mundo em que pontifica a proporcionalidade não tem de ser um Mundo simplesmente dominado pelo mais frio consequencialismo.

Mais um paradoxo: ambas as correntes, críticas e laudatórias, têm alguma dose de razão quando se referem à relação benéfica ou prejudicial entre direitos fundamentais e a proporcionalidade em sentido estrito, ou o *balancing* na versão americana. Estes tanto podem ser instrumentais a uma tendência global de transição da constituição normativa para uma constituição meramente *prima facie*, como podem ser fortes barreiras à interferência em direitos, entendidos como endemicamente vulneráveis, relativos ou derrotáveis por outras considerações.

A diferença de enquadramento normativo e de teorias dos direitos fundamentais, mas também de pensamento jurídico-constitucional, prevalecentes deste e do outro lado do Atlântico, podem explicar muito sobre o radical confronto de paradigmas teóricos. O grande desafio é fugir a este "diálogo de surdos" e desenhar uma conceção de princípio da proporcionalidade que cumpra pelo menos dois desideratos, difíceis mas não inconciliáveis: (i) contribuir para a preservação da unidade e integridade da ordem constitucional[50], sem se cristalizar numa fórmula rígida[51], nem fugir à formalização[52] quanto baste que evite uma estrutura e uma metódica totalmente *ad hoc*, ao sabor das circunstâncias); (ii) evitar ser um fator de diluição de direitos ou pretexto para regressar a conceções que os vêm como *constraints* absolutos.

---

[50] BOMHOFF, *Balancing...*, p. 230.

[51] ALEINIKOFF, «Constitutional Law...», p. 1005, sobre o *balancing*, conclui que começando por ser uma forma de fugir ao formalismo se tornou ele próprio uma fórmula rígida e mecanicista; apontando também o risco de cristalização, MORAIS, *Curso...*, II, 2, p. 669 .

[52] Ou à densificação requerida por LÚCIA AMARAL, *Responsabilidade...*, p. 287, à tecnificação, propugnada por BARNÉS, «El principio de proporcionalidade...», pp. 33 ss., ou até à possibilidade de aplicação através de juízos subsuntivos, como os que MORAIS, *Curso...*, II, 2, p. 668, *passim*, já encontra na jurisprudência constitucional aplicativa do princípio da proporcionalidade.

O PRINCÍPIO DA PROIBIÇÃO DO EXCESSO

1.4. Consciência das origens

O princípio da proporcionalidade foi uma produção de juízes da Europa Central[53] do pós-guerra, particularmente depois da década de 1950. Contudo, os alicerces teóricos para o seu surgimento não apareceram *ex nihilo*. Na sua configuração atual, a componente da necessidade tem origem no direito administrativo de polícia da Prússia dos séculos XVIII e XIX. A componente de ponderação radica nas escolas francesa e germânica do direito do final do século XIX e do início do século XX, adversárias da ortodoxia formalista clássica, sobressaindo GÉNY[54] e, mais vincadamente, a *Interessenjurisprudenz* de HECK[55].

Por seu turno, o desenvolvimento do *balancing* na jurisprudência constitucional norte-americana processou-se no limiar dos anos 1950, ou talvez um pouco antes (em todo o caso em época não distante da eclosão da ponderação no direito constitucional europeu[56]), prenunciado por autores proeminentes das primeiras décadas do século XX, como HOLMES, HAND ou POUND[57], em reação ao que este último designou de filosofia mecanicista do direito[58]. Desde então, assistiu-se a um processo de fertilização cruzada[59] entre jurisprudência e doutrina e entre contributos de várias ordens jurídicas, nacionais, supranacionais e internacionais, que tornam insatisfatório qualquer estudo que se cinja a um concreto espaço jurídico ou zona de aplicação do Direito.

1.5. O irresistível processo de enriquecimento, ramificação e aplicação geral

Na fase inicial de gestação, os utensílios teóricos, analíticos e epistemológicos não permitem mais do que a perceção do princípio *clássico* da proporcionali-

---

[53] EMILIOU, *The Principle...*, p. 6: "judge-made doctrine of public law"; HICKMAN, «Proportionality...», p. 31.

[54] FARANÇOIS GÉNY, *Méthode d'interprétation et sources en droit privé positif: essai critique*, 1899; cfr. BOMHOFF, *Balancing...*, pp. 57 ss.

[55] Em reação à *Begriffsjurisprudenz* de PUCHTA, JHERING (antes da sua evolução doutrinária) e Windscheid. V. PHILIPP HECK, *Begriffsbildung und Interessenjurisprudenz*, Mohr, Tübingen, 1932; *idem, Interpretação das leis e jurisprudência dos interesses* (trad. José Osório), Arménio Amado, Coimbra, 1947. As obras relevantes do autor sobre o tema começam a ser publicadas no início do século XX.

[56] V. *infra*, capítulo 3, 3.1. Notando a intrigante sincronização entre as receções do *balancing*/proporcionalidade pelas jurisprudências constitucionais da RFA e dos EUA, quer no tempo, quer até na matéria (liberdade de expressão), BOMHOFF, *Balancing...*, pp. 7, 17, 28 ss.

[57] V. uma súmula do pensamento "*balancer*" destes autores em KENNEDY, «A Transnational Genealogy...», pp. 200 ss.

[58] KENNEDY, «A Transnational Genealogy...», pp. 197 ss.; CHESTER ANTIEAU, «The Jurisprudence of Interests as a Method of Constitutional Adjudication», in *Case Western Reserve Law Review*, vol. 27 (1977), pp. 823 ss.

[59] A imagem é de HICKMAN, «Proportionality...», p. 31; KLATT, «Preface», *in Institutionalized Reason, cit.*

INTRODUÇÃO

dade. A proporcionalidade clássica confunde-se com e reduz-se à proibição do excesso. Proporcionalidade clássica e proibição do excesso são a mesma coisa.

Como veremos, hoje pode falar-se, a par dessa versão clássica, de uma versão moderna e mais rica de proporcionalidade. Tal versão moderna responde à necessidade de aperfeiçoar respostas perante a *diversidade* de colisões normativas e à necessidade de instrumentos diferenciados de mediação da resolução dessas colisões. A recorrente colisão entre interesses públicos e posições jurídicas subjetivas decorrentes de direitos fundamentais impõe uma aproximação que não coincide com a requerida por outros tipos de colisões, como as que se travam entre posições jurídicas subjetivas tuteladas através de deveres de ação e de abstenção do legislador.

Seja na versão clássica ou na moderna, o princípio da proporcionalidade responde a exigências garantísticas, harmonizadoras, racionalizadoras, de transparência e objetivação de decisões de autoridade em situações de colisão de bens, interesses ou valores, comuns a ordens jurídicas avançadas e modernas, o que é comprovado pelo facto de nos Estados Unidos da América e em outras latitudes se detetarem *standards* comparáveis (mas não necessariamente assimiláveis).

No entanto, o real potencial do princípio clássico da proporcionalidade ou proibição do excesso é motivo de disputa. As posições sobre o tema oscilam entre quem o considera um artefacto da argumentação jurídica semelhante a um quebra-nozes[60] ou a um canivete suíço[61] e quem alega que verdadeiramente nada diz sobre como se resolvem conflitos constitucionais[62].

Neste trabalho focaremos o princípio enquanto norma de ação e norma de controlo, isto é, como instrumento de harmonização, racionalização e melhoria do *procedimento democrático de decisão legislativa* e da *própria decisão legislativa*, bem como do *processo de controlo* dessa decisão.

O princípio clássico da proporcionalidade ou da proibição do excesso define-se como um instrumento *formal* de mediação e de controlo da decisão do legislador democrático. Embora possa servir (e normalmente sirva) de veículo de valores substantivos supremos do Estado de Direito e se possa dizer que, como instrumento de racionalização, veicula mais facilmente esses valores do que quaisquer outros (não se podendo, por isso, dizer que é *totalmente* neutral), aquele princípio é lateral em relação a eles[63].

---

[60] WONG, «Towards the Nutcracker Principle...».

[61] VAN DROOGHENBROECK, *La proportionnalité...*, p. 11.

[62] RÉAUME, «Limitations...», p. 4 (o teste da proporcionalidade funciona melhor como forma de diagnosticar um conflito do que como modo de o resolver).

[63] V. o nosso «Proporcionalidade...», separata, pp. 42-3.

O PRINCÍPIO DA PROIBIÇÃO DO EXCESSO

Esta visão formal do princípio é compaginável com a possibilidade de ele ser desenhado de modo a evitar que o juiz constitucional o use para impor antidemocraticamente a sua própria cosmovisão, os seus próprios valores ou ideologias, em competição com as do legislador, mesmo que não seja possível (nem desejável) exigir-lhe neutralidade (moral, política, ideológica).

Um dos aspetos que a doutrina debate é se, apesar de o princípio clássico da proporcionalidade ou da proibição do excesso ter forçado a entrada nos manuais científicos, no direito legislado e até na argumentação jurídica e política mais difundidas[64], ele tem um alcance limitado, que obsta, por exemplo, a que se lhe reconheça a natureza de *"princípio generalíssimo de direito"*. Poderá suceder que seja convocado apenas num ou noutro ramo do direito[65]. Ou que lhe seja reconhecida a natureza de princípio geral[66], mas com limites[67]. Para se chegar ao princípio da proibição do excesso como *"princípio generalíssimo do direito"* teria de se demonstrar, entre outros aspetos, que: (i) vigora em todos os ramos do direito; (ii) se aplica em todas as fases de criação/aplicação do direito; (iii) tem por destinatários todos os sujeitos jurídicos; (iv) não é simplesmente tributário de uma intenção garantística, sendo antes uma diretiva objetiva geral de harmonização de bens, interesses e valores, subjetivados e não subjetivados.

---

[64] Seja a coberto de uma difusa "ideia de proporcionalidade" (v., por exemplo, JORGE P. SILVA, *Deveres do Estado...*, p. 488) ou nomeado como tal. Assim, pronunciando-se sobre a reação das autoridades turcas, lideradas pelo Presidente Erdogan, ao golpe de estado ocorrido na Turquia em 15 de julho de 2016, a chanceler alemã, Angela Merkel elevou o princípio da proporcionalidade a critério fulcral: "Num estado constitucional – e isto é o que me preocupa e o que acompanho atentamente [...] o princípio da proporcionalidade deve ser respeitado por todos" (jornal *Público*, 29 de julho de 2016). Às vezes a referência ao princípio surge com utilizações surpreendentes: em 27 de Novembro de 2004, um dos candidatos a Bastonário da Ordem dos Advogados, Rogério Alves, interpelado pelo jornal *Expresso* sobre os critérios da intervenção mediática do Bastonário respondeu que "a intervenção mediática é como as medidas de coacção: deve obedecer aos princípios da necessidade, da adequação e da proporcionalidade".

[65] Não é difícil encontrar exemplos de visões particularistas que, embora sem excluírem que se possa aplicar noutros ramos, confinam a proibição do excesso a um ou vários ramos específicos do direito: por exemplo, AFONSO QUEIRÓ, *Lições...*, p. 586, refere-se a um "princípio geral de *direito administrativo*"; no mesmo sentido, SÉRVULO CORREIA, *Legalidade...*, p. 662; CANOTILHO, *Tópicos...*, p. 306, fala de "princípio jurídico fundamental de *direito constitucional*".

[66] No sentido da qualificação como princípio geral de direito, MIRANDA, *Direito ConstitucionalIntrodução...*, 1978-1979, pp. 147-148; HIRSCHBERG, *Grundsatz...*, p. 34; J. M. F. ALMEIDA, *Procedimento...*, p. 475.

[67] Em Portugal, pronunciando-se por uma aplicabilidade limitada, circunscrita aos domínios em que a Constituição preveja expressamente a sua incidência, ou em que se encontre associado a outros princípios, v. MORAIS, *Curso..*, II, 2, pp. 474-5.

INTRODUÇÃO

O presente trabalho contribui apenas parcialmente para esse debate, uma vez que se interessa exclusivamente pela sua refração na atividade do legislador e respetivo controlo[68].

2. Aplicabilidade à atividade do legislador

A viagem do princípio clássico da proporcionalidade ou da proibição do excesso do direito administrativo para o direito constitucional não se processou sem resistências[69]. Mas hoje é inequívoco que se trata de um princípio constitucional a que as normas legislativas devem respeito[70]/[71].

---

[68] O que implica que não poderemos investigar algumas das questões potencialmente mais divisivas, como a de saber se o exercício de direitos constitucionalmente garantidos está sujeito a uma ideia de proporcionalidade. Questão recorrente é a do exercício do direito à greve. Quando em 2015 os pilotos da TAP realizaram uma greve que pretendia pressionar o Estado a alienar a empresa só em certas circunstâncias especialmente vantajosas para os grevistas, sendo manifesto que a greve punha em risco a própria subsistência e viabilidade da empresa, bem como a manutenção dos postos de trabalho, tal uso do direito à greve parecia desproporcionado (não obstante o direito dos trabalhadores a definirem os interesses a defender através da greve, artigo 57º, nº 2, a greve como meio deve ser proporcionada ao fim da defesa desses interesses), por violação da necessidade e da proporcionalidade e.s.e. com o conteúdo que estudaremos. Mas, ainda assim, não era suscetível de censura jurídico-constitucional. V. alguns casos estudados por HIRSCHBERG, *Grundsatz...*, pp. 153 ss., 172, respeitantes à aplicabilidade do princípio da proibição do excesso (ou, no caso do autor, das máximas da adequação e da necessidade) na avaliação de ações de luta sindical (greves, boicotes, manifestações, destruição de stocks ou danificação de instalações, impedimento de abastecimentos, etc.).

[69] A crítica mais citada à extensão do princípio da proporcionalidade, do seu campo original de atuação para o direito constitucional, é da autoria de FORSTHOFF, *Der Staat der Industriegesellschaft*, pp. 137 ss.: o princípio da proporcionalidade, para se manter manejável, teria de incidir sobre âmbitos relativamente restritos. Não se deve negligenciar a diferença entre o direito de polícia onde, embora haja uma certa margem de escolha, esta sempre estará limitada por um repositório mais ou menos definido de instrumentos, e o direito constitucional, onde o legislador dispõe de uma ampla liberdade de conformação. O autor, noutro local, parece aderir a tese mais moderada (nota-o também HANS SCHNEIDER, «Zur Verhältnismässigkeits ...», p. 395): cfr. *Traité de Droit Administratif Allemand*, p. 130: a Constituição alemã protegeria com tal insistência a liberdade e o livre desenvolvimento da personalidade que não se poderia admitir que o legislador e a administração impusessem à liberdade restrições que excedessem o que é necessário para a finalidade seguida. Pela mesma altura, registe-se também a vigorosa crítica de EBERHARD SCHMIDT, *Der Strafprozeß. Aktuelles...*, pp. 1141 ss., dirigida sobretudo contra os malefícios da aplicação do princípio no âmbito do processo penal, entre os quais se destacaria um "totalmente incontrolável e irracional decisionismo" (p. 1142).

[70] Entre muitos, HÄBERLE, *La garantia...*, p. 67 (notando que na década de 1960 a doutrina maioritária já ia no sentido da aplicação à lei: cita até obras da década de 1950, como FRANZ JERUSALEM, «Die Grundrechte des Bonner Grundgesetzes und ihre Durchsetzung in der Rechtsprechung», in *Süddeutsche Juristen-Zeitung*, vol. 5, nº 1 (1950), pp. 1-2, 7-8); MIRANDA, *Manual...*, IV, 5ª ed., p. 307 ("é na função legislativa que [o princípio] assume maior relevância"); KLUTH, «Prohibición...»,

O PRINCÍPIO DA PROIBIÇÃO DO EXCESSO

Todavia, nem sempre daí se retiram todas as consequências. Se o princípio da proibição do excesso vincula o legislador na feitura da lei, é inevitável que haja uma aplicação no momento *da emissão* das normas e outra no momento do respetivo *controlo*. Porém, os ensaios mais influentes tendem a concentrar-se invariavelmente na sua aplicação no âmbito da atividade judicial, designadamente no controlo das normas legislativas[72]. Algumas vezes ignoram que para que o princípio seja um parâmetro da *judicial review* tem de ser antes um comando vinculativo para o legislador[73]. Outras vezes admitem tacitamente isso, sem qualquer pesquisa ou desenvolvimento das respetivas consequências.

Do ponto de vista científico, isso leva a deficiências relevantes. A construção teórica e dogmática do princípio a partir da sua aplicação em sede de controlo leva a que surjam modelos e metódicas da proibição do excesso (isto é, *doutrinas sobre a aplicação prática da proibição do excesso*) que mesmo que correspondessem (e nem sempre correspondem) à prática judicial, nunca poderiam adaptar-se ao contexto legislativo. Uma das mais notórias, que abordaremos em vários momentos, é a que vê na proibição do excesso um instrumento que permite aos tribunais um juízo neutral, não prejudicado pelos valores dos

---

p. 225; BARAK, *Proportionality*..., pp. 459, 462 (antes de emitirem uma lei limitadora de um direito constitucional os membros do órgão legislativo têm de estar persuadidos da sua justificação; a natureza estruturada da proporcionalidade está predominantemente desenhada para assistir os membros do parlamento a pensarem "constitucionalmente"); NOGUEIRA, *Direito Fiscal*..., p. 82. Todavia, esta orientação não é totalmente consensual. Logo na década de 1950, isso era colocado em dúvida por POHL, *Ist der Gesetzgeber*..., p. 119.

[71] Isso foi assumido pelo Tribunal Constitucional sem resistência aparente, embora nem sempre de forma tão clara como a do Acórdão nº 187/01, de Paulo Mota Pinto: «Não pode contestar-se que o princípio da proporcionalidade, mesmo que originariamente relevante sobretudo no domínio do controlo da actividade administrativa, se aplica igualmente ao legislador. Dir-se-á mesmo – como o comprova a própria jurisprudência deste Tribunal – que o princípio da proporcionalidade cobra no controlo da actividade do legislador um dos seus significados mais importantes.» (nº 15).

[72] Entre as exceções v., por exemplo, EKINS, «Legislating Proportionately», *cit.*; GARDBAUM, «A Democratic Defense...», *cit.*

[73] Há mesmo quem, distinguindo entre questão primária (respondida pelo decisor original ou primário) e questão secundária (respondida pelo tribunal), considere que a proporcionalidade é uma questão secundária, um *standard* externo à decisão primária, não sendo consequentemente parte da decisão primária. Isto é, o decisor primário não tem de considerá-la na sua decisão (embora o possa fazer), porque é uma questão que compete ao juiz responder: BRADY, *Proportionality*..., p. 12. Apenas parcialmente coincidente é o raciocínio de VIRGÍLIO AFONSO DA SILVA, *Direitos Fundamentais*..., p. 179: o princípio da proporcionalidade só seria aplicável em situações onde já há uma medida concreta, a ser testada, que constitui a *variável de referência* do exame de proporcionalidade. Não existindo essa variável de referência, isto é, estando ainda na fase de produção da própria medida de resolução de um conflito ou colisão de bens, interesses ou valores, ao seu autor cabe apenas realizar uma *operação de ponderação* (ou *sopesamento*) e não a aplicação daquele princípio. A propósito da proibição do defeito encontramos pronunciamentos e debate comparáveis.

INTRODUÇÃO

próprios juízes, sobre os factos e as valorações trazidos pelas partes ao processo judicial[74].

Essa aversão tem uma explicação simples. De um modo geral, são raros os ordenamentos jurídicos onde ao princípio da proibição do excesso é atribuída visibilidade metódica ou presença formal no curso do procedimento que conduz à emissão da norma legislativa. Isso decorre, desde logo, de nem sempre o procedimento de formação da vontade legislativa (e o mesmo se pode dizer sobre outros procedimentos de conformação normativa) permitir, em todos os seus momentos, o enclausuramento numa lógica sequencial e formalizada[75]. Quando o projeto de norma está numa fase de redação ou conceção, ou seja, ainda não estabilizou como iniciativa formal junto do órgão legislativo, é eventualmente difícil delimitar e autonomizar os vários momentos da metódica aplicativa, desde a verificação ou preenchimento dos pressupostos da aplicabilidade, até à avaliação da adequação, da necessidade e da proporcionalidade em sentido estrito. Há operações isoláveis ou cindíveis no plano lógico, mas que parecem irredutíveis a uma qualquer sequência ou tramitação processual. Nessa fase inicial precisam-se instruções políticas, fazem-se testes argumentativos e aproximações sucessivas, ocorrem adquiridos graduais, com avanços e recuos ao nível das opções, num "vai e vem" (*aller-retour*) próprio do procedimento de feitura de normas legislativas[76]. Mas esse panorama, relativamente

---

[74] Cfr. BEATTY, *The Ultimate...*, p. 171.

[75] Sobre os vários paradigmas e modelos – institucionais, não institucionais, mistos –, de conceção, *drafting* e respetivo controlo de qualidade e de validade, v. MORAIS, *Manual de Legística*, pp. 225 ss.

[76] O procedimento de conceção de normas legislativas conhecerá presumivelmente várias fases. Olhando para aquele que é o principal motor legislativo, o Governo, uma sistematização plausível dos estádios ou operações identificáveis na *primeira fase de conceção* (em sentido amplo) de uma iniciativa é o seguinte: momento inicial da *propulsão*, abrangendo os estádios metódicos da perceção do problema impulsionante (*Problemimpuls*, NOLL), definição da estratégia decisional e impulso legislativo *stricto sensu*; atividade material de *preparação de um projeto* de diploma; *consultas formais*; *controlo endoprocedimental*, que pode incorporar uma avaliação do impacto previsível da solução, um escrutínio interno da validade, pareceres sobre o mérito e validade; *redação final*, com estabilização do texto; *formalização da iniciativa* junto do órgão competente para a aprovar ou submeter à aprovação (assim, MORAIS, *Manual de Legística*, pp. 290 ss.). O movimento de *vai e vem* infiltra todos esses estádios, acelerado pela comunicação, transversal a todos eles, entre o(s) autor(es) material(is) e o impulsionador político da conceção. A formalização da iniciativa junto do Conselho de Ministros, órgão com competência para a aprovar, aciona uma *segunda fase de conceção*, pautada pelas fases estabelecidas no Regimento do Conselho de Ministros (no caso do XXI Governo Constitucional, Resolução do Conselho de Ministros nº 95-A/2015, de 17 de Dezembro): *iniciativa, instrução, circulação, discussão e aprovação, redação final*. A esta segunda fase de conceção pode seguir-se uma *terceira* se se tratar de uma iniciativa legislativa submetida pelo Governo à Assembleia da República, sujeita aos trâmites e fases constitucionais e regimentais. Sobre estas, GOUVEIA, *Manual...*, II, 6ª ed., pp. 1190 ss.

O PRINCÍPIO DA PROIBIÇÃO DO EXCESSO

difuso e errático, normalmente sem disciplina nem visibilidade procedimental, altera-se a partir do momento em que o projeto de norma adquire relativa estabilidade como iniciativa legislativa formal, a ser debatida e eventualmente aprovada por um órgão legislativo. Aí a parametrização procedimental da proibição do excesso depende simplesmente de opções sobre a estruturação do procedimento legislativo e nada obsta à sua aplicação ordenada.

As dificuldades endémicas que ainda se enfrenta quando se trata de estudar a proibição do excesso como norma que o legislador tem de observar podem ser minimizadas com o desenvolvimento da ciência da legislação, ou *legisprudência* e, dentro dela, de uma teoria do método legislativo, que se repercuta no direito positivo[77]. É certo que o panorama continua a ser o de que os trabalhos incidentes sobre o método legislativo e as várias etapas da legiferação não identificam claramente o *locus* metódico em que estes instrumentos de racionalização são inseridos[78]. Mas começa a ser possível referenciar trabalhos que se esforçam por o fazer[79], com expressa alusão ao princípio da proporcionalidade como uma das regras mínimas de racionalidade[80] ou um dos "princípios jurí-

---

[77] Sobre a noção de método legislativo, por todos, NOLL, *Gesetzgebungslehre*, pp. 72 ss.; CANOTILHO, «Relatório sobre programa...», pp. 461 ss. Sendo a ciência da legislação recente, as respetivas compartimentações (e as construções sobre elas) são ainda relativamente instáveis. É tema em que não podemos ir mais longe do que a mera referência no texto. Registe-se que MORAIS identifica dentro da ciência da legislação o domínio da *legística em sentido amplo*. Esta, por seu turno, pode desdobrar-se em *legística material, legística formal e legística organizativa* (*Manual de Legística*, pp. 209 ss.). A teoria do método legislativo reporta-se à *legística material*. Cfr., também, DUARTE/PINHEIRO/ROMÃO/DUARTE, *Legística...*, pp. 23 ss.

[78] Há trabalhos sobre legística que exaustivamente elaboram sobre as várias fases e estádios da conceção das normas, referenciando pormenorizadamente preceitos de legística material orientados para a avaliação prévia da validade e dos impactos das normas (objetivos, adequação aos objetivos, custos e benefícios, proporção na distribuição de encargos, comparação de alternativas). Mas sejam aqueles que reconhecem que a análise dos impactos deve ser realizada à luz de princípios jurídicos estruturantes, como o princípio da proporcionalidade (assim, MORAIS, *Manual de Legística*, p. 403) sejam, por maioria de razão, aqueles que nem sequer fazem qualquer referência à proporcionalidade como parâmetro de auto-controlo da constitucionalidade (assim, DUARTE/PINHEIRO/ROMÃO/DUARTE, *Legística...*, pp. 104 ss.), por norma não definem um momento e uma metódica específica para a aferição da conformidade daquele princípio, considerado na sua inteireza e estrutura solidária. Outro exemplo, mais recente, é o de CAUPERS/ALMEIDA/GUIBENTIF, *Portugal e a Europa. Feitura das Leis*, Fundação Francisco Manuel dos Santos, Lisboa, 2014, pp. 72 ss.: os autores mencionam apenas uma etapa de colocação da questão da necessidade de lei, em alternativa a outras formas de regulação da matéria e de obtenção dos objetivos (*ob. cit.*, pp. 74-75). Trata-se de um tema que fica a montante da aplicação do princípio da proporcionalidade ou da proibição do excesso, como veremos.

[79] Cfr., por todos, um dos autores de referência da teoria da legislação, MORAND, «Les exigences de la méthode législative...», pp. 410 ss.

[80] MORAND, «Les exigences de la méthode législative...», pp. 411, 412, *passim*.

INTRODUÇÃO

dicos que devem pautar a feitura de boas leis"[81]/[82]. Esse desenvolvimento tem algum reflexo ao nível do direito positivo, designadamente constitucional e parlamentar e até ao nível da jurisprudência[83].

No plano do direito positivo é significativo o desenvolvimento que se regista na União Europeia, onde os princípios da subsidiariedade e da proporcionalidade assumiram uma assinalável relevância na legitimação do procedimento legislativo e da legislação europeia (e até, quanto ao primeiro, na integração dos parlamentos nacionais no procedimento legislativo europeu)[84].

Não é improvável que se assista a evoluções análogas nas ordens constitucionais internas[85]. Na Alemanha o próprio juiz constitucional impôs ao legislador, com vista à otimização do procedimento legislativo e da legislação, alguns princípios metódicos da elaboração das leis, cujo cumprimento aquele fiscaliza[86].

Enquanto esses desenvolvimentos não se tornam inequívocos e consequentes, o panorama permanecerá desincentivador da investigação nessa área. Apesar de ser um mecanismo indutor de racionalidade do procedimento legislativo e do conteúdo das normas legislativas, de o legislador estar vinculado à sua observância e de ser um dos responsáveis pela morbilidade das normas legislativas na jurisdição constitucional, o princípio da proibição do excesso

---

[81] CANOTILHO, «Relatório sobre programa...», p. 466; MORAIS, *Manual de Legística*, pp. 48, 216, 403, *passim*.

[82] Esse desenvolvimento, mais do que uma questão de apuramento da técnica da legislação, é uma condição essencial para a resposta à questão fulcal que se coloca desde há séculos: como impedir a arbitrariedade da lei num contexto de falência ou exaustão dos modelos jusnaturalistas e positivistas (para uma boa e acessível exposição, numa perspetiva histórica, A. KAUFMANN, *Filosofia...*, p. 29 ss.)? A procura de alternativas aos quadros teóricos dos neo-jusnaturalismos e dos neo-positivismos passa certamente pela ciência da legislação e pelo seu cruzamento com instrumentos de mediação como a proibição do excesso.

[83] Sobre isto, MORAIS, *Manual de Legística...*, pp. 216 ss.

[84] Cfr. *infra*, capítulo 2. Em geral, GAMEIRO, *O Papel dos Parlamentos Nacionais na União Europeia, cit.*

[85] Para uma defesa da interiorização e formalização parlamentar de sistemas de defesa de direitos, JANET HIEBERT, «A Hybrid Approach to Protect Rights? An Argument in Favour of Supplementing Canadian Judicial Review with Australia's Model of Parliamentary Scrutiny», in *Federal Law Review*, vol. 26 (1998), pp. 115-138: os juízes têm dificuldade em julgar a "razoabilidade" das normas (leia-se, proporcionalidade), pelo que deveriam ser as comissões permanente dos parlamentos (refere-se, em particular, ao parlamento canadiano, usando como exemplo o australiano) a assegurar formalmente essa função.

[86] Cfr., por todos, CHRISTOPH GUSY, «Das Grundgesetz als normative Gesetzgebungslehre», in *ZRP* (1985), pp. 291-299; MORAND, «Les exigences de la méthode législative...», *cit.* Os autores identificam essencialmente quatro princípios metódicos a serem observados pelo legislador: (i) obrigação de estabelecer os factos que constituem a base da legislação; (ii) obrigação de apreciação dos dados e das alternativas; (iii) obrigação de avaliação prospetiva; (iv) obrigação de monitorizar e corrigir a lei.

O PRINCÍPIO DA PROIBIÇÃO DO EXCESSO

passa praticamente incógnito – ou pelo menos, inominado – no procedimento legislativo. Qualquer incursão de acordo com os cânones da ciência do direito arrisca-se a misturar matéria genuinamente científica e hipóteses difíceis de provar, premissas assentes na intuição ou considerações políticas. Com esse pano de fundo compreende-se que a esmagadora maioria dos trabalhos sobre o princípio da proibição do excesso, mesmo aqueles que convictamente admitem a sua aplicabilidade à atividade legislativa, cedam à tentação de se cingir à atividade judicial, sob múltiplos ângulos.

Nesta dissertação procura-se escapar a tal tentação. O seu ponto de partida é que o princípio da proibição do excesso se reflete quer na atividade do legislador quer na atividade do juiz constitucional. Em cada uma delas, a sua refração tem caraterísticas singulares. Mas só é possível compreender adequadamente a estrutura e o conteúdo do princípio da proibição do excesso aplicável pelo juiz constitucional na atividade de fiscalização das normas legislativas se tivermos *previamente* estabelecido a estrutura e o conteúdo do princípio aplicável à atividade do legislador. O que o juiz puder fazer com o princípio da proibição do excesso depende do modo como legislador está a ele vinculado. É uma premissa lógica elementar que o juiz constitucional nunca poderia controlar a observância do princípio pelo legislador além daquilo a que este estiver obrigado pelo mesmo princípio. Uma teoria completa e coerente do princípio da proibição do excesso começa por estudar de que forma vigora no âmbito da atividade do legislador, parte daí para ver como é que o juiz constitucional fiscaliza o seu cumprimento e apresenta uma visão que articule coerentemente essas duas vertentes.

Como veículo analítico da exposição recorre-se à distinção conceitual entre norma de ação e norma de controlo[87].

Como norma de ação dirigida ao legislador, o princípio da proibição do excesso está ao serviço de um *programa final* ou *diretiva*: o resultado da decisão legislativa deve ser proporcional. Nessa medida, o princípio da proibição do excesso descreve-se como um conjunto de critérios que devem ser observados no procedimento – não linear nem necessariamente ritualizado – de decisão legislativa, funcionando implicitamente como *mediadores das operações de ponderação e harmonização* realizadas pelo legislador.

O ato de legislar pode ser estimulado por apelos populares mais ou menos difusos; mas normalmente não corresponde a uma simples resposta intuitiva, instintiva ou emocional a tendências populares, implicando escolhas que correspondem a razões decorrentes de juízos morais realizados pelo legislador[88].

---

[87] V. *infra*, neste capítulo introdutório.
[88] Cfr. EKINS, «Legislating Proportionately», p. 346.

INTRODUÇÃO

O princípio da proibição do excesso, como diretiva de legislar proporcionalmente, oferece um *quadro* para a busca do melhor argumento e para a seleção, apreciação e ponderação das boas razões para deliberar, num contexto comunicativo dinâmico que favoreça o consenso, a resolução de conflitos, a reconciliação de ideologias competitivas e de cosmovisões diversas[89].

Em contrapartida, no contexto da atividade de controlo da constitucionalidade das normas legislativas pelo juiz constitucional o princípio da proibição do excesso é um *parâmetro* para o *julgamento das operações de ponderação e harmonização* realizadas pelo legislador.

Esta diferenciação funcional tem consequências institucionais e estruturais que a melhor literatura sobre o princípio nem sempre valoriza ou reconhece. O discernimento dessas diferenças será um dos tópicos a que nos dedicaremos em vários momentos.

3. O léxico

Num estudo sobre o instrumento de mediação ou parâmetro proibição do excesso[90], continua a ter de se fazer escolhas semânticas. O objeto do presente trabalho enfrenta um problema geral de instabilidade terminológica.

Em alguns casos, essa instabilidade terminológica decorre de meras opções de estilo, pessoais ou convencionais, sem consequências dogmáticas. Noutros casos espelha divergências sobre aspetos substantivos da natureza, estrutura e conteúdo da exigência da proibição do excesso. Por isso, algumas das escolhas terminológicas realizadas nesta fase prematura envolvem opções dogmáticas que só serão adequadamente explicadas mais tarde.

A terminologia adotada depende de opções formais, linguísticas e conceptuais, mas também de opções teoréticas. Focaremos oito núcleos: (i) harmonização; (ii) otimização; (iii) proporcionalidade ou proibição do excesso?;

---

[89] Adaptamos aqui propositadamente alguns dos pontos cardeais da teoria do discurso racional de HABERMAS, *Facticidad...*, uma vez que entendemos que a vertente mediadora de procedimentos da proporcionalidade não é incompatível com eles.

[90] Dispensamo-nos aqui de um recenseamento exaustivo de todas as formas por que a proporcionalidade ou proibição do excesso aparece designada na doutrina universal, avultando a pesquisa de NOGUEIRA, *Direito Fiscal...*, pp. 65-66: *princípio, máxima, linha orientadora, condição, método de decisão, estrutura analítica, conceito, supra-conceito, critério, requerimento, juízo, teste, dever, controlo*; ele próprio avança com o vocábulo *operador* (*ob. cit.*, p. 22). Poderiam aditar-se outras hipóteses, como o *postulado* de ÁVILA, *Teoria...*, 7ª ed., *passim*, ou a *estrutura argumentativa* de POSCHER, «Insights, Errors...», p. 446. Algumas destas designações estão vinculadas a visões teóricas específicas. O termo "instrumento", "instrumento de mediação" ou "parâmetro", que usaremos reiteradamente, reporta-se à natureza *formal* e *metodológica* da proporcionalidade como *construção jurídica* ou *instituição* que tem uma função *instrumental* na resolução de problemas de criação, aplicação e controlo das normas jurídicas. Assim, BARAK, *Proportionality...*, p. 460.

O PRINCÍPIO DA PROIBIÇÃO DO EXCESSO

(iv) segmentos da proibição do excesso; (v) avaliações, qualificações, ponderação, valoração, contrapeso, comensurabilidade; (vi) fim, meio, efeitos; (vii) norma de ação e/ou norma de controlo; (viii) regra, princípio ou *tertio genus*?

3.1. Harmonização

Seja de um princípio geral da *unidade da constituição*, seja de proposições constitucionais expressas, extraem-se comandos de harmonização[91] aplicáveis em situações de *colisão* de bens, interesses ou valores com cobertura constitucional. Por vezes distingue-se entre colisão e conflito – ou colisão autêntica e inautêntica –, dedicando-se a primeira expressão à contradição entre direitos e a segunda à contradição entre direitos e interesses coletivos ou públicos[92]. De um modo geral, fixar-nos-emos na noção de *colisão* para qualquer dessas ocorrências, uma vez que não parece haver razão substantiva para expressões distintivas[93]. Quanto muito, há mera conveniência pedagógica.

A harmonização é por vezes assimilada a concordância prática[94]. Objetivo ou resultado a atingir através da harmonização legislativa é que na composição de bens, interesses ou valores colidentes através de norma legislativa (ou seja, de *norma contida em qualquer ato formalmente legislativo*[95]) nenhum deles seja

---

[91] V. *infra*, capítulo 6.

[92] V., por exemplo, ANDRADE, *Os Direitos*..., 5ª ed., pp. 265, 298.

[93] Acresce que a Constituição usa a expressão "conflito" como forma de delimitação das atribuições, competências e categorias dos tribunais: v. artigos 202º, nºs 2 e 4, 209º, nº 3.

[94] V., por todos, CANOTILHO, *Direito*..., 7ª ed., p. 1225. No capítulo 25 verificaremos se a assimilação de justifica.

[95] Definir o que se deve entender por *norma legislativa* é muito mais do que uma questão terminológica. Há toda uma querela sobre o que é "norma" e o que se deve considerar "legislativo" em confronto com "administrativo" ou "jurisdicional". Todavia, não podemos duplicar a extensão desta tese, pelo que nos limitaremos a explicitar o sentido com que empregamos doravante a expressão. Quanto ao conceito de *norma*, adotamos, sem discussão (o que não quer dizer que não a mereça...), a conceção muito lata que tem sido usada pelo Tribunal Constitucional (para efeitos de delimitação da sua competência de fiscalização), *independente do caráter geral e abstrato*. Como o próprio Tribunal esclarece, na jurisprudência constitucional o conceito de norma é entendido como equivalente a *"quaisquer actos do poder público que contenham uma «regra de conduta» para os particulares ou para a administração, um «critério de decisão» para esta última ou para o juiz ou, em geral «um padrão de valoração de comportamento»"*: v. TRIBUNAL CONSTITUCIONAL PORTUGUÊS, *A Omissão Legislativa*..., p. 26 (sem citar a proveniência da frase); MORAIS, *Curso*..., I, 3ª ed., pp. 96 ss.; crítico, ASCENSÃO, *O Direito*..., 13ª ed., p. 508. Já o desafio de determinar o que é norma *legislativa* convoca o debate sobre se, prescindindo da generalidade e abstração (e aceitando, designadamente, leis-medida, como é tendência geral), a "norma" tem todavia de se enquadrar na função legislativa, definida com os traços materiais que mais frequentemente lhe são imputados (supremacia, politicidade, inovatoriedade), ou se basta que conste de uma lei em sentido formal. Não sendo necessário discutir aqui se existem limites (e quais) à possibilidade de a lei se intrometer no exercício da função administrativa, parecendo que sim (para isso, v., por todos, enunciando as várias posições

INTRODUÇÃO

desatendido ou integral e permanentemente sacrificado[96]. Atendendo a que harmonização não implica compromisso nem obsta a que haja um bem, interesse ou valor "vencido" e outro "vencedor"[97], há harmonização igualitária, paritária, equitativa ou equilibrada se os bens, interesses ou valores colidentes logram graus de realização, satisfação ou proteção equivalentes; ou não igualitária, não paritária, não equitativa ou desequilibrada se os bens, interesses ou valores colidentes logram graus de realização, satisfação ou proteção não equivalentes[98]. Na seção seguinte, distinguiremos harmonização otimizadora e não otimizadora.

Exemplo de harmonização legislativa, é o do artigo 33º-A da lei orgânica do Sistema de Informações da República Portuguesa (SIRP)[99], sobre a colisão entre o direito de defesa dos funcionários do SIRP em processo penal e o segredo de Estado.

---

doutrinais, MORAIS, *ob. cit.*, pp. 175 ss.), fica a indicação de que o conceito de lei é essencialmente formal. Consequentemente, norma legislativa é *a norma no sentido lato que é dado pelo TC contida em qualquer ato formalmente legislativo*. Sempre que no texto se empregar essa expressão é com esse sentido.

[96] CANOTILHO, *Direito...*, 7ª ed., p. 1241.

[97] MUZNY, *La technique de proportionnaloté...*, p. 342.

[98] Como veremos (*infra*, capítulo 9), o conceito de harmonização que assume posição vetorial ao longo deste trabalho não se reporta ao conceito de *leis harmonizadoras* proposto por alguma doutrina (cfr., por todos, ANDRADE, *Os Direitos...*, 5ª ed., pp. 298 ss.) em contraposição às leis restritivas e as outras categorias de leis interventivas nos direitos fundamentais.

[99] Lei nº 30/84, na redação da Lei Orgânica nº 4/2014, de 13 de Agosto. O artigo citado tem justamente a epígrafe "Colisão entre segredo de Estado e direito de defesa". A redação é a seguinte:
1 – Nenhum funcionário, agente ou dirigente dos serviços de informações, das estruturas comuns e do gabinete do Secretário-Geral, arguido em processo criminal, pode revelar factos abrangidos pelo segredo de Estado e, no tocante aos factos sobre os quais possa depor ou prestar declarações, não deve revelar as fontes de informação, nem deve ser inquirido sobre as mesmas, bem como sobre o resultado de análises ou sobre elementos contidos nos centros de dados ou nos arquivos.
2 – Se, na qualidade de arguido, o funcionário, agente ou dirigente dos serviços de informações, das estruturas comuns e do gabinete do Secretário-Geral invocar que o dever de sigilo sobre matéria classificada como segredo de Estado afeta o exercício do direito de defesa, declara-o perante a autoridade judicial, a quem compete ponderar sobre se tal pode revestir-se de relevância fundamental para o exercício do direito de defesa.
3 – Entendendo que a informação sob segredo de Estado pode revestir-se de relevância fundamental para o exercício da defesa, a autoridade judicial comunica o facto ao Primeiro-Ministro, que autoriza, ou não, o seu levantamento.
4 – Para efeitos de exercício do direito de defesa, o arguido deve circunscrever a matéria que considera relevante para o exercício do respetivo direito e, em caso algum, pode requerer ser desvinculado genericamente do dever de sigilo, bem como revelar as fontes de informação ou o resultado de análises ou elementos contidos nos centros de dados ou nos arquivos."

O PRINCÍPIO DA PROIBIÇÃO DO EXCESSO

3.2. Otimização

A harmonização optimizadora ou *otimização* é um conceito controvertido e polissémico. Não havendo consenso sobre uma definição de otimização, tomamos como referência a seguinte: *promoção da melhor solução possível ou de uma das melhores soluções possíveis de equilíbrio entre os bens, interesses ou valores colidentes ou, havendo desequilíbrio, da melhor solução ou de uma das melhores soluções de desequilíbrio entre os bens, interesses ou valores colidentes.* Inseparável da noção de otimização é a ideia de *melhor solução possível.* Todavia, pode haver mais do que uma hipótese de melhor solução possível (empate entre melhores soluções possíveis). Por outro lado, pode haver otimização com ou sem tutela equilibrada dos bens interesses ou valores, ou seja, paritária e a não paritária.

Harmonização não otimizadora é toda a que não é recoberta pelo conceito de harmonização otimizadora ou otimização[100].

3.3. Proporcionalidade ou proibição do excesso?

No contexto continental europeu e sul-americano há quem use "proporcionalidade"[101] e há quem opte por "proibição do excesso"[102]. Trata-se de uma simples preferência estética ou há mais do que isso? Há quem considere as duas expressões sinónimas, utilizando-as cumulativamente ou preferindo uma, mas também há quem lhes atribua significados distintos.

3.3.1. Orientações aglutinadoras

A orientação mais difundida é no sentido de considerar proporcionalidade e proibição do excesso conceitos sinónimos[103] – podendo ser usados indiferentemente ou até cumulativamente –, ou parcialmente sinónimos. Dentro das orientações aglutinadoras é possível vislumbrar, portanto, pelo menos, (i) uma opção integralmente aglutinadora; (ii) uma opção parcialmente aglutinadora.

---

[100] Alguns autores defendem que a definição do texto corresponde unicamente à *otimização em sentido estrito* (*Optimierung i.e.S.*): cfr. SIECKMANN, «Zur Begründung von Abwägungsurteilen...», p. 48; CLÉRICO, *Die Struktur...*, pp. 219 ss.; *idem*, *El examen...*, p. 267. Além daquela noção, haveria outra, *de otimização em sentido amplo*, que abrangeria também aceções de otimização não vinculadas à adoção da melhor ou de uma das melhores soluções possíveis. Esta segunda aceção não será usada neste trabalho.

[101] Sobre a origem etimológica do vocábulo proporcionalidade, a partir de αναλογία (analogia) e da sua derivação latina *proportionalitas*, v. NOGUEIRA, *Direito Fiscal...*, p. 40.

[102] Para uma súmula, BONAVIDES, *Curso de Direito Constitucional*, 25ª ed., pp. 402 ss.

[103] STERN, «Zur Entstehung...», pp. 165 ss.; OSSENBÜHL, «Masshalten...», p. 152; GRABITZ, «Der Grundsatz...», p. 570; RESS, «Der Grundsatz...», p. 4; MERTEN, «Der Verhältnismäßigkeitsgrundsatz», p. 545.

INTRODUÇÃO

A conceção integralmente aglutinadora usa indiferentemente proibição do excesso e proporcionalidade como conceitos sinónimos, mesmo quando entende que um ou outro é mais apropriado[104]. A conceção parcialmente aglutinadora admite uma coincidência entre as duas noções apenas parcial. Assim, alguma jurisprudência do Tribunal Constitucional alemão emprega o termo excesso ou excessivo para denotar simplesmente o segmento da proporcionalidade em sentido estrito[105].

Mas mesmo quem aceite a sinonímia mostra por vezes preferência por uma ou outra das hipóteses, em função de critérios de (i) popularidade, (ii) capacidade distintiva, (iii) capacidade de síntese dos segmentos, (iv) correspondência ao sentido material ou até da (v) carga de emotividade.

Em Portugal, o índice da popularidade parece pender para "princípio da proporcionalidade". É a designação preferida pela maioria da doutrina[106] e da

---

[104] Por exemplo, HIRSCHBERG, *Der Grundsatz...*, p. 19; SCHNAPP, *Die Verhältnismäßigkeit des Grunderechtseingriffs*, p. 852; WENDT, *Der Garantiegehalt...*, p. 415; KLUTH, «Prohibición de excesso y principio de proporcionalidad...», pp. 219-220. Na doutrina portuguesa, F. A. CORREIA, *O plano urbanístico...*, p. 441; MÁRIO ESTEVES DE OLIVEIRA, PEDRO COSTA GONÇALVES, J. PACHECO AMORIM, *Código do Processo...*, p. 153; CANOTILHO/VITAL MOREIRA, *Constituição da República Portuguesa anotada*, 1ª ed. (1978), p. 84; 2ª ed. (1984), p. 170; 3ª ed. (1993), p. 152; MARGARIDA M. O. CABRAL, *Poder de expropriação...*, p. 122; PAULO PITTA E CUNHA/JORGE COSTA SANTOS *Responsabilidade Tributária dos Administradores ou Gerentes*, Lisboa, 1999, p. 117; ALEXANDRINO, *Direitos...*, p. 134; LEÃO, *Notas...*, pp. 999 ss.; ANDRADE, em alguns locais do seu *Os Direitos...* (p. 144, por exemplo); SAMPAIO, *O Dever de protecção policial...*, pp. 137 ss. A hesitação entre as duas designações é patente em alguns autores de referência na doutrina nacional, como J. J. GOMES CANOTILHO que, após ter oscilado ao longo de várias obras entre proporcionalidade e proibição do excesso, se firmou a dada altura na opção "princípio da proporcionalidade" (cfr. 5ª ed. do *Direito Constitucional*, p. 386). Mas na 6ª edição do *Direito Constitucional*, p. 382, a epigrafe da secção respetiva foi alterada de "princípio da proporcionalidade" para "princípio da proibição do excesso", recuperando a terminologia utilizada desde a 1ª ed. da obra produzida em parceria com VITAL MOREIRA, *Constituição da República Portuguesa anotada*, pp. 84 e 471, acima citada.

[105] EMILIOU, *The Principle...*, p. 25; parece ser essa também a opção de VASCO PEREIRA DA SILVA, *A Cultura...*, p. 105.

[106] V., entre outros, VITAL MOREIRA, *A ordem jurídica...*, pp. 150, 225; MARCELO REBELO DE SOUSA, *Direito...*, p. 93 e *Lições...*, p. 144; MARCELO REBELO DE SOUSA/ANDRÉ SALGADO DE MATOS, *Direito Administrativo Geral*, tomo I, 2ª ed., p. 211; SÉRVULO CORREIA, *Legalidade...*, p. 113 e outros locais; MIRANDA, *Manual ...*, tomo IV, 4ª ed., pp. 279 ss. e muitos outros locais; FREITAS DO AMARAL, *Direito...*, II, p. 202; ANDRADE, *O dever de fundamentação...*, p. 383 e outros locais; FERNANDO A. CORREIA, *O plano urbanístico...*, pp. 441 ss.; VAZ, *Lei e reserva da lei...*, p. 328; VINÍCIO RIBEIRO, *A Constituição...*, p. 37; NUNO E SOUSA, *A liberdade de imprensa*, pp. 267, 292 (cfr., porém, *idem*, p. 73); M. LUÍSA DUARTE, *A liberdade de circulação...*, p. 300; ALMEIDA, *Procedimento...*, p. 475; EDUARDO PAZ FERREIRA, *Da dívida pública...*, p. 153; GOUVEIA, *O Estado de Excepção...*, pp. 825 ss.; LÚCIA AMARAL, *Responsabilidade...*, pp. 285, 287, 340, 444, 464, 519, 520, 522 (porém, diferentemente, *A Forma da República*, pp. 184 ss.); NOGUEIRA, *Direito Fiscal...*, *cit.*; SUZANA SILVA, «O Tetralemma...»,

O PRINCÍPIO DA PROIBIÇÃO DO EXCESSO

jurisprudência relevante[107], além de ter obtido consagração positiva na Constituição e na lei ordinária, circunstância que a alternativa "proibição do excesso" não pode invocar a seu favor. O mesmo sucede noutros ordenamentos jurídicos[108], incluindo nos novos espaços de expansão do princípio, particularmente nos Estados que usam a língua inglesa como primeira língua ou como língua de referência, onde os termos *proportionality* ou *proportionality principle* são universalmente empregues.

Ao invés, a expressão proibição do excesso tem um índice distintivo superior. Mesmo que não se tome em consideração o contexto em que as noções surgem, não há, por exemplo, possibilidade de confusão entre "proibição do excesso" e as várias expressões do que designaremos por proporcionalidade quantitativa (a proporcionalidade do direito eleitoral, a proporcionalidade do direito tributário, etc.). Além disso, não há possibilidade de confusão entre o princípio globalmente considerado e um dos seus segmentos, a proporcionalidade em sentido estrito.

A noção de proibição do excesso é também a que melhor sintetiza os segmentos em que o princípio se desdobra: a ideia geral subjacente é que as normas não devem exceder, *ir além*, do que é adequado e necessário para atingir um fim, nem ser desproporcionadas aos efeitos que se pretende atingir. Pode até suceder que o princípio se contente com a *não desproporcionalidade*, não exigindo *positivamente* a proporcionalidade, pelo que falar-se de princípio da proporcionalidade seria enganador[109].

As palavras não possuem apenas um significado, podem também transportar consigo a própria avaliação (jurídica, ética, etc.) do significante[110]. Contudo, as duas expressões parecem possuir "carga de emotividade" equivalente, pelo que esse critério não desempenha aqui papel relevante.

---

cit.; Morais, *Curso...*, tomo II, vol. II; Otero, *Manual de Direito Administrativo*, p. 370. O próprio autor destas linhas utilizou esse *nomen* como título de entradas em enciclopédias (1994, 2013).

[107] V. *infra*, capítulo 3.

[108] Mas não na jurisprudência constitucional alemã onde o *BVerfG* muito raramente fala de princípio da proporcionalidade, preferindo proibição do excesso: Kluth, «Prohibición de exceso y principio de proporcionalidad», *cit.*

[109] Sobre estes argumentos, Merten, «Der Verhältnismäßigkeitsgrundsatz», p. 546; cfr. Larenz, *Richtiges Recht. Grundzüge einer Rechtsethik*, Beck, München, 1979, pp. 130 ss.

[110] Sobre a importância da carga emotiva que cada expressão carrega, v., por todos, Charles L. Stevenson, *Ethics and Language*, Yale University Press, 1944, pp. 31 ss.; Alexy, *Teoria de la Argumentación...*, pp. 56 ss. No campo da proibição do excesso, cfr. Hirschberg, *Der Grundsatz...*, p. 41.

INTRODUÇÃO

3.3.2. Orientações diferenciadoras

A fungibilidade entre proibição do excesso e proporcionalidade é negada por alguns autores[111]. É o caso do setor que identifica o princípio da proibição do excesso com um específico limite aos limites dos direitos fundamentais, *a proteção do núcleo essencial dos direitos fundamentais*. Proibição do excesso significaria proibição da afetação do núcleo essencial ou mínimo dos direitos fundamentais. Haveria excesso sempre que o núcleo essencial não se mostrasse devidamente salvaguardado perante uma medida restritiva[112].

É certo que à garantia de um núcleo essencial dos direitos totalmente salvaguardado perante eventuais restrições ou limites subjaz também uma preocupação de obviar a uma restrição *intolerável*, uma restrição que possa ofender o núcleo mais básico de um direito fundamental de modo tal que o desvitalize. E é exato que a proteção do núcleo essencial dos direitos fundamentais não se deve confundir com a proporcionalidade clássica. É nessa direção que se avançará mais adiante[113]. Contudo, não parece que a forma mais transparente e clarificadora de expressar essa partição seja designar aquela proteção através da expressão *proibição do excesso*, distinguindo-a da proporcionalidade. O conceito de proibição do excesso adquiriu na dogmática e na jurisprudência um préstimo mais amplo do que a garantia do conteúdo essencial de direitos fundamentais (ou, mais especificamente, dos direitos liberdades e garantias).

3.3.2.1. *Proibição do excesso como conceito mais amplo*

Uma orientação doutrinal minoritária atribui ao princípio da proibição do excesso um alcance mais abrangente do que o princípio da proporcionalidade, sendo este apenas um dos elementos daquele[114]. O princípio da proibição do excesso teria como elementos integrantes a idoneidade, a necessidade e o princípio da proporcionalidade em sentido próprio (coincidente com a propor-

---

[111] Por exemplo, ZIPPELIUS, *Allgemeine Staatslehre*, p. 291; ALMEIDA, *Procedimento...*, p. 476; ÁVILA, *Teoria...*, 7ª ed., p. 146.

[112] Neste sentido, por exemplo: ÁVILA, *Teoria...*, 1ª ed., pp. 89 ss., 7ª ed., pp. 146 ss. Por outro lado, MARCELO REBELO DE SOUSA/ANDRÉ SALGADO DE MATOS, *Direito Administrativo Geral*, tomo I, 2ª ed., p. 211, identificam necessidade com proibição do excesso.

[113] V. *infra*, capítulo 9.

[114] Na doutrina nacional, reportamo-nos à doutrina de NOVAIS, *As restrições...*, pp. 729-799; ligeiramente diferente, *Os Princípios...*, pp. 163 ss.

O PRINCÍPIO DA PROIBIÇÃO DO EXCESSO

cionalidade em sentido estrito), mas também o princípio da razoabilidade[115], o princípio da determinabilidade[116] e a garantia do conteúdo essencial[117].

3.3.2.2. *Proporcionalidade como conceito mais amplo*

Ultimamente tem obtido crescente adesão a orientação que vê na proibição do excesso uma mera componente ou um desdobramento da proporcionalidade. Esta abrangeria a proibição do excesso (*Übermaßverbot*) e a proibição do defeito (*Untermaßverbot*)[118]. Procurando aqui uma primeira noção, a precisar adiante, *grosso modo* o primeiro conceito reportar-se-ia ao exame das restrições ou limitações de bens, interesses ou valores, designadamente direitos, liberdades e garantias na sua vertente negativa, que postulam uma abstenção de intervenção por parte do Estado, enquanto o segundo presidiria ao exame das situações em que o Estado incorre – designadamente através de omissões – em

[115] NOVAIS, *As restrições...*, pp. 765 ss.; *Os Princípios...*, pp. 187 ss. V. o que sobre isso dizemos no capítulo 26.

[116] NOVAIS, *As restrições...*, pp. 769 ss.; *Os Princípios...*, pp. 191 ss. O raciocínio é o seguinte: a determinabilidade é também um elemento da proibição do excesso "na medida em que uma restrição de contornos não antecipadamente bem firmados alarga potencialmente a margem de actuação restritiva dos poderes constituídos"; "uma restrição de enunciado vago ou não precisamente determinado abre a possibilidade de intervenções restritivas que vão eventualmente além do que é estritamente exigido pela salvaguarda dos bens dignos de protecção que justificava a restrição". A inclusão da determinabilidade resultará, porventura, de se assumir que as normas legislativas mais *fact-sensitive* têm maior possibilidade de ser proporcionais do que as *fact-insensitive*. Todavia, a premissa de que NOVAIS parte para desenhar este sub-princípio supranumerário da proibição do excesso, isto é, a premissa de que a indeterminação potencia inevitavelmente a ampliação ou a agravação da restrição e, portanto, deve ser limitada pela proibição do excesso – ou por uma sua componente –, não é exata. A indeterminação ou o uso de conceitos indeterminados pela lei não é uma via de sentido único: tanto pode induzir a interpretações e práticas ampliativas da restrição, como pode resultar em interpretações e práticas restritivas da restrição. Admite-se a vigência de um *princípio da proibição da indeterminação* em certos domínios mais protegidos, como o das restrições de direitos, liberdades e garantias, ou o direito de polícia, decorrência de uma certa concepção do Estado de Direito e do princípio da legalidade e até se admite que o uso de conceitos indeterminados pelo legislador possa estar, ele próprio, sujeito à proibição do excesso e seus segmentos. Mas aquele princípio é autónomo em relação à proibição do excesso, não o integrando como uma sua componente. Não parece que, designadamente em situações de grande incerteza, deva ser vedado ao legislador refugiar-se em regimes jurídicos com alguma dose de indeterminação e imprecisão, cuja colmatação é deixada ao aplicador, não implicando isso necessariamente a desproporcionalidade da norma. Para esse debate, cfr. SALES/HOOPER, «Proportionality...», pp. 428 ss.; EKINS, «Legislating...», pp. 350-351; HART, *The Concept...*, 2ª ed., p. 128.

[117] NOVAIS, *As restrições...*, pp. 779 ss. É pelo menos o que resulta do tratamento sistemático do tema, inserido na rúbrica da proibição do excesso. V., porém, em sentido diverso, *Os Princípios...*, pp. 161 ss.

[118] V. ALEXY, «Sobre la estructura...», p. 129; «On Constitutional Rights...», p. 11; KLATT/MEISTER, *The Constitutional...*, p. 97.

INTRODUÇÃO

eventual défice de comportamentos ativos cumpridores de deveres constitucionais. Como veremos adiante, trata-se de um razoável ponto de partida, mas
a requerer importantes precisões.

3.3.3. Terminologia adotada

Neste trabalho, usaremos a expressão proporcionalidade em sete sentidos: (i)
proporcionalidade clássica ou princípio clássico da proporcionalidade; (ii) proporcionalidade moderna ou princípio moderno da proporcionalidade; (iii) proporcionalidade da lei penal e das penas; (iv) proporcionalidade equitativa; (v)
proporcionalidade quantitativa; (vi) proporcionalidade ou princípio da proporcionalidade; (vii) proporcionalidade em sentido estrito[119].

Em contrapartida, a expressão proibição do excesso, que dá o título a este
trabalho, é empregue num único sentido.

3.3.3.1. *Proporcionalidade clássica ou princípio clássico da proporcionalidade*

Quando nos referimos a *proporcionalidade clássica* ou *princípio clássico da proporcionalidade*, aludimos à proporcionalidade em sentido amplo (abreviadamente,
proporcionalidade e.s.a.) tal como inicialmente construída pela teoria e jurisprudência constitucionais a partir da década de 1950. Esse conceito e aquilo
que ele denota, continua a predominar na literatura alemã e nos instrumentos
de direito internacional. Além disso, é o único (re)conhecido pela maior parte
dos autores de origem ou cultura anglo-saxónica que tomam como referência
ordenamentos como o dos EUA, Reino Unido, Canadá, Austrália ou África do
Sul. O conceito de proporcionalidade clássica é sinónimo de *proibição do excesso*.
Aqui e ali utilizá-los-emos indiferentemente e, eventualmente, também a expressão compósita *"princípio da proibição do excesso ou da proporcionalidade clássica"*,
ou vice-versa (sobretudo quando nos referimos a autores, jurisprudência ou
ordenamentos que preferem proporcionalidade), embora os critérios da capacidade distintiva, de síntese e de adesão ao conteúdo material façam inclinar
para uma utilização mais frequente do *nomen* proibição do excesso.

3.3.3.2. *Proporcionalidade moderna ou princípio moderno da proporcionalidade*

Este trabalho sugere e demonstra que há uma versão mais recente da proporcionalidade que se distingue da clássica. Essa versão mais recente congrega

---

[119] Na doutrina circulam outras designações, como a de *proporcionalidade mais* (VANDENHOLE,
«Conflicting economic and social rights....», *cit.*), que seria uma versão da proporcionalidade
clássica aplicável a vários tipos de colisões que envolvem direitos económicos, sociais e culturais.
Todavia, nem parece que nesses casos se deva recorrer à proporcionalidade clássica (na maior
parte dos casos, trata-se de proibição do defeito), nem é demonstrado que haja verdadeiramente
qualquer adaptação.

O PRINCÍPIO DA PROIBIÇÃO DO EXCESSO

vários instrumentos de harmonização. Quando a ela nos reportamos usamos a expressão *proporcionalidade moderna* ou *princípio moderno da proporcionalidade*[120].

Neste caso não há coincidência total entre este sentido de proporcionalidade e proibição do excesso. Esta é *apenas um* dos quatro instrumentos que se abrigam sob a noção de proporcionalidade moderna: (i) proibição do excesso; (ii) proibição do defeito; (iii) proporcionalidade da lei penal e das penas; (iv) proporcionalidade equitativa. A proporcionalidade da lei penal e das penas respeita à específica refração da proporcionalidade clássica no domínio penal. A proporcionalidade equitativa aponta para soluções em que bens, interesses ou valores colidentes fazem cedências reciprocas em termos tendencialmente igualitários.

3.3.3.3. *Proporcionalidade quantitativa*
Não tem vocação primordialmente *harmonizadora* a proporcionalidade quantitativa: a proporcionalidade do direito eleitoral, a proporcionalidade dos impostos e das taxas ou a proporcionalidade no cálculo de indemnizações por nacionalização ou expropriação são noções que apelam a uma relação contabilística ou matemática entre duas grandezas quantitativamente medidas.

3.3.3.4. *Princípio da proporcionalidade*
Quando nos referimos genericamente à dogmática da proporcionalidade, em termos que abrangem indiferenciadamente tanto a modalidade clássica como a moderna, usaremos simplesmente *proporcionalidade* ou *princípio da proporcionalidade.*

3.3.3.5. *Proporcionalidade em sentido estrito*
A noção de proporcionalidade em sentido estrito (ou, abreviadamente, proporcionalidade e.s.e.) reporta-se ao segmento ponderativo dos instrumentos de harmonização que se abrigam sob o conceito de proporcionalidade moderna.

3.4. Segmentos da proibição do excesso
A proibição do excesso – tal como os outros instrumentos de ponderação e harmonização – decompõe-se estruturalmente. Dessa decomposição resulta aquilo que é vulgo designar-se de passos, etapas, componentes, máximas, testes, subprincípios, elementos internos, manifestações, desdobramentos, crivos

---

[120] Correndo o risco de alguma colisão com os autores que consideram a proporcionalidade moderna aquilo que designamos de clássica. Por exemplo, Nogueira, *Direito Fiscal...*, p. 50, *passim*, liga o "conceito jurídico-moderno" de proporcionalidade à configuração do princípio tal como construída a partir do final do século XVIII; no mesmo sentido, Ruiz/de la Torre Martinez – «Algunas aplicaciones e implicaciones...», p. 30, e outros.

INTRODUÇÃO

ou *segmentos*. Pela nossa parte, preferimos falar de *segmentos* ou de *segmentos normativos* do princípio da proibição do excesso, sem que a isso se possa atribuir qualquer significado especial no plano substantivo ou de regime.

3.4.1. Questão prévia: dois, três, quatro ou cinco?

Também os segmentos levantam questões terminológicas, algumas vezes correspondentes a questões de fundo. O tratamento dessa matéria pressupõe, todavia, uma primeira posição sobre quantos e quais os segmentos da proibição do excesso.

Uma das primeiras obras marcantes sobre o nosso tema, *Übermass und Verfassungsrecht*, de LERCHE (1961), fazia referência apenas a dois segmentos da proibição do excesso (Übermaßverbot): proporcionalidade (*Verhältnismäßigkeit*) e necessidade (*Erforderlichkeit* ou *Notwendigkeit*). Não era feita alusão à máxima da adequação (*Geeignetheit*)[121]. Por outro lado, segundo um setor da doutrina, a conceção da proporcionalidade adotada no Reino Unido consiste simplesmente na apreciação da adequação e da necessidade[122].

Em 1973, GRABITZ assinala a instabilidade terminológica da jurisprudência do *BVerfG* e da doutrina antecedente e propõe a consolidação de três segmentos do princípio da proporcionalidade em sentido lato (*Verhältnismäßigkeit in weiterer Sinne*)[123]: *Geeignetheit* (adequação), *Erforderlichkeit* (exigibilidade, indispensabilidade ou necessidade), *Proportionalität* (proporcionalidade)[124]. Esta sistematização tornar-se-ia uma das mais seguidas, não obstante se saber que, apesar de ter pontos de referência jurisprudenciais, era meramente doutrinal. O Tribunal Constitucional alemão, para lá da inconstância quanto à designação do princípio e dos seus segmentos, por si só não conseguiu – ou não achou relevante- sedimentar amarras terminológicas fixas para qualificar

---

[121] LERCHE, Übermass., pp. 19 ss.; v., também, GENTZ, p. 1600; GRABITZ, «Der Grundsatz der Verhältnismäßigkeit...», p. 571 (tendo em conta que a adequação envolve uma relação qualitativa entre meio e fim, seria melhor abdicar de a inserir na proporcionalidade); EMILIOU, *The Principle...*, p. 25, adere a essa posição. Sempre se poderá dizer, no entanto, que a noção de *Geeignetheit*, sendo prévia à de *Erforderlichkeit*, tinha de estar implícita: cfr. HIRSCHBERG, *Der Grundsatz...*, p. 18.

[122] RIVERS, «Proportionality and Variable...», pp. 176 ss., distingue entre a conceção da proporcionalidade como «limitadora do Estado» e a conceção da proporcionalidade como «otimização». A primeira seria adotada no Reino Unido e consistiria simplesmente na apreciação da *importância do fim, adequação e necessidade* ou, mais rigorosamente, na verificação da eficiente realização dos fins previamente estabelecidos, sem *balancing*. A segunda seria adotada na Europa continental e permite o *balancing* de interesses públicos e direitos ou entre direitos.

[123] GRABITZ, «Der Grundsatz der Verhältnismäßigkeit...», pp. 570 ss.; também *Freiheit und Verfassungsrecht*, p. 84.

[124] GRABITZ, «Der Grundsatz der Verhältnismäßigkeit...», p. 571, aceita a proposta de GENTZ («Zur Verhältnismäßigkeit von Grundrechteingriffen...», p. 1601), no sentido de substituir *Verhältnismäßigkeit im engeren Sinne* por *Proportionalität*.

O PRINCÍPIO DA PROIBIÇÃO DO EXCESSO

atos ou comportamentos à luz do princípio: utiliza conceitos como "excessivo", "inconveniente", "razoável", "justo", "insubstituível", "necessário", "indispensável", "absolutamente necessário", "adequado", "apropriado", "apto", "intervenção mínima", "meios mais suaves", "tolerável" e outros[125]. O Tribunal Constitucional português seguiu-lhe, nesse aspeto como noutros, as pisadas.

Esta pode considerar-se a orientação maioritária, mas a decomposição em três segmentos não teve apenas esta modalidade. Por exemplo, SCHLINK defende uma conceção da proporcionalidade clássica aplicável no controlo de normas legislativas reduzida a três componentes, fim e meio legítimos, adequação e necessidade, considerando prescindível a proporcionalidade e.s.e[126]. Não fica longe HOGG quando, refletindo sobre o quadro canadiano, sustenta que a proporcionalidade e.s.e. é desnecessária, sendo a sua função cumprida pelo exame da legitimidade do fim[127].

Podem considerar-se meras derivações da conceção maioritária dos três segmentos duas outras orientações: aquela que falando em três segmentos, verdadeiramente tem como referência quatro[128]; e a que considera um dos pressupostos da proibição do excesso uma sua componente estrutural, aludindo, por isso, a quatro segmentos. Exemplo mais flagrante deste último caso é o de um setor importante da literatura, particularmente anglo-saxónica – ou por ela

---

[125] Cfr. a compilação da terminologia jurisprudencial e doutrinal em HIRSCHBERG, *Der Grundsatz...*, p. 20.

[126] Como se verá em repetidas ocasiões, alguns dos trabalhos de SCHLINK (particularmente os iniciais, como *Abwägung...*, *cit.*, «Freiheit...», *cit.*, ou «Der Grundsatz der Verhältnismäßigkeit», *cit.*; v., porém, menos vincadamente, o recente «Proportionality in Constitutional Law...», *cit.*) são vistos como a referência mais proeminente de um modelo alternativo à conceção dominante do princípio da proporcionalidade. Nesse modelo, a proporcionalidade e.s.e. funcionaria como *standard* de controlo das normas legislativas pelo Tribunal Constitucional apenas em casos residuais e excecionais e, mesmo então, não exigiria qualquer operação de ponderação mas apenas a apreciação e verificação de que o conteúdo mínimo do direito restringido foi respeitado: SCHLINK, *Abwägung*, pp. 76 ss. e 192; *idem*, «Der Grundsatz der Verhältnismäßigkeit», pp. 458 ss., 461; PIEROTH/SCHLINK, *Direitos Fundamentais...*, p. 85. Para uma explicação, ŠUŠNJAR, *Proportionality...*, p. 78; na mesma linha, mas com propostas de complementação, recentemente, BERNSTORFF, «Proportionality without Balancing...», *cit.*

[127] HOGG, *Constitutional Law of Canada*, 5ª ed., vol. II, Thomson Carswell, Toronto, 2007, p. 153 (*apud* BARAK, *Proportionality...*, p. 247); em Portugal, defende uma posição próxima COUTINHO, «Sobre a justificação das restrições, pp. 572 ss. Todavia, mesmo no Canadá, a maioria dos autores permanece fiel à estrutura de três segmentos: assim, recentemente, THORBURN, «Proportionality», p. 309. Uma variante, com base na decisão *Oakes*, de 1986, distingue *dois passos*, o primeiro incidente sobre o fim, o segundo sobre a adequação (*rational connection*), necessidade (*minimal impairment*) e proporcionalidade: RÉAUME, «Limitations on Constitutional Rights...», p. 5.

[128] Por exemplo, quando se engloba no mesmo segmento o *fim legítimo* e a *adequação*: KUMM, «Democracy is not enough...», p. 10; BOROWSKI, *Grundrechte...*, 2ª ed., p. 186; PULIDO, *El principio...*, p. 694; JANE PEREIRA, «Os imperativos da proporcionalidade e da razoabilidade...», p. 10.

INTRODUÇÃO

influenciada, mas não só –, que tende a tratar o fim como um dos elementos ou passos da proporcionalidade clássica, juntamente com os três referidos anteriormente. A determinação e demonstração de um fim *legítimo* (*legitimate* ou *proper end*, no sentido de fim *válido*) seria o quarto (ou, do ponto de vista lógico, o primeiro) elemento do princípio[129].

As correntes que falam de cinco segmentos são minoritárias, não havendo, aliás, uniformidade entre elas[130]. Em alguns casos resultam de conceções ampliativas ou até desvirtuadoras da proibição do excesso.

Em Portugal, a tese dos *três segmentos* adquiriu relativa estabilidade. Recebe o favor da maioria da doutrina[131]. É o caso, entre outros, de José Carlos Vieira de Andrade[132], Canotilho/Moreira[133], J. J. Canotilho[134], Fernando

---

[129] Möller, «The Right to Life...», p. 3; «Proportionality...», p. 711; Reuter, «Die Verhältnismäßigkeit...», p. 513; Webber, *The Negotiable...*, pp. 71 ss.; Hickman, «The Substance...», p. 701; Klatt/Meister, *The Constitutional Structure...*, p. 8; Petersen, «How to Compare the Length...», p. 1393; Brady, *Proportionality...*, p. 7; Pirker, *Proportionality...*, pp. 15 ss.; Huscroft/Miller/Webber, «Introduction», p. 2; Fordham/De La Mare, «Identifying the Principles...», p. 28; Urbina, «A critique of proportionality», p. 49; Sartor, «A Sufficientist Approach...», pp. 58-59; Jane Pereira, «Os imperativos da proporcionalidade e da razoabilidade...», p. 19; Cohen-Eliya/Porat, *Proportionality...*, p. 2; Prieto Sanchís, *Neoconstitucionalismo...*, p. 128; Rautenbach, «Proportionality...», p. 2233. Em Portugal, v. Melo, *Notas de contencioso...*, pp. 24 ss.

[130] A título de exemplo, Harald Schneider, *Güterabwägung...*, p. 203, fala de adequação, necessidade, proporcionalidade e.s.e., proibição do excesso e razoabilidade. Como referido em nota anterior, Novais, engloba no contexto do princípio da proibição do excesso, além dos princípios da idoneidade ou aptidão, da indispensabilidade e da proporcionalidade, o princípio da razoabilidade, o princípio da determinabilidade e a garantia do conteúdo essencial: *Restrições...*, pp. 729-798. Esta orientação sofreu uma alteração em *Princípios...*, *cit.*, pp. 161 ss., tendo caído a referência à garantia do conteúdo essencial. Merten, «Der Verhältnismäßigkeitsgrundsatz», pp. 546-547, prefere legitimidade constitucional dos fins e meios, adequação, necessidade, proporcionalidade e.s.e. e razoabilidade.

[131] Cfr., porém, António Damasceno Correia, *Estado de sítio e de emergência em democracia*, Lisboa, s.d., pp. 129-130, referenciando os corolários da *conformidade* ou *adequação* e da *necessidade* ou *exigibilidade* (material, espacial, temporal, pessoal).

[132] *Os direitos...*, p. 223: sacrifício necessário e adequado e proporcionalidade e.s.e.; *Os direitos...*, 2ª edição, pp. 296, 300, 346: adequação (ou idoneidade), necessidade, proporcionalidade em sentido estrito.

[133] *Constituição da República Portuguesa*, 3ª ed., p. 152; 4ª ed., pp. 392-393: princípio da adequação, princípio da exigibilidade e princípio da proporcionalidade e.s.e.

[134] *Constituição dirigente...*, p. 198: necessidade, adequação, proporcionalidade; *Direito Constitucional...*, 7ª ed., pp. 269-270: princípio da conformidade ou adequação, princípio da exigibilidade ou da necessidade, princípio da proporcionalidade em sentido restrito. Todavia, as frequentes referências ao princípio revelam alguma oscilação, inclusive quanto ao número de máximas. Na primeira obra referida chegam a ser enunciadas quatro: princípio do excesso, princípio da exigibilidade, princípio da proporcionalidade, princípio da adequação (p. 274).

O PRINCÍPIO DA PROIBIÇÃO DO EXCESSO

Alves Correia[135], Sérvulo Correia e Maria Luísa Duarte[136], Jorge Miranda[137], Marcelo Rebelo de Sousa[138], Mário Esteves de Oliveira/P. Costa Gonçalves/J. Pacheco Amorim[139], António Sousa[140], José Mário Ferreira de Almeida[141], David Duarte[142], Paulo de Pitta e Cunha/Jorge Costa Santos[143], Anabela Leão[144], Jorge Bacelar Gouveia[145], Lúcia Amaral[146], João Nogueira[147], Freitas do Amaral[148], Mariana Melo Egídio[149],

[135] *O plano urbanístico...*, p. 441: subprincípios da adequação, necessidade e proporcionalidade e.s.e.

[136] Sérvulo Correia, *Legalidade e autonomia contratual...*, pp. 114, 661: aptidão ou adequação, indispensabilidade, equilíbrio. No entanto, nas pp. 670 e 748 substitui a expressão equilíbrio pelo conceito de razoabilidade. Adere a terminologia semelhante Maria Luísa Duarte, *A liberdade...*, p. 302.

[137] *Manual...*, IV, 2ª ed., p. 218; 3ª ed., p. 207; 5ª ed., p. 308: subprincípios de necessidade, adequação e racionalidade ou proporcionalidade e.s.e.

[138] *Lições de direito administrativo*, pp. 145-146: necessidade, adequação, ajustamento de meios ao fim. V., também, Marcelo Rebelo de Sousa/André Salgado de Matos, *Direito Administrativo Geral*, tomo I, 2ª ed., Dom Quixote, Lisboa, pp. 211 ss.: adequação, necessidade (ou proibição do excesso), razoabilidade (ou proporcionalidade e.s.e.).

[139] *Código do Processo...*, p. 154: princípios da adequação, necessidade e proporcionalidade e.s.e.

[140] «Conceitos indeterminados»..., p. 230: princípios da adequação, da necessidade e da proporcionalidade e.s.e.

[141] *Procedimento...*, p. 476: "manifestações" do princípio seriam a razoabilidade, a adequação e a proibição do excesso.

[142] *Procedimentalização...*, p. 321: "vertentes principais" ou "dimensões injuntivas de proporcionalidade" seriam a aptidão, a necessidade e o equilíbrio.

[143] *Responsabilidade Tributária dos Administradores ou Gerentes*, Lisboa, 1999, p. 117: vertentes ou subprincípios da adequação, da exigibilidade, da necessidade ou da determinação do meio mais suave, e da proporcionalidade em sentido estrito.

[144] *Notas...*, pp. 1004 ss.: conformidade ou adequação de meios, exigibilidade ou necessidade, proporcionalidade em sentido estrito.

[145] *Manual...*, II, 6ª ed., p. 825: vertentes da adequação, indispensabilidade, racionalidade ou proporcionalidade em sentido estrito.

[146] *Responsabilidade...*, p. 632: idoneidade, necessidade, proporcionalidade em sentido estrito. Fala também de proibição do inadequado, do excessivo e do não exigível (p. 285), bem como de actuação não exigíveis, não necessárias e não adequadas (p. 520).

[147] *Direito Fiscal Europeu...*, pp. 99 ss.: adequação, necessidade, proporcionalidade em sentido estrito.

[148] *Curso...*, pp. 142 ss.: adequação, necessidade, equilíbrio.

[149] «Análise da Estrutura...», p. 628: idoneidade, necessidade, proporcionalidade e.s.e.

INTRODUÇÃO

José Melo Alexandrino[150], Vasco Pereira da Silva[151], Jorge Silva Sampaio[152], Blanco de Morais[153], Paulo Otero[154].

Essa orientação tem logrado alguma expressão na jurisprudência do Tribunal Constitucional, sem uniformidade[155] e praticamente nenhuma na lei[156].

3.4.2. Variantes

Como se verifica pela amostra da doutrina nacional, não obstante a adesão maioritária a um modelo de *três* segmentos, há variações terminológicas e divergências sobre o alcance atribuído a cada segmento. A doutrina, a jurisprudência e, de algum modo, o próprio direito positivo portugueses, dão preferência aos vocábulos *adequação, necessidade* e *proporcionalidade em sentido estrito*, que adotamos[157]. Designaremos a norma legislativa não respeitadora do segmento da adequação, por inadequada ou não adequada; a norma legislativa desrespeitadora da máxima da necessidade, de desnecessária ou não necessária; a norma legislativa não conforme à exigência de proporcionalidade e.s.e., de desproporcionada e.s.e., desproporcional e.s.e. ou não proporcional e.s.e.

Essa enumeração e terminologia suscitam, todavia, alguns problemas.

O primeiro residiria no facto de o conceito de adequação sugerir uma aproximação axiológica e não objetivo-finalística. Dizer-se que um determinado meio, ato, ou instrumento é adequado transportaria a ideia de que ele é *bom*, sendo avaliado de forma positiva de acordo com uma determinada pauta valo-

---

[150] *Direitos...*, pp. 135-6: idoneidade, necessidade, justa medida.

[151] *A Cultura...*, p. 105: necessidade, adequação e proibição do excesso (cfr., todavia, p. 135: necessidade, adequação, *balanço custos/benefícios*).

[152] *O Dever de Protecção...*, p. 138: aptidão ou idoneidade, necessidade ou indispensabilidade, proporcionalidade e.s.e.

[153] *Curso de Direito Constitucional...*, tomo II, vol. 2, p. 475: adequação, necessidade, proporcionalidade e.s.e.

[154] *Manual de Direito Administrativo*, p. 370: necessidade, adequação e equilíbrio.

[155] Sobre isso, v. *infra*, capítulo 5.

[156] Quer as normas constitucionais, quer o direito ordinário, não obstante alguma disponibilidade na adesão e referência ao princípio da proibição do excesso ou da proporcionalidade, mostram-se pouco seguras na sua decomposição em segmentos. Utilizam-se os conceitos de "adequação", "proporcionalidade", "necessidade" sem rigor nem clara perspetiva das respetivas relações. Há também exemplos do uso da noção de subsidiariedade em substituição do conceito de necessidade.

[157] Em língua portuguesa, expressões alternativas a "adequação" seriam *idoneidade, aptidão, aptidão finalística*. Alternativas a "necessidade" seriam *indispensabilidade, exigibilidade, agressão mínima, intervenção mínima, meios mais suaves*. Alternativa a "proporcionalidade e.s.e.", *equilíbrio*.

O PRINCÍPIO DA PROIBIÇÃO DO EXCESSO

rativa. Em contrapartida, conceitos alternativos como *idoneidade* ou *aptidão* não arriscariam essa conotação axiológica[158].

Esta reticência ao uso do conceito de adequação, não parece, todavia, justificada. A linguagem corrente e a linguagem técnica tanto utilizam o conceito com essa carga axiológica, como o empregam despido de qualquer conotação valorativa.

O segundo problema resulta de a expressão "necessidade" (tal como a de indispensabilidade ou exigibilidade, utilizada preferencialmente por alguns) não recobrir com total rigor e proximidade o que, em substância, está em causa. Como se demonstrará ulteriormente[159], com o conceito de necessidade pretende-se resumir a ideia de que o meio escolhido para atingir um certo fim deve ser aquele que, *de entre os meios adequados concretamente disponíveis, não tem alternativa consideravelmente menos lesiva, menos restritiva, menos drástica, menos interventora ou menos limitativa (less restrictive means, less drastic means, geringstmöglichen Eingriffs, mildesten Mittels), com eficiência aproximadamente igual ou superior*[160]. Por isso, se fosse imperativo encontrar um conceito que exprimisse com rigor o sentido e o conteúdo deste segmento da proibição do excesso, teriam maior proximidade os conceitos de "menor lesividade", "menor restrição", "menor intervenção" ou "menor limitação", em vez de necessidade. Com este segmento não se põe apenas, nem sobretudo, a questão de necessidade abstrata do meio em causa ou de saber se as circunstâncias impõem intervenção ou decisão[161].

Fica definida uma alternativa: deverá dar-se preferência a um conceito que, embora não integralmente elucidativo, tem curso corrente ou deverá procurar-se outro conceito que revele mais imediatamente a intenção do segmento? A preferência vai para a primeira opção, até porque sempre se poderá assinalar que as hipóteses alternativas também não se coadunam integralmente com o perfil da necessidade defendido neste trabalho. Acresce que embora seja certo que não está em causa uma questão de necessidade abstrata

---

[158] NOVAIS, *As Restrições*, p. 737, nota; *Os Princípios...*, p. 167. O autor propõe um conceito de *adequação em sentido material*, como sinónimo de proporcionalidade e.s.e. (*ob. cit.*, p. 180). Esta orientação tem ligação com decisões do Tribunal Constitucional alemão que, por vezes, referindo-se à proporcionalidade e.s.e., aludem a *adequada proporção*: MERTEN, «Der Verhältnismäßigkeitsgrundsatz», p. 557; EMILIOU, *The Principle...*, p. 32.

[159] *Infra*, capítulo 16.

[160] Ou seja, a noção de necessidade afasta-se, aqui, do seu uso estabelecido de único meio adequado para alcançar um fim: cfr. HIRSCHBERG, *Der Grundsatz...*, p. 58.

[161] Significativamente, seria isso que MIRANDA considerava estar em causa no subprincípio da necessidade: *Manual...*, IV, 3ª ed., p. 207. Essa orientação sofreria posteriormente uma relevante evolução: v. 5ª ed., p. 308.

INTRODUÇÃO

de *uma norma*, haverá outrossim uma questão da *necessidade daquela concreta norma, com aquele concreto conteúdo lesivo e não outro conteúdo.*

O terceiro problema reside na potencial confusão entre proporcionalidade como conceito englobante e proporcionalidade e.s.e[162]. Problema esse que assumirá maior acuidade nos casos em que os autores preferem a expressão "proporcionalidade" (em sentido amplo) em detrimento da expressão "proibição do excesso".

Entre nós, alguma doutrina tem procurado evitar essa confusão de vários modos: (i) considerando equivalentes as noções de proporcionalidade e.s.e. e de *racionalidade* (JORGE MIRANDA[163]); (ii) preferindo as noções de *razoabilidade, equilíbrio* ou *justo equilíbrio* à de proporcionalidade e.s.e. (SÉRVULO CORREIA[164], FREITAS DO AMARAL[165], JOSÉ DE MELO ALEXANDRINO[166]).

No entanto, *racionalidade* é uma noção mais fluída e muito abrangente. A proporcionalidade é um instrumento de racionalidade, mas não é o único instrumento de racionalidade, conforme se demonstrará posteriormente. Por outro lado, o conceito de *razoabilidade* tem também adquirido autonomia no âmbito de algumas construções que exporemos oportunamente. E a noção de *equilíbrio*, além de convocar a ideia de nivelação entre duas grandezas (neste caso, bens, interesses ou valores), que não está forçosamente presente na proporcionalidade e.s.e., tem também o inconveniente de ser uma noção de carga valorativa ou emocional neutra. Isto é, dizer-se que há uma situação de equilíbrio, ou que se atingiu um equilíbrio ou que algo é equilibrado não constitui por si só um juízo valorativo positivo ou negativo, nem permite um juízo de aceitação ou rejeição do equilíbrio. Só o conhecimento completo do contexto em que a noção é empregue permite a valoração positiva ou negativa: dizer-se que alguém é emocionalmente equilibrado, ou que se atingiu um equilíbrio satisfatório entre liberdade e solidariedade ou que o orçamento do Estado está equilibrado, envolverá um juízo valorativo positivo. Mas dizer que a luta entre a polícia e o crime organizado atingiu uma situação de equilíbrio, ou que dois *gangs* criminosos se equilibram, ou que o orçamento do Estado deixou de ser superavitário para estar agora apenas equilibrado, poderá envolver um juízo valorativo negativo.

---

[162] Desvantagem que não pode entre nós ser superada por propostas do tipo da subscrita por GENTZ (*Zur Verhältnismäßigkeit von Grundrechteingriffen.*, p. 1601), GRABITZ (*Der Grundsatz...*, p. 571), DECHSLING (*Das Verhältnismäßigkeitgebot*, p. 5) e outros, que exploram a variedade da sua língua para distinguir entre *Verhältnismäßigkeit* e *Proportionalität*.

[163] *Manual...*, IV, p. 218.

[164] *Legalidade...*, pp. 114 e 670; v., também, J. M. F. ALMEIDA, *Procedimento...*, p. 476.

[165] *Curso...*, p. 144.

[166] *Direitos...*, p. 135.

O PRINCÍPIO DA PROIBIÇÃO DO EXCESSO

Por isso, não se vê vantagem de preterir a expressão proporcionalidade e.s.e., que tem a seu favor o uso corrente na doutrina e na jurisprudência portuguesas.

3.5. Avaliação, qualificação, valoração, ponderação, contrapeso
A aplicação dos três segmentos da proibição do excesso implica algumas operações metódicas, importando fixar também terminologia[167].

3.5.1. Avaliação
A *avaliação* reporta-se a situações de facto, isto é à apreensão da realidade passada e presente (diagnósticos) ou à projeção ou cálculo probabilístico sobre o que se passará no futuro (prognósticos). As avaliações são suscetíveis de juízos de verdade ou falsidade.

3.5.2. Qualificação
A *qualificação* jurídica[168] é uma operação distinta da interpretação de normas[169]. Visa a referência de factos, de disposições normativas (como factos) e das colisões normativas (como factos), a uma norma, regime ou categoria jurídicas.

3.5.3. Valoração, ponderação, contrapeso
A *valoração* reporta-se à atribuição de valor, peso ou importância a uma certa grandeza ou atributo. Não é suscetível de juízos de verdade ou falsidade, mas sim de correção/incorreção[170] ou aceitação/não aceitação.

---

[167] Para o que se segue, tomamos em boa conta que na literatura alemã é vulgarmente usada a trilogia *Einschätzungs, Wertungs- und Gestaltungsfreiheiten* (liberdade de apreciação/avaliação, valoração e conformação), adotada pelo *BverfG*.

[168] Não há muita elaboração doutrinal sobre o tema da qualificação fora das obras de direito internacional privado. Agradeço a elucidação do tema por PAULO MOTA PINTO, bem como a bibliografia sugerida.

[169] Para a defesa da distinção entre interpretação e qualificação v., por todos, PAULO MOTA PINTO, *Declaração tácita e comportamento concludente no negócio jurídico*, Almedina, Coimbra, 1995, pp. 196-197. Na mesma linha distintiva, na doutrina portuguesa, INOCÊNCIO GALVÃO TELLES, *Manual dos contratos em geral*, 3ª ed., Lisboa, 1965, p. 353, nº 2; EDUARDO SANTOS JÚNIOR, *Sobre a teoria da interpretação dos negócios jurídicos*, Lisboa, 1988, pp. 73 ss.; R. PINTO DUARTE, *Tipicidade e Atipicidade dos Contratos*, Almedina, Coimbra, 2000, pp. 59 ss.

[170] O *distinguo* entre verdade/falsidade e correção/incorreção, sem mais desenvolvimento, parecerá certamente apressado para alguns setores da filosofia transcendental. A tendência terminológica atual é claramente para reservar as expressões verdadeiro/falso apenas para os enunciados empíricos, enquanto sobre os enunciados normativos se empregam as expressões correto/incorreto. Para alguns autores esta distinção não deve ser sobrevalorizada (como fazem os nominalistas e os empiristas), mas também não deve ser rejeitada simplesmente com o fundamento de que os enunciados normativos são suscetíveis de verdade exatamente do mesmo modo que os enun-

INTRODUÇÃO

A comparação entre o valor, peso ou importância de duas grandezas ou atributos, com eventual fixação de relações de prevalência, é o *contrapeso*.

As operações metódicas de valoração ou de valoração e contrapeso substanciam aquilo que se designa por *ponderação*.

Ponderação ou valoração unilateral é a aferição ou atribuição de valor, peso ou importância a uma determinada variável (propriedade, atributo, fator ou grandeza juridicamente relevantes) isoladamente considerada.

Ponderação ou valoração bilateral/plurilateral (ou *balancing*, na terminologia usada na língua inglesa) é a valoração de duas ou mais variáveis e respetivo contrapeso com vista a verificar se alguma delas prevalece sobre a(s) outra(s).

Sempre que se fale simplesmente de ponderação e/ou valoração (por exemplo, "ponderação do legislador", "valoração do legislador"), deve subentender-se que estamos a referir-nos à ponderação/valoração bilateral/plurilateral.

3.6. Fim, meio, efeitos

Muitas vezes escreve-se que a proibição do excesso incide sobre uma relação entre meios e fins. Adiante apuraremos se é verdade[171]. Por agora o rigor analítico obriga a recortar preliminarmente alguns conceitos.

O conceito de fim[172] pode ter várias aceções. Para efeitos da teoria e da dogmática da proporcionalidade em sentido moderno, a mais importante é a que decorre da distinção entre fim imediato e mediato. Fim *imediato* é a produção ou desencadeamento de efeitos materiais, fáticos ou tangíveis de promoção ou satisfação de bens, interesses ou valores específicos. Fim *mediato* é a composição harmónica de uma colisão entre bens, interesses ou valores e de uma colisão de posições do legislador face a eles.

Meio é a norma (*maxime* legislativa) que se extrai, através de interpretação, da disposição normativa. Por vezes, utilizamos também, de modo fungível, os vocábulos medida ou solução legislativa. A norma legislativa produz, causa ou desencadeia efeitos, que podem ser jurídicos ou materiais e positivos ou nega-

---

ciados empíricos, uma vez que na maioria das vezes há mais que uma resposta certa (ou "verdadeira"): v. A. KAUFMANN, *Filosofia...*, pp. 395/6.

[171] Desde logo, no capítulo 8.

[172] Na terminologia jurídica aparecem vulgarmente confundidos os vocábulos fim, finalidade, objeto, objetivo e até escopo ou diretiva. Porém, é possível distingui-los. MONTALIVET, *Les objectifs...*, p.10, propõe, por exemplo, uma distinção entre objetivo e fim. O objetivo seria um tipo particular de fim. O objetivo seria o fim a que tenderia uma ação particular, um fim operacional. Assim, poderia falar-se do *fim* de uma norma e do *objetivo* do legislador quando produz uma norma. No texto falaremos geralmente de *fim*, como conceito mais geral, que abarca todas as possibilidades que exprimem uma tensão entre uma situação presente e efeitos futuros que se pretende alcançar ou desencadear, embora na maior parte dos casos se pudesse empregar o termo "objetivo constitucional", na aceção de MONTALIVET.

O PRINCÍPIO DA PROIBIÇÃO DO EXCESSO

tivos[173]. Sendo a norma o meio e traduzindo-se a norma em efeitos jurídicos, os efeitos jurídicos são em última instância o meio para atingir o fim da norma.

Efeitos jurídicos, são os efeitos de alteração da ordem jurídica através da constituição de obrigações, proibições ou permissões dirigidas aos respetivos destinatários.

Efeitos materiais, são efeitos de alteração do mundo sensível, consumados através de atos materiais de execução ou cumprimento da norma e que, portanto, se pode dizer que têm uma relação (mais ou menos remotamente) causal com esta.

Efeitos positivos (no sentido de favoráveis), são os que se traduzem na melhoria da situação jurídica ou material de promoção de certos bens, interesses ou valores. Usaremos frequentemente a expressão "satisfação de bens, interesses ou valores" como fórmula abreviada.

Efeitos negativos (no sentido de desfavoráveis) são os que se traduzem na degradação da situação jurídica ou material de promoção de certos bens, interesses ou valores. A expressão "interferência em bens, interesses ou valores" será empregue. O sentido que atribuímos ao conceito de *interferência* (o qual abrange o conceito controvertido de *restrição* de direitos) como uma das possibilidades de *intervenção* legislativa será objeto de um capítulo próprio. Em muitas das situações de normas sujeitas ao crivo da proibição do excesso, os efeitos negativos são meros efeitos colaterais, não primariamente visados, apenas aceites pelo legislador como consequências inevitáveis da obtenção de um resultado desejável.

Em relação aos bens, interesses ou valores beneficiados por efeitos positivos falaremos de *lado ativo*. Em relação aos bens, interesses ou valores atingidos por efeitos negativos falaremos de *lado passivo*.

Os efeitos positivos e os efeitos negativos da norma são ontologicamente e analiticamente distintos. A proibição do excesso reage à sua cisão de duas formas. Por um lado, é neutra em relação a uma norma que produz ou desencadeia efeitos positivos sem que a esses efeitos estejam intrinsecamente ligados efeitos negativos. Por outro lado, invalida uma norma que produz efeitos negativos sem que a esses efeitos estejam intrinsecamente ligados efeitos positivos.

Fechando o círculo, assume-se que o fim da norma jurídica coincide com os efeitos materiais ou tangíveis, mais ou menos remotos, que o legislador prognostica, entende como positivos e pretende que se verifiquem. Adiante, voltaremos a estes conceitos, introduzindo precisões necessárias.

---

[173] Utilizando também a expressão geral "efeitos positivos e negativos", DECHSLING, *Das Verhältnismäßigkeitsgebot*, pp. 44-46 (e referindo as inúmeras alternativas na doutrina).

INTRODUÇÃO

3.7. Norma de ação e/ou norma de controlo

Mencionou-se na introdução que a norma da proibição do excesso tanto é norma de ação como norma de controlo. Pode, aliás, dizer-se o mesmo sobre as normas da proibição do defeito e da proporcionalidade equitativa. Adere-se aqui à construção que distingue entre normas de controlo (*Kontrollnorm*) e normas de ação (*Handlungsnorm*), defendida por FORSTOFF, HESSE e outros[174] e por vezes empregue pelo Tribunal Constitucional[175] e doutrina nacional[176].

Esta construção baseia-se na pré-compreensão de que o âmbito de proteção das normas constitucionais pode ir além, ou pode ter um sentido diverso, daquilo que em termos constitucionais pode ser objeto de controlo pelo juiz constitucional[177]. Vinculação jusfundamental não é necessariamente sinónimo de justiciabilidade ou sindicabilidade plena[178]. As normas de direito substantivo que regem a atuação de um órgão podem não coincidir com as normas de controlo judicial dessa atuação. A situação mais radical é aquela em que nem sequer existe norma de controlo judicial. No quadro constitucional português, os atos políticos do Presidente da República e de outros órgãos de soberania estão em regra resguardados de controlo judicial. Vigorando, todavia, esse tipo de controlo, como na atividade legislativa, pode suceder que a norma de ação imponha ao legislador vinculações jurídicas cuja observância o juiz constitucional não tem competência para fiscalizar, ou não tem competência para fiscalizar em toda a extensão, por inexistir norma de controlo que lhe confira os competentes poderes ou por existirem normas que estabelecem limites ao poder

---

[174] Sobre a distinção entre normas de controlo e normas de ação, v. FORSTHOFF, «Über Maßnahme-Gesetze», in Ernst Forsthoff, *Rechtsstaat im Wandel. Verfassungsrechtliche Abhandlungen 1950-1964*, Kohlhammer, Stuttgart, 1964, pp. 78-98 (publicado pela primeira vez em 1955); HESSE, «Die verfassungsrechtliche Kontrolle...», pp. 542, 557 ss.; ISENSEE, «§ 111 Das Grundrecht als Abwehrrecht...», 2ª ed., nº marginal 162; RUFFERT, *Vorrang der Verfassung...*, pp. 219 ss.; ALEXY, *A Theory...*, p. 422; MÖSTL, «Probleme der verfassungsprozessualen...», p. 1039. TZEMOS, *Das Untermaßverbot*, p. 93, embora conteste o conceito, admite que o *BVerfG* se tem mostrado receptivo à distinção. São formulações alternativas, entre outras: mandato de proporcionalidade e controlo de proporcionalidade (SANDULLI, *La proporzionalità...*, pp. 397 ss.); princípio de proporcionalidade e controlo de proporcionalidade (PHILIPPE, *Le contrôle...*, p. 9).

[175] Por exemplo, acórdãos nºs 142/85, nº 14 e 65/02, nº 13 (norma-função e norma de controlo).

[176] Na doutrina nacional, CANOTILHO, «A Concretização da Constituição...», p. 353; NOGUEIRA, *Direito Fiscal...*, pp. 81-83; JORGE P. SILVA, *Deveres do Estado...*, p. 619. Não aceita a distinção MORAIS, *Curso...*, p. 748, considerando-a "algo impressionista e teorética".

[177] HESSE, «Die verfassungsrechtliche Kontrolle der Wahrnehmung...», *cit.*, pp. 542, 558 (cfr. a exposição do pensamento do autor, *infra*, capítulo 21, 3.9.3.2.).

[178] BRUN-OTTO BRYDE, *Verfassungsentwicklung. Stabilität und Dynamik im Verfassungsrecht der Bundesrepublik Deutschland*, Nomos, Baden-Baden, 1982, pp. 304 ss. (*apud* STÖRRING, *Untermaßverbot...*, p. 140); OLIVER KLEIN, «Das Untermaßverbot...», p. 964. V., também, os citados acórdãos nºs 142/85 e 65/02 do Tribunal Constitucional.

O PRINCÍPIO DA PROIBIÇÃO DO EXCESSO

de fiscalização. A inversa não é, todavia, verdadeira: uma norma (que confere competências) de controlo não pode atribuir poderes de fiscalização ao juiz que excedam as vinculações a que o legislador está constitucionalmente sujeito.

A doutrina da dicotomia entre normas de ação e normas de controlo não tem passado sem reparos[179]. Receiam-se designadamente os efeitos que possa ter na força normativa da constituição[180]. Pergunta-se como é que é possível distinguir o que é sindicável e o que não é[181]. Alega-se que a ausência de controlabilidade judicial de uma eventual violação de parte do âmbito protegido de um direito indiciaria que nessa vertente a norma constitucional só pode ser entendida como uma simples recomendação ao legislador, insuscetível de sanção ou de possibilidade de imposição[182]. O direito constitucional que não seja jurisdicionalmente controlável e sancionável é um *mero apelo que não serve para nada*[183]. A discrepância entre normas materiais (de ação) e normas de controlo leva a uma diluição da força dirigente da constituição.

A essas observações opõe-se que em alguns casos o pleno controlo das opções e decisões do legislador conduziria a uma profunda limitação e atrofiamento da ordem constitucional democrática[184]. O preço de um irrestrito controlo jurisdicional consiste na transformação do Estado democrático num Estado jurisdicional[185].

Como *norma de ação*, a proibição do excesso é o instrumento mediador ou catalizador de harmonização e de deliberação racional que se traduz num comando dirigido ao legislador para que este, na resolução de colisões entre bens, interesses ou valores com um certo perfil, adote normas adequadas, necessárias e proporcionais e.s.e.

Como *norma de controlo*, a proibição do excesso é a norma que define um parâmetro que o juiz constitucional deve usar no exercício das suas competências de controlo de normas legislativas que resolvam colisões entre bens, interesses ou valores com um certo perfil. O conteúdo da norma de controlo é *prima facie*, uma vez que tem de ser harmonizado com o princípio formal da variabilidade do poder de exame do juiz constitucional em função da natureza e do alcance da colisão resolvida pela norma legislativa. Por isso, a proibição

---

[179] Para o debate sobre a utilidade da distinção entre norma de ação e norma de controlo cfr., em geral, STÖRRING, *Untermaßverbot...*, p. 142.

[180] ŠUŠNJAR, *Proportionality...*, pp. 266-267.

[181] ŠUŠNJAR, *Proportionality...*, p. 267.

[182] HEUN, *Funktionell-rechtliche Schranken der Verfassungsgerichtsbarkeit...*, p. 48; JESTAEDT, *Grundrechtsentfaltung...*, p. 193; TZEMOS, *Das Untermaßverbot*, p. 74.

[183] Assim, HEUN, *Funktionell-rechtliche Schranken der Verfassungsgerichtsbarkeit...*, p. 48.

[184] HESSE, «Die verfassungsrechtliche Kontrolle der Wahrnehmung...», p. 558.

[185] *Idem*, p. 559.

INTRODUÇÃO

do excesso tanto pode ser um instrumento de controlo que assegura o cumprimento *suficiente* dos segmentos racionalizadores da decisão legislativa que a compõem, numa modalidade de suficiência ou suficientista[186], como pode ser instrumental à garantia de graus mais elevados, designadamente de otimização, como boa parte da mais difundida doutrina sustenta.

3.8. Regra, princípio ou *tertio genus*?

Pode discutir-se se a norma da proibição do excesso é uma regra, um princípio ou algo com especificidades próprias (postulado normativo, forma específica de regra, mescla de regra e de princípio, princípio de legitimação, etc.). A escolha de uma dessas oções pressupõe que: (i) se apure se a perspetiva da decomposição binária dos ordenamentos jurídicos em regas e princípios, hoje dominante, é correta e quais os critérios distintivos; (ii) se tenha em conta o conteúdo normativo e a estrutura da proibição do excesso como norma de ação e como norma de controlo. Enquanto não for possível preencher os pressupostos que permitam eventualmente estabilizar a terminologia, utilizaremos, por comodidade, a locução, consagrada pela doutrina e pela jurisprudência, *princípio* da proibição do excesso ou da proporcionalidade clássica (em qualquer das suas modalidades).

4. Apontamento epistemológico, metodológico

Esta dissertação tem por objeto central a *teoria*, a *dogmática* e a *metódica* da proibição do excesso como instrumento mediador e paramétrico da conformação e do controlo de atos legislativos. Aqui e ali haverá apontamentos críticos, tributários de uma abordagem filosófico-ideológica – ou seja, externa ao direito.

Na perspetiva de uma *teoria* da proibição do excesso, são estudados os seus aspetos *formais* e *estruturais*. Todavia, em algumas pontos não podemos evitar subir de nível, aflorando temas de teoria da constituição, como os respeitantes ao poder constituinte, às categorias de direitos, aos tipos e estrutura deôntica das normas constitucionais, ao sistema de fins constitucionais, ao conceito de constituição democrática e de Estado de direito, consagradora de um sistema de separação de poderes. Num nível teórico ainda mais elevado, são tocados temas da teoria do direito constitucional (interno ou global) ou da teoria (geral) do direito. Por vezes, a proibição do excesso é estudada como um elemento estrutural da atual teoria do direito constitucional global. Noutras são convocados e estudados meta-conceitos da teoria do direito, como os de norma jurídica ou os vários tipos de normas jurídicas ou da estrutura deôntica das normas.

---

[186] Este neologismo, inspirado em SARTOR, «A Sufficientist Approach...», *cit.*, será algumas vezes usado no texto.

O PRINCÍPIO DA PROIBIÇÃO DO EXCESSO

Aqui e ali deixaremos um olhar crítico, reconhecidamente mais próprio de uma abordagem filosófico-ideológica, do que da teoria do direito.

A teoria da proibição do excesso não pode deixar de se alimentar da *ciência ou dogmática*[187] da proibição do excesso (e esta de se retroalimentar daquela). A ciência ou dogmática da proibição do excesso constitui a parcela da ciência do direito que identifica, interpreta, sistematiza e organiza num todo coerente o *conteúdo* das normas de direito positivo sobre a proibição do excesso. Também aqui temos de distinguir vários níveis. A ciência ou dogmática da proibição do excesso não é cindível da dogmática constitucional mais geral, é parte integrante da ciência do direito constitucional português. Mas é mais do que isso: é uma dogmática condicionada e qualificada pela inserção num espaço europeu de constitucionalismos cruzados e mesmo num espaço mais vasto, tendencialmente universal.

Quer a teoria quer a ciência ou dogmática da proibição do excesso (bem como do direito constitucional e do direito em geral) têm de ser complementadas por uma metodologia. A metodologia jurídica expõe os métodos – o conjunto sequencial e coerente de operações práticas destinadas a conduzir a criação ou identificação, interpretação e aplicação do direito. No nosso caso, interessa-nos tão somente a metódica aplicativa da proibição do excesso: a metódica que define os passos da aplicação do princípio da proibição do excesso na conformação dos atos legislativos e no respetivo controlo pelo juiz constitucional.

Esta primeira delimitaçao requer algumas especificações.

Primeiro, a ciência ou dogmática jurídica é *constitutiva* e não meramente declarativa ou cognoscitiva[188]. A ciência jurídica tem de ir por vezes além do conteúdo do "material normativo" que lhe cabe estruturar. Isso é assim quando o material normativo fornecido pelo direito positivo interno é insuficiente ou lacunar. Nesse caso, a função normativo-constitutiva da ciência jurídica pode ter de recorrer a subsídios que extravasam o direito positivo interno. No caso da proibição do excesso, esse recurso a subsídios que não são de direito posi-

---

[187] A equivalência entre as noções de ciência jurídica. ciência do direito e dogmática jurídica é dominante mas não incontestada. Numa boa síntese, ALEXY, *Teoría de la argumentación...*, pp. 240 ss., alerta que a par dessa orientação assimiladora da noção estrita e própria da ciência do direito e dogmática jurídica, caraterizada por uma mescla de atividades (*descritivas* do direito vigente, *analítico-sistemáticas* e *normativas*), há orientações mais restritivas, como as que reconduzem a dogmática jurídica ao tratamento analítico-sistemático do material jurídico. Rejeitando ambas, o autor propõe uma construção intermédia, definindo dogmática jurídica como uma série de enunciados referidos às normas e à aplicação do direito, mas não meramente descritivos, coerentes entre si, formados num quadro institucional e com conteúdo normativo. No texto toma-se como referência, *grosso modo*, a noção dominante.

[188] JANSEN, «Los fundamentos...», p. 55; cfr., porém, LAMEGO, *Elementos de Metodologia...*, pp. 32 ss.

INTRODUÇÃO

tivo interno é estimulado – ou talvez até comandado – pela circunstância de estar em formação acelerada (embora em ritmo desigual: pense-se no Reino Unido) uma espécie de *ius commune* europeu, objeto de uma dogmática geral pan-europeia da proibição do excesso e da ponderação[189], a que não podemos ser alheios na caracterização dogmática de institutos do direito constitucional português. Esse enlace dogmático é hoje forçado pela circunstância de o princípio clássico da proporcionalidade estar em franco desenvolvimento na União Europeia, quer como parâmetro da ação e controlo do legislador comunitário, quer como parâmetro da ação e controlo do legislador nacional pelas instituições comunitárias relevantes (Tribunal de Justiça e Comissão)[190]. Como veremos, o legislador nacional está sujeito ao princípio na sua expressão interna e na expressão – não necessariamente coincidente, na totalidade – do direito da União. Os elementos e as referências comparativas são, portanto, incontornáveis neste trabalho[191].

Por outro lado, mesmo que não se possa dizer que a proibição do excesso como instrumento e parâmetro – e a ponderação, que a integra, como método – da criação e aplicação do direito são já *ius cummune* universal (malgrado o que sugerem alguns autores citados no início desta introdução), os contributos extraeuropeus que o direito comparado oferece não podem ser menosprezados.

Segundo, a ciência jurídica balança persistentemente ao sabor das teorias *jusnaturalistas, positivistas* e *realistas*, com todas as etiquetas que o pensamento jurídico moderno lhes tem aditado (suaves, moderadas, mescladas, débeis, reflexivas, renovadas, inclusivas, *soft*, etc.), às vezes no contexto de interessantes exercícios de auto-rotulagem[192]. Na ciência do direito constitucional, uma das inclinações recentes é a de resolver todas as hesitações aderindo a fórmulas de *neoconstitucionalismo in fieri*, capazes de absorver contributos de todas as proveniências sem nenhum sobressalto teórico. É possível que este estudo seja visto como mais uma manifestação dessa tendência: encontramos aqui dimensões que ressoam a jusnaturalismo, a positivismo e a realismo. Para compreender o seu objeto teremos de fazer apelo aos *fundamentos morais* de muitas das questões versadas, à sua expressão *normativa-positiva* e também ao modo como a

---

[189] JANSEN, «Los fundamentos...», p. 70 (essa formação de um *ius commune* europeu corresponderia, aliás, a uma necessidade); HÄBERLE, «Derecho Constitucional común europeo», in *REP*, vol. 79 (1993), pp. 7 ss.

[190] Cfr. *infra*, capítulo 2.

[191] Sofre a incontornabilidade do elemento comparatístico na interpretação, v., por todos, HÄBERLE, *Rechtsvergleichung...*», *cit.*

[192] Assim, HART, um dos dois mais influentes positivistas do século XX (o outro foi, naturalmente, KELSEN), qualifica-se a si próprio como *positivista moderado*: *O conceito de direito*, 6ª ed. (pós-escrito), p. 312.

O PRINCÍPIO DA PROIBIÇÃO DO EXCESSO

jurisprudência constitucional aplica realmente as normas jusfundamentais. Por isso, a extensa pesquisa da jurisprudência constitucional portuguesa (e de outras jurisprudências constitucionais, com destaque para a norte-americana, alemã e internacional europeia).

Terceiro, o perímetro próprio do conhecimento jurídico não se esgota com as proposições e teorias dogmáticas da ciência jurídica e comparatistas. Há também os enunciados analíticos sobre o significado dos conceitos jurídicos elementares[193]. Umas vezes esses conceitos jurídicos desenvolvem-se com autonomia em relação a construções dogmáticas. Outras vezes são meros elementos dessas construções[194]. Do ponto de vista analítico, os conceitos de proibição do excesso e das suas componentes, bem como outros conceitos conexos, afins ou auxiliares, são em boa medida esclarecidos no contexto dogmático que os enlaça. Mas, noutra medida, têm também uma vida própria. Por mais esforços que o Direito Constitucional positivo português fizesse para estruturar um princípio da proibição do excesso "à portuguesa", seria impossível cortar o cordão umbilical que o liga a todo um lastro analítico de várias décadas, aperfeiçoado e acrescentado em diferentes latitudes. O respeito por esse lastro analítico enforma este estudo. Essa pontualização é relevante, uma vez que, recuperado que deve ser pela ciência jurídica o interesse pelo rigor conceptual, os encargos analíticos não ocupam uma parte despicienda deste ensaio.

Quarto, esta é uma parcela da teoria, da ciência e da metodologia do direito constitucional que tem de ir buscar contributos a outras áreas do espírito e do conhecimento, sem receio de alienação da sua autonomia científica. Avulta a filosofia da razão prática, cujos quadros universais são essenciais para definir um perfil racional para a ponderação – e, eventualmente, para lhe conferir validade que transcende ordens jurídicas individualizadas[195] – e, em última análise, para as componentes ponderativas prévias à, ou integrantes da, proibição do excesso. A teoria da ponderação gera proposições cuja pretensão de correção não depende de um ordenamento jurídico concreto[196].

Procuraremos não sobrecarregar o texto com abundantes e escusadas referências de natureza epistemológica e metodológica. Não nos preocuparemos excessivamente em catalogar *pari passu* as incursões em cada área do conhecimento jurídico ou em outras áreas do conhecimento e do pensamento, conscientes da fluidez de fronteiras e do artificialismo epistemológico que isso

[193] JANSEN, «Los fundamentos...», p. 56.
[194] JANSEN, «Los fundamentos...», p. 56.
[195] JANSEN, «Los fundamentos...», pp. 58-59: os princípios da razão em geral não são especificamente jurídicos, pelo que podem ser universais.
[196] Nestes termos, JANSEN, «Los fundamentos...», p. 68.

INTRODUÇÃO

pode implicar no domínio específico a que nos dedicamos nas páginas que se seguem. Tão pouco sujeitaremos o discurso argumentativo ao espartilho permanente do respeito pelo "método jurídico", cientes de que cada vez mais a existência de *um* método jurídico é refutada (*querela dos métodos*). Também ao direito chegou o pluralismo metódico, não sendo exceção o Direito Constitucional[197].

---

[197] Basta atentar nas orientações que mais atraem os jus-constitucionalistas da atualidade para comprovar esse pluralismo: hermenêutica clássica (LABAND, G. JELLINEK, KELSEN, FORSTOFF, J. MIRANDA, só para referir alguns nomes cimeiros de uma linhagem extensa), eventualmente reconstruída ou adaptada; cientifico-espiritual (SMEND); hermenêutico-concretizadora (HESSE, CANOTILHO); tópico-problemática (VIEHWEG, HÄBERLE); normativo-estruturante (F. MÜLLER); discursva (ALEXY). No texto transparecem corolários – talvez nem sempre unidirecionais – do debate metodológico. Para uma exposição e discussão das várias correntes, CANOTILHO, *Direito...*, 7ª ed., pp. 1210 ss.; MORAIS, *Curso...*, II, 2, pp. 686 ss.

Capítulo 1
A "descoberta" e implantação do princípio
ao nível global

1. As ideias de adequação, necessidade, proporcionalidade e ponderação alicerçadas em preocupações não garantísticas

Embora antes da década de 1960 já fossem moeda corrente da jus-publicística, até aí os termos "adequação", "necessidade", "proporcionalidade", "ponderação", nem sempre tinham o sentido jurídico-garantístico que a partir de então assumiriam quando empregues como elementos ou segmentos do princípio da proibição do excesso.

Quer isso dizer que quando o problema da adequação e da necessidade de determinados meios para a prossecução de certos fins adquiria relevo jurídico e suscitava o interesse jus-dogmático ou jus-teorético, o ecrã em que esse problema se projetava não era inevitavelmente o da tutela ou garantia de bens, interesses ou valores subjetivados. Poderia ser antes, por exemplo, o da salvaguarda da prossecução ótima de certos interesses públicos primários ou secundários não forçosamente coincidentes com interesses subjetivos de particulares.

Na doutrina portuguesa, uma obra de Rogério Soares datada de 1955[198] é representativa desta aproximação paradigmática. Sendo um dos objetivos centrais desse trabalho a distinção entre legalidade e mérito, o autor define mérito como "merecimento do ato em vista do fim que se propõe". Correspondentemente, o juízo subjetivo[199] que incida sobre a "complementaridade do ato em

---

[198] *Interesse público..., cit..*

[199] "...O juízo de mérito é um juízo altamente subjetivo...": *Interesse público...*, p. 342.

O PRINCÍPIO DA PROIBIÇÃO DO EXCESSO

face do fim que serve"[200] é um juízo de mérito. Com ele, procura-se avaliar se um ato é ou não o meio adequado ou substancialmente adequado para a satisfação do interesse público, tal como se manifesta numa situação individualizada, isto é, ajuíza-se da sua conveniência e oportunidade[201].

Na província do mérito situar-se-iam dois momentos[202]: a *ponderação dos interesses* inscritos ou implícitos nos pressupostos de facto de uma determinada situação concreta, seguida de uma hierarquização de tais interesses; e a *escolha* do conteúdo do ato, ou dos meios necessários e adequados a prosseguir aqueles interesses nos termos da hierarquização concretamente definida. Qualquer destes momentos se processaria com referência a *preceitos extra-legais*[203] ou *regras ou normas não jurídicas*[204].

Ora, a escolha do meio materialmente adequado e necessário para conseguir a plena prossecução de certo interesse público tanto pode ser feito ao nível da legislação[205], esgotando-se aí o juízo de mérito, como pode ser devolvido ao agente da Administração[206]. Nesta última circunstância, o agente administrativo fica com o encargo de escolher não apenas *um meio adequado*, mas *o meio mais adequado* para atingir os fins que a lei colocou à sua guarda. Aí residiria, aliás, uma das diferenças mais decisivas entre a posição do particular perante o Direito e a posição do agente administrativo perante o mesmo Direito. No primeiro caso, o Direito desinteressar-se-ia não só dos fins visados pelos atos dos particulares praticados dentro do seu domínio de liberdade[207], como também do juízo que o particular faça sobre a adequação dos meios adotados por si próprio para atingir os fins propostos[208]. No segundo caso, o agente administrativo só poderia usar os meios que se revelem *necessários* para a satisfação do interesse público previamente definido pelo legislador[209] e estaria obrigado a prossegui-lo escolhendo o meio *mais adequado*, ou ótimo – e não *apenas* o simplesmente adequado ou suficiente[210] – e mais económico. Esta particular

---

[200] *Interesse público*, pp. 207 e ss.

[201] *Interesse público...*, pp. 226-227

[202] *Interesse público...*, p. 269.

[203] *Interesse público...*, p. 202.

[204] *Interesse público...*, pp. 230, 265, 269, *passim*.

[205] *Interesse público...*, pp. 207, 233

[206] *Interesse público...*, p. 207.

[207] *Interesse público...*, pp. 103-104 ss. Porém, esta observação deve harmonizar-se com a rejeição pelo direito privado (civil) de atos cujo fim seja contrário à ordem pública ou aos bons costumes: v., por exemplo, artºs 280º, nº 2 e 281º do Código Civil.

[208] *Interesse público...*, pp. 104 ss., 144 ss., 336. Fala-se a propósito de um "coeficiente mínimo de conveniência" (p. 145) ou, acrescentar-se-ia, num teste mínimo de racionalidade.

[209] *Interesse público...*, p. 200.

[210] *Interesse público...*, pp. 134, 141 ss., 189, 233, 336, *passim*.

A "DESCOBERTA" E IMPLANTAÇÃO DO PRINCÍPIO AO NÍVEL GLOBAL

vinculação do administrador às determinantes da necessidade e da adequação estaria relacionada com o *princípio da otimidade da ação administrativa*[211].

Em suma, é manifesto que quer a ponderação de interesses/fins quer a eleição dos meios necessários e adequados à eficaz prossecução dos interesses públicos nada têm a ver com as preocupações garantísticas de bens, interesses ou valores subjetivados a que hoje a maioria da doutrina e da jurisprudência vinculam o princípio da proibição do excesso. A preocupação central é a satisfação daqueles interesses públicos, pautada por critérios *de boa administração, prudenciais* e *económicos* e não a direta proteção dos particulares ou de bem, interesse ou valor subjetivado contra atos inadequados, desnecessariamente interferentes ou desproporcionados[212]. Todavia, a construção de ROGÉRIO SOARES tem interesse por vários motivos. Um deles é o de que parte do quadro teórico e dos conceitos (otimidade, adequação, necessidade, ponderação de interesses) que propõe em 1955 são centrais ao debate atual da proibição do excesso. Em boa medida, bastaria reorientar o foco para a proteção de bens, interesses ou valores subjetivos contra a interferência excessiva de normas que visem a promoção de interesses públicos.

2. Da intuição de proporção ou de necessidade até ao princípio da proibição do excesso

Alguns dos fragmentos arqueológicos em que se revelou a intuição de proporção ou de necessidade serão aqui expostos, analisados e classificados sem preocupação de exaustão[213], até porque, como sucede com os objetos com valor arqueológico, também algumas das manifestações dessa ideia se terão perdido ao longo dos tempos, ignoradas pelo investigador do direito, até há pouco alheio a estes novos conceitos.

---

[211] *Interesse público...*, p. 142.

[212] Aproveite-se, aliás, para alvitrar que em boa medida são as preocupações de *boa administração* e de *economia* que estão subjacentes ao famoso aforismo de FLEINER, *Institutionen...*, p. 404, frequentemente empregue para ilustrar a ideia subjacente à proibição do excesso: "*Die Polizei soll nicht mit Kanonen auf Spatzen shiessen*". Ou seja, não se matam pardais com canhões (basta uma espingarda...).

[213] Em traços gerais, este tema foi objeto do nosso trabalho "O princípio da proibição do excesso na Constituição: arqueologia e aplicações", *cit.* Cfr., entre muitos, R. VON KRAUSS, *Der Grundsatz der Verhaltnismafiigkeit...*, *cit.*; WIEACKER, *Geschichtliche Wurzeln des Prinzips...*, *cit.*; HIRSCHBERG, *Der Grundsatz der Verhaltnismafiigkeit...*, pp. 2-19; BECKER, «Das verfassungsmäßige Prinzip der Verhaltnismäßigkeit...», *cit.*; STERN, «Zur Entstehung und Ableitung des Übermaßverbots...», *cit.*; DECHSLING, *Das Verhältnismäßigkeitsgebot...*», pp. 2 ss.; HANS SCHNEIDER, «Zur Verhältnismässigkeits- Kontrolle...», pp. 393 ss.; BARNÉS, «El principio de proporcionalidad...», pp. 23 ss.; ENGLE, «The History of the General Principle...», *cit.*; COHEN-ELIYA/PORAT, *Proportionality...*, pp. 24 ss.; NOGUEIRA, *Direito Fiscal...*, pp. 46 ss.; VICENTE, *O Princípio da Proporcionalidade...*, pp. 12 ss.

O PRINCÍPIO DA PROIBIÇÃO DO EXCESSO

Antes do princípio da proibição do excesso, com a configuração que lhe conhecemos hoje, poderá aludir-se apenas a uma intuição ou *ideia* mais ou menos difusa de proporção, de moderação, de repulsa pelo excesso, ou de necessidade. Sem embargo, muito antes de se suspeitar sequer que iria haver um princípio da proporcionalidade clássica ou da proibição do excesso, já era possível identificar sinais de uma ideia de proporção ou de proibição do excesso. Porventura, essa ideia busca raízes até à antiguidade[214]. É um equívoco, pelo menos do ponto de vista histórico e metodológico, restringir a indagação sobre as origens da proibição do excesso ou da proporcionalidade aos séculos XVIII e XIX[215].

Pode discutir-se se o Código do Rei Hammurabi (1792-1750 a.C) e a *lex talionis* podem ou não ter gerado como subproduto a proporcionalidade[216]. Assinala-se que ideias que se reconduzem ao espírito atual do princípio já ressaltavam num dito dos gregos antigos (*pan metron ariston*)[217]. Do ponto de vista etimológico, associa-se a origem da palavra proporcionalidade ao vocábulo grego αναλογία (analogia), donde terá derivado o conceito latino de *proportionalitas*[218]. Aliás, o pensamento da racionalidade finalística adquire um papel decisivo em todas as disciplinas desde ARISTÓTELES, o qual, na Ética a Nicómaco, afirma que a proporção é um meio e o justo uma proporção[219]. Por outras palavras, o justo é uma relação entre duas partes, mediada por um princípio abstrato[220]. Em ARISTÓTELES a proporcionalidade pauta a justiça distributiva[221].

Por outro lado, como FRANZ WIEACKER ensina, o pensamento de proporcionalidade é conhecido pelo menos desde o Império Romano[222]. A literatura encontra manifestações no *jus suum cuique tribuere* de JUSTINIANO (*Digesto*)[223],

---

[214] Assim, WIEACKER, *Geschichtliche Wurzeln des Prinzips...*, pp. 867 ss.; MERTEN, «Der Verhältnismäßigkeitsgrundsatz», p. 521; NOGUEIRA, *Direito Fiscal...*, pp. 46 ss.

[215] BLECKMANN, *Begründung...*, p. 177. Logo a abrir (*introdução*), sublinhámos a filiação da ideia de proporcionalidade na *temperança* aristotélica. Temperança essa que era prescrita nas nossas Ordenações, como recorda MIRANDA, *Manual de Direito Constitucional*, IV, 2ª ed., p. 267, nota.

[216] JEREMY WALDRON, «Lex Talionis», in *Arizona Law Review*, vol. 34 (1992), p. 47, nota; CHRISTOFERSEN, *Fair Balance: Proportionality...*, p. 33.

[217] V. TRIDIMAS, «Proportionality in Community Law:...», p. 65.

[218] Assim, NOGUEIRA, *Direito Fiscal...*, p. 40.

[219] Cfr. THOMAS POOLE, «Proportionality in Perspective», *cit.*; ENGLE, «The History...», p. 2 (sustentando que a teoria da proporcionalidade surgiu espontaneamente no pensamento de Aristóteles); MUZNY, *La Technique de Proportionnalité...*, p. 27; NOGUEIRA, *Direito Fiscal...*, p. 46.

[220] ENGLE, «The History...», p. 2.

[221] ENGLE, «The History...», p. 3; LÚCIA AMARAL, *A Forma da República...*, pp. 170-171; NOGUEIRA, *Direito Fiscal...*, p. 46.

[222] WIEACKER, *Geschichtliche Wurzeln des Prinzips...*, pp. 867 ss.; MERTEN, «Der Verhältnismäßigkeitsgrundsatz», pp. 521 ss. No mesmo sentido, NOGUEIRA, *Direito Fiscal Europeu...*, p. 47.

[223] MUZNY, *La Technique de Proportionnalité...*, p. 27.

A "DESCOBERTA" E IMPLANTAÇÃO DO PRINCÍPIO AO NÍVEL GLOBAL

no direito à autodefesa (inclusive das pessoas) e à *guerra justa* (quer no que diz respeito aos motivos de a declarar e fazer, quer no que toca à forma de a conduzir) de CICERO (*De Officiis, De Re publica*), continuadas por SANTO AGOSTINHO (*A Cidade de Deus*) e S. TOMÁS DE AQUINO (*Summa Theologica*). Este último terá sido eventualmente o percursor da decomposição da estrutura da proporcionalidade em vários passos[224]. A teoria da autodefesa proporcional de S. TOMÁS DE AQUINO foi transformada por GRÓCIO (*De Jure Belli ac Pacis*) num princípio geral do direito[225].

Por outro lado, a específica subordinação das sanções criminais a uma ideia de proporcionalidade, quer no momento da definição legal, quer nos momentos da individuação judicial e da execução, ostenta um *pedigree* assinalável, que remonta à *Magna Carta*[226], a qual, no seu artigo 20º, proclamava que *"Liber homo non amercietur pro parvo delicto, nisi secundum modum delicti; et pro magno delicto amercietur secundum magnitudinem delicti..."*[227]/[228]. Aliás, há quem apresente argumentos que mostram que o pensamento de proporcionalidade era uma caraterística da *common law*[229].

Por isso, quando se liga o surgimento do princípio da proporcionalidade, como conceito do direito público europeu, ao contratualismo jusnaturalista do iluminismo[230], ou se invocam os trabalhos de BLACKSTONE[231], de BECCA-

---

[224] ENGLE, «The History...», p. 5, citando a *Summa Theologica*; VICENTE, *O Princípio da Proporcionalidade...*, p. 13

[225] V. a síntese em SULLIVAN/FRASE, *Proportionality Principles...*, pp. 15 ss.; ENGLE, «The History...», p. 5; VICENTE, *O Princípio da Proporcionalidade...*, p. 14.

[226] ENGLE, «The History...», p. 7.

[227] V. o texto latino de 1215 em JOÃO SOARES DE CARVALHO, *Em volta da Magna Carta...*, p. 132. As traduções para a língua portuguesa deste inciso recorrem aos termos "proporcionada", "proporção" e "proporcional". Por exemplo, MIRANDA, *Textos históricos do Direito Constitucional*, p. 14: "[a] multa a pagar por um homem livre, pela prática de um pequeno delito, será proporcionada à gravidade do delito; e pela prática de um crime será proporcionada ao horror deste..."; JOÃO SOARES DE CARVALHO, *idem*, p. 133: "[u]m homem livre será multado por um pequeno delito na proporção da gravidade desse delito; e por um grande delito pagará a multa proporcional ao horror deste...".

[228] O princípio seria consagrado na *Declaração dos Direitos do Homem e do Cidadão* (de forma menos expressiva do que na Magna Carta, mas nem por isso menos óbvia no apelo a uma ideia de necessidade): "[a] lei apenas deve estabelecer penas estrita e evidentemente necessárias...": v. o texto deste artigo 8º em MIRANDA, *idem*, p. 58. Entre nós, a Constituição de 1822 também não o esqueceu: "...toda a pena deve ser proporcionada ao delito" (artigo 11º).

[229] THORBURN, «Proportionality», pp. 316 ss.

[230] PULIDO, *El principio...*, p. 44.

[231] WILLIAM BLACKSTONE, *Commentaries on the laws of England*, London, 1765, p. 121: a liberdade não dever limitada mais do que aquilo que seja necessário para a vantagem geral do público (trad. livre). V. REINHOLD ZIPPELIUS, *Allgemeine Staatslehre...*, pp. 290-291; HANS SCHNEIDER, «Zur

O PRINCÍPIO DA PROIBIÇÃO DO EXCESSO

RIA[232] ou VON HUMBOLDT[233] como prova de que se trata de conceitos nutridos no berço da modernidade, essa invocação não deve fazer tábua rasa de todos os provectos antecedentes do pensamento de proporcionalidade gerados pela cultura jurídica europeia desde a antiguidade.

Todavia, pode-se afirmar que a ideia de proporcionalidade, em termos que não se restringem aos delitos e às penas, aparece ligada ao próprio conceito de Direito desde o iluminismo[234], assumindo isso expressão mais visível na cultura jurídica alemã do dobrar do século XVIII.

É pela Prússia e pela Alemanha que começaremos a inquirição de quando e como a antiga ideia de proporção e de rejeição do excesso deixou de ser um padrão mais ou menos difuso, mais ou menos subconsciente e tacitamente aceite, para se tornar no princípio da proibição do excesso, que está, para alguns, a transformar-se numa componente essencial de um novo *ius commune* global ou de uma gramática constitucional comum e num critério universal de constitucionalidade[235].

Deitaremos também um breve olhar sobre outro Estado do espaço jurídico centro-europeu, onde se verificou a primeira irradiação do princípio, a Suíça, por razões que exporemos. A fórmula mais ou menos acabada, esculpida nesse espaço, particularmente na Alemanha, tem-se revelado altamente "exportável", falando-se até de uma qualidade *viral* do princípio da proibição do excesso[236], que lhe permite propagar-se de uma forma relativamente rápida de ordenamento jurídico para ordenamento jurídico. Hoje, sintomaticamente, a língua em que se exprimem as mais recentes e influentes investigações sobre o princípio – incluindo as de alguns autores germânicos – é o inglês e não o alemão, ao contrário do que sucedeu até ao início do presente século[237]. Seguiremos esse

Verhältnismässigkeits – Kontrolle insbesondere bei Gesetzen», p. 393; MERTEN, «Der Verhältnismäßigkeitsgrundsatz», p. 523.

[232] BECCARIA, *De los delitos y de las penas*, trad. castelhana, Madrid, 1969, p. 138. V. *infra*, capítulo 22.

[233] Cfr. MERTEN, «Der Verhältnismäßigkeitsgrundsatz», pp. 523-524.

[234] Neste sentido, MIRANDA, *Manual...*, vol. IV, 3ª ed., pp. 205-206.

[235] As expressões desta "globalização" que viajam pelos numerosos escritos mais recentes são quase inabarcáveis: v. alguns exemplos em MATTHIAS KLATT/MORITZ MEISTER, *The Constitutional Structure...*, pp. 1 ss.

[236] A expressão pertence a SWEET/MATHEWS, *Proportionality...*, p. 28.

[237] O debate nos EUA sobre o *balancing* e sobre os vários *means-end tests*, que, como veremos, apresentam contornos analíticos assimiláveis a (mas não confundíveis com) segmentos do princípio da proporcionalidade, suscitou um número incontável de trabalhos desde a década de 1960. No entanto, era raro encontrar, até há poucos anos, qualquer referência ao princípio da proporcionalidade. Também eram escassos os trabalhos sobre *proportionality* em língua inglesa produzidos na Europa ou noutras latitudes. As exceções mais notáveis são BERMANN, «The principle of proportionality», *cit.* (1977-8), JOWELL/LESTER, «Proportionality: Neither Novel nor Dangerous»

A "DESCOBERTA" E IMPLANTAÇÃO DO PRINCÍPIO AO NÍVEL GLOBAL

processo de propagação para um segundo núcleo de Estados onde a importação da proibição do excesso foi mais tardia do que os do primeiro espaço, destacando, fora da Europa, casos de Estados em que a influência da jus-publicística alemã ou europeia não é direta, ou é apenas uma entre várias, como a África do Sul, o Canadá, o Brasil ou Israel.

A democratização dos Estados do centro e do leste europeu, após o fim da década de 1980, fez engrossar significativamente o clube dos aderentes, mas não poderemos ir tão longe.

Todos esses casos contrastam com exemplos de Estados europeus onde a sua introdução se tem feito de modo hesitante ou com alguma resistência (França, Itália, Reino Unido).

2.1. Primeiro espaço de difusão – Direitos nacionais da Europa central

2.1.1. Alemanha

Num primeiro momento, toma-se consciência das exigências de *necessidade* ou *indispensabilidade* dos meios, isto é do dever de adotar os meios mais *suaves* para atingir um certo fim[238] (exigência que pressupõe a adequação do meio à prossecução do fim eleito). Deteta-se o rasto desta exigência de necessidade já no direito prussiano de polícia[239] do final do século XVIII (donde se espraiaria

(1988), já no final do século passado a tese de doutoramento de EMILIOU, *The principle of proportionality in European Law. A comparative study* (1996) e a obra coletiva coordenada por ELLIS, *The Principle of Proportionality in the Laws of Europe* (1999). *Oakes* (Canadá, 1986) e a influência da jurisprudência canadiana em muitos Estados de *common law*, ou de língua inglesa, como Antigua e Barbuda, Austrália, Fiji, Hong Kong, Irlanda, Jamaica, Namíbia, África do Sul, Vanuatu e Israel, criaram condições para uma alteração da situação. A publicação, em 2002, da excelente tradução, da autoria de JULIAN RIVERS, da *Theorie der Grundrechte* de Alexy (*A Theory of Constitutional Rights*, *cit.*), cujo pósfacio passou a ser, fora da Alemanha, um dos textos de referência universal sobre o princípio da proporcionalidade, terá tido também impacto, embora difícil de estimar.

[238] HIRSCHBERG, *Der Grundsatz der Verhältnismässigkeit*, pp. 2 ss.

[239] Convém ter em conta que o conceito de polícia que vai até ao final do século XVIII era mais abrangente do que o que se utiliza a partir do séc. XIX e muito mais amplo do que aquele que empregamos hoje: v. MARCELLO CAETANO, *Direito Administrativo*, vol. II, p. 1146. E, nessa época, não se pode falar ainda de submissão da polícia à legalidade ou a um princípio de legalidade (CAETANO, *idem*, p. 1147; SÉRVULO CORREIA, *Legalidade...*, p. 20). Por isso, uma primeira ilação a tirar é que a ideia de necessidade antecedeu a ideia de legalidade forjada no séc. XIX. Cfr., no entanto, ROGÉRIO SOARES, *Interesse público...*, pp. 57, 63, *passim*, o qual se refere ao *arbítrio* geral vigente durante o chamado Estado de polícia. Mais desenvolvidamente, o nosso "A actividade de polícia e a actividade policial como actividades limitadoras de comportamentos e de posições jurídicas subjectivas", *cit.*

O PRINCÍPIO DA PROIBIÇÃO DO EXCESSO

mais tarde para todo o direito administrativo relacional)[240]. A propósito, citam-se ideias de Frederico o Grande[241], os ensinamentos de CARL GOTLIEB SVAREZ[242] ao futuro rei Frederico Guilherme III, em 1791/2 e a doutrina de GÜNTHER HEINRICH VON BERG.

SVAREZ, aliás, não se limitaria a cumprir uma função pedagógico-formativa junto das instâncias de poder, assumindo real influência no próprio direito positivo, pelo papel que desempenhou como codificador do Direito prussiano, através do *Allgemeines Landrecht für die preußischen Staaten*, de 5 de Fevereiro de 1794 (ALR)[243]. Por sua vez, VON BERG é reputado como o primeiro autor a falar de uma obrigação de proporcionalidade na ação do Estado[244].

Mas só entre a segunda metade do séc. XIX e o início do século XX, se consolidariam as condições propícias para a afirmação da ideia de necessidade (*Erforderlichkeit*)[245] na jurisprudência e nos compêndios jurídicos: os pontos

---

[240] Sobre isto: D'AVOINE, *Die Entwicklung des Grundsatzes der Verhältnismässigkeit: insbesondere gegen Ende des 18. Jahrunderts...*, *cit.*; HANS SCHNEIDER, «Zur Verhältnismässigkeits...», pp. 391-392; COHEN-ELIYA/PORAT, *Proportionality...*, pp. 24 ss; BLECKMANN, *Begründung...*, p. 177, referencia alusões à proporcionalidade numa obra de SCHEIDEMANTEL, *Das allgemeine. Staatsrecht überhaupt und nach der Regierungsform*, 1775, pp. 250 ss.; DECHSLING, *Das Verhältnismäßigkeitsgebot*, p. 7, secunda KRAUSS na referência a um *Handbuch des Teutschen Policeyrechts*, de 1799, que já aludiria a um pensamento de proporcionalidade; REMMERT, *Verfassungs- und verwaltungsrechtsgeschichtliche...*, *cit.*; SCHLINK, «Proportionality in Constitutional Law...», pp. 294 ss.; SERRANO, *Proporcionalidad...*, p. 37.

[241] MERTEN, «Der Verhältnismäßigkeitsgrundsatz», p. 522.

[242] Os textos de Carl Gottlieb Svarez estão reproduzidos em vários livros. V., por exemplo, CARL GOTTLIEB SVAREZ, *Vorträge Über Recht und Staat*, *in* Hermann Conrad e Gerd. Kleinheyer (eds.), Westdeutscher Verlag, Opladen, 1960.

[243] Especial interesse tem o § 10 II 17: "A função da polícia é tomar as medidas necessárias para a manutenção da paz pública, da segurança e da ordem...".

[244] V. GÜNTHER HEINRICH VON BERG, *Handbuch des deutschen Polizeirechts*, 2ª ed., Gebrüder Hahn, Hannover, 1802, pp. 89 ss., terá sido o primeiro autor a usar a expressão *"desproporcionado"* no contexto do direito de polícia: v. STERN, «Zur Entstehung und Ableitung des Übermaßverbots...», p. 168; PIRKER, *Proportionality...*, p. 100. São muito citadas as duas "leis" de VON BERG: "a primeira lei... é esta: o poder policial não pode ir além do que os seus próprios fins requerem. A lei policial pode comprimir a liberdade natural do sujeito mas apenas na medida em que um fim legítimo o requeira. Esta é a segunda lei." (tradução nossa). Recolhemos a citação em THOMAS WÜRTENBERGER, «Der Schutz vom Eigentum und Freiheit im ausgehenden 18. Jahrhundert», *in* Walter Gose e Thomas Würtenberger (eds.), *Zur Ideen- und Rezeptionsgeschichte des Preussisches Allgemeinen Landrechts: Trierer Symposion zum 250. Geburtstag von Carl Gottlieb Svarez*, Frommann-Holzboog Verlag, Stuttgart, 1999, p. 63.

[245] Alegam alguns autores que o terceiro segmento da proibição do excesso, a proporcionalidade em sentido estrito, também já estava identificado no século XVIII. No seu *Vorträge Über Recht und Staat*, SVAREZ teria aludido a esse segmento através da seguinte frase: "Somente a prossecução de um bem mais pesado para a comunidade pode justificar que o Estado exija de um indivíduo o sacrifício de um bem menos substancial. Na medida em que a diferença de pesos não seja óbvia a

A "DESCOBERTA" E IMPLANTAÇÃO DO PRINCÍPIO AO NÍVEL GLOBAL

cardeais do Estado liberal, da limitação do poder e da necessidade de uma permissão específica para a intervenção na esfera da liberdade individual. Igualmente importante foi a instituição da justiça administrativa e a consolidação do próprio direito administrativo em algumas zonas do espaço alemão, que permitiu não apenas o controlo dos fins prosseguidos, mas também o controlo da intensidade da sua consecução[246].

A conjugação desses fatores levou a que os tribunais assumissem um papel essencial na configuração do antepassado do princípio da proporcionalidade, *a necessidade* (embora sem o surgimento de um princípio, propriamente dito, com essa designação). Na época, as normas de polícia pouco mais fixavam do que uma regra geral de polícia, atribuindo ampla – e, inicialmente, não controlável – discricionariedade às autoridades de polícia para enfrentar comportamentos perigosos[247]. Mas os tribunais estabeleceram que a atividade do Estado estava limitada quanto aos fins e quanto à respetiva intensidade[248].

Central é o papel do Supremo Tribunal Administrativo da Prússia (*Preußische Oberverwaltungsgericht*, em funcionamento desde 1875)[249]. Com base, designadamente, na ALR[250], aquele tribunal definiu orientações jurisprudenciais segundo as quais a polícia podia apenas usar meios adequados, necessários e apropriados[251]. A polícia podia intervir da vida dos cidadãos, mas apenas na medida do necessário. Veremos adiante que, pela mesma altura, mas sem aparente

---

liberdade natural deve prevalecer... A desvantagem social que deve ser evitada através da restrição da liberdade do indivíduo tem de ser mais substancial, por uma larga margem, do que a desvantagem para o indivíduo ou o todo que resulta da restrição." Neste sentido, PULIDO, *El principio...*, p. 46; SWEET/MATHEWS, "Proportionality Balancing and Global Constitutionalism", p. 19 (onde recolhemos a citação de SVAREZ, em inglês, que traduzimos); NOGUEIRA, *Direito Fiscal...*, p. 50.

[246] HIRSCHBERG, *Der Grundsatz der Verhältnismässigkeit*, p. 3.

[247] SCHLINK, «Proportionality in Constitutional Law...», p. 294.

[248] HIRSCHBERG, *Der Grundsatz...*, pp. 2-3.

[249] V. referências em HIRSCHBERG, *Der Grundsatz...*, p. 3; KENNETH F. LEDFORD, «Formalizing the Rule of Law in Prussia: The Supreme Administrative Law Court, 1876-1914», in *Central European History*, vol. 37, nº 2 (2004), pp. 203-224.

[250] São habitualmente citadas decisões de 14 de Junho de 1882 (Kreuzberg), de 10 de Abril de 1886 (caso da venda de brandy) e de Julho de 1886 (caso do poste). V., respetivamente, *Entscheidungen des preußischen Oberverwaltungsgerichts [PrOVGE]*, vol. 9, p. 353 e vol. 13, pp. 424-425 e 426-427. Cfr. MERTEN, «Der Verhältnismäßigkeitsgrundsatz», p. 525; HEINSOHN, *Der öffentlichrechtliche Grundsatz der Verhältnismäßigkeit...*, p. 41.

[251] V. SCHLINK, «Proportionality in Constitutional Law...», p. 294, defendendo que se tratava, na conceção da época, de meio proporcional em sentido estrito (isto é, oposto a proporcional em sentido amplo). Os meios tinham de produzir resultados, não poderia haver outros igualmente eficazes mas menos intrusivos e o fim tinha de ser suficientemente importante para justificar a intrusão; v., também, GRIMM, «Proportionality...», p. 385.

O PRINCÍPIO DA PROIBIÇÃO DO EXCESSO

ligação ou conhecimento recíproco, o *Supreme Court* norte-americano adota técnicas equivalentes[252].

Na Alemanha, a doutrina administrativista acompanha a maturação do novo utensílio jurídico, citando-se a propósito ROBERT VON MOHL (este já em meados do século XIX[253]), OTTO MAYER, FLEINER, WALTER JELLINEK. Na lei positiva, ele é consagrado – ou, pelo menos, o seu sentido- em 1931 (*Polizeiverwaltungsgesetz*).

A OTTO MAYER imputa-se a primeira utilização do conceito *Verhältnismäßigkeit*, em 1895[254], bem como o alargamento do campo de aplicação da necessidade para fora do direito de polícia. Discute-se, porém, se esse conceito já seria expressão acabada e consciente de um princípio da proibição do excesso ou da proporcionalidade na sua configuração contemporânea ou se, ao sabor da época, ela recobria uma simples ideia de necessidade. As opiniões mais convincentes parecem ir neste segundo sentido[255].

WALTER JELLINEK, por seu turno, inaugura em 1913 a linhagem do termo Übermass[256], aparentemente empregue também no sentido de mera necessidade.

Sem embargo, são assinaláveis e significativas as ausências de referências em autores importantes, como VON STEIN, talvez explicáveis por uma certa desmaterialização da ideia de Estado de Direito que é contemporânea a alguns desses autores. Mas quando FRITZ FLEINER criou, em 1928, o seu famoso aforismo "a polícia não deve matar pardais com canhões", que se costuma usar para resumir o espírito da ideia de necessidade[257], já esta estava razoavelmente consolidada no espírito jurídico germânico.

---

[252] No contexto de casos relacionados com a chamada *dormant commerce clause* e outros: v. neste sentido SWEET, «All things in Proportion?...», p. 40.

[253] ROBERT VON MOHL, *Die Polizeiwissenschaft nach den Grundsätzen des Rechtsstaates*, Tübingen, Laupp, 1844, p. 40.

[254] OTTO MAYER, *Deutsches Verwaltungsrecht...*, p. 267. A expressão surge na seguinte frase: "Die naturrechtliche Grundlage erfordert die *Verhältnismäßigkeit der Abwehr* und bestimmt damit das Maß der polizeilichen Kraftentwicklung." O itálico consta do original. Note-se, todavia, que JAKOBS, *Der Grundsatz der Verhältnismäßigkeit*, p. 97, refere o uso da expressão "*verhältnismäßig*" por VON BERG, na obra já citada de 1802.

[255] Para HIRSCHBERG, *Der Grundsatz...*, p. 4, o desenvolvimento posterior da obra e os exemplos utilizados demonstram que na mente de OTTO MAYER estava tão só aquilo que hoje se designa de necessidade. E é tão só nessa medida que se pode aceitar a linha argumentativa de COHEN-ELIYA/PORAT, *Proportionality...*, pp. 32, 43, *passim*, de que a proporcionalidade (isto é, a proporcionalidade reduzida à necessidade) não desafiou inicialmente o sentido formalista da jurisprudência administrativa alemã.

[256] W. JELLINEK, *Gesetz...*, pp. 79, 289 ss.

[257] FLEINER, *Institutionen...*, p. 404 ("*Die Polizei soll nicht mit Kanonen auf Spatzen shiessen*"). Questiona-se até se esta frase não poderia ser adaptada a uma conceção da proporcionalidade em sentido

A "DESCOBERTA" E IMPLANTAÇÃO DO PRINCÍPIO AO NÍVEL GLOBAL

Fora do direito administrativo, encontramos por essa altura aplicações de uma ideia de necessidade (associada ou não ao conceito de proporcionalidade das penas), em núcleos mais críticos da limitação da liberdade por via da lei penal e processual penal[258]. Em contrapartida, as aplicações no campo do direito constitucional são, tanto quanto se sabe, inexistentes.

Depois do interregno do III Reich, o pós-II Guerra trouxe no qvos dados que influenciaram o enriquecimento e a evolução do princípio. Importante, desde logo, foi a reabilitação do pensamento jusnaturalista, materializada através da definição de princípios ou instrumentos que metodicamente poderiam trazer a ideia de justiça e de direito justo do terreno meta-positivo para o terreno firme da justiça do caso concreto[259]/[260].

Mas decisiva, no plano do direito constitucional positivo, foi a nova dinâmica e linguagem dos direitos fundamentais. A necessidade de criar instrumentos que lhes conferissem força plena, em contraste com o que sucedera com Weimar, levou a Lei Básica de 1949 a consagrar um catálogo alargado de direitos fundamentais.

É certo que sobre muitas das normas de direitos pendem cláusulas de limites ou reservas, que devolvem ao legislador decisões sobre o seu conteúdo e exercício, embora sempre com o dever de preservar o respetivo conteúdo essencial (v. artigo 19º, 2, GG). Suscitou-se, consequentemente, a questão da coexistência e conciliação destas duas orientações de sinal aparentemente con-

---

amplo, já integrada pela proporcionalidade e.s.e.: cfr. HIRSCHBERG, *Der Grundsatz...*, p. 6, com mais referências. Todavia, para além de parecer claro que isso não estava no espírito de FLEINER, a invocação dessa frase para ilustrar a ideia de proibição do excesso ou proporcionalidade pode dar azo a equívocos. Como já se assinalou em nota anterior, o aforismo tomado simplesmente pelo seu valor facial não expressa muito mais do que um princípio de economia e adequação na mobilização e dispêndio dos recursos públicos: se se pode atingir o objetivo usando uma espingarda não se deve usar um canhão...

[258] V. um resumo em SERRANO, *Proporcionalidad y derechos fundamentales...*, pp. 22 ss. É paradigmática uma frase de FRANZ VON LISZT: "Só a pena necessária é justa. A pena é um meio para um fim. Ora a ideia de fim exige adequação do meio ao fim e a máxima poupança no seu emprego". V. *Der Zweckgedanke im Strafrecht*, 1883, *apud* SOUSA BRITO, «A lei penal...», p. 221. São explícitas as ideias de adequação e necessidade.

[259] A identificação dos princípios da igualdade e da proporcionalidade, como "âncoras" mais eficazes de uma ideia de justiça e de direito justo, é reiteradamente assumida por autores que personificam o "renascimento" do direito natural no pós-guerra. Cfr., entre os pioneiros, HELMUT COING, *Die obersten Grundsätze...*, pp. 74 ss.; *idem, Grundzüge...*, pp. 207 ss.; SPENDEL, *Über eine rationalistische...*, pp. 86 ss.; FRITZ VON HIPPEL, *Vorbedingungen einer Wiedergesundung...*, pp. 240 ss. Mais modernamente, LARENZ, *Richtiges Recht...*, pp. 124 ss. Sobre o tema, M. OBERLE, *Der Grundsatz der Verhältnismäßigkeit...*, pp. 42 ss.; HIRSCHBERG, *Der Grundsatz...*, p. 11.

[260] O próprio direito socialista da República Democrática Alemã não terá ficado insensível ao princípio clássico da proporcionalidade: v. ENGLE, «The History...», p. 7 (citando MAMPEL).

O PRINCÍPIO DA PROIBIÇÃO DO EXCESSO

traditório: densidade e força normativa dos direitos fundamentais sem precedente[261], e ampla margem conferida ao legislador para lhes introduzir limites. Apesar de a Lei Básica não conter nenhuma referência ao princípio da proporcionalidade, nem usar a linguagem da ponderação de bens, interesses ou valores, seria a eles que o Tribunal Constitucional e a doutrina recorreriam para resolver aparentes antinomias, colisões e dilemas, guiados pelas ideias de constituição como um sistema de valores, *unidade* da constituição, equilíbrio (*Ausgleich*) e síntese harmonizadora[262].

Os anos de 1950 são decisivos para a clarificação (i) dos desdobramentos internos do princípio da proibição do excesso ou da proporcionalidade clássica, (ii) da terminologia e (iii) do âmbito de aplicação.

A clarificação dos desdobramentos internos é da responsabilidade conjunta do legislador, da jurisprudência e da doutrina[263]. Obras monográficas seminais e propostas doutrinais inovatórias sublinham os primeiros sinais legislativos e acompanham decisões pioneiras da jurisdição constitucional alemã (*BverfG*).

Inicia-se uma rutura e clarificação ao nível terminológico e da estrutura do princípio. O conceito de proporcionalidade (*Verhältnismäßigkeit*) continuaria ainda durante algum tempo a ser usado para cobrir primordialmente aquilo que hoje se designa de necessidade, indispensabilidade, ou exigência dos meios mais suaves[264]. A proporcionalidade e.s.e. – ou ponderação – ainda não integrava a estrutura da *Verhältnismäßigkeit*. Aliás, o uso do conceito de proporcionalidade no clássico sentido de necessidade (com a adequação a montante, embora não nomeada), permanecerá até bons anos mais tarde[265]. Mas, a par desse conceito de proporcionalidade, coincidente com necessidade, começa a tomar forma o que hoje chamamos proporcionalidade e.s.e., também

---

[261] No caso *Lüth, BVerfGE*, vol. 7, pp. 198 ss., resumido *infra*, o Tribunal Constitucional alemão reconheceu aos direitos fundamentais o grau de valores mais elevados do sistema jurídico, atribuindo-lhes o caráter simultâneo de direitos individuais e de princípios objetivos.

[262] Schlink, «Proportionality in Constitutional Law...», p. 295; Grimm, «Proportionality in Canadian and German Constitutional Jurisprudence», p. 386.

[263] Embora se possa dizer, com Schlink, «Der Grundsatz der Verhältnismassigkeit...», p. 445, que o princípio "deve a sua carreira ao Tribunal Constitucional".

[264] Neste sentido, Hirschberg, *Der Grundsatz...*, pp. 14 ss. O autor refuta, aliás, a tese de que a ideia de proporcionalidade em sentido estrito já estivesse implícita em algumas aplicações da época de Weimar. A alegação de que a proporcionalidade e.s.e. era já conhecida em Weimar seria comprovada por construções dogmáticas de autores como Wilhelm Franzen, Wilhelm Laforet, Kohlrausch que, escrevendo no domínio do processo penal, recorreriam implicitamente ao espírito da proporcionalidade em sentido estrito, na aceção atual.

[265] Hirschberg, *Der Grundsatz...*, p. 10, aponta os exemplos de Peters, Dürig, Ipsen, Pohl, Krüger, Hamann, von Krauss, Zippelius e outros; mais exemplos em Dechsling, *Das Verhältnismäßigkeisgebot...*, p. 6.

A "DESCOBERTA" E IMPLANTAÇÃO DO PRINCÍPIO AO NÍVEL GLOBAL

designada inicialmente como proporcionalidade, sem mais especificação. Em legislação do início da década de 1950, o legislador germânico distingue inequivocamente necessidade (com a adequação implícita) e proporcionalidade em sentido estrito, embora sem lhes dar nomes[266]. Por isso, em alguns casos era difícil destrinçar quando é que a expressão *Verhältnismäßigkeit* se reportava à necessidade, quando é que cobria só o que hoje conhecemos por proporcionalidade e.s.e. e quando cobria as duas[267]. Essa circunstância não passou despercebida a um observador perspicaz como VON KRAUSS. A ele coube o mérito de, na sua dissertação de 1955, detetar o problema terminológico e cunhar a expressão "proporcionalidade e.s.e." (*Verhältnismäßigkeit ieS*). Sem embargo, o autor continuou a empregar a expressão *Verhältnismäßigkeit* com o sentido clássico de necessidade[268]. Também em 1955, BENDER contribuiu para a consolidação da distinção entre princípio da necessidade (*Grundsatz der Notwendigkeit*) e princípio da proporcionalidade e.s.e.[269], que se tornaria gradualmente moeda corrente.

Ainda na década de 1950, algumas decisões do *BVerfG* acentuaram a rutura e confirmaram a evolução terminológica (embora de forma nem sempre consequente). Em 1954, o Tribunal alude pela primeira vez ao princípio da proporcionalidade num *obiter dictum*[270]. Em 1958, produz a marcante *Apothekenurteil*[271]. A ele se devem dois importantes contributos: a autonomização da (até aí simplesmente intuída) adequação como segmento com dignidade própria, ao lado

---

[266] HIRSCHBERG, *Der Grundsatz...*, p. 13, cita, designadamente, uma lei, de 1950, de um dos Estados federados (Hessen), sobre medidas de polícia de coação direta.

[267] HIRSCHBERG, *Der Grundsatz...*, p. 12.

[268] VON KRAUSS, *Der Grundsatz...*, pp. 17-18.

[269] BENDER, «Verhälnismäßigkeit und Vermeidbarkeit...», pp. 938 ss. (*apud* HIRSCHBERG, *Der Grundsatz...*, p. 16).

[270] Decisão *Gesamtdeutscher Block*, *BVerfGE* vol. 3, pp. 383 ss., 399, consultada em http://www.servat.unibe.ch/dfr/bv003383.html: "Das Wahlgesetz befreit die Parteien, die in der letzten Wahlperiode ununterbrochen mit mindestens drei Abgeordneten im Landtag vertreten waren, vom Unterschriftenquorum. Es verfolgt damit den verfassungsmäßig zulässigen Zweck, der Gefahr der Stimmenzersplitterung vorzubeugen, die erfahrungsgemäß besonders von fluktuierenden, keine konstante und dauerhafte Größe darstellenden Parteien ausgeht. *Die Voraussetzung, die der Gesetzgeber in § 20 Abs. 2 Satz 2 aufstellt, ist ein geeignetes Mittel, diesem Zweck zu dienen. Sie überschreitet auch nicht die Grenzen, die durch den Grundsatz der Verhältnismäßigkeit zwischen Zweck und Mittel gezogen sind. Innerhalb dieser Grenzen aber ist der Gesetzgeber mangels einschlägiger besonderer Bestimmungen der Verfassung frei*". Cfr. GRABITZ, «Der Grundzatz der Verhältnismäßigkeit...», p. 569.

[271] Decisão sobre farmácias, de 11.6.1958, in *BVerfGE*, vol. 7, pp. 377 ss. V., por todos, KOMMERS/MILLER, *The Constitutional Jurisprudence...*, pp. 666 ss. Outras leituras: O. BACHOF, «Zum Apothekenurteil des BVerfG...»; HANS-UWE ERICHSEN, «Das Apotheken-Urteil des Bundesverfassungsgerichts», in *Jura*, (1985), pp. 66-75; LARENZ, *Metodologia...*, pp. 492-493; PETERSEN, «Balancing...», pp. 9 ss.

O PRINCÍPIO DA PROIBIÇÃO DO EXCESSO

da necessidade e da proporcionalidade e.s.e.; a reunião dos três segmentos, sob a designação de princípio da proporcionalidade.

A *Apothekenurteil* encerra um ciclo evolutivo[272] e abre uma fase de desenvolvimento e aperfeiçoamento dogmáticos de um instrumento que, no meio século que se lhe seguiria, seria exportado para o Mundo inteiro. A partir daí, apesar de peças judiciais e ensaios doutrinais continuarem a usar o conceito de proporcionalidade no "velho" sentido de necessidade[273], situação que permanecerá por bons anos, o conceito de *Verhältnismäßigkeit* passa gradualmente a ser usado quer como macro-conceito, englobante de três subprincípios (necessidade, adequação, proporcionalidade em sentido estrito, com esta ou aquela *nuance* terminológica), quer como micro-conceito, no sentido de proporcionalidade em sentido estrito.

Pela sua relevância, a *Apothekenurteil* merece alguma atenção. Em causa estava o artigo 3º, 1, da lei bávara das farmácias de 1952, que apenas permitia a emissão de licenças para novas farmácias quando houvesse viabilidade económica e ausência de risco de inviabilidade para outras farmácias vizinhas. Em 1955, foi recusada pelo governo bávaro uma licença a um cidadão, que impugnou a decisão. No julgamento do recurso de amparo, o *BVerfG* considerou a norma em causa inconstitucional e portanto inválida, por violação do artigo 12º, 1, da *Grundgesetz*, respeitante à liberdade de escolha e de exercício da profissão. O Tribunal admitiu que o legislador pode produzir normas que restrinjam a escolha da profissão (*Berufswahl*) e o exercício da profissão (*Berufsausü-*

---

[272] Resumindo as grandes estações do desenvolvimento da proporcionalidade e.s.a., HIRSCHBERG, *Der Grundsatz...*, pp. 18-19. Quais as razões por que a proibição do excesso/proporcionalidade adquiriam proeminência neste particular momento do desenvolvimento da ordem jurídica alemã? SWEET/MATHEWS, «Proportionality...», p. 25, ensaiam um conjunto de explicações de carácter sociológico, histórico e jurídico: (i) a Lei Básica, que acabara de ser publicada, continha um catálogo de direitos fundamentais com uma estrutura a que se adaptava perfeitamente à proporcionalidade; (ii) os elementos essenciais do teste de necessidade eram familiares aos professores e juízes alemães; (iii) por outro lado, os juízes de direito privado conheciam bem o teste do *balancing*, o qual era conatural a várias disposições do Código Civil, que obrigavam à confrontação de interesses (privados) com outros e o BVerfG sempre teve uma composição mista, com juízes publicitas e privatistas; (iv) o BVerfG era dominado intelectualmente por professores de direito insuspeitos de simpatias pelos nazis e por isso prestigiados; (v) a Alemanha Federal tinha sido formada na base do compromisso do respeito máximo pelos direitos fundamentais, mesmo contra os partidos e o legislador, cuja autoridade, aliás, era relativamente baixa.

[273] HIRSCHBERG, *Der Grundsatz...*, p. 10. Em abono da tese de que *Verhältnismäßigkeit* significava simplesmente a actual *Erforderlichkeit*, podem ser invocadas as obras de HANS PETERS, *Die Verfassungsmäßigkeit...*, p. 13; DÜRIG, *Der Grundrechtsatz...*, p. 135 (assimilando *Verhältnismäßigkeit* a *Übermaßverbot*); HANS PETER IPSEN, *Das Verbot des Massengütertransports...*, pp. 31 ss.; POHL, *Ist der Gesetzgeber...*, p. 24 e de alguns outros, que, na década de 50, ainda aludem a *Verhältnismäßigkeit* para significar simplesmente *Erforderlichkeit* ou *Notwendigkeit*.

A "DESCOBERTA" E IMPLANTAÇÃO DO PRINCÍPIO AO NÍVEL GLOBAL

bung), e não apenas esta última dimensão da liberdade de profissão, embora não no mesmo grau, uma vez que a liberdade de escolha está mais protegida do ponto de vista constitucional do que a liberdade de exercício: a primeira é um ato de autodeterminação que não afeta os direitos ou interesses de outrem e da sociedade, enquanto a liberdade de exercício os pode afetar. Os limites do poder legislativo são tanto mais apertados quanto mais afetarem a liberdade de escolha e tanto mais lassos quanto mais estejam dirigidos para a liberdade de exercício.

Daqui decorre a construção da teoria dos três graus (*Stufentheorie*). O primeiro grau consiste na introdução de restrições à liberdade de exercício, gozando o legislador, a propósito, da maior margem de liberdade. Se o fim de interesse público puder ser prosseguido através desse tipo de restrições, permanecendo incólume a liberdade de escolha, o legislador deve ficar por aí. Só se o risco de o fim não ser atingido desse modo for altamente provável e esse fim for *imperativo* ou *particularmente importante*[274], pode o legislador passar ao grau seguinte, introduzindo restrições que vão além da afetação da liberdade de exercício e interferem também na liberdade de escolha. Nesse ponto, se o fim puder ser atingido com a introdução de uma lista de requisitos de caráter subjetivo condicionadores da liberdade de escolha (por exemplo, requisitos quanto à formação escolar ou académica), o legislador deve ficar por aí. O legislador só pode evoluir para um grau superior – mais grave – de restrições, introduzindo requisitos de caráter objetivo (ou seja, que não se reportam a qualificações pessoais do sujeito nem são por ele controláveis) condicionadores da liberdade de escolha, se o interesse público que pretende acautelar for de *extrema importância*. Neste caso, a necessidade da restrição está sujeita a prova estrita.

Além da teoria dos graus (*Stufentheorie*), é de realçar também o requisito da diferenciação (*Gebot der Differenzierung*)[275]: a limitação da liberdade de exercício pode ser justificada simplesmente por considerações de bem comum; já a limitação da liberdade de escolha só é justificável se isso for essencial para a promoção de interesses *imperativos* ou *particularmente importantes*.

Mas a decisão das farmácias notabilizou-se sobretudo pelo pioneiro recurso ao princípio da proporcionalidade clássica como utensílio analítico para aferir da legitimidade das restrições[276]. Apesar de o princípio da proporcionalidade

---

[274] KOMMERS/MILLER, *The Constitutional Jurisprudence...*, p. 668, falam de *compeling interest*, noção familiar no direito constitucional americano. Noutras traduções usa-se a expressão "interesse particularmente importante".

[275] *Apothekenurteil*, § 75.

[276] KOMMERS/MILLER, *The Constitutional Jurisprudence...*, p. 670. Essa visão é partilhada pelo próprio *BVerfG*: v. a decisão *Befähigungsnachweise* (1961), *BVerfGE 13*, pp. 97 ss., 104.

O PRINCÍPIO DA PROIBIÇÃO DO EXCESSO

(*Prinzip der Verhältnismäßigkeit*) ser mencionado apenas em dois trechos da decisão, ambos respeitantes à introdução de limitações subjetivas à liberdade de escolha ou de acesso[277], e de não ser feita uma referência sistemática e unificada à necessidade (*Erforderlichkeit*), adequação (*Geeignetheit*) e proporcionalidade em sentido estrito (*Abwägung, Verhältnismäßigkeit ieS*), está bem estabelecido que as exigências próprias do princípio estão gravadas na *Apothekenurteil*. Por um lado, como resulta da própria estrutura escalonada dos graus, a "passagem" de um grau para outro, quando signifique uma restrição mais intensa ou grave, está sujeito a uma ideia de necessidade. Por outro lado, estas exigências transparecem em vários momentos do discurso do *BVerfG*, sendo legítima e indisputada a ilação de que têm de ser observadas qualquer que seja o nível em que a intervenção do legislador se situe[278], compreendendo-se, por isso, que sejam referenciados como elementos da *Stufentheorie*[279].

[277] Sumário, nº 6, *c*) e § 80 (*"Hier gilt das Prinzip der Verhältnismäßigkeit in dem Sinne, daß die vorgeschriebenen subjektiven Voraussetzungen zu dem angestrebten Zweck der ordnungsmäßigen Erfüllung der Berufstätigkeit nicht außer Verhältnis stehen dürfen."*).

[278] Especialmente significativo quanto à ponderação e à indispensabilidade é o trecho do § 74 da *Apothekenurteil*: *"Der Freiheitsanspruch des Einzelnen wirkt, wie gezeigt wurde, um so stärker, je mehr sein Recht auf freie Berufswahl in Frage steht; der Gemeinschaftsschutz wird um so dringlicher, je größer die Nachteile und Gefahren sind, die aus gänzlich freier Berufsausübung der Gemeinschaft erwachsen könnten. Sucht man beiden – im sozialen Rechtsstaat gleichermaßen legitimen – Forderungen in möglichst wirksamer Weise gerecht zu werden, so kann die Lösung nur jeweils in sorgfältiger Abwägung der Bedeutung der einander gegenüberstehenden und möglicherweise einander geradezu widerstreitenden Interessen gefunden werden. Wird dabei festgehalten, daß nach der Gesamtauffassung des Grundgesetzes die freie menschliche Persönlichkeit der oberste Wert ist, daß ihr somit auch bei der Berufswahl die größtmögliche Freiheit gewahrt bleiben muß, so ergibt sich, daß diese Freiheit nur so weit eingeschränkt werden darf, als es zum gemeinen Wohl unerläßlich ist."* (Como se viu, quanto mais forte for a intervenção na liberdade de escolha da profissão do particular mais poderosa a sua pretensão de liberdade; quanto maiores forem os riscos para a comunidade provenientes de uma completa liberdade de exercício da profissão mais premente se torna a proteção da comunidade. Se se quiser tomar ambas as exigências em consideração – ambas legítimas num Estado de Direito social – da maneira mais eficaz, a solução só pode ser obtida em cada caso através da cuidadosa ponderação dos interesses opostos e possivelmente realmente conflituantes. Simultaneamente, a adesão à ideia de que, numa visão global da Lei Fundamental, o livre desenvolvimento da personalidade é o valor mais elevado – devendo, portanto, a liberdade de escolha da profissão ser preservada na maior medida possível – conduz a que esta liberdade pode ser limitada apenas na medida em que isso seja indispensável para o bem comum.")

[279] SCHLINK, «Der Grundsatz der Verhältnismassigkeit...», p. 446. Todavia, a relação entre a teoria dos graus e a proibição do excesso é debatida, predominando a ideia de que se trata de uma forma especial de exame da proporcionalidade clássica: REUTER, «Die Verhältnismäßigkeit...», p. 514; WOLFRAM HÖFLING, «Freiheit und Regulierung der Insolvenzverwaltertätigkeit aus verfassungsrechtlicher Perspektive», in *JZ*, vol. 64, 7 (2009), pp. 339-348, 342; MERTEN, «Der Verhältnismäßigkeitsgrundsatz», pp. 560-561 (defendendo que, em rigor, a *Stufentheorie* com a sua diretiva de diferenciação não é mais do que uma concretização e tipificação do princípio da proporcionalidade).

A "DESCOBERTA" E IMPLANTAÇÃO DO PRINCÍPIO AO NÍVEL GLOBAL

A relação entre princípio da proibição do excesso ou da proporcionalidade clássica e a ponderação de bens, interesses ou valores começa a ter bases para ser discutida (e controvertida) também por essa altura. Poucos meses antes da *Apothekenurteil*, o Tribunal promanara a *Lüth-Urteil*, um caso de liberdade de expressão[280]. Erich Lüth dirigira ao público, aos proprietários de salas de projeção e aos distribuidores, um apelo de boicote aos filmes de Veit Harlan, visto como proeminente realizador de filmes de teor nazi e anti-judeus (como Jud Süss). Apreciou-se, em sede de recurso de amparo, se esse apelo contrariava a lei – como um tribunal de Hamburgo tinha entendido, proibindo-o – ou se poderia ser permitido ao abrigo da liberdade de expressão, garantida pela Lei Fundamental. Tratava-se de um caso concreto de colisão entre direitos de particulares (de Erich Lüth, por um lado, e do realizador Veit Harlan e das entidades produtoras e distribuidoras do seu filme *Unsterbliche Geliebte*, por outro). Competia definir qual dos direitos deveria prevalecer/sucumbir no caso concreto, ou seja, estabelecer uma eventual relação de prevalência entre eles. O *BVerfG* efetuou pela primeira vez uma operação de ponderação de valores (*Güterabwägung*)[281] num patamar abstrato, abrindo, todavia, caminho à mais particularizada e concreta ponderação de interesses (típica do direito privado). Lüth viu a sua posição salvaguardada[282].

Com a *Lüth-Urteil* e a *Apothekenurteil* ficou lançada uma primeira linha divisória entre a ponderação como instrumento autónomo e outros testes que têm uma componente de ponderação, designadamente a proporcionalidade[283].

---

[280] In *BVerfGE*, vol. 7, pp. 198 ss. No mesmo dia de Lüth foi decidido também o caso *Plakaten*, com orientação similar (*BVerfGE*, vol. 7, pp. 230 ss.). V., por todos, KOMMERS/MILLER, *The Constitutional Jurisprudence...*, pp. 442 ss.; SCHLINK, *Abwägung...*, pp. 17 ss.

[281] Sobre o carater inovatório e estruturante desta decisão, v., por exemplo, a súmula de BOMHOFF, *Balancing...*, pp. 77 ss. Para além da *Güterabwägung*, Lüth foi igualmente pioneira no que se refere ao efeito horizontal dos direitos e ao conceito de ordem de valores objetiva. A orientação balanceadora do *BVerfG* foi prontamente criticada por FORSTHOFF, «Die Umbildung des Verfassungsgesetzes», *cit.* (denunciando o perigo de dissolução ou de decomposição da constituição); mesmo aqueles que a acharam inevitável, como HERZOG, alertaram para a necessidade de uma mais sólida estruturação, desiderato que em última análise seria conseguido através do princípio clássico da proporcionalidade (HERZOG, «Kommentar zu Art. 5 Abs 1-2», in Maunz, Dürig, Herzog, Scholz, *Grundgesetz Kommentar*, Beck, München, sd).

[282] Alegadamente, o Tribunal terá colhido inspiração na *Interessenjurisprudenz*, gerada no âmbito do direito privado, e na teoria da integração de Smend, construída no ambiente de Weimar (v., deste autor, *Verfassung und Verfassungsrecht*, *cit.*). Sobre a (discutível) ligação entre a doutrina de Smend e a ponderação de bens ou *balancing*, que o *BVerfG* pareceu dar como defensável, BOMHOFF, *Balancing...*, pp. 98 ss., 115 ss.

[283] Já assim, ZIPPELIUS, «Das Verbot übermäßiger gesetzlicher Beschränkung ...», *cit.*

O PRINCÍPIO DA PROIBIÇÃO DO EXCESSO

Todavia, na doutrina e na jurisprudência alemãs essas relações interdimensionais nunca foram pacíficas[284].

O desenvolvimento que flui da *Apothekenurteil* decorre de bases e de um contexto teórico-constitucional similares a *Lüth*. No entanto, a aparente autonomia atribuída pelo Tribunal a duas linguagens, espaçadas por poucos meses, dá algum alento a quem sustenta que as raízes da ponderação de bens de *Lüth* e da proporcionalidade da *Apothekenurteil* são distintas, não obstante partilharem o mesmo sentido essencial[285]. A ponderação de bens radicaria na jurisprudência de interesses de HECK e no constitucionalismo material integrativo de SMEND, enquanto a proporcionalidade colheria inspiração no direito administrativo prussiano[286]. O tema será retomado e explorado adiante[287].

Ainda em 1958, regista-se outro marco da evolução e consolidação terminológica: LERCHE defende a sua dissertação de doutoramento em Munique (publicada em 1961[288]), a qual pode ser considerada o ponto de fratura literária entre a história e a pré-história do princípio na Alemanha e, porventura, também no espaço europeu[289]. Ancora definitivamente o princípio da proibição do excesso no direito constitucional[290] e consolida a diferença entre proporcionalidade e.s.e. e necessidade ou indispensabilidade (ignorando, porém a adequação). Por outro lado, na linha de tradição de WALTER JELLINEK, sugere Übermaßverbot como macro-conceito alternativo a *Verhältnismäßigkeit*, perma-

---

[284] V., por todos, a apresentação de várias possibilidades em HIRSCHBERG, *Der Grundsatz...*, pp. 83 ss.

[285] BOMHOFF, *Balancing...*, p. 116.

[286] *Idem*.

[287] *Infra*, capítulo 17.

[288] LERCHE, Übermass..., *cit*.

[289] Na década de 60, proliferam as obras sobre o princípio, algumas das quais contribuem para o aperfeiçoamento dos seus contornos. Veja-se GRIBBOHM, *Der Grundsatz der Verhältnismässigkeit bei dem mit Freiheitsenziehung verbundenen Maßregeln der Sicherung und Besserung*, (1966); DAHLINGER, «Gilt der Grundsatz der Verhältnismaßigkeit auch im Bereich der Leistungsverwaltung?», (1966); GENTZ, *Zur Verhältnismäßigkeit von Grundrechtseingriffen*, (1968); HOLZLÖHNER, *Die Grundsätze der Erforderlichkeit und Verhältnismäßigkeit als prinzipien des Strafverfahrens* (1968); WITT, *Verhältnismäßigkeitgrundsatz. U-Haft, körperliche Eingriffen und Gutsachen über den Geisteszustand*, (1968); WITTIG, *Zum Standort des Verhältnismäßigkeit im System des Grundgesetz*, (1968); DENZEL, Übermaßverbot und srafprozessuale Zwangsmaßnahmen, (1969). No entanto, depois de LERCHE, as tentativas sistematizadoras mais influentes são as de GRABITZ, «Der Grundzatz der Verhältnismäßigkeit in der Rechtssprechung des Bundesverfassungsgerichts», *cit.*, já na década de 70 (1973) e de HIRSCHBERG, *Der Grundsatz der Verhältnismässigkeit* (1981).

[290] Apesar do que se referirá numa das notas que se seguem, VON KRAUSS ainda se movera essencialmente no contexto do Direito Administrativo.

A "DESCOBERTA" E IMPLANTAÇÃO DO PRINCÍPIO AO NÍVEL GLOBAL

necendo desde então as duas linhas terminológicas em convívio, normalmente amigável[291].

O alargamento do âmbito de aplicação do princípio da proibição do excesso ou da proporcionalidade toma forma também nos anos 50, particularmente na medida em que se considera que não é aplicável simplesmente no domínio do direito administrativo, sobretudo de polícia (além dos outros tradicionais candidatos à aplicação da ideia de necessidade/proporcionalidade, o direito penal e o direito processual penal), para ser transportado para o domínio do direito constitucional, passando a ser encarado como limite e guia de atuação para o próprio legislador em todas as áreas de intervenção "agressiva"[292]. Nesse aspeto, também autores como v. KRAUSS e LERCHE, do lado da doutrina e tribunais como o *Bayerischer Verfassungsgerichtshof (BayVerfGH)*[293] e o *BverfG*, desempenham um papel de relevo na criação dos quadros que abririam todos os domínios jurídicos à aplicação do princípio, destacando-se mais uma vez a *Apothekenurteil*[294].

No início da década de 60, o princípio da proibição do excesso ou da proporcionalidade clássica completara o seu processo de formação e adquirira *mutatis mutandis* a sua configuração atual. Nesse seu figurino, vinculativo para o legislador e não se esgotando na apreciação essencialmente empírica da relação entre meios e fins e entre meios (isto é, na verificação da adequação e da

---

[291] LERCHE, Übermaßverbot..., pp. 21 ss. Adoptam essa terminologia entre outros ARNDT/RUDOLF, BLOMEYER, CANARIS, DERLEDER/WINTER, GALLWAS, ISENSEE, KUNZE, LOHMANN, LÜCKE, SCHMATZ, SCHOLZ, ZIPF.

[292] Assim KRÜGER, «Die Einschränkung...», p. 628 (citado pelo acórdão nº 187/01, do Tribunal Constitucional português), VON KRAUSS, *Der Grundsatz...*, pp. 42 ss. (*apud* HIRSCHBERG), além de outros indícios doutrinais que, apesar de por vezes serem equívocos (DÜRIG, por ex.) e não obstante as opiniões negativas (v. POHL, *Ist der Gesetzgeber...*), superam a corrente tradicional que vincula o princípio da proporcionalidade ao direito administrativo de polícia, ou ao direito administrativo agressivo e ao processo penal. Em 1963, o *BVerfG* reconheceu a aplicabilidade da proporcionalidade em todos os casos de limitação de direitos fundamentais: *BVerfGE 16*, p. 194, decisão *Liquorentnahme*.

[293] No quadro da Constituição do Estado da Baviera, decisões de 1949 e 1956.

[294] V., neste sentido, HIRSCHBERG, *Der Grundsatz...*, p. 17. O *BayVerfGH* ensaiou, em 1956, uma fundamentação da aplicação do princípio no domínio do Direito Constitucional na natureza dos direitos e no princípio do Estado de Direito. Diferentemente, o *BverfG* não se terá preocupado em elaborar sobre os fundamentos do princípio, como nota GRIMM, «Proportionality in Canadian and German Constitutional Jurisprudence», p. 387. Depois da *Apothekenurteil*, o Tribunal foi carregando sucessivamente as cores quanto à aplicação do princípio da proporcionalidade: 1963, aplicabilidade do princípio a todos os casos de restrição de direitos; 1965, estatuto constitucional do princípio da proporcionalidade na RFA; 1969, vinculação de todas as autoridades ao princípio da proporcionalidade. Até por volta de 1973, segundo GRABITZ, «Der Grundsatz...», p. 570, o *BVerfG* terá feito controlos de proporcionalidade em 132 ocasiões.

O PRINCÍPIO DA PROIBIÇÃO DO EXCESSO

necessidade), é fruto do cruzamento de várias tendências, porventura desgarradas e contraditórias à primeira vista: entre outros fatores, a reabilitação dos esquemas da *Interessenjurisprudenz*[295], o protagonismo/dirigentismo estatal pós-liberal, o renascimento de vários jusnaturalismos, o florescimento de escolas que defendem um direito moralmente reflexivo e até aquilo que poderemos designar de plena interiorização pelo Direito da racionalidade *weberiana*.

Todavia, a aparente estabilização teórica, analítica e dogmática não significa plena pacificação ou consensualização. A tripla clarificação forjada nas últimas décadas pela doutrina e pela jurisprudência germânicas (terminologia, estrutura, âmbito de aplicação) não foi, nem é ainda, pacífica. A própria legitimidade do princípio mereceu reparos e continua a ser aceite (ou tolerado), por alguns sectores da doutrina, com reservas, quando não com manifesta desconfiança. E mesmo quando não conteste o princípio globalmente, um relevante contingente alveja um dos seus segmentos: a proporcionalidade e.s.e., ou, mais latamente, o contrapeso ou balanceamento de bens, interesses e valores que ele implica.

2.1.2. Suíça

A Suíça[296] tornou-se, em 1999, um dos raros Estados cujo texto constitucional consagra expressa e textualmente o princípio da proibição do excesso ou da proporcionalidade como limite à restrição de direitos fundamentais. O artigo 36 § 4 do texto constitucional de 18 de Abril de 1999, em vigor desde 2000, dispõe que "toda a restrição de um direito fundamental deve ser proporcionado ao fim visado". Esta disposição, embora recente, limita-se a cristalizar, neste aspeto, jurisprudência de longa data do Tribunal Federal[297], que já atribuía nível constitucional ao princípio, extraindo-o do Estado de Direito. Em decisões anteriores a 2000, aquele Tribunal Federal atribui-lhe reiteradamente o conteúdo tripartido comum na Alemanha: aptidão (adequação), necessidade, proporcionalidade e.s.e.

---

[295] BARAK, *Proportionality...*, p. 177; BOMHOFF, *Balancing...*, pp. 31 ss.

[296] V., por todos, JÖRG PAUL MÜLLER, *Elements pour une théorie suisse des droits fondamentaux*, pp. 123 ss.; PIERRE MULLER, «Le principe de la proportionnalité», *cit.*; HUBER, «Über den Grundsatz...», *cit.*; WOLFFERS, «Neue Aspekte des Grundsatz...», *cit.*; VAN DROOGHENBROECK, *La proportionnalité dans le droit de la convention européenne des droits de l'homme*, pp. 39 ss.; A. BONNARD, «Le principe de proportionnalité en droit public Suisse», pp. 201 ss.; ZIMMERLI, «Der Grundsatz der Verhältnismässigkeit...»; HOTZ, *Zur Notwendigkeit...*; WEBER-DÜRLER, «Zur neuesten Entwicklungen des Verhältnismässigkeitsprinzips...»; SALADIN, *Grundrechte...*, pp. 355 ss.; BONAVIDES, *Curso...*, 25ª ed., pp. 411 ss.

[297] Há autores que citam uma afloração do princípio numa decisão do Tribunal federal de 1926: v. P. MOOR, *Droit Administratif*, vol. I, Berna, 1994, p. 422, *cit.* por VAN DROOGHENBROECK, p. 40.

A "DESCOBERTA" E IMPLANTAÇÃO DO PRINCÍPIO AO NÍVEL GLOBAL

2.2. Segundo espaço de difusão

2.2.1. Os rendidos

O grupo dos rendidos é integrado por muitos Estados da Europa, eventualmente a maioria.

Merece referência inicial a Espanha. Apesar de o princípio da proporcionalidade não ter aí consagração constitucional, a jurisprudência[298] e a doutrina[299] constitucionais, pela sua proximidade, têm especial interesse para a discussão do caso português. Alguns dos principais autores serão convocados com frequência ao longo do texto.

Há também vários ordenamentos não europeus. De seguida deixaremos apontamentos breves sobre algumas experiências não europeias, menos conhecidas entre nós, que têm dado um contributo relevante para a universalização – e também para a diversificação doutrinal – da proibição do excesso: Canadá, África do Sul e Israel.

Tendo em conta a limitação de espaço, não podemos deixar mais do que breves indicações remissivas sobre as variadas e extensas jurisprudência e doutrina brasileiras, notoriamente influenciadas pelos padrões europeus neste específico tópico, com articulação com contributos do direito constitucional norte-americano. Todavia, a doutrina brasileria será frequentemente convocada ao longo do trabalho.

2.2.1.1. Canadá

O caso canadiano merece especial relevo, até pela influência que a adoção do *standard* da proporcionalidade teve em vários outros ordenamentos não europeus[300].

---

[298] O Tribunal Constitucional espanhol terá aludido pela primeira vez, expressamente, ao princípio, integrado pelos três segmentos da idoneidade, necessidade e proporcionalidade e.s.e., na sentença 66/1995.

[299] V., por todos, BARNÉS, «El principio de proporcionalidad...», *cit.*; *idem*, «Jurisprudencia constitucional sobre el principio de proporcionalidad...», *cit.*; TRIAS/RUIZ, «Los principios de razonabilidad y proporcionalidad en la jurisprudencia constitucional española», *cit.*; PULIDO, *El principio de proporcionalidad...*, *cit.* Também GONZÁLEZ, *El principio general de proporcionalidad en el Derecho administrativo*, *cit.*; SERRANO, *Proporcionalidad y derechos fundamentales*, *cit.*; PENALVA, «Principio de proporcionalidad y principio de oportunidad», *cit.*; I. DOMÉNECH, «El princípio de proporcionalidad...», *cit.*; BEILFUSS, *El principio de proporcionalidad...*, *cit.*; GUERRERO, *«El principio de proporcionalidad y el legislador...»*, *cit.*; NIETO, *«Principio de proporcionalidad y derechos fundamentales...»*, *cit.*; ZORRILLA, *Conflictos constitucionales, ponderación...*, *cit.*; RUIZ/de la Torre Martinez – «Algunas aplicaciones e implicaciones...», *cit.*; SANTIAGO, «La ponderación de bienes...», *cit.*; FUEYO, «El princípio de proporcionalidad...», *cit.*; RUIZ, «La ponderación en la resolución de colisiones de derechos fundamentales...», cit.; MIR PUIG, «El principio...», *cit.*

[300] V. JACKSON, «Being Proportional About Proportionality», *cit.*; CHOUDHRY, «So What Is the Real Legacy...», p. 502.

O PRINCÍPIO DA PROIBIÇÃO DO EXCESSO

A *Charter of Rights and Freedoms* canadiana, com valor constitucional, data de 1982. O seu artigo 1º estabelece que *"(t)he Canadian Charter of Rights and Freedoms guarantees the rights and freedoms set out in it subject only to such reasonable limits prescribed by law as can be demonstrably justified in a free and democratic society."*

Autores canadianos influentes procuraram inspiração na interpretação que o Tribunal Europeu dos Direitos do Homem conferia a disposições equivalentes da Convenção para a Protecção dos Direitos do Homem e das Liberdades Fundamentais (abreviadamente, Convenção Europeia dos Direitos do Homem, CEDH)[301].

O *Supreme Court* do Canadá passou a empregar o teste da proporcionalidade a partir de meados da década de 1980. No caso *Big Mart* (1985) é referida a aplicabilidade do teste da proporcionalidade em situações de limitação de direitos. Mas o caso crucial é Regina v. Oakes (1986)[302], onde estava em causa a eventual violação do princípio da presunção da inocência num caso de aplicação de um preceito do *Narcotics Act* que presumia que a posse de drogas ilícitas indiciava tráfico.

Na decisão, o *Chief Justice* DICKSON estabeleceu que a limitação de direitos deve respeitar dois critérios ou *standards* centrais: (i) o da importância do objetivo da limitação; (ii) o princípio ou teste da proporcionalidade. É a partir daqui que a doutrina canadiana tanto fala de uma análise da proporcionalidade em quatro passos, como de uma análise em *dois tempos* ou em *dois* passos, o primeiro com uma componente, o segundo com três[303]. As três componentes deste segundo passo são: conexão racional da medida com o objetivo (*rational connection*); menor interferência possível nos direitos em causa (*minimal impairment* ou *least injurious means*); proporcionalidade entre os efeitos da medida e o objetivo identificado como de importância suficiente para justificar uma limitação de direitos[304].

---

[301] V., por todos, P. W. HOGG, *Constitutional Law of Canada*, 2º ed., Carswell, Toronto, 1985, p. 687, sustentando que o conceito de *reasonable* contém no seu seio a ideia de proporcionalidade. SWEET/MATHEWS, «Proportionality...», p. 30, sublinham que a linguagem da Carta (*reasonable limits*) admitiria que o Tribunal optasse por testes mais limitados, como os *standards* da *reasonableness* ou da *rational basis* usados nos EUA, mas a opção por um teste mais apertado como o da proporcionalidade poderá fazer sentido à luz da história da *Charter*.

[302] *R v Oakes* [1986] 1 S.C.R. 103 V. ROBERT J. SHARPE/KENT ROACH, *Brian Dickson: a Judge's Journey*, University of Toronto Press, Toronto, 2004, pp. 353 ss.; HICKMAN, «Proportionality...»; BARAK, *Proportionality...*, p. 188 e extensa bibliografia citada.

[303] Cfr., por exemplo, CHOUDHRY, «So What Is the Real Legacy...», pp. 505 ss.; RÉAUME, «Limitations on Constitutional Rights...», pp. 4 ss.; PANACCIO, «In Defense of Two Step...»; JACKSON, «Constitutional Law...», pp. 3111 ss.

[304] *"(F)irst the measures adopted must be carefully designed to achieve the objective in question... (S)econdly, the means, even if rationally connected to the objective in this first sentence should impair "as little as*

86

A "DESCOBERTA" E IMPLANTAÇÃO DO PRINCÍPIO AO NÍVEL GLOBAL

Em *Oakes*, o Tribunal decidiu que a primeira componente não estava preenchida, uma vez que não haveria conexão entre a posse de drogas ilícitas e tráfico que permitisse presumir racionalmente que quem é encontrado na posse de qualquer quantidade de drogas é traficante.

O desenvolvimento do princípio ficou indelevelmente ligado a este episódio que marcou historicamente a sua consagração jurisprudencial. Não se negou que houvesse uma relação de causa/efeito entre o meio (presunção de que aquele que detém droga é traficante) e o fim (prevenção/dissuasão/repressão do tráfico)[305]: não havia portanto desadequação na sua expressão mais estrita. Mas a norma legislativa foi invalidada com fundamento na ausência de *rational connection*. A ausência de *rational connection* derivava de a norma legislativa abranger potencialmente mais pessoas do que as que deveriam ser abrangidas (*overbroad*[306]). Num quadro europeu, estas situações de âmbito subjetivo demasiado largo (de *overinclusiveness*) podem ser ou não condenadas, mas o quadro próprio para averiguar a sua validade é o do segmento da necessidade e não o da adequação. Se *Oakes* fosse julgado em Portugal poderia suceder que a norma em apreciação fosse julgada inconstitucional por violação deste segmento: para prevenir ou dissuadir o tráfico e punir os traficantes de drogas com a intensidade visada pelas normas legislativas apreciadas haveria presumivelmente medidas menos drásticas do que tratar todos os possuidores de drogas como traficantes, qualquer que seja a quantidade possuída.

A dimensão do *minimal impairment* também não estava totalmente em linha com o padrão europeu da proporcionalidade, uma vez que, na sua expressão literal, era o teste mais adstringente: as normas legislativas só o suplantariam se fosse mostrado que representavam a menor interferência possível nos direitos protegidos pela Carta[307]. A liberdade de conformação do legislador ficaria comprimida ao máximo, uma vez que seria admitida apenas *uma* solução legis-

---

possible" the right or freedom in question...Thirdly there must be proportionality between the effects of the mesures which are responsible for limiting the Charter, right or freedom and the objective which as been identified as of "sufficient importance" (p. 227). A correspondência entre as componentes do *segundo passo* enunciadas pelo Supremo Tribunal canadiano e os três subprincípios da proibição do excesso ou da proporcionalidade (adequação, necessidade, proporcionalidade e.s.e.) ficará manifesta quando estas forem estudadas no lugar próprio. Teremos também oportunidade de demonstrar que o artigo 1º da Carta canadiana contém o que designamos de comando de harmonização e que o princípio da proporcionalidade é apenas um dos instrumentos disponíveis para a satisfação desse comando. V. mais referências em DAVIS/CHASKALSON/WAAL, *Democracy and constitutionalism...*, pp. 27-28, JACKSON, «Constitutional Law...», pp. 3113 ss., e o aplauso de BEATTY, *Talking Heads..., cit.*

[305] HICKMAN, «Proportionality...», p. 38.

[306] *Idem.*

[307] *Idem*, p. 40.

O PRINCÍPIO DA PROIBIÇÃO DO EXCESSO

lativa como a permitida do ponto de vista constitucional[308]. Porém, esta exigência atenuar-se-ia significativamente em casos posteriores[309], aproximando-se dos parâmetros europeus.

A formulação do terceiro segmento do princípio da proporcionalidade, que corresponde à proporcionalidade e.s.e. (embora em *Oakes* se fale simplesmente de 'proporcionalidade'), merece transcrição: "Quanto mais severos forem os efeitos deletérios de uma medida, mais importante o objetivo deve ser para que essa medida se considere razoável e demonstradamente justificada numa sociedade livre e democrática[310]". A similitude com a lei da ponderação de ALEXY, que se estudará adiante, é flagrante. Porém, sabe-se que o alcance prático deste terceiro passo é reduzido, ao invés do que sucede na Europa[311].

A versão canadiana do princípio da proporcionalidade nasceu com individualidade própria. O *Chief Justice* DICKSON tinha conhecimento das jurisprudências europeia e norte americana[312] e a arquitetura estrutural do princípio da proporcionalidade em *Oakes* refletia influências de ambas, mas não coincidia inteiramente com nenhuma. Porventura, os juízes canadianos terão procurado uma síntese entre a versão europeia, já consolidada na Alemanha na década de 1980, e o *strict scrutiny*, também já configurado pelo Supremo Tribunal dos EUA nessa época. Uma hipótese razoável, é que *Oakes* tenha pretendido refletir o *strict scrutiny*, atribuindo saliência aos segmentos da importância do objetivo da limitação (o *compelling interest* americano), da *rational connection* e do *minimal impairment*. A esses segmentos aditava expressamente um momento de ponderação de interesses ou *balancing* entre os efeitos limitativos da medida legislativa e o seu objetivo, que a doutrina do *strict scrutiny* não reconhece explicitamente, mas que coincide com uma das leituras "europeias" da proporcionalidade e.s.e. Por isso, o *rational connection* e o *minimal impairment* não eram totalmente sucedâneas dos segmentos da adequação e da necessidade do princípio da proporcionalidade na versão europeia, embora coincidissem em elevada percentagem.

---

[308] *Idem.*

[309] Designadamente, *R. v Edward Books and Art Ltd.*, logo em 1986. V. a análise pormenorizada de HICKMAN, «Proportionality...», pp. 41 ss.

[310] *Oakes, cit.*

[311] V. HOGG, *Constitutional Law of Canada*, 5ª ed., vol. 2, Thomson, Carswell, Toronto, 2007, § 38.12. Como nota HICKMAN, «Proportionality...», p. 47, nenhum caso assentou unicamente na violação do terceiro segmento do princípio da proporcionalidade (que designa de *overall balance test*). Aliás, o autor contesta a autonomia estrutural entre o segundo e o terceiro passo da proporcionalidade.

[312] V. SHARPE/ROACH, *Brian Dickson – A Judge's Journey*, Toronto University Press, Toronto, 2003, p. 334.

A "DESCOBERTA" E IMPLANTAÇÃO DO PRINCÍPIO AO NÍVEL GLOBAL

Como se referiu, os pontos de convergência aumentaram com o decurso do tempo. Isso traduziu-se numa certa oscilação posterior do Tribunal canadiano na aplicação da doutrina de *Oakes*, criticamente notada e discutida pelos constitucionalistas. Em termos gerais, registou-se a tendência para uma significativa correção em vários aspetos, com suavização das arestas da fórmula original (promovida pelo próprio DICKSON[313]) e maior deferência para com o legislador, com aplicação menos restritiva dos vários passos do princípio[314].

Não obstante, a versão canadiana da proporcionalidade mantém individualidade própria, que lhe confere interesse específico para efeitos de uma teoria da proporcionalidade com pretensão de validade universal. A morbilidade das medidas legislativas logo na fase da avaliação do objetivo prosseguido pela medida, ou à luz da adequação ou da necessidade, é referida como um dos aspetos distintivos da aplicação do princípio pela jurisprudência canadiana. Essa sobrecarga dos primeiros passos e quase apagamento do último não deixa, porém, de suscitar igualmente críticas e propostas alternativas por parte de alguns setores da doutrina[315].

A sua aplicação jurisprudencial no campo da limitação de direitos obrigou a que o próprio legislador interiorizasse a necessidade da observância do princípio da proporcionalidade na redação das leis. O teste foi incorporado no *próprio procedimento legislativo*, sendo aplicado através de mecanismos de validação prévia das medidas legislativas face à *Charter*, no âmbito do procedimento de redação pelo *Cabinet* e pelo Parlamento[316].

A jurisprudência do *Supreme Court* do Canadá, a partir de *Oakes*, desempenhou um papel difusor do princípio para outros Estados, designadamente Irlanda[317], África do Sul, Reino Unido, Nova Zelândia e até, em certo momento, Austrália. Nessas ordens jurídicas o princípio da proporcionalidade desafia o tradicional teste da *Wednesbury reasonableness*, faltando saber se o substituirá paulatina e gradualmente .

---

[313] *R v. Edwards Books and Art Ltd* (1986): HICKMAN, «Proportionality...», pp. 40 ss.

[314] Cfr. a análise desenvolvida de CHOUDHRY, «So What Is the Real Legacy...», pp. 506 ss.

[315] Cfr., por todos, RÉAUME, «Limitations on Constitutional Rights...», p. 11 (defendendo que os três passos iniciais – valia ou importância do fim, adequação, necessidade – não são mais do que um prelúdio para a questão central, que só é apreciada/resolvida no contexto da proporcionalidade e.s.e.).

[316] SWEET/MATHEWS, «Proportionality...», p. 33; JAMES KELLY, *Governing with the Charter: Legislative and Judicial Activism and Framers' Intent*, UBC Press, Vancouver, 2005; HIEBERT, «A Hybrid-Approach...», *cit.*

[317] V. a análise da questão no contexto irlandês em FOLEY, «The proportionality test: present problems», *cit.*

O PRINCÍPIO DA PROIBIÇÃO DO EXCESSO

2.2.1.2. África do Sul

Na África do Sul[318], a receção do teste da proporcionalidade esteve associada ao desenvolvimento constitucional resultante da transição do regime do *apartheid* para o regime democrático. Em Novembro de 1993, foi ratificada uma Constituição provisória[319] que, além de um extenso catálogo de direitos (Capítulo 3, Direitos Fundamentais), incluindo uma cláusula sobre a respetiva limitação, estabelecia um Tribunal Constitucional (*Constitutional Court*). O novo quadro constitucional e de proteção dos direitos fundamentais, encorajou a doutrina a uma imediata pesquisa e proposta de uso dos meios mais sofisticados de garantia, entre os quais o princípio da proibição do excesso ou da proporcionalidade clássica, utilizando como referência sobretudo o figurino alemão.

Quanto ao Tribunal Constitucional, excluiu, inicialmente, num caso de 1995, a necessidade de aplicação do teste da proporcionalidade à maneira canadiana. Mas logo em *State v. Makwanyane and Another*, ainda em 1995, um caso em que estava em julgamento a constitucionalidade da pena de morte, o princípio foi invocado e aplicado, tendo a pena de morte sido considerada um meio menos adequado e mais drástico do que a prisão perpétua.

O quadro argumentativo de *State v. Makwanyane* viria a ser seguido em alguns casos subsequentes, mas a proporcionalidade só foi elevada ao estatuto de princípio constitucional com a adoção de uma Constituição definitiva em 1996[320], a qual incorporou os segmentos do teste da proporcionalidade identificados em *State v. Makwanyane*[321]. Desde então "a proporcionalidade e o balanceamento estão no coração da litigação constitucional" da África do Sul[323].

---

[318] Cfr., em geral, RAUTENBACH, *General provisions...*, pp. 63, esp. 96; *idem*, «Proportionality and the Limitation Clauses...», *cit.*; PLESSIS/DE VILLE, *Personal Rights...*, pp. 228, 250; WOOLMAN/J. DE WAAL, *Freedom of Assembly...*, pp. 323, 332; *idem*, *Freedom of Association...*, p. 368; G. ERASMUS, *Limitation...*, pp. 648 ss.; CURRIE, «Balancing...», *cit.*; BILCHITZ, «Does Balancing Adequately...», *cit.*; PETERSEN, «Proportionality and the Incommensurability Challenge – Some Lessons from the South African Constitutional Court», *cit.* Críticos, WOOLMAN/BOTHA, «Limitations», in Woolman e outros, *Constitutional Law of South Africa*, 2ª ed., Juta, 2006.

[319] *Constitution of the Republic of South Africa, Act 200*, de 1993, emendada várias vezes depois da aprovação.

[320] A Constituição da República da África do Sul foi aprovada pelo Tribunal Constitucional em 4 de Dezembro de 1996, produzindo efeitos a partir de 4 de Fevereiro de 1997.

[321] Capítulo 2, secção 36, sobre *Limitation of rights*:

1. The rights in the Bill of Rights may be limited only in terms of law of general application to the extent that the limitation is reasonable and justifiable in an open and democratic society based on human dignity, equality and freedom, taking into account all relevant factors, including

a. the nature of the right;

b. the importance of the purpose of the limitation;

c. the nature and extent of the limitation;

d. the relation between the limitation and its purpose; and

A "DESCOBERTA" E IMPLANTAÇÃO DO PRINCÍPIO AO NÍVEL GLOBAL

Comparando com outros sistemas jurídicos onde a jurisprudência sul--africana colheu inspiração, como o Canadá, nota-se a diferença de o processo aplicativo nem sempre desagregar com clareza os vários segmentos da proporcionalidade, vigorando uma apreciação condensada[323]. Por outro lado, o segmento do *the least restrictive means* parece ser o mais importante na prática[324]. Por isso, é de realçar a circunstância de o *Supreme Court* ter especial cautela na atividade adjudicativa, observando visível autocontenção no que se refere à substituição das escolhas do legislador pelas suas próprias e reconhecendo que é àquele que competem as opções de políticas públicas (*State v. Manamela and Others*, 2000). A posição de domínio por parte do executivo, inclusive na preparação dos projetos legislativos, impede uma análise tão transparente como a que se faz no Canadá no que toca à incorporação do princípio da proporcionalidade no próprio procedimento legislativo[325].

2.2.1.3. Brasil

No Brasil[326], o princípio da proporcionalidade (ou, também, da razoabilidade[328]) tem sido objeto de significativa atenção doutrinal e de aplicação

---

e. less restrictive means to achieve the purpose.

2. Except as provided in subsection (1) or in any other provision of the Constitution, no law may limit any right entrenched in the Bill of Rights.

[322] Sobre as diferenças entre a Constituição provisória e a definitiva no tocante ao limite da proporcionalidade, RAUTENBACH, «Proportionality and the Limitation Clauses...», *cit.*

ALBIE L. SACHS, «The Chalenges of Post-Apartheid South Africa», in *Green Bag*, vol. 7 (Outono 2003), p. 63.

[323] Cfr. PETERSEN, «Proportionality...», *cit.*

[324] SWEET/MATHEWS, «Proportionality...», p. 41.

[325] SWEET/MATHEWS, *idem...*, p. 42.

[326] BONAVIDES, *Curso de Direito Constitucional*, 25ª ed., pp. 392 ss.; *idem*, «O princípio constitucional da proporcionalidade e da proteção dos direitos fundamentais», *cit.*; BARROSO, «Os princípios da razoabilidade e da proporcionalidade no Direito Constitucional», *cit.*; *idem*, *Interpretação e Aplicação...*, 3ª ed., pp. 209 ss.; WILLIS SANTIAGO GUERRA FILHO, «O princípio constitucional da proibição do excesso», *cit.*; *idem*, «Os princípios da isonomia e da proporcionalidade », *cit.*; MARIA CHRISTINA DE ALMEIDA, «Uma reflexão sobre o significado do princípio da proporcionalidade ...», *cit.*; SUZANA BARROS, *O princípio da proporcionalidade...*, *cit.*; ÁVILA, *Teoria dos princípios...*, *cit.*; *idem*, «A distinção entre princípios e regras e a redefinição do dever de proporcionalidade», *cit.*; BUECHELE, *O princípio da proporcionalidade...*, *cit.*; WELLINGTON PACHECO BARROS/WELLINGTON GABRIEL ZUCHETTO BARROS, *A Proporcionalidade...*, *cit.*; BRAGA, *Princípios da Proporcionalidade e da Razoabilidade*, *cit.*; ROTHENBURG, «O tempero da proporcionalidade...», *cit.*; LEONARDO MARTINS, «Proporcionalidade Como Critério de Controle de Constitucionalidade...», *cit.*; STEINMETZ, *Colisão de direitos fundamentais e princípio da proporcionalidade...*, *cit.*; STUMM, *Princípio da proporcionalidade...*, *cit.*; MARCELO NEVES, *Entre Hidra e Hércules...*, *cit.*; STRECK, *Jurisdição Constitucional...*, pp. 405 ss.; REZEK NETO, *O Princípio da proporcionalidade...*, *cit.*; VIRGÍLIO AFONSO DA SILVA, «O proporcional e o razoável», *cit.*; *idem*, «Comparing the Incommensurable: Constitutional Principles,

O PRINCÍPIO DA PROIBIÇÃO DO EXCESSO

jurisdicional crescente, em especial pelo Supremo Tribunal Federal[328], não obstante a circunstância de a Constituição de 1988 não lhe dedicar expressa referência. Como sucede na Alemanha, a ausência de consagração expressa fomenta a discussão sobre o fundamento constitucional do princípio. Sendo essa a orientação perfilhada pelo Supremo Tribunal Federal[329], há quem sustente que está ancorado, pelo menos, no princípio, de inspiração norte-americana,

Balancing and Rational Decision», *cit.*; *idem*, «Ponderação e objetividade na interpretação constitucional», *cit.*; *idem*, «Teoria de los principios, competencias para la ponderación y separación de poderes», *cit.*; FELDENS, *A constituição penal: a dupla face da proporcionalidade...*, *cit.*; EMERSON GARCIA, *Conflito...*, pp. 348 ss.; SYLVIA FIGUEIREDO, *A interpretação constitucional e o princípio da proporcionalidade...*, *cit.*; FROTA, *O princípio tridimensional da proporcionalidade no Direito Administrativo...*, *cit.*; *idem*, «O proporcional e o razoável...», *cit.*; GILMAR FERREIRA MENDES, *Estado de Direito e Jurisdição Constitucional...*, pp. 25 ss., 151 ss.; *idem*, «O princípio da proporcionalidade...», *cit.*; MENDES/BRANCO, *Curso de Direito Constitucional*, pp. 217 ss.; FÁBIO OLIVEIRA, *Por uma teoria dos princípios: o princípio constitucional da razoabilidade, cit.*; CARDOSO, *Proporcionalidade e argumentação...*, *cit.*; CARLOS CASTRO, *O devido processo legal e os princípios da razoabilidade e da proporcionalidade, cit.*; CRISTÓVAM, *Colisões entre princípios...*, *cit.*; PUHL, *Princípio da proporcionalidade ou da razoabilidade, cit.*; FERRAZ, *Da teoria à crítica: princípio da proporcionalidade...*, *cit.*; GUSTAVO SANTOS, *O princípio da proporcionalidade na jurisprudência do Supremo Tribunal Federal...*, *cit.*; PEDRA, *O controle da proporcionalidade dos atos legislativos...*, *cit.*; JOSÉ ROBERTO PIMENTA OLIVEIRA, *Os princípios da razoabilidade e da proporcionalidade no direito administrativo brasileiro...*, *cit.*; JANE PEREIRA, *Interpretação constitucional...*, *cit.*; *idem*, «Os imperativos da proporcionalidade e da razoabilidade...», *cit.*; DIRLEY DA CUNHA JÚNIOR, *Curso de Direito Constitucional*, 10ª ed., Editora Juspodium, Salvador, 2016, pp. 198 ss.; LUIZ ALBERTO DAVID ARAÚJO e VIDAL SERRANO NUNES JÚNIOR, *Curso de Direito Constitucional*, 14ª ed., Editora Saraiva, São Paulo, 2010, pp. 110-111; GEORGE MARMELSTEIN, *Curso de Direitos Fundamentais*, 4ª ed., Atlas, São Paulo, 2013, pp. 365 ss.

[327] A indistinção é a orientação do Supremo Tribunal Federal. Na doutrina, há autores que distinguem, outros que consideram proporcionalidade e razoabilidade conceitos sinónimos. Distinguem, por exemplo, GUERRA FILHO, VIRGÍLIO AFONSO DA SILVA, ÁVILA, STEINMETZ, JANE PEREIRA e MARMELSTEIN; consideram sinónimos, por exemplo, BARROSO, SUZANA BARROS, GILMAR FERREIRA MENDES, ARAÚJO/NUNES JÚNIOR, STRECK e CUNHA JÚNIOR. Cfr., a indicação atualizada do estado da doutrina em FROTA, «O proporcional e o razoável...», *cit.* (com abundantes referências e notando que há também "correntes doutrinárias que inserem o princípio da razoabilidade dentro do campo de incidência do princípio da proporcionalidade. E há correntes doutrinárias que encaixilham o princípio da proporcionalidade no interior do princípio da razoabilidade"); JANE PEREIRA, «Os imperativos da proporcionalidade e da razoabilidade...», pp. 2 ss. (mostrando as diferentes origens); DIRLEY DA CUNHA JÚNIOR, *Curso...*, p. 198, nota.

[328] "Omnipresente no discurso judicial e académico": JANE PEREIRA, «Os imperativos da proporcionalidade e da razoabilidade...», p. 1. Cfr. GILMAR FERREIRA MENDES, *Estado de Direito e Jurisdição Constitucional...*, pp. 25 ss., 151 ss.; MENDES/BRANCO, *Curso de Direito Constitucional*, pp. 219 ss. (iniciando o historial de aplicação do princípio pelo Supremo Tribunal Federal brasileiro em 1953); ÁVILA, *Teoria...*, 7ª ed., pp. 160 ss.; WELLINGTON PACHECO BARROS/WELLINGTON GABRIEL ZUCHETTO BARROS, *A Proporcionalidade...*, pp. 69 ss.; STRECK, *Jurisdição Constitucional...*, pp. 405 ss. (com indicações de jurisprudência de outros tribunais); EMERSON GARCIA, *Conflito...*, pp. 357 ss.

[329] JANE PEREIRA, «Os imperativos da proporcionalidade e da razoabilidade...», p. 8.

A "DESCOBERTA" E IMPLANTAÇÃO DO PRINCÍPIO AO NÍVEL GLOBAL

do devido processo legal (artigo 5º, LIV, da Constituição)[330]. Todavia, há também quem aponte mais do que um afloramento implícito no texto constitucional[331], concluindo, em qualquer caso, que se trata de um princípio geral de direito constitucional positivo[332], aplicável, inclusive, nas colisões de atribuições e competências de órgãos constitucionais[333].

Embora não se afigure orientação totalmente estabilizada, a inclinação doutrinal maioritária é para distinguir os três segmentos em que se desdobra a proibição do excesso na Alemanha e em Portugal.[334] São conhecidas decisões do Supremo Tribunal Federal declarando a inconstitucionalidade de normas legislativas com fundamento na inadequação[335] e da não proporcionalidade e.s.e.[336]. Não se estabelecem algumas das distinções que apresentaremos adiante, quer no contexto do princípio da proporcionalidade quer em relação a outras figuras, como a da proporcionalidade quantitativa[337].

De um modo geral parece poder concluir-se que o juiz constitucional brasileiro tem optado pelo exercício de poderes de controlo da proibição do excesso que se situam perto do limiar superior de intensidade.

A par da proporcionalidade clássica, tem sido também profusamente tratado o tema da proibição do defeito, particularmente no domínio penal, mas não apenas[338], com reflexo na jurisprudência[339].

---

[330] MENDES/BRANCO, *Curso de Direito Constitucional*, p. 224; CUNHA JÚNIOR, *Curso...*, p. 198.

[331] V., por todos, BONAVIDES, *Curso de Direito Constitucional*, 25ª ed., pp. 434-5; STRECK, *Jurisdição Constitucional...*, pp. 410 ss.; EMERSON GARCIA, *Conflito...*, pp. 350, 357.

[332] BONAVIDES, *Curso de Direito Constitucional*, 25ª ed., p. 435; MENDES/BRANCO, *Curso de Direito Constitucional*, p. 225.

[333] MENDES/BRANCO, *Curso de Direito Constitucional*, p. 225.

[334] Assim, ÁVILA, *Teoria...*, 7ª ed., pp. 165 ss.; BARROSO, *Interpretação...*, pp. 218 ss.; CUNHA JÚNIOR, *Curso...*, p. 199; WELLINGTON PACHECO BARROS/WELLINGTON GABRIEL ZUCHETTO BARROS, *A Proporcionalidade...*, pp. 59 ss.; MARMELSTEIN, *Curso de Direitos...*, p. 367; JANE PEREIRA, *Interpretação constitucional...*, *cit.*; FROTA, «O proporcional e o razoável...», *cit.* (entre vários).

[335] V. referências em JANE PEREIRA, «Os imperativos da proporcionalidade e da razoabilidade...», p. 18.

[336] *Idem*, p. 30.

[337] V. uma ilustração do último aspecto em EMERSON GARCIA, *Conflito...*, p. 358.

[338] Entre muitos, SARLET, «Constituição e Proporcionalidade: o direito penal e os direitos fundamentais entre proibição de excesso e de insuficiência», *cit.*; FLÁVIO OLIVEIRA, *Controlo da omissão estatal...*, *cit.*; STRECK, «Bem jurídico e constituição: da proibição de excesso (*übermassverbot*) à proibição de proteção deficiente...», *cit.*; FLACH, *As duas faces do princípio da proporcionalidade e as normas penais: entre a proibição do excesso e a proibição da proteção deficiente, cit.*; FELDENS, *A constituição penal: a dupla face da proporcionalidade..., cit.*; MENDES/BRANCO, *Curso de Direito Constitucional*, p. 228; MARMELSTEIN, *Curso de Direitos...*, pp. 373 ss.; JANE PEREIRA, «Os imperativos da proporcionalidade e da razoabilidade...», pp. 35 ss.

[339] V., por exemplo, a sentença de 1996 do Supremo Tribunal Federal sobre o salário mínimo (STF, ADI-MC 1458 DF), relatada por CELSO DE MELLO.

O PRINCÍPIO DA PROIBIÇÃO DO EXCESSO

2.2.1.4. Israel

Sobre Israel[340], alguns seguidores da jurisprudência do seu *Supreme Court* sugerem que aplica o teste da proporcionalidade de forma mais consistente e rigorosa do que qualquer outra jurisdição do Mundo[341]. A afirmação pode ser algo exagerada, mas é verdade que desde a década de 80 do século passado que a análise da proporcionalidade, em termos próprios do ambiente jurídico constitucional israelita, onde não existe uma Constituição escrita, viaja pela jurisprudência do *Supreme Court*.

Com *United Mizrachi Bank plc v. Midgal Cooperative Village* (1995), reconheceu-se não apenas a aplicação do princípio da proporcionalidade no direito administrativo de Israel, como se consumou a sua migração para o direito constitucional, por via da cláusula sobre limitação de direitos contida no artigo 8º da *Israeli Basic Law: Human Dignity and Liberty*, de 1992, nos termos da emenda de 1994.

Depois desta decisão, a análise da proporcionalidade em quatro estádios, ao modo de *Oakes*, passou a ser executada pelo *Supreme Court*, não apenas nos domínios dos litígios sobre limitação de direitos contidos na *Basic Law*, mas também no domínio dos atos da Administração, por vezes em casos tão delicados e vitais para a política de defesa de Israel como o que esteve em causa em *Beit Sourik Village Council v. Government of Israel* (2004). Nesse aresto, o Tribunal pronunciou-se pela violação do segmento da proporcionalidade em sentido estrito por uma decisão que definia um certo trajeto para o muro erguido por Israel com a justificação de combater ataques terroristas.

2.2.2. Os renitentes

2.2.2.1. França

2.2.2.1.1. A progressiva instalação do princípio da proporcionalidade

O princípio da proporcionalidade (*nomen* geralmente usado no contexto francês) não passou despercebido à doutrina ao longo das últimas décadas[342].

---

[340] V., por último, BARAK, *Proportionality: Constitutional Rights and their Limitations, cit.* BARAK teve um papel relevante, quer como membro do *Supreme Court*, quer como jus-publicista, no desenvolvimento da análise da proporcionalidade no contexto constitucional israelita. Foi ele o relator de *Hamdi v. Commander of Judea and Samaria* (1982), de *Turkeman v. Minister of Defense* (1993) e *United Mizrachi Bank plc v. Midgal Cooperative Village* (1993). Também influente, ITZHAK ZAMIR, quer como juiz do *Supreme Court*, quer como juspublicista.

[341] SWEET/MATHEWS, «Proportionality...», p. 42.

[342] O trabalho de BRAIBANT, «Le principe de la proportionnalité», *cit.*, data de 1974; o de GUIBAL, «De la proportionnalité», *cit.*, de 1978. Posteriormente: FROMONT, «Le principe de proportionnalité», *cit.*; MEKHANTAR, *Le controle juridictionnel da la proportionnalité..., cit.*; J. LEMASURIER,

94

A "DESCOBERTA" E IMPLANTAÇÃO DO PRINCÍPIO AO NÍVEL GLOBAL

Todavia, o seu impacto jurisprudencial ao nível do controlo da constitucionalidade das normas legislativas tem sido menor que noutras jurisdições europeias. A explicação pode residir na conceção *rousseauniana* do primado da lei e na duradoura tradição que vincula os juízes a estritas lógicas dedutivo-silogísticas e positivo-exegéticas[343]. A aquisição do pensamento dialético, não formalista, favorável às técnicas ponderativas, revelou-se relativamente tardio e lento[344].

Até muito recentemente, o máximo que se poderia dizer era que o Conselho Constitucional exercia com *especificidades* próprias[345] o controlo de proporcionalidade – embora sem reconhecer um princípio de proporcionalidade[346] – na maior parte dos casos de limitação de direitos com vista à prossecução de objetivos com valor constitucional[347].

A partir do dealbar dos anos 1990, assiste-se a uma progressiva clarificação e, após hesitante evolução[348], regista-se uma aproximação mais decidida e

«Vers un nouveau principe géneral...», *cit.*; GEORGES XYNOPOULOS, *Le controle de la proportionnalité...*, *cit.*; BELLEY, «L'émergence d'un principe de proportionnalité», *cit.*; ZILLER, «Le principe de proportionnalité», *cit.*; GOESEL-LE BIHAN, «Réflexion iconoclaste sur le contrôle...», *cit.*; *idem*, «Le contrôle de proportionnalité dans la jurisprudence du Conseil constitutionnel: figures récentes», *cit.*; *idem*, «Le contrôle de proportionnalité exercé par le Conseil constitutionnel, technique de protection des libertés publiques?», *cit.*; TEITGEN, «Le principe de proportionnalité en droit français..», *cit.*; PHILIPPE, *Le contrôle...*; *idem*, «El principio de proporcionalidad en Derecho Público francês», *cit.*; JEAN-PAUL COSTA, *Le principe de proportionnalité...*, *cit.*; MUZNY, *La Technique de Proportionnalité...*, *cit.*; FRAISSE, «Le Conseil Constitutionnel exerce un contrôle conditionné, diversifié, et modelé de la proportionnalité», *cit.*; BOUSTA, «Contrôle constitutionnel de proportionnalité. La spécificité française...», *cit.* V., também, MONTALIVET, *Les objectifs...*, *cit.*; DE LA CRUZ FERRER, «Una aproximación al control de proporcionalidad del Consejo de Estado francés...», *cit.*; PULIDO, *El principio...*, pp. 48 ss.; MACIERINHA, «Avaliar a avaliação...», *cit.*; FABBRINI, «Reasonableness as a test for judicial review ...», *cit.*

[343] Assim, MUZNY, *La Technique de Proportionnalité...*, p. 51.

[344] *Idem*, p. 52.

[345] BOUSTA, «Contrôle constitutionnel de proportionnalité. La spécificité française...», *cit.*

[346] VAN GERVEN, «The Effect of Proportionality ...», p. 50; BOUSTA, «Contrôle constitutionnel de proportionnalité. La spécificité française...», *cit.*

[347] MONTALIVET, *Les objectifs...*, *cit.*, p. 447; v., também, VAN GERVEN, «The Effect of Proportionality ...», p. 51.

[348] É elucidativa a leitura "oficiosa" que vem do interior do próprio Conseil constitutionnel, datada de 2008 (cfr. «5ème Conférence des Chefs d'institution de l'Association des Cours constitutionnelles ayant en partage l'usage du français», resposta a questionário, consultado em http://www.conseil-constitutionnel.fr/conseil-constitutionnel/root/bank_mm/Bilan_2008/confV_accpuf_libreville_juillet2008.pdf): «Le triple test de l'adéquation, de la nécessité et de la proportionnalité au sens strict n'est ni une technique inventée par le Conseil constitutionnel *ni une technique à laquelle il recourt de façon méthodique et généralisée*. On trouve *peu de cas*, contrairement à certaines cours suprêmes ou constitutionnelles étrangères, *où les trois éléments du triple test soient exercés simultanément* pour contrôler une limitation d'un droit ou d'une liberté. Généralement, un seul de ces éléments est retenu, parfois deux, rarement trois." (itálicos aditados).

O PRINCÍPIO DA PROIBIÇÃO DO EXCESSO

explícita ao princípio da proporcionalidade na sua versão clássica, tal como desenhada pela jurisprudência alemã.

Em 2008, o *Conseil Constitutionnel* distinguiu de forma totalmente clara, pela primeira vez, os três segmentos da proporcionalidade (adequação, necessidade, proporcionalidade e.s.e.) na decisão de 21 de fevereiro de 2008, sobre a detenção de segurança (*rétention de sûreté*)[349]. Porém, a intensidade do controle varia[350] e as análises mais recentes mostram um segmento da adequação praticamente irrelevante, um segmento da necessidade de alcance relativamente diminuto e um segmento da proporcionalidade e.s.e. usado algumas vezes como fundamento da declaração da inconstitucionalidade[351]. A indicação geral é que o Conselho Constitucional exerce um controlo da proporcionalidade condicionado, diversificado e com modulações[352].

2.2.2.1.2. *O bilan côut-avantages*

A situação é diferente no âmbito da atividade administrativa e respetivo controlo judicial. Alguns institutos clássicos do Direito Administrativo francês desenvolvidos pretoriamente, sobretudo no âmbito do controlo da legalidade dos atos administrativos praticados no uso de poderes discricionários, como o erro manifesto ou a necessidade das medidas de polícia[353], são vistos por alguns autores como reflexos do princípio da proporcionalidade ou, pelo menos, de uma ideia de proporcionalidade implícita no ordenamento jurídico francês[354].

É sobre este pano de fundo que se inscreve a técnica que mais frequentemente se compara e se assimila à proporcionalidade: a avaliação da relação entre custo e benefício (*bilan coût-avantages*). O estatuto de eventual alternativa

---

[349] Nela, o CC afirma que as interferências no exercício das liberdades «*doivent être adaptées, nécessaires et proportionnées à l'objectif de prévention poursuivi*».

[350] V. a resposta ao questionário acima referida, acessível em http://www.conseil constitutionnel. fr/conseil-constitutionnel/root/bank_mm/Bilan_2008/confV_accpuf_libreville_juillet2008.pdf Também BOUSTA, «Contrôle constitutionnel de proportionalité. La spécificité française...», *cit.* (sustentando que, apesar da uniformização terminológica, a especificidade do controlo «francês» da proporcionalidade se mantém).

[351] V., por todos, GOESEL-LE BIHAN, «Le contrôle de proportionnalité exercé par le Conseil constitutionnel, technique de protection des libertés publiques?», acessível em http://institutvilley. com/IMG/pdf/Valerie_Goesel-Le_Bilhan.pdf

[352] Assim, FRAISSE, «Le Conseil Constitutionnel exerce un contrôle conditionné, diversifié, et modelé de la proportionnalité», *cit.*

[353] A aplicação em França de algo análogo ou semelhante à necessidade do direito prussiano de polícia parece remontar aos anos 30 do século passado, sendo vulgarmente referenciada a decisão *Benjamin* do Conselho de Estado (1933): v. JEAN-PAUL COSTA, *Le principe de proportionnalité...*, p. 434. Cfr., também, MACIERINHA, «Avaliar a avaliação...», p. 14.

[354] XYNOPOULOS, «*Le controle de la proportionnalité...*», p. 14.

A "DESCOBERTA" E IMPLANTAÇÃO DO PRINCÍPIO AO NÍVEL GLOBAL

à proporcionalidade justifica que a tratemos com algum desenvolvimento, não obstante a sua circunscrição ao direito administrativo.

A técnica do *bilan coût-avantages* foi usada primitivamente pelo Conselho de Estado em situações de expropriação por utilidade pública e depois estendida para outras áreas, como a da proteção ambiental. A sua primeira aplicação parece ter ocorrido no *arrêt Ville Nouvelle Est* (1971), do Conselho de Estado, respeitante ao domínio material das expropriações. Entendeu-se, na ocasião, que a medida de expropriação em causa só poderia ser considerada de utilidade pública se a violação da propriedade privada, os custos financeiros e as desvantagens de natureza social daí resultantes não fossem excessivos, tendo em conta os interesses prosseguidos. Em outro aresto, *Sté civ St. Marie de l'Assomption* (1972), a doutrina do *bilan* passou a incluir a ponderação de *interesses públicos* – juntamente com os privados, os financeiros e os socialmente relevantes – a que eventualmente se oponham os interesses públicos visados[355].

Nos termos da técnica do *bilan*, o juiz (sobretudo administrativo) faz uma análise comparativa entre os custos (por exemplo, oneração de direitos, nomeadamente de propriedade, custos da operação, eventuais inconvenientes de ordem social, afetação de outros interesses públicos, como o da proteção do ambiente) e os benefícios (vantagens) para os interesses públicos e privados em causa resultantes da medida. Um predomínio das desvantagens determina a anulação da medida. Não se parte de uma hierarquia abstrata pré-determinada, tudo é avaliado à luz das circunstâncias concretas. Não está em causa a mera tensão binária entre interesses públicos e interesses particulares. Aliás, numa situação extrema até podem estar em colisão apenas interesses públicos[356].

Trata-se, por conseguinte, de uma técnica de contrapeso de redes complexas de interesses públicos e particulares, que se contrapõem a outros interesses públicos e particulares[357]. Alguns consideram estes quadros mais realistas do que os quadros simplificados que colocam em confronto interesse público *versus* interesse particular. Num ambiente de vincado intervencionismo do Estado, a possibilidade de colisão com interesses particulares acentua-se, mas também a possibilidade de confronto entre interesses públicos se torna mais premente. Por isso, tem de se admitir que, com frequência, não há apenas que harmonizar interesses públicos e posições jurídicas subjetivas particulares, mas também interesses públicos concretamente colidentes.

---

[355] VAN GERVEN, «The Effect of Proportionality...», p. 50.
[356] MACIERINHA, «Avaliar a avaliação...», pp. 33 ss.
[357] MACIERINHA, «Avaliar a avaliação...», p. 29.

O PRINCÍPIO DA PROIBIÇÃO DO EXCESSO

A valoração e ponderação de todos esses aspetos – que vai além daquilo que maioritariamente se considera ser objeto de um juízo de proporcionalidade –, constitui uma relevante extensão do poder judicial[358].

A técnica do *bilan coût avantages* é certamente uma resposta – no caso, especificamente francesa – ao desafio universal da rejeição do excesso[359]. É questionável se é uma simples figura afim da proporcionalidade, predominantemente vocacionada à garantia objetiva da *eficiência da atividade administrativa*, aferida por indicadores quantitativos e económicos[360]; ou se é um sucedâneo da proporcionalidade[361], com uma incindível componente subjetivo-garantística, adaptada a um ambiente jurídico mais atento à multiplicidade de interesses normalmente envolvidos numa decisão da autoridade[362].

Uma apreciação objetiva da jurisprudência parece continuar a apontar no primeiro sentido[363], embora uma evolução no segundo sentido não seja improvável. Aliás, esta eventual evolução caminharia justamente na direção que neste estudo se defenderá que deve ser o das figuras que se abrigam sob a proporcionalidade moderna, as quais devem ser libertadas do espartilho da tensão entre *um* interesse público e *um* interesse particular[364]. Essa eventual evolução, cujo grau de probabilidade não podemos avaliar aqui, diluiria o risco de o *bilan* ser um instrumento de controlo da atividade administrativa através do qual o juiz assume o papel de último decisor sobre a distribuição dos recursos públicos[365], julgando quais as decisões do administrador que são economicamente racionais e quais não são, tarefa que, em última análise, não pode deixar de caber a quem está primariamente sujeito ao escrutínio democrático.

---

[358] VAN GERVEN, «The Effect of Proportionality ...», p. 50.

[359] MACIERINHA, «Avaliar a avaliação...», pp. 27 ss.

[360] Orientação para que nos inclinamos desde «Proporcionalidade...», p. 682. No mesmo sentido, ANTUNES, *Interesse público...*, p. 549.

[361] E, nesse caso, não cobrindo apenas o equivalente ao segmento da necessidade, ao invés do que entende, por exemplo, entre nós, DAVID DUARTE, *Procedimentalização...*, p. 322, desde logo porque não é possível comparar-se os custos e os benefícios de duas ou mais medidas alternativas sem antes se ter avaliado a sua adequação aos objetivos pretendidos e, depois, porque há um verdadeiro exercício ponderativo formalmente assimilável à proporcionalidade e.s.e.

[362] LEMASURIER, «Vers un noveau...», p. 79; MACIERINHA, «Avaliar a avaliação...», p. 36, fala em conciliação de "métodos de proteção da legalidade objetiva e métodos de proteção da legalidade subjetiva".

[363] Neste sentido, MACIERINHA, «Avaliar a avaliação...», p. 36.

[364] Embora a aproximação não possa ser total, uma vez que se recusa a possibilidade de questões de direitos fundamentais poderem ser objeto de uma qualquer métrica de "custos" e "benefícios".

[365] Risco que, até ao momento, tem permanecido controlado, tendo em conta o reduzido índice de anulações de decisões administrativas realizadas sob a égide da técnica do *bilan*, e a prolação de decisões anulatórias apenas em situações de balanço de desvantagens manifestamente negativo; cfr. MACIERINHA, «Avaliar a avaliação...», pp. 39-40.

A "DESCOBERTA" E IMPLANTAÇÃO DO PRINCÍPIO AO NÍVEL GLOBAL

2.2.2.2. Itália

Em Itália, o conceito de proporcionalidade (termo preferido, tal como em França) só recentemente começou a ser empregue pela doutrina[366], sendo reconduzido ao teste, mais antigo, da *ragionevolezza*[367]. O alcance deste último é muito discutido, sobretudo porque, tendo sido concebido no contexto da teoria do princípio da igualdade, começou a ser transportado para outros domínios, cobrindo hoje em dia, inclusive, o teste da proibição do excesso.

2.2.2.3. Reino Unido

No Reino Unido[368], o princípio da proporcionalidade não era desconhecido antes da publicação do Human Rights Act de 1998 (HRA), pelo menos na

---

[366] Cfr. UBERTAZZI, *Le principe de proportionnalité...*, *cit.*; SANDULLI, *La proporzionalità dell'azione amministrativa...*, *cit.*; DI GREGORIO, «L'identità strutturale tra il principio di ragionevolezza e il Verhältnismässigkeitsgrundsatz», *cit.*

[367] V. uma recensão das várias teses sobre o tema em BARILE, «Il principio di ragionevolezza...», pp. 25 ss. A bibliografia sobre a *ragionevolezza* é longa. Veja-se, entre muitos, LAVAGNA, *Ragionevolezza e legitimittà costituzionale*, *cit.*; SANDULLI, «Il principio di ragionevolezza nella giurisprudenza costituzionale», *cit.*; JORI, «Razionalità e ragionevolezza del diritto», *cit.*; BIN, *Diritti e argomenti. Il bilanciamento degli interessi...*, *cit.*; *idem*, «Ragionevolezza e divisione dei poteri», *cit.*; VIPIANA, *Introduzione allo studio del principio di ragionevolezza nel diritto pubblico*, *cit.*; TOSI, «Spunti per una riflessione sui criteri di ragionevolezza...», *cit.*; AAVV, *Il principio di ragionevolleza nella giurisprudenza della Corte costituzionale...*, *cit.*; CERRI, «Ragionevolezza delle leggi», *cit.*; CORASANITI, *La ragionevolezza come parametro...*», *cit.*; MOSCARINI, *Ratio legis e valutazioni di ragionevolezza della legge*, *cit.*; PALADIN, «Ragionevolezza (principio di)», *cit.*; LUTHER, «Ragionevolezza (delle leggi)», *cit.*; CHELI, «Eguaglianza, ragionevolezza e bilanciamento...», *cit.*; D'ANDREA, *Contributo ad uno studio sul principio di ragionevolezza*, *cit.*; CARIGLIA, «L'operatività del principio di ragionevolezza...», *cit.*; *idem, Ragionevolezza e legitimazione del sistema*, *cit.* 2003; SCACCIA, *Gli «strumenti» della ragionevolezza...*, *cit.*; *idem*, «Motivi teorici e significati pratici della generalizzazione del canone di ragionevolezza...», *cit.*; RUGGERI, «Ragionevolezza e valori...», *cit.*; MORRONE, *Il custode della ragionevolezza*, *cit.*; *idem*, «Bilanciamento (giustizia costituzionale)», *cit.*; LA TORRE/SPADARO (eds.), *La ragionevolezza nel diritto*, *cit.*; PIZZORUSSO, «Ragionevolezza e razionalità nella creazione ...», *cit.*; VIOLA, «Costituzione e ragione pubblica: il principio di ragionevolezza tra diritto e politica», *cit.*; D'ANDREA, *Ragionevolezza e legittimazione del sistema*, *cit.*; MANIACI (ed.), *Eguaglianza, ragionevolezza e logica giuridica*, *cit.*; CERRI, *La ragionevolezza nella ricerca scientifica...*, *cit.*; MODUGNO, *La ragionevolezza nella giustizia costituzionale*, *cit.*; CHELI, *Stato costituzionale e ragionevolezza*, *cit.*; LA TORRE, «Sullo spirito mite delle leggi...», *cit.*; *idem*, «Sullo spirito mite delle leggi. Ragione, razionalità, ragionevolezza (seconda parte)», *cit.*; PENNICINO, *Contributo allo studio della ragionevolezza nel diritto comparato*, *cit.*; TROIANO, «Ragionevolezza», *cit.*; BINDI, «Test di ragionevolezza e tecniche decisorie della corte costituzionale...», *cit.*; SILVIA ZORZETTO, «Reasonableness», *cit.*

[368] JOWELL/LESTER, «Proportionality...», *cit.*; BÚRCA, «Wednesbury ...», *cit.*; HIMSWORTH, «La proporcionalidad...», *cit.*; BOYRON, «Proportionality in English Administrative Law...», *cit.*; WONG, «Towards the Nutcracker...», *cit.*; CRAIG, «Unreasonableness.», *cit.*; HOFFMANN, «The Influence...», *cit.*; FELDMAN, «Proportionality...», *cit.*; GREEN, «Proportionality...», *cit.*; RIVERS, «Grundrechtsprinzipien in England...», *cit.*

O PRINCÍPIO DA PROIBIÇÃO DO EXCESSO

doutrina. Mas o teste geralmente manuseado em casos que envolviam direitos fundamentais era um teste de *(un)reasonableness*, designado por *Wednesbury test* ou *Wednesbury unreasonableness*[369]. Alguns autores defendem que a proporcionalidade é uma manifestação desse teste ou que chega a resultados similares[370], mas outros afastam essa assimilação[371], em alguns casos sublinhando a propensão geneticamente deferencial para com a administração que *Wednesbury* transporta.

O HRA induziu significativas alterações no panorama dos direitos fundamentais no Reino Unido[372] e, mais latamente, na Constituição[374]. Os tribunais

---

[369] *Associated Provincial Picture Houses v Wednesbury Corporation*, 1948.

[370] SULLIVAN/FRASE, *Proportionality Principles...*, p. 37 (citando EMILIOU, *The Principle...*); M. ELLIOT, «The Human Rights Act 1998 and the Standard of Substatntive Review», in *CJL*, vol. 60 (2001), p. 301; A. KAVANAGH, *Constitutional Review...*», p. 241. A associação entre *Wednesbury* e proporcionalidade seria viável, sobretudo, quando baseada numa versão robustecida do primeiro: BRADY, *Proportionality...*, p. 9.

[371] Cfr. CLAYTON, «Regaining a sense of proportion...», *cit.*; WONG, «Towards the Nutcracker...», pp. 94 ss.; CRAIG, «Proportionality...», pp. 267 ss.; BRADY, *Proportionality...*, pp. 9 ss. (com argumentos insubsistentes, uma vez que parte da orientação incorrecta de que a proporcionalidade é um *standard* externo à decisão do autor do ato, não sendo parte da decisão por ele produzida – decisão primária, na sua terminologia: *ob. cit.*, p. 12).

[372] Sobre os desenvolvimentos mais recentes (incluindo o papel do Parlamento na defesa dos direitos), DAVID KINLEY, «Human Rights Scrutiny in Parliament: Westminster Set to Leap Ahead», in *Public Law Review*, vol. 10 (1999), pp. 252 ss.; KEITH EWING, «The Unbalanced Constitution» in Tom Campbell, Keith Ewing e Adam Tomkins (eds.), *Sceptical Essays on Human Rights*, Oxford University Press, Oxford, 2001; DAVID FELDMAN, *Civil Liberties and Human Rights in England and Wales*, 2ª ed., Oxford University Press, Oxford, 2002; *idem*, «Parliamentary Scrutiny of Legislation and Human Rights», in *Public Law* (2002), pp. 323 ss.; *idem*, «The Impact of Human Rights on the UK Legislative Process», in *Statute Law Review*, vol. 25 (2004), pp. 91 ss.; LESTER/PANNICK (eds.), *Human Rights Law and Practice*, 2ª ed., LexisNexis, London, 2004; CAROLYN EVANS/SIMON EVANS, «Legislative Scrutiny Committees and Parliamentary Conceptions on Human Rights», in *Public Law*, (2006), pp. 785 ss.; BRYAN HORRIGAN, «Improving Legislative Scrutiny of Proposed Laws to Enhance Basic Rights, Parliamentary Democracy, and the Quality of Law-Making» in Tom Campbell, Jeffrey Goldsworthy e Adrienne Stone (eds), *Protecting Rights Without a Bill of Rights*, Oxford University Press, Oxford, 2006; FRANCESCA KLUG, *Report on the Working Practices of the JCHR*, 2006, acessível em http://www.publications.parliament.uk/pa/jt200506/jtselect/jtrights/239/23907.htm; Jack Beatson/Stephen Grosz/Tom HICKMAN/STEPHANIE PALMER/RABINDER SINGH, *Human Rights: Judicial Protection in the United Kingdom*, Sweet & Maxwell, London, 2008; HICKMAN, «The Substance...», *cit.*; *idem*, *Public Law after the Human Rights Act*, Hart Publishing, Oxford, 2010; LEIGH MATERMAN, *Making Rights Real: the Human Rights Act in its First Decade*; Hart Publishing, Oxford, 2008; MICHAEL TOLLEY, «Parliamentary Scrutiny of Rights in the United Kingdom: Assessing the Work of the Joint Committee on Human Rights», in *Australian Journal of Political Science*, vol. 44 (2009), pp. 41 ss.; AILEEN KAVANAGH, *Constitutional Review Under the UK Human Rights Act*, Cambridge University Press, Cambridge, 2009; BRADY, *Proportionality...*; RIVERS, «Los principios de derecho fundamental en Inglaterra...», *cit.*; CRAIG, «Proportionality...», pp. 267 ss.

A "DESCOBERTA" E IMPLANTAÇÃO DO PRINCÍPIO AO NÍVEL GLOBAL

passaram a apreciar a conformidade das leis e dos atos das entidades públicas com a Convenção Europeia dos Direitos do Homem. Os direitos fundamentais da Convenção têm um caráter distinto dos direitos de *common law*, designadamente direitos concretos, de aplicação limitada, como direitos contratuais, o direito à indemnização por responsabilidade civil ou os direitos do consumidor, que os tribunais britânicos impunham habitualmente. A circunstância de aqueles vincularem o legislador e a administração, de terem formulações altamente abstratas e de não serem absolutos, na maioria dos casos, podendo, por isso, ser limitados, levou os tribunais britânicos a um esforço de reformatação da sua posição tradicional[374]. Nesse contexto, o recurso ao princípio da proporcionalidade – aplicado no âmbito da jurisprudência do Tribunal Europeu dos Direitos do Homem – tornou-se incontornável e tem sido crescente, não obstante ser ainda incipiente[375] e valer num quadro em que os tribunais não têm o poder de anulação de normas legislativas em caso de violação do princípio (*weak form of judicial review*)[376].

Na ausência de uma decisão jurisprudencial sistematizadora (como *Oakes*, no Canadá que, aliás, influenciou a introdução do princípio no Reino Unido),

---

[373] A HRA teve importantes repercussões inclusive a nível institucional. Nomeadamente, foi um dos motivos da criação de um *United Kingdom Supreme Court* pelo *Constitutional Reform Act* de 2005. Até 1 de Outubro de 2009, as funções de tribunal supremo do Reino Unido eram desempenhadas por dois órgãos judiciais: o *Apellatte Committee of the House of Lords*, formalmente um Comité da Câmara dos Lordes, composto por *Lords of Appeal in Ordinary* ou *Law Lords*; e o *Judicial Committee of the Privy Council* (com uma jurisdição mais específica). V. o *Consultation Paper* do *Department for Constitutional Affairs*, «Constitutional reform: a Supreme Court for the United Kingdom», Julho de 2003.

[374] BRADY, *Proportionality...*, p. 3.

[375] HICKMAN, «The Substance...», pp. 701 ss.; BRADY, *Proportionality...*, pp. 4, 14; MARTIN/HORNE, «Proportionality...», p. 169. O princípio foi originalmente aceite como aplicável no direito britânico no caso *R (Daly) v Secretary of State for the Home Department* (2001), onde foi adotado o critério estabelecido pelo *Privy Council*, no caso *De Freitas v Permanent Secretary of Ministry of Agriculture, Fisheries and Housing* (1999), baseado em três pilares: "*Whether (i) the legislative objective is sufficiently important to justify limiting a fundamental right; (ii) the measures designed to meet the legislative objective are rationally connected to it; and (iii) the means used to impair the right or freedom are no more than is necessary to accomplish the objective.*"

[376] No contexto do HRA, os tribunais competentes podem: interpretar normas legislativas (primárias ou secundárias) de acordo com a Convenção Europeia dos Direitos do Homem (o que, segundo algumas leituras, lhes dá um poder significativo de quase alteração da lei, tornando-a menos restritiva para os direitos sacrificados: BRADY, *Proportionality...*, p. 118), de acordo com a secção 3; ou, se a interpretação conforme à Convenção não for possível, declarar a sua incompatibilidade com a Convenção, de acordo com a secção 4. Nesta segunda situação, a *declaração de incompatibilidade* não anula a norma legislativa; tem apenas o significado de um convite ao legislador para a alterar. Enquanto (ou se) não for alterada, permanece em vigor e continua a ser vinculativa para as partes.

O PRINCÍPIO DA PROIBIÇÃO DO EXCESSO

nota-se alguma instabilidade e imprecisão conceptual. A jurisprudência mais recente, antes e depois do início de funções do Supremo Tribunal em 2009, tende a estabilizar-se em quatro segmentos (à semelhança do que sucede no Canadá e na Irlanda[377]): (i) *legitimate objective*; (ii) *rational connection*; (iii) *minimal impairment*; (iv) *overall balance*[378].

---

[377] Sobre o Canadá, v. *supra*. Quanto à Irlanda, *Cox v. Ireland* (1992) é entendido como o primeiro caso do uso da proporcionalidade; em *Heaney v. Ireland* (1994), são enunciados os quatro segmentos, embora com distinção entre o primeiro e os três restantes, tal como no Canadá, desde *Oakes*. Cfr. FOLEY, «The Proportionality Test...», *cit.*, pp. 74 ss.

[378] Na verdade, como se vê pelo trecho de *R (Daly) v Secretary of State for the Home Department* (2001), reproduzido numa das notas precedentes, em alguns casos iniciais apenas as três primeiras questões eram tratadas. No entanto, BRADY, *Proportionality...*, pp. 7, 50 ss., nota que as quatro componentes têm vindo a adquirir regularidade, equivalendo as três últimas aos três segmentos da proporcionalidade que se encontram nas demais jurisdições europeias: v., por exemplo, *Huang v. Secretary of State for the Home Department* (2007); v., também, HICKMAN, «The Substance...», *cit.*, p. 711.

Capítulo 2
O desenvolvimento no espaço europeu

1. A proibição do excesso em rede

Na comunidade constitucional europeia fala-se de união de constituições (*Verfassungsverbund*) ou de ordenamentos constitucionais, de constitucionalismo multinível ou dual, de rede de Constituições, de ordenamento constitucional em rede[379] ou, mais próximo do nosso tema, de dogmática especial pan-europeia da ponderação[380]. Não é possível estudar a proibição do excesso no espaço constitucional português sem atender ao que se passa nas ordens constitucionais ou quase-constitucionais com as quais se encontra em rede. Além de outros espaços nacionais, há dois ordenamentos ou quadros jurídicos particularmente relevantes que, aliás, se influenciam mutuamente: o da União Europeia e o da Convenção Europeia dos Direitos do Homem.

São dois ordenamentos com naturezas distintas, certamente. Um corresponde a um processo de integração europeia, com transferência formal de soberania e exercício de competências próprias por um legislador supranacional.

---

[379] As expressões multiplicam-se, mas visam sempre exprimir a impossibilidade de uma visão atomística, de "uma constituição só e isolada". Cfr., por todos, INGOLF PERNICE, «Multilevel constitutionalism in the European Union», *Walter Hallstein -Institut*, paper 5/02, acessível em www.whi-berlin.de/pernice-constitutionalism.htm; CALLIES, «Zum Denken im europäischen Staaten – und Verfassungsverbund- Abschliessende Reflexion und (Re-)Konstruktion eines Konzepts im Lichte der vorstehenden Beiträge», in Callies (ed.), *Verfassungswandel im europäischen Staaten – und Verfassungsverbund*, Mohr Siebeck, Tübingen, 2007, pp. 200 ss.; ARMIN VON BOGDANDY, «Zweierlei Verfassungsrecht. Europäisierung als Gefährdung des gesellschaftlichen Grundkonsenses», in *Der Staat.*, vol. 39 (2000), pp. 163 ss.

[380] JANSEN, «Los Fundamentos...», p. 70.

O PRINCÍPIO DA PROIBIÇÃO DO EXCESSO

O outro resulta de um quadro convencional internacional (embora não se possa reduzir a uma simples manifestação do Direito Internacional clássico), cuja relevância e valor formal depende dos ordenamentos constitucionais internos dos Estados-parte.

Todavia, são ambos relevantes. A relevância não resulta apenas de constituírem referências para a interpretação do princípio da proporcionalidade clássica ou da proibição do excesso no direito interno. O princípio da proporcionalidade que rege no âmbito da União Europeia e da Convenção Europeia dos Direitos do Homem vincula (e, portanto, condiciona) o legislador nacional. Isso significa que, em certos domínios, este não deve respeito apenas ao que sobre aquele princípio decorre da Constituição, mas também ao que sobre ele decorre dos instrumentos normativos jusfundamentais e jusconstitucionais europeus aplicáveis, tal como interpretados e aplicados pelos Tribunais respetivos (TJUE, TEDH). Isso traduz um quadro que atinge hoje uma grande complexidade, que previsivelmente se acentuará[381].

Esta dissertação ocupa-se essencialmente do princípio da proporcionalidade clássica ou da proibição do excesso tal como flui do direito constitucional interno, pelo que não nos poderemos embrenhar nessa complexidade. Deixaremos enunciados apenas os traços mais proeminentes daqueles dois quadros europeus.

2. A Comunidade/União Europeia

Estudamos neste número o princípio da proporcionalidade na conformação – norma de ação – e no controlo – norma de controlo – de atos legislativos emitidos no contexto da ordem jurídica comunitária ou em conexão com ela. Consequentemente, são potencialmente abrangidos (i) os atos do legislador europeu, cuja validade é controlável pelo TJUE[382] (artigo 263º do TFUE) e (ii) os atos do legislador nacional (por exemplo, transposição de diretivas, artigo 112º, nº 8, mas não só) que de algum modo contendam com bens, interesses ou valores tutelados pelo direito da União e sejam suscetíveis de controlo pelo Tribunal de Justiça.

---

[381] Algumas das componentes mais salientes dessa complexidade são exaustivamente debatidas por KLATT, *Die praktische Konkordanz...*, *cit.* e são graficamente ilustradas (pp. 8-9); v., também, o conjunto de reflexões coligidas no volume de RALF THOMAS BAUS/MICHAEL BORCHARD/KATJA GELINSKY/GÜNTER KRINGS (eds.), *60 Jahre Bundesverfassungsgericht – grenzüberschreitende herausforderungen für Karlsruhe*, Konrad-Adenauer-Stiftung, 2012; quanto às relações entre os órgãos jurisdicionais, com especial foco no *BVerfG*, MARIBEL PASCUAL, *El Tribunal...*, pp. 97 ss.

[382] A designação do TJUE não foi sempre essa, pelo que diremos simplesmente Tribunal de Justiça.

O DESENVOLVIMENTO NO ESPAÇO EUROPEU

2.1. Da prática jurisprudencial aos Tratados

2.1.1. A prática jurisprudencial

2.1.1.1. Atos comunitários interferentes em direitos

O princípio da proporcionalidade[383]/[384], na sua vocação mais imediata de limite às interferências em posições jurídicas subjetivas, dá os primeiros passos

---

[383] V. SCHILLER, «Der Verhältnismäßigkeitsgrundsatz im Europäischen Gemeinschaftsrecht ...», *cit.*; EMILIOU, *The Principle of Proportionality...*, *cit.*; KUTSCHER, «Der Grundsatz der Verhältnismäßigkeit...», *cit.*; HERDEGGEN, *The Relation between the Principles of Equality and Proportionality...*; SCHWARZE, *Europaisches Verwaltungsrecht...*, pp. 664 ss.; *idem*, «The principle of proportionality and the principle of impartiality in European administrative law», in *RTDP* (2003), pp. 53 ss.; *idem, Droit Administratif Européen*, 2ª ed., Bruylant, Bruxelles, 2009, pp. 752 ss.; POLLAK, *Verhältnismäßigkeitsprinzip und Grundrechtsschutz...*, pp. 34 ss.; DE BÚRCA «The Principle of Proportionality...», *cit.*; *idem*, «Proportionality and Subsidiarity as General Principles...»; MARIA LUISA DUARTE, *A liberdade...*, p. 302; ENDE, *Der Individualrechtsschutz des Unionbürgers – Gleichheitssatz und Verhältnismäßigkeitsgrundsatz...*, *cit.*; A. G. CHUECA SANCHO, «Los princípios generales de derecho en el ordenamiento comunitário», in *RIE*, nº 3 (1983), pp. 863 ss.; SCHWAB, *Der Europäische Gerichtshof un der Verhältnismäßigkeitsgrundsatz...*; SOBREIRA, *O Juiz Comunitário...*, *cit.*; PACHE, «Der grundsatz der Verhältnismäßigkeit...», *cit.*; NETO, *Algumas considerações sobre as funções do princípio da proporcionalidade no Direito Comunitário, cit.*; KISCHEL, «Die Kontrolle der Verhältnismäßigkeit...», *cit.*; KOCH, *Der Grundsatz der Verhältnismässigkeit...*; TRIDIMAS, «Proportionality in Community Law...», *cit.*; *idem, The General Principles of EU Law*, 2ª ed., Oxford European Union Law Library, Oxford, 2007 (3ª ed., 2015); VAN GERVEN, «The Effect of Proportionality...», *cit.*; JACOBS, «Recent Developments in the Principle of Proportionality...», *cit.*; UEDA, «Is the Principle of Proportionality the European Approach?..», *cit.*; JANS, «Proportionality Revisited», *cit.*; CICIRIELLO, *Il Principio di Proporzionalità...*, *cit.*; ARAI-TAKAHASHI, «Scrupulous but Dynamic...», *cit.*; VALÉRIE MICHEL, *Recherches sur les compétences de la communauté européenne*, L'Harmattan, Paris, 2003, pp. 491 ss.; MARIA DO ROSÁRIO VILHENA, *O Princípio da Subsidiariedade no Direito Comunitário*, Almedina, Coimbra, 2002, pp. 140 ss.; MARGARIDA SALEMA D'OLIVEIRA MARTINS, *O princípio da subsidiariedade...*, *cit.*; XAVIER GROUSSOT, *General Principles of Community Law*, Europa Law Publishing, Groningen, 2006, cap. IV; ANDENAS/UEDA, «Balancing Free Trade...», *cit.*; LUIS MIGUEL HINOJOSA MARTINEZ, *El reparto de competencias entre la Unión Europea y sus estados membros*, Tirant lo Blanch, Valencia, 2006; CARLOS FRANCISCO MOLINA DEL POZO, «La Delimitación y el Ejercicio de las Competencias en la Unión Europea", in Jorge Miranda e outros (eds.), *Estudos em Homenagem ao Professor Doutor Paulo de Pitta e Cunha*, vol. I, Almedina, Coimbra, 2010, pp. 85 ss.; NOGUEIRA, *Direito Fiscal...*, pp. 147 ss.; REICH, «Verhältnismäßigkeit" als Mega-Prinzip" im Unionsrecht?...», *cit.*; *idem*, «How Proportionate is the Proportionality Principle? , *cit.*; ŠUŠNJAR, *Proportionality...*, pp. 164 ss.; HARBO, «The Function of Proportionality...», *cit.*; ANA MARIA GUERRA MARTINS, *Manual de Direito da União Europeia*, Almedina, Coimbra, 2012, pp. 285 ss.; TRSTENJAK/BEYSEN – «Das Prinzip der Verhältnismassigkeit in der Unionsrechtsordnung», *cit.*; WOLF SAUTER, «Proportionality in EU law: a balancing act?», acedido em Maio de 2015 em http://ssrn.com/abstract=2208467.

[384] No contexto europeu a designação proibição do excesso não é normalmente empregue, pelo que neste capítulo nos referiremos sempre a princípio da proporcionalidade.

O PRINCÍPIO DA PROIBIÇÃO DO EXCESSO

nas Comunidades entre a década de 1950 e 1960. Numa decisão do Tribunal de Justiça de 1956 (acórdão *Fédechar v. High Authority*) detetam-se referências textuais a componentes que mais tarde integrariam o núcleo do princípio. Mas só em 1970, com o caso *Internationale Handelsgesellschaft*[385], seria reconhecido como *princípio geral* limitador de *atos jurídicos comunitários* interferentes em direitos individuais[386], virtualmente aplicável em todas as áreas do Direito comunitário.

Em *Internationale Handelsgesellschaft* foi debatido pela primeira vez o fundamento do princípio, sobretudo por iniciativa do Advogado Geral, Dutheillet de Lamothe, que enunciou três alternativas: o direito alemão, disposições dos Tratados ou a origem não escrita dos princípios gerais[387]. Embora desde o início tenha sido seguida, no essencial, a matriz alemã[388], a primeira possibilidade foi desde logo afastada. Permaneceram em aberto as duas restantes. Quer o próprio Dutheillet de Lamothe, em *Internationale Handelsgesellschaft*, quer várias vozes na doutrina, apontaram algumas disposições das versões iniciais dos Tratados que forneceriam uma base textual[389].

Todavia, a solidez dessa base textual era reduzida e a completa dilucidação do fundamento do princípio acabou por não ser cabalmente empreendida pelo Tribunal de Justiça ou pela doutrina antes antes daquele ser formalmente recebido nos Tratados. Essa circunstância não perturbou a sua profusa aplicação e desenvolvimento jurisprudencial. Tal como na Alemanha, a inexistência (ou debilidade) de referências explícitas nos tratados era compensada pela ancoragem no princípio da Comunidade de direito[390]. Isso dissipou, inclusive, qualquer hesitação sobre a aplicabilidade na produção e controlo judicial dos atos legislativos das Comunidades[391].

---

[385] De 17 de Dezembro de 1970. Sobre isso, Schwarze, *Droit Administratif...*, pp. 753 ss.

[386] V., por todos, Pollak, *Verhältnismäßigkeitsprinzip...*, pp. 34 ss.; Barnés, *Introducción...*, pp. 516 ss.; Michel, *Recherches sur les compétences...*, pp. 492 ss.; Schwarze, *Droit Administratif...*, p. 756, nota que foram apreciadas a necessidade e a proporcionalidade e.s.e.

[387] Pode ver-se a exposição em Emiliou, *The Principle of Proportionality...*, pp. 135 ss.

[388] Nogueira, *Direito Fiscal...*, p. 151. Sobre as razões da maior influência do direito alemão, v., em particular, Emiliou, *The Principle of Proportionality...*, p. 129 (número significativo de casos provenientes da Alemanha, completude doutrinal, sofisticação do modelo substantivo e formal de proteção dos direitos).

[389] Nesse sentido, Kutscher, «Der Grundsatz der Verhältnismäßigkeit...», p. 91; Tridimas, «Proportionality in Community Law...», p. 65.

[390] Emiliou, *The Principle of Proportionality...*, p. 138; Tridimas, «Proportionality in Community Law...», p. 65; Schwarze, *Droit Administratif...*, pp. 757 ss.

[391] Schwarze, *Droit Administratif...*, p. 763; v. acórdão *Bela-Mühle* (1977).

O DESENVOLVIMENTO NO ESPAÇO EUROPEU

2.1.1.2. *Atos das autoridades dos Estados membros*

Quanto ao controlo dos *atos das autoridades dos Estados-Membros*, designadamente legislativos, interferentes em liberdades fundamentais garantidas pelo direito primário[392], o acórdão charneira é *Cassis de Dijon*, de 1979[393]. Também aqui serviam *grosso modo* de modelo as referências da Alemanha e de outros Estados-Membros, embora com aparente circunscrição às fórmulas do fim legítimo, da adequação e da necessidade[394].

2.1.2. Incorporação nos tratados

Paralelo ao desenvolvimento jurisprudencial (e talvez até relativamente desarticulado com ele), foi o processo de receção pelo direito primário, a começar pelo Tratado de Maastricht (1992). O artigo 3º-B, especificamente incidente sobre os atos comunitários, faz uma referência geralmente entendida como a primeira alusão textual ao princípio da proporcionalidade: «A acção da Comunidade não deve exceder o necessário para atingir os objectivos do (...) Tratado»[395].

Um protocolo adicional ao Tratado de Amsterdão (1997) consagrou expressamente o princípio[396].

O processo de receção teve o seu mais recente episódio com o Tratado de Lisboa, cujo artigo 5º, nº 4, estatui que "(e)m virtude do princípio da proporcionalidade, o conteúdo e a forma da acção da União não devem exceder o necessário para alcançar os objectivos dos Tratados. As instituições da União aplicam o princípio da proporcionalidade em conformidade

---

[392] Essas liberdades fundamentais são consideradas direitos subjetivos dos cidadãos: Reich, «How Proportionate is the Proportionality Principle?...», p. 11.

[393] V. Schwarze, *Droit Administratif...*, pp. 818 ss.: estava em causa legislação alemã que, para defesa do consumidor, impunha que o teor alcoólico de licores fosse no mínimo 25º, o que impedia a importação por uma empresa alemã de licor *cassis de Dijon*, o qual só podia ter até 20º, por imposição da lei francesa. O Tribunal de Justiça entendeu que para a defesa do consumidor havia medidas alternativas menos restritivas (designadamente, a rotulagem com aviso sobre o teor alcoólico). Antes de *Cassis* refere-se, também, *Van Duyn* (1974): Tridimas, «Proportionality in Community Law...», p. 69; Arai-Takahashi, «Scrupulous...», p. 29.

[394] Por isso se notou em certo momento que o recurso ao princípio pelo Tribunal de Justiça da União Europeia não era pleno, uma vez que não era aplicada a máxima da proporcionalidade e.s.e.: v., entre nós, Sérvulo Correia, *Legalidade...*, p. 496. Diferente, Barnés, «Introducción...», pp. 516 e 526 ss.

[395] Porém, esta formulação enfrenta as mesmas dificuldades que a do artigo 18º, nº 2, da Constituição portuguesa, estudadas no capítulo 6, 3.4.1.

[396] Protocolo relativo à aplicação dos princípios da subsidiariedade e da proporcionalidade. Sobre isso, v., por exemplo, Constantinesco, «Le protocole sur l'application des principes de subsidiarité et de proportionnalité» in *RTDE*, número especial (1997), pp. 752 ss.

O PRINCÍPIO DA PROIBIÇÃO DO EXCESSO

com o Protocolo relativo à aplicação dos princípios da subsidiariedade e da proporcionalidade"[397].

A par destas consagrações com vocação geral, sempre foram apontadas algumas consagrações pontuais, embora com expressividade e plausibilidade contestável[398].

Por outro lado, com a proclamação da Carta dos Direitos Fundamentais da União Europeia, posteriormente anexada ao Tratado de Lisboa, passou a haver uma referência precisa ao princípio da proporcionalidade como instrumento mediador de harmonização em situações de colisão que envolvam direitos e liberdades reconhecidos na Carta.

2.2. Princípio da proporcionalidade e princípio da subsidiariedade

Os princípios da subsidiariedade e da proporcionalidade aparecem frequentemente coligados – às vezes quase confundidos – no Direito que regula a ação do legislador europeu. São, todavia, diferentes[399]. O primeiro rege a questão da distribuição de competências entre os níveis comunitário e nacional; o segundo, verificada a titularidade comunitária da competência, calibra a extensão e intensidade do seu exercício[400]. A averiguação da subsidiariedade precede a apreciação da proporcionalidade[401].

---

[397] V. Protocolo nº 2. A origem mais remota das linhas diretoras deste protocolo e de outros que o antecederam são as conclusões do Conselho Europeu de Edimburgo (Dezembro de 1992).

[398] V. Ciciriello, *Il Principio di Proporzionalità...*, p. 159; Nogueira, *Direito Fiscal...*, p. 157 (partindo do princípio de que sempre que são empregues os vocábulos *necessária(s)*, *necessidade* ou outros equivalentes isso é indiciador de consagração da proporcionalidade, o que é discutível, como veremos até a propósito do artigo 18º, nº 2, da CRP).

[399] V., por todos, na doutrina nacional, Margarida Salema d'Oliveira Martins, *O princípio...*, *cit.*, esp. pp. 188 ss.; Rute Gil Saraiva, *Sobre o Princípio da Subsidiariedade (Génese, evolução, interpretação e aplicação)*, AAFDL, Lisboa, 2001; Gameiro, *O Papel dos Parlamentos Nacionais na União Europeia*, pp. 388 ss.; Vilhena, *O Princípio da Subsidiariedade...*, *cit.*; Morais, *Curso...*, I, 3ª ed., pp. 225 ss. (focando, de forma crítica, o princípio sobretudo na sua incidência no direito interno, por via do artigo 6º, nº 1, da Constituição, depois da revisão constitucional de 1997).

[400] De um modo geral, parece poder afirmar-se que o princípio da proporcionalidade desempenha um papel mais relevante como modulador do *exercício* das competências do que o princípio da subsidiariedade: assim, Martinez, *El reparto de competencias ...*, p. 144; Vilhena, *O Princípio da Subsidiariedade...*, p. 149 (salientando, todavia, a inter-relação entre os dois princípios e defendendo que a violação do princípio da subsidiariedade implica *ipso facto* a violação da proporcionalidade).

[401] K. Lenaerts/P. van Ypersele, «Le principe de subsidiarité et son contexte: étude de l'article 3 B du Traité CE», in *Cahiers de Droit Européen*, vol. 30 (1994), § 100; Tridimas, «Proportionality in Community Law...», p. 81.

2.3. Os domínios de aplicação do princípio da proporcionalidade no Direito europeu

Da articulação entre a prática jurisprudencial e as normas dos Tratados resulta que são dois os domínios de aplicação do princípio da proporcionalidade no figurino europeu: (i) atos das instituições da União, designadamente do legislador comunitário; (ii) atos das autoridades dos Estados-membros, designadamente do legislador nacional, que de algum modo interfiram em bens, interesses ou valores tutelados pelo direito da União. Em nenhum desses domínios pode afirmar-se que o princípio tenha apenas a função unilateral de proteção da autonomia ou das competências estatais[402]. Mesmo quando funciona como norma de ação e de controlo dos atos das instituições da União, o princípio da proporcionalidade continua a mostrar-se mais apropriado para proteger posições jurídicas subjetivas individuais do que a soberania dos Estados-membros[403].

2.3.1. Atos das instituições da União

Como se referiu, o Tratado de Maastricht, os Tratados subsequentes e, finalmente, o artigo 5º, nº 4, do Tratado de Lisboa, consolidaram e enriqueceram a aplicação do princípio da proporcionalidade aos atos das instituições da União[404], particularmente aos atos do legislador. Consequentemente, o princípio deve ser observado por *todos* os atos legislativos, sejam emitidos ao abrigo de competências concorrentes ou no âmbito de competências exclusivas[405]. O dispositivo convencional não circunscreve a aplicação do princípio. Por isso, são abrangidas pelo menos duas situações de colisão: (i) a colisão entre deveres de prossecuçao de fins da União e dever de respeito dos fins nacionais legitimamente prosseguidos pelos Estados-membros; (ii) a colisão entre deveres de prossecução de fins da União e deveres de não perturbação de direitos e interesses dos particulares[406].

---

[402] Ao invés do que parecem defender SOBREIRA, *O Juiz Comunitário...*, pp. 23, 28, *passim*, e VILHENA, *O Princípio da Subsidiariedade...*, p. 152.

[403] Em sentido confluente, TRIDIMAS, «Proportionality in Community Law...», p. 84.

[404] TRIDIMAS, «Proportionality in Community Law...», p. 80. Diferentemente, NOGUEIRA, *Direito Fiscal...*, p. 156, expressa o receio de que as formulações convencionais constituam um retrocesso em relação ao desenvolvimento jurisprudencial anterior.

[405] TRIDIMAS, «Proportionality in Community Law...», p. 81; SOBREIRA, *O Juiz Comunitário...*, p. 25; VILHENA, *O Princípio da Subsidiariedade...*, p. 149; MARTINEZ, *El reparto de competencias...*, p. 143; ANA MARIA GUERRA MARTINS, *Manual...*, p. 287.

[406] ANA MARIA GUERRA MARTINS, *Manual...*, p. 286, alude àquilo que seria uma terceira categoria: a colisão entre os diferentes fins legítimos (objetivos dos Tratados) que a União deve prosseguir.

O PRINCÍPIO DA PROIBIÇÃO DO EXCESSO

É no âmbito da primeira classe de colisões que ganha relevo a distinção efetuada pelos tratados entre proporcionalidade *material* e proporcionalidade *formal* (artigo 5º, nº 4, do Tratado de Lisboa: "o conteúdo e a forma da acção da União não devem exceder o necessário para alcançar os objectivos dos Tratados"). Nos termos da proporcionalidade material, os atos do legislador da União não devem afetar os fins nacionais específicos de cada Estado-membro mais do que o necessário para alcançar os fins daquela. Nos termos da segunda, o legislador comunitário deve optar pela forma de ato legislativo estritamente necessária para alcançar os fins da União: se tais fins puderem ser atingidos através de uma diretiva não deve ser adotada a forma de regulamento, caso isso seja juridicamente viável[407].

Como veremos no momento próprio, no direito interno discute-se qual o âmbito de aplicação da proibição do excesso ou proporcionalidade clássica. Uma das conceções defendidas admite que o princípio possa ser aplicado nas questões da organização do Estado (*Staatsorganisationsrechts*). Isso é, todavia, controvertido (e em alguns casos negado, como já sucedeu com o *BVerfG*)[408]. No contexto do Direito europeu é aceite[409]. O princípio da proporcionalidade funciona hoje também como garantia – em conjugação com o princípio da subsidiariedade – dos interesses dos Estados-membros (ou, numa aceção menos "estatista", dos interesses nacionais) face ao legislador comunitário[410]. No exercício do poder legislativo, as instituições devem considerar também os interesses nacionais para definir a justa medida das suas intervenções[411].

A regulação da segunda classe de colisões é complementada pelo artigo 52º, nº 1, da Carta dos Direitos Fundamentais da União Europeia, anexa ao Tratado de Lisboa, na medida em que estatui que "qualquer restrição ao exercício dos direitos e liberdades reconhecidos pela presente Carta deve ser prevista por lei e respeitar o conteúdo essencial desses direitos e liberdades.

---

[407] V. JANS, «Proportionality Revisited», pp. 242-243; MICHEL, *Recherches sur les compétences...*, p. 501; SOBREIRA, *O Juiz Comunitário...*, p. 27. Apesar de o nº 6 do Protocolo relativo à aplicação dos princípios da subsidiariedade e da proporcionalidade anexo ao Tratado de Amsterdão não ter transitado para o correspondente protocolo anexo ao Tratado de Lisboa, a posição do texto tem suficiente arrimo no artigo 296º do TFUE: "(...)quando os Tratados não determinem o tipo de acto a adoptar, as instituições escolhê-lo-ão caso a caso, no respeito dos processos aplicáveis e do princípio da proporcionalidade."

[408] *Infra*, capítulo 12.

[409] É a partir desta aplicação que SULLIVAN/FRASE, *Proportionality Principles...*, p. 35, assinalam a importância do princípio em contextos de distribuição de competências por diferentes níveis de governo, como modo de proteção da esfera de ação de cada um dos níveis.

[410] Conforme o artigo 5º, nº 1, do Tratado de Lisboa, "o exercício das competências da União rege--se pelos princípios da subsidiariedade e da proporcionalidade".

[411] MICHEL, *Recherches sur les compétences...*, p. 500.

110

O DESENVOLVIMENTO NO ESPAÇO EUROPEU

Na observância do princípio da proporcionalidade, essas restrições só podem ser introduzidas se forem necessárias e corresponderem efectivamente a objectivos de interesse geral reconhecidos pela União, ou à necessidade de protecção dos direitos e liberdades de terceiros"[412]. Mesmo que se admita que o princípio da proporcionalidade adquiriu uma tonalidade própria nos demais domínios de aplicação, nada justifica que nesta vertente, especificamente direcionada à garantia de "direitos e liberdades", ele não assuma uma configuração semelhante àquela que tem na maioria das ordens jurídicas nacionais dos Estados-membros.

O quadro constitucional europeu força o legislador comunitário a tornar *transparente* a operação de aplicação do princípio no curso do procedimento legislativo. O artigo 5º do Protocolo relativo à aplicação dos princípios da subsidiariedade e da proporcionalidade, anexo ao Tratado de Lisboa, obriga[413] à fundamentação dos projetos de atos legislativos relativamente aos princípios da subsidiariedade e da proporcionalidade, bem como à inclusão de uma ficha com elementos circunstanciados que permitam apreciar a observância desses princípios e as implicações para a regulamentação a aplicar pelos Estados-Membros. Qualquer encargo, de natureza financeira ou administrativa, que incumba à União, aos governos nacionais, às autoridades regionais ou locais, aos agentes económicos e aos cidadãos, deve ser o menos elevado possível e deve ser proporcional ao objetivo a atingir.

Deste quadro normativo decorre um apreciável progresso em relação ao que sucede com a generalidade dos legisladores nacionais sujeitos ao princípio da proporcionalidade em sentido moderno. Os procedimentos legislativos nacionais, designadamente o português, não atribuem ao princípio qualquer relevo específico, nem dão visibilidade à sua metódica aplicativa. O raciocínio prático desenvolvido pelo legislador tem de se moldar à proporcionalidade, mas o *iter* que aquele segue não é formalizado. Por isso, as tentativas de reconstrução desse raciocínio correm sempre o risco de ser pouco mais do que conjeturais. No caso europeu, deu-se um passo significativo. Todo o raciocínio em torno do cumprimento do princípio deve ser transparente e suscetível de escrutínio[414].

---

[412] V., por todos, MARTIN BOROWSKI, «Limiting clauses...», *cit.*

[413] Trata-se de uma obrigação e não de uma mera faculdade, como parece entender DEL POZO, «La Delimitación y el Ejercicio...», p. 105.

[414] Para o reforço da transparência pode também contribuir o relatório que a Comissão apresenta anualmente sobre a aplicação do artigo 5º do Tratado da União Europeia, conforme estatuído no artigo 9º do Protocolo citado. Em relação a 2015, v. COM(2016) 469 final.

O PRINCÍPIO DA PROIBIÇÃO DO EXCESSO

2.3.2. Atos dos Estados-membros

A propósito da incidência do princípio da proporcionalidade sobre os atos do legislador dos Estados-membros, poderia duvidar-se da mais valia do dispositivo do artigo 5º, nº 4, do TUE, uma vez que não os abrange[415]. Todavia, o artigo 5º, nº 4, não prejudica outras aplicações do princípio da proporcionalidade como princípio geral de direito da União[416]. Quanto a esse vetor, continua a valer a orientação jurisprudencialmente traçada, sem qualquer restrição. Outra coisa constituiria um inexplicável retrocesso.

Ao longo de várias décadas, a mais significativa produção jurisprudencial do Tribunal de Justiça sobre a aplicação do princípio da proporcionalidade versou casos em que atos internos de autoridades dos Estados-membros, particularmente atos legislativos e administrativos, afetavam, em nome de interesses gerais admitidos pelo direito comunitário, direitos ou liberdades individuais inerentes ao mercado interno. Estavam em causa, designadamente, a organização dos mercados agrícolas[417], a livre circulação de mercadorias[418], o comércio externo[419], a livre circulação de pessoas[420], a liberdade de serviços e de estabelecimento[421] ou a concorrência[422]. Ora, em todos esse domínios paira uma ambiguidade: todos eles envolvem liberdades fundamentais de indivíduos e empresas, mas constituem também pilares da integração europeia, designadamente da construção do mercado interno. Por isso, a proporcionalidade funciona simultaneamente como instrumento de proteção daquelas liberdades (e, incidentalmente, também de outros direitos[423]) e como garantidora de princípios objetivos estruturantes da União, perante atuações do legislador nacional.

---

[415] NOGUEIRA, *Direito Fiscal...*, p. 155.

[416] Assim, MARTINEZ, *El reparto de competencias...*, p. 140; MICHEL, *Recherches sur les compétences...*, p. 494.

[417] SCHWARZE, *Droit Administratif...*, pp. 772 ss.

[418] SCHWARZE, *Droit Administratif...*, pp. 818 ss.

[419] SCHWARZE, *Droit Administratif...*, pp. 852 ss.

[420] SCHWARZE, *Droit Administratif...*, pp. 860 ss.

[421] SCHWARZE, *Droit Administratif...*, pp. 872 ss.

[422] SCHWARZE, *Droit Administratif...*, pp. 879 ss.

[423] A partir do momento em que a ordem constitucional da União reconhece outros direitos, seja por via da incorporação jurisprudencial dos direitos reconhecidos pelas ordens constitucionais dos Estados membros, da adoção (e posterior anexação ao tratado de Lisboa) da Carta dos direitos fundamentais, ou da referência à CEDH, a aplicação do princípio da proporcionalidade pelo TJUE não se limita à proteção das liberdades fundamentais, mas também daqueles outros direitos. JANS, «Proportionality Revisited», p. 246, aludindo ao caso *Familiapress* (1997), nota que *"because the freedom of expression was also an issue in Familiapress, the justification also had to be interpreted in the light of the ECHR (see para. 24). The existence of the ECHR provides the Court with an additional normative legal framework, as a result of which more intense scrutiny of the national legislation becomes less of a problem"*.

O DESENVOLVIMENTO NO ESPAÇO EUROPEU

A distinção entre estas magnitudes é, por norma, difícil ou artificial, pelo que, não raras vezes, aparecem confundidas[424].

2.4. Um ou vários princípios da proporcionalidade?

A refração do princípio da proporcionalidade em cada um destes domínios suscita a questão de saber se não haverá vários "princípios da proporcionalidade" no contexto europeu. A tendência parece ser para adaptar o princípio – isto é, o respetivo conteúdo, estrutura e metódica –, bem como a amplitude de controlo judicial, à diversidade das circunstâncias e dos domínios materiais, embora sem contornos precisos e estáveis[425]. Eventualmente poderá falar-se de alguma autonomia em domínios como a política agrícola comum, o ambiente ou a fiscalidade direta[426]. Persiste, porém, uma apreciável obscuridade terminológica[427] e muitas vezes é difícil reconstruir a *ratio* detrás de uma declaração de violação ou de não violação. É patente que a fase de maturação jurisprudencial e doutrinal ainda não se concluiu. Compreende-se, por isso, a falta de consenso sobre questões que vão desde a realidade ontológica – por exemplo, saber se o princípio da proporcionalidade do Direito Europeu colheu inspiração na matriz alemã e se já adquiriu identidade própria, ou não[428] –, até à exposição da(s) sua(s) estrutura(s), da(s) metódica(s), do(s) sentido(s) normativo(s) e da(s) intensidade(s) de controlo judicial.

Do ponto de vista estrutural, as indicações que fluem da jurisprudência do Tribunal de Justiça são sumariamente as seguintes: o fim legítimo não é considerado parte integral do teste de proporcionalidade, sendo aliás avaliado no âmbito da apreciação da base legal[429]; há referências habituais à *adequação* (por vezes com sentidos que nada têm a ver com a proporcionalidade, como quando aparece integrado no teste da base legal[430]) e/ou à *necessidade*, uma vezes de forma articulada, outras não; é frequente a referência a proporcionalidade, menos frequente o uso de princípio da proporcionalidade; a adequação e a necessidade,

---

[424] JANS, «Proportionality Revisited», p. 243; SOBREIRA, *O Juiz Comunitário...*, p. 24. Umas vezes enfatiza-se a dimensão subjetiva outras a dimensão institucional. Neste último caso, v. TRIDIMAS, «Proportionality in Community Law...», p. 66; ANA MARIA GUERRA MARTINS, *Manual...*, p. 285.

[425] V. TRIDIMAS, «Proportionality in Community Law...», pp. 69, 76; VAN GERVEN, «The Effect of Proportionality...», p. 60; JANS, «Proportionality Revisited», p. 263; NOGUEIRA, *Direito Fiscal...*, p. 163; ANA MARIA GUERRA MARTINS, *Manual...*, p. 286; HARBO, «The Function of Proportionality...», p. 173.

[426] UEDA, «Is the Principle...», p. 590; BÚRCA, «Proportionality...», p. 97; NOGUEIRA, *Direito Fiscal...*, pp. 331 ss.

[427] SCHWARZE, *Droit Administratif...*, p. 899.

[428] Sobre esse debate, SCHWARZE, *Droit Administratif...*, p. 900, com mais referências.

[429] ŠUŠNJAR, *Proportionality...*, pp. 168, 235.

[430] ŠUŠNJAR, *Proportionality...*, p. 168.

O PRINCÍPIO DA PROIBIÇÃO DO EXCESSO

isolada ou conjuntamente, são algumas vezes associadas a estes dois últimos conceitos, outras não[431].

Compreende-se, pois, a dificuldade doutrinal em construir uma imagem coerente dessa jurisprudência, que pode chegar ao extremo de invocar o princípio da proporcionalidade sem o aplicar efetivamente[432]. A irregularidade da aplicação dos três segmentos clássicos suscita diferentes formas de descrever a tendência geral (havendo, todavia, óbvias sobreposições entre algumas delas): (i) o Tribunal de Justiça apenas aplica dois, a adequação e a necessidade, ignorando a proporcionalidade e.s.e.[433] (ii) o Tribunal apenas aplica dois, a adequação e a necessidade, mas nesta incluem-se, sem explicação, considerações que pertencem à proporcionalidade e.s.e.[434]; (iii) o Tribunal apenas considera explicitamente aqueles dois segmentos, mas aplica implicitamente o da proporcionalidade e.s.e., (eventualmente sob a capa da necessidade)[435]; (iv) o Tribunal apenas aplica dois segmentos, a adequação e a necessidade, reconduzindo-se esta quase sempre a uma operação de ponderação de interesses[436]; (v) umas vezes o Tribunal aplica apenas a adequação e a necessidade, outras também a proporcionalidade e.s.e., implícita ou explicitamente[437]; (vi) o Tribunal aplica a adequação, a necessidade e a proporcionalidade e.s.e., mas não unifor-

---

[431] Esta oscilação conceptual e estrutural é profusamente documentada por NOGUEIRA, *Direito Fiscal...*, pp. 290 ss.

[432] HARBO, «The Function of Proportionality...», pp. 170, 181.

[433] KOCH, *Der Grundsatz der Verhältnismässigkeit...*, pp. 158-159; MACIERINHA, «Avaliar a avaliação...», pp. 12-13 (não é seguro, porém, que os autores não deem por implícita a aplicação da proporcionalidade e.s.e.).

[434] ANA MARIA GUERRA MARTINS, *Manual...*, p. 287: o teste da necessidade "impõe a ponderação do peso dos diferentes interesses em conflito"; crítico, ŠUŠNJAR, *Proportionality...*, p. 174.

[435] MICHEL, *Recherches sur les compétences...*, p. 495, nota; parece ser também a posição de SCHWARZE, *Droit Administratif...*, pp. 901 ss.

[436] TRIDIMAS, «Proportionality in Community Law...», p. 68 ("a característica essencial do princípio é que o Tribunal desenvolve um exercício de ponderação entre os objetivos prosseguidos pela medida em causa e os seus efeitos adversos na liberdade individual"). Todavia, a alegada desvitalização do controlo do meio menos drástico não é confirmada pela exposição subsequente do autor.

[437] VAN GERVEN, «The Effect of Proportionality ...», p. 37 (notando que quando aplica apenas dois segmentos o Tribunal não indica claramente quais são); NOGUEIRA, *Direito Fiscal...*, pp. 300, 316 ss. (focando especificamente o controlo das normas internas de fiscalidade direta); ANDENAS/ UEDA, «Balancing Free Trade...», *cit*. Em qualquer caso, admite-se que são raros os casos em que se chega (ou se pode chegar) à apreciação da proporcionalidade e.s.e., desde logo porque a intensidade de apreciação dos segmentos da adequação e da necessidade tem um efeito de filtragem muito eficaz. Casos indicados pela doutrina (embora não consensualmente) onde terá havido apreciação de três segmentos, incluindo a apreciação da proporcionalidade e.s.e.: *Fedesa* (1990); *Stoke-on-Trent* (1992); *Pfizer* (2002).

O DESENVOLVIMENTO NO ESPAÇO EUROPEU

memente, falhando por vezes uma ou as duas últimas[438]; (vii) a jurisprudência comunitária estrutura o princípio da proporcionalidade de acordo com aqueles três segmentos tradicionais[439]. Há ainda quem encontre a aplicação de uma metódica de ponderação que atende conjugadamente a *todos os interesses*, públicos e particulares, numa perspetiva semelhante à análise do *bilan coût-avantages* de origem francesa[440].

Quando ao conteúdo ou sentido normativo de cada um dos segmentos[441], as reconstruções doutrinais também são desencontradas.

Por um lado, notam-se alguns traços que podem ser distintivos em relação aos contornos da proporcionalidade clássica ou proibição do excesso nos direitos internos. Por exemplo, há fontes jurisprudenciais que indicam que o segmento da adequação implica que o meio escolhido pelo legislador nacional seja *efetivamente capaz* de implementar o objetivo traçado[442]. Ora, como veremos[443], este grau de exigência excede aquele que é vulgarmente aplicado em Portugal e noutras ordens constitucionais.

Por outro lado, há aspetos da necessidade que aumentam inevitavelmente a carga cognitiva a que está sujeito o legislador nacional, como é o caso de ter de conhecer e considerar alternativas existentes no quadro do direito interno e também no quadro mais global dos vários ordenamentos nacionais da União[444].

Mas há quem desvalorize essas indicações e detete simplesmente níveis de exigência semelhantes aos da jurisprudência alemã, quer ao nível da adequação, quer ao nível da necessidade e da proporcionalidade e.s.e., sejam aplicadas

---

[438] Šušnjar, *Proportionality...*, pp. 168 ss. Note-se que o autor sustenta que o princípio da proporcionalidade e.s.e. é aplicado pelo Tribunal de Justiça em duas versões alternativas: uma que implica o contrapeso entre o fim prosseguido e a severidade da interferência; outra que visa apenas garantir o respeito pelo núcleo essencial, ou substância, ou nível mínimo, do direito.

[439] Schiller, «Der Verhältnismäßigkeitsgrundsatz im Europäischen Gemeinschaftsrecht ...», p. 929; Jans, «Proportionality Revisited», pp. 240, 257, embora com cautelas (assinalando, nomeadamente, que nem sempre o Tribunal de Justiça os aplica como tal e que, por vezes, se esquece de os aplicar a todos); Vilhena, *O Princípio da Subsidiariedade...*, p. 145; Martinez, *El reparto de competencias...*, p. 141.

[440] Assim, Macierinha, «Avaliar a avaliação...», p. 13.

[441] Em relação à sua configuração jurisprudencial veja-se Nogueira, *Direito Fiscal...*, pp. 301 ss.

[442] Assinalando este sentido "bastante rigoroso", de "intensidade máxima de exame", Nogueira, *Direito Fiscal...*, p. 302. Jans, «Proportionality Revisited», p. 243, nota que a medida não tem de ser *indispensável* mas não pode ser apenas útil para atingir o fim.

[443] *Infra*, capítulo 15.

[444] Cfr., porém, Jans, «Proportionality Revisited», p. 247, sustentando que a existência de medidas menos restritivas em outros Estados membros não leva inevitavelmente à violação do segmento da necessidade.

O PRINCÍPIO DA PROIBIÇÃO DO EXCESSO

qua tale, sejam compactadas sob a designação de necessidade[445]. Pode concluir--se que a tentativa de delinear com rigor o grau de exigência é em boa medida especulativa, à falta de um padrão consolidado[446].

2.5. A intensidade de controlo

O Tribunal de Justiça pratica auto restrição e mostra-se aberto ao reconhecimento de um ampla margem de apreciação das instituições[447], quer quando aprecia a adequação (sendo, aliás, raros os casos de verificação da inadequação de uma medida[448]), quer quando aprecia a necessidade. A matriz clássica da proporcionalidade proveniente do direito alemão é condimentada com contributos típicos de outras tradições europeias, como a do erro manifesto (*erreur manifeste d'appréciation*) ou o desvio de poder[449].

Em princípio, o Tribunal aplica maior rigor face aos legisladores nacionais do que face às instituições da União[450]. O Tribunal não limitou tão notoriamente o seu controlo como no caso dos atos das instituições[451]. Isso não implica, todavia, que negue a existência de uma certa margem de manobra dos Estados ou que não deixe aos tribunais de reenvio – quando seja esse o caso – o apuramento dos factos ou o julgamento final da questão da proporcionalidade[452]. A intensidade de controlo mais pronunciada prende-se com as particularidades associadas às intervenções nacionais, praticadas ao abrigo de competências reconhecidas aos Estados para derrogar princípios dos tratados, com vista a proteger interesses legítimos pré-definidos. Embora o Tribunal de Justiça admita que os Estados podem escolher o nível e a modalidade de proteção apropriados desses interesses, as medidas têm de ser estritamente proporcionadas a esse fim[453].

---

[445] Assim, MICHEL, *Recherches sur les compétences...*, p. 495, negando que a adequação tenha uma configuração mais exigente do que a aplicável, designadamente, na Alemanha.

[446] V., por exemplo, o exercício especulativo de JANS, «Proportionality Revisited», pp. 263-264.

[447] SCHWARZE, *Droit Administratif...*, pp. 902 ss.; MICHEL, *Recherches sur les compétences...*, p. 496.

[448] SCHWARZE, *Droit Administratif...*, p. 903.

[449] Aludindo a persistentes manifestações da receção destes critérios, TRIDIMAS, «Proportionality in Community Law...», p. 84, *passim*.

[450] TRIDIMAS, «Proportionality in Community Law...», p. 66; *idem, The General Principles...*, pp. 142, 209; MICHEL, *Recherches sur les compétences...*, p. 498; ANA MARIA GUERRA MARTINS, *Manual...*, p. 296; em sentido diverso, HARBO, «The Function of Proportionality...», p. 173.

[451] MICHEL, *Recherches sur les compétences...*, p. 497.

[452] Sobre isto, TRIDIMAS, «Proportionality in Community Law...», pp. 77 ss. (aplaudindo a devolução de alguns poderes aos tribunais nacionais, mas sublinhando alguns riscos); JANS, «Proportionality Revisited», p. 247.

[453] Assim, v., por todos, MICHEL, *Recherches sur les compétences...*, p. 498.

O DESENVOLVIMENTO NO ESPAÇO EUROPEU

Numa perspetiva de divisão de poder entre legislador e jurisdição, as orientações prevalecentes sobre a intensidade de controlo da proporcionalidade implicam que a transferência de poder do legislador nacional para a jurisdição europeia é mais vincada do que a transferência de poder do legislador europeu para a jurisdição europeia.

2.6. A articulação entre o princípio da proporcionalidade de direito europeu e o princípio da proibição do excesso de direito interno

A infixidez e a instabilidade da estrutura, conteúdo, metódica e intensidade de controlo judicial que caraterizam o princípio da proporcionalidade no direito europeu repercute-se negativamente na aproximação a um problema que tem o maior interesse para o presente trabalho: a coordenação entre ele e o princípio da proibição do excesso ou da proporcionalidade clássica, tal como decorre do direito constitucional interno.

Quando produz normas legislativas que superam colisões entre interesses públicos nacionais e bens, interesses ou valores tutelados por normas constitucionais internas e/ou comunitárias, frequentemente coincidentes com interesses da União, o legislador interno está vinculado ao princípio da proporcionalidade do direito europeu e ao princípio da proibição do excesso do direito interno. A articulação entre os dois pode atingir graus de complexidade elevados se no final do processo de maturação de cada um deles – processo mais atrasado no contexto europeu – se verificar que têm estrutura, metódica, conteúdo e sindicabilidade discrepantes. Essa complexidade não é atenuada pela circunstância de se tratar de ordenamentos multi-nivelados, antes pelo contrário.

A tese que defendemos ao longo desta dissertação é que o grau de exigência do princípio da proibição do excesso na sua configuração interna não é inferior ao da proporcionalidade do Direito europeu. Isso diminui o risco de o legislador nacional incumprir o princípio europeu da proporcionalidade se se guiar pelos parâmetros dogmáticos internos da proibição do excesso na conformação de atos legislativos que eventualmente contendam com bens, interesses ou valores tutelados pelo direito da União.

Relevante é também o conjunto de exigências formais, procedimentais e de fundamentação a que o legislador comunitário passou a estar sujeito no que concerne à demonstração da proporcionalidade das suas iniciativas e dos subsequentes atos normativos. Não é implausível que isso se venha a traduzir num acréscimo de exigências formais a serem respeitadas pelo legislador nacional no procedimento legislativo[454].

---

[454] Não é improvável que o desenvolvimento ao nível europeu tenha repercussões ao nível nacional. Por um lado, pode ocorrer um efeito de mimetismo: o legislador nacional tende a replicar

O PRINCÍPIO DA PROIBIÇÃO DO EXCESSO

3. A Convenção Europeia dos Direitos do Homem

3.1. A origem pretoriana

A CEDH entrou em vigor em 1953. O princípio convencional da proporcionalidade[455] emergiu pela primeira vez na jurisprudência europeia dos direitos do homem em 1960, no contexto do relatório da Comissão Europeia dos Direitos do Homem no caso *De Becker c. La Belgique*, onde se mencionou a exigência de estrita proporcionalidade[456]. Do lado do Tribunal, avulta o caso linguístico belga, de 1968[457]. Também marcante foi a aplicação pelo Tribunal no caso *Handyside* (1976)[458], um caso de liberdade de expressão.

No texto da CEDH não há qualquer alusão à proporcionalidade. A sua aplicação assenta em expressões convencionais como: (i) *"necessária"* numa sociedade democrática (artigos 8º[459] a 11º, sobre direitos ao respeito pela vida

boas práticas europeias. Por outro lado, é plausível que a seguir às competências dos parlamentos nacionais de controlo da observância do princípio da subsidiariedade venham competências de controlo da observância do princípio da proporcionalidade. Esse cenário teria a inevitável consequência de mais profunda interiorização do princípio da proporcionalidade na prática parlamentar.

[455] Utilizaremos esta expressão – *princípio convencional da proporcionalidade* – quando aludirmos ao princípio da proibição do excesso tal como deduzido da CEDH pelo TEDH e pela doutrina. Sobre o princípio convencional da proporcionalidade, v. SALVIA, «La notion de proportionnalité...», *cit.*; EISSEN, «Le principe de proportionnalité dans la jurisprudence de la Cour européenne des Droits de l'Homme», *cit.*; *idem*, «The principle of proportionality in the case-law of the European Court of Human Rights», *cit.*; ERMACORA, «Le principe de proportionnalité en droit autrichien et dans le cadre de la Convention européenne des Droits de l›Homme», *cit.*; FASSBENDER, «El principio de proporcionalidad en la jurisprudencia del tribunal europeo de derechos humanos", *cit.*; LAMBERT, «Marge nationale d›appréciation et contrôle de proportionnalité», *cit.*; J. MCBRIDE, «Proportionality and the European Convention on Human Rights», *cit.*; GALLETA, «Il principio di proporzionalità nella Convenzione europea...», *cit.*; ARAI-TAKAHASHI, *The Margin of Appreciation Doctrine and the Principle of Proportionality in the Jurisprudence of the ECHR*, *cit.*; VAN DROOGHENBROECK, *La proportionnalité...*, *cit.*; CREMONA, «The Proportionality Principle in the Jurisprudence of the European Court of Human Rights...», *cit.*; MUZNY, *La Technique de Proportionnalité...*, *cit.*; RIVERS, «Proportionality and Variable Intensity of Review», *cit.*; CHRISTOFFERSEN, *Fair Balance: Proportionality...*, *cit.*; ŠUŠNJAR, *Proportionality...*, pp. 85 ss.; CANNIZZARO/DE VITTOR, «Proportionality in the European Convention on Human Rights», *cit.*; LEGG, *The Margin of Appreciation in International Human Rights Law: Deference and Proportionality*, *cit.*; MEDEIROS, *A Constituição portuguesa...*, *cit.*, pp. 347 ss.

[456] VAN DROOGHENBROECK, *La proportionnalité...*, p. 71.

[457] Caso "relative a certains aspects du régime linguistique de l'enseignement en belgique". V. VAN DROOGHENBROECK, *La proportionnalité...*, p. 71.

[458] Neste sentido, EISSEN, «The principle of proportionality ...», p. 126; VAN DROOGHENBROECK, *La proportionnalité...*, p. 80.

[459] *Não pode haver ingerência da autoridade pública no exercício deste direito senão quando esta ingerência estiver prevista na lei e constituir uma providência que, numa sociedade democrática seja necessária para a segurança nacional, para a segurança pública, para o bem estar económico do país, a defesa da ordem e a*

O DESENVOLVIMENTO NO ESPAÇO EUROPEU

privada e familiar, domicílio e correspondência, liberdade de pensamento, consciência, religião, expressão, reunião e associação, bem como artigos 1º do Protocolo 1 e 2º do Protocolo 4); (ii) *estrita medida*[460] (artigo 15º , 1); (iii) *absoluta necessidade*[461]; e (iv) *estrita necessidade* (artigos 2º, nº 2 e 6º, nº 1)[462].

Porém, a escassa base textual não impediu que fosse alcandorada a "regra de ouro da jurisprudência europeia dos direitos do Homem"[463]. A proporcionalidade convencional passou de um reduto inicial, circunscrito a certas cláusulas de restrições ou limitações, para cobrir todas as classes de conflitos entre interesses invocados pelas autoridades estatais e direitos convencionais e até entre estes[464], tornando-se uma técnica geral de resolução de colisões no âmbito da Convenção[465]. Propõe-se, aliás, mais do que uma aplicação, distinguindo-se entre proporcionalidade-apreciação e proporcionalidade-interpretação[466] e até proporcionalidade-qualificação[467].

---

prevenção das infracções penais, a protecção da saúde ou da moral, ou a protecção dos direitos e das liberdades de terceiros. O direito em causa é o direito ao respeito da vida privada e familiar, do domicílio e da correspondência.

[460] Talvez a base textual mais óbvia: cfr. Cremona, «The Proportionality...», p. 323; Van Drooghenbroeck, *La proportionnalité...*, p. 89.

[461] As noções de necessidade, absoluta necessidade ou estrita necessidade (que não devem ser confundidas com o segmento da necessidade da proibição do excesso) são entendidas como fundamento do princípio da proporcionalidade, mas também de outros parâmetros que vão além, como o do fim legítimo ou o da necessidade da intervenção da autoridade estatal. Assim, Šušnjar, *Proportionality...*, pp. 89 ss. Muzny, *La Technique de Proportionnalité...*, pp. 144 ss., aponta-lhes também a função de diferenciar diferentes amplitudes ou intensidades de apreciação/aplicação judicial da proporcionalidade.

[462] Van Drooghenbroeck, *La proportionnalité...*, p. 117.

[463] Van Drooghenbroeck, *La proportionnalité...*, p. 71; Sweet/Mathews, «Proportionality...», salientam a influência de Jochen Frowein neste processo de receção material.

[464] Discutindo a questão de saber se as colisões entre direitos protegidos pela Convenção caem sob a égide do princípio da proporcionalidade ou de outra técnica e respondendo afirmativamente, Van Drooghenbroeck, *La proportionnalité...*, p. 111: a ponderação de interesses referida em decisões e ressaltada por alguma doutrina reconduzir-se-ia à técnica da proporcionalidade (*ob. cit.*, p. 114).

[465] Assim, Cannizzaro/de Vittor, «Proportionality...», p. 137.

[466] Assim, Van Drooghenbroeck, *La proportionnalité...*, pp. 76, 89 ss.: a proporcionalidade-apreciação é aplicável quando se trate de avaliar a validade de uma interferência estatal que afete uma posição jurídica subjetiva prevista na Convenção. A proporcionalidade-interpretação é aplicável quando se trate de definir a existência e o alcance de prerrogativas convencionais ou de obrigações estatais. A primeira respeita às restrições e às derrogações (ou suspensões). A última é aplicável sobretudo nos casos de exceções abertas pelos próprios preceitos da Convenção. Outras tipologias: Muzny, *La Technique de Proportionnalité...*, p. 159.

[467] Muzny, *La Technique de Proportionnalité...*, p. 265, apontando o exemplo de aplicação da proporcionalidade à qualificação de certas atuações como atos de tortura, absolutamente proibidos pelo

O PRINCÍPIO DA PROIBIÇÃO DO EXCESSO

A doutrina considera-o maioritariamente um princípio geral do direito convencional[468], não obstante a persistência de tensões relevantes com os direitos internos dos signatários da Convenção[469].

A grande popularidade do princípio contrasta com um assinalável volume de incertezas e de incoerências que, começando pela terminologia e pelas suas fronteiras com figuras afins[470], afetam praticamente todas as dimensões dogmáticas[471].

Isso reflete-se na dificuldade em encontrar um modelo de referência com o qual possa ser comparado ou emparelhado.

Um setor da doutrina entende que a estrutura do princípio convencional da proporcionalidade é assimilável ao modelo alemão da proporcionalidade[472]. Todavia, essa posição não resiste a um olhar superficial sobre a jurisprudência do Tribunal. Outra visão, mais matizada, nota-lhes diferenças, mas ainda assim procura um modelo explicativo que não se distancia totalmente da arquitetura clássica.

Uma construção hábil, é a que distingue entre a aplicação da proporcionalidade convencionalmente exigida às autoridades estatais, incluindo o legislador[473], e a aplicação da proporcionalidade pelo juiz europeu dos direitos do homem. A primeira aproximar-se-ia do modelo mais comum; a segunda tanto poderia incluir todos os segmentos materiais da proporcionalidade, como poderia incluir apenas parte[474]. A variação da amplitude do controlo dependeria da amplitude da margem de apreciação atribuída pelo juiz europeu aos Esta-

---

artigo 3º. Isto é: a proporcionalidade não seria convocada na apreciação da justificação de atos de tortura, mas sê-lo-ia em sede de qualificação dos comportamentos como sendo de tortura ou não.

[468] V. VAN DROOGHENBROECK, *La proportionnalité...*, p. 72, com mais referências; J. J. CREMONA, «The proportionality principle in the jurisprudence of the European Court of Human Rights», p. 330; J. MCBRIDE, «Proportionality...», p. 23.

[469] Talvez a mais notória tensão, latente no julgamento de casos originados no Reino Unido, seja a que por vezes eclode entre o teste da *Wednesbury reasonableness* e o teste da proporcionalidade: cfr. SWEET/MATHEWS, «Proportionality...», p. 53.

[470] V., por todos, a exaustiva recensão de MUZNY, *La Technique de Proportionnalité...*, p. 162.

[471] VAN DROOGHENBROECK, *La proportionnalité...*, p. 83.

[472] JOCHEN ABR. FROWEIN/WOLFGANG PEUKERT – «Europäische Menschenrechtskonvention: EMRK-Kommentar», 2ª ed., N. P. Engel Verlag, Berlin, 1996, p. 336 (3ª ed. 2009).

[473] Embora o TEDH já tenha afirmado mais que uma vez que não lhe compete examinar em abstrato as normas legislativas, parece não haver dúvida que *de facto* aquele Tribunal aprecia a convencionalidade dessas normas, designadamente o respeito pela proporcionalidade: confluente, MUZNY, *La Technique de Proportionnalité...*, p. 578.

[474] Assim, VAN DROOGHENBROECK, *La proportionnalité...*, pp. 171 ss., distinguindo entre *regra da proporcionalidade* e *controlo de proporcionalidade* (semelhante à distinção que adotamos entre norma de ação e de controlo). A primeira, respeita ao conjunto de exigências dirigidas aos Estados e aos seus atos; a segunda, respeita à competência reconhecida ao juiz europeu dos direitos do homem

O DESENVOLVIMENTO NO ESPAÇO EUROPEU

dos, através de um sistema de presunções. Dessa amplitude dependeria também a repartição da carga da prova a propósito da proporcionalidade e.s.e.[475].

Todavia, também esta tentativa de definir uma amarra mais ou menos precisa parece esbarrar contra o sentido geral da jurisprudência do Tribunal. A maioria dos intérpretes da jurisprudência produzida pelo juiz europeu não apenas rejeita a coincidência do princípio convencional da proporcionalidade com o princípio da proporcionalidade do direito público alemão, como entende que o sistema da CEDH é incompatível com ele.

É seguro que não se estabilizou ainda uma tendência, pelo que todas as indicações que se possam deixar são provisórias. Sobre as questões centrais, o panorama parece ser razoavelmente incoerente, ou pelo menos não totalmente estável.

3.2. Traços essenciais do modelo convencional de proporcionalidade

Um dos objetivos deste capítulo é averiguar até que ponto a leitura convencional do princípio da proporcionalidade influi sobre o exercício de competências do legislador nacional.

Por isso, é relevante começar por assinalar um traço saliente da jurisprudência do TEDH, concernente a um tema que não é geralmente pacífico nas ordens jurídico-constitucionais de alguns dos Estados contratantes: a distinção entre direitos *negativos* e direitos *positivos* (e concomitantes deveres positivos do legislador e de outras autoridades). A doutrina dos deveres positivos é especialmente relevante, pelo impacto que pode ter sobre a atividade do legislador dos Estados[476]. Reconhecida desde 1968, é objeto de controvérsia, desde logo devido à ausência de base textual e de consenso sobre o respetivo fun-

---

para julgar o respeito pela regra da proporcionalidade, podendo cobrir ou não todas as exigências decorrentes desta.

[475] Síntese da posição de VAN DROOGHENBROECK, *La proportionnalité...*, p. 173.

[476] Devido à dimensão que a doutrina das obrigações positivas assumiu no âmbito da CEDH, a literatura é vasta. V., entre outros, EVERT ALBERT ALKEMA, «The Third-Party Application or "Drittwirkung" of the European Convention on Human Rights» in Franz Matscher (ed.), *Protecting Human Rights: The European Dimension: Studies in Honour of Gérard J. Wiarda*, Heymanns, Köln, 1988, pp. 33 ss.; PIETER VAN DIJK, «"Positive obligations" implied in the European Convention on Human Rights: are the States still the "masters" of the convention?», in Monique Castermans-Holleman/Fried van Hoof/Jacqueline Smith (eds.), *The role of the nation-state in the 21st century*, Kluwer Law International, The Hague, 1998, pp. 17ss.; STARMER, «Positive Obligations Under the Convention», in J. Jowell/J. Cooper (eds.), *Understanding Human Rights Principles*, Hart Publishing, Oxford, 2001, pp. 144-145; CORDULA DRÖGE, *Positive Verpflichtungen der Staaten in der Europäischen Menschenrechtskonvention*, Springer, Heidelberg, 2003, V. contudo a análise de MUZNY, *La Technique de Proportionnalité...*, pp. 108 ss.; CHRISTOFFERSEN, *Fair Balance: Proportionality...*, pp. 94 ss.

O PRINCÍPIO DA PROIBIÇÃO DO EXCESSO

damento[477]. Pressupõe o reconhecimento do efeito horizontal da Convenção, isto é, a aplicação nas relações entre particulares[478]. O Tribunal parece aplicar o princípio convencional da proporcionalidade por igual nas circunstâncias em que o comportamento do legislador nacional afeta direitos negativos e direitos positivos, porventura apenas com alguma diferença no que toca à (maior) margem de apreciação nacional no caso do cumprimento dos deveres positivos, devido à respetiva estrutura[479]. Pode, por isso, falar-se de uma adesão a uma conceção moderna de proporcionalidade, diferente do modelo clássico de proporcionalidade[480].

Esta disponibilidade para aceitar a dedução de direitos positivos de disposições que de um modo geral consagram *prima facie* apenas direitos de defesa é, aliás, um sintoma de uma inclinação mais geral para a *interpretação atualista e extensiva* da CEDH (abertura da Convenção *aos tempos*). Isso reflete-se em outros aspetos. Designadamente, na tendência para a substituição do sistema original de cláusulas de limites específicas e diferenciadas *por uma cláusula geral de limites* como a do artigo 29º da DUDH[481] e na interpretação extensiva do catálogo de direitos. Isso tem suscitado algumas críticas ou receios, nomeadamente de bagatelização dos direitos[482].

Um dos conceitos vitais para compreender a fiscalização do cumprimento do princípio convencional da proporcionalidade e, indiretamente, a sua estrutura e conteúdo, é o de *margem de apreciação* nacional[483].

---

[477] Para maior desenvolvimento, v. CHRISTOFFERSEN, *Fair Balance: Proportionality...*, pp. 95 ss., bem como referências.

[478] Para os *leading cases*, v. CHRISTOFFERSEN, *Fair Balance: Proportionality...*, pp. 101 ss. Diferentemente, MUZNY, *La Technique de Proportionnalité...*, pp. 101 ss.

[479] ŠUŠNJAR, *Proportionality...*, p. 114. V. contudo a análise de MUZNY, *La Technique de Proportionnalité...*, pp. 108 ss., desvalorizando a distinção entre comportamentos positivos e negativos, ações e omissões, e defendendo que a proporcionalidade é um instrumento de apreciação de *efeitos* de comportamentos, sejam eles vistos na perspetiva do cumprimento de deveres negativos ou positivos, aliás frequentemente indissociáveis.

[480] Sobre estas noções v. *supra*, capítulo introdutório.

[481] VAN DROOGHENBROECK, *La proportionnalité...*, p. 155; RIVERS, «Prefácio» à edição inglesa do *A Theory...*, de ROBERT ALEXY, p. xxxi. *Infra*, capítulo 9, veremos que a tendência em Portugal é confluente.

[482] Crítico de algumas das tendências da interpretação judicial da Convenção, VAN DROOGHENBROECK, *La proportionnalité...*, pp. 157 ss.

[483] Sobre a doutrina da margem de apreciação existe uma vasta bibliografia (alguma dela, crítica). Além dos locais pertinentes já referidos na nota sobre bibliografia geral, v. CORA S. FEINGOLD, «The Doctrine of Margin of Appreciation and the European Convention on Human Rights», in *Notre Dame Law Review*, vol. 53 (1977–1978), pp. 90 ss.; T. O'DONNELL, «The Margin of Appreciation Doctrine: Standards in the Jurisprudence of the European Court of Human Rights», *Human Rights Quaterly*, vol. 4 (1982), pp. 474 ss.; RONALD ST. JOHN MACDONALD, «The Margin of Appre-

O DESENVOLVIMENTO NO ESPAÇO EUROPEU

A margem de apreciação nacional é o conceito genérico que se reporta às apreciações e valorações que os Estados podem realizar sem que o Tribunal se julgue competente para as substituir pelas suas. No contexto do direito da CEDH, esta noção de margem de apreciação não é dissociável do instrumento da proporcionalidade, uma vez que só cobra sentido no quadro da aplicação desta[484]. É essa noção que delimita o que fica dentro da margem de livre conformação dos Estados na observância da proporcionalidade e o que cabe na competência de fiscalização do TEDH: quanto mais lata for a margem de apreciação menor é a amplitude da competência de fiscalização e vice-versa[485]. Ora, a latitude da margem de apreciação varia consoante as circunstâncias, os domínios e os contextos[486] e é definida pelo próprio TEDH, num exercício de auto limitação[487].

A definição de algo que se aproxime de um modelo *central* do princípio convencional da proporcionalidade implicitamente aplicado pelo TEDH andará em torno dos seguintes eixos: (i) apreciação da legitimidade do fim (em princípio, expressamente previsto na Convenção), sem operação de ponderação e com frequente aceitação implícita ou explícita do fim alegado pelo Estado parte[488]; (ii) ausência de clara distinção metódica entre diferentes etapas (nomeadamente, avaliação da legitimidade do fim, adequação, necessidade e proporcionalidade e.s.e.)[489]; (iii) tendência pronunciada para uma atitude

---

ciation», in: Macdonald/Matscher/Petzold (eds), *The European System for the Protection of Human Rights*, Martinus Nijhoff, Dordrecht, 1993, pp. 83 ss.; HOWARD CHARLES YOUROW, «The Margin of Appreciation Doctrine in the Dynamics of European Human Rights Jurisprudence», Kluwer, The Hague, 1996; EVA BREMS, «The Margin of Appreciation Doctrine in the Case-Law of the European Court of Human Rights», in *Heidelberg Journal of International Law*, vol. 56 (1996), pp. 240 ss.; EYAL BENVENISTI, «Margin of appreciation, consensus, and universal standards», in *International Law and Politics*, vol. 31 (1999), pp. 843 ss.; M. R. HUTCHINSON, «The margin of appreciation Doctrine in the European Court of Human Rights», in *International and Comparative Law Quarterly*, vol. 48 (1999), pp. 638 ss.; STEVEN GREER, *The Margin of Appreciation: Interpretation and Discretion under the European Convention on Human Rights*, Council of Europe Publishing, 2000; JEFFREY A. BRAUCH, «The margin of Appreciation and the Jurisprudence of the European Court of Human Rights: Threat to the Rule of law», in *Columbia Journal of European Law*, vol. 11, n.º 1 (2004–2005), pp. 113 ss.; JAN KRATOCHVÍL, «The Inflation of the Margin of Appreciation by the European Court of Human Rights», in *Netherlands Quarterly of Human Rights*, vol. 29/3 (2011), pp. 324 ss.

[484] MUZNY, *La Technique de Proportionnalité...*, p. 366.

[485] ARAI-TAKAHASHI, *The Margin of Appreciation...*, p. 14 (*apud* ŠUŠNJAR, *Proportionality...*, p. 89). Diz-se, por isso, que a margem de apreciação é uma espécie de antídoto em relação à exigência de proporcionalidade: LAMBERT, «Marge nationale...», p. 67.

[486] V., por todos, MUZNY, *La Technique de Proportionnalité...*, pp. 404 ss.

[487] MUZNY, *La Technique de Proportionnalité...*, p. 382.

[488] MUZNY, *La Technique de Proportionnalité...*, pp. 126, 253 ss.; ŠUŠNJAR, *Proportionality...*, p. 90.

[489] ŠUŠNJAR, *Proportionality...*, p. 91 (v., porém, p. 160).

O PRINCÍPIO DA PROIBIÇÃO DO EXCESSO

deferencial perante juízos de adequação e de necessidade efetuados pela autoridade nacional[490]; (iv) menor tendência para deferir no que toca aos juízos de valor[491]; (v) realização de operações de ponderação ou de exame da proporcionalidade e.s.e. (sob diferentes designações) com valoração de todos os argumentos, sem recurso evidente à linguagem do peso ou do contrapeso de direitos e dos interesses competidores[492]; (vi) avaliação em termos equivalentes do cumprimento quer de obrigações negativas (de abstenção), quer positivas (de ação)[493]; (vii) teste negativo: o Tribunal examina se a medida (não) é desproporcionada[494]; (viii) ponderação particularista e não universalista[495]. Todavia, há âmbitos em que só pode haver ponderação universalista, como é o caso daquelas em que é julgada a existência de obrigações positivas que imponham a produção de normas gerais e abstratas[496]; (ix) ausência de exigência de otimização ou de adoção da solução ótima (ou melhor solução possível)[497]. Sobre a repartição do ónus da prova é difícil definir uma matriz precisa[498], bem como sobre a relação entre proporcionalidade e conteúdo essencial do direito[499].

A referência de (v) requer um esclarecimento suplementar, uma vez que se reporta à questão metódica crucial de saber se o Tribunal efetua uma apreciação cumulativa, ou uma apreciação condensada[500]. No primeiro caso – *cumula-*

---

[490] ŠUŠNJAR, *Proportionality...*, p. 114.

[491] VAN DROOGHENBROECK, *La Proportionnalité...*, p. 346.

[492] Frisando a distância entre o modelo de proporcionalidade seguido pelo Tribunal e o modelo da teoria dos princípios, da fórmula do peso e do contrapeso de direitos e de interesses, ŠUŠNJAR, *Proportionality...*, p. 117.

[493] ŠUŠNJAR, *Proportionality...*, pp. 112 ss. (admitindo, porém, que a margem de apreciação é maior no que toca às obrigações positivas, em função da estrutura destas).

[494] ŠUŠNJAR, *Proportionality...*, p. 111. Sobre a dicotomia entre teste negativo e teste positivo v. *infra*, capítulo 18, 3.

[495] Por opção do juiz europeu e não por obrigação convencional: VAN DROOGHENBROECK, *La Proportionnalité...*, pp. 253 ss.

[496] VAN DROOGHENBROECK, *La Proportionnalité...*, p. 257.

[497] V., por todos, CHRISTOFFERSEN, *Fair Balance: Proportionality...*, pp. 135, 210: "a natureza mínima dos *standards* internacionais protegidos pela CEDH implica que atingir um equilíbrio ótimo não é exigido"; "uma interferência num direito ou liberdade (...) pode por isso ser aceitável (...) mesmo que, tudo considerado, um melhor equilíbrio pudesse ser atingido"; e, mais adiante, "as Partes Contratantes têm o direito (...) de atingir um equilíbrio menos que ótimo" (*ob. cit.*, p. 219); no mesmo sentido, ŠUŠNJAR, *Proportionality...*, p. 112.

[498] As regras de repartição do ónus da prova são, em geral, menos do que claras: GREER, «The Margin of Appreciation...», p. 20.

[499] MUZNY, *La Technique de Proportionnalité...*, pp. 282 ss.

[500] Fora da Europa, a primeira é praticada no Canadá, a segunda na África do Sul. CHRISTOFFERSEN, *Fair Balance: Proportionality...*, p. 71, designa a primeira por *strict-vertical test* (ou proporcionalidade vertical) e a segunda por *flexible horizontal test* (ou proporcionalidade horizontal); v., também, JACKSON, «Constitutional Law in an Age...», pp. 3098 ss., com terminologia diferente.

O DESENVOLVIMENTO NO ESPAÇO EUROPEU

tiva –, estão pré-estabelecidos vários passos e aspetos materiais ou formais que são sucessivamente esgotados, requerendo-se que a medida apreciada os supere sucessiva e cumulativamente, decaindo se falhar qualquer deles. Verificado o incumprimento de um dos passos, não é necessário prosseguir para a apreciação dos outros. No segundo caso – condensa*a* – pode ou não estruturar-se a metódica de aplicação em vários passos ou segmentos. Em qualquer dos casos, isto é, mesmo que se aprecie isoladamente um ou vários e se constate a inobservância de um, prossegue-se na apreciação dos demais. Em última análise consideram-se (ponderam-se) todos os fatores em conjunto no âmbito do que tendencialmente se identifica como proporcionalidade e.s.e. ou *balancing*. Embora haja unanimidade sobre a ausência de clareza da jurisprudência[501], a inclinação maioritária vai para a versão condensada[502].

Contudo, a casuística do Tribunal[503] não permite definir um padrão inequívoco. Apontam-se exemplos de decisões do Tribunal (desde logo a do regime linguístico de ensino na Bélgica e *Handyside*) que não fazem apreciação da adequação, por o Tribunal admitir expressa ou implicitamente que isso cabe na margem de apreciação do Estados, mas também exemplos de controlo da adequação[504]. Há decisões que se escusam a apreciar a necessidade, em nome da margem de apreciação dos Estados[505] e outras que só reconhecem uma margem reduzida ou inexistente aos Estados, atribuindo-se o juiz europeu a prerrogativa de averiguar da existência de uma alternativa equivalentemente eficiente mas menos interferente[506].

Inegáveis são as variações quanto à extensão e intensidade do controlo da proporcionalidade, que depende da margem de apreciação sobre as apreciações de facto, os prognósticos e os juízos axiológicos (ou valorações) reconhecida às autoridades dos Estados parte. Estas dependem de vários fatores, designadamente da matéria (ou direito) em causa, da existência de *standards* internacionais de referência, da complexidade da situação de facto, da legitimidade da autoridade nacional, da natureza e intensidade da interferência e outros. Mas também esses critérios padecem de alguma fluidez[507].

---

[501] Van Drooghenbroeck, *La Proportionnalité...*, pp. 188, 216.

[502] Defendida, por exemplo, por Schokkenbroek, *Toetsing aan de vrijheidsrechten van het Europees verdrag tot bescherming van de rechten van de mens*, W.E.J. TjeenknWillink, Zwolle, 1995, pp. 198-199, citado por Van Drooghenbroeck, *La Proportionnalité...*, p. 188; Christoffersen, *Fair Balance: Proportionality...*, p. 114, defende que o Tribunal subscreve a proporcionalidade horizontal (na nossa terminologia, condensada) uma vez que não aplica o teste «*the least restrictive means*» ou «*less onerous measures*».

[503] Van Drooghenbroeck, *La Proportionnalité...*, p. 343.

[504] Van Drooghenbroeck, *La Proportionnalité...*, pp. 179 ss.

[505] Van Drooghenbroeck, *La Proportionnalité...*, pp. 192 ss.

[506] Van Drooghenbroeck, *La Proportionnalité...*, pp. 197ss.

[507] Šušnjar, *Proportionality...*, pp. 92 ss., 105.

O PRINCÍPIO DA PROIBIÇÃO DO EXCESSO

3.3. A articulação entre o princípio convencional da proporcionalidade e o princípio da proibição do excesso de direito interno

De acordo com a própria jurisprudência do TEDH, não existe obrigação de os Estados parte incorporarem a CEDH no seu direito interno e, consequentemente, de incorporarem formalmente a proporcionalidade nos seus processos de decisão, nem de a aplicarem propriamente como critério de decisão; os Estados têm liberdade de escolha dos meios para satisfazer as suas obrigações convencionais[508]. Todavia, pode perguntar-se se isso não é inconsequente, uma vez que é difícil ver como é que os Estados podem cumprir a Convenção, tal como interpretada e aplicada pelo juiz europeu, sem corresponder ou incorporar os mecanismos, técnicas e métodos que ele usa[509]. Essa tensão foi particularmente crítica no caso do Reino Unido antes do *Human Rights Act* de 1998 (em boa verdade, continua a ser), mas também no caso francês[510]. Nota-se, porém, que também nessa frente a atitude do juiz europeu estará em evolução[511]. Não é implausível que se venha a formar crescente consenso a favor do dever de incorporação e do efeito direto nas ordens jurídicas internas[512].

Sem embargo, no momento presente, sobre o modelo convencional de proporcionalidade não é possível tirar conclusão muito diferente daquela a que se chegou a propósito do modelo da União Europeia. Também no contexto da CEDH o panorama por enquanto é de infixidez e instabilidade da estrutura, conteúdo, metódica e intensidade de controlo judicial. Por isso, mesmo que seja possível sustentar que as autoridades nacionais estão obrigadas a incorporar no seu processo de decisão, como parâmetro, o princípio da proporcionalidade[513], isso tem de ser entendido com cautela e maleabilidade. Enquanto o juiz europeu não explicitar um modelo de proporcionalidade suficientemente claro, aquele que vale para o legislador nacional não pode deixar de ser, no essencial, o que vigora internamente ou, caso não esteja desenvolvido, um modelo concebido tendo em consideração os eixos fundamentais detetáveis na jurisprudência europeia dos direitos. No caso português, essa orientação não terá repercussões de maior uma vez que, como se verá, os contornos essenciais do figurino da proibição do excesso cobrem (e, de modo geral, vão além) os padrões mais exigentes do princípio convencional da proporcionalidade.

---

[508] Van Drooghenbroeck, *La Proportionnalité...*, p. 327, com referências jurisprudenciais.

[509] Qualificando de ilusória essa possibilidade, Van Drooghenbroeck, *La Proportionnalité...*, p. 331.

[510] V. Muzny, *La Technique de Proportionnalité...*, p. 638.

[511] Cfr. Van Drooghenbroeck, *La Proportionnalité...*, p. 329, invocando *Smith & Grady v. UK* (1999).

[512] Bleckmann, «Verfassungsrang der Europäischen Menschenrechtskonvention?», in *Europäische Grundrechte Zeitschrift* (1994), pp. 149 ss.; Van Drooghenbroeck, *La Proportionnalité...*, p. 332.

[513] Van Drooghenbroeck, *La Proportionnalité...*, pp. 332, 335.

Capítulo 3
Os testes gerados pelo "case law" norte-americano[514]

1. *American exceptionalism*

Desde os anos 70 do século passado, o princípio clássico da proporcionalidade ou da proibição do excesso expandiu-se para quase todas as democracias do Mundo. Quase todas, porque há exceções notórias. Os Estados Unidos permanecem "um caso à parte". No contexto da *judicial review* não foi adotada a linguagem da proporcionalidade das restrições de direitos fundamentais[515]. Trata-se de uma manifestação do conhecido *exceptionalism* americano[516].

---

[514] A exposição seguinte representa apenas uma tentativa de sintetização e de simplificação de uma parte das imensas e ricas fontes americanas sobre o tema do escrutínio judicial da limitação de direitos, em dimensão adequada ao presente trabalho, sem a pretensão de atingir o aprofundamento que o tema mereceria noutro contexto. Pela sua especificidade e interesse localizado neste capítulo, a bibliografia aqui exclusivamente citada não consta da bibliografia final. São citadas numerosas decisões ou sentenças (*opinions*) do Supremo Tribunal americano, referenciadas apenas pelo título e data, uma vez que desse modo são facilmente encontradas através de motores de busca na *internet*.

[515] A doutrina e a jurisprudência norte-americanas utilizam os conceitos "restrição", "limitação", "interferência", "infração" ou "intervenção" de modo essencialmente intercambiável. Embora no ambiente português esses conceitos tenham significados e tratamentos jurídicos diferentes, neste número do texto iremos utilizá-los indiferenciadamente, embora com preferência para o conceito de restrição.

[516] O debate sobre o *American exceptionalism* em vários domínios, incluindo no jurídico-constitucional e no político, é antigo, remontando a uma frase de Alexis de Tocqueville na *Democracy in America* (1835-1840): "the position of the Americans is therefore quite excepcional". V., em geral, SEYMOUR MARTIN LIPSET, *American Exceptionalism: A Double-Edged Sword*, W. W. Norton & Company, London/New York, 1997, acessível em http://www.planethan.com/drupal/americanexceptiona-

O PRINCÍPIO DA PROIBIÇÃO DO EXCESSO

Na Constituição americana até agora não foi encontrada base donde extrair a vigência do princípio ou de qualquer outro *standard* análogo. O modelo americano é um modelo alternativo ao modelo do princípio da proporcionalidade[517], pelo que importa estudá-lo com profundidade.

A questão fundamental que se suscita é a seguinte: é possível resolver as colisões normativas de bens, interesses ou valores que os sistemas constitucionais modernos geram, sem recurso a instrumentos de harmonização semelhantes aos que se abrigam sob a designação de *proporcionalidade em sentido moderno*, designadamente a proporcionalidade clássica ou proibição do excesso? Há verdadeiras e eficientes alternativas, ou aquilo que se julga serem alternativas a esses instrumentos são apenas sucedâneos com outro nome e estrutura?

A jurisprudência constitucional concebeu um número significativo de técnicas, *standards* ou testes que, isolada ou combinadamente, parecem cumprir funções idênticas, ou responder a necessidades semelhantes no âmbito do controlo da constitucionalidade de atos legislativos[518]: *balancing*[519], *rational basis standard of review, rationality requirement, "mere ratio-*

---

lism. Entre trabalhos recentes no domínio do direito constitucional, v. Harold Hongju Koh, «On American Exceptionalism», in *Stanford Law Review*, vol. 55 (2003), pp. 1479 ss.; Michael Ignatieff (ed), *American Exceptionalism and Human Rights*, Princeton University Press, Princeton, 2005; Steven G. Calabresi, «A Shining City on a Hill": American Exceptionalism and the Supreme Court's Practice of Relying on Foreign Law», in *BULR*, vol. 86 (2006), pp. 1335 ss.; Vicki C. Jackson, «Constitutional Law and Transnational Comparisons: the *Youngstown* Decision and American Exceptionalism», in *Harvard Journal of Law & Public Policy*, Vol. 30, nº 1 (2006), pp. 191 ss.; Lorraine E. Weinrib, «The Post-War Paradigm and American Exceptionalism», in Sujit Choudhry (ed.) *The Migration of constitutional ideas*, Cambridge University Press, 2007, pp. 84 ss.; Stephen Gardbaum, «The myth and the reality of American constitutional exceptionalism», in *MichLR*, vol. 107 (2008), pp. 391 ss. V. o sumário dos traços característicos no direito constitucional apresentado por Randy E. Barnett, «The Separation of People and State», in *Harvard Jounal of Law & Public Policy*, vol. 32, n. 2 (2009), pp. 451 ss. Sobre o impacto específico na resistência à receção de parâmetros como os da proporcionalidade em sentido amplo, Cohen-Elya/Porat, «The Hidden Foreign Law...» (acessível em http://ssm.com/abstract=1317833), pp. 6 ss.

[517] Neste capítulo usamos preferencialmente a expressão "princípio da proporcionalidade" sempre que quisermos aludir à proporcionalidade clássica ou proibição do excesso, porque é a expressão conhecida no (limitado) debate que sobre ela se trava nos EUA e também no Canadá.

[518] Mantemos na maior parte dos casos as formulações originais do inglês dada a dificuldade de fazer traduções adequadas dos conceitos, por norma sem correspondência no léxico jurídico continental europeu.

[519] Os trabalhos sobre *balancing* no contexto constitucional americano são inabarcáveis. V., por exemplo, Frantz, «The First Amendment in the Balance», *cit.*; Nimmer, «The Right to Speak from Times to Time...», *cit.*; Bice, «Rationality Analysis in Constitutional Law...», *cit.*; Tribe, *Constitutional Law*, pp. 581, 684, 723, 748, 846 e vários outros locais; Ely, «Flag Desecration: A case study in the roles of categorization and balancing...», *cit.*; Henkin, «Infallibility under Law...», *cit.*; Aleinikoff, «Constitutional Law in the Age of Balancing», *cit.*; Coffin, «Judicial Balancing: The

OS TESTES GERADOS PELO "CASE LAW" NORTE-AMERICANO

nality" test, minimum rationality, rationality test[520], *minimal scrutiny with bite*[521] *"comprehensive rationality"*[522], *strict scrutiny*[523], *intermediate scrutiny standard*[525],

Protean Scales of Justice», *cit.*; McFADDEN, «The Balancing Test...», *cit.*; SULLIVAN, «Post Liberal Judging. The Roles of Categorization and Balancing», cit; FAIGMAN, «Madisonian Balancing...», *cit.*; GERHARDT/ROWE, JR., *Constitutional Theory. Arguments and Perspectives*, pp. 354 ss.; ESIN ÖRÜCÜ, «The Core of Rights...», p. 44; COHEN-ELYA/PORAT, «The Hidden Foreign Law Debate in *Heller*. The Proportionality Approach...», *cit.*; SWEET, «All Things in Proportion?...», pp. 4 ss.; PAULO BRANCO, *Juízo de ponderação...*, *cit.*; BOMHOFF, *Balancing...*, *cit.* Entre nós, NOVAIS, *As restrições...*, pp. 644 ss.

[520] Sobre os testes de racionalidade, v. Note, «Legislative purpose, rationality, and equal protection», in *YLJ*, vol. 82 (1972), pp. 123 ss.; GERALD GUNTHER, «Foreword: In Search of Evolving Doctrine on a Changing Court: A Model for a Newer Equal Protection», in *HLR*, vol. 86 (1972--1973), pp. 1 ss.; HANS LINDE, *Due Process of Lawmaking*, in *NLR*, vol. 55 (1975), pp. 197 ss.; ROBERT W. BENNETT, «"Mere" Rationality in Constitutional Law: Judicial Review and Democratic Theory», in *CLR*, vol. 67 (1979), pp. 1049 ss., acessível em http://scholarship.law.berkeley.edu/californialawreview/vol67/iss5/1; BICE, «Rationality Analysis...», pp. 2 ss.; TRIBE, *Constitutional Law*, pp. 994 ss.; *idem, Constitutional Choices*, Cambridge (Mass), 1985, p. 180; CASS R. SUNSTEIN, «The Enduring Legacy of Republicanism», in S. Elkin/K. Soltan (eds.), *A New Constitutionalism*, University of Chicago Press, Chicago, 1993, pp. 174 ss., 190; ROBERT C. FARRELL, «Legislative purpose and equal protection's rationality», in *Villanova Law Review*, vol. 37 (1992), pp. 1 ss.; *idem*, «Successful Rational Basis Claims in the Supreme Court from the 1971 Term. Through *Romer v. Evans*», in *Indiana Law Review*, vol. 32 (1999), pp. 356 ss.; *idem*, «The Two Versions of Rational-basis Review and Same-sex Relationships», in *WLR*, vol. 86 (2011), pp. 281-329; KENNETH KARST, «Rational Basis», in *Encyclopedia of the American Constitution*, Macmillan, New York, 2000, pp. 2121-2122; SWEET, «All Things in Proportion?...», pp. 4 ss.; MICHAEL BISHOP, «Rationality is dead! Long live rationality! Saving rational basis review», acessível em www.isthisseattaken.co.za/pdf/Papers_Bishop.pdf; também em Stu Woolman/David Bilchitz (eds), *Is this Seat Taken? Conversations at the Bar, the Bench and the Academy about the South African Constitution*, Pretoria University Law Press, Pretoria, 2012, pp. 2-36, acessível em http://www.pulp.up.ac.za/pdf/2012_08/2012_08.pdf.

[521] SIEGEL, «Origin of the Compelling State Interest and Strict Scrutiny», cit; usaremos a versão disponível em http://law.bepress.com/expresso/eps/1514.

[522] SUNSTEIN, «The Enduring Legacy...», p. 195.

[523] Sobre isto, há literatura extensa, de que se destaca: TRIBE, *Constitutional Law*, pp. 1000 ss.; BICE, «Rationality Analysis...», p. 3; ÖRÜCÜ, «The Core of Rights ...», *cit.*; AYRES, «Narrow Tailoring», *Faculty Scholarship Series*, Paper 1496 (1996), consultado em http://digitalcommons.law.yale.edu/fss_papers/1496; EUGENE VOLOKH, «Freedom of Speech, Permissive Tailoring and Transcending Strict Scrutiny», in *U. Pennsylvania L. Rev.*, vol. 144, (1997), pp. 2417 ss., consultado em http://www2.law.ucla.edu/volokh/scrutiny.htm; RUBIN, «Reconnecting doctrine and purpose: a comprehensive approach to strict scrutiny...», *cit.*; GREG ROBINSON/TONI ROBINSON, «Korematsu and Beyond: Japanese Americans and the Origin of Strict Scrutiny», in *Law and Contemporary Problems*, vol. 29 (1985), pp. 29 ss.; WHITE, «Historicizing Judicial Scrutiny», in *South Carolina Law Review*, vol. 57 (2006); utilizamos a versão eletrónica, acessível em http://law.bepress.com/uvalwps/uva publiclaw/art31; WINKLER, «Fatal in Theory and Strict in Fact...?, *cit.*; SIEGEL, «The Origin of the Compelling State Interest Test and Strict Scrutiny...», *cit.* FALLON, «Strict Judicial Scrutiny», pp. 1268-1269; R. RANDALL KELSO, «Standards of Review under the Equal Protec-

O PRINCÍPIO DA PROIBIÇÃO DO EXCESSO

undue burden standard[525], *reasonableness*[526], *reasonableness in classifications*[527], *"reasoned analysis" requirement*[528], *less restrictive or discriminatory alternatives*[529], *(the) least restrictive means*[530], *less drastic means*[531], *alternative means test*[532], *"necessary means" test*[533], *narrow tailoring*[534]. A elencagem poderia continuar, até porque algumas expressões correspondem apenas a variações de um mesmo teste[535]/[536].

Alguns destes e de outros *standards*, afins ou com sentido análogo, surgem casuisticamente como instrumentos de reação *ad hoc* em casos parti-

tion Clause and Related Constitutional Doctrines Protecting Individual Rights: the «Base Plus Six»Model and Modern Supreme Court Practice», in *Journal of Constitutional Law*, vol. 4 (2002), pp. 225 ss.; IAN AYRES/SYDNEY FOSTER, «Don't Tell, Don't Ask: Narrow Tailoring After Grutter and Gratz», *John M. Olin Center for Studies in Law, Economics, and Public Policy Working Papers*, Paper 287 (2005), consultado em http://digitalcommons.law.yale.edu/lepp_papers/287; RANDY BARNETT, «Scrutiny Land», in *MichLR*, vol. 106 (2008), pp. 1479 ss.; SWEET, «All Things in Proportion?...», pp. 4 ss.; BARAK, *Proportionality*...», pp. 510 ss.

[524] BHAGWAT, «The Test that Ate Everything: Intermediate Scrutiny...», *cit.*; SWEET, «All Things in Proportion?...», pp. 4 ss.

[525] SWEET, «All Things in Proportion?...», pp. 21 ss.

[526] FALLON, «Strict Judicial Scrutiny», p. 1287.

[527] TRIBE, *Constitutional Law*, p. 994 e outros locais.

[528] SUNSTEIN, «The Enduring Legacy...», pp. 192-193.

[529] TRIBE, *Constitutional Law*, pp. 687, 722, 847 e vários outros locais

[530] TRIBE, *Constitutional Choices*, p. 217; STRUVE, «The Less-Restrictive-Alternative...», *cit.*; SWEET, «All Things in Proportion?...», pp. 21 ss.; BASTRESS, «El principio de "la alternativa menos restrictiva" ...», *cit.*

[531] Cfr. FRANCIS WORMUTH/HARRIS MIRKIN, «The Doctrine of the Reasonable Alternative», in *Utah Law Review*, vol. 9 (1964), pp. 254 ss.; STRUVE, «The Less-Restrictive-Alternative ...», *cit.*; NOTA, «Less Drastic Means and the First Amendment», in *Yale Law Review*, vol. 78 (1969), pp. 462 ss.

[532] ÖRÜCÜ, «The Core of Rights...», p. 44.

[533] TRIBE, *Constitutional Choices*, p. 181; SWEET, «All Things in Proportion?...», pp. 24 ss.

[534] AYRES, «Narrow Tailoring...», *cit.*; AYRES/FOSTER, «Don't Tell, Don't Ask: Narrow Tailoring ...», *cit.*; VOLOKH, «Freedom of Speech, Permissive Tailoring...», *cit.*; FALLON, «Strict Judicial Scrutiny», pp. 1326 ss.; ARROYO, «Tailoring the Narrow Tailoring Requirement in the Supreme Court's Affirmative Action Cases», in *CSLR*, vol. 58 (2010), pp. 648 ss.; SWEET, «All Things in Proportion?...», pp. 34 ss.; SIEGEL, «The Origin of the Compelling State Interest...», p. 10.

[535] Em certas decisões do Supremo Tribunal americano pode mesmo encontrar-se referência a um *"proportionality principle"*, reportado à relação entre o crime cometido e a severidade da pena. Cfr. *Solem v. Helm* (1983) e (contrariando o precedente) *Harmelin v. Michigan* (1991). V. GERHARDT/ROWE, JR., *Constitutional Theory. Arguments and Perspectives*..., p. 183; SULLIVAN/FRASE, *Proportionality Principles*..., pp. 5 e 178. Cfr. propostas "europeizadas" (e por isso nem sempre claras) de sistematização de alguns daqueles *standards* em ALONSO GARCIA, *La interpretación de la Constitución*, pp. 183 ss.; PHILIPPE, *Le contrôle*..., pp. 38 ss.

[536] Um dos aspetos que dificulta a compreensão dos *standards* americanos é a circunstância de a sua própria designação oscilar de autor para autor, de decisão jurisprudencial para decisão jurisprudencial.

130

OS TESTES GERADOS PELO "CASE LAW" NORTE-AMERICANO

culares, longe de uma aplicação coerente[537]. Desse sistema casuístico, sustentado em *standards* de contornos imprecisos e "num perpétuo estado de conflito argumentativo"[538], decorrem ineficiências. Alguns deles exprimem uma verdadeira abdicação do exercício da *judicial review*; formam um quadro incompleto e lacunar; são instáveis e oscilantes[539].

Nem todos estes testes servem o objetivo de avaliar meios tendo em conta os respetivos fins, pelo que a comparabilidade de alguns com o princípio clássico da proporcionalidade está comprometida à partida. Outros, porém, permitem algumas analogias com a proporcionalidade.

Há manifestações da linguagem da proporcionalidade em áreas limitadas[540]. Por exemplo, no âmbito do controlo do uso de certos poderes federais[541], da

---

[537] Assim, TRIBE, *American Constitutional Law*, p. 342.

[538] MITCHEL LASSER, *Judicial Deliberations. A Comparative Analysis of Judicial Transparency and Legitimacy*, Oxford University Press, Oxford, 2004, p. 15.

[539] Sobre estas linhas de crítica, veja-se SWEET, «All Things in Proportion?...», pp. 44 ss.; diferentemente, em tom essencialmente laudatório da abordagem implícita nos testes americanos, NOVAIS, *As restrições...*, pp. 908 ss., centrando, todavia, a análise nos testes construídos e aplicados no âmbito das chamadas liberdades comunicacionais protegidas pela Primeira Emenda.

[540] Podendo dizer-se que a linguagem da proporcionalidade é aplicada nos EUA em domínios que, em ordenamentos onde vigora plenamente o princípio clássico da proporcionalidade, estão fora do núcleo central de aplicação ou conhecem aplicações atípicas.

[541] Assim, desde *Boerne v. Flores* (1997), o Supremo Tribunal aplica o chamado teste da "congruência e da proporcionalidade" em casos em que está jogo o uso dos poderes federais da secção 5 da 14ª Emenda à Constituição, de 1868 (*"The Congress shall have power to enforce, by apropriate legislation, the provisions of this article"*; entre essas normas está a proibição de os Estados *"deprive any person of life, liberty, or property without due process of law, nor deny to any person within its jurisdiction the equal protection of the laws"*). Em termos simplificados, quando o Congresso emite leis com vista a prevenir ou remediar algum ato de um Estado que contrarie aquela proibição, o Supremo Tribunal pode ser chamado a apreciar a sua constitucionalidade. Não haverá inconstitucionalidade se o meio (a lei do Congresso e as providências nela consagradas) for congruente e proporcionado em relação ao fim (a prevenção ou remédio de uma ação do Estado, com infração dos seus poderes ou "direitos", designadamente a não ser processado e sancionado). Como se pode ver, não se trata de um teste que vise em primeira linha a garantia de direitos fundamentais de indivíduos em confronto com outros bens, interesses ou valores, mas sim de um teste que visa garantir o equilíbrio entre o poder federal e o poder dos Estados, conforme o espírito do federalismo. Sobre isto: K. G. JAN PILLAI, «Incongruent Disproportionality», in *Hastings Constitutional Law Quarterly*, vol. 29 (2002), pp. 645-720.; ZOLLER, «Congruence and Proportionality...», *cit.* (defendendo – p. 581 – que este teste foi importado do direito europeu, particularmente do *case law* do Tribunal de Justiça da UE, não podendo ser encarado, portanto, como uma mera atualização de *McCulloch v. Maryland*, de 1819, ao contrário do que defendem MARCI A. HAMILTON/DAVID SCHOENBROD, «The Reafirmation of Proportionality Analysis Under Section 5 of the Fourteenth Amendment», in *Cardozo Law Review*, vol. 21 [1999], pp. 469 ss.); SULLIVAN/FRASE, *Proportionality Principles...*, pp. 83-85. Este novo teste suscitou reações críticas, designadamente por ter sido um veículo para invalidar "uma após outra" leis anti discriminatórias do Congresso: RISTROPH, «Proportionality...»,

O PRINCÍPIO DA PROIBIÇÃO DO EXCESSO

fixação de reparações punitivas em litígios cíveis[542] e, mais controvertidamente, no domínio penal[543]/[545] e noutros domínios[546].

p. 296; EVAN CAMINKER, «"Appropriate" Means-Ends Constraints on Section 5 Powers», in *Stanford Law Review*, vol. 53 (2001), pp. 1127 ss. Há alguma proximidade entre esta versão da ideia de proporcionalidade e a que está prevista no Tratado de Lisboa no que toca ao exercício do poder legislativo da União.

[542] De acordo com RISTROPH, «Proportionality...», p. 297, neste âmbito o Supremo Tribunal abraçou de forma entusiástica a proporcionalidade como limite ao exercício do poder estatal (a autora ilustra a asserção com *BMW of North America, Inc. v. Gore*, 1996 e *State Farm Mutual Insurance Co. v. Campbell*, 2003). Aliás, esta adesão estende-se ao contexto criminal, em casos de aplicação de multas (v. *United States v. Bajakajian*, 1998), o que leva autora a concluir que para o Tribunal "quando está em causa dinheiro, a proporcionalidade conta": tratar-se-ia de uma *property-interest proportionality* (p. 300). Vários autores assinalam a menor exigência de proporcionalidade em casos em que está em jogo a liberdade do que em casos em que está em jogo a propriedade: v., por todos, VAN CLEAVE, «"Death is Different" – Is Money Different? Criminal Punishments, Forfeitures, and Punitive Damages – Shifting Constitutional Paradigms for Assessing Proportionality», *cit.*

[543] Alguns autores dos EUA usam, nesse contexto, o conceito de proporcionalidade retributiva, que é de afastar, pelas razões que apresentamos *infra*, capítulo 22. No contexto do direito americano, distinguindo vários tipos de proporcionalidade: SULLIVAN/FRASE, *Proportionality Principles...*, *cit.*; RISTROPH, «Proportionality...», *cit.*; SINGER, «Proportionate Thoughts...», *cit.* pp. 217 ss.; JACKSON, «Constitutional Law...», pp. 3184 ss. A aplicação da proporcionalidade no domínio penal é objeto de debate doutrinal e jurisprudencial. Durante muito tempo (RISTROPH, *ob. cit.*, p. 301, fala de um espaço temporal de 1910 a 1980), o Tribunal viu na proibição de punições cruéis e não usuais da Oitava Emenda um requisito de proporcionalidade, aplicável quer na definição pelo legislador das condutas típicas e das penas, quer na aplicação dessas penas pelos tribunais. Contudo, alguns sustentam que jurisprudência constitucional mais recente terá optado por uma orientação matizada, mais reverencial para com uma alegada liberdade de conformação do legislador no domínio jurídico-penal. Esta orientação preocupar-se-á com a proporcionalidade e a proibição de reações penais excessivas quando está em causa a aplicação da pena capital (por exemplo, manifestada na anulação da possibilidade da aplicação da pena de morte a menores de 18 anos, como em *Roper v. Simmons*, 2005), mas propugnará uma aplicação menos intensa – ou até à negação da aplicação – quando se trata de penas de prisão, incluindo perpétua. Nestes últimos casos, RISTROPH, *ob. cit.*, pp. 310 ss., alude, em alternativa a um princípio de proporcionalidade forte, a um simples *standard* de grosseira desproporção (aflorado no voto de um juiz em *Harmelin v. Michigan*, de 1991) ou de *narrow proportionality*. Mas há quem negue inclusive que a Oitava Emenda contenha uma garantia de proporcionalidade (juiz SCALIA, no mesmo aresto do Supremo Tribunal, ou em *Ewing v. California*, 2003). Por isso se aponta que a ideia de que as punições devem ser proporcionais ao mal provocado continua a ser muito remota na cultura jurídica americana. Há mesmo uma certa propensão para a imposição de sanções desproporcionadas por motivos de dissuasão: assim, ZOLLER, «Congruence and Proportionality...», *cit.*, p. 579; v., também, JACKSON, «Being Proportional...», *cit.* pp. 807 e 850. Contudo, o mínimo que se pode dizer é que nem a jurisprudência do Supremo Tribunal é linear, nem as interpretações que dela se fazem são inequívocas. Ilustrativo é o modo como o Tribunal resume a sua própria orientação em *Graham v. Florida* (2010), relatado pelo juiz Kennedy: "*Embodied in the cruel and unusual punishments ban is the "precept ... that punishment for crime should be graduated and proportioned to [the] offense." Weems v. United States [...]. The Court's cases implementing the proportionality standard fall within two general classifications. In cases of the first*

OS TESTES GERADOS PELO "CASE LAW" NORTE-AMERICANO

Alguma literatura regista a emergência de fórmulas de proto-proporciona-lidade na chamada *Dorment Commerce Clause*[546]. E, como veremos desenvolvida-mente, a jurisprudência constitucional gerou *standards* vocacionados para con-trolar o respeito dos limites a que a Constituição sujeita a ação do legislador e do executivo – *judicial scrutiny tests* – que revelam traços que os juristas euro-peus reconduziriam à ideia de proporção ou de repulsa pelo excesso que move o princípio clássico da proporcionalidade[547]. Por vezes são até citados alguns arestos do *Supreme Court*[548] (ou, mais propriamente, votos isolados de juízes[549]) donde consta a linguagem da proporcionalidade no sentido mais próprio.

Todavia, em certos casos a proximidade entre antepassados ou expressões atuais da proporcionalidade clássica e dos *standards* norte-americanos é apenas aparente.

Por exemplo, exatamente no momento em que SVAREZ se evidenciava na corte prussiana, um conceito de *necessidade* estava no centro das primeiras di-vergências em torno da interpretação da nova Constituição americana, adotada

---

type, the Court has considered all the circumstances to determine whether the length of a term-of-years senten-ce is unconstitutionally excessive for a particular defendant's crime. The second classification comprises cases in which the Court has applied certain categorical rules against the death penalty. In a subset of such cases considering the nature of the offense, the Court has concluded that capital punishment is impermissible for no-nhomicide crimes against individuals. E.g., Kennedy v. Louisiana, [...] In a second subset, cases turning on the offender's characteristics, the Court has prohibited death for defendants who committed their crimes before age 18, Roper v. Simmons, [...], or whose intellectual functioning is in a low range, Atkins v. Virginia [...]" (su-primimos as notas, aditámos ênfases).

[544] A aplicação do princípio da proporcionalidade às leis penais nos EUA – aceite pelos autores – traduz-se em que, pelo menos nesse domínio, a situação nos EUA pode ser considerada similar à que se vive nos ordenamentos onde há uma adesão à vigência desse princípio quanto à atividade conformadora do legislador.

[545] Quando a autorização para a realização de operações urbanísticas em propriedade privada é condicionada pela imposição de ónus e obrigações de interesse público, ao abrigo da chamada *takings clause* da Quinta Emenda, o Supremo Tribunal aplica uma *"rough proportionality analysis"* na apreciação da validade daqueles ónus e obrigações: por exemplo, *City of Monterey v. Del Monte Du-nes at Monterey, Ltd.* (1999). Neste sentido, RISTROPH, «Proportionality...», pp. 293 ss.

[546] SWEET, «All Things in Proportion?...», p. 6.

[547] NOVAIS, *As restrições...*, p. 920.

[548] GRIMM, «Proportionality...», *cit.*, p. 384, aponta *Central Hudson Gas & Electric Corp. v. Public Ser-vice Commission of New York* (1980).

[549] O mais relevante exemplo, é o voto de vencido do juíz Breyer em *District of Columbia v. Heller* (2008), um caso sobre o direito à posse de armas previsto na Segunda Emenda (*"A well regulated Militia, being necessary to the security of a free State, the right of the people to keep and bear Arms, shall not be infringed."*) que dividiu o Tribunal e a doutrina. O juíz Breyer alude a uma *"sort of proportionali-ty"*, alegando que o Tribunal a aplicou em vários contextos, designadamente casos de lei eleitoral, liberdade de expressão e *due process*. Do mesmo STEPHEN BREYER, v. *Making our democracy work: a judge's view*, Vintage Books, New York, 2011.

O PRINCÍPIO DA PROIBIÇÃO DO EXCESSO

em 1787, em vigor desde 1789. Em 1790/91, ocorreu um debate marcante dos primórdios do direito constitucional norte-americano, protagonizado por dois *founding fathers*, ALEXANDER HAMILTON e THOMAS JEFFERSON, sobre o que hoje se designa *doutrina dos poderes implícitos (doctrine of implied powers)* e a chamada cláusula "do necessário e do próprio" *(necessary and proper clause)*[550]. A base da disputa era o artigo I, § 8, da Constituição americana, que outorga ao Congresso o poder de *"fazer leis que sejam necessárias e próprias"* para atingir certos objetivos. O motivo da divergência situava-se no próprio âmago do controlo do exercício do poder legislativo federal e seus limites. Mas o plano em que a questão era colocada é diferente do plano em que se coloca o tema da proporcionalidade clássica ou da proibição do excesso. Ali estava em causa uma condição para o exercício de competências de órgãos: a necessidade e propriedade da produção da lei. A *necessary and proper clause* respeita a um momento logicamente anterior ao momento da eventual aplicação do princípio clássico da proporcionalidade.

Outro domínio onde alguns autores encontram analogias com o espírito da proporcionalidade é o desenvolvimento jurisprudencial em torno da *Dormant Commerce Clause*[551]. Quando o *Supreme Court* teve de conceber, no final do século XIX, um teste para escrutinar restrições criadas pelos Estados da federação ao comércio interestadual, no quadro da cláusula do comércio, alega-se que terá concebido algo funcionalmente equivalente à proporcionalidade[552]. No período de 1875-1902, o Tribunal define um modo de julgar as restrições ao comércio introduzidas pelos Estados: avalia a legitimidade e importância dos objetivos do Estado que introduz a medida restritiva, averigua da respetiva necessidade, através do aplicação do teste do *less restrictive means* – que a partir daqui passa a incorporar estavelmente o direito constitucional americano, vindo

---

[550] Cfr. GERALD GUNTHER, *Constitutional Law*, pp. 82 ss.; TRIBE, *American Constitutional Law*, pp. 227 ss.

[551] A *Commerce Clause* estatui, na parte relevante, que *o Congresso terá o poder... de regular o comércio com nações estrangeiras e entre os vários Estados [da União] e com as tribos índias...* (tradução nossa do artº I, par. 8, cl. 3). A parte "adormecida" ou silenciosa desta cláusula (*dormant*, nas palavras do Juiz Presidente Marshall, em *Gibbons v. Ogden*, 1824) reporta-se à extensão do poder dos Estados de tomar medidas de polícia que, embora não diretamente incidentes sobre o comércio inter-estadual, tenham uma repercussão indiretamente restritiva sobre ele.

[552] Assim SWEET, «All Things in Proportion?...», pp. 4 e 30: *"The Supreme Court's approach to the Dormant Commerce Clause, whether viewed from the vantage point of the year 1900 or the year 2000, would be immediately recognizable to any European as a familiar, remarkably straightforward, version of proportionality"*; SCHLINK, «Proportionality...», p. 297; MATHIS, «Balancing and Proportionality in US Commerce Clause Cases», *cit.*

a integrar, a partir da década de 1960 a estrutura do *strict scrutiny*[553] – e desenvolve uma operação de proto-*balancing* através da aplicação do standard do *unreasonable burden standard* (ou de sacrifício não razoável do comércio interestadual). A inclinação para ver nesta operação algo de equivalente ao controlo da proporcionalidade clássica encontra até respaldo na circunstância de, a partir de certa altura, o Tribunal ter extraído da Cláusula do Comércio um direito individual a comprar e a vender bens além da fronteira do respetivo Estado.

No entanto, a *Dormant Commerce Clause* e a *judicial review* que ela desencadeia só secundariamente têm uma intenção garantística de direitos individuais. A cláusula visa primordialmente preservar a lógica federal nas relações comerciais entre Estados, obstando à tendência para o protecionismo económico e para a desagregação da União. Trata-se de tutelar valores de organização política (federal) e de liberdade económica objetiva e não de acautelar, em primeira linha, bens, interesses ou valores subjetivos[554]. A tentativa de assimilação ao princípio clássico da proporcionalidade pode, portanto, ser discutível para quem não aceite a sua aplicabilidade nesses domínios.

2. O fim do *excepcionalism*?

Poderá o *american excepcionalism* manter-se neste domínio?

Surgiram recentemente propostas doutrinais de incorporação do teste da proporcionalidade no constitucionalismo norte-americano[555]. Mas há quem vá mais longe e questione se ainda subsiste em termos reais essa situação de *excepcionalism*. Em alguma literatura, procura-se demonstrar que não e que aquela incorporação já existe, embora de forma diluída e adaptada[556].

A resposta a essa questão passa por analisar a forma como a jurisprudência e a doutrina dos Estados Unidos da América têm superado o formalismo

---

[553] Por isso, pode porventura dizer-se que se aproxima do segmento da necessidade: PIRKER, *Proportionality...*, p. 176. O teste do *less restrictive means* terá sido aplicado pela primeira vez em 1875, em *Chy Lung v. Freeman*: SWEET, «All Things in Proportion?...», p. 21.

[554] Parte das críticas à cláusula e ao excessivo intervencionismo da *Supreme Court* num domínio que, por ser de organização objetiva, alguns entendem que devia ser deixado à União e aos Estados, ligam-se a essa visão geral do sentido da cláusula. V. DONALD REGAN, «The Supreme Court and State Protectionism: Making Sense of the Dormant Commerce Clause», in *MichLR*, vol. 84, nº 6 (1986), pp. 1091 ss.

[555] SWEET, «All Things in Proportion?...», pp. 4, 12; GREENE, «The Rule of Law as a Law of Standards», *cit.*

[556] Nesse sentido, FALLON, «Strict Judicial Scrutiny», p. 1330; ZOLLER, «Congruence and Proportionality...», *cit.*; numa leitura europeia, SCHLINK, «Proportionality...», p. 297, afirma que quando os tribunais americanos utilizam testes como o *strict scrutiny* ou os outros que estudaremos de seguida, estão a realizar uma análise meio-fim similar à análise da proporcionalidade. V., porém, a exaustiva demonstração do contrário em BOMHOFF, *Balancing...*, *cit.*

O PRINCÍPIO DA PROIBIÇÃO DO EXCESSO

clássico – categórico, absolutista e classificatório. As vias mais salientes – e mais discutidas – dessa superação têm sido, por um lado, o *balancing* e, por outro, aquilo que se pode considerar uma tentativa de compromisso entre a perspetiva clássica formalista e as perspetivas realistas, pragmáticas e relativizadoras, os chamados *tiers of scrutiny*.

A jurisprudência americana, na linha da tradição analítica, classificatória ou categorialista, tem sido pródiga na gestação de outros métodos e *standards*, para além daqueles, que visam densificar os limites a que a ação do legislador e do executivo está sujeita e garantir o seu respeito. Um estudo que pretenda uma investigação sem lacunas dessa temática não pode deixar de versar o *clear and present danger test*[557], o *undue burden*[558], o *actual malice test* e outros. Todavia, o intuito que nos move aqui é tão somente avaliar até que ponto a dogmática constitucional europeia do princípio da proporcionalidade converge ou diverge com desenvolvimentos americanos paralelos. Para isso, há que concentrar esforços nos dois domínios referidos. Consequentemente, passaremos a estu-

---

[557] O estatuto doutrinário deste *standard* sempre foi largamente controvertido: v. BOMHOFF, *Balancing...*, p. 160. Inicialmente surgiu no contexto da jurisprudência sobre liberdade de expressão, tendo sido estruturado em *Schenck v. United States* (1919), podendo considerar-se uma evolução em relação ao mais antigo *bad tendency test* (v. sobre este teste EDWARD BLOUSTEIN, «The First Amendment 'Bad Tendency' of Speech Doctrine», in *RLR*, vol. 49 (1990-1991), pp. 507 ss.). Em *Schenck* estava em causa a condenação do secretário geral do Partido Socialista Americano por distribuir panfletos críticos em relação ao esforço de guerra e à incorporação militar de jovens. O juiz Oliver Wendell Holmes, em nome do *Supreme Court*, questionou se as palavras do panfleto criavam *"a clear and present danger that they will bring about substantive evils Congress has a right to prevent"*. Pode consultar-se a indicação histórica em http://law2.umkc.edu/faculty/projects/ftrials/conlaw/clear&pdanger.htm Nessa primeira eclosão, o *clear and present danger test* parece inserir-se numa perspetiva *absolutista* ou *categórica* de proteção de direitos consagrados sem reserva de limitação ou restrição, sendo assimilável aos *limites imanentes* aos direitos fundamentais teorizados na Europa, a partir da inspiração germânica. Sobre as raízes históricas, v., por todos, WALLACE MENDELSON, «Clear and Present Danger», in *CoLR*, vol. 52, nº 3, (mar., 1952), pp. 320 ss. Todavia, há quem sustente que o *danger test* não foi adotado pela maioria dos juízes do tribunal naquela época, adquirindo importância mais tarde, particularmente a partir da década de 1940, quando foi usado por juízes *high-protectionists* de direitos da Primeira Emenda, particularmente a liberdade de expressão: v. SIEGEL, «The Death and Rebirth of the Clear and Present Danger Test», *cit*. Este autor nota que, em bom rigor, o *clear and present danger* era um invólucro de operações de ponderação; no mesmo sentido, NOVAIS, *ob. cit.* pp. 645 e 929 ss., 933. Como quer que seja, o teste não escapou à crítica de alguns. Significativa é, por exemplo, a contestação de RAWLS, «The Basic Liberties...», p. 59, rejeitando a possibilidade de a liberdade de expressão política ser restringida com o fundamento do *clear and present danger*. Em contrapartida, outros pugnam pela re-introdução do *clear and present danger*: v. COHEN-ELIYA/STOPLER, «Probability Thresholds as Deontological Constraints in Global Constitutionalism», in *Columbia Journal of Transnational Law*, vol. 49 (2010), pp. 75 ss.

[558] Sobre o *undue burden* e a sua autonomia em relação a outros testes, v., por todos, BROWNSTEIN, «How Rights Are Infringed: The Role of Undue Burden Analysis ...», *cit*. e *infra*.

OS TESTES GERADOS PELO "CASE LAW" NORTE-AMERICANO

dar: (i) o *balancing* e (ii) os testes de controlo judicial das relações entre fins e meios (*judicial scrutiny of means-end relationships*[559]).

Balancing é desde a sua génese um conceito ambíguo e polissémico[560] e, para alguns dos seus críticos, até enigmático. Com essa expressão metafórica identifica-se essencialmente aquilo que é visto como um método de interpretação[561], de raciocínio jurídico e de criação/aplicação do direito em situações de colisão ou conflito de interesses. No domínio constitucional, onde é familiar[562], é entendido como método de interpretação e concretização da constituição em casos de colisão ou conflito de interesses constitucionalmente fundados, subjetivados ou não.

Quanto aos *standards* ou testes que presidem ao escrutínio das relações entre os fins de promoção dos interesses prosseguidos pelo governo[563] e das medidas que visam atingir esses fins (nomeadamente legislação restritiva de direitos), tendo em conta, em alguns casos, as alternativas existentes, enunciam-se três graus de escrutínio (*tiers of scrutiny*): *rational basis* (ou *minimal scrutiny*), *strict scrutiny*, *intermediate scrutiny*. Veremos, porém, que há quem proponha um quadro mais segmentado.

---

[559] A expressão foi cunhada por G. GUNTHER, *Constitutional Law, cit.*, pp. 92-93; também, GALLO-WAY, «Means-End Scrutiny...», *cit.*, p. 449, referindo-se a *means-end scrutiny tests*; GOTTLIEB, «Tears for Tiers of the Rehnquist Court», in *Journal of Constitutional Law*, vol. 4.2 (2002), pp. 350-371, esp. 362, aludindo a uma filosofia ou jurisprudência de fins e meios; VOLOKH, «Freedom of Speech..», p. 2418; menos sistematicamente, FALLON, «Strict Judicial Scrutiny», pp. 1267, 1274, *passim*; JACKSON, «Being Proportional...», *cit.* Embora a expressão não cubra todos os traços estruturais dos testes (por exemplo, não cobre a operação de comparação do *the least restrictive means test*), damos-lhe saliência por ser uma ponte que facilita a comparação com o princípio clássico da proporcionalidade.

[560] É significativo que alguns dos percursores iniciais da ideia de *balancing* de interesses, como POUND, tenham dedicado pouco tempo a delimitar adequadamente o conceito e a respetiva metódica aplicativa: cfr. BOMHOFF, *Balancing...*, p. 68.

[561] A orientação de que o *balancing* é uma técnica de interpretação é partilhada por boa parte da doutrina (v., a título de exemplo, BARAK, *Proportionality..., cit.*, que fala de *interpretive balancing*, ou NOVAK, «Three models...», *cit.*). Coloca-se porém a questão de saber se o *balancing* é sempre o mesmo, ou se varia como técnica de interpretação, argumentação e criação/aplicação do Direito.

[562] O *balancing* não estará ausente de outros setores, mas a constituição é, por natureza, mais aberta, mais vaga (particularmente nas disposições sobre direitos), mais propensa à inserção de normas-princípio do que a generalidade das outras fontes normativas, pelo que o *balancing* tem aí uma aplicação mais extensa. Coincidente, NOVAK, «Three Models of Balancing ...», *cit.*

[563] As expressões mais correntes na doutrina e na jurisprudência são as de interesses do Governo ou interesses do Estado (por exemplo, *compelling state interests* ou *important governmental interests*). Como notou GOTTLIEB, «Compelling Governmental Interests...», p. 919, a referência a interesses do governo (ou do Estado, acrescentamos) é errada, uma vez que esses interesses ou são da coletividade pública ou são inválidos. Aqui falaremos normalmente de interesses públicos, fugindo, neste campo, à terminologia preferida pelos autores americanos.

O PRINCÍPIO DA PROIBIÇÃO DO EXCESSO

Balancing e *tiers of scrutiny* têm raízes dogmáticas e histórias desencontradas. Todavia, o respetivo desenvolvimento resulta de uma apertada dialética entre eles. Para o presente estudo, interessa averiguar até que ponto podem relacionar-se ou até conjugar-se. A proporcionalidade é um instrumento que, por um lado, aprecia a relação entre meios e fins e entre alternativas de meios e, por outro lado, incorpora episódios de ponderação de bens, interesses ou valores que pode ser comparada (embora talvez não assimilada) ao *balancing* tal como interpretado nos EUA. Importa averiguar se há *means-end scrutiny tests* que, além da vertente de exame da relação meio-fim, se conjuguem com, ou incorporem, uma dimensão de *balancing* em termos pelo menos nominalmente assimiláveis. O seu estudo e a identificação das eventuais zonas de sobreposição com os segmentos da proibição do excesso ou da proporcionalidade clássica traz subsídios úteis para a teoria geral da proibição do excesso e até para a compreensão – e eventual apreciação crítica – de alguns desenvolvimentos doutrinais recentes.

Pela sua estrutura, nem o *balancing* nem os *means-end scrutiny tests* têm um âmbito de aplicação forçosamente circunscrito às normas legislativas restritivas de direitos constitucionais. Ambos podem ser aplicados em domínios onde não está em causa uma colisão entre direitos constitucionalmente protegidos e interesses públicos que a medida restritiva pretenda satisfazer. Sem embargo, daremos especial relevo à aplicação do *balancing* e dos *scrutiny tests* nesses ambientes, uma vez que o presente estudo se ocupa primordialmente do papel do principio clássico da proporcionalidade na conformação e no controlo dos atos legislativos restritivos de direitos fundamentais.

No desenvolvimento subsequente enfrentaremos um fator que tem sido notado: os *standards* norte-americanos, apesar de serventuários de uma visão neo--formalista[564], são fragmentários, deficientemente teorizados[565] e precários[566].

---

[564] De novo formalismo fala MASSEY, «The new Formalism: Requiem for Tiered Scrutiny», *cit.*

[565] Alguns dos mais relevantes desenvolvimentos da jurisprudência dos testes, particularmente a partir da década de 1960, foram baseados em remissões de "cf.", isto é, remissões para decisões anteriores que iam num sentido diferente, mas com alguma analogia com a *sub judice*, sem que nunca se chegasse a justificar adequadamente, do ponto de vista teórico, o novo desenvolvimento. Aludindo também a esta jurisprudência do "cf.", v. SIEGEL, «The Origin of the Compelling State Interest Test and Strict Scrutiny», *cit.*, p. 58.

[566] Como assinala FALLON, «Strict Judicial Scrutiny», p. 1285, o *strict scrutiny*, por exemplo, pode ser abandonado pelo Supremo Tribunal em qualquer momento. Dificilmente se poderia fazer semelhante afirmação em relação ao princípio da proporcionalidade, atendendo à sua filiação quase indisputada e direta em diversos pilares da ordem jurídica. Referindo-se também à possibilidade de instrumentalização estratégica dos testes americanos, em contraste com a proporcionalidade, BOMHOFF, *Balancing...*, pp. 214 ss., 220.

OS TESTES GERADOS PELO "CASE LAW" NORTE-AMERICANO

Alguns autores vaticinam a sua desagregação ou degeneração[567]. Por isso, qualquer conclusão sobre eles tem de ser considerada meramente provisória (notar-se-ão as frequentes formas cautelares utilizadas).

3. Balancing

3.1. O rasto histórico

O debate sobre o *balancing* só é compreensível se atendermos ao quadro global da cultura jurídica americana.

O pensamento clássico americano, essencialmente formalista, depositava a resolução das questões constitucionais numa perspetiva *definicional* ou *categorial* e não em avaliações do peso relativo dos valores ou interesses em presença, com prevalência dos mais importantes. Isto levava a que, particularmente quando estivesse em causa o paradigma "madsoniano" (FAIGMAN), baseado na contradição dilemática entre dois valores, o direito da maioria em decidir de acordo com a sua vontade e o direito dos indivíduos receberem proteção contra a interferência da maioria nas esferas particulares, a distribuição de poderes entre o Governo e os indivíduos era entendida como tendo um caráter absoluto. O Governo agia dentro de esferas identificáveis através da interpretação da Constituição, enquanto outras esferas permaneciam fora do seu alcance. Durante o século XIX, o Supremo Tribunal identificou os limites do poder do Estado através de definições e categorias que demarcavam as esferas de atuação legítima do Estado.

Entre o final do século XIX e o início do século XX, esse pensamento ortodoxo clássico, categorialista e formalista, sucedâneo da *Begriffsjurisprudenz* europeia, foi refutado, desfiado e parcialmente superado pelo pragmatismo de figuras como HOLMES, JAMES, DEWEY, POUND, CARDOZO, STONE ou CHAFEE e pelos realistas (apologistas de um programa similar à Escola de Direito Livre)[568]. Essa crítica abriu, entre outras, a via à ponderação de interesses[569]

---

[567] V. SHAMAN, «Cracks in the Structure: The Coming Breakdown of the Levels of Scrutiny», *cit.*; MASSEY, «The new Formalism...», *cit.*

[568] Embora, em certa medida, a ponderação de interesses também tenha sido uma resposta ao niilismo realista: ALEINIKOFF, «Constitutional Law...», p. 963.

[569] Sobre a "pré-história" do *balancing* e o modo como o ambiente intelectual do início do século XX, formatado pelas orientações realistas, instrumentalistas e pragmáticas e até pelo desenvolvimento das ciências sociais, favoreceu a adoção do *balancing*, v., por todos, BOMHOFF, *Balancing...*, pp. 41 ss.; ALEINIKOFF, «Constitutional Law...», pp. 949 e ss.; FAIGMAN, «Madisonian Balancing...», *cit.*, pp. 644 ss.; SIEGEL, «The Death and Rebirth...», pp. 214 ss.; POSCHER, «Aciertos...», pp. 72 ss. Sobre o debate formalismo-realismo, NEIL DUXBURY, *Patterns of American Jurisprudence*, Clarendon, Oxford, 1995.

O PRINCÍPIO DA PROIBIÇÃO DO EXCESSO

(ao mesmo tempo que debate semelhante se verificava na Europa, conduzido, designadamente, pela escola da *Interessenjurisprudenz* de HECK[570]).

A persistente querela que a doutrina e a jurisprudência constitucionais americanas mantêm há décadas[571] no âmbito da Primeira e da Segunda Emendas e de outros domínios (*equal protection,* Quarta Emenda, *due process, dormant commerce clause*), sobre qual de duas abordagens – o *balancing* ou a *categorização* (*categorization, categorialism* ou *categorism,* entre as múltiplas expressões empregues) – é constitucionalmente correta no âmbito da fixação e aplicação de limites aos direitos constitucionalmente consagrados, em caso de colisão com outros interesses, é uma decorrência desse antagonismo básico entre duas correntes do pensamento jurídico americano[572]. Tal como o são outras querelas, como as de saber se as normas de direitos são *standards* ou regras (na Europa falar-se-ia de *model of principles* versus *model of rules*), o absolutismo e o relativismo e até o *interpretivism* e o *noninterpretivism*[573].

Olhando para a jurisprudência constitucional americana, é impossível definir um momento "fundador" do *balancing,* ao invés do que sucede, por

---

[570] *Begriffsbildung und Interessenjurisprudenz,* Mohr Siebeck, Tübingen, 1932.

[571] Pelo menos desde a década de 1950. Entre muitos: ALEXANDER MEIKLEJOHN, «The First Amendment is an Absolute», in *Supreme Court Review,* 1961, pp. 245 ss. (do mesmo autor há outros estudos sobre o tema); FRANTZ, «The First Amendment...», *cit.*; MENDELSON, «On the Meaning of the First Amendment...», *cit.*; PAUL KAUPER, *Civil Liberties and the Constitution,* University of Michigan Press, Michigan, 1962, pp. 111 ss.; BICKEL, *The Least Dangerous Branch..., cit.*; THOMAS EMERSON, «Toward a General Theory of the First Amendment», in *YLJ,* vol. 72 (1963), pp. 877 ss.; CHARLES FRIED, «Two Concepts of Interests: Some Reflections on the Supreme Court Balancing Test», in *HLR,* vol. 76 (1963), pp. 755 ss.; SHAPIRO, *Freedom of Speech...,* pp. 76 ss.; SAMUEL KRISLOV, *The Supreme Court and Political Freedom,* The Free Press, New York, 1968, pp. 95 ss.; ALEINIKOFF, «Constitutional Law...», *cit.*; FREDERICK SCHAUER, «Principles, Institutions and the First Amendment», in *HLR,* vol. 112 (1998), pp. 84 ss.; BRANCO, *Juízo de ponderação...,* pp. 88 ss.; BOMHOFF, *Balancing..., cit.,* pp. 124 ss. Para uma síntese deste debate, na doutrina portuguesa, cfr. NOVAIS, *As restrições...,* p. 648.

[572] A profunda fratura entre absolutistas/categorialistas e *balancers* foi notória no início da Guerra Fria, sobretudo a propósito da liberdade de expressão. Aqueles que pretendiam uma defesa mais forte dessa liberdade alinhavam em regra pelas posições absolutistas, os mais flexíveis pelo *balancing.* É o caso do confronto entre os juízes Frankfurter (*balancer*) e Black (absolutista), por exemplo, em *Dennis v. United States* (1951), *Barenblatt v. United States* (1959) e *Konigsberg v. State Bar* (1961): v. MARK SILVERSTEIN, *Constitutional Faiths: Felix Frankfurter, Hugo Black, and the Process of Decisionmaking,* Cornell University Press, Ithaca, 1984; BOMHOFF, *Balancing...,* pp. 132 ss. Mais recentemente há novos confrontos como o do juiz Scalia com outros, por exemplo, em *District of Columbia v. Heller* (2008), um caso da Segunda Emenda: v. ANTONIN SCALIA, «The Rule of Law as a Law of Rules», in *UCLR,* vol. 56 (1989), pp. 1175 ss.

[573] Sobre isto, v., por todos, JOHN HART ELY, «Constitutional Interpretivism: Its Allure and Impossibility», *ILJ,* vol. 53, Iss. 3, Article 2 (1978), acessível em http://www.repository.law.indiana.edu/ilj/vol53/iss3/2.

OS TESTES GERADOS PELO "CASE LAW" NORTE-AMERICANO

exemplo, na Alemanha (com o caso *Lüth*). Se nos cingirmos às situações geradas no âmbito da Primeira Emenda[574], alguns autores encontram manifestações de *balancing* em casos do final dos anos 30 e do início dos anos 40 do século XX[575]. A linguagem do *balancing* terá estado latente no pensamento constitucional antes disso, mas não é possível comprová-lo inequivocamente[576].

O que parece seguro é que, numa perspetiva geral que não se cinge à Primeira Emenda, não é apropriado falar-se *da* idade do *balancing* anunciada pela conhecida monografia de ALEINIKOFF[577]. Há *várias* idades ou vagas do *balancing* e não apenas uma. O *balancing* aparece inicialmente como uma criação doutrinal capaz de abrir a porta a políticas públicas corretivas dos excessos ou deficiências do individualismo e do mercado. Como vimos, o *balancing* começou por receber um impulso teórico com a filosofia progressiva do direito de ROSCOE POUND[578], contra os categorialistas/absolutistas defensores dos direitos económicos e da irrestrita liberdade contratual obstacularizadora de opções de política social do legislador (como o estabelecimento de durações máximas da jornada de trabalho) da era de *Lochner* (1905)[579]. Depois, nos anos da Guerra

---

[574] As dez primeiras Emendas (conhecidas por *Bill of* Rights) foram ratificadas em 1791. O texto da Primeira Emenda é o seguinte: *"Congress shall make no law respecting an establishment of religion, or prohibiting the free exercise thereof; or abridging the freedom of speech, or of the press; or the right of the people peaceably to assemble, and to petition the Government for a redress of grievances."*

[575] Alguns autores admitem que a primeira decisão explicitamente baseada no *balancing* foi *Schneider v. New Jersey* (1939), um caso de liberdade de expressão: v. FRANTZ, «The First Amendment...», p. 1425; ALEINIKOFF, «Constitutional Law...», p. 964; SIEGEL, «The Death and Rebirth...», p. 214; FAIGMAN, «Madisonian Balancing...», pp. 647 ss.; COHEN-ELYA/PORAT, «The Hidden Foreign Law Debate in *Heller*. The Proportionality Approach...», pp. 33 ss. Trata-se, todavia, de uma opinião não unânime. Algo diferentemente, BOMHOFF, *Balancing*..., p. 124, sugere *American Communications Association* v. *Douds* (1950), o primeiro caso do pós-guerra em que esteve em causa a luta contra expressões comunistas na sociedade americana; McFADDEN, «The Balancing Test», p. 586, reconhecendo embora que antes já houvera casos de *balancing* fora do direito constitucional, fixa os primeiros casos de *balancing* no campo de direitos constitucionais (como as liberdades de expressão e de associação, protegidas pela Primeira Emenda) no final dos anos 50, princípios dos anos 60 do século passado: por exemplo, *Barenblatt v. United States* (1959), *Wilkinson v. United States* (1961) e outros da mesma época.

[576] Recorde-se o que se escreveu sobre proto-*balancing* no contexto da Dorment Commerce Clause. ALEINIKOFF, «Constitutional Law...», p. 964, identifica algumas decisões anteriores do *Supreme Court* onde se detetam vestígios de *balancing*; v., também, FAIGMAN, «Madisonian Balancing...», pp. 647 ss.

[577] O citado «Constitutional Law in the Age of Balancing».

[578] V. *The Theory of Social Interests*, de 1921 mas publicado vinte anos depois. Cfr. ALEINIKOFF, «Constitutional Law...», pp. 958 ss.; BOMHOFF, *Balancing*..., pp. 65 ss.

[579] Em *Lochner v. New York*, U.S. 198, pp. 45 ss., o Supremo Tribunal anulou legislação estadual que limitava o número de horas semanais da jornada de trabalho dos padeiros. Enquanto precedente seria especificamente revogado por *West Coast Hotel v. Parrish* (1937), que declarou a

O PRINCÍPIO DA PROIBIÇÃO DO EXCESSO

Fria, assume o papel de peça central de uma jurisprudência constitucional habilitante de derrogações ou interferências em direitos constitucionais. Nessa época, a "perigosa doutrina constitucional do *balancing*"[580], violadora da genialidade de uma constituição formal, legitimou a subordinação de direitos da Primeira Emenda, particularmente as liberdades de expressão e associação, a interesses supra-individuais invocados pelo Estado, sobretudo de defesa perante as chamadas "atividades antiamericanas"[581]. Apesar de se invocarem situações em que o *balancing* não esteve ao serviço da restrição da liberdade[582], neste período o método foi essencialmente adotado pelos *low protectionists* do Supremo Tribunal, conjugado com um critério de *razoabilidade*[583]. Em sentido oposto pos-

---

constitucionalidade do salário mínimo das mulheres. *Lochner* é o emblema de uma época, suscetível das mais apaixonadas posições. O "erro" de Lochner foi a ignição que suscitou – talvez equivocadamente, como HART notou em certa altura – a crítica à filosofia do direito mecanicista (ROSCOE POUND). A evitação desse erro tornou-se uma obsessão central do pensamento jurídico americano: ROWE, «Lochner Revisionism Revisited», in *Law & Social Inquiry*, vol. 24, 1 (1999), pp. 221-252, 223; BRANCO, *Juízo de ponderação...*, p. 90; BOMHOFF, *Balancing...*, p. 54. Todavia é desconcertante constatar que, apesar do inesgotável criticismo que suscitou, a linguagem de *Lochner* é em parte similar à de julgamentos de proporcionalidade que mais tarde ocorreriam na Europa. Ali se questiona se o poder de polícia do Estado é uma *"unreasonable, unnecessary and arbitrary interference with the right and liberty of the individual to contract"*, afirmando-se que *"the act must have a direct relation to the health and welfare of the employee, as a means to an end, and the end itself must be appropriate and legitimate"*.

[580] Juiz Black em *Communist Party v. Subversive Activities Control Board* (1961).

[581] V., por exemplo, *American Communications Association v. Douds* (1950). Caso paradigmático foi o citado *Barenblatt v. United States* (1959), relatado pelo juiz Harlan, causado pela recusa de Lloyd Barenblatt de responder numa subcomissão do Congresso sobre o seu credo religioso e a sua pertença ou não ao Partido Comunista, estando em causa as liberdades de associação e de expressão. O Supremo Tribunal confirmou a condenação de Barenblatt. Sobre vários casos da década de 1950 e início dos anos de 1960, época em que uma maioria de *low-protectionists* do Supremo Tribunal (juízes Frankfurter, Harlan e outros) realizou reiteradas operações de *ad hoc balancing* (não obstante o próprio Frankfurter manifestar explícitas reservas a esse tipo de *balancing* em *Dennis v. US*), de que resultava invariavelmente uma atitude reverencial para com a leitura dos interesses públicos efetuada pelo legislador e pelo executivo, em prejuízo de direitos fundamentais, v. FRANTZ, «The First Amendment...», *cit.*; MARTIN SHAPIRO, *Freedom of Speech: The Supreme Court and Judicial Review*, Create Space, 2011 (reimpressão); SIEGEL, «The Origin of the Compelling State Interest Test and Strict Scrutiny», p. 22; *idem*, «The Death and Rebirth...», pp. 217 ss.; NOVAIS, *As restrições...*, pp. 647 ss.; BOMHOFF, *Balancing...*

[582] V. ROBERT B. McKAY, «The Preference for Freedom», *in NYULR*, vol. 34 (1959), pp. 1182 ss.; FALLON, «Strict Judicial Scrutiny», p. 1289 e SIEGEL, «The Death and Rebirth...», p. 214, invocam casos dos anos quarenta.

[583] NOVAIS, *As Restrições...*, p. 653; PIRKER, *Proportionality...*, p. 169; SIEGEL, «The Death and Rebirth...», p. 219, assinala a proximidade com uma mera *rational basis review*. Cfr. EDWIN BAKER, «Unreasoned Reasonableness: Mandatory Parade Permits and Time, Place and Manner Regulations», in *Northwestern University Law Review*, vol. 78 (1983), pp. 937 ss.

OS TESTES GERADOS PELO "CASE LAW" NORTE-AMERICANO

tavam-se os *high protectionists*, que viam nas estratégias absolutistas e literalistas na interpretação e aplicação do âmbito normativo dos diretos um reduto mais favorável à proteção destes contra as intervenções potencialmente anti liberdade do Estado[584]/[585]. Ultimamente, são conhecidas as posições do juiz conservador Scalia contra o potencial uso da metódica da ponderação[586].

3.2. Distinção entre balancing e categorização

Apesar de todo o lastro histórico e doutrinal de muitas décadas, a distinção entre *balancing* e *categorização* é mais fácil em tese do que na prática.

O *balancing*, em caso de colisão entre um direito individual e um interesse público que implique uma interferência nesse direito, consiste na operação metódica de avaliação e comparação do peso concreto de cada um deles de modo a determinar qual o mais pesado e por isso prevalecente. Embora esteja ausente do panorama americano, usaremos aqui a linguagem *alexiana* familiar ao jurista europeu: os *balancers* pressupõem que as normas dos direitos têm a natureza de princípio, atribuindo-lhes tendencialmente um âmbito de proteção alargado e têm em conta as consequências da aplicação (*consequencialismo*). A sua "válvula de escape" é a atribuição de pesos diferenciados aos direitos em cada circunstância aplicativa, podendo alguns (ou algumas das suas dimensões) ceder[587].

Diferentemente, a *categorização*[588] rejeita o contrapeso de interesses, baseando-se numa pergunta que só admite uma resposta binária, de sim ou não, sobre se o caso cai numa categoria normativa pré-formatada. Por outras palavras, a metódica da categorização conduz o decisor a apurar o âmbito norma-

---

[584] São expoentes desta corrente os juízes Douglas e Black (v. Hugo Black, «The Bill of Rights», in *New York Law Journal*, vol. 35 (1960), pp. 865-881). Os *high-protectionists* rejeitavam o *balancing* e refugiavam-se nesta ocasião numa leitura essencialmente *absolutista* dos direitos da Primeira Emenda, rejeitando como fundamento da sua restrição mesmo interesses do Estado de grande relevo (v. Lucas A. Powe Jr., «Evolution to Absolutism: Justice Douglas and the First Amendment», in *CoLR*, vol. 74 [1974], pp. 371 ss.). Siegel, «The Death and Rebirth...», p. 214, aponta para uma leitura diferente, sustentando que havia várias correntes de *balancers* no Supremo Tribunal, uma mais reverencial para com o legislador – com um sentido quase equivalente ao *rational basis test* – outra mais ativamente protecionista (*high-protectionists*) dos direitos.

[585] Como veremos ulteriormente, pode considerar-se o *strict scrutiny* (e o *intermediate scrutiny*) como alternativa, parcialmente contemporizadora, a essas duas visões conflituantes no contexto da jurisprudência constitucional americana.

[586] V. o muito discutido *District of Columbia v. Heller* (2008).

[587] V., por todos, Sullivan, «The Supreme Court, 1991 Term – Foreword: The Justices of Rules and Standards», in *HLR*, vol. 106 (1992), pp. 22-123, 60.

[588] Sobre o paradigma teórico do pensamento jurídico por categorias, Blocher, «Categorialism and Balancing ...», *cit.*; Sullivan, «Post-liberal Judging...», *cit.*; *idem*, «The Supreme Court, 1991 Term...», p. 58; McFadden, «The Balancing Test», *cit.*; Barak, *Proportionality*..., pp. 502 ss.

O PRINCÍPIO DA PROIBIÇÃO DO EXCESSO

tivo do direito, incluindo os respetivos limites, e os factos relevantes, produzindo uma operação de subsunção[589] que desencadeia uma resposta binária pré-determinada, de *all or nothing*. O categorialismo ordena os direitos em categorias e subcategorias, consagradas em normas-regra, com caráter absoluto, aplicáveis não importa quais os efeitos para os demais sujeitos ou para a comunidade (isto é, rejeitando o *consequencialismo*[590]). A estrutura formal do raciocínio jurídico dos categorialistas reconduz-se ao tradicional silogismo jurídico-formal baseado em regras[591]. As "válvulas de escape" são semelhantes às que os absolutistas europeus usam quando se trata de resolver colisões (para eles, aparentes apenas) de direitos com outros bens, interesses ou valores: designadamente, as exceções às regras, as definições *restritivas* do conceito de restrição ou limitação de direitos (distinguindo-a da simples regulamentação de direitos), as interpretações *restritivas* do âmbito e conteúdo do direito e também aquilo que no contexto europeu se designaria de limites *imanentes*[592]. Esta última opção conduz, por exemplo, à exclusão do próprio âmbito de proteção do direito de algumas pretensões cuja cobertura *prima facie* um *balancer* poderia admitir (no direito americano é muito discutida a cobertura, ou não, pela liberdade de expressão, da obscenidade, da pornografia infantil, do *hate speech* ou do incitamento à prática de crimes), embora provavelmente claudicassem na operação de ponderação[593].

---

[589] Há quem veja categorização e subsunção como duas soluções binárias não totalmente equivalentes: assim, BOMHOFF, *Balancing*..., pp. 46 ss. Todavia, o próprio autor reconhece que a diferença é somente de ênfase e de proeminência relativa (*ob. cit.*, p. 48).

[590] Sobre isto GOTTLIEB, «Tears for Tiers...», p. 364.

[591] V., por todos, McFADDEN, «The Balancing Test», pp. 589 ss., sobre a forma como se traça a diferença: o silogismo jurídico formal estrutura-se numa premissa maior, constituída pela previsão e pela estatuição ou consequência contidas na norma-regra ("se *x* então *y*"), uma premissa menor, constituída pelo facto ou acontecimento apurado ("registou-se *x*"), donde se segue uma conclusão ("deve acontecer *y*"). Obtém ganho de causa aquele que consegue enquadrar os respetivos interesses e ações nas categorias relevantes da preexistente norma. No *balancing* compara-se o peso dos interesses e factos competidores, prevalecendo aqueles a que se atribui maior peso.

[592] Por isso se pode dizer que o absolutismo dos juízes BLACK, DOUGLAS e de muitos críticos do *balancing* não era um mero instrumento analítico. Tinha uma importante dimensão retórica, uma vez que nenhum defendia realmente que os direitos em causa – particularmente a liberdade de expressão – podiam aspirar a uma proteção *ilimitada*, abrangente de todo e qualquer *quid* que a sua expressão textual pudesse cobrir: BOMHOFF, *Balancing*..., p. 186.

[593] V. BLOCHER, «Categorialism and Balancing...», pp. 384, 387; NOVAIS, *As restrições*..., pp. 650 e ss., analisa, contudo, os *efeitos colaterais* do absolutismo mais extremo, forçado pelas suas premissas a excluir do âmbito de proteção dos direitos situações que uma perspetiva *evolutiva e dinâmica* deveriam estar abrangidas. Em última análise, pode suceder que afinal os absolutistas não sejam protecionistas mais consequentes do que os *balancers*.

OS TESTES GERADOS PELO "CASE LAW" NORTE-AMERICANO

Apesar de se apresentarem como linguagens e metódicas antagónicas, não é impossível conjugar ou articular momentos subordinados a uma lógica categorial e momentos de *balancing*. Por exemplo, é teoricamente admissível que sob uma mesma norma se abriguem categorias de casos que caem no âmbito de proteção do direito e que beneficiam de proteção absoluta e outras categorias cuja proteção dependa de operações de *balancing* com interesses contrapostos. Tal como é admissível que se sujeitem a *balancing* num primeiro momento comportamentos sobre os quais recai uma dúvida sobre se são ou não cobertos pela norma constitucional, valendo a solução encontrada não apenas para o caso concreto mas para todas as situações análogas, tornando-se doravante desnecessário o *balancing*[594]. Persistindo o antagonismo de partida, é talvez inviável a síntese, mas não é impossível o compromisso que limite os excessos ou as limitações de cada um[595]. Tipicamente, as tentativas de compromisso entre categorialismo e *balancing* passam por componentes estruturais dos *scrutiny tests* que estudaremos adiante, mas também por soluções que aproveitem as vantagens *do balancing* ao mesmo tempo que atenuam alguns dos seus inconvenientes mais proeminentes. São De seguida passamos em revista essas vantagens e incovenientes.

3.3. O elogio e a crítica

3.3.1. O elogio
Em boa parte das últimas décadas tem-se assistido a avanços e recuos da doutrina e da jurisprudência constitucional americanas em relação à adoção, gene-

---

[594] V. a discussão de várias dimensões desta combinação entre categorialização e *balancing* em BLOCHER, «Categorialism and Balancing...», pp. 387 ss. Fazendo recordar certos posicionamentos europeus sobre a função da proporcionalidade na definição do âmbito de proteção do direito, o autor (*ob. cit.*, p. 388), defende que a definição do que está excluído do âmbito de proteção constitucional de um direito pode requerer *uma espécie de teste* de *balancing* (a utilização da expressão *"uma espécie de"* é dele). Por exemplo, a conclusão *categorialista* de que a liberdade de expressão não cobre o incitamento a ações ilegais não resulta do apuramento das categorias originais diretamente resultantes da norma constitucional, mas do contrapeso dos interesses contemporâneos à luz dos valores nucleares da Primeira Emenda (designadamente, a proteção do dissenso político). Haveria a aplicação de um método de *balancing* para a obtenção de um resultado categorial. Esta discussão realça a dificuldade de um debate conclusivo sobre onde é que termina a definição categorial e onde é que começa o *balancing* e quais as relações entre eles.
[595] Acentuando o estado de permanente tensão do ambiente doutrinal americano, BOMHOFF, *Balancing...*, pp. 220, 232 ss.

O PRINCÍPIO DA PROIBIÇÃO DO EXCESSO

ralizada ou não, do *balancing* na garantia e aplicação judicial dos direitos fundamentais[596]. O debate sobre os seus aspetos positivos e negativos é inesgotável[597].

A favor do *balancing* relevam, entre outros, os seguintes argumentos: (i) mesmo no plano simbólico, corresponde à imagem mítica que temos da Justiça – uma balança[598]; (ii) é uma forma de trazer para a jurisdição constitucional a riqueza e a complexidade social; (iii) não encara as normas constitucionais como antecedentes ou premissas donde se deduz formalisticamente uma solução certa e segura, qualquer que seja o contexto e os interesses em presença, antes se preocupa com as consequências da decisão num mundo em rápida mutação que requer uma adaptação constante da resposta constitucional, promovida pelo legislador ou pelo juiz constitucional, cujo papel criativo já não é negado; (iv) implica uma ponderação particularizada e contextualizada de todos os interesses em causa numa controvérsia constitucional, os quais devem ser considerados na decisão; (v) mantém todos os interesses em jogo, garantindo flexibilidade, sem sacrificar a legitimidade da autoridade normativa, designadamente o juiz constitucional; (vi) com a sua neutralidade formal, facilita mudanças doutrinais e jurisprudenciais em tempos de mudança social.

Na verdade, a técnica do *balancing* é neutra em relação aos interesses que são colocados em confronto. Em si, o método do *balancing* permite, por exemplo, ponderar interesses baseados na constituição e outros sem essa credencial; ou interesses de duas entidades governamentais; ou interesses não titulados por entidades governamentais[599]. No âmbito do *balancing* podem-se colocar em confronto, inclusive, direitos previstos na constituição com interesses sem credencial constitucional. Para efeitos do presente trabalho, os casos mais interessantes de *balancing* são os que colocam em tensão interesses constitucionalmente fundados, individuais e públicos ou coletivos.

3.3.2. A crítica
Parte das críticas dirigidas ao *balancing* nos EUA coincidem com as que no quadro do pensamento europeu continental são endereçadas à ponderação rea-

---

[596] V., por todos, o debate em SULLIVAN, «Post-liberal Judging...», *cit.*; BOMHOFF, *Balancing...*, pp. 143 ss.

[597] Apresenta-se aqui uma breve síntese especificamente centrada no caso americano. Adiante, no capítulo referente à ponderação, fornece-se uma visão panorâmica mais abrangente.

[598] Sobre as balanças da justiça como imagem que remonta aos tempos antigos, COFFIN, «Judicial Balancing: The Protean Scales of Justice», p. 19. Sobre a justificação do balancing, ALEINIKOFF, «Constitutional Law...», pp. 953 ss.; FAIGMAN, «Madisonian Balancing...», pp. 646 ss.

[599] ALEINIKOFF, «Constitutional Law...», p. 947.

146

OS TESTES GERADOS PELO "CASE LAW" NORTE-AMERICANO

lizada no contexto da proporcionalidade e.s.e.[600], ou podem ser estendidas a esta[601]. Sem embargo, assumem contornos ou linguagens específicas que justificam a referência autonomizada[602].

Contra o *balancing* enunciam-se críticas, (i) internas – geradas pela sua própria metódica – e (ii) externas, no contexto mais vasto da sua função e impacto no direito constitucional, na interpretação constitucional e na constituição[603].

3.3.2.1. Críticas internas

O *balancing* (i) gera decisões que contêm uma irrealista pretensão de precisão. Ora, em certas circunstâncias está realmente em causa a medição e a comparação de linhas com pedras[604] (ou, em bom português, de alhos com bugalhos), isto é a *"medição do que não é mensurável e a comparação do incomparável"*[605].

---

[600] A aproximação entre o segmento da proporcionalidade em sentido estrito (ou até a proporcionalidade em sentido amplo, como parece ser o caso de COHEN-ELYA/PORAT, em numerosas passagens do seu «The Hidden Foreign Law Debate in *Heller*. The Proportionality Approach...».) e o *balancing* pode ser aceite, mas com as devidas cautelas. Cfr. *infra*, capítulo 17.

[601] Sobre o tema, COHEN-ELYA/PORAT, «The Hidden Foreign Law Debate in *Heller*. The Proportionality Approach...», pp. 28 ss.

[602] Neste sumário de críticas ao *balancing* seguimos, entre outras, as exposições de: FRANTZ, «The First Amendment...», *cit*.; HENKIN, «Infallibility under Law: Constitutional Balancing», *cit*.; MC-FADDEN, «The Balancing Test», *cit*.; ALEINIKOFF, «Constitutional Law...», pp. 972 ss.; FAIGMAN, «Madisonian Balancing...», pp. 648 ss. O primeiro, acusa o *balancing* de ter diluído (*watered down*) o inequívoco comando da Carta de Direitos. O segundo, é um adepto do *balancing*, mas não rejeita que as conclusões a que conduz podem ser por vezes demasiado simplistas e acríticas. O terceiro, preocupa-se com a possibilidade de o teste pôr em perigo as liberdades fundamentais, de diluir a separação entre poderes legislativo e judicial, de introduzir incerteza na aplicação jurisprudencial do direito e de não permitir que os cidadãos tenham uma visão clara sobre como será a aplicação do direito no futuro, desaconselhando a sua expansão para novas áreas e propugnando a sua exclusão de algumas já cobertas. O quarto, adota uma posição crítica ("o *balancing* tornou-se numa teoria jurídica mecânica", *ob. cit*., p. 983), tendo como pano de fundo uma proposta alternativa ao *balancing* que, sem menosprezar a sua utilidade para a resolução de casos difíceis, propõe uma estratégia múltipla, não unitária, para compreender e interpretar a constituição, que mobiliza vários métodos («Constitutional Law...», p. 1002), mesmo que isso implique desistir de objetivos de precisão matemática e de ciência constitucional objetiva (p. 1003). O quinto, crítica o *balancing* tradicional – defendendo, porém, que apesar de tudo ele não produz resultados piores do que o formalismo tradicional – e advoga um esquema modificado de *balancing*, que designa de *Madisonian balancing*. V., também, COFFIN, «Judicial Balancing...», *cit*.; NOVAIS, *As Restrições...*, pp. 653 ss.; BARAK, *Proportionality...*, pp. 521 ss.; BOMHOFF, *Balancing...*, pp. 143 ss.

[603] A dicotomia entre críticas internas e externas é recebida, por exemplo, por ALEINIKOFF, «Constitutional Law...», pp. 972 ss.

[604] De acordo com o muito popular *dictum* do juiz Antonin Scalia em *Bendix Autolite Corp. v. Midwesco Enter., Inc.* (1988).

[605] FRANTZ, *apud* ALEINIKOFF, «Constitutional Law...», p. 972. O tema da *incommensurability* será versado no local próprio (*infra*, capítulo 17).

O PRINCÍPIO DA PROIBIÇÃO DO EXCESSO

Não sendo possível conceber um critério objetivo que permita a medição (uma *common currency*) do que se pretende comparar, aquela pretensão de precisão só se consumaria se pudesse haver uma diminuição drástica da carga de subjetividade do decisor. Isso implicaria a definição de uma escala de valores completamente intersubjetivável, aplicável na operação de *balancing*. Sendo tal inviável, por regra os pesos relativos são dados e não argumentados ou demonstrados, caindo-se inevitavelmente no subjetivismo ou na simples dissimulação, lateralização ou camuflagem da ausência de verdadeiros critérios[606]. Por outro lado, o *balancing* (ii) tolera ou potencia uma perspetiva expansiva do que conta como interesses relevantes, uma vez que convoca, virtualmente, um universo amplo de interesses, incluindo interesses sem base constitucional, complexificando a operação de contrapeso. Isso traduz-se (iii) num rol de exaustivas razões e argumentação que muitas vezes obscurecem o seu real sentido. (iv) O mecanismo de contrapeso dos interesses permanece um mistério e os respetivos resultados não são opiniões nem argumentos a que possamos aderir ou que nos possam mobilizar, são simples demonstrações. O *balancing* (v) não evita que alguns interesses – mesmo que relevantes – não sejam percecionados ou considerados, nem evita (vi) o inadequado e inaceitável tratamento nivelado de interesses constitucionais e interesses não constitucionais. Finalmente, (vii) em ordenamentos que conferem relevância ao precedente, como o dos EUA, a invocação de decisões anteriores para a decisão de novos casos torna-se em muitos casos inviável, uma vez que a tendência é para se realizar inevitavelmente o *ad hoc balancing*[607].

3.3.2.2. *Críticas externas*
Críticas externas *ao balancing*: (i) baseia-se numa – e promove uma – conceção inapropriada do direito constitucional, entregando ao juiz o papel que a sociedade pretendeu entregar ao legislador; ou, noutra formulação, constitui um método similar ao usado pelo legislador, o método de micro-sopesamento dos custos e benefícios[608]; (ii) enfraquece o direito constitucional e a constitui-

---

[606] Exemplificando algumas das estratégias de "fuga" ou dissimulação, ALEINIKOFF, «Constitutional Law...», pp. 975 ss.

[607] O *ad hoc balancing* é criticado, sobretudo, quando o órgão de fiscalização da constitucionalidade não logra sequer definir ou apresentar um critério constitucional que substancie a operação de contrapesos entre direitos e interesses públicos contrapostos: v. FAIGMAN, «Madisonian Balancing...», *cit.*, p. 691.

[608] Como observa FAIGMAN, «Madisonian Balancing...», pp. 653-655, o "trauma" do juiz-legislador é tão antigo quanto a *judicial review*, pelo que não pode ser associado unicamente ao *balancing*. Quanto à equivalência das operações de *balancing* do legislador e do juiz constitucional, o autor mostra que embora haja pontos de coincidência, ela não é total: se bem que o processo se

OS TESTES GERADOS PELO "CASE LAW" NORTE-AMERICANO

ção, que deixa de ser vista como o ponto central da interpretação constitucional, passando o debate constitucional a centrar-se na razoabilidade da conduta do Governo; (iii) num regime de *balancing*, um argumento extraído da constituição deixa de ser um *trunfo* para passar a ser uma simples carta do mesmo naipe com valor superior; (iv) pressionados pela exigência de cientificidade e de objetividade, os juízes são forçados a adotar um jargão inspirado na economia: a paisagem constitucional passa a estar pejada de equações e de análises custo-benefício, em vez da argumentação constitucionalmente fundada a favor de escolhas constitucionais difíceis.

Outras críticas de menor relevo são por vezes apontadas.

3.3.2.3. Avaliação das críticas

Não podemos minimizar a relevância de algumas destas críticas. Mas delas não podemos partir para o simples desmantelamento do *balancing*, até porque as mais relevantes acabam por afetar todos os métodos de interpretação e aplicação constitucional[609].

Mesmo os seus críticos são forçados a admitir que ele deve ser executado em situações de emergência e até por força da própria Constituição[610]. E quem reconhece que o *balancing* é uma solução, porventura a única, para *hard cases*[611], não pode nas linhas seguintes sustentar que ele não é inevitável[612]. Quem aceita

---

assemelhe, o conteúdo, a natureza e o âmbito das tarefas do legislador e do juiz são diferentes. Desde logo, o legislador pondera fatores, incluindo razões e considerações de natureza estritamente política, que vão além dos ponderados pelo juiz. Este está obrigado a ponderar simplesmente argumentos de natureza jurídico constitucional no que toca aos direitos afetados. Na definição do peso dos direitos, o tribunal não está obrigado a deferência perante o legislador. No que toca aos interesses do outro lado da equação, o tribunal mede a natureza dos interesses e a eficácia dos meios, tal como entendidos pelo legislador. Quanto a isso, embora o fiscalize, o tribunal baseia-se no juízo do legislador. Na avaliação do resultado do contrapeso, o tribunal está constitucionalmente obrigado a um juízo independente.

[609] O argumento é de FAIGMAN, «Madisonian Balancing...», p. 651.

[610] Em relação a algumas Emendas, como a 4ª, que proíbe buscas e detenções *desrazoáveis* ou a 8ª, que proíbe cauções e multas *excessivas*, nem os detratores ou opositores do *balancing* rejeitam que ele é imposto pela Constituição: frisando isso, BLOCHER, «Categorialism and Balancing...», p. 401.

[611] Apesar de muito crítico em relação ao *balancing*, é essa a posição de ALEINIKOFF, «Constitutional Law...», p. 1000: *"I am willing to assume that [Home Building & Loan Association v. Blaisdell]...is a balancing opinion and, moreover, that it reflects a proper use of balancing. But to recognize a role for balancing in the extreme and rare case is not to demonstrate its validity as a mode of interpretation for the vast majority of constitutional cases"*. E mais adiante (p. 1003): *"There may not always be a preferable alternative to balancing"*. *Balancing* seria, por conseguinte, a *ultima ratio*, o método de interpretação ou aplicação constitucional a adotar quando todos os outros claudicassem.

[612] ALEINIKOFF, «Constitutional Law...», pp. 1001 ss. Para o autor, os interesses governamentais devem ser considerados no âmbito da própria definição dos direitos constitucionais e não contra-

O PRINCÍPIO DA PROIBIÇÃO DO EXCESSO

a aplicação em certos casos extremos e raros, dificilmente pode sustentar que o *balancing* é uma técnica de interpretação constitucional perniciosa. Quanto muito, pode sustentar-se que nem todas as aplicações do *balancing* são desejáveis e que em certos domínios – como o dos direitos fundamentais – se deve ter uma postura de *self restraint*, protegendo os respetivos núcleos essenciais de qualquer operação de ponderação ou relativização. E certamente não se pode ir tão longe quanto as teses que admitem uma *supremacia judicial estrutural*, como preço que a sociedade paga para manter um sistema de justiça constitucional protetor dos direitos individuais[613]. Em democracia representativa, a supremacia estrutural deve continuar a caber ao legislador.

Por outro lado, algumas destas críticas só valem para o chamado *ad hoc balancing*[614]. Com este procura-se exclusivamente uma solução para o caso, sem ter em conta *standards* resultantes de operações semelhantes de *balancing* realizadas no passado, nem procurar a *universalização* através da projeção em casos idênticos futuros. O *ad hoc balancing* coincide com aquilo que a comunidade académica geralmente entende que o Supremo Tribunal realiza quando contrapesa interesses[615].

Em contrapartida, parte das críticas não chegam a atingir o *definitional balancing*, aquele que é realizado pelo legislador na superação de colisões, mas também pelo juiz constitucional, particularmente nos casos em que funciona o sistema do precedente fixado pelo Tribunal superior. Nesta modalidade, embora a operação de *balancing* parta dos dados do caso concreto, abstrai-se dele, procurando estruturar, a partir dos interesses contrapostos, categorias e conceitos abstratos que permitam criar um critério geral de decisão aplicável em casos futuros em termos dedutivos. A ponderação do peso dos interesses é mais abstrata do que concreta. O *definitional balancing* pode ser visto como uma

---

pesados com esses direitos fundamentais. A distanciação de ALEINIKOFF em relação ao *balancing* tem como pano de fundo o duradouro debate entre duas visões da interpretação constitucional, protagonizadas historicamente pelos Juízes Black e Frankfurter. O primeiro argumentava que os direitos constitucionais devem ser vistos como regras categóricas que inibem o Governo de certos tipos de atividade; o segundo não admitia categorias absolutas e preferia um balanceamento equitativo dos interesses. Porventura, a primeira visão confere demasiada proteção, enquanto a segunda confere proteção deficitária dos direitos. O *strict scrutiny*, que ALEINIKOFF não aborda no seu trabalho de jovem professor que temos vindo a citar, pode ser considerado, como veremos abaixo, um compromisso entre as duas orientações extremas. Sobre aquele recorrente debate, v. o clássico BICKEL, *The Least Dangerous Branch...*, *cit.*; em contramão, GOTTLIEB, «Compelling Governmental Interests...», *cit.*, p. 973, desvaloriza as fraturas, considerando as abordagens logicamente similares e abissalmente diferentes apenas do ponto de vista retórico.

[613] SWEET, «All Things in Proportion?...», pp. 10-11.

[614] V. NIMMER, «The Right to Speak ...», pp. 939 ss.

[615] BOMHOFF, *Balancing...*, p. 171.

OS TESTES GERADOS PELO "CASE LAW" NORTE-AMERICANO

terceira via ou proposta de síntese entre as perspetivas categorialista/absolutista e a ponderação *ad hoc* de interesses[616].

4. Os três níveis de escrutínio

4.1. A formação dos três níveis de escrutínio

Os diferentes *levels of scrutiny* são o resultado da parcial reformulação do paradigma formalista clássico que prevaleceu quase incontestado no pensamento jurídico-constitucional e na conceção dos direitos constitucionais durante muito tempo e ainda continua fortemente enraizado na doutrina e na jurisprudência constitucionais dos EUA. O pano de fundo dessa conceção dos direitos são os pilares em que os *founding fathers* assentaram a Constituição americana.

A interpretação *originalista* sustenta que a Constituição estabelece limites à ação do Governo em sentido amplo: limites à atuação da União face aos estados; limites à atuação do executivo face ao legislativo e ao judicial e vice versa; limites à atuação dos estados; e, sobretudo, limites à intervenção na esfera de liberdade e nos direitos dos cidadãos. No ambiente do pensamento jurídico-constitucional clássico, quando se tratava de definir o que o legislador e o executivo podiam e não podiam fazer, o Supremo Tribunal limitava-se a definir categorialmente, de forma desejavelmente objetiva, "quase-mecanicista", as fronteiras conceituais dos direitos e da esfera de intervenção do Congresso e dos estados, tal como originalmente pretendidas pelos *founding fathers*[617]. Na conceção dominante, as duas esferas não se sobrepunham e havia apenas que delimitar as suas extremas, sem qualquer exercício de contrapeso dos direitos com os interesses do Estado. Para essa conceção, os direitos, enquanto

---

[616] Cfr. NIMMER, «The Right to Speak...», pp. 941 ss. (além de *New York Times v.* Sullivan, de 1964, que NIMMER estuda, outro exemplo de combinação entre categorialismo – ou absolutismo – e *balancing* é *Central Hudson Gas & Electric Corp v. Public Service* Commission, de 1980, que invocaremos adiante como um dos mais interessantes casos de *intermediate scrutiny*); ALLEINIKOFF, «Constitutional Law...», pp. 948, 979 ss. (contestando a utilidade da distinção entre *ad hoc* e *definitional*); BOMHOFF, *Balancing...*, p. 214; PETERSEN, «How to Compare...», p. 1399; SIEGEL, «The Death and Rebirth ...», pp. 227 ss. (sumariando a querela sobre qual o "melhor" *balancing* na perspetiva da defesa das liberdades individuais); LUIZZI, «Balancing of Interests in Courts», pp. 377 ss. (olhando não para o resultado da operação, mas para a liberdade do juiz em ponderar mais ou menos interesses). A teleologia do *definitional balancing* é, de algum modo, assimilável à dos modelos de ponderação orientados à gestação ou especificação de regras universalizáveis e usáveis em casos futuros (por exemplo, as regras de precedência condicionada de Alexy): assim, CLÉRICO, *El examen...*, p. 181, nota.

[617] Sobre o pensamento jurídico clásico, DUNCAN KENNEDY, «Toward an Historical Understanding of Legal Consciousness: The Case of Classical Legal thought in America, 1850-1940», in *Research in Law and Sociology*, vol. 3 (1980), pp. 3 ss., esp. 6-8; FALLON, «Strict Judicial Scrutiny», p. 1285.

O PRINCÍPIO DA PROIBIÇÃO DO EXCESSO

limites à intervenção do legislador e do executivo, devem ser entendidos como real ou tendencialmente absolutos, categorialmente definidos (através de normas com estrutura de regra, de aplicação binária). Nesse contexto, a validade das manifestações de autoridade, mormente legislativa, dependia da sua permanência dentro dos limites constitucionais.

Sem colocar em causa aquela conceção dos direitos, a partir do final do século XIX o Supremo Tribunal inclui na sua jurisprudência também exigências de razoabilidade ou *reasonableness*. A exigência de *reasonableness* tinha o sentido de *não arbitrariedade* ou de simples proibição do arbítrio[618]. Não expressava ainda necessariamente o controlo da relação entre os meios e os fins que viria a caraterizar os *scrutiny tests* concebidos a partir da década de 1940, mas sim o controlo da medida em si, na sua dimensão intrínseca[619]. Era invocada nos casos da legislação de regulação económica, mas também emergia em situações de restrições de liberdades cobertas pela Primeira Emenda, como as liberdades de expressão ou de religião, ou que definissem diferenciações com base na raça[620]. Este padrão perdurou solitariamente pelo menos até ao final da chamada era *Lochner*[621].

Apesar de ser um antecessor do muito deferencial *rational basis test* (ou *minimal scrutiny test*), que surgiria algumas décadas mais tarde, a *reasonableness* não podia ser entendida como um *standard* inócuo, materializador de uma atitude de deferência judicial para com o legislador. Aliás, *Lochner* e outras decisões, anteriores e posteriores, promanadas a partir do final do século XIX, expres-

---

[618] Sobre a noção de proibição do arbítrio, CANAS, «Proporcionalidade...», separata, pp. 14-15.

[619] V. alguns exemplos de percursores e de casos de aplicação da *reasonableness* e da rejeição de soluções *arbitrary*, a partir do final do século XIX, em BENNETT, *"Mere" Rationality...»*, pp. 1051 ss.: *Gulf Colorado & Santa Fe Railway v. Ellis* (1897), *Lochner v. New York* (1905), *F. S. Royster Guano v. Virginia* (1920) e a (porventura) última decisão da era *Lochner*, *Thompson v. Consolidated Gas Co* (1937). Estavam em causa classificações de categorias, definições dos limites dos poderes de polícia, etc. Hoje, o *standard* poderá estar a re-emergir em certas áreas: DAVID D. MEYER, «Lochner Redeemed: Family Privacy After Troxel and Carhart», in *UCLA Law Review*, vol. 48 (2001), p. 1133 (consultado em http://papers.ssrn.com/sol3/papers.cfm?abstract_id=288816), citando, por exemplo, *Stenberg v. Carhart* (2000) e *Troxel v. Granville* (2000), argumenta que o Supremo Tribunal Americano, depois de, até certa altura, sujeitar algumas restrições de direitos e liberdades relacionados com a privacidade familiar ao teste do *undue burden* (cfr. *infra*, no contexto dos *intermediate scrutiny tests*) e outras ao *strict scrutiny*, estaria a dar indicação de submeter as controvérsias que envolvem a privacidade familiar a um *standard* comum de *"reasonableness"*. Tendo em conta a sua circunscrição a uma área delimitada, não elaboraremos aqui sobre esse teste.

[620] FALLON, «Strict Judicial Scrutiny», p. 1287.

[621] *Lochner v. New York* (1905): U.S. 198, pp. 45 ss. (v. *supra*, 3.1., neste capítulo). Do ponto de vista formal, o final da época de *Lochner* é marcado pela sua revogação ou reversão por *West Coast Hotel v. Parrish* (1937), que declarou a constitucionalidade do salário mínimo das mulheres.

OS TESTES GERADOS PELO "CASE LAW" NORTE-AMERICANO

savam uma atitude não deferencial para com o legislador[622], promovendo uma proteção absolutista ou categórica de algumas liberdades económicas, designadamente a liberdade contratual, contra intervenções do legislador alegadamente corretivas de situações de desequilíbrio[623]. Ocorre nesta época uma espécie de auto rutura, uma vez que o tribunal, sem alterar formalmente os parâmetros de escrutínio, adotou a partir do final do século XIX e até ao *New Deal* uma versão mais interventiva da *judicial review*, que implicou a anulação, antes de 1937, de muitas leis de incidência e de reforma económica.

A visão clássica da natureza absoluta dos direitos foi desafiada pela demonstração de que a imunização dos direitos em relação ao exercício dos poderes governamentais é insustentável. Por essa brecha do absolutismo entrou o *balancing*, como vimos, mas também os diferentes testes e níveis de escrutínio, todos eles em alguma medida tributários de um pensamento *consequencialista*[624].

Estes testes têm na sua base a aceitação, gradualmente consolidada, de que os direitos podem ser objeto de limitações ou de interferências promovidas pelo legislador quando se trata de prosseguir certos fins. O direito terá de ceder se a não cedência tiver efeitos ou consequências de não satisfação de determinados interesses. Ou, numa formulação positiva, o direito cede quando a cedência visar determinados efeitos ou consequências com uma determinada configuração. Nesta medida, assumem lugar central a determinação e qualificação dos interesses que justificam em cada caso a relativização ou cedência dos direitos (*valid, legitimate, important, significant, substantial, compelling* e várias outras designações, todas elas com um sentido próprio, embora instável) e possibilitam a identificação do nível (*tier*) de escrutínio aplicável, considerada a matéria (isto é, a posição jurídica subjetiva afetada).

A aplicação destes testes pode passar sem a execução de operações de *balancing*: a importância, significado e intensidade de satisfação do interesse público promovido não tem de ser contrapesado com o direito objeto da interferência. Incontornável é, simplesmente, uma avaliação *unilateral* da impor-

---

[622] Sobre isto, v., por todos, WHITE, «Historicizing...», *cit.*, p. 94.

[623] Em causa estava, por exemplo, a limitação legal do horário de trabalho de mineiros, mulheres ou padeiros, dos preços de revenda dos bilhetes de teatro ou dos honorários das agências de emprego: v. WHITE, *idem*.

[624] Não cabe neste estudo o desenvolvimento sobre o fundamento ou a estrutura filosóficos dos *tiers of scrutiny*, designadamente o seu divórcio em relação a uma perspetiva estritamente *kantiana*, baseada no imperativo categórico e na desvalorização da comparação, e a sua filiação em correntes de pensamento consequencialistas (saber o que é bom ou mau é avaliado pelas suas consequências) ou a sua convivência com versões do utilitarismo (que são um tipo específico de consequencialismo, uma vez que avaliam as medidas de acordo com as consequências em termos de acréscimo de felicidade através do menor sacrifício): cfr. sumariamente GOTTLIEB, «Tears for Tiers...», pp. 361 ss. e bibliografia aí citada.

O PRINCÍPIO DA PROIBIÇÃO DO EXCESSO

tância do interesse prosseguido, por forma a apurar se ela atinge o nível exigível (variável de teste para teste) para justificar a interferência. Veremos, todavia, que nas modalidades mais exigentes ou mais complexas destes testes a esta operação elementar se podem agregar outras, incluindo até de *balancing*.

No tocante à delimitação e juízo sobre o fim prosseguido, sua legitimidade, importância, imperatividade e urgência, há uma diferença entre o caso dos EUA e a generalidade dos outros ordenamentos jurídicos. Nestes, as constituições e os instrumentos de direito internacional fixam (ou estabelecem os parâmetros que o legislador deve respeitar quando fixa) os interesses que justificam a limitação de direitos, competindo ao juiz constitucional a mera verificação da conformidade constitucional do fim. No ordenamento constitucional americano a identificação e qualificação pelo juiz dos interesses invocados pelo legislador como fundamento para uma intervenção ocupa um lugar mais central e requer um exame mais profundo (mas também mais incondicionado) no contexto da metódica do controlo das interferências em direitos.

De modo espalhado no tempo e cumprindo um processo de gradual sedimentação, a jurisprudência constitucional americana começou por conceber o *rational basis test* (ou *minimal scrutiny test*) numa versão inicialmente muito reverencial, aparente continuador do teste da *reasonableness*[625]. Pela mesma altura, começou a lançar as fundações do *strict scrutiny test*[626]. Mais tarde nasceria o *intermediate scrutiny test*[627]. Não se exclui a combinação com outros testes[629].

---

[625] Sobre o contexto em que se dá esta evolução, GOTTLIEB, «Compelling Governmental Interests...», *cit.*, pp. 921, ss.; WHITE, «Historicizing...», *cit.*, pp. 104 ss. BENNETT, «*«Mere» Rationality*...», pp. 1053 ss., considera o *rational basis* uma continuação da *reasonableness*. Pode, porém, traçar-se uma diferença importante: o primeiro, como se verá, é uma fórmula de análise da relação entre meios e fins, enquanto a segunda não o era forçosamente.

[626] Confrontado com a questão de saber se todo e qualquer direito ficaria protegido apenas através do deferencial *rational basis test*, o Supremo Tribunal passou a sinalizar, a partir de *Jones v. City of Opelika* (1942-1943), que haveria direitos que ocupariam uma posição *preferred* –ulteriormente, *preferred rights* –, sujeitos a uma proteção mais intensa. GOTTLIEB, «Compelling Governmental Interests...», p. 923, recua um pouco mais, até *United States v. Carolene Products* (1938). Contudo, como se verá de seguida no texto, a estruturação do *strict scrutiny* e a definição do que cabe dentro dos *preferred rights* teria de aguardar mais de duas décadas. Sobre isto, v., por exemplo, FALLON, «Strict Judicial Scrutiny», pp. 1287 ss.

[627] Esta é a "arrumação" mais simples e mais consensual. Há versões mais elaboradas como a que distingue *heightened protection* e *rationality review*: v. GALLOWAY, «Means-end Scrutiny..., *cit.*, p. 453 e SIEGEL, «The Origin of the Compelling State Interest...», p. 6. Este último define "*heightened protection*", como a regra, *standard* ou instrumento analítico que confere a um direito constitucional mais segurança do que a proteção mínima do exame de racionalidade (*rationality review*). O *strict scrutiny* é apenas uma das formas de *heightened protection*, juntamente com o *intermediate scrutiny* e o *rational basis* reforçado (*with a bite*), que o autor designa de *minimal scrutiny with a bite*, salientando que na jurisprudência do *Supreme Court* não se faz uma separação clara com o teste do *valid purpose*

OS TESTES GERADOS PELO "CASE LAW" NORTE-AMERICANO

Embora a sua estrutura tenha raízes nos primórdios do constitucionalismo americano[629], a literatura conhecida não regista precipitações dos modernos *standards* de escrutínio antes do colapso da era *Lochner*, no último terço dos anos de 1930[630].

A partir de 1937, o *Supreme Court*, em ambiente de *New Deal*, abandonou a visão até aí preponderante e passou a adotar uma atitude mais reverente e permissiva em relação aos fins do governo, designadamente em relação à legislação que materializava opções económicas e intervinha na liberdade contratual e no direito de propriedade. Perfila-se o teste da *rational basis review*, expressão da atitude de deferência[631] para com os fins legítimos do governo, conceito que assumia uma grande amplitude[632].

O *strict scrutiny* estrutura-se depois, de forma assistemática. Não havendo uma única versão sobre as suas origens, a sua configuração moderna ou acabada[633],

---

requirement (p. 7, nota). Na jurisprudência e na doutrina mais influentes não vingaram propostas mais complexas como a de GALLOWAY, *idem*, pp. 451 ss., que distingue *strict scrutiny, intermediate scrutiny, sub-intermediate scrutiny, somewhat heightened scrutiny, non deferencial rationality review e deferential rationality review*, além de outros tipos de controlos dos meios-fins de natureza híbrida.

[628] Por exemplo, testes que se aproximam do que na Europa seria designado de proteção do conteúdo essencial do direito ou do preceito constitucional. Assim, em situações de escrutínio de leis que restrinjam a liberdade de expressão de acordo com critérios de tempo, lugar e modo, tem de ser demonstrada, além da importância do interesse exigível no quadro do *scrutiny test* aplicável, a neutralidade da medida em relação ao conteúdo (não configurar uma situação de censura) e que existem canais alternativos de expressão abertos. Salientando este aspeto, GALLOWAY, «Means--end Scrutiny..., *cit.*, p. 460; sugerindo não apenas a possibilidade mas até a necessidade de conjugar os testes de cada um dos modelos – *strict scrutiny*, proporcionalidade, testes de probabilidade – COHEN-ELIYA/STOPLER, «Probability Thresholds...», pp. 105 ss.

[629] Cfr., por exemplo, GALLOWAY, «Means-end Scrutiny..., *cit.*, p. 483, que defende que a estrutura do *rational basis test* já estaria estabilizada no século XIX; substancialmente no mesmo sentido, F. HESSICK, «Rethinking the Presumption of Constitutionality», pp. 1451 ss.

[630] Para uma visão global, pode, por exemplo, consultar-se CHEMERINSKY, *Constitutional Law..., cit.*

[631] A discussão sobre a *judicial deference* e respetiva noção é vasta. V. PAUL HOROWITZ, «Three Faces of Deference», in *Notre Dame Law Review*, vol. 83 (2008), pp. 1061 ss. V. a definição de ROBERT SHAPIRO, «Judicial Deference and Interpretive Coordinacy in State and Federal Constitutional Law», in *Cornell Law Review*, vol. 85 (2000), p. 665: a deferência judicial traduz-se em que o tribunal, baseado na interpretação de outro ramo do governo, chegue a uma conclusão diversa daquela a que chegaria de outro modo. Rejeitando enfaticamente qualquer lugar para a noção de deferência – particularmente em sede de fiscalização da proporcionalidade – v. BARAK, *Proportionality...*, p. 399.

[632] SIEGEL, «Origin of the Compelling State Interest and Strict Scrutiny», *cit.*, p. 6.

[633] De versão moderna fala FALLON, «Strict Judicial Scrutiny...», pp. 1267 ss. Como veremos, "acabada" não significa totalmente estruturada, consolidada ou cristalizada, registando-se oscilações ao longo dos vários períodos e a propósito dos vários núcleos de aplicação. Sublinhando a

O PRINCÍPIO DA PROIBIÇÃO DO EXCESSO

concluída por volta da década de 1960[634], coincide com o momento em que o

sucessiva clarificação estrutural do *strict scrutiny*, SWEET, «All Things in Proportion?...», pp. 34 ss.; SIEGEL, «The Origin of the Compelling State Interest Test and Strict Scrutiny», *cit.*

[634] As afirmações sobre o momento do acabamento e sobre as origens devem ser, no mínimo, rodeadas de cautela. A maior parte dos autores converge na indicação de que a versão atual do teste passou a ser abertamente empregue na década de 1960. Contudo, as suas origens são controversas. Na perspetiva de alguns, o *strict scrutiny* terá representado simplesmente o renascimento e alargamento (ou até derivação) do *clear and present danger test*, na reformulação sofrida na década de 1940 (v. *Thomas v. Collins*, 1945) no contexto da proteção reforçada de liberdades da Primeira Emenda, que o transformou em limite às restrições. Todavia, esta reformulação nem sempre foi consequente, particularmente na década de 1950, início da década de 1960. Nos termos daquela interpretação, os direitos individuais da Primeira Emenda poderiam ser suplantados apenas em casos de *eminente ameaça de um mal substancial*. V. SIEGEL, «The Death and Rebirth...» , pp. 212, 216, 223 ss.; NOVAIS, *As restrções...*, p. 931. Contudo, também se pode colocar a interrogação sobre se o *strict scrutiny* não terá realmente origem na abordagem pré *New Deal* do Supremo Tribunal à *Commerce Clause* e, mais tarde, aos direitos de propriedade, muito antes, portanto, da sua emersão em casos relacionados com a *First Amendment* e a *equal protection*: v. SWEET, «All Things in Proportion?...», p. 31. DAVID BERNSTEIN, «The Conservative Origins of Strict Scrutiny», in *George Mason Law Review*, vol. 19, nº 4 (2012), p. 870, procura demonstrar, através de alguns casos de segregação racial ou linguística que, ao contrário do que é entendimento dominante, a doutrina moderna do *strict scrutiny* teve antecedentes mais ou menos ocasionais em decisões produzidas pela maioria conservadora do Supremo Tribunal na era pre-New Deal; WINKLER, «Fatal in Theory and Strict in Fact...», p. 798, alerta para que a expressão não surge originalmente nas controvérsias constitucionais, mas sim em casos de direito privado, no século XIX. Por outro lado, há uma referência a um *"more searching judicial scrutiny"*, isto é, um escrutínio judicial mais vigoroso do que o do *rational basis scrutiny*, no contexto de casos de direitos fundamentais e de discriminação racial de minorias, na muito citada nota de rodapé número 4 de *United States v. Carolene Products* (1938), uma das decisões mais importantes da era do *New Deal* e da reversão do precedente de *Lochner v. New York* (1905). A essa referência seguem-se outras ao longo da década de 1940: v. G. WHITE, «Historicizing...», pp. 123 ss. Nessa linha, FALLON, «Strict Judicial Scrutiny», pp. 1274 ss., salienta que o *strict scrutiny* não surgiu do nada, aludindo também, a propósito, a casos da década de 1940 que contêm referências textuais passageiras a *strict scrutiny* (*Skinner v. Oklahoma*, 1942, um caso de *equal protection*) e a *most rigid scrutiny* (*Korematsu v. United States* 1944; o autor rejeita afirmações de que este foi o primeiro caso de aplicação do teste). De resto, seriam percursores da versão moderna do teste casos respeitantes à restrição da liberdade de expressão (*Speiser v. Randall*, 1958, *NAACP v. Button*, 1963, este já com referência ao *compelling interest* e a uma fórmula similar ao requisito da *narrow tailoring*), à restrição da liberdade de associação (*Bates v. City of Little Rock*, 1960, *Shelton v. Tucker*, 1960, *Gibson v. Florida Legislative Investigation Committee*, 1963), a classificações baseadas na raça (por exemplo, *McLaughlin v. Florida*, 1964), a restrições da liberdade de religião (*Sherbert v. Verner*, 1963) e a *due process clause* (voto de vencido do juiz Goldberg em *Griswold v. Connecticut*, 1965). Para o autor (*idem*, p. 1282), foi em *Shapiro v. Thompson* (1969), um caso de direitos fundamentais decorrentes da *equal protection clause*, que a moderna versão do *strict scrutiny* fez a sua primeira aparição sem ambiguidade. Não obstante, admite que não há nenhuma resposta clara sobre qual o caso individual ou a vertente constitucional em que o moderno *strict scrutiny* emergiu. Pode-se dizer que antes da década de 1960 o que agora se designa por *strict scrutiny* – o juízo sobre se a restrição de direitos constitucionais é necessária ou adequada para promover interesses

OS TESTES GERADOS PELO "CASE LAW" NORTE-AMERICANO

Tribunal *Warren* passou a ser dominado por juízes liberais[635]. Nessa ocasião, o teste foi uma solução de compromisso que envolveu os categorialistas ou absolutistas, *high protectionists* preocupados com a preservação de certos direitos fundamentais postos em causa por operações de *balancing ad hoc* suspeitas de "deitar fora os direitos com a água do banho", e os próprios *balancers*[636].

Em termos práticos, traduzindo para uma linguagem familiar à doutrina europeia, o *strict scrutiny* é o instrumento através do qual o Tribunal interpreta todas normas dos direitos por ele abrangidos como contendo limites *imanentes* ou *implícitos* em situações em que esteja em causa a salvaguarda de interesses superlativos e não haja modo menos drástico de os salvaguardar.

governamentais *compelling* – não existia. Detetavam-se apenas fórmulas que anteciparam de modo desconexo e assistemático o vocabulário e os conceitos de *necessidade, narrow tailoring, less restrictive means* ou *compelling interest* e outros equivalentes. Em contrapartida, a propagação do teste seria viral e no final da década de 1960 a fórmula *narrowly-tailored-to-a-compelling-interest* dominava já numerosos campos de direito constitucional (FALLON, *idem*, pp. 1284-1285); v., também, SIEGEL, «Origin of the Compelling State Interest and Strict Scrutiny», pp. 6 ss.

[635] A jurisprudência do Supremo Tribunal sempre foi "sensível à conjuntura", isto é, aos equilíbrios atingidos em cada composição do Supremo Tribunal. Isso não se notou apenas na maturação dos testes: é também visível na forma – ou na intensidade – como são aplicados. O *Supremo Tribunal* presidido pelo *Chief Justice* Warren passou a ter uma composição maioritariamente liberal (ou de esquerda, na terminologia europeia), ou de *high-protectionists* (SIEGEL), no início dos anos de 1960. A propósito do *Warren Court*, pode ver-se, por todos, LUCAS A. POWE, JR., *The Warren Court and American Politics*, Harvard University Press, Harvard, 2000.

[636] O contexto histórico que suscitou este compromisso entre estas concretas manifestações de formalismo e de realismo é um dos mais estudados da história constitucional dos EUA: v., por exemplo, ROBERT NAGEL, «The Formulaic Constitution», in *MichLR*, vol. 84 (1985), p. 181. Na década de 1950 e no início da década de 1960 houve um intenso duelo (a guerra do *balancing*, como alguns lhe chamaram) entre juízes *pro balancing* (Frankfurter e Harlan) e *anti-balancing* (Black e Douglas). Neste período, várias decisões não declararam a inconstitucionalidade de decisões da autoridade que interferiam na liberdade de expressão ou de associação de (alegados) comunistas. Por exemplo, *American Communications Association* v. *Douds*, de 1950 (v. *supra*), relatado pelo Juiz Vinson e *Dennis* v. *United States* (1951), com declarações de voto do juiz *balancer* Frankfurter (concordante) e dos juízes *high protectionists* Black e Douglas (divergentes). O choque entre as visões dos *balancers* e dos *anti-balancing* adquire mais visível e extensa expressão em *Barenblatt* v. *United States* (1959), já referido em nota anterior, *Konigsberg* v. *State Bar of California* (1961) e *Communist Party* v. *Subversive Activities Control Board* (1961). Em todos os casos, o Tribunal entendeu que direitos protegidos pela 1ª Emenda não podem ser considerados absolutos e podem ser sacrificados se interesses de maior peso o exigirem. A linguagem do *balancing* foi usada também em casos em que estavam em causa ativistas de direitos do Sul dos EUA. Sobre isto, v., em geral, a síntese de BOMHOFF, *Balancing...*, pp. 131 ss. É elucidativa a análise, de 1962, de FRANTZ, «The First Amendment in the Balance», p. 1449, denunciando a inversão de função da Primeira Emenda, perpetrada pelo *balancing*: aquela em vez de cumprir a sua função de limite constitucional era transformada numa licença para restringir (*a license to abridge*). V. mais literatura da época em MCFADDEN, «The Balancing Test», p. 587.

O PRINCÍPIO DA PROIBIÇÃO DO EXCESSO

É certo que uma das leituras mais famosas da versão original do *strict scrutiny* o considerou draconiano – *'strict' in theory and fatal in fact*[637] –, prefigurando-o como uma quase intransponível barreira à restrição de direitos da Primeira Emenda pelo legislador. Apesar de popular, este aforismo de GUNTHER não foi confirmado pela realidade[638]. Nas formações subsequentes do Tribunal[639], a intenção original sofreu reinterpretações casuísticas, tendencialmente amenizadoras do *strict* da eventual intenção original.

Por isso, na medida em que não exclui liminar e irredutivelmente toda e qualquer interferência em direitos *preferred*, pode dizer-se que o *strict scrutiny* cumpre a função de suavização da ortodoxia de barreiras constitucionais absolutas. Sem que o Supremo Tribunal tenha deixado de fazer interpretações e aplicações categorialistas dos direitos e de proibições de intervenção neles[640], o *strict scrutiny* foi o instrumento de *heightened protection* que o Tribunal, então do-

[637] Aforismo clássico de GERALD GUNTHER, «The Supreme Court, 1971 Term – Forword: in Search of Evolving Doctrine on a challenging Court: A Model for a Newer Equal Protection», in *HLR*, vol. 86 (1972), p. 8, que pairou demoradamente sobre o *strict scrutiny*. Pretendia-se dizer que o *strict scrutiny* era um teste inflexível que fatalmente (ou quase) desembocava na invalidação de toda e qualquer lei a que o Supremo Tribunal o aplicasse.

[638] Cedo se notou uma tendência de suavização do *strict scrutiny*: v. GALLOWAY, «Means-end Scrutiny...», p. 475, criticando, designadamente, a proliferação de *compelling interests* aceites pelo Tribunal.; MICHELLE ADAMS, «Searching for Strict Scrutiny in *Grutter v. Bollinger*», in *Tulane Law Review*, vol. 78 (2003-2004), p. 1943, fala de uma aplicação flexibilizada, em contraste com uma aplicação mecânica e pré-determinada; WINKLER, «Fatal in Theory and Strict in Fact...», p. 797, reuniu evidência empírica que desmente o aforismo de GUNTHER; sobre o paralelismo entre as evoluções sofridas pelo *strict scrutiny* nas últimas décadas e pelo *clear and present danger test* após os anos 50 do século passado, v. SIEGEL, «The Death and Rebirth...» , pp. 225 ss. (o autor conclui que o primeiro começou por ser uma doutrina progressiva para se tornar crescentemente um instrumento das políticas conservadoras do Tribunal Rehnquist). Em alguns casos fala-se de aplicação seletiva ou de fuga estratégica à sua aplicação: v., por exemplo, GOTTLIEB, «Tears for Tiers...», p. 368 (crítico em relação à aplicação "seletiva" do *strict scrutiny* em casos de *equal protection*). Por isso, hoje há quem fale de um teste "fraco de facto" (MATTHEW D. BUNKER/CLAY CALVERT/WILLIAM C. NEVIN, «Strict in Theory, But Feeble in Fact? Firts Amendment Strict Scrutiny and the Protection of Speech», consultado na internet em Novembro de 2012) ou de um teste *accommodating in fact* (OZAN O. VAROL, «Strict in Theory, But Accommodating in Fact?», in *Missouri Law Review*, vol. 75 (2010), pp. 1243 ss.). Oportunamente verificaremos que há várias versões do *strict scrutiny*, uma das quais "estrita de facto", as outras não: v. *infra* e FALLON, «Strict Judicial Scrutiny», pp. 1271 e 1303 ss.

[639] Tribunais Burger, Rehnquist e Roberts.

[640] Ainda nos tempos do *Warren Court*, v., por exemplo, *New York Times Co. V. Sullivan* (1964), *Brandenburg v Ohio* (1969) e outros arestos onde o Tribunal definiu regras de direitos de aplicação categorial, isto é sem qualquer apreciação das consequências – eventualmente adversas – para outros interesses. Hoje persiste o predomínio do categorialismo em vários domínios. Uma das sentenças mais discutidas, justamente por adotar uma perspetiva categorialista, foi a já citada *District of Columbia v. Heller* (2008). V., por todos, BLOCHER, «Categorialism and Balancing ...», *cit.*

OS TESTES GERADOS PELO "CASE LAW" NORTE-AMERICANO

minado por uma ala liberal, concebeu – ou cujo processo de sedimentação concluiu – na década de 1960 para superar o impasse dilemático entre a inflexível imposição categorial ou formalista e a concretização demasiado relativizadora através de operações de *balancing*[641].

Por outras palavras: o *strict scrutiny* não postulava uma aplicação absolutista e rígida dos direitos mais fundamentais (os direitos *preferred*, na escola absolutista[642]), mas também não os deixava integralmente à mercê de operações de *balancing* com qualquer interesse público que com eles contendesse. Admitia-se a restrição daqueles direitos, mas apenas se um interesse público classificado como altamente imperativo – *compelling* – o exigisse.

Os *intermediate scrutiny tests* surgem como uma espécie de regresso dos *balancers*, reforçados com recomposições do Supremo Tribunal[643], alternativa a um escrutínio mínimo (*rational basis*) e a um escrutínio quase absolutista em algumas das suas instanciações (*strict scrutiny*). São apresentados como uma categoria supletiva, aplicável quando os outros testes não se adaptam ao caso[644].

4.2. Estrutura e funções

Estes três *standards* têm em comum: (i) imporem a determinação prévia de qual o direito constitucionalmente garantido objeto de intervenção[645], de modo a definir o teste aplicável; (ii) implicarem a qualificação do interesse invocado de modo a verificar se pode justificar essa intervenção, sendo certo que qualquer interesse público (ou do governo) legítimo ou válido pode justificar a restrição quando o teste aplicável é o da *rational basis*; mas, para a restrição se justificar, o interesse terá de ser *compelling* ou equivalente se o teste aplicável for o do *strict*

---

[641] WINKLER, «Fatal in Theory and Strict in Fact...», pp. 802-803; FALLON, «Strict Judicial Scrutiny», pp. 1270, 1292. Desse modo, o Tribunal passou a definir os direitos de uma forma relativamente mais lata do que a aplicação absolutista ou categorial consentiria. O *strict scrutiny* proporcionava uma proteção forte – e adaptável – aos direitos com posição preferencial, mas não tão forte como a proteção absoluta. Sobre o papel do juiz Brennan neste compromisso, v. SIEGEL, «The Death and Rebirth...», pp. 221 ss.

[642] Note-se que a noção de *preferred freedoms* mereceu originalmente a oposição de *balancers* como Felix Frankfurter (v. *Kovacs v. Cooper*, 1949), que a via como um alicerce do absolutismo: NOVAIS, *As Restrições...*, p. 652.

[643] Do ponto de vista da composição do Tribunal Supremo, a construção destes testes intermédios coincide com o exercício do Tribunal Burger, composto por um número significativo de juízes designados por Richard Nixon. A consequência (ou a causa) mais visível e mais estudada foi a nova abordagem da *equal protection*: sobre isto, WINKLER, «Fatal in Theory and Strict in Fact...», p. 806.

[644] SWEET, «All Things in Proportion?...», p. 68.

[645] Cfr. GALLOWAY, «Means-end Scrutiny...,» *cit.*, p. 460, sustenta a escolha do *standard* aplicável pode depender não apenas do direito que é objeto da interferência, mas também do grau de sacrifício desse direito.

O PRINCÍPIO DA PROIBIÇÃO DO EXCESSO

scrutiny, ou importante, se o teste aplicável for o *intermediate scrutiny* (sem prejuízo de alguma oscilação conceitual que acompanha este último); (iii) a sua aplicação estar dependente de alguma discricionariedade (ou até descartabilidade) por parte do juiz constitucional que, nalguns casos, emprega critérios fluídos na escolha de um ou outro. Além destes, a sistematização coerente de outros traços comuns tem sido tentada. Por exemplo, seria comum (iv) o escrutínio da eficiência ou eficácia das medidas (dos meios)[646]; alguns teriam ainda em comum (v) a descoberta e comparação de alternativas menos restritivas ou menos drásticas do que a adotada.

Em contrapartida, não teriam em comum a realização de operações de *balancing* dos interesses do governo prosseguidos e dos direitos sacrificados. Todavia, não são lineares as leituras que se fazem sobre as relações entre o *balancing* e os vários níveis dos *scrutiny tests*. Alguns autores defendem que apesar de os *multitiered tests* nem sempre serem considerados decisões de *balancing*, eles funcionam exatamente como tal, uma vez que invariavelmente o *Supreme Court* escrutina a ação do Estado adaptando o grau de rigor do exame ao nível de suspeita que o ato do Governo suscita ou ao significado constitucional do direito fundamental em causa[647] ou fazendo depender o grau *compelling* do interesse público do peso dos demais interesses em jogo[648]. Posições matizadas inclinar-se-ão para reconhecer que o *rational basis* não tem lugar para o *balancing*, que o *strict scrutiny* pode aplicar-se sem *balancing*[649], mas que o incorpora em algumas das versões[650] e que os *intermediate scrutiny tests* são os mais abertos à possibilidade de incorporação de *balancing*[651].

---

[646] Não surtiu efeito a proposta de GALLOWAY, «Means-end Scrutiny...», *cit.*, de precisar que, no que toca à relação entre meio e fim, nuns casos ela teria de ser substancialmente efetiva, enquanto noutros bastaria que houvesse uma relação racionalmente comprovável ou plausível. A literatura e a jurisprudência constitucionais não autorizam uma leitura tão linear.

[647] V., por todos, CHEMERINSKY, *Constitutional Law...*, p. 551: *"(i)n a sense, the level of scrutiny provides instructions for balancing. It informs courts as to how to arrange the weights on the constitutional scale in evaluating particular laws"*; também, FAIGMAN, «Madisonian Balancing...», *cit.*, p. 682. Significativamente, o juiz Scalia, um dos mais influentes, já se referiu ao *strict scrutiny* como um *balancing test* em *Employment Division v. Smith* (1990).

[648] SWEET, «All Things in Proportion?...», p. 36, parece ir neste sentido.

[649] SWEET, «All Things in Proportion?...», admite isto, p. 52: embora defenda que o *strict scrutiny* começou por ser uma base estrutural para o *balancing* (p. 18), admite que esta operação é obscurecida nos casos em que o *strict scrutiny* é aplicado na versão "despiste de fins ilícitos" (v. *infra*).

[650] A propósito, desenrola-se um debate sobre a "suavização" das arestas mais agrestes da *tiered review*. Por exemplo, CASS SUNSTEIN, «The Supreme Court, 1995 Term – Foreword: Leaving Things Undecided», in *HLR*, vol. 110 (1996), p. 77.

[651] Nas palavras de SULLIVAN, «Post-liberal Judging...», pp. 296-297 e «Governmental Interests and Unconstitutional Conditions Law: A Case Study in Categorization and Balancing», in *Albany Law Review*, vol. 55 (1992), p. 606, o *intermediate scrutiny* em todas as suas formas representa um

OS TESTES GERADOS PELO "CASE LAW" NORTE-AMERICANO

Uma outra questão que se pode discutir é se os vários *tiers of scrutiny* devem ser considerados independentes, isto é, testes com requisitos diferenciados, relativamente desencontrados, ou se cada um deles é apenas uma posição de uma escala métrica imaginária deslizante ou variável (*sliding scale*), dependendo a escolha de cada *grau de escrutínio* – ou dos níveis da escala métrica – do direito limitado, da gravidade do mal infligido, da identidade do grupo atingido, da natureza do interesse prosseguido pelo governo e, porventura, de outros aspetos[652].

Em suma, estes *standards* têm funções e estrutura complexas: (i) podem ser utilizados como critério de classificação de várias categorias de direitos, ponderando o nível de escrutínio associado à limitação de cada um deles[653]; (ii) são parâmetros definidores da competência e da forma ou tramitação processual em que a adjudicação constitucional se desenvolve; (iii) no quadro de uma estrutura processual primordialmente dispositiva, dão indicações sobre a repartição do ónus de prova (iv) sintetizam intensidades diversas do controlo judicial (mínima, intermédia, superior); (v) segregam algumas normas substantivas que constituem parâmetros da validade da decisão apreciada, podendo a sua inobservância implicar a invalidade constitucional do ato legislativo.

Estudaremos de seguida cada um destes três *scrutiny tiers*.

4.3. *Rational basis*

Como se referiu, este teste foi desenhado pela jurisprudência constitucional contemporânea do *New Deal*, superadora de *Lochner*[654]. Trata-se de uma versão

---

modo de aberto *balancing*, talvez o mais genuíno praticado no ordenamento constitucional americano. V., também, BLOCHER, «Categorialism and Balancing...», p. 392.

[652] A paternidade desta visão é imputada ao juiz T. Marshall (com adesão de John Paul Stevens), em posições assumidas em sentenças do Supremo Tribunal da década de 1970 (*Dandridge v. Williams*, 1970, *Richardson v. Belcher*, 1971, etc.). Neste sentido GALLOWAY, «Means-end Scrutiny...», p. 460; GOTTLIEB, «Compelling Governmental Interests...», pp. 923, 970; *idem*, «Tears for Tiers...», p. 361. Como veremos *infra*, esta compreensão é particularmente apelativa nos casos de *equal protection*. CHEMERINSKY, *Constitutional Law...*, p. 555, alerta que o Supremo Tribunal nunca perfilhou essa visão; porém SULLIVAN/FRASE, *Proportionality Principles...*, p. 53, assinalam que a circunstância de o Tribunal ter flexibilizado o seu modelo de fiscalização, com a adição do *rational basis with a bite*, do *intermediate scrutiny* e de uma versão *soft* do *strict scrutiny* é consistente com o ideal de *sliding scale*, que normalmente envolve algum grau de *constitutional balancing* de interesses competitivos; NOVAIS, *As restrições...*, p. 925, utiliza a imagem apenas para o *intermediate scrutiny*.

[653] Isto é: direitos cuja limitação convida o *minimal* ou *rational basis scrutiny*, direitos cuja limitação exige *intermediate scrutiny* e direitos cuja limitação suscita *strict scrutiny*: v. CHEMERINSKY, *Constitutional Law...*, p. 552; BARAK, *Proportionality: Constitutional Rights...*, p. 509; NOVAIS, *As restrições...*, pp. 920 ss.

[654] Casos chave: *Nebbia v. New York* (1934), *West Coast Hotel v. Parrish*, (1937) e *United States v. Carolene Products* (1938).

O PRINCÍPIO DA PROIBIÇÃO DO EXCESSO

minimalista da proteção de direitos constitucionais perante normas restritivas. É acusada por alguns setores de ser uma forma de desistência da jurisdição constitucional da função de proteger direitos das intervenções do legislador[655]. Todavia, há indicações que mostram que o teste não é totalmente desprovido de consequências, designadamente quando é aplicado com um grau de intensidade superior ao mínimo[656].

O seu âmbito estende-se às liberdades ou direitos que, mesmo quando expressamente consagrados na Constituição, são considerados menos fundacionais de uma ordem de liberdade do que os *preferred rights*. É aplicável às intervenções na maior parte dos direitos sociais, culturais ou económicos (categoria em que se integram, na teoria constitucional americana, o direito de propriedade ou a liberdade contratual)[657]. Neste perímetro, o *Supreme Court* faz uma leitura estrita dos princípios da separação de poderes, das suas próprias limitações institucionais e do federalismo e aceita que a ponderação ou já foi feita pelos constituintes ou compete ao legislador e não aos tribunais. O teste traduz-se simplesmente em verificar se o ato é um meio razoável para atingir o objetivo da promoção de um interesse governamental legítimo. Pretende-se garantir que a intervenção *tem uma base racional, não arbitrária*. É válida a

---

[655] V. Winkler, «Fatal in Theory and Strict in Fact...», p. 799, nota que há a convicção de que quase todas as leis julgadas de acordo com o teste *rational basis* foram julgadas conformes com a Constituição; também Sweet, «All Things in Proportion?...», p. 45; Sullivan/Frase, *Proportionality Principles*..., p. 5; Barak, *Proportionality*..., p. 533 (considerando o teste um limiar demasiado baixo para a limitação de direitos numa democracia).

[656] A partir da década de 1970, o teste sofreu alguma graduação, que permite uma aplicação desigualmente deferencial para com o legislador, de acordo com o caso; cfr. Farrell, «Successful Rational Basis Claims...». Sobre o *rational basis review with a bite*, Fallon, «Strict Judicial Scrutiny», p. 1301; Siegel, «The Origin of the Compelling State Interest...», pp. 6-8, aludindo a *minimal scrutiny with a bite*.

[657] V. Sullivan/Frase, *Proportionality Principles*..., p. 5 (aditando também referência aos direitos de liberdade dos detidos). Nos EUA dá-se como adquirida a doutrina da graduação dos direitos constitucionalmente consagrados, nos termos da qual diferentes casos suscitam diferentes graus de escrutínio. Sobre a formação histórica desta doutrina (final da década de 1930, início da década de 1940), v. White, «Historicizing...», pp. 115 ss.; Faigman, «Madisonian Balancing...», p. 686, referindo-se ao *strict scrutiny*, mas em termos geralmente válidos; Barak, *Proportionality: Constitutional Rights*..., p. 508. Sweet, «All Things in Proportion?...», p. 45, critica a opção de o Tribunal tratar certos direitos como absolutos ou quase e outros como virtualmente sem força nenhuma (o Tribunal reescreveu a Constituição, privando os cidadãos de alguns direitos), interrogando-se sobre a justificação para esta degradação: não se percebe se é porque não são de facto direitos, ou não são suficientemente importantes para merecer a mesma proteção que outros, ou se o Tribunal, através de uma operação de *balancing*, determinou para sempre que nunca poderão ter um peso superior a um interesse público razoável. Falando do Supremo Tribunal como guardião de "direitos sim, direitos não", James W. Ely, *The Guardian of Every Other Right. A Constitutional History of Property Rights*, 2ª ed., Oxford University Press, New York, Oxford, 1998.

OS TESTES GERADOS PELO "CASE LAW" NORTE-AMERICANO

norma que seja uma maneira racional de prosseguir um fim governamental legítimo[658]. A vontade do legislador só decai se a lei não cumprir requisitos básicos de racionalidade[659]. A metódica aplicativa do *standard* não consente ao Tribunal operações de *balancing* ou de ponderação e contrapeso de interesses contrapostos. Além disso, assenta numa (forte) presunção de constitucionalidade dos atos legislativos, o que se traduz na atribuição do ónus da prova da inconstitucionalidade a quem a invoca, que deve demonstrar que o ato não prossegue um fim legítimo ou que não é um meio razoável de prosseguir esse fim[660].

---

[658] Winkler, «Fatal in Theory and Strict in Fact...», p. 799; Fallon, «Strict Judicial Scrutiny», p. 1274.

[659] V., por exemplo, Chemerinsky, *Constitutional Law...*, p. 552; Bhagwat, «The Test that Ate Everything: Intermediate Scrutiny ...», p. 786. Para alguns autores esta é uma consequência de se entender, no contexto constitucional americano, que o princípio democrático ou maioritário pesa (ligeiramente) mais do que o princípio da proteção dos direitos individuais: assim, Faigman, «Madisonian Balancing...», p. 684. O autor apresenta uma alternativa de *rational basis review with teeth*, mais protetora dos direitos e mais transparente, no âmbito do seu *Madisonian balancing*, envolvendo uma repartição do ónus da prova diferente da adotada pelo Supremo Tribunal.

[660] Chemerinsky, *Constitutional Law...*, p. 553; Sullivan/Frase, *Proportionality Principles...*, p. 5. A presunção da constitucionalidade, não expressamente ordenada pela Constituição, mas consensual na jurisprudência e na doutrina americanas, começou a ser ocasionalmente invocada a partir de 1876 (*Munn v. Illinois*, publicada em 1877), mas só se consolidou nos anos de 1930, quando o Supremo Tribunal se afastou dos parâmetros de *Lochner* (nesta decisão, especificamente, a visão do legislador sobre os factos foi substituída pela do Tribunal, sem qualquer cedência à ideia de presunção da constitucionalidade). White, «Historicizing...», p. 114, assinala que a primeira decisão em que o Supremo Tribunal decidiu que uma categoria de legislação gozava da presunção de constitucionalidade foi *United States v. Carolene Products, Co.* (1938). A presunção de constitucionalidade é um modo indireto de traduzir uma atitude de deferência dos tribunais no que toca aos factos presumível ou realmente apurados pelo legislador, quando o juízo de constitucionalidade depende de uma certa factualidade. Quando a superação do teste de constitucionalidade aplicável – no caso do texto, o *rational basis* – depende da verificação de certos factos, o juiz constitucional presume que a apreciação do legislador foi razoável, sendo a lei consequentemente conforme com a constituição. Sobre tudo isto, Hessick, «Rethinking the Presumption of Constitutionality», p. 1452. A presunção de constitucionalidade não inclui, porém, as interpretações da constituição adotadas pelo legislador, não obstante a circunstância de em certas épocas o Tribunal se ter mostrado aberto a uma atitude de reverência também para com essas interpretações, na linha de posições clássicas como as de James B. Thayer: deste autor v. «The Origen and Scope of the American Doctrine of Constitutional Law», in *HLR*, vol. 7 (1893), pp. 129 ss. (defendendo que os tribunais só podem invalidar legislação em casos de claramente errada e irracional interpretação da constituição pelo legislador); cfr. White, *idem*, p. 76 (explicando que a doutrina de Thayer se inscrevia na linha proveniente dos primórdios da *judicial review* de reconhecimento da discrição do legislador e do executivo e da necessidade de evitar uma interferência do judicial no campo daqueles, mas ia mais longe na proposta de uma atitude deferencial do juiz – de *hands off* – para com os outros ramos do governo).

O PRINCÍPIO DA PROIBIÇÃO DO EXCESSO

Este *standard* tem algumas zonas de coincidência com o segmento da adequação da proporcionalidade clássica[661]. No entanto, a relação meio-fim é menos exigente. Do ponto de vista metódico, identifica-se o direito que sofre a intervenção restritiva e o interesse que é invocado como fundamento da restrição[662], ajuizando-se depois se há uma relação racional, razoável, não arbitrária, entre a intervenção restritiva e a promoção daquele interesse. A atitude de deferência para com o legislador induz a que se prescinda de confirmar se a medida conduz efetivamente à prossecução do fim, bastando admitir que um legislador razoável poderia ter concluído nesse sentido[663]. Não se analisa se a restrição é necessária ou se há alternativas menos drásticas, nem se contrapesa o peso do direito com o peso do interesse beneficiado.

4.4. *Strict scrutiny*

4.4.1. Caraterização geral e âmbito de aplicação
Como se referiu, os próprios categorialistas foram forçados a reconhecer que nem sempre é razoável defender uma rígida aplicação categorial das normas que consagram posições jurídicas fundamentais. Todavia, o *rational basis test* constituía uma barreira ténue às restrições e o *balancing* era visto como um acelerador da diluição do sentido normativo dos *preferred rights*, comprometendo o seu caráter de *preferred*. Abria-se assim um espaço para uma teste mais adstringente, embora não inflexível. Um teste que assegure um misto de rigidez e de plasticidade doutrinal suficientes para enfrentar casos em que a prossecução de interesses públicos imperativos, possivelmente urgentes e raros, justifica excepcionalmente a restrição dos direitos "mais fundamentais" entre os direitos.

Nos termos do *strict scrutiny* (que surge por vezes com outras denominações, como *compelling state interest analysis*), as normas legislativas restritivas de direitos mais poderosamente protegidos pela Constituição são declaradas inconstitucionais se não forem "necessárias" e recortadas com precisão – ou "*narrowly tailored*" –, para servirem um "*compelling state interest*" (interesse imperativo do Estado). Afasta-se a presunção primária da constitucionalidade da lei, em que assenta a *rational basis review*[664]. No contexto do *strict scrutiny*, o ónus da prova

---

[661] Assim, SWEET, «All Things in Proportion?...», p. 7; BARAK, *Proportionality: Constitutional Rights...*, p. 512.

[662] CHEMERINSKY, *Constitutional Law...*, sustenta que o fim nem sequer necessita de ser o invocado ou trazido ao tribunal, bastando um qualquer fim concebível que seja legítimo.

[663] Neste sentido, HESSICK, «Rethinking the Presumption of Constitutionality», p. 1455.

[664] V. *supra* e HESSICK, «Rethinking the Presumption of Constitutionality», *cit.*; CHEMERINSKY, *Constitutional Law...*, p. 554.

OS TESTES GERADOS PELO "CASE LAW" NORTE-AMERICANO

da constitucionalidade cabe ao legislador: a inconstitucionalidade é declarada se o legislador não demonstrar os factos que demonstram a existência de um *compelling state interest* e o caráter necessário ou *narrowly tailored* da medida concebida para o satisfazer.

Neste teste, o escrutínio atinge a máxima potência, o que é justificado pelo respetivo âmbito de aplicação. A noção geral é que o *strict scrutiny* é desencadeado por interferências ou restrições em *preferred rights* – os direitos "mais fundamentais" entre os direitos constitucionais – e por certo tipo de discriminações, designadamente as baseadas na raça ou na origem nacional[665], aquelas posições jurídicas subjetivas que, pela sua natureza e estrutura, exigem uma proteção mais reforçada[666]. Todavia, essa noção geral carece de dosificação. E é aí que surge um dos fatores de plasticidade (e também, *hélas*, de indeterminação): a latitude da delimitação pelo Tribunal (sujeita apenas à sua autodisciplina) de quais os direitos, ou dimensões de direitos, ou sacrifícios de direitos, que desencadeiam uma proteção reforçada (quase absoluta, numa leitura inicial), através do *strict scrutiny test* e quais as liberdades ordinárias que beneficiam simplesmente da proteção menos exigente do *rational basis test*[667].

---

[665] CHEMERINSKY, *Constitutional Law...*, p. 554. Todavia, nesse âmbito podem ser definidos e aplicados outros testes, numa base *ad hoc*, como alerta FALLON, «Strict Judicial Scrutiny», p. 1292.

[666] Como sucede com frequência no direito constitucional americano, a distinção entre os direitos e liberdades "ordinários" e os direitos e liberdades mais fundamentais, ou *"preferred"*, resultou de um processo de sedimentação jurisprudencial, sem base constitucional direta. Sobre este desenvolvimento e a sua influência decisiva na construção do *strict scrutiny*, v. FALLON, «Strict Judicial Scrutiny», pp. 1285 ss.; SWEET, «All Things in Proportion?...», pp. 18 ss. Concomitantemente com a superação do precedente de *Lochner* e a adoção, depois de 1937, do *rational basis scrutiny*, que moderava os poderes de anulação de legislação pelo *Supreme Court*, particularmente da legislação de intervenção na economia – *New Deal oblige* –, o Tribunal admitiu que há alguns direitos que exigem uma proteção constitucional maior do que as liberdades com sentido económico – entre as quais estão os direitos de propriedade e de contratar –, abrindo a porta a um *double standard* na apreciação das restrições dos direitos protegidos pela Constituição: para uns, apenas *rational basis*, para outros uma forma mais assertiva de escrutínio. Após um primeiro afloramento na célebre nota de rodapé nº 4 de *United States v. Caroline Products* (1938), escrita pelo juiz Stone, o Tribunal lançou as bases para a jurisprudência de que um número delimitado de direitos gozam de uma posição preferencial – *preferred position* – e por isso merecem uma proteção judicial reforçada. Trata-se, sobretudo de direitos consagrados pela Primeira Emenda (cfr. a transcrição *supra*), como as liberdades de expressão, reunião e religião: v. *Jones v. City of Opelika* (1943). No início da década de 1960, esta jurisprudência tornou-se mais coerente e consistente, mas persistem dúvidas sobre quais efetivamente os *preferred rights*, havendo alegações de que a natureza *preferred* de cada direito depende muito da sensibilidade individual de cada juiz (v. primeiro autor citado, p. 1271).

[667] FALLON, «Strict Judicial Scrutiny», p. 1292.

O PRINCÍPIO DA PROIBIÇÃO DO EXCESSO

O *strict scrutiny* começou por ser aplicado em casos relacionados com direitos da Primeira Emenda e em casos de *equal protection*[668]. Na sua versão acabada, é aplicado em alguns núcleos[669]: direitos garantidos pela Primeira Emenda, incluindo as dimensões mais nucleares da liberdade de expressão (designadamente política), liberdade de manifestação, liberdade de associação e liberdade religiosa (esta, depois de 1990, apenas parcialmente), liberdade de circulação, liberdade de eleição, *due process, equal protection clause*, designadamente na medida em que estejam em causa *suspect class discriminations* como as baseadas na raça ou na nacionalidade[670].

4.4.2. As várias versões do *strict scrutiny*

Transcorridas algumas décadas de afirmação e afinamento jurisprudencial do *standard*, é possível dizer que o *strict scrutiny* não é *um só* teste mas *vários* testes alternativos, que espelham visões diferentes sobre a sua estrutura e natureza e correspondem a propósitos díspares[671]. Algumas componentes de algumas dessas interpretações apresentam similitudes – por vezes evidentes – com segmentos do princípio da proporcionalidade clássica[672].

---

[668] Havendo divergências sobre em qual daqueles dois campos se aplicou primeiro: cfr. FALLON, «Strict Judicial Scrutiny», p. 1275; v., por todos, SIEGEL, «The Origin of the Compelling State Interest Test and Strict Scrutiny», p. 40, um dos autores que identifica perentoriamente *Sherbert v. Verner* (1963) como o primeiro caso em que o *strict scrutiny* foi claramente aplicado.

[669] Os núcleos que se identificam de seguida no texto são apenas uma proposta de síntese, uma vez que a delimitação e identificação dos núcleos em que é aplicado o *strict scrutiny* varia de autor para autor. V. bibliografia geral sobre o teste, designadamente, em SIEGEL, «The Origin of the Compelling State Interest Test and Strict Scrutiny...», *cit.*; CHEMERINSKY, *Constitutional Law...*, p. 554 e em variados outros locais; FALLON, «Strict Judicial Scrutiny», pp. 1268-1269; VAROL, «Strict in Theory...», p. 1245; BARAK, *Proportionality...*, p. 510; na doutrina portuguesa, NOVAIS, *As restrições...*, pp. 934 ss., embora concentrando a exposição nas restrições à liberdade de expressão. Em todo o caso, é consensual a observação da sua rápida e não controlada expansão a múltiplas áreas, logo que começou a ser aplicado pelo Supremo Tribunal.

[670] Sobre a origem das *suspect classifications* (e distinguindo do que propunham na altura como *forbidden classifications*) v. TUSSMAN/tenBROEK, «The Equal...», pp. 353 ss.). A *equal protection clause* consta da Décima Quarta Emenda (de 1868), juntamente com as cláusulas da cidadania e de *due process* (processual e substantivo). O Supremo Tribunal aplica diferenciadamente os três níveis de escrutínio em casos de *equal protection clause*.

[671] Falando de várias interpretações ou leituras e assinalando que isso implica, afinal, muito menos disciplina para o juíz constitucional do que se poderia esperar, FALLON, «Strict Judicial Scrutiny», pp. 1271 e 1302 ss.

[672] Neste sentido, mas alertando também para importantes diferenças, por exemplo, FALLON, «Strict Judicial Scrutiny», p. 1295. Há quem seja mais cauteloso ou restritivo: BARAK, *Proportionality: Constitutional Rights...*, p. 513, entende que há apenas uma semelhança do *strict scrutiny* com o segmento da necessidade.

OS TESTES GERADOS PELO "CASE LAW" NORTE-AMERICANO

Tomemos as três interpretações diferentes do *strict scrutiny* propostas por RICHARD FALLON[673]: (i) a versão da *proibição quase categorial*, que consiste na proibição quase absoluta de restrições de direitos fundamentais altamente protegidos (o direito a não ser torturado, por exemplo), não importando qual o interesse invocado pelo legislador como fundamento da restrição, com a rara exceção de males sérios, iminentes e quase catastróficos (na verdade, os *compelling interest* numa aceção extremamente exigente); (ii) a versão do *balancing calibrado (weighted balancing)* – segundo o autor, similar à análise da proporcionalidade na Europa –, em que o tribunal analisa se uma intrusão, maior ou menor, num direito fundamental pode ser justificada à luz dos benefícios daí resultantes para um interesse público; (iii) a versão de *controlo de fins ilícitos*, que tem o propósito de evitar que os direitos fundamentais sejam restringidos para prosseguir fins proibidos, camuflados ou não pelo legislador[674].

Em rigor não estamos perante três interpretações ou leituras distintas de um só teste, mas sim perante três testes distintos, com funções, pressupostos e metódicas diversas.

A última versão – que não correspondeu à intenção inicial[675] – pretende verificar se há evidência ou indício de o fim prosseguido – eventualmente não confessado ou diferente do invocado – ser proibido. O indício da prossecução de um fim ilícito pode emergir, por exemplo, da inadequação da medida para atingir o fim invocado ou do excesso ou défice (*overinclusiveness* ou *underinclusiveness*) do âmbito da medida. Saber se a medida é ou não necessária ou *narrowly tailored* em relação ao alegado *compelling interest* é a questão central desta versão do *strict scrutiny*, sendo dispensadas operações de *balancing*.

Ao invés, as duas primeiras não permitem uma posição tão perentória. A primeira, de proibição quase categorial, requer uma atitude cautelosa. A seu propósito, há quem sustente que envolve operações de *balancing*, even-

---

[673] «Strict Judicial Scrutiny», pp. 1302 ss.

[674] Adicionalmente, FALLON, «Strict Judicial Scrutiny», pp. 1311 e 1315, aponta alguns casos da jurisprudência do *Supreme Court* em que o *strict scrutiny* parece ter funcionado "às avessas", isto é, como ferramenta de "salvação" de medidas que visam primariamente um fim ilegítimo. Nesse caso, o Tribunal deteta o fim ilegítimo mas submete a medida ao *strict scrutiny* para determinar se há algum *compelling interest* que a possa salvar. Trata-se de uma situação insuscetível de cair sob a alçada do princípio da proporcionalidade clássica, uma vez que, como veremos, um dos seus pressupostos de aplicabilidade é a prossecução pela medida escrutinada de um *fim legítimo*. A constatação de que uma medida visa um fim ilegítimo compromete a sua validade, prejudicando a submissão ao crivo da proporcionalidade clássica.

[675] Assinalando o ponto, SIEGEL, «The Origin...», pp. 65 ss.; SWEET, «All Things in Proportion?...», p. 18. Mas as primeiras aplicações do *strict scrutiny* nos casos de discriminação racial (a partir de 1964) enquadravam-se nesta versão. O *strict scrutiny* nas outras versões só começou a ser aplicado em questões de discriminação em 1978: SIEGEL, *idem*, p. 71.

O PRINCÍPIO DA PROIBIÇÃO DO EXCESSO

tualmente não assumidas[676], falando-se até de um *categorical balancing*[677]. Nessa medida, a aplicação do *strict scrutiny* na versão de proibição quase categorial não passaria sem alguma ponderação do peso inerente à natureza quase absoluta do direito fundamental e do caráter quase catastrófico da ameaça que se pretende evitar[678]. Simplesmente, a carga de justificação a favor da restrição do direito seria muito elevada, perto de insuperável[679]. Contudo, apesar do uso nominal de alguma retórica de *balancing*, trata-se ainda de um modo de análise categorial[680]/[681].

Diversamente, a versão *strict scrutiny* do *balancing* calibrado envolve um caso específico de *balancing* entre o mal provocado a um direito especialmente qualificado e a satisfação de *compelling state interests* também especialmente pon-

---

[676] SWEET, «All Things in Proportion?...», p. 18, nota que há casos em que o *Supreme Court* procura manter o *balancing* invisível, tratando o direito como "quase absoluto".

[677] SIEGEL, «The Death and Rebirth...», *cit.*, p. 224, sustenta que o *clear and present danger test* e o *strict scrutiny* são *standards* que implementam normas constitucionais através de *categorical balancing*.

[678] Embora sem o dizer expressamente, é aí que conduz o discurso de FALLON, «Strict Judicial Scrutiny», p. 1334, nota, quando admite que aquilo que chama a componente da proporcionalidade (v. *infra*), que na sua construção integra a apreciação do *narrow tailoring*, também tem aplicação nesta versão do *strict scrutiny*. Quanto maior for o papel reservado pelos autores ao *balancing* no âmbito da teoria constitucional, maior será o reconhecimento da necessidade de operações de *balancing* na própria qualificação, avaliação ou prova (pelo Estado) da "força" ou "peso" dos interesses que o Estado pretende prosseguir em confronto com os direitos afetados: v., por exemplo, algumas aplicações do *Madisonian balancing* de FAIGMAN, «Madisonian Balancing...», pp. 679 ss. Sobre as condições mais gerais de atribuição de pesos diferenciados aos direitos e aos interesses públicos em situações de comparação específica, GOTTLIEB, «Compelling Governmental Interests...», p. 970.

[679] É nesta base que FALLON, «Strict Judicial Scrutiny», p. 1333, alega que pode haver diferenças significativas entre as aplicações mais adstringentes do *strict scrutiny* e a proporcionalidade aplicada noutros países. No *strict scrutiny*, na leitura *proibição quase categorial*, o ponto de partida é a atribuição de um peso quase absoluto a um direito, enquanto na proporcionalidade os direitos teriam de competir em igualdade de circunstâncias com outros interesses. Trata-se, porém, de uma posição que decorre de uma interpretação simplista da proporcionalidade.

[680] SULLIVAN, «Post-liberal...», p. 296.

[681] Por exemplo, poderia-se procurar enquadrar no conceito de *balancing* – um *balancing* implícito e não assumido ou até recalcado –, as situações em que o juiz propende a acolher mais facilmente a existência de *compelling interest* quando a sua posição em relação ao direito em causa é menos convicta ou mais desvalorizadora da respetiva importância. Por exemplo, se o juiz desvaloriza ou não atribui peso significativo ao direito ao aborto tenderá a aceitar mais facilmente que a proteção da vida do feto constituí um *compelling interest*; se não atribui peso à liberdade de se exprimir através da emissão de material pornográfico explícito na televisão, aceitará mais facilmente um *compelling interest* do Estado em preservar o desenvolvimento psicológico das crianças: v. estes e outros exemplos, embora noutra perspetiva, em FALLON, «Strict Judicial Scrutiny», pp. 1322 ss.

OS TESTES GERADOS PELO "CASE LAW" NORTE-AMERICANO

derosos[682]. Este teste de *balancing*, incrustado no *strict scrutiny*, distinguir-se-ia de outros testes de *balancing* pela circunstância de o peso atribuído *prima face* ao lado da "balança" em que estão os direitos ser mais elevado do que o usual, obrigando a que os interesses públicos, para justificarem a restrição, tenham de ser também inusitadamente pesados[683].

Não está fixado o âmbito de aplicação de cada uma destas três versões, pelo que a sua escolha caso a caso depende em última análise das convicções e inclinações doutrinais do juiz do caso[684].

4.4.3. Estrutura e metódica de aplicação

O *strict scrutiny*, em qualquer das suas versões, assenta em dois pilares estruturais que chegaram à jurisprudência do *Supreme Court* em momentos diferentes, de forma isolada e desconexa, aplicados articuladamente apenas a partir da década de 1960: (i) o ónus da prova da constitucionalidade da restrição do direito compete ao legislador, a quem cabe demonstrar o preenchimento das exigências referidas de seguida; (ii) a restrição deve ser justificada por um *compelling state interest*; (iii) a restrição deve ser *necessary* ou *narrowly tailored*[685]/[686].

---

[682] Além de FALLON, «Strict Judicial Scrutiny», pp. 1306 ss., fala também de *balancing* calibrado WINKLER, «Fatal in Theory and Strict in Fact...», p. 803; sem utilizar esse *nomen*, mas falando de ponderação de interesses constitucionais competidores, SULLIVAN/FRASE, *Proportionality Principles...*, p. 55 (elaborando sobre *Grutter v. Bollinger*, 2003).

[683] FALLON, «Strict Judicial Scrutiny», p. 1306. Em todo o caso, o autor sustenta que esta interpretação do *strict scrutiny* pouco mais é do que um *balancing test* (*idem*, p. 1308); a expressão *balancing with bite* (usada por SWEET, «All Things in Proportion?...», p. 36) pode ser usada com propriedade.

[684] É esta a conclusão de FALLON, «Strict Judicial Scrutiny», p. 1315.

[685] GALLOWAY, «Means-end Scrutiny...», p. 462, assegura que além do *compelling interest* e da *necessity*, o teste envolve uma terceira componente, isto é, a exigência de o meio ser *eficiente* para prosseguir o fim governamental. Mais do que se requerer simplesmente que a medida tenha uma relação racionalmente concebível com o fim (como na *rational basis*), ela tem de ser *substancialmente efetiva*: o governo tem de demonstrar que o método escolhido é realmente efetivo na satisfação do interesse (*idem*, p. 492). Para o autor, a rejeição da *underinclusiveness* (cfr. *infra*), que tem sido correntemente aceite, decorre da exigência de a medida ser *substancialmente efetiva*. Como se verá, também no âmbito do princípio da proporcionalidade se discute se para se considerar a medida adequada basta ela ser minimamente eficiente.

[686] Sobre o processo de sedimentação gradual, relativamente desconexa e desfasada no tempo, destes três pilares v. por exemplo: FALLON, «Strict Judicial Scrutiny», pp. 1273 ss.; SWEET, «All Things in Proportion?...», pp. 34 ss.; SIEGEL, «The Origin of the Compelling State Interest Test and Strict Scrutiny», pp. 9 ss.; *idem*, «The Death and Rebirth...», p. 221. O pilar mais antigo é o *narrow tailoring*, na sua dimensão *less restrictive mean* que aflorou em casos da Commerce Clause e na época de *Lochner*. É de notar que no direito europeu também o segmento da necessidade se impôs primeiro que a terceira componente da proporcionalidade. Sobre a sedimentação histórica do *narrow tailoring*, WORMUTH/MIRKIN, «The Doctrine of the Reasonable Alternative...», cit; STRUVE, «The Less-Restrictive-Alternative ...», cit; NOTA, «Less Drastic Means and the First

O PRINCÍPIO DA PROIBIÇÃO DO EXCESSO

Entre a verificação do preenchimento dos principais pressupostos de aplicação e o exame das componentes estruturais, a metódica aplicativa do teste envolve quatro passos[687]: (i) identificação do direito fundamental ou da dimensão do direito fundamental afetado; (ii) verificação de que a restrição, ou intensidade da restrição, desse direito desencadeia o *strict scrutiny*; (iii) determinação e apreciação do *compelling state interest* que se apresenta como justificador da restrição; (iii) aplicação do requisito da necessidade ou *narrow tailoring*, com as suas componentes[688].

4.4.3.1. *O direito fundamental afetado*

A *Bill of Rights* não contém uma cláusula geral que autorize restrições ou limitações dos direitos nele contidos (e tão pouco consagra aquilo que designamos de comando geral de harmonização) e a maioria dos direitos não conhece qualquer cláusula específica que permita a sua limitação[689]. Conforme fomos assinalando ao longo do texto, essas restrições ou limitações têm sido admitidas, com maior ou menor latitude. Inexistindo as referidas cláusulas de limites, a sua determinação é tarefa do juiz constitucional.

4.4.3.2. *Determinação da aplicabilidade do strict scrutiny*

Como se expôs acima a propósito do âmbito de aplicação, é vasta, mas não uniforme, a jurisprudência sobre o tipo de intervenções e os direitos, ou dimensões de direitos, ou tipos de males provocados aos direitos, que suscitam o *strict scrutiny*. Em princípio, as intervenções em *preferred rights* ou a invocação ou uso de classificações suspeitas, desencadeiam-no. Mas a jurisprudência constitucional denota oscilações sobre os critérios de identificação dos *preferred rights* e das classificações suspeitas que impedem a definição de uma orientação inequívoca. Existe uma fragmentária rede de exceções e até de opções contraditórias,

---

Amendment...», *cit.* A atribuição do ónus da prova ao legislador remonta a *United States v. Carolene Products* (1938). O teste do *compelling state interest* foi introduzido no final dos anos de 1950, início dos anos de 1960: para alguns em *Sweezy v. New Hampshire* (1957), no âmbito de uma declaração de voto incaracterística do juiz Frankfurter, um *low-protectionist balancer* que está longe de poder ser visto como um percursor do *strict scrutiny*; para outros, mais tarde, em 1963, na altura em que, impulsionado pelos juízes Brennan e Goldberg, o *Supreme Court* começou a fazer confluir estas três componentes no *strict scrutiny* (*NAACP v. Button, Gibson v. Florida Legislative Investigation Committee, Sherbert v. Verner*).

[687] Sem prejuízo de a aplicação do *strict scrutiny* envolver um vai-e-vem metódico – *two-way traffic* – na avaliação dos fins e dos meios (reconhecendo-o, FALLON, «Strict Judicial Scrutiny», p. 1333) que também notaremos na aplicação do princípio da proporcionalidade.

[688] Ligeiramente diferente na descrição da ordem lógica, WINKLER, «Fatal in Theory and Strict in Fact...», pp. 800-801.

[689] V. BARAK, *Proportionality: Constitutional Rights...*, pp. 138-139 e bibliografia citada.

OS TESTES GERADOS PELO "CASE LAW" NORTE-AMERICANO

refletindo uma tendência umas vezes restritiva, outras expansionista, dos direitos protegidos através do *strict scrutiny*[690].

Este ambiente de incerteza é ampliado pela tendência – controversa – para a extração de direitos não enumerados na Constituição, muitas vezes com recurso à vaga doutrina do *substantive due process* (como os direitos à privacidade e à educação, por exemplo)[691].

4.4.3.3. *Determinação e apreciação do compelling state interest*

A questão de saber o que é um *compelling state interest*[692] suscita dificuldades superiores às dos números anteriores, avolumadas pela deficiente teorização e sistematização dos tratamentos jurisprudenciais do tema e também pelo facto de o conceito relevante de *compelling interest* poder variar de versão para versão do teste. O conceito não tem base ou definição constitucional e tão pouco existe qualquer tipo de enumeração dos *compelling state interests*. O Supremo Tribunal, salvo poucas exceções, não conseguiu ou não procurou explicar a base em que sustentou a aceitação de um interesse como *compelling*[693]. Por isso, é controvertido o tipo de conexão ou de credenciação constitucional que ele deve possuir. Se em muitos casos essa conexão ou credenciação resulta clara, noutros verifica-se a ausência de um sustento textual forte. Mas terá

---

[690] Talvez a área de maior intrincação seja a das liberdades comunicativas, onde o Supremo Tribunal tem definido áreas de expressão excluídas do âmbito de proteção (por exemplo, a difusão de pornografia), áreas em que estão apenas em causa restrições quanto ao tempo, local e maneira, onde se requer uma proteção (em princípio) baixa e áreas em que está em causa a restrição ao conteúdo de certas formas de expressão, estas carentes de uma proteção elevada: cfr. entre nós NOVAIS, *As restrições...*, pp. 897 ss.

[691] A oposição ao legislador de direitos não explicitados na Constituição, derivados de fontes extratextuais (direito natural, tradição, valores dos juízes, princípios neutrais, razão, valores partilhados pela sociedade), é motivo de apoios mas também de acesas críticas (por exemplo, JOHN HART ELY, *Democracy...*, *cit.*). Desenvolvidamente, GOTTLIEB, «Compelling Governmental Interests...», pp. 925 ss.; também FALLON, «Strict Judicial Scrutiny», p. 1320, nota. A questão é muito importante nos EUA, dado o reduzido enunciado de direitos direta e explicitamente previstos na Constituição americana, em contraste com o que sucede em constituições mais recentes, como a portuguesa, cujo catálogo é pouco menos do que exaustivo.

[692] V. sobre o tema, GOTTLIEB, «Compelling Governmental Interests...», *cit.* Na hierarquia implícita aos vários testes, os *compelling interests* estão no topo da hierarquia dos interesses: devem ser extremamente pesados, possivelmente urgentes mas também raros, muito mais raros do que os meros interesses legítimos (do *rational basis test*) e mais raros do que os interesses importantes (dos *intermediate scrutiny tests*). Nestes termos, FALLON, «Strict Judicial Scrutiny», p. 1273.

[693] VOLOKH, «Freedom of Speech...», texto acompanhando as notas 13 a 28; GOTTLIEB, «Compelling Governmental Interests...», *cit.*, p. 937. O autor critica este comportamento largamente intuitivo do Tribunal (*know it when I see* it), caracterizando-o como um resquício da atitude de deferência que resultou da crise constitucional de 1937.

O PRINCÍPIO DA PROIBIÇÃO DO EXCESSO

sempre de haver alguma amarra constitucional, ainda que indireta e mesmo ténue[694], não podendo contudo afastar-se a suspeita de que a base constitucional é por vezes forçada por convicções doutrinais e mundividenciais dos juízes.

É essa circunstância que estimula autores como ALEC STONE SWEET a afirmar que a própria qualificação de um interesse como *compelling* não é feita no vácuo, tem de ser feita contextualizadamente, mediada por uma operação de *balancing* que afira o interesse invocado pelo Estado e os direitos objeto de interferência, ponderando a intensidade da intervenção nesses direitos[695]. O grau de *compelling* teria, por isso, uma natureza relativa, que não poderia ignorar o grau de oneração imposto ao direito.

Esta construção não é teoricamente implausível. Aliás, demonstraremos oportunamente que, no contexto da metódica da proporcionalidade clássica, a conformação do fim, pressuposto da aplicabilidade da proporcionalidade clássica, exige do legislador um primeiro exercício de contrapeso, isto é uma pré-ponderação a um nível ainda relativamente abstrato da importância dos fins que visa e das interferências em bens, interesses ou valores que daí podem advir[696]. Mas talvez não seja infundada a impressão de que o autor parece demasiado empenhado em demonstrar a tese de que a estrutura do *strict scrutiny* é assimilável à do princípio clássico da proporcionalidade.

Ora, embora seja irrefutável que é possível um quadro metódico em que um fim pode ser abstrata ou concretamente contrapesado com o sacrifício de bens, interesses ou valores que a sua prossecução provocará, de forma a determinar se tem importância suficiente que justifique esse sacrifício, também é possível

---

[694] GOTTLIEB, «Compelling Governmental Interests...», p. 919, sugere um conjunto de fontes donde os *compelling interests* podem ser deduzidos: os direitos enunciados no texto constitucional (designadamente, os direitos à vida, à liberdade, à propriedade e à igualdade), as zonas de penumbra das normas constitucionais e os meios para a prossecução de fins constitucionais especificados, mesmo aqueles que constam do preâmbulo da Constituição, como a justiça, a tranquilidade, a defesa, o bem-estar, a liberdade (pp. 937 e ss.). No entanto, num momento posterior do texto, o autor manifesta abertura a que o interesse governamental encontre suporte na Constituição *ou numa outra fonte com autoridade apropriada* (p. 963). Em qualquer caso, um *compelling state* (ou *governamental*) *interest* pode consistir no *interesse* em salvaguardar, garantir ou prosseguir *direitos subjetivos* protegidos pela Constituição. Isto é: pode haver restrição de direitos fundadas na prossecução de um *compelling interest* em criar as condições positivas propícias ao exercício de direitos.

[695] SWEET, «All Things in Proportion?...», pp. 36 e 76; implicitamente no mesmo sentido, ALEINIKOFF, «Constitutional Law...», p. 946. SWEET acrescenta que o correlato dessa operação de *balancing* no âmbito da metódica da proporcionalidade é o segmento da proporcionalidade em sentido estrito, orientação que refutaremos *infra*, capítulo 8.

[696] Adiante-se desde já, porém, que esta tese não é aceite pela maioria da doutrina. Cfr., por todos, BARAK, *Proportionality...*, pp. 147 ss.

OS TESTES GERADOS PELO "CASE LAW" NORTE-AMERICANO

um quadro teórico em que o apuramento do grau de imperatividade do fim prescinda de tal operação.

É esta segunda hipótese que parece estar inscrita no "código genético" do *strict scrutiny*[697], sem prejuízo de variantes casuísticas que a prática jurisprudencial tenha gerado nas últimas décadas. Saber qual o direito afetado, bem como a carga de sacrifício suportada[698], é o primeiro passo para definir se o teste de escrutínio judicial aplicável é o *strict scrutiny* e, sendo-o, se o é numa modalidade mais ou menos adstringente. Sendo aplicável, o segundo passo é apurar se o fim da limitação do direito é a satisfação de um *compelling interest*. O cumprimento destes dois passos não obriga ao contrapeso entre o fim e o sacrifício do direito. Houve (*definitional*) *balancing* num momento eventualmente anterior, quando o legislador constituinte ou a jurisprudência constitucional definiram *ex novo* se uma determinada posição jurídica subjetiva devia integrar ou não o âmbito de proteção de um direito e se as suas limitações deveriam ser sujeitas a um crivo mais ou menos apertado. Mas, uma vez isso definido, o quadro normativo *categorialmente* definido aplica-se sem a necessidade de *balancing*.

4.4.3.4. *Necessidade ou* narrow tailoring

Confirmando-se um *compelling interest*, cabe verificar se a medida é necessária ou *narrow tailored*[699]. Na medida em que é por aqui que podem passar alguns lugares comuns com a proporcionalidade é importante dedicar um tratamento mais desenvolvido a este pilar estrutural e passo metódico.

As duas expressões são usadas indiferenciadamente por boa parte da doutrina[700]. O Supremo Tribunal começou por usar *necessity* passando depois a

---

[697] Contra, SWEET, «All Things in Proportion?...», p. 39, *passim*. Note-se que o próprio autor escreve que o *balancing* de interesses era abertamente realizado no contexto do *compelling state interest* em casos iniciais dos anos 1960, mas deixou de ser tão aparente nos anos de 1970.

[698] Conforme BROWNSTEIN demonstra em «How Rights Are Infringed...», pp. 894 ss., a existência ou não de um substancial *burden* sobre o direito funciona como teste preliminar à decisão sobre a própria aplicabilidade do *strict scrutiny*, ou, ao invés, de outro teste.

[699] Sobre *narrow tailoring*, pode ver-se AYRES, «Narrow Tailoring...», *cit.*; AYRES/FOSTER, «Don't Tell, Don't Ask: Narrow Tailoring ...», *cit.*; VOLOKH, «Freedom of Speech, Permissive Tailoring...», *cit.*; FALLON, «Strict Judicial Scrutiny», pp. 1326 ss.; ARROYO, «Tailoring the Narrow Tailoring ...», *cit.*

[700] V., por exemplo, FALLON, «Strict Judicial Scrutiny», p. 1326; CHEMERINSKY, *Constitutional Law...*, p. 554; BARAK, *Proportionality...*, p. 511.

O PRINCÍPIO DA PROIBIÇÃO DO EXCESSO

usar preferencialmente *narrowly tailored*[701]/[702]. Porém, a circunstância de o *narrow tailoring* ser um teste "multiusos" que se molda a diferentes ambientes de escrutínio – vigorando também, por exemplo, no *intermediate scrutiny*, mas com um alcance diferente uma vez que aparentemente não abrange o teste *least restrictive means*[703] –, leva alguns autores a preferir o uso do termo necessidade (*necessity*)[704]/[705]. Aliás, essa característica mutante do teste permite-lhe assumir configurações diferenciadas, por exemplo, consoante se trate de casos de restrições de direitos da Primeira Emenda ou de casos de *affirmative action*[706]. A existência de *necessity* implica uma relação causal entre a satisfação do fim e o meio escolhido. Se basta um mínimo de eficiência na satisfação do fim, ou se há um maior grau de exigência – por exemplo, alta ou plena eficiência –, é algo que não parece ter tido até aqui uma resposta clara.

A *necessity* ou *narrow tailoring* desdobra-se em pelo menos duas subcomponentes, eventualmente em quatro, cujo exame envolve juízos essencialmente empíricos[707]. Envolve, pelo menos, o (i) avanço na prossecução do interesse, (ii) a adoção da *least restrictive alternative* (ou *the least restrictive means, less restrictive means, less drastic means*, e outras fórmulas alternativas[708]) e, eventualmente, (iii) a proibição da *underinclusiveness* e (iv) a proibição da *overinclusiveness*.

---

[701] Em *McLaughlin v. Florida* (1964) e *Loving v. Virginia* (1967) o Tribunal usou a expressão "*necessary*". Depois passou a usar *narrowly tailored*, a partir do início da década de 1970 em casos da Primeira Emenda (*Grayned v. City of Rockford*, 1972 e *Police Dept. of Chicago v. Mosley*, 1972) e da década de 1980 em casos de *equal protection* (*Fullilove v. Klutznick*, 1980). GALLOWAY, «Means-end Scrutiny...», *cit.* p. 467, notando a tergiversação inicial, referia que o Tribunal atribuía significados equivalentes a *narrowly tailored* e *necessary*. V., também, SIEGEL, «Origin of the Compelling State Interest and Strict Scrutiny», pp. 361 ss.; ARROYO, «Tailoring the Narrow Tailoring...», *cit.*, p. 655, ensaia a explicação de que a evolução para o *narrow tailoring* no início dos anos setenta pode ter um significado material: a expressão *necessary* parece implicar uma relação muito mais apertada entre meios e fins do que *narrowly tailored*. O Tribunal pode ter querido dizer que a segunda componente do *strict scrutiny* iria passar a ser mais leniente.

[702] V. a descrição de WINKLER, «Fatal in Theory and Strict in Fact...», p. 800: "narrow tailoring requires that the law capture within its reach no more activity (*or less*) than is necessary to advance (...) compelling ends" (itálico acrescentado).

[703] Como veremos, o Supremo Tribunal considera que o *intermediate scrutiny* envolve o *narrow tailoring* mas não o *least restrictive means*: v., por exemplo, Ward v. Rock Against Racism (1989).

[704] CHEMERINSKY, *Constitutional Law...*, p. 554.

[705] Como se extrairá da exposição subsequente, esta *necessity* ou necessidade não se confunde com o segmento da necessidade da proporcionalidade clássica.

[706] V., por todos, AYRES/FOSTER, «Don't Tell, Don't Ask...», *cit.*

[707] VOLOKH, «Freedom of Speech...», *cit.*

[708] Na jurisprudência e na literatura americanas aparecem as várias formulações. Todavia, a expressão mais vezes usada pela *Supreme Court* parece ser *the least restrictive means*.

OS TESTES GERADOS PELO "CASE LAW" NORTE-AMERICANO

4.4.3.4.1. *Avanço na prossecução do interesse*

A primeira subcomponente impõe que o legislador demonstre que a lei realmente faz avançar a prossecução do interesse[709]. Esta dimensão corresponde notoriamente ao segmento da adequação na sua versão mais comum e menos exigente.

4.4.3.4.2. *The least restrictive alternative*

Nos termos da segunda subcomponente, a restrição de um direito desencadeadora do *strict scrutiny* só se considera justificada se for *the least restrictive alternative* (ou *mean*)[710]. Por outras palavras, a restrição não se considera necessária se os fins do legislador pudessem atingir o mesmo nível de satisfação[711] através de medidas alternativas conhecidas e disponíveis[712] que infligissem um sacrifício menor de direitos protegidos. Esta subcomponente obriga a uma operação de comparação entre medidas alternativas, pelo que o *strict scrutiny test* não se pode considerar exclusivamente um teste que relaciona meios e fins (*means-end test*). Desta feita, a correspondência é claramente com o segmento da necessidade da proporcionalidade clássica.

4.4.3.4.3. *Proibição de underinclusiveness*

De acordo com a terceira subcomponente (*underinclusiveness inquiry*), a lei restritiva deve compreender todas as atividades que impliquem substancialmente as mesmas ameaças para o *compelling interest* que o legislador pretende enfrentar, sob pena de invalidade. A circunstância de uma medida legislativa não incluir todos os sujeitos ou enfrentar *todas* as atividades potencialmente ameaçadoras para o interesse imperativo pode configurar uma violação do princípio da igualdade ou, eventualmente, indiciar a prossecução de interesses ilegítimos ou causar uma situação em que um direito é restringido inutilmente porque não se atinjam os objetivos visados. O exame da *underinclusiveness*, quando se

---

[709] VOLOKH, «Freedom of Speech...», texto acompanhando a nota 31.

[710] O teste *less restrictive means* adquiriu individualidade e sedimentação próprias antes da sua incorporação no teste que estudamos no texto. Como se viu antes, surgiu no contexto da jurisprudência relativa à cláusula do comércio e terá sido aplicado pela primeira vez em 1875 em *Chy Lung v. Freeman*: SWEET, «All Things in Proportion?...», p. 21.

[711] Falando do *mesmo* resultado, FALLON, «Strict Judicial Scrutiny», p. 1326. Se o governo demonstrar que a medida alternativa é menos eficiente no atingimento do fim do que adotada, esta sobrevive ao teste. Note-se, todavia, que nem sempre o Supremo Tribunal exige claramente que o meio alternativo menos restritivo garanta um mesmo nível de satisfação: v. JACKSON, «Constitutional Law...», pp. 3118 ss.

[712] Como nota RAWLS, «The Basic Liberties...», p. 74, seria demasiado drástico exigir, no próprio contexto da doutrina do *strict scrutiny*, a adoção do meio que se mostre em absoluto *o menos restritivo* entre os igualmente eficazes. As condições do *conhecimento* e da *disponibilidade* têm de estar preenchidas.

O PRINCÍPIO DA PROIBIÇÃO DO EXCESSO

trata de proteger outros direitos, pode ser ainda uma forma sub-reptícia de aplicação do que na Europa se designa de proibição do defeito. Contudo, não podemos ir mais longe na exploração desse tópico[713].

4.4.3.4.4. Proibição de overinclusiveness

Importa sim dedicar algum tempo aquela que é hipoteticamente a quarta componente do *strict scrutiny*, a proibição da *overinclusiveness*, uma vez que isso pode pôr a nu contrastes estruturais e de efetividade com o princípio da proporcionalidade[714].

A estrutura e o alcance do *overinclusiveness inquiry* é difícil de delimitar. Isso não se deve apenas à dificuldade de tradução para a linguagem do direito continental europeu, uma vez que a própria literatura americana sublinha a ambiguidade com que o Supremo Tribunal trata esta componente da necessidade[715]. *Overinclusiveness* pode talvez traduzir-se literalmente por sobre-inclusividade ou sobre-abrangência. A ideia subjacente é inquirir se a medida tem um âmbito objetivo e/ou subjetivo de aplicação de tal forma amplo (*overbroad*) que produz efeitos que vão além do que seria estritamente necessário para atingir os fins imperativos visados. Uma medida que tenha um âmbito objetivo e/ou

---

[713] A circunstância de esta subcomponente da *necessity* ser o veículo que permite avaliar se a lei é *menos* restritiva do que o que devia ser para atingir os fins pode ser interpretada como uma sinalização de que no contexto americano se justifica um debate semelhante ao que existe na teoria geral da proporcionalidade sobre a questão de saber se esta também envolve a *proibição do defeito*. Contudo, esse debate não existe com esses contornos. Em parte, a lógica subjacente a esta referência à possibilidade de escrutinar se medida é *less active* (ou *underinclusive*) do que o necessário para atingir os fins *compelling*, parece ser a de que uma atuação menos impositiva do que o necessário indicia que, afinal, o Estado não é sincero na qualificação do fim como *compelling* (Winkler, «Fatal in Theory and Strict in Fact...», pp. 801, 803). A vigilância contra medidas "curtas" para atingir o fim não é motivada pela imperatividade desse fim, mas pelo facto de indiciarem que o fim não é *compelling* ou não é realmente o que é invocado. Esta preocupação conjuga-se com a circunstância de o *strict scrutiny* se justificar, para alguns, como um instrumento animado pela vontade de perseguir os motivos impróprios (*improper motives*) que eventualmente possam ser adotados ilegítima e sub-repticiamente pelo legislador em situações que afetam direitos: v., por exemplo, John Hart Ely, *Democracy and Distrust...*, p. 146. V. Cohen-Elya/Porat, «The Hidden Foreign Law Debate in *Heller*. The Proportionality Approach...», p. 34; Galloway, «Means-end Scrutiny...», p. 467; Siegel, «The Origin of the Compelling State Interest...», p. 10; Volokh, «Freedom of Speech...», texto acompanhando a nota 12. Mas, por outro lado, a *underinclusiveness* em certa medida também funciona como sucedâneo parcial do segmento de adequação que integra a proporcionalidade, numa modalidade qualificada ou de reforçada exigência. Fallon, «Strict Judicial Scrutiny», p. 1327, sublinha porém que a *underinclusiveness* tem limites e que nem sempre conduz à declaração da inconstitucionalidade da lei, o que a reaproxima do segmento da adequação.

[714] Discutindo o tema nesse ângulo, Barak, *Proportionality...*, pp. 517 ss.

[715] V. Volokh, «Freedom of Speech...», texto acompanhando a nota 13; Fallon, «Strict Judicial Scrutiny», p. 1328.

OS TESTES GERADOS PELO "CASE LAW" NORTE-AMERICANO

subjetivo de aplicação sobre-inclusivo é uma medida que tende a causar afetação de situações jurídicas que, em parte, não contribui em nada para a promoção do fim. Por outras palavras, há situações jurídicas subjetivas que são abrangidas pela medida, cujo sacrifício não contribui para promover os fins que visa.

Num quadro dogmático europeu típico teríamos de admitir que haveria questões de *overinclusiveness* a discutir em sede de igualdade, outras em sede de proporcionalidade, com todas as dificuldades que a delimitação entre a fronteira dos dois princípios suscita (v. *infra*). Passando por cima desse aspeto, há casos de *overinclusiveness* que são fáceis e outros que são difíceis.

Casos fáceis são aqueles em que há a alternativa de adotar uma medida que não tenha um âmbito de aplicação sobre-inclusivo. Por outras palavras, é possível destacar a parte da medida que é necessária e a parte da medida que é *overinclusive*, isto é, que causa a afetação de situações jurídicas que não contribui em nada para a promoção do fim. Nessas circunstâncias, as respostas do *strict scrutiny* e da proporcionalidade coincidem: a medida *overinclusive* é anulada simplesmente por violação da subcomponente da obrigatoriedade de avanço na prossecução do interesse, no primeiro caso, ou do segmento da adequação, no segundo caso[716]. A *overinclusiveness* não adquire relevo autónomo.

Casos difíceis são aqueles em que o segmento *overbroad* da norma não é sequer idealmente destacável do segmento em que a norma é adequada e necessária para atingir o fim com a intensidade ou eficiência pretendida pelo legislador.

Pode-se ilustrar a situação adaptando o muito criticado *Korematsu v. United States*, de modo a avaliá-lo sob a lente da *overinclusiveness*[717]. Em causa estava uma ordem militar emitida durante a II Guerra Mundial que proibia cerca de 112 000 pessoas de origem japonesa de viver na Costa Oeste dos EUA. A intenção era prevenir atos de sabotagem, assumindo-se que aquelas pessoas tinham maior inclinação para colaborar com o inimigo japonês. Não se sabia quantas pessoas poderiam propender a praticar os atos de sabotagem. Partindo exclusivamente de uma base étnica, admitia-se que algumas, não todas, nem a maior parte, o pudessem fazer, mas não se sabia se o fariam e em que número. A eficaz aferição de quem poderia praticar esse tipo de atos não seria possível através da análise individual, um a um, de todos os indivíduos. Nestas circunstâncias, a única medida eficaz era proibir a residência da *totalidade* das 112 000 pessoas. Isentar dessa proibição quaisquer pessoa ou pessoas (uma, mil, cem

---

[716] No mesmo sentido, BARAK, *Proportionality...*, p. 517.

[717] O exercício é feito por FALLON, «Strict Judicial Scrutiny», p. 1328; v., também, BARAK, *Proportionality...*, p. 519. O caso é de 1944, quando ainda não estava configurado o teste do *strict scrutiny*, tendo sido aplicada na altura a deferente *rational basis review* (cfr., por exemplo, SIEGEL, «Origin of the Compelling State Interest and Strict Scrutiny», p. 43).

O PRINCÍPIO DA PROIBIÇÃO DO EXCESSO

mil) reduziria virtualmente a zero a potencial eficácia da medida, uma vez que não era possível saber à partida se a pessoa isenta era justamente a que tinha intenção de praticar sabotagem, ou se o grupo sujeito à proibição integrava todas as pessoas com essa (hipotética) intenção. Pode, por isso, admitir-se que não havia alternativa menos inclusiva capaz de atingir o resultado visado, a prevenção total do risco de sabotagem. Mas também é óbvio que uma vez que o critério de identificação do grupo de risco era exclusivamente étnico e não baseado em qualquer prognóstico minimamente seguro sobre se algumas pessoas tinham intenção de sabotar, quantas e quais, a medida era necessariamente sobre-inclusiva, isto é, incluía e afetava direitos de um grande número de pessoas, incluindo de muitas que não tinham qualquer intenção de praticar atos de sabotagem, nem nunca os praticariam. Na altura as normas foram validadas[718]. Suscita-se a questão de saber qual a resposta que o teste da *overinclusiveness* daria à questão e se a resposta do teste da proporcionalidade clássica seria idêntica.

Sob o prisma da proporcionalidade clássica, não havendo alternativas disponíveis igualmente eficazes menos restritivas, o caso não obtém resposta através dos segmentos da adequação ou da necessidade, mas sim no contexto da proporcionalidade e.s.e. Por isso, mesmo que se conclua que na situação concreta a única maneira de prevenir integralmente qualquer risco de atos de sabotagem praticados por cidadãos de etnia japonesa era proibir a residência de todos esses cidadãos numa certa zona do País, aquele segmento impõe o contrapeso da importância dos efeitos de satisfação dos interesses pertinentes – eliminar o risco de eventuais atos de sabotagem – e da importância dos efeitos de interferência noutros bens, interesses ou valores – o direito a ser tratado igualmente, o direito a não ter de abandonar a sua habitação ou a poder escolher o local de residência. Esse contrapeso pode ou não conduzir a uma conclusão de desproporcionalidade[719].

Quanto à resposta no quadro do *strict scrutiny*, é pouco clara[720]. Por um lado, não é seguro que o Supremo Tribunal anule a medida simplesmente por *overinclusiveness* quando não há alternativas não *overbroad*[721]. Se assim for, o

---

[718] Poderia também usar-se um exemplo recolhido da jurisprudência constitucional israelita: pretendendo-se evitar ataques terroristas, proíbe-se todo e qualquer reagrupamento familiar, de modo a impedir que potenciais terroristas o aproveitem para se introduzir em território nacional (a situação de *Adalah-The Legal Center for the Rights of the Arab Minority v. Minister of Interior*, objeto de uma decisão do Supremo Tribunal de Israel, em 2006).

[719] No mesmo sentido, BARAK, *Proportionality...*, p. 518.

[720] FALLON, «Strict Judicial Scrutiny», p. 1328; BARAK, *Proportionality...*, pp. 518 ss.

[721] FALLON, «Strict Judicial Scrutiny», pp. 1328-1329, nota e discute a indefinição, inclinando--se para a eventualidade de o Tribunal tendencialmente não anular a medida legislativa baseado apenas em *overinclusiveness*.

OS TESTES GERADOS PELO "CASE LAW" NORTE-AMERICANO

strict scrutiny parece ser um crivo menos poderoso do que a proporcionalidade clássica. Com aquele, em situações de *overinclusiveness* a medida legislativa sobrevive, não havendo possibilidade de a submeter subsequentemente a mais nenhum teste. Vale apenas o teste *least restrictive mean*, com alcance *grosso modo* equivalente ao segmento da necessidade do princípio clássico da proporcionalidade. Diferentemente, com a proporcionalidade clássica há ainda a possibilidade de a medida legislativa soçobrar no contexto da avaliação da proporcionalidade e.s.e.[722]

Se, ao invés, o juiz constitucional americano atribuir à *overinclusiveness* relevância autónoma no quadro do *strict scrutiny*, designadamente conferindo-lhe o estatuto de parâmetro anulatório de medidas como a de *Korematsu*, aquele teste é um crivo mais forte do que a proporcionalidade clássica, na medida em que invalida medidas que, se submetidas a esta, lhe poderiam sobreviver.

Uma interessante proposta de superação deste (eventual) radical ser ou não ser, isto é, da possibilidade de, em situações de *overinclusiveness*, o *strict scrutiny* oscilar entre ficar prematuramente desarmado perante limitações *overbroad* ou suscitar uma reação excessivamente rígida, é a que FALLON propõe, *de jure condendo*. Trata-se da inclusão, na *necessity* ou *narrow tailoring*, de uma subcomponente adicional, designada *proportionality*[723]. O autor invoca a analogia ou similitude com o teste da proporcionalidade em sentido estrito vigente em outros ordenamentos, mas rejeita a sua identidade[724]. A *proportionality* tem interesse sobretudo (embora não exclusivamente) para os casos difíceis acima referidos, isto é, situações de medidas *overinclusive* em que a não é possível, nem sequer idealmente, destacar o segmento não sobre-inclusivo. Em vez de uma resposta "tudo ou nada", que considera a sobre-inclusividade irrelevante ou relevante, em absoluto, FALLON sugere que a questão central reside em saber até que ponto a *overinclusiveness* é tolerável e quando é que o nível de *overinclusiveness* deve ser considerado excessivo. A *overinclusiveness* tanto pode ser tolerável, não invalidando a medida, como pode conduzir à sua invalidade. Isso requer, diz o autor, um exercício de *balancing*: "na averiguação sobre se um grau de infra ou sobre-inclusividade é tolerável, um tribunal tem de julgar se o dano ou mal infligido a um direito protegido é constitucionalmente aceitável à luz de um interesse imperativo do governo, da probabilidade de a política desafiada o atingir

---

[722] Assim, BARAK, *Proportionality...*, p. 518.

[723] FALLON, «Strict Judicial Scrutiny», pp. 1330 e ss., nota que o Supremo Tribunal não se pronunciou sobre esta hipótese doutrinal, pelo que não é seguro que a jurisprudência a ela adira (sendo insuficientemente clarificadora a referência colhida de um voto de vencido do juiz Breyer em *United States v. Playboy Entertainment Group* (2000). Registando esta dificuldade, v., também, BARAK, *Proportionality...*, p. 520.

[724] FALLON, «Strict Judicial Scrutiny», p. 1330.

O PRINCÍPIO DA PROIBIÇÃO DO EXCESSO

e das alternativas disponíveis para a prossecução do mesmo fim"[725]. Aparentemente, o autor propõe a valoração da redução marginal do risco para a promoção do interesse público assegurada por uma medida *overbroad*, em comparação com a valoração do risco para esse interesse resultante da eventual adoção de medida nenhuma ou de uma medida não *overbroad*. Se a redução do risco marginal para o interesse público resultante da adoção de uma medida *overbroad* justificar o acréscimo marginal de restrição dos direitos imposta pela sobre-inclusividade da medida *overinclusive*, a adoção desta não é *inconstitucional*[726]. Se esta interpretação do pensamento do autor estiver correta, ela assemelha-se ao modelo *ponderado* do segmento da necessidade, que estudaremos e rejeitaremos adiante[727].

4.5. *Intermediate scrutiny*
Não obstante alguma tendência para a uniformização, sobretudo ao nível dos *appellate courts*[728], a expressão *intermediate scrutiny* não recobre *um* único mas um número variável de testes.

Desenvolvidas depois da conclusão do processo de conceção jurisprudencial do *rational basis* e do *strict scrutiny*, as múltiplas fórmulas de *intermediate scrutiny* tendem a ser assumidas como categoria supletiva ou residual, disponível quando o órgão de controlo entende que os outros testes – particularmente o *strict scrutiny* – não se aplicam ao caso, seja por não haver base para uma forte presunção a favor ou contra a constitucionalidade da medida[729], ou por o direito ou a dimensão que está em causa se situar numa zona periférica da proteção constitucional, ou por o grau do seu sacrifício não atingir um limiar determinado,

---

[725] *Idem*. A referência à *underinclusiveness* parece ter menor propriedade e aplicabilidade, como o próprio autor admite.

[726] *Idem*, p. 1331. O autor assinala que a averiguação da *proportionality* cabe, ou tem uma função útil, em qualquer das versões do *strict scrutiny*. Isto é, apesar de refletir melhor as preocupações da versão *balancing* calibrado, teria também utilidade ou aplicação no contexto das outras duas versões. No âmbito da versão *deteção de motivos ilícitos* a desproporção entre meios e fins (isto é, uma opção intolerável por uma medida *over* ou *underinclusive*) pode indiciar a prossecução de fins ilícitos não assumidos ou confessados; na versão *proibição quase categorial*, em que só a prevenção de uma calamidade pode justificar a restrição do direito, pode aplicar-se o teste da *proportionality* para ver se a medida do governo se justifica à luz do grau de risco de calamidade que de outro modo existiria se não fosse tomada a medida *over* ou *underinclusive* (*ob. cit.*, p. 1334, nota).

[727] *Infra*, capítulo 16.

[728] Destaca e estuda a importância da jurisprudência dos *appellate courts* no que toca à estabilização, uniformização e aplicação sistemática dos *intermediate tests* como *standard* supletivo, particularmente a partir de meados da década de 1980, BHAGWAT, «The Test that Ate Everything: Intermediate...», pp. 802 ss. O autor dá conta de uma verdadeira erupção de casos em que estes tribunais aplicam o teste, com particular incidência já no século XXI.

[729] SULLIVAN/FRASE, *Proportionality Principles...*, p. 57.

OS TESTES GERADOS PELO "CASE LAW" NORTE-AMERICANO

ou por o direito assumir no caso um peso relativamente reduzido, embora em qualquer caso se verifique uma relação com aspetos altamente protegidos, por exemplo, pela Primeira Emenda.

A delimitação exata dos direitos ou posições jurídicas subjetivas a cuja limitação se aplica é, por isso, ainda mais imprecisa do que nos testes anteriores[730]. Mencionam-se casos atinentes ao princípio da igualdade em situações de classificações "quase suspeitas" (género ou idade) e de liberdade de expressão em contexto comercial ou em *fora* públicos[731]. No entanto, a literatura mostra que a opção pela aplicação do *intermediate scrutiny* começou por decorrer e pode ocorrer não de acordo com um critério preciso mas em função de aspetos circunstanciais tão prosaicos quanto a "correlação de forças conjuntural" do Supremo Tribunal ou a simples evolução da respetiva composição.

Sob o *intermediate scrutiny*, o ato restritivo será válido se estiver substancialmente relacionado com um fim governamental *importante*. Central ao *intermediate scrutiny* é, consequentemente, averiguar se os interesses do governo que justificam a restrição do direito são *importantes* (ou *suficientemente importantes, substanciais* ou *significativos*)[732]. Não basta serem legítimos, nem têm de atingir o patamar de superlatividade que carateriza os *compelling interests*.

Tal como acontece com estes últimos, não há nenhuma definição ou enunciação constitucional ou jurisprudencial do que são interesses importantes. Não estão estabelecidas as qualidades intrínsecas que permitam distinguir os interesses importantes dos interesses *compelling* e tão pouco se pode dizer que os interesses públicos que justificam a restrição dos direitos no contexto de um *intermediate test* têm invariavelmente um peso inferior aos interesses públicos que justificam restrições no âmbito do *strict scrutiny*.

No contexto deste teste, o ónus da prova da constitucionalidade cabe ao autor do ato[733].

Devido à génese "por exclusão de partes", *ad hoc*, os *intermediate scrutiny tests* foram-se afirmando com uma estrutura ainda mais imprecisa e assistemática que os outros dois *standards*[734]. O Tribunal procurou responder a algumas das

---

[730] SULLIVAN/FRASE, *Proportionality Principles...*, p. 57, observa que, em geral, o *intermediate scrutiny* é aplicado quando os interesses constitucionais competidores têm um valor constitucional relativamente igual.

[731] BARAK, *Proportionality...*, p. 511; SULLIVAN, «Post Liberal Judging...», p. 298, fala também em situações de *affirmative action*.

[732] SULLIVAN, «Post Liberal Judging...», p. 298; CHEMERINSKY, *Constitutional Law...*, p. 553.

[733] CHEMERINSKY, *Constitutional Law...*, p. 553.

[734] Criticando logo na década de 1980 a deficiente demarcação do significado a atribuir aos vários níveis de interesses, GALLOWAY, «Means-end Scrutiny...», p. 481; frisando a orientação do texto, BHAGWAT, «The Test that Ate Everything: Intermediate...», p. 821. De acordo com a investigação

O PRINCÍPIO DA PROIBIÇÃO DO EXCESSO

dúvidas e críticas, enfatizando além disso os traços comuns destes novos testes. Todavia, uma das questões que continuam a ser discutidas é se são reproduzidos no *intermediate scrutiny* alguns dos traços estruturais do *strict scrutiny* (a necessidade ou *narrow tailoring* dos meios e os seus desdobramentos do avanço na prossecução do interesse, do *least restrictive alternative*).

De um número representativo de decisões, resulta que no *intermediate scrutiny* os meios têm de ser *narrowly tailored*, isto é, têm de ser bem recortados e não devem sobrecarregar o direito mais do que o necessário para promover os interesses legítimos do Governo. Todavia é duvidoso que isso tenha o mesmo significado que no *strict scrutiny*.

Quanto à exigência de que o meio contribua para a prossecução do fim, o Tribunal não parece contentar-se com uma adequação *mínima*, se é lícito importar uma linguagem da dogmática da proporcionalidade clássica. Assim, os meios escolhidos têm de ser mais do que um modo razoável de atingir o fim: o tribunal tem de acreditar que existe uma relação substancial entre o ato e a prossecução do objetivo.

Uma das primeiras decisões – se não a primeira – em que esta fórmula emergiu foi *Craig v. Boren* (1976). Dividido sobre qual dos *standards* pré-existentes deveria aplicar em situações de discriminação em razão do género, o Supremo Tribunal optou por uma terceira via. Naquela sentença, que declarou a inconstitucionalidade da lei em apreciação[735], decidiu-se que o tratamento desigual em razão do género só é admissível face à *equal protection clause* desde que haja uma *relação substancial* entre esse tratamento e o atingimento de um interesse governamental importante. Isto é, mais do que contentar-se com a simples prossecução de *fins legítimos* e com uma relação racional entre meios e fins, requisitos associados à *rational basis*, e menos do que a exigência da adoção da medida *less restrictive* para a prossecução de um *compelling state interest*, requisitos associados ao *strict scrutiny*, exigiu-se que os fins prosseguidos fossem importantes e que houvesse uma *relação substancial* entre a medida diferenciadora e o atingimento dos fins (concluindo-se que não havia).

Orientação análoga foi seguida em casos referentes a dimensões da liberdade de expressão onde o Tribunal entendeu não ser aplicável o *strict scrutiny* por

---

feita pelo autor, três quartos dos casos decididos pelos tribunais que aplicam o *intermediate scrutiny* culminam com a sustentação da lei, o que pode ser justificado pelo desequilíbrio entre o peso reduzido do direito e o peso elevado do interesse governamental em causa.

[735] Uma lei de Oklahoma que proibia a venda de cerveja com baixo teor alcoólico a mulheres com menos de 18 e a homens com menos de 21 anos. O fim alegado pelo Estado era a proteção da segurança pública.

OS TESTES GERADOS PELO "CASE LAW" NORTE-AMERICANO

serem periféricas, ou por terem menor peso ou menor valor, ou por representarem uma intervenção menos intensa no direito fundamental[736].

Porém, estes parâmetros estruturais não subsistem em todas as decisões: noutros casos, requer-se, por exemplo, "uma persuasiva justificação"[737]. Por outro lado, houve situações em que se admitiu que a relação entre meio e fim assumisse um nexo mais enfraquecido, exigindo-se apenas, por exemplo, que a relação entre a medida e os fins fosse razoável (*reasonable fit*)[738].

Pode-se discutir se o *standard "undue burden"*, que, entre outros domínios, emergiu em decisões sobre aborto[739], é uma modalidade específica de *intermediate scrutiny*[741].

---

[736] V. FALLON, «Strict Judicial Scrutiny», pp. 1298-1299; CHEMERINSKY, *Constitutional Law...*, p. 553, assinala os vários setores em que o teste é aplicado, entre os quais vários tipos de discriminação; BHAGWAT, «The Test that Ate Everything: Intermediate...», p. 787, identifica as raízes dos *intermediate tests* no contexto das restrições à liberdade de expressão, percorrendo casos (alguns anteriores a 1976) sobre restrições da liberdade de expressão em razão do tempo, lugar e modo, sobre condutas simbólicas, *mass media*, expressão comercial, expressão de funcionários governamentais, regulação de atividades sexualmente orientadas, contribuições políticas. Em todos estes setores foram delineados testes próprios, qualificados de *intermediate*.

[737] Que SWEET, «All Things in Proportion?...», p. 61, considera ser equivalente à demonstração de uma relação substancial com um interesse importante do governo.

[738] *Board of Trustees of the State University of New York v. Fox* (1989).

[739] A primeira decisão determinante sobre aborto foi produzida numa época de predomínio de juízes liberais, em *Roe v. Wade* (1973), logo seguida de *Doe v. Bolton*: v. um sumário em CHEMERINSKY, *Constitutional Law...*, pp. 840 ss. O Supremo Tribunal rejeitou quase totalmente a possibilidade de condicionamentos do direito da mulher a terminar uma gravidez no primeiro trimestre, admitiu restrições limitadas a esse direito no segundo trimestre e permitiu restrições intensas no terceiro trimestre, após a viabilidade do feto. O teste aplicado foi o *strict scrutiny*. Considerou-se que o direito à interrupção da gravidez tem base constitucional, fazendo-o derivar do direito à privacidade que, por seu turno, decorre da garantia constitucional da liberdade. Uma perspetiva diferente, centrada na discussão sobre se os condicionamentos legais constituem um *undue burden* sobre esse direito, começou por ser ventilada pela juiz O'Connor em 1983 (*Akron v. Akron Ctr.for Reprod. Health*), em substituição do *strict scrutiny*. Este *standard* acabaria por ser finalmente perfilhado no julgamento de alegadas restrições ao direito ao aborto em *Casey v. Planned Parenthood of Southeastern Pennsylvania* (1992), alterando o padrão daquele *Roe v. Wade*. Em *Casey* estava sob escrutínio, designadamente, a imposição de obrigações de disponibilização de informação sobre vários aspetos relacionados com o aborto e as alternativas, de um período de espera de 24 horas, do consentimento dos pais em caso de a mulher ser menor, de registo e de relatórios médicos, de demonstração da prévia notificação do cônjuge. O *undue burden test* parece deixar mais patente a operação de contrapeso que é efetuada entre aquele direito da mulher e o interesse do Estado a proteger o feto nos meses finais de gestação e de que modo é que a prossecução deste interesse pode significar um sacrifício excessivo daquele direito. Sobre esta evolução v., por exemplo, a análise crítica de FAIGMAN, «Madisonian Balancing...», *cit.*, pp. 686 e ss.; BROWNSTEIN, «How Rights Are Infringed...», *cit.*

O PRINCÍPIO DA PROIBIÇÃO DO EXCESSO

Quanto às demais componentes do *narrow tailoring*, aparentemente não se exige que os meios sejam os *least restrictive* e, porventura, também não se obsta a que sejam *underinclusive*[741]. Mesmo em casos em que foi adotado o *four part test*[742] não se examinou se havia *less restrictive means*, exigindo-se apenas que as medidas não tivessem um âmbito mais amplo do que o necessário para atingir o fim desejado[743]. Isto distancia estes testes do princípio da proporcionalidade,

[740] Não obstante serem tratados por alguns autores como testes diferentes ou alternativos: v., por exemplo, CHEMERINSKY, *Constitutional Law*..., p. 555; SWEET, «All Things in Proportion?...», pp. 62 ss., 69. Numa comparação histórica, o teste do *undue burden* assemelha-se ao *unreasonable burden* de casos referentes à cláusula do comércio [v., por exemplo, *Reid v. Colorado* (1902)] e tem manifestos pontos de sobreposição com o teste do *less restrictive mean* ou *less drastic mean*, na medida em que todos procuram genericamente evitar medidas desnecessariamente restritivas ou impositivas, ou que constituam um sacrifício desnecessário ou indevido de posições jurídicas subjetivas. BROWNSTEIN, «How Rights Are Infringed...», *cit.*, investiga se o *undue burden* foi de facto criado unicamente para *Casey* (como alegou o juiz Scalia), sem quaisquer raízes no direito constitucional (como escreveu o *Chief Justice* Rehnquist), ou se representava já nessa altura um parâmetro geralmente aceite para avaliar leis alegadamente violadoras de direitos fundamentais (orientação dos juízes O'Connor, Kennedy, Souter). O autor assinala que inicialmente não era certo se o *undue burden* era um teste preliminar para avaliar se a restrição do direito tinha ou não de ser sujeita ao *strict scrutiny* (em caso de *undue burden*, teria de ser), ou se poderia ser visto como um *tertio genus*, ou teste alternativo, em relação ao *strict scrutiny* e ao *rational basis* (*ob. cit.*, p. 879). Na base dessa ambiguidade podem construir-se três versões do teste: (i) uma primeira concentra-se exclusivamente nos efeitos sobre o direito infringido, avaliando se há um sacrifício substancial, circunstância em que se aplica o *strict scrutiny*; em caso negativo, aplica-se o *minimum rationaliyty review*; (ii) uma segunda, assimilável ao empregue em *Casey*, acrescenta um *intermediate level of scrutiny* e baseia-se numa operação de *ad hoc balancing*; (iii) uma terceira, concentra-se nos fins da medida e utiliza o conceito de *undue burden* para invalidar medidas com fins inaceitáveis, mesmo que o seu impacto no direito seja pequeno (BROWNSTEIN, *ob. cit.*, pp. 893-894). Independentemente das leituras ou arrumações a dar ao teste, é claro que tal como aplicado em Casey ele operacionaliza a comparação e contrapeso do grau de sacrifício infligido a um direito – no caso, o direito ao aborto – imposto por uma medida legislativa, com os benefícios atingidos para os interesses prosseguidos – no caso, os interesses do estado em proteger a vida em potência do nascituro, a saúde da mãe e até os interesses do cônjuge desta. *Undue burden* ou *desproporcionado* são expressões que partilham um fundo comum.

[741] VOLOKH, «Freedom of Speech...», nota 29.

[742] V., por exemplo, *Central Hudson Gas & Electric v. Pub. Serv. Comm.* (1980), *Ward v Rock Against Racism* (1989). O *four part test* é menos adstringente que o *strict scrutiny* mas mais invasivo do que o *rational basis*. Foi desenhado no âmbito da proteção da comunicação (liberdade de expressão) comercial. Pressupõe (i) um certo conteúdo dessa comunicação e a (ii) substancialidade do interesse governamental que justifica a sua restrição. Por outro lado, exige que a regulação (iii) promova diretamente aquele interesse governamental e que (iv) não seja mais extensiva do que o necessário para servir esse interesse. A propósito FALLON, «Strict Judicial Scrutiny», p. 1299; BHAGWAT, «The Test that Ate Everything: Intermediate...», pp. 794 ss.

[743] VOLOKH, «Freedom of Speech...», nota 29; SULLIVAN/FRASE, *Proportionality Principles*..., p. 59 (ao contrário dos testes europeus da proporcionalidade, o *intermediate scrutiny* não requer a estrita

OS TESTES GERADOS PELO "CASE LAW" NORTE-AMERICANO

uma vez que incorporam o que se pode considerar equivalente à adequação, mas não o que corresponde ao segmento da necessidade. Porém, há quem não afaste a aplicabilidade do teste *less restrictive alternative* também no *intermediate scrutiny*[744].

Por outro lado, a subcomponente da *overinclusiveness* padece aqui da mesma ambiguidade que no contexto do *strict scrutiny*, havendo indicações de que só tem efeito invalidante a sobre abrangência que seja substancial, mas sem que seja claro o significado de tal categoria normativa[745].

Consequentemente, tanto quanto é possível uma súmula, um dos traços unificadores do *intermediate scrutiny* é uma versão enfraquecida da necessidade ou do *narrow tailoring*.

Outro dos eventuais traços unificadores do *intermediate scrutiny*, referido pela doutrina, é a circunstância de poder incorporar operações de *balancing*. Em alguns casos invoca-se o denominado *four part test*, mas não parece que ele

necessidade ou o *less restrictive means*); CHEMERINSKY, p. 553. A título de exemplo, em *Ward v. Rock Against Racism* (1989), onde estava em causa uma alegada restrição à liberdade de expressão *neutral* em relação ao conteúdo, isto é baseada em circunstâncias de tempo, lugar e modo, onde é vulgarmente aplicado o *intermediate scrutiny*, o Tribunal disse: "(...) we reaffirm today that a regulation of the time, place, or manner of protected speech *must be narrowly tailored* to serve the government's legitimate, content-neutral interests but that *it need not be the least restrictive or least intrusive means* of doing so (...)" (enfases aditadas). Na mesma linha, o juiz Scalia, no seu voto de vencido em *United States v. Virginia et al.* (1996), indicia que o *intermediate scrutiny* nunca exige uma *less-restrictive-means analyses*;

[744] O "verdadeiro" *narrow tailoring* – isto é, aquele que vale no âmbito do *strict scrutiny*, traduzido designadamente na ideia de obrigação de escolha do *less restrictive mean* – também seria aplicável em certas modalidades do *intermediate scrutiny*: neste sentido BHAGWAT, «The Test that Ate Everything: Intermediate...», *cit.*, 828, sustentando que essa é a "mensagem" de algumas decisões do *Supreme Court*, como *Bartnicki v. Vopper* (2001), e defendendo essa opção para determinadas áreas de restrições à liberdade de expressão dentro de espaços de apropriação privada; GALLOWAY, «Means-end Scrutiny...», *cit.*, p. 481, já via indícios desta doutrina em sentenças como *Missisipi Univrsity for Women v. Hogan* (1982); CHEMERINSKY, *Constitutional Law...*, p. 553, nota que em alguns casos o Supremo Tribunal rejeitou o uso da *less restrictive analysis*, mas noutros casos adotou fórmulas similares.

[745] Veja-se de novo *Ward* para aferir o modo como o Tribunal enunciou o alcance desse teste: [T]he requirement of narrow tailoring is satisfied (...) so long as the . . . regulation promotes a substantial government interest that would be achieved less effectively absent the regulation (...) To be sure, this standard does not mean that a time, place, or manner regulation may burden *substantially more speech than is necessary* to further the government's legitimate interests. Government may not regulate expression in such a manner that a *substantial* portion of the burden on speech does not serve to advance its goals (...). So long as the means chosen are not *substantially* broader than *necessary* to achieve the government's interest, however, the regulation will not be invalid simply because a court concludes that the government's interest could be adequately served by some less-speech-restrictive alternative" (citações omitidas, enfases aditadas).

O PRINCÍPIO DA PROIBIÇÃO DO EXCESSO

corresponda inteiramente aos traços da proporcionalidade clássica, pelo que não desmente os mais céticos sobre a possibilidade de assimilação[746]. Em todo o caso, a grande oscilação jurisprudencial e doutrinal que carateriza este teste não permite excluir em definitivo, ao contrário do que vimos a propósito do *strict scrutiny*, a possibilidade de alguns expressões do *intermediate scrutiny* incorporarem exercícios de *balancing*[747]. Da sua estrutura consta necessariamente a averiguação sobre se o interesse público ou governamental prosseguido pela lei é importante, substancial ou significativo. Ora, a noção de interesse importante do Estado seria em alguns casos relativizado em função do direito limitado pela norma legislativa.

Em qualquer caso, mesmo admitindo-se que a componente *narrow tailoring* do *intermediate scrutiny* é comparável, com *nuances*, ao segmento da adequação e confirmando-se que em alguns casos são incorporados exercícios de *balancing* comparáveis com a proporcionalidade em sentido estrito, a completa assimilação ou aproximação ao princípio da proporcionalidade só seria possível se no contexto da proporcionalidade se aceitassem modalidades que prescindam do segmento da necessidade, hipóteses que estudaremos mais tarde, mas que, desde já se pode antecipar, rejeitaremos[748].

Sem prejuízo da súmula oferecida, toda e qualquer conclusão sobre esta gama de testes é provisória. O esforço de sistematização e de clarificação está longe de concluído não sendo por enquanto viável identificar consistentemente um tronco comum e uma forma unificada de *intermediate scrutiny*[749]. Eventualmente pode ser impossível representar coerentemente toda a variedade de indicações que a jurisprudência constitucional tem fornecido. A fórmula dos *intermediate scrutiny tests* não adquiriu estabilidade nem consistência (sendo frequentes as discussões na doutrina sobre qual dos testes o *Supreme Court* ou outros tribunais empregaram em determinado caso). Não surpreende,

---

[746] É o caso de Barak, *Proportionality: Constitutional Rights...*, p. 512, que apenas admite a similitude entre este teste e o teste da adequação da proporcionalidade clássica ou, na sua terminologia, da relação substancial entre o fim e o meio.

[747] V. Geoffrey R. Stone, «Content-Neutral Restrictions», in *UCLR*, vol. 54 (1987), p. 58; Sullivan, «Post Liberal Judging. The Roles of Categorization and Balancing», p. 297; Bhagwat, «The Test that Ate Everything: Intermediate...», p. 820; Sweet, «All Things in Proportion?...», pp. 54 ss., esp. 61.

[748] Esta conclusão terá de sofrer uma revisão significativa se se confirmar a leitura de Bhagwat, «The Test that Ate Everything: Intermediate...», p. 828, anteriormente referida, de que o Supremo Tribunal poderá estar a evoluir para a incorporação da componente *less restrictive mean* nestes testes.

[749] Bhagwat, «The Test that Ate Everything: Intermediate...», p. 802, nota que esse processo terá ido mais longe nos demais tribunais (*courts of appeals*).

por isso, que a figura suscite críticas dentro[750] e fora do Supremo Tribunal[751]. A imprevisibilidade e a instabilidade da garantia dos direitos, inerentes a um sistema de (pelo menos dois) graus de escrutínio, aumenta com a construção de um terceiro grau, ainda para mais de banda larga. Um terceiro grau obscurece inevitavelmente as fronteiras da aplicação dos demais dois testes. Acresce que os desenvolvimentos mais recentes, particularmente ao nível dos *appellate courts*, parece revelar uma tendência expansionista do teste, mesmo para áreas onde eventualmente se esperaria a aplicação de outros testes mais exigentes. Daí que se fale de "*the test that ate everything*"...[752].

5. A proporcionalidade na América (*Constitutional Law in the age of proportionality*)?

Do confronto entre este capítulo e o desenvolvimento dos próximos sobressairão claros dois modelos.

Um, é aquele em que a ordem constitucional consagra um *direito geral à liberdade*, sendo, todavia, os direitos e o espaço de liberdade e de autonomia dos cidadãos dados e usufruídos *dentro* do Estado constitucionalmente conformado e não *perante* ou *contra* o Estado. A liberdade individual limita a ação do Estado; não obstante, tem de se *relativizar* à ação legítima do Estado em nome do interesse comum e dos outros direitos e, em alguma medida, requer a ação do Estado. A liberdade e os direitos que a expressam são uma componente de uma ordem social globalmente enquadrada e ordenada por uma constituição que não se restringe à organização do poder político e à definição das relações deste com os cidadãos. Na Alemanha, em Portugal e em muitos Estados europeus, na África do Sul, em vários Estados da América do Sul, na Tunísia, a Constituição preocupa-se com *mais* problemas do viver social do que a Constituição dos EUA: o problema das relações entre os cidadãos e da aplicabilidade dos direitos fundamentais nessas relações, que convoca o Estado *protetor* (de cidadãos face a outros cidadãos) e secundariza o Estado *agressor*; o problema da proteção dos cidadãos na ocorrência de catástrofes naturais e de agressões externas; o problema da promoção ativa, pelo Estado, da igualdade e da liberdade num quadro de falha do funcionamento equitativo do mercado. As respostas a estes problemas transportam para o discurso constitucional as noções de inflação de direitos[753], de efeito horizontal, de deveres de proteção, de direitos

---

[750] V., por exemplo, a forte oposição do juiz Rehnquist, logo em *Craig. V. Boren* (1976).

[751] Entre outros, GALLOWAY, «Means-end Scrutiny...», *cit.* 488; BHAGWAT, «The Test that Ate Everything: Intermediate...», pp. 816 ss.; SWEET, «All Things in Proportion?...», p. 60.

[752] O título do trabalho de BHAGWAT, *cit.*

[753] A noção de inflação de direitos umas vezes é empregue em sentido prejorativo, outras com conotação neutra, como no texto. Assim, também, MÖLLER, «U. S. Constitutional Law...», p. 5.

O PRINCÍPIO DA PROIBIÇÃO DO EXCESSO

sociais. Neste modelo, as constituições assumem a tarefa *dirigente* de regulação integral *prima facie* das relações sociais. Daí decorre a potencialidade de mais e mais frequentes colisões, não apenas entre interesses gerais da comunidade e bens, interesses ou valores subjetivos, mas entre bens, interesses ou valores encabeçados por diferentes pessoas e grupos. Nestes ordenamentos, a superação de colisões pelo legislador e o respetivo controlo requerem o uso de instrumentos mediadores, designadamente a proporcionalidade clássica e, mais latamente, de todos os que se abrigam sob o conceito aglutinador de proporcionalidade moderna.

Outro, vigente nos EUA, é o que resulta da tensão "madisoniana" entre a prossecução de interesses públicos democraticamente definidos e prosseguidos pelo governo da maioria (*majoritarianism*) e a proteção tendencialmente absoluta – porque infringível apenas em circunstâncias excecionais –, de um espaço individual de liberdade.

O governo escolhido pela maioria define e prossegue livremente fins em todos os domínios, sem necessidade de justificação[754], mesmo quando afeta interesses subjetivos, desde que estes não sejam protegidos por direitos constitucionais – direitos estes positivados na Constituição, com elevado nível de concreção originária ou supervenientemente obtida[755]. Uma leitura rigorista do princípio da separação de poderes e a crença genuína na democracia representativa e na soberania do povo explicam a desconfiança ou ceticismo em relação aos *instrumentos de judicial review* que propiciem intrusão naquele domínio livre do legislador[756]. O outro colorário da referida tensão é a garantia do espaço individual de liberdade por um número limitado de direitos, cautelosamente positivados na Constituição, e só nesta, oponíveis a um Estado visto como potencial ameaça àquela liberdade. Do Estado requer-se abstenção e não ação (não se reconhecem deveres positivos de proteção nem direitos sociais).

---

[754] Fala-se, a propósito, de cultura de autoridade, em contraste com a cultura de justificação a que corresponderia o modelo apesentado em primeiro lugar. Cfr. o que se escreveu na introdução, 1.2., nota, e bibliografia aí citada: MUREINIK, «A bridge to where?...», p. 31; KUMM, «The Idea of Socratic Contestation...», pp. 150 ss.; MÖLLER, «Proportionality and the Rights Inflation», p. 166; *idem*, «U.S. Constitutional Law...», *cit.*; COHEN-ELIYA/PORAT, *Proportionality...*, pp. 103 ss.; THORBURN, «Proportionality», p. 319.

[755] KUMM, «Más allá del princípio...», pp. 276 ss. Como vimos, porém, a forma como se faz a interpretação do texto da Constituição para chegar à especificação, extensão analógica, redução teleológica, etc., dos direitos pode não ser autoevidente.

[756] Sobre o ceticismo como um dos vetores do pensamento constitucional americano veja-se, por todos, BOMHOFF, *Balancing...*, particularmente quadro da p. 233. Todavia, é pertinente notar, como CANOTILHO/VITAL MOREIRA, *Constituição...*, 4ª ed., 382, que a aplicabilidade direta e o reconhecimento de direitos de liberdade subjetivos e accionabilidade foram pacificamente aceites nos EUA muito antes que na Europa.

Os direitos fundamentais são oponíveis apenas ao Estado (não se reconhece o chamado efeito horizontal).

Perante a necessidade de fiscalizar judicialmente o modo como colisões – também inevitáveis no contexto constitucional norte-americano, embora alegadamente em menor número – são resolvidas pelo legislador, o *Supreme Court* concebeu técnicas e testes (filhos da dialética entre formalismo e anti--formalismo) adaptados aos figurinos constitucionais de separação de poderes e de direitos. A pressão de (i) (pretendentes *a*) novos direitos decorrentes da dinâmica de uma sociedade mais complexa, desafiadora da persistência de apenas um número limitado de direitos, (ii) a indisfarçável realidade de cada vez mais possibilidades de colisão, mesmo no contexto de uma Constituição que muitos continuam a ver como um simples *instrument of government*, (iii) o desafio crescente à conceção dos direitos constitucionais como direitos absolutos, (iv) a muito difundida desconfiança em relação a qualquer intervenção do juiz no âmbito do legislador, suscitaram nos EUA uma reação jurisprudencial singular[757]: a definição casuística de vários instrumentos relativamente precários, crescentemente complexos, sensíveis à conjuntura institucional e social, com estruturas e metódicas aplicativas diferenciadas. Num esforço de síntese, identificámos alguns: (i) *definitional balancing* e *ad hoc balancing*; (ii) *rational basis test* e *rational basis* (ou *minimal scrutiny*) *with a bite*; (iii) vários tipos, casuisticamente elaborados, de *intermediate scrutiny*; (iv) versão quase categorial do *strict scrutiny*, versão *weighted balancing*, versão de controlo de motivos ilícitos.

É com este pano de fundo que cabe procurar resposta para a pergunta formulada no título deste número. Organizaremos a exposição em três núcleos: (i) demonstração de que, diferentemenete do que alguns setores sustentam, entre as respostas dos dois modelos persistem muitas (mas talvez não irreconciliáveis) diferenças; (ii) questionamento sobre se é possível que a jurisprudência americana evolua para um esquema aplicativo da proporcionalidade num quadro de preservação dos pilares essenciais do modelo; (iii) análise sobre se é possível afirmar que um esquema de proporcionalidade é melhor do que o dos testes americanos.

5.1. A América (ainda) sem proporcionalidade

Apreciemos mais detidamente alguns dos traços distintivos dos dois modelos no que se refere à teoria e à dogmática dos direitos fundamentais e ao modo como estruturam a fiscalização judicial das suas limitações pelo legislador.

Na Lei Fundamental de Bona e em muitas Constituições europeias, como a portuguesa, reconhece-se estrutura aberta aos direitos e aos próprios catálogos

---

[757] Que KLATT/MEISTER, *The Constitutional Structure...*, pp. 22-3, designam por *medium trump model*.

O PRINCÍPIO DA PROIBIÇÃO DO EXCESSO

dos direitos. Daí decorre a sua elasticidade, isto é, a possibilidade de se expandirem e de se comprimirem, a abertura à "descoberta" de direitos não expressamente contemplados, cobertos pelo direito ao livre desenvolvimento da personalidade como direito geral de liberdade e a sua capacidade de se estender a todas as áreas do Direito (*efeito radiante*).

Em contrapartida, nos EUA persiste a velha querela entre *formalismo* e *substancialismo*. A convergência entre o pensamento formalista clássico e a conceção vigente de direitos conduz à desconfiança perante o *balancing*[758] e à aplicação de muitos direitos em termos absolutos, sem abertura textual a limites ou restrições. Isto suscita a necessidade de a jurisprudência e a doutrina procurarem, através da interpretação da Constituição, delimitações claras – categoriais –, frequentemente restritivas, do conteúdo e âmbito dos direitos, de modo a evitar colisões entre eles e com interesses públicos, com a consequência de esse mesmo conteúdo e âmbito poder ser mais apertado do que na Europa[759]. O substancialismo, pelo contrário, manifesta-se através da defesa do *balancing*, da relativização dos direitos, da abertura a interesses para além dos que resultam diretamente da Constituição. Ocasionalmente atingem-se *compromissos* entre aquelas duas inclinações; transitórios, apenas, porque ameaçados pela incessante propensão de cada uma se sobrepor à outra, ao serviço muitas vezes de mundivisões e de visões ideológicas antagónicas. Daí decorre, entre outras implicações, a profusão e instabilidade de instrumentos de *judicial review*. Em contrapartida, a resposta alemã e talvez europeia contemporânea é a tentativa de *síntese*, sublimada através da proporcionalidade moderna[760].

---

[758] Sobre o contexto constitucional norte-americano como causa determinante para o *balancing* (que os autores assimilam à proporcionalidade) ter uma configuração e um âmbito de aplicação mais limitado nos EUA do que na Europa, em particular na Alemanha, v. COHEN-ELYA/PORAT, «The Hidden Foreign Law Debate in *Heller*. The Proportionality Approach...», pp. 28 ss. Nos EUA vigora um *bounded sense of balancing* enquanto na Europa vigora um *intrinsic balancing*.

[759] V. WEBBER, *The Negotiable Constitution*..., pp. 65 ss.; JACKSON, «Constitutional Law...», pp. 3121 ss.; BARAK, *Proportionality: Constitutional Rights*..., pp. 509 e ss., particularmente 514: a maioria dos direitos enumerados no *Bill of Rights* estão expressos em termos absolutos e cada direito constitui a sua própria categoria, embora a doutrina e a jurisprudência tenham identificado similitudes que permitiram, por exemplo, a formulação de categorias que recobrem a maior parte dos direitos, cada uma delas sujeitas a um dos três níveis de escrutínio judicial estudados. A tendência para os direitos fundamentais nos EUA terem um conteúdo e um âmbito mais estrito do que na Europa, seria ilustrada por formas de expressão que deste lado do Atlântico integrariam aquela liberdade – discurso de ódio, obscenidade, incitamento à ação ilegal, difamação de figuras públicas –, enquanto nos EUA não integram (*ob. cit.*, p. 514). A questão é pelo menos discutível em alguns casos, se não em todos.

[760] Acompanhamos, *grosso modo*, BOMHOFF, *Balancing*..., cit.

190

OS TESTES GERADOS PELO "CASE LAW" NORTE-AMERICANO

A Constituição, a jurisprudência e a doutrina americanas atribuem aos direitos um conteúdo essencialmente negativo, direitos à abstenção do Estado[761] (*rights as trumps*[762], *shields*[763], *side constraints*[764]). Os direitos positivos são considerados um "erro"[765] e por isso a sua consignação é rara, limitada ou absolutamente excecional, como sucede com a proibição da escravatura da 13ª Emenda[766]. Em contrapartida, nas constituições continentais europeias é crescentemente reconhecida uma dimensão positiva dos direitos, que impõe uma ação do Estado no sentido da sua proteção ou criação de condições de exercício. Na ordem constitucional, na jurisprudência e na doutrina americanas, os direitos aplicam-se exclusivamente nas relações entre particulares e Estado, afastando-se o chamado efeito horizontal[767]. Ao invés, no ambiente de

[761] V. CROSS, «The Error of Positive Rights», *cit*.: JACKSON, «Constitutional Law...», p. 3123.

[762] A muito conhecida metáfora dos direitos como trunfos de DWORKIN, *Taking Rights Seriously...*, p. 184, «Rights as trumps», *cit*., quadra bem com a Constituição americana e compreende-se no contexto do debate constitucional americano. Como já se notou *supra* (Introdução), a construção dos trunfos em DWORKIN inscreve-se num contexto de rejeição do *balancing* (ou da proporcionalidade, nos ordenamentos europeus). Para DWORKIN, os direitos seriam *definite trumps* que podem jogar-se contra argumentos relativos a fins (HABERMAS, *Facticidad...*, p. 332), e não apenas *prima facie trumps* sujeitos a ponderação em situações concretas. Note-se porém, que a conceção *dworkiniana* dos direitos como trunfos não cobre todos os direitos juridicamente protegidos, nem sequer o que se designa por direitos fundamentais (cfr. HABERMAS, *Facticidad...*, p. 273; NOVAIS, *Direitos Fundamentais...*, p. 37). O contraponto doutrina mais contrastante é da autoria de BEATTY, *The Ultimate Rule...*, p. 163, quando defende que quando os direitos são colocados em jogo numa aplicação do princípio da proporcionalidade *"they have no special force as trumps. They are really just rethorical flourish"*. Não haveria direitos "trunfáveis", mas apenas interesses competidores com outros (p. 171).

[763] SCHAUER, «A Comment...», p. 429.

[764] NOZICK, *Anarchy...*, p. 29.

[765] CROSS, «The Error of Positive Rights», *cit*.

[766] CROSS, «The Error...», pp. 872-873. Sem embargo, apesar da aversão à ideia de direitos positivos, há abundante literatura pugnando pela sua receção e consagração, pelo menos desde Franklin D. Roosevelt. Por exemplo, na década de 1960: ALBERT BENDICH, «Privacy, Poverty, and the Constitution», in *California Law Review*, vol. 54 (1966), pp. 407 ss., disponível em http://scholarship.law.berkeley.edu/californialawreview/vol54/iss2/7; ARCHIBALD COX, «The Supreme Court, 1965 Term», in *HLR*, vol. 80, nº 1 (Nov., 1966), pp. 91 ss.; ARTHUR SELWYN MILLER, «Toward a Concept of Constitutional Duty», in *The Supreme Court Review*, vol. 1968 (1968), pp. 199 ss.; CHARLES REICH, «Individual Rights and Social Welfare: The Emerging Legal Issues», in *YLJ*, vol. 74 (1965), pp. 1245-1257. Depois disso, v. os numerosos trabalhos de FRANK MICHELMAN ao longo de décadas: por último, «The Compelling Idea of Social & Economic Rights: Reciprocating Perturbations in Liberal and Democratic Constitutional Visions» in Helena Alviar Garcia, Karl Klare, Lucy Williams (eds.), *Social & Economic Rights in Theory and Practice: A Critical Assessment*, Routledge, 2014; representativos também, HOLMES/SUNSTEIN, *The Cost of Rights*, *cit*.

[767] Eventualmente essa aplicabilidade pode efetuar-se apenas por via da doutrina da ação do Estado (*doctrine of sate action*) PIRKER, *Proportionality...*, p. 161. CROSS, «The Error...», p. 873, admite

O PRINCÍPIO DA PROIBIÇÃO DO EXCESSO

muitas constituições continentais europeias a aplicabilidade nas relações entre particulares (*Drittwirkung*) é amplamente reconhecida.

Tudo isto, bem como a ausência do sistema de precedente, leva a que na Europa continental as situações dilemáticas que não se resolvem através de simples operações lógico-dedutivas, obrigando ao balanceamento e à harmonização dos direitos fundamentais e de outros interesses constitucionalmente garantidos, sejam mais agudas e frequentes do que no contexto americano. Isso suscita uma aplicação intensiva e rotineira do princípio da proporcionalidade[768]. Em contrapartida, nos EUA a tendência é para a aplicação circunscrita dos *scrutiny tests*, quase excecional (estando essa tendência a esbater-se, reconheça-se) e não em "modo automático"[769].

É neste quadro que há analogias entre os testes americanos e o princípio da proporcionalidade clássica, mas também um mundo de diferenças. Estas ainda mais marcadas se tornam se o termo de comparação for com a proporcionalidade moderna.

Há certamente lugares comuns nas origens históricas. Quer a proporcionalidade quer os testes americanos que expressam uma ideia de relação racional entre meios e fins, de moderação, ou de necessidade, foram gerados pela dinâmica própria do controlo judicial. Por outro lado, o princípio da proporcionalidade e os *scrutiny tests* mais exigentes (designadamente o *strict scrutiny* e o *intermediate scrutiny*: v. *supra*) sucederam-se a testes mais reverenciais em relação ao legislador[770].

---

que a "*state action condition*" da 14ª Emenda tem sido interpretada por alguma doutrina de modo suficientemente amplo para alicerçar um *direito à proteção contra ações privadas*: cfr. CHEMERINSKY, «Rethinking State Action», in *Northwestern University Law Review*, vol. 80 (1985), pp. 503-557. Há um paralelo interessante na Alemanha: uma corrente minoritária, recusando uma função autónoma de proteção dos direitos e persistindo no modelo dos direitos fundamentais exclusivamente como direitos de defesa (MURSWIEK, SCHWABE, SZCZEKALLA), reconduz as interferências em direitos por outros particulares a interferências *imputáveis ao Estado*. Tendo este o monopólio do poder de regulação, sanção e uso da força, qualquer interferência em direitos fundamentais por ação de terceiros decorre de omissões do Estado – de regulação, de impedimento, de sanção. Cfr. MATTHIAS MAYER, *Untermaß, Übermaß...*, p. 51.

[768] Mais desenvolvimento sobre isto em COHEN-ELYA/PORAT, «The Hidden Foreign Law Debate in *Heller*. The Proportionality Approach...», pp. 28 ss.

[769] Além disso, tratando-se de fórmulas recentes e desenvolvidas judicialmente, persiste a possibilidade de serem abandonadas a qualquer momento pelo Supremo Tribunal: sublinhando este aspeto, FALLON, «Strict Judicial Scrutiny», p. 1285; LASSER, «"Lit. Theory» Put to the Test: A Comparative Literary Analysis of American Judicial Tests and French Judicial Discourse», in *HLR*, vol. 111 (1998), pp. 689 ss., 723, assinala que o Tribunal pode mudar a linguagem dos próprios testes, ao contrário do que se passa com a linguagem da constituição ou da lei; BOMHOFF, *Balancing...*, p. 220, sublinha a "descartabilidade" dos testes, em contraste com a proporcionalidade.

[770] SWEET, «All Things in Proportion?...», p. 17.

OS TESTES GERADOS PELO "CASE LAW" NORTE-AMERICANO

Todavia, o princípio da proporcionalidade funciona simultaneamente como critério de conformação da lei e como parâmetro da *judicial review*, enquanto os testes americanos se adaptam sofrivelmente (ou não se adaptam de todo) à primeira; na Europa, a proporcionalidade foi importada de outros ramos do direito (administrativo, penal) para o direito constitucional no pressuposto de que os direitos fundamentais são relativizáveis, isto é, suscetíveis de restrições impostas pela prossecução de outros direitos ou de outros interesses constitucionalmente protegidos; diversamente, alguns *standards* americanos mais recentes começaram por ser uma expressão da deferência judicial para com o legislador (o caso do *rational basis*) e um instrumento de legitimação da restrição por aquele de direitos tradicionalmente vistos como absolutos, protegidos por normas de aplicação binária.

No direito constitucional americano assume-se que os direitos não são todos iguais – como, aliás, nos ordenamentos europeus, onde se fala de pesos abstratos diferentes[771] –, ainda que a sua fonte formal seja eventualmente a mesma. Mas a jurisprudência constitucional americana reage a isso de modo diferente da jurisprudência europeia. Em vez de, no quadro de *um único teste*, dar relevo à importância do direito e daí retirar as devidas consequências, a jurisprudência constitucional americana constrói em torno dessas diferenças uma gama de testes *diferentes*, ou seja, com estrutura e adstrigência *diferentes*.

Daí decorrem diretas divergências no plano da *metódica de aplicação* jurisdicional.

O primeiro passo da metódica de aplicação jurisdicional dos testes americanos consiste na determinação de qual o direito eventualmente atingido, de que forma está garantido e qual a dimensão (mais ou menos periférica) em jogo. Dessa determinação depende a aplicação de um ou outro teste, com as suas estruturas diferenciadas, não sendo necessário, nessa fase, ter já claramente definido qual o fim prosseguido pela norma legislativa. Em contrapartida, todos os instrumentos de mediação que a proporcionalidade moderna recobre requerem que o julgador averigue preliminarmente qual o perfil da colisão normativa que suscitou a intervenção do legislador, por forma a determinar o instrumento de ponderação e harmonização concretamente aplicável ao caso. Isso pressupõe a simultânea identificação e qualificação dos bens, interesses ou valores que são objeto de interferência e a determinação do fim da norma legislativa. Só depois de concluída essa etapa metódica pode o juiz constitucional determinar qual o instrumento de mediação de ponderação e harmonização aplicável no escrutínio da validade da medida legislativa – proporcionalidade clássica ou outro.

---

[771] V. *infra*, capítulo 8, 2.2.6.

O PRINCÍPIO DA PROIBIÇÃO DO EXCESSO

Mas há analogias *estruturais* entre alguns dos testes americanos, ou seus elementos, e o princípio da proporcionalidade clássica, ou respetivos segmentos. O *rational basis test* em qualquer das suas versões, mas particularmente na reforçada (*with a bite*), cumpre uma função semelhante ao segmento da adequação do princípio da proporcionalidade, na medida em que o primeiro visa verificar se a restrição prossegue de modo racional um fim legítimo[772]. Para prosseguir de modo racional um fim legítimo, a restrição tem, naturalmente, de ser instrumental em relação a esse fim, tem de ter uma *relação causal* com ele *racionalmente* inteligível.

É difícil ter uma visão de conjunto sobre os *intermediate scrutiny tests*, para aferir da proximidade com a proporcionalidade clássica[773], dada a sua variabilidade e inexistente uniformidade estrutural. Mas, como vimos, a versão mais comum – na medida em que se possa falar de uma *versão mais comum* – só coincide com o teste da adequação, particularmente se entendido numa modalidade particularmente qualificada.

A aproximação ao figurino típico da proporcionalidade clássica ou proibição do excesso pode acentuar-se se o segmento do *less restrictive mean* integrar o *intermediate scrutiny*, o que o Supremo Tribunal parece recusar, mas alguma doutrina advoga. A incorporação de operações de *balancing*, que alguns aceitam e outros rejeitam, acentuaria essa aproximação. Eventualmente, há já expressões limitadas de *intermediate scrutiny* que se subsumem a este estádio de máxima assimilação: o teste do *undue burden*, aplicável em casos de comércio interestatal[774], mas também, desde 1992, na avaliação de restrições ao direito de aborto (em substituição do *strict scrutiny*), incorpora eventualmente parâmetros que na Europa poderiam ser considerados assimiláveis à proporcionalidade clássica ou a algum dos outros instrumentos que se abrigam sob o conceito de proporcionalidade moderna[775].

---

[772] Sullivan/Frase, *Proportionality Principles...*, p. 62. A proximidade acentua-se para aqueles autores que, enunciando os próprios segmentos da proporcionalidade, não falam de adequação mas sim de conexão racional entre meio e fim: v., por exemplo, Barak, *Proportionality: Constitutional Rights...*, pp. 131 ss. Essa formulação pode ser também encontrada pelo menos no *case law* canadiano (desde logo na pioneira *Oakes*, de 1986) e irlandês.

[773] Embora haja quem, no ambiente doutrinal norte-americano, descreva genericamente a proporcionalidade como uma forma de *intermediate scrutiny*: assim, Greene, «The Rule of Law...», p. 1289 (excluindo porém a fórmula específica de *intermediate scrutiny* usada nos casos de discriminação em razão do género; Sullivan/Frase, *Proportionality Principles...*, cit. ("traduzindo" *United States v. O'Brien*, de 1968 e *Pike v. Bruce Church, Inc.*, de 1970, casos de *intermediate scrutiny*, de acordo com os padrões da proporcionalidade).

[774] V., por exemplo, Aleinikoff, «Constitutional Law...», p. 966.

[775] Cfr. Sullivan/Frase, *Proportionality Principles...*, p. 56. Em *Casey* (1992), o teste do *undue burden* foi instrumental em relação ao desiderato de evitar que um dos interesses em presença prevale-

O estabelecimento de lugares comuns entre o *strict scrutiny* e a proporcionalidade clássica ou proibição do excesso é um exercício sedutor, mas complexo, desde logo por não haver *um* teste mas *vários* testes reconduzíveis a esse *nomen*. A versão mais consensual na jurisprudência e na doutrina – que com maior ou menor propriedade, coincidirá com o que se designou de *proibição quase categorial* – é estruturalmente semelhante à conjugação dos segmentos da adequação e da necessidade da proporcionalidade clássica. Por outras palavras, assemelha-se estruturalmente a uma proporcionalidade clássica ou proibição do excesso sem proporcionalidade e.s.e. (ou sem *balancing*[776]), de alguma forma coincidindo com a conceção de SCHLINCK sobre o que é (ou deveria ser...) a proporcionalidade e.s.a..

Por seu turno, há outra versão do *strict scrutiny* – *weighted balancing* – que, pelo menos na configuração doutrinal estudada, conflui mais claramente com a proporcionalidade clássica na medida em que comporte efetivamente momentos de contrapeso de bens, interesses ou valores. Tal como a proporcionalidade clássica, neste caso o *strict scrutiny* funciona como instrumento de mediação de operações de harmonização com ponderação[777]. Isso é defensável na versão *weighted balancing*[778]. No que toca aos segmentos da adequação e da necessidade, nem sequer este esforço reconstrutivo é necessário: como vimos, a decomposição dos segmentos do *narrowly tailored mean* tal como entendidos no contexto do *strict scrutiny* revelam semelhanças em relação à adequação e à

---

cesse sobre o outro, visando-se uma solução que os acomodasse, espírito que, como veremos *infra*, se coaduna com a proibição do defeito ou a proporcionalidade equitativa.

[776] ŠUŠNJAR, *Proportionality...*, p. 160.

[777] Se bem entendemos, não é exatamente a isso que se refere GOTTLIEB, «Compelling Governmental Interests...», pp. 966 ss. Porém, merece referência a sua construção *do strict scrutiny*, pela analogia fácil com a construção *hessiana* da *congruência prática*. Depois de concluir que no ambiente constitucional americano os direitos e os interesses públicos partilham as mesmas dificuldades quanto à identificação da sua base normativa e quanto à determinação do respetivo alcance e âmbito, e de demonstrar que nem os princípios democrático ou da separação de poderes nem outros argumentos constitucionais determinam uma prevalência ou um maior peso dos interesses públicos sobre os direitos – sendo, aliás, certo que a linguagem e a ancoragem valorativa dos primeiros é semelhante à dos segundos –, sustenta que o *strict scrutiny* "é um método criado por académicos e juristas para *harmonizar* direitos e interesses conflituantes" (p. 968, ênfase acrescentada). O legislador/executivo deve procurar proteger simultânea e *harmonizadamente* os interesses públicos e os direitos. O balancing só é necessário quando não seja possível a harmonização. Se a harmonização for possível através da escolha de meios menos restritivos do que os originalmente propostos, aqueles devem ser preferidos. Portanto, um tribunal não necessita de comparar o peso de um *compelling interest* com o peso de um direito se eles puderem ser ambos acomodados através de meios menos restritivos.

[778] Cfr. SULLIVAN/FRASE, *Proportionality Principles...*, p. 55.

O PRINCÍPIO DA PROIBIÇÃO DO EXCESSO

necessidade[779], embora com algumas diferenças que ficaram patentes ao longo da exposição.

Nessa medida, compreende-se a tentação de qualificar o *strict scrutiny* (ou pelo menos algumas das suas versões doutrinárias e dimensões) como um sucedâneo americano da proporcionalidade em sentido amplo[780] e para ver esta a emergir no panorama jurídico-constitucional dos Estados Unidos. Tentação que esbarra ainda, talvez, na improbabilidade[781].

5.2. Seria possível a proporcionalidade na América?

A apreciação acabada de fazer recusa que a proporcionalidade e os testes americanos sejam a mesma coisa, embora registe pontos de convergência. Todavia, se se quisesse materializar as propostas de quem, alinhando as vantagens estratégicas da proporcionalidade clássica em relação aos testes gerados pela jurisprudência constitucional norte-americana, sugere a sua incorporação no direito constitucional dos EUA, não parece que a tarefa fosse hércula: bastava, *grosso modo*, incrustar momentos de *balancing* no *strict scrutiny*, consumando algo que, aliás, alguns dizem já estar consumado. A jurisprudência e a doutrina constitucionais americanas – e até o legislador[782] – poderiam evoluir ou para a utilização da proporcionalidade clássica como guia padrão de operações de harmonização em caso de restrições de direitos constitucionais com o fim de

---

[779] Assim, COHEN-ELYA/PORAT, «The Hidden Foreign Law Debate in *Heller*. The Proportionality Approach...», p. 18; SULLIVAN/FRASE, *Proportionality Principles...*, p. 54.

[780] Assim, BEATTY, *The Ultimate Rule...*, pp. 162, 182, salientando o emprego limitado da *strict scrutiny* a casos das 1ª, 5ª e 14ª Emendas; RISTROPH, «Proportionality...», p. 293, defendendo que quando se exige que uma ação do Estado seja *narrowly tailored* para servir um *compelling state interest* está-se a impor o princípio de que o poder do Estado tem de ser proporcional ao interesse que alegadamente justifica esse poder; RICHARD S. FRASE, «Excessive Prison Sentences, Punishment Goals, and the Eighth Amendment: "Proportionality" Relative to What?», in *MinnLR*, vol. 89 (2005), pp. 571 ss., o *narrow tailoring* é uma forma de proporcionalidade; JACKSON, «Being Proportional...», p. 807, incidentalmente e sem explicação suplementar, alude aos diferentes *means-end tests* como equivalentes a vários graus de proporcionalidade; SWEET, «All Things in Proportion?...», pp. 39-40. Em contraste, v. o já referenciado distanciamento de BARAK, *Proportionality: Constitutional Rights...*, p. 513; também, ŠUŠNJAR, *Proportionality...*, pp. 159 ss.

[781] Na década de 1970, BERMANN notou, logo a abrir o seu artigo «The Principle of Proportionality», p. 415, que a questão de saber se era aplicável um requisito geral de proporcionalidade na ação governamental era uma questão improvável para um jurista americano. Tratava-se de uma afirmação no domínio do Direito Administrativo. O panorama no Direito Constitucional, o único que estudamos, não seria muito diferente e não há motivos para pensar que já tenha superado concludentemente o estádio de *improbabilidade* da incorporação da proporcionalidade.

[782] Frisando este ponto, SULLIVAN/FRASE, *Proportionality Principles...*, p. 9.

196

OS TESTES GERADOS PELO "CASE LAW" NORTE-AMERICANO

satisfação de interesses públicos, ou para a sua combinação com alguns dos testes hoje usados[783].

É verdade que alguma doutrina de referência sustenta que para que a proporcionalidade possa ser coerentemente adaptada ao ambiente constitucional americano os pilares deste teriam de ser radicalmente alterados. A inflação de direitos, os deveres de proteção do Estado, os direitos sociais, a eficácia horizontal, teriam de ser interiorizados pelo discurso constitucional[784]. A cultura

---

[783] *Supra*, assinalaram-se referências à proporcionalidade no voto de vencido do juiz Breyer em *District of Columbia v. Heller* (2008). Conhecendo-se a forma como determinados conceitos entraram e fizeram o seu caminho na *judicial review* ao longo da história, não é exagerada a opinião de COHEN-ELYA/PORAT, «The Hidden Foreign Law Debate in *Heller*. The Proportionality Approach...», p. 2, de que este voto esteve perto de introduzir a proporcionalidade em sentido amplo na jurisprudência constitucional americana. Realçando também este debate, SWEET, «All Things in Proportion?...», pp. 3 e 77 ss. Favoráveis à incorporação, para além deste último, *ob. cit.*, v., também, COHEN-ELYA/PORAT, *ob. cit.*; SULLIVAN/FRASE, *Proportionality Principles...*, p. ix, p. 6, propondo a continuação da aplicação do *strict scrutiny* (que dizem mais restritivo) no âmbito de direitos que requerem uma proteção mais absoluta (*rulelike*) e de algumas proibições absolutas de restrições quando estiver em causa o princípio da dignidade da pessoa humana; e a aplicação da proporcionalidade nas áreas governadas pelo *rational basis, intermediate scrutiny* e por outros *standards* não enquadrados na sistemática dos três níveis de escrutínio; GREENE, «The Rule of Law as a Law of Standards», in *GLJ*, vol. 99 (2011), pp. 1289 ss.; YOWELL, «Proportionality in United States Constitutional Law», *cit.*; JACKSON, «Constitutional Law in an age of Proportionality», p. 3098; SCHLINK, (hoje um dos mais escutados divulgadores do princípio da proporcionalidade no meio académico dos EUA), na sua Bernstein Lecture de 2011, na Universidade de Duke, sobre «Proportionality in Constitutional Law», acessível em https://www.youtube.com/watch?v=MzOvVEtR0Tk. O mais entusiástico talvez seja SWEET, *ob. cit.*, pp. 4, 12 ss.: mesmo admitindo que a *proportionality analyses* não tem necessariamente de governar todos os casos de direitos, o autor apresenta argumentos a favor da evolução ou substituição dos *standards* gerados pelo *case law* pela PA, defendendo que ao invés de "deitar os direitos fora" (*balancing rights away*), aquela pode protegê-los mais consistentemente e coerentemente do que o controlo baseado em vários níveis de intensidade (*tiered review*: cfr. *supra*) construídos pela jurisprudência constitucional americana. A abordagem americana reduz a flexibilidade dos juízes face à complexidade; retrata falsamente a adjudicação como um exercício mecânico de aplicação da lei, como se pudesse falar-se de um código constitucional; e cria inconsistência e arbitrariedade desnecessárias. Ao invés, a adoção da proporcionalidade (PA) fornece uma resposta processual efetiva para um problema substantivo inevitável, o da imprecisão, abertura e incompletude dos direitos, enquanto o exercício do balancing, embora possa responder ao problema da incompletude, suscita a perceção da impossibilidade de antecipação do resultado; a PA é ideologicamente neutra, adaptável às circunstâncias do caso; a PA está especificamente desenhada para reduzir o mal da parte perdedora, na medida do possível; tendo em conta a sua difusão como "boa prática" de proteção de direitos, aderir à PA é uma forma de se mostrar empenho na proteção de direitos.

[784] Para a exposição sistemática desta linha de argumentação, MÖLLER, «U. S. Constitutional Law...», *cit.* Cético sobre a possibilidade de convergência dos modelos americano e europeu (ou alemão), BOMHOFF, *Balancing...*, pp. 240 ss.

O PRINCÍPIO DA PROIBIÇÃO DO EXCESSO

de autoridade teria de ser substituída por uma lógica de justificação. Tal posição poderia ser compreensível se falássemos da introdução da *proporcionalidade moderna*. Estando apenas em causa a proporcionalidade clássica essa é uma posição maximalista, pouco convincente.

5.3. O instrumento mediador proporcionalidade é mais protetor dos direitos do que os testes americanos?

À partida, os padrões da adequação relativos à relação entre o meio e os efeitos que se pretende atingir não parecem ser mais exigentes que os que decorrem da *rational basis* ou da *necessity*. O grau de eficiência exigido em qualquer deles pode variar, pelo que não é possível determinar em abstrato qual o mais exigente.

Por outro lado, não se pode afirmar que o *strict scrutiny*, particularmente quando entendido na versão de proibição quase categorial, seja menos protetor dos direitos. À cabeça esse teste ergue uma barreira às interferências em direitos que a proibição do excesso não ergue: as interferências sujeitas a *strict scrutiny* têm forçosamente de visar a prossecução de um interesse superlativo ou imperativo (*compelling*), enquanto a proporcionalidade clássica em regra apenas exige, como pressuposto, que a interferência vise um fim constitucionalmente permitido ("legítimo"), qualquer que seja o seu grau de imperatividade ou importância[785]. É certo que se o direito sacrificado apresentar um peso superior ao do interesse prosseguido pela norma legislativa, a aplicação da proporcionalidade clássica determina a invalidade. Mas no contexto do *strict scrutiny* a ameaça que recai sobre aquela norma afigura-se maior: mesmo que o interesse por ela promovido tenha um peso superior ao direito, se tal interesse não puder ser reconduzido à excecionalidade de um interesse *compelling* a norma é derrotada.

Resta que algumas situações de *overinclusiveness* parecem ser mais bem resolvidas no contexto da proporcionalidade clássica, mas trata-se de uma diferença residual e não evidente. Por outro lado, tudo o que não sejam posições jurídicas subjetivas protegidas pela Constituição parecem mais desprotegidas no contexto americano do que num ambiente de justificação no quadro da proporcionalidade.

Todavia, é inviável demonstrar que uma constituição sem proporcionalidade é logicamente impossível[786] ou que a ordem jurídico-constitucional

---

[785] Embora haja diferenças de ordenamento para ordenamento: pode considerar-se que o Canadá figura num dos extremos da escala de exigência e a Alemanha no outro, com Portugal próximo. Cfr. BARAK, *Proportionality...*, p. 529.

[786] BEATTY, *The Ultimate Rule...*, p. 163. Refutando boa parte da linha doutrinária do autor, cfr. JACKSON, «Being Proportional...», *cit.*

OS TESTES GERADOS PELO "CASE LAW" NORTE-AMERICANO

norte-americana é mais injusta, menos *principled*, mais insegura ou menos avançada do que as ordens jurídicas que adotam consistentemente a proporcionalidade há décadas[787] ou até que os quadros da proporcionalidade são significativamente mais estáveis ou mais pacíficos[788].

Certamente que os *standards* americanos poderão beneficiar com uma receção de alguns dos padrões da proporcionalidade[789] – hoje já não só europeus –, tal como o direito constitucional europeu tem beneficiado de um melhor conhecimento do *case law* americano. A migração de conceitos ou ideias constitucionais[790], no contexto do surgimento de um *constitucionalismo global*, assumiu uma dinâmica que pode tornar isso inevitável.

---

[787] COHEN-ELIYA/PORAT, *Proportionality...*, p. 22. Há quem defenda que, ao invés, o modelo americano é mais maduro. V., por todos, FREDERICK SCHAUER «Freedom of Expression Adjudication in Europe and America: A Case Study in Comparative Constitutional Architecture», acessível em http://ssrn.com/abstract=668523 ou http://dx.doi.org/10.2139/ssrn.668523 Interessante é a avaliação comparada de BARAK, *Proportionality...*, p. 515: os níveis mínimo e intermédio de escrutínio do direito americano deixam mais desprotegidos os direitos a cujas limitações se aplicam do que o princípio da proporcionalidade. Significativamente mais matizada é a abordagem à comparação entre *strict scrutiny* e proporcionalidade. Do ponto de vista prático, se se fizesse fé no clássico aforismo de GUNTHER sobre aquele teste, *"strict' in theory and fatal in fact"*, ele seria porventura mais protetor dos direitos do que a proporcionalidade. Mas do ponto de vista teórico, o autor concluí que a resposta é menos clara, havendo situações em que a proporcionalidade é mais protetora, outras em que é menos.

[788] Para um recente balanço, v., por todos, MERTEN, «Der Verhältnismäßigkeitsgrundsatz», pp. 518 ss.

[789] V. JACKSON, *Constitutional Engagement in a Transnational Era*, Oxford University Press, 2010; BARAK, *Proportionality...*, p. 527. O caso mexicano pode ser um revelador balão de ensaio de um modelo com componentes de ambos os sistemas: v. GARGARI, «Principio de proporcionalidad...», pp. 77 ss.

[790] Não faltam referências (porventura acidentais) ao *strict scrutiny* enquanto fórmula de escrutínio reforçado na jurisprudência do Tribunal Europeu dos Direitos do Homem: v. *Manoussakis and Others v. Greece* (1996), *apud* GUNN, «Deconstructing Proportionality...», p. 479.

Capítulo 4
O despertar da doutrina portuguesa para o princípio (até ao virar do século XX)

1. Até ao final da década de 1970[791]

O estudo sobre a exigência de *necessidade* de lei, constante, por exemplo, do artigo 10º da Constituição Portuguesa de 1822 ("nenhuma lei, e muito menos a penal, será estabelecida sem absoluta necessidade"), não foi, que se saiba, realizado. Mas seria decerto relevante fazer esse estudo. Embora a ideia de necessidade ali subjacente não seja forçosamente a mesma que é inerente ao atual princípio da proibição do excesso, já pode estar ali implícita a conceção de que podendo a lei ser intrusiva em relação aos direitos dos cidadãos (e só a lei poderia limitar a liberdade dos cidadãos, mandando-os fazer algo, ou proibindo-os de fazer algo: cfr. artº 2º, da Constituição de 1822), só deveria ser produzida quando não houvesse outra alternativa mais suave, não contendente com aqueles direitos. Esse desiderato é certamente um digno antepassado do moderno princípio da proibição do excesso.

---

[791] Neste capítulo ocupamo-nos da doutrina portuguesa até ao virar do século XX. Com a doutrina mais recente (entre a qual se encontram as obras de Novais, *As Restrições...* e *Os Princípios...*, assim como de Nogueira, *Direito fiscal europeu...*), ou com versões mais atualizadas do pensamento de autores referidos neste capítulo, dialogaremos ao longo do texto. Por outro lado, salvo no caso dos autores mais antigos, como Marcello Caetano ou Afonso Rodrigues Queiró, focamos sobretudo obras de Direito Constitucional. Não se devem esquecer, porém, os contributos relevantes provindos de outras áreas científicas, como os de Sérvulo Correia, *Legalidade e autonomia contratual...* (1987), Fernando Alves Correia, *O Plano Urbanístico...* (1989) ou Fernanda Palma, *A Justificação...* (1990).

O PRINCÍPIO DA PROIBIÇÃO DO EXCESSO

Mas, antes da década de setenta do século passado, o uso e o estudo das ideias de necessidade e adequação, alijadas da carga objetivo-funcionalista habitual na época, é raro, pouco consistente e porventura inconsciente da sua peculiaridade.

1.1. Marcello Caetano

Por exemplo, MARCELLO CAETANO[792] referia, como um dos limites aos poderes de polícia, o princípio de que *"não devem ser exercidos de modo a impor restrições e a usar coacção além do estritamente necessário"* (itálico no original)[793]. E acrescentava: "tem de existir proporcionalidade entre os males a evitar e os meios a empregar para a sua prevenção"[794]. Não havia ainda consciência da dimensão e alcance daquele princípio, nem um *nomen* distintivo. Mas é claro que o núcleo da ideia de *necessidade* e até de *proporcionalidade em sentido estrito* (proporção entre o sacrifício instrumental de bens e os males a evitar) é já intuído pelo autor e está no espírito do que escreve, embora o seu préstimo se restringisse, na circunstância, ao direito de polícia.

1.2. Afonso Queiró e Barbosa de Melo

Entretanto, AFONSO QUEIRÓ e A. BARBOSA DE MELO[795] faziam a primeira referência que se conhece na doutrina portuguesa à obra de LERCHE, Übermass und Verfassungsrecht, obra que, como analisámos, está no ponto de transição entre a "idade antiga" e a "idade moderna" do princípio da proibição do excesso ou da proporcionalidade[796]. No entanto, apesar de (por manifesta influência da doutrina alemã) enumerarem e defenderem, ainda na vigência da Constituição de 1933, muitas das regras limitativas das restrições de direitos, liberdades e garantias que, alguns anos depois, o artigo 18º recolheria (intangibilidade do núcleo essencial dos direitos –ou das liberdades fundamentais, de acordo com a terminologia preferida pelos autores-, carácter geral e abstrato da lei restritiva de direitos, restrição de direitos apenas se prevista na Constituição e se necessária para a salvaguarda de interesses superiores, também garantidos pela Constituição), aqueles autores guardavam silêncio sobre o tema da proporcio-

---

[792] *Manual de Direito Administrativo*, pp. 1158-1159. Esta passagem foi conservada, sem alterações, nos *Princípios Fundamentais do Direito Administrativo*, Forense, Rio de Janeiro, 1977, p. 351.

[793] É notória a similitude desta fórmula com a do artigo 272º, nº 2, da CRP, fórmula que vem da redação original de 1976 e sempre foi entendida como expressão do princípio da proporcionalidade: cfr. CANOTILHO, *Direito Constitucional. Tópicos de estudo*, p. 306; CANOTILHO/VITAL MOREIRA, *Constituição...*, 1ª ed. (1978), p. 471, aludindo a princípio da proibição do excesso.

[794] *Manual...*, p. 1159.

[795] *A liberdade de empresa e a Constituição*, p. 224 e outros locais

[796] Cfr *supra*, capítulo 1.

O DESPERTAR DA DOUTRINA PORTUGUESA PARA O PRINCÍPIO

nalidade ou da proibição do excesso que na época já tinha curso firme na Alemanha. Havia apenas profusa referência ao *princípio da subsidiariedade*, que não deve ser confundido com o princípio da proibição do excesso ou com alguma sua manifestação parcial, nomeadamente o segmento da necessidade.

1.3. Vital Moreira

Em 1973, VITAL MOREIRA observa[797] que as restrições de direitos fundamentais (económicos) justificadas pelo "interesse público" ou pelo "bem comum" estão limitadas "pela necessidade da sua adequação e proporção ao fim que a motivou *(princípio da proporcionalidade)*".

1.4. Gomes Canotilho

Mais estruturado e desenvolvido é o tratamento dado ao tema, em 1974, por J. J. GOMES CANOTILHO[798]. O autor faz referência aos conceitos de "princípio material da proibição do excesso", "princípio da necessidade", "princípio da exigibilidade", "princípio da adequação" e "princípio da proporcionalidade". Sem embargo, as relações e articulações entre esses conceitos não se apresentavam de forma clara. Observe-se que o autor oscilava entre: (i) emparceirar os princípios da proporcionalidade e da necessidade (ou da exigibilidade)[799], sem definir se o conceito de princípio da proporcionalidade era empregue em sentido amplo ou em sentido estrito e, neste segundo caso, se aqueles dois princípios se agrupavam sob um conceito mais abrangente, ou se funcionavam com autonomia; (ii) aludir ao princípio material de proibição do excesso, isoladamente, isto é, relacionando-o apenas remotamente com os princípios antes mencionados (exigibilidade, necessidade, adequação, proporcionalidade)[800]; (iii) enunciar os princípios da necessidade, proporcionalidade e adequação, sem referir expressamente se se abrigavam sob um macro conceito aglutinador[801].

Como quer que seja, deve-se a este autor a primeira tentativa consistente da doutrina portuguesa de definir as máximas da *adequação, necessidade e proporcionalidade em sentido estrito*[802]. Tentativa meritória que, não fora ter passado aparentemente quase despercebida, poderia ter lançado, logo no início da década de setenta, a base doutrinal para uma decidida introdução no espaço jurídico

---

[797] *A ordem jurídica do capitalismo, cit.* (1ª ed., 1973, 2ª ed., 1976), pp. 150, 225.
[798] *O problema da responsabilidade do Estado...*, pp. 267, 328, 329, 333, 334.
[799] Na linha de LERCHE, Übermass und Verfassungsrecht..., o qual, aliás, era citado a propósito. V. *O problema...*, pp. 267, 328, 334.
[800] *O problema...*, p. 329.
[801] *O problema...*, p. 333.
[802] *Idem*, embora, repete-se, sem as enquadrar expressamente num conceito aglutinador e sem agregar ao conceito de proporcionalidade a expressão *em sentido estrito*.

O PRINCÍPIO DA PROIBIÇÃO DO EXCESSO

português do princípio da proibição do excesso ou da proporcionalidade na sua configuração clássica.

Já com a CRP em vigor, o mesmo autor, prosseguindo na gradual clarificação dos conceitos e do âmbito de aplicação do princípio, assimila, num trabalho datado de 1976/77[803], o princípio da proporcionalidade[804] ao princípio da proibição do excesso. Mais, integra-o na lista dos *princípios jurídicos fundamentais de direito constitucional* e aponta-lhe afloramentos nos artigos 19º, 28º, nº 2 e 272º da Constituição (versão original).

1.5. Afonso Queiró

Também depois da entrada em vigor da Constituição de 1976, encontramos uma referência ao *nomen* "princípio da proporcionalidade" num texto de AFONSO QUEIRÓ[805]. O autor ensinava que se tratava de um novo princípio geral de direito administrativo que consubstanciaria um deslizamento da legalidade para a oportunidade. O mestre de Coimbra parece dar especial relevo à ideia de *necessidade*, embora mencione também a operação de comparação entre custos e benefícios corrente no ambiente francês.

1.6. Vieira de Andrade

Em lições datadas de 1977, JOSÉ CARLOS VIEIRA DE ANDRADE refere-se à proporcionalidade como "critério" de execução do princípio da concordância prática[806]. Este, por seu turno, seria "um *método* e um *processo de legitimação* das soluções"[807] para conflitos ou colisões de direitos e valores constitucionais, método esse que não prescreveria a "realização óptima (o máximo) de cada um dos valores em jogo", nem pretenderia "um *resultado matemático*"[808]. A medida de compressão de "cada um dos direitos (ou valores) pode ser diferente, dependendo do modo como se apresentam"[809]. Daqui se pode inferir que este autor não entendia ser possível (ou correto) diferenciar a concordância prática da proporcionalidade, conferindo a esta um papel auxiliar na aplicação daquela.

---

[803] *Direito Constitucional. Tópicos de estudo*, p. 306.

[804] Em sentido amplo, certamente, embora não o especifique. V. *ob. cit.*

[805] *Lições de Direito Administrativo...*, p. 586.

[806] *Direito Constitucional...*, polic., p. 203. Esta indicação de que a proporcionalidade é um critério de execução do princípio da concordância prática transitou para trabalhos posteriores do autor (v. *Os Direitos Fundamentais...*, 2ª edição, 2001, p. 315) e é influenciada pela doutrina original de HESSE (por exemplo, *Grundzüge...*, p. 28).

[807] *Idem*. Também esta indicação foi retomada pelo autor em *Os Direitos Fundamentais...*, 2ª ed., 2001, p. 314.

[808] *Idem*. V., também, *Os Direitos Fundamentais...*, 2ª edição, 2001, p. 314.

[809] *Idem*.

O DESPERTAR DA DOUTRINA PORTUGUESA PARA O PRINCÍPIO

O autor indicava as ideias de adequação, necessidade e proporcionalidade em sentido estrito, como especificações da proporcionalidade (em sentido amplo)[810].

1.7. Marcelo Rebelo de Sousa

Também em lições universitárias, datadas de 1977/78, MARCELO REBELO DE SOUSA faz-lhe menção[811], embora por remissão para um texto de outro autor[812]. Menção retomada em 1979, noutro local[813], donde, além do mais, parece poder depreender-se que o princípio da proporcionalidade é um *"princípio essencialmente jurídico da Constituição"*[814].

1.8. Gomes Canotilho e Vital Moreira

Em 1978, J. J. GOMES CANOTILHO e VITAL MOREIRA[815], fazem o que se pode qualificar de primeira alusão ao princípio na sua versão (relativamente) acabada, referindo-se ao *princípio da proibição do excesso* e às suas "particularizações", o princípio da *necessidade ou da exigibilidade*, o princípio da *adequação* e o princípio da *proporcionalidade* (sem referência a sentido estrito).

1.9. José de Sousa Brito

Ainda em 1978, JOSÉ DE SOUSA BRITO estuda com algum pormenor o *princípio da necessidade ou da máxima restrição da pena e das medidas de segurança*[816], que vê refletidos no artigo 18º, nºs 2 e 3[817], justamente os preceitos onde outros encontrariam um afloramento do princípio da proporcionalidade[818]. E, na verdade, aquele princípio da necessidade ou da máxima restrição relaciona-se com a concreta refração da proporcionalidade no direito penal[819] (com as especificações que apresentaremos posteriormente). O autor preocupa-se sobretudo com as refrações da proporcionalidade nesse ramo jurídico, onde têm ampla tradição, que antecede inclusivamente as aplicações no direito constitucional.

---

[810] *Idem*, pp. 203-204.

[811] *Direito Constitucional*, policopiado, Lisboa, pp. 1977-1978.

[812] O autor cita GOMES CANOTILHO, *Direito Constitucional*, 1ª ed.

[813] *Direito Constitucional I...*, p. 93.

[814] *Direito Constitucional I...*, p. 93.

[815] *Constituição da República Portuguesa anotada*, 1ª ed. (1978), pp. 82 e 84.

[816] *A lei penal na Constituição*, especialmente pp. 200 ss.

[817] *A lei penal...*, p. 200.

[818] É o caso de GOMES CANOTILHO, *Constituição dirigente...*, p. 285.

[819] De acordo com o autor, o princípio da necessidade ou da máxima restrição significaria que "as sanções penais só se justificam quando forem necessárias, isto é, indispensáveis tanto na sua existência como na sua medida, à conservação e à paz da sociedade civil": *A lei penal...*, p. 218.

O PRINCÍPIO DA PROIBIÇÃO DO EXCESSO

São dignas de registo duas notas. Em primeiro lugar, a proporcionalidade identifica-se sobretudo com as ideias de adequação e necessidade: o autor não dá conta da terceira máxima, a proporcionalidade e.s.e., nem discute a sua aplicabilidade no âmbito do direito penal. Em segundo lugar, o princípio da necessidade ou da máxima restrição das penas e medidas de segurança ancora-se na noção de Estado de direito em sentido material[820].

1.10. Jorge Miranda

Em 1978/79, JORGE MIRANDA refere-se ao princípio da proporcionalidade no âmbito de uma classificação de princípios, qualificando-o de *princípio geral de direito*[821]. Ainda em 1979, noutro local[822], são esclarecidas algumas das aplicações do princípio, particularmente no domínio das restrições de direitos, liberdades e garantias e da suspensão de direitos resultante da declaração do estado de sítio ou do estado de emergência. Saliente-se que em obras anteriores (mas já posteriores à Constituição de 1976) não se conhecem referências ao princípio, porventura por a sistemática adotada ainda não contemplar um estudo desenvolvido da estrutura jurídica da Constituição ou das normas constitucionais[823]. Refira-se também que em 1981[824], o princípio da proporcionalidade passou a integrar o grupo dos *princípios constitucionais instrumentais*. Mas não parece que isso tenha resultado de (ou implicado) uma mudança de orientação sobre a natureza do princípio.

2. A consolidação do princípio na doutrina portuguesa (a partir da década de 1980, até ao virar do século)

Entre a década de 1980 e o virar do século continua a não haver nenhuma obra de fundo especificamente direcionada para o estudo do princípio da proibição do excesso ou da proporcionalidade[825], mas ele passa a ser familiar na doutrina nacional, que lhe atribui vasta utilidade numa pluralidade de domínios.

Porventura, quem vai mais longe nos préstimos imputados ao princípio é JORGE MIRANDA. Ancorando o princípio da proporcionalidade (expressão que de ordinário prefere, embora por vezes fale de proibição do excesso) diretamente na ideia de Estado de Direito, o autor assinala-lhe uma tendência

---

[820] *A lei penal...*, p. 228.

[821] *Direito Constitucional – Introdução geral*, policopiado, Lisboa, 1978/1979, pp. 147-148.

[822] *O regime dos direitos liberdades e garantias*, pp. 69, 82 e 90. Neste local, fala-se de proporcionalidade, racionalidade ou proibição do excesso.

[823] V. *Direito Constitucional*, policop., Lisboa, 1977.

[824] *Manual de Direito Constitucional*, vol. I, tomo II (1981), p. 518.

[825] Talvez os mais próximos disso sejam os nossos «Princípio da proporcionalidade» (1994) e «O princípio da proibição do excesso na Constituição: arqueologia e aplicações» (1997).

O DESPERTAR DA DOUTRINA PORTUGUESA PARA O PRINCÍPIO

expansionista, no âmbito do direito sancionatório (penal, de mera ordenação social, disciplinar), do direito administrativo e no quadro do Direito Constitucional[826].

A conceção generosa sobre as aplicações do princípio tem direto reflexo, desde logo, no plano dos direitos fundamentais. Nesse domínio, o autor, rejeitando a confusão entre proporcionalidade e conteúdo essencial dos preceitos constitucionais ou dos direitos[827], sustenta uma vigência muito compreensiva: na restrição[828], condicionamento[829] e suspensão[830] de direitos, liberdades e garantias; na restrição ou extinção de direitos de natureza análoga aos direitos, liberdades e garantias criados por lei ou por tratado[831]; na concretização dos direitos, económicos, sociais e culturais[832]. Além disso, poderá não ser significativa a ausência de referência expressa ao princípio no elenco de limites à fixação legislativa de *deveres*[833], uma vez que o espírito do que escreve vai no sentido de também nesse domínio ele ser observado, a par, por exemplo, dos princípios da universalidade e da igualdade por ele expressamente referidos.

Mas JORGE MIRANDA imputa-lhe utilidade muito além da simples regulação das relações entre os poderes públicos e os cidadãos. O princípio da proporcionalidade não é apenas um instrumento de limitação de eventuais agressões ou compressões de direitos, mas também *critério* ou *diretiva* para relações jurídicas no âmbito do aparelho do Estado. O princípio teria aplicação, inclusive, na delimitação de competências em determinadas vicissitudes[834]. Desta posição decorre que veja manifestações dele, por exemplo, nos artigos 165º, nºs 2 e 3 e 186º, nº 5, da CRP.

No próprio quadro das relações entre os poderes públicos e os cidadãos cabem aplicações aparentemente "*às avessas*", como aquela em que os últimos têm de observar critérios de proporcionalidade no exercício do seu direito de resistência perante investidas ilícitas dos poderes públicos[835]. Podendo os atos de resistência dos cidadãos ser avaliados *a posteriori* à luz dos segmentos da

---

[826] *Manual...*, IV, 3ª ed., 2000, p. 206.

[827] *Idem*, pp. 340-341, onde mostra preferência pelas chamadas teses *absolutas* no que toca ao conteúdo essencial dos preceitos constitucionais ou dos direitos por eles consagrados.

[828] *Idem*, pp. 208, 337, etc.

[829] *Idem*, p. 338. Sobre a distinção entre restrição e condicionamento, p. 329.

[830] *Idem*, pp. 208, 351.

[831] *Idem*, pp. 169-170.

[832] *Idem*, p. 393.

[833] *Idem*, sobretudo p. 179.

[834] *Idem*, p. 207.

[835] *Idem*, p. 364.

O PRINCÍPIO DA PROIBIÇÃO DO EXCESSO

proporcionalidade[836], com a eventual consequência de serem considerados injustificados se forem julgados desproporcionados, o princípio da proporcionalidade é aqui empregue para "proteger" a autoridade pública e os bens, interesses e valores a seu cargo contra atos dos cidadãos. Nestas circunstâncias, a autoridade pública é a "protegida" e o cidadão o "vigiado".

A adesão a uma *Kompetenztheorie* que, como se assinalará oportunamente[837], implica o reconhecimento de um grau máximo de amplitude para o princípio, está umbilicalmente ligada à conceção sobre os seus componentes. JORGE MIRANDA aponta três subprincípios: necessidade, adequação e racionalidade ou proporcionalidade *stricto sensu*. A *necessidade* traduz-se na existência de um bem juridicamente protegido e de uma circunstância que imponha (uma qualquer) intervenção ou decisão para concretizar tal proteção. A *adequação* implica correspondência de meios a fins, a capacidade de uma providência atingir o objetivo almejado. A *racionalidade* ou *proporcionalidade stricto sensu* significa justa medida, isto é avaliação qualitativa e quantitativa da providência de modo a garantir que não fica aquém ou além do que importa para obter o resultado devido. A definição dos três segmentos do princípio denotava uma ambiguidade, persistente durante muito tempo na doutrina portuguesa e que ainda hoje tem reflexos na jurisprudência constitucional: a ambiguidade sobre o *lugar* e a *forma* da ponderação. Esta estava ausente da estrutura do princípio da proporcionalidade tal como apresentada. O que o Mestre de Lisboa definia como subprincípio da proporcionalidade *stricto sensu* ou da racionalidade, conjugado com o "seu" subprincípio da necessidade, coincidia afinal com o que vulgarmente se diz ser o subprincípio ou segmento da necessidade.

Por outro lado, a noção de racionalidade ou de proporcionalidade *stricto sensu* de JORGE MIRANDA parecia dar, em parte, guarida também a uma dimensão do princípio da *proibição do defeito*. É isso que resultava da exigência de que "a providência não fique *aquém* ou além do que importa para se obter o resultado devido – nem mais *nem menos*"[838]. Nessa linha, o autor do ato estaria impedido de praticar atos *excessivos* ou inutilmente lesivos, mas também lhe seria vedado praticar atos insuficientemente capazes de atingir o resultado visado.

Outra indicação essencial para a perceção do pensamento de JORGE MIRANDA, é a respeitante à relação entre proporcionalidade ou proibição do excesso e princípio da proibição do arbítrio, na medida em que parecia considerar as duas noções equivalentes[839]. Esta posição é consistente com a sua

---

[836] Embora em moldes diferentes dos que regem a atuação das autoridades públicas: *idem*, p. 364, nota.

[837] Capítulo 12.

[838] *Idem*, p. 207.

[839] *Idem*.

O DESPERTAR DA DOUTRINA PORTUGUESA PARA O PRINCÍPIO

conceção geral. Na verdade, diminuindo-se o grau de exigência subjacente à diretiva de proporcionalidade, ela facilmente se confunde com o princípio da proibição do arbítrio que, como se verá, é um parâmetro menos exigente.

A posição JORGE MIRANDA tinha a patente e conscientemente procurada vantagem de alargar os horizontes de aplicação da proibição do excesso, conseguindo com isso aproximar um pouco mais o objetivo último do Estado de Direito da diminuição do irracional e do arbitrário. Por outro lado, ao retirar ou minimizar drasticamente os momentos de contrapeso ou de ponderação de bens, interesses e valores na aplicação do princípio, resguardava-o das críticas mais acérrimas que lhe têm sido endereçadas. No entanto, as vantagens desta orientação transformam-se rapidamente em desvantagens: a desistência da ponderação de bens, interesses ou valores retira ao princípio aquele que tem sido o seu préstimo principal no âmbito dos *limites aos limites* das posições jurídicas subjetivas, *maxime* dos direitos liberdades e garantias dos cidadãos. O desenho de um utensílio de *perfil mais baixo*, menos "*agudo*", retirava-lhe acutilância naquela que é a sua zona preferencial de atuação.

Como se referiu, JOSÉ JOAQUIM GOMES CANOTILHO foi dos primeiros autores portugueses a antever e a sublinhar a relevância do princípio. Acompanhar o modo como o seu tratamento evoluiu ao longo de vinte e cinco anos nas várias edições das suas lições[840], é um exercício retrospetivo sobre a sua maturação, perceção teórica das potencialidades e evolução da consagração constitucional.

É entre a 2ª e a 3ª edição do seu *Direito Constitucional* (respetivamente, 1980 e 1983) que parece registar-se a evolução mais visível. Na primeira, dá ainda preferência ao *nomen* "princípio da proporcionalidade". Na segunda, opta por utilizar preferencialmente a designação "proibição do excesso", embora sem abandonar radical e alternativamente a outra expressão, opção que manteria até ao presente. Na primeira, ainda defende que "seria (...) difícil fazer valer uma pretensão em tribunal invocando-se tão somente o princípio da proporcionalidade"[841]. Este ceticismo sobre a densidade e a energia normativa do princípio, desaparece em edições posteriores, sendo substituído por uma conceção de *aplicabilidade direta* e *imediata* pelo juiz em amplos sectores da ordem jurídica[842]. Na edição de 1983, surgem firmes os contornos da estrutura tripartida do princípio da proibição do excesso, que *mutatis mutandis* se manteriam ao longo das últimas décadas: conformidade ou adequação; exigibilidade

---

[840] Primeiro, o *Direito Constitucional*, entre 1977 e 1997, depois o *Direito Constitucional e Teoria da Constituição*, a partir de 1997.

[841] *Direito Constitucional*, 2ª edição, p. 230.

[842] *Direito Constitucional e Teoria...*, 2ª ed., pp. 259 ss.; 5ª ed., pp. 266 ss.

O PRINCÍPIO DA PROIBIÇÃO DO EXCESSO

ou necessidade; proporcionalidade em sentido estrito. Embora sem desenvolver, o autor distingue, no âmbito da exigibilidade ou necessidade, diferentemente do que sucede com o resto da doutrina portuguesa, a *necessidade absoluta* e a *necessidade relativa*[843]. A primeira, concentrar-se-ia na necessidade abstrata da medida: era necessário produzir *uma qualquer medida*? A segunda, focaria a questão de saber se poderia ter sido adotado outro meio *igualmente eficaz e menos desvantajoso* para o cidadão (ou para os bens, interesses ou valores sacrificados). Pronunciar-nos-emos a seu tempo sobre este *distinguo*, sugerindo que a necessidade externa se reporta à conformação do fim como pressuposto da aplicabilidade da proibição do excesso.

De resto, o princípio assume traços nítidos. Trata-se de um princípio normativo concreto da ordem constitucional portuguesa[844] e subprincípio densificador do Estado de direito democrático[845], sujeito contemporaneamente a um processo de europeização através do cruzamento das várias culturas jurídicas europeias. Traçando-lhe as raízes até à *reasonableness* anglo-saxónica, ao *détournement du pouvoir* francês, ao *eccesso di potere* italiano e bem assim, naturalmente, ao conceito prussiano do direito de polícia de *Verhältnismassigkeit*, CANOTILHO reconhece-lhe potencialidades expansivas, resultantes do crescente apelo das sociedades modernas do pós-guerra a um direito justo.

A propensão expansiva – que também encontrámos em JORGE MIRANDA – tem, aliás, expressão na própria conceção do autor sobre a extensão dos campos de aplicação do princípio. Assim, notando que o seu campo de aplicação mais importante é o da restrição de direitos, liberdades e garantias por atos do poder público, admite que o seu domínio natural de aplicação se estende *aos conflitos de bens jurídicos de qualquer espécie*. Embora sem especificar ou desenvolver o tema, afigura-se que na mente do autor estará a possibilidade de o princípio atuar como limite à restrição, sacrifício ou compressão de posições jurídicas subjetivas de outra natureza, mas também de bens, interesses ou valores de natureza objetiva, inclusive quando se trata de promover posições jurídicas subjetivas colidentes. Esta ilação é corroborada por um dos exemplos que dá de aplicação do princípio: quando "se trata de saber se uma subvenção é apropriada e se os fins visados através da sua atribuição não poderiam ser alcançados através de subvenções mais reduzidas"[846]. Ora, este é um exemplo em que a concretização de um direito a prestação de um particular interfere com interesses de natureza objetiva do Estado, nomeadamente interesses financeiros.

---

[843] *Direito Constitucional e Teoria...*, 5ª ed., p. 270.
[844] *Idem*, p. 271.
[845] *Idem*, p. 453.
[846] *Idem*, p. 272.

O DESPERTAR DA DOUTRINA PORTUGUESA PARA O PRINCÍPIO

A aplicação do princípio da proibição do excesso destinar-se-ia a garantir que tal concretização não se faz à custa de um sacrifício desproporcionado de interesses objetivos do Estado.

No que toca aos destinatários, a visão do autor é também larga, apontando a vinculação do legislador, da administração e da jurisdição ao princípio.

Aspeto notório na construção de Canotilho é a referência a diferentes extensões e intensidades do controlo judicial baseado na aplicação do princípio, consoante se trate de atos do legislador, do administrador ou do juiz. O tópico não é desenvolvido, mas parece sustentar uma intensidade mínima do controlo jurisdicional da observância da proibição do excesso pelo legislador. Em honra do espaço de conformação do legislador, os tribunais só poderiam verificar se a regulação legislativa é *manifestamente* inadequada ou se existiu um *manifesto* erro de apreciação por parte do legislador. Daí se infere que ao juiz (nomeadamente o de fiscalização da constitucionalidade) não caberia avaliar *positivamente* a adequação (mínima, suficiente, ou total) da norma legislativa, mas apenas se esta é inadequada. Consequentemente, se houver dúvidas sobre a adequação, isto é, se não se puder dizer com segurança que a norma é inadequada, mas também não se puder afirmar que é adequada em alguma medida, mínima que seja, o juiz não pode invalidá-la à luz da proibição do excesso. Por outro lado, na fiscalização do subprincípio da proporcionalidade e.s.e., o juiz veria a respetiva competência circunscrita à sua aplicação a posições jurídicas concretas[847].

O contributo de António Barbosa de Melo, vertido infelizmente num texto de circulação restrita e acesso difícil, datado de 1986[848], é relevante – e original – no contexto da doutrina prortuguesa.

O autor assimila a proporcionalidade[849] a um esquema fim-meio, considerando que tem o mesmo sentido que a análise custo-benefício. A sua aplicação processa-se em quatro passos ou testes: (i) determinação do fim; (ii) elaboração de alternativas, ou adequação; (iii) avaliação de custos, ou necessidade; (iv) ponderação meio fim, ou proporcionalidade *stricto sensu*.

Sendo certo que não fornece subsídios relevantes que concorram para considerar o fim um passo da proporcionalidade, embora deixe bem firmado que a racionalidade do procedimento de deliberação depende da definição do fim com suficiente precisão[850], importa resumir o discurso sobre os demais "passos".

---

[847] *Idem*, p. 272.

[848] *Notas de contencioso...*, pp. 23 ss.

[849] Alude também ao princípio da proibição do excesso (localizando-o no artigo 272º, nº 2), mas sem esclarecer se é a mesma coisa que a proporcionalidade ou coisa diferente: *Notas de contencioso...*, p. 27.

[850] *Notas de contencioso...*, p. 25.

O PRINCÍPIO DA PROIBIÇÃO DO EXCESSO

Sobre a *adequação*, sobressai um sublinhado interessante na perspetiva do proibição do excesso como norma de ação: nesse passo não há apenas a aferição da adequação de uma solução ("hipótese central"), mas *a identificação completa dos meios disponíveis* tecnicamente adequados à realização do fim predeterminado, tendo em conta as circunstâncias concretas[851]. A adequação supõe uma operação *técnica* e não jurídica.

Havendo mais do que um meio adequado, seleciona-se então o preferível (teste da necessidade), o que pressupõe a avaliação dos custos jurídicos de cada opção e a respetiva ordenação. Na avaliação dos custos predominam, assim, em contratste com a adequação, as ponderações jurídicas. A "escolha deve recair, de entre os meios aptos de facto a realizar o fim, naquele que lateralmente menores sacrifícios impuser aos valores e bens fundamentais" protegidos pela ordem jurídica[852]. Não há preocupação com o nível de satisfação do fim; aparentemente o que vale é a *menor lesão possível* dos valores e bens afetados, seja a nível primário, seja a nível secundário. Não sendo possível um resultado evidente e unívoco, basta uma solução persuasiva, defensável ou aceitável perante um auditório de pessoas justas ou razoáveis[853].

Todavia, se o meio selecionado no passo anterior for excessivamente custoso em confronto com as vantagens *jurídicas* esperadas da realização do fim, sossobra perante o quarto – e último – teste, da proporcionalidade *stricto sensu*, devendo o decisor desistir do fim, quando se trate de um fim autónomo (como sucede no caso das decisões legislativas). Este passo, *de ponderação* meio-fim, implica essencialmente apreciações ou valorações jurídicas, tal como o anterior[854].

A terminar, o autor deixa uma prevenção: "os quatro passos [...] não são estanques entre si; trata-se, antes, de operações de um processo iterativo, que mutuamente se condicionam e reciprocamente se influenciam"[855]. Em vários passos deste trabalho corroboraremos este aspecto.

Para José Carlos Vieira de Andrade a ideia de proporcionalidade (proibição de restrições inadequadas, desnecessárias ou desproporcionais[856]) já

---

[851] *Idem.*

[852] *Idem*, p. 26.

[853] *Idem.*

[854] *Idem*, p. 27. Como se verá no momento próprio, também defendemos, em contramão com muito boa doutrina, que a necessidade e a proporcionalidade e.s.e. partilham, do ponto de vista metódico, a necessidade de realização de operações de valoração. Não acompanhamos, todavia, uma visão unilateral, que vê a necessidade como um segmento ou teste puramente valorativo, exaurido em "ponderações jurídicas".

[855] *Notas de contencioso...*, p. 28.

[856] *Os Direitos Fundamentais...*, 2ª edição, 2001, pp. 296, 298, 300, 306 (embora a publicação seja já do século XXI, saindo da moldura temporal que definimos, parece preferível abrir uma exceção e

O DESPERTAR DA DOUTRINA PORTUGUESA PARA O PRINCÍPIO

resulta da proibição geral do arbítrio, mas a Constituição estabelece no artigo 18º, nºs 2 e 3, uma proibição qualificada do arbítrio quanto à restrição de direitos fundamentais[857]. Daqui parece poder extrair-se que a ideia de proporcionalidade tem vigência geral, embora com força qualificada no âmbito desses direitos.

No plano das limitações aos direitos, VIEIRA DE ANDRADE distingue limites imanentes dos direitos, restrição de direitos e harmonização de direitos. Para o recorte da proporcionalidade, interessa sobretudo a distinção entre restrição e harmonização e entre as leis ou atos restritivas e as leis ou atos harmonizadores.

A restrição propriamente dita, pressupõe o conflito entre um direito ou valor (potencialmente) «agressivo» e um direito ou valor (potencialmente) «vítima», de modo que a restrição implica e visa sempre a diminuição do conteúdo protegido (muitas vezes da liberdade ou de uma liberdade), em função da necessidade de proteger um outro direito ou um valor comunitário que seria prejudicado pelo exercício não limitado daquele. Este conflito resolve-se com o sacrifício de um em benefício do outro.

Diferentemente, a harmonização de direitos decorre de uma colisão entre direitos ou de um conflito entre direitos e valores que a Constituição protege simultaneamente e que entram em contradição numa determinada situação real ou hipotética[858]. A solução desses conflitos e colisões não pode pautar-se pelo sacrifício de um deles em benefício do outro, seja em virtude de uma preferência abstrata por recurso a uma ordem hierárquica de valores constitucionais, ou de uma teoria substantiva dos direitos fundamentais. Por isso não se pode recorrer a uma regra semelhante à do artigo 335º do Código Civil, que manda dar prevalência ao direito superior ou promover cedências mútuas, em caso de igualdade. "Não pode aceitar-se nem uma mera prevalência de um dos direitos ou valores, nem uma redução mútua igual, impondo-se uma ponderação concreta dos bens, que pode conduzir a resultados variáveis consoante as circunstâncias"[859]. Quanto muito, haverá uma hierarquização no contexto do caso concreto.

Terão, portanto, de "se harmonizar da melhor maneira os preceitos divergentes, em função das circunstâncias concretas em que se põe o problema"[860]. Estes conflitos ou colisões resolvem-se com a utilização do princípio da harmonização ou da concordância prática, a qual não impõe a realização ótima

---

usá-la, uma vez que o *Direito Constitucional*, policop., data de quase 25 anos antes e a 1ª edição dos *Direitos Fundamentais* de quase vinte anos antes).

[857] *Idem*, p. 299.
[858] *Idem*, pp. 310-311.
[859] *Idem*, p. 314.
[860] *Idem*, p. 313.

O PRINCÍPIO DA PROIBIÇÃO DO EXCESSO

de cada um dos valores em jogo, uma harmonização em termos matemáticos. O objetivo da ponderação (ou de *ad hoc balancing*) de todos os valores em presença, é preservar a Constituição na maior medida possível, distribuindo proporcionalmente as "perdas" e os ganhos" ("os custos do conflito") de todos, na proporção do respetivo peso normativo. Desta forma, garante-se uma otimização típica da concordância prática: todos os valores constitucionais em colisão ou conflito são preservados na medida do possível, não podendo nenhum deles considerar-se fundamentalmente sacrificado, embora um ou mais possam ser, em concreto, mais comprimidos A solução correta será a que, somadas todas as perdas, for a menos compressora da globalidade dos direitos ou valores em causa. As colisões e os conflitos tanto se colocam ao nível da lei, como nos casos concretos de aplicação do direito, mormente pelos tribunais[861].

VIEIRA DE ANDRADE assume implicitamente uma diferenciação funcional entre a concordância prática e a proibição do excesso, a primeira relacionada com as leis harmonizadoras, a segunda com as leis restritivas.

Diz a certo passo que as "leis *harmonizadoras* (...) apenas visam pôr em concordância valores constitucionais", enquanto, por sua vez, as leis restritivas estão sujeitas a um controlo da proporcionalidade da restrição através de um critério de *defensabilidade*[862]. E, mais adiante, frisa claramente que "a autorização constitucional para a *restrição* confere ao legislador um certo espaço próprio de avaliação e de decisão, sujeito fundamentalmente a um controlo de *proporcionalidade* (defensabilidade) pelo juiz". Por seu lado, quanto às leis harmonizadoras, "a limitação de direitos (ou de direitos e de valores comunitários) numa situação abstrata de colisão (...) está naturalmente sujeita a um *reexame* judicial, em função das circunstâncias hipotizadas e da sua capacidade de adaptação às exigências de uma concordância prática"[863]. Sem embargo, fala, no âmbito da harmonização e do princípio da concordância prática, da necessidade de um juízo de ponderação e da aplicação de um ideia de proporcionalidade em sentido estrito[864].

Saliente-se que, na sua construção, o acima referido controlo de *defensabilidade* implica que o controlo da proporcionalidade em sentido estrito não vai além da verificação da razoabilidade da solução. O juiz constitucional só consideraria "inconstitucionais as normas *desrazoáveis*, que constituam uma violação clara do princípio. Só assim se garantirá uma repartição equilibrada e racional dos poderes constitucionais"[865].

[861] *Idem*, pp. 277-278.
[862] *Idem*, p. 226.
[863] *Idem*, pp. 281-282. A expressão concordância prática aparece pela primeira vez neste trecho.
[864] *Idem*, p. 315.
[865] *Idem*, p. 300.

O DESPERTAR DA DOUTRINA PORTUGUESA PARA O PRINCÍPIO

Outras aplicações, mais localizadas, referidas ao longo do texto: (i) cláusula geral de polícia; (ii) decisões políticas concretas; (iii) restrições da liberdade para proteção dos indivíduos contra si próprios; (iv) autolimitação de direitos; (v) estatutos especiais; (vi) reserva, por via legislativa, de certos direitos aos portugueses (vi) deveres fundamentais.

Assim, no contexto da cláusula geral de polícia, verifica-se que as medidas policiais estão sujeitas ao princípio da proporcionalidade (art² 272º, nº 2)[866].

Também as decisões políticas concretas "devem atender aos direitos fundamentais dos cidadãos, quando sejam suscetíveis de os afetarem e não os devem prejudicar arbitrariamente ou desproporcionalmente"[867]. Há aqui uma explícita abertura à aplicação da proibição do excesso no âmbito da função política não legislativa.

No caso de restrições da liberdade para proteção dos indivíduos contra si próprios, ao legislador é exigido uma especial fundamentação social do desvalor atribuído às atividades restringidas, já que as restrições põem em causa o livre desenvolvimento da personalidade. A apreciação da proporcionalidade pelo juiz, tenderá a ser de *evidência* e não de defensabilidade, uma vez que o apelo à consciência jurídica geral ou ao sentimento comunitário, em abstrato, pertence mais ao legislador democrático do que ao juiz[868]. O juízo do legislador torna-se assim mais inatingível pela apreciação do juiz constitucional.

No caso de situações de autolimitação de direitos, o autor distingue entre aquelas que ocorrem no âmbito de relações entre iguais, isto é, entre pessoas que têm o mesmo poder ou influência na configuração da relação e as que ocorrem entre desiguais. Admite a aplicabilidade da proporcionalidade e da *racionalidade* (sem especificar o sentido útil desta segunda noção) no caso das segundas, isto é, entre pessoas que não têm o mesmo poder de influência. Em contrapartida, nas relações entre iguais, o autor apenas admite o respeito pelo núcleo essencial dos direitos[869].

Vieira de Andrade autonomiza a análise do regime a que estão sujeitos os chamados estatutos especiais (membros das forças armadas, funcionários públicos, presos e outros)[870]. A aplicação do princípio da proporcionalidade na definição das restrições ou limitações que esses estatutos podem implicar não é questionada (antes é afirmada[871]). Todavia, não é claro se o autor admite

---

[866] *Idem*, p. 233.
[867] *Idem*, p. 236.
[868] *Idem*, p. 310.
[869] *Idem*, pp. 323-324.
[870] *Idem*, pp. 303 ss.
[871] *Idem*, p. 306.

O PRINCÍPIO DA PROIBIÇÃO DO EXCESSO

alguma singularidade nessa aplicação, à semelhança do que parece suceder no que toca a outros aspetos daquele regime.

Quanto à reserva por via legislativa de certos direitos aos portugueses, só é justificável em relação a direitos que tenham fortes implicações de carácter social, desde que haja um valor constitucional que justifique o exclusivo para os nacionais e com respeito pelos princípios da universalidade e da proporcionalidade[872].

Os deveres fundamentais autónomos previstos na Constituição[873], constituem fundamento para a restrição de direitos, equivalendo a sua consagração à previsão expressa de um valor ou interesse comunitário justificador da restrição de direitos, liberdades e garantias[874]. No estabelecimento dessas restrições, o legislador ordinário tem de respeitar o princípio da proporcionalidade[875].

Ainda sobre a aplicabilidade do princípio da proporcionalidade, há dois temas sobre o qual o tratamento conferido pelo autor suscita dúvidas: (i) a aplicabilidade aos direitos económicos, sociais e culturais; (ii) a aplicabilidade em situações de colisão de posições jurídicas da Administração.

Não há dúvida que considera que os direitos económicos, sociais e culturais podem ser fundamento de restrições de direitos, liberdades e garantias, aplicando-se o princípio da proporcionalidade a essas restrições[876]. Contudo, não toma posição sobre outra questão, em certa medida inversa: a de saber se a materialização defeituosa de direitos sociais, ou alterações a normas materializadoras, com fundamento na promoção de outros bens, interesses ou valores, designadamente, direitos, liberdades e garantias, também está sujeita ao princípio da proporcionalidade, ou a qualquer outro parâmetro afim.

Por outro lado, encontra uso para o princípio no contexto da eterna controvérsia sobre a possibilidade de os órgãos administrativos recusarem a aplicação de uma lei por a considerarem inconstitucional por violação dos preceitos constitucionais referentes a direitos, liberdades e garantias. A Administração ficaria entre o efeito normativo cruzado de vários princípios: os princípios da constitucionalidade e da aplicabilidade direta dos preceitos relativos aos direitos fundamentais e o princípio da legalidade da Administração. Não sendo possível reconhecer à Administração um poder genérico de desaplicação de leis com fundamento em inconstitucionalidade, nem amarrá-la a uma obediência cega à lei, o autor sugere o recurso (na senda de BACHOF) a uma solução diferenciada, "recorrendo a critérios de proporcionalidade" para a resolução dos

---

[872] *Idem*, p. 132.
[873] *Idem*, p. 157.
[874] *Idem*, p. 165.
[875] *Idem*, p. 157.
[876] *Idem*, p. 389.

O DESPERTAR DA DOUTRINA PORTUGUESA PARA O PRINCÍPIO

conflitos entre os dois princípios constitucionais e procurando a proporção que corresponda a um equilíbrio ponderado dos valores em jogo[877].

Ora, a referência aos critérios de proporcionalidade deixa a dúvida sobre se pretende sugerir a aplicação do princípio da proporcionalidade *proprio sensu*. Com efeito, admite-se que há uma colisão em concreto de dois princípios constitucionais que deve ser resolvida pelo administrador mediante uma operação de ponderação. Mas ponderação não é o mesmo que aplicação do parâmetro princípio da proporcionalidade.

Esta questão mais uma vez coloca a nu a anteriormente assinalada insuficiência da doutrina nacional no que toca à delimitação precisa de vários instrumentos de mediação, parâmetros, técnicas ou simples conceitos (proporcionalidade ou proibição do excesso, congruência prática, ponderação, razoabilidade, racionalidade).

Sem embargo, assinale-se o contributo de VIEIRA DE ANDRADE para a alteração desse panorama. Na doutrina nacional é um dos primeiros (a par de CANOTILHO) a aludir ao princípio de inspiração germânica da proibição do défice (*Untermaßverbot*), "paralelo com o já tradicional princípio da proibição do excesso e inspirado nele"[878]. A circunstância de apresentar uma noção desse princípio que corresponde, *grosso modo*, à visão algo limitada (embora inovadora) de CANARIS não diminui o valor da referência.

Na perspetiva oferecida pelo autor, a proibição do défice visa impor ao Estado um dever genérico de proteção mínima dos direitos fundamentais, incorrendo o Estado em omissão legislativa quando não cumpra essa imposição genérica, complementar em relação às imposições de legislação específica contidas em vários preceitos constitucionais. Este princípio vale apenas na medida do possível, de modo a respeitar a liberdade constitutiva do legislador[879]. Como acontece em geral ainda hoje, a articulação entre proibição do defeito e proibição do excesso não resulta totalmente nítida, como o denuncia esta frase: "[q]uando a protecção dos direitos de uma pessoa possa pôr em causa a esfera jurídica de terceiros, exige-se que essa protecção seja medida por uma ponderação dos bens ou valores em presença e que respeite o princípio da proporcionalidade, nos termos gerais válidos para as situações de colisão ou de conflito"[880]. Sendo assim, o que é que cabe à proibição do defeito e o que é que cabe à proporcionalidade ou proibição do excesso?

---

[877] *Idem*, p. 210.
[878] *Idem*, p. 144.
[879] *Idem, ibidem*.
[880] *Idem*, p. 145.

O PRINCÍPIO DA PROIBIÇÃO DO EXCESSO

Além disso, admite um controlo autónomo de razoabilidade (não desrazoabilidade)[881].

Relevante é, também, a clara distinção entre proteção do conteúdo essencial dos direitos e princípio da proporcionalidade. Explana o que se usa designar de *teoria mista* ou *eclética*: por um lado, adere às teses absolutas da proteção do conteúdo essencial, sustentando que o artº 18º, nº 3, estabelece uma proibição absoluta, um limite fixo, um mínimo de valor inatacável que nunca poderá ser afetado, mesmo que um bem considerado superior o exija ou pareça exigir; por outro lado, apesar de rejeitar que o conteúdo essencial varie de acordo com o que determinar ou consentir o princípio da proporcionalidade, atribui a este um papel autónomo, fora daquele núcleo essencial[882].

Tal como os autores anteriores, também Lúcia Amaral não elabora especificamente sobre o princípio, sendo, por isso, necessário "cozer" as profusas indicações que vai deixando ao longo da sua tese[883], sobre responsabilidade do Estado e dever de indemnizar do legislador, a respeito do princípio[884], parâmetro[885], ideia[886] requisito[887] ou valor geral[888] da proporcionalidade.

Na perspetiva do fundamento, associa-o, juntamente com os princípios da igualdade e da proibição do arbítrio, aos cânones e às exigências éticas do conteúdo do princípio do Estado de direito[889]. Estes princípios integram o direito positivo, diretamente oponível ao legislador e suscetível de ser aplicado pelo juiz, constituindo limites jurídicos disciplinadores da ação de todos os poderes públicos. A sua consagração resultou de um movimento pós II Guerra no sentido de inscrever no domínio do *jus positivum* uma conceção de justo e de justiça "capaz de alicerçar, não uma qualquer ordem jurídica, mas uma ordem inspirada em inequívocas opções quanto ao «sentido» e «valor» das suas normas". Esta ordem que, como diz com ironia, citando Cappelletti, se rendeu a "positivar finalmente o direito natural"[890], implica que muitos temas antes pertencentes ao domínio jusfilosófico se tenham transferido de "armas e bagagens" para o campo da interpretação jurídica, complexizando-a. O princípio da proporcionalidade

[881] *Idem*, p. 226.
[882] *Idem*, p. 295.
[883] Beneficio aqui da indulgência e tolerância com que a autora aceitou corrigir algumas das deficiências de entendimento inicial do seu pensamento sobre este tema.
[884] *Responsabilidade...*, pp. 285, 287, 288 ("desproporcionalidade"), 340, 444, 464, 519, 520, 522.
[885] *Idem*, pp. 289, 623.
[886] *Idem*, p. 712.
[887] *Idem*, p. 521.
[888] *Idem*, p. 573.
[889] *Idem*, p. 285.
[890] *Idem*, pp. 339-340.

O DESPERTAR DA DOUTRINA PORTUGUESA PARA O PRINCÍPIO

é uma manifestação eloquente dessa positivização das controvérsias filosóficas, integrando um reduto ético que fornece a base consensual para o conceito comum de justiça, o qual se juridificou e jurisdicionalizou, abandonando "as esferas etéreas do direito natural para penetrar a vida quotidiana dos homens"[891].

Já numa perspetiva dogmática, nota-se uma persistente tensão entre o que designamos por princípio da proporcionalidade quantitativa e princípio da proporcionalidade clássica ou da proibição do excesso.

Tratando-se de uma dissertação cujo objeto central é o dever de indemnizar do legislador ou do Estado, a primeira é frequentemente convocada: "[s]empre que o bem comum exigir que certo ou certos particulares sofram sacrifícios patrimoniais que sejam de índole grave e especial, por excederem em natureza e em intensidade os encargos normais que são impostos a todos pelas necessidades correntes da vida coletiva, fica o Estado obrigado a compensar a perda anormal que infligiu. A justa indemnização é a corporização desta regra"[892]. Ora, justa indemnização é indemnização proporcional ao sacrifício patrimonial sofrido, *quantitativamente* expressável.

Com esta noção específica cruza-se outra de espetro mais geral: a do princípio da proporcionalidade como princípio constitucional aplicável a toda ação do Estado[893]. Este princípio "proíbe todas aquelas atuações do poder público que impliquem a escolha de meios não exigíveis, não necessários e não adequados para a prossecução de determinados fins (arts. 18, nº 2, e 266, nº 2)"[894]. Trata-se de uma precipitação da própria ideia de 'Estado de Direito democrático'[895]. Aqui trata-se já da figura da proporcionalidade clássica ou proibição do excesso[896], que não coloca forçosamente em relação grandezas comensuráveis ou quantitativamente expressáveis.

---

[891] *Idem*, p. 341.

[892] *Idem*, p. 573.

[893] *Idem*, pp. 286, 288, 340, 341, 444, 519, 623.

[894] A autora refere-se de modo geral ao artigo 18º, nº 2, como o fundamento constitucional do princípio da proporcionalidade. No entanto, em alguns locais, como aqui, adita a menção ao artigo 266º, nº 2: cfr. *ob. cit.*, pp. 519, 520, 521.

[895] *Idem*, p. 520.

[896] Sublinhe-se que a Autora filia o princípio da *equitativa distribuição dos sacrifícios requeridos para a satisfação do interesse público* nos princípios da igualdade e da proporcionalidade, de que o princípio da proibição do arbítrio constituiria uma "súmula" (*ob. cit.*, p. 520). Embora não possamos debater a questão aqui, pode desde já adiantar-se que a visão do princípio clássico da proporcionalidade que ofereceremos não confirma essa tese: uma lei ou norma que distribui inequitativamente sacrifícios não é necessariamente inadequada, desnecessária ou desproporcional e.s.e. O princípio da proporcionalidade não pode, por isso, ser considerado um dos fundamentos daquele princípio.

O PRINCÍPIO DA PROIBIÇÃO DO EXCESSO

3. O "caderno de encargos" para a doutrina

Desta visita guiada à doutrina portuguesa, cujo panorama geral não se alterou significativamente nos últimos quinze anos, apesar de trabalhos e contributos importantes, entre os quais os de JORGE NOVAIS (2003)[897] e, mais recente-

[897] Utilizamos ao longo deste trabalho quer *As Restrições...*, quer *Os Princípios...*, pp. 161 ss. Um dos aspetos em que NOVAIS se afasta das posições mais comuns da doutrina e da jurisprudência é o que se refere à decomposição dos vários elementos constitutivos do princípio: são apresentados os princípios da aptidão ou da idoneidade, da indispensabilidade ou do meio menos restritivo, da proporcionalidade, da razoabilidade e da determinabilidade. Os dois primeiros não dispensam, por vezes, procedimentos de ponderação, mas são de apreciação tendencialmente objetiva. O terceiro depende de procedimentos de ponderação de bens, racionalmente acessíveis, mas essencialmente subjetivos. Por isso, a margem de apreciação do órgão de controlo, *maxime* o juiz constitucional, é maior nuns (os primeiros dois), do que no terceiro (*Os Princípios...*, p. 166).

No que toca à descrição e extensão dos três primeiros, o autor situa-se dentro do consenso doutrinal que se consolidou, quer a nível nacional, quer internacional, com um ou outro ajustamento. A idoneidade, é descrita como a capacidade ou aptidão objetiva das medidas restritivas para contribuir para alcançar o fim prosseguido, sem que esteja em causa a sua bondade intrínseca ou a sua oportunidade. A idoneidade, proporciona um controlo essencialmente objetivo de uma relação empiricamente comprovável entre um meio e um fim. O controlo da idoneidade não visa verificar se a medida realiza integralmente o objetivo, mas apenas se, à luz do que o seu autor podia conhecer no momento em que a adotou e nos momentos posteriores em que a podia ter alterado (por sua iniciativa, ou por indução do órgão de controlo), ela era suscetível de o aproximar (*Os Princípios*, pp. 167 ss.). A necessidade ou indispensabilidade impõe que se recorra ao meio mais suave ou menos restritivo que possa ser utilizado para atingir o fim a que se propõe. Traduz-se, na versão mais simples, na comparação entre diferentes constelações ou complexos de relações meio-fim ou, mais propriamente, dos efeitos lesivos, numa perspetiva material, espacial, temporal ou pessoal, de diferentes meios *igualmente eficazes*. Sem embargo, a maior parte dos casos serão mais complexos, havendo que comparar meios com eficácia diversa (desigual). Nesses casos, esta componente remete já para juízos de valoração e de ponderação dos graus de eficácia e dos graus de lesividade das medidas alternativas, não sendo, por conseguinte, totalmente objetiva. Porém, não deve o juiz constitucional autolimitar-se aos casos de maior objetividade, em que as medidas alternativas, com diferentes cargas de sacrifício objetivamente mensuráveis, têm eficiência equivalente ou apenas diferenças marginais de eficiência. Tão somente é conveniente que na apreciação dos casos em que haja uma mais acentuada ponderação e valoração de utilidades, realizada pelo legislador, o juiz observe uma maior contenção do que a exigível nos casos em que a avaliação é objetiva (*Os Princípios...*, pp. 171 ss.). Com a proporcionalidade em sentido próprio, ou em sentido estrito, avalia-se a relação entre duas grandezas, variáveis e comparáveis: a importância ou premência do fim que se pretende alcançar, de um lado e a gravidade do sacrifício que se pretende impor, do outro, à luz de um critério retirado do sentimento de Justiça ou da ideia de Direito de quem pondera. O autor demarca a noção de ponderação de bens, reservada para o momento lógico em que se produz um juízo sobre qual dos bens em colisão apresenta maior peso e qual deve ceder, da noção de proporcionalidade, em que se controla a medida restritiva concreta adotada para concretizar a relação de preferência condicionada de um bem sobre o outro. Na proporcionalidade avalia-se o meio e também o fim, à partida considerado legítimo para efeitos do controlo da idoneidade e da necessidade, mas que pode não justificar a medida concreta. Sobre a

220

O DESPERTAR DA DOUTRINA PORTUGUESA PARA O PRINCÍPIO

mente, de João Nogueira (2010)[898], ressalta um caderno de encargos exigente. Consiste em resolver todos os nós que ainda afetam a proibição do excesso, não obstante o uso intensivo e controverso a que foi sujeita em períodos críticos da nossa vivência constitucional recente.

As insuficiências subsistem a vários níveis: (i) fundamento constitucional da proibição do excesso incontestado, mas *insuficientemente demonstrado*; (ii) deficiente separação entre alguns dos pressupostos da aplicabilidade e os instrumentos estruturais da proibição do excesso; (iii) insatisfatória delimitação analítica entre proibição do excesso e outros instrumentos de mediação da solução legislativa de superação de colisões normativas; (iv) associado ao anterior *item*, desconsideração do perfil dos vários tipos de colisões normativas, quer quanto aos bens, interesses ou valores colidentes, quer quanto à estrutura deôntica das normas que enquadram os comportamentos e as posições jurídicas do legislador perante as colisões; (v) indistinção entre a proibição do excesso como norma de ação e como norma de controlo; (vi) dececionante densificação dos segmentos estruturais da proibição do excesso, sendo dadas por adquiridas simples *ideias difusas*; (vii) imprecisão em relação ao local metódico, objeto, objetivo e estrutura da operação de ponderação inerente à proibição do excesso; (viii) modesta dilucidação da extensão dos poderes do juiz constitucional em relação a *todo e cada um* dos aspetos sujeitos a controlo; (ix) insuficiente delimitação – e, por vezes, confusão -com figuras afins (e algumas até pouco afins...).

Cabe agora ver se a jurisprudência constitucional gerou contributos que suavizem ou supram este panorama doutrinal.

---

repartição de tarefas entre órgão autor da medida e órgão de controlo, designadamente sobre se este verifica se a medida é a mais proporcional ou se limita a constatar a sua não desproporcionalidade, o autor sustenta que ao juiz cabe apenas verificar a não desproporcionalidade e não se haveria outra medida mais proporcional do que a adotada pela autoridade normativa (*Os Princípios...*, pp. 178 ss.).

[898] *Direito fiscal europeu – o paradigma da proporcionalidade...*, cit.

Capítulo 5
A Jurisprudência do Tribunal Constitucional

1. Enquadramento geral

Embora entre frequentemente em diálogo com a jurisprudência do Tribunal Constitucional sobre proibição do excesso, nela se inspirando aqui, criticando-a ali, este trabalho não a tem por objeto prioritário. Por isso, no presente capítulo limitar-nos-emos a uma panorâmica dessa jurisprudência[899], procurando contribuir para uma leitura sistemática e articulada das orientações reveladas por numerosos acórdãos (centenas, de acordo com a base de dados do Tribunal Constitucional, acessível em www.tribunalconstitucional.pt[900]), raramente preocupados com uma visão global e coerente.

Não é legitimo exigir do Tribunal Constitucional uma *teoria* da proibição do excesso. Isso cabe à doutrina e para isso queremos contribuir com este trabalho, incorporando o importante contributo do Tribunal. Mas também não é satisfatória uma atitude *ad hoc*, alheada de um pensamento minimamente sistemático

---

[899] Selecionámos mais de uma centena de acórdãos, produzidos ao longo de 30 anos, relatados por diferentes juízes conselheiros, incidentes sobre numerosos temas, representativos, mas não exaustivamente: cfr. o índice no final. Como outros já notaram (v. QUEIROZ, *Direitos Fundamentais*, pp. 240-241), tanto ou mais quanto o dispositivo da decisão, os argumentos e orientações acolhidos na fundamentação são constitutivos do sentido normativo da jurisprudência constitucional.

[900] O próprio Tribunal Constitucional adverte que a jurisprudência publicada na referida página "não possui carácter autêntico: a versão oficial das decisões do Tribunal Constitucional é a que consta nos arquivos do Tribunal Constitucional". .Ao longo do texto, sempre que são referidos acórdãos do TC, a respetiva identificação é feita usando a numeração/seriação com que são acessíveis nesta base de dados (número do acórdão, década, ano). Os títulos dos acórdãos são da nossa responsabilidade e visam apenas facilitar a identificação do *thema decidendi*.

O PRINCÍPIO DA PROIBIÇÃO DO EXCESSO

e estruturado, garantidor de previsibilidade, e inibidor das alegações de irracionalidade ou de arbítrio jurisdicional, tantas vezes apontadas à proibição do excesso[901].

Saliente-se o progresso ocorrido na jurisprudência do Tribunal. Em pouco mais de três décadas diluiu-se o pudor de reconhecer a aplicação do princípio[902] e superaram-se ou atenuaram-se as indefinições analíticas mais perturbadoras, como a da assimilação de restrição, ou restrição não expressamente autorizada, a medida desproporcional[903]. Esbateram-se as desconfianças e a aversão a mecanismos como a ponderação, por vezes convenientemente ocultados atrás de doutrinas como a dos limites imanentes[904]/[906], a dos condicionamentos como

[901] O Tribunal sentiu a necessidade de fazer regularmente um exercício introspetivo, ao jeito de "ponto da situação", consolidando adquiridos anteriores e clarificando aspetos novos: v., ilustrativamente, os acórdãos nºs 103/87, C. Costa (restrições aos direitos de pessoal militarizado da PSP), 634/93, L. N. Almeida (criminalização de conduta de embarcadiço), 1182/96, S. Brito (violação de acesso à justiça), 187/01, P. M. Pinto (segundo acórdão sobre propriedade das farmácias), 632/08, L. Amaral (duração do período experimental), estudados no número seguinte. Isso não evita, ainda hoje, decisões que concluem pela violação do princípio da proporcionalidade sem referência aos seus segmentos, à sua estrutura ou à sua metódica de aplicação, nem demonstração da argumentação específica de cada um deles: v., recentemente, o acórdão nº 2/13.

[902] Não é preciso ir muito longe para encontrarmos manifestações de fenómenos semelhantes noutras jurisdições: v., sobre Espanha, BEILFUSS, *El Principio de Proporcionalidad...*, p. 16.

[903] V., por exemplo, acórdão nº 479/94. No último parágrafo da fundamentação, assinala-se que "as normas em apreço, ao autorizarem um procedimento de identificação coactiva com privação total da liberdade dos identificandos fora do quadro constitucional previsto no artigo 27º, nºs 2 e 3, haveriam, *automaticamente*, de se considerar como excessivas e desproporcionadas" (sublinhado no original). Sugeria-se, portanto, que sempre que uma qualquer norma viole a Constituição por restringir um direito, liberdade ou garantia sem credencial constitucional surge *automaticamente* uma violação do princípio da proibição do excesso, ou que toda e qualquer restrição de um direito, liberdade ou garantia não autorizada constitucionalmente é forçosamente desproporcionada ou excessiva.

[904] Não dedicaremos especial atenção às situações em que o Tribunal descobriu para a proibição do excesso a função de mero instrumento de *identificação* dos chamados limites imanentes, prescindindo da sua verdadeira vocação de instrumento de mediação de operações de ponderação e harmonização também utilizável no contexto do controlo de todo e qualquer ato do poder público de algum modo limitativo das posições jurídicas subjetivas em que se desdobram os direitos fundamentais. Essa inversão metodológica em que o Tribunal Constitucional incorre (cfr. nota seguinte) foi já bem criticada por NOVAIS, *As restrições...*, p. 535, na medida em que "obscurece a utilização do princípio da proporcionalidade como critério de controlo, inibindo-o (...) de desenvolver com transparência todas as suas virtualidades de instância decisiva da apreciação da legitimidade constitucional das intervenções restritivas...". Estas palavras inserem-se na análise crítica do autor à utilização pelo Tribunal Constitucional da doutrina dos limites imanentes aos direitos fundamentais como forma de superar a ausência de permissão constitucional expressa da restrição de certos direitos. Na operação de "descoberta" desses limites imanentes não seriam aplicáveis, além do mais, de acordo com certa doutrina e jurisprudência, os limites materiais e os limites

A JURISPRUDÊNCIA DO TRIBUNAL CONSTITUCIONAL

alternativa às restrições de direitos, a da interpretação restritiva dos direitos, a do conteúdo essencial e outras. Passou-se para uma fase de confiante receção e ampla aplicação dos vários instrumentos de harmonização que pressupõem operações de ponderação[906].

2. A formação histórica da jurisprudência sobre a proibição do excesso

Entre muitas centenas ou milhares de acórdãos, a seleção daqueles que são "estruturantes", "fundadores", "doutrinários" ou "marcantes", os *leading cases*, em suma, corre o risco de arbitrariedade, de erros de avaliação ou de injustiça (para aqueles a que é dado menos destaque do que merecem). Não pode deixar de se correr esse risco. Propomo-nos assentar a formação histórica da jurisprudência constitucional sobre a proibição do excesso em três pilares: (i) os primeiros acórdãos; (ii) os acórdãos estruturantes ou fundadores; (iii) os acórdãos da jurisprudência da crise.

2.1. Os primeiros acórdãos

Logo nos dois primeiros grandes testes a que foi submetido após o inicio do funcionamento (1983), o processo do imposto extraordinário sobre o rendimento e o primeiro processo sobre a despenalização da interrupção voluntária da gravidez, o Tribunal Constitucional invocou argumentos respaldados por uma *ideia* de proibição do excesso[907].

---

formais estabelecidos nos nºs 2 e 3 do artº 18º da CRP, o que enfraqueceria sobremaneira a garantia constitucional dos direitos fundamentais: v. *As restrições...*, *cit.*, p. 529; no sentido da não aplicação daqueles *limites aos limites* aos chamados limites imanentes, NABAIS, *O dever...*, pp. 550 ss.

[905] Ainda NOVAIS, sobre a referida inversão lógica em que incorre o Tribunal Constitucional quando avalia certas normas ablativas de direitos fundamentais. Aquele Tribunal começa por verificar se uma determinada intervenção pública em direitos é razoável, justificada ou proporcional. Se o for, *mesmo que tal intervenção não esteja legitimada por disposição constitucional expressa* o Tribunal Constitucional considera-a legitimada pela pretensa existência de limites imanentes aos direitos fundamentais ou de possibilidade de regulamentação condicionadora, ou da não afetação do núcleo essencial, ou simplesmente ignorando a ausência de habilitação constitucional expressa, camuflando muitas vezes o juízo puramente ponderativo inerente à proporcionalidade. O tema é tratado em vários locais de *As restrições...*; v. entre outros, pp. 36 ss., 532 e ss.

[906] É claro que essa evolução não se traduz ainda na completa irradicação desses "biombos": v., por exemplo, acórdãos nº 491/02 (recusando a qualificação de restrição e perfilhando a de condicionamento, embora adaptando a aplicação do princípio da proporcionalidade a esse condicionamento) ou nº 512/08 (retomando sem qualquer cedência as distinções entre restrições, condicionamentos e regulamentação e a assimilação entre norma restritiva e norma desproporcionada). O debate interno no próprio Tribunal é aliás vivo, como resulta da rejeição dessa doutrina no acórdão nº 486/04, nº 13.

[907] Cfr. acórdãos nº 11/83, M. Fonseca (imposto extraordinário sobre o rendimento) e nº 25/84, C. Aroso (primeiro acórdão sobre a despenalização da interrupção voluntária da gravidez).

O PRINCÍPIO DA PROIBIÇÃO DO EXCESSO

No acórdão do imposto extraordinário sobre o rendimento[908], o relator MARTINS DA FONSECA, em nome do Tribunal, escreveu que as imposições fiscais retroativas em causa não eram inconstitucionais: «existe uma proporcionalidade entre a necessidade actual, momentânea e provisória, de receitas extraordiná-rias e as medidas parlamentares impostas, também com carácter momentâneo e provisório. Daí dever falar-se em razoabilidade destas medidas e não em arbi-trariedade. Destarte, a confiança dos cidadãos também não terá sido intolera-velmente atingida por elas». Todavia, esta ideia de proporcionalidade é instru-mental em relação à aplicação do princípio da (proteção da) confiança, tal como já construído pela Comissão Constitucional, pelo que não se pode ver aqui uma verdadeira aplicação do princípio clássico da proporcionalidade: a proporcio-nalidade da interferência é vista como um requisito exigido pelo princípio da proteção da confiança[909].

A primeira referência às componentes do princípio da proibição do excesso enquanto princípio autónomo transparece no acórdão sobre inelegibilidades lo-cais[910], onde se fala de adequação, necessidade e proporção. Talvez se possa dizer que foi o primeiro acórdão do Tribunal Constitucional a referir-se a esses três conceitos com alguma intencionalidade[911], não obstante a ausência de indícios da consciência dos significados ou do seu alcance. Por isso, aliás, o próprio sentido da decisão final (de inconstitucionalidade) é ambíguo. Por um lado, apurou-se que a lei estabelecia uma inelegibilidade *desproporcionada*, não existindo direito ou interesse constitucionalmente protegido que a justificasse. À primeira vista, portanto, parecia censurar-se a ausência de *fim legítimo* ou constitucionalmente admissível que justificasse a instituição daquela inelegibilidade. Mas, por outro lado, afirmava-se que não havia "necessidade do recurso a um meio tão gravoso e radical como é o da suspensão da capacidade eleitoral passiva", bastando um sistema de impedimentos, o que denunciava um juízo de desnecessidade. Estas duas linhas de desenvolvimento eram resumidas na referência a uma ausência

---

[908] Acórdão nº 11/83.

[909] Esta orientação é recolhida da doutrina da Comissão Constitucional, citada pelo acórdão. No parecer nº 14/82 escrevera-se: «(...) a retroactividade das leis fiscais será constitucionalmente legítima, quando semelhante retroactividade não for arbitrária ou opressiva e não envolver assim uma violação demasiado acentuada *do* princípio da confiança do contribuinte. Equivale isto a di-zer – visualizada a questão de outro ângulo – que a retroactividade tributária terá o beneplácito constitucional sempre que razões de interesse geral a reclamem e o encargo para o contribuinte se não mostrar desproporcionado – e mais ainda o terá se tal encargo aparecia aos olhos do contri-buinte como verosímil ou mesmo como provável.»

[910] Acórdão nº 4/84, M. Diniz.

[911] Temos de convir que as referências não eram totalmente estáveis no espírito do próprio relator, M. Diniz, como o comprova a sua declaração de voto no acórdão nº 103/87 (restrições aos direitos de pessoal militarizado da PSP), onde alude a necessidade, exigibilidade e proporcionalidade.

226

A JURISPRUDÊNCIA DO TRIBUNAL CONSTITUCIONAL

manifesta de justificação, adequação e proporção. Não obstante as deficiências, cruamente ampliadas pela potente lente de hoje, aplicada a uma imagem distorcida de 1984, este acórdão é uma peça histórica relevante, não apenas pela primeira referência aos três segmentos da proibição do excesso, mas também pelo primeiro indício de uma jurisprudência de *evidência*, que se tonaria persistente no devir do Tribunal.

Uma clara demonstração da incipiente conceptualização é a que se retira do primeiro acórdão sobre a despenalização da interrupção voluntária da gravidez[912]. Apesar dessa incipiência, e da profunda divisão entre os juízes, trata-se inegavelmente de um acórdão eminente. Dele decorrem, desde logo, várias indicações que, com mais ou menos consequência e efetividade, iriam marcar a atitude do Tribunal perante o legislador. Primeiro, porque aquele claramente adere a uma conceção da constituição como *quadro* ou *parâmetro*, no âmbito da qual o legislador dispõe de uma significativa margem de liberdade. Segundo, pela afirmação madrugadora de uma atitude de deferência perante o legislador. Sublinha-se que o Tribunal não possui competência técnica nos variados domínios do conhecimento, nem competência funcional, para emitir valorações ou para controlar os objetivos políticos do legislador quanto à sua correção e oportunidade. Também não para controlar os prognósticos do legislador quanto ao resultado futuro da sua obra. Terceiro, porque admite que o juiz constitucional só pode censurar juridicamente as valorações do legislador quando ele contraria manifestamente a ordem constitucional de valores, quando adote valorações inequivocamente refutáveis ou manifestamente erróneas. Quarto, porque alude a uma inédita – e porventura solitária – *presunção de constitucionalidade* das normas na "constância de dúvidas insuperáveis, que o relator não pode inteiramente afastar".

Quanto à matéria – a despenalização do aborto terapêutico, eugénico e criminológico, em certas circunstâncias –, o Tribunal entendeu que estava em causa uma colisão entre interesses ou valores da vida intrauterina do nascituro e da mãe, ambos constitucionalmente tutelados e fez pioneiras referências à ideia de concordância prática.

A utilização do princípio da proibição do excesso ou da proporcionalidade clássica como parâmetro de controlo torna-se corrente nos anos seguintes, seja de forma explícita[913], seja mais ou menos implicitamente[915]. Iniciam-se refe-

---

[912] Acórdão nº 25/84.
[913] Acórdãos nºs 85/85, V. Moreira (segundo acórdão sobre a despenalização da interrupção voluntária da gravidez), 230/85, L. N. Almeida (inelegibilidades em eleições locais), 282/86, V. Moreira (técnicos de contas), 325/86, C. Costa (detenção de possível extraditando), 342/86, M. Bento (aplicação de regras do Código Civil a associações sindicais), 7/87, M. Brito (normas do Código de Processo Penal), 35/87, M. Brito (inadmissibilidade de liberdade provisória).

O PRINCÍPIO DA PROIBIÇÃO DO EXCESSO

rências à sua base constitucional, invariavelmente localizada ou no artigo 18º, nº 2[915] ou também no princípio de Estado de direito democrático, do artigo 2º[916]. Não havia, contudo, uma decisão que desempenhasse ainda a função estruturante que outras desempenharam noutras jurisdições, como a *Apothekenurteil* (Alemanha, 1958) ou *Oakes* (Canadá, 1986).

2.2. Os acórdãos estruturantes

2.2.1. O acórdão nº 103/87, sobre restrições aos direitos de pessoal da PSP

O acórdão de CARDOSO DA COSTA sobre restrições aos direitos do pessoal da PSP[917], poderia ter assumido essa função, não fora ter sido também (ou sobretudo) um dos expoentes de uma orientação de fuga ao regime constitucional das restrições de direitos fundamentais. O acórdão ensaiou um (doutrinalmente improvável e inusual) compromisso entre as doutrinas dos limites imanentes[918], dos simples condicionamentos de direitos[919] e da regulamentação de direitos[920] e aplicações do princípio da proibição do excesso. Os nove votos de vencido (parciais), entre os quais o do próprio relator, em onze possíveis, mostram que o compromisso não deixou praticamente nenhum dos juízes convencido[921].

---

[914] Acórdão nº 76/86, M. Diniz (o primeiro sobre a propriedade das farmácias).

[915] Acórdãos nºs 85/85, V. Moreira (segundo acórdão sobre a despenalização da interrupção voluntária da gravidez), 325/86, C. Costa (detenção de possível extraditando), 7/87, M. Brito (normas do Código de Processo Penal), 35/87, M. Brito (inadmissibilidade de liberdade provisória).

[916] Acórdão nº 282/86, V. Moreira (técnicos de contas).

[917] Este acórdão foi emitido poucos meses depois do canadiano *Oakes*, mas trata-se de uma coincidência, uma vez que nada os relaciona.

[918] Acórdão nº 103/87, sustentando a não aplicação de direitos constitucionais dos trabalhadores aos agentes da PSP: «o legislador, ao exclui-los quanto aos mesmos agentes, não está propriamente a estabelecer uma "restrição" (uma restrição "legislativa", sujeita ao condicionalismo do artº 18º da Constituição) do âmbito dos preceitos constitucionais correspondentes, mas simplesmente, em boa verdade, a transpô-la para o plano legislativo. Por outras palavras, e em suma: está-se no domínio, não das "restrições", e sim da chamada concretização ou explicitação dos "limites imanentes" dos direitos».

[919] Acórdão nº 103/87: "(...) não pode haver dúvida de que ao legislador (e, em particular, ao legislador parlamentar) é lícito "regulamentar" o exercício dos direitos, liberdades e garantias do catálogo constitucional, e, nomeadamente, definir os "condicionamentos" desse exercício: para tanto, não necessita ele de ser expressamente autorizado pela Constituição, ao contrário do que esta exige (artº 18º, nº 2) para as "restrições"".

[920] Acórdão nº 103/87, pronunciando-se sobre a exigência de recurso prévio à via hierárquica antes de queixa ao Provedor de Justiça: " a mesma não incorpora propriamente uma "restrição" ao direito, mas tão-só uma "regulamentação" do seu exercício."

[921] As declarações de voto foram do relator e de Brito, Vital Moreira, Mateus, Diniz, Bento, Afonso, Almeida e do Presidente A. M. Guedes. Algumas incidiram parcialmente sobre a aplicação do princípio.

A JURISPRUDÊNCIA DO TRIBUNAL CONSTITUCIONAL

O parâmetro da proibição do excesso foi usado na parte em que o Tribunal apreciou a constitucionalidade da extensão aos agentes da PSP (que o acórdão entendeu caberem na classe de militarizados) de restrições aos direitos de reunião, expressão, manifestação, associação, petição e de capacidade eleitoral passiva, previstos no artigo 270º para militares e agentes militarizados. Por conseguinte, tratava-se de uma interferência em direitos para satisfazer fins de interesse público considerados pelo legislador como suficientemente ponderosos. No caso, a eficácia e disciplina das forças em que os agentes estão integrados. No aresto regista-se a primeira referência ao princípio da proibição do excesso como designação alternativa e equivalente a princípio da proporcionalidade em sentido amplo. São utilizadas indiferentemente, umas vezes em conjunto, outras isoladamente. Todavia, não se evita a oscilação terminológica: a certo passo retoma-se uma dicotomia, presente em acórdãos anteriores[922] e muitas vezes repetida posteriormente, particularmente no campo do direito penal, entre necessidade e proporcionalidade[923].

Além de identificar o artigo 18º, nº 2, como sede constitucional do princípio, deteta-o também, *de modo qualificado*, no artigo 270º, que permite restrições apenas na *estrita medida* das exigências das funções próprias dos militares e militarizados. Mencionam-se três vertentes do princípio: *adequação* (da restrição do direito ao objetivo de salvaguardar um valor constitucional), *necessidade ou exigibilidade* (da restrição para atingir tal objetivo) e uma ideia de *proporcionalidade em sentido estrito* (o custo da restrição deve ser proporcionado ao benefício da proteção com ela obtida)[924]. BARBOSA DE MELO é invocado para considerar que a sujeição ao teste de proporcionalidade implica um juízo de ponderação global[925]. O Tribunal pronunciou-se pela inconstitucionalidade de vários segmentos normativos, num exercício de filigrana decisória, não identificando, todavia, o(s) segmento(s) da proibição do excesso violados. Todavia, a interpretação do acórdão revela que o Tribunal encontrou uma violação do segmento da necessidade: o legislador poderia ter optado por medidas alternativas menos restritivas que proporcionariam igual satisfação dos interesses públicos visados[926]. A con-

---

[922] Pelo menos, desde o acórdão nº 230/85, de L. N. Almeida (inelegibilidades em eleições locais).

[923] *Idem*, nº 43.

[924] *Idem*, nº 17.

[925] *Notas de Contencioso Comunitário, cit.*

[926] As restrições seriam parcialmente excessivas ou desproporcionadas na medida em que: (i) abrangiam a proibição a agentes militarizados da PSP da convocação de reuniões não públicas de caráter político, bem como de usarem da palavra, fazerem parte da mesa, ou qualquer outra função, mesmo quando trajassem civilmente; (ii) proibiam aos referidos agentes o uso da palavra, de fazer parte da mesa, ou o exercício de outras funções em reuniões partidárias de caráter não público, mesmo trajando civilmente; (iii) proibiam a filiação política ou partidária e a participação

O PRINCÍPIO DA PROIBIÇÃO DO EXCESSO

centração do esforço de escrutínio nesse segmento é, aliás, uma inclinação que não abandonou a jurisprudência posterior do Tribunal.

No que concernia ao princípio da proibição do excesso, o acórdão nº 103/87 era suficientemente eloquente para ser uma referência de decisões futuras. Contudo, os arestos vindouros do Tribunal praticamente ignorariam a sua existência. Um bom comprovativo disso é o quase nulo número de citações remissivas em acórdãos posteriores[927]. O próprio CARDOSO DA COSTA, em arestos por ele relatados, não revisita ou aprofunda a doutrina fixada no seu acórdão[928], mesmo em casos de grande interesse para o estudo da visão do Tribunal sobre a proibição do excesso ou temas adjacentes[929]. O curso da jurisprudência prosseguiu, com gradual consolidação[930] e crescente apuro técnico, porém sem valorizar significativamente alguma sistematização já alcançada no acórdão nº 103/87.

2.2.2. O acórdão nº 634/93, sobre criminalização de conduta de embarcadiço

Contra o que seria uma expetativa razoável, tendo em conta a típica dinâmica do Tribunal Constitucional português, aquela função estruturante viria a ser originalmente desempenhada por um acórdão proferido em 1993 por uma das seções, no âmbito de um recurso de constitucionalidade, suscitado por um anódino caso concreto de condenação penal de embarcadiço[931]. A fazer fé no número de ocasiões em que é usado como referência, citado e transcrito por acórdãos posteriores do próprio Tribunal, proferidos em vários tipos de processos[932], este acórdão desempenha função estruturante dos aspetos essenciais da proibição do excesso, tal como seguida pelo juiz constitucional, semelhante às decisões já mencionadas de outras jurisdições.

---

em atividades não públicas; (iv) restringiam o direito de petição, dirigido aos órgãos de soberania, sobre assuntos políticos.

[927] Algumas exceções são os acórdãos nº 221/90, de Alves Correia, sobre um tema materialmente próximo (proibição de sindicatos da PSP) e nº 254/99.

[928] Cfr. acórdãos nºs 455/87 (liberdade de organização das associações sindicais), 474/89 (inscrição de agente de seguros), 497/89 (obrigatoriedade de inscrição na Ordem dos Advogados).

[929] Como, o acórdão nº 99/88 (prazos de caducidade de ações de maternidade e paternidade).

[930] Por exemplo, a primeira referência à violação do princípio da proporcionalidade na própria decisão consta do acórdão nº 363/91, R. Mendes (objeção de consciência).

[931] Acórdão nº 634/93, L. N. Almeida (criminalização de conduta de embarcadiço). Note-se que pouco depois (1995-1996) também o Tribunal Constitucional espanhol deu impulso significativo ao esclarecimento da estrutura do princípio da proporcionalidade: cfr. ENCARNACIÓN ROCA TRIAS, MARIA ANGELES AHUMADA RUIZ, «Los principios de razonabilidad y proporcionalidad en la jurisprudencia constitucional española», texto apresentado em nome daquele Tribunal na Conferência trilateral dos Tribunais de Itália, Portugal e Espanha, em 2013, p. 9.

[932] Além de outros acórdãos subsequentes do relator, citam o acórdão 634/93, sem esgotar, os acórdãos nºs 141/95, 527/95, 274/98, 108/99, 187/01, 200/01, 491/02, 88/04, 159/07, 632/08, 119/10, 187/13, 846/14, 377/15, 362/16, todos eles com aplicações relevantes da proporcionalidade.

A JURISPRUDÊNCIA DO TRIBUNAL CONSTITUCIONAL

Escrevendo pelo Tribunal, LUÍS NUNES DE ALMEIDA enfrentou a tarefa de clarificação da relação entre alguns princípios recorrentemente convocados no domínio penal, bem como da estrutura e da metódica da proporcionalidade.

Significativo é o registo sobre a relação entre princípio da proporcionalidade e princípio da subsidiariedade do direito penal (também dito princípio da máxima restrição das penas). O princípio da subsidiariedade do direito penal "não resulta expressamente das normas que correspondem à chamada 'constituição penal' ", mas não é "mais do que uma aplicação, ao direito penal e à política criminal, dos princípios constitucionais da justiça e da proporcionalidade". O princípio da subsidiariedade do direito penal "limita a intervenção da norma incriminadora aos casos em que não é possível, através de outros meios jurídicos, obter os fins pretendidos pelo legislador"[933].

A afirmação de que o princípio da subsidiariedade do direito penal *é uma aplicação* do princípio da proporcionalidade está insuficientemente fundamentada, ficando por esclarecer quais as consequências estruturais, dogmáticas e metódicas daí decorrentes para cada um dos princípios. Aliás, essa afirmação é dificilmente conciliável com outra indicação que parece decorrer do acórdão – embora apenas implicitamente – que aponta para a diferente incidência dos dois: o princípio da subsidiariedade da lei penal respeita à questão *prévia* de saber se o legislador tem de adotar o *meio penal* para atingir certos fins, ou se pode atingir esses fins sem recurso à reação penal; o princípio da proporcionalidade concerne à questão de saber se o meio penal concretamente adotado é adequado, necessário e proporcional e.s.e. Nesta perspetiva, o primeiro aplica-se *a montante* do segundo, sendo *autónomo* em relação a ele e não um mero apêndice. Isso só não seria assim se: (i) fosse entendido que o princípio da proporcionalidade tem no domínio penal uma estrutura diferente da que tem noutros domínios, confundindo-se o princípio da subsidiariedade da lei penal com o segmento da proporcionalidade e.s.e. ou (ii) se considerasse que o princípio da proporcionalidade inclui um segmento adicional logicamente anterior aos segmentos tradicionais, respeitante à subsidiariedade da lei penal. Como se verá de seguida, da conclusão ressalta, pelo menos, uma orientação ambígua sobre essa questão.

Especificamente sobre o princípio da proporcionalidade, depois de notar que não merece contestação desde a revisão de 1982[934], reitera o respetivo desdobramento em três subprincípios: princípio da adequação (as medidas restritivas de direitos, liberdades e garantias devem revelar-se como um meio adequado para a prossecução dos fins visados, com salvaguarda de outros direitos ou bens

---

[933] Acórdão nº 634/93, nº 6.
[934] Acórdão nº 634/93, nº 6.

O PRINCÍPIO DA PROIBIÇÃO DO EXCESSO

constitucionalmente protegidos); princípio da exigibilidade (essas medidas restritivas têm de ser exigidas para alcançar os fins em vista, por o legislador não dispor de outros meios menos restritivos para alcançar o mesmo desiderato); princípio da justa medida, ou proporcionalidade em sentido estrito (não poderão adotar-se medidas excessivas, desproporcionadas para alcançar os fins pretendidos)[935]. São aperfeiçoados os conceitos constantes do acórdão de CARDOSO DA COSTA analisado nos parágrafos anteriores (todavia, sem o citar, o que pode indiciar a perceção de que eram consensuais independentemente dele).

Depois de uma rara (até àquele momento) apreciação, passo a passo, do cumprimento dos vários subprincípios, concluiu-se que «(...) ao tornar criminosa a conduta de um trabalhador de bordo cujas funções não estão directa e normalmente relacionadas com a segurança do navio, mas apenas têm a ver com a actividade económica através dele exercida, a norma em causa revela-se excessiva.» Apenas é discutível o enquadramento desse excesso nos subprincípios da proporcionalidade. Sobre as três componentes, o Tribunal disse que era controversa a afirmação de que a norma incriminadora em causa violava a adequação, não era totalmente líquido que violasse a exigibilidade e era indiscutível que violava a proporcionalidade e.s.e.[936].

Esta síntese denuncia um equívoco. Na realidade, o que o Tribunal censurou foi que se tivesse «tornado criminosa» uma conduta de trabalhadores que não merecia esse tipo de tratamento. Isto é, a opção pela reação criminal e não por outro tipo de meio era *manifestamente excessiva* (se quisermos utilizar as palavras do acórdão, que criticaremos abaixo). No contexto da própria doutrina do Tribunal havia violação do princípio da subsidiariedade da lei penal ou da *necessidade* da intervenção penal e não da proporcionalidade e.s.e. Note-se, porém, que mesmo sob esse ângulo não se pode criticar a decisão como sendo um desvio em relação ao reconhecimento pelo acórdão de uma ampla margem de conformação do legislador no que toca ao juízo de *necessidade* de intervenção penal[937].

---

[935] O acórdão cita GOMES CANOTILHO e VITAL MOREIRA, *Constituição da República Portuguesa Anotada*, vol 1º, p. 170, não sendo já evidente na origem o significado da referência à "salvaguarda de outros direitos ou bens constitucionalmente protegidos", inserida na definição da adequação. Em acórdãos posteriores, estas definições dos três subprincípios são recebidas sem alterações, mas a referência à sua origem doutrinal é suprimida.

[936] Acórdão nº 634/93, nº 6.

[937] Acórdão nº 634/93: «(é) evidente que o juízo sobre a necessidade do recurso aos meios penais cabe, em primeira linha, ao legislador, ao qual se há-de reconhecer, também nesta matéria, um largo âmbito de discricionariedade. A limitação da liberdade de conformação legislativa, nestes casos, só pode, pois, ocorrer quando a punição criminal se apresente como *manifestamente* excessiva» (ênfase no original).

A JURISPRUDÊNCIA DO TRIBUNAL CONSTITUCIONAL

2.2.3. O acórdão nº 187/01, segundo acórdão sobre a restrição da propriedade das farmácias

A tendência para a emissão periódica de acórdãos "doutrinários", que procuram sistematizar desenvolvimentos relativamente desencontrados e superar algumas inconsistências, manteve-se. Não menosprezando a relevância de acórdãos promanados entre 1993 e 2001[938], o segundo acórdão sobre a restrição da propriedade das farmácias[939], acórdão nº 187/01, relatado por Paulo Mota Pinto, desempenhou essa função. Mais do que em qualquer outro, é patente a influência da jurisprudência alemã, revelada desde logo pela extensa citação da *Apothekenurteil* de 1958, com especial relevo para a *Stufentheorie* e para a acentuação da ideia de intensidade crescente da justificação: à luz da proporcionalidade, quanto mais intrusiva é a restrição, mais intensa deve ser a justificação[940].

Circunscrevendo aqui a exposição ao que interessa para perceber a conceção subjacente do princípio da proporcionalidade (o acórdão usa também "princípio da proibição do excesso", com aspas), tratava-se de saber se o direito de propriedade, na "dimensão" específica de direito de acesso à propriedade ou de apropriação era violado pela circunstância de só os farmacêuticos poderem ter acesso à propriedade de farmácias. Numa primeira etapa é feito um exercício em certa medida assimilável ao do acórdão nº 103/87 (Cardoso da Costa): o âmbito de proteção do direito de propriedade é objeto de uma interpretação *restritiva*, sendo invocados *limites imanentes* e *limites implícitos e explícitos* (embora sem qualificação expressa). Por outro lado, admite-se que o direito não é absoluto, podendo, por isso, ser objeto de restrições introduzidas pelo legislador. A essas restrições não é aplicável o regime dos direitos, liberdades e garantias, uma vez que se recusa que a "dimensão" em causa do direito de propriedade, isto é, o direito de acesso à propriedade, possa ser considerada análoga aos direitos, liberdades e garantias. Aplica-se, consequentemente, o regime dos direitos sociais. No entanto, concede-se – sendo essa uma das primeiras novidades – que

---

[938] Como os acórdãos nº 758/95, de Luís Nunes de Almeida, sobre a participação de pequenos acionistas em assembleias gerais de bancos, que constitui um dos expoentes máximos do alargamento do âmbito de aplicação da proibição do excesso, ou nº 1182/96, de Sousa Brito, sobre violação do acesso à justiça, que visitaremos em vários trechos deste trabalho.

[939] Veja-se o contraste com o primeiro acórdão sobre a propriedade das farmácias, acórdão nº 76/85 (M. Diniz), produzido numa fase ainda incipiente da receção do princípio. Naquele, o tema da proporcionalidade não tinha sido explicitamente debatido, tendo o Tribunal feito uma aplicação atípica e subliminar: limitou-se a elaborar sobre a *idoneidade* da solução legislativa, sem nunca referir o princípio da proporcionalidade. A certo passo há uma referência, sem consequências dogmáticas, no caso, ao dever do Estado de "assegurar o direito à protecção da saúde pública, disciplinando e controlando a produção, a comercialização e o uso dos produtos farmacêuticos".

[940] *Idem*, nº 10.

O PRINCÍPIO DA PROIBIÇÃO DO EXCESSO

o princípio da proporcionalidade é aplicável também à restrição de direitos sociais, por força do princípio do Estado de Direito. Não passa despercebida a frase tranquilizadora para quem pudesse duvidar da bondade da novidade doutrinal: não tem o Tribunal de se preocupar "com eventuais sentidos diversos do princípio, consoante esteja em causa a aferição da legitimidade constitucional de restrições a direitos, liberdades e garantias ou apenas a limitação a direitos económicos"[941].

Porém, importa referir que esta postura tranquilizadora tem condições para não ser desmentida apenas porque, ao invés do que o Tribunal aparentemente assume, o direito ou liberdade de aquisição de propriedade se traduz numa posição jurídica subjetiva negativa, que impõe *prima facie* ao Estado a abstenção da criação de obstáculos ao seu livre exercício. Por isso, na verdade, é um direito económico com estrutura análoga à vertente mais proeminente dos direitos, liberdades e garantias. Daí decorre a ausência de dificuldade em aplicar o princípio da proporcionalidade clássica às respetivas restrições legislativas, como o acórdão comprova.

Não obstante o ponto de partida jusfundamentalmente débil, o Tribunal realiza um relevante balanço sobre a jurisprudência da proporcionalidade[942], em alguns casos reafirmando-a, noutros reformulando-a ou aperfeiçoando-a com contributos teóricos adicionais. À cabeça, o desdobramento analítico em três subprincípios subsiste e consolida-se[943], sublinhando-se mais acentuadamente a perspetiva meio/fim que presidiria à sua análise[944]. Consolida-se também a indicação de ordenação lógica na apreciação[945]: o que é necessário é obrigatoriamente adequado, mas a inversa não é verdadeira. São relevantes: (i) a coexis-

[941] *Idem*, nº 14, parte final.

[942] Particularmente, acórdãos nºs 634/93, 1182/96 e 484/00.

[943] V. a seguinte transcrição: «o princípio da proporcionalidade desdobra-se em três subprincípios: princípio da adequação (as medidas restritivas de direitos, liberdades e garantias devem revelar-se como um meio para a prossecução dos fins visados, com salvaguarda de outros direitos ou bens constitucionalmente protegidos); princípio da exigibilidade (essas medidas restritivas têm de ser exigidas para alcançar os fins em vista, por o legislador não dispor de outros meios menos restritivos para alcançar o mesmo desiderato); princípio da justa medida, ou proporcionalidade em sentido estrito (não poderão adoptar-se medidas excessivas, desproporcionadas para alcançar os fins pretendidos)."» Menciona-se a origem doutrinal das definições, sem especificar. Em acórdãos posteriores essa origem doutrinal é omitida. Mantêm-se alguns aspetos menos autoevidentes, como, por exemplo, a referência à "salvaguarda de outros direitos ou bens constitucionalmente protegidos", no âmbito da adequação, ou mais indefinidos como a questão de saber se a necessidade permite a escolha do meio mais satisfatório e mais interferente ou o alcance da proporcionalidade e.s.e.

[944] Diferentemente, acórdão nº 1182/96, S. Brito (violação do acesso à justiça), nº 2.5.

[945] Já decorrente, pelo menos, do acórdão nº 1182/96: v. nº 2.5.

A JURISPRUDÊNCIA DO TRIBUNAL CONSTITUCIONAL

tência entre proteção do conteúdo essencial do direito e princípio da proporcionalidade; (ii) a localização deste princípio no artigo 18º, nº 2, no respeitante às restrições de direitos, liberdades e garantias, ancorando-o, todavia, enquanto princípio geral da limitação do poder público, no princípio geral do Estado de direito; (iii) a aplicação do princípio às atividades do legislador e do administrador, mas com diferentes matizes (só parcelarmente especificados, mas com importantes subsídios para o respetivo estudo)[946]; (iv) a rejeição de uma única resposta certa[947]; (v) a abertura à possibilidade de as limitações (não se fala de restrições) aos direitos económicos estarem também vinculadas a exigências de proporcionalidade, nos termos referidos; (vi) o aprofundamento dos pilares de uma teoria geral da deferência para com o legislador ou da autolimitação judicial.

Este último aspeto merece atenção adicional. O acórdão parte de várias premissas: (i) a Administração está vinculada à prossecução de finalidades pré-estabelecidas, enquanto o legislador pode determinar, dentro do quadro constitucional, a finalidade visada com uma medida legislativa[948]; (ii) a determinação da relação entre uma medida, ou as suas alternativas, e o grau de consecução de um objetivo envolve, por vezes, avaliações *complexas*, no próprio plano empírico[949]; (iii) de tais avaliações complexas pode depender a resposta à questão de saber se uma medida é adequada à finalidade[950]; (iv) também a apreciação da

---

[946] Acórdão nº 187/01, nº 15: «Não pode contestar-se que o princípio da proporcionalidade, mesmo que originariamente relevante sobretudo no domínio do controlo da actividade administrativa, se aplica igualmente ao legislador. Dir-se-á mesmo – como o comprova a própria jurisprudência deste Tribunal – que o princípio da proporcionalidade cobra no controlo da actividade do legislador um dos seus significados mais importantes. Isto não tolhe, porém, que as exigências decorrentes do princípio se configurem de forma diversa para a actividade administrativa e legislativa – que, portanto, o princípio, e a sua prática aplicação jurisdicional, tenham um alcance diverso para o Estado-Administrador e para o Estado-Legislador». V., também, acórdão nº 200/01.

[947] Acórdão nº 187/01, nº 15: «(...) não vale, evidentemente, o argumento de que, perante o caso concreto, e à luz do princípio da proporcionalidade, ou existe violação – e a decisão deve ser de inconstitucionalidade – ou não existe – e a norma é constitucionalmente conforme. Tal objecção, segundo a qual apenas poderia existir "uma resposta certa" do legislador, conduz a eliminar a liberdade de conformação legislativa, por lhe escapar o essencial: a própria averiguação jurisdicional da existência de uma inconstitucionalidade, por violação do princípio da proporcionalidade por uma determinada norma, depende justamente de se poder detectar um erro *manifesto* de apreciação da relação entre a medida e seus efeitos, pois aquém desse erro deve deixar-se na competência do legislador a avaliação de tal relação, social e economicamente complexa». A afirmação da liberdade de conformação do legislador e a concomitante rejeição da resposta única é persistentemente assumida pelo Tribunal: cfr. *infra*.

[948] *Idem*, nº 15.

[949] *Idem*.

[950] *Idem*.

O PRINCÍPIO DA PROIBIÇÃO DO EXCESSO

exigibilidade ou necessidade pode não dispensar essa avaliação[951]; (v) deve reconhecer-se ao legislador – diversamente da Administração –, legitimado para tomar as medidas em questão e determinar as suas finalidades, uma "prerrogativa de avaliação" ou um "crédito de confiança"[952], na apreciação, por vezes difícil, da adequação da medida para atingir a intensidade de satisfação por ele próprio fixada[953]; vi) tal prerrogativa do legislador de definição dos objetivos e de avaliação é importante sobretudo em casos duvidosos, ou em que a relação medida--objetivo é social ou economicamente complexa e a objetividade dos juízos que se podem fazer (ou suas hipotéticas alternativas) difícil de estabelecer[954]; (vii) em casos destes, em princípio, o Tribunal não deve *substituir* uma sua avaliação da relação, social e economicamente complexa, entre o teor e os efeitos das medidas, à que é efetuada pelo legislador; (viii) as controvérsias geradoras de dúvida sobre tal relação não devem, salvo *erro manifesto* de apreciação – como é, designadamente (mas não só), o caso de as medidas não serem sequer *compatíveis* com a finalidade prosseguida –, ser resolvidas contra a posição do legislador[955].

Estas premissas serão frequentemente convocadas ao longo deste trabalho[956], pela relevância que têm no momento em que se trate de resolver problemas de incerteza epistémica.

Significativamente, apesar de toda a elaboração em torno do princípio globalmente considerado e das três "exigências" em que se desdobra a proporcionalidade, o escrutínio do Tribunal, no caso, incidiu quase exclusivamente sobre

---

[951] *Idem.*

[952] A expressão crédito (ou privilégio) de confiança (*Vertrauensvorsprung*) é inspirada em BODO PIEROTH/BERNHARD SCHLINK, *Grundrechte. Staatsrecht II*, 14ª ed., Heidelberg, 1998, pp. 282 e 287. O Tribunal usá-la-ia noutras ocasiões: v., por exemplo, acórdão nº 159/07, nº 14; cfr., dos mesmos, *Direitos Fundamentais...*, p. 82.

[953] Parece ser esse o significado de uma frase do acórdão nº 187/01 (nº 15) cuja redação provoca dúvidas: "Ora, não pode deixar de reconhecer-se ao legislador – diversamente da administração –, legitimado para tomar as medidas em questão e determinar as suas finalidades, uma "prerrogativa de avaliação", como que um "crédito de confiança", na apreciação, por vezes difícil e complexa, das relações empíricas entre o estado que é criado através de uma determinada medida e aquele que dela resulta e que considera correspondente, em maior ou menor medida, à consecução dos objetivos visados com a medida (que, como se disse, dentro dos quadros constitucionais, ele próprio também pode definir)". Ter-se-á querido explicitar que competindo ao legislador definir o fim da medida legislativa e o grau ou intensidade de satisfação visado, também lhe deve caber uma "prerrogativa de avaliação" sobre se a medida é adequada para atingir essa intensidade de satisfação. No contexto da adequação, ao juiz constitucional compete apenas apreciar a capacidade intrínseca da medida para aproximar o fim visado e não a sua capacidade para atingir o fim com a intensidade pretendida pelo legislador.

[954] *Idem*, nº 15.

[955] *Idem*, nº 15.

[956] Particularmente no capítulo 19, sobre extensão e alcance dos poderes do juiz constitucional.

A JURISPRUDÊNCIA DO TRIBUNAL CONSTITUCIONAL

a *necessidade* da opção legislativa de restringir a propriedade de farmácias a farmacêuticos ou a sociedades de farmacêuticos, contrastada com aquilo que o Tribunal considerou ser a única alternativa que o princípio da proporcionalidade impunha que se comparasse, a propriedade livre, com mera entrega da direção técnica a farmacêuticos[957]. Há referências repetidas à adequação, aparelhada ou não com a necessidade, mas menos centrais. Em boa verdade, a extensa confrontação de argumentos andou exclusivamente em torno da questão de saber se a medida alternativa, menos interferente no direito de acesso à propriedade, proporcionava uma satisfação *igualmente intensa* dos objetivos de interesse público enunciados: proteção da saúde pública, através da regulação da profissão de farmacêutico segundo o modelo da profissão liberal (desse modo servindo o interesse público da preparação, conservação e distribuição de medicamentos ao público, através da independência e plena consciencialização dos riscos pelo empresário). Acerca disso concluiu-se que não havia violação do segmento da necessidade porque a medida alternativa não assegurava igual intensidade de satisfação dos fins do legislador.

O desenlace do acórdão revela ou reforça dois padrões relevantes da jurisprudência da proibição do excesso.

Primeiro, a tendência do Tribunal para concentrar toda a energia do escrutínio no segmento da necessidade, secundarizando a adequação e fugindo as mais das vezes à ponderação inerente à proporcionalidade e.s.e. Concluindo-se pela não violação da necessidade, a metódica da proibição do excesso determinaria a passagem à apreciação da proporcionalidade e.s.e. No entanto, a ponderação entre os efeitos de interferência nos direitos afetados e os efeitos de satisfação da multiplicidade de fins visados pelo legislador foi omitida, sem explicação.

Segundo, a inclinação para uma versão *lata* da necessidade, admitindo implicitamente que a possibilidade de escolher a forma mais intensa (mesmo que apenas *ligeiramente mais intensa*, como se pode alegar ser o caso...) de satisfação dos fins, em prejuízo de outras formas menos intensas, é uma faculdade do legislador[958]. Parte substancial do esforço argumentativo do acórdão é virado para a demonstração de que a intensidade de satisfação do fim (a expressão *mais intensa* é repetidamente utilizada) da opção adotada é maior do que a solução alternativa[959]. No caso, não só não há erro manifesto na escolha do meio como

---

[957] *Idem*, nº 16.

[958] *Idem*, nº 17 e ss. É significativo que, neste caso específico, o Tribunal não tenha considerado viável recorrer à modalidade da necessidade ponderada. Sobre o conceito, v. *infra* capítulo 16.

[959] V. nºs 17 a 25 do acórdão. Por exemplo, no nº 23: «(...) pode, aliás, concluir-se que, se alguns destes objectivos (como o do controlo das concentrações) poderiam ser igualmente prosseguidos por outros meios, eventualmente menos gravosos, não deixa de ser certo poder razoavelmente

O PRINCÍPIO DA PROIBIÇÃO DO EXCESSO

"[a] adequação e necessidade (...) afigura-se mesmo, não apenas razoável, como *evidente*"[960]/[961].

2.2.4. O acórdão nº 632/08, sobre duração do período experimental

Depois do acórdão estudado no número anterior, o processo de gradual maturação e consolidação da posição do TC sobre o princípio prosseguiu. Outros acórdãos contribuíram para isso[962], alguns sem particular novidade, outros com alguma. Um dos que merece relevo é o acórdão nº 632/08, sobre normas referentes a novos prazos de duração do período experimental, consagrados através de uma alteração ao Código de Trabalho submetida a fiscalização preventiva. Todavia, embora algumas precisões esboçadas, que trataremos de seguida, tenham interesse para a doutrina da proibição do excesso, esse aresto releva primordialmente para outros temas que nos farão estudá-lo pormenorizadamente noutro passo deste capítulo.

Em relação à definição geral dos três subprincípios em que se desdobra analiticamente o princípio da proporcionalidade, proveniente da jurisprudência anterior[963], a relatora, LÚCIA AMARAL, anunciava que deveriam ser acrescentadas, apenas, três precisões.

A primeira, relaciona-se com a relativa indefinição do terceiro teste, patente no acórdão nº 643/93 (e em arestos mais remotos), mas parcialmente superada em outros acórdãos[964]: na proporcionalidade e.s.e. (ou justa medida) mede-se «a relação *concretamente existente* entre a carga coativa decorrente da medida adotada e o peso específico do ganho de interesse público que com tal medida se visa alcançar»[965].

---

supor-se que a solução legal permite *simultaneamente* assegurar mais facilmente, ou em medida *mais intensa*, os objectivos de saúde pública e de independência profissional referidos e estes outros, ligados à propriedade da farmácia.»

[960] *Idem*, nº 20.

[961] O acórdão nº 187/01 tem sido objeto de algumas críticas. V., por todos, NOVAIS, *As restrições...*, pp. 748-750.

[962] Parte desse processo de consolidação foi assegurado pelo próprio P. M. Pinto como relator, até à sua saída do Tribunal, na senda do acórdão que apresentámos: v., entre outros menos relevantes, acórdãos nºs 200/01 (emolumentos), 486/04 (restrição à ação de investigação da paternidade e da maternidade), 681/06 (impossibilidade de prova testemunhal).

[963] Referindo particularmente os acórdãos nºs 634/93 e 187/01.

[964] Acórdãos nºs 1182/96 e 187/01.

[965] Acórdão nº 632/08, nº 11. Embora utilizada de forma diferente, a noção de 'carga coativa' vem já do acórdão nº 1182/96. Trata-se, aliás, de uma generalização de um conceito especificamente vocacionado para o domínio penal, onde é usado com maior propriedade: cfr., por exemplo, SERRANO, *Proporcionalidad...*, p. 29 (citando outros autores).

A JURISPRUDÊNCIA DO TRIBUNAL CONSTITUCIONAL

Para a segunda, vale a pena citar o próprio acórdão:

"A segunda precisão a acrescentar é relativa à ordem lógica de aplicação dos três subprincípios, que se devem relacionar entre si segundo uma regra de precedência do mais abstracto perante o mais concreto, ou mais próximo (pelo seu conteúdo) da necessária avaliação das circunstâncias específicas do caso da vida que se aprecia. Quer isto dizer, exactamente, o seguinte: o *teste* da proporcionalidade inicia-se logicamente com o recurso ao subprincípio da adequação. Nele, apenas se afere se um certo meio é, em abstracto e enquanto meio *típico*, idóneo ou apto para a realização de um certo fim. A formulação de um juízo negativo acerca da *adequação* prejudica logicamente a necessidade de aplicação dos outros *testes*. No entanto, se se não concluir pela *inadequação* típica do meio ao fim, haverá em seguida que recorrer ao exame da *exigibilidade*, também conhecido por *necessidade de escolha do meio mais benigno*. É este um exame mais 'fino', ou mais próximo das especificidades do caso concreto: através dele se avalia a existência – ou inexistência –, na situação da vida, de várias possibilidades (igualmente idóneas) para a realização do fim pretendido, de forma a que se saiba se, *in casu,* foi escolhida, como devia, a possibilidade mais benigna ou menos onerosa para os particulares. Caso se chegue à conclusão de que tal não sucedeu – o que é sempre possível, já que pode haver medidas que, embora tidas por adequadas, se não venham a revelar no entanto *necessárias* ou *exigíveis* –, fica logicamente prejudicada a inevitabilidade de recurso ao último *teste* de proporcionalidade."[966]

A terceira precisão reporta-se à liberdade de conformação do legislador, da qual decorre que o juízo de invalidade de uma medida legislativa só pode estribar-se no manifesto incumprimento dos deveres do legislador[967]. Frisa-se que esta indicação se aplica a qualquer um dos testes da proporcionalidade. Trata-se de uma adesão clara a um *critério de evidência*, aplicável aos três segmentos, sem especificação de nenhuma modulação.

Em boa verdade, nenhuma destas precisões era totalmente inovatória, embora não fossem irrelevantes. Designadamente a segunda precisão merece um sublinhado. Não obstante algum défice argumentativo – por exemplo, não é oferecido qualquer desenvolvimento demonstrativo da natureza mais concreta da metódica da proporcionalidade e.s.e. – o Tribunal expressa de modo ineditamente assertivo que o modelo metódico da proporcionalidade clássica ou proibição do excesso que vale é um modelo *cumulativo* e não condensad*o*[968].

No que respeita à primeira e terceira precisões, o que se pode dizer é que são relevantes como teoria geral mas irrelevantes ou desmentidas no caso concreto em julgamento.

---

[966] Acórdão nº 632/08, nº 11.
[967] Acórdão nº 632/08, nº 11.
[968] Ou vertical e não horizontal, segundo outra terminologia possível. Sobre a distinção entre metódica cumulativa e condensada v. *supra*, capítulo 2 e *infra*, capítulos 14 e 19.

O PRINCÍPIO DA PROIBIÇÃO DO EXCESSO

Dizer-se que a proporcionalidade e.s.e. incide sobre "a relação *concretamente existente* entre a carga coativa decorrente da medida adotada e o peso específico do ganho de interesse público que com tal medida se visa alcançar" era circunstancialmente irrelevante porque o acórdão não fez a apreciação da proporcionalidade e.s.e. Aliás, se aquela é a descrição rigorosa do que se pondera quando se aplica o teste da proporcionalidade e.s.e. (pronunciar-nos-emos no momento próprio), no caso nem se poderia aplicar esse teste, dada a ausência de um interesse público a ponderar. Como o acórdão bem explicitou, estava em causa uma colisão entre posições jurídicas subjetivas de trabalhadores e empregadores.

Por outro lado, apesar da reafirmação no próprio acórdão de que "o juízo de invalidade de uma certa medida legislativa, com fundamento em inobservância de qualquer um dos *testes* que compõem a proporcionalidade, se há-de estribar sempre em *manifesto incumprimento,* por parte do legislador, dos deveres que sobre ele impendem por força do princípio constitucional da *proibição do excesso*", a apreciação e a decisão do Tribunal *neste caso concreto* terão constituído uma das mais patentes materializações da orientação contrária. No caso, o Tribunal invalidou a norma não por ela *incumprir manifestamente* o teste da necessidade, mas sim por o legislador e o procedimento legislativo terem falhado a demonstração de que a opção alternativa (isto é, a manutenção da norma anteriormente em vigor) era *manifestamente insuficiente* para atingir os fins. Trata-se de uma significativa evolução da posição do Tribunal em relação à sua doutrina tradicional: nesta nova orientação se, por exemplo, ficar indiciado ou demonstrado que a medida anterior é duvidosamente suficiente, mas não ficar demonstrado com certeza que é *insuficiente* (ou talvez até manifestamente insuficiente) para atingir o fim com o grau de eficiência visado, a *nova* opção do legislador é inválida. A, por vezes invocada, vantagem institucional do legislador em certas áreas – como é o caso da área laboral, particularmente quando as medidas resultam de concertação social – é pouco menos do que pulverizada[969].

Além dos aspetos que apreciaremos adiante, vale a pena sublinhar o relevo atribuído às apreciações empíricas em sede de fiscalização da proibição do excesso, particularmente no que toca à necessidade, segmento em torno do qual o Tribunal andou, tendo acabado por concluir pela sua violação. A questão sobre se é "necessário, ou exigível, que, nos contratos de duração indeterminada, os trabalhadores indiferenciados passem a ter um período experimental não só coincidente com o *dobro do tempo* [à época] vigente, mas ainda coincidente com o tempo de «prova» a que [estavam] sujeitos os trabalhadores especializados (...)"

---

[969] É interessante que MORAIS, *Curso...,* II, 2, pp. 477-8 assuma uma posição aparentemente ratificadora da orientação do Tribunal neste acórdão, em contraste com a sua persistente crítica à propensão interventiva e coartadora da liberdade de conformação do legislador.

A JURISPRUDÊNCIA DO TRIBUNAL CONSTITUCIONAL

foi respondida negativamente, por razões empíricas. Estimou o Tribunal que "[p]ela própria natureza das coisas, a «prova» será tanto menos exigente quanto menos exigente for também, pela sua «qualidade» ou «especialização», o teor da prestação de trabalho: prestações menos qualificadas poderão ser testadas ou «experimentadas» (tanto por empregador quanto por trabalhador) em menos tempo do que as outras, mais qualificadas"[970]. Consequentemente, a justificação da sujeição desses trabalhadores a um período de experiência mais prolongado do que o então vigente – e coincidente com o de trabalhadores qualificados – teria de ser demonstrada, tendo em conta que constituía uma significativa interferência no seu direito à estabilidade. No entanto, "nenhum elemento [existia], nos antecedentes legislativos, que [permitisse], por um lado, identificar uma insuficiência manifesta dos prazos (...) em vigor e, por outro, uma justificação para o alargamento de 90 para 180 dias do prazo de período experimental aplicável nos contratos de trabalho dos trabalhadores indiferenciados." Esta ausência de argumentos era substanciada quer pela omissão dos estudos técnicos, quer pela própria inconclusividade dos trabalhos parlamentares. Não sendo patente a insuficiência da solução legal em vigor para garantir o *equilíbrio* dos direitos em presença, entendeu-se que a norma legislativa não se compatibilizava com o teste da necessidade.

2.3. Os acórdãos da jurisprudência da crise (2011-2014)

Os acórdãos da denominada jurisprudência da crise[971] a que daremos relevo, são os nºs 396/11, 353/12, 187/13, 474/13, 602/13, 794/13, 862/13, 413/14 e 574/14, 575/14[972]. Não faltará matéria de interesse em outros deste período, mas a estes unem-nos os elos comuns da circunstância de crise que os acompanhou e da trilogia igualdade, proibição do excesso, confiança[973], os parâmetros mais persistente e regularmente invocados pelos autores das iniciativas de fiscalização e mais empregues pelo Tribunal, algumas vezes por opção própria. Além do que o Tribunal discorreu sobre a proporcionalidade clássica (e moderna) ou proibição do excesso, importa olhar para o que disse sobre o princípio da igualdade – por causa da "igualdade-proporcional" – e sobre o princípio da proteção da confiança – por causa da componente de proporcionalidade

---

[970] Acórdão nº 632/08.

[971] A designação genérica de jurisprudência da crise generalizou-se consensualmente na doutrina: cfr. MORAIS, *Curso...*, II, 2, pp. 709 ss.

[972] Sem prejuízo de se poder ir um pouco mais atrás, abrangendo acórdãos de 2010, designadamente os nºs 3/10 e 399/10: MORAIS, *Curso...*, II, 2, p. 712. Por outro lado, talvez se possa dizer que o último acórdão ainda imputável à jurisprudência da crise, embora prolatado já tardiamente, foi o nº 2/16, sobre subvenção mensal vitalícia, relatado por João Pedro Caupers.

[973] Cfr. o nosso «Constituição *prima facie*: igualdade, proporcionalidade, confiança...», *cit.*

O PRINCÍPIO DA PROIBIÇÃO DO EXCESSO

que lhe é atribuída. A equívoca relação entre proporcionalidade e (princípio da) razoabilidade suscita também uma referência.

2.3.1. A proibição do excesso na crise

Como veremos nos números seguintes, o Tribunal Constitucional mostrou uma persistente inclinação para o recurso aos princípios da igualdade e da proteção da confiança como parâmetros de escrutínio dos chamados "cortes" de pensões e de salários, bem como de algumas prestações sociais, condimentados com referências relativamente assistemáticas a uma ideia de proporcionalidade clássica ou proibição do excesso. Mas, salvo raras exceções[974], evitou aplicar abertamente o princípio da proibição do excesso enquanto tal, não obstante a sua reiterada invocação pelos mais variados requerentes.

Essa opção, particularmente quando estão em causa "cortes" de pensões, contrasta com o que tem ocorrido noutros ordenamentos jurídicos. Por exemplo, em várias ocasiões o TEDH considerou contrárias à Convenção Europeia dos Direitos do Homem normas de direito interno que reduziam montantes de pensões, por violação do princípio da proporcionalidade[975], inclusive em casos respeitantes a Portugal[976]. O parâmetro invocado tem sido o artigo 1º do Protocolo nº 1 à Convenção, sobre proteção da propriedade[977].

Esta orientação tem sido expressamente rejeitada pelo Tribunal Constitucional, argumentando que no caso português existe uma disposição constitucional específica que cobre o direito à pensão, o artigo 63º, não sendo necessário recorrer à via mais tortuosa do direito de propriedade[978]. Porém, a argumentação do Tribunal corre o risco do paradoxo de o direito à pensão ter garantia

---

[974] V., por exemplo, acórdão nº 187/13 (Carlos Cadilha), a propósito do artigo 117º, nº 1, da Lei do Orçamento de Estado de 2013. No acórdão nº 602/13 (Pedro Machete) algumas normas foram declaradas inconstitucionais por violação do princípio da proporcionalidade. Todavia, tratava-se de normas do Código do Trabalho, em alguns casos com efeitos em cláusulas salariais, mas apenas indiretos.

[975] V. GEORGES KATROUGALOS/DAPHNÉ AKOUMIANAKI, «L'application du principe de proportionnalité dans le champ des droits sociaux», pp. 1394 ss.

[976] V. a decisão do TEDH no caso Mateus e Januário vs. Portugal, 2ª secção, de 8 de Outubro de 2013, acessível em http://hudoc.echr.coe.int/sites/eng/pages/search.aspx?i=001-128106#{"item id":["001-128106"]} O Tribunal apreciou a redução dos 13º e 14º meses de pensões (subsídios de férias e natal) efetuada pela LOE de 2012. Sobre as possíveis implicações da vigência do princípio da proporcionalidade no âmbito da DEDH nos ordenamentos dos Estados signatários, v. *supra*, capítulo 2.

[977] Na decisão citada na nota anterior o TEDH entendeu que se um Estado vinculado à Convenção "tem em vigor legislação assegurando o pagamento de uma pensão – esteja ou não condicionada ao prévio pagamento de contribuições –, essa legislação tem de ser vista como geradora de um interesse de propriedade que recai no âmbito do artigo 1º do Protocolo nº 1".

[978] V., por último, acórdão nº 187/13, nº 64.

A JURISPRUDÊNCIA DO TRIBUNAL CONSTITUCIONAL

menor em Portugal, onde tem assento constitucional direto, do que em outros ordenamentos onde só se chega à sua garantia por vias indiretas.

Ora, mesmo que a rejeição do enquadramento jusfundamental do direito de propriedade seja admissível (o que é discutível, pelo menos quando estão em causa algumas dimensões ou manifestações do direito à pensão), isso não compromete a plena aplicação do princípio da proporcionalidade. Ainda que com escassa elaboração teórica, mesmo quando há declaração de inconstitucionalidade[979], o Tribunal Constitucional já se distanciou da visão clássica que entende que o conceito de restrição apenas se compagina com os chamados direitos de liberdade, de defesa ou negativos, não sendo adaptável aos direitos sociais[980]. Essa reorientação permite-lhe aproximar-se da doutrina que advoga a plena aplicabilidade do princípio da proporcionalidade a intervenções legislativas que restrinjam o nível de concretização do direito social já atingido[981].

Como direito social[982], o direito à pensão de aposentação tem um âmbito de *proteção mínimo*, nuclear ou essencial (tendencialmente mais reduzido que o dos direitos de liberdade[983]), que não pode ser objeto de restrição. É objeto de normas impositivas *categóricas* ou *absolutas*. Este âmbito de proteção mínimo (traduzido na garantia das posições jurídicas subjetivas necessárias à garantia de condições mínimas de subsistência condigna) pode estar garantido diretamente pela Constituição ou ser objeto de concretizações legislativas. Em qualquer dos

---

[979] V. o caso típico do acórdão nº 67/07.

[980] Sublinhando que esta é a posição tradicional da doutrina e da jurisprudência KATROUGALOS/ AKOUMIANAKI, «L'application du principe de proportionnalité...», p. 1382.

[981] Casos de aplicação do princípio à restrição de direitos sociais: acórdãos nºs 88/04; 67/07 e 221/09; acórdão nº 512/08. Neste último, incidente sobre a possibilidade de o legislador exigir a demonstração da titularidade de cartão de utente do SNS, sob pena de pagamento dos encargos com a assistência médica, lê-se o seguinte: "(...) nada parece, também, obstar a que o controlo das soluções legislativas incidentes sobre direitos sociais se efectue por via da aplicação do princípio da razoabilidade ou da proporcionalidade em sentido estrito". Registando também a evolução, MACHETE/VIOLANTE, «O princípio da Proporcionalidade ...», p. 8. Geralmente concordantes, embora com diferenças, NOVAIS, *Direitos Sociais...*, pp. 243 ss., 390 ss.; MIRANDA, *Manual...*, IV, 5ª ed., pp. 485 ss. (inclui uma recensão completa das diferentes posições doutrinais, embora muito focado na questão da existência ou não de um princípio de proibição do retrocesso); CANOTILHO/ VITAL MOREIRA, *Fundamentos da Constituição*, p. 131; OTERO, *Direito Constitucional...*, p. 104; VASCO PEREIRA DA SILVA, «Todos diferentes...» (no contexto da tese de aplicação de um regime unitário a todos os direitos fundamentais, independentemente da sua categoria ou denominação). Divergindo, MORAIS, *Curso...*, pp. 578 ss.

[982] Sem embargo de algumas das dimensões do direito à pensão de aposentação – inclusive com natureza *positiva* – terem natureza análoga aos direitos, liberdades e garantias. No acórdão nº 187/13 o Tribunal identifica uma delas: *o direito à contagem do tempo de serviço* para efeitos de aposentação.

[983] V. acórdão nº 3/10, nº 2.

O PRINCÍPIO DA PROIBIÇÃO DO EXCESSO

casos é "resistente ao legislador"[984]: a fonte formal ou o modo como a proteção mínima é materializada não é relevante para a aferição da sua capacidade de resistência perante o legislador.

Do âmbito de proteção mínimo distingue-se o (mais extenso) âmbito de *proteção ideal*. Este, naquilo que exceda o conteúdo mínimo, além de estar em regra coberto por um alto grau de indeterminação, está também sujeito a uma ampla margem de livre conformação do legislador[985]. Abrangidos por essa margem estão os requisitos para se adquirir o direito à pensão, as regras de cálculo e a quantia efetiva a receber, as quais, de acordo com o Tribunal Constitucional, não são objeto de posições jurídicas subjetivas tuteladas por um direito fundamental[986]. Por isso, embora o direito à pensão tenha tutela jusfundamental, o direito a uma valor concreto de pensão tem um valor apenas infraconstitucional, podendo a lei reduzir esse montante[987]. Os particulares têm direito à pensão e ao montante da pensão, tal como legalmente definido, mas não têm o *direito à não redução* legislativa do montante da pensão.

A posição do Tribunal Constitucional não é inexpugnável uma vez que pode sustentar-se que a concretização *legislativa* dos direitos sociais é um *prolongamento* deles, perdurando a natureza jusfundamental independentemente da forma como são materializados. Não podemos desenvolver essa questão aqui[988], até porque ela é, em boa medida, irrelevante para a aplicação do princípio da proibição do excesso no âmbito das restrições às prestações derivadas da materialização de direitos sociais: entenda-se que estes têm sempre valor constitucional, mesmo quando são objeto de intensa conformação legislativa, ou que têm uma dupla face de Janus, em parte constitucional, em parte infraconstitucional, a aplicabilidade do princípio da proporcionalidade em termos gerais, não sofre alterações.

Porém, a constitucionalidade do "corte" de pensões à luz do princípio da proibição do excesso *proprio sensu* foi um assunto que o Tribunal decidiu não considerar, em forte contraste com o crescente protagonismo que àquele princípio tem sido conferido em muitos outros domínios da jurisprudência constitucional mais recente.

A relativa surpresa causada pela escassa serventia do princípio da proporcionalidade clássica *tout court* vale também para "estratégia" adotada pelo Tribunal na apreciaçao das reduções de salários dos trabalhadores do setor público. Essa

---

[984] *Idem.*
[985] *Idem.*
[986] Acórdão nº 187/13, nº 59.
[987] *Idem*, nº 60.
[988] Essa discussão é exaustivamente realizada por Novais, *Direitos...*, em termos que de um modo geral subscrevemos.

A JURISPRUDÊNCIA DO TRIBUNAL CONSTITUCIONAL

vertente das medidas de austeridade esteve no âmago da maior parte dos "acórdãos da igualdade proporcional", examinados nas seções seguintes.

2.3.2. A igualdade proporcional na crise

O princípio da igualdade tem um historial longo na jurisprudência constitucional (desde a Comissão Constitucional[989]), que não podemos abarcar neste trabalho. A doutrina da igualdade proporcional teve o seu primeiro afloramento no acórdão nº 39/88[990]. No contexto da jurisprudência da crise teve afloramentos vários, avultando os dos acórdãos nºs 353/2012, 187/2013, 413/14 e, em menor medida, 575/14[991], mas não no acórdão nº 396/11.

2.3.2.1. Acórdão nº 396/11

Apesar de funcionar como uma espécie de *alter ego* dos acórdãos subsequentes, o acórdão nº 396/11, relatado por Sousa Ribeiro, sobre normas do OE de 2011, tem interesse limitado e é aqui trazido apenas para marcar o contraste. O Tribunal entendeu que, não existindo um direito constitucionalmente protegido à *irredutibilidade dos salários* e não estando em causa a afetação do direito a um *mínimo salarial,* as reduções salariais dos trabalhadores do setor público afetados só poderiam ser apreciadas à luz dos princípios da proteção da confiança (v. *infra*) e da igualdade. Todavia, nenhum deles foi considerado infringido. No caso particular do princípio da igualdade, o Tribunal manteve-se fiel à sua orientação mais conservadora de aplicar a versão fraca ou de proibição do arbítrio[992]. Embora tenha realizado uma investigação relativamente exaustiva *do contexto da decisão legislativa*, nenhuma ponderação das razões de diferenciação e da intensidade e extensão da diferenciação foi realizada. Indiciando um critério de *igualdade como proibição do arbítrio*, o Tribunal concluiu que, tendo em vista o fim da norma, não era arbitrária a diferenciação dos que recebem por

---

[989] Ver um exaustivo elenco de pareceres em Maria da Glória Garcia, *Estudos...*, p. 30.

[990] Através de uma frase relativamente anódina, com citação de um trabalho de Rui Alarcão, *Introdução ao Estudo do Direito,* Coimbra, lições policopiadas, 1972. Por outro lado, o acórdão nº 349/91 cita Manuel de Andrade («Sentido e Valor da Jurisprudência», in *BFDUC*, separata do vol. xlviii [1972], p. 14), quando ensinava que a ideia de justiça se reconduziria «a um princípio de *igualdade* no sentido de *proporcionalidade*». Cfr., mais pormenorizadamente, *infra*, capítulo 27, 1.3., nota.

[991] Por ter menor interesse doutrinário do que os três primeiros para a dogmática da chamada igualdade proporcional, este acórdão não será objeto de seção própria. Cfr., todavia, as fortes críticas de Morais, *Curso...*, II, 2, pp. 732 ss.

[992] Cfr., sobre esta noção, *infra*, capítulo 27. Com interpretação diferente, v. Ravi Pereira, «Igualdade...», p. 334. A versão proibição do arbítrio seria confirmada pelo acórdão nº 187/2013, na parte em que se pronunciou sobre a redução salarial mantida em 2013 tal como vinha já do Orçamento de Estado de 2011.

O PRINCÍPIO DA PROIBIÇÃO DO EXCESSO

verbas públicas e estão especificamente vinculados à prossecução do interesse público, não sendo injustificado o tratamento desigual dessa categoria[993].

Ao invés, nos acórdãos nºs 353/12, 187/13 e 413/14 o Tribunal apreciou e declarou a inconstitucionalidade de alguns "cortes" de pensões e de salários[994]. O fundamento basilar foi a violação do princípio da igualdade, tal como consta do dispositivo da decisão. Porém, analisada a fundamentação de cada um dos acórdãos, conclui-se que o Tribunal não se ficou pela aplicação da versão fraca do princípio da igualdade.

2.3.2.2. Acórdão nº 353/12

Os ingredientes fundamentais da versão forte avultam com maior ou menor clareza do acórdão nº 353/12, relatado por CURA MARIANO, incidente sobre normas do OE de 2012[995]: (i) avaliação comparativa da diferença do grau de sacrifício para aqueles que são atingidos pela norma legislativa e para os que não o são; (ii) definição da extensão, peso ou dimensão da diferença entre uns e outros e seu impacto na categoria que é destinatária da norma; (iii) distinção conceitual entre *razões da diferenciação* (no caso, designadamente, a especial eficácia das medidas que atingem especificamente as pessoas que auferem rendimentos através de verbas públicas) e *fim* da norma (a consolidação orçamental); (iv) avaliação de todo o contexto que dá sentido à finalidade prosseguida pelo legislador (a situação de emergência financeira); (v) operação de ponderação entre a extensão da diferença de tratamento entre os componentes do par comparativo e o peso das razões que a justificam; (vi) definição de uma lei da ponderação de tipo *alexiano*, nos termos da qual "quanto maior é o grau de sacrifício imposto aos cidadãos para satisfação de interesses públicos maiores são as exigências de equidade e justiça na repartição desses sacrifícios".

Esta clareza metodológica e analítica é, todavia, obscurecida por algumas opções semânticas e pela ambiguidade que não poucas vezes acompanha a aplicação da versão forte do princípio da igualdade. Assim, quer a circunstância de o Tribunal usar o *nomen* "igualdade proporcional", quer a afirmação de que a "igualdade jurídica é sempre igualdade proporcional", quer ainda a referência aos "limites da proibição do excesso em termos de igualdade proporcional", suscitam dúvidas sobre se o Tribunal entende que só há *uma* versão da estrutura do

---

[993] V. a parte derradeira da fundamentação do acórdão nº 396/11, imediatamente antes da decisão.

[994] Para uma exposição sintética dos aspetos essenciais, RAVI PEREIRA, «Igualdade...», pp. 335 ss.

[995] Coincidentemente, RAVI PEREIRA, «Igualdade...», pp. 338 ss. Na exposição subsequente reportar-nos-emos ao ponto nº 5 do acórdão, sendo daí retiradas as citações e a doutrina versada no texto.

A JURISPRUDÊNCIA DO TRIBUNAL CONSTITUCIONAL

princípio da igualdade[996] (sendo a adotada no acórdão nº 396/2011 *exatamente a mesma que a deste acórdão de 2012*) e sobre qual a relação da igualdade proporcional com o princípio da proibição do excesso. Sobre o segundo ponto, as diversas interpretações que correm a propósito da *neue Formel* do *BVerfG* no seio da doutrina alemã[997] poderiam valer no contexto da doutrina nacional. Oportunamente apresentaremos os argumentos a favor de uma clara separação dogmático-estrutural entre os dois princípios. Essa separação beneficiaria em clareza se o Tribunal expurgasse do contexto da *avaliação do cumprimento do princípio da igualdade* aspetos que dizem estritamente respeito a outro princípio autónomo. Por exemplo, o juízo sobre se haveria a possibilidade de o legislador recorrer a "soluções alternativas para a diminuição do défice, quer pelo lado da despesa (...), quer pelo lado da receita (...)" é um juízo que quadra com o segmento da necessidade do princípio da proporcionalidade e que não quadra com a estrutura do princípio da igualdade. A circunstância de haver medidas alternativas "menos onerosas" ou (adaptando à teleologia do princípio da igualdade) "menos diferenciadoras", ou "não diferenciadoras de todo", não diz nada sobre o cumprimento ou incumprimento do princípio da igualdade pela norma legislativa. Uma medida alternativa não diferenciadora ou menos profundamente diferenciadora pode, ela também, violar o princípio da igualdade e até violá-lo mais intensamente. Nos termos desse princípio, uma medida não diferenciadora ou pouco diferenciadora pode infringi-lo se, no caso, houver diferenças que determinem o tratamento desigual. Por isso, tentar incorporar na estrutura dogmática do princípio da igualdade algo semelhante ao segmento da necessidade é misturar dois planos normativos – o da igualdade e o da proporcionalidade – que ganham em ser separados com nitidez.

O acórdão nº 353/12 é relevante por outro motivo atinente à relação entre os princípios da igualdade e da proporcionalidade moderna. O Tribunal Constitucional decidiu limitar os efeitos da declaração de inconstitucionalidade, determinando que eles não se aplicassem à suspensão do pagamento dos subsídios de férias e de Natal, ou prestações equivalentes, de 2012. Trata-se de

---

[996] Implicitamente, parece ser essa a posição de MACHETE/VIOLANTE, «O Princípio...», p. 74, quando escrevem que "desde o início da sua jurisprudência sobre o princípio da igualdade que o Tribunal Constitucional associa aquele princípio com a ideia de proibição do excesso". E continuam: "ao interpretar o artigo 13º, nº 1, da Constituição como *proibição do arbítrio*, o Tribunal considerou estar em causa nesse preceito a proibição de medidas manifestamente *desproporcionadas* ou *inadequadas*, por um lado, à ordem constitucional dos valores e, por outro, à situação fáctica a regulamentar ou à questão a decidir. Posteriormente, essa associação é reforçada pela adoção pelo Tribunal Constitucional também da «nova fórmula» do *Bundesverfassungsgericht* (*BVerfGE* 55, 72 [88]) no Acórdão nº 330/93" (enfase no original).

[997] Cfr. *infra*, capítulo 27.

O PRINCÍPIO DA PROIBIÇÃO DO EXCESSO

uma decisão de provimento fictício[998], com natureza *materialmente legislativa*. Quando produz decisões ao abrigo do artigo 282º, nº 4, da Constituição, o TC pode estar obrigado a um juízo de proporcionalidade. Se estivesse obrigado a isso no caso do acórdão em apreciação, o Tribunal teria de verificar se o sacrifício do princípio da igualdade e das posições jurídicas subjetivas a que ele dava concretamente abrigo é adequado, necessário e proporcional e.s.e. ao interesse público de excecional relevo que justifica a restrição dos efeitos da declaração de inconstitucionalidade. A proporcionalidade, pelo menos neste contexto, funcionaria como instrumento de ponderação de afetações do princípio da igualdade motivadas pela prossecução de interesses públicos de excecional relevo. Mais adiante veremos se é realmente campo de atuação do princípio da proporcionalidade[999].

2.3.2.3. *Acórdão nº 187/13*

Em apreciação, normas do OE 2013. O Tribunal, através do relator CARLOS CADILHA, começou por considerar que a existência de um fim de interesse público com cuja prossecução as medidas possam ser funcionalmente relacionadas exclui a possibilidade de as considerar arbitrárias. No caso, o fim de correção do desequilíbrio orçamental está funcionalmente ligado à redução da despesa. E um dos modos de reduzir a despesa é a redução de salários das pessoas que auferem rendimentos pagos por verbas públicas. Sendo assim, há razão justificativa e critério razoável ou racionalmente credenciável ("não é patentemente desrazoável"[1000]) para o legislador tratar a situação destas pessoas de forma diferente em relação à de outras pessoas que, nos termos desse critério, estejam em situação diferente[1001]. No contexto de uma versão de simples proibição do arbítrio, sujeita a um controlo de baixa intensidade, esta conclusão seria suficiente para viabilizar a norma legislativa à luz do princípio da igualdade.

No entanto, o Tribunal entendeu que o princípio da igualdade "exige que, a par da existência de um fundamento material para a opção de diferenciar, o tratamento diferenciado assim imposto seja proporcionado", havendo que

---

[998] É a designação que propomos desde o nosso *Introdução às decisões de provimento...*, pp. 100 ss. V. a crítica de MIRANDA, «Estado social, crise...», p. 273, nota.

[999] Cfr. *infra*, capítulo 21, 3.5.2.1.6.

[1000] Acórdão nº 187/13, nº 35.

[1001] *Idem*. No nº 65 e ss., o Tribunal invocou *mutatis mutandis*, por maioria de razão, a fundamentação que se resume a seguir também para a declaração da inconstitucionalidade da suspensão de parte do subsídio de férias aos pensionistas no Orçamento de Estado de 2013, por violação do princípio da igualdade (proporcional): cfr. nº 69.

248

efetuar, então, um juízo de proporcionalidade[1002]. Este juízo de proporcionalidade é "bidirecional": (i) por uma lado, aprecia se o meio (medida diferenciadora) é proporcional em relação à finalidade, isto é, se é "necessário, adequado e não excessivo do ponto de vista do interesse que se pretende acautelar[1003]"; (ii) por outro lado, aprecia a "medida da diferença verificada existir entre o grupo dos destinatários da norma diferenciadora e o grupo daqueles que são excluídos dos seus efeitos ou âmbito de aplicação", "do ponto de vista daquela finalidade, entre uns, outros e o Estado"[1004].

Mais uma vez, tal como no acórdão analisado no número anterior, este trecho alimenta a dúvida sobre se o Tribunal entende que *só há uma versão estrutural* do princípio da igualdade, dando como definitivamente superada a versão proibição do arbítrio. E, também mais uma vez, alude-se à comparação com as medidas alternativas disponíveis[1005] e utiliza-se irrestritamente a linguagem da *proporcionalidade* e da proibição do *excesso*[1006], aludindo-se, designadamente, à obrigação de as medidas diferenciadoras e o grau de diferenciação por elas imposto serem adequados, necessários e não excessivos do ponto de vista do interesse que se pretende acautelar[1007].

Desse modo, ficam abertas todas as portas sobre a relação entre princípio da igualdade e princípio da proporcionalidade: (i) a proporcionalidade é um simples componente da aferição da razoabilidade da diferenciação (ao modo de algumas das versões integracionistas surgidas a propósito da *neue Formel* alemã[1008]); ou (ii) os dois juízos são autónomos e, quando conjugados, geram um *tertio genus* com identidade própria, misto de igualdade e proporcionalidade; ou (iii) o juízo sobre a razoabilidade da diferenciação é um *pressuposto* do juízo de proporcionalidade. Sem embargo, deste acórdão parece resultar, mais marcadamente do que dos anteriores, a adesão a uma linha *totalmente integradora da proporcionalidade*, na medida em que não se esboça sequer uma fórmula adaptativa dos segmentos da proporcionalidade.

[1002] *Idem*, nº 36.

[1003] *Idem*, nº 37.

[1004] *Idem*, nºs 36, 37.

[1005] *Idem*, nº 37. Todavia, diferentemente do que sugere Ravi Pereira, «Igualdade...», p. 355, não merece reparo que o Tribunal tenha também considerado na operação de ponderação o agravamento da carga fiscal, embora esta abranja os dois grupos do par comparativo. Na verdade, esse elemento adicional, na medida em se agrega às reduções salariais dos trabalhadores com funções públicas, faz com que a diferenciação em si produza um impacto mais do que proporcional sobre esse grupo.

[1006] Acórdão nº 187/13, nº 36.

[1007] *Idem*, nº 37.

[1008] V. *infra*, capítulo 27.

O PRINCÍPIO DA PROIBIÇÃO DO EXCESSO

Não obstante as ambiguidades, é inequívoco que o Tribunal aplica uma *versão forte* do princípio da igualdade, corretamente materializada através de uma operação de ponderação do peso, grau ou intensidade da diferenciação introduzida entre os componentes do par comparativo e do peso das razões justificativas dessa diferenciação (parecendo ter sido decisivo o juízo de que a força ou peso destas razões justificativas diminuiu ao longo dos exercícios orçamentais), tendo como pano de fundo o contexto e o fim prosseguido pela norma. Porém, essa operação de ponderação é estruturalmente diversa daquela que é efetuada no contexto do princípio da proporcionalidade. Por isso, o uso da linguagem da proporcionalidade, além de impróprio, arrisca obscurecer, em vez de contribuir para a indiscutibilidade da fundamentação das decisões do juiz constitucional. A seu tempo aí tornaremos[1009].

2.3.2.4. *Acórdão nº 413/14*

Incidente sobre o OE de 2014, o acórdão, também relatado por CARLOS CADILHA, investe, mais uma vez, na averiguação da eventual violação do princípio da igualdade pelas reduções remuneratórias no setor público[1010]. O Tribunal considerou que o esforço adicional exigido aos trabalhadores deste setor no âmbito da consolidação orçamental, através do prolongamento da desigualdade de tratamento, decorrente da solução consagrada no OE para 2014, correspondia a uma acentuação significativa do grau de diferenciação originado pelos termos em que a redução das respetivas remunerações base mensais se tinha verificado em 2010, 2011 e 2012. A redução estabelecida em 2014 não constituía, quando globalmente considerada, uma versão relevantemente atenuada da desigualdade gerada, designadamente, pelo OE de 2013.

Por isso, a solução legislativa consagrada no artigo 33º da Lei nº 83-C/2013 (OE 2014) era inconstitucional por violação do princípio da igualdade (igualdade proporcional, depreende-se), quer do ponto de vista da igualdade externa – que tem em conta a diferenciação entre os sujeitos afetados e os sujeitos não afetados pela opção legislativa –, quer do ponto de vista da igualdade interna – que tem em vista as diferenciações dentro do grupo dos sujeitos afetados[1011]/[1012].

[1009] *Idem.*

[1010] Nº 24 ss.

[1011] Alguma doutrina entendeu que neste acórdão a declaração da inconstitucionalidade destas normas com fundamento na igualdade proporcional foi insuficientemente fundamentada, diferentemente do que teria alegadamente sucedido nos acórdãos analisados nas seções anteriores: assim, MORAIS, *Curso...*, II, 2, p. 729. Cfr. também a declaração de voto de Lúcia Amaral.

[1012] O Tribunal declarou igualmente a inconstitucionalidade do corte de pensões de sobrevivência, também por violação do princípio da igualdade: cfr. a discussão, nºs 76 ss.

Todavia, o Tribunal restringiu os efeitos da sua decisão de modo a que contassem somente a partir da data daquela (30 de Maio de 2014).

2.3.2.5. A "fuga" à igualdade (proporcional, ou outra) no acórdão nº 862/13

Não obstante o investimento quase exclusivo numa versão forte do princípio da igualdade nos acórdãos respeitantes aos OE de 2012, 2013 e 2014, o Tribunal parece ter oscilado na sua "estratégia" jurisprudencial. Logo em 2013, no acórdão nº 862/13, relatado por LINO RIBEIRO, o núcleo central da fundamentação foi direcionado para a demonstração de que a medida em causa (redução ou recálculo de pensões já atribuídas no âmbito do sistema da Caixa Geral de Aposentações) claudicava por atingir apenas uma das componentes do *sistema público global* de pensões[1013] e não todas as componentes, sobrecarregando, portanto, apenas o grupo de pensionistas pagos através do sistema da Caixa Geral de Aposentações e não todos os pensionistas pagos por verbas públicas, como o Tribunal entende que deveria ocorrer[1014]. Trata-se, portanto, de uma situação em que *prima facie* está em causa, antes do mais, a violação do princípio da igualdade. A argumentação do Tribunal (que seguiu uma linha não antecipável, tendo em conta a jurisprudência anterior sobre o tema do "corte" de pensões) poderia ter desembocado na conclusão de que a diferenciação entre os pensionistas provenientes do setor público, com pensões pagas pela Caixa Geral de Aposentações e os pensionistas do regime geral, com pensões pagas pela Segurança Social, não tem sustentação face ao princípio da igualdade. Contudo, o Tribunal preferiu concentrar-se na "norma parâmetro" do princípio da proteção da confiança[1015], preterindo por inteiro, desta feita, o princípio da igualdade e continuando a ignorar o princípio da proporcionalidade[1016].

[1013] V. acórdão nº 862/13, nº 42 e outros locais.

[1014] Na jurisprudência recente, coteje-se este com o acórdão nº 575/14.

[1015] Não obstante, a semântica da igualdade (ou da igualdade proporcional: cfr. nº 45) transparece em numerosos trechos do acórdão. Por exemplo: "[c]onsequentemente, é a proteção da confiança de certos pensionistas – aqueles que são afetados – que tem de ser considerada e *confrontada com a posição dos demais pensionistas*" (nº 38); "não podem sacrificar-se exclusivamente os direitos dos pensionistas da CGA em função das invocadas razões de consolidação orçamental, já que é legítimo que os pensionistas de qualquer um desses dois regimes se considerem titulares de um direito à pensão com igual consistência jurídica" (nº 39); "não poderão ser só [os beneficiários atuais do regime da Caixa] a suportar a diferença a pretexto da necessidade da reposição da igualdade" (nº 41); "(...) não se pode obter uma solução globalmente justa através de um critério *nominalmente igualitário* (...)" (nº 42). As ênfases foram aditadas. V. o reparo idêntico em relação ao acórdão nº 575/14, de MORAIS, *Curso...*, II, 2, p. 730.

[1016] Neste caso, todavia, com apreciação crítica das juízes Maria de Fátima Mata-Mouros e Maria José Rangel de Mesquita, expressa em declaração de voto.

O PRINCÍPIO DA PROIBIÇÃO DO EXCESSO

2.3.3. A proteção da confiança na crise

Além de outras razões que realçámos no número anterior, o acórdão nº 862/13 é doutrinalmente interessante por ter culminado um processo de configuração de uma nova fórmula *mais* do princípio da proteção da confiança. Na verdade, ficou claro que, em certas circunstâncias, aos requisitos de fórmulas anteriores teria de ser aditado um outro: a inclusão de *soluções gradualistas*, através de regimes de transição. Mesmo que o bem, interesse ou valor prosseguido tenha maior peso, a implementação da solução deve ser feita de forma gradual e diferida no tempo[1017]. Essa exigência já transparecia em decisões anteriores[1018], mas adquiriu naquele acórdão contornos mais precisos e consequentes, operando como fundamento específico de uma pronúncia de inconstitucionalidade[1019].

Voltaremos ao tema no capítulo dedicado ao princípio da proteção da confiança, aliás quase integralmente construído em torno da jurisprudência do Tribunal Constitucional[1020].

2.3.4. A razoabilidade na crise

A relação entre proibição do excesso e razoabilidade é um dos temas controvertidos na doutrina e na jurisprudência constitucionais. O já estudado acórdão nº 413/14, relatado por CARLOS CADILHA, é um contributo relevante – mas não necessariamente decisivo – para o debate sobre a relação entre essas duas figuras [1021].

[1017] Acórdão nº 862/13, nº 44: "[M]esmo medidas susceptíveis de satisfazer adequadamente os interesses públicos apontados exigiriam sempre, para uma *justa conciliação* com as expectativas dos afectados, *soluções gradualistas* que atenuam o impacto das medidas sacrificiais, pois a sua aplicação abrupta, repentina e de forma inesperada, ultrapassa a medida de sacrifício que o valor jurídico da confiança jurídica pode tolerar."

[1018] V., por exemplo, acórdão nº 188/09, onde não estavam em causa "direitos adquiridos" mas meros direitos em formação, "relativamente aos quais o legislador apenas estava vinculado a estabelecer um *regime transitório* que, com respeito pelo princípio da proporcionalidade, permitisse relevar os períodos contributivos cumpridos ao abrigo da legislação anterior" (nº 4); também acórdão nº 3/2010. Na doutrina, v. JOÃO CARLOS LOUREIRO, «Proteger é preciso...», p. 378.

[1019] A circunstância de a medida legislativa ter efeitos imediatos, sem regime transitória, parece ter sido fundamento central da inconstitucionalidade por violação do princípio da proteção da confiança. Nº 45 do acórdão nº 862/13:"... a redução e recálculo do montante das pensões dos atuais beneficiários, com *efeitos imediatos*, é uma medida que afecta desproporcionadamente o princípio constitucional da proteção da confiança ínsito no princípio do Estado de Direito democrático plasmado no artigo 2º (...)" (itálico aditado).

[1020] *Infra*, capítulo 28, 2.4.

[1021] V. a apreciação crítica de MORAIS, *Curso de Direito Constitucional...*, tomo II, vol. 2, p. 579, apelidando a razoabilidade de "fórmula espongiforme". Adiante será objeto de estudo: v. 5.5.

A JURISPRUDÊNCIA DO TRIBUNAL CONSTITUCIONAL

3. O fundamento, a estrutura, a terminologia e o conteúdo, o âmbito de aplicação e a aplicação da proibição do excesso

O foco nos acórdãos marcantes arrisca transmitir uma ideia enganadora de univocidade das questões, de congruência doutrinária e metódica e de linearidade clarificadora. Todavia, há um número significativo de decisões que, sendo por vezes marginais em relação ao *mainstreaming* jurisprudencial, dão antes uma imagem de fragmentação, de dialética sem síntese ou de excessiva volatilidade analítica[1022]. Dessa dialética resulta inconsistência e instabilidade que perturba ou compromete a pretensão do princípio da proibição do excesso a ser um padrão de decisão objetivo, transparente, racional e agilizador de decisões suficientemente antecipáveis do juiz constitucional. Para se referirem apenas alguns temas que interessam direta ou indiretamente à teoria do proibição do excesso, nos acórdãos do Tribunal tanto encontram abrigo as teses restritivas como as teses ampliativas do conceito de restrição, as teses ampliativas como as restritivas do âmbito de proteção dos direitos, a rejeição como a aceitação dos limites imanentes, as teses relativas do conteúdo essencial dos diretos como as absolutas. Em geral, a tese e a antítese, alguma coisa e o seu contrário, fazendo a felicidade – ou talvez a desgraça – de investigações como a presente.

Isso resulta, em parte, de na jurisprudência constitucional portuguesa (como na maior parte da Europa) os argumentos históricos e de precedente ou equivalentes desempenharem um papel modesto[1023]. Por ouro lado, a doutrina tem contribuído escassamente para uma teoria completa, coerente e conforme à Constituição do princípio da proibição do excesso. A circunstância de o princípio da proibição do excesso ser uma "chave da decifração" do *puzzle* que são

---

[1022] Entre vários exemplos que poderiam ser convocados, veja-se esta frase do acórdão nº 113/97, nº 3.1., que sintoniza várias noções e conceitos, como "otimização equilibrada e equalizante", "ponderação de interesses", "concordância prática", "princípio da proporcionalidade", proibição "da diminuição da extensão e alcance do direito", "prevalência de direitos", "esfera de proteção diminuída" (aparentemente, através de limites imanentes...), sem qualquer explicitação das suas articulações ou ausência delas:

"na hipótese de conflito entre os dois direitos [liberdade de imprensa e direito à honra], após se não encontrar uma optimização equilibrada e equalizante entre ambos, o que pressupõe a concreta ponderação de interesses em jogo, e após se concluir pela impossibilidade de uma concordância prática – critério que implica necessariamente o respeito pelo princípio da proporcionalidade em termos de se não dever diminuir a extensão e alcance do conteúdo daquele direito que eventualmente, nessa ponderação, venha a ser prevalecido –, é possível, em determinadas situações, concluir-se que a esfera de protecção de um desses direitos esteja, à partida, diminuída, como será o caso do direito à honra de figuras públicas, designadamente os titulares de cargos políticos, direito cuja amplitude deve ser tida por menos extensa em confronto com os demais cidadãos."

[1023] KUMM, «Democracy...», p. 6; LAMEGO, *Elementos de Metodologia...*, pp. 30 ss.

O PRINCÍPIO DA PROIBIÇÃO DO EXCESSO

as decisões do Tribunal Constitucional respeitantes às compressões de direitos fundamentais[1024] impõe a alteração desse panorama. O olhar transversal que lançamos seguidamente sobre a jurisprudência do Tribunal, assinalando algumas inconsistências formais e materiais que dela emergem, não visa a crítica pela crítica, mas antes criar as bases para identificar os mais credíveis pontos de apoio de uma teoria e uma dogmática da proibição do excesso e aqueles que, por não serem coerentes com o conjunto, devem ser considerados acidentais e sem significado sistemático. Como em todas as sínteses, passarão despercebidas algumas nuances do discurso do Tribunal que, em alguns casos, serão recuperadas em capítulos subsequentes. Ensaiaremos um mero recenseamento das várias aplicações descobertas pelo Tribunal Constitucional, procurando ordená-las, sem nos preocuparmos excessivamente com o rigor, ou a ausência dele, das várias invocações, a não ser quando forem manifestamente discutíveis.

3.1. Fundamento

Em alguns arestos o princípio é visto como um princípio geral de limitação do poder público ou princípio objetivo da ordem jurídica, radicado no Estado de direito (artigo 2º)[1025]. Nos casos em que não estão em causa direitos, liberdades e garantias, esta última base constitucional é normalmente a invocada[1026], embora também suceda não ser invocada nenhuma[1027]. Quando estão em causa intervenções em direitos, liberdades e garantias é reiteradamente referido o artigo 18º, nº 2, como base constitucional do princípio[1028], por vezes acompa-

---

[1024] NOVAIS, *As restrições...*, p. 37, nota; *Os Princípios...*, p. 195. Este autor faz aliás uma análise certeira do ecletismo do Tribunal Constitucional na escolha das conceções fundamentantes sobre aquilo que o autor designa de restrições não expressamente permitidas. Esse ecletismo é corrente em muitos outros domínios da jurisprudência constitucional portuguesa.

[1025] V. acórdãos nºs 200/01, nº 6, 302/01, nº 6, 88/04, nº 10.5., 286/11, nº 11. Um dos acórdãos que levou mais longe essa posição, ou dela tirou maiores consequências, foi o nº 376/2005, na medida em que, invocando a ideia de que o princípio cumpre "uma função de parâmetro de controlo da atuação dos poderes públicos", o considerou aplicável a normas legislativas (regionais) que estabelecem subvenções a partidos, isto é, em casos onde manifestamente não havia qualquer restrição à liberdade e autonomia individuais. Estava em causa a afetação do interesse financeiro do Estado em nome da satisfação de fins relacionados com o bom funcionamento da democracia e dos partidos e grupos parlamentares.

[1026] Acórdãos nºs 785/95, 200/01, 119/10, 286/11.

[1027] Acórdão nº 205/00, em que estava em causa norma sobre a acessão, forma de aquisição da propriedade prevista no artigo 1340º do Código Civil, recusando expressamente o fundamento do artigo 18º, nº 2.

[1028] Acórdãos nºs 85/85, 282/86, 325/86, 7/87, 103/87, 439/87, 11/88, 363/91, 123/92, 456/93, 634/93, 370/94, 494/94, 451/95, 527/95, 200/01, 88/04, 421/13 e muitos outros. O acórdão nº 646/06 menciona o artigo 18º, nº 1, mas trata-se certamente de lapso. Por vezes diz-se que a exigência de proporcionalidade está *expressamente* mencionada (v. acórdão nº 88/04, nº 10.5.).

254

A JURISPRUDÊNCIA DO TRIBUNAL CONSTITUCIONAL

nhado por uma referência à radicação no Estado de direito[1029] ou no Estado de direito democrático (artigo 2º)[1030]. Em casos específicos, mencionam-se outros preceitos constitucionais, como os artigos 266º, nº 2[1031], 270º[1032] e 272º, nº 2[1033].

3.2. Estrutura, terminologia e conteúdo

Um dos mais evidentes sinais de inconsistência e instabilidade decorre das oscilações a propósito da estrutura do princípio, da sua designação e da designação dos segmentos[1034] bem como das indicações sobre o conteúdo.

Tendo em conta a estrutura, apresentaremos seguidamente: (i) a versão padrão; (ii) a versão necessidade e proporcionalidade; (iii) a versão curta; (iv) a versão longa; (v) a versão extralonga; (vi) a dupla proporcionalidade.

3.2.1. A versão comum da proporcionalidade

É corrente considerar como conceitos equivalentes proporcionalidade e proibição do excesso[1035]. Mas nem sempre assim é: por vezes o Tribunal fala da proibição do excesso como uma das vertentes da proporcionalidade[1036].

Quanto à estrutura do princípio, a inclinação mais pronunciada do Tribunal é para uma estrutura de três subprincípios, vertentes, dimensões ou segmentos. Além disso, em várias ocasiões, o Tribunal sublinhou que os três segmentos da proporcionalidade pressupõem a avaliação de uma relação meio fim: "(a) ideia geral unificadora do princípio da proporcionalidade é a de que o meio utilizado para atingir certo objectivo deve estar numa determinada relação com esse objectivo. A avaliação a que há que proceder para aferir da proporcionalidade incide sobre *um meio*, que é dirigido a um certo fim, e implica a apreciação da respectiva idoneidade, necessidade e racionalidade à prossecução do fim em vista"[1037].

[1029] Acórdãos nºs 198/90, 187/01, nº 15, 421/13 e outros.

[1030] Acórdãos nºs 439/87, 123/92, 527/95, 200/01, 596/09, 187/13 e outros.

[1031] Acórdão nº 370/94.

[1032] Acórdão nº 103/87.

[1033] Acórdão nº 456/93.

[1034] A necessidade de manter alguma fidelidade às diferentes manifestações jurisprudenciais, que se repartem sem critério evidente entre as designações "proibição do excesso" e "proporcionalidade", forçar-nos-á a utilizar neste capítulo essas duas designações de forma não totalmente coerente com a terminologia apresentada *supra* no capítulo introdutório.

[1035] Desde, pelo menos, o acórdão nº 103/87. Todavia, persistem fórmulas atípicas, como "princípio da proibição do excesso (...) na sua dimensão de princípio da proporcionalidade": acórdão nº 376/05, nº 5.

[1036] Acórdão nº 187/13, nº 63.

[1037] Acórdão nº 594/03, nº 11.1.

O PRINCÍPIO DA PROIBIÇÃO DO EXCESSO

A versão padrão compõe-se, por conseguinte, de três segmentos que pressupõem uma relação meio fim. Esta visão, partilhada por boa parte da doutrina, será objeto de apreciação crítica em capítulos vindouros[1038].

Quanto à nomenclatura, logo nos acórdãos iniciais há uma inclinação para as designações de *adequação, necessidade e proporcionalidade* (com ou sem referência ao sentido estrito)[1039]. Em alguns casos alude-se a *exigibilidade* em alternativa à necessidade.

O acórdão nº 634/93, que serviria de referência a boa parte da jurisprudência posterior, consolida a ideia dos três subprincípios, recorrendo à elaboração doutrinal de GOMES CANOTILHO e VITAL MOREIRA: adequação, exigibilidade e justa medida ou proporcionalidade e.s.e. Em relação à tendência anterior, dá-se preferência a exigibilidade em vez de necessidade e adita-se, como designação alternativa à proporcionalidade e.s.e., a justa medida. Não obstante esta orientação ser invocada em acórdãos posteriores, a hesitação entre necessidade e exigibilidade persistiu, sendo umas vezes preferida necessidade, outras empregues ambas em modo alternativo[1040]. Pode, por isso, considerar-se que a orientação preferencial é a que distingue adequação, necessidade ou exigibilidade e proporcionalidade e.s.e. ou justa medida[1041], por vezes simplificada. Contudo, esta não é uma orientação estável e uniforme[1042].

O esforço de definição do conteúdo de cada um dos segmentos só se iniciou algum tempo depois de o princípio ter começado a ser aplicado, em alguns casos sustentando declarações de inconstitucionalidade[1043]. Como se viu, a primeira indicação consta do acórdão nº 103/87, relatado por CARDOSO DA COSTA: "*adequação* (da restrição ao objetivo de salvaguardar certo valor constitucional), de *necessidade ou exigibilidade* (da restrição para atingir tal objetivo) e uma ideia de *proporcionalidade em sentido estrito* (o custo da restrição há-de ser proporcionado ao benefício da proteção com ela obtida)"[1044]. Embora seja de notar a vinculação da ideia de proporcionalidade e.s.e. a uma ponderação de custo/benefício[1045], o resultado de densificação dos três segmentos é reduzido.

[1038] *Infra*, capítulos 8 e 18.

[1039] O acórdão nº 4/84 foi o primeiro a fazer menção às três componentes, embora, convenha-se, de forma não totalmente articulada. V., com crescente intencionalidade, acórdãos nºs 25/84, 85/85, 103/87, 455/87, 64/88, 223/88, 285/92.

[1040] Por exemplo, acórdãos nºs 758/95, 187/01, 632/08.

[1041] V., por todos, acórdãos nºs 758/95, 302/01, 530/07, 163/11.

[1042] Cfr., entre os mais recentes, o acima citado acórdão nº 594/03 (nº 11.1), ou os acórdãos nºs 512/08 e 187/13 (nºs 54 e 94), estes aludindo a idoneidade, necessidade e razoabilidade.

[1043] O primeiro caso de declaração de inconstitucionalidade com fundamento na violação do princípio da proporcionalidade foi julgado pelo acórdão nº 4/84, M. Diniz (inelegibilidades locais).

[1044] Acórdão nº 103/87, nº 17.

[1045] Talvez sob influência de MELO, *Notas de contencioso...*, p. 24.

A JURISPRUDÊNCIA DO TRIBUNAL CONSTITUCIONAL

O acórdão nº 634/93 aprofunda alguns aspetos: "princípio da adequação (as medidas restritivas de direitos, liberdades e garantias devem revelar-se como um meio adequado para a prossecução dos fins visados, com salvaguarda de outros direitos ou bens constitucionalmente protegidos); princípio da exigibilidade (essas medidas restritivas têm de ser exigidas para alcançar os fins em vista, por o legislador não dispor de outros meios menos restritivos para alcançar o mesmo desiderato); princípio da justa medida, ou proporcionalidade em sentido estrito (não poderão adoptar-se medidas excessivas, desproporcionadas para alcançar os fins pretendidos)." A específica referência à salvaguarda de outros direitos ou bens constitucionalmente protegidos na definição da adequação não tem explicação evidente. Essa salvaguarda é função conjunta de *todos* os segmentos e não especificamente da adequação. O conteúdo da proporcionalidade e.s.e. é menos denso do que no acórdão anteriormente citado (sendo ambos, de resto, bastante vagos, traço que ainda não desapareceu nos dias de hoje).

O acórdão nº 1182/96, relatado por SOUSA BRITO, constitui um progresso assinalável no esforço de densificação dos três segmentos, particularmente do segundo: a adequação visa apurar "(...) se a medida legislativa em causa (...) é apropriada à prossecução do fim a ela subjacente"; a necessidade visa determinar "se essa opção, nos seus exactos termos, significou a «menor desvantagem possível» para a posição jusfundamental [sacrificada]. Aqui, [equaciona-se] se o legislador «poderia ter adoptado outro meio igualmente eficaz e menos desvantajoso para os cidadãos»; com a proporcionalidade em sentido restrito, questiona-se "«se o resultado obtido (...) é proporcional à carga coactiva» que comporta". A respeito da necessidade, o que ficara em dúvida com o acórdão nº 634/93, é clarificado: a versão adotada é uma versão ampla[1046]. O que se pretende é garantir que entre os meios com igual eficácia[1047] se adote o menos desvantajoso, estando implícito que ao legislador cabe definir o nível de eficácia pretendido, *não se excluindo que seja a mais elevada*. Quanto à proporcionalidade e.s.e., o recurso à noção de carga coativa não é clarificador (frequentemente não está em causa qualquer tipo de coação ou de carga coativa sobre quem quer que seja).

A densificação dessa expressão seria ensaiada por PAULO MOTA PINTO: "(...) trata-se, pois, de exigir que a intervenção, nos seus efeitos restritivos ou lesivos, se encontre numa relação «calibrada» – de justa medida – com os fins prosseguidos, o que exige uma ponderação, graduação e correspondência dos efeitos e das medidas possíveis"[1048].

[1046] V. a distinção entre as várias modalidades de necessidade, *infra*, capítulo 16.
[1047] Adiante, capítulo 15, 2.2.2., nota, sugeriremos que se trata antes de *eficiência* e não *eficácia*.
[1048] Acórdão nº 187/01, nº 15.

O PRINCÍPIO DA PROIBIÇÃO DO EXCESSO

Sem embargo, este desenvolvimento não é integralmente esclarecedor. A indicação sobre a exigência de uma ponderação, graduação e correspondência dos efeitos e *das medidas possíveis*, se se referir às medidas possíveis *alternativas*, como parece ser o caso, coaduna-se com a necessidade e não com a proporcionalidade e.s.e.

O esforço de depuração segue em alguns casos outras linhas mais ou menos confluentes[1049].

Estes sucessivos contributos permitiram atingir um nível apreciável de estabilização dos segmentos. Todavia, a respetiva absorção pelo ininterrupto fluxo da jurisprudência da proibição do excesso é desigual e o seu alcance ainda não é uniformemente materializado ou entendido pelo Tribunal.

Deixando de lado alguns casos mais antigos, apreciados em momentos de menor aprofundamento teórico (jurisprudencial e doutrinário)[1050], vejamos o que se passou com o recente acórdão nº 187/13. Por um lado, o Tribunal entendeu (corretamente) que uma "medida só será suscetível de ser invalidada por inidoneidade ou inaptidão quando os seus efeitos sejam ou venham a revelar-se indiferentes, inócuos ou até negativos tomando como referência a aproximação do fim visado", não se efetuando nenhuma avaliação substancial da bondade intrínseca ou da oportunidade da medida. Por outro lado, noutro passo do mesmo acórdão[1051], considerou *não adequado* (e por isso inconstitucional) para atingir o fim do reforço do financiamento da segurança social e da contenção do défice, um meio (uma contribuição sobre subsídios de doença e de desemprego) que "sem qualquer ponderação valorativa, ating[e] aqueles beneficiários cujas prestações estão já reduzidas (...) a um mínimo de sobrevivência". Ora, ali não estava em causa, manifestamente, um problema de adequação[1052] (uma contribuição imposta a qualquer indivíduo é, certamente, adequada a aproximar minimamente o fim do financiamento da segurança social), mas eventualmente uma questão de necessidade (que o Tribunal não avalia), ou de proporcionalidade e.s.e.

A natureza essencialmente empírica do escrutínio da adequação e da necessidade está razoavelmente adquirida. Contudo, o Tribunal considera relevante, em sede de adequação, no mencionado acórdão nº 187/13, a ausência de "qualquer ponderação valorativa" por parte do legislador. Isso suscita a questão de saber quais as ponderações valorativas a realizar nesse âmbito, uma vez que é

[1049] Como é o caso do acórdão nº 530/07, relatado por Ana Guerra Martins, onde se adere explicitamente às propostas que fazemos em «Proporcionalidade...», pp. 620 ss.

[1050] Como o próprio acórdão nº 634/93.

[1051] Acórdão nº 187/13, nº 81, citando NOVAIS, *Princípios...*, pp. 167-168.

[1052] Sendo certo que o Tribunal não está a referir-se ao conceito de *adequação material* usado por NOVAIS no contexto da proporcionalidade e.s.e. (cfr. *Princípios...*, p. 180).

A JURISPRUDÊNCIA DO TRIBUNAL CONSTITUCIONAL

praticamente unânime o entendimento de que a apreciação da adequação suscita essencialmente um juízo de natureza empírica sobre a relação entre meio e fim.

3.2.2. Versão necessidade e proporcionalidade

A alusão ao princípio da necessidade e da proporcionalidade[1053] constitui um dos mais recorrentes lugares comuns da jurisprudência constitucional. Numa das explicações possíveis, este conceito envolve uma modalidade do princípio da proporcionalidade com mais segmentos do que a modalidade padrão[1054].

Embora aquela alusão surja com especial frequência nos domínios do direito sancionatório em geral (incluindo o penal, o disciplinar e outros) a sua incidência não se esgota aí. No acórdão nº 282/86, sobre a pena disciplinar de cancelamento da inscrição em associação profissional, avisa-se que *o princípio da necessidade e da proporcionalidade* (isto é, *um só princípio*), alegadamente previsto no artigo 18º, nº 2, da CRP, vale para todas as medidas restritivas de direitos, liberdades e garantias[1055].

Na maior parte dos casos, a referência à necessidade e proporcionalidade não é acompanhada pela revelação da sua estrutura e sentido. Um dos acórdãos que vai mais longe nessa elucidação é o nº 254/99: "(...)o princípio da necessidade e da proporcionalidade (...) não é mais do que a *necessidade não apenas da existência de restrição, mas de certa medida ou modo de restrição...*"[1056]. Isto é: a necessidade refere-se à necessidade de *uma* restrição ou a um tipo ou modo de restrição, sem referência a uma restrição concreta. Tratar-se-ia de realizar uma operação prévia à verificação dos três segmentos típicos da proporcionalidade, visando a verificação sobre se *há necessidade de restrição* e se *há necessidade de recurso àquela classe* de restrições.

Não obstante a vigência do conceito de necessidade e proporcionalidade em outros domínios, ele tem especial incidência no domínio penal, onde adquire mais do que uma denominação: princípio (ou princípios) da necessidade e da proporcionalidade, da subsidiariedade das penas ou da intervenção penal, da

---

[1053] Pelo menos desde o acórdão nº 230/85, L. N. Almeida (inelegibilidades em eleições locais). V., também, acórdãos nºs 282/86, 7/87, 35/87, 11/88, 474/89, 458/93, 187/01, 99/02, 494/03, 3/06 e muitos outros. Revelador de continuidade, v. recentemente, por exemplo, acórdãos nºs 2/13 e 341/13.

[1054] No acórdão nº 377/15, relatado por Lúcia Amaral, alude-se a uma "exigência lata de proporcionalidade" (10.1.).

[1055] Acórdão nº 282/86, Vital Moreira, nº 2.4.

[1056] Acórdão nº 254/99, nº 11. Saliente-se que o relator Sousa Brito invoca inspiração no acórdão nº 282/86, mas na verdade vai um pouco mais longe na especificação do que é o princípio da necessidade e da proporcionalidade. V., também, mais recentemente, acórdão nº 2/13.

O PRINCÍPIO DA PROIBIÇÃO DO EXCESSO

necessidade das penas, da fragmentariedade, da intervenção mínima, da proporcionalidade das penas, da máxima restrição das penas e medidas de segurança, da congruência. Dedicaremos a isso espaço próprio[1057].

3.2.3. Versão reduzida

No acórdão nº 286/11, estava em causa uma norma que determinava a suspensão da eficácia de ato administrativo de licença ou de autorização em caso de interposição de ação pelo Ministério Público para a declaração da respetiva invalidade. Em colisão estavam, na perspetiva do Tribunal, por um lado, os interesses constitucionalmente protegidos do urbanismo e do ambiente, bem como o princípio da legalidade, que reclamavam a suspensão imediata dos trabalhos e, por outro, os interesses particulares em evitar prejuízos eventualmente sofridos pelos titulares da licença ou autorização em caso de suspensão da obra[1058]. O Tribunal faz um raciocínio que parece ser este: o interesse em não sofrer prejuízos não é um bem constitucionalmente protegido. Por isso, em rigor não tem lugar a aplicação da proporcionalidade e.s.e., uma vez que esta só é aplicável quando estão em confronto dois bens constitucionalmente protegidos. Aliás, o próprio segmento da necessidade não seria aplicável. Isto reduz o parâmetro a uma mera apreciação da *adequação*.

Esta versão curta da proibição do excesso é inédita e não há indicações sobre a sua repetibilidade futura.

3.2.4. Versão longa

O Tribunal tem entendido que não há uma *obrigação geral de determinabilidade normativa* da lei. No entanto existem obrigações *específicas*, designadamente no caso de normas restritivas de direitos, liberdades e garantias.

O acórdão nº 285/92 ligou inovatoriamente a questão da proporcionalidade das restrições ao grau de exigência da determinabilidade e precisão da lei. No caso, "a indeterminação da lei representa em si mesmo uma solução desproporcionada"[1059].

Esta linha foi prosseguida, por exemplo, pelo acórdão nº 474/13. Em causa a restrição ao princípio da segurança no emprego público, com vista à prossecução do fim de boa administração. O Tribunal entendeu que as normas legislativas,

---

[1057] V. *infra*, 5.3.

[1058] Estando em causa eventuais ilegalidades especialmente graves, "(n)esse exercício de ponderação, o legislador entendeu conceder primazia à defesa do princípio da legalidade, que reclama a imediata suspensão dos trabalhos autorizados pela licença ou autorização tida como ilegal(...)": acórdão nº 286/11, nº 11.

[1059] Nº 5.2. Na doutrina, esta orientação do Tribunal merece a adesão de NOVAIS. V. *As restrições...*, pp. 769 ss.: "a determinabilidade é também um elemento da proibição do excesso" (p. 770).

A JURISPRUDÊNCIA DO TRIBUNAL CONSTITUCIONAL

por estabelecerem critérios altamente *indeterminados*, transferiam para o empregador público (a Administração Pública) a capacidade primária de concretizar os critérios normativos que, em último reduto, poderiam levar ao despedimento do trabalhador por motivos objetivos. Isso inviabilizava o controlo da proporcionalidade (designadamente da adequação[1060]) quer da própria norma legislativa restritiva, quer dos atos da Administração que concretizariam a interferência restritiva com eventual despedimento do trabalhador (esta segunda vertente recai na hipótese da dupla proporcionalidade, que estudaremos de seguida)[1061].

3.2.5. Versão extralonga
Trata-se de versão do princípio da proporcionalidade que abranja um segmento de razoabilidade, uma das hipóteses que, como vimos, flui da leitura do acórdão n.º 413/14.

3.2.6. Dupla (des)proporcionalidade
Em alguns acórdãos o Tribunal esboçou o que talvez se possa designar de *dupla (des)proporcionalidade* ou *duplo grau de (des)proporcionalidade*.

Assim, no acórdão 202/00, por violação do princípio da proporcionalidade (embora o Tribunal não tenha percorrido as várias etapas de aplicação dos segmentos do princípio), foi declarada a inconstitucionalidade de uma norma da Lei da Caça onde se previa que a infração nela tipificada tinha sempre como consequência a perda dos instrumentos da infração, independentemente da avaliação da sua perigosidade ou do risco de utilização em futuros crimes e da ponderação de outras circunstâncias da situação concreta. A *previsão abstrata* pela lei de tal sanção acarretaria necessariamente um obstáculo à ponderação concreta pelo aplicador da norma da proporcionalidade da *imposição concreta* de tal providência sancionatória[1062].

No acórdão n.º 2/13 julgou-se a constitucionalidade de uma norma que restringia o acesso a informação administrativa. Em causa, uma colisão entre o direito de acesso à informação administrativa, especialmente a informação procedimental, para garantia de acesso à tutela jurisdicional efetiva do direito de propriedade industrial (artigo 268.º, n.ºs 1 e 2 e artigo 20.º, n.º 1) e o interesse na proteção do segredo. A norma foi julgada inconstitucional por não refletir nem permitir "qualquer juízo de ponderação casuística [pelo órgão administrativo e pelo juiz] de direitos ou interesses constitucionalmente protegidos que pudesse fundar uma restrição ao direito de acesso à informação administrativa para

---

[1060] Acórdão n.º 474/13, n.º 13.
[1061] *Idem*, particularmente final do n.º 12 e n.º 13.
[1062] Acórdão n.º 202/00, n.ºs 20 e 21.

O PRINCÍPIO DA PROIBIÇÃO DO EXCESSO

salvaguarda do direito à tutela jurisdicional efetiva dos direitos de propriedade industrial, violando, por isso, o princípio da proporcionalidade."[1063].

Isto é, a norma violava o princípio da proporcionalidade por não consagrar mecanismos de ponderação ou de proporcionalidade e.s.e. para a sua própria aplicação[1064].

O primeiro problema que se coloca é o seguinte: qual é o segmento ou os segmentos do princípio da proporcionalidade que são infringidos? A ausência de aplicação dos vários segmentos, dificulta a compreensão da *ratio* da decisão.

A certo passo o Tribunal parece convocar um argumento que mostra que a norma é contraproducente em relação aos objetivos que visa[1065], mas não parece investir muito nele nem daí retirar qualquer consequência em relação à inadequação.

Por outro lado, também não parece haver uma aplicação do segmento da necessidade. Dar-se a entender, implicitamente, que há uma alternativa à solução do legislador – a alternativa de atribuição ao administrador da possibilidade de ponderar casuisticamente os interesses em presença – que *pode ou não* melhorar a posição de quem pretenda prevalecer-se do direito de acesso à informação e que *pode ou não* piorar ou manter a intensidade de satisfação do interesse do segredo, não é o mesmo que dizer que a norma viola o segmento da necessidade. O segmento da necessidade não impõe a adoção de uma medida que *pode ou não* ser mais suave para o direito atingido e que, sobretudo, *pode ou não* ser menos eficiente para atingir o objetivo que o legislador definiu.

A proporcionalidade e.s.e. da norma também não é apreciada: não há nenhuma operação de contrapeso dos efeitos, das vantagens e desvantagens, dos interesses constitucionalmente garantidos em presença, ou de outras magnitudes a que o Tribunal faz usualmente referência quando pondera. Há simplesmente uma indicação de que a norma deveria permitir essa ponderação no caso concreto ("casuisticamente"), pelo administrador ou pelo juiz.

Não estando em causa os segmentos *típicos* da proporcionalidade, a ilação a tirar é que o Tribunal, no seu juízo *de primeiro grau* sobre a proporcionalidade da norma, imputa um *quarto segmento* ao princípio: saber se a norma contém como

---

[1063] Acórdão nº 2/13, nº 9.3.

[1064] V. uma situação que parece similar no acórdão nº 474/13, sobre cessação do vínculo contratual de emprego público.

[1065] "Na falta de informação relevante, o recurso à arbitragem torna-se o único meio para a sua obtenção, *desvirtuando-se a finalidade do instituto* e compelindo-se os particulares envolvidos (titulares de direitos de propriedade industrial referentes a medicamentos de referência e requerentes de autorizações de introdução no mercado de medicamentos genéricos) a assumir os encargos decorrentes da justiça arbitral, incluindo os encargos financeiros inerentes ao respectivo custo." (itálico aditado).

A JURISPRUDÊNCIA DO TRIBUNAL CONSTITUCIONAL

elemento normativo da sua estatuição a autorização de um juízo de *segundo grau* sobre a proporcionalidade da recusa concreta de acesso a informação, a realizar "casuisticamente" pelo aplicador concreto da norma. Se a norma não satisfizer esse quarto segmento infringe o princípio da proporcionalidade.

Há arestos que negam, porém, esta ideia de dupla proporcionalidade, sob a alegação de que a ponderação dos interesses em presença foi realizada pelo próprio legislador e é sobre ela que deve incidir a apreciação do Tribunal[1066].

3.3. Âmbito de aplicação

Sobre o âmbito de aplicação da proibição do excesso, o Tribunal anunciou a certo passo o seguinte: "o princípio poderá ser invocado como instrumento de ponderação sempre que estiverem em causa "valores" jusfundamentais que entre si, objectivamente, conflituem"[1067].

No presente número verificaremos que esta afirmação peca por defeito e que a conceção prevalecente vai além disso. Tal como o Tribunal o toma, o princípio é aplicável como instrumento de ponderação e harmonização mesmo quando (todos ou alguns) "valores" colidentes não tenham natureza jusfundamental ou tão pouco jusconstitucional. Isto é, pode suceder que em certas situações o *único parâmetro* constitucional usado pelo Tribunal para apreciar a constitucionalidade de uma norma seja o princípio da proibição do excesso, à falta de *outra* norma constitucional enquadradora da situação.

Vejamos as atividades ou funções e os tipos de colisão que o Tribunal considera recaírem sob a alçada da proporcionalidade.

3.3.1. Atividades

O Tribunal aceita reiteradamente que o princípio da proibição do excesso, tendo tido uma aplicação inicial circunscrita à função administrativa, é correntemente "uma importante limitação ao exercício do poder público"[1068], constituindo *"limite das actuações de todos os poderes públicos"*[1069], sobretudo o poder legislativo. A conceção prevalecente é, por conseguinte, generosamente ampla. Todavia, não há unanimidade quanto às manifestações constitucionais positivas

---

[1066] Cfr. acórdão nº 286/11, nº 11.

[1067] Acórdão nº 651/09, nº 5.

[1068] Acórdão nº 187/01, nº 15.

[1069] Assim, acórdão nº 651/09, nº 5: "... o princípio [da proporcionalidade ou da proibição do excesso] vale, não apenas como limite constitucional das acções do legislador, mas como limite das actuações de todos os poderes públicos...". A afirmação enfrenta, todavia, algumas dificuldades, particularmente no que toca à aplicabilidade do princípio aos atos de exercício da *função política stricto sensu* (na aceção adotada por MIRANDA, *Curso...*, 2, pp. 138 ss. e outros locais).

O PRINCÍPIO DA PROIBIÇÃO DO EXCESSO

do princípio, sobre isso se registando posições diferenciadas, entre as restritivas ou aparentemente restritivas[1070] e as ampliativas[1071].

Embora não seja tema deste estudo, vale a pena assinalar também a ampla aceitação da aplicação do princípio no domínio das relações jurídico-privadas. Uma das sínteses mais claras dos tópicos essenciais desse debate consta do acórdão nº 302/01, relatado por HELENA BRITO:

"(é)...possível encarar o princípio da proporcionalidade como um princípio objectivo da ordem jurídica. E, se é certo que a aplicação do princípio da proporcionalidade se viu inicialmente restrita à conformação dos actos dos poderes públicos e à protecção dos direitos fundamentais, há que reconhecer que foi admitido o posterior e progressivo alargamento da relevância de tal princípio a outras realidades jurídicas, não se detectando verdadeiros obstáculos à sua actuação no domínio das relações jurídico-privadas.

Não se contesta portanto que o princípio da proporcionalidade seja princípio geral de direito, *conformador não apenas dos actos do poder público mas também, pelo menos em*

[1070] Assim, acórdão nº 376/05: o princípio é "expressamente afirmado pela Constituição apenas a propósito do âmbito dos limites aos direitos fundamentais (artigo 18º, nº 2) e à utilização das medidas de polícia (artigo 272º, nº 2)", embora acrescente uma referência ao artigo 2º; o acórdão nº 651/09 (nº 5), sustenta que "o princípio da proporcionalidade ou da *proibição do excesso*, enquanto princípio vinculativo das acções dos poderes públicos, tem referência *expressa* no texto constitucional apenas em dois lugares: na parte final do nº 2 do artigo 18º da Constituição, a propósito dos limites que devem ser observados pelas leis restritivas de direitos, liberdades e garantias, e no nº 2 do artigo 266º, a propósito dos princípios fundamentais que regem a actuação da Administração Pública", embora decorra "antes do mais das próprias exigências do Estado de direito a que se refere o artigo 2º da Constituição, por ser consequência dos valores de segurança nele inscritos." Todavia, acrescenta-se que a *"proibição do excesso* [tem] uma sede material que se revela bem mais vasta do que aquela que é coberta pelas suas referências textuais explícitas...".

[1071] O Tribunal, no acórdão nº 302/01, relatado por Helena Brito (subarrendamento) adere a uma lista dos afloramentos constitucionais do princípio coincidente com a que propusemos em «Proporcionalidade», *cit.*, pp. 45-46: "no artigo 18º, nº 2, relativo às restrições aos direitos, liberdades e garantias; no artigo 19º, nº 4, impondo expressamente o respeito pelo princípio da proporcionalidade na opção pelo estado de sítio ou pelo estado de emergência, bem como nas respectivas declaração e execução; no artigo 19º, nº 8, no que concerne às providências a tomar pelas autoridades com vista ao restabelecimento da normalidade constitucional; no artigo 28º, nº 2, relativo à prisão preventiva; no artigo 30º, nº 5, prevendo as limitações a direitos fundamentais que decorram das exigências próprias da execução de penas ou medidas de segurança ou inerentes ao sentido da condenação; no artigo 266º, nº 2, que consagra expressamente a subordinação dos órgãos e agentes administrativos ao princípio da proporcionalidade; no artigo 270º, relativo às restrições ao exercício de direitos dos militares e agentes militarizados, bem como dos agentes dos serviços e forças de segurança; no artigo 272º, nº 2, referente às medidas de polícia."

A JURISPRUDÊNCIA DO TRIBUNAL CONSTITUCIONAL

certa medida, dos actos de entidades privadas e inspirador de soluções adoptadas pela própria lei no domínio do direito privado"[1072].

Admite-se, consequentemente, a refração do princípio nas relações jurídicas privadas de dois modos: direto, sobre os próprios atos de entidades privadas; indireto, através da lei no domínio do direito privado.

A primeira modalidade é reconhecida apenas a título de *obiter dictum*, uma vez que o Tribunal não se pronuncia sobre a constitucionalidade de atos de entidades privadas[1073].

Quanto à segunda, pode ainda distinguir-se entre (i) as normas de direito privado que incorporam, expressam, materializam ou realizam direitos fundamentais na ordem privada e (ii) as normas de direito privado que regulam as relações entre particulares – atribuindo-lhes ou reconhecendo-lhes eventualmente posições jurídicas subjetivas – sem referência próxima ou direta a direitos fundamentais.

3.3.2. Colisões

Não é conhecida qualquer classificação de tipos de colisões de bens, interesses ou valores seguida ou reconhecida pelo Tribunal Constitucional. A arrumação aqui proposta é doutrinal e classifica o tipo de colisões em função do cruzamento entre o critério da estrutura deôntica das normas constitucionais que enquadram o comportamento do legislador quando produz normas e o critério do tipo de bens, interesses ou valores em causa. Distinguimos três núcleos, cada um com subdivisões: (i) colisões entre bens, interesses ou valores que o legislador tem *permissão* para prosseguir e bens, interesses ou valores tutelados através de normas que estabelecem *proibições prima facie* de interferência, isto é deveres de abstenção, do legislador; (ii) colisões entre bens, interesses ou valores tutelados por normas constitucionais que estabelecem *comandos* ou *proibições prima facie* de interferência, isto é *deveres* positivos, ou positivos e negativos, do legislador; (iii) colisões entre bens, interesses ou valores cuja tutela é *autorizada* ao legislador, não vigorando em relação a qualquer deles um *comando* ou *proibição* de interferência, isto é, um dever positivo ou negativo específico do legislador.

[1072] Nº 6, itálico aditado. A aplicação do princípio da proporcionalidade às relações jurídico-privadas é, aliás, extensamente demonstrada por Luís Nunes de Almeida, relator inicial, no projeto inicial de acórdão, transformado em declaração de voto ao acórdão nº 302/01. Conforme aí notado, isso correspondia à nossa posição: v. «Proporcionalidade», *cit.*, pp. 47 ss.

[1073] No acórdão nº 596/09, nº 7, lê-se: "deste modo apenas faz sentido convocar o princípio do equilíbrio dos contratos, mesmo quando de natureza administrativa, enquanto dimensão absorvida no princípio da proporcionalidade (...)"

O PRINCÍPIO DA PROIBIÇÃO DO EXCESSO

Não passará despercebida a fluidez e diluição de fronteiras de algumas das categorias, sendo além disso certamente discutíveis algumas das classificações adotadas, em alguns casos devido à indefinição original nos acórdãos.

3.3.2.1. *Colisões entre bens, interesses ou valores que o legislador tem permissão para prosseguir e bens, interesses ou valores tutelados através de normas que estabelecem deveres constitucionais prima facie de abstenção de interferência*

3.3.2.1.1. *Bens, interesses ou valores públicos e direitos, liberdades e garantias*

Constitui o conjunto mais extenso de situações, desde logo devido à circunstância de boa parte da jurisprudência do Tribunal sobre proibição do excesso incidir sobre normas de direito penal (ou, mais latamente, sancionatório) onde, por natureza, está em causa a interferência em bens, interesses ou valores das pessoas com vista à tutela de bens, interesses ou valores públicos de especial relevo[1074] (somente eles, ou também bens, interesses ou valores subjetivados que não são objeto de um dever de proteção pelo legislador).

Apresentamos apenas alguns exemplos:
– no acórdão nº 289/92, sobre serviços mínimos, colidiam o dever de abstenção de interferência no exercício do direito à greve e o interesse geral da satisfação de necessidades sociais impreteríveis;
– no acórdão nº 470/99, sobre expulsão de cidadão estrangeiro irregular no País, com filho menor nascido em Portugal colidiam interesses "(...) de ordem pública e de natureza social, por um lado, como sejam a segurança nacional ou pública, o bem estar económico do País, a defesa da ordem e a prevenção de infracções penais, a protecção da saúde e da moral, e por outro lado, a protecção dos direitos e liberdades de terceiros, para utilizar a terminologia do próprio artigo 8º da CEDH", designadamente "(...) a garantia constitucional que consiste em os filhos não poderem, em princípio, ser separados dos pais, (...) mas também um direito subjectivo dos filhos a não serem separados dos respectivos pais" (artigo 36º, nº 6);
– no acórdão nº 530/07, a norma apreciada tinha subjacente uma colisão entre o direito à tutela jurisdicional efetiva e os interesses da eficiência e celeridade na tramitação processual no Tribunal Constitucional[1075];

[1074] Para maior precisão, v. PALMA, *Direito Constitucional Penal*, pp. 87 ss., passim.

[1075] Pode discutir-se se o *locus* próprio para este aresto é realmente a presente seção, que incide sobre situações em que o legislador está sujeito a *deveres de abstenção*, ou em 3.3.2.2.2., que abrange as colisões entre bens, interesses ou valores cujo exercício implica o cumprimento pelo legislador de dever de produção de normas sobre processo, procedimento, organização e financiamento e outros bens, interesses ou valores. O direito à tutela jurisdicional efetiva é um daqueles direitos de estrutura complexa, donde decorrem posições jurídicas ativas e passivas diversas, cuja arrumação

A JURISPRUDÊNCIA DO TRIBUNAL CONSTITUCIONAL

- no acórdão nº 340/13, estando em causa a norma que possibilita que a Administração fiscal utilize em processo penal informações obtidas através do cumprimento do dever de colaboração do arguido, colidiam o direito à não autoincriminação e o interesse da fiscalização do cumprimento dos deveres fiscais e, mais remotamente, as finalidades do sistema fiscal;
- no acórdão nº 418/13 (envolvendo a realização de análises de sangue a condutores inconscientes intervenientes em acidentes de viação, para efeitos de eventual responsabilização criminal), a relatora CATARINA SARMENTO E CASTRO admitiu que os direitos à integridade física e à reserva da vida privada, bem como o direito a não ser objeto de atividade de prova com violação da integridade física, poderiam ceder em concreto perante o interesse da eficácia da pretensão punitiva do Estado, orientada à proteção do bem jurídico *segurança rodoviária*, (e, reflexamente, à tutela da vida e integridade pessoal, bem como do direito à propriedade privada)[1076];
- no acórdão nº 154/10 discutiu-se a restrição da garantia da segurança do emprego (artigos 53º e 58º) visando a satisfação do fim de *boa administração*.

3.3.2.1.2. Bens, interesses ou valores públicos conjugados com direitos, liberdades e garantias e outros direitos, liberdades e garantias

Existem vários casos onde há primariamente uma colisão entre bens, interesses ou valores subjetivos, mas em que o legislador entende que deve dar prevalência a um deles, de modo a prosseguir um interesse público ou coletivo.

Veja-se, por exemplo, o acórdão nº 205/00, que apreciou a constitucionalidade do artigo 1340º, nº 1, do Código Civil, sobre acessão. Subjacente, a colisão do direito de propriedade sobre o solo com o direito de propriedade sobre um imóvel construído naquele solo. Recusando embora que se trate de uma questão de restrição de direitos coberta pelo artº 18º, nº 2 (uma opção que se insere na corrente jurisprudencial de atribuir ao conceito de restrição um sentido restrito[1077]), o Tribunal admitiu que a solução legislativa está sujeita ao princípio da proporcionalidade, nos termos do princípio geral do Estado de direito do artigo 2º[1078]. A par dos interesses subjetivos conflituantes encabeçados por dife-

---

dentro dos direitos de liberdade, na medida em que sejam entendidos como direitos primariamente votados a prescrever a *abstenção* do Estado, é refutável.

[1076] Sem embargo, v. *infra* a observação sobre alguma hesitação em relação ao *exato objeto* da ponderação.

[1077] V. *infra*, capítulo 9.

[1078] Acórdão nº 205/00: "(...) o regime do nº 1 do artigo 1340º do Código Civil, obrigando ao sacrifício do direito do proprietário do solo, [deve] ser avaliado à luz dos princípios do Estado de Direito que impedem o legislador de restringir direitos individuais de modo arbitrário e desproporcionado, ainda que fora das hipóteses cobertas pelo artigo 18º, nº 2, da Constituição."

O PRINCÍPIO DA PROIBIÇÃO DO EXCESSO

rentes particulares, a relatora assumiu que no caso concreto valeriam alguns interesses públicos que o legislador pretendia prosseguir: o "(...) interesse público da resolução normativa de um conflito de direitos e [o] interesse, igualmente público, subjacente ao princípio da tipicidade dos direitos reais, que exige que não permaneçam duas propriedades sobrepostas fora dos casos expressamente previstos na lei"[1079]. É da prossecução concomitante destes interesses públicos que o Tribunal parte para admitir a possibilidade de atribuição de prevalência ao interesse do titular do direito de propriedade do imóvel construído sobre o solo.

Outro exemplo é fornecido pelo acórdão nº 159/07, incidente sobre a norma que permite a remição do arrendamento rural, isto é a transição forçada da propriedade de raiz da terra para o rendeiro. *Prima facie* há uma colisão entre o direito de propriedade do senhorio e o direito de propriedade do rendeiro que realizou benfeitorias na terra. O Tribunal admitiu a limitação de um direito (de propriedade) de um particular, o senhorio, para benefício de outro particular, o rendeiro, permitindo que este se torne o dono da terra. Relevante, porém, é que o Tribunal entendeu que a prevalência atribuída pelo legislador à posição do segundo, consentindo a remição, era sustentada também por fins de natureza económica e social (artigos 9º *d*), 93º e 98º). Isto é, não se tratava apenas de atribuir prevalência a uma posição subjetiva sobre outra posição subjetiva, sem que a Constituição estabelecesse qualquer indicação de que uma deve prevalecer ou ser protegida, mas de satisfazer também *interesses objetivos*.

Tendencialmente, parece ainda integrar-se neste grupo o acórdão nº 187/01, estudado anteriormente, sobre a propriedade das farmácias.

3.3.2.2. *Colisões entre bens, interesses ou valores tutelados por normas constitucionais que estabelecem deveres positivos, ou positivos e negativos, do legislador*

Embora a viabilidade teórica da separação analítica entre as várias categorias que se seguem pareça inquestionável, a aplicação prática nem sempre é fácil devido a situações de sobreposição ou até de fungibilidade. Na prática, a distinção pode parecer, portanto, artificial.

Adiante dedicaremos atenção pormenorizada a todas estas situações num capítulo próprio sobre a relação entre proibição do excesso e proibição do defeito[1080]. Por isso, limitar-nos-emos de momento à súmula dos casos selecionados para ilustrar este tipo de colisões.

[1079] *Idem*, nº 4.
[1080] Capítulo 21, 3.5.2.1.

A JURISPRUDÊNCIA DO TRIBUNAL CONSTITUCIONAL

3.3.2.2.1. Colisões entre bens, interesses ou valores tutelados por normas que estabelecem deveres de proteção e bens, interesses ou valores tutelados por deveres de abstenção

Trata-se da categoria mais representada dentro deste grupo.

(i) À cabeça, os casos mais salientes são os respeitantes ao tema da despenalização da interrupção voluntária da gravidez, apreciado em diferentes ocasiões pelo Tribunal, a vários títulos. De modo geral, a questão central é definida como uma colisão entre o dever do legislador de proteção dos interesses do feto (ou, para alguns, da vida intrauterina) e o dever de abstenção de interferências em direitos da mulher grávida[1081].

(ii) No acórdão nº 13/95 a norma em causa incidia sobre a colisão entre, por um lado, o direito de resposta, como meio de proteção da liberdade e de direitos de personalidade do visado, face à imprensa e aos titulares da liberdade de imprensa e de informação e, por outro, os direitos de defesa da liberdade de imprensa e de informação (artigo 37º, nº 1). O discurso do acórdão também permite inserir este caso no grupo das colisões entre bens, interesses ou valores cujo exercício pressupõe o cumprimento do dever do legislador de produção de normas sobre processo, procedimento, organização e financiamento e outros bens, interesses ou valores[1082].

(iii) No acórdão nº 113/97, versou-se uma colisão entre a liberdade de imprensa e o direito à honra, subjacente a uma norma penal de proteção contra o abuso da primeira.

(iv) No caso do acórdão nº 486/04[1083], colidiam, por um lado, o direito fundamental ao conhecimento e reconhecimento da maternidade e da paternidade, como dimensão do direito à identidade pessoal e, por outro, os valores da certeza e da segurança jurídicas e da paz e harmonia na família, bem como os direitos à reserva da intimidade da vida privada e familiar do pretenso pai.

[1081] V. acórdãos nºs 25/84, 85/85, 288/98, 617/06 e 75/10, estudados ao longo deste capítulo a vários títulos. Entre eles há, sem embargo, óbvias matizações, sendo isso evidente, por exemplo, no acórdão nº 85/85. O acórdão nº 75/10 será especialmente focado por ter introduzido no instrumentário conceptual do Tribunal o instituto da proibição de insuficiência ou do défice. Relevante, também, a declaração de voto de Cura Mariano no acórdão nº 357/09.

[1082] Um tratamento mais aprofundado teria de tomar em linha de conta e analisar as consequências da circunstância de o direito de resposta ser um direito essencialmente dirigido *contra entidades particulares* e não contra o Estado (o que o distingue dos direitos de liberdade clássicos: cfr. VITAL MOREIRA, *O direito de resposta...*, pp. 16, 73), acrescendo que é porventura o "único direito fundamental que pode ter por sujeito activo o Estado ou outra entidade pública e por sujeito passivo um particular" (VITAL MOREIRA, *idem*).

[1083] O qual serviu de base quase inalterada para o acórdão nº 23/06 que, posteriormente, viria a declarar com força obrigatória geral a inconstitucionalidade da norma apreciada.

O PRINCÍPIO DA PROIBIÇÃO DO EXCESSO

(v) No acórdão nº 632/08, colidiam, por um lado, o direito dos trabalhadores à não privação arbitrária do emprego ou o direito à possível estabilidade do emprego que se procurou e obteve (artigo 53º e 58º, nº 1) e o direito dos empregadores à livre iniciativa económica privada e, mais especificamente, a liberdade de iniciativa e de organização empresarial, na dimensão de liberdade de organização dos meios institucionais necessários para levar a cabo uma certa atividade económica (artigo 61º, nº 1, conjugado com o artigo 80º, c).

3.3.2.2.2. *Colisões entre bens, interesses ou valores cujo exercício implica o cumprimento pelo legislador de dever de produção de normas sobre processo, procedimento, organização e financiamento e outros bens, interesses ou valores*

O acórdão nº 248/94 incidiu sobre uma situação em que, por um lado, o Estado estava adstrito ao dever de garantir o acesso aos tribunais, assegurando os meios efetivos de acesso à justiça e, por outro, havia que salvaguardar o interesse financeiro do Estado, através das taxas de justiça.

Nos acórdãos nºs 254/99 e 2/13 estava em causa a colisão entre, por um lado, o direito (com natureza análoga a direito, liberdade e garantia) à informação administrativa para salvaguarda do direito à tutela jurisdicional efetiva dos direitos de propriedade industrial (artigos 20º, nº 1 e 268º, nºs 1 e 2, 4 e 5 da CRP), que requer a produção de normas que garantam o respetivo exercício e, por outro, "os direitos ao segredo comercial ou industrial, de autor ou de propriedade industrial e o interesse no respeito das regras de leal concorrência, (...) eventualmente na titularidade da pessoa detentora da autorização de introdução no mercado de certo medicamento", que requerem, simultaneamente, comportamentos ativos (de proteção) e omissivos (de abstenção de interferência) do legislador[1084].

No caso do acórdão nº 20/10, colidiam "os «valores» da celeridade processual e do princípio do contraditório", em cumprimento de várias "obrigações" quanto à organização do processo que decorrem, para o legislador, do artigo 20º.

[1084] Tenha-se em atenção, porém, que o Tribunal é muito mais prolífico na identificação de bens, interesses ou valores envolvidos na colisão: "direito de propriedade (artigo 62º, nº 1 da Constituição) (...) o direito à invenção científica, integrado na liberdade de criação cultural do Título II da Constituição (artigo 42º), o interesse de livre iniciativa económica privada (artigos 61º, nº 1 e 80º, alínea c)), o interesse no funcionamento eficiente dos mercados, de modo a garantir a equilibrada concorrência entre empresas (artigo 81º, alínea e)) e o interesse numa política científica e tecnológica favorável ao desenvolvimento do país (artigo 81º, alínea j)). (...) Do outro lado da situação de conflito, o lado da recorrente, há que ponderar em concurso, os direitos de autor ou de propriedade industrial a fazer eventualmente valer em juízo, que chamam também à colacção as mesmas regras de leal concorrência em economia de mercado, mas também os interesses dos consumidores e da saúde na fiscalização da qualidade dos produtos farmacêuticos, dos seus perigos tóxicos e da sua aptidão clínica."

A JURISPRUDÊNCIA DO TRIBUNAL CONSTITUCIONAL

3.3.2.2.3. Colisões entre direitos sociais e outros bens, interesses ou valores
Neste número deve distinguir-se entre as situações em que o cumprimento dos deveres de materialização de direitos sociais colide com bens, interesses ou valores públicos e as situações em que colide com bens, interesses ou valores encabeçados por terceiros. Por seu turno, neste segundo grupo há que distinguir as colisões dos direitos sociais com outros direitos sociais de outras classes de particulares e as colisões de direitos sociais com direitos, liberdades e garantias de outras classes de particulares. Também os acórdãos relevantes para este número serão objeto de estudo mais profundo a propósito da relação entre proibição do excesso e proibição do defeito[1085].

3.3.2.2.3.1. Direitos sociais e bens, interesses ou valores públicos
(i) Acórdão nº 88/04: em causa estava uma colisão entre um direito social, o direito à segurança social (artigo 63º, nº1, na especificação do nº 3) e um objetivo eventual do legislador de incentivar o casamento (em detrimento da união de facto)[1086].
(ii) Acórdão nº 67/07: desta feita tratava-se de uma colisão entre, por um lado, o direito social do artigo 64º (direito à proteção da saúde), na sua dimensão negativa de direito social já materializado através da lei e na vertente do caráter universal e tendencialmente gratuito do SNS e, por outro, o fim de incentivar o uso de cartão do utente do SNS pela população, simplificando e desburocratizando o acesso.
(iii) Mais recentemente, o acórdão nº 612/11 pronunciou-se sobre uma colisão entre o direito social das instituições particulares de solidariedade social ao apoio do Estado (artigo 63º, nº 5) e o fim da salvaguarda da justa concorrência (artigo 81º, f).

3.3.2.2.3.2. Direitos sociais e outros bens, interesses ou valores titulados por terceiros

3.3.2.2.3.2.1. Direitos sociais de uma classe e direitos, liberdades e garantias de outra classe de particulares
Acórdão nº 263/00, incidente sobre várias normas do regime jurídico do arrendamento para habitação: colisão entre o *"direito à habitação*, (...) direito de interesse colectivo ou social e cuja prossecução imposta ao Estado não deixa também de vincular os proprietários particulares" e o direito de propriedade dos senhorios[1087]/[1090].

[1085] Capítulo 21, 3.5.2.1.
[1086] O relator Gil Galvão manifestou dúvidas sobre qual o verdadeiro objetivo da norma legislativa ("qualquer que este seja"), nº 10.7. V., também, acórdãos nºs 67/07 e 512/08 e a apreciação em NOVAIS, *Direitos Sociais...*, pp. 390 ss.
[1087] Nº 4.1. Idêntico, acórdão nº 309/01, nº 4.1.

O PRINCÍPIO DA PROIBIÇÃO DO EXCESSO

Aproximação de alguma forma dúbia é a do acórdão nº 302/01, também incidente sobre normas do regime jurídico do arrendamento. Por um lado, o acórdão alude à necessidade de *proteção* do arrendatário, como parte contratual institucionalmente mais fraca e menciona o direito à habitação como quadro referencial[1089]. No entanto, evita em grande medida o debate da colisão entre direitos fundamentais, focando simplesmente a questão de saber se as normas de direito privado apreciadas resolvem a colisão entre as posições jurídicas subjetivas privadas – ou dos interesses – do locatário e do senhorio com observância do princípio da proporcionalidade.

3.3.2.2.3.2.2. Direitos sociais de uma classe e direitos sociais de outra classe de particulares

Caso paradigmático, é o do acórdão nº 309/01, sobre regime de arrendamento aplicável às IPSS. Do ponto de vista do relator, ARTUR MAURÍCIO, estariam em causa, do lado do senhorio, "dois tipos de direitos: o direito de habitação e o direito de fruição (económica) de um bem de que aquele é proprietário", constitucionalmente inseridos no título dos direitos sociais e, do lado "oposto", os direitos dos utentes ou beneficiários das IPSS, de igual modo inseridos nesse local[1090].

3.3.2.3. *Colisões entre bens, interesses ou valores públicos ou coletivos tutelados por uma norma constitucional de comando e bens, interesses ou valores subjetivos sem natureza de direito fundamental*

Tendo em conta o modo como o Tribunal qualificou juridicamente os bens, interesses ou valores colidentes, o acórdão nº 286/11 ilustra este tipo de colisão. Em concorrência estariam os interesses constitucionalmente protegidos do urbanismo e do ambiente (artigos 65º e 66º) e, em última análise, o próprio princípio da legalidade, por um lado, e os interesses de particulares em evitar prejuízos decorrentes de suspensão de obra autorizada por licença ou autori-

---

[1088] Note-se que numa situação de certa forma inversa, quando estavam em causa regras do regime jurídico do arrendamento que possibilitavam a recuperação pelo senhorio do imóvel arrendado, para sua habitação própria, ou seja também uma colisão entre, por um lado, direitos à habitação (artigo 65º da Constituição) e de propriedade privada (artigo 62º, nº 1) e, por outro, direito à habitação do locatário, o Tribunal não tinha aplicado o parâmetro da proporcionalidade ou qualquer outro mecanismo de ponderação e harmonização: cfr. acórdão nº 151/92, relatado por Messias Bento.

[1089] Acórdão nº 302/01, 7.1.

[1090] Nº 3.7. Mais abaixo acrescenta-se que aos "direitos dos beneficiários das IPSS correspondem do lado passivo, como se disse já, deveres constitucionais que oneram não só o Estado, mas igualmente toda a sociedade (...), o que de algum modo lhes confere *um valor acrescido* face ao direito de habitação do senhorio" (itálico aditado).

A JURISPRUDÊNCIA DO TRIBUNAL CONSTITUCIONAL

zação alegadamente ilegal, por outro. Estes últimos não são considerados bens constitucionalmente protegidos[1091].

3.3.2.4. *Colisões entre bens, interesses ou valores cuja tutela é autorizada ao legislador, sem que em relação a qualquer deles exista um dever positivo ou negativo específico deste*

3.3.2.4.1. Colisões de bens, interesses ou valores públicos não tutelados por nenhuma norma constitucional de comando

A aplicação do princípio da proporcionalidade em circunstâncias de colisão de *dois bens, interesses* ou *valores* públicos não é frequente. Mas há exemplos que demonstram inequivocamente que o Tribunal admite a sua aplicabilidade também nessas circunstâncias.

No acórdão nº 458/93, que se debruçou sobre o regime jurídico do segredo de Estado, uma das questões discutidas foi a conformidade com os princípios da necessidade e da proporcionalidade de uma disposição que permitia que alguns órgãos de soberania retivessem informação de determinados indícios criminais. Esta restrição ao "dever de imediata denúncia da prática de um crime" e, em última análise, ao interesse público da ação e investigação criminal, visava salvaguardar outros interesses como a independência do país, a integridade do seu território, a segurança interna e externa. O relator RIBEIRO MENDES rejeitou a violação daqueles princípios[1092].

O acórdão nº 612/11, apreciou a norma que impunha às entidades do sector social a constituição de sociedades comerciais como condição para a aquisição da propriedade e exploração de farmácias. Em causa, dois interesses que o Tribunal qualificou como públicos: o interesse público em que as entidades do setor social desempenhem funções de utilidade pública, nos termos do artigo 63º, nº 5, da CRP; e o interesse público da imposição e respeito por todos os operadores do mercado das regras da livre e justa concorrência, artigo 81º, alínea *f*), da CRP. Nas circunstâncias concretas, a satisfação do segundo implicava a limitação do primeiro, na medida em que obrigava que as entidades de economia social prescindissem do seu modo próprio de operar e exercessem a atividade nos mesmos termos que os demais operadores, designadamente constituindo sociedades comerciais para deter e explorar farmácias[1093].

[1091] Acórdão nº 286/11, nº 11.

[1092] Acórdão nº 458/93, nº 23.

[1093] Alguma ambiguidade na qualificação dos bens, interesses ou valores em causa e das posições do legislador em relação a eles permite que este acórdão também possa servir para ilustrar uma colisão entre o dever de materialização de direitos sociais – ou, talvez melhor, no caso, de abstenção de diminuição do nível de materialização já atingido – e a prossecução de interesses públicos.

O PRINCÍPIO DA PROIBIÇÃO DO EXCESSO

Com dúvidas, pode talvez invocar-se o acórdão nº 20/10: colisão entre o valor ínsito na proibição da indefesa e os valores "potencialmente conflituantes" da celeridade processual, da segurança e da paz jurídica[1094]/[1095].

De enquadramento não linear é também o acórdão nº 376/2005, embora pareça recair no grupo daqueles em que colidem dois interesses públicos. Invocando a ideia de que o princípio da proporcionalidade cumpre "uma função de parâmetro de controlo da atuação dos poderes públicos", o Tribunal considerou-o aplicável a normas legislativas (regionais) que estabelecem subvenções a partidos, isto é, em casos onde manifestamente não há qualquer restrição à liberdade e autonomia individuais. Estava em causa uma colisão entre o interesse financeiro público e o interesse do bom funcionamento dos partidos e, concomitantemente, da democracia representativa. Todavia, a circunstância de os partidos (e os grupos parlamentares) serem suscetíveis de titularidade de posições jurídicas subjetivas dificulta a arrumação desta situação.

3.3.2.4.2.Colisões de bens, interesses ou valores subjetivados sem natureza de direito fundamental

No acórdão nº 594/03, estava em julgamento a proporcionalidade da norma que resolvia uma colisão entre o interesse do promitente comprador de imóvel que obtivera a tradição da coisa e o interesse do promitente vendedor incumpridor. A norma, que atribuía direito de retenção ao primeiro, não foi declarada inconstitucional.

3.3.2.4.3.Colisões de bens, interesses ou valores subjetivados sem natureza de direito fundamental, associados a bens, interesses ou valores públicos que o legislador está autorizado a prosseguir

É com hesitação que se inserem aqui os exemplos de fiscalização, à luz da proporcionalidade, de normas que regulam colisões entre situações jurídicas subjetivas a que o Tribunal não atribui uma relação direita e imediata com direitos

---

[1094] Nº 7.

[1095] V., também, a declaração doutrinária vertida no acórdão nº 651/09, nº 5, já citada acima, em parte: "... o princípio [da proporcionalidade ou da proibição do excesso] (...) quanto à função legislativa, não vinculará apenas aquela [atuação] que se cifrar em instituição de restrições aos direitos, liberdades e garantias. Como os direitos fundamentais desempenham, no nosso ordenamento jurídico, também uma importante função "valorativa" ou *objectiva*, por certo que o princípio poderá ser invocado como instrumento de ponderação sempre que estiverem em causa "valores" jusfundamentais que entre si, objectivamente, conflituem. *Ponto é, no entanto, que se tenha demonstrado previamente que, ainda nessas situações, o legislador, não agindo no âmbito da sua liberdade de conformação política, se encontrava constitucionalmente vinculado a decidir de um certo modo, e não de outro, o "conflito" entre os bens ou valores em colisão".*

A JURISPRUDÊNCIA DO TRIBUNAL CONSTITUCIONAL

fundamentais[1096]. A isso acresce a circunstância de o Tribunal identificar interesses públicos ou coletivos que justificam que o legislador atribua prevalência a uma dessas posições jurídicas subjetivas.

É o caso do acórdão nº 758/95, que se pronunciou pela violação do princípio da proporcionalidade por normas que, em última análise, pretendiam superar a colisão entre o interesse particular dos pequenos acionistas em participar na assembleia geral dos bancos e o interesse dos grandes acionistas de garantir a praticabilidade, racionalidade e eficácia dessa assembleia geral[1097].

Partindo da visão do Tribunal – eventualmente discutível – de que a norma apreciada no caso não afetava posições jurídicas subjetivas com natureza análoga a direitos, liberdades e garantias, é também um caso de colisão entre bens, interesses ou valores de particulares sem natureza jusfundamental a situação julgada pelo acórdão nº 491/02. Tratava-se da colisão entre o interesse de sociedade dominante, detentora de pelo menos 90% da sociedade dominada, em deter a totalidade do capital desta, e o direito societário dos pequenos acionistas da sociedade dominada (detentores de menos de 10%) a não serem desapropriados das suas participações sociais[1098]. O legislador atribuiu prevalência ao primeiro, com o fim de "favorecer a formação de grupos de sociedades constituídos por relações de domínio total, ou da "empresa plurissocietária", como novo modelo de organização empresarial".

A propósito destes dois acórdãos, valem duas observações.

Uma já foi deixada a propósito de arestos sobre normas em que o legislador atribui prevalência a posições jurídicas subjetivas filiadas num direito fundamental para, através dessa prevalência, satisfazer interesses públicos ou objetivos[1099]. Também aqui, o legislador entendeu dar prevalência – e o Tribunal aceitou – a um dos interesses particulares em presença, com vista a atingir fins de natureza objetiva: num caso, "a praticabilidade, racionalidade e eficácia da assembleia

---

[1096] Havendo casos dúbios, como o do acórdão nº 302/01, que optámos por tratar no número respeitante às colisões entre direitos sociais e direitos, liberdades e garantias, *supra*, 3.3.2.2.3.2.1.

[1097] No acórdão nº 758/95, L. N. Almeida (participação pessoal em assembleia geral), estava em causa a norma que visava impedir a participação de mais de 300 acionistas na assembleia geral de bancos, mas que tinha como consequência a possibilidade de permitir que a assembleia tivesse menos (eventualmente, muito menos) do que 300 acionistas, embora houvesse interessados em nela participar.

[1098] A qualificação destas posições jurídicas subjetivas suscita dúvidas, não resultando clara do (longo) discurso do Tribunal. No acórdão sustenta-se (contra a opinião de vários vencidos) que este direito não tem a natureza de direito análogo a direito, liberdade e garantia e parece apontar-se implicitamente para a natureza de direito económico. Todavia, isso não se coaduna com a incontornável estrutura de *direito negativo* do direito dos pequenos acionistas a não serem desapropriados das suas participações sociais.

[1099] Cfr. *supra*, 3.3.2.1.2.

O PRINCÍPIO DA PROIBIÇÃO DO EXCESSO

geral de bancos"; no outro, "a formação de grupos de sociedades constituídos por relações de domínio total, ou da "empresa plurissocietária", como novo modelo de organização empresarial"[1100]/[1101].

A outra, tem um alcance doutrinário de primeira ordem: estamos perante uma das situações que mostra que o princípio não só é parâmetro primário e autónomo de fiscalização da constitucionalidade de normas, como pode ser parâmetro constitucional *único* para a apreciação de normas. Nesta colisão não está envolvido *nenhum* bem, interesse ou valor constitucionalmente garantido.

A querela de saber se parâmetros como a proibição do excesso ou do defeito ou o Estado de Direito, por si sós e até solitariamente, são parâmetros autónomos de constitucionalidade, ou se têm de estar acompanhados por outros parâmetros com energia constitucional, transparece, por exemplo, do acórdão nº 166/10 (um dos *leading cases* da proibição do defeito[1102]). Este tema será tratado mais abaixo[1103].

3.3.2.5. *Colisões entre direitos e interesses de uma mesma pessoa*

O Tribunal aceita a aplicação do princípio em situações de colisão de bens, interesses ou valores de uma mesma pessoa. Por exemplo, em vários acórdãos sobre as condições estabelecidas pela lei para a remição de pensões anuais

---

[1100] Aliás, no acórdão nº 491/02 até acaba por se inculcar, de modo algo intrigante, que este fim de interesse público ou objetivo é o *único* que deve ser tido em consideração na aplicação do princípio da proporcionalidade: "O sentido da pergunta posta pelas exigências do princípio da proporcionalidade teria, pois, no caso dos autos, de ser outro: poderia o legislador prosseguir o objectivo de favorecer a formação de grupos de sociedades constituídos por relações de domínio total *conformando* a propriedade corporativa dos sócios das sociedade por quotas e anónimas de outro modo, sem envolver uma transmissão forçada de participações sociais?"

[1101] Não é seguro que o recurso ao parâmetro da proporcionalidade neste tipo de situações, que o segundo acórdão retira do artigo 2º, seja uniforme na jurisprudência do Tribunal, como se vê por um acórdão de poucos dias antes, incidente sobre a alienação forçada de participações sociais, no âmbito de um processo especial de recuperação de empresas, acórdão nº 391/02, relatado por Fernanda Palma. A dúvida sobre isso decorre da circunstância de em nenhum local da fundamentação do acórdão se aludir expressamente àquele parâmetro, apesar de ele ser convocado nas alegações da recorrente. Todavia, pode aventar-se que o princípio é aplicado *implicitamente* ou que, pelo menos, há uma operação de ponderação de que resulta a solução do caso. A parte final da fundamentação fornece um indício disso quando conclui que "o sacrifício solicitado aos titulares das participações sociais alienadas é adequadamente justificado no plano constitucional pela relevância dos valores salvaguardados com a medida, nomeadamente os inerentes à viabilização de um agente económico, à preservação de postos de trabalho e à manutenção de uma unidade produtiva no mercado nacional" (nº 6).

[1102] Cfr. *infra*, neste capítulo, 5.1.3.

[1103] Cfr., designadamente, capítulo 21, 3.2.

A JURISPRUDÊNCIA DO TRIBUNAL CONSTITUCIONAL

vitalícias atribuídas em caso de acidentes de trabalho incapacitantes[1104], foi apreciada a proporcionalidade de medidas legislativas que limitam a autonomia da vontade do trabalhador sinistrado (impedindo-o, por exemplo, de requerer e obter a remição), com vista a garantir o que o Tribunal considera outro interesse material e constitucionalmente fundado, o acautelamento da subsistência condigna desse mesmo trabalhador ao longo de toda a sua vida[1105].

3.4. Aplicação dos pressupostos e dos segmentos

Apesar de estabelecida desde há muito uma orientação sobre a estrutura e conteúdo da proibição do excesso e dos seus segmentos, não se pode afirmar que ela seja sempre seguida ou sequer enunciada. O panorama é idêntico se atendermos a aspetos formais. A metódica de aplicação dos pressupostos e dos segmentos não segue uma linha uniforme.

Houve ocasiões em que o Tribunal sentiu a necessidade de definir uma sequência de apreciação. No acórdão nº 632/08 consta uma orientação sobre a ordem lógica de apreciação dos três subprincípios – adequação, necessidade, proporcionalidade e.s.e. – e a sua relação com "as circunstâncias específicas do caso da vida que se aprecia". Quanto a esta segunda questão, vai-se do mais abstrato (a adequação), para o mais concreto (a proporcionalidade e.s.e.). Todavia, não se esclarece por que razão a apreciação própria da necessidade é mais concreta que a adequação, nem por que é que a proporcionalidade e.s.e. envolve a operação mais concreta de todas.

Sem embargo, este exercício metodológico é uma exceção. De um modo geral, não é sequer possível afirmar que o Tribunal segue invariavelmente uma ordem pré-estabelecida (embora o faça por vezes[1106]). Aliás, a própria aplicação individualizada *de todos* os segmentos, por qualquer ordem, nem sempre é realizada. Há exemplos de práticas dispares: (i) verificação da *violação* da proibição do excesso globalmente considerada, sem individualização nem apreciação

---

[1104] V. uma lista no acórdão nº 314/13, F. Ventura (remição de pensão anual vitalícia). Alguns dos acórdãos, contudo, não debatem a questão na perspetiva da aplicação da proporcionalidade: v., por exemplo, acórdão nº 302/99.

[1105] V., por todos, o citado acórdão nº 314/13. Neste aresto, o Tribunal considerou que" "não se encontra no regime infração do princípio da proporcionalidade (artigo 18º, nº 2 da Constituição) (...). O montante fixado pelo legislador ordinário como limiar de relevo económico obstativo da remição, e do mesmo jeito como capaz de assegurar um mínimo de subsistência, a colocar invariavelmente a salvo da *alia* inerente à aplicação de capital, mostra-se adequado e necessário, sem ultrapassar a justa medida, face ao interesse garantístico perseguido, mormente por referência aos montantes das prestações asseguradas pelo sistema de segurança social."

[1106] V., por todos, acórdão nº 187/01.

O PRINCÍPIO DA PROIBIÇÃO DO EXCESSO

específica de qualquer segmento[1107]; (ii) verificação da *não violação* da proibição do excesso globalmente considerada, sem individualização nem apreciação específica de qualquer segmento[1108]; (iii) verificação da *não violação* da proibição do excesso, com apreciação de apenas parte dos segmentos (sendo o mais sacrificado a proporcionalidade e.s.e., mesmo em alguns acórdãos onde se processa uma exaustiva argumentação[1109]); (iv) verificação da *violação* da proibição do excesso, com apreciação de apenas parte dos segmentos[1110]; (v) conclusão pela *não violação* da proibição do excesso, com apreciação dos três segmentos[1111]; (vi) *verificação* da violação da proibição do excesso com apreciação dos três segmentos[1112].

Falta também uma linha uniforme sobre a eventual prejudicialidade da apreciação e verificação da infração de um dos segmentos em relação aos demais. A tendência é para a não apreciação da proporcionalidade e.s.e. quando se encontra uma violação de algum dos segmentos "anteriores", por norma a necessidade[1113]. Mas isso nem sempre é assim[1114].

O panorama geral que resulta da aplicação da proibição do excesso assenta nas seguintes observações empíricas: (i) a (i)legitimidade do fim raramente é autonomizada, apreciada e fundamento para a declaração de inconstitucionalidade; (ii) são raras as situações de declaração de inadequação; (iii) há uma manifesta hipertrofia do segmento da necessidade, sendo de longe aquele cuja violação mais declarações de invalidade fundamenta; (iv) é limitado o número de casos que chegam à apreciação da proporcionalidade e.s.e.; (v) nem todos os casos que chegam a essa etapa suscitam uma franca apreciação da proporcionalidade e.s.e. e uma clara e assumida operação de ponderação; (vi) são raras as situações

---

[1107] Ou sem a demonstração específica da violação de algum segmento: v. acórdão nº 646/06, considerando desproporcionada a norma que excluia "em absoluto a produção de prova testemunhal, nos casos em que esta é, em geral, admissível"; também, acórdão nº 67/07, que entendeu que uma norma que fazia depender o não pagamento de taxas moderadoras em instituições do SNS da apresentação do cartão de utente viola o princípio da proporcionalidade.

[1108] V. acórdãos nºs 594/03, 376/05.

[1109] V., por todos, acórdãos nºs 76/85 (só adequação e sem referência ao princípio da proporcionalidade) e 187/01 (adequação e necessidade).

[1110] V. acórdãos nºs 486/04 (necessidade e proporcionalidade e.s.e.) e 609/07 (proporcionalidade e.s.e.).

[1111] V. acórdãos nºs 309/01, 491/02, 530/07, 20/10 (muito sumariamente) e 612/11.

[1112] V. acórdão nº 88/04.

[1113] Assim, acórdão nº 119/10, nº 16.4.

[1114] V. acórdãos nºs 88/04 (pronuncia-se sucessivamente pela violação da adequação, da exigibilidade e da proporcionalidade e.s.e.), 486/04 (pronuncia-se sucessivamente pela violação da necessidade e da proporcionalidade e.s.e.), 173/09 (pronuncia-se sucessivamente pela violação do fim legítimo/adequação e da proporcionalidade e necessidade) e 313/13 (pronuncia-se sucessivamente pela violação da adequação e da necessidade).

A JURISPRUDÊNCIA DO TRIBUNAL CONSTITUCIONAL

em que se promove um processo de ponderação adequadamente argumentado; (vii) são raras as situações em que uma norma legislativa é considerada inválida por violação da proporcionalidade e.s.e.; (viii) episodicamente, o Tribunal admitiu outros segmentos além dos três comumente aceites.

Estas observações empíricas são sucessivamente demonstradas nos parágrafos que se seguem.

3.4.1. Rara autonomização e apreciação da legitimidade do fim

Mesmo nas ocasiões em que o Tribunal vai mais a fundo no esforço analítico de identificação das várias fases, etapas ou componentes da metódica da proporcionalidade, não há normalmente referências à exigência da legitimidade do fim. Em algumas ocasiões, o Tribunal especifica que o parâmetro da proporcionalidade envolve a apreciação de uma relação meio-fim, mas isso não tem forçosamente a consequência da autonomização da operação de identificação precisa do fim da norma e de apreciação da sua legitimidade. É possível até apontar exemplos em que o Tribunal aprecia a proporcionalidade – e declara a não proporcionalidade – sem que se possa intuir qual o fim que imputa (ou que entende que o legislador imputou) à norma[1115].

Quando enfrenta dificuldades na determinação do fim, a sua atitude pode variar. Nuns casos, opta pela declaração da inconstitucionalidade da norma. No acórdão nº 473/92 (não obstante alguma dificuldade na identificação da linha argumentativa), foi declarada a inconstitucionalidade de norma sobre incompatibilidades eleitorais, aparentemente por o legislador não ter identificado cabalmente o fim que justificava a restrição dos direitos em causa (direitos de participação política)[1116].

Mas há também situações em que, perante a dificuldade em discernir o fim da norma legislativa, o Tribunal vai até ao limite da definição oficiosa de um fim, evitando invalidá-la simplesmente por indeterminabilidade do fim. Por exemplo, no acórdão nº 88/04, incidente sobre uma norma que, como requisito para a obtenção de pensão de sobrevivência por morte de companheiro beneficiário da Caixa Geral de Aposentações, obrigava o unido de facto sobrevivo a fazer prova

---

[1115] Assim, acórdão nº 646/06. O Tribunal declarou a inconstitucionalidade da norma que excluía em certos processos tributários a prova testemunhal, dizendo, designadamente, que essa constrição "não se revela ponderada e adequada em face do direito fundamental que deflui do artigo 20º da Constituição" (nº 3.2.). Ou seja, numa interpretação possível, a adequação é avaliada não com referência ao fim da norma mas ao direito sacrificado.

[1116] Acórdão nº 473/92, nº 2.2. A *ratio* argumentativa perde alguma clareza na medida em que, ao mesmo tempo que fala de desproporção e da onerosidade excessiva da norma (embora estivesse apenas em causa, aparentemente, a indeterminação do fim), menciona a afetação do princípio da confiança e a redução do conteúdo essencial do direito.

O PRINCÍPIO DA PROIBIÇÃO DO EXCESSO

do direito a receber alimentos da herança do falecido, a invocar e reclamar esse direito e a demonstrar a impossibilidade da respetiva obtenção, o Tribunal não pôde determinar com segurança o fim prosseguido pela norma, admitindo vagamente objetivos políticos de proteção e incentivo do casamento ou de redução da necessidade de fazer intervir fundos públicos. A norma foi declarada inconstitucional por violação de vários segmentos da proibição do excesso, mas não por indeterminabilidade ou ilegitimidade do fim. Ora, admitindo que se tratava efetivamente de uma situação a ser resolvida à luz da proibição do excesso[1117], isso encerra duas opções discutíveis na ótica da respetiva metódica aplicativa: primeiro, não foi determinado com precisão o fim da norma[1118]; segundo, tendo transigido em decidir com base num fim não mais do que conjetural, eventual ou presumido (a promoção do casamento em prejuízo da união de facto, a proteção dos recursos públicos), não efetuou um juízo sobre a respetiva legitimidade[1119].

Neste contexto de relativa secundarização ou desconsideração da questão da legitimidade do fim, não são frequentes as situações em que uma norma é invalidada por ausência, indeterminação ou ilegitimidade do fim.

Um notável exemplo da insegurança do Tribunal em relação à suficiência invalidatória da ilegitimidade do fim é fornecido pelo conjunto formado pelos acórdãos nºs 564/07 e 173/09, relatados por SOUSA RIBEIRO, ambos incidentes sobre a norma que cominava a inabilitação do insolvente como efeito necessário da situação de insolvência[1120].

No primeiro acórdão, tendo assumido que se tratava de uma restrição à capacidade civil, ao abrigo do artigo 26º, nº 4, o Tribunal estabeleceu que as restrições nesse domínio só são permitidas quando os seus motivos forem pertinentes

---

[1117] A orientação do acórdão nº 88/04 não foi a que o Tribunal adotou sobre o mesmo tema e norma em vários acórdãos anteriores e posteriores, onde foi apreciada, sobretudo, a eventual violação do princípio da igualdade, não tendo sido julgada inconstitucional a norma. Cfr. acórdãos nºs 195/03, 159/05 (onde o Tribunal "responde" a si próprio, leia-se ao acórdãos nºs 88/04), 614/05 (firmando jurisprudência em plenário, com vários votos de vencido afetos aos apoiantes da doutrina do acórdão nº 88/04) e 651/09.

[1118] A desconsideração da questão da segura determinação do fim ("*qualquer que este seja*" ou "*fim que porventura vise atingir*", são expressões do acórdão referidas ao fim que mostram a sua infixidez), base essencial para a avaliação dos segmentos da proibição do excesso, acabou por se repercutir negativamente na própria consistência da fundamentação da violação daquele princípio, como veremos quando versarmos este acórdão nas seções dedicadas à adequação, necessidade e proporcionalidade e.s.e.

[1119] O que o Tribunal acabaria por fazer, pouco tempo depois, no acórdão nº 159/05, mas apenas a título de *obter dictum*: o "fim de incentivo à família fundada no casamento, [...] não é constitucionalmente censurável – e antes recebe até (pelo menos numa certa leitura) particular acolhimento no texto constitucional" (nº 7).

[1120] Não interessa aqui analisar outros acórdãos sobre o mesmo tema, identificados no que referimos em segundo lugar.

A JURISPRUDÊNCIA DO TRIBUNAL CONSTITUCIONAL

e relevantes sob o ponto de vista da capacidade da pessoa, não podendo tais restrições "servir de pena ou de efeito de pena". Ora, depois de percorrer e afastar hipóteses de vários fins para a norma em causa (defesa dos interesses dos credores ou defesa dos interesses gerais do tráfego ou qualquer finalidade do processo), concluiu que ela visava simplesmente um fim punitivo[1121], sendo esse fim, no caso, ilegítimo. Daí deveria fluir, naturalmente, um juízo de inconstitucionalidade da norma restritiva por esta prosseguir um fim ilegítimo. Todavia, o Tribunal julgou a norma inconstitucional (violação do artigo 26º, conjugado com o artigo 18º, sem indicação de número[1122]) com fundamento na sua inadequação e excesso e não pela ilegitimidade do fim. Este acórdão poderia, assim, constar (impropriamente) da seção seguinte.

Já no acórdão nº 173/09 (que declara a inconstitucionalidade com força obrigatória geral da norma apreciada), as hesitações do acórdão anterior são superadas: "No quadro desta posição, a solução em causa contraria o princípio da proporcionalidade logo no primeiro patamar do controlo da sua observância, pois a "legitimidade constitucional dos fins prosseguidos com a restrição", bem como a "legitimidade dos meios utilizados" constituem um "pressuposto lógico" da sua idoneidade"[1123].

Este aresto é, além do mais, relevante pela adesão à teoria da união entre a exigência do fim legítimo e a adequação, que alguns autores têm proposto em alternativa à plena autonomização desses dois momentos[1124]. No acórdão nº 173/09, o Tribunal considerou a legitimidade constitucional do fim um *pressuposto lógico da idoneidade*. A apreciação da legitimidade do fim constituiria o *primeiro patamar* do controlo da observância da proibição do excesso. A ilegitimidade do fim implicaria, consequentemente, a violação do subprincípio da idoneidade e, por essa via, do princípio da proibição do excesso. Não se explica por que é que o fim legítimo é pressuposto do segmento da idoneidade (ou adequação), só deste ou particularmente deste, sabendo-se que a *ausência* ou *indeterminação* de um fim legítimo, não apenas torna impossível ajuizar sobre a adequação do meio, como também da sua necessidade e da sua proporcionalidade e.s.e..

Essa opção doutrinal não é aparentemente retomada no acórdão nº 119/10, onde se distingue e se autonomiza o "objetivo legítimo" do "meio idóneo"[1125].

[1121] Acórdão nº 564/07, nº 8: "A inabilitação [prevista na norma] só pode, pois, ter um alcance punitivo, traduzindo-se numa verdadeira pena para o comportamento ilícito e culposo do sujeito atingido.

[1122] Omissão corrigida no acórdão nº 173/09.

[1123] Nº 8.

[1124] Em Portugal, v. NOVAIS, *Os princípios ...*, p. 166.

[1125] Acórdão nº 119/10, nº 15.3.

O PRINCÍPIO DA PROIBIÇÃO DO EXCESSO

Outro exemplo de invalidação de norma por *ausência* ou *insubsistência* de um fim legítimo, extrai-se do acórdão nº 612/11. O Tribunal julgou que a norma que obriga instituições do setor social a constituírem sociedades comerciais para acesso à propriedade de farmácias e à atividade farmacêutica é justificada quando aquelas instituições competem normalmente no mercado, mas não quando agem fora do mercado, no seu espaço próprio, como entidades não lucrativas. No primeiro caso, isso é justificado pelo *fim legítimo da proteção da livre concorrência*. No segundo caso, esse fim não pode ser invocado – porque não existe concorrência –, pelo que falece um fim legítimo para a imposição daquele requisito. Todavia, embora seja um dos acórdãos que mais perto fica de identificar precisamente qual o vício que está em causa, a ausência de fim legítimo[1126], limita-se a concluir que a norma contém uma "solução que não observa as exigências de equilíbrio decorrentes do princípio da proibição do excesso".

Ainda outro exemplo ressalta do acórdão nº 602/13. Estando em apreciação normas laborais que suspendiam disposições de instrumentos coletivos de regulamentação do trabalho (IRCT) e admitiam a sua modificação automática, interferindo "diretamente com o exercício do direito de contratação coletiva com o único fim de «estimular a negociação coletiva»", o Tribunal julgou que aquele "fim não corresponde a um interesse constitucionalmente relevante, pelo que não pode, de todo em todo, justificar a ingerência no domínio da «reserva de convenção coletiva»"[1127].

Sublinhe-se, por fim, que o Tribunal parece adotar em geral uma atitude não exigente em relação à base constitucional dos fins, admitindo que o legislador prossiga fins que não têm direta consagração constitucional. Um dos exemplos porventura mais evidentes é o do fim da redução da despesa pública e da correção de um excessivo desequilíbrio orçamental[1128], Outros são a sustentabilidade do sistema de segurança social[1129], a desvalorização salarial ou, mais latamente, o "aumento da produtividade e da competitividade da economia nacional"[1130].

3.4.2. Raras situações de declaração de inadequação

Não são muitos os casos de declaração da inadequação, o que está em linha com o que sucede em jurisdições constitucionais de outros países. A aplicação de critérios de evidência (que implicam a inconstitucionalidade apenas em casos de inadequação *evidente* ou *manifesta*), a exigência apenas de uma eficiência

---

[1126] É, aliás, um dos raros acórdãos onde se emprega expressamente a noção de *"finalidade legítima"* e se averigua da sua existência: v. nº 7.

[1127] Acórdão nº 602/13, nº 45.

[1128] Acórdão nº 187/13, nº 29.

[1129] Entre vários, acórdão nº 575/14.

[1130] Acórdão nº 602/13, nºs 43 e 46.

282

A JURISPRUDÊNCIA DO TRIBUNAL CONSTITUCIONAL

ou intensidade de satisfação mínimas do fim e a dificuldade de distinguir em certas circunstâncias o que é que respeita à adequação e o que é do domínio da necessidade, provocam a menorização ou subalternização do juízo sobre a adequação.

Um dos escassos exemplos já foi aflorado na seção que antecede (devido à sua abordagem relativamente anómala da questão do fim legítimo). No acórdão nº 88/04, considerou-se "no mínimo duvidoso" que o condicionamento do direito à pensão de sobrevivência de unido de facto sobrevivo à produção de prova de indigência "possa ser considerado um instrumento adequado e aceitável para a prossecução de eventuais objetivos políticos de proteção ou incentivo ao casamento"[1131].

Em alguns casos, a invalidação por inadequação resulta apenas de se aplicar uma *modulação alta* do segmento.

Vejamos dois exemplos demonstrativos dessa situação.

No acórdão nº 313/13 estava sob apreciação uma norma que, visando o reforço da tutela dos direitos dos consumidores, estabelecia coimas para os casos em que o livro de reclamações não fosse apresentado pelo fornecedor de bens ou serviços quando solicitado pelo consumidor. Simplificando a situação, se o livro não fosse apresentado a coima mínima fixada era de €15 000. O consumidor podia chamar a autoridade policial, podendo o livro ser então apresentado ou não, mas o limite mínimo da coima seria sempre o mesmo. O relator, PEDRO MACHETE, considerou a solução inidónea, apoiando-se no seguinte raciocínio: se depois de o consumidor chamar a polícia o montante mínimo da coima for sempre o mesmo, haja ou não disponibilização do livro, o fornecedor de bens ou serviços não tem nenhum incentivo em facultar o livro, pelo que a fixação do montante mínimo da coima nesses termos não é adequada para o reforço da tutela do direito dos consumidores a utilizar o livro de reclamações.

Ora, na verdade, o que o Tribunal aplicou é uma *modulação alta* do segmento da adequação. A ameaça da aplicação de uma coima agravada para os casos de não apresentação do livro de reclamações quando requerido pelo consumidor, quaisquer que sejam os termos em que esteja prevista, é adequada para pressio-

---

[1131] Acórdão nº 88/04, nº 10.6. Este acórdão considerou também infringidos os segmentos da necessidade e da proporcionalidade e.s.e. Quanto ao segmento da adequação, a circunstância de o fim da norma fiscalizada não ser seguro tornou difícil uma justificação clara da inadequação e até uma formulação inequívoca do próprio juízo de inadequação. A certo passo afirma-se a violação da proporcionalidade "quanto à adequação ao fim visado, qualquer que este seja", mas mais abaixo fica-se pela frase que é citada no texto, onde apenas se considera a adequação no mínimo muito duvidosa. De qualquer modo, como veremos *infra* neste capítulo, 5.1.1.5, ainda que o fim não estivesse envolvido por uma névoa de indefinição, seria difícil decretar a inadequação da medida no quadro da proibição do excesso.

O PRINCÍPIO DA PROIBIÇÃO DO EXCESSO

nar o fornecedor do bem ou serviço a apresentá-lo prontamente quando requerido. Por isso, é suscetível de aproximar a consecução do fim pretendido, ou seja, o reforço da tutela do(s) direito(s) dos consumidores. Pode é dizer-se que não é a *mais adequada* ou a *mais eficiente* para atingir esse objetivo. Como aponta o relator, uma solução legislativa que diferenciasse entre a situação em que, após uma inicial recusa da apresentação do livro, a intervenção de um gerente ou mesmo a comparência da autoridade policial tivesse como efeito a apresentação do livro, de modo a que o consumidor exercesse o seu direito de reclamação, e a situação em que o livro não fosse de todo apresentado em nenhuma circunstância, mesmo depois da comparência do agente da autoridade, poderia ser mais *eficiente* ou *mais adequada*. Essa diferenciação seria mais incentivadora à apresentação do livro, após a recusa inicial, do que se a coima fosse igual para as situações em que o livro é e não é apresentado. O fim é prosseguido de forma mais eficiente (e menos drástica, mas isso já é uma questão da necessidade, também discutida no acórdão), mas a exigência da procura de um nível de eficiência superior ao mínimo é própria de uma modulação *alta* da adequação. Adiante, avaliaremos a correção desta orientação.

Por seu turno, no acima citado acórdão nº 602/13, incidente sobre normas da Lei nº 23/2012, de 25 de junho (alterações ao Código do Trabalho), apreciou-se a certo passo as normas que procediam à declaração de nulidade ou redução de IRCT. Na sequência da eliminação da previsão legal do descanso compensatório e de majorações de férias, determinava-se que as soluções convencionadas no passado ao abrigo dos regimes revogados pela Lei nº 23/2012 cessassem, totalmente, nos casos do descanso compensatório e, na medida correspondente ao máximo da majoração eliminada, no caso das férias. Os fns do legislador seriam fazer diminuir os custos do trabalho, "padronizar os regimes aplicáveis" e "impedir a cristalização, no plano convencional, do regime legal revogado"[1132].

O Tribunal, também pela pena de PEDRO MACHETE, para além de, aparentemente, não dar por adquirido o preenchimento do requisito da legitimidade do fim[1133], julgou a solução legal inidónea para atingir os mencionados fins. A motivação dessa conclusão: "os trabalhadores e empregadores não [estariam] impedidos de, mediante a celebração de novas convenções coletivas, voltarem a convencionar soluções exatamente iguais (ou até mais favoráveis) às que os preceitos em análise eliminaram. Tudo dependerá da vontade negocial das partes. E se nalguns casos não será possível acordar em tais soluções, nada garante

---

[1132] Acórdão nº 602/13, nº 43.

[1133] Essa dúvida resulta da seguinte frase: "a inadequação das mesmas medidas para esse efeito comprova simultaneamente a sua desnecessidade – isto *independentemente da apreciação sobre se aqueles fins legais correspondem a direitos ou interesses constitucionalmente protegidos que ao legislador caiba salvaguardar por via da restrição do direito de contratação coletiva*" (nº 43, itálico aditado).

284

que noutros casos isso não venha a acontecer."[1134]. Descodificando: na verdade as medidas em si não eram inadequadas para atingir o fim; apenas não era seguro que o atingissem plenamente e para sempre, uma vez que poderiam ser revertidas, de futuro, parcial ou totalmente, através da atuação, não controlável, de terceiros.

3.4.3. Hipertrofia do segmento da necessidade

Se atendermos ao direito comparado, não é novidade a tendência para as pronúncias de inconstitucionalidade assentarem sobretudo na verificação da não necessidade da opção legislativa, por vezes de forma apenas sub-liminar[1135]. Essa tendência começou a esboçar-se logo nos primeiros casos em que o princípio foi usado.

No acórdão nº 4/84, julgava-se um caso de inelegibilidades locais, instituídas com o fim da salvaguarda da transparência, rigor e isenção na gestão dos negócios públicos. Apesar de se dizer a certo passo que a inelegibilidade era desproporcionada, por não existir direito ou interesse constitucionalmente protegido que a justificasse[1136] (o que poderia ser entendido como um juízo de ausência de fim constitucionalmente permitido, ou legítimo), em rigor estava em causa a violação do segmento da necessidade: não havia "necessidade do recurso a um meio tão gravoso e radical como é o da suspensão da capacidade eleitoral passiva"[1137], bastando um sistema de impedimentos.

Também é um caso de desnecessidade, embora isso não seja explicitado, o do acórdão nº 103/87. O Tribunal pronunciou-se pela desnecessidade de proibir a agentes militarizados da PSP a convocação de reuniões não públicas, bem como o uso da palavra, fazer parte da mesa, ou qualquer outra função, se trajarem civilmente; de proibir o uso da palavra, fazer parte da mesa, ou outras funções em reuniões partidárias de caráter não público, se trajarem civilmente; de proibir filiação política ou partidária e participação em atividades não públicas; e ainda de restringir o direito de petição, dirigido aos órgãos de soberania, sobre assuntos políticos.

No acórdão nº 64/88 foi julgada inconstitucional, por não estritamente necessária para garantir a organização e gestão democrática, a norma que obri-

---

[1134] *Idem.* Outras normas do mesmo diploma legal viriam a ser fulminados pelo mesmo tipo de considerações.

[1135] TRIAS/RUIZ, «Los principios...», p. 5, detetam uma tendência semelhante na jurisprudência do TC espanhol.

[1136] Acórdão nº 4/84, nº 5

[1137] *Idem.*

O PRINCÍPIO DA PROIBIÇÃO DO EXCESSO

gava que a dissolução de associação sindical fosse aprovada pelo voto favorável de ¾ de todos os associados[1138].

No acórdão nº 189/88 foi julgada inconstitucional norma que estabelecia inelegibilidades de Deputado à AR em eleições regionais, por ser desnecessária: a prossecução do interesse em causa (impedir situações de duplo mandato) podia ser satisfeito com medidas menos drásticas (incompatibilidades do exercício de dois mandatos, por exemplo).

No acórdão nº 392/89, estava em causa norma de portaria de extensão (um ato não legislativo) que implicava que quando uma empresa vencesse um concurso para a prestação de serviços de limpeza num determinado local de trabalho, tivesse de ficar com os trabalhadores da empresa que perdesse o concurso, se esta estivesse anteriormente a prestar aquele serviço no referido local de trabalho. Julgou-se que a restrição imposta à liberdade negocial da empresa vencedora do concurso, embora *adequada*, não era *necessária* para garantir a manutenção dos postos de trabalho dos trabalhadores que prestavam serviços de limpeza naquele local. Havia outros meios de eles manterem os postos de trabalho que não implicava uma restrição tão drástica à liberdade de contratar[1139].

No acórdão nº 62/91, julgou-se a restrição do direito de acesso aos tribunais, no contexto de processos de remição da colonia, na Madeira. Contudo, mesmo admitindo que se tratava de restrição que visava promover o bom funcionamento dos tribunais e melhorar a administração da justiça, evitando o bloqueamento dos tribunais com ações dilatórias, o Tribunal julgou-a desproporcionada por não se limitar ao mínimo requerido pela tutela deste interesse, isto é, violava o segmento da necessidade.

No acórdão nº 363/91, a discussão andou em torno da necessidade, mas em bom rigor antes da necessidade poderia ter-se colocado uma questão de adequação. A norma julgada cominava com a perda do direito de objeção de consciência em casos de condenação por crimes punidos com pena superior a um ano, mesmo praticados sem dolo, ou em casos em que o crime não contrariava a convicção de consciência (por exemplo, crime de desobediência à ordem de dispersão de reunião pública). Essas medidas não eram necessárias para prosseguir o fim desejado. Todavia, antes de se pôr a questão da necessidade, havia um problema de adequação: a medida não tinha sequer a potencialidade abstrata de promover ou aproximar o fim desejado, isto é, de contrariar e sancionar as invocações falsas de objeção de consciência. A ameaça de perda ou a perda efe-

---

[1138] Acórdão nº 64/88, nº 2.3.

[1139] Trata-se de uma situação típica em que a referência a um fim mais específico – a prestação do trabalho *no mesmo local de trabalho* – poderia salvar a necessidade da medida, diferentemente do que se passou, por se ter considerado um fim menos específico – a preservação *dos postos de trabalho* dos trabalhadores da empresa perdedora.

A JURISPRUDÊNCIA DO TRIBUNAL CONSTITUCIONAL

tiva do direito à objeção de consciência em situações em que não há intenção do resultado do crime, ou em que o crime pode mesmo estar relacionado com a objeção de consciência, não é suscetível de qualquer eficiência na prevenção ou penalização de falsos objetores de consciência.

No acórdão nº 123/92, aparentemente a declaração de inconstitucionalidade também resultou da violação do segmento da necessidade, embora se invocasse simplesmente a violação da proporcionalidade. A norma cominava a suspensão automática das funções e vencimento de funcionário em caso de despacho de pronúncia, ou equivalente, em certos crimes. O juiz constitucional entendeu que o fim da norma era a defesa e o prestígio dos serviços públicos. Eventualmente, no caso, haveria medidas alternativas menos interferentes (ou drásticas, para utilizar expressão que o Tribunal utilizou noutros acórdãos) capazes de satisfazer o mesmo fim. Mas isso não é debatido no acórdão, pelo que apenas se pode presumir que tenha sido uma ideia de desnecessidade a sustentar a declaração de inconstitucionalidade.

No acórdão nº 273/92, aparentemente mais um caso de desnecessidade: diz-se que não se justifica a solução drástica de ausência de regime transitório que permita aos mandatos atingir o seu termo natural[1140].

No acórdão nº 758/95, foi apreciada a constitucionalidade de norma que, pretendendo evitar que as assembleias gerais de bancos tivessem a participação de mais de 300 acionistas, de modo a garantir a sua eficácia, praticabilidade e racionalidade, estabelecia um esquema de seleção dos acionistas que poderiam participar. Contudo, a aplicação prática desse esquema excluía todos os pequenos acionistas (os que tivessem menos de 1/300 das ações) e podia, inclusive, implicar a participação de muito menos do que 300 na assembleia geral. Aceitando-se como legítimo o fim de reduzir a dimensão das assembleias gerais dos bancos, o legislador tinha ido, todavia, "além do *necessário e do adequado* na definição do critério que permite restringir a 300 o número de presenças, impedindo injustamente, e sem motivo razoável, que muitos pequenos accionistas participem na assembleia geral"[1141]. Alternativa disponível: limitar "a participação na assembleia geral aos trezentos maiores accionistas ou grupos de accionistas".

[1140] Todavia, de uma só penada, diz-se que a medida é "desproporcionada e onerosamente excessiva, atentatória do núcleo do direito fundamental em causa e redutora do seu conteúdo essencial (artigo 18º, nºs 2 e 3, da Constituição)": nº 2.3.

[1141] Acórdão nº 758/95, nº 19. Acrescentava ainda: "para evitar que mais de 300 pessoas estejam presentes na assembleia geral – acaba desnecessariamente por impedir que nela estejam presentes ou sequer representados os pequenos accionistas que não tenham oportunidade de agrupar-se, mesmo quando o número total dos que pretendam participar na assembleia geral seja inferior ao limite de 300 estabelecido pelo legislador".

O PRINCÍPIO DA PROIBIÇÃO DO EXCESSO

Como se assinalou antes[1142], no acórdão nº 88/04 (obtenção de pensão de sobrevivência por unido de facto sobrevivo), o Tribunal, apesar de confessadamente não ter conseguido apurar o fim da norma com precisão, julgou-a inconstitucional por, entre outras considerações respeitantes a outros segmentos do princípio, não ser indispensável e exceder manifestamente o que seria necessário para atingir o fim eventual da norma. Mas, talvez justamente por não estar suficientemente estabelecido o fim da norma, não há vestígios do exercício de averiguação e exemplificação de medidas alternativas menos interferentes capazes de atingir aquele fim com igual intensidade.

No acórdão nº 486/04, há também nominalmente um juízo de desnecessidade (desta feita acompanhado por um juízo de não proporcionalidade e.s.e.): o relator conclui que, para salvaguarda da certeza e segurança jurídicas e do direito à reserva da intimidade da vida privada e familiar do investigado, há meios alternativos disponíveis menos onerosos para o direito ao conhecimento e reconhecimento da maternidade e da paternidade do que o estabelecimento, numa norma do Código Civil, de um prazo muito curto de caducidade da ação de investigação da maternidade e da paternidade[1143]. Adiante verificaremos que este juízo de necessidade se deve considerar atípico e insuscetível de enquadramento na própria noção predominantemente aceite pelo Tribunal.

É de assinalar que, na circunstância, apesar da não necessidade, o relator realizou a apreciação da proporcionalidade e.s.e., tendo também encontrado uma violação desse segmento[1144].

No acórdão nº 612/11, embora sem referir textualmente a violação do segmento da necessidade, a decisão foi nesse sentido. Entendeu-se que, atendendo aos fins visados (garantir o funcionamento do mercado farmacêutico de acordo com regras de concorrência justas), era desnecessária a "imposição da forma societária enquanto requisito para que as entidades do sector social possam ser titulares de farmácias, mesmo quando, através delas, desejem prosseguir a acti-

---

[1142] *Supra*, neste capítulo, 3.4.1.

[1143] "(S)ão possíveis, como se disse, *alternativas*, quer ligando o direito de investigar às reais e concretas possibilidades investigatórias do pretenso filho, sem total imprescritibilidade da acção (por exemplo, prevendo um *dies a quo* que não ignore o conhecimento ou a cognoscibilidade das circunstâncias que fundamentam a acção), quer para obstar a situações excepcionais, em que, considerando o contexto social e relacional do investigante, a invocação de um vínculo exclusivamente biológico possa ser abusiva, não sendo de excluir, evidentemente, o tratamento destes casos-limite com um adequado "remédio" excepcional (seja ele específico – cfr. o regime referido do Código Civil de Macau – ou geral, como o abuso do direito, considerando-se ilegítimo desprezar os efeitos pessoais a ponto de se considerar a paternidade como puro interesse patrimonial, a "activar" quando oportuno).": acórdão nº 486/04, nº 19.

[1144] V. *infra*, neste capítulo, 3.4.4.5.

A JURISPRUDÊNCIA DO TRIBUNAL CONSTITUCIONAL

vidade farmacêutica no seu espaço próprio, fora do mercado, sem fins lucrativos, com puros objectivos de solidariedade social"[1145].

No acórdão nº 313/13 (estudado no número anterior), depois de ser considerada inidónea, foi considerada desnecessária a solução legislativa de fixar limites mínimos de coimas igualmente aplicáveis independentemente de o livro de reclamações ser ou não facultado depois da recusa inicial. Haveria soluções menos drásticas (menos inflexíveis, ou menos insensíveis às diferentes intensidades de satisfação do fim em causa) e mais satisfatórias.

Não existem muitas indicações sobre como o Tribunal encara as situações em que os meios alternativos disponíveis são eventualmente menos onerosos para os bens, interesses ou valores sacrificados, mas são mais dispendiosos ou envolvem o comprometimento de mais recursos materiais ou financeiros públicos. No entanto, existem indícios de que o Tribunal segue, sem grande elaboração teórica, a tendência de outras jurisdições constitucionais. Isso resulta claro, por exemplo, no acórdão nº 340/13, quando o Tribunal declara que a solução normativa em causa é necessária "em virtude da mesma corresponder (...) a um meio exigível no sentido de obter o fim da eficiência do sistema fiscal, objetivo esse que não se mostra que seria alcançável através de mecanismos alternativos *que se revestiriam de excessiva onerosidade* para a Administração Tributária, quer pelo *dispêndio de recursos* e de tempo, quer pelo risco de ineficácia, face à complexidade, dimensão e multiplicidade de atividades e situações a que têm de responder os modernos sistemas fiscais, no quadro de uma "Administração de massas".

Embora não haja elementos suficientes para se poder falar de uma orientação estável do Tribunal, encontram-se expressões daquilo que designaremos (e, em certa medida, refutaremos) por *conceção restrita*, de índole subjetivista, quanto à delimitação dos meios alternativos a serem objeto de comparação[1146]: esses meios alternativos têm de ser (i) tão idóneos ou eficazes para obter o mesmo resultado em termos de intensidade de realização do fim de interesse público, (ii) com menor onerosidade para *os titulares das posições jurídicas afetadas*[1147]. Ou seja, há uma redução do universo das medidas alternativas de acordo com um critério *subjetivo*. Para serem consideradas alternativas, terão de ser meios que se reportem ao mesmo universo subjetivo.

3.4.4. A incomodidade (?) na avaliação da proporcionalidade e.s.e.

O segmento da proporcionalidade e.s.e. é o que levanta maiores dificuldades quando se visa traçar um fio condutor da jurisprudência constitucional. Isso

---

[1145] Acórdão nº 612/11, nº 8.
[1146] Sobre isto v. *infra*, capítulo 16.
[1147] Acórdão nº 187/13, nº 81.

O PRINCÍPIO DA PROIBIÇÃO DO EXCESSO

não surpreende: é uma réplica do que sucede noutras ordens constitucionais. O Tribunal fica longe de ensaiar qualquer fórmula de matematização da ponderação "*a la ALEXY*"[1148], tal como sucede com outros tribunais constitucionais, a começar pelo alemão. Mas não é só avesso a exercícios de formalização ou esquematização da ponderação: também denota frequentemente dificuldade – ou talvez relutância – em ponderar, deixando pairar a impressão de uma certo escapismo ponderativo[1149]. Acresce que em alguns casos há discrepância entre o *programa* pré-anunciado e a tarefa realizada: anuncia-se a proporcionalidade (em sentido amplo ou estrito) e a ponderação, mas esta não é efetivamente realizada[1150]. Mas também pode suceder que o seja sem qualquer aviso prévio ou admissão do facto.

3.4.4.1. Não avaliação

A não avaliação pode decorrer de o Tribunal pura e simplesmente não fazer a averiguação do cumprimento de nenhum dos segmentos, mesmo quando pré-anuncia a aplicabilidade (e a aplicação) do princípio da proporcionalidade[1151], ou de apurar a inobservância de algum dos segmentos a montante. Mas também pode resultar do facto de o Tribunal simplesmente prescindir de realizar a apreciação da proporcionalidade e.s.e., sem justificação expressa[1152]. Neste último caso, há uma fuga à própria ponderação nas suas diferentes matizações[1153].

3.4.4.2. Fuga ao reconhecimento de que se pondera

Em alguns casos não há "fuga" à ponderação, mas há ponderação unicamente implícita, ou "fuga" à admissão de que se está a realizar um processo ponderativo[1154].

[1148] Nota-o também MORAIS, *Curso...*, II, 2, p. 683. V., contudo, o que dizemos *infra*, 3.4.4.4., sobre o acórdão nº 418/13.

[1149] A leitura é talvez impressionista e subjetiva. V., por exemplo, MORAIS, *Curso...*, tomo II, vol. 2, p. 475, falando antes de "grande desenvoltura, quiçá por vezes excessiva".

[1150] Pode alegar-se que esse fenómeno também tem vindo a ser crescentemente observado na jurisprudência mais recente do TC alemão: cfr., por todos, ŠUŠNJAR, *Proportionality...*, p. 146. Todavia, isso tem uma explicação que não vale (ainda) para o TC português: depois de longas décadas a ponderar, o TC alemão chegou a parâmetros materiais sobre os temas mais recorrentes que, embora não vigore o sistema de precedente, podem hoje ser aplicados com muita dedução e pouca ponderação adicional.

[1151] V., por exemplo, acórdãos nºs 644/98 e 67/07.

[1152] Por exemplo, acórdão nº 187/01.

[1153] Como SCHLINK, «Der Grundsatz der Verhältnismäßigkeit», p. 462, refere sobre o *BVerfG*, pode-se dizer que o Tribunal fala mais da proporcionalidade e.s.e. do que a aplica.

[1154] V., por exemplo, acórdãos nºs 391/02, nº 6 ou 594/03, nº 11. 1.

A JURISPRUDÊNCIA DO TRIBUNAL CONSTITUCIONAL

Mesmo quando não se pode falar de fuga à apreciação da proporcionalidade e.s.e., a operação de ponderação pode ser realizada de forma sumária e a adesão do Tribunal à linguagem da ponderação, da comparação de pesos e importâncias, é subliminar, superficial ou camuflada em fórmulas que, não raro, escondem a própria atividade de *balancing* de bens, interesses e valores[1155].

3.4.4.3. Ponderação sem alicerces seguros

Encontram-se situações em que se assume a necessidade de ponderar, mas em que a possibilidade de uma ponderação metodicamente impecável esbarra com a ausência de alicerces seguros, resultante, designadamente, de os passos lógicos de aplicação do princípio não serem integralmente preenchidos. Recordemos o acórdão nº 88/04. O Tribunal apreciou uma norma que fazia depender a atribuição de pensão de sobrevivência a quem tinha vivido em união de facto com beneficiário da Caixa Geral de Aposentações, por morte deste, da prova do direito do companheiro sobrevivo a receber alimentos da herança do companheiro falecido, o qual teria de ser invocado e reclamado na herança do falecido, com o prévio reconhecimento da impossibilidade da sua obtenção. Ora, à cabeça o Tribunal não pôde determinar com segurança o *fim* prosseguido com esta norma, admitindo vagamente objetivos políticos de proteção e incentivo do casamento, ou de redução da necessidade de despender fundos públicos, remetendo para entidades privadas a solução de uma situação de eventual carência económica. Nesse contexto, falhando um pressuposto da aplicabilidade da proporcionalidade – a existência de um *fim legítimo* –, poderia o exame da norma ter ficado logo por aí. Prosseguindo a sua apreciação, a aplicação da proporcionalidade assentou em bases pouco seguras. Como se viu acima, concluiu-se pela inadequação da medida ao fim visado "qualquer que este seja"[1156] e pela sua desnecessidade para o satisfazer (mesmo não estando definido seguramente qual era). Apurou-se, por outro lado, a violação do princípio da proporcionalidade em sentido estrito, sem nenhuma operação de ponderação da intensidade dos efeitos sacrificiais e da intensidade dos efeitos de satisfação dos bens, interesses ou valores em colisão, porque esta era, em boa verdade, impossível: embora se soubesse quais os bens, interesses ou valores que os efeitos da norma atingiam (os dos artigos 36º, nº 1, e 61º, nºs 1 e 3, da CRP), não se

---

[1155] Por exemplo, acórdão nº 458/93, onde foi contrapesado de forma sub-reptícia o dever de imediata denúncia da prática de um crime e os interesses da salvaguarda da independência do país, da integridade do seu território, da segurança interna e externa.
[1156] Acórdão nº 88/04, nº 10.6.

O PRINCÍPIO DA PROIBIÇÃO DO EXCESSO

sabia verdadeiramente quais os bens, interesses ou valores que a norma pretendia satisfazer e satisfazia efetivamente[1157].

3.4.4.4. *Tendência para a não declaração da violação da proporcionalidade e.s.e.*

Mesmo quando haja apreciação assumida da proporcionalidade e.s.e., a tendência mais pronunciada é para a não declaração da violação desse segmento. A razão disso pode ser uma excessiva frugalidade ou até esvaziamento do juízo ponderativo, uma atitude de deferência para com os juízos efetuados pelo legislador, baseada, ou não, na realização de juízos ponderativos do próprio Tribunal ou, ao invés, a exaustiva ponderação do Tribunal[1158].

Claramente deferencial é a ponderação realizada no acórdão nº 159/07, incidente sobre a norma que permite a remição do arrendamento rural. Ponderando-se "se o prejuízo que ela causa ao senhorio (ablação do direito de propriedade) é ou não desproporcionado em relação ao benefício que com ela se espera obter (consolidação da posição jurídica do rendeiro relativamente à terra que cultiva e às benfeitorias nela realizadas)"[1159], conclui-se que essa ponderação "pressupõe uma avaliação material que se encontra muito próxima dos limites do poder jurisdicional, na fronteira com o poder legislativo." Não constituindo a opção legislativa "erro manifesto de apreciação" "entende-se que (...) o legislador deve beneficiar do mencionado crédito de confiança (...)"[1160].

Menos notoriamente deferencial, é o exercício do acórdão nº 340/13. Entre outras questões, estava em causa saber se o direito do arguido a não contribuir para a sua própria incriminação (*"nemo tenetur se ipsum accusare"*) era validamente restringido pelas normas que permitiam a utilização de documentos obtidos por uma inspeção tributária ao abrigo do dever de cooperação do contribuinte, como prova em processo criminal pela prática do crime de fraude fiscal movido contra este. Contrapesando-se a restrição ao direito (ou princípio) à não autoincriminação e os valores constitucionais que se pretendiam salvaguardar com essa restrição (*grosso modo*, o interesse da fiscalização do cumprimento dos deveres fiscais e, mais remotamente, as finalidades do sistema fiscal), concluiu-se que

---

[1157] A afirmação de que se apurou uma violação da proporcionalidade e.s.e. pode, todavia, ser confrontada com alguma ambiguidade do acórdão. É certo que este começou por afirmar que a interpretação normativa em causa indiscutivelmente violava o princípio da proporcionalidade em sentido estrito ou da "justa medida". Todavia, poucas linhas abaixo, em nova síntese sobre a violação do princípio, é omitida a referência à violação da proporcionalidade e.s.e. (o que é consistente com o facto de nenhum exercício de ponderação próprio da proporcionalidade e.s.e. ter sido efetuado, como expusemos).

[1158] V., entre muitos, os acórdãos nºs 309/01, nº 3.6., 491/02 e 594/03.

[1159] Acórdão nº 159/07, nº 14.

[1160] *Idem*.

A JURISPRUDÊNCIA DO TRIBUNAL CONSTITUCIONAL

não se verificava a lesão da proporcionalidade e.s.e. As opções legislativas são "equilibradas, visto que contêm mecanismos flanqueadores que salvaguardam uma adequada ponderação dos concretos bens jurídicos constitucionais em confronto, ou seja, entre o direito que é objeto de restrição e dos valores ou interesses que justificam a restrição"[1161].

Outro bom exemplo de uma metódica ponderativa que, todavia, não desemboca na declaração de inconstitucionalidade, é o acórdão nº 418/13, sobre a realização de análises de sangue a condutores inconscientes, intervenientes em acidentes de viação, para efeitos de eventual responsabilização criminal. O Tribunal contrapesou os bens, interesses ou valores da integridade física, da reserva da vida privada e da proibição de provas obtidas com violação da integridade física, com os bens, interesses ou valores da pretensão punitiva do Estado e da proteção do bem jurídico *segurança rodoviária* (e, reflexamente, da tutela da vida e integridade pessoal, bem como do direito à propriedade privada). Depois da apreciação das interferências em causa – a realização de análises de sangue, mesmo sem o assentimento do condutor acidentado e inconsciente – e do seu *modus faciendi*, concluiu que o grau de interferência na integridade física daí resultante era "*muito baixo*", constituindo uma "*reduzida interferência*" com "*reduzida intensidade*"[1162]. Por outro lado, o alcance intrusivo da intervenção no "direito à reserva da vida privada", era "*reduzido*"[1163]. Em contrapartida, pode-se interpretar o acórdão em termos de admitir que os bens, interesses ou valores que o legislador visava promover, isto é, diretamente, o bem da segurança rodoviária e, reflexamente, a tutela da vida e integridade pessoal, bem como o direito à propriedade privada[1164], têm importância *elevada*. Não seria difícil reduzir estes

---

[1161] Acórdão nº 340/13, nº 2.

[1162] Acórdão nº 418/13, nº 8.

[1163] *Idem*: "apesar de corresponder a uma ingerência no direito à esfera pessoal de privacidade do examinando, tem um alcance intrusivo reduzido, porquanto apenas implica a recolha, para fins restritos e legalmente delimitados, de uma amostra de um material biológico preciso, revelador de limitadas informações acerca da vida privada do visado, realizada no recato conatural ao contexto hospitalar, por pessoal de saúde sujeito a segredo profissional".

[1164] Acórdão nº 418/13, nº 6. Apesar de se tratar de um dos acórdãos que desenvolvem um cristalino exercício de avaliação da ponderação realizada pelo legislador, não está isento de algumas deficiências que afetam em geral a ponderação. Designadamente, a falta de clareza sobre o que se pondera. Por um lado, há a indicação inicial de que é ponderado o bem jurídico *da segurança rodoviária*, aquele que é diretamente protegido pela norma em causa (mas cuja amarração constitucional não é demonstrada ou discutida). Esta protegeria também, mas apenas *reflexamente*, alguns direitos fundamentais. Todavia, o exercício ponderativo anda em torno destes últimos e não daquele bem jurídico principalmente tutelado pela norma. Aliás, a conclusão é elucidativa: a restrição é "proporcional em sentido estrito, apresentando-se como equilibrada e correspondente à justa medida imposta pela *proteção dos direitos que cumpre acautelar*" (itálico aditado).

O PRINCÍPIO DA PROIBIÇÃO DO EXCESSO

cursos argumentativos à *fórmula do peso* de ALEXY que, como veremos, é uma das tentativas mais conhecidas de formalizar e expressar matematicamente a ponderação típica da proporcionalidade e.s.e.[1165]

Exemplo relativamente atípico é o do acórdão 530/07, em que estava em causa o julgamento da constitucionalidade de uma norma da LOFPTC que permite decisões sumárias[1166].

3.4.4.5. *Raras situações de ponderação e de conclusão pela violação da proporcionalidade e.s.e.*

Haverá desde logo que segregar aqueles casos que se enquadram na proporcionalidade quantitativa[1167], embora o Tribunal não explicite essa pertença. Por exemplo, no acórdão nº 1182/96 conclui-se que os valores das taxas de justiça apreciados são "manifestamente excessivos e desproporcionados", depois de uma "ponderação de meios e fins"[1168]. Porém, aí está em causa a aplicação da proporcionalidade quantitativa.

[1165] Interessante, quer para o debate doutrinário quer para a iluminação das dúvidas que circulam no interior do próprio Tribunal, é a declaração de voto de Lúcia Amaral: tratando-se de uma situação de colisão de um dever positivo do legislador de emitir normas que protejam direitos de particulares, com um dever negativo de não afetar outros direitos de outros particulares, as normas que superam essa colisão são harmonizadoras e não restritivas, pelo que não é aplicável o princípio da proporcionalidade. No capítulo 9, 2.2.3. e 2.3.4., pronunciar-nos-emos sobre a distinção entre normas restritivas e normas harmonizadores. No capítulo 21 sugeriremos que se trata de uma situação de constelação triangular (*Dreieckskonstellationen*), a que se aplica a proibição do defeito.

[1166] "Ora, também desta perspectiva, não se afigura que a atribuição de poder a um dos membros deste Tribunal para proferir decisão sumária em caso de "simplicidade" da questão a apreciar constitua uma restrição desproporcionada do direito à tutela jurisdicional efectiva dos recorrentes. Por um lado, em boa verdade, não é intolerável que o recorrente fique impedido de apresentar alegações escritas, na medida em que o mesmo teve tal oportunidade no decurso do processo que deu lugar aos presentes autos. Na medida em que o Tribunal Constitucional apenas julga questões de inconstitucionalidade em sede de recurso, torna-se evidente que o Juiz-Relator junto deste Tribunal já teve oportunidade de analisar as alegações proferidas perante o tribunal *"a quo"*. Por outro lado, conforme já demonstrado a propósito da aferição da "necessidade" da restrição, não se afigura intolerável que a pretensão do recorrente seja decidida mediante decisão sumária, visto que – além de já existir jurisprudência consolidada nesse sentido – tal decisão sumária é passível de reclamação para a conferência prevista no nº 3 do artigo 78º-A da LTC e, em caso de ausência de unanimidade em sentido favorável àquela, para o plenário da respectiva secção."

[1167] Sobre o conceito v. *infra*, capítulo 24.

[1168] Acórdão nº 1182/96, nº 2.5.: "Haverá, então, que pensar em termos de "proporcionalidade em sentido restrito", questionando-se "se o resultado obtido (...) é proporcional à carga coactiva" que comporta (*ibidem*). A ponderação de meios e fins a que assim somos conduzidos não pode deixar de ter presente os quantitativos concretos das custas no processo tributário e, em função disso, não pode deixar de conduzir à conclusão que os valores em causa, quando encarados numa lógica

294

A JURISPRUDÊNCIA DO TRIBUNAL CONSTITUCIONAL

Essa depuração reduz mais à condição de residuais os casos de declaração da inconstitucionalidade por violação da proporcionalidade e.s.e., particularmente os de violação *exclusiva* da proporcionalidade e.s.e.

Um dos poucos casos inequívocos é o do acórdão nº 470/99, onde se procedeu ao "balanceamento" das "razões de interesse e ordem pública que fundamentam a medida de expulsão" e do interesse da "conservação da unidade familiar", tendo tal "balanceamento" conduzido à declaração de inconstitucionalidade de uma norma que permitia a expulsão de cidadãos estrangeiros que tenham filhos menores de nacionalidade portuguesa, com eles residentes em território nacional.

Outra das situações em que foi efetuada uma operação de ponderação, tendo o Tribunal encontrado uma situação de desproporcionalidade, a acrescer à desnecessidade, foi a do acima mencionado acórdão nº 486/04, sobre o regime de caducidade do direito de ação de impugnação da maternidade ou da paternidade ao fim de um curto período de tempo após a maioridade. Julgou-se que aquele regime passara "a traduzir uma apreciação *manifestamente incorrecta* dos interesses ou valores em presença, em particular, quanto à intensidade e à natureza das consequências que esse regime tem para cada um destes: (...) os prejuízos, designadamente não patrimoniais, que advêm da *perda, aos vinte anos de idade, do direito a saber quem é o pai,* [apresentam-se] *claramente desproporcionados* em relação às desvantagens eventualmente resultantes, para o investigado e sua família, da acção de investigação (quer esta proceda – caso em que só será mais evidente a falta de justificação para invocar estes interesses –, quer não)[1169].

3.4.4.6. *Oscilações sobre o que se pondera*

Como veremos a seu tempo, um dos nós problemáticos da dogmática da ponderação e, mais especificamente, da proporcionalidade e.s.e., é determinar exatamente o que se pondera, isto é, o que se compara e contrapesa. Debalde se procura uma orientação uniforme na jurisprudência do Tribunal. É certo que há uma formulação muito citada: a que alude à ponderação da *carga coativa* decorrente da medida adotada e do peso específico do *ganho de interesse público* que com tal medida se visa alcançar[1170]. Porém, a sua repetição, para além de não suprimir a impropriedade (decorrente do uso da expressão *carga coativa*, adaptável essencialmente ao domínio penal), não esconde a circunstância de a

---

comparativa com os decorrentes do CCJ, se revelam manifestamente excessivos e desproporcionados, tornando a justiça tributária frequentemente incomportável, tomando como paradigma «a capacidade contributiva do cidadão médio»". O acórdão prossegue fazendo uma mera comparação entre as custas judiciais no processo tributário e em outros domínios processuais.

[1169] Acórdão nº 486/04, nº 19.

[1170] V., por todos, acórdãos nºs 1182/96 e 632/08, nº 11.

O PRINCÍPIO DA PROIBIÇÃO DO EXCESSO

delimitação das grandezas ou atributos que são ponderados variarem de acórdão para acórdão, e até dentro da própria fundamentação de uma única decisão.

No acórdão nº 187/01, o Tribunal elucida que «[t]rata-se...de exigir que a intervenção, nos seus efeitos restritivos ou lesivos, se encontre numa relação "calibrada" – de justa medida – com os fins prosseguidos...".

Pouco depois, o acórdão nº 309/01, apesar de extensas remissões para o do parágrafo anterior, parece contrapesar *os próprios direitos* colidentes (direitos dos senhorios e direitos das IPSS arrendatárias, bem como dos utentes ou beneficiários dos seus serviços)[1171].

No acórdão 609/07, começa por se falar da ponderação de *interesses* para depois se falar da ponderação de *vantagens*. Isto é, por um lado haveria que fazer a ponderação do interesse do filho a determinar a verdadeira paternidade biológica e do interesse da harmonia e estabilidade da vida e da família conjugal[1172]. Mas, mais adiante[1173], conclui-se, algo elipticamente, que "as desvantagens que advêm da perda da possibilidade do direito de vir a ter a sua paternidade em correspondência com a verdade biológica são superiores e claramente desproporcionadas em relação às desvantagens eventualmente resultantes, para o impugnado e sua família." Parece querer dizer-se que as desvantagens resultantes de se restringir o prazo para o estabelecimento da paternidade são superiores às *vantagens* (e não desvantagens) que o impugnado e sua família recolhem dessa solução legislativa.

No acórdão nº 159/07, incidente sobre a norma que permite a remição do arrendamento rural, o Tribunal alude à ponderação de *prejuízos* e de *benefícios*: pondera-se "se o prejuízo que ela causa ao senhorio (ablação do direito de propriedade) é ou não desproporcionado em relação ao benefício que com ela se espera obter (consolidação da posição jurídica do rendeiro relativamente à terra que cultiva e às benfeitorias nela realizadas)"[1174].

A apresentação de formulações poderia continuar, mas não permitiria chegar a outra conclusão que não a da fragmentação e multiplicidade de visões sobre o objeto da ponderação.

[1171] Nº 3.6.
[1172] Nº 18.
[1173] Nº 21.
[1174] Nº 14.

A JURISPRUDÊNCIA DO TRIBUNAL CONSTITUCIONAL

4. Extensão e alcance dos poderes do Tribunal

4.1. Os poderes do Tribunal perante o legislador

O Tribunal desde cedo julgou necessário estabelecer a linha limítrofe das suas competências de controlo judicial, as mais das vezes de modo *ad hoc*. O tópico é versado desde os primeiros acórdãos[1175], sempre no sentido de reconhecer uma ampla margem ou liberdade de conformação do legislador na fixação do fim e do nível de satisfação visado e de rejeitar que a aplicação do princípio implique restringir os meios alternativos a um único[1176]. Uma boa síntese, é oferecida pelo já conhecido acórdão nº 88/04:

> "(...) estando em causa actividade legislativa, é reconhecido ao legislador um considerável espaço de conformação, um largo âmbito de discricionariedade, pelo que a avaliação pelos tribunais da inconstitucionalidade de uma norma, por violação do princípio da proporcionalidade, depende de se poder assinalar uma manifesta inadequação da medida, uma opção manifestamente errada do legislador, um carácter manifestamente excessivo da medida ou inconvenientes manifestamente desproporcionados em relação às vantagens que apresenta."[1177]

Antes disso, já tinha sido afirmado que "a limitação da liberdade de conformação (...) só pode, pois, ocorrer quando a punição criminal se apresente como *manifestamente excessiva*"[1178]. "O Tribunal só deve censurar as soluções legislativas que cominem sanções que sejam desnecessárias, inadequadas ou manifesta e claramente excessivas"[1179]. Noutra ocasião, o juiz constitucional fizera depender a censura jurídico-constitucional da "possibilidade de demonstrar um erro particularmente *grave* e *manifesto* na escolha do meio que o legislador escolheu para atingir o fim por si visado"[1180]. Ainda noutra, estabeleceu que a liberdade de definição de limites de coimas cessa em casos de *flagrante e manifesta* desproporcionalidade[1181].

Essas manifestações de deferência abrangem as avaliações e apreciações empíricas, mas também as valorações do legislador. Sobre a proporcionalidade e.s.e. (aparentemente), diz o acórdão nº 309/01: "Não deixa aqui de ter inteira pertinência o que se escreveu no Acórdão nº 187/01 no sentido de que o Tribunal não

---

[1175] V. logo o acórdão nº 25/84. Depois, entre muitos, os acórdãos nºs 11/88, 69/88, 349/91, 152/93, 237/95, 527/95, 758/95, 309/01, 221/09, 286/11, 313/13.

[1176] V. o que se escreveu sobre o acórdão nº 187/01; v., também, por exemplo, acórdão nº 651/09 (direito à pensão de sobrevivência em situações de união de facto).

[1177] Acórdão nº 88/04, nº 10.5.

[1178] Acórdão nº 634/93, nº 6; v., também, o acórdão nº 420/13.

[1179] Acórdão nº 574/95, nº 5.3.

[1180] Acórdão nº 491/02.

[1181] Acórdão nº 313/13, nº 7.

O PRINCÍPIO DA PROIBIÇÃO DO EXCESSO

deve substituir a sua avaliação à que é efectuada pelo legislador naqueles casos *"em que a relação medida-objectivo é social ou economicamente complexa e a objectividade dos juízos que se podem fazer (ou suas hipotéticas alternativas) difícil de estabelecer"*[1182].

O entendimento de que a declaração de violação de qualquer dos segmentos da proporcionalidade envolve um vício *manifesto, flagrante* ou *grave*, articula-se com outras expressões, como "prerrogativa de avaliação" ou "crédito de confiança" do legislador[1183].

Todas estas expressões de deferência e de autocontenção (algumas vezes apenas nominais) estão umbilicalmente ligadas ao reconhecimento de uma posição institucional de vantagem do legislador, particularmente nas apreciações empíricas.

Todavia, a posição do juiz constitucional não é igual em todas as circunstâncias. Mais uma síntese:

"...como bem se sabe, o juízo relativo à «proporcionalidade» do agir estadual não se sustenta sempre do mesmo modo, qualquer que seja a natureza da norma infraconstitucional que se tenha que julgar e qualquer que seja a posição jurídica subjetiva por essa mesma norma afetada. Pelo contrário: o *iter metódico* a seguir na fundamentação desse juízo será diverso, devendo ser tanto mais exigente quanto mais intensa for, *in casu*, a afetação, por via legislativa, de posições jurídico-subjetivas que devam ser qualificadas como fundamentais."[1184]

Uma indicação clara, portanto: *quanto mais intensa for a afetação das posições subjetivas, maior é a extensão do poder judicial*.

Este postulado tem correspondência naquilo que o Tribunal já designou, com alguma doutrina (sem densificar), de *ónus de demonstração*, a cargo do legislador, das razões de interesse público que justificam a interferência. Embora se refira *prima facie* a uma aplicação da dimensão de proporcionalidade que o Tribunal incorpora no princípio da proteção da confiança, interessa tomar em consideração a doutrina que se extrai do acórdão nº 474/13, onde a declaração de inconstitucionalidade foi decisivamente marcada pela circunstância de o legislador não ter superado esse ónus de demonstração[1185]. Também este assume *intensidade variável*, a qual aumenta proporcionalmente à medida que aumente a

---

[1182] Acórdão nº 309/01, nº 3.6.

[1183] Cfr. as referências ao acórdão nº 187/01, *supra*; v., também, acórdão nº 159/07: "deve, ainda, ter-se presente que, nas situações em que a avaliação da limitação ou restrição pelo critério da proporcionalidade se revele complexa (...) o Tribunal Constitucional tem reconhecido ao legislador uma prerrogativa de avaliação ou crédito de confiança, reservando a sua intervenção apenas para as situações de *ultima ratio*."

[1184] Acórdão nº 846/14, nº 5.

[1185] V. acórdão nº 474/13, nº 15.1 e também a declaração de voto de Lúcia Amaral.

A JURISPRUDÊNCIA DO TRIBUNAL CONSTITUCIONAL

intensidade do grau de afetação dos bens, interesses ou valores atingidos pelos efeitos da norma[1186].

O grau máximo de deferência para com o legislador ou de admissão de vantagem institucional e técnica, que leva a decisões que se aproximam da declaração de incompetência para a apreciação e aplicação da proporcionalidade, ocorre quando estão em causa *limiares quantitativos*. Isso resulta explicitamente de acórdãos relacionados com aspetos específicos das finanças regionais, designadamente valores das transferências do Orçamento de Estado para as Regiões, ou limites de endividamento das Regiões[1187]. Depois de acentuar a recusa de se substituir ao Parlamento na fixação de valores e de aludir ao caráter "radical e essencialmente técnico-político (no sentido de que é, e não pode deixar de ser, confiada ao saber técnico...)"[1188] da decisão legislativa, o Tribunal limita drasticamente o alcance do seu juízo de proporcionalidade ou confessa-se impotente para o fazer[1189].

4.2. O grau de prova e de convicção exigíveis

A tensão entre liberdade de conformação/deferência e modulação da extensão do poder do juiz constitucional reflete-se necessariamente no nível da prova requerida no que toca às questões empíricas e no grau de convicção requerido para a prolação de uma decisão de inconstitucionalidade por violação da proibição do excesso. No entanto, as *diferenciações* que poderiam ser estabelecidas têm pouco reflexo na jurisprudência do Tribunal, havendo, portanto, lugar a um aprofundamento doutrinal que ensaiaremos adiante[1190].

Não faltam exemplos demonstrativos de que o Tribunal declara a violação da proporcionalidade predominantemente na base da evidência e de que não a

---

[1186] "Importa dizer que o oferecimento das razões de interesse público que justificam a medida constitui ónus do legislador. Impõe-se aqui de forma acrescida, pela força das expectativas que contraria e sobretudo pela intensidade do grau de afetação que opera (...). O legislador carece de demonstrar, nos planos da *adequação, necessidade* e *justa medida*, que a intervenção *funda* e *não transitória* que opera responde a exigências da Administração Pública, em especial perante a adstrição decorrente do artigo 266º da Constituição" (acórdão *cit.*, nº 15.1.).

[1187] V. acórdãos nºs 532/00, 567/04 e (sobre tema diferente) 376/05.

[1188] Acórdão nº 532/00, nº 13.

[1189] Acórdão nº 532/00, *idem*: "...sob pena de o Tribunal agir ultra vires, só lhe cabe, para julgar aqui do respeito pelo princípio da proporcionalidade, controlar se o legislador excedeu a margem de discricionariedade que lhe está, nesta matéria, reservada." Por seu turno, o acórdão nº 567/04, vai mais longe no reconhecimento da impossibilidade de formulação de um juízo pleno de proporcionalidade: "(e)sse juízo de proporcionalidade, já de si complexo face à fixação de um valor em concreto, resulta totalmente impossível...".

[1190] Capítulo 19.

O PRINCÍPIO DA PROIBIÇÃO DO EXCESSO

declara quando falha essa evidência[1191]. Assim, julgou *manifestamente excessiva* a norma que obriga que a dissolução de associação sindical seja aprovada pelo voto favorável de ¾ de todos os associados[1192]. Ou *manifestamente excessiva* a norma que estabelecia certas inelegibilidades[1193]. Ou *manifestamente incorreta* a apreciação dos interesses ou valores em presença[1194]. Ou *manifestamente* inadequada ou excessiva, com inconvenientes *manifestamente* desproporcionados em relação às vantagens, a medida que impõe ao companheiro sobrevivo unido de facto, a produção de prova de indigência para que lhe seja paga pensão de sobrevivência[1195].

Embora se trate de um caso de proporcionalidade quantitativa, o acórdão nº 20/03 é também indiciador de uma *tendência* firme e de uma linha de argumentação seguida em casos de proibição do excesso. O Tribunal pronunciou-se pela não desproporcionalidade numa situação de ausência de prova de manifesta desproporcionalidade: "As recorridas invocam a desproporcionalidade do tributo, uma vez que, alegam, o seu valor subiu 900% (...). Porém, a decisão recorrida considerou que, "em face do probatório, faltam elementos que conduzam a considerá-la [a desproporcionalidade] verificada" (...), nomeadamente a prova de quanto as recorridas pagavam em anos anteriores e há quanto tempo não eram actualizadas as taxas. Em face desta insuficiência, não se afigura manifesto que exista uma desproporcionalidade que afecte critérios de justiça tributária."

Do que antecede, podem extrair-se subsídios relevantes para um tema que debateremos no final deste trabalho[1196]. Parece medianamente claro que o juiz constitucional vê na proibição do excesso coisa diferente de um parâmetro de controlo que conduza à invalidação de toda e qualquer solução que não seja a *melhor* ou a *mais justa*. Uma indicação relevante flui do acórdão nº 200/01, sobre emolumentos do Tribunal de Contas. O Tribunal Constitucional, depois de assentar que a norma em causa não podia ser considerada *manifestamente inadequada* para conseguir os objetivos a que se propunha, prosseguiu admitindo que as normas sob julgamento podiam eventualmente não corresponder "à *melhor* solução, ou à solução mais justa". Todavia, a sua previsão enquadrava-se ainda "no espaço de conformação do legislador, não podendo dizer-se que a possibili-

---

[1191] Embora também se possa admitir que haja decisões em que a evidência da inconstitucionalidade seja discutível: nesse sentido, MORAIS, *Curso...*, II, 2, p. 746, exemplificando com os acórdãos nºs 413/14 e 574/14.

[1192] Acórdão nº 64/88, nº 2.3.

[1193] Acórdão nº 189/88, nº 3.

[1194] Acórdão nº 486/04, nº 19.

[1195] Acórdão nº 88/04, nº 10.6.

[1196] *Infra*, capítulo 29.

A JURISPRUDÊNCIA DO TRIBUNAL CONSTITUCIONAL

dade de um regime melhor adequado (...) determina necessariamente a inconstitucionalidade de todas as alternativas"[1197].

5. Confrontação com figuras afins

5.1. Proibição do defeito

O instituto da proibição do defeito ou da insuficiência entrou no repertório conceptual do Tribunal em 2010[1198]. Tal como na Alemanha, o veículo foi o debate sobre a colisão entre o dever (de ação positiva) de proteção da inviolabilidade da vida intrauterina e o dever de abstenção de interferência nos direitos da mulher grávida. Essa receção não surpreende, tendo em conta que o instituto é aplicado pelo juiz constitucional alemão e estudado pela doutrina desde a década de 1990 e que o Tribunal Constitucional português está consabidamente atento aos desenvolvimentos com essa proveniência. Por outro lado, a Constituição portuguesa possui uma estrutura normativa especialmente propícia à receção da proibição do defeito, mais até do que a Constituição alemã. Em boa verdade, surpreendente é a ativação do instituto ter sido realizada *apenas* em 2010. A pergunta que ocorre é como conseguiu o Tribunal prescindir desse instrumento antes de 2010, designadamente nas várias ocasiões em que aquele tema esteve na sua sala de sessões. É isso que tentaremos descobrir analisando alguns casos.

5.1.1. O tratamento anterior a 2010 das situações em que o legislador está sujeito a deveres de ação positiva

Organizaremos três grupos de casos, correspondentes a três situações possíveis: (i) situações em que o legislador está simultaneamente adstrito a deveres de proteção e de abstenção; (ii) situações em que o legislador está adstrito a deveres de produção de normas sobre processo, procedimento, organização e financiamento; (iii) situações em que o legislador está adstrito ao dever de materializar direitos sociais. Reitera-se a prevenção antes feita: as fronteiras entre alguns dos grupos (particularmente entre o primeiro e o segundo) são teoricamente claras, mas resultam algo artificiais quando se busca a sua concretização prática. Aliás, sobre os primeiros dois grupos é possível tirar conclusões

---

[1197] Acórdão nº 200/01, nº 7.

[1198] Acórdão nº 75/10 (Sousa Ribeiro), nº 11.4.3. Pouco depois, também acórdão nº 166/10 (Lúcia Amaral), nº 12. Com contributos fundadores, podem referir-se também declarações de voto de Paulo Mota Pinto, Messias Bento e Cura Mariano em acórdãos anteriores, bem como os acórdãos nºs 254/02 (Helena Brito) e 269/10 (Vitor Gomes), o último já ligeiramente posterior aos destacados em primeiro lugar. Cfr. *infra*, 5.1.3.

O PRINCÍPIO DA PROIBIÇÃO DO EXCESSO

conjuntas sobre o padrão de comportamento do TC e assim procederemos antes de avançarmos para o terceiro.

5.1.1.1. Situações em que o legislador está simultaneamente adstrito a deveres de proteção e de abstenção

5.1.1.1.1. Acórdão nº 25/84

A questão coloca-se desde logo a propósito do primeiro caso sobre a despenalização do aborto terapêutico, eugénico e criminológico, decidido no acórdão nº 25/84. Já aí o Tribunal entendeu que se verificava uma colisão entre interesses ou valores da vida intrauterina do nascituro e da mãe, ambos constitucionalmente tutelados. O parâmetro a que recorreu para averiguar da validade da solução normativa foi o *princípio da concordância prática*. Todavia, perceber em que é que, para o Tribunal, se cifra esse princípio, do ponto de vista estrutural e metódico, é dificultado por aquilo que parece ser a sobreposição de vários planos analíticos. O *objetivo* indicado é "encontrar e justificar a solução mais conforme ao conjunto de valores constitucionais". Essa é uma "atividade simultaneamente de interpretação e de restrição – de interpretação restritiva", aparentemente contraposta à tarefa de concretização dos limites imanentes. Quanto ao *modus operandi* da concordância prática, aos *critérios* a empregar e aos *resultados* a atingir, a colisão supera-se através de "um critério de proporcionalidade na distribuição dos custos do conflito e exige que o sacrifício de cada um dos valores seja necessário e adequado à salvaguarda dos outros"[1199]. Não se intui com clareza se o sacrifício mútuo dos interesses e valores tem de ser paritário, ou se pode ser desigual. Aliás, nunca se esclarece se o sacrifício concreto sofrido por cada um dos interesses ou valores colidentes infligido pelas normas é paritário ou desigual. Por outro lado, a utilização dos conceitos de proporcionalidade (sem indicação de aceção), de necessidade e de adequação, isto é os três segmentos da proibição do excesso ou proporcionalidade clássica[1200], configura uma simbiose entre concordância prática e proibição do excesso mais complexa – e mais obscura – do que aquela que alguns veem na versão original da concordância prática, já de si enigmática. Na doutrina *hessiana* da concordância prática, a escassamente explicada invocação de um critério de proporcionalidade é entendida por alguns como referência a algo materialmente equivalente à proporcionalidade e.s.e., com a qual aparece, aliás, muitas vezes confundida[1201].

[1199] Acórdão nº 25/84.

[1200] Que, recorde-se, já haviam sido enunciados há pouco tempo no acórdão nº 4/84, M. Diniz (inelegibilidades locais).

[1201] Cfr. *infra*, capítulo 25.

A JURISPRUDÊNCIA DO TRIBUNAL CONSTITUCIONAL

5.1.1.1.2. Acórdão nº 13/95
Em causa estavam aspetos do regime do direito de resposta (artigo 37º, nº 4). Subjacente, uma colisão entre, por um lado, esse direito, como meio de proteção da liberdade e de direitos de personalidade do visado, face à imprensa e aos titulares da liberdade de imprensa e de informação e, por outro, os direitos de defesa liberdade de imprensa e de informação (artigo 37º, nº 1). Embora não seja feita referência a qualquer dever do legislador de emissão de normas e de criação de procedimentos que permitam o exercício de um direito, decorre da fundamentação do acórdão que a facilitação do direito de resposta correspondia ao cumprimento de um dever *positivo* dessa natureza, coexistindo com um dever *prima facie* de abstenção (por isso, poderia incorporar-se também na seção seguinte, respeitante às situações em que o legislador está adstrito a deveres de produção de normas sobre processo, procedimento, organização e financiamento).

Como no anterior, há alusão ao objetivo da *concordância prática* entre as liberdades de imprensa e editorial e o direito de resposta"[1202]: "(o) que com as alterações intentadas introduzir se pretendeu foi, na concordância prática de direitos com igual dignidade constitucional, optar-se por uma certa prevalência do titular do direito de resposta, sem, grave ou desproporcionadamente, se lesar o direito de liberdade de imprensa e de informação (...)"[1203]. Essa prevalência traduz-se, no caso, na publicação da resposta associada à proibição de o órgão de comunicação social publicar, ele próprio, nota, comentário ou resposta.

No acórdão, o recurso à linguagem da proporcionalidade é evidente[1204], tal como também é evidente a falta de real e argumentada aplicação da metódica da proporcionalidade.

5.1.1.1.3. Acórdão nº 288/98
O acórdão "intermédio" sobre a despenalização da interrupção voluntária da gravidez (acórdão nº 85/85) optou por não invocar o princípio da concordância prática e por sublinhar o *excesso* que poderia constituir a eventual penalização do aborto nas circunstâncias em que a norma o não penalizava.

[1202] V., por exemplo, nº 3.1.

[1203] *Idem*, nº 3.

[1204] Assim, as normas "não se postam como *desproporcionadamente desadequadas* na limitação que, objectivamente, impõem à liberdade de imprensa..." (3.1.); "não divisa o Tribunal que a limitação dos casos de recusa de publicação do direito de resposta, na vertente de uma eventual restrição à liberdade de imprensa ou da liberdade editorial, constitua uma acentuada, clara ou patente *desproporção* em face da garantia, em termos de igualdade e eficácia, do direito de resposta"; "quando não quiser correr o risco de censurar o mérito das opções do legislador, só deve invalidar essas mesmas opções quando elas se apresentarem manifesta *ou excessivamente desproporcionadas*" (itálico aditado).

O PRINCÍPIO DA PROIBIÇÃO DO EXCESSO

A semântica da *harmonização ou concordância prática* é retomada pelo acórdão nº 288/98, sobre o projeto de referendo à despenalização da interrupção voluntária da gravidez. Por um lado, assume-se que o "artigo 24º da Constituição da República, além de garantir a todas as pessoas um direito fundamental à vida, subjectivado em cada indivíduo, integra igualmente uma dimensão objectiva, em que se enquadra a protecção da *vida humana* intra-uterina, a qual constituirá uma verdadeira imposição constitucional"[1205]. Por outro lado, estão em causa direitos da mulher grávida. Daí decorre a necessidade de harmonização entre o dever positivo de proteção da vida intrauterina e os pertinentes direitos negativos da mulher.

Essa harmonização realiza-se através de uma *equilibrada* ponderação de interesses. À primeira vista, poderia parecer que o acórdão admite a prevalência de um "interesse" sobre outro, quando começa por afirmar que a harmonização ou concordância prática não impede "que, em cada caso, haja um interesse que acaba por prevalecer e outro por ser sacrificado". Todavia, logo adianta que o legislador não pode estabelecer que um dos bens, interesses ou valores em colisão é "hierarquicamente superior" ao outro.

Como é que se evita essa harmonização sem hierarquização? No caso, consegue evitar-se através de um sistema de prevalências *descontínuas* ou *cruzadas* (isto é, prevalências que podem ser *totais* em certos momentos para se transformar depois em cedências eventualmente *totais* noutros momentos), materializado através de um sistema de prazos e indicações que possibilita que um dos conjuntos de bens, interesses ou valores colidentes prevaleça em certos momentos da gestação do feto, enquanto o outro prevalece em outros momentos. Não deve ser considerado nenhum dos momentos *isoladamente*. O que importa é que "*num contexto global*" se atinja um equilíbrio. No caso da legislação penal sobre o aborto, esse equilíbrio é conseguido através da prevalência da proteção do feto nas últimas semanas, enquanto nas primeiras se dá maior relevo à autonomia da mulher[1206].

[1205] Acórdão nº 288/98, nº 46.

[1206] As citações são do acórdão nº 288/98, nº 48, cujo teor invulgarmente esclarecedor merece ser transcrito neste trecho, apesar da sua extensão:

"(...) a harmonização entre a protecção da vida intra-uterina e certos direitos da mulher, na procura de uma equilibrada ponderação de interesses, é susceptível de passar pelo estabelecimento de uma fase inicial do período de gestação em que a decisão sobre uma eventual interrupção voluntária da gravidez cabe à própria mulher.

Nem se diga que, nessa hipótese, se renuncia a qualquer harmonização ou concordância prática, uma vez que, durante esse período *in casu*, as primeiras dez semanas um dos interesses em jogo é absolutamente sacrificado, ficando inteiramente desprotegido.

É que a harmonização, a concordância prática, se faz entre bens jurídicos, implicando normalmente que, em cada caso, haja um interesse que acaba por prevalecer e outro por ser sacrificado.

A JURISPRUDÊNCIA DO TRIBUNAL CONSTITUCIONAL

5.1.1.1.4. *Acórdão nº 486/04*

No acórdão nº 486/04[1207], foi apreciada a constitucionalidade da norma do artigo 1817º, nº 1, do Código Civil, que estabelecia um prazo de caducidade para a ação de investigação da maternidade e, por remissão, da paternidade que coincidia com os 20 anos do filho investigante. A norma foi declarada inconstitucional.

Colidiam, por um lado, o direito fundamental ao conhecimento e reconhecimento da maternidade e da paternidade, como dimensão do direito à identidade pessoal e, por outro, os valores da certeza e da segurança jurídicas e da paz e harmonia na família do pretenso pai e os direitos à reserva da intimidade da vida privada e familiar (do pretenso pai).

Como é usual, o Tribunal não promove a dilucidação a fundo da estrutura deôntica das normas que importam para a configuração da situação em causa, designadamente aquelas que definem a posição e o comportamento constitucionalmente esperado do legislador. Um esforço de tradução das várias indicações colhidas permite, todavia, afirmar que o legislador tinha (i) um *dever positivo* de criação dos mecanismos legislativos e procedimentais necessários para que os filhos exerçam o seu direito fundamental ao conhecimento e reconhecimento da maternidade e da paternidade, (ii) uma *permissão* para promover os valores da certeza e da segurança jurídica, bem como da harmonia na família do pretenso pai. Esse dever e essa permissão, colidiam parcialmente com (iii) um *dever negativo* ou de *abstenção* de interferência ou de perturbação, designadamente através da lei, dos direitos à reserva da intimidade da vida privada e

---

Quer isto dizer que, sempre dentro da perspectiva que agora se explicita, o legislador não poderia estabelecer, por exemplo, que o direito ao livre desenvolvimento da personalidade da mulher era hierarquicamente superior ao bem jurídico «vida humana intra-uterina» e, consequentemente, reconhecer um genérico direito a abortar, independentemente de quaisquer prazos ou indicações; mas, em contrapartida, já pode determinar que, para harmonizar ambos os interesses, se terão em conta prazos e circunstâncias, ficando a interrupção voluntária da gravidez dependente apenas da opção da mulher nas primeiras dez semanas, condicionada a certas indicações em fases subsequentes e, em princípio, proibida a partir do último estádio de desenvolvimento do feto. Assim, neste último caso, procura-se regular a interrupção voluntária da gravidez, ainda de acordo com uma certa ponderação de interesses que tem também como critério o tempo de gestação, pelo que a referida ponderação se há-de efectuar, tendo em conta os direitos da mulher e a protecção do feto, em função de todo o tempo de gravidez, não sendo, portanto, exacto considerar *isoladamente* que, durante as primeiras dez semanas, não existe qualquer valoração da vida intra-uterina; num contexto global, esta será quase sempre prevalecente nas últimas semanas, enquanto nas primeiras se dará maior relevo à autonomia da mulher (uma vez respeitadas certas tramitações legais que, aliás, podem traduzir uma preocupação de defesa da vida intra-uterina)".
[1207] O qual serviu de base quase inalterada para o acórdão nº 23/06 que, posteriormente, viria a declarar com força obrigatória geral a inconstitucionalidade da norma apreciada.

O PRINCÍPIO DA PROIBIÇÃO DO EXCESSO

familiar do pretenso pai. Trata-se, como se verá[1208], de uma constelação triangular (*Dreieckskonstellation*)[1209]. Se esta "leitura" estiver correta, então parece seguro que neste acórdão o Tribunal se afasta dos pressupostos que adotara anteriormente (v. abaixo o que se escreve sobre o acórdão nº 99/88).

O fundamento da declaração de inconstitucionalidade apresentado a título principal, foi a "*afetação do conteúdo essencial* dos direitos referidos" do investigante, isto é, do direito fundamental ao conhecimento e reconhecimento da maternidade e da paternidade, como dimensão do direito à identidade pessoal. Esta primeira conclusão merece um comentário breve, na medida em que ela é apenas uma demonstração da reiterada relutância do Tribunal em admitir que *pondera e contrapesa*, mesmo quando é óbvio que *pondera e contrapesa*. Boa parte da fundamentação do acórdão investe na demonstração de que os bens, interesses ou valores que colidem com aqueles direitos não são realmente plausíveis, não têm consistência ou têm um peso reduzido quando com eles contrapesados. Concluir por uma violação do conteúdo essencial do direito não é o desenlace óbvio desse *iter* argumentativo, a não ser que se perfilhe uma tese *relativista* do conteúdo essencial, o que não transparece da linha discursiva do acórdão[1210].

Talvez consciente dessa fragilidade técnico-dogmática, o relator dedica derradeiramente duas dezenas de linhas[1211] a sustentar que mesmo que fosse negada "uma verdadeira afetação do conteúdo essencial dos direitos", a norma sob julgamento violaria a "exigência" da proporcionalidade *lato sensu*. Da frugal fundamentação oferecida, extrai-se que haveria infração da proporcionalidade e.s.e.[1212] e da necessidade[1213], por esta ordem no acórdão.

[1208] *Infra*, capítulo 21.

[1209] Em rigor, poderia ser ademais identificada pelo menos uma quarta situação deôntica, envolvendo o legislador: um *dever negativo* ou de *abstenção* de interferência ou de perturbação do direito ao conhecimento e reconhecimento da maternidade e da paternidade. Todavia, essa situação não era relevante nas circunstâncias do caso.

[1210] Aliás, a doutrina mais representativa vê neste acórdão um exemplo de aplicação do nº 3 do artigo 18º, não obstante a ausência de menção expressa ao preceito: assim, MIRANDA/MEDEIROS, *Constituição...*, I, 2ª ed., p. 402.

[1211] Nº 19.

[1212] Acórdão nº 486/04, nº 19: "(...) os prejuízos, designadamente não patrimoniais, que advêm da *perda, aos vinte anos de idade, do direito a saber quem é o pai*, (...) apresentam(-se) *claramente desproporcionados* em relação às desvantagens eventualmente resultantes, para o investigado e sua família, da acção de investigação (quer esta proceda – caso em que só será mais evidente a falta de justificação para invocar estes interesses –, quer não)...".

[1213] À solução adotada pelo legislador, haveria "*...alternativas*, quer ligando o direito de investigar às reais e concretas possibilidades investigatórias do pretenso filho, sem total imprescritibilidade da acção (por exemplo, prevendo um *dies a quo* que não ignore o conhecimento ou a cognoscibilidade das circunstâncias que fundamentam a acção), quer para obstar a situações excepcionais, em que, considerando o contexto social e relacional do investigante, a invocação de um vínculo exclu-

A JURISPRUDÊNCIA DO TRIBUNAL CONSTITUCIONAL

Comecemos, porém, pela necessidade. O juízo de necessidade próprio da proibição do excesso, tal como o Tribunal o define, incide sobre a existência de alternativas que prossigam o fim com a mesma eficiência que a norma fiscalizada, mas menos interferentes nos bens, interesses ou valores colidentes[1214]. Se admitíssemos (como Tribunal admitiu) que os fins da norma fiscalizada eram os da tutela dos valores da certeza e da segurança jurídicas e da paz e harmonia na família do pretenso pai e os direitos à reserva da intimidade da vida privada e familiar (do pretenso pai), nenhuma das alternativas era igualmente eficiente, pelo que a norma, no estrito quadro da proibição do excesso, não poderia ser considerada desnecessária. E se admitíssemos, ao invés, que o fim da norma era a salvaguarda dos direitos e interesses do investigante, as alternativas apontadas pelo relator melhoravam a eficiência na prossecução desse fim (porque melhoravam a posição do investigante para fazer valer o seu direito), mas aumentavam o grau de interferência nos bens, interesses ou valores colidentes. Portanto, também desse ângulo seria inviável considerar a norma fiscalizada desnecessária à luz da proibição do excesso. O princípio da necessidade, como componente da proibição do excesso, na conceção (corretamente) aceite pelo Tribunal, não se coaduna com o resultado a que o Tribunal chegou. Consequentemente, é impossível dizer que se aplicou o princípio da proibição do excesso, na sua versão comum.

Por outro lado, o raciocínio exposto também não parece ser reconduzível à metódica de outro parâmetro, nessa altura ainda não reconhecido formalmente pelo Tribunal, a proibição do defeito[1215]. Ou, se o fosse, sê-lo-ia numa versão bastante potente, não consonante com aquela que parece aceitável como norma de controlo. O Tribunal entendeu que a norma apreciada estabelecia um certa relação entre o cumprimento de dois deveres do legislador, um de ação e outro de abstenção, mas que a Constituição determinava que deveria ser adotada uma outra alternativa de equilíbrio, que se atingiria através da satisfação mais intensa de um dos deveres e da satisfação menos intensa do outro. Como veremos

---

sivamente biológico possa ser abusiva, não sendo de excluir, evidentemente, o tratamento destes casos-limite com um adequado "remédio" excepcional (seja ele específico – cfr. o regime referido do Código Civil de Macau – ou geral, como o abuso do direito, considerando-se ilegítimo desprezar os efeitos pessoais a ponto de se considerar a paternidade como puro interesse patrimonial, a "activar" quando oportuno)."

[1214] Essa era já a doutrina do acórdão de referência nº 634/93 (segundo o princípio da exigibilidade (ou da necessidade) as medidas restritivas têm de ser exigidas para alcançar os fins em vista, *por o legislador não dispor de outros meios menos restritivos para alcançar o mesmo desiderato*) e continuaria a ser a doutrina seguida, como o mostra o acórdão nº 530/07.

[1215] Porque, para usar as palavras do próprio Tribunal, em acórdão posterior, não se afigura que a proibição do excesso "se encontre disponível, *qua tale*, para atalhar um défice (de proteção), em concretização da proibição da insuficiência..." (acórdão nº 75/10, nº 11.7.).

O PRINCÍPIO DA PROIBIÇÃO DO EXCESSO

adiante, tendo em conta a ampla margem de conformação do legislador quando se trata da definição do modo como cumpre deveres constitucionais contraditórios – margem essa maior, inclusive, do que nas situações que recaem sob a égide da proibição do excesso –, o poder do juiz constitucional (qualquer que seja o parâmetro aplicável) não vai além da declaração de inconstitucionalidade em situações de *manifesto desequilíbrio* no cumprimento daqueles deveres contraditórios.

Por outro lado, como é tendência predominante na doutrina comparada e até na jurisprudência constitucional portuguesa, a violação da proporcionalidade e.s.e. só poderia ser declarada se fosse *evidente* ou *manifesto* que os efeitos da norma de satisfação do dever de abstenção tinham um peso inferior aos efeitos da mesma norma de satisfação do dever de ação ou de proteção.

Mas mais do que sublinhar as dúvidas sobre o sentido da decisão, importa sublinhar a insuficiência conceptual e metódica em que assenta o juízo do Tribunal, neste e nos acórdãos anteriores: os fins da norma que servem de referência para as consecutivas operações do parâmetro aplicável oscilam; a estrutura deôntica das normas que enquadram o comportamento do legislador é apenas intuída e dela não são tiradas consequências no que se refere à estrutura do parâmetro de controlo a convocar; não havendo clara identificação dessa estrutura, falta naturalmente um plano metódico e um *iter* argumentativo que assegure tanto quanto possível a racionalidade e a objetividade da decisão do juiz constitucional.

5.1.1.1.5. *Acórdão nº 632/08*

Será o panorama apresentado no parágrafo anterior excecional na jurisprudência imediatamente anterior à receção da proibição do defeito, ou corresponde a uma tendência? Retomemos a análise do acórdão nº 632/08, cujo contributo para o estabelecimento de contornos mais nítidos dos segmentos da proibição do excesso e da extensão do poder judicial de controlo já foi sublinhado.

Recorde-se que estava em causa uma norma que aumentava o período experimental dos trabalhadores indiferenciados com contrato sem termo, de 90 dias (previstos na versão anterior do Código do Trabalho) para 180 dias (já previstos anteriormente para alguns trabalhadores, mas não para os ditos indiferenciados ou menos qualificados). A norma foi declarada inconstitucional.

O acórdão identifica a colisão de bens, interesses ou valores subjacente seguindo uma estratégia *ampliativa* do âmbito de proteção jusfundamental. Abreviando extensa argumentação, em colisão estão: (i) por um lado, o direito dos trabalhadores à não privação arbitrária do emprego ou o direito à possível estabilidade do emprego que se procurou e obteve, direito negativo ou de defesa ancorado no artigo 53º (conjugado com o artigo 58º, nº 1, sobre o direito ao

A JURISPRUDÊNCIA DO TRIBUNAL CONSTITUCIONAL

trabalho, direito social)[1216]; (ii) por outro lado, o direito dos empregadores à livre iniciativa económica privada e, mais especificamente, a liberdade de iniciativa e de organização empresarial, na dimensão de liberdade de organização dos meios institucionais necessários para levar a cabo uma certa atividade económica, igualmente um direito negativo ou de defesa, não obstante estar consagrado no título dos direitos sociais (artigo 61º, nº 1, conjugado com o artigo 80º, *c*)).

Também este acórdão não define um claro "mapa" deôntico, mas fornece dados que permitem desenhá-lo. O acórdão refere-se ao "dever, que impende sobre o legislador ordinário, de evitar situações *injustificadas* de precariedade de emprego", que conduz a que o "recurso ao vínculo precário da chamada «contratação a termo» não pode deixar de ser, na ordem infraconstitucional, marcada pelo cunho da *excepcionalidade*"[1217]. Por outro lado, alude à especial carência de proteção do direito dos trabalhadores sem especiais qualificações, ou sem especial autonomia técnica, os potencialmente mais expostos a situações injustificadas de precariedade de emprego[1218]. Noutro passo, faz menção à "defesa dos interesses do trabalhador", à necessidade de a duração da experiência ter de ter, "evidentemente, um limite máximo fixado pelo legislador" ou à circunstância de o legislador ter "em princípio, a liberdade de conformar o *quantum* da «prova», mas não a liberdade de deixar de o conformar". Especialmente elucidativa é a última frase da fundamentação do acórdão: "o legislador não protegeu como devia, face ao disposto nos artigos 53º e 18º, nº 2, da Constituição, os trabalhadores indiferenciados de situações injustificadas de precariedade de emprego"[1219]. Todas estas expressões são inequivocamente reveladoras de deveres *positivos* do legislador de proteção da posição jurídica entendida como mais frágil na relação laboral, a do trabalhador, particularmente o "indiferenciado".

Por outro lado, reconhece que a prossecução desses deveres contende com algumas dimensões da liberdade de empresa, uma vez que no âmbito de proteção da norma contida no nº 1 do artigo 61º se conta, "não apenas a liberdade de iniciativa de uma certa actividade económica, mas também – e depois dela – a liberdade de organização e de ordenação dos meios institucionais necessários para levar a cabo a actividade que se iniciou"[1220]. Daqui decorre outro dever, *negativo* ou de *abstenção*, do legislador de não perturbar, interferir, limitar ou impedir o exercício dessa liberdade.

Como é que o legislador deve superar esta colisão de bens, interesses e valores e *de deveres* e como é o que o Tribunal controla a solução legislativa?

[1216] Acórdão nº 632/08, nº 7.
[1217] *Idem*, nº 8.
[1218] *Idem*, nº 13.
[1219] *Idem*, nº 13.
[1220] *Idem*, nº 8.

O PRINCÍPIO DA PROIBIÇÃO DO EXCESSO

Como em outros arestos anteriormente destacados, assume relevo a linguagem da *concordância prática*, neste caso com uma assimilação ao princípio da proporcionalidade mais explícita do que o habitual[1221]. Mas é justamente nessa assimilação que começam as dificuldades do acórdão.

Por um lado, retoma-se o apelo habitual à ideia de que a norma deve satisfazer, "*de forma equilibrada, o imperativo da concordância prática entre bens ou interesses conflituantes (e de igual relevo constitucional)*"[1222]. A vinculação da concordância prática à ideia de "*relação equilibrada entre meios e fins*", resulta explicitamente do acórdão[1223]. A leitura deste inculca que o Tribunal entendeu que deveria haver satisfação dos dois direitos em causa (e dos correspetivos deveres do legislador): por um lado, o direito dos trabalhadores à não privação arbitrária do emprego, ou o direito à possível estabilidade do emprego que se procurou e obteve (artigo 53º); e, por outro lado, o direito dos empregadores à livre iniciativa económica privada e, mais especificamente, a liberdade de iniciativa e de organização empresarial, na dimensão de liberdade de organização dos meios institucionais necessários para levar a cabo uma certa atividade económica (artigos 61º, 1 e 80 *c*)). A ideia de relação equilibrada traduzia-se na imposição de graus de sacrifício equivalentes, o mesmo acontecendo com os graus de satisfação.

No caso da norma em apreciação, a concordância entre os direitos, isto é, o sacrifício e a satisfação *equilibrada* dos direitos em colisão, realizar-se-ia, mais uma vez, com uma versão do sistema de *prevalências descontínuas*, materializado (como na legislação sobre a interrupção voluntária da gravidez ou nos casos da regulação das ações de investigação e de impugnação da maternidade e da paternidade) através de um sistema de prazos: há um prazo no curso do qual prevalece o direito de livre iniciativa económica privada; findo esse prazo, prevalece a garantia da segurança do emprego. Como vimos anteriormente, o Tribunal pareceu assumir que a norma anteriormente vigente sobre o período experimental assegurava um equilíbrio compatível com o princípio da concordância prática (embora isto não seja mais do que uma conjetura, uma vez que aquela norma não estava em apreciação). O Tribunal considerou que esse equilíbrio era

---

[1221] *Idem*, nº 13: "(a) exigência de que uma medida restritiva de um direito satisfaça, de forma equilibrada, o imperativo da concordância prática entre bens ou interesses conflituantes (e de igual relevo constitucional) não vale, apenas, para a densificação do conteúdo do segundo *teste* de proporcionalidade. Pelo contrário. Contendo ela, afinal de contas, a corporização da própria ideia de proporcionalidade, a inevitabilidade da sua presença faz-se sentir, transversalmente, na aplicação de todos os subprincípios que integram o valor constitucional em causa: isto mesmo se extrai, aliás, da parte final do nº 2 do artigo 18º da Constituição, que determina que as restrições se devem limitar ao necessário para salvaguardar *outros direitos ou interesses constitucionalmente protegidos.*"

[1222] *Idem*, nº 13, itálico aditado.

[1223] *Idem*, nº 11, logo no início, itálico aditado.

A JURISPRUDÊNCIA DO TRIBUNAL CONSTITUCIONAL

colocado em causa pela nova norma sobre essa matéria. Assumindo que o estabelecimento de um período experimental no início do contrato de trabalho por tempo indeterminado é especialmente interessante para o empregador (embora, em termos *nominais* favoreça formalmente *ambas* as partes no contrato), "qualquer aumento de duração desse mesmo período [traduz-se] em *benefício* para a entidade patronal e em correspondente «compressão» dos *interesses* do trabalhador"[1224]. Por outras palavras, o aumento do período experimental (como o que estava em apreciação), implicava realmente uma "perda" da garantia da segurança no emprego e um "ganho" do direito à livre iniciativa económica privada. No caso concreto, o ganho adicional auferido por este último romperia o equilíbrio existente, desequilibrando a balança a favor do direito à livre iniciativa económica privada, isto é, desfaria o equilíbrio entre os vários direitos exigido pela *concordância prática*. A alteração dos prazos implicava a rutura do equilíbrio e por isso o Tribunal declarou a inconstitucionalidade da norma apreciada.

O *parâmetro de controlo* alegadamente utilizado para chegar a essa conclusão foi o princípio da proporcionalidade ou da proibição do excesso[1225], entendido na sua expressão clássica, ou seja, sem qualquer modificação estrutural em relação a essa versão clássica. O Tribunal entendeu que o segmento da adequação não era violado, mas que o segmento da necessidade o era. O segmento da proporcionalidade e.s.e. não chegou a ser convocado.

A avaliação da consistência deste juízo requer que se determine exatamente *o fim* que a norma prosseguia ou, mais rigorosamente, qual *o fim* que o Tribunal entendia que a norma prosseguia. Esse passo é metodicamente imprescindível quando se trata de avaliar a aplicação de um parâmetro de controlo que pressupõe uma relação entre meio e fim (mesmo que, como veremos, não incida exclusivamente sobre ela). Qual era, realmente, o fim da norma *sub judice*?

De certos passos do acórdão parece inferir-se que o fim da norma era a satisfação do interesse do empregador em disfrutar de (maior) liberdade de organização dos meios institucionais necessários para levar a cabo uma atividade económica, através de períodos experimentais mais alargados[1226]. Já doutros

---

[1224] *Idem*, nº 10. As ênfases são do texto do acórdão. A ideia não era original, constando, pelo menos, do acórdão nº 64/91, nº19.

[1225] Ressalvaremos aqui que, tomando à letra tudo o que se escreve no acórdão, a proporcionalidade ou proibição do excesso não poderia ser invocada: no nº 11 imputa-se ao princípio da proporcionalidade ou da proibição do excesso apenas a vocação de proteger direitos contra interferências motivadas pela necessidade de satisfação de interesses públicos, o que manifestamente não era a situação que estava em causa.

[1226] A existência de um interesse do empregador em que haja maiores períodos experimentais é reconhecida em vários passos do acórdão nº 632/08. V., por exemplo, no nº 10: "(...) é evidente que não tendo, no nosso direito, [trabalhador e empregador] faculdades idênticas quanto à possi-

O PRINCÍPIO DA PROIBIÇÃO DO EXCESSO

trechos parece decorrer que o fim da norma era satisfazer um dever positivo do legislador de proteção do direito do trabalhador à possível estabilidade do emprego que se procurou e obteve, contra o exercício de direitos do empregador[1227]. Ainda doutros, parece resultar que se trata, afinal, de garantir o cumprimento desses dois deveres colidentes de forma equilibrada, ou concordante, ou harmonizada[1228].

Ora, a estrutura do parâmetro de controlo aplicável varia de acordo com a colisão normativa subjacente e o fim da norma.

A estrutura do parâmetro de controlo aplicável quando o legislador pretende, no exercício da sua liberdade de conformação, satisfazer um bem, interesse ou valor que a constituição autoriza que seja prosseguido, sacrificando bens, interesses ou valores subjetivados, é diferente da estrutura do parâmetro de controlo aplicável quando o legislador visa cumprir deveres que a constituição lhe impõe (não dispondo de margem de decisão sobre se cumpre ou não esses deveres). No primeiro caso, o parâmetro terá uma estrutura, e implica uma metódica, que permita verificar se o legislador *se excedeu*. No segundo caso, o parâmetro de controlo terá uma estrutura e uma metódica aplicativa apropriada a verificar primacialmente se o legislador *cumpriu suficientemente*, através da norma legislativa, os deveres que sobre ele impendem. Como estudaremos oportunamente, no primeiro caso o parâmetro de controlo aplicável é a proibição do excesso, no segundo é a proibição do defeito.

---

bilidade de, por vontade sua, fazer cessar o vínculo uma vez passado o período da experiência (...) a existência do período experimental tornar-se-á, em si mesma, especialmente *interessante* para [o empregador]. Nesta medida, é sustentável que se alegue que qualquer aumento de duração desse mesmo período se traduzirá em *benefício* para a entidade patronal e em correspondente «compressão» dos *interesses* do trabalhador."

[1227] Acórdão nº 632/08, nº 10, parte final: "[o] *período [experimental] não pode deixar de ser limitado por lei*. Por razões de defesa dos interesses do trabalhador – e por razões decorrentes do princípio constitucional da não precariedade injustificada do emprego – a duração da «experiência» tem que ter, evidentemente, um limite máximo fixado pelo legislador. Este terá, assim e em princípio, a liberdade de conformar o *quantum* da «prova», mas não a liberdade de deixar de o conformar." Por outro lado, a liberdade de conformação legislativa – referente apenas à escolha do tempo *concreto* de duração do período experimental –deve ser, também ela, limitada: "(a) duração do período experimental «não pode ser fixada em período de tal forma prolongado que resulte desvirtuado o princípio da segurança no emprego, como sucederá, indiscutivelmente, nos casos em que a duração se estendesse por tempo tão longo (dois ou três anos, por exemplo) que se teria de considerar estar-se perante uma fixação *fraudulenta*, forma *encapotada* de permitir o despedimento sem justa causa»".

[1228] Acórdão nº 632/08, nº 13: "(...) o fim que a medida legislativa visa realizar (...) não pode ser outr[o] que não [o] de assegurar, para as duas partes no contrato de trabalho, um tempo côngruo de duração da «prova» ou da «experiência»."

A JURISPRUDÊNCIA DO TRIBUNAL CONSTITUCIONAL

A ambiguidade sobre a colisão de posições do legislador e sobre o fim da norma compromete a determinação do parâmetro de controlo e dificulta o discernimento do parâmetro que o Tribunal *efetivamente* aplicou.

Como se assinalou, o acórdão não chegou a apreciar a questão da proporcionalidade e.s.e. Por outro lado, apreciou (e admitiu[1229]) a adequação de forma suficientemente ambígua para, com uma ou outra *nuance,* se adaptar às metódicas dos dois *standards* de controlo antes mencionados. Porém, o exercício argumentativo realizado a propósito da epigrafada necessidade não se coaduna com a real aplicação do segmento da necessidade da proibição do excesso.

Retome-se o que se lembrou no número anterior: é jurisprudência persistente do Tribunal (e entendimento doutrinal generalizado) que o segmento da necessidade da proibição do excesso visa ajuizar se há medidas alternativas à adotada que tenham pelo menos *a mesma eficiência* que ela na prossecução do bem, interesse ou valor prevalecente, sendo embora *menos interferentes* no bem, interesse ou valor colidente[1230]. Ora, se houvesse que admitir que o fim da norma era resolver a colisão de deveres do legislador – e dos bens, interesses ou valores colidentes – satisfazendo o interesse do empregador em detrimento do direito do trabalhador, as alternativas expressa ou implicitamente consideradas não permitiam que esse desiderato fosse atingido com a mesma eficiência. Como o acórdão subentende, quanto maior é o período experimental mais intensa é a satisfação do interesse do empregador[1231]. Numa pura perspetiva de aplicação do segmento da necessidade tal como estruturado no contexto da proibição do

---

[1229] O Tribunal afasta liminarmente a hipótese de desadequação, invocando uma incerteza epistémica empírica absoluta sobre "premissas que permanecem indemonstráveis". Citando NOVAIS, *Os princípios...,* p. 168, assinala que a declaração de inadequação envolve a *prova* de que o meio usado é em si mesmo *inócuo, indiferente ou até negativo* por referência à obtenção aproximada dos efeitos pretendidos (os itálicos são do acórdão). Ora, «(...) nada parece legitimar a conclusão segundo a qual a solução contida na alínea *a*) do nº 1 do artigo 112º da versão revista do Código [do Trabalho] é, em si mesma, um meio *típico* inidóneo ou inapto para a consecução do fim que com ele se pretende realizar. Afirmar que, *passada determinada altura,* um período de «prova» *deixa de servir* para que as «partes» de um contrato «se conheçam» – transformando-se por isso (e por mero decurso do tempo) num instrumento abstractamente inadequado para a realização de um tal fim – equivale a sustentar um argumento que assenta sobre premissas que permanecem indemonstráveis. Por isso, é ao Tribunal impossível dar razão, quanto a este ponto, ao requerente.» (acórdão nº 632/08, nº 12).

[1230] V., por todos, acórdão nº 187/01, nºs 17 a 25, citado pela relatora. Sobre o princípio da exigibilidade ou da necessidade: "princípio da exigibilidade (essas medidas restritivas têm de ser exigidas para alcançar os fins em vista, por o legislador não dispor de outros meios menos restritivos para alcançar o mesmo desiderato)".

[1231] Releia-se a citação já antes transcrita: "Nesta medida, é sustentável que se alegue que qualquer aumento de duração desse mesmo período se traduzirá em *benefício* para a entidade patronal e em correspondente «compressão» dos *interesses* do trabalhador."

O PRINCÍPIO DA PROIBIÇÃO DO EXCESSO

excesso, a norma legislativa apreciada tinha de ser considerada necessária, uma vez que a alternativa (isto é, a solução anteriormente em vigor) não assegurava uma satisfação do interesse do empregador com igual *intensidade*. Se, pelo contrário, houvesse que admitir que o fim da norma era a satisfação do interesse dos trabalhadores, as alternativas à norma fiscalizada eram melhores, mas prejudicavam mais intensamente os bens, interesses ou valores (dos empregadores) colidentes. Nessa perspetiva, a norma também não poderia ser declarada desnecessária e, concomitantemente, violadora da proibição do excesso. A declaração de inconstitucionalidade teria de se basear na aplicação de um parâmetro e num exercício manifestamente diferente daquele que decorre da metódica e da estrutura da proibição do excesso[1232]. Um parâmetro que assista no controlo de uma norma que visa um fim que se traduz no cumprimento simultâneo e equilibrado de *dois deveres* contraditórios do legislador.

Insistindo-se, não obstante, numa perspetiva de aplicação da proibição do excesso, teria de se prosseguir para a apreciação da proporcionalidade e.s.e., ponderando os efeitos negativos, de interferência mais pronunciada nos bens, interesses ou valores dos trabalhadores, com os efeitos positivos, de maior satisfação dos bens, interesses ou valores dos empregadores.

Se não foi aplicado o segmento da necessidade com a estrutura que o define na proibição do excesso, qual foi então o parâmetro de controlo usado para sustentar a invalidação da norma, sob a cobertura da violação do segmento da necessidade?

Uma possibilidade seria a recondução ao teste da proibição do defeito.

Mas, tal como no acórdão estudado no número anterior, teríamos de imaginar uma versão especialmente fortificada, uma vez que o Tribunal não se limitou a apurar se se verifica alguma de duas situações, ambas invalidantes de *M2*, a nova norma adotada pelo legislador: (i) *M1*, a solução legislativa vigente no momento da emissão da nova norma (*M2*), satisfazia evidentemente com mais eficiência o dever de proteção dos bens, interesses ou valores dos trabalhadores, satisfazendo em igual medida que *M2* os bens, interesses ou valores dos empregadores; ou (ii) *M1* satisfazia com tanta eficiência quanto *M2* o dever

---

[1232] Como resulta inequivocamente (embora os termos em que se expressa não sejam inequívocos...) do modo como a relatora descreve em que consiste e quais os objetivos do "teste" da «medida de valor da necessidade» (registe-se a não utilização do *nomen* necessidade ou exigibilidade): "A convocação [da medida de valor da necessidade] surge agora acompanhada da ideia de concordância prática: a *medida de valor da necessidade* – diz-se – deve aferir-se em função do que é indispensável, ou exigível, para a salvaguarda de outros interesses ou bens constitucionalmente protegidos. No caso (diz-se ainda) o *outro* bem ou interesse que se pretende salvaguardar, e que deve concordar praticamente com o bem «segurança no emprego», é o da livre iniciativa privada, consagrada – como já se viu – no artigo 61º da Constituição." (acórdão nº 632/08, nº 13).

A JURISPRUDÊNCIA DO TRIBUNAL CONSTITUCIONAL

de proteção dos bens, interesses ou valores dos trabalhadores, satisfazendo em maior medida que *M2* os bens, interesses ou valores dos empregadores. Como veremos a seu tempo, o segmento da eficiência exigível (isto é, o segmento que ocupa na proibição do defeito o lugar que a necessidade ocupa na proibição do excesso), na versão mínima que cabe ao juiz aplicar, tem este conteúdo[1233]. No caso *sub judice* as respostas teriam de ser negativas, pelo que a proibição do defeito não determinaria a continuidade de *M1* e a invalidade de *M2*. A nova norma não é censurável à luz da proibição do defeito como norma de controlo. Mas não foi isso que o Tribunal concluiu.

Atentemos agora na introdução do tópico do *incremento marginal de eficácia*. Disse o Tribunal: "o eventual incremento marginal de eficácia que decorreria do alargamento do período experimental não tem, por si só, virtualidade para justificar que esse alargamento se faça de 90 para 180 dias para os trabalhadores não especializados, equiparando-os para esse efeito aos trabalhadores especializados"[1234].

Fala-se apenas de incremento marginal de eficácia (melhor se diria *eficiência*), não se mencionando o concomitante *incremento marginal da interferência*. Vejamos, todavia, como se pode ilustrar esta referência. Admitamos que, tal como o Tribunal implicitamente indica, a solução anteriormente em vigor no Código do Trabalho (*M1*) era equilibrada e aceitável do ponto de vista do parâmetro aplicável. Por outro lado, admitamos que vale a regra de que o acréscimo de satisfação de um bem, interesse ou valor através da norma apreciada (*M2*) tem utilidade marginal decrescente[1235] (não podendo os graus e intensidades deixar de ser obviamente aleatórios). Assim, *M1* representava uma interferência no direito à estabilidade no emprego (*P1*) de grau 1 e uma intensidade de satisfação desse direito de grau 3; concomitantemente, *M1* implicava uma interferência no direito à livre iniciativa económica privada (*P2*) de grau 1 e uma intensidade de satisfação de *P2* de grau 3. Por seu turno, a nova opção do legislador (*M2*) representava uma interferência em *P1* de grau 2 e uma intensidade de satisfação desse direito de grau 2. Além disso, *M2* representava uma intensidade de interferência em *P2* de grau 0,5 e uma intensidade de satisfação desse direito de grau 3,5. Isto significava que a evolução legislativa de *M1* para *M2* tinha a consequência de *P1* 'perder' duas unidades (mais 1 de interferência e menos 1 de satisfação), enquanto *P2* apenas 'ganhava' uma unidade (menos 0,5 de grau de interferência e mais 0,5 de grau de satisfação). A medida legislativa apreciada,

---

[1233] V. *infra*, capítulo 21.

[1234] *Idem*, nº 13.

[1235] Cfr. *infra*, capítulo 18.

O PRINCÍPIO DA PROIBIÇÃO DO EXCESSO

além de desequilibrar a relação entre *P1*e *P2*, inicialmente equilibrados na lei[1236], implicaria uma melhoria marginal da posição de *P2* de significado menor que as perdas sofridas por *P1*. Por isso, *M2*não se justificaria à luz do subprincípio da necessidade, tal como configurado pelo Tribunal.

Esta operação confirma que o Tribunal não aplicou o segmento da necessidade da proibição do excesso ou, pelo menos, não o aplicou na sua versão comum. Recorreu sim àquilo que se pode designar de *modalidade ponderada* da necessidade. Adiante nos pronunciaremos sobre ela, apresentando os argumentos de ordem democrática (designadamente, a modificação *significativa* da estrutura da proibição do excesso e da distribuição de poderes entre legislador e juiz constitucional) que apenas consentiriam a sua aplicação em situações excecionais. Por outro lado, passaremos em revista os argumentos de ordem metódica que inviabilizam a sua racionalidade e objetividade.

5.1.1.2. Situações em que o legislador está adstrito a deveres de produção de normas sobre processo, procedimento, organização e financiamento

5.1.1.2.1. Acórdão nº 254/99

O acórdão nº 254/99[1237], relatado por SOUSA BRITO, pronunciou-se sobre aquilo que, na sua própria visão, era "um conflito entre o direito à informação instrumental do direito de tutela jurisdicional, invocado pela recorrente, por um lado, e os direitos ao segredo comercial ou industrial, de autor ou de propriedade industrial e o interesse no respeito das regras de leal concorrência, por outro lado"[1238]. Embora pareça evitar-se intencionalmente recorrer à

[1236] Premissa que pode ser contestada, sendo discutível que *M1*satisfizesse *P2* com intensidade 3, isto é a mesma intensidade de satisfação garantida para *P1*. Uma outra hipótese de leitura da solução da lei e da nova solução, eventualmente mais aderente à perceção que se tem da lei laboral, seria: *M1*= *P1*3 e 1; *P2*2 e 1; *M2* = *P1*2 e 2; *P2* 0,5 e 2,5. Mas, neste caso, não se poderia falar, diferentemente do que parece resultar do acórdão, de equilíbrio em *M1*.

[1237] V., também, acórdão nº 2/13.

[1238] A descrição dos bens, interesses ou valores em colisão resulta muito mais exaustiva no acórdão e merece transcrição integral:

"um conflito entre o direito à informação instrumental do direito de tutela jurisdicional, invocado pela recorrente, por um lado, e os direitos ao segredo comercial ou industrial, de autor ou de propriedade industrial e o interesse no respeito das regras de leal concorrência, por outro lado, (...) eventualmente na titularidade da pessoa detentora da autorização de introdução no mercado de certo medicamento. A decisão do Supremo Tribunal Administrativo (...) recorrida considerou que os direitos por último referidos se reconduzem ao direito de propriedade (artigo 62º, nº 1 da Constituição). Poderá invocar-se ainda em concurso, pelo menos quanto aos direitos de autor e de propriedade industrial, o direito à invenção científica, integrado na liberdade de criação cultural do Título II da Constituição (artigo 42º), o interesse de livre iniciativa económica privada (artigos 61º, nº 1 e 80º, alínea c)), o interesse no funcionamento eficiente dos mercados, de

A JURISPRUDÊNCIA DO TRIBUNAL CONSTITUCIONAL

linguagem da concordância prática (a não ser remissivamente[1239]), também neste acórdão está projetada uma colisão de deveres do legislador. Por um lado, um dever positivo de possibilitação do acesso a informação administrativa, com vista à viabilização do exercício de certos direitos – designadamente de tutela jurisdicional. Por outro lado, o dever positivo de proteção de outros direitos, designadamente ao segredo comercial ou industrial, de autor e de propriedade industrial.

O acórdão nº 254/99 é mais uma ilustração do que denominámos sistema de prevalências descontínuas: "(p)or um lado, reconheceu-se prevalência ao direito de informação quanto (...) aos elementos essenciais para a instrução de processos de defesa de direitos de autor e industriais [e] aos elementos relacionados com o interesse colectivo na fiscalização da qualidade, da aptidão clínica e do perigo tóxico do medicamento, nomeadamente quanto à documentação toxicológica e farmacológica (...). Por outro lado, são na parte restante justificadas as restrições [ao direito à informação respeitantes] à consulta de elementos dos processos de autorização no mercado, de renovação, de autorização e de alteração de medicamento e à obtenção de certidões dos documentos correspondentes."

Qual o parâmetro a usar no controlo da constitucionalidade deste equilíbrio? O Tribunal descreve-o desta forma: "(...) a *exacta* delimitação dos documentos que podem ser comunicados e dos que permanecem sob sigilo na hipó-

---

modo a garantir a equilibrada concorrência entre empresas (artigo 81º, alínea *e*)) e o interesse numa política científica e tecnológica favorável ao desenvolvimento do país (artigo 81º, alínea *j*)). Quanto à relevância dos interesses económicos por último referidos é bem claro que o desrespeito sistemático dos direitos de sigilo comercial e industrial dos produtores de produtos farmacêuticos poderia conduzir não só a uma grave perturbação das regras da concorrência neste sector de economia privada, como também uma redução drástica do acesso dos consumidores às inovações do mercado internacional de produtos farmacêuticos, com prejuízo da qualidade dos bens e serviços consumidos (artigo 60º, nº 1) senão do direito à protecção da saúde (artigo 64º, nº 1). Do outro lado da situação de conflito, o lado da recorrente, há que ponderar em concurso, os direitos de autor ou de propriedade industrial a fazer eventualmente valer em juízo, que chamam também à colacção as mesmas regras de leal concorrência em economia de mercado, mas também os interesses dos consumidores e da saúde na fiscalização da qualidade dos produtos farmacêuticos, dos seus perigos tóxicos e da sua aptidão clínica." (nº 12).

[1239] Acórdão nº 254/99: "Trata-se, portanto, como se diz no Acórdão nº 177/92 (*ibidem*) de harmonizar "os direitos em confronto, para se ser levado, se tal se mostre necessário, à *prevalência* (ou *razão de* prevalência) de um direito ou bem em relação a outro", ou, como se diz no Acórdão nº 288/98 (pp.1714-1725), "a harmonização, a concordância prática, se faz entre bens jurídicos, implicando normalmente que, em cada caso, haja um interesse que acaba por prevalecer e outro por ser sacrificado". Nas várias hipóteses de conflito há que determinar "em cada caso" genericamente "as razões de prevalência". É uma "ponderação casuística" (Acórdão nº 177/92) e ao mesmo tempo generalizadora."

O PRINCÍPIO DA PROIBIÇÃO DO EXCESSO

tese *sub judice* sempre exige uma cuidadosa ponderação do conflito de direitos e interesses constitucionalmente protegidos e uma demonstração da necessidade e proporcionalidade da recusa de acesso à informação. Tal ponderação e, portanto, o recurso aos critérios do artigo 18º sempre seriam adicionalmente necessários."[1240] Aquele princípio da necessidade e da proporcionalidade ("esta não é mais do que a necessidade não apenas da existência de restrição, mas de certa medida ou modo de restrição") "vale directamente para todas as medidas restritivas dos direitos fundamentais."[1241]

Em vão, porém, se procuram no acórdão a estrutura e as etapas metódicas desse princípio da necessidade e da proporcionalidade, ou o rasto da respetiva aplicação[1242]. Sintomaticamente, a confirmação pelo Tribunal da inconstitucionalidade da norma julgada parece ter assentado, afinal, numa mera operação de *balancing* dos vários interesses em presença, atribuindo-se numas circunstâncias maior peso a uns (devendo então prevalecer nessas circunstâncias) e noutras circunstância maior peso a outros.

5.1.1.2.2. Acórdão nº 20/10

O acórdão nº 20/10, de LÚCIA AMARAL, incidiu sobre uma norma processual civil de prazos que procurava articular "os «valores» da celeridade processual e do princípio do contraditório", em cumprimento de várias "obrigações" quanto à organização do processo que decorrem, para o legislador, do artigo 20º. Tais valores ou *fins*, embora potencialmente colidentes, são todos, conforme o Tribunal, constitucionalmente protegidos e com igual relevância. "Ora, quando vinculado por vários valores constitucionais, díspares entre si pelo conteúdo mas iguais entre si pela relevância, deve o legislador optar por soluções de concordância prática, de tal modo que das suas escolhas não resulte o *sacrifício unilateral de nenhum dos valores em conflito, em benefício exclusivo de outro ou de outros.*" Consequentemente, também aqui sobressaem as alusões a deveres positivos do legislador, desta vez orientados à satisfação de bens, interesses ou valores objetivos, princípios do processo, a serem cumpridos através da produção de legislação e de regras de processo.

No caso, o Tribunal entendeu que o legislador atingiu uma solução legislativa de equilíbrio, não incorrendo no sacrifício unilateral de nenhum dos "valores" colidentes. Conclui-se, por conseguinte, que não houve nenhum "excesso" no modo como o legislador procurou articular os referidos "valores".

[1240] Acórdão nº 254/99, nº 10.

[1241] ANDRADE, *Os Direitos...*, p. 269, critica este acórdão essencialmente por ter aceite a possibilidade de uma restrição de direitos sem previsão constitucional expressa.

[1242] O mesmo se diga em relação ao acórdão nº 2/13, donde se extrai a atípica e algo enigmática versão de dupla proporcionalidade que assinalámos anteriormente.

A JURISPRUDÊNCIA DO TRIBUNAL CONSTITUCIONAL

Interessa fixar a frase que explicita essa ausência de *excesso*: "A medida que aí se fixou não se mostra nem inadequada, nem desnecessária, nem desproporcionada face aos fins de política legislativa que a orientaram, pelo que não implicou, efetivamente, o sacrifício unilateral do valor ínsito na «proibição de indefesa», potencialmente conflituante com os valores da celeridade processual, da segurança e da paz jurídica. A solução que foi achada correspondeu antes a uma forma côngrua de fazer concordar praticamente os diferentes «interesses» em conflito...". Mais uma vez, portanto, a referência à aplicação da proibição do excesso na sua estrutura habitual, mas ausência de real aplicação e demonstração do modo como os vários "passos" ou "etapas" são percorridos e da sua relação com os fins dispares ou até contraditórios da norma.

5.1.1.3. Síntese do padrão de comportamento do Tribunal no julgamento de normas emitidas em situações em que o legislador está simultaneamente adstrito a deveres de proteção e de abstenção e em situações em que o legislador está adstrito a deveres de produção de normas sobre processo, procedimento, organização e financiamento

Os acórdãos visitados nos dois números anteriores partilham, com uma ou outra peculiaridade, um padrão com os seguintes vetores: (i) incidem sobre normas legislativas que procuram enfrentar uma colisão de bens, interesses ou valores e uma colisão de deveres do legislador; (ii) recorrem à linguagem da concordância prática e/ou da harmonização, normalmente associada à linguagem da proporcionalidade ou de (todos ou alguns) segmentos da proporcionalidade; (iii) aludem ao objetivo da realização paritária ou igualitária dos bens, interesses ou valores colidentes, realizada, designadamente, através de (iv) várias versões do sistema de prevalências descontínuas; (v) refugiam-se frequentemente em fórmulas nominais ou vazias de proporcionalidade, furtando-se a explicitar rigorosamente a estrutura, a metódica ou o *iter* argumentativo, que está por trás delas. Acresce que, embora não se possa afirmar confiantemente que o TC recusa de pleno a possibilidade de qualquer relação de prevalência ou hierarquia entre normas constitucionais ou bens, interesses ou valores com consagração constitucional – sejam direitos fundamentais ou outros interesses constitucionais –, existem pelo menos suficientes indícios de relutância em aceitar essa possibilidade[1243]. De um modo geral, o Tribunal assume que os bens, interesses ou valores constitucionais têm o mesmo valor ou peso abstrato. Esta posição doutrinal não resulta de nenhum exercício de ponderação ou de contrapeso, mas de uma operação de *interpretação constitucional.*

[1243] Essa orientação começou a ficar traçada logo no início do funcionamento do TC: v. acórdão nº 25/84, nº 4.

O PRINCÍPIO DA PROIBIÇÃO DO EXCESSO

Mais problemática que esta última posição, é a determinação das consequências que o Tribunal retira dela no que concerne à definição dos parâmetros de controlo de normas legislativas. Notoriamente, o Tribunal não tira sempre as mesmas consequências, não utiliza sempre os mesmos instrumentos analíticos, nem os utiliza sempre da mesma maneira. Além de não utilizar sempre os mesmos instrumentos, também não os relaciona sempre do mesmo modo. Aliás, são raras as tentativas de os colocar em perspetiva e de os articular[1244]. Uma das chaves para tentar encontrar a meridiana jurisprudencial sobre esse tema seria seguramente o esclarecimento dos conceitos de *concordância prática*[1245], *harmonização* e *otimização* e das suas relações com a ideia de *proporcionalidade* ou *proibição do excesso*. Todavia, essa é uma tarefa que enfrenta a dificuldade da profusão de sentidos que o Tribunal atribui. Em termos gerais, pode apenas notar-se que em algumas ocasiões se infere que a concordância prática coincide com a ideia de harmonização[1246]. Por vezes, estas duas expressões (isoladas ou em conjunto) aparecem associadas à ideia de otimização[1247]. E, para fechar o círculo, já se disse que a concordância prática é a "corporização da própria ideia de proporcionalidade"[1248].

Esta prolixidade não permite afirmar com confiança que a sugestão que faremos ao longo do texto, no sentido de se entender a harmonização como o objetivo geral em situações de colisão, a concordância prática como algo equivalente à harmonização otimizadora paritária e a proporcionalidade em sentido moderno como instrumento ou técnica (entre outras) de atingir aqueles objetivos,

---

[1244] E quando é feita a tentativa, os resultados requerem por vezes um exercício de descodificação que pode não ser linear. Recordemos um trecho do acórdão nº 113/97, acima transcrito: "alguma doutrina (...) perfilha o entendimento de que, na hipótese de conflito entre [a liberdade de imprensa e o direito ao bom nome e reputação], *após se não encontrar uma optimização equilibrada e equalizante* entre ambos, o que pressupõe a concreta *ponderação de interesses* em jogo, e após se concluir pela *impossibilidade de uma concordância prática* – critério que implica necessariamente o respeito pelo *princípio da proporcionalidade* em termos de se *não dever diminuir a extensão e alcance do conteúdo daquele direito* que eventualmente, nessa ponderação, venha a ser *prevalecido* –, é possível, em determinadas situações, concluir-se que a *esfera de protecção* de um desses direitos esteja, à partida, diminuída, como será o caso do direito à honra de figuras públicas, designadamente os titulares de cargos políticos, direito cuja amplitude deve ser tida por menos extensa em confronto com os demais cidadãos" (nº 3.1., itálicos aditados).

[1245] As referências à concordância prática são inabarcáveis – o que torna impossível assegurar que se referem sempre *à mesma coisa*. Cfr. entre muitos, acórdãos nºs 177/92, 289/92, 113/97, 288/98, 254/99, 20/10, 340/13.

[1246] Seguindo o Tribunal, ao que é possível inferir, a doutrina de CANOTILHO. Cfr. a edição de 1998 do *Direito Constitucional e Teoria da Constituição*, p. 1098. Sobre a nossa posição, v. *infra*, capítulo 25.

[1247] Assim, acórdãos nºs 177/92 ("otimização ponderada") e 113/97 ("otimização equilibrada").

[1248] Acórdãos nº 289/92 e, mais claramente, nº 632/08, nº 13.

A JURISPRUDÊNCIA DO TRIBUNAL CONSTITUCIONAL

corresponde exatamente à posição do Tribunal. Porém, há certamente pontos de apoio dessa orientação na jurisprudência constitucional portuguesa[1249].

5.1.1.4. *Situações em que o legislador está adstrito a deveres de materialização ou de não interferência em direitos sociais*

Embora a materialização de direitos sociais se realize também através do cumprimento de deveres positivos do legislador (e do exercício de outros poderes de autoridade), esses deveres estão sujeitos a um regime jusconstitucional diverso dos deveres de proteção e dos deveres de produção de normas sobre processo, procedimento, organização e financiamento. Um dos aspetos fulcrais é a existência de um nível mais intenso da liberdade de conformação e a circunstância de o dever positivo do legislador conflituar ou ser limitado pelo fim ou interesse da garantia da sustentabilidade do direito social e da sustentabilidade financeira e económica presente e futura[1250].

Em algumas ocasiões, o Tribunal entendeu que o princípio da proibição do excesso se aplica no controlo das normas legislativas que interfiram em direitos sociais com o fim de promover outros bens, interesses ou valores, designadamente públicos. Por vezes, essa aplicação é implícita, porventura não totalmente intencionada ou refletida. Não se pode falar ainda de uma orientação estável e insofismável, até porque alguns dos acórdãos em que essa abertura se manifesta sofreram posteriores reavaliações[1251].

[1249] O uso do termo harmonização mesmo em situações onde há o sacrifício *total* de uma das posições jurídicas subjetivas em colisão para satisfação de outra verifica-se, por exemplo, no acórdão nº 205/00, relatado por M. P. Beleza, sobre aquisição da propriedade por acessão (artigo 1340º do CC), já referenciado *supra* no texto.

[1250] Sobre o significado que atribuímos neste ensaio ao conceito de materialização (de direitos sociais) v. *infra*, capítulo 21, 3.5.1.2.4.

[1251] MORAIS, *Curso de Direito Constitucional...*, tomo II, vol. 2, pp. 578 ss., vai mais longe, desvalorizando os acórdãos estudados de seguida no texto e sustentando que o princípio da proporcionalidade não opera autonomamente no domínio dos direitos sociais. São dois os argumentos fundamentais a que recorre para negar a aplicabilidade autónoma do princípio da proporcionalidade no domínio da "censura de restrições a direitos sociais": (i) o legislador constitucional precisou especificamente os domínios em que aquele princípio opera, não tendo feito o mesmo em relação ao princípio da proteção da confiança que, aliás, não é sequer individualizado na Constituição; (ii) o princípio da proporcionalidade envolve "medidas de valor (como a "aptidão", a eficácia e a "justa medida") mais permeáveis a juízos políticos ou filosóficos". No domínio das restrições de direitos sociais seria apenas aplicável o princípio da proteção da confiança. O princípio da proporcionalidade seria aplicável, mas não autonomamente e sim como componente integrativa do princípio da proteção da confiança. Ora, se não erramos na interpretação do pensamento do autor, a construção parece-nos refutável. Sustentar que o princípio da proporcionalidade, por estar expressamente recebido na Constituição, deve ter uma âmbito de aplicação circunscrito, limitação que não se aplica ao princípio da proteção da confiança, por este não estar individualizado no

O PRINCÍPIO DA PROIBIÇÃO DO EXCESSO

5.1.1.4.1. Acórdão nº 88/04

É o que se passa com o acórdão nº 88/04, de GIL GALVÃO., através do qual foi declarada a inconstitucionalidade de norma que solucionava uma colisão entre o direito à segurança social (artigo 63º, nº1, na especificação do nº 3) e um pretenso objetivo do legislador de incentivar o casamento (em detrimento da união de facto). Porém, a matéria desse acórdão recebe uma abordagem distinta em outros anteriores e posteriores, alguns tirados em Plenário[1252], em termos que o deixam relativamente isolado (no enquadramento material da referida matéria) e suscitam, pelo menos, a dúvida sobre não seria também intenção do Tribunal (ainda que incidental) colocar entre parêntses a aplicabilidade do princípio da proibição do excesso a colisões em que estejam em causa direitos sociais[1253].

texto constitucional, parece contrariar a boa lógica argumentativa: esta conduz a que ao princípio expressamente referido deve presumivelmente reconhecer-se um âmbito de aplicação mais irrestrito do que àquele que não é sequer expressamente referido, sendo meramente deduzido de um princípio mais amplo (que, aliás, é a raiz de ambos). Por outro lado, rejeitar a aplicação do princípio da proporcionalidade no domínio dos direitos sociais por ele envolver "medidas de valor (como a "aptidão", a eficácia e a "justa medida") mais permeáveis a juízos políticos ou filosóficos" e aceitar a aplicação do princípio da proteção da confiança que envolve *mutatis mutandis* exatamente o mesmo tipo de juízos é incoerente. Finalmente, não aceitar a aplicação autónoma do princípio da proporcionalidade, pelas razões apontadas – sentido restritivo da consagração constitucional, suscetibilidade de contaminação por juízos políticos e filosóficos – e aceitar essa aplicação como "componente integrativa" de outro princípio é também incoerente: não se vê como é que as contraindicações que despoleta quando é aplicado autonomamente desaparecem se for aplicado como componente de outro princípio.

A recusa da aplicabilidade da proibição do excesso desarma o autor de um instrumento essencial para, por exemplo, apurar quando é que a *suspensão* de direitos sociais – que admite, – é inconstitucional ou não. Não parece que a mera subsunção a critérios ou requisitos categóricos, como os que enuncia em *Curso...*, II, 2, p. 582, seja bastante. A medida suspensiva de direitos sociais pode ser temporária, perfeitamente delimitada no tempo, justificada por razões imperativas de necessidade pública e salvaguardar o mínimo da existência condigna e mesmo assim ser excessiva e, consequentemente, constitucionalmente injustificada.

[1252] V. acórdãos nºs 195/03, 159/05, 614/05 e 651/09 (os dois últimos, produzidos em Plenário), referidos *supra*, neste capítulo, 3.4.1. Por esse motivo, o aplauso de NOVAIS, *Direitos Sociais*, p. 385, que viu neste aresto um ponto de viragem da jurisprudência, poderia ser prematuro.

[1253] Essa é uma das interpretações possíveis (mas não inevitáveis) do acórdão nº 651/09, na medida em que nas normas sobre direitos sociais só encontra um núcleo essencial, a que corresponde um "dever certo indisponível" do legislador, e uma zona onde vale um poder próprio de conformação deste. A questão de saber se nesta "zona" se aplica a proibição do excesso não é tratada (e, em rigor, para o caso, conforme o TC o via, não tinha de o ser). Saliente-se que este acórdão é posterior aos acórdãos estudados na seção que se segue imediatamente.

A JURISPRUDÊNCIA DO TRIBUNAL CONSTITUCIONAL

5.1.1.4.2. Acórdãos nºs 67/07, 512/08 e 221/09

Favorável à aplicação da proibição do excesso em matéria de direitos sociais é igualmente o acórdão nº 67/07, relatado por FERNANDA PALMA. Desta feita tratava-se de uma colisão entre, por um lado, o direito à proteção da saúde, bem como o caráter universal e tendencialmente gratuito do SNS (artigo 64º) e, por outro, o fim de incentivar o uso do cartão do utente do SNS pela população, simplificando e desburocratizando o acesso[1254]. A norma foi julgada inconstitucional por violação do princípio da proporcionalidade.

Porém, um ano depois, o acórdão nº 512/08, relatado por CARLOS CADILHA, mostraria que a abordagem do anterior não correspondia a um entendimento unânime ou pacífico no Tribunal. Pronunciando-se sobre o mesmo tema e norma, chega à conclusão, inversa, da não inconstitucionalidade. A aplicação do princípio da proporcionalidade aos direitos sociais não é explicitamente refutada, mas a base em que assenta é diferente da do acórdão anterior. Os direitos sociais podem constituir padrões positivos de controlo da constitucionalidade das leis e podem justificar a sua invalidação, mas o parâmetro para essa invalidação restringe-se a "um certo conteúdo mínimo do direito que se torne determinável por interpretação da norma constitucional"[1255].

A discrepância entre as duas posições sobre o mesmo tema viria a ser resolvida um ano mais tarde, através do acórdão nº 221/09. Significativa é uma frase que o relator introduz, que não constava do acórdão nº 512/08, por ele também relatado: "(n)ada parece, também, obstar a que o controlo das soluções legislativas incidentes sobre direitos sociais se efectue por via da aplicação do princípio da razoabilidade ou da proporcionalidade em sentido estrito"[1256].

5.1.1.4.3. Acórdão nº 612/11

Mais recentemente, o acórdão nº 612/11, relatado po CATARINA SARMENTO E CASTRO, pronunciou-se sobre uma colisão entre o direito das instituições particulares de solidariedade social ao apoio do Estado (artigo 63º, nº 5)[1257] e o fim da salvaguarda da livre e justa concorrência (artigo 81º, alínea f)).

[1254] V. a apreciação elogiosa de NOVAIS, *Direitos Sociais*, pp. 391 ss.

[1255] Sendo esta *ratio* razoavelmente retilínea, embora eventualmente discutível, o acórdão embrenha-se depois no labirinto das distinções entre restrições, condicionamentos e regulamentação (assimilando, pelo meio, norma restritiva e norma desproporcionada), para defender que as "exigências e cautelas" (*sic*) do artigo 18º, nºs 2 e 3, não são aplicáveis às duas últimas. Finalmente, sustenta que não há restrição, mas apenas mero condicionamento do direito e conclui (algo contraditoriamente com os pressupostos teóricos definidos anteriormente) que o condicionamento não é excessivo ou intolerável.

[1256] Acórdão nº 221/09, citando GOMES CANOTILHO, *Direito Constitucional*, 7ª ed., p. 472.

[1257] Como notámos anteriormente, o perfil da colisão aqui registada pode suscitar dúvidas, uma vez que também se pode entender que o Tribunal valorizou sobretudo a colisão entre dois

O PRINCÍPIO DA PROIBIÇÃO DO EXCESSO

5.1.1.5. *As insuficiências e cautelas da aplicação da proibição do excesso em situações de deveres de materialização de direitos sociais*

Os acórdãos que indiciam a aplicação da proibição do excesso no domínio dos direitos sociais merecem atenção[1258], uma vez que, tal como sucede com outros que estudámos, põem a nu insuficiências metódicas do raciocínio judicial dominante.

Regressemos ao acórdão nº 88/04. O Tribunal entendeu que a norma em causa, na medida em que obrigava o unido de facto sobrevivo a fazer prova de indigência para lhe ser concedida pensão de sobrevivência, limitava o direito social em termos que violavam os três segmentos da proporcionalidade. Ora, sendo porventura o primeiro acórdão a fazer uma inequívoca tentativa de aplicação da proibição do excesso num episódio de colisão de direitos sociais e bens, interesses ou valores coletivos ou públicos, é também um dos primeiros a espelhar a dificuldade em aplicar um instrumento de mediação de operações de ponderação e harmonização sem determinar com precisão, e ter em conta, a estrutura deôntica das normas que parametrizam o comportamento do legislador[1259]. Por não ter em conta que o legislador estava sujeito a um *dever positivo* de materialização do direito social e beneficiava de uma *permissão* para, no exercício da sua liberdade de conformação, promover o casamento em detrimento da união

---

interesses públicos: o interesse em que as entidades do setor social desempenhem funções de utilidade pública e o interesse da livre e justa concorrência.

[1258] Porém, há que proceder com cautela, uma vez que pode haver situações em que o Tribunal aparentemente aplica o princípio da proporcionalidade (ou, pelo menos, evoca a linguagem da proporcionalidade), mas na verdade recorre a um parâmetro diferente. Veja-se o caso do acórdão nº 349/91, onde estava em causa uma norma que estabelecia a impenhorabilidade total de pensões da segurança social. Na circunstância, admitiu-se o sacrifício, mesmo que total, de um dos direitos em colisão (o direito do credor, coberto pelo nº 1 do artigo 62º) para garantir o outro (o direito fundamental do pensionista a receber uma pensão que lhe garanta um mínimo de sobrevivência condigna, consignado no artigo 63º e/ou no artigo 1º). Isto é, apesar de referências à proporcionalidade e aos seus segmentos (nº 7: "Em casos de *colisão* ou *conflito* entre aqueles dois direitos, deve o legislador, para tutela do valor supremo da dignidade da pessoa humana, sacrificar o direito do credor, na medida do necessário e, se tanto for preciso, mesmo totalmente, não permitindo que a realização deste direito ponha em causa a sobrevivência ou subsistência do devedor. Toda a questão está, pois, em que o legislador adopte «um critério de *proporcionalidade* na distribuição dos custos do conflito»"), o parâmetro usado foi o da *garantia do conteúdo essencial da norma* do direito social ou, em alternativa, o do próprio princípio da dignidade humana, parâmetro de aplicação categórica e não estruturalmente ponderativo.

[1259] A análise crítica que segue pressupõe que o acórdão nº 88/04 assumiu que estava em causa a vertente positiva do direito social, donde decorre um *dever de ação* do legislador (de materialização do direito). Essa parece a leitura mais apropriada do aresto, embora este não elabore sobre o assunto. Se pelo contrário fosse de assumir que estava em crise a vertente negativa do direito social, que exige uma *abstenção* do legislador, a linha argumentativa teria de ser retificada.

A JURISPRUDÊNCIA DO TRIBUNAL CONSTITUCIONAL

de facto, realizou um mero juízo sobre se o legislador se excedeu na promoção deste segundo objetivo. Ora, nesse contexto, numa pura lógica de aplicação dos segmentos da proibição do excesso tal como eles são em geral entendidos pelo Tribunal[1260], seria muito difícil considerar a norma em causa inadequada para atingir o fim, e até mesmo desnecessária para satisfazer esse fim com o grau de eficiência presumivelmente pretendido pelo legislador.

A inadequação ou desnecessidade poderiam apenas resultar de uma aplicação de um teste que visasse primacialmente verificar se o legislador *cumpriu o seu dever de ação positiva* na medida exigível. Para isso, o fim a usar como referência não é exclusivamente o da promoção do casamento, mas sim o fim da materialização do direito social e, paralelamente, o fim da satisfação do bem, interesse ou valor que o legislador entende que também deve ser prosseguido, ainda que em colisão com o fim da materialização do direito social. Como explicaremos desenvolvidamente[1261], estas são a estrutura e a metódica próprias da *proibição do defeito* e não da proibição do excesso. Embora a conclusão do acórdão – a inconstitucionalidade da norma em causa – possa ser considerada conforme com o que a consciência jurídica intuitivamente dita, a sua fundamentação racional é obscurecida pela utilização de um quadro conceptual e metódico impróprio.

A frugalidade da fundamentação do acórdão nº 67/07 – que nem sequer refere individualizadamente os três segmentos do princípio –, impede que se compreenda se o Tribunal refletiu sobre o alcance e significado da aplicação da proibição do excesso neste tipo de colisões. Todavia, uma análise atenta da estrutura deôntica da colisão em causa permite concluir que a opção pela aplicabilidade do princípio da proibição do excesso ou da proporcionalidade clássica foi correta.

A dimensão negativa dos direitos sociais vai-se expandindo à medida que estes vão sendo materializados pelo legislador e outras autoridades. Concomitantemente, expande-se também o dever de abstenção do legislador, ou seja, o dever *prima facie* de não perturbar, obstaculizar, impedir ou restringir a fruição das prestações inerentes ao direito social na extensão em que já esteja materializado. Qualquer interferência, nesse contexto, constitui uma quebra desse dever de abstenção, que pode ser justificada (ou não) pela prossecução de outros bens, interesses ou valores prosseguidos pelo legislador. O instrumento próprio para aferir da justificação é, nessas circunstâncias, a proibição do excesso, como se demonstra adiante.

[1260] Reiterados no próprio acórdão. Por exemplo, linhas antes tinha-se escrito que a inadequação só poderia ser declarada se fosse demonstrada *"uma manifesta inadequação da medida"*. Ora, parece óbvio que uma solução legislativa que trata mais favoravelmente as situações de casamento do que as situações de união de facto não pode ser considerada manifestamente inadequada para o fim da promoção do casamento em detrimento da união de facto...

[1261] Capítulo 21.

O PRINCÍPIO DA PROIBIÇÃO DO EXCESSO

No caso vertente, verificava-se que o legislador estava adstrito ao dever de omissão de quaisquer medidas que interferissem na fruição do nível de prestações já proporcionadas pelo serviço nacional de saúde como meio organizativo de materialização do direito social à proteção da saúde (artigo 64º). Sem embargo, em 2000 o legislador pretendeu promover a generalização do uso do cartão do SNS, instituindo a obrigatoriedade de todos os utentes serem dele titulares, desse modo propiciando melhorias nos procedimentos de prestação do serviço, desburocratização, celeridade e economias na gestão. A solução adotada para induzir à obtenção dos efeitos materiais de generalização do cartão implicava, entre outras coisas, que o utente não detentor do cartão visse o acesso à prestação condicionado pela necessidade de suportar em qualquer circunstância a taxa moderadora. A questão que se colocava, portanto, era se o incumprimento do dever de abstenção, traduzido na cominação de condicionamentos de ordem material no acesso às prestações por quem não fosse detentor do cartão, era justificado pela prossecução dos interesses públicos (generalização do cartão e, em última análise, desburocratização, celeridade, economias) ou se havia violação da proibição do excesso.

Embora não seja possível uma adesão incondicional à conclusão do acórdão[1262], isso não obsta a que seja razoavelmente seguro que o instrumento a usar no controlo da norma em causa era a proibição do excesso. Pode mesmo dizer-se que se houvesse dúvidas sobre se o interesse prosseguido pelo legislador tinha natureza pública ou ainda se inseria na lógica da própria materialização do ser-

---

[1262] À primeira vista, não se colocam problemas de adequação: se o fim a considerar na apreciação da inadequação era o da generalização do uso do cartão de utente do SNS não se vê como é que poderia ser considerada inadequada para atingir tal fim a norma que tinha como consequência que quem não exibisse ou demonstrasse ser titular daquele cartão tivesse de pagar taxas moderadoras. Será que se colocam, em contrapartida, problemas de necessidade e de proporcionalidade e.s.e.? Poderia eventualmente alegar-se (tal como, porventura, resulta implícito no acórdão em apreciação e é defendido por Sousa Ribeiro na sua declaração de voto no acórdão nº 221/09) que é possível encontrar medidas igualmente eficazes, no sentido de obrigar ou encorajar o utente a obter o cartão do SNS, menos gravosas do que a imposição do pagamento pelo utilizador dos serviços obtidos em caso de não exibição/detenção desse cartão. Todavia, também se pode argumentar, em contrário (como, mais uma vez, no acórdão nº 221/09, nº 6), que nenhum meio é tão eficaz na obtenção do efeito da generalização do cartão do que acenar com o risco de consequências de ordem material para as utentes que não sejam dele titulares. Não se vê que outros meios alternativos poderiam atingir esse desiderato com a mesma eficiência. Por outro lado, não é evidente que os efeitos materiais positivos – generalização do uso do cartão pelos utentes, com efeitos desburocratizadores e de economia de recursos – sejam insuficientes para equilibrar os efeitos materiais negativos – aumento dos encargos dos utentes, mas só em situações em que estes não procedam à requisição, fácil e acessível, do cartão –, violando a norma, por isso, o segmento da proporcionalidade e.s.e. (sustentando, porém, a violação da proporcionalidade e.s.e., Benjamim Rodrigues, declaração de voto no acórdão nº 221/09).

A JURISPRUDÊNCIA DO TRIBUNAL CONSTITUCIONAL

viço nacional de saúde (conferindo-lhe maior eficiência e, consequentemente, mais qualidade do serviço para os utentes) sempre valeria a orientação supletiva de que *na dúvida se aplica a proibição do excesso*.

O acórdão nº 612/11 suscita outra ordem de considerações. Também aí o Tribunal prescindiu de uma análise precisa da estrutura deôntica das normas que enquadravam o comportamento do legislador. O legislador produzira uma norma que obrigava as instituições do setor social que pretendessem ter acesso à propriedade de farmácias e à atividade farmacêutica a constituírem sociedades comerciais. A norma visava resolver a colisão entre o direito das instituições particulares de solidariedade social ao apoio do Estado e o fim da salvaguarda da justa concorrência. Com a emissão dessa norma, o legislador pretendia cumprir *dois deveres positivos* que sobre ele impendem: o dever de apoiar aquelas instituições e o dever (*incumbência prioritária*, na linguagem do artigo 81º, alínea *f*)) de assegurar uma equilibrada concorrência.

O Tribunal achou que o legislador poderia optar por corresponder aos *dois deveres* conjugada e equilibradamente, criando uma situação de *compromisso* (palavras do acórdão) entre as condições de apoio ao setor social e a justa concorrência, sacrificando apenas marginal e igualitariamente cada um desses dois desideratos. Contudo, nenhuma dessas hipóteses corresponde ao objeto típico da proibição do excesso, mas sim ao de um dos outros parâmetros em que a proporcionalidade em sentido moderno se desdobra.

Como veremos, alguns desses parâmetros impõem uma atitude marcadamente deferencial do Tribunal perante o legislador, isto é, mais marcada do que na proibição do excesso[1263]. Essa atitude transparece no acórdão. Sinal disso é que a conclusão de não violação do princípio não é antecedida por uma operação formal, exaustiva e transparente de ponderação do peso de todas as razões que sustentavam a não interferência no interesse das entidades sociais de prosseguirem *todas* as suas atividades de acordo com a sua forma própria de operação, em comparação com o peso de todas as razões que sustentavam a satisfação do interesse público de uma concorrência livre e justa.

[1263] Sendo que mesmo aí a tendência é para a deferência. Recorde-se a fórmula, muitas vezes reelaborada mas mantendo o sentido original, logo adotada no acórdão nº 25/84: o Tribunal "não possui competência técnica nos variados domínios do conhecimento, nem competência funcional para emitir valorações, para controlar os objetivos políticos do legislador quanto à sua correção e oportunidade."

O PRINCÍPIO DA PROIBIÇÃO DO EXCESSO

5.1.2. A necessidade de clarificação e refinamento analítico dos vários parâmetros de controlo

Durante quase três décadas o Tribunal mostrou pouca inclinação para distinguir entre vários instrumentos mediadores de controlo (não interessa estudar, já neste capítulo, os instrumentos mediadores do exercício da própria atividade legislativa) que funcionem como parâmetros de avaliação das normas legislativas – os meios – à luz dos concretos fins visados. Isso desemboca no panorama exposto: à falta de um instrumentário completo, o Tribunal foi muitas vezes forçado a apelar aos quadros analíticos e conceptuais da proporcionalidade clássica de forma desajustada e, em última análise, apenas nominal.

Amiúde a invocação do princípio da proporcionalidade e dos seus segmentos, ou o uso da linguagem da proporcionalidade, oculta *fórmulas vazias* ou opções dogmaticamente insubsistentes. Isso é suscetível de ser suplantado apenas com um esforço de melhor mapeamento da estrutura deôntica das normas que enquadram a ação do legislador na emissão de normas e de refinamento da estrutura e da metódica do parâmetro de controlo aplicável.

Em 2010, o Tribunal deu passos relevantes na direção desse maior refinamento, embora talvez ainda não passos suficientemente seguros para serem considerados culminantes.

5.1.3. A receção formal da proibição do defeito

Interessam-nos os acórdãos nºs 75/10 e 166/10[1264].

[1264] Outros candidatos a ingressar no grupo "fundador" apreciado nesta seção seriam os acórdãos nº 254/02 (competências do Conselho de Opinião da RTP), relatado por Helena Brito e, logo a seguir aos dois aqui estudados desenvolvidamente, nº 269/10, relatado por Vitor Gomes.

O primeiro incidiu sobre normas através das quais o legislador (AR) pretendia alterar o regime vigente, eliminando "a competência do Conselho de Opinião da RTP para dar parecer vinculativo sobre a composição do órgão de administração da empresa concessionária do serviço público de televisão" e substituindo-o "pela competência do mesmo Conselho para dar parecer, não vinculativo, sobre a nomeação e destituição dos directores que tenham a seu cargo as áreas da programação e informação". Não estando acautelada a criação de qualquer outro mecanismo na estrutura da televisão pública que, directa ou indirectamente, salvaguardasse a independência da sua actuação perante o Governo, a Administração e os demais poderes públicos, o novo regime não respeitava a exigência constante do artigo 38º, nº 6, da Constituição. Esta exigência consiste, além do mais, na existência de "condições organizativas, seja ao nível da estrutura administrativa e financeira das empresas, seja ao nível da respectiva estrutura interna, que assegurem a autonomia de actuação dos meios de comunicação social públicos face às entidades referidas no artigo 38º, nº 6, da Constituição, quanto à definição dos conteúdos e da programação do serviço público." (nº 13), coisa que as normas em questão não asseguravam (nº 18). Embora sem o dizer desta forma, o Tribunal entendia que se estava perante um *dever positivo* do legislador de criar determinadas condições de *organização* com vista à completa exequibilidade de uma *garantia institucional* contemplada no artigo 38º, nº 6. Ora, os *deveres* de criação de normas de processo, procedimento, organização e

A JURISPRUDÊNCIA DO TRIBUNAL CONSTITUCIONAL

Sobre o cumprimento de injunção constitucional de proteção do nascituro, resumiu o relator do acórdão nº 75/10, SOUSA RIBEIRO:

"Na fixação dessa disciplina, goza o legislador ordinário de uma ampla margem de discricionariedade legislativa, balizada por dois limites ou proibições, de sinal contrário. Ele deve, por um lado, não desrespeitar a *proibição do excesso*, por afectação, *além* do admissível, da posição jurídico-constitucional da mulher grávida, nas suas componentes jusfundamentais do direito à vida e à integridade física e moral, à liberdade, à dignidade pessoal e à autodeterminação. Mas também deve, no pólo oposto, não descurar o valor objectivo da vida humana, que confere ao nascituro (à sua potencialidade de, pelo nascimento, aceder a uma existência autonomamente vivente) dignidade constitucional, como bem merecedor de tutela jurídica. O cumprimento desse dever está sujeito a uma medida *mínima*, sendo violada a *proibição*

financiamento são um dos pressupostos de uma das aplicações possíveis da proibição do defeito. Acontece, porém, que o Tribunal não desenvolveu qualquer juízo ponderativo bilateral. Isso pode indiciar que a pronúncia pela inconstitucionalidade das normas apreciadas se fundou na violação do conteúdo essencial do dever do legislador (tal como alegado pelo Presidente da República, requerente), com natureza categórica e não meramente *prima facie*. Assim sendo, só se pode falar de proibição do defeito em sentido impróprio, como sugeriremos oportunamente (v. *infra*, capítulo 21, 3.4.2., 3.4.3.). Por isso, optamos por não estudar nesta seção o acórdão nº 254/02.

O segundo apreciou a eventual existência de *défice de proteção* ou de violação *da proibição da deficiência de proteção* resultante da revogação de norma que consagrava contraordenações penalizadoras de quebras de segurança do trabalho (artigo 59º, nº 1, c)). Do acórdão fluem algumas indicações relevantes para a clarificação da visão do Tribunal em relação a esta descoberta (então) recente, como a que aponta para a conceção da proibição do defeito como veículo de *garantia da medida mínima* do cumprimento do dever de normação ("o cumprimento desse dever de normação está sujeito a uma medida "mínima", sendo violada a "proibição de insuficiência" (*Untermassverbot*) quando as normas de protecção ficarem aquém do constitucionalmente exigível", nº 8) ou como a que esclarece que "do ponto de vista da liberdade de actuação estadual e, em particular, de conformação legislativa, é grande a diferença estrutural entre os deveres negativos, de abstenção, e os positivos, de activa intervenção tuteladora" (nº 8). Significativa, também, é a afirmação perentória de que "quando não se trate de conteúdos de protecção constitucionalmente necessários (por directamente impostos ou por ser manifesto que só uma única medida é concebível como eficiente), só pode falar-se de "deficit" de protecção censurável pelo juiz constitucional perante a patente ou indiscutível insuficiência das medidas normativas adoptadas" (nº 9).

Fortes candidatos a percursores do acórdão que estudamos de seguida no texto são algumas declarações de voto de vencido no acórdão nº 288/98 (Mota Pinto, referindo-se ao princípio da proibição do défice – *Untermassverbot* – e Messias Bento, aludindo a *défice de protecção*) e a declaração de voto de vencido de Cura Mariano no acórdão nº 357/09. Este acórdão não conheceu do mérito da questão, mas aquele juiz discorre exaustivamente sobre se o "não reconhecimento de um direito de indemnização pelo dano da morte de um nascituro concebido é causa de um défice de tutela da vida intra-uterina, exigida pelo disposto no artigo 24º, nº 1, da C.R.P." Recorrendo à doutrina de CANARIS sobre a proibição da insuficiência, sustenta que no caso haveria inconstitucionalidade, por violação dos artigos 2º e 24º, por *défice de tutela* da vida intra-uterina.

O PRINCÍPIO DA PROIBIÇÃO DO EXCESSO

de insuficiência ("*Untermassverbot*") quando as normas de protecção ficarem *aquém* do constitucionalmente exigível."

E acrescenta mais abaixo:

"Podendo optar por consagrar uma protecção superior ao mínimo que lhe é jurídico--constitucionalmente *imposto*, o legislador não pode ultrapassar os limites que resultam da proibição do excesso (em último termo, do princípio da proporcionalidade). Só serão constitucionalmente conformes as soluções que respeitem ambas as proibições."

Trata-se de uma situação de omissão parcial, claramente não enquadrada pelo artigo 283º.

Relevante é não apenas a receção da figura da proibição do defeito[1265] mas também o esforço de definir a forma como se articula com a proibição do excesso, talvez a maior *crux* da teoria da proporcionalidade em sentido moderno Merece também realce, pelo seu significado dogmático, a explicitação do que significa falar de ampla margem de livre conformação do legislador e a associação entre a ideia de *medida mínima* e a proibição do défice ou da insuficiência[1266]. Adiante trataremos exaustivamente desses pontos[1267].

Embora o acórdão nº 75/10 não tenha levado até às últimas consequências o exercício analítico da determinação da estrutura deôntica das normas que balizavam o comportamento do legislador, resulta claro que se estava perante uma colisão entre um *dever positivo* de proteção de um bem, interesse ou valor constitucionalmente garantido e um *dever negativo* – com igual força constitucional – de abstenção de perturbação de bens, interesses ou valores constitucionalmente garantidos.

A primeira nota a propósito do outro acórdão que se pronunciou inequivocamente a favor da receção da figura da proibição da insuficiência ou do défice de comportamento legislativo (acórdão nº 166/10)[1268] é que a combinação deôntica é menos cristalina. Tratava-se de apreciar uma norma que dispensava a audição dos credores providos com garantia real nas fases de venda ordenada pelos serviços de finanças e, fundamentalmente, quando era ordenada a venda por negociação particular e feita a adjudicação subsequente. O Tribunal examinou se o legislador havia cumprido suficientemente o dever de legislar com vista a proteger *o direito do credor à satisfação do seu crédito*. O fim – de interesse público –

[1265] O cunho inovador do acórdão nº 75/2010 não foi imediatamente reconhecido ou valorizado pela doutrina, mesmo a mais atenta, como o demonstra o comentário de MIRANDA, «O Tribunal Constitucional em 2010», in *O Direito*, vol. 143º, I (2011), pp. 151-218, esp. 154-169.

[1266] Acórdão nº 75/10, nº 11.4.3.

[1267] *Infra*, capítulo 21.

[1268] Tendo sido declarada pela primeira vez, em termos expressos e assumidos, a inconstitucionalidade de uma norma por violação da proibição do défice ou da insuficiência.

A JURISPRUDÊNCIA DO TRIBUNAL CONSTITUCIONAL

que alegadamente conflituava com a proteção daquele direito era o da *cobrança coerciva de impostos* em termos eficientes. Portanto, pode dizer-se que há um *dever positivo* do legislador de criar condições legislativas e procedimentais para que os credores possam ver realizado o seu direito à satisfação dos créditos. Na visão do Tribunal, isso colidia no caso *sub judice* com o interesse da dispensa, em execução fiscal, da audição prévia de credores reclamantes com garantia real para efeitos de escolha da modalidade de venda e de fixação do preço base, de modo a lograr-se a cobrança de impostos para a prossecução do interesse público[1269]. A questão que se pode colocar é se a prossecução deste interesse público também é objeto de um *dever positivo* ou se (como parece) existe apenas uma *permissão constitucional* a prossegui-lo, mantendo o legislador total liberdade de conformação sobre se o prossegue ou não, quando e como (isto é, designadamente, com maior ou menor sacrifício do bem, interesse ou valor colidente). O Tribunal, confirmando uma prática reiterada, não esclarece esse ponto. Ora, tal ponto é importante como base de partida para a definição da estrutura da modalidade da proibição do defeito a mobilizar[1270].

Não obstante, o Tribunal procurou dar um passo mais na densificação da estrutura e da metódica da proibição do defeito. É certo que não se livrou de alguma ambiguidade quanto a aspetos dogmaticamente decisivos como, por exemplo, a questão de saber se toma como referência a modalidade imprópria ou a modalidade própria da proibição do defeito. A modalidade imprópria não pressupõe a realização de operações de ponderação. Quando o Tribunal começa por adiantar que existe défice inconstitucional da proteção "(i) sempre que se verificar que a protecção não satisfaz as exigências *mínimas* de eficiência que são requeridas pelas posições referidas; (ii) cumulativamente, sempre que se verificar que tal não é imposto por um relevante interesse público, constitucionalmente tutelado"[1271], esta frase, em mais do que uma das interpretações possíveis, parece apontar para uma estrutura não necessariamente ponderativa da proibição do defeito.

Sem embargo, no desenvolvimento subsequente, o Tribunal ocupa-se efetivamente da ponderação dos bens, interesses ou valores em presença. Porém, não de forma linear. Começa por anunciar que cabe fazer um juízo da *razoabilidade da ponderação* efetuada pelo legislador entre os bens e os valores em conflito. Sobre o que se pondera, são apresentadas duas variantes, eventualmente conciliáveis: (i) "...ponderação entre a intensidade do sacrifício imposto ao direito do

---

[1269] Nº 14.
[1270] V. *infra*, capítulo 21, onde se distingue entre a proibição do defeito paritária e a proibição do defeito não paritária, daí se extraindo consequências estruturais e metódicas.
[1271] Acórdão nº 166/10, nº 13.

O PRINCÍPIO DA PROIBIÇÃO DO EXCESSO

credor à satisfação do seu crédito e a necessidade da dispensa, em execução fiscal, da audição prévia de credores reclamantes com garantia real para efeitos de escolha da modalidade de venda e de fixação do preço base."; (ii) "...ponderação [entre] a intensidade do sacrifício imposto à posição jusfundamental e a necessidade e vantagem para o interesse público resultante desse mesmo sacrifício."

Mas será que o Tribunal efetuou realmente um exercício de ponderação? Vejamos: respondendo à pergunta sobre "*se, e em que medida*, é efetivamente *necessária* para a realização do interesse público de cobrança coerciva de impostos, a dispensa da audição prévia dos credores com garantia real"[1272], o Tribunal concluiu "que a dispensa de audição prévia dos credores reclamantes com garantia real não pode, objectivamente, ser considerada uma medida *necessária*, de forma tal que a sua ausência comprometa inelutavelmente os fins pertinentes de interesse colectivo". Por outras palavras, o Tribunal entendeu que havia alternativas à dispensa de audição (o meio adotado) que, sem afetar a intensidade de satisfação do fim de interesse público (a cobrança coerciva eficaz), poderiam permitir uma satisfação mais intensa do fim da proteção do direito do credor à satisfação do seu crédito.

No momento próprio observaremos que a doutrina diverge sobre a estrutura do segmento da necessidade no âmbito da proibição do defeito e, mais geralmente, sobre se esse segmento envolve ou não ponderação[1273]. Por agora, basta notar que aquilo que o Tribunal inequivocamente fez, foi averiguar da existência de medida(s) alternativa(s) à(s) vigente(s) que satisfizessem mais eficientemente o dever de ação, satisfazendo em igual medida que as vigentes os outros interesses visados pelo legislador com aquele colidentes. Por outras palavras, averiguou da *necessidade* (ou eficiência exigível) da medida legislativa.

Todavia, quando se refere que "a norma *sub judicio* não assegura uma ponderação *razoável* entre a posição jusfundamental que deve acautelar e o valor constitucional (de realização do interesse público) que com tal posição conflitua"[1274], logo após se ter realizado meramente *a comparação entre a norma vigente e as possíveis alternativas*, própria da metódica da necessidade, surge a suspeita de que o Tribunal está a fundir ou a sobrepor os dois planos.

Por outro lado, não é seguro que a referência na parte final da fundamentação a que "...o legislador que conformou as normas pertinentes do CPPT não conferiu, às posições jurídicas tuteladas, a protecção eficiente que poderia ter conferido; e fê-lo por razões de interesse público que, uma vez ponderadas, se mostram, na sua relação com os outros bens e valores constitucionalmente tute-

---

[1272] Itálico no original.
[1273] Capítulo 21.
[1274] Nº 14.

332

A JURISPRUDÊNCIA DO TRIBUNAL CONSTITUCIONAL

lados, *claramente sobreavaliadas*"[1275], substitua ou expresse uma verdadeira operação de ponderação. Esta requer a valoração dos efeitos positivos e negativos da norma, mas requer também o seu contrapeso. Não basta dizer que um ou outro bem, interesse ou valor foi *sobreavaliado*. Tem de se demonstrar que essa *sobrevalorização* levou a uma operação de contrapeso errónea, por um dos bens, interesses ou valores estar sobreavaliado. E terá, coerentemente, de se fazer a valoração *correta* e o correspetivo contrapeso. Tudo visto, portanto, há argumentos que permitem admitir que o Tribunal se limitou a apreciar *explicitamente* a necessidade, ficando na sombra todos os demais segmentos da proibição do defeito[1276].

Apesar das zonas de penumbra, estes dois acórdãos constituem um assinalável progresso no refinamento do instrumentário ao dispor do Tribunal[1277].

5.2. Proibição do desequilíbrio global manifesto

O refinamento analítico dos parâmetros de controlo através da receção da figura da proibição do defeito, a acrescer à proporcionalidade clássica ou proibição do excesso, pode ser insuficiente.

Na verdade, com a distinção entre proibição do excesso e proibição do defeito ficam, *grosso modo*, cobertas duas situações: (i) aquelas em que ao legislador é permitido atribuir prevalência à prossecução de um bem, interesse ou valor, com sacrifício de outro(s), havendo que assegurar que não o faz de modo *excessivo*; (ii) aquelas em que o legislador está sujeito a pelo menos um dever de ação, colidente com outro dever de ação ou de abstenção ou com uma permissão de ação ou de abstenção, havendo que assegurar que *cumpre suficientemente* o(s) dever(es) de ação.

No entanto, a jurisprudência do TC evidencia que há situações que não se reconduzem a nenhuma daquelas. É, designadamente, o caso de situações de sobreposição *cruzada e multipolar* de vários deveres *prima facie* de ação e vários deveres *prima facie* de abstenção do legislador que não fundamentam pretensões subjetivas de preferência *prima facie*, cabendo àquele criar condições de harmonização do respetivo exercício pelos respetivos titulares. Nesses casos, pede-se talvez um parâmetro de menor intensidade e de estrutura mais simples que vise apenas garantir que o legislador não promane uma solução global de desequilíbrio da satisfação dos vários interesses em presença.

[1275] Itálico aditado.

[1276] Falta saber se constituem precedente suficientemente robusto para estimular o Tribunal a usar doravante o parâmetro da proibição do defeito sempre que a estrutura deôntica da colisão o determinar. Casos posteriores mostram uma persistente inclinação para continuar a recorrer (pelo menos nominalmente) ao princípio da proporcionalidade: v., por exemplo, o acórdão nº 2/13, sobre acesso a documentos administrativos.

[1277] Acórdão nº 2/13, nº 9.3.

O PRINCÍPIO DA PROIBIÇÃO DO EXCESSO

Demonstraremos isso com recurso a três casos cujo espaçamento no tempo mostra um padrão persistente.

5.2.1. Acórdão nº 99/88

O acórdão nº 99/88, relatado por CARDOSO DA COSTA, incide sobre normas que regulam a tensão entre o direito ao reconhecimento da paternidade, decorrente dos direitos à integridade pessoal (artigo 25º, nº 1) e à identidade pessoal (artigo 26º, nº 1) e os interesses contrapostos. Estes últimos seriam, "em primeiro lugar, e antes de mais, o interesse do pretenso progenitor em não ver indefinida ou excessivamente protelada uma situação de incerteza quanto à sua paternidade, e em não ter de contestar a respectiva acção quando a prova se haja tornado mais aleatória; depois, um interesse da mesma ordem por parte dos herdeiros do investigado, e com redobrada justificação no tocante à álea da prova e às eventuais dificuldades de contraprova com que podem vir a confrontar-se; além disso, porventura, o próprio interesse, sendo o caso, da paz e da harmonia da família conjugal constituída pelo pretenso pai."[1278]. Consequentemente, tratava-se de uma colisão de bens, interesses ou valores titulados por diferentes pessoas. Esta questão esteve sob o escrutínio do Tribunal em diversas ocasiões[1279], com contornos distintos, mas com o traço comum resultante de as normas apreciadas estabelecerem prazos de caducidade para a interposição de ações de investigação ou impugnação da maternidade ou da paternidade. No entanto, a metódica seguida no tratamento da temática variou[1280], como é patente no acórdão nº 486/04, anteriormente estudado[1281].

[1278] Acórdão nº 99/88, nº 12.

[1279] Cfr., designadamente, acórdãos nºs 99/88, 413/89, 451/89, 370/91, 506/99, 456/03, 486/04.

[1280] Depois de um primeiro sinal evolutivo dado pelo acórdão nº 456/03, que se pronunciou pela inconstitucionalidade do artigo 1817º, nº 2, do Código Civil.

[1281] Como observámos *supra* 5.1.1.1.4, no acórdão nº 486/04, o relator Paulo Mota Pinto aprecia o caso, primeiro, sob a lente da afetação do núcleo essencial do direito ao conhecimento e reconhecimento da maternidade e da paternidade (o relator parece inclinar-se *prima facie* para a afetação do núcleo essencial do direito ao conhecimento e reconhecimento da maternidade e da paternidade: cfr. nº 18). Todavia, a parte final do acórdão deriva para a discussão e tentativa de demonstração da violação de segmentos do princípio da proporcionalidade (necessidade e proporcionalidade e.s.e.), acabando o dispositivo da decisão de provimento da inconstitucionalidade por mencionar apenas o artigo 18º, nº 2 (que o Tribunal entende reiteradamente ser a sede daquele princípio), sem invocar o artigo 18º, nº 3, ambos da Constituição. Ora, como aventámos nessa ocasião, esta decisão não quadra com os padrões comuns da proibição do excesso, nem parece, em rigor, ser reconvertível aos padrões comuns da proibição do defeito, o que indicia a necessidade de pensar num outro parâmetro de controlo. É isso que ensaiamos agora e desenvolvemos mais tarde.

A JURISPRUDÊNCIA DO TRIBUNAL CONSTITUCIONAL

Como noutros casos, não há uma decomposição fina de todas as posições do legislador perante aquela colisão de bens, interesses ou valores.

Se ela tivesse sido ensaiada porventura ter-se-ia concluído que o legislador está sujeito a uma apertada e inextricável rede de deveres de ação e de abstenção: (i) deveres de proteção de algumas das posições jurídicas subjetivas; (ii) deveres de proteção de outras posições contrapostas; (iii) deveres de produção de normas; (iv) deveres de abstenção de interferência em algumas daquelas posições jurídicas subjetivas (por exemplo, dever de abstenção de interferência na intimidade da vida familiar); tudo condimentado pela (v) permissão de salvaguardar interesses objetivos, como os da segurança e certeza jurídicas. Nada permite inferir que ao legislador fosse constitucionalmente requerido – ou até legítimo – atribuir a um dos bens, interesses ou valores em causa prevalência sobre os demais. E tão pouco parece defensável que existisse qualquer dever *específico* de proteger alguns dos bens, interesses ou valores em colisão contra o exercício dos outros. Aliás, o modo como o Tribunal lidou com o caso confirma isso[1282].

Todavia, também não é possível sustentar-se que o legislador se poderia alhear da potencial colisão, omitindo qualquer intervenção legislativa. A essa luz, a vantagem em recorrer a um parâmetro de controlo que se limite a presidir à verificação de que a solução legislativa não confere um tratamento *manifestamente desequilibrado* aos interesses em presença, com sacrifício unilateral manifesto de algum deles, em prol de outros, parece clara.

5.2.2. Acórdão nº 594/03

Estava em julgamento a proporcionalidade da norma que resolvia uma colisão entre o interesse do promitente comprador de imóvel que obtivera a tradição da coisa e o interesse do dono da coisa, promitente vendedor. Como no caso anterior, nenhum argumento resulta da Constituição que permita ao legislador atribuir a um dos bens, interesses ou valores em causa prevalência sobre

---

[1282] "É o *equilíbrio* entre o direito do filho e este conjunto de interesses que normas como as dos nºs 3 e 4 do artigo 1817º do Código Civil visam assegurar, sem que se possa dizer que o façam de modo desproporcionado (...) quer considerado o estabelecimento, em si, de prazos de caducidade, quer considerada a duração de tais prazos. E como todos os interesses em presença não deixam *igualmente* de encontrar ressonância constitucional – seja ainda nos artigos 25º, nº 1 (integridade moral), e 26º, nº 1 (direito à reputação e à reserva da intimidade da vida privada e familiar), seja no artigo 67º (protecção da família), seja só no valor da segurança e certeza do direito, já que a tal valor objectivo, que intimamente se conexiona com o direito à protecção jurídica (artigo 20º), não pode negar-se *semelhante* dignidade num Estado justamente «de direito» –, eis como não pode ver-se excluída pela Constituição a solução consagrada pelo legislador nos preceitos questionados." (acórdão nº 99/88, nº 12, itálicos aditados; v.. também, acórdão nº 177/92).

O PRINCÍPIO DA PROIBIÇÃO DO EXCESSO

os outros, embora o Tribunal tenha reconhecido (sem condenar a norma) que a posição do promitente comprador era "generosamente" tratada. E tão pouco parece defensável que existisse qualquer dever *específico* de proteger alguns dos bens, interesses ou valores em colisão contra os outros.

5.2.3. Acórdão nº 314/13

Também interessam aqui os acórdãos que incidem sobre normas suscitadas pela colisão de bens, interesses ou valores de uma mesma pessoa. Isto é ilustrado por vários arestos produzidos sobre as condições estabelecidas pela lei para a remição de pensões anuais vitalícias atribuídas em caso de acidentes de trabalho incapacitantes[1283]. Nessa circunstância está em causa a colisão entre o exercício da autonomia da vontade de trabalhador sinistrado e a necessidade de acautelar a subsistência condigna desse mesmo trabalhador ao longo de toda a sua vida.

Foi apreciada a proporcionalidade de medidas legislativas que limitam a autonomia da vontade do trabalhador sinistrado (impedindo-o, por exemplo, de requerer e obter a remição) com vista a garantir o que o Tribunal considera outro interesse material e constitucionalmente fundado, a necessidade de acautelar a subsistência condigna desse mesmo trabalhador ao longo de toda a sua vida. Todavia, não parece que o legislador possa decidir livremente dar prevalência a este ou aquele bem, interesse ou valor encabeçado pelo próprio sujeito em termos que suscitem a observância da proporcionalidade com o seu arsenal de cautelas[1284]. Tão pouco é concebível um dever de proteção de direitos do particular contra o exercício da sua liberdade e autonomia que suscite o controlo à luz da proibição do defeito.

5.3. Proporcionalidade e lei penal

Uma parte significativa dos acórdãos que versam questões de proporcionalidade incidem sobre normas penais (ou, mais latamente, sobre normas de direito sancionatório). Se atendermos a que os domínios da lei penal e da individuação judicial da pena foram alfobres do princípio da proporcionalidade, isso só pode ser encarado como natural. Nesse domínio suscitam-se várias questões com relevo para o presente estudo. Dois grupos se destacam: (i) o princípio de proporcionalidade de que aqui se fala é o mesmo que se aplica nos demais domínios materiais ou tem conteúdo, estrutura e metódica aplicativa dife-

---

[1283] V. uma lista no acórdão nº 314/13.
[1284] Aliás, o acórdão dirime a questão com três frugais linhas, limitando-se a asseverar que o regime normativo "mostra-se adequado e necessário, sem ultrapassar a justa medida, face ao interesse garantístico perseguido, mormente por referência aos montantes das prestações asseguradas pelo sistema de segurança social."

A JURISPRUDÊNCIA DO TRIBUNAL CONSTITUCIONAL

rentes? (ii) O princípio da proporcionalidade que vale como instrumento de harmonização que guia a ação do legislador e o controlo da lei penal pelo juiz constitucional tem o mesmo conteúdo, estrutura e metódica aplicativa que o princípio da proporcionalidade que vale como critério que guia a individualização judicial das penas? O Tribunal aprecia normas e não a aplicação individual da lei, pelo que só sobre a refração do princípio da proporcionalidade na produção de lei penal é possível colher indicações precisas no seu *corpus* jurisprudencial[1285]. Por isso, nesta seção averiguaremos se é possível encontrar um fio condutor da jurisprudência do Tribunal sobre o primeiro grupo de questões, apreciando alguns dos acórdãos que ao longo dos tempos procuraram clarificar e definir um sistema[1286]. No momento próprio apresentaremos a nossa proposta de reconstrução teórico-dogmática, versando então também o segundo grupo de questões[1287].

A interpretação dos preceitos constitucionais respeitantes à interferência em direitos fundamentais de modo sensível à especial gravosidade da lei penal nem sempre produziu um quadro pacífico, coerente ou sistemático. A dificuldade começa logo na profusão de conceitos acolhidos por sucessivas vagas de acórdãos incidentes sobre normas penais: princípios da proporcionalidade[1288], da subsidiariedade[1289], da máxima restrição das penas[1290], da fragmentariedade[1291], da necessidade[1292] ou necessidade das penas (e, por vezes, das medidas de segurança)[1293], da congruência (axiológica)[1294], da justiça[1295], da humanidade[1296], da exigência da dignidade punitiva[1297], do direito penal como direito de proteção de bens jurídicos[1298], da adequação e proporcionalidade[1299].

[1285] Ainda que seja evidente que quando o Tribunal se refere ao princípio da proporcionalidade ou a outros que serão estudados o faz em termos que, por vezes, se aplicam indistintamente quer ao momento da produção da lei penal quer ao da sua aplicação, ou até preponderantemente a este último.

[1286] V., entre outros, acórdãos nºs 25/84, 83/91, 426/91, 634/93, 83/95, 211/95, 302/95, 527/95, 480/98, 108/99, 604/99, 202/00, 312/00, 516/00, 95/01, 70/02, 99/02, 22/03, 3/06, 595/08, 577/11, 128/12, 179/12 (com muitas indicações), 2/13, 341/13 e 377/15 (com mais indicações).

[1287] *Infra*, capítulo 22.

[1288] Acórdãos nºs 85/85, 83/91, 108/99, 202/00, 95/01, 99/02, 3/06, 595/08, 577/11 e 341/13.

[1289] Acórdãos nºs 25/84, 634/93, 83/95, 211/95, 527/95, 108/99, 595/08, 577/11, 179/12 e 377/15.

[1290] Acórdãos nºs 634/93 e 527/95.

[1291] Acórdãos nºs 83/95, 108/99, 595/08 e 179/12.

[1292] Acórdãos nºs 83/95, 527/95, 108/99, 595/08 e 341/13.

[1293] Acórdãos nºs 202/00, 95/01, 99/02, 3/06 e 377/15.

[1294] Acórdãos nºs 83/95 e 527/95.

[1295] Acórdão nº 83/95.

[1296] Acórdãos nºs 83/95, 202/00 e 95/01.

[1297] Acórdão nº 211/95.

[1298] Acórdãos nºs 527/95, 108/99 e 179/12.

[1299] Acórdão nº 95/01.

O PRINCÍPIO DA PROIBIÇÃO DO EXCESSO

Desde cedo, acórdãos do Tribunal Constitucional procuraram definir os termos essenciais do problema: "[c]onsistindo as penas, em geral, na privação ou sacrifício de determinados direitos (maxime, a privação da liberdade, no caso da prisão), as medidas penais só são constitucionalmente admissíveis quando sejam necessárias, adequadas e proporcionadas à proteção de determinado direito ou interesse constitucionalmente protegido (cf. artigo 18º da Constituição)"[1300]. Aqui encontramos expressão da escola, por assim dizer, *simplificadora e uniformizadora*: o recurso a meios penais constitui restrição de direitos; a restrição de direitos só é permitida para proteger direitos ou interesses constitucionalmente protegidos e está sujeita ao princípio da proporcionalidade[1301]. Poucas ou nenhumas concessões se fazem a qualquer ideia de especificidade da lei penal. Esta linha mantém alguma presença em acórdãos recentes: por exemplo, no acórdão nº 595/08 frisa-se que o "Tribunal Constitucional tem, reiteradamente, reconhecido que a regulação [de matéria penal] deve obediência estrita aos pressupostos materiais, que legitimam, constitucionalmente, as restrições de direitos, liberdades e garantias fundamentais, constantes do artº 18º, nº 2, da Constituição: exigência de previsão constitucional expressa da respetiva restrição; vinculação da restrição à necessidade de salvaguardar um outro direito, liberdade e garantia fundamental; subordinação das leis restritivas a um princípio da proporcionalidade, o qual postula, num sentido estrito, que os meios legais restritivos devem situar-se numa justa medida e não poderão ser desproporcionados ou excessivos em relação aos fins que se pretende obter."

Todavia, a inclinação mais vincada da jurisprudência constitucional foi para interpretar os preceitos sobre interferências em direitos da Constituição de 1976 com recurso a conceitos pré-constitucionais, moldados pela doutrina penalística de referência, seja a mais antiga – que criou as bases para se defender que o princípio da proporcionalidade é aplicável no domínio penal –, seja a mais recente, no estrangeiro e em Portugal[1302]. Dessa opção decorrem *mutatis mutandis* mais três modalidades, a acrescer à referida acima.

Uma modalidade, igualmente simplificadora, mas permeável à orientação da conjugação dos clássicos princípios pré-constitucionais limitadores da política criminal com o enquadramento das interferências legislativas em direitos consagrado na Constituição, é a que acomoda os princípios da necessidade, subsidiariedade ou máxima restrição das penas (acórdão nº 634/93). Todavia, cedo se notou que tais noções não são mais do que uma aplicação, à lei penal e à política

---

[1300] Acórdão nº 85/85, nº 2.2.

[1301] Na mesma linha, acórdão nº 83/91, embora com valor exemplificativo menor, uma vez que problematizava a temática das penas fixas e não os limites à intervenção penal.

[1302] Para as indicações bibliográficas, v. notas no capítulo 22.

A JURISPRUDÊNCIA DO TRIBUNAL CONSTITUCIONAL

criminal, dos princípios constitucionais da justiça e da proporcionalidade, fundados no artigo 18º, nº 2 e na ideia de Estado de Direito democrático, materializados através dos três segmentos do princípio clássico da proporcionalidade[1303]. Essa linha tem-se mantido presente na jurisprudência do Tribunal, com pequenas oscilações. Ainda recentemente o acórdão nº 577/11 reiterou que "[o] Tribunal Constitucional tem entendido que lhe compete a fiscalização concreta da observância, pelo legislador, do princípio da subsidiariedade do direito penal." "[T]al princípio [é] enformador da nossa Constituição, decorrendo não só do princípio da proporcionalidade tal como é enquadrado pelo artigo 18º, nº 2, ao estabelecer os critérios de validade das leis restritivas de direitos fundamentais, mas também do conceito de Estado de direito democrático"[1304].

Também simplificadora, mas desta vez desvinculada de qualquer referência ao princípio da proporcionalidade e recorrendo simplesmente aos clássicos princípios limitativos da política criminal, é a modalidade que flui do acórdão nº 211/95: "O que justifica a inclusão de certas situações no direito penal é a subordinação a uma lógica de estrita necessidade das restrições de direitos e interesses que decorrem da aplicação de penas públicas (artigo 18º, nº 2, da Constituição)"[1305]. Desta lógica de "estrita necessidade" decorrem três componentes: (i) dignidade punitiva prévia das condutas, enquanto expressão de uma elevada gravidade ética e merecimento de culpa; (ii) subsidiariedade do direito penal; (iii) máxima restrição das penas. Nenhuma referência a qualquer vínculo com o princípio da proporcionalidade; recurso exclusivo ao princípio da necessidade como princípio autónomo e autossuficiente e como critério de constitucionalidade da norma jus-penal.

A densificação do artigo 18º, nº 2, através do recurso a princípios pré-constitucionais materialmente limitativos da lei penal assume em outros acórdãos tonalidades mais complexas. Expoentes dessa quarta orientação são os acórdãos nºs 527/95 e, talvez mais marcadamente, 108/99. Este, depois de percorrer uma panóplia de princípios e conceitos – fragmentariedade, subsidiariedade,

---

[1303] A enunciação dos três segmentos da proporcionalidade com o sentido que assumem nos demais domínios materiais é inata na modalidade referida em primeiro lugar, mas também ocorre nesta segunda e até na quarta modalidade (v. acórdãos nºs 634/93, 83/95, 202/00, 99/02). Todavia, nas duas últimas não se esclarece como é que se conjuga um princípio da proporcionalidade com aqueles três segmentos da adequação, necessidade e proporcionalidade e.s.e. com a conceção de que os princípios da necessidade ou da subsidiariedade (e outros) são *a* manifestação do princípio da proporcionalidade no domínio penal. Essa é uma das questões a que procuraremos responder *infra*, capítulo 22.

[1304] Não muito diferente, embora com referências ao princípio da necessidade das penas em vez da subsidiariedade, acórdãos nºs 99/02, 3/06, 341/13 (essencialmente remissivo) e, muito recentemente, 377/15.

[1305] Acórdão nº 211/95, nº 7.

O PRINCÍPIO DA PROIBIÇÃO DO EXCESSO

necessidade social (ou necessidade), estrita analogia entre a ordem axiológica constitucional e a ordem legal dos bens jurídico-penais, conclui que "a norma incriminadora não pode ser censurada *sub specie constitutionis*, em nome do *princípio da proporcionalidade*". Implicitamente, inculca que todos aqueles parâmetros se reportam, integram ou são expressão do princípio da proporcionalidade, alegadamente recebido pelo artigo 18º, nº 2. Esta linha, mais complexificante e relativamente assistemática (e, em alguns casos, mesclada com sucessivas citações doutrinárias que mais do que esclarecer as conexões e articulações entre os conceitos as obscurecem), tem outras manifestações[1306].

Se de conceção dominante ou maioritária se pode falar, a que apresenta credenciais mais fortes é a descrita em segundo lugar, que se resume nas noções de *necessidade* e *proporcionalidade* (ou inversamente)[1307] ou simplesmente de *subsidiariedade* da lei penal[1308]. Em qualquer caso, há uma dado unanimemente assumido, qualquer que seja o ângulo dogmático, a nomenclatura e a metódica perfilhadas: todas reconhecem o artigo 18º, nº 2, como base fundante[1309]. Isso é assim quando se faz exclusiva referência ao princípio da proporcionalidade como parâmetro da decisão do legislador penal[1310] ou se entende que a necessidade e a subsidiariedade do direito penal não são mais do que aplicações, ao direito penal e à política

[1306] Acórdãos nºs 95/01, 22/03 (essencialmente remissivo), 108/99.
[1307] V. referências à necessidade e à proporcionalidade nos acórdãos nºs 282/86, 7/87, 35/87, 11/88, 474/89, 458/93, 99/02, 494/03, 3/06, 341/13 e muitos outros. Note-se que, por vezes, a noção é empregue também noutros domínios materiais que não o da lei penal: v. acórdãos nºs 230/85 (sobre inelegibilidades em eleições locais), 91/01 (sobre sanções disciplinares) ou, revelando continuidade, 2/13 (acesso a documentos administrativos).
[1308] Já a primeira conceção terá, porventura, uma pretensão hegemónica noutras manifestações de direito sancionatório. Por exemplo, no acórdão nº 858/14, sobre normas disciplinares, considerou-se violado o segmento da necessidade do princípio da proporcionalidade e.s.a.: "...uma medida predeterminada em relação ao montante da pensão declarada perdida e ao tempo de duração da perda do direito, sem qualquer ponderação do efeito que poderá produzir nas condições básicas de vida do arguido, *põe em causa o princípio da proporcionalidade, na vertente da necessidade ou exigibilidade*, porquanto uma solução legislativa que preservasse um rendimento mínimo destinado a garantir a existência condigna, ainda que prevendo o correspondente alargamento da duração da pena por forma a alcançar a mesma intensidade de sacrifício patrimonial, poderia atingir, com o mesmo grau de eficácia, os fins de retribuição e prevenção geral sem pôr em risco o direito à subsistência" (itálico aditado).
[1309] Cfr. acórdãos nºs 25/84, 85/85, 634/93, 83/95, 211/95, 527/95, 1142/96 (implicitamente), 108/99, 604/99, 202/00, 99/02, 3/06, 595/08, 577/11, 179/12 e 377/15. Princípio de política criminal visto como limite do conteúdo e/ou fundamento da lei penal e das penas é o *princípio da culpa*, a que o Tribunal atribui arrimo constitucional (tal como o *BverfG*) mas não alicerça no artigo 18º, nº 2: v. acórdãos nºs 83/91, 426/91, 83/95 e 527/95, 202/00 e 95/01, entre outros. A culpa é fundamento legitimador e limite ou, pelo menos, um dos fundamentos irrenunciáveis da aplicação de qualquer pena, decorrendo o princípio da culpa dos artigos 1º e 27º, nº 1: assim, acórdão nº 95/01.
[1310] Acórdãos nºs 85/85, 83/91 e 595/08.

340

A JURISPRUDÊNCIA DO TRIBUNAL CONSTITUCIONAL

criminal, dos princípios constitucionais da justiça e da proporcionalidade[1311] ou se diz que é da ideia da necessidade que fluem as exigências de proporcionalidade e adequação[1312] ou se fala de uma "relação umbilical" entre necessidade e proporcionalidade[1313]; mas também quando nem sequer se fala de princípio da proporcionalidade, recorrendo simplesmente ao conceito de necessidade[1314] ou não se estabelece nenhuma relação clara entre os vários conceitos usados[1315].

Essa constatação não dispensa que averiguemos se atrás de cada uma daquelas conceções – ou, talvez, perspetivas – vêm diferenças significativas, designadamente quanto aos bens jurídicos que podem ser objeto de tutela penal e à extensão da liberdade de conformação do legislador. É também relevante verificar se todas as conceções têm o mesmo potencial no que toca à subsistência/sucumbência das medidas legislativas de política criminal.

Quanto ao primeiro tema, há uma ampla aceitação do princípio do direito penal como direito de proteção do bem jurídico[1316]. Todavia, não se trata de todo e qualquer bem jurídico, apenas daquele que tenha dignidade penal. Como é que se delimitam os bens jurídicos suscetíveis de reivindicar dignidade penal? As fórmulas variam e não é possível estudá-las ou tão pouco apresentá-las exaustivamente. As menos formatadas pelo influxo da ciência do direito penal aludem simplesmente a bens ou interesses constitucionalmente protegidos, sem preocupações de redução material dessa noção[1317]. Fala-se, então, de uma relação incindível entre a ordem axiológica constitucional e a ordem legal dos bens jurídicos protegidos pelo direito penal (princípio da congruência)[1318]. Todavia,

---

[1311] Acórdãos nºs 634/93, 527/95 e 577/11.

[1312] Assim, aparentemente, acórdão nº 95/01.

[1313] Acórdão nº 99/02.

[1314] Acórdão nº 211/95.

[1315] V., por exemplo, acórdão nº 108/99.

[1316] Assim, acórdãos nºs 83/95, 108/99, 179/12. Por vezes, todavia, a ênfase não é colocada no bem jurídico a proteger, eventualmente violado (ou colocada só nele), mas sim na censurabilidade imanente de certas condutas. Frisa-se então uma "exigência de dignidade punitiva prévia das condutas, enquanto expressão de uma elevada gravidade ética e merecimento de culpa (artigo 1º da Constituição, do qual decorre a protecção da essencial dignidade da pessoa humana)".

[1317] Assim, acórdãos nºs 85/85 e 99/02.

[1318] Cfr. Acórdão nº 527/95. V., também, a síntese desta orientação oferecida recentemente pelo acórdão nº 377/15: "[t]oda e qualquer decisão legislativa de política criminal, que se traduza na opção de definir novos tipos de crimes e de prever para eles novas penas, deve desde logo revelar-se como uma medida adequada para conferir amparo a interesses, individuais ou coletivos, de conservação ou manutenção de valores sociais aos quais seja possível reconhecer a máxima relevância jurídica; e que, em Estado de direito democrático, o critério para a determinação do que seja a «máxima relevância jurídica» de certo valor social que deva ser preservado há de encontrar-se, não em um qualquer *corpus* normativo que seja exterior à Constituição, mas apenas dentro dela e no quadro axiológico que lhe seja próprio. É neste sentido – exigido pelo primado

O PRINCÍPIO DA PROIBIÇÃO DO EXCESSO

em alguns casos buscam-se formulações redutivas, que circunscrevem os bens ou interesses constitucionalmente protegidos que podem ser objeto de tutela penal: aqueles cuja perturbação ponha em causa as condições essenciais indispensáveis ao viver comunitário[1319] ou, mais restritivamente, direitos fundamentais (ou até, ainda mais restritivamente, direitos, liberdades e garantias)[1320]. Para além dos princípios do *direito penal de proteção*, do *direito penal do bem jurídico*, da *congruência*, fala-se também do *princípio da fragmentariedade*[1321].

No que toca à liberdade de conformação do legislador, as indicações pouco variam, não obstante a pluralidade semântica. Alguns exemplos: "o juízo sobre a necessidade do recurso aos meios penais cabe, em primeira linha, ao legislador, ao qual se há de reconhecer, também nesta matéria, um largo âmbito de discricionariedade. A limitação da liberdade de conformação legislativa, nestes casos, só pode, pois, ocorrer quando a punição criminal se apresente como *manifestamente* excessiva"[1322]. Ou então: "[o] juízo sobre a necessidade de lançar mão desta ou daquela reação penal cabe, obviamente, em primeira linha, ao legislador, em cuja *sabedoria* tem de confiar-se, reconhecendo-se-lhe uma larga margem de discricionariedade"[1323]. E ainda: "[o] Tribunal Constitucional tem também afirmado, de modo reiterado, que, na apreciação [do cumprimento do princípio da subsidiariedade], cumpre respeitar a margem de liberdade conformadora que, no plano da definição da política criminal, cabe, nos termos de uma adequada separação de poderes do Estado, ao legislador democrático, isto é, à Assembleia da República, em primeira linha, ou ao Governo, uma vez emitida a correspondente credencial parlamentar [...]. A actividade de fiscalização do Tribunal deve ser [...] restringida a um controlo de *evidência*"[1324]. Em suma, o juiz constitucional português recorre a modos de dizer que denotam deferência (reconhecimento "de uma larga margem de liberdade de conformação ou, se se quiser, uma ampla margem conformativa") e estrita adstrição a juízos de evidência ("o juízo de

---

normativo da Constituição, decorrente do nº 1 do artigo 3º da CRP – que se diz que, em cada nova incriminação, «há de observar-se uma estrita analogia entre a ordem axiológica constitucional e a ordem legal dos bens jurídico-penais» (Acórdão nº 108/99, ponto 4); e que «toda a norma incriminatória na base da qual não seja suscetível de se divisar um bem jurídico-penal *claramente* definido é nula, porque materialmente inconstitucional» (Acórdão nº 179/2012, ponto 7)".

[1319] Acórdãos nºs 83/95, 527/95.

[1320] Acórdãos nºs 595/08, 179/12.

[1321] Acórdãos nºs 83/95, 108/99, 595/08, 179/12.

[1322] Acórdão nº 634/93.

[1323] Acórdão nº 108/99.

[1324] Acórdão nº 577/11.

A JURISPRUDÊNCIA DO TRIBUNAL CONSTITUCIONAL

censura constitucional só pode ocorrer «quando a gravidade do sancionamento se mostre inequívoca, patente ou manifestamente excessiva»")[1325].

O que vai prometido nestes trechos tem sido cumprido. Como se notou a certo passo, "[p]oucas foram as vezes em que o Tribunal Constitucional censurou o juízo de mérito feito pelo legislador acerca da definição de crimes, de penas ou de medidas de segurança"[1326]. O elenco esgota-se com normas do Código Penal e Disciplinar da Marinha Mercante (pré-constitucionais, de 1943)[1327] e do Código de Justiça Militar (de 1977)[1328] e, mais recentemente, normas respeitantes ao vivamente contestado (mesmo no âmbito parlamentar) crime de enriquecimento ilícito[1329] ou injustificado[1330], em ambos os casos em sede de fiscalização preventiva[1331]. Pode alegar-se que o juiz constitucional cumpre em excesso[1332] a, já de si, aparentemente excessiva promessa de deferência[1333].

5.4. Igualdade

Acima já se mostrou o interface criado por alguns acórdãos entre proporcionalidade e igualdade (em alguns casos, a impropriamente chamada *igualdade proporcional*). Esse tema será aprofundado em capítulo próprio[1334].

[1325] Embora o Tribunal também tenha deixado esporádicas indicações – nunca suficientemente exploradas ou aprofundadas – de que o domínio penal e processual penal não é aquele em que a liberdade de conformação do legislador é maior. Assim, acórdão nº 20/10, nº 6: "Na conformação das regras próprias do processo civil não está o legislador ordinário sujeito a uma vinculação constitucional tão intensa quanto a que se verifica a propósito da conformação das regras de processo penal. A afirmação [...] tem sido reiterada pela jurisprudência (vejam-se quanto a este ponto, e por exemplo, os Acórdãos nºs 271/95, 335/95 e 508/02...)".

[1326] Acórdão nº 595/08. Além disso, acrescenta o acórdão, quando o Tribunal censurou tal juízo de mérito do legislador "associou, geralmente, a violação do princípio da proporcionalidade ao desrespeito de outros princípios constitucionais".

[1327] Acórdãos nºs 634/93, 650/93, 211/95, 141/95 e 527/95.

[1328] Acórdãos nºs 370/94, 958/96, 329/97 e 201/98.

[1329] Acórdão nº 179/12.

[1330] Acórdão nº 377/15.

[1331] Para uma elencagem e apreciação sumária dos (bem mais numerosos) casos em que o TC não encontrou motivos para censura constitucional de normas de incriminação, MARIA JOÃO ANTUNES, «A problemática...», pp. 103 ss.

[1332] Cfr., por exemplo, acórdão nº 604/99, sobre penalização da utilização de prestações obtidas a título de subvenção ou subsídio para fins diferentes daqueles a que legalmente se destinam: não se vê qual o bem jurídico tutelado pela Constituição protegido pela norma penal.

[1333] Como conclusão geral sobre a linha de atuação do Tribunal Constitucional pode dizer-se que tem sido estrito na afirmação de princípios limitadores da lei penal, mas deferente na aplicação desses princípios. No mesmo sentido, sobre o caso espanhol, LASCURAÍN SÁNCHEZ, «¿Restrictivo o deferente? El control de la ley penal por parte del Tribunal Constitucional», in *InDret* (2012), acedido em http://www.indret.com/pdf/902a.pdf, p. 12.

[1334] *Infra*, capítulo 27.

O PRINCÍPIO DA PROIBIÇÃO DO EXCESSO

5.5. Razoabilidade

Adiante serão estudadas as versões doutrinais autonomizadoras e não autonomizadoras de um princípio da razoabilidade

Se tendência se pode detetar na jurisprudência constitucional, é a do recurso frequente à noção de razoabilidade, mas com escassa densificação e explicitação da relação com parâmetros como a proibição do excesso.

Um dos episódios de pretensa autonomização foi protagonizado pelo acórdão nº 289/92, emitido num processo em que o Tribunal apreciou as normas que impõem um pré-aviso de realização de greve. Baseando-se na distinção (eventualmente mais claramente traçada do que em acórdãos anteriores[1335]) entre intervenções restritivas e intervenções conformadoras da lei nos direitos fundamentais, a relatora, ASSUNÇÃO ESTEVES, qualificou essa operação do legislador (de definição da antecedência mínima de pré-aviso) como meramente conformadora do direito[1336].

Ora, de acordo com o Tribunal, as "estruturas de ponderação" do artigo 18º, nºs 2 e 3, não são aplicáveis na avaliação das intervenções conformadoras. Na avaliação da intervenção conformadora há simplesmente que ajuizar sobre a *razoabilidade* da norma conformadora. Embora seja também um parâmetro *consequencialista*, isto é, atento às consequências ou efeitos produzidos, o que se pretende é averiguar se esses efeitos são razoáveis, tendo em conta as finalidades de operacionalização do direito (por exemplo, no caso do pré-aviso, possibilitando que os indivíduos eventualmente afetados moldem os seus comportamentos, definição de um tempo para negociação, etc.), ou se, diversamente, pelo seu modo e intensidade, se projetam na fruição do direito fundamental em termos tais que causem um impedimento ou inibição do seu exercício. Afasta-se a aplicação da proporcionalidade, que é uma "estrutura de ponderação" de bens, interesses ou valores[1337].

[1335] Este acórdão pode ser também relevante como expressão de um corte com a *teoria dos limites imanentes*, na medida em que, reconhecendo a existência da fratura entre teorias externas e internas e restritas e alargadas do âmbito de proteção, declina tomar posição: "Não temos aqui de proceder a opções de construção, nomeadamente pela teoria restrita ou alargada do *Tatbestand* e pela sua repercussão na problemática dos limites dos direitos fundamentais".

[1336] No caso da fixação de serviços mínimos, também objeto do acórdão, o Tribunal considerou tratar-se, ao invés, de uma intervenção restritiva.

[1337] A relatora acrescenta ainda que "por maioria de razão, assim haveria de concluir uma tese que, nessas normas, antes reconhecesse a figura da restrição e a necessidade que envolve de convocar os critérios constitucionais da adequação e proporcionalidade" (*idem*). Esta frase parece intuir que o Tribunal considera (ou considerou) o critério da razoabilidade um critério *mais exigente* ou mais *enérgico*: norma que resiste à sua triagem supera, *por maioria de razão*, a proporcionalidade. Esta indicação não é, todavia, justificada nem parece que se baseie em considerações sólidas.

A JURISPRUDÊNCIA DO TRIBUNAL CONSTITUCIONAL

Todavia, não obstante a alardeada intenção de escapar a um exercício de ponderação, a fundamentação do acórdão só é discernível com base em operações implícitas de ponderação: o pré-aviso em si, bem como o período de pré-aviso legalmente definido, só são razoáveis (*rectius*, só são *proporcionais*) na medida em que permitem satisfazer, acautelar ou potenciar bens, interesses ou valores, com peso suficiente para justificar a sua consagração. Se aqueles outros bens, interesses ou valores não valessem, ou não tivessem o peso que têm, certamente não se justificaria sequer o "condicionamento" do direito à greve decorrente da exigência de um pré-aviso.

A ambiguidade da relação entre razoabilidade e proporcionalidade, particularmente proporcionalidade e.s.e. é, contudo, o traço mais persistente. Vejamos dois exemplos claros, recentes, de 2013 e 2014.

O primeiro é fornecido pelo acórdão nº 187/13, no qual foi declarada a inconstitucionalidade de uma norma da Lei do Orçamento de Estado (artigo 117º nº 1) que estabelecia uma "contribuição" sobre subsídios de doença e de desemprego, por violação "do princípio da proporcionalidade, *ínsito no artigo 2º da CRP*"[1338]. Que princípio da proporcionalidade é este? O Tribunal começa por sinalizar que vai fazer uma aplicação da proporcionalidade, anunciando três segmentos, idoneidade, necessidade e *razoabilidade*[1339] (ou seja, substituindo a proporcionalidade e.s.e. pela razoabilidade). Depois sustenta que a medida não é idónea para atingir os fins de reforçar o financiamento da segurança social e de contrariar o défice resultante da diminuição de receitas contributivas. Ora, sendo difícil mostrar que uma medida *que aumenta receita ou diminui despesa* não é idónea para atingir aqueles fins, o Tribunal ultrapassa a questão esclarecendo que não é idónea porque atinge "aqueles beneficiários cujas prestações estão já reduzidas a um montante que o próprio legislador, nos termos do regime legal aplicável, considerou corresponder a um mínimo de sobrevivência para aquelas específicas situações de risco social"[1340]. Não se trata, obviamente, de um juízo de idoneidade típico da proporcionalidade, uma vez que simplesmente tem em conta a incidência e impacto subjetivo da medida na esfera dos que são por ela atingidos e não a sua aptidão para aproximar o fim visado pelo legislador. Depois (ignorando a questão da necessidade), conclui de imediato pela desrazoabilidade da norma, sem qualquer operação de ponderação bilateral e considerando, mais uma vez, apenas e tão só o seu impacto subjetivo sobre as pessoas atingidas[1341], justamente o traço metódico mais valorizado e sublinhado por quem

---

[1338] Assim, o dispositivo da decisão, itálico aditado.

[1339] Nº 93.

[1340] *Idem.*

[1341] *Idem*: A "opção legislativa é de todo desrazoável, quando é certo que ela atinge os beneficiários que se encontram em situação de maior vulnerabilidade por não disporem de condições para

O PRINCÍPIO DA PROIBIÇÃO DO EXCESSO

defende a autonomização da razoabilidade em relação à proporcionalidade e.s.e. Esse pendor consequencialista unilateral é reforçado pela circunstância de, logo de seguida[1342], considerar também violado o princípio do mínimo de existência condigna, também ele de aplicação absoluta e categórica, sem que isso seja autonomizado no dispositivo decisório, o que parece querer dizer que é também imputado a este conceito híbrido de proporcionalidade-razoabiliadade subjetiva. Em suma, o Tribunal começa por anunciar a aplicação de uma conceção *schlinkiana*[1343] da proporcionalidade (logo aí, muito ao arrepio da jurisprudência constitucional sobre o princípio); todavia, aprecia apenas a adequação e a razoabilidade; mas como a aplicação da adequação é feita em termos dogmaticamente insubsistentes, sobra a mera aplicação de um princípio de razoabilidade sob a capa da proporcionalidade.

O segundo é fornecido pelo acórdão nº 413/14, também da autoria do relator do acórdão nº 187/13, CARLOS CADILHA. Estava em discussão a constitucionalidade de normas, incluídas no Orçamento do Estado de 2014, que insistiam na introdução de contribuições sobre prestações de doença e de desemprego. Embora procure ser mais clara que a do acórdão anterior, a *ratio* argumentativa continua a padecer de algumas ambiguidades. Por um lado, o Tribunal parece agora aderir à orientação da autonomização do princípio da *razoabilidade subjetiva* (citando, aliás, doutrina nesse sentido[1344]), aplicando-o sem o confundir com a estrutura e a metódica próprias da proporcionalidade/proibição do excesso, isto é, aplicando-o de forma categórica e assentando simplesmente na valoração do impacto *subjetivo* da interferência. Isso resulta da enfase com que explicita que não se coloca a questão da "adequação da gravidade do sacrifício imposto em relação à importância ou premência da realização dos fins prosseguidos". Trata-se sim de "ocorrer uma afetação inadmissível ou intolerável do ponto de vista de quem sofre e por razões atinentes à sua subjetividade"[1345].

---

obterem rendimentos do trabalho para fazer face às necessidades vitais do seu agregado familiar, e abrange as prestações sociais que precisamente revestem uma função sucedânea da remuneração salarial de que o trabalhador se viu privado, e que era suposto corresponderem, no limite, ao mínimo de assistência material que se encontrava já legalmente garantido."

[1342] Nº 94.

[1343] V. SCHLINK, *Abwägung im Verfassungsrecht* (1976), apreciando a jurisprudência do *BVerfG* relativa aos artigos 5º, 12º, nº 2 e 14º da *GG*, sustentava que o Tribunal avaliava simplesmente se as leis eram adequadas, necessárias e razoáveis. A análise da razoabilidade era uma apreciação *unipolar* (e não bipolar, de contrapeso de um meio com um fim), com vista à garantia de uma posição mínima da parte sacrificada. Era rejeitado o segmento da proporcionalidade e.s.e. como parâmetro do controlo judicial. Deste modo, o Tribunal Constitucional alemão não efetuaria nenhuma operação de ponderação (nem, aliás, a deveria efetuar, num estado liberal).

[1344] NOVAIS, *Os Princípios...*, p. 189.

[1345] Acórdão nº 413/14, nº 74.

A JURISPRUDÊNCIA DO TRIBUNAL CONSTITUCIONAL

Todavia, esclarece que o "princípio da razoabilidade surge relacionado com o princípio da proporcionalidade em sentido estrito" e que é um "critério atinente ao princípio da proporcionalidade".

Finalmente, considera *desrazoáveis* as normas em causa – continuando sem densificar o que se deve entender por *razoável* – e declara-as inconstitucionais *por violação do princípio da proporcionalidade*[1346].

5.6. Proporcionalidade quantitativa

O Tribunal não elabora sobre a diferença entre proibição do excesso e proporcionalidade quantitativa. Aliás, aparentemente, confunde-as ou assimila-as. Prova disso, é a circunstância de usar exatamente a mesma terminologia e invocar por regra o mesmo fundamento para a sua aplicação (artigos 2º e 18º, nº 2, da CRP)[1347]. Todavia, a diferenciação justifica-se e a jurisprudência constitucional, bem vistas as coisas, corrobora-a. Na proporcionalidade quantitativa postula-se uma *proporção* diferente, que não envolve, designadamente, a valoração dos efeitos positivos e negativos da norma jurídica que é própria da proporcionalidade e.s.e., mas sim uma proporção entre montantes ou valores monetários ou quantificados e uma determinada grandeza também minimamente quantificável.

A figura da proporcionalidade quantitativa aplica-se em vários domínios, podendo os respetivos fundamento, estrutura, conteúdo e metódica e até a extensão do poder judicial de controlo (embora este ande em torno da ideia de que o Tribunal só pode contrariar a norma em casos de manifesta desproporcionalidade[1348]) sofrer variações. Uma das mais frequentes aplicações é a que respeita às taxas, particularmente de justiça (mas não só)[1349]. As diferentes bases constitucionais da *proporcionalidade* aplicável às taxas (e outros tributos) e da

---

[1346] Esta decisão e o respetivo fundamento suscitou vigorosas críticas, dentro e fora do Tribunal: v., por todos, a declaração de voto de Lúcia Amaral ("a invalidação da medida legislativa surge assim fundada em violação do artigo 2º – sede do princípio da proporcionalidade – a partir de um 'subparâmetro' que o Tribunal nele encontrou, sem que se saibam ao certo quais os instrumentos hermenêuticos que foram utilizados para o autonomizar, qual o seu conteúdo rigoroso, e o que esperar por isso da sua futura evolução"); Morais, *Curso...*, II, 2, p. 726. É de notar, todavia, que curiosamente o acórdão nº 187/13 parece ter passado incólume, quando, na verdade, as linhas essencias do juízo de razoabilidade assente no artigo 2º já estavam nele vertidas e já fundavam uma declaração de inconstitucionalidade, embora (mal) ocultadas sob o *nomen*, mais "tranquilizador", da proporcionalidade.

[1347] V., por exemplo, acórdãos nºs 227/07, 116/07, 471/07.

[1348] Acórdão nº 846/14, nº 8. Porém, como veremos *infra*, capítulo 24, este é um dos acórdãos que mostram com maior eloquência que o Tribunal não distingue entre esta modalidade de proporcionalidade e a proporcionalidade clássica.

[1349] Entre muitos, acórdãos nºs 227/07, 470/07, 471/07, 116/08, 301/09, 151/09, 534/11, 421/13.

347

O PRINCÍPIO DA PROIBIÇÃO DO EXCESSO

proporcionalidade como instrumento de ponderação e harmonização resultam claras do acórdão nº 846/14, relatado por Lúcia Amaral. Pela eloquência, vale a pena transcrever alguns trechos:

"A doutrina e a jurisprudência constitucional têm sido firmes no sentido de concluir que o exercício, por parte do Estado, do poder de tributar não pode ser concebido como uma afetação ou *restrição* de direitos fundamentais, face à qual seja legítimo invocar o regime dos requisitos ou exigências que valem, constitucionalmente, para as leis restritivas de direitos, liberdades e garantias. [O imposto é configurado] não como afetação de um direito mas antes como *obrigação pública* de todos os cidadãos, quando constituída nos termos do artigo 103º da CRP. E se isto assim é relativamente à imposição unilateral que forma o imposto, também o é em relação a esses outros tributos que são as taxas (...). (S)e a «conceção constitucional de tributo» – a qual inclui impostos e taxas – é inimiga de qualquer construção que veja similitudes entre estas imposições e as vulgares *restrições a direitos, liberdades e garantias,* tal como estas últimas são reguladas pelo artigo 18º da CRP, nem por isso se dispensa, quanto a elas, o requisito ou crivo da proporcionalidade, enquanto expressão de um princípio que, como já se disse, vale em Estado de direito (artigo 2º) para todo o agir estadual. Esta afirmação, no que às *taxas* diz respeito, adquire especial sentido na exata medida em que, aí, a imposição pressupõe um vínculo de signalagmaticidade entre o que se presta (e o *quanto* se presta) e a utilidade privada que da prestação se retira."[1350]

Enquanto que a função da proporcionalidade nas situações de interferência em direitos é *limitar,* a partir do exterior, essas interferências, evitando que sejam excessivas, a função da proporcionalidade no caso das taxas é interna ou *constitutiva* do próprio conceito de taxa.

Numa das formulações adotadas pelo Tribunal, no caso das taxas de justiça trata-se de garantir um mínimo de proporcionalidade – ou uma relação sinalagmática – *entre o valor cobrado* ao cidadão que recorre ao sistema público de administração da justiça e *o custo/utilidade do serviço* que efetivamente lhe foi prestado"[1351]. A ideia de proporcionalidade é constitutiva da própria definição de taxa, porque não há relação sinalagmática quando o valor da taxa é inequivocamente desproporcional à contraprestação obtida e sem relação sinalagmática não existe verdadeira taxa[1352]. A noção de proporcionalidade, com esse alcance, é decisiva como critério de distinção entre taxa e imposto, uma vez que se diz que o que distingue a primeira da segunda é que a primeira envolve uma relação sinalagmática, de correspetividade entre a prestação pecuniária e a prestação de uma contrapartida pela entidade pública. Quando essa relação de propor-

---

[1350] Acórdão nº 864/14, nº 7.
[1351] Acórdão nº 421/13, nº 3 (itálico aditado).
[1352] Assim, por todos, acórdão nº 20/03, nº 2.

A JURISPRUDÊNCIA DO TRIBUNAL CONSTITUCIONAL

ção matemática é adulterada, por exemplo, pela consideração do valor da causa, independentemente, ou muito além, da sua complexidade, rompe-se a relação sinalagmática, colapsa a natureza de taxa[1353].

Todavia, destas situações em que eventualmente se coloca simplesmente um problema de proporcionalidade quantitativa, distinguem-se aqueloutras em que esta se confunde ou é consumida pela aplicação da proibição do excesso. Assim sucede quando as taxas de justiça visam, acessória ou principalmente, outros fins além da cobertura do custo ou do preço do serviço prestado. O acórdão nº 1182/96, relatado por SOUSA BRITO, versou uma dessas situações: as taxas de justiça nos processos tributários são tradicionalmente mais elevadas no que nos demais porque se visa garantir através delas a salvaguarda do interesse público constitucionalmente protegido da cobrança (atempada e expedita) dos tributos, evitando o protelamento dos pagamentos, particularmente por quem tem rendimentos mais elevados. Na medida em que prossegue também esse fim e que essa prossecução pode colidir com o direito de acesso à justiça, coloca-se a questão da sua conformidade com a proibição do excesso[1354].

A qualificação dos fins da taxa e do parâmetro a aplicar – proporcionalidade quantitativa ou proibição do excesso – pode ser, todavia, difícil. Caso ilustrativo, é o do acórdão nº 200/01, incidente sobre emolumentos do Tribunal de Contas. O Tribunal parece não ter distinguido claramente o fim de cobrir o preço do serviço prestado e outros fins e considerações[1355]. Por isso, não é claro se o Tribunal aplica a proporcionalidade quantitativa ou se aplica a proibição do excesso. Isso poderia extrair-se da estrutura e da metódica aplicada. A proporcionalidade quantitativa tem uma estrutura adaptada ao tipo de relação que parametriza, isto é, preocupa-se apenas com a proporção matemática entre valor do serviço e a taxa e *prescinde de considerações de adequação e de necessidade*. A proibição do excesso tem os três segmentos conhecidos. Todavia, o critério da estrutura e da metódica do teste aplicado não é elucidativo, uma vez que o Tribunal fica a meio caminho: aprecia a adequação, parecendo perfilhar a aplicação da proibição do excesso. No entanto não aprecia a necessidade. Por outro lado, faz uma avaliação da "proporcionalidade" dos valores dos emolumentos (e dos acréscimos sofridos), mas sem que seja claro se se trata da proporcionalidade e.s.e., na lógica da proibição do excesso, ou da proporcionalidade quantitativa.

É também um caso de proporcionalidade quantitativa a que anda associada à noção de justa indemnização em situações de expropriação. Nesse domínio, a

---

[1353] Cfr., por todos, acórdão nº 421/13.
[1354] Acórdão nº 1182/96, nºs 2.4.1. e 2.5.
[1355] Cfr. acórdão nº 200/01, nº 7.

O PRINCÍPIO DA PROIBIÇÃO DO EXCESSO

proporcionalidade refere-se à relação entre o valor comum do bem expropriado e o valor da indemnização[1356].

5.7. Irredutibilidade do conteúdo essencial do direito

A distinção entre a proteção *categórica* do conteúdo essencial do direito e a proteção *prima facie* do conteúdo não essencial do direito, raramente é tratada com clareza pelo Tribunal. Consequentemente, não é possível afirmar-se a existência de jurisprudência inequívoca no sentido de entender que: (i) os segmentos normativos que definem o conteúdo essencial do direito são passíveis de interpretação e eventual densificação legislativa – através da regulamentação legislativa –, não exposta à aplicação do princípio da proporcionalidade; (ii) os segmentos normativos que definem o conteúdo não essencial são passíveis de interferência com vista à prossecução de fins legítimos, estando essa interferência sujeita ao crivo da proporcionalidade.

Os exemplos desta ausência de rigor dogmático são variados: por exemplo, em vários passos do acórdão nº 474/13 não se distingue consistentemente, no contexto do artigo 53º, entre, por um lado, proibição dos despedimentos sem justa causa ou por motivos políticos ou ideológicos e, por outro, garantia da segurança no emprego. Aquela proibição constitui o conteúdo essencial da garantia da segurança do emprego, definindo um núcleo irredutível, insuscetível de cedência ou de harmonização em qualquer colisão com outros bens, interesses ou valores. No que toca a esse núcleo irredutível o princípio da proibição do excesso ou da proporcionalidade não desempenha nenhum papel. Se uma norma legislativa pretender introduzir uma qualquer possibilidade de despedimento sem justa causa, ou por motivos políticos ou ideológicos, essa lei será inconstitucional independentemente de qualquer exercício de ponderação com outros bens, interesses ou valores colidentes que eventualmente pudessem ser invocados. Em contrapartida, a garantia e segurança do emprego é o macro conceito que aglutina aquele conteúdo essencial e zonas de *não essencialidade* que, essas sim, podem ser objeto de lei restritiva, sujeita ao princípio da proporcionalidade. Da não distinção resulta a conclusão equívoca de existência de violação do "princípio da justa causa de despedimento" em "conjugação com o princípio da proporcionalidade"[1357].

[1356] V., por exemplo, acórdão nº 147/93, falando igualmente de um direito material da proporcionalidade sem distinguir a proporcionalidade quantitativa da proibição do excesso.
[1357] Acórdão nº 474/13, nº 13.

A JURISPRUDÊNCIA DO TRIBUNAL CONSTITUCIONAL

5.8. Proteção da confiança

A formação e estruturação do princípio da proteção da confiança tem cunho essencialmente jurisprudencial. Muito além do papel relevante que lhe esteve reservado no período da chamada jurisprudência da crise[1358], ele tem assumido relevo regular em alguns momentos marcantes da jurisprudência do Tribunal Constitucional.

É possível organizar o roteiro desta jurisprudência constitucional sobre princípio da proteção da confiança em quatro etapas (não necessariamente cronológicas): (i) fórmula original; (ii) fórmula intermédia, ou dos dois critérios; (iii) nova fórmula, ou dos quatro requisitos; (iv) nova fórmula *mais*, ou dos quatro requisitos mais um.

A *original* transparece na doutrina da Comissão Constitucional e nas primeiras decisões do Tribunal Constitucional.

A *intermédia* tem o seu ponto de referência mais citado no acórdão nº 287/90.

A *nova* emergiu no acórdão nº 128/09.

No acórdão nº 862/13 culminou-se a estruturação da *nova fórmula mais*.

Uma vez que o capítulo que dedicaremos à confrontação entre proibição do excesso e proteção da confiança[1359] é quase integralmente construído sobre a jurisprudência do Tribunal Constitucional, nele aprofundaremos o sentido destas várias etapas e fórmulas.

[1358] *Supra*, 2.3.3.
[1359] Capítulo 28.

Capítulo 6
Fundamento

1. As propostas doutrinais e jurisprudenciais

Desde a antiguidade, a linguagem de temperança, proporção ou moderação é inerente às próprias noções de Direito e de Justiça. Direito e proporção seriam ontologicamente indissociáveis (ARISTÓTELES). Contudo, o princípio da proibição do excesso necessita de uma fundamento menos remoto[1360]. A identificação do fundamento jurídico-constitucional da proibição do excesso não é uma temática meramente teórica. A opção por um ou outro fundamento não é indiferente, uma vez que essa é uma das bases para determinar o seu alcance e âmbito de aplicação[1361].

Essa temática assume uma relevância maior quando na constituição não há referências expressas à proporcionalidade ou à proibição do excesso. É o caso da Alemanha e em outros sistemas constitucionais e por isso suscita aí significativa atenção e controvérsia. Em Portugal, a Constituição recebe-o expressamente em vários preceitos, mas nem por isso o tema do fundamento perde importância, uma vez que as referências constitucionais são fragmentárias, não cobrindo todos os domínios materiais onde o princípio potencialmente se pode aplicar.

Havendo ou não menção constitucional expressa, a posição sobre o fundamento da proibição do excesso contribui para iluminar a sua natureza,

---

[1360] Trata-se aqui apenas do fundamento ou fonte jusconstitucional do princípio e não da sua fonte *histórico-filosófica*. Sobre esta, por todos, WIEACKER, «Geschichtliche Wurzeln...», p. 873, referindo as ideias antigas de limitação da justiça punitiva, de justiça distributiva e da limitação do uso dos meios conforme aos fins. Sobre isso, com mais bibliografia, v. *supra*, capítulo 1.

[1361] SCHLINK, «Der Grundsatz der Verhältnismassigkeit...», p. 447.

O PRINCÍPIO DA PROIBIÇÃO DO EXCESSO

conteúdo e âmbito. Por outro lado, a descoberta do fundamento permite saber se a proibição do excesso é um *princípio geral de direito*, que supõe aplicação em todos os setores da ordem jurídica[1362]. Além disso, o apuramento do fundamento constitui um *topoi* útil – ou até essencial – para a interpretação das disposições consagradoras do conceito de proporcionalidade e para a definição da extensão do poder judicial de controlo.

Deixando apenas assinaladas as orientações que o consideram um princípio jurídico meta-positivo, auto-fundante[1363] ou que encontra fundamento na ordem jurídica globalmente considerada[1364], as propostas doutrinais e jurisprudenciais de fundamentação do princípio da proibição do excesso circulam em torno de, pelo menos, sete eixos, não reciprocamente excludentes[1365]: (i) ideia de justiça; (ii) princípio da igualdade; (iii) racionalidade/proibição do arbítrio; (iv) democracia; (v) dignidade e autonomia da pessoa e direitos fundamentais; (vi) estrutura de certas normas jurídicas; (vii) Estado de direito.

Veremos que alguns destes fundamentos são ou demasiado imprecisos ou anacrónicos ou não explicam a aplicação do princípio em toda a sua extensão ou são complementares[1366]. Por outro lado, a reconstrução da dogmática da proibição do excesso sob a égide do conceito moderno de proporcionalidade, que propusemos, impõe um fundamento que sustente não apenas a proibição do excesso mas todos os instrumentos de harmonização que se abrigam sob aquele novo conceito. Avaliaremos, pois, uma construção baseada na ideia de uma ordem jurídica encimada por uma constituição *prima facie*, de que decorrem comandos de harmonização que são cumpridos através dos vários instrumentos de mediação de harmonização em que se desdobra a proporcionalidade moderna.

[1362] Como defendemos em «Proporcionalidade...», p. 594. Contra, por exemplo, MERTEN, «Der Verhältnismäßigkeitsgrundsatz», p. 533.

[1363] SCHLINK, «Der Grundsatz der Verhältnismassigkeit...», p. 447, identifica como seguidores desta orientação HOCHHUTH, *Relativitätstheorie des Öffentlichen Rechts*, Nomos, Baden-Baden, 2000, pp. 88 ss.; ARNAULD, «Die normtheoretische...», pp. 276 ss.

[1364] SCHLINK, «Der Grundsatz der Verhältnismassigkeit...», p. 449, sustentando que essa é, em última análise, a posição do *BVerfG*.

[1365] Sobre quase todas as hipóteses de radicação ou de "derivação" do princípio da proibição do excesso, citadas no texto, e doutrina pertinente, v. DECHSLING, *Das Verhältnismäßigkeitgebot...*, pp. 83 ss.; MERTEN, «Der Verhältnismäßigkeitsgrundsatz», pp. 531 ss.; CLÉRICO, *El examen...*, pp. 26 ss.; NOGUEIRA, *Direito Fiscal...*, pp. 72 ss.

[1366] Adotando uma conceção compósita, v. por último VOSSKUHLE, «Der Grundsatz...», p. 430; PIRKER, *Proportionality*, p. 109.

FUNDAMENTO

1.1. A fundamentação na ideia de justiça
Autores como VON KRAUSS, GENTZ, BARNÉS, SÉRVULO CORREIA, FREITAS DO AMARAL, ANABELA LEÃO ou JOÃO NOGUEIRA[1367], veem a proporcionalidade como uma decorrência direta da ideia de justiça. Uma situação não é justa se contrariar a projeção jurídica do valor suprapositivo de proporcionalidade.

1.2. A fundamentação no princípio da igualdade
Numa das suas formulações mais conhecidas e clássicas, o princípio da igualdade é visto como uma injunção de "tratamento proporcionalmente igual"[1368]. Esse lastro histórico, aliás, persiste e está bem vivo na jurisprudência constitucional portuguesa[1369]. Compreende-se, por conseguinte, que nos primeiros passos do princípio da proporcionalidade, este e o princípio da igualdade tenham aparecido de braço dado – inclusive na sua relação com o princípio da justiça. Alguns autores vão mais longe e sustentam que a proporcionalidade se funda na igualdade[1370]. Para outros, em contrapartida, a tarefa da autonomização dogmática da proibição do excesso passou não só pela sua delimitação em relação à igualdade, como até pela rejeição de que fosse esta o fundamento daquele[1371].

Havendo um capítulo especificamente dedicado à relação entre igualdade e proibição do excesso, para aí se remete[1372].

[1367] GENTZ, «Zur Verhältnismäßigkeit...», p. 1600; BARNÉS, «El principio de proporcionalidad...», p. 19; SÉRVULO CORREIA, *Legalidade...*, p. 116; FREITAS DO AMARAL, *Direitos fundamentais*, pp. 18 ss.; *Direito Administrativo*, policopiado, vol. II, pp. 200 ss.; *Direito Administrativo*, II vol., 2ª ed., pp. 128 ss.; NOGUEIRA, *Direito Fiscal...*, p. 81. FREITAS DO AMARAL procura dar uma definição jus-positivamente adequada de princípio da justiça, na sua concreta expressão no território da atividade administrativa, partindo para isso do artigo 266º, nº 2, da CRP. Compare-se essa postura com a de KARL LARENZ, *Metodologia...*, 2ª ed., p. 501: estabelece uma ligação direta entre o princípio da proporcionalidade e justiça, mas esta noção é por ele empregue num sentido filosófico e não normativo.

[1368] LERCHE, *Übermass und Verfassungsrecht*, pp. 28 ss., regista a orientação da doutrina da época (IPSEN, MANGOLDT-KLEIN, RIEZLER, SCHEUNER, HESSE) que enunciava o princípio da igualdade como injunção de "tratamento proporcionalmente igual".

[1369] Como vimos no capítulo anterior. Quanto à jurisprudência espanhola, a situação é semelhante.

[1370] VON KRAUSS, *Der Grundsatz der Verhältnismässigkeit...*, p. 29, embora sem referência expressa à derivação da proporcionalidade da igualdade; WITTIG, «Zum Standort des Verhältnismäßigkeitsgrundsatzes...», p. 821; WIEACKER, «Geschichtliche Wurzeln...», p. 877; KELLNER, «Zum Grunsatz der Verhältnismäßigkeit...», p. 110; HUSTER, *Rechte und Ziele: Zur Dogmatik des allgemeinen Gleichheitssatzes...*, pp. 164 ss.

[1371] Cfr. LERCHE, *Übermass und Verfassungsrecht*, pp. 28 ss., 40 ss.; GRABITZ, «Der Grundzatz der Verhältnismäßigkeit...», p. 585; HIRSCHBERG, *Der Grundsatz...*, p. 122; ROBBERS, «Der Gleichheitssatz», p. 752.

[1372] Capítulo 27.

O PRINCÍPIO DA PROIBIÇÃO DO EXCESSO

1.3. A fundamentação na racionalidade/proibição do arbítrio

Nas ordens jurídicas cujas constituições proíbem o arbítrio (por exemplo, artigo 9º, nº 3, da Constituição espanhola), pode haver alguma inclinação para ver aí o fundamento da proibição do excesso: há ecos jurisprudenciais[1373] e doutrinais[1374] dessa posição, mas também da respetiva refutação[1375]. Com razão: é manifesto que a proibição do excesso é muito mais exigente do que a mera proibição do arbítrio. Há medidas ou normas que não são arbitrárias, mas contrariam a proibição do excesso.

1.4. A fundamentação na democracia

O princípio constitucional da democracia tem uma dimensão formal e uma dimensão material.

A dimensão material consiste, entre outras componentes, na garantia dos direitos fundamentais. Não há democracia onde não são garantidos os direitos e a autodeterminação individual. Não é possível garantir plenamente direitos fundamentais num contexto não democrático.

A dimensão formal refere-se aos processos democráticos através dos quais os membros da comunidade estatal exercem a soberania, designadamente as eleições e os mecanismos da democracia representativa.

Ora, pode haver colisão entre os corolários da democracia material e da democracia formal. A vontade da maioria e os respetivos interesses podem traduzir-se na limitação de direitos. Todavia, uma democracia constitucional implica que a limitação desses direitos e, mais geralmente, a relação entre os indivíduos e a autoridade pública seja equilibrada e não opressiva. Um dos mecanismos arquitetados para garantir um equilíbrio adequado entre a regra da maioria e os direitos fundamentais é a proporcionalidade clássica ou proibição do excesso[1376]. Não se pode falar de democracia sem proporcionalidade na relação entre Estado e indivíduos, qualquer que seja a expressão jurídica dessa diretiva de proporcio-

---

[1373] Dando nota de jurisprudência ocasional do Tribunal Constitucional espanhol nesse sentido, TRIAS/RUIZ, «Los principios de razonabilidad y proporcionalidad en la jurisprudencia constitucional española», p. 8.

[1374] Cfr. SERRANO, *Proporcionalidad...*, p. 55; DOMÉNECH, «El principio de proporcionalidad...», pp. 72-73; BEILFUSS, *El Principio...*, p. 36; RIPOLLÉS, «El control de constitucionalidad de las leyes penales», p. 79. Representante desta tese na doutrina nacional: ANDRADE, *Os Direitos...*, 1ª edição, p. 240; *Os Direitos...*, 2ª edição, p. 299.

[1375] PULIDO, *El Principio...*, pp. 608 ss.

[1376] BARAK, *Proportionality...*, pp. 214 ss.; JACKSON, «Constitutional Law...», p. 3108. A vinculação do princípio da proporcionalidade à noção de democracia tem sido também invocada pelo TEDH: v. CHRISTOFFERSEN, *Fair Balance: Proportionality...*, pp. 195 ss. (criticando).

FUNDAMENTO

nalidade. E é duvidoso que possa vigorar uma qualquer expressão jurídica da proporcionalidade em regime não democrático.

Sem embargo, o nexo entre democracia e proporcionalidade não é fundamento suficiente para as precipitações jurídicas modernas da ideia de proporcionalidade.

Por um lado, esse fundamento não cobre todas as funções e âmbitos de aplicação da proibição do excesso e muito menos da proporcionalidade moderna: quer esta, quer até aquela, embora mais modestamente, assistem na resolução de colisões que não se reconduzem à relação entre as componentes material e formal da democracia.

Por outro lado, a invocação desse fundamento desconsidera que o princípio democrático, em conjugação com a separação de poderes, é muitas vezes *um limite* ao controlo judicial do cumprimento da proibição do excesso, na medida em que implica a necessidade de preservar e garantir a liberdade de conformação do legislador democrático perante o exercício dos poderes do juiz constitucional.

1.5. A fundamentação na dignidade da pessoa e nos direitos fundamentais

1.5.1. A fundamentação na dignidade da pessoa humana

Para DÜRIG[1377] a proporcionalidade clássica funda-se no princípio da dignidade da pessoa humana. Este princípio, recebido pelo artigo 1º, 1, da *GG*, é entendido como absoluto pelo *BVerfG*, isto é, insuscetível de ponderação (embora a discussão sobre isso tenha reacendido recentemente[1378]). Há uma degradação da pessoa em objeto quando alguém tem de suportar um meio mais drástico do que o exigido para atingir o fim geral[1379].

[1377] DÜRIG, «Der Grundrechtssatz...», p. 117. A construção de Dürig e este seu texto continuam a ser as peças doutrinais mais influentes sobre o princípio da dignidade humana; v., também, BLECKMANN, *Begründung und Anwendungsbereich...*, p. 178.

[1378] Para um relato atualizado, MARIBEL PASCUAL, *El Tribunal...*, pp. 164 ss.

[1379] Sustentando que a Constituição portuguesa confere "uma unidade de sentido, de valor e de concordância prática ao sistema de direitos fundamentais" que "repousa na unidade da pessoa humana", MIRANDA, *Manual...*, vol. IV, 3ª edição, p. 180. A natureza matricial e fundamentante da proteção e do valor da dignidade da pessoa é profusa e incessantemente invocada por ANDRADE, ao longo do seu trabalho *Os Direitos...*, 2ª edição. Por exemplo, como "momento comum, característico e caracterizador da ideia dos direitos fundamentais ao longo dos tempos" (p. 66); como o primeiro princípio-valor da Constituição portuguesa (pp. 79 e 93) ou primeiro princípio fundamental da Constituição (p. 97); como "princípio de valor que está na base do estatuto jurídico dos indivíduos e confere unidade de sentido ao conjunto dos preceitos relativos aos direitos fundamentais" (p. 97); como princípio que está na base de todos os direitos constitucionalmente consagrados (p. 98); enquanto conteúdo essencial absoluto do direito, que nunca pode ser afetado

O PRINCÍPIO DA PROIBIÇÃO DO EXCESSO

Contudo, pode suceder que atos do Estado interfiram em bens, interesses ou valores constitucionalmente salvaguardados, com violação da proibição do excesso, sem ferir – nem sequer correr o risco de ferir – a dignidade humana. Consequentemente, não pode ser esse o fundamento (ou, pelo menos, o único fundamento)[1380]. A dignidade humana não é fundamento, mas sim um bem, interesse ou valor constitucionalmente protegido que pode ser, ele próprio, objeto de uma interferência (des)conforme com a proporcionalidade clássica[1381].

1.5.2. A fundamentação na proteção do núcleo essencial dos direitos
O *BVerfG* chegou a associar a proporcionalidade clássica à garantia do conteúdo essencial dos direitos[1382]. Na doutrina alemã encontramos eco dessa posição[1383].

Há várias vias teóricas para se chegar aí. A mais difundida talvez seja a trilhada pelos adeptos das *teorias relativas* sobre o conteúdo essencial dos direitos, liberdades e garantias ou dos preceitos que os contêm. Como exporemos oportunamente[1384], dizem-se relativas porque admitem a variação do conteúdo essencial de acordo com as circunstâncias concretas, prescindindo de um conteúdo essencial absoluto, rígido, fixo e irrestringível, ao invés do que é apanágio das *teorias absolutas*. No contexto das teorias relativas, função da proibição do excesso é operacionalizar a definição em concreto do conteúdo essencial do direito (ou do preceito que contém o direito).

Mas mesmo que fosse de aderir às teorias relativas do conteúdo essencial e que se pudesse assimilar a exigência de proibição do excesso à exigência de

---

(p. 266); enquanto fundamento da proibição de descriminações que a atinjam intoleravelmente (p. 270); como valor absoluto (p. 280), etc. Por seu turno, Novais, *As restrições...*, pp. 731-732 e *Direitos Fundamentais...*, p. 85, vincula o princípio da proibição do excesso (que assume, na sua construção, um alcance mais abrangente do que o princípio da proporcionalidade) a uma ideia de Estado baseado na dignidade da pessoa humana, em que a ingerência estatal na liberdade dos cidadãos é a exceção.

[1380] Merten, «Der Verhältnismäßigkeitsgrundsatz», p. 534.

[1381] Similar, Merten, «Der Verhältnismäßigkeitsgrundsatz», p. 534; Alexandrino, *Direitos...*, p. 135.

[1382] Ver a decisão do *BVerfG* publicada em *Entscheidungen...*, vol. 19, pp. 342 e ss., particularmente 348/9. Cfr. a análise de F. E. Schnapp, *Die Verhältnismäßigkeit...*, p. 853; Merten, «Der Verhältnismäßigkeitsgrundsatz», p. 534.

[1383] As construções mais aprofundadas são as de Lerche, *Übermass.*, pp. 238 ss. e Häberle, *Wesensgehaltsgarantie...*, pp. 234 ss. V., também, Krauss, *Der Grundsatz...*, pp. 47 ss.; Erichsen, «Das Übermaßverbot», p. 388; Krebs, Art. 19, in v. Münch/Kunig, *Grundgesetz-Kommentar*, vol. I, 5ª ed., Beck, München, nº marginal 24.

[1384] Capítulo 10.

FUNDAMENTO

respeito pelo conteúdo essencial[1385], isso criaria um dilema: por um lado consolidaria o princípio, conferindo-lhe um norte preciso, amarrando-o a um domínio material de forte interiorização pré-compreensiva. Mas, por outro, arriscaria torná-lo refém de uma fundamentação redutora, na medida em que dificultaria a sua aplicação em áreas onde não é possível discernir conflitos ou restrições de direitos fundamentais e onde muito menos estará em causa a garantia de núcleos essenciais desses direitos.

Mais decisivamente, contra esta orientação aponta-se que as figuras da proteção do conteúdo essencial e da proibição do excesso têm aplicações e funções diferentes. A primeira, é aplicável em situações de colisão normativa que envolvam zonas de proteção absoluta dos direitos. Nesse caso, não está preenchido um pressuposto da aplicabilidade da proibição do excesso. Se o legislador produzir normas para superar a colisão tem de respeitar a zona de proteção absoluta. Pode, por isso, suceder que uma interferência esteja virtualmente em condições de superar as exigências específicas da proibição do excesso, mas soçobrar à partida perante a proibição da afetação do conteúdo essencial. A segunda é aplicável em colisões normativas que envolvam zonas periféricas dos direitos. Nesse caso, pode ocorrer que haja respeito pelo conteúdo essencial, mas desconformidade em relação à proibição do excesso[1386].

1.5.3. A fundamentação no conteúdo, significado, vinculatividade ou estrutura dos direitos fundamentais

O sentido geral dos direitos de liberdade seria o fundamento do princípio da proibição do excesso[1387]. As ideias da liberdade como regra e da limitação da liberdade como exceção (CARL SCHMITT[1388]), envolvem a proibição da excessiva ou desnecessária limitação da liberdade. A liberdade é a "mãe" do princípio da proibição do excesso[1389].

[1385] Assimilação que a doutrina portuguesa normalmente não aceita: v., por exemplo, ANDRADE, *Os Direitos...*, *cit.*, p. 296.

[1386] Cfr. MERTEN, «Der Verhältnismäßigkeitsgrundsatz», p. 535.

[1387] Cfr. JAKOBS, *Der Grundsatz...*, p. 44; DECHSLING, *Das Verhältnismäßigkeitgebot...*, p. 85; GRABITZ, «Der Grundsatz...», pp. 585 ss.; MERTEN, «Der Verhältnismäßigkeitsgrundsatz», p. 538, referindo jurisprudência do *BverfG*; MIR PUIG, «El principio...», pp. 1368, 1371 ss.; XYNOPOULOS, *Le controle de la proportionnalité...*, pp. 144 ss.; MUZNY, *La Technique de Proportionnalité...*, pp. 89 ss.; MARIA CHRISTINA DE ALMEIDA, «Uma reflexão sobre o significado do princípio da proporcionalidade para os direitos...», *cit.*; FERNANDO ALVES CORREIA, *O Plano Urbanístico...*, p. 442.

[1388] *VERFASSUNGSLEHRE*, p. 166; MERTEN, «Grundrechtliche...», pp. 239-240; *idem*, «Der Verhältnismäßigkeitsgrundsatz», p. 539.

[1389] Assim, MERTEN, «Der Verhältnismäßigkeitsgrundsatz», p. 538; v., também, SCHLINK, *Abwägung...*, pp. 192 ss.; ARNAULD, «Die normtheoretische Begründung...», p. 280.

O PRINCÍPIO DA PROIBIÇÃO DO EXCESSO

Do ponto de vista do direito constitucional positivo, esta proposta de fundamentação pode alicerçar-se na vinculação de todas as entidades públicas e privadas aos preceitos de direitos fundamentais[1390] (artigo 18º, nº 1[1391]). Daí decorre que a liberdade não está dependente da lei e que o legislador, em situações em que esteja autorizado a interferir em direitos fundamentais, só o pode fazer justificadamente e cumprindo os limites da proibição do excesso[1392].

Não menosprezando as possibilidades fundamentantes do sentido geral dos direitos em relação à esmagadora maioria das aplicações da proibição do excesso e até dos outros instrumentos de ponderação e harmonização que compõem a proporcionalidade moderna, há aplicações desta que não se revêm nessa fundamentação[1393]. Por outro lado, é imprescindível saber qual a conceção material de direitos fundamentais vigente.

1.6. A fundamentação na estrutura das normas-princípio

Uma das mais difundidas estratégias de fundamentação da proibição do excesso é a da teoria dos princípios de ALEXY, BOROWSKI, KLATT, VIRGÍLIO AFONSO DA SILVA, CLÉRICO, PULIDO e outros. BOROWSKI afirma que a ancoragem do princípio na estrutura de princípio dos direitos fundamentais constitui a conceção dominante na doutrina[1394].

Recorrendo à construção da teoria dos princípios, a relação umbilical entre a estrutura e a metódica de aplicação dos princípios e a proporcionalidade clássica pode ser estabelecida em quatro passos: (i) os princípios são comandos de otimização; (ii) em caso de colisão entre princípios, deve estabelecer-se uma relação de precedência condicionada; (iii) a relação de precedência condicionada deve corresponder à solução ótima exigida pelos princípios como comandos de otimização; (iv) solução ótima é a que respeita e corresponde à aplicação do princípio da proporcionalidade.

1.6.1. Os princípios são comandos de otimização

ALEXY propõe um modelo combinado, ou de interação, entre regras e princípios – oposto a um modelo puro de regras ou a um modelo puro de princípios.

[1390] MATTHIAS MAYER, *Untermaß, Übermaß...*, p. 162. No contexto da conceção original deste autor, a vinculação do legislador à proibição do excesso e à proibição do defeito, como manifestações da proporcionalidade, seriam garantias mínimas da sua vinculação aos direitos fundamentais.

[1391] V., coincidentemente, artigo 1º, nº 3, da Constituição alemã.

[1392] MERTEN, «Der Verhältnismäßigkeitsgrundsatz», p. 539;

[1393] SCHLINK, «Der Grundsatz der Verhältnismassigkeit...», p. 448, recorda, além do mais, que o princípio da proporcionalidade é mais antigo do que os direitos fundamentais. Essa alusão pressupõe, porém, uma conceção de proporcionalidade menos perfeita do que aquela que designamos de proporcionalidade clássica ou proibição do excesso.

[1394] BOROWSKI, *Grundrechte als Prinzipien...*, p. 115; *La estructura...*, p. 129.

No que se refere à caracterização lógico-estrutural dos dois tipos de normas, segundo um *primeiro critério* de distinção, as regras são *comandos definitivos* ou *razões definitivas para um juízo concreto de dever ser*, ou *dever ser real*, enquanto os princípios são comandos (somente) *prima facie*, isto é, comandos não definitivos, *razões* que podem ser afastadas se houver outras razões opostas, *dever ser ideal*[1395].

Para o autor, "o ponto decisivo para a distinção entre regras e princípios é que os princípios são normas que ordenam que algo seja realizado na *maior medida possível*, isto é, em função das possibilidades jurídicas e fácticas existentes"[1396]. Por outras palavras, os *princípios* (todos os princípios) são *comandos de otimização*[1397]/[1398], que se caracterizam pelo facto de poderem ser cumpridos em grau desigual e por a medida do seu cumprimento depender não só das possibilidades reais (resultantes da situação de facto), mas também das jurídicas[1399]. O âmbito das possibilidades fácticas é determinado pelo cotejo dos princípios

---

[1395] Sobre as noções de dever ser real e dever ser ideal pode ver-se ALEXY, «Zum Begriff des Rechtsprinzips...», cit., pp. 200 ss.

[1396] *Theorie...*, p. 75; *Teoria...*, p. 86.

[1397] A expressão original em língua alemã, *Theorie...*, p. 75, é *Optimierungsgebote*. Na versão castelhana, *Teoria...*, p. 86, emprega o termo *«mandato de optimización»*. A expressão portuguesa mais apropriada parece ser *diretiva* ou *comando de otimização*, que utilizamos. O autor especifica que a expressão "comando" (*Gebote*) é utilizada em sentido amplo, abrangendo também as proibições e as permissões.

[1398] Anote-se desde já que a definição dos princípios como comandos de otimização suscitou críticas (v. AARNIO, «Taking Rules...», p 187; *idem, Reason and Authority...*, p. 181; SIECKMANN, *Regelmodelle...*, p. 65) que forçaram Alexy a infletir na sua posição, admitindo que os princípios são antes normas que devem otimizar-se *de acordo com comandos de otimização*: "[a] distinction between commands to optimize and commands to be optimized is the best method for capturing the nature of principles" (ALEXY, «On the Structure of Legal Principles...», pp. 300 ss.; também «My philosophy of law...», p. 39.). Portanto, há um comando para otimizar, com estrutura de regra, situado a um meta-nível e um comando a ser otimizado, o princípio. Sublinhando essa evolução, SIECKMANN, «Los derechos fundamentales...», p. 29, nota, certeiramente, que essa evolução retira aos princípios a sua estrutura lógica específica, distintiva das regras, peça chave da teoria dos princípios. Sintomaticamente, essa retificação não se reflete em todos os ensaios recentes do autor, uma vez que, "por razões de simplicidade", continua a descrever os princípios como comandos de otimização, ainda que isso cubra os dois níveis referidos. Na verdade, explica, "existe uma relação necessária entre o dever ideal, portanto, o verdadeiro princípio, e o mandamento de otimização como regra: o dever ideal implica o mandamento de otimização e às avessas" (usamos a tradução em português de «My philosophy of law...», constante de *Constitucionalismo Discursivo*, p. 37). Para várias perspetivas sobre o tema, POSCHER, «Aciertos...», pp. 81 ss.; ÁVILA, *Teoria...*, p. 63; GARCÍA FIGUEROA, *Principios y positivismo...*, pp. 187 ss.; LOPERA MESA, «Los derechos fundamentales ...», pp. 218 ss.; BÄCKER, «Regras...», pp. 60 ss. (sustentando que em rigor não se trata de otimização do princípio, mas sim da realização ótima do fim subjacente); EGÍDIO, «Análise da Estrutura...», p. 628; CANAS, «A proibição do excesso como instrumento...», pp. 862 ss.; RAMIÃO, *Justiça...*, p. 163.

[1399] *Theorie...*, p. 76; *Teoria...*, p. 87.

O PRINCÍPIO DA PROIBIÇÃO DO EXCESSO

com as situações de facto, uma vez que o conteúdo dos princípios se materializa em concreto. O âmbito das possibilidades jurídicas é determinado pelos princípios e regras opostas aos princípios em causa[1400].

A forma característica de aplicação dos princípios é a *ponderação*[1401].

Em contrapartida, as regras contêm prescrições ou determinações (*Festsetzungen*) dentro das margens do jurídica e do faticamente possível, como tal determinando a decisão de um caso concreto, só podendo o comando ser cumprido ou não, *acatado ou violado*. Se a regra for válida tem de se executar exatamente o que ela prescreve, *nem mais nem menos*, não se colocando a possibilidade de ser executada apenas na maior medida possível[1402]. Essas determinações podem fracassar por impossibilidade jurídica ou fáctica, o que pode conduzir à sua invalidade[1403].

A forma característica de aplicação das regras é a *subsunção*: se uma situação de facto se reconduzir à previsão da regra, daí decorre necessária e integralmente a consequência prevista nesta[1404].

1.6.2. Em caso de colisão entre princípios, deve estabelecer-se uma relação de precedência condicionada

O diferente carácter *prima facie* dos princípios e das regras determina que as respetivas colisões (de princípios) e conflitos (de regras) se resolvam de modo

---

[1400] *Idem.*

[1401] O escopo central do trabalho de ALEXY é a aplicação desta distinção às normas sobre direitos fundamentais e normas de direitos fundamentais. Os direitos fundamentais propriamente ditos seriam no essencial direitos *prima facie*, a ser ponderados com princípios opostos em cada aplicação concreta, só se tornando direitos definitivos, estruturados então numa *regra*, depois de tal ponderação. Desta ponderação do peso relativo de cada direito, perante outros princípios, valores ou interesses, tanto poderia resultar a sua cedência perante eles, como a sua transformação em direito definitivo. Pode haver direitos definitivos baseados em regras constitucionais, mas essa é uma situação pouco comum. Esta orientação deve ser lida à luz da conceção de que o nível das regras tem uma preferência tendencial (isto é, não absoluta) sobre o nível dos princípios.

[1402] *Idem*, pp. 76 e 87. Uma explicação mais apurada pode encontrar-se em «Sistema jurídico, princípios...», *cit.*, p. 144: as normas admitem distintos graus de cumprimento. Se se exige a *maior medida possível de cumprimento* com relação às possibilidade jurídicas e fácticas, trata-se de um princípio. Se se exige *uma determinada* medida de cumprimento, trata-se de uma regra. Isto mesmo que essa determinada medida de cumprimento não seja um *all* no que toca às possibilidades jurídicas e fácticas previamente determinadas pela norma, antes de ser confrontada com a operação de aplicação.

[1403] ALEXY, *Theorie...*, p. 88; *Teoria...*, p. 99.

[1404] A certa passo, ALEXY aditou ou admitiu uma *terceira* forma básica de argumento do discurso jurídico, a *analogia* ou *comparação de casos*: «Two or Three?», pp. 17-18; cfr. CLÉRICO, «Sobre "casos" y ponderación...», pp. 114 ss.

362

FUNDAMENTO

fundamentalmente diverso. Daí decorre um *segundo critério* lógico-estrutural de distinção entre regras e princípios.

Colisão de princípios e conflito de normas têm em comum a circunstância de a aplicação isolada dos princípios ou das regras em colisão ou conflito implicarem comandos de dever ser contraditórios. Uma vez que a ordem jurídica não tolera a coexistência de dois juízos de dever ser reciprocamente contraditórios, o conflito de regras soluciona-se introduzindo numa delas uma cláusula de exceção que elimine o conflito ou declarando inválida pelo menos uma. A regra inválida é identificada através da aplicação de regras de segundo grau como *lex posterior derogat legi priori* ou *lex specialis derogat legi generali* ou de acordo com a importância ou hierarquia das regras[1405]. Trata-se, portanto, de um juízo de validade/invalidade.

Já na resolução da colisão de princípios o juízo essencial não é sobre a validade/invalidade, mas sim sobre o peso relativo de cada um, o qual é medido em concreto, ponderando as *razões* por que um deve ceder perante o outro em certas *condições*. Conceitos operativos centrais são os de *relação de precedência condicionada* (*bedingte Vorrangrelation*), *condições de preferência* (*Vorrangbedingungen*), *enunciado de precedência* (*Präferenzsatz*) e *lei de colisão* (*Kollisiongesetz*).

A colisão de princípios resolve-se pela cedência de um perante o outro, sem que aquele que cede seja considerado inválido ou afastado por uma cláusula de exceção, a não ser que seja inválido, por simplesmente não pertencer à ordem jurídica, como, por exemplo, o princípio da discriminação racial. Mas, neste caso, não há uma verdadeira colisão de princípios, porque estas se dão sempre dentro do sistema, isto é, ocorrem sempre entre princípios válidos, enquanto os conflitos de regras são sempre forçosamente entre regras válidas e regras inválidas, isto é, entre regras pertencentes e regras não pertencentes ao ordenamento jurídico [1406].

Do ponto de vista metódico, há que medir ou contrapesar o peso relativo de cada um dos princípios colidentes. Nessa valoração, ou se conclui por uma *relação de preferência incondicionada*, isto é, apura-se que um dos princípios prefere absoluta ou abstratamente sobre o outro, em qualquer circunstância[1407]; ou, nas circunstâncias concretas do caso, chega-se a uma *relação de preferência condicionada*, relativa ou concreta, de acordo com a qual um dos princípios logra maior

---

[1405] *Idem*, pp. 77-78 e 88-89. Considerando as várias teorias da validade – sociológica, jurídica, ética – apresentadas (*Theorie...*, p. 49; *Teoria...*, p. 58), o autor apela à noção de validade jurídica.

[1406] *Idem*, pp. 105 e 93.

[1407] ALEXY, *Theorie...*, p. 82, *Teoria...*, p. 92, considera, porém, que não há relações de precedência incondicionadas no âmbito das colisões de princípios de direito constitucional. Esta posição tem, porém, de ser articulada com a admissão de diferentes pesos abstratos de bens, interesses ou valores constitucionalmente garantidos.

O PRINCÍPIO DA PROIBIÇÃO DO EXCESSO

peso ou precedência perante o outro, *nas condições de precedência concretamente definidas*, fixadas com fundamento em certas *razões*, podendo não ser assim noutras circunstâncias diferentes[1408].

O resultado desta operação metódica expressa-se através de um *enunciado de precedência*: verificadas as condições C o princípio $P1$ tem precedência sobre o princípio $P2$. Ou seja, verificando-se as condições nas quais um princípio deve prevalecer sobre outro por determinadas razões, segue-se a consequência da aplicação ao caso do princípio prevalecente, sob a forma de uma *regra* que exprime a concretização daquele princípio nas circunstâncias específicas do caso[1409]. As condições ou circunstâncias concretas sob as quais um princípio precede em relação a outro constituem o pressuposto de facto de uma *regra R*; a consequência que derive, no caso concreto, da aplicação do princípio prevalecente é a consequência jurídica dessa *regra R^{1410}*. A regra R, concretamente construída, pode não valer noutros casos concretos em que se verifiquem outras condições e se ponderem outras razões. Isto é resumido através de uma de *lei de colisão*: "as condições sob as quais um princípio precede sobre outro, constituem o pressuposto de facto de uma regra que expressa a consequência jurídica do princípio precedente"[1411]. A lei de colisão regista o resultado final, um *foto finish*, da resolução de colisões de princípios, isto é, o momento lógico em que se chega ao estabelecimento de uma regra de conduta – um juízo definitivo de dever ser – para o caso concreto[1412].

[1408] *Idem*, pp. 78 ss.; pp. 89 ss.

[1409] *Idem*, p. 83; p. 94.

[1410] Eis uma tentativa de reconstrução do iter metódico:

1. As circunstâncias concretas x cabem nas previsões de $P1$ e $P2$, mas as estatuições de $P1$ e $P2$ são parcialmente incompatíveis (colisão parcial-parcial, encontrada através da interpretação jurídica);

2. Pondera-se o peso de $P1$ e $P2$ nas circunstâncias concretas x (operação de ponderação);

3. Formula-se enunciado de precedência: nas circunstâncias concretas x, $P1$ tem mais peso (os argumentos a seu favor têm mais peso) e, consequentemente, prevalece sobre $P2$ (relação de preferência condicionada, resultado da ponderação);

4. Do enunciado de precedência decorre a regra R;

5. Regra R: nas circunstâncias concretas x, em que prevalece $P1$ (previsão ou pressuposto de facto da regra R) deve acontecer z, estatuído por $P1$ (o estatuído por $P1$ é a estatuição ou consequência da regra R).

6. As circunstâncias concretas x verificam-se (subsunção da situação de facto à previsão);

7. A consequência prevista na regra R aplica-se (resultado da operação lógico-subsuntiva, a partir da regra R).

[1411] *Idem*.

[1412] Nesta tese reside uma das manifestações daquilo que LÚCIA AMARAL, *A Forma...*, *cit.*, p. 124, designa de função *nomogenética* dos princípios, isto é a possibilidade de poderem tornar-se eles próprios fontes constitutivas de outras normas, diversamente do que sucede com as regras que

FUNDAMENTO

1.6.3. A relação de precedência condicionada deve corresponder à solução ótima exigida pelos princípios como comandos de otimização

Sendo os princípios comandos de otimização, as respetivas colisões devem ser superadas por regras que exprimam a relação de precedência condicionada. Essas regras devem, por seu turno, materializar uma solução ótima.

1.6.4. Solução ótima é a que respeita e corresponde à aplicação do princípio da proporcionalidade

A solução ótima exigida pelos princípios como comandos de otimização é assegurada pela aplicação do princípio da proporcionalidade. Por isso se diz que há uma estreita conexão entre princípios e proporcionalidade: o carácter de princípio implica a proporcionalidade; e a proporcionalidade implica a teoria dos princípios[1413]. Recusando-se a teoria dos princípios tem de se recusar-se a proporcionalidade[1414]. É através da mediação desse princípio que o comando de otimização inerente aos princípios se cumpre. A proporcionalidade em sentido amplo existe apenas para cumprir esse comando: a adequação, a necessidade e a proporcionalidade em sentido estrito, os três subprincípios que integram aquela, existem apenas para servir o sentido dos princípios, inferindo-se da sua estrutura.

Uma forma possível de traduzir isto seria o seguinte enunciado: *a realização ou exercício do bem, interesse ou valor x é permitido, proibido ou devido até ao ponto em que a permissão, proibição ou dever tenha de ceder perante uma medida adequada, necessária e proporcional em sentido estrito que vise a realização da proibição, permissão ou dever objeto de outro princípio com maior peso nas circunstâncias concretas.* Por outras palavras a regra *R*, que exprime as consequências da aplicação do princípio prevalecente no caso concreto deve ser adequada, necessária e proporcional em sentido estrito. O que implica que na sua própria conformação as exigências da adequação, necessidade e proporcionalidade e.s.e. constituem parâmetros estruturadores/mediadores.

Utilizando um exemplo apresentado por ALEXY (*Sachkundenachweis im Einzelhandel*[1415]): o exercício da liberdade de profissão (*PI*) é permitido, até ao ponto

---

normalmente não alcançam esse efeito. Como nota, porém, ALEXY, *Theorie...*, p. 91, *Teoria..*, p. 102, as regras também podem ser razões para outras regras.

[1413] ALEXY, *Theorie...*, p. 104; *Teoria...*, p. 115.

[1414] ROBERT ALEXY, «On the Structure of Legal Principles», p. 297; LOPERA MESA, «Los derechos fundamentales ...», p. 215.

[1415] *A Theory...*, pp. 397 ss. Este caso, de 1965, reporta-se ao seguinte: um cabeleireiro instalou no seu estabelecimento uma máquina automática de venda de tabaco, sem obter a necessária permissão, cuja concessão exigia conhecimentos especiais que mostrassem competência para o comércio de quaisquer bens. Perante a ameaça de sanção administrativa, recorreu aos tribunais.

O PRINCÍPIO DA PROIBIÇÃO DO EXCESSO

em que a permissão tenha de ceder perante a realização do dever de proteção dos consumidores (*P2*), nos casos em que esta seja promovida por um meio (*M*) adequado, necessário e proporcional em sentido estrito.

O princípio da proibição do excesso e os seus três segmentos além de fazer depender a extensão da realização dos princípios de um exercício de ponderação – componente que resulta da proporcionalidade em sentido estrito –, também permite otimizar as possibilidades fáticas e jurídicas desses princípios.

No referido exemplo de ALEXY, o segmento da adequação determina a preterição ou invalidade de *M* quando este não é adequado a prosseguir *P2* – isto é, não fomenta *P2* – e limita *P1*. A omissão ou invalidação de *M*, pelo *efeito conjugado* de *P1* e *P2*[1416], não prejudica *P2* e permite a realização de *P1*, aumentando assim a *soma* das *possibilidades fáticas* de realização de *P1* e de *P2*. Por outro lado, corresponde ao ótimo de Pareto, uma vez que a preterição/invalidação de *M* implica a melhoria da posição de *P1*, sem que a posição de *P2* piore.

O segmento da necessidade implica uma operação diferente. Para ilustrar a sua construção, ALEXY escolhe um exemplo (*Schokoladenosterhase I*, de 1980[1417]) que configura uma aplicação simples da necessidade. Em causa, apenas dois princípios ou fins, dois sujeitos jurídicos e pelo menos dois meios alternativos capazes de promover o princípio ou fim prevalecente. Da exigência de necessidade decorre que um meio *M1* está proibido em relação ao *conjunto* formado por *P1* e *P2* se existir uma alternativa *M2* que realiza *P2* pelo menos de igual modo que *M1*, mas prejudica menos *P1*[1418]. Isto é, *M1* deve ser preterido ou declarado inválido se, embora adequado para prosseguir *P2*, lesa *P1* com intensidade superior à de um meio *M2*, adequado para prosseguir *P2* em igual medida. Do *efeito conjugado* de *P1* e de *P2*[1419] resulta a invalidação/preterição de *M1* e a concomi-

---

Na sede própria o *BVerfG* entendeu que a exigência de demonstração de conhecimentos especiais (*M*) violava o princípio da proporcionalidade, por ser um meio (*M*) que limitava a liberdade de profissão (*P1*) não adequado para prosseguir o fim da proteção do consumidor (*P2*). V. *BVerfGE*, 19, p. 330.

[1416] ALEXY, *A Theory...*, p. 398; «Los Derechos fundamentales...», *cit.*, p. 13: de acordo com o autor a invalidação de *M* não resulta de *P1*, sujeito à interferência, mas sim do efeito conjugado de *P1* e *P2*.

[1417] *A Theory...*, pp. 398-399: algumas normas proibiam a venda de bolos com uma componente de pó de cacau, mas constituídos essencialmente por arroz (*M1*). A proibição *M1* restringia a liberdade de profissão *P1* com vista a alcançar o fim da proteção dos consumidores *P2*. O *BVerfG*, embora admitisse que *M1* era adequado ao fim *P2* a que se propunha, entendeu que *M1* violava desnecessariamente *P1*, uma vez que havia um meio alternativo *M2* (a publicitação da composição dos bolos) menos lesivo. Cfr. *BVerfGE* 53, p. 135.

[1418] ALEXY, «Idée et structure d'un système du droit rationnel», in *Archives de Philosophie du Droit*, vol. 33 (1988), p. 37.

[1419] ALEXY, «Los Derechos fundamentales...», *cit.*, p. 14; mais uma vez, a invalidação de *M2* não resulta de *P1*, sujeita à interferência, mas sim do efeito conjugado de *P1* e *P2*.

FUNDAMENTO

tante adoção de *M2*: isso é indiferente para *P2*, já que a sua realização em igual medida está assegurada, mas não é indiferente para *P1* porque permite a sua realização em maior medida do que se *M1* fosse executado. O segmento da necessidade potencia as *possibilidades fáticas* de realização de *P1* e *P2*[1420]. Por outro lado, a necessidade concretiza o ótimo de Pareto, pois a preterição/invalidação de *M1* e a escolha de *M2* implica a melhoria da posição de *P1*, sem que a posição de *P2* piore[1421]. Nestas circunstâncias, a escolha de *M1* em vez de *M2* seria uma opção em que a posição de *P2* permanecia invariável, mas a posição de *P1* pioraria, violando o ótimo de Pareto, isto é, configurando uma decisão *não optimizadora*.

A proporcionalidade em sentido estrito, enquanto comando de ponderação ou *balancing*, é o veículo da otimização das possibilidades jurídicas[1422] e de realização da ponderação do peso relativo dos vários princípios em colisão e das condições de precedência, tal como decorre da lei de colisão. A proporcionalidade em sentido estrito expressa-se através de uma lei de ponderação com o seguinte teor: "quanto mais alto seja o grau de não satisfação ou de sacrifício de um princípio, tanto maior deve ser a importância da satisfação do outro"[1423]. Daí decorre, por exemplo, que mesmo que *M2* seja conforme com a necessidade, a sua adoção não é justificada se, para atingir um grau de satisfação de *P2* apenas leve ou moderada, implicar uma intensidade de interferência *alta* em *P1*. A adoção de *M2*, interferindo altamente em *P1* e gerando satisfação de importância apenas leve ou moderada de *P2*, não representaria uma otimização de *P1 conjuntamente* com *P2*[1424]. Seria inválida à luz da proporcionalidade e.s.e. Esta consuma o postulado de que os princípios são comandos de otimização das *possibilidades jurídicas*[1425], isto é, das consequências jurídicas estatuídas pelas norma-princípio colidentes.

[1420] Veremos no capítulo 29 que esta interpretação do que Alexy pretende com a consideração das possibilidades fáticas não é tão linear quanto transparece no texto.

[1421] ALEXY, *A Theory*..., p. 399.

[1422] Uns dos mais fiéis intérpretes do pensamento de Alexy observam que o "subprincípio" ou segmento do fim legítimo também se reporta à otimização das possibilidades jurídicas : KLATT/MEISTER, *The Constitutional Structure*..., p. 10.

[1423] ALEXY, *A Theory*..., p. 401; «Sistema jurídico, principios jurídicos y razón práctica», in *Doxa*, nº 5, 1988, p. 147.

[1424] ALEXY, «Los Derechos fundamentales...», *cit.*, p. 16; de novo, a invalidação de *M1* não resulta de *P1*, que foi sujeito à interferência, mas sim do efeito conjugado de *P1* e *P2*. Em suma, a preterição do meio (*M, M1* ou *M2*) resulta sempre da pretensão *conjugada* de dois (ou mais) princípios colidentes em atingir uma realização concreta otimizada das possibilidades jurídicas e fáticas.

[1425] ALEXY, *Theorie*..., pp. 100 a 102; *Teoria*..., pp. 111-113; «Los Derechos fundamentales...», *cit.*, p. 15.

O PRINCÍPIO DA PROIBIÇÃO DO EXCESSO

1.6.5. Apreciação crítica sumária

Não obstante a sua elegância e eloquência, as críticas à teoria dos princípios têm-lhe posto a descoberto algumas fragilidades. É sintomático que o próprio autor tenha introduzido potentes reservas aos pilares centrais da sua construção.

É o caso do amolecimento do caráter *all-or-nothing* das regras e (desamparadamente) *prima facie* dos princípios. A conclusão de que "no que respeita ao seu carácter *prima facie*, regras e princípios são claramente distintos"[1426], sendo consequentemente *forte* a distinção entre eles, é uma conclusão apenas tendencialmente sustentável, isto é, ela mesma apenas *prima facie*.... Voltaremos ao tema mais diante.

Por agora, importante é, sobretudo, a admissão de que os princípios não são comandos de otimização, mas sim *objeto* de comandos de otimização. Isso leva, desde logo, a que o princípio da proporcionalidade não possa decorrer diretamente dos princípios ou da sua estrutura, mas sim, quanto muito, de *comandos de otimização* de que sejam objeto os princípios.

Outras críticas, menos relevantes para o tema da fundamentação, mas relevantes para outras zonas da dogmática da proporcionalidade, poderiam ser avançadas[1427]. A elas regressaremos no momento próprio.

Importa, todavia, reconhecer que, não obstante algumas inconsistências, a teoria dos princípios, pelo lugar central que confere ao princípio da proporcionalidade, tem o mérito de alertar para a conexão natural que existe entre uma constituição pejada de normas abertas, potencialmente colidentes entre si e a carecer de harmonização através da lei e o princípio da proporcionalidade moderna.

1.7. A fundamentação no princípio do Estado de direito

Até aqui já tivemos oportunidade de observar que o criador do princípio da proibição do excesso, o Tribunal Constitucional alemão, tem uma visão eclética sobre o fundamento jus-constitucional da criatura. Embora a proibição do excesso não beneficie de uma base textual inequívoca na Lei Fundamental de Bona, o Tribunal nunca se preocupou visivelmente com a definição de uma posição uniforme sobre isso[1428]. De acordo com os observadores, se alguma tendência mais vincada existe é para a invocação, de modo não exclusivo, do

---

[1426] *Theorie...*, p. 90 e *Teoria...*, p. 101.
[1427] CANAS, «A proibição do excesso como instrumento mediador...», pp. 834 ss.
[1428] SCHLINK, «Der Grundsatz der Verhältnismäßigkeit», p. 447.

FUNDAMENTO

princípio do Estado de direito[1429] numa aceção material[1430], por vezes conjugado com outros fundamentos[1431].

O Tribunal Constitucional português, quando se trata de interferências em direitos, liberdades e garantias invoca reiteradamente o artigo 18º, nº 2, como base constitucional do princípio, por vezes acompanhado por uma referência à radicação no Estado de direito, ou no Estado de direito democrático (artigo 2º). Nos casos em que não estão em causa aqueles direitos, esta última base constitucional é a utilizada[1432].

Esta opção suscita críticas de alguma doutrina, que adverte que fundar um princípio com as possibilidades "desestabilizadoras"[1433] da proibição do excesso num princípio difuso e de contornos inseguros como o do Estado de Direito é dececionante[1434].

Além da sua generalidade ou indeterminação, ou derivada disso mesmo, há a natureza polissémica do princípio do Estado de Direito[1435], a qual se foi tradu-

---

[1429] V. HANS SCHNEIDER, «Zur Verhältnismässigkeits – Kontrolle...», p. 391; MATTHIAS MAYER, *Untermaß, Übermaß...*, p. 160; BOROWSKI, *Grundrechte...*, 2ª ed., p. 185; MERTEN, «Der Verhältnismäßigkeitsgrundsatz», p. 535; GRIMM, «Proportionality...», p. 385 (assinalando que verdadeiramente o Tribunal nunca explicou por que é que o princípio deriva do Estado de direito). Na doutrina, a posição é maioritária. Entre muitos STERN, «Zur Entstehung...», p. 172; GRABITZ, «Der Grundsatz...», pp. 584 ss.; HAVERKATE, *Rechtsfragen...*, p. 14; BLECKMANN, «Begründung...», p. 178; SACHS, «Art. 20», in *Grundgesetz Kommentar*, 7ª ed., Beck, München, 2014; BONAVIDES, *Curso de Direito Constitucional*, 25ª ed., pp. 398 ss.

[1430] GRABITZ, «Der Grundzatz der Verhältnismäßigkeit...», p. 584. O autor retira daí o entendimento de que pelo menos as máximas da necessidade e da proporcionalidade e.s.e. não são simplesmente formais mas concretizações de uma ideia de justiça, donde captariam o seu conteúdo material. Voltaremos ao assunto *infra*.

[1431] MATTHIAS MAYER, *Untermaß, Übermaß...*, p. 160.

[1432] Cfr. indicações de jurisprudência, *supra*, capítulo 5. Em casos específicos, mencionam-se outros preceitos constitucionais, como os artigos 266º, nº 2, 270º e 272º, nº 2. Na doutrina, entre muitos, CANOTILHO, *Direito...*, 7.º ed., p. 457; CANOTILHO/VITAL MOREIRA, *Fundamentos da Constituição*, p. 84; NOGUEIRA, *Direito Fiscal...*, p. 81; FREITAS DO AMARAL, *Direito Administrativo*, II vol., 2ª ed., p. 139; SAMPAIO, «The Contextual Nature of Proportionality...», p. 182.

[1433] Cfr. a literatura citada logo nas primeiras páginas deste trabalho.

[1434] Veja-se a reivindicação de uma fundamentação mais próxima ou menos geral em HANS SCHNEIDER, «Zur Verhältnismässigkeits – Kontrolle insbesondere bei Gesetzen», p. 391; MERTEN, «Der Verhältnismäßigkeitsgrundsatz», p. 537 (salientando também a incoerência desse fundamento, alegando a inaplicabilidade da proporcionalidade clássica em inúmeros domínios).

[1435] Chega-se a alvitrar que o Estado de Direito é uma "fórmula vazia" ou um conceito jurídico relativo que, para adquirir um significado normativo preciso, necessita de ser qualificado ou adjetivado por normas jurídicas que lhe atribuem conteúdo variável de contexto para contexto. Neste sentido, por exemplo, SÉRVULO CORREIA, *Legalidade...*, p. 35. No entanto, o "preenchimento" da fórmula não é absolutamente livre, uma vez que, apesar de relativo, o conceito de Estado de

O PRINCÍPIO DA PROIBIÇÃO DO EXCESSO

zindo na capacidade de adaptação, evolução ou mutação histórica do seu núcleo material[1436]/[1437].

Do ponto de vista desse núcleo, o Estado de Direito dos primeiros liberais não se identifica, por exemplo, com o Estado de Direito matizado pelas perspetivas do chamado Estado social.

Sendo assim, qual o Estado de Direito que pode fundar e dar substância ao princípio da proporcionalidade: o dos primeiros liberais? O do formalismo do final do século XIX? O Estado de Direito gerado pelo Estado-Providência? A tradução mimética do anunciado Estado pós-social?

1.7.1. O Estado de direito liberal e o princípio da proporcionalidade

O conceito de Estado de Direito dos liberais é pautado pela carga filosófica da proteção da liberdade e da propriedade. Instrumentais a essas ideias fundamentais são os princípios da separação de poderes e da prevalência da lei do Parlamento sobre a atividade do executivo. Os problemas da sociedade são tomados como simples conflitos de interesses particulares que devem ser dirimidos e superados através dos mecanismos próprios da sociedade civil, ou de mecanismos colocados pelo Estado ao serviço da sociedade civil. A intervenção do Estado deve ser mínima e subsidiária. Quando o Estado é forçado ou chamado a intervir, designadamente para garantir a segurança e a ordem públicas, essa intervenção reduz-se ao necessário ou indispensável. De entre as que virão a ser as componentes do princípio da proporcionalidade clássica, dá-se préstimo, quanto muito, à ideia de *necessidade* (com a *adequação* implícita) numa versão pouco ambiciosa.

O Estado de direito liberal, filosoficamente marcado, juridifica-se gradualmente, com crescente formalização sob a égide do princípio da legalidade[1438]. Essa evolução no sentido da crescente formalização, do império da lei e da mecanização do exercício da função judicial, não é favorável à gestação do princípio da proporcionalidade na sua versão clássica e muito menos na sua versão

---

Direito não prescinde, pelo menos, de um sentido "mínimo", associado à ideia de *limitação juridificada do exercício da autoridade política.*

[1436] Sobre as várias "adjetivações" do Estado de Direito v. o ensaio de NOVAIS, *Contributo para uma teoria do Estado de Direito...*, particularmente pp. 51 ss.; também, LÚCIA AMARAL, *A Forma da República...*, pp. 139 ss. Mais em geral, entre bibliografia inesgotável, MIRANDA, *Manual...*, vol. I, 7ª ed., pp. 83 ss.; SOUSA E BRITO, *A Lei penal...*, pp. 222 ss.; CANOTILHO, *Direito...*, 7ª ed., pp. 93 ss.; SÉRVULO CORREIA, *Legalidade...*, pp. 190 ss.; MARIA DA GLÓRIA GARCIA, *Da Justiça...*, pp. 267 ss.; OTERO, *Direito Constitucional...*, pp. 51 ss.; MORAIS, *Curso...*, tomo II, vol II, pp. 77 ss.; GOUVEIA, *Manual...*, II, 6ª ed., pp. 785 ss.

[1437] LÚCIA AMARAL, *A Forma da República*, p. 147.

[1438] NOVAIS, *Contributo...*, pp. 122 ss.: MARIA DA GLÓRIA GARCIA, *Da Justiça...*, p. 294; LÚCIA AMARAL, *A Forma da República*, p. 147.

FUNDAMENTO

moderna, cujo destinatário cimeiro é o legislador. Nenhuns limites jurídicos ao poder legislativo eram considerados indispensáveis[1439]. Limites, tinham de ter as atividades de polícia. É em relação a estas que se assiste à instalação progressiva da linguagem de necessidade.

Em suma, embora as ideias de moderação e de proporção não sejam desconhecidas, a aplicação de qualquer coisa parecida com a proibição do excesso na sua versão contemporânea, quer na relação entre Estado e cidadãos, quer nas relações entre particulares ou através das normas que incidem sobre as relações entre particulares, é estranha ao quadro jus-filosófico do Estado de direito liberal.

1.7.2. A conceção material de Estado de direito e o princípio da proporcionalidade

O paradigma do Estado de direito liberal sofre um processo gradual de obsolescência que atinge o seu ponto de rutura no pós II Guerra. As circunstâncias – as significativas alterações da realidade constitucional – obrigam o Estado a descer à sociedade civil para satisfazer, proteger ou patrocinar interesses que dantes dependeriam do livre jogo das relações individuais e do funcionamento do mercado. A linearidade e simplicidade padronizada das relações entre interesses públicos e privados e entre interesses privados típicas do contexto liberal é substituída pela complexidade e diversificação de interesses e relações, certeiramente captada e identificada pelas correntes pluralistas[1440].

Neste ambiente, o princípio do Estado de direito mantém a sua componente formal, que transita do período liberal, mas vê acrescentada uma dimensão material. O novo protagonismo reconhecido ou exigido ao legislador (e à Administração) é pautado pela vinculação aos valores da dignidade humana, da democracia, da justiça, da igualdade, da liberdade, da segurança, da confiança e acompanhado pela sujeição a novos limites e instâncias de controlo, designadamente através da institucionalização da justiça constitucional e da fiscalização das ações, mas também das omissões, do legislador. A força normativa da constituição e dos direitos fundamentais é reforçada.

Atinge-se um novo equilíbrio constitucional no que se refere à relação entre constituição e legislador. À constituição são confiadas novas funções[1441]. O paradigma desse novo equilíbrio é o da *constituição dirigente*. No quadro da constituição dirigente, que é também uma constituição *total*, a que nada é indiferente, o legislador democrático vê reforçados os poderes arbitrais que já exercia no

---

[1439] LÚCIA AMARAL, *A Forma da República*, p. 152.

[1440] Sobre as correntes pluralistas e as várias escolas do pluralismo sociológico v. LÚCIA AMARAL, «O problema da função política dos grupos de interesse...», *cit.*

[1441] V. sobre as (já não tão) novas funções da constituição, CANOTILHO, *Constituição dirigente*, pp. 150 ss.; PIRES, *Teoria da Constituição...*, pp. 89 ss.; GRIMM, *Die Zukunft der Verfassung, cit.*;

O PRINCÍPIO DA PROIBIÇÃO DO EXCESSO

passado mas, além disso, é obrigado pela constituição a uma atitude mais interventiva em todos os setores[1442]. É certo que a vinculação do legislador à constituição continua a não poder ser concebida em termos semelhantes à vinculação entre administrador e lei[1443]. A legislação não é mera execução da constituição. Mas também não se pode encarar a constituição como mero limite da legislação, sendo inquestionável que a lei é *"positiva e negativamente"* determinada por aquela em numerosos domínios, mesmo que apenas de forma *prima facie*. Aí radica, em parte, a muito propalada ideia da *crise da lei*[1444].

Naturalmente, este movimento na direção de um novo equilíbrio não triunfa sem que surjam resistências de quem pretende que a constituição mantenha o seu caráter de parâmetro no quadro do qual o legislador age com ampla liberdade de conformação.

Os adeptos da ancoragem da proibição do excesso no Estado de direito apelam sobretudo ao conceito *material* de Estado de direito, isto é, ao conceito que conjuga os elementos formais, herdados dos liberais, com elementos materiais adquiridos no pós II Guerra[1445].

[1442] O conceito de constituição dirigente é polissémico, sendo aqui empregue num sentido tendencialmente intermédio, entre o de LERCHE, *Übermass...*, pp. 61 ss. e «Das Bundesverfassungsgericht und die Verfassungsdirectiven...», esp. p. 369, e o do primeiro CANOTILHO, *Constituição dirigente...*, pp. 223, 261, 293 ss., 304, 462, etc. A constituição dirigente de LERCHE tem que ver – limitadamente – com as *"diretivas permanentes"* formais, fixadas na constituição, que o legislador tem de cumprir quotidianamente, como os princípios da igualdade (*ob. cit.*, pp. 66-7), da determinabilidade (*ob. cit.*, pp. 67 ss.), da adequação (*ob. cit.*, pp. 75 ss.; não confundir com o segmento da adequação, componente da proibição do excesso) e da proibição do excesso (*ob. cit.*, pp. 77 ss.). A constituição dirigente ou programática de CANOTILHO é aquela em que predominam normas que definem fins e tarefas do Estado e diretivas e imposições a que este está sujeito com vista a promover transformações económicas e sociais (ou – como diria o próprio no magnífico ensaio em que anunciou o rompimento com aquele conceito – com vista a "fixar a própria órbita das estrelas e dos planetas": «Revisar la/o romper con la constitución dirigente?», p. 12). Empregamos a noção de constituição dirigente para denotar a intenção constitucional de definir deveres *prima facie* – ou seja, não absolutos – do legislador de prosseguir certos fins, em termos que, na substância, não se devem afastar muito da constituição dirigente moralmente reflexiva do mais recente CANOTILHO (cfr., mais uma vez, «Revisar la/o romper con la constitución dirigente?, *cit.*).

[1443] Assim, CANOTILHO, *Constituição dirigente...*, pp. 174, 216 ss.; ANDRADE, *Os Direitos...*, 2ª ed., p. 213: a Constituição não pode ter o apetite regulamentador da lei; a função político-legislativa é demasiado complexa e aventurosa em comparação com a tacanhez administrativa; a lei como manifestação das forças vivas da comunidade não se submete a testamentos elaborados em épocas de euforia utopista. A conceção do legislador *funcionário da Constituição* (BONAVIDES, *Curso...*, 25ª ed., p. 424) está fora do horizonte.

[1444] MORAIS, *Manual de Legística...*, pp. 81 ss. (com mais indicações).

[1445] V., por exemplo, BONAVIDES, «O Princípio...», pp. 281 ss.

FUNDAMENTO

Todavia, basta uma superficial análise comparada para constatar que a proibição do excesso não é um produto automático do princípio do Estado de Direito entendido em sentido material.

Certamente que esta precipitação do princípio do Estado de direito convive bem e funciona melhor com o princípio da proibição do excesso e, mais profundamente, com o princípio da proporcionalidade em sentido moderno[1446]. Todavia, por si só, ela não explica nem implica a necessária receção deste princípio[1447]. É fácil verificar que não obstante a universalização do entendimento material contemporâneo do princípio do Estado de direito[1448] (mesmo em Estados onde esse conceito não faz parte do ideário teórico, como o Reino Unido) e a paralela universalização tendencial do princípio da proibição do excesso, há ordens jurídicas onde este é deliberadamente ignorado (como nos EUA) ou se aplica em termos contidos ou até excecionais[1449].

O alcance e a extensão do princípio do Estado de direito em sentido material funda-se, ele próprio, na constituição, que pode, ou não, consagrar a proibição do excesso como um dos componentes da conceção de Estado de direito vigente. E, se a proibição do excesso for um desses componentes, pode variar a sua própria extensão e alcance.

Consequentemente, é necessário olhar além do principio do Estado de direito, isto é, para os seus tirantes constitucionais, para saber se o entendimento constitucionalmente adequado incorpora nele o princípio da proibição do excesso (e, eventualmente, outros instrumentos de ponderação e harmonização). Este princípio, se recebido pela constituição, é certamente um dos pilares estruturais da versão mais perfeita do princípio do Estado de direito no entendimento material. Mas, em bom rigor, não se funda nesse princípio mas sim nos *fundamentos constitucionais desse princípio*. Por isso, no caso português não basta

---

[1446] É só com este sentido que se pode aderir à afirmação do Tribunal Constitucional no acórdão nº 387/12, de que o "Estado de direito não pode deixar de ser um "Estado proporcional"." (nº 9.1.).

[1447] Cfr. a posição contrária de LÚCIA AMARAL, *A Forma da República*..., p. 365, *passim*; cfr., também, BONAVIDES, *Curso*..., 25ª ed., p. 425.

[1448] Isto é, o entendimento de que "o poder do Estado só pode ser exercido com fundamento na Constituição, e em leis que formal e materialmente sejam conformes com ela [constituição], e com o fim de garantir a dignidade da pessoa humana, a liberdade, a justiça e a segurança": LÚCIA AMARAL, *A Forma da República*, p. 153, citando STERN. Próxima da conceção desenvolvida no texto é a proposta de um conceito de Estado de direito tipicamente europeu, identificado por sete traços essenciais, tal como apresentada por SAMPAIO, «The Contextual Nature of Proportionality...», pp. 183 ss.

[1449] Eventualmente preterido a favor de *standards* como o *Wednesbury test*, o *bilan coût-avantages*, a *ragionevolezza*, etc. Quanto aos EUA apresentámos *supra* (capítulo 3) os testes jurisprudencialmente desenhados.

O PRINCÍPIO DA PROIBIÇÃO DO EXCESSO

invocar o artigo 2º da Constituição e o princípio do Estado de direito nela consagrado para justificar a aplicação do princípio da proibição do excesso. É necessário ir mais fundo, ao âmago e sentido da própria Constituição para ver se ela torna imprescindível a aplicação do princípio da proibição do excesso e, em caso afirmativo, com que extensão.

A inevitabilidade do princípio da proibição do excesso e, mais latamente, da proporcionalidade moderna, decorre das modificações estruturais que a constituição sofreu nas décadas mais recentes, acentuando ou extremando algumas das tendências descritas nos parágrafos precedentes. Crucial para uma boa ancoragem constitucional do princípio da proibição do excesso é a compreensão do conceito de constituição *prima facie* e da realidade constitucional a que ela corresponde.

2. Fundamento no sentido geral do ordenamento de constituição *prima facie*

Num contexto de um estado pós-social ou de um terceiro folego do Estado social[1450], o Estado exerce as funções de árbitro e de regulador integrador de interesses grupais numa organização social complexa e pluralista, tributária de várias narrativas (LYOTARD[1451]). A separação entre Estado e sociedade é mais ténue. As expressões *socialização do Estado*[1452] e *estadualização da sociedade*[1453] adquirem curso natural, num cenário de geometria variável, com justaposição de espaços funcionais, estatais e sociais, semipúblicos e/ou semiprivados[1454]. As instituições do poder público tornam-se instâncias de pilotagem conjuntural ou sectorial de situações, sem uma pretensão global de generalidade ou de racionalidade[1455].

Dessa transformação, em que, no fundo, o Estado deixa de poder invocar exclusivamente um papel de promotor de um hipotético interesse geral, para se transformar num árbitro ou regulador de interesses ou forças conjunturais e sectoriais, resultaria a própria reponderação da noção de *interesse geral* ou de *interesse do Estado,* enquanto interesse à margem ou distinto daqueles interesses sectoriais. A pretensão de legitimidade das suas decisões deixaria de se basear simplesmente numa alegada prossecução do interesse geral, para se deslocar para considerações meramente performativas ou de eficácia na preservação ou

---

[1450] MARCELO REBELO DE SOUSA, *A Lei no Estado...,* pp. 9 ss.

[1451] JEAN FRANÇOIS LYOTARD, *A condição pós-moderna,* trad., port. de *La condition postmoderne,* Lisboa, Gradiva, s.d., esp. pp. 39 ss.

[1452] Cfr. NADALES, *Introducción...,* pp. 61 ss., 109 ss.

[1453] *Idem,* pp. 43 ss.

[1454] *Idem,* p. 69.

[1455] *Idem,* pp. 111, 170.

FUNDAMENTO

generalização de um ambiente social estável, com satisfação equilibrada de interesses plurais[1456]. A lei torna-se um instrumento precário de compromisso[1457].

Nestas circunstâncias, há o risco de colapso da racionalidade global do sistema (fala-se em défice de racionalidade geral[1458]) que deve ser contrabalançado por instrumentos indutores e estabilizadores de racionalidade.

Ora, esta realidade constitucional – uma realidade de urgência pluralista[1459], avessa à imposição de ideais políticos ou critérios substantivos homogénios –, ocasionalmente amplificada por situações de crise económica ou outra[1460], interage com constituições dirigentes, estruturadas em torno de princípios e valores que se justapuseram ao longo das várias fases do desenvolvimento político, nominalmente restritivas da liberdade de conformação do legislador através da imposição de um número crescente de deveres de ação, de fins e de objetivos programáticos. A constituição, como ordem total[1461], é aberta[1462] e interessa-se tendencialmente por todo o tipo de relações sociais, que são transformadas em relações constitucionais ou constitucionalmente relevantes (*constitucionalização do ordenamento, constitucionalização da sociedade*)[1463], muitas vezes com direta tradução na ampliação do catálogo dos direitos fundamentais[1464].

[1456] *Idem*, pp. 125-126.

[1457] A expressão é de LÚCIA AMARAL, *Responsabilidade...*, p. 703.

[1458] NADALES, *Introducción...*, p. 71; PIRES, *Teoria da Constituição...*, p. 77.

[1459] Cfr. VICENTE, *O Princípio da Proporcionalidade...*, pp. 72 ss.

[1460] Sobre a Constituição na (e da) crise cfr. os ensaios coligidos por GOUVEIA/ PIÇARRA, *A Crise e o Direito, cit.* e, numa perspetiva essencialmente crítica, por GONÇALO DE ALMEIDA RIBEIRO/LUÍS PEREIRA COUTINHO, *O Tribunal Constitucional e a crise, cit.*; MORAIS, *Curso...*, II, 2, pp. 709 ss.

[1461] Na senda do Tribunal Constitucional alemão, a doutrina germânica da década de 1950 em diante fala de *"Allgegenwart des Verfassungsrechts"* (omnipresença do direito constitucional) e de *"absolut vollständige Oberrechtsordnung"* (v. EHMKE, «Prinzipien der Verfassungsinterpretation», in *VVDStRL* vol. 20, 1963, p. 70; ROELLECKE, «Prinzipien ...», p. 33; ambos *apud* BOMHOFF, *Balancing...*, pp. 104 ss.); para BÖCKENFÖRDE, um dos críticos mais vigorosos deste desenvolvimento, mais do que uma constituição total há o risco de um totalitarismo constitucional: *Estudios...*, pp. 42-43; PIRES, *Teoria da Constituição...*, pp. 72 ss.; acentuando que a constitucionalização do ordenamento contribui para "juridicizar a política", LEONARDO MARTINS, «Introdução...».p. 96.

[1462] Sobre as várias aceções da abertura da Constituição portuguesa, OTERO, *Direito Constitucional...*, pp. 173 ss.

[1463] V. uma exposição sintética em GUASTINI, *La sintassi...*, pp. 196 ss. Mais em geral, expondo o desenvolvimento da ideia e das tarefas da constituição, GRIMM, *Die Zukunft der Verfassung, cit.*

[1464] GUASTINI, *La sintassi...*, p. 203, fala de direitos subjetivos *magicamente* gerados pela evolução social. Destes e de outros indicadores retiram alguns – talvez precipitadamente – a diminuição da importância do texto da constituição, degradado a mera "sombra" dos princípios sobre direitos partilhados internacionalmente: v. COHEN-ELIYA/PORAT, «Proportionality...», p. 484. Essa desvalorização do texto seria coeva à cultura da justificação, tal como apresentada pelos autores. OTERO, *A Democracia Totalitária*, p. 154, não distante, fala de debilitação ou adulteração da "fundamentalidade" do próprio conceito de direito fundamental.

O PRINCÍPIO DA PROIBIÇÃO DO EXCESSO

Uma constituição com estas caraterísticas aspira a uma normatividade superlativa. Todavia, as condições para uma efetiva e elevada normatividade são precárias. Por um lado, temos a *realidade constitucional* complexa e pluralista, expressão de várias narrativas e com tendência para uma conflitualidade persistente, mutante e assimétrica. Por outro, a *textura constitucional*, ambiciosa, extensa e cheia de conceitos vagos e indeterminados, fornecedora de sustentação normativa para um número infinito e sempre renovado de pretensões cruzadas. A interceção entre estes dois dados suscita a proliferação de colisões entre normas e entre bens, interesses ou valores acalentados, pelo menos *prima facie*, pelas normas constitucionais[1465]. Isto gera um singular paradigma no plano estrutural e no plano institucional[1466].

No que concerne à estrutura normativa, a necessidade de enfrentar frequentes e multifacetadas colisões implica que as normas constitucionais, particularmente (mas não exclusivamente) nos domínios não orgânicos, *amoleçam*. Enunciados normativos aparentemente categóricos podem sofrer interpretações relativizantes imprescindíveis para evitar bloqueios e impasses constitucionais.

A irrupção, nas últimas décadas, da relatividade constitucional altera a estrutura normativa das constituições, incutindo-lhes caráter *prima facie* em amplos domínios. Nesses amplos domínios – cuja expansão, aparentemente, ainda não terminou –, a constituição estabelece critérios de decisão e argumentos apenas *prima facie*, mediados através de normas com *prescriptivité imparfaite*[1467]. Esses critérios e argumentos *prima facie* consolidam-se ou não em função dos resultados da consideração de todos os critérios e argumentos contraditórios relevantes para uma decisão concreta. Quando se fala de constituição *prima facie*[1468] não se

---

[1465] V., por exemplo, PAULO BRANCO, *Juízo de ponderação...*, p. 7.

[1466] Entre as propostas de apresentação, explicação e enquadramento desse paradigma contam-se as (várias) teorias do *neoconstitucionalismo*, crescentemente representadas sobretudo nas culturas jurídicas italiana e espanhola, bem como em alguns países sul-americanos, incluindo o Brasil (Carbonell, Prieto Sanchís, Comanducci, Guastini, Zagrebelski, Moreso, Ferrajoli, Barroso e outros). V., entre muitos, LUIS PRIETO SANCHÍS, «El constitucionalismo de los derechos», *cit.*; PAOLO COMANDUCCI, «Formas de (neo)constitucionalismo: un análisis metateórico», in Miguel Carbonell (ed.), *Neoconstitucionalismo(s)*, Trotta, Madrid, 2005, pp. 75 ss.; LUÍS ROBERTO BARROSO, «Neoconstitucionalismo e constitucionalização do Direito. O triunfo tardio do Direito Constitucional no Brasil», 2005, consultado em http://jus.com.br/artigos/7547/neoconstitucionalismo-e-constitucionalizacao-do-direito#ixzz3HCPcFumB; MIGUEL CARBONELL (ed.), *Teoría del neoconstitucionalismo Ensayos escogidos*, Trotta, Madrid, 2009; PAULO BRANCO, *Juízo de ponderação...*, pp. 130 ss.

[1467] A expressão é de MUZNY, *La Technique de Proportionnalité...*, p. 154, *passim*.

[1468] Lançámos o conceito em «Constituição *prima facie*...», cit. Uma referência, mais ou menos remota, da ideia de Constituição *prima facie* (como, em geral, da construção de posições jurídicas *prima facie*) pode buscar-se na filosofia moral de WILLIAM DAVID ROSS e nos seus deveres *prima facie* ou *deveres condicionais*: v. *The Right and the Good*, Clarendon Press, Oxford, 1930, p. 16, descarregado de http://www.ditext.com/ross/right.html . O discurso de Ross é algo ambíguo e até

FUNDAMENTO

pretende excluir que a constituição incorpore normas que devem ser consideradas definitivas, isto é, que já exprimem e esgotam todas as ponderações dos argumentos que devem ser considerados antes de tornar obrigatório um comportamento. Tão pouco se pretende reconduzir a argumentação jurídica que envolve toda a interpretação e aplicação do Direito a exclusivas operações de ponderação e harmonização[1469].

A constituição *prima facie* adapta-se dinamicamente às circunstâncias concretas. Não há uma "constituição da crise" ou "da austeridade", "das vacas gordas", neoliberal ou socialista[1470]. Há uma constituição que alinha critérios e argumentos, ocasionalmente contraditórios na sua instanciação, que permitem estruturar e atualizar os equilíbrios que a cada momento são considerados apropriados. Nesse quadro, os instrumentos de racionalização que, sem impor critérios substantivos ou ideias políticos homogéneos[1471], previnem ou desmantelem a desproporção, o defeito ou a distribuição inequitativa do que quer que a comunidade se imponha ou produza, sejam sacrifícios ou benefícios, são um elemento operativo imprescindível mesmo que não sejam o único elemento operativo[1472].

Esta metamorfose do sentido normativo das constituições tem-se repercutido ou sido interpretada por numerosos desenvolvimentos da teoria da constituição e do direito constitucional. Um dos que têm concitado maior adesão é a teoria dos princípios, acima enunciada. Para a teoria dos princípios, as normas consagradoras de direitos fundamentais têm natureza de normas-princípio, com

confuso, mas o seu sentido geral continua a ser usado como referência. Importante é, também, a reformulação proposta por JOHN SEARLE, «Prima Facie Obligations», in J. Raz (ed), *Practical Reasoning*, Oxford University Press, Oxford, 1978, pp. 81-90 (três hipóteses de uso da expressão: (i) as normas *prima facie* não obrigam realmente do ponto de vista jurídico; (ii) as normas *prima facie* obrigam, mas apenas de forma fraca; (iii) quer as normas *prima facie* quer as definitivas obrigam, mas de maneira diferente, expressando razões para ação de modo diferente). Cfr., ainda, R. M. HARE, *Moral Thinking: Its Levels, Method, and Point*, Clarendon Press, Oxford, 1981, pp. 29 ss.; KLAUS GÜNTHER, *Der Sinn für Angemessenheit: Anwendungsdiskurse...*, pp. 270 ss.; PIRKER, *Proportionality...*, pp. 48 ss. V. outros conceitos afins, sinónimos ou alternativos a *prima facie*, em PULIDO, *El principio...*, pp. 643 ss.

[1469] POSCHER, «The Principles Theory...», pp. 242 ss., *passim*.

[1470] Cfr. MORAIS, *Curso...*, II, 2, p. 761.

[1471] JANSEN, «Los Fundamentos...», p. 68.

[1472] Como flui de vários trechos desta dissertação, não se exclui a pertinência de outros mecanismos de prevenção ou de resolução de colisões, como as ordens lexicais, os mecanismos de negociação, a definição de conteúdos mínimos absolutos e outros. Apenas se entende que num sistema político e jurídico pluralista a resolução de colisões não pode fazer-se com simples recurso a ideais políticos e existenciais homogéneos e fechados, que se traduzam numa tirania de valores: assim JANSEN, «Los fundamentos...», p. 65.

O PRINCÍPIO DA PROIBIÇÃO DO EXCESSO

validade transitoriamente *prima facie* enquanto não adquiram validade definitiva através de processos de harmonização em casos concretos[1473].

Todavia, a natureza *prima facie* da constituição emerge noutras zonas. Isso é evidente na Constituição portuguesa, na medida em que, fora das zonas organizativas (e, por vezes, também aí: recorde-se, paradigmaticamente, o princípio da separação de poderes ou a discussão em torno da natureza "principial" da reserva de competência relativa respeitante aos direitos, liberdades e garantias[1474]), assume uma tonalidade marcadamente principialista e programática. Mais: preceitos constitucionais que à primeira vista poderiam parecer repositórios de normas aplicáveis através de subsunção são convertidos à lógica da ponderação. O que pareceria definitivo é afinal *prima facie*, como pode ser o caso das normas sobre limites às restrições do artigo 18º, nºs 2 e 3[1475], ou das normas que estabelecem as *suspect classifications* do artigo 13º, nº 2, ou do artigo 36º, nº 4[1476]. A declaração da inconstitucionalidade de normas pelo Tribunal Constitucional pode sê-lo apenas *prima facie*, podendo os respetivos efeitos ser restringidos de · acordo com o artigo 282º, nº 4. Mesmo os limites materiais de revisão do artigo 288º não estão imunes a uma leitura *prima facie* que permita distinguir vários graus e legitime expedientes de dupla revisão ou duplo processo de revisão[1477].

Pode dizer-se que a constituição *prima facie* não confirma os receios de sobredeterminação ou de sobreconstitucionalização (Böckenförde), afastando-se contudo do paradigma da *constituição negociável* (Webber) e também da conceção pós-moderna de que as resoluções de conflitos devem ser deixadas aos subsistemas sociais e não à autoridade[1478].

[1473] Sob o conceito de situações concretas abrigamos também as colisões ou conflitos de direitos resolvidos pelo legislador através de normas gerais e abstratas: cfr. Virgílio Afonso da Silva, «O conteúdo essencial...», p. 40.

[1474] É entendimento bastante difundido que a reserva relativa de competência da Assembleia da República do artigo 165º, nº 1, alínea *b*), é um *princípio* que colide com outros princípios, como os da descentralização territorial e da autonomia das autarquias locais (cfr., desde logo, Sérvulo Correia, *Legalidade...*, p. 270) ou o da autonomia universitária. Daí decorre a necessidade de harmonização, que passa, designadamente, pela admissão de regulamentos independentes e até eventualmente autorizados, de órgãos autárquicos, tocando inovatoriamente matéria de direitos, liberdades e garantias: v. a discussão em Isabel Moreira, *A solução...*, pp. 108 ss. Rejeitando vigorosamente a "ponderabilidade" da separação de poderes e atribuindo-lhe um caráter de regra, aplicável *tudo ou nada*, Novais, *Direitos Sociais...*, pp. 227 ss.

[1475] V. a demonstração exaustiva desta tese em Novais, *As restrições... , cit.*

[1476] Miranda, *Manual...*, tomo IV, 5ª ed., p. 282; com discurso mais matizado, Lúcia Amaral, «O princípio da igualdade...», p. 54. Esta natureza *prima facie* das classificações ou classes suspeitas é um traço bem marcado da jurisprudência constitucional americana sobre a 14ª Emenda.

[1477] V., por todos, Morais, *Curso...*, II, 2, pp. 275 ss.

[1478] Cfr., por todos, Ladeur, *Kritik der Abwägung...*, pp. 32 ss.; Fischer-Lescano, «Kritik der praktischen Konkordanz», p. 174.

FUNDAMENTO

Sobressaem dois sintomas disso.

Por um lado, o legislador, primeiro responsável pela resolução das colisões referidas, vê a sua liberdade de conformação confirmada e até *reforçada*[1479]. Isso é claro, por exemplo, na conformação dos direitos fundamentais, mesmo quando as constituições rodeiam de cautelas e reservas as interferências neles. Na Alemanha, o artigo 19º, 1 e 2, da Constituição estabelece cláusulas formais e materiais de limites às interferências. Uma delas é a reserva de lei: os direitos só podem ser restringidos por lei e quando a Constituição o permita. Há numerosos direitos que aquela Constituição não sujeita a reserva de lei, isto é, cuja restrição não é expressamente permitida (liberdade religiosa, de consciência e de crença, artística e científica, de eleição da profissão, etc.). Todavia, na prática, a teoria dos limites imanentes elaborada pelo *BVerfG* permite ao legislador a interferência em todos os direitos, independentemente de reserva de lei[1480]. A inoperância dos outros limites constitucionais é também assinalada[1481]. Veremos que em Portugal a situação não é substancialmente diferente, embora o uso pouco saudável que o Tribunal Constitucional fez da teoria dos limites imanentes apele a soluções doutrinais e jurisprudenciais alternativas.

Mas, por outro lado, assiste-se à multiplicação e amplificação dos instrumentos de controlo judicial da atividade do legislador – particularmente no cumprimento dos denominados deveres de ação – e a maiores exigências de justificação[1482]/[1483].

[1479] Por todos, HÄBERLE, *Die Wesensgehaltgarantie...*, pp. 96 ss. Tendo todo um lastro teórico e dogmático que não podemos aqui discutir, vale a pena lembrar algumas linhas de desenvolvimento vizinhas das mencionadas no texto, como as da *legalidade da constituição* em contraste com a *constitucionalidade da lei* (LEISNER, «Die Gesetzmässigkeit der Verfassung», *cit.*) ou as dos métodos de interpretação constitucional *normativo-estruturantes* e *hermenêutico-concretizadores*, que abrem a norma constitucional à realidade, designadamente a *realidade normativa infra-constitucional*.

[1480] STARCK, «Grundrechtstatbestand, Grundrechtsbeeinträchtigung, Grundrechtsberechtigung», in K. Stern, *Das Staatsrecht der Bundesrepublik Deutschland*, vol. III/2, Beck, München, 1994, pp. 550 ss.; BAMBERGER, «Vorbehaltlose Grundrechte...», *cit.*; MARIBEL PASCUAL, *El Tribunal Constitucional...*, pp. 52 ss.

[1481] MARIBEL PASCUAL, *El Tribunal Constitucional...*, p. 53, com mais referências.

[1482] Fala-se até de uma "cultura de justificação", contraposta a uma "cultura de autoridade" (em termos dicotómicos que parecem artificiais): cfr. COHEN-ELIYA/PORAT, «Proportionality...», pp. 474 ss.; *Proportionality...*, pp. 111 ss.

[1483] E podem também considerar-se *novas* limitações à liberdade de conformação todas as resultantes de crescentes fatores externos (Direito Comunitário, *jus cogens* internacional) ou sub-nacionais, bem como as derivadas da chamada democracia participativa, formal ou difusa: v. MORAIS, *Manual de Legística...*, pp. 202 ss.

O PRINCÍPIO DA PROIBIÇÃO DO EXCESSO

Esta sintomatologia não é forçosamente a de uma redistribuição de poderes ou de um deslizamento do poder do legislador para o juiz constitucional[1484], ou tão pouco a da transição para um Estado de juízes[1485] ou para uma "juriscracia"[1486]. Há um reforço conjugado de ambos, cada um na sua esfera própria, sem que isso implique a subjugação do outro[1487]. Pode suceder que o modo como o legislador soluciona algumas colisões não esteja sujeita a controlo judicial[1488]. Mas a circunstância de muitas das colisões envolverem bens, interesses ou valores objeto de normas de direitos fundamentais determina que a regra seja a sujeição dos comportamentos do legislador a controlo judicial, ainda que a intensidade do controlo possa assumir geometria variável.

Missões essenciais da constituição, da teoria e da dogmática constitucionais são, por um lado, garantir que esse movimento de *relativização* do que dantes, pelo menos em alguns casos, era considerado absoluto, não se traduza na desnormativização do que verdadeiramente deve continuar a ser a *red line* que a comunidade não pode ultrapassar. Por outro lado, devem velar por que os *instrumentos* que permitem a operacionalização da ideia de constituição *prima facie* sejam eficazes, racionais e suficientemente precisos para garantir que a fundamentação e justificação das medidas do legislador (e de outras autoridades normativas) sejam suficientemente intersubjetivaveis para assegurar a coesão da comunidade política[1489].

[1484] Diferentemente, COHEN-ELIYA/PORAT, «Proportionality...», p. 483, *passim*, em termos que não podem ser aceites, até por parecer que indiciam uma certa "suspeição" contra o legislador democrático.

[1485] V. BORK, *Coercing Virtue: The Worldwide Rule of Judges*, American Enterprise Institute Press, 2003; KNIES, «Auf dem Weg in den "verfassungsgerichtlichen Jurisdiktionsstaat», *cit.* Em todo o caso, o "Estado de juízes" ou "*Richterstaat*" tem defensores. Caso notório é o de CASTANHEIRA NEVES, com pensamento vertido em extensa obra: v., por exemplo, «O papel do jurista no nosso tempo», *cit.*

[1486] RAN HIRSCHL, *Towards Juristocracy: The Origins and Consequences of the New Constitucionalism*, Harvard University Press, Cambridge (Mass.), 2004. É claro que há sempre o risco de o juiz constitucional ceder à tentação da desmultiplicação de fórmulas de crescente complexidade, indeterminação e imprevisibilidade: cfr. COUTINHO, «Formular e Prescrever...», cit., pp. 253 ss. Mas esse é um risco geral da jurisdição constitucional e não exclusivo do ambiente de constituição *prima facie*.

[1487] V. MARIBEL PASCUAL, *El Tribunal Constitucional...*, p. 57.

[1488] Para alguns autores, é o caso das colisões entre bens, interesses ou valores sem dimensão subjetiva, isto é, em que estão em causa apenas interesses públicos: BLECKMANN, *Begründung...*, p. 182; PIRKER, *Proportionality...*, p. 109.

[1489] A súmula do texto não está longe do "programa" (talvez indiciador de um reajustamento significativo do pensamento do autor) de uma constituição "dúctil" e "principiológica", servida por um controlo da constitucionalidade de "baixa intensidade", não redutora da autonomia do legis-

FUNDAMENTO

A operacionalização da constituição *prima facie* requer instrumentos de harmonização. Uma das formas que esses instrumentos podem assumir é a do princípio clássico da proporcionalidade ou proibição do excesso. Em certos contextos, sobretudo na Europa, a constituição *prima facie* é contemporânea da *era* do princípio clássico da proporcionalidade. Veremos, em breve, que a maior atenção à estrutura deôntica das normas constitucionais conduz a que haja outros instrumentos de harmonização além da proporcionalidade clássica ou proibição do excesso, justificando-se hoje a exploração da noção de *proporcionalidade moderna*.

Entre proporcionalidade moderna e constituição *prima facie* há uma imbricação e interação recíproca. Por um lado, a estrutura da constituição *prima facie* é um dos fundamentos da proporcionalidade moderna. Por outro lado, a proporcionalidade moderna é elemento constitutivo da constituição *prima facie*, sendo um dos utensílios cruciais para evitar bloqueios na sua aplicação.

Conforme defendemos na seção anterior, não é suficiente bater à porta do princípio do Estado de direito para encontrar o fundamento da proporcionalidade moderna e das suas ramificações, incluindo a proporcionalidade clássica ou proibição do excesso. Decisiva é a aquisição e instalação dos valores do compromisso, da mediação e do pluralismo[1490] subjacentes à constituição *prima facie*. Não obstante, num ambiente de constituição *prima facie*, a proporcionalidade moderna é necessariamente um dos pilares estruturais do Estado de direito. Sendo instrumentos essencialmente formais ou axiologicamente neutrais, capazes de *veicular* ou mediar todo o tipo de bens, interesses ou valores, é todavia possível formatar os seus prossupostos e estrutura de modo a que, quando for

---

lador e aberta ao direito internacional e à realidade multifacetada, proposto por Morais, *Curso...*, II, 2, p. 761.

[1490] Sobre a importância dessas aquisições no Estado moderno, v. Cohen-Elya/Porat, «The Hidden Foreign Law Debate in *Heller*. The Proportionality Approach...», p. 21; mais elaborado, dos mesmos autores, *Proportionality...*, pp. 44 ss. Por aqui se pode explicar que a proporcionalidade não tenha florescido, como hoje floresce em todo o Mundo, quando se lançaram as raízes do Estado de Direito, se consagraram direitos, ou se reconheceu o desenvolvimento da personalidade ou a dignidade humana. De facto, a proporcionalidade só se torna gramática constitucional universal quando os valores do compromisso e mediação são definitivamente absorvidos pelos Estados, como sucede na atualidade. Nessa medida, talvez se possa dizer (abstraindo do facto de os referidos autores invocarem aquelas ideias para o caso específico da Alemanha, no contexto de uma teoria de *balancing intrínseco*, em contraposição com o *balancing limitado* dos EUA, fundado numa conceção orgânica do Estado alemão e na circunstância de a proporcionalidade ter surgido na Alemanha para garantir direitos, enquanto nos EUA surgiu para possibilitar a sua limitação) que a prova de que aqueles são os verdadeiros fundamentos e não os clássicos, resulta de só quando aqueles valores se tornaram evidentes nos Estados e nas sociedades é que a proporcionalidade se firmou.

O PRINCÍPIO DA PROIBIÇÃO DO EXCESSO

caso disso, valores como a *liberdade*[1491] e a *livre expressão e desenvolvimento da personalidade*, a *dignidade e autonomia da pessoa* suavizem uma inclinação que por vezes é acusada de ser exclusivamente consequencialista.

Este nexo incindível entre constituição *prima facie e* proporcionalidade moderna não apenas fornece fundamento para esta como fornece razões para a aplicabilidade praticamente ilimitada dos seus desdobramentos, cobrindo quase todas as situações em que haja colisões não solúveis através de mera subsunção. Veremos em que termos e com que limites.

3. O comando de harmonização como alicerce normativo da proporcionalidade moderna

3.1. Noção de comando de harmonização

A constituição *prima facie* é a expressão sintetizada da estrutura *prima facie* de numerosas normas constitucionais. Esta estrutura *prima facie* é a forma de evitar impasses constitucionais por ocasião das frequentes colisões entre fins, normas constitucionais e bens, interesses ou valores por elas tutelados. A proliferação dessas colisões resulta da tensão entre a realidade constitucional em persistente processo de mutação e complexificação e a textura normativa constitucional em continuado processo de sobreconstitucionalização. O conceito de constituição *prima facie* é, portanto, um conceito descritivo e não normativo.

A *realidade de facto* da constituição *prima facie*, isto é, a efetiva atribuição a numerosas normas constitucionais de uma estrutura *prima facie*, torna imprescindíveis instrumentos de harmonização que assistam à resolução racional das colisões normativas[1492]. Vale a premissa de que a *unidade da constituição* não permite o sacrifício *integral e perpétuo* de um dos bens, interesses ou valores em colisão[1493].

Entre aqueles instrumentos, estão os que se abrigam sob o meta conceito de proporcionalidade moderna (proibição do excesso, proibição do defeito, proporcionalidade equitativa, proporcionalidade da lei penal e das penas).

[1491] O conceito de liberdade que aqui subjaz prende-se a uma noção que vai muito além do jurídico, tendo mais que ver com um conceito polissémico de liberdade, como o que AMARTYA SEN propõe (por exemplo, *Un Nouveau Modèle Économique. Développement, Justice, Liberté*, trad. de *Development as Freedom*, Paris, 2000). A liberdade resultaria de um processo de desenvolvimento que suprima os principais fatores que se opõem às liberdades: a pobreza, a tirania, a ausência de oportunidades económicas, as condições sociais precárias, a intolerância, etc.

[1492] Essa imprescindibilidade também existe, aliás, no contexto da aplicação de outros instrumentos, designadamente, os internacionais de direitos do homem: v., por exemplo, CHRISTOFFERSEN, *Fair Balance: Proportionality...*, p. 198, a propósito da CEDH e do TEDH.

[1493] Diferentemente, ÁVILA, *Teoria...*, p. 62, sustentando que uma das quatro formas de relacionamento de princípios ou fins é a possibilidade de a realização de um fim instituído por um princípio excluir integralmente a realização do fim estabelecido pelo outro.

FUNDAMENTO

Sendo um *dado de facto* que fundamenta a imprescindibilidade daqueles instrumentos de harmonização, a constituição *prima facie* não constitui o seu fundamento *normativo*. Importa, por isso, determinar o fundamento *normativo jus-constitucional* da proporcionalidade em sentido moderno e nas respetivas ramificações. Consiste ele nos *comandos de harmonização*.

Concentrar-nos-emos nos comandos de harmonização como normas de ação dirigidas ao legislador. Os comandos de harmonização como normas endereçadas ao juiz constitucional têm algumas especificidades que terão de ser atendidas noutro local.

As ordens jurídicas que reconhecem a possibilidade de colisões normativas – de fins, de bens, interesses ou valores, de posições jurídicas do legislador face às colisões – contêm, num meta-nível, um ou vários *comandos de harmonização*. Estes comandos desempenham várias funções: (i) atribuem ao legislador a faculdade/dever[1494] de ponderação ou avaliação preliminar da *importância* e *intensidade* da realização e da *posição relativa* dos *fins* e dos bens, interesses ou valores que pretende promover, perante outros bens, interesses e valores virtualmente competitivos; (ii) atribuem ao legislador a faculdade/dever de escolha dos *meios* que permitam superar a colisão, respeitando o instrumento de harmonização aplicável (a proibição do excesso ou outro).

3.2. Destinatários do comando de harmonização

É discutível que vigore um comando de harmonização, não escrito, com valor supra-positivo, imanente ao sistema jurídico[1495], vinculativo para o próprio

---

[1494] O comando de harmonização é, em primeira linha, uma norma de competência, na medida em que se traduz na atribuição de um poder ao legislador. Pode discutir-se se trata de um poder/ /dever, ou seja, de uma norma que institui uma competência que deve ser exercida (dever de ação), ou se se trata de uma norma de competência que o legislador pode usar ou não, vigorando plena margem de decisão. À partida, parece justificar-se a ideia de *comando* que estabelece um *dever* de ação do legislador. Perante uma colisão real ou aparente o legislador não pode optar por não harmonizar os fins, princípios, bens, interesses ou valores colidentes. Há uma *exigência categórica da* própria ordem jurídica que não se coaduna com uma mera faculdade. Trata-se, portanto, de uma competência de exercício obrigatório (ou em que a vertente dever é mais marcada do que em outras em que o legislador tem liberdade de agir ou não). Sem embargo, veremos que se coloca a possibilidade de haver *autorizações* de harmonização em situações atípicas, como as que atribuem ao TC um poder para-legislativo.

[1495] Embora haja alguma afinidade, não deve confundir-se esta hipótese de um comando de harmonização imanente ao sistema jurídico com a *reserva imanente de ponderação* de NOVAIS, *Direitos fundamentais...*, pp. 80 ss., 139. Não é claro se a imanência é em relação a cada direito fundamental (a rejeição pelo autor das *teorias internas* ou de limites imanentes aos direitos parece afastar essa hipótese), ao conjunto dos direitos como trunfos contra a maioria, ou à própria Constituição. Desse modo não resulta líquido qual o fundamento normativo da reserva de ponderação ou da própria ponderação (salvo nos casos em que, como diz o autor, *ob. cit.*, p. 139, é explicitada no

O PRINCÍPIO DA PROIBIÇÃO DO EXCESSO

legislador constituinte. Poderia alegar-se que também este pode fixar na constituição relações de precedência, ou relações de coordenação necessária, entre princípios ou bens, interesses ou valores, aportados pela própria ideia de Direito que enforma a elaboração da constituição. Sem embargo, não parece que se possa dizer que o legislador constituinte está sujeito a tal *vinculação*, em sentido jurídico. As ponderações por ele efetuadas resultarão normalmente de um poder *originário* e não sujeito a esse tipo de vinculação.

Como quer que seja, só raramente o legislador constituinte toma no texto fundamental decisões sobre relações de precedência ou de coordenação entre os princípios e os bens, interesses ou valores por eles tutelados. Essa função é deixada para o legislador ordinário ou para outras entidades competentes para a interpretação e execução das normas. Por conseguinte, estes são os principais destinatários do comando de harmonização.

3.3. Modo de positivação do comando de harmonização

O modo de positivação do comando de harmonização pode variar, de acordo com opções mais ou menos explícitas do legislador constituinte.

Numa primeira aproximação, o comando de harmonização pode ser simplesmente *imanente* à constituição, dela decorrer *implicitamente* ou ainda resultar de uma intuição pré-jurídica básica.

Nos EUA, a Constituição não o consagra, nem se conhece doutrina ou jurisprudência que a ele – ou a figura afim – se refiram. Sem embargo, apesar de os direitos constitucionais estarem habitualmente consagrados sem reservas ou previsão de interferências, o legislador procede quotidianamente à harmonização daqueles direitos com interesses públicos e as normas que materializam essa harmonização só numa reduzida percentagem são julgadas inconstitucionais pelo Supremo Tribunal[1496]. Qual o fundamento para a validade da harmonização pelo legislador e para a aceitação judicial dessa validade senão um qualquer instrumento com energia normativa própria, chame-se-lhe comando de harmonização ou outra coisa[1497]?

---

próprio texto da Constituição, quando esta autoriza expressamente uma restrição de um direito fundamental; isto é, nos casos de alguns comandos de harmonização específicos). Do mesmo modo, também existe alguma afinidade, mas não coincidência, com as "regras constitucionais de ponderação", resultantes das cláusulas de limitação de direitos, explícitas ou implícitas, de que fala BARAK, *Proportionality*..., p. 347.

[1496] Sobre a harmonização através de *balancing* ou dos três níveis de escrutínio como técnicas de justificação da limitação de direitos constitucionais nos EUA v. *supra*, capítulo 3.

[1497] Não basta porém falar simplesmente de um princípio de não absolutismo das normas de direitos (a que o Supremo Tribunal se refere ocasionalmente), uma vez que o não absolutismo é um

FUNDAMENTO

Diferentemente se passam as coisas noutros ordenamentos. Pelo presente trabalho transitam diversos exemplos de comandos de harmonização *explícitos*: artigo 29º, nº 2, da Declaração Universal dos Direitos do Homem; artigo 4º do Pacto Internacional sobre os Direitos Económicos, Sociais e Culturais; Artigo XXVIII da Declaração Americana dos Direitos e Deveres do Homem; artigo 52º, nº 1, da Carta dos Direitos Fundamentais da União Europeia; Parte I, nº 1, da Carta dos Direitos e Liberdades do Canadá; artigo 31º, nº 3, da Constituição polaca; artigo 8º da Lei Básica de Israel; Dignidade Humana e Liberdade; Capítulo 2, secção 36, da Constituição da África do Sul; secção 5 da Carta dos Direitos da Nova Zelândia; *Human Rights Act 2004* (Australian Capital Territory), secção 28 (1); *Charter of Human Rights and Responsabilities Act 2006* (Victoria, Austrália), secção 7 (2); artigo 49º da Constituição da Tunísia[1498]. Este elenco poderia ser complementado com outros exemplos.

Por seu turno, a Constituição portuguesa contribui com numerosos exemplos de comandos de harmonização *explícitos*. Por exemplo, encontramo-los nos artigos 18º, nº 2, 19º, nº 4, 64º, nº 2, *a*), 266º, nº 2, 272º, nº 2. O artigo 282º, nº 4, fornece um exemplo que merece tratamento específico. Mas também há casos que resultam apenas *implicitamente*.

A análise destes preceitos permitirá perceber a falta de homogeneidade estrutural daqueles comandos, não obstante a uniformidade da sua intenção geral de harmonização.

3.4. Os comandos de harmonização na Constituição portuguesa

3.4.1. O comando de harmonização genérico do artigo 18º, nº 2

Um dos casos mais notórios, senão o mais notório, é o do artigo 18º, nº 2, da Constituição, no segmento que estatui que as restrições de direitos, liberdades e garantias devem *"limitar-se ao necessário* para salvaguardar outros direitos ou interesses constitucionalmente protegidos". Uma versão mais completa deste enunciado poderia exprimir-se do modo seguinte:

"quando haja uma colisão entre direitos, liberdades e garantias e outros direitos ou interesses constitucionalmente protegidos, qualquer ato legislativo que interfira nos primeiros, para salvaguardar os segundos, deve procurar uma harmonização das normas e dos bens, interesses ou valores colidentes".

O enunciado do artigo 18º, nº 2, tanto abarca situações em que o legislador está ensanduichado entre dois deveres constitucionais *prima facie*, um de com-

---

pressuposto mas não é uma condição suficiente para a harmonização (designadamente, através de *balancing*: ALEINIKOFF, «Constitutional Law...», p. 995).

[1498] V. as transcrições *infra*, capítulo 9, 2.1., nota.

O PRINCÍPIO DA PROIBIÇÃO DO EXCESSO

portamento positivo de proteção de direitos, outro de comportamento negativo de omissão de interferências em direitos, como situações em que o legislador tem o dever *prima facie* de omissão da interferência em direitos e a permissão *prima facie* de prosseguir interesses públicos constitucionalmente autorizados ou não proibidos. Em ambos os casos, o legislador está constitucionalmente obrigado a harmonizar, empregando o instrumento de harmonização apropriado. É simplesmente esse o sentido do artigo 18º, nº 2, dirigido ao legislador: "harmonize".

Neste caso, o comando de harmonização em que se traduz este preceito constitucional (artigo 18º, nº 2) *não define* nem *escolhe* o específico instrumento mediador que deve ser empregue na concreta operação de harmonização. A determinação desse instrumento pode variar em função dos critérios expostos em alguns dos capítulos que se seguem[1499].

Por isso, bem vistas as coisas, *não é exato* afirmar-se que aquele preceito constitucional acolhe ou consagra (e muito menos define) qualquer instrumento desse tipo, designadamente a proporcionalidade clássica ou a proibição do excesso, como muitas vezes o fazem a jurisprudência[1500] e expoentes da doutrina nacionais[1501]. Não é convincente a afirmação de que quando a Constituição usa o vocábulo "necessário", ou qualquer outro aparentado (como faz inúmeras vezes[1502]), está a referir-se ao princípio da proporcionalidade em alguma das suas

---

[1499] Capítulos 12 e 13.

[1500] V., por exemplo, acórdão nº 187/01 do Tribunal Constitucional.

[1501] Nós próprios não refutámos tal construção em trabalhos anteriores. Na doutrina nacional, cfr. CANOTILHO/VITAL MOREIRA, *Constituição da República Portuguesa anotada*, 2ª ed. (1984), p. 170; ANDRADE, *Os Direitos...*, 2ª ed., p. 296; FREITAS DO AMARAL, *Curso...*, II, 2ª ed., p. 141; LÚCIA AMARAL, *Responsabilidade...*, p. 340; *idem, A Forma da República...*, p. 185; NOVAIS, *Os princípios...*, pp. 161-162; MARCELO REBELO DE SOUSA/ANDRÉ SALGADO DE MATOS, *Direito Administrativo Geral*, tomo I, 2ª ed., p. 211; ALEXANDRINO, *Direitos...*, p. 135; MIRANDA/JORGE P. SILVA, «Anotação ao artigo 18º», in Miranda/Medeiros, *Constituição...*, I, 2ª ed., p. 372 (aludindo a uma consagração em termos *sincopados*); GOUVEIA, *Manual...*, II, 6ª ed., p. 825; MORAIS, *Curso...*, II, 2, pp. 474, 681, 674 (sendo de sublinhar, porém, que este autor, *ob. cit.*, p. 674, reconhecendo a ambiguidade do preceito, na medida em que alude literalmente apenas ao critério da necessidade, começa por notar certeiramente que aquilo que o artigo 18º, nº 2, contém é uma alusão ao método do *balanceamento* ou *ponderação*, só depois ligando a essa alusão a imposição de um juízo de proporcionalidade). No mesmo sentido, alguma doutrina estrangeira que se pronuncia sobre o artigo 18º, nº 2: v. BEILFUSS, *El Principio...*, p. 22; RUIZ/ DE LA TORRE MARTINEZ, «Algunas aplicaciones y implicaciones...», pp. 31-32; MENDES/BRANCO, *Curso de Direito Constitucional*, p. 226.

[1502] O vocábulo "necessário" ou "necessários" aparece nos artigos 7º, nº 6, 27º, nº 3, *g*), 30º, nº 4, 57º, nº 3, 74º, nº 2, *g*), 81º, *j*), 101º, 112º, nº 3, 125º, nº 3, 162º, *d*), 171º, nº 2, 179º, nº 3, *c*), 181º, 186º, nº 5, 195º, nº 2, 199º, *c*), 227º, nº 1, *r*), 234º, nº 2, 272º, nº 2, 287º, nº 1. Se pesquisássemos "necessidade", "adequado(s)" e outros termos familiares à estrutura e metódica da proporcionalidade o elenco aumentaria sigificativamente. Não conhecemos nenhum autor que leve o fetichismo da

FUNDAMENTO

modalidades (clássica ou moderna), tal como não é plausível a afirmação de que SVAREZ ou BLACKSTONE já aludiam à proporcionalidade quando usavam expressões similares[1503] ou que preceitos da CEDH que as empregam recebem indiscutivelmente o princípio da proporcionalidade[1504]. O que o preceito constitucional se limita a fazer, através do inciso "limitar-se ao necessário", dirigido ao legislador, é indicar que nessa situação dilemática deve proceder a uma operação de harmonização[1505]. Não obstante tratar-se de um comando com abertura significativa, o destinatário (neste caso, o legislador) não pode deixar de o seguir, é de aplicação "tudo ou nada": verificada a *previsão* de uma "colisão entre direitos, liberdades e garantias e outros direitos ou interesses constitucionalmente protegidos" e a necessidade de emissão de um "ato legislativo que interfira nos primeiros para salvaguardar os segundos", segue-se imediatamente a *consequên-*

"necessidade" ao ponto de ver em todos esses preceitos constitucionais expressões do princípio da proporcionalidade.

[1503] Por exemplo, JANSEN, «Los fundamentos...», p. 52, vê na seguinte frase de Blackstone uma formulação clara do princípio da proporcionalidade: *"Political [...] or civil liberty, which is that of a member of society, is no other than natural liberty so far restrained by human laws (and no farther) as it is necessary and expedient for the general advantage for the public"* (*Commentaries on the Laws of England*, vol. I, 1800, p. 125).

[1504] A CEDH usa profusamente a expressão "necessário" ("necessário... numa sociedade democrática") quando se trata de estabelecer requisitos para interferências em direitos nela contemplados: cfr. artigos 2º, §2, 5º, § 1, c, 6º, §1, 8º, §2, 9º, §2, 10º, §2, 11º, §2; v., também, o artigo 1º, nº 2, do Protocolo nº 1, artigo 2º, § 3º do Protocolo nº 4 e artigo 5º do Protocolo nº 7. Essa expressão tem sido uma das bases normativas em que o TEDH tem ancorado a aplicação do princípio da proporcionalidade (assim, logo em *Handyside v. the United Kingdom*, de 1976). Sobre isso, CHRISTOFFERSEN, *Fair Balance: Proportionality...*, pp. 193 ss.

[1505] Esta afirmação ganha força quando cotejamos o artigo 18º, nº 2, com o artigo 19º, nº 4, Constituição portuguesa, e com o artigo 52º, nº 1, da Carta dos Direitos Fundamentais da União Europeia. A comparação entre os dois preceitos constitucionais portugueses permite concluir que ambos recorrem ao conceito de necessidade ("necessário" ou "estritamente necessário"). Sucede, todavia, que o artigo 19º, nº 4, dissocia claramente o princípio da proporcionalidade e o conceito de estrita necessidade, uma vez que se lhes refere como parâmetros normativos distintos: a opção pelo estado de sítio ou pelo estado de emergência, bem como as respetivas declaração e execução, devem *não só* respeitar o princípio da proporcionalidade *como* limitar-se ao estritamente necessário para cumprir a finalidade do pronto restabelecimento da normalidade constitucional. Do mesmo modo, o artigo 52º, nº 1, da Carta, cujas semelhanças com o artigo 18º, nº 2, da Constituição portuguesa são flagrantes, refere expressamente o princípio da proporcionalidade, ao mesmo tempo que estabelece que as restrições têm de ser *necessárias* para satisfazer determinados interesses. Em ambos os casos a referência à necessidade não é uma tradução do princípio da proporcionalidade. Se o fosse, os preceitos conteriam flagrantes redundâncias. Todavia, essas redundâncias não ocorrem: aqueles preceitos encerram, simultaneamente, um comando de harmonização e uma obrigação de observância da proporcionalidade. Em contrapartida, o artigo 18º, nº 2, encerra apenas um comando de harmonização.

O PRINCÍPIO DA PROIBIÇÃO DO EXCESSO

cia "dever de procurar uma harmonização das normas e dos bens, interesses ou valores colidentes"[1506].

A significativa abertura desta norma constitucional, traduzida no simples estabelecimento de um dever de harmonização, tem uma explicação: tendo em conta a diversidade de colisões normativas potencialmente cobertas pela previsão do artigo 18º, nº 2, seria difícil ao legislador constituinte ir mais longe. Como se verá no momento próprio[1507], há vários tipos de colisões normativas e vários tipos de posições em que o legislador ordinário se pode encontrar perante elas. Consoante a concreta configuração dessas colisões normativas e a posição do legislador ordinário, assim será aplicável um ou outro dos vários instrumentos de mediação de harmonização legislativa. Regular em preceitos constitucionais a complexa rede de possibilidades cuja explanação plena exigirá muitas dezenas de páginas nesta dissertação não seria uma opção praticável.

3.4.2. Os comandos de harmonização com indicação do instrumento de harmonização dos artigos 19º, nº 4 e 266º, nº 2

Sem embargo, pode haver situações em que não está em causa um universo inextricável de colisões normativas, como o coberto pelo artigo 18º, nº 2, mas antes uma colisão normativa com contornos mais precisos sobre o tipo de bens, interesses ou valores que entram em colisão e sobre a posição que o legislador deve ou pode assumir perante tal colisão.

Nesses casos, a Constituição pode limitar-se a comandar a harmonização ou ir mais longe, indicando o próprio instrumento de harmonização a ser usado. Os artigos 19º, nº 4 e 266º, nº 2, são casos paradigmáticos da segunda opção.

3.4.2.1. *Artigo 19º, nº 4*

O artigo 19º, nº 4, respeita à opção pela declaração do estado de sítio ou de emergência e à respetiva declaração e execução. A colisão normativa subjacente pode ser delimitada com alguma segurança: trata-se, no essencial, da colisão entre o interesse coletivo do *pronto restabelecimento da normalidade constitucional* e alguns direitos, liberdades e garantias[1508]. A colisão de posições jurídicas das autoridades políticas (do "legislador da exceção", desde logo[1509])

[1506] Cfr. Sieckmann, «Los derechos fundamentales...», pp. 29-30 (elaborando sobre os comandos de otimização).

[1507] Capítulos 12 e 13.

[1508] A afirmação do texto não está imune a controvérsia, uma vez que, apesar de corresponder ao teor literal do artigo 19º, nº 1, contende com a posição doutrinal que considera o regime da suspensão de direitos também aplicável aos direitos sociais.

[1509] A questão de saber se o decreto presidencial que procede à declaração do estado de sítio ou de emergência é um ato normativo da função política em sentido estrito ou tem natureza legis-

FUNDAMENTO

perante essa colisão também se define com clareza: estão *autorizadas* a tomar as medidas (designadamente normativas) necessárias para satisfazer o interesse coletivo do pronto restabelecimento da normalidade constitucional, não deixando de estar sujeitas ao *dever de abstenção* de interferências em cada um dos direitos, liberdades e garantias. Na resolução dessa colisão, através da opção, declaração e execução do estado de sítio ou de emergência, as referidas autoridades podem atribuir prevalência à satisfação daquele interesse coletivo, embora não o possam fazer com excesso. Nessa situação, o legislador constituinte não se limitou a ordenar a harmonização: determinou que esta deve "respeitar o princípio da proporcionalidade". Isto é, indicou qual o instrumento de harmonização que deve ser usado[1510]. A Constituição portuguesa é um dos textos constitucionais que mais inequivocamente indica que esse instrumento é a proporcionalidade clássica ou a proibição do excesso.

3.4.2.2. Artigo 266º, nº 2

Embora não se refira à atividade legislativa, vale explicação semelhante para o artigo 266º, nº 2. Tendo em conta o objeto do preceito, sabe-se qual o tipo de colisões normativas subjacentes: as colisões entre os interesses públicos e as posições jurídicas subjetivas dos particulares (v. artigo 266º, nº 1). Claras são as posições do órgão administrativo perante os bens, interesses ou valores colidentes: vinculado a servir e a dar prevalência ao interesse público, mas com o dever de respeitar os direitos e interesses legalmente protegidos dos cidadãos. Também aqui o legislador constituinte entendeu que poderia ir um pouco mais longe do que um simples comando de harmonização dos bens, interesses ou valores colidentes e das posições jurídicas contraditórias do órgão administra-

---

lativa (como parece) é controvertida, pelo que a expressão legislador vai entre aspas. A fórmula adotada procura ser suficientemente lata para exprimir a natureza complexa e híbrida, do ponto de vista da qualificação e da normatividade, do ato de declaração dos estados de exceção, que, embora caiba formalmente ao Presidente da República, está condicionado ao parecer obrigatório do Governo e autorização da Assembleia da República. V. Lei Orgânica nº 1/2012, de 11 de Maio. Na doutrina, v. CANOTILHO/VITAL MOREIRA, *Constituição...*, 4ª ed., pp. 400-1; MIRANDA/MEDEIROS, *Constituição...*, pp. 409 ss.; CANOTILHO, *Curso...*, 7ª ed., pp. 1104 ss.; MORAIS, *Curso...*, I, 3ª ed., pp. 118 ss.; GOUVEIA, *Manual...*, II, 6ª ed., pp. 1023 ss.; VALLE, *O Poder de Exteriorização...*, pp. 437 ss.

[1510] Embora o nº 4 do artigo 19º não restrinja o seu âmbito especificamente aos direitos, liberdades e garantias e admita interpretação suficientemente elástica para abranger providências que não têm incidência naqueles direitos, é certo que a Constituição contém ainda uma outra disposição, o nº 8 do artigo 19º, que autoriza as autoridades a "tomarem as medidas necessárias e adequadas ao pronto restabelecimento da normalidade constitucional". A fórmula nela empregue –"necessárias e adequadas" – é diferente das dos artigos 18º, nº 2 e 19º, nº 4, mas também aí se vê expressão da proibição do excesso (CANOTILHO/VITAL MOREIRA, *Constituição...*, 4ª ed., p. 403). Atendendo à indeterminabilidade das situações abrangidas, está-se antes na presença de um comando de harmonização, cumprível através do instrumento de ponderação e harmonização aplicável.

O PRINCÍPIO DA PROIBIÇÃO DO EXCESSO

tivo: indicou que os órgãos e agentes administrativos devem respeitar, no exercício das suas funções, quando munidos de poderes discricionários, o princípio da proporcionalidade[1511].

3.4.3. O comando de harmonização com indicação implícita do instrumento de harmonização do artigo 272º, nº 2

Do que se escreveu nos parágrafos anteriores não se deve inferir que existe um padrão uniforme. Vejamos o que sucede com o artigo 272º, nº 2, sobre medidas de polícia. Estas são por definição produzidas com vista a enfrentar colisões entre bens, interesses ou valores de natureza coletiva (embora eventualmente subjetivados) e situações jurídicas subjetivas dos seus destinatários. Também aqui, o órgão administrativo (autoridade de polícia) está autorizado a dar prevalência ao interesse público, mas deve ter em conta as situações jurídicas subjetivas dos particulares. Perante a nitidez da colisão normativa típica, o legislador constituinte poderia ter ido além de um comando de harmonização entre esses bens, interesses ou valores colidentes. Porém, não o fez: limitou-se a determinar que as medidas de polícia não devem "ser utilizadas além do estritamente necessário". Isto é, estabeleceu um comando de harmonização, mas declinou especificar qual o instrumento de mediação de harmonização aplicável. Não seguiu a via trilhada no artigo 266º, nº 2 (embora a tendência geral da doutrina seja para considerar, que o artigo 272º, nº 2, consagra implicitamente o princípio da proporcionalidade, talvez com melhores razões do que em relação ao artigo 18º, nº 2[1512]).

3.4.4. Comando de harmonização apenas implícito

Há outras formas mais elípticas de se exprimir um comando de harmonização. Ao invés das evidenciadas até aqui, a própria norma pode não conter, mas *indiciar*, a vigência de um comando de harmonização, que lhe é exterior, a ser observado em situações de colisão.

É o que sucede em geral com os enunciados que utilizam as expressões "em princípio" ou "por princípio" (não se confunda com um enunciado que se auto-

---

[1511] Não cabe neste estudo esclarecer se este princípio da proporcionalidade, aplicável no âmbito das relações jurídico-administrativas, é o (*mesmo*) princípio da proporcionalidade que se aplica na atividade legislativa e respetivo controlo.

[1512] Desde logo pela discrepância textual (*estritamente* necessário no artigo 272º, nº 2, necessário, no artigo 18º, nº 2). Mas acima de tudo porque, considerada a raiz histórica do preceito e partindo de certos pressupostos (designadamente, sobre a natureza e significado das medidas de polícia), é inequívoca a aplicabilidade da proporcionalidade clássica ou proibição do excesso e não de outro instrumento mediador. Sobre aplicação da proibição do excesso às medidas de polícia, pronunciámo-nos mais desenvolvidamente em várias ocasiões. V., ultimamente, CANAS, «Os limites gerais da atividade de polícia», *cit.*

FUNDAMENTO

denomina "princípio", ou que é desse modo denominado por outro ou pela dou-trina). Essa opção semântica indiciará que a colisão entre os bens, interesses ou valores tutelados pela norma e outros bens, interesses ou valores, tutelados por outra norma, terá de ser solucionada mediante uma operação de harmonização. Se uma norma estatuir que "em princípio, os alunos com melhor nota final terão direito a um prémio de mérito" e outra estatuir que "em princípio, não deve haver prémios de mérito", é claro que mesmo não havendo nenhum comando de harmonização expresso, a própria textura da norma impõe ao aplicador do direito a realização de uma operação de harmonização com vista à definição de um critério de decisão que resolva a colisão.

Num exemplo mais familiar ao Direito Constitucional, se uma norma con-fere um direito a que corresponde um dever positivo do legislador – por exem-plo, um direito social – que colide com interesses que o legislador está autori-zado a prosseguir, vigora necessariamente um comando de harmonização de que decorre o dever de recurso ao instrumento de harmonização aplicável.

3.4.5. Comando de harmonização e conceitos indeterminados

Complexas são as situações em que o enunciado da disposição constitucio-nal emprega conceitos indeterminados, na sua previsão ou na sua estatuição. Nessas circunstâncias há que verificar quando é que esse emprego é, afinal, um indício da exigência de uma operação de harmonização de bens, interesses e valores por parte do intérprete/aplicador.

Os conceitos indeterminados são de vários tipos, podendo a sua densifica-ção implicar uma maior ou menor liberdade conformativa do intérprete/apli-cador[1513]. Há conceitos indeterminados que simplesmente apelam ao respetivo preenchimento com recurso a noções técnicas, consolidadas em certas áreas do saber, que apenas terão de ser identificadas e convocadas para preencher a norma. Há outros que podem apelar ao exercício de uma verdadeira liberda-de criativa ou decisória do intérprete/aplicador. E há conceitos indeterminados que revelam ou assimilam uma tensão entre vários bens, interesses ou valores potencialmente colidentes que têm de ser ponderados e harmonizados pelo intérprete/aplicador.

Assim, o artigo 64º, nº 2, *a*), da Constituição, enuncia que o direito à prote-ção da saúde é realizado "através de um serviço nacional de saúde universal e geral e, tendo em conta as condições económicas e sociais dos cidadãos, tenden-cialmente gratuito". O preceito mostra que o legislador constituinte quis regis-tar a tensão entre, por um lado, o bem saúde e o interesse da proteção da saúde,

---

[1513] V., por exemplo, DIOGO FREITAS DO AMARAL, *Curso de Direito Administrativo*, pp. 116 ss.; MAR-CELO REBELO DE SOUSA/ANDRÉ SALGADO DE MATOS, *Direito Administrativo Geral*, tomo I, 2ª ed., pp. 187 ss.

O PRINCÍPIO DA PROIBIÇÃO DO EXCESSO

o interesse ou valor da universalidade de acesso e da generalidade dos cuidados, o valor da proteção e discriminação dos cidadãos economicamente mais carenciados, mas também, por outro lado, os interesses em alocar os recursos públicos escassos de modo equilibrado e sustentável, de dissuadir a procura injustificada das prestações do SNS e de garantir que os estabelecimentos do SNS não sejam paralisados por uma procura excedentária, por forma a disponibilizar um serviço pronto e eficaz a quem efetivamente necessita. A tensão entre estes bens, interesses ou valores e a superação de colisões que eles necessariamente desencadeiam, uma vez que uns pendem para um serviço gratuito, os outros para um serviço sujeito a mecanismos moderadores ou dissuasores, só pode ser superada através de uma operação de harmonização efetuada pelo legislador. A textura do enunciado normativo e os seus vários segmentos indiciam a vigência de um comando de harmonização.

3.5. Autorização de harmonização?

Há casos em que se pode cogitar se a Constituição estabelece um *comando* de harmonização ou apenas uma *autorização* de harmonização. Veja-se por exemplo o enunciado do artigo 282º, nº 4, da CRP: "quando a segurança jurídica, razões de equidade ou interesse público de excepcional relevo, que deverá ser fundamentado, o exigirem, poderá o Tribunal Constitucional fixar os efeitos da inconstitucionalidade ou da ilegalidade com alcance mais restrito do que o previsto nos nºs 1 e 2."

O juiz constitucional pode afastar efeitos típicos da declaração de inconstitucionalidade ou da ilegalidade de normas com força obrigatória geral, mas é *obrigado* a uma prévia operação de ponderação dos bens, interesses ou valores que seriam acautelados através da produção dos efeitos típicos da decisão de inconstitucionalidade ou ilegalidade e dos bens, interesses ou valores que seriam sacrificados pela produção desses efeitos típicos. Se, na sequência dessa operação de ponderação, concluir que o bem ou valor da segurança jurídica, ou razões associadas ao valor equidade ou ainda interesses públicos de excepcional relevo, têm um peso que justifica a não satisfação parcial ou integral dos bens, interesses ou valores que seriam tutelados através da produção dos efeitos típicos da inconstitucionalidade ou da ilegalidade, pode praticar uma decisão atípica (quanto aos efeitos) que harmonize os bens, interesses ou valores colidentes[1514]. Se essa harmonização é realizada sob a égide da proibição do excesso ou de outra figura é o que veremos mais tarde[1515].

[1514] V. os nossos *Introdução...*, 2ª ed., pp. 195 ss., e, especialmente, «Os efeitos das decisões do Tribunal Constitucional...», *cit.*

[1515] V. *infra*, capítulo 21, 3.5.2.1.6.

Capítulo 7
Os pressupostos da aplicabilidade da proibição do excesso em geral

A elaboração sobre os pressupostos da aplicabilidade da proibição do excesso começa necessariamente com uma prevenção: a aplicação/cumprimento do princípio pelo legislador tem momentos em que a tendência é para a indistinção dos vários pressupostos e dos vários segmentos e momentos em que há condições propícias à sua individualização. O procedimento de produção de normas inicia-se por uma fase preliminar de formação da vontade política, de ensaio de alternativas e de projeção dessas normas a um nível técnico-político onde o parâmetro da proibição do excesso já tem de ser tido em consideração, mas onde funciona de forma condensada e geralmente difusa. Nessa etapa pode apenas ficcionar-se a segmentação. A situação pode alterar-se a partir do momento em que um projeto de norma assume a condição de iniciativa legislativa e um órgão com competência para tal é chamado a decidir sobre a sua aprovação. Porém, como notámos no início[1516], na maioria dos ordenamentos constitucionais, incluindo o português, mesmo nessa etapa o estádio atual ainda é de reduzida ou inexistente formalização da proibição do excesso no âmbito do procedimento de formação da vontade legislativa. Mas isso não obsta à explicitação do sentido normativo dos comandos que o legislador tem de respeitar, mesmo que a *forma* como ele cumpre esses comandos resista ao enclausuramento numa lógica sequencial e externamente observável.

Diversamente, no ambiente do controlo judicial a tendência é para que este se materialize através de um processo jurisdicional – ou com a aparência de

---

[1516] Introdução, 2.

O PRINCÍPIO DA PROIBIÇÃO DO EXCESSO

jurisdicional –, que se estrutura e desenvolve em fases e trâmites processuais definidos. Aquilo que no contexto do procedimento de decisão legislativa pode não passar de uma mera referência difusa pode adquirir, no contexto de um processo de controlo ou fiscalização de normas, recorte preciso.

No procedimento de decisão legislativa pode ser difícil ou inviável identificar, no *iter* que conduz à produção das normas, um momento preciso em que o legislador delimita a finalidade que pretende prosseguir ou afere a adequação, a necessidade ou a proporcionalidade e.s.e. das alternativas e da opção preferida. Já no processo de fiscalização é possível desenhar uma tramitação processual em que o órgão de fiscalização aprecia sucessiva e individualizadamente, primeiro, a operação intelectual através da qual o legislador definiu uma finalidade e decidiu o sacrifício de certos bens, interesses e valores e, depois, a observância de cada um dos segmentos da proibição do excesso. Mesmo quando o controlo do ato legislativo não é realizado por uma instância judicial do tipo tribunal constitucional (sendo efetuado, por hipótese, por um qualquer tribunal ordinário, em sede de fiscalização concreta da constitucionalidade), esta segmentação do processo de decisão legislativo para efeitos de aferição da validade constitucional da norma é plausível.

É possível que nem todas as aplicações de instrumentos de mediação e de controlo de comportamentos face a colisões normativas pressuponham que esteja em causa um ato criador de direito ou o respetivo controlo. Mas, antecipando aqui, por conveniência expositiva, algo que ficará mais nítido em capítulos subsequentes, pode dizer-se que a aplicação da proibição do excesso pressupõe efetivamente a construção ou o controlo de um *ato* que vise a *criação*, ou *tenha criado*, direito através da produção de efeitos jurídicos de harmonização[1517]/[1518].

[1517] A referência, no texto, à *criação* em contraponto com a *aplicação* do direito, é feita por facilidade de exposição, expressando simplesmente a circunstância de haver atos em que a vertente de criação sobreleva a vertente de aplicação e vice-versa. Não se ignora que quando se convoca a clássica distinção entre *criação* e *aplicação* do Direito se pisam areias movediças. Na verdade, a produção/realização do direito implica a impercetível *conjugação* de momentos de criação e de momentos de aplicação: cfr., por todos, Castanheira Neves, *Metodologia Jurídica...*, pp. 17 e 25 ss., ou, noutro quadrante e noutro quadro teorético, Kelsen, *Teoria...*, 6ª ed., p. 164 ("A aplicação do Direito é simultaneamente produção do Direito. Estes dois conceitos não representam, como pensa a teoria tradicional, uma oposição absoluta. É desacertado distinguir entre atos de criação e atos de aplicação do Direito"). Pugnando pela manutenção da distinção entre criação e aplicação, em nome, sobretudo, da preservação da repartição de competências entre as funções legislativa e jurisdicional, pode ver-se Lamego, *Elementos de Metodologia...*, pp. 156 ss.

[1518] Importando especificamente para a teoria da constituição, talvez a mais antiga, apaixonada e inconclusiva querela doutrinal sobre se é possível *haver aplicação* da constituição *sem criação* é aquela que, nos EUA, opõe interpretativistas, textualistas, construcionistas estritos ou literalistas, de um lado, e não interpretativistas, suplementadores (*supplementers*, Grey), não textualistas,

OS PRESSUPOSTOS DA APLICABILIDADE DA PROIBIÇÃO DO EXCESSO EM GERAL

A produção ou escrutínio de atos que não criam direito através da produ-ção de efeitos jurídicos não está sujeita à aplicação da proibição do excesso. O princípio da proibição do excesso não é aplicável a meras exteriorizações com intuitos ou efeitos estritamente políticos, mesmo que produzidas pelo órgão le-gislativo[1519]. Os únicos atos do órgão legislativo a que se aplica o princípio da proibição do excesso são os atos legislativos e as disposições normativas que os integram.

do outro. A dimensão da disputa e a sua persistência no ambiente norte americano (ao contrá-rio do que sucedeu no ambiente europeu com a original Escola da Exegese, ativa sobretudo em França), resultante da importância e peso da *judicial review* na interpretação e aplicação de uma Constituição com mais de 200 anos, justificam o destaque para quem queira aprofundar o tema. Os interpretativistas sustentam, *grosso modo*, que os juízes se devem limitar a procurar na Cons-tituição a resposta para os casos, devendo abster-se de qualquer atividade de *criação de soluções jurídicas* não diretamente resultantes do texto constitucional. Nesta perspetiva, aos juízes estaria reservada exclusivamente a tarefa de *aplicação* do direito, sendo a *criação* tarefa dos *framers* ou do legislador democraticamente legitimado. Ao invés, para os não interpretativistas, *grosso modo*, a decisão judicial não pode deixar de ir – e deve ir – além do texto da Constituição (ou da lei): pode ou deve complementá-la com outros padrões não estritamente resultantes da norma jurídica (pa-drões morais, como justiça, igualdade, liberdade). A maioria dos autores parece contudo inclinar--se para orientações mais sofisticadas ou menos "tudo ou nada". Para um balanço atualizado das contribuições principais, v. GERHARDT/ ROWE, JR., *Constitutional Theory...*, pp. 39 e ss. Para maior desenvolvimento: JOHN HART ELY, *Democracy and distrust...*, *cit.*; PAUL BREST, «The misconceived quest for the original understanding», in *BULR*, vol. 60 (1980), pp. 204 ss.; THOMAS GREY, «The Constitution as Scripture», in *Stanford Law Review*, vol. 37 (1984), pp. 1 ss.; FREDERICK SCHAUER, «Easy Cases», in *SCLR*, vol. 58 (1985), pp. 399 ss.; MARK V. TUSHNET, *Red, White, and Blue: a critical analyses of constitutional law*, Harvard University Press, Cambridge (Mass.), 1988. Na doutrina por-tuguesa, CANOTILHO, *Direito...*, 7ª ed., pp. 1195 ss.

[1519] É o caso das resoluções aprovadas na AR contendo recomendações dirigidas ao Governo ou proclamações políticas ou dos inúmeros votos de protesto, congratulação, pesar, etc. Também os Deputados, nos seus votos e opiniões, não estão sujeitos à proibição do excesso (como poderia sustentar a doutrina que entende que estão pessoalmente vinculados à aplicabilidade direta das normas sobre direitos, liberdades e garantias: asssim, OTERO, *Direito...*, vol. II, p. 41, nota). Pela mesma ordem de ideias, também não estão sujeitas ao princípio da proibição do excesso outros pronunciamentos ou atos de outros órgãos políticos, como, por exemplo, as mensagens, críticas, observações, advertências, sugestões do Presidente da República endereçadas ao Governo, na medida em que não configuram a criação de qualquer nova situação jurídica que se possa abran-ger num conceito de *criação de direito*, mesmo em sentido latíssimo. Consequentemente, a *"regra de proporcionalidade"* que CANOTILHO/VITAL MOREIRA, *Os poderes...*, p. 77, dizem dever pautar as ad-vertências e críticas do Presidente da República ao Governo não se deve confundir com o princí-pio da proibição do excesso ou da proporcionalidade objeto deste trabalho. É, diversamente, uma manifestação da ideia de "temperança" ou de "moderação política" conatural à diretiva de solida-riedade institucional subjacente à coexistência entre aqueles órgãos de soberania. Trata-se, assim, de um parâmetro estritamente político e não jurídico.

O PRINCÍPIO DA PROIBIÇÃO DO EXCESSO

A distinção entre a proibição do excesso como norma de ação e como norma de controlo suscita outra advertência: embora haja uma grande zona de coincidência dos pressupostos de aplicabilidade num e noutro caso, há também algumas discrepâncias resultantes do facto saliente de no primeiro caso se colocar a questão da aplicabilidade da proibição do excesso a um ato *in fieri*, enquanto no segundo se coloca essa questão a propósito de um ato legislativo já formado, com uma finalidade definida e um conteúdo inalterável (*rectius*, alterável apenas mediante a abertura de novo procedimento legislativo).

Primacialmente, compete ao órgão de controlo interpretar o quadro normativo e o ato, verificar o preenchimento dos pressupostos da aplicabilidade, designadamente o pressuposto da legitimidade do fim, podendo no limite declarar a sua ilegitimidade – e, por essa via, a ilegitimidade da medida legislativa –, mas não lhe compete definir *outro* fim. Identificado o fim e confirmada a sua legitimidade, o órgão de controlo aprecia as normas que compõem a medida legislativa adotada, particularmente à luz do crivo dos vários segmentos do princípio da proibição do excesso.

Na exposição imediatamente subsequente, são focados os pressupostos da aplicabilidade da proibição do excesso como norma de ação. A apreciação dos pressupostos da aplicabilidade como norma de controlo requer adaptações que serão enunciadas noutro local[1520].

Pressuposto da aplicabilidade da proibição do excesso, é que o legislador conforme um fim para a norma. Nessa conformação tem de respeitar limites externos, entre os quais a determinabilidade, consistência e validade do fim, bem como o peso ou importância abstrata dos bens, interesses ou valores em causa, trate-se de fins imediatos de legítima satisfação de bens, interesses ou valores ou de fins mediatos, de superação de colisões sob a égide de um comando de harmonização. A determinabilidade, consistência e validade do fim é estudada sob a epígrafe genérica de *legitimidade do fim*. A observância dos limites externos está sujeita a controlo do juiz constitucional. Ao invés, não estão dependentes de controlo judicial os limites internos à conformação do fim, na medida em que são constitutivos desta e resultam do exercício da própria liberdade conformativa.

Pressuposto da aplicabilidade da proibição do excesso é ainda que a prossecução do fim legítimo se faça à custa da interferência em bens, interesses ou valores devidamente individuados no momento da conformação do fim e que essa interferência não envolva diminuição da extensão e alcance do conteúdo essencial dos preceitos constitucionais sobre direitos, nem se materialize através do uso de um meio proibido.

[1520] *Infra*, capítulo 19.

Nem todas as colisões normativas, de bens, interesses ou valores e de posições do legislador perante essas colisões, suscitam a aplicabilidade do princípio da proibição do excesso. Algumas dessas colisões requerem antes a aplicabilidade de outros instrumentos mediadores de harmonização, pelo que é necessário delimitar quais as que apelam à aplicação da proibição do excesso.

Estudaremos nos próximos capítulos os seguintes pressupostos da aplicabilidade da proibição do excesso (e, em alguns casos, dos demais instrumentos mediadores de harmonização): (i) conformação do fim legítimo da norma legislativa; (ii) interferência em bens, interesses ou valores; (iii) não diminuição da extensão e alcance do conteúdo essencial dos preceitos constitucionais sobre direitos, liberdades e garantias; (iv) emprego de meios não absolutamente proibidos; (v) específicas colisões de normas constitucionais e de bens, interesses ou valores; (vi) específicas colisões de modos deônticos que regem a conduta do legislador.

A verificação dos pressupostos da aplicação do princípio da proibição do excesso está umbilicalmente ligada a esta aplicação, mas constitui um momento exterior à aplicação e ao controlo da aplicação do princípio. Não se trata de uma etapa preliminar desse controlo, mas de um momento exterior a tal controlo, ainda que dele incindível[1521].

[1521] Diferentemente, NOVAIS, *As restrições...*, p. 738, referindo-se à avaliação da legitimidade dos fins prosseguidos pelo ato sujeito à proibição do excesso.

Capítulo 8
Conformação do fim

1. A conformação do fim como pressuposto de aplicação da proibição do excesso

1.1. Conformação do fim: pressuposto e não segmento

O *momento da conformação do fim* é aquele em que o legislador, no uso da significativa liberdade[1522] que o ordenamento constitucional a que estiver adstrito lhe

---

[1522] *Significativa liberdade* quer dizer que nem é liberdade plena, nem é uma liberdade limitada por conceitos como o de discricionariedade legislativa.

Por um lado, se alguma vez a teve, perdeu hoje qualquer viabilidade a tese de que "das três funções do Estado a única livre é a do legislador. Só o legislador goza, dentro do ordenamento jurídico, duma desvinculação absoluta. Os únicos limites que se lhe põem não têm natureza jurídica." (ROGÉRIO SOARES, *Interesse público...*, p. 100).

Mas, por outro lado, não se pode substituir a ideia de desvinculação absoluta pela tese da liberdade de conformação como *discricionariedade legislativa*. Para um relato policromático da discussão sobre a aplicabilidade da categoria da discricionariedade no âmbito da legislação, veja-se CANOTILHO, *Constituição dirigente...*, pp. 216 ss. Neste ensaio, o autor – numa linha discursiva entretanto por ele próprio revista (cfr. «Revisar la/o romper con la constitución dirigente?», *cit.*) – recusa a extensão da discricionariedade *administrativa* para o campo da relação entre legislador e constituição, quer se entenda que a discricionariedade permite apenas a escolha entre resultados jurídicos alternativos previstos na norma habilitante da opção discricionária (p. 231), quer se aceite que a discricionariedade pode abranger a própria complementação dos pressupostos de facto da prática de um ato (p. 235). Mas, apesar de uma parcial profissão de fé nas substanciais diferenças entre o plano legislativo e o administrativo ao nível "teorético-normativo" e "teorético político" e até de uma desvalorização da querela "conceitual" entre discricionariedade e liberdade de conformação (cfr. p. 252), o autor acaba por seguir uma via que, sem implicar uma resposta clara à pergunta "qual a diferença entre discricionariedade administrativa e discricionariedade legislativa?"

O PRINCÍPIO DA PROIBIÇÃO DO EXCESSO

confere[1523], procede ao prognóstico e delimitação dos efeitos e situação materiais que pretende atingir através da medida legislativa[1524].

A conformação do fim envolve, além do mais, a definição da importância e intensidade dos efeitos materiais de satisfação dos bens, interesses ou valores que o legislador pretende promover através da norma legislativa e a sua relação

(por ele próprio formulada em mais que um trecho do trabalho: v., por exemplo, p. 248), passa pelo recurso ao conceito de discricionariedade *legislativa* no ambiente da constituição dirigente (pp. 263 e ss.; o uso persiste mesmo depois da refrida revisão do conecito de constituição dirigente: *Direito Constitucional...*, 7ª ed., p. 338). O conceito de discricionariedade legislativa teria o seu campo próprio naqueles casos em que a vinculação positiva do legislador à constituição atinge um grau "muito acima de zero", como sucede no âmbito da restrição de direitos, liberdades e garantias e em outros casos de vinculação positiva (que não resultam inteiramente claros da exposição e do esquema apresentado na p. 256). Ponderadas todas as dificuldades em traçar os contornos exatos da discricionariedade legislativa, supomos que o objetivo perseguido pelo autor, isto é, a explicitação de que o novo paradigma da constituição dirigente pressupõe uma relação entre constituição e lei mais matizada e muito mais profunda do que a sugerida pela tradicional ideia da "constituição como mero limite", poderá ser atingido por uma mera adaptação gradativa do conceito "liberdade de conformação do legislador", deixando a noção de discricionariedade tranquila no terreno onde germinou, ou seja, no terreno da relação entre lei e atividade administrativa. O conceito de discricionariedade legislativa adquiriria algum préstimo no âmbito não de uma constituição dirigente,mas de uma "constituição dirigista", que caísse no excesso de *definir reiterada e sistematicamente fins concretos* que um legislador concreto, isto é, historicamente identificado, estivesse *absolutamente* vinculado a realizar. Sobre o tema, v., por último, JORGE P. DA SILVA, *Deveres do Estado...*, pp. 558 ss.

[1523] O grau de liberdade pode sofrer limitações, por exemplo, em situações, como a do quadro jusconstitucional da União Europeia, em que o legislador está sujeito ao princípio da atribuição. Nesses casos, não desaparece a liberdade de conformação (ŠUŠNJAR, *Proportionality*, p. 318), mas também, não tem a extensão da que beneficia o legislador nacional.

[1524] A forma como uma constituição *prima facie* delimita os fins que o legislador pode eleger para a sua produção legiferante é altamente complexa, não se podendo ir mais longe no seu desenvolvimento do que se vai no texto. Alguns dos expedientes técnicos usados para salvaguardar a liberdade de conformação dos fins pelo legislador são os seguintes: (i) a constituição define fins muito gerais, cuja concretização só pode ser conseguida através da seleção de fins intermédios não indicados pela constituição (defesa da independência nacional, por exemplo); (ii) a constituição define alguns fins imediatamente vinculativos e compatíveis entre si, mas admite uma espécie de "reserva do possível" (CANOTILHO), isto é, a possibilidade de hierarquizar a sua prossecução de acordo com as disponibilidades e as opções político-económico-sociais (habitação para todos versus saúde para todos); (iii) a constituição abre um espaço de conformação à opção política do momento, definindo um certo conjunto de fins, mas assumindo desde o início que esses fins não são *politicamente* cumulativos, pelo que não serão simultaneamente prosseguidos (publicização dos principais sectores produtivos e desenvolvimento do sector privado da economia); (iv) a constituição aceita a eleição legislativa de fins não definidos nela, funcionando apenas como limite *negativo* à escolha desses fins.

CONFORMAÇÃO DO FIM

prima facie com os bens, interesses ou valores que antevê indiciariamente que serão objeto de interferência[1525].

Quando se fala de *momento* não é forçoso que seja no sentido de momento *real*, espácio-temporalmente delimitado. Se quiséssemos definir um momento no sentido espácio-temporal, teríamos de o distribuir por vários episódios. Começaria num momento inicial, de decisão e impulso por um responsável político ou da Administração (membro do Governo, Deputado, alto dirigente da Administração Pública, etc.), passaria transversalmente pela fase mais ou menos difusa e inorgânica de redação de um anteprojeto/projeto, pela fase de adoção e formalização de uma iniciativa legislativa e finalmente ainda teria certamente manifestações no decurso da fase decisória, quando um órgão com poder legislativo debate e aprova o projeto. Sendo processos de deliberação prática dinâmicos, pode suceder que se comece por um fim com um elevado grau de abstração, realizando-se depois uma operação de gradual especificação e correção. Pelo caminho podem agregar-se novos fins. Não raramente, especificam-se fins intermédios com vista a prosseguir fins mais remotos[1526]. Isso complexifica a delimitação do fim no contexto do processo de decisão legislativa, mas não obsta a que se possa isolar a fase de conformação do fim como um *momento lógico* desse processo.

Já vimos que um setor importante da doutrina propende a tratar o fim (normalmente acompanhado do adjetivo "legítimo") como elemento estrutural da proibição do excesso[1527]. Outras correntes veem no fim uma componente do segmento da adequação[1528]/[1529]. Todavia, o fim ou a prossecução de um fim cons-

---

[1525] ALEXY, nas versões em inglês de vários dos seus ensaios (por exemplo, *A Theory*..., p. 395; «On Constitutional Rights...», *cit.*, pp. 15 ss.), alude a *end-setting* (e *end-setting discretion*), que pode traduzir-se como liberdade de "fixação" ou "estabelecimento" do fim. Preferimos a expressão *conformação* do fim porque, além do mais, expressa a orientação, que defendemos, de que nesta fase está em causa mais do que uma simples fixação do fim, tal como está em jogo muito mais do que a simples definição ou controlo da *legitimidade* ou *validade* do fim.

[1526] Sobre isto, SCHLINK, «Der Grundsatz der Verhältnismäßigkeit», p. 450; EKINS, «Legislating...», p. 347.

[1527] *Supra*, introdução, 3.3.1.

[1528] Por exemplo, BOROWSKI, *Grundrechte*..., 2ª ed., p. 186; PULIDO, *El principio*..., p. 694.

[1529] Numa outra linha de diluição, defende-se que a operação de avaliação da legitimidade ou *importância* do fim (considerado o primeiro passo da proporcionalidade clássica) substitui o segmento da proporcionalidade e.s.e. Assim, HOGG, *Constitutional Law of Canada*, 5ª ed., vol. II, Thomson Carswell, Toronto, 2007, p. 153, sustenta que o juízo de que os efeitos de uma lei são demasiado severos supõe seguramente que o objetivo não é suficientemente importante para justificar a limitação de um direito da Carta de Direitos. Por outro lado, se o objetivo é suficientemente importante e é prosseguido pelos meios menos drásticos, então os efeitos da lei são um preço aceitável a pagar. Consequentemente, se a lei passar no primeiro crivo (definição de que o objetivo é suficientemente importante), passará necessariamente no quarto, proporcionalidade

O PRINCÍPIO DA PROIBIÇÃO DO EXCESSO

titucionalmente *legítimo* é um *pressuposto* da aplicabilidade e não um segmento do princípio da proibição do excesso[1530]. Tal não obsta a que ele possa ser afetado por ricochete. Se um meio é declarado desproporcional e não há outra alternativa capaz de atingir o fim pretendido, este é inviabilizado *por efeito indireto* do princípio da proibição do excesso[1531].

1.2. Fim e meio

Nos ensaios sobre a proibição do excesso é vulgar o uso da imagem da relação meio-fim para descrever aspetos da estrutura, conteúdo ou metódica dos seus segmentos[1532]. Por exemplo, diz-se que a adequação e a proporcionalidade e.s.e. se reportam à relação entre meio e fim e que a necessidade relaciona meios alternativos. *Grosso modo*, a proibição do excesso seria, aliás, um instrumento de aferição das relações entre meios e fins. Recorde-se que também noutras latitudes onde circulam testes com algumas semelhanças (menores do

e.s.e. Conclui então que este segmento não é necessário, pois o *balancing* entre benefício e sacrifício é feito logo no contexto da componente do fim legítimo (*proper*). Como se verá, Hogg não se engana quando identifica uma operação de *balancing* – ou de ponderação – no momento da fixação do fim e da verificação de que lhe pode ser atribuído um peso superior aos bens, interesses e valores que serão objeto de interferência. Mas equivoca-se quando sustenta que isso permite prescindir do terceiro segmento da proporcionalidade clássica. Rebatendo a posição de Hogg, Webber, *The Negotiable...*, p. 77 (defendendo, pelo contrário, que os três primeiros segmentos funcionam apenas como filtro para a proporcionalidade e.s.e.); Barak, *Proportionality...*, p. 248 (mostrando que o fim pode ser legítimo, próprio ou importante – e por isso constitucionalmente sustentável –, mas a medida adotada para o atingir ser inconstitucional por violação da proporcionalidade e.s.e.); Thorburn, «Proportionality», p. 309.

[1530] V., entre muitos, Heusch, *Der Grundsatz...*, p. 39 ; Kluth, «Prohibición...», p. 226; Beilfuss, *El Principio...*, pp. 121 ss. Delimitando bem a fronteira entre a apreciação da legitimidade do fim e da proporcionalidade no direito convencional (CEDH), Muzny, *La Technique de Proportionnalité...*, pp. 253 ss.

[1531] Grabitz, «Der Grundzatz...», p. 602. Só neste âmbito residual se pode compreender e aceitar a indicação de Canotilho, *Constituição dirigente...*, p. 198, de que a exigência da análise da relação entre meios e fins própria do controlo da proibição do excesso poria "em causa a tradicional liberdade de fins do legislador". Diferentemente, sustenta-se que a "tarefa" do princípio da proibição do excesso não é a limitação de uma eventual liberdade de escolha de fins pelo legislador, mas sim a limitação da liberdade de escolha de meios. Só indiretamente a proibição do excesso poderá ter qualquer influência ou eficácia limitativa na liberdade de escolha dos fins.

[1532] Cfr. Gentz, «Zur Verhältnismäßigkeit...», p. 1600; Reuter, «Die Verhältnismäßigkeit...», p. 513; Beilfuss, *El Principio...*, pp. 121 ss.; Barnés, «El principio de proporcionalidad...», p. 25; Emiliou, *The Principle..*, p. 25; Bonavides, «O Princípio...», p. 276. Na doutrina portuguesa v., por exemplo, Canotilho, *Direito Constitucional e Teoria...*, 2ª ed., p. 263; Sérvulo Correia, *Legalidade...*, p. 114; Fernando A. Correia, *O plano urbanístico...*, p. 443.

402

CONFORMAÇÃO DO FIM

que alguma doutrina propala), como nos EUA, se fala usualmente de *standards* meio-fim[1533].

Antes de tomar posição sobre se essa imagem é correta, é necessário verificar se é analiticamente possível recortar com precisão a distinção entre meio e fim.

A indagação sobre os fins e os meios está condicionada por uma premissa básica: não é possível, à partida, conceber um universo fechado de meios que são sempre meios e de fins que são sempre fins (*intercomunicabilidade* ou *intercambiabilidade entre meios e fins*)[1534].

O ponto de partida para distinguir meio e fim é testar a validade da seguinte afirmação: a norma legislativa é o meio que o legislador concebe e utiliza para prosseguir um fim que é necessariamente exterior à própria norma jurídica.

A norma jurídica decompõe-se em previsão e estatuição: verificadas certas circunstâncias, os respetivos destinatários estão proibidos, obrigados ou autorizados a fazer ou omitir algo. A norma jurídica é um meio na medida em que, produzindo efeitos jurídicos, através dela o legislador age sobre a ordem jurídica, modificando-a. Esses efeitos podem ser *positivos* ou *negativos* (no sentido de *favoráveis* ou *desfavoráveis*) para a prossecução de bens, interesses ou valores individualizados. Se o efeito normativo é o surgimento do encargo de alguém suportar na sua esfera jurídica uma diminuição da liberdade, esse efeito tem cunho negativo porque diminui a liberdade. Se o efeito normativo for a autorização para alguém fazer algo que beneficie a prossecução de um bem, interesse ou valor, esse efeito terá o cunho positivo de incrementar a sua margem de atuação juridicamente estabelecida. Portanto, a norma é o meio para alcançar um fim através dos efeitos jurídicos que produz, sendo esses efeitos positivos ou negativos. Ou, de outro ângulo, os efeitos jurídicos da norma são o meio que o legislador concebe para atingir um fim que é necessariamente exterior e diferente desses efeitos jurídicos.

A esta luz, não se pode dizer que o meio são os efeitos jurídicos negativos e o fim os efeitos jurídicos positivos da norma. Na verdade, meio tanto são os efeitos jurídicos positivos como os negativos.

Sendo assim, como é que se descreve e define o fim da norma, isto é, como é que se distingue entre os efeitos ou as consequências jurídicas que o legislador vivificou através da norma e o fim que esta visa?

Não distinguiremos, por enquanto, fins mediatos e imediatos A melhor via para traçar a distinção assenta na dicotomia entre efeitos *jurídicos* (positivos e negativos) e efeitos ou resultados *materiais* (positivos e negativos) que o cum-

---

[1533] V. *supra*, capítulo 3.
[1534] SCHLINK, «Der Grundsatz der Verhältnismäßigkeit», p. 450; JAKOBS, «Der Grundsatz..., *cit.*, p. 97; CLÉRICO, *El Examen...*, p. 50.

O PRINCÍPIO DA PROIBIÇÃO DO EXCESSO

primento da norma desencadeia (usando cumprimento em sentido lato, que abrange a utilização das permissões).

Numa aproximação preliminar pode-se ensaiar a seguinte afirmação: a norma e os efeitos jurídicos que produz constituem o meio, enquanto os efeitos materiais apreensíveis no mundo sensível constituem o fim que se quer atingir[1535].

Assim, quando a norma legislativa permite a instalação de câmaras de videovigilância, o efeito jurídico positivo é o poder conferido às autoridades pertinentes para proceder à instalação, enquanto o efeito jurídico negativo é a sujeição de terceiros a esse poder. Quanto aos efeitos materiais resultantes da utilização desse poder, mediante a instalação das câmaras, há os positivos – a provável diminuição do risco e da taxa de criminalidade – e há os negativos – a diminuição da liberdade e a intrusão no comportamento daqueles que podem ser observados e filmados através das câmaras.

Ora, este exemplo alerta para que não se pode afirmar, sem mais, que o fim da norma corresponde aos efeitos materiais apreensíveis no mundo sensível desencadeados ou causados pela norma. Na verdade, esses efeitos materiais tanto podem ser positivos como negativos, desejados como indesejados ou colaterais, previsíveis como imprevisíveis.

Aquela noção preliminar tem de sofrer vários ajustamentos, além de ter de se convir que há situações em que não é aplicável.

Começando por este segundo aspeto, é mister reconhecer que a noção de que os efeitos jurídicos são os meios e os efeitos materiais desencadeados ou produzidos pelo seu cumprimento são o fim não permite distinguir meio e fim em todas as circunstâncias. Há normas cujo objeto e finalidade se esgotam, ou praticamente se esgotam, na produção de efeitos jurídicos. Trata-se dos casos em que aos efeitos jurídicos não se segue nenhum efeito material ou tangível no mundo sensível (como, por exemplo, a revogação de uma norma caída em desuso ou a atribuição de certas qualificações ou estatutos jurídicos[1536]) ou se seguem apenas efeitos materiais remotos ou meramente colaterais, porventura nem sequer queridos pelo autor da norma. Nessa eventualidade, distinguir entre meio – a norma e os seus efeitos jurídicos – e fim – os efeitos ou consequências materiais do cumprimento da norma – pode ser inviável. O meio confunde-se com o fim ou o fim esgota-se no meio, a produção de efeitos jurídicos.

Mas mesmo que não se coloque essa questão de indistinção entre meio e fim, há que enfrentar corolários decorrentes do que designámos, alguns parágrafos

---

[1535] Alguns falam, a propósito, de fim *externo*, isto é, um fim que se pode dizer ser empiricamente passível de ser causado através do acionamento de um certo meio: v., por todos, HIRSCHBERG, *Der Grundsatz...*, p. 43; ÁVILA, *Teoria...*, 7ª ed., pp. 163-164.

[1536] Por exemplo, a atribuição *ope legis* da nacionalidade a certos indivíduos, como na Constituição Antonina ou Édito de Caracala, de 212 d.C. Cfr. MIGUEL TEIXEIRA DE SOUSA, *Introdução...*, p. 212.

CONFORMAÇÃO DO FIM

atrás, por *intercomunicabilidade entre meios e fins*. Um deles é a possibilidade de formação de uma cadeia de fins que são simultaneamente meios[1537]. Em certa medida, isso é uma inevitabilidade. Mesmo que não se possa estabelecer com rigor uma linha contínua de vários fins determináveis ou concretos que são meio para alcançar outros fins sucessivamente menos determináveis ou próximos, comumente os fins dos atos de autoridade do poder público são *pontos intermédios* de uma cadeia que terá na sua extremidade fins como a realização de uma ideia de Justiça, a prossecução do bem público ou a boa governação. O atingimento de um fim de um ato é normalmente o *meio* de aproximar um fim mais geral ou mais elevado na cadeia de fins[1538]. Nesse contexto, certamente não se pode excluir liminarmente a possibilidade de o juiz constitucional, em sede de controlo de normas, olhar para fins mais gerais do que o mais próximo, aplicando-lhes, também, alguns dos segmentos da proibição do excesso[1539]. Sem embargo, por norma a metódica da proibição do excesso postula a (por vezes complexa) exata determinação do fim mais próximo e a colocação em segundo plano dos fins mais distantes a que aquele eventualmente se subordine, sejam eles ainda suficientemente concretos ou alguns dos fins remotos antes mencionados[1540].

Mas, além disso, a noção preliminar apresentada tem de sofrer algumas precisões. Primeiro, entre os efeitos materiais pode haver alguns – sejam negativos ou positivos – não desejados nem deliberadamente procurados ou até aceites (ou antecipados ou prognosticados) pelo legislador, pelo que não podem ser considerados fins *prosseguidos* por este.

Para ilustrar isso, olhemos para a norma que proíbe a publicidade ao tabaco. Os efeitos jurídicos dessa norma são, entre outros, a impossibilidade de os produtores contratarem a promoção publicitária lícita do consumo de tabaco, bem como os efeitos negativos da interferência na liberdade de iniciativa económica daqueles e da possibilidade de as autoridades aplicarem sanções. Isto desencadeia os efeitos materiais da dificultação da sedução das pessoas para o consumo

---

[1537] Cfr. sobre esta hipótese, HIRSCHBERG, *Grundsatz...*, pp. 165 ss.; BARNÉS, «El principio de proporcionalidad...», p. 27.

[1538] V., neste sentido, JACKOBS, *Der Grundsatz...*, p. 97. O autor parte, aliás, desta observação para criticar a definição de princípio da proibição do excesso como teste de avaliação da relação entre meios e fins. Cfr. *infra*.

[1539] Cfr. BEILFUSS, *El Principio...*, pp. 124, 130.

[1540] SCHLINK, «Der Grundsatz der Verhältnismäßigkeit», p. 450: o fim necessita de ser simultaneamente geral e específico, de modo a permitir a apreciação da adequação e da necessidade); CLÉRICO, *El examen...*, pp. 46 e ss.: "o fim perseguido deve ser precisado na maior medida possível" (*ob. cit.*, p. 50). A referência a fins remotos, seja porque outros mais imediatos não são revelados, seja porque se pretende recorrer ao fim último, pode inviabilizar a aplicação do princípio da proibição do excesso. Como expressou radicalmente LUHMANN, *Zweckbegriff...*, p. 124, "o 'bem comum' não é um fim pensável".

O PRINCÍPIO DA PROIBIÇÃO DO EXCESSO

e, em última análise, da redução do consumo, que permite melhorar as condições de saúde pública. Acresce que a norma tem um impacto na economia nacional e atinge o próprio interesse do Estado na cobrança de impostos.

Portanto, os efeitos jurídicos da norma causam ou desencadeiam efeitos materiais que tanto são positivos como negativos segundo a perspetiva do legislador. Os efeitos negativos podem ser tolerados ou aceites (se forem sequer antecipados ou previstos), mas não se pode dizer que são *desejados* pelo legislador, pelo que não podem ser vistos como o fim, ou um dos fins, do legislador. O que se pode concluir daqui é que há efeitos materiais da norma- os positivos ou, pelo menos, os positivos que puderem ser previstos pelo legislador – que se confundem com o fim da norma, mas também há efeitos materiais – os negativos, ou os não visados ou não desejados – que de modo nenhum se podem considerar fim da norma. Quanto muito, poderia então afirmar-se que meio é a norma e os efeitos jurídicos que produz, enquanto *fim são os efeitos materiais ou tangíveis, mais ou menos remotos, que o legislador prognostica e deseja que se verifiquem*.

Nesta linha, fica claro que o fim é algo que tem de ser *querido* pelo legislador. E para ser querido pelo legislador não pode ser meramente colateral ou *tolerado* ou não especificamente procurado pelo legislador. Também não pode ser tido como improvável ou ser *inesperado* ou *não prognosticado*.

Mas aquela formulação ainda não passa sem crítica. Na verdade, não se pode excluir que o fim do legislador seja o desencadeamento de efeitos materiais cuja caraterização como positivos ou negativos seja discutível ou dependa do ângulo de observação: se o legislador pretende que a inserção de frases de aviso ou de imagens chocantes nos maços de tabaco surtam o efeito de atemorização dos potenciais fumadores, condicionando-os psicologicamente e sujeitando-os a auto-censura e a pressões sociais, isso é certamente um fim da norma. Mas esse efeito material deve ser caraterizado como positivo ou como negativo? A perspetiva do legislador é a que interessa, pelo que os fins são sempre efeitos positivos na *perspetiva do legislador*.

Deveria assim corrigir-se a formulação ultimamente ensaiada: fins são os efeitos materiais ou tangíveis, mais ou menos remotos, que o legislador prognostica, *entende como positivos* e deseja que se verifiquem.

O critério que foi tomando forma nos parágrafos anteriores não ratifica a ideia de que a proibição do excesso é um instrumento que material, estrutural e metodicamente tem por objeto a relação entre meios e fins.

Na verdade, a adequação é o único segmento da proibição do excesso a propósito do qual se pode dizer que incide sobre a relação entre o meio e o fim, entendidos no sentido acabado de expor. Aí está em causa averiguar se o conjunto de efeitos jurídicos produzidos pela norma, isto é, a imbricação de efeitos jurídicos positivos e negativos, é minimamente hábil para causar os efeitos

406

CONFORMAÇÃO DO FIM

materiais positivos desejados e visados pelo legislador. Já a necessidade não postula nenhuma análise da relação entre meio e fim, mas sim entre os efeitos jurídicos, positivos e negativos, e os efeitos materiais, positivos e negativos, ligados a cada alternativa disponível. Por seu turno, sobre a proporcionalidade e.s.e. é enganador dizer que se pretende examinar se os efeitos jurídicos, *negativos* e *positivos*, da norma (o meio) estão numa relação proporcionada com os efeitos positivos materiais desejados pelo legislador (o fim). No momento próprio, quando nos pronunciarmos sobre cada um dos segmentos, voltaremos a este tema.

1.3. Fim imediato e mediato

Até aqui não tivemos em consideração a distinção entre fim *imediato* e *mediato* da norma, referida em capítulos anteriores. Quando observamos os efeitos jurídicos da norma produzida para harmonizar bens, interesses ou valores colidentes, podemos classificá-los em efeitos de satisfação ou de interferência em bens, interesses ou valores (efeitos imediatos) e efeitos de harmonização normativa (efeitos mediatos). Quando olhamos para os efeitos materiais ou tangíveis, mais ou menos remotos, que o legislador prognostica, entende como positivos e deseja que se verifiquem, também podemos distinguir entre os efeitos de satisfação ou sacrifício real das possibilidades fáticas ou da liberdade inerente a bens, interesses ou valores (fim *imediato*) e efeitos de harmonização prática da fruição ou materialização de bens, interesses ou valores colidentes (fim *mediato*)[1541].

1.4. O cariz pré-estruturante da fixação do fim

Mesmo não estando em causa simplesmente uma relação entre meios e fins, a aplicabilidade da proibição do excesso pressupõe que esteja previamente delimitado o fim da norma legislativa e que esse fim se distinga do meio[1542].

Isso significa duas coisas.

Primeiro, quando o fim não for determinável não é possível a aplicação da proibição do excesso[1543].

[1541] Com definição ligeiramente diferente, v. PULIDO, *El principio...*, pp. 719 ss.: fim imediato seria o estado de coisas fático ou jurídico que deve ser alcançado por ser ordenado por um princípio constitucional; fim mediato seria a prossecução do princípio constitucional. Entre o fim imediato e mediato existe uma relação de especial para geral (*ob. col.*, p. 723). Há outras formas de expressar o mesmo sentido: por exemplo, HAVERKATE, *Rechtsfragen...*, p. 26, distingue entre fim da conduta e fim final (*cit. por* PULIDO, *ob. cit.*, p. 721).

[1542] MAURER, *Staatsrecht*, 1ª ed., Beck, München, 1999 (7ª ed. 2015), pp. 234-235; BARNÉS, «El principio de proporcionalidad...», p. 25; ÁVILA, *Teoria...*, 7ª ed., p. 161.

[1543] Confluentemente, MELO, *Notas de contencioso...*, p. 25. Acresce ainda que um fim não determinável é forçosamente um fim não apreensível pelo destinatário da norma, inviabilizando-se assim

O PRINCÍPIO DA PROIBIÇÃO DO EXCESSO

Segundo, quando não for possível distinguir entre meio e fim, isto é, quando os efeitos jurídicos da norma se confundem com os fins do legislador, não havendo efeitos materiais relevantes que se possam entender como a materialização de um fim extrínseco aos efeitos jurídicos da norma (v. *supra*), não é possível aplicar a proibição do excesso.

Na fase da conformação do fim são pré-definidas variáveis essenciais para a aplicação da proibição do excesso pelo legislador e, posteriormente, para o controlo pelo juiz constitucional. Começam a ser delineadas algumas das variáveis (importância do fim[1544] e intensidade da satisfação visada) que pré-estruturam a aplicação do princípio da proibição do excesso, quer no tocante ao desenho do meio (os efeitos jurídicos da norma), quer no controlo desse meio.

Pôr em relevo que nesta fase se cumpre uma função de pré-estruturação ou pré-configuração da aplicação dos vários segmentos do princípio[1545] contraria a opção, muito comum, de sobrecarga de segmentos da proibição do excesso, designadamente o da proporcionalidade e.s.e.[1546] Há questões, tratadas por um setor da doutrina a propósito deste segmento, que podem e devem ser tratados no contexto da conformação do fim. Não ter a consciência disto provoca dificuldades metodológicas sérias: a maioria dos autores dedica boa parte do seu esforço a ilustrar a estrutura da ponderação realizada pelo legislador ou pelo juiz constitucional em sede de proporcionalidade e.s.e., em alguns casos com fórmulas matemáticas crescentemente complexas[1547], sem dar qualquer relevo à

---

a exigência de que o legislador torne compreensível "o modo específico pelo qual, naquele caso, se quis prosseguir o interesse de todos", exigência pertinentemente sublinhada por LÚCIA AMARAL, *A Forma da República*..., p. 186.

[1544] Importância e não peso. O fim é mais ou menos importante. Um bem, interesse ou valor, esse sim, é mais ou menos importante ou tem mais ou menos peso.

[1545] Diferentemente do que sustenta PIRKER, *Proportionality*..., p. 34, é nesta fase e não na fase da proporcionalidade e.s.e. que se cumpre parte da função de redução da complexidade e de delimitação dos bens, interesses e valores que são objeto de harmonização, colocando à margem aqueles que se podem considerar acessórios ou menos relevantes, de modo a melhorar a capacidade racionalizadora da proibição do excesso.

[1546] Cfr. RÉAUME, «Limitations on Constitutional Rights...», p. 11; PERJU, «Proportionality...», p. 24. A censura do texto pode ser dirigida, por exemplo, a PULIDO, *El principio*..., p. 705. Mas deve rejeitar-se também a possibilidade de estabelecimento de um grau de exigência tão elevado para o fim legítimo que torne supérfluos os passos subsequentes do exame da proibição do excesso: PIRKER, *Proportionality*..., p. 25. Por isso não se pode aderir à anteriormente criticada ideia de HOGG, *Constitutional Law*..., p. 153, de que a resposta à questão do fim legítimo implica simultaneamente a resposta à questão da proporcionalidade e.s.e., embora se saiba que a prática constitucional canadiana se fique normalmente pela necessidade como último passo da aplicação da proporcionalidade clássica.

[1547] É o caso de ALEXY, desde, pelo menos, a proposta da fórmula do peso (*A Theory*..., *cit.*) e dos seus seguidores, ao nível universal, que vão complexificando as suas propostas: v., por exemplo, PULIDO, «On Alexy's Weight Formula», pp. 101-110; KLATT/MEISTER, *The Constitutional*..., pp. 34 ss.

CONFORMAÇÃO DO FIM

ponderação efetuada logo a propósito da conformação do fim, onde se lançam os alicerces para a aplicação da proibição do excesso. Isso implica que algumas das premissas usadas no contexto dos segmentos da proibição do excesso, particularmente no da proporcionalidade e.s.e., pareçam surgir "do nada", penduradas no vazio metodológico, quando, na verdade, a sua raiz remonta às operações de conformação do fim.

1.5. Fins múltiplos

É possível que uma mesma medida vise mais do que um fim. Por exemplo, a instalação de videovigilância nos locais públicos pode visar a prevenção criminal, o auxílio à investigação criminal e o reforço do sentimento de segurança, mas também a monitorização e ordenação do tráfego viário ou dos peões e a mobilização célere de meios de socorro em caso de acidente ou catástrofe natural. A sobreposição ou coexistência (e hierarquização) de vários fins requer cuidado especial, sobretudo no contexto dos segmentos da adequação e da necessidade.

1.6. Bens, interesses ou valores

Usamos ao longo deste trabalho a noção compósita *bens, interesses ou valores*[1548]. Assim, quando nos referimos aos efeitos jurídicos positivos e negativos da norma, aludimos aos efeitos imediatos de satisfação e de interferência em *bens, interesses ou valores* e aos efeitos mediatos de harmonização legislativa de *bens, interesses ou valores*. Quando mencionamos o fim imediato da norma, aludimos aos efeitos materiais positivos de satisfação de *bens, interesses ou valores* que se visa atingir pelo cumprimento ou observância da norma. Quando nos referimos ao fim mediato da norma, estamos a referir-nos à harmonização da fruição ou exercício real de *bens, interesses ou valores*.

Importa, por isso, estabelecer brevemente o sentido e alcance desta expressão, não obstante tratar-se de terreno movediço, na medida em que cada um

---

[1548] Em parte inspirados na doutrina alemã, que, de modo geral, emprega indiferentemente os conceitos de (ponderação de) bens, interesses ou valores: cfr. SCHLINK, *Abwägung*, p. 13; HARALD SCHNEIDER, *Der Güterabwägung...*, p. 28; GAVARA DE CARA, *Derechos fundamentales...*, p. 286. Entre nós, não há uma linha definida (contudo, tal como no texto, v. ALEXANDRINO, *Direitos...*, p. 134, nota): aludindo ao objeto da ponderação, tanto se fala de ponderação de bens, interesses ou valores, como de ponderação de bens, ponderação de interesses, ponderação de valores ou até ponderação de direitos, ponderação de princípios, ponderação de fins, sem que à diferença de terminologia se ligue aparentemente qualquer consequência jurídico-dogmática. Cfr. CANOTILHO, *Constituição dirigente...*, pp. 198 ss.; «Relações jurídicas poligonais...», pp. 58 ss. Neste último trabalho, o autor refere-se a um *"princípio geral da ponderação de bens e direitos"*.

O PRINCÍPIO DA PROIBIÇÃO DO EXCESSO

dos conceitos que a compõem tende a variar de significado, quer na linguagem corrente ou não técnica, quer na linguagem técnica do direito.

Sobre tal significado, as indicações doutrinárias são díspares e fragmentárias. Sempre boa referência é o que ALEXY escreve sobre uma trilogia não totalmente coincidente, mas quase. Do seu ponto de vista, entre os componentes da trilogia valores, interesses e princípios há *identidade de conteúdo* e apenas diferença quanto ao plano em que são entendidos: os valores projetam-se no mundo axiológico, os interesses no mundo fático ou antropológico e os princípios no mundo deontológico[1549].

Seguro é que podemos dizer que bens, interesses ou valores partilham um atributo comum: são percebidos como grandezas positivas ou vantajosas por aqueles que os fruem, titulam, encabeçam ou perfilham. Por outro lado, cada um deles denota uma dimensão do mundo juridicamente *mediatizado* (isto é, pressuposto, referenciado, qualificado, regulado, modelado pelo Direito). Bens, interesses ou valores têm um sentido comum, mas recolhem significado em dimensões distintas. Os bens relevam do plano *ontológico*, os interesses do plano *antropológico* e os valores do plano *axiológico*[1550].

Bem jurídico é uma magnitude material ou imaterial suscetível de fruição, de utilidade e/ou de proteção juridicamente relevantes[1551]. Um bem jurídico é algo que é objetivamente útil, ou subjetivamente entendido como útil, para a realização de um interesse jurídico. A liberdade, a saúde pública, a paz, a ordem e tranquilidade públicas, são bens jurídico-constitucionais[1552].

Interesse jurídico é o vínculo imaterial juridicamente relevante entre um sujeito ou entidade suficientemente individualizada e bens jurídicos[1553].

[1549] *Theorie...*, p. 125 (mais precisamente, os princípios são o equivalente deontológico dos valores; os princípios são expressão de dever enquanto os valores são expressão de bom); v., sobre isso, KUMM, «What Do You Have in Virtue of Having a Constitutional Right...», pp. 7 ss.; PULIDO, *El princípio...*, p. 707.

[1550] A relação entre os *princípios* e as três magnitudes pode descrever-se de vários modos. Para se poder dizer que os princípios são "enunciados jurídicos dos valores" (MORAIS, *Curso*, II, 2, p. 455), tem de se aderir a uma noção de valores com a máxima amplitude, de forma a abranger "valores" de caráter técnico-jurídico, como o da tipicidade das formas de lei ou o da celeridade processual. Preferimos dizer que os princípios são enunciados jurídicos de bens, interesses ou valores.

[1551] Para outras propostas, MICHAEL MARX, *Zur Definition des Begriffs "Rechtsgut" Prolegomena einer materialen Verbrechenslehre*, Carl Heymanns, Köln, 1971, p. 68; ÁVILA, *Teoria...*, 1ª ed., p. 87, 7ª ed., p. 143: bens jurídicos são situações, estados ou propriedades essenciais à promoção dos princípios jurídicos.

[1552] Assim, por todos, HÄBERLE, *Die Wesensgehaltgarantie...*, p. 7, com várias referências.

[1553] Próximo, ÁVILA, *Teoria...*, 7ª ed., p. 144. Para outra abordagem, veja-se, por exemplo, HABERMAS, *Erkenntnis und interesse*, Frankfurt a.M., 1968 (consultámos a ed. castelhana *Conocimiento e interés*, Madrid, 1982, p. 199): "Chamo interesse às orientações básicas que são inerentes a determinadas condições fundamentais da reprodução e da autoconstituição possíveis da espécie huma-

CONFORMAÇÃO DO FIM

Valor é um conceito axiológico que expressa o que é bom, intelectualmente adquirido, não de modo empírico ou analítico, mas através da intuição[1554]. Os direitos fundamentais espelham e expressam valores – frequentemente valores morais – juridificados pela constituição.

Quanto ao alcance, como ponto de partida utilizamos a expressão na sua extensão máxima, sem prejuízo de, quando necessário, a restringirmos apropriadamente. Nessa extensão, num contexto de Constituição positiva *prima facie*, as categorias de bens, interesses ou valores que interessam ao Direito Constitucional têm uma amplitude inabarcável. Uma pequena amostra ilustra essa extensão máxima que tomamos como referência: (i) Estado de direito democrático (artigos 2º e 9º, *b*)); legalidade democrática (artigo 3º, nº 2); (ii) identidade europeia (artigo 7º, nº 5); (iii) igualdade real entre os portugueses (artigo 9º, *d*)); (iv) língua portuguesa (artigo 9º, *f*)); (v) direito à vida (artigo 24º); (vi) capacidade civil (artigo 26º, nº 4); (vii) prisão preventiva (artigo 28º, nº 4); (viii) direito de resposta dos partidos políticos representados na Assembleia da República (artigo 40º, nº 2); (ix) direito das associações sindicais a participar na elaboração da legislação do trabalho (artigo 56º, nº 2, *a*)); (x) direito à proteção da saúde (artigo 64º, nº 1); (xi) direito a um ambiente de vida humano, sadio e ecologicamente equilibrado (artigo 66º, nº 1); (xii) autonomia estatutária, científica, pedagógica, administrativa e financeira das universidades (artigo 76º, nº 2); (xiii) concorrência salutar dos agentes mercantis (artigo 99º, *a*)); (xiv) repartição justa dos rendimentos e da riqueza (artigo 103º, nº 1); (xv) poder dos Deputados de participar e intervir nos debates parlamentares (artigo 156º, *c*)); (xvi) direito dos Deputados aos subsídios que a lei prescrever (artigo 158º, *d*)); (xvii) direitos das regiões autónomas definidos nos seus estatutos (artigo 281º, nºs 1, al. *d*) e 2, *g*)); (xviii) direito do Presidente da República a ser informado pelo Governo sobre o estado dos negócios públicos[1555]. Poderiam ser referidos outros sem assento formal, mas a que se aponta valor constitucional material, como (xix) o direito ao reagrupamento familiar[1556].

---

na, quer dizer, ao trabalho e à interação". V. Margarida Boladeras, *Comunicación, ética y política. Habermas y sus críticos*, Tecnos, Madrid, 1996.

[1554] Para a distinção entre conceitos normativos e axiológicos, v. Georg Henrik von Wright, *The Varieties of Goodness*, Routledge & K. Paul, London, 1963, pp. 6 ss.; Ávila, *Teoria...*, 1ª ed., p. 87, 7ª ed., p.144: os valores constituem o aspeto axiológico das normas, na medida em que indicam que algo é bom e, por isso, digno de ser buscado ou preservado; Gavara de Cara, *Derechos...*, p. 222.

[1555] Conforme Canotilho/Vital Moreira, *Os poderes...*, p. 64; no contexto das funções do PR, uma figura complexa, extensamente estudada por Valle, *O Poder de Exteriorização...*, esp. pp 31 ss., é o poder ou direito de exteriorização do pensamento do Presidente da República.

[1556] V. artigo 98º da Lei nº 23/2007, de 4 de julho, lei dos estrangeiros, alterada pela Lei nº 29/2012, de 9 de agosto, pela Lei nº 56/2015, de 23 de junho, assim como pela Lei nº 63/2015, de 30 de junho.

O PRINCÍPIO DA PROIBIÇÃO DO EXCESSO

Nesta amostra encontramos bens, interesses ou valores que a ordem jurídica subjetiviza através do reconhecimento de *posições jurídicas subjetivas*, ou equivalentes a subjetivas, ativas – direitos, liberdades, garantias, poderes, privilégios, imunidades, etc. –, a que correspondem posições de sujeição[1557]. Mas também encontramos bens, interesses ou valores essencialmente objetivos, vulgo interesses públicos, interesses coletivos, interesses gerais, interesses comunitários, valores sociais, reconhecidos igualmente através de diversas formas[1558]. O tratamento e desagregação analíticos de tudo isso exigiria outra dissertação.

Entre os temas dessa outra dissertação estaria seguramente o da sustentabilidade da *summa divisio* (designadamente, dentro do que a Constituição designa por "direitos ou interesses constitucionalmente protegidos") entre bens, interesses ou valores subjetivados e bens, interesses ou valores objetivos ou não subjetivados ou, colocando a questão como é muitas vezes colocada, entre direitos fundamentais e interesses públicos. Há uma tendência para se considerar que esta *summa divisio* entre interesses públicos e direitos fundamentais entrou em colapso. Alguns daqueles bens que eram tradicionalmente entendidos como objeto de interesses públicos (o ambiente, a saúde, a educação, a cultura, a segurança) são hoje objeto de direitos fundamentais[1559]. Em contrapartida, alguns direitos individuais, como a liberdade de expressão, têm uma vincada compo-

---

[1557] A lista de conceitos que traduzem posições jurídicas subjetivas ativas, encimada pela palavra direito, é longa: além de poder, liberdade, garantia, imunidade, privilégio e interesse juridicamente protegido, poderíamos alongá-la referindo prerrogativa, faculdade, isenção, pretensão legítima, interesse legítimo, atribuição, capacidade, competência, autorização, permissão, licença, franquia, impunidade, concessão, título, opção, limitação de responsabilidade, prioridade, preferência, jurisdição, independência, autarquia, elegibilidade, autonomia, inoponibilidade, etc. A esta "família" liderada (ou, algumas vezes, resumida) pela palavra *direito*, contrapõe-se uma outra, relacionada com a palavra *dever* e composta por obrigação, responsabilidade, incapacidade, incompetência, proibição, limitação, carga, condição, prestação, serviço, gravame, impedimento, incompatibilidade, inabilidade, ausência de direito ou não-direito, restrição, limitação, débito, inibição, etc. V. Genaro Carrió, *Nota preliminar* à tradução castelhana do texto de Hohfeld, *Fundamental legal conceptions as applied in judicial reasoning*, da Editorial Centro Editor de América Latina, Buenos Aires, 1968, p. 10. Estudámos desenvolvidamente o tema das posições jurídicas subjetivas em «Relação Jurídico-Pública», *cit*.

[1558] A expressão genérica *interesses constitucionalmente protegidos* que a Constituição contrapõe a direitos *tout court* no artigo 18º, nº 2, é aqui e ali objeto de especificação: interesse nacional (35º, nº 6, 115º, nºs 3 e 5), interesse coletivo (47º, nº 1, 60º, nº 3), interesse difuso (60º, nº 3), interesse geral (52º, nº 1, 61º, 65º, nº 2, *c*)), interesse público (63º, nº 5, 266º, nº 1, 269º, nº 1), interesse social e económico (100º, *a*)). Há também referências a *valores*, designadamente valores sociais (68º, nº 2, 207º, nº 2).

[1559] Na Constituição talvez o exemplo mais ostensivo seja o ambiente que é simultaneamente objeto de um dever/interesse objetivo ou coletivo (51º, nº 3, *a*)) e um direito fundamental (artigo 66º, nº 1).

CONFORMAÇÃO DO FIM

nente institucional-objetiva e são até pilares essenciais do modelo de sociedade e do sistema político, pelo que a sua limitação, tanto quanto atingir posições jurídicas subjetivas fundamentais, atinge os próprios alicerces da ordem constitucional objetiva[1560]. Em alguns casos é, consequentemente, difícil demarcar a fronteira onde começa o interesse público e termina o direito fundamental[1561]. Todavia, é ainda dominante a ideia de que os interesses públicos não são uma mera soma dos interesses individuais, constituindo um *aliud* em relação a estes[1562].

1.7. Limites externos e internos à conformação do fim

A conformação do fim é condicionada por limites externos e por limites internos.

Os *limites externos* são os limites jurídicos que enquadram a formação da vontade do legislador[1563]. Consistem nos requisitos da determinabilidade, consistência e validade do fim e no peso ou importância abstrata dos bens, interesses ou valores prosseguidos. Os três primeiros requisitos são os necessários para que o fim se possa considerar *legítimo*, isto é, conforme com os critérios normativos que fixam os parâmetros de apreciação da sua legitimidade[1564].

Os *limites internos* são limites metajurídicos, constitutivos da liberdade de conformação, gerados pela própria dinâmica da deliberação e ponderação políticas. Reportam-se à necessidade da realização do fim, à importância concreta da sua realização, à intensidade da sua satisfação e à relação entre a sua satisfação e os bens, interesses ou valores indiciariamente sacrificáveis.

Estudaremos consecutivamente os *limites externos* e os *limites internos* à vontade conformadora do legislador. Num capítulo ulterior analisamos autonomamente o sentido e alcance dos poderes do juiz constitucional de escrutínio dos requisitos externos, os únicos que estão sujeitos a esse exame.

[1560] Sobre isto, por todos, HÄBERLE, *Die Wesensgehaltgarantie...*, pp. 8 ss., 21 ss.

[1561] Em termos próximos, BARAK, *Proportionality...*, p. 534; MUZNY, *La technique de proportionnalité...*, pp. 322 ss.

[1562] Assim HÄBERLE, *Die Wesensgehaltgarantie...*, p. 21; v., porém, BLECKMANN, *Begründung...*, p. 180 (notando que os interesses financeiros do Estado são afinal os interesses individuais dos contribuintes).

[1563] As expressões "vontade", "intenção", "finalidade" ou "espírito" do legislador (ou legislativos) serão utilizadas, mas não se menospreza toda a complexidade do debate sobre se verdadeiramente se pode falar nesses termos. V., por todos, EKINS, «What is legislative intent?...» (2008), acedido em http://www.statutelawsociety.co.uk/wp-content/uploads/2014/01/RichardEkins.pdf; *idem*, EKINS, *The Nature of Legislative Intent, cit.*

[1564] V. *Dictionnaire encyclopédique de théorie et de sociologie du droit*, 2ª ed., LGDJ, Paris, 1993, p. 343.

O PRINCÍPIO DA PROIBIÇÃO DO EXCESSO

2. Limites externos à conformação do fim

2.1. Legitimidade do fim

A doutrina tende a assimilar o conceito de fim *legítimo* ao de fim *válido*. Propomos aqui uma aceção mais ampla de fim legítimo, que não atende apenas à validade. A legitimidade do fim requer a sua (i) determinabilidade, consistência e (ii) validade.

2.1.1. Determinabilidade e consistência

Poderia discutir-se se a componente finalística dos atos de entidades investidas de poder de autoridade é indispensável. Mas é irrefutável que pelo menos os atos legislativos têm *sempre* de visar uma qualquer finalidade inteligível[1565]. Essa exigência assume grau acrescido quando aqueles atos impliquem uma interferência em bens, interesses ou valores objeto de uma posição jurídica subjetiva titulada por um direito fundamental[1566]. Deve ser inteligível e determinável o tipo e o sentido, extensão e alcance dos efeitos materiais visados[1567]. Uma norma que não prossiga nenhuma finalidade racionalmente apreensível, ou que suscita dúvidas insanáveis sobre qual a verdadeira finalidade, só pode

---

[1565] LÚCIA AMARAL, *A Forma...*, p. 186.

[1566] SCHLINK, *Abwägung...*, pp. 204 ss.: é obrigação do autor do ato revelar o fim concreto, não sendo fundamento suficiente de limitações de direitos fundamentais eventuais referências a fins altamente indeterminados ou de espectro muito geral, como "a proteção da ordem democrática" ou "a proteção da saúde pública"; DECHSLING, *Verhältnismäßigkeitgebot...*, p. 2; CLÉRICO, *El Examen...*, p. 50.

[1567] Assumimos que o fim prosseguido pelo legislador através da emissão de uma norma jurídica é noção distinta de *intenção* do legislador. O fim é objetivamente apurável através da interpretação do texto e do contexto da norma, não sendo imprescindível a averiguação de qualquer estado mental de quem quer que seja (assim, EKINS, «What is legislative intent?...», p. 8). Em contrapartida, para um setor da doutrina a noção de *intenção* está inevitavelmente ligada a um estado mental de uma pessoa ou de várias pessoas físicas. Por isso, há quem rejeite (casos notórios: Dworkin, Waldron, Scalia) a viabilidade das noções de intenção do legislador ou de intenção legislativa, designadamente quando o legislador é um grupo complexo, como sucede com os atuais parlamentos (por vezes compostos por duas câmaras e normalmente integrados por vários partidos e grupos parlamentares, maioria e minorias, *frontbenchers* e *backbenchers*, etc.) ou outros órgãos legislativos colegiais. Nessas circunstâncias, imputar uma intenção ao legislador seria uma óbvia ficção, aliás difícil de materializar. Há quem procure superar esse argumento, falando da intenção de uma maioria de legisladores, ou de um grupo restrito de membros do órgão legislativo, ou de um membro singular (por exemplo, o redator/autor da proposta legislativa, através da qual seria fixada a intenção). O tema, não sendo irrelevante para este trabalho, é porém algo marginal, pelo que não avançaremos mais nele. Sem embargo, continuaremos a usar quer a noção de fim da norma, quer de intenção do legislador, uma vez que é possível encontrar para esta um sentido operacionalmente viável, como mostra, por exemplo, EKINS, *ob. cit.*, pp. 16 ss.

CONFORMAÇÃO DO FIM

ser considerada uma norma cujo fim se reduz simplesmente à interferência no bem, interesse ou valor atingido. Ora, a interferência carece necessariamente de justificação, não podendo ser entendida como um fim em si mesma.

Se pensarmos na proibição do excesso como norma de controlo, a exigência de fim discernível adquire redobrada relevância. A ausência de um fim objetivamente extraível da norma fiscalizada inviabiliza a aplicação da proibição do excesso como norma de controlo, uma vez que esta requer forçosamente a delimitação de uma relação meio-fim, quanto mais não seja, devido ao conteúdo dos segmentos da adequação e da necessidade[1568]. A impossibilidade de identificar um fim do ato legislativo, fazendo falhar um pressuposto da aplicação do princípio da proibição do excesso (e, em bom rigor, de outros instrumentos mediadores de harmonização), não implica uma violação deste princípio, mas sim uma invalidade por violação do *princípio geral da proibição do arbítrio*.

O legislador deve delimitar e exteriorizar (por exemplo, nos preâmbulos, notas justificativas, debates parlamentares, anúncios públicos, ou mesmo na parte dispositiva dos atos legislativos) a finalidade (ou finalidades, se múltiplas) dos seus atos em termos suficientemente determinados ou determináveis e sem contradições entre fins (evitando que sejam mutuamente excludentes), sob pena de inexistência ou invalidade absoluta por falta ou contradição interna das finalidades. Adicionalmente, deve fornecer indicações que permitam concluir sobre a *importância* que atribui à satisfação do fim e o *grau de intensidade* da satisfação pretendido.

Todavia, nem sempre o legislador delimita ou exterioriza com precisão o fim visado, eventualmente por causa das condições institucionais do procedimento legislativo parlamentar ou, no caso português, do procedimento legislativo do Governo.

A fixação e identificação de, pelo menos, um fim podem ser dificultadas por *obscuridade, vacuidade, ambiguidade* ou excessiva *amplitude*[1569]. Os fins obscuros, vagos ou ambíguos dificultam um juízo seguro sobre a adequação, sobre a necessidade e sobre a proporcionalidade e.s.e., quer pelo autor da medida, quer

---

[1568] Saber se na interpretação da lei deve o juiz constitucional procurar extrair a vontade objetiva (v., por todos, GEIGER, «Gegenwartsprobleme der Verfassungsgerichtbarkeit als deutscher Sicht», p. 142, *apud* ŠUŠNJAR, *Proportionality...*, p. 132; WERNSMANN, «Wer bestimmt den Zweck einer grundrechtseinschränkenden Norm...», *cit.*) ou a vontade subjetiva do legislador, ou dos membros da maioria ou de uma fração, é uma questão clássica recorrente, que releva da teoria geral da interpretação e que não podemos desenvolver. Em termos gerais, a melhor orientação passará certamente por soluções ecléticas.

[1569] Sobre "fragilidades" do princípio da proibição do excesso resultantes de fatores relacionados com a especificação do fim, v. HIRSCHBERG, *Grundsatz...*, pp. 153 ss.

O PRINCÍPIO DA PROIBIÇÃO DO EXCESSO

por quem a controle posteriormente[1570]. Os fins formulados ou sinalizados de modo excessivamente amplo ou genérico induzem a que praticamente todo e qualquer meio se prefigure como adequado[1571], ao contrário dos fins *precisos*, que reduzem o espetro de medidas adequadas[1572]. Por outro lado, os fins excessivamente amplos ou genéricos provocam mais facilmente a proliferação de alternativas menos interferentes, dificultando futuramente a superação do segmento da necessidade pelo meio primariamente selecionado pelo legislador[1573].

Mesmo que o legislador evite a obscuridade, vacuidade, ambiguidade ou excessiva amplitude dos efeitos que pretende desencadear, um meio pode visar *mais do que um* fim. Nessas circunstâncias, é inevitável que a aplicação do princípio da proibição do excesso, na medida em que pressupõe a delimitação de uma clara relação meio-fim, arrisque perder acutilância ou até viabilidade. A impossibilidade de confrontar um meio com *um só fim* aumenta a complexidade da aplicação e diminui a possibilidade de a proibição do excesso funcionar como *critério de decisão*. Por exemplo, uma medida pode ser adequada e necessária na perspetiva de um dos fins e não de outro ou outros, complicando-se a situação se for adequada ou necessária para o fim ou fins secundários mas não para o principal ou principais.

A apresentação pelo legislador de um fim que não é o realmente visado não desencadeia automaticamente a invalidade da norma. Prosseguir um fim diferente daquele que é invocado não provoca, por si, qualquer tipo de invalidade. A invalidade pode seguramente resultar de o fim efetivamente prosseguido não

---

[1570] V. capítulo 19.

[1571] Schlink, «Der Grundsatz der Verhältnismäßigkeit», p. 450.

[1572] Ao ponto de poder haver fins tão específicos que praticamente se confundem com um único meio capaz de os realizar, sendo, por isso, inadequados todos os demais: v. Hickman, «The Substance...», p. 704.

[1573] Schlink, «Der Grundsatz der Verhältnismäßigkeit», p. 450; Hickman, «Proportionality...», p. 38. Uma ilustração da diferença que pode fazer a referência a um fim mais lato ou mais específico pode ser colhida no acórdão nº 392/89, do Tribunal Constitucional (embora não incida sobre norma legislativa). Estava em causa norma de portaria de extensão que estabelecia que quando uma empresa vencesse um concurso para a prestação de serviços de limpeza num determinado local de trabalho teria de ficar com os trabalhadores da empresa que perdesse o concurso, se esta estivesse anteriormente a prestar aquele serviço no referido local de trabalho. Julgou-se que a restrição imposta à liberdade negocial da empresa vencedora do concurso não era *necessária* para garantir a manutenção dos postos de trabalho dos trabalhadores que prestavam serviços de limpeza naquele local. O Tribunal entendeu que o fim admissível (tratava-se de um ato não legislativo, onde a liberdade de conformação do autor é menor do que na legislação) era a preservação *dos postos de trabalho* dos trabalhadores da empresa perdedora, não sendo a medida necessária para esse fim, uma vez que a manutenção dos postos de trabalho podia ser garantida de outro modo. Se o Tribunal tivesse considerado um fim mais específico – a salvaguarda da prestação do trabalho *no mesmo local de trabalho* –, a necessidade da medida teria de ser reconhecida.

CONFORMAÇÃO DO FIM

caber na liberdade de conformação do legislador, mas não de ser diferente do fim alegado. Sem embargo, a prossecução de um fim diferente do invocado pode ter repercussões indiretas ao nível da proibição do excesso. O meio escolhido pelo legislador pode ser adequado ou necessário para prosseguir o fim fictício, mas não o ser para prosseguir o fim real. Se este for identificado pelo juiz constitucional, a invalidade da norma é declarada, aí sim por violação da proibição do excesso.

2.1.2. Validade

Na linguagem mais corrente da doutrina a expressão fim legítimo é usada com o sentido restritivo de fim válido[1574].

A exigência de *validade* do fim da norma é expressão de um postulado geral da atividade do Estado, exigível não apenas em situações de eventual aplicação da proibição do excesso. Se o fim da norma não for, em si, permitido pelo Direito, aquela será inválida sem que seja necessário recorrer ao crivo do princípio da proibição do excesso[1575].

Não vigora uma *presunção de constitucionalidade* – nem ilidível nem inilidível – de todo e qualquer fim visado pelo legislador[1576].

Nem a Constituição portuguesa nem em geral os outros textos constitucionais (por impossibilidade auto evidente, mas também por opção ideológica)

[1574] Cfr. GRIMM, «Proportionality...», p. 387; RIVERS, «Proportionality, Discretion...», p. 171; BOROWSKI, *Grundrechte...*, 2ª ed., p. 186; KLATT/MEISTER, *The Constitutional...*, p. 8; BARAK, *Proportionality...*, pp. 245 ss.; ENGEL, «Das legitime Ziel...», *cit.*

[1575] Sublinham-no, por exemplo, SCHLINK, *Freiheit...*, p. 460; SERRANO, *Proporcionalidad y derechos fundamentales...*, pp. 101 ss.; NOVAIS, *As restrições...*, pp. 737-738; NOGUEIRA, *Direito Fiscal...*, p. 90; HEUSCH, *Der Grundsatz...*, p. 39.

[1576] Esta referência merece ser sublinhada porque em certos ordenamentos, como o dos EUA, essa presunção de constitucionalidade vigora, embora apenas no que toca às normas que introduzam limites nos direitos constitucionais cujas restrições estão sujeitas ao chamado *minimal scrutiny* (v. *supra*). Por outro lado, a recusa de uma presunção geral ou específica de constitucionalidade não merece a concordância de todos: cfr. HESSE, *Grundzüge...*, 20ª ed., nº marginal 83; PULIDO, *El principio...*, p. 698, fala de uma *conceção negativa* da legitimidade do fim, nos termos do qual "qualquer fim é legítimo, a menos que esteja proibido expressa ou implicitamente pela Constituição". Daí derivaria a presunção de constitucionalidade das leis e dos fins das leis, que implicaria que o ónus da prova da inconstitucionalidade do fim caberia a quem a alegasse, bastando ao legislador demonstrar qual o fim visado pela restrição. A presunção de constitucionalidade do fim da lei valeria mesmo perante uma proibição *prima facie* desse fim estabelecida na constituição (p. 704). No texto recusa-se a conceção da constituição como simples *limite negativo* (ainda por cima, limite negativo *fraco*) à liberdade de conformação do legislador. Adiante se recusará também esta conceção rígida – e inaceitavelmente *diluidora do valor da constituição* – da repartição do ónus da prova. Fora situações episódicas – v., por exemplo, acórdão nº 25/84 – o Tribunal Constitucional português não se tem mostrado recetivo à ideia da presunção de constitucionalidade.

O PRINCÍPIO DA PROIBIÇÃO DO EXCESSO

contêm normas que permitam delimitar exaustivamente todos os bens, interesses ou valores cuja promoção o legislador deve ou pode visar e, consequentemente, as classes de fins que deve ou pode prosseguir.

As classificações de fins assumem caráter primacialmente doutrinal[1577] e jurisprudencial, sendo relevante a adoção de um critério mais *apertado* – como no Canadá – ou mais *aberto* – como na Alemanha[1578] – sobre o que constitui fim válido no contexto da dogmática da proibição do excesso.

Para que possam ser considerados válidos, os fins imediatos (i) não devem ser nem absoluta nem relativamente proibidos, isto é, devem ser prescritos ou permitidos pela constituição. Todavia, os fins proibidos relativamente (ou *prima facie*) podem ser em certas circunstâncias prosseguidos. Os fins válidos podem consistir (ii) na satisfação de bens, interesses ou valores públicos ou de posições jurídicas subjetivas e (iii) ter ou não cobertura constitucional direta.

2.1.2.1. *Fins imediatos proibidos, prescritos ou permitidos*

Na aferição da validade do fim, o legislador deve atender, antes do mais, à modalidade deôntica da estatuição da norma que define a sua conduta no que toca a um bem, interesse ou valor. É desse modo que apura se pode ou deve praticar alguma intervenção, promovendo a sua satisfação ou interferindo nele, ou se deve abster-se de o fazer. Como veremos, a estrutura deôntica da norma que rege a conduta do legislador é também decisiva para verificar qual o instrumento de mediação de harmonização aplicável em caso de colisão normativa[1579].

O conceito de *intervenção* legislativa, ou intervenção legislativa em bens, interesses ou valores, abrange o conceito de *interferência* (estudado no próximo capítulo) e o conceito de *satisfação* de bens, interesses ou valores. Isto é: as intervenções legislativas podem produzir efeitos (negativos) de interferência em bens, interesses ou valores, ou efeitos (positivos) de satisfação de bens, interesses ou valores.

Do ponto de vista sintático, as formulações normativas sobre intervenções do legislador em bens, interesses ou valores podem ou não utilizar o verbo auxiliar *dever*[1580] (dever de agir ou de omitir, não dever de agir, não dever de omitir, não dever de agir nem de omitir) ou expressões traduzíveis em termos de

---

[1577] A obra de enquadramento geral dos diferentes fins do Estado que se recomenda é a de SOMMERMANN, *Staatsziele und Staatszielbestimmungen, cit.*

[1578] No Canadá o fim tem de ser premente e substancial (*pressing and substantial*) ou suficientemente importante para justificar a interferência; na Alemanha exige-se apenas que seja legítimo. Cfr. BARAK, *Proportionality...*, p. 490; JACKSON, «Constitutional Law...», pp. 3112-3113; THORBURN, «Proportionality», p. 305.

[1579] *Infra*, capítulo 13.

[1580] Dever e obrigação são aqui considerados sinónimos: assim, GUASTINI, *Distinguiendo...*, p. 110.

418

CONFORMAÇÃO DO FIM

dever, como proibição, prescrição ou permissão[1581]. Mas mesmo quando as disposições não exprimem aparentemente modalidades deônticas, elas e as normas que delas se extraem através da interpretação podem ser (re)construídas com estrutura deôntica[1582], configurando-se então normas (constitucionais, supranacionais ou internacionais, consoante o caso) que estatuem *proibições, obrigações ou permissões*.

Na medida em que têm um tronco comum ou em que podem todos ser convertidos ao conceito básico de dever (e também de permissão), os modos deônticos são mutuamente reconvertíveis, em alguns casos com o emprego da negativa[1583]. Assim, a obrigação traduz-se num dever de ação positiva, sendo o mesmo que uma proibição de abstenção ou de ação negativa e envolve necessariamente uma permissão de ação positiva (mas não de abstenção). A proibição traduz-se num dever de abstenção ou de ação negativa, sendo o mesmo que uma

---

[1581] Sobre os modos deônticos (proibição, obrigação, permissão), particularmente no contexto das posições jurídicas subjetivas, v. o nosso «Relação Jurídico-pública», *cit.*; G. H. VON WRIGHT, «Deontic Logic», *cit.*; *idem, Norm and Action...*, *cit.*; ALEXY, *A Theory...*, p. 87; ASCENSÃO, *O Direito...*, 13ª ed., p. 514; TEIXEIRA DE SOUSA, *Introdução...*, pp. 203 ss.; LAMEGO, *Elementos de Metodologia...*, pp. 214 ss.; TIAGO ROLO MARTINS, «Estudo de lógica...», pp. 117 ss. Na senda de ALCHOURRÓN/ BULGYIN, *Normative Systems*, muitos autores como GUASTINI, *Distinguiendo...*, pp. 93, 118 ss. e *La sintassi...*, pp. 57 ss., distinguem não três, mas quatro modalidades deônticas *elementares*: obrigação (O), proibição (Ph), permissão (P) e *faculdade* (F), referindo-se esta à possibilidade de omitir ou de não praticar um ato. A conjugação entre os operadores elementares permissão e faculdade dá lugar ao operador composto *liberdade*, que outros designam de *permissão forte*, isto é, o ato pode ser praticado ou omitido, não está proibido nem é obrigatório (o que no texto designamos de permissão). Há quem entenda que há um espaço livre de Direito, um espaço regulado mas não valorado pelo Direito, no âmbito do qual se admitem condutas nem lícitas nem ilícitas, isto é condutas que o Direito não permite, nem proíbe (nem prescreve, bem entendido): v., por todos, A. KAUFMANN, *Filosofia...*, pp. 337 ss. (com mais bibliografia). A discussão trava-se com particular enfase no Direito Penal. A doutrina é certamente discutível (conduzindo, por exemplo, à conclusão de que o náufrago que mata outro náufrago para poder usar a única tábua de salvação existente e salvar-se, ou o médico que usa o único ventilador de que dispõe para salvar um dos dois doentes que dele necessitam, com a consequência de um deles sobreviver e o outro morrer, não comentem um ato lícito nem ilícito) mesmo no Direito Penal. No contexto do Direito Constitucional é imprestável: qualquer conduta ou é conforme com a constituição, por ser permitida ou prescrita, sendo portanto lícita, ou é desconforme com a constituição, por ser proibida e, consequentemente, ilícita.

[1582] Diferentemente do que defende GUASTINI, *Distinguiendo...*, p. 112, todos os enunciados normativos podem ser transcritos através de fórmulas deônticas. Por exemplo, o enunciado "é derrogado o artigo x da lei y" pode ser reformulado como "o artigo x da lei y *deve* ser considerado derrogado" ou "o artigo x da lei y *não deve* ser aplicado" (por estar derrogado).

[1583] GUASTINI, *Distinguiendo...*, p. 118; *La sintassi...*, p. 60; DAVID DUARTE, «Os Argumentos da Interdefinibilidade dos Modos Deônticos em Alf Ross: a Crítica, a Inexistência de Permissões Fracas e a Completude do Ordenamento em Matéria de Normas Primárias», in *RFDUL*, vol. XLIII, nº 1 (2002), pp. 257 e ss.; TEIXEIRA DE SOUSA, *Introdução...*, pp. 208 ss. Em contrapartida, os termos deônticos não são definíveis através de termos não deônticos.

O PRINCÍPIO DA PROIBIÇÃO DO EXCESSO

não permissão de ação positiva. Finalmente, uma permissão de ação (positiva e/ou negativa) é o mesmo que uma não obrigação de ação (positiva e/ou negativa) ou que uma não proibição de ação (positiva e/ou negativa)[1584].

Teoricamente, as proibições, prescrições ou permissões de intervenção podem ser *prima facie* ou absolutas[1585]. As proposições normativas proibitivas, prescritivas ou permissivas de intervenção são *prima facie* ou absolutas, consoante possam ser *derrotadas*, ou não[1586], por considerações contingentes na fase da aplicação (entendida a expressão fase de aplicação em sentido lato, que abrange quer as condutas de cumprimento ou de exercício da norma pelo destinatário, quer de imposição do seu cumprimento, quer de sancionamento do incumprimento).

Um sistema constitucional composto apenas por permissões dificilmente poderia ser reconhecido como um ordenamento viável[1587]. Mas a sua decomposição em obrigações ou proibições absolutas também não é concebível. Uma constituição que combina pretensões dirigentes com uma ampla liberdade de conformação do legislador recorre sobretudo a uma combinação de proibições, prescrições e permissões *prima facie*. Por isso, as situações de *obrigação absoluta* ou de *permissão absoluta* de intervenções em bens, interesses ou valores específicos, isto é, insuscetíveis de ser derrotadas por considerações resultantes de ponde-

---

[1584] Estas relações podem ser expressas com vantagem através dos operadores da lógica deôntica. Assim, sendo O para obrigação, Ph para proibição e P para permissão, p para conduta, ¬ para negação:

$Op \equiv Ph\neg p \equiv \neg P\neg p$ (a obrigação de praticar p é equivalente à proibição de não praticar p e à não permissão de não praticar p)

$O\neg p \equiv Php \equiv \neg Pp$ (a obrigação de não praticar p é equivalente à proibição de praticar p e à não permissão de praticar p)

$\neg O\neg p \equiv \neg Php \equiv Pp$ (a não obrigação de não praticar p é equivalente à não proibição de praticar p e à permissão de praticar p)

$\neg Op \equiv \neg Ph\neg p \equiv P\neg p$ (a não obrigação de praticar p é equivalente à não proibição de não praticar p e à permissão de não praticar p)

Todavia, não podendo sequer desenvolver adequadamente os rudimentos da lógica deôntica e as suas relações com as colisões normativas, não sobrecarregaremos o texto com aqueles operadores. Por todos, para maiores desenvolvimentos, ALCHOURRÓN/BULYGIN, *Normative...*, p. 74; ZORRILLA, *Conflictos...*, pp. 89 ss.; MORESO, *La indeterminación...*, pp. 18 ss.

[1585] A tese dos fins proibidos, obrigatórios ou permitidos *prima facie*, bem como a ideia dos direitos *prima facie* têm a sua origem no conceito de *obrigação* (ou dever) *prima facie* de W. D. Ross, *The Right and the Good*, acima referido. Quando a obrigação deixa de ser *prima facie* e se torna dever definitivo fala-se de *duty proper*, obrigação *all-things considered*.

[1586] Tem-se como referência a definição de derrotável ou *defeasible* proposta por JOHN FINNIS, in Ted Honderich (ed.), *The Oxford Companion to Philosophy* (New Edition), Oxford University Press, Oxford, 2005, p. 194.

[1587] GUASTINI, *Distinguiendo...*, p. 119.

CONFORMAÇÃO DO FIM

ração política ou jurídica, são virtualmente inexistentes[1588]. Em contrapartida, existem proibições absolutas de *interferência* em bens, interesses ou valores, ainda que circunscritas.

De seguida, analisaremos os termos em que a intervenção em bens, interesses ou valores, naquelas duas modalidades de promoção e interferência, é objeto de:

– proibição absoluta;
– proibição *prima facie*;
– obrigação *prima facie*;
– permissão *prima facie*.

2.1.2.1.1. *Intervenções proibidas de forma absoluta*

Na medida em que a liberdade de conformação do fim é uma derivação direta do princípio democrático, o legislador do momento não deve estar espartilhado por uma rede de proibições, muito menos de proibições absolutas[1589]. As proibições absolutas de ação positiva, seja de promoção, seja de interferência, são exceções à liberdade de conformação do legislador[1590].

A natureza *absoluta* das proibições de intervenção implica que quando haja uma colisão entre o dever *absoluto* do legislador de se abster de qualquer ação positiva de promoção ou de interferência em específicos bens, interesses ou valores e um dever não absoluto ou permissão de intervenção em outros bens, interesses ou valores que implique o não cumprimento total ou parcial daquele dever absoluto, essa colisão é meramente aparente, uma vez que a proibição absoluta prevalece sempre.

Olhando para a Constituição ressaltam pelo menos quatro tipos de intervenções em bens, interesses ou valores proibidas absolutamente[1591]: (i) intervenções que atingem os fundamentos do Estado; (ii) intervenções que promovem bens, interesses ou valores cuja promoção caia fora das atribuições do Estado;

[1588] Não versaremos o tema da possibilidade de o próprio legislador se autovincular a proibições da prossecução de certos fins, através de normas legais com ou sem valor reforçado. Mas também, aí não se vislumbra a possibilidade de proibições com caráter absoluto.

[1589] A visão de uma constituição como um genoma jurídico, de onde tudo deriva, desde as normas de direito penal, até à regulação da produção de termómetros, foi criticada por FORSTHOFF, *Der Staat...*, p. 144. A visão de uma constituição como mero *quadro*, em contraponto com uma constituição como fundamento, foi defendida por BÖCKENFORDE, «Grundrechte als Grundsatznormen...», *cit.*, trad. italiana, *Stato...*, p. 261. V. a análise de ALEXY, *A Theory...*, pp. 389 ss.

[1590] Cfr. LERCHE, *Übermass...*, pp. 226 ss.; GRABITZ, «Der Grundsatz...», pp. 573 ss.; DECHSLING, *Das Verhältnismassigkeit...*, p. 77; C. BERNAL PULIDO, *El principio...*, p. 698.

[1591] Não é sustentável a posição daqueles que, como TSAKYRAKIS, «Proportionality...», p. 488, entendem que o princípio da proibição do excesso não se coaduna com a exclusão liminar e absoluta de certos fins; assim, MÖLLER, «Proportionality...», p. 718; CLÉRICO, *El Examen...*, p. 86.

O PRINCÍPIO DA PROIBIÇÃO DO EXCESSO

(iii) intervenções que envolvem a interferência em direitos absolutos; (iv) intervenções que suprimem ou reduzem limites internos de direitos, constitucionalmente previstos.

2.1.2.1.1.1. Intervenções que atingem os fundamentos do Estado ou que promovem bens, interesses ou valores cuja promoção caia fora das atribuições do Estado

O legislador está absolutamente proibido de interferir nos pilares da ordem fundamental liberal-democrática ou de promover bens, interesses ou valores que sejam com eles incompatíveis[1592].

Por outro lado, o legislador democrático está absolutamente proibido de promover uma determinada visão da *virtude*, do *bem individual* ou *da vida boa*, de acordo com um ideal (pretensamente) perfecionista. A promoção – eventualmente com imposição aos membros da comunidade – de uma conceção do bem individual, de um estilo de vida, de uma mundivisão, é proibida por uma conceção dos direitos fundamentais baseada nos valores da autonomia e da dignidade da pessoa humana. Quando o fim do legislador é, *exclusivamente*, substituir-se ao indivíduo na definição da conceção de *vida boa*, sem visar a promoção de qualquer componente de interesse coletivo, ou de bem, interesse ou valor voluntariamente assumido pelo próprio indivíduo, esse fim é ilegítimo[1593]. Não compete ao Estado/legislador substituir-se ao indivíduo na definição sobre se deve seguir os preceitos de uma determinada religião, uma certa orientação sexual ou política. Esta é uma consequência direta de uma interpretação democrática e personalista dos direitos fundamentais: quando a Constituição radica direitos fundamentais na proclamação da dignidade da pessoa humana (artigo 1º), a primeira consequência é que o Estado não se pode substituir ao indivíduo em decisões que só a este cabem[1594].

Todavia, há situações de fronteira: os fins de aperfeiçoamento pessoal, que devem ser reservados para a esfera individual, podem ocasionalmente desencadear efeitos *colaterais* ou *secundários* que importam à coletividade. Nessas cir-

---

[1592] BOROWSKI, *Grundrechte...*, 2ª ed., p. 187.

[1593] KUMM, «Political Liberalism...», p. 145; *idem*, «Más allá del princípio...», p. 282, fala de *excluded reasons*, inspirado nas *exclusionary reasons* de PILDES, «Avoiding balancing: The Role of Exclusionary ...», pp. 711 ss. Posição diferente é, por exemplo, a de MICHAEL SANDEL, *Public Philosophy. Essays on Morality in Politics*, Harvard University Press, Cambridge Ma, 2005, cap. 23; URBINA, «A Critique...», p. 76.

[1594] Como se pode extrair de «Political Liberalism...», *idem*, em rigor KUMM considera estes ideais de perfecionismo *excluded reasons* quer no âmbito da avaliação da legitimidade do fim, quer no âmbito da avaliação da proporcionalidade e.s.e. Os ideais especificamente perfecionistas nem sustentam fins que possam aspirar a ser considerados legítimos, nem são razões que possam ser ponderadas na proporcionalidade e.s.e.

CONFORMAÇÃO DO FIM

cunstâncias, saímos da zona de *proibição absoluta* e entramos no domínio de eventuais proibições ou permissões *prima facie*[1595].

2.1.2.1.1.2. Intervenções que representam interferências em direitos absolutos
Conforme explicitamos noutro capítulo[1596], admite-se a (excecionalíssima) existência de direitos fundamentais absolutos ou, mais rigorosamente, de posições jurídicas subjetivas garantidas de forma absoluta. São aquelas posições jurídicas subjetivas que, tendo natureza essencialmente negativa, isto é, sendo objeto de um dever de abstenção do Estado, não são derrotáveis, não estão dependentes da ponderação com *outros* bens, interesses ou valores, nem são suscetíveis de interferências subordinadas à proibição do excesso ou a outro instrumento harmonizador.

Os casos mais salientes são os que respeitam ao direito à vida. O legislador está absolutamente proibido de interferir ou tem o dever absoluto de se abster de interferir nesse bem, interesse ou valor fundamental absoluto[1597]. Isso traduz-se, entre outros aspetos, na proibição de criar um quadro jurídico que ponha em risco a vida ou que ameace a vida.

2.1.2.1.1.3. Intervenções que suprimem ou reduzem limites internos de direitos, constitucionalmente previstos
Quando a Constituição define limites internos ao direito fundamental, o legislador está absolutamente proibido de suprimir ou de alguma forma reduzir esses limites. Por exemplo, estabelecendo o artigo 45º, nº 1, um limite interno ao direito de reunião ("Os cidadãos têm o direito de se reunir, *pacificamente e sem armas*"), o legislador não pode emitir normas que permitam que os cidadãos exerçam o seu direito de reunião na posse de armas.

2.1.2.1.2. Intervenções proibidas prima facie
Tal como as proibições absolutas, também as proibições *prima facie* de intervenção são excecionais em relação ao princípio da liberdade de conformação do legislador. A diferença entre proibições absolutas e *prima facie* é que estas podem ser derrotadas por argumentos que sobrelevem os argumentos que originalmente justificaram a proibição *prima facie*[1598]. Isso supõe uma operação de

---

[1595] Está no limiar dessa fronteira, por exemplo, o artigo 70º, nº 2, da Constituição, quando estabelece como objetivo prioritário da política de juventude a indução do "gosto pela criação livre" e o "sentido de serviço à comunidade".

[1596] Capítulo 10.

[1597] Tal como está, aliás, proibido, de usar a vida como *meio* para a prossecução de certos fins, estando, por exemplo, proibida a pena de morte como *meio* de prossecução de finalidades penais ou a realização de experiências científicas que ponham em risco a vida. V. capítulo 11.

[1598] Assim, CLÉRICO, *El Examen...*, p. 86.

O PRINCÍPIO DA PROIBIÇÃO DO EXCESSO

ponderação logo em sede de aferição da legitimidade do fim: ao legislador cabe verificar se as razões que levaram ao estabelecimento da proibição *prima facie* devem ou podem ceder perante razões (mais fortes e especialmente fortes) que justificam que a intervenção proibida *prima facie* seja afinal realizada.

Referiremos três núcleos: (i) promoção do *bem* individual a que se associa a promoção colateral de interesse público; (ii) promoção de bens, interesses ou valores de "tradição, convenção ou preferência"; (iii) interferência em direitos, liberdades e garantias. Nos dois primeiros casos pode questionar-se se a proibição da intervenção é absoluta ou simplesmente *prima facie*.

2.1.2.1.2.1. Intervenções de promoção do *bem* individual a que se associa a promoção colateral de interesses públicos

A imposição à comunidade de bens, interesses ou valores que correspondem a uma conceção perfecionista de *bem* ou de *vida boa* que, numa ordem jurídica tributária da dignidade e autonomia da pessoa, deve ser objeto de escolhas individuais, é absolutamente proibida. Mas pode suceder que à noção de *bem*, inerente a determinados bens, interesses ou valores, se agregue, como propriedade colateral, uma componente de interesse coletivo[1599].

Por exemplo, ao Estado é proibido *em absoluto* promover bens, interesses ou valores religiosos. Não pode difundir ou promover qualquer religião, ou o valor da prática religiosa em si. Essa proibição é particularmente enfatizada quanto ao ensino público (artigo 43º, nºs 2 e 3). Contudo, o legislador pode concluir que a promoção de valores religiosos em abstrato permite acautelar o bem, interesse ou valor da estabilidade social, cuja promoção lhe é permitida, pelo que podem ou devem ser mobilizados meios públicos para a sua prossecução (esse argumento foi já aceite pelo Tribunal Constitucional português[1600]). Assim, haveria uma proibição absoluta da promoção de bens, interesses ou valores específicos; porém, em circunstâncias concretas essa proibição seria degradada em proibição *prima facie* (e, portanto, derrotável) se a promoção desses bens, interesses ou valores específicos se mostrasse comprovadamente instrumental à promoção de outros bens, interesses ou valores entrantes na liberdade de conformação do legislador.

[1599] Já estudámos antes um exemplo eventualmente mais radical, tratado pelo Tribunal Constitucional, de norma que protege o *bem* da pessoa contra a sua própria vontade. É o caso da norma que limita a autonomia da vontade do trabalhador sinistrado (impedindo-o, por exemplo, de requerer e obter a remição de pensão vitalícia) com vista a garantir a subsistência condigna desse mesmo trabalhador ao longo de toda a sua vida. V. acórdão nº 314/13.

[1600] Sobre isso, o nosso «Portugal», in Gerhard Robbers/W. Cole Durham (eds.), *Encyclopedia of Law and Religion*, Brill Nijhoff, 2016. Algo diferente, Kumm, «Más allá del princípio...», pp. 282 ss.

CONFORMAÇÃO DO FIM

2.1.2.1.2.2. Promoção de bens, interesses ou valores de "tradição, convenção ou preferência"

Tomemos a situação julgada pelo Tribunal Europeu dos Direitos do Homem, *Lustig-Prean and Beckett v. UK*[1601]. A questão central era a investigação feita no Reino Unido a cidadãos que pretendessem ingressar e prestar serviço na *Royal Navy*, com vista a apurar a sua orientação sexual e a vedar o ingresso de homossexuais. Admitamos a hipótese enunciada por KUMM de que os bens, interesses ou valores que o legislador pretendia verdadeiramente acautelar não se prendiam com a operacionalidade e capacidade de combate da força militar – fins alegados pelo Governo – mas com outros que o autor designa de "tradição, convenção ou preferência"[1602]. Estariam em causa, afinal, valores da tradição que honram antigas preferências por forças armadas livres de homossexuais ou que materializam ideias de que "as forças armadas não são para homossexuais", ou a realização de uma "conceção compreensiva do bem" (RAWLS), de fundo religioso ou moral, que, por exemplo, considere a homossexualidade pecaminosa ou contrária ao sentido natural da existência humana. KUMM recorre às noções de *juízo coletivo de razão* e de *razão pública* para defender que aqueles bens, interesses ou valores (ou razões, ou fins) não podem ser considerados legitimadores da interferência em direitos, claudicando no âmbito do que considera o primeiro segmento da proibição do excesso (a averiguação da legitimidade do fim)[1603].

Uma possibilidade é considerar a promoção desses bens, interesses ou valores proibida *absolutamente*. Outra é considerá-la proibida *prima facie*. Neste segundo caso, o legislador pode promovê-los se identificar razões que na ponderação concreta suplantem as razões que fundamentam a proibição. A questão é controversa e não a damos por encerrada na exposição que antecede.

2.1.2.1.2.3. Interferência em direitos, liberdades e garantias

Embora cada direito tenha uma estrutura própria que obriga a adaptações a esta doutrina, é essencialmente correta a afirmação geral de que os direitos de defesa ou de liberdade implicam uma proibição *prima facie* de interferências do legislador (podendo, analogamente, dizer-se o mesmo em relação

---

[1601] ECHR 71 (27 Setembro 1999).

[1602] KUMM, «Democracy...», p. 22.

[1603] Concordante MÖLLER, «Proportionality...», p. 712, com referência a outro caso, *Smith & Grady v. UK*, também de 27 de Setembro de 1999, em que estava em causa a medida de excluir soldados homossexuais do exército com o fim de evitar tensões entre homossexuais e heterossexuais que conduzissem a um declínio da moral e da capacidade de combate. Note-se que TSAKYRAKIS, «Total Fredoom...», pp. 17 ss., «Proportionality...», pp. 491 ss., usa estes casos para tentar demonstrar que o instrumento da proporcionalidade não é adequado nem tão pouco aplicável a estas situações.

O PRINCÍPIO DA PROIBIÇÃO DO EXCESSO

à vertente negativa de direitos sociais). Todavia, esta proibição *prima facie* de interferências tem de ser articulada com normas constitucionais expressas ou implícitas de permissão ou de obrigação de interferências com vista à prossecução de outros bens, interesses ou valores. Entre essas normas constitucionais situa-se a cláusula geral implícita de restrições que permite interferências com vista à promoção de bens, interesses ou valores especificamente enunciados pela Constituição portuguesa e pela DUDH, como defenderemos adiante[1604].

2.1.2.1.3. *Intervenções prescritas prima facie*

Como se referiu, a recusa de uma conceção dirigista de constituição veda a existência de obrigações absolutas de ação do legislador. No entanto, uma constituição moderadamente dirigente pode estabelecer obrigações *prima facie* de intervenções legislativas em bens, interesses ou valores.

A Constituição portuguesa, sob a linguagem polissémica dos princípios, direitos, deveres ou das "tarefas", "incumbências", objetivos, por vezes adjetivados como fundamentais ou prioritários (v., sobre os últimos, artigos 9º, 81º, 99º, 100º), aponta ao legislador bens, interesses ou valores que deve promover, respeitar ou fazer respeitar[1605]/[1606]. Os fins *legítimos* mais proeminentes são, pois, os que consistem na satisfação desses bens, interesses ou valores, que se caraterizam por possuir atributos de normatividade e obrigatoriedade *prima facie* de grau superior.

Trata-se de fins tão diversos (e até de importância tão diversa) como promover a igualdade entre homens e mulheres (artigo 9º, *h*)), eliminar os latifúndios e reordenar o minifúndio (artigo 81º, *h*)), racionalizar os circuitos de distribuição (artigo 99º, *b*)) ou reforçar a inovação industrial e tecnológica (artigo 100º, *b*)). É também o caso da salvaguarda dos princípios e bens, interesses ou valores com caráter *fundamental* expressos ou implícitos nos primeiros onze artigos da Constituição, designadamente os da soberania popular, da dignidade da pessoa humana, do Estado de direito democrático, do pluralismo, da separação e interdependência de poderes, da legalidade democrática, da unidade do Estado, da inalienabilidade do território nacional ou dos direitos de soberania sobre ele, da subsidiariedade, da autonomia das autarquias locais, da descentralização

---

[1604] Cfr. *infra*, capítulo 9, 3.3.

[1605] Há ainda que contar com a virtude "mágica" nomopoiética de que fala sugestivamente GUASTINI, *La sintassi...*, p. 205, isto é, da capacidade de disposições constitucionais (no caso, princípios) gerarem ulteriormente uma quantidade inumerável de outras normas.

[1606] Há coincidência entre o conceito de norma de bens, interesses ou valores e o conceito mais compactado de *norma-valor* proposto por SARTOR, «The Logic of Proportionality...», pp. 1425 ss., como vetor da racionalidade teleológica ou consequencialista. Este, por seu turno, colhe alguma inspiração no conceito de *Zweckprogramme* de LUHMANN.

CONFORMAÇÃO DO FIM

democrática da administração pública, da independência nacional, do respeito dos direitos do homem, dos direitos dos povos e da igualdade entre os Estados, da solução pacífica dos conflitos internacionais, da não ingerência nos assuntos internos dos outros Estados e cooperação com todos os outros povos.

Sem embargo, a densidade do dever que decorre da Constituição pode variar em função da importância abstrata e da amplitude da margem de livre conformação que o legislador conserve na definição do momento, importância e intensidade da sua satisfação.

Há casos que se reconduzem à figura do *dever específico* de ação legislativa. Nesse âmbito, a liberdade de conformação do legislador aproxima-se do limiar mínimo (embora não se desvaneça). Há outros casos em que a imposição da prossecução de bens, interesses ou valores assume contornos de alta abstração, *insuscetíveis de fundar um dever específico de legiferação*. Saber a que categoria pertence o dever constitucionalmente fundado é uma tarefa de interpretação.

No primeiro grupo de casos a doutrina insere normalmente: (i) os deveres de proteção dos direitos de particulares contra interferências ou perturbações perpetradas por outros particulares; (ii) os deveres de proteção dos direitos de particulares contra interferências ou perturbações perpetradas por poderes estatais estrangeiros; (iii) os deveres de possibilitação do exercício de certos direitos fundamentais; (iv) os deveres de materialização dos direitos sociais. Teremos oportunidade de estudar estes e outros deveres específicos a propósito do princípio da proibição do defeito.

Neste primeiro grupo, o legislador não fica desprovido do poder de avaliar as possibilidades jurídicas e fáticas do cumprimento do dever *prima facie*, competindo-lhe definir em que termos o cabe assegurar, tendo em conta, designadamente, as situações protótipicas ou casos paradigmáticos, reais ou hipotéticos, apreensíveis ou cognoscíveis, a oportunidade, o diagnóstico da situação de facto e as obrigações eventualmente colidentes. Todavia, o legislador não tem permissão de incumprir integralmente o dever, embora possa, em certas circunstâncias, invocar uma permissão *prima facie* de prossecução de deveres contraditórios sustentada na sua liberdade de conformação.

No segundo grupo de casos, inserem-se as situações que não configuram ou geram deveres específicos de emissão de normas legislativas. Por exemplo, deveres como os de preservação da soberania sobre o território nacional, de preservação da independência nacional, de segurança nacional, de defesa dos direitos dos povos e da igualdade entre os Estados, da solução pacífica dos conflitos internacionais, de não ingerência nos assuntos internos dos outros Estados e de cooperação com todos os outros povos, têm um grau de abstração que compromete a possibilidade de serem fundamento de deveres específicos. A margem de conformação do legislador quanto à sua prossecução é, consequentemente,

O PRINCÍPIO DA PROIBIÇÃO DO EXCESSO

mais ampla. Neste caso, é apropriado falar de deveres *prima facie enfraquecidos*, cuja textura se aproxima mais das situações em que o legislador escolhe livremente prosseguir bens, interesses ou valores, do que das situações em que ele está adstrito a um dever específico de legiferação[1607].

2.1.2.1.4. *Intervenções permitidas prima facie*

Sob esta epígrafe deve estabelecer-se uma subdivisão entre (i) intervenções permitidas *prima facie* com direta cobertura constitucional e (ii) sem direta cobertura constitucional.

2.1.2.1.4.1. Intervenções permitidas *prima facie* com direta cobertura constitucional

Devido ao que se expôs sobre os deveres *prima facie* enfraquecidos, nem sempre é possível distinguir com nitidez entre as situações em que a Constituição prescreve a *obrigação prima facie* de o legislador promover certos fins e as situações em que a Constituição se limita a estabelecer uma *permissão prima facie* de intervenção legislativa de promoção desses fins.

Uma das mais notórias e relevantes permissões (ou rede de permissões) é a que resulta da aceitação de uma cláusula geral de restrições (ou, na terminologia que preferimos, de interferências) de direitos, liberdades e garantias com vista à salvaguarda de outros bens, interesses ou valores constitucionais ou enunciados nas disposições pertinentes da DUDH. Outras são as cláusulas específicas de restrições ou de interferências expressamente consagradas a propósito de vários direitos fundamentais (por exemplo, artigo 270º).

2.1.2.1.4.2. Intervenções permitidas *prima facie* sem direta cobertura constitucional

Sobre a promoção ou satisfação de bens, interesses ou valores que não está nem comandada, nem proibida, nem autorizada *diretamente* pela Constituição

---

[1607] RIVERS, «Proportionality, Discretion...», *cit.*, p. 168, vai mais longe na defesa do caráter enfraquecido destes interesses públicos, uma vez que sustenta que não podem ser considerados exigências de otimização. O legislador não estaria sob a obrigação de os otimizar ou mesmo de os prosseguir de todo. Porventura, os interesses públicos são meras exigências de otimização sem sanção ou permissões de otimização. Os interesses públicos seriam assim redefinidos como permissões de otimização, enquanto os princípios são exigências de otimização ou permissões. Numa conceção extrema, os bens, interesses ou valores de caráter geral, coletivo ou público seriam objeto sempre de *permissões* e não de obrigações do legislador. No texto adota-se uma orientação menos extrema. Relativizando também, HARBO, «The Function of Proportionality...», p. 167. Entendemos que os fins decorrentes de princípios *previstos na constituição* são sempre obrigatórios *prima facie*, salvo se outra coisa dela resultar. Todavia, a virtualidade de deles se retirar um *dever específico de legiferação* é que varia, tal como varia a respetiva importância: haverá provavelmente boas ou muito boas razões para a atribuição de uma importância superior ao fim da promoção da igualdade entre homens e mulheres (artigo 9º, *h*)) comparativamente com a racionalização dos circuitos de distribuição (artigo 99º, *b*)).

428

CONFORMAÇÃO DO FIM

(ou por instrumentos internacionais ou supranacionais) pode defender-se que é proibida *prima facie* ou, em alternativa, que é permitida *prima facie*.

De acordo com a primeira hipótese, o legislador, no exercício da sua liberdade de conformação, apenas teria a faculdade de identificar razões que justificassem a suplantação da proibição *prima facie*. Mas esta orientação só é compatível com uma conceção de constituição dirigista, votada a definir minuciosamente o quadro de ação do legislador.

Por isso, salvo quando isso suponha a interferência em direitos fundamentais[1608], a promoção de bens, interesses ou valores não comandada, proibida ou permitida diretamente pela Constituição, deve considerar-se *permitida prima facie* de forma indireta, por efeito do princípio democrático[1609]. Este pressupõe um nível significativo de liberdade estrutural de conformação de fins pelo legislador no exercício da sua função democrática representativa[1610]. Essa liberdade estrutural de conformação assenta em permissões em sentido *forte* – diretamente extraídas das disposições constitucionais –, mas também em permissões em sentido *débil*, resultantes da ausência de normas constitucionais de proibição ou de obrigação e do princípio democrático[1611].

Fins de interesse público sem assento constitucional, uns conjunturais, outros estruturais ou conjunturais com tendência a estruturais, são, por exemplo, os da boa gestão e comportabilidade financeira – redução da despesa pública, correção do desequilíbrio orçamental excessivo e consolidação orçamental, equilíbrio das contas externas, diminuição da dívida pública[1612], sustentabilidade

---

[1608] V. *infra*, capítulo 9, 3.3.

[1609] Assim, SANCHÍS, *Neoconstitucionalismo...*, p. 128.

[1610] Aludiremos implicitamente em diferentes ocasiões à construção de ALEXY que distingue dois tipos de liberdade de conformação (frequentemente traduz-se – designadamente para o castelhano – como discricionariedade legislativa): estrutural ou substancial, por um lado, epistémica, por outro. A *estrutural* consiste em tudo aquilo que as normas constitucionais não prescrevem nem proíbem. Existem três tipos de liberdade de conformação estrutural: (i) para a seleção de meios; (ii) para a fixação de fins, (iii) para a ponderação. A *epistémica* consiste na competência do poder legislativo para determinar, em casos de incerteza sobre o que está ordenado, proibido ou deixado à discrição do legislador, o que prescrevem ou proíbem as normas constitucionais e o que deixam livre. Há dois tipos de liberdade de conformação epistémica: (i) empírica; (ii) normativa. A empírica permite decidir em situações de incerteza sobre os factos legislativos relevantes. A normativa permite decidir em situações em que não há a certeza sobre a maneira mais apropriada de contrapesar os bens, interesses ou valores em jogo. A estas competências ou poderes equivale a correspondente falta de competência do tribunal constitucional. Entre muitos locais, v., inicialmente, *Teoría*, p. 449; intermediamente, *Epílogo...*, pp. 32 ss.; para uma versão mais recente, «Sobre los Derechos Constitucionales...», pp. 78 ss.; KLATT/MEISTER, *The Constitutional...*, pp. 75 ss.

[1611] Distinguindo permissões fortes e débeis, GUASTINI, *Distinguiendo...*, pp. 120-121.

[1612] V. acórdão nº 187/13 do Tribunal Constitucional.

O PRINCÍPIO DA PROIBIÇÃO DO EXCESSO

do sistema de segurança social[1613] –, os da diminuição dos custos do trabalho ou do aumento da produtividade e da competitividade da economia nacional[1614] e os do combate aos perigos associados ao tráfico e consumo de drogas. Na Alemanha já se chegou a admitir como fins legítimos a proteção da classe média ou a defesa do artesanato [1615].

2.1.2.2. Fins imediatos de satisfação de bens, interesses e valores públicos ou de posições jurídicas subjetivas

Como se viu acima, a *summa divisio* entre bens, interesses ou valores continua a ser – embora crescentemente contestada – entre bens, interesses ou valores públicos ou gerais da comunidade (que se podem designar, abreviadamente, de fins de interesse público ou fins gerais ou fins da comunidade[1616]) e bens, interesses ou valores materializados através de situações jurídicas subjetivas.

2.2. Peso ou importância abstrata

2.2.1. A controvérsia da diferenciação da importância abstrata

A par da legitimidade, outro limite externo à conformação do fim pelo legislador é o do peso ou importância abstrata dos bens, interesses ou valores cuja satisfação constitui o fim da norma e dos bens, interesses ou valores afetados. Sem embargo, a viabilidade de atribuir diferente peso ou importância abstrata a bens, interesses ou valores constitucionais é controvertida.

Embora o debate não tenha começado aí, uma boa referência para o contextualizar é a doutrina do Tribunal Constitucional alemão da constituição como ordem de valores, desenhada e propagada na década de 1950[1617]. Sobre esses alicerces construiu-se a tese de uma hierarquia de valores, isto é, de ordenação de valores de acordo com a sua importância.

[1613] Entre vários, acórdão nº 575/14 do Tribunal Constitucional.

[1614] V. acórdão nº 602/13, do Tribunal Constitucional, nºs 43 e 46.

[1615] ALEXY, «Entrevista...», p. 21; *A Theory*..., p. 395. A doutrina e jurisprudência geradas em espaços com cultura constitucional equivalente fornecem, aliás, outros exemplos relevantes. Por exemplo, BARAK, *Proportionality*..., pp. 265, 274 ss., especula sobre a possibilidade de a proteção *dos sentimentos* dos cidadãos ser um dos propósitos justificadores de restrições de direitos.

[1616] Estes conceitos de fins de interesse público, ou de interesse geral da comunidade, são apenas duas das escolhas possíveis. A doutrina e o direito constitucional positivo mencionam também fins ou interesses coletivos, interesses sociais, fins ou interesses comunitários, interesses do Estado (ou do Governo), etc. Cfr. WEBBER, *The Negotiable*..., p. 74 e *supra*, neste capítulo, 1.6., nota.

[1617] V. indicações gerais em BLECKMANN, *Staatsrecht II*, pp. 253 ss.; ALEXY, *Theorie*..., pp. 125 ss. As origens remontam a RUDOLF SMEND: v., por exemplo, «Das Recht der freien Meinungsäußerung», (1928), *cit.* ou *Verfassung und Verfassungsrecht, cit.* Fala-se, a propósito, de uma versão mais fechada (cfr. a exposição e crítica de ALEXY, *idem*, pp. 138 ss.) ou de uma versão mais branda (ALEXY, *ibidem*, pp. 143 ss.).

CONFORMAÇÃO DO FIM

Todavia, essa nunca deixou de ser uma construção polémica[1618]. A contestação doutrinal atinge a sua intensidade máxima no que toca à possibilidade de uma hierarquia de valores estruturada de acordo com a respetiva importância *abstrata*[1619]. Há quem a negue, particularmente quando se trata de direitos fundamentais[1620], admitindo apenas *hierarquizações concretas*, mutáveis de circunstância para circunstância[1621]. Mesmo os termos gerais da relação entre direitos fundamentais e outros bens, interesses ou valores, como os interesses públicos ou coletivos, não se subordina um critério de ordenação do tipo *in dubio pro libertate*[1622].

Contudo, também há quem admita hipóteses de ordenações abstratas, em diversas variantes, que podem chegar à possibilidade de ordens lexicais mais ou menos fechadas[1623]. Apesar de evidentes dificuldades, é muitas vezes possível

[1618] Cfr. GOERLICH, *Wertordnung und Grundgesetz...*, *cit.*

[1619] Esta possibilidade tem sido rejeitada pelo Tribunal Constitucional, como se expôs *supra*, capítulo 5.

[1620] Frisando esse ponto, MORESO, «Alexy y la Aritmética...», p. 231: a necessidade de atribuir um peso abstrato a cada princípio envolvido implica a existência de uma escala de ordenação abstrata que não é conhecida, não havendo nenhuma que possa ser aceite razoavelmente. V. MORAND, «Vers une Méthodologie de la pesée ...», p. 61; MUZNY, *La Technique de Proportionnalité...*, pp. 92 ss., 346 ss. (no quadro da sua conceção de que os direitos fundamentais só adquirem substância na sua realização concreta).

[1621] MUZNY, *La Technique de Proportionnalité...*, p. 347.

[1622] Sobre o princípio, PETER SCHNEIDER, «In dubio pro libertate», in *Hundert Jahre deutsches Rechtsleben. Festschrift zum hundertjährigen Bestehen des Deutschen Juristentages*, vol. II, 1960, pp. 263 ss. As dificuldades de um princípio *in dubio pro libertate* têm sido sublinhadas: v. HORST EHMKE, «Prinzipien der Verfassungsinterpretation», in *Prinzipien der Verfassungsinterpretation: Berichte und Aussprache zu den Berichten in den Verhandlungen der Tagung der deutschen Staatsrechtslehrer zu Freiburg vom 4. bis 7. Oktober 1961*, VVDStRL, de Gruyter, 1963, pp. 53 ss.; na doutrina nacional, QUEIROZ, *Direitos Fundamentais*, p. 323; ANDRADE, *Os Direitos...*, 5ª ed., p. 287. ALEXY, respondendo à crítica de que a teoria dos princípios fragiliza os direitos, avança com o princípio formal de que os direitos prevaleçam sempre sobre os bens coletivos, o que implica mais do que o *in dubio pro libertate*, uma vez que abrange mais do que os direitos de liberdade (isto é, cobre também direitos a prestações). De acordo com este princípio, verificando-se uma colisão entre um direito e um bem coletivo, havendo argumentos de peso semelhante, resolve-se a favor do direito (ALEXY, «Derechos individuales y bienes colectivos», p. 207). Cfr. a discussão em LOPERA MESA, «Los derechos fundamentales ...», pp. 228 ss., salientando a antinomia entre esse princípio formal e outro, também propugnado pelo autor, *"in dubio pro legislatore"*.

[1623] De facto, variantes de uma ideia de diferenciação da importância abstrata, além da que está subjacente à famosa *Stufentheorie*, aplicável a vertentes diferentes de um mesmo direito (como se viu anteriormente, *supra*, introdução, 2.1.1., a teoria dos graus foi desenvolvida pelo *BVerfG*, sobretudo em situações relacionadas com o artigo 12º da Lei Fundamental de Bona: v. *Entscheidungen* 7, p. 377; *Entscheidungen* 20, p. 150; GENTZ, *Zur Verhältnismäßigkeit...*, p. 1603; PIEROTH/SCHLINK, *Grundrechte...*, p. 75; MANFRED GUBELT, coment. ao artigo 12º, nº 40 e ss., in Ingo von Münch, *Grundgesetz-Kommentar*, vol. I, 3ª ed., 1985), são, desde logo, as das ordenações lexicais, que apre-

O PRINCÍPIO DA PROIBIÇÃO DO EXCESSO

encontrar na constituição (designadamente, na Constituição portuguesa) indícios, mais ou menos confirmados ou reforçados pela realidade constitucional, que alicerçam uma ordenação hierárquica abstrata. Um dos métodos de identificar a ordem hierárquica abstrata é a extrapolação das decisões do juiz constitucional, na medida em que ele – normalmente de modo fragmentário – faça ponderações abstratas[1624]. Outro é a construção dogmático-doutrinal[1625].

Entre as posições que rejeitam e as que aceitam uma ordem hierárquica resultante de ponderação da importância abstrata, há orientações intermédias. Assim se pode classificar a construção de ALEXY, na medida em que rejeita uma hierarquia de valores abstrata fechada, cardinal ou ordinal[1626], admitindo, sem embargo, diferenças de pesos abstratos[1627]. Todavia, ainda que invoque pelo menos a posição hierárquica superior do direito à vida sobre a liberdade geral de ação[1628], o autor reconhece que os pesos abstratos dos princípios colidentes são

---

ciaremos adiante (v. RAWLS, *A Theory of Justice*, p. 42; JEREMY WALDRON, *Liberal Rights*, Cambridge University Press, 1993, p. 216).

[1624] V., por todos, o exercício de HARALD SCHNEIDER, *Die Güterabwägung des Bundesverfassungsgerichts...*, pp. 224 ss.

[1625] Na doutrina portuguesa, MIRANDA perfila-se como o autor que tem levado mais longe o esforço de ordenação ou hierarquização material de bens, interesses ou valores constitucionais, com particular incidência nos direitos fundamentais, quer invocando um critério de "consistência e proteção jurídica" (*Manual...*, tomo IV, 1ª ed., p. 146; 3ª ed., p. 155), quer recorrendo a um "critério valorativo, subjacente à ideia de Direito revelada na sistematização da Constituição" (*Manual...*, tomo IV, 5ª ed., pp. 238-239). V., também, MIRANDA/JORGE P. SILVA, «Anotação ao artigo 18º», in Miranda/Medeiros, *Constituição...*, I, 2ª ed., p. 378; LÚCIA AMARAL, *A Forma...*, pp. 129 ss., elaborando em torno dos princípios fundamentais da Constituição; OTERO, *Direito Constitucional...*, p. 25; MORAIS, *Curso...*, II, 2, pp. 276 ss., o qual, discutindo em torno dos limites materiais de revisão do artigo 288º da CRP, admite a proeminência ou hierarquia material de algumas regras e princípios constitucionais em relação às demais; JORGE P. SILVA, *Deveres do Estado...*, pp. 498 ss. Na doutrina estrangeira, cfr. DECHSLING, *Das Verhältnismäßigkeitsgebot*, pp. 30 ss.; SIECKMANN, «El modelo de los principios...», pp. 159-205; RAUTENBACH, «Proportionality...», pp. 2251 ss.; LOPERA MESA, «Principio de proporcionalidad...» (2008), p. 289; CLÉRICO, *El examen...*, pp. 206 ss. (optando por uma conceção de simbiótica abstrata-concreta); *idem*, «Sobre «casos»...», pp. 124-6.

[1626] *A Theory...*, p. 97: "deveria ficar claro que uma ordem constitucional de valores abstrata, seja cardinal ou ordinal, é inaceitável".

[1627] *A Theory...*, p. 406; «La fórmula del peso», p. 35. Adiante (capítulo 17) analisaremos criticamente a fórmula do peso, particularmente no que se refere à incorporação do peso abstrato:

$$W_{\rho j} = I_i x W_i x R_{i/} I_j x W_j x R_i$$

Wi e *Wj* representam, respetivamente, o peso abstrato dos princípios P_i e P_j, isto é, independentemente de considerações concretas.

[1628] *A Theory...*, p. 406; «La fórmula del peso», p. 23; outra hipótese, adiantada por KLATT/MEISTER, *The Constitutional...*, p. 11: o maior peso abstrato do direito à vida em comparação com o direito à propriedade.

CONFORMAÇÃO DO FIM

frequentemente iguais[1629]. Eventualmente por essa razão, prescinde de testar e demonstrar a hipótese de não equivalência da importância abstrata dos bens, interesses ou valores constitucionais. Isso leva, em última análise, a que o modo de apuramento do peso ou importância abstrata dos princípios em colisão seja algo obscuro[1630]. Aí veem alguns mais um indício de que é inviável chegar a *qualquer tipo razoável de ordenação abstrata*[1631].

Sem embargo, conceber uma dogmática constitucional que atribua a todos os bens, interesses ou valores ancorados na constituição uma importância abstrata uniforme, negligencia alguns *indícios* que a própria constituição por norma contém. E, mesmo que esses indícios textuais sejam escassos ou discutíveis, há sempre que considerar o influxo da *realidade constitucional*. Esforços doutrinais como os de MIRANDA, ALEXY ou HARALD SCHNEIDER (este, a partir da jurisprudência do Tribunal Constitucional alemão até à década de 1970), ou jurisprudenciais como os que levam o Supremo Tribunal americano a assentar boa parte da sua construção constitucional na categoria dos *preferred rights*, ou jus-filosóficos como os que sustentam as *basic liberties* de RAWLS, são viáveis no seu sentido geral, ainda que não indiscutíveis.

Há, por conseguinte, que prosseguir na averiguação. Admitindo-se a possibilidade de diferenciação do peso ou importância abstrata, trata-se do peso ou da importância abstrata de que *grandeza*? O *critério* para a definição do peso ou importância abstrata é material ou formal? O peso ou importância abstrata tem caráter *relativo* ou *absoluto*? O peso ou importância abstrata tem caráter *prima facie* ou *definitivo*? Quem e como se determina o peso ou importância abstrata?

[1629] *A Theory...*, p. 406; «La fórmula del peso», p. 25.

[1630] Cfr. KLATT/MEISTER, *The Constitutional...*, p. 31 (reconhecendo, além do mais, que "ainda há muito trabalho a fazer para clarificar o papel dos pesos abstratos"); PIRKER, *Proportionality...*, p. 35.

[1631] MORESO, «Alexy y la aritmética...», p. 74 (a pista dada por ALEXY de que o direito à vida tem maior peso abstrato do que a liberdade geral de ação é uma intuição perfeitamente aceitável, mas está longe de constituir sequer o núcleo de uma escala de ordenação de todos os direitos); GUIBOURG, «Alexy y su fórmula...», *cit.*; ZORRILLA, *Conflictos...*, p. 248 (admitindo apenas, numa perspetiva metodologicamente positivista, hierarquias baseadas em aspetos formais decorrentes da constituição, embora ALEXY não tivesse em consideração esta classe de critérios, mas sim critérios materiais); PINO, *Derechos...*, p. 214, sustenta que a possibilidade de atribuição de peso abstrato é até pouco plausível, tendo em conta que muitas vezes estarão em causa não os direitos globalmente considerados, ou os seus núcleos essenciais, mas situações jurídicas subjetivas específicas deles decorrentes, cuja relevância instrumental para a realização do interesse que justifica a consagração do direito pode ser diferenciada. Todavia, como se verá no momento próprio, isso não parece afetar decisivamente a possibilidade de diferenciações do peso abstrato.

O PRINCÍPIO DA PROIBIÇÃO DO EXCESSO

2.2.2. Peso ou importância de quê?

Interessa o peso ou importância das disposições constitucionais? Das normas? Dos bens, interesses ou valores? Dos fins?

A atribuição de peso ou importância diferenciado a *disposições* constitucionais é inviável[1632]. Não se pode recorrer a critérios materiais para diferenciar. Tão pouco se pode usar o critério formal da relação hierárquica, uma vez que por natureza não existe diferenciação hierárquica entre disposições com a mesma fonte. Se se pudesse usar de todo o conceito de peso ou importância em relação a elas, as disposições constitucionais só poderiam ter peso ou importância equivalentes[1633].

Já em relação aos bens, interesses ou valores sobre os quais as disposições tomam posição, a questão é diferente. No que a eles concerne, é possível isolar critérios materiais e formais que permitam a atribuição de valor ou importância relativa e a concomitante hierarquização material abstrata. Ora, em bom rigor o que releva verdadeiramente para efeitos da operacionalização do princípio da proibição do excesso, designadamente para a conformação do fim, é o peso ou importância dos *bens, interesses ou valores* cuja satisfação constitui o fim imediato que o legislador liga à norma legislativa. Concomitantemente, pode também falar-se da importância abstrata dos fins, na medida em que refletem o peso ou importância abstrata dos bens, interesses ou valores cuja satisfação se prossegue.

2.2.3. Critérios para a definição do peso ou importância abstrata

Em regra as constituições não fornecem argumentos concludentes e categóricos a favor do estabelecimento da importância ou peso maior ou menor deste ou daquele bem, interesse ou valor. Todavia, não é impossível a extração de critérios formais ou materiais[1634].

Critérios *formais* podem ser, por exemplo, a estruturação dos mecanismos de proteção ou defesa, a enfase resultante do estabelecimento de limites materiais de revisão constitucional, a atribuição de especial resistência em situações de necessidade ou de emergência, a específica atribuição de valor supremo ou superior a certos bens, interesses ou valores[1635].

[1632] Isto, não obstante o artigo 277º, nº 2, parecer distinguir implicitamente entre disposições *fundamentais* e disposições *não fundamentais* da Constituição. Trata-se, porém, de um dos preceitos mais intrigantes do texto constitucional.

[1633] Esta observação atinge desde logo as construções que assentam na atribuição de *peso*, abstrato ou concreto, relativo ou absoluto, aos princípios colidentes: cfr. Clérico, *El examen...*, pp. 209 ss.

[1634] Sobre o caso da Constituição portuguesa, por todos, Miranda, *Manual...*, tomo IV, 5ª ed., pp. 238-239.

[1635] Sobre algumas destas situações, Zorrilla, *Conflictos...*, p. 248; Lopera Mesa, «Principio de proporcionalidad...» (2008), p. 289.

434

CONFORMAÇÃO DO FIM

Os critérios *materiais* atendem ao grau de "fundamentalidade" do bem, interesse ou valor[1636], de acordo com padrões extraídos da constituição ou da "ideia de Direito", ou ancorados em valores materiais metapositivos[1637], em conceções filosóficas, ideológicas ou morais ou em ideais como o da de Justiça[1638].

Incontornável é o influxo da realidade constitucional, no seu permanente contributo de sentido para o discurso constitucional. Mesmo na ausência de qualquer critério formal decisivo ou determinante, sempre a realidade constitucional forçará o reconhecimento de que há bens, interesses ou valores constitucionais abstratamente mais importantes do que outros[1639].

2.2.4. O peso ou importância abstrata tem caráter absoluto ou relativo?

O peso ou importância abstrata de um bem, interesse ou valor ou do fim da sua prossecução pode ter caráter absoluto ou relativo.

No primeiro caso, aquele peso ou importância é atribuído atendendo simplesmente ao regime jurídico ou a aspetos intrínsecos do bem, interesse ou valor ou do fim em causa, desconsiderando-se as relações em que entrem ou possam entrar com outros. Nos EUA, o entendimento dominante parece ir no sentido de que a qualificação do peso ou importância do interesse que o legislador visa promover (*valid, legitimate, important, significant, substantial, compelling*), de que depende a seleção do *standard* de controlo da constitucionalidade da limitação de direitos, é feita em termos tendencialmente *absolutos*. Isto é, os interesses que justificam a limitação dos direitos são avaliados *em si*, sem ponderação (*balancing*) ou confrontação com outros interesses, sejam aqueles com os quais podem colidir em abstrato, sejam aqueles com os quais colidem efetivamente em concreto.

No segundo caso, o peso ou importância abstrata dos bens, interesses ou valores e dos fins é aferido em relação a outros bens, interesses ou valores.

[1636] Em geral, LOPERA MESA, «Principio de proporcionalidad...» (2008), p. 289. A diferenciação de peso ou importância abstrata pode traçar-se no «interior» do próprio direito. Por exemplo, parece ser uma ideia consensual que a liberdade de expressão comercial tem peso ou importância inferior à liberdade de expressão política. Isto tem sido aceite pela jurisprudência americana, mas será talvez um postulado universalmente admitido. V. BARAK, *Proportionality...*, p. 361; por outro lado, CLÉRICO, *El examen...*, p. 222, destaca a comunicabilidade do valor abstrato de princípios para outros que com eles tenham conexões "externas".

[1637] No quadro das teorias do positivismo jurídico os critérios materiais metapositivos são obviamente excluídos: cfr. ZORRILLA, *Conflictos...*, p. 249; MORAIS, *Curso...*, II, 2, p. 284.

[1638] Será sobretudo nestes que ALEXY pensará; cfr. ZORRILLA, *Conflictos...*, pp. 248-249. Também o mais conhecido escalonamento de direitos, o construído pela jurisprudência constitucional americana (v. *supra*), parece basear-se em critérios essencialmente materiais (eventualmente, a importância social, como sugere BARAK, *Proportionality...*, p. 360), embora algo instáveis.

[1639] Em sentido que parece próximo, HARALD SCHNEIDER, *Die Güterabwägung des Bundesverfassungsgerichts...*, pp. 222 ss.; cfr., também, CLÉRICO, *El examen...*, pp. 221 ss.

O PRINCÍPIO DA PROIBIÇÃO DO EXCESSO

Não se pode elaborar sobre se nos EUA a classificação dos fins é abstrata ou também concreta e se é teórica e praticamente concebível uma qualificação estritamente absoluta[1640] (mesmo nos EUA isso é discutido e está longe de ser unânime). Admitindo que o seja, essa orientação está em linha com a natureza essencialmente subsuntiva dos testes americanos. Ao invés, quando se trate de testes com uma forte componente de ponderação, como a proibição do excesso, o peso abstrato ou importância abstrata que interessa apurar é essencialmente relativo ou relacional[1641].

Como é que se introduz e consuma a relativização da importância ou peso abstrato?

Em primeira linha, atende-se às próprias indicações constitucionais de cariz formal. Por si só, a constituição pode dar um contributo relevante para essa relativização se incorporar critérios que indiquem relações de precedência entre direitos. No caso português, a Constituição subsidia o intérprete com vários indicadores de importância abstrata relativa. O mais saliente extrai-se do regime dispensado pela Constituição a diferentes núcleos normativos. Por exemplo: (i) o artigo 1º enuncia valores básicos (que se podem considerar supremos) da República: a dignidade da pessoa humana, a vontade popular, a liberdade, a justiça e a solidariedade; (ii) o artigo 18º confere especial resistência e imediatividade aos direitos, liberdades e garantias que não são estendidas aos direitos económicos, sociais e culturais (e ambientais[1642])[1643]; (iii) o artigo 19º, nº 6, comanda que entre os direitos, liberdades e garantias há alguns que não podem ser afetados pela declaração de estado de sítio ou de emergência: os direitos à vida, à integridade pessoal, à identidade pessoal, à capacidade civil e à cidadania, à não retroatividade da lei criminal, o direito de defesa dos arguidos e a liberdade de consciência e de religião[1644]; (iv) o artigo 20º, nº 5, indicia particular favor

---

[1640] V., por exemplo, RIVERS, «Proportionality...», p. 178: o peso abstrato é sempre relativo.

[1641] Optamos por não distinguir entre importância *relativa* e *relacional*. Cfr. porém, SIECKMANN, «Balancing...», p. 105.

[1642] Conforme o artigo 9º, *d*). A referência aos direitos ambientais foi aí aditada em 1997, mas a doutrina e a jurisprudência continuam geralmente a aludir apenas aos três primeiros, talqualmente, aliás, a epígrafe do título III, da parte I da CRP, que não foi concomitantemente alterada.

[1643] Apesar de se admitir que a Constituição fornece este indicador *formal*, a que não pode deixar de se atribuir relevo, não se deve partir dele para afirmar a supremacia *material* dos direitos de liberdade (todos) sobre os direitos sociais, global ou categorialmente considerados, tal como desenvolvida por MORAIS, *Curso*..., pp. 565 ss., *passim* (tese eventualmente suavizada quando está em causa o *mínimo existencial*: v. *ob. cit.*, p. 673,): será que pode dizer-se que o direito à saúde ou o direito à educação são *materialmente* menos importantes do que, por hipótese, o direito à atualização de dados informatizados?

[1644] Não se pode afirmar que todos os direitos elencados no preceito são absolutos. Por exemplo, a própria Constituição admite a privação da cidadania ou restrições à capacidade civil através da

CONFORMAÇÃO DO FIM

em relação aos direitos, liberdades e garantias pessoais, na medida em estatui a instituição de procedimentos judiciais específicos com vista a garantir maior efectividade; (v) o artigo 288º, na medida em que estabelece limites materiais de revisão que abrangem certos bens, interesses ou valores, sinaliza a sua importância em relação aos demais.

Por outro lado, há que atender à realidade constitucional.

É certo que as colisões que suscitam a intervenção do legislador são sempre qualificáveis como colisões normativas abstratas. Estas podem ser apreendidas por duas vias: (i) tipificação a partir da interpretação constitucional, independentemente de situações prototípicas realmente ocorridas; ou (ii) a partir da ocorrência e apreensão de situações prototípicas ou casos paradigmáticos[1645]. A consciencialização da colisão tanto pode resultar do exercício permanente de interpretação pela comunidade de intérpretes da constituição (por exemplo, basta interpretação constitucional para se perceber que o princípio da presunção da inocência e a possibilidade de prisão preventiva ou até de investigação ou instrução criminais colidem), como da ocorrência de situações prototípicas reais que alertam o legislador para a colisão normativa. Mas em qualquer dessas circunstâncias o influxo da realidade é inevitável. A atribuição de peso ou importância abstrata exige a referência a situações reais ou hipotéticas, empiricamente cognoscíveis ou intelectualmente concebíveis pelo legislador, em que os bens, interesses ou valores *podem* entrar concretamente em colisão. Quando exista informação disponível, para esse exercício são designadamente relevantes as *relações de colisão concretas* em que os bens, interesses ou valores em causa entraram no passado[1646]. A indução de relações de peso ou importância abstrata entre bens, interesses ou valores e fins faz-se à luz de critérios formais e materiais extraídos da constituição, mas não pode desligar-se de um universo mais ou menos difuso de dados obtidos da realidade constitucional.

É deste modo que se chega à noção de *peso ou importância abstrata relativa*, vital para algumas das operações metódicas da proibição do excesso: *o peso ou importância abstratamente definida dos bens, interesses ou valores e dos fins na relação uns*

---

lei (artigo 26º, nº 4); e o Tribunal Constitucional já admitiu restrições à integridade pessoal, na vertente da integridade física, nomeadamente para permitir a realização de prova (v. acórdão nº 418/13); a retroatividade da lei penal em situações excecionais é contemplada pela própria Constituição (artigo 292º). A questão de saber se o exercício daqueles direitos pode ser ou não suspenso é *um* dos critérios da "absolutidade" mas não é de todo *o* critério suficiente. Diferente, Morais, *Curso...*, II, 2, p. 288, «Fiscalização da constitucionalidade...», p. 105.

[1645] Sobre o papel da construção analógico-tipológica na produção legislativa, v., por todos, A. Kaufmann, *Filosofia...*, pp. 184 ss., esp. 189 ("a tarefa do legislador é descrever tipos").

[1646] V., por exemplo, o exercício de Harald Schneider, *Die Güterabwägung des Bundesverfassungsgerichts...*, pp. 224 ss.

O PRINCÍPIO DA PROIBIÇÃO DO EXCESSO

com os outros, à luz de critérios formais e materiais fornecidos pela constituição, testados na sua refração num universo representativo de situações prototípicas reais ou hipotéticas.

2.2.5. Caráter *prima facie* ou definitivo?

Em tese, a atribuição de peso ou importância abstrata e a ordenação de bens, interesses ou valores daí decorrente pode ter um caráter *definitivo* ou *prima facie*[1647]. No primeiro caso está-se perante uma *hierarquia fechada* ou *dura*, algo imutável ou incontestável pelos poderes terrenos, uma ordem abstrata de valores hierarquizada, escrita no céu (*Werthimmel*). No segundo admite-se a permanente sensibilidade à evolução da realidade constitucional, a mutabilidade e evolução de acordo com novas considerações[1648]. A relatividade que sustentámos no número anterior e o cariz ponderativo de algumas operações da proibição do excesso coadunam-se sobretudo com o caráter *prima facie* do peso ou importância abstrata[1649].

2.2.6. Síntese da orientação adotada

Do que se expôs, conclui-se que é possível atribuir a bens, interesses ou valores peso ou importância *abstrata relativa prima facie*, recorrendo a critérios *formais* e *materiais* resultantes de uma interpretação da constituição dinâmica e sensível à realidade.

Adere-se ao consenso da rejeição de uma ordem hierárquica fechada e integral e sobre a viabilidade de uma mera escala ordinal e não cardinal[1650].

A importância abstrata de bens, interesses ou valores em relação aos demais pode diferir de cultura para cultura jus-constitucional[1651]. Por outro lado, é plausível a existência de incertezas sobre o peso abstrato dos bens, interesses ou valores[1652]. No caso português, além dos critérios formais que se podem extrair da Constituição (cfr. *supra*), releva a leitura sobre os seus pilares fundamentais. Pode sustentar-se, por exemplo, que os direitos à vida – sustentáculo

---

[1647] Para ALEXY, por exemplo, parece ter caráter simplesmente *prima facie*. No mesmo sentido, ZORRILLA, *Conflictos...*, p. 248; CLÉRICO, *El examen...*, p. 258; KLATT/MEISTER, *The Constitutional...*, pp. 28-9.

[1648] Embora em termos diversos, há coincidência com MIRANDA, *Manual...*, tomo IV, 5ª ed., p. 239.

[1649] Identicamente, CLÉRICO, *El examen...*, p. 258.

[1650] Cfr. ŠUŠNJAR, *Proportionality*, p. 236.

[1651] RIVERS, «Proportionality...», p. 179: as comunidades políticas podem escolher, dentro de limites, os pesos abstratos atribuídos aos diferentes valores em jogo.

[1652] Os casos de dúvida epistémica sobre o peso abstrato relativo de valores são um dos três tipos enunciados por RIVERS, «Proportionality...», p. 177, dando lugar àquilo que o autor designa (algo arbitrariamente) de liberdade de conformação *cultural*. Conforme desenvolvemos antes, admitimos também o conceito de *peso abstrato absoluto*, diferentemente do autor, que sustenta que o peso abstrato é sempre relativo.

CONFORMAÇÃO DO FIM

da existência e do valor de todos os demais direitos – e à livre expressão política – sustentáculo da sociedade democrática – têm uma importância abstrata que alimenta, inclusive, a pretensão de natureza absoluta das normas que os consagram (sem prejuízo da contestação que isso possa suscitar, mais acentuada no segundo caso). As conceções sobre as relações entre o individual e o coletivo subjacentes à Constituição podem ser também um indicador: a tendencial (mas não absoluta ou inflexível) adesão ao *favor libertatis* robustece o peso dos bens, interesses ou valores subjetivos face aos interesses coletivos.

Na determinação do peso ou importância abstrata, é esperável uma teia de trocas e compromissos entre razões e argumentos: as conceções sobre a relação entre o individual e o coletivo recebem força do regime jurídico conferido aos direitos, liberdades e garantias, que, por seu turno, recebem peso da leitura sobre os pilares fundamentais da Constituição. Os pilares fundamentais da Constituição são cimentados pela conceção absoluta, ou tendencialmente absoluta, reconhecida a alguns direitos, os quais, por seu lado, recebem peso da estrutura deôntica das normas que os consagram. As relações de cedência e de aquisição cruzada de força e peso entre as várias razões poderiam multiplicar-se. Encontraremos situações de *trade-off* em vários momentos do processo ponderativo. Importante relação de trocas ou "negociações" de peso é a que se observa entre a importância abstrata do fim e a importância da satisfação desse fim em concreto. Na fixação desta segunda importância, no contexto da sua liberdade de conformação, o legislador tem necessariamente em conta a importância abstrata do fim. E na determinação da importância abstrata do fim não se pode deixar de ter em conta a importância que o legislador democrático lhe atribuiu historicamente em cada episódio em que a questão se colocou (e até a importância conferida pelo juiz constitucional ou pela doutrina mais reputada).

2.2.7. Quem e como determina o peso ou importância abstrata?

A função de definição ou de indiciação da importância abstrata cabe em primeira linha ao próprio titular do poder constituinte, originário ou derivado. A fonte primária do peso ou importância abstrata é a própria constituição. Todavia, os indicadores de diferenciação serão relativamente raros e circunscritos. Se, como sucederá por norma, nela não puder ser descoberta nenhuma indicação, formal e/ou material, que implique ou autorize a atribuição de um peso abstrato diferenciado a determinados bens, interesses ou valores, o postulado básico é que todos os que tiverem consagração constitucional têm um peso idêntico[1653].

[1653] Assim, BARAK, *Proportionality...*, p. 359, referindo-se especificamente aos direitos (distinguindo, porém, a importância e peso *normativo* dos direitos e a sua importância *social*).

O PRINCÍPIO DA PROIBIÇÃO DO EXCESSO

Os primeiros intérpretes e destinatários da constituição são os poderes públicos, primacialmente o próprio legislador. A ele cabe a descoberta preliminar, através de interpretação constitucional, dos pesos ou importâncias abstratas de bens, interesses ou valores com ancoragem constitucional. Essa interpretação é, todavia, controlável pelo juiz constitucional.

O momento de descoberta do peso ou da importância abstrata do bem, interesse ou valor – e, concomitantemente, da importância abstrata do fim da sua prossecução – é cumprido logo aquando da conformação do fim pelo legislador, isto é, ainda antes da subsequente aferição dos segmentos da proibição do excesso.

Esta aproximação metódica contrasta com outras que têm curso injustificadamente pacífico. Por exemplo, espelhando uma visão do princípio da proibição do excesso caraterizada pela *macrocefalia* do segmento da proporcionalidade e.s.e., ALEXY sustenta que o primeiro momento lógico em que a variável importância ou peso abstrato assume relevo é a etapa da avaliação da proporcionalidade e.s.e.[1654].

Essa perspetiva é refutável do ponto de vista lógico e metódico. No momento da conformação do fim é apurada a importância ou peso abstrato dos bens, interesses ou valores ativos relativamente aos bens, interesses ou valores que hipoteticamente podem com eles concorrer ou colidir[1655]. A importância abstrata do bem, interesse ou valor cuja satisfação constitui fim da norma legislativa é um limite externo à liberdade de conformação do fim. A importância abstrata é um do atributos a que o legislador é obrigado a atender na conformação do fim.

3. Limites internos à conformação do fim

Até aqui estudámos limites *jurídicos* à conformação do fim, uma vez que os limites externos decorrem, no essencial, de normas constitucionais que o legislador interpreta e aplica. Os limites *internos* à conformação do fim fluem da própria dinâmica da ponderação e decisão políticas[1656]. Ou, por outras palavras,

---

[1654] Essa orientação é partilhada por outros autores: v. REUTER, «Die Verhältnismäßigkeit...», p. 515, considerando a ponderação do peso abstrato o primeiro passo da proporcionalidade e.s.e.
[1655] Parcialmente coincidente, ŠUŠNJAR, *Proportionality*, pp. 235-236 (notando que o *BVerfG* em alguns contextos considera o peso abstrato na etapa da avaliação da legitimidade do fim).
[1656] Decerto que essa ponderação e decisão políticas estão crescentemente enquadradas pelos preceitos da *legística material*. Todavia, esses preceitos, para além de incipientes ou escassamente interiorizados em muitas latitudes, têm um grau de vinculatividade jurídica reduzido ou nulo, na medida em que habitualmente constam de manuais de procedimento, guias práticos, regulamentos, regimentos, instruções técnicas, *checking lists, Richtlinien*, insuscetíveis de outra coercibilidade que não a política. Quando superam esse estádio e se tornam juridicamente vinculativos – ganhando, por exemplo, força constitucional – deixam de ser meros limites *internos* à conformação do fim. Sobre a *estratégia decisional* do legislador, numa perspetiva da boa observância dos ensinamentos

CONFORMAÇÃO DO FIM

os limites internos são constituídos pelo, e constitutivos do, próprio processo de decisão.

O modo como os limites internos cumprem esse papel constitutivo é difícil de descrever ou delimitar. Mesmo quando o procedimento legislativo é quase integralmente formalizado e obedece a trâmites precisos ou está sujeito a exigências de demonstração da conformidade com certos parâmetros (como sucede com os princípios da subsidiariedade e da proporcionalidade no contexto europeu[1657]), o modo como os conteúdos normativos são adquiridos é insuscetível de redução a uma matriz padronizada. Porém, é plausível que a decisão político-legislativa seja provida de racionalidade. Como escreveu MAX WEBER, o sentido de proporção é uma das preeminentes qualidades do político: a proporção guia os passos do bom político.

Funcionam os *racionalizadores automáticos*, que encontraremos e descreveremos noutros passos da metódica da proibição do excesso. Na fase da conformação do fim, os mais importantes racionalizadores automáticos são as vinculações do legislador a conceções de *bem público* decorrentes dos seus compromissos e responsabilidade perante os eleitores e a comunidade em geral, bem como os interesses políticos e eleitorais. Mesmo que isso pareça inconsciente ou irreflexivo, um legislador racional – como o é, tendencialmente, o legislador democrático – pondera as razões derivadas dos efeitos positivos e negativos hipotéticos inerentes à satisfação e interferência em certos bens, interesses ou valores. Isto é, pesa os ganhos políticos resultantes da satisfação prioritária de bens, interesses ou valores e os eventuais custos políticos decorrentes da não satisfação[1658]. Nessa ponderação, tem como pano de fundo, mesmo que de modo difuso, as perdas políticas advenientes da interferência em bens, interesses ou valores afetados e os ganhos que seriam virtualmente obtidos com a eventual omissão dessa interferência.

A conformação do fim não é uma simples operação de avaliação e adesão a um fim. Antes envolve já uma atividade ponderativa, em que a concentração

---

da legística, DUARTE/PINHEIRO/ROMÃO /DUARTE, *Legística...*, pp. 23 ss.; MORAIS, *Manual de Legística...*, pp. 308 ss.

[1657] Cfr. *supra*, capítulo 2.

[1658] Utilizando a linguagem da teoria económica do direito, RIVERS, «Proportionality...», p. 177, observa que o legislador age quando considera que o estado atual da legislação, em termos da satisfação dos bens, interesses ou valores em causa, está abaixo da *curva de indiferença tal como é por si perspetivada* (o juiz constitucional baseia-se necessariamente numa curva de indiferença menos exigente), isto é, está abaixo da curva que define as soluções mais eficientes de equilíbrio entre os bens, interesses ou valores em causa.

O PRINCÍPIO DA PROIBIÇÃO DO EXCESSO

primária num fim não obnubila completamente o pano de fundo dos bens, interesses ou valores contrastantes[1659].

No domínio do procedimento legislativo há espaço para a realização de operações de ponderação em três momentos lógicos distintos: (i) o momento da conformação do fim; (ii) o momento da aferição da necessidade; (iii) o momento da aferição da proporcionalidade e.s.e. Embora a distinção entre vários momentos ponderativos na metódica da proibição do excesso não seja desconhecida ou inovatória[1660], a repartição segundo este figurino não é normalmente sufragada. Neste capítulo interessa apenas o primeiro momento.

Por outro lado, nada obsta a que, além de conceitos como "interesse", "valor", "custo", "benefício", "suficiente" ou "adequado", que denotam porventura juízos moralmente neutros, haja também uma penetração de juízos morais, traduzidos nos conceitos de "correto", "bom" ou "justo"[1661]. Embora obedeça a preocupações de racionalidade, a redução desse exercício de ponderação política a um modelo único, reduzido a um logaritmo, é inviável.

Os limites internos à conformação do fim manifestam-se através de quatro variáveis, analiticamente diversas mas umbilicalmente interligadas (tanto que por vezes são inextricáveis): (i) a necessidade externa da realização do fim; (ii) a importância concreta da sua realização; (iii) a intensidade de satisfação; (iv) a relação entre a sua satisfação e os bens, interesses ou valores indiciariamente sacrificáveis. As três últimas variáveis, sujeitas a sucessivos ajustamentos, são decisivas para a aplicação dos três segmentos da proibição do excesso.

[1659] Sem aprofundar, ALEXY admite que, em última análise, os limites à liberdade de conformação dos fins (*end setting discretion limits*) são definidos através de ponderação. Todavia, não são apenas os limites da liberdade de conformação que resultam de operações de ponderação, mas também, a própria conformação do fim resulta, em parte, de operações de ponderação: *A Theory...*, p. 416, nota; também sem aprofundar, RIVERS, «Proportionality and Variable...», p. 196, escreve que o primeiro estádio do exame da proporcionalidade (isto é, a fase do exame da legitimidade do fim) representa um exercício rudimentar de *balancing* entre direitos e interesses públicos ao mais alto nível de generalidade; GARDBAUM, «A Democratic Defense...», p. 36, fala também de um primeiro passo de *balancing* qualitativo concernente à importância do fim em relação ao direito superado.

[1660] Ou, visto de outro prisma, da metódica da ponderação de bens, interesses ou valores: v. HARALD SCHNEIDER, *Die Güterabwägung des Bundesverfassungsgerichts...*, pp. 181 ss.

[1661] Como veremos, há quem acuse a proibição do excesso de diluir ou ignorar juízos de natureza moral. V., por exemplo, WEBBER, «Proportionality, Balancing...», p. 180. Admitindo a penetração de razões morais através do procedimento democrático de produção de normas, HABERMAS, *Facticidad y validez...*, p. 274 ("os argumentos relativos a fins [...] podem ter uma grande relevância moral", *ob. cit.*, p. 275; "a moral no seu papel de critério de *direito correto*, tem a sua sede primária na formação da vontade política do legislador", *idem*, p. 276).

CONFORMAÇÃO DO FIM

3.1. A necessidade da realização do fim

Para além de ser especificado com suficiente consistência, e de estar estabelecida a sua validade face aos parâmetros jurídicos aplicáveis, a prossecução do fim tem de ser tomada pelo legislador como necessária. Um fim pode ser legítimo ou juridicamente válido, mas o legislador entender que a sua prossecução não é concretamente necessária. Trata-se aqui de uma questão de necessidade *externa* ao princípio da proibição do excesso, em contraste com a necessidade *interna*, que integra a estrutura do princípio. A primeira, tem caráter essencialmente político – não sendo, por isso, controlável pelo juiz constitucional – e baseia-se na avaliação que o legislador faz sobre a imperatividade, urgência, oportunidade, relevância ou conveniência política de prossecução de um determinado fim legítimo. A segunda respeita à necessidade de adotar um meio específico em alternativa a outro com qualidade ou intensidade diferentes, com vista à prossecução do fim legítimo considerado necessário e visado pelo legislador. A primeira cai na margem de livre apreciação do legislador; a segunda integra a estrutura da proibição do excesso e está sujeita aos critérios materiais que dela decorrem.

Todavia, há situações em que a necessidade externa não depende de uma avaliação estritamente política. São situações em que da constituição decorre (i) a obrigação de prosseguir certo fim, eventualmente usando um tipo específico de meios, ou em que (ii) a prossecução de certos fins com o uso de um tipo específico de meios está sujeita à partida a limites que não decorrem da proibição do excesso.

Como vimos oportunamente[1662], a jurisprudência constitucional indica que há pelo menos um domínio material em que a questão da fixação pelo legislador da necessidade externa da prossecução de um fim e do uso de um tipo específico de meios para essa prossecução está sujeita a alguns limites não vigentes noutros setores: o domínio do direito penal. Fala-se aí, especificamente, de um princípio da subsidiariedade ou da necessidade da intervenção penal, distinto do princípio da proibição do excesso ou da proporcionalidade[1663]. Nesses casos, a necessidade externa não é limite interno da liberdade de conformação do legislador, mas limite externo, judicialmente controlável.

3.2. A importância da realização do fim nas circunstâncias concretas

Além da já exposta a propósito da importância abstrata, outra manifestação da *macrocefalia* doutrinal do segmento da proporcionalidade em sentido estrito é a posição de que a *importância da realização* do fim no momento histórico da

---

[1662] *Supra*, capítulo 5, 5.3.
[1663] V. *infra*, capítulo 22, 2.1.2.2.

O PRINCÍPIO DA PROIBIÇÃO DO EXCESSO

conceção da norma se fixa aquando da aplicação daquele segmento[1664]. Como demonstração dessa macrocefalização, podemos mais uma vez remeter para a fórmula do peso de ALEXY, votada a reconstruir a operação metódica da proporcionalidade e.s.e.[1665].

As colisões normativas que suscitam a ação do legislador são sempre abstratas (são colisões entre normas abstratas) e são respondidas através de normas providas de abstração. Mas as circunstâncias e o momento em que o legislador decide enfrentar uma colisão normativa abstrata são concretos, estão localizados no tempo e são caraterizados por um contexto específico. Esse contexto específico influencia decisivamente a fixação da *importância da satisfação do fim*. Daí falar-se de importância *concreta* do fim. É nesta etapa de conformação do fim que se processa a determinação da importância do fim de satisfação dos bens, interesses ou valores visados, no *contexto concreto* em que o legislador delibera. Isso requer a *ponderação* das *razões* que justificam e que desaconselham a prossecução concreta do fim. Como assinalámos, é nesta fase de deliberação que se consuma o primeiro momento ponderativo.

As razões reportam-se, designadamente, ao seguinte: (i) o tipo de fim, de acordo com os critérios enunciados, com especial relevo para a sua estrutura deôntica (*proibido, prescrito ou permitido*); (ii) a importância abstrata dos bens, interesses ou valores cuja promoção constitui o fim; (iii) os resultados da ponderação política; (iv) eventualmente, a urgência ou premência da prossecução do fim imediato e da resolução da colisão normativa[1666].

[1664] Em contrapartida, conceção de sinal contrário é aquela que prescinde da proporcionalidade e.s.e. e esgota a ponderação logo no momento da conformação (ou "justificação da prevalência") do fim: v. na doutrina nacional, COUTINHO, «Sobre a justificação...», p. 572.

[1665] Aqui basta a versão reduzida, em que I_j representa a concreta importância de satisfazer P_j, isto é, o princípio (*rectius*, o bem, interesse ou valor) que o legislador pretende satisfazer com a medida legislativa:

$$W_{i,j} = I_i/I_j$$

Embora ALEXY não o explicite, o modo como apresenta a fórmula do peso indicia que considera que as variáveis que a compõem são definidas no contexto da proporcionalidade e.s.e.

[1666] A urgência pode ser um dos aspetos a considerar no momento da ponderação pelo legislador da importância de satisfação ou de proteção do bem, interesse ou valor: a urgência ou premência confere teoricamente maior importância. Um fim urgente pode implicar um grau de satisfação visado mais circunscrito. Sobre a questão de saber se a urgência é um aspeto a atender no momento da verificação da legitimidade ou propriedade do fim ou no momento da verificação da proporcionalidade e.s.e., BARAK, *Proportionality...*, pp. 277 ss. (pronunciando-se, corretamente, pela eventualidade de apreciação da urgência em *ambos* os momentos). A questão da urgência é tratada de forma diferente de ordenamento para ordenamento. No Canadá, por exemplo, de acordo com a *Charter of Rights and Freedoms*, o fim que justifica a interferência no direito fundamental (qualquer um) deve ser sempre "*pressing and substantial*", isto é, urgente e substancial, mas a jurisprudência

CONFORMAÇÃO DO FIM

Se o legislador, apesar da insuficiência das razões, insistir na prossecução de um fim insuficientemente importante, não corre, apesar disso, o risco de a norma legislativa ser invalidada pelo juiz constitucional *simplesmente por o fim ser insuficientemente importante*. Por outro lado, também não é forçoso que essa norma colapse ulteriormente perante o segmento da proporcionalidade e.s.e.

3.3. A intensidade desejada de satisfação do fim

A *intensidade de satisfação* visada é obviamente incindível da avaliação da importância concreta do fim.

A intensidade de satisfação coincide com o *acréscimo marginal de satisfação* (ou de *proteção*, ou de *fomento*) de um bem, interesse ou valor que se pretende obter.

As razões que qualificam a importância concreta do fim fundamentam também a definição pelo legislador da intensidade de satisfação visada. Todavia, não há correspondência imediata e automática entre o impacto das razões na qualificação da importância do fim e na intensidade de satisfação desse fim. Pode haver muito boas razões para a prossecução do fim (sendo, por isso, muito importante), mas essas razões serem apenas suficientes para uma dada intensidade de satisfação. Por exemplo, o legislador pode definir como fim muito importante o fim imediato de combate ao consumo do tabaco, tendo em vista o fim mais mediato da proteção da vida e saúde. Mas as boas razões que têm força para sustentar a elevada importância do fim, podem não ter força suficiente para fundar a intensidade máxima de satisfação desse fim – eventualmente a irradicação total do consumo de tabaco –, mas apenas para uma intensidade de satisfação menos ambiciosa – por exemplo, a simples moderação do consumo.

A intensidade de satisfação visada depende primordialmente da importância atribuída ao fim. Mas não apenas. No exercício da sua liberdade de conformação quanto ao grau de satisfação pretendido, o legislador tem de ter em conta outras razões e argumentos: (i) a comportabilidade financeira; (ii) a fiabilidade das premissas empíricas quanto à possibilidade de se atingir essa intensidade de satisfação.

3.4. A relação entre o fim e os bens, interesses ou valores indiciariamente sacrificáveis

Na determinação da importância da satisfação do fim, o legislador pondera, entre outras razões, os custos e benefícios políticos inerentes à promoção desse fim. Contrapesa, pois, os ganhos políticos resultantes da proteção de bens, interesses e valores e os eventuais custos políticos decorrentes da não proteção,

---

tem estabelecido graduações. Diferentemente, nos EUA, como se viu (*supra*, capítulo 3), não há um critério uniforme de urgência ou de quão *pressing* é o fim visado.

O PRINCÍPIO DA PROIBIÇÃO DO EXCESSO

sem se poder abstrair das perdas políticas advenientes da interferência em outros bens, interesses ou valores e dos ganhos obtidos com a eventual omissão
dessa interferência. Nesta fase, o legislador foca-se essencialmente no fim,
que ocupa o primeiro plano, mas tem já forçosamente uma noção, difusa, indi-
ciária ou preliminar, do contraste ou do necessário impacto em outros bens,
interesses ou valores contraditórios que poderão ser objeto de interferência,
bem como do seu peso ou importância abstrata[1667]. Isso é suficiente para poder
estabelecer uma relação de precedência entre os vários bens, interesses e valores[1668].

[1667] Sem embargo, o "momento" metódico culminante do apuramento do peso ou importância
abstrata dos bens, interesses ou valores objeto de interferência coincide com a aplicação da necessidade, uma vez que é aí que terá de ser realizada a comparação entre o peso ou importância abstrata dos bens, interesses ou valores virtualmente atingidos por cada uma das medidas alternativas
(dimensão da *necessidade material*).

[1668] Há quem entenda que, num modelo de proporcionalidade coerente com um modelo do *soft
trumping*, nesta fase da conformação do fim a ponderação entre importâncias abstratas entre bens,
interesses ou valores prosseguidos e afetados pode já determinar a invalidade da interferência no
direito fundamental, sendo isso verificável pelo juiz constitucional. Assim, KLATT/MEISTER, *The
Constitutional...*, p. 27; cfr., também, CLÉRICO, *El Examen...*, p. 98. Todavia, no que toca à conformação do fim, o juiz limita-se a verificar se aquele é legítimo e a controlar se o legislador atribuiu
aos bens, interesses ou valores em causa um peso ou importância abstrata conforme com a constituição.

Capítulo 9
A interferência em bens, interesses ou valores

1. Intervenção, interferência
Conceito operativo fundamental para a teoria da proibição do excesso é o conceito de interferência. Importa relacioná-lo com outros dois: (i) intervenção e (ii) restrição.

1.1. Intervenção
Intervenção legislativa, ou *lei interventiva*, é toda aquela que se repercute em bens, interesses ou valores cobertos pelo âmbito de proteção de uma norma constitucional, estejam eles subjetivamente titulados ou não.

Não deve confundir-se esta noção com a que resulta do chamado pensamento ou esquema da "intervenção e limites"[1669]. Neste último contexto, o conceito de intervenção tem uma conotação própria, coincidente com a afetação de um direito[1670].

[1669] Expressão em voga na doutrina alemã (*Eingriffs- und Schrankendenkens*), imputada a HÄBERLE, *Die Wesengehaltsgarantie...*, *cit.* (1ª ed. em 1962). Os três passos do referido esquema consistem na delimitação do âmbito de proteção, intervenção e justificação (da intervenção): BOROWSKI, *La estructura...*, p. 120.

[1670] Na doutrina alemã, distingue-se entre uma aceção *clássica* e uma aceção *moderna* de intervenção (ou uma aceção restrita e uma aceção ampla). Na primeira, constitui intervenção a atuação do Estado que afete bens protegidos por um direito de defesa em termos finais, imediatos e com forma jurídica. Na segunda, toda e qualquer atuação estatal que afete os bens protegidos por um direito fundamental representa uma intervenção nesse direito: nestes termos, BOROWSKI, *La estructura...*, pp. 121-122; GAVARA DE CARA, *Derechos fundamentales...*, pp. 162 ss., 204.

O PRINCÍPIO DA PROIBIÇÃO DO EXCESSO

Aqui atribuímos-lhe um significado mais lato. Intervenção legislativa consiste na produção de norma legislativa que tenha por objeto quaisquer bens, interesses ou valores, entre os quais posições jurídicas subjetivas decorrentes de direitos fundamentais, promovendo a sua satisfação ou, ao invés, sacrificando-os, suprimindo-os, reduzindo-os ou, em geral afetando-os desvantajosamente. Algumas intervenções legislativas não estão sujeitas ao princípio da proibição do excesso. Sujeitas a este princípio estão apenas interferências em bens, interesses ou valores e não todas.

1.2. Interferência

Em vão procuramos extrair um significado unívoco do conceito de interferência dos usos episódicos que o Tribunal Constitucional[1671], a Constituição (artigo 46º, nº 2) ou a doutrina nacional fazem dele. Na jurisprudência internacional dos direitos humanos[1672], na doutrina estrangeira (particularmente em língua inglesa)[1673] e em normas constitucionais de outros ordenamentos[1674], é mais vulgar, mas nem por isso mais trabalhado e elucidado.

A noção de interferência legislativa que empregamos ao longo do presente trabalho é (i) mais restrita do que intervenção legislativa, é (ii) mais ampla do que restrição, suspensão, limite, ou limitação de direitos e (iii) não se confina aos bens, interesses ou valores com encabeçamento subjetivo, designadamente direitos fundamentais e, dentro destes, direitos liberdades e garantias (iv) nem aos bens, interesses ou valores com direta credenciação constitucional. Interferência *é qualquer intervenção legislativa que sacrifique, suprima, reduza ou, em geral, afete desvantajosamente bens, interesses ou valores.*

[1671] V. Acórdão nº 289/92 do Tribunal Constitucional, aludindo a interferências estatais no direito à greve.

[1672] Designadamente do Tribunal Europeu dos Direitos do Homem: v., por exemplo, a decisão Mateus e Januário vs. Portugal, acessível através de http://hudoc.echr.coe.int/sites/eng/pages/search.aspx?i=001-128106#{"itemid":["001-128106"]}.

[1673] Alguns exemplos: ALEXY, *A Theory*..., p. 418, *passim*; TSAKYRAKIS, «Proportionality...», p. 474, *passim*; KLATT/MEISTER, *The Constitutional*..., *passim*; MEYERSON, «Why courts should not balance...», p. 806, *passim*; MÖLLER, «Proportionality and Rights...», p. 155; ENGLE, «The History...», p. 8; CHRISTOFFERSEN, *Fair Balance: Proportionality*..., p. 208, *passim*; ŠUŠNJAR, *Proportionality*, p. 206, *passim*; ALLAN, «Democracy...», p. 222; RAUTENBACH, «Proportionality...», p. 2250 ; VANDENHOLE, «Conflicting Economic and social rights...», p. 559. Essa foi também a opção dos tradutores da obra de CANARIS, *Direitos Fundamentais*..., p. 48 (com o mesmo significado de intervenção, o conceito mais usado), e de MARIBEL PASCUAL, *El Tribunal*..., p. 161, *passim*.

[1674] No contexto da Lei Fundamental alemã a expressão *"eingegriffen"*, usada no artigo 2º, nº 2 e *"Eingriffe"*, empregue no artigo 13º, nº 7 (a par de *Beschränkungen*) pode traduzir-se como interferência (cfr. a tradução em inglês promovida pelo Bundestag, da autoria de Tomuschat/Currie/Kommers).

A INTERFERÊNCIA EM BENS, INTERESSES OU VALORES

Com esta extensão, a noção de interferência é o conceito operacional que empregamos na doutrina dos instrumentos de mediação de operações de harmonização pelo legislador.

Todavia, quando nos referimos especificamente à doutrina da proibição do excesso, incluindo a doutrina dos respetivos pressupostos da aplicabilidade, temos de delimitar as interferências que interessam. Nem todo e qualquer interferência em bens, interesses ou valores está sujeita à proibição do excesso. É tema de desenvolveremos em próximos capítulos[1675]. Não sendo o momento de desvendar as conclusões a que chegaremos, importa apenas antecipar que estão em causa, *pelo menos*, as interferências em direitos, liberdades e garantias.

A densificação da noção abrangente de *interferência em direitos, liberdades e garantias*[1676] estaria facilitada se pudéssemos remeter para outros conceitos su-

---

[1675] Particularmente, capítulo 11.

[1676] A doutrina portuguesa tende a prescindir de um termo abrangente de todas as afetações de direitos. ALEXANDRINO, *A Estruturação...*, pp. 434, 631, assinala que, a haver um termo mais abrangente, a inclinação da maior parte da doutrina seria para limite ou, mais circunscritamente, limitações (Paulo Otero) ou restrições (Novais). Ele próprio propõe o termo *afetações* em *Direitos Fundamentais...*, p. 113.

V., entre a extensa doutrina disponível no panorama nacional, MENDES, «Direitos...»; MIRANDA, *Relatório...*; *idem, Manual...*, tomo IV, 5ª ed., especialmente pp. 341 ss., 408 ss.; MIRANDA/MEDEIROS, *Constituição Portuguesa...*, especialmente pp. 310 ss. (anotação ao artigo 18º por Jorge Miranda e Jorge Pereira da Silva); NUNO E SOUSA, *A Liberdade de Imprensa*, pp. 255 ss.; PINHEIRO, «Restrições de Direitos Liberdades e Garantias», *cit.*; CANOTILHO, *Direito Constitucional...*, 7ª ed., pp. 1261 ss.; ANDRADE, *Os Direitos...*, 5ª ed., pp. 263 ss.; VAZ, *Lei...*, pp. 311 ss.; ANDRÉ SALGADO DE MATOS, «Recurso hierárquico necessário e regime material dos direitos, liberdades e garantias», especialmente pp. 88 ss.; NOVAIS, *As restrições...*; GOUVEIA, *O Estado de Excepção...*, vários locais, particularmente vol. II, pp. 1356 ss.; MEDEIROS, «O Estado de Direitos Fundamentais português: alcance, limites e desafios», *in Anuário Português de Direito Constitucional*, II (2002), pp. 23 ss.; JORGE P. DA SILVA, *Dever de legislar...*; ALEXANDRINO, *A estruturação do sistema...*, pp. 424 ss.; *idem, Direitos Fundamentais...*, pp. 113 ss.; NABAIS, *Por uma Liberdade ...*, pp. 23 ss.; SÉRVULO CORREIA, *Direito de Manifestação...*; BATISTA, *Os Direitos ...*; JÓNATAS MACHADO, *Liberdade de Expressão...*, pp. 708 ss.; BLANCO DE MORAIS, «Os Direitos...»; *idem, Direito Constitucional II ...*, pp. 83 ss.; DAVID DUARTE, *A Norma...*, pp. 743 ss.; BAPTISTA, *Os Direitos ...*, pp. 159 ss.; QUEIROZ, *Direitos...*, pp. 247 ss.; EGÍDIO, «Análise da Estrutura ...»; COUTINHO, «Sobre a Justificação das Restrições ...». Com interesse para a leitura do quadro constitucional português, avulta a doutrina alemã. Entre muitos, LERCHE, *Übermass...*; *idem, Grundrechtlichen Schutzbereich...*; BETHGE, «Der Grundrechtseingriff», pp. 7 ss.; ECKHOFF, *Der Grundrechtseingriff, cit.*; GALLWAS, *Faktische Beeinträchtigungen...*; F. MÜLLER, *Die Positivität...*; HÄBERLE, *Die Wesensgehaltsgarantie...*; KARL AUGUST BETTERMANN, *Grenzen der Grundrechte*; ALEXY, *Theory...*; BLECKMANN, *Staatsrecht II...*, pp. 323 ss.; LÜBBE-WOLFF, *Die Grundrechte als Eingriffsabwehrrechte..., cit.*; WOLFRAM HÖFLING, «Demokratische Grundrechte – Zu Bedeutungsgehalt und Erklärungswert einer dogmatischen Kategorie», in *Der Staat* 33 (1994), pp. 493 ss.; BOROWSKI, *Grundrechte....; idem, La estructura de los derechos...; idem,* «La restricción de los derechos fundamentales», *cit.*; SIECKMANN, *Modelle des Eigentumsschutzes..., cit.*; RAABE, *Grundrechte und Erkenntnis..., cit.*; JESTAEDT, *Grundrechtsentfaltung im Gesetz..., cit.*; VON ARNAULD, *Die Freiheitsrechte ....*; SACHS,

O PRINCÍPIO DA PROIBIÇÃO DO EXCESSO

ficientemente estabelecidos. Mas essa estratégia expositiva assegura apenas sucesso parcial. Os conceitos para que se pode remeter com vista à densificação de interferência legislativa em direitos, liberdades e garantias são o de instituição de *dever autónomo*, o de *suspensão* do exercício de direitos, liberdades e garantias ou o de *restrição* ou *limitação* desses direitos. Ora, não obstante todos estes conceitos serem bem conhecidos da jurisprudência e da doutrina[1677] e quase todos empregues pela Constituição[1678], nenhum deles está livre de controvérsia.

Especialmente relevante do ponto de vista teórico, dogmático, do regime constitucional e da "estatística" jurisprudencial e, por isso mesmo, o mais importante e mais crítico componente da noção de interferência em direitos, liberdades e garantias, é o conceito de restrição a que dedicaremos a parte remanescente deste capítulo.

2. A "fuga" ao conceito de restrição

2.1. O lastro histórico

A discussão na doutrina e na jurisprudência nacionais sobre o sentido e alcance dos conceitos até aqui mencionados e, especificamente, do conceito de restrição, tem sido condicionada pela norma constitucional extraída da primeira parte do artigo 18º, nº 2: "a lei só pode restringir os direitos, liberdades e garantias nos casos expressamente previstos na Constituição".

Esta disposição é apenas uma das demonstrações do particular cuidado com que o legislador constitucional abordou o tema das restrições àqueles direitos[1679]. Lendo o artigo 18º, nºs. 2 e 3, encontramos outras: reserva de lei; con-

---

Verfassungsrecht II..., pp. 90 ss.; PIEROTH/SCHLINK, *Direitos Fundamentais...*; ERNST-WOLFGANG BÖCKENFÖRDE, «Schutzbereich, Eingriff, verfassungsimmanente Schranken ...», *cit.*; MICHAEL HOLOUBEK, «Der Grundrechtseingriff – Überlegungen zu einer grundrechtsdogmatischen Figur im Wandel», in Merten/Papier, *Grundfragen der* Grundrechtsdogmatik, C. F. Müller, Heidelberg, 2007, pp. 17 ss.; CHRISTIAN STARCK, *Jurisdicción constitucional y Derechos Fundamentales*, Dykinson, Madrid, 2010.

[1677] Noutras paragens: PARDO, «La regulación del ejercicio de los derechos fundamentales...»; GAVARA DE CARA, *Derechos fundamentales...*; VIRGÍLIO AFONSO DA SILVA, *Direitos Fundamentais....*; *idem*, «O conteúdo essencial...»; CIANCIARDO, *Los limites de los derechos fundamentales...*; PULIDO, *El princípio...*; ANTONIO-LUIS MARTINEZ PUJALTE /TOMÁS DE DOMINGO, *Los derechos fundamentales en el sistema constitucional. Teoria general*, Editora Comares, Granada, 2011; LUIS PRIETO SANCHÍS, *El constitucionalismo de los derechos. Ensayos de filosofia juridica*.

[1678] *Restrição*, artigos 18º, nºs 2 e 3, 26º, nº 4, 47º, nº 1, 150º, 164º, alínea o), 270º; *suspensão do exercício de direitos*, artigo 19º; *limitação*, artigo 46º, nº 2.

[1679] Para alguns autores, apesar de o preceito ser textualmente aplicável aos direitos, liberdades e garantias, ele é extensível a todos os direitos fundamentais: cfr. NOVAIS, *As restrições...*, designadamente prefácio à 2ª edição e *Direitos Sociais....*, pp. 246, 249, 282, 289, 292, 318, entre outros locais.

A INTERFERÊNCIA EM BENS, INTERESSES OU VALORES

finamento dos fins das restrições à salvaguarda de outros direitos ou interesses constitucionalmente protegidos; caráter geral e abstrato das restrições; irretroatividade das restrições; proibição da diminuição da extensão e do alcance do conteúdo essencial dos preceitos constitucionais.

As cautelas contrastam significativamente com o que se passa noutras ordens jurídicas, nacionais, supranacionais ou internacionais. Por motivos históricos e conjunturais, a Constituição portuguesa inclui um regime de restrições dos direitos nominalmente mais apertado do que outras dos mesmos tempo e cultura políticos. Historicamente, pesou a tradição que já vinha da Constituição de 1911[1680]. Histórica e conjunturalmente, pesou também o lastro da Constituição de 1933. Daí resultou que o legislador constituinte de 1976 adotasse regras gerais *sobre* restrições, mas excluísse uma cláusula geral *de* restrições que pudesse sequer fazer regressar a memória da cláusula geral de limites ao exercício dos direitos do artigo 8º, §1º da Constituição de 1933 (proibição de ofensa dos direitos de terceiros, de lesão dos interesses da sociedade ou dos princípios da moral)[1681]. Por outro lado, o legislador constituinte foi parcimonioso na definição do sistema de reservas, fugindo às reservas-alçapão do estilo das dos parágrafos 2º, 3º e 4º daquele artigo[1682]. No entanto, como o demonstram abundantemente

---

[1680] Artigo 3º, nº 38º: "Nenhum dos Poderes do Estado pode, separada ou conjuntamente suspender a Constituição ou *restringir os direitos nela consignados, salvo nos casos na mesma taxativamente expressos*" (itálico aditado).

[1681] A Constituição portuguesa adota um *modelo misto* de regime de restrições de direitos, liberdades e garantias: o artigo 18º, nº 2, incorpora uma cláusula geral que exclui restrições, exceto em casos de reserva específica de restrição. Em direito comparado, há, *mutatis mutandis*, três modelos *puros*: (i) o modelo da Constituição americana, onde as normas sobre direitos (designadamente os da primeira Emenda) nada dizem sobre restrições, levando parte da doutrina constitucional a recusá-las ou a atribuir-lhes um âmbito restrito e consentindo uma aplicação categorial, absoluta, à maneira das regras; (ii) o modelo da cláusula especial, em que cada norma de direitos define o seu âmbito, mas também os fundamentos que podem fundar a sua restrição; (iii) o modelo da cláusula geral, que estabelece condições aplicáveis a todos os direitos. Dentro do modelo da cláusula geral, há uma bifurcação entre os casos em que as restrições são permitidas com fins determinados (saúde pública, moral, segurança, etc.) e os casos de referência genérica e aberta a fins (fins compatíveis com uma sociedade democrática, aberta e livre, por exemplo): v. KUMM, «Political liberalism...», pp. 134 ss.; *idem*, «Democracy is not enough...», pp. 9 ss.; GARDBAUM, «Limiting Constitutional Rights», pp. 10 ss.; WEBBER, *The Negotiable Constitution*..., pp. 2 ss., 59 ss.; BARAK, *Proportionality*..., pp. 260 e ss.

[1682] A Constituição inclui *cláusulas especiais*, que se definem como normas permissivas de restrições (o legislador pode ou não produzir normas legislativas restritivas de direitos, liberdades e garantias com vista à prossecução dos fins especificamente previstos naquelas cláusulas) e simultaneamente como comandos específicos de harmonização, caso o legislador use a permissão de restrição. V., por exemplo, artigos: 46º, nº 1, liberdade de associação; 47º, nº 1, direito de escolher livremente a profissão ou o género de trabalho; 50º, nº 3, direito de acesso a cargos públicos eletivos; 118º, nº 2, possibilidade de introdução de limites à renovação sucessiva de mandatos dos

O PRINCÍPIO DA PROIBIÇÃO DO EXCESSO

outras constituições democráticas e instrumentos internacionais de direitos que incluem cláusulas grais de restrições[1683], o que é perigoso para os direitos não é

titulares de cargos políticos executivos. O mesmo sucede em alguns tratados internacionais sobre direitos e outros textos constitucionais (v. Convenção Europeia dos Direitos do Homem, de 1950, por exemplo, artigos 8º, nº 2, 9º, nº 2, 10º, nº 2, 11º, nº 2; Lei fundamental alemã, por exemplo, artigos 2º, nº 2, 5º, nº 2; Constituição espanhola, de 1978, por exemplo, artigo 16º, nº 1).

[1683] Consagram cláusulas gerais de restrições ou limites, designadamente:
– artigo 29º, nº 2, da Declaração Universal dos Direitos do Homem (*"No exercício destes direitos e no gozo destas liberdades ninguém está sujeito senão às limitações estabelecidas pela lei com vista exclusivamente a promover o reconhecimento e o respeito dos direitos e liberdades dos outros e a fim de satisfazer as justas exigências da moral, da ordem pública e do bem-estar numa sociedade democrática."*);
– artigo 4º do Pacto Internacional sobre os Direitos Económicos, Sociais e Culturais, de 1966 (*"Os Estados Partes no presente Pacto reconhecem que, no gozo dos direitos assegurados pelo Estado, em conformidade com o presente Pacto, o Estado só pode submeter esses direitos às limitações estabelecidas pela lei, unicamente na medida compatível com a natureza desses direitos e exclusivamente com o fim de promover o bem-estar geral numa sociedade democrática."*);
– artigo XXVIII da Declaração Americana dos Direitos e Deveres do Homem, de 1948 (*"Os direitos do homem estão limitados pelos direitos do próximo, pela segurança de todos e pelas justas exigências do bem-estar geral e do desenvolvimento democrático"*);
– artigo 52º, nº 1 da Carta dos Direitos Fundamentais da União Europeia, de 2000 (*"Qualquer restrição ao exercício dos direitos e liberdades reconhecidos pela presente Carta deve ser prevista por lei e respeitar o conteúdo essencial desses direitos e liberdades. Na observância do princípio da proporcionalidade, essas restrições só podem ser introduzidas se forem necessárias e corresponderem efectivamente a objectivos de interesse geral reconhecidos pela União, ou à necessidade de protecção dos direitos e liberdades de terceiros."*);
– Parte I, nº 1, da Carta dos Direitos e Liberdades do Canadá, de 1982 (*"The Canadian Charter of Rights and Freedoms guarantees the rights and freedoms set out in it subject only to such reasonable limits prescribed by law as can be demonstrably justified in a free and democratic society"*);
– artigo 36º da Constituição sul-africana de 1996 (*"The rights in the Bill of Rights may be limited only in terms of law of general application to the extent that the limitation is reasonable and justifiable in an open and democratic society based on human dignity, equality and freedom..."*);
– artigo 31º, nº 3, da Constituição polaca, de 1997 (*"Any limitation upon the exercise of constitutional freedoms and rights may be imposed only by statute, and only when necessary in a democratic state for the protection of its security or public order, or to protect the natural environment, health or public morals, or the freedoms and rights of other persons. Such limitations shall not violate the essence of freedoms and rights"*.
– artigo 49º da Constituição tunisina de 2014: *"The limitations that can be imposed on the exercise of the rights and freedoms guaranteed in this Constitution will be established by law, without compromising their essence. Any such limitations can only to be put in place for reasons necessary to a civil and democratic state and with the aim of protecting the rights of others, or based on the requirements of public order, national defence, public health or public morals, and provided there is proportionality between these restrictions and the objective sought."* (trad. da Comissão de Veneza).
V., também, a secção 5 da Carta dos Direitos da Nova Zelândia; *Human Rights Act 2004* (Australian Capital Territory), secção 28 (1); *Charter of Human Rights and Responsabilities Act 2006* (Victoria, Austrália), secção 7 (2). Mesmo no contexto da CEDH tem-se notado que o sistema original de cláusulas de limites específicas e diferenciadas vem sendo gradualmente substituído, na prática, por uma cláusula geral de limites semelhante à do artigo 29º, nº 2, da DUDH (cfr., crítico, VAN DROOGHENBROECK, *La proportionnalité...*, p. 155).

A INTERFERÊNCIA EM BENS, INTERESSES OU VALORES

a consagração de uma cláusula desse tipo, mas sim a existência de regimes políticos que delas façam mau uso.

Paradoxalmente, a cautela revelou-se tão excessiva quão inconsequente. Ao longo de décadas de vigência da Constituição, norma legislativa atrás de norma legislativa, decisão jurisdicional atrás de decisão jurisdicional, posição doutrinária atrás de posição doutrinária, "conspiraram" contra a aplicação plena desse regime constitucional. Na verdade, a realidade constitucional desafia abertamente estes espartilhos: há direitos que estão constitucionalmente consagrados sem reserva, mas que entram inevitavelmente em conflito ou colisão com outros bens, interesses ou valores constitucionais, tornando necessária a sua superação, com inevitável diminuição da energia normativa ou com sacrifício de alguns ou de todos; há bens, interesses ou valores sem âncora direta na Constituição que justificam a limitação de direitos fundamentais; há conflitos ou colisões que têm de ser resolvidos através de outros instrumentos normativos que não a lei, ou até mediante a prática de atos individuais e concretos; há até situações em que não é possível discernir qual o conteúdo essencial do preceito constitucional consagrador de um direito.

2.2. As vias de fuga ao conceito e ao regime da restrição de direitos

Estes espartilhos constitucionais têm induzido a maioria da doutrina e boa parte da jurisprudência constitucional portuguesas a um movimento geral de fuga ao conceito de restrição de direitos (ou de alteração do seu sentido[1684]), de redução da aplicabilidade do respetivo regime ou até de superação de alguns dos preceitos constitucionais que estabelecem limites às restrições.

Tal movimento assumiu particular acuidade no tocante ao principal ponto de bloqueio, a exigência de permissão constitucional expressa das restrições, constante do artigo 18º, nº 2. O recurso ao artigo 29º, nº 2, da DUDH, ao abrigo do artigo 16º nº 2, como fundamento autónomo de restrições foi inicialmente testado pelo Tribunal Constitucional[1685], mas não foi bem acolhido por um setor relevante da doutrina[1686], pelo que esmoreceu. Optou-se, em alternativa, pela

---

[1684] Movimento eventualmnente não exclusivo de Portugal. Na Alemanha fala-se de *figura em transformação*: HOLOUBEK, «Der Grundrechtseingriff – Überlegungen zu einer grundrechtsdogmatischen Figur im Wandel...», *cit.*

[1685] Cfr. o muito criticado acórdão nº 6/84 (caso da "barba crescida de um dia e bigode") e o acórdão nº 198/85; NABAIS, *Por uma Liberdade* ..., p. 26.

[1686] A hipótese fora sugerida logo no início da década de 1980 por SOUSA, *A Liberdade de Imprensa...*, p. 264, mas, como veremos adiante, foi sempre objeto de controvérsia, continuando a haver ainda hoje forte divisão na doutrina entre quem admite que o artigo 29º (2) da DUDH pode ser usado como fundamento de uma cláusula geral de limites ou de restrições e quem entenda que o preceito só pode ser usado como cláusula de limites aos limites.

O PRINCÍPIO DA PROIBIÇÃO DO EXCESSO

fuga ao conceito de restrição, apenas aqui e ali contrariada por algumas vozes dissonantes. Nominalmente, não se *reduz* ou *suprime* o sentido normativo do artigo 18º, nº 2. Em alguns casos parte-se até da sua *relevância absoluta*, noutros defende-se a sua *(ir)relevância* apenas *relativa*[1687]. Todavia, adota-se um conceito *restritivo* de *restrições* de direitos e recorre-se a uma miríade de figuras afins, não sujeitas ao regime constitucional (ou a parte dele) das restrições, o que se traduz na *real* redução ou desconsideração do sentido normativo daquele preceito, compreendendo-se, portanto, o aparecimento de teses que concluem pela sua *irrelevância absoluta*.

As divergências de base quanto à relevância ou efetividade da norma do artigo 18º, nº 2, primeira parte, não perturbaram a formação de um consenso tácito alargado[1688] de reiterada desaplicação daquela norma na sua interpretação mais óbvia, o que, em última análise, se traduz na sua *caducidade*. Como se referiu, a um regime restritivo das restrições, a doutrina e a jurisprudência têm oposto uma interpretação minimalista daquele regime, em boa parte materializada em estratégias de fuga ao conceito de restrição e na busca de *outra coisa*[1689] que permita ao legislador intervir nos direitos escapando ao regime das restrições, designadamente à exigência de disposição constitucional habilitadora expressa e à aplicação do princípio da proibição do excesso.

Foram testadas várias vias, que apenas podemos apresentar e apreciar sumariamente[1690]. Quase invariavelmente, essas vias assentam na importação de quadros teoréticos concebidos ou desenvolvidos pela doutrina alemã[1691], também ela a braços com a ausência de uma cláusula geral de restrições ou de limites dos direitos e com um sistema complexo e diferenciado de reservas de restrição, variando entre a ausência de reserva e a consagração de reservas simples ou qualificadas. Focaremos de seguida as seguintes linhas doutrinais e jusrisprudenciais: (i) interpretação restritiva do âmbito de proteção do direito; (ii) aplicação da teoria dos limites imanentes; (iii) distinção entre resolução de conflitos ou colisões de direitos e restrição de direitos; (iv) distinção entre limite ao exercício e

---

[1687] ALEXANDRINO, *A Estruturação...*, p. 443; *idem, Direitos...*, p. 130.

[1688] Nesse consenso participam desde perspetivas "militantes" de crítica ao texto constitucional, como a de PEDRO SOARES MARTINEZ, *Comentários à Constituição Portuguesa de 1976*, Verbo, Lisboa, 1978, p. 33 ("se a restrição dos direitos e liberdades tivesse de ser prevista expressamente na Constituição, esta havia de conter muitos milhares de artigos"), até incondicionais defensores do espírito constitucional.

[1689] A elucidativa expressão é de ANDRADE, *Os Direitos...*, p. 269.

[1690] O tema está, aliás, bem tratado em várias obras de autores nacionais. V., por todos, os exaustivos tratamentos e compilações de NOVAIS, *As restrições...*, cit. e de ALEXANDRINO, *A Estruturação...*, pp. 426 ss. Também, MIRANDA/MEDEIROS, *Constituição...*, p. 352.

[1691] V. sobre isso, por todos, NOVAIS, *As restrições...*, p. 172.

A INTERFERÊNCIA EM BENS, INTERESSES OU VALORES

restrição de direitos; (v) exclusão da aplicabilidade do conceito de restrição em certos domínios.

2.2.1. A interpretação restritiva do âmbito de proteção da norma de direitos

Texto e norma não são a mesma coisa, mas não são cindíveis[1692]. A delimitação do âmbito de proteção (*factispecies, Tatbestand*) da norma jusfundamental é o objetivo da operação de atribuição de sentido (*Sinngebung*) ao *texto* constitucional. Visa-se determinar o *objeto de proteção*, definido em função da previsão da norma e do bem, interesse ou valor tutelado, isto é, dos respetivos *limites*[1693].

O conceito de limite é controverso e empregue em numerosas aceções[1694]. Sendo uma expressão proveniente de outros domínios do saber (geografia, cartografia) é natural o recurso a imagens: o limite pode ser entendido como a fronteira, a demarcação, a extrema, a linha divisória imaginária que separa o que *é protegido* pelo direito – as posições jurídicas subjetivas reconhecidas e tuteladas – e o que fica *fora* do âmbito protetor do direito. Numa linguagem mais técnico-jurídica, os limites *internos* (ou *intrínsecos*)[1695] constam das normas constitucionais que definem o objeto de proteção. Este, em última análise, desdobra-se em posições jurídicas subjetivas protegidas. É incontornável que cada direito tem o seu âmbito de proteção, tem os seus *limites internos*, qualquer que seja a forma como os designamos, fixados pela constituição[1696].

Insofismável é, por outro lado, que o legislador e outras entidades, por força da aplicabilidade direta e da vinculatividade – ou *acesso* direto aos direitos[1697] –, têm o poder e o dever de interpretar as normas dos direitos, identificando aqueles limites.

[1692] Cfr. ALEXY, *A Theory...*, pp. 21 ss. (com as referências fundamentais); STRECK, «Bem jurídico e constituição: da proibição de excesso (*übermassverbot*) à proibição de proteção deficiente (*untermassverbot*)...», p. 1.; DAVID DUARTE, *A Norma...*, pp. 72 ss.; TIAGO ROLO MARTINS, «Estudo de lógica deôntica...», pp. 112 ss.

[1693] GAVARA DE CARA, *Derechos fundamentales...*, p. 205; BARAK, *Proportionality...*, pp. 33 ss.

[1694] Cfr. a aprofundada discussão e apresentação das várias aceções em ALEXANDRINO, *A Estruturação...*, pp. 457 ss.; BARAK, *Proportionality...*, pp. 32 ss.

[1695] Para a explicação da distinção entre limites internos e externos tal como no texto, v., também, GAVARA DE CARA, *Derechos fundamentales...*, pp. 167 ss.

[1696] A posição do texto afasta-se, designadamente, das orientações que sustentam que conteúdo e limites do direito são coisas distintas: v., por exemplo, GAVARA DE CARA, *Derechos fundamentales...*, p. 277 (criticando, na circunstância, a doutrina de Häberle na parte em que defende que o conteúdo dos direitos é definido através dos respetivos limites imanentes, delimitados através de ponderação).

[1697] Como LÚCIA AMARAL, *Responsabilidade...*, pp. 435 ss., sublinha a propósito do artigo 18º, nº 1, da Constituição, mais do que a aplicabilidade direta e a vinculatividade das *normas constitucionais* referentes aos direitos, liberdades e garantias – cuja afirmação seria redundante –, deve falar-se de aplicabilidade direta e vinculatividade *dos próprios direitos*.

O PRINCÍPIO DA PROIBIÇÃO DO EXCESSO

Saber se esses limites do direito, tal como perfilados na constituição e desvendados através da respetiva interpretação[1698], são os limites definitivos ou são apenas ideais ou *prima facie*, podendo ser conformados supervenientemente com sentido restritivo, depende de se se adere a teorias internas ou externas, que estudaremos mais adiante.

Com particular incidência nas zonas de penumbra ou de fronteira – os *casos difíceis*[1699] –, a delimitação do âmbito de proteção pode realizar-se de acordo com teorias *alargadas* ou *restritivas*[1700]. Pelas primeiras, todas as condutas que façam parte do "âmbito temático" de um determinado direito fundamental devem ser consideradas abrangidas pelo seu âmbito de proteção[1701]. Pelas segundas, interpreta-se restritivamente o conteúdo e as posições jurídicas subjetivas que o direito idealmente tutela, isto é, o âmbito de proteção ideal ou potencial ou o conteúdo *prima facie*[1702].

As conceções incondicionalmente alargadas suscitam críticas[1703], algumas ponderosas e merecedoras de atenção. Mas a interpretação restritiva do âmbito de proteção do direito favorece a estratégia de fuga ao conceito (e ao regime

---

[1698] Pode debater-se se a delimitação dos limites internos é suscetível de operações de *balancing* que de alguma forma permitam a sua flexibilização ou relativização. A resposta é tendencialmente negativa. Por exemplo, quando o artigo 45º, nº 1, estabelece um limite interno ao direito de reunião ("Os cidadãos têm o direito de se reunir, *pacificamente e sem armas*", sublinhado aditado), a vedação do uso de armas é absoluto e não sujeito a ponderação: cfr. BARAK, *Proportionality...*, p. 36.

[1699] Ou casos *atuais* de direitos fundamentais (contrapostos a fáceis ou *potenciais*), na terminologia de BOROWSKI, *La estructura...*, pp. 137 ss.

[1700] BOROWSKI, *La estructura...*, p. 133.

[1701] Usamos a formulação de VIRGÍLIO AFONSO DA SILVA, *Direitos Fundamentais..*,p. 109. Adeptos das teorias alargadas: ALEXY, *Theorie...*, pp. 278 ss.; BOROWSKI, *Grundrechte...*, *passim*; *idem*, *La estructura...*, *passim*; VIRGÍLIO AFONSO DA SILVA, *ob. cit.*, pp. 138 ss.; MÖLLER, «Proportionality...», *cit.*; BARAK, *Proportinality...*, pp. 75 ss. Na doutrina nacional a teoria alargada do *Tatbestand* tem adeptos: CANOTILHO, *Direito...*, 7ª ed., pp. 1281 ss.; DUARTE, *A norma...*, pp. 750 ss.; EGÍDIO, «Análise da Estrutura...», p. 631. Eventualmente, também, SÉRVULO CORREIA, *O Direito de Manifestação...*, p. 32. Por seu turno, BAPTISTA, *Os Direitos* ..., p. 160, mostra preferência por uma "abordagem ampla, mas sem aderir ao extremo da tese do âmbito potencial máximo" de ALEXY. Aparentemente no mesmo sentido, MIRANDA/MEDEIROS, *Constituição...*I, 2ª ed., p. 346.

[1702] Defensores das teorias estritas do âmbito de proteção (com fundamentos diversos), MAUNZ/ZIPPELIUS, *Deutsches Staatsrecht*, 29ª ed., 1994, p. 144; F. MÜLLER, *Die Positivität...*; VAN DROOGHENBROECK, *La proportionnalité...*, pp. 157 ss.; TSAKYRAKIS, «Total Freedom...», *cit.* Em Portugal, ANDRADE, *Os Direitos...*, p. 266; NOVAIS, *As restrições...*, pp. 370, 390 ss. (defendendo uma conceção *restritiva mitigada*, *ob. cit.*, p. 427; note-se, porém, que em *Direitos fundamentais...*, pp. 99 ss., passa a classificar a sua posição como ampliativa mitigada, mas as limitações que introduz aproximam-na de facto de uma conceção restritiva mitigada).

[1703] BOROWSKI, *La estructura...*, pp. 134 ss., ele próprio um defensor das teorias alargadas da previsão, elenca e discute alguns dos argumentos contra tais teorias: "défice de honestidade", amplitude excessiva, cobrindo manifestações absurdas do "direito", quebra da segurança jurídica,

A INTERFERÊNCIA EM BENS, INTERESSES OU VALORES

limitativo) das restrições: quanto mais *restritiva* for essa interpretação, menos oportunidade/necessidade haverá de introduzir restrições através de lei e menos se colocará a necessidade quer de habilitação constitucional expressa para a restrição quer de superação do crivo da proibição do excesso[1704]. De um certo ponto de vista, pode dizer-se que as restrições ao direito *começam na própria interpretação* do seu âmbito e conteúdo.

2.2.2. A aplicação da teoria dos limites imanentes

A estratégia de contorno do espartilho constitucional da exigência da previsão expressa das restrições, ganha acutilância se as teoria restritivas do âmbito de proteção forem acompanhadas pela adesão às teorias internas e aos limites imanentes, seu subproduto[1705].

A descrição da relação entre os direitos e os seus limites ou restrições, pode fazer-se de acordo com a teoria externa ou a teoria interna. *Grosso modo*, a primeira supõe a existência de dois patamares normativos diversos, o direito em si e as suas restrições, impostas por um ato externo e não por simples interpretação da norma jusfundamental. Distingue-se, assim, um âmbito de proteção inicial, ideal, não definitivo ou *prima facie* e um âmbito de proteção real, efetivo ou definitivo, que fica delimitado após uma restrição válida[1706]. Em contrapartida, a teoria interna não reconhece a diferença entre âmbito ideal ou não definitivo, suscetível de restrições legislativas, e âmbito de proteção real ou definitivo. As restrições de direitos são ilícitas ou inválidas, na medida em que equivalham a alteração das normas constitucionais de direitos através da lei. Os únicos limites válidos que os direitos fundamentais conhecem são os que resultam do seu âmbito de proteção (*Schutzbereich*), desvendado através dos cânones da hermenêutica e sem recurso a qualquer operação de ponderação ou à aplicação do princípio da proibição do excesso[1707]. Os direitos têm os seus limites traçados

---

aumento artificial das colisões com a consequência de um acréscimo incontrolado do poder do juiz constitucional (referência especial às críticas de Bockenförde).

[1704] Pode, por isso, discutir-se se a proibição do excesso convive com as conceções restritivas, particularmente as mais extremas. Implicitamente contra, Novais, *Direitos fundamentais...*, p. 102.

[1705] Não é forçoso que as teorias restritivas do âmbito de proteção sejam acompanhadas por uma adesão às teorias internas dos limites aos direitos. Sobre isso Virgílio Afonso da Silva, *Direitos Fundamentais...* pp. 158 ss.

[1706] Alexy, *A Theory...*, pp. 210 ss.; Borowski, *La estructura...*, p. 66; Eckoff, *Der Grundrechtseingriff...*, pp. 13 ss.; Guerrero, «El principio de proporcionalidad...», pp. 137 ss.; Pulido, *El principio...*, pp. 464 ss.; Virgílio Afonso da Silva, *Direitos Fundamentais...*, pp. 138 ss.

[1707] As teorias internas têm a sua raiz no direito privado, de onde foram transpostas para o direito constitucional: v. Bettermann, *Grenzen..., cit.*; Borowski, *Grundrechte...*, 1ª ed., pp. 31 ss., 2ª ed., pp. 54 ss.; *La estructura...*, p. 66. No direito constitucional, talvez o mais destacado defensor das teorias internas seja Friedrich Müller (v., designadamente, *Die Positivität..., cit.*). Pode consi-

O PRINCÍPIO DA PROIBIÇÃO DO EXCESSO

a partir do *interior* do âmbito de proteção. Qualquer limite ou restrição que se pretenda definir a partir *do exterior* do direito é inválida[1708]. Deste ponto de vista, as normas de direitos têm sempre a estrutura de regras[1709].

No ponto em que considera equivalentes os conceitos de restrição e de violação de um direito, esta teoria é criticável. A assimilação desses dois conceitos incute o sentido de que sempre que o legislador restringe qualquer bem, interesse ou valor, está a violá-lo ou a infringi-lo ilicitamente[1710]. Essa assimilação não é consentida pela Constituição, uma vez que admite expressamente a figura das restrições *lícitas* de direitos. A versão mais intransigente da teoria interna é inconciliável com o quadro constitucional português. Quanto muito, a teoria interna pode oferecer suporte teórico satisfatório para justificar alguns traços da dogmática dos direitos fundamentais[1711].

Um dos conceitos que anda vulgarmente associado às doutrinas internas dos limites é o de limites imanentes (*immanenten Beschränkungen*)[1712].

Os limites imanentes[1713] são vistos como parte da norma constitucional de garantia do direito: a revelação ou exposição dos limites imanentes, expressos

---

derar-se que o chamado «especificacionismo» (de *specificationism*: cfr. GARDBAUM, «Proportionality...», p. 269) de autores como WEBBER (*The Negotiable Constitution, cit.*), MORESO («Ways of Solving Conflicts of Constitutional Rights: Proportionalism and Specificationism», *cit.*), ZORRILLA (*Conflictos..., cit.; idem*, «Alternativas...», *cit.*), ou MENDONCA (*Los derechos..., cit.*), é a versão mais elaborada e «modernizada» destas teorias internas. Nos EUA, fala-se de *definitional balancing*.

[1708] V., em geral, PULIDO, *El principio...*, pp. 466 ss.; KLATT/MEISTER, *The Constitutional...*, p. 18.

[1709] Assim, BOROWSKI, *La estructura...*, p. 77; VIRGÍLIO AFONSO DA SILVA, *Direitos Fundamentais...*, p. 129.

[1710] WEBBER, *The Negotiable...*, p. 3.

[1711] Apesar de o Tribunal Constitucional ter sinalizado aqui e ali, algo equivocamente, adesão a traços próprios da teoria interna, a *teoria externa* é o modelo explicativo que melhor enquadra os dispositivos constitucionais de restrições: v. MIRANDA/MEDEIROS, *Constituição...*, p. 363; BAPTISTA, *Os Direitos ...*, p. 159 (sugerindo que a maioria da doutrina portuguesa adere a um misto entre estas duas). Sem embargo, pode admitir-se que a aceitação de direitos irrestringíveis e a não inclusão *a prori* de certos comportamentos no âmbito de proteção ideal do direito representam concessões à teoria interna (cfr. ALEXANDRINO, *A estruturação...*, p. 478; BAPTISTA, *Os Direitos...*, pp. 160-161). Por outro lado, há quem alegue que a teoria interna é a única adaptável às restrições das posições jurídicas ativas de sentido positivo (ou, como se diz, aos direitos positivos): nesse sentido, NOVAIS, *Direitos sociais...*, p. 295.

[1712] VIRGÍLIO AFONSO DA SILVA, *Direitos Fundamentais...*, p. 128. Sem embargo, há algumas versões dos limites imanentes, tributárias de teorias externas, que admitem a conjugação com a ideia da ponderação: sobre isso, BOROWSKI, *Grundrechte...*, pp. 36 ss.; PULIDO, *El principio...*, p. 454; CANOTILHO, *Direito...*, 7ª ed., p. 1282.

[1713] O lançamento da tese dos limites imanentes tem origem nas teses de WOLFGANG SIEBERT e KARL LARENZ. Do primeiro, pode ver-se, entre outras obras, «Subjektives Recht, konkrete Berechtigung, Pflichtenordnung», *in Deutsche Rechtswissenschaft* , 1936. p. 25; do segundo, *Rechtsper-*

A INTERFERÊNCIA EM BENS, INTERESSES OU VALORES

ou implícitos[1714], é fruto da interpretação da constituição[1715] e tem caráter meramente declarativo. O legislador desvenda-os ou regula-os através de leis regulamentadoras, conformadoras ou concretizadoras, não se excluindo o *acesso* à declaração do limite imanente por outras autoridades, administrativas e judiciais. Os limites imanentes obrigam à cedência absoluta ou categorial de um direito[1716]. A delimitação ou descoberta dos limites imanentes não vale como restrição ao direito[1717]. As normas legislativas que o regulamentem, conformem ou concretizem estão sujeitas a um *controlo intenso* de constitucionalidade[1718], mas não à aplicação, *intensa* ou não, de alguns instrumentos de controle da constitucionalidade, designadamente a proibição do excesso.

Como vimos, em Portugal a adoção de uma teoria interna dos limites é inviável, não tendo por isso merecido recetividade expressa da doutrina e da jurisprudência dominante. Todavia, mesmo recusando-se a teoria interna[1719], a ideia dos *limites imanentes*, seu subproduto, foi adotada e adaptada (às vezes conjugada, em termos nem sempre dogmaticamente ortodoxos ou coerentes, com as componentes essenciais das teorias externas, como a aceitação de restrições lícitas e de operações de ponderação[1720]) para justificar certas interferências em direitos sem recurso ao conceito de restrição, nem sujeição ao respetivo regime, incluindo o princípio da proibição do excesso.

2.2.3. A distinção entre resolução de colisões de direitos e restrição de direitos

Saindo daquilo que se pode denominar latamente de metódica da determinação do âmbito de proteção ideal, isto é, dando por adquirido o conteúdo *prima*

---

son und Subjektives Recht. Zur Wandlung der Rechtsgrundbegriffe, Junker & Dünnhaupt, Berlin, 1935. V., também, HÄBERLE, *Die Wesensgehaltgarantie...*, pp. 51 ss.

[1714] ANDRADE, *Os Direitos...*, pp. 272-273. Mesmo antes, logo no início da vigência da Constituição, v. *Direito Constitucional*, policop., Coimbra, 1977, pp. 194 ss.

[1715] VAZ, *Lei...*, p. 313 (frisando, contudo, não se tratar de interpretação autêntica); ANDRADE, *Os Direitos...*, designadamente pp. 271 ss.; NABAIS, *O Dever...*, p. 77.

[1716] ANDRADE, *Os Direitos...*, p. 269, nota.

[1717] V., porém, CANOTILHO/VITAL MOREIRA, *Constituição...*, 4ª ed., p. 389, assimilando os limites imanentes a *restrições não expressamente autorizadas*, numa versão de limites imanentes distinta da que no texto se imputa à conceção interna. Por outro lado, VAZ, *A Lei...*, p. 317, considera os limites imanentes *restrições* constitucionais (diferentes, todavia, das resultantes das colisões e das leis restritivas) ao conteúdo «natural» do direito, decorrentes da configuração constitucional desse direito. A Constituição delimita ou recorta o conteúdo do direito a partir do seu conteúdo natural, definindo através dos limites imanentes as (alegadas) manifestações de um direito que caem fora do âmbito de proteção desse direito.

[1718] Ou reexame judicial: ANDRADE, *Os Direitos...*, 5ª ed., p. 269.

[1719] *Idem.*

[1720] Defendendo a inconciliabilidade das figuras dos limites imanentes e da ponderação, VIRGÍLIO AFONSO DA SILVA, *Direitos Fundamentais...*, p. 133.

O PRINCÍPIO DA PROIBIÇÃO DO EXCESSO

facie do direito, cumpre analisar agora as teses que de algum modo fazem deslizar os seus limites, reduzindo o âmbito de proteção ideal a partir do "exterior" do direito, mas sem recurso à figura jurídica da restrição.

Estas teses são propostas sobretudo nos casos em que há uma colisão ou um conflito entre direitos, ou entre direitos e bens, interesses ou valores coletivos, não resolvido através da delimitação do âmbito de proteção dos direitos, nem resolúvel através de lei restritiva, por ausência de permissão constitucional expressa de restrição. A sua base dogmática é a autonomização da figura das colisões ou conflitos de direitos em relação às leis restritivas[1721].

Num dos primeiros desenvolvimentos filiados nesta construção, os conflitos ou colisões seriam resolvidos caso a caso, por interpretação e aplicação direta dos preceitos constitucionais. A intervenção da lei estaria excluída, por definição. Caberia sempre ao intérprete/aplicador das normas constitucionais de direitos ponderar os bens, interesses ou valores em *concreta* colisão ou conflito e definir uma solução harmonizadora. A supressão de qualquer deles estaria vedada, a hierarquização também. Os critérios da solução a encontrar seriam a concordância prática dos bens, interesses ou valores em presença, a indispensabilidade da compressão, a proibição do excesso e a intocabilidade do conteúdo essencial[1722]. Além de dificuldades endémicas, que tratamos abaixo, esta tese enferma de uma evidente inversão de valores, que a torna inconciliável com a constituição como unidade de sentido, baseada na dignidade da pessoa humana, mas também em princípios como o democrático. Admitir que conflitos entre direitos possam ser casuística e desigualmente objeto de ponderação e decisão do juiz ou da Administração Pública, mas não possam ser, de todo, antecipados e regulados geral e abstratamente pelo legislador democrático não encontra abrigo em nenhuma leitura plausível da Constituição.

A busca de *"outra coisa"*, diferente da restrição de direitos, que cubra constitucionalmente a limitação legislativa de um direito em caso de colisão com outro direito ou valor constitucional, fora das hipóteses de previsão constitucional expressa de restrição[1723], foi desenvolvida por outros autores em moldes menos expostos à crítica, designadamente por admitirem a conformação de conflitos ou colisões através de intervenções *legislativas*. A "outra coisa", seriam as *leis harmonizadoras*, através das quais o legislador procede à resolução abstrata

---

[1721] VAZ, *A Lei...*, p. 323. Utilizamos o conceito de *leis restritivas* por facilidade, uma vez que não se deve ignorar que apenas raramente as leis serão simplesmente restritivas, sendo mais habitual a combinação de normas restritivas e normas de outra natureza.

[1722] *Idem*, p. 328.

[1723] ANDRADE, *Os Direitos...*, p. 269; ALEXANDRINO, *A Estruturação...*, p. 477; parece aceitar também esta autonomização dos conflitos ou colisões de direitos, MIRANDA, *Manual...*, IV, 5ª ed., pp. 342-343.

A INTERFERÊNCIA EM BENS, INTERESSES OU VALORES

de colisões ou conflitos[1724] ou, mais rigorosamente, consagra soluções *abstratas* para a resolução concreta de colisões ou conflitos a serem aplicadas com alguma margem pela Administração e pelos tribunais. As leis harmonizadoras podem implicar, ou não, a prevalência *concreta* de bens, interesses ou valores sobre outros, variando isso de caso para caso[1725].

As leis *harmonizadoras* distinguem-se das *restritivas* da seguinte forma[1726]: (i) a necessidade das primeiras não está constitucionalmente prefigurada (ou vai além da prefiguração constitucional), resultando simplesmente da atuação de um princípio de "harmonização e ponderação", enquanto a necessidade das segundas está constitucionalmente prefigurada[1727]; (ii) as primeiras solucionam problemas de colisão ou conflito, as segundas não[1728]; (iii) as primeiras dirigem-se à limitação de dois ou mais direitos, ou de um direito e de um valor comunitário, na proporção do respetivo peso normativo[1729], as segundas sacrificam o conteúdo protegido de um direito potencialmente "agressivo"; (iv) as primeiras não são de emissão obrigatória, as segundas sim[1730]; (v) as primeiras são tendencialmente mais abertas, definindo, através de conceitos indeterminados, critérios que permitem a ponderação dos direitos ou valores conflituantes, enquanto as segundas tendem a enunciar de forma precisa as limitações introduzidas[1731]; (vi) as primeiras referem-se a colisões ao nível constitucional, as segundas estão autorizadas a incluir momentos de "conformação legislativa autónoma"[1732]; (vii)

[1724] Alguns autores distinguem *colisões* entre direitos e *conflitos* entre direitos e outros bens, interesses ou valores constitucionais, embora nem sempre consistentemente. Por exemplo, ANDRADE, *Os Direitos...*, por vezes parece aderir à distinção entre *colisões de direitos* e *conflitos de direitos e valores constitucionais comunitários* (p. 265), outras usa indiferenciadamente conflito e colisão (p. 217). Outra tipologia é a de CANOTILHO, *Direito...*, 7ª ed., p. 1270: respetivamente, colisão autêntica e em sentido impróprio). Como anunciámos na introdução, optamos por empregar sempre o termo colisões.

[1725] ANDRADE, *Os Direitos...*, p. 298. O autor nota que, por isso, a regra do artigo 335º do Código Civil, sobre colisão de direitos (se os direitos forem iguais ou da mesma espécie "devem os titulares ceder na medida do necessário para que todos produzam igualmente o seu efeito, sem maior detrimento para qualquer das partes") não é aplicável, uma vez que só a ponderação no caso concreto indica se um direito deve ceder o mesmo ou mais que outro, apesar da sua igual origem constitucional (*ob. cit.*, p. 301); admitindo a utilidade daquelas diretrizes, MIRANDA, *Manual...*, IV, 5ª ed., p. 343.

[1726] De acordo com ANDRADE, *Os Direitos...*, pp. 217 ss. (v., também, 265 ss.). Subsídio relevante é a declaração de voto de Lúcia Amaral no acórdão nº 418/13 do Tribunal Constitucional.

[1727] *Idem*, pp. 217, 254.

[1728] *Idem*, p. 217.

[1729] *Idem*, p. 217.

[1730] *Idem*, p. 219.

[1731] *Idem*, pp. 217, 270.

[1732] *Idem*, p. 218.

O PRINCÍPIO DA PROIBIÇÃO DO EXCESSO

as primeiras são meramente *interpretativas* de preceitos constitucionais conflituantes, as segundas não[1733]; (viii) as primeiras estão sujeitas a um controlo intenso (*strict scrutiny*, ou controlo total ou de reexame), enquanto as segundas estão sujeitas a um controlo apenas de intensidade média[1734] (*intermediate scrutiny*, ou defensabilidade)[1735].

2.2.4. A distinção entre limite ao exercício de direitos e restrição de direitos

Noutra fileira doutrinal, ainda compressora do perímetro possível das restrições, há quem distinga entre *restrição* e *limite ao exercício*, a primeira traduzida numa subtração duradoura de faculdades incluídas no conteúdo do direito, a segunda simplesmente inibidora ou condicionadora do *exercício* dessas faculdades[1736]. A primeira seria objeto de lei restritiva, com caráter constitutivo, a se-

---

[1733] *Idem*, p. 270.

[1734] *Idem*, pp. 270-271. Por traduzirem o resultado de mera interpretação da constituição, as leis harmonizadoras estão sujeitas a controlo reforçado ou intenso, de reexame judicial, em que o juiz está no mesmo plano que o legislador, controlando e aplicando, através de operações de concordância prática, normas legislativas que devem ser flexíveis e adaptáveis às circunstâncias do caso concreto.

[1735] Num outro quadro conceptual (evitando as expressões "leis harmonizadoras" ou "harmonização"), v. Baptista, *Os Direitos...*, p. 172, distinguindo entre restrições e limites implicitamente impostos pela Constituição, resultantes de "colisões incontornáveis de um direito com o âmbito definitivo de outros direitos ou bens constitucionais". As restrições seriam discricionárias ou não obrigatórias, constitutivas e dependentes de lei; as leis que declarassem aqueles limites não careceriam de permissão constitucional expressa, seriam meramente declarativas, podendo ser retroativas e, em alguns casos (colisões entre direitos), diretamente aplicáveis *erga omnes*. Em qualquer caso, a determinação legal dos limites estaria sujeita ao princípio da proibição do excesso e teria de respeitar o conteúdo essencial dos preceitos constitucionais (*ob. cit.*, p. 175). Os comentários críticos que dirigiremos oportunamente à construção das leis harmonizadoras aplicam-se em boa parte a estas leis de resolução de "colisões incontornáveis".

[1736] Não é difícil encontrar lugares paralelos em doutrinas e jurisprudências constitucionais de outras latitudes, como é o caso da americana, particularmente no contexto da liberdade de expressão, onde se distingue entre restrições ao conteúdo e mera regulamentação do tempo, modo e lugar do exercício daquela liberdade (v., por todos, Tribe, *American Constitutional Law*, pp. 580 ss.), ou da filosofia do liberalismo político de Rawls, que atribui um significado central à distinção entre regulação das liberdades básicas e restrição (*El liberalismo politico..*, p. 378): cfr., também, Virgílio Afonso da Silva, *Direitos Fundamentais...*, pp. 92 e 100 ss. A doutrina nacional terá sido sobretudo influenciada pela distinção entre restrições de conteúdo e restrições de exercício traçada no contexto constitucional italiano, particularmente em torno da interpretação do artigo 2º da Constituição italiana e o conceito por ele recebido de "inviolabilidade dos direitos fundamentais". O referido artigo apenas protegeria o conteúdo essencial e não os diversos modos de exercício dos direitos, que podem variar com o decurso do tempo: Onida/Gorlero, *Compendio di Diritto Costituzionale*, 2ª ed., Giuffrè Editore, Milano, 2011, p. 86; v., também, entre muitos, Paolo Careti/Ugo de Siervo, *Diritto Costituzionale e pubblico*, Giappichelli, Torino, 2012, p. 499; Paolo Careti, *I Diritti Fondamentali. Libertá e Diritti Sociali*, 3ª ed., Giappichelli, Torino, 2011, pp. 177 ss.

A INTERFERÊNCIA EM BENS, INTERESSES OU VALORES

gunda de lei regulamentadora do exercício, meramente declarativa[1737]. Na doutrina portuguesa, um dos seguidores mais proeminentes dessa linha tem sido JORGE MIRANDA[1738].

2.2.5. A exclusão da aplicabilidade do conceito de restrição em certos domínios

Quer a doutrina, quer, sobretudo, a algo prolixa jurisprudência constitucional, desenvolveram outras figuras afins, algumas episódicas ou simplesmente versões modificadas das que estudámos[1739].

Além disso, há opções doutrinais que, embora não incidam especificamente sobre o conceito de restrição, afetam indiretamente a amplitude do conceito de restrição: por exemplo, a alegação de que, enquanto quadro dogmático, o conceito de restrição não é aplicável no ambiente dos direitos sociais[1740], ou as orientações restritivas quanto ao âmbito subjetivo dos direitos, ou a exclusão de alguns preceitos da matéria de direitos fundamentais[1741]. Todas estas construções podem traduzir-se indiretamente em fuga às restrições e, concomitantemente, ao seu regime jurídico e, *pelo menos nessa medida*, todas elas são refutáveis. Não as podemos tratar todas *ex professo*, porque isso nos deslocaria do objeto central deste trabalho.

2.3. As vias alternativas à fuga ao conceito e ao regime da restrição de ireitos

Tem havido sinais de reação doutrinal a esta estratégia (ou estratagema) de fuga ao conceito e ao regime das restrições. Além dos problemas dogmáticos que tais orientações de fuga suscitam, a opção por uma conceção restritiva de restrição tem consequências importantes ao nível do controlo das interferên-

---

[1737] MIRANDA, *Manual...*, IV, 5ª ed., p. 407.

[1738] MIRANDA, *Manual...*, IV, 5ª ed., pp. 345 ss.; MIRANDA/MEDEIROS, *Constituição...*, I, 2ª ed., p. 347; ALEXANDRINO, *A Estruturação...*, p. 476; CANAS, «A actividade de polícia e a actividade policial...», *cit.*, e «Os limites gerais...», *cit.*, pp. 457 ss.

[1739] Para uma visão global da jurisprudência constitucional, é útil a consulta, por todos, de ALEXANDRINO, *A Estruturação...*, pp. 643 ss.

[1740] Assim, ALEXANDRINO, *A Estruturação...*, p. 425, admitindo, porém, a prestabilidade do conceito de limite.

[1741] ANDRADE, *Os Direitos...*, faz-se porta voz dessa tendência quando defende uma conceção aparentemente restritiva da extensão dos direitos fundamentais às pessoas coletivas (p. 118), ou que os preceitos que consagram os direitos de antena, de resposta e de réplica política (artigo 40º, nº 2) não consagram posições jurídicas subjetivas individuais, não integrando a matéria dos direitos fundamentais, mas sim a matéria da organização do poder político (p. 87), ou que os direitos das comissões de trabalhadores (artigo 54º, nº 5) e das associações sindicais (artigos 55º, nº 5 e 56º, nºs 1, 2 e 3) são antes competências (p. 122).

O PRINCÍPIO DA PROIBIÇÃO DO EXCESSO

cias do legislador nos direitos fundamentais. Aplicando-se os limites aos limites previstos na CRP (designadamente, no artigo 18º, nºs 2 e 3) exclusivamente às restrições aos direitos, a circunstância de não se qualificar certas interferências como restrições leva à exclusão da sua aplicação. No caso específico do princípio da proibição do excesso, a sua aplicação é formalmente excluída ou é invocada com um intuito legitimador da própria qualificação da intervenção como não restritiva. Essas consequências de uma conceção restritiva das restrições podem ser perniciosas para a própria afirmação da força normativa da Constituição e das normas de direitos fundamentais.

2.3.1. A reação crítica da doutrina mais recente

A reação mais veemente a esse risco foi protagonizada por JORGE NOVAIS. A uma estratégia de fuga, o autor contrapõe uma estratégia de regresso ao conceito de restrição. Mas NOVAIS, além de propor uma definição abrangente de restrição[1742], dilui significativamente muitos dos limites à possibilidade de restrições, em nome da necessidade de estabelecer um ambiente de *proteção dinâmica dos direitos fundamentais*[1743].

Neste contexto, a maior parte dos limites enunciados no artigo 18º, nºs 2 e 3, da Constituição são reinterpretados à luz de uma reserva geral de ponderação ou de compatibilização[1744], que leva à sua cedência perante uma emergência de *inevitabilidades fáticas* elevadas a critério de validade normativa: o *ser* invalida o *dever ser* formalmente dado (*força normativa da realidade*). A *realidade* das colisões entre direitos não é *bem enfrentada* no quadro dos mecanismos constitucionais, tal como resultam dos preceitos em causa. A *realidade* das colisões de direitos exige mecanismos com outra configuração, sentido e alcance. A *realidade* das colisões de direitos impõe que tudo seja suscetível de ponderação, fugindo-se aos puros esquemas lógico-dedutivos que alguns dos limites aos limites supõem. O *ser* da realidade impõe-se, consequentemente, ao *dever-ser* das normas. Alguns exemplos de *redução* normativa do artigo 18º, nºs 2 e 3[1745]: (i) deles decorre que

---

[1742] Cfr., por exemplo, a definição proposta por NOVAIS, *As restrições...*, p. 157: restrição é "a ação ou omissão estatal que afecta desvantajosamente o conteúdo de um direito fundamental, seja porque se eliminam, reduzem ou dificultam as vias de acesso ao bem nele protegido e as possibilidades da sua fruição por parte dos titulares reais ou potenciais do direito fundamental seja porque se enfraquecem os deveres e obrigações, em sentido lato, que da necessidade da sua garantia e promoção resultam para o Estado".

[1743] V. *As restrições...*, p. 844 (referindo-se, na circunstância, às cautelas a ter no que se refere à exigência da determinabilidade ou densidade normativa da lei, de modo a não espartilhar indesejavelmente a atividade da Administração Pública na resolução de colisões concretas de direitos)

[1744] NOVAIS, *As restrições...*, p. 957.

[1745] Deixando, por agora, de lado a redução do alcance da reserva relativa de lei parlamentar do artigo 165º, nº 1, alínea *b*) e da própria reserva absoluta de lei parlamentar de algumas alíneas do

464

A INTERFERÊNCIA EM BENS, INTERESSES OU VALORES

as restrições estão sujeitas a uma reserva de lei, a qual, além do mais, tem de revestir caráter geral e abstrato. Todavia, é *inevitável* superar o "esquecimento"[1746] do legislador constituinte, recusando "o apego formalista a uma concepção rígida da reserva de lei"[1747] e admitindo com bastante amplitude *intervenções restritivas* (*Grundrechtseingriff*, LERCHE) sem caráter geral e abstrato, promovidas pelos poderes constituídos, designadamente pela Administração de polícia[1748]; (ii) além disso, a exigência de determinabilidade ou densidade normativa da lei, decorrente da reserva de lei e de outros princípios[1749], é apenas um objetivo *all things considered*[1750], cedendo perante a *inevitabilidade* de revalorização substancial das funções da Administração Pública e de atribuição a esta de um amplo poder de realização de valorações e ponderações de bens, através da utilização pelo legislador de conceitos jurídicos indeterminados[1751]; (iii) o enunciado normativo do artigo 18º, nº 2, que proíbe a restrição de direitos fora dos casos expressamente previstos na Constituição, "não pode [todavia] ser interpretado como padrão normativo de limitação da margem de decisão do legislador com o sentido literal expresso no seu enunciado"[1752], sendo *inevitáveis* leis restritivas de direitos fundamentais consagrados sem reservas[1753]; (iv) embora a Constituição, no mesmo artigo 18º, nº 2, diga que os direitos só podem ser restringidos para salvaguardar outros direitos ou interesses constitucionalmente protegidos,

---

artigo 164º, reinterpretadas de acordo com uma *teoria da essencialidade* e com aplicabilidade sujeita a operações de ponderação ou apreciação tópica: cfr. NOVAIS, *As restrições...*, pp. 872 ss.

[1746] NOVAIS, *As restrições...*, pp. 201 e 205 ss.

[1747] *Idem*, pp. 841, 856 ss.; ALEXANDRINO, *A estruturação...*, p. 475, qualifica as exceções à reserva de lei de "generosas".

[1748] NOVAIS, *As restrições...*, p. 814, especialmente pp. 830 ss., admitindo leis restritivas não gerais e abstratas, contra o sentido literal da primeira parte do artigo 18º, nº 3.

[1749] *Idem*, p. 842.

[1750] *Idem*, p. 852

[1751] *Idem*, p. 846. Adotámos uma posição mais cautelosa em «A actividade de polícia e a actividade policial...», *cit.*, e «Os limites gerais...», *cit.*, pp. 457 ss. Pensando especificamente nas medidas de polícia, admitíamos que o legislador conceda ao órgão de polícia alguma margem de livre apreciação sobre os pressupostos de aplicação da medida de polícia, ou margem de livre decisão sobre se produz ou não a medida de polícia (uma vez que a não emissão da medida tem a implicação prática de que a restrição do direito não será materializada naquele caso) ou sobre a escolha entre uma ou várias possibilidades previamente definidas. Em contrapartida, a lei não pode deixar ao órgão de polícia a livre definição do próprio conteúdo da medida, nem pode empregar conceitos de elevada indeterminação na previsão da norma que permite a emissão da medida de polícia.

[1752] NOVAIS, *As restrições...*, p. 582.

[1753] NOVAIS, *As restrições...*, p. 582. Não obstante a disposição expressa da Constituição, o autor sustenta a existência de *restrições implicitamente autorizadas pela Constituição por força de uma reserva geral imanente de ponderação* presente na generalidade dos direitos (*ob. cit.*, p. 42; *idem*, *Direitos Sociais...*, p. 105).

O PRINCÍPIO DA PROIBIÇÃO DO EXCESSO

é *inevitável* ignorar o requisito da fonte formalmente constitucional dos bens, interesses ou valores cuja prossecução constitui fim da lei restritiva, podendo, consequentemente, os direitos fundamentais ser restringidos com vista à salvaguarda de bens, interesses ou valores sem base constitucional[1754]; (v) embora a Constituição proteja o conteúdo essencial dos preceitos constitucionais no artigo 18º, nº 3, última parte, esse enunciado teria apenas uma "função discursiva", funcionando como um "instrumento argumentativo em branco", insuscetível de desempenhar qualquer papel decisivo em decisões jurisprudenciais[1755], o que deixa presumivelmente maior campo para a possibilidade de restrições.

Esta construção iconoclástica tem a virtude da simplicidade e da clareza, além de colocar em relevo a importância decisiva da ponderação, muitas vezes camuflada atrás de pretensas operações lógico-dedutivas. Por outro lado, põe inegavelmente a nu inconsistências e insuficiências de alguns dos preceitos sobre limites aos limites[1756]. Todavia, os argumentos que a tornam atraente e simplificadora são também os que a fazem perder aderência normativa, além de não estar isenta de críticas quanto à própria consistência interna. Dirige crítica cerrada – e certeira – às teses baseadas na interpretação restritiva do âmbito de proteção, nos limites imanentes, peças frequentes da camuflagem do caráter restritivo das intervenções. Aponta a essas teses "o inconveniente prático de indução de défices de sindicabilidade (...) uma vez que, se não é de verdadeiras restrições que falamos, então não há lugar para lhes aplicar os correspondentes controlos, designadamente os atinentes ao preenchimento do requisitos materiais"[1757]. Todavia, propõe uma construção toda ela virada para a demonstração da irrelevância, impossibilidade ou inadequação de preceitos sobre os limites materiais e rendida a uma diretiva geral de ponderação.

Uma visão mais matizada do que a proposta por NOVAIS advoga um quadro eclético que, aceitando algumas das figuras afins de restrição apresentadas até aqui, modera o seu impacto: (i) admitindo, a par das restrições expressamente permitidas, a possibilidade de restrições constitucionalmente permitidas de forma instrumental, indireta, tácita, ou implícita[1758]; (ii) aplicando o regime

---

[1754] Assim, NOVAIS, *As restrições...*, p. 619. O autor reputa também de meramente formal o critério de distinção entre colisões de direitos fundamentais e colisões de direitos fundamentais e outros bens constitucionais (*ob. cit.*, p. 863).

[1755] NOVAIS, *idem*, pp. 797-798.

[1756] O próprio conceito de limites aos limites é contestado por alguns setores: v. PULIDO, *El principio...*, pp. 535 ss.

[1757] NOVAIS, *As restrições...*, p. 849 (o ponto é, contudo, reiterado em vários passos do trabalho).

[1758] CANOTILHO/VITAL MOREIRA, *Constituição...*, p. 389; NABAIS, *Por uma Liberdade...*, p. 26; MIRANDA, *Manual...*, IV, 5ª ed., p. 414; MATOS, «Recurso hierárquico...», p. 89; ALEXANDRINO, *A Estruturação...*, pp. 451, 645 ss.; QUEIROZ, *Direitos...*, p. 253 (dizendo, porém, que as restrições

466

A INTERFERÊNCIA EM BENS, INTERESSES OU VALORES

constitucional das restrições a outras intervenções legislativas, desconsiderando a qualificação jurídica que lhes seja dada e atendendo, como critério determinante, à natureza e ao "efeito da intervenção em concreto sobre as possibilidades de realização da norma jusfundamental"[1759].

Como sucede quase sempre com as orientações que procuram o equilíbrio entre várias posições extremas ou o centro geométrico das soluções, esta não está isenta de críticas de inconsistência. Não admite que a norma do artigo 18º, nº 2, primeira parte, está caduca por desaplicação consensualmente assumida durante décadas de prática e doutrina constitucionais, mas também não lhe reconhece plena aplicabilidade. Em alternativa, é proposta uma solução de (ir)relevância relativa[1760] que, em direito, é difícil de enquadrar, a não ser que se considere que a aplicação daquela norma está dependente de ponderação. Por outro lado, admitindo-se que o regime jurídico aplicável a *diferentes* figuras é afinal *substancialmente o mesmo*, a única justificação para manter uma diferenciação de conceitos e figuras jurídicas afins seria a forte individualidade conceptual que estas pudessem reivindicar e nada mais, o que parece pouco.

2.3.2. Crítica quer às conceções restritivas, quer às ilimitadamente alargadas, do âmbito de proteção dos direitos; adesão a uma conceção tendencialmente alargada

As estratégias restritivas do âmbito de proteção do direito começam por se debater com o problema do critério que preside à delimitação do que fica dentro e do que recai fora daquele âmbito de proteção. Não sendo esse um problema exclusivamente seu, como se verá de seguida, é contudo um problema cuja má resolução num contexto restritivo causa mais danos na proteção dos direitos do que noutros contextos. Além disso, as estratégias restritivas são tendencialmente conservadoras[1761], desencadeando maiores riscos de deixar de

---

implícitas não são verdadeiras restrições, mas "um problema de delimitação de direitos"); BAPTISTA, *Os Direitos...*, p. 178. V., por exemplo, acórdão nº 254/99: "as restrições expressas na Constituição ou resultantes das reservas de lei em certas matérias fundaram argumentos no sentido da admissibilidade de *outras restrições*, em hipóteses de conflitos de direitos ou interesses constitucionalmente reconhecidos" (nº 8, itálico aditado).

[1759] ALEXANDRINO, *A Estruturação...*, p. 481.

[1760] Por exemplo, ALEXANDRINO, *A Estruturação...*, p. 451, recusa as estratégias de fuga ao sentido essencial da proibição de restrições não *expressamente* autorizadas pela Constituição, mas subscreve a figura das restrições *implicitamente* autorizadas, em termos que no fundo se traduzem na aceitação de uma *cláusula geral de restrições*.

[1761] V. VIRGÍLIO AFONSO DA SILVA, *Direitos Fundamentais...*, pp. 85 ss., demonstrando o conservadorismo inevitável de algumas das conceções restritivas, sobretudo as baseadas na interpretação histórica e sistemática das normas constitucionais. Por isso, é frequente encontrar autores que,

O PRINCÍPIO DA PROIBIÇÃO DO EXCESSO

fora do âmbito de proteção do direito faculdades, posições jurídicas e pretensões que a realidade constitucional molda ao longo dos tempos.

Esses problemas das teses restritivas incitam a virar a atenção para as teses do âmbito alargado de proteção. Mas também estas enfrentam obstáculos que levam a afastar orientações incondicionalmente ampliativas.

A base de argumentação é a aceitação de que há um momento da aplicação da norma de direitos que se traduz na *interpretação* do preceito constitucional[1762], com vista à demarcação do âmbito de proteção e dos limites intrínsecos. Mesmo as teses do âmbito de proteção alargado não podem deixar de aceitar esta base argumentativa. Ora, essa base argumentativa causa problemas à afirmação de que o âmbito de proteção de um direito é, *prima* facie, ilimitado[1763]. As normas, incluindo o que a teoria dos princípios considera normas-princípio, têm necessariamente limites, revelados pela interpretação[1764]. É esta que permite definir se acender e apagar um isqueiro cai dentro dos limites ou âmbito de proteção *prima facie* da liberdade de expressão. Se se destinar a acender um cigarro, a iluminar um sítio escuro ou a ser o modo de descarregar a tensão nervosa não o é. Se for a maneira de *expressar* contentamento ou alegria num concerto de rock há certamente bons argumentos para considerar essa ação abrangida pelo âmbito de proteção da liberdade de expressão. É pela interpretação da norma de direito fundamental e pela argumentação sobre os limites do âmbito de proteção que chegamos a conclusões como esta.

Mas a delimitação do âmbito de proteção vai mais longe do que estes exemplos de discurso argumentativo de *senso comum*. Há um critério normativo que permite afastar *in limine* determinadas situações, comportamentos ou atos do âmbito de proteção dos direitos. Designamo-lo de *argumento categórico*. Argumento categórico é aquele insuscetível de superação através de argumentação ou da consideração da situação concreta.

Há situações em que há pelo menos um *argumento categórico* que leva a recusar a pretensões, comportamentos ou atos, a virtualidade de se abrigarem sob a

embora optando por uma conceção restritiva do âmbito de proteção, defendem a mitigação dessa conceção: assim, ALEXANDRINO, *A Estruturação...*, p. 478.

[1762] Um setor da doutrina adianta que a interpretação pode ela própria, envolver operações de ponderação das razões a favor de uma ou outra interpretação, ou dos interesses envolvidos A questão de saber se a interpretação envolve proporcionalidade (*ubi interpretatio, ibi proportionalitas*) ou, como ANDRADE defende (*Os Direitos...*, p. 196), pelo menos ponderação de interesses, não pode ser tratada aqui. Cfr. VAN DROOGHENBROECK, *La proportionnalité...*, pp. 118 ss., 148 (no contexto da CEDH, distinguindo entre proporcionalidade-apreciação e proporcionalidade-interpretação); FETERIS, «Weighing...», *cit.* Defendendo que a interpretação não envolve ponderação de interesses, KLATT/MEISTER, *The Constitutional...*, p. 47.

[1763] VIRGÍLIO AFONSO DA SILVA, *Direitos Fundamentais...*, p. 140.

[1764] HUSCROFT, «Proportionality...», pp. 188 ss., 200 ss.

A INTERFERÊNCIA EM BENS, INTERESSES OU VALORES

aura protetora de um direito, mesmo que seja simplesmente *prima facie*. Os argumentos categóricos mais imediatos são os que decorrem de limites que a própria Constituição estabelece: por exemplo, não há um direito de reunião, mas sim um direito de reunião *pacífica e sem armas* (artigo 45º, nº 1). Os cidadãos não têm um direito *prima facie* a reunir-se armados[1765]. Mas há outros argumentos que, embora não tão imediatos nem tão explícitos, não são menos categóricos[1766]: a realização de sacrifícios humanos em cerimónias religiosas não pode ser considerada abrangida *prima facie* pela liberdade de religião, porque há um argumento categórico intransponível: o valor absoluto da vida humana. O mesmo se aplica a outro exemplo clássico, o do assassínio ou suicídio de um ator no decurso de uma peça de teatro. Isso não é protegido *prima facie* pela liberdade artística porque o argumento categórico da inviolabilidade da vida humana o impede. Idêntico raciocínio se poderia realizar, invocando estes ou outros argumentos categóricos, para as ações de roubar, agredir fisicamente, sequestrar, falsificar moeda, violar o domicílio de outrem[1767]. A interpretação dos enunciados normativos e das normas reveladas por essa interpretação, não permite vislumbrar nenhum direito que, em termos ideais compatíveis com os argumentos categóricos que estruturam a *consciência jurídica* do intérprete, proteja alguns desses comportamentos. As normas legislativas que os proíbam não podem ser consideradas como restritivas ou ablativas de um direito ou da titularidade ou exercício de um direito. Seria ofensivo da consciência jurídica e do espírito jusfundamental,

---

[1765] Pieroth/Schlink, *Direitos...*, p. 62, sublinham a distinção entre âmbito de regulação, domínio da vida sobre o qual incide a norma (reuniões) e o âmbito de proteção (reuniões *pacíficas* e *sem armas*).

[1766] Pulido, *El principio...*, p. 677 e outros locais e Virgílio Afonso da Silva, *Direitos Fundamentais...*, pp. 97 ss., acusam as teses que rejeitam um âmbito de proteção irrestritamente alargado de se basearem numa simples *intuição*, entendida como um estado de espírito irracional ou apriorístico, ou em critérios insubsistentes ou de difícil operabilidade (por exemplo, o de Müller). Poderia discutir-se se o critério do "âmbito temático de um determinado direito fundamental", adotado por Alexy e pelos autores para definir o âmbito de proteção *prima facie* do direito não é ele próprio um critério *intuitivo*, à luz dos parâmetros argumentativos que elegem. Além disso, como veremos a propósito da proporcionalidade e.s.e., a intuição tem um quinhão no processo de ponderação que não é facilmente descartável (v. Möller, «Proportionality...», p. 728). Mas esse não é o ponto central. Central é acordar que não é inevitável cair numa atitude totalmente demissionária quanto à possibilidade de haver argumentos *jusfundamentais* que excluem certos comportamentos do âmbito de proteção dos direitos. Há exemplos que não podem ser descartados com o rótulo de "pré-fabricados" ou simplesmente "intuitivos". Há situações em que a admissão de que alguns comportamentos são cobertos pelo âmbito de proteção *fere a sensibilidade jurídica, tal como "formatada" pelo quadro constitucional ou pelo sentido geral da constituição*. É esse o pano de fundo do critério que propomos.

[1767] Recorremos aos exemplos apontados por Novais, *As restrições...*, pp. 430-431 e Coutinho, «Sobre a justificação...», pp. 558-559.

O PRINCÍPIO DA PROIBIÇÃO DO EXCESSO

aceitar uma tese que, apenas em nome da "coerência teórica"[1768] ou para evitar a rutura interna de uma teoria[1769], admitisse, mesmo que apenas *provisoriamente*, *não definitivamente* ou *prima facie*, que um direito fundamental acomoda no seu âmbito de proteção algum daqueles comportamentos, atos ou situações[1770]. Por isso, uma orientação *ilimitadamente ampliativa* do âmbito de proteção ideal do direito, nos termos da *factispecies alargada* ou da *weite Tatbestand* de ALEXY, BOROWSKI, VIRGÍLIO AFONSO DA SILVA ou MÖLLER[1771], suscita reservas.

Essas reservas não obstaculizam, todavia, a aceitação de princípio de que a criação de adequadas condições de plenitude normativa e de expansibilidade dos direitos requer uma atitude *aberta e generosa* na interpretação do seu âmbito normativo[1772]. Por isso se admite uma conceção tendencialmente alargada do âmbito de proteção dos direitos fundamentais.

O critério do *argumento categórico* tem a virtualidade de operacionalizar esta conceção tendencialmente alargada, especialmente se lhe aditarmos uma referência a um critério de *evidência*. Só quando há um argumento categórico *evidente* que fundamente a exclusão liminar ("caso fácil"), se deve considerar que um

---

[1768] VIRGÍLIO AFONSO DA SILVA, *Direitos Fundamentais...*, p. 153.

[1769] *Idem*, p. 154.

[1770] Resulta débil o argumento de BOROWSKI, *La estructura...*, p. 136, de que "roubar e matar" apenas integram o direito *prima facie*, que logo será objeto de uma restrição fundada nos direitos e bens com os quais entra em colisão. Na mesma linha, MÖLLER, «Proportionality...», p. 164: "os proponentes de uma compreensão ampla dos direitos incluem o assassínio na fase de *prima facie*, mas não há dúvida de que há razões com suficiente peso (em particular os direitos das possíveis vítimas) a favor da proibição". Também, VIRGÍLIO AFONSO DA SILVA acaba por reconhecer isso, não obstante a sua defesa até ao limite da conceção alargada, quando admite que "dificilmente surgiria uma real ação judicial para garantir tal exercício [do direito *prima facie*] nessas condições" (*Direitos Fundamentais...*, p. 152). A questão fundamental é, porém, a seguinte: qual a razão (além da perfeição estética de uma teoria) para se esperar pela fase da justificação de uma interferência num direito *prima facie*, se a solução jurídica é "unívoca" (BOROWSKI *dixit*) no sentido de que roubar e matar constituem comportamentos que serão inevitavelmente excluídos do âmbito de proteção definitivo do direito? Porque não aceitar excluir à partida tal exercício do âmbito de proteção do direito *prima facie*? Para uma apreciação crítica, GARDBAUM, «Proportionality...», p. 281 (em termos próximos da orientação do texto); WEBBER, «On the Loss of Rights», p. 142 (este num curso argumentativo muito diferente do texto); é também relevante o argumento "estratégico-político" de HUSCROFT, «Proportionality...», p. 189, quando assinala que uma conceção ampliativa do direito implica necessariamente um aumento do poder do juiz constitucional.

[1771] ALEXY, *Theorie...*, pp. 278 ss.; BOROWSKI, *Grundrechte...*, p. 205; *idem, La estructura...*, p. 134; VIRGÍLIO AFONSO DA SILVA, *ob. cit.*, pp. 138 ss.; MÖLLER, «Proportionality...», p. 164, *passim*.

[1772] Note-se que a expressão *âmbito normativo* não coincide, aqui e em outros locais do texto, com o sentido que lhe é dado por FRIEDRICH MÜLLER (*Die Positivität...*, pp. 11 ss., *passim*; *Normbereiche von Einzelgrundrechten in der Rechtsprechung der Bundesverfassungsgerichts*, Duncker & Humblot, Berlin, 1968, *passim*) como uma dimensão apenas da norma jurídica, o setor da realidade social a que se aplica o *programa normativo*, isto é, o texto normativo ou prescrição.

A INTERFERÊNCIA EM BENS, INTERESSES OU VALORES

certo comportamento, ato ou situação, não está abrangido pelo âmbito de proteção ideal de um direito. Em caso de *dúvida*, deve considerar-se que o âmbito de proteção abrange o comportamento, ato ou situação.

Isso permite dar resposta a alguns exemplos clássicos.

Saber se o pintor que se instala num cruzamento de estradas muito movimentado, para praticar a sua arte, pode invocar a liberdade de criação artística, não é respondido por nenhum argumento categórico evidente. Pode haver argumentos adversos (o perigo para o pintor e para os condutores, a perturbação da circulação viária) e argumentos que neutralizem aqueles (só com aquela perspetiva o pintor consegue reproduzir fidedignamente o que pretende, a sua presença é visível podendo os condutores contorná-lo, é conhecido o hábito de naquele cruzamento se instalarem pintores). Equivalentemente, a invocação pelo trompetista da sua liberdade de criação ou expressão artística quando ensaia solos de trompete de madrugada (MÜLLER) esbarra com fortes argumentos resultantes do direito ao sossego de outros, mas pode ter a seu favor a circunstância de se tratar de um momento de inspiração de um trompetista genial, cuja expressão imediata é imperativa, sob pena de se perder. Nenhum dos argumentos invocáveis a favor ou contra a inclusão do comportamento no âmbito de proteção ideal do direito em causa é categórico, isto é, nenhum deles vale evidentemente em qualquer circunstância ou é insuscetível de ser superado por outros ou pela consideração da situação de facto. Portanto, nenhum deles leva à exclusão destes comportamentos, atos ou situações do âmbito de proteção *prima facie* do direito.

Mesmo quando a inclinação de partida seja para excluir do âmbito de proteção do direito um comportamento, ato ou situação (por exemplo, insultos ou calúnias), se se tratar de uma mera inclinação, havendo porém um resquício de incerteza racionalmente sustentada, esta deve ser superada com a inclusão do comportamento, ato ou situação no âmbito de proteção *prima facie* ou ideal do direito, podendo ou não sobre ele vir a recair proteção definitiva.

A consequência prática mais relevante desta orientação é a seguinte: só se pode considerar atividade *meramente declarativa* de limites do direito aquela que exclui do âmbito de proteção *ideal* ou *prima facie* do direito comportamento, ato, situação ou estado que ele *categórica* e *evidentemente* não cobre. Não sendo assim, qualquer decisão que exclua o comportamento, ato, situação ou estado do âmbito de proteção do direito não pode ser qualificada como mera delimitação *declarativa*, mas como *constitutiva* do estreitamento do âmbito de proteção. É indiferente que essa operação seja qualificada de interpretação constitucional, de regulamentação, de restrição ou de qualquer outro modo. A "descoberta" de limites não sustentados num juízo de categórica evidência suscita inevitavelmente a aplicação de um regime especialmente rigoroso de limites aos limites, em que se inclui a aferição da proibição do excesso.

O PRINCÍPIO DA PROIBIÇÃO DO EXCESSO

2.3.3. Crítica à teoria dos limites imanentes

Como se viu no momento próprio, na sua aceção original a teoria dos limites imanentes é um subproduto das teorias internas dos limites. Estas teorias não são viáveis face à Constituição portuguesa, que contém indicações inequívocas a favor de uma *teoria externa* dos limites. Consequentemente, quem aqui perfilhe a teoria dos limites imanentes tem de conceber uma configuração *adaptada*. Todavia, a adaptação pode descaraterizar irremediavelmente aquela teoria. Para ser constitucionalmente conforme, ela teria de passar por prescindir de um traço caraterizador fundamental da teoria dos limites imanentes, porventura o mais criticável de todos[1773]: a não sujeição ao regime das restrições de direitos, nomeadamente ao princípio da proibição do excesso, das intervenções legislativas que os revelem, declarem ou exponham.

De qualquer modo, a teoria dos limites imanentes, adaptada ou não, é suscetível de críticas. Subjacentes a estas críticas estão dois fatores, um estrutural, outro que pode ser conjuntural ou estrutural.

O primeiro, é a circunstância de o conceito de limites imanentes ser altamente indeterminado e não ter assento nem definição constitucional. NOVAIS enuncia e analisa as várias hipóteses de fundamentos gerais de limites imanentes desenvolvidas pela doutrina e pela jurisprudência alemãs[1774]: cláusula de comunidade, os direitos dos outros, a lei moral, a ordem constitucional, as leis gerais, a ordem pública, o abuso de poder, os deveres fundamentais, a salvaguarda de interesses ou direitos do próprio titular. A indeterminação, instabilidade e expansibilidade quase irrestrita, leva a que quase tudo possa ser considerado pelo legislador como limite imanente[1775].

O segundo é a circunstância de essa indeterminação, instabilidade e expansibilidade ser frequentemente cruzada com uma atitude deferencial perante a

---

[1773] Cfr., em geral, ALEXY, *A Theory*..., pp. 202 ss., cuja doutrina inspira habitualmente os críticos da teoria dos limites imanentes. Na doutrina nacional, afastou desde cedo a possibilidade de limites imanentes JORGE MIRANDA (por exemplo, *Relatório*..., p. 526). Sobre a rejeição da doutrina pela jurisprudência constitucional alemã, GAVARA DE CARA, *Derechos fundamentales*..., pp. 171 ss., 205.

[1774] NOVAIS, *As restrições*..., pp. 392, 437 ss., os limites imanentes podem fundar-se numa cláusula geral ou ser extraídos através de uma interpretação dirigida e específica, direito a direito. ANDRADE, *Os Direitos*..., pp. 212, 267, 275, sustenta que deve ser rejeitada *uma teoria geral* pré-feita fundamentadora e enformadora dos limites imanentes, remetendo para a interpretação de cada um dos preceitos de direitos no contexto global das normas constitucionais. V., também, GAVARA DE CARA, *Derechos fundamentales*..., pp. 171 ss.

[1775] Já assim NUNO E SOUSA, *A Liberdade de Imprensa*, pp. 257 ss.; MORAIS, *Direito Constitucional II*..., p. 86; percorrendo algumas das decisões iniciais do TC, NABAIS, *Por uma Liberdade*..., pp. 27 ss.; ALEXANDRINO, *A Estruturação*..., p. 438 (aludindo a algumas aceções de limites imanentes mencionados pela doutrina, só próximos do ponto de vista terminológico).

A INTERFERÊNCIA EM BENS, INTERESSES OU VALORES

liberdade de conformação do legislador (ou uma "condescendência estrutural" relativamente à atividade do legislador[1776]).

Em Portugal, a conjugação destes fatores, deu origem a uma jurisprudência constitucional acusada de transigir com a invocação de limites imanentes em situações de reduzida ou muito discutível expressividade constitucional, de realizar exercícios de ponderação não assumidos ou dissimulados atrás da "descoberta" dos limites imanentes e de legitimar a redução do alcance do conceito de restrição, com prejuízo da aplicação do respetivo regime e do grau de proteção dos direitos.

A apreciação crítica a que a doutrina dos limites imanentes foi sujeita levou-a a perder gradualmente fulgor[1777]. A adesão doutrinal esmoreceu e o próprio *nomen* "limites imanentes" parece ter sido dissolvido numa nomenclatura mais ou menos indiferenciadora que lhes nega a forte individualidade doutrinal que os acompanhou originalmente. Mesmo algumas orientações que nominalmente poderiam parecer propostas de reabilitação ou de reconstrução são, afinal, a sua superação[1778].

2.3.4. Crítica à construção das leis harmonizadoras

O esforço de distinção entre as leis restritivas e as leis harmonizadoras, ou entre restrição e harmonização, não conduz a resultados profícuos.

Desde logo, porque existe uma dificuldade endémica: a impossibilidade de adiantar qualquer critério material ou estrutural que permita distinguir as colisões ou conflitos dirimidos pelas restrições e as colisões ou conflitos dirimidos

---

[1776] Novais, *As restrições...*, p. 529.

[1777] A apreciação crítica de Gomes Canotilho e Vital Moreira certamente teve peso: v., por exemplo, *Constituição da República Portuguesa Anotada*, 3ª ed. revista, Coimbra Editora, Coimbra, 1993, p. 150. No mesmo sentido, Canotilho, *Direito...*, 7ª ed., p. 1280 (embora com reabilitação dos limites imanentes, transformados em restrições não expressamente permitidas, nos termos enunciados na nota seguinte); Alexandrino, *A Estruturação...*, pp. 643-644; Queiroz, *Direitos...*, p. 264.

[1778] Canotilho, que foi um dos principais objetores da aplicação da teoria dos limites imanentes (v., ultimamente, *Direito Constitucional...*, 7ª ed., p. 1280), pareceu a certa altura propor a sua reconstrução, desvinculando-os da teoria interna dos limites e da conceção restritiva do *Tatbestand* e colocando-os ao serviço de uma conceção ampla do *Tatbestand* e de uma metódica de ponderação de bens. Nesta versão, seriam constitutivamente revelados *a posteriori* – isto é, depois da definição do âmbito de proteção *prima facie* do direito – através de ponderação dos bens, interesses ou valores e equivaleriam a *restrições não expressamente autorizadas*. Sem embargo, não se trata de simples reconstrução de uma teoria anterior mas de uma nova teoria. V., também, Matos, «Recurso hierárquico...», p. 89; Jónatas Machado, *Liberdade de Expressão...*, p. 710; Alexandrino, *A Estruturação...*, p. 480; Miranda/Medeiros, *Constituição...*, pp. 367-368; Andrade, *Os Direitos...*, p. 266 (aderindo a um modelo não "pré-formativo" da teoria dos limites imanentes); crítico Virgílio Afonso da Silva, *Direitos Fundamentais...*, p. 167.

O PRINCÍPIO DA PROIBIÇÃO DO EXCESSO

pelas ditas leis harmonizadoras (isto é, não restritivas)[1779]. O artigo 18º, nº 2, configura claramente as restrições como um "modo de composição de direitos em conflito"[1780]. Daí decorre que nem há fundamento suficiente para sustentar que só as leis harmonizadoras visam a resolução de problemas de colisões ou conflitos, na medida em que a resolução dessa eventualidade também constitui fim essencial das leis restritivas[1781], nem há fundamento para sustentar que as colisões ou conflitos compostos pelas leis harmonizadoras são *diferentes* dos compostos pelas leis restritivas[1782].

Por outro lado, algumas diferenças que poderiam dar consistência à distinção dogmática entre restrições e leis de harmonização são desvitalizáveis. Por exemplo, poderia sustentar-se que enquanto as leis restritivas implicam, nos casos concretos a que se aplicam, o sacrifício de um dos bens, interesses ou valores em conflito ou colisão, as leis harmonizadoras implicam, ao invés, a equilibrada e paritária realização de todos eles. Todavia, VIEIRA DE ANDRADE esclarece que a aplicação das normas das leis harmonizadoras em casos concretos de conflitos ou colisões pode implicar o sacrifício maior de um dos bens, interesses ou valores em conflito ou colisão, ou mesmo o seu integral sacrifício[1783], talqualmente a aplicação das normas das leis restritivas.

Ainda a propósito da aplicação, diz-se que as leis harmonizadoras deixam ao decisor do caso concreto uma maior margem de ponderação do que as leis restritivas. A composição de bens, interesses e valores, no caso da aplicação de lei harmonizadora, dependeria essencialmente da *ponderação* do juiz ou do administrador público e não da lei. Ao contrário da lei restritiva, a lei harmonizadora limitar-se-ia ao estabelecimento de um equilíbrio abstrato dos bens, interesses ou valores em conflito ou colisão e deixaria o essencial da *ponderação* dos interesses em presença para o juízo concreto. Porém, esta é uma diferenciação

---

[1779] Além de que a distinção entre uma figura que se define pelo efeito que produz no conteúdo ou no exercício do direito (a restrição de direitos) e outra que se define pela causa ou objeto (o conflito de direitos), tem à partida fortes contraindicações lógicas. Por outro lado, a circunstância de uns conflitos serem resolvidos através de decisões concretas, outros através de leis, é meramente acidental. E a alusão a que as leis restritivas conformam conflitos de normas, enquanto as decisões harmonizadoras conformam conflitos de direitos (cfr. VAZ, *A Lei...*, p. 327), parece desconsiderar que os conflitos de direitos têm subjacente, inevitavelmente, um conflito de normas e vice-versa.

[1780] Acórdão do Tribunal Constitucional nº 205/2000, nº 7.

[1781] Cfr., porém, ALEXANDRINO, *A Estruturação...*, p. 449, não dando como seguro que todas as leis restritivas se destinem forçosamente a antecipara a solucionar conflitos.

[1782] Cfr., porém, o esforço (em nosso entender infrutífero) de demonstrar persuasivamente a diferença de natureza entre os "conflitos das restrições" e os "conflitos das harmonizações" no acórdão nº 205/2000 do Tribunal Constitucional.

[1783] *Os Direitos...*, p. 303.

A INTERFERÊNCIA EM BENS, INTERESSES OU VALORES

contingente. A possibilidade de uma maior ou menor margem de ponderação na aplicação concreta da norma é um aspeto transversal a toda e qualquer norma através do qual o legislador supera a colisão de bens, interesses ou valores. Nada impede que as leis que se designam como restritivas deixem ao aplicador uma importante margem de ponderação[1784]. Desse ponto de vista, a diferença entre leis restritivas e leis harmonizadoras não pode ser considerada absoluta: quer as primeiras, quer as segundas, podem ser abstratamente construídas por forma a induzir ou a permitir a cedência *concreta* superior ou integral de alguns dos bens, interesses ou valores em colisão ou conflito.

Assim sendo, o critério diferenciador que poderia subsistir seria puramente formal ou circunstancial, consistente em o legislador constitucional ter prefigurado umas (as leis restritivas) e não as outras (as leis harmonizadoras). Ou, mais rigorosamente, a circunstância de o legislador ter prefigurado a necessidade de composição de certas colisões, prevendo por isso a emissão de leis restritivas e não ter prefigurado outras. Em todo o caso, reconhece-se que esse dado circunstancial não é suficientemente ponderoso para que as leis harmonizadoras não estejam sujeitas à aplicação, por maioria de razão, das condições constitucionais das restrições legislativas[1785].

Ora, se do ponto de vista material e estrutural não há sustentação para diferenciar leis harmonizadoras e leis restritivas e se o regime aplicável é o mesmo, eventualmente com poucas diferenças, não se vê razão para manter a diferenciação entre essas duas figuras.

As observações críticas que aqui deixamos, são endereçadas às leis harmonizadoras, tal como definidas alguns números atrás – contrastadas com as leis restritivas – e não às leis de harmonização, com o sentido que lhes demos logo na introdução, sentido esse mais compreensivo e conexo com o de harmonização[1786].

De um modo geral, o que sucede é que a Constituição *prima facie* gera condições propícias a inevitáveis colisões entre bens, interesses ou valores, não resolúveis através de regras de preferência constitucionalmente estabelecidas. Perante isso, funciona um comando de harmonização, primariamente dirigido ao legislador. A harmonização legislativa realiza-se através de leis de harmonização, subordinadas a instrumentos mediadores de harmonização, um dos quais é a proibição do excesso. As leis restritivas, sejam as que introduzem restrições

---

[1784] Aliás, o Tribunal Constitucional parece entender que não só nada impede como até, em certos casos, é obrigatório. Por isso, já invalidou normas legislativas restritivas (ou que considerou restritivas) de direitos com o fundamento da insuficiente margem de ponderação deixada para o aplicador: cfr. acórdão nº 2/13, nº 9.3.

[1785] ANDRADE, *Os Direitos...*, p. 270.

[1786] V. introdução.

O PRINCÍPIO DA PROIBIÇÃO DO EXCESSO

expressamente permitidas, sejam as que estabelecem restrições *não expressamente* permitidas, são um modo de resolver colisões e, nessa medida, são também leis que cumprem o objetivo da harmonização estabelecido pelo legislador constituinte. As leis de harmonização *incluem* as leis restritivas. A distinção entre restrição e harmonização, como conceitos antagónicos, não colhe: a lei restritiva não escapa ao comando geral da harmonização, em alguma das modalidades que esta comporta.

2.3.5. Crítica à distinção entre *restrições* ao conteúdo e *limites* ao exercício; adesão a um conceito de restrições ao conteúdo ou ao exercício

A apreciação crítica desta construção assenta em duas linhas de argumentação.

Em primeiro lugar, aceita-se como dogmaticamente clara e constitucionalmente viável a distinção entre *titularidade* e *exercício* de direitos. A incontestabilidade dogmática advém predominantemente da elaboração teórica do direito privado[1787]. A viabilidade constitucional assenta nas alusões que a Constituição faz ora à *titularidade* de direitos fundamentais, no artigo 30º, nº 5, ora ao *exercício* de direitos, nos artigos 19º, nºs 1 e 5, 49º, nº 2, 50º, nº 2, 51º, nº 2, 164º, o) e 270º, bem como na cisão entre gozo (titularidade) de direitos e exercício desses direitos que consta do artigo 71º, nº 1[1788]. Por isso, é analiticamente sustentável distinguir entre (i) intervenções legislativas que recaem sobre a titularidade dos direitos e (ii) intervenções legislativas que incidem sobre o exercício dos direitos (embora haja direitos a que a noção de exercício se aplica só num sentido amplo e porventura impróprio, equivalente a *fruição* ou gozo passivo[1789]).

As primeiras incidem sobre o *conteúdo* do direito, afetando as posições jurídicas subjetivas de vantagem e de desvantagem em que ele se traduz e a respetiva titularidade.

As segundas não tocam nem no conteúdo nem na titularidade das posições jurídicas subjetivas de vantagem ou desvantagem que decorrem do direito;

[1787] Na medida em que aí se distingue, dentro da capacidade jurídica, entre a capacidade de gozo, isto é, a capacidade de ser titular de direitos e deveres (*Rechtsfähigkeit*) e a capacidade de exercício, isto é, a capacidade de exercer os direitos e de cumprir os deveres de que se é titular (*Handlungsfähigkeit*). No contexto jus-publicista, v. STERN, *Staatsrecht*, III, §70, 1064 ss.; SACHS, *Grundrechte*, pp. 76 ss.; ALEXANDRINO, *Estruturação...*, pp. 435 ss., nota.

[1788] Note-se, porém, que MIRANDA, *Curso...*, 1, p. 289, invoca justamente este preceito constitucional para rejeitar a possibilidade de cisão entre titularidade e exercício de direitos fundamentais.

[1789] Assim, quando o artigo 30º, nº 5, estabelece que o condenado a pena privativa da liberdade mantém a titularidade dos direitos fundamentais, salvas as limitações inerentes è condenação e à execução da pena, só pode querer dizer que o condenado mantém plena *titularidade* de todos os direitos, incluindo o direito à liberdade, mas está impedido de o *exercer* plenamente. Contra, CANOTILHO/MOREIRA, *Constituição...*, 4ª ed., p. 331; ALEXANDRINO, *Estruturação...*, p. 436, defende que no artigo 19º da Constituição "exercício" é utilizado num sentido amplo e impróprio.

A INTERFERÊNCIA EM BENS, INTERESSES OU VALORES

apenas afetam o modo como os titulares daquelas posições podem prevalecer-se delas ou cumpri-las[1790].

Há quem desvalorize a distinção[1791], parcialmente com razão, na medida em que pode ser difícil distinguir entre afetação da titularidade e do exercício como sucede no caso do referido artigo 270º. Mas também há situações onde a diferença se traça com clareza suficiente. Nesses casos, ela pode ter virtualidades, quer no que toca à atribuição da importância ou peso a interferências que os direitos sofram, quer no que toca à intensidade do controlo da medida legislativa: à partida, parece antecipável que a importância de uma interferência no *conteúdo ou titularidade* de um direito e a intensidade do respetivo controlo são maiores do que a importância de uma interferência no *exercício* do direito e a intensidade de controlo.

Há uma segunda linha de apreciação da tese que distingue restrições e limites ao exercício. Trata-se agora de avaliar se há interesse teórico-conceptual, dogmático ou heurístico, no emprego de dois conceitos distintos, um para as interferências que afetam o conteúdo/titularidade, outro para as que afetam apenas o exercício. Ora, não se vislumbram argumentos de natureza material que o aconselhem: em bom rigor, também as normas restritivas estabelecem (novos) limites ao direito. Portanto, quanto muito, poderia falar-se de *limites ao conteúdo* e *limites ao exercício* do direito. Mas, se assim é, não se vê objeção a que se reserve o conceito de restrição para o ato que *dá causa ou produz* o limite e o conceito de limite para o *efeito* do ato restritivo (a restrição tem como efeito a introdução de limites do direito).

Nessa linha, pode distinguir-se entre leis ou *normas restritivas do conteúdo do direito* e leis ou *normas restritivas do exercício do direito*[1792].

[1790] Em sentido diverso, VIRGÍLIO AFONSO DA SILVA, *Direitos Fundamentais...*, p. 138, defendendo que as "restrições, qualquer que seja a sua natureza, não têm qualquer influência no *conteúdo* do direito, podendo apenas, no caso concreto, restringir o seu *exercício*" (itálico no original).

[1791] V. NOVAIS, *As restrições...*, p. 194.

[1792] Retificamos o que expusemos em «A actividade de polícia e a actividade policial...», *cit.*, e «Os limites gerais...», *cit.*, pp. 457 ss. Falando também de restrições ao exercício de direito, SÉRVULO CORREIA, *Direito de Manifestação...*, p. 61. Na doutrina circulam outras propostas equivalentes, mas nem sempre felizes do ponto de vista da expressividade: por exemplo, a que distingue entre intervenções *imperativas* e *intervenções fáticas* (PULIDO, *El principio...*, p. 672). As primeiras ocorrem quando se "elimina uma norma ou uma posição de direito fundamental *prima facie*"; as segundas, quando não se suprime abertamente as normas ou posições afetadas, mas se procura influir negativamente na conduta do titular do direito ou na conduta de terceiros. Neste último caso, o legislador "não proíbe diretamente a realização de um comportamento mas influi na conduta do titular do direito fundamental mediante o estabelecimento de vantagens ou desvantagens como consequências associadas à conduta por parte do mesmo titular ou de terceiros" (*ob. cit.*, pp. 672-673).

O PRINCÍPIO DA PROIBIÇÃO DO EXCESSO

As primeiras são intervenções legislativas de carácter ablativo que incidem sobre o âmbito de proteção da norma consagradora do direito e se consubstanciam numa diminuição tendencialmente duradoura da sua extensão, do seu alcance e das faculdades em que se desdobra. Quando se olha para as posições jurídicas subjetivas ativas em que se desdobra o direito *depois da norma legislativa restritiva do conteúdo*, vê-se que aquelas ficaram diminuídos em relação ao que eram *antes* ou em relação à potencial extensão, alcance ou faculdades inerentes àquele direito. A *titularidade* dessas posições jurídicas subjetivas é, assim, suprimida ou negativamente afetada. Nas segundas, *normas restritivas do exercício*, não há amputação de um direito (a sua extensão, alcance e faculdades intrínsecas permanecem intactos), mas apenas a definição geral e abstrata de impedimentos ao seu *exercício*. A restrição do exercício não visa a afetação da titularidade de posições jurídicas subjetivas protegidas pelo direito, apenas visa constranger ou condicionar o seu *exercício*.

Assim, se uma norma legislativa, aproveitando a *faculdade* (se fosse antes uma obrigação, esta traduzir-se-ia num limite constitucionalmente estabelecido ao conteúdo do direito) conferida pela conjugação dos artigos 270º e 45º, nº 2, exclui a possibilidade de os militares e agentes militarizados dos quadros permanentes e em serviço efetivo se manifestarem fardados e nas horas de serviço, há uma restrição que afeta o âmbito de proteção ou conteúdo do direito à manifestação consagrado na Constituição. A norma restritiva do conteúdo implica que os indivíduos compreendidos naquela categoria percam a titularidade de uma posição jurídica – o direito a manifestar-se – que idealmente estava abrangido pelo direito à manifestação. Caso diferente é o de uma norma legislativa que determine que, por motivos de segurança, o direito de manifestação não pode ser exercido no formato de manifestações a pé na Ponte 25 de Abril e possibilite que em concreto sejam adotadas medidas de polícia que impeçam manifestações com esse formato. Essa norma é simplesmente restritiva do exercício do direito à manifestação, não afetando a titularidade desse direito.

Frequentes são as normas legislativas restritivas do exercício que estabelecem *condicionamentos*, ou seja requisitos de natureza cautelar ou preventiva de tempo, modo e lugar, de cujo cumprimento fazem depender o exercício do direito[1793]. O condicionamento não reduz o âmbito de proteção do direito, apenas faz depender o seu exercício do preenchimento de certos requisitos não forçosamente impeditivos[1794]. Exemplos, entre muitos: prescrição de prazo, pedido

---

[1793] Tribe, *American Constitutional Law*, pp. 580 ss.; Jónatas Machado, *Liberdade...*, p. 712. Para uma pormenorizada e elucidativa análise deste tipo de restrições no contexto do direito de manifestação, Sérvulo Correia, *O Direito...*, pp. 65 ss.

[1794] V. Andrade, *Os Direitos...*, p. 210; Miranda, *Manual...*, IV, 5ª ed., p. 346; Miranda/Medeiros, *Constituição...*, I, 2ª ed., p. 347.

A INTERFERÊNCIA EM BENS, INTERESSES OU VALORES

de autorização administrativa, dever de comunicação prévia, imposição de um número mínimo de assinaturas para constituição de partidos ou apresentação de candidaturas, serviços mínimos em dia de greve, apresentação do cartão de utente do Serviço Nacional de Saúde, sujeição das pessoas coletivas religiosas a registo, preenchimento de alguns requisitos para aquisição de personalidade jurídica, idade mínima para a obtenção da plena capacidade negocial.

Subjacente ao desdobramento do conceito de restrição, de modo a abranger quer o estabelecimento de limites ao conteúdo ou âmbito de proteção, quer o estabelecimento de limites ao exercício, está a orientação de que num e noutro caso são aplicáveis *mutatis mutandis* as regras e princípios sobre restrições de direitos, evitando-se assim que os chamados limites ao exercício fiquem numa espécie de limbo, resguardado do controlo que a Constituição estabeleceu para as restrições, simplesmente devido a uma distinção conceitual[1795]. Por muito viável e correta que seja do ponto de vista dogmático, nenhuma distinção conceitual é só por si suficiente para justificar uma defesa deficiente de direitos, particularmente quando as fronteiras daquela distinção sejam fluídas[1796]. Quanto muito, o *diferente tipo* de restrições poderá justificar diferentes modulações dos instrumentos de controlo ou da intensidade de controlo.

Tomemos o exemplo da obrigação de comunicação da intenção de promover uma manifestação com um mínimo de 48 horas de antecedência. Esta formalidade legal é vista pela doutrina dominante como um mero condicionamento. Por isso, considera que a norma que a define é virtualmente imune ao regime das restrições e a juízos de proibição do excesso[1797]. Ora, tal condicionamento tem a intenção precisa de harmonizar os bens, interesses ou valores conflituantes. Consequentemente, esta harmonização está sujeita a instrumentos mediadores. Se o legislador emitiu a norma simplesmente para satisfazer determinados interesses públicos ou coletivos (por exemplo, permitir às autoridades o conhecimento prévio que lhes possibilite evitar que a circulação de figuras de Estado estrangeiras ou nacionais seja perturbada) é aplicável a proibição do excesso.

[1795] Cfr. Virgílio Afonso da Silva, *Direitos Fundamentais...*, p. 100.

[1796] Confluente, Coutinho, «Sobre a justificação...», p. 564. Notando a fluidez da distinção entre restrição e condicionamento, entre normas concretizadoras e limitativas ou restritivas, Andrade, *Os Direitos...*, pp. 210, 212 ("a distinção entre condicionamento e restrição é fundamentalmente prática"); Jónatas Machado, *Liberdade...*, p. 712; Alexandrino, *Direitos Fundamentais...*, pp. 124-125.

[1797] Por exemplo, Miranda, *Manual...*, IV, 5ª ed., p. 346; Andrade, *Os Direitos...*, p. 209; Novais, *As restrições...*, p. 179 (embora, algo contraditoriamente, pareça admitir que as normas condicionadoras podem ser base de intervenções restritivas legítimas, estando apenas excluídas as ilegítimas); diferentemente, considerando que se trata de restrições, Sérvulo Corrreia, *O Direito...*, pp. 65 ss.; Baptista, *Os Direitos...*, p. 170.

O PRINCÍPIO DA PROIBIÇÃO DO EXCESSO

Isso leva a que a exigência legal de comunicação prévia num prazo mínimo de 48 horas seja proporcional, mas não a de seis meses ou um ano[1798].

Note-se, porém, que a diferente configuração da colisão de posições do legislador perante os bens, interesses ou valores colidentes pode conduzir à aplicabilidade de outro instrumento mediador de harmonização. Presumivelmente, o dever de comunicação prévia visa sobretudo proteger o exercício dos direitos de quem quer manifestar-se em condições de segurança, bem como os bens, interesses ou valores cobertos por posições jurídicas subjetivas de quem não quer manifestar-se, de quem necessita de saber com antecedência que vai haver uma manifestação para poder adequar o seu comportamento, de quem não quer ser molestado ou constrangido na sua liberdade de circulação, ou de quem quer manifestar-se em segurança em sentido contrário[1799]. Daí decorre que pode não ser a proibição do excesso o instrumento mediador mobilizável.

2.3.6. Crítica à exclusão da aplicabilidade do conceito de restrição em certos domínios

Remetendo-se para o desenvolvimento na parte própria deste trabalho[1800], apenas se deixa aqui sinalizado que o conceito das restrições é aplicável no domínio dos direitos sociais[1801]. Quando falamos de restrições sob esse chapéu vão abrangidas as intervenções com efeito restritivo sobre direitos sociais, sejam elas designadas simplesmente de interferências, ou de interferências restritivas ou de restrições de direitos sociais. Estas intervenções com efeito restritivo consistem, pelo menos: (i) na diminuição da extensão e alcance dos deveres positivos do legislador de materialização de direitos originários a prestações sociais que se reconduzam ao mínimo de existência condigna[1802]; (ii) na diminuição da extensão e alcance dos deveres positivos do legislador de materialização de direitos originários a prestações sociais que, embora não se reconduzam ao mínimo de existência condigna, já resultam suficientemente determinados na constituição; (iii) na diminuição da extensão e alcance dos deveres do legislador de abstenção de interferência na vertente negativa de direitos sociais diretamente decorrente da constituição, garantidora da não

---

[1798] Um exemplo apresentado por CANARIS, *Direitos Fundamentais...*, p. 35: o estabelecimento de uma idade mínima de 25 anos para a plena capacidade negocial seria inconstitucional por violação da proibição do excesso.

[1799] Compreende-se, por isso, a inclusão das *omissões estatais de caráter normativo* no conceito de restrição, como propõe MORAIS, *Direito Constitucional II...*, p. 83.

[1800] *Infra*, capítulo 21.

[1801] V., também, NOVAIS, *Direitos Sociais*, p. 390.

[1802] O *leading case*, a esse propósito, é o acórdão nº 509/02, do TC, sobre rendimento social de inserção.

480

A INTERFERÊNCIA EM BENS, INTERESSES OU VALORES

perturbação do nível de efetivação do direito obtido pelos particulares por meios próprios; (iv) na diminuição do nível de realização do direito social já alcançado, o qual constitui uma barreira negativa – materializada em deveres de abstenção do legislador – que visa a salvaguarda de posições jurídicas subjetivas qualificáveis de direitos subjetivos.

3. O conceito lato de restrição de direitos

Da exposição que antecede e da perspetiva crítica que fomos deixando, extrai--se que a distinção entre, de um lado, as leis delimitadoras do âmbito de proteção em situações não evidentes, as chamadas leis harmonizadoras no sentido acima criticado e as leis regulamentadoras ou condicionadoras do exercício e, do lado oposto, as leis restritivas no sentido mais estrito adotado por parte importante da doutrina e pela jurisprudência mais representativa[1803], não assenta em bases suficientemente sólidas para justificar a distinção de regimes, designadamente no que toca à aplicabilidade da proibição do excesso. Essa conclusão é fulcral para o cumprimento do propósito de definir um quadro tão transparente e simplificado (ou imune a diferenciações não autoevidentes) quanto possível de aplicabilidade do princípio da proibição do excesso a intervenções legislativas.

A orientação que aqui propomos assenta nos seguintes vetores: (i) conceito amplo de intervenção legislativa restritiva, abrigado sob o conceito mais amplo de interferência que delimita o âmbito de aplicação do princípio da proibição do excesso; (ii) identificação precisa das intervenções legislativas que não têm caráter restritivo; (iii) reconhecimento de uma cláusula geral de restrições;

[1803] Há inúmeras sistematizações de leis interventivas nos direitos, de algum modo inspiradas na doutrina germânica (uma das mais referidas é a de LERCHE, *Übermass.*, pp. 99 ss.; coincidente, GRABITZ, *Der Grundzatz...*, pp. 586 ss.; crítico, GENTZ, *Zur Verhältnismäßigkeit...*, p. 1601). Para efeitos do presente trabalho, não é necessário um exercício de exaustiva enunciação dos vários tipos de leis e normas que intervêm em direitos fundamentais. Todos os autores que se pronunciam sobre o tema ensaiam uma classificação, mas, de um modo geral, são os primeiros a reconhecer a dificuldade de traçar fronteiras claras de classificações intuitivas e autoevidentes. Sobre essas dificuldades, por exemplo, BAPTISTA, *Os Direitos...*, p. 170. Dentro das sistematizações mais simples, v. CANOTILHO, *Direito...*, 7ª ed., pp. 1263 ss.; VAZ, *Lei...*, p. 309, distinguindo lei conformadora (concretizadora ou regulamentadora/reguladora) e lei restritiva. NOVAIS, *As restrições...*, pp. 178 ss., distingue entre normas *restritivas* e de *desenvolvimento*. Dentro das segundas, o autor distingue ainda as de *materialização* ou *densificação* e as de *configuração*. Por seu turno, nestas últimas há as de *conformação em sentido restrito*, as de *regulamentação* e as de *concretização*. ANDRADE, *Os Direitos...*, pp. 208 ss., diferencia leis ordenadoras, condicionadoras, interpretativas (delimitadoras ou concretizadoras), constitutivas (ou conformadoras), protetoras, promotoras e ampliativas, harmonizadoras. Mesmo que se possa enaltecer o cuidado analítico, nenhuma classificação está isenta da crítica da complexidade e da obscuridade de fronteiras.

O PRINCÍPIO DA PROIBIÇÃO DO EXCESSO

(iv) aplicação plena do regime das restrições, na parte em que não tenha sido derrogado pela prática constitucional; (v) modulação da aplicação da proibição do excesso consoante o tipo de restrição; (vi) adoção de uma conceção tendencialmente ampliativa do âmbito de proteção *prima facie*.

3.1. Conceito amplo de intervenção legislativa restritiva

Toda a intervenção legislativa que, independentemente da intenção do legislador, atenue ou afete o conteúdo, a extensão e o alcance ou as condições de gozo, fruição ou exercício de uma posição jurídica subjetiva de vantagem, ou acentue posições jurídicas subjetivas de desvantagem, ou aligeire as posições jurídicas de desvantagem das entidades públicas (mesmo as não relacionais), decorrentes do âmbito de proteção ideal do direito, tal como resulte de interpretação constitucional subordinada a critérios de evidência[1804], é uma intervenção legislativa restritiva num direito para efeitos de aplicação do princípio da proibição do excesso e dos outros limites às restrições[1805]. As intervenções legislativas restritivas transformam o *âmbito de proteção ideal, ou prima facie*, em *âmbito de proteção efetivo* ou *atual*. Este pode coincidir ou não com o *âmbito de proteção incomprimível*, o qual se define como o âmbito de proteção (ou conteúdo essencial) irrestringível.

O conceito de intervenção (ou norma) legislativa restritiva, com este sentido amplo[1806], além de abranger o que se considera pacificamente restrições (expressa ou implicitamente permitidas), abrange o que a doutrina e a jurisprudência nacionais têm epigrafado de: (i) normas identificadoras de limites imanentes implícitos não evidentes; (ii) normas densificadoras de limites sustentadas em interpretações restritivas do âmbito de proteção ideal do direito; (iii) normas harmonizadoras de colisões ou conflitos de direitos; (iv) normas

---

[1804] Podendo aqui falar-se de um nexo de causalidade ou de *adequação negativa*: assim, PULIDO, *El principio...*, p. 668, citando a jurisprudência constitucional alemã.

[1805] Esta conceção ampla aproxima-se da defendida por ALEXY, *Teoria...*, pp. 294 ss. ou VAN DROOGHENBROECK, *La Proportionnalité...*, p. 79.

[1806] Uma aceção ampla do conceito de intervenção legislativa restritiva foi inequivocamente sufragada pelo Tribunal Constitucional no acórdão nº 632/08, sobre duração do período experimental. Aí considerou-se (nº 10) *"restrição* a um direito toda a «acção ou omissão estatal que, eliminando, reduzindo, comprimindo ou dificultando as possibilidades de acesso ao bem jusfundamentalmente protegido [...] ou enfraquecendo os deveres e obrigações, em sentido lato, que dele resultem para o Estado, afecta desvantajosamente o conteúdo de um direito fundamental» (NOVAIS, *As Restrições aos Direitos Fundamentais não expressamente autorizadas pela Constituição*, Coimbra, 2003, p. 247)". A orientação do texto tem, além disso, pontos de confluência com outros autores: cfr. notoriamente BOROWSKI, *La estructura...*, pp. 94 ss. (na medida em que dilui a distinção entre configuração e restrição, mesmo quando tem assento constitucional explícito) e VIRGÍLIO AFONSO DA SILVA, *Direitos Fundamentais...*, p. 40 e outros locais.

482

A INTERFERÊNCIA EM BENS, INTERESSES OU VALORES

que regulamentam ou estabelecem limites ao exercício do direito, designada-mente as condicionadoras[1807].

A intervenção legislativa restritiva é uma das *interferências* que desencadeiam a aplicação do princípio da proibição do excesso e de outros instrumentos me-diadores de ponderação e harmonização. Sempre que neste trabalho aludimos simplesmente a interferências sobre bens, interesses ou valores, o conceito inte-gra as intervenções legislativas restritivas de direitos, nesta aceção ampla.

A concretização de intervenções legislativas restritivas é realizada através de *atos concretizadores das restrições* ou *intervenções não legislativas restritivas,* que podem ter natureza regulamentar ou caráter individual e concreto (atos da administra-ção, entre os quais as medidas de polícia, e decisões judiciais)[1808].

[1807] Não há coincidência total entre o que se defende no texto e a posição de BAPTISTA, *Os Direi-tos...,* pp. 167 ss., uma vez que o autor deixa de fora do perímetro das restrições o que alguns auto-res designam de leis harmonizadoras e ele designa de leis que compõem colisões entre direitos, liberdades e garantias e outros direitos ou bens constitucionais (posição já criticada *supra*). Sem embargo, os resultados a que se chega em aspetos relevantes são semelhantes, na medida em que sustenta que também estas leis estão sujeitas ao princípio da proibição do excesso (*ob. cit.,* p. 175).

[1808] Embora seja um tema lateral à identificação das intervenções *legislativas* que desencadeiam a aplicação da proibição do excesso, importa tomar posição sobre aquilo que um número crescen-te de autores designa por *intervenções restritivas,* contrapostas às leis restritivas: cfr. PEDRO GON-ÇALVES, «Advertências da Administração Pública», in *Estudos em Homenagem do Professor Doutor Rogério Soares,* Coimbra Editora, Coimbra, 2001, pp. 723 ss., esp. pp. 764 ss.; CANOTILHO/VITAL MOREIRA, *Constituição...,* p. 388; CANOTILHO, *Direito...,* 7ª ed., p. 1265; NOVAIS, *As restrições...,* pp. 205 ss.; MIRANDA, *Manual...,* IV, 5ª ed., pp. 422-423; MIRANDA/JORGE P. SILVA, «Anotação ao ar-tigo 18º», in Miranda/Medeiros, *Constituição...,* I, 2ª ed., p. 350; MORAIS, *Direito Constitucional II ...,* p. 83; ALEXANDRINO, *Direitos...,* p. 125; COUTINHO, «Sobre a justificação...», pp. 566 ss.; CARNEIRO FILHO, «Intervenção...», pp. 167 ss.; diferentemente, BAPTISTA, *Os Direitos...,* p. 181, preferindo "ablações". Em primeiro lugar, não parece totalmente feliz a terminologia: também as interven-ções legislativas podem ser intervenções restritivas. Melhor será distinguir (i) *intervenções legisla-tivas restritivas* e (ii) *intervenções não legislativas restritivas.* Dentro destas segundas, cabem (iia) as *intervenções regulamentares restritivas* e (iib) as *intervenções individuais e concretas restritivas* que se re-conduzem às intervenções restritivas a que alude a mencionada doutrina.
As intervenções individuais e concretas restritivas pedem um tratamento diferenciado consoan-te se trate de (iib1) *intervenções individuais e concretas restritivas concretizadoras* de leis (ou normas) restritivas, ou de (iib2) *intervenções individuais e concretas restritivas independentes* de leis (ou normas) restritivas. Tratando-se de matéria de direitos fundamentais, a regra é a de só serem admissíveis intervenções individuais e concretas restritivas concretizadoras, aquelas que pressupõem *lei e ponderação prévia do legislador* (confluente, ALEXANDRINO, *Direitos...,* p. 125). Isto é assim mesmo quando as *intervenções individuais e concretas restritivas* têm direta credenciação constitucional, seja ou não exigida lei prévia pela Constituição (v. artigos 27º, nºs 1 e 2, 28º ou 29º). As *intervenções individuiais e concretas restritivas concretizadoras* de leis ou normas restritivas estão também sujeitos ao princípio da proibição do excesso (assim, CANOTILHO, *Direito...,* 7ª ed., p. 1266, referindo-se genericamente ao que a doutrina citada designa por intervenções restritivas).
Coloca-se, porém, a possibilidade de ausência *absoluta* de qualquer tipo de ponderação prévia do legislador, vertida numa lei (cfr. ALEXANDRINO, *Direitos...,* pp. 126-127; COUTINHO, «Sobre a

O PRINCÍPIO DA PROIBIÇÃO DO EXCESSO

Sempre que a interpretação não revele um *argumento categórico e evidente* sobre a exclusão de um certo comportamento, ato, situação, posição jurídica ou pretensão do âmbito de proteção ideal ou *prima facie* de um direito, deve considerar-se que o integra, nos termos de uma *conceção tendencialmente ampliativa* ou de *limiar máximo* daquele âmbito de proteção[1809]. Qualquer norma legislativa

---

justificação...», p. 567; MIRANDA/JORGE P. SILVA, «Anotação ao artigo 18º», in Miranda/Medeiros, *Constituição*..., I, 2ª ed., p. 350). Por definição, são situações que só podem ser resolvidas através de *intervenções individuais e concretas restritivas independentes* de leis (ou normas legislativas). Se suscitadas por colisões de bens, interesses ou valores, estas intervenções requerem necessariamente operações de *ad hoc balancing*, assistidas por instrumentos como a proibição do excesso. Caso determinem a cedência total ou paritária de direitos, só podem ser admitidas em casos extremos: estão vedadas aos órgãos administrativos (podendo, eventualmente discutir-se a possibilidade de intervenções individuais e concretas restritivas independentes de leis ou normas restritivas em situações de estado de necessidade administrativa: cfr. ANDRADE, *Os Direitos*..., 5ª ed., p. 226; COUTINHO, «Sobre a justificação...», p. 568); podem ser produzidas limitadamente pelo juiz, mas apenas em situações de flagrante e intolerável ameaça pendente sobre uma posição jurídica subjetiva (e nunca de simples ameaça, ainda que flagrante, para outros bens, interesses e valores não subjetivados). Em termos mais permissivos, BAPTISTA, *Os Direitos*..., pp. 183 ss.
Sobre a questão de saber se as intervenções individuais e concretas restritivas podem afetar o conteúdo essencial dos direitos, a doutrina parece tender para uma resposta afirmativa: cfr. MIRANDA, *Manual*..., IV, 5ª ed., p. 423; SÉRVULO CORREIA, *O Direito*..., p. 75; BAPTISTA, *Os Direitos*..., p. 182. Isso merece porém reflexão. Não se vê que intervenções desta natureza- que ou são atos materializadores de leis restritivas que têm, elas próprias, de respeitar o conteúdo essencial dos preceitos constitucionais de direitos, ou são atos produzidos independentemente de lei, em situações excecionais – possam afetar aquele conteúdo essencial. Quanto muito afetam episodicamente o seu exercício ou fruição em termos integrais numa circunstância concreta, como no caso das interdições de manifestações (cfr. SÉRVULO CORREIA, *ob. cit.*, pp. 73 ss.).
[1809] Em 2.3.2. discutimos os argumentos a favor e contra as teses do âmbito de proteção alargado. Importa referir mais algumas críticas, dirigidas às propostas de estabelecimento de um limiar máximo do âmbito de proteção (*threshold model*), designadamente as avançadas por MÖLLER, «Proportionality...», pp. 160 ss. Não se ignora a força da reserva que coloca, designadamente, à possibilidade de definir "por onde traçar a linha" entre o que cai no âmbito ideal de proteção *prima facie* e o que fica fora. Mas também, não se pode simplesmente abdicar – acusação que alguns dirigem ao *BVerfG* – de enunciar um critério que retire do âmbito de proteção de direitos fundamentais as *"evil activities"*. Em contrapartida, a *inflação de direitos fundamentais* (*ob. cit.*, pp. 159 ss., 172) enfrenta uma dificuldade crucial. Se fosse correto que o modelo global dos direitos fundamentais se baseia numa ideia de autonomia radical, isto é, no genérico princípio de que a autonomia das pessoas requer que *todos os interesses sejam adequadamente considerados em todas as ocasiões*, tendo apenas de superar o crivo da proibição do excesso, as normas de direitos seriam supérfluas. *Simpliciter*, a tese de MÖLLER levaria à admissão de que a constituição teria de conter apenas uma norma como a seguinte: "todos gozam da mais ampla autonomia, a qual só pode ser objeto de interferência se esta for justificada através da aplicação do princípio da proibição do excesso". No fundo, uma norma idêntica à que chegou a ser proposta aquando da redação do artigo 2º, nº 1, da *GG*: *"Jeder kann tun und lassen was er will"*. As normas de direitos que as constituições e convenções internacionais foram laboriosamente consolidando seriam pouco mais do que redundantes ou inúteis uma vez que todos os interesses, ainda que imorais, seriam objeto de um direito *prima facie*. A enunciação

A INTERFERÊNCIA EM BENS, INTERESSES OU VALORES

que com ele contenda, proibindo-o, excluindo-o, afetando-o negativamente ou perturbando-o, mesmo que isso não corresponda a um propósito deliberado do legislador[1810] e mesmo que haja dúvidas sobre se o alcance da norma legislativa é realmente esse[1811], deve ser sujeita ao crivo da proibição do excesso. Vimos anteriormente que não é esse o caso das intervenções legislativas que proíbam roubar, agredir fisicamente ou matar, sequestrar, falsificar moeda, violar o domicílio de outrem, estuprar, praticar sacrifícios humanos em cerimónias religiosas. Esses comportamentos estão *evidentemente* fora do âmbito de proteção ideal de qualquer direito, o qual é tendencialmente *finito*[1812]. Já a resposta à questão de saber, por exemplo, se há algum direito cujo âmbito de proteção ideal abranja o consumo de drogas ditas leves, tabaco ou álcool, a prática do aborto, a pintura de *grafiti* ou a circulação automóvel sem cinto de segurança, não preenche aquela exigência de evidência. Uma norma legislativa que afete esses comportamentos não pode furtar-se ao controlo da proibição do excesso com o fundamento de que se limita a interpretar – ou a configurar – o âmbito normativo de direitos consagrados na Constituição[1813].

Isto é aplicável mesmo quando se trate da verificação de figuras alternativas, como a dos limites gerais imanentes[1814].

---

de direitos na constituição não seria mais do que um ocioso exercício de floreado constitucional. Coincidente, Huscroft, «Proportionality...», p. 189.

[1810] Sobre a relevância de fatores objetivos em detrimento dos fatores subjetivos, v. Hotz, *Zur Notwendigkeit...*, pp. 31 ss.; Eckhoff, *Der Grundrechtseingriff...*, pp. 236 ss.; Pulido, *El principio...*, p. 666. Pode discutir-se se uma apreciação estritamente objetiva não deve ter o limite da *previsibilidade* ou, pelo menos, da possibilidade de prever que a medida legislativa pode ter consequências restritivas: cfr. Béatrice Weber-Dürler, «Der Grundrechtseingriff», in *Der Grundrechtseingriff. Öffentlich-rechtliche Rahmenbedingungen einer Informationsordnung Berichte und Diskussionen auf der Tagung der Vereinigung der Deutschen Staatsrechtslehrer in Osnabrück vom 1. bis 4. Oktober 1997*, de Gruyter, 1998, pp. 88 ss. Uma conceção essencialmente objetivista inclui no âmbito das restrições, designadamente, as meramente *incidentais*, decorrentes de *leis gerais* não intencionalmente dirigidas a impor restrições, mas tangencialmente impactantes em direitos. Jónatas Machado, *Liberdade...*, p. 719, adverte que o controlo destas restrições incidentais deve circunscrever-se a um número limitado de casos, segundo um critério de *substancialidade* da restrição.

[1811] Assim, invocando os princípios *in dubio pro libertate* e da máxima eficácia dos direitos fundamentais, Pulido, *El principio...*, p. 670.

[1812] Huscroft, «Proportionality...», pp. 195 ss.

[1813] Apelando também a critérios de evidência e de distinção entre casos difíceis e casos evidentes de exclusão/inclusão, Novais, *As restrições...*, por exemplo, p. 869; Baptista, *Os Direitos...*, pp. 160-161, admitindo que há aí uma concessão limitada à teoria interna.

[1814] V. uma proposta de limites gerais imanentes ao exercício de direitos, "desvitalizada" da sua carga dogmática original, em Novais, *As restrições...*, pp. 868 ss. (referindo especificamente a prevenção legislativa do abuso de direitos).

O PRINCÍPIO DA PROIBIÇÃO DO EXCESSO

3.2. Intervenções legislativas sem caráter restritivo

Este pano de fundo fornece o quadro conceptual que possibilita o recorte das intervenções legislativas *não integráveis* no conceito de restrição e, consequentemente, *não expostas* à aplicação do princípio da proibição do excesso como norma de ação ou de controlo. Se um ato se limitar a *definir* as (ou a aprofundar a definição das) possibilidades de uma posição jurídica subjetiva ainda não definidas por completo, a *desenvolver* essas possibilidades, a criar as condições institucionais, organizativas ou normativas propícias à plena exploração de tais possibilidades, a *clarificar* os limites previamente existentes da tutela de um bem, interesse ou valor ou até a definir *novas* possibilidades, não há restrição ou limitação no sentido acima sugerido, não havendo lugar à aplicação da proibição do excesso[1815]. Trata-se aí de intervenções concretizadoras, designadamente de normas não totalmente exequíveis por si mesmas, protetivas e aditivas[1816].

Contudo, tem de se reconhecer que esse recorte nem sempre resulta evidente na prática. Como já se assinalou, uma lei pode ter simultaneamente intuitos ou efeitos concretizadores, protetivos, ampliativos e intuitos ou efeitos restritivos (até porque, não raras vezes, as normas com vocação ampliativa implicam compressões de outros bens, interesses ou valores). Nessas circunstâncias será primária ou complementarmente restritiva. Todavia, não se justifica a submissão de *todas as suas normas* ao crivo da proibição do excesso. Embora isso muitas vezes seja uma operação de delicada filigrana e máxima dificuldade, terá de se promover o destacamento do segmento restritivo, o único a ser avaliado à luz daquele teste. Mas as intervenções legislativas só ficam fora do conceito amplo de restrição se não houver *qualquer* dúvida de que com a concretização, proteção ou adição, se não está a diminuir o âmbito de proteção ideal de qualquer direito, ainda que colateralmente[1817].

[1815] Assim, ao contrário do que se admite no acórdão nº 376/05 do Tribunal Constitucional, o princípio da proibição do excesso ou da proporcionalidade não seve de parâmetro para a avaliação de um ato legislativo (da Assembleia Legislativa da Madeira) que atribui subvenções aos partidos políticos ou aos grupos parlamentares daquela Assembleia. Nesse acórdão pode ler-se, por exemplo, que "o princípio, embora com mais intensa aplicação na ponderação constitucional das restrições à liberdade e autonomia individuais, cumpre uma função de parâmetro de controlo da actuação dos poderes públicos em Estado de Direito democrático e social nos vários domínios em que estes se desenvolvem".

[1816] MIRANDA, *Manual...*, IV, 5ª ed., p. 407.

[1817] PALMA, *Direito Constitucional...*, p. 136, lembra, por exemplo, que a fixação de causas de justificação em Direito Penal, que pode parecer à primeira vista a atribuição de uma "vantagem" a um agente, corresponde sempre, na verdade, a uma ponderação de direitos e não a uma simples limitação do poder punitivo.

A INTERFERÊNCIA EM BENS, INTERESSES OU VALORES

Vejam-se normas da Lei da Liberdade Religiosa[1818] que protegem, promovem e até amplificam as liberdades de consciência, de religião e de culto. Por exemplo, a atribuição de benefícios fiscais às igrejas e comunidades religiosas radicadas (artigo 32º da Lei) representa uma intervenção na liberdade de religião. Na medida em que é uma lei que acrescenta um conjunto de vantagens que a Constituição não associa diretamente a essa liberdade, não está sujeita a uma etapa de justificação mediada pela proibição do excesso. Sem embargo, não se pode excluir que essas intervenções protetivas ou aditivas – isto é garantidoras, fomentadoras ou adicionadoras de posições jurídicas subjetivas de vantagem, ou atenuadoras de posições jurídicas subjetivas de desvantagem – tenham como reverso a geração de *outras* posições jurídicas de desvantagem ou a diminuição de *outras* posições jurídicas de vantagem (por exemplo, a submissão a regras contabilísticas estritas, ou a obrigações de reporte). Se assim for, nessa dimensão são consideradas restritivas. Não sendo essas restrições expressamente permitidas, é mais uma situação que suscita a questão da vigência de um princípio geral implícito de permissão geral de restrições ou, para utilizar uma expressão consagrada, uma *cláusula geral de restrições*.

3.3. Cláusula geral de restrições

A existência de princípios constitucionais implícitos, isto é princípios não explicitamente formulados mas extraídos pelo intérprete de normas concretas, de conjuntos de normas ou da constituição como unidade de sentido[1819], é geralmente aceite, mesmo pelo pensamento jurídico mais conservador ou mais formalista[1820]. Um caso de um princípio constitucional implícito que o

---

[1818] Lei nº 16/2001, de 22 de Junho.

[1819] Cfr., por todos, GUASTINI, *Distinguiendo...*, pp. 156 ss.

[1820] A questão tratada no texto é tributária do tema geral da admissibilidade do costume, particularmente do costume *contra legem* ou *contra constitutionem*, como fonte de direito constitucional. Não se ignoram – mas não se podem discutir aqui – todas as dificuldades que o tema envolve. Implícita no texto vai a posição de admissão dessa possibilidade, embora se justifiquem todas as cautelas que, por exemplo, MIRANDA, *Curso...*, 1, pp. 166 ss., aponta. Para uma orientação de rejeição do costume *contra legem* como gerador de (novas) normas contrárias à norma legal (e, por maioria de razão, à norma constitucional), LAMEGO, *Elementos...*, p. 29: o costume *contra legem* traduz-se simplesmente no *desuso* ou perda de eficácia da norma legal. Não surge uma nova norma, mas simplesmente um espaço juridicamente vazio, não qualificado pelo direito, onde se realizam certas condutas. Ora, a aplicação da ideia de um espaço livre de direito (constitucional), isto é um espaço onde o direito – *maxime* o direito da constituição – não tem nenhuma posição, nem que seja a posição de não ter posição, é difícil de aceitar. Por isso, parece mais consentâneo com uma tese de congruência e unidade do sistema dizer-se que o costume *contra legem* (*constitutionem*) se traduz no desuso da norma constitucional proibitiva e no surgimento de uma norma permissiva. Se a capacidade de resistência desta norma permissiva não escrita é a mesma que as normas *rigi-*

O PRINCÍPIO DA PROIBIÇÃO DO EXCESSO

intérprete extraiu da Constituição ou de normas materialmente recebidas pela Constituição é o princípio da cláusula geral de restrições de direitos fundamentais.

Para alguns, esta cláusula geral de restrições fundar-se-ia no artigo 29º, nº 2, da DUDH[1821]. Mas o argumento fornecido por este preceito, embora relevante, é controvertido[1822] e não suficientemente elástico quanto aos fundamentos de restrição[1823], não sendo, consequentemente, decisivo só por si . Na realidade, a cláusula geral de restrições resulta do influxo da constituição *prima facie* sobre as normas de direitos fundamentais. Salvo algumas exceções, estas tendem a ser interpretadas como normas que estabelecem proibições ou obrigações *prima facie* de comportamentos do legislador que podem ser derrotadas por outras considerações, sejam decorrentes da obrigação de proteção de outros direitos, sejam decorrentes da decisão de satisfazer específicos interesses públicos. Esta interpretação e a concomitante extração de uma cláusula geral de restrições não resulta da DUDH, mas é alentada pela circunstância de quer a DUDH quer

---

dificadas pela formalização constitucional ou se está sob permanente risco de colapsar perante a revivescência da norma formal constitucional já é uma questão diferente.

[1821] Assim, SÉRVULO CORREIA, *O Direito*..., pp. 62 ss.; em última análise, também se pode ler a posição de MIRANDA, *Manual*..., IV, 5ª ed., pp. 189 ss., nessa ótica. Partindo da distinção entre restrições e limites ao exercício, defende a existência de uma *cláusula geral de limites ao exercício* de direitos fundada no artigo 29º, nº 2, da DUDH. Sem embargo, a verdade é que nem a distinção entre restrições e limites ao exercício tem consistência dogmática suficiente, nem a DUDH consente essa distinção. Por isso, falar de *cláusula geral de limites ao exercício* acaba por equivaler a falar de *cláusula geral de restrições*. V., também, OTERO, «Declaração Universal dos Direitos do Homem e Constituição...», p. 610.

[1822] Reportamo-nos à querela sobre se o artigo 16º, nº 2, da Constituição implica a incorporação da cláusula de *limites* do artigo 29º, nº 2, da DUDH. Tal querela insere-se na polémica mais vasta sobre se a receção constitucional da DUDH, através do artigo 16º, nº 2, tanto pode ter um sentido restritivo como ampliativo dos direitos ou só pode ter um sentido ampliativo. Uma das correntes considera que as normas da DUDH, em última análise, prevalecem *sempre* sobre as normas constitucionais, sejam mais ou menos *amigas dos direitos*, podendo, inclusive, levar à inconstitucionalidade de normas constitucionais (assim, OTERO, «Declaração», p. 609) ou, pelo menos, prevalecem em termos interpretativos sobre estas (assim, MORAIS, *Curso*..., tomo II, vol. 2, pp. 49 ss.). Outra corrente rejeita que a referência constitucional à DUDH consinta qualquer interpretação que permita operações de interpretação ou de integração das normas constitucionais com sentido restritivo ou limitativo dos direitos. Por isso, aquele preceito da DUDH não pode assumir uma função de *cláusula de limites* ou de *restrições* no contexto normativo da Constituição de 1976, cabendo-lhe exclusivamente a função (garantística) de cláusula de limites aos limites (assim, CANOTILHO, *Direito*..., 7ª ed., p. 1280; MATOS, «Recurso hierárquico...», p. 89; NOVAIS, *As restrições*..., pp. 520 ss.; JÓNATAS MACHADO, *Liberdade*..., p. 744; ALEXANDRINO, *Estatuto Constitucional* ..., pp. 99 ss.; COUTINHO, «Sobre a justificação...», p. 564; ISABEL MOREIRA, *A solução*..., p. 173).

[1823] A DUDH consagra alguns direitos sociais (v. artigo 22º ss.), mas os fundamentos de restrição do artigo 29º, nº 2, coadunam-se sobretudo com os direitos de liberdade.

A INTERFERÊNCIA EM BENS, INTERESSES OU VALORES

normas constitucionais de muitos ordenamentos de referência, constitucionais ou convencionais, quer práticas jurisprudenciais de referência, incorporarem atualmente cláusulas gerais de restrição[1824]/[1825], sem que nisso se veja uma ameaça à liberdade ou o sintoma de um ambiente jusfundamental menos saudável. Alicerçada nesta interpretação, a prática constitucional portuguesa ou ignorou o artigo 18º, nº 2, primeira parte, reconhecendo-lhe uma relevância não mais do que residual[1826] ou *desaplicou-o* deliberadamente por razões várias, com fundamentos diversos, objetivos distintos e expedientes técnicos diferenciados.

Mesmo não adotando ainda, formalmente, o conceito amplo de restrição que propomos ou a ideia de cláusula geral de restrições, a maioria da doutrina[1827], e, em termos menos cristalinos, a jurisprudência constitucional[1828], aceitam a

---

[1824] Pela sua influência, vale a pena referir o caso alemão. V. o sumário do *BVerfG* no caso Dienstpflichtverweigerung (1970), BVerfGE 28, 243: *"kollidierende Grundrechte Dritter und andere mit Verfassungsrang ausgestattete Rechtswerte sind mit Rücksicht auf die Einheit der Verfassung und die von ihr geschützte gesamte Wertordnung ausnahmsweise imstande, auch uneinschränkbare Grundrechte in einzelnen Beziehungen zu begrenzen"* (em tradução livre: os direitos colidentes de terceiros e outros valores jurídicos com dignidade constitucional podem ser fundamento da limitação, em casos especiais, de direitos fundamentais sem reserva – ou não restringíveis –, considerada a unidade da Constituição e a ordem de valores por ela protegida). ALEXY, *A Theory...*, p. 188, fala, a este propósito, de uma *cláusula não escrita de limites*.

[1825] Recorde-se a enumeração feita supra, neste capítulo, 2.1. Sobre o assunto, por todos, BOROWSKI, «Limiting clauses...», p. 222. BARAK, *Proportionality...*, p. 263, sustenta que mesmo quando não há cláusula expressa nesse sentido se deve entender que há uma cláusula implícita. Defendendo uma competência geral do legislador para intervir nos direitos fundamentais, PULIDO, *El principio...*, p. 538 (notando que todo o sistema constitucional é incompatível com qualquer tipo de direitos ilimitados); v., também, PIRKER, *Proportionality...*, p. 128.

[1826] Descontado o caráter empírico, é interessante o dado estatístico avançado por ALEXANDRINO, *A Estruturação...*, p. 638: a percentagem de referências do Tribunal Constitucional à norma do artigo 18º, nº 2, primeira parte, não excederia 5% das decisões estudadas.

[1827] Assim, MATOS, «Recurso hierárquico...», p. 89; MIRANDA, *Manual...*, IV, 5ª ed., p. 414; CANOTILHO/VITAL MOREIRA, *Constituição...*, 4ª ed., p. 389; NOVAIS, *As restrições...*; BAPTISTA, *Os Direitos...*, p. 178; ALEXANDRINO, *A Estruturação...*, pp. 451, 645 ss.; BAPTISTA, *Os Direitos...*, p. 178; MIRANDA/JORGE P. SILVA, «Anotação ao artigo 18º», in Miranda/Medeiros, *Constituição...*, I, 2ª ed., p. 366 (com indicação de jurisprudência); CANOTILHO, *Direito...*, 7ª ed., p. 1277; VASCO PEREIRA DA SILVA, *A Cultura...*, pp. 104 ss. (especificamente em relação ao direito à cultura); ISABEL MOREIRA, *A solução...*, pp. 98-9; COUTINHO, «Sobre a justificação...», p. 563; GOUVEIA, *Manual...*, II, 6ª ed., pp. 985, 1008; RAQUEL CASTRO, *Constituição. Lei...*, p. 118. Uma das hipóteses de enquadramento teórico geral deste fenómeno seria a tese – cujas assunções e implicações não podem ser, todavia, discutidas nem admitidas ou refutadas aqui – da *constituição informal* de OTERO: v. *Direito Constitucional...*, II, pp. 140 ss.

[1828] É certo que inicialmente isso apareceu revestido da roupagem dos limites imanentes: v., por exemplo, acórdão nº 81/84, sobre limites à liberdade de expressão. Porém, há exemplos claros que só podem ser explicados pela aceitação de uma cláusula geral de restrições. Cfr., por todos, o acórdão nº 254/99 (nº 7) do Tribunal Constitucional, sobre o direito à informação instrumental

O PRINCÍPIO DA PROIBIÇÃO DO EXCESSO

possibilidade de restrições não expressamente permitidas pela Constituição, há muito dadas como adquiridas pelo legislador[1829]. Isto é, às restrições *expressamente* permitidas adita-se a figura das restrições *não expressamente* permitidas, que recobre restrições implicitamente permitidas e restrições não proibidas nem permitidas de todo pela Constituição.

Na prática, a cláusula altamente criteriosa e defensiva do artigo 18º, nº 2, primeira parte, foi despromovida a uma simples cláusula de *advertência* do intérprete e dos destinatários da lei restritiva[1830]. Desse modo, ficou aberto o caminho para *uma cláusula geral não escrita de restrições*[1831], semelhante às que encontramos

ao direito de tutela jurisdicional (artigo 268º, nºs 1, 2, 4, 5), relatado por Sousa Brito: todos os direitos fundamentais "podem ser limitados ou comprimidos por outros direitos ou bens constitucionalmente protegidos (...) sendo sempre necessário fundamentar a necessidade da limitação ou compressão quando ela não se obtém por interpretação das normas constitucionais que regulam esses direitos". Esta cláusula geral vale, inclusive, nas situações que o direito está sujeito a reserva de lei ou a limites especificamente previstos na Constituição. A reserva de lei ou a definição de limites específicos não exclui *outros* limites.

[1829] Como o comprova um *corpus* legislativo de décadas. Uma manifestação peculiar desse "estado de espírito" é o artigo 6º, nº 1, da citada Lei da Liberdade Religiosa. Reconhecendo o artigo 41º, nº 1, da CRP, a liberdade de consciência, de religião e de culto sem qualquer reserva de restrição, o artigo 6º, nº 1, da LLR contrapõe que "a liberdade de consciência, de religião e de culto só admite as restrições necessárias para salvaguardar direitos ou interesses constitucionalmente protegidos". Isto é: a Constituição não autoriza expressamente restrições ao direito? Nada a temer: a lei *substitui-se* à Constituição na permissão expressa das restrições legislativas necessárias para salvaguardar direitos ou interesses constitucionalmente protegidos...

[1830] MIRANDA/JORGE P. SILVA, «Anotação ao artigo 18º», in Miranda/Medeiros, *Constituição...*, I, 2ª ed., p. 367: o que afinal a Constituição pretende é que as leis restritivas sejam "adequadamente sinalizadas".

[1831] Confluentes, SÉRVULO CORREIA, *O Direito...*, pp. 62 ss., falando da receção de "uma *cláusula geral de limites* capaz de preencher uma óbvia lacuna do nosso texto fundamental" e criticando a tese de NOVAIS (*As Restrições...*, pp. 569 ss.; *Direitos Sociais...*, p. 105) da "reserva geral imanente" vazia, desacompanhada de um elenco de valores suscetíveis de fundamentar restrições não expressamente autorizadas; GOUVEIA, *Manual...*, II, 6ª ed., p. 985. MIRANDA/JORGE P. SILVA, «Anotação ao artigo 18º», in Miranda/Medeiros, *Constituição...*, I, 2ª ed., p. 350, não aderem à tese da cláusula geral de restrições, mas admitem *restrições implicitamente autorizadas* a par das restrições expressamente autorizadas. Aparentemente, aceitam que todos os direitos podem ser objeto de restrições. Porém, todas estas têm de ser constitucionalmente fundadas, expressa ou implicitamente. Se assim for, não há diferenças de resultados quando se compara essa orientação com a tese da cláusula geral de restrições. Há apenas divergência no que toca à exigência de fundamento constitucional também para as restrições implícitas, mas não se afigura que seja uma diferença significativa, até porque a ideia de fundamento constitucional, no caso, surge algo indeterminada, parecendo uma fórmula relativamente vazia. Se, ao invés, a possibilidade de restrições *implicitamente* permitidas não cobrir todos os casos em que não há previsão expressa de restrição, o problema persiste parcialmente. Desse modo, poderiam ficar sem enquadramento constitucional as situações, eventualmente residuais, mas teoricamente concebíveis, em que não há nem permissão expressa nem

A INTERFERÊNCIA EM BENS, INTERESSES OU VALORES

em instrumentos com valor constitucional ou convencional, antigos e recentes[1832], articulada com a linguagem da ponderação, da proporcionalidade ou da proibição do excesso e de outros institutos, também eles usados universalmente de maneira crescente.

Qual o conteúdo dessa cláusula geral de restrições? A questão central é saber quais as colisões de direitos, liberdades e garantias ou direitos sociais (nos termos explicitados[1833]) com outros bens, interesses ou valores, que podem justificar a restrição daqueles. O problema mais crítico é se podem ser fundamento da restrição bens, interesses ou valores sem tutela constitucional, havendo quem sustente que sim[1834] e quem afirme que não[1835], estes aparentemente com a cobertura da jurisprudência constitucional[1836].

A orientação que se afigura mais defensável é que a utilização de bens, interesse ou valores não tutelados constitucionalmente, sejam objetivos ou subjetivados, como fundamento de restrições de direitos fundamentais é proíbida *prima facie* (significando isso que a proibição pode ser afastada se as razões que a sustentam, expostas de seguida, forem derrotadas por outras com maior peso[1837]). Consequentemente, *prima facie* os direitos fundamentais só podem ser

implícita, mas há necessidade de restrição. Já em relação à construção MORAIS, *Curso...*, tomo II, 2, p. 450, não há dúvida sobre as diferenças: do artigo 18º, nº 2, primeira parte, retirar-se-ia uma cláusula de admissão de restrições *implícitas*, derivadas (só) da colisão entre diferentes direitos de liberdade. Ora, para além de ser uma orientação *curta* (não cobre as restrições motivadas pela colisão com bens, interesses ou valores não jusfundamentais), pode também duvidar-se que seja hermeneuticamente viável encontrar num preceito que frisa que só há restrições expressamente permitidas o fundamento para a indicação de que, afinal também há restrições implicitamente permitidas.

[1832] Por ser recente e estar associado à progressão do constitucionalismo democrático – e, já agora, do princípio da proporcionalidade – no Mundo árabe, merece relevo o artigo 49º da Constituição tunisina de 2014. Por influenciar inevitavelmente a "leitura" interna dos direitos, merece destaque especial o artigo 52º, nº 1, da Carta dos Direitos Fundamentais da União Europeia (sobre isso, ALESSANDRA SILVEIRA, anotação ao artigo 52º da Carta *in* Alessandra Silveira/Mariana Canotilho (coord.), *Carta dos Direitos Fundamentais da União Europeia Comentada*, Almedina, Coimbra, 2013).

[1833] *Supra*, 2.3.6.

[1834] NOVAIS, *As restrições...*, pp. 618 ss.; BEILFUSS, *El Principio...*, p. 121. CLÉRICO, *El examen...*, p. 263; JANE PEREIRA, «Os imperativos da proporcionalidade e da razoabilidade...», pp. 10 ss.

[1835] CANOTILHO/VITAL MOREIRA, *Constituição...*, 4ª ed., pp. 391-2; MIRANDA/JORGE P. SILVA, «Anotação ao artigo 18º», in Miranda/Medeiros, *Constituição...*, I, 2ª ed., p. 374.

[1836] Reveja-se o acórdão nº 254/99 (nº 7) do Tribunal Constitucional, acima citado, onde justamente encontrámos respaldo para a tese da cláusula geral não escrita de restrições.

[1837] Esta possibilidade de superação da proibição *prima facie* é, porventura, mais plausível quando o bem, interesse ou valor sem dignidade constitucional é um direito subjetivo, designadamente se lhe puder ser imputada a natureza de "direito fundamental não constitucional" (artigo 16º, nº 1). Admitindo a limitação de direitos fundamentais com vista à salvaguarda ou proteção de direitos sem consagração constitucional (embora estes partam com um peso relativo mais redu-

O PRINCÍPIO DA PROIBIÇÃO DO EXCESSO

restringidos em situações de colisão com outros direitos ou interesses constitucionalmente protegidos. Nestes estão incluídos os resultantes do artigo 29º, nº 2, da DUDH: para além dos demais direitos, as justas exigências da moral, da ordem pública e do bem estar numa sociedade democrática[1838]. Defender que é *indiferente* que os bens, interesses ou valores colidentes com direitos tenham ou não tutela ou valor constitucional, sendo o nível constitucional ou infraconstitucional apenas um fator, entre muitos, a ter em conta na ponderação[1839], é mais ou menos o mesmo que defender que é *indiferente* que os direitos fundamentais tenham ou não tutela ou valor constitucional. O valor ou dignidade formal seria, em qualquer dos casos, *indiferente*, já que contaria primacialmente a *importância* ou *peso* com que se apresentam ao processo ponderativo concreto. Nesta linha de raciocínio, os direitos, todos eles, poderiam ter consagração a qualquer nível infraconstitucional, sem que isso tivesse mais do que um relevo residual e contingente. Ora, essa diluição da força e significado normativo da Constituição é inaceitável.

Assim sendo, a cláusula geral tem o seguinte conteúdo: todos os direitos não absolutos podem ser objeto de interferências quando isso for necessário para prosseguir fins de salvaguarda de outros direitos ou outros interesses constitucionalmente protegidos, incluindo os decorrentes da DUDH, sendo *prima facie* proibidas interferências que visem a superação de colisões com bens, interesses ou valores não constitucionalmente tutelados.

Não pode ver-se aqui um regresso à colocação dos direitos "na disposição limitativa do legislador"[1840]. A aceitação de uma cláusula geral de restrições é a forma de assegurar o cumprimento póstumo do programa garantístico do artº 18º, nº 2, primeira parte. Esta cláusula geral aumenta a possibilidade de intervenções legislativas restritivas, mas apenas nominalmente, uma vez que a integralidade das novéis restrições já o eram antes de o serem, isto é, andavam simplesmente camufladas atrás de outras figuras dogmáticas menos garantísticas.

---

zido), BARAK, *Proportionality...*, p. 263. Em sentido inverso, ALEXY, *A Theory...*, p. 185; KLATT/ MEISTER, *The Constitutional Structure...*, p. 23 (como um dos pilares essenciais da sua tese de *weak trump model*). Sobre a questão, v., também, P. SIEGHART, *The International Law of Human Rights*, Oxford University Press, Oxford, 1983, p. 103; SCHYFF, *Limitation of Rights: A Study...*, p. 255.

[1838] Embora a cláusula geral de restrições não resulte da receção do referido artigo 29º, mas sim da prática constitucional, o seu conteúdo pode ser preenchido com o contributo daquela disposição que, aliás, tem inspirado vários textos constitucionais por esse Mundo fora: cfr. BARAK, *Proportionality...*, p. 260. Não se pode discutir aqui o tema da *indeterminação* daquelas exigências da DUDH. Tal como no texto, COUTINHO, «Sobre a justificação...», p. 564.

[1839] NOVAIS, *As restrições...*, p. 619.

[1840] CANOTILHO, *Direito...*, 7ª ed., p. 1280.

A INTERFERÊNCIA EM BENS, INTERESSES OU VALORES

3.4. Aplicação plena do regime das restrições, na parte em que não tenha sido derrogado pela prática constitucional

Além da transparência, há uma vantagem decisiva: à custa do sacrifício do artigo 18º, nº 2, primeira parte, assegura-se a plena aplicação de todos os outros limites das restrições, desse modo inequivocamente confirmados e não obstaculizados por biombos conceituais que servem, umas vezes, de justificação para a não aplicação daqueles limites, outras vezes condescendem magnânima e casuisticamente nessa aplicação. Distinções dogmático-analíticas entre intervenções legislativas, como a atrás enunciada distinção entre lei reveladora de limites imanentes (mesmo numa versão *a posteriori*) e lei restritiva, ou lei restritiva e limitativa, ou outras, como leis restritivas e harmonizadoras, não podem ser tomadas como critérios determinantes da delimitação da fronteira entre intervenções legislativas submetidas a um regime de limites (onde se inclui a proibição do excesso) e à concomitante sindicabilidade, e intervenções legislativas cujo destino cai essencialmente na liberdade de conformação do legislador. Haja restrição do conteúdo e titularidade ou restrição do exercício, restrição ou "harmonização", o ponto relevante é se há ou não *justificação*.

Crucial é saber qual a *causa*, o *motivo* e o *fim último* da intervenção legislativa e os seus *efeitos* substancialmente restritivos, sem excluir os meramente incidentais[1841] e não o caráter nominal daquela[1842] – concretização ou densificação, desenvolvimento, harmonização, restrição ou limitação do preceito constitucional ou da norma jusfundamental, lei geral –, que tem valor meramente instrumental. Quando o legislador é chamado a intervier para superar, resolver ou compor conflitos ou colisões de direitos entre si ou de direitos com outros bens, interesses ou valores[1843], seja esse fim expressamente assumido ou não, é inevitável que a intervenção legislativa produza um impacto ablativo nos direitos e/ou nos outros bens, interesses ou valores que, no limite, pode ser quase impercetível, mas sempre existirá. Nesse contexto, a intervenção legislativa suscita invariavelmente um problema de *justificação* da solução adotada, a ser aferida mormente através da sujeição a instrumentos mediadores de harmonização.

Todas estas intervenções legislativas se integram no conceito amplo de restrição aqui proposto e estão claramente sujeitas aos limites às restrições[1844].

[1841] Pensamos aqui especificamente nas *leis gerais* que, não visam primacialmente a restrição de direitos, mas produzam efeitos restritivos *colaterais*: v. JÓNATAS MACHADO, *Liberdade...*, p. 718.

[1842] Aliás, normalmente não unívoco ou unidimensional.

[1843] E é-o permanentemente, vista a natureza intrinsecamente conflitual (ANDRADE, *Os Direitos...*, p. 193) do sistema de garantias de bens, interesses e valores. Usando uma expressão de YI, *Das Gebot...*, p. 123, hoje não há dúvida que há um *direito constitucional em (da) colisão*.

[1844] Talvez acabe por não se ficar longe, no que toca aos resultados práticos, de ANDRADE, *Os Direitos...*, 5ª ed., p. 282, quando conclui que os requisitos dos artigo 18º, nºs 2 e 3, "valem natural-

O PRINCÍPIO DA PROIBIÇÃO DO EXCESSO

Dessa clareza beneficia a aplicação do princípio da proibição do excesso e dos outros instrumentos mediadores de harmonização, aplicáveis consoante a colisão em causa.

3.5. Modulação da aplicação da proibição do excesso consoante o tipo de restrição

A adoção de uma conceção ampla de restrição não obsta a que se admita que *há vários tipos* de restrições e que isso pode suscitar modulações aplicativas do respetivo regime, incluindo no que toca à intensidade de controlo. Esse aspeto adquire particular refração na metódica de aplicação da proibição do excesso: por exemplo, a modulação aplicável do princípio pode ter, eventualmente, uma intensidade superior quando se trate de restrições ao conteúdo do direito ou quando se trate de restrições não expressamente permitidas[1845].

4. Conclusão: a interferência como pressuposto da aplicabilidade da proibição do excesso

Com a exposição que antecede, clarificámos o conceito de restrição ou de intervenção legislativa restritiva em direitos fundamentais. Desse modo calibrámos uma das principais figuras integrantes do conceito de *interferência em bens, interesses ou valores.*

Outras figuras, também integrantes desse conceito, são a suspensão do exercício de direitos e a criação de deveres autónomos infraconstitucionais[1846].

Por outro lado, assinalou-se no início do capítulo que o conceito de interferência em bens, interesses ou valores é usado também quando esses bens, interesses ou valores afetados não são posições jurídicas subjetivas. O conceito de interferência recobre as intervenções legislativas que produzam efeitos ablativos (sacrificadores, supressores, redutores) do conteúdo ideal, ou perturbadores da fruição ou realização, de bens, interesses ou valores, qualquer que seja a sua natureza, subjetivada ou coletiva. A existência de uma interferência em bens, interesses ou valores é um dos pressupostos da aplicabilidade do princípio da proibição do excesso. Resta porém averiguar se releva toda e qualquer classe de interferências, tema que enfrentaremos depois de lidarmos com outros dois pressupostos da aplicabilidade.

---

mente, com as devidas adaptações, para todas as leis limitadoras (...), incluindo as que, embora não visem diretamente a restrição de direitos, tenham sobre eles um *efeito limitador significativo*" (enfase original). Todavia consideramos o quadro do autor menos transparente e mais permeável a "ruídos dogmáticos" e, por isso, realmente menos "amigo dos direitos".

1845 V. NOVAIS, *As restrições*..., pp. 571-581, 600-602; SÉRVULO CORREIA, *Direito de Manifestação*..., p. 62 (aludindo a um ónus acrescido de fundamentação e argumentação); BAPTISTA, *Os Direitos*..., p. 180.

1846 Não podemos aqui debater se a lei pode criar deveres *fundamentais* autónomos.

Capítulo 10
Não diminuição da extensão e alcance do conteúdo essencial dos preceitos constitucionais sobre direitos, liberdades e garantias

1. A garantia do conteúdo essencial no artigo 18º, nº 3, da Constituição

Pressuposto da aplicabilidade da proibição do excesso é que a colisão normativa que suscita a intervenção legislativa não envolva o conteúdo essencial de preceitos sobre direitos, liberdades e garantias. Se estiver em causa tal conteúdo essencial, a figura aplicável àquela intervenção legislativa não é a proibição do excesso mas a proibição da diminuição do conteúdo essencial. Vejamos em que termos.

A última parte do artigo 18º, nº 3, proíbe que as leis restritivas de direitos, liberdades e garantias diminuam "a extensão e o alcance do conteúdo essencial dos preceitos constitucionais" garantidores desses direitos. É consensualmente aceite que a disposição se inspirou (embora não literalmente) no artigo 19º, nº 2, da Lei Fundamental alemã[1847]. Consequentemente, boa parte das leituras, das polémicas e das construções teóricas que este preceito tem provocado na Alemanha[1848] foram absorvidas pela doutrina e pela jurisprudência portugue-

---

[1847] "(2) *In keinem Falle darf ein Grundrecht in seinem Wesensgehalt angetastet werden*". Sobre os antecedentes do artº 19º, nº 2, e sobre a sua transposição para outros textos constitucionais e, mais recentemente, para o direito da União Europeia, MICHAEL, «El contenido esencial...», pp. 166 ss.
[1848] A bibliografia alemã e a bibliografia em língua portuguesa por ela influenciada são vastas. Entre muitos, KRÜGER, «Der Wesensgehalt...», *cit.*; DÜRIG, «Der Grundsatz von der Menschenwürde...», *cit.*; ZIVIER, *Der Wesensgehalt der Grundrechte, cit.*; HÄBERLE, *Die Wesensgehaltga-*

O PRINCÍPIO DA PROIBIÇÃO DO EXCESSO

sas no debate sobre o sentido e alcance da última parte do artigo 18º, nº 3[1849]. Para isso contribui alguma desconsideração das discrepâncias textuais dos dois preceitos: o alemão foca o conteúdo essencial dos *direitos* (sem especificar quais), enquanto o português incide sobre a extensão e alcance do conteúdo essencial dos *preceitos constitucionais*[1850]. Sintomaticamente, a tendência, também entre nós, é para se falar de *garantia do conteúdo essencial dos direitos*. Pela nossa parte falaremos simplesmente de *garantia do conteúdo essencial* ou, quando se justificar maior precisão, *garantia do conteúdo (ou do núcleo) essencial dos preceitos de direitos*[1851], expressões que se coadunam melhor com o texto constitucional.

---

rantie...»; HIPPEL, *Grenzen und Wesensgehalt...*, *cit.*; JÄCKEL, *Grundrechtsgeltung und Grundrechtssicherung...*, *cit.*; KRÜGER/SEIFERT, *Die Einschränkung der Grundrechte...*, *cit.*; LUDWIG SCHNEIDER, *Der Schutz des Wesensgehalts von Grundrechten nach Art. 19 Abs. 2 GG...*», *cit.*; ALEXY, *Theorie...*, pp. 267 ss.; STELZER, *Das Wesensgehaltsargument und der Grundsatz der Verhaltnismässigkeit, cit.*; BOROWSKI, *La estructura...*, pp. 97 ss.; CLAUDIA DREWS, *Die Wesensgehaltgarantie...*», *cit.*; MICHAEL, «El contenido esencial...», *cit.*; VIRGÍLIO AFONSO DA SILVA, *Direitos Fundamentais...*, pp. 182 ss.; MATTHIAS MAYER, *Untermaß, Übermaß...*, pp. 175 ss.; STÖRRING, *Das Untermaßverbot in der Diskussion...*, pp. 163 ss.; JOCHEN VON BERNSTORFF, «Kerngehaltsschutz durch den UN- Menschenrechtsausschuss und den EGMR: Vom Wert kategorialer Argumentationsformen», in *Der Staat*, vol. 50 (2011), pp. 184 ss.; CANOTILHO/VITAL MOREIRA, *Constituição...*, 4ª ed., pp. 394 ss.; MIRANDA/JORGE P. SILVA, «Anotação ao artigo 18º», in Miranda/Medeiros, *Constituição...*, I, 2ª ed., pp. 392 ss.; NOVAIS, *As restrições...*, pp. 779 ss.; QUEIROZ, *Direitos...*, pp. 269 ss.; GOUVEIA, *Manual...*, II, 6ª ed., pp. 1008 ss. Noutras latitudes, LUCIANO PAREJO ALFONSO, «El contenido esencial de los derechos fundamentales en la jurisprudencia constitucional; a proposito de la sentencia del Tribunal Constitucional de 8 de Abril de 1981», in *REDC*, nº 3, 1981, pp. 169 ss.; PARDO, «La regulación del ejercicio de los derechos fundamentales...», *cit.*; GAVARA DE CARA, *Derechos Fundamentales...*, *cit.*; PUJALTE, *La garantia del contenido esencial...*, *cit.*; RODRÍGEZ-ARMAS, *Análisis del contenido esencial...*», *cit.*; ILENIA MASSA PINTO, «La discrezionalità politica...», *cit.*; CLÉRICO, *El Examen...*, pp. 87 ss.; PULIDO, *El principio...*, pp. 406 ss.; ŠUŠNJAR, *Proportionality*, pp. 338 ss.

[1849] Existem também, indicadores do movimento inverso: MICHAEL, «El contenido esencial...», p. 172, admite a possibilidade de as disposições portuguesa, espanhola e europeia e, eventualmente, suíça (na medida em que emprega a expressão, mais "dura", "conteúdo nuclear", *Kerngehalt*, art. 36.4) contribuírem como direito comparado para a interpretação da garantia do conteúdo essencial.

[1850] Havendo que ter presente a diferenciação analítica entre preceito, enunciado ou disposição de direito fundamental, norma de direito fundamental e direito fundamental por ela garantido: sobre isso, BOROWSKI, *La estructura...*, pp. 26 ss.

[1851] Se fosse necessário frisar a distinção entre os regimes aplicáveis a direitos de liberdade e a direitos sociais, na súmula do texto não se poderia dizer apenas *direitos*, teria de se dizer direitos, liberdades e garantias. Porém, embora existam diferenças de regime – decorrentes, desde logo, da estrutura, primacial e não totalmente, positiva dos direitos sociais, ao invés dos direitos, liberdades e garantias –, elas não são relevantes para os pontos mais salientes do tratamento teórico e dogmático da garantia do conteúdo essencial. Coincidentes MIRANDA/JORGE P. SILVA, «Anotação ao artigo 18º», in Miranda/Medeiros, *Constituição...*, I, 2ª ed., p. 393. Sobre a refração da ideia de

NÃO DIMINUIÇÃO DA EXTENSÃO E ALCANCE DO CONTEÚDO ESSENCIAL DOS PRECEITOS

1.1. Correntes objetivistas e subjetivistas do conteúdo essencial

Na Alemanha, discute-se se a garantia constitucional da preservação do conteúdo essencial dos direitos tem sentido *objetivo* ou *subjetivo*[1852]. As duas posições têm representantes ilustres na doutrina[1853], mas há também relevantes tentativas de síntese[1854].

Arriscando uma generalização do sentido essencial de versões diversificadas, a perspetiva *objetiva* atende ao sentido objetivo-institucional das normas de direitos fundamentais, àquilo que elas representam em termos da configuração e dinâmica da sociedade. A garantia do núcleo essencial procura evitar a postergação total do direito enquanto fator estrutural da vida em comunidade.

De acordo com a perspetiva *subjetiva*, a garantia do conteúdo essencial visa proteger o núcleo central das posições jurídicas subjetivas ou os bens, interesses ou valores que são seu objeto, impedindo o desvirtuamento do seu significado e do seu exercício tal como valorado e valorizado pelos seus titulares.

No caso português o pendor *objetivista* da disposição é patente[1855]. Porém, isso não quer dizer que esse pendor não deva ser matizado ou complementado com considerações subjetivas, de modo a evitar que as interferências impliquem

conteúdo essencial ou mínimo nos direitos sociais no âmbito da Carta Social Europeia (revista), de 1996, v. Vandenhole, «Conflicting economic and social rights...», pp. 567 ss.

[1852] V. inicialmente Ludwig Schneider, *Der Schutz des Wesensgehalts...*, pp. 77 ss. Denominações alternativas, teoria individual e teoria social (Zivier), teoria da posição jurídica e teoria institucional (Jäckel).

[1853] Entre outros, percursores das doutrinas objetivas são Jäckel, *Grundrechtsgeltung und Grundrechtssicherung..., cit.*; Hippel, *Grenzen und Wesensgehalt ..., cit.*; Roman Herzog, «Grundrechte aus der Hand des Gesetzgebers», in Walther Fürst/Roman Herzog/Dieter C. Umbach (org.), *Festschrift für Wolfgang Zeidler*, vol. II, Berlin, New York, 1987, pp. 1415 ss.; Lerche, «Grundrechtsschranken», in Isensee, Kirchhof (eds.), *Handbuch des Staatsrechts*, vol. V, Heidelberg, 1992. Sustenta-se que esta é a tendência mais pronunciada do *BVerfG*, embora não sem oscilações (assim, Tzemos, *Das Untermaßverbot*, pp. 57-58). Defensores das subjetivas, maioritárias, podem considerar-se Herbert Krüger, «Der Wesensgehalt...», *cit.*; Günter Dürig «Der Grundrechtssatz...», *cit.*; Zivier, *Der Wesensgehalt.... cit.*; Ludwig Schneider, *Der Schutz des Wesensgehalts..., cit.* Em geral, sobre os argumentos de umas e outras, Gavara de Cara, *Derechos..., cit.*, pp. 23 ss.; Martin Hochhuth, *Relativitätstheorie des Öffentlichen Rechts*, Nomos Verlag, Baden-Baden, 2000, pp. 150 ss.; Matthias Mayer, *Untermaß, Übermaß...*, p. 176.

[1854] V. Gavara de Cara, *Derechos..., cit.*, pp. 37 ss.; Borowski, *La estructura...*, p. 97. Teorias mistas podem ser consideradas, por exemplo, as de Hesse, *Grundzüge...*, 15ª ed., p. 134; Pieroth/Schlink, *Direitos Fundamentais...*; Tzemos, *Das Untermaßverbot*, p. 62.

[1855] Notando o ponto, embora sem lhe atribuir relevância decisiva, Novais, *As restrições...*, p. 791; Miranda/Jorge P. Silva, «Anotação ao artigo 18º», in Miranda/Medeiros, *Constituição...*, I, 2ª ed., p. 400; Canotilho/Vital Moreira, *Constituição...*, 4ª ed., p. 394; Andrade, *Os Direitos...*, p. 285.

O PRINCÍPIO DA PROIBIÇÃO DO EXCESSO

a completa neutralização de concretas posições jurídicas subjetivas. A proteção do conteúdo essencial abarca tanto a vertente objetiva como a subjetiva[1856].

Uma das consequências precípuas do pendor objetivista é a facilitação da aplicabilidade da cláusula do conteúdo essencial não apenas à função de defesa ou negativa dos direitos de liberdade e dos direitos sociais, mas também à função de proteção ou dirigente dos direitos. Nos próximos números concentrar-nos-emos na questão do conteúdo essencial dos preceitos constitucionais no que se refere à primeira vertente ou função. Mais tarde tomaremos posição sobre se o conteúdo essencial dos deveres de prestação *lato sensu*, particularmente os deveres de proteção, goza de um regime jusconstitucional semelhante[1857].

1.2. Correntes absolutas e relativas do conteúdo essencial

Distinção mais relevante do ponto de vista teórico e prático é entre as teorias absolutas e relativas.

A teoria *absoluta* defende que existe um núcleo fixo do preceito constitucional ou do direito fundamental que não depende de ponderação nem é sensível às circunstâncias do caso concreto[1858].

[1856] Cfr. Tzemos, *Das Untermaßverbot*, p. 62; Borowski, *La estructura...*, p. 98; Virgílio Afonso da Silva, *Direitos Fundamentais...*, p. 185; Miranda/Jorge P. Silva, «Anotação ao artigo 18º», in Miranda/Medeiros, *Constituição...*, I, 2ª ed., pp. 400-1.

[1857] Por agora, importa apenas notar que na Alemanha não é assunto resolvido saber se a garantia do conteúdo essencial dos direitos definida na *GG* se cinge à *função de defesa* dos direitos ou também à sua *função de proteção*, bem como às formas de expressão dos direitos como direitos de organização e procedimento. Para um bom enquadramento, por todos, Häberle, *Die Wesensgehaltsgarantie...*, p. 370. Todavia, aquela segunda orientação é crescentemente admitida à medida que a dogmática da função de proteção dos direitos fundamentais se vai consolidando. V. Tzemos, *Das Untermaßverbot*, pp. 55-56; Huber, comentário ao artº 19º da *GG*, in Mangolt, Klein, Starck, *Kommentar zum Grundgesetz*, vol. I, 5ª ed., Beck, München, 2005; Störring, *Das Untermaßverbot in der Diskussion...*, p. 163; Horst Dreier, *Grundgesetz-Kommentar*, vol. I, 3ª ed., Mohr Siebeck, Tübingen, 2013, comentário ao artigo 19º. No caso português, positivamente, v., por todos, Miranda/Jorge P. Silva, «Anotação ao artigo 18º», in Miranda/Medeiros, *Constituição...*, I, 2ª ed., pp. 400-1. Para além da questão relativa à função de proteção, há aqueloutra, ainda mais aguda, de saber de que forma se refraciona o tema da salvaguarda do conteúdo essencial nos direitos sociais na sua dimensão primacial, a vertente positiva. A discussão pode ser feita com recurso a instrumentário teórico e conceptual análogo ao que apresentamos no texto a pensar na vertente negativa dos direitos de liberdade: assim, Novais, *Direitos Sociais...*, pp. 200 ss. (embora mostrando dificuldades da adaptação e, em última análise, descartando-a).

[1858] Percursores das teorias absolutas (em diferentes versões) são Dürig, «Der Grundsatz...», *cit.*; Friedrich Klein in Hermann Mangoldt, Friedrich Klein, *Das Bonner Grundgesetz*, Vahlen, Berlin, 2ª ed., 1966. Sobre o assunto, entre muitos, Theodor Maunz, «Art. 19 Abs 2.», in Maunz/Dürig e outros, *Grundgesetz Kommentar*, vol. II, München, 1993, número de margem 3; Gavara de Cara, *Derechos Fundamentales...*, p. 328, *passim*; Borowski, *La estructura...*, p. 99; Tzemos, *Das Untermaß-*

NÃO DIMINUIÇÃO DA EXTENSÃO E ALCANCE DO CONTEÚDO ESSENCIAL DOS PRECEITOS

Em contrapartida, há uma corrente que *relativiza* o conteúdo essencial, dos preceitos constitucionais ou dos direitos, ligando-o ao caso concreto. Segundo diferentes perspetivas, o conteúdo essencial é apurado através de uma operação de ponderação de bens[1859] que permite determinar os limites imanentes do direito[1860] ou é uma mera expressão do princípio da proibição do excesso[1861] ou, noutras versões, da ideia da concordância prática[1862] (que para alguns é praticamente a mesma coisa[1863]).

Em termos simplificadores, o conteúdo essencial seria definido através de uma operação de ponderação bilateral dos bens, interesses ou valores em presença, podendo variar – não sendo, consequentemente, um núcleo *absoluto* e fixo – consoante o peso a atribuir a cada um dos atributos em colisão. O conteúdo essencial considera-se violado quando o direito é sacrificado em grau que não é justificado pelos fins a que a medida restritiva se propõe. Em certas circunstâncias o direito pode ser restringido completamente[1864].

1.3. A desvalorização da garantia do conteúdo essencial

As dificuldades das teorias absolutas e das teorias relativas levam alguns autores a duvidar da utilidade ou viabilidade dogmática da figura da proteção do

---

verbot, p. 57; Miranda/Jorge P. Silva, «Anotação ao artigo 18º», in Miranda/Medeiros, *Constituição...*, I, 2ª ed., pp. 396-397; Gouveia, *Manual...*, II, 6ª ed., p. 1009.

[1859] Pino, *Derechos...*, p. 170.

[1860] Häberle, *Die Wesensgehaltgarantie...*, pp. 58 ss. Tenha-se presente, porém, que o autor considera que os contributos de ambas as teorias são aproveitáveis (*ob. cit.*, p. 64) e que a sua própria doutrina não renuncia a noções importantes das teorias absolutas. A ponderação de bens permite proteger "de um modo absoluto" o conteúdo essencial (*ob. cit.*, p. 65). A tese defendida seria, portanto, uma simbiose das teorias absolutas e das teorias relativas (*ob. cit.*, pp. 66-67).

[1861] V. essa tese, numa versão que se pode considerar extrema, em Pulido, *El principio...*, pp. 406 ss.; Virgílio Afonso da Silva, *Direitos Fundamentais...*, especialmente p. 201. Também, Tzemos, *Das Untermaßverbot*, p. 58; Pirker, *Proportionality...*, p. 18; Matthias Mayer, *Untermaß, Übermaß...*, p. 177 (optando pela fórmula ambivalente de que a garantia do conteúdo essencial se assemelha ao princípio da proporcionalidade); Muzny, *La Technique de Proportionnalité...*, p. 287. Sobre o tema, na doutrina nacional, Novais, *As restrições...*, pp. 781 ss.; Andrade, *Os Direitos...*, p. 283; Isabel Moreira, *A solução...*, pp. 95-6. Na jurisprudência, v., ultimamente, o acórdão do Tribunal Constitucional nº 475/13, nº 5: "o exercício da liberdade de propaganda política, pelos meios ora em discussão [...] configura uma restrição desnecessária e desproporcional a um direito fundamental (liberdade de expressão e propaganda política), assumindo um efeito prático verdadeiramente ablativo que afeta o núcleo essencial de um tal direito, incompatível com a sua particular fisionomia jusconstitucional".

[1862] V. uma manifestação concreta no acórdão nº 254/99 do Tribunal Constitucional, relatado por Sousa Brito (nº 11).

[1863] Pulido, *El principio...*, p. 450, nota.

[1864] Borowski, *La estructura...*, p. 99.

O PRINCÍPIO DA PROIBIÇÃO DO EXCESSO

conteúdo essencial[1865]. Este limite aos limites teria apenas uma "função discursiva" ou declarativa, funcionando como um "instrumento argumentativo em branco", insuscetível de desempenhar qualquer papel decisivo em decisões jurisprudenciais[1866]. Adotando-se uma conceção relativa, indutora da identificação da proteção do conteúdo essencial com a proibição do excesso (ou com a proibição do defeito[1867]), aquela seria supérflua. Adotando-se uma conceção absoluta, a proteção do conteúdo essencial seria insustentável ou impraticável ou simplesmente identificável com a violação de outros princípios constitucionais[1868].

1.4. Posição adotada

Não parecendo que a disposição constitucional portuguesa possa ser facilmente classificada à luz das teorias absolutas e relativas[1869], propõe-se uma posição matizada, balizada pelos seguintes vetores[1870]: (i) face à Constituição, é possível e necessário distinguir entre proibição do excesso e garantia do conteúdo essencial; (ii) a força normativa da Constituição acalenta a ideia de um núcleo absoluto e irredutível de posições jurídicas subjetivas; (iii) a interpretação é um instrumento suficientemente potente para delimitar coroas ou níveis de

---

[1865] V. a conclusão do trabalho de Gavara de Cara, *Derechos...*, p. 335.

[1866] Assim, Novais, *As restrições...*, pp. 797-798.

[1867] A relação entre proteção do conteúdo essencial e proibição do defeito é exaustivamente versada por Tzemos, *Das Untermaßverbot, passim.* O autor não assimila os dois conceitos dogmáticos, embora conclua que a „afetação do conteúdo essencial de um direito fundamental significa sempre uma violação da proibição jusfundamental do defeito " (*ob. cit.*, p. 198).

[1868] Novais, *As restrições...*, p. 794.

[1869] Não se pode acompanhar Michael, «El contenido esencial...», p. 175, quando, com base numa análise exclusivamente semântica (a mera proibição da "diminuição" ou "redução" da extensão e do alcance do conteúdo essencial), se pronuncia perentoriamente pela consagração pela Constituição portuguesa de uma conceção relativa. V. a síntese oferecida por Novais, *As restrições...*, pp. 788 ss.

[1870] Atendendo aos traços essenciais que lhes imputa – (i) rejeição do caráter absoluto dos direitos, (ii) aceitação de um conteúdo essencial do direito protegido por uma garantia absoluta, irredutível e final, isto é, resistente a qualquer operação de restrição ou ponderação, (iii) sujeição das restrições da chamada coroa periférica do direito ao princípio da proporcionalidade, (iv) inconstitucionalidade de restrições que, embora respeitem o princípio da proporcionalidade, não respeitam o conteúdo essencial –, Pulido, *El principio...*, pp. 426 ss., incluiria a orientação do texto nas teorias mistas, na linha da classificação que faz das posições de vários autores espanhóis, como Parejo Alfonso («El contenido esencial...», *cit.*), Prieto Sanchís (*Estudios sobre derechos fundamentales*, Debate, Madrid, 1990), Medina Guerrero (*La vinculación negativa del legislador a los derechos fundamentales, cit.*). Adeptos de teorias mistas são também Clérico, *El Examen...*, pp. 89 ss. (é esse o sentido da sua "teoria absoluta mas não essencialista"); Canotilho/Vital Moreira, *Constituição...*, 4ª ed., p. 395.

NÃO DIMINUIÇÃO DA EXTENSÃO E ALCANCE DO CONTEÚDO ESSENCIAL DOS PRECEITOS

proteção no interior do âmbito ideal de proteção do direito; (iv) nada impõe que haja um único critério material delimitador do conteúdo essencial garantido; (v) nada impõe que seja identificado um conteúdo essencial absolutamente garantido em relação a todos os direitos; (vi) o conteúdo essencial pode evoluir historicamente; (vii) a coroa tutelada apenas idealmente ou *prima facie* não está ilimitadamente ao dispor do legislador, sendo protegida pela proibição do excesso; (viii) não existe nenhum impedimento, teorético ou de outra ordem, a que a aplicação de uma mesma norma se processe parcialmente através de subsunção, parcialmente através de ponderação; (ix) a eventualidade de colisões entre posições jurídicas subjetivas ou entre bens, interesses ou valores cobertos pelas garantias do conteúdo essencial de vários preceitos de direitos pode ser prevenida através dos utensílios doutrinários, dogmáticos e metódicos adequados.

Trataremos de seguida estes pontos, conferindo ao último um tratamento em número autónomo devido à sua complexidade e centralidade.

1.4.1. Face à Constituição é possível e necessário distinguir entre proibição do excesso e garantia do conteúdo essencial

A circunstância de o artigo 18º, nº 3, proibir expressamente a diminuição da extensão e alcance do conteúdo essencial dos preceitos constitucionais sobre direitos, liberdades e garantias não pode deixar de ter um sentido normativo (ainda que mínimo e pragmaticamente pouco relevante). As teses que defendem o niilismo normativo não podem ser aceites.

Esse sentido é autónomo em relação a outras figuras. Não é lícito pensar que o legislador constituinte ignorou a diferença entre garantia do conteúdo essencial e proibição do excesso, insofismavelmente dada como assente pela doutrina e pela jurisprudência. Aliás, embora o princípio da proibição do excesso não conste expressamente do artigo 18º[1871] (nem do artigo 2º), ele está consagrado noutros preceitos constitucionais, pelo que é manifesto que o legislador constituinte não o ignora e conhece o conteúdo que a doutrina e a jurisprudência lhe imputam.

Não têm, portanto, fundamento as orientações que veem na proteção do conteúdo essencial dos preceitos constitucionais de direitos, liberdades e garantias simplesmente um invólucro diferente de outro princípio ou vertente normativa[1872]. A proteção do conteúdo essencial tem autonomia conceptual e

---

[1871] V. o que expusemos no capítulo 6.

[1872] Não sendo também dogmaticamente profícuo reconvertê-lo a figuras ou instâncias menos consolidadas, como a do primeiro passo da "proibição do defeito em sentido estrito" (*Untermaßverbot in engeren sinne*), contraposta a proibição do defeito em sentido amplo, de TZEMOS, *Das Untermaßverbot, passim*, especialmente p. 173. A inobservância do conteúdo essencial de um

O PRINCÍPIO DA PROIBIÇÃO DO EXCESSO

normativa enquanto limite das restrições de (ou, mais genericamente, das interferências em) direitos.

É possível falar de um conteúdo essencial do preceito constitucional, com fronteiras mais ou menos delimitadas que resultam simplesmente da interpretação do sentido da proteção do direito em causa, sem recorrer a qualquer operação de ponderação com bens, interesses ou valores protegidos por outros preceitos constitucionais.

Assim, é evidente que uma norma legislativa que obrigasse os cidadãos, ou alguns cidadãos, a professarem uma determinada religião violaria o conteúdo essencial da norma que estabelece a liberdade de religião (artigo 41º)[1873]. Essa conclusão não resulta do entendimento de que esta norma é insuscetível de qualquer restrição ou interferência (por falta de permissão constitucional de restrições), nem da realização de uma operação de ponderação ou da aplicação do princípio da proibição do excesso. Há simplesmente violação do conteúdo essencial da norma do direito fundamental.

Do mesmo modo, a previsão da possibilidade de penas privativas da liberdade – ainda que curtas – que tenham de ser cumpridas pelos condenados em total isolamento, circunscritos a uma cela de onde nunca são autorizados a sair, amarrados e vendados de modo a impedir qualquer movimento, sem possibilidade de contacto com o exterior, viola o mais elementar sentido da dignidade da pessoa humana e, por essa via, o conteúdo essencial do preceito que consagra o direito à liberdade (artigo 27º, nº 1). Pode muito bem suceder que, ponderados todos os bens, interesses ou valores eventualmente colidentes, essa pena privativa da liberdade, com esses contornos abstratos, seja desproporcionada. Mas independentemente de ela ser desproporcionada ou antes mesmo de ela ser desproporcionada, ou de se escrutinar a sua adequação, necessidade ou proporcionalidade e.s.e., tal pena, com o seu sentido aviltante da dignidade humana, viola ostensivamente o conteúdo essencial do preceito constitucional que garante aquele direito. Não é necessário realizar qualquer ponderação do peso de bens, interesses ou valores em confronto para se concluir que norma que a previsse seria inconstitucional por violação do conteúdo essencial do preceito constitucional, *em si mesmo*, autonomamente considerado e interpretado.

Do mesmo modo, uma norma que previsse a realização de experiências em seres humanos, com ameaça da sua integridade física, independentemente do seu conhecimento e autorização, com vista a potenciar progressos científicos e

---

direito – nomeadamente, do conteúdo essencial do dever de proteção que recaia sobre o legislador – é, por si, uma violação desse direito, não tendo de se recorrer ao conceito da *Untermaßverbot in engeren sinne*.

[1873] V. este exemplo em GAVARA DE CARA, *Derechos...*, p. 255. Outro exemplo apontado pelo autor: a obrigação de os artistas realizarem uma determinada obra.

NÃO DIMINUIÇÃO DA EXTENSÃO E ALCANCE DO CONTEÚDO ESSENCIAL DOS PRECEITOS

técnicos de importância vital para a comunidade em geral, violaria o conteúdo essencial da norma que garante a integridade pessoal, na dimensão de integridade física e moral (artigo 25º, nº 1).

Este último exemplo permite até marcar mais enfaticamente a autonomia entre garantia do conteúdo essencial e proibição do excesso. Teoricamente, é possível conceber situações em que um puro exame de proibição do excesso pode desembocar em conclusões ambíguas: se as experiências envolvem um número reduzido de indivíduos, o risco de lesão é relativamente reduzido, o desconhecimento dos próprios envolvidos é essencial para assegurar o sucesso e o fim é testar um processo terapêutico que pode evitar ou suprimir um risco de uma pandemia mundial, a aplicação da proibição do excesso (ou de outros instrumentos de mediação de operações de ponderação, como a igualdade na sua versão forte) pode não ser conclusiva, particularmente se aplicada com um sentido exclusivamente consequencialista. Ao invés, se considerarmos que a utilização de "cobaias humanas" é uma manifestação da *coisificação* ou *instrumentalização* do ser humano, implicando o seu tratamento como um *objeto*, um instrumento ao serviço de uma experiência científica, ou um *meio* para atingir um resultado, por mais digno que este seja, estaremos no próprio âmago do conteúdo essencial do preceito constitucional e das normas sobre direitos que ele exterioriza. Mesmo que se admita a possibilidade de não violação do princípio da proibição do excesso, há seguramente violação do conteúdo essencial do preceito constitucional e, concomitantemente, da norma que dele resulta e dos direitos que esta protege.

Elucidativo da aplicabilidade autónoma da proibição de diminuição da extensão e alcance do conteúdo essencial é o que se passa em matéria de impostos. A proibição do excesso não tem aplicabilidade em matéria de impostos[1874], designadamente em matéria de fixação de taxas e incidência, a não ser na parte em que estes prossigam fins extra fiscais. Quando muito, pode ser aplicável uma ideia de proporcionalidade quantitativa (sendo de excluir a aplicabilidade da proibição do defeito, uma vez que não existe um *dever* de tributar, existe apenas um *dever* de pagar). Todavia, já constitui limite aos impostos a proibição de diminuição da extensão e alcance do conteúdo essencial de alguns direitos, como o de propriedade ou da livre iniciativa económica ou do mínimo de subsistência.

1.4.2. A força normativa da Constituição acalenta a ideia de um conteúdo essencial absoluto e irredutível

Uma das principais objeções levantadas às teses relativistas decorre de verdadeiramente não garantirem nenhum conteúdo essencial, na medida em que

---

[1874] Diferentemente, MIRANDA, *Curso...*, 1, p. 302.

O PRINCÍPIO DA PROIBIÇÃO DO EXCESSO

qualquer conteúdo do direito pode ser sempre superado por considerações com maior peso ou importância[1875]. Ora, a verdade é que o asseguramento de uma energia normativa satisfatória da Constituição, particularmente do seu núcleo jusfundamental, passa por garantir que dimensões relevantes dos bens, interesses ou valores por ela tutelados estejam a coberto de operações de ponderação. Do ponto de vista de uma teoria democrática da constituição, a garantia do conteúdo essencial é um pilar não desprezível, nem que seja pela função de "aviso" que representa (aviso de que os direitos não estão *totalmente* à mercê do legislador e do juiz constitucional).

1.4.3. A interpretação é um instrumento suficientemente potente para delimitar coroas ou níveis de proteção no interior do âmbito ideal de proteção do direito

Alguns contributos, críticos das teses absolutas e das teses mistas, não só defendem que não é possível desvendar o conteúdo essencial do preceito constitucional, como sustentam que não é possível extrair o próprio conteúdo da norma sem recurso ao princípio da proibição do excesso. O conteúdo do direito não pré-existe à interpretação do preceito constitucional. A própria interpretação é realizada com auxílio do princípio da proibição do excesso que, em última análise, determina o que em concreto constitui o âmbito de proteção do direito, *todo* o âmbito de proteção do direito, desde o núcleo mais central até ao mais periférico. Não há interpretação fora do confronto entre os vários direitos[1876].

Desconsiderando, por agora, a assunção básica, subjacente a esta posição, de que o princípio da proibição do excesso ou da proporcionalidade clássica é aplicável na resolução de colisões entre *normas de direitos fundamentais*, posição que não se subscreve, consideremos apenas a questão teórica subjacente. O que é que ocorre primeiro: a determinação do conteúdo do preceito constitucional e do direito, ou a aplicação do princípio da proibição do excesso (ou de qualquer outro instrumento mediador de harmonização)?

Esta problemática reedita a velha história do ovo e da galinha: primeiro determina-se o conteúdo, através da interpretação, e a aplicação da proibição do excesso virá, eventualmente, depois? Ou a proibição do excesso desempenha

---

[1875] V. Huber, comentário ao artigo 19º, in Mangolt/Klein/Starck, *Kommentar zum Grundgesetz, cit.*, § 147; Šušnjar, *Proportionality*, p. 338; Miranda/Jorge P. Silva, «Anotação ao artigo 18º», in Miranda/Medeiros, *Constituição...*, I, 2ª ed., p. 395.

[1876] Cfr. Pulido, *El principio...*, p. 434. Esta orientação entronca no conceito lato de âmbito de proteção do direito, de autores como Alexy, Borowski, Virgílio Afonso da Silva ou Möller, estudadas e criticadas sob outra rúbrica.

um papel logo na interpretação do preceito constitucional e na fixação do conteúdo, incluindo o conteúdo essencial?

Não excluindo que a ponderação (de argumentos, de elementos de interpretação) seja circunstancialmente uma das técnicas usadas na interpretação constitucional, ao modo do chamado *definitional balancing*[1877], a resposta é no sentido de que a interpretação e a extração de conteúdo normativo do preceito constitucional sempre serão logicamente anteriores à eventual aplicação de qualquer instrumento de mediação de operações legislativas de harmonização. Para que se coloque a questão da aplicação deste, é necessário que tenha de se produzir (ou controlar) uma norma legislativa que resolva uma colisão entre bens, interesses ou valores, alguns ou todos com cobertura em normas constitucionais. Mas para se conhecer a existência dessa colisão, alguma coisa tem de se fazer antes de qualquer ensejo de aplicação daquele instrumento de mediação: a interpretação das normas que tutelam os referidos bens, interesses ou valores. Tem de haver sempre algo *predeterminado* e *identificável*.

Não são apenas os adeptos das teorias absolutas ou mistas do conteúdo essencial que o sustentam[1878]. Quem advogue teorias relativas, mesmo em modelos extremados, terá de o admitir: não é possível aplicar qualquer instrumento de mediação de harmonização do tipo da proibição do excesso antes da conclusão de várias operações metódicas: (i) a interpretação dos preceitos constitucionais que tutelam certos bens, interesses ou valores; (ii) a constatação de que as normas que deles se extraem colidem parcialmente ao nível da respetiva estatuição; (iii) a verificação de que é necessário produzir uma norma legislativa que os harmonize; (iv) a definição do instrumento de mediação da harmonização aplicável. Sem predeterminar ou predefinir a colisão normativa existente, não é aplicável qualquer instrumento de mediação de harmonização (excluindo dessa noção, claro está, a própria interpretação, que, alinhada pela diretiva hermenêutica *hessiana* da concordância prática, sempre gerará, logo a esse nível, alguma harmonização). A configuração desse conflito requer uma pré-compreensão mínima do âmbito de proteção das normas-colidentes, que só é possível se houver uma pré-compreensão do seu conteúdo, a qual não pode ser formada à luz do próprio conflito e em confronto com os bens, interesses ou valores conflituantes.

[1877] Pode mesmo acompanhar-se BOROWSKI, *La estructura...*, p. 106, quando assinala que muitas vezes as disposições jusfundamentais são avaras na sua literalidade e no fornecimento de pontos de vista, diminuindo a viabilidade de uma interpretação conclusiva e auto-suficiente e suscitando a necessidade de ponderação.

[1878] Diferentemente do que inculca PULIDO, *El principio...*, p. 434. Como BOROWSKI, *La estructura...*, p. 106, reconhece, quando se empregam os cânones hermenêuticos clássicos com vista à descoberta da vontade do legislador constituinte, esta tem precedência sobre a ponderação.

O PRINCÍPIO DA PROIBIÇÃO DO EXCESSO

Ora, se é necessário e possível delimitar o âmbito de proteção do preceito[1879], é também possível determinar com nitidez suficiente (*especificar*) um conteúdo essencial do preceito constitucional, discernível em termos *categóricos* ou *absolutos* – isto é, sem ponderação – através da interpretação[1880]. Este conteúdo essencial funciona como *última* (talvez se deva dizer primeira) *barreira de* proteção em situações em que as demais barreiras de proteção, designadamente a proibição do excesso, não impeçam a interferência[1881].

1.4.4. Nada impõe que haja um único critério material delimitador do conteúdo essencial garantido

Um dos primeiros precursores das teorias absolutas do conteúdo essencial, Günter Dürig, via a proteção do conteúdo essencial como um veículo para salvaguardar a dignidade humana e para impedir a degradação das pessoas a meio ou objeto ao serviço de interesses alheios, designadamente os da comunidade[1882]. O conteúdo essencial seria o reduto dos direitos e dos preceitos constitucionais que tem de ser derradeiramente preservado, sob pena de essa dimensão da dignidade humana ficar comprometida[1883].

Mas a visão de Dürig, na sua unilateralidade, claudica logo que se observa que há direitos fundamentais que não têm essa ligação direta ao princípio da dignidade da pessoa humana[1884]. Por isso, o conteúdo essencial do direito pode ou não articular-se com esse princípio.

[1879] Apesar do seu ceticismo em relação à viabilidade e utilidade da delimitação de um conteúdo essencial, Novais, *As restrições...*, não contesta (antes tem como essencial) a delimitação do âmbito de proteção da norma, rejeitando, aliás, as teorias ampliativas desse âmbito de proteção e adotando uma conceção *restritiva mitigada* (*ob. cit.*, p. 427).

[1880] No mesmo sentido Andrade, *Os Direitos...*, p. 283; Merten, «Der Verhältnismäßigkeitsgrundsatz», p. 535. A uma conclusão com resultados práticos semelhantes chegarão aqueles adeptos da teoria dos princípios que procurando manter a "pureza" teórica sustentam que não há direitos absolutos nem conteúdo essencial absoluto insuscetíveis de serem moldados através de ponderação, mas admitem que haja direitos (ou segmentos do seu conteúdo) que têm um peso abstrato de tal modo elevado que não haverá virtualmente nenhum princípio conflituante capaz de conseguir prevalência sobre eles: v. Klatt/Meister, *The Constitutional Structure...*, p. 68 (invocando a lei da utilidade marginal decrescente e a função da escolha social de Nash); Pirker, *Proportionality ...*, p. 18. A construção soa, todavia, algo artificial.

[1881] Assim, Merten, «Der Verhältnismäßigkeitsgrundsatz», p. 535.

[1882] A relação entre a proteção do conteúdo essencial e a dignidade humana é um dos temas mais tratados pela literatura, variando em torno de relações de identidade, complementaridade ou paralelismo: v. Geddert-Steinacher, *Menschenwürde...*, pp. 179 ss.; Tzemos, *Das Untermaßverbot*, p. 59.

[1883] Günter Dürig, «Der Grundsatz von der Menschenwürde...», p. 133; v., também, Andrade, *Os Direitos...*, 5ª ed., p. 284.

[1884] Dreier, «Art. 1 GG», in Horst Dreier, *Grundgesetz Kommentar*, vol. I, Tübingen, 1996, nº marg. 97. A maioria da doutrina afasta a identidade entre conteúdo essencial e dignidade humana.

NÃO DIMINUIÇÃO DA EXTENSÃO E ALCANCE DO CONTEÚDO ESSENCIAL DOS PRECEITOS

Tal como a proposta de Dürig, outras que visem encontrar um critério *material* de delimitação do conteúdo essencial estão possivelmente votadas ao fracasso[1885]. A pluralidade de direitos que o movimento constitucional gerou torna virtualmente impossível encontrar um critério aplicável a todos.

Esta impossibilidade logo suscitou a acusação de inexistência de "um critério racional, intersubjetivamente controlável, que não consista numa mera intuição, para dividir com nitidez o conteúdo de cada direito fundamental num conteúdo essencial e num conteúdo periférico"[1886]. As teorias que sustentam a existência de um conteúdo essencial com caráter intangível, absoluto e categoricamente aplicável, estariam "mais afetadas que o princípio da proporcionalidade pelas objeções de subjetividade e irracionalidade e pelo risco de encorajar uma discricionariedade interpretativa incontrolável por parte do Tribunal Constitucional"[1887].

Certamente que a proibição do excesso e outros instrumentos de harmonização oferecem um patamar de racionalidade e objetividade superiores a uma aplicação do direito livre de qualquer *standard* de disciplina da deliberação prática. No entanto, quando nos referimos à determinação do conteúdo essencial estamos a falar da determinação por via interpretativa de *conteúdos e níveis mínimos de proteção* dos direitos, a propósito dos quais será relativamente fácil chegar a posições intersubjetiváveis: alguém tem dúvida que se uma lei permitir ao Estado políticas de proselitismo e doutrinação religiosa isso viola o conteúdo essencial da separação entre Estado e denominações religiosas e da liberdade religiosa? Se uma lei proibir que os *media* utilizem expressões noutro idioma que não o português, alguém colocará em questão que isso viola o conteúdo essencial do direito à informação? É apenas a propósito destes conteúdos irrefutáveis do ponto de vista mundivisional, interpretativo e doutrinário, que se propugna um manto cristalizador (mas não imutável) que os imunize de qualquer tentação ponderativa e relativizadora.

A ausência de um critério delimitador *uniformemente* aplicável a todos os preceitos de direitos não quer dizer que não seja possível proceder à delimitação caso a caso[1888].

Por exemplo, Jäckel, *Grundrechtsgeltung und Grundrechtssicherung...*, p. 55; Grabitz, *Freiheit...*, pp. 110 ss.; Ludwig Schneider, *Der Schutz...*, pp. 192 ss.; Gavara de Cara, *Derechos...*, p. 225; Tzemos, *Das Untermaßverbot*, pp. 59-60; Virgílio Afonso da Silva, *Direitos Fundamentais...*, pp. 192-193; Miranda/Jorge P. Silva, «Anotação ao artigo 18º», in Miranda/Medeiros, *Constituição...*, I, 2ª ed., pp. 398-9.

[1885] V. a exposição das várias tentativas em Gavara de Cara, *Derechos...*, pp. 232 ss.

[1886] Pulido, *El principio...*, p. 431.

[1887] *Idem*, p. 424.

[1888] Confluentes, Miranda/Jorge P. Silva, «Anotação ao artigo 18º», in Miranda/Medeiros, *Constituição...*, I, 2ª ed., p. 399.

O PRINCÍPIO DA PROIBIÇÃO DO EXCESSO

Nessa delimitação pode atender-se a argumentos ou critérios gerais, alguns eventualmente de ordem consequencialista ou teleológica e até sensíveis ao caso concreto[1889]. SARTOR sustenta que uma situação jurídica está coberta pelo véu protetor do conteúdo essencial, entendido como regra não derrotável por considerações de peso, quando estejam preenchidas duas condições: (i) é possível afirmar que qualquer afetação dessa situação jurídica tem consequências de tal forma graves que é altamente improvável que possam ser compensadas pela realização de outros valores; (ii) os custos da sua incolumidade, mesmo nos casos onde a sua cedência pode ter benefícios, são presumivelmente menores do que os custos que podem resultar da sua não aplicação em situações onde se julgue erroneamente que essa cedência é benéfica[1890]. Mesmo alguns relativistas, como PULIDO, depois de todo um discurso relativizador do âmbito de proteção do direito, acabam por concluir que "há posições que são mais fundamentais do que outras, dentro do próprio conteúdo do direito", havendo algumas com "um grau mínimo de fundamentalidade"[1891].

Admite-se que o conteúdo essencial não seja determinável em alguns casos ou que não seja objetivamente e seguramente determinável. Admite-se que, embora prevaleçam as zonas iluminadas, estas convivam com zonas de penumbra ou opacidade que suscitem algumas oscilações nas margens e coloquem em jogo a pretensão de estabilidade e intemporalidade do conteúdo essencial própria de teorias absolutas mais irredutíveis[1892]. Admite-se que o conteúdo essencial possa variar consoante o âmbito subjetivo de proteção[1893]. Finalmente, admite-se que muitas vezes a proteção do conteúdo essencial apenas cobre – ou evita – abusos e soluções praticamente académicas ou extremas, revestindo-se de uma impor-

---

[1889] V., por exemplo, HUBER, comentário ao artº 19º, in Mangolt, Klein, Starck, *Kommentar zum Grundgesetz, cit.*, § 15 ss.; ŠUŠNJAR, *Proportionality*, pp. 339 ss., são sensíveis ao caso concreto as orientações *não relacionais* (não colocam em relação bens, interesses ou valores), mas *relativizantes*, na medida em que admitem alguma *relativização* perante as circunstâncias concretas de um caso.

[1890] SARTOR, «A Sufficientist Approach...», p. 45; «The Logic of Proportionality...», p. 1453: "em tais circunstâncias devemos aceitar que a regra é não derrotável e devemos estar prontos para pagar o preço da desutilidade da sua aplicação contraproducente em casos extremos, a benefício da prevenção da desutilidade da sua desaplicação contraproducente num número maior e mais importante de casos" (na tradução recorremos deliberadamente à palavra desutilidade em vez de inutilidade).

[1891] PULIDO, *El principio...*, p. 425.

[1892] Estas oscilações da margem são, aliás, uma característica de direitos "abertos" à tutela de novos bens, como o direito geral de personalidade ou a liberdade geral de ação decorrente do direito ao desenvolvimento da personalidade: cfr. PAULO MOTA PINTO, «O Direito...», p. 173.

[1893] V. ANDRADE, *Os Direitos...*, p. 121, defendendo que o conteúdo essencial dos direitos encabeçados por pessoas coletivas é "naturalmente mais restrito, tornando admissíveis restrições legislativas mais profundas".

NÃO DIMINUIÇÃO DA EXTENSÃO E ALCANCE DO CONTEÚDO ESSENCIAL DOS PRECEITOS

tância prática residual[1894]. O que não se pode admitir é que seja irrelevante e que a última parte do artigo 18º, nº 3, seja uma disposição constitucional despida de qualquer sentido normativo, condenada à caducidade ou irrelevância.

1.4.5. Nada impõe que em relação a todos os direitos seja identificado um conteúdo essencial absolutamente garantido

Como já se frisou, a Constituição portuguesa preocupa-se com proteger, textualmente e em primeira linha, o conteúdo essencial dos *preceitos* constitucionais sobre direitos, liberdades e garantias e não o conteúdo essencial de *cada um* dos direitos, liberdades e garantias.

Embora daqueles preceitos constitucionais se extraiam os enunciados normativos consagradores das posições jurídicas subjetivas ativas que genericamente designamos de direitos, liberdades e garantias (e as correlativas posições jurídicas passivas), deles resultam também outros efeitos jurídicos de natureza objetiva.

Isto tem consequências não meramente concetuais: um direito ou uma posição jurídica *subjetiva* podem ser restringidos por uma norma jurídica ou por um ato individual e concreto, como uma sentença judicial ou um ato administrativo. Diversamente, um preceito constitucional, com estrutura normativa, só pode ser restringido por um ato com estrutura *igualmente normativa*. Um ato individual e concreto pode violar ou cumprir a norma que se extrai do preceito constitucional, mas não a pode restringir. Um ato individual e concreto pode concretizar a restrição de um direito ou, mais rigorosamente, realizar a aplicação de uma norma no momento lógico da sua materialização *concreta* como direito numa esfera jurídica individual (podendo até implicar a supressão do direito nessa esfera jurídica individual[1895]), mas não pode, por inviabilidade lógico-formal, diminuir ou restringir a extensão e o alcance do conteúdo essencial de um preceito constitucional. A disposição constitucional portuguesa tem, assim, um sentido mais restritivo do que a alemã: preocupa-se apenas com as restrições normativas, perpetradas através de lei[1896].

[1894] Observando que a redução da proteção do conteúdo essencial a uma mera proteção do *conteúdo mínimo* é o principal ponto fraco das teorias absolutas (e, nessa vertente, também das mistas, dir-se-á), MIRANDA/JORGE P. SILVA, «Anotação ao artigo 18º», in Miranda/Medeiros, *Constituição...*, I, 2ª ed., p. 395.

[1895] Cfr. a tentativa de alguns exemplos em VIRGÍLIO AFONSO DA SILVA, *Direitos Fundamentais...*, p. 199.; ANDRADE, *Os Direitos...*, p. 285, admite, porém, a possibilidade de a projeção da ideia de dignidade da pessoa humana ser de tal forma intensa que não pode admitir-se a violação em nenhum caso individual sem que o conteúdo essencial do preceito seja também atingido (*ob. cit.*, p. 286).

[1896] Para um entendimento diverso, MIRANDA/JORGE P. SILVA, «Anotação ao artigo 18º», in Miranda/Medeiros, *Constituição...*, I, 2ª ed., p. 393.

O PRINCÍPIO DA PROIBIÇÃO DO EXCESSO

Por outro lado, como vimos, o conceito dogmático da proteção da extensão e alcance do conteúdo essencial deve ser construído *preceito a preceito* e, concomitantemente, *direito a direito* e não com um sentido uniformemente aplicável a todos[1897]. Nem a última parte do artigo 18º, nº 3, nem qualquer outro preceito constitucional, dizem ou pressupõem que os preceitos constitucionais relativos a direitos, particularmente direitos, liberdades e garantias, *têm sempre* um conteúdo essencial constitucionalmente delimitado ou delimitável. Aliás, a própria Constituição consente a forma mais radical de restrição que é a privação ou supressão definitiva de alguns direitos, forçosamente sem respeito pelo respetivo conteúdo essencial, como sucede com o direito à cidadania (artigo 26º, nº 4)[1898]. Portanto, deve entender-se que o artigo 18º, nº 3, se limita a proibir a diminuição da extensão e alcance do conteúdo essencial dos preceitos constitucionais, quando e na *estrita medida* em que estes sejam delimitáveis através de interpretação. Se a interpretação dos preceitos não permitir distinguir, dentro do âmbito de proteção do preceito constitucional, entre o conteúdo essencial, insuscetível de restrição, e uma coroa que o rodeia, suscetível de restrição nos termos constitucionais, esse limite aos limites não funciona em concreto, aplicando-se apenas os demais limites. Não cabe ao intérprete *forçar* a interpretação constitucional de modo a extrair sempre e em qualquer situação um conteúdo essencial do preceito constitucional[1899].

1.4.6. O conteúdo essencial pode evoluir historicamente
Não há nenhuma contradição entre a admissão de um conteúdo essencial tendencialmente fixo e a admissão de que o conteúdo essencial possa evoluir historicamente[1900]. A rejeição de relativização em cada caso concreto ou circuns-

---

[1897] Em certa medida, parece ser essa também a tendência maioritária da doutrina e da jurisprudência alemãs: cfr. a resenha de Tzemos, *Das Untermaßverbot*, pp. 62-63.

[1898] Notando também que a Constituição permite interferências em termos que põem em causa o conteúdo essencial, Isabel Moreira, *A solução...*, pp. 94-5 (no contexto da defesa da teoria relativa).

[1899] Aliás, se o nº 3 do artigo 18º tivesse de ser interpretado no sentido de que sempre e em qualquer situação o preceito de direito, liberdade e garantia tem um conteúdo essencial a ser preservado, tal interpretação correria o risco de ser mais uma das "mentiras" do artigo 18º. Mais duas "mentiras", ambas no nº 1: os preceitos constitucionais referentes a direitos, liberdades e garantias são (sempre) diretamente aplicáveis (quando muitos só o são na sua dimensão negativa); os mesmos preceitos vinculam entidades públicas e privadas (quando na realidade alguns só são suscetíveis de vincular entidades públicas e outros entidades privadas). Ainda outra "mentira", esta no nº 2 e gerada pela dinâmica constitucional: as restrições só podem ocorrer em casos expressamente previstos na Constituição.

[1900] Diferentemente, Pulido, *El principio...*, p. 423. Mas é um facto que a consideração do fator tempo não é rejeitada por algumas versões das teorias absolutas (ou das chamadas teorias mistas):

NÃO DIMINUIÇÃO DA EXTENSÃO E ALCANCE DO CONTEÚDO ESSENCIAL DOS PRECEITOS

tância concreta de aplicação não obsta a que a interpretação daquilo em que consiste o conteúdo essencial se adapte à mutação da forma como o direito é "lido" e encarado pelos intérpretes da constituição.

1.4.7. A coroa tutelada apenas idealmente ou *prima facie* não está ilimitadamente ao dispor do legislador, sendo protegida pela proibição do excesso

Alguns críticos das teses absolutas observam que estas, na verdade, se traduzem na desconstitucionalização da zona ou coroa periférica do direito fundamental, que fica à mercê do legislador, livre para a afetar sem qualquer limite[1901]. Essas críticas não são, porém, endereçáveis a quem admita que, além do conteúdo essencial, qualquer interferência no âmbito de proteção ideal no direito, situe-se ela numa zona mais ou menos periférica, sempre estará sujeita à proibição do excesso[1902].

1.4.8. Não existe nenhum impedimento, teorético ou de outra ordem, a que a aplicação de uma mesma norma se processe parcialmente através de subsunção, parcialmente através de ponderação

Uma das críticas dirigidas às teses que aceitam a coexistência entre um conteúdo essencial, aplicável categoricamente através de subsunção, e um conteúdo não essencial ou periférico, meramente *prima facie*, suscetível de ponderação com outros bens, interesses ou valores colidentes (ditas teses mistas), é que em tal coexistência há uma incompatibilidade metodológica[1903]. Ora, a pretensa impossibilidade de conciliação metodológica poderia valer se as chamadas teorias mistas aplicassem ambas essas aproximações metodológicas sobrepostamente e sobre a mesma magnitude. Mas a verdade é que cada uma delas se aplica a questões dogmaticamente diversas. A assunção de que há uma zona de proteção do direito que não está sujeita a ponderação em nada obsta, do ponto de vista dogmático, metodológico ou lógico, a que se exponham à ponderação posições jurídicas subjetivas que não caibam naquela zona de proteção nuclear.

---

v., sobre isso, Virgílio Afonso da Silva, *Direitos Fundamentais...*, p. 188; Clérico, *El Examen...*, p. 90.

[1901] Pulido, *El principio...*, p. 420.

[1902] Assim, Pulido, *El principio...*, pp. 426, 431, referindo-se ao que designa de teorias mistas.

[1903] Pulido, *El principio...*, p. 432.

O PRINCÍPIO DA PROIBIÇÃO DO EXCESSO

2. As colisões de bens, interesses ou valores garantidos de forma absoluta

2.1. Conteúdo essencial (absoluto) e direitos absolutos

O último pilar mencionado no número anterior (ix) reporta-se a outra crítica dirigida às teorias absolutas e às teorias ditas mistas: elas não podem explicar (nem tão pouco fornecer) a solução dos casos em que o conteúdo essencial de um direito restringido (na vertente de defesa) veda a restrição, ao mesmo tempo que o conteúdo essencial do direito que justifica a intervenção (direito à proteção) a exige[1904].

Enquanto a aplicação do princípio da proibição do excesso permite a resolução do problema da colisão, qualquer que seja a zona do âmbito de proteção do direito envolvida, definindo qual dos direitos deve ceder e em que termos, sem estar limitado pela ideia de um núcleo absoluto e irrestringível, as teorias mistas (como as absolutas) ficariam enredadas num conflito insanável, num bloqueio gerado por comandos normativos contraditórios, irredutíveis, insuscetíveis de cedência[1905].

Deve começar por se assinalar que a questão só se coloca em situações de eventual colisão entre bens, interesses ou valores tutelados por direitos fundamentais. Essa não é a colisão típica da proibição do excesso. Como veremos nos próximos capítulos, a circunstância de os direitos terem um núcleo essencial irredutível e categoricamente salvaguardado não perturba a aplicação da proibição do excesso, nem despoleta as questões que debateremos nos próximos parágrafos deste capítulo. Contudo, não se foge ao tema, até porque ele tem implicações para outros instrumentos de mediação de harmonização abrigados sob a proporcionalidade moderna.

Aquela crítica é mais geralmente aplicável às teorias absolutas e, ainda mais geralmente, a todas as conceções que admitam a existência de bens, interesses ou valores tutelados pelo direito de forma absoluta. A expressão máxima desta ideia são os *direitos absolutos*[1906].

[1904] Pulido, *El principio...*, p. 436.

[1905] Um bom exemplo do impasse dogmático-constitucional a que esta hipótese levaria é a tese de Tzemos, *Das Untermaßverbot*, pp. 179-180. O autor recusa a possibilidade de o conteúdo essencial dos direitos ser sujeito a qualquer operação de ponderação, mesmo em situações de colisão dos conteúdos essenciais de dois direitos fundamentais. Por isso, uma medida (designadamente legislativa) que sacrifique o conteúdo essencial de um direito em benefício do conteúdo essencial de outro *é sempre inconstitucional*, mesmo que o Estado não disponha de outra solução para proteger o conteúdo essencial de, pelo menos, um deles.

[1906] Reveja-se a clássica definição de Gewirth, «Are There any Absolute Rights?», in *The Philosophical Quaterly*, vol. 31 (1981), p. 2: "um direito é absoluto quando não pode ser preterido em quaisquer circunstâncias, de modo que nunca pode ser justificadamente infringido e tem de ser cumprido sem quaisquer exceções" (tradução nossa).

NÃO DIMINUIÇÃO DA EXTENSÃO E ALCANCE DO CONTEÚDO ESSENCIAL DOS PRECEITOS

É certo que os adeptos das teorias absolutas ou das teorias mistas do conteúdo essencial dos direitos não têm necessariamente de aceitar a existência de direitos absolutos. Por exemplo, pode aderir-se a uma teoria mista e ao mesmo tempo entender que *todos* os direitos têm uma coroa periférica necessariamente relativizável, designadamente através de leis harmonizadoras. Todavia, quem aceite aquelas teorias absolutas e mistas terá maior propensão para admitir que a interpretação constitucional indique que o núcleo essencial do direito coincide com boa parte do âmbito de proteção que a norma constitucional lhe confere ou até que a componente absoluta, não relativizável, categoricamente aplicável, recobre *todo* o âmbito de proteção, *todas as posições jurídicas subjetivas* que decorrem do direito. E, vice-versa, parece plausível dizer que quem aceite a existência de direitos absolutos admitirá a possibilidade de os direitos que não sejam absolutos terem um conteúdo essencial absoluto.

A existência de direitos fundamentais – ou de posições jurídicas subjetivas deles decorrentes – absolutos, isto é, de direitos que incorporam normas cuja estrutura materializa já todas as ponderações que o legislador constituinte entendeu que eram necessárias (sendo, por isso, vedadas novas ponderações), explicitando uma decisão definitiva sobre eles, parece incontornável. Do ponto de vista teórico, pode dizer-se que não é possível um sistema integralmente composto por direitos absolutos ou integralmente composto de direitos relativos ou *prima facie*. Um sistema em que pontifique um ou vários direitos absolutos só assegura a absolutidade se a maioria dos demais direitos forem relativos e capazes de ceder perante tal absolutidade. Um sistema em que a maiora dos direitos sejam relativos só subsiste adquadamente se pelo menos um for absoluto, aquele em que em última análise radicam os critérios para a resolução das colisões entre os direitos relativos[1907]. Em qualquer dos casos, parta-se donde se partir, haverá sempre coexistência um ou vários direitos absolutos e direitos relativos.

A Constituição portuguesa é um bom exemplo desta coexistência entre (um número limitado) de direitos absolutos e direitos na maioria dos casos apenas *prima facie*. A consagração de direitos absolutos é, nomeadamente, ilustrada por alguns dos direitos consagrados no artigo 20º (v., também, artigo 6º da CEDH), como o direito à não denegação da justiça por insuficiência de meios económicos ou a um processo equitativo ou justo[1908] ou pelos direitos a não ser escravizado ou sujeito a trabalhos forçados (v. artigo 4º da CEDH)[1909]. Nesta situação,

---

[1907] Nem que esse seja o direito à justificação ou o direito à proporcionalidade, defendidos por alguns dos advogados da relativização de todos os direitos a critérios de proporcionalidade, como KUMM e MÖLLER: cfr. *supra*, introdução, 1.2., nota.

[1908] V., por exemplo, ALLAN, «Democracy...», p. 222, considerando absoluto o direto a um *fair hearing*; no mesmo sentido, GARDBAUM, «Proportionality...», p. 282.

[1909] GARDBAUM, «Proportionality...», p. 282.

O PRINCÍPIO DA PROIBIÇÃO DO EXCESSO

as disposições constitucionais e convencionais e as normas jusfundamentais que delas se deduzem não são suscetíveis de interferências relativizadoras da lei, mesmo quando eventualmente colidam com outros bens, interesses ou valores[1910]. É mesmo duvidoso que o seu alcance normativo pudesse ter sido diminuído através de exceções diretamente previstas na própria fonte, uma vez que isso representaria uma auto rutura constitucional. Por isso, por exemplo, o direito a um processo equitativo ou justo não é suscetível de interferências que permitam em alguns casos um processo injusto ou não equitativo.

Nestes casos, o recurso ao conceito de proteção do conteúdo essencial é supérfluo uma vez que este é consumido pela própria índole estrutural da norma jusfundamental.

Como começou por se assinalar, a aceitação de mais do que uma posição jurídica subjetiva absoluta ou categoricamente tutelada suscita ocasionalmente casos difíceis de colisão, designadamente aqueles em que um direito *absoluto* proíbe a interferência enquanto outro direito *absoluto* (ou até o mesmo, mas titulado por outro universo subjetivo) prescreve a interferência do legislador. Cumpre agora verificar quais as soluções para enfrentar esses casos de colisão e se se confirma que há utensílios dogmáticos e metódicos adequados para os superar *sem recurso à ponderação* e à aplicação de qualquer dos instrumentos de harmonização que integram a proporcionalidade em sentido moderno.

A resposta pode ser ensaiada por duas vias: (i) reconhecendo a existência de apenas um único bem, interesse ou valor absoluto; (ii) admitindo como absolutos os direitos apenas na sua função de defesa[1911].

2.1.1. Um único bem, interesse ou valor absoluto
Embora a questão não seja usualmente apresentada sob semelhante prisma, parece ser esta a orientação que flui da jurisprudência do *BVerfG*.

Para ilustrar este argumento, recorreremos ao caso da lei alemã da segurança aérea (*Luftsicherheitsgesetz*) de 2005[1912], muito debatido na doutrina internacional.

[1910] VIRGÍLIO AFONSO DA SILVA, *Direitos Fundamentais...*, p. 202, que professa uma teoria relativa extrema, chega ao mesmo resultado, por outra via. Embora não haja nenhuma contradição fundamental entre as duas posições, registe-se a admissão da *proteção absoluta de um direito* entendido como um todo (no caso, o direito a não ser torturado), ao mesmo tempo que não se admite a *proteção absoluta do núcleo essencial de um direito* (ou da norma que o garante).

[1911] KLATT/MEISTER, *The Constitutional...*, pp. 39-41, propõem uma terceira via: o "desempate" através da consideração da fiabilidade das premissas empíricas. Mas esta é uma via contingente, que só por vezes estará disponível.

[1912] Lei Federal de 11 de Janeiro de 2005.

NÃO DIMINUIÇÃO DA EXTENSÃO E ALCANCE DO CONTEÚDO ESSENCIAL DOS PRECEITOS

Desta lei resultavam normas que permitiam às forças armadas o abate de aviões de passageiros – pondo em causa a respetiva vida, mesmo daqueles que fossem inocentes e tivessem sido involuntariamente colocados na situação – sobre o espaço aéreo alemão, quando se suspeitasse que esses aviões iriam ser usados por terroristas como instrumentos de crimes contra outras vidas humanas.

O Tribunal Constitucional alemão, a propósito dessa situação, entendeu, por um lado, que a medida tinha problemas de adequação para atingir o fim, devido à impossibilidade de obter informação fidedigna e em tempo útil sobre todos os contornos de uma situação concreta que permitisse uma decisão de abate do avião suficientemente informada[1913].

Mas, por outro lado e mais relevantemente para o que ora importa, atendeu sobretudo à lesão do princípio da dignidade da pessoa humana que decorreria de o sacrifício dos passageiros e tripulantes inocentes ser usado como meio de atingir um certo fim, a proteção da vida de outras pessoas. Considerando aquele Tribunal o princípio da dignidade humana um princípio *absoluto*[1914]/[1915], insus-

---

[1913] KLATT/MEISTER, *The Constitutional...*, p. 40 e ŠUŠNJAR, *Proportionality*, pp. 332 ss., atribuem decisivo relevo a este aspeto.

[1914] O tema geral da dignidade da pessoa humana como conceito constitucional suscitou volumosa literatura na Alemanha, de que se seleciona: STARCK, «Menschenwürde als Verfassungsgarantie ...», *cit.*; VITZTHUM, «Menschenwürde als Verfassungsbegriff», *cit.*; BLECKMANN, *Staatsrecht II...*, pp. 445 ss.; GEDDERT-STEINACHER, *Menschenwürde als Verfassungsbegriff...*, *cit.*; HOFMANN, «Die versprochene Menschenwürde», *cit.*; BAYERTZ, «"Die Idee der Menschenwürde"...», *cit.*; P. HÄBERLE, «Die Menschenwürde als Grundlage der staatlichen Gemeinschaft», in J. Isensee/P. Kirchhof (eds.), *Handbuch des Staatsrechts*, vol. I, 2ª ed., 1995, pp. 815 ss.; ENDERS, *Die Menschenwürde in der Verfassungsordnung, cit.*; NEUMANN, «Die Tyrannei der Würde...», *cit.*; ECKART KLEIN, «Human Dignity in German Law», in Eckart Klein/David Kretzmer (eds.), *The Concept of Human Dignity in Human Rights Discourse*, Brill, 2002; BÖCKENFÖRDE, «Bleibt die Menschenwürde unantastbar?», *cit.*; ISENSEE, *Die bedrohte Menschenwürde...*, *cit.*; NETTESHEIM, «Die Garantie der Menschenwürde...», *cit.*; HAIN, «Konkretisierung der Menschenwürde...», *cit.*; KURT SEELMANN, «Menschenwürde: ein Begriff im Grenzgebiet von Recht und Ethik», in M. Fischer/M. Strasser (eds.), *Rechtsethik*, Frankfurt a. M., 2007, pp. 29 ss.; HANS DIETER JARASS, «Kommentar zu Art. 1 GG», in Jarass / Pieroth, *Grundgesetz für die Bundesrepublik Deutschland. Kommentar*, Beck, München, 10ª ed., 2009; QUANTE, *Menschenwürde und personale Autonomie...*, *cit.*; TEIFKE, *Das Prinzip Menschenwürde...*, *cit.* Para um enfoque menos localizado, MUZNY, *La Technique de Proportionnalité...*, pp. 81 ss. (com mais indicações da literatura francesa); em Portugal pode ver-se JOSÉ MANUEL CARDOSO DA COSTA, «O Princípio da Dignidade da Pessoa Humana na Constituição e na Jurisprudência Constitucional Portuguesa», *in Direito Constitucional, Estudos em Homenagem a Manoel Gonçalves Ferreira Filho*, Dialéctica, São Paulo, 1999, pp. 191 ss.; LÚCIA AMARAL, «O Princípio da Dignidade...», *cit.*; OTERO, *Instituições...*, pp. 545 ss.; ISABEL MOREIRA, *A solução...*, pp. 124 ss.; GOUVEIA, *Manual...*, II, 6ª ed., pp. 788 ss.; ALEXANDRINO, «Perfil constitucional da dignidade...», *cit.*, (todos com com abundante bibliografia).

[1915] Essa premissa tem sido crescentemente colocada em causa. V. a resenha de MARIBEL PASCUAL, *El Tribunal...*, pp. 164 ss., com numerosas referências.

O PRINCÍPIO DA PROIBIÇÃO DO EXCESSO

cetível de ponderação inclusive com o direito à vida dos inocentes em terra, declarou inconstitucional a norma em causa, por violação daquele princípio[1916]. Não houve ponderação bilateral (isto é, de bens, interesses ou valores face a outros bens, interesses ou valores inconciliáveis) nem aplicação da proibição do excesso[1917].

Já se fosse possível saber com grau apreciável de segurança que no avião viajavam apenas terroristas[1918], o curso teria de ser diferente. Para o Tribunal alemão, estando em causa unicamente os terroristas, não está em jogo a sua dignidade humana. A sua eventual morte é parte da cadeia de acontecimentos que as suas próprias ações e decisões conscientes geraram, pelo que não estaria anulada a sua autodeterminação e o livre exercício da vontade. Esta pode a qualquer momento fazer mudar de rota e de intento. Os terroristas não seriam objeto de uma decisão coisificadora da sua dignidade, em nome da obtenção de outros fins. Aquela morte seria ainda uma consequência, indireta mas causalmente relacionada, de decisões próprias. Nesse caso haveria apenas lesão do direito à vida, que o *BVerfG* não considera objeto de um direito absoluto. Por isso, a ação do Estado de abater o avião, com a consequência da morte dos referidos terroristas, seria apenas uma ação de defesa ou de proteção da vida de outros cidadãos, sujeita, essa sim, ao princípio clássico da proporcionalidade[1919].

Ora, esta orientação assumida pelo *BVerfG* só pode ser interpretada como a expressão de que o Tribunal não apenas entende que o princípio da dignidade humana é *um* princípio absoluto[1920], como entende que o princípio da dignidade

---

[1916] Norma do §14(3). V. decisão do *BverG* de 15.2. 2006, § 123 ss. (versão em língua inglesa in https://www.bundesverfassungsgericht.de/SharedDocs/Entscheidungen/EN/2006/02/rs20060215_1bvr035705en.html); MöLLER, «On Treating Persons as Ends: The German Aviation Security Act, Human Dignity, and the Federal Constitutional Court», in *Public Law*, vol. 51 (2006), p. 457; *idem*, «Balancing...», *cit.*, p. 466; *idem*, «The Right to Life ...»; KLATT/MEISTER, *The Constitutional...*, pp. 41 ss.; ŠUŠNJAR, *Proportionality*, pp. 331 ss.; MARIBEL PASCUAL, *El Tribunal...*, pp. 170 ss.

[1917] Por todos, MöLLER, «Balancing...», *cit.*, p. 466: a declaração de inconstitucionalidade demonstra que o Tribunal Constitucional considera a dignidade humana insuscetível de ponderação, mesmo perante o direito à vida de pessoas inocentes em terra. Esta posição do juiz constitucional alemão tem sido persistentemente afirmada (cfr., porém, XYNOPOULOS, *Le controle de la proportionnalité...*, pp. 156-7).

[1918] Cético em relação a esta possibilidade e considerando-a até contraditória com o juízo de não adequação produzido pelo *BVerfG* baseado na impossibilidade de conhecer com certeza mínima as circunstâncias da situação, ŠUŠNJAR, *Proportionality*, p. 333.

[1919] Cfr. a acima referida decisão de 15.12. 2006, § 140-141.

[1920] Falar-se de um princípio *absoluto* é uma contradição de termos para a teoria dos princípios. Como é sabido, ALEXY rejeita a possibilidade de princípios absolutos, radicalmente insuscetíveis de ponderação. Uma das questões interessantes suscitadas pelo conhecido entendimento do *BVerfG* de que qualquer interferência na dignidade humana é proibida e insuscetível de ponde-

NÃO DIMINUIÇÃO DA EXTENSÃO E ALCANCE DO CONTEÚDO ESSENCIAL DOS PRECEITOS

humana é *o único princípio absoluto*. Ou, em alternativa, é o princípio *supremo* dos princípios supremos, o primeiro de uma ordem lexical, com supremacia sobre todos os demais. A própria vida humana não beneficia desse nível de proteção máximo[1921].

Todavia, a ser esta a orientação do Tribunal (e não podemos ir aqui mais longe na investigação), isso não resolve as situações em que a função de proteção de certas manifestações da dignidade humana requer a interferência noutras manifestações da dignidade humana. Por exemplo: pode a lei permitir a tortura quando esse seja o meio de evitar que outras pessoas sejam torturadas?

2.1.2. Os direitos só são absolutos na sua função de defesa

Reformulemos ligeiramente o caso analisado no número anterior, de forma a adaptá-lo a um ambiente em que o valor da dignidade humana não atinge o estatuto jusconstitucional que atingiu na Alemanha e em que sobreleva sobretudo a questão do direito à vida.

Encarada a *Luftsicherheitsgesetz* sob esse prisma, o que releva em primeira linha é a colisão entre o dever do legislador de se abster de qualquer ação positiva de interferência que lese o direito à vida de um certo universo subjetivo, o dos passageiros e tripulantes inocentes (dever esse que, aliás, é complementado pelo dever de proteção do direito à vida desse mesmo universo subjetivo) e o dever positivo de proteção do direito à vida de outro universo subjetivo, o dos indivíduos potenciais alvos.

Se se admitir que o direito à vida tem natureza *prima facie* como os demais direitos, a resolução dessa colisão passa pela ponderação dos efeitos de qualquer das opções (abate ou não abate), isto é, por uma valoração meramente

---

ração, é o modo como os adeptos da teoria dos princípios a explicam, recebem e, eventualmente, incorporam. Perante a jurisprudência do TC, ALEXY desenvolve a tese de que a norma da dignidade humana (*Menschenwürde-Norm*) se apresenta num *duplo carácter*, de princípio e regra. A regra da dignidade humana seria absoluta; o princípio da dignidade humana *não* seria absoluto: *Theorie...*, p. 94. Esta tese de ALEXY tem suscitado interrogações e muitas interpretações desencontradas: KLATT/MEISTER, *The Constitutional...*, p. 31; TEIFKE, «Human Dignity as an "Absolute Principle"?», pp. 96 ss.; MÖLLER, «Balancing...», p. 465 (concluindo que para ALEXY a dignidade humana é verdadeiramente um princípio, ou uma norma-ponderação, como qualquer outro direito constitucional). Pela nossa parte, preferimos falar de normas que tutelam bens, interesses ou valores de forma absoluta, ou seja, sem admitir cedências em relação a outros bens, interesses ou valores.

[1921] Cfr. MÖLLER, «The Right to Life Between Absolute and Proportional Protection», *Law, Society and Economy Working Papers* 13/2010, acessível em http://papers.ssrn.com/sol3/papers.cfm?abstract_id=1620377: na Lei Básica alemã, o direito à vida (artigo 2º, nº 2) recebe uma tutela menos enfática do que a dignidade humana (artigo 1º, nº 1), já que aquele pode ser objeto de restrição por via da lei.

O PRINCÍPIO DA PROIBIÇÃO DO EXCESSO

consequencialista: a opção que produzir efeitos ou consequências menos graves (admitindo que essa valoração é viável quando está em causa o sacrifício do mesmo direito) é aquela que deve ser adotada. Nesse âmbito rege a proibição do excesso *tout court*, embora numa modalidade especialmente exigente, quer como norma de ação, quer como norma de controlo, atendendo ao peso abstrato desse direito.

Se, ao invés, se considerar o direito à vida um direito *absoluto*, como parte da doutrina considera[1922], a perspetiva metódica é mais complexa e o crivo apropriado não é a proibição do excesso.

Há que distinguir dois patamares: (i) a colisão entre bens, interesses ou valores dos passageiros e tripulantes inocentes e dos indivíduos, igualmente inocentes, que poderão vir a ser atingidos pelo ataque terrorista; (ii) a colisão entre os bens, interesses ou valores dos terroristas e dos indivíduos inocentes que poderão vir a ser atingidos pelo ataque terrorista.

A primeira situação é uma das mais dilemáticas do direito e da ética, na medida em que não é possível uma solução harmonizadora em nenhum dos sentidos que esta expressão comporta: para um dos universos de pessoas ameaçadas haverá sempre, inexoravelmente, o sacrifício irremediável, total e definitivo de posições jurídicas subjetivas garantidas de forma absoluta e, concomitantemente, dos bens materiais que elas visam tutelar.

Estando em causa a colisão entre, por um lado, os deveres *negativo* de abstenção da postergação e positivo de proteção da vida de passageiros e tripulantes inocentes e, por outro, o dever *positivo* de proteção de cidadãos em terra igualmente inocentes, o ponto crucial é qualificar este segundo dever positivo de proteção da vida que recai sobre o legislador.

Por um lado, o cumprimento desse dever é neutralizado pelo dever positivo correspondente de proteger a vida dos passageiros e tripulação inocentes.

Mas, mais decisivamente, tratando-se de um dever *apenas prima facie*, como se afigura, o dever de proteção da vida dos inocentes em terra não pode sobrepor-se ao cumprimento do dever *absoluto* de abstenção de interferências no direito à vida. Não se deve interpretar isto como uma adesão à tese da *assimetria* entre os pesos abstratos dos deveres de ação e dos deveres de abstenção. Essa tese, que atribui valor superior aos deveres de abstenção e se baseia no predomínio

---

[1922] A natureza absoluta do direito à vida é admitida mesmo por autores que recusam qualquer tipo de suprapositivismo jusnaturalista ou ético, como MORAIS, *Curso...*, tomo II, vol. 2, pp. 222/3 (o direito à vida é "o mais absoluto de todos os direitos absolutos"). Todavia, uma vez que esse "absolutismo" excecional não decorre de nenhuma disposição de direito positivo, não se vê como fugir a considerações de natureza ética ou moral metapositivas para o fundamentar.

NÃO DIMINUIÇÃO DA EXTENSÃO E ALCANCE DO CONTEÚDO ESSENCIAL DOS PRECEITOS

da vertente de defesa dos direitos fundamentais, será refutada mais adiante[1923]. O que se sustenta é que, sendo os deveres positivos sempre *prima facie*, são suplantados por deveres negativos quando estes são (ainda que excecionalmente) *absolutos*. Não se trata de uma questão de peso ou de importância, mas de uma imposição *normativa*: da Constituição decorre categoricamente a precedência dos deveres absolutos sobre os que são apenas *prima facie*.

As considerações consequencialistas, como "os passageiros do avião morreriam de qualquer forma"[1924], não são decisivas, até porque enfrentam o problema da impossibilidade de prognosticar *exatamente* o que acontece e, consequentemente, quais as consequências das nossas decisões.

Daqui decorre a resposta a uma pergunta que deixámos inicialmente em suspenso: a garantia do conteúdo essencial processa-se da mesma forma quando estejam em causa a vertente negativa do direito – geradora de um dever de abstenção do legislador – e a vertente positiva desse direito – geradora de um dever de ação? A resposta é negativa: embora em ambos os casos se possa falar da garantia do conteúdo essencial, no primeiro caso ela tem natureza absoluta ou categórica, enquanto no segundo tem natureza *prima facie*, que a obriga a ceder, designadamente, perante o núcleo do direito colidente absolutamente garantido[1925].

Se no avião viajarem apenas terroristas, a estratégia argumentativa tem de ser diferente.

[1923] *Infra*, capítulo 21. Defendendo a apreciação *assimétrica* dos conflitos de direitos, CANARIS, *Direitos...*, p. 65; JARASS, «Grundrechte als Wertentscheidungen...», *cit.* (sendo relevante relembrar que este foi o primeiro juspublicista a receber o conceito de proibição do defeito). Contra, MATTHIAS MAYER, *Untermaß, Übermaß...*, p. 149; CALLIESS, *Rechtsstaat...*, pp. 445 ss., *passim*; *idem*, «Die Leistungsfähigkeit des Untermaßverbots...», p. 218; STÖRRING, *Das Untermaßverbot...*, pp. 147 ss.; ŠUŠNJAR, *Proportionality*, p. 334; JORGE P. SILVA, «Interdição de proteção insuficiente...», p. 200.

[1924] HILLGRUBER, «Der Staat des Grundgesetzes...», p. 217; ŠUŠNJAR, *Proportionality*, p. 334.

[1925] A orientação do texto é uma abordagem diversa daquela que é perfilhada por NOVAIS, *Direitos fundamentais...*, *cit.*, embora não haja, porventura, discrepância de resultados práticos. O autor parece adotar uma posição fechada, de negação da existência de direitos absolutos, pelo menos quando considerados "como um todo" (*ob. cit.*, pp. 70-71). Nesse contexto, o direito à vida como um todo não é absoluto, sendo, consequentemente, suscetível de ponderação com outros "trunfos" e de cedências. Todavia, não é clara a explicação do autor de que há, afinal, direitos autonomizáveis (embora integrantes do direito "como um todo") em relação aos quais o legislador constituinte tomou uma "decisão definitiva, absoluta, sem exceções", sendo, consequentemente, direitos absolutos (*ob. cit.*, p. 89). A substância da diferenciação entre os direitos não absolutos como um todo e os direitos absolutos autonomizáveis do todo requer clarificação. A procura de visões matizadas é comum na doutrina. V., por exemplo, a de MÖLLER, «The Right to Life ...», *cit.*, p. 2 (o direito à vida é absoluto ou "quase-absoluto" em certas circunstâncias, mas estas são mais raras do que o que frequentemente se pensa).

O PRINCÍPIO DA PROIBIÇÃO DO EXCESSO

À cabeça, os terroristas, como pessoas, têm um direito absoluto à vida. Todavia, com os seus próprios atos renunciam tacitamente ao que é absoluto, consentindo na sua relativização. Quando se colocam por vontade e atos próprios na situação de suscitar o dever do Estado de proteção *prima facie* da vida de terceiros e até o direito de legítima defesa, é ao caráter absoluto do direito à vida que estão a renunciar (bem como, subsidiariamente, a rejeitar o dever do Estado de proteger esse direito à vida). Com isso, o seu direito relativiza-se, passando a estar simplesmente protegido pelo princípio da proibição do excesso e dependente de considerações essencialmente consequencialistas.

2.1.3. Conclusão

As duas alternativas apresentadas nos números anteriores conduziriam a resultados semelhantes na situação concreta: na linha de argumentação do Tribunal Constitucional alemão, a dignidade dos passageiros inocentes não poderia ser desconsiderada, teria de ser absolutamente garantida; na linha de argumentação que propomos, o direito à vida dos passageiros inocentes não poderia ser postergado do modo previsto na Lei da Segurança Aérea.

No primeiro caso, a via seguida pelo Tribunal Constitucional alemão foi considerar que o princípio da dignidade humana é *o* princípio absoluto ou *supremo*, a que todas as demais considerações e argumentos têm de se subordinar, sem ponderação.

No segundo caso, atende-se à estrutura deôntica das normas constitucionais que parametrizam a posição do legislador, constata-se que nuns casos os deveres que delas decorrem são deveres de abstenção e que nos outros são deveres de ação positiva (de proteção). Ora, os deveres de abstenção de interferência em direitos que se possam considerar absolutos, como o direito à vida, são também deveres que devem ser cumpridos sem ponderação, enquanto os deveres de ação são deveres apenas *prima facie*, que cessam na medida em que colidam com os deveres absolutos e incondicionais de abstenção.

A posição que defendemos não tem a desvantagem essencial que apontámos à posição do único direito absoluto/supremo.

Na verdade, ela permite também resolver as situações de colisão entre pretensões derivadas do mesmo direito. Se as pretensões forem ambas de abstenção, não é possível a colisão. Se forem ambas de ação, é possível a colisão, mas nesse caso serão ambas *prima facie*, sendo-lhes aplicável a proibição do defeito.

2.2. Aplicação à colisão entre núcleo essencial de direito e deveres de prestação

A doutrina expendida no número anterior é transponível *mutatis mutandis* para as situações em que o núcleo essencial de um direito encarado de forma absoluta, insuscetível de ponderação, entra em colisão com um direito/dever de prestação em sentido lato, designadamente um direito/dever de proteção. Este deve ser considerado apenas *prima facie*, pelo que deve ceder perante o caráter absoluto do núcleo essencial.

Capítulo 11
Não proibição categórica do meio

Já estudámos algumas das figuras mediante as quais a constituição *prima facie* efetua um "cerco deontológico" ao princípio da proibição do excesso[1926]: a proibição absoluta de alguns fins, o reconhecimento da não relativização de determinadas posições jurídicas subjetivas, a proteção do conteúdo essencial de normas de direitos. A proibição absoluta ou categórica de certos efeitos jurídicos das normas legislativas independentemente da importância dos fins ou efeitos materiais prosseguidos, é mais uma das peças desse "cerco deontológico", por vezes justaposta às anteriormente referidas. Se o meio – os efeitos jurídicos da norma – for, em si, categórica ou absolutamente proibido, não se põe a questão da sua avaliação à luz da proibição do excesso.

Os meios absolutamente proibidos são primacialmente definidos pelo direito positivo. Desde logo, aquilo que é proibido como fim é proibido como meio, se como meio puder ser utilizado para atingir fins mais remotos ou mais amplos[1927]. Por outro lado, os fins não podem ser promovidos através de meios como a tortura (artigo 25º)[1928] ou a submissão a tratos ou penas cruéis, degradantes ou desumanas (artigo 25º) ou a submissão a escravatura (artigos 26º, 27º e outros). Outro meio categoricamente proibido é o da utilização de armas

---

[1926] Em alternativa à ideia de "cerco" ou "constrangimento" deontológico, pode falar-se de um "cerco" ou "constrangimento" consequencialista quando o sistema está orientado para uma aplicação categorial ou deontológica: assim, COHEN-ELIYA/PORAT, *Proportionality...*, p. 72.

[1927] MERTEN, «Der Verhältnismäßigkeitsgrundsatz», p. 549.

[1928] V., também, o artigo 2.2. da Convenção das Nações Unidas contra a Tortura e outros Tratamentos ou Punições Cruéis Desumanos ou Degradantes, de 1984, redigido em termos de proibição inequivocamente absoluta, tal como o artigo 3º da CEDH.

O PRINCÍPIO DA PROIBIÇÃO DO EXCESSO

químicas ou biológicas[1929] ou de certas armas convencionais[1930]. Nenhuma norma jurídica pode autorizar ou prescrever a utilização dessas armas, qualquer que seja o fim que queira promover.

Mas, apesar da consagração na Constituição e em relevantes instrumentos de direito internacional, o caráter absoluto de algumas proibições não deixa de ser debatido. O caso mais evidente é o da tortura.

Quando não é uma manifestação meramente sádica e arbitrária, sem um fim racionalmente determinável, a tortura visa colocar o torturado ao serviço de um qualquer propósito do torturador. A tortura transforma o torturado num meio para o torturador atingir um fim (uma informação, uma confissão, uma declaração, uma adesão) próprio ou de terceiros e não comungado pelo torturado. Nessa medida, considerações de natureza deontológica, pautadas pela dignidade da pessoa humana, obstam também a que este meio possa ser usado (eventualmente, mesmo que não existisse um preceito como o artigo 25º, nº 2, da CRP). Essas considerações resistem mesmo a uma perspetiva *consequencialista* ou *utilitarista*, o que implica que não sejam sequer derrotadas quando o uso da tortura pode contribuir para evitar consequências alegadamente mais ponderosas, como a morte ou o sacrifício de terceiros[1931]. Aliás, contra a tortura é possível evocar-se argumentos consequencialistas: pode não haver a certeza que a tortura contribua efetivamente para se atingir o fim, sendo certo que a informação obtida dessa forma não é fiável; pode a pessoa torturada não deter afinal a informação que se pretende; e a simples possibilidade de tortura, mesmo com fins legítimos, pode dar azo a abusos[1932].

Porém, esta argumentação vacila quando confrontada com casos clássicos que desafiam a proibição categórica. Admita-se que o potencial objeto de tortura é um terrorista que, para assistir à perturbação que isso provoca, vai à

[1929] V. Convenção sobre Armas Biológicas ou Convenção sobre Armas Biológicas e à Base de Toxinas (1972); Convenção sobre Armas Químicas (1993).

[1930] V. Convenção sobre a Proibição ou Limitação do Uso de Certas Armas Convencionais que podem ser consideradas como Produzindo Efeitos Traumáticos Excessivos ou Ferindo Indiscriminadamente (1980).

[1931] Note-se que os defensores da teoria dos direitos relativizados pela proporcionalidade (v., por todos, MÖLLER, «Proportionality and Rights Inflation», *cit.*) alegarão que nos casos referidos não há proibições absolutas, mas apenas *prima facie*, isto é suscetíveis de serem derrotadas por argumentos mais pesados. Por exemplo, a proibição da escravatura como meio, ou o direito a não ser escravizado, não é absoluto, mas apenas *prima facie* como os demais. Sucede apenas que não é idealmente concebível nenhuma equação ponderativa em que se possa admitir que a obtenção de certos efeitos ou consequências têm importância ou peso suficiente para justificar a superação daquela proibição.

[1932] V. estes argumentos em KUMM, «Más allá del principio...», p. 292; ŠUŠNJAR, *Proportionality*, pp. 328 ss., esp. 330.

524

NÃO PROIBIÇÃO CATEGÓRICA DO MEIO

polícia dizer que colocou uma bomba de grande potência que explodirá numa escola no espaço de três horas, recusando-se a revelar qual. Ou é um raptor de uma criança que está enterrada viva, podendo morrer sufocada num espaço de horas, recusando-se a indicar voluntariamente onde está. A proibição *absoluta* de utilização da tortura como *meio* para atingir o fim de salvar as eventuais vítimas do bombista ou do raptor, em nome de valores morais superiores e contra uma perspetiva *consequencialista*, já parece mais difícil de fundamentar[1933].

Nestes casos pode eventualmente ensaiar-se a adaptação das figuras da *legítima defesa* (v. artigo 32º do Código Penal)[1934], do *direito de necessidade* (v. artigo 34º do Código Penal) ou do *estado de necessidade* (artigo 35º do Código Penal), como fundamento para a superação de uma orientação *de proibição absoluta* ou *categórica*. Mas, em qualquer circunstância, o uso das pessoas como meios para atingir um fim está sujeito ao crivo da proibição do excesso, eventualmente numa versão particularmente exigente[1935].

Debate de sentido contrário a saber se, *mesmo quando há proibição* constitucionalmente ancorada, a proibição pode ser considerada absoluta, é o de saber se há *proibições absolutas* que não decorram do direito positivo e, havendo, como se determinam. Tema particularmente crítico é o da definição de quando é absolutamente vedado que a pessoa – ou traços essenciais da dignidade como pessoa – seja usada como meio para atingir um fim.

O direito positivo raramente tem uma resposta inequívoca sobre isso, porque é impossível definir uma resposta precisa, particularmente nas situações mais dilemáticas, como as que se referem à utilização da vida para satisfazer fins de importância suprema. Nesse ponto, os juristas recorrem muitas vezes ao auxílio da filosofia moral como complemento da teoria dos direitos fundamentais. Daí resultam inter-relações e simbioses onde nem sempre se consegue discernir onde acaba o argumento moral e começa o argumento estritamente jurídico.

Sobre a questão de quando é que é absolutamente vedado que a pessoa humana – ou traços essenciais da dignidade da pessoa humana – seja usada como meio para atingir um fim há, desde logo, uma resposta radical-deontológica, tributária da tradição liberal-social kantiana, que sustenta que as pessoas *nunca podem ser utilizadas como meio* para atingir um fim. Usar ou sacrificar os aspetos fun-

---

[1933] Elaborando sobre estes exemplos, KUMM, «Political Liberalism...», pp. 158 ss.; BRUGGER, «Vom unbedingten Verbot der Folter zum bedingten Recht auf Folter?», in *JZ*, vol. 55 (2000), pp. 165-173.

[1934] Crf. KUMM, «Political Liberalism...», p. 161, para o caso da tortura: haveria uma relação especial entre o raptor e o raptado (e o bombista e as vítimas), resultante de o primeiro ter sido pessoalmente responsável pela criação de uma específica ameaça à vida do segundo. Nesse caso, gera-se uma situação de legítima defesa por terceiros.

[1935] Parece ir nesse sentido KUMM, «Political Liberalism...», p. 163.

O PRINCÍPIO DA PROIBIÇÃO DO EXCESSO

damentais da dignidade humana como meio de atingir fins alheios é categórica ou absolutamente vedado[1936]. O Direito não pode deixar de refletir esse axioma, sob pena de ilegitimidade. De acordo com esse ponto de vista, mesmo que algumas soluções legislativas possam resistir a um teste de proibição do excesso interpretado de modo exclusivamente consequencialista (por exemplo, a autorização legal de abate de aviões de passageiros controlados por terroristas que se preparam para os lançar contra o centro vital da capital do país, ameaçando milhares de vidas e interesses supremos do Estado), elas são insuprivelmente inválidas por o meio (o sacrifício de inocentes para proteger outros inocentes) ser absoluta ou categoricamente proibido[1937].

Porém, na sua radicalidade aquela proposição da filosofia moral é insubsistente. Não é difícil encontrar exemplos em que a instrumentalização de pessoas ou de traços identificadores da sua humanidade ou dignidade, com ou sem o seu consentimento, não fere o sentimento deontológico mais exacerbado: a participação consentida em experiências médicas ou de testamento vital ou a utilização como combatentes, contra a sua vontade, numa guerra defensiva contra uma invasão externa. O pilar fundador da teoria socio-liberal dos direitos fundamentais, a proposição jus-filosófica de que ninguém pode ser um *meio* para atingir um fim, não pode ter um alcance absoluto ou categórico[1938]. Admite-se, por isso, que nem sempre que estejam em causa traços primordiais ou elementares da dignidade humana vigora um princípio de inviolabilidade absoluta. Mesmo do ponto de vista da filosofia moral, não é possível excluir perentoriamente a possibilidade de a norma jurídica visar a prossecução de fins através da instrumentalização das pessoas ou de elementos da sua humanidade. As pessoas podem em dadas circunstâncias ser um meio para atingir um fim, seja em sentido subjetivo (são intencionalmente usadas como tal pelo agente), ou em sentido objetivo (têm uma função causal na obtenção do fim, independentemente da intenção do agente).

Ainda mantendo o debate essencialmente no plano da filosofia moral e na definição de critérios morais que supostamente devem ser absorvidos pelo direito justo, quem rejeite a radicalidade do axioma kantiano ou do *excecionalismo*

[1936] DÜRIG, «Der Grundrechtssatz...», pp. 125 ss.; FINNIS, «Commensuration...», p. 227; PAULO MOTA PINTO, «O Direito ao Livre Desenvolvimento...», pp. 51-52; OTERO, *Direito Constitucional...*, p. 76.

[1937] Cfr. a declaração de inconstitucionalidade pelo TC alemão da Lei Federal da RFA de 11 de Janeiro de 2005 (*BVerfGE* 115, 118 *Luftsicherheitsgesetz*; versão em língua inglesa in https://www.bundesverfassungsgericht.de/SharedDocs/Entscheidungen/EN/2006/02/rs20060215_1bvr035705en.html), discutida no final do capítulo anterior.

[1938] KUMM, «Political Liberalism...», p. 163.

526

NÃO PROIBIÇÃO CATEGÓRICA DO MEIO

da dignidade humana[1939], mas insista em que há limites categoricamente estabelecidos, tem de continuar a sua inquirição. Como delimitar as situações em que a instrumentalização de elementos da humanidade depende simplesmente de justificação através de testes como a proibição do excesso ou, mais latamente, de operações de ponderação e aquelas em que a salvaguarda desses bens, interesses ou valores está imune ou é insuscetível de depender disso? Esse debate assume particular dificuldade quando o que está em causa é o emprego ou afetação da própria *vida humana* como meio para atingir um fim.

Como já tivemos oportunidade de aflorar no capítulo anterior, é justamente nesse domínio que reside o principal desafio para quem constrói um sistema integrado de resolução de colisões normativas sustentado, parcialmente, na proibição do excesso (e em outros instrumentos de mediação de harmonização) e, noutra parte, em argumentos deontológicos ou categóricos suscetíveis de aplicação subsuntiva. Sobre isso, as linhas discursivas propostas são inabarcáveis neste trabalho. Limitar-nos-emos a invocar uma das que, inscrevendo-se nessa estratégia, está em voga e permite, através do contraste, reforçar alguns critérios já propostos anteriormente. Referimo-nos à que distingue a pessoa e o seus atributos vitais como *enabler* e *disabler*.

Tomemos o já clássico dilema do elétrico que desce descontroladamente uma rua ingreme, ameaçando descarrilar e provocar a morte dos seus ocupantes[1940]. Admitamos que alguém que assiste (salvador, *S*) pode evitar o acidente se empurrar uma outra pessoa de grande porte (*fat man*, vítima um, *V1*) para a frente do elétrico, fazendo-o imobilizar-se. No caso, o sacrifício da vida da *V1* é o meio de salvar a vida de várias pessoas. Mas, independentemente do número de vidas que está em causa e pode ser poupado, considerações de natureza deontológica, pautadas pela dignidade da pessoa humana, obstam a que este meio possa ser usado, mesmo que, numa perspetiva *consequencialista* ou *utilitarista*, se pudesse argumentar que o sacrifício de uma vida é justificado quando se visa salvar um número superior de vidas. Neste caso, *V1* é a *enabler*, isto é, o próprio meio para atingir um fim. Ela é titular de uma pretensão *forte* a que *S* ou outrem não

---

[1939] A expressão pertence a KUMM/WALEN, «Human Dignity...», p. 69.

[1940] O caso do elétrico, que aqui adaptamos, foi introduzido por PHILIPPA FOOT, «The Problem of Abortion and the Doctrine of Double Effect», in *Virtues and Vices*, Basil Blackwell, Oxford, 1978 (originalmente publicado in *Oxford Review*, vol. 5, 1967) e depois exaustivamente estudado: v., por exemplo, JUDITH JARVIS THOMSON, «Killing, Letting Die, and the Trolley Problem», in *The Monist*, vol. 59 (1976), pp. 204 ss.; *idem*, «The Trolley Problem», in *YLJ*, vol. 94 (1985), pp. 1395 ss.; FRANCES MYRNA KAMM, «Harming Some to Save Others», in *Philosophical Studies*, vol. 57 (1989), pp. 227 ss.; PETER UNGER, *Living High and Letting Die*, Oxford University Press, Oxford, 1996; KUMM, «Political Liberalism...», pp. 153 ss.; *idem*, «Más allá del principio...», pp. 289-290; KUMM/WALEN, «Human Dignity...», pp. 71 ss.

O PRINCÍPIO DA PROIBIÇÃO DO EXCESSO

pratique uma ação diretamente incidente sobre a sua vida e o seu corpo, sem o seu consentimento (ou mesmo com o seu consentimento). Este argumento é tido por consensual[1941]. Sem embargo, ele pode não valer em todas circunstâncias. Se, por exemplo, *V1* deliberadamente provocou o descontrolo do elétrico e está agora a assistir ao resultado da sua ação, é racionalmente admissível que o direito trate esta situação de maneira diferente do que quando *V1* é simplesmente alguém que se encontra casualmente no local, sem qualquer responsabilidade nos acontecimentos.

Admitamos agora que a *S* se abria a possibilidade de desviar o elétrico, manipulando os carris, levando-o para uma linha que lhe permitiria imobilizar-se suavemente, salvando os passageiros. No entanto, nessa linha estava um operário a fazer reparações que seria inevitavelmente colhido pelo elétrico e provavelmente morreria (vítima dois, *V2*). Pode ou não dizer-se que a situação de *V2* é diferente da de *V1*? Será que se pode afirmar, por exemplo, que a situação de *V2* é mais débil do que a de *V1* do ponto de vista moral e jurídico? Para uma determinada visão, sim. A diferença fulcral entre esta situação e aquela em que *V1* é empurrada para fazer parar o elétrico, residiria no seguinte: na segunda situação, *V2* seria apenas titular de uma pretensão *fraca* a que o salvador não pratique a ação *lícita* de salvar os passageiros, provocando o efeito colateral (não desejado) de provocar um dano à sua vida ou integridade (*restricting claim*); *V2* não é ela própria o *meio* usado para salvar os passageiros, é uma *disabler*. Neste caso, esta ação poderia ser praticada mesmo que o uso do meio (desvio do elétrico, através da manipulação dos carris) tivesse como efeito colateral a morte de *V2*. Neste caso, o exame de proporcionalidade seria aplicável[1942].

O que dizer sobre isso? Recorde-se que no capítulo anterior apresentámos um critério de decisão que, embora formal, assenta em argumentos constitucionais substantivos. Dissemos então que a regra de aplicação categórica que decorre da Constituição é a de que em caso de colisão entre um *dever de ação positiva* de salvaguarda de um direito absoluto e um *dever de abstenção* de interferência num direito absoluto, prevalece o segundo, independentemente de ponderação. Traduzido isso para o caso do elétrico, o sacrifício de *V2* não é justificado se, não obstante a colateralidade do dano, houver probabilidade elevada da sua ocorrência. Nessa circunstância, há uma colisão entre o dever (eventualmente apenas moral) do salvador de praticar atos positivos que salvem os passageiros e o dever de se abster de praticar atos que ponham em risco ou sacrifiquem a

---

[1941] KUMM, «Más allá del principio...», pp. 289-290.
[1942] Assim, KUMM, «Political Liberalism...», pp. 155-156. É esta mesma lógica que o leva a defender que as normas alemãs da *Luftsicherheitsgesetz* antes mencionadas não são inconstitucionais: a morte dos passageiros seria um *efeito colateral* de uma ação *lícita* que não visa diretamente essa morte, nem utiliza os passageiros como meio para atingir um fim.

NÃO PROIBIÇÃO CATEGÓRICA DO MEIO

vida de *V2*. Este é titular de uma pretensão forte e não de uma pretensão fraca, assente num direito absoluto, o direito à vida.

A conjugação de todos estes pilares da estratégia de "cerco deontológico" – fins absolutamente proibidos, direitos absolutos (ou, mais rigorosamente, posições jurídicas subjetivas absolutas), proteção do núcleo essencial das disposições, meios absolutamente proibidos, regras formais de prevalência de deveres negativos – com a aplicação da proibição do excesso, permite configurar um *continuum* que parece ter condições para tranquilizar aqueles que receiam que os direitos se diluam no "negócio" da ponderação. Tal *continuum* vai da ausência de exposição à ponderação e à proibição do excesso até à plena exposição a esta. Há um grupo, porventura muito restrito, de posições jurídicas subjetivas *absolutas ou categóricas*, não sujeitas a juízos consequencialistas ou utilitaristas, normalmente inerentes ao núcleo mais elementar da dignidade humana. A afetação dessas posições jurídicas não pode servir de meio para a prossecução de qualquer fim, qualquer que seja a sua importância e significado. Este núcleo elementar é tutelado fora do quadro da proibição do excesso[1943]. Depois, há um

---

[1943] Este núcleo não depende de qualquer pretensão ou reclamação de um direito que tenha de ser previamente apreciada, nem é negociável, diferentemente do que WEBBER sugere, em contradição com o sentido geral da crítica que dirige à *derrotabilidade* e irrelevância dos direitos que decorreria da doutrina da proporcionalidade (cfr. «On the Loss.», pp. 142 ss., 153). Tal como no texto, KUMM, «Political Liberalism...», p. 162, *passim*, defendeu que, nestes casos, a ideia de um constrangimento deontológico não poderia ser captado apropriadamente pela estrutura da proporcionalidade, particularmente a proporcionalidade e.s.e. Por isso, a proteção absoluta ou categórica destes bens, interesses ou valores resultaria de *outras* considerações não redutíveis ou incorporáveis na estrutura consequencialista da proporcionalidade, isto é *exteriores* a ela. No entanto, em KUMM/WALEN, «Human Dignity...», pp. 75 ss., assiste-se a uma evolução desse pensamento, falando-se agora, por um lado, de pretensões ou de posições jurídicas subjetivas *absolutas* ou *quase absolutas* ("como as pretensões não restritivas podem ser respeitadas sem colocar ninguém numa situação pior que a situação de partida, elas devem suscitar, quando esteja envolvida a vida ou a lesão séria do corpo, direitos que são absolutos ou quase absolutos", *ob. cit.*,p. 74), cujo sacrifício *nunca* ou *quase nunca* é justificável (*ob. cit.*, p. 76), e, por outro, da possibilidade de a proporcionalidade e.s.e. (identificada como *balancing*) poder assumir uma base estrutural que lhe permita atender, não apenas às consequências do uso de um certo meio (efeitos positivos e negativos), mas também, a considerações deontológicas (*ob. cit.*, pp. 70, 75 ss.). Afigura-se que o pensamento anteriormente expresso por KUMM, que era claro e sustentável, é substituído por outro que padece de alguma ambiguidade (adensada por, em alguns passos, se falar exclusivamente de direitos *quase absolutos*, omitindo a hipótese de direitos absolutos: *ob. cit.*, p. 89). Não sendo contestável que a proporcionalidade incorpore na sua estrutura considerações de natureza deontológica que reforcem o peso de certos argumentos, de certos bens, interesses ou valores envolvidos e de certos efeitos ou consequências (*consequencialismo deontologicamente sensível*), já parece difícil compreender como é que considerações absolutas e categóricas sobre uma posição jurídica subjetiva podem ser sujeitas ao "jogo" da proporcionalidade. Dito de outro modo: se não há dúvida que os direitos ou posições jurídicas subjetivas *quase* absolutas podem ser envolvidas num juízo

O PRINCÍPIO DA PROIBIÇÃO DO EXCESSO

núcleo de posições jurídicas subjetivas *quase absolutas* ou *categóricas*. Não se exclui que o sacrifício ou afetação de traços essenciais da dignidade humana possa ser meio de prosseguir certos fins. Mas o peso com que os efeitos do seu sacrifício comparecem no quadro da aplicação da proporcionalidade e.s.e. é de tal forma elevado que só muito episodicamente podem ser justificados e superados pelos efeitos positivos obtidos. Podemos aqui falar de um *consequencialismo deontologicamente sensível*. Finalmente, o núcleo de posições jurídicas subjetivas sujeito a considerações primordialmente consequencialistas.

Admite-se que as fronteiras de cada um dos componentes desta escala são altamente fluídas e talvez até amovíveis por força da realidade constitucional[1944].

de proporcionalidade, eventualmente apresentando um peso praticamente ou quase sempre não superável por outras considerações de interesse público ou particular, já não se vê como é que isso pode suceder em relação a direitos ou posições jurídicas subjetivas *absolutas*.

[1944] Conforme se verificou no capítulo anterior, o debate da proibição absoluta de certos meios (e, concomitantemente, de certos fins) está particularmente aceso na Alemanha, balizado pelo entendimento clássico maioritário de que a dignidade humana (artigo 1º, nº 1, GG) é um valor absoluto, insuscetível de ponderação. A irrupção dos temas ligados ao combate ao terrorismo, aos desenvolvimentos das biotecnologias (clonagens, manipulação e utilização de embriões, etc.) veio, contudo, introduzir brechas no pensamento clássico e obrigar à sua reponderação (v., por exemplo, HAIN, «Konkretisierung der Menschenwürde dürch Abwägung?», *cit.*). Hoje fala-se de uma revisão desse aspeto central da dogmática jusfundamental. Para as referências fundamentais desse debate, MARIBEL PASCUAL, *El Tribunal...*, p. 164.

Capítulo 12
Colisão normativa, em especial de bens, interesses ou valores

1. Noção geral de colisão normativa

Pressuposto da aplicabilidade da proibição do excesso (e, em rigor, de todos os instrumentos mediadores de harmonização) é a pendência de uma colisão (conflito, contradição ou antinomia) normativa externa[1945] que o legislador pretenda ou deva resolver.

[1945] As colisões normativas externas são contradições *internormas*; as colisões normativas internas, são contradições *intranormas*: VELOSO, «Concurso...», p. 211. Alguns autores admitem que o princípio da proibição do excesso é aplicável mesmo em situações onde (alegadamente) não há nem verdadeiro e imediato conflito de bens, interesses ou valores, nem necessidade de interferência em alguns deles: cfr., exemplificando com situações onde o Estado age como prestador, HIRSCHBERG, *Der Grundsatz...*, p. 73; MARMELSTEIN, *Curso de Direitos...*, p. 372. A proteção dos interesses dos contribuintes implicaria parcimónia nas outorgas de bens materiais, as quais seriam submetidas a uma ideia de necessidade, isto é, só se justificariam em caso de o objetivo da prestação não poder ser atingido por outra via menos onerosa para as finanças públicas. Todavia, esse não parece um bom exemplo. Primeiro, porque também esses casos podem ser apresentados como colisões, ainda que a nível mais elevado, isto é, de forma mais indireta ou mais transcendente. Tendo em conta a ausência de total elasticidade fiscal, a concessão de prestações a certos membros individualizados da comunidade, ou a uma certa categoria, implica a preterição das mesmas ou de outras prestações a outros indivíduos ou categorias. E o fornecimento de prestações sem retribuição implica redistribuição de rendimentos através das receitas fiscais, o que implica o sacrifício de bens e interesses relacionados com a propriedade em nome da solidariedade. Em segundo lugar, nessas situações não é aplicável a proibição do excesso, mas sim outro instrumento de mediação de harmonização. Esta segunda questão fica para mais tarde.

O PRINCÍPIO DA PROIBIÇÃO DO EXCESSO

A possibilidade de colisões normativas não é unanimemente aceite. Alguns autores negam, designadamente, colisões entre direitos fundamentais, justamente o domínio onde muitos as consideram inevitáveis[1946]. Em boa medida, trata-se de um vestígio da conceção clássica dos direitos fundamentais como direitos negativos ou de defesa dos indivíduos perante o Estado[1947], por vezes reformulada por conceções filosóficas recentes. HABERMAS, por exemplo, defende a tese da única norma adequada[1948]. FERRAJOLI, apresenta a tese das diferenças estruturais dos direitos[1949]. Todavia, essas são orientações refutadas por grande parte da doutrina e contrariadas pela realidade constitucional. É extensamente aceite que na ordem jurídica se podem verificar colisões[1950]. A eliminação ou superação dessas colisões normativas é um dos mais importantes desafios da ciência e da metodologia do direito, mas também da autoridade normativa[1951].

[1946] Para a discussão em geral, ZORRILLA, *Conflictos...*, p. 183.

[1947] O advogado do regresso a essa conceção com maior audiência é BÖCKENFÖRDE. V. o verdadeiro programa de retorno nas muito conhecidas e citadas páginas de *Staat, Verfassung...*, p. 192, ou *Escritos sobre Derechos...*, pp. 131 ss., ou *Stato, costituzione...*, pp. 252 ss.; na mesma linha, com matizações, JESTAEDT, *Grundrechtsentfaltung im Gesetz...*, pp. 50-51.

[1948] Cfr. *infra*, capítulo 17.

[1949] FERRAJOLI, *Los fundamentos de los derechos fundamentales*, Trotta, Madrid, 2001, pp. 353 ss.

[1950] Apenas alguns dos abundantes locais onde se pode ver o tema tratado: BOBBIO, «Antinomia», in *Novissimo digesto italiano*, vol. I, Torino, 1957, pp. 667 ss.; ALF ROSS, *On Law and Justice*, §26º; GAVAZZI, *Delle antinomie*, Giappichelli, Torino, 1959; G.H. VON WRIGHT, *Norm and Action*, cit.; ALCHOURRÓN/BULYGIN, *Normative Systems*, cit.; *idem*, *Introducción a la metodologia...*, cit.; ENGISCH, *Introdução ao Pensamento Jurídico*, 6ª ed., Gulbenkian, Lisboa, s.d., pp. 311 ss.; R. HILPINEN, «Normative Conflicts and Legal Reasoning», in E. Bulygin/Jean-Louis Gardies/I. Niiniluoto (eds.), *Man, Law and Modern Forms of Life*, D. Reidel Publishing Company, Dordrecht/Boston, 1985, pp. 191 ss.; LARS LINDAHL, «Conflicts in Systems of Legal Norms: A logical point of View», in Brouwer/Hol/Soeteman/van der Velden/de Wild (eds.), *Coherence and Conflict in Law*, Proceedings of the 3rd Benelux-Scandinavian Symposium on Legal Theory, Kluwer Publishe, Amsterdam/Deventer/Boston, 1991, pp. 39-46; G. SARTOR, «Normative Conflicts in Legal Reasoning», in *Artificial Intelligence and Law*, vol. 1, (1992), pp. 209 ss.; HERNÀNDEZ MARÍN, *Introducción a la teoria de la norma jurídica*, Marcial Pons, Madrid, 1998; HUERTA OCHOA, *Conflictos normativos*, Unam, Mexico DF, 2003; VELOSO, «Concurso e conflito...», *cit.*; ZORRILLA, *Conflictos...*, *cit.*; EMERSON GARCIA, *Conflito...*, *cit.*; DANIEL MENDONCA, *Los derechos en juego, conflicto y balance de derechos*, Tecnos, Madrid, 2006; textos incluídos em Eva Brems (ed.), *Conflicts Between Fundamental Rights*, *cit.*; ZUCCA, *Constitutional Dilemmas...*, *cit.*; *idem*, «Conflicts of Fundamental Rights...*, *cit.*; DAVID DUARTE, «Drawing Up...», *cit.*; GUASTINI, *La sintassi...*, pp. 291 ss.

[1951] ALCHOURRÓN/ BULYGIN, *Introducción a la metodologia...*, p. 12.

COLISÃO NORMATIVA, EM ESPECIAL DE BENS, INTERESSES OU VALORES

As colisões normativas podem ser arrumadas de acordo com diferentes critérios[1952]. No elenco clássico de ENGISCH figuram as colisões normativas, valorativas, teleológicas, de princípios, de técnicas legislativas[1953].

Porventura com exceção das que contém meras definições e remissões (por exemplo, artigo 4º)[1954], todas as disposições constitucionais, isolada ou conjugadamente, veiculam explícita ou implicitamente posições do legislador constituinte sobre bens, interesses ou valores, designadamente posições sobre se devem ou podem ser promovidos ou perturbados[1955]. As normas constitucionais que o aplicador (entendido em sentido lato, como aquele que pratica condutas de cumprimento ou de execução da estatuição da norma ou de imposição do seu cumprimento ou de sancionamento do incumprimento por terceiros) individualiza através da descodificação das disposições constitucionais[1956], visam invariavelmente atingir fins de promoção ou sacrifício de bens, interesses ou valores[1957].

Quase toda a norma constitucional é justificada e animada pelo fim que o legislador constituinte quis prosseguir com ela. Tirando os casos que escapam à lógica da direta promoção de bens, interesses ou valores, como são, porventura, os das referidas remissões e definições[1958], mesmo quando da interpretação teleológica das disposições constitucionais não decorra de modo nítido o fim visado pelo legislador constituinte, qualquer norma constitucional pode ser enunciada em termos que incluam a delimitação do fim expressa ou implicitamente resultante do texto (ou da ordem constitucional globalmente considerada).

Analiticamente distinto do fim da norma constitucional, mas em geral pragmaticamente convergente, é o fim que a norma constitucional pretende proibir,

---

[1952] Por todos, v. VELOSO, «Concurso e conflito...», *cit.*, p. 245.

[1953] ENGISCH, *Introdução...*, pp. 311 ss.; para um esforço analítico mais completo, VELOSO, «Concurso e conflito...», *cit.*

[1954] Cfr. *infra*, capítulo 20, 2.

[1955] Para o tema da prescritividade em geral recomenda-se G. H. VON WRIGHT, *Norm and Action, cit.*

[1956] A distinção entre preceito, disposição, dispositivo ou enunciado normativo (no plano do *ser*) e a norma (no plano do *dever ser*) que constitui o seu significado, é consensual: v. ALEXY, *A Theory...*, p. 22; SIECKMANN, *Regelmodelle...*, p. 29; GUASTINI, *Distinguiendo...*, pp. 100 ss.; ÁVILA, *Teoria...*, 7ª ed.; DAVID DUARTE, *A norma de legalidade...*, pp. 31 ss.; BÄCKER, «Regras...», p. 79; TEIXEIRA DE SOUSA, *Introdução...*, p. 199.

[1957] Esta referência prático-finalística remonta já a JHERING, na sua segunda fase: v. *Der Zweck im Recht* (1877).

[1958] Mesmo em relação a algumas (ou talvez todas) as remissões e definições não é impossível "lê--las" como expressão direta da intenção de proibição, comando ou permissão de promoção de bens, interesses ou valores. Mas mesmo quando assim não sucede, as definições e as remissões não existem por si e para si sós, têm uma função auxiliar da definição, delimitação, caraterização, da conduta deonticamente descrita por normas de conduta: são estas que dão sentido e utilidade àquelas (por isso parece adequada a acima convocada conceção *kelseniana* das normas jurídicas não autónomas).

O PRINCÍPIO DA PROIBIÇÃO DO EXCESSO

obrigar ou permitir que o legislador ordinário prossiga quando produz normas legislativas sobre o tema. Por exemplo, tome-se o seguinte segmento do enunciado normativo do artigo 122º, respeitante às candidaturas às eleições presidenciais: "São elegíveis os (...) maiores de 35 anos". Deste segmento extraem-se pelo menos duas normas: *N1*, "quando se realizam eleições presidenciais, todos aqueles que tenham menos de 35 anos estão impedidos (proibidos) de se candidatar"; e *N2*, "o legislador está proibido de estabelecer que pessoas menores de 35 anos se podem candidatar a eleições presidenciais". Uma outra maneira de enunciar *N2* seria a seguinte: "com o fim de potenciar que a função presidencial seja exercida por pessoas com suficiente experiência de vida e maturidade, o legislador está proibido de estabelecer que pessoas menores de 35 anos se possam candidatar a eleições presidenciais".

De acordo com o formato hipotético-condicional, a norma desdobra-se em previsão (hipótese, antecedente, condições de aplicação, prótase) e estatuição (consequente, apódose)[1959], mesmo que qualquer delas (particularmente a previsão) atinja elevados graus de indeterminação (sobretudo por causa do uso de conceitos vagos ou indeterminados), de abstração (por exemplo, "em toda e qualquer situação em que o bem, interesse ou valor *x* esteja em jogo") ou de generalidade (por exemplo, a norma vincula todo e qualquer sujeito ou entidade, sem discriminação). Um setor da doutrina admite que, com maior ou menor emprego de recursos técnicos e esforço metódico-hermenêutico, quase todas as normas constitucionais podem ser reconstruídas através do formato hipotético--condicional, inclusive as que possuam suporte linguístico *prima facie* categórico--incondicional[1960]. Desse ponto de vista, enunciados normativos formulados de modo *categórico* ou *incondicional*, como "a vida humana é inviolável" (artigo 24º, nº 1), "é proibido tirar a vida humana", "é proibido matar" ou "não matarás"[1961], podem ser reconstruídos de forma condicional. Basta que se explicitem as condições de aplicação que não resultam diretamente do enunciado normativo mas que nele estão implícitas ou resultam da conjugação com outras disposições

---

[1959] RUDOLF STAMMLER, *Theorie der Rechtswissenschaft*, Halle a. S., Waisenhaus, 1911 (2ª ed. 1923, p. 190); TEIXEIRA DE SOUSA, *Introdução...*, p. 206; ATIENZA/MANERO, «Sobre principios...», pp. 108 ss.; RAMIÃO, *Justiça...*, p. 185. Alguns autores referem um terceiro elemento, o operador deôntico: DAVID DUARTE, *A norma de legalidade...*, p. 75; TIAGO ROLO MARTINS, «Estudo de lógica...», p. 115. Mas aquele, em rigor, é elemento constitutivo da estatuição (elemento neustico).

[1960] A distinção entre normas categóricas e hipotético-condicionais remonta a VON WRIGHT, *Norm and Action, cit.*, capítulos VIII e IX. Dentro da linha de von Wright, recusando a recondução de todas as normas ao esquema hipotético-condicional, previsão/estatuição, v., por todos, ALCHOUR-RÓN/BULGYIN, *Introducción...*, p. 80; ZAGREBELSKY, *Il diritto mite...*, p. 111 (na medida em que considera que os princípios se distinguem das regras justamente por lhes faltar o elemento estrutural da previsão).

[1961] V. TEIXEIRA DE SOUSA, *Introdução...*, p. 220.

COLISÃO NORMATIVA, EM ESPECIAL DE BENS, INTERESSES OU VALORES

normativas. Por exemplo, aquele enunciado *prima facie* categórico-incondicional pode ser reconstruído de forma hipotético-condicional: "se alguém tiver meios adequados para, por sua livre vontade, tirar a vida a outro ser humano e se não for forçado a isso por legítima defesa, está proibido de o fazer". As formulações poderiam ser muito mais complexas se fosse necessário (e fosse materialmente possível) reconstruir a previsão com inclusão de todas as condições negativas e positivas extraíveis do ordenamento para a especificação da proibição de matar. Mas essa eventual complexidade não desmente o argumento de que todas as normas têm uma previsão (mesmo que não imediatamente apreensível através da nua leitura do enunciado normativo) e uma estatuição. A essa luz, a dicotomia hipotético-condicional/categórico-incondicional, se entendida em termos irredutíveis, não tem subsistência[1962].

Por outro lado, as normas constitucionais podem quase sempre descrever-se como normas de conduta dirigidas – exclusiva, especial ou inclusivamente – ao legislador: embora nem todas as normas constitucionais tenham por destinatário só o legislador, quase todas as estatuições das normas constitucionais podem ser reconstruídas em termos de definirem (pelo menos) o perfil deôntico de condutas do legislador[1963]. Essas condutas são definidas através dos modos deônticos de obrigação, proibição e permissão (ou permissão e faculdade[1964]). Já se apresentou o exemplo do artigo 122º, nº 1 (*N1* e *N2*). Outro exemplo, agora retirado do artigo 119º, nºs 1, *a*) e 2: "são publicados no jornal oficial, *Diário da República* (...) as leis constitucionais". *N3*: "para serem eficazes, as leis constitucionais devem ser obrigatoriamente publicadas em *Diário da República*". *N4* "se uma lei constitucional não for publicada no *Diário da República*, todos (incluindo o legislador) estão impedidos de praticar as condutas que seriam válidas se aquela fosse eficaz". Recapitulando e agrupando as várias noções: todas as disposições constitucionais podem ser reconstruídas de modo a exprimir normas que obrigam, proíbem ou permitem condutas do legislador de promoção ou afetação de bens, interesses ou valores a que a constituição atribui relevo positivo ou negativo.

[1962] No sentido do texto, Hernández Marín, *Introducción a la teoria de la norma jurídica...*, pp. 199-200; Ramião, *Justiça...*, pp. 139 ss.; posição ambivalente é a de Zorrilla, *Conflictos...*, pp. 85-86, considerando, aliás, que a distinção entre categórico e hipotético não tem o mesmo sentido que a distinção entre condicional e incondicional (*ob. cit.*, p. 126).

[1963] A isso não obsta a circunstância de o "grau de decidilidade deôntica" (Morais, *Curso...*, II, 2, p. 664) ser mais reduzido em certas normas – designadamente normas-princípio – do que em outras.

[1964] Como se viu, é possível enunciar as modalidades deônticas não em três mas em quatro modos. Cfr. Guastini, *La sintassi...*, p. 56. V. capítulo 8.

O PRINCÍPIO DA PROIBIÇÃO DO EXCESSO

Ora, as normas constitucionais podem entrar em colisão. Adota-se aqui como boa a definição de colisão normativa como a situação em que *duas ou mais normas válidas partilham todas ou algumas condições de aplicação, definindo contudo consequências jurídicas irreconciliáveis*[1965]. Nestas circunstâncias, dos pontos de vista lógico e/ou pragmático, uma das normas não pode ser satisfeita sem a inobservância ou violação total ou parcial da outra[1966].

As classificações e nomenclatura das colisões normativas têm a complexidade inerente a uma das matérias mais rebeldes da teoria e da dogmática. Neste ponto trata-se apenas de fixar os conceitos e os pressupostos de que partimos para lidar com o tema deste trabalho.

A colisão de normas constitucionais envolve a colisão dos bens, interesses ou valores por elas tutelados, das condutas do(s) destinatário(s), designadamente do legislador, bem como dos fins por elas prosseguidos. Para o nosso estudo relevam, portanto, quatro modalidades de colisão: (i) entre normas constitucionais; (ii) entre bens, interesses ou valores objeto das normas constitucionais; (iii) entre condutas do legislador; (iv) entre fins. As duas primeiras são versadas neste capítulo, as restantes nos próximos.

2. Tipos de colisões

Uma corrente distingue colisões *abstratas* e *concretas*[1967]. As primeiras verificar-se-iam ao nível normativo, em abstrato, resultando imediatamente do trabalho jurídico de interpretação de duas disposições, isto é, não sendo resultado contingente de uma eventual aplicação concreta[1968]. As segundas, presumivelmente mais frequentes, só se revelariam na aplicação ao caso concreto[1969]. Nas colisões concretas, dois ou mais bens, interesses ou valores simultaneamente protegidos pelo Direito, sem colisão aparente *em princípio* e em *abstrato*, não podem, *em concreto*, ser prosseguidos integralmente. Há a necessidade de *limitação, compressão ou sacrifício* concreto de um, de alguns ou de todos.

A disjunção é polémica. Um setor sustenta que todas as colisões "resultam necessariamente dos componentes semânticos das previsões normativas, e são

---

[1965] Semelhante, DAVID DUARTE, «Drawing Up...», p. 51; GUASTINI, *Distinguiendo...*, p. 167; SANTIAGO NINO, *Introducción al Análisis del Derecho*, 2ª ed., Astrea, Buenos Aires, 2003, p. 273; ZORRILLA, *Conflictos...*, p. 87.

[1966] GUASTINI, *La sintassi...*, p. 291.

[1967] ENGISCH, *Introdução...*, p. 313; DAVID DUARTE, «Drawing Up...», pp. 53, 55 ss., ZORRILLA, *Conflictos...*, p. 123; GUASTINI, *La sintassi...*, p. 292.

[1968] GUASTINI, *Distinguiendo...*, p. 167, sustentando que isso pode suceder inclusive nas colisões entre princípios; o exemplo oferecido é o da colisão entre a presunção da inocência (artigo 32º, nº 2) e a prisão preventiva (artigos 27º, nº 3, *b*), e 28º).

[1969] GUASTINI, *Distinguiendo...*, p. 167.

COLISÃO NORMATIVA, EM ESPECIAL DE BENS, INTERESSES OU VALORES

por conseguinte dadas já com formulações legais, independentemente do contexto de aplicação". A distinção entre colisões abstratas e concretas não teria consistência[1970]. Outro setor tende a considerar que muitas colisões só podem formar-se em concreto e nunca em abstrato, na medida em que só perante o influxo do caso concreto é possível desvendar as condições de aplicação de normas cuja previsão é radicalmente ambígua e indeterminada[1971].

Ora, evitando a troca de argumentos sobre a querela teórica mais geral, importa simplesmente notar que a questão, encarada na perspetiva do legislador, tem contornos específicos.

Deixando de lado o caso das chamadas leis-medida, o legislador é impelido a produzir normas harmonizadoras *abstratas* em casos de colisões *abstratas* de normas constitucionais. É certo que a sua decisão de legislar se forma num momento e em circunstâncias *concretas*, mediante impulsos e iniciativas *concretas* e contextualizadas, mas o estímulo propulsor vem de uma colisão normativa *abstrata*. Não é forçoso que no momento em que é convocado haja já colisão concreta de bens, interesses ou valores com contornos nítidos. Por outro lado, não é plausível que o legislador consiga abarcar e antecipar todas as propriedades dos casos concretos que eventualmente ocorrerão no futuro, atentas as insuficiências cognitivas com que se debate. As debilidades epistémicas podem obstar, inclusive, a uma perspetiva inequívoca sobre o modo deôntico que rege ou define a sua posição face à colisão.

Dizer-se que as colisões normativas são abstratas é o mesmo que dizer que são abstratas as colisões de bens, interesses ou valores que suscitam a intervenção do legislador, como abstratas são as colisões das suas posições. Por isso, quanto muito podem distinguir-se dois tipos de colisões *abstratas*: (i) as cognoscíveis em termos abstratos *tout court*; (ii) as cognoscíveis em termos abstratos, mas com a referência imprescindível a situações prototípicas ou casos paradigmáticos, reais ou hipotéticos, apreensíveis ou cognoscíveis pelo legislador[1972]. Por forma a distingui-las, podemos chamar às primeiras colisões *abstratas* e às segundas *colisões abstratas com referencial concreto*.

Um exemplo da primeira situação é o da necessária (isto é, não meramente contingente) colisão entre as normas constitucionais da presunção da inocência (artigo 32º, nº 2) e da prisão preventiva (artigo 27º, nº 3, *b*)). A primeira traduz-se, designadamente, na *proibição* de o legislador fazer incorrer qualquer pessoa em consequências privativas ou ablativas da liberdade enquanto não for julgada

---

[1970] VELOSO, «Concurso...», pp. 225, 238, assimilando as colisões abstratas às patentes e as concretas às ocultas e baseando a distinção apenas no talento do intérprete.

[1971] MALDONADO, *La proporcionalidad...*, pp. 7, 22, *passim*.

[1972] Cfr. HURLEY, «Coherence...», p. 224.

O PRINCÍPIO DA PROIBIÇÃO DO EXCESSO

culpada da prática de um crime; da segunda decorre a *permissão* de o legislador estabelecer com alguma latitude que qualquer pessoa pode ser preventivamente presa (respeitados os limites constitucionais), não obstante a presunção da sua inocência.

Um exemplo clássico da segunda situação é a colisão entre liberdade de expressão (artigo 37º, nº 1) e bom nome e reputação (artigo 26º, nº 1). Das normas constitucionais não decorre necessariamente qualquer colisão entre esses bens, interesses ou valores, nem entre condutas comandadas ou permitidas ao legislador. Teoricamente, *todos* aqueles podem ser exercidos ou fruídos pelos seus titulares. Quanto ao legislador, está obrigado a abster-se de interferências na liberdade de expressão e a protegê-la; e está obrigado a abster-se de condutas que impeçam ou dificultem o benefício do bom nome e reputação e a criar condições para a sua proteção. Teoricamente, pode cumprir *todas* essas obrigações de abstenção e de ação positiva. Todavia, o conhecimento empírico revela que haverá, com um elevado grau de probabilidade, colisões pragmáticas entre os bens, interesses ou valores e entre as posições do legislador deonticamente delineadas. Há ocorrências históricas prototípicas de colisão entre aqueles bens, interesses ou valores, normalmente com alguma forma de registo e, por isso, elencáveis com razoável precisão, que demonstram que por vezes o legislador tem a obrigação de interferir na liberdade de expressão para proteger o direito ao bom nome e à reputação ou a obrigação de consentir perturbações desta para habilitar o exercício daquela.

A disjunção entre colisões abstratas e abstratas com referencial concreto deve ser cruzada com a clássica construção de ALF ROSS que, atendendo à *relação entre as previsões* das normas colidentes, distingue três situações de colisão: total-total, total-parcial e parcial-parcial[1973]. No plano constitucional, todas elas são abstratamente apreensíveis, embora a apreensão das últimas requeira referenciais concretos, nos termos expostos no parágrafo anterior.

Na colisão total-total, opõem-se normas *gerais* (no sentido que resulta da dicotomia entre lei geral e lei especial ou excecional), desvendando a interpretação que as consequências são incompatíveis e que os pressupostos de aplicação se sobrepõem totalmente. Na total-parcial (ou parcial unilateral[1974]), as consequências são incompatíveis, mas os pressupostos de aplicação de uma das normas estão totalmente incluídos nos pressupostos de aplicação da outra norma: trata-se da relação típica entre *lei geral e lei especial ou excecional*. Na parcial-parcial (ou parcial bilateral[1975]), as normas colidentes são *todas gerais*, apenas

---

[1973] *On Law and Justice,* § 26º.
[1974] GUASTINI, *La sintassi...,* p. 294.
[1975] GUASTINI, *La sintassi...,* p. 294.

COLISÃO NORMATIVA, EM ESPECIAL DE BENS, INTERESSES OU VALORES

se sobrepondo alguns pressupostos de aplicação e só em relação a esses havendo consequências incompatíveis[1976].

Comum às três situações é (i) a partilha pelas normas colidentes de todas ou algumas condições da aplicabilidade e (ii) a irreconciliabilidade das consequências estatuídas. Pode ainda especificar-se que as consequências podem ser irreconciliáveis por os efeitos jurídicos e os fins visados serem incompatíveis (sendo, todavia, os modos deônticos idênticos) ou por os modos deônticos serem diferentes (sendo, todavia, os efeitos jurídicos e os fins idênticos) ou por qualquer combinação entre essas hipóteses[1977].

3. A resolução das colisões

A primeira instância de resolução (ou de evitamento) de colisões é a interpretação da disposição constitucional que, descodificando a informação textual nela contida, permite a individuação das normas[1978]. No caso das colisões entre normas constitucionais, sobreleva a intenção de interpretação harmonizadora, segundo uma diretiva geral de concordância prática (cfr. *infra*).

Não sendo a interpretação suficiente para evitar a colisão, pode seguir-se a aplicação de critérios de resolução de colisões estabelecidos por normas sobre normas ou meta-normas[1979]. É o caso dos critérios cronológico (disposição posterior revoga a anterior, "*lex posterior derogat legi priori*"), de especialidade (norma especial derroga a geral ou norma excecional prevalece sobre norma geral, "*lex specialis derogat legi generali*"[1980]) ou hierárquico (disposição hierarquicamente superior prevalece sobre a inferior, "*lex superior derogat legi inferiori*")[1981]. Em situações de imbricação de disposições ou normas provenientes de várias autoridades normativas ou de vários ordenamentos emissores (ordenamentos supranacionais, nacionais, regionais), de acordo com esquemas de distribuição de competências, é necessário recorrer a outros critérios, como os da *compe-*

[1976] VELOSO, «Concurso...», p. 238, alude a uma quarta, sem desenvolver nem demonstrar que se trata de uma antinomia em sentido próprio. A distinção entre colisões total-parcial e parcial-parcial é teoricamente subsistente, mas pode suscitar dificuldades práticas de aplicação em algumas situações.

[1977] DAVID DUARTE, «Drawing Up Boundaries...», p. 52.

[1978] CANOTILHO, *Direito...*, 7ª ed., pp. 1223-1224; GUASTINI, *La sintassi...*, pp. 295 ss.

[1979] Tal como KELSEN defendeu, não se trata de meros critérios ou princípios lógicos, mas de normas de direito positivo: cfr. LAMEGO, *Elementos de Metodologia...*, p. 123.

[1980] No texto assume-se sem discussão que a exceção é um tipo qualificado de especialidade. V. no mesmo sentido, por exemplo, MORAIS, *Curso...*, p. 213.

[1981] Cfr. GUASTINI, *La sintassi...*, pp. 298 ss.; com tratamento algo diferente, mas com zonas de coincidência, DAVID DUARTE, «Drawing Up the Boundaries...», pp. 57 e ss.; ALEXY, *Theorie...*, pp. 77-78 e *Teoria...*, pp. 88-89; MORAIS, *Curso...*, I, pp. 210 ss.; ZORRILLA, *Conflictos...*, pp. 147 ss. A expressão "*derogat*" não assume o mesmo significado em todos os aforismos.

O PRINCÍPIO DA PROIBIÇÃO DO EXCESSO

tência[1982], da *subsidiariedade*[1983] e da *consumpção*[1984]. Pode também considerar-se pertencente a este grupo a norma da aplicação mais favorável, vigente em certos domínios (por determinação de uma norma geral ou por ressalva da própria regra em conflito).

Na colisão total-total de normas constitucionais, a circunstância de se tratar de normas com a mesma hierarquia, valor formal ou fonte, impossibilita a aplicação de critérios hierárquicos e de competência. Por outro lado, sendo total--total, não vale o critério da especialidade. Se se tratar de duas normas inseridas em momentos distintos, pode aplicar-se o critério cronológico[1985]. Porém, nesse caso não há verdadeira colisão, mas sim colisão aparente: norma posterior derroga ou revoga a anterior, pelo que esta não é já norma válida (e as colisões reais dão-se entre normas válidas)[1986]. Não sendo aplicável nenhum destes princípios, haverá duas normas válidas com dignidade formal constitucional totalmente contraditórias (na previsão e na estatuição). Não parece que as colisões abstratas total-total possam ser superadas através de operações de harmonização realizadas pelo legislador, com recurso aos instrumentos mediadores de harmonização, designadamente a proibição do excesso. As normas neutralizam-se reciprocamente[1987]. Gera-se o que a doutrina designa de lacuna de colisão[1988]. As lacunas infraconstitucionais de colisão podem ser integradas pelo modo por que as lacunas são integradas (v. Código Civil, artigo 10º). Mas no caso das lacunas constitucionais é muito duvidoso que se possa aplicar a solução do Código Civil, pelo menos a da *analogia juris* prevista no nº 3 do artigo 10º (faltando caso análogo, resolução da situação através de *norma que o próprio intérprete criaria, se houvesse de legislar dentro do espírito do sistema*)[1989]. Quando se conclua que a Constituição

---

[1982] MORAIS, *Curso...*, I, pp. 220 ss.

[1983] TEIXEIRA DE SOUSA, *Introdução...*, p. 419.

[1984] *Idem*.

[1985] Todavia, esta afirmação pode ser alvo da contestação de quem entende que o poder de revisão constitucional é um poder derivado, materialmente subordinado ao poder constituinte originário. Daí poderia decorrer a invalidade de normas oriundas de revisão constitucional que contrariem, por exemplo, limites materiais. Sustentando claramente esta posição, MORAIS, *Curso...*, II, 2, pp. 285 ss., 522, *passim*.

[1986] Cfr. ZORRILLA, *Conflictos...*, pp. 148 ss. Como também observa LAMEGO, *Elementos de Metodologia...*, p. 122, em bom rigor devem-se distinguir as antinomias (ou colisões) dos casos em que uma norma é tornada inválida por incompatibilidade com outra hierarquicamente superior ou é revogada.

[1987] DAVID DUARTE, «Drawing Up Boundaries...», p. 56.

[1988] Sobre os vários tipos de lacunas, v., por todos, JOÃO BAPTISTA MACHADO, *Introdução...*, pp. 194 ss.; VELOSO, «Concurso...», p. 208; no plano do Direito Constitucional, CANOTILHO, *Direito Constitucional*, 7ª ed., p. 1236.

[1989] Diferentemente, por exemplo, MIRANDA, *Curso...*, I, p. 214; GOUVEIA, *Manual...*, I, 6ª ed., p. 724. Concomitantemente, não merecem adesão as teses de *sobre-interpretação* (GUASTINI),

COLISÃO NORMATIVA, EM ESPECIAL DE BENS, INTERESSES OU VALORES

não fornece resposta para um concreto problema jurídico, as mais das vezes isso resulta de o legislador constituinte ter deixado um *espaço livre de direito constitucional ou de constituição*. Isso expressa-se na abertura das normas constitucionais (sendo ontologicamente diverso o fenómeno da indeterminação de normas constitucionais), deliberadamente destinada a criar margem de livre conformação ao legislador para completar, complementar ou dar exequibilidade à intenção constitucional, *maxime* através da resolução harmonizadora de colisões (mas não só)[1990]. O sistema constitucional propende a ser um sistema completo ou integral[1991], pelo que a ocorrência de verdadeiras lacunas, ainda que não inconcebível, será um fenómeno raro. E se, não obstante, for detetada lacuna, de colisão ou outra, se não houver norma aplicável a casos análogos[1992] tal lacuna só é suprível por nova intervenção do legislador constitucional.

As colisões total-parcial de normas constitucionais são primariamente superadas através do critério da *lex specialis*[1993].

Já as colisões parcial-parcial de normas constitucionais não podem ser superadas através da *lex specialis* (tal como também não podem sê-lo através dos outros critérios referidos, pelos motivos aduzidos). É nestes casos que se coloca a possibilidade de a constituição conter um comando de harmonização que determine que estas colisões sejam superadas pelo legislador através da harmonização dos bens, interesses ou valores e dos fins colidentes[1994], com a mediação dos instrumentos de harmonização concretamente aplicáveis. São estas colisões parcial-parcial que constituem pressuposto da aplicabilidade da proibição do excesso.

---

tendentes a potenciar a extração do texto constitucional da regulação de todo e qualquer aspeto do devir social e político.

[1990] Com uma perspetiva crítica em relação à abertura das normas constitucionais, particularmente a abertura axiológica, MORAIS, *Curso...*, I, 2, p. 459.

[1991] O debate sobre a completude ou incompletude do sistema jurídico tem mobilizado a melhor literatura ao longo dos tempos: cfr. uma exposição das principais contribuições em LAMEGO, *Elementos de Metodologia...*, pp. 118 ss. Embora não se possa desenvolver o tema aqui, a orientação que adotamos é a da tendencial completude *pelo menos* do ordenamento jurídico-constitucional. Trata-se, reconhece-se, de uma orientação não sufragada pela doutrina mais representativa: v. CANOTILHO, *Direito Constitucional...*, pp. 1107-8; MIRANDA, *Curso...*, I, p. 213.

[1992] Como será o caso da norma do artigo 136º, nº 3, sobre maioria exigida para superar o veto político do Presidente, a qual deverá ser aplicada também nos casos das alíneas *a*) e *c*) do nº 6 do artigo 168º, não obstante não os abranger. No mesmo sentido, MORAIS, *Curso...*, I, 3ª ed., p. 285.

[1993] A questão não é pacífica: contra v. ZORRILLA, *Conflictos...*, p. 153. DAVID DUARTE, «Drawing Up Boundaries...», pp. 61-62, sustenta que as colisões total-parcial entre uma norma *geral* hierarquicamente superior e uma norma *especial/excecional* inferior são superadas através de ponderação e não através da regra da *lex superior*. Não parece uma orientação inexpugnável, mas a sua discussão sai do âmbito desta investigação.

[1994] Assim, GUASTINI, *Distinguendo...*, pp. 169 ss., e DAVID DUARTE, «Drawing Up Boundaries...», p. 58, embora referindo-se apenas (insuficientemente) ao método da ponderação.

O PRINCÍPIO DA PROIBIÇÃO DO EXCESSO

4. Colisões de bens, interesses ou valores

À proibição do excesso interessam *todas* as colisões parcial-parcial?

Para responder temos de recorrer a outras formas de descrição da colisão normativa. Atenderemos agora à colisão, essencialmente pragmática, entre bens, interesses ou valores. A colisão entre normas implica a suscetibilidade de a satisfação de um bem, interesse ou valor só se poder fazer à custa do sacrifício de outro. A pergunta a que cabe agora dar resposta é a seguinte: as colisões de bens, interesses ou valores que valem como pressuposto da aplicabilidade da proibição do excesso são colisões de *quaisquer* bens, interesses ou valores, independentemente da sua natureza e fonte?

A resposta a essa pergunta orbita tradicionalmente em torno de duas orientações opostas, a restritiva e a ampliativa. A par das versões mais extremas de cada uma delas, pontificam versões moderadas, intermédias ou sincréticas.

Embora o debate entre estas tendências transcenda o espaço jurídico germânico[1995], atingiu aí amplitude e aprofundamento que justificam atenção acrescida, até porque o sentido do debate dogmático alemão tem influenciado decisivamente outros ordenamentos, incluindo o da UE[1996].

4.1. Tese restritiva

A tese restritiva articula-se com a versão puramente *garantística* do princípio, decorrente da ideia de proibição do excesso como *"Abwehrrecht gegen der Staat"*.

Correspondendo aos apelos à "moderação" no emprego da proibição do excesso[1997], as teses restritivas consideram que o seu alcance material não vai além da limitação da atividade do Estado restritiva da liberdade[1998]. A proibição do

---

[1995] Por exemplo, discutindo a questão de saber se a proporcionalidade clássica tem um âmbito de aplicação circunscrito à colisão de interesses públicos e direitos fundamentais ou mais além, CRAIG, «Proportionality...», *cit.*

[1996] Cfr. o capítulo 2.

[1997] V. OSSENBÜHL, «Maßhalten mit dem Übermaßverbot», pp. 158 ss.

[1998] MERTEN, «Der Verhältnismäßigkeitsgrundsatz», p. 533. Talvez se possa dizer que as teses restritivas são assumidas, expressa ou implicitamente, pela maioria dos autores, eventualmente com uma ou outra concessão: REUTER, «Die Verhältnismäßigkeit...», p. 513; XYNOPOULOS, *Le controle de la proportionnalité...*, pp. 145 ss.; FROMONT, «Le principe...», p. 164; MÖLLER, «Proportionality...», p. 710; TSAKYRAKIS, «Proportionality...», p. 474; NOGUEIRA, *Direito Fiscal...*, p. 61 (o princípio da proporcionalidade é "um critério de aferição da legitimidade da ação pública que, na prossecução de um fim público, afeta ablativamente a esfera jurídica de um particular"); MIRANDA/JORGE P. SILVA, «Anotação ao artigo 18º», in Miranda/Medeiros, *Constituição...*, I, 2ª ed., pp. 372-3; MORAIS, *Curso...*, II, vol. 2, pp. 475 ss.; BONAVIDES, *Curso de Direito Constitucional*, 25ª ed., p. 395. Parece ser essa também a posição de KLUTH, «Prohibición...», p. 223.

542

COLISÃO NORMATIVA, EM ESPECIAL DE BENS, INTERESSES OU VALORES

excesso não é mais do que a última válvula de segurança da liberdade dos particulares[1999].

Os fundamentos das teses restritivas são essencialmente teoréticos. Assim, defende-se que a liberdade é a "mãe" da proibição do excesso[2000]. Esta tem simplesmente a função de defender os direitos e a esfera de liberdade individuais[2001], não sendo aplicável a constelações com eles incomparáveis, designadamente as da organização do Estado, do orçamento ou do direito civil[2002].

Ou então, num argumento que atende predominantemente à estrutura normativa, defende-se que as normas que alicerçam fins ou considerações de interesse público não são diretivas de otimização do mesmo tipo que as normas de direitos. O legislador não está *obrigado* a otimizar ou mesmo a prosseguir aqueles. Ao contrário do que sucede com as normas de direitos, as normas que consagram interesses públicos são permissões ou recomendações de otimização e não diretivas ou obrigações de otimização[2003]. Por isso, a proibição do excesso não é aplicável quando se trate de limitar a promoção de um interesse público para elevar o nível de garantia e promoção de um direito fundamental[2004].

Esta tese reflete tendencialmente a jurisprudência do Tribunal Constitucional alemão. A pedra de toque fundamental é a sua posição em relação à aplicabilidade no âmbito do Direito da organização estatal (*Staatsorganisationsrechts*), designadamente às medidas legislativas (e outras) que interferem na autonomia local e, no caso da Alemanha, nos Estados federados (*Länder*). O Tribunal tem rejeitado essa aplicação, uma vez que nesse domínio são aplicáveis outros instrumentos paramétricos[2005].

4.2. Tese ampliativa

No extremo oposto, a tese ampliativa é sufragada por BLECKMANN[2006] e SCHLINK[2007], entre outros[2008], com matizações e motivações várias. Para esta

---

[1999] MERTEN, «Der Verhältnismäßigkeitsgrundsatz», p. 520.

[2000] *Idem*, p. 538.

[2001] *Idem*, p. 541.

[2002] *Idem*, p. 542, *passim*.

[2003] RIVERS, «Proportionality, Discretion and the Second Law of Balancing», p. 168; no mesmo sentido BARAK, *Proportionality*..., pp. 534 ss.; cfr. também, MEYERSON, «Why Courts Should Not Balance Rights...».

[2004] BARAK, *Proportionality*..., p. 535.

[2005] KLUTH, «Prohibición...», p. 236.

[2006] BLECKMANN, *Begründung*..., pp. 177 ss.; algumas indicações já em *Staatsrecht II*..., pp. 368 ss., 377.

[2007] SCHLINK, «Der Grundsatz...», p. 447.

[2008] Na doutrina nacional, NOVAIS, *As restrições*..., pp. 190-2 (na medida em que admite que o princípio da proporcionalidade, ao contrário de outros limites aos limites, se aplica mesmo em situações em que seja "pacificamente reconhecida a ausência de quaisquer efeitos restritivos da

O PRINCÍPIO DA PROIBIÇÃO DO EXCESSO

orientação, a proibição do excesso é mais do que uma barreira protetora da liberdade. Embora se possa admitir que o préstimo mais imediato do princípio seja o da preservação de posições jurídicas subjetivas contra interferências desnecessárias ou desproporcionais, ele vale como princípio geral disciplinador da atividade do Estado, aplicável em todos os domínios em que haja uma colisão entre bens, interesses ou valores.

Em primeira linha, o princípio aplica-se quando esteja em causa a resistência de posições jurídicas subjetivas em relação a interferências, qualquer que seja a sua origem e o tipo de colisão. São, em resumo, os seguintes casos: (i) interferências nos direitos fundamentais com vista à promoção de interesses coletivos[2009]; (ii) interferências em faculdades resultantes de direitos fundamentais com vista à proteção de posições jurídicas subjetivas de outros particulares igualmente tuteladas através de direitos fundamentais[2010]; (iii) limitações de direitos a prestações concretizadoras de direitos sociais, na medida em que colidam e tenham de ser contrapesados com os interesses dos contribuintes[2011]; (iv) colisões de interesses de pessoas privadas protegidos através da *Privatrechtsordenung*[2012]; (v) colisões de direitos não protegidos pela constituição, isto é, decorrentes da lei ordinária, oponíveis por pessoas privadas a outras pessoas privadas[2013]; (vi) colisões de direitos que resultam da atuação da Administração com interesses públicos[2014]; (vii) colisões de posições jurídicas subjetivas protegidas por lei ordinária, com estrutura idêntica aos direitos fundamentais, com interesses públicos ou outras posições jurídicas subjetivas[2015].

Por outro lado, argumenta-se a favor da utilização do princípio como instrumento de proteção de interesses públicos, especificamente protegidos pela constituição e assistidos por certas garantias formalmente assimiláveis a garantias *subjetivadas*. Um primeiro grupo é composto pelos chamados direitos fundamentais (designação meramente figurativa, uma vez que não recobrem nem são instrumentais em relação a interesses de particulares, antes se traduzindo

---

liberdade"; VICENTE, *O Princípio da Proporcionalidade...*, pp. 25 ss. A real inclinação de ALEXY suscita dúvidas, embora nunca tenha aprofundado especificamente essa vertente. Na medida em que considera que os bens coletivos podem ser objeto de princípios e defende que o princípio da proporcionalidade é inerente à estrutura dos princípios, admitirá presumivelmente que o princípio da proporcionalidade é aplicável em situações de colisões de bens, interesses ou valores coletivos (v. ALEXY, «Entrevista a Robert Alexy...», p. 19).

[2009] BLECKMANN, *Begründung...*, p. 178.

[2010] *Idem*, p. 179.

[2011] *Idem*, p. 179.

[2012] *Idem*, p. 179.

[2013] *Idem*, pp.179-180.

[2014] *Idem*, p. 180.

[2015] *Idem*, p. 180.

COLISÃO NORMATIVA, EM ESPECIAL DE BENS, INTERESSES OU VALORES

em competências e direitos de participação) dos estados da Federação (*Länder*), das autarquias (*Gemeinden*), dos órgãos dos Estados e dos titulares de cargos públicos. O princípio do Estado de Direito, ao implicar a garantia do exercício das competências tal como previstas na constituição, justifica a aplicação do princípio sempre que se verifique um conflito entre elas e a prossecução dos interesses públicos a cargo do Estado cuja resolução implique um sacrifício de alguns dos interesses em conflito[2016]. Um segundo grupo é constituído por alguns interesses públicos salvaguardados contra os próprios órgãos dos estados da Federação. São, designadamente, interesses públicos garantidos especificamente pela constituição ou que o Estado é especificamente incumbido de prosseguir, como os interesses financeiros (*Finanzinteresse*) e o interesse da proteção do ambiente. A limitação destes interesses públicos está sujeita a um grau de exigência idêntico ao da limitação dos direitos fundamentais, pelo que se aplica também o princípio da proibição do excesso em caso de necessidade de resolução de colisões com outros interesses públicos[2017].

Finalmente admite-se em alguns domínios uma vocação *puramente objetivista* do princípio. BLECKMANN introduz a *Kompetenztheorie*[2018] como alternativa ou complemento de uma proibição do excesso fundada numa conceção subjetivista do Estado de Direito[2019]. A *Kompetenztheorie* parte da impostação de que a ação do Estado está *sempre* vinculada à prossecução do interesse ou bem público[2020]. A *adequação* e a *necessidade* seriam, consequentemente, *pressupostos* permanentes do exercício das competências orientadas à satisfação de interesses públicos. Estes subprincípios da proibição do excesso desvincular-se-iam da tarefa específica de proteção de posições jurídicas subjetivas para passarem a *pressupostos das competências*, aplicáveis mesmo que não se verifique qualquer limitação ou agressão a um direito[2021]. E a ponderação de interesses seria também exigível

---

[2016] *Idem*, p. 180; também, SCHLINK, «Der Grundsatz...», p. 449 (referindo especificamente os conflitos entre maioria e minoria parlamentar, parlamento e deputados singulares, governo e parlamento, governo e comissões de inquérito e assim por diante).

[2017] Bleckmann, *Begründung...*, p. 180. O autor esclarece, todavia, que este alargamento do âmbito de aplicação do princípio aos conflitos entre interesses públicos não tem como consequência inexorável que a avaliação da correção do contrapeso seja da competência de um juiz (constitucional): v. pp. 180-181.

[2018] *Idem*, p. 181.

[2019] A expressão é "*Abkoppelung des Verhältnismäßigkeitsprinzips vom subjektiven Rechtsstaatsprinzip*": *idem*, p. 183.

[2020] *Staatsrecht II...*, p. 377; *Begründung...*, pp. 181 ss.

[2021] *Begründung...*, pp. 181-182. O autor invoca o caso paralelo da aplicação do princípio da proporcionalidade pelo Tribunal de Justiça das Comunidades (hoje, da UE), onde também serve para preservar princípios fundamentais objetivos. A *Kompetenztheorie* de BLECKMANN não deve ser confundida com a teoria que atribui ao princípio da proibição do excesso a tarefa (*complementar*) de

O PRINCÍPIO DA PROIBIÇÃO DO EXCESSO

no caso de estarem em presença *simplesmente interesses públicos*. Na verdade, na perspetiva de um princípio do Estado de Direito "objetivado" (*verobjektiviert*) e da noção de *bonum commune*, não é indiferente a composição material resultante da concreta ponderação, na medida em que havendo concorrência entre vários interesses públicos deve ser dada preferência àquele que tiver maior peso[2022]. Isso é particularmente evidente na situação de confronto entre o interesse público da adequada mobilização e distribuição dos recursos financeiros, humanos e materiais do Estado e outros interesses públicos. A exigência de uma ponderação de interesses públicos, nos termos em que a proibição do excesso a postula, seria reforçada pela consideração de que em última análise os interesses públicos são uma "soma de interesses privados"[2023].

Com esta tese atinge-se o *ponto máximo* de amplitude do princípio da proibição do excesso de acordo com um critério dos bens, interesses ou valores em jogo. Todas as colisões de bens, interesses ou valores e todos os atos do poder público que pretendam resolver essas colisões lhe ficam sujeitos.

5. Posição adotada

A posição que parece mais consentânea com o *espírito* e *a estrutura* (e até com o *sentido histórico*) da proibição do excesso como instrumento da harmonização aproxima-se das teses restritivas, com alguma matização.

Na verdade, a proibição do excesso irrompe no firmamento garantístico essencialmente como um instrumento de *restrição das restrições* a direitos fundamentais. Mais precisamente, a intenção inicial que a animava quando foi transposta da atividade administrativa para o campo da atividade legislativa era barrar o caminho a um legislador excessivo, impedindo-o de afetar desproporcionadamente direitos fundamentais – *maxime* de liberdade – em nome da prossecução de interesses públicos ou coletivos. Tal continua a ser *mutatis mutandis* o núcleo duro – quase que se pode dizer *a ratio essendi* – do princípio da proibição do excesso. A proibição do excesso visa assegurar que, em caso de colisão, a harmonização entre

repartição de competências. De acordo com a primeira, o respeito pelas máximas da proibição do excesso seria um *critério* para um órgão exercer uma competência previamente apurada. Diversamente, a teoria do princípio da proibição do excesso como *mecanismo de repartição de competências* (*Kompetenzverteilungsmachanismus*), sustenta que o princípio serve de mecanismo ou de critério de delimitação de competências. Sobre isto HIRSCHBERG, *Der Grundsatz...*, pp. 198 ss.

[2022] *Begründung...*, p. 183.

[2023] *Idem*, pp. 180, 182. O alargamento do âmbito de aplicação do princípio da proibição do excesso ou da proporcionalidade ao conflito de interesses exclusivamente públicos coloca desde logo o problema da distribuição de tarefas entre parlamento e juiz na monitorização da ponderação de interesses. Não traçando a constituição qualquer critério de ponderação, só o legislador pode defini-lo, não competindo ao juiz constitucional a sua avaliação, pelo que o princípio seria exclusivamente um instrumento de autocontrolo.

COLISÃO NORMATIVA, EM ESPECIAL DE BENS, INTERESSES OU VALORES

interesses coletivos (lado ativo) e posições jurídicas subjetivas jusfundamentais (lado passivo[2024]) se faça sem sacrifício desproporcionado destas[2025].

Este critério é suficientemente elástico para cobrir as posições subjetivas das entidades com autonomia que se possam considerar estruturalmente assimiláveis aos tradicionais direitos de liberdade dos indivíduos[2026]. Como se assinalou acima, noutras latitudes a sujeição da afetação daquelas à proibição do excesso é discutida[2027]. Entre nós, essa discussão é menos pertinente[2028]. Quanto às

---

[2024] Recorde-se que se utiliza as expressões *lado ativo* e *lado passivo* para denotar, respetivamente, os bens, interesses ou valores beneficiados por efeitos positivos e os bens, interesses ou valores atingidos por efeitos negativos: cfr., por exemplo, HARALD SCHNEIDER, *Die Güterabwägung...*, p. 43 (*Aktive-Seite, Passiv-Seite*); CLÉRICO, *El examen...*, p. 174. Também sugestivas são as expressões posição de defesa e posição de ataque (ALEXY refere-se, em «Die Gewichtsformel», trad. castelhana, «La fórmula del peso», *cit.*, p. 38, a força de defesa e força de ataque).

[2025] Conquanto não a estudemos aqui, pode dizer-se que essa é também a intenção da aplicação da proibição do excesso no domínio da atividade administrativa, embora seja fundamentalmente correto o *obiter dictum* no acórdão nº 187/2001, do Tribunal Constitucional, sublinhando "que as exigências decorrentes do princípio se configurem de forma diversa para a actividade administrativa e legislativa – que, portanto, o princípio, e a sua prática aplicação jurisdicional, [têm] um alcance diverso para o Estado-Administrador e para o Estado-Legislador." V., por todos, FREITAS DO AMARAL, *Curso de Direito Administrativo*, vol. II, pp. 127 ss.; 2ª ed., pp. 141 ss. Mais complexa será a adaptação desse conceito às relações entre particulares. Como se viu, o Tribunal Constitucional já deu ampla cobertura à aplicação do princípio da proporcionalidade nas relações privadas. Recorde-se o anteriormente citado acórdão nº 302/01: "Não se contesta portanto que o princípio da proporcionalidade seja princípio geral de direito, *conformador não apenas dos actos do poder público mas também, pelo menos em certa medida, dos actos de entidades privadas e inspirador de soluções adoptadas pela própria lei no domínio do direito privado*". Cfr. também o que escrevemos em «Proporcionalidade», *cit.*, pp. 47 ss. Precisando o nosso pensamento: na medida em que em certas circunstâncias os direitos fundamentais, designadamente os direitos, liberdades e garantias, vinculam as entidades privadas (artigo 18º, nº 1), o princípio da proibição do excesso será pelo menos aplicável quando uma entidade disponha de um poder, assimilável ao das entidades públicas, que possa fazer valer jurídica ou faticamente nas relações privadas.

[2026] E cobre também situações manifestamente atípicas, como algumas que resultam da estrutura especial do direito de resposta e de retificação (artigo 37º, nº 4). Se o Estado-legislador pretender produzir normas que de alguma forma contrariem o seu dever de *abstenção* de medidas legislativas que dificultem, perturbem ou neguem o exercício do direito de resposta e retificação em nome de um qualquer interesse público, essas normas caem na órbita da proibição do excesso. Mas isso suscita a situação – porventura única – de um interesse público justificar a restrição de um direito subjetivo (?) do próprio Estado à resposta e retificação, uma vez que o Estado é também, potencialmente, titular desse direito subjetivo, como nota VITAL MOREIRA, *O direito de resposta...*, pp. 16, 73.

[2027] V., por todos, HEUSCH, *Der Grundsatz...*, *cit.*; SCHLINK, «Proportionality in Constitutional Law...», p. 297.

[2028] Na doutrina, falando esplicitamente de direitos e deveres das regiões e das autarquias locais, LÚCIA AMARAL, *A Forma da República...*, p. 381; diferentemente, considerando que não se pode falar de direitos mas sim de *garantias institucionais*, MORAIS, *Curso...*, II, 2, p. 550.

O PRINCÍPIO DA PROIBIÇÃO DO EXCESSO

regiões autónomas, há indicadores relevantes de que a Constituição equipara a *direitos* as faculdades e os poderes autonómicos, sejam os que constam da Constituição, sejam os que os estatutos político-administrativos consagram: reveja-se o artigo 281º, nº 1, *d*), e a sua alusão aos *direitos* da região autónoma consagrados no estatuto respetivo. Se houver alguma possibilidade de interferência com vista à prossecução de outros interesses, haverá lugar à aplicação da proibição do excesso. Daí não decorre adulteração ou alteração do critério apresentado. Pela mesma ordem de razões, defende-se a extensão de semelhante doutrina às atribuições e à organização, bem como aos regimes das finanças locais e da tutela administrativa das autarquias, incluindo os fixados por lei (artigos 237º, nº 1, 238º, nº 2, e 242º). É teoricamente defensável que, uma vez estabelecidos determinados parâmetros autonómicos, os entes autárquicos adquirem um conjunto de posições jurídicas com um perfil estruturalmente equivalente a direitos. Nessa linha, a interferência do legislador nessas posições jurídicas com alguma radicação subjetiva (diminuindo a autonomia, interferindo na organização, cortando nos recursos financeiros, acentuando as formas de tutela), com vista à prossecução de interesses públicos por ele considerados prevalentes (por exemplo, o interesse da consolidação das finanças públicas), está sujeita ao parâmetro da proibição do excesso[2029].

Do mesmo modo, a consideração das relações entre o ordenamento nacional e o Direito da União Europeia não afeta substancialmente o critério. Como vimos no local próprio, o legislador nacional pode produzir normas que restrinjam as chamadas liberdades fundamentais protegidas pelo Direito da União se para isso houver razões imperativas de interesse geral. Nesse contexto tem de respeitar o princípio da proporcionalidade na versão europeia[2030].

Todavia, admite-se que o critério proposto tenha de sofrer ligeiros ajustamentos.

Apesar de a doutrina dominante continuar a dar como adquirida a diferença entre bens, interesses ou valores não subjetivados ("interesses públicos") e sub-

---

[2029] A jurisprudência constitucional portuguesa oferece casos que poderiam ser bons exemplos destas situações, como aqueles em que está em causa a fixação de limites quantitativos às transferências do Estado para as Regiões Autónomas ou para o endividamento destas (cfr. acórdãos nºs 532/00 e 567/04). Esses limites são estabelecidos pelas normas de enquadramento orçamental para salvaguardar a economia e as finanças do todo nacional, limitando a autonomia financeira e patrimonial das Regiões. No entanto, essas são situações em que o Tribunal limita drasticamente o alcance do seu juízo de proporcionalidade ou confessa-se impotente para o fazer (cfr. *supra*, capítulo 5), pelo que daí não se podem tirar conclusões gerais sobre a aplicabilidade da proibição do excesso no contexto desse tipo de colisões.

[2030] Cfr. *supra*, capítulo 2, para as relações entre princípio da proporcionalidade na versão europeia e na versão nacional.

COLISÃO NORMATIVA, EM ESPECIAL DE BENS, INTERESSES OU VALORES

jetivados ("direitos fundamentais"), não se pode tapar os olhos ao sensível esboroamento das fronteiras[2031] e ao surgimento de figuras atípicas onde o *espírito* da dissuasão do excesso faz igualmente sentido. Atentemos nos bens, interesses ou valores da saúde pública, dos direitos dos consumidores, da qualidade de vida, da preservação do ambiente e do património cultural, da defesa dos bens do Estado (artigo 52º, nº 3, *a*) e *b*)), bem como do urbanismo e do ordenamento do território . Trata-se de bens, interesses ou valores que integram a categoria dos interesses públicos (sem embargo de serem daqueles que mais seriamente desafiam a consistência da disjunção entre interesses públicos e direitos fundamentais). Pode suceder que o legislador os afete em nome da satisfação de outros interesses públicos. Ora, a ordem jurídica, embora não os subjetive, reconhece a sua textura própria. Por isso, reconhece a uma parcela da comunidade, ou a instituições da comunidade, direito de ação popular (cfr., designadamente, o artigo 9º, nº 2, do Código de Processo nos Tribunais Administrativos), conferindo-lhes funções de tutores de interesses objetivos. O legislador subentende que, sem embargo de não haver estrutura de posição jurídica subjetiva *proprio sensu*, há uma vantagem subjetivamente contabilizável[2032]. Atendendo a esta última propriedade, a situação não é exatamente assimilável mas acaba por não se distanciar muito da que é típica da proibição do excesso (interesse público vs. posições jurídicas subjetivas ativas)[2033].

Outra situação que exige um ajustamento é a que decorre de o legislador poder promover bens, interesses ou valores não diretamente tutelados pela Constituição, interferindo em posições jurídicas subjetivas cobertas por nor-

---

[2031] V. a vigorosa refutação da oposição entre as duas categorias feita por MUZNY, *La technique de proportionnalité...*, pp. 322 ss., considerando-a puramente "ideológica".

[2032] As propostas de enquadramento doutrinal destas situações variam. BIDART CAMPOS, *Teoria General de los derechos humanos*, Buenos Aires, Astrea, 1991, pp. 143 ss., discorre em torno dos *"direitos por analogia"*, os quais não se confundem com os direitos de natureza análoga do artigo 17º da CRP. Nos direitos por analogia de BIDART CAMPOS, não existiria uma relação de alteridade entre um sujeito passivo e um sujeito ativo. O Estado teria uma obrigação de fazer, mas a essa obrigação não corresponderia uma posição jurídica do lado ativo. Saliente-se que o âmbito de aplicação da tese parece abranger os chamados direitos sociais, posição que não é compartilhada no texto. De *"interesses difusos"* fala MIRANDA, *Manual...*, IV, 2ª ed., pp. 65 e ss., posição, aliás, muito difundida na doutrina portuguesa.

[2033] O esboroamento ou porosidade de fronteiras também pode causar dificuldades ao nível do lado ativo. Por exemplo, a libedade de imprensa é reconhecida pela Constituição como fonte de posições jurídicas subjetivas de jornalistas, de colaboradores ou de qualquer particular que pretenda fundar jornais e outras publicações (artigo 38º, nºs 1 e 2). Todavia, a existência de uma imprensa livre é igualmente uma garantia institucional ou um pilar estrutural objetivo de uma sociedade aberta, pluralista e assente na livre comunicação e debate. Esta vocação camaleónica pode permitir que umas vezes o legislador intervenha primariamente com o fito de intensificar a satisfação das decorrências subjetivas da liberdade de imprensa, outras movido pelo ângulo objetivo.

O PRINCÍPIO DA PROIBIÇÃO DO EXCESSO

mas de direitos fundamentais, se conseguir suplantar a proibição *prima facie* de o fazer[2034]. Nessa eventualidade estão contidas as possibilidades de o bem, interesse ou valor promovido pelo legislador ter natureza *objetiva* ou de ter natureza *subjetiva*. Nesta segunda hipótese, a sujeição da superação da colisão à proibição do excesso foge ao critério apresentado. Sem embargo, o eventual sacrifício de posições jurídicas subjetivas fundamentais não pode deixar de estar sujeito a uma (potente, dir-se-á) modalidade da proibição do excesso.

Finalmente, como veremos adiante[2035], na aferição das intensidades de satisfação e de interferência devem ser consideradas não apenas a satisfação e a interferência nos bens, interesses ou valores direta, imediata ou principalmente tocados mas também a satisfação e interferência indiretas (*efeitos colaterais*). Por isso, pode suceder que, no lado ativo, a par de interesses públicos *predominantes*, sejam colateralmente promovidas/beneficiadas posições jurídicas subjetivas e, no lado passivo, a par de posições jurídcas subjetivas *predominantes*, sejam colateralmente afetados interesses públicos.

Nenhuma destas precisões obnubila a ideia inicial de que a proibição do excesso é aplicável nas situações em que o legislador promove primordialmente interesses públicos afetando essencialmente posições jurídicas subjetivas jusfundamentais[2036].

[2034] V. *supra*, capítulo 9, 3.3.

[2035] Capítulo 16, 4.1.5.

[2036] Do exposto resulta, designadamente, que não aderimos à orientação, já mencionada numa nota anterior, que imputa à proibição do excesso a função de critério de repartição de competências por vários órgãos. Um dos defensores desta perspetiva, entre nós, é MIRANDA, *Manual...*, IV, 2ª ed., p. 216: o princípio da proporcionalidade também envolveria "uma directiva para as relações que se desenrolem no interior do aparelho institucional do Estado, *maxime* na consideração das competências dos órgãos em determinadas vicissitudes". Por isso, vislumbra no artº 186, nº 5, da CRP, manifestação do princípio (tal como MORAIS, *Curso...*, I, 3ª ed., p. 427, embora sem explicação do alcance da aplicação da proporcionalidade nesse âmbito).

Pese embora não estar aí em causa a resolução legislativa de colisões, pode dizer-se que a orientação exposta vale também para a questão de saber se a proibição do excesso joga algum papel na superação da colisão do dever do administrador de respeitar a constituição, ao abrigo do princípio da constitucionalidade, com o dever de cumprir a lei, sob a égide do princípio da legalidade. A admissão da aplicabilidade da proibição do excesso nesta situação equivaleria à aceitação de que ela é passível de ser convocada para mediar a operação de resolução de uma *colisão* entre dois princípios constitucionais objetivos de ordenação normativa e, em segunda linha, para presidir à resolução de um problema de delimitação de competências do órgão administrativo face ao legislador e ao próprio juiz constitucional. Contudo, mesmo que se possa demonstrar nesse caso a existência de uma vontade e finalidade de prosseguir coordenadamente e otimizadamente dois princípios constitucionais (o que poderia discutir-se), não há lugar à aplicação do princípio da proibição do excesso ou da proporcionalidade *proprio sensu*, ao invés do que parece sugerir ANDRADE, *Direitos...*, 2ª ed., p. 210. Haverá porventura necessidade de mobilizar um outro instrumento de mediação

COLISÃO NORMATIVA, EM ESPECIAL DE BENS, INTERESSES OU VALORES

da operação de ponderação e harmonização a que também não seja estranha a ideia de proporção, no sentido de temperança, bem como as ideias de prudência ou razoabilidade, mas não a proibição do excesso. Desde logo, porque quando o órgão administrativo é confrontado em concreto com um problema de constitucionalidade de uma norma lesiva de direitos, liberdades e garantias, ou opta pela *única* hipótese adequada e necessária para proteger o princípio da constitucionalidade, ou opta pela *única* atitude adequada e necessária para respeitar o princípio constitucional da legalidade. Os segmentos da adequação e da necessidade não têm em rigor aplicação, porque a adequação e a necessidade estão *pressupostas* à partida em cada uma das opções, sendo estas as *únicas* adequadas e necessárias para prosseguir um dos princípios sacrificando *integralmente* o outro. Mas, por outro lado, é certo que o órgão da Administração teria de realizar uma operação de ponderação ou de balanceamento entre princípios e bens, interesses ou valores constitucionais colidentes. Nessa perspetiva, tratar-se-ia de uma operação formalmente semelhante à inerente à aplicação do segmento da proporcionalidade e.s.e. Mas o ambiente em que essa operação de ponderação se efetuaria não é o ambiente próprio do princípio da proporcionalidade, o ambiente da colisão entre bens, interesses ou valores públicos e bens, interesses ou valores protegidos por direitos fundamentais. Essa operação de ponderação levaria ao sacrifício de um desses princípios (da constitucionalidade ou da legalidade), aquele que revelasse menor peso no caso concreto. Nesta hipótese haveria uma operação de ponderação de princípios, com uso de um instrumento de mediação que apela a padrões de razoabilidade ou de aplicação equilibrada dos bens, interesses ou valores subjacentes a cada um desses princípios, mas não aplicação da proporcionalidade – e, bem assim, da proporcionalidade e.s.e. – tal como a perspetivamos neste trabalho.

Capítulo 13
Colisão de diferentes posições do legislador

1. Insuficiência do critério do tipo de colisão de bens, interesses ou valores
Do capítulo anterior decorre que as colisões normativas que delimitam a aplicabilidade da proibição do excesso são as colisões parcial-parcial de normas constitucionais que, primordialmente, desencadeiam colisões pragmáticas entre bens, interesses ou valores objetivos ou públicos e bens, interesses ou valores tutelados através de posições jusfundamentais.

Num contexto doutrinal e dogmático em que a proibição do excesso fosse o único instrumento de harmonização conhecido e em que fosse concebível que se pudesse usar quase sem restrição em todo o tipo de colisões, o exercício do capítulo anterior e a adesão a uma das orientações enunciadas seria suficiente para delimitar as circunstâncias em que a proibição do excesso se aplica e aquelas em que não se aplica. Contudo, o cruzamento entre a realidade constitucional e a constituição *prima facie* gerou tipos de colisões dificilmente reconduzíveis às que no passado eram as mais frequentes. Por outro lado, tomou-se consciência das dificuldades de adaptação da estrutura da proporcionalidade clássica ou proibição do excesso mesmo a certas colisões clássicas. Em reação, foram construídos outros instrumentos alternativos de harmonização.

Para distinguir as ocorrências em que se aplica a proibição do excesso e as ocorrências em que se aplicam esses outros instrumentos de harmonização, não basta o critério dos bens, interesses ou valores pragmaticamente colidentes. Essencial é o critério que atende à posição deonticamente definida do legislador face à satisfação ou interferência nos bens, interesses ou valores colidentes. A circunstância de não se atender ao modo deôntico da estatuição das normas que estabelecem as condutas que o legislador pode ou deve adotar na reso-

O PRINCÍPIO DA PROIBIÇÃO DO EXCESSO

lução das colisões de bens, interesses ou valores tem consequências teoréticas e dogmáticas e provoca disfunções relevantes. Já o antecipámos a propósito da jurisprudência do Tribunal Constitucional. Importa, portanto, estudar o que sucede quando há uma *colisão de posições do legislador* perante uma colisão de bens, interesses ou valores pragmaticamente irrealizáveis em simultâneo.

Estamos perante colisões normativas *unipessoais*, isto é, colisões que envolvem posições do mesmo agente, no caso o legislador[2037]. Estas colisões de posições do legislador tanto podem ser *uninormativas* como *plurinormativas*, isto é, colisões de posição-tipo idênticas e colisões de posição-tipo diferentes[2038]. As segundas são mais frequentes, mas as primeiras também se verificam com alguma regularidade.

Para efeitos de delimitação das colisões que desencadeiam a aplicação da proibição do excesso, teremos em conta o modo como as posições do legislador face a bens, interesses ou valores, tutelados por uma só norma ou por normas distintas, podem colidir, em função da estrutura deôntica da(s) norma(s) que enquadram a(s) sua(s) conduta(s). Torna-se aqui escusado retomar a exposição anteriormente feita sobre os modos deônticos (obrigação, proibição, permissão) e sobre a respetiva intercambialidade[2039].

2. A identificação dos instrumentos de harmonização aplicáveis de acordo com o critério do tipo de colisão de posições jurídicas do legislador tendo em conta a estrutura deôntica das normas que definem a sua conduta

Quando exista uma colisão normativa que envolva, pelo menos em um dos "lados", bens, interesses ou valores objeto de uma proibição absoluta de promoção ou interferência, essa colisão não é resolvida através de harmonização.

[2037] Sobre a distinção entre colisões normativas *unipessoais* e *interpessoais*, isto é, as colisões que envolvem posições do mesmo agente ou posições de agentes diferentes, v. Veloso, «Concurso...», p. 222.

[2038] *Idem.*

[2039] Como se expôs, esta intercambialidade é muitas vezes expressa através de operadores da lógica deôntica dos sistemas normativos. Sendo O para obrigação, Ph para proibição e P para permissão, p para conduta, $\equiv$ para equivalente, $\neg$ para negação:

$Op \equiv Ph\neg p \equiv \neg P\neg p$ (a obrigação de praticar p é equivalente à proibição de não praticar p e à não permissão de não praticar p)

$O\neg p \equiv Php \equiv \neg Pp$ (a obrigação de não praticar p é equivalente à proibição de praticar p e à não permissão de praticar p)

$\neg O\neg p \equiv \neg Php \equiv Pp$ (a não obrigação de não praticar p é equivalente à não proibição de praticar p e à permissão de praticar p)

$\neg Op \equiv \neg Ph\neg p \equiv P\neg p$ (a não obrigação de praticar p é equivalente à não proibição de não praticar p e à permissão de não praticar p).

COLISÃO DE DIFERENTES POSIÇÕES DO LEGISLADOR

Nesse cenário, há outros mecanismos de resolução da colisão, designadamente através do emprego de regras de precedência, tal como mostrado acima[2040].

Ao invés, é à harmonização que se apela quando se trata de resolver outras colisões entre bens, interesses ou valores e entre posições do legislador em relação a tais bens, interesses ou valores. O primeiro tipo de colisões e o modo como funcionam como pressuposto da aplicabilidade da proibição do excesso foi tema do capítulo anterior. Aqui cuidamos do segundo tipo de colisões: as colisões de posições do legislador resultantes da ação cruzada de normas com *estrutura deôntica diferente* ou com *estrutura deôntica similar* que geram no caso uma colisão.

São colisões resultantes da ação cruzada de normas com estrutura deôntica diferente as colisões entre: (i) uma permissão *prima facie* de ação positiva e uma obrigação *prima facie* de abstenção do legislador; (ii) uma obrigação *prima facie* de ação e uma obrigação *prima facie* de abstenção do legislador; (iii) uma obrigação *prima facie* de ação e uma permissão *prima facie* de abstenção do legislador. São colisões resultantes da ação cruzada de normas com estrutura deôntica similar as colisões entre: (iv) dois comandos *prima facie* de ação; (v) duas permissões *prima facie* de ação.

Em rigor, a última situação (duas permissões) remete para a liberdade plena de conformação do legislador, pelo que não requer nenhum instrumento de harmonização imperativo.

Do elenco não consta a colisão entre duas prescrições de abstenção (isto é, entre duas proibições de ação positiva), porque não é logicamente possível: duas abstenções de atos positivos são por natureza compatíveis. Também a obrigação *prima facie* de abstenção e a permissão *prima facie* de abstenção não é suscetível de gerar colisão.

Por não atenderem ao critério da estrutura deôntica das normas que delimitam os comportamentos do legislador, as estratégias dominantes da doutrina convivem intranquilamente com uma circunstância dogmaticamente evidente: a estrutura da proibição do excesso adapta-se bem a algumas daquelas colisões, mas custa a adaptar-se às demais. Por exemplo, parece fácil intuir que um instrumento estruturalmente concebido para evitar que o legislador cometa excessos se adapta perfeitamente às situações em que o legislador emite uma norma ao abrigo de uma permissão *prima facie* de ação que colide com uma obrigação *prima facie* de abstenção (ou proibição *prima facie* de ação). Mas já se adapta sofrivelmente (se é que se adapta de todo) às situações em que o legislador produz normas que visam promover bens, interesses ou valores colidentes objeto de duas prescrições *prima facie* de ação. Dizer que, nessas circunstâncias, o que

---

[2040] Capítulo 10, 2.2.2.

O PRINCÍPIO DA PROIBIÇÃO DO EXCESSO

pende sobre o legislador é uma proibição de se exceder no cumprimento coordenado dos dois deveres positivos colidentes é um contrassenso[2041].

Estas situações não esgotam todas as hipóteses possíveis, mas são o bastante para alicerçar uma nota cética sobre a plausibilidade de todas elas estarem sujeitas *ao mesmo instrumento* de mediação ou parâmetro da produção (ou do controlo) da norma que vise superar a colisão.

Consequentemente, para que os instrumentos de harmonização aplicáveis a cada colisão não sejam disfuncionais, é necessário que a sua estrutura condiga com cada classe de colisões, ordenadas de acordo com as estruturas deônticas das normas que definem a posição do legislador perante os bens, interesses ou valores colidentes. É crucial ter em conta que, nas classes de colisões abstratamente concebíveis, a posição do Estado varia significativamente em função da estrutura deôntica da norma que enquadra a sua ação.

Os critérios propostos são os que se seguem.

O instrumento de mediação da *proibição do excesso* é especificamente aplicável em situações onde há colisão entre uma permissão *prima facie* de ação de promoção de bens, interesses ou valores e uma obrigação *prima facie* de abstenção de interferência em bens, interesses ou valores. Neste caso, a ordem jurídica exige o respeito de um parâmetro que visa obstar a que o legislador use a sua permissão de agir *sacrificando excessivamente* os bens, interesses ou valores cobertos pelo dever de abstenção.

A título excecional, proporemos que a proibição do excesso seja também aplicável em alguns casos, materialmente delimitados, de colisão entre uma obrigação *prima facie* de ação positiva e um dever *prima facie* de abstenção.

Sem embargo da exceção acabada de enunciar, a colisão entre (i) dois deveres constitucionais *prima facie* do legislador, tipicamente um dever de ação e um dever de abstenção, ou (ii) dois deveres constitucionais de ação, ou (iii) um dever de ação e a permissão da promoção de um bem, interesse ou valor que não é objeto de nenhum dever constitucional, caem, em regra, no foro da *proibição do defeito*[2042].

[2041] Este contrassenso fica particularmente exposto nos ordenamentos constitucionais em que os particulares possam recorer ao mecanismo da queixa constitucional ou recurso de amparo (*Verfassungsbeschwerde*). Se o autor pretender suscitar a questão da constitucionalidade de uma omissão de proteção ou de prestação do legislador, a indistinção entre proibição do excesso e proibição do defeito, como pretende a tese da congruência (v. *infra*, capítulo 21, 2.2.2.2.), leva a que só possa invocar a violação da proibição do excesso, não obstante a circunstância de esta estar construída na perspetiva de evitar o sacrifício injustificado de um direito negativo. Assim, Borowski, *Grundrechte...*, pp. 115-116: como é que se pede a verificação de inconstitucionalidade de um ato omissivo com fundamento de que é excessivo?

[2042] V. *infra*, capítulo 21.

COLISÃO DE DIFERENTES POSIÇÕES DO LEGISLADOR

Por seu turno, a *proporcionalidade equitativa* é aplicável a colisões em que se verifique a sobreposição cruzada e multipolar de deveres *prima facie* de ação e deveres *prima facie* de abstenção do legislador que não fundamentam pretensões subjetivas de preferência *prima facie*, alicerçadas na lei ou na constituição[2043].

A proibição do excesso, a proibição do defeito e a proporcionalidade equitativa, juntamente com a *proporcionalidade da lei penal e das penas* (que se traduz, como se verá, numa adaptação da proibição do excesso no domínio penal[2044]), são ramificações da proporcionalidade em sentido moderno.

A *proporcionalidade quantitativa*, também versada no momento próprio, não é um instrumento de harmonização no sentido aqui acolhido, pelo que não deve ser incluída no grupo de instrumentos que se abrigam sob a proporcionalidade em sentido moderno.

Pode perguntar-se: quando a análise da colisão de bens, interesses ou valores e da colisão de posições do legislador não permitir ultrapassar dúvidas sobre qual dos instrumentos de mediação é aplicável, como superar um eventual impasse? A resposta é a seguinte: em caso de dúvida sobre qual dos testes é aplicável, aplica-se a proibição do excesso, pela sua condição de teste inicial de que se foram autonomizando progressivamente os outros, sendo, por isso, o mais consolidado e o mais familiar à doutrina e à jurisprudência, além de ser o que permite *prima facie* um controlo judicial mais intenso[2045].

3. Especificação das colisões a que se aplica a proibição do excesso, tendo em conta a posição do legislador perante a colisão e os bens, interesses ou valores em causa

Recapitula-se: o instrumento de mediação proibição do excesso é primacialmente aplicável em situações em que a relação entre as normas constitucionais (ou internacionais ou supranacionais) configura uma colisão entre uma permissão *prima facie* de ação e uma obrigação *prima facie* de abstenção.

Conjugando agora os critérios traçados no capítulo anterior (bens, interesses ou valores colidentes) e neste (posições do legislador face à colisão, de acordo com o modo deôntico da norma que rege a sua conduta), há quatro tipos de colisões abarcadas:

(i) entre um interesse público a que o legislador não está especificamente obrigado pela constituição, mas cuja prossecução é permitida por esta e é

[2043] V. *infra*, capítulo 23.

[2044] V. *infra*, capítulo 22.

[2045] Chega-se à mesma proposta que CANARIS, *Direitos fundamentais...*, pp. 60 ss., mas o fundamento só parcialmente coincide.

O PRINCÍPIO DA PROIBIÇÃO DO EXCESSO

objeto da sua preferência *prima facie* a título principal ou secundário[2046], e uma posição jurídica subjetiva coberta por uma norma de direito fundamental que prescreve a obrigação *prima facie* de abstenção de interferência do legislador (*permissão* vs. *dever de abstenção*)[2047]/[2048];

(ii) entre um interesse público a que o legislador não está especificamente obrigado pela constituição, mas cuja prossecução é permitida por esta e é objeto da sua preferência *prima facie*, e uma obrigação de abstenção de interferência em direitos das regiões autónomas ou de não afetação de posições jurídicas autonómicas "adquiridas" das autarquias (*permissão* vs. *dever de abstenção*);

(iii) entre um interesse público a que o legislador não está especificamente obrigado pela constituição, mas cuja prossecução é permitida por esta e é objeto de uma sua preferência *prima facie*, e outro interesse público constitucionalmente protegido em relação ao qual pende sobre o legislador o dever de se abster de atos lesivos, reconhecendo a ordem jurídica legitimidade a uma parcela da comunidade ou a organizações representativas (designada-

---

[2046] Equivale isto a dizer que, mesmo que haja dúvidas sobre se a prossecução do fim de interesse público ou coletivo é a principal entre vários fins prosseguidos, é aplicável o princípio da proibição do excesso. V. um exemplo claro no acórdão nº 159/07, do TC, incidente sobre a norma que permite a remição do arrendamento rural, isto é, a transição forçada para o rendeiro da propriedade de raiz da terra. O Tribunal admitiu a limitação de um direito (de propriedade) de um sujeito privado (senhorio) para benefício de outro (o rendeiro), permitindo a este que se torne o dono da terra. Todavia, a prevalência atribuída pelo legislador à posição do segundo, permitindo a remição, era sustentada também por fins de natureza económica e social (artºs 9º, *d*), 93º e 98º). Isto é, não se tratava apenas de atribuir prevalência a uma posição subjetiva sobre outra posição subjetiva, sem que a Constituição estabeleça qualquer indicação de que uma deve prevalecer ou ser protegida, mas de satisfazer também *interesses objetivos*. V., também, o acórdão nº 205/00.

[2047] A conceção que admite uma colisão entre interesse público e direitos é consensualmente entendida como adquirida, mas existem atraentes doutrinas que sustentam que o interesse público não pode colidir com os direitos uma vez que os direitos são parte constitutiva do interesse público.

[2048] Em vários pontos da exposição verificaremos que este primeiro grupo, de longe o mais relevante dentro da esfera objetiva de aplicação da proibição do excesso, requer várias diferenciações internas, com impacto, designadamente, na intensidade e exercício do controlo jurisdicional. Talvez a mais notória seja a que aparta as interferências em vertentes negativas de direitos de liberdade e em vertentes negativas de direitos sociais. Quanto a estas segundas, estando em causa a interferência em posições jurídicas subjetivas que proporcionam o acesso individual a prestações do Estado, assume relevo fundamental como justificação da interferência o interesse público da sustentabilidade financeira e económica (ou de reserva do possível). Assim, NOVAIS, *Direitos Sociais*, pp. 316 ss.

COLISÃO DE DIFERENTES POSIÇÕES DO LEGISLADOR

mente processual) para a sua defesa, tendo em conta a sua incidência ou uma relação qualificada, (*permissão* vs. *dever de abstenção*)[2049];

(iv) entre objetivos legítimos compatíveis com os Tratados da UE[2050], justificados por razões imperativas de interesse geral[2051], prosseguidos pelo legislador nacional e as liberdades fundamentais garantidas pelo Direito da União ou, numa perspetiva institucional, os interesses e as finalidades decorrentes da estruturação do mercado interno da União (*permissão* vs. *dever de abstenção*)[2052].

A este elenco de quatro, acresce um quinto item respeitante à colisão:

(v) entre um interesse público que o legislador deve prosseguir, não existindo, porém, um verdadeiro dever *específico* de emissão de normas legislativas, e uma das situações referidas nas segundas partes das alíneas anteriores (*dever de ação enfraquecido* vs. *dever de abstenção*).

A aplicação estrita dos critérios apontados inicialmente levaria à aplicação da proibição do defeito a esta quinta situação. Todavia, o grau de abstração dos bens, interesses ou valores em causa (por exemplo, o objetivo da concorrência salutar dos agentes mercantis, artigo 99º, *a*)) obsta a que se possa falar de deveres específicos de legiferação (por isso os designamos deveres *prima facie enfraquecidos*)[2053]. Por outro lado, a sua textura aproxima-os mais dos bens, interesses ou valores que o legislador escolhe livremente prosseguir do que dos bens, interesses ou valores que são objeto de um dever específico de legiferação. Por isso, é defensável que as normas legislativas que visem a prossecução destes bens, interesses ou valores fiquem sujeitas à proibição do excesso e não à proi-

---

[2049] Revejam-se os citados artigos 52º, nº 3, da CRP e 9º, nº 2, do Código de Processo dos Tribunais Administrativos.

[2050] Nesta designação abrangente incluímos todos os tratados intergovernamentais, mesmo aqueles que não são subscritos por todos os Estados-membros, como o chamado Tratado orçamental. Deles decorrem não apenas deveres de não interferência em bens, interesses ou valores europeus – por exemplo, os pilares do mercado interno –, mas também deveres respeitantes às políticas nacionais, como os que se referem ao equilíbrio orçamental ou aos objetivos de contenção da dívida pública. Ou seja, deles decorrem deveres de omissão ou de ação. Do ponto de vista dogmático, nestes casos pode aplicar-se a proibição do defeito – quando esses deveres conflituarem com outros deveres do legislador – ou a proibição do excesso – quando esses deveres conflituarem com a livre prossecução de outros fins pretendidos pelo legislador, não obrigatórios do ponto de vista constitucional.

[2051] Recorre-se a uma formulação que consta do acórdão do Tribunal de Justiça da UE *Futura Participations* (1997), § 26.

[2052] Por exemplo, a luta contra a fraude e a evasão fiscal, ou o reforço dos controlos fiscais: v., por todos, Nogueira, *Direito Fiscal...*, pp. 255 ss.

[2053] É o que ocorre, por exemplo, a propósito de quase todas as "incumbências prioritárias" do Estado enunciadas nas alíneas do artigo 81º, mormente *a*), *b*) (primeira e segunda incumbência), *c*), *d*), *e*),*f*),*g*), *i*),*j*) e *l*).

559

O PRINCÍPIO DA PROIBIÇÃO DO EXCESSO

bição do defeito, se essa prossecução implicar o não cumprimento de deveres de abstenção de interferência em posições jurídicas subjetivas ou subjetivadas do tipo das enunciadas em (i), (ii), (iii) e (iv).

No capítulo anterior sinalizámos uma situação concebível do ponto de vista teórico, embora eventualmente de rara ocorrência. Trata-se da colisão:

(vi) entre um bem, interesse ou valor não diretamente tutelado pela constituição e uma posição jurídica subjetiva coberta por uma norma de direito fundamental que obriga *prima facie* à abstenção de interferência do legislador (*proibição prima facie* vs. *dever de abstenção*).

Trata-se da situação em que o legislador encontra razões suficientemente ponderosas para superar as razões que sustentam a proibição *prima facie* de interferir em direitos fundamentais com fundamento em bens, interesses ou valores sem tutela constitucional[2054]. Ora, nem todas as possibilidades em que se desdobra esta hipótese de colisão cabem plenamente no critério geral acima proposto: o bem, interesse ou valor promovido pelo legislador pode ser uma posição jurídica subjetiva (não tutelada diretamente pela constituição) e não um interesse público[2055]. Todavia, do ponto de vista estrutural, a situação aproxima-se mais das que estão sujeitas à proibição do excesso, de acordo com o critério apresentado, do que das que estão sujeitas a outros instrumentos mediadores de harmonização. Também nela o legislador pretende promover certos bens, interesses ou valores a cujo prossecução não está adstrito, à custa de outros bens, interesses ou valores a propósito dos quais existe uma obrigação de abstenção. Por isso se admite a sua sujeição à proibição do excesso.

Algumas notas adicionais.

A primeira para sublinhar que em (i) é intencional não se falar de norma *constitucional* de *direitos, liberdades e garantias*. Por um lado, há direitos fundamentais cuja fonte imediata não é constitucional[2056]. Por outro, os direitos sociais

---

[2054] V. esta hipótese *supra*, capítulo 9, 3.3.

[2055] O acórdão nº 491/02 do Tribunal Constitucional parece configurar uma situação deste tipo, embora esse não seja o curso seguido pelo relator: há uma colisão entre um interesse da sociedade comercial (e dos respetivos acionistas) detentora de pelo menos 90% de outra, não constitucionalmente tutelado, e uma posição jurídica decorrente de direito análogo a direito, liberdade e garantia a não ser desapropriado de participação social.

[2056] O artigo 16º, nº 1, contém aquilo que se convencionou designar de cláusula aberta de direitos fundamentais. A interpretação, extensão e alcance e até utilidade desta cláusula têm sido debatidos (v. ISABEL MOREIRA, *A solução...*, pp. 153 ss.). Uma das questões que se coloca é se a proibição do excesso se aplica aos direitos fundamentais com fonte legal ou internacional. Se em relação a estes últimos a questão parece ser claramente afirmativa, até porque a respetiva fonte internacional muito provavelmente contempla, ela própria, a aplicação daquele princípio, em relação aos que tenham fonte legal a questão já se afigura mais obscura. O Tribunal Constitucional português já deu algumas indicações sobre o assunto (sobretudo na sua fase inicial), mas não se pode

COLISÃO DE DIFERENTES POSIÇÕES DO LEGISLADOR

são suscetíveis de comportar uma dimensão negativa, que também impõe uma obrigação *prima facie* de abstenção de interferência do legislador[2057].

A segunda, para notar que na lista não se inscreve nenhuma situação em que estejam em colisão dois interesses públicos *livremente* prosseguidos (ou não) pelo legislador. Uma orientação extremamente ampliativa do âmbito de aplicação da proibição do excesso poderia admitir a hipótese de esta ser aplicável ao conflito entre *qualquer tipo de interesses,* incluindo *só* interesses públicos gerais, sem qualquer subjetivação imediata e mesmo que esses interesses públicos sejam livremente adotados pelo legislador, isto é, nos casos em que a constituição funciona como simples limite negativo. Todavia, o princípio da proibição do excesso não tem de ser chamado a mediar o sacrifício de interesses gerais em prol de outros interesses gerais. A ponderação que isso exige não se confunde com a inerente ao princípio da proibição do excesso. Porventura, o autor do ato procurará a harmonização, mas será uma harmonização vinculada a critérios económico-prudenciais ou políticos e não a critérios jurídicos. Não terá de subsumir ou reportar a decisão a um quadro jurídico previamente determinado (mesmo que escassamente determinado ou densificado), antes escolhe uma linha de conduta que possa vir a potenciar proventos máximos no plano da pura avaliação das *performances* políticas do decisor[2058].

---

dizer que tenha sido inequívoco. No acórdão nº 174/87, relatado por L. N. Almeida, em que estava em causa a restrição (ou supressão) do direito à fundamentração dos atos administrativos previsto na lei (ainda não estava consagrado, como agora, no artigo 268º nº 3) e considerado direito com natureza análoga aos direitos, liberdades e garantias (sem natureza constitucional), firmou a doutrina de que àqueles direitos são aplicáveis alguns dos princípios do regime material das restrições, mas sem mencionar expressamente a aplicação da proibição do excesso (enunciando, porém, outros princípios aplicáveis). A fórmula adotada no texto comporta a aplicação da proibição do excesso também a esses direitos caso se conclua pela sua existência e inclusão de uma componente negativa como, apesar de tudo, parece poder retirar-se do discurso do TC no acórdão citado.

[2057] Em nosso entender, era sobretudo a dimensão negativa de um direito social que estava em causa no acórdão nº 62/02, do TC, sobre rendimemto mínimo garantido.

[2058] A posição qua assumimos *choca,* eventualmente, com orientações que resultam de alguma jurisprudência constitucional. O Tribunal Constitucional já disse que "... o princípio [da proporcionalidade ou da proibição do excesso] (...) quanto à função legislativa, não vinculará apenas aquela [atuação] que se cifrar em instituição de restrições aos direitos, liberdades e garantias. Como os direitos fundamentais desempenham, no nosso ordenamento jurídico, também uma importante função "valorativa" ou *objectiva,* por certo que o princípio poderá ser invocado como instrumento de ponderação sempre que estiverem em causa "valores" jusfundamentais que entre si, objectivamente, conflituem. *Ponto é, no entanto, que se tenha demonstrado previamente que, ainda nessas situações, o legislador, não agindo no âmbito da sua liberdade de conformação política, se encontrava constitucionalmente vinculado a decidir de um certo modo, e não de outro, o "conflito" entre os bens ou valores em colisão":* v. acórdão nº 651/09, nº 5, do Tribunal Constitucional, relatado por Lúcia Amaral, já

O PRINCÍPIO DA PROIBIÇÃO DO EXCESSO

A terceira, para realçar que não se inclui nada sobre o exercício do poder constituinte. A questão da aplicabilidade da proibição do excesso ao exercício do poder constituinte, originário ou derivado, convoca alguns dos debates mais complexos da teoria do direito. Um deles é o de saber se (i) toda a *criação* de direito envolve necessariamente aplicação de parâmetros normativos pré-existentes e se toda a *aplicação* envolve (ou consente) necessariamente criação; ou se (ii) há instâncias de aplicação que não envolvem criação, ou instâncias de criação originária que não estão referenciadas a nenhuma vinculação jurídica pré-existente, positiva ou supra positiva, como poderia ser o caso do exercício daquele poder constituinte, especialmente o originário. Neste segundo caso, a aplicabilidade da proibição do excesso estaria liminarmente excluída, na medida em que tem como pressuposto a possibilidade de referência a um quadro normativo pré dado. No primeiro caso, a aplicação da proibição do excesso poderia aceitar-se, porventura com fundamento supra positivo[2059].

Ora, não há dúvida que o legislador constituinte é obrigado a atribuir peso a vários bens, interesses ou valores eventualmente colidentes e a contrapesá-los, conferindo a uns prevalência sobre outros. A decisão constituinte pressupõe a realização de ponderações, ainda que ponderações em abstrato (que alguns considerarão impossíveis ou atípicas[2060]). Mas mesmo que assim se conceba, isso não significa a aplicabilidade da proibição do excesso nesse nível de colisões

---

citado no capítulo 5. Para definirmos uma posição segura sobre se há ou não contradição entre a nossa posição e a do Tribunal teria de haver uma clarificação sobre o que são os "valores" fundamentais que objetivamente conflituem entre si.

[2059] A aceitação de limites transcendentes é conatural às orientações de raiz jusnaturalista. Todavia, mesmo autores tendencialmente positivistas, particularmente aqueles que incorporem no seu pensamento uma "correção" supra-positiva, designadamente jus-naturalista ou institucionalista, podem admitir limites materiais ao poder constituinte. Veja-se o caso de MIRANDA, *Curso...*, 1, pp. 151 ss., que, partindo da distinção entre limites transcendentes, imanentes e heterónimos, considera os princípios *axiológico-fundamentais* limites transcendentes do poder constituinte (p. 194). Ora, o princípio da proporcionalidade seria um princípio axiológico-fundamental (p. 287), donde se infere que seria um limite transcendente do poder constituinte. Não está esclarecido, porém, se a sua transcendência apenas obriga a que vigore independentemente da sua consagração positiva na constituição ou a que o poder constituinte o *consagre* positivamente na constituição, ou se, mais do que isso, o poder constituinte tem de o respeitar na elaboração da constituição formal. O pensamento positivista tende a rejeitar limites jurídicos ao poder constituinte (que, aliás, é sempre originário e nunca pode ser derivado, pelo que a própria distinção entre essas duas noções é recusada): v., por todos, MORAIS, *Curso...*, II, vol. 2, pp. 218 ss. (cfr., todavia, deste autor, *Manual de Legística...*, p. 101, donde resulta implicitamente a possibilidade de avaliação de normas constitucionais à luz do princípio da proporcionalidade).

[2060] Há quem defenda que a ponderação em sentido próprio *é sempre entre alternativas concretas* e nunca entre valores abstratos. Quanto a valores abstratos pode-se admitir apenas uma comparação abstrata e não uma verdadeira ponderação: cfr. VIRGÍLIO AFONSO DA SILVA, «Comparing the

COLISÃO DE DIFERENTES POSIÇÕES DO LEGISLADOR

entre bens, interesses ou valores. Nesta ponderação atípica, onde a *escolha* auto-determinada do legislador constituinte sobressai e onde as exigências de racionalidade da decisão são medidas mais por fatores políticos e filosófico-ideológicos, não faz sentido falar de adequação, necessidade e proporcionalidade e.s.e. do "meio" – a norma constitucional – projetado para atingir um certo fim.

A quarta nota é para realçar que a orientação proposta responde a uma questão que por vezes se coloca: pode uma omissão de normação – designadamente de legislação – cair sob o crivo da proibição do excesso? Isto é, pode uma omissão legislativa, uma ausência total ou parcial de normas legislativas, suscitar a aplicação da proibição do excesso? Se houver uma imposição constitucional donde resulte o dever do legislador emitir atos concretizadores, dentro de certas diretivas materiais, mantendo contudo alguma liberdade de conformação e de recurso ao conceito de "reserva do possível"[2061], será viável a figura da "*omissão inconstitucional por violação do princípio da proibição do excesso*"? A resposta que decorre da orientação proposta é negativa[2062]. Esse é antes um campo de jurisdição de outro instrumento harmonizador, *o princípio da proibição do defeito*, conforme o critério já apontado e a explicação ulterior. A proibição do excesso é estruturalmente inapta para parametrizar omissões, não importa se totais ou parciais[2063].

A quinta nota serve para assinalar que a circunstância de haver vários instrumentos de mediação de harmonização obriga a que o legislador (e o juiz consti-

---

Incommensurable...», p. 286. Todavia, rejeitar em absoluto que se esteja ainda perante uma fórmula de ponderação, ainda que atípica, é injustificado.

[2061] É a expressão comum usada a propósito dos direitos sociais: Borowski, *Grundrechte...*, 2ª ed., p. 364 (com alusões à jurisprudência do *BverfG* e mais referências na doutrna alemã); Canotilho, *Direito...*, 7ª ed., p. 481; Miranda, «Estado social, crise...», p. 264; Morais, «Fiscalização da constitucionalidade...», p. 86; Novais, *Direitos Sociais...*, pp. 89 ss. (em conjugação com uma reserva imanente de ponderação e uma reserva do politicamente adequado); Isabel Moreira, *A solução...*, pp. 233 ss. Mais adiante contrapomos o conceito de reserva do sustentável (*infra*, capítulo 21, 3.5.2.1.4.). Não faltam porém os autores que enfatizam que hoje em dia essa expressão se aplica com cada vez maior acuidade também aos direitos de liberdade: cfr. por todos, Holmes/Sunstein, *The Cost of Rights...*, cit.

[2062] Neste sentido, Novais, *Direitos sociais...*, p. 298; Sampaio, *O controlo...*, p. 581. V., porém, diferentemente, Barak, *Proportionality...*, p. 400. Por seu turno, Morais, *Curso...*, II, 2, p. 683, *passim*, admite aparentemente a aplicabilidade da proibição do excesso, embora a título meramente subsidiário e não obrigatório, "a restrições a direitos sociais, nas quais se invoque suspeitas de desigualdade desproporcional e a violação de um princípio de confiança, as quais implicam um teste de proporcionalidade estrita".

[2063] Nesta orientação está também envolvida a rejeição da proibição do defeito como direta *inversão* da estrutura da proibição do excesso (*unmittelbare strukturelle Umkehrung des Übermaßverbots*), de Hermes (*Grundrechte...*, p. 253), Robbers (*Sicherheit...*, p. 171) e Rassow («Zur Konkretisierung des Untermaßverbotes», pp. 273 ss.). Cfr. a crítica de Borowski, *Grundrechte...*, 2ª ed., pp. 192 ss., bem como o que se escreve *infra*, capítulo 21, 2.3.1.1., nota.

O PRINCÍPIO DA PROIBIÇÃO DO EXCESSO

tucional, na fase de controlo) qualifique o tipo de colisão sobre a qual a norma incide, de modo a definir o instrumento concretamente aplicável.

Esta última nota permite uma boa transição para sexta, que se prende com a interseção entre o artigo 282º, nº 4, sobre restrição de efeitos de decisões de provimento do Tribunal Constitucional e os instrumentos de ponderação e harmonização. Nada leva a pensar que a invocação da segurança jurídica, de razões de equidade ou interesse público de excecional relevo ali enunciadas se faça sem ponderação bilateral com os bens, interesses ou valores que a decisão de provimento do Tribunal tutelaria se não houvesse restrição de efeitos dessa decisão. Qual é, todavia, o instrumento mediador de ponderação e harmonização aplicável? A resposta não pode ser de sentido único. Haverá casos em que a *permissão* que a Constituição confere ao Tribunal (de promover a segurança jurídica, razões de equidade ou interesse público de excecional relevo) colide com um *dever* de abstenção a que o legislador estava obrigado mas que não cumpriu para prosseguir outros bens, interesses ou valores por si eleitos. Nesses casos, a colisão subjacente à decisão para-legislativa do Tribunal corresponde ao perfil típico das colisões que suscitam a aplicação da proibição do excesso: uma colisão entre o interesse público inicialmente invocado pelo legislador a que acrescem os bens, interesses ou valores que o próprio Tribunal tem a seu cargo nos termos do artigo 282º nº 4, ambos objeto de *permissões* constitucionais, e os bens, interesses ou valores objeto de dever de abstenção do legislador que seriam tutelados se a decisão do Tribunal produzisse efeitos típicos (*permissão* vs. *dever de abstenção*). Já se a norma apreciada e considerada inconstitucional pelo Tribunal visar a superação de uma colisão entre um dever de ação e um dever de abstenção, entre dois deveres de ação ou entre um dever de ação e uma permissão conferido ao legislador para a promoção de bens, interesses ou valores, a colisão que a decisão do TC visa superar assume outros contornos. Nesse caso, à *permissão* de promover a segurança jurídica, razões de equidade ou interesse público de excecional relevo opõe-se, necessariamente, pelo menos, um *dever de ação* do legislador ou, em alguns casos, mais do que um dever de ação (*permissão* vs. *dever de ação* ou vice-versa). Nesse cenário, é aplicável o esquema conceptual da proibição do defeito, devidamente adaptado às circusntâncias específicas e únicas desta situação: o Tribunal confronta, então, a promoção dos bens, interesses ou valores que a Constituição colocou a seu cargo, eventualmente conjugados com outros invocados pelo legislador que também corram a favor da limitação de efeitos, com os bens, interesses ou valores objeto de dever de ação do legislador que seriam tutelados se a decisão do Tribunal produzisse efeitos típicos[2064].

[2064] Entendemos, portanto, que o entendimento doutrinal de que na aplicação do artigo 282º, nº 4, o próprio Tribunal está sujeito ao princípio da proporcionalidade (v. RUI MEDEIROS, *A deci-*

COLISÃO DE DIFERENTES POSIÇÕES DO LEGISLADOR

A última nota serve para nos referirmos à situação dos deveres fundamentais dos particulares perante os vários mecanismos de ponderação e harmonização. Estes deveres fundamentais são posições jurídicas subjetivas passivas dos particulares consagradas na constituição[2065]. Sejam conexos a, ou limites específicos de, direitos fundamentais, ou autónomos[2066], estejam ou não suficientemente densificados na Constituição (de um modo geral, não estão, mas há exceções), tenham ou não aplicabilidade direta (normalmente não têm[2067], mas há exceções), vigorem na relação de indivíduos com outros indivíduos (deveres dos pais com os filhos, dos grevistas para com utentes de serviços, dos pais e tutores com pessoas com deficiência), dos indivíduos com a comunidade em geral (deveres de defesa do ambiente, de preservação, defesa e valorização do património cultural, de defesa da Pátria) ou dos indivíduos com o Estado (dever de pagamento de impostos, de colaboração com a administração eleitoral, de recenseamento, de serviço militar)[2068], esteja o legislador obrigado a deveres específicos de legiferação, a deveres *débeis* de legiferação ou a simples permissões de legiferação (como, eventualmente, será regra[2069]) para os densificar e operacionalizar, bem como para definir sanções para o seu incumprimento, o seu cumprimento ou imposição sempre envolverá colisões com outros bens, interesses ou valores, alguns protegidos através de direitos fundamentais.

Por isso, qualquer intervenção legislativa, normalmente necessária (salvo exceções) para os densificar, operacionalizar e definir sanções para o incumprimento, envolve comumente uma interferência ou compressão de posições jurídicas subjetivas daqueles que a eles estão sujeitos[2070]. Uma colisão, portanto,

---

são de inconstitucionalidade, pp. 716 ss.; MIRANDA, *Manual...*, p. 306; MORAIS, *Justiça...*, II, 2ª ed., pp. 358, 367, implicitamente), embora parta de uma base correta, requer alguma precisão.

[2065] Cfr. a obra clássica de CARL SCHMITT, «Grundrechte und Grundpflichten», in *Verfassungsrechtliche Aufsätze aus den Jahren 1924-1954: Materialen zu einer Verfassungslehre*, 3ª ed., Duncker & Humblot, Berlin, 1985, pp. 189-206. V. definições em NABAIS, *Por uma Liberdade...*, p. 252; MIRANDA, *Manual...*, IV, 5ª ed., p. 92. É entendimento de parte da doutrina que não existem deveres fundamentais fora da Constituição; v., todavia, CANOTILHO/VITAL MOREIRA, *Constituição...*, 4ª ed., p. 322 e, parecendo admitir implicitamente essa possibilidade, NOVAIS, *As Restrições...*, p. 464, nota. A criação de deveres pela lei está sujeita, além disso, aos limites próprios das interferências em direitos fundamentais.

[2066] Sobre as relações entre deveres e direitos fundamentais, NABAIS, *Por uma Liberdade...*, pp. 223-4; CANOTILHO/VITAL MOREIRA, *Constituição...*, 4ª ed., pp. 319-20.

[2067] NABAIS, *Por uma Liberdade...*, p. 174.

[2068] Para uma exaustiva enumeração e classificação dos deveres fundamentais, MIRANDA, *Manual...*, IV, 5ª ed., pp. 211 ss.; CANOTILHO/VITAL MOREIRA, *Constituição...*, 4ª ed., pp. 319 ss.

[2069] V. nesse sentido, mas com muitas cautelas e matizações, NABAIS, *Por uma Liberdade...*, pp. 174, 366 ss.

[2070] Se os deveres fundamentais devem ser tomados como restrição direta a um direito fundamental, delimitação negativa do conteúdo deste ou autorização expressa de restrição (v. as várias hipó-

O PRINCÍPIO DA PROIBIÇÃO DO EXCESSO

em que, tal como todas as que envolvem bens, interesses ou valores constitucionalmente protegidos, requerem um trabalho de ponderação e harmonização do legislador a que sempre presidirá um instrumento mediador de ponderação e harmonização.

Qual deve ser esse instrumento de ponderação e harmonização é pergunta que não suscita resposta uniforme (nem tratamento exaustivo nesta sede). A complexidade da categoria dos deveres fundamentais, resultante da combinação e cruzamento de todas as variáveis acima enunciadas – e de outras –, não permite afirmar, por exemplo, que sempre que há uma intervenção legislativa de desenvolvimento, densificação, concretização, operacionalização, definição de mecanismos institucionais e sancionatórios, etc., ela está sujeita ao princípio da proibição do excesso[2071]. Certamente que isso sucede quando a intervenção legislativa é produzida ao abrigo de uma simples *permissão* (ou, no limite de um *dever débil* de legiferação) de prossecução dos bens, interesses ou valores do Estado ou da comunidade (ou seja, objeto de deveres dos indivíduos perante o Estado e perante a comunidade) tutelados através de deveres fundamentais, colidentes com outros bens, interesses ou valores cobertos pela vertente negativa de direitos fundamentais. Nesses casos há analogia (senão mesmo identidade) com as situações típicas que são objeto do princípio da proibição do excesso (*permissão* vs. *dever de abstenção*). Todavia, há intervenções legislativas concretizadoras de deveres fundamentais com interfererência em posições jurídicas subjetivas fundamentais que só parcialmente estão sujeitas à proibição do excesso: é o caso das intervenções legislativas comcretizadoras do dever fundamental de pagar impostos: embora a maior parte das normas tributárias estejam sujeitas a esse princípio, aquelas que fixem especificamente o montante do imposto não estão[2072].

Além disso, mesmo que se admita que aquelas são as colisões deônticas mais comuns, tem de se reconhecer que haverá outras em que a estrutura da colisão deôntica não se reconduz a esse perfil ou suscita dúvidas. Por exemplo, quando o legislador regula os serviços mínimos que os grevistas devem respeitar e cumprir, não há uma mera *permissão* de legiferação e de prossecução dos bens, interesses ou valores salvaguardados com a obrigação de serviços mínimos, mas

---

teses em Novais, *As Restrições...*, p. 464, nota; diferentemente, Canotilho/Vital Moreira, *Constituição...*, 4ª ed., p. 320), afigura-se irrelevante.

[2071] Nesse sentido, Nabais, *Por uma Liberdade...*, pp. 173-4, 318, 344 ss., distinguindo entre princípio geral de proporcionalidade, decorrente do artigo 2º e princípios específicos de proporcionalidade, entre os quais o alegadamente previsto no artigo 18º, nº 2. Dos vários segmentos da proporcionalidade *lato sensu*, aquele que relevaria efetivamente seria o da proporcionalidade e.s.e. (*ob. cit.*, p. 345).

[2072] Cfr. *infra*, capítulo 24.

COLISÃO DE DIFERENTES POSIÇÕES DO LEGISLADOR

um verdadeiro e próprio dever de legiferação com vista ao cumprimento de um dever de proteção. Nessa circunstância, há uma colisão entre um *dever positivo* do legislador, o dever de proteção através da regulação do dever de cumprimento dos serviços mínimos, e um dever de abstenção de interferência no exercício de um direito de liberdade, o direito à greve (*dever de ação* vs. *dever de abstenção*). De acordo com a matriz apresentada, esta colisão deôntica suscita a aplicação do princípio da proibição do defeito e não do princípio da proibição do excesso.

4. Conclusão sobre os pressupostos da aplicabilidade

Sintetizemos agora os aspetos mais salientes respeitantes aos pressupostos da aplicabilidade da proibição do excesso apurados nos capítulos anteriores: a proibição do excesso como parâmetro da ação do legislador é aplicável à produção de normas legislativas harmonizadoras de interesses públicos que possam ser legitimamente prosseguidos e posições subjetivas jusfundamentais com eles colidentes, quando se verifique colisão normativa parcial-parcial entre a permissão de satisfação dos primeiros e a proibição de interferência nos segundos, desde que isso não implique a afetação de núcleo essencial de posição subjetiva jusfundamental e sejam empregues meios não absolutamente proibidos.

Capítulo 14
Estrutura e funções da proibição do excesso
como norma de ação

1. Estrutura

1.1. As limitações à adoção de um modelo cumulativo

O princípio da proibição do excesso reporta-se aos efeitos da norma jurídica, positivos e negativos, jurídicos e materiais, sob várias perspetivas relacionais. As relações que interessam à proibição do excesso são as que se travam entre (i) meios e fins, (ii) alternativas de meios e (iii) efeitos positivos e efeitos negativos da norma. A ideia geral unificadora é que as relações entre o meio escolhido, o fim e os meios alternativos e entre os efeitos positivos e negativos devem ter uma certa configuração[2073].

Adotamos uma orientação metodológica e estrutural que não é unanimemente aceite, mas é a mais seguida: a conformação do fim não é um elemento ou segmento estrutural do princípio da proibição do excesso, mas um dos seus pressupostos, quiçá o mais crítico e o que suscita questões mais complexas; segmentos estruturais do princípio da proibição do excesso são os três a que temos aludido, adequação, necessidade e proporcionalidade e.s.e. Todavia, não pode

---

[2073] O que se escreve no texto vai além da tese "clássica" de que o princípio da proibição do excesso postula uma certa relação entre *meios* e *fins*. Esta tese tem sido, porém, objeto de críticas e de discussão de que fizemos eco *supra*, capítulo 8, e retomaremos adiante, particularmente a propósito da proporcionalidade e.s.e. V., por exemplo, JAKOBS, *Der Grundsatz...*, p. 97; HIRSCHBERG, *Der Grundsatz...*, pp. 45 ss.

O PRINCÍPIO DA PROIBIÇÃO DO EXCESSO

ignorar-se a dialética interativa que se estabelece entre pressupostos – particularmente a conformação do fim – e os segmentos da proibição do excesso.

Diferentemente do que sucede com a proibição do excesso como norma de controlo[2074], esta estrutura tripartida da proibição do excesso como norma de ação não parece suscitar objeções de maior.

O que suscita reservas é a ideia de um modelo aplicado por *etapas* e de acordo com uma *lógica cumulativa*[2075].

Conforme vimos no capítulo dedicado ao desenvolvimento no espaço europeu[2076], podemos distinguir dois modelos: o que funciona de acordo com uma metódica *cumulativa* e o que funciona de acordo com uma metódica condensada[2077].

O esquema *cumulativo* desenrola-se através de uma aplicação ou controlo passo a passo, sucessivo e prejudicial, dos vários segmentos, tendo o projeto de norma ou norma de superar cada uma das etapas; se uma das sucessivas etapas não for transposta, aquela decai de imediato, tornando-se desnecessária – embora não impossível ou sequer imprópria – a conclusão dos passos seguintes.

No esquema *condensado*, todos os aspetos são amalgamados e considerados num único passo e não sucessivamente, efetuando-se um juízo sobre a conformidade constitucional do projeto de norma ou da norma resultante da apreciação conjunta de todas as variáveis. Não se gera, em rigor, uma relação de prejudicialidade de umas variáveis em relação às outras.

Ora, ao invés do que se passa no ambiente do controlo jurisdicional, onde tanto é possível seguir um modelo condensado como um modelo cumulativo (e, na verdade, há exemplos dos dois casos), poderia pensar-se que a atividade do legislador se coaduna sobretudo com um modelo condensado, ou seja, um modelo que não distingue três momentos metodicamente diferentes.

Há dois fatores que alimentam essa perceção preliminar.

Primeiro, a circunstância de a aplicação/cumprimento da proibição do excesso não estar sujeita a uma tramitação específica, fixa e estabilizada no procedimento legislativo. No plano do recorte do procedimento que conduz à emissão do ato, em regra, não é possível identificar operações autónomas de verificação e certificação sucessiva do respeito *dos diversos* segmentos da proibição do excesso que distinga três momentos empírico-metodicamente diferentes.

[2074] V. *infra*, capítulo 19.

[2075] Ou aditiva: cfr. RÉAUME, «Limitations...», p. 6.

[2076] V. *supra*, capítulo 2.

[2077] Uma sugestão alternativa é a de CHRISTOFFERSEN, *Fair Balance: Proportionality...*, p. 71, que em vez de metódica cumulativa fala de *strict-vertical test* (ou proporcionalidade vertical) e em vez de metódica condensada fala de *flexible horizontal test* (ou proporcionalidade horizontal), notando que a primeira é praticada no Canadá e a segunda na África do Sul.

570

ESTRUTURA E FUNÇÕES DA PROIBIÇÃO DO EXCESSO COMO NORMA DE AÇÃO

O gradual enraizamento e institucionalização *procedimental* do princípio da proibição do excesso pode talvez passar por aí, mas ainda não passa. Não pode deixar de se notar, porém, que já existam experiências mais ou menos incipientes de inscrição formal do princípio da proporcionalidade no procedimento legislativo, como é o caso do procedimento legislativo europeu.

Segundo, as caraterísticas próprias do processo de atribuição/aquisição de conteúdo das normas legislativas[2078]. Na operação de autocontrolo que o redator de um ato legislativo desenvolve, consciente ou inconscientemente, quando se guia pelos critérios resultantes da proibição do excesso como norma de ação, será habitual (embora não inexorável) que não realize uma operação autónoma de seleção de um meio adequado a atingir um certo fim, para seguidamente verificar se é o menos interferente entre os igualmente capazes de atingir o fim e, finalmente, averiguar se é proporcional e.s.e., de acordo com o esquema fim → adequação → necessidade → proporcionalidade e.s.e. As caraterísticas intrínsecas da deliberação prática de redação legislativa rejeitam a total linearidade. Haverá inevitavelmente uma metódica de vai e vem, de graduais aproximações e de sucessivos testes à luz dos vários segmentos, porventura sem consciência ou registo formal dos episódios desse vai e vem, nem dos "adquiridos" de cada um deles. Uma vez traçado o fim que se pretende atingir (com toda a possível instabilidade que referenciámos anteriormente[2079]), começar-se-á, presumivelmente, por uma operação de seleção de soluções/meios previsivelmente adequados a esse fim. São avaliadas, simultânea ou consecutivamente, a intensidade de interferência de cada um, bem como a sua proporcionalidade e.s.e., com eventuais mudanças de curso e correções do próprio fim a atingir (quando não desistência), com novas aferições, eventualmente não intuídas, da adequação, necessidade e proporcionalidade e.s.e., avanços e recuos, argumentos e contra-argumentos, até que uma solução racionalmente fundada – não excessiva – tome forma. No desenvolvimento desta metódica, confundir-se-ão

---

[2078] Recorde-se a proposta de sistematização das várias fases da conceção de um projeto de iniciativa legislativa dentro do perímetro do Governo, enunciada *supra*, introdução, nº 2, nota de rodapé. O *locus* próprio da aferição da conformidade com os segmentos da proibição do excesso, nesse *iter*, são, na primeira fase de conceção, os estádios da propulsão inicial, quando se define a estratégia de decisão perante um problema impulsionante, da preparação (redação material) do projeto, das consultas e do controlo endoprocedimental. Na segunda fase de conceção, após a formalização da iniciativa junto do Conselho de Ministros, pode processar-se nos momentos da instrução, circulação, discussão e aprovação e redação final. Tratando-se de uma iniciativa legislativa submetida pelo Governo à Assembleia da República, a esta segunda fase de conceção pode seguir-se uma terceira, sujeita aos trâmites e fases constitucionais e regimentais, designadamente debates na generalidade e na especialidade.

[2079] V., também, EKINS, «Legislating...», pp. 345 ss.

O PRINCÍPIO DA PROIBIÇÃO DO EXCESSO

e influenciar-se-ão mutuamente os argumentos atinentes à adequação, necessidade e proporcionalidade e.s.e.

Esta fertilização e influenciação cruzada entre argumentos inerentes aos vários segmentos da proibição do excesso, não tem sentido único fim → adequação → necessidade → proporcionalidade e.s.e. O processo de *vai e vem* pode implicar que o que se passa a propósito de cada um dos passos obrigue a avanços e a recuos[2080]. Por exemplo, se se concluir que nenhuma medida é adequada para atingir o fim, pode suceder que haja a necessidade de o revisitar, para o reajustar, particularmente quanto à intensidade de satisfação. Ou se a intensidade de satisfação do fim visado não consegue justificar a intensidade de interferência concreta dos bens, interesses ou valores passivos (não é proporcional e.s.e.), pode ter de se recolocar a possibilidade de optar por alternativas que, à luz do segmento da necessidade, se mostrem menos interferentes naqueles bens, interesses e valores, embora também menos eficientes na promoção do fim[2081].

Todavia, mesmo que estes argumentos apontem para um modelo tendencialmente condensado, não é inexorável que seja esse o modelo efetivamente aplicado. Por um lado, a continuação da impercetibilidade procedimental da proibição do excesso depende da forma como o procedimento legislativo estiver estruturado. Nada impede que esse procedimento seja construído de modo a tornar aplicável um modelo cumulativo.

Por outro lado, devem distinguir-se vários momentos do processo de "construção" da norma. A imagem que se deu nas linhas anteriores reflete sobretudo o que se passa quando ainda não há uma iniciativa e uma solução legislativa proposta consolidada e formalizada. É plausível que antes dessa formalização ocorra aquele movimento de vai e vem aparentemente desordenado e errático. Todavia, depois de ser formalizada uma iniciativa legislativa (na Assembleia da República, no Governo ou em qualquer órgão com poder legislativo) passa a haver uma "hipótese central"[2082], uma referência, um conteúdo sobre o qual quem vai exercer o poder de decisão final pode fazer uma apreciação individualizada e sucessiva dos vários segmentos da proibição do excesso. Nesse contexto, nada obsta a que se segmente – designadamente na discussão de especialidade – o *iter* decisório por forma a isolar com clareza *um momento* de verificação dos pres-

---

[2080] Pode, aliás, dizer-se que esta é uma caraterística comum da racionalidade prática. Sobre isso, SARTOR, «The Logic of Proportionality...», p. 1422.

[2081] Já seria nisto que MELO, *Notas de contencioso...*, p. 28, pensava quando aludia a operações de um *processo iterativo* que mutuamente se condicionam e reciprocamente se influenciam umas às outras.

[2082] Uma vez a inciativa legislativa formalizada, designadamente junto da AR, inicia-se dentro desta aquilo que se pode considerar uma *segunda fase* do estádio de conceção da lei. Sobre a *primeira fase de conceção*, v. nota de rodapé *supra*, neste capítulo.

572

ESTRUTURA E FUNÇÕES DA PROIBIÇÃO DO EXCESSO COMO NORMA DE AÇÃO

supostos da aplicação, *outro* da apreciação da adequação, *outro* de avaliação da necessidade e *um outro* de aferição da proporcionalidade e.s.e.

Em qualquer caso, vigore uma metódica essencialmente condensada e de indistinção, como se verifica tendencialmente – mais no momento de redação inicial do que no momento de discussão e aprovação de uma iniciativa – ou uma metódica cumulativa, os critérios que decorrem dos segmentos da proibição do excesso como norma de ação condicionem constitutivamente o modo e o conteúdo da decisão legislativa.

Deixaremos para o momento em que estudarmos a amplitude dos poderes de controlo do juiz constitucional a questão da distribuição da carga funcional sobre cada um dos segmentos, porque é aí que a questão assume maior relevo e consequências[2083].

1.2. Cadeia de racionalidade, possível ausência de solidariedade interna

Coisa diferente de saber se a aplicação da proibição do excesso pelo legislador está sujeita a um processo ritualizado, por etapas e cumulativo, é saber se o legislador pode estar isento, ou prescindir, sem grave quebra da racionalidade, da observância de algum dos segmentos da proibição do excesso. Também esse tema da cadeia de racionalidade é explicável com maior clareza a propósito da proibição do excesso como norma de controlo. Para lá se remete[2084], na medida em que o que se concluir aí vale *mutatis mutandis* para a aplicação da proibição do excesso pelo legislador.

2. Funções

Na doutrina avultam duas funções gerais da proibição do excesso ou proporcionalidade clássica: (i) instrumento auxiliar ou estruturador da interpretação de normas jurídicas; (ii) instrumento de mediação e racionalização da produção e controlo de normas legislativas superadoras de colisões normativas. Por exemplo, BARAK (pensando sobretudo na proibição do excesso como parâmetro de controlo) distingue *interpretive balancing* e *constitutional balancing*, expressões que, com alguma liberdade, se podem traduzir como proporcionalidade interpretativa e proporcionalidade constitucional[2085]. A primeira visa a determinação do sentido de uma norma, constitucional ou ordinária; a segunda é um parâmetro de constitucionalidade de normas. RÖHL destaca a proximi-

---

[2083] V. *infra*, capítulo 19.
[2084] *Idem*.
[2085] *Proportionality...*, pp. 75, 93.

O PRINCÍPIO DA PROIBIÇÃO DO EXCESSO

dade entre a estrutura argumentativa da proporcionalidade e a interpretação teleológica[2086]/[2087].

O presente trabalho não se debruça – nem toma posição – sobre a proibição do excesso ou proporcionalidade clássica como instrumento de interpretação, concentrando-se exclusivamente nas suas funções de instrumento de mediação da deliberação legislativa harmonizadora em situações de colisão normativa, e de parâmetro do controlo jurisdicional de normas. Para o legislador, funciona como um comando a propósito da formação da lei, enquanto para o juiz funciona como instrumento e parâmetro de garantia e aplicação da lei (constitucional)[2088]. A vertente mediadora é mais proeminente na atividade legislativa, mas a vertente de (auto)-controlo não está ausente. A vertente de (hétero)-controlo é primacial na atividade de controlo, mas a vertente mediadora também não está ausente (e é tanto mais relevante quanto mais o juiz dispuser de competências autónomas de ponderação que se sobrepõem às do legislador).

Estas funções gerais materializam-se através de funções instrumentais: (i) funções estruturadoras; (ii) funções racionalizadoras e objetivadoras; (iii) funções constitutivas; (iv) funções de transparência; (v) funções de delimitação de competências.

Funções *estruturadoras*: a conformação do fim e outros pressupostos, bem como a aplicação dos segmentos da proibição do excesso, desempenham uma função de estruturação da construção e argumentação jurídica, oferecendo um quadro para a organização do processo de produção legislativa e de controlo; cada um dos segmentos estrutura ou contribui para a estruturação da operação de aplicação do segmento subsequente. Por outro lado, delineia o diálogo entre legislador e juiz constitucional: através da argumentação e justificação do modo como devem ser cumpridos os vários passos, o juiz constitucional "comunica" e "interage" com o legislador[2089].

[2086] *Allgemeine Rechtslehre: ein Lehrbuch*, C. Heymann, Köln, 1994, pp. 636 ss.

[2087] PIRKER, *Proportionality...*, p. 42, salienta o mérito da "leitura da proporcionalidade pela lente da teoria interpretativa", isto é, como "método para ler normas".

[2088] V. esta distinção, por exemplo, em KIRCHHOF, «Gleichmass.», p. 147.

[2089] BARAK, *Proportionality...*, pp. 466-467; JACKSON, «Constitutional Law...», p. 3144. Em Portugal, este fluxo dialógico foi particularmente notório nos últimos anos, sendo público que o próprio legislador promove" balões de ensaio" ou "experiências" ou cria condições para que o TC se pronuncie sobre a validade de medidas (através dos "acórdãos da crise", em alguns casos promanados em processos de fiscalização preventiva da constitucionalidade suscitados pelo Presidente da República a "pedido" do Governo), para aferir até onde pode ir do ponto de vista constitucional, funcionando a proibição do excesso como um dos "idiomas" e fios condutores desse diálogo.

574

ESTRUTURA E FUNÇÕES DA PROIBIÇÃO DO EXCESSO COMO NORMA DE AÇÃO

Funções *racionalizadoras e objetivadoras*[2090]: a aplicação dos vários passos da proibição do excesso obriga a que as razões da medida legislativa sejam exaustivamente avaliadas, de forma não excludente de nenhum argumento, disciplinando o discurso argumentativo a favor e contra.

Funções *constitutivas*: a aplicação da proibição do excesso não se limita a *declarar*, desvendar ou ativar razões pré-existentes, a atualizar parâmetros previamente definidos ou a viabilizar medidas e opções de acordo com uma racionalidade predeterminante; comportando o processo deliberativo uma inevitável dimensão ou componente parcial de *escolha*, a proibição do excesso assiste também no exercício dessa componente.

Funções de *transparência*: a aplicação da proibição do excesso obriga a que o *iter* argumentativo e decisório, as razões, os fundamentos e as justificações, sejam mais sistematicamente revelados e demonstrados[2091]. A proibição do excesso é um mecanismo catalisador de *fact finding*[2092].

Funções de *delimitação de competências*: a metódica da proibição do excesso permite desvendar e expor com rigor quais as zonas de sobreposição e atrito entre as competências do legislador e as competências do juiz constitucional na sua própria aplicação, permitindo traçar as fronteiras, isto é, onde termina a liberdade de conformação do legislador e começa o poder jurisdicional do juiz[2093].

Todas estas funções, gerais e instrumentais, da proibição do excesso, confluem numa função global de *justificação* e *legitimação* da decisão do legislador e da decisão que o juiz constitucional adotar em relação a decisões do legislador[2094]. A proibição do excesso desempenha aquilo que PERELMAN apelidaria de papel persuasivo: é uma peça da argumentação jurídica votada a reforçar a capa-

---

[2090] BARAK, «Proportionality and Principled...», resumo, embora admita que a proporcionalidade não assegura objetividade total; *idem*, *Proportionality...*, p. 478. Em sentido diverso, ENDICOTT, «Proportionality and Incommensurability», pp. 328 ss.

[2091] Cfr. KIRK, «Constitutional Guarantees..», p. 20; SWEET/MATHEWS, «Proportionality...», p. 90; JACKSON, «Being Proportional...», p. 830; «Constitutional Law...», pp. 3142 ss.; BARAK, *Proportionality...*, p. 462; GARGARI, «Principio de proporcionalidad...», p. 103. Crítico, ENDICOTT, «Proportionality and Incommensurability», pp. 328 ss., no contexto da sua tese de que a aplicação da proporcionalidade pelos juízes se faz por *ser necessária* em situações de *ponderação do imponderável* ou de incomensurabilidade e não por introduzir objetividade ou transparência ou por implicar um acréscimo de racionalidade.

[2092] Além de se inscrever no contexto de uma função de transparência, a circunstância de a proibição do excesso ser um mecanismo catalisador do apuramento dos factos relevantes concorre ainda para uma função de diminuição do peso das componentes meramente políticas e subjetivas de uma decisão. Isto associa-se à *ratio* central da construção de BEATTY, *The ultimate...*, debatida noutro ponto deste trabalho. V., também, COHEN-ELIYA/PORAT, «Proportionality...», p. 471.

[2093] Sobre esta dimensão funcional v., por exemplo, GARDBAUM, «Proportionality...», pp. 259 ss.

[2094] THORBURN, «Proportionality», p. 322. Com ironia, TSAKYRAKIS, um dos principais pontas de lança da atualidade contra a proporcionalidade, fala do papel terapêutico desta no apaziguamento

O PRINCÍPIO DA PROIBIÇÃO DO EXCESSO

cidade de persuasão ou de convencimento dos destinatários de uma decisão[2095]. Pode aditar-se, além disso, uma referência a uma função de *integração* da decisão no conjunto da ordem jurídica[2096].

Estas funções do princípio da proibição do excesso materializam-se através das funções desempenhadas pelos seus segmentos, que estudamos nos capítulos seguintes.

das ansiedades de legitimação dos juízes («Total Freedom...», p. 3), mas a sua função parece ir, na verdade, além desse simples papel terapêutico....

[2095] PERELMAN, *Logique juridique...*, *cit.*; para uma adaptação à teoria da proibição do excesso, v., por todos, MUZNY, *La Technique de proportionnalité...*, pp. 435 ss., esp. 516 ss.; PERJU, «Proportionality...», p. 31 ("a proporcionalidade reforça a *judicial responsiveness* ao proporcionar aos juízes a mostra de igual consideração e respeito por todos os envolvidos"); JACKSON, «Constitutional Law...», p. 3143; VICENTE, *O Princípio da Proporcionalidade...*, pp. 72 ss.

[2096] MOOR, «Systématique et principe de proportionnalité», p. 322; MUZNY, *La Technique de proportionnalité...*, p. 517.

Capítulo 15
Adequação

1. Adequação como relação empírica causa/efeito

1.1. O juízo de adequação como juízo assente em apreciações empíricas

Meio adequado é aquele intrinsecamente capaz de desencadear ou causar efeitos materiais positivos de promoção de bens, interesses ou valores visada pelo legislador[2097]. Adequação é a capacidade intrínseca do meio – a norma com os respetivos efeitos jurídicos – para aproximar o fim visado pelo legislador: a produção ou desencadeamento de efeitos materiais positivos de satisfação de certos bens, interesses ou valores.

[2097] Na doutrina nacional v. NOVAIS, *As restrições...*, p. 738; ALEXANDRINO, *Direitos...*, p. 136; CANOTILHO/VITAL MOREIRA, *Constituição...*, 4ª ed., p. 392; FREITAS DO AMARAL, *Curso...*, II, 2ª ed., p. 142; MIRANDA/JORGE P. SILVA, «Anotação ao artigo 18º», in Miranda/Medeiros, *Constituição...*, I, 2ª ed., pp. 373 ss.; GOUVEIA, *Manual...*, II, 6ª ed., p. 825. Não obstante diferentes formulações, o sentido geral é partilhado pela doutrina dominante: GRABITZ, «Der Grundsatz...», pp. 571-572; SCHNAPP, «Die Verhältnismäßigkeit...», p. 852; JAKOBS, *Der Grundsatz...*, pp. 59 ss.; BEILFUSS, *El Principio...*, pp. 124 ss. BARNÉS, «El principio de proporcionalidad...», p. 25; CLÉRICO, *El examen...*, p. 39; ÁVILA, *Teoria...*, 7ª ed., pp. 165 ss.; ZOONIL YI, *Das Gebot der Verhältnismäßigkeit...*, p. 112; HEUSCH, *Der Grundsatz...*, p. 38; PIRKER, *Proportionality...*, p. 26; MARMELSTEIN, *Curso de Direitos...*, pp. 369 ss.; LOPERA MESA, «Principio de proporcionalidad...» (2008), p. 272; JANE PEREIRA, «Os imperativos da proporcionalidade e da razoabilidade...», p. 12; ŠUŠNJAR, *Proportionality*, p. 237; sa lientando que o fim que interessa à aferição da adequação do meio é primacialmente o *imediato*, PULIDO, *El principio de proporcionalidad...*, pp. 723 ss. Já se assinalou que em jurisdições e doutrinas de raiz anglo-saxónica se fala normalmente de conexão racional (*rational connection*) entre meio e fim: v. BARAK, *Proportionality...*, pp. 303 e ss.

O PRINCÍPIO DA PROIBIÇÃO DO EXCESSO

O segmento da adequação envolve juízos sobre as virtudes e aptidões intrínsecas da norma, formados na base de apreciações empírico-analíticas e técnico-finalísticas[2098] próprias de uma racionalidade cognitivo-instrumental e características da ciência, da técnica e da experiência. Se descontarmos as componentes de *qualificação* presentes em toda a atividade jurídica, a metódica da adequação envolve avaliações e apreciações da realidade de facto e juízos de prognose, isto é, operações exclusivamente empíricas[2099]. As valorações ou ponderações de bens, interesses ou valores são estranhas ao segmento da adequação[2100].

1.2. Adequação como norma de ação e norma de controlo
A questão a que este segmento visa responder varia consoante a perspetiva seja a da proibição do excesso como norma de ação ou como norma de controlo.

1.2.1. Adequação como norma de ação
Na perspetiva da proibição do excesso como norma de ação, o segmento da adequação vincula o legislador a produzir normas adequadas. A questão que se coloca a este é a seguinte: é previsível que a medida legislativa em projeto seja intrinsecamente capaz de satisfazer ou aproximar a satisfação do fim imediato visado, tendo em conta a situação fáctica e jurídica contemporânea ao momento da decisão, tal como por ele representada e a prognose sobre a evolução das variáveis influenciáveis e não influenciáveis pela medida? Quando elabora e decreta disposições normativas, o legislador deve assegurar-se de que são construídas de modo a que delas se possam extrair as normas adequadas ao fim imediato que definiu[2101]. À metódica do segmento da adequação importam os

---

[2098] CASTANHEIRA NEVES, *Metodologia...*, p. 36.

[2099] SCHLINK, «Der Grundsatz der Verhältnismäßigkeit», p. 456. No texto toma-se posição (positiva) implícita em relação à controvérsia sobre se o legislador tem ou não o dever de fazer uma avaliação da situação de facto, embora ainda não sobre a amplitude desse dever. Sobre isso, cfr. SCHUPPERT, «Gute Gesetzgebung», in *Zeitscherift für Gesetzgebung*, nº especial (2003), pp. 1 ss.; SCHWERDTFEGER, «Optimale Methodik der Gesetzgebung als Verfassungspflicht», in Stöder/Thieme (eds.), *Hamburg Deutschland Europa: Festschrift für Hans Peter Ipsen*, Mohr, Tübingen, 1977, pp. 177 ss.; ŠUŠNJAR, *Proportionality...*, pp. 132 ss.

[2100] Já a visão de LERCHE, *Übermaß...*, pp. 19 ss., sobre a proibição do excesso marcava bem a discrepância estrutural entre a adequação, por um lado, e a necessidade e a proporcionalidade e.s.e. (as únicas agrupadas sob o conceito de *Übermaß*), por outro. Cfr. também, BOROWSKI, *La estructura...*, p. 57; SCHLINK, «Der Grundsatz der Verhältnismäßigkeit», p. 456; BARAK, *Proportionality...*, p. 315; PULIDO, *El principio de proporcionalidad...*, p. 746; HEUSCH, *Der Grundsatz...*, p. 39. Para acentuar estas vertentes da adequação há quem ache apropriado qualificá-la de *técnica* (adequação técnica): CLÉRICO, *El examen...*, pp. 39 ss.

[2101] A formulação do texto é obviamente uma síntese simplificadora do complexo sistema de interações entre os processos de cognição epistémica (isto é, de apreensão dos atributos do mundo fático) e os processos de cognição ou de razão prática (isto é, de estabelecimento dos fins a pros-

ADEQUAÇÃO

efeitos jurídicos e os efeitos materiais que a aplicação da norma for suscetível de gerar[2102].

Por exemplo, o legislador com vista a satisfazer o fim imediato do aumento da segurança e tranquilidade públicas emite normas que autorizam a instalação de vídeo vigilância. Essas normas produzem efeitos jurídicos de atribuição às autoridades relevantes de novos poderes para usar instrumentos tecnológicos que permitam controlar o que as pessoas fazem na via pública. Um juízo de prognose permite antecipar – ou uma apreciação da situação de facto contemporânea permite concluir – que a utilização desses instrumentos gera efeitos materiais de dissuasão e de diminuição das atividades ilícitas, embora produza também efeitos (jurídicos e materiais) negativos de diminuição da liberdade geral das pessoas. Na medida em que melhora a satisfação do fim, a norma é adequada.

1.2.2. Adequação como norma de controlo

Como norma de controlo, a proibição do excesso confere ao juiz o poder de ajuizar, *depois da prática do ato*, se a norma legislativa é (in)adequada. O tema será oportunamente desenvolvido, pelo que as indicações que se deixam por agora são meramente preliminares e condicionadas a aprofundamento posterior[2103]. Nesse momento verificaremos que a adequação como norma de controlo pode traduzir-se no poder do juiz constitucional de examinar *positivamente* se o meio é adequado ou no poder de examinar *negativamente* se ele é inadequado[2104]. Esse é um dos aspetos onde o alcance da adequação como norma de controlo pode divergir do alcance da adequação como norma de ação.

---

seguir e dos planos necessários para os alcançar), bem como sobre os vários estados cognitivos, epistémicos (perceções, crenças) e conativos (preferências, fins, intenções), comuns aos indivíduos e às entidades institucionais, como o legislador. Não podemos desenvolver essa temática. Sobre isso, v. SARTOR, «A Sufficientist Approach...», pp. 20 ss.

[2102] No contexto da defesa da suficiência da conceção interpretativo-subsuntiva, AMADO, «El juicio de ponderación...», p. 258, sustenta que a adequação não tem autonomia em relação à interpretação teleológica. Para que uma norma seja adequada para atingir o fim que visa basta que se proceda à necessária interpretação teleológica. A norma só não será adequada se a sua interpretação não atender (e não a adaptar) ao fim que visa. Porém, trata-se de uma conceção que força a interpretação além dos seus limites. Além disso, não estão apenas em causa os efeitos jurídicos da norma. Para o preenchimento da adequação pelo legislador e para a sua aferição pelo juiz constitucional não basta assegurar que a norma produz efeitos jurídicos capazes de satisfazer em alguma medida o fim imediato que o seu autor definiu. É necessário assegurar, mediante um juízo de prognose ou um juízo sobre a realidade de facto (quando a norma já for eficaz), que os efeitos jurídicos da norma são suscetíveis de gerar, ou geram, efeitos *materiais* positivos de satisfação dos bens, interesses ou valores em causa.

[2103] Capítulo 19.

[2104] V. CLÉRICO, *El Examen...*, p. 61.

O PRINCÍPIO DA PROIBIÇÃO DO EXCESSO

A pergunta que se coloca ao juiz constitucional varia em função da orientação que prevalecer sobre essa questão prévia do alcance da adequação como norma paramétrica de controlo. Se a formulação positiva prevalecer, a questão que lhe é colocada formula-se da seguinte forma: tem a norma capacidade intrínseca para atingir ou fomentar o fim fixado, tendo em conta as apreciações da situação de facto e de direito e a prognose representadas e invocadas pelo autor da medida como justificação ou razão de agir? Se prevalecer a formulação negativa, a questão é a seguinte: é a norma inábil para atingir ou fomentar o fim visado, tendo em conta as apreciações da situação de facto e de direito representadas e invocadas pelo autor da medida como justificação ou razão de agir e a sua prognose? A opção por uma ou outra destas formulações tem consequências de regime relevantes.

1.3. A adequação em caso de pluralidade de fins

Uma norma pode visar mais do que um fim. Em caso de pluralidade de fins, basta que a norma seja adequada para atingir pelo menos um deles, mesmo que não seja o mais importante ou prioritário[2105]. Sem embargo, esse objetivo pouco ambicioso pode salvar a norma em sede de juízo de adequação mas comprometê-la em sede de proporcionalidade e.s.e.: uma medida cuja eficácia se reduz à prossecução de um fim secundário entre vários visados poderá enfrentar dificuldades de justificação quando os seus efeitos positivos são contrapesados com os efeitos negativos.

1.4. Adequação e ótimo de Pareto

Se não houver adequação do meio, isto é, se a norma não suscitar a produção de efeitos materiais de promoção dos bens, interesses ou valores visados, produzindo ou causando apenas efeitos negativos de interferência noutros (ou até naqueles) bens, interesses ou valores, não há *razão* para infligir estes efeitos negativos.

O segmento da adequação expressa, pelo menos *parcialmente*, o ótimo de PARETO[2106]. Quando inadequada, a medida legislativa viola o ótimo de PARETO, uma vez que, nesse caso, existe pelo menos uma opção – a não emissão dessa medida – que satisfaz melhor os bens, interesses ou valores que são objeto de

---

[2105] Diferentemente, CLÉRICO, *El Examen...*, pp. 52 ss.

[2106] VILFREDO PARETO, *Manuel d'Economie Politique*, Manuale, Milano, 1907. RIVERS, «Proportionality...», p. 198: "uma distribuição é eficiente ou *Pareto-optimal* se nenhuma outra distribuição pudesse satisfazer melhor uma pessoa sem piorar a situação de outra". MATHER, «Law-making...», p. 356, propõe uma adaptação da lei de Pareto ao campo da produção do direito: se a regra 1 serve pelo menos um valor melhor que a regra 2 e não serve nenhum valor pior que a regra 2, deve escolher-se a regra 1.

ADEQUAÇÃO

interferência, sem piorar a situação daqueles que se pretende satisfazer. Olhando para a situação sob um prisma condensado, adaptando o sentido geral do critério KALDOR-HICKS, dir-se-á que a inadequação configura uma situação em que a emissão da medida concreta produz um *saldo* de realização ou satisfação de bens, interesses ou valores inferior ao que resulta da sua omissão[2107]. Veremos, no capítulo final, se o segmento da adequação materializa *integralmente* o ótimo de PARETO, como alguns autores pretendem[2108]. Para tal seria necessário poder afirmar-se que quando uma medida é adequada – ou não inadequada – isso equivale a dizer que corresponde ao ótimo de PARETO, isto é, dizer-se que não existe nenhuma outra que, sem piorar a situação dos bens, interesses ou valores atingidos, possa satisfazer melhor os bens, interesses ou valores prosseguidos[2109].

2. A densificação material da adequação

A densificação material do segmento da adequação processa-se através da resposta aos problemas essenciais suscitados pela metódica de aplicação desse segmento: (i) identificação precisa dos bens, interesses ou valores promovidos e afetados; (ii) significado e alcance da exigência de capacidade intrínseca da medida para atingir ou fomentar o fim visado; (iii) alcance da margem de escolha do autor do ato; (iv) estatuto epistémico exigível no que toca ao diagnóstico e às prognoses do autor do ato.

[2107] Cfr. HICKS, «The Foundations...», *cit.*; KALDOR, «Welfare Propositions ...», *cit.*; RICHARD A. POSNER, *Economic Analysis of Law*, 7ª ed., Wolters Kluwer, Austin, 2007; DECHSLING, *Das Verhältnismäßigkeitsgebot*, p. 68; CLÉRICO, *Die Struktur...*, pp. 114 ss. Segundo o critério de Kaldor-Hicks, uma melhoria sucede quando entre as pessoas que ficam melhor e as pessoas que ficam pior há a possibilidade de compensação destas em relação àquelas (pelo menos, em termos idealizados). Ou seja, atende-se ao saldo entre custos e benefícios, que deve ser positivo. Ao contrário do critério de Pareto (que supõe que ninguém fique pior), o critério de Kaldor-Hicks admite que haja quem fique pior com uma medida. Pode dizer-se que sempre que se preencha o critério de Pareto é cumprido o critério de Kaldor-Hicks, mas a inversa não é verdadeira. Por isso, Kaldor-Hicks é mais amplo. Como se infere do texto, também o critério Kaldor-Hicks é, pelo menos parcialmente, adaptável ao segmento da adequação: a declaração de inadequação produz um saldo positivo, porque no balanço são mais os bens, interesse ou valores que "ganham" do que aqueles que "perdem" (em rigor, nenhum perde).

[2108] ALEXY, «Constitutional Rights...», p. 135; *Teoria...*, 2ª ed., p. 525, na sua forma típica de expor: verificando-se inadequação, a medida tem de ser omitida, assegurando que os princípios colidentes *P1* e *P2* se realizem na sua maior medida, de acordo com as possibilidades fáticas. V., também, COHEN-ELIYA/PORAT, «Proportionality...», p. 464. SARTOR, «The Logic of Proportionality...», p. 1448.

[2109] PIRKER, *Proportionality...*, p. 26, contestando a propriedade da associação entre adequação e ótimo de Pareto, justamente por considerar que não está em causa a capacidade de um meio para promover qualquer tipo de realização efetiva *ótima* de bens, interesses ou valores colidentes.

O PRINCÍPIO DA PROIBIÇÃO DO EXCESSO

2.1. Identificação precisa dos bens, interesses ou valores ativos e passivos

Na fase da análise da adequação melhora-se a nitidez do recorte dos bens, interesses ou valores cuja colisão está em causa e quais os efeitos jurídicos e materiais, positivos e negativos, que se repercutem sobre eles. Esta operação tem uma função pré-estruturante dos demais segmentos da proibição do excesso. É nesse contexto que se procura evitar a "invasão" ou "usurpação" da metódica da proibição do excesso por bens, interesses ou valores públicos ou subjetivos espúrios, que não devem ser considerados[2110].

2.2. Capacidade intrínseca do meio para atingir o fim visado

2.2.1. Recorte negativo, recorte positivo

Num recorte *negativo*, a ideia de adequação exclui todos os meios que se revelem contraproducentes para, ou que dificultem, a satisfação do fim. E exclui também os meios que se afigurem irrelevantes ou neutros em relação ao resultado pretendido[2111]. Quer do ponto de vista da linguagem corrente, quer do ponto de vista da linguagem do direito, seria um manifesto contrassenso admitir que um meio insuscetível de contribuir para causar um certo resultado se pudesse considerar adequado a atingir esse resultado.

O recorte *positivo* é menos linear. Por um lado, um meio, instrumento, medida ou solução pode ser adequado em *abstrato*, mas não se revelar adequado em *concreto* e pode ser adequado em *geral* mas não em relação a certos particulares. Em princípio, isso não obsta à sua adequação quando está em causa uma norma, a não ser que seja possível antecipar com razoável nitidez a discrepância entre a eficiência abstrata e geral e a eficiência concreta e individual[2112].

2.2.2. Recorte qualitativo ou quantitativo?

No início indicámos que adequação consiste na capacidade intrínseca do meio de aproximar o fim visado pelo legislador: a produção de efeitos materiais positivos de satisfação de certos bens, interesses ou valores. Esta definição é essencialmente *qualitativa*, na medida em que recorre ao conceito de *capacidade intrínseca* e não incorpora qualquer conceito de graduação da *eficiência*. Importa,

---

[2110] Sobre o assunto v., por todos, ENDICOTT, «Proportionality and Incommensurability», pp. 329, ss., falando de patologias do princípio da proporcionalidade clássica decorrentes, justamente, da consideração de bens, interesses ou valores que não deveriam ser tomados em conta. O autor não fornece, porém, um critério preciso de exclusão/inclusão, remetendo-se à apreciação casuística de situações de *in/out*.

[2111] PULIDO, *El principio de proporcionalidad...*, p. 730.

[2112] MERTEN, «Der Verhältnismäßigkeitsgrundsatz», p. 553; CLÉRICO, «Sobre la prohibición...», pp. 175 e 179; ÁVILA, *Teoria...*, 7ª ed., p. 168; NOGUEIRA, *Direito Fiscal...*, p. 102.

ADEQUAÇÃO

contudo, averiguar se aquela definição inicial não deve ser corrigida de modo a passar a incorporar um elemento quantitativo. Essa averiguação exige que se percorra um trajeto que se inicia com o estudo das noções de intensidade de satisfação e de interferência (sem prejuízo do tratamento que lhes dedicaremos no capítulo seguinte) e das operações intelectuais necessárias a determinar essas intensidades, continua com o estabelecimento da ligação entre intensidade de satisfação e eficiência do meio e termina com a discussão sobre se há um grau de eficiência exigível para que o meio possa ser considerado adequado ou se qualquer grau serve.

2.2.2.1. *Intensidades de satisfação e de interferência*

As noções de intensidade de satisfação e de interferência são vetoriais na metódica da proibição do excesso[2113], em particular quando se trata de proceder à conformação do fim (que envolve a definição da intensidade de satisfação pretendida) e às operações de *comparação*, específica da necessidade, e de *contrapeso*, específica da proporcionalidade e.s.e. (neste último caso, associadas à noção de *importância* dos efeitos). Para a metódica da adequação são relevantes, uma vez que a noção de eficiência do meio é construída sobre a de intensidade de satisfação.

A *intensidade de satisfação* reporta-se aos efeitos de satisfação dos bens, interesses ou valores ativos, ou seja dos bens, interesses ou valores cuja promoção constitui o fim imediato visado pelo legislador. A *intensidade de interferência* reporta-se aos efeitos de interferência em bens, interesses ou valores passivos, ou seja, aqueles que são negativamente afetados[2114]. A intensidade de satisfação é sempre intensidade *marginal* de satisfação e a intensidade de interferência é sempre intensidade *marginal* de interferência. Significa isso que importa apenas o que acresce à situação existente no momento em que a norma é produzida.

Não é impossível (embora talvez não seja totalmente próprio) falar de intensidades de satisfação e de interferência a propósito dos *efeitos jurídicos* através dos quais a norma se repercute na ordem jurídica. Poderemos dizer que para medir a intensidade dos efeitos jurídicos se realizam, no essencial, operações técnico-jurídicas de interpretação, qualificação e cálculo. Usam-se critérios ou indicadores qualitativos e quantitativos para avaliar a dimensão da alteração da ordem jurídica no que concerne ao grau de satisfação e de afetação dos bens, interesses ou valores abrangidos, ao universo subjetivo envolvido, à duração e à

[2113] Quanto ao conceito de intensidade, pode ver-se GRABITZ, «Der Grundsatz...», p. 574; PULIDO, *El principio de proporcionalidad...*, p. 744.

[2114] Quer a interferência quer a satisfação e respetivas intensidades são sempre magnitudes *concretas*: cfr. ALEXY, *A Theory...*, p. 407 (referindo-se especificamente à intensidade de interferência).

O PRINCÍPIO DA PROIBIÇÃO DO EXCESSO

extensão territorial coberta. Dessa base parte-se para a avaliação das intensidades de satisfação e de interferência que a norma e os seus efeitos jurídicos podem desencadear ao nível do mundo sensível. Por outras palavras, é dos efeitos jurídicos da norma que se parte para calcular os efeitos materiais que ela pode causar ou desencadear e a respetiva intensidade.

A densificação dos conceitos de intensidade de satisfação e de intensidade de interferência decorrentes dos *efeitos materiais* causados ou desencadeados pelo cumprimento da norma (em sentido amplo, abrangente do uso de permissões que ela eventualmente contenha), passa por um cruzamento de operações intelectuais, bem como de critérios e de indicadores, bastante mais complexo[2115].

Por um lado, a determinação das intensidades de satisfação e de interferência não prescinde de operações básicas de *interpretação e de qualificação*. Por outro lado, exige operações *essencialmente empíricas* que permitam avaliar a sua previsível, esperável ou hipotética extensão. Por outro lado ainda, as noções de intensidade de satisfação e de extensão *podem* comportar uma relevante componente *valorativa*, isto é, operações de atribuição de peso e importância aos efeitos materiais esperados. A fronteira entre estas várias operações e vertentes pode ser de difícil delimitação, tal como difícil é averiguar qual delas assume maior predomínio.

Essas operações intelectuais visam antecipar as intensidades de satisfação e de interferência materiais *hipotéticas*. Para isso, o legislador tem, pelo menos, de coligir os dados empíricos disponíveis passados e presentes e prognosticar os efeitos materiais futuros, previsivelmente gerados pelo cumprimento da norma. Isso implica o recurso a indicadores de probabilidade e de praticabilidade dos efeitos materiais esperados, além dos já referidos indicadores qualitativos e quantitativos.

2.2.2.2. *Graus de eficiência*
Adequação consiste na capacidade intrínseca do meio aproximar o fim visado pelo legislador. Essa noção contenta-se com a mera possibilidade de antecipar ou prognosticar que a norma é minimamente eficiente, ou seja, que os seus efeitos jurídicos são capazes de desencadear ou causar efeitos materiais que se traduzam numa intensidade de satisfação pelo menos mínima[2116]. Se for espe-

---

[2115] Na construção do texto, temos em conta as propostas de CLÉRICO, PULIDO, ZIMMERLI, MEYER-BLASER. Quanto aos indicadores da intensidade, retomamos no essencial a doutrina de CLÉRICO, mas poderíamos optar por distinguir indicadores materiais, temporais, espaciais e pessoais (Zimmerli, Meyer-Blaser), de eficácia, temporais, de realização do fim, de probabilidade (PULIDO), subjetivos e objetivos, etc.
[2116] Numa linguagem influenciada pelos padrões da análise económica, distingue-se entre *eficácia* da lei ou da norma (a circunstância de atingir os seus objetivos), *eficiência* da lei ou da norma (a

ADEQUAÇÃO

rável alguma eficiência, a medida é adequada, não interessando o grau da eficiência. Trata-se de um juízo meramente *qualitativo*.

Cabe, porém, interrogar se o segmento da adequação se contenta realmente com essa eficiência *mínima* ou se, pelo contrário, requer um grau de eficiência acima do mínimo. Se assim fosse, haveria que retificar aquela noção inicial, abandonando uma aproximação *qualitativa* e evoluindo para uma definição *quantitativa* que, não se bastando com a qualidade de eficiente, assentaria antes na graduação da eficiência[2117].

Uma definição quantitativa distinguiria entre vários graus de eficiência, assentes em diversas graduações da intensidade de satisfação. Por exemplo: (i) *eficiência mínima*, se o meio contribui previsivelmente para a materialização do fim, mas a eficiência é residual ou marginal, de tal modo que, não sendo irrelevante ou neutra em relação a ele, pouco o aproxima; (ii) *eficiência alta*, se o meio previsivelmente concorre decisivamente para a aproximação do fim pretendido, embora este não seja atingido em toda a sua plenitude; (iii) *eficiência plena*, se o meio for previsivelmente capaz de atingir plenamente o fim[2118].

---

circunstância de os benefícios justificarem os custos) e *efetividade* da lei (a circunstância de ela ser cumprida pelos seus destinatários): v. Christophe Mincke, «Effets, effectivité, efficience et efficacité du droit: le pôle réaliste de la validité», in *RIEJ*, vol. 40, (1998), pp. 115 ss., (*apud* Van Drooghenbroeck, *La Proportionnalité...*, p. 211); Caupers/Almeida/Guibentif, *Portugal e a Europa. Feitura das Leis*, Fundação Francisco Manuel dos Santos, Lisboa, 2014, p. 71. Sem embargo, a ciência do direito, admitindo aquela noção de efetividade, atribui às expressões eficácia e eficiência um sentido algo diverso. Eficácia é sinónimo da produção de efeitos jurídicos. Na linguagem do direito, uma norma é eficaz quando produz efeitos jurídicos, quaisquer que sejam. Uma norma é eficiente quando tem sucesso na produção dos efeitos materiais pretendidos. Uma norma pode ser eficaz sem ser eficiente e efetiva, mas não pode ser eficiente e efetiva sem ser eficaz. Uma norma, para corresponder ao segmento da adequação, tem de ser eficaz e eficiente. Resta saber se num grau específico, discussão que virá a seguir no texto. É por utilizar o conceito de eficiência com o sentido restrito de atingimento integral do resultado ou, porventura, com o sentido de eficiência económica acima referido nesta nota, que Barak, *Proportionality...*, p. 305, sustenta que no âmbito da adequação não há um requisito de eficiência: "para passar o teste da conexão racional, o meio pode fazer avançar ineficientemente os objetivos".

[2117] O tema de saber se a adequação envolve apenas juízos de natureza qualitativa ou também quantitativa tem suscitado desencontros na doutrina. Por exemplo, Grabitz, «Der Grundsatz...», p. 571, sustenta que a adequação só pode ser apreciada de um ponto de vista qualitativo; todavia, Clérico, «Sobre la prohibición...», p. 174, nota que para o apuramento da adequação ou idoneidade são relevantes não apenas aspetos qualitativos, mas também *quantitativos* e *probabilísticos*. A questão é talvez mais semântica do que real: a aplicação do segmento da adequação implica apreciações empíricas, inclusive sobre dados quantificados, mas o juízo de adequação, em si, pode ser meramente qualitativo.

[2118] Pulido, *El principio de proporcionalidad...*, p. 726, alude a versões débil e forte. Por seu turno, Clérico, *El examen...*, pp. 59-60, e «Sobre la prohibición...», p. 174, distingue versões *débil* e *forte* ou *fortíssima*. Contudo o critério que propõe para aferir da intensidade fomentadora do meio para

O PRINCÍPIO DA PROIBIÇÃO DO EXCESSO

Há ou não situações onde para o meio ser considerado adequado não basta que seja intrinsecamente capaz de promover o fim em qualquer grau, sendo requerido que possua uma eficiência *alta ou plena*?

A resposta – *negativa* – a esta questão decorre da margem de escolha que o segmento da adequação atribui ao legislador.

2.3. Margem de escolha do autor do ato

Para a escolha do meio adequado, o legislador parte de um patamar pré-definido: o fim imediato previamente conformado, consistente na satisfação de certos bens, interesses ou valores; uma intensidade de satisfação pretendida.

2.3.1. Os casos de único meio adequado

A questão formulada na parte final do número anterior tem resposta incontornável nas situações – porventura raras – em que exista *um único* meio adequado para fomentar ou atingir o fim assim conformado. Nesse caso, o segmento da adequação convive inevitavelmente com qualquer tipo de eficiência do meio[2119].

2.3.2. Os casos de pluralidade de meios adequados

Em regra, ou há diferentes meios alternativos adequados ou há diferentes modalidades de um meio adequado. Na maior parte das situações, os condicionalismos cognitivos a que está sujeito (v. número seguinte) impedem o legislador

---

atingir o fim é um critério que se baseia na *compararção* com outros meios alternativos disponíveis, também adequados. Ora, uma coisa é apurar se um meio fomenta o fim minimamente, altamente ou plenamente, outra é apurar se esse meio o fomenta mais ou menos do que outro meio alternativo. Ao segmento da idoneidade pertence a primeira operação metódica, respeitante à relação entre meio e fim, sem referência a meios alternativos; ao segmento da necessidade pertence a segunda operação metódica, respeitante à *comparação* entre vários meios alternativos do ponto de vista da sua eficiência. Também não totalmente coincidente, NOGUEIRA, *Direito Fiscal...*, pp. 100-101, distinguindo três modelos quanto à intensidade ou grau de exigência, *exigente*, *intermédia* e *mínima*, mas rejeitando a mínima como verdadeira hipótese. Note-se, porém, que aquilo que o autor designa de *standard* mínimo parece consistir numa mera medida neutral em relação ao fim, o que não sucede com a nossa eficiência mínima, onde há um contributo para a materialização do fim do ato ou medida.

[2119] Esta orientação afasta-se da de BARAK, *Proportionality...*, p. 540. O autor entende que quando está em causa aquilo que – com inspiração na jurisprudência norte-americana – designa de *compelling interests*, o grau de probabilidade de promoção do fim deve ser *substancial*, isto é, superior ao mínimo. A posição do autor levaria a que havendo apenas um meio de prosseguir um *compelling interest*, mas sendo as perspetivas de eficiência mínimas, esse meio não deveria ser adotado. O resultado, todavia, é absurdo. A solução implicaria que, por o único meio disponível ser previsivelmente apenas minimamente eficiente, não poderia ser adotado, gorando-se, pois, a possibilidade de atingir, minimamente que seja, o fim visado. Coisa distinta é se esse meio tem condições para superar o segmento da proporcionalidade e.s.e. Mas isso não está agora em discussão.

ADEQUAÇÃO

de identificar com rigor qual o meio suscetível de atingir o *ideal* absoluto que é o cumprimento integral do fim a que se propõe ou de atingir o mais elevado grau de certeza empírica sobre a eficiência de um meio[2120]. Sem embargo, é possível que o legislador, recorrendo a indicadores de probabilidade, de praticabilidade, de quantidade e de qualidade, estime que uma ou várias medidas alternativas têm previsivelmente mais alta eficiência do que outras, algumas prometendo, porventura, apenas eficiência mínima.

Nesse pressuposto, coloca-se a questão seguinte: se entre as hipóteses alternativas estiverem uma ou várias *plena* ou *altamente* satisfatórias, a par de outras apenas minimamente satisfatórias, consente o segmento da adequação que o legislador escolha uma das últimas? Ou, se ao legislador se oferecerem várias alternativas com diferentes graus de eficiência, o segmento da adequação impõe que opte pela mais satisfatória ou a que promete mais alta eficiência[2121]?

A conclusão que se proporá decorre da análise de vários argumentos: (i) função básica do princípio da proibição do excesso como instrumento de mediação e de controlo de operações de harmonização de bens, interesses ou valores; (ii) margem de livre conformação do legislador; (iii) em certos casos, especial dignidade dos bens, interesses ou valores sacrificados[2122].

2.3.2.1. *Função básica do princípio da proibição do excesso*

O princípio da proibição do excesso não visa a obtenção de uma realização *plena ou integral* dos bens, interesses ou valores ativos. Na sua modalidade comum, o princípio da proibição do excesso está vocacionado para a limitação das compressões inúteis, desnecessárias ou desproporcionadas e não para a maximização ou otimização dos resultados[2123].

O princípio preocupa-se com a proteção do *"lado mais fraco"*, o lado *passivo* da colisão de bens, interesses ou valores, o lado dos bens, interesses ou valores sujeitos a interferência, vedando agressões não justificadas. O princípio não visa,

---

[2120] V. CLÉRICO, *El examen...*, p. 60.

[2121] Cfr. a discussão em BARAK, *Proportionality...*, pp. 539-540. Parece ser a tese de SERRANO, *Proporcionalidad y derechos fundamentales...*, p. 184. No âmbito do processo penal, diz a certo passo que para serem adequadas "as medidas processuais penais devem ser aplicadas a todos aqueles cujos direitos seja necessário limitar para alcançar a finalidade prevista".

[2122] CLÉRICO, *El Examen...*, p. 64, explora ainda uma outra linha de argumentação: descartar meios menos eficientes contrariaria um postulado mínimo de racionalidade porque impediria que os passos subsequentes da *necessidade* e da *proporcionalidade e.s.e.* pudessem incidir sobre todos os argumemtos relevantes. Todavia, considerada a metódica daqueles passos subsequentes, não se vê que a aceitação da versão débil da adequação – com a inerente possibilidade de escolha pelo legislador de meios apenas minimamente eficientes – tenha um impacto significativo em termos de *abertura* do expetro de alternativas e argumentos neles considerados.

[2123] V. adiante, capítulo 29.

O PRINCÍPIO DA PROIBIÇÃO DO EXCESSO

em primeira linha, a realização máxima do *"lado mais forte"*, ou lado *ativo*, o lado dos bens interesses ou valores satisfeitos, em regra interesses públicos.

Por outro lado, também não se pode dizer que o princípio da proibição do excesso ambiciona uma proteção plena ou integral dos bens, interesses ou valores sacrificados no concreto conflito. Falar neste contexto de proteção plena ou integral de bens, interesses ou valores sujeitos a uma compressão seria incorrer numa flagrante contradição nos termos.

Portanto, subjacente à proibição do excesso e aos seus segmentos não consta a exigência de *resultados de máxima – total ou plena – realização* de nenhum dos "lados" numa colisão. Pode acontecer que um certo meio se mostre harmónico com o princípio da proibição do excesso sem que isso queira dizer que a solução é plenamente satisfatória ou que conduz à obtenção plena do resultado pretendido. Por outras palavras, agora pensadas especificamente para o segmento da adequação: uma norma legislativa pode ser considerada adequada (e, nessa dimensão, justificada) mesmo que se possa antecipar que não atingirá plenamente o fim a que se propõe ou que o legislador poderia ter optado por outras mais satisfatórias, que garantissem uma maior ou melhor materialização do resultado[2124]. Da função básica do princípio da proibição do excesso não decorre, portanto, qualquer vinculação do legislador a escolher a opção que prometa eficiência *plena* (e também não emerge qualquer proibição de o fazer), se alguma existir, ou a escolha do meio melhor. Por outro lado, não resulta nenhuma indicação precisa sobre se o legislador é obrigado a escolher o meio que, entre vários, se mostre *mais altamente* satisfatório.

2.3.2.2. Margem de livre conformação do legislador

Além do argumento da teleologia própria do princípio da proibição do excesso, há que considerar a margem de livre conformação do legislador. A possibilidade de este poder optar por vários meios adequados, sendo inclusive lícito escolher um reconhecida ou provavelmente menos satisfatório do que outros disponíveis, materializa melhor aquela margem de livre conformação.

Sabemos já que a conformação do fim da medida legislativa depende largamente da margem de decisão do legislador. Este pode escolher fins mais ou me-

---

[2124] A orientação aqui sufragada está em linha com a da jurisprudência constitucional alemã, uma vez que esta considera que a adequação não exige uma aptidão completa do meio para atingir o fim a que se propõe. Uma medida já é adequada se com a sua prática o objetivo se torna mais próximo: cfr. entre muitos, GENTZ, *Zur Verhältnismäßigkeit von Grundrechteingriffen*, p. 1603; HIRSCH-BERG, *Der Grundsatz...*, p. 52; SERRANO, *Proporcionalidad y derechos fundamentales...*, pp. 156-157; BEILFUSS, *El Principio...*, p. 126. Sobre a jurisprudência espanhola, não coincidente, v. PULIDO, *El principio de proporcionalidad...*, p. 725. Sobre a jurisprudência do TEDH, ŠUŠNJAR, *Proportionality*, p. 237.

ADEQUAÇÃO

nos ambiciosos: pode decidir orientar-se por um fim – ou por uma intensidade de satisfação do fim – que corresponde a um certo grau de ambição ou de opção política, mas também pode guiar-se por um padrão menos ambicioso (quem pode o mais, pode o menos). Em consequência, seria incoerente rotular de inadequada uma norma hipoteticamente menos eficiente do que hipóteses alternativas na prossecução dos fins ambiciosos livremente escolhidos pelo seu autor, quando esse meio não seria motivo de censura, sob o ponto de vista do segmento da adequação, se no uso da mesma liberdade fossem fixados objetivos menos ambiciosos. Este raciocínio dá força à conclusão de que nenhum fundamento existe para obrigar o legislador a escolher a opção mais eficiente, na medida em que disponha de liberdade de conformação do fim[2125].

2.3.2.3. *Especial dignidade dos bens, interesses ou valores sacrificados*

Todavia, pode questionar-se se há situações *especiais* em que vigore uma exigência de adequação (ou, talvez mais rigorosamente, de eficiência) *reforçada*[2126], sendo prescrita a escolha do meio mais eficiente entre os vários disponíveis. Ou até situações em que o legislador só pode adotar a medida legislativa se esta tiver um alto nível de eficiência, não o podendo fazer se a medida tiver apenas um nível mínimo, mesmo que se trate da única hipótese disponível.

Nestas aplicações concretas do segmento, não seria suficiente que o legislador escolhesse uma medida que prometesse (qualquer) eficiência. Seria exigível um nível elevado de aproximação do resultado, isto é, uma eficiência *alta*. A adequação não seria um parâmetro meramente *qualitativo*, preocupado com a aptidão intrínseca do meio, mas um parâmetro quantitativo preocupado com o *grau de eficiência*. Nesses casos, mesmo que não se chegasse ao imperativo de *realização máxima*, também não se aceitaria uma *realização no mínimo dos mínimos*, eventualmente *marginal*, isto é, uma realização marcada por uma eficiência tão reduzida dos meios escolhidos que os fins ficariam dramaticamente aquém do ambicionado.

Um exemplo que ocorre é o das medidas *compressoras* de bens, interesses ou valores de especial dignidade e importância: deve-se exigir que o sacrifício seja compensado por uma alta eficiência? Implicaria isso, *no próprio plano da adequa-*

[2125] HIRSCHBERG, *Der Grundsatz...*, p. 51 (admitindo que esta severa delimitação dos casos de inadequação implica que a máxima da adequação tenha um alcance prático diminuto, sendo raros os casos que caem na sua malha pouco apertada, p. 54); MERTEN, «Der Verhältnismäßigkeitsgrundsatz», p. 553; ÁVILA, *Teoria...*, 7ª ed., p. 166.

[2126] BARAK, *Proportionality...*, p. 540, por exemplo, sustenta a existência de dois níveis de eficiência, um quando estejam em jogo fins mais imperativos (*compelling*), outro para os fins menos imperativos ou apenas importantes (*important*).

O PRINCÍPIO DA PROIBIÇÃO DO EXCESSO

ção, uma exigência de alta eficiência na prossecução do resultado, com vista a não tornar inglório o sacrifício.

Entenda-se bem esta hipótese. Não se questiona se, quando os interesses *prosseguidos* pelo meio têm uma especial dignidade, esse meio só pode ser considerado adequado quando tiver uma eficiência elevada. Na perspetiva *dos interesses prosseguidos*, a possibilidade de ser exigível a adoção de um meio altamente eficiente pode colocar-se eventualmente no contexto da proibição do defeito. Adiante, veremos se assim é. O que agora se questiona é se, pelo facto de os bens, interesses ou valores *sacrificados* terem uma especial dignidade, o meio que os sacrifica deve ter uma alta eficiência, assim se justificando a produção do ato sacrificador.

O argumento fica mais bem ilustrado se procurarmos conceber um exemplo em que a questão se coloque. Assim, para tutelar o bem constitucionalmente protegido "ordem pública", o legislador, visando pôr termo à inquietação social suscitada pelos chamados "arrumadores" de carros, normalmente associados a problemas de toxicodependência e de pequena criminalidade, restringe o bem jurídico fundamental da liberdade, impondo restrições à liberdade de circulação dos arrumadores, mesmo quando estes não cometem nenhum crime, proibindo que permaneçam num local fixo mais do que um período de tempo diminuto. Se se verificar que esta medida, embora seja minimamente adequada para minorar o impacto social da existência de arrumadores, não é altamente eficiente, em pouco contribuindo para erradicar o fenómeno, soçobra perante o segmento da adequação? O facto de ser *minimamente* eficiente salva-a, ou não, à luz desse segmento?

Ora, embora não se exclua que a interferência em direitos, liberdades e garantias em geral – e em alguns desses direitos em particular – suscita a aplicação de uma versão reforçada da proibição do excesso, isso não se reflete na adequação mas sim nos segmentos da necessidade e da proporcionalidade e.s.e.[2127]. O facto de os bens, interesses ou valores sacrificados terem aquela natureza não tem qualquer implicação ao nível do maior ou menor grau de eficiência exigida ao meio restritivo. Mesmo neste caso, a orientação mais correta é a de que o legislador disfruta de liberdade de escolha entre medidas alternativas, desde que elas prometam pelo menos eficiência mínima[2128].

[2127] V. ŠUŠNJAR, *Proportionality*, p. 345, afirmando que a adequação e a necessidade não dependem do direito que estiver em causa. Se isso também é verdade para a necessidade será estudado no capítulo seguinte.

[2128] MERTEN, «Der Verhältnismäßigkeitsgrundsatz», p. 553. Em sentido diverso, reportando-se exatamente ao ambiente do exercício de poderes discricionários da Administração Pública, ANTUNES, «Interesse público, proporcionalidade e mérito...», p. 547: não basta "que o meio uti-

ADEQUAÇÃO

2.3.2.4. A exigência de eficiência mínima e as funções da adequação

Em suma, para efeitos da aplicação da proibição do excesso pelo legislador, exige-se *que ele tenha racionalmente tido por adequado o meio incorporado naquele ato e tenha antecipado que ele assegura, pelo menos, uma eficiência mínima* na causação ou desencadeamento de efeitos materiais reconduzíveis ao fim. Ou, doutro modo: o segmento da adequação não impõe ao legislador que o *meio, instrumento, medida ou solução escolhida* seja uma que ele possa antecipar como alta ou plenamente eficiente[2129], mesmo que as haja em alternativa[2130]. Esta orientação preserva as margens de livre apreciação fática e política e de livre conformação do legislador[2131].

Para apreciar a adequação, o legislador realiza as operações acima enunciadas a propósito da intensidade de satisfação, com exceção de valorações ou atribuições de peso a bens, interesses ou valores e, mais vincadamente, de operações de ponderação bilateral ou contrapeso, as quais não têm razão de ser no contexto da adequação[2132].

---

lizado seja suficiente para atingir o escopo prosseguido pela Administração, antes deve ser o melhor possível, o mais apto".

[2129] Porém, no acórdão nº 313/13, discutido no capítulo 5, 3.4.2., foi adotada uma orientação diversa, sendo aplicada uma *modulação alta* da adequação.

[2130] Defendendo também o que designa de versão *débil* (em contraste com uma versão *forte*) da adequação, PULIDO, *El principio de proporcionalidad...*, p. 726; CLÉRICO, *El examen...*, pp. 60 e 82-83, conclui igualmente por uma versão débil – ou mínima, na nossa terminologia –, alegando que "quem aplica e controla o exercício do direito não pode razoavelmente exigir do ator a eleição do meio *mais adequado em todos os aspetos*" (sublinhado no original). Defende, porém, que a versão que designa de fortíssima deve, pelo menos, funcionar como ideia reguladora ou orientadora para o legislador. Todavia, mesmo que essa ideia reguladora fosse aceitável, não decorre certamente do segmento da adequação, nem tão pouco da própria proibição do excesso, como se argumenta no texto.

[2131] Assim, CLÉRICO, *El examen...*, p. 62; PULIDO, *El principio de proporcionalidad...*, p. 728.

[2132] A posição vertida no texto foi já assumida em "Proporcionalidade...", pp. 620 ss., tendo sido criticada por NOVAIS, *As restrições...*, p. 737, nota. No seu entender, os aspetos valorativos ou de ponderação de bens e interesses não seriam completamente estranhos ao tema da idoneidade. Embora a verificação da aptidão ou idoneidade de uma medida restritiva se concentre exclusivamente na relação formal ou objetiva entre meio e fim, as ponderações e valorações não seriam absolutamente banidas. Para fundamentar esta posição invoca as valorações realizadas aquando dos juízos de prognose levados a cabo pelo responsável pela atuação restritiva. Ora, não se vislumbra quais sejam essas valorações *inerentes* ao juízo de prognose. No juízo de prognose há simples avaliações de natureza empírica, procurando-se, no caso da adequação (ou da idoneidade, conceito preferido pelo autor), antecipar quais os resultados que serão obtidos. Nesta fase não há qualquer tipo de ponderação ou de balanceamento de bens, interesses ou valores em competição. Tal ponderação já terá sido efetuada, num primeiro momento, quando na fase da determinação do fim foi necessário verificar se determinados bens, interesses ou valores tinham maior peso, devendo outros ceder total ou parcialmente; poderá ter de se realizar de novo em sede de avaliação

O PRINCÍPIO DA PROIBIÇÃO DO EXCESSO

A circunstância de para o segmento da adequação ser irrelevante a adoção de uma norma menos eficiente do que outras alternativas não quer dizer que essa opção seja irrelevante no contexto global da proibição do excesso. Primeiro, é plausível que o facto de a medida legislativa ter uma eficiência menor abrirá caminho a um número acrescido de meios alternativos capazes de a "desafiar" em sede de necessidade: quanto menos eficiente for um meio para atingir um fim, mais fácil se torna descobrir meios alternativos com, pelo menos, igual eficiência. Segundo, uma medida apenas minimamente eficiente garante efeitos modestos de satisfação dos fins prosseguidos, o que pode dificultar a sua justificação à luz do teste da proporcionalidade e.s.e.[2133]

2.4. Estatuto epistémico das decisões do legislador

É a propósito da metódica aplicativa da adequação que se suscita pela primeira vez o tema mais geral da fiabilidade ou probabilidade das premissas empíricas e normativas em que o legislador assenta a sua decisão de adotar um meio para obter certos efeitos. A esse respeito, sob o influxo da doutrina de ALEXY, que tem dado relevo ao tema[2134], distingue-se (in)certeza epistémica empírica e (in)certeza epistémica normativa[2135]. Para o segmento da adequação interessam sobretudo as situações de certeza ou incerteza epistémica *empírica* (ou *cognitivas, ou lacunas do conhecimento*[2136]).

2.4.1. O risco epistémico

O cumprimento do segmento da adequação obriga o legislador à realização de apreciações de facto que permitam aferir a probabilidade de o meio estudado causar os efeitos materiais de satisfação dos bens, interesses e valores que constituem o fim da medida legislativa. No âmbito do juízo de adequação, as considerações empíricas sobre o alcance e extensão dos efeitos negativos da medida legislativa no que toca aos bens, interesses ou valores objeto da interferência, embora possam estar latentes, não têm relevância autónoma.

---

da necessidade, particularmente se as medidas alternativas afetarem diferentes bens, interesses ou valores; e realiza-se novamente quando se trata de verificar, em sede de apreciação da proporcionalidade e.s.e., se, em concreto, apesar de à partida se ter admitido que poderia haver cedência, o efeito lesivo efetivamente projetado ou imposto é proporcional.

[2133] CLÉRICO, *El examen...*, p. 70, assinala o ponto, embora noutro contexto.

[2134] Como se verá, o indíce de probabilidade (ou grau de certeza das premissas epistémicas) é uma das variáveis que ALEXY inclui na sua fórmula do peso (v. «La fórmula del peso», p. 38), que procura reproduzir a aplicação da proporcionalidade e.s.e. (cfr. *infra*, capítulo 17, 11.3.1.1.3.). V. uma versão aperfeiçoada em KLATT/MEISTER, *The Constitutional...*, pp. 109 ss.

[2135] V. *supra*, capítulo 8, 2.1.2.1.4.2. ALEXY, *A Theory...*, pp. 414 ss.; *Epílogo...*, pp. 82 ss.

[2136] É a terminologia de ALCHOURRÓN/BULYGIN, *Normative Systems*, p. 63.

ADEQUAÇÃO

O legislador dispõe normalmente de liberdade para selecionar os factos relevantes[2137]. Essa liberdade de seleção dos factos é sublinhada pela deferência (*deference*[2138]) que os tribunais em geral manifestam em relação a ela[2139].

Todavia, há vários condicionantes que geram *risco* epistémico, isto é, risco de deficiências cognitivas que perturbam e são suscetíveis de comprometer a qualidade e correção da decisão do legislador.

Primeiro, ao invés do que sucede na fase de controlo da constitucionalidade, na fase de produção da norma as apreciações empíricas antecedem, inevitavelmente, o momento em que a medida legislativa começa a produzir efeitos.

Segundo, as decisões do legislador requerem uma representação da situação de facto passada e presente, prognósticos sobre a evolução em caso de inação (riscos e ameaças) e sobre os efeitos materiais que aquelas opções de ação gerarão no futuro. Os juízos de prognose sobre os efeitos materiais incidem nas

---

[2137] MERTEN, «Der Verhältnismäßigkeitsgrundsatz», p. 553. Esta premissa é crucial, uma vez que o estado de coisas inicial, no momento da decisão, nem sempre é claro, mesmo para quem toma a decisão, tal como não é clara, as mais das vezes, a situação de chegada (CLÉRICO, *El examen...*, p. 47). Isto significa que é diferente a situação do legislador e a do administrador. Quanto ao primeiro, a definição da situação de facto que justifica a ação será deixada em regra à sua livre definição. Quanto ao administrador, terá sempre de haver uma norma que fixe "um núcleo incomprimível de pressupostos e elementos do conteúdo do acto" (SÉRVULO CORREIA, *Legalidade...*, p. 486), sem embargo de algumas vezes lhe ser atribuído um poder de autodeterminação, aquilo que aquele autor propõe que seja designado de *autonomia pública* em contraponto com a autonomia privada. Sobre tudo isto v. a exposição pormenorizada de SÉRVULO CORREIA, *idem*, pp. 318 e ss., 471 e ss.

[2138] As noções indeterminadas de '*deference*', '*discretion*', '*self-restraint*' são usadas na literatura e jurisprudência anglo-saxónicas com significados próprios que não são familiares ou auto-evidentes entre nós (de todo, a primeira; parcialmente, as demais) dos pontos de vista dogmático e teorético. Sobre a *self-restraint* v. um apanhado em POSNER, «The Meaning of Judicial Self-Restraint», *cit*. Rejeitando a ideia de *self-restraint*, NOVAIS, *As restrições...*, pp. 883 ss. A circunstância de ocuparem um lugar central no debate universal sobre o princípio da proporcionalidade, nos planos conceptual, metódico e normativo, leva-nos a incorporá-las no nosso discurso. BRADY, *Proportionality...*, pp. 62 ss., reconstrói os conceitos de ALEXY de margem estrutural e epistémica (e, dentro desta, empírica e normativa) de conformação, propondo os conceitos de deferência estrutural e epistémica (*structural and epistemic deference*) e, dentro da segunda, empírica e normativa (*empirical and normative*). Porém, embora os conceitos de deferência e de margem de apreciação possam ser faces inseparáveis da mesma realidade, são analiticamente distintos: *deference* expressa uma atitude do juiz perante o legislador que, por vezes, se traduz no reconhecimento da *structural discretion* (reconhecimento de liberdade estrutural de conformação do legislador), outras vezes se traduz na *epistemic discretion* (reconhecimento da margem de conformação em situações de incerteza epistémica) de ALEXY. Neste último caso é discutível se há, do ponto de vista conceptual, real *discretion* do legislador (permissão para conformar a sua atuação) ou se em rigor há apenas uma presunção da correção das premissas em que assenta o seu comportamento.

[2139] Sobre essa propensão de deferência v., por exemplo, ŠUŠNJAR, *Proportionality...*, pp. 195, 269.

O PRINCÍPIO DA PROIBIÇÃO DO EXCESSO

variáveis influenciáveis pela medida em projeto, tendo em conta sobretudo a sua natureza e intensidade, e sobre as variáveis não influenciáveis. Ora, num ambiente complexo e diversificado do ponto de vista económico, social e político, é crível que o legislador tenha um conhecimento meramente fragmentário e conjetural que não chega para definir precisamente o grau de probabilidade de a medida legislativa causar a satisfação do fim e com que intensidade. Isso torna praticamente impossível diagnósticos e, *a fortiori*, prognósticos *seguros*, caraterizados pela certeza.

Terceiro, embora não se possa falar de estrita vinculação a elas, a boa avaliação e os bons juízos de prognose devem ser realizados com recurso à experiência e a regras científicas ou técnicas[2140]. Todavia, estas nem sempre existem ou são inequívocas.

Quarto, por vezes não se consegue distinguir entre o que resulta desses dados e o que decorre de intuições, emoções e até juízos morais e ideológicos[2141].

Quinto, diferentemente do que sucede com as decisões judiciais, as decisões legislativas não pressupõem habitualmente um processo probatório, estritamente comandado pela lei e sujeito ao contraditório. Não vigoram normas sobre meios de prova permitidos, valor probatório, ónus da prova subjetivo e objetivo, presunções, etc. Certamente que a verdade a que apela o legislador não prescinde da *coerência* das proposições factuais em que assenta; é exigível que o legislador busque representações corretas da realidade e prognósticos razoáveis sobre como ela se transformará *por causa* das suas decisões. Mas essas proposições e representações não se geram através de um processo probatório imune a considerações subjetivas, à extensão da experiência, a postulados ideológicos, etc. A formação das suas convicções ou inclinações não é enquadrada por regras semelhantes às que enquadram o *iter* decisório do juiz. Uma estratégia, como a de BEATTY, que faça depender a racionalidade da decisão da simples leitura dos factos ("deixe-se os factos falar"[2142]), mesmo que pudesse valer para o ambiente do controlo judicial, seria de aplicação improvável no momento da produção legislativa.

Neste contexto complexo e insuficientemente estruturado, coloca-se a questão de saber se o legislador só pode agir em situações de (i) certeza epistémica empírica absoluta ou se basta (ii) certeza epistémica empírica relativa, ou ainda se lhe é consentida a atuação em situações de (iii) incerteza epistémica empírica.

[2140] ŠUŠNJAR, *Proportionality*, p. 196.

[2141] Como nota CHOUDHRY, «So What Is the Real Legacy...», p. 524, as políticas públicas são frequentemente baseadas apenas em aproximações e extrapolações a partir da informação existente, inferências da informação comparada e até de palpites educados.

[2142] V. *The Ultimate...*, pp. 72 ss.

ADEQUAÇÃO

2.4.2. A excecionalidade da certeza absoluta

Não é impossível atingir a certeza absoluta, *além de qualquer dúvida* ou imponderável, sobre a base factual e os efeitos materiais de uma opção legislativa. Porém, os condicionamentos enunciados só o permitirão excecionalmente. Por isso, a exigência de uma representação da realidade e de um prognóstico das relações causa/efeito absolutamente certos manietaria o legislador e impedi-lo-ia, virtualmente, de tomar quase todas as decisões ou, pelo menos, algumas das decisões difíceis que a nossa época tantas vezes lhe pede[2143]. A decisão do legislador não requer certeza epistémica empírica *absoluta*.

2.4.3. O acesso à certeza relativa ou razoável

Por conseguinte, é expectável que o legislador aja em situações de certeza epistémica empírica não absoluta, isto é, situações de *certeza relativizada* por imponderáveis, matizada por eventos excecionais ou não previsíveis ou por alguma imprevisibilidade dos comportamentos que as normas visam disciplinar.

Por exemplo, apreciada a evolução da criminalidade ao longo dos últimos anos, o legislador conclui que o número de roubos nos centros das grandes cidades mostra tendência para uma subida acima da média. Perante essa situação concreta (*C*), decide permitir a instalação generalizada de sistemas de videovigilância naquelas zonas (*M1*), com o fim de provocar o efeito material da diminuição drástica dos crimes de roubo (*F1*). Neste caso, o legislador possui instrumentos que lhe permitem fazer uma representação fiável da realidade. Embora não seja presumivelmente possível conhecer a verdade com certeza absoluta (designadamente, todas as causas e circunstâncias em que se dão os roubos), há uma elevada probabilidade de a representação da realidade realizada pelo legislador ser muito próxima da situação real. Por outro lado, também o prognóstico sobre a relação causa/efeito da instalação de sistemas de videovigilância nos centros das grandes cidades e da diminuição da criminalidade tem uma razoável probabilidade de se revelar certo, tendo em conta os dados empíricos conhecidos, experiências piloto e comparadas, etc. Não *absolutamente* certo, uma vez que é plausível que os criminosos adaptem parcialmente os seus comportamentos à nova realidade da videovigilância e que passem, por exemplo, a praticar roubos em locais não controlados ou escapem de alguma forma à vigilância. Mas a convicção do legislador sobre a adequação da medida, isto é, sobre sua eficiência (pelo menos mínima) na satisfação de *F1*, é uma convicção da *verdade* das proposições de facto e dos prognósticos que realiza.

[2143] BARAK, *Proportionality...*, p. 309; CHOUDHRY, «So What Is the Real Legacy...», p. 525 (citando jurisprudência canadiana); RÉAUME, «Limitations...», p. 15.

O PRINCÍPIO DA PROIBIÇÃO DO EXCESSO

Esta situação é tendencialmente a ideal: o legislador pode representar a realidade tal como ela, com alta probabilidade, efetivamente é e será com base nisso capaz de antever com um razoável grau de certeza que a medida legislativa que adota causará os efeitos materiais pretendidos, com este ou aquele nível de intensidade.

2.4.4. As incertezas epistémicas

Mas nas situações do dia a dia mesmo esse grau de *certeza epistémica empírica relativa* pode revelar-se inatingível. São recorrentes as situações de *incerteza epistémica empírica*.

A incerteza epistémica empírica pode ser *total* ou *parcial*[2144]. Em situações de incerteza epistémica empírica *total* (também se diz *radical*), não é possível certeza, *positiva* ou *negativa*, sobre se a apreensão e avaliação dos factos e dos riscos ou ameaças futuras é correta ou, mais decisivamente, sobre a probabilidade de o meio contribuir para causar os efeitos materiais pretendidos. Em situações de incerteza epistémica empírica *parcial* também não há certeza, mas é possível uma inclinação, *positiva ou negativa*. Quando a inclinação é negativa, trata-se de *incerteza epistémica empírica parcial negativa*; quando a inclinação é positiva, *trata-se de incerteza epistémica empírica parcial positiva*[2145].

Só em relação às situações de *incerteza epistémica empírica parcial positiva*, aquelas em que o legislador não tem a certeza (nem sequer relativa), mas se inclina razoavelmente para a probabilidade ou plausibilidade de o meio atingir o fim, se coloca a possibilidade de aquele ser autorizado a agir apesar da incerteza. Ficam à partida excluídas as situações de incerteza epistémica empírica total e parcial negativa. Não seria racionalmente sustentável que o legislador pudesse interferir em bens, interesses ou valores nas situações em que não há qualquer razão para admitir a existência de uma *conexão racional* entre a norma adotada e o fim visado, como sucede nos casos de radical incerteza sobre se a norma contribui para a produção dos efeitos materiais desejados e, mais drasticamente, nos casos em que a sua inclinação é no sentido de que não contribui[2146].

[2144] Cfr. RÉAUME, «Limitations...», pp.17 ss.

[2145] Alternativa à do texto é, por exemplo, a sistematização de CASTANHEIRA NEVES, *Metodologia...*, pp. 40-41: poderia haver (i) decisões em situação de certeza; (ii) decisões em situação de risco; (iii) decisões em situação de incerteza; (iv) decisões em situação de incerteza competitiva. O critério de distinção baseia-se no diferente grau de certeza *a priori* sobre os resultados de um certo ato, que pode ir desde (i) o caso em que há segurança do resultado, (ii) aos casos em que há *probabilidades* de um resultado, ou em que (iii) o resultado depende do acaso ou de circunstâncias desconhecidas, ou ainda em que (iv) o resultado depende da ação competitiva de outros decisores.

[2146] CHOUDHRY, «So What Is the Real Legacy...», p. 525 (espera-se menos do que uma prova científica e definitiva, mas uma absoluta falta de evidência é inaceitável: deve haver alguma base fac-

ADEQUAÇÃO

Suponha-se, por exemplo, que o legislador decide autorizar que na situação *C* os moradores e os comerciantes dos centros das grandes cidades possuam e usem armas de defesa pessoal em termos muito mais facilitados do que a generalidade das pessoas (*M2*). A dúvida sobre a aptidão intrínseca de *M2* para satisfazer *F1* é elevada. Depende de quantos moradores e comerciantes estão disponíveis para adquirir armas de defesa pessoal, da sua capacidade para manejar armas daquela natureza, do uso que lhes darão, de quantos criminosos se inibirão e quantos optarão por comportamentos mais violentos, recorrendo a armas mais perigosas ou passando também a usar armas, etc. Diminuirá o sentimento de insegurança ou, ao invés, aumentará? O legislador pode inclinar-se para a adequação da sua medida, por exemplo, por ter auscultado os representantes daquele grupo de pessoas, por ter criado programas de formação ou por acreditar nas virtudes dissuasórias da posse de armas pelos cidadãos e da autodefesa. Mas, presumivelmente, não tem certeza sobre isso, por insuficiência ou inconclusividade da evidência empírica disponível. Trata-se de um caso de incerteza epistémica empírica parcial positiva: à partida é impossível a certeza (ainda que relativa) de que a medida é adequada e não é possível calcular qual o *grau de probabilidade* de ela ser eficiente ou o grau de *eficiência* que pode ter, mas as representações empíricas do legislador fazem-no inclinar para essa adequação[2147].

Em casos de incerteza epistémica empírica, poderia aplicar-se uma presunção geral contra a imposição, sem razão suficiente, de restrições jurídicas à conduta das pessoas (RAWLS[2148]). Quando uma medida legislativa impusesse uma restrição de um direito[2149], poderia considerar-se que nos casos de incerteza epistémica empírica não há razão suficiente para a restrição. Essa presunção levaria à inadequação.

Em sentido diverso, invoca-se, mais uma vez, a margem de livre conformação, *empirical epistemic discretion*[2150]. Por outro lado, reconhece-se a ocorrência de

tual para uma política pública).

[2147] Outro exemplo é o da proibição da *cannabis*, julgado pelo *BverfG* e usado por ALEXY, *Epílogo...*, pp. 83 ss. (entre outros locais) para exemplificar situações de incerteza empírica (sobre a adequação e necessidade da proibição) em que o juiz constitucional aceita as avaliações (incertas) do legislador.

[2148] V. RAWLS, «The Basic Liberties and their priority», p. 5.

[2149] Neste ponto poderia discutir-se se a orientação seria aplicável em caso de restrição de toda e qualquer conduta reconduzível a um direito ou apenas quando estivesse em causa um dos direitos que têm um estatuto prioritário (RAWLS refere a liberdade de pensamento e de consciência, as liberdades políticas e de associação, a liberdade e integridade da pessoa, as liberdades cobertas pela *rule of law*).

[2150] ALEXY, *A Theory...*, p. 417. O tema da interceção entre as condições institucionais do decisor (legislativo ou outro) e a proporcionalidade é o objeto central do estudo de BRADY, *Proportiona-*

O PRINCÍPIO DA PROIBIÇÃO DO EXCESSO

circunstâncias institucionais específicas que colocam o legislador numa situação de *vantagem* cognitiva em relação a outras entidades, incluindo o juiz constitucional[2151]. O acesso ao conhecimento sobre a situação de facto mais próximo, mais regular, mais informado, mais baseado numa relação quotidiana com os problemas, o domínio de certos saberes técnicos, o acesso a conhecimento especializado mais profundo e a aconselhamento, justificam um crédito de confiança[2152] quando estão em causa decisões pautadas pela incerteza epistémica (*vantagem institucional comparativa*[2153]).

Margem de livre conformação e vantagem institucional comparativa justificam o reconhecimento da validade de medidas legislativas adotadas em situações de *incerteza epistémica parcial positiva*.

Sem embargo, embora a incerteza epistémica empírica parcial positiva não impeça ou invalide a ação do legislador, ela pode ter repercussões relevantes no contexto do controlo da adequação pelo juiz constitucional. Adiante desenvolveremos o tema.

2.4.5. Conclusão sobre os estatutos epistémicos das decisões
A exposição anterior permite identificar vários estatutos epistémicos empíricos: (i) certeza epistémica empírica absoluta; (ii) certeza epistémica empírica relativa; (iii) incerteza epistémica empírica parcial positiva; (iv) incerteza epistémica empírica parcial negativa; (v) incerteza epistémica empírica total. Os três primeiros suportam ações positivas do legislador; as duas últimas impõem abstenções.

Estes vários estatutos ou estados não são quantificáveis, redutíveis a expressões matemáticas ou a escalas cardinais, ao invés do que ALEXY inculca quando

---

lity..., *cit*. Crítica em relação a essa solução, designadamente porque leva a que o ónus da prova da não adequação passe para a parte que se opõe à medida legislativa, RÉAUME, «Limitations...», pp. 15 ss.

[2151] V. a exposição desenvolvida de BRADY, *Proportionality...*, pp. 76 ss.: o autor explana uma teoria da proporcionalidade sensível às condições institucionais dos decisores (incluindo legislador) e dos juízes; v., também, CLÉRICO, *El examen...*, p. 149, enumerando os argumentos funcionais que sustentam a proteção da liberdade de conformação do legislador: legitimidade democrática, maior capacidade para ajuizar adequadamente a complexidade de cada situação, possibilidade de correção, maior aceitação das suas decisões; HICKMAN, «The Substance...», p. 697; JACKSON, «Constitutional Law...», p. 3145.

[2152] Expressão de BODO PIEROTH/BERNHARD SCHLINK, *Grundrechte. Staatsrecht II*, 14ª ed., Heidelberg, 1998, nºs 282 e 287; v., também, acórdãos do Tribunal Constitucional nº 187/01 (nº 15) e nº 159/07 (nº 14).

[2153] RIVERS, «Proportionality and Variable...», p. 200; CHOUDHRY, «So What Is the Real Legacy...», p. 512; HICKMAN, «The Substance...», p. 697; YOUNG, «In Defense of Due Deference», *cit*.; BRADY, *Proportionality...*, p. 23.

598

ADEQUAÇÃO

repercute matematicamente a sua segunda lei da ponderação ou lei epistémica da ponderação (contraposta à lei *substantiva* da ponderação) na fórmula do
peso. Todavia, o sentido geral dessa lei (que não a designação) merece adesão.
Exprime-a a seguinte proposição:"quanto mais pesada for uma interferência
num direito constitucional, maior deve ser a certeza das suas premissas". Esta lei
da *relevância do grau de certeza epistémica*, na sua vertente empírica, tem impacto,
sobretudo, nos segmentos da adequação e da necessidade. Logo no momento da
aferição da adequação, o legislador deve ter em conta dois corolários dela, uma
vez que se podem refletir negativamente na apreciação que o juiz constitucional
venha a fazer da norma.

Primeiro, quanto mais ténue for a certeza epistémica empírica em que a
norma se baseia mais debilitada ela comparece nos vários estádios de aplicação
da proibição do excesso. A aferição do estado de (in)certeza epistémica empírica, iniciada na fase da adequação, é importante para operações metódicas
inerentes à aplicação dos segmentos subsequentes da proibição do excesso.
Quanto mais baixa for a certeza ou mais elevada for a incerteza empírica sobre
a eficiência de um meio para o atingimento dos efeitos de satisfação pretendidos pelo legislador, mais derrotável ele será, no âmbito da necessidade, por
outros meios menos afetados por esse tipo de incerteza. Por outro lado, tal como
a adoção de um meio menos eficiente *deprecia* o fim preliminarmente definido,
também a adoção de um meio ferido por uma significativa incerteza quanto aos
efeitos materiais que pode desencadear *deprecia* esses efeitos. Ou, mais rigorosamente, diminui a potencialidade de os efeitos de satisfação dos bens, interesses
e valores ativos terem energia suficiente para justificar os efeitos de interferência
nos bens, interesses ou valores passivos perpetrada pela medida legislativa. Tais
efeitos materiais positivos (e o fim que lhes subjaz) chegarão inevitavelmente
depreciados ou diminuídos à operação ponderativa da proporcionalidade e.s.e.[2154].

Segundo, quanto mais interferente for a norma, maior deve ser a fiabilidade
e a probabilidade do diagnóstico e do prognóstico feitos pelo legislador, isto é,
maior deve ser a certeza das bases empíricas em que assentam.

Para efeitos da proibição do excesso globalmente considerada, a circunstância de o legislador agir na base de certeza (pelo menos relativa) ou antes
de incerteza epistémica empírica parcial positiva, não é irrelevante, como não
é irrelevante o *grau* da certeza relativa ou da incerteza. Embora o grau de certeza epistémica não permita uma graduação cardinal, isso não quer dizer que

---

[2154] RÉAUME, «Limitations...», p. 18 (aludindo à redefinição do objetivo, de forma a acomodá-lo à
incerteza).

O PRINCÍPIO DA PROIBIÇÃO DO EXCESSO

não seja possível alguma graduação e graduação com base segura[2155]. Uma das funções que a aplicação do segmento da adequação permite assegurar em complemento à sua função natural é a da avaliação do *grau* de (in)certeza epistémica empírica dos efeitos materiais de satisfação de bens, interesses e valores que a norma visa.

O próximo estádio de apuramento do grau de certeza epistémica desenrola-se no âmbito da metódica da necessidade, dessa feita importando a empírica e a normativa incidindo sobre a intensidade de interferência. Ou seja, esse apuramento começa a ser pré-estruturado e realizado na fase da adequação e prolonga-se pela fase da necessidade, não ocorrendo apenas na fase da proporcionalidade e.s.e.[2156].

3. Autonomia do segmento da adequação em relação ao segmento da necessidade?
Em certos círculos teóricos debate-se a autonomia do segmento da adequação em relação ao segmento da necessidade. Normalmente esse debate aparece associado – ou confundido – com a discussão sobre se o juízo de adequação tem utilidade ou é descartável[2157].

3.1. Juízo amplo de adequação e "pequena adequação"
Os próprios testes norte-americanos assimiláveis aos segmentos da proibição do excesso podem ser convocados para o debate sobre a autonomia (e a utilidade) da adequação. Como se viu[2158], há um *standard* para a verificação da *rational basis* da medida, isto é, da conexão racional entre meio e fim. Mas há também testes em que aquilo que designamos de adequação aparece diluído num *standard* – o *narrow tailored mean*- em que se confundem as dimensões equivalentes à adequação e à necessidade.

Similarmente, na literatura dedicada à proibição do excesso há tendências que defendem que a verificação da adequação de um meio para atingir ou

---

[2155] Não se afigurando viável, todavia, chegar ao grau de precisão que ALEXY admite como possível. Cfr. *A Theory...*, pp. 418 ss. O grau de certeza epistémica (relativa às premissas empíricas e normativas) seria representado através de uma regressão geométrica que vai da situação de maior certeza (ou menor incerteza) para a de menor certeza (ou maior incerteza): $r=2^0$; $p=2^{-1}$; $e=2^{-2}$ (1, ½, ¼): *ob. cit.*, p. 419, nota; «La fórmula del peso», p. 38. V., também, desenvolvidamente, KLATT/MEISTER, *The Constitutional...*, pp. 109 ss., com mais referências.

[2156] Ao invés do que também é avançado por ALEXY, *A Theory...*, pp. 418 ss. Como se verá, no contexto da proporcionalidade e.s.e. as questões da certeza epistémica normativa assumem relevo central, embora as apreciações de facto e o grau de certeza que existe sobre elas também sejam relevantes.

[2157] V., por exemplo, BARAK, *Proportionality...*, pp. 315-316.

[2158] Capítulo 3.

ADEQUAÇÃO

fomentar um determinado fim ou é um mero *pressuposto* da avaliação da necessidade ou é *parte integrante* da própria operação de avaliação da necessidade.

Nessa perspetiva, para se decidir sobre se uma certa norma é necessária porque não há alternativa menos interferente com intensidade de satisfação igual ou superior, há que efetuar um duplo juízo de adequação: (i) um juízo sobre a adequação do próprio meio escolhido, uma vez que se não for considerado adequado para aproximar o fim não pode ser considerado necessário; (ii) um juízo sobre os vários meios preteridos, que só podem ser considerados realmente alternativos se também forem, em abstrato, adequados para atingir ou fomentar aquele mesmo fim. Fala-se até de "juízo amplo de adequação", que envolve indistintamente os dois juízos enunciados, e de juízo de "pequena adequação", envolvendo apenas a apreciação da adequação do meio escolhido, estudada nos números precedentes[2159].

A apreciação do mérito desta tese impõe que se distinga mais uma vez entre a proibição do excesso como norma de ação do legislador e como norma de controlo.

3.1.1. Os juízos amplo e de "pequena adequação" e o legislador

Olhando para as condições próprias do procedimento de preparação de normas legislativas pelo legislador, trate-se de um órgão singular ou coletivo, a distinção entre juízo amplo de adequação e juízo de "pequena adequação" tem utilidade.

Quem tem a responsabilidade de preparar um projeto legislativo para ser submetido ao órgão com poder de iniciativa (como o Governo) ou de aprovação (como a Assembleia da República ou o Governo) normalmente realizará um juízo amplo de adequação. Salvo se houver uma liminar identificação de uma opção específica, sem consideração de alternativas (o que, não sendo impossível ou impensável, se afigura invulgar), comummente verificar-se-á a delimitação de várias opções, consideradas em pé de igualdade como reais alternativas que podem ser adotadas, ou a identificação sucessiva de várias hipóteses, logo a seguir afastadas (por insuficientemente satisfatórias, financeiramente incomportáveis, demasiadamente interferentes, dificilmente praticáveis, etc.), com a consideração de outras, em aproximações graduais. Nesse contexto, não parece possível isolar o juízo de "pequena adequação", autónomo, sobre uma ou várias opções específicas e o juízo de adequação sobre alternativas.

[2159] V. HIRSCHBERG, *Der Grundsatz...*, pp. 59 e ss. O autor alude a um *"juízo amplo"* de adequação, incidente quer sobre a solução legislada, quer sobre as soluções alternativas, em vez de uma *"pequena adequação"* (*"kleine Geeignetheitsprüfung"*, p. 60), incidente só sobre a solução legislada.

O PRINCÍPIO DA PROIBIÇÃO DO EXCESSO

Preparado e submetido um projeto legislativo a um órgão com competência para o propor, como iniciativa legislativa, ou para o aprovar, como ato legislativo, haverá, nessa circunstância, uma solução identificada e isolada, destacada em relação a outras. Nessa circunstância, é teoricamente possível isolar um momento lógico – procedimentalmente identificado ou não – em que se aprecia a adequação da medida proposta, antes de se apreciar a sua necessidade, confrontando-a com alternativas. Isso poderá adquirir maior visibilidade e nitidez na fase de debate da especialidade, designadamente quando se trate de um órgão de tipo parlamentar.

3.1.2. A "pequena adequação" e a atividade de controlo

Por maioria de razão, a distinção entre a aferição da adequação da opção escolhida – a "pequena adequação" ou adequação *tout court* – e a avaliação da adequação das hipóteses alternativas no âmbito da apreciação da necessidade tem pertinência no contexto mais ritualizado do processo de controlo do ato *a posteriori* pelo órgão de fiscalização. Nesse contexto não há dificuldade em distinguir – lógica e processualmente – o momento da aferição da adequação da solução incorporada no ato legislativo e o momento da avaliação da adequação das alternativas disponíveis.

3.2. Demonstração da autonomia lógica e concetual da adequação

Quer o juízo amplo de adequação, realizado numa fase relativamente informal do procedimento de preparação e produção de atos legislativos, quer, a *fortiori*, o juízo de "pequena adequação", têm autonomia lógica e concetual em relação ao segmento da necessidade.

É certo que o juízo amplo torna indissociáveis e indistintos passos metódicos que, em rigor, são imputáveis ao cumprimento de dois segmentos distintos da proibição do excesso, a adequação e a necessidade. Todavia, por um lado, essa indistinção é transitória, circunscrevendo-se a uma específica fase do procedimento de elaboração da norma e dissipando-se em fases subsequentes, e, por outro, a circunstância de não ser possível distinguir o momento aplicativo não implica que não haja diferença material entre dois critérios de decisão. O que é decisivo para a afirmação da autonomia conceptual de cada um dos três segmentos não é a sua clara identificação no curso do procedimento deliberativo, mas o respetivo recorte analítico e a capacidade de significar para os destinatários um critério de decisão destacável e autonomizável.

ADEQUAÇÃO

A desclassificação da adequação, a atribuição de uma posição auxiliar em relação à necessidade e até a sua degradação a máxima de segundo nível[2160] podem ser tentadoras por algumas razões (designadamente o seu reduzido relevo prático na maioria dos ordenamentos[2161]), mas não pelas enunciadas. O segmento da adequação tem um conteúdo destacável e distintivo, justificando-se a sua autonomização[2162].

Essa autonomia concetual é, aliás, demonstrada pelo facto de à adequação ser atribuída, em certos contextos constitucionais, autonomia como parâmetro suficiente de controlo. Ainda há pouco se mencionou o teste norte-americano da *rational basis*[2163], assimilável (embora não totalmente) à adequação. Mesmo que esta hipótese de autonomização não seja frequente na cultura constitucional europeia mais recente (com algumas exceções[2164]) e seja até dececionante do ponto de vista da racionalidade deliberativa, se a exigência dirigida ao legislador se restringir à sua observância, ela é possível e fornece um argumento a favor da autonomia conceptual do segmento da adequação.

Que a autonomização é possível é também demonstrado pelo facto de ela ser feita, sem dificuldade, no âmbito do controlo de normas pelo juiz constitucional, designadamente o português[2165]. Aí, a prática jurisprudencial mostra que a verificação do respeito pelo princípio da proibição do excesso é realizada através de uma sequência de operações processualmente individualizadas que se baseiam na destacabilidade e autonomia de cada um dos segmentos do princípio, incluindo o da adequação, com o alcance que lhe imputámos. Nestas circunstâncias, o juiz procede a um primeiro juízo de adequação sobre o meio adotado pelo legislador (podendo até ficar por aí) e, já no contexto da apreciação da

---

[2160] Será aí que chega HIRSCHBERG, *Der Grundsatz...*, p. 59.

[2161] A literatura internacional dá conta da raridade da invalidação de normas só com fundamento na sua inadequação: KLUTH, «Prohibición...», p. 227 e GRIMM, «Proportionality in Canadian and German Constitutional Jurisprudence», assinalam que o segmento da adequação apenas serve para eliminar um pequeno número de casos fáceis. V., também, XYNOPOULOS, *Le controle de la proportionnalité...*, p. 163; BARAK, *Proportionality...*, p. 316. Sobre a jurisprudência portuguesa, cfr. *supra*, capítulo 5.

[2162] Pugnando até pela revalorização do segmento, BEILFUSS, *El Principio...*, p. 128.

[2163] *Cfr. infra*, capítulo 3.

[2164] A mais saliente será porventura a do teste *Wednesbury*, do Reino Unido (esboçado no caso *Associated Provincial Picture Houses v Wednesbury Corporation*, 1948).

[2165] E, apesar da raridade assinalada em nota anterior, há registo de casos em que a inadequação foi fundamento para a invalidação de normas. V. a referência a casos canadianos, sul-africanos e alemães em BARAK, *Proportionality...*, pp. 303-304 e JACKSON, «Constitutional Law...», p. 3114. Também nos EUA o *rational basis test* na versão mais exigente tem averbado algumas declarações de inconstitucionalidade. Quanto à jurisprudência portuguesa, v. alguns casos no capítulo 5, nº 3.4.2.

O PRINCÍPIO DA PROIBIÇÃO DO EXCESSO

necessidade, procede a um novo juízo de adequação, desta vez sobre as opções alternativas à que foi escolhida pelo legislador.

Nesse contexto, não só é viável distinguir a aferição processualmente delimitada da adequação, como é possível e imprescindível distinguir dois juízos distintos de adequação. Estes dois juízos de adequação têm finalidade, objeto e identidade distintas. O juízo que, por comodidade, temos designado por "pequena adequação", incidente sobre o ato/meio/solução escolhida, permite fazer uma avaliação sobre ela e é logicamente prévio ao juízo de necessidade. O juízo de adequação incidente sobre os meios alternativos é pressuposto ou instrumental em relação à necessidade, não permite fazer qualquer juízo sobre o ato/meio/solução eleita e é logicamente inerente ao juízo de necessidade.

4. Conclusão sobre as funções do segmento da adequação

A primeira função do segmento da adequação é (i) vedar ou eliminar atos legislativos que interfiram em bens, interesses ou valores sem contribuir para a satisfação dos bens, interesses ou valores que constitua (putativo) fim desses atos. Detetada a inadequação, a subsequente apreciação da necessidade e da proporcionalidade e.s.e. não é obrigatória (o que não significa que não se faça), o que, pelo menos, permite tornar mais económico o processo de fiscalização[2166].

Além disso, desempenha acessória ou secundariamente outras funções (de forma mais visível na metódica da proibição do excesso como norma de controlo). Designadamente, uma função de estruturação dos segmentos subsequentes, uma vez que (ii) denuncia incertezas empíricas no que toca à relação de causa/efeito das duas variáveis anteriores; (iii) contribui para a clarificação de qual é exatamente a colisão normativa existente; (iv) induz à clarificação da repartição de competências entre legislador e juiz constitucional no que toca à avaliação, argumentação e demonstração necessárias para a determinação das questões de facto[2167]. O cumprimento destas funções facilita algo que é essencial na resolução de uma colisão normativa: determinar exatamente a extensão e o alcance desta, isto é, onde é que ela reside[2168].

Todas estas questões têm uma amplitude e repercussão que transcendem a aplicação do segmento da adequação, mas a primeira instância da sua dilucidação é aí.

[2166] Realçando este aspeto, BARAK, *Proportionality...*, p. 316.

[2167] Cfr. CLÉRICO, *El Examen...*, p. 70; BARAK, *Proportionality...*, p. 316, assinala que o segmento da adequação pode ter ainda uma utilidade *indireta*: quando, através do exame da adequação, se verificar que a medida adotada aproxima o objetivo da lei, mas de forma muito limitada, isso pode indiciar que o objetivo anunciado pelo legislador não é o verdadeiro objetivo.

[2168] Frisando o ponto, RÉAUME, «Limitations...», p. 19.

Capítulo 16
Necessidade

1. Necessidade como comparação entre meios referidos a um fim

1.1. A centralidade da necessidade

Verificada a adequação de um meio, a operação seguinte (do ponto de vista *lógico*) é avaliar se é necessário ou indispensável[2169]. *Meio necessário é aquele cuja alternativa ou alternativas não são consideravelmente menos interferentes e/ou não prometem intensidade de satisfação aproximadamente igual ou superior.* Trata-se de uma definição de meio necessário de recorte essencialmente negativo, pois recorre à afirmação do que os meios alternativos não são em relação a ele[2170]. Na doutrina são também correntes definições de recorte positivo[2171], concentradas na

---

[2169] Em alguns ordenamentos, como Israel e Canadá (e, em algumas aplicações, Reino Unido), esta é considerada a "coluna vertebral" do princípio da proibição do excesso: BARAK, *Proportionality...*, p. 337; JACKSON, «Constitutional Law...», p. 3117.

[2170] V. EMILIOU, *The principle...*, p. 29; BEILFUSS, *El Principio...*, p. 128; CLÉRICO, *El Examen...*, p. 102; LOPERA MESA, «Principio de proporcionalidad...» (2008), p. 272; GOUVEIA, *Manual...*, II, 6ª ed., p. 826. De recorte também negativo, mas desta feita assente na afirmação do que os meios alternativos são, é a definição de meio *não necessário*: meio *não necessário* ou *desnecessário* é aquele que, entre os disponíveis, tem alternativa consideravelmente menos interferente com intensidade de satisfação aproximadamente igual ou superior. Cfr. HEUSCH, *Der Grundsatz...*, p. 41.

[2171] V., por exemplo, ZOONIL YI, *Das Gebot der Verhältnismäßigkeit...*, p. 114; HEUSCH, *Der Grundsatz...*, p. 41; XYNOPOULOS, *Le controle de la proportionnalité...*, p. 163; RIVERS, «Proportionality...», p. 198; PULIDO, *El principio de proporcionalidad...*, p. 740; KOMMERS/MILLER, *The Constitutional Jurisprudence...*, p. 67; JANE PEREIRA, «Os imperativos da proporcionalidade e da razoabilidade...», p. 19; ALEXANDRINO, *Direitos...*, p. 137; MIRANDA/JORGE P. SILVA, «Anotação ao artigo 18º», in Miranda/ Medeiros, *Constituição...*, I, 2ª ed., p. 375; BARAK, *Proportionality...*, p. 317, que, aliás, começa por

O PRINCÍPIO DA PROIBIÇÃO DO EXCESSO

acentuação dos atributos do meio necessário (e não nas desvalias das alternativas), como esta: meio necessário é *o meio menos interferente entre os disponíveis que tenham a intensidade de satisfação pretendida pelo legislador*.

Qualquer das duas formulações deixa claro que não é comandada a adoção do meio disponível menos interferente (*less drastic mean*). Prescreve-se apenas que seja adotada a menos interferente entre as alternativas capazes de atingir o fim que o legislador elegeu, *com a intensidade por ele pretendida*[2172].

O segmento da necessidade ocupa o "centro geométrico" ou "nevrálgico" da proibição do excesso e é o que mais frequentemente serve de fundamento para a invalidação de normas em ordens jurídicas como a portuguesa, não obstante a sua aplicação ser mais complexa que os demais segmentos[2173], incluindo a proporcionalidade e.s.e. Não se justifica, por conseguinte, a exiguidade do esforço que a doutrina dedica à sua densificação. Aqui procuraremos ir mais fundo do que é habitual.

1.2. Necessidade *interna* versus necessidade *externa*

De momento não está em causa a necessidade *externa* ao princípio da proibição do excesso, mas a necessidade *interna*, que integra a estrutura deste princípio. A primeira, reporta-se à avaliação que o legislador faz da imperatividade, oportunidade, urgência, relevância ou conveniência política de prossecução de um determinado fim legítimo. A segunda respeita à necessidade de adotar um meio específico e não outro com qualidade e/ou intensidade diferentes, com vista à prossecução do fim legítimo considerado necessário e visado pelo legislador[2174]. Do ponto de vista metódico e analítico, a necessidade externa respeita

---

propor uma formulação que coincide com o que designaremos por modalidade estrita da necessidade ("o legislador tem de escolher – entre todos os meios que podem fomentar o propósito da lei limitadora – o meio que limita menos o direito humano em questão"), só corrigindo para uma formulação próxima da enunciada no texto ao longo da sua exposição; crítico, HICKMAN, «The Substance...», p. 703.

[2172] Na versão original de *Oakes* (Canadá, 1986), um dos marcos da universalização do princípio, exigia-se que o meio fosse o menos restritivo *tout court* (*the least injurious means*) e não que fosse o menos restritivo dos igualmente ou superiormente eficientes. HICKMAN, «The Substance...», p. 709, entre outros, assinala que essa versão de *minimal impairment* – criticável, desde logo, por poder traduzir-se na paralisia do legislador – foi superada em *R v Edwards Books and Art Ltd* ainda em 1986.

[2173] Assim, ALEXANDRINO, *Direitos...*, p. 136.

[2174] Fala-se também de necessidade *relativa* para atingir o fim: RESS, Der Grundsatz.... p. 19; ZOONIL YI, *Das Gebot der Verhältnismäßigkeit...*, p. 115; BARAK, *Proportionality...*, p. 320.

NECESSIDADE

à conformação do fim da norma[2175]. Diferentemente, a necessidade interna é um dos segmentos da proibição do excesso e concerne à norma como meio[2176].

1.3. O centro de gravidade da metódica da necessidade

O centro de gravidade da metódica do segmento da necessidade reside na operação de *comparação* entre meios alternativos para atingir o fim[2177].

São comparados os efeitos jurídicos de satisfação e de interferência de duas (ou mais) hipóteses de normas alternativas e, sobretudo, os efeitos materiais positivos e negativos que cada uma delas hipoteticamente desencadeará, com vista a determinar relações de maior, igual ou menor intensidade[2178].

O segmento da adequação reporta-se fundamentalmente à relação empírica, de causa/efeito, entre os efeitos jurídicos da norma e o fim de satisfação material de pelo menos um bem, interesse ou valor. Como observámos, aí é correto falar-se de relação *meio-fim*. Diversamente, na apreciação da necessidade comparam-se meios alternativos – relação *meio/meio* –, que podem comportar graus de intensidade de satisfação e de interferência diferenciados, suscitando cruzamentos comparativos complexos.

Esta noção é ainda difusa, dela ressaltando pouco mais do que os conceitos operativos e os critérios essenciais para a operação de comparação central à necessidade: *alternativas disponíveis, intensidade de satisfação* e *intensidade de interferência, maior, igual ou menor* satisfação ou interferência. Estes conceitos operativos e critérios requerem densificação. À medida que esta se processa, o núcleo do segmento da necessidade vai-se enriquecendo, consolidando a sua condição de instrumento formal auxiliar da decisão. Sendo a operação central da necessidade uma operação (ou várias operações cruzadas) de comparação, a densificação material do segmento requer o tratamento de vários núcleos temáticos: (i) quem compara; (ii) como se compara; (iii) o que se compara; (iv) com que instrumentos; (v) objetivos e possíveis resultados da comparação.

[2175] Por isso, é versada no capítulo 8, 3.1.

[2176] Numa visão "americana", SCHAUER, «Proportionality...», p. 179, nota que na análise da necessidade não está em causa, em rigor, uma questão de proporcionalidade mas sim de (in)utilidade da medida, tendo em conta outras disponíveis.

[2177] Não é exata a afirmação de ALEXY, *Teoria...*, 2ª ed., p. 527, de que a necessidade – a par da adequação – consiste numa relação meio-fim. Mais rigorosamente se pode dizer que a necessidade impõe a comparação entre diferentes alternativas de relações meio-fim.

[2178] Como diz ALEXANDRINO, *Direitos...*, p. 137, comparam-se constelações ou complexos de relações meio-fim.

O PRINCÍPIO DA PROIBIÇÃO DO EXCESSO

2. Quem compara

Determinante é, à cabeça, quem compara, já se sabendo que o segmento da necessidade é simultaneamente um instrumento de harmonização que guia a mão do legislador e um parâmetro do controlo da validade de normas legislativas pelo juiz constitucional (norma de ação, norma de controlo)[2179]. Por aí começamos, embora quanto ao juiz constitucional não se vá, de momento, além de referências preliminares, já que o presente capítulo incide, no essencial, sobre a perspetiva do legislador, havendo um capítulo onde se versa o controlo da necessidade pelo juiz[2180]. Aí teremos oportunidade de aprofundar a indicação de que alguns dos aspetos da densificação do segmento da necessidade dependem – pelo menos em parte – de quem o operacionaliza: o legislador, com vista à adoção da norma legislativa ou o juiz constitucional, com vista à averiguação da validade desta. Como se compara, o que se compara e qual o objetivo da comparação (que gama de resultados se pretende obter) sofrem variações consoante a perspetiva seja uma ou outra.

2.1. A perspetiva do legislador

Para o legislador, a questão coloca-se nestes termos: tendo em conta (i) o diagnóstico da situação fática e jurídica efetuado até ao momento da decisão, (ii) a prognose sobre os eventuais riscos e a evolução das variáveis influenciáveis e não influenciáveis pela norma legislativa projetada, (iii) a intensidade de satisfação do fim pretendida e (iv) todas as alternativas disponíveis, *qual é o meio que, entre os disponíveis, proporciona aproximadamente a intensidade de satisfação pretendida e não tem alternativa consideravelmente menos interferente?* O juízo de necessidade realizado pelo legislador é o juízo que decorre da comparação de vários meios alternativos disponíveis, sendo aferidas as respetivas intensidades de satisfação e de interferência, de modo a determinar o meio necessário.

No início deste capítulo propôs-se uma definição de meio necessário – que poderia ser revertida em definição de necessidade – de recorte negativo, mas alertou-se para que boa parte da doutrina en025 enveredia por definições de cunho positivo. Para alguns a adoção de uma ou outra das duas formulações não é indiferente do ponto de vista teórico, dogmático e metódico[2181]. Porém, no âmbito da aplicação como norma de ação a opção por qualquer uma delas depende *grosso modo* de preferências estilísticas e pedagógicas. Como veremos no número seguinte, a opção por uma formulação positiva ou negativa tem sim relevo na

---

[2179] Todavia, a diferença de perspetivas não é normalmente considerada pelos autores. Cfr., por todos, MICHAEL, «Die drei Argumentationsstrukturen...», p. 149; BOROWSKI, *Grundrechte...*, 2ª ed., p. 188.

[2180] *Infra*, capítulo 19, especificamente 4.3.1.2.2.3.

[2181] V., por exemplo, HEUSCH, *Der Grundsatz...*, pp. 41, 43.

perspetiva da proibição do excesso como norma de controlo, porque é nesse contexto que se coloca a questão da produção de prova sobre a necessidade ou a desnecessidade da norma.

O que se expôs até aqui condiz predominantemente com a modalidade *lata* da necessidade que, por ser geralmente aplicada por defeito, muitas vezes é apresentada como a única possível. Tal como o segmento da adequação, o segmento da necessidade nesta versão base veicula, pelo menos *parcialmente*, a noção de ótimo de PARETO[2182]. No final desta dissertação, veremos se materializa *integralmente* o ótimo de PARETO[2183]. Para tanto, seria necessário poder afirmar-se que quando se diz que uma medida é necessária – ou não desnecessária – isso equivale a dizer que não existe nenhuma outra que possa satisfazer melhor os bens, interesses ou valores prosseguidos sem piorar a situação dos bens, interesses ou valores atingidos[2184].

Ulteriormente debateremos se são concebíveis e admissíveis outras modalidades, uma *estrita*, outra *ponderada*, esta suscetível de ser explicada através de uma adaptação do critério KALDOR-HICKS que, tal como a propósito da adequação, pode desempenhar um papel heurístico relevante[2185]. Se aceites, aquelas modalidades requerem adaptações significativas de algumas das indicações dos parágrafos anteriores.

2.2. A perspetiva do juiz constitucional

O juiz constitucional é chamado a julgar *depois da prática do ato*. Também a sua perspetiva pode ser descrita sob um ângulo positivo ou um ângulo negativo.

Do ponto de vista positivo, coloca-se a seguinte questão: *era (comprovadamente) necessário adotar aquela medida com aquele concreto conteúdo interferente, por não haver (comprovadamente) pelo menos uma alternativa com intensidade de satisfação igual ou superior menos interferente que podia e devia ter sido adotada?*

Do ponto de vista negativo a questão tem outra formulação: *era (comprovadamente) desnecessário adotar aquela medida com aquele concreto conteúdo interferente,*

[2182] VILFREDO PARETO, *Manuel d'Economie Politique, cit.* Recordemos a formulação, antes invocada, de RIVERS, «Proportionality...», p. 198: "uma distribuição é eficiente ou *Pareto-optimal* se nenhuma outra distribuição pudesse satisfazer melhor uma pessoa sem piorar a situação de outra".

[2183] Embora não seja inequívoco, essa parece ser a inclinação dos autores que descrevem sem reserva o segmento da necessidade como expressão da eficiência ou ótimo de Pareto. Cfr. designadamente SCHLINK, *Abwägung im Verfassungsrecht*, pp. 168 ss.; ALEXY, *A Theory...*, pp. 398-399; *Teoria...*, 2ª ed., p. 526; RIVERS, «Proportionality...», p. 198; BOROWSKI, *Grundrechte...*, 2ª ed., p. 188; VAN DROOGHENBROECK, *La Proportionnalité...*, p. 190; BARAK, *Proportionality...*, p. 320; PIRKER, *Proportionality...*, p. 29; VEEL, «Incommensurability, Proportionality...», p. 179; SARTOR, «The Logic of Proportionality...», p. 1448.

[2184] V. *infra*, capítulo 29.

[2185] V. indicações sumárias sobre aquele critério deixadas *supra*, capítulo 15, 1.4.

O PRINCÍPIO DA PROIBIÇÃO DO EXCESSO

por haver (comprovadamente) pelo menos uma alternativa com intensidade de satisfação igual ou superior menos interferente que podia e devia ter sido adotada?

Diversamente do que vimos a propósito da necessidade como *standard* de ação, o tema da formulação positiva ou da formulação negativa tem relevo na perspetiva da proibição do excesso como norma de controlo, na medida em que, nesse contexto, se coloca a questão da produção de prova.

Esta questão equaciona-se de forma diferente, consoante haja que provar a necessidade, isto é, *a inexistência de medida alternativa* com intensidade de satisfação pelo menos igual, mas menos interferente (formulação positiva), ou a desnecessidade, isto é, a *existência de medida alternativa* com intensidade de satisfação pelo menos igual, mas menos interferente (formulação negativa).

Se vigorar um esquema de repartição do ónus da prova entre o autor da norma e o sujeito processual que se opõe à sua validade, é inevitável que a formulação positiva implique que o ónus da prova recaia sobre o autor da norma, enquanto a negativa desloca esse ónus para o opositor. A formulação positiva implica que caiba ao legislador provar o facto de que o meio por ele eleito é necessário porque é o *menos interferente entre os disponíveis que tenham intensidade de satisfação pelo menos igual*. A formulação negativa impõe que quem se opõe à decisão prove que há pelo menos um meio *menos interferente com intensidade de satisfação igual ou superior* ao adotado pelo legislador, pelo que este é desnecessário.

Mas mesmo que não se admita essa (ou qualquer) repartição do ónus da prova, continua a ser importante o que tem de ser provado: a necessidade ou a desnecessidade. Isso tem consequências relevantes em situação de *non liquet*.

Em qualquer dos casos, no contexto do controlo da (des)necessidade, a formulação positiva é mais constrangedora da liberdade de conformação do legislador do que a negativa. Na primeira, para que a norma se salve, o legislador tem de provar – ou aguardar que fique provada – a necessidade. Isso passa pela prova de que qualquer meio alternativo alegado no processo não é menos interferente ou não é tão eficiente quanto o adotado ou até pela prova, praticamente inviável, de um facto negativo geral, isto é, de que *não existe* outro meio menos interferente com intensidade de satisfação igual ou superior ao adotado[2186]. Na segunda, o legislador fica apenas à espera que ninguém consiga provar que o meio por si adotado é desnecessário, isto é, que existe outro meio menos interferente com intensidade de satisfação igual ou superior[2187].

[2186] Referindo o ponto, HEUSCH, *Der Grundsatz...*, p. 41.
[2187] Cfr. *infra*, capítulo 19.

NECESSIDADE

3. Como se compara

Como norma de ação, a necessidade envolve um exercício de comparação e de escolha pelo legislador. Para que essa comparação e escolha sejam racionais, têm de estar reunidas condições *mínimas* de comportamento racional, designadamente que o legislador: (i) seja capaz de individualizar todas as alternativas e de distinguir as elegíveis das não elegíveis; (ii) reúna toda a informação acessível relevante para comparar e avaliar as consequências das alternativas; (iii) disponha de um critério de ordenação das alternativas, em termos de preferências que satisfaçam certos axiomas e hipóteses[2188].

O legislador, na escolha do meio *necessário*, deve individualizar *todas* as alternativas, de entre as quais distinguirá as elegíveis das não elegíveis. O conhecimento pragmático mostra que uma das alternativas individualizadas assumirá normalmente a partir de certo estádio o estatuto de hipótese central, preferencial ou *pivot*, em torno da qual se procede à operação comparativa com as demais; ou então identificam-se algumas, ou todas, sem preferência. Isso permite efetuar um processo de identificação e seleção, com expurgo gradual e consecutivo (no contexto do vai e vem metódico de decisão) dos meios que não resistem ao teste da necessidade. Não se ignora que este é um modelo *ideal*, por enquanto distante do figurino que enforma o processo deliberativo do legislador *real*, muito menos conscientemente assumido e estruturado.

A individualização das alternativas visa compará-las, o que supõe a graduação relativa das respetivas intensidades de satisfação e de interferência. O quadro cognitivo em que se processa a deliberação prática impede que o resultado da graduação possa ser traduzido de forma cardinal[2189]. Por isso, recorre-se a uma graduação ordinal, expressa através das noções de *maior, menor ou igual*: maior, menor ou igual intensidade de satisfação (ou efeitos de satisfação maiores, menores ou iguais) e maior, menor ou igual intensidade de interferência (ou efeitos de interferência maiores, menores ou iguais) do que as das demais alternativas[2190].

[2188] Adaptámos as hipóteses comportamentais de racionalidade económica enunciados por ABEL MATEUS/MARGARIDA MATEUS, *Microeconomia Teoria e Aplicações*, vol. I, Verbo, Lisboa, 2001, p. 48. Suprime-se a condição de que a escolha recaia sobre a alternativa preferível, usando-se o princípio da otimização. A questão de se a proibição do excesso e seus segmentos visam objetivos de otimização será objeto de tratamento ulterior (capítulo 29).

[2189] Desenvolveremos o tema a propósito da necessidade ponderada, da ponderação e da proporcionalidade e.s.e.

[2190] Essas noções comportam simultaneamente uma dimensão qualitativa e quantitativa, tal como sublinha CLÉRICO ao longo do seu *El examen...*, particularmente p. 108.

O PRINCÍPIO DA PROIBIÇÃO DO EXCESSO

4. O que se compara

4.1. Objeto imediato da comparação: intensidades dos efeitos de interferência e de satisfação

A norma produz efeitos jurídicos, com o fim de suscitar ou causar efeitos materiais.

Retomando o que se viu a propósito da adequação, a intensidade dos *efeitos jurídicos* da norma pode ser vista sob dois ângulos: (i) como intensidade de satisfação dos bens, interesses ou valores ativos, isto é, dos bens, interesses ou valores positivamente promovidos; (ii) como intensidade de interferência em bens, interesses ou valores passivos, isto é, em bens, interesses ou valores negativamente afetados.

Quanto aos *efeitos materiais* causados pelo cumprimento e execução da norma (em sentido amplo, abrangendo a utilização de permissões) ou materialização dos seus efeitos jurídicos, o legislador faz também uma avaliação e comparação de intensidades, igualmente sob dois ângulos, o de satisfação e o de interferência.

Como se referiu anteriormente, interessam intensidades *marginais* de satisfação ou de interferência, isto é, as intensidades de satisfação ou de interferência que acrescem àquelas que eventualmente existiriam se a norma legislativa não produzisse efeitos.

4.1.1. Operações intelectuais para aferição e comparação das intensidades de interferência e de satisfação

Os conceitos de *intensidade* de interferência e de *intensidade* de satisfação já foram explicitados a propósito da adequação. Na ocasião, ficou exposto que o apuramento dessas intensidades envolve várias operações intelectuais e que estas diferem consoante se trate de efeitos jurídicos ou materiais.

No primeiro caso, operações estritamente técnico-jurídicas, de interpretação e qualificação, mais acentuadas a propósito dos efeitos jurídicos, mas não ausentes quanto aos efeitos materiais.

No segundo caso, predominantemente, operações empíricas de diagnóstico e de prognóstico.

Acresce que a noção de intensidade pode envolver a atribuição de peso ou importância aos efeitos materiais projetados ou prognosticados pelo legislador. Mesmo que contingente e eventualmente inextricável em relação às apreciações empíricas, este juízo valorativo pode entrar sub-repticiamente nas operações metódicas de graduação e comparação da intensidade de interferência e de satisfação, especialmente nas primeiras, devido a opções metódicas que serão expostas adiante.

612

NECESSIDADE

4.1.2. Graduação e comparação da intensidade de interferência

A avaliação e comparação da intensidade dos efeitos jurídicos de interferência socorre-se essencialmente de operações técnico-jurídicas de interpretação, qualificação e cálculo, usando-se indicadores qualitativos e quantitativos.

Quanto à avaliação e comparação da intensidade dos efeitos materiais de interferência, há que distinguir entre intensidade de interferência *real* e *hipotética*. Em ambos os casos a aferição e comparação envolvem operações de base primariamente (mas não exclusivamente) *empírica*.

A intensidade de interferência *real* afere-se e compara-se com o auxílio de indicadores (i) de praticabilidade (ii) e de qualidade e quantidade. Porém, o seu conhecimento não está ao alcance do legislador no momento em que concebe a norma legislativa. Pode estar, ou não, ao alcance do juiz constitucional quando é chamado ao controlo da norma legislativa. Se disponíveis, nesse contexto, em certas circunstâncias, podem comparar-se intensidades *reais*[2191].

A intensidade de interferência *hipotética* – a única que o legislador pode tentar antever –, terá de ser estimada através de prognoses sobre como evoluirá a situação de facto, por influxo do cumprimento ou execução da norma. O legislador tem de coligir os dados empíricos disponíveis, incluindo os respeitantes ao passado, fazer um diagnóstico da situação contemporânea e prognosticar os efeitos materiais futuros, gerados pelo cumprimento ou execução da norma. Para isso, são mobilizados indicadores (i) de previsibilidade (ou probabilidade), (ii) de praticabilidade, (iii) de qualidade e de quantidade dos resultados prognosticados.

A probabilidade reporta-se ao grau de verosimilhança de que os efeitos de interferência projetados ou esperados se verificarão, tendo em conta a aptidão intrínseca da norma e a apreciação da realidade.

A praticabilidade reporta-se ao grau de dificuldade que os executores da norma enfrentarão para a cumprir ou fazer cumprir.

Para arrumar os indicadores de qualidade e de quantidade dos resultados prognosticados enunciam-se, por vezes, as dimensões pessoal, temporal, espacial e material[2192], mas essa é talvez uma fórmula incompleta. Indicadores de qualidade e quantidade são, realmente, a amplitude e número de previsíveis afetados[2193], a duração, transitoriedade ou perenidade da interferência, o espaço

---

[2191] V. capítulo 19.

[2192] *Necessidade pessoal, necessidade temporal, necessidade espacial, necessidade material*: CANOTILHO, «Relatório sobre programa...», pp. 466-7; MIRANDA/JORGE P. SILVA, «Anotação ao artigo 18º», in Miranda/Medeiros, *Constituição...*, I, 2ª ed., p. 375; VICENTE, *O Princípio da Proporcionalidade...*, p. 29.

[2193] É neste quadro que se coloca o tema que a literatura e a jurisprudência norte-americanas reconduzem ao conceito de *overinclusiveness*, isto é, a possibilidade de uma medida ser subjetivamente mais abrangente do que aquilo que teria de ser para atingir o fim. A *overinclusiveness* é tratada umas

613

O PRINCÍPIO DA PROIBIÇÃO DO EXCESSO

geográfico abrangido, o peso ou importância dos bens, interesses ou valores objeto de interferência; mas também a rapidez da ocorrência, extensão e abrangência dos resultados materiais prognosticados, o nível de sustentabilidade, durabilidade ou reversibilidade desses resultados.

A aferição e comparação da intensidade de interferência envolvem operações de cunho primariamente *empírico*. Todavia, mais ou menos confundidos com os juízos empíricos podem andar juízos valorativos ou ponderativos[2194]. A avaliação e comparação da intensidade de interferência podem também transportar consigo uma componente ponderativa da importância e peso dos efeitos de interferência em certos bens, interesses ou valores à luz de uma determinada escala valorativa (abstrata, quando possível, e concreta)[2195].

Esta operação ponderativa não tem o objetivo de estabelecer preliminarmente a prevalência de um dos bens, interesses ou valores colidentes (como quando o legislador conforma o fim da medida), nem o de averiguar se os efeitos de interferência num são justificados pelos efeitos de satisfação do outro (como na proporcionalidade e.s.e.). Ela visa simplesmente avaliar qual a interferência *valorativamente* mais grave, ponderados os bens, interesses ou valores afetados.

4.1.3. Graduação e comparação da intensidade de satisfação

Na aferição e comparação das intensidades dos efeitos de satisfação jurídica e material usam-se *mutatis mutandis* os indicadores até aqui enunciados. Sem em-

---

vezes como um *standard* autónomo, outras vezes como integrante de outros testes, como a adequação (ou *rational connection*, no Canadá: v. CHOUDHRY, «So What Is the Real Legacy...», p. 505, referindo que a questão da *overinclusiveness* foi central em *Oakes*, a decisão seminal do princípio da proporcionalidade no Canadá) ou o *least restrictive means* ou *narrow tailored*. Em rigor, na lógica da proporcionalidade, trata-se de uma questão a considerar no contexto do segmento da necessidade. Como nota BARAK, *Proportionality...*, pp. 336-337, há situações de *overinclusiveness* que o segmento da necessidade pode evitar, quando é possível destrinçar, no universo dos abrangidos, aqueles que podem ser poupados à medida. Quando isso não for possível e não houver outra alternativa menos lesiva com eficiência igual ou superior, mesmo medidas *overinclusive* podem ser consideradas necessárias.

[2194] Para discussão deste tema, por exemplo, WENDT, *Der Garantiegehalt der Grundrechte...*, pp. 449, 457 ss.; ZIMMERLI, *Der Grundsatz der Verhältnismässigkeit...*, p. 23; MATTHIAS MAYER, *Untermaß, Übermaß...*, p. 167 ("a relação entre [meios] igualmente eficientes e menos interferentes exige normalmente uma valoração das consequências das medidas e dos sacrifícios dos direitos"); VIRGÍLIO AFONSO DA SILVA, *Direitos Fundamentais...*, p. 177; MICHAEL, «Die drei Argumentationsstrukturen...», p. 148.

[2195] Cfr. *supra*, capítulo 8, 2.2.; MIRANDA/JORGE P. SILVA, «Anotação ao artigo 18º», in Miranda/ /Medeiros, *Constituição...*, I, 2ª ed., p. 375. Em sentido diverso, por exemplo, HIRSCHBERG, *Der Grundsatz...*, sobretudo p. 175; SCHLINK, «Der Grundsatz der Verhältnismäßigkeit», pp. 456 ss.; BOROWSKI, *Grundrechte...*, 2ª ed., p. 189; ALEXY, *A Theory...*, p. 414 ss.; BRADY, *Proportionality...*, p. 72.

NECESSIDADE

bargo, a oportunidade para a realização de valorações é mais reduzida: ao passo que a comparação das intensidades de interferência pode implicar a comparação de várias alternativas que envolvem diferentes dimensões de um mesmo direito ou diferentes direitos, suscitando isso operações de ponderação, a comparação das intensidades de satisfação das medidas alternativas é impreterivelmente comparação das intensidades de satisfação *do mesmo* bem, interesse ou valor.

4.1.4. Correlatividade entre intensidades de satisfação e de interferência

A interconexão dos conceitos de intensidade de satisfação e de interferência no plano teórico reflete-se muitas vezes no plano pragmático: se os meios, mesmo que aptos por natureza ou qualidade, tiverem diminuta intensidade de interferência, podem ter uma intensidade de satisfação dos bens, interesses ou valores ativos igualmente baixa; inversamente, os meios com alta intensidade de satisfação em princípio suscitam possivelmente maiores interferências. Sem embargo, a correlação não é forçosa.

4.1.5. Efeitos jurídicos e materiais colaterais

Discute-se se, para a aferição das intensidades de satisfação e de interferência, devem ser consideradas e comparadas apenas a satisfação e a interferência nos bens, interesses ou valores direta, imediata ou principalmente tocados ou também a satisfação e interferência indiretas (*efeitos colaterais*). Um pleno aproveitamento das potencialidades racionalizadoras da proibição do excesso aponta para que também estes efeitos colaterais das várias alternativas, se existirem, devem ser considerados na comparação, não obstante o suplemento de complexidade daí adveniente[2196].

4.2. Objeto mediato da comparação: alternativas disponíveis de meios

A aplicação/cumprimento do segmento da necessidade pressupõe a possibilidade de escolha entre várias alternativas de meios para prosseguir um fim[2197]. O critério de delimitação das alternativas pode ser mais ou menos amplo. Uma vez delimitadas nos termos expostos nos números seguintes, denominam-se alternativas *disponíveis* de meios. Adiante introduziremos outro conceito, o de alternativas *elegíveis*.

[2196] V., neste sentido, XYNOPOULOS, *Le controle de la proportionnalité...*, p. 165; HEUSCH, *Der Grundsatz...*, p. 42.

[2197] ZOONIL YI, *Das Gebot der Verhältnismäßigkeit...*, p. 115; CLÉRICO, *El examean...*, p. 102; PULIDO, *El principio de proporcionalidad...*, p. 742; BARAK, *Proportionality...*, p. 321.

O PRINCÍPIO DA PROIBIÇÃO DO EXCESSO

4.2.1. Os requisitos das alternativas disponíveis

Para que possam atingir a qualificação de alternativas disponíveis, têm de: (i) ser determináveis; (ii) ser adequadas; (iii) ter intensidade de satisfação pelo menos equivalente; (iv) não ser proibidas em si; (v) ser financeiramente sustentáveis; (vi) ser comparáveis.

4.2.1.1. Conhecidas e determináveis

Só podem ser consideradas alternativas disponíveis as que são conhecidas pelo legislador. O segmento da necessidade não impõe a adoção do meio com intensidade de satisfação igual ou superior, que não tem alternativa menos interferente, mas sim do meio que, *entre os conhecidos*, com intensidade de satisfação igual ou superior, não tem alternativa menos interferente. Por outro lado, mesmo que o legislador intua ou admita a existência de um meio com aqueles contornos, se não puder *determinar* o seu alcance ou natureza com a exatidão requerida, ele não pode ser considerado *alternativa disponível*.

Em sede de controlo, coloca-se, porém, a questão de saber como se deve equacionar a eventualidade de existirem alternativas que o legislador não conhecia efetivamente, mas *deveria conhecer*, de acordo com um padrão médio de diligência de um *bonus legislatoris*. Em circunstâncias delimitadas, nessa perspetiva de aplicação da proibição do excesso como norma de controlo, podem também considerar-se alternativas disponíveis aquelas que, de acordo com tal padrão médio de diligência, *deveriam ser conhecidas*. Em qualquer caso, se se verificar que existe (ou existia) um meio menos interferente com intensidade de satisfação igual ou superior, que o legislador não conhecia nem tinha possibilidade razoável de conhecer, esse meio não pode ser considerado como *alternativa disponível*[2198].

4.2.1.2. Adequadas

Para que um meio possa ser considerado opção alternativa para prosseguir o fim, tem de ser adequado. Por outras palavras, a existência de uma real opção entre meios supõe, pelo menos, que todos eles sejam adequados[2199]. O juízo da necessidade pressupõe a execução de uma avaliação da adequação de todos os meios alternativos.

Como se expôs no capítulo anterior, a distinção entre o que alguns autores designam por juízo de "pequena adequação" e juízo amplo de adequação tem

---

[2198] Em sentido algo diferente e mais ampliativo (uma vez que admite, ilimitadamente, a consideração de alternativas carreadas por quem contesta a necessidade da norma e de outras discutidas por especialistas), CLÉRICO, *El Examen...*, p. 106.

[2199] CLÉRICO, «Sobre la prohibición por acción...», p. 186.

NECESSIDADE

alguma razão de ser quando se olha para certas fases preliminares do processo de legiferação[2200]. Quando se trata de desenvolver o trabalho de conceção inicial de um projeto de norma (isto é, ainda antes de haver uma iniciativa formal junto do órgão legislativo com poder de adoção dessa iniciativa), é plausível que o responsável pela preparação daquele projeto propenda a avaliar hipoteticamente, de forma indistinta e numa ou várias operações irrefletidas ou subliminares, a adequação de *todas* as opções, sendo difícil ou impossível destacar dois momentos de avaliação da adequação, um atinente ao segmento da adequação *tout court*, outro respeitante à avaliação da adequação de medidas alternativas à que seja considerada a *hipótese central*.

Essa situação altera-se logo que haja uma opção relativamente consolidada, vertida numa iniciativa formal, a ser objeto de deliberação do órgão legislativo (Assembleia da República, Governo, Assembleias Regionais). Nessa circunstância está preenchido o requisito para um juízo autónomo de adequação: a identificação de uma *hipótese central* de referência a propósito da qual é possível destacar – mesmo que sem expressão procedimental ou registo explícito – um juízo de adequação. Por outro lado, essa hipótese central é também a referência em torno da qual giram as alternativas. Sobre estas incide *um outro* juízo de adequação, estruturalmente semelhante, mas analiticamente distinto. Esse segundo juízo de adequação é sempre um *prius* do juízo sobre a necessidade: é uma operação sem a qual este não se pode efetuar (é um primeiro passo da aplicação da necessidade, como diz alguma doutrina germânica), embora não *a operação central* deste juízo.

4.2.1.3. *Com intensidade de satisfação pelo menos equivalente*

A equivalência das potencialidades de satisfação do fim suscita várias questões. Um meio pode distinguir-se de outro através de vários fatores ou atributos, podendo ser mais eficiente nuns e menos noutros: há meios que promovem o fim mais rápida ou lentamente do que outros, têm maior ou menor grau de exequibilidade, estão mais ou menos testados, suscitam efeitos materiais mais ou menos duráveis ou sustentáveis.

A eventual pluralidade de fins, antes aflorada[2201], tem também relevância. Uma orientação mais linear advoga que uma alternativa competitiva deve prosseguir pelo menos igualmente *todos os fins* que puderem ser identificados[2202]. Outra orientação, observando que é plausível que alguns meios alternativos

---

[2200] Referenciou-se anteriormente a construção de Hirschberg, *Der Grundsatz...*, pp. 59 ss.

[2201] *Supra*, capítulo 8, 1.5.

[2202] V. Šušnjar, *Proportionality...*, p. 124, invocando a jurisprudência do TC alemão.

O PRINCÍPIO DA PROIBIÇÃO DO EXCESSO

promovam mais um fim do que outros com ele relacionados[2203], admite o funcionamento de um sistema de *compensações*. A circunstância de um meio alternativo ser menos eficiente na satisfação de um fim – principal ou acessório – poderia ser compensada pela maior eficiência na satisfação de outro. A primeira opção é mais rígida, mas também mais fácil de aplicar. A segunda é mais flexível e, consequentemente, mais capaz de criar um quadro racional de deliberação.

4.2.1.4. Não abrangidas por uma proibição absoluta do meio

No momento próprio demonstrámos que a circunstância de o meio não ser objeto de uma proibição absoluta é um *requisito* da aplicabilidade da proibição do excesso[2204]. Se o meio for absolutamente proibido, não pode ser adotado pelo legislador, não cabendo a aplicação da proibição do excesso. Se o legislador o adotar, a norma legislativa em que ele se consubstancia é inválida. Este postulado repercute-se em todos os meios potencialmente alternativos.

4.2.1.5. Financeiramente sustentáveis

4.2.1.5.1. Fator financeiro como limite interno ou como limite externo

Discute-se se as medidas que representam encargos financeiros diferenciados podem ser consideradas alternativas para efeitos da aplicação do segmento da necessidade.

São recorrentes as situações em que o legislador deve respeito ao princípio da proibição do excesso e está simultaneamente condicionado pelo *fator financeiro*, isto é, por uma diretiva de eficiência económica, de contenção financeira ou, mais abstratamente, de prossecução ótima dos interesses financeiros da comunidade. Designamos por *fator financeiro* o condicionamento derivado da escassez de recursos orçamentais, articulado com o interesse da alocação racional de recursos[2205].

A proibição do excesso busca a sua raiz na Constituição e/ou na lei, enquanto as diretivas de eficiência económica, de contenção ou de prossecução ótima de interesses gerais resultam, as mais das vezes, de opção política ou ideológica, de constrangimentos práticos insuperáveis ou até de compromissos internacionais ("Tratado Orçamental", Pacto ou Programa de Estabilidade e Crescimento,

---

[2203] Cfr., sobre isto, ÁVILA, *Teoria...*, 7ª ed., p. 171.

[2204] Cfr. *supra*, capítulo 11.

[2205] A preservação dos interesses financeiros do Estado, o equilíbrio orçamental, a sanidade ou sustentabilidade das contas públicas, o dispêndio equilibrado dos recursos públicos, são normalmente entendidos como *fins legítimos*, suscetíveis de justificar interferências em direitos: v., por todos, BARAK, *Proportionality...*, pp. 339 ss. Na presente rubrica não é essa questão que está em causa.

NECESSIDADE

Programa de Assistência Externa Financeira), podendo contudo encontrar-se amarras mais ou menos próximas na própria Constituição ("regra de ouro" sobre o défice orçamental, já consagrada noutras Constituições) e na lei.

A interseção entre o fator financeiro e alguns dos segmentos da proibição do excesso (necessidade e proporcionalidade e.s.e.) suscita discussão[2206]. Interessa neste capítulo a interseção com a necessidade.

Suponha-se que existem as alternativas *M1 M2* e *M3* e que todas asseguram a mesma intensidade de satisfação dos fins visados pelo legislador. *M1* implica um alto grau de interferência e um baixo dispêndio de recursos. *M2* implica um grau médio de interferência e um médio dispêndio de recursos. *M3* implica um grau baixo de interferência e um muito elevado dispêndio de recursos, que pode ser considerado objetivamente incomportável para o orçamento.

Um juízo sobre a necessidade que ignorasse o fator financeiro apontaria para a não necessidade de *M1* e *M2* e para a adoção de *M3*, uma vez que, assegurando uma intensidade de satisfação idêntica às demais, é a medida menos interferente. Todavia, a orientação predominante da doutrina e da jurisprudência corre no sentido inverso, atribuindo relevância a esse fator: uma medida que absorve mais recursos deve ser considerada mais restritiva ou, em alternativa, não pode ser considerada tão efetiva como outra que requer menos recursos[2207].

Para ver de que modo esse fator se repercute na metódica da necessidade, é necessário distingui-lo enquanto *limite interno* ou *externo* à proibição do excesso.

4.2.1.5.1.1. Fator financeiro como limite interno
No primeiro caso, o fator financeiro funciona como limite às alternativas disponíveis: na avaliação dos meios alternativos, além de se considerarem os bens, interesses ou valores subjetivos afetados, considera-se o modo como cada um se repercute nos *interesses financeiros da coletividade* (vulgo, interesses dos contribuintes).

4.2.1.5.1.2. Fator financeiro como limite externo
No segundo caso, o fator financeiro é considerado fora da estrutura da proibição do excesso. As várias alternativas disponíveis são consideradas sem inclusão desse fator, comparando-se a intensidade de satisfação e a intensidade de interferência de cada uma delas. Depois de aferida a necessidade e a proporcionalidade e.s.e., isto é, depois de verificada a validade da medida à luz do princípio da proibição do excesso, apura-se se o peso dos argumentos ineren-

---

[2206] V., por exemplo, BOROWSKI, *Grundrechte...*, 1ª ed., pp. 117-118; *idem*, 2ª ed., p. 189. Embora sem desenvolver o tópico, NOVAIS, *As restrições...*, p. 746, parece admitir a consideração de aspetos orçamentais e de custos financeiros.

[2207] Assim, MÖLLER, «Proportionality...», p. 714.

O PRINCÍPIO DA PROIBIÇÃO DO EXCESSO

tes ao fator financeiro desfavoráveis à adoção dessa medida é suficiente para a desaconselhar e para obrigar à adoção de outra menos onerosa, não obstante eventualmente mais interferente. Subjacentemente, há uma ponderação entre o princípio da proibição do excesso (ou as consequências da sua aplicação) e o princípio da sustentabilidade financeira e económica (ou as consequências da sua aplicação), cedendo um ou outro consoante as circunstâncias concretas.

4.2.1.5.1.3. Vantagem da consideração do fator financeiro como limite interno
Tomar o fator financeiro como limite externo exigiria duas sucessivas operações de ponderação: a(s) inerente(s) à metódica da proibição do excesso e outra já fora do estrito quadro da proibição do excesso. Nesta última seriam ponderados os efeitos normativos de satisfação de certos bens, interesses ou valores, previamente validados à luz do princípio da proibição do excesso e os bens, interesses ou valores da sustentabilidade financeira, ou fator financeiro. Todavia, nenhuma vantagem decorre da realização de vagas sucessivas de operações de ponderação. Nada obsta e tudo aconselha a que os bens, interesses e valores financeiros sejam tomados como *mais uns* a considerar no âmbito da aplicação dos segmentos da proibição do excesso, ou seja, como um fator *interno* à proibição do excesso.

4.2.1.5.2. Exclusão de alternativas que envolvam o emprego de meios exorbitantes
Mesmo considerando o fator financeiro *limite interno* da aplicação da proibição do excesso, nem todos os meios devem ser considerados alternativos. É consensual que um meio que implique uma interferência menos intensa nos direitos afetados mas envolva o emprego de meios incomportáveis, exorbitantes, ou incomensuravelmente mais elevados, nem sequer pode ser tomado como alternativo no contexto do segmento da necessidade[2208].

Não está em causa, simplesmente, tratar-se de uma interferência mais dispendiosa do que outras. Tem de ocorrer verdadeira e própria impossibilidade circunstancial de ser custeada ou inaceitabilidade da sua adoção, pela exorbitância do dispêndio. Uma alternativa que não seja comportável, isto é, que a alocação de recursos escassos através do orçamento não permita, não é uma alternativa real (tal como também não é alternativa real a que envolva recursos técnicos indisponíveis ou de difícil aquisição ou mobilização ou em geral impraticáveis)[2209]. Significa isso que o legislador não está obrigado a considerá-la como alternativa disponível. Nessa medida, a existência de *M3* não condena

---

[2208] Borowski, *Grundrechte...*, p. 117; Pulido, *El principio...*, p. 747; Zorrilla, *Conflictos...*, p. 267. Esta orientação é seguida também pela jurisprudência alemã (cfr. BVerfGE pp. 77, 84, 110 ss., *apud* Borowski, *ob.* e *loc. cit.*).
[2209] Sobre isto, Clérico, *El examen...*, p. 112; Pulido, *El principio de proporcionalidad...*, p. 748.

NECESSIDADE

M1 e *M2* à invalidade por desnecessidade, apesar de *M3* ser a alternativa menos interferente.

4.2.1.5.3. *Não exigência de neutralidade financeira*

Há quem vá mais longe e sustente que, para que uma medida deva ser considerada alternativa disponível pelo legislador, tem de ser não apenas financeiramente comportável ou razoável, mas também financeiramente *neutra*. A necessidade compararia a intensidade de satisfação e de interferência das medidas alternativas, *ceteris paribus*. Por isso, para que uma medida deva ser considerada alternativa a outra, no contexto de uma avaliação da necessidade, deve ter um impacto orçamental ou encargos para o erário público *não superiores*. Mesmo que o custo do meio alternativo não seja desrazoável ou inaceitavelmente mais elevado – é simplesmente mais elevado –, também pode ser liminarmente excluído pelo legislador como alternativa, não obstante a circunstância de o maior dispêndio de meios ter como contrapartida a menor afetação de bens, interesses ou valores, designadamente direitos[2210].

Significa isso que o princípio da proibição do excesso – particularmente o segmento da necessidade – não inibe o legislador de optar por um meio que não é o menos interferente entre os igualmente ou superiormente satisfatórios, *mas é o menos dispendioso* entre os igual ou superiormente satisfatórios. Deste ponto de vista, apesar de *M2* representar um grau de interferência inferior a *M1*, a circunstância de originar um dispêndio de recursos superior ao decorrente de *M1* implica que *M2* não tenha de ser considerada pelo legislador como alternativa, não determinando, portanto, o segmento da necessidade a sua adoção e não podendo a opção por *M1* ser considerada violadora do princípio da proibição do excesso.

Manifestações desta orientação têm alguma expressão na literatura[2211] e na jurisprudência[2216]. Sem embargo, ela parece demasiado rígida. Não se vê motivo

---

[2210] Vale a síntese de SCHLINK, «Der Grundsatz der Verhältnismäßigkeit», p. 457: a necessidade não pode inibir ou impedir o Estado de cobrar menos impostos, em vez de mais. Não pode exigir que o Estado faça mais, gaste mais, desembolse mais, sobrecarregue outros.

[2211] Cfr. ALEXY, «Sobre la estructura de los derechos fundamentales de protección», p. 130, admitindo a preterição do meio mais dispendioso, pelo menos quando envolva custos *consideravelmente mais elevados*; BOROWSKI, *Grundrechte...*, 2ª ed., p. 189; ŠUŠNJAR, *Proportionality...*, p. 174; BARAK, *Proportionality...*, pp. 324-325, que, citando jurisprudência sul-africana, sustenta que o segmento da necessidade não pode constituir pretexto para a escolha forçosa da medida menos lesiva se esta implicar maior dispêndio ou esforço financeiro do Estado. A medida menos lesiva só poderia ser considerada como alternativa se o direito intervencionado fosse menos afetado, mantendo-se inalteradas as demais variáveis, designadamente o custo. Consequentemente, o segmento da necessidade não impede o legislador de adotar a medida mais lesiva, que seja orçamentalmente menos dispendiosa do que outra menos lesiva. A adoção do meio mais interferente, nestas cir-

O PRINCÍPIO DA PROIBIÇÃO DO EXCESSO

para excluir liminarmente, sem qualquer ponderação, que meios menos interferentes mas mais dispendiosos devam ser considerados como alternativos para efeitos da aplicação do segmento da necessidade.

4.2.1.5.4. Vias para a consideração do fator financeiro na metódica da necessidade
Do ponto de vista metódico, há duas vias para se considerar o fator financeiro no âmago da metódica da proibição do excesso: (i) a consideração separada e (ii) a consideração agregativa.

4.2.1.5.4.1. Consideração separada
A primeira consiste na apreciação *separada* das intensidades de interferência das medidas alternativas e dos respetivos custos.

Por exemplo, comparam-se $M1$ e $M2$ igualmente eficientes para atingir o fim da concessão da construção e exploração de um troço de autoestrada.

$M1$ implica a demolição de aldeias históricas e a expropriação de alguns pequenos proprietários, isto é, uma interferência em bens, interesses ou valores patrimoniais, culturais e históricos subjetivados (e alguns coletivos), envolvendo um determinado dispêndio de recursos financeiros.

$M2$ implica uma interferência menor nos referidos bens, interesses ou valores, mas envolve um dispêndio de recursos maior, devido à maior complexidade da obra.

Vigorando à partida uma regra de prevalência do critério da menor intensidade da interferência, deveria ser adotada $M2$. Vigorando antes o critério do fator financeiro, deveria ser adotada $M1$.

Todavia, em vez da simples subsunção a uma regra, pode preconizar-se a realização de uma operação de contrapeso dos resultados da aplicação dos dois critérios, com vista a definir qual o que prevalece no caso concreto. Isso resume-se na seguinte questão: o que se obtém com $M2$, em termos de menor interferência, compensa ou justifica o acréscimo de dispêndio de recursos em relação a $M1$? Se a resposta for positiva – o peso da preservação ou não perturbação dos bens, interesses ou valores subjetivados supera a relevância ou importância do superior dispêndio de recursos –, o segmento da necessidade postula a adoção de $M2$, a medida menos interferente. Se a resposta for negativa – a menor inter-

---

cunstâncias, poderia apenas esbarrar com dificuldades adicionais de superação do teste da proporcionalidade e.s.e.

[2212] No caso *Newfoundland (Treasury Board) v. NAPE* (2002), julgado pelo Supremo Tribunal do Canadá, o Tribunal entendeu que a norma que atrasava o aumento dos vencimentos dos empregados públicos do sexo feminino não era inconstitucional, uma vez que esse aumento implicaria custos que determinariam a não prossecução de outros programas educacionais, sociais e económicos (cfr. HICKMAN, «Proportionality...», p. 44).

NECESSIDADE

ferência não justifica o acréscimo de dispêndio –, o segmento da necessidade não postula a adoção de *M2*, apesar de ser menos interferente.

Acrescente-se que, uma vez que o segmento da necessidade (e, mais latamente, o princípio da proibição do excesso) não visa salvaguardar o fator financeiro, também não se pode dizer que dele decorre que o legislador deva adotar *M1*, a medida menos dispendiosa. Neste caso, o segmento da necessidade desempenha uma função neutral, não se intrometendo na liberdade de conformação do legislador, o que significa que não impede que escolha *M1* ou *M2*.

Esta primeira opção metódica, da *ponderação* dos resultados da aplicação dos critérios da intensidade da interferência e da importância dos recursos financeiros, levanta uma dúvida: a questão dirime-se no quadro da necessidade ou da proporcionalidade e.s.e.?

Quem entenda que o segmento da necessidade não comporta operações de ponderação[2213], tende a considerar que a ponderação do fator financeiro é exclusivamente uma questão a ser dirimida em sede de proporcionalidade e.s.e.[2214]. Uma operação de contrapeso no contexto da necessidade teria como consequência que ainda antes do exame da proporcionalidade e.s.e. se efetuassem complexas valorações. Isto contrariaria a *ratio* do exame da adequação e da necessidade, que pretendem, de forma simples, intersubjetivável e convincente, mediar a decisão sobre a racionalidade finalística interna (*interne Zweckrationalität*) dos atos do Estado[2215].

Ora, essa orientação não colhe. Nesta situação, a operação de ponderação é *instrumental* (ou incidental) em relação à operação central da necessidade, a comparação entre alternativas para decidir sobre a necessidade de uma delas. Não se vê como resolver uma questão *instrumental* ao teste intermédio da necessidade apenas no âmbito do teste final, da proporcionalidade e.s.e.

Nesta hipótese, a estrutura do segmento da necessidade incorpora, portanto, um momento ponderativo[2216]. Não é o único caso em que isso sucede, como se verificará.

[2213] Assim BOROWSKI, *Grundrechte...*, 2ª ed., p. 189.

[2214] Cfr. ALEXY, *Teoria...*, 2ª ed., p. 529; *idem*, «Sobre la estrutura de los derechos fundamentales de protección», p. 130.

[2215] São estes os fundamentos invocados por BOROWSKI, *Grundrechte...*, p. 118, para se pronunciar contra a inclusão desta operação de ponderação na estrutura da necessidade.

[2216] MÖLLER, «Proportionality...», p. 714, por razões de "clareza estrutural", mostra preferência pela consideração do fator financeiro em sede de proporcionalidade e.s.e., a solução favorecida na Alemanha, mas reconhece que o tratamento do tema em sede do segmento da necessidade é a orientação seguida no Canadá.

O PRINCÍPIO DA PROIBIÇÃO DO EXCESSO

4.2.1.5.4.2. Consideração agregativa

A segunda opção consiste também na comparação das *intensidades de interferência* de diferentes alternativas, como é próprio do segmento da necessidade. Mas, para comparação da intensidade de interferência de umas em relação às outras consideram-se *agregadamente* todos os bens, interesses ou valores potencialmente afetados, incluindo os interesses financeiros da comunidade. Em vez de a intensidade da interferência em bens, interesses ou valores e o interesse financeiro serem colocados em "pratos" opostos da "balança", para serem contrapesados, agregam-se no mesmo "prato", para avaliar a intensidade da interferência em bens interesses ou valores inerente à medida, com vista à confrontação com as alternativas. Assim, para avaliar a intensidade de interferência de *M1* consideram-se os bens, interesses ou valores por ela afetados, *incluindo* o interesse financeiro; o mesmo para *M2*.

Nesta hipótese agregativa desenrola-se a metódica típica da aplicação da necessidade: *valoração* das intensidades de interferência de cada medida alternativa pelo menos igualmente eficiente, *ponderação bilateral* ou *multilateral* para determinar qual das interferências é globalmente mais pesada e mais leve, *opção* obrigatória por esta última, se existir. A atipicidade resulta de, para essa medição da intensidade da interferência, contarem não apenas os sacrifícios impostos a bens, interesses ou valores subjetivos, como é próprio da proibição do excesso, mas também os sacrifícios impostos aos interesses financeiros do Estado.

É certo que, presumivelmente, a maior onerosidade do ponto de vista dos custos financeiros contribui para que o meio seja considerado mais intensamente interferente em bens, interesses ou valores do que outros menos onerosos. Mas pode suceder que a superior onerosidade seja compensada pela menor intensidade de interferência em outros bens, interesses ou valores. Por isso não é impossível que a medida mais dispendiosa para o erário público seja aquela que se apresenta como globalmente menos interferente entre as capazes de atingir o nível de satisfação pretendido pelo legislador. Nessas circunstâncias o segmento da necessidade aponta para a sua adoção.

4.2.1.5.4.3. Indiferença da opção pela consideração separada ou agregativa

Não se vislumbra que os resultados da ponderação possam sofrer discrepâncias significativas consoante se adote a metodologia separada ou agregativa.

O que importa é que ambas permitem um resultado recusado por boa parte da doutrina: a possibilidade de medidas mais onerosas ou mais dispendiosas para o erário público, mas menos interferentes em bens, interesses ou valores subjetivados, serem consideradas alternativas em sede do segmento da necessidade e de, em última análise, o legislador estar vinculado a considerar necessária uma alternativa que, de acordo com a ponderação realizada, vê a sua superior onerosidade compensada pelo decréscimo de intensidade de interferência.

4.2.1.5.5. *Limites ao poder do juiz constitucional*

A circunstância de a proibição do excesso como norma de ação ter este conteúdo normativo dirigido ao legislador não significa que ela tenha exatamente o mesmo conteúdo normativo quando se transmuta em norma de controlo, dirigida ao juiz constitucional.

No momento próprio voltaremos ao tema[2217]. Por agora, basta antecipar que a circunstância de o legislador não poder descartar uma alternativa menos interferente simplesmente por ela não ser financeiramente neutra, sendo antes obrigado, ao abrigo do segmento da necessidade, a ir mais longe na ponderação de todos os bens, interesses ou valores em presença, não tem a automática consequência de conferir ao juiz constitucional o poder de controlar, anular e substituir, em qualquer circunstância, as valorações do legislador.

4.2.1.6. *Comparáveis*

A questão da comensurabilidade e da comparabilidade é central nos segmentos da necessidade e da proporcionalidade e.s.e. Quando estudarmos a operação ponderativa em que esta última se materializa, teremos oportunidade de distinguir incomensurabilidade e incomparabilidade e de aprofundar o conceito de comparabilidade. No âmbito do segmento da necessidade o tema da comparabilidade é menos complexo para quem, alegando limitações estruturais do segmento, não vá além da sua aplicação nos *casos fáceis*. Os casos fáceis são aqueles que impõem a comparação de alternativas que envolvem diferentes interferências num bem, interesse ou valor titulado por *um mesmo e único* universo subjetivo[2218].

Como veremos de seguida, preconizamos uma orientação menos defensiva e menos simplificadora[2219].

4.2.1.6.1. *Em especial: conceções restritivas e conceções ampliativas da comparação*

4.2.1.6.1.1. Conceções restritivas

Para as *conceções restritivas*, só um núcleo *circunscrito* de alternativas de meios conhecidos e determináveis, adequados, pelo menos igualmente eficientes, não proibidos e financeiramente sustentáveis é comparável no âmbito da apreciação da necessidade. As conceções restritivas partem da imperatividade da sim-

---

[2217] *Infra*, capítulo 19.
[2218] V. ALEXY, *Theorie...*, p. 101; BOROWSKI, *Grundrechte...*, p. 118.
[2219] Rejeitando também uma tese simplista, embora sem desenvolver, MÖLLER, «Proportionality...», p. 715; v., também, HICKMAN, «The Substance...», p. 711.

O PRINCÍPIO DA PROIBIÇÃO DO EXCESSO

plificação do modelo. Fora de um quadro simplificado, o segmento da necessidade não é exequivel, pelo que é imperativo simplificar[2220].

As conceções restritivas tanto podem assumir índole *subjetivista* como *objetivista* ou, no limite, simultaneamente subjetivista e objetivista.

4.2.1.6.1.1.1. Conceção restritiva de índole subjetivista

A conceção restritiva de índole subjetivista defende que duas ou mais alternativas de meios só são comparáveis quando incidem potencialmente sobre o mesmo universo subjetivo, seja este constituído por uma pessoa, um grupo de pessoas ou a coletividade globalmente considerada (com qualquer grau de interferência). Meios que onerem *núcleos subjetivos* distintos não são comparáveis no contexto da apreciação da necessidade[2221].

Um exemplo: não seriam comparáveis, para efeitos do segmento da necessidade, a alternativa de diluição dos encargos resultantes da diminuição do défice orçamental por todos os contribuintes e a alternativa de imposição de medidas de corte de salários e de pensões às pessoas que prestam trabalho na Administração Pública e aos pensionistas. Uma vez que os universos subjetivos abrangidos pelas duas hipóteses – diluição por todos os contribuintes ou oneração apenas de um grupo – são distintos, a conceção restritiva subjetiva rejeitaria que as duas alternativas fossem comparáveis. Neste prisma, a preferência pelo sacri-

---

[2220] PIRKER, *Proportionality...*, p. 29.

[2221] Defende esta doutrina HIRSCHBERG, *Der Grundsatz...*, pp. 66 ss. O autor ilustra a sua impostação através de um caso da jurisprudência do *BVerfG*: a decisão sobre a manutenção de um aprovisionamento mínimo de petróleo (*Mineralölbevorratungspflicht*), in *BVerfGE* 30, pp. 292 ss.. Foi movida queixa constitucional (*Verfassungsbeschwerde*) contra um conjunto de normas que obrigavam um número restrito de operadores do ramo dos produtos petrolíferos a manter um aprovisionamento mínimo de petróleo. Os queixosos, entre outros argumentos, invocavam que o objetivo da medida seria atingido com maior eficiência e menor lesão se o grupo sacrificado tivesse sido outro que não o deles próprios. O tribunal recusou o argumento, aparentemente por não haver prova de que a alternativa seria igualmente eficiente (*BVerfGE*, pp. 321 ss.). HIRSCHBERG sustenta que mesmo que assim não fosse, o subprincípio da necessidade não pode ser invocado como justificação da compressão de direitos fundamentais não atingidos inicialmente pelo ato, pelo que o Tribunal teria de se limitar a averiguar se haveria ou não uma medida alternativa, incidente sobre o mesmo grupo e igualmente adequada, mas menos lesiva. Confluente, PULIDO, *El principio de proporcionalidad...*, p. 757, alegando que não é ao Tribunal Constitucional, mas sim ao legislador, que cabe decidir se os encargos devem ser suportados por um grupo de cidadãos ou por outros (argumento que parece mais próprio de um debate sobre as competências do juiz constitucional em sede de fiscalização do princípio da *igualdade*); no mesmo sentido, PAULO BRANCO, *Juízo de ponderação...*, p. 175. BARAK, *Proportionality...*, pp. 326-327, aqui e em outras situações, opta por sobrecarregar o segmento da proporcionalidade e.s.e., para ultrapassar as deficiências que essas conceções inevitavelmente comportam.

NECESSIDADE

fício de um universo em vez de outro(s) poderia, quanto muito, ser analisada à luz do princípio da igualdade[2222].

4.2.1.6.1.1.2. Conceção restritiva de índole objetivista

A conceção restritiva de índole objetivista sustenta que só são comparáveis para efeitos do juízo de necessidade as alternativas que afetem os *mesmos* bens, interesses ou valores[2223] – *maxime* as mesmas posições jurídicas subjetivas ou segmentos de um mesmo direito fundamental –, independentemente de os sujeitos afetados serem ou não os mesmos em cada alternativa.

Tomemos um exemplo, inspirado no emblemático *Korematsu v. United States* (1944): em situação de guerra, uma alternativa era restringir a liberdade de deslocação e de residência de cidadãos de ascendência japonesa, proibindo-os de residir numa certa parte do território americano (litoral oeste), para evitar a sua colaboração com o inimigo do momento; outra alternativa era restringir a liberdade de contactar com o exterior a todos os cidadãos residentes naquela área geográfica, independentemente da sua origem étnica. De acordo com esta conceção restritiva objetivista, o facto de as duas alternativas envolverem universos diferentes não seria impeditivo da comparação. Mas a circunstância de estarem em causa direitos e posições jurídicas subjetivas distintas (a liberdade de deslocação e residência, no primeiro caso, as liberdades de expressão, comunicação e informação, no segundo) já o seria.

4.2.1.6.1.1.3. Combinação de conceções restritivas subjetivistas e objetivistas

A combinação entre as teses restritivas objetivistas e subjetivistas numa terceira hipótese, *subjetiva/objetiva*, é teoricamente possível. A sua adoção reduz significativamente o elenco potencial de medidas alternativas, uma vez que a diferenciação se pode fazer quase só através de indicadores quantitativos de intensidade. Por exemplo, para esta conceção drasticamente restritiva seriam alternativas a cominação legal de um crime com pena de prisão de 25 anos, ou com pena de prisão de 15 anos: o universo subjetivo potencial é o mesmo, o bem, interesse ou valor potencialmente sacrificado (o direito à liberdade) é o mesmo, só variando a intensidade da reação penal.

4.2.1.6.1.2. Conceções ampliativas

As *conceções ampliativas* podem assumir várias configurações. Nas versões mais extremas, são aceites, como alternativas, meios que atingem bens, interesses ou valores discrepantes, com todo o tipo de intensidades, afetando, designadamente, universos subjetivos distintos, com duração e cobertura geográfica diversos.

[2222] HIRSCHBERG, *Der Grundsatz...*, pp. 71-72.
[2223] RIVERS, «Proportionality and the Variable...», p. 201 ("o teste da necessidade requer apenas a definição das posições ordinais no contexto de um valor"); PIRKER, *Proportionality...*, p. 29.

O PRINCÍPIO DA PROIBIÇÃO DO EXCESSO

4.2.1.6.1.3. Adoção de posição intermédia, não excludente de variações limitadas, subjetivas e objetivas

Duas advertências se impõem preliminarmente.

Por um lado, na maior parte dos casos não cabe a consideração de alternativas com variações subjetivas e/ou objetivas, simplesmente porque essas variações obstam, à partida ou por natureza, a que os fins visados pelo legislador possam ser atingidos com a mesma intensidade. Se o legislador pretende contrariar a possibilidade de ataques terroristas perpetrados em aeronaves de passageiros, não pode deixar de adotar medidas que restrinjam a *liberdade* do *universo de passageiros*. Qualquer medida alternativa que afete outros bens, interesses ou valores e outros universos pode eventualmente traduzir-se num reforço da eficiência daquelas, *mas nunca substituí-las* com igual eficiência.

Por outro lado, há que ter em conta a distinção entre situações de *disjuntividade* e de *complementaridade* das medidas alternativas. Voltaremos ao tema.

Todavia, de não ser fácil encontrar medidas com variações subjetivas e objetivas que tenham caráter verdadeiramente substitutivo não decorre forçosamente que não existam. Nessa circunstância, tem de se definir em que termos, e com que limites, podem ser admitidas ao grupo de alternativas disponíveis. A resposta passa por neutralizar alguns dos excessos das conceções ampliativas e restritivas.

Primeiro, importa evitar excessos da conceção ampliativa. A comparação entre meios que envolvam interferências em diversos bens, interesses ou valores em simultâneo e não apenas num, consentida pelas conceções ampliativas, torna-se crescentemente complexa à medida que aumente a diversidade, até atingir, eventualmente, um limiar de inexequibilidade. Esta inexequibilidade acentua-se se cada um dos meios alternativos afetar diferentes universos subjetivos (não apenas dois, mas quatro, cinco, dez). Não pode deixar de haver um limite. As teses radicalmente ampliativas são inexequíveis.

Segundo, não se pode cair nas versões extremas das teses restritivas. Designadamente, não é convincente a que exige *identidade plena* dos bens, interesses ou valores *e* do universo subjetivo afetados.

Desde logo, não parece haver argumentos decisivos contra a comparabilidade de meios alternativos que interfiram exatamente nas mesmas posições jurídicas subjetivas decorrentes de um direito fundamental, embora com incidência subjetiva diferenciada. Neste caso, as posições jurídicas ou segmentos atingidos são exatamente os *mesmos*, mas os sujeitos jurídicos atingidos variam. Talvez a comparação conclua quase sempre pela igual intensidade de interferência dos meios – particularmente se realizada de acordo com o padrão do portador médio –, mas isso não desmente, antes confirma, a possibilidade de comparação.

628

NECESSIDADE

Uma forma de o ilustrar pode ser a adaptação do caso dos coelhos de Páscoa de chocolate, julgado pelo Tribunal Constitucional alemão. Em julgamento estava a medida (*M1*) de proibição da comercialização de coelhos de Páscoa que, embora contivessem cacau, eram essencialmente constituídos por outros ingredientes. O fim da medida (*F*) era a proteção dos interesses do consumidor, evitando decisões de compra baseadas em pressupostos erróneos sobre a composição dos produtos (*P1*). O Tribunal entendeu que *F* seria atingido com a mesma eficácia, mas com menos sacrifício da liberdade de profissão e de iniciativa dos produtores (*P2*), se, em vez da proibição de circulação no mercado, fosse introduzida a obrigação de os produtores informarem claramente os consumidores sobre a composição dos produtos através da rotulagem (*M2*)[2224]. Ora, é concebível que *M2* também fosse, ela própria, muito onerosa ou impossível para os produtores, por os coelhos de Páscoa serem, por exemplo, destinados a comercialização a granel, ao peso, sem embalagem (pense-se nas lojas de "gomas" tão apreciadas pelas crianças). Uma alternativa igualmente (ou mais) eficiente na defesa dos consumidores, menos onerosa para os produtores do que *M1* ou *M2*, seria, nomeadamente, a obrigação de os *comercializadores* colocarem avisos apreensíveis pelos consumidores no próprio recipiente ou local em que estes selecionam o produto (*M3*). Ou seja, *M3* atingiria também *F* e protegeria igualmente *P1*, mas afetaria um universo subjetivo diferente do afetado por *M1* e *M2*.

Por outro lado, mesmo as alternativas de meios que incidam sobre *diferentes posições jurídicas subjetivas* podem ser comparáveis. Todavia, mude ou não o universo subjetivo afetado, quando divirjam as posições jurídicas subjetivas tocadas por cada alternativa, isso implica inevitavelmente que a operação comparativa tenha de recorrer à ponderação e a argumentos *valorativos*, isto é, argumentos sobre o *peso* e *importância* de cada uma das posições jurídicas subjetivas afetadas por cada um dos meios alternativos.

Na primeira linha, estão as situações em que as alternativas envolvem diferentes posições jurídicas subjetivas decorrentes do mesmo direito fundamental. Tal como são comparáveis as alternativas que interferem com diferentes intensidades nas *mesmas posições subjetivas* decorrentes de um único direito fundamental (como não podem deixar de admitir as teses mais restritivas[2225]), também são comparáveis as alternativas que interferem em diferentes posições jurídicas subjetivas derivadas desse direito (tenham ou não graus de fundamentalidade

---

[2224] *Schokoladenosterhase* (*BVerfGE* 53, pp. 135 ss.), um dos exemplos usados por Alexy, *Teoria...*, 2ª ed., p. 526. Seria possível discutir se é plausível que a rotulagem do produto (*M2*) protege os consumidores tanto quanto a proibição de comercialização (*M1*), como foi entendimento do Tribunal.

[2225] V., por exemplo, Pirker, *Proportionality...*, p. 30, notando que já nesse caso se exige um maior nível de argumentação moral do que o requerido na adequação.

O PRINCÍPIO DA PROIBIÇÃO DO EXCESSO

equivalentes[2226]). Se as várias alternativas envolvem o mesmo universo subjetivo – isto é, atingem posições jurídicas subjetivas dos *mesmos sujeitos* –, isso é indisputável. Quer a comparação das interferências em termos *analíticos* (ou seja, a consideração dos argumentos extraídos da própria estrutura e âmbito de proteção do direito), quer a comparação em termos *normativos* (ou seja a *ponderação comparativa*, que se traduz na atribuição de peso ou importância a cada uma das posições jurídicas subjetivas ou segmentos do direito)[2227], terão como referência e ponto de partida uma base comum, constituída por *um único* direito fundamental, e o sacrifício *de um único* conjunto de destinatários.

Onde nos deparamos com maiores dificuldades, aí residindo a fratura doutrinal mais vincada, é quando se coloca a questão da possibilidade de comparação entre meios alternativos que envolvam posições jurídicas subjetivas decorrentes de *diferentes direitos*. As dificuldades já são evidentes quando as medidas alternativas afetam o mesmo universo subjetivo e aumentam, naturalmente, quando afetam universos subjetivos diversos.

Deixa-se aqui aberta a porta a uma visão *moderadamente ampliativa* do critério de seleção dos meios comparáveis para efeitos da observância do segmento da necessidade. A orientação moderadamente ampliativa quanto ao objeto mediato da comparação é acalentada por um argumento "amigo dos direitos e interesses fundamentais": quanto maior for o leque das alternativas adequadas consideradas, maiores são as hipóteses de ser encontrado e adotado um meio menos interferente[2228].

Assim, admite-se à cabeça a comparabilidade das alternativas que interferem (i) nas mesmas posições jurídicas subjetivas ou segmentos de um mesmo direito fundamental, do mesmo universo de pessoas. Estes são os chamados casos fáceis (ou menos difíceis, consoante a perspetiva e a confiança na racionalidade do juízo de necessidade[2229]). Nesse panorama, o tipo de medida e os bens, interes-

---

[2226] V. a exposição desta possibilidade em PULIDO, *El principio de proporcionalidad...*, pp. 752 ss. A questão da ponderação comparativa já se coloca quando as diferentes medidas alternativas tocam diferentes manifestações de *um mesmo direito*, com diferente *fundamentalidade* ou *significado*, afetando um mesmo universo subjetivo. Já aí tem de haver uma operação de atribuição de peso à importância ou significado de cada uma dessas manifestações, de modo a poder decidir, numa perspetiva de necessidade, qual das medidas alternativas é menos benigna por afetar mais drasticamente o direito.

[2227] Distinguindo estas duas formas de comparação, PULIDO, *idem*, p. 753.

[2228] Fazendo eco deste argumento, por exemplo, CLÉRICO, *El examen...*, p. 106; *idem*, «Sobre la prohibición por acción...», p. 186. A autora parece partir de uma tese maximamente ampliativa quando diz que "todos os meios que possam fomentar o fim são candidatos ao exame do meio alternativo menos grave" (*El examen...*, p. 105). V., porém, nota seguinte.

[2229] Como se assinalou, uma conceção restritiva não irá além destes casos "fáceis". Aparentemente nesse sentido, MICHAEL, «Die drei Argumentationsstrukturen...», p. 149. Na prática, CLÉRICO,

NECESSIDADE

ses ou valores sacrificados *são exatamente os mesmos* em cada uma das alternativas, bem como as probabilidades de lesão. Os instrumentos de qualificação jurídica (o que são, juridicamente, os bens, interesses ou valores interferidos e como se qualifica a interferência), de medição quantitativa e qualitativa aplicáveis (quantas pessoas, que extensão, âmbito espacial, duração, importância da dimensão atingida) e de cálculo probabilístico (quão previsível e sustentável é a efetividade da interferência), permitem, teoricamente, conclusões comparativas *objetivamente* fundadas.

Mas admite-se também a comparabilidade das alternativas que interferem (ii) nas mesmas posições ou segmentos de um mesmo direito fundamental de universos diferenciados de pessoas; (iii) em diferentes posições ou segmentos do direito fundamental, tenham ou não graus de fundamentalidade equivalentes, do mesmo universo de pessoas; (iv) em diferentes posições ou segmentos do direito fundamental, tenham ou não graus de fundamentalidade equivalentes, de universos diferenciados de pessoas.

Não se exclui liminarmente – mas vê-se com muito mais dificuldade – a possibilidade de comparação de (v) meios que interferem em diferentes posições jurídicas subjetivas, *maxime* direitos fundamentais – não apenas posições ou segmentos diferentes de um direito fundamental, como em (iii) –, do mesmo universo de pessoas.

Ainda com mais dificuldade se vê a possibilidade de comparação de (vi) meios que interferem em diferentes posições jurídicas subjetivas, decorrentes de diferentes direitos fundamentais, de diferentes universos de pessoas.

Sublinhe-se que a opção por uma alternativa que implique a *escolha* de um universo subjetivo atingido (ou não atingido), em vez de outro, pode conformar-se com o segmento da necessidade (ou, mais geralmente, com a proibição do excesso) mas ser censurável à luz do princípio da igualdade. São parâmetros independentes, inclusive quando a aplicação de um é descrito como um incidente incorporado na estrutura do outro[2230] ou em alegadas situações de fusão (como na chamada igualdade proporcional)[2231],

4.2.1.6.1.4. As críticas às ponderações comparativas no contexto da necessidade
Contra a orientação moderadamente ampliativa aqui proposta, podem invocar-se várias críticas, dirigidas, sobretudo (mas não só), à circunstância de ela introduzir *ponderações comparativas* na metódica da necessidade, ou seja, pon-

---

El examen..., pp. 126-7 parece recair também nesta conceção quando conclui que em situações de complexidade objetiva e subjetiva em muitos casos não é possível uma decisão definitiva, sendo esta admissível apenas em casos claros (*ob. cit.*, pp. 126-7).

[2230] Cfr. CLÉRICO, *El examen...*, pp. 143 ss.

[2231] V. capítulo 27.

O PRINCÍPIO DA PROIBIÇÃO DO EXCESSO

derações da importância ou peso atribuível a cada uma das *diferentes* posições jurídicas subjetivas atinentes ao direito em causa ou, mais acentuadamente, a cada uma das posições jurídicas subjetivas decorrentes de cada um dos *distintos* direitos fundamentais objeto de interferência.

Destacam-se três: (i) inexequibilidade, resultante da incomensurabilidade das diferentes posições jurídicas subjetivas; (ii) adulteração estrutural do segmento da necessidade; (iii) abertura à maior intrusão do controlo judicial no campo do legislador.

4.2.1.6.1.4.1. Inexequibilidade resultante da incomensurabilidade

A acrescida complexidade das situações comparativas que envolvem ponderações em relação àquelas que não as envolvam é clara: a comparação entre uma alternativa que interfira de modo altamente provável e intenso numa dimensão do direito à liberdade de um milhão de pessoas e outra que atinja ligeiramente a mesma dimensão do direito e afeta apenas vinte pessoas, garantindo ambas a mesma intensidade de satisfação, parece fácil (ressalvadas incidências concretas que a possam complicar). Já a comparação entre uma alternativa que interfira com alta probabilidade no direito à liberdade de um grupo de pessoas e outra que afete, com o mesmo grau de probabilidade, o direito de propriedade das mesmas ou de outro grupo de pessoas é mais difícil. Ao invés do que sucede no primeiro caso, no segundo é forçoso *valorar e contrapesar* as posições jurídicas concretamente envolvidas, decorrentes dos direitos fundamentais à liberdade e à propriedade.

Ora, alega-se que um cenário em que estejam em causa medidas que afetem diferentes posições jurídicas subjetivas não é apenas difícil, mas inexequível, dada, desde logo, a incomensurabilidade dessas distintas posições jurídicas subjetivas.

Recai-se, assim, no tema da *incomensurabilidade* das posições jurídicas subjetivas afetadas por cada um dos meios alternativos, justamente um dos mais repetidos argumentos aduzidos contra a viabilidade de juízos racionais de proporcionalidade e.s.e. Assim sendo, de duas uma: ou esse argumento não é respondível no contexto da proporcionalidade e.s.e., e dificilmente o será no contexto da necessidade; ou esse argumento é superável no contexto da proporcionalidade e.s.e. e também é rebatível no da necessidade. A resposta tem, portanto, que aguardar as reflexões que faremos mais tarde[2232].

4.2.1.6.1.4.2. Adulteração estrutural do segmento da necessidade

A possibilidade de valorações e ponderações no contexto da aplicação da necessidade é rejeitada pela parte significativa da doutrina que propende a ligar

---

[2232] Capítulo 17.

NECESSIDADE

à necessidade apenas operações de natureza empírica, isto é, apreciações de facto traduzidas em diagnósticos e prognósticos[2233].

Uma das mais elaboradas tentativas de demonstração dessa orientação pertence a SCHLINK, que, anote-se, procura construir um princípio da proibição do excesso livre de ponderação (especialmente quando aplicado como norma de controlo).

O autor admite que a existência de um meio menos oneroso não pode ser determinada sem valorações. Mas daí não decorre nenhuma inevitabilidade de juízos valorativos do *autor da decisão* no contexto da aplicação da necessidade. As valorações que importam são as dos próprios indivíduos atingidos pelas medidas e não as do decisor. Havendo que apurar se um meio é mais leniente do que outro, o que o decisor tem de fazer é uma *apreciação de facto* sobre a valoração que os próprios afetados efetuam dos encargos inerentes a cada opção. Ao decisor não compete, nem se pede, uma valoração própria.

Isto é assim na decisão de casos concretos e quando se trata da feitura de normas jurídicas. Também aí, no cumprimento do segmento da necessidade, o legislador não tem de fazer mais do que realizar uma *apreciação de facto* sobre como os atingidos *valoram* os sacrifícios dos seus direitos provocados por cada uma das medidas alternativas. Neste contexto, o apuramento dessas valorações é mais difícil do que quando se trata de determinar as valorações de pessoas individualizadas. Mas, mesmo nesses casos, o que se continua a requerer são apreciações empíricas das valorações de terceiros e não valorações próprias [2234].

A construção de SCHLINK é sedutora, mas não resiste a um olhar atento.

Primeiro e desde logo, assenta numa ficção improvável: a possibilidade de o legislador apurar com rigor o sentido das valorações efetuadas pela massa inevitavelmente plural dos destinatários das medidas de interferência.

Segundo, a ser viável, a construção de SCHLINK só poderia explicar o que sucede nas situações em que as várias medidas alternativas afetam exatamente o mesmo universo subjetivo de cidadãos. Só nessas circunstâncias poderia ficcionar-se que o legislador prescindiria da sua própria valoração e se renderia integralmente à valoração dos atingidos, tal como por ele intuída *empiricamente*. Todavia, essa possibilidade é inviável nas situações em que as medidas alternativas atingem diferentes universos subjetivos.

Imaginemos um exemplo. O legislador, pretendendo reduzir as emissões de gazes poluentes nas grandes cidades, admite duas alternativas: *M1* consiste em

---

[2233] V. os antes citados HIRSCHBERG, *Der Grundsatz...*, p. 175; SCHLINK, «Der Grundsatz der Verhältnismäßigkeit», pp. 456 ss.; BOROWSKI, *Grundrechte...*, 2ª ed., p. 189; ALEXY, *A Theory...*, pp. 414 ss.; CLÉRICO, *El examen...*, p. 164; BRADY, *Proportionality...*, p. 72.

[2234] SCHLINK, «Der Grundsatz der Verhältnismäßigkeit», pp. 456 ss.

O PRINCÍPIO DA PROIBIÇÃO DO EXCESSO

proibir a circulação no centro das cidades de veículos com mais de 20 anos de registo; *M2* consiste em proibir a circulação de todos os veículos ligeiros aos domingos, qualquer que seja a sua idade. Admita-se que os cálculos realizados mostram que os veículos com mais de 20 anos são uma pequena minoria, embora sejam os mais poluentes, e que ambas as medidas implicarão previsivelmente a diminuição de emissões ao nível desejado. A averiguação *empírica* das valorações feitas pelos próprios atingidos permitirá seguramente apurar que os proprietários de veículos com mais de 20 anos entendem que *M2* é mais leniente. Em contrapartida, os proprietários de veículos (entre os quais estará uma minoria de proprietários de veículos com mais de 20 anos) entenderão em média que *M1* é menos drástica. Se a definição da medida necessária se faz *exclusivamente* com recurso às valorações dos atingidos, apuradas *empiricamente* pelo legislador, como resolver o dilema emergente de duas valorações contraditórias de universos parcialmente não coincidentes? A resposta: é inevitável que o legislador faça *a sua própria valoração* e contrapeso de todos os bens, interesses ou valores atingidos por cada uma das medidas alternativas. Daí pode resultar a conclusão de que não existe uma mais interferente do que outra, havendo, consequentemente, liberdade para optar por qualquer delas, sem choque com o segmento da necessidade, ou a conclusão de que uma é *objetivamente* mais sacrificial do que a outra, devendo ser preterida.

4.2.1.6.1.4.3. Abertura a maior intrusão na liberdade de conformação do legislador
Pode esgrimir-se outro argumento contra uma conceção ampliativa, particularmente na parte em que admite que se considerem alternativas disponíveis algumas que tenham por destinatários universos subjetivos diversos: isso, em última análise, confere ao juiz constitucional o poder de decidir se os encargos da promoção de um fim escolhido pelo legislador devem recair sobre este ou aquele grupo de cidadãos[2235]. Mas essa objeção, que, a ser verdadeira, seria judiciosa, é neutralizada se forem adotados pelo menos dois princípios: primeiro, o acantonamento do poder judicial a um mero controlo de evidência; segundo, a introdução de balizas que obstem a que o juiz constitucional possa alargar demasiado o espetro das medidas alternativas disponíveis (por exemplo, excluindo a possibilidade de considerar alternativas que requeiram complexas operações de ponderação)[2236].

4.2.1.6.1.5. As situações de disjuntividade e de complementaridade
Dentro dos casos difíceis, assume relevância particular a distinção entre situações de *disjuntividade* e situações de *complementaridade* das alternativas.

[2235] PULIDO, *El principio de proporcionalidad...*, p. 757.
[2236] *Infra*, capítulo 19.

NECESSIDADE

4.2.1.6.1.5.1. Disjuntividade

Retomemos, com ligeira reformulação e sem consideração do fator financeiro, o exemplo de *M1* e *M2* igualmente eficientes para atingir o fim da concessão da construção de um troço de autoestrada: *M1* pressupõe um determinado traçado da via e afeta o direito de propriedade de alguns pequenos proprietários, na maioria não residentes (*P1*), e o princípio da proteção do património histórico e ambiental (*P2*); *M2* pressupõe outro traçado, afeta o direito de propriedade de outros pequenos proprietários (*P1*), o direito à iniciativa económica de alguns que exploram a agricultura ou indústrias instaladas nos terrenos a expropriar (*P3*), o direito à subsistência de outros (*P4*). Estas duas alternativas estão numa relação disjuntiva. O legislador ou adota uma ou a outra. Não se coloca a possibilidade de adotar *validamente* ambas, à luz do segmento da necessidade. A adoção das duas, em simultâneo, violá-lo-ia, porque a adoção de uma é, presumivelmente, suficiente para atingir o fim do legislador com a intensidade pretendida.

4.2.1.6.1.5.2. Complementaridade

Admita-se agora que o legislador pretende contrariar o fenómeno do recrutamento de combatentes jiadistas através da *internet* (*F*). Considera duas medidas: *M1* consiste em vigiar e sancionar penalmente todos aqueles indivíduos que utilizam reiteradamente motores de busca na *internet* para procurar notícias sobre *daesh*, *Al-qaeda* ou *jihad*. *M1* afeta o direito à informação (*P1*), o direito geral de liberdade (*P2*) e eventualmente outros bens, interesses ou valores. *M2* consiste em vigiar e sancionar penalmente todos aqueles indivíduos que coloquem na *web* notícias, comentários, elogios, exortações, prédicas, fotografias ou vídeos com fins de propaganda relacionada com o *daesh*, a *Al-qaeda* ou a *jihad*. Esta alternativa interfere na liberdade de informar (*P3*), na liberdade de pensamento (*P4*), na liberdade de expressão (*P5*), na liberdade de criação (*P6*) e noutros bens, interesses ou valores. Neste caso o legislador, com vista a atingir *F*, pode adotar *M1* ou *M2*, mas também pode adotar *M1* e *M2*. Cabe na sua liberdade de conformação produzir apenas uma das medidas alternativas, ou ambas, conjuntamente. Não há uma relação de disjuntividade. O segmento da necessidade não obriga à adoção de apenas uma, mesmo que se possa dizer que uma é mais leniente do que a outra.

O problema que a proibição do excesso coloca a essas situações de alternativas não disjuntivas é que o acréscimo marginal de eficiência provocado por alguma delas tende a ser mais reduzido do que se estivesse sozinha, dificultando a superação do teste da proporcionalidade e.s.e.

O PRINCÍPIO DA PROIBIÇÃO DO EXCESSO

5. Os critérios de aplicação dos indicadores de intensidade

A intensidade de satisfação reporta-se por definição a bens, interesses ou valores públicos ou coletivos. A perspetiva em que o legislador se coloca para aferir essa intensidade é inevitavelmente objetiva.

Já quanto à intensidade de interferência, as conclusões sobre o que é *mais, menos ou tão interferente* podem variar se pusermos em contraste a avaliação objetiva e a perceção da interferência pelos respetivos destinatários[2237]. Coloca-se, por conseguinte, a questão se saber se o legislador se deve colocar numa perspetiva que atenda a (i) um quadro de apreciação objetiva ou a (ii) um quadro de apreciação subjetiva.

O primeiro atende a referências objetivas. Referências objetivas são, designadamente, o peso ou importância abstrata do bem, interesse ou valor objeto de interferência. A pretensão de racionalidade da proibição do excesso como instrumento de operações de harmonização é reforçada pela referência a relações de prevalência jusfundamentais constitucionalmente fundadas.

O segundo atende a referências subjetivas, designadamente à forma como os titulares dos bens, interesses ou valores que são objeto de interferência percecionam, presumivelmente, essa interferência. Mas, mesmo no quadro das orientações subjetivistas, os resultados podem variar consoante se adote uma de duas perspetivas: (i) a da média dos destinatários da interferência ou (ii) a de alguns dos destinatários da interferência (por exemplo, os mais severamente atingidos).

É plausível que o legislador tenda a uma perspetiva essencialmente *objetiva*, condimentada pelo padrão de um *portador médio* dos direitos, sem consideração, a não ser excecionalmente, das perspetivas subjetivas específicas de indivíduos isolados ou de grupos de indivíduos concretamente atingidos[2238].

Há argumentos de índole prática que justificam esta inclinação: devido a constrangimentos institucionais e temporais, o legislador é, presumivelmente,

---

[2237] Entre nós, alude a este aspeto NOVAIS, *As restrições...*, p. 744. O autor invoca estas dificuldades de definição objetiva da medida menos lesiva para reforçar a sua tese de que também o teste da necessidade não prescinde de operações de *balancing*.

[2238] A questão pode colocar-se de forma diferente se se tratar de um ato com destinatário(s) indidualizado(s), como no caso das leis-medida. Diferentemente da tese do texto, mas incidindo particularmente no ângulo da fiscalização, PULIDO, *El principio de proporcionalidad...*, p. 757. Quer na fiscalização abstrata, quer na concreta, o ponto de vista a adotar para efeitos de definição do meio mais/menos interferente é *o do(s) titular(es)* do direito fundamental afetado pela lei e não o da comunidade em geral, a não ser que o meio alternativo, mais benigno na perspetiva dos afetados, afete outros direitos fundamentais de terceiros ou interesses gerais da comunidade, circunstância em que deve valer o juízo do legislador, sem que o juiz constitucional possa substituir-se; CLÉRICO, *El examen...*, pp. 130 ss.

636

NECESSIDADE

incapaz de abarcar todas as perspetivas subjetivas e todas as possibilidades de lesão concreta no espaço de tempo de que dispõe para produzir a medida[2239].

Já quanto ao órgão de controlo, zelador da constitucionalidade, mas também dos direitos, fundamentais ou não, admite-se abertura a visões mais particularizadas da lesão, especialmente quando for chamado a intervir por iniciativa de particulares alegadamente lesados[2240].

6. Exigibilidade de um juízo de proporcionalidade e.s.e. das alternativas?

Para que uma alternativa possa ser considerada disponível pelo legislador, deve este realizar um juízo de proporcionalidade e.s.e. sobre ela? Embora essa eventualidade pareça ser admitida por alguns autores[2241], ela não é pertinente na perspetiva da metódica legislativa e tão pouco o é do ponto de vista da metódica do controlo da proibição do excesso.

Na perspetiva do legislador – embora, na prática, possa ser difícil distinguir os vários momentos aplicativos da proibição do excesso –, nada justifica teórica e analiticamente a fusão desses momentos aplicativos. Metodicamente, o que é pertinente no âmbito da avaliação da necessidade é o desvendamento de qual a medida menos interferente entre as equivalentemente eficientes.

Do ponto de vista da metódica do controlo judicial, também não se impõe ao juiz constitucional que, para declarar uma medida não necessária, tenha de verificar antecipadamente se a medida alternativa *menos interferente* é compatível com o segmento da proporcionalidade e.s.e. Mesmo que se possa encontrar aí utilidade *pedagógica* ou de *aviso*, a benefício do legislador que de futuro queira retomar o tratamento legislativo do tema, esse exame, se não for considerado ilegitimamente interventivo na margem de apreciação do legislador, só pode ser considerado meramente facultativo e nunca condição *sine qua non* da declaração da não necessidade de uma norma.

7. Os objetivos e os resultados possíveis da comparação

Nem todas as alternativas disponíveis são elegíveis.

O objetivo da comparação das alternativas disponíveis é delimitar as alternativas disponíveis elegíveis e as alternativas disponíveis não elegíveis. As alter-

---

[2239] Embora não adira a estas orientações *objetivistas*, v. esta discussão em Clérico, *El examen...*, p. 130.

[2240] Particularmente quando o lesado autor da iniciativa seja capaz de oferecer um meio *intercambiável*, isto é, um meio igualmente eficiente menos interferente e que não afete mais os interesses gerais: cfr. Clérico, *El examen...*, p. 140, invocando a doutrina de Klaus Grupp, «Das Angebot des anderen Mittels», *cit.*

[2241] V. Van Drooghenbroeck, *La Proportionnalité...*, p. 209, reportando-se ao contexto da aplicação da CEDH.

O PRINCÍPIO DA PROIBIÇÃO DO EXCESSO

nativas disponíveis *elegíveis* são aquelas que o legislador pode (em alguns casos, deve) adotar com respeito pelo segmento da necessidade. As alternativas disponíveis *não elegíveis* são aquelas que, se forem adotadas, violam o segmento da necessidade.

A primeira questão que se coloca é a de saber se (i) o segmento da necessidade consente *apenas uma* alternativa elegível ou se admite que o legislador possa escolher livremente entre várias.

Foram elencados vários indicadores que presidem à comparação das intensidades de satisfação e de interferência. A conclusão sobre a magnitude da satisfação e da interferência (ii) supõe a unanimidade de *todos* os indicadores ou bastam alguns? Por outro lado, (iii) qual é a relevância a atribuir às diferenças mínimas ou residuais entre as alternativas disponíveis?

A qualificação de uma alternativa como elegível supõe que o legislador atinja um certo patamar de convicção sobre o resultado da comparação das intensidades de satisfação e de interferência de cada uma das alternativas disponíveis. Coloca-se, por conseguinte, a questão de saber se (iv) tem de atingir um estado de *certeza* – e que tipo de certeza – sobre aquelas intensidades ou se pode escolher em situações de *incerteza*. Não sendo impossível (sendo até expectável) que se formem situações de incerteza epistémica – sobre as intensidades de interferência e de satisfação de *todas* ou de *algumas* das alternativas disponíveis e, concomitantemente, sobre as alternativas elegíveis –, importa definir se a incerteza epistémica é superável. Isso justifica a análise da forma como o segmento da necessidade se posiciona perante (v) situações de certeza sobre todas as alternativas disponíveis e elegíveis, (vi) situações de incerteza sobre algumas das alternativas disponíveis e elegíveis e (vii) situações de incerteza sobre todas as alternativas disponíveis e elegíveis.

7.1. A questão da única resposta válida (elegível)

O segmento da adequação visa assegurar que o meio adotado é adequado, não que é o *único* adequado. Será que, em contraste, o segmento da necessidade visa chegar à identificação do *único* meio válido (isto é, elegível)?

A operatividade do segmento da necessidade como segmento comparativo pressupõe que haja várias alternativas disponíveis. Se não existirem, isto é, se *só um meio* estiver disponível, esse meio terá de ser considerado necessário. Contudo, essa é uma circunstância extrema, eventualmente induzida por fins pautados por um alto grau de concreção, de tal modo que se confundem com o único meio que os pode satisfazer[2242]. Quanto mais elevado for o nível de abstração do

---

[2242] V. HICKMAN, «The Substance...», p. 704.

NECESSIDADE

fim, mais provável é haver meios alternativos disponíveis, *maxime* meios alternativos com diferentes intensidades de interferência[2243].

Questiona-se, todavia, se as situações de existência de um único meio qualificável como necessário se reduzem a esta hipótese extrema, se existem outras ou, até, se em todas as situações há sempre um e *um só* meio qualificável como necessário, isto é, elegível.

Numa fórmula sintética da definição inicial, meio necessário é o que, entre os disponíveis, *não tem alternativa consideravelmente menos interferente com intensidade de satisfação pelo menos aproximadamente igual*. Interpretada literalmente, esta formulação pode inculcar que o segmento da necessidade conduz sempre à identificação de um único meio necessário.

Neste ponto da exposição não reunimos ainda elementos que permitam confirmar ou infirmar essa primeira indicação. Todavia, é possível, pelo menos, antecipar que uma conceção do segmento da necessidade que implicasse um único meio qualificável como necessário anularia ou diminuiria drasticamente a liberdade de conformação do legislador democrático. Isso significa que esta questão toca o âmago da própria legitimidade da proibição do excesso como instrumento de harmonização compaginável com o espírito de uma constituição democrática[2244].

7.2. Todos ou alguns indicadores?

Para um meio ser considerado menos intensamente interferente do que outro e pelo menos tão satisfatório quanto ele – para o poder suplantar à luz do segmento da necessidade –, tem de o equivaler ou superar em *todos* aqueles indicadores, de previsibilidade (quando aplicável), de praticabilidade, qualitativos e quantitativos[2245]?

Quem entende que sim respalda-se no respeito pela liberdade de conformação do legislador. A exigência de equivalência ou superação do meio alternativo em *todos* os indicadores, sem exceção, diminui significativamente as possibili-

---

[2243] HICKMAN, «The Substance...», pp. 704 ss.; BARAK, *Proportionality*..., p. 332. Por isso, é relevante saber se, perante um fim de alta abstração, é possível o juiz fixar um fim mais próximo: cfr. *infra*, capítulo 19, 4.3.1.2.2.1.

[2244] V. o debate em ALEXY, *A Theory*..., pp. 390 ss. Pode também antecipar-se que se houver motivo para concluir que o legislador tem à sua disposição mais do que um meio alternativo pelo qual pode optar sem violação da necessidade, terá de se reconhecer que o termo "necessário" não é empregue com o sentido corrente: HIRSCHBERG, *Der Grundsatz*..., p. 75; BERNAL PULIDO, *El principio de proporcionalidad*..., pp. 587, 760; HICKMAN, «The Substance...», pp. 701 ss.

[2245] CLÉRICO, *El examen*..., p. 108, menciona também a igual (ou maior, acrescentamos) eficiência em relação a todos os tipos de fins que o ato possa ter, principal e secundário, mediato e imediato, fim último, fim parcial.

639

O PRINCÍPIO DA PROIBIÇÃO DO EXCESSO

dades de o meio selecionado pelo legislador poder ser desafiado por outro, em sede de controlo de normas[2246].

Porém, não vemos vantagem numa orientação tão intransigente. A menor intensidade de interferência ou de satisfação, expressa através de um dos indicadores, pode ser compensada e até superada por outro indicador, pelo que não se deve fechar à partida a porta. Desse modo, pode trazer-se para o cenário comparativo, por exemplo, um meio menos intensamente interferente, mesmo que não tão intensamente satisfatório de acordo com *alguns* indicadores (mas mais satisfatório de acordo com outros).

7.3. A (ir)relevância das diferenças mínimas
Quando se diz que elegível como necessário é o meio que, entre os disponíveis, não tem alternativa *consideravelmente* menos interferente com intensidade de satisfação pelo menos *aproximadamente* igual, esta definição já exprime a irrelevância das diferenças irrisórias ou mínimas entre intensidades de satisfação e de interferência de meios alternativos para efeitos da metódica da necessidade.

Dizer que um meio, para poder ser considerado necessário em detrimento de outro, tem de prometer intensidade de satisfação aproximadamente (*roughly*[2247]) igual, significa que não se exige que a intensidade de satisfação seja *exatamente* igual. Uma diferença *irrisória* ou *mínima* na intensidade de satisfação não é suficiente para inviabilizar a possibilidade de esse meio ser alternativa elegível[2248]. Nesta linha, a irrelevância das diferenças irrisórias ou mínimas facilita a multiplicação de alternativas elegíveis.

Em contrapartida, dizer que um meio, para poder ser considerado necessário em detrimento de outro, tem de ter intensidade de interferência consideravelmente inferior, significa que não basta que seja *irrisoriamente* inferior. A diferença deve ser *considerável*[2249] e não *irrisória* ou *mínima*. Uma diferença irrisória ou mínima de intensidade de interferência entre dois meios alternativos não é suficiente para excluir um deles. Nesta vertente, a irrelevância das diferenças irrisórias ou mínimas dificulta a multiplicação de alternativas elegíveis.

[2246] É este o sentido do desenvolvimento de Pulido, *El principio de proporcionalidad...*, p. 746, inspirando-se em Clérico, *El examen...*, p. 109, que porém, apenas aceita esta solução *em princípio* (*ob. cit.*, p. 111).

[2247] Chang, «Introduction», pp. 26-27 ss.; sobre esta noção, v., também, capítulo seguinte.

[2248] V. a indicação de jurisprudência britânica neste sentido em Allan, «Democracy...», p. 217.

[2249] Parece ir mais longe a formulação de Bilchitz, «Does Balancing...», p. 284: só é inviabilizada a solução que seja *severamente mais intrusiva* do que alternativas disponíveis. Há uma diferença de grau entre consideravelmente menos (ou mais) intrusiva e severamente, ou drasticamente, menos (ou mais) intrusiva.

NECESSIDADE

Esta orientação não resulta de nenhuma inclinação teórica ou de opções doutrinais, mas sim de constrangimentos específicos da deliberação prática. Não há instrumentos operativos capazes de captar diferenças quando elas são irrisórias ou mínimas. A única forma de detetar diferenças desse tipo seria a aplicação de escalas cardinais altamente precisas. Ora, isso representa um duplo desafio: (i) aplicar escalas cardinais no âmbito da deliberação prática; (ii) aplicar escalas cardinais que possuam um grau de precisão tal que permita a deteção de discrepâncias mínimas. Qualquer desses objetivos é inalcançável.

7.4. O grau de (in)certeza dos resultados

O juízo de necessidade terá de assentar num diagnóstico razoavelmente inter-subjectivável da situação fáctica (em sentido amplo, incluindo o direito vigente), tal como representada no momento da decisão e em juízos de prognose que a autoridade normativa efetue.

O tema dos estatutos epistémicos da decisão do legislador já foi estudado a propósito do segmento da adequação, uma vez que é nesse âmbito que a questão do estádio da (in)certeza epistémica começa a ser apreciada, a propósito da intensidade de satisfação dos efeitos pretendidos pelo legislador[2250]. Identificámos então diferentes estádios em que pode assentar a ação do legislador: (i) certeza epistémica empírica absoluta; (ii) certeza epistémica empírica relativa; (iii) incerteza epistémica empírica parcial positiva; (iv) incerteza epistémica empírica parcial negativa; (v) incerteza epistémica empírica total. Sustentámos que o legislador pode agir – isto é, emitir normas – se verificado um dos três primeiros. Decisão em situação de incerteza epistémica empírica parcial positiva vale como se fosse em situação de certeza, embora isso possa ter sequelas ao nível do controlo da norma.

Essa doutrina sobre as apreciações empíricas vale *mutatis mutandis* para o segmento da necessidade e sobre o que de novo ele traz: o conhecimento do grau de (in)certeza epistémica empírica sobre os diagnósticos e os prognósticos do legislador em relação à intensidade de interferência da hipótese central e das hipóteses alternativas, bem como a sua comparação.

Recapitulando, não é viável circunscrever a decisão do legislador às situações em que tenha atingido a *certeza absoluta* sobre a realidade passada e atual, sobre a intensidade ablativa e sobre a potencialidade da medida para satisfazer o fim visado. As decisões do legislador têm uma dimensão especulativa inescapável[2251]. A exigência de uma representação da realidade e de um prognóstico das relações causa/efeito *absolutamente certos* manietaria o legislador, obstaria, na maior

---

[2250] Cfr. capítulo anterior, *maxime* 2.4.
[2251] RIVERS, «Proportionality...», p. 198.

641

O PRINCÍPIO DA PROIBIÇÃO DO EXCESSO

parte dos casos, a qualquer decisão legislativa. Por conseguinte, requerendo-se certeza, o máximo que se poderia exigir seria certeza *relativa* de que uma alternativa disponível é menos, igualmente ou mais satisfatória, ou menos, igualmente ou mais interferente, do que outras alternativas.

Todavia, mesmo a certeza nessa configuração minimalista pode ser inatingível. Isso coloca a questão de saber se o legislador, no limite, pode agir validamente em situações de *incerteza* epistémica empírica ou de lacuna cognitiva. A conjugação entre o princípio da liberdade de conformação do legislador e a verificação de circunstâncias institucionais específicas, que colocam o legislador em melhor posição para *conhecer* do que qualquer outra entidade (incluindo o juiz constitucional), implica que as suas decisões sejam válidas mesmo em situações de incerteza epistémica empírica parcial positiva.

O que a necessidade traz de novo é a possibilidade de serem circunstancialmente realizadas também ponderações comparativas, designadamente dos efeitos da interferência de cada uma das alternativas disponíveis. Essas ponderações são igualmente suscetíveis de gerar situações de certeza ou de incerteza, embora de raiz e natureza diferentes das certezas e incertezas empíricas. Aqui, trata-se de *certezas e incertezas epistémicas normativas*. Existe certeza epistémica normativa quando é claro o peso relativo das variáveis ponderadas, incerteza epistémica normativa no caso inverso[2252].

Como veremos a propósito da proporcionalidade e.s.e., o sentido da certeza normativa ou valorativa é diferente das certezas empíricas. No entanto, na exposição subsequente deste capítulo não se torna necessário vincar a distinção.

O que se pretende é verificar se a existência de incertezas epistémicas tem alguma relevância ou impacto no modo como o segmento da necessidade deve ser aplicado pelo legislador na definição das alternativas elegíveis. Para isso começaremos por ver o que sucede quando (i) *todas* as alternativas disponíveis são objeto de certeza empírica e normativa (absoluta ou relativa), para estudarmos depois o que sucede quando (ii) *algumas* das alternativas disponíveis são objeto de certeza empírica e normativa (absoluta ou relativa) e *outra ou outras* são objeto de *incerteza epistémica parcial positiva*.

7.4.1. Todas as alternativas disponíveis são objeto de certeza (absoluta ou relativa)

Reproduzindo o que se afigura ser a técnica legislativa mais intuitiva ou, a partir de certo ponto do *iter* decisório, forçosa (concentração numa hipótese central, tendencialmente preferida), partimos de *M1* como hipótese referencial ou *pivot* metódico. Enunciamos nove hipóteses (1a a 9a) em que há certeza epis-

---

[2252] ALEXY, *A Theory...*, p. 415; KLATT/MEISTER, *The Constitutional...*, p. 83.

NECESSIDADE

témica (absoluta ou relativa), empírica e normativa. Para reproduzir o mais proximamente possível aquilo que é o ambiente habitual do trabalho legislativo, particularmente numa etapa inicial de redação em cada hipótese há várias hipóteses alternativas possíveis e não apenas duas.

A análise destas nove hipóteses permite aferir quando é que o segmento da necessidade convive com a liberdade de conformação estrutural do legislador e quando é que esta é limitada ou suprimida.

1a. Meio $M1$ menos satisfatório que todos os outros ($M2, M3, Mn$[2253]) e mais interferente[2254] que todos os outros ($M2, M3, Mn$);

2a. Meio $M1$ tão satisfatório quanto todos os outros ($M2, M3, Mn$) e mais interferente que todos os outros ($M2, M3, Mn$);

3a. Meio $M1$ menos satisfatório que todos os outros ($M2, M3, Mn$) e tão interferente quanto todos os outros ($M2, M3, Mn$);

4a. Meio $M1$ tão satisfatório quanto todos os outros ($M2, M3, Mn$) e tão interferente quanto todos os outros ($M2, M3, Mn$);

5a. Meio $M1$ mais satisfatório que todos os outros ($M2, M3, Mn$) e menos interferente que todos os outros ($M2, M3, Mn$);

6a. Meio $M1$ tão satisfatório quanto todos os outros ($M2, M3, Mn$) e menos interferente que todos os outros ($M2, M3, Mn$);

7a. Meio $M1$ mais satisfatório que todos os outros ($M2, M3, Mn$) e tão interferente quanto todos os outros ($M2, M3, Mn$);

8a. Meio $M1$ menos satisfatório que todos os outros ($M2, M3, Mn$) e menos interferente que todos os outros ($M2, M3, Mn$);

9a. Meio $M1$ mais satisfatório que todos os outros ($M2, M3, Mn$) e mais interferente que todos os outros ($M2, M3, Mn$).

Na hipótese 1a, todos os restantes meios ($M2, M3, Mn$) são mais satisfatórios e menos interferentes que $M1$. $M1$ não é elegível para ser adotado pelo legislador. Um meio *menos satisfatório* e *mais interferente* do que outras alternativas, isto é, um meio que enfrenta uma alternativa mais satisfatória e menos interferente, é *evidentemente* um meio que, se for escolhido, contenderá com o segmento da necessidade.

[2253] Mn representa um ou vários meios alternativos disponíveis além de $M2$ e $M3$.

[2254] Para facilitar a exposição, usamos a expressão simplificada "meios mais (menos, tão) satisfatórios" em substituição da expressão "normas ou meios que produzem efeitos mais (menos, tão) intensamente satisfatórios dos bens, interesses ou valores ativos"; e usamos a expressão "meios mais (menos, tão) interferentes" em vez de "normas ou meios que produzem efeitos mais (menos, tão) intensamente interferentes dos bens, interesses ou valores passivos". Por outro lado, também não inserimos nenhum dos vocábulos que exprimem a irrelevância das diferenças mínimas.

O PRINCÍPIO DA PROIBIÇÃO DO EXCESSO

Na hipótese 2a, todos os meios alternativos a *M1* são tão satisfatórios quanto *M1*, sendo menos interferentes do que *M1*. Se *M1* fosse o meio escolhido pelo legislador, este estaria a praticar um ato *evidentemente* desnecessário. *M1* não é *elegível* como meio necessário à luz do segmento da necessidade, uma vez que este exclui liminarmente a adoção de um meio tão satisfatório quanto todos os outros (*M2, M3, Mn*) e mais interferente que todos os outros (*M2, M3, Mn*).

Na hipótese 3a, todos os meios alternativos (*M2, M3, Mn*) são tão interferentes quanto *M1*, mas mais satisfatórios que *M1*.

Para a apreciação desta hipótese 3a é útil realçar a diferença em relação às duas hipóteses anteriores (1a e 2a). Na hipótese 1a, a adoção de um qualquer meio *M2, M3, Mn* em vez de *M1* fazia *crescer* a intensidade de satisfação e *diminuir o grau de interferência* da norma legislativa. Na hipótese 2a, a adoção de qualquer *M2, M3, Mn* em vez de *M1* mantinha *constante* a intensidade de satisfação e fazia *diminuir o grau de interferência*. Nesta hipótese 3a, surge um fator que não se verificava nas anteriores: todas as alternativas a *M1* são tão interferentes quanto *M1*, mas *mais satisfatórias*.

A questão nova é se o facto de um meio *M1* ser *menos satisfatório* do que outros alternativos, *M2, M3, Mn*, mantendo-se equivalente o grau de interferência de *M1* e dessas alternativas, releva para efeitos da apreciação da necessidade, designadamente condenando *M1*.

A propósito da adequação deparámos com questão semelhante. Questionámos então se, havendo escolha entre meios mais satisfatórios do que outros, deve o legislador escolher o mais satisfatório. Na altura argumentámos que as funções próprias do princípio da proibição do excesso não o exigem, invocando a obrigação de preservar uma significativa margem de conformação do legislador.

Esses argumentos valem também aqui: entre meios igualmente interferentes, o legislador não está vinculado a escolher o mais satisfatório ou um dos mais satisfatórios[2255]. No contexto do segmento da necessidade comparam-se graus

---

[2255] Diferente, CLÉRICO, *El examen*..., p. 113. A orientação adotada no texto responde negativamente à questão, antes deixada em aberto, sobre se a necessidade corresponde integralmente ao ótimo de Pareto, conforme sustentado por ALEXY, *A Theory*..., pp. 398-399, SCHLINK, *Abwägung*..., p. 181, RIVERS, «Proportionality...», p. 198, BARAK, *Proportionality*..., p. 320, VEEL, «Incommensurability, Proportionality...», p. 179 e outros. Nota RIVERS, *loc. cit.*, que "uma distribuição é eficiente ou *Pareto-optimal* se nenhuma outra distribuição puder satisfazer melhor um pessoa sem piorar a situação de outra". Ora, de acordo com a posição que propomos no texto, o segmento da necessidade não invalida meios em relação aos quais há alternativas igualmente interferentes mas mais satisfatórias; isto é, alternativas que poderiam satisfazer melhor os bens, interesses ou valores cuja tutela constitui fim do ato, com grau de interferência semelhante à alternativa escolhida pelo legislador. Posição equívoca é a de PULIDO, *El principio de proporcionalidad*..., *cit.*: por um lado, parece aderir (p. 741) à aproximação da necessidade à matriz do ótimo de Pareto (lembrando, todavia, que a necessidade teve origem no direito púbico muito antes da elaboração teórica de Pareto);

NECESSIDADE

de interferência em bens, interesses ou valores, nada obrigando a que, havendo *"empate"* na aplicação da variável da intensidade de interferência, se utilize como critério de *"desempate"* a variável da intensidade de satisfação. Ao segmento da necessidade interessa simplesmente conter o potencial de interferência inerente ao meio e não acautelar a sua eficiência máxima ou ótima. Nessa perspetiva, o facto de a intensidade de satisfação de *M1* ser inferior ao das alternativas *Mn*, verificando-se, contudo, que a potencial intensidade de interferência é equivalente em todas elas, não é relevante no plano da aplicação do segmento da necessidade. O meio *M1* da hipótese 3a não tem forçosamente de ser excluído à partida, permanecendo uma alternativa elegível pelo legislador, no mesmo plano que as demais.

Trata-se, por conseguinte, de uma situação em que o legislador dispõe de liberdade de conformação estrutural. É livre de escolher entre *M1, M2, M3, Mn*.

Note-se, porém, que a opção por *M1* na hipótese 3a pode ter sequelas colaterais. A circunstância de *M1* ser menos satisfatório do que outras alternativas *M2, M3, Mn* pode implicar que *M1* se apresente ao crivo do segmento da proporcionalidade e.s.e., com menos argumentos do que aqueles que os meios alternativos apresentariam se fossem os escolhidos. *M1* corre provavelmente maior risco do que os meios alternativos *M2, M3, Mn* de ser atingido pela conclusão, em sede de proporcionalidade e.s.e., de que a importância dos efeitos de satisfação dos bens, interesses ou valores prosseguidos não é suficiente para justificar os efeitos de interferência nos bens, interesses ou valores afetados.

Noutro prisma, *M1* poderia ter dificuldade em superar uma avaliação à luz de outro teste diverso da proibição do excesso, como o teste da racionalidade eco-

por outro, defende (bem) que a maior idoneidade (leia-se intensidade de satisfação) de um meio alternativo não é, por si, um dado que implique a desnecessidade da medida legislativa (p. 747). Ora, se a medida legislativa que não é mais interferente do que uma alternativa pode ser considerada necessária mesmo sendo menos satisfatória que ela, não se vê como se atinge o ótimo de Pareto nessa circunstância. Há quem rejeite a aplicação do ótimo de Pareto e descreva a necessidade com recurso a uma variante modificada do critério Kaldor-Hicks da economia de bem-estar: assim, DESCHLING, *Das Verhältnismässigkeit...*, pp. 181 ss.; HICKMAN, «The Substance...», *cit.*, p. 712, nota. Tal critério pressupõe que uma mudança em que alguns indivíduos saiam prejudicados é aceitável desde que aqueles que melhorem a sua posição ganhem mais do que perdem aqueles que pioram de situação (por outras palavras: os benefícios globais, devidamente quantificados, excedem os custos globais, verificando-se consequentemente um saldo positivo). A compensação não precisa ser efetiva, bastando que seja possível. O critério de Kaldor-Hicks pode associar--se a versões da proporcionalidade e.s.e. de inclinação mais *utilitarista* ou *consequencialista* (não é por acaso que este método é vulgarmente seguido nas análises custo-benefício do impacto das normas, como nota MORAIS, *Manual de Legística...*, p. 425, *passim*), ou a expressões da necessidade ponderada (ou da proporcionalidade relativa de HICKMAN), não se adaptando bem às expressões estritas ou latas da necessidade. Cfr. HUSTER, *Rechte...*, pp. 433 ss.; BOROWSKI, *Grundrechte...*, 2ª ed., p. 189.

O PRINCÍPIO DA PROIBIÇÃO DO EXCESSO

nómica ou da avaliação *custo/benefício* (um reduzido grau de eficiência do meio não justifica o dispêndio de recursos envolvido) [2256]. Mas isso não obsta a que o meio *M1* da hipótese 3a possa, ainda assim, superar o teste da necessidade.

A hipótese 4a, onde o meio *M1* é tão satisfatório quanto todos os outros (*M2, M3, Mn*) e tão interferente quanto todos os outros (*M2, M3, Mn*), é de indiferença em relação ao segmento da necessidade. O segmento da necessidade não aponta para a escolha preferencial de *M1* ou de *M2, M3, Mn*, nem exclui à partida nenhum deles. O legislador usufrui de margem de escolha, sendo elegíveis quer *M1* quer *M2, M3* ou *Mn*.

A hipótese 5a retrata a primeira situação de um meio que não apenas pode como *deve ser* adotado, à luz do segmento da necessidade, implicando isso a redução (ou circunstancial supressão) da liberdade de conformação estrutural do legislador. O meio *M1* é mais satisfatório que todas as outras alternativas disponíveis (*M2, M3, Mn*) e menos interferente que todos os outros (*M2, M3, Mn*). Todas as alternativas são menos satisfatórias e mais interferentes que *M1*. *M1 deve ser* adotado. Trata-se de um caso (a acrescer àquele, já referido, de ausência, pura e simples, de alternativas disponíveis) em que, no contexto da necessidade, deparamos com o resultado de um *único* meio elegível pelo legislador.

A hipótese 6a configura mais um caso em que *M1 tem de ser adotado* pelo legislador. *M1* é a menos interferente de todas as alternativas disponíveis, sendo tão satisfatória quanto todas as demais (*M2, M3, Mn*). *M2, M3, Mn* são mais interferentes e tão satisfatórios quanto *M1*. Outro caso que, como o anterior, gera o resultado de um *único* meio elegível pelo legislador.

Na hipótese 7a, *M1* é mais satisfatório que todos os outros (*M2, M3, Mn*) e tão interferente quanto todos os outros (*M2, M3, Mn*). *M1* é elegível para ser adotado. Mas pode perguntar-se se o legislador *pode* adotar *M1*, ou *deve* adotar *M1*, uma vez que este meio é mais satisfatório do que os meios alternativos (*M2, M3, Mn*). Conforme se expôs a propósito da hipótese 3a (de que esta hipótese 7a é o reverso), o segmento da necessidade não obriga o legislador a escolher um meio apenas por ele ser mais satisfatório do que outros alternativos. Consequentemente, *M1 pode ser adotado*, cabendo a opção pela sua adoção ou pela adoção de *M2, M3, Mn* na liberdade de conformação estrutural do legislador.

As hipóteses 8a e 9a merecem particular atenção, uma vez que algumas das opções que aí se assumem estão no centro de repetidas controvérsias sobre o alcance do segmento da necessidade.

[2256] A circunstância de a proibição do excesso, através da necessidade, não postular a adoção da alternativa mais satisfatória não obsta a que haja outros argumentos de racionalidade prática que imponham essa adoção, tal como apontados, por exemplo, por SARTOR, «A Sufficientist Approach...», p. 52. Mas aí estaremos fora do âmbito da função racionalizadora da proibição do excesso.

NECESSIDADE

Na hipótese 8a, M1 é o meio menos interferente e menos satisfatório de todos; isto é, *M2, M3, Mn* são todos eles mais satisfatórios e mais interferentes do que *M1*. O segmento da necessidade *permite* a adoção de *M1*. Coloca-se, porém, a questão de saber se *M1 deve ser* adotado, isto é, se *M1*, em vez de se situar no domínio da liberdade estrutural de conformação do legislador, está antes no espaço de vinculação (é o único elegível), devendo por isso o legislador escolhê-lo. Numa expressão *lata* do segmento da necessidade, *M1 pode* ser adotado, mas o legislador pode optar por uma das outras alternativas disponíveis. Numa conceção *estrita* do segmento da necessidade[2257], *M1 deve* ser adotado pelo legislador.

Na hipótese 9a, M1 é mais satisfatório que todos os outros (*M2, M3, Mn*) e mais interferente do que todos os outros (*M2, M3, Mn*). Trata-se de uma ocorrência prática comum, uma vez que é frequente que quanto mais satisfatório for o meio, mais interferente ele se revela (ou vice-versa)[2258]. Portanto, não é raro que o meio mais satisfatório seja justamente o mais interferente dos bens, interesses ou valores atingidos (ou vice-versa). *M1* é a alternativa que prossegue as finalidades do legislador com maior intensidade de satisfação, embora seja também a mais interferente. *M1 pode ser adotado*, mas *não tem de ser adotado*. Uma vez que não há nenhum meio menos interferente com aquele grau de eficácia na prossecução das finalidades do legislador, *M1*, apesar de ser o mais interferente dos disponíveis, é simultaneamente o menos interferente dos que são capazes de atingir de modo pleno ou mais próximo do pleno os objetivos do legislador, não estando o legislador inibido de procurar atingir fins de forma plena. Por esse motivo, pode ser praticado, é *necessário*, à luz destes mesmos objetivos. Apesar de ser a mais interferente das alternativas disponíveis, *M1* é o menos interferente dos meios com a sua intensidade de satisfação (uma vez que, com aquela intensidade de satisfação, é o único disponível).

Com esta análise ficamos em condições de regressar à questão que ficou pendente numa das seções anteriores[2259]. Dela ressalta que a aplicação do segmento da necessidade não conduz sempre ao resultado de um *único* meio qualificável como elegível. Há casos em que isso sucede (hipóteses 5a e 6a), devendo *M1* ser adotado pelo legislador, tal como há casos em que *M1* é evidentemente excluído (hipóteses 1a e 2a). Nos demais casos estudados (hipóteses 3a, 4a, 7a, 8a e 9a), o legislador tem uma significativa *liberdade de conformação estrutural*, podendo optar entre várias alternativas elegíveis, *M1* ou outras[2260].

[2257] Sobre a conceção *restrita* da necessidade, v., mais adiante, neste capítulo.

[2258] Cfr., por exemplo, HICKMAN, «The substance...,» p. 702.

[2259] Seção 7.1.

[2260] No âmbito da atividade administrativa, falar-se-ia de discricionariedade da Administração e da zona do *mérito* que continua livre de intervenção dos tribunais administrativos.

O PRINCÍPIO DA PROIBIÇÃO DO EXCESSO

Estas conclusões são reforçadas quando apreciamos as hipóteses em que existem incertezas epistémicas.

7.4.2. Algumas das alternativas disponíveis são objeto de certeza empírica e normativa (absoluta ou relativa), enquanto outra ou outras são objeto de incerteza epistémica parcial positiva

O presente número pretende lançar luz sobre a seguinte questão central da metódica da necessidade: qual o impacto ou relevo das incertezas epistémicas na aplicação pelo legislador?

O exercício a que se procede na presente rúbrica assume que o legislador parte para a delimitação das alternativas elegíveis numa situação de certeza (absoluta ou relativa) empírica e normativa sobre a relação comparativa entre algumas alternativas e de incerteza epistémica parcial positiva sobre a relação comparativa com as demais de pelo menos outra alternativa. Embora não seja, certamente, situação incomum, não cabe explorar aqui o modelo, muito mais complexo do que este (já de si complexo), em que *todas* as alternativas disponíveis estão afetadas por incerteza epistémica, ou seja, estão no mesmo pé de igualdade quanto a esse aspeto.

Comuns a todas as hipóteses que estudaremos são os seguintes traços, alguns já aflorados: (i) o legislador pode agir em situações de incerteza epistémica; (ii) todavia, as únicas situações de incerteza epistémica em que o legislador pode agir são as de *incerteza epistémica parcial positiva*. Estas situações são aquelas em que o legislador não atinge a certeza (nem sequer relativa), mas se inclina, sustentado em boas razões, para a probabilidade ou plausibilidade de uma alternativa disponível ser menos (ou mais, ou tão) interferente quanto outra, ou menos (ou mais, ou tão) satisfatória; (iii) ficam, portanto, excluídas as situações de incerteza epistémica *total*. Não seria racionalmente sustentável que o legislador pudesse interferir em bens, interesses ou valores em situações em que desconhece por completo ou tem uma dúvida profunda e radical, *sem sequer uma inclinação razoável*, sobre qual a alternativa que é menos (ou mais, ou tão) interferente que outra ou outras; (iv) Nos casos de incerteza epistémica parcial positiva, o legislador pode agir como se as suas avaliações ou valorações fossem certas. Como verificaremos, isso pode traduzir-se num alargamento do elenco de alternativas elegíveis e, concomitantemente, da margem de escolha – e, nessa medida, num alargamento da liberdade de conformação (alguns falam, impropriamente, de liberdade de conformação epistémica) –, mas também pode resultar num estreitamento ou supressão da liberdade de conformação; (v) não há inconveniente em tratar em conjunto as incertezas epistémicas parciais positivas empíricas e normativas.

NECESSIDADE

Como derivações da cada uma das já revistas nove hipóteses em que há certeza (1a a 9a), abrimos três hipóteses em que há incerteza epistémica. Umas vezes, a incerteza epistémica incide sobre considerações que ofuscam o conhecimento pleno da intensidade de satisfação. Outras, da intensidade de interferência. Outras ainda, da intensidade de satisfação e de interferência.

As vinte e sete hipóteses, algumas com sobreposições[2261], permitem ter a noção de quando é que a incerteza epistémica é relevante – traduzindo-se a sua superação na ampliação ou redução do elenco de alternativas elegíveis – e quando é que é irrelevante – sendo indiferente a sua superação. São as seguintes:

1b. Meio $M1$ menos satisfatório que alguns outros ($M2, M3$), havendo incerteza sobre Mn, e mais interferente que todos os outros ($M2, M3, Mn$);

1c. Meio $M1$ menos satisfatório que todos os outros ($M2, M3, Mn$) e mais interferente que alguns outros ($M2, M3$), havendo incerteza sobre Mn;

1d. Meio $M1$ menos satisfatório e mais interferente que alguns outros ($M2, M3$), havendo incerteza sobre Mn;

2b. Meio $M1$ tão satisfatório quanto alguns outros ($M2, M3$), havendo incerteza sobre Mn, e mais interferente que todos os outros ($M2, M3, Mn$);

2c. Meio $M1$ tão satisfatório quanto todos os outros ($M2, M3, Mn$) e mais interferente que alguns outros ($M2, M3$), havendo incerteza sobre Mn;

2d. Meio $M1$ tão satisfatório e mais interferente que alguns outros ($M2, M3$), havendo incerteza sobre Mn;

3b. Meio $M1$ menos satisfatório que alguns outros ($M2, M3$), havendo incerteza sobre Mn, e tão interferente quanto todos os outros ($M2, M3, Mn$);

3c. Meio $M1$ menos satisfatório que todos os outros ($M2, M3, Mn$) e tão interferente quanto alguns outros ($M2, M3$), havendo incerteza sobre Mn;

3d. Meio $M1$ menos satisfatório e tão interferente quanto alguns outros ($M2, M3$), havendo incerteza sobre Mn.

4b. Meio $M1$ tão satisfatório quanto alguns outros ($M2, M3$), havendo incerteza sobre Mn, e tão interferente quanto todos os outros ($M2, M3, Mn$);

4c. Meio $M1$ tão satisfatório quanto todos os outros ($M2, M3, Mn$) e tão interferente quanto alguns outros ($M2, M3$), havendo incerteza sobre Mn;

4d. Meio $M1$ tão satisfatório e tão interferente quanto alguns outros ($M2, M3$), havendo incerteza sobre Mn;

5b. Meio $M1$ mais satisfatório que alguns outros ($M2, M3$), havendo incerteza sobre Mn, e menos interferente que todos os outros ($M2, M3, Mn$);

[2261] Com vista a uma exposição mais clara e que cubra exaustivamente os vários ângulos, não nos preocupamos com a existência de sobreposições entre algumas das hipóteses.

O PRINCÍPIO DA PROIBIÇÃO DO EXCESSO

5c. Meio *M1* mais satisfatório que todos os outros (*M2, M3, Mn*) e menos interferente que alguns outros (*M2, M3*), havendo incerteza sobre *Mn*;

5d. Meio *M1* mais satisfatório e menos interferente que alguns outros (*M2, M3*), havendo incerteza sobre *Mn*;

6b. Meio *M1* tão satisfatório quanto alguns outros (*M2, M3*), havendo incerteza sobre *Mn*, e menos interferente que todos os outros (*M2, M3, Mn*);

6c. Meio *M1* tão satisfatório quanto todos os outros (*M2, M3, Mn*) e menos interferente que alguns outros (*M2, M3*), havendo incerteza sobre *Mn*;

6d. Meio *M1* tão satisfatório e menos interferente que alguns outros (*M2, M3*), havendo incerteza sobre *Mn*;

7b. Meio *M1* mais satisfatório que alguns outros (*M2, M3*), havendo incerteza sobre *Mn*, e tão interferente quanto todos os outros (*M2, M3, Mn*);

7c. Meio *M1* mais satisfatório que todos os outros (*M2, M3, Mn*) e tão interferente quanto alguns outros (*M2, M3*), havendo incerteza sobre *Mn*;

7d. Meio *M1* mais satisfatório e tão interferente quanto alguns outros (*M2, M3*), havendo incerteza sobre *Mn*;

8b. Meio *M1* menos satisfatório que alguns outros (*M2, M3*), havendo incerteza sobre *Mn*, e menos interferente que todos os outros (*M2, M3, Mn*);

8c. Meio *M1* menos satisfatório que todos os outros (*M2, M3, Mn*) e menos interferente que alguns outros (*M2, M3*), havendo incerteza sobre *Mn*;

8d. Meio *M1* menos satisfatório e menos interferente que alguns outros (*M2, M3*), havendo incerteza sobre *Mn*;

9b. Meio *M1* mais satisfatório do que alguns outros (*M2, M3*), havendo incerteza sobre *Mn*, e mais interferente do que todos os outros (*M2, M3, Mn*);

9c. Meio *M1* mais satisfatório que todos os outros (*M2, M3, Mn*) e mais interferente do que alguns outros (*M2, M2*), havendo incerteza sobre *Mn*;

9d. Meio *M1* mais satisfatório e mais interferente que alguns outros (*M2, M3*), havendo incerteza sobre *Mn*.

7.4.2.1. *Variantes da hipótese 1*

A *hipótese 1b* (meio *M1* menos satisfatório que alguns outros [*M2, M3*], havendo incerteza sobre *Mn*, e mais interferente que todos os outros [*M2, M3, Mn*]) é a primeira de uma série em que as incertezas epistémicas são irrelevantes, no que toca à decisão sobre *M1*. O legislador sabe que *M1* é o mais interferente dos meios alternativos disponíveis e sabe que *M1* é menos satisfatório do que alguns meios alternativos disponíveis (*M2* e *M3*). O legislador não tem a certeza sobre se *M1* é mais (ou menos, ou tão) satisfatório que outros meios alternativos (*Mn*). Todavia, esta incerteza não é relevante. Mesmo numa situação de *incerteza epistémica parcial positiva* no sentido de maior intensidade de satisfação

NECESSIDADE

(o legislador não tem a certeza de que *M1* é mais satisfatório do que algum dos meios alternativos *Mn*, mas inclina-se para que sim), o facto de *M1* ser mais satisfatório do que *Mn*, apenas o poderia tornar elegível numa situação de confronto direto com *Mn* e unicamente com ele. Mas a existência de *M2* e *M3*, que são mais satisfatórios e menos interferentes do que *M1*, é decisiva. Existindo essas alternativas, *M1* nunca pode ser adotado, mesmo que o legislador se incline para que algumas das outras alternativas disponíveis, cuja intensidade de satisfação permanece na penumbra da incerteza epistémica, são menos satisfatórias que *M1*. Sendo decisivos os dados sobre os quais há a certeza, isto é, os dados que indicam que *M2* e *M3* são mais satisfatórios e menos interferentes do que *M1*, a existência de incerteza epistémica sobre a relação entre *M1* e outras alternativas é irrelevante para a decisão sobre *M1*. Isso faz com que o resultado de 1b seja o mesmo que o da hipótese 1a, em que há total certeza: *M1* está evidentemente vedado.

A *hipótese 1c* (meio *M1* menos satisfatório que todos os outros [*M2, M3, Mn*] e mais interferente que alguns outros [*M2, M3*], havendo incerteza sobre *Mn*) tem um resultado semelhante a 1b. O legislador sabe que *M1* é o menos satisfatório dos meios alternativos disponíveis e sabe que *M1* é mais interferente do que alguns meios alternativos disponíveis (*M2* e *M3*). O legislador não tem a certeza sobre se *M1* é menos (ou mais, ou tão) interferente que outros meios alternativos (*Mn*), tendo apenas a certeza de que *M1* é mais interferente do que *M2* e *M3* e menos satisfatório do que *M2, M3* e *Mn*. Contudo, esta incerteza não é relevante. Mesmo que o legislador se inclinasse (sem certeza) para a existência de um meio *Mn* tão ou mais interferente que *M1* e mais satisfatório que *M1* e tal inclinação pudesse ser tratada como uma situação de certeza (equivalente a 8a ou 6a, respetivamente), isso só tornaria *M1* elegível (em competição com *Mn*) se não existissem *M2* e *M3*. Mais uma vez, valem apenas os dados sobre os quais há certeza: os dados que indicam que *M2, M3* são mais satisfatórios e menos interferentes do que *M1*, sendo a incerteza epistémica irrelevante. Tal faz com que o resultado de 1c seja o mesmo que o da hipótese 1a: *M1* está evidentemente vedado.

A *hipótese 1d* (meio *M1* menos satisfatório e mais interferente que alguns outros [*M2, M3*], havendo incerteza sobre *Mn*), que conjuga incertezas epistémicas quanto às duas variáveis, intensidade de satisfação e intensidade de interferência, conduz inevitavelmente a resultados semelhantes às das hipóteses 1b e 1c. O legislador sabe que *M1* é menos satisfatório e mais interferente que *M2* e *M3*. Não sabe se alguma das alternativas *Mn* é menos (ou mais, ou tão) satisfatória que *M1*, nem sabe se alguma das alternativas *Mn* é mais (ou menos, ou tão) interferente que *M1*, embora tenha uma inclinação razoável num dos sentidos. Na penumbra da incerteza epistémica ficam, portanto, meios alternativos que

O PRINCÍPIO DA PROIBIÇÃO DO EXCESSO

podem ser menos satisfatórios e mais interferentes do que *M1*. Contudo, isso não é relevante. Mesmo que o legislador se inclinasse para a existência de alternativas a *M1* menos satisfatórias e mais interferentes, isso apenas tornaria *M1* elegível face a essas alternativas; em nada afetaria, porém, a circunstância, certa e decisiva, de *M1* ser menos satisfatório e mais interferente do que *M2* e *M3*, os quais, consequentemente, devem sempre preferir a *M1*. Sendo apenas relevantes os dados sobre os quais há certeza, recai-se no resultado da hipótese 1a: *M1* está evidentemente vedado.

7.4.2.2. *Variantes da hipótese 2*
As *hipóteses 2b, 2c, e 2d* merecem um tratamento igual, com as adaptações necessárias (em vez de menos satisfatório, *M1* é tão satisfatório como outros) e suscitam resultados semelhantes aos de 1b, 1c e 1d, respetivamente. Expressam mais três casos em que as incertezas epistémicas são irrelevantes para o destino de *M1,* sendo este meio evidentemente não elegível face ao segmento da necessidade.

7.4.2.3. *Variantes da hipótese 3*
Na *hipótese 3b* (meio *M1* menos satisfatório que alguns outros [*M2, M3*], havendo incerteza sobre *Mn,* e tão interferente quanto todos os outros [*M2, M3, Mn*]), o legislador sabe que *M1* é tão interferente quanto os demais meios alternativos (*M2, M3, Mn*) e menos satisfatório do que alguns deles (*M2, M3*). A incerteza epistémica aqui pendente incide sobre se *M1* é mais, ou menos, ou tão satisfatório quanto *Mn*. A questão que se coloca é se essa incerteza epistémica parcial positiva é relevante, isto é, se é útil ou necessário superá-la ficcionando que existe certeza. Aqui podem existir três diferentes situações de incerteza epistémica parcial positiva: ou o legislador se inclina para que *M1* é menos satisfatório, ou para que é tão satisfatório, ou para que é mais satisfatório do que *Mn*. Ficcionando-se a transformação da incerteza em certeza, ficaríamos perante situações que se enquadram nas hipóteses 3a (*M1* menos satisfatório e tão interferente quanto *Mn*), 4a (*M1* tão satisfatório e tão interferente quanto *Mn*) e 7a (*M1* mais satisfatório e tão interferente quanto *Mn*). A apreciação dessas três hipóteses permite concluir que o legislador goza de liberdade de conformação estrutural para optar por *M1* ou por *Mn* em qualquer uma delas. Sendo a sua intensidade de interferência constante, o legislador pode adotar *M1* ou *Mn* (ou *M2, M3*), qualquer que seja o resultado da comparação da respetiva intensidade de satisfação. A superação da incerteza epistémica sobre a relação entre *M1* e *Mn,* na hipótese 3b, é fútil, na medida em que não adita nem retira nada à liberdade de conformação estrutural do legislador. A superação da incerteza epistémica só seria relevante se com isso se pudesse

NECESSIDADE

alargar ou restringir o leque de alternativas elegíveis, o que não é o caso. *M1* ou *Mn* ou as demais alternativas, *M2* e *M3*, são elegíveis.

Na *hipótese 3c* (meio *M1* menos satisfatório que todos os outros [*M2, M3, Mn*] e tão interferente quanto alguns outros [*M2, M3*], havendo incerteza sobre *Mn*), o legislador tem a certeza que *M1* é menos satisfatório que todos os outros meios alternativos (*M2, M3, Mn*), e tão interferente quanto alguns deles (*M2, M3*). O legislador não tem a certeza sobre se *M1* é menos, ou mais ou tão interferente quanto outras alternativas *Mn*. Ora, diferentemente do que sucedia na hipótese anterior, a superação dessa incerteza epistémica tem relevância. Se o legislador, sem certeza, se inclinar para que *M1* é menos ou tão interferente quanto algum meio alternativo *Mn*, sabendo que é menos satisfatório, recai nas hipóteses 8a e 3a. De acordo com elas, é permitida a adoção de *M1* quando é menos satisfatório e menos ou tão interferente quanto *Mn* e as outras alternativas disponíveis, sendo também admissível a opção por qualquer uma das outras alternativas disponíveis.

Mas esta hipótese 3c também deixa aberta a possibilidade de *M1* ser menos satisfatório e mais interferente do que alguma alternativa *Mn*, ou seja, a possibilidade de haver uma alternativa *Mn* mais satisfatória e menos interferente do que *M1*. Como vimos, esta é uma situação em que, havendo certeza, *M1* teria de ser excluído (hipótese 1a) e *Mn* teria de ser *obrigatoriamente* adotado, se não houvesse mais nenhuma alternativa elegível (hipótese 5a). Surge aqui uma questão ainda não tratada: numa situação de incerteza epistémica parcial positiva, em que o legislador não tem a certeza, mas se inclina para que *Mn*, o meio alternativo a *M1*, é mais satisfatório e menos interferente, está também impedido de adotar *M1* e obrigado a adotar *Mn*?

A resposta é em parte positiva: *M1* não é elegível. Nessa medida, ocorre diminuição da liberdade de conformação. Embora a ficção jurídica de que uma incerteza epistémica parcial positiva do legislador vale como certeza para efeitos da possibilitação de um resultado da comparação tenha, as mais das vezes, a consequência de alargar a margem de conformação do legislador (permitindo-lhe fazer algo em situações de incerteza parcial positiva, quando em princípio se requer certeza), pode também suceder que desencadeie limites à sua liberdade de conformação estrutural. No caso vertente, se o legislador se inclina para que *Mn*, meio alternativo a *M1*, é mais satisfatório e menos interferente, está impedido de adotar *M1* (como na hipótese 1b)[2262]. Já a questão de saber se *Mn* deve ser ado-

---

[2262] À orientação seguida no texto pode ser oposto o seguinte argumento: ela conduz ao resultado de levar um mecanismo a funcionar contra a sua função e intenção. A ficção de que quando o legislador cai numa situação de incerteza epistémica parcial positiva a sua inclinação vale como certeza, visa, no essencial, preservar a sua liberdade de conformação estrutural. Se o resultado da aplicação dessa ficção fosse, afinal, reduzir ou eliminar a liberdade de conformação do legislador,

O PRINCÍPIO DA PROIBIÇÃO DO EXCESSO

tado, depende da sua relação com outras alternativas. Sabendo-se que *M2, M3* são tão interferentes quanto *M1*, isso significa que são mais interferentes do que *Mn*. Não se sabe, porém, se são mais satisfatórias que *Mn*. Se não houver outras alternativas elegíveis, *Mn* deve ser adotado.

Em conclusão, nesta hipótese 3c a superação da incerteza epistémica é relevante: só ela permite definir se o legislador tem liberdade de escolher entre *M1* e *Mn* (e *M2, M3*), ou se *M1* deve ser excluído e *Mn* adotado, reduzindo-se ou suprimindo-se, desse modo, a liberdade de conformação estrutural do legislador.

A *hipótese 3d* (meio *M1* menos satisfatório e tão interferente quanto alguns outros [*M2, M3*], havendo incerteza sobre *Mn*) conjuga incertezas epistémicas quanto às duas variáveis, intensidade de satisfação e intensidade de interferência, e conduz inevitavelmente a resultados similares à hipótese 3c. O legislador sabe que *M1* é menos satisfatório e tão interferente quanto *M2* e *M3*. Não sabe se alguma das alternativas *Mn* é mais (ou menos, ou tão) satisfatória que *M1*, nem sabe se alguma das alternativas *Mn* é menos (ou mais, ou tão) interferente que *M1*. Na penumbra da incerteza epistémica ficam, portanto, meios alternativos que podem ser menos, mais ou tão satisfatórios e menos, mais ou tão interferentes quanto *M1*. Conforme mostrámos a propósito da hipótese 3c, isso torna relevante a incerteza epistémica e a respetiva superação, valendo o que se deixou escrito.

7.4.2.4. *Variantes da hipótese 4*

As hipóteses 4b, 4c e 4d variam em relação às hipóteses 3b, 3c e 3d apenas na medida em que, nestas, M1 é sempre menos satisfatório e tão interferente quanto as alternativas em relação às quais há certeza, enquanto em 4b, 4c e 4d M1 aparece numa posição relativa mais favorável: continuando a ser tão interferente quanto as alternativas em que há certeza, é também tão satisfatório quanto elas. A 4b, 4c e 4d aplica-se o que foi escrito sobre 3b, 3c e 3d, respetivamente, designadamente quanto à liberdade de conformação estrutural, nas situações em que há certeza, e quanto à irrelevância, nuns casos, e relevância, noutros, da superação da incerteza epistémica.

7.4.2.5. *Variantes da hipótese 5*

Para análise da *hipótese 5b* (meio *M1* mais satisfatório que alguns outros [*M2, M3*], havendo incerteza sobre *Mn*, e menos interferente que todos os outros

---

impondo-lhe a obrigação de eleição de uma alternativa, simplesmente por ter chegado a uma incerteza epistémica, isso seria teoricamente insustentável. Todavia, a esse argumento pode opor-se o da função e intenção do segmento da necessidade: seria contra elas admitir que o legislador, inclinando-se, embora com dúvidas, para existência de um meio alternativo a *M1* mais satisfatório e menos interferente que ele, adotasse afinal *M1*.

NECESSIDADE

[*M2, M3, Mn*]), é útil começar por recordar o que se disse a propósito da hipótese 5a: numa situação de ausência de incerteza epistémica, a hipótese de *M1* ser mais satisfatório que todos os outros (*M2, M3, Mn*) e menos interferente que todos os outros (*M2, M3, Mn*) exprime uma situação em que *M1 tem de ser adotado*, inexistindo aí liberdade de conformação estrutural.

No contexto da hipótese 5b, o legislador tem a certeza que *M1* é menos interferente do que qualquer meio alternativo e sabe que é mais satisfatório do que *M2* e *M3*. Mas não tem a certeza se *M1* é mais (ou menos, ou tão) satisfatório quanto as alternativas *Mn*. Havendo a certeza de que *M1* é menos interferente do que *Mn* e uma inclinação para que *M1* é menos satisfatório do que *Mn*, configura-se uma situação em que *a incerteza sistémica é relevante*, por ter consequências. A primeira consequência, é a supressão do dever do legislador (tal como expresso em 5a) de adotar o meio que, entre aqueles sobre os quais não jaz qualquer incerteza, é o mais satisfatório e o menos interferente (*M1*). A segunda é o poder de escolher entre *M1* e a alternativa *Mn* (que o legislador se inclina a pensar que é mais satisfatório, embora mais interferente que *M1*). A possibilidade de adotar uma alternativa disponível que é mais interferente, mas também mais satisfatória do que as demais (tal como na hipótese 9a), é consentida, pelo menos pela modalidade lata do segmento da necessidade.

O que acaba de se expor para a hipótese 5b vale *mutatis mutandis* para a *hipótese 5c* (meio *M1* mais satisfatório que todos os outros [*M2, M3, Mn*] e menos interferente que alguns outros [*M2, M3*], havendo incerteza sobre *Mn*). Também aqui, se não houvesse incerteza epistémica sobre *Mn*, se chegaria à conclusão imediata de que *M1* é a única alternativa elegível (como em 5a). Todavia, a incerteza epistémica abre espaço a que seja relevante que o legislador se incline, sem certeza, para que há meios alternativos *Mn* menos satisfatórios que *M1*, mas também menos interferentes (como na hipótese 8a). Se assim for, suprime-se o dever de adotar *M1* (embora permaneça a proibição de adotar *M2, M3*). O legislador pode agir como se estivesse numa situação de certeza, podendo optar, limitadamente, entre *M1* e *Mn* (nos termos da referida hipótese 8a). A ficção da transformação da incerteza epistémica em certeza é relevante, uma vez que leva à supressão de um limite à liberdade de conformação do legislador, consistente na obrigação de adoção de uma das alternativas disponíveis.

Esta doutrina vale, pelo menos, no contexto da conceção *lata*. Em contrapartida, se o quadro for antes o da conceção *estrita* da necessidade – em que, em princípio, em situações de certeza, *Mn*, menos satisfatório e menos interferente, *deveria* ser adotado –, a questão suscita o debate feito no âmbito da hipótese 3c, que também releva para a hipótese seguinte.

À *hipótese 5d* (meio *M1* mais satisfatório e menos interferente que alguns outros [*M2, M3*], havendo incerteza sobre *Mn*) aplica-se boa parte do que se expôs

O PRINCÍPIO DA PROIBIÇÃO DO EXCESSO

sobre as duas hipóteses anteriores (5b, 5c). No entanto, ela suscita adicionalmente uma questão já tratada a propósito da hipótese 3c. O legislador sabe que
M1 é mais satisfatório que *M2* e *M3* e é menos interferente que *M2* e *M3*. Há a
certeza de que *M2* e *M3* não podem, em qualquer circunstância, ser adotados.
Há incerteza sobre se dentro das alternativas *Mn* há alternativas mais (ou menos, ou tão) satisfatórias quanto *M1* e alternativas menos (ou mais, ou tão) interferentes que *M1*. Está por isso aberta a possibilidade de haver alternativas *Mn*
mais satisfatórias e menos interferentes que *M1*. Esta situação é diferente da que
analisámos em 5b. Aí, *Mn* era, com incerteza, uma alternativa mais satisfatória e
mais interferente. A incerteza epistémica parcial positiva sobre os efeitos de *Mn*,
levava a que o legislador deixasse de estar obrigado a adotar *M1*. Mas não se colocava a dúvida sobre se surgia uma obrigação de adotar *Mn*. Ora, a possibilidade
de *Mn* ser mais satisfatória e menos interferente, que se coloca nesta hipótese
5d, é uma daquelas que, em *contexto de certeza*, obrigaria o legislador a adotá-la
(de acordo com 5a), excluindo forçosamente *M1* (conforme 1a). Se o legislador se inclinar, embora sem certeza, para que um meio *Mn* é mais satisfatório e
menos interferente do que *M1*, que, por seu turno, é mais satisfatório e menos
interferente que as outras alternativas sobre as quais há certeza (*M2, M3*), está
obrigado a adotar *Mn*? A resposta é afirmativa. O segmento da necessidade veda
que o legislador, inclinando-se (sem certeza) para que um meio *Mn* é mais satisfatório e menos interferente que *M1*, opte por este último.

7.4.2.6. *Variantes da hipótese 6*

Na *hipótese 6b* (meio *M1* tão satisfatório quanto alguns outros [*M2, M3*], havendo incerteza sobre *Mn*, e menos interferente que todos os outros [*M2, M3,
Mn*]), sabe-se com certeza que *M1* é a menos interferente de todas as alternativas disponíveis (*M2, M3, Mn*), sendo tão satisfatório quanto *M2* e *M3*. Se não
houvesse incerteza epistémica, seria caso para a aplicação do resultado da hipótese 6a: *M1 teria de ser adotado* pelo legislador. Mas em 6b não há a certeza sobre
se *M1* é menos (ou mais, ou tão) satisfatório quanto algum *Mn*. Por isso, pode
acontecer que o legislador se incline, sem certeza, para que há um *Mn* mais satisfatório que *M1* e mais interferente que *M1*, exatamente como em 5b e com as
mesmas consequências de supressão do dever do legislador de adotar *M1* e de
atribuição ao legislador do poder de escolher entre *M1* e a alternativa *Mn*, nos
termos conjugados das hipóteses 8a e 9a.

É mais um caso de relevância da superação da incerteza epistémica.

Na *hipótese 6c*, *M1* é tão satisfatório quanto todos os outros (*M2, M3, Mn*) e
menos interferente que alguns outros (*M2, M3*), havendo incerteza sobre *Mn*.
Também em 6c, na ausência de incerteza epistémica sobre *Mn*, *M1*, enquanto
meio tão satisfatório quanto todos os outros e menos interferente que todos os

NECESSIDADE

outros, seria a única alternativa elegível (como em 6a). Todavia, a incerteza epistémica abre espaço a que seja relevante que o legislador admita, sem certeza, que há meios alternativos *Mn* tão satisfatórios quanto *M1*, mas também tão ou menos interferentes. Se o legislador se inclinar para que *Mn* é menos interferente que *M1*, deve adotar *Mn*, à semelhança do que vimos a propósito de *5d*. Mais uma vez, a incerteza epistémica conduz a uma diminuição da liberdade de conformação.

A mesma simetria e identidade de resultados existe entre as *hipóteses 6d* (meio *M1* tão satisfatório e menos interferente quanto alguns outros [*M2, M3*], havendo incerteza sobre *Mn*) e 5d.

7.4.2.7. *Variantes da hipótese 7*

Na *hipótese 7b* (meio *M1* mais satisfatório que alguns outros [*M2, M3*], havendo incerteza sobre *Mn*, e tão interferente quanto todos os outros [*M2, M3, Mn*]), há a certeza que *M1* é mais satisfatório que *M2* e *M3* e é tão interferente quanto eles. Se não houvesse incerteza epistémica sobre *Mn*, valia, sem mais, a doutrina da hipótese 7a: o legislador disporia de liberdade de conformação estrutural, podendo optar por *M1* ou por *M2* ou *M3*. Porém, há uma situação de incerteza epistémica sobre se há meios *Mn* mais, menos ou tão satisfatórios quanto *M1*. Esta situação de incerteza epistémica é como que um negativo da fotografia das hipóteses 3b (meio *M1* menos satisfatório que alguns outros [*M2, M3*], havendo incerteza sobre *Mn*, e tão interferente quanto todos os outros [*M2, M3, Mn*]) e 4b (meio *M1* tão satisfatório quanto alguns outros [*M2, M3*], havendo incerteza sobre *Mn*, e tão interferente quanto todos os outros [*M2, M3, Mn*]). O modo como aí lidámos com (e excluímos) a relevância dessa incerteza adapta-se à presente hipótese 7b. Fazendo-se a conjugação das hipóteses 3a (*M1* menos satisfatório e tão interferente quanto *Mn*), 4a (*M1* tão satisfatório e tão interferente quanto *Mn*) e 7a (*M1* mais satisfatório e tão interferente quanto *Mn*), sabe-se que, se a intensidade de interferência das várias alternativas disponíveis se mantiver igual, o legislador pode optar entre os vários meios, independentemente da respetiva intensidade de satisfação. No plano do segmento da necessidade, é indiferente se *M1* é mais, menos ou tão satisfatório quanto *M2, M3* ou *Mn*, desde que não haja diferenças na intensidade de interferência das alternativas disponíveis (isto é, têm todas a mesma). Como se viu na hipótese 3b, isto leva a que seja irrelevante – para efeitos da necessidade, bem entendido – saber se existe incerteza epistémica em relação a alternativas a *M1* e se se ficciona a superação dessa incerteza epistémica. A liberdade de conformação estrutural do legislador funciona com o mesmo alcance e da mesma forma, haja ou não incerteza epistémica, seja ou não superada, podendo optar por *M1, M2, M3* ou *Mn*, mesmo que sobre este recaia incerteza sobre a

O PRINCÍPIO DA PROIBIÇÃO DO EXCESSO

sua intensidade de satisfação. Recordam-se, mais uma vez as cautelas, já referidas em várias ocasiões, sobre a possibilidade de a escolha de um meio menos satisfatório do que outro elegível poder tornar mais difícil a passagem da norma legislativa pelo crivo da proporcionalidade e.s.e.

A *hipótese 7c* (meio *M1* mais satisfatório que todos os outros [*M2, M3, Mn*] e tão interferente quanto alguns outros [*M2, M3*], havendo incerteza sobre *Mn*) configura a situação em que o legislador tem a certeza que *M1* é mais satisfatório que *M2, M3* e tão interferente quanto eles, pelo que, se só houvesse essas alternativas, poderia optar por qualquer delas, no contexto da sua liberdade de conformação inerente à hipótese 7a. Fica, porém, aberta a possibilidade de *Mn* ser menos, ou mais, ou tão interferente. Se *M1* for mais satisfatório e mais interferente que *Mn*, cai-se na situação da hipótese 9a; se *M1* for mais satisfatório e tão interferente quanto *Mn*, vale a doutrina da hipótese 7a; se *M1* for mais satisfatório e menos interferente, é aplicável a doutrina de 1a, conjugadamente com 5a (na estrita relação entre *M1* e *Mn*). Nas duas primeiras situações, a incerteza epistémica não tem qualquer consequência: em ambos os casos o legislador mantém a liberdade de conformação estrutural que lhe permite optar entre todas as alternativas disponíveis, tal como existiria se não houvesse incerteza epistémica. Já no terceiro caso, se o legislador se inclinar para que *Mn* é menos satisfatório e mais interferente que *M1*, *Mn* tem de ser excluído, pelo que a liberdade de conformação do legislador sofre uma compressão.

A *hipótese 7d* (meio *M1* mais satisfatório e tão interferente quanto alguns outros [*M2, M3*], havendo incerteza sobre *Mn*), como todas as hipóteses *d*, avoluma a incerteza epistémica das hipóteses anteriores, já que pode envolver incerteza sobre as duas intensidades, de satisfação e de interferência. Se houvesse apenas as alternativas *M1, M2, M3*, o legislador disporia de liberdade de conformação estrutural para escolher entre elas (hipótese 7a). Não sendo esse o caso, é possível, por exemplo, que na penumbra da incerteza epistémica haja alternativas *Mn* em relação às quais o legislador se incline para que são mais satisfatórias e menos interferentes do que *M1*. Transformando a incerteza epistémica sobre *Mn* em certeza, para efeitos da respetiva superação, *Mn* teria de ser adotado e *M1* (bem como *M2, M3*) excluído, conforme a doutrina das hipóteses 5a e 1a, nos termos estudados a propósito das hipóteses 3c, 3d, 5d (aplicáveis a 4d). Mas se a inclinação do legislador pender noutra direção, também é possível que haja alternativas *Mn* que se agreguem a *M2* e *M3*, ou alternativas *Mn* que tenham de ser excluídas.

7.4.2.8. *Variantes da hipótese 8*

Na *hipótese 8b* (meio *M1* menos satisfatório que alguns outros [*M2, M3*], havendo incerteza sobre *Mn*, e menos interferente que todos os outros [*M2, M3*,

Mn]), o legislador sabe que *M1* é menos satisfatório e menos interferente que *M2* e *M3*. Se não houvesse outros meios *Mn*, disporia de liberdade de conformação estrutural que lhe permitiria escolher entre eles (hipóteses 8a e 9a), ou seja, entre *M1* e um meio mais satisfatório e mais interferente, *M2* ou *M3*. Contudo, o legislador não tem certeza sobre a intensidade de satisfação de *Mn*, a qual pode ser maior (ou menor, ou igual) que a de *M1*. *M1* pode, portanto, ser mais, tão ou menos satisfatório que *Mn*, sendo menos interferente que ele. Se o legislador se inclinar para que *M1* é mais ou tão satisfatório que *Mn*, *M1* prevaleceria sempre face a *Mn*. *Mn* teria de ser excluído (v. hipóteses 1a, 2a, 5a e 6a), conforme já visto a propósito de 3c, 3d, 5d, 7d. No caso de se inclinar para que *M1* é menos satisfatório que *Mn* e menos interferente que *Mn*, situação semelhante à da relação com *M2* e *M3*, a superação da incerteza epistémica teria relevância, na medida em que permite aditar *Mn* ao grupo dos meios elegíveis. Em qualquer dos casos, a superação da incerteza epistémica é relevante, diminuindo a liberdade de conformação do legislador, ou aumentando-a.

Na *hipótese 8c* (meio *M1* menos satisfatório que todos os outros [*M2, M3, Mn*] e menos interferente que alguns outros [*M2, M3*], havendo incerteza sobre *Mn*), o legislador sabe, como na anterior, que *M1* é menos satisfatório e menos interferente que *M2* e *M3*. Se não houvesse outros meios alternativos disponíveis, disporia de liberdade de conformação estrutural que lhe permitiria escolher entre eles (hipóteses 8a e 9a), isto é, entre *M1* e um meio mais satisfatório e mais interferente como *M2* ou *M3*. Neste caso, a incerteza resulta de não saber com certeza se *Mn* é mais, menos ou tão interferente. Se o legislador se inclinar para que *Mn* é mais interferente, sendo também, com certeza, mais satisfatório, a superação da incerteza epistémica limita-se a engrossar os meios elegíveis, agregando-se *Mn* à lista. Se a inclinação for para que *Mn* é tão interferente quanto *M1*, sendo este menos satisfatório, recai-se na situação da hipótese 3a, a qual envolve também liberdade de conformação estrutural do legislador, agregando-se igualmente *Mn* à lista de alternativas elegíveis. Se a inclinação for para que *Mn* é menos interferente do que *M1* (e, necessariamente, do que *M2, M3*) e mais satisfatório do que *M1*, mais uma vez se regressa à situação resultante da conjugação entre as hipóteses 1a e 5a, levando à exclusão de *M1* e à concomitante adoção obrigatória de *Mn*, nos mesmos termos que em 3c, 3d, 5d, 7d, 8b. A superação das incertezas sistémicas tem, também aqui, diferentes consequências, sendo, por isso, relevante.

A *hipótese 8d* (meio *M1* menos satisfatório e menos interferente que alguns outros [*M2, M3*], havendo incerteza sobre *Mn*) merece tratamento idêntico à hipótese 7d, designadamente no tocante à possibilidade de a superação das incertezas epistémicas ter como consequência a exclusão de *M1, M2, M3*, o aditamento de *Mn* à lista de elegíveis ou a exclusão de *Mn*, dependendo da inclinação do legislador sobre a relação comparativa entre *Mn* e *M1*.

O PRINCÍPIO DA PROIBIÇÃO DO EXCESSO

7.4.2.9. *Variantes da hipótese 9*

Na *hipótese 9b* (meio *M1* mais satisfatório do que alguns outros [*M2, M3*], havendo incerteza sobre *Mn*, e mais interferente do que todos os outros [*M2, M3, Mn*]), o legislador sabe que *M1* é mais satisfatório que *M2* e *M3* e mais interferente que eles. Sabe também que *M1* é mais interferente que todos *Mn*, mas não tem a certeza sobre se há algum *Mn* mais, menos, ou tão satisfatório quanto *M1*. Se o legislador se inclinar para que *M1* é mais satisfatório que *Mn*, isso não terá consequências, a não ser que *M1* e *Mn* devem ser considerados elegíveis como alternativas, entre as quais o legislador pode optar (juntamente com as demais). Mas o caso muda de figura se existir uma situação de incerteza epistémica parcial positiva, com inclinação para que *M1* é menos ou tão satisfatório quanto *Mn*, isto é, *Mn* é tão ou mais satisfatório que *M1* e menos interferente que *M1*. Nessa circunstância, como já se mostrou em hipóteses anteriores, há lugar à conjugação das orientações das hipóteses 1a e 2a e, eventualmente, das hipóteses 5a e 6a. Dessa conjugação, resulta a exclusão de *M1* do leque de alternativas elegíveis e a eventual obrigação de adotar *Mn* (eventual, porque depende da comparação da intensidade de interferência de *Mn*, *M2* e *M3*). A incerteza epistémica, por conseguinte, é relevante, na medida em que a sua superação, através de uma ficção de certeza, alarga ou estreita o leque de opções elegíveis, no âmbito das quais o legislador exerce a liberdade de conformação.

Na *hipótese 9c* (meio *M1* mais satisfatório que todos os outros [*M2, M3, Mn*] e mais interferente do que alguns outros [*M2, M3*], havendo incerteza sobre *Mn*), *M1* não corre o perigo de ser afastado do elenco das alternativas elegíveis: mesmo que haja inclinação do legislador para considerar que *M1* é mais interferente que *Mn*, isso não tem influência no que toca à sua elegibilidade. Em contrapartida, *Mn* pode ter de ser excluído: é o que sucede se o legislador se inclinar para que *M1*, sendo mais satisfatório, também é menos interferente que *Mn*; de outro ângulo, *Mn* é menos satisfatório e mais interferente que *M1* (hipótese 1a). Por outro lado, havendo a certeza de que *M1* é mais satisfatório, se a incerteza epistémica parcial positiva se traduzir na inclinação para que *M1* é tão interferente quanto *Mn*, este fará parte do elenco de alternativas elegíveis pelo legislador (hipóteses 7a, 3a). A incerteza epistémica também é relevante: nuns casos, a sua superação provoca a redução do leque de alternativas elegíveis, noutros, o seu alargamento.

Finalmente, sobre a *hipótese 9d* (meio *M1* mais satisfatório e mais interferente que alguns outros [*M2, M3*], havendo incerteza sobre *Mn*), valem as considerações feitas sobre 7d e 8d.

NECESSIDADE

7.4.3. Incerteza sobre todas as alternativas disponíveis e elegíveis

Se a situação for de incerteza total e absoluta sobre as relações comparativas entre as várias alternativas disponíveis, não estão preenchidas as condições mínimas de *racionalidade* de decisão, pelo que a norma não deve ser produzida. Nesse cenário, o legislador não consegue avaliar as intensidades de interferência e de satisfação de cada uma das putativas alternativas (putativas, porque poderá chegar ao limite de nem sequer definir uma inclinação sobre a respetiva adequação), ou estabelecer, ainda que com dúvidas, relações de comparação entre elas. Trata-se, porventura, de uma situação tão rara quanto a de certeza absoluta, mas é teoricamente concebível.

Diferente (mas em casos extremos pode aproximar-se do anterior), é o caso em que o legislador não evita uma situação de incerteza epistémica parcial positiva sobre *todas* as alternativas disponíveis. Nessa hipótese, o legislador não tem a certeza sobre nenhuma das relações, isto é, não sabe com segurança se uma é mais, menos ou tão satisfatória ou mais, menos ou tão interferente quanto as demais, mas tem uma *inclinação* ou uma *posição* racionalmente fundada – não uma mera intuição, ou 'palpite' – sobre essas relações[2263]. Em condições institucionais propícias, a opção assumida pelo legislador nestas condições de incerteza epistémica pode ser considerada válida, designadamente em sede de controlo da proibição do excesso, como veremos no momento próprio.

8. As modalidades da necessidade

O exercício do número anterior, deliberadamente mais exaustivo do que é habitual em trabalhos congéneres, procura evidenciar e explorar na maior medida possível as virtualidades do segmento da necessidade como critério de decisão. Embora seja impossível suprimir toda a margem de indeterminação e de abertura que o segmento comporta – resultante das avaliações e valorações imprescindíveis para a sua aplicação –, fica demonstrado que é pelo menos possível densificá-lo parcialmente através da enunciação de alguns critérios de decisão.

O retrato que se fez até aqui representa o segmento da necessidade na sua modalidade mais aberta, que designamos por *lata*. A modalidade lata corresponde à definição do segmento da necessidade apresentada no início deste capítulo e perfila-se como a versão *base* desta.

Contudo, a manipulação de alguns fatores pode fazer surgir modalidades diferentes da necessidade. Crítica é a extensão da liberdade de conformação do legislador. Se esta for reconhecida de forma menos generosa do que a que res-

---

[2263] Por isso talvez não seja suficiente apelar simplesmente à "formação pessoal", ao "estilo", ao "carisma", à *auctoritas* ou a um *educated guess*, diferentemente do que Melo, *Notas sobre contencioso...*, p. 26, alvitra.

O PRINCÍPIO DA PROIBIÇÃO DO EXCESSO

salta da modalidade lata, é possível configurar teoricamente outra modalidade menos transigente ou 'deferente' (em relação à vontade do legislador). Será aqui designada por modalidade *estrita*.

Alguma doutrina e jurisprudência ensaiam uma outra modalidade de necessidade, que podemos designar por *ponderada*.

Partindo das trinta e seis hipóteses percorridas, densificaremos de seguida a (i) *modalidade lata* da necessidade, distinguindo um domínio de indiferença (absoluta e relativa) – isto é, um domínio no âmbito do qual o legislador age com liberdade – e um domínio de imposição – no contexto do qual o legislador está obrigado a uma opção específica. Depois realizaremos o mesmo exercício em relação à (ii) *modalidade estrita*. Também em relação a ela se pode falar de um domínio de indiferença, mas a sua caraterização assenta essencialmente na distinção entre casos de preeminência absoluta e relativa e de exclusão absoluta e relativa. Finalmente, apreciaremos a pertinência de um *tertio genus*, o (iii) da *modalidade ponderada*.

8.1. Modalidade lata

8.1.1. O domínio de indiferença

Neste domínio, para efeitos do segmento da necessidade, é indiferente que o legislador opte por uma ou outra alternativa disponível.

Há um domínio de indiferença absoluta e um domínio de indiferença relativa.

Na *absoluta*, o segmento não prefere, nem exclui nenhuma das alternativas disponíveis. *M1* e as demais alternativas disponíveis são *todas* elegíveis pelo legislador. A liberdade de conformação não é perturbada pelo segmento da necessidade. Qualquer que seja a alternativa disponível escolhida, ela é sempre compatível com este segmento.

Na *relativa*, pode haver situações em que o segmento da necessidade admite todas as alternativas disponíveis como elegíveis – tal como no domínio de indiferença absoluta –, mas pode também suceder que a forma concreta como as incertezas epistémicas parciais positivas funcionam determine que *M1* ou alguma das outras opções não sejam elegíveis. Por outras palavras: no domínio de indiferença relativa o simples exercício da liberdade de conformação não gera forçosamente uma decisão conforme ao segmento da necessidade. Tem de se ter em conta também o mecanismo de superação da incerteza epistémica que recai sobre algumas das alternativas disponíveis.

8.1.1.1. Indiferença absoluta

    o meio *M1* menos satisfatório que todos os outros e tão interferente quanto todos os outros (3a);

NECESSIDADE

o meio *M1* menos satisfatório que alguns outros, não havendo a certeza sobre alguns, e tão interferente quanto todos os outros (3b);

o meio *M1* tão satisfatório quanto todos os outros e tão interferente quanto todos os outros (4a);

o meio *M1* tão satisfatório quanto alguns outros, não havendo a certeza sobre alguns, e tão interferente quanto todos os outros (4b);

o meio *M1* mais satisfatório que todos os outros e tão interferente quanto todos os outros (7a);

o meio *M1* mais satisfatório que alguns outros, não havendo a certeza sobre alguns, e tão interferente quanto todos os outros (7b);

o meio *M1* menos satisfatório e menos interferente que todos os outros (8a);

o meio *M1* mais satisfatório e mais interferente do que todos os outros (9a).

8.1.1.2. *Indiferença relativa*

o meio *M1* menos satisfatório que todos os outros e tão interferente quanto alguns, não havendo a certeza sobre a intensidade de interferência de alguns outros (3c);

o meio *M1* menos satisfatório e tão interferente quanto alguns outros, não havendo a certeza sobre alguns outros (3d);

o meio *M1* tão satisfatório quanto todos os outros e tão interferente quanto alguns outros, não havendo a certeza sobre a intensidade de interferência de alguns outros (4c);

o meio *M1* tão satisfatório e tão interferente quanto alguns outros, não havendo a certeza sobre alguns (4d);

o meio *M1* mais satisfatório que alguns outros, havendo incerteza sobre alguns outros, e menos interferente que todos os outros (5b);

o meio *M1* mais satisfatório que todos os outros e tão interferente quanto alguns outros, não havendo a certeza sobre a intensidade de interferência de alguns outros (7c);

o meio *M1* mais satisfatório e tão interferente quanto alguns outros, não havendo a certeza sobre outros (7d);

o meio *M1* menos satisfatório que alguns outros, não havendo a certeza sobre outros, e menos interferente que todos os outros (8b);

o meio *M1* menos satisfatório que todos os outros e menos interferente que alguns outros, não havendo a certeza sobre a intensidade de interferência de alguns outros (8c);

o meio *M1* menos satisfatório e menos interferente que alguns outros, não havendo a certeza sobre outros (8d);

O PRINCÍPIO DA PROIBIÇÃO DO EXCESSO

o meio *M1* mais satisfatório do que alguns outros, não havendo a certeza sobre alguns outros, e mais interferente do que todos os outros (9b);

o meio *M1* mais satisfatório que todos os outros e mais interferente que alguns outros, não havendo a certeza sobre alguns outros (9c);

o meio *M1* mais satisfatório e mais interferente que alguns outros, não havendo a certeza sobre outros (9d).

8.1.2. O domínio de imposição

O domínio de imposição do segmento da necessidade é aquele em que este *impõe* ao legislador a adoção de uma determinada opção. Domínio de imposição positiva, no caso de situações em que um meio, pela comparação com as restantes alternativas disponíveis, tem de ser *forçosamente adotado* por imposição do segmento da necessidade. Domínio de exclusão, ou de imposição negativa, no caso de situações em que o mesmo segmento impõe que um meio, pela sua relação com as demais alternativas consideradas, seja *liminarmente excluído* pelo autor do ato. Em nenhum desses casos existe liberdade de conformação do legislador. Agrupemos agora tais situações:

8.1.2.1. *Domínio de imposição positiva*
Meios que *devem* ser adotados (domínio de imposição positiva), em termos de (i) preeminência absoluta e de (ii) preeminência relativa.

8.1.2.1.1. *Preeminência absoluta*
Em caso de preeminência absoluta, *M1* prevalece sobre todas as alternativas:

o meio *M1* mais satisfatório que todos os outros e menos interferente que todos os outros (5a);

o meio *M1* tão satisfatório quanto todos os outros e menos interferente que todos os outros (6a).

8.1.2.1.2. *Preeminência relativa*
Em caso de preeminência relativa, *M1* prevalece sobre algumas das alternativas, não sendo, porém, isso decisivo, uma vez que existe incerteza sobre as demais:

o meio *M1* mais satisfatório que todos os outros e menos interferente que alguns outros, havendo incerteza sobre a intensidade de interferência de alguns outros (5c);

o meio *M1* mais satisfatório e menos interferente que outros, havendo incerteza sobre alguns outros (5d);

o meio *M1* tão satisfatório quanto um ou alguns outros, havendo incerteza sobre alguns outros, e menos interferente que todos os outros (6b);

o meio *M1* tão satisfatório quanto todos os outros e menos interferente que um ou alguns outros, havendo incerteza sobre a intensidade interferente de alguns outros (6c);

o meio *M1* tão satisfatório quanto um ou alguns outros e menos interferente que eles (6d).

8.1.2.2. Domínio de exclusão ou imposição negativa
Meios que devem ser excluídos (domínio de imposição negativa), em absoluto ou por referência a outros.

8.1.2.2.1. Exclusão absoluta
No domínio da exclusão absoluta, *M1* cede perante todas as alternativas:
- o meio *M1* menos satisfatório que todos os outros e mais interferente que todos os outros (1a);
- o meio *M1* tão satisfatório quanto todos os outros e mais interferente que todos os outros (2a).

8.1.2.2.2. Exclusão relativa
No domínio da exclusão relativa, *M1* cede perante uma ou algumas das alternativas:
- o meio *M1* menos satisfatório que alguns outros, não havendo a certeza sobre alguns outros e mais interferente que todos os outros (1b);
- o meio *M1* menos satisfatório que todos os outros e mais interferente que alguns outros, não havendo a certeza sobre a intensidade de interferência de alguns outros (1c);
- o meio *M1* menos satisfatório e mais interferente que alguns outros (1d);
- o meio *M1* tão satisfatório quanto um ou alguns outros, não havendo a certeza sobre alguns outros, e mais interferente que todos os outros (2b);
- o meio *M1* tão satisfatório quanto todos os outros e mais interferente que alguns outros, não havendo a certeza sobre a intensidade de interferência de alguns outros (2c);
- o meio *M1* tão satisfatório quanto um ou alguns outros e mais interferente que eles, não havendo a certeza sobre alguns outros (2d).

8.2. Modalidade estrita
O teste da proporcionalidade tal como entendido pelo Supremo Tribunal do Canadá em *Oakes* (1986), incorporava uma modalidade estrita da necessidade[2264]. Por outro lado, o teste americano *less restrictive means* é umas vezes

---

[2264] De acordo com *Oakes*, "(...) *the means, even if rationally connected to the objective in this first sentence should impair "as little as possible" the right or freedom in question*" Essa modalidade estrita da necessidade foi superada em *R v Edwards Books and Art Ltd.*, ainda em 1986, ficando estabelecido que o *minimal impairment* não requer sempre que a lei afete direitos da maneira mais ligeira possível: v., por todos, HICKMAN, «The Substance...», p. 709.

O PRINCÍPIO DA PROIBIÇÃO DO EXCESSO

aplicado numa modalidade lata, outras numa modalidade estrita, embora isso nem sempre seja claro[2265].

Em termos gerais, a modalidade estrita impõe que, entre as alternativas disponíveis capazes de cumprir *em grau razoável o fim*, seja adotada pelo legislador a menos interferente de *todas*, independentemente da intensidade de satisfação de cada uma.

A aplicação de uma modalidade estrita implica que haja situações em que *M1*, em vez de *poder* ser adotado, como na modalidade lata, (i) *deve* ser adotado ou (ii) é *proibido*. Em ambos os casos, a opção pela adoção de *M1* deixa de caber na liberdade de conformação do legislador (sai do domínio de indiferença, absoluta ou relativa), para (i) passar a ser positivamente imposta ou (ii) excluída. O elenco das alternativas cuja escolha é indiferente é mais diminuto que na modalidade lata. A superação do segmento da necessidade é mais difícil.

Não se confunda o funcionamento do segmento da necessidade numa modalidade estrita com as situações em que tem de ser adotado um meio menos interferente em consequência de um juízo de proporcionalidade e.s.e. Nesse caso, o meio supera o crivo da necessidade, mas não resiste subsequentemente à operação de ponderação inerente à proporcionalidade e.s.e., obrigando, eventualmente, o autor do ato a procurar um meio menos interferente para conseguir superar este teste. Diversamente, a modalidade estrita da necessidade impõe a adoção do meio menos interferente, vedando, portanto, a adoção de um meio mais interferente embora mais satisfatório, ainda antes de qualquer juízo sobre a proporcionalidade e.s.e. Por isso, pode suceder que, mesmo adotando o meio menos interferente disponível, ele não logre superar o teste da proporcionalidade e.s.e.

Todas as situações de imposição positiva e negativa enunciadas a seguir acrescem àquelas que já constavam das correspondentes classes na modalidade lata.

8.2.1. Domínio de imposição positiva

Os casos de imposição positiva são aqueles em que o meio *M1* é menos interferente que as demais alternativas disponíveis sobre as quais o legislador dispõe de certeza, mas é também menos satisfatório.

8.2.1.1. *Preeminência absoluta*

Casos adicionais de preeminência absoluta:

    o meio *M1* menos satisfatório que todos os outros e menos interferente que todos os outros (8a);

[2265] Cfr. JACKSON, «Constitutional Law...», pp. 3118-3119.

o meio *M1* menos satisfatório que alguns outros, não havendo a certeza sobre alguns, e menos interferente que todos os outros (8b).

8.2.1.2. *Preeminência relativa*
Casos adicionais de preeminência relativa:
- o meio *M1* menos satisfatório que todos os outros e menos interferente que alguns outros, não havendo a certeza sobre a intensidade de interferência de outros (8c);
- o meio *M1* menos satisfatório e menos interferente que alguns outros, não havendo a certeza sobre alguns outros (8d).

8.2.2. Domínio de exclusão ou de imposição negativa
Os casos de exclusão são aqueles em que *M1* é mais interferente que os meios alternativos disponíveis sobre os quais o legislador dispõe de certeza, mas é também o mais satisfatório:

8.2.2.1. *Exclusão absoluta*
Casos adicionais de exclusão absoluta:
- o meio *M1* mais satisfatório que todos os outros e mais interferente do que todos os outros (9a);
- o meio *M1* mais satisfatório do que um ou alguns outros e mais interferente do que todos os outros (9b).

8.2.2.2. *Exclusão relativa*
Casos adicionais de exclusão relativa:
- o meio *M1* mais satisfatório que todos os outros e mais interferente do que um ou alguns outros (9c);
- o meio *M1* mais satisfatório e mais interferente que um ou alguns outros (9d).

8.3. Modalidade ponderada

8.3.1. A estrutura da necessidade ponderada
As modalidades lata e estrita têm uma estrutura idêntica, que foi sendo clarificada ao longo deste capítulo: assentam numa operação de *comparação* das intensidades de interferência e de satisfação de meios alternativos. Essas intensidades são em regra medidas através de indicadores qualitativos e quantitativos. Por vezes, quando os meios alternativos afetam diferentes bens, interesses ou valores ou diferentes dimensões de um mesmo bem, interesse ou valor (designadamente direitos fundamentais), a comparação de intensidades de

O PRINCÍPIO DA PROIBIÇÃO DO EXCESSO

interferência dos meios alternativos convoca operações de ponderação. A ponderação, nestas circunstâncias, é um instrumento auxiliar – e contingente – da comparação de intensidades de interferência de meios alternativos.

De acordo com alguma doutrina e jurisprudência, há uma modalidade da necessidade em que a ponderação assume uma função não contingente e não meramente auxiliar à comparação das intensidades de interferência. Trata-se da *necessidade ponderação* ou modalidade *ponderada* da necessidade[2266].

A *necessidade ponderação* prescinde à partida de dois axiomas das outras modalidades da necessidade: nem assume que tenha forçosamente de se adotar o meio menos interferente, nem aceita que, à partida e por princípio, se possa sempre adotar um meio mais interferente só por ser (o) mais satisfatório.

Como qualquer outra modalidade da necessidade, a operação básica consiste na comparação entre duas ou mais alternativas.

Mas aqui não se fica pela averiguação de qual a alternativa mais, menos ou tão interferente ou satisfatória. Procura-se averiguar se o 'ganho' (menor interferência) obtido através de *M1*, comparado com *M2*, compensa a 'perda' (menor satisfação) trazida por *M1*, comparado com *M2* (ou vice-versa, se o 'ganho' de maior satisfação de *M2*, comparado com *M1*, compensa a 'perda' resultante da maior interferência de *M2*)[2267].

Esta modalidade *ponderada* compara os '*saldos*' entre as intensidades de interferência e as intensidades de satisfação produzidos por cada uma das alternativas e opta por aquela que revele uma relação *mais justa* ou equilibrada[2268]. Ocor-

---

[2266] Na jurisprudência constitucional portuguesa o *leading case* é o acórdão nº 632/08 (duração do período experimental), estudado *supra*, capítulo 5, 5.1.1.1.5. Na doutrina, MIRANDA/JORGE P. SILVA, «Anotação ao artigo 18º», in Miranda/Medeiros, *Constituição*..., I, 2ª ed., p. 376, embora com alguma ambiguidade, parecem sufragar este modelo. V., também, SARTOR, «A Sufficientist Approach...», pp. 63 ss. (embora em termos não isentos de crítica, designadamente devido à forma ambígua como relaciona esta modalidade da necessidade com a proporcionalidade e.s.e.); PETERSEN, «How to Compare the Length...», p. 1396 (na medida em que admite a possibilidade de haver uma medida ligeiramente menos efetiva mas significativamente menos intrusiva, dando um exemplo, a partir do *case law* do TJUE, relacionado com a rotulagem; o autor admite que o Tribunal nestes casos faz algum tipo de ponderação no contexto da necessidade). Também de algum modo ambíguo, HICKMAN, «The Substance...», pp. 711 ss., fala de *relative proportionality*, em contraste com a *overall proportionality* (reconduzível à proporcionalidade e.s.e.). Embora a necessidade ponderada (ou *relative proportionality*) tenha, estruturalmente, pontos comuns com a proporcionalidade e.s.e., uma vez que exige, tal como a proporcionalidade e.s.e., operações de ponderação, parece ser ainda uma modalidade da necessidade, pelo que não se deve confundir com a proporcionalidade e.s.e., nem sequer do ponto de vista terminológico.

[2267] Parecendo rejeitar esta possibilidade, ŠUŠNJAR, *Proportionality*..., p. 237.

[2268] HICKMAN, «The Substance...», p. 712.

NECESSIDADE

rem as noções de equilíbrio de bem-estar social e é de alguma forma sugestiva a invocação do critério de KALDOR-HICKS[2269].

Podemos ilustrar isto da seguinte forma: *M1* tem intensidade de interferência de grau 3 e de satisfação de grau 4; *M2* tem intensidade de interferência de grau 4 e de satisfação de grau 4,5; *M3* tem intensidade de interferência de grau 2 e de satisfação de grau 3.

Nesta hipótese, a modalidade lata aceitaria (mas não imporia) *M2*, bem como *M1* ou *M3*. A modalidade estrita imporia *M3* e excluiria *M1* e *M2*.

A questão seria bem mais complexa no que toca à modalidade ponderada. Assim, o grau de interferência de *M2* aumentou 1 em relação a *M1*, mas o 'ganho' em termos de satisfação foi apenas de 0,5, pelo que o acréscimo marginal de satisfação através de *M2* não justifica o aumento marginal do grau de interferência (0,5 compara com 1). De acordo com a necessidade ponderada, *M2* estaria excluída. O legislador poderia todavia optar entre *M1* ou *M3*.

De outro ângulo: *M1* poderia ser adotada sob as modalidades lata e ponderada, mas seria excluída sob a modalidade estrita; *M2* poderia ser adotada segundo a modalidade lata, mas seria excluída pelas outras duas modalidades; *M3* deveria ser adotada na perspetiva da modalidade estrita e poderia ser adotada na perspetiva das modalidades lata e ponderada.

A necessidade ponderada é por vezes apresentada com uma modalidade da proporcionalidade e.s.e. Na doutrina, esse equívoco é patente no trabalho de SARTOR. Haveria duas modalidades da proporcionalidade e.s.e.; na primeira, uma medida *M1* é proporcional e.s.e. se o saldo entre a promoção do valor *P2* e a ablação do valor *P1* for positivo ou não inferior a Ø (denotando Ø a situação existente no momento da emissão da medida); na segunda, uma medida *M1* ablativa do valor *P1* e promotora do valor-fim *P2* é proporcional e.s.e. se não existir uma medida alternativa *M2* que seja superior a *M1* no que toca a *P1* e superior a *M1* no que toca ao conjunto constituído por *P1* e *P2*[2270].

Ora, se configurada a segunda hipótese dessa forma, *M1* pode, ou não, resistir ao segmento da necessidade na sua modalidade ponderada, caso se trate de uma situação em que esta é admissível[2271]: se não o superar não terá de ser sujeita ao teste da proporcionalidade e.s.e.; se o superar, está sujeita à primeira (e única) modalidade da proporcionalidade e.s.e.

Este equívoco entre os âmbitos teóricos da necessidade (ponderada) e da proporcionalidade e.s.e., afeta também alguma jurisprudência de referência,

---

[2269] HICKMAN, «The Substance...», p. 712, nota. Sobre o critério Kaldor-Hicks v. *supra*, capítulo 15, 1.4.

[2270] SARTOR, «The Logic of Proportionality...», pp. 1447-1448.

[2271] Note-se que é admitida a excecionalidade (até indesejabilidade, para SARTOR) desta modalidade, quando realizada pelo juiz constitucional: «The Logic of Proportionality...», p. 1448.

O PRINCÍPIO DA PROIBIÇÃO DO EXCESSO

como o mostra a decisão do Supremo Tribunal de Israel sobre a constitucionalidade da criação de um muro de segurança (*security fence*) em certas regiões daquele Estado[2272].

No caso, a medida escolhida pelo Governo de Israel, *M1*, implicava uma intensidade de satisfação do interesse da segurança (*P1*) muito elevada ($P1_{maismais}$), mas também implicava, em contrapartida, uma intensidade de interferência nos direitos das comunidades locais (*P2*) elevada ($P2_{mais}$). Em alternativa, a medida *M2* (diferentes traçado e disposição do muro), apontada como viável por alguns setores, implicava uma intensidade de satisfação do interesse da segurança menos elevada, mas ainda elevada ($P1_{mais}$), e implicava uma intensidade de interferência nos direitos das comunidades locais elevada mas significativamente menos elevada ($P2_{menosmais}$). À luz da modalidade *lata* da necessidade, a opção por *M1* não é censurável, uma vez que garante uma intensidade de satisfação de *P1*, superior à intensidade de satisfação assegurada por *M2*. No entanto, o Tribunal entendeu que a circunstância de *M1* garantir uma intensidade de satisfação do interesse de segurança *apenas ligeiramente mais elevado* do que o garantido por *M2*, ao mesmo tempo que *M1* implicava uma intensidade de interferência nos direitos das comunidades locais significativamente mais elevado do que *M2*, determinava a inconstitucionalidade de *M1*, por violação da proporcionalidade e.s.e. Reconstruindo o que parece ter sido o *iter* lógico do Tribunal israelita no controlo deste segmento da proibição do excesso, ele pode ser descrito em cinco passos:

1º passo: *M1* (bem como $P1_{maismais}$ e $P2_{mais}$) e *M2* (bem como $P1_{mais}$ e $P2_{menosmais}$) são identificadas;

2º passo: *M1* é comparada com *M2*, verificando-se que à luz da modalidade lata da necessidade *M1* não viola esse segmento;

3º passo: $P2_{mais}$ é comparada com $P2_{menosmais}$, valorando-se quanto maior é a intensidade de interferência em $P2_{mais}$;

4º passo: $P1_{maismais}$ é comparada com $P1_{mais}$, valorando-se quanto maior é a intensidade de satisfação de $P1_{maismais}$;

5º passo: são comparados os acréscimos da intensidade de interferência e de satisfação causados por *M1*, em relação a *M2*, e pondera-se se o acréscimo de intensidade de satisfação de *M1* em relação a *M2 justifica* o acréscimo de intensidade de interferência de *M1* em relação a *M2*; se não justificar, *M1* viola o segmento da proporcionalidade e.s.e.

O Supremo Tribunal de Israel sustentou que se pode agregar à operação típica do segmento da proporcionalidade e.s.e., uma operação de *comparação meio-meio*, operação em parte estruturalmente semelhante à que é central à aprecia-

---

[2272] *Beit Sourik Village Council v. The Government of Israel* (2008).

NECESSIDADE

ção da necessidade[2273]. Esta fórmula de aplicação, se admissível, complexificaria significativamente a operação de ponderação, já de si complexa.

Ora, a verdade é que o juiz constitucional israelita enquadrou incorretamente, do ponto de vista teórico e metódico, a operação e a conclusão (eventualmente correta) que efetuou. O que fez foi proceder a uma comparação de duas alternativas, típica da necessidade e, mais especificamente, da necessidade ponderada. A operação realizada nada tinha a ver com a proporcionalidade e.s.e., era autónoma desta. Essa autonomia fica comprovada se tivermos em conta que qualquer das duas alternativas poderia claudicar perante o teste da proporcionalidade e.s.e.: a circunstância de uma ($M2$) ser comparativamente melhor do que a outra ($M1$) não obstaria a que se apurasse que aquela (e esta) contrariava o segmento da proporcionalidade e.s.e.

Por outro lado, não se vislumbra razão para não se ter recorrido à modalidade lata (que, como vimos, se pode considerar corrente e universal) da necessidade. Se as diferenças de intensidades de satisfação de $M1$ e $M2$ eram residuais, ligeiras ou de pequena monta, $M1$ e $M2$ poderiam ter sido consideradas igualmente satisfatórias. Sendo $M1$ significativamente mais interferente do que $M2$, $M1$ podia ter sido declarada desnecessária, mesmo sem recurso à metódica inerente à modalidade ponderada.

8.3.2. Crítica à necessidade ponderada

A necessidade ponderada pode ser criticada sob dois pontos de vista: metódico e democrático.

Nos exemplos acima apresentados, usámos duas técnicas distintas para ilustrar a metódica da necessidade ponderada: no primeiro caso, recorremos a uma escala cardinal; no segundo (referente ao caso de Israel), recorremos a uma escala ordinal, composta pelos graus $_{maismais}$, $_{mais}$ e $_{menosmais}$.

Ora, a escala cardinal, se possível, permitiria ilustrar adequadamente a operação metódica em causa e asseguraria a racionalidade. Todavia, ela esbarra com um problema pragmático: o problema da incomensurabilidade ou irredutibilidade a escalas métricas dos bens, interesses ou valores (e das intensidades de satisfação ou de interferência) cuja harmonização se visa. Adiante este ponto será exaustivamente desenvolvido e demonstrado. Afirmações do género "$M1$ tem intensidade de interferência de grau 3 e de satisfação de grau 4" ou "$M2$ tem intensidade de interferência de grau 4 e de satisfação de grau 4,5" são inatingíveis, a não ser de forma que muitos considerariam arbitrária.

[2273] A operação de *comparação de alternativas* não seria metodicamente exclusiva da necessidade. Cfr. a explicação em BARAK, *Proportionality*..., pp. 353 ss.; SULLIVAN/FRASE, *Proportionality Principles*..., p. 7, aludem a uma fusão da *ends-proportionality* com a *means-proportionality*.

O PRINCÍPIO DA PROIBIÇÃO DO EXCESSO

Restaria a técnica da escala ordinal. Esta é viável na deliberação prática, como demonstraremos quando estudarmos a proporcionalidade e.s.e.[2274] Todavia, no âmbito da proporcionalidade e.s.e. não se lida com, nem há que apurar, *saldos*.

Do ponto de vista da objetividade e racionalidade, essa operação é linear.

A operação proposta para a necessidade ponderada é significativamente mais complexa. Nesta, como se verificou através da decomposição do *iter* decisório do Tribunal israelita, há que apurar a intensidade de satisfação e de interferência de uma medida (por hipótese, $_{maismais}$ e $_{mais}$) e de outra medida alternativa (por hipótese, $_{mais}$ e $_{menosmais}$), comparando depois os saldos e escolhendo a medida que tiver um saldo mais equilibrado. Todavia, não se vê como é possível defender racionalmente que uma medida que produz efeitos $_{maismais}$ e $_{mais}$ é desnecessária, quando considerada a existência de uma medida que produz efeitos $_{mais}$ e $_{menosmais}$, ou vice-versa. Para a comparação de saldos seria necessário aplicar-se uma escala cardinal, o que é impossível.

Por outro lado, a modalidade ponderada da necessidade é mais constrangedora da atividade do legislador do que a modalidade lata. A ser metodicamente viável, justificar-se-ia a aplicação em âmbitos limitados e a introdução de algumas salvaguardas. Uma destas salvaguardas seria a significativa limitação da possibilidade de o juiz constitucional apelar a esta modalidade de necessidade como norma de controlo da atividade do legislador[2275]. Doutro modo, além de crescer significativamente o grau de imprevisibilidade da decisão judicial, haveria uma deslocação sensível do poder de decisão e de valorações para a esfera judicial.

8.4. Conclusão: a conceção preferível

De um certo ângulo, pode resumir-se a diferença entre a modalidade lata e a estrita, dizendo que a primeira privilegia maior satisfação, enquanto a segunda privilegia menores interferências.

A modalidade estrita do segmento da necessidade decerto acautela melhor os bens, interesses ou valores que tiverem de ser concretamente sacrificados. Contra a aceitação de que o autor do ato possa optar por soluções *mais lesivas* mas *mais satisfatórios*, alegar-se-á que se trata de uma posição excessivamente permissiva, uma vez que pode redundar, na prática, na irrelevância, não aplicação ou inutilidade, do segmento da necessidade, já que a medida mais gravosa ou mais lesiva tem frequentemente maior eficiência na prossecução das finalidades à partida definidas[2276]. A aceitação de uma maior satisfação como fator de justi-

---

[2274] Capítulo 18.

[2275] V. as indicações de SARTOR, «A Sufficientist Approach...», pp. 64-65.

[2276] V., por exemplo, NOVAIS, *As restrições*..., p. 743; HICKMAN, «The Substance...», p. 703 ("só muito raramente se dará o caso de o queixoso ser capaz de indicar um meio menos lesivo que seja tão ou mais efetivo").

NECESSIDADE

ficação da maior interferência seria suscetível de salvar a maior parte dos meios comparativamente mais interferentes do que outros[2277]. Se, como assinalámos, uma conceção *estrita* praticamente afasta qualquer hipótese de meios altamente satisfatórios poderem superar com sucesso o teste da necessidade, a conceção *lata* é suscetível de produzir o efeito inverso, condenando a necessidade à irrelevância.

Por outro lado, a modalidade estrita desemboca virtualmente numa menor proteção dos bens, interesses e valores a que o legislador atribuiu maior peso na fase de conformação do fim. A imposição ao legislador da escolha do meio menos interferente, independentemente do seu grau de satisfação (que não tem de ser mais do que razoável), pode traduzir-se na inviabilização de um nível máximo de realização dos bens, interesses ou valores que o legislador definiu como fim desejável do ato. A modalidade estrita constrange, portanto, a liberdade de definição do nível de realização do fim[2278].

Entre nós, a modalidade seguida é nitidamente a lata[2279].

Trata-se de uma solução defensável à luz do imperativo de preservar a liberdade de conformação do legislador. Todavia, não se deve descartar por completo a possibilidade de aplicação circunstancial e limitada da modalidade estrita, ou pelo menos de versões atenuadas da modalidade lata.

Um argumento nesse sentido é o seguinte: justifica-se o afastamento ou matização da aplicação da modalidade *lata* em situações de *excecional* sacrifício de certos bens, interesses ou valores. Uma resposta "musculada", do tipo declaração e feitura da guerra, ou de certas ações antiterroristas com uso de pesados meios militares, pode ser mais eficiente na prossecução dos fins visados do que qualquer outra, mas nem sempre isso é suficiente para que supere o crivo da necessidade. É legítimo defender, nesses casos, que o decisor não pode adotar as medidas mais interferentes simplesmente porque são as mais eficientes ou satisfatórias. Ainda que não se resvale para uma conceção extrema da necessidade estrita – que admita apenas a adoção da medida adequada menos restritiva, mesmo que reduzidamente satisfatória –, há a possibilidade de sustentar que, em certas circunstâncias, o segmento da necessidade impõe a adoção de *uma das alternativas menos interferentes*, ainda que não a menos interferente de todas.

[2277] SERRANO, *Proporcionalidad y derechos fundamentales...*, p. 197.

[2278] Frisando este aspeto, RIVERS, «Proportionality...», p. 199: o legislador (Parlamento) tem um papel proeminente na seleção do nível apropriado de realização do interesse público; cfr., porém, HICKMAN, «The Substance...», pp. 703 ss. A circunstância de a exigência de *minimal impairment* poder amarrar excessivamente o legislador, foi uma das críticas que *Oakes* suscitou no Canadá.

[2279] V., por todos, o acórdão nº 187/01, do Tribunal Constitucional, analisado detalhadamente *supra*, capítulo 5. Trata-se do acórdão concernente à atribuição da reserva de propriedade das farmácias a farmacêuticos. Sustentando, aparentemente, a exclusiva vigência da modalidade estrita, VICENTE, *O Princípio da Proporcionalidade...*, pp. 29-30.

Capítulo 17
Na antecâmara da proporcionalidade em sentido estrito: sobre a ponderação em geral

1. Noção preliminar de ponderação

Pode distinguir-se entre ponderação como método, procedimento, técnica ou operação e ponderação como resultado. Aqui focaremos especificamente a ponderação-método[2280].

[2280] Sobre ponderação (ou *balancing*), FRANTZ, «The First Amendment in the Balance», *cit.*; ARNDT, «Zur Güterabwägung bei Grundrechten», *cit.*; MENDELSON, «On the Meaning of the First Amendment: Absolutes in the Balance», *cit.*; NIMMER, «The Right to Speak from Times to Time...», *cit.*; JOHN HART ELY, «Flag Desecration...», *cit.*; SCHLINK, *Abwägung im Verfassungsrecht*, *cit.*; HENKIN, «Infallibility under Law...», *cit.*; HARALD SCHNEIDER, *Die Güterabwägung...*, *cit.*; ALEINIKOFF, «Constitutional Law in the Age of Balancing», *cit.*; COFFIN, «Judicial Balancing: The Protean Scales of Justice», *cit.*; ENDERLEIN, *Abwägung in Recht und Moral*, *cit.*; MCFADDEN, «The Balancing Test», *cit.*; ALEXY, «On Balancing and Subsumption...», *cit.*; BROOME, *Weighing Goods...*, *cit.*; SULLIVAN, «Post Liberal Judging. The Roles of Categorization and Balancing», *cit.*; FAIGMAN, «Madisonian Balancing: A Theory of Constitutional Adjudication», *cit.*; PILDES, «Avoiding Balancing...», *cit.*; OSSENBÜHL, «Abwägung im Verfassungsrecht», *cit.*; SIECKMANN, «Abwägung von Rechten», *cit.*; *idem*, «Grundrechtliche Abwägung...», *cit.*; GAVARA DE CARA, *Derechos fundamentales...*, pp. 286 ss.; H. J. KOCH, «Die normentheoretische Basis der Abwägung», *cit.*; LEISNER, *Der Abwägungsstaat*, *cit.*; SANTIAGO, *La ponderación de bienes e intereses...*, *cit.*; ZORRILLA, *Conflictos...*, pp. 155 ss.; LADEUR, «Abwägung–ein neues Rechtsparadigma?», *cit.*; *idem*, *Kritik der Abwägung...*, *cit.*; PORAT, «The Dual Model of Balancing...», *cit.*; PAULO BRANCO, *Juízo de ponderação...*, *cit.*; BENVINDO, *On the limits of constitutional adjudication...*, *cit.*; BARAK, «Proportionality and Principled Balancing», *cit.*; WEBBER, «Proportionality, Balancing...», *cit.*; SCHAUER, «Balancing, Subsumption...», *cit.*; BOMHOFF, *Balancing...*, *cit.*; SANCHÍS, *Neoconstitucionalismo...*, *cit.*; COHEN-ELIYA/PORAT, *Proportionality...*, pp. 24 ss.; PINO, *Derechos...*, pp. 131 ss.; YOWELL, «Proportiona-

O PRINCÍPIO DA PROIBIÇÃO DO EXCESSO

Para a Teoria do Direito, ponderação é um método de raciocínio e deliberação prática que, verificando-se colisão normativa e não sendo esta resolvida por norma jurídica sobre colisões, visa encontrar uma solução através da definição de relações de prevalência ou de igualdade, em abstrato ou em concreto, entre magnitudes com significado normativo a que são atribuídos pesos[2281]. Aprofundando um pouco mais, a ponderação: (i) é uma *técnica ou método* (ii) de resolução de colisão normativa; (iii) não tem lugar quando esta é resolvida através da aplicação de critério normativo pré-dado, diretamente dedutível de norma jurídica sobre colisões; (iv) aplica-se em situações em que uma deliberação pretende superar a *colisão* de *variáveis normativamente relevantes comparáveis* através de um *tertium comparationis*; (v) visa o estabelecimento de uma relação de prevalência ou de igualdade entre as variáveis comparadas, através da atribuição ficcionada de pesos relativos e da respetiva ordenação; (vi) pode ser realizada em abstrato[2282] ou em concreto; (vii) pode operar nos vários estádios de criação/realização do direito (produção, interpretação, aplicação).

Este conceito de ponderação coincide com o que na introdução designámos por *ponderação ou valoração bilateral/plurilateral* ou *contrapeso* (também *balancing*). Todavia, algumas das teses que estudaremos nos números seguintes propõem/ admitem outro conceito de ponderação, que designámos de *ponderação ou valoração unilateral*, isto é, a aferição ou atribuição de peso, grau ou importância a uma determinada variável (propriedade, atributo, fator ou grandeza juridicamente relevantes) isoladamente considerada.

O conceito de ponderação interessa a várias disciplinas e delas recebe o influxo. Por isso, apesar do esforço de depuração do conceito *jurídico* de ponderação, a sua correta compreensão beneficia amiúde das reflexões importadas de outras áreas científicas.

---

lity in United States...», *cit.*; ÁVILA, *Teoria...*, 7ª ed., p. 143; DE FAZIO, «Sistemas normativos...», p. 199; KLATT (ed.), *Prinzipientheorie und Theorie der Abwägung, cit.* Na literatura portuguesa, NOVAIS, *As restrições...*, pp. 644 ss.; TEIXEIRA DE SOUSA, *Introdução...*, pp. 457 ss.; LAMEGO, *Elementos de Metodologia...*, pp. 66 ss.; CORTÊS, *Jurisprudência dos Princípios...*, *cit.*

[2281] Como nota BOMHOFF, *Balancing...*, p. 1, a ubiquidade do conceito torna difícil a sua definição, que pode variar de ordem jurídica para ordem jurídica. Na bibliografia indicada na nota anterior encontram-se outras definições e indicações, nem sempre totalmente coincidentes.

[2282] A construção da ponderação abstrata é atribuída por alguns ao trabalho de RUDOLF SMEND sobre liberdade de expressão: v. "Das Recht der freien Meinungsäußerung", *cit.* Cfr. *infra* e BOROWSKI, *La estructura...*, p. 73; GAVARA DE CARA, *Derechos fundamentales...*, p. 290.

676

2. As teses sobre a relação entre proibição do excesso e ponderação

O debate doutrinal sobre a relação entre proibição do excesso e ponderação (ou *balancing*) não produziu até agora resultados inequívocos[2283]. Entre as várias teses sobre aquela relação, assumem particular interesse as seguintes: (i) proibição do excesso (ou proporcionalidade e.s.a. no sentido clássico) e ponderação são a mesma coisa; (ii) proporcionalidade e.s.e. e ponderação são a mesma coisa; (iii) pode haver ponderação fora do quadro da proibição do excesso; (iv) pode haver aplicação de um teste de proibição do excesso dentro do quadro da ponderação; (v) pode haver aplicação da proporcionalidade e.s.e. com ponderação unilateral, isto é, sem contrapeso; (vi) a aplicação da proporcionalidade e.s.e. envolve sempre específicas operações de ponderação bilateral.

2.1. Proibição do excesso (ou proporcionalidade e.s.a.) e ponderação são a mesma coisa

Esporadicamente, detetam-se na doutrina alguns indícios, por norma ambíguos ou parecendo desvios de linguagem, da assimilação entre proporcionalidade em sentido amplo e ponderação, contrapeso ou *balancing*[2284].

Essa assimilação só seria correta se adotássemos um conceito de ponderação diferente daquele que é corrente e que corresponde ao que propusemos. Teria de ser um conceito de ponderação com um sentido equivalente a avaliação, consideração ou análise dos argumentos a favor e contra uma conclusão juridicamente relevante, com vista a tomar uma decisão, podendo ou não recorrer-se à imagem do peso relativo. Desse modo, o conceito de ponderação poderia cobrir os três segmentos da proporcionalidade em sentido amplo, permitindo quer a consideração dos fatores empíricos, quer dos fatores valorativos. Esse sentido amplíssimo abriga também conceitos como o de *ponderação metodológica*, isto é, a ponderação através da qual se estabelece o peso dos particulares cânones de interpretação, atribuindo-se prevalência concreta a uns sobre os outros (por exemplo, do elemento literal sobre os demais)[2285].

2.2. Proporcionalidade e.s.e. e ponderação são a mesma coisa

Todavia, não é esse sentido amplíssimo o que geralmente se liga à ponderação. Tão pouco a relação mais discutida é a da proporcionalidade em sentido amplo ou proibição do excesso com a ponderação. A questão mais relevante é a da

---

[2283] Cfr. sobre isso, entre muitos, van Gerven, «The Effect of Proportionality ...», pp. 49 ss.; Engle, «The History of the General Principle...», *cit.*; Bomhoff, *Balancing...*, p. 20.

[2284] Entre os mais recentes, Sanchís, *Neoconstitucionalismo...*, pp. 124 ss.; Amado, «El juicio de ponderación...», *cit.*; Feyen, «Proportionality...», p. 55.

[2285] Sobre a ponderação metodológica, Borowski, *Grundrechte...*, p. 315; *La estructura...*, p. 105.

O PRINCÍPIO DA PROIBIÇÃO DO EXCESSO

relação entre proporcionalidade e.s.e. e a ponderação bilateral/multilateral ou *balancing*[2286].

No ambiente europeu, o debate sobre a relação entre o princípio da proporcionalidade e.s.e. e o princípio da ponderação de bens, interesses ou valores (*Güter und Interessenabwägung* e *Wertabwägung*, geralmente considerados equivalentes[2287]) surgiu cedo, mas tardou (tarda) a ser encerrado. HIRSCHBERG escreveu no início da década de 1980 que a relação entre os dois permanecia em aberto, à falta de uma minuciosa discussão sobre o tema. Ele próprio ensaia esse debate minucioso[2288], inclinando-se para a assimilação[2289].

É possível dizer que, dentro e fora da Alemanha, a tendência dominante (mas não unânime) pende a favor da equivalência das noções de ponderação de bens, interesses ou valores – *balancing* ou *weighting*, na expressão anglo-saxónica – e de proporcionalidade e.s.e.[2290].

2.3. Pode haver ponderação fora do quadro da proibição do excesso

Esta é a conceção que tem prevalecido na prática jurisprudencial norte-americana. A ponderação ou *balancing* ou é realizada autonomamente, funcionando como técnica autossuficiente de decisão e aplicação do direito, ou é integrada noutros testes que, apesar das zonas de sobreposição, não são assimiláveis à proibição do excesso[2291].

Na Europa essa conceção tem também uma linhagem relevante. A propósito da prática do TEDH, fala-se de um modelo de proporcionalidade *sintética* ou, talvez melhor, *condensada*, que integra a ponderação de todos os fatores, incluindo adequação e necessidade, numa única etapa de apreciação da proporcionalidade e.s.e.

Como se assinalou antes, o Tribunal Constitucional alemão inaugurou na *Lüth-Urteil*, um caso de liberdade de expressão protegida pelo artigo 5º, nº 1, da *GG*, a operação metódica da *Güterabwägung*[2292]. Em causa não estava a apre-

---

[2286] V. uma súmula desse debate em HARALD SCHNEIDER, *Die Güterabwägung...*, pp. 204 ss.; GAVARA DE CARA, *Derechos...*, pp. 286 ss.; KOCH, «Die normentheoretische Basis der Abwägung», *cit.*; SANTIAGO, *La ponderación de bienes..., cit.*; PULIDO, *El principio...*, pp. 163 e 569 ss.; NOVAIS, *Os princípios...*, p. 272; JIMÉNEZ, «Ponderación, proporcionalidad y Derecho administrativo», *cit.*

[2287] V. HIRSCHBERG, *Der Grundsatz...*, p. 83.

[2288] HIRSCHBERG, *Der Grundsatz...*, pp. 84 ss.

[2289] HIRSCHBERG, *Der Grundsatz...*, p. 101.

[2290] ALEXY, «Discourse Theory...», p. 23 (e vários outros locais); EVANS/STONE, «Balancing and Proportionality...», p. 4; PULIDO, *El principio...*, pp. 163 e 569 ss. (assimilando "mandato de ponderação" e proporcionalidade em sentido estrito); CHRISTOFFERSEN, *Fair Balance: Proportionality...*, p. 70; COHEN-ELIYA/PORAT, *Proportionality...*, p. 3; ŠUŠNJAR, *Proportionality*, p. 201.

[2291] Cfr. *supra*, capítulo 3.

[2292] V. *supra*, 2.1.1.

NA ANTECÂMARA DA PROPORCIONALIDADE EM SENTIDO ESTRITO

ciação da constitucionalidade de uma norma legislativa, mas o julgamento de um recurso de amparo cujo *tema decidendum* era uma colisão entre direitos de particulares, sustentados numa complexa imbricação entre normas constitucionais e normas de direito privado. Tratava-se de definir qual dos direitos deveria prevalecer no caso concreto. Nenhuma referência foi feita à proporcionalidade.

Esta ausência de qualquer ligação sistemática com a ideia de proporcionalidade, manifestação tardia da diversidade de raízes históricas e jurídicas da ponderação e da proporcionalidade[2293], assume um significado relevante na medida em que pela mesma altura (também em 1958) o Tribunal produziu a *Apotheke-nurteil*. Em causa estava a limitação legal da liberdade de escolha e de exercício da profissão (artigo 12º, nº 1, da *GG*) para proteção ou promoção de interesses públicos. A decisão das farmácias notabilizou-se, entre outros aspetos, pelo pioneiro recurso ao princípio da proporcionalidade como utensílio analítico para aferir da legitimidade das restrições daquelas posições jurídicas jus fundamentais. Tal como em *Lüth*, nenhuma referência foi feita à relação entre princípio da proporcionalidade e ponderação de bens, interesses ou valores[2294].

Estavam assim lançadas duas linhas jurisprudenciais paralelas, não sendo claro se rivais ou complementares. O apartamento entre as duas técnicas teria outros episódios[2295]. Porém, tal não quer dizer que a linha se manteve uniforme. Isso flui, por exemplo, da decisão do caso *Lebach* (1973), de onde também emergia a colisão entre liberdades do artigo 5º, nº 1, e outras considerações. O canal de televisão ZDF pretendia difundir uma reportagem sobre um assalto a um depósito de munições do exército alemão de que havia resultado a morte ou o ferimento grave de vários soldados. Dois jovens haviam-no perpetrado, com a colaboração acessória de um terceiro. Os dois primeiros haviam sido condenados a prisão perpétua; o terceiro – que, além do mais, contribuíra para o esclarecimento do crime – fora condenado a uma pena de seis anos de prisão. A estação de televisão preparava-se para difundir a reportagem quando este último estava prestes a sair da prisão, regressando à região onde o crime havia sido cometido. Nela eram recordadas as circunstâncias do crime, mas também a natureza homossexual das relações entre os seus autores. No contexto de um recurso de amparo, a primeira câmara do *BVerfG* considerou vários bens, interesses ou

---

[2293] COHEN-ELIYA/PORAT, *Propotionality...*, p. 31, resumem essa dversidade numa frase: "Parece que nunca houve nenhuma ligação direta entre ponderação e proporcionalidade no Direito alemão e que, num certo sentido, elas até estiveram associadas a movimentos jurídicos opostos."

[2294] Sobre esta decisão, v. mais desenvolvidamente *supra*, capítulo 1.

[2295] No mesmo dia da *Lüth-Urteil* foi decidido também o caso *Plakaten*, com orientação similar (*BVerfGE*, vol. 7, pp. 230 ss.); caso do artigo 5º, nº 1, é também *Schmid-Spiegel* (1961). Para o resumo e comentário, KOMMERS/MILLER, *The Constitutional Jurisprudence...*, pp. 450 ss.; LINDAHL, «On Robert Alexy´s Weight Formula...», pp. 357 ss.

O PRINCÍPIO DA PROIBIÇÃO DO EXCESSO

valores contraditórios de igual peso constitucional: por um lado, o direito ao desenvolvimento da personalidade, à proteção da esfera intima, da imagem e outros direitos de personalidade, bem como o interesse – simultaneamente privado e público – da ressocialização; por outro, a liberdade de imprensa e de informação, bem como o interesse geral da comunidade de receber informação. O Tribunal entendeu a certo passo que "[a] invasão na esfera pessoal é limitada pela necessidade de satisfazer o interesse público de receber informação, ao mesmo tempo que o dano infligido no acusado deve ser proporcional à seriedade da ofensa ou pelo contrário à sua importância para o público"[2296]. Ainda que neste caso a consideração de *interesses públicos* ou da dimensão institucional de direitos ou interesses privados (do direito a ser informado e do direito à ressocialização) seja mais nítida ou alegadamente mais relevante, não é possível identificar o critério que levou a que em *Lüth* tenha sido realizada simplesmente uma ponderação de bens, interesses ou valores e que em *Lebach* se tenha recorrido ao parâmetro da proporcionalidade, atribuindo-se *dentro desta* relevo central à ponderação dos vários bens, interesses ou valores, privados e públicos, envolvidos[2297].

Destas decisões emblemáticas iniciais do Tribunal Constitucional alemão não resultam critérios precisos de relacionação entre proporcionalidade e.s.e. e ponderação de bens, interesses e valores. Por isso, da doutrina e da jurisprudência é possível colher tanto indicações favoráveis à assimilação[2298] como à autonomização, mas sem bases seguras ou inequívocas[2299].

[2296] V. transcrição em KOMMERS/MILLER, *The Constitutional Jurisprudence...*, p. 482 (trad. minha); resumo em HIRSCHBERG, *Der Grundsatz...*, pp. 81-82.

[2297] HIRSCHBERG, *Der Grundsatz...*, p. 92, aventa a possibilidade de o Tribunal ter querido fugir às críticas demolidoras que a ponderação de bens, interesses ou valores de *Lüth-Urteil* havia suscitado e que, aparentemente, o princípio da proporcionalidade não suscitaria.

[2298] Cfr. as numerosas referências fornecidas por HIRSCHBERG, *Der Grundsatz...*, pp. 87 ss.

[2299] Demonstrativo da dificuldade da doutrina alemã em distinguir claramente entre princípios da ponderação de bens, interesses ou valores e da proporcionalidade, em sentido estrito ou amplo, é o referencial trabalho de HÄBERLE sobre a garantia do conteúdo essencial dos direitos, *Die Wesensgehaltgarantie...*, pp. 31 ss. A distinção entre ponderação e proporcionalidade é um pilar importante da sua construção, na medida em que define o princípio da ponderação como o princípio através do qual se determina o *conteúdo* e concretiza os *limites* (imanentes) dos direitos fundamentais. A ponderação de bens é um instrumento de *interpretação* e de determinação do alcance normativo e da definição das fronteiras dos direitos (sujeitos a uma reserva de "leis gerais", na aceção *weimariana* de SMEND) em relação a outros bens jurídicos de valor igual ou superior, com o objetivo de *equilíbrio* entre eles. Os limites imanentes protegem o conteúdo essencial do direito conforme a ponderação de bens (*ob. cit.*, p. 58). Consequentemente, a determinação do conteúdo essencial dos direitos fundamentais é realizada também com ponderação dos bens (*ob. cit.*, p. 64). A questão de proporcionalidade surge só depois de a ponderação de bens ter tido lugar (*ob. cit.*, p. 67). A breve referência do autor não permite, porém, perceber nem qual o conteúdo que

NA ANTECÂMARA DA PROPORCIONALIDADE EM SENTIDO ESTRITO

Em todo o caso, do ponto de vista metódico e conceptual não é impossível ponderar bens, interesses ou valores de forma *autónoma* ou *fora do quadro* da proporcionalidade em sentido amplo ou proibição do excesso. É possível ponderar bens, interesses ou valores colidentes, para definir relações de prevalência ou de equivalência entre eles, sem estabelecer, pressupor ou considerar qualquer relação de meio e fim (própria da adequação) ou qualquer relação entre meios alternativos (atinente à necessidade). E mesmo que se tenham em mente considerações de adequação e de necessidade, elas podem não adquirir relevo autónomo e prévio ou prejudicial e ser apenas fatores a considerar quando se atribui peso às variáveis a ser contrapesadas.

A autonomização da ponderação de bens, interesses ou valores pode justificar-se, por exemplo, quando estiverem em causa colisões de interesses individuais concretos de particulares, baseados no direito privado (corrigido, ou não, pelo efeito irradiante das normas constitucionais de direitos) ou no próprio direito constitucional (particularmente nas ordens jurídicas em que vigora o chamado recurso de amparo ou queixa constitucional)[2300].

Era esse, aliás, o perfil de *Lüth*. O tema central era o da atribuição de maior ou menor peso a um dos bens, interesses ou valores concretamente colidentes, no caso a liberdade de expressão. O Tribunal efetuou uma operação de ponderação que permitiu a atribuição de pesos diferenciados e relações de prevalência ou equivalência aos bens, interesses ou valores envolvidos[2301]. A relação meio-fim, que ocupa um lugar central na linha de preocupações da proporcionalidade clássica, não estava no centro do debate. O fim da ação de Lüth foi simplesmente uma das circunstâncias do caso a considerar pelo juiz na atribuição de peso à liberdade de expressão em concreto. Embora o Tribunal tenha sublinhado a importância de o fim de Erich Lüth ser a efetiva influenciação da opinião pública

---

atribui ao princípio da proporcionalidade (eventualmente correspondente apenas à necessidade), nem de que forma estabelece a articulação entre ponderação de bens e princípio da proporcionalidade e qual a função deste como princípio aplicável às restrições do exercício de direitos.

[2300] Por isso, há trabalhos relevantes e exaustivos sobre ponderação (ou *balancing*) que, não obstante a particular incidência na Alemanha, prescindem por completo de tomar uma posição inequívoca sobre a relação com a proporcionalidade: v., recentemente, Bomhoff, *Balancing...*, cit.

2301 Pouco depois de *Lüth-Urteil*, pode ver-se, também, *Schmid-Spiegel* (1961). Uma completa avaliação sobre se esta tensão entre situações em que é realizada uma mera operação de ponderação, sem aparente aplicação do quadro global da proibição do excesso ou da proporcionalidade clássica, e situações em que esta é aplicada, assentou num critério preciso e reflexivamente adotado, aplicado com consistência e reiteração ou ao invés superado a partir de certa altura, requereria um estudo compreensivo da jurisprudência constitucional alemã, que não se revela nem praticável nem imprescindível.

O PRINCÍPIO DA PROIBIÇÃO DO EXCESSO

(para boicotar o filme)[2302], a consideração do fim ou da sua relação com o meio não era o tema central.

2.4. Pode haver aplicação de um teste de proibição do excesso dentro do quadro da ponderação

A possibilidade de um teste de proibição do excesso ser realizado no quadro de (ou confundido com) uma operação de *balancing* ou ponderação, foi ventilada por SCHLINK[2303]. Embora a linha de raciocínio esteja escassamente demonstrada, a situação parece poder descrever-se do seguinte modo: havendo que ponderar entre um interesse público ou coletivo e um interesse particular, o peso daquele interesse público pode depender da aplicação incidental de um teste de proporcionalidade. Assim, para se saber se o interesse das autoridades em utilizar armas de fogo contra reclusos em fuga se sobrepõe aos interesses destes é necessário analisar se a utilização dessas armas é adequada e necessária para obviar a uma séria ameaça física para um cidadão[2304]. Só depois de aferida a proporcionalidade e.s.e. (no sentido que lhe é dado pelo autor) do uso de arma de fogo para proteger outras pessoas se poderia proceder à operação de *balancing* entre os interesses do Estado e os interesses dos particulares em fuga. Neste caso, a ponderação não seria o derradeiro passo do exame da proporcionalidade em sentido amplo, mas o quadro em que esta é aplicada.

O próprio autor admite que a distinção pode ser confusa. Tanto quanto confusa, é contestável. A sua pertinência só se coloca se for aceite a tese sobre a proporcionalidade e.s.e. como garantia mínima (sem ponderação) do direito fundamental afetado. Essa tese será apresentada e discutida de seguida. Num

---

[2302] V. a transcrição em KOMMERS/MILLER, *The Constitutional Jurisprudence...*, p. 447: "Aqui a relação entre fins e meios é importante. A proteção da expressão é merecedora de menor proteção quando exercida para defender um interesse privado – particularmente quando o indivíduo prossegue um fim egoísta no contexto do setor económico – do que quando a expressão contribui para o debate intelectual de opiniões..." (trad. minha).

[2303] V. «Proportionality in Constitutional Law...», p. 293.

[2304] SCHLINK usa como ponto de partida para a formulação da sua tese o caso do Supremo Tribunal norte-americano Tennessee v. Garner, (1985). Vejamos como ele formula a hipótese: "...sometimes balancing also appears as the framework for proportionality analysis. The U.S. Supreme Court, for example, in reviewing the use of deadly force against fleeing felons, balanced the state's interest in preventing the escape of a criminal with the individual's interest in preserving his or her life. To find the proper balance, the Court engaged in a means-end analysis that had the characteristics of proportionality analysis even though the court didn't name it that. The court focused on the use of force against fleeing felons as a means and on the mean's end. The end is to protect citizens; therefore, deadly force is necessary against a fleeing felon only if he or she poses a serious physical threat to a citizen. Only in these situations does the court regard the use of deadly force to be properly balanced.".

NA ANTECÂMARA DA PROPORCIONALIDADE EM SENTIDO ESTRITO

quadro em que a proporcionalidade e.s.e. se operacionalize através de uma operação de ponderação entre os efeitos positivos de satisfação de bens, interesses ou valores e os efeitos negativos de interferência noutros, não há que distinguir entre vários patamares de ponderação dos vários bens, interesses ou valores em jogo. Nesse quadro, se se justificasse a dicotomia, o interesse público do uso de armas de fogo e os interesses subjetivos dos particulares carentes de proteção seriam conjuntamente colocados num dos "pratos da balança" e contrapesados com os interesses do recluso evadido.

2.5. Pode haver aplicação da proporcionalidade e.s.e. com ponderação unilateral (sem contrapeso)

As linhas mestras desta orientação radicam *mutatis mutandis* no quadro conceptual e metódico proposto por SCHLINK. Este autor defende, no essencial, o seguinte: à partida, o princípio da proporcionalidade permite a estruturação e solução de colisões quando a subsunção da situação de facto à previsão e a materialização das consequências de uma norma não podem ser alcançadas. Incute racionalidade material através dos seus elementos. Através da proporcionalidade e.s.e. reforça os padrões de objetividade das valorações e contrapesos da Administração e da Jurisdição. Todavia, a aplicação da proporcionalidade e.s.e. pelo Tribunal Constitucional está sujeita a uma significativa limitação. A apreciação e substituição das valorações e ponderações do legislador pelo Tribunal em sede de exame da proporcionalidade e.s.e. entram no domínio da política e invadem um campo que compete apenas ao legislador[2305]. O Tribunal não dispõe de legitimidade para valorações e ponderações cuja subjetividade e decisionismo[2306] relevam da racionalidade política[2307]. Por isso, um terceiro passo da proibição do excesso como momento de ponderação bilateral, isto é, de comparação do peso de duas grandezas, não deve ocorrer ou deve simples-

---

[2305] SCHLINK, «Der Grundsatz...», pp. 464-465.

[2306] As expressões decisão, decisionista, decisionismo, profusamente usadas no debate jusconstitucional pelo menos desde CARL SCHMITT, são empregues no presente trabalho no sentido que lhes é dado na entrada «Dezision, Dezionismus» do *Metzler Philosophie-Lexikon: Begriffe und Definitionen*, org. Peter Prechtl/Franz Peter Burkhard, 2ª ed., J. B. Metzler, Stuttgart /Weimar, 1999, pp. 106 ss.: reportam-se a decisões que não não fundamentadas ou fundamentáveis com referência a padrões gerais de racionalidade. A questão crítica, sobre a qual não há consenso, reside em saber o que se deve entender por "padrões gerais de racionalidade". A posição mais extrema, adotada pelo positivismo, é que só é racionalmente fundamentável a declaração capaz de verdade, designadamente a resultante da interpretação e de operações de dedução de uma norma jurídica positivamente dada. As valorações teriam um carácter meramente subjetivo – decisionista –, não fundamentável em padrões gerais de racionalidade.

[2307] SCHLINK, «Der Grundsatz...», p. 462.

O PRINCÍPIO DA PROIBIÇÃO DO EXCESSO

mente reconfigurar-se como um teste destinado a capturar a violação clara da essência dos direitos fundamentais[2308].

A tese de SCHLINK tem inspirado várias (re)construções, em alguns casos alegadamente sincréticas ou matizadas. Uma das recentes é a tese da ponderação (*balancing*) baseada em regras, proposta por ŠUŠNJAR, que procura expressar o modo como alguns tribunais decidem. Não introduzindo alterações significativas no que se refere ao entendimento vulgar do pressuposto do fim legítimo e dos segmentos da adequação e da necessidade, é na proporcionalidade e.s.e. que é refletida a ideia de que é possível (e necessário) conciliar pensamentos e metódicas dedutiva e não dedutiva. Os esquemas metódicos não dedutivistas complementam necessariamente os dedutivistas, estruturantes do raciocínio jurídico. A justificação jurídica nunca se esgota na lógica dedutiva[2309]. A proporcionalidade e.s.e. seria uma estrutura de ponderação no contexto da qual são aplicadas regras deduzidas de princípios com vista à garantia da posição mínima ou da essência do direito.

Para entender esta posição, é necessário compreender o conceito de ponderação que perfilha. A esse conceito podem ser atribuídos dois significados: o de denotar a metódica não dedutiva, em geral; o de se referir a uma forma específica de ponderação, designadamente a ponderação bilateral (ou contrapeso, comparação), como a que é preconizada pela teoria dos princípios[2310]. Quando o autor defende que a proporcionalidade e.s.e. é uma estrutura de ponderação – nesse aspeto preciso, em rutura com o pensamento de SCHLINK –, está a pensar na ponderação entendida no primeiro sentido. Só excecionalmente é empregue no segundo.

Daí parte para defender que a proporcionalidade e.s.e. envolve duas formas de ponderação (*balancing*) alternativas: a regular e a excecional.

A primeira é ponderação unilateral, não incidente diretamente sobre o direito ou princípio afetado, mas sim sobre razões ou indicadores categoriais ou nominais que permitem aferir o peso ou importância da interferência num direito e se a *posição mínima* desse direito foi salvaguardada pela norma. Se não foi, a norma viola a proporcionalidade e.s.e.[2311]. Neste caso, a apreciação da proporcionalidade e.s.e. assume uma configuração lexicográfica, assentando na valoração, numa base binária, de razões adjacentes ao direito afetado. O foco é *unilateral* porque apenas importa a interferência no direito afetado. Por exemplo, pon-

---

[2308] SCHLINK, *Abwägung...*, p. 141; «Freiheit...», p. 462 (havendo *nuances* entre os vários textos: v., também, «Proportionality...», p. 300). Sobre o pensamento do autor, ŠUŠNJAR, *Proportionality...*, p. 241. Cfr., também, GRIMM, *Die Zukunft der Verfassung*, p. 238.

[2309] ŠUŠNJAR, *Proportionality...*, p. 310.

[2310] ŠUŠNJAR, *Proportionality...*, p. 358.

[2311] ŠUŠNJAR, *Proportionality...*, p. 309.

NA ANTECÂMARA DA PROPORCIONALIDADE EM SENTIDO ESTRITO

dera-se se a interferência projetada respeita critérios ou princípios formais, como a coerência, consistência e universalizabilidade[2312], e critérios substantivos, como a existência ou não de um período transitório, de salvaguardas e meios de garantia judicial ou a dimensão do encargo imposto [2313].

A segunda ocorre em situações excecionais, aferindo-se então a proporcionalidade e.s.e. através de ponderação bilateral: é o que sucede quando há uma clara desproporção entre interferências e ganhos[2314].

Em abono desta tese é invocada a prática de alguns tribunais (*BVerfG*, TEDH, TJUE) que, seja por estarem conscientes do défice de legitimidade, seja por outros motivos, autorrestringem as suas próprias valorações. Mesmo quando anunciam ou programam um teste de proporcionalidade e.s.e. na sua configuração vulgar – isto é, através de uma operação de comparação dos pesos de bens, interesses ou valores –, muitas vezes não cumprem esse propósito, limitando-se a realizar o exame da proporcionalidade e.s.e. através de um juízo meramente categorial ou absoluto, de garantia de um limiar mínimo de preservação do direito. Nessas circunstâncias, o órgão de fiscalização não aprecia uma relação meio-fim, nem contrapesa a importância do fim com o grau de afetação do bem, interesse ou valor sacrificado. Valora *isoladamente* (valoração ou ponderação unilateral), passo a passo, à luz de *standards* abstratos como os acima mencionados, o grau de sacrifício ou o peso concreto da interferência e a respetiva tolerabilidade ou admissibilidade, de modo a aferir se o sacrifício afeta o limiar mínimo de garantia ou de proteção do bem, interesse ou valor, designadamente direito, em causa[2315].

Esta distinção entre *duas* modalidades da proporcionalidade e.s.e., uma com ponderação tal como preconizada pela teoria dos princípios (e pelo setor maioritário da doutrina e da jurisprudência, incluindo muitos que não aderem a essa teoria), outra visando apenas a salvaguarda de uma posição mínima, além de forçar até ao extremo o conceito de ponderação, para o pôr a rimar com a noção *schlinkiana* de posição mínima, padece de uma ostensiva fragilidade. O critério seguido para optar por uma ou outra modalidade é o da existência ou não de uma desproporção clara (*"where there is a clear desproportion between the aim and the*

[2312] ŠUŠNJAR, *Proportionality...*, p. 357. Propõe-se aqui o neologismo para não adulterar o sentido original do termo *universalizability* (RICHARD HARE).

[2313] ŠUŠNJAR, *Proportionality...*, pp. 252 ss., esp. 311 ss., 348-349, enumera um rol significativo de *standards*, aplicáveis no quadro de um raciocínio silogístico, mediante os quais se afere a proporcionalidade e.s.e. da medida, isto é, se esta constitui "um intolerável e desproporcionado encargo, lesando a própria substância do direito».

[2314] ŠUŠNJAR, *Proportionality...*, pp. 238 ss., 308 ss. Alguns autores designam esta hipótese de *desproporcionalidade grosseira*: v. POSCHER, «Insights...», p. 435.

[2315] V. ŠUŠNJAR, *Proportionality...*, pp. 97, 116 (TEDH), 126, 128 (*BVerfG*), 174 ss. (TJUE), 238.

O PRINCÍPIO DA PROIBIÇÃO DO EXCESSO

burden, balancing captures what courts do"[2316]). Existindo desproporção clara, os tribunais ponderam bilateralmente; não existindo, valoram apenas o grau de sacrifício do direito, medido através da ponderação de razões secundárias, de forma a verificar se a posição mínima foi infrigida. Porém, não se vê que os tribunais possam decidir qual das modalidades, regular ou excecional, aplicam, sem averiguar se a desproporção é clara. Para saber se a desproporção é clara têm de ponderar bilateralmente, têm de comparar, de contrapesar. Se os pesos ou valores forem manifestamente discrepantes, acaba aí o processo. Se não o forem, realiza-se a (dita) ponderação regular. Por outras palavras, a aplicação de qualquer das modalidades da proporcionalidade e.s.e. pressupõe *sempre* ponderação bilateral.

2.6. Proporcionalidade e.s.e. e ponderação são *standards* independentes

É a posição de SCHAUER, na medida em que recusa a identificação entre *balancing* (ponderação) e proporcionalidade[2317]. Não existe equivalência, já que o *balancing* é um método que permite o contrapeso de meros interesses ou questões de custo-benefício ou de eficiência económica, comparando ganhos e perdas, vantagens e desvantagens. A linguagem da proporcionalidade é própria das situações em que um dos lados colidentes, ou os dois, são direitos fundamentais[2318], repercutindo o pressuposto de que "os direitos valem mais do que os interesses protegidos que não são direitos"[2319], beneficiando, por isso, de uma presunção a seu favor ou de uma imposição do ónus da prova a quem pretende restringi-los[2320]. A expressão *balancing* deveria ser reservada para as situações de colisão entre interesses que não são direitos, enquanto a expressão proporcionalidade deveria ser empregue apenas nos casos em que está em causa uma colisão entre dois direitos ou uma colisão entre um direito e um interesse que não é um direito[2321], integrando na análise uma *regra do peso*[2322].

Também numa linha de demarcação, ENGLE alega que a modernidade desenvolveu dois conceitos paralelos: o de *balancing* de interesses, político e, portanto, não suscetível de apreciação judicial, e o de proporcionalidade, jurídico e, portanto, suscetível de exame. O primeiro consistiria numa análise custo-

---

[2316] ŠUŠNJAR, *Proportionality...*, pp. 241, 309-310.

[2317] SCHAUER, «Proportionality...», p. 175.

[2318] *Idem*, p. 176.

[2319] *Idem*, p. 177.

[2320] *Idem*, p. 178.

[2321] *Idem*, p. 177.

[2322] *Idem*, p. 178. Noutro local, «Balancing...», p. 9, SCHAUER esclarece que no *balancing* cada um dos interesses opostos devem ser comparados de acordo com os seus próprios méritos, sem serem sujeitos a uma regra de peso, presunções, cargas de prova e outros fatores que afetam a decisão. Este complemento não parece contribuir para a clarificação do pensamento e conceção do autor.

NA ANTECÂMARA DA PROPORCIONALIDADE EM SENTIDO ESTRITO

-benefício própria dos direitos económicos alienáveis; o segundo é próprio dos conflitos de direitos constitucionais[2323].

Em ambos os casos, parece partir-se de conceitos de *balancing* e de proporcionalidade com alguma peculiaridade. Por um lado, atribui-se ao conceito de *balancing* um significado (muito norte-americano) mais circunscrito que o de ponderação. Por outro lado, não é certo que o conceito de proporcionalidade tomado como referência seja corrente na doutrina, no direito positivo e até na prática jurisprudencial, parecendo negligenciar-se que a noção mais difundida de proporcionalidade envolve operações de *balancing*, com aquele sentido estrito ou outro mais amplo[2324].

2.7. A aplicação da proporcionalidade e.s.e. envolve sempre específicas operações de ponderação bilateral

Nenhuma das seis teses antecedentes espelha adequadamente as relações entre proibição do excesso, proporcionalidade e.s.e. e ponderação, que são, simultaneamente, de *diferenciação* e de *sobreposição* parcial; ou tão pouco exprime os adquiridos da fase de maturidade destes *standards*.

Por um lado, ponderação e proporcionalidade e.s.e. (e *a fortiori* proporcionalidade e.s.e.) são concetualmente *diferentes*. Há aplicações do método, técnica ou procedimento da ponderação que nada têm que ver com a proporcionalidade e.s.e.: assim ocorre com o *bilan* coût-avantages, na sua expressão mais marcadamente economicista, ou com as situações em que está em causa a colisão de interesses públicos que o legislador escolhe seguir fora do quadro de qualquer vinculação constitucional.

Por outro lado, há uma zona de *sobreposição*: a proporcionalidade e.s.e. materializa-se através de uma *específica* operação de ponderação[2325]. A proporcionalidade e.s.e. de uma norma legislativa alcança-se ou apura-se através da realização de uma operação de ponderação bilateral ou plurilateral e não meramente unilateral. As fórmulas que propõem conceitos de ponderação meramente unilateral correm o risco de diluir ou obscurecer os contornos analíticos de diferentes instrumentos, designadamente os da garantia do conteúdo essencial e da proibição do excesso.

Deste ponto de vista, a operação de ponderação peculiar à proporcionalidade e.s.e. é apenas uma das formas possíveis de ponderação, integrando a *grande*

[2323] ENGLE, «The History...», p. 8.
[2324] A posição de SCHAUER pode ser mais bem compreendida se tivermos em conta a sua teoria dos direitos como escudos ou *shields*: cfr. «A Comment on the Structure...», pp. 430 ss.
[2325] LERCHE, *Übermass...*, pp. 22 ss.; BARNÉS, «El principio de proporcionalidad...», p. 35.

O PRINCÍPIO DA PROIBIÇÃO DO EXCESSO

família da ponderação (*der Großefamilie Abwägung*[2326]). Tem relações de "parentesco" com vários membros dessa família, mas não é ela própria a "família".

Esta relação de distinção/sobreposição entre proporcionalidade e.s.e. e ponderação gera a necessidade de visitar os vetores essenciais da teoria da ponderação, com vista a facilitar a compreensão da metódica da proporcionalidade e.s.e. Teremos de respeitar, todavia, o espaço limitado de que dispomos. A teoria da ponderação requereria outra dissertação.

3. A ponderação como reação e alternativa à radical formalização do pensamento jurídico

A técnica da ponderação ou *balancing*, tal como hoje é conhecida e aplicada, é fruto da criatividade jurídica dos EUA e da Alemanha. As bases teóricas, as práticas jurisprudenciais e as envolventes políticas, culturais e sociais são, todavia, diferentes. Por isso, apesar de eventuais cruzamentos, partilhas e zonas de confluência, pode-se falar de dois paradigmas que, com uma ou outra adaptação, influenciam a maior parte dos demais sistemas[2327].

Em ambos os casos, a origem pretoriana é evidente, ficando na penumbra a ponderação realizada pelo legislador.

Em ambos os casos, a receção pelas jurisdições constitucionais foi antecedida pelo debate teórico e doutrinário do início do século XX contra a tendência formalista do pensamento jurídico clássico – saudado por MAX WEBER como o paradigma da racionalidade formal e substantiva no direito –, baseado na ilusão de, no contexto de um sistema fechado e sem lacunas, deduzir o conteúdo da decisão judicial de proposições abstratas através dos meios da lógica jurídica[2328]. Nos EUA, a ortodoxia leva à categorização e definição; na Alemanha, e na Europa em geral, à conceptualização e subsunção. Nos EUA, a visão formalista, desenvolvida com maior saliência por LANGDELL, foi inicialmente refutada por OLIVER WENDELL HOLMES e pela escola realista ou da sociologia jurídica norte-americana, de ROSCOE POUND e outros. Na Alemanha, no direito privado afirmou-se a *Interessenjurisprudenz*, de PHILIPP HECK (com paralelismo com a construção teórica de FRANÇOIS GÉNY, em França[2329]), em rutura com a *Pandektenwissenschaft*, também criticamente conhecida como *Begriffsjurisprudenz*, de PUCHTA, WINDSCHEID e JHERING, na sua fase inicial. No direito público,

---

[2326] Expressão de HIRSCHBERG, *Der Grundsatz...*, p. 101.

[2327] Cfr. o quadro de BOMHOFF, *Balancing...*, p. 233, sistematizando aquilo que qualifica cada um dos paradigmas; KNILL /BECKER, «Divergenz trotz Diffusion?: rechtsvergleichende Aspekte des Verhältnismässigkeitsprinzips...», pp. 447 ss. (a ponderação é um elemento caraterístico da dogmática alemã do direito público); também, COHEN-ELIYA/PORAT, *Proportionality...*, pp. 24 ss.

[2328] BOMHOFF, *Balancing...*, p. 35.

[2329] FRANÇOIS GÉNY, *Méthode d'interprétation et sources en droit privé positif: essai critique* (1899).

NA ANTECÂMARA DA PROPORCIONALIDADE EM SENTIDO ESTRITO

reputa-se decisivo o pensamento de RUDOLF SMEND[2330], considerado por alguns o pai fundador da ponderação[2331].

Os juízes constitucionais norte-americano e alemão começaram a aplicar a técnica da ponderação em casos de direitos fundamentais por volta da década de 1950 (ou talvez um pouco antes, nos EUA).

Nos EUA é difícil identificar um momento fundador ou até encontrar consenso sobre o primeiro caso julgado pelo Supremo Tribunal no âmbito da garantia de direitos constitucionais com uso da técnica do *balancing*[2332]. Alguns autores citam *Schneider v. New Jersey* (1939), um caso de liberdade de expressão protegida pela Primeira Emenda[2333]. Outros começam em *American Communications Association* v. *Douds* (1950), o primeiro caso do pós-guerra em que estava em causa a luta contra expressões comunistas na sociedade norte-americana, seguido de *Dennis v. United States* (1951)[2334]. Outros ainda, embora reconhecendo a existência de casos anteriores de *balancing* fora do Direito Constitucional, fixam os primeiros casos no campo dos direitos constitucionais no final dos anos 50, princípios dos anos 60 do século passado: *Barenblatt v. United States* (1959), *Wilkinson v. United States* (1961) e outros da mesma época[2335].

Na Alemanha, diversamente, esse momento fundador está bem identificado: o caso *Lüth* (janeiro de 1958[2336]), também um caso de liberdade de expressão[2337].

Uma visão de conjunto da prática constitucional mostra que os juízes norte--americanos circunscreveram o *balancing* ao domínio jusfundamental coberto pela Primeira Emenda, sempre o considerando opcional, isto é, apenas uma entre as várias técnicas disponíveis. Isso contribuiu para adensar as dúvidas sobre

---

[2330] *Verfassung und Verfassungsrecht* (1928).

[2331] V., por todos, BOROWSKI, *La estructura...*, p. 73, citando a „teoria da ponderação" enunciada em «Das Recht der freien Meinungsäusserung», p. 52; BOMHOFF, *Balancing...*, p. 98, frisa, porém, que não há nenhuma referência expressa a ponderação de valores ou de interesses nos trabalhos de SMEND; concomitantemente, COHEN-ELIYA/PORAT, *Proportionality...*, p. 31, defendem que as raízes da ponderação estão no direito privado, desenvolvendo-se paralelamente à proporcionalidade, esta no direito público.

[2332] Cfr. o que se escreveu anteriormente a propósito do panorama constitucional dos EUA, *supra*, capítulo 3.

[2333] V. FRANTZ, «The First Amendment in the Balance», p. 1425; ALEINIKOFF, « Constitutional Law...», p. 964; SIEGEL, «The Death and Rebirth...», p. 214; FAIGMAN, «Madisonian Balancing...», *cit.*, pp. 647 ss.; COHEN-ELYA/PORAT, «The Hidden Foreign Law Debate in *Heller*. The Proportionality Approach...», pp. 33 ss.

[2334] THOMAS EMERSON, «Toward a General Theory of the First Amendment», in *YLJ*, vol. 72 (1963), p. 912; BOMHOFF, *Balancing...*, pp. 124, 131 ss.

[2335] McFADDEN, «The Balancing Test», *cit.*, p. 586.

[2336] Seguida das decisões *Plakaten* (1958), *Schmid-Spiegel* (1961) e *Spiegel* (1966).

[2337] V. *supra*, capítulo 1, 2.1.1.

O PRINCÍPIO DA PROIBIÇÃO DO EXCESSO

o seu exato âmbito de aplicação[2338]. Ao invés, os juízes alemães viram o *Güterabwägung* como um instrumento da teoria dos direitos fundamentais, imperativa e geralmente aplicável, expressão de uma ordem constitucional perfeita[2339]. Na Alemanha, o Tribunal Constitucional recorreu à ponderação, seja como instrumento autónomo ou integrado no princípio da proporcionalidade, para resolver aparentes antinomias, colisões e dilemas, guiado pelas ideias de constituição como um sistema de valores, de *unidade* da constituição, de equilíbrio (*Ausgleich*) e de síntese harmonizadora[2340]. O lançamento da ponderação pelo *BVerfG* assentou no que se designa *compreensão material da constituição* e *legitimação substantiva* (*inhaltliche Legitimation*). A constituição, como repositório e manifestação de uma ordem de valores substantivos, requer necessariamente a acomodação mútua destes, a sua "otimização", através de ponderação[2341]. Entre a teoria da integração de SMEND e as ideias de unidade da constituição, harmonização e otimização (*schonendsten Ausgleich*) que fluem da jurisprudência e da doutrina constitucionais alemãs das últimas décadas há um *continuum* natural[2342].

Inicialmente, o recurso à ponderação (e seus pressupostos teóricos, como a *ordem de valores objetiva*), na *Lüth-Urteil* e em outras decisões subsequentes do *BVerfG*, foi recebida sem entusiasmo pela doutrina[2343]. Os percursores modernos do pensamento clássico de LABAND e VON GERBER, como FORSTHOFF ou BÖCKENFÖRDE, criticaram o perigo de dissolução ou de decomposição da ordem constitucional[2344]. Mesmo alguns defensores das novas técnicas de argumentação e raciocínio jurídico, que então despontavam, centrados na racionalidade dialética, no pensamento tópico, nas ideias de concretização e atualização das

---

[2338] Assim, BOMHOFF, *Balancing...*, p. 144. Algo circularmente, a própria aplicação da técnica do *balancing* em detrimento de outros instrumentos doutrinais dependeria de...*balancing*: FRANTZ, «The First Amendment in the Balance», p. 1433.

[2339] BOMHOFF, *Balancing...*, p. 188.

[2340] SCHLINK, «Proportionality in Constitutional Law...», p. 295; GRIMM, «Proportionality in Canadian and German Constitutional Jurisprudence», p. 386; HARBO, «The Function of Proportionality...», p. 170.

[2341] BOMHOFF, *Balancing...*, p. 103.

[2342] V., por todos, HÄBERLE, *Die Wesensgehaltgarantie...*, pp. 5 ss.; BOMHOFF, *Balancing...*, pp. 108 ss. (com referências as escritos da década de 1960 de autores como MÜLLER, HESSE, SCHEUNER, VON HIPPEL, tributários de vários quadros teóricos, mas confluentes naquelas ideias).

[2343] Para uma visão geral, BOMHOFF, *Balancing...*, pp. 87 ss.

[2344] A crítica à conceção da ordem de valores objetiva é sintetizada pela ideia da *tirania de valores* de SCHMITT («Die Tyrannei der Werte», in Doehring/Greve (eds.), *Säkularization und Utopie. Ernst Forsthoff zum 65 Geburtstag*, Stuttgart, 1967); v., também, GOERLICH, *Wertordnung und Grundgesetz...*, cit.

NA ANTECÂMARA DA PROPORCIONALIDADE EM SENTIDO ESTRITO

normas jurídicas e na maior atenção aos contornos do caso concreto, duvidaram da consistência da nova doutrina[2345].

E foi numa senda semicrítica que alguns autores procuraram "disciplinar" e "enquadrar" a ponderação do *BVerfG*, reconvertendo-a para quadros teórico-analíticos alegadamente mais consistentes, como o princípio da concordância prática, apontado à "otimização dos valores concorrentes"[2346]. Todavia, as dúvidas sobre a consistência da construção jurisprudencial sofreram um processo de desvitalização. Embora não tenham desaparecido os críticos[2347], e se fale até de sinais de regresso a quadros teóricos mais formalizados[2348], a ponderação é tomada como um dos veículos da preservação da unidade e da integridade da ordem constitucional e não como um catalisador da sua desagregação, às mãos dos juízes. Permite a inclusão ou integração de considerações substantivas, de natureza social, moral, ética, económica ou política, na *atualização* das normas constitucionais. A ponderação é um dos pilares da ordem jurídico-constitucional apostada em superar antinomias, sintetizar, integrar, otimizar, equilibrar, unificar, garantir concordâncias, harmonizar valores e interesses, "desradicalizar". Todos estes conceitos encontram fácil uso nos ensaios dedicados à ponderação ou *balancing*, o que não quer dizer que não se multipliquem os esforços e propostas de mecanismos de densificação e formalização da técnica da ponderação[2349].

4. Objeto da ponderação

Um exercício de ponderação não baseado na exata definição prévia *do que se pondera* é um exercício metodicamente deficiente[2350]. Porém, essa definição é dificultada pela relativa imprecisão ou indistinção no uso de certos conceitos. Em alguns casos, a indistinção não é grave, atenta a fungibilidade. Por exemplo, a recorrente assimilação entre a ponderação de bens, de interesses ou de valores – inclusive no presente estudo – não suscita desvantagens teóricas de relevo[2351]. Já outras podem ser indesejáveis.

[2345] V., por todos, MÜLLER, *Normstruktur und Normativität*, pp. 209 ss. (duvidando da possibilidade de os bens a ponderar poderem ser racionalmente descritos e valorados de maneira verdadeiramente intersubjetiva e da verificabilidade da ponderação).

[2346] Contribuição de HESSE, no seu *Grundzüge...* (1ª edição de 1967).

[2347] V. *infra*, neste capítulo.

[2348] ŠUŠNJAR, *Proportionality...*, p. 238.

[2349] Sendo o labor doutrinal de ALEXY (tratado desenvolvidamente *infra*) o mais proeminente, mas nem de longe o único relevante.

[2350] ÁVILA, *Teoria...*, 7ª ed., p. 144, vai mais longe, afirmando que tal omissão viola o princípio da fundamentação das decisões, ínsito no Estado de Direito.

[2351] V. SCHLINK, *Abwägung...*, p. 1 (observando a indistinção na jurisprudência do *BVerfG* entre *Werteabwägung, Güterabwägung* e *Interessenabwägung*); HIRSCHBERG, *Der Grundsatz...*, p. 83.

O PRINCÍPIO DA PROIBIÇÃO DO EXCESSO

Compulsando a literatura, o padrão mais saliente é a diversidade: normas[2352], princípios[2353], regras[2354], direitos[2355], interesses[2356], argumentos[2357], razões[2358], valores[2359], bens[2360] ou algumas formulações compósitas[2361], como custos e benefícios[2362], meios e fins[2363]. Um dos encargos que teremos de cumprir no capítulo seguinte é precisar qual de entre estas magnitudes é o objeto da ponderação específica da proporcionalidade e.s.e.

[2352] URBINA, «A critique...», p. 51; PINO, Derechos..., p. 133.

[2353] ÁVILA, Teoria..., 7ª ed., p. 144; VIRGÍLIO AFONSO DA SILVA, «Comparing the Incommensurable...», p. 273; NOVAK, «Three Models of Balancing...», pp. 106 ss.; TEIXEIRA DE SOUSA, Introdução..., p. 457; SANCHÍS, Neoconstitucionalismo..., p. 124; MORAIS, Curso..., II, 2, p. 674.

[2354] TEIXEIRA DE SOUSA, Introdução..., p. 457.

[2355] RIVERS, «Proportionality...», p. 196 (na metódica da proporcionalidade clássica, o autor distingue uma ponderação ao mais alto nível de generalidade, onde se processa a ponderação de direitos e de interesses públicos e uma ponderação mais concreta, do tipo da análise "custo-benefício"); VIRGÍLIO AFONSO DA SILVA, «Comparing the Incommensurable...», p. 273; NOVAK, «Three Models of Balancing...», pp. 106 ss.; CHRISTOFFERSEN, Fair Balance: Proportionality..., p. 198, passim.

[2356] É a fórmula original de alguns dos primeiros balancers do Supremo Tribunal norte-americano. Segundo o juiz Frankfurter, em Dennis v. United States (1951), objeto do balancing seriam os interesses em jogo; HART, The Concept of Law, p. 200; ALEINIKOFF, «Constitutional Law ...», p. 945 (recusando expressamente, ademais, que a ponderação seja o método de resolução de conflitos entre valores); HIRSCHBERG, Der Grundsatz..., p. 132, passim; ÁVILA, Teoria..., 7ª ed., p. 144; EVANS/ STONE, «Balancing and Proportionality...», p. 4; SCHAUER, «Balancing...», p. 9; URBINA, «A critique...», p. 51; MIGUEL TEIXEIRA DE SOUSA, Introdução..., p. 457; MUZNY, La Technique de Proportionnalité..., p. 100; CHRISTOFFERSEN, Fair Balance: Proportionality..., p. 198, passim; PINO, Derechos..., p. 133. Em alguns casos, são mencionados apenas interesses públicos: RIVERS, «Proportionality...», p. 196.

[2357] SIECKMANN, Balancing..., p. 101.

[2358] É a conceção subjacente ao discurso de ÁVILA, Teoria..., 7ª ed., pp. 52 ss. (quando sustenta a aplicabilidade da ponderação na aplicação de regras); URBINA, «A critique...», p. 51; MIGUEL TEIXEIRA DE SOUSA, Introdução..., pp. 457-458.

[2359] Decisão Lüth (1958) do BVerfG. A tradução mais literal de "Güterabwägung", ali empregue, é ponderação de bens. Mas a tendência dominante é considerar fungíveis, nesse contexto, ponderação de bens e ponderação de valores. ÁVILA, Teoria..., 7ª ed., p. 144; VIRGÍLIO AFONSO DA SILVA, «Comparing the Incommensurable...», p. 273; URBINA, «A critique...», p. 51.

[2360] Decisão Lüth (1958) do BVerfG (v. nota anterior); HÄBERLE, La garantia..., pp. 33 ss.: ÁVILA, Teoria..., 7ª ed., p. 144; VIRGÍLIO AFONSO DA SILVA, «Comparing the Incommensurable...», p. 273.

[2361] As formulações compostas são normalmente usadas quando se alude especificamente à proporcionalidade e.s.e.: cfr. infra, capítulo 18.

[2362] RIVERS, «Proportionality...», p. 200 ("uma análise do tipo custo-benefício"); CIANCIARDO, «The. Principle...», pp. 180 ss.

[2363] HIRSCHBERG, Der Grundsatz..., p. 77.

5. Objetivos da ponderação

Do ponto de vista do fim, ou do "produto", que se pretende obter com a ponderação há mais do que um candidato: (i) o peso relativo do que for ponderado; (ii) uma relação de prevalência ou equilíbrio; (iii) uma regra definitiva; (iv) a otimização das grandezas em colisão; (v) a prevalência de uma interpretação[2364]. Estas finalidades não são incompatíveis, podem ser entendidas como complementares e até ser quase todas articuladas numa visão integrada: pondera-se para definir o peso relativo das grandezas em colisão, definindo-se uma relação de prevalência (ou precedência condicionada, como diria ALEXY) ou de equilíbrio, cristalizada numa regra definitiva, que garanta a otimização das grandezas em colisão.

Esta visão integrada poupa o exercício de uma apreciação mais fina, mas oculta a complexidade de finalidades que se escondem por detrás da ponderação, oculta as diametrais perspetivas que animam os grandes sistemas de ponderação, particularmente o norte-americano e o alemão, e oculta até a riqueza dogmática e doutrinária gerada por esses sistemas.

Na Alemanha, a ponderação vive capturada pela tensão entre duas linhas de força. Por um lado, o perfecionismo constitucional da ordem constitucional do pós-II Guerra requer efetividade máxima da proteção dos direitos, justiça per-

---

[2364] Parte-se aqui da hipótese de também haver ponderação ou *balancing* entre várias interpretações possíveis de uma norma, inclusive de uma norma-regra. Tome-se a regra segundo a qual apenas se podem candidatar à presidência da República cidadãos eleitores maiores de 35 anos (artigo 122º). Parece uma regra clara, mas pode haver dificuldades em situações mais ou menos atípicas. Por exemplo, *quid juris* se um cidadão alega que tem mais de 35 anos, mas que, pelo facto de o seu nascimento ter ocorrido fora do território nacional e de o seu registo ter sido efetuado com muito atraso, a sua idade real não é a que consta dos documentos pertinentes? Como interpretar a norma? É manifesto que, além dos cânones tradicionais, ou dentro dos cânones tradicionais, há que ter em conta a sua teleologia e o seu espírito. Certamente que a Constituição procura garantir maturidade do candidato a Presidente, mas há também que ter em conta o interesse da segurança e certeza jurídicas (protegido de modo diferente se a prova se fizer através do registo ou de depoimento testemunhal, por exemplo) e o interesse da verdade eleitoral e pleno funcionamento da democracia e da possibilidade de apresentação de alternativas. A qual destes interesses atender prevalentemente na interpretação da norma: ao interesse da segurança jurídica, optando por uma interpretação que se baseia na data que consta do registo? Ou ao interesse da plena verdade e liberdade eleitoral? O primeiro leva a uma interpretação da norma constitucional no sentido de esta dizer que são elegíveis os cidadãos eleitores que de *acordo com o registo de nascimento* tenham mais de 35 anos. O segundo leva a uma interpretação de que são elegíveis os cidadãos eleitores que comprovadamente demonstrem por qualquer meio que nasceram há mais de 35 anos. A opção por uma ou outra interpretação depende de se dar prevalência a um ou outro dos interesses em colisão e isso parece implicar a incrustação de um juízo de proporcionalidade no contexto da metódica exegética aplicável à determinação do sentido de uma *regra*. Sobre o *balancing* como técnica de interpretação v., por exemplo, MCFADDEN, «The Balancing Test», p. 587.

O PRINCÍPIO DA PROIBIÇÃO DO EXCESSO

feita em cada caso individual, mas também cobertura maximamente compreensiva de todos os domínios sociais[2365]. Uma das fórmulas operativas em que a ideia de perfecionismo jurídico-constitucional se exprime é o conceito de otimização, que antecede a produção doutrinal de ALEXY, mas a que este atraiu uma visibilidade antes não apreensível do exterior[2366]. Quando se procura encontrar um traço típico da conceção germano-europeia da ponderação e da proporcionalidade, a muitos ocorre a ideia de otimização[2367].

Embora a aspiração perfecionista também emirja do debate doutrinal norte-americano, ela nunca foi assumida pela jurisprudência e pela doutrina constitucionais[2368], que não se regem por objetivos perfecionistas (e talvez até adiram mais facilmente a critérios anti-perfecionistas[2369]). No contexto norte-americano, o *balancing* ou ponderação tem uma vida própria, independente de outros testes estruturalmente equiparáveis a alguns dos segmentos da proibição do excesso (adequação e necessidade). Por outro lado, o próprio *balancing* não é ligado a qualquer pretensão de chegar a uma solução ótima ou optimizadora[2370].

A contrastação entre os quadros norte-americano e europeu tem desde logo o mérito de demonstrar que não é forçoso que o *balancing*/ponderação vise resultados de otimização, entendida *grosso modo* como a pretensão de encontrar a melhor solução possível ou o melhor equilíbrio possível (sendo certo que o que isso significa é passível de interminável debate).

A ponderação pode visar simplesmente atribuir prevalência a uma das variáveis ponderadas, sem cuidar de saber se há alternativas suscetíveis de atingir resultados melhores ou até ótimos, por interferirem menos nos bens, interesses

---

[2365] BOMHOFF, *Balancing...*, p. 194.

[2366] Como sublinha um dos críticos da arquitetura alexiana, a proporcionalidade e.s.e./ponderação e a otimização são inseparáveis no discurso da teoria dos princípios: POSCHER, «Insights...», pp. 426 ss.

[2367] RIVERS, «Proportionality...», p. 176. No entanto, essa pretensão de uma "ideologia" tipicamente europeia de proporcionalidade, enformada pela ideia de otimização, é contrariada pela circunstância de isso não ter aderência em algumas jurisdições europeias relevantes, como a do TEDH: v., sobre isso, o que escreve CHRISTOFFERSEN, *Fair Balance: Proportionality...*, p. 210, citado numa das notas que se seguem.

[2368] No contexto anglo-saxónico, mas agora no Canadá, pode colocar-se a questão de saber se também para BEATTY a proporcionalidade é um instrumento de otimização ou maximização. A certo passo fala de princípio de otimização (*The Ultimate...*, p. 163), mas não resulta claro o alcance.

[2369] BOMHOFF, *Balancing...*, p. 195.

[2370] Pode defender-se que também é isso que sucede no âmbito da CEDH. V., por todos, CHRISTOFFERSEN, *Fair Balance: Proportionality...*, p. 210: "a natureza mínima dos *standards* internacionais protegidos pela CEDH implica que atingir um equilíbrio ótimo não é exigido"; "uma interferência num direito ou liberdade (...) pode por isso ser aceitável (...) mesmo que, tudo considerado, um melhor equilíbrio pudesse ser atingido"; e, mais adiante, "as Partes Contratantes têm o direito (...) de atingir um equilíbrio menos que ótimo" (*ob. cit.*, p. 219).

NA ANTECÂMARA DA PROPORCIONALIDADE EM SENTIDO ESTRITO

ou valores sacrificados e por satisfazerem num grau mais elevado os bens, interesses ou valores colidentes. Quando aplicado, é esse o modelo que vigora nos EUA, sem discussão aparente. Na Europa, diferentemente, o modelo de otimização é visto por alguns como incontornável, refutado por outros. Voltaremos ao assunto[2371].

6. Particularismo e universalismo dos resultados da ponderação

Um dos tópicos que comparece pontualmente no debate sobre a ponderação é o do particularismo ou concreção versus universalismo ou abstração[2372]. Nos EUA, fala-se de *ad hoc balancing* e de *definitional balancing*[2373] (havendo formulações alternativas[2374]).

O tema pode ser tratado na perspetiva do *objeto* ou do *produto* da ponderação.

Atendendo ao objeto, a ponderação *particularista* incide sobre uma colisão concreta de bens, interesses ou valores, nas suas consequências vantajosas e prejudiciais sobre as esferas de sujeitos individualizados, tendo em conta todas as circunstâncias singulares do caso. A ponderação *universalista* aprecia a colisão de bens, interesses ou valores abstraindo das circunstâncias particulares do caso concreto.

Atendendo ao resultado, a ponderação *particularista* visa a obtenção de uma solução cuja validade se esgota no caso concreto (não se excluindo, portanto, que um caso concreto posterior com propriedades semelhantes tenha uma solução diversa), enquanto a ponderação *universalista* procura uma solução normativamente válida para a resolução de futuros casos idênticos ou análogos, sem novo contrapeso de interesses[2375].

[2371] V. a discussão do tema *infra*, capítulo 29.

[2372] SCACCIA, «Il bilanciamento degli interessi...», *cit.*; CELANO, «Possiamo scegliere tra particolarismo e generalismo?», *cit.*; ZORRILLA, *Conflictos...*, pp. 163 ss.; PINO, *Derechos...*, pp. 198 ss.

[2373] Entre muitos, NIMMER, «The Right to Speak...», *cit.*; ALEINIKOFF, «Constitutional Law...», pp. 979-981.

[2374] McFADDEN, «The Balancing Test», pp. 597 ss., alude a *rule-balancing*, em vez de *definitional*, e a *result-balancing*, em vez de *ad hoc*; por outro lado, o autor alude a *fact-balancing* e a *argument-balancing* (tratando-se aí da atribuição de peso aos vários elementos de prova carreados para o processo judicial ou aos vários argumentos apresentados pelas partes, plano diverso do *balancing* de bens, interesses ou valores); numa versão menos autoevidente, HENKIN, «Infability...», pp. 1023 ss., prefere *interpretive balancing* versus *balancing-as-doctrine*; NOVAK, «Three Models of Balancing...», pp. 106 ss., distingue *simple balancing, categorical balancing* (o princípio da proporcionalidade insere-se nesta classe) e *principled balancing*. As hipóteses não ficariam por aqui se necessitássemos de ser exaustivos. V., também, VAN DROOGHENBROECK, *La Proportionnalité...*, pp. 249 ss.

[2375] A formulação do texto é apenas uma simplificação do sentido geral de um debate que não chegou a conclusões unânimes.

O PRINCÍPIO DA PROIBIÇÃO DO EXCESSO

A ponderação particularista (ou concreta ou *ad hoc*) é aquela que verdadeiramente suscita a maioria das críticas, designadamente daqueles que põem em dúvida a objetividade e a racionalidade da ponderação[2376]. A universalista é entendida como um mero passo preliminar de criação de normas suscetíveis de posterior aplicação através de subsunção.

Um setor da doutrina critica o artificialismo destes conceitos[2377].

A crítica tem razão de ser. O artificialismo confirma-se quando se ensaia a adaptação dos conceitos à ponderação realizada na feitura de uma norma legislativa ou no seu controlo. Embora aí não se possa dizer que há uma ponderação num caso concreto entendido como um acontecimento do mundo sensível, há uma ponderação para a elaboração de uma *concreta norma*. A ponderação em causa não visa ser válida para todos os casos de feitura de normas que no futuro venham a incidir sobre o mesmo tema. Significa isso que se trata de uma ponderação *particularista* ou *ad hoc*?

Se virmos a questão pelo ângulo do controlo da norma, a pergunta também se coloca. A apreciação da norma não é um julgamento de um caso concreto (embora em Portugal possa ser suscitada por ocasião do julgamento de um caso concreto), mas há a apreciação de uma *concreta norma* e da *concreta ponderação* realizada pelo legislador. O juízo que o tribunal produzir sobre a ponderação do legislador – que requer uma ponderação do tribunal – vale apenas naquele processo *concreto* e não tem pretensões de validade para casos semelhantes futuros. Significa isso que se trata de uma ponderação *particularista* ou *ad hoc*?

Por outro lado, a intenção de legislar sobre colisões de bens, interesses ou valores pode ser suscitada por questões concretas, por colisões concretamente ocorridas ou pelo prognóstico de colisões concretas. Todavia, o sentido normativo da lei (fora os casos das leis-medida) é por natureza universalista, devido ao caráter geral e abstrato. As ponderações realizadas pelo legislador para definir o conteúdo das normas legislativas têm, por isso, um sentido universalista: pretendem ser válidas para todas as situações concretas de colisão entre as variáveis relevantes que se subsumam à previsão geral e abstrata da norma. Significa isso

---

[2376] A inquietação e a atitude crítica em relação ao *ad hoc balancing*, ou *balancing* do caso concreto, aquele que alegadamente o Supremo Tribunal dos EUA realiza mais frequentemente, são algo paradoxais, uma vez que os autores que partilham esses estados de espírito são mais ou menos os mesmos que criticam qualquer indício de *legislação* feita na sala de sessões, indício este mais forte no *definitional balancing* do que em qualquer outro. V., sobre isto, BOMHOFF, *Balancing...*, pp. 168 ss.

[2377] Cfr. ALEINIKOFF, «Constitutional Law...», pp. 979 ss.; NOVAIS, *As Restrições...*, p. 674. A procura de evitar uma conceção que conduza ao irracionalismo do *ad hoc balancing* pode levar, aliás, a interpretações que praticamente eliminam as fronteiras entre os dois tipos: v. PINO, *Derechos...*, pp. 200 ss.

NA ANTECÂMARA DA PROPORCIONALIDADE EM SENTIDO ESTRITO

que se pode falar de ponderação *universalista* ou *definitória*? O mesmo se pode perguntar em relação à ponderação do juiz constitucional.

Não é possível dar uma resposta inequívoca a estas perguntas. Por isso, estas categorias, mesmo que sejam doutrinalmente aceitáveis noutros domínios – o que é discutível e discutido –, não se adaptam às ponderações legislativas e às ponderações do juiz constitucional realizadas no contexto do controlo de normas legislativas.

7. Refutação dos pressupostos da ponderação

7.1. A inexistência de reais colisões

Há teses que negam a possibilidade de colisões de alguns dos bens, interesses ou valores a propósito das quais se convoca a ponderação, entre os quais direitos fundamentais. Essas teses podem assumir uma expressão mais extrema, negando de raiz a possibilidade de colisão, ou uma expressão mais matizada, admitindo que existe uma aparência de colisão. Em qualquer dos casos, une-as a rejeição da necessidade de ponderação. Essa negação pode decorrer de postulados da filosofia moral ou política, ou de construções de teoria do direito. Exemplificaremos com duas das orientações[2378].

7.1.1. Monismo valorativo

As conceções monistas defendem que há *um* valor supremo de que todos os demais bens, interesses ou valores são simples instanciações. Por isso, as colisões entre aqueles inexistem ou são mera aparência. O valor supremo varia em função dos quadros filosóficos: a eficiência na maximização da riqueza social (análise económica do direito[2379]), o prazer ou a felicidade (utilitarismo de Bentham e de Mill, respetivamente), a dignidade humana (Kant), a diminuição da miséria (A. Kaufmann) [2380], o interesse social (como em algumas construções da proibição do excesso[2381]), a utilidade[2382]. Não obstante a even-

---

[2378] Para uma síntese das várias linhas argumentativas, Pino, *Derechos...*, pp. 152 ss.

[2379] Como sumariza Finnis, «Commensuration...», p. 216, para a análise económica do direito, a suprema e exclusiva medida da racionalidade do direito é a eficiência na maximização da riqueza social ou valor, medida pelo dinheiro.

[2380] Sobre o *utilitarismo negativo*, que, em vez da maximização da felicidade, "aspire à maior diminuição possível da miséria e que faça incidir da forma mais moderada possível o mínimo de miséria que se mantiver", v. A. Kaufmann, *Filosofia...*, pp. 212, 259 ss.; *idem*, «Die Lehre vom negativen Utilitarismus ...», *cit.*

[2381] V. Barak, «Proportionality and Principled...», pp. 15-16; *idem*, *Proportionality...*, pp. 482 ss. Cfr. Meyerson, «Why courts should not balance...», p. 809 e *infra*.

[2382] Para Epstein, «Are Values Incommensurable...», p. 689, o único candidato a proporcionar uma métrica única seria o conceito de utilidade, entendido como o conceito síntese de todas as

O PRINCÍPIO DA PROIBIÇÃO DO EXCESSO

tualidade de radicais diferenças em várias dimensões, para estas conceções os demais bens, interesses ou valores (incluindo os direitos fundamentais) subordinam-se e reconduzem-se ao valor supremo, são suas manifestações. Conatural a muitas destas teses é, por conseguinte, a fungibilidade ou comparabilidade total entre todos os bens, interesses ou valores[2383]. Do ponto de vista metódico, *agregação* e *maximização* seriam plenamente realizáveis no contexto de um quadro de monismo de valores: se em última instância existe apenas um supervalor, que funciona como referência de uma métrica única (*plena comensurabilidade*), a escolha racional implica simplesmente a maximização daquele valor unificador[2384].

Na medida em que são mera expressão do valor supremo, quando surgem (aparentes) colisões entre tais instanciações há apenas que verificar qual a opção que melhor satisfaz o interesse supremo ou que maximiza a sua realização. Por outras palavras: para estas correntes nem há verdadeiras colisões, nem há necessidade de ponderação nos casos de aparentes colisões. Em nenhum caso há que atribuir peso a bens, interesses ou valores para decidir qual deve prevalecer *devido ao seu peso próprio* ou ao *seu valor intrínseco*. Há simplesmente que *medir* a capacidade de realização do valor supremo potenciada pelas opções alternativas e escolher aquela que o realiza em maior medida.

As conceções monistas são criticáveis sob vários pontos de vista: ideológico, filosófico, metódico, pragmático.

A começar, a crítica *pluralista*. Boa parte do pensamento liberal rejeita o monismo e afirma o pluralismo valorativo. Uma das dimensões constitutivas do pensamento liberal é a rejeição da possibilidade de os valores se reconduzirem a um único[2385] e o reconhecimento do pluralismo valorativo, da irredutibilidade e não substituibilidade dos fins últimos, dos bens, interesses ou valores e das escolhas sobre eles, bem como da impossibilidade de realização de todos em simultâneo[2386]. Sustentar que podem ser sujeitos a uma mesma escala métrica e que as escolhas morais se podem limitar à aplicação dessa escala fragiliza – mesmo que involuntariamente – as próprias bases do pensamento liberal.

---

formas de satisfação subjetiva, não interessando o modo diferente como a satisfação seja experimentada como estado psicológico.

[2383] Para um bom exemplo da defesa do monismo e da integral comparabilidade de valores, v. REGAN, «Value, Comparability and Choice», in Ruth Chang (ed.), *Incommensurability, Incomparability and Practical Reason*, pp. 129 ss.

[2384] FINNIS, «Commensuration...», p. 216; SCHARFFS, «Adjudication...», p. 1412.

[2385] V., por todos, ISAIAH BERLIN, *Four Essays on Liberty*, Oxford University Press, Oxford, 1969, pp. 167 ss.

[2386] MATHER, «Law-making...», p. 347; SCHARFFS, «Adjudication...», p. 1379.

NA ANTECÂMARA DA PROPORCIONALIDADE EM SENTIDO ESTRITO

Depois, as críticas filosóficas e metódicas: qual o valor *supremo* a considerar e como identificá-lo? Trata-se de um problema insolúvel[2387].

Por outro lado, as próprias teses monistas admitem problemas pragmáticos inultrapassáveis. O monismo valorativo não é sinónimo de escolhas fáceis, automáticas e pacificamente intersubjetiváveis. Para mencionar apenas uma das correntes monistas mais destacadas, a corrente utilitarista tem consciência das aporias da deliberação prática, sobretudo quando as *consequências* das várias opções são *incertas*, quando uma opção – ao contrário do que é habitual – implica a total inviabilidade de harmonização ou de meio caminho que evite a exclusão dos benefícios da outra (descontinuidade) ou quando há situações de interdependência (o decisor não está preocupado apenas com a utilidade que resulta para si da escolha, mas também com a de outros com quem tem laços afetivos)[2388]. O monismo não obsta a que duas pessoas igualmente racionais tomem decisões diferentes perante problemas semelhantes. É normal e expectável que cada uma delas meça a utilidade de cada opção de acordo com a sua própria visão. As escolhas que cada um equaciona são comensuráveis do seu próprio ponto de vista, embora não sejam facilmente transferíveis entre várias pessoas[2389].

7.1.2. Estruturalismo
Já no plano da Teoria do Direito, FERRAJOLI propõe uma classificação de direitos fundamentais de acordo com critérios estruturais que tornariam impossível a colisão entre eles: direitos primários (de imunidade, de liberdade), direitos sociais, direitos secundários[2390]. Além de admitir, afinal, a possibilidade de colisões entre alguns direitos, o que afeta substancialmente a integridade da construção[2391], esta é manifestamente contraintuitiva. Não parece que a diferença estrutural entre direitos possa evitar que as posições jurídicas subjetivas que deles decorrem conflituam, quer dentro de cada categoria, quer entre duas ou mais categorias[2392]

7.2. A alegação da incomensurabilidade do objeto da ponderação
Desde que o *balancing* se tornou prática regular da jurisprudência constitucional norte-americana que a sua viabilidade ou racionalidade é repudiada[2393].

[2387] SCHARFFS, «Adjudication...».., p. 1413,

[2388] EPSTEIN, «Are Values Incommensurable...», p. 698.

[2389] EPSTEIN, «Are Values Incommensurable...», p. 699.

[2390] LUIGI FERRAJOLI, *Los fundamentos*..., pp. 277-369.

[2391] Assim, PINO, *Derechos*..., pp. 160 ss.

[2392] Assim, ZORRILLA, *Conflictos*..., pp. 187-188; PINO, *Derechos*..., pp. 157 ss.

[2393] V. uma crítica, com mais de meio século, à "medição do não mensurável" e à "comparação do incomparável", de FRANTZ, «Is the First Amendment Law?...», p. 749.

O PRINCÍPIO DA PROIBIÇÃO DO EXCESSO

A crítica mais insistente talvez seja a da ausência de uma métrica comum que torne possível a medição de bens, interesses ou valores tutelados pelo direito. Há uma frase do Juiz SCALIA – um notório *anti-balancer* – que ecoa nos manuais de Direito Constitucional: o *balancing* é como "ajuizar se uma linha é mais longa do que uma pedra é pesada"[2394].

No ambiente cultural europeu continental, a alegação da não racionalidade da ponderação tem curso extenso[2395]. HABERMAS, por exemplo, além de negar a imprescindibilidade, nega a racionalidade do processo de ponderação de valores (*Güterabwägung*) "...porque para isso faltam critérios racionais[;] a ponderação ou contrapeso de valores efetua-se ou de forma discricionária ou arbitrária, ou de forma não reflexiva, isto é, de acordo com padrões ou hierarquias a que se está acostumado"[2396]. Isso aumenta o risco de juízos irracionais, resultantes de uma primazia dos argumentos funcionalistas em que se baseia a ponderação de bens e valores, à custa dos argumentos normativos[2397].

Na verdade, em qualquer das modalidades de ponderação – de princípios, direitos, bens, interesses ou valores, meios e fins, argumentos, razões, efeitos, opções, alternativas ou custos e benefícios – faz-se invariavelmente apelo às ideias de grau, importância, peso ou medida de duas ou mais grandezas, atributos ou propriedades. A ponderação bilateral ou multilateral envolve o *peso* e o *contrapeso* de dois ou mais *fatores* ou *itens*.

Decerto que boa parte dessas expressões é metafórica e as metáforas por vezes vão longe demais no que prometem e nas pré-compreensões que sugerem[2398]. Mas, na sua expressão *facial*, todas elas apelam a instrumentos de medida

---

[2394] *Bendix Autolite v. Midwesco Enterprises, Inc.* (1998).

[2395] A alegação da irracionalidade e não objetividade da ponderação une relevantes autores alemães: sobre isso, VIRGÍLIO AFONSO DA SILVA, «Ponderação e objetividade...», p. 365; recentemente, PETERSEN, «How to Compare the Length...», pp. 1387 ss. Entre muitos, SCHLINK, *Abwägung...*, pp. 134-135; FRIEDRICH MÜLLER, *Strukturierende Rechtslehre*, 2ª ed., Duncker & Humblot, Berlin, 1994; ERNST-WOLFGANG BÖCKENFÖRDE, «Vier Thesen zur Kommunitarismus-Debatte», in Peter Siller & Bertram Keller (orgs.), *Rechtsphilosophische Kontroversen der Gegenwart*, Nomos, Baden-Baden, 1999, pp. 85-86; HAIN, *Die Grundsätze des Grundgesetzes, cit.*; JESTAEDT, *Grundrechtsentfaltung ..., cit.*; *idem*, "Die Abwägungslehre...", *cit.*; POSCHER, *Grundrechte ..., cit.*; *idem*, «Insights...», *cit.*; *idem*, «The Principles...», *cit.*; LADEUR, *Kritik der Abwägung in der Grundrechtsdogmatik, cit.*

[2396] HABERMAS, *Facticidad y validez...*, p. 332. Está em causa, aparentemente, a doutrina do precedente.

[2397] *Idem.*

[2398] COFFIN, «Judicial balancing...», p. 19; DROOGHENBROECK, *La proportionnalité...*, p. 281; SCHARFFS, «Adjudication...»., pp. 1377, 1416 (propondo, aliás, a substituição da metáfora do *balancing* e do peso pelas metáforas da avaliação da palete e das nuances das cores ou das receitas de culinária).

NA ANTECÂMARA DA PROPORCIONALIDADE EM SENTIDO ESTRITO

e a *unidades métricas* comuns, capazes de expressar cardinal ou ordinalmente a relação entre dois fatores ou itens (*tertium comparationis*)[2399].

Isso equivale, por exemplo, a quantificar com plausibilidade a relação entre o interesse da preparação de uma tese de doutoramento e o valor da atenção aos filhos (*20* unidades de *x* para o primeiro, *25* para o segundo ou *10* para o primeiro, metade para o segundo ou qualquer outra relação); ou a relação entre o interesse público da segurança nacional e a liberdade de informação (*10 unidades de x* para o primeiro, *5* para a segunda, que vale, portanto, metade da segurança nacional, ou vice-versa). Para um extenso setor da filosofia prática, estes exemplos não denunciam apenas a improbabilidade de várias pessoas razoáveis chegarem a acordo sobre o que é razoável. Ilustram a impossibilidade de se definir a unidade de medida *x* a empregar, uma vez que isso supõe um atributo comum, que todos os bens, interesses ou valores em causa têm (e, por extensão, as escolhas que se façam sobre eles), suscetível de medição quantificada[2400]. Em suma, denunciam a incomensurabilidade. A incomensurabilidade é em boa parte o reverso da medalha – e a consequência – da teoria do pluralismo de valores[2401].

O debate sobre a possibilidade da deliberação racional e objetiva através de ponderação interessa a várias disciplinas, desde a Filosofia prática, até às Ciências do Direito Constitucional e Política. Mas, pese embora que no discurso sobre a ponderação tenhamos de recorrer a vários ramos do conhecimento, interessa-nos sobretudo retirar ensinamentos e conclusões que relevam para a dogmática constitucional. E a questão é relevantíssima para se poderem desapertar vários nós problemáticos. Por exemplo, só se admitirmos que o legislador democrático pode deliberar racional e objetivamente através de ponderação podemos sustentar que isso também está ao alcance do juiz constitucional quando controla as ponderações daquele. Se houver que concluir que as ponderações do legislador não podem ser outra coisa do que irracionais ou a-racionais e subjetivas ou decisionistas, os juízos do tribunal sobre essas ponderações não poderão certamente ter caraterísticas diferentes. E, nesse caso, a aceitação da *judicial review* no

---

[2399] Na hierarquia ou relação *ordinal* é possível estabelecer uma ordem entre duas ou mais coisas, utilizando operadores de mais ou menos referidos a uma propriedade, sem recurso a números: A é mais pesado ou mais bonito ou mais seguro que B. Na hierarquia ou relação *cardinal* é possível estabelecer uma ordem entre duas ou mais coisas, utilizando uma unidade de valor expressa através de números: A é *x* gramas mais pesado que B.

[2400] Cfr., todavia, Lúcia Amaral, *A Forma...*, p. 187, sustentando que o princípio da proibição do excesso postula a *mensurabilidade* de todos os atos estaduais. Por outro lado, mesmo que se parta de um panorama geral de incomensurabilidade, dentro dos direitos fundamentais há alguns, ou dimensões de alguns, que são passíveis de mensuração, como é o caso proeminente do direito de propriedade. Assim, Klatt/Meister, *The Constitutional...*, p. 59.

[2401] Embora se possa talvez dizer que a diversidade de valores não implica necessariamente a incomensurabilidade: Mather, «Law-making...», p. 347.

O PRINCÍPIO DA PROIBIÇÃO DO EXCESSO

quadro de uma constituição democrática torna-se mais difícil. Se um juízo de invalidade de uma norma para cuja produção se tornou necessário um exercício de ponderação legislativa é suscetível de ser entendido como a substituição de uma valoração não racional e subjetiva do legislador por uma valoração não racional e subjetiva do juiz constitucional, torna-se mais urgente o debate sobre a legitimidade da *judicial review*. Se, ao invés, puder concluir-se que as ponderações do legislador são uma forma de deliberação racional e objetiva, a virtualidade e tolerabilidade de o juiz emitir também apreciações racionais e objetivas sobre aquelas ponderações aumenta significativamente.

7.2.1. A colocação da questão da incomensurabilidade

Os problemas da incomensurabilidade[2402] colocam desafios reais à nossa capacidade de razão prática, isto é, à capacidade de selecionar e defender o que *deve* ser feito ou o que é *bom* ou *correto* fazer[2407].

[2402] Já se escreveu que a qualidade e o rigor analítico deste debate não evitam a sensação de que ele está permanentemente na eminência de colapsar perante o seu próprio peso (SCHARFFS, «Adjudication and the Problems of Incommensurability», *cit.*, p. 1373). No âmbito da filosofia, v., por todos, a incontornável coletânea organizada por RUTH CHANG, *Incommensurability, Incomparability and Practical Reason* (com contributos de JAMES GRIFFIN, DAVID WIGGINS, JOHN BROOME, ELIZABETH ANDERSON, JOSEPH RAZ, DONALD REGAN, ELIJAH MILLGRAM, CHARLES TAYLOR, STEVEN LUKES, MICHAEL STOCKER, JOHN FINNIS e CASS SUNSTEIN). Além disso, THOMAS KUHN, «Commensurability, Comparability, Communicability», *Proceedings of the Biennial Meeting of the Philosophy of Science Association* (1982), pp. 669-688 (interessa sobretudo na perspetiva da epistemologia e da filosofia da ciência e não tanto da filosofia moral ou da teoria do direito). Importante também o debate protagonizado por professores de direito no simpósio sobre *Law and Incommensurability*, que suscitou os textos publicados pela *University of Pennsylvania Law Reviw*, vol. 146 (1998), pp. 1169 ss. (cfr. uma resenha em MATTHEW ADLER, «Law and Incommensurability: Introduction», in *UPLR*, vol. 146 [1998], pp. 1169 ss.). Em geral, JAMES GRIFFIN, «Are There Incommensurable Values?», in *Philosophy & Public Affairs*, vol. 7, nº 1 (Autumn, 1977), pp. 39 ss.; MARTHA C. NUSSBAUM/ ROSALIND HURSTHOUSE, «Plato on Commensurability and Desire», in *Proceedings of the Aristotelian Society, Supplementary Volumes*, vol. 58 (1984), pp. 55 ss.; RAZ, *The Morality of Freedom*, capítulo 13; SINNOTT-ARMSTRONG, *Moral Dilemmas*, Basil Blackwell, 1988; DAVID LUBAN, «Incommensurable Values, Rational Choice, and Moral Absolutes», in *CSLR*, vol. 38 (1990), pp. 65 ss.; CASS SUNSTEIN, «Incommensurability and Valuation in Law», in *MichLR*, vol. 92 (1993-1994), pp. 779 ss.; FREDERICK SCHAUER, «Commensurability and Its Constitutional Consequences», in *Hastings Law Journal*, vol. 45 (1993-1994), pp. 785 ss.; WALDRON, «Fake Incommensurability...», *cit.*; RICHARD EPSTEIN, «Are Values Incommensurable, or Is Utility the Ruler of the World?» in *Utah Law Review* (1995), pp. 683 ss.; BRIAN BIX, «Dealing with Incommensurability for Dessert and Desert: Comments on Chapman and Katz», in *UPLR*, vol. 146 (1998), pp. 1651 ss.; MATTHEW ADLER, «Incommensurability and Cost-Benefit Analysis», in *UPLR*, vol. 146 (1998), pp. 1371 ss.; JOHN BROOME, «Incommensurable Values», in Roger Crisp and Brad Hooker (eds.), *Well-Being and Morality: Essays in Honour of James Griffin*, Clarendon Press, Oxford, 2000, pp. 21 ss.; TIMOTHY ENDICOTT, *Vagueness in Law*, Oxford University Press, Oxford, 2000: *idem*, «Proportionality and Incommen-

702

NA ANTECÂMARA DA PROPORCIONALIDADE EM SENTIDO ESTRITO

Não obstante tratar-se de um produto da filosofia moral de matriz cultural anglo-saxónica[2404] e de estar longe da estabilidade, a importação para a teoria do direito daquilo que se pode designar de *quadro analítico da tese da incomensurabilidade* e o seu uso na teoria da proibição do excesso (ou, mais rigorosamente, da ponderação/proporcionalidade e.s.e.) faculta um quadro analítico que permite organizar o debate melhor que outros. A adaptabilidade desse quadro analítico não é prejudicada pela circunstância de o foco central da discussão da incomensurabilidade incidir tendencialmente sobre as escolhas individuais e as situações dilemáticas que opõem bens, interesses ou valores subjetivados. A generalidade dos argumentos esgrimidos são transponíveis para situações em que estão em causa só bens, interesses ou valores públicos ou estes se confrontam com bens, interesses ou valores subjetivados. Por isso o utilizamos como ponto de partida para a apreciação da racionalidade e da objetividade da ponderação/proporcionalidade e.s.e.

7.2.2. Aceções, definição e relevância da incomensurabilidade

As origens da noção de incomensurabilidade remontam aos pitagóricos e a Aristóteles[2405]. Todavia, não pode dizer-se que com o passar dos tempos se tenha lançado luz plena sobre ela. Embora haja um extenso consenso sobre a circunstância de a incomensurabilidade representar um importante desafio à deliberação prática em situações dilemáticas ou conflituais, o consenso inexiste sobre temas básicos como a relação com figuras afins[2406], as várias aceções, a

---

surability», *cit.*; Van Drooghenbroeck, *La proportionnalité...*, pp. 279 ss.; Scharffs, «Adjudication and the Problems of Incommensurability», *cit.*: Joseph Boyle, «Free Choice, Incomparably Valuable Options, and Incommensurable Categories of Good», in *American Journal of Jurisprudence*, vol. 47 (2002), pp. 123 ss., acedido através de http://scholarship.law.nd.edu/ajj/vol47/iss1/6 em novembro de 2014; Mather, «Law-Making and Incommensurability», *cit.*; Fred D'Agostino, *Incommensurability and Commensuration: The Common Denominator*, Ashgate Publishing, Aldershot, 2003; Tsakyrakis, «Proportionality...», *cit.*; John Adler, «The Sublime and the Beautiful: Incommensurability and Human Rights», in *Public Law*, vol. 4 (2006), pp. 697 ss.; Virgílio Afonso da Silva, «Comparing the Incommensurable...»; Veel, «Incommensurability, Proportionality...», *cit.*; Urbina, «A critique...», *cit.*; Chapman, «Incommensurability, proportionality...», *cit.*; Chang, «Incommensurability ...», *cit.*

[2403] Cfr. Scharffs, «Adjudication...»., p. 1374.

[2404] Sem prejuízo das referências na doutrina europeia: v. Van Drooghenbroeck, *La proportionnalité...*, pp. 280 ss.

[2405] Chang, «Incommensurability...», p. 2592.

[2406] Não há oportunidade de aprofundar a distinção da incomensurabilidade com essas figuras afins, apesar de serem, por vezes, confundidas: *incompossibilidade* (quando A e B têm valor, podendo apenas ser realizado um deles e não ambos ao mesmo tempo), *incompatibilidade* (quando a ocorrência da realização de A prejudica ou reduz a probabilidade de ocorrência ou realização de

O PRINCÍPIO DA PROIBIÇÃO DO EXCESSO

definição ou a determinação do real impacto nas possibilidades de deliberação prática racional.

Há muitos modos de dizer que entre dois objetos falta uma medida comum. Por isso, o conceito de incomensurabilidade é controvertido e diluídas são algumas das suas modalidades e fronteiras com conceitos afins. Vejamos algumas das propostas mais influentes.

Para RAZ: "A e B são incomensuráveis se não for verdade que um é melhor que o outro nem que os dois têm valor igual"[2407]. Há, portanto, impossibilidade de estabelecer uma hierarquia quanto à bondade ou virtude (*goodness*) de dois bens[2408]. Por isso, a incomensurabilidade implicaria a impossibilidade de escolha racional. Quando duas alternativas são incomensuráveis, uma não pode derrotar a outra simplesmente pela força das razões que a suporta, pelo que a decisão a favor de uma delas requer um ato de vontade *independente* (ou autodeterminada) do decisor.

A definição de RAZ pode ser criticada em pelo menos duas dimensões: por um lado não distingue a mensuração quantitativa da qualitativa[2409]; por outro lado, assimila incomensurabilidade e incomparabilidade[2410].

Ora, a distinção entre incomensurabilidade e incomparabilidade não pode ser obnubilada. Por isso, CHANG propõe outra definição, igualmente simples, que destaca a impossibilidade de mensuração *quantitativa*: incomensurabilidade é a situação "em que dois bens não podem ser medidos através de uma mesma escala de unidades de valor"[2411].

O que VIRGÍLIO AFONSO DA SILVA escreve sobre o tema está muito próximo de CHANG: "duas ou mais coisas (valores, bens, direitos e princípios) são incomensuráveis se não há uma medida comum que pode ser aplicada a todos eles"[2412].

B), *incomputabilidade* (quando A não pode ser gerado através de um algoritmo), *incerteza* (estado mental de dúvida): cfr. SCHARFFS, «Adjudication...», pp.1394 ss.

[2407] RAZ, *The Morality of Freedom*, p. 322; *idem*, «Incommensurability...», p. 110.

[2408] VEEL, «Incommensurability, Proportionality...», p. 181.

[2409] Nos mesmos termos, v. MATHER, «Law-making...», p. 348.

[2410] SCHARFFS, «Adjudication...»., p. 1390, nota. Por outro lado, RAZ circunscreve a sua definição a um único valor de medida, a *virtude*, e não todos os valores.

[2411] CHANG, «Introduction...», p. 2; «Incommensurability...», p. 2596. Como veremos, a autora distingue ainda, dentro do terreno da incomensurabilidade, entre forte e fraca.

[2412] VIRGÍLIO AFONSO DA SILVA, «Comparing the Incommensurable...», p. 278. As definições de CHANG e de Virgílio Afonso da SILVA podem, todavia, ser feridas pela observação de que para haver comensurabilidade não basta que exista uma escala métrica comum. Ela tem de ser determinante – tem de exaurir o que é importante – no contexto deliberativo concreto: SCHARFFS, «Adjudication...», p. 1391 (um livro e um homem são incomensuráveis, não obstante a circunstância de ambos poderem ser medidos através de algumas escalas métricas, como a do peso).

NA ANTECÂMARA DA PROPORCIONALIDADE EM SENTIDO ESTRITO

Alinhado com CHANG e SILVA na rejeição da assimilação entre incomensurabilidade e incomparabilidade, consentida pela definição de RAZ, SCHARFFS centra a sua proposta na ideia de absoluta e radical *irredutibilidade* entre os valores: "os valores A e B são incomensuráveis se: (1) tudo do valor A não pode ser expresso e medido em termos de B, (2) tudo do valor B não pode ser expresso e medido em termos de A e (3) tudo do valor A e tudo do valor B não pode ser expresso e medido em termos de outro valor C"[2413].

Não é apenas a questão de saber se a incomensurabilidade é analiticamente diferente da comparabilidade que causa divisões na doutrina. A própria univocidade daquele conceito (aparentemente admitida por RAZ) é refutada. WALDRON distingue incomensurabilidade forte e incomensurabilidade fraca. O primeiro conceito equivale *mutatis mutandis* ao conceito de incomensurabilidade de RAZ[2414]. A incomensurabilidade *forte* impede que haja no nosso sistema valorativo algo que permita dizer que uma decisão, mais do que qualquer outra, é a correta[2415]. O segundo conceito traduz uma regra de prioridade: dizer-se que A e B são incomensuráveis é o mesmo que dizer que há uma ordem entre eles previamente estabelecida sem recurso a qualquer contrapeso quantitativamente expresso. Desse modo, diz-se, por exemplo, que qualquer manifestação

---

[2413] SCHARFFS, «Adjudication...», p. 1389. Na linguagem das escolhas, é o mesmo que dizer que "duas escolhas são incomensuráveis quando tudo o que interessa sobre a primeira opção e tudo o que interessa sobre a segunda opção não pode ser suficientemente expresso através de um valor comum". A introdução do vocábulo *suficientemente* na definição de escolhas incomensuráveis faz com que as duas definições não sejam exatamente iguais, uma vez que a noção de (in)suficiência não consta da definição da incomensurabilidade de valores. O autor reconhece a proximidade com a definição de SUNSTEIN, «Incommensurability...», in Ruth Chang (ed.), *Incommensurability, Incomparability and Practical Reason*, p. 238, e com a (mais hermética) proposta de DAVID WIGGINS, «Incommensurability: Four Proposals», in Ruth Chang (ed.), *Incommensurability, Incomparability and Practical Reason*, p. 53: "A opção A é comensurável com a opção B se, e só se, houver uma medida de valorização de mais e menos e se uma propriedade de qualquer forma complexa *p* é correlativa à escolha, racionalmente antecedente da escolha e racionalmente determinante da escolha, de modo que A e B possam ser exaustivamente comparadas através da dita medida com respeito a serem mais *p* ou menos *p*; a comparação exaustiva de *p*-idade é uma comparação que respeita a tudo o que interessa sobre A ou B". Esta definição destaca-se das do texto na enfase que dá à comparabilidade de uma propriedade *p* que é racionalmente *antecedente e determinante* da escolha entre A e B e ao postulado da *comparação exaustiva*.

Equivalente, também, VEEL, «Incommensurability, Proportionality...», p. 184: "dizer que dois valores são incomensuráveis é dizer que *a*) nenhum deles pode ser expressado nos termos do outro valor e que *b*) ambos os valores não podem ser expressados nos termos de um terceiro valor comum" (traduções minhas).

[2414] WALDRON, «Fake Incommensurability...», p. 815, sublinha a ideia de peso: A não tem mais peso do que B, B não tem mais peso do que A e A e B não têm peso igual.

[2415] WALDRON, «Fake Incommensurability...», p. 816.

O PRINCÍPIO DA PROIBIÇÃO DO EXCESSO

de A prefere sobre qualquer manifestação de B, não importando os respetivos pesos[2416]. A incomensurabilidade fraca é, portanto, outro modo de exprimir o sentido das teses do *trumping*, de *side constraints* ou de *prioridade lexical*[2417]. Não há uma escala métrica comum que proporcione a aferição do peso das grandezas em colisão e eventuais *trade-offs*, embora exista uma tabela ou ordem de prioridades entre elas que permite resolver aquelas colisões dando preferência à prioritária[2418].

Em função do modo como se estabelecem as prioridades, WALDRON distingue, dentro das incomensurabilidades fracas, as intuitivas e as racionalizadas. As primeiras resultam da intuição ("vê-se simplesmente que um dos valores deve ter prioridade sobre o outro"), enquanto as segundas resultam da argumentação e da apresentação de razões[2419].

O debate filosófico e analítico sobre a definição de (in)comensurabilidade atinge um nível de profundidade analítica e de sofisticação teórica que apenas podemos indiciar neste trabalho. Para efeitos da metódica da ponderação – e, em segundo plano, da proporcionalidade e.s.e. –, basta aderir a uma orientação similar *mutatis mutandis* à proposta por CHANG a qual, além da simplicidade, permite a distinção entre (in)comensurabilidade e (in)comparabilidade: *incomensurabilidade é a impossibilidade de dois itens, atributos ou fatores identificados como relevantes para o processo de deliberação prática serem medidos e contrapesados através de uma mesma escala de unidades métricas de valor.*

8. As atitudes perante a incomensurabilidade

Deixando de parte algumas posições ambíguas ou inconclusivas[2420], a indiciação da incomensurabilidade começa por suscitar uma divisão entre dois campos: o dos *céticos* e o dos *otimistas* em relação à possibilidade de escolhas ou deliberações racionais em situações de colisão entre variáveis incomensuráveis.

[2416] WALDRON, «Fake Incommensurability...», p. 816.

[2417] WALDRON, «Fake Incommensurability...», pp. 816-817. O autor nota contudo diferenças relevantes entre essas três formas de incomensurabilidades fracas.

[2418] WALDRON, «Fake Incommensurability...», p. 817.

[2419] WALDRON, «Fake Incommensurability...», p. 818.

[2420] Uma ilustração típica de um discurso (talvez inevitavelmente) circular é o ensaiado por ENDICOTT, «Proportionality and Incommensurability», referindo-se à proporcionalidade e.s.e.: "necessitamos de um sistema que autorize o juiz a ponderar o imponderável" (*ob. cit.*, p. 15);"a proporcionalidade não traz objetividade ou transparência à aplicação dos direitos humanos", sendo apenas necessária (*ob. cit.*, p. 19); "as incomensurabilidades (...) não conduzem necessariamente a decisões arbitrárias (...). Por isso o pensamento da proporcionalidade não é necessariamente patológico" (*ob. cit.*, p. 19); "alguns teóricos [Barak, Alexy, Beatty, Craig] viram na proporcionalidade um potencial de racionalidade, transparência, objetividade e legitimidade que a doutrina não pode realmente cumprir" (*ob. cit.*, p. 1).

NA ANTECÂMARA DA PROPORCIONALIDADE EM SENTIDO ESTRITO

Por seu turno, os céticos também podem ser ordenados em dois grupos: o daqueles que entendem que nunca é possível uma decisão racional e o dos que entendem que em algumas circunstâncias é possível uma decisão racional. Este segundo grupo não é monolítico: há quem entenda que a decisão racional é possível, mas não através de ponderação, e quem sustente que a decisão racional só é possível através de ponderação. Em qualquer dos dois grupos há ainda *nuances*, podendo distinguir-se entre os que aceitam uma decisão plenamente racional e os que só admitem uma decisão parcialmente racional ou simplesmente auxiliada pela razão, mas não integralmente determinada pela razão.

O grupo dos otimistas pode também dividir-se, em tese, entre aqueles que entendem que, em regra, são possíveis decisões racionais através de ponderação e aqueles que sustentam que essas decisões são possíveis, mas sem recurso à ponderação.

Um esquema pode contribuir para uma imagem mais clara desta rede complexa:
- céticos
  - nunca é possível decisão racional
  - apenas em algumas circunstâncias é possível decisão racional
    - nunca com ponderação
    - em alguns casos com ponderação
- otimistas
  - na maioria das circunstâncias é possível decisão racional
    - nunca com ponderação
    - em alguns casos com ponderação

A arrumação das posições doutrinais individualizadas em cada uma destas categorias não é linear. Aliás, podem ser meramente de grau, como sucede entre as posições céticas que admitem em algumas circunstâncias decisões essencialmente determinadas pela razão e as posições otimistas que admitem que na maioria das circunstâncias (mas não em todas) pode haver decisões essencialmente determinadas pela razão. No primeiro caso a possibilidade de decisão racional é a exceção, no segundo é a regra.

Não sendo possível, nem imprescindível, percorrer exaustivamente a extensa lista de correntes doutrinais resultantes do cruzamento dos vários critérios, dedicaremos atenção apenas a algumas, particularmente aquelas que melhor permitirão iluminar posteriormente o sentido e alcance da proporcionalidade e.s.e. Assim, nos dois números seguintes debruçar-nos-emos sobre teses que negam a racionalidade da ponderação, em situações de incomensurabilidade de valores. No próximo número, aludiremos a (i) posições céticas que afirmam a impossibilidade geral de decisão racional em situações de incomensurabili-

O PRINCÍPIO DA PROIBIÇÃO DO EXCESSO

dade, o que conduz à afirmação de que a ponderação em situações de inco-mensurabilidade não é uma forma racional de deliberação. Porém, também o não são outras formas de decisão, pelo que não é por isso que aquela deve ser afastada. No número a seguir, estudaremos mais longamente algumas (ii) te-ses céticas ou otimitas que aceitam em certas circunstâncias a possibilidade de decisões racionais em situações de incomensurabilidade, mas não através de ponderação. Esse número terá dois vetores: primeiro, a demonstração, ensaiada pelos defensores dessas teses, de que a ponderação suscita problemas metódicos e operacionais insolúveis, que provocam resultados inaceitáveis; segundo, a apresentação de vias alternativas de deliberação racional, sem pon-deração, em caso de colisões entre bens, interesses ou valores incomensuráveis. Em todas as circunstâncias procuraremos deixar argumentos que enfrentem as observações críticas.

Esgotadas as linhas argumentativas de refutação da racionalidade ou da ra-cionalidade e pertinência da ponderação, focaremos as orientações otimistas que (iii) entendem que são normalmente possíveis decisões racionais em situa-ções de incomensurabilidade através de ponderação.

9. A refutação da racionalidade da ponderação mas não do seu emprego

Há que distinguir entre teses (acima afloradas e abaixo desenvolvidas) que rejeitam a ponderação por ser, entre outras razões, irracional ou conduzir a resultados não racionalmente sustentados (HABERMAS) e as teses, localizadas noutro quadrante do pensamento jusfilosófico, que, não recusando a pondera-ção como modo de decisão, a consideram todavia, subjetiva, discricionária ou veículo do intuicionismo.

Dentro deste grupo, onde encontramos sobretudo positivistas[2421] e existen-cialistas, podem detetar-se várias correntes.

Numa arrumação possível, ZORRILLA distingue entre *intuicionistas* e *céticos*.

Os primeiros são herdeiros da corrente filosófica do intuicionismo (MOORE, SCHELER, PRICHARD, ROSS)[2422]. Defendem que, da mesma forma que temos sen-tidos para apreender o mundo físico, temos sensibilidade para percecionar o mundo da ética e da moral e para julgar o que é certo e errado, que nos permite chegar a uma resposta moralmente correta para um dilema moral[2423].

[2421] Não se conclua, porém, que uma orientação positivista conduz inexoravelmente a esta posição: v. HART, *The Concept of Law*, p. 200.

[2422] Sobre o tema, com as referências, principais e as críticas, ALEXY, *Teoria da Argumentação...*, 3ª ed., pp. 49-50; ZORRILLA, *Conflictos...*, p. 157.

[2423] ZORRILLA, *Conflictos...*, p. 158, aponta PECZENIK, como um dos percursores desta corrente no que se refere à ponderação em ambiente jurídico (cfr. «Legal Collision Norms and Moral Cons-truction», in P.W. Brouwer, *Coherence and Conflict in Law: Proceedings of the 3rd Benelux-Scandinavian*

NA ANTECÂMARA DA PROPORCIONALIDADE EM SENTIDO ESTRITO

Os segundos sublinham a natureza subjetiva e discricionária do juízo valorativo e da hierarquia entre princípios e valores estabelecida através da ponderação[2424].

Comum parece ser o sentido geral de substituir a razão pela vontade, como função criativa do Homem. A razão interferiria apenas na definição dos meios, os fins seriam determinados pelas nossas paixões, preferências ou inclinações características[2425]. A incomensurabilidade impede a comparação racional entre valores plurais, pelo que as escolhas entre eles são realizadas numa base diferente da razão[2426].

Esta posição, na sua manifestação mais extrema, desemboca na inevitável conclusão de que todas as escolhas são irracionais, uma vez que nunca haverá *razões* para preferir uma linha de atuação a outra[2427]. Contudo, uma conclusão com esta irredutibilidade contraria as nossas perceções básicas da realidade e das faculdades cognitivas inatas das pessoas e das organizações para valorar e comparar alternativas de ação[2428]. Todos os dias milhões de pessoas, governos e instituições tomam biliões de decisões, das mais comezinhas às mais determinantes, menos ou mais difíceis, fazendo escolhas entre bens, interesses ou valores incomensuráveis[2429]. A alegação de que essas decisões são irracionais ou a-racionais, isto é, não explicáveis pelos preceitos da razão, é, ela própria, irracional ou não racionalmente sustentável.

10. A refutação da racionalidade da ponderação e do seu emprego

Já foram expostas linhas de argumentação que minam alguns dos pressupostos da ponderação (efetiva existência de colisões, comensurabilidade).

Neste número aprofundaremos essa discussão. Enunciaremos o conjunto de argumentos que procuram demonstrar que a ponderação enfrenta dificuldades

---

Symposium in Legal Theory, Amsterdam, January 3-5, 1991, Kluwer Law and Taxation, Deventer, 1992, pp. 177 ss.). O debate sobre se as escolhas baseadas na intuição são racionais, a-racionais ou irracionais suscita posições discrepantes. Sustentando que essas escolhas não são nem racionais nem irracionais MATHER, «Law-making...», pp. 371-372 (invocando HAMPSHIRE, *Morality and Conflict*, Harvard University Press, Cambridge [Mass.], 1983).

[2424] Assim, GUASTINI, «Principi di diritto e discrezionalità giudiziale», in *Diritto Pubblico*, vol. 3 (1998), pp. 641 ss., focando especificamente a ponderação de princípios constitucionais colidentes; *idem*, GUASTINI, *Distinguiendo...*, pp. 170-171; *idem*, *L'interpretazione dei documenti normativi*, Giuffré, Milano, 2004, p. 219; refutando, PINO, *Derechos...*, pp. 209 ss.

[2425] SCHARFFS, «Adjudication...»., p. 1385 (criticando esta visão cética).

[2426] SCHARFFS, «Adjudication...», p. 1386.

[2427] EPSTEIN, «Are Values Incommensurable...», p. 686.

[2428] SARTOR, «A Sufficientist Approach...», p. 42.

[2429] EPSTEIN, «Are Values Incommensurable...», p. 691: a questão dilemática não é por que razão estas decisões são difíceis, mas por que razão parecem tão fáceis de tomar.

O PRINCÍPIO DA PROIBIÇÃO DO EXCESSO

estruturais e metódicas que impedem a racionalidade e, concomitantemente, *a correção* dos seus resultados.

A análise dessas linhas críticas enfrenta à cabeça um problema de sistematização. Há críticas que atingem toda e qualquer forma de ponderação. Há apreciações críticas cujo alvo é apenas a ponderação realizada pelo juiz. Outras atingem por igual a ponderação realizada pelo juiz e pelo legislador. Noutra perspetiva, há argumentos decorrentes da Teoria Geral do Direito, da Teoria do Direito Constitucional, da Teoria da Constituição, das Teorias dos Direitos Fundamentais ou da Democracia, numa perspetiva global ou circunscrita a um ordenamento, que se misturam com considerações da Filosofia prática. Há considerações de natureza doutrinária ou dogmática, estrutural e metódico--analítica.

Sendo inviável proceder a uma arrumação epistemologicamente impecável de todas as possibilidade resultantes dos vários cruzamentos possíveis, não investiremos em identificar com precisão a raiz e natureza filosófica, conceptual, dogmática ou metódica das críticas.

Na segunda parte deste número, concederemos audiência às teses que, negando racionalidade, pertinência e imprescindibilidade à ponderação, oferecem alternativas, que se reivindicam de racionais, para a resolução de colisões de bens, interesses ou valores incomensuráveis, alegadamente sem recurso à ponderação.

10.1. Os problemas metódicos e estruturais da ponderação

São as seguintes as principais críticas endereçáveis a todo e qualquer tipo de ponderação: (i) não tem autonomia como técnica de descoberta e aplicação do direito; (ii) suscita dificuldades de definição do que se pondera, por falta de critério delimitador dos bens, interesses ou valores que entram em competição (com a consequência, entre outras, de colocar os direitos numa relação transitiva com um conjunto indiferenciado de interesses); (iii) obscurece o discurso prático; (iv) dilui a separação entre direito e moral ou filosofia (e outras áreas discursivas). As críticas que têm em mente a ponderação realizada pelo juiz constitucional são: (v) estimula o ativismo judicial, (vi) causa insegurança e (vii) enfraquece a constituição.

Desconsideramos alguns apontamentos menores ou manifestamente inviáveis. Entre os segundos deve considerar-se a crítica, especificamente dirigida à proporcionalidade e.s.e., segundo a qual esta é tendencialmente conservadora ou não permite excluir fins ilegítimos[2430]. Como apontámos no momento pró-

---

[2430] Por exemplo, Tsakyrakis, «Proportionality...», p. 488, entende que o princípio da proibição do excesso não se coaduna com a exclusão liminar e absoluta de certos fins; cfr. Möller, «Proportionality...», p. 718.

NA ANTECÂMARA DA PROPORCIONALIDADE EM SENTIDO ESTRITO

prio e vários autores têm concluído[2431], a estrutura neutral da ponderação tanto pode veicular bens, interesses ou valores conservadores, como progressistas ou liberais, e tanto pode ser uma boa técnica de proteção de direitos, como não, pelo que tal crítica verdadeiramente não tem base sólida. Por outro lado, está insofismavelmente adquirido que a proibição do excesso pressupõe que a norma legislativa prossiga um fim legítimo.

Na apresentação e discussão dos vários argumentos procuramos articular perspetivas europeias e norte-americanas. Embora o foco, a cultura jurídica e a linguagem sejam com frequência manifestamente dicotómicas e aparentemente inconciliáveis, há uma complementaridade entre elas que beneficia a compreensão geral do tema.

10.1.1. Ausência de autonomia como técnica de descoberta e aplicação do direito

A ponderação, como método de descoberta e aplicação do direito, não tem autonomia.

Numa posição que se pode qualificar de extrema, alega-se que a ponderação depende sempre – ou é sempre determinada – pela forma como se interpretam as normas (real ou aparentemente colidentes) aplicáveis. A ponderação pode ser sempre substituída pelo método subsuntivo (ou interpretativo/subsuntivo), desde que se recorra aos métodos adequados de interpretação (por exemplo, teleológico/corretivos, no caso da adequação; restritivo/corretivos ou ampliativos, no caso dos outros segmentos da proporcionalidade). Frequentemente, quando os tribunais constitucionais alegam que estão a usar o método da ponderação – e fazem-no presumivelmente por motivos de política judicial, para se distinguirem dos demais tribunais –, estão na realidade a aplicar o tradicional método interpretativo-subsuntivo[2432].

Esta tese não é convincente. Por um lado, assume um conceito de ponderação que não é certamente consensual (por exemplo, toma o juízo de adequação como um juízo ponderativo). Por outro lado, parte de uma conceção de interpretação de latíssimo espectro. Em muitos casos, o que se diz ser interpretação é, afinal, não assumida criação normativa: o alcance da norma é corrigido, restringido ou ampliado com uma amplitude que nenhuma simples técnica de interpretação alguma vez comportaria. Talvez mais relevante: não demonstra que tipo de argumentação, tendencialmente *objetiva, racional* e pautada por pro-

---

[2431] Por todos, ALEINIKOFF, «Constitutional Law...», pp. 960, 987; PINO, *Derechos...*, p. 225.
[2432] Estas afirmações são feitas por AMADO ao longo de «El juicio de ponderación...», *cit.* O termo ponderação é obviamente usado de modo impróprio, no sentido de proporcionalidade e.s.a. ou proibição do excesso.

O PRINCÍPIO DA PROIBIÇÃO DO EXCESSO

cedimentos razoavelmente formalizados, é capaz de justificar a maior parte das decisões que apresenta como exemplos ilustrativos da possibilidade de decidir apenas com base na interpretação, isto é, sem ponderação. Em muitos desses casos, na verdade, a única justificação plausível e racional da conclusão dita meramente interpretativa e sem ponderação é a que decorre da ponderação dos bens, interesses ou valores pragmaticamente colidentes. E pode até conjeturar-se se a própria escolha entre vários métodos de interpretação alternativos (por exemplo, entre interpretação literal e teleológica) não é também realizada mediante ponderação[2433].

Outra visão igualmente cética em relação à autonomia da ponderação (no sentido de graduação ou de atribuição de peso ou valor), atribui-lhe a função de operação ancilar da subsunção. Por exemplo, LINDAHL aproveita a fórmula do peso de ALEXY[2434] para fazer a demonstração[2435]. Os vários níveis das variáveis a serem ponderados podem sê-lo sem recurso a números (diferentemente do que ALEXY propõe), isto é, pode sempre utilizar-se letras: em vez de 1, 2, ou 4 para interferência leve, moderada ou séria, pode dizer-se apenas l, m, ou s; ou, no caso da fiabilidade das premissas empíricas, r, p, e e (de maior certeza para menor certeza). Usando esses utensílios metódicos é possível transformar uma operação de ponderação em apenas um passo de uma operação de subsunção. Pode, por exemplo, fazer-se o seguinte raciocínio lógico-silogístico, a partir de uma norma $N1$:

(a) $N1$: sempre que numa colisão entre $P1$ e $P2$ o grau de interferência em $P1$ corresponder a s,s,r e a importância da satisfação de $P2$ corresponder a m, s, r, $P1$ deve prevalecer;

(b) no caso concreto x a ponderação permite concluir que a interferência em $P1$ foi s, s, r e enquanto a importância da satisfação de $P2$ corresponde a m, s, r;

(c) no caso concreto x $P1$ prevalece.

$N1$ seria apenas a expressão de uma das combinações possíveis entre as variáveis que expressam o grau de interferência e a importância de satisfação de $P1$ e $P2$[2436].

Há outra fórmula argumentativa igualmente lógico-subsuntiva pela qual LINDAHL mostra preferência, por permitir diferenciações melhores e mais subtis do que a anterior[2437]. Admita-se agora uma norma $N1^a$:

[2433] Cfr., por todos, FETERIS, «Weighing and Balancing...», p. 23.

[2434] V. *infra*, neste capítulo, 11.3.1.1.4.

[2435] LINDAHL, «On Robert Alexy´s Weight Formula...», p. 372.

[2436] V. as vinte e sete combinações possíveis entre os três graus e as três variáveis para cada bem, interesse ou valor em LINDAHL, «On Robert Alexy´s Weight Formula...», p. 368.

[2437] LINDAHL, «On Robert Alexy´s Weight Formula...», p. 374.

712

NA ANTECÂMARA DA PROPORCIONALIDADE EM SENTIDO ESTRITO

(a) $N1^a$: numa colisão entre $P1$ e $P2$ se a importância da interferência em $P1$ for superior à importância da satisfação de $P2$, $P1$ deve prevalecer;

(b) no caso concreto x verifica-se – através de ponderação – que a interferência em $P1$ é superior à importância da satisfação de $P2$;

(c) no caso concreto x $P1$ prevalece.

Nos raciocínios lógico-silogísticos quanto muito há diferença sobre como se apuram os elementos da premissa menor. Nuns casos, esse apuramento é feito através de juízos de atribuição de valor ou peso, isto é, através de ponderação; noutros casos, a premissa menor é preenchida meramente através da qualificação jurídica de factos.

Esta refutação da autonomia da ponderação como método de aplicação do direito tem, desde logo, uma resposta: o silogismo judiciário, na verdade, também não passa muitas vezes sem uma operação de ponderação, ainda que camuflada, que permite ao criador/aplicador do direito definir a premissa maior[2438]. Para chegar à premissa maior "numa colisão entre $P1$ e $P2$, se a importância da interferência em $P1$ for superior à importância da satisfação de $P2$, $P1$ deve prevalecer", se as importâncias abstratas relativas de $P1$ e $P2$ não estiverem adquiridas ou definidas previamente, o criador/aplicador do direito terá de realizar uma operação de ponderação das importâncias abstratas relativas cujo resultado (no sentido de que $P1$ e $P2$ têm importâncias abstratas relativas equivalentes) sustente aquela premissa maior.

O papel nuclear da ponderação na construção da premissa maior, sobretudo nas situações em que a constituição não contém mais do que um comando de ponderação e harmonização aplicável em situações de colisão de bens, interesses ou valores com idêntica credenciação constitucional, é particularmente evidente na atividade normativa *ex novo* que carateriza a função legislativa.

Assim sendo, haveria tão-somente uma diferença no que respeita ao momento lógico em que a ponderação é realizada: em alguns casos é convocada para o preenchimento da premissa menor, noutros é a operação central na definição da premissa maior. Mas daí decorre que não é a autonomia da ponderação ou da subsunção que está em jogo, mas sim qual das duas predomina em instaciações concretas do complexo processo da criação/aplicação do direito[2439].

[2438] McFadden, «The Balancing Test...», p. 643; Van Drooghenbroeck, *La Proportionnalité...*, p. 287, com mais referências.

[2439] Para uma visão de combinação plural de técnicas de aplicação do direito não vinculadas a modelos exclusivos de ponderação ou de subsunção, Poscher, «Aciertos...», pp. 82 ss.

O PRINCÍPIO DA PROIBIÇÃO DO EXCESSO

10.1.2. A ponderação coloca os direitos numa relação transitiva com qualquer bem, interesse ou valor

Outra crítica à ponderação é que esta implica a colocação dos direitos fundamentais numa relação transitiva com os bens, interesses ou valores com os quais colidem. Aqueles direitos não gozam de nenhuma prioridade nem de nenhuma diferenciação normativa de raiz, na medida em que a ponderação pressupõe que não passam de bens jurídicos otimizáveis que competem pela primazia com outros bens e valores, podendo por eles ser derrotados, inclusive quando não tiverem âncora constitucional[2440]. Os direitos são degradados a meras premissas de um raciocínio de proporcionalidade (ter-se um direito reconhecido na constituição não é mais do que *ter direito a um juízo de proporcionalidade*[2441]).

10.1.3. Ausência ou dificuldade de definição do que se pondera, por falta de critério delimitador dos bens, interesses ou valores que entram em competição

A crítica da seção anterior é reforçada quando a ponderação é instrumental a um juízo moral irrestrito[2442] que admita a concorrência dos direitos fundamentais não apenas com outros bens, interesses ou valores fundamentais, mas com uma pletora indiferenciada e não moralmente criteriosa de bens, interesses ou valores. Criticável não é apenas a circunstância de os direitos terem de competir como *outros*, mas também não haver uma *stopping rule*[2443], forçando-os a competir com *todo e qualquer* bem, interesse ou valor colidente, não importando a sua fonte, natureza ou conteúdo. A noção de interesse público seria densificada de forma generosa e tendencialmente coincidente com *qualquer* interesse da maioria[2444].

No próprio campo dos direitos fundamentais haveria uma manifestação clara dessa ausência de orientação seletiva e criteriosa: o denominado princípio da generosidade definitória (*principle of definitional generosity*)[2445], outro modo de identificar a conceção ampla do âmbito de proteção dos direitos. De acordo com esta conceção, que se reflete na extensão do âmbito de proteção do direito, quer ele surja como objeto de interferência ou como objeto de promoção pela

---

[2440] HABERMAS, *Facticidad y validez...*, p. 332 e exposição *infra*. Sublinhando este aspeto, MEYERSON, «Why courts should not balance...», pp. 809 ss.

[2441] WEBBER, *The Negotiable...*, p. 104.

[2442] URBINA, «A Critique...», p. 77 (*"If proportionality allows for unconstrained moral reasoning, then it cannot exclude anything"*).

[2443] ŠUŠNJAR, *Proportionality...*, pp. 253, 285.

[2444] TSAKYRAKIS, «Proportionality...», p. 481.

[2445] TSAKYRAKIS, «Proportionality...», p. 480.

NA ANTECÂMARA DA PROPORCIONALIDADE EM SENTIDO ESTRITO

norma legislativa, a inclusão de pretensões no âmbito de proteção de direitos é reconhecida independentemente de qualquer juízo valorativo moral exaustivo e profundo sobre a *correção* dessa inclusão[2446]. Ora, a ausência de um juízo valorativo criterioso pode ter como consequência que no processo de ponderação sejam considerados tópicos que não são genuínos ou que têm um significado moral reduzido, mas que competem em igual pé com direitos fundamentais[2447].

Tomemos o caso *Otto-Preminger-Institut v. Austria*, julgado em 1994 pelo Tribunal Europeu dos Direitos do Homem[2448]. Encurtando razões, um filme destinado a ser exibido em cinemas privados figurando Deus, Cristo e a Virgem Maria de um modo aviltante, à mistura com cenas com conteúdo sexual, foi apreendido pelas autoridades austríacas. Pronunciando-se sobre essa ação, o Tribunal entendeu que não houve uma interferência ilícita na liberdade de expressão do realizador do filme: a apreensão tinha um fim legítimo, a proteção do direito dos cidadãos a não serem atingidos nos seus sentimentos religiosos pelas visões de outras pessoas; não havia outros meios menos drásticos para atingir o fim; o impacto da apreensão na liberdade de expressão não era desproporcionado em relação à proteção concreta da liberdade de religião e, no âmbito desta, do direito à proteção dos sentimentos religiosos contra a blasfémia. Ignorando por um momento se este caso é examinável à luz da proibição do excesso ou do defeito, verifica-se que ele é facilmente transformável numa situação de controlo de uma norma legislativa que permite a apreensão de filmes quando estes ofendam o sentimento religioso dos crentes de uma religião.

Tsakyrakis dirige várias críticas a esta decisão judicial, que, na sua apreciação, coonesta uma brutal (*sic*) interferência na liberdade de expressão. Uma delas, que consideraremos posteriormente, é a ausência de transparência no que toca ao objeto e processo de ponderação. Outra, reporta-se à circunstância de o Tribunal ter adotado a conceção ampla do âmbito de proteção do direito fundamental que, diz, é inerente ao quadro de argumentação e de aplicação da proibição do excesso e, dentro dele, da ponderação. Foi essa conceção ampla que levou a considerar o direito à proteção dos sentimentos religiosos contra a blasfémia como integrante *prima facie* do âmbito de proteção da liberdade de religião. Presume-se que, no entendimento do autor, uma conceção restritiva do âmbito de proteção excluiria essa pretensão subjetiva do âmbito de proteção da liberdade de religião, pelo que nunca se colocaria sequer a possibilidade de a norma da liberdade de expressão ser interpretada de modo a excluir a blasfé-

---

[2446] Tsakyrakis, «Proportionality...», p. 480.
[2447] Tsakyrakis, «Proportionality...», p. 482; cfr., também, Urbina, «A Critique...», p. 73.
[2448] Um dos casos invocados por Tsakyrakis, «Proportionality...», pp. 476 ss.

O PRINCÍPIO DA PROIBIÇÃO DO EXCESSO

mia ou de, muito menos, ser objeto de uma operação de ponderação que a isso conduzisse.

A construção de Tsakyrakis é refutável por vários motivos.

Primeiro, por não distinguir claramente entre aspetos estruturais da ponderação e da proibição do excesso e opções conjunturais de quem a aplica. Por exemplo, adotar uma definição de interesse público que o confunde com interesse da maioria ou ponderar bens, interesses ou valores não constitucionalmente fundados, não resulta de nenhum traço estrutural da ponderação ou da proibição do excesso.

Segundo, por simplificar de modo quase caricatural a estrutura e a metódica da proibição do excesso, particularmente da ponderação materializadora da proporcionalidade e.s.e.[2449]. Conforme expomos noutro local deste trabalho[2450], no quadro da aplicação da proibição do excesso não é forçoso que se siga uma conceção de âmbito de proteção *ilimitado* do direito. Embora a teoria, a dogmática e a metódica da proibição do excesso convivam com naturalidade com uma conceção ampla do âmbito de proteção, isso não implica a inexistência de qualquer limite fixado com auxílio de um critério substantivo, de modo a excluir dele algumas pretensões.

Terceiro, por as próprias orientações restritivas do âmbito de proteção dos direitos não conseguirem resistir a algumas críticas[2451], algumas delas similares às que atingem as teses do âmbito alargado: (i) incapacidade de demonstrar que a fixação de um âmbito de proteção restritivo não resulta, ela própria, de operações de ponderação[2452]; (ii) ausência de transparência no processo de definição do âmbito de proteção[2453]; (iii) deficiência na distinção entre o que é imputável à interpretação e fixação do âmbito de proteção do direito e o que é imputável ao momento subsequente de justificação de uma interferência num direito[2454].

[2449] O próprio Tsakyrakis, «Proportionality...», p. 471, admite que a conceção de proporcionalidade clássica ou proibição do excesso de que parte é simplista.

[2450] Capítulo 9, 3.1.

[2451] A conceção restritiva tal como interpretada por Tsakyrakis é criticável, desde logo, porque não é consequente. Na verdade, a alegação de que a blasfémia mais irrestrita é abrangida pelo âmbito de proteção da liberdade de expressão e que a sua restrição administrativa e judicial constitui *uma brutal interferência* naquela liberdade apenas é sustentável se se aderir a uma conceção ampla do âmbito de proteção da liberdade de expressão e a uma estratégia de *definitional generosity*. O discurso de Tsakyrakis, afinal, não prescinde daquilo que é um dos focos principais da sua crítica: v., também, «Total Freedom...», pp. 33 ss.

[2452] Klatt/Meister, *The Constitutional...*, pp. 46-47.

[2453] Klatt/Meister, *The Constitutional...*, p. 47.

[2454] Klatt/Meister, *The Constitutional...*, p. 47.

10.1.4. Obscurecimento do discurso prático

A estrutura da ponderação é acusada de ser obscura, rudimentar e pouco transparente. Não está fixado nenhum sistema estável de identificação, avaliação ou comparação dos interesses em jogo[2455]. O mecanismo de ponderação permanece um mistério. Mesmo uma pretensa ponderação científica não fornece argumentos que possam mover-nos. São simples demonstrações[2456]. Muitas vezes as premissas não são fiáveis[2457].

Regressemos a *Otto-Preminger-Institut v. Austria*. Segundo algumas críticas, esse caso mostra que a estrutura do processo de ponderação é insuficientemente rigorosa, precisa e clara, limitando-se tipicamente a considerações impressionistas sobre o peso relativo de argumentos competidores, sem que seja possível uma reconstrução racional do trajeto argumentativo que conduz a uma decisão particular[2458].

Ora, mesmo que isso corresponda a uma apreciação correta *daquele* caso específico, falha a demonstração de duas coisas: (i) que a ausência de rigor, precisão e clareza é uma *fatalidade* inerente à técnica da ponderação e não uma mera *contingência* daquele caso; (ii) que a(s) técnica(s) alternativa(s) de aplicação do direito não padecem dessas deficiências, ou padecem menos.

À primeira questão responde-se recorrendo aos dados empíricos. Estes mostram que tanto há decisões ponderativas claras, transparentes e convincentes, como há outras obscuras e incapazes de concitar adesão. Se assim é, não estamos perante um fator endémico da ponderação, mas sim perante algo que depende de variáveis estranhas à sua estrutura.

À segunda questão responde-se negativamente. Alternativa à ponderação é a aplicação categorial da norma constitucional, através de subsunção. Para seguir esta segunda via na decisão sobre se o comportamento administrativo julgado em *Otto-Preminger-Institut v. Austria* ou uma norma legislativa que proíba filmes blasfemos limitam a liberdade de expressão, sendo todavia justificados pela liberdade religiosa, a autoridade decisora teria de esclarecer, através de interpretação, o âmbito de proteção de ambas as normas de direitos. Nesse exercício de interpretação não poderia recorrer a qualquer tipo de contrapeso dos bens, interesses ou valores colidentes no caso. Teria exclusivamente de verificar se no

---

[2455] ALEINIKOFF, «Constitutional Law...», p. 982.

[2456] ALEINIKOFF, «Constitutional Law...», p. 993.

[2457] KLATT/MEISTER, *The Constitutional Structure...*, *cit.*, p. 64 (o problema real da ponderação é a não fiabilidade das premissas e não a incomensurabilidade, mesmo que esta última possa ser uma das razões da primeira).

[2458] TSAKYRAKIS, «Proportionality...», p. 482; URBINA, «A critique...», p. 73; sobre o fenómeno da hipercontextualização na jurisprudência do TEDH, VAN DROOGHENBROECK, *La Proportionnalité...*, especialmente pp. 291 ss.

O PRINCÍPIO DA PROIBIÇÃO DO EXCESSO

âmbito de proteção da norma da liberdade de religião cabe a proteção de sentimentos religiosos contra atitudes ou expressões blasfemas de terceiros e se no âmbito de proteção da liberdade de expressão cabe a produção de filmes blasfemos.

Ora, basta conhecer as normas de direito interno, de direito constitucional de outras ordens e de direito internacional dos direitos[2459] para verificar a olho nu que nenhuma é clara num ou noutro sentido.

Trata-se, além disso, de um caso difícil, a propósito do qual duas pessoas razoáveis podem discordar.

Por isso, o legislador ou o juiz não podem prescindir de complexas considerações e argumentações, mais ou menos infiltradas por puros juízos de ordem moral. A questão difícil de especificar se no âmbito de proteção da norma da liberdade de religião cabe a proteção de sentimentos religiosos contra atitudes ou expressões blasfemas de terceiros e se no âmbito de proteção da liberdade de expressão cabe a produção de filmes blasfemos, tem se ser feita através de argumentos – de ordem moral, ou outros, consoante a teoria do direito a que se adira – estritamente extraídos da exegese de cada um dos direitos.

Essa tarefa resultaria complicada – *e não facilitada* – pela opção teórica de fugir à valoração do peso e importância da potencial ou real interferência em cada um dos direitos concretamente em causa e do respetivo contrapeso, por forma a apurar qual deve prevalecer.

Em *Otto-Preminger-Institut v. Austria*, se o Tribunal tivesse adotado uma técnica de aplicação do direito isenta de ponderação, do modo enunciado nos parágrafos anteriores, chegaria eventualmente à conclusão de que a liberdade de expressão não abrange a possibilidade de exibir filmes blasfemos e que a liberdade de religião abrange a proteção contra a blasfémia (embora tal conclusão nunca lograsse, presumivelmente, consenso social, como sucede frequentemente em casos muito divisivos com contornos análogos, como, por exemplo, o das caricaturas de Maomé). Daí partiria, certamente, para uma decisão do caso com consequências *substancialemnte* idênticas às da decisão tomada com recurso à ponderação, ou seja, confirmação da apreensão do filme pelas autoridades austríacas. Mas nada permite dizer que sem um exercício formal e assumido de ponderação a sua decisão seria mais rigorosa, precisa e clara. Pelo contrário, muito provavelmente perder-se-ia a indicação de que o Tribunal, no caso, atribuiu *maior peso e importância* à proteção do que entendeu ser uma componente da liberdade religiosa do que à manifestação da liberdade de expressão.

[2459] V., por todos, VAN DROOGHENBROECK, *La Proportionnalité...*, pp. 226 ss., no que respeita à CEDH.

718

NA ANTECÂMARA DA PROPORCIONALIDADE EM SENTIDO ESTRITO

Ora, essa indicação *de peso e importância* é certamente um fator relevante, eventualmente crucial, para compreender o discurso do Tribunal (ou da sua maioria) e até para o criticar, como TSAKYRAKIS faz. A sua ocultação atrás de meros juízos morais sobre o conteúdo de cada direito, essa sim, contribui para a obscuridade e inextricabilidade das decisões de casos difíceis como *Otto-Preminger-Institut v. Austria*.

10.1.5. Relação ambígua com juízos morais

Do debate sobre a relação entre ponderação e a argumentação moral resultam apreciações críticas de sinal contrário.

De um quadrante vem a alegação de que a retórica da ponderação é um fator de exaustão axiológica e de dissimulação ou desvalorização do discurso moral que constitui o cerne da doutrina dos direitos fundamentais[2460]. Esta posição atinge a ponderação e a proporcionalidade e.s.e. na medida em que são descritas com uma aura de objetividade, de neutralidade e de total separação em relação a qualquer referência ou juízo moral[2461].

Sem embargo, essa alegação é rejeitada pelo menos por quem não aceite uma conceção da proibição do excesso e, concomitantemente, da ponderação e da proporcionalidade e.s.e., moralmente neutras e indiferentes. É imaginável que regimes totalitários ou brutais possam incorporar o princípio da proibição do excesso nas suas ordens jurídicas? *Em si mesmo*, aquele encarna intrinsecamente ou espelha juízos morais. Por exemplo, a exigência de um fim legítimo envolve uma apreciação moral sobre o que justifica uma interferência. As exigências de adequação, necessidade e proporcionalidade e.s.e. são proposições morais[2462]. Por outro lado, a *aplicação* da proibição do excesso processa-se através de juízos morais: os direitos são criações morais, pelo que a aplicação do direito que os envolva convoca forçosamente juízos morais[2463]. A ponderação realizada neste contexto não pode ser moralmente neutra.

Esta orientação é apenas parcialmente correta. *Em si*, é verdade que a estrutura da proibição do excesso, particularmente a adequação e a necessidade, encarnam considerações que se podem considerar moralmente *corretas* ou *sustentadas*. Mas, do ponto de vista estrutural e metódico, a proporcionalidade e.s.e. e a ponderação que a substancia é valorativamente neutra. A ponderação funciona como veículo *facilitador* ou, se quisermos utilizar mais uma metáfora inspirada nas ciências exatas, como *acelerador* de juízos que podem ter uma componente

---

[2460] Nestes exatos termos, TSAKYRAKIS, «Proportionality...», p. 493.

[2461] TSAKYRAKIS, «Proportionality...», pp. 474-475. A crítica pode ser endereçada, sobretudo, à contribuição de ALEXY, como veremos.

[2462] MÖLLER, «Proportionality...», p. 716.

[2463] *Idem*, p. 717; KLATT/MEISTER, *The Constitutional...*, p. 52.

O PRINCÍPIO DA PROIBIÇÃO DO EXCESSO

moral. Porém, a ponderação, *por si*, não promove, não seleciona, não privilegia qualquer tipo de consideração trazida à ponderação, não exclui nenhuma teoria substantiva da justiça[2464].

De outro quadrante, observa-se que justamente esta predisposição da ponderação para ser terra franca onde todas as considerações são admitidas, facilita a sub-reptícia entrada de juízos morais na aplicação do direito. Esta observação corre na mesma direção que as críticas dirigidas pelas correntes positivistas, noutro patamar discursivo, à teoria dos princípios: esta coloca em risco a separação entre direito e moral como estruturas normativas, na medida em que não estabelece uma clara fronteira entre o que são argumentos de direito positivo resultantes da incorporação de preceitos de moral e o que são puros juízos morais[2465]. Concomitantemente, a ponderação não facilita a distinção nem assegura uma separação, antes facilita a diluição, das várias contribuições para o exercício ponderativo, independentemente da sua proveniência.

10.1.6. Estímulo ao ativismo judicial

A ponderação transforma a interpretação do direito vigente no "negócio de uma *realização de valores*, que os concretiza orientando-se pelo caso concreto" (itálico no original)[2466]. Isso é campo aberto para o ativismo do tribunal constitucional, baseado numa *Wertejudikatur* e na *Güterabwägung*. A ponderação é vista como veículo de transferência do poder de definição do âmbito e do conteúdo dos direitos para os juízes, extraindo-os da esfera do poder legislativo democrático[2467]. A configuração do sistema de direitos passa a depender diretamente daqueles, no exercício de uma atividade legislativa implícita, causando o apagamento deste[2468]. Certamente que através do ativismo judicial potenciado pela ponderação tanto podem ser impostas – contra o legislador ou apesar do legislador – ideologias de dirigismo constitucional como ideologias neo-liberais ou outras[2469]. Mas o que releva é que a ponderação como método ou técnica de aplicação de normas constitucionais quando realizada pelo juiz

---

[2464] Mais desenvolvimentos em Canas, «Proporcionalidade...», pp. 42 ss. Cfr., também, Klatt/ /Meister, *The Constitutional...*, pp. 55-56.

[2465] Cfr., por todos, Poscher, «Insights...», pp. 428 ss.; «The Principles...», pp. 221 ss.

[2466] Habermas, *Facticidad y validez...*, p. 327.

[2467] Gargari, «Principio de proporcionalidad...», p. 94, sustenta, por outro lado, que a ponderação (ou, mais latamente, a proporcionalidade) é uma mera ferramenta discursiva usada pelos tribunais constitucionais para consolidar o seu papel. Diferentemente, Moschetti, «El principio de proporcionalidad...», p. 206, pronunciando-se especificamente sobre a proporcionalidade, afirma que esta é antes uma forma de garantia da separação de poderes.

[2468] *Idem*, p. 335.

[2469] Morais, *Curso...*, II, 2, p. 699.

NA ANTECÂMARA DA PROPORCIONALIDADE EM SENTIDO ESTRITO

constitucional replica uma tarefa que uma sociedade democrática exige do legislador. Por isso, muitas decisões dos tribunais constitucionais que assentam em operações de ponderação ostentam uma pronunciada natureza quase legislativa[2470]. Porém, o juiz constitucional não pode ser simultaneamente mestre e profeta[2471].

A ideia de que a categorização favorece o passivismo judicial e o legislador, enquanto o *balancing* favorece o ativismo judicial, está também no centro do debate nos EUA[2472].

Ora, o ataque à ponderação e, em última análise, ao ativismo judicial que ela alegadamente vivifica, suscita pelo menos duas réplicas.

Primeiro, nega-se que os factos demonstrem que a ponderação, mais do que o interpretativismo ou a estratégia dita meramente subsuntiva, encoraja e favorece o ativismo dos juízes[2473]. Aliás, a objeção do ativismo judicial pode ser também oponível a quem sustente teses interpretativistas que admitam que se vá além do sentido *literal* da norma constitucional, com parece inexorável. Na maioria dos casos, saindo-se do literalismo é quase inevitável a criatividade (e, atrás da criatividade, o ativismo) do juiz constitucional.

Segundo, há quem observe que o ativismo judicial potenciado pela ponderação, existindo, não é forçosamente mau. Quando entra em operações de ponderação, o juiz constitucional tende a dar expressão a interesses que o legislador ignorou ou não pesou devidamente[2474]. Isso reforça a representação dos grupos junto das esferas de decisão e protege direitos e interesses constitucionais por vezes esquecidos na azáfama legislativa[2475]. Por outro lado, o tribunal tende a

---

[2470] ALEINIKOFF, «Constitutional Law...», p. 984.

[2471] *Idem*, p. 331, citando PERRY, *Morality, Politics and Law*, Oxford, 1988, pp. 152 ss.

[2472] Sendo relevante (embora não decisivo para o ponto que se discute) notar que, nos EUA, os primeiros casos de notório *balancing* do Supremo Tribunal foram a forma encontrada por este, no final de 1939 início da década de 1940, para pôr termo ao período de ativismo judicial da jurisprudência de *Lochner* e iniciar um período de maior deferência para com o legislador. O mesmo sucedeu, aliás, com o uso do *balancing* nos casos de liberdade de expressão do período do macartismo, na década de 1950, com decisões de *balancing também favoráveis* às políticas do Governo restritivas de liberdade de expressão de pessoas suspeitas de ligação ao comunismo. V., por exemplo, PAULO BRANCO, *Juízo de ponderação...*, pp. 90 ss.

[2473] Para uma visão desdramatizadora das diferenças dos dois modelos no que se refere à estimulação do ativismo judicial, v., por todos, KATHLEEN M. SULLIVAN, «Post Liberal Judging...», pp. 306 ss. ("no fim, os dois modelos estruturais são realmente o mesmo"). Por outro lado, em contradição com a sua linha central e argumentação, TSAKYRAKIS, «Total Freedom...», p. 9, reconhece que os juízes tipicamente desenvolvem estratégias para limitar a sua interferência em decisões políticas.

[2474] ALEINIKOFF, «Constitutional Law...», p. 984; PETERSEN, «How to Compare the Length...», p. 1393.

[2475] ALEINIKOFF, «Constitutional Law...», p. 984.

O PRINCÍPIO DA PROIBIÇÃO DO EXCESSO

cingir-se aos argumentos constitucionais e à sua devida consideração, diferentemente do legislador[2476].

10.1.7. Insegurança

A ponderação prototípica da proporcionalidade e.s.e. aplicada pelo juiz constitucional suscitaria imprevisibilidade e insegurança[2477], mesmo que a decisão seja gerada em situações de fiscalização abstrata da constitucionalidade de normas, uma vez que aquela produz apenas efeitos naquele caso específico, aceitando ou não a justificação da interferência.

Em sentido contrário, alega-se, porém, que embora a ponderação não seja imune a situações de incerteza, esta pode ser reduzida através da introdução de mecanismos de formalização que facilitam a seleção e apreciação dos argumentos pertinentes e previnem a arbitrariedade (particularmente a judicial). O mais influente e debatido esquema é certamente o sintetizado pelas leis da ponderação de ALEXY, cujas praticabilidade e pertinência serão estudadas em breve. Por outro lado, nota-se que os resultados da ponderação tendem a estruturar uma "racionalidade em cadeia" assente numa "rede de regras" ou numa "rede de pontos de vista" *prima facie* que podem ser aplicados em casos futuros similares tornando desnecessária a ponderação (mas não a justificação)[2478].

10.1.8. Enfraquecimento da força normativa da constituição

A possibilidade de ponderação, designadamente dos direitos, com outros bens, interesses ou valores, nomeadamente públicos, torna a constituição decorativa ou residual[2479]. A própria compreensão do Direito Constitucional como disciplina de interpretação da constituição[2480] ressentir-se-ia: se o objeto da interpretação perde importância, a interpretação e a disciplina que se constrói na base da interpretação perde importância.

A constituição não desempenharia nenhum papel normativamente decisivo para a efetividade dos direitos. Esta seria produto (ou não) da ponderação e não da imperatividade da norma constitucional.

No entanto, a questão da efetividade dos direitos depende de muitos mais aspetos do que a técnica da sua aplicação. Por outro lado, a ponderação é ainda uma "criação" da constituição e não uma fórmula trazida "de fora", para sua fragilização. É através da ponderação que a constituição assegura o seu próprio

---

[2476] ALEINIKOFF, «Constitutional Law...», pp. 985-986.
[2477] WEBER, *The Negotiable...*, pp. 110-111; MORESO, «Ways of Solving Conflicts...», p. 38; PETERSEN, «How to Compare...», p. 1403.
[2478] Assim, CLÉRICO, «Sobre "casos" y ponderación...», pp. 130 ss.
[2479] TSAKYRAKIS, «Proportionality...», p. 471.
[2480] ALEINIKOFF, «Constitutional Law...», p. 987.

NA ANTECÂMARA DA PROPORCIONALIDADE EM SENTIDO ESTRITO

cumprimento em situações de impasse normativo ou que previne o impasse normativo. A inexistência de um método aplicativo como a ponderação potenciaria ou perpetuaria situações de impasse que, elas sim, implicariam o bloqueio total da força normativa da constituição.

10.2. Alternativas à ponderação

A tarefa de isolar as várias propostas que, recusando a ponderação, avançam com construções alternativas, enfrenta a dificuldade da multiplicidade e diversidade de construções. Num esforço simultaneamente de síntese e de especificação, faremos primeiro o exercício de exposição dos pilares daquela que tem sido a tese mais difundida, recorrendo ao pensamento de expoentes da filosofia política e jus-fundamental como HABERMAS, DWORKIN, RAWLS, WALDRON, FINNIS, NOZICK. Depois focaremos exemplos do que se pode designar por especificacionismo, hoje muito em voga no âmbito do pensamento jusfilosófico[2481].

10.2.1. As orientações deontológicas

10.2.1.1. Os pilares fundamentais

Estudaremos neste número a conceção que sustenta que as normas de direitos fundamentais têm uma estrutura deôntica fechada ou categórica. Para simplificar, designamos esta conceção por *deontológica*[2482]. Professam-na autores que perfilham que os direitos fundamentais são *trumps* (DWORKIN[2483]), *side cons-*

[2481] Numa exposição que procura retratar as grandes fraturas acabam sempre por ficar na penumbra as posições – eventualmente predominantes – que propugnam soluções intermédias, matizadas, sincréticas, que evitam cair no extremismo das orientações mais puras. Por exemplo, não faltam orientações que, criticando a ponderação como método dominante de aplicação da constituição, admitem a sua aplicação como *ultima ratio*, em casos difíceis, extremos e raros, insusceptíveis de resolução através de interpretação (ainda que levada ao limite) das normas constitucionais: v., por exemplo, ALEINIKOFF, «Constitutional Law...», pp. 995, 1003.

[2482] Em alternativa, poderia usar-se *conceção da imunidade*: cfr. RICHARD PILDES, «Dworkin's Two Conceptions of Rights», in *Journal of Legal Studies,* vol. 29, 1 (jan. 2000), p. 309; GARDBAUM, «A Democratic Defense...», p. 9. Ou então, conceção dos "direitos como trunfos", em oposição à conceção dos "direitos como interesses": KLATT/MEISTER, *The Constitutional...,* pp. 16 ss.

[2483] O debate sobre o que distingue os direitos fundamentais de outras posições ou grandezas – o que queremos dizer quando dizemos que temos um direito fundamental – tem suscitado várias metáforas. Dentro das correntes que sustentam que os direitos gozam de uma prioridade especial em relação a todas as demais considerações, a mais conhecida é a dos *rights as trumps* de DWORKIN (v. *Taking Rights Seriously...,* p. 184; «Rights as trumps», *cit.*).

O PRINCÍPIO DA PROIBIÇÃO DO EXCESSO

traints (Nozick[2484]), *firewalls* (Habermas[2485]) e outros[2486]. Desconsiderando, por agora, os desencontros entre eles, bem como as significativas *nuances* dos seus contributos, sublinham-se apenas aspetos comuns desta linha de pensamento: (i) a atribuição aos direitos de *primazia* perante considerações de *policy* eventualmente antagónicas ou incompatíveis, qualquer que seja a importância ou peso destas e quaisquer que sejam as *consequências* do reconhecimento dessa primazia em situações de colisão; (ii) o caráter absoluto dos direitos; (iii) a natureza meramente aparente das colisões entre direitos; (iv) consequentemente, a insusceptibilidade e a desnecessidade de serem sujeitos a operações de ponderação em caso de aparente colisão.

A estas teses contrapõem-se as conceções *relativistas*, umas mais extremas, que consideram os direitos meros interesses em risco permanente de serem superados por outros interesses, mesmo sem fonte constitucional, não lhes sendo conferido qualquer tipo de preferência[2487], outras mais matizadas[2488].

[2484] Nozick, *Anarchy...*, pp. 28 ss.

[2485] A metáfora do *fire wall* foi lançada por Habermas, com óbvia filiação nos *trumps* de Dworkin (v. a tradução de *Faktizitiit und Geltung...*, para inglês, de William Rehg, *Between facts and norms: contributions to a discourse theory of law and democracy*, p. 258): "By assuming it should strive to realize substantive values pregiven in constitutional law, the constitutional court is transformed into an authoritarian agency. For if in cases of collision all reasons can assume the character of policy arguments, then the fire wall erected in legal discourse by a deontological understanding of legal norms and principles collapses.". O dicionário traduz *fire wall* por corta-fogo. No *software* informático, os *fire wall* são barreiras virtuais contra intervenções "hostis". Em ambos casos, é a ideia de defesa ou de barreira que é vincada, ideia talvez redutora do que é um direito fundamental.

[2486] Entre muitos, Waldron, «A Right Based Critique of Constitutional Rights», in *OJLS*, vol. 13 (1993), p. 30; Tsakyrakis, «Proportionality...», pp. 470 ss., Finnis, «Natural Law...», *cit.*

[2487] Cfr. Beatty, *The Ultimate...*, p. 171 (os direitos são "floreado retórico"); Kumm, «Political Liberalism...», *cit.* Fala-se a esse propósito de um modelo de interesses. Sobre isso, v., por todos, Klatt/Meister, *The Constitutional...*, pp. 15 e ss.

[2488] Cfr. as teses de *"soft trumping"* ou *"weak trump model"* (isto é, que aceitam a caráter de trunfo dos direitos, mas incorporam a ideia dos direitos como *trunfos fracos* na teoria da proporcionalidade), de Klatt/Meister (*The Constitutional...*, pp. 23 ss.; *idem*, «Proportionality...», pp. 690 ss.), ou dos *direitos como escudos* (*shields*) de Schauer (por exemplo, «A Comment on the Structure of Rights», pp. 415 ss.) e de Gardbaum (v. «A Democratic Defense...», p. 15). Sobre a questão de saber "o que é que o titular de um direito tem quando tem um direito", Schauer responde que o titular tem apenas o direito a que o Estado não restrinja o direito sem uma justificação com um especial força, designadamente, em nome de um *compelling interest* ou algo similar (*ob. cit.*, p. 429). A conceção dos direitos como escudos começa por ser, consequentemente, uma explicação da fórmula norte-americana do *compelling interest*, enquanto fundamento justificador da limitação de direitos. Nessa medida, rejeita a conceção dos direitos como trunfos (Dworkin) ou como *side constraints* (Nozick) e uma conceção absoluta dos direitos. Contudo, também não vai tão longe na relativização dos direitos como o que pode resultar da aplicação do método do *balancing*. Numa certa perspetiva, é uma tese que se pode considerar intermédia entre a conceção dos

NA ANTECÂMARA DA PROPORCIONALIDADE EM SENTIDO ESTRITO

Ora, ver os direitos fundamentais simplesmente como interesses que podem ser derrotados ou superados por outros interesses, incluindo, para conceções mais extremas, interesses não constitucionais, é inaceitável para a visão deontológica, uma vez que não está de acordo com o entendimento comum do que é ter um direito[2489].

Sintetizando a sua polémica com ALEXY, vejamos como a ideia de primazia resulta do quadro intelectual e filosófico "europeu" de HABERMAS[2490]. O ponto de partida deste último é a rejeição de que os direitos possam assimilar-se a valores[2491]. Este argumento assenta na distinção ontológica entre normas (incluindo os princípios, entendidos como normas de ordem superior que justificam outras normas) e valores. As normas em geral, incluindo as normas de direitos, têm um sentido *deontológico*, enquanto os valores têm um sentido teleológico[2492]. As normas apresentam-se com uma pretensão binária de *validade*: são válidas ou inválidas (diferentemente do que ALEXY sustenta, no que toca aos princípios[2493]). Ao invés, os valores fixam relações de preferência que expressam maior atratividade de uns bens do que outros: a adesão aos enunciados valorativos admite

---

direitos absolutos e uma conceção que adota o princípio da proporcionalidade (cfr. KUMM, «Political Liberalism...», *cit.*). O autor ensaiou ultimamente a compatibilização entre a sua construção e o tópico da proporcionalidade: v., neste sentido, «Proportionality and the question of Weight», pp. 174 ss. Essa compatibilização passa pela atribuição de um peso específico próprio aos direitos na estrutura da proporcionalidade. Também matizada e com audiência na doutrina americana é a tese da limitação estrutural dos direitos, proposta por PILDES «Avoiding balancing: The Role of Exclusionary ...» e «Why Rights are not Trumps: Social Meanings, Expressive Harms, and Constitutionalism», in *Journal Of Legal Studies*, vol. 27 (junho 1998), pp. 725 ss.: tal como a conceção deontológica, rejeita o *balancing*, mas, diferentemente dela, afasta a função estritamente individualista dos direitos e admite a sua limitação *estrutural* em nome da respetiva função de manutenção das relações estruturais de autoridade. Os limites aos direitos resultam da sua interpretação e da descoberta das razões que que permitem essa limitação estutural.

[2489] DWORKIN, *Taking Rights...*, p. 194.

[2490] Não obliterando que o pensamento de HABERMAS recolhe influências significativas em pensadores não europeus. Por exemplo, sintomaticamente, HABERMAS adota a teoria normativa da interpretação construtiva como procedimento racional de sublimar o sentido deontológico das normas de direitos, alinhando pelo *interpretativismo* ou *interpretação construtiva* (*constructive interpretation*) de DWORKIN. A *interpretive approach to law* de DWORKIN aparece com contornos mais claros a partir de alguns trabalhos mais recentes, como *Law's Empire*, de 1986.

[2491] HABERMAS, *Facticidad y validez...*, p. 327.

[2492] HABERMAS, *Facticidad y validez...*, p. 328. V., também, HABERMAS, «Anhang zu 'Faktizität und Geltung'», in *Die Einbeziehung des Anderen*, Suhrkamp, Frankfurt am Main, 2006, pp. 309 ss.; trad. port. em *A inclusão do outro – Estudos de teoria política*, Loyola, São Paulo, pp. 299 ss.

[2493] Cfr. MANUEL ATIENZA, «Entrevista a Robert Alexy», in *Cuadernos de Filosofía del Derecho*, vol. 24, p. 16: o resultado final de uma fundamentação que tenha por objeto direitos fundamentais deve ter uma estrutura binária, só pode ser válida ou inválida. Mas o carater binário do resultado não implica que todos os passos da fundamentação devam ter um carater binário.

725

O PRINCÍPIO DA PROIBIÇÃO DO EXCESSO

graus. As normas válidas obrigam os seus destinatários, sem exceção e por igual, a praticar um comportamento; os valores estabelecem certos fins que se pretende atingir, ficando os agentes encarregues de definir os meios para os atingir na maior medida possível. O que é devido nos termos de uma norma tem um sentido deontológico absoluto, pretende ser bom para todos por igual. Diferentemente, a decisão valorativa tem um sentido relativo, particularístico, expressa o que, tudo considerado, é bom para nós (ou para mim).

As normas *não podem contradizer-se* entre si; se pretendem validade para o mesmo círculo de destinatários, têm de formar um conjunto coerente, isto é, formar um sistema, não dependendo a sua aplicação de ponderação. Diversamente, os diversos valores competem entre si para ganhar primazia, gerando configurações de relações hierárquicas simultaneamente flexíveis e tensas, podendo ser derrotados em concreto[2494]. Daí decorrem importantes diferenças na respetiva *aplicação*. Normas e valores geram *orientações distintas para a ação*. Em ambos os casos se exige a seleção de uma ação correta. Mas, no caso da aplicação da norma válida, correta é a ação obrigatória, que é boa para todos por igual, enquanto no caso dos valores correto é aquele comportamento que é bom a prazo para nós. A consideração dos direitos como valores e não como normas implica a sua depreciação, desvitalizando a sua força e natureza jurídicas[2495].

Um dos pilares da conceção deontológica é a natureza absoluta dos direitos fundamentais[2496]/[2497]. Mas qual a justificação para que os direitos fundamentais, *todos* os direitos fundamentais, independentemente do seu objeto e estrutura, tenham a natureza de *trunfos* que lhes atribua em abstrato uma posição de

---

[2494] HABERMAS, *Facticidad y validez...*, pp. 328, 330.

[2495] Note-se, todavia, que embora HABERMAS impute a ALEXY a conceção (por ele criticada) dos direitos como valores, a verdade é que ALEXY adere explicitamente à tese dos direitos como entidades deontológicas, rejeitando que sejam meros valores no sentido depreciativo esconjurado por HABERMAS: cfr. *Theory...*, pp. 138 ss. Concomitantemente, a ideia da prioridade dos direitos face aos interesses coletivos não é desconhecida – nem rejeitada – pela teoria dos princípios, embora se trate de uma prioridade *prima facie*: v. ALEXY, *Recht, Vernunft, Diskurs...*, pp. 246 ss., *passim*; CLÉRICO, *El examen...*, p. 257.

[2496] Cfr. FINNIS, «Commensuration...», pp. 224 ss.

[2497] Defensores da tese deontológica, como NOZICK, *Anarchy, State and Utopia*, p. 30, nota, admitem, todavia, a possibilidade de superação do que é primariamente absoluto ou categórico quando se esteja na eminência de "horrores morais catastróficos". Simplesmente, a aceitação dessa exceção, mesmo que apenas em situações extremas, ameaça a base de toda a construção deontológica. Se os princípios morais supremos podem ceder quando se quer evitar a *consequência* da consumação de horrores morais catastróficos, isto é, "horrores" que não podem deixar de ser superiores ao mal infligido a um princípio moral retor da razão prática, isso significa que, apesar da incomensurabilidade, *se pode comparar* as consequências de seguir por uma ou outra das vias – seguir o princípio moral ou evitar o "horror moral catastrófico" – e *decidir racionalmente* em função dessas consequências.

NA ANTECÂMARA DA PROPORCIONALIDADE EM SENTIDO ESTRITO

primazia em relação a todas as demais considerações, *maxime* as de interesse geral ou *policies*, mesmo as mais vitais? DWORKIN aponta duas justificações: uma, de inspiração kantiana, assenta na ideia de que os direitos são instrumentais à promoção da dignidade humana[2498]; outra assenta na ideia dos direitos como veículo da criação de igualdade política entre os cidadãos, na medida em que protegem os mais frágeis[2499].

Esta visão intransigente dos direitos coloca a questão de como resolver as eventuais colisões entre eles.

Para uma primeira hipótese de resposta, convoquemos o coerentismo de HABERMAS: no caso de – apenas aparente – colisão entre normas de direitos não deve haver nenhuma operação de ponderação, mas sim eleição da norma que, entre as aplicáveis *prima facie*, se acomoda melhor à situação de aplicação, descrita da forma mais exaustiva possível desde todos os pontos de vista relevantes[2500]. Essa operação hermenêutica desvendará, por um lado, uma norma válida aplicável, *por ser a mais adequada* para o caso, e, por outro, as normas que, embora válidas e candidatas *prima facie* à aplicação, são preteridas, por não serem *adequadas*[2501]. Para cada caso, o sistema de normas válidas sobre direitos, na sua forçosa coerência[2502], gera *uma e uma só solução correta*[2503], extraída da constituição

[2498] *Taking Rights...*, p. 198.

[2499] *Taking Rights...*, pp. 198-199.

[2500] HABERMAS, *Facticidad y validez...*, p. 333.

[2501] *Idem*, p. 334.

[2502] A coerência é um dos pontos cardeais do discurso de HABERMAS. A inspiração parece vir da tese coerentista de KLAUS GÜNTHER. A obra deste citada por HABERMAS tem tradução em língua inglesa: *The Sense of Appropriateness. Application Discourses in Morality and Law*, State University of New York Press, Albany, 1993; *idem*, «Un concepto normativo de coherencia para una teoria de la argumentación jurídica», in *Doxa*, vol. 17-18 (1995), pp. 274 ss. Sobre isso, BRANCO, *Juízo...*, p. 74; PULIDO, *El principio de proporcionalidad...*, p. 463. Como este último também nota, o discurso de GÜNTHER é "um tanto insondável", não sendo fácil entender o que significa a sua posição quando defende o esgotamento ótimo do sentido normativo dos direitos ou bens em colisão sob a consideração de todas as circunstâncias do caso. PULIDO acha que isso quer dizer o mesmo que a ótima realização de tais direitos mediante o princípio da proporcionalidade. DWORKIN elabora sobre a noção central de integridade (*integrity*), aparentemente com o mesmo sentido que coerência, embora isso não seja inequívoco: cfr. *Law's Empire*, pp. 186, 243, *passim*. Sobre isso, ŠUŠNJAR, *Proportionality...*, p. 36; RODRIGUES, *A Interpretação...*, pp. 42 ss. Num certo ambiente teórico distingue-se entre consistência e coerência (MACCORMICK, ALEXY, PECZENIK, WINTGENS, AARNIO). A primeira, aparentemente, refere-se à congruência *lógica* do sistema (ausência de contradições), enquanto a segunda requer algo mais, uma articulação material interna, mutuamente fundamentadora. Todavia, a consistência da própria construção enfrenta dificuldades conceptuais, como o comprova a confrontação dos autores referidos e de outros, como GUASTINI, *La sintassi...*, p. 292, ZORRILLA, *Conflictos...*, p. 87, ou ŠUŠNJAR, *Proportionality...*, pp. 35 ss. (com mais referências, mas considerando que a diferença é essencialmente de grau).

[2503] HABERMAS, *Facticidad y validez...*, p. 334.

O PRINCÍPIO DA PROIBIÇÃO DO EXCESSO

e não gerada por uma operação de "*negociação*" de direitos pelo juiz, orientada por fins[2504].

Outra hipótese de resposta é a da *ordem lexical*. A escolha entre duas normas constitucionais de direitos idealmente aplicáveis pode-se fazer com recurso a uma ou várias normas de colisão que fixem em abstrato relações de precedência. Da conjugação das normas de colisão extrai-se uma *ordem lexical ou relações de prioridade lexicográfica*[2505], completas e integrais, daquelas normas constitucionais.

[2504] *Idem*, p. 327: na hipótese teórica criticada por Habermas "a interpretação do direito vigente transforma-se no negócio de uma *realização de valores*, que os concretiza orientando-se pelo caso concreto" (itálico no original). Por detrás das preocupações metódicas do autor está obviamente uma crítica cerrada ao alegado ativismo judicial do Tribunal Constitucional alemão, baseado numa *Wertejudikatur*, isto é, na compreensão da Constituição como uma ordem concreta de valores e não como um sistema de regras estruturado por princípios, e na *Güterabwägung*. Isso permitiria ao juiz constitucional partir das razões extraídas das normas para realizar uma interpretação, desenvolvimento e configuração do sistema de direitos dependente diretamente dele, no exercício de uma atividade legislativa implícita (*idem*, p. 335).

[2505] A construção de referência pertence, primordialmente, a RAWLS, proposta em «The Basic Liberties...», pp. 8 ss., em termos que corrigem e completam alguns dos conceitos da primeira versão de *A Theory of Justice*, publicada 10 anos antes (RAWLS, *A Theory...*, pp. 42-43; *Political Liberalism...*, p. 294). As liberdades básicas decorrem do primeiro princípio de justiça: "cada pessoa tem um direito igual a um esquema totalmente adequado de liberdades básicas que é compatível com um esquema similar de liberdades para todos" («The Basic Liberties...», p. 5). As liberdades básicas integram *uma lista limitada*, manifestamente inspirada nos *preferred rights* da jurisprudência constitucional norte-americana (incluindo apenas aquelas que são verdadeiramente essenciais: liberdade de pensamento e liberdade de consciência, as liberdades políticas e a liberdade de associação, liberdade e integridade da pessoa e os direitos e liberdades cobertos pela *rule of law*: *ob. cit.*, p. 5), possuindo um estatuto prioritário. O autor admite que as liberdades básicas *podem conflituar umas com as outras* (*ob. cit.*, p. 8). Também podem conflituar com razões de bem público (referidas às conceções utilitaristas) e valores perfecionistas (associados às doutrinas do perfeccionismo). Para a superação desses conflitos, o autor distingue entre *restrições* e *regulamentação*. Estas distinções aparecem pela primeira vez no texto que temos vindo a citar, não constando de *A Theory of Justice*. Refletem um esforço de responder a críticas recebidas após a publicação daquela (esforço apenas parcialmente bem sucedido, uma vez que não especifica exatamente as diferenças, limitando-se a citar TRIBE; além disso, continua a utilizar outros conceitos, como o de limitação ou negação de direitos, igualmente sem definição clara). A resistência das liberdades básicas é diferente em cada um dos casos de conflito. Na sua relação com as razões de bem público e com os valores perfeccionistas, a natureza prioritária das liberdades básicas implica que tenham um *peso absoluto* («The Basic Liberties...», p. 9). Isto determina que o conflito não pode ser resolvido através de restrições das liberdades básicas. Porém, o discurso de RAWLS em relação a situações concretas de conflito não é totalmente consistente, uma vez que apresenta exemplos de restrição de liberdades básicas com o fim da salvaguarda do que se pode chamar interesses públicos ou coletivos de preservação do funcionamento das instituições democráticas: é o que sucede com a restrição da liberdade de expressão, uma das liberdades básicas (cfr. *ob. cit*, p. 70). Quando as liberdades básicas entrem em conflito entre si, as regras institucionais que as definem têm de ser ajustadas, de modo a que formem um esquema *coerente*. No esquema ajustado daí resultante não

NA ANTECÂMARA DA PROPORCIONALIDADE EM SENTIDO ESTRITO

A ordem lexical determina que se satisfaça a primeira norma da sequência antes de passar à segunda, a segunda antes de passar à terceira e assim por diante. Uma norma não entra em jogo enquanto as que a antecedem na ordenação, sendo aplicáveis, não estiverem integralmente preenchidas. Uma ordem lexical torna desnecessária a ponderação de normas ou dos bens, interesses ou valores por elas contemplados. As normas antecedentes têm um valor absoluto em relação às subsequentes.

10.2.1.2. *Apreciação crítica*

Uma primeira nota vai para salientar que, apesar da sua grande influência e atratividade, as idealizações filosóficas de HABERMAS, RAWLS, DWORKIN, FINNIS ou NOZICK[2506] se divorciam das realidades constitucionais dos ordenamentos avançados.

O ideal de um conjunto reduzido e nitidamente recortado de direitos fundamentais, expresso numa plêiade seleta de liberdades básicas, não corresponde ao estádio atual do compromisso constitucional, nem é desejável que venha a corresponder[2507]. Aceitá-lo, como preço de liberdade absoltutamente preservada face ao Estado, conspira a favor de deixar de fora boa parte das liberdades que os tempos modernos nos oferecem mas que não têm acesso ao Olimpo das liberdades básicas daqueles proeminentes jus-filósofos liberais.

A tese da absoluta e irredutível primazia das liberdades básicas perante as *policy* – ou interesses públicos –, quaisquer que sejam as circunstâncias, e, concomitantemente, da sua natureza absoluta, não é alicerçada ou confirmada por nenhuma ordem jurídica positiva, incluindo a norte-americana, apesar de aí as leituras constitucionais dos direitos serem distintas das europeias. Os textos constitucionais e de direito internacional não consideram absolutos a maior parte dos direitos fundamentais, antes fornecem numerosos exemplos de cláusulas que autorizam a sua limitação pelo legislador em prol da prossecução de interesses coletivos primordiais[2508]. Ora, as constituições e os textos de direitos

---

é exigível que as liberdades básicas sejam todas asseguradas por igual (*ob. cit.,* p. 9). O "ajustamento" das liberdades básicas entre si (e em si próprias: *"the basic liberties not only limit one another but they are also self-limiting"*, *ob. cit.,* p. 56) pode ser realizado através de regulamentação, mas também através de restrições. O seu caráter prioritário não impede, nestes casos, que a liberdade básica possa ser restringida (o autor fala também de limitada ou negada). Nessa operação de ajustamento, o *central range of application* de cada liberdade básica tem sempre de ficar salvaguardado (*ob. cit.,* p. 9).

[2506] Ou de TSAKYRAKIS, no específico plano da crítica à proporcionalidade: cfr. «Total Freedom...», pp. 10 ss.

[2507] Assim, PINO, *Derechos...*, p. 233; confluente, KUMM, «Más allá del principio...», p. 285.

[2508] KLATT/MEISTER, *The Constitutional...*, pp. 18 ss.

O PRINCÍPIO DA PROIBIÇÃO DO EXCESSO

não fazem mais do que reconhecer e responder a problemas teóricos e pragmáticos que as orientações deontológicas, com os pilares que estudámos (de forma esquemática, admite-se, e negligenciando muitas subtilezas do discurso dos autores invocados), não são capazes de enfrentar com sucesso.

Convocámos DWORKIN quando quisémos identificar linhas de fundamentação teórica para o absolutismo dos direitos: destacaram-se as ideias de que os direitos são instrumentais à promoção da dignidade humana e constituem veículos da criação de igualdade política entre os cidadãos, na medida em que protegem os mais frágeis. Todavia, é manifesto que uma pletora significativa de direitos fundamentais não tem uma relação próxima com a ideia de dignidade humana. E há direitos que na realidade interessam mais aos privilegiados do que aos mais frágeis[2509]. Por isso, mesmo que alguns traços da conceção deontológica mostrem aderência em relação a certos direitos, ela não vale em relação a *todo* e *qualquer* direito[2510]. Como se sustentou anteriormente[2511], isso é possível – e desejável –, quanto muito, em relação a um grupo restrito de posições jurídicas subjetivas de natureza fundamental (e, mais do que isso, suprema) que talvez não possa ir além de algumas das que decorrem do direito à vida e poucas mais. E mesmo aí não se foge à necessidade de ponderação: os direitos fundamentais só podem ser considerados absolutos (se puderem e quando puderem) *depois* de um processo de ponderação ter sido cumprido[2512].

Vejamos como estas construções se refletem numa hipótese de colisão entre bens, interesses ou valores constitucionalmente ancorados.

Considerem-se duas disposições constitucionais, de que resultam duas normas: *N1* estatui que "o legislador não pode impedir ninguém de se exprimir e divulgar livremente o seu pensamento pela imagem ou por qualquer outro meio" (reconstrução parcial da vertente negativa do artigo 37º, nºs 1 e 2, da CRP); *N2* estatui que "o legislador deve proteger o direito ao bom nome, à reputação e à imagem das pessoas" (reconstrução parcial da vertente positiva do direito ao bom nome, à reputação e à imagem, artigo 26º, nº 1, da CRP).

Dos enunciados normativos, no seu mais elevado grau de abstração e indeterminação, não resulta nenhuma colisão. Mas o alto grau de indeterminação da previsão (implícita) sobre as situações que suscitam a aplicação/cumprimento das respetivas estatuições (isto é, as estatuições "o legislador não pode impedir ninguém de se exprimir e divulgar livremente o seu pensamento pela imagem ou por qualquer outro meio" e "o legislador deve proteger o direito ao bom

---

[2509] PETERSEN, «How to Compare...», p. 1400

[2510] Assim, PETERSEN, «How to Compare...», p. 1401.

[2511] *Supra*, capítulo 10.

[2512] Assinalando o ponto, RIVERS no «Prefácio» à edição inglesa do *A Theory*..., de ROBERT ALEXY, p. xxxi; KLATT/MEISTER, *The Constitutional*..., p. 21.

NA ANTECÂMARA DA PROPORCIONALIDADE EM SENTIDO ESTRITO

nome, à reputação e à imagem das pessoas") permite conceber dois grupos de situações: por um lado, aquelas em que não há colisão (as estatuições podem ser cumpridas sem se anularem mutuamente); por outro lado, aquelas que caem simultaneamente num segmento *parcial* da previsão de ambas as normas, as quais definem consequências ou estatuições incompatíveis[2513]. Por exemplo, a situação "caricatura de pessoas através de *cartoons* satíricos" é protegida da intervenção do legislador pela estatuição de *N1*; mas recai também na estatuição de *N2*, uma vez que o legislador deve evitar que a "caricatura de pessoas através de *cartoons* satíricos" viole o bom nome, a reputação e a imagem das pessoas.

HABERMAS diria que nessas situações só uma duas normas, *N1* e *N2*, é adequada, só uma deve ser aplicada. Todavia, o conceito de norma adequada é obscuro[2514] e deixa o decisor desarmado quanto ao critério que deve aplicar para escolher uma norma válida aplicável, *por ser a mais adequada* e para preterir outras normas que, sendo embora válidas e candidatas *prima facie* à aplicação, não são *adequadas*. Não resultando da constituição nenhuma regra de ouro que dirija de forma quase mágica a escolha racional[2515], nem norma de colisão que permita concluir com segurança qual a norma adequada no caso concreto, a preferência por uma das normas tem de ser estabelecida por quem tiver a responsabilidade de resolver a colisão, designadamente legislador ou juiz. Ora, querendo retirar os direitos *da negociação do dia a dia*, leia-se, da *ponderação do dia a dia*, corre-se o risco de cair numa negociação mais obscura do que aquela que decorre nos quadros da ponderação ou propõe-se o impossível. Muito provavelmente, a enérgica recusa da *negociação de direitos* através de processos ponderativos apenas atiraria esses mesmos processos ponderativos para a clandestinidade ou os camuflaria sob outro rótulo, como sucede, no fundo, quando se recorre à teoria dos limites imanentes para justificar a interferência em direitos fundamentais[2516].

[2513] Em termos coincidentes, DAVID DUARTE, «Drawing Up Boundaries...», pp. 59 ss.

[2514] ZORRILLA, *Conflictos...*, p. 186.

[2515] Veja-se a construção de FINNIS, «Commensuration...», p. 227, da regra de ouro da equidade.

[2516] O paralelismo não é certamente despropositado. A construção de Habermas pode ser entendida como uma versão sofisticada da teoria dos limites imanentes: cfr. PULIDO, *El principio...*, pp. 459 ss.; KLATT/MEISTER, *The Constitutional...*, p. 17. Como se estudou anteriormente (capítulo 9), a teoria dos limites imanentes (*immanenten Beschränkungen*) vê-os como parte da norma constitucional de garantia do direito, sendo revelados simplesmente através da interpretação, sem recurso a qualquer operação de ponderação. O legislador desvenda-os ou regula-os através de leis regulamentadoras, conformadoras ou concretizadoras, não se excluindo o *acesso* à declaração do limite imanente por outras autoridades, administrativas e judiciais. Os limites imanentes obrigam à cedência absoluta ou categorial de um direito, isto é, sem harmonização. A delimitação ou descoberta dos limites imanentes não vale como restrição ao direito. Sucede, porém, que, muitas vezes, mesmo quando se foge à linguagem da ponderação, ela existe, embora esteja camuflada na linguagem da interpretação.

O PRINCÍPIO DA PROIBIÇÃO DO EXCESSO

Porém, pode alegar-se que o panorama do parágrafo anterior não é inevitável. A constituição pode explicitar critérios normativos de resolução da colisão. Um exemplo poderia ser a norma de colisão *N3*: "quando *N1* e *N2* colidam em concreto, prevalece *N1*"[2517]. Trata-se da lógica própria de uma ordem lexical: enquanto houver situações e em relação a todas as situações que sejam subsumíveis à previsão de *N1*, não se aplica nenhuma outra norma que não *N1*, quaisquer que sejam as circunstâncias e consequências. E se isto pode suceder para *N1* e *N2* pode suceder para todas as colisões. Ou seja, é concebível um sistema de normas constitucionais de colisão pormenorizadamente descritivas de toda e qualquer situação possível e imaginável, com soluções mais ou menos assimétricas, mais ou menos sensíveis aos contornos de cada caso concreto. O legislador constituinte arcaria com a responsabilidade de antecipar e resolver todas as possíveis colisões através de uma intrincada rede abstrata de meta-normas, ou de regras, exceções e contra exceções, que conformem o âmbito de proteção da norma de direito fundamental e possibilitem uma aplicação categórica, sem ponderação.

Esta hipótese suscita um primeiro comentário: certamente que deste modo se atingiriam altos padrões de coerência e de estrita vinculação do juiz constitucional à constituição; mas um sistema com esta configuração, implicando *sempre* a escolha de uma das normas, com remissão para segundo plano de outras válidas e aplicáveis *prima facie*, incorreria no risco sério de um dos direitos *não ser reiteradamente tomado a sério*, qualquer que fosse a configuração exata da situação. Significativamente, trata-se do exato risco que os críticos da ponderação alegam para a ela se oporem.

Mas, mais decisiva é outra observação: uma solução dessa natureza é virtualmente inexequível numa sociedade complexa[2518]. O máximo que se pode admitir é a existência *circunscrita* de regras dessa natureza, por exemplo, através do reconhecimento excecional de *direitos absolutos* suscetíveis de prevalecer sobre todos os demais (como admitimos a propósito do direito absoluto à abstenção de intervenções no direito à vida).

Tudo visto, o recurso (sub-reptício ou declarado) ao exercício que HABERMAS rejeita parece inevitável: ponderação dos bens, interesses ou valores em colisão, de modo a definir em que circunstâncias prevalecem uns e em que circunstâncias prevalecem outros. É essa ponderação que conduz, por exemplo, a que o legislador opte eventualmente pela solução legislativa de determinar que se os autores dos *cartoons* forem cartoonistas profissionais, o direito a exprimir-se através da imagem prevalece em regra, ao invés do que sucede se se tratar

---

[2517] Admitindo que não é teoricamente inconcebível a existência de uma norma de conflito aplicável a estas situações, DAVID DUARTE, «Drawing Up Boundaries...», p. 60.

[2518] MUZNY, *La Technique de Proportionnalité...*, pp. 64 ss.; PETERSEN, «How to Compare...», p. 1400.

NA ANTECÂMARA DA PROPORCIONALIDADE EM SENTIDO ESTRITO

de alguém que visa apenas exprimir-se episodicamente, por vingança, sobre um adversário; ou que se a pessoa representada no *cartoon* for o Primeiro-Ministro, o direito a exprimir o pensamento sobre ele através de caricaturas tem mais vigor do que se o visado for um cidadão sem relevância ou exposição pública; ou ainda que se os *cartoons* se limitarem a salientar exageradamente aspetos da fisionomia do visado, o direito a exprimir-se através da imagem tem mais força do que quando se trata de retratá-lo como um animal em situações vexatórias (por exemplo, com corpo de porco em situação de cópula com um magistrado dos tribunais[2519]).

É claro que a operação de ponderação será, normalmente, muito mais complexa do que a aqui ensaiada, isto é, terá de atender ao cruzamento de uma rede mais fina de argumentos materialmente justificadores da prevalência de alguns dos bens, interesses ou valores concretamente envolvidos sobre os outros. Mas apenas com estes dados já é possível perceber que o legislador nuns casos poderá dar prevalência aos bens, interesses ou valores protegidos por *N1*, noutros aos de *N2*, inevitavelmente em resultado de uma operação de ponderação e não da estrita subsunção a critérios normativos resultantes da constituição ou de qualquer meta-sistema de valores.

10.2.2. O especificacionismo

Porventura é arriscado abrigar sob a mesma rúbrica e designação construções que vão desde o especificacionismo de autores de língua castelhana, como MORESO, MENDONCA, ZORRILO e outros[2520], adeptos do positivismo metodológico, inspirados no modelo de HURLEY e em alguns contributos conceptuais e lógicos de ALCHOURRÓN e BULYGIN, até ao especificacionismo da constituição negociável de WEBBER, em boa medida influenciado pelo quadro filosófico proposto por FINNIS. Mas há um tronco comum que justifica o tratamento conjunto.

O especificacionismo pretende demonstrar que é possível resolver através do exercício das funções do legislador, (*especificacionismo legislativo*), ou no ambiente judicial (*especificacionismo judicial*), colisões normativas, nomeadamente

---

[2519] Como na situação julgada em 1987 pelo *BVerfG, Kopulierendes Schwein*, envolvendo Franz Josef Strauss: v. *BVerfGE 75*, p. 369.

[2520] MORESO, «Ways of Solving Conflicts of Constitutional Rights: Proportionalism and Specificationism», *cit.*; ZORRILLA, *Conflictos...*, *cit.*; idem, «Alternativas...», *cit.*; MENDONCA, *Los derechos...*, *cit.* O "especificacionismo" (*specificationism*: cfr. GARDBAUM, «Proportionality...», p. 269), como expressão mais recente das chamadas teorias internas, é também a tese central de autores como WEBBER (*The Negotiable Constitution, cit.*).

O PRINCÍPIO DA PROIBIÇÃO DO EXCESSO

as que envolvem direitos fundamentais[2521], sem recurso à ponderação ou, pelo menos, com lateralização da ponderação, degradada a um mero passo prévio da subsunção[2522].

10.2.2.1. Constituição negociável: o especificacionismo legislativo

10.2.2.1.1. Apresentação

Sobre a tese da constituição negociável[2523] bem se pode dizer que propõe a verdadeira quadratura do círculo: mantém-se fiel à teoria dos direitos absolutos e refuta a necessidade de ponderação no contexto do princípio da proporcionalidade clássica, mas foge aos cânones mais tradicionais das ordens lexicais ou dos limites imanentes, tal como expostos nos números anteriores. Em pano de fundo deixa um discurso crítico da atribuição ao juiz constitucional de um papel alegadamente usurpador da posição do legislador.

O primeiro contributo para a delimitação do âmbito e conteúdo de um direito[2524] cabe ao legislador constituinte ou ao autor da carta de direitos. Mas, mesmo assim, o direito fica presumivelmente envolto num véu de indeterminação. Onde termina a possibilidade de *interpretação* da constituição começa o espaço do legislador, a quem cabe a tarefa de *construção do significado* que a constituição deixa em aberto[2525]. Ao legislador compete a especificação do conteúdo do direito, através de exercícios de argumentação prática. Assim, define, por exemplo, se a liberdade de expressão compreende calúnia, difamação, queima da bandeira, pornografia, obscenidade, perjúrio, discursos racistas e de ódio, negação do holocausto, propaganda comercial, gritar "fogo" numa sala de cinema, etc., mas também outros aspetos estruturais, subjetivos, objetivos e deônticos. Isto implica um laborioso processo de pormenorizada especificação de *tudo o que fica coberto* e do que *não fica coberto* pelo direito, realizado de forma *abstrata* e *a priori* de qualquer episódio de aplicação concreta. Trata-se de uma atividade

---

[2521] Por norma exemplificados através da colisão entre a liberdade de expressão, informação ou imprensa e o direito à honra no contexto constitucional espanhol (MORESO, «Conflictos...», p. 826; ZORRILLA, *Conflictos...*, pp. 265 ss.), o que suscita a dúvida sobre a sua adaptabilidade a outras colisões: v. DE FAZIO, «Sistemas normativos...», p. 200.

[2522] MORESO, «Ways of Solving Conflicts of Constitutional Rights: Proportionalism and Specificationism», *cit.*; ZORRILLA, *Conflictos...*, *cit.*; *idem*, «Alternativas...», *cit.*; MENDONCA, *Los derechos...*, *cit.*; MARIBEL GONZÁLEZ PASCUAL, *El tribunal constitucional...*, *cit.* Para um debate crítico recente, v. DE FAZIO, «Sistemas normativos...», *cit.*

[2523] WEBBER, *The Negotiable...*, *cit.*; *idem*, «Proportionality, Balancing...», *cit.*

[2524] WEBBER, *The Negotiable...*, p. 124, desenrola ainda outras expressões alternativas, como fronteira, confinamento, linha de demarcação, perímetro, circunscrição ou definição.

[2525] WEBBER, *The Negotiable...*, p. 161.

NA ANTECÂMARA DA PROPORCIONALIDADE EM SENTIDO ESTRITO

constitutiva do legislador, que envolve *escolhas, assistidas* e *não determinadas* pela razão prática[2526].

As interpretações das cláusulas de limites espalhadas pelas constituições e pelas cartas de direitos que veem esses limites como fundamento para o estabelecimento de limitações entendidas como restrições do direito são consideradas erróneas[2527]. Contudo, como qualquer especificação justificável do direito – pelo legislador – varia de acordo com o tempo, lugar e circunstâncias e tudo o mais que afete o bem de cada membro da comunidade, não se pode conceber um direito irreflexivo do universo político-moral[2528]. A especificação de um direito não é estática, estando sujeita a reponderações da delimitação quando os contextos são reavaliados[2529]. Esta reavaliação do conteúdo dos direitos não resulta de processos casuísticos de otimização – através da modelação do conteúdo do direito à luz de interesses competidores –, mas sim de processo de revisão das fronteiras do direito, subordinados à visão criativa da política. Este processo de constante *construção* do sentido dos direitos pelo legislador (e não pelos tribunais), permitindo-lhes permanecer como absolutos[2530], é uma das manifestações da *constituição negociável*[2531].

A conceção dos direitos absolutos negociáveis vê os limites como *constitutivos* do próprio direito, não lhe sendo impostos a partir do exterior e resultando de delimitação ou especificação construtiva do direito, através de operações de argumentação racional[2532]. Para a tese dos direitos absolutos negociáveis, os direitos são uma *conclusão* – e não um ponto de partida ou uma premissa – do processo de argumentação prática.

Uma vez o direito propriamente definido, isto é, uma vez delimitado, contemplando todas as razões morais e políticas que incidam sobre o que os direitos requerem de nós e dos outros numa sociedade livre e democrática, não está sujeito nem a restrições nem a otimização[2533], é absoluto, insuscetível de exceções[2534]. Nesta perspetiva, um direito consiste na pretensão de excluir, de se sobrepor ou de ser imune a algum interesse competidor ou pretensão de uma ou de várias outras pessoas[2535].

[2526] WEBBER, *The Negotiable...*, p. 137.

[2527] WEBBER, *The Negotiable...*, p. 124.

[2528] WEBBER, *The Negotiable...*, p. 139.

[2529] WEBBER, *The Negotiable...*, p. 144.

[2530] WEBBER, *The Negotiable...*, p. 145.

[2531] WEBBER, *The Negotiable...*, p. 167.

[2532] Certeiramente crítico em relação a este aspeto, GARDBAUM, «Proportionality...», pp. 280 ss.

[2533] WEBBER, *The Negotiable...*, p. 117.

[2534] WEBBER, *The Negotiable...*, pp. 141 ss.

[2535] É feita referência a FINNIS, «A Bill of Rights for Britain?», p. 318.

O PRINCÍPIO DA PROIBIÇÃO DO EXCESSO

Em todo este discurso perpassa uma enérgica denúncia de um modelo alegadamente capturado pela *judicial review* e pelo ativismo judicial. Aos juízes deve caber apenas *interpretar*, não *construir*. Os juízes não são protagonistas salientes da constituição negociável. Quando a mudança constitucional é protagonizada pelo poder judicial, o princípio democrático é desrespeitado, porque os cidadãos não participaram na mudança e ficam sujeitos a regras, processos e instituições que não dependem da sua escolha[2536].

10.2.2.1.2. *Apreciação crítica*

A construção da constituição negociável enfrenta várias dificuldades. Algumas denunciam a sua incapacidade de funcionar como alternativa a uma teoria dos direitos que coloca num lugar central o princípio da proporcionalidade. Referiremos: (i) a impossibilidade do desempenho herculeo de especificação do direito; (ii) a incapacidade de explicar como se chega à definição do âmbito e conteúdo; (iii) a insusceptibilidade de aderência ao direito positivo, constitucional e convencional; (iv) a contradição dos termos entre absoluto e negociável.

Primeiro, deposita no legislador a responsabilidade de especificar o âmbito e conteúdo dos direitos, de forma constitutiva e criativa, independentemente de aplicações concretas, definindo exaustivamente, sem deixar qualquer espaço criativo ao juiz, nem qualquer fissura, todo e qualquer episódio de aplicação do direito, apenas ancorado no exercício da razão prática. Mas essa é uma tarefa de um legislador Hércules e não de um legislador real.

Segundo, não explica como é possível especificar o âmbito e o conteúdo do direito sem recurso a operações de ponderação dos bens, interesses ou valores envolvidos. Admita-se que o legislador, de forma abstrata, ou o juiz, num caso concreto, consideram que o direito de propriedade não abrange a possibilidade de impedir alguém de arrombar a porta de uma cabana na montanha para se proteger de uma tempestade que põe em risco a sua vida[2537]. Em contrapartida, consideram que abrange a possibilidade de esse alguém ser impedido de entrar na edificação simplesmente para disfrutar o prazer de dormir uma noite na montanha. Como é que podem chegar a essa solução a não ser através da ponderação dos bens, interesses ou valores relevantes, conferindo, no primeiro caso, maior peso a um (a vida sobre a propriedade) e, no segundo, maior peso a outro (a propriedade sobre o interesse lúdico)? Sendo certo que o direito pode ter um conteúdo ou núcleo essencial definido pela constituição, insuscetível de restrição ou de ponderação pelo legislador (é erróneo pensar que o princípio da proporcionalidade inviabiliza essa possibilidade[2538]), não se vê como é que, fora

---

[2536] WEBBER, *The Negotiable...*, p. 52.
[2537] Um dos exemplos apresentado por WEBBER, *The Negotiable...*, p. 129.
[2538] Cfr. capítulo 10.

NA ANTECÂMARA DA PROPORCIONALIDADE EM SENTIDO ESTRITO

desse conteúdo essencial, que se deve entender diretamente ancorado na constituição, se pode definir o conteúdo e âmbito de direitos em colisão com outros interesses sem recurso a ponderação dos bens, interesses e valores envolvidos. Terceiro, é fútil o esforço para demonstrar que as cláusulas de limitação ou de restrição de direitos, geralmente gravadas nas principais constituições e cartas de direitos nacionais e internacionais, são cláusulas que conferem ao legislador o poder de especificar os direitos previstos de forma indeterminada e não o poder de limitar ou restringir as possibilidades que *antecedentemente* se entende que estão abrangidas pelo âmbito e conteúdo do direito[2539]. Esse esforço esbarra irremediavelmente com o texto, com a interpretação e com a aplicação sistematicamente associadas às cláusulas de limites.

Finalmente, quarto, apesar de a expressão direitos *absolutos negociáveis* não ser empregue por WEBBER, ela expressa a insanável contradição que a sua tese encerra. A noção de direitos absolutos não se compatibiliza com a possibilidade de permanente negociação e mutação do respetivo conteúdo. Direitos negociáveis, no quadro parlamentar, são direitos *relativizados* pela negociação e pelas maiorias circunstanciais. Invocando a desejabilidade de subtrair os direitos à tirania desconstrutiva da proporcionalidade, a tese ora discutida atribui aos direitos valor *nominal* absoluto, mas condena-os à dinâmica de negociação do dia a dia no volúvel quadro parlamentar. Isso torna-os mais relativos e mais instáveis do que aquilo que qualquer versão da proporcionalidade realmente aplicada, particularmente na Europa, arriscaria. Do ponto e vista dos valores democráticos, é meritória a procura de novos equilíbrios entre legislador e juiz constitucional. Todavia, não parece que isso se possa fazer transigindo com um ambiente de permanente negociação do conteúdo dos direitos que os deixe à mercê de qualquer maioria historicamente datada[2540], convivendo com um juiz constitucional remetido ao papel de *"la bouche qui prononce les paroles de la loi»*[2541], mero serventuário de uma *mechanical jurisprudence* (POUND)[2542].

[2539] Cfr. WEBBER, *The Negotiable...*, pp. 133 ss.

[2540] E o perigo das maiorias sem controlo não foi erradicado nas democracias. Por exemplo, a revisão constitucional húngara de 2013 introduziu maior controlo da liberdade religiosa, instituiu o casamento heterossexual como única forma aceitável de formação familiar e restringiu a atuação das instituições independentes do Governo. Algumas das demais alterações visam graves restrições dos direitos e condicionam o Tribunal Constitucional hungaro.

[2541] MONTESQUIEU, *L'Esprit des Lois*, 1777, Liv. XI, Cap. VI (*"les juges de la nation ne sont, comme nous avons dit, que la bouche qui prononce les paroles de la loi; des êtres inanimés, qui n'en peuvent modérer ni la force ni la rigueur"*).

[2542] Já depois de o presente trabalho estar concluído, WEBBER procurou responder, em «Proportionality and Absolute Rights», pp. 16 ss., a algumas críticas que a sua construção suscitou (MÖLLER, BARAK), adiantando novos argumentos e precisando algumas linhas argumentativas, porém sem lograr desvitalizar as objeções essenciais.

O PRINCÍPIO DA PROIBIÇÃO DO EXCESSO

10.2.2.2. O especificacionismo na versão de Moreso e outros

10.2.2.2.1. Apresentação

Esta construção[2543] reivindica a virtude de oferecer um mecanismo de controlo racional da aplicação de princípios e de evitar o particularismo – isto é, o apego excessivo às particularidades do caso concreto – que construções como a de ALEXY alegadamente implicam, garantindo a adesão e referência das decisões judiciais a uma pauta geral[2544].

A estratégia é reduzir o alcance dos princípios para conservar a sua força[2545]. Nesse quadro, a ponderação é simplesmente a operação que permite passar dos princípios (entendidos como pautas com previsão aberta) a regras (pautas com previsão fechada), suscetíveis de subsunção[2546]. Tal como HURLEY[2547], embora sem coincidência total, apontam-se cinco etapas: (i) delimitação do problema normativo ou universo do discurso (ud)[2548]; (ii) identificação dos quadros normativos colidentes aplicáveis *prima facie*; (iii) consideração de casos paradigmáticos, reais ou hipotéticos, que resolvem consensualmente e de forma óbvia colisões sobre a matéria referente ao âmbito normativo identificado no primeiro passo; (iv) estabelecimento das propriedades relevantes do universo do discurso, tendo em conta os casos paradigmático; (v) inferência (dos casos paradigmáticos) das regras que resolvem de modo unívoco todos os casos do universo do discurso[2549]. Fixadas estas regras, é possível aplicá-las no futuro aos casos típicos, através de subsunção.

10.2.2.2.2. Apreciação crítica

Não é clara a metódica, o objeto e a exata localização da ponderação nesta conceção[2550]. Por outro lado, a dificuldade de justificar a progressão de uma etapa para a seguinte é semelhante à que se aponta ao particularismo, seja ela imputável ao subjetivismo ou a outra coisa. Acresce que ao particularismo são feitas

---

[2543] MORESO, «Ways of Solving Conflicts of Constitutional Rights: Proportionalism and Specificationism», *cit.*; *idem*, «Conflictos...», *cit.*; ZORRILLA, *Conflictos...*, *cit.*; *idem*, «Alternativas...», *cit.*; MENDONCA, *Los derechos...*, *cit.* Para uma apreciação comparativa com o modelo de Alexy, CLÉRICO, «Sobre "casos" y ponderación...», pp. 135 ss.

[2544] MORESO, «Conflictos...», p. 825.

[2545] MORESO, «Conflictos...», p. 826.

[2546] MORESO, «Conflictos...», p. 826.

[2547] Cfr. *infra*, nº 11.3.2.

[2548] Sobre a noção de universo do discurso, ALCHOURRÓN/BULYGIN, *Introducción a la metodologia...*, p. 32.

[2549] MORESO, «Conflictos...», pp. 826-827.

[2550] CLÉRICO, «Sobre "casos" y ponderación...», p. 142, refere, aparentemente com razão, que o modelo de Moreso é um modelo de simples comparação de casos e de analogia, sem ponderação.

NA ANTECÂMARA DA PROPORCIONALIDADE EM SENTIDO ESTRITO

concessões significativas: as especificações do âmbito normativo do princípio realizadas com a criação de regras são sempre superáveis por *defeaters* e sobre estes não é possível estabelecer à partida um critério exaustivo de relevância que garanta que a regra considerada aplicável possa ser aplicada sem consideração de todas as especificidades do caso concreto[2551]. Isso demonstra que a possibilidade de especificar regras a partir dos princípios pode eventualmente contribuir para o reforço da formalização da deliberação prática, acentuando o seu sentido universalizável[2552], mas em nenhum momento afasta definitivamente a necessidade de ponderação (e de novas ponderações) como instrumento metódico da especificação da regra de decisão finalmente aplicável nas circunstâncias concretas[2553].

11. A ponderação como forma institucionalizada de razão

11.1. A distinção entre (in)comensurabilidade e (in)comparabilidade

Para a viabilidade de algumas expressões de consequencialismo (como as avaliações *custo-benefício* e as variadas formas de *utilitarismo*), a comensurabilidade é vital. Sem comensurabilidade dos atributos ou propriedades, o seu projeto teórico não é pragmaticamente realizável. A alegação e demonstração da incomensurabilidade dos atributos ou propriedades que são objeto de deliberação atingem seriamente aquelas expressões de consequencialismo.

Todavia, para a realização das ponderações inerentes à necessidade (quando exigidas) e à proporcionalidade e.s.e. tem sido afirmado que a comensurabilidade não é indispensável[2554]. Em contrapartida, é requerida alguma fórmula de comparabilidade entre os fatores a contrastar e a ponderar. Mesmo que (contra

---

[2551] MORESO, «Conflictos...», p. 829. Crítico, MALDONADO, *La proporcionalidad*, p. 93, advertindo para a não maneabilidade de um complexo sistema de regras e exceções em permanente revisão e alteração. Diferentemente, porém, ZORRILLA, *Conflictos...*, pp. 257 ss., procurando demonstrar que é possível uma matriz fechada, exaustiva e completa, com soluções genéricas para todos os tipos de casos genéricos concebíveis. Nesta petrificação parece ir além da própria SUSAN HURLEY, que constitui alegadamente a sua matriz: neste sentido, DE FAZIO, «Sistemas normativos...», p. 212.

[2552] Podendo, aliás, alegar-se que isso decorre inclusive da construção original do próprio ALEXY quando fala de uma rede de regras produto da ponderação: cfr. *Teoria...*, 2ª ed., p. 495.

[2553] Coincidente, DE FAZIO, «Sistemas normativos...», p. 221. CLÉRICO, «Sobre "casos" y ponderación...», pp. 142 ss., conclui que o modelo de Alexy não é muito diferente de *uma parte* do modelo de Alexy, antes o complementando nessa parte.

[2554] Aliás, como veremos *infra*, pode até discutir-se se a proporcionalidade e.s.e – ou, mais latamente, a proibição do excesso – é aplicável em situações de comensurabilidade, isto é, em situações em que as grandezas e as opções conflituais são suscetíveis de medição através de uma única escala métrica.

o que sustentam as teses comparativistas) possa haver situações de escolha não comparativas[2555], a necessidade e a proporcionalidade e.s.e. requerem comparação (de meios alternativos, de efeitos), o que pressupõe, forçosamente, a comparabilidade.

Todavia, a distinção entre (in)comensurabilidade e (in)comparabilidade não é incontroversa. Como vimos, alguns, como RAZ, não distinguem, considerando-as sinónimas[2556]. Aliás, a distinção entre (in)comensurabilidade e (in)comparabilidade está ausente da generalidade das construções apresentadas nos números anteriores. Por isso há que avaliar a viabilidade teórica de um conceito de comparabilidade *mais amplo* que o conceito de comensurabilidade[2557]. Isto seria representado da forma seguinte:

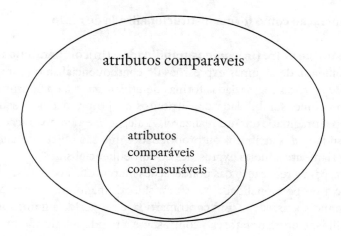

Conforme esta imagem gráfica mostra, todos os atributos ou propriedades comensuráveis seriam comparáveis, mas nem todos os atributos ou propriedades comparáveis seriam comensuráveis.

Para aquela viabilidade teórica contribui significativamente a reflexão de RUTH CHANG. Embora não verse especificamente a teoria e a metódica da ponderação, a sua construção sobre a distinção entre (in)comensurabilidade e (in)incomparabilidade[2558] é invocada por jusfilósofos, jusconstitucionalistas e teó-

---

[2555] V. a refutação em CHANG, «Introduction», pp. 8 ss.

[2556] *The Morality*..., capítulo 13; PANNACIO, «In Defense of Two-Step...», p. 118.

[2557] Isto é, de encarar a comensurabilidade como uma forma de comparabilidade: cfr. BOYLE, «Free Choice...», p. 123.

[2558] A abordagem de CHANG («Introduction»; *idem*, «Incommensurability...») sobre essa distinção não é a primeira nem a única. O tema da comparabilidade já tinha sido ventilado por outros autores; cfr. SINNOTT-ARMSTRONG, *Moral Dilemmas, cit.* (*apud* MATHER, «Law-making...», p. 347).

NA ANTECÂMARA DA PROPORCIONALIDADE EM SENTIDO ESTRITO

ricos da proibição do excesso para sustentar a racionalidade e objetividade da ponderação em situações de incomensurabilidade[2559].

O contexto filosófico em que CHANG discorre é o do debate sobre a existência de alternativa entre situações de escolha comparativa e não comparativa. Nas situações de escolha comparativa, para justificação da escolha é necessária a comparação das alternativas tendo em conta o valor relevante ou valor de escolha (*choice value*)[2560]. Nas situações de escolha não comparativa não seria o caso. Ora, a autora adere a uma tese essencialmente *comparativista*, uma vez que a "comparação de alternativas é necessária para a justificação de escolha"[2561]. A incomparabilidade de alternativas colocaria uma ineliminável ameaça para a justificação prática[2562].

Uma das dimensões analíticas da tese de CHANG é a distinção entre (in)comparabilidade e (in)comensurabilidade. Para isso recorre ao critério da possibilidade, ou não, do uso de escalas cardinais ou ordinais. *Comensurabilidade* define-se como possibilidade de estabelecimento de um *ranking* cardinal entre atributos ou propriedades ou portadores de atributos ou propriedades; *comparabilidade* define-se como a possibilidade de um ranking ordinal[2563]. Incomensurabilidade e incomparabilidade definem-se de forma reversa.

A comparação – ao invés da comensuração – não requer o emprego de uma escala de unidades de valor que permita a medição precisa em termos cardinais[2564]. Diferentemente do que se passa com a comensuração, o resultado da comparação não tem de ser uma resposta quantificada. Uma alternativa que realiza um bem, interesse ou valor pode ser racionalmente entendida como melhor que outra, sem que o "melhor" se meça através de um intervalo ou de um *ratio* quantificados[2565]. Na comparação entre alternativas não tem de se responder

---

[2559] Por todos, VIRGÍLIO AFONSO DA SILVA, «Comparing the Incommensurable...»; KLATT/MEISTER, *The Constitutional...*, pp. 63 ss.

[2560] CHANG, «Introduction», p. 7.

[2561] Notando alguns que se a incomensurabilidade de valores e opções é comum, a genuína incomparabilidade de alternativas é rara ou mesmo virtualmente inexistente: SCHARFFS, «Adjudication...», pp. 1394, 1398, 1406.

[2562] CHANG, «Introduction», p. 13.

[2563] CHANG, «Introduction», p. 2; «Incommensurability...», pp. 2598-2599. Outras propostas: ADLER, «Law and Incommensurability...», p. 1170: "duas opções são incomparáveis se é falso que uma opção é melhor que outra ('melhor' à luz dos critérios normativos relevantes para a escolha entre as duas) e se é falso que uma é pior que a outra, mas também falso que as duas são igualmente boas". Por seu turno, SCHARFFS, «Adjudication...»., p. 1393, propõe que se evite o recurso a critérios normativos que permitam dizer se uma opção é melhor ou pior. Basta que uma opção seja mais ou menos qualquer coisa: "A e B são incomparáveis se A não tem nada em comum com B que possa ser medido em termos de mais ou menos".

[2564] CHANG, «Introduction», p. 1.

[2565] *Idem*, p. 2; «Incommensurability...», p. 2598.

O PRINCÍPIO DA PROIBIÇÃO DO EXCESSO

"quanto melhor?", mas sim *"melhor de que forma?"* ou *"melhor até que ponto?"*[2566]. Os atributos ou propriedades comparados, ou os portadores deles, podem ser hierarquizados como primeiro, segundo, terceiro e assim por diante, sem recurso à quantificação. Ou um deles pode ser considerado melhor que o outro por referência a uma unidade imprecisa ou a um espetro aproximado de valores cardinais[2567].

Dois itens são incomparáveis se não for possível estabelecer uma relação positiva (isto é, reportada à forma como o mundo é) de valor entre eles[2568]. Uma relação positiva de valor materializa-se através de valores de cobertura (*covering values*), ou *tertium comparationis*, que sejam concretamente relevantes para o episódio deliberativo. Os valores de cobertura podem não ser suscetíveis de medição quantitativa ou de comensuração, como sucede com a generosidade, a amabilidade, a desonra, a crueldade, o cumprimento das obrigações, a coragem, a beleza e outros[2569]. Quanto menos vagos ou mais precisos os valores de cobertura, mais fácil a comparação[2570]. Os valores de cobertura podem ser complementados/densificados por valores contribuintes (*contributory values*)[2571].

A não redutibilidade da relação entre valores a uma quantificação torna mais provável a ausência de acordo entre agentes razoáveis sobre os resultados da comparação. Contudo, para haver comparabilidade e comparação não é essencial que pessoas razoáveis cheguem a um mesmo resultado[2572].

Da incomparabilidade deve distinguir-se a *não comparabilidade*. Esta ocorre em situações que normalmente a razão prática não nos leva a comparar, com vista a escolher: por exemplo, entre o sabor do número quatro e dos sonhos ou entre a capacidade de uma lâmpada e de uma janela para a função primeiro-ministro. Na não comparabilidade não é possível identificar em nenhuma das opções um valor de cobertura relevante para a deliberação. Na incomparabilidade o valor de cobertura existe numa das opções mas não na outra[2573].

Relevante para a iluminação de alguns aspetos da construção teórica da proporcionalidade e.s.e. (e também da necessidade) é a tese da *quarta relação de valor*. Como se viu, as definições de comensurabilidade normalmente referem-se à possibilidade de estabelecer uma de *três* relações: A mais ou maior que

---

[2566] CHANG, «Introduction», p. 18.

[2567] CHANG, «Incommensurability...», p. 2598.

[2568] CHANG, «Introduction», p. 4.

[2569] CHANG, «Introduction», p. 5; «Incommensurability...», p. 2599; VIRGÍLIO AFONSO DA SILVA, «Comparing the Incommensurable...», p. 284.

[2570] VIRGÍLIO AFONSO DA SILVA, «Comparing the Incommensurable...», p. 284.

[2571] CHANG, «Introduction», p. 5.

[2572] VIRGÍLIO AFONSO DA SILVA, «Comparing the Incommensurable...», p. 283.

[2573] CHANG, «Introduction», pp. 27 ss.; «Incommensurability...», p. 2560.

NA ANTECÂMARA DA PROPORCIONALIDADE EM SENTIDO ESTRITO

B, B mais ou maior que A, A e B iguais. Ora, quando se diz que A e B têm um valor igual, postula-se um valor *exatamente* igual. É aquilo que se pode designar a tese da tricotomia. CHANG considera a tricotomia insuficiente e acrescenta uma quarta hipótese de relação positiva de valor: aproximada, paritária ou *mais ou menos igual* ou vagamente igual (*rough equality, on a par*)[2574].

Não sendo este o espaço para tomar posição sobre o debate filosófico, pode sem embargo dizer-se que a quarta relação positiva de valor – paridade ou igualdade aproximada – nada acrescenta em relação aos traços consensuais da teoria da proibição do excesso[2575], designadamente no que se refere aos segmentos da necessidade e da proporcionalidade e.s.e.[2576]. Na proporcionalidade e.s.e., a comparação entre *covering values* visa apreciar uma relação entre pelo menos duas magnitudes A e B. Dadas as circunstâncias, só raramente será possível dizer *com precisão* ou *rigorosamente* que uma das magnitudes contrapesadas é maior, menor ou igual que as demais. Normalmente, há apenas condições cognitivas propícias para se dizer que uma é *aproximadamente* maior ou menor ou que ambas são *mais ou menos* iguais. Diz-se que há empate ou paridade entre A e B quando A e B são precisamente ou mais ou menos (*aproximadamente*) iguais. A tricotomia apropriada para a proibição do excesso tem esta configuração. Esta tricotomia torna fútil uma quarta relação de valor porque todas as três relações de valor admitem a ideia de *relação precisa ou aproximada de valor*. A justificação desta "folga" quanto ao resultado da comparação pode derivar de um ou vários fundamentos: de natureza ontológica (vaguidade ou indeterminação dos próprios bens, interesses ou valores), epistémica (incapacidade de conhecimento completo de quem procede à comparação) ou metodológica (critério de comparação utilizado)[2577].

Vejamos como isto se reflete no exemplo de ALEXY sobre os avisos preventivos nos maços de tabaco[2578].

Admitamos que é possível dizer que na situação 1 os efeitos da norma legislativa que obriga à inscrição de avisos de perigo para a saúde com a dimensão de

---

[2574] CHANG, «Introduction», pp. 26-27; «Incommensurability...», p. 1597. A proposta da autora é aceite, por exemplo, por MATHER, «Law-making...», p. 349. VIRGÍLIO AFONSO DA SILVA, «Comparing the Incommensurable...», p. 296, utiliza as expressões *parity* ou *rough equality*, equivalentes a empate (*stalemate*).

[2575] VIRGÍLIO AFONSO DA SILVA, «Comparing the Incommensurable...», p. 293, defende que a possibilidade de *parity* ou de *rough equality* permite conceber mais do que uma solução correta, isto é, uma série de soluções corretas, entre as quais o legislador pode escolher.

[2576] Sobre a necessidade, v. capítulo anterior, 7.3.

[2577] Sobre isto, v. a discussão em VIRGÍLIO AFONSO DA SILVA, «Comparing the Incommensurable...», pp. 295-296.

[2578] V. também uma adaptação do exemplo de ALEXY em VIRGÍLIO AFONSO DA SILVA, «Comparing the Incommensurable...», p. 296.

O PRINCÍPIO DA PROIBIÇÃO DO EXCESSO

5x2cm são efeitos de satisfação do bem saúde (efeitos A) *leves* e efeitos de interferência na liberdade de iniciativa económica (efeitos B) também *leves*. Uma interpretação rigorista da tese da tricotomia só aceitaria a igualdade de A e B se pudesse afirmar-se que A e B são *precisamente iguais*. Ora, essa interpretação rigorista não tem lugar na metódica da proibição do excesso. Para que se possa dizer que A e B são igualmente pesados ou importantes basta poder dizer-se que são ambos mais ou menos leves, isto é, que são *aproximadamente igualmente pesados*. É esta leitura que justifica que se possa continuar a dizer que A e B são mais ou menos igualmente pesados numa situação 2 em que é obrigatório que o aviso inscrito nos maços de tabaco tenha a dimensão de 5x 2,1cm, ou 5,1x2,1cm, em vez de 5x2cm. Admite-se que a obrigação de aposição do aviso sofre um (ligeiro) agravamento e que a satisfação do bem saúde consegue um ligeiríssimo progresso (se algum consegue...). No entanto, a "banda larga" do critério "*mais ou menos*" permite continuar a dizer que os efeitos A são leves e os efeitos B também, persistindo o *empate*, não obstante a circunstância de haver diferenças entre as duas situações.

O alargamento das possibilidades destas situações tem direta influência no alargamento da liberdade de conformação do legislador. Numa situação de empate[2579], o legislador pode concluir que nem a intensidade da satisfação do interesse de proteção da saúde, nem o direito à não interferência na liberdade de exercício da iniciativa económica privada com aquela intensidade apresentam a seu favor razões que lhes permitam reivindicar maior peso na equação ponderativa concreta. Consequentemente, o legislador tem liberdade de conformação, ou seja, pode enveredar por uma opção de política legislativa que satisfaça o interesse à proteção da saúde ou por uma opção de política legislativa que não interfira na liberdade de iniciativa económica privada[2580].

11.2. As condições operacionais de ponderação

No campo do direito, a exigência de deliberações em situações de incomensurabilidade é incontornável. Em domínios como a aplicação de sanções e penas, a apreciação da responsabilidade civil ou a atribuição de indemnizações,

---

[2579] Trata-se da situação que, neste domínio, por influência de ALEXY, se convencionou designar por empate (*stalemate*). Esta situação de empate, assim configurada, provocaria o alargamento da gama de soluções virtualmente corretas e geraria uma maior margem de conformação do legislador. VIRGÍLIO AFONSO DA SILVA, «Comparing the Incommensurable...», p. 295, defende que a ideia de *rough equality* encontra lastro no próprio pensamento de ALEXY.

[2580] Refutando a possibilidade de "empates" e da concomitante liberdade estrutural de conformação, ŠUŠNJAR, *Proportionality...*, pp. 265-266.

NA ANTECÂMARA DA PROPORCIONALIDADE EM SENTIDO ESTRITO

tal constitui a regra[2581]. A demonstração de que refutabilidade não é o mesmo que irracionalidade ou subjetivismo[2582] é crucial sob o ponto de vista da própria legitimação da ordem estabelecida[2583].

Contudo não basta mostrar que se pode distinguir conceptualmente entre (in)comensurabilidade e (in)comparabilidade. A ponderação necessita também de transportar consigo uma metódica com exigências que transmitam ao processo deliberativo traços de racionalidade e objetividade. Eis algumas: (i) o raciocínio deve ser reflexivo e deliberado; (ii) não devem ser negligenciados factos relevantes conhecidos; (iii) as conclusões devem ser baseadas em premissas ou razões; (iv) o raciocínio não deve violar as regras da lógica (v) e deve resultar de circunstâncias que não sejam peculiares ao próprio decisor. Desse modo, deve alcançar-se uma deliberação minimamente intersubjetiva e suscetível de ser sujeita a critérios de validade, podendo ser objeto de um juízo de correção[2584].

A materialização destas exigências coloca necessariamente a questão da definição de metodologias que assegurem a *formalização, modelização ou estandardização* da ponderação.

11.3. A adoção de uma metódica formalmente racionalizadora da ponderação

As duas propostas de formalização da ponderação mais estudadas são a da teoria dos princípios (reportada à proporcionalidade e.s.e.) e a da ponderação coerente. Os modelos destas duas propostas aparecem por vezes como alternativos, mas podem ser vistos como complementares, assegurando o segundo elementos de formalização e de universalização suplementares[2585].

[2581] ENDICOTT, «Proportionality and Incommensurability», pp. 14 ss.; SCHARFFS, «Adjudication...», p. 1383.

[2582] Por todos, ALEXY, «The Construction of Constitutional...», p. 32: "contestabilidade não implica irracionalidade. Se assim fosse, não só a ponderação mas todo o raciocínio jurídico seria na sua maior parte irracional (...). Justificabilidade, apesar de não poder ser identificada com comprovatividade, implica racionalidade e, com ela, objetividade, entendida como situando-se entre a certeza e a arbitrariedade."; no mesmo sentido, SARTOR, «A Sufficientist Approach...», p. 25.

[2583] O debate sobre a possibilidade de objetividade da interpretação e dos juízos jurídicos, das decisões judiciais e do pensamento jurídico em geral tem revelado inúmeras escolas e teses. Sobre isso, v., por todos, POSTEMA, «Objectivity Fit for Law», *cit.*, e ŠUŠNJAR, *Proportionality...*, pp. 17 ss. (com mais referências), com quem coincidimos no essencial na adesão à tese da possibilidade de objetividade e na crítica ao ceticismo. Para as perspetivas críticas e céticas, pode ver-se DERRIDA, «Force of Law...», *cit.*; LADEUR, *Kritik der Abwägung in der Grundrechtsdogmatik...*, *cit.*

[2584] Entre muitos, usamos como referência os contributos de MATHER, «Law-making...», p. 356, e ŠUŠNJAR, *Proportionality...*, p. 24.

[2585] V. DE FAZIO, «Sistemas normativos...», p. 201.

O PRINCÍPIO DA PROIBIÇÃO DO EXCESSO

Para efeitos deste estudo, interessa sobretudo o modelo da proporcionalidade e.s.e. tal como desenvolvido no contexto da teoria dos princípios. ALEXY é visto como o mais eloquente opositor da tese de que a ponderação equivale a "subjetividade", "decisionismo", "arbitrariedade", "irreflexão"[2586]. Justifica-se, portanto, a apresentação e apreciação crítica do seu pensamento com alguma detença.

Faremos também algumas alusões ao modelo de *coherentist deliberation* de HURLEY.

11.3.1. Teoria dos princípios: demonstração da racionalidade da ponderação através de um algoritmo matemático

Entre as bases teóricas que sustentam a construção de ALEXY, avultam três: (i) os juízos que têm maior significado para o Direito Constitucional são os juízos comparativos de valor[2587]; (ii) a possibilidade de, pelo menos, dois juízos incompatíveis serem justificados sem que seja violada qualquer regra de racionalidade prática[2588]; (iii) a possibilidade de a deliberação prática racional ser compatível com situações de dialética entre objetividade e subjetividade, uma vez que em caso de divergência razoável, os juízos divergentes são objetivos, na medida em que são compatíveis com as regras da razão prática, mas também subjetivos, na medida em que dependem das pessoas que os defendem[2589].

Em diálogo com quem contesta a racionalidade da ponderação, ALEXY defende que ela é justamente a explicitação da ideia de racionalidade e representa a essência da racionalidade[2590]. A ponderação é realmente a manifestação paradigmática da deliberação racional. Um modo de o demonstrar é a redução do modelo de ponderação *intuitivamente* seguido pelo juiz constitucional a um modelo *formal*[2591]. Não podendo assentar no esquema lógico da subsunção, esse modelo

---

[2586] Isto é reconhecido mesmo por quem critica o seu contributo nesse domínio: v. MORESO, «Alexy y la aritmética...», p. 69; SIECKMANN, «Balancing...», p. 101; MEYERSON, «Why courts should not balance...», p. 807; JESTAEDT, «The Doctrine of Balancing...», p. 152; ŠUŠNJAR, *Proportionality...*, p. 245; PINO, *Derechos...*, pp. 210 ss.; MORAIS, *Curso...*, II, 2, p. 677.

[2587] ALEXY, *A Theory...*, p. 92. A relação com a distinção entre (in)comensurabilidade e (in)comparabilidade, tal como apresentada por CHANG e outros, é, por exemplo, explicitamente aceite em «The Reasonableness..», p. 11: "comparabilidade (...) não pressupõe uma unidade comum de medida, apenas requer um ponto comum de comparação. Nas questões morais, esse ponto comum de comparação é o ponto de vista moral, nas questões jurídicas é o ponto de vista jurídico".

[2588] ALEXY, *A Theory...*, pp. 100, 402; *idem, Derecho y razón ...*, pp. 32 ss.; *idem*, «The Reasonableness...», pp. 12-13.

[2589] ALEXY, «The Reasonableness...», p. 13.

[2590] ALEXY, «The Reasonableness...», p. 8 (invocando MACCORMICK).

[2591] A dialética e a procura de sínteses entre formal e material, presente no melhor pensamento jurídico alemão, de SAVIGNY a LARENZ, passando por SMEND, é, aliás, uma constante do pensa-

NA ANTECÂMARA DA PROPORCIONALIDADE EM SENTIDO ESTRITO

formal alternativo traduz-se num esquema inferencial que, com recurso às regras da aritmética, permite fazer derivar o resultado da ponderação de certos fatores previamente estabelecidos[2592]. Isso permite alegar que subsunção e ponderação têm ambas uma estrutura argumentativa formal que permite que o juiz constitucional chegue a resultados justificáveis e, consequentemente, racionais[2593].

Não é totalmente claro se tal modelo tem uma intenção exclusivamente *reconstrutiva/descritiva* da ponderação, com vista à demonstração da sua racionalidade, ou se tem também um intuito normativo. A ambiguidade é, aliás, uma constante do discurso de ALEXY[2594]. Apesar de ir além e de ser mais precisa do que outras análises da estrutura da ponderação, a sua construção não é clara em todos os vetores. Às vezes é obscurecida pela incessante produção científica[2595] ou pelo labor exegético dos seus tradutores ou seguidores.

11.3.1.1. A ponderação condicionada por "leis"

Para a ponderação interessa, desde logo, a lei da colisão, uma vez que é através dela que se explicita quer a regra que se aplica ao caso concreto, quer a gene-

---

mento de ALEXY. As raízes da ponderação são a *Interessenjurisprudenz*, mas o autor filia o seu labor científico na tradição analítica da *Begriffsjurisprudenz* e de autores como LABAND ou VON GERBER: *A Theory...*, pp. 14 ss.

[2592] MORESO, «Alexy y la aritmética...», p. 73; SIECKMANN, «Balancing...», p. 114 (notando que esta opção colide, aliás, com a ideia de que a ponderação implica um tipo de raciocínio jurídico que difere exatamente do raciocínio dedutivo ou inferencial).

[2593] LINDAHL, «On Robert Alexy's Weight Formula...», pp. 357, 372, vai mais longe: o modelo de ALEXY é de facto um modelo de subsunção e não um genuíno modelo de ponderação; refutando, todavia, a possibilidade de assimilação, SCHAUER, «Balancing, Subsumption...», pp. 311 ss.

[2594] Se não mesmo infixidez em relação a aspectos centrais do seu pensamento, a começar pela posição em relação aos números e à tradução matemática do raciocínio jurídico: assim, LINDAHL, «On Robert Alexy's Weight Formula...», p. 356. É um facto notório que, por exemplo, em *A Theory...*, p. 105, ALEXY recusava claramente a *metrificação* da importância de satisfação e de não satisfação dos princípios colidentes. Essa posição sofreu uma significativa inflexão com a apresentação da fórmula do peso.

[2595] O tratamento mais aprofundado consta do epílogo à tradução inglesa de *Theorie..., cit.*, que, por isso, utilizaremos (aqui e ali também a 1ª e a 2ª ed. das traduções espanholas, *Teoria..., cit.*). Contudo, não pode ignorar-se que, nesse local, o autor se preocupa sobretudo com a dogmática dos direitos fundamentais, privilegiando as colisões entre eles (ou, pelo menos, não distinguindo claramente essas colisões das colisões entre interesses públicos e direitos). Por outro lado, não há ainda a receção da distinção entre proibição do excesso e proibição do defeito, instrumento teórico fundamental para diferenciar muitos dos casos paradigmáticos que estuda. Por isso, teremos de procurar a articulação, nem sempre fácil, desse escrito com outros (em alguns casos com versões em mais do que uma língua), necessariamente selecionados: «Los Derechos...», *cit.*; «On Constitutional Rights...», *cit.*; «On Balancing...», *cit.*; «The Weight Formula», *cit.*; «Die Gewichtsformel», trad. castelhana, «La fórmula del peso», *cit.* (doravante, «La fórmula del peso»); «The Construction of Constitutional Rights», *cit.*; «The Reasonableness..», *cit.*

O PRINCÍPIO DA PROIBIÇÃO DO EXCESSO

ralidade dessa regra[2596]. Por outro lado, há também leis sobre a distribuição da carga de argumentação. Delas nos ocupamos noutro local.

A ponderação, tal como ALEXY a concebe, rege-se por duas leis: uma *lei material da ponderação* e uma *lei epistémica da ponderação*. Nos termos da primeira, "quanto maior for o grau de não satisfação ou de afetação de um dos princípios, tanto maior deve ser a importância da satisfação do outro"[2597]. Esta lei da ponderação é idêntica ao princípio da proporcionalidade e.s.e.[2598]. De acordo com a segunda, "quanto mais intensa for a interferência num direito fundamental, maior deve ser a certeza das premissas que fundamentam essa interferência"[2599].

Da *lei material da ponderação* extraem-se três dos quatro passos da operação de ponderação, todos eles incorporando a dimensão de peso própria dos princípios: o primeiro, apuramento da intensidade de interferência num dos princípios; o segundo, apuramento da importância da satisfação do outro princípio; o quarto, contrapeso e apuramento do princípio prevalecente. Da lei epistémica da ponderação resulta mais um passo (que se desdobra, aliás, em dois), o terceiro na ordem lógica: apuramento do grau de certeza das premissas empíricas e normativas que fundamentam a intervenção.

[2596] V. *supra*, capítulo 6, 1.6.2. *Teoria...*, 1ª ed., pp. 94-95: de acordo com a lei da colisão, a ponderação gera uma relação de preferência condicionada $(PiPPj)$ C ou $(PjPPi)C$.

[2597] *A Theory...*, p. 102; «Los Derechos...», p. 15; «On Constitutional Rights...», p. 6. A lei da ponderação representa um esforço de compactação da jurisprudência do *BVerfG*, na linha da proposta, por exemplo, por GRABITZ, «Der Grundsatz...», *cit.*, pp. 580 ss. Por isso, NOVAIS, *Direitos...*, p. 127, nota que a lei da ponderação não representa verdadeiramente uma descoberta de ALEXY. Este esclarece que, em vez de "grau de não satisfação ou de afetação de um princípio", pode igualmente dizer-se "intensidade de interferência num princípio". Por outro lado, em vez de "importância da satisfação do outro princípio" também poderia dizer-se "intensidade de interferência num princípio causado pela não interferência em outro princípio" (*A Theory...*, pp. 405-407; «Los Derechos fundamentales...», *cit.*, p. 21). Consequentemente, em última análise, para ALEXY, objeto de *balancing* é a importância das intensidades de duas interferências, uma real e outra hipotética: a interferência (real) no princípio sacrificado e a interferência (hipotética) no princípio colidente caso não houvesse interferência no primeiro. Assim quando (M) é a imposição de sanções e de proibições que se refletem no exercício da liberdade de profissão (Pi) com vista a proteger direitos de personalidade (Pj), contrapesa-se a importância da interferência em (Pi), com a importância da interferência em (Pj) se não houvesse interferência em (Pi). Contudo, por isso corresponder a intuições enraizadas, utiliza preferencialmente "importância da satisfação do outro princípio" como um dos fatores a ponderar. Sobre a "lei de ponderação", com propostas de reconstrução e especificação, v., entre muitos, CLÉRICO, *El examen...*, pp. 196 ss.

[2598] «On Constitutional Rights...», p. 6.

[2599] *A Theory...*, p. 419; «Die Gewichtsformel», trad. castelhana, «La fórmula del peso», p. 38 (traduções nossas).

NA ANTECÂMARA DA PROPORCIONALIDADE EM SENTIDO ESTRITO

11.3.1.1.1. Primeiro passo: apuramento da intensidade de interferência num dos princípios

O primeiro passo da ponderação é o apuramento do grau de não satisfação ou de afetação de um princípio, o princípio vulnerado, denotado pela variável *Pi*, cuja possibilidade de medição racional o autor sustenta. Pode também falar-se de intensidade de interferência do meio ou medida (*M*). A *intensidade de interferência* é denotada como *IPi*. A interferência é sempre valorada tendo em conta as circunstâncias concretas (denotadas por *C*)[2600]. Por outro lado, o conceito de intensidade da interferência é visto como idêntico a *importância concreta*: "o conceito de importância concreta de *Pi* é, como se mencionou, idêntico ao conceito de intensidade da interferência em *Pi*"[2601]. Consequentemente, *IPi* denota a *intensidade da interferência* em *Pi* mas também a *importância concreta* de *Pi*[2602]. A circunstância de se tratar de realidades concretas é denotada através de *IPiC*[2603].

Da intensidade da interferência ou importância concreta de *Pi* (*PiC*) deve distinguir-se o *peso abstrato* de *Pi*. Apesar de isso não estar refletido na lei material da ponderação[2604], nesta primeira fase há também que apurar esse peso abstrato[2605]. A variável peso abstrato de *Pi*[2606], isto é, o peso de *Pi* independentemente das circunstâncias de qualquer caso concreto[2607], é representada por *WPiA*[2608].

Partindo do pressuposto de que o direito – designadamente o direito constitucional – muitas vezes exprime as valorações através de uma estrutura triádica, o autor utiliza uma escala com três níveis para medir a intensidade da interferência num princípio[2609]: (interferência) séria (*s*), moderada (*m*) ou leve (*l*)[2610]. *s* prevalece sempre sobre *m* e *l*; *m* prevalece sempre sobre *l*. O critério para a va-

---

[2600] ZORRILLA, *Conflictos...*, p. 252, critica o facto de ALEXY não clarificar devidamente que interessam apenas as circunstâncias concretas *relevantes*.

[2601] «La fórmula del peso», p. 26; v. a crítica desta assimilação em SIECKMANN, «Balancing...», p. 113.

[2602] Todavia, a oscilação nos escritos de ALEXY também a este propósito tem sido notada: SIECKMANN, «Balancing...», p. 108.

[2603] *A Theory...*, p. 406.

[2604] Como ALEXY reconhece, «La fórmula del peso», p. 25.

[2605] Por isso, PULIDO, «The Rationality...», pp. 13 ss., propõe a alteração da primeira lei da ponderação, de modo a inserir referência ao peso abstrato.

[2606] «On Constitutional Rights...», p. 7.

[2607] «Los Derechos...», p. 16; «La fórmula del peso», p. 23.

[2608] *A Theory...*, p. 408.

[2609] Intensidade de interferência é o mesmo que grau de não satisfação ou de detrimento de um princípio: *A Theory...*, p. 405.

[2610] As designações têm equivalências (que, designadamente, permitem a sua adaptação quando estiver em causa a importância de satisfação ou o peso abstrato): leve, é o mesmo que reduzido ou débil; sério, o mesmo que elevado ou forte: «La fórmula del peso», p. 22.

O PRINCÍPIO DA PROIBIÇÃO DO EXCESSO

loração é fornecido pela própria constituição[2611]. A cada um dos graus da escala o autor atribui números de acordo com uma sequência geométrica[2612]: 2^0 para leve, 2^1 para moderado, 2^2 para séria (isto é, 1, 2 e 4)[2613]. O facto de a diferença entre moderada e séria (2 e 4) ser maior do que entre leve e moderada (1 e 2) expressa o postulado de que a força dos princípios aumenta exponencialmente à medida que aumenta a intensidade da interferência de que são objeto (ocorrência ainda mais visível na escala triádica dupla, de 1 até 256 ou 2^8)[2614]/[2615]. Isso leva a que, a partir de certa intensidade de interferência, a importância da satisfação do princípio contraposto tem de ser de tal forma elevada para justificar aquela intensidade de interferência que será virtualmente inatingível.

11.3.1.1.2. Segundo passo: apuramento da importância da satisfação do outro princípio
A segunda magnitude ou variável da lei material de ponderação é o apuramento da importância de satisfação do outro princípio, aquele cuja satisfação é visada, denotado por Pj. A importância da satisfação de Pj no caso concreto é denotada por $SPjC$[2616], sendo medida através de uma escala triádica semelhante à já vista (séria ou grave passa a alta ou elevada[2617]). Também aqui, apesar de isso não estar refletido na lei material da ponderação, há que apurar o peso abstrato de Pj, isto é, o peso de Pj em relação a outros princípios independen-

---

[2611] «On Balancing and Subsumption...», p. 442.

[2612] De acordo com a Infopédia (Porto Editora, Porto, 2003-2013, consultada em 9.3.2013, em http://www.infopedia.pt/lingua-portuguesa/progress%C3%A3o), progressão aritmética é a sucessão de números ou quantidades em que é constante a diferença entre dois termos consecutivos; progressão geométrica é a sucessão em que é constante o quociente entre dois termos consecutivos (consequente-antecedente).

[2613] «The Construction...», p. 31; «Los Derechos...», p. 16; «On Constitutional Rights...», p. 9. Em «La fórmula del peso», pp. 30 ss., o autor apresenta também a chamada *fórmula diferencial*, baseada numa sequência aritmética, que finalmente vem a afastar com o argumento de que a sequência geométrica reproduz melhor "o facto de que os princípios ganham uma força maior à medida que aumenta a intensidade da intervenção, o que está em harmonia com a taxa marginal decrescente de substituição" (*ob. cit.*, p. 32). ALEXY (por exemplo, *A Theory...*, p. 103) e outros ilustram frequentemente isto através de curvas não lineares de indiferença que mostram a taxa de substituição de bens: v. uma explicação clara em ŠUŠNJAR, *Proportionality...*, p. 216. Sobre o uso de curvas de indiferença na filosofia prática, BARRY, *Political Argument, cit.*; RAWLS, *A Theory...*, p. 37.

[2614] *A Theory...*, p. 401, com explicação mais completa na p. 409; «Los Derechos...», p. 17.

[2615] Esta progressão geométrica aplica-se também quanto aos pesos abstratos dos princípios colidentes: «La fórmula del peso», *cit.*, p. 36. Não parece, todavia, que a justificação para a progressão geométrica (a utilidade marginal decrescente da intensidade das interferências) seja fácil de transpor para o campo dos pesos abstratos.

[2616] *A Theory...*, p. 406.

[2617] Por facilidade usaremos subsequentemente a noção *séria* e o operador *s* para denotar as situações de satisfação alta ou elevada. O mesmo em relação à importância, designadamente abstrata.

750

NA ANTECÂMARA DA PROPORCIONALIDADE EM SENTIDO ESTRITO

temente das circunstâncias de qualquer caso concreto[2618], sendo representado por $WPjA$[2619].

Sublinhe-se que ALEXY começou por não propor simetria entre o que se pesa e pondera do lado dos princípios afetados e do lado dos princípios a satisfazer. Ali releva a intensidade de interferência; aqui de importância da satisfação. O autor salienta que se trata de duas magnitudes diferentes: a intensidade de interferência é uma magnitude concreta, enquanto o grau de importância pode ter uma expressão concreta ou abstrata[2620].

[2618] «Los Derechos...», p. 16; «La fórmula del peso», p. 23.

[2619] *A Theory...*, p. 408.

[2620] Importa deixar uma nota sobre o tratamento analítico dispensado a Ij e a sua evolução ao longo das publicações do autor. Inicialmente (*A Theory...*, de 2002, pp. 406-407, onde ainda não é usado Ij, mas sim S ou $SPjC$, denotando "importância de satisfazer Pj nas circunstâncias concretas C", aparentemente equivalente a "importância de Pj") começou por esclarecer que "a concreta importância de Pj é o mesmo que a intensidade com que a não interferência em Pi interfere em Pj". Por outras palavras: tal como Ii denota uma intensidade de interferência em Pi, também se poderia falar, em vez de importância de satisfazer Pj da intensidade de interferência em Pj causada pela não interferência em Pi. Mas logo alega (*A Theory...*, p. 407) que os "juristas depois de completo o trabalho analítico devem voltar à superfície" e avisa que no contexto da lei da ponderação continuará a falar da "importância de satisfazer" Pj (isto é, o princípio que compete com Pi).
Mas a hesitação não desapareceu, uma vez que, logo depois (2003), esta última declaração de intenções desaparece («La fórmula del peso», *cit.*, p. 26, onde abandona $SPjC$ e surge $IPjC$, como correlato de $IPiC$. Isto é, passa a aplicar o sinal de *intensidade* (I) também do lado de Pj) e Ij aparece a denotar a intensidade de uma hipotética interferência em Pj resultante da não interferência em Pi Deste modo, quer no que designamos de lado passivo, quer no lado ativo, as variáveis comparadas são intensidades de interferência, o que introduz maior uniformização nos termos de comparação. Para expressar fielmente os termos da comparação, a primeira lei da ponderação – aquela que, no dizer de ALEXY, equivale à proporcionalidade e.s.e. – teria de ser reconstruída da seguinte forma: "*quanto maior a intensidade da interferência num bem, interesse ou valor, tanto maior deve ser a intensidade da interferência em outros conflituantes resultante da não interferência no primeiro*". Porém, a hesitação por uma ou outra das formulações tem-se traduzido na utilização de ambas, mesmo em escritos mais recentes e relativamente próximos uns dos outros e até na recuperação de expressões antigas. Assim, em «On Constitutional Rights...» (2009), p. 7, "$Ij(SPjC)$ representa a intensidade dos efeitos negativos que a omissão da interferência em Pi, isto é, não M, implicaria para o princípio colidente Pj, isto é, a intensidade de interferência em Pj pela não interferência em Pi.". Em «Los Derechos Fundamentales...» (2011), p. 20, Ij denota "a intensidade de interferência no direito ou fim oposto (Pj) através da omissão de uma interferência no direito (Pi)". Mas, entretanto, em «The Construction...» (2010), p. 30, "Ij está para a importância de satisfazer o princípio competidor Pj".

O PRINCÍPIO DA PROIBIÇÃO DO EXCESSO

11.3.1.1.3. Terceiro passo: apuramento do grau de certeza das premissas empíricas e normativas que fundamentam a interferência

Chegado a este ponto, ALEXY debruça-se sobre o que considera o terceiro passo extraído da lei material de ponderação[2621]: o contrapeso da intensidade da interferência e da importância da satisfação e apuramento do princípio prevalecente. Sucede, porém, que essa ordem, mesmo no esquema teórico de ALEXY dos três passos da ponderação ou da proporcionalidade e.s.e., representa um salto lógico. Antes do contrapeso propriamente dito e da ativação da fórmula do peso há que apurar mais uma das variáveis nesta contempladas: o grau de certeza das premissas empíricas. Essa variável não resulta da lei material de ponderação, mas sim da lei epistémica da ponderação[2622].

Recordemos o teor da *lei epistémica da ponderação* ou *segunda lei da ponderação*: "quanto mais intensa for a interferência num direito fundamental, maior deve ser a certeza das premissas que fundamentam essa interferência"[2623]. Trata-se de apurar *RPiC* e *RPjC*.

RPiC reporta-se ao grau de fiabilidade ou certeza das premissas empíricas sobre o que M implica para a não realização de Pi em concreto[2624].

RPjC reporta-se ao grau de fiabilidade ou de certeza das premissas empíricas sobre o que M implica em concreto para a realização de Pj[2625] ou ao impacto que hipoteticamente decorreria da não interferência em Pi e da concomitante interferência em Pj.

Vejamos a argumentação básica sobre a relevância da variável R.

Em algumas circunstâncias não há certeza sobre as premissas de facto e de direito em que se baseia a escolha de M. Gera-se assim uma situação de *incerteza epistémica* ou *cognitiva*, que se traduz no desconhecimento sobre se a adoção de M é proibida, comandada ou permitida pela constituição. Esse desconhecimento pode resultar da limitada capacidade de apreender adequadamente todas as premissas empíricas que condicionam a emissão do ato (*incerteza epistémica empírica*) ou da limitada capacidade para apreender as premissas normativas

---

[2621] *A Theory...*, pp. 408 ss.

[2622] PULIDO, «The Rationality...», pp. 13 ss., propõe uma alteração da lei material da ponderação, de modo a inserir referência à fiabilidade das premissas empíricas. Esta proposta está em linha com a orientação de ALEXY, que atribui a esta variável um valor equivalente às demais variáveis da fórmula do peso (v. *infra*). Todavia, há quem objete: v. SIECKMANN, «Balancing...», p. 114, entende que a questão da certeza empírica não deve ser considerada ao mesmo nível que as demais.

[2623] *A Theory...*, p. 419; «La fórmula del peso», p. 38 (traduções nossas).

[2624] *A Theory...*, p. 419, nota; «The Construction...», p. 30; «Los Derechos...», p. 16; «On Constitutional Rights...», p. 7.

[2625] *A Theory...*, p. 419, nota; «The Construction...», p. 30.

752

NA ANTECÂMARA DA PROPORCIONALIDADE EM SENTIDO ESTRITO

que condicionam a emissão do ato (*incerteza epistémica normativa*)[2626]. A segunda reporta-se essencialmente à impossibilidade de atingir a certeza sobre a determinação do peso dos bens, interesses e valores envolvidos, do lado ativo e do lado passivo[2627].

Ora, a eventualidade de incertezas epistémicas coloca a questão de saber se, e até que ponto, o legislador está habilitado a decidir caso elas se verifiquem. A resposta requer a ponderação do princípio formal da competência do legislador democrático para tomar decisões – que concorre a favor de liberdade de conformação epistémica, isto é, da possibilidade de decidir quando houver incerteza epistémica – e do princípio substantivo da proteção dos direitos.

O ponto de equilíbrio proposto tem dois vetores. Por um lado, é reconhecida ao legislador a faculdade de adotar normas mesmo em situações de incerteza epistémica, nisso se traduzindo a chamada *liberdade epistémica de conformação*. A diferença essencial entre esta e a *liberdade estrutural de conformação* reside em que na liberdade estrutural de conformação prevalecem as ponderações políticas[2628]. Por outro lado, Alexy propõe que seja introduzido na fórmula do peso um critério que visa permitir a ponderação do maior ou menor grau de incerteza epistémica existente[2629].

[2626] *A Theory*..., p. 424. O universo das incertezas epistémicas parece ser mais complexo do que o intuído por Alexy. Desde logo, há que distinguir entre as incertezas epistémicas *sobre as premissas* empíricas e normativas (algumas apenas relevantes em sede de adequação e necessidade, outras com relevância na proporcionalidade e.s.e.) e as incertezas epistémicas sobre *a intensidade* da interferência (ou até a *importância* da satisfação). Estas últimas podem provocar, nomeadamente, uma situação de não fiabilidade *sobre a intensidade de interferência per se* (a qual tem de estar definida, sob pena de impossibilidade de aplicação da fórmula do peso). Nessas circunstâncias, requer-se uma fórmula que permita classificar previamente – através de uma operação de *ponderação classificativa* – essa intensidade, atribuindo-lhe um valor. Esse valor (l, m, s) da intensidade será *subsequentemente* considerado na aplicação da fórmula do peso. O tema merece estudo próprio, que não está ao nosso alcance neste momento. V., por todos, Klatt/Meister, *The Constitutional Structure*..., pp. 113 ss., propondo uma complexa operação de ponderação classificativa (*classification balancing*) que não se debruça sobre a relação entre a intensidade de interferência e a sua correspondente fiabilidade, mas sobre a relação entre duas ou mais classificações alternativas de intensidades de interferência, incluindo a sua respetiva fiabilidade (*ob. cit.*, p. 117). A fórmula heurística apresentada, baseada na lei de classificação de que "quanto mais fiável for uma graduação mais intensiva da intensidade de interferência, mais fiável deve ser uma graduação menos intensiva de uma intensidade de interferência" (*ob. cit.*, p. 118, tradução nossa), é a seguinte: $C_{i1,2} = C_{i1}/C_{i2}$; Klatt/Schmidt, «Epistemic discretion...», *cit.*; Rivers, «Proportionality, Discretion...», *cit.*

[2627] *A Theory*..., p. 415.

[2628] *A Theory*..., pp. 421-422.

[2629] Embora no texto se faça referência genérica à (in)certeza epistémica, ressalta da exposição do autor sobre R que a sua formulação se adapta sobretudo à (in)certeza epistémica *empírica* e não a toda e qualquer (in)certeza epistémica, incluindo a *normativa*, sem que sobre isso seja dada explicação (v., por exemplo, «La fórmula del peso», p. 37, onde se alude específica e exclusivamente ao "grau de

O PRINCÍPIO DA PROIBIÇÃO DO EXCESSO

Deste modo, o valor a atribuir a Ri e a Rj deve variar na proporção direta em que aumenta a incerteza epistémica das premissas[2630]. Assim, garante-se que a ponderação reflita a noção de que quanto maior for a incerteza (ou menor for a certeza) epistémica de que Pj será satisfeito, menor será a justificação da interferência em Pi. O peso concreto de Pi aumenta à medida que aumenta a incerteza epistémica em que se baseia M[2631].

Partindo dos três graus de intensidade do controlo de constitucionalidade definidos pelo $BVerfG$ na decisão da cogestão (controlo substancial intensivo, controlo da defensabilidade, controlo da evidência)[2632], constrói um modelo triádico epistémico formalmente equivalente ao aplicado para a medida de Ii e de Ij: certo ou fiável (r), defensável ou plausível (p), apenas não evidentemente falso (e). Uma vez que o valor a atribuir a Ri e a Rj deve diminuir na proporção direta em que aumenta a incerteza epistémica das premissas, ALEXY propõe uma regressão geométrica que vai da situação de maior certeza (ou menor incerteza) para a de menor certeza (ou maior incerteza)[2633]: $r=2^0$; $p=2^{-1}$; $e=2^{-2}$ (1, ½, ¼).

11.3.1.1.4. Quarto passo: contrapeso das variáveis apuradas e apuramento do princípio concretamente prevalecente

Chega-se assim ao que ALEXY considera o derradeiro passo da lei material da ponderação. Verdadeiramente, este é o único que incorpora *exclusivamente* a estrutura do segmento da proporcionalidade e.s.e.

Apuradas as variáveis a considerar, elas devem ser submetidas a uma equação. Essa equação é expressa através da *fórmula do peso* (*weight formula,· Gewichtsformel*), apresentada no posfácio da tradução inglesa do seu *Theorie der Grundrechte*[2634].

A fórmula do peso tem várias versões: (i) a versão completa; (ii) a versão intermédia; (iii) a versão simplificada; (iv) a versão alargada; e (v) a versão alargada completa[2635]. As três primeiras são tratadas de seguida. As outras, objeto

---

segurança dos pressupostos empíricos...”). Isso redobra a pertinência do contributo de KLATT/MEISTER, *The Constitutional Structure*..., p. 12, no sentido do desdobramento de R em Re e Rn.

[2630] Cfr. a tradução simplificadora de RIVERS, «Proportionality...», p. 180: quando as limitações dos direitos são menores, o tribunal só necessita de se assegurar de que a base empírica não é evidentemente falsa; quando as limitações dos direitos são moderadas, o tribunal deve assegurar que a prognose fatual é, pelo menos, plausível; quando as limitações dos direitos são sérias, tem de haver uma fiscalização intensa do conteúdo.

[2631] *A Theory*..., p. 419.

[2632] *Mitbestimmung* (1979), BVerfGE 50, pp. 290 ss., § 131. V. transcrição *infra*, capítulo 19, 4, nota,

[2633] *A Theory*..., p. 419, nota; «La fórmula del peso», p. 38.

[2634] *A Theory*..., pp. 408 ss.

[2635] Designações da nossa responsabilidade.

de hesitações e até, em última análise, de abandono, por inviabilidade, serão analisadas mais adiante[2636].

A *versão completa* coloca em equação todas as variáveis apresentadas nas seções anteriores:

$$WP_{i,j}C = \frac{IPiC \times WPiA \times RPiC}{SPjC \times WPjA \times RPjC}$$

Nessa equação[2637], destinada a apurar o peso do princípio afetado (Pi) em relação ao outro princípio (Pj), o numerador é o produto da multiplicação[2638] da intensidade da interferência concreta em Pi pela importância abstrata de Pi e pelo grau de (in)certeza epistémica; o denominador é o produto da multiplicação da importância da satisfação concreta de Pj pela importância abstrata de Pj pelo grau de (in)certeza epistémica. O peso de Pi em relação a Pj ($WP_{i,j}C$) resulta do quociente dos dois produtos.

Mas um quociente em que são consideradas intensidades, pesos abstratos, importâncias, graus de fiabilidade, só se obtém se aqueles elementos forem reduzidos a números, (sendo certo que os números não podem substituir os juízos ou proposições do raciocínio e da argumentação jurídica, só as podem representar)[2639]. Como se viu, ALEXY adota uma escala com três níveis aplicáveis à intensidade de interferência e, analogicamente, à importância da satisfação: séria (s), moderada (m) ou leve (l). Viu-se também que a cada um dos graus da escala o autor atribui números de acordo com uma sequência geométrica: 2^0 para leve, 2^1 para moderado, 2^2 para séria (isto é, 1, 2 e 4). Por outro lado, quanto à fiabilidade epistémica, distingue entre certo ou fiável (r), defensável ou plausível (p), não evidentemente falso (e). $r=2^0$; $p=2^{-1}$; $e=2^{-2}$ (1, ½, ¼).

Se o quociente for superior a 1, Pi tem um peso concreto relativo superior a Pj, pelo que deve prevalecer. M não pode (poderia) ser produzida, sob pena de invalidade. Se o quociente for inferior a 1, Pj tem um peso concreto relativo superior a Pi, pelo que pode prevalecer. M pode (poderia) ser produzida. Se o quociente for igual a 1, nenhum dos princípios Pi ou Pj prevalece em concreto (ou tem um peso superior), verificando-se um empate. Nesse caso, o legislador

---

[2636] *Infra*, neste capítulo, 11.3.1.2.2.4.

[2637] Na expressão em língua inglesa de *A Theory*..., p. 419. Porém, noutros locais esta versão completa pode aparecer mais simplificada ou com denotações diferentes. Por exemplo, nas versões em língua alemã e castelhana pode aparecer como $G_{r_j} = I_i x G_i x S_{i/j} x G_j x S_j$: «La fórmula del peso», p. 39. Em «On Constitutional Rights...», p. 7, aparece como $Wi,j = IixWixRi/IjxWjxRj$.

[2638] O significado do sinal de multiplicação é controverso. PULIDO, «On Alexy's Weight Formula», p. 108, interpreta-o como simples indicação de que os fatores devem ser tomados em conta e não como função matemática.

[2639] «Los Derechos...», p. 17.

O PRINCÍPIO DA PROIBIÇÃO DO EXCESSO

dispõe de liberdade estrutural de conformação (*structural discretion*), podendo produzir *M* ou omiti-la[2640]. Se se estiver em fase de controlo da norma legislativa e *M* tiver sido produzida, o tribunal constitucional verifica a *não desproporcionalidade*[2641].

Para efeitos de exemplificação, admitamos que: *IPiC* é *s* (4); *WPiA* é *s* (4); *RPi C* é *r* (1); por outro lado, *SPjC* é *m* (2); *WPjA* é *s* (4); *RPjC* é *r* (1). Donde:

$$WP_{i,j}C = (4\text{x}4\text{x}1):(2\text{x}4\text{x}1)=16/8=2/1$$

O quociente é superior a 1. *Pi* tem um peso concreto relativo superior a *Pj*[2642], pelo que deve prevalecer. *M* não pode (poderia) ser produzida, sob pena de invalidade.

Consideremos agora: *IPiC* é *m* (2); *WPiA* é *s* (4); *RPi C* é *r* (1); por outro lado, *SPjC* é *s* (4); *WPjA* é *s* (4); *RPjC* é *r* (1). Donde:

$$WP_{i,j}C = (2\text{x}4\text{x}1):(4\text{x}4\text{x}1)=8/16=1/2\ (0,5)$$

O quociente é inferior a 1. *Pi* tem um peso concreto relativo inferior a *Pj*. *M* pode (poderia) ser produzida.

Estes exemplos simplificados reproduzem aquilo que ALEXY considera muito frequente: a equivalência de *WPiA* e *WPjA*, bem como de *RPi C* e de *RPjC*, com a consequente anulação recíproca[2643]. Pode, por isso, falar-se de duas versões mais simples.

A *versão intermédia* não incorpora as variáveis *RPiC* e *RPjC*:

$$WP_{i,j}C = \frac{\text{IP}i\text{C x WP}i\text{A}}{\text{SP}j\text{C x WP}j\text{A}}\ {}^{2644}$$

[2640] «Los Derechos...», p. 17; «La fórmula del peso...», pp. 33 ss.

[2641] Cfr. *infra*, capítulo 19. PULIDO, «The Rationality...», p. 12, embora apoiando a evolução, nota que há uma discrepância respeitante à carga de argumentação entre a versão inicial da *Theorie...*, pp. 384 ss., e o *Posfácio* publicado com a *A Theory*.... Na primeira, aplicava-se o princípio formal do *in dubio pro libertate*. No segundo, como se indica no texto, vale o princípio formal da liberdade do legislador democrático. A carga de argumentação incide sobre quem alega a não proporcionalidade.

[2642] Como nota LINDAHL, «On Robert Alexy's Weight Formula...», p. 365, se levada a expressão matemática até ao fim, 2/1 não significa apenas que *Pi* é superior a *Pj*, mas que *Pi* vale o *dobro* de *Pj*, o que pode não ser racionalmente sustentável.

[2643] «La fórmula del peso...», p. 33; «On Constitutional Rights...», p. 7.

[2644] Utilizamos a formulação do texto por forma a manter alguma uniformidade em relação ao modo de apresentação de *A Theory...*, *cit.*, embora não conste desta em forma acabada (*cfr.* p. 418). Consta sim de «La fórmula del peso...», p. 36, nos seguintes termos: *Gi.j=IixGi/IjxGj*.
A referência a esta fórmula simplificada intermédia tem também o intuito de evidenciar um aspeto discutível da construção teórica de ALEXY. A propósito de tal fórmula, constrói o conceito *de peso concreto não relativo em termos de importância*. Assim, distingue *peso concreto relativo* de *Pi* em relação a *Pj* ($G_{i,j}$ na versão em alemão e na tradução para espanhol; $W_{i,j}$, na versão em inglês) e

NA ANTECÂMARA DA PROPORCIONALIDADE EM SENTIDO ESTRITO

A versão simplificada não incorpora as variáveis *WPiA* e *WPjA*, bem como *RPi C* e *RPjC*:

$$WP_{i,j}C = \frac{\mathrm{IP}i\mathrm{C}}{\mathrm{SP}j\mathrm{C}}{}^{2645}$$

Esta última pode ser ainda mais depurada:

$$W_{i,j} = \frac{I_i}{I_j}{}^{2646}.$$

Nesta versão simplificada, o peso concreto relativo de *Pi* é calculado simplesmente através do produto da divisão do valor de *Ii* pelo valor de *Ij*, isto é, o valor da intensidade da interferência concreta em *Pi* e o valor da importância concreta da satisfação de *Pj*[2647].

Têm sido feitas propostas de inclusão de novas variáveis e outros aperfeiçoamentos da fórmula do peso[2648].

---

peso concreto não relativo ou *importância* (*W*), resultante do produto da intensidade da intervenção (*I*, que, como se viu, é equivalente a importância concreta) e do peso abstrato do princípio em causa (*G* na versão alemã). Surgem, assim, W_i e W_j referentes ao peso concreto não relativo, ou importância, de P_i e P_j, respetivamente (não confundir com W_i e W_j que aparecem no texto acima a partir dos escritos do autor em língua inglesa, que designam *apenas o peso abstrato* de P_i e P_j). Só a simples tentativa de explicitação dos conceitos de peso concreto relativo, intensidade de interferência ou importância concreta, peso concreto não relativo ou importância e peso abstrato geram a impressão de um labirinto conceptual que suscita a dúvida sobre a respetiva utilidade. Afigura-se otimista a expetativa do autor de conseguir "diluir-se completamente a ambiguidade da expressão 'peso'" (*ob. cit.*, p. 37). Registe-se que a distinção entre peso concreto relativo e peso concreto não relativo não parece ter transitado para ensaios posteriores.

[2645] *A Theory...*, p. 408.

[2646] «La fórmula del peso...», p. 32; «On Constitutional Rights...», p. 8.

[2647] «La fórmula del peso», pp. 24-25.

[2648] BRADY, *Proportionality...*, pp. 113 ss., propõe a introdução da ponderação de condições institucionais no peso e relevância a atribuir às incertezas epistémicas; PULIDO, «On Alexy's Weight Formula», p. 108, e «The Rationality of Balancing», pp. 15 ss., sugere o aperfeiçoamento da fórmula do peso, com aditamento de vários fatores, designadamente, sentido (*M*), posição jurídica (*LP*), eficiência (*E*), velocidade (*SP*), probabilidade (*P*), alcance (*Re*) e duração (*D*). O autor chega à seguinte fórmula (não tendo o sinal de multiplicação uma função matemática):

$$WP_{i,j}C = \frac{(MPiC \cdot LPPiC) \cdot (EPiC \cdot SPPiC \cdot PPiC \cdot RePiC \cdot DPiC) \cdot WPiA \cdot (REIPiC \cdot (RNIPiC \cdot RNWPiA))}{(MPjC \cdot LPPjC) \cdot (EPjC \cdot SPPjC \cdot PPjC \cdot RePjC \cdot DPjC) \cdot WPjA \cdot (RESPjC \cdot (RNSPjC \cdot RNWPjA))}$$

Embora defenda que ela ilustra e demonstra a racionalidade da ponderação, desvendando todas as variáveis que são consideradas, o próprio autor reconhece a complexidade da fórmula – que não tem natureza algorítmica, capaz de garantir a única resposta correta – e a dificuldade, eventualmente insuperável, de preenchimento de várias das variáveis pelo juiz, com a consequente extensão da liberdade de conformação do legislador, mas também do próprio juiz constitucional (*ob. cit.*, p. 20).

O PRINCÍPIO DA PROIBIÇÃO DO EXCESSO

11.3.1.2. *Apreciação da viabilidade do modelo formal de ponderação de Alexy*

Antes de passar à apreciação crítica do modelo de ALEXY, teremos de verificar se ele tem interesse num trabalho que incide sobre a conformação de atos legislativos pelo legislador.

O modelo formal de ponderação de ALEXY, designadamente a sua formalização através da fórmula do peso, reporta-se essencialmente à função desempenhada pelo juiz constitucional. Mais precisamente, tem em conta a decisão de queixas constitucionais ou recursos de amparo (*Verfassungsbeschwerde*). Na pré-compreensão de ALEXY, no julgamento das queixas constitucionais o juiz resolve uma colisão entre dois direitos fundamentais ou entre um direito fundamental e um interesse público. A solução passa sempre por decidir qual dos direitos ou interesses colidentes (qual dos princípios, na linguagem do autor) tem maior peso no caso concreto, por isso prevalecendo e fornecendo a estatuição donde deve ser deduzida a solução do caso. Tratando-se de atividade judicial, é inevitável o debate sobre onde acaba a aplicação e começa a criação do direito e até que ponto o resultado da ponderação é racional e objetivo ou antes fruto do subjetivismo, intuicionismo, decisionismo ou discricionariedade judiciais.

As preocupações centrais do autor afastam-se das do presente estudo em pelo menos dois aspetos: não é conferida atenção especial à ponderação realizada pelo legislador no contexto do procedimento legislativo; não há tratamento autónomo da atividade de controlo das ponderações do legislador pelo juiz constitucional no âmbito da apreciação da constitucionalidade das normas legislativas.

Quanto à ponderação realizada pelo legislador no contexto do procedimento legislativo, recordemos o quadro teórico anteriormente proposto[2649]. No processo de construção de normas legislativas, o legislador cumpre dois momentos de ponderação certos e um eventual. O primeiro, na fase da conformação do fim da norma legislativa, destina-se a verificar/confirmar que os bens, interesses ou valores cuja promoção pretende assumem naquele episódio concreto importância superior aos bens, interesses ou valores que com eles colidam. Do ponto de vista metódico, essa atribuição de maior peso a um bem, interesse ou valor supõe um exercício de ponderação. O segundo momento de ponderação – com o objeto que apreciaremos no capítulo seguinte – é realizado no âmbito do cumprimento da proporcionalidade e.s.e. O momento eventual ocorre no contexto da aferição da necessidade.

Tendo em conta este quadro teórico da ponderação do legislador, o estabelecimento de lugares paralelos entre ela e a ponderação realizada pelo juiz

---

[2649] Cfr. *supra*, capítulo 8.

constitucional afigura-se à primeira vista viável. Num quadro de vinculatividade geral e de aplicabilidade direta de direitos fundamentais (cfr. artigo 18º, nº 1, da Constituição), havendo que resolver colisões normativas, a maior parte dos problemas que se colocam sobre a racionalidade e objetividade da ponderação judicial colocam-se sobre a racionalidade e a objetividade da ponderação legislativa. A questão de saber se nessa ponderação o legislador tem maior margem para o subjetivismo ou discricionariedade do que o juiz constitucional não altera a natureza e sentido da ponderação.

Sendo a adaptação possível, se o modelo de ALEXY, incluindo a fórmula do peso, for o instrumento analítico apropriado para descrever a ponderação realizada pelo juiz constitucional, muito provavelmente também o é para descrever a ponderação realizada pelo legislador

Contudo, meter os ombros à tarefa de adaptação do modelo de ALEXY à atividade ponderativa do legislador só tem utilidade se aquele modelo conseguir, na sua versão original, um saldo positivo entre os aspetos favoráveis e as críticas. Se não for o caso, em vez de uma adaptação há que pensar num outro modelo.

11.3.1.2.1. Aspetos favoráveis

Não se podem ignorar as vertentes positivas da teoria da ponderação e, especificamente, da fórmula do peso[2650]. Essas vertentes positivas justificam que o modelo de ponderação e a fórmula do peso se tenham até tornado num "produto" altamente exportável ("um sucesso da exportação"[2651]) da criação jurídica alemã e europeia.

Trata-se do esforço teórico que mais longe vai na tentativa da demonstração da possibilidade da redução da ponderação a um modelo formal e, consequentemente, da sua racionalidade e objetividade. Nesse esforço, identificou, se não todas, pelo menos muitas das variáveis relevantes para a ponderação. Suscitou o debate sobre a relevância do peso abstrato dos princípios, lançou luz sobre a necessidade de, na operação de ponderação, relevarem aspetos cognitivos de natureza empírica e normativa e não apenas juízos substantivos de natureza moral. Avançou na demonstração de que a incomensurabilidade não é barreira intransponível para deliberações ponderativas intersubjetiváveis.

Pode considerar-se também positivo que a investigação do autor forneça pistas donde se pode partir para demonstrar que a resolução de colisões entre princípios não passa forçosamente pela sua otimização, embora tal demonstração seja presumivelmente incompatível com algumas vertentes importantes do seu pensamento.

[2650] Aliás, não menosprezadas pelos seus críticos mais diretos: v., por exemplo, JESTAEDT, «The Doctrine of Balancing...», pp. 157 ss.
[2651] JESTAEDT, «The Doctrine of Balancing...», p. 153.

O PRINCÍPIO DA PROIBIÇÃO DO EXCESSO

A fórmula do peso, nas situações em que a sua aplicação consegue reconstruir, sem contestação de maior, a decisão judicial, confirma também a neutralidade axiológica da ponderação (e da proporcionalidade e.s.e.). Pela sua importância para a conceção que defendemos, o ponto merece ser ilustrado.

Vejamos dois dos casos reiteradamente revisitados por ALEXY como paradigmas práticos da teoria dos princípios e comprovação da correção da fórmula do peso: os casos *Titanic e cannabis*.

No caso *Titanic*[2652] estava em jogo uma colisão entre a liberdade de expressão e o direito à honra[2653]. Um militar paraplégico participou em exercícios militares. A revista satírica *Titanic* apelidou-o de "assassino nato" e, após o militar ter exigido reparação, designou-o como "aleijado". A revista foi condenada por um tribunal a pagar uma indemnização de 12 000 marcos (*M1*). Eis como ALEXY esquematiza a operação ponderativa[2654] realizada na decisão do recurso de amparo pelo *BVerfG*: a indemnização (*M*) foi entendida pelo Tribunal como uma intervenção séria (*s*) na liberdade de expressão (*Pi*); quanto à designação de "assassino nato", o Tribunal considerou que ela se inseria no padrão normal, jocoso, da revista, pelo que constituía uma afetação pouco grave, isto é, apenas média (*m*) ou leve (*l*)[2655] no direito à honra (*Pj*). Nessa vertente, a afetação *s* da liberdade de expressão não era justificada pela afetação *l* ou *m* do direito à honra:

$$WP_{i,j} = 4{:}2 \text{ (ou 1)} = 2 \text{ (ou 4)}$$

Prevalência de *Pi*. A indemnização não se justificava:

Por outro lado, a qualificação como "aleijado", por ser humilhante e desrespeitosa, já era uma afetação *s* do direito à honra (*Pj*). Consequentemente:

$$WP_{i,j} = 4{:}4 = 1$$

Situação de empate. No sistema de ALEXY, isto implica que a indemnização podia ser arbitrada (mas, aparentemente, também poderia não o ser, o que indicia que a hipótese da liberdade estrutural de conformação também se coloca

---

[2652] *Titanic/'geb. Mörder'* (1992), BVerfGE 86, 1.

[2653] Repetidamente apresentado como paradigmático, desde *A Theory...*, pp. 403 ss. Não se trata de um caso de constitucionalidade de uma norma legislativa, mas da aplicação de penas e sanções, situação típica da chamada proporcionalidade das penas, que, além do mais, tem especificidades (v. *infra*, capítulo 22, 3.).

[2654] Defendendo que o Tribunal não assentou realmente o seu juízo numa operação de ponderação, mas sim numa operação interpretativo-dedutiva, desempenhando a ponderação apenas um papel secundário ou indireto, ŠUŠNJAR, *Proportionality...*, p. 140.

[2655] Mantém-se a alternativa aceite por ALEXY, embora, em bom rigor, a aplicação da fórmula do peso suponha que é possível dizer se é leve ou média: cfr. MORESO, «Alexy y la Aritmética...», p. 77.

NA ANTECÂMARA DA PROPORCIONALIDADE EM SENTIDO ESTRITO

quando se trata de uma decisão judicial e não apenas quando está em causa uma medida do legislador, orientação certamente discutível).

Sem ir demasiado longe na apresentação de razões, vários dos pressupostos do Tribunal (os fundamentos materiais ou justificação externa[2656]) podem ser rebatidos e modificados. A qualificação como intervenção grave ou séria na liberdade de expressão (Pi) da atribuição de uma indemnização de 12 000 DM é discutível, não sendo difícil admitir que também possa ser considerada somente moderada (ou módica)[2657]. Em contrapartida, a violação do direito à honra resultante da designação de "assassino nato" pode ser razoavelmente considerada séria ou grave. O argumento de que a intervenção no direito à honra (Pj) é justificada, por ela se inserir num comportamento habitual, é rebatível (tal como o seria considerar justificado o assassínio, por ele ser prática habitual de um indivíduo).

O Tribunal também poderia, por conseguinte, ter julgado nesse sentido. Nessas circunstâncias, a fórmula do peso mostraria:

$$WP_{i,j} = 2{:}4 = 0{,}5$$

Prevalência de Pj. A indemnização com aquele valor era justificada.

A sentença da *cannabis*[2658] é outro exemplo estudado por ALEXY. O Tribunal Constitucional alemão não declarou a inconstitucionalidade da proibição de consumo e da respetiva sujeição a sanções penais. Fazendo a conversão para as variáveis da fórmula do peso, é concebível que tenha considerado que a intervenção na liberdade geral de ação (Pi), através de sanções penais (M), é moderada (m) e a satisfação do interesses da proteção da saúde (Pj) é séria (s), a fiabilidade das premissas (Ri) de que a medida intervém em Pi é certa (r) e a possibilidade de proteger o direito à saúde (Rj) é apenas plausível (p), ou não evidentemente falsa (e):

$$WP_{i,j} = (2\mathrm{x}1){:}(4\mathrm{x}0{,}5) = 1$$

ou

$$WP_{i,j} = (2\mathrm{x}1){:}(4\mathrm{x}0{,}25) = 0{,}5$$

Na primeira hipótese haveria um empate entre Pi e Pj. Na segunda, Pj prevalece. Em qualquer dos casos, M poderia ser produzida.

[2656] Os conceitos de justificação externa e interna remetem para WRÓBLEWSKI, «Legal Decision and its Justification», pp. 412 ss. V., também, ALEXY, *Teoria de la argumentacion juridica*, pp. 214 ss.; KLATT/MEISTER, *The Constitutional Structure...*, p. 54. Para uma perspetiva crítica de inspiração "luhmanniana", LAMEGO, *Elementos de Metodologia...*, p. 170.

[2657] MORESO, «Alexy y la Aritmética...», p. 77.

[2658] *Cannabis* (1994), *BVerfGE* 90, 145 ss.

O PRINCÍPIO DA PROIBIÇÃO DO EXCESSO

Mas admita-se que o Tribunal entendia que a intervenção na liberdade geral de ação (Pi), através de sanções penais (M), é séria (s) e não apenas moderada (m), mantendo-se tudo o resto igual. Daí:

$$WP_{i,j} = (4x1):(4x0,5) = 2$$

ou

$$WP_{i,j} = (4x1):(4x0,25) = 4$$

Em qualquer das hipóteses, Pi prevalece. M não poderia ser produzida.

Em ambos os casos, as várias operações de ponderação, as efetivamente realizadas e as alternativas, sendo redutíveis e explicáveis através da fórmula do peso, podem ser consideradas *formalmente* corretas. Uma vez que o trajeto argumentativo seguido pelo decisor é expressável desse modo formalizado, estão preenchidos os requisitos *formais* de racionalidade das decisões.

Mas isso mostra a neutralidade ou a permeabilidade da ponderação e da fórmula do peso em relação a todo e qualquer critério valorativo. As alterações ou manipulações nas variáveis (por exemplo, de s para m ou vice-versa), de acordo com variações na calibração ou hierarquia dos critérios valorativos, têm um impacto decisivo na ponderação e são acriticamente repercutidas pela fórmula do peso. Ou seja, na medida em que a fórmula do peso se limita a reduzir e a expressar, através de um algoritmo, o conteúdo material dos argumentos e o trajeto argumentativo seguido, sendo neutral em relação à validade material das valorações consideradas, ela pode atestar a racionalidade *formal* de mais do que uma hipótese de solução para uma situação dilemática.

Ora, do ponto de vista de quem sustenta que em cada situação dilemática só há *uma* solução racional[2659], isso evidencia uma debilidade da fórmula do peso ou, mais precisamente, da própria ponderação. Esta legitima que mais do que uma hipótese de deliberação possa ostentar o certificado de racionalidade.

Todavia, essa observação não atinge diretamente a ponderação e as tentativas da sua formalização. A crítica que eventualmente se pode dirigir (e é dirigida) a uma teoria da ponderação que se preocupe apenas em explicar a respetiva estrutura formal não é essa, mas sim a de que uma teoria da ponderação estritamente presa aos aspetos formais é deficitária na medida em que negligencia os parâmetros de justificação material ou externa das decisões. Ora, esta objeção transporta consigo uma questão teórico-analítica da maior importância: deve a ponderação ser entendida como um instrumento ou técnica axiologicamente

---

[2659] Aludimos a uma das dimensões mais criticadas do pensamento de HABERMAS (bem como de DWORKIN e outros): a sobrevalorização da possibilidade de a razão prática gerar *uma solução ou resposta única* para cada problema jurídico. V., por exemplo, ALEXY, «Sistema jurídico...», p. 150; KLATT, «Taking Rights less seriously...», *cit.*; RODRIGUES, *A interpretação...*, pp. 140 ss.; BRANCO, *Juízo de ponderação...*, pp. 154 ss.

NA ANTECÂMARA DA PROPORCIONALIDADE EM SENTIDO ESTRITO

neutral, com textura suficientemente porosa para admitir ao processo ponderativo *todo e qualquer argumento* sustentado em teorias substantivas (por exemplo, dos direitos), ou deve a ponderação ser entendida como um instrumento que *à cabeça* rechaça determinados argumentos substantivos?

A conceção que subjaz ao contributo de ALEXY vai no primeiro sentido e é também essa a orientação que é perfilhada neste trabalho.

Nesta linha, o que a ponderação e os esquemas de formalização da ponderação tornam patente é que a deliberação racional – ou a deliberação conduzida através de um procedimento racional, como a ponderação – pode conduzir a mais do que uma hipótese racionalmente sustentável. Isso não se deve a qualquer deficiência ou fragilidade da ponderação como processo deliberativo. A potencialidade de mais do que uma hipótese racionalmente sustentável é um mero *reflexo* de um traço incontornável da deliberação prática, que se manifesta independentemente de o procedimento formal de deliberação ser a ponderação ou qualquer outro: a circunstância de nem sempre estar ao alcance da razão prática a identificação de *uma única* solução materialmente correta ou racionalmente sustentada[2660]. A razão exclui opções, mas pode não apontar para uma única opção; a razão delimita opções a favor das quais há razões não derrotadas nem derrotantes de outras razões sustentadoras de alternativas, mas não *determina* opções ou decisões únicas[2661].

Daí decorre que em muitos casos – se não em todos – o legislador pode *escolher* entre várias hipóteses racionalmente sustentadas. Essa escolha é marcada por critérios estabelecidos pelo agente, ele próprio, pelo que se pode considerar uma escolha autónoma, não obstante a sujeição a certos constrangimentos de deliberação racional, como são, por exemplo, a recondução a um determinado quadro de racionalidade ou argumentação (ideologia) política.

11.3.1.2.2. *Críticas*

11.3.1.2.2.1. Críticas, dirigidas ao modelo ou a componentes do modelo, que atingem a sua consistência global

Cumpre agora passar em revista as críticas essenciais dirigidas ao modelo de ponderação da teoria dos princípios[2662].

[2660] O objetivo de correção é um objetivo idealizado pelo direito (é uma *ideia regulativa*, adiante ALEXY), mas na verdade nem sempre é possível ter a certeza de que se atingiu. Apesar de não ser impossível que, em certas situações, se conclua que *só é possível uma única resposta*, é também seguro que nem sempre isso é possível. O direito conhece (e convive com) situações de incerteza relativa.

[2661] MATHER, «Law-making...», pp. 365 ss.

[2662] Com uma perspetiva total ou parcialmente crítica em relação ao modelo de ALEXY, v. ATIENZA, *El Derecho...*, p. 173; MORESO, «Alexy y la Aritmética...», *cit.*; JESTAEDT, «Die Abwägun-

O PRINCÍPIO DA PROIBIÇÃO DO EXCESSO

Primeiro, contesta-se que a fórmula do peso reflita a metódica jurisdicional, incluindo a do Tribunal Constitucional alemão[2663].

Segundo, não é claro se ALEXY propõe um modelo de ponderação racional aplicável em todas as situações de colisão (e, sendo-o, se há diferenças na fórmula do peso) ou se é aplicável apenas quando estejam em causa colisões de direitos fundamentais (de defesa, por um lado – Pi – e de proteção, por outro – Pj)[2664]. Em qualquer caso, a superveniente introdução da regra da negação em cadeia (*rule of chain negation*), aplicável em situações de proibição do defeito (*Untermassverbot*), que propôs a partir de 2007[2665], requereria uma elucidação completa sobre a articulação entre essa (nova) regra e a fórmula do peso, que parece faltar.

Terceiro, alega-se que o autor restringe as suas preocupações à justificação interna do resultado da ponderação, descurando a justificação externa. Para que o resultado da ponderação esteja internamente justificado é apenas necessário garantir que ele se infere de premissas pré-dadas, como na fórmula do peso ou no silogismo judiciário próprio da subsunção. Diversamente, a justificação externa decorre da *verdade ou correção* das premissas e é aí que pode entrar o discurso moral[2666]. Ora, os esquemas formais ilustram e sistematizam as premissas em que assenta o *balancing* e o trajeto para chegar a uma conclusão, tornando mais claro o que o legislador e o tribunal têm de ponderar e justificar, mas não resolvem a questão essencial de avaliar pesos e intensidades das interferências. Para isso, tem de se realizar um exercício de raciocínio prático, no qual o decisor tem recorrer a uma ou várias teorias substantivas da justiça – não bastando qualquer classificação baseada na intuição – para atribuir pesos e avaliar intensidades, de modo que expresse um determinado entendimento dos direitos e

---

gslehre..., *cit.*; *idem*, «The Doctrine of Balancing...», p. 164; LADEUR, *Kritik der Abwägung...*, pp. 12 ss.; RIEHM, *Abwägungsentscheidungen...*, *cit.*; ZORRILLA, *Conflictos...*, pp. 248 ss.; SIECKMANN, «Balancing...», *cit.*; POSCHER, «Insights...», *cit.*; «The Principles...», *cit.*; ŠUŠNJAR, *Proportionality...*, pp. 211 ss.; GUIBOURG, «Alexy y su fórmula...», *cit.*; LAMEGO, *Elementos de Metodologia...*, pp. 270 ss.

[2663] Há mesmo quem procure demonstrar, mais radicalmente, que não só a fórmula do peso não exprime adequadamente a prática judicial, como esta nem sequer aplica o teste da proporcionalidade e.s.e. através de ponderação bilateral ou multilateral: v. ŠUŠNJAR, *Proportionality...*, p. 125.

[2664] SIECKMANN, «Balancing...», p. 114. A questão é pertinente, uma vez que a colisão entre direitos fundamentais e interesses coletivos está normalmente fora do espetro de exemplos usados por ALEXY. Ora, a expressão destes interesses coletivos pode suscitar adaptações, por exemplo, no que se refere às diferenciações dos pesos abstratos (se é que se justifica diferenciar), à progressão geométrica da escala cardinal que expressa o grau de satisfação, etc.

[2665] «Zur Struktur...» (2007); v., também, «On constitutional rights to protection» (2009). V. o desenvolvimento *infra*, capítulo 21, 2.3.2.1.

[2666] KLATT/MEISTER, *The Constitutional Structure...*, p. 54.

NA ANTECÂMARA DA PROPORCIONALIDADE EM SENTIDO ESTRITO

da sua relação entre si e com os demais interesses da comunidade[2667]. A ponderação (e, especificamente, proporcionalidade e.s.e.) é uma estrutura formal que necessita, no essencial, de premissas fornecidas do "exterior"[2668]. Todavia, as indicações que ALEXY deixa sobre estas são pouco mais do que dececionantes (a justificação pode "assentar em qualquer tipo de argumento jurídico"[2669]).

Quarto, o problema mais agudo, este sublinhado até por adeptos de ALEXY[2670]. Questiona SIECKMANN[2671], um dos membros da escola de Kiel: qual é, verdadeiramente, o interesse de procurar traduzir a operação de ponderação num modelo matemático? Qual a vantagem teórica, dogmática ou metódica que daí advém? A resposta parece simples: nenhuma. Trata-se de uma formulação pouco mais do que ociosa[2672]. Tudo o que ALEXY procura conseguir ou demonstrar através da fórmula do peso pode ser demonstrado pelas simples linguagem e técnicas do direito, condimentadas e complementadas por contributos da filosofia prática. Por outro lado, há o risco de obrigar o pensamento jurídico a recorrer a subsídios de outras ciências em termos que desvirtuam desnecessariamente as competências necessárias para ponderar, com mais-valias pouco relevantes[2673], sem esquecer o risco de a elegância formal das fórmulas matemáticas camuflar aspetos essenciais da estrutura da ponderação[2674]. A fórmula do peso cria uma ilusão de precisão matemática, uma quimera metodológica[2675] que involuntariamente gera a sensação de que o pensamento jurídico se pode dar ao luxo de conceber um método que conduza a uma resposta completamente imune à capacidade criativa constitutiva do seu autor. Por outras palavras, no afã de procurar a demonstração da racionalidade da ponderação, talvez tenha sido cometido o excesso de conceber um modelo *demasiado* racional para estar ao alcance das capacidades cognitivas (e outras) dos seres humanos[2676].

[2667] KUMM, «Political Liberalism...», p. 148.

[2668] ALEXY, «Thirteen replies...», p. 344.

[2669] *A Theory...*, p. 105. Estas e outras afirmações igualmente vagas são por vezes complementadas com remissões para a sua *Theorie der juristischen Argumentation...* (1978).

[2670] V., por exemplo, SIECKMANN, «Balancing...», *cit.*; VIRGÍLIO AFONSO DA SILVA, *Direitos Fundamentais...*, p. 176.

[2671] *Ob. cit.*, p. 114.

[2672] ZORRILLA, *Conflictos...*, p. 249; PINO, *Derechos...*, p. 213; MORAIS, *Curso...*, II, 2, p. 682. O projeto da matematização da ponderação (designadamente da ponderação de interesses) antecedeu, aliás, ALEXY. V., por exemplo, HUBMANN, «Grundsätze der Interessenabwagung», *cit.*, e «Methode der Abwägung», *cit.*, bem como a refutação em HIRSCHBERG, *Der Grundsatz...*, pp. 102 ss.

[2673] Coincidente, SIECKMANN, «Balancing...», p. 116.

[2674] No mesmo sentido, SIECKMANN, «Balancing...», p. 116.

[2675] JESTAEDT, «The Doctrine of Balancing...», p. 165.

[2676] Cfr. SCHAUER, «Balancing...», p. 8.

O PRINCÍPIO DA PROIBIÇÃO DO EXCESSO

Quinto, o autor sustenta que o primeiro e o segundo estádio do processo de ponderação são cumpridos *independentemente* um do outro, em termos absolutos, sem qualquer relacionamento. Isso é refutável, do ponto de vista metodológico[2677]. Certamente, não é impossível a valoração unilateral da importância de uma intensidade de interferência ou de satisfação (ponderação unilateral). Porém, havendo mais do que uma propriedade, atributo ou realidade normativamente relevante a ponderar, é natural que se processem sistemáticos *trade offs*. Por exemplo, é ilusório pensar que é possível valorar como *leve, moderada* ou *séria* a intensidade dos efeitos de interferência num bem, interesse ou valor, ignorando completamente (estabelecendo uma espécie de véu de ignorância) de que forma essa interferência se relaciona com a *intenção* ou o fim que lhe subjaz, ou seja, os *efeitos* ou *consequências* que se pretende desencadear[2678].

Sexto, a lei epistémica da ponderação está longe de ser clara[2679]. Desde logo, a sua designação (lei epistémica *da ponderação*) ilude que as questões relacionadas com o apuramento da fiabilidade das premissas epistémicas são essencialmente questões de direito probatório, *transversais* à estrutura de toda a proibição do excesso e até a alguns dos seus pressupostos[2680]: as apreciações empíricas e normativas são essenciais à conformação do fim legítimo (designadamente, aferição da necessidade de prosseguir aquele fim) e à aplicação dos segmentos da adequação e da necessidade[2681]. Esta opção de ALEXY patenteia, mais uma vez, a

---

[2677] Assim, PINO, *Derechos* ..., pp. 215 ss. Parece ser essa também a posição de SIECKMANN, «Balancing...», p. 115.

[2678] Do ponto de vista do raciocínio prático, quando o legislador pondera, por exemplo, tornar obrigatórios anúncios dissuasórios nos maços de tabaco, faz uma primeira valoração da importância comparada dos bens, interesses ou valores em presença (inciaitiva económica, saúde). Aqui há seguramento uma ponderação relacional, bilateral. Depois, quando avalia a proporcionalidade do meio concretamente definido, confrontando as importâncias dos efeitos da interferência no primeiro e dos efeitos da satisfação do segundo, o juízo sobre cada uma dessas variáveis é mutuamente influenciável, pelo menos parcialmente: o juízo de que a interferência sobre a liberdade de iniciativa económica das tabaqueiras resultante da obrigação de avisos dissuasórios nos maços de tabaco é leve, é no essencial resultante de uma valoração tendo em conta o próprio sentido e alcance constitucional da liberdade de iniciativa económica, mas não pode deixar de ter em conta a importância da satisfação do direito à saúde. Se o fim dos avisos fosse, por absurdo, não a proteção do direito à saúde, mas a criação de melhores condições de mercado para quem comercializa cigarros eletrónicos (por exemplo, inscrevendo nos maços os dizeres "prefira cigarros eletrónicos que são menos prejudiciais e são mais económicos"), seria difícil admitir como racional uma classificação da interferência na liberdade de iniciativa económica das tabaqueiras como apenas leve, apesar de também haver um intuito dissuasório e uma simples obrigação de inscrição de uma frase visível nos maços.

[2679] V. a tentativa de algumas clarificações em RIVERS, «Proportionality...», pp. 177 ss.

[2680] Coincidente, ŠUŠNJAR, *Proportionality*..., p. 239.

[2681] Como o próprio reconhece: ALEXY, *A Theory*..., p. 414.

NA ANTECÂMARA DA PROPORCIONALIDADE EM SENTIDO ESTRITO

sobrecarga do segmento da proporcionalidade e.s.e. com considerações que não lhe pertencem exclusivamente ou sequer predominantemente.

Depois, a lei epistémica da ponderação é insuficientemente precisa em relação aos fatores que devem ser considerados[2682].

11.3.1.2.2.2. Primeiro passo

Assinale-se uma divergência conceptual ou estrutural entre a construção de ALEXY e aquela que aqui desenvolvemos: o apuramento da intensidade da interferência no princípio afetado é inerente ao segmento da necessidade e não ao segmento da proporcionalidade e.s.e. Como mostrámos no momento próprio[2683], a aplicação do segmento da necessidade impõe esse apuramento de modo a comparar aquela intensidade com as hipóteses alternativas.

11.3.1.2.2.3. Segundo passo

Recorde-se que o autor, na lei material da ponderação ("quanto maior for o grau de não satisfação ou de afetação de um dos princípios, tanto maior deve ser a importância da satisfação do outro"), considerava implicitamente duas grandezas: *grau de não satisfação ou de afetação de um dos princípios (Pi)*; *importância da satisfação do outro (Pj)*. Mas essa fórmula é inconveniente na medida em que inculca que a ponderação se faz entre duas varáveis analiticamente distintas: *grau* (de não satisfação), noção essencialmente quantitativa e *importância* (de satisfação), noção essencialmente qualitativa. Por isso, logo no Posfácio à edição inglesa do *Theorie* ensaiou uma evolução em relação àquele enunciado inicial, recorrendo à noção unificadora de *intensidade de interferência*. O grau de não satisfação ou de afetação de *Pi* deveria ser, afinal, *intensidade de interferência em Pi*. Por outro lado, atendendo a que a importância da satisfação de *Pj* teria uma dimensão concreta e abstrata[2684], para identificar apenas a concreta deveria falar-se de *intensidade de interferência em Pj se não houvesse interferência em Pi*. Todavia, isso seria o mesmo que *importância da satisfação de Pj* ou *importância concreta de Pj*[2685], conceitos que privilegiaria ("regressando à superfície")[2686]. Ora, para além de o emaranhado de explicações e de novos conceitos não parecer totalmente útil, transmite a noção insubsistente de que *intensidade de interferência* num princípio está ao mesmo nível ou é uma noção que equivale a *importância concreta* de um princípio. Todavia, por um lado, isso não está demonstrado[2687].

[2682] Cfr. ŠUŠNJAR, *Proportionality...*, pp. 239-240.

[2683] Capítulo 16, 4.1.2.

[2684] *A Theory...*, p. 406.

[2685] V., também, identicamente, «Sobre los derechos...», pp. 59 ss.

[2686] V., por exemplo, «La fórmula...», p. 31.

[2687] Além de o autor não evitar alguma instabilidade dos conceitos que emprega (SIECKMANN, «Balancing...», p. 108), não recorta devidamente nem retira consequências adequadas do recorte

O PRINCÍPIO DA PROIBIÇÃO DO EXCESSO

Por outro, dificulta a estruturação e operacionalização da ponderação, que requer comparabilidade e esta pressupõe a identificação de atributos relevantes para a decisão comuns aos dois termos da comparação. Ao invés, ALEXY, por fidelidade à formulação original da lei da ponderação, admite a possibilidade de ponderação de aspetos e atributos assimétricos: a intensidade de interferência *num* princípio de um lado, a importância concreta *de um* princípio, do outro. No próprio contexto da teoria dos princípios – focada excessivamente no impacto sobre os princípios e não nos efeitos materiais nos bens, interesses ou valores objeto da intervenção legislativa – seria seguramente viável superar a formulação incial da lei da ponderação e proceder à identificação sem oscilações de um atributo presente nos dois "lados" da ponderação. Por exemplo, poderia falar-se da *intensidade* ou *importância* da interferência concreta em Pi e na *intensidade* ou *importância* de satisfação concreta de Pj.

11.3.1.2.2.4. Quarto passo: a fórmula do peso
Primeiro: é duvidoso que a fórmula do peso identifique realmente todos os fatores relevantes para a ponderação[2688]. Em contrapartida, identifica fatores que quase nunca são relevantes (como o autor reconhece).

Segundo: a incorporação/referência a um modelo triádico l, m, s, pode suscitar dois tipos de observações (no essencial endereçáveis também ao modelo triádico aplicável na medição da fiabilidade das apreciações empíricas e normativas, r, p, e).

Por um lado, não se fixa qual o ponto de vista e o patamar de que se parte para a fixação da leveza, moderação ou seriedade da interferência (ou da importância): vale um ponto de vista subjetivo (dos afetados/beneficiados) ou objetivo[2689]? E o ponto de referência é o patamar de realização existente no momento da prática do ato ou o ponto ideal máximo de realização[2690]?

---

de alguns conceitos. Por exemplo, há distinções a fazer entre (i) *importância* de um princípio; (ii) *grau* ou *intensidade* de interferência ou de satisfação de um princípio, (iii) *importância* de satisfação de um princípio e (iv) *peso* de um princípio num caso concreto (cfr. SIECKMANN, «Balancing...», p. 113).

[2688] JESTAEDT, «The Doctrine of Balancing...», p. 164; PULIDO, «On Alexy's Weight Formula», p. 108, e «The Rationality of Balancing», *cit.*

[2689] V., por exemplo, MORESO, «Alexy y la Aritmética...», pp. 74-75.

[2690] V., por todos, SARTOR, «The Logic of Proportionality...», pp. 1440-1441. Os ganhos ou perdas resultantes do impacto da medida podem ser especificados de duas formas: ou se calcula o grau de aumento ou diminuição a partir do nível de realização atual do valor em causa; ou se calcula o grau de aumento ou diminuição tendo em conta o nível de realização máximo do valor que pode ser alcançado. O autor prefere a segunda opção: o impacto de uma ação na realização de um valor é dado pela proporção entre o impacto provocado pela medida e o nível máximo de realização desse valor razoavelmente atingível.

NA ANTECÂMARA DA PROPORCIONALIDADE EM SENTIDO ESTRITO

Além disso, há quem argumente que os graus "sério", "médio" ou "leve" não estão operacionalmente definidos e provocam dificuldades de aplicação[2691]. Alguns propõem a sua substituição por afirmações de comparação, de caráter ordinal[2692], auxiliadas pelos termos "mais" ou "menos"[2693].

Mas, por outro lado e noutra direção, nada aconselha, impõe ou sustenta, do ponto de vista constitucional, a adoção de uma estrutura triádica de atribuição de peso[2694]. Nenhum argumento de ordem dogmática ou teórica atribui vantagem a essa estrutura em relação a outra que, por hipótese, distinguisse interferência *muito leve, leve, moderada, séria* e *muito séria* ou outra com menos ou mais patamares[2695]/[2696].

[2691] PINO, *Derechos...*, p. 213; MORESO, «Conflictos...», p. 825.

[2692] V., todavia, as objeções de ŠUŠNJAR, *Proportionality...*, p. 222: a adesão a uma escala ordinal obrigaria a considerar *apenas uma variável*, o peso abstrato ou o peso concreto, o que é contraditório com a intenção integracionista de diferentes variáveis que subjaz àquela fórmula.

[2693] LINDAHL, «On Robert Alexy's Weight Formula...», pp. 373-374: dizer-se que no caso x a interferência em P_i foi *maior* que a interferência em P_j seria a *genuína* ponderação (e não a classificação de séria, média ou ligeira e respetiva comparação); uma das principais observações de MORESO, «Alexy y la Aritmética...», p. 75, vai também no sentido da impossibilidade de definir objetivamente de que propriedade se fala quando se pretende preencher cada um dos três conceitos.

[2694] Sobre a escala triádica, *A Theory...*, p. 405; «The Construction...», p. 30; «Los Derechos...», p. 16. «On Constitutional Rights...», p. 8. KLATT/MEISTER, *The Constitutional...*, p. 60. ALEXY admite, em tese, a possibilidade de escalas com mais graus do que a triádica simples (por exemplo, uma escala triádica dupla). Mas, em última análise, afasta-as, por excessiva complicação e dificuldade de compreensão. No caso da escala triádica dupla seria, por exemplo, difícil compreender, explicar e argumentar sobre o que é uma intensidade *lms* (levemente moderadamente séria) ou *sls* (seriamente levemente séria) ou *msl* (moderadamente seriamente leve) e assim por diante. Por isso, justifica-se adotar uma malha menos fina ou mais grosseira (*A Theory...*, p. 408).

[2695] ŠUŠNJAR, *Proportionality...*, p. 128, salienta que, quando o Tribunal Constitucional alemão pondera, fica-se por escalas muito mais rudimentares, como importante/insignificante.

[2696] Não se nega que as escalas triádicas são comuns no direito: por exemplo, o Código do Trabalho distingue entre infrações leves, graves e muito graves (artigo 553º). Mas se as razões apresentadas pelo autor justificam o afastamento de uma escala infinitesimal ou triádica dupla (cfr. *A Theory...*, p. 413), elas não justificam, por exemplo, a rejeição de uma escala com quatro graus (leve, moderada, séria ou muito séria, *l, m, s, ms*) ou com cinco graus (muito leve, leve, moderada, séria, muito séria − *ml, l, m, s, ms* − ou muito baixa, baixa, média, alta e muito alta ou mau, insuficiente, suficiente, bom, muito bom. etc.), que também se adaptam facilmente ao raciocínio jurídico e estão ainda dentro das vulgares capacidades cognitivo-classificatórias dos indivíduos, Aliás, o próprio ALEXY refere-se por vezes a interferências «muito sérias» ou «extraordinariamente sérias», subindo um grau em relação a «sérias» (notando isso, G. WEBBER, «Proportionality, Balancing...», p. 183). A sugestão de seis graus (v., por exemplo, CLÉRICO, «Sobre "casos"...», p. 122: insignificante, mais ou menos leve, médio, intensivo, muito intensivo e extremamente intensivo) não é à partida implausível, mas esbarra com a dificuldade de a distinção racional entre muito intensivo e extremamente intensivo requerer faculdades cognitivas

O PRINCÍPIO DA PROIBIÇÃO DO EXCESSO

Terceiro: não é persuasivamente explicada a necessidade do expediente *intermédio* do recurso a uma escala de valores triádica *l, m, s,* quando o passo seguinte é a atribuição de valores numéricos a cada uma dessas magnitudes, em termos que configuram afinal uma escala cardinal.

ALEXY começa por qualificar, por exemplo, uma interferência como séria. No momento imediatamente seguinte atribui-lhe um valor de 2^2 ou 4. Ora, porque não atribuir logo à partida a essa interferência o peso de 4 (e a outras o peso de 2 ou o peso de 1), sem passar pelo passo intermédio, afinal desnecessário, de a qualificar como séria (ou moderada, ou leve)?

Em qualquer dos casos, a possibilidade de se atribuir a uma interferência o valor 1, 2 ou 4, com ou sem passo intermédio, teria de abrir a possibilidade de se atribuir a uma interferência o valor 4-, ou 4+, ou 2- ou 2+, etc. Por outras palavras: a possibilidade de se atribuir a uma interferência o peso 1, 2 ou 4, traria consigo, inevitavelmente, a viabilidade de atribuir os valores de 1,5, 2,5, 4,5; ou 1, 2, 4, 8, 16, ou 1, 3, 9, 27, se quiséssemos manter a progressão geométrica (não aceitando, por exemplo, a proposta de substituição da progressão geométrica 1, 2, 4, por uma progressão aritmética 1, 2, 3 [2697]).

Por vias indiretas, chegaríamos assim à pretensão de atribuir pesos cardinalmente quantificados a intervenções em direitos[2698], algo que parece impossível, como o próprio ALEXY admite[2699].

A quarta observação incide sobre um dos aspetos mais criticados: a atribuição diferenciada de pesos abstratos aos princípios constitucionais. Não obstante

superiores. Um dos aspetos a reter pode ser o seguinte: se fosse viável uma escala com mais posições do que a triádica, o alargamento do leque diminuiria as hipóteses de "empate" ou de *não desproporcionalidade*, na medida em que permitiria uma diferenciação mais fina dos graus de intensidade, de interferência ou de importância. Consequentemente, reforçaria a amplitude do controlo do juiz constitucional e diminuiria a liberdade de conformação do legislador. Esse poderia ser um argumento contra a adoção de uma escala com maior número de posições. Debruçando-se justamente sobre a possibilidade de os tribunais controlarem o âmbito da liberdade de conformação do legislador através da adoção de escalas mais ou menos finas, RIVERS, «Proportionality...», pp. 184-185.

[2697] LUCATUORTO, «Regole...» (pp. 6-7, acessível em http://papers.ssrn.com/sol3/papers. cfm?abstract_id=1158502). LINDAHL, «On Robert Alexy's Weight Formula...», pp. 365 ss., demonstra que, embora essas duas hipóteses sejam mais "elegantes", qualquer sequência de números arbitrária, desde que ordenada do inferior para o superior, seria aplicável: 1, 2, 3, 4 ou 2, 5, 9, 11 ou 1, 3, 9, 27. Cfr., porém, ALEXY, «La fórmula del peso...», pp. 34 ss.

[2698] ŠUŠNJAR, *Proportionality...*, pp. 211 ss., mostra, aliás, que a teoria dos princípios e a fórmula do peso requerem não apenas comensurabilidade, como também escalas cardinais, uma vez que só dessa forma é possível comparar agregações de diferentes variáveis. Quando não há uma simples comparação binária, uma escala ordinal de igual/maior não é suficiente.

[2699] *A Theory...*, p. 91; cfr. a discussão em ŠUŠNJAR, *Proportionality...*, p. 219.

NA ANTECÂMARA DA PROPORCIONALIDADE EM SENTIDO ESTRITO

rejeitar vigorosamente uma ordem de valores abstrata[2700], ALEXY admite diferenças de pesos abstratos[2701].

Sem embargo, além de desconsiderar que o peso abstrato é relevante sobretudo na fase de conformação do fim (e, eventualmente, na fase da necessidade) e não no momento da aplicação da proporcionalidade e.s.e.[2702], o modo de apuramento do peso ou importância abstrata dos princípios em colisão é menos do que claro. Isso deve-se a que assume que os pesos abstratos dos princípios colidentes são frequentemente iguais[2703]. Por isso, prescinde de testar e demonstrar a hipótese de não equivalência e de responder às objeções daqueles que afirmam que não há nenhuma escala de ordenação abstrata de direitos que possa ser aceite razoavelmente[2704].

Por outro lado, não é claro como se define o peso abstrato. Do discurso do autor extrai-se que o peso abstrato também é medido com auxílio da aplicação de uma escala triádica[2705] e não, por exemplo, através de uma classificação ordinal, de mais ou de menos (ou de maior/menor). Todavia, isso suscita problemas relevantes. Além de não se vislumbrar base constitucional para uma ordenação que acaba por ser cardinal, fica por explicar a progressão geométrica também no caso da atribuição de peso abstrato[2706], tal como fica por explicar como se procede à sua aplicação. Partindo de uma das poucas indicações claras, a superioridade abstrata do direito à vida sobre a liberdade geral de ação[2707], deverá, por exemplo, entender-se que o direito à vida tem *sempre* um peso equivalente ao peso máximo (4), enquanto a liberdade geral de ação, os demais direitos e outros interesses coletivos não podem ir além do grau imediatamente abaixo na escala (2)? É uma hipótese intrigante, mas nenhuma alternativa resulta do trabalho do autor[2708].

[2700] *A Theory...*, p. 97: "deveria ficar claro que uma ordem constitucional de valores abstrata, seja cardinal ou ordinal, é inaceitável".

[2701] *A Theory...*, p. 406; «La fórmula del peso», p. 35.

[2702] Esta é uma divergência que assumimos e que evidenciámos *supra* no capítulo 8. Note-se que também nesse domínio a ambição de ALEXY de descrever a jurisprudência constitucional alemã não é plenamente cumprida, uma vez que o *BVerfG* em alguns casos considera o peso abstrato justamente na fase da apreciação da legitimidade do fim: v. ŠUŠNJAR, *Proportionality...*, pp. 235-236.

[2703] *A Theory...*, p. 406. Aliás, o autor reconhece que o enunciado da lei da ponderação se reporta a constelações em que os pesos abstratos são iguais: «La fórmula del peso», p. 25.

[2704] Para a discussão crítica, por exemplo, MORESO, «Alexy y la aritmética...», p. 74; ZORRILLA, *Conflictos...*, p. 248; PIRKER, *Proportionality...*, p. 35.

[2705] «La fórmula del peso», p. 37.

[2706] Cfr. essa explicação para o peso concreto em *A Theory...*, p. 410.

[2707] *A Theory...*, p. 406; «La fórmula del peso», p. 23.

[2708] *Supra*, no capítulo 8, 2.2.6., defendeu-se a possibilidade de atribuir peso ou importância *abstrata relativa prima facie* a bens, interesses ou valores constitucionalmente protegidos, em termos que escapam às críticas endereçáveis a ALEXY.

O PRINCÍPIO DA PROIBIÇÃO DO EXCESSO

Quinto: como já se referiu, é insuficientemente demonstrada e justificada a opção metódica da colocação da variável R ao mesmo nível – e com peso equivalente na equação – que as outras variáveis (intensidade de interferência/importância e peso abstrato)[2709].

Sexto: pode discutir-se se há coincidência entre a lei epistémica da ponderação ("quanto mais intensa for a interferência num direito fundamental, maior deve ser a certeza das premissas que fundamentam essa interferência"[2710]) e a fórmula do peso. Aparentemente, a primeira foca especificamente a relação entre a (in)certeza epistémica e a intensidade da interferência num princípio ou direito, enquanto a segunda contempla também a (in)certeza das premissas relativas à satisfação do outro[2711].

Sétimo: R deve ser desagregado em R^e e R^n, sendo R^e para a fiabilidade dos pressupostos empíricos ou de facto e R^n para a fiabilidade dos pressupostos normativos[2712].

Oitavo: a fórmula do peso não é apropriada para reconstruir *todas* as operações de ponderação. Por norma, ALEXY recorre a exemplos em que há *um* princípio objeto de interferência e *um* princípio que é promovido. Não deixa de reconhecer, porém, que essa situação não esgota as possibilidades práticas. Há situações (porventura, as mais comuns) em que: (i) um princípio é objeto de interferência com vista à satisfação de vários; (ii) vários princípios são objeto de interferência para satisfazer vários outros; (iii) vários princípios são objeto de interferência para satisfazer outro.

Pode a fórmula do peso assumir uma feição *agregativa*? Numa primeira ocasião, o autor deixou assumidamente esse ponto em aberto[2713]. Porém, regressou

---

[2709] SIECKMANN, «Balancing...», p. 114; ŠUŠNJAR, *Proportionality*..., p. 239 (R é uma questão de direito processual e não de direito substantivo, não deve ser misturada com as demais questões, que são materiais).

[2710] *A Theory*..., p. 419; «La fórmula del peso», p. 38.

[2711] RIVERS, «Proportionality...», p. 181, de modo a que o fator "certeza" possa aparecer sob ambas as perspetivas na equação de ponderação, sugere: "quanto maior for a possibilidade de um princípio ser seriamente infringido, maior deve ser a possibilidade de outro princípio ser realizado num alto grau" (*ob. e loc. cit.*). Além desta proposta, que se pode considerar "interna" à própria doutrina de ALEXY, RIVERS sugere outra, que se insere numa estratégia de superação da neutralidade institucional, adotada por ALEXY e criticada por RIVERS. O papel da segunda lei da ponderação deve ser guiar os tribunais na determinação da intensidade de fiscalização, quando ela puder variar: "quanto mais séria é uma limitação de um direito, mais intensa deve ser a fiscalização realizada pelo tribunal" (*ob. cit.*, p. 187). Esta segunda lei da ponderação seria, assim, o correlato formal da primeira lei (substantiva) da ponderação. V., também, o contributo de PULIDO, «The Rationality...», p. 20.

[2712] KLATT/MEISTER, *The Constitutional Structure*..., p. 12. Na verdade, ALEXY distingue os dois tipos de pressupostos, mas não faz refletir isso na sua fórmula do peso.

[2713] *A Theory*..., p. 409, nota.

NA ANTECÂMARA DA PROPORCIONALIDADE EM SENTIDO ESTRITO

a ele posteriormente[2714], discutindo a viabilidade de uma *versão alargada* e de uma *versão alargada completa* da fórmula do peso. A primeira aplicar-se-ia à situação (i). A segunda às situações (ii). A situação (iii) não é objeto de meditação (*a fortiori*, pelos motivos que, como veremos de seguida, levam a descartar a versão alargada completa).

A *fórmula do peso alargada completa* é descartada com o fundamento de que, se Pi representasse todos os direitos afetados negativamente, isso implicaria um "holismo de direito fundamental" e prejudicaria a regra de que se deve apreciar *separadamente* cada interferência num direito fundamental. A diluição do direito num conjunto indiferenciado de princípios atingiria o grau máximo se do lado de Pj fossem considerados agregadamente todos os princípios (direitos e interesses coletivos) que fundamentam a interferência. Portanto, do lado passivo (numerador) deve estar apenas o direito afetado, constando do lado ativo (denominador) os princípios que justificam a intervenção[2715].

Ora, logo aqui se vislumbra uma primeira dificuldade da fórmula do peso, na medida em que se lhe recusa exequibilidade ou pertinência num número significativo de casos de ponderação ou de aplicabilidade da proporcionalidade e.s.e.

Mas mesmo nas situações em que é aceite a *fórmula do peso alargada*, essa aceitação é condicionada a salvaguardas que a tornam praticamente inexequível em situações em que *um* princípio/direito é objeto de uma interferência com vista à satisfação de *vários* outros, sejam direitos ou interesses coletivos. O requisito principal para a ponderação *agregada* ou *aditiva* destes últimos é que não sejam substancialmente redundantes ou que sejam materialmente diferentes[2716]. Todavia, a diferenciação material estrita e a ausência de qualquer tipo de sobreposição, ainda que parcial ou até residual, é frequentemente impossível. Esta condição pode revelar-se de preenchimento problemático. Por outro lado, mesmo que seja possível ultrapassar todas essas barreiras, recortando com clareza e sem sobreposições o princípio afetado e os promovidos, a aplicação da *fórmula do peso alargada* com vista à aferição da racionalidade de decisões legislativas pode levar a resultados dececionantes[2717].

Suponha-se a seguinte situação[2718]:

[2714] «La fórmula del peso...», pp. 40 ss.

[2715] «La fórmula del peso...», pp. 40-41.

[2716] «La fórmula del peso...», p. 41.

[2717] Refutando também a fórmula do peso alargada, ŠUŠNJAR, *Proportionality...*, p. 308.

[2718] Continuamos a adaptar a fórmula de *A Theory...*, para melhor compreensão, não obstante as diferenças da expressão gráfica da fórmula do peso alargada em «La fórmula del peso...», p. 41.

O PRINCÍPIO DA PROIBIÇÃO DO EXCESSO

$$WP_{i,-n}C = \frac{IPiC \times WPiA \times RPi\ C}{SP1CxWP1AxRP1C + SP2CxWP2AxRP2C + SP3CxWP3AxRP4C + SP4CxWP4AxRP4C}$$

Isto é, está em causa a interferência num princípio Pi que visa a satisfação de quatro outros, $P1, P2, P3, P4$. Convencionemos que a interferência em Pi é séria, bem como o seu peso abstrato. A fiabilidade dos fatores epistémicos é média. Para facilitar, admitamos, quanto aos demais, que todos têm um peso abstrato sério e em relação a todos a fiabilidade dos fatores epistémicos é média. O único aspeto em que há alguma diferença é na importância concreta da satisfação: a de $P1$ é moderada, enquanto em relação aos três restantes é leve. Logo:

$$WP_{i,-n}C = (4x4x0,5) : (2x4x0,5) + (1x4x0,5) + (1x4x0,5) + (1x4x0,5) = 0,8$$

De acordo com a fórmula alargada do peso, a interferência sobre Pi seria proporcional e.s.e.

No entanto, não parece convincente dizer-se que uma interferência séria num direito com um valor abstrato elevado é justificada por satisfações apenas moderadas ou leves de outros direitos/interesses públicos. A fórmula do peso não é capaz de refletir os vários tipos de relações e de interdependências que se podem estabelecer entre vários princípios, quer do lado ativo, quer do lado passivo, e de resolver os problemas teóricos e práticos daí resultantes. A versão agregativa ou aditiva da fórmula do peso concebida por ALEXY não parece produzir resultados credíveis.

Em alternativa, poderíamos tentar calcular um *valor médio* dos direitos/interesses públicos prosseguidos. Mas não se vislumbra qualquer argumento jusfundamental em que se possa alicerçar esse exercício.

A fórmula do peso revela-se, assim, imprestável, inexequível ou inadequada para expressar uma classe importante de casos de ponderação. O seu horizonte não vai além das situações *bilaterais*, sendo imprestável nos casos *multilaterais* ou *poligonais*, para os quais o modelo de ponderação subjacente tem, manifestamente, de ser outro.

11.3.1.2.3. *Saldo entre os aspetos positivos e as críticas*

Entre análise de custo-benefício ou deliberação meramente "calculativa", que se limite a escolher a opção que representa uma maior (ou menor) quantidade de unidades de valor[2719] e ponderação há diferenças. Por exemplo, imagine-se que o legislador tem de decidir se o efeito positivo da promoção da liberdade de circulação de 20 0000 pessoas justifica o efeito negativo da coartação da liberdade de circulação de 100 000 pessoas. Nesse caso, estão preenchidos os elementos essenciais da comensuração: os "custos" (coartar a liberdade de

---

[2719] CHANG, «Introduction», p. 19.

NA ANTECÂMARA DA PROPORCIONALIDADE EM SENTIDO ESTRITO

circulação de 100 000 pessoas) e os "benefícios" (garantir a liberdade de circulação de 20 000) podem ser quantificados através de uma unidade métrica comum, e comparados (no caso, até comensurados)[2720]. Se a deliberação de afastar (ou invalidar) a hipótese de limitar a liberdade de circulação de 100 000 para garantir a de 20 000 se basear simplesmente no critério *número de afetados*, isto é, se não houver outros critérios a atender, a racionalidade da decisão está garantida.

Esta situação é a que se aproxima mais da ideia da justiça como *balança*: em cada um dos pratos coloca-se uma das grandezas a contrapesar, limitando-se o decisor a constatar, sem nenhuma intervenção das suas apreciações ou escolhas subjetivas, o resultado. Todavia, nesse caso, a racionalidade não resulta da realização de verdadeira ponderação[2721], mas sim de uma *resposta técnica* que se sucede a uma análise de custo-benefício[2722]. Estas deliberações, baseadas na argumentação e raciocínio técnicos e na comensurabilidade, são frequentemente importantes para o direito. Nestes casos, uma opção pode ser preferida, adotada e prosseguida sem qualquer ponderação ou *escolha*, no sentido forte, entre duas opções[2723]. Num registo diferente, mas circunstancialmente confluente, WEBBER nota que, nesse caso, não há necessidade de escolha e, assim, não há lugar para argumentação (*moral reasoning*). A razão técnica (racionalidade *techne*) exaure o problema, *determinando* uma solução[2724]. Não é necessária verdadeira ponderação. Este é um dos motivos por que aquilo que designamos por proporcionalidade quantitativa fica fora da órbita da proporcionalidade moderna: falta-lhe a componente de verdadeira e própria ponderação[2725].

[2720] Sobre os passos "técnicos" da comensuração, v. FINNIS, «Commensuration...», p. 219.

[2721] Nesse sentido, KLATT/MEISTER, *The Constitutional...*, p. 65.

[2722] Cfr. BIX, «Dealing with Incommensurability...», pp. 1652-1653, nota que estes casos conduzem à paradoxal conclusão de que são as situações de incomensurabilidade que pedem decisão e julgamento racional, uma vez que as de comensurabilidade não necessitam de julgamento e poderiam ser decididas por um *robot*; FINNIS, «Natural Law...», p. 146; «Commensuration...», p. 219: nesse domínio técnico, a comensuração é possível porque (i) os fins estão bem definidos; (ii) os custos podem ser comparados através de uma unidade de valor bem definida (dinheiro, por exemplo); (iii) os benefícios podem ser quantificados através da mesma unidade de valor, de modo a fazê-los comensuráveis; e (iv) as diferenças entre os meios alternativos, para além dos seus custos e benefícios mensuráveis e dos demais aspetos da sua eficiência como meios, não são vistas como significativas.

[2723] FINNIS, «Commensuration...», p. 224.

[2724] WEBBER, *The Negotiable...*, pp. 96-97. Na ponderação há *escolha* no sentido mais forte do termo e apelo a razões justificadoras morais, enquanto na deliberação técnica não parece haver necessidade de *escolha* num sentido forte e moralmente relevante: cfr. FINNIS, «Commensuration...», p. 224.

[2725] V. *infra*, capítulo 24.

O PRINCÍPIO DA PROIBIÇÃO DO EXCESSO

Já se os fatores mensuráveis fossem apenas um dos componentes a que se agregassem outros não mensuráveis (por exemplo, a absoluta necessidade de, através da medida, garantir condições essenciais de vida dos 20 000, não se colocando a mesma questão para os 100 000), o processo de deliberação teria de ser outro, incorporando outras componentes: desde logo, a argumentação dos direitos. Esse sim, é o campo próprio da ponderação.

Certamente o projeto científico de ALEXY não aposta abertamente numa formalização integral da ponderação que elimine ou dilua significativamente as diferenças entre ponderação e deliberação meramente "calculativa"[2726]. Não há a intenção de propor uma fórmula integralmente matematizada, baseada na simples computação de vantagens e desvantagens redutíveis a grandezas numéricas. Todavia, pretende pelo menos conceber uma fórmula que, através de formalização matemática *parcial*, reduza os fatores de imponderabilidade ou de imprevisibilidade da ponderação.

Ora, esse desiderato parece inconciliável com a incomensurabilidade dos fatores a ponderar e com a textura essencial do *moral reasoning*, que são indissociáveis da ponderação. Essa circunstância é a causa principal de não haver praticamente nenhuma componente do modelo de ALEXY que fique isenta de críticas ou não requeira ajustamentos relevantes. Como fórmula heurística e de reconstrução padronizada de um *iter* decisório, geradora de transparência e aferidora da coerência, pode ter utilidade. Como modelo normativo, não serve.

Em todo o caso, a impossibilidade de reconduzir a ponderação a um modelo minimamente reproduzível através de uma fórmula matemática e de algarismos não condena a ponderação à irracionalidade[2727].

11.3.2. O modelo de deliberação coerente de Susan Hurley

Outra proposta de formalização da ponderação e, mais radicalmente do que ALEXY, de criação de condições para que a ponderação seja instrumental ao objetivo de extrair do sistema uma norma, com ele coerente, suscetível de aplicação dedutiva, foi desenvolvida por SUSAN HURLEY no final da década de 1980[2728]. O modelo de deliberação (ou ponderação) coerente tem especial interesse no contexto do controlo judicial da constitucionalidade de leis e dos lití-

---

[2726] Alertando para a (e opondo-se à) tentação de integral formalização da proporcionalidade, PERJU, «Proportionality...», p. 41 (a proporcionalidade tornar-se-ia num poderoso instrumento de administrativização do direito constitucional).

[2727] Coincidente, SIECKMANN, «Balancing...», p. 116.

[2728] *Natural Reasons...*, pp. 201 ss.; *idem*, «Coherence...», *cit.* Este modelo seria seguido por BRIAN BARRY (*Political Argument*, 2ª ed., University of California Press, Berkeley, 1990), HILLEL STEINER (*An Essay of Rights*, Blackwell, Oxford/Cambridge (Mass.), 1994), SIECKMANN («Zur Struktur...», *cit.*) e muitos mais.

NA ANTECÂMARA DA PROPORCIONALIDADE EM SENTIDO ESTRITO

gios judiciais sobre direitos, sendo dificilmente aplicável à ponderação realizada pelo legislador no exercício do poder de fazer leis.

Em caso de conflito entre várias alternativas de decisão, sustentadas por razões diferentes, HURLEY defende que é necessário criar condições para produzir uma decisão coerente com o sistema. O objetivo do decisor deve ser (a teoria
tem um caráter normativo) delimitar o problema, as alternativas de decisão, as
razões que sustentam cada uma das decisões e os argumentos que dão força a
cada uma dessas razões, analisar como é que essas razões e argumentos funcio-
naram em outros casos ou poderiam funcionar em situações hipotéticas e elaborar uma teoria que *coerentemente* explique o modo como as razões que sustentam
cada uma das alternativas se interrelacionaram nesses outros casos. Dessa teoria
explicativa poderá então extrair-se uma conclusão sobre quais as razões que assumem maior peso no caso que suscita o episódio de *deliberation*, optando pela
alternativa de decisão/ação que é *all things considered* favorecida por essas razões
e *coerente* com a teoria elaborada. As razões elegíveis para sustentar uma alternativa de ação com efeitos jurídicos ultrapassam o quadro das fontes sociais do
direito numa perspetiva estritamente positivista[2729]: HURLEY fala indiscriminadamente de posições doutrinárias, precedentes, direitos, princípios, políticas,
tal como expressos através da prática jurídica e das instituições[2730].

O modelo que HURLEY constrói para atingir estes objetivos está muito
longe de ser um processo mecânico. Recorre a processos racionais, mas também
a capacidades imaginativas, sensibilidade e intuição desenvolvidas através de
exposição, familiaridade e participação nas práticas jurídicas[2731].

A estrutura teórica do modelo assenta em vários estádios de ponderação/
/deliberação.

Primeiro, *especificação do problema* e de quais as alternativas de resposta, quais
as razões práticas específicas que sustentam cada uma delas e de que forma as
alternativas são sustentadas e hierarquizadas à luz de tais razões práticas[2732].
As razões resultam da interpretação do conjunto do direito entendido como um
todo coerente (*deliberation* é também interpretação)[2733].

Segundo, havendo conflito entre as razões práticas relevantes aplicáveis, *análise fina* dessas razões[2734]. Não é clara, porém, a diferença entre o primeiro e o
segundo estádio. Uma descodificação possível do pensamento da autora con-

---

[2729] O que suscita reação de quem adota uma perspetiva metodológica positivista, mesmo quando
se trata de aderentes à orientação de HURLEY: v., por exemplo, ZORRILLA, *Conflictos...*, pp. 255 ss.

[2730] HURLEY, «Coherence...», p. 223.

[2731] HURLEY, *Natural Reasons...*, p. 211.

[2732] HURLEY, «Coherence...», p. 223.

[2733] HURLEY, *Natural Reasons...*, pp. 211-212.

[2734] *Idem*, p. 212.

O PRINCÍPIO DA PROIBIÇÃO DO EXCESSO

siste em entender que, no primeiro passo, as razões a que alude são as normas jurídicas aplicáveis (o direito positivo em sentido mais estrito), enquanto no segundo se aprofundaria a descoberta das razões subjacentes àquelas (finalidades, valores morais e outras considerações)[2735]. Essa interpretação atribui algum significado útil à distinção proposta pela autora entre primeira e segunda fase, mas na verdade não resulta diretamente da expressão textual do seu pensamento.

Terceiro, *análise e recolha de informação* sobre outros casos a que se apliquem as razões conflituantes apreciadas no passo anterior. Interessam casos estabelecidos, tenham eles sido resolvidos efetivamente, ou tenham sido colocados de forma hipotética[2736].

Quarto, o coração do processo deliberativo/ponderativo, *formulação de hipóteses explicativas*. Tendo em conta casos identificados no passo anterior, formulam-se hipóteses sobre as relações entre as diferentes razões conflituantes. Pretende-se identificar todas as circunstâncias ou dimensões distintivas que aumentam ou diminuem o peso de cada uma das razões conflituantes em relação às demais. As hipóteses de explicação das relações e dos pesos das razões são confrontadas com os casos isolados no terceiro estádio, efetuando-se um processo de vai e vem entre os estádios 2, 3 e 4, afinando gradualmente as hipóteses teóricas até se chegar *a uma* que explique coerentemente as relações entre as razões conflituantes e os respetivos pesos[2737].

Quinto, definem-se as implicações da teoria que se tiver estabelecido no caso que estiver em apreciação. Tendo em conta as circunstâncias em que as razões adquirem pesos relativos maiores ou menores, define-se o que o direito, tudo considerado e garantida a coerência, determina para o caso que estiver a ser objeto de decisão[2738].

Trata-se de um modelo de ponderação distinto do modelo da proporcionalidade e.s.e.

Sem necessidade de avançar, por enquanto, as variáveis que neste são ponderadas, pode assentar-se que o centro do processo ponderativo são *duas variáveis* que se contrapõem ou colidem e o peso que adquirem atendendo às *circunstâncias concretas*. Diferentemente, o modelo coerentista de HURLEY incide *nas razões* que sustentam as várias alternativas e promove a ponderação do seu peso num contexto mais vasto e mais plural, que vai além da consideração das circunstâncias do caso concreto.

[2735] Assim, ZORRILLA, *Conflictos...*, p. 255.
[2736] HURLEY, «Coherence...», p. 224.
[2737] HURLEY, *Natural Reasons...*, pp. 213-215; *idem*, «Coherence...», p. 224.
[2738] HURLEY, *Natural Reasons...*: v. a matriz proposta na p. 216.

NA ANTECÂMARA DA PROPORCIONALIDADE EM SENTIDO ESTRITO

Pode dizer-se que, do ponto de vista metódico, o modelo da proporcionalidade e.s.e. corre maior risco de conclusões *particularistas*, enquanto o modelo de HURLEY é mais suscetível de criar conclusões *universalistas*[2739] ou universalizáveis: as resoluções sobre casos reais ou hipotéticos não esgotam o seu influxo nesses casos, uma vez que serão consideradas a propósito da resolução de casos supervenientes.

Por outro lado, sublinha-se que o modelo de HURLEY permite (exige) um maior grau de especificação das propriedades, atributos ou circunstâncias que são relevantes para a ponderação, superando assim algum défice de especificação do que se deve entender por "circunstâncias concretas", por vezes assacado a autores como ALEXY e outros[2740].

Neste modelo sobressaem dimensões que são aproveitáveis para um aperfeiçoamento conceptual, metodológico e normativo da proporcionalidade e.s.e. Por exemplo, a procura de coerência dentro do sistema e de fuga ao particularismo (de que ALEXY é acusado por alguns setores), procurando racionalidade e previsibilidade, através de decisões que não correm o risco de desproporcionalidade, justamente por resultarem de um equilíbrio gerado de acordo com o sistema.

Apesar de a autora falar de vários tipos de razões – dedutivas, práticas, teoréticas[2741] –, o *raciocínio dedutivo*, que retira conclusões das premissas, predomina. Também não há a noção de peso concreto de um princípio, aferido *ad hoc* nas circunstâncias concretas. A prioridade a atribuir no caso concreto a princípios e a razões práticas que os sustentam resulta da ponderação de vários argumentos que o direito e o *case law* anterior fornecem.

11.4. A identificação de um valor de cobertura

Com base nos quadros conceptuais desenvolvidos pela filosofia prática, que evidenciam a diferença entre (in)comensurabilidade e (in)comparabilidade, sustenta-se que a racionalidade da ponderação se assegura com a comparabilidade. Não é imprescindível a comensurabilidade[2742].

Requisito da comparabilidade é a identificação de um *tertium comparationis* ou de um *covering value*, isto é, um atributo comum às duas ou mais magnitudes

---

[2739] Cfr. ZORRILLA, *Conflictos...*, p. 272. Sem fundamentar, o autor sustenta também que o modelo de HURLEY tem a vantagem de se aplicar uniformemente às situações de controlo judicial da constitucionalidade de normas legislativas e de queixas constitucionais, enquanto a proporcionalidade teria se sofrer ajustamentos e adaptações consoante se tratasse de um de outro caso (*ob. cit.*, p. 272).

[2740] *Idem*, p. 268.

[2741] *Idem*, p. 217.

[2742] V., por todos, VIRGÍLIO AFONSO DA SILVA, «Comparing the Incommensurable...», pp. 282 ss.

O PRINCÍPIO DA PROIBIÇÃO DO EXCESSO

que permita a comparação entre elas. Essas magnitudes são eventualmente incomensuráveis em abstrato, mas a razão prática é capaz de identificar termos de comparação. Vários autores têm ensaiado a definição de um atributo comum que permita a comparação, designadamente ALEXY, BARAK, VIRGÍLIO AFONSO DA SILVA, BEATTY[2743], mas não só[2744]. As estratégias variam. Focaremos apenas algumas.

11.4.1. O meio caminho entre comparabilidade e comensurabilidade

Como vimos, para ALEXY a ponderação coloca em confronto a intensidade da interferência num princípio e a importância da satisfação de outro nas circunstâncias concretas do caso, medidas de acordo com uma escala triádica (leve, moderado, sério, *cfr. supra*). Esta escala permite a classificação da intensidade de interferência e da importância de satisfação, na perspetiva de cada princípio *em si mesmo considerado*[2745].

A aplicação da escala triádica na valoração da intensidade de interferência e da importância da satisfação seria comandada pelo (e concretizaria o) *ponto de vista extraído da constituição*. O autor mostra-se ciente de que o eventual desacordo sobre o resultado da ponderação não desaparece por completo. Todavia, o desacordo centra-se sobre a adequação ou correção do ponto de vista deduzido da constituição (e, em última análise, sobre a interpretação da constituição) e não sobre a racionalidade da ponderação[2746].

Ora, esta proposta de ALEXY deixa dúvidas sobre a intenção real que lhe subjaz: tendo em mente os sentidos antes expostos, visa ela viabilizar um simples esquema de *comparabilidade* ou ir mais longe, criando um sucedâneo de *comensurabilidade*? Em boa verdade, parece ficar a meio caminho. Por um lado, avança com aquilo que pode ser considerado um *tertium comparationis*, o ponto de vista constitucional. Por outro, serve-se de uma escala triádica convertível em unidades numéricas que permitem criar um simulacro de escala métrica comum aplicável individualmente a cada uma das grandezas medidas e, consequentemente, de comensurabilidade[2747].

Ora, a construção é passível de reparos em ambos os vetores.

A comparação entre as magnitudes relevantes com recurso a uma escala triádica que permita valorar a intensidade de interferência num princípio e a importância de satisfação do outro de acordo com um *ponto de vista* unificador

---

[2743] *The Ultimate...*, p. 93.

[2744] V., por exemplo, EKINS, «Legislating Proportionality», pp. 357 ss.

[2745] V. KLATT/MEISTER, *The Constitutional Structure...*, p. 62.

[2746] V. ALEXY, «On Balancing...», p. 442; concordante, CURRIE, «Balancing...», p. 262.

[2747] Atente-se em que o autor fala sempre da escala triádica como instrumento para *produzir comensurabilidade*: v. «La fórmula...», p. 28.

NA ANTECÂMARA DA PROPORCIONALIDADE EM SENTIDO ESTRITO

extraído da constituição vai longe de mais de um certo angulo, mas fica aquém do exigível de outro angulo. Vai longe demais quando concebe uma escala triádica que nenhuma constituição (designadamente a portuguesa) incorpora e quando exige faculdades cognitivas para aplicação dessa escala triádica (designadamente, a classificação de um *item* como leve, moderado ou sério) que muitas vezes inexistem e, na verdade, são desnecessárias, já que as decisões requerem normalmente apenas uma ordenação entre maior e menor ou entre iguais. Fica aquém do exigível porque aposta no *critério do ponto de vista constitucional*, critério vago e latíssimo que pouco adianta na especificação do que está em causa quando se pretende comparar intensidades de interferência e graus de importância. Para delimitar um efetivo critério de comparação é necessário ir mais longe e mais fundo nessa especificação.

Se, mais do que comparabilidade, há intenção de criar condições semelhantes à comensurabilidade, valem outras considerações. A medição dos graus de interferência num princípio e de importância de satisfação do outro de acordo com o ponto de vista extraído da constituição não resolve o problema da comensurabilidade, uma vez que a aplicação desse critério envolve considerações que são elas próprias incomensuráveis[2748]. A aplicação da escala triádica não proporciona verdadeira comensurabilidade, nem dos princípios colidentes, nem da interferência ou da satisfação[2749]. Em última análise, a interferência e a importância da satisfação são medidas na perspetiva do *sentido* e alcance *de cada um dos princípios* isoladamente considerados e *não de uma real métrica comum* aos dois. Isso conduz a que não seja possível concluir com objetividade que uma interferência leve (ou moderada ou séria) num princípio é, ou não é, equivalente à importância de satisfação leve (ou moderada ou séria) de outro.

11.4.2. A comparabilidade com base no critério da importância social

BARAK entende que os bens interesses ou valores podem ser comparados de acordo com um denominador comum. A sua proposta é um *standard* qualitativo: a importância social marginal. A aplicação da proporcionalidade em sentido estrito consiste na valoração da importância social marginal de preencher o interesse público e da importância social marginal em prevenir o mal para o direito fundamental e na respetiva ponderação[2750].

[2748] V. ENDICOTT, «Proportionality...», p. 8; «Proportionality and Incommensurability», p. 318 ("identificar um critério único não elimina a incomensurabilidade se a aplicação desse critério depender de considerações que são elas próprias incomensuráveis"); URBINA, «A Critique...», p. 56.
[2749] Cfr. WEBBER, «Proportionality, Balancing...», p. 196; *idem, Negotiable...*, p. 92.
[2750] BARAK, «Proportionality and Principled...», pp. 15-16; *idem, Proportionality...*, pp. 482 ss.

O PRINCÍPIO DA PROIBIÇÃO DO EXCESSO

Também esta proposta não resolve o problema da incomensurabilidade[2751], mas, diferentemente de ALEXY, não parece que o autor israelita tenha qualquer pretensão de criar condições artificiais de comensurabilidade. Por outro lado, sendo certo que quanto mais precisa for a definição do atributo comum, maior será a possibilidade de deliberação racional[2752], o contributo de BARAK é um passo no sentido da maior maneabilidade. Pode ainda ser acusado de excessiva vaguidade[2753]. Porém, em menor escala que o de ALEXY.

11.4.3. A comparabilidade com base no critério da importância atribuída pelos interessados

No quadro da sua conceção pragmática da proporcionalidade (ou *proporcionalidade pragmática*), BEATTY foge à questão da incomensurabilidade propondo que se compare, na base de dados empíricos, os graus de importância da afetação dos interesses das partes, de acordo com as próprias perspetivas destas: "o trabalho do juiz que testa esta dimensão da proporcionalidade é avaliar qualquer evidência empírica bruta que lance luz sobre a questão de quão significativa é a lei para aqueles que ela mais afeta. Mais do que avaliar os interesses competidores em jogo contra qualquer padrão ou princípio externo, os juízes tentam avaliar o entendimento próprio das partes afetadas sobre quão significativa é para elas a lei testada"[2754]. O juiz compararia, então, objetivamente a importância da afetação dos interesses de cada uma das partes, com base nas próprias apreciações das partes e não em elementos comparativos comuns.

11.5. A complementaridade de uma teoria substantiva constitucionalmente conforme

Os esquemas que sujeitam a ponderação a maior formalidade e transparência, como a lei da ponderação, a fórmula do peso e outros menos elaborados ou menos ambiciosos, ilustram e sistematizam as premissas em que ela assenta e o trajeto para chegar a uma conclusão, tornando menos opaco o que o legislador e o tribunal têm de ponderar e justificar. Todavia, não resolvem a questão fulcral do critério ou critérios materiais que permitem atribuir peso e importância às variáveis ponderadas. Aqueles esquemas cuidam da justificação interna – *a relação lógica* entre uma conclusão, uma asserção ou um juízo e premissas pré--dadas, como sucede no silogismo jurídico próprio da subsunção –, mas nada adiantam sobre a justificação externa. A justificação externa assenta *na verdade*

[2751] URBINA, «A Critique...», p. 56.
[2752] VIRGÍLIO AFONSO DA SILVA, «Comparing the Incommensurable...», p. 284.
[2753] URBINA, «A Critique...», p. 56.
[2754] *The Ultimate...*, p. 93.

782

NA ANTECÂMARA DA PROPORCIONALIDADE EM SENTIDO ESTRITO

ou correção das premissas pré-dadas. É por aí que pode entrar o raciocínio moral[2755]. Para isso, tem de se realizar um exercício de raciocínio prático, para o qual o decisor tem de recorrer a uma ou várias *teorias substantivas* – da justiça, dos direitos, da democracia, da constituição, do interesse coletivo –, que lhe permitam atribuir pesos e avaliar intensidades, de modo a que expresse um determinado entendimento dos direitos e da sua relação entre si e com os demais interesses da comunidade[2756]. Como técnica axiologicamente neutral, a ponderação não incorpora uma específica teoria substantiva da justificação externa. Todavia, não passa sem a complementação por uma (ou várias, que formem um todo coerente)[2757].

[2755] V. ALEXY, *Teoria de la argumentacion juridica*, pp. 214 ss.; KLATT/MEISTER, *The Constitutional Structure...*, p. 54.

[2756] KUMM, «Political Liberalism...», p. 148; BILCHITZ, «Does Balancing...», pp. 271 ss.

[2757] Cfr. ALEXY, «Thirteen replies...», p. 344.

Capítulo 18
Proporcionalidade em sentido estrito

1. Razão de ordem

No capítulo anterior começámos por tomar posição sobre a relação entre ponderação e proibição do excesso e, mais especificamente, entre ponderação e proporcionalidade e.s.e., mostrando que esta se materializa através de uma *específica* operação de ponderação (em sentido bilateral ou plurilateral). A ponderação como instrumento geral de deliberação é o *género*, de que a ponderação própria da proporcionalidade e.s.e. é uma *espécie*.

Nessa perspetiva, optou-se por percorrer os temas gerais que o *género* ponderação envolve (por vezes recorrendo já à elaboração em torno da proporcionalidade e.s.e., na medida em que esta suscite questões que a transcendem).

Foram elencados os vários objetos e objetivos possíveis da ponderação.

Apresentaram-se e discutiram-se os argumentos *contra* a ponderação, designadamente os que sustentam a impossibilidade de produzir resultados objetivos e racionais e a sua indesejabilidade à luz de certas teorias democráticas, dos direitos, da justiça e da constituição. Foi analisada a questão da incomensurabilidade dos atributos ou propriedades objeto de deliberação prática, derivada do pluralismo valorativo próprio de uma comunidade política plural, como objeção intransponível à possibilidade de ponderação objetiva e racional, tal como foram criticamente analisadas algumas hipóteses alternativas de deliberação prática sem ponderação, concluindo-se pela sua incapacidade de responder a todas as situações dilemáticas.

Entendendo-se que a ponderação não só é insubstituível em certos domínios da razão prática, como pode ser realizada de forma objetiva e racional de modo a produzir resultados objetivos e racionais, estudaram-se algumas das condições

O PRINCÍPIO DA PROIBIÇÃO DO EXCESSO

para que isso possa ocorrer. Nessa medida, apresentou-se o conceito de comparabilidade como condição básica de ponderação; admitindo-se como desejável, do ponto de vista da certeza e previsibilidade, alguma formalização da ponderação, analisaram-se propostas nesse sentido, refutando-se, porém, aquilo que elas induzem em termos de formalização excessiva; aludiu-se a algumas propostas de critério de medida a usar na ponderação.

Deixou-se, finalmente, indiciado que, sendo a ponderação uma técnica axiologicamente neutra, é vital que a teoria da ponderação seja complementada por uma teoria substantiva da justiça, dos direitos e do interesse público, que permita, designadamente, a justificação externa das valorações e do contrapeso efetuados.

Sabe-se já que o segmento da adequação visa evitar que se produzam efeitos negativos sem que se produzam concomitantemente efeitos positivos, isto é, que o saldo entre efeitos negativos e positivos de uma solução considerada pelo legislador ou controlada pelo juiz constitucional seja liminarmente negativo por ausência de qualquer efeito positivo; e que o segmento da necessidade visa obstar a que os efeitos negativos sejam mais extensos do que têm de ser, tendo em conta os efeitos positivos que o legislador projeta alcançar.

Cumpre de seguida estudar os traços específicos que caraterizam a ponderação própria do segmento da proporcionalidade e.s.e., como máxima ponderativa numa perspetiva essencialmente concreta[2758]. Começaremos pelo seu objeto.

2. O objeto da proporcionalidade e.s.e.

Quando tratámos da adequação e da necessidade, iniciámos os respetivos capítulos com definições de meio adequado e de meio necessário. Não poderemos fazer o mesmo a propósito da proporcionalidade[2759], uma vez que temos de tratar previamente de um tema sobre o qual não há consenso: o do objeto do juízo ponderativo inerente à proporcionalidade e.s.e. Uma das observações críticas mais frequentemente dirigidas à proporcionalidade e.s.e. ou, mais precisamente, às suas estrutura e *modus operandi*, é que não é claro o que se pondera[2760]. Consequentemente, o primeiro desafio a enfrentar é a determinação do *objeto do juízo ponderativo*.

Basta percorrer algumas propostas representativas da doutrina e da jurisprudência para verificar a falta de consenso sobre o que é colocado em cada um dos "pratos da balança":

[2758] V. Grabitz, «Der Grundsatz der Verhältnismäßigkeit...», p. 576.

[2759] A definição de meio proporcional e.s.e. é ensaiada *infra*, número 3 deste capítulo.

[2760] Tsakyrakis, «Proportionality...», p. 470; esta observação é partilhada, aliás, por adeptos da proibição do excesso: assim, Möller, «Proportionality...», p. 715.

PROPORCIONALIDADE EM SENTIDO ESTRITO

(i) a intensidade da restrição provocada pelo meio e o peso das razões que falam a favor do fim estatal[2761];

(ii) o peso do argumento que suporta a aplicação de um princípio e o peso do argumento que suporta a aplicação de outro princípio[2762];

(iii) o meio e o fim[2763];

(iv) os benefícios ganhos com o preenchimento do fim prosseguido e os males causados aos bens, interesses ou valores sacrificados[2764];

(v) os custos e os benefícios[2765];

(vi) a relação concretamente existente entre a carga coativa decorrente da medida adotada e o peso específico do ganho de interesse público que com tal medida se visa alcançar[2766];

(vii) o sacrifício imposto pela restrição e o benefício por ela prosseguido[2767];

(viii) os princípios constitucionais simultaneamente aplicáveis[2768];

(ix) os interesses colidentes[2769];

[2761] CLÉRICO, *El examen...*, pp. 165 ss., com identificação de várias formulações tiradas da jurisprudência alemã (p. 171); não difere muito VEEL, «Incommensurability...», p. 179: razões para limitar um direito e razões para o proteger no caso concreto.

[2762] LINDAHL, «On Robert Alexy's Weight Formula...», p. 355.

[2763] EMILIOU, *The Principle...*, p. 32; HEUSCH, *Der Grundsatz...*, p. 42.

[2764] BARAK, *Proportionality...*, p. 340.

[2765] RIVERS, «Proportionality...», p. 200; CIANCIARDO, «The Principle...», pp. 180 ss.; VASCO PEREIRA DA SILVA, *A Cultura...*, p. 135; fórmula assimilável é a de prejuízos e benefícios, usada, por exemplo, por VAN DROOGHENBROECK, *La Proportionnalité...*, p. 345.

[2766] Acórdão nº 632/08 do Tribunal Constitucional, nº 11.

[2767] NOVAIS, *Os princípios...*, p. 163. Noutro passo, referindo-se especificamente às situações em que está em causa o controlo de medidas restritivas da liberdade, escreve que os dois termos da relação são a importância ou premência do fim que se pretende alcançar e, do outro lado, a gravidade do sacrifício que se impõe (*ob. cit.*, p. 179); como se verá de seguida, em *Direitos...*, pp. 129 ss., a entoação é ligeiramente mais próxima das versões construídas com inspiração nas teorias económicas do direito: os custos e os benefícios ou vantagens resultantes de uma medida legislativa. Há também referências à ponderação da relação meio-fim, na sua dimensão material, valorativa.

[2768] MORAIS, *Curso...*, II, 2, p. 674. Por outro lado, embora ALEXY explicite, através da lei da ponderação, que são contrapesados o grau de não satisfação ou de afetação de um princípio e a importância da satisfação de outro, quer ele quer alguns dos adeptos da teoria dos princípios por vezes apontam para a ponderação *dos próprios princípios*. Isso é claro, por exemplo, quando VIRGÍLIO AFONSO DA SILVA, «Teoria de los principios, competencias para la ponderación...», p. 248, explica que os princípios formais – como o da competência decisória do legislador – devem ser incluídos no processo de ponderação juntamente com os princípios materiais concretamente colidentes.

[2769] VAN GERVEN, «The Effect of Proportionality ...», p. 58. Próxima pode ser considerada a proposta de definição de M. JAKOBS, *Der Grundsatz...*, p. 98: "o juízo de proporcionalidade aprecia as relações entre todos os bens jurídicos atingidos de modo agressivo (*eingriffsweise*) e todos os bens jurídicos beneficiados de forma impulsionadora (*forderungsweise*) através de um determinado

O PRINCÍPIO DA PROIBIÇÃO DO EXCESSO

(x) a relação entre as necessidades do indivíduo e as necessidades da comunidade como um todo[2770];

(xi) o grau de não satisfação ou de afetação de um princípio e a importância da satisfação de outro[2771];

(xii) a importância da intervenção no direito fundamental e a importância da realização do fim legislativo[2772];

(xiii) a importância social do benefício marginal ganho através da lei restritiva e a importância social de prevenir o dano marginal do direito no momento do conflito[2773];

(xiv) a seriedade da interferência e a importância e urgência dos fatores que a justificam[2774];

(xv) o fim prosseguido e a gravidade da intervenção[2775];

(xvi) o dano para os indivíduos e o ganho para a comunidade[2776];

(xvii) a tutela adicional de um bem, interesse ou valor conseguida com o meio em comparação com a situação anterior e o dano adicional ao bem, interesse ou valor gerado pela medida[2777];

comportamento, tomando em consideração o grau e a duração da agressão e da impulsão, com base na previamente definida estrutura valorativa constitucional, de modo a declarar aquele comportamento como juridicamente duvidoso (desproporcional) ou não duvidoso (proporcional)"; MÖLLER, «Proportionality...», p. 715, distingue dois tipos de ponderação (*balancing*) jusfundamentalmente relevantes, um dos quais é a ponderação de interesses realizada "de acordo com a análise custo-benefício".

[2770] BRADY, *Proportionality...*, pp. 51, 56 ss., referindo-se à jurisprudência britânica sobre o segmento do *"overall balance"*, sucedâneo da proporcionalidade e.s.e.

[2771] Tal como resulta da várias vezes referida "lei de ponderação" de ALEXY, *Theorie...*, pp. 146, 270 e ss., e vários outros locais; *A Theory...*, p. 401.

[2772] PULIDO, *El principio de proporcionalidad...*, p. 764.

[2773] É a fórmula proposta por BARAK, *Proportionality...*, p. 349. Com base nela, o autor formula a seguinte regra básica de ponderação (*basic balancing rule*): "Quanto mais alta for a importância social da prevenção do dano marginal do direito constitucional em causa e quanto mais alta a probabilidade de tal dano marginal ocorrer, maior importância social, maior urgência e maior probabilidade de realização devem ter os benefícios marginais criados pela lei limitadora, seja para o interesse público, seja para outros direitos constitucionais" (tradução do inglês adaptada). A filiação nas leis do *balancing* de ALEXY é clara, embora a de BARAK densifique mais alguns critérios de decisão, designadamente introduzindo a noção de danos e de benefícios marginais e de importância social a eles atribuída.

[2774] DIETER GRIMM, «Proportionality ...», p. 393.

[2775] REUTER, «Die Verhältnismäßigkeit...», p. 513.

[2776] EMILIOU, *The Principle...*, p. 32.

[2777] BARAK, *Proportionality...*, p. 341, citando uma decisão do Supremo Tribunal de Israel.

PROPORCIONALIDADE EM SENTIDO ESTRITO

(xviii) a relação entre acréscimo marginal do benefício obtido e o decréscimo marginal de liberdade imposto pelo meio adotado, em comparação com a situação existente ou outra hipótese alternativa[2778];

(xix) os efeitos e o objetivo[2779];

(xx) os efeitos benéficos da limitação do direito e os efeitos perniciosos dessa limitação[2780].

Nenhuma destas propostas é dramaticamente errónea, mas a quase todas se podem dirigir reparos.

2.1. A proporcionalidade e.s.e. como ponderação de razões ou argumentos?

Em alguns casos as formulações são demasiado abrangentes, correndo virtualmente o risco de cobrir todo e qualquer tipo de ponderação. Falham, por isso, o objetivo de captar as caraterísticas específicas da ponderação realizada para aferição da proporcionalidade e.s.e. Quando se fala da ponderação de *razões* ou de *argumentos*, como em (i) e (ii), está-se a aludir a uma modalidade mais ampla de ponderação, aquela que visa decisões racionais, isto é, baseadas no peso de razões e argumentos. Toda a ponderação que vise possibilitar uma decisão racional traduz-se na tentativa de atribuição de peso a razões ou argumentos, embora nem toda a ponderação de razões ou argumentos gere necessariamente uma decisão racional. Assim, quando pretendemos decidir se vamos ao cinema ou jantar fora, ponderamos as razões que impelem a uma ou outra das opções; quando o Estado pondera o custo e o benefício de propostas apresentadas num concurso público, pondera as razões que levam a aceitar uma das propostas e a rejeitar as demais; quando há uma colisão entre os resultados da interpretação literal e da interpretação teleológica de uma norma, o juiz pondera as razões que levam a preferir uma ou outra; quando o legislador pretende emitir normas para reforçar a segurança nos aeroportos, pondera as razões que concorrem no sentido da adoção de uma certa medida e as razões que a ela se opõem. Em todos os casos há ponderação, mas só no último estará eventualmente em causa uma questão do foro da proibição do excesso, *maxime* de proporcionalidade e.s.e.

[2778] Novais, *Direitos...*, pp. 132-133.

[2779] *R v Oakes* (Canadá, 1986); Réaume, «Limitations on Constitutional Rights...», p. 5; Huscroft/Miller/Webber, «Introduction», p. 2.

[2780] Huscroft/Miller/Webber, «Introduction», p. 2. Na jurisprudência constitucional, centra-se também na noção de efeitos o acórdão nº 187/01: cuida-se que a «intervenção, nos seus efeitos restritivos ou lesivos, se encontre numa relação "calibrada" – de justa medida – com os fins prosseguidos, o que exige uma ponderação, graduação e correspondência dos efeitos e das medidas possíveis».

O PRINCÍPIO DA PROIBIÇÃO DO EXCESSO

A visão da proporcionalidade e.s.e. como um quadro metódico de ponderação de todas as *razões* relevantes é a que dá melhor cobertura ao que se pode designar como proporcionalidade e.s.e. *condensada*, a qual integra a ponderação de todos os fatores, incluindo adequação e necessidade da norma. Estes dois segmentos perdem autonomia metódica e são simplesmente considerados razões a serem ponderadas: a circunstância de uma medida ser inadequada ou desnecessária não é determinante, podendo apenas concorrer (ou não) para a sua desproporcionalidade e.s.e. Essa hipótese tem sido aventada no quadro da jurisprudência do TEDH.

2.2. A proporcionalidade e.s.e. como ponderação de meios e fins?

A ponderação entre meios e fins (iii) é talvez uma das posições doutrinárias mais enraizadas e com mais indisputada circulação[2781]. Todavia, essa posição não é analiticamente sustentável. O fim é um elemento essencial para a apreciação da proporcionalidade e.s.e., mas não se pode dizer que esta se reduza à apreciação de uma relação meio-fim.

Como se expôs anteriormente[2782], fim da norma é o conjunto dos efeitos materiais ou tangíveis, mais ou menos próximos, que o legislador deseja que se verifiquem. A norma jurídica e os efeitos jurídicos que produz são o *meio* que o legislador usa para atingir o fim visado. Isto significa que, em bom rigor, meio é a produção de efeitos jurídicos, sejam positivos ou negativos, enquanto fim é a causação de efeitos materiais positivos.

A esta luz, não se pode dizer que o meio são os efeitos negativos da norma e o fim os efeitos positivos da norma. *Meio* tanto são os efeitos jurídicos positivos como os negativos da norma.

Afirmar que a proporcionalidade e.s.e. consiste na ponderação entre meios e fins é erróneo. Ponderar meios e fins levaria a ponderar os efeitos jurídicos positivos e negativos da norma como meio e os efeitos materiais positivos

---

[2781] V., por todos, GENTZ, "Zur Verhältnismäßigkeit...», p. 1600; REUTER, «Die Verhältnismäßigkeit...», p. 513; CHRISTOPH GRÖPL, *Staatsrecht*, I, 4ª ed., Beck, München, 2012, p. 124; BARNÉS, «El principio de proporcionalidad...», p. 25; XYNOPOULOS, *Le controle de la proportionnalité...*, p. 167; EMILIOU, *The Principle...*, p. 25; BEILFUSS, *El Principio...*, p. 133. Na doutrina portuguesa, MELO, *Notas de contencioso...*, pp. 24 ss.; CANOTILHO, *Direito Constitucional e Teoria...*, 2ª ed., p. 263; SÉRVULO CORREIA, *Legalidade...*, p. 114; FERNANDO A. CORREIA, *O plano urbanístico...*, p. 443; LÚCIA AMARAL, *A Forma da República...*, p. 186; DAVID DUARTE, *Procedimentalização...*, p. 320; MIRANDA/JORGE P. SILVA, «Anotação ao artigo 18º», in Miranda/Medeiros, *Constituição...*, I, 2ª ed., p. 373; MORAIS, *Curso...*, II, 2, p. 478. Como refere WIEACKER, *Geschichtliche Wurzeln des Prinzips...*, *cit.*, pp. 874 ss., a ideia de proporcionalidade entre meios e fins tem raízes históricas profundas, tal como a ideia de proporcionalidade ligada à *iustitia vindicativa* e de proporcionalidade ligada à *justiça distributiva*.

[2782] Capítulo 8, 1.2.

PROPORCIONALIDADE EM SENTIDO ESTRITO

que tenham sido projetados, previstos e queridos pelo legislador, como fim. Ora, contrabalançar efeitos positivos (entrelaçados com os negativos) com efeitos positivos é um contrassenso. Por isso, embora seja afirmação com curso estabelecido, a descrição da proporcionalidade e.s.e. como uma instância de ponderação do meio e do fim não é exata[2783].

2.3. A proporcionalidade e.s.e. como ponderação de custos e benefícios?

Por vezes descreve-se o exercício da proporcionalidade e.s.e. como um exercício de ponderação de custos e benefícios ((iv), (v) e, em parte, (vi), (vii), (xiii) e (xviii))[2784]. A operação reduzir-se-ia – ou assemelhar-se-ia externamente – à análise económica dos custos-benefícios de uma decisão. Se o custo (leia-se o sacrifício de certos bens, interesses ou valores) estiver numa proporção aceitável com o benefício (leia-se a satisfação de certos bens, interesses ou valores), então a medida é proporcional em sentido estrito. O instrumento francês do *bilan coût-avantages* traduz também essa ideia[2785].

Pode suceder – e, em regra, sucede – que a referência a "custos e benefícios" seja meramente metafórica e não descritiva nem normativa. Pode não significar adesão ao monismo de valores traduzido na recíproca redutibilidade e substituibilidade, nem submissão à ideia de que a eficiência económica é o único critério de decisão universalmente aceitável, nem tão pouco a possibilidade de as variáveis serem sempre medidas através de uma unidade de medida singular com significado económico. Todavia, a ilusão de comensurabilidade que está aí implícita, e a correspondente conotação quantificada e econométrica[2786], não

---

[2783] Rejeitando esta hipótese de simples redução a uma relação meio-fim, BARAK, *Proportionality*..., p. 344; EVANS/STONE, «Balancing and Proportionality...», *cit.*, p. 5. CLÉRICO, *El examen*..., p. 173, na mesma linha que HIRSCHBERG, *Der Grundsatz*..., pp. 45 ss., rejeita que se trate *sempre* de uma relação meio-fim.

[2784] Na doutrina portuguesa v. MELO, *Notas de contencioso*..., pp. 24 ss.; VASCO PEREIRA DA SILVA, *A Cultura*..., p. 135 (a circunstância de a menção surgir no contexto da indicação de que o princípio da proporcionalidade é um dos vetores do regime material aplicável aos direitos sociais pode ter algum significado, mas a questão não é esclarecida pelo autor); GOUVEIA, *Manual*..., II, 6ª ed., p. 826.

[2785] Recorde-se o que se expôs no capítulo 1. O raciocínio do juiz concentra-se numa relação entre um "activo", representado pelas vantagens da decisão administrativa, e um "passivo" num sentido lato, representado pelos inconvenientes (oneração de direitos, nomeadamente de propriedade), custos da operação, eventuais inconvenientes de ordem social: v. JEAN-PAUL COSTA, *Le principe de proportionnalité*..., p. 436; X. PHILIPPE, *Le contrôle*..., pp. 22-24; MACIERINHA, «Avaliar a avaliação...», *cit.*

[2786] RIVERS, «Proportionality...», p. 200: a proporcionalidade e.s.e. "requer que o tribunal *quantifique* os ganhos e as perdas" (itálico aditado); em Portugal, sublinhando a semelhança com a análise económica de custos-benefícios, ALEXANDRINO, *Direitos*..., p. 137.

O PRINCÍPIO DA PROIBIÇÃO DO EXCESSO

espelham o tipo de ponderação que é feita sob a proporcionalidade e.s.e.[2787] (ou, pelo menos, não espelham *sempre*).

2.4. A proporcionalidade e.s.e. como ponderação de normas?

Um setor da doutrina inclina-se para eleger como objeto de ponderação a importância e peso das *próprias normas* (constitucionais) colidentes, designadamente as normas-princípio (paradigmaticamente o caso de (viii))[2788].

É certo que a aplicação da proibição do excesso pelo legislador é desencadeada pela necessidade de produção de uma norma que visa superar uma colisão entre sentidos normativos divergentes resultantes de normas jurídicas (designadamente de normas constitucionais de permissão e de normas de proibição de ação ou, em certos casos, de comandos *prima facie* de ação e de normas de proibição de ação[2789]). Mas na proporcionalidade e.s.e., seja ela aplicada como norma de ação ou norma de controlo, não está em causa a ponderação das normas de que resultam aqueles sentidos normativos divergentes. Ponderar as normas constitucionais (designadamente as que integram a categoria mais ou menos difusa das normas-princípio, como subjaz ao discurso dos defensores desta orientação) representaria uma *inversão* do objeto da proibição do excesso: começaria por se ponderar as referidas normas para tirar conclusões sobre a validade das normas legislativas, quando, na verdade, o objeto da proibição do excesso é a norma legislativa e não a norma constitucional.

A importância ou peso abstrato dos bens, interesses ou valores tutelados pelas normas constitucionais é relevante para a valoração dos efeitos das normas emitidas pelo legislador. Essa averiguação da importância e peso abstrato processa-se no momento lógico da conformação do fim pelo legislador (fase prévia à aplicação da proibição do excesso)[2790]. Em contrapartida, não há nenhuma ponderação do "peso" das normas constitucionais em sede de avaliação da proporcionalidade e.s.e. (ou noutra, atenta a sua idêntica dignidade formal, insuscetível de diferenciação de peso).

[2787] Coincidentes: SANCHÍS, *Neoconstitucionalismo...*, p. 131; CLÉRICO, *El examen...*, pp. 255-6. A visão dos autores que acusam a proibição do excesso de se preocupar exclusivamente com a questão *técnica* do peso e com o custo e o benefício para os interesses competitivos (WEBBER, «Proportionality...», p. 180) toma a nuvem por Juno. Para uma apresentação e discussão dos argumentos a favor e contra uma análise custo-benefício, MORAIS, *Manual de Legística*, pp. 411 ss. O autor refuta as críticas à análise custo-benefício e advoga vigorosamente a sua adoção como instrumento de avaliação do impacto das normas, mas admite que é um mero auxiliar informativo do legislador – que este pode desatender, com fundamento em outros parâmetros que se revelem mais apropriados no caso – e não um padrão normativo de decisão.

[2788] V., por todos, MORAIS, *Curso...*, II, 2, pp. 674 ss.

[2789] V. *supra*, capítulo 13.

[2790] V. *supra*, capítulo 8.

PROPORCIONALIDADE EM SENTIDO ESTRITO

2.5. A proporcionalidade e.s.e. como ponderação de interesses?

Observação similar à do número anterior pode ser dirigida às tendências que identificam como objeto de ponderação em sede de proporcionalidade e.s.e. os interesses (ou, na fórmula mais abrangente que usamos, os bens, interesses ou valores) em causa (ix) ou, de um modo mais oblíquo, "as necessidades do indivíduo e as necessidades da comunidade como um todo" (x). É certo que as normas constitucionais que comandam, autorizam ou proíbem *prima facie* uma ação do legislador visam a tutela direta ou indireta de bens, interesses ou valores. Nessa medida, os bens, interesses ou valores também colidem, embora a um nível menos abstrato do que o nível de colisão das normas. Todavia, os bens, interesses ou valores, em si, ou o seu peso ou importância específica, não são o objeto direto do exame de proporcionalidade e.s.e.[2791].

2.6. A proporcionalidade e.s.e. como ponderação da importância de certos fatores?

Em momento anterior apreciámos alguns contributos que enfrentam o constrangimento da incomensurabilidade de bens, interesses ou valores, propondo a comparação de variáveis artificialmente construídas. A estratégia não seria a comensuração nem a confrontação *direta* de bens, interesses ou valores, direitos fundamentais ou princípios ou efeitos das normas legislativas, mas sim a medição e a comparação do grau de não satisfação ou de afetação de um princípio e da importância da satisfação de outro (xi) ou a importância da intervenção no direito fundamental e a importância da realização do fim legislativo (xii). Noutra versão, prefere-se medir e comparar a importância social do benefício e a importância social do dano marginal (xiii). Em certos contextos doutrinais, em vez de grau de não satisfação ou de dano marginal, fala-se da "seriedade da interferência" (xiv) ou da "gravidade da intervenção" (xv). Esta estratégia operacionaliza-se através de uma metódica tripartida, semelhante à da primeira lei da ponderação de ALEXY: primeiro, valora-se o *grau* de não satisfação, a *importância* da intervenção, a *importância* social do dano marginal, a *seriedade* da interferência ou a *gravidade* da intervenção num princípio ou num bem, interesse ou valor, em si mesmo considerado; depois valora-se a *importância* da satisfação,

---

[2791] Na doutrina nacional, uma variante desta orientação é propugnada por MIRANDA/JORGE P. SILVA, «Anotação ao artigo 18º», in Miranda/Medeiros, *Constituição...*, I, 2ª ed., p. 377: a proporcionalidade e.s.e. visaria determinar "o peso relativo de cada um dos bens em confronto". Atente-se na objeção de NOVAIS, *Princípios...*, pp. 179-180, à possibilidade de a proporcionalidade e.s.e. ponderar os bens, interesses ou valores colidentes. Para o autor, a proporcionalidade e.s.e. não envolve uma *ponderação de bens*. Esta visa definir a prevalência de um dos bens em colisão, sendo realizada "numa primeira fase" ou numa "primeira instância", antes da verificação da proporcionalidade e.s.e.

O PRINCÍPIO DA PROIBIÇÃO DO EXCESSO

a *importância* da realização do fim legislativo ou a *importância* social do benefício de outro, também em si mesmo considerado; por último, confrontam-se os dois resultados da valoração, *obtidos isoladamente*, e apura-se qual deles é superior.

Expuseram-se anteriormente argumentos contra este tipo de construções[2792].

2.7. Proporcionalidade e.s.e. como ponderação de consequências ou de efeitos da norma legislativa?

O grupo mais extenso das formulações exemplificadas elege um atributo, fator ou aspeto específico que é *consequência* ou *efeito* da norma legislativa. Por vezes tais formulações são compósitas, agregando também variáveis referidas nas alíneas anteriores. Há outro grupo, menos extenso, composto pelas fórmulas que se referem genericamente aos efeitos da norma.

Assim, exemplos do primeiro grupo são os que destacam: a "carga coativa" decorrente da medida adotada (vi); o "dano para os indivíduos" e o "ganho para a comunidade" (xvi); a "tutela adicional" e "dano adicional" (xvii); o "acréscimo marginal" e o "decréscimo marginal" de liberdade (xviii). O caso de (xix) é um caso híbrido entre as conceções da proporcionalidade como ponderação do meio e do fim e como ponderação dos efeitos

Exemplo do segundo grupo é o que alude aos efeitos benéficos da limitação do direito e aos efeitos perniciosos dessa limitação (xx).

Como se verá de seguida, também optamos por uma formulação que expresse o sentido *consequencialista* da proibição do excesso, realçando aquilo que verdadeiramente está em causa: os efeitos de uma norma a produzir ou já produzida.

2.8. Posição assumida

2.8.1. Ponderação dos efeitos positivos e negativos da norma

A propósito da adequação e da necessidade, foram realçados e densificados os conceitos de *intensidade* dos efeitos de interferência e de *intensidade* dos efeitos de satisfação. A depuração desse conceito revelou que ele incorpora uma vertente de interpretação e qualificação, uma vertente (predominante) de juízos empíricos e uma vertente eventual de valoração dos efeitos produzidos ou causados pela norma[2793].

Na metódica da proporcionalidade e.s.e. releva o conceito de *importância* dos efeitos positivos e negativos, jurídicos e materiais, da norma.

[2792] *Supra*, capítulo 17, 11.3.1.2.2.1..
[2793] Cfr. capítulo 16.

PROPORCIONALIDADE EM SENTIDO ESTRITO

Não há antagonismo entre esses dois conceitos de intensidade e de importância dos efeitos. Em certa medida podem até justapor-se parcialmente. Analiticamente, a importância distingue-se da intensidade por a sua dimensão primacial (e não meramente eventual) ser uma dimensão valorativa – cuja materialização apela a critérios valorativos – e não uma dimensão empírica. Certamente que para se valorar a importância dos efeitos da norma é imprescindível um conjunto de dados empíricos, designadamente os que se referem às intensidades dos efeitos de interferência e de satisfação e o atinente ao grau de certeza sobre a verificação desses efeitos. Mas a atribuição de importância aos efeitos da norma é uma operação intelectual distinta, constitutiva da operação ponderativa caraterística da proporcionalidade e.s.e.

A ponderação realizada no contexto do segmento da proporcionalidade e.s.e. põe em confronto *direto* os efeitos positivos e negativos da norma, com o auxílio de um critério que permite estabelecer a respetiva importância relativa[2794].

Ou, numa formulação mais completa: na esfera do segmento da proporcionalidade e.s.e. valoram-se e contrapesam-se *os efeitos positivos referentes à satisfação de bens, interesses ou valores e os efeitos negativos de interferência em bens, interesses ou valores com aqueles colidentes*, com a mediação de um *tertium comparationis* que permita estabelecer uma relação ordinal, de mais/menos (ou maior/menor) ou igual[2795], entre a importância daqueles efeitos[2796]. Quando se fala de efeitos positivos e de efeitos negativos, abrangem-se os efeitos jurídicos e os efeitos, consequências ou resultados materiais desencadeados ou causados pelo cumprimento da norma. É menos correta (mas não errada) a formulação alternativa que alude à ponderação das *consequências* positivas e negativas da norma[2797].

[2794] Em termos conceptualmente muito semelhantes, HUSCROFT/MILLER/WEBBER, «Introduction», p. 2: efeitos benéficos da limitação do direito e efeitos perniciosos dessa limitação. Porém, trata-se de uma formulação não totalmente rigorosa, uma vez que, ainda que algo atipicamente, a proibição do excesso pode incidir sobre situações em que não há limitação de posições jurídicas subjetivas: cfr. *supra*, capítulo 12.

[2795] Embora isso não seja consensual, pode dizer-se que parte apreciável da doutrina constitucional admite que a utilização de escalas ordinais é viável e racionalmente comandável: v., por exemplo, ŠUŠNJAR, *Proportionality*, p. 300.

[2796] É, em boa medida, uma proposta de reconstrução da orientação sufragada pelo Tribunal Constitucional no acórdão nº 187/01, reiterada pelo acórdão nº 632/08: na proporcionalidade e.s.e. «[t]rata-se...de exigir que a intervenção, nos seus efeitos restritivos ou lesivos, se encontre numa relação "calibrada" – de justa medida – com os fins prosseguidos, o que exige uma ponderação, graduação e correspondência dos efeitos e das medidas possíveis». Como assinalámos noutro local (*supra*, capítulo 5), essa fórmula mescla considerações próprias dos segmentos da proporcionalidade e.s.e. e da necessidade, requerendo um refinamento analítico.

[2797] MEYERSON, «Why courts should not balance...», p. 809: isso não se reconduz, porém, a uma perspetiva puramente utilitarista, uma vez que não se medem essas consequências de acordo com o valor da felicidade que produzem ou das preferências que satisfazem.

O PRINCÍPIO DA PROIBIÇÃO DO EXCESSO

Adquirida esta base, podemos evoluir para expressões mais sucintas, como ponderação de efeitos da norma.

Importam *todos* os efeitos positivos e negativos, incluindo os chamados *efeitos colaterais*, isto é, não especificamente visados ou desejados pelo autor da norma (e, frequentemente, nem sequer intuídos por ele, pelo que esta referência assume especial relevo no contexto do controlo da norma)[2798], em relação aos quais se possa formular um juízo de que ocorrerão ou que há um risco ou uma expetativa séria de que ocorrerão[2799]/[2800].

Tendo já sido apresentada a noção de efeitos positivos e negativos e jurídicos e materiais, importa agora esclarecer outros aspetos que decorrem ou se relacionam com esta formulação.

2.8.2. O conceito de efeitos *marginais* positivos ou negativos

Alguns autores recorrem aos conceitos de benefício ou dano *marginal*[2801] ou de acréscimo *marginal* do benefício e decréscimo *marginal* de liberdade[2802]. Na medida em que isso queira significar simplesmente que importam os efeitos marginais, no sentido de efeitos positivos e negativos constitutivamente acrescentados pela norma legislativa, não merece discussão. Mesmo não se agregando o vocábulo *marginais*, o conceito de efeitos positivos e negativos incorpora implicitamente esse elemento.

Discutível é quando a referência à marginalidade transporta consigo a transposição sub-reptícia da lei da utilidade marginal decrescente da ciência económica. Esta lei exprime a perceção empírica de que o consumo consecutivo de unidades de um bem aumenta a utilidade total, mas a utilidade marginal ou acréscimo de utilidade retirado de cada uma dessas unidades é gradualmente menor. Uma adaptação da lei da utilidade marginal decrescente é, por exemplo, proposta por SARTOR, quando distingue entre *nível de realização do valor* e *utilidade* resultante desse nível de realização[2803]. Quando o nível de realização se altera, a correspondente alteração do nível utilidade não é constante, uma vez que

---

[2798] Notando, todavia, uma certa "aversão" do juiz europeu dos direitos do homem à consideração dos danos colaterais (no quadro da necessidade e da jurisprudência europeia dos direitos do homem, mas virtualmente extensível à proporcionalidade e.s.e., a outras ordens jurídicas e a todo o tipo de efeitos colaterais), VAN DROOGHENBROECK, *La Proportionnalité...*, pp. 212-213.

[2799] Coincidente, VAN DROOGHENBROECK, *La Proportionnalité...*, p. 274.

[2800] Entre os efeitos colaterais contam-se os chamados efeitos de *desalento* ou *dissuasórios* do legítimo exercício de direitos. A altíssima evanescência e dificuldade de valoração/antecipação leva a que a sua ponderação só possa ter um peso muito limitado. Cfr., todavia, BEILFUSS, *El Principio...*, pp. 137 ss.

[2801] BARAK, *Proportionality...*, p. 349.

[2802] NOVAIS, *Direitos...*, pp. 132-133.

[2803] SARTOR, «The Logic of Proportionality...», pp. 1435 ss.; «A Sufficientist Approach...», pp. 41 ss.

PROPORCIONALIDADE EM SENTIDO ESTRITO

a realização de um valor tem utilidade marginal decrescente[2804]. Outro modo de ver esta correlação é o que resulta da síntese de ALEXY: os direitos (objeto de interferência) "ganham força sobreproporcional à medida que a intensidade da interferência aumenta"[2805].

Ora, se a transposição deste contributo da ciência económica para a proporcionalidade e.s.e. pressupuser uma *quantificação* do acréscimo marginal, essa transposição é inviável. Por isso, uma transposição que incorpore acriticamente o significado original tem de ser rejeitada. Se, diferentemente, se pretender fazer a transposição desse contributo da teoria económica para a teoria da proporcionalidade e.s.e. em termos que prescindam de quantificação rigorosa dos acréscimos ou decréscimos marginais, isso pode trazer alguma mais-valia pedagógica.

A distinção entre nível de realização e utilidade proposta por SARTOR tem proximidade com a distinção que traçámos entre *intensidade* dos efeitos de satisfação e *importância* dos efeitos de satisfação. Pode dizer-se que o acréscimo da intensidade dos efeitos de satisfação não induz um acréscimo constante e equivalente da importância dos efeitos de satisfação: a *importância* marginal da satisfação cresce menos do que a *intensidade* de satisfação. Por outras palavras: à medida que a intensidade de satisfação de um bem, interesse ou valor aumenta, a importância marginal de satisfação desse bem, interesse ou valor é cada vez menor. Reversamente, poderia dizer-se que à medida que a intensidade de interferência no bem, interesse ou valor colidente aumenta, a importância marginal negativa cresce mais do que proporcionalmente.

2.8.3. O *tertium comparationis*

Ponderam-se, por conseguinte, os efeitos positivos e os efeitos negativos, sejam os jurídicos ou os materiais, de uma norma. Ou, mais rigorosamente, a dimensão ou grau de importância que se pode atribuir aos efeitos de satisfação e aos efeitos de interferência produzidos ou causados por uma norma. Todavia, a noção de importância não preenche os requisitos de um verdadeiro valor de cobertura (*covering value*, CHANG) ou *tertium comparationis*. A importância do efeito de satisfação do interesse público da segurança nacional é medida de acordo com um critério que só pode ser segregado pelo próprio sentido do interesse público da segurança nacional; a importância do efeito de interferência no direito à liberdade de expressão é medida de acordo com um critério que só se pode extrair do próprio sentido normativo do direito à liberdade de expressão. Ora, a ponderação requer um *tertium comparationis* ou atributo con-

---

[2804] SARTOR, «The Logic of Proportionality...», p. 1441.
[2805] «Constitutional Rights, Balancing...», p. 140.

O PRINCÍPIO DA PROIBIÇÃO DO EXCESSO

cretamente relevante *comum* às duas grandezas ponderadas, ou seja não segregado *específica* ou *exclusivamente* por uma delas. O critério de comparação permitirá dizer que a importância do efeito positivo x é maior do que a importância do efeito negativo y tendo em conta o critério z. O critério z será necessariamente um atributo, fator ou grandeza que cresce, por um lado, e diminui, por outro lado, em função dos efeitos positivos e negativos.

Esse *critério comparativo* tem de resultar da constituição. Alguns já tentaram delimitar o critério comparativo. Todavia, não é forçoso que seja o mesmo para todas as situações de colisão a que se aplica a proibição do excesso e não é impossível que haja mais do que um critério comparativo em cada episódio ponderativo. É plausível que o critério comparativo adequado para uma situação de colisão entre um interesse público constitucionalmente consagrado e um direito fundamental seja diverso daquele que é requisitado para uma situação de colisão entre um interesse público a que o legislador não está especificamente obrigado pela constituição, mas cuja prossecução é objeto da sua preferência *prima facie*, e um interesse público especificamente protegido *prima facie* pela constituição[2806].

Os atributos da vida – bem absoluto, supremo e universalmente subordinante – só se realizam plenamente em liberdade. Numa Constituição como a portuguesa, enformada pelo primeiro dos princípios de uma constituição universalmente justa, o princípio da liberdade[2807], tudo é instrumental em relação ao desígnio fundamental de aumentar a liberdade e, por essa via, aumentar as condições de fruição do bem mais importante de que o ser humano dispõe, a vida. Por outro lado, do ponto de vista objetivo, o bem, interesse ou valor liberdade é o que mais se aproxima da noção de interesse comum, como interesse partilahdo por todos. Nas ponderações inerentes à proibição do excesso, *tertium comparationis* quase incontornável é o do impacto que os efeitos produzem sobre o *ambiente geral de liberdade*. Uma norma legislativa que interfere em direitos diminui inevitavelmente a liberdade num grau que deve ser valorado. Servindo um interesse público, a norma contribuirá, por outro lado, para o reforço das condições globais de vida em liberdade numa sociedade democrática, devendo isso ser também valorado.

Nesse caso, *a medida* ou *moeda comum* extraída da Constituição é a *medida da liberdade* que se perde e que se ganha com a norma legislativa[2808]. Para que se

---

[2806] Cfr. *supra*, capítulo 13.

[2807] O apelo à filosofia kantiana – a liberdade como primeiro princípio de uma constituição universalmente justa – que vai nesta frase é óbvio. Sobre isso, por todos, na doutrina nacional, LÚCIA AMARAL, *A forma da República...*, pp. 142 ss.

[2808] Na verdade, nada dizemos – nem queremos dizer – de novo. É o eterno retorno, ainda que com palavras diferentes, ao clássico SVAREZ, consensulamente considerado um dos percursores da

PROPORCIONALIDADE EM SENTIDO ESTRITO

efetue a ponderação bilateral própria da proporcionalidade e.s.e., a qual requer comparabilidade através de uma medida comum, converte-se a intensidade dos efeitos de satisfação do bem, interesse ou valor visado e a intensidade dos efeitos de interferência no bem, interesse ou valor contraposto em importância dos *efeitos*, medidos em termos de *acréscimo* e de *diminuição* da liberdade (ou de outros *covering values* aplicáveis).

2.8.4. Relação ordinal entre efeitos

Não sendo viável o estabelecimento de hierarquia cardinalmente expressa entre os efeitos em causa – dada a incomensurabilidade –, resta o estabelecimento de uma relação ordinal a qual é, aliás, suficiente. A aplicação da proporcionalidade e.s.e. não requer mais do que o estabelecimento de uma relação de maior/menor ou mais/menos ou igual entre os efeitos da norma. Por exemplo, numa formulação positiva[2809]: "os efeitos positivos de *M1* traduzidos em acréscimo de condições gerais de liberdade são maiores (mais importantes) do que os efeitos negativos de *M1* traduzidos em decréscimo de condições gerais de liberdade". Dizer-se que *M1* produz mais efeitos positivos do que negativos ou que *M1* produz efeitos positivos mais ponderosos do que os negativos ou que há um *superavit* de efeitos positivos são apenas formas menos elaboradas de dizer a mesma coisa.

Do ponto de vista metódico, como é que se chega a essa conclusão?

Criticámos em momento anterior as metódicas ponderativas que assumem que *cada um* dos fatores a ponderar é medido ou valorado por si, em termos absolutos, independentemente dos outros, para depois se fazer uma comparação dos resultados, extraindo-se finalmente uma conclusão sobre a relação de prevalência ou de empate/paridade. O exemplo mais conhecido desta orientação é o da primeira lei da ponderação de ALEXY[2810], mas não é o único[2811].

Esta estratégia atomizada, além de ser inexequível se não for adotada uma escala cardinalmente reconvertível (como a de ALEXY), não parece interpretar adequadamente o modo como o raciocínio prático se desenvolve. A definição da importância dos efeitos negativos e dos efeitos positivos, em função de um critério que afira o decréscimo ou acréscimo de liberdade em que eles se tradu-

---

ideia de proporcionalidade (para alguns, talvez anacronicamente, até da ponderação ou da proporcionalidade e.s.e.: v., por exemplo, JANSEN, «Los Fundamentos...», p. 66), quando defendia que a restrição da liberdade só podia dever-se à garantia da liberdade e da segurança de todos: v. *supra*, capítulo 1.

[2809] A ser discutida *infra*, neste capítulo.

[2810] Assim, PINO, *Derechos* ..., pp. 215 ss. Parece ser essa também a posição de SIECKMANN, «Balancing...», p. 115.

[2811] V. REUTER, «Die Verhältnismäßigkeit...», p. 514.

O PRINCÍPIO DA PROIBIÇÃO DO EXCESSO

zem (se for esse o *tertium comparationis*), não pode prescindir de uma lógica de permanentes *trade offs* de peso entre as valências a ponderar. A relação entre mais/menos (maior/menor) ou igual estabelece-se melhor quando as duas valências se confrontam diretamente do que quando são valoradas isoladamente para depois ser comparado o resultado da valoração.

2.8.5. Efeitos negativos: valoração singular e agregada
Na Alemanha discutiu-se se quando um mesmo ato de autoridade interfere, não apenas em um, mas em dois ou mais bens, interesses ou valores, com os mesmos ou diferentes titulares, se deve efetuar um juízo singular de proporcionalidade para cada um ou um juízo conjunto.

SCHWABE defendeu que deve ser realizado *um único* juízo de proporcionalidade[2812]. Omitindo aqui o grosso dos argumentos que se prendem exclusivamente com a dogmática jusfundamental alemã (designadamente, o sistema de reservas[2813]), o argumento principal era o seguinte: a apreciação isolada e unitária da interferência, direito a direito, poderia facilitar que uma medida seja considerada proporcional no que toca a cada uma das interferências, mesmo nos casos em que a apreciação conjugada de todas as interferências em confronto com a satisfação de um interesse público levasse à não proporcionalidade[2814].

Outra corrente defendeu a apreciação individualizada e não em grupo. Cada interferência deveria ser objeto de um juízo específico de proporcionalidade[2815]. O argumento principal a favor desta orientação reside na singularidade normativa de cada direito, que correria o risco de ser descaraterizada se efetuado um juízo conjunto e indiferenciado de proporcionalidade[2816].

Todavia, esta dicotomia não deve ser considerada estanque. A plena aplicação da proibição do excesso, designadamente da proporcionalidade e.s.e., impõe *simultaneamente* uma apreciação individualizada, efeito interferente a efeito interferente, e, eventualmente, uma segunda ronda, com ponderação *agregativa*, considerando-se então o "saldo" de todos os efeitos negativos de interferência

---

[2812] SCHWABE, *Probleme der Grundrechtsgogmatik*, pp. 367-393. Para a súmula do pensamento do autor seguimos DECHSLING, *Das Verhältnismäßigkeitsgebot*, pp. 39-43 (que adere à posição daquele: *ob. cit.*, p. 43).

[2813] V., por todos, sobre a distinção das reservas em quatro níveis (em alguma medida nivelados pelo Tribunal Constitucional alemão), CHRISTIAN STARCK, «La jurisprudence de la cour constitutionnelle féderale concernant les droits fundamentaux», in *RDP* (1988), pp. 1263-1287.

[2814] DECHSLING, *Das Verhältnismäßigkeitsgebot*, p. 40.

[2815] V., por todos, WENDT, «Der Garantiegehalt...», pp. 422 ss.; ALEXY, «La fórmula del peso...», pp. 40-41.

[2816] DECHSLING, *Das Verhältnismäßigkeitsgebot*, pp. 41 ss.; ALEXY, «La fórmula del peso...», pp. 40-41.

PROPORCIONALIDADE EM SENTIDO ESTRITO

nos vários bens, interesses ou valores sacrificados[2817]. Se na primeira revisão for apurado que os efeitos de interferência num ou nos vários bens, interesses ou valores afetados são desproporcionados quando confrontados com os positivos, a norma decai logo aí[2818]. Se tal não suceder, realiza-se uma segunda ponderação, apreciando todos os efeitos produzidos pela norma legislativa, diretos e indiretos, quaisquer que sejam os bens, interesses ou valores tocados positiva e negativamente e qualquer que seja o universo subjetivo afetado, apurando-se o "saldo" conjunto.

Esta orientação obsta às dificuldades de cada uma das orientações extremas: evita que uma medida possa ser considerada proporcional ou não desproporcional só pela circunstância de cada efeito interferente ser pesado individualmente com os efeitos positivos; evita que as singularidades normativas de cada bem, interesse ou valor sejam desconsideradas.

As orientações metódicas são, assim, as seguintes[2819]: (i) sendo possível identificar vários bens, interesses ou valores distintos afetados, procede-se à ponderação *sequencial*, um a um, da importância dos efeitos de interferência em contraste com a importância dos efeitos de satisfação, globalmente considerada, dando sempre preferência lexical àquele que pareça mais severamente afetado; (ii) concluindo-se pela desproporção dos efeitos a propósito de qualquer um deles, a norma é inconstitucional nesse segmento se for possível identificar segmentos normativos desagregáveis (o que nem sempre é possível); (iii) apurando-se a desproporção, a avaliação/exame da proporcionalidade e.s.e. não tem de prosseguir, mas pode prosseguir por razões de pedagogia constitucional; (iv) concluindo-se pela não desproporcionalidade dos efeitos negativos sofridos por *cada um* dos bens, interesses ou valores isoladamente considerados em relação aos efeitos positivos, é vantajoso proceder a uma ponderação agregativa final de *todos* os efeitos negativos e de *todos* os efeitos positivos.

Devem ser ponderados todo o tipo de efeitos, sem qualquer restrição[2820]. Designadamente, os efeitos financeiros.

[2817] A temática não é exclusiva da proporcionalidade e.s.e. Esta orientação agregativa é também defendida no quadro constitucional americano do *balancing*: v., por exemplo, FAIGMAN, «Madisonian balancing...», p. 644, *passim*.

[2818] ŠUŠNJAR, *Proportionality...*, p. 307.

[2819] Sendo mais fácil reconstruir empiricamente a metódica do juiz constitucional do que a do legislador, esta parece corresponder à prática do juiz constitucional quando aprecia normas jurídicas. V., também, ŠUŠNJAR, *Proportionality...*, p. 308.

[2820] Nesse sentido, DECHSLING, *Das Verhältnismäßigkeitsgebot*, p. 50. Diferentemente, HAVERKATE, *Rechtsfragen des Leistungsstaats*, pp. 15 ss.

O PRINCÍPIO DA PROIBIÇÃO DO EXCESSO

2.8.6. Ponderação dos efeitos produzidos no âmbito dos princípios formais
Alguma doutrina discute se (utilizando por um momento uma linguagem típica da teoria dos princípios), juntamente com os *princípios materiais*, se ponderam também os chamados *princípios formais*[2821]. Os segundos, como o da competência do legislador democrático para tomar as decisões fundamentais[2822], têm natureza puramente procedimental, "dando razões para a aplicação de uma norma sem considerações sobre o seu conteúdo"[2823]. Os primeiros tutelam diretamente direitos ou outros bens, interesses ou valores.

Ora, os efeitos que se verifiquem ao nível da operatividade de princípios formais devem ser considerados conjuntamente com os efeitos ao nível dos princípios materiais no processo de ponderação.

2.8.7. Ponderação dos efeitos médios e dos efeitos individuais
Quando se considera o impacto dos efeitos *subjetivos*, considera-se em primeira linha a importância ou impacto *médio*, isto é, os efeitos tal como sentidos ou intuídos pelo destinatário médio da norma legislativa. Todavia, como demonstramos num capítulo subsequente[2824], na proibição do excesso, nomeadamente na proporcionalidade e.s.e., pode colocar-se também a necessidade de ter em conta, na medida do possível, o impacto *individualizado* dos efeitos da norma na esfera pessoal de destinatários particularmente expostos ou vulneráveis, quando for possível isolar e caraterizar especificamente as respetivas situações[2825].

3. Proporcionalidade ou não desproporcionalidade?
Como norma de ação, o segmento da proporcionalidade e.s.e. da proibição do excesso exige do legislador a adoção de normas *proporcionais* ou de normas *não desproporcionais*?

Tal como sucede no contexto da adequação e da necessidade, a opção por uma fórmula *positiva* (a primeira) ou *negativa* (a segunda) não tem relevo simplesmente semântico[2826], embora na proporcionalidade e.s.e. não se coloque uma questão de prova, diferentemente do que ocorre com aquelas.

[2821] ALEXY, *Teoria...*, 1ª ed., p. 132; SIECKMANN, *Regellmodelle...*, pp. 147 ss.; BOROWSKI, «The structure of Formal Principles...», *cit.*

[2822] VIRGÍLIO AFONSO DA SILVA, «Teoria de los principios...», p. 251, propõe um elenco de cinco tipos de princípios formais.

[2823] VIRGÍLIO AFONSO DA SILVA, «Teoria de los principios...», p. 247.

[2824] *Infra*, capítulo 26.

[2825] Como se verá, um setor da doutrina autonomiza esta questão do impacto individual ou localizado de uma medida geral sob a epígrafe de princípio da *razoabilidade*. Cfr., por todos, NOVAIS, *As restrições...*, p. 765; *Os Princípios...*, pp. 187 ss.

[2826] Cfr. o debate em HIRSCHBERG, *Der Grundsatz...*, pp. 96 ss.; DECHSLING, *Das Verhältnismäßigkeitsgebot*, pp. 35-36, com numerosas referências, incidindo particularmente

PROPORCIONALIDADE EM SENTIDO ESTRITO

Na primeira modalidade, o legislador apenas pode produzir uma norma cujos efeitos hipotéticos positivos excedem os efeitos negativos. A comparação entre os efeitos positivos e os negativos deve concluir por um saldo positivo em relação ao que existiria se não fosse produzida a norma (isto é, se houvesse inatividade do legislador). O artigo 36º, nº 3, da Constituição Federal Suíça[2827] poderá ser interpretado neste sentido[2828]. Nesta modalidade, como na seguinte, pode admitir-se algum grau de incerteza epistémica (empírica e normativa, sendo aqui mais relevante a segunda), uma vez que a incerteza epistémica é uma contingência praticamente inevitável da atividade legiferante. Ou seja, o legislador não está inibido pelo segmento da proporcionalidade e.s.e. de adotar uma norma em relação à qual assuma razoavelmente que terá efeitos positivos que excedem os negativos, não tendo, todavia, certeza absoluta (incerteza epistémica normativa parcial positiva).

Na segunda modalidade, a norma já supera o crivo da proporcionalidade e.s.e. se os efeitos positivos forem *equivalentes* aos negativos (situação de paridade). Esta possibilidade é consonante com a origem etimológica do termo proporcionalidade, o vocábulo grego αναλογία (analogia), donde derivou o conceito latino de *proportionalitas*[2829]. Também sobre esta hipótese de paridade ou analogia entre a importância ou valor dos efeitos negativos e dos efeitos positivos da norma é admitida alguma incerteza.

Certamente, é legítimo duvidar da pertinência e relevância prática da segunda modalidade, quando vista do ângulo da atividade legislativa. Um legislador racional, como é presumivelmente o legislador sujeito ao julgamento da

---

sobre a questão de como a formulação negativa e a formulação positiva se traduzem em fórmulas de distribuição da carga de argumentação; ligando também a formulação positiva e negativa à distribuição da carga da prova, Van Drooghenbroeck, *La Proportionnalité...*, p. 233. Como se defende no próximo capítulo, o modelo adequado à fiscalização da constitucionalidade de normas não passa pela distribuição da carga da prova, mas nem por isso a distinção entre fórmula positiva e negativa perde relevância.

[2827] Artigo 36º, nº 3, da Constituição Federal Suíça de 1999: "Toda restrição aos direitos fundamentais deve ser proporcional ao seu fim." (*Einschränkungen von Grundrechten müssen verhältnismässig sein*). V., também, artigo 5º, nº 2: "Os atos do Estado devem assentar no interesse público e ser proporcionais" (*Staatliches Handeln muss im öffentlichen Interesse liegen und verhältnismässig sein*).

[2828] Šušnjar, *Proportionality...*, p. 175, defende que a exigência positiva de proporcionalidade é a única compatível com a teoria dos princípios e com a ideia de otimização.

[2829] Sobre as origens etimológicas da proporcionalidade, v., por todos, Nogueira, *Direito Fiscal...*, p. 40. Analogia não é identidade nem diferença, mas ambas as coisas (Arthur Kaufmann). Fala-se de analogia da importância dos efeitos positivos e negativos quando se verifica um equilíbrio simbiótico entre identidade e diferença dessa importância, transformado em *similitude* ou *equiparação*, isto é não identidade mas também não diferença. É essa equivalência ou paridade de importância no sentido de importância análoga – que não é nem idêntica nem diferente, antes assimilável – dos efeitos positivos e negativos que está subjacente ao que se escreve no texto.

O PRINCÍPIO DA PROIBIÇÃO DO EXCESSO

democracia, não encontrará motivos nem tração política para produzir medidas que, na melhor das hipóteses, segundo a sua própria ponderação, produzem efeitos negativos que os positivos meramente igualam.

Todavia, a hipótese de paridade tem relevância do ponto de vista da aplicação da proibição do excesso como norma de controlo. A adoção de uma ou de outra fórmula tem consequências no que toca à configuração do poder judicial de controlo. Isso manifesta-se quando há divergência entre a ponderação do legislador e a do juiz, isto é, quando o primeiro entende que a norma se justifica pelos seus efeitos positivos suplantarem os negativos e o segundo entende que há apenas paridade. Se vigorar a modalidade positiva (e estando reunidos os demais requisitos que estudaremos adiante[2830]), uma situação de paridade é fundamento de declaração de inconstitucionalidade. Se vigorar uma modalidade negativa, uma situação de paridade permite a subsistência da norma.

Se o legislador estiver apenas obrigado a adotar normas não desproporcionais (e se só as desproporcionais correrem o risco de claudicar no controlo de constitucionalidade), pode adotar normas a cujos efeitos positivos se possa atribuir um peso equivalente aos efeitos negativos ou em que não haja a certeza de desproporcionalidade. Nessa situação de *empate* valorativo ou de incerteza epistémica não se pode dizer que haja proporcionalidade, no sentido de que os efeitos positivos da norma *superam* os efeitos negativos, mas também não se pode dizer que haja desproporcionalidade, no sentido de que os efeitos negativos *superam* os positivos.

Em paralelo com o que sugerimos a propósito da necessidade, estas duas alternativas permitem distinguir duas modalidades de proporcionalidade e.s.e.: uma mais favorável à liberdade de conformação do legislador, a *modalidade lata*, assente na mera exigência de não desproporcionalidade; outra mais constrangedora, a *modalidade estrita*, assente na exigência de proporcionalidade.

Em princípio, a modalidade vigente é a *lata*[2831].

Eventualmente deve manter-se aberta a hipótese de a modalidade estrita ser aplicável quando está em causa a interferência em alguns direitos, liberdades e garantias. Mas não pode defender-se que *sempre* que estejam em causa posições jurídicas subjetivas cobertas por normas de direitos, liberdades e garantias é aplicável a modalidade estrita. Valem aqui as indicações anteriormente deixadas sobre alguns direitos, liberdades e garantias a que o legislador constituinte conferiu peso ou importância abstrata superior aos demais[2832]. Serão esses os

---

[2830] *Infra*, capítulo 19.
[2831] No mesmo sentido, Novais, *Os Princípios...*, pp. 178 e ss.
[2832] Capítulo 8, 2,2,4,

PROPORCIONALIDADE EM SENTIDO ESTRITO

principais candidatos a beneficiar de uma modalidade estrita da proporcionalidade e.s.e.

Tudo visto, estamos agora em condições de propôr a definição que deixámos adiada no início deste capítulo: *meio proporcional e.s.e. é aquele que não é desproporcional, ou seja, cujos efeitos marginais positivos não têm importância inferior aos efeitos marginais negativos.*

4. Proporcionalidade e.s.e. comparativa?

A propósito do segmento da necessidade[2833], apreciámos (e rejeitámos) o que apelidámos de *necessidade ponderada*. Diferente é a configuração estrutural do que se pode designar de *proporcionalidade e.s.e. comparativa.*

A situação envolve duas ou mais alternativas que já superaram os crivos da adequação e da necessidade. Por outro lado, avaliada cada uma *per se*, todas respeitam o segmento da proporcionalidade e.s.e. Isto é, os efeitos positivos de todas são superiores, ou não são inferiores, aos negativos. Todavia, o saldo dos efeitos positivos de (pelo menos) uma é superior ao saldo das demais. Por exemplo, o legislador tem à sua disposição *M1*, *M2* e *M3*. Para facilitar, admita-se que é possível concluir que todas elas têm efeitos negativos inferiores aos positivos. Porém, os efeitos positivos de *M3* são superiores aos efeitos positivos de *M1* e *M2*. Quando se diz que os saldos são superiores não se está a admitir a possibilidade de uma hierarquização dos saldos com expressão cardinal. Está-se simplesmente a admitir uma ordenação relacional *aproximada* de efeitos positivos.

Está o legislador vinculado a escolher *M3* por o saldo de efeitos positivos ser superior? Pode o juiz constitucional censurar e invalidar a adoção de *M1* ou *M2* por haver uma alternativa *"mais proporcional"*?

Ora, embora não seja impossível conceber a vigência de uma conceção da proporcionalidade e.s.e. comparativa[2834], isso só poderia suceder em situações extremas, absolutamente excecionais. Eventualmente poderia ser admitida quando o saldo positivo de uma das medidas alternativas fosse de tal forma ostensivo que a sua preterição violasse a sensibilidade jurídica e moral da comunidade. Nessas circunstâncias poderia pensar-se que o legislador deve adotar a medida com tal saldo positivo. Se não o fizesse, justificar-se-ia a intervenção do juiz constitucional, dada a inescapável violação da sensibilidade jurídica e moral da comunidade.

Todavia, não se vê que seja fácil imaginar exemplos deste jaez.

[2833] *Supra*, capítulo 16.

[2834] Recordamos mais uma vez a *plasticidade* da proporcionalidade, que lhe permite ser moldável aos vários contextos e sistemas: SULLIVAN/FRASE, *Proportionality Principles...*, p. 7.

O PRINCÍPIO DA PROIBIÇÃO DO EXCESSO

Por outro lado, esta conceção de proporcionalidade e.s.e. comparativa deturparia o seu sentido e função. É decisivo o argumento de que a sua adoção diminuiria drasticamente a liberdade de conformação do legislador, a quem, em última análise, não se exigiria apenas a adoção de uma medida proporcional ou não desproporcional, mas *a* medida *otimamente* proporcional. Daí até sustentar-se que há sempre *uma única* medida que pode ser considerada proporcional e, por isso, adotada pelo legislador, vai apenas um passo. Mas esse passo tem de ser recusado, em nome dos princípios formais que sustentam a liberdade de conformação legislativa do legislador democrático[2835].

5. A racionalidade e objetividade do juízo da proporcionalidade e.s.e.

5.1. Rejeição da conceção da proporcionalidade e.s.e. como simples auxiliar do decisionismo e como modelo matemático

Como já sublinhámos, o debate sobre a racionalidade e a objetividade do juízo de proporcionalidade e.s.e. ganha relevância sobretudo quando se trata de tomar posição sobre a legitimidade, a extensão ou a intensidade do controlo judicial da proibição do excesso[2836]. Num quadro democrático e de separação e limitação dos poderes, a afirmação da possibilidade de ponderação racional e objetiva é um importante tónico da legitimidade e da extensão do poder judicial de controlo. Em contrapartida, a refutação da plausibilidade de ponderação racional e objetiva é um trampolim para o acantonamento do poder do juiz constitucional: se a ponderação é irremediavelmente irracional e/ou subjetiva, nada justifica, no quadro de uma democracia, que a subjetividade do legislador democraticamente eleito possa ser substituída pela subjetividade do juiz sem direta legitimidade democrática.

Ora, quando se expuseram as coordenadas do debate sobre a racionalidade e a objetividade da ponderação, ficou patente que não é profícuo discutir se a ponderação é uma fonte inteiramente racional e objetiva de criar, interpretar e aplicar o direito ou, ao invés, inteiramente subjetiva e irracional. Uma atitude prudente e equilibrada aceita que ela terá as duas componentes, racionalidade/irracionalidade objetividade/subjetividade, havendo apenas que desvendar a dominante[2837].

[2835] Assim, aparentemente, Novais, *As restrições...*, pp. 759-760.

[2836] É à luz dessas questões que deve ser apreciada a suspeita doutrinal e até a desgraduação desta máxima do princípio da proibição do excesso por alguns setores da doutrina: v., por todos, Pieroth/Schlink, *Grundrechte...*, p. 74. Em algumas ordens jurídicas nota-se tendência para fugir ao segmento da proporcionalidade e.s.e. Sobre o caso do Canadá, Webber, *The Negotiable...*, pp. 76 ss.

[2837] Assim, Novak, «Three Models...», p. 104.

806

PROPORCIONALIDADE EM SENTIDO ESTRITO

Essas coordenadas valem, no essencial, para a proporcionalidade e.s.e. Torna-se, pois, desnecessário repeti-las. As indicações que se seguem limitam--se a olhar para o tema na sua específica refração na proporcionalidade e.s.e.

A corrente cética em relação ao potencial de racionalidade e objetividade da proporcionalidade e.s.e. degrada-a a mero *instrumento de assistência à razão* na escolha entre incomensuráveis. A instrução dada pelo princípio da proporcionalidade para ponderar ou pesar não pode significar outra coisa do que "ter em conta, conscienciosamente, todos os fatores relevantes e *escolher*". Sem um instrumento comum de medida, o princípio da proporcionalidade não pode dirigir a razão para uma resposta. Só pode assistir a razão na *escolha* entre incomensuráveis[2838].

Todavia, a proibição do excesso e, designadamente, a proporcionalidade e.s.e. é mais do que isso: é uma técnica racionalmente estruturada, catalisadora de um processo racional de decisão, mediadora de decisões suportadas por razões. A proporcionalidade e.s.e. induz à adoção de decisões que correspondem a três exigências: racionalidade formal, racionalidade substantiva (ou adequação moral), coerência contextual[2839].

Esta convicção em relação às potencialidades da proporcionalidade e.s.e. não significa que se aceite que é possível definir uma estrutura matematizada, capaz de a *cristalizar* quer na fase de tomada da decisão legislativa, quer na fase de controlo[2840]. A confiante profissão de fé na possibilidade de quantificação[2841] é ilusória. Embora alguns asseverem que é possível tornar automática a aplicação do direito em situações de ponderação[2842] ou (nem sempre de forma lauda-

---

[2838] WEBBER, «Proportionality, Balancing...», p. 196, invocando e citando FINNIS.

[2839] Sobre a coerência contextual ou *consonância*, SARTOR, «A Sufficientist Approach...», p. 19: consonância (ou, pelo menos, não completa dissonância) com as normas, cultura e modo de vida que forma o contexto da decisão, mas também com a *opinião geral da comunidade*. Esta última referência é, porém, discutível uma vez que, sendo inatingível uma opinião unânime da comunidade, a ideia de opinião geral tende a ser interpretada como opinião da maioria tal como representada e interpretada pela maioria de governo, o que adultera o espírito da proporcionalidade e.s.e.

[2840] Aqui não estamos longe de MORAIS, *Curso...*, II, 2, pp. 683-4, quando admite que as leis da ponderação "podem fundar, com um elevado grau de probabilidade, uma solução racional", mas recusa a matematização. Afastamo-nos, porém, de SIECKMANN, «Balancing...», p. 116. Também este autor admite que a formalização pode ser usada para a *reconstrução* racional e para a verificação da coerência das propostas de ponderação; mas, mais do que isso, concede que o modelo matemático, embora não possa servir para dele se *inferirem* resultados, talvez possa representar os resultados da ponderação, através de valores numéricos.

[2841] V. uma das expressões mais claras dessa profissão de fé em EMILIOU, *The Principle...*, p. 6 (falando de uma relação causal quantificável entre meios e fins); desvalorizando essa possibilidade, PANNACIO, «In Defense of Two-Step...», p. 117.

[2842] V. um bom exemplo em LUCATUORTO, «Regole...», quando parte do modelo de ALEXY, transformado, para propor a utilização da inteligência artificial nas decisões judiciais.

O PRINCÍPIO DA PROIBIÇÃO DO EXCESSO

tória) que a proibição do excesso tem forçosamente associada a ideia da precisão matemática ou quantificação[2843], essas são ideias insubsistentes.

Aliás, não só é impossível definir fórmulas matemáticas ou quantificadas, como não se pode atingir uma formalização rígida. O alinhamento e cruzamento de argumentos, com inevitáveis e constantes trocas e cedências mútuas de peso, num processo de permanente vai e vem metódico, não é passível de uma modelização rígida. A tentativa de esbater ou dissimular o fator *subjetivo* transportado pelo concreto decisor, através de um modelo altamente formalizado, insensível – talvez até hostil – ao fator humano, esbarra com a realidade do processo deliberativo. A demonstração da racionalidade e da objetividade da ponderação não pode cair no excesso de desmentir ou ignorar o fator subjetivo[2844].

A impossibilidade de uma formalização matematizada ou, mesmo que não matematizada, rígida, torna, além do mais, prematuro o entusiasmo com a possibilidade de a proporcionalidade e.s.e. (ou, mais latamente, a ponderação) ser afinal reconduzível ao método clássico da subsunção[2845].

Por conseguinte, nem ceticismo, nem, caindo no outro extremo, otimismo excessivo quanto à matematização ou formalização integral. Reconhecendo-se que a formalização da proibição do excesso reforça a reflexibilidade, impõe-se o esforço de *alguma* formalização sem perseguir a ilusão da formalização *integral*. É viável estabelecer indicativamente uma *check list* ou um *road map* que desempenhe a função heurística de auxiliar no processo ponderativo, de modo a sistematizar melhor os argumentos e as razões que eles sustentam[2846]. Um decisor consciencioso, transparente e sistemático pode até monitorizar os *prós* e os *contra*, através de um *score board* que espelhe o progresso do trajeto ponderativo (v. o modelo de SUSAN HURLEY[2847]). Mas, mesmo que desenhado para a situação

---

[2843] TSAKYRAKIS, «Proportionality...», p. 475; HEINRICH HUBMANN, *Wertung und Abwägung im Recht*, Heymann, Köln, 1977 (*apud* Hirschberg), o qual experimenta a metrificação da ponderação ou contrapeso de interesses e valores característico da proporcionalidade clássica. Na conceção deste autor, o conceito de proporcionalidade assumiria um significado puramente matemático, isto é, seria expressável através de fórmulas e símbolos matemáticos. A proposta é criticada por HIRSCHBERG, *Der Grundsatz...*, pp. 104-105, recusando a possibilidade de uma metrificação dos bens, interesses ou valores contrapesados.

[2844] WEBBER, *The Negotiable...*, p. 105. A recusa da matematização ou de modelos de gestão não redunda no puro decisionismo que os detratores ou céticos da ponderação, como HABERMAS ou SCHLINK, julgam inevitável. Não é possível defender que na ponderação vale somente "a subjetividade do juiz", uma vez que há limites objetivos a essa subjetividade.

[2845] V. LINDAHL, «On Robert Alexy's Weight Formula...», *cit.*, p. 37: "A transformação *de facto* por ALEXY do contrapeso e da ponderação em subsunção é um dos pontos mais fortes do seu modelo. A preocupação de ALEXY com números e operações matemáticas parece ter ocultado o ponto...".

[2846] V. um exemplo em FETERIS, «Weighing and Balancing ...», pp. 24 ss.; também, em alguma medida, os "mandados de consideração" de CLÉRICO, *El examen...*, pp. 214 ss., *passim*.

[2847] Sobre esse modelo, v. *supra*, capítulo 17, 11.3.2.

PROPORCIONALIDADE EM SENTIDO ESTRITO

concreta, esse *score board* muito dificilmente será capaz de captar ou espelhar integralmente tudo o que de alguma forma conta, designadamente os componentes subjetivos.

Numa perspetiva de *controlo* – ou, noutro registo, de apreciação científica – de uma decisão legislativa anteriormente tomada, podem também ser experimentados modelos relativamente formalizados, que auxiliem a reconstrução das razões que sustentaram a decisão e que assistam na verificação da sua coerência.

Qualquer modelo que se ensaie será apenas um instrumento auxiliar de trabalho que não substitui a necessidade de *bom raciocínio moral,* de *boa argumentação substantiva*, de *boas razões* e de abertura a uma pluralidade de razões, com força variável de caso para caso. Não é na construção de modelos sucessivamente mais complexos, sustentados em fórmulas matemáticas sucessivamente mais herméticas, que se deve apostar.

5.2. A conceção pluralista do momento ponderativo da proibição do excesso

Os pressupostos teóricos básicos de uma conceção pluralista do momento ponderativo são os seguintes: (i) defesa inequívoca do papel da razão na deliberação prática (*phronesis* ou sabedoria prática de ARISTÓTELES); (ii) os juízos de valor podem ter um substrato cognitivo, não sendo necessariamente expressão de um ponto de vista subjetivo, discricionário ou arbitrário[2848]; (iii) a racionalidade e a objetividade não são sinónimos de certeza[2849]; (iv) a razão enquadra a intuição[2850]; (v) a razão exclui opções, delimita opções (a favor das quais há razões não derrotadas nem derrotantes de outras razões sustentadoras de alternativas), mas não determina forçosamente *uma* opção[2851]. A propósito da última alínea, vale a pena convocar a distinção entre escolhas *racionais* e escolhas *a-racionais*. As *escolhas racionais* não são *determinadas* ou requeridas pela razão, mas são *permitidas* por ela, além de terem a seu favor uma ou várias razões articuláveis não derrotadas nem derrotantes[2852], decorrentes de princípios morais, da tradição social ou de princípios prudenciais (como o princípio

---

[2848] Assim, PINO, *Derechos...*, p. 208; cfr. V. VILLA, «Legal Theory and Value – Judgements», *cit.*, (*apud* Pino, *ob. cit.*).

[2849] SCHAUER, «Balancing...», p. 3.

[2850] SCHARFFS, «Adjudication...»., p. 1420: "a intuição de um médico especializado sobre o que certos sintomas significam é diferente da intuição de um internista de primeiro ano"; MATHER, «Law-making...», pp. 371 ss.

[2851] MATHER, «Law-making...», pp. 365 ss. Como diria RAZ, a ação racional é a ação que o agente toma por uma razão não derrotada, não é necessariamente a ação sustentada por uma razão que derrota todas as outras: *The Morality of Freedom*, p. 339.

[2852] MATHER, «Law-making...», pp. 365-366.

O PRINCÍPIO DA PROIBIÇÃO DO EXCESSO

do compromisso)[2853]. As escolhas *a-racionais* também não são determinadas ou requeridas pela razão. Mas neste caso, a decisão de escolher uma das alternativas não é determinada por um processo racional. Pode ser fruto de um juízo intuitivo, baseado em fatores subconscientes e inarticulados[2854]. A ponderação que incorpora a proibição do excesso visa chegar a decisões racionais e não a-racionais ou irracionais.

A proibição do excesso (e, dentro do seu perímetro, a proporcionalidade e.s.e.) tem de ser fundamentalmente sensível à tensão entre várias linhas de força contraditórias: entre maleabilidade e estabilidade, entre subjetividade e objetividade[2855].

Desde logo, a linha de força da *maleabilidade*. A estrutura metódica da proporcionalidade e.s.e. deve ter capacidade de: reagir e adaptar-se ao caso concreto; criar condições para a descoberta de todos os argumentos relevantes (de natureza moral, tradicional, prudencial), mesmo os que fogem à arrumação em quadros pré-definidos; acompanhar a evolução dos valores sociais, da ciência e dos costumes[2856]; facilitar a ação de válvulas de deteção do erro, de revisibilidade e de reponderação (a razão não dá nada como adquirido para sempre[2857]). Em suma, a proporcionalidade e.s.e. tem de ser um dos catalisadores que fazem com que os acordos incompletamente teorizados[2858] que cimentam o viver coletivo possam formalizar-se circunstancialmente.

[2853] MATHER, «Law-making...», pp. 367 ss.

[2854] MATHER, «Law-making...», p. 366. O autor defende que os juízos morais intuitivos são feitos sem nenhum processo consciente de inferência e são produto de uma experiência não analisada nem racionalizada, mas que habitualmente se revela acertada. A escolha não é racional, porque não se baseia em razões articuláveis, mas também não é necessariamente irracional (*ob. cit.*, p. 371, citando HAMPSHIRE, *Morality and Conflict*, Harvard University Press, Cambridge [Mass.], 1983).

[2855] Embora construído sobre uma diferente base epistemológica, filosófica e cultural, não pode deixar de se aconselhar a leitura do atraente ensaio de PERJU, «Proportionality...»,, *cit.*, onde, em alternativa aos estilos *dórico* e *iónico*, que denotam conceções formalistas (o primeiro) ou simplesmente contextualistas (o segundo), se contrapropõe o estilo *coríntio* (muito inspirado na filosofia de HANNAH ARENDT), que materializa uma orientação não extremada e sincrética. A proporcionalidade é um dos pilares *coríntios*. Se houvesse que enquadrá-la nesse quadro conceptual, a conceção pluralista do texto estaria obviamente próxima do ponto de vista *coríntico*.

[2856] MUZNY, *La Technique de Proportionnalité...*, pp. 354 ss. (elaborando no contexto da aplicação atualista da CEDH: "a proporcionalidade transfusa para dentro do sistema convencional a normalidade da realidade em vigor", *ob. cit.*, p. 363).

[2857] SCHARFFS, «Adjudication...», p. 1384.

[2858] Recorremos aqui ao sugestivo título de um trabalho de CASS SUNSTEIN, «Incompletely Theorized Agreements», in Cass Sunstein, *Legal Reasoning and Political Conflicts*, Oxford University Press, 1996, pp. 35-61. Sobre o minimalismo judicial de Sunstein e a sua capacidade explicativa do *balancing* num ambiente de cepticismo epistémico como o da cultura jurídica norte-americana, COHEN-ELIYA/PORAT, *Proportionality...*, pp. 87 ss.

PROPORCIONALIDADE EM SENTIDO ESTRITO

Por outro lado, a linha de força da *estabilidade*, da certeza e da segurança, que impõe um imperativo de unidade sistemática e de referência a decisões anteriores ou de coerência[2859]. Uma das críticas endereçadas à proporcionalidade e.s.e. é o risco de particularismo, com o consequente défice de previsibilidade em relação a decisões futuras. O ideal é que, mesmo que não se queira apagar ou camuflar o papel das apreciações subjetivas, se alcance uma solução generalizável que possa contribuir para a previsibilidade de decisões futuras. Valem aqui as noções de coerência sistemática e de algum conservadorismo[2860] que o modelo de HURLEY, mais uma vez, exprime satisfatoriamente.

Neste ponto, mesmo sem a adesão ao, ou a defesa do, sistema de precedente[2861], vale uma característica das escolhas (políticas, económicas, de consumo, de comportamento): a dinâmica autorreprodutiva e autoconsolidante das razões da escolha. Depois de o agente escolher propende a encontrar novas razões para essa escolha e a reforçar as já eleitas. Essa dinâmica autorreprodutiva pode levar a que os casos com alguma similitude que se sigam tendam a ser resolvidos com invocação das mesmas razões, num processo que pode parecer pouco reflexivo[2862]. Todavia, a dinâmica autorreprodutiva pode atenuar-se com o decurso do tempo, se novos argumentos irromperem no processo argumentativo, se alguns antigos adquirirem novo fulgor, funcionando então as mencionadas válvulas de deteção do erro, de revisibilidade e de reponderação[2863].

Nesta ordem de ideias, são vitais os *racionalizadores automáticos*. Desde logo, os que resultam do "cerco deontológico" à proibição do excesso. Uma conceção não extremada da proibição do excesso assenta na exclusão de certos fins e do uso de certos meios, bem como na obstaculização da interferência num núcleo mínimo dos direitos. Mas são também estabilizadores todos os resultantes do entorno jus-constitucional, particularmente institucional – transparência, número de indivíduos que participam, processo –, o ambiente jurídico constituído pela jurisprudência e pela doutrina respeitantes a situações similares (a "rede

---

[2859] Em certa medida, pode falar-se de uma adaptação da visão *dworkiniana*: VAN DROOGHEN-BROECK, *La proportionnalité...*, p. 286.

[2860] PINO, *Derechos...*, p. 221.

[2861] Sobre isso, vejam-se as críticas de BEATTY, *Ultimate...*, pp. 89 ss., ao uso do precedente na *judicial review*. A utilização do precedente é justificável ao nível da jurisdição em outras áreas, mas não na constitucional, quando se está no nível do tribunal mais elevado (*Supreme Court*, Tribunal Constitucional). Neste caso, ou o juiz está de acordo com o sentido das decisões precedentes e não tem de se basear nelas, bastando expor a sua posição; ou não está de acordo e então a força normativa (a supremacia) da constituição impõe-lhe que vá num sentido diferente, contrariando o precedente e evitando agir inconstitucionalmente.

[2862] Em Portugal, defendendo que a prática do Tribunal Constitucional permite identificar verdadeiros e próprios precedentes judiciais, OTERO, *Direito Constitucional...*, II, pp. 172 ss.

[2863] Cfr. CLÉRICO, *El examen...*, p. 254.

O PRINCÍPIO DA PROIBIÇÃO DO EXCESSO

de regras" ou "rede de pontos de vista" que resultam de ponderações anteriores[2864]), "a normalidade social em vigor"[2865], a "ideologia normativa"[2866], a história, a tradição e todos os limites externos à decisão[2867].

Sem embargo, na aplicação da proporcionalidade e.s.e. são incontornáveis os fatores subjetivos. É ilusório negligenciar a componente subjetiva, *de criação, de escolha*, de *intuição*, de quem tem a seu cargo a decisão[2868]. Os fatores subjetivos condicionam as perspetivas e mundivisão do concreto decisor e precipitam-se inevitavelmente no conteúdo do meio adotado e na ponderação sobre a relação de proporção ou de desproporção.

Nisto se traduz a conceção *pluralista* da ponderação inerente à proporcionalidade e.s.e., que se contrapõe a uma conceção *monista* e excessivamente *formalizada*, como a de ALEXY, PULIDO, KLATT/MEISTER, RIVERS, VIRGÍLIO AFONSO DA SILVA e outros visitados ao longo deste trabalho.

A orientação aqui perfilhada tem, naturalmente, pontos de coincidência com a orientação monista: (i) aceita a inevitabilidade da ponderação no contexto de certas colisões normativas; (ii) admite a possibilidade de uma ponderação racional (e racionalmente demonstrável, embora não em toda a plenitude); (iii) recorre à noção de *comparabilidade*, em alternativa à de *comensurabilidade*, como modo de poder alinhar ordinalmente as razões[2869]. Com a orientação monista, a versão pluralista partilha o encargo de encontrar respostas para as acusações de que a ponderação pode traduzir-se na diluição dos direitos e da força normativa da constituição e na proliferação de decisões particularísticas, com os consequentes riscos de perdas de previsibilidade, de coerência e de consistência do sistema jurídico.

Sem embargo, a ponderação não é um método de extrair um resultado de certos fatores fixos, de acordo com um esquema de inferência, um modelo econométrico ou uma fórmula de cálculo. É um instrumento mediador da operação de *escolha racional*, dentro de certos constrangimentos, assente na base teórica de que por vezes é impossível chegar a decisões racionais ou a uma *única* opção correta de acordo com a razão ou com regras racionais geralmente aceites.

[2864] Sobre isso, CLÉRICO, *El examen...*, pp. 183 ss.; *idem*, «Sobre "casos" y ponderación...», pp. 130 ss.

[2865] Aproveita-se uma noção que MUZNY utiliza ao longo do seu *La Technique de Proportionnalité...*, designadamente p. 660, *passim*.

[2866] Noção saliente em LAMEGO, *Elementos de Metodologia...*, p. 161.

[2867] V. VAN DROOGHENBROECK, *La Proportionnalité...*, pp. 284 ss.

[2868] HART, *The Concept of Law*, p. 200; COFFIN, «Judicial balancing...», p. 25.

[2869] Embora sendo crítico da ponderação, pode invocar-se FINNIS: a suposição de que uma escolha não guiada por uma computação dos custos e dos benefícios deve ser forçosamente arbitrária é apenas uma ilusão tecnocrática (*Fundamentals of Ethics*, Clarendon Press, Oxford, 1983, p. 91).

812

Capítulo 19
A proibição do excesso como norma de controlo: estrutura, extensão e alcance dos poderes do juiz constitucional

1. Razão de ordem

A circunstância de os destinatários da proibição do excesso como norma de ação e como norma de controlo serem diferentes – legislador, num caso, juiz no outro – e de o enquadramento funcional e institucional de aplicação ser diverso – exercício da função legislativa pelo órgão legislativo, num caso, exercício de função de controlo por órgãos judiciais, no outro – tem consequências métodicas, estruturais e materiais.

Anteriormente distinguimos entre as métodicas cumulativa e condensada[2870]. A primeira, desenrola-se através de uma apreciação passo a passo, sucessiva e prejudicial, dos vários segmentos, tendo a norma de superar cada uma das etapas; se uma das sucessivas etapas não for transposta, a norma soçobra de imediato, tornando-se desnecessária – embora não impossível ou sequer imprópria – a apreciação dos passos seguintes. Na segunda, todos os aspetos são condensados e considerados num único passo e não sucessivamente, sendo o juízo sobre a sua conformidade constitucional resultante da apreciação conjunta de todas as variáveis, não se gerando, em rigor, uma relação de prejudicialidade de umas em relação às outras.

[2870] Cfr. capítulo 14.

O PRINCÍPIO DA PROIBIÇÃO DO EXCESSO

Verificámos que a metódica cumulativa se coaduna mal com a fase preparatória e inicial da feitura de normas legislativas. Nesse momento é pouco provável – e talvez pouco praticável, mas não impossível – o funcionamento de um modelo ritualizado e cumulativo, caraterizado pela aplicação sucessiva dos vários segmentos, por fases ou etapas, cada uma delas vocacionada para adquirir um resultado que influencia ou determina as fases seguintes. Nada obsta, porém, à adaptação desse modelo quando o procedimento legislativo atinge uma fase de apreciação de uma iniciativa legislativa formalizada junto do órgão legislativo.   .

Por seu turno, no processo constitucional, com o seu cariz mais ritualizado, nenhuma dificuldade se levanta a que a proibição do excesso como norma de controlo seja aplicada, irrestritamente e em todos os momentos, segundo o modelo cumulativo. Não é impossível ou implausível a aplicação do modelo condensado, mas a metódica cumulativa é a que melhor se coaduna com o ambiente do processo constitucional, disciplinado que está, como qualquer disciplina processual, por uma tramitação rigorosamente traçada[2871]. Em certa medida, essa circunstância proporciona uma ideia mais nítida da estrutura da proibição do excesso e da função desempenhada por cada um dos seus segmentos do que quando a analisamos sob o ângulo de norma de ação.

Há uma questão competencial, que é suscetível, em última análise, de influir na estrutura e conteúdo da proibição do excesso como norma de controlo: sabe-se, à partida, que no exercício do poder de fiscalização o juiz não pode ir além daquilo a que o próprio legislador está obrigado; mas, além disso, pode suceder que o juiz constitucional veja o seu poder jurisdicional não atingir a máxima extensão concebível devido à necessidade de deixar intocada, em alguns domínios, a liberdade de conformação do legislador.

Deixaremos de seguida algumas linhas quanto ao primeiro tema – estrutura da proibição do excesso como norma de controlo –, para nos dedicarmos depois, na maior parte do capítulo, à questão do alcance e extensão dos poderes jurisdicionais de controlo.

2. A estrutura da proibição do excesso como norma de controlo

2.1. Os três segmentos como imperativo de racionalidade

Alguns autores, numa linha representada por SCHLINK[2872], recusam que a proporcionalidade e.s.e. de normas legislativas possa ser objeto de controlo judicial.

[2871] Afirmando insofismavelmente uma metódica cumulativa, acórdão nº 632/08, do Tribunal Constitucional (nº 11).

[2872] Como já foi referenciado em ocasiões anteriores, SCHLINK, *Abwägung...*, pp. 76 ss. e 192, partindo da posição de que não há uma ordem de valores constitucionais escalonada que forneça ao juiz constitucional um critério que lhe permita avaliar as ponderações do legislador e invalidá-las,

814

A PROIBIÇÃO DO EXCESSO COMO NORMA DE CONTROLO

O Tribunal Constitucional português aplica normalmente a versão padrão (os três segmentos tradicionais), mas a sua jurisprudência também oferece exemplos de uma versão curta, a par de versões "longas" e "extralongas"[2873].

A jurisprudência europeia hesita, fornecendo exemplos para todos os gostos (TJUE) ou não permitindo uma clara distinção do exame de vários segmentos (TEDH)[2874].

Em alguns Estados, apesar de nominalmente recetivos da proibição do excesso, esta é interpretada ou recebida em mais do que uma versão[2875].

Tudo isto mostra que a simetria da proibição do excesso como parâmetro de controlo com os três segmentos que encontrámos no contexto da proibição do excesso como norma de ação, não é uma inevitabilidade. Embora no plano da *teoria geral* da proibição do excesso se descubra uma cadeia de racionalidade e daí decorra o princípio da *solidariedade* interna dos segmentos da proibição do excesso, não é forçoso que o *direito positivo* (constitucional ou infraconstitucional) ou a prática jurisprudencial consagrem uma plena solidariedade interna entre os segmentos. Isto é, não é inconcebível que o direito determine que só vigore em certas situações um, *solitariamente*, ou dois, *solidariamente*.

Existe uma cadeia de racionalidade entre os três segmentos[2876]. Num caso, essa cadeia de racionalidade traduz-se no imperativo lógico de a apreciação de um dos segmentos ser forçosamente antecedida pela apreciação de outro; noutro caso, a apreciação de um dos segmentos sem a apreciação prévia de outro constitui um salto lógico que diminui significativamente a racionalidade do controlo e da proibição do excesso; noutros ainda, a apreciação isolada de um ou dois dos segmentos desaproveita o potencial de racionalidade que a proibição do excesso na sua capacidade estrutural máxima oferece.

Primeiro, é logicamente impossível um ato ser necessário para prosseguir certa finalidade sem ser adequado para prosseguir essa finalidade[2877]. Não é possível apreciar a necessidade de um ato (ou de alternativas a esse ato) sem ter aferido previamente a sua adequação. *Só os meios adequados podem ser necessários.*

---

sustenta que o princípio da proibição do excesso como parâmetro de controlo de normas legislativas se deve reduzir, em termos efetivos, à verificação da adequação e da necessidade.

[2873] Cfr. capítulo 5, 3.2.

[2874] Cfr. capítulo 2.

[2875] RIVERS, «Proportionality and Variable...», pp. 176 ss., distingue entre a conceção da proporcionalidade como "limitadora do Estado" e a conceção da proporcionalidade como "otimização". A primeira seria adotada no Reino Unido e consistiria simplesmente na *apreciação da adequação e necessidade*, ou mais rigorosamente, na verificação da eficiente realização dos fins previamente estabelecidos.

[2876] Implicitamente, MORAIS, *Curso de Direito Constitucional...*, tomo II, vol. 2, p. 475.

[2877] Cfr., neste mesmo sentido, PIEROTH/SCHLINK, *Grundrechte...*, p. 73.

O PRINCÍPIO DA PROIBIÇÃO DO EXCESSO

Logo, da afirmação de que um ato é necessário infere-se forçosamente que é adequado. Por isso é lícito interpretar a doutrina e a jurisprudência mais antigas no sentido de entender que as referências a "meios mais suaves", "necessidade", "indispensabilidade" e outras expressões fungíveis sempre englobavam a adequação[2878].

Segundo, embora isso não viole qualquer axioma lógico, há um salto na cadeia de racionalidade quando se examina (e, eventualmente, se conclui) que uma norma é proporcional e.s.e. sem haver a certeza ou sem se ter aquilatado da sua *adequação* para prosseguir o fim, isto é, os efeitos ou consequências materiais visados. Como vimos, a proporcionalidade e.s.e. de uma norma assenta no facto de ela gerar efeitos positivos considerados concretamente mais importantes do que os efeitos negativos. Apesar de ser teoricamente possível contrapesar os efeitos positivos e os efeitos negativos projetados ou efetivamente ocorridos, menosprezando a questão de saber se a norma (o meio) é adequada para atingir o fim inicialmente visado[2879], isso significaria um sério revês na prossecução dos objetivos de racionalização que movem a proibição do excesso, uma vez que implicaria um salto na cadeia de racionalidade entre meios e fins, de que o princípio é expoente[2880]. É por isso que mesmo quando formalmente, ou nominalmente, apenas se menciona o exame da proporcionalidade e.s.e. é plausível que implicitamente se pressuponha o exame da adequação, ainda que isso não tenha expressão visível, ou que a adequação apareça diluída como um dos fatores a ponderar.

E existiria também alguma irracionalidade – embora o salto de racionalidade não seja tão grave – se se admitisse que uma norma pode ser submetida apenas aos segmentos da adequação e da proporcionalidade e.s.e., isto é, se fosse afastada a aplicabilidade da máxima da *necessidade*. Nesse caso aceitar-se-ia como válido uma norma que, embora adequada a atingir certa finalidade, e tolerável tendo em vista a ponderação do efeitos positivos e negativos em confronto, constitui um meio *mais agressivo ou menos suave* do que outros disponíveis com igual ou superior eficiência. Por isso, a definição do princípio da proibição do ex-

---

[2878] Uma regra auxiliar de interpretação do direito positivo a deduzir do quadro exposto será a seguinte: quando uma norma determina que algum ou alguns meios se submetam a um padrão de *necessidade*, se a fórmula normativa tiver de ser interpretada restritivamente, isto é, de modo a não abranger *todos* os segmentos elementares da proibição do excesso, nunca poderá ser interpretada de modo a excluir a máxima da adequação. A necessidade não prescinde da apreciação solidária da adequação.

[2879] V. HIRSCHBERG, *Der Grundsatz...*, p. 47. Como a proporcionalidade e.s.e. prescinde da relação meio-fim, ao contrário da adequação e da necessidade, pode funcionar autonoma e isoladamente.

[2880] Embora com enquadramento diverso, v. HAIN, *Die Grundsätze...*, p. 288.

816

A PROIBIÇÃO DO EXCESSO COMO NORMA DE CONTROLO

cesso como um conjunto de elos de racionalidade retira pertinência à insulação do segmento da proporcionalidade e.s.e.

Terceiro, coloca-se a questão de saber se (quando possível do ponto de vista material, metódico e lógico) a apreciação isolada de apenas um ou dois dos segmentos é um desaproveitamento admissível do potencial de racionalidade da proibição do excesso. Esta questão estrutural é, reconhece-se, mais relevante do ponto de vista prático do que as anteriores. Existem sistemas ou testes que deliberadamente se confinam à apreciação da adequação (como o *rational basis test* americano)[2881] ou da adequação e da necessidade[2882].

A posição aqui defendida é que o pleno aproveitamento da proibição do excesso como instrumento de racionalidade das decisões públicas impõe que, como norma de controlo, mantenha uma estrutura formalmente semelhante à da norma de ação[2883]. Os sistemas ou testes mencionados no parágrafo anterior correspondem a uma precipitação da ideia de proporcionalidade ou de proibição do excesso superada pelo desenvolvimento dogmático da figura.

Isso não obsta a uma *praxis* economizadora de passos inúteis. Se for claro que uma norma *viola* o princípio da proporcionalidade e.s.e. não é absolutamente

---

[2881] Caso típico de um teste desses na jurisprudência constitucional portuguesa é o da apreciação da adequação no contexto da apreciação do exercício dos poderes limitados de gestão dos negócios públicos em situação de governo de gestão (artº 186º, nº 5). O Tribunal Constitucional (cfr. acórdãos nºs 142/85 e 65/02) considera que as competências de um governo de gestão estão sujeitas a dois limites: (i) estrita (ou inadiável ou urgente) necessidade da prossecução de um fim específico; (ii) adequação do ato (designadamente da sua forma) a esse fim. Apesar de o Tribunal por vezes se referir a «requisitos de adequação e de proporcionalidade» (v. acórdão nº 65/02, *cit.*, nº 16), não se trata de uma aplicação do princípio da proibição do excesso ou da proporcionalidade clássica com a estrutura que lhe atribuímos, nem tão pouco de um qualquer instrumento de harmonização de bens, interesses ou valores. O requisito da *estrita necessidade* a que o artigo 186º, nº 5, alude refere-se à necessidade de prosseguir *aquele fim* naquele momento concreto, com a urgência e a inadiabilidade verificadas e não à necessidade daquela alternativa em comparação com outras alternativas. O requisito da *adequação* aparece, por isso, desacompanhado da necessidade e da proporcionalidade e.s.e. ou de qualquer operação de ponderação bilateral.

[2882] PIKER, *Proportionality...*, p. 80, sustenta que esta modalidade responde *grosso modo* às situações em que se pretende garantir a prossecução de um bem, interesse ou valor específico evitando o uso de meios desnecessariamente drásticos, mas sem preocupação de otimização plena através da proporcionalidade e.s.e.

[2883] Desta orientação pode retirar-se outra indicação interpretativa auxiliar: quando uma norma determina a aplicação da máxima da proporcionalidade e.s.e., sem excluir *expressamente* os restantes segmentos, deverá subentender-se a aplicabilidade da adequação e da necessidade. Ou, numa fórmula mais geral: qualquer expressão normativa que se deva interpretar como consagradora do princípio da proibição do excesso, só deve ser entendida restritivamente, isto é, como excludente de algum dos segmentos da proibição do excesso, se houver *claras e expressas* bases semânticas ou textuais nesse sentido. Na ausência de tais bases, deverá concluir-se que foi recebido o princípio da proibição do excesso na sua plenitude.

O PRINCÍPIO DA PROIBIÇÃO DO EXCESSO

imprescindível que o juiz constitucional percorra previamente os passos anteriores[2884].

2.2. Distribuição equilibrada da carga funcional

À semelhança do que vimos a propósito da proibição do excesso como norma de ação, quando se toma posição sobre os segmentos (um, dois, três) não fica tudo dito. Outra opção estrutural crítica é a da distribuição da carga funcional por cada um deles e até por cada um dos pressupostos.

Quem considera o fim o primeiro elemento na ordem lógica de aplicação/apreciação da proibição do excesso, tende por vezes a construir um modelo de hipertrofia da fase de conformação ou controlo do fim[2885], concentrando logo aí a demonstração de que a importância do fim a satisfazer é suficientemente ponderosa para justificar a interferência num certo direito. Os (demais, nessa conceção) segmentos da proibição do excesso desempenhariam apenas a função de abrir espaço para a tentativa de apresentar razões que infirmem a conclusão inicial – provisória e derrotável – sobre a suficiente importância do fim para justificar a interferência[2886]. Este modelo de hipertrofia da fase da conformação do fim implica que nem sempre tenha de se chegar ao passo da proporcionalidade e.s.e. ou que se lhe dedique uma atenção apenas superficial.

Inversamente, há quem incorra noutro desvio hipertrófico. Desta feita, hipertrofia da proporcionalidade e.s.e., com desvalorização da fase da conformação do fim e dos segmentos da adequação e da necessidade e concentração de toda a carga funcional decisiva na proporcionalidade e.s.e.[2887]. Quer a definição de um fim suficientemente importante para justificar eventualmente a restrição de um direito, quer os segmentos da adequação e da necessidade funcionariam como meras pré-condições habilitadoras de uma *justificação com sucesso* da medida legislativa, que só poderia ser atingida através da aplicação da proporcionalidade e.s.e.[2888].

Entre outros, são traços desta conceção: (i) a colisão de bens, interesses ou valores tutelados através de princípios resolve-se através de otimização e ponderação, que são sempre efetuadas através da aplicação do princípio da proporcionalidade; (ii) o momento de ponderação concentra-se e esgota-se no segmento da proporcionalidade e.s.e.; é aí que se procede (iii) à valoração do peso abstrato dos bens, interesses ou valores a satisfazer, (iv) à valoração do peso abstrato dos bens, interesses ou valores a sacrificar, (v) à valoração da importância da satis-

[2884] MERTEN, «Der Verhältnismäßigkeitsgrundsatz», p. 546.
[2885] O modelo *top-heavy*, na terminologia de RÉAUME, «Limitations...», p. 7.
[2886] RÉAUME, «Limitations...», p 7.
[2887] O modelo *bottom-heavy* de RÉAUME, «Limitations...», p. 9, aliás defendido pela autora.
[2888] RÉAUME, «Limitations...», p. 9.

A PROIBIÇÃO DO EXCESSO COMO NORMA DE CONTROLO

fação dos bens, interesses ou valores na situação concreta, (vi) à valoração da intensidade da interferência nos bens, interesses ou valores na situação concreta, (vii) à ponderação da relação entre aquela importância e esta intensidade, com estabelecimento de uma situação de prevalência ou de empate. Nesse momento, é ainda ponderada a fiabilidade das premissas empíricas em que assenta a avaliação da intensidade da interferência e da intensidade da satisfação. Pode sintetizar-se isto tudo na fórmula de peso da ALEXY:

$$W_{i,j} = \frac{I_i \times W_i \times R_i}{I_j \times W_j \times R_j} \quad [2889]$$

Desta visão *hipertrofiada* da proporcionalidade e.s.e. resultam pelo menos dois aspetos discutíveis: (i) a concentração de todos os momentos valorativos na proporcionalidade e.s.e.; (ii) a aparente consideração das variáveis empíricas na fórmula matemática respeitante à proporcionalidade e.s.e.

A referência de (ii) espelha a orientação dos defensores da teoria dos princípios, com ALEXY à cabeça, de imputar ao segmento da proporcionalidade e.s.e. as questões atinentes ao impacto do grau de certeza epistémica. Isso seria refletido numa segunda lei da ponderação[2890] e na fórmula do peso. Porém, esses aspetos, em última análise, reportam-se à extensão (ou repartição) do poder do legislador e do poder do juiz constitucional – uma questão de competências, necessariamente exterior à estrutura argumentativa da proibição do excesso. Por isso, é problemático conceber que possam ser aglutinados num modelo matemático votado à descrição (e, em certa medida, à prescrição normativa) da estrutura argumentativa da proporcionalidade e.s.e.

A orientação que adotamos neste trabalho configura um modelo alternativo aos dois referidos: distribui de forma equilibrada as várias funções pelos pressupostos e pelos três segmentos da proibição do excesso, evitando sobrecarregar especificamente um deles. Esta versão equilibrada assenta em três premissas básicas: (i) pode haver operações de ponderação em momentos que antecedem a aplicação da proibição do excesso, mas (ii) esses momentos de ponderação *prima facie* não prejudicam nem substituem a ponderação própria da proporcionalidade e.s.e.; (iii) a estruturação das variáveis que são usadas na aplicação dos vários segmentos da proibição do excesso, designadamente da proporcionalidade e.s.e., começa antes da aplicação do princípio – logo no momento da deter-

---

[2889] «Los Derechos...», p. 16. Cfr., mais desenvolvidamente sobre a fórmula do peso, capítulo 17, 11.3.1.1.4.

[2890] *A Theory...*, *cit.*, p. 419; «Die Gewichtsformel», trad. castelhana, «La fórmula del peso», *cit.*, p. 38 (traduções nossas); v., também, as clarificações de RIVERS, «Proportionality...», pp. 177 ss.: "*lei epistémica da ponderação*" ou *segunda lei da ponderação*: "quanto mais intensa for a interferência num direito fundamental, maior deve ser a certeza das premissas que fundamentam a intervenção".

O PRINCÍPIO DA PROIBIÇÃO DO EXCESSO

minação do fim – e vai-se desenrolando ao longo do curso de aplicação daqueles segmentos, num processo de aquisição sucessiva que culmina no momento da apreciação da proporcionalidade e.s.e.

2.3. Apreciação/depreciação sucessiva

A última menção à função sucessivamente estruturante dos pressupostos e dos segmentos da proibição do excesso, suscita outro comentário. Algumas das operações em que se traduz a aplicação de cada segmento não podem ser insensíveis ao modo como a medida legislativa superou a barreira anterior. Por exemplo, se no âmbito da adequação se verificou que o nível de incerteza epistémica sobre a capacidade de a medida legislativa atingir o fim visado é elevado, isso não pode deixar de ser considerado em sede de necessidade, quando houver que comparar a medida preferida e as medidas alternativas. Por outro lado, a própria carga argumentativa que a medida legislativa transporta sofre um processo de depreciação ou de apreciação à medida que os segmentos da proibição do excesso vão cumprindo as suas funções. Assim, admitamos que na fase lógica da conformação do fim da medida o legislador lhe atribuiu um grau de importância alta e estabeleceu como objetivo uma elevada intensidade de satisfação. Se em sede de adequação se verificar que a medida, embora adequada para atingir o fim, está sujeita a um altíssimo grau de incerteza empírica sobre a possibilidade de o fim ser efetivamente satisfeito com a intensidade visada pelo legislador, a importância e a intensidade de satisfação do fim, tal como fixados pelo legislador, verão a sua força argumentativa depreciada.

2.4. Ordem de apreciação

As orientações propostas sobre a estrutura e as funções da proibição do excesso têm repercussão direta na resposta à questão sobre se a aplicação da proibição do excesso pressupõe uma ordem de apreciação rigorosa ou *convencional*. Há uma regra de precedência que se impõe: a que emerge da *impossibilidade lógica* de um ato ser necessário para prosseguir uma certa finalidade sem ser adequado. A adequação tem sempre de ser objeto de apreciação antes da necessidade.

Não há outras regras de imperatividade lógica. Portanto, em rigor não seria inviável que o processo estivesse estruturado de modo a que o órgão de controlo começasse pelo juízo sobre a adequação ou pelo juízo sobre proporcionalidade e.s.e. Por exemplo, se depois dos atentados de 11 de Setembro de 2001 tivesse sido adotada uma medida legislativa impedindo todas as pessoas que alguma vez houvessem viajado para certos países conotados com a promoção do terrorismo de entrarem, residirem ou permanecerem nos EUA, poderia começar por se verificar se a satisfação do interesse da segurança nacional e da proteção con-

A PROIBIÇÃO DO EXCESSO COMO NORMA DE CONTROLO

tra ataques terroristas era suficientemente ponderosa para justificar limitações à liberdade individual (ponderação da importância do fim em confronto com os bens, interesses ou valores atingidos), contrapesando depois os concretos efeitos negativos e os concretos efeitos positivos da medida, só depois passando à apreciação da adequação e da necessidade.

Sem embargo, do ponto de vista metódico essa opção é contestável. Ela implica prescindir de todas as funcionalidades estruturadoras, racionalizadoras e objetivadoras que os segmentos da adequação e da necessidade desencadeiam e que facilitam *uma boa* e estruturada aplicação do próprio segmento da proporcionalidade e.s.e. Acresce que do ponto de vista da economia processual parece criticável que se encete a operação de ponderação própria da proporcionalidade e.s.e., geralmente complexa, sem executar outras operações prévias, em princípio mais simples (como a apreciação da adequação), que podem condenar a medida sem mais.

Em suma, não há imperativos lógicos além da precedência da adequação em relação à necessidade. Mas metodicamente há uma ordem aconselhável no contexto do controlo da medida legislativa[2891].

2.5. Operações intelectuais envolvidas

Tal como sucede quando é aplicada como norma de ação, a aplicação da proibição do excesso pelo juiz envolve várias operações intelectuais mediante as quais aquele afere a verdade ou a correção de juízos realizados pelo legislador. São elas: (i) interpretação do direito; (ii) qualificação (jurídica) de factos; (iii) apreciações de facto (diagnósticos, prognósticos); (iv) valorações.

A interpretação e a qualificação relevam, *grosso modo*, para a aplicação de todos os segmentos da proibição do excesso. Aliás, são também centrais para a aferição do preenchimento de pressupostos da aplicação da proibição do excesso, como a determinação do âmbito de proteção das normas constitucionais pertinentes, a verificação da existência de uma colisão normativa entre bens, interesses ou valores e entre posições jurídicas do legislador, a aplicabilidade da proibição do excesso à norma legislativa que pretende superar aquela colisão e a legitimidade do fim da interferência[2892].

É certo que as fronteiras entre interpretação e qualificação jurídica, por um lado, e juízos sobre questões de facto ou empíricas, por outro, e entre todas elas

---

[2891] V. JACKSON, «Constitutional Law...», p. 3157.

[2892] V. BARAK, *Proportionality...*, p. 436. Como se referiu anteriormente (capítulo 13), a circunstância de haver vários instrumentos de harmonização obriga a que o juiz constitucional, na fase de controlo, qualifique o tipo de colisão sobre o qual a norma incide, de modo a definir o instrumento concretamente aplicável.

O PRINCÍPIO DA PROIBIÇÃO DO EXCESSO

e os juízos de valor, são ocasionalmente fluídas[2893]. Há situações em que é difícil dizer quando se está perante uma questão de direito ou uma questão de facto. O próprio ambiente processual pode perturbar a resposta. Por exemplo, esta pode variar consoante se esteja no ambiente da fiscalização abstrata ou da fiscalização concreta[2894]. Assim, subsumir em abstrato (em fiscalização abstrata) os efeitos de uma norma legislativa ao conceito jurídico de interferência num direito fundamental é uma questão de direito; em contrapartida, a subsunção de um efeito jurídico de uma norma legislativa ao conceito de compressão de posição jurídica subjetiva individual e concreta pode envolver apreciações empíricas para determinar se efetivamente a norma causou efeitos materiais ablativos na esfera jurídica do respetivo titular.

Em contrapartida, os outros dois tipos de operações intelectuais – apreciações de facto[2895] e valorações – relevam para os segmentos da proibição do excesso em doses diferentes. As apreciações empíricas importam para todos eles, na medida em que são a *única* base da aferição da adequação, são a base *primordial* da apreciação da necessidade e são mediatamente relevantes para a proporcionalidade e.s.e. As valorações não assumem qualquer papel no julgamento da adequação, desempenham papel variável (mas não primordial) na necessidade e são a *essência* do julgamento da proporcionalidade e.s.e.

[2893] A distinção entre questão de facto e questão de direito é uma das questões perpetuamente irresolvidas da teoria do direito. Em Portugal, v. o clássico trabalho de CASTANHEIRA NEVES, *Questão de facto – questão de direito ou o problema metodológico da juridicidade, cit.*; LAMEGO, *Elementos de Metodologia...*, p. 163. Na doutrina estrangeira, v. os textos de WILLIAM WILSON, MICHEL TROPER, FRANÇOIS RIGAUX e PATRICK NERHOT inseridos no volume editado por este último, *Law, Interpretation and Reality Essays in Epistemology, Hermeneutics and Jurisprudence*, Springer, Dordrecht, 1990; MICHELE TARUFFO, «Elementi per un'analisi del giudizio di fatto», in *Rivista trimestrale di diritto e procedura civile*, vol. XLIX (1995), pp. 785 ss.

[2894] BARAK, *Proportionality...*, p. 438.

[2895] Parece indisputado (e partiremos aqui desse princípio, sem discussão) que os tribunais constitucionais não estão limitados à matéria de direito. V. o já clássico «Die Kontrolle von Tatsachenfeststellungen und Prognoseentscheidungen durch das Bundesverfassungsgericht», de FRITZ OSSENBÜHL; também recomendável, BRUN-OTTO BRYDE, «Tatsachenfeststellungen und soziale Wirklichkeit in der Rechtsprechung des Bundesverfassungsgerichts», in Badura /Dreier, *Festschrift 50 Jahre Bundesverfassungsgericht*, Mohr Siebeck, Tübingen, 2001, pp. 533 ss.; ŠUŠNJAR, *Proportionality...*, p. 131.

3. Extensão e alcance dos poderes do juiz constitucional

3.1. A extensão dos poderes jurisdicionais como objeto e resultado parcial de ponderação

O pleno e irrestrito controlo pelo juiz constitucional de algumas das operações intelectuais realizadas pelo legislador representa uma significativa intrusão no exercício da função legislativa.

À partida, reconhece-se que a interpretação e a qualificação são elementos naturais ou constitutivos da função jurisdicional. Por isso, não há muito a invocar além do clássico e indisputado princípio *jura novit curia*. Nesse domínio, o tribunal pode substituir os juízos do legislador pelos seus sem que isso convoque mais do que a clássica questão da legitimidade e alcance da *judicial review*. Neste capítulo (e neste trabalho) não versamos nem aprofundamos essa discussão.

Já a temática da determinação dos factos legislativos, das prognoses legislativas e das valorações, que nos processos em que se coloca a questão da observância da proibição do excesso assumem uma relevância superior à média dos processos de fiscalização da constitucionalidade, é mais controvertida[2896]. Por isso, os dois números seguintes debruçam-se, respetivamente, sobre: (i) a extensão e alcance dos poderes do juiz constitucional quanto às apreciações empíricas (diagnósticos, prognósticos) realizadas pelo legislador; (ii) a extensão e alcance dos poderes do juiz constitucional quanto às valorações realizadas pelo legislador.

Na definição desses poderes estão em tensão permanente um conjunto de comandos normativos com sentido potencialmente colidente.

Por um lado, o princípio da proibição do excesso como parâmetro de controlo que, na sua potencialidade máxima, impõe ao juiz constitucional que exerça aqueles poderes maximamente.

Por outro lado, os princípios democrático e da separação de poderes, que determinam que a liberdade de conformação do legislador seja adequadamente preservada e respeitada. Destes princípios decorrem outros princípios ou subprincípios, mais ou menos gerais. Um deles, já referido anteriormente, é o (i) da variabilidade do poder de exame do juiz constitucional em função da natureza e do alcance da colisão resolvida pela norma legislativa examinada e, mais especificamente, em função dos bens, interesses ou valores envolvidos e do grau ou gravidade da interferência ocorrida[2897]. Mas outros irão sendo notados ao longo

---

[2896] CANAS, *Os processos de fiscalização da constitucionalidade...*, p. 149: a apreciação da constitucionalidade de normas suscita tipicamente juízos sobre uma relação de (des)conformidade entre normas constitucionais e não constitucionais.

[2897] Cfr. RIVERS, «Proportionality and Variable Intensity...», p. 205.

O PRINCÍPIO DA PROIBIÇÃO DO EXCESSO

da exposição, entre os quais: (ii) o princípio da vantagem institucional do legislador em certas áreas e a respeito de certos fatores; (iii) o princípio de que quanto mais perto a apreciação do juiz constitucional estiver do momento em que a norma foi produzida, mais vinculada está às apreciações empíricas do legislador; (iv) o princípio de que quanto mais colaborante for o legislador na produção de prova e na argumentação sobre a justificação da norma, menos se justifica a intensificação do exercício dos poderes instrutórios do juiz; (v) o princípio de que quanto maior se provar ter sido o grau de certeza epistémica em que o legislador assentou a sua decisão, maior relevância deve ser dada às conclusões a que chegou; (vi) o princípio de que quanto mais complexa for a nebulosa de bens, interesses ou valores afetados pelas várias alternativas, menor deve ser a amplitude do poder judicial de controlo (*maxime* na apreciação da necessidade); ou (vii) o princípio de que a opção do legislador por alternativas mais interferentes mas menos dispendiosas está sujeita a um controlo judicial ténue.

Em contrapartida, pode suceder que o princípio democrático concorra para a maximalização do controlo da proibição do excesso (em consonância, aliás, com a orientação, defendida por alguns autores, de que a proibição do excesso se funda no princípio democrático[2898]): quanto menos diretamente legitimado estiver o legislador (como no caso do exercício de poderes legislativos pelo Governo) ou, em caso de aprovação parlamentar, menor for o consenso obtido, com eventual imposição por uma maioria ou por uma minoria assente na divisão da maioria, mais intenso deve ser o controlo jurisdicional[2899].

Desta tensão entre estes e outros vetores parcialmente colidentes podem resultar soluções de compromisso ou de equilíbrio que vigoram independentemente de um juízo enformado pelas circunstâncias do caso. Por exemplo, o princípio de que o controlo da proibição do excesso pelo juiz constitucional se pauta por uma matriz negativa e não por uma matriz positiva (v. *infra*).

Noutros casos, o juiz constitucional tem de efetuar uma ponderação que lhe permita tomar posição sobre o peso de cada um daqueles princípios e subprincípios, com vista a definir quais prevalecem ou assumem maior peso no caso concreto. Esta operação de ponderação ou, mais rigorosamente, de meta-ponderação ou pré-ponderação[2900], tem equivalência no quadro da atividade do

---

[2898] BARAK, *Proportionality...*, pp. 214 ss.

[2899] HARBO, «The Function of Proportionality...», p. 182 (focando especificamente a aplicação no espaço da UE).

[2900] A ideia de pré-ponderação, ou algo dogmaticamente próximo, não é desconhecida na literatura, embora com sentidos díspares. Por exemplo, o recente trabalho de PIRKER, *Proportionality...*, *cit.*, anda em torno do conceito de pré-ponderação ou *pré-balancing* (v. p. 3, *passim*), caraterizado como o exercício do juiz constitucional que consiste no contrapeso dos argumentos recolhidos do contexto do controlo judicial que permitem determinar como é que a proporcionalidade deve ser

A PROIBIÇÃO DO EXCESSO COMO NORMA DE CONTROLO

legislador. Havendo colisão de bens, interesses ou valores e verificando-se que o instrumento de harmonização aplicável é a proibição do excesso, o juiz deve identificar os princípios (os seguidores da teoria dos princípios diriam "princípios formais") pertinentes e os fatores materiais, institucionais, temporais e circunstanciais concretamente relevantes. A atribuição de importância a cada um desses argumentos e o respetivo contrapeso permitirá definir e calibrar a amplitude, alcance ou extensão dos poderes judiciais de controlo da proibição do excesso, designadamente a amplitude dos poderes instrutórios e dos poderes de valoração do juiz[2901].

É por isso que a proibição do excesso como norma de controlo está condicionada, limitada ou moldada por um princípio de *variabilidade* dos poderes jurisdicionais do juiz constitucional, que podem ir desde uma *intensidade mínima* até uma intensidade *máxima*, passando por zonas de intensidade *intermédia*, onde fica a maior parte das combinações.

---

aplicada, isto é, até que ponto o seu uso se justifica. Este exercício de *pré-balancing* (considerando o termo *balancing* equivalente ao de análise da proporcionalidade) permite decidir, com base no contrapeso das razões pertinentes, se o tribunal deve, numa situação particular, desencadear uma análise da proporcionalidade e com que extensão. Os fatores/razões a ponderar têm em alguns casos natureza *meta-normativa*, como a história, o modo como o controlo da constitucionalidade se impôs, traços institucionais e a economia política da resolução de litígios. Outros têm caráter *normativo*, como a justificação do controlo da constitucionalidade em si mesmo (que o autor ancora nas *teorias processuais da democracia* e na conceção de que o controlo judicial da constitucionalidade é essencialmente justificado pela necessidade de tutelar valores atinentes ao funcionamento do processo democrático e valores ou interesses nele sub-representados). Anteriormente, PULIDO, *El principio de proporcionalidad...*, pp. 761-763, especulava com a possibilidade de uma ponderação *ad hoc* entre os princípios da liberdade de conformação do legislador e da competência do Tribunal Constitucional para a proteção da eficácia dos direitos fundamentais, que permite que quanto maior for a intensidade da intervenção legislativa no direito, mais intensa seja a intervenção do tribunal, aplicando um critério de justificabilidade ou de intensidade intermédia. Ao invés, quanto menos intenso mais se justifica um critério unívoco de evidência. Contudo, o autor (referindo que é a posição da maior parte da doutrina, o que parece duvidoso) rejeita essa possibilidade, acompanhando o Tribunal Constitucional espanhol que adota exclusivamente um critério de evidência.

[2901] Não faltará quem receie que o reconhecimento deste exercício de pré-ponderação se traduza num excesso de liberdade do juiz constitucional para delimitar as suas próprias competências. V. JESTAEDT, *Grundrechtsentfaltung...*, pp. 226 ss. (criticando os princípios formais da teoria dos princípios). Na doutrina portuguesa, SAMPAIO, «The contextual nature of proportionality...», pp. 189 ss., aceita que a estrutura e o conteúdo da proporcionalidade, bem como a intensidade do poder judicial de controlo, possam variar em função do *contexto cultural e jurídico* e, no caso da intensidade do poder judicial de controlo, também dos contotnos de cada caso. Mas, aparentemente, não atribui nenhum papel à *ponderação* por parte do juiz constitucional, antes confiando numa pura operação subsuntiva.

O PRINCÍPIO DA PROIBIÇÃO DO EXCESSO

A exposição subsequente procura definir as balizas, as referências e as linhas de argumentação que devem ser respeitadas na definição da referida amplitude, alcance e extensão do poder judicial de controlo das apreciações empíricas (diagnósticos, prognósticos) e das valorações realizadas pelo legislador[2902].

3.2. Ónus de alegação, de prova, de demonstração ou de argumentação

Em trabalhos sobre a proibição do excesso é vulgar encontrar-se referências a vários tipos de ónus: de alegação, de prova[2903], de demonstração ou argumentação[2904], de persuasão ou de convicção[2905] (por vezes estreitamente ligadas à invocação de presunções, designadamente de constitucionalidade[2906]). Essas referências nem sempre são acompanhadas pela distinção clara entre o que incide sobre questões empíricas (isto é, suscetíveis de prova) e não empíricas[2907].

A doutrina portuguesa não desconhece esta temática, embora não a aprofunde. NOVAIS fala algumas vezes de *ónus de argumentação* (a cargo de quem sustenta um âmbito de proteção do direito mais abrangente)[2908], outras de *ónus de demonstração* (a cargo do legislador, da existência de outro motivo que não o aparente ou invocado pela parte contrária)[2909]. ANDRADE, aludindo a uma *presunção de constitucionalidade* e de estabelecimento de um equilíbrio aceitável pelas leis que procuram harmonizar os bens, interesses ou valores de sujeitos particulares que entrem em colisão (no contexto da aplicação dos direitos fundamentais às relações entre particulares), fala também de *um ónus da prova* da inconstitucionalidade da norma a cargo de quem quiser ilidir aquela presunção de constitucionalidade[2910]. PAULO MOTA PINTO admite um ónus de alegação do legislador

---

[2902] Que podem, note-se, ser transpostas para outros instrumentos de harmonização, como a proibição do defeito.

[2903] BEATTY, *The Ultimate...*, p. 188; BARAK, *Proportionality...*, p. 311; PIRKER, *Proportionality...*, p. 27 ("o ónus da prova é uma parte intrínseca de como a análise da proporcionalidade opera no contexto", *ob. cit.*, p. 40).

[2904] Sobre a carga de argumentação respeitante às premissas jurídicas no contexto de uma teoria da argumentação, v. ALEXY, *Teoria da Argumentação Jurídica*, trad. de Zilda Silva, pp. 192 ss.; v., também, PANACCIO, «In Defense of Two Step...», p. 121.

[2905] PIRKER, *Proportionality...*, p. 28.

[2906] Sobre o tema das presunções de constitucionalidade, ANDRADE, *Os Direitos...*, p. 253; MAGNET, «The Presumption of Constitutionality», in *Osgoode Hall Law Journal*, vol. 18 (1980), pp. 87 ss.; BURMESTER, «The Presumption of Constitutionality», in *Federal Law Review*, vol. 13 (1983), pp. 227 ss.; BARAK, *Proportionality...*, pp. 438, 444; PIRKER, *Proportionality...*, p. 29.

[2907] Distinguindo claramente entre ónus da prova, respeitante às premissas empíricas, e ónus de argumentação, respeitante às premissas normativas, por exemplo, DECHSLING, *Verhältnismäßigkeitgebot...*, p. 28.

[2908] *Restrições...*, p. 167.

[2909] *Restrições...*, p. 235.

[2910] *Os Direitos...*, p. 253; v., também, BARAK, *Proportionality...*, p. 438.

A PROIBIÇÃO DO EXCESSO COMO NORMA DE CONTROLO

em situações em que possa estar em causa a limitação ou conformação de direitos fundamentais[2911]. Por norma, estas afirmações não são acompanhadas por esclarecimentos precisos sobre o seu significado ou alcance e tão pouco sobre o respetivo enquadramento doutrinário e dogmático, seja no contexto do direito probatório seja no da repartição de poderes.

Na exposição subsequente assumimos que as apreciações empíricas são suscetíveis de alegação e de prova, bem como de juízos sobre a respetiva *verdade*, enquanto as valorações (tal como as operações de interpretação e qualificação) são apenas suscetíveis de alegação, argumentação ou demonstração que visam persuadir da sua *correção* ou *incorreção*, não sendo suscetíveis de atividade probatória[2912].

O setor da doutrina que fala de *ónus* de demonstração ou de argumentação pretende inculcar que mesmo quando não se trate de *provar factos* se justifica a imposição de um *ónus* e não de uma simples faculdade de as partes oferecerem argumentos[2913]. Quando uma parte apresenta argumentos insuficientes sobre uma premissa que sustenta a sua posição e o tribunal não complementa esses argumentos com outros mais fortes, embora eles eventualmente existam, a circunstância de a parte estar sujeita a um ónus de argumentação/demonstração leva a que decaia. Por outro lado, em situações de incerteza moral ou valorativa, a existência de um ónus de argumentação/demonstração serve para desfazer o impasse decisório, conduzindo a uma decisão desfavorável a quem não produziu argumentação/demonstração convincente[2914].

No desenvolvimento subsequente, discutiremos se se justifica falar de um verdadeiro ónus de prova em processo constitucional. As conclusões a que chegarmos aplicam-se por maioria de razão a um eventual ónus de demonstração, argumentação ou persuasão.

3.3. A jurisdição constitucional como veículo de justificação

Na definição dos contornos essenciais da extensão e alcance dos poderes do juiz constitucional, há que ter em conta um aspeto fundamental da atual ordem constitucional: as normas que estruturam o processo constitucional devem estar, mais do que em qualquer outro domínio, ao serviço da função *de justificação* das decisões do Estado.

[2911] Paulo Mota Pinto, «A proteção da confiança...», p. 177.

[2912] Šušnjar, *Proportionality...*, p. 184; Rui Rangel, *O Ónus da Prova no Processo Civil*, 3ª ed., Almedina, Coimbra, 2006, p. 28 (uma qualificação jurídica não é objeto direto de prova, só podendo ser estabelecida através da prova de factos).

[2913] Panaccio, «In Defense of Two Step...», p. 121.

[2914] Panaccio, «In Defense of Two Step...», p. 122.

O PRINCÍPIO DA PROIBIÇÃO DO EXCESSO

Fala-se hoje de um dever geral de justificação (e até de *direito à justificação* que, em parte, *justifica* a própria jurisdição constitucional como limite ao legislador[2915]). O primeiro titular do *dever geral de justificação* é o próprio legislador. O juiz constitucional é a segunda instância do cumprimento desse dever[2916], na medida em que é interpelado e convocado quando qualquer setor da sociedade que não sinta devidamente representados os seus interesses ou perspetiva constitucional na decisão legislativa procura uma "segunda instância" de argumentação, debate e justificação.

Todavia, mais do que uma "competição" institucional entre legislador e juiz, há *complementaridade*. O juiz desempenha um papel adjuvante no processo de justificação e não um papel concorrente. Esta é, aliás, uma das pedras de toque do discurso legitimador da fiscalização da constitucionalidade (ou da *judicial review*, na tradição norte-americana) num sistema democrático com separação de poderes. Através da fiscalização da constitucionalidade é desencadeado um processo de determinação dos fundamentos da lei e de apreciação da sua justificação. Em muitos casos, o próprio legislador é forçado a intervir nele, apresentando e demonstrando as razões das suas escolhas. Em qualquer caso, o juiz constitucional desenvolve um processo "socrático" (KUMM) que visa estimular e, em última análise, assegurar o cumprimento do dever geral de justificação, através do cumprimento do dever de fundamentação, com apresentação transparente dos aspetos determinantes da formação da sua convicção[2917].

Qualquer modelo do processo constitucional não pode deixar de refletir essa função, qualquer que seja o paradigma que incorpore ou reproduza.

[2915] A pertinência, estrutura, conteúdo e alcance deste direito não podem ser aqui estudados. Sobre o tema, KLATT/SCHMIDT, *Spielräume im Öffentlichen Recht...*, *cit.*; KUMM, «The Idea of Socratic Contestation and the Right to Justification...», *cit.*; MÖLLER, *The Global Model...*, p. 208, *passim*; COHEN-ELIYA/PORAT, «Proportionality and the Culture of Justification», *cit.*; ALEXY, «Comments and Responses», *cit.*; VICENTE, *O Princípio da Proporcionalidade...*, pp. 72 ss. Discutindo o direito à justificação (e o eventual concomitante *direito à proporcionalidade*) na perspetiva de que se for aceite terá de ser entendido como *direito absoluto*, não dependente de qualquer juízo de proporcionalidade, diferentemente do que os defensores do direito à justificação advogam a propósito de *todos* os direitos, WEBBER, «Proportionality and Absolute...», pp. 11 ss.

[2916] V. URBANO, «A Jurisprudência...», p. 45: "o dever ou ónus de fundamentação vincula [...] tanto o legislador como o TC..."; PAULO BRANCO, *Juízo de ponderação...*, p. 119.

[2917] Fundamentação, argumentação e justificação são noções analiticamente diversas, embora insperáveis: assim, por todos, VICENTE, *O Princípio da Proporcionalidade...*, pp. 75 ss.; não obstante, em muitos contextos podem ser usados como sinónimas: v. ALEXY, *Teoria da Argumentação...*, 3ª ed., p. 46, nota. É, aliás, o que sucede em alguns lugares da Constituição e da lei: v. o artigo 205º, nº 1.

A PROIBIÇÃO DO EXCESSO COMO NORMA DE CONTROLO

4. Em especial: os poderes instrutórios do juiz constitucional

A determinação da extensão e alcance dos poderes do juiz constitucional quanto às apreciações empíricas enquadra-se na questão mais vasta da definição da repartição de tarefas, funções ou responsabilidades de cada sujeito processual no âmbito do processo de fiscalização da proibição do excesso. Isto cruza-se inevitavelmente com o que a doutrina processualista designa por direito probatório material e os seus domínios principais: objeto da prova, repartição do ónus da prova, meios de prova admissíveis e critérios de avaliação ou apreciação da prova[2918]. Adicionalmente, relevam considerações respeitantes ao caso julgado.

Teoricamente, há duas estratégias para a construção de um quadro explicativo coerente da inter-relação entre estas várias dimensões: (i) uma estratégia específica do direito (processual) constitucional[2919]; (ii) uma estratégia de transposição de pilares essenciais de outras ordens processuais.

Exemplo da primeira é a conhecida jurisprudência do *BVerfG* que distingue entre três níveis de intensidade de exame: controlo de evidência, defensabilidade e controlo material intensivo[2920]. No plano estritamente doutrinal há também propostas relevantes[2926].

[2918] Sobre a problemática em geral, relevam, à cabeça, as clássicas obras de JEREMY BENTHAM, como *A Treatise on Judicial Evidence*, de 1825. De resto, a bibliografia é extensa (não obstante a difusa convicção de que o direito e a teoria da prova são um parente pobre da dogmática, apesar da sua fulcral relevância prática). V. WILLIAM TWINING, *Rethinking Evidence: Exploratory Essays*, Northwestern University Press, Evanston, 1994 (2ª ed., 2006); KAZAZI, *Burden of Proof and Related Issues: A Study on Evidence before International Tribunals*, Kluwer, London, 1996; KOKOTT, *The Burden of Proof in Comparative and International Human Rights Law*, Kluwer, London, 1998; IAN DENNIS, *The Law of Evidence*, 2ª ed., Sweet & Maxwell, London, 2004; ALEX STEIN, *Foundations of Evidence Law*, Oxford University Press, Oxford, 2005; BARAK, *Proportionality...*, pp. 434 ss.; na doutrina portuguesa, recomenda-se (e segue-se de perto) MIGUEL TEIXEIRA DE SOUSA, *As partes, o objecto..., cit.*; v., também, RANGEL, *O Ónus da Prova no Processo Civil, cit.*; TRINDADE, «Prova, justificação e convicção racional ...», *cit.* (com profusa indicação de bibliografia atualizada); MARIA CLARA CALHEIROS, *Para uma Teoria da Prova*, Coimbra Editora, Coimbra, 2015 (também como muitas indicações bibliográficas); LAMEGO, *Elementos de Metodologia...*, pp. 161 ss.

[2919] Alicerçada na crescente autonomização do processo constitucional: sobre essa tendência, MORAIS, *Justiça Constitucional*, tomo II, 2ª ed., p. 557.

[2920] Cfr. a enunciação em *Mitbestimmung* (1979), BVerfGE 50, pp. 290 ss., § 131: "Demgemäß hat die Rechtsprechung des Bundesverfassungsgerichts, wenn auch im Zusammenhang anderer Fragestellungen, bei der Beurteilung von Prognosen des Gesetzgebers differenzierte Maßstäbe zugrunde gelegt, die von einer *Evidenzkontrolle* (etwa BVerfGE 36, 1 [17] – Grundvertrag; 37, 1 [20] – Stabilisierungsfonds; 40, 196 [223] – Güterkraftverkehrsgesetz) über eine *Vertretbarkeitskontrolle* (etwa BVerfGE 25, 1 [12f, 17] – Mühlengesetz; 30, 250 [263] – Absicherungsgesetz; 39, 210 [225f] – Mühlenstrukturgesetz) bis hin zu einer *intensivierten inhaltlichen Kontrolle* reichen (etwa BVerfGE 7, 377 [415] – Apotheken; 11, 30 [45] – Kassenärzte; 17, 269 [276 ff.] – Arzneimittelgesetz; 39, 1 [46, 51 ff.] – § 218 StGB; 45, 187 [238] – Lebenslange Freiheitsstrafe)." (itálicos

O PRINCÍPIO DA PROIBIÇÃO DO EXCESSO

Um dos problemas principais da construção do *BVerfG* é que é quase tão ambíguo quanto popular (inclusive na jurisprudência constitucional portuguesa)[2922]. O critério principal em que assenta é o da repartição de poderes processuais. No controlo material intensivo, o juiz constitucional assume poderes instrutórios de alta intensidade, remetendo-se os demais sujeitos processuais a um papel mínimo. A intensidade do poder do juiz constitucional reduz-se progressivamente no controlo de defensabilidade e no controlo de evidência. A redução dos poderes do juiz constitucional tem um reflexo importante ao nível da imposição dos ónus de alegação, argumentação e prova sobre os outros sujeitos processuais[2923]. Com as questões da repartição do "poder processual" mesclam-se questões respeitantes ao grau de prova ou convicção exigíveis para a declaração de inconstitucionalidade por violação da proibição do excesso.

Apesar de relativamente consolidado, este quadro conceptual, de raiz pretoriana, é ambíguo e casuístico. Por isso compreende-se a tentação de muitos para simplesmente recorrerem às matrizes mais conhecidas e mais estabilizadas do processo civil ou até do administrativo[2924]. Aliás, mesmo quem adota como

aditados). CLÉRICO, *El examen de proporcionalidad...*, p. 148, sustenta que só com algum artificialismo se reduz o grande manancial de possibilidades a apenas estas três categorias, mesmo no caso alemão. PULIDO, *El principio de proporcionalidad...*, p. 736, nota que os três níveis de intensidade do escrutínio foram inspirados na jurisprudência dos EUA quanto ao direito de igualdade (v. *supra*, capítulo 3, a aplicação de diferentes níveis de escrutínio consoante o tipo de classificação de uma discriminação: suspeita, quase suspeita, não suspeita). Sobre o tema, entre muitos, STELZER, *Das Wesensgehaltargument...*, pp. 296 ss.; RAABE, *Grundrechte...*, p. 41; LOPERA MESA, «Principio de proporcionalidad...» (2008), p. 298; JORGE P. SILVA, *Dever de legislar e protecção...*, p. 65; *idem*, *Deveres do Estado...*, pp. 620 ss. Crítico dos três níveis, CHRISTIAN RAU, *Selbst entwickelte Grenzen in der Rechtsprechung des United States Supreme Court und des Bundesverfassungsgerichts*, Duncker& Humblot, Berlin, 1996.

[2921] V., por exemplo, RIVERS, «Proportionality and Variable Intensity...», p. 203, distinguindo três situações de auto restrição judicial: grau elevado (o tribunal estará indisponível para questionar a visão do decisor primário de que aquilo que é necessário para atingir um certo nível do interesse público é equilibrado), grau moderado (o tribunal quererá verificar que os custos e os ganhos são mais ou menos equivalentes), grau diminuto (o tribunal necessitará de se convencer que a decisão em causa, mesmo que necessária, é realmente a melhor maneira de otimizar os relevantes direitos e interesses). Também esta fórmula não escapa às observações de instabilidade de critérios que endereçamos de seguida à orientação do *BVerfG*.

[2922] JORGE P. SILVA, *Deveres do Estado..*, p. 621, apelida-a de fórmula *passe-partout*.

[2923] Tem-se admitido que a distinção se repercute na repartição da carga da prova e da argumentação: no controlo de evidência o ónus de prova ou de argumentação cabe a quem alega a inconstitucionalidade, enquanto no controlo de defensabilidade cabe ao legislador; no controlo material intensivo, o juiz não estaria condicionado nem pelas conceções, argumentos ou prova de quem suscita a fiscalização, nem pelas do legislador. Sobre isto, CLÉRICO, «Sobre la prohibición...», pp. 182 ss., 190.

[2924] MORAIS, *Justiça Constitucional*, tomo II, 2ª ed., p. 556.

A PROIBIÇÃO DO EXCESSO COMO NORMA DE CONTROLO

ponto de referência a doutrina alemã das três modalidades de intensidade de controlo, recorre amiúde aos paradigmas do processo civil.

Há certamente raízes conceptuais comuns. Por exemplo, no processo constitucional, como nos demais ramos processuais, função da prova é a demonstração convincente da realidade de um facto ou da veracidade de uma afirmação de facto[2925]. Especificamente nos processos de fiscalização da proibição do excesso, releva toda a atividade de prova, os meios de prova e o resultado da prova realizada[2926], na medida em que tal fiscalização suponha a formação da convicção do tribunal sobre a realidade de factos relevantes (e eventualmente controvertidos) e das afirmações sobre eles para a apreciação da adequação, da necessidade e, mais remotamente, da proporcionalidade e.s.e. Os factos são o objeto *imediato* da atividade probatória. As afirmações ou argumentos sobre os factos são o objeto *mediato* dessa atividade.

Mas essa raiz conceptual comum claudica quando se vai mais fundo.

Observem-se, por exemplo, as noções de facto e de facto relevante. Comummente, para efeitos de prova, facto é qualquer elemento de uma *previsão legal*, com exceção dos juízos de valor[2927]. Consideram-se factos (constituindo objeto de prova): (i) os acontecimentos suscetíveis de serem determinados no tempo e no espaço (factos externos); (ii) factos hipotéticos; (iii) estados anímicos ou psíquicos[2928]. Ora, o legislador normalmente não identifica os factos relevantes com referência à previsão normativa. Por outro lado, a noção de facto legislativo, isto é, de facto que é relevante para o desempenho da função do legislador, tem muitas vezes uma carga especulativa e de incerteza que se distingue dos factos singulares que relevam em outras ordens processuais. Podem não ser irrelevantes factos singulares passados ou contemporâneos suscetíveis de ser determinados no espaço e no tempo. Mas para exame do cumprimento dos segmentos da proibição do excesso interessam sobretudo factos hipotéticos e contingentes, como o de que a instalação de câmaras de videovigilância aumenta a segurança nas zonas centrais das cidades, ou o de que a submissão dos passageiros a rastreios corporais elevadamente intrusivos reforça significativamente a possibilidade de evitar ataques terroristas nos voos, ou o de que a diminuição dos salários do setor público produz um efeito virtuoso na economia nacional. Como veremos, o próprio grau de certeza com que o legislador tomou a medida é relevante,

---

[2925] MIGUEL TEIXEIRA DE SOUSA, *As partes, o objecto...*, p. 195; o conceito proposto por RANGEL, *O Ónus...*, p. 22, é mais restrito, uma vez que se centra na comprovação da verdade das afirmações feitas pelas *partes* no processo.

[2926] Tem-se aqui subjacente o conceito tridimensional de prova, isto é, como *atividade, meio e resultado*: cfr. MIGUEL TEIXEIRA DE SOUSA, *As partes, o objecto...*, p. 195; RANGEL, *O Ónus...*, p. 22.

[2927] MIGUEL TEIXEIRA DE SOUSA, *As partes, o objecto...*, p. 196.

[2928] MIGUEL TEIXEIRA DE SOUSA, *As partes, o objecto...*, p. 196.

O PRINCÍPIO DA PROIBIÇÃO DO EXCESSO

como facto a considerar pelo tribunal e a ser objeto de um primeiro nível de atividade probatória.

4.1. Extensão dos poderes instrutórios

4.1.1. Os paradigmas subjetivista e objetivista

Há traços comuns que, por norma, se encontram em todos os modelos processuais. Mas, descontando esses traços comuns, os modelos tendem a reconduzir--se a paradigmas subjetivistas ou objetivistas.

O que distingue essas duas matrizes é, basicamente, a diferença de pontos de partida sobre os interesses primordiais a acautelar em processo constitucional, o papel e a extensão do poder do juiz constitucional e dos demais sujeitos processuais e a maior ou menor importação dos quadros típicos da ordem processual de referência, a civil. De seguida focaremos dois modelos teóricos mais ou menos puros cuja precipitação concreta envolve frequentemente a matização dos traços essenciais, transmutando-se por vezes em modelos híbridos.

4.1.1.1. Traços comuns

Em nenhum dos modelos o juiz constitucional possui normalmente poder de iniciativa. Os processos de fiscalização da constitucionalidade de ações ou omissões legislativas exigem por regra um impulso inicial exterior ao tribunal, adote-se um modelo subjetivista ou objetivista.

Esse impulso inicial consubstancia-se na fixação do *thema decidendum* pelo autor/requerente externo: a ação/omissão que pretende ver apreciada pelo juiz constitucional. Pode falar-se de um verdadeiro ónus de fixação do objeto do processo.

Por outro lado, no que diz respeito à apreciação de matéria de facto pelo juiz constitucional também não há diferenças assinaláveis entre os dois modelos quanto (i) aos meios de prova admissíveis, (ii) ao regime de avaliação da prova, e (iii) à graduação da prova e da convicção necessárias para dar como provadas afirmações sobre factos.

Teoricamente não se exclui nenhum dos meios de prova tipificados na lei civil (confissão, documentos, peritagem ou arbitramento, inspeção judicial, depoimentos de testemunhas e apresentação de coisas), embora alguns desses meios tenham reduzida plausibilidade ou pertinência no processo constitucional.

Sobre o tema da avaliação da prova, sabe-se que em processo civil tanto pode vigorar um sistema de prova legal como um sistema de livre apreciação da prova, sendo também concebíveis sistemas mistos. No primeiro, o valor a atribuir aos meios de prova está fixado legalmente. No segundo, o tribunal determina com liberdade o valor da prova produzida. Em processo constitucional, de um modo geral, o juiz constitucional aprecia livremente a prova[2929]. Nesse caso, apela-se à convicção íntima ou subjetiva do tribunal, a qual, além de dever respeitar as leis da ciência e do raciocínio, pode assentar numa regra ou máxima de experiência[2930]. Essas regras da experiência podem corresponder ao senso comum ou a um conhecimento técnico ou científico especializado[2931]. A convicção do tribunal extraída dessas regras de experiência é uma convicção *argumentativa*, isto é, uma convicção demonstrável através de um argumento[2932]. A prova assim obtida cede perante contraprova[2933]. O processo constitucional só é compatível com este sistema de livre apreciação da prova, uma vez que parece inviável a aplicação de um sistema de prova legal ou mesmo de um sistema misto[2934].

A questão dos graus de prova e convicção necessários representa um desafio dogmático importante, pelo que merece tratamento especial autónomo (v. *infra*).

4.1.1.2. O paradigma subjetivista

No paradigma *subjetivista* o processo é primordialmente encarado como a via própria para sujeitos processuais que tenham a condição de partes (investidos, designadamente, nas posições de autor e de réu) defenderem os respetivos interesses particulares ou os interesses que estão a seu cargo. Só mediatamente o processo é a via para a defesa do interesse objetivo da constitucionalidade. Isto implica a entrega às partes da faculdade de dispor do processo e de aspetos determinantes da sua tramitação, remetendo-se o juiz a um papel essencialmente passivo. A prevalência de um pendor subjetivista convive bem com

---

[2929] Embora haja exceções. No acórdão nº 289/92 do Tribunal Constitucional estava em causa, entre outras, a questão de saber se a Assembleia da República aprovara efetivamente na especialidade certas normas. O Tribunal recusou a aplicabilidade circunstancial de um princípio de livre apreciação da prova, sustentando que esta só poderia ser produzida através do *Diário da Assembleia da República*: "Com efeito, na falta de aprovação do Diário, e que nos termos do artigo 122º, nº 6, do Regimento da Assembleia da República vale como "expressão autêntica" do ocorrido na sessão plenária, não pode o Tribunal fazer juízos de probabilidade, coligir indícios e examiná-los segundo um princípio de livre apreciação da prova. Não se trata de fazer prevalecer a forma: o que está em causa é a observância das regras relativas à tramitação do procedimento legislativo, nomeadamente as contidas no Regimento da Assembleia da República. E o Tribunal não pode fazer "letra morta" desses preceitos, prescindir do único documento com força probatória – o Diário depois de aprovado."

[2930] MIGUEL TEIXEIRA DE SOUSA, *As partes, o objecto...*, p. 239.

[2931] *Idem.*

[2932] *Idem.*

[2933] *Idem*, p. 240.

[2934] Por exemplo, não se consegue imaginar uma situação em que a aplicação de um dos segmentos da proibição do excesso implique que se produza prova através de documentos autênticos e que o juiz constitucional tenha de lhes atribuir a força probatória do artigo 371º do Código Civil.

O PRINCÍPIO DA PROIBIÇÃO DO EXCESSO

a adaptação de conceitos do direito material probatório importados dos processos com essa configuração, embora não se exclua que esse quadro tenha de sofrer algumas modificações pontuais.

O modelo subjetivista adaptado ao controlo da constitucionalidade foi o desenvolvido pela *judicial review* norte americana[2935]. Olhando para os ordenamentos onde a proporcionalidade clássica tem sido gradualmente recebida, pode concluir-se que esse modelo predomina nos sistemas mais ou menos tributários ou influenciados pela *common law*, como os do Reino Unido, Canadá, Israel, África do Sul, Austrália ou Nova Zelândia[2936]. É também adotado no âmbito de convenções internacionais de direitos[2937]. Na Europa continental a sua aplicação é propícia ao ambiente processual da chamada queixa constitucional ou recurso de amparo, onde exista.

Neste quadro, a incorporação dos padrões do processo típico, o civil[2938], é quase automática. O processo constitucional é concebido como um processo de partes, essencialmente regido pelo princípio do dispositivo. Sobre os factos a provar (*thema probandum*) vigora um regime de disponibilidade, sendo deli-

---

[2935] Para verificar os altos níveis de complexidade que um sistema de prova pode atingir no contexto constitucional, v., por exemplo, FAIGMAN, «Madisonian balancing...», esp. pp. 655 ss., com mais referências. O autor apresenta um sistema complexo de repartição do ónus de prova – quer de produção, quer de persuasão – entre quem invoca a invalidade da medida restritiva dos direitos e quem sustenta a validade, em nome da prossecução de interesses públicos. O ónus da prova incide sobre: *constitutional-rule-facts* (que são apresentados para sustentar uma particular interpretação da constituição, texto, espírito da norma, precedente, doutrina, valores prevalecentes); *constitutional-review-facts* (factos que o Tribunal apura e avalia de acordo com uma norma constitucional para determinar a constitucionalidade de uma ação estatal: por exemplo saber se a *nude dancing* encoraja a prostituição, a criminalidade, etc., substanciando um interesse público em limitá-la, limitando a liberdade de expressão artística); *adjuticative fact*s, factos peculiares e próprios da disputa e que têm de ser vistos sob a norma constitucional pertinente (*ob. cit.,* pp. 656-657). Este sistema complexo de repartição do ónus da prova permite que a carga da prova seja distribuída de forma diferente consoante, por exemplo, o direito ou a dimensão do direito em causa. Assim, a publicação de material pornográfico pode ser considerada abrangida pela liberdade de expressão e de publicação, mas é uma dimensão marginal daquela liberdade. Nessas circunstâncias – no esquema de Faigman – cabe a quem invoca a invalidade da restrição produzir prova da violação/restrição do direito, cabe ao autor da medida fazer prova do interesse público que a justifica (e da sua importância) e cabe de novo ao *challenger* da medida o ónus de fazer *prova persuasiva* de que o interesse não é suficientemente pesado para justificar a restrição. Em casos de dimensões menos marginais, a carga da prova persuasiva pode caber, ao invés, ao autor da medida legislativa.

[2936] Cfr. BARAK, *Proportionality...*, pp. 437 ss.

[2937] *Idem*, p. 441.

[2938] Sobre esses padrões, v., em geral, CASTRO MENDES, *Do Conceito de Prova em Processo Civil*, Ática, Lisboa, 1961; MIGUEL TEIXEIRA DE SOUSA, *As partes, o objecto...*, pp. 195 ss.; RANGEL, *O Ónus da Prova...*», *cit.*; TRINDADE, «Prova, justificação e convicção racional...», *cit.*

A PROIBIÇÃO DO EXCESSO COMO NORMA DE CONTROLO

mitados pelas afirmações das partes, que estão sujeitas a um *ónus de alegação* ou de *afirmação*[2939]. É certo que, tal como já em processo civil, há factos presumivelmente muito relevantes para um juízo de constitucionalidade que não estão submetidos ao ónus de alegação (embora possam ser alegados), não carecendo, portanto, de ser provados pela parte (embora possam ser objeto de atividade de prova das partes): factos notórios (históricos, económicos, naturais) e de conhecimento funcional (no exercício da função jurisdicional) e ainda factos de conhecimento oficioso[2940]. No entanto, o princípio é o do ónus de alegação.

Fora este primeiro aspeto, não é possível enunciar um tronco único do paradigma subjetivista. A modalidade aplicável sempre dependerá de critérios de política, justiça e conveniência, o que obsta à possibilidade de um esquema universalmente aplicável[2941]. Acresce que mesmo um modelo com cunho subjetivista tem de reconhecer traços específicos dos processos em que estão em causa questões de constitucionalidade e em que o Estado, designadamente o legislador, é um dos sujeitos processuais: a especial qualificação dos deveres de lealdade, cooperação e boa-fé do Estado, a discrepância no acesso das partes à informação, a necessidade de o Tribunal dispor de poderes que lhe permitem ordenar que o legislador produza prova sobre certos factos[2942]. Por isso, as concretizações do modelo subjetivista podem assumir alta complexidade e suscitar insupríveis dúvidas sobre a repartição do ónus de alegação e prova.

No que respeita ao ónus da prova subjetivo, isto é, à repartição do ónus da prova pelas partes e à conduta que estas devem desempenhar na prova[2943], veja-se, por exemplo, o resultado de um tratamento doutrinário recente: quanto aos factos que provam a limitação do direito, o ónus da sua apresentação (ou ónus da prova subjetivo) cabe à parte que se opõe à norma[2944]; quanto aos factos destinados a demonstrar que a limitação é justificada, o ónus de apresentação cabe ao legislador[2945]; todavia, no caso específico do segmento da necessidade, os factos que demonstram a existência de uma alternativa mais suave do que a assumida pelo legislador têm de ser alegados e provados pela parte que os alega[2946]; inver-

---

[2939] MIGUEL TEIXEIRA DE SOUSA, *As partes, o objecto...*, p. 204. Noutro contexto doutrinal, fala-se de *burden of pleading*: v., por exemplo, BARAK, *Proportionality...*, p. 449.

[2940] MIGUEL TEIXEIRA DE SOUSA, *As partes, o objecto...*, p. 207.

[2941] BARAK, *Proportionality...*, p. 443.

[2942] *Idem*, pp. 452-453.

[2943] MIGUEL TEIXEIRA DE SOUSA, *As partes, o objecto...*, p. 216. Na linguagem anglo-saxónica fala-se de *ónus de produção de prova* ou evidência (*burden of producing evidence*): v. BARAK, *Proportionality...*, pp. 437 ss.

[2944] BARAK, *Proportionality...*, p. 438.

[2945] *Idem*, p. 439.

[2946] *Idem*, p. 449; defendendo o mesmo para o caso espanhol, BEILFUSS, *El Principio...*, p. 132.

O PRINCÍPIO DA PROIBIÇÃO DO EXCESSO

samente, a prova dos factos que demonstram que as alternativas alegadas não promovem o fim da norma ao mesmo nível cabe ao legislador[2947]. No espírito deste modelo, não se exclui que possa vigorar a regra de que os factos alegados pela parte não impugnados pela outra parte se consideram (ou se ficcionam) admitidos por acordo[2948].

Em situações de *non liquet*, isto é, de impossibilidade de o tribunal alcançar convicção sobre os factos ou afirmações a provar[2949] ou, mais rigorosamente, de impossibilidade de atingir o grau de convicção ou de prova que é exigida, mais uma vez o modelo subjetivista liga no essencial o juízo do tribunal à atividade das partes. Para isso, recorre-se, tal como no processo civil, a um artifício: *o ónus da prova objetivo*[2950]. Em regra, o ónus da prova objetivo acompanha o subjetivo, decidindo o tribunal contra a parte onerada pela prova do facto se esse facto não tiver ficado provado[2951]. Isto é, perante a dúvida sobre a realidade do facto de que depende a decisão do tribunal, este decide como se estivesse provado o facto contrário[2952].

Em regra, ao longo da lide o juiz desempenha um papel essencialmente passivo, sendo excecional a intervenção corretiva ou complementar da atividade das partes. Cabe-lhe apreciar os argumentos/alegações e elementos de prova apresentados por estas e tomar uma posição sobre eles (*iudex secundum allegata et probata indicare debet*). Se o requerente não conseguir produzir prova que suscite a convicção do juiz de que a medida é efetivamente excessiva, esta subsiste. Esta é a orientação mais protetiva da posição do legislador, uma vez que à partida não tem de provar que a medida é válida, basta-lhe esperar que o requerente não demonstre que é inválida.

Sobre a decisão final recairá, por norma, caso julgado.

Uma expressão radical deste modelo subjetivista é proposta no contexto doutrinal da *proporcionalidade pragmática* de BEATTY. Para este, o processo destina-se à apreciação e averiguação de questões de facto tal como apresentadas pelas partes, de acordo com a avaliação que estas fazem da sua própria situação[2953]. O juiz funciona como uma entidade neutral, que está obrigada a deixar os seus próprios valores e inclinações morais fora da sala de audiências. Os casos não se resolvem simplesmente procurando o sentido original do texto consti-

---

[2947] BARAK, *Proportionality...*, p. 449.

[2948] Cfr. MIGUEL TEIXEIRA DE SOUSA, *As partes, o objecto...*, pp. 204-207.

[2949] *Idem*, p. 215.

[2950] *Ónus de persuasão* (*burden of persuasion*): cfr. BARAK, *Proportionality...*, p. 437.

[2951] MIGUEL TEIXEIRA DE SOUSA, *As partes, o objecto...*, p. 217.

[2952] *Idem*, p. 216. Isto não é substancialmente diferente do que conclui BARAK, *Proportionality...*, pp. 453-454: em caso de *non liquet* o Tribunal deve decidir contra quem deve justificar a limitação.

[2953] BEATTY, *The Ultimate*, p. 187.

836

A PROIBIÇÃO DO EXCESSO COMO NORMA DE CONTROLO

tucional, como defendem os *originalistas* (como BORK ou SCALIA), ou ajudando aqueles que estão sub-representados no processo político, como sustentam alguns *processualistas* (como ELY), ou abrindo as portas das decisões judiciais a teorias morais ou do direito apadrinhadas pelos juízes (como sustenta DWORKIN). Também não se resolvem vinculando a aplicação judicial do Direito a conceções meramente interpretativistas[2954]. Impõe-se o pragmatismo, baseado na análise dos factos específicos de cada caso[2955]. Os juízes devem deixar falar os factos por si: "os juízes que deixam os factos – e as partes – falar por si normalmente não têm problemas em identificar quais os interesses que são superiores em qualquer caso individual. Os juízes sabem só através do olhar"[2956]. "Quando os juízes estão preparados para olhar para todos os factos de um caso honestamente e com imparcialidade não têm dificuldade em ver e fazer o que está certo"[2957]. "Quando se cingem aos factos, as simpatias pessoais dos juízes para com as partes nunca entram em jogo"[2958]. Nesta perspetiva, os juízes devem avaliar a constitucionalidade de uma lei apreciando o modo como aqueles que vêm os seus bens, interesses ou valores satisfeitos e aqueles que vêm os seus bens, interesses ou valores atingidos autoavaliam pessoalmente o que ganham e o que perdem com a norma legislativa[2959].

Desconsiderando por agora a visão redutora do princípio da proporcionalidade clássica subjacente à construção de BEATTY[2960], não parece que o processo constitucional seja tão linear, mesmo à luz de uma orientação subjetivista. A razão principal da insubsistência desta tese na sua radicalidade subjetivista é inadvertidamente fornecida pelo próprio BEATTY quando admite que há situações em que o tribunal tem de fazer a sua própria avaliação sobre quão significativa e relevante é a lei para os seus defensores e detratores. Na verdade, as partes podem estar tão alienadas pelo caso que tenham a inclinação de exagerar as suas pretensões[2961]. Ora, se esta é uma situação que o autor admite como provável, então admite que, *pelo menos em certos casos*, o juiz está obrigado a recorrer a quadros normativos *exteriores* às partes, designadamente aqueles que lhe são

---

[2954] BEATTY, *The Ultimate*, pp. 37 ss., 171: o autor rejeita também uma simples análise de custos/benefícios, que, como se viu, anima certas conceções do princípio clássico da proporcionalidade.

[2955] BEATTY, *The Ultimate...*, pp. 53, 182 ss.

[2956] BEATTY, *The Ultimate...*, p. 73.

[2957] BEATTY, *The Ultimate...*, p. 112.

[2958] BEATTY, *The Ultimate...*, p. 166.

[2959] BEATTY, *The Ultimate...*, pp. 160, 184.

[2960] Essa conceção redutora ignora basicamente a posição central da proporcionalidade e.s.e. no contexto da proibição do excesso, desconsiderando as operações valorativas – baseadas num quadro factual, mas não meramente factuais e objetivas – em que esta assenta. No mesmo sentido, BARAK, *Proportionality...*, pp. 477 ss.

[2961] BEATTY, *The Ultimate...*, p. 168.

O PRINCÍPIO DA PROIBIÇÃO DO EXCESSO

dados pela constituição e, eventualmente, as teorias morais a que aderem. Só dessa forma é possível *valorar* o significado bom ou mau que a lei tem para aquelas partes. Um sistema de *judicial review* com um juiz completamente passivo e *value free* não é, por conseguinte, concebível, porque os juízes são convocados a corrigir a atividade das partes. Por outro lado, pode suscitar-se a dúvida sobre se esta é exceção ou a regra (como os defensores da aplicação das teorias morais, com DWORKIN à cabeça, sustentam). BEATTY não mostra em nenhum lugar que seja simplesmente a exceção, apenas dá por adquirido que é.

4.1.1.3. O paradigma objetivista

No modelo *objetivista*, o processo constitucional funciona primacialmente como instância de defesa do interesse objetivo da constitucionalidade e só mediatamente como veículo de eventual defesa de outros interesses específicos, designadamente de interesses particulares prosseguidos por algum dos sujeitos processuais.

Nestas circunstâncias, os sujeitos processuais que não o juiz não têm a faculdade de dispor do processo e de condicionar a sua tramitação, ou só têm uma faculdade limitada. Aqueles sujeitos processuais são insubstituíveis apenas para o impulso inicial. Na tramitação subsequente desempenham um papel secundário[2962].

Em contrapartida, o juiz constitucional usufrui de amplos poderes de condução do processo e, designadamente, instrutórios. A adaptação dos padrões típicos do direito material probatório tal como praticados no processo civil é menos óbvia, mas não se exclui liminarmente a sua utilidade referencial.

A traço grosso, não existe, desde logo, ónus de afirmação, de alegação ou de argumentação, quer do requerente da fiscalização, quer do autor da norma fiscalizada. Por os processos de controlo da constitucionalidade/proibição do excesso visarem a proteção de interesses objetivos de constitucionalidade, não é deixada à responsabilidade e livre arbítrio do legislador ou de quem se opõe à norma legislativa a seleção e carreamento da prova que o juiz constitucional aprecia para formar a sua convicção.

Nessa medida, vigora o princípio do inquisitório. Cabe ao tribunal definir quais os factos relevantes a provar, delimitando-os (designadamente no tempo) e incumbe-lhe promover todas as diligências de prova que repute necessárias, aproveitando ou não a colaboração dos interessados no processo. Concomitantemente, não há repartição subjetiva do ónus de prova. A magnitude dos poderes inquisitórios do tribunal constitucional permite a ampla utilização de qualquer tipo de meio de prova, mesmo que atípico (desde que não ilícito).

[2962] Cfr., por exemplo, o que se passa no processo do TEDH: ŠUŠNJAR, *Proportionality...*, pp. 185 ss.

838

A PROIBIÇÃO DO EXCESSO COMO NORMA DE CONTROLO

Não vigora uma regra de que os factos alegados pela parte não impugnados pela outra parte se consideram (ou ficcionam) admitidos por acordo[2963]. Nessa perspetiva, a não impugnação pelo legislador dos factos alegados pelo requerente não tem efeitos cominatórios, não equivale a admissão ou confissão.

As presunções, pelo menos as inilidíveis, convivem mal com o sistema objetivista[2964].

Por outro lado, em situações de *non liquet*, abundantes quando se trata da prova dos dados empíricos que fundamentam a decisão legislativa, não vigora um ónus da prova objetivo. O insucesso do legislador ou do opositor em trazer ao processo a prova pertinente e decisiva não implica a decadência da sua posição. Isso coloca, naturalmente, a possibilidade de impasses. Um dos modos de superação sugeridos por alguma doutrina é o recurso à aplicação de princípios formais[2965]. Não provada a inadequação ou a desnecessidade e não provada igualmente a não inadequação ou a não desnecessidade, pode recorrer-se, por exemplo, aos princípios formais da separação de poderes e da liberdade de conformação do legislador democrático, que determinam que a superação do *non liquet* se faça a favor da não inadequação ou não desnecessidade.

Sobre a situação de facto ou os factos apurados ou provados de acordo com a convicção do tribunal não incide caso julgado (ao invés do que sucede em processo civil/penal[2966]), podendo por isso ser objeto de nova apreciação em processos subsequentes sobre a mesma norma ou outra. Em processo constitucional a decisão incide sobre a validade de uma norma e não sobre uma dada situação de facto. A própria regra do caso julgado – sobre a validade da norma – não vigora nos termos em que vigora no processo civil ou penal. Uma norma não declarada

---

[2963] Cfr. MIGUEL TEIXEIRA DE SOUSA, *As partes, o objecto...*, pp. 204-207.

[2964] Embora não faltem na doutrina propostas sobre sistemas de presunções. V., por exemplo, PANACCIO, «In Defense of Two Step...», p. 124: uma *presunção básica de não violação de um direito*, que pode ser ilidida através da demonstração de interferência desse direito; esta ilisão desencadeia uma outra presunção, a *presunção de violação*. Esta pode ser também ilidida, designadamente através da demonstração pelo legislador de que a norma legislativa é um meio proporcionado para satisfazer um fim, sendo a interferência justificada.

[2965] Procurando colmatar uma lacuna da teoria dos princípios – a ausência de consideração aprofundada do contexto institucional de aplicação da proporcionalidade, designadamente pelo juiz constitucional e a densificação da ideia de deferência –, ALEXY propôs princípios formais que contribuem para a definição de balizas da relação entre legislador e juiz constitucional: v., sobretudo, o aprofundamento da teoria dos princípios formais no epílogo à versão inglesa, *A Theory...*, pp. 414 ss. Esta doutrina tem vindo a ser aprofundada pelos seguidores. V., por exemplo, RAABE, *Grundrechte und Erkenntnis..., cit.*; VIRGÍLIO AFONSO DA SILVA, *Grundrechte und gesetzgeberische...», cit.*; BOROWSKI, «The structure of Formal Principles...», *cit.* Todavia, a doutrina dos princípios formais tem sido objeto de críticas. V. um apanhado geral em PIRKER, *Proportionality...*, p. 66; HWANG, «Verfassungsgerichtliche Abwägung...», *cit.*

[2966] Cfr. MIGUEL TEIXEIRA DE SOUSA, *As partes, o objecto...*, p. 206.

O PRINCÍPIO DA PROIBIÇÃO DO EXCESSO

inconstitucional hoje pode ser fiscalizada de novo amanhã, daí podendo resultar um juízo diverso sobre a constitucionalidade.

4.1.1.4. As versões híbridas

Frequentemente são construídas versões que mesclam traços salientes dos modelos puros. Ou então, mantém-se a matriz básica mas moderam-se ou suprimem-se alguns dos seus aspetos mais extremos[2967].

A conceção subjetivista de quase total disponibilidade do objeto pelas "partes" é dificilmente compaginável com a ideia da constitucionalidade como interesse geral ou objetivo. Mais do que qualquer outro contexto processual, o processo constitucional é endemicamente sensível à necessidade de não deixar a delimitação dos factos a provar à exclusiva responsabilidade das "partes", mesmo que vigore o ónus de alegação. Por exemplo, o modelo subjetivista não pode ignorar que autor do processo e legislador têm frequentemente desigual acesso aos elementos de prova[2968]. Por isso, uma repartição do ónus subjetivo da prova que coloque sempre a cargo do primeiro a prova de factos legislativos que apontem no sentido da invalidade pode tornar ínfimas as possibilidades de sucesso. Esta observação, bem como o reconhecimento de vantagens institucionais do juiz em certos domínios, concorre a favor da rejeição de princípios rígidos como o do *actori incumbit probatio*. Isso abre espaço aos poderes instrutórios do juiz constitucional, que pode promover o aperfeiçoamento de prova deficiente do legislador[2969] ou a prova sobre factos não alegados por quem tomou a iniciativa ou não alegados/considerados pela "contraparte" (no caso, o legislador). Pode até admitir-se alguma discricionariedade judicial quanto à repartição daquele ónus[2970].

Simetricamente, o modelo objetivista, além de admitir que a iniciativa do processo pertença a quem se mova por interesses próprios – diferentes do interesse da constitucionalidade –, pode acomodar um ónus de alegação *mínima*, incidente sobre o autor da iniciativa, que permita uma verificação preliminar da plausibilidade e que acautele preocupações básicas de economia processual[2971], de modo a garantir que o juiz constitucional ocupe tempo e recursos materiais em questões de constitucionalidade que se sustentem num mínimo de argu-

---

[2967] V. Schlink, «Proportionality in Constitutional Law...», pp. 299-300.

[2968] Assim, Barak, *Proportionality*..., pp. 447-448.

[2969] Barak, *Proportionality*..., pp. 452-453.

[2970] Cfr. Rivers, «Proportionality, Discretion...», p. 182; Pirker, *Proportionality*..., pp. 27-28.

[2971] Sobre a abordagem económica ao regime da prova v., por todos, Richard Posner, «An Economic Approach to the Law of Evidence», acessível em http://papers.ssrn.com/paper. taf?abstract_id=165176

A PROIBIÇÃO DO EXCESSO COMO NORMA DE CONTROLO

mentação e viabilidade. Nessas circunstâncias, a ausência de um mínimo de alegações pode suscitar uma recusa liminar de apreciação.

Além desse mínimo, a *faculdade* (e não ónus) de afirmar, alegar ou argumentar, que sempre existirá no modelo objetivo, pode ser convertida num verdadeiro *dever* de colaboração. Num modelo objetivo, este dever de colaboração, que vigora noutros regimes processuais, impõe-se redobradamente no que toca ao legislador[2972]. Nessa medida, o requerente, o legislador ou terceiros que detenham elementos relevantes para o trabalho do tribunal devem carrear para o processo esses elementos.

4.1.2. Visão geral do modelo português

Em trabalho anterior discutimos e tomámos posição sobre o modelo que deflui da Constituição e da lei[2973]. Aí apresentámos os fundamentos que sustentam a qualificação do modelo português como predominantemente objetivista[2974], rejeitámos genericamente a caraterização dos processos de fiscalização da constitucionalidade como processo de partes[2975] e só admitimos manifestações residuais do princípio dispositivo[2976]. O modelo português coincide no essencial com o modelo objetivista descrito, corrigido de modo a evitar alguns dos inconvenientes ventilados.

Esta indicação geral não dissipa todos os problemas decorrentes de a Constituição e a LOFPTC serem omissas em relação a apreciações de facto e prognoses, à produção de prova (com exceção do artigo 64º-A da LOFPTC[2977]), à prova admissível, ao grau de prova e de convicção exigíveis, etc. A inclinação objetivista explica em parte esse cheque em branco a favor do juiz constitucional[2978], mas não integralmente. Importa, pois, ver onde é que aquele modelo conduz quando se trata de determinar em que se traduzem os poderes do juiz constitu-

---

[2972] BARAK, *Proportionality...*, p. 450, sustenta que, mesmo num esquema subjetivista, o Estado tem um duplo dever de lealdade e de redobrada boa fé perante os cidadãos, enquanto os indivíduos também têm o dever de agir justamente em algumas situações, embora com intensidade e alcance diferentes daqueles deveres do Estado.

[2973] CANAS, *Os processos de fiscalização..., cit.*

[2974] *IDEM*, pp. 56, 62, *passim*; cfr. MORAIS, *Justiça...*, tomo II, 2ª ed., p. 559.

[2975] CANAS, *Os processos de fiscalização...*, pp. 75, 81.

[2976] *Idem*, p. 134.

[2977] Artigo 64º-A da LOFPTC: "O presidente do Tribunal, o relator ou o próprio Tribunal podem requisitar a quaisquer órgãos ou entidades os elementos que julguem necessários ou convenientes para a apreciação do pedido e a decisão do processo."; cfr. MORAIS, *Justiça...*, tomo II, 2ª ed., p. 559.

[2978] A expressão cheque em branco foi usada em 1971, perante panorama semelhante na Alemanha, por PHILIPPI, *Tatsachenfeststellung des Bundesverfassungsgerichts* (*apud*, OSSENBÜHL, «Die Kontrolle...», p. 461).

O PRINCÍPIO DA PROIBIÇÃO DO EXCESSO

cional na aplicação dos segmentos da proibição do excesso: (i) embora só fiscalize a constitucionalidade por iniciativa exterior, usufrui de poderes instrutórios de alcance variável que lhe permitem selecionar os factos relevantes a provar, podendo determinar ou promover oficiosamente a produção de prova que vá além da (eventualmente) produzida pelo legislador ou pelo autor da iniciativa, bem como prescindir da apreciação dos factos e da prova que aqueles tragam a juízo; (ii) não está sujeito a uma formalização apertada quanto ao *iter* lógico da formação da decisão, estando menos condicionado do que o juiz comum pelas regras gerais sobre admissibilidade de meios de prova e força probatória; (iii) pode formular um juízo geralmente livre sobre a verdade e alcance dos factos revelados pelos meios de prova, sendo todos os meios legítimos, desde que não proibidos por razões axiológicas; (iv) pode formar a sua convicção por qualquer meio racional, prevalecendo a sua convicção real e não uma convicção artificialmente construída a partir do processo lógico-dedutivo delimitado pela lei[2979]; (vi) mesmo nos casos em que a situação de *non liquet* ou de mera plausibilidade (quando se requer evidência) abre a porta a uma decisão a favor do meio adotado pelo legislador, gradua a incerteza epistémica, de modo a tomá-la em consideração nos passos subsequentes da verificação do cumprimento do princípio da proibição do excesso, se outros houver.

4.2. Intensidade dos poderes instrutórios

Mesmo partindo de uma matriz objetiva e da vigência de um princípio do inquisitório que transige com amplos poderes instrutórios do juiz constitucional, a extensão e o alcance desses poderes e a intensidade com que podem ser exercidos dependem de vários fatores.

A extensão e alcance dependem de fatores que estudaremos adiante.

A intensidade de exercício, por seu turno, depende de (i) fatores materiais, (ii) fatores institucionais e (iii) fatores circunstanciais. Da refração concreta desses fatores resulta a maior ou menor possibilidade de intensificação do exercício dos poderes instrutórios. A variação da intensidade do exercício dos poderes instrutórios, na manifesta (e porventura inevitável) ausência de clara indicação constitucional, resulta de ponderações realizadas pelo próprio juiz no

---

[2979] Em ambientes processuais em que a formação da convicção do juiz está sujeita a parâmetros mais formalizados do que o do processo constitucional pode suceder que a convicção real do juiz não coincida com as conclusões inferenciais geradas pelo escrupuloso cumprimento do processo lógico de decisão, tal como traçado pela lei. No contexto da teoria da decisão judicial discute-se se nestes casos deve prevalecer a convicção do juiz, ou se esta deve ceder perante as razões para uma decisão contrária a essa convicção, extraídas da prova produzida nos termos da lei processual. Sobre isso, v. o ensaio de TRINDADE, «Prova...», *cit.* Essa divergência é menos plausível no processo constitucional.

A PROIBIÇÃO DO EXCESSO COMO NORMA DE CONTROLO

caso concreto, balizadas pelos princípios gerais que decorrem do que se escreve seguidamente.

4.2.1. Fatores materiais

Há um princípio *formal* de variabilidade da intensidade de instrução (ou, mais latamente, de *exame*) em função (i) da gravidade da interferência no bem, interesse ou valor sacrificado, (ii) do valor abstrato desse bem, interesse ou valor e (iii) da existência ou não de credenciação constitucional do bem, interesse ou valor que justifica a interferência. Vejamos alguns corolários possíveis destes vários critérios, sem intenção (nem possibilidade) de os esgotar.

Assim, quanto mais próxima a interferência estiver do conteúdo essencial do preceito constitucional (se este for determinável), maior a intensidade de exame e de poderes instrutórios[2980].

Se os bens, interesses ou valores objeto de interferência forem posições jurídicas subjetivas (como são em regra), essa intensidade será maior do que se se tratar de interferência em interesses públicos ou coletivos cuja afetação esteja excecionalmente sujeita à proibição do excesso (como os do artigo 52º, nºs 2 e 3). Se a interferência afetar posições jurídicas decorrentes de direitos, liberdades e garantias, a intensidade do exame e dos poderes instrutórios é maior do que se estiver em causa a interferência em posições jurídicas subjetivas emergentes da vertente negativa dos direitos sociais, particularmente se esta resultar da materialização legislativa destes[2981]. Dentro dos direitos, liberdades e garantias, se estiver em causa a interferência em algum a que a Constituição atribua indiciariamente uma maior importância abstrata (v. artigos 19º, nº 6 e 20º, nº 5), a intensidade de exame e dos poderes instrutórios pode atingir o nível mais elevado.

Noutra vertente, se o fundamento para a interferência em qualquer destas classes de bens, interesses ou valores for a promoção de posições jurídicas subjetivas ou interesses coletivos sem credenciação constitucional, a intensidade do exame e dos poderes instrutórios é maior.

4.2.2. Fatores institucionais

Há fatores institucionais que condicionam em geral o exercício das competências de fiscalização da constitucionalidade de atos legislativos que, embora não

---

[2980] Em termos confluentes, Rivers, «Proportionality and Variable Intensity...», pp. 177, 205 (quando mais séria for uma limitação de direitos, maior prova será requerida pelo tribunal de que a base factual da limitação foi corretamente estabelecida e maior argumentação exigirá de que alternativas menos intrusivas são, tudo considerado, menos desejáveis).

[2981] Para uma justificação jus-fundamental deste desnível de intensidade ou densidade do exame e dos poderes instrutórios do juiz constitucional, Novais, *Direitos Sociais...*, pp. 137 ss.

O PRINCÍPIO DA PROIBIÇÃO DO EXCESSO

especificamente relacionados com a aplicação do princípio da proibição do excesso, se refletem no controlo desta. Entre eles merece particular consideração o alcance, a natureza e o regime das competências do juiz constitucional, variáveis de ordenamento para ordenamento de acordo com o sistema de fiscalização dos atos legislativos adotado (concreto/abstrato, preventivo/sucessivo, incidental/principal, por ação/por omissão, com efeitos *ex nunc* ou *ex tunc*, etc.).

É relevante, por exemplo, se o juiz constitucional tem não apenas a possibilidade de declarar a inconstitucionalidade de normas legislativas com força obrigatória geral, mas também de definir soluções substitutivas através de sentenças atípicas de provimento ou de não provimento que contrariem eventuais desvantagens decorrentes de lacunas criadas com a erradicação formal de normas integrantes de um ato legislativo[2982].

Essa vertente institucional é muito relevante, designadamente quando o juiz constitucional está obrigado a proceder a operações de comparação de alternativas, como sucede com a aplicação do segmento da necessidade. Nessas circunstâncias, além de poder declarar a violação do segmento da necessidade e de poder erradicar o ato (*rectius,* as normas do ato) que consume tal violação, o juiz constitucional pode adotar uma solução alternativa conforme com aquele segmento, ou pelo menos enunciar o sentido dessa alternativa. Esta possibilidade tornaria o juiz constitucional num órgão quase legislativo, não podendo deixar de ter consequências ao nível da gama de poderes instrutórios de que dispõe e da intensidade com que os exerce[2983].

A par destas, há condições institucionais especificamente atinentes à aplicação dos segmentos da proibição do excesso.

Algumas das condições institucionais favorecem tendencialmente a posição do legislador. Na literatura menciona-se a distribuição constitucional de competências, o melhor domínio dos factos empíricos, o acesso a fontes especiais de saber e de aconselhamento, a especialização, o grau e o tipo de legitimidade

---

[2982] Sobre estas decisões pronunciámo-nos em várias ocasiões de forma desenvolvida: v., entre outros, *As Decisões de Provimento do Tribunal Constitucional...*, *cit.,* e *Introdução às Decisões de Provimento do Tribunal Constitucional, cit.*; «Os efeitos das decisões...», *cit.*

[2983] Cfr. NOVAIS, *As restrições...*, p. 751, afirmando genericamente que no nosso ordenamento o juiz constitucional tem *sempre* e em qualquer circunstância apenas o poder de anular a medida considerada desnecessária, remetendo para posterior atividade do legislador a adoção de medida não inconstitucional, ou mantê-la em vigor; na mesma linha, NOGUEIRA, *Direito Fiscal...*, p. 106 ("ao órgão encarregue do controlo cabe apenas determinar se existe uma medida que apresente um menor dano interferente e não – como alguns arguem – a concreta indicação da medida menos restritiva ou gravosa"). Nos trabalhos citados na nota anterior somos em geral menos perentórios do que estes autores. Sem embargo, reconhecemos a delicadeza do tema e a necessidade de extrema cautela na eventual admissão deste tipo de poderes do juiz constitucional.

A PROIBIÇÃO DO EXCESSO COMO NORMA DE CONTROLO

democrática (direta ou indireta) do legislador[2984]. Estas condições institucionais podem justificar ou inculcar uma atitude de *deferência* do juiz constitucional, traduzida, designadamente, na atenuação da intensidade e profundidade do exame ou na prevalência das apreciações empíricas do legislador.

Se a constituição distribui competências entre o legislador e o juiz, atribuindo o poder *dispositivo* ao primeiro, isso deve ter consequências. O legislador não pode ser desprovido do núcleo essencial desse poder dispositivo, o que implica reconhecer-lhe preeminência na coleção da evidência empírica ou um crédito de confiança em situações de incerteza epistémica empírica. Se o legislador dispõe de acesso a informação sobre a situação de facto mais próxima, mais regular, mais atual, mais baseada numa relação quotidiana com os problemas, isso implicará que em situações de incerteza prevaleçam as suas representações da realidade e não as que o juiz, eventualmente, pudesse figurar alternativamente. Se o legislador domina certos conhecimentos técnicos ou tem acesso a conhecimento especializado mais profundo (*vantagem institucional comparativa* ou *especialização relativa*[2985]), a deferência justifica-se.

Contudo, esta inclinação das vantagens institucionais a favor do legislador não é uniforme.

É certo que, por um lado, ela se impõe quando se trata de calcular o impacto orçamental das medidas adotadas ou das alternativas, ou de áreas como as da fiscalidade, da regulação económica ou comercial, ou do direito laboral. Aí, o juiz constitucional debate-se presumivelmente com défice de informação e de especialização. Nessas circunstâncias, admite-se mais pacificamente (ou impõe-se, como no caso do impacto na despesa pública) uma atitude de deferência, traduzida num labor instrutório menos pronunciado.

Mas, por outro lado, nota-se que há domínios substantivos onde essa inclinação pode não ser evidente e onde o próprio juiz pode reivindicar uma posição de *vantagem institucional comparativa* ou de *especialização funcional relativa*. Por exemplo, as áreas da política criminal ou dos mecanismos de defesa judicial são áreas onde se pode admitir uma vantagem institucional comparativa do juiz constitucional (mesmo quando é um juiz constitucional especializado) sobre o

---

[2984] V. a exposição desenvolvida de BRADY, *Proportionality...*, pp. 76 ss.: o autor desenvolve uma teoria da proporcionalidade sensível às condições institucionais dos decisores (incluindo legislador) e dos juízes; também, CLÉRICO, *El examen...*, p. 149, enumerando os argumentos funcionais que sustentam a proteção da liberdade de conformação do legislador: legitimidade democrática, maior capacidade para ajuizar adequadamente a complexidade de cada situação, possibilidade de correção, maior aceitação das suas decisões; HICKMAN, «The Substance...», p. 697.

[2985] RIVERS, «Proportionality and Variable...», p. 200; CHOUDHRY, «So What Is the Real Legacy...», p. 512; HICKMAN, «The Substance...», p. 697; ALISON L. YOUNG, «In Defense of Due Deference», in *The Modern Law Review*, vol. 72 (2009), pp. 554 ss.; BRADY, *Proportionality...*, p. 23.

O PRINCÍPIO DA PROIBIÇÃO DO EXCESSO

legislador[2986]. Por outro lado, ainda, nos casos em que a norma legislativa visa a proteção de direitos, liberdades e garantias – e não interesses coletivos –, como nas situações sujeitas à proibição do defeito, a posição do juiz como *defensor dos direitos* ganha peso[2987]. Nesse âmbito pode admitir-se que o juiz está legitimado quer para a realização de um escrutínio mais intenso e mais profundo, quer para a atribuição de um peso relevante às próprias apreciações de facto.

Acresce que os aspetos considerados podem assumir um *peso* diferenciado em cada circunstância, mesmo nas áreas 'dominadas' pelo legislador[2988]. De um ponto de vista democrático, podia pensar-se que o legislador diretamente legitimado (em Portugal, AR e assembleias legislativas) poderia reivindicar maior deferência do que o legislador indiretamente legitimado (o Governo). Todavia, o caráter direto ou indireto da legitimação não é decisivo[2989], havendo que considerar conjugadamente vários fatores: (i) se o legislador é o parlamento por iniciativa própria, o governo, o parlamento por impulso do governo ou um parlamento regional; (ii) sendo um órgão parlamentar, se usufrui de capacida-

---

[2986] No caso do Supremo Tribunal do Canadá, a vantagem comparativa do Tribunal sobre o legislador leva a uma atitude de menor deferência judicial nessas áreas da política legislativa: CHOUDHRY, «So What Is the Real Legacy...», p. 512; BRADY, *Proportionality*..., pp. 116-117; cético sobre a especialização do juiz em certas áreas, ENDICOTT, «Proportionality and Incommensurability», p. 340.

[2987] Cfr. BRADY, *Proportionality*..., p. 106; JACKSON, «Constitutional Law...», p. 3154. Note-se, todavia, que esta ideia de uma vantagem institucional do juiz no campo da defesa dos direitos é por muitos contestada. Desde logo, é rejeitada pelos críticos da *judicial review* e, em geral, por todos aqueles que sustentam que mesmo na defesa dos direitos o legislador tem uma posição privilegiada: v., por todos, WALDRON, «The core of the case....», *cit.* Mas mesmo alguns daqueles que partem de uma perspetiva favorável da *judicial review* tendem a superar uma visão talvez excessivamente maniqueista. FALLON, «The core of an uneasy case...», p. 1695, resume superiormente o argumento: "In a nutshell, the best case for judicial review in politically and morally healthy societies does not rest (as has often been asserted) on the idea that courts are more likely than legislatures to make *correct* decisions about how to define vague rights of the kind commonly included in bills of rights – on notions, for example, that courts are peculiarly well designed to function as "forum[s] of principle." The best case, as Frank Cross also has argued, rests instead on the subtly different ground that legislatures and courts should *both* be enlisted in protecting fundamental rights, and that both should have veto powers over legislation that might reasonably be thought to violate suchrights." (citações omitidas).

[2988] Mesmo as decisões que envolvam as áreas dominadas pelo legislador podem implicar sérias questões de direitos, a propósito dos quais a vantagem institucional pertence ao juiz constitucional: cfr. BRADY, *Proportionality*..., p. 106.

[2989] A ideia de que o legislador *diretamente* legitimado é mais merecedor da deferência judicial em relação às apreciações de facto do que o legislador *indiretamente* legitimado, pode ser acusada de algum artificialismo num quadro político-constitucional em que a legitimação indireta não significa legitimação mais fraca e em que, verdadeiramente, o legislador com legitimidade indireta tem mais e melhor informação: cfr. BRADY, *Proportionality*..., pp. 107 ss.

A PROIBIÇÃO DO EXCESSO COMO NORMA DE CONTROLO

des próprias comparáveis às do governo ou se, como é usual, dispõe apenas de capacidade limitada de apuramento dos factos e de competências técnicas insuficientes, eventualmente só colmatadas com a mobilização dos meios ao serviço do governo (a especialização do parlamento, nesses casos, é derivada ou por osmose); (iii) se segue procedimentos abertos, transparentes e participativos de deliberação, capazes de absorver posições variadas, provenientes de quadrantes plurais e de canalizar para o debate legislativo as múltiplas visões sobre os temas.

4.2.3. Fatores circunstanciais

Num modelo subjetivista pode haver ónus de alegação ou de argumentação e ónus da prova pendentes sobre o legislador. Num modelo objetivista em regra há uma mera faculdade – eventualmente qualificada por um dever de colaboração – de aquele fazer afirmações e apresentar prova sobre os dados empíricos que fundaram a sua decisão e que sustentam a validade da norma à luz da proibição do excesso. Comum aos dois modelos é o presumível interesse do legislador de produzir as afirmações de facto e de carrear os elementos de prova pertinentes. Se o fizer, não há nenhuma razão relacionada com o seu grau de diligência que determine uma intensificação da atividade instrutória pelo juiz constitucional, mesmo que a prova diligentemente oferecida não seja suficiente para criar o grau de convicção exigível em concreto. Como veremos adiante, essas situações concorrem, quanto muito, para uma decisão de acordo com critérios de superação do *non liquet* e não para um uso especialmente intensivo dos poderes instrutórios do juiz.

Mas há situações de comportamento anómalo ou abaixo do limiar de razoabilidade que podem suscitar a intensificação da atividade instrutória do juiz constitucional. Assim, se o legislador se eximir deliberadamente de qualquer intervenção processual ou optar por uma intervenção minimalista (oferecendo, por exemplo, o "merecimento dos autos", como a AR faz habitualmente), ou carrear para o processo argumentos e elementos manifestamente erróneos, ou que revelam uma apreciação empírica pouco cuidada, eventualmente sustentada em meras especulações ou opiniões, sem correspondência ou vinculação racional à realidade[2990], isso pode não produzir efeito cominatório, mas suscita inevitavelmente um acréscimo da intensidade dos poderes instrutórios do juiz constitucional[2991].

Nessas circunstâncias, os poderes instrutórios e a profundidade de exame atingem a *intensidade máxima*: poderes instrutórios reforçados do juiz constitucional, mobilização de todos os meios de prova que considere próprios, apreciação

---

[2990] Barak, *Proportionality...*, pp. 309-310.
[2991] Cfr. Lopera Mesa, «Principio de proporcionalidad...» (2008), p. 301.

847

O PRINCÍPIO DA PROIBIÇÃO DO EXCESSO

exaustiva de factos passados, independentemente de terem sido considerados pelo legislador ou não, escrutínio apertado das prognoses, com possibilidade de substituição. Caso, apesar disso, no espírito do juiz se forme uma profunda e radical incerteza epistémica, pode até suceder que o *non liquet* se traduza, nessas circunstâncias específicas, na declaração de violação da proibição do excesso e não na deferência para com as apreciações presumivelmente realizadas pelo legislador democrático.

Outro fator circunstancial é o da intensidade da intervenção legislativa, especialmente relevante na apreciação da necessidade. Uma intervenção legislativa mais intensa, mesmo no contexto de uma versão lata da necessidade, suscita um exame mais intenso. Isto é, se o legislador opta pela alternativa elegível comprovadamente mais satisfatória e mais interferente, espera-se do juiz constitucional uma atividade probatória mais intensa.

4.3. Objeto dos poderes instrutórios

4.3.1. A questão do duplo nível das questões empíricas

O controlo judicial da adequação e da necessidade impõe a prova e a apreciação das avaliações empíricas (diagnósticos, prognósticos) realizadas pelo legislador aquando da produção da norma, bem como, em dadas circunstâncias, avaliações empíricas posteriores a esse momento[2992]. Mas há um outro nível de avaliação essencialmente empírica que antecede aquela: trata-se da avaliação do estatuto empírico da decisão do legislador. Esses dois níveis de apreciação empírica e prova são estudados de seguida.

4.3.1.1. Primeiro nível

O tema dos estádios empíricos da decisão do legislador foi estudado a propósito dos segmentos da adequação e da necessidade[2993]. Identificámos então os diferentes estádios epistémicos em que pode assentar a ação do legislador: (i) certeza epistémica empírica absoluta; (ii) certeza epistémica empírica relativa; (iii) incerteza epistémica empírica parcial positiva; (iv) incerteza epistémica empírica parcial negativa; (v) incerteza epistémica empírica total. Sustentámos que o legislador pode agir – emitir normas – se verificado um dos três primeiros. Decisão em situação de incerteza, desde que parcial positiva, vale como situação de certeza. Trata-se de hipóteses que muito dificilmente ocorrerão ou

---

[2992] V. *infra*, neste capítulo.
[2993] V. capítulos 15 e 16.

A PROIBIÇÃO DO EXCESSO COMO NORMA DE CONTROLO

serão provadas mas que não merecem dúvidas. Assinalámos, todavia, que isso poderia ter sequelas ao nível do controlo da norma. Veremos de seguida quais.

Por agora importa esclarecer que o substrato epistémico da decisão do legislador é objeto de um primeiro nível de apreciação pelo juiz constitucional. O juiz deve apurar, através dos elementos de prova apropriados, em que condições epistémicas foi tomada aquela decisão. Se comprovar que o foi em situação de (iv) incerteza epistémica empírica parcial negativa ou (v) incerteza epistémica empírica total, declara a invalidade da norma. Uma norma sobre a qual o legislador não tem a certeza de que é adequada e/ou necessária, inclinando-se para que não é ou que lhe suscita dúvidas insuperáveis sobre a sua adequação e/ou necessidade, é uma norma que não preenche os preceitos mínimos de racionalidade.

O grau de prova exigível neste primeiro nível de julgamento dos aspetos empíricos é o mesmo que o do segundo nível. As graduações de prova possíveis serão estudadas em breve.

4.3.1.2. Segundo nível

O segundo nível de julgamento das questões de facto pressupõe que o juiz use os seus poderes instrutórios para reunir prova sobre todos os dados de facto respeitantes à (in)adequação e à (des)necessidade.

Esta formulação – (in)adequação, (des)necessidade – indicia uma questão preliminar: o objetivo da atividade probatória é a demonstração da adequação e da necessidade ou a demonstração da inadequação e da desnecessidade?

Começaremos por aí, antes de estudarmos o modo como a estrutura da proibição do excesso como parâmetro de controlo condiciona a atividade probatória e qual o balizamento temporal a que esta está sujeita.

4.3.1.2.1. Objeto da atividade probatória

4.3.1.2.1.1. Formulações positiva e negativa do objeto da atividade probatória
A questão pode ser colocada da seguinte forma: o exercício dos poderes instrutórios do juiz visa a produção de prova sobre inadequação e a desnecessidade de uma norma ou a produção de prova sobre a adequação e a necessidade? Interessa ao legislador carrear prova para o processo que concorra para demonstrar que a medida é adequada e necessária, ou basta-lhe aguardar que não seja produzida prova demonstrando que é inadequada ou desnecessária? O objetivo do processo é estabelecer – *positivamente* – a adequação e a necessidade ou verificar – *negativamente* – a inadequação e a desnecessidade?

A questão não é meramente teórica. A resposta que a ela se dê tem um impacto decisivo (i) na superação da situação resultante de a produção de prova

O PRINCÍPIO DA PROIBIÇÃO DO EXCESSO

não permitir concluir se a medida é ou não (in)adequada ou é ou não (des)necessária (*non liquet*) e (ii) na exigibilidade de decisões de defensabilidade.

Vejamos por agora o que sucede nas situações de *non liquet*, uma vez que as chamadas decisões de defensabilidade são tratadas mais adiante.

4.3.1.2.1.1.1. Superação do *non liquet* na formulação positiva

Se no processo houver que provar *positivamente* que a norma é adequada, há que demonstrar que a norma é intrinsecamente apta a alcançar o fim traçado pelo legislador. Se houver que provar *positivamente* que é necessária, isso passa pela demonstração (praticamente inalcançável, uma vez que se trata de provar um facto negativo universal) de que não há nenhuma outra alternativa menos interferente e pelo menos igualmente satisfatória. Uma situação de *non liquet* significa que não é possível provar que a norma é adequada e/ou necessária, tal como não é possível provar que é inadequada e/ou desnecessária (*incerteza epistémica empírica total*). O *non liquet* supera-se com a declaração da invalidade da norma.

4.3.1.2.1.1.2. Superação do *non liquet* na formulação negativa

Ao invés, se no processo houver que provar *negativamente* que a norma é inadequada, há que demonstrar que a norma não é intrinsecamente apta a alcançar o fim traçado pelo legislador. Se houver que provar *negativamente* que é desnecessária, isso passa pela demonstração de que há outra alternativa menos interferente e pelo menos igualmente satisfatória. *Non liquet* ocorre quando não é possível provar que a norma é inadequada e/ou desnecessária, tal como não é possível provar que é adequada e/ou necessária (*incerteza epistémica empírica total*). A situação de *non liquet* supera-se com a não declaração da invalidade da norma. Isto só não será assim em situações extremas, como aquela em que o legislador falhou a apresentação de qualquer argumentação e o juiz, tendo exercido os seus poderes instrutórios com a máxima intensidade, não conseguiu ele próprio chegar a uma inclinação num ou noutro sentido.

4.3.1.2.1.2. Regime vigente

É fácil de concluir que a segunda opção – formulação negativa – protege mais a decisão do legislador do que a primeira. Para que a norma subsista basta que não seja produzida prova da sua inadequação ou desnecessidade.

Qual das matrizes – positiva ou negativa – vigora?

Estes casos configuram, em princípio, uma situação em que há uma colisão entre duas posições ou convicções em relação aos dados empíricos relevantes: a posição – expressa ou presumida – do legislador, que entende que aqueles sustentam a adequação e a necessidade (ou, pelo menos, a não inadequação e a não desnecessidade) da norma; a posição do juiz, que não consegue superar uma

A PROIBIÇÃO DO EXCESSO COMO NORMA DE CONTROLO

situação de dúvida insanável sobre se os dados empíricos sustentam a adequação e a necessidade ou a inadequação e a desnecessidade.

Um via possível – e proposta por alguns autores – para superar esse impasse seria invocar uma presunção geral de constitucionalidade das leis ou das normas legislativas. Esta presunção implicaria que sempre que não se demonstre a inconstitucionalidade a norma deve ser tida como não inconstitucional. Daí decorreria a adoção da segunda opção: em situações de *non liquet* a norma presume-se constitucional.

Sem embargo, uma presunção geral de constitucionalidade das normas legislativas é difícil de fundamentar numa ordem constitucional que reconhece que as normas legislativas são frequentemente inconstitucionais e que, para enfrentar isso, consagra um robusto sistema de fiscalização judicial da respetiva constitucionalidade.

Melhor parece ser a opção de atender a fatores *materiais* (como o princípio democrático) ou, mais vincadamente, *institucionais*.

A valoração de fatores institucionais leva a que se assuma que o legislador disfruta das melhores condições para realizar as apreciações de facto pertinentes, sendo-lhe concedido *o benefício da dúvida* ou um *crédito de confiança* [2994] em situações de incerteza epistémica empírica do tribunal, particularmente as situações de incerteza epistémica empírica *total*. Vigora, pois, a matriz negativa[2995]

Este entendimento supõe, porém, que o próprio legislador não esteja afetado por uma situação de incerteza epistémica empírica total, detetada no primeiro nível de apreciação.

[2994] Miranda, *Manual* ..., IV, 5ª ed., p. 308; Reuter, «Die Verhältnismäßigkeit...», p. 514.

[2995] V. uma clara expressão desta orientação no acórdão nº 362/16, relatado por Pedro Machete (nº 14): "o controlo exercido deve ser, em vista da salvaguarda do princípio da separação de poderes, não só menos intenso quando esteja em causa a atuação do legislador (v., por exemplo, os Acórdãos nºs 484/00 e 187/01), como meramente negativo (v., entre outros, os Acórdãos nºs 509/15 e 81/16: existe violação do princípio da proporcionalidade se a medida em análise for considerada *inadequada* (convicção clara de que a medida é, em si mesma, inócua, indiferente ou até negativa, relativamente aos fim visado); *desnecessária* (convicção clara da existência de meios adequados alternativos mas menos onerosos para alcançar o fim visado); ou *desproporcionada* (convicção de que o ganho de interesse público inerente ao fim visado não justifica nem compensa a carga coativa imposta; relação desequilibrada entre os custos e os benefícios).". Porém, por vezes sucede que o juiz constitucional não apenas conclui pela não inadequação ou desnecessidade, mas pronuncia-se, positivamente, pela adequação e/ou necessidade da norma: caso típico, acórdão nº 187/01, do Tribunal Constitucional, nº 20.

O PRINCÍPIO DA PROIBIÇÃO DO EXCESSO

4.3.1.2.2. *Fatores estruturais*

O objeto dos poderes instrutórios do juiz constitucional é moldado, antes de tudo, pela estrutura da proibição do excesso como norma de controlo, isto é, pelos seus segmentos.

Porém, antes de focarmos os segmentos da proibição do excesso, impõe-se uma ligeira inconsistência sistemática. Como se viu, ao invés do que um setor da doutrina advoga[2996], a legitimidade do fim da norma legislativa não é um segmento da proibição do excesso, mas é o mais importante pressuposto da aplicabilidade da proibição do excesso. Podendo a apreciação da legitimidade do fim de acordo com critérios de determinabilidade, consistência e validade, implicar também a produção de prova e o exercício de poderes instrutórios pelo juiz constitucional, dedicar-lhe-emos a próxima secção antes de estudarmos o objeto da prova respeitante ao exame dos segmentos da proibição do excesso que incorporam apreciações empíricas e na medida em que as incorporam.

4.3.1.2.2.1. Fim legítimo

O controlo da constitucionalidade de normas que interferem em bens, interesses ou valores – designadamente os decorrentes das vertentes negativas dos direitos de liberdade e dos direitos sociais, como sucede predominantemente nas colisões normativas em que se aplica a proibição do excesso – inicia-se pela verificação da *existência de uma interferência e respetiva intensidade*[2997]. Coloca-se então a questão prévia de saber se essa interferência incide sobre uma posição jurídica absolutamente garantida ou se se traduz na afetação do conteúdo essencial do preceito constitucional. Se assim for, há uma restrição inválida e, consequentemente, inconstitucional. A interferência restritiva é qualificada como uma violação *definitiva* (não apenas *prima facie*) do direito. Para isto, o juiz não executa mais do que uma operação lógico-dedutiva: interpreta as normas constitucionais aplicáveis, subsume-lhes a interferência e deduz uma conclusão.

Diversamente, se a interferência não atingir um direito absoluto ou o conteúdo essencial do preceito constitucional, o juiz constitucional tem de verificar se é constitucionalmente permitida, não bastando uma operação lógico--dedutiva. Do ponto de vista metódico-analítico, é neste ponto que se coloca a questão da descoberta e juízo sobre a legitimidade do fim prosseguido pela norma legislativa.

A legitimidade do fim é, em si, *uma questão de direito*. Para se saber se o fim da norma é legítimo face à constituição é, antes do mais, necessário interpretar a lei e interpretar a constituição. Determinado o fim, o respetivo controlo pelo juiz

---

[2996] *Supra*, capítulo 8.

[2997] No contexto canadiano, estruturado por *R. v. Oakes* (1986), fala-se de um controlo a dois tempos (*two step analyses*): cfr. PANNACIO, «In Defense of Two-Step...», *cit.*

852

A PROIBIÇÃO DO EXCESSO COMO NORMA DE CONTROLO

constitucional incide sobre os temas que caem fora da margem de livre conformação do legislador, já estudados[2998]. Entre outros aspetos, o juiz constitucional: (i) verifica a observância dos limites externos referentes à determinabilidade e consistência do fim; (ii) aprecia a validade do fim, verificando designadamente se sobre ele pende uma proibição absoluta[2999]; (iii) determina a importância abstrata dos bens, interesses ou valores que o legislador pretende promover. Em contrapartida, ao juiz constitucional não compete apreciar a importância atribuída à satisfação do fim, nem a intensidade de satisfação pretendida, uma vez que isso cabe na liberdade de conformação do legislador. Esta indicação pode sofrer uma ligeira inflexão apenas quando o fim mais próximo for manifestamente um meio para atingir fins mais distantes, mas suficientemente próximos para servirem de referência.

Todas essas operações implicam a *prévia* identificação do fim prosseguido pelo legislador. É indiscutível que pelo menos os atos legislativos têm *sempre* de visar uma qualquer finalidade inteligível, pelo que esta tem de ser desvendada. Isso faz-se, antes do mais, através da interpretação[3000]. Se a aplicação dos comuns cânones interpretativos revelar os fins da norma a questão fica resolvida.

Pode, todavia, suceder que ocorram discrepâncias entre o resultado da interpretação do juiz e as alegações que o legislador carreie para o processo sobre o fim da norma fiscalizada.

Por exemplo, quando a norma é antiga alguns cânones de interpretação, como a interpretação histórica, subjetiva ou objetiva, podem apontar para um fim que difere daquele que o legislador atual aceita como justificador da sua manutenção em vigor (pressupondo-se, naturalmente, que aquele sempre a poderia modificar ou revogar). Assim, admita-se que o legislador "histórico" produziu em certa época normas que vedam o trabalho ao domingo, com vista a proteger uma certa confissão religiosa, tendo essas normas perdurado, mas o "atual" vem alegar que o fim dessas normas é antes a proteção de um modo de organização social considerado virtuoso[3001]. Qual o fim que vale? O do legislador "histórico" (hoje eventualmente inconstitucional) ou o do "atual"?

[2998] *Supra*, capítulo 8.

[2999] Como nota KUMM, «Democracy...», pp. 23-24, a atribuição aos tribunais do poder de averiguarem a legitimidade do fim à luz de padrões *materiais* e não meramente formais é um dos fatores que contribui para o *valor acrescentado* que a *judicial review* constitui em relação ao patamar político-representativo democrático.

[3000] Cfr. MIRANDA/JORGE P. SILVA, «Anotação ao artigo 18º», in Miranda/Medeiros, *Constituição...*, I, 2ª ed., p. 373; CLÉRICO, *El Examen...*, p. 50.

[3001] V. este exemplo em BARAK, *Proportionality...*, p. 287. RIVERS, «Proportionality and the Variable...», p. 196, apresenta o exemplo da restrição do direito de voto dos reclusos.

O PRINCÍPIO DA PROIBIÇÃO DO EXCESSO

Outra situação pode decorrer de os fins reais não serem expressa e claramente assumidos pelo legislador – por motivos atendíveis ou não. Por exemplo, o legislador decide obrigar os professores a realizar exames invocando a finalidade da melhoria do ensino. Todavia, a consideração de todos os elementos interpretativos pelo juiz permite-lhe concluir com razoável segurança que o fim real é o fim ideológico da dificultação da permanência no sistema de ensino de professores sindicalizados que, por orientação dos sindicatos, se recusam a efetuar aqueles exames.

Quid juris? Mantém-se a orientação de que o fim a considerar é o que resulta da interpretação realizada pelo tribunal? A resposta é parcialmente negativa. Se, como no caso da discrepância entre fim histórico e fim atualizado, a consideração de um fim diferente do que resulta da interpretação estrita, seja ele alegado pelo legislador ou não, contribuir para "salvar" a norma legislativa, designadamente à luz de um ou de vários segmentos da proporcionalidade (*maxime*, adequação e necessidade), pode ser este o usado como referência. Já se o juiz detetar uma situação de *evidente* desvio de fim legislativo, apurando, através de interpretação, um fim que o legislador pretende camuflar para prosseguir outro, a referência deve ser o fim *evidentemente* seguido[3002]. Esta segunda situação recorda aquelas em que, nos EUA, o *strict scrutiny* é utilizado para despistar fins ilícitos das medidas legislativas. Todavia, deve ter-se em conta que o desvio de fim legislativo, por si, não é constitucionalmente censurável, ao invés do que sucede com o desvio de poder do direito administrativo[3003]. O que se passa é que se o fim efetivamente visado for ilegítimo, a norma será inconstitucional. Se não for ilegítimo, a apreciação à luz da proibição do excesso prossegue.

Em suma, salvo situações excecionais, prevalece a interpretação realizada pelo juiz constitucional.

Todavia, os fins da norma podem não resultar em toda a plenitude, ou de todo, da interpretação ou esta pode não dissipar dúvidas sobre a respetiva hierarquia. Não bastando a interpretação, a segunda instância de determinação dos fins e da sua hierarquia (se forem vários e hierarquizados) são as alegações feitas pelo próprio legislador. Ao legislador interessa, em princípio, alegar e demonstrar o fim ou fins prosseguidos, bem como a sua hierarquização, ainda que num

---

[3002] Assim, GARDBAUM, «A Democratic Defense...», p. 29.

[3003] MORAIS, *Curso...*, I, 3ª ed., p. 333, sustenta que quando uma lei de autorização incumpre os requisitos mínimos de densificação previstos no artigo 165º, nº 2, incorre em inconstitucionalidade material por desvio de poder, uma vez que os fins constantes da lei de autorização se desviam dos que decorrem do referido preceito constitucional. Se assim fosse, a afirmação do texto estaria equivocada. Não se vê, porém, como podem estar em causa os fins da lei de autorização legislativa: ela é materialmente inconstitucional simplesmente por violar os requsitos que a Constituição impõe às leis de autorização.

A PROIBIÇÃO DO EXCESSO COMO NORMA DE CONTROLO

contexto processual tendencialmente objetivista não haja um ónus de alegação ou de prova (subjetivo ou objetivo) sobre ele pendente. Um conceito amplo de alegações do legislador pode eventualmente abranger, no limite, as indicações que resultam de preâmbulos e exposições de motivos. Não podemos discutir aqui se a consideração desses dados empíricos (e, em geral, da realidade de facto que dá sentido à norma) ainda integra tecnicamente a tarefa de interpretação da norma ou já é uma coisa diferente. O que importa reter é que, na impossibilidade de se chegar lá pela via da interpretação, quando algum fim o legislador alegue expressamente, deve ser esse o fim que o tribunal toma como real.

Não sendo decisiva a estrita interpretação e não apresentando o legislador a sua posição (como a Assembleia da República faz habitualmente em sede de fiscalização abstrata), abre-se espaço adicional para a realização de prova, seja por carreamento de elementos por quem se opõe à validade do fim e da norma, seja pelo labor oficioso do próprio juiz[3004].

A necessidade – contingente, mas não implausível – de uma atividade probatória sobre o fim realmente prosseguido só se coloca, portanto, se a interpretação não bastar e se o legislador não exercer eficazmente as suas prerrogativas processuais, por opção ou impossibilidade.

Nesse caso, pode haver espaço e necessidade de produção de prova com vista a apurar o fim real, desempenhando o juiz constitucional um papel ativo. Neste contexto, podem ser relevantes várias circunstâncias: embora não tenha sido produzida pelo "atual" legislador, a norma é recente ou perdurou por um período longo, que pode, inclusive, ter feito evoluir o seu significado e finalidade? O legislador estava democraticamente legitimado? O autor das normas foi um legislador estruturado em uma ou duas câmaras parlamentares ou outro tipo de órgão colegial sem caráter parlamentar? A produção da norma obedeceu a um procedimento transparente, sujeito ao contraditório e documentado, ou o juiz constitucional enfrenta a impossibilidade de averiguar as posições que cruzaram aquele procedimento[3005]?

[3004] Cfr. Šušnjar, *Proportionality...*, p. 188. A necessidade de recorrer a toda a prova circunstancial e direta que esteja disponível para discernir o (real) fim da norma é particularmente aguda no caso em que o legislador seja um órgão colegial composto por um número significativo de membros, como sucede com os parlamentos. Nessas circunstâncias importa ter em conta o impacto das medidas, o contexto histórico, a sequência de eventos que antecederam a decisão legislativa, as declarações dos participantes nos debates, as pronúncias dos agentes políticos da maioria e da oposição, os relatórios, as atas das sessões: v. Barak, *Proportionality...*, p. 302; Ekins, «What is legislative intent?...», *cit.*

[3005] A relevância destes fatores no âmbito da metódica da proibição do excesso como norma de controlo não se restringe, aliás, ao momento da determinação do fim: v. Clérico, *El examen...*, pp. 224 ss.

O PRINCÍPIO DA PROIBIÇÃO DO EXCESSO

A identificação do fim pelo juiz constitucional esbarra ainda com uma dificuldade de ordem geral, já assinalada e tratada anteriormente: a dificuldade de, em alguns casos, distinguir fins e meios. Esta dificuldade epistémica é acentuada pela eventualidade da *intercomunicabilidade entre meios e fins*[3006], isto é, a possibilidade de o fim mais próximo ser apenas o meio para atingir fins mais remotos ou mais gerais, mas, ainda assim, suficientemente determináveis e isoláveis. A circunstância de o "fim que conta" para a metódica da proibição do excesso ser o fim mais próximo da norma legislativa não obsta a que, se for possível determinar com nitidez que a prossecução desse fim é *simultaneamente* um *meio* para aproximar objetivos mais remotos, se admita que o juiz constitucional tem a possibilidade de fiscalizar esse fim-meio à luz de algumas das exigências da proibição do excesso, *nomeadamente a da adequação e a da necessidade*. Se a proteção, satisfação ou concretização de bens, interesses ou valores são um fim próximo que, por seu turno, é um meio orientado a um fim mais remoto (embora não tão abstrato como o fim "Justiça", "bem comum", ou outro igualmente abrangente), não se afasta liminarmente a possibilidade de a relação de adequação e necessidade entre aquele fim-meio imediato e o fim mais distante ser objeto de um controlo, *ainda que mínimo*. Aqui, como em outros pontos, requer-se flexibilidade, devendo afastar-se fórmulas do género *"o juiz constitucional apenas aprecia a proporcionalidade dos meios e nunca a dos fins"*. A verdade é que o juiz constitucional, em certo contexto, também deve apreciar a proporcionalidade de certos fins, quando eles estejam inseridos numa estratégia de perseguição de fins mais abrangentes ou vastos ainda razoavelmente concretos.

4.3.1.2.2.2. Adequação

Embora não estejam ausentes as componentes de interpretação e qualificação (designadamente dos efeitos jurídicos da norma), inerentes a toda a atividade jurídica, a metódica da adequação envolve essencialmente avaliações e apreciações da realidade de facto e de juízos de prognose, isto é, juízos sobre questões empíricas. As valorações ou ponderações de bens, interesses ou valores são estranhos ao segmento da adequação.

Como se mostrou no local próprio[3007], o segmento da adequação requer do legislador um juízo – meramente *qualitativo* – sobre a aptidão intrínseca dos efeitos jurídicos de uma norma para causarem os efeitos materiais que correspondam ao respetivo fim. Ao legislador não é exigida a adoção de normas com eficiência alta ou plena, circunstância que exigiria um juízo *quantitativo* ou *grada-*

[3006] V. capítulo 8.
[3007] Capítulo 15.

A PROIBIÇÃO DO EXCESSO COMO NORMA DE CONTROLO

tivo sobre as intensidades de satisfação e de interferência; mas é-lhe exigido que adote normas sobre as quais realize um juízo positivo de adequação.

Em contrapartida, em consonância com o que assumimos sobre o objeto da apreciação do juiz constitucional, este apenas examina se a norma é *inadequada*, não se é *adequada*. Para isso, averigua (e julga) das qualificações e dos juízos empíricos de diagnóstico e prognose realizados pelo legislador (recorrendo, basicamente ao mesmo tipo de indicadores que ele[3008]), de modo a verificar se, ao invés do que aquele entendeu, a norma se mostra intrinsecamente inábil para atingir o respetivo fim[3009].

Isso não prejudica que possa tomar a devida nota de um eventual grau reduzido de eficiência, eventualmente relevante para outros segmentos da proibição do excesso.

4.3.1.2.2.3. Necessidade

O cumprimento e o controlo da necessidade implicam juízos interpretativos, qualificações e, primordialmente, apreciações de facto, tal como a adequação. Mas, em consonância com o modo como analisamos este segmento, implica também, circunstancialmente, juízos sobre valorações.

4.3.1.2.2.3.1. Relevância da distinção entre modalidades lata e estrita

Vimos que, na condição de norma de ação, o segmento da necessidade tem uma modalidade lata e uma modalidade estrita. Em consonância, o segmento da necessidade como *parâmetro de controlo* tem também uma modalidade lata e uma estrita.

Todavia, a conclusão pela aplicação de uma ou outra das modalidades não tem nenhuma repercussão sobre o alcance dos poderes instrutórios do juiz ou sobre o grau de prova e de convicção exigíveis. A modalidade estrita envolve uma diminuição da margem de conformação do legislador porque este vê a gama de alternativas elegíveis diminuída e não porque se veja constrangido por maior poder instrutório do juiz constitucional.

4.3.1.2.2.3.2. Medidas alternativas a considerar pelo juiz

A amplitude dos poderes do juiz constitucional é influenciada pela resposta a outra questão: a de saber se no controlo da necessidade o juiz constitucional aprecia apenas as medidas alternativas consideradas pelo legislador ou pode ou deve ir mais longe. Como vimos, o segmento da necessidade assenta numa

---

[3008] *Idem.*

[3009] Se a norma for *parcialmente* inábil para promover o fim (por exemplo, nas situações que nos EUA se designam de *overinclusiveness*, v. *supra*, capítulo 3), sendo destacável a parte em que se verifica essa inabilidade, pode haver uma declaração de inadequação parcial.

O PRINCÍPIO DA PROIBIÇÃO DO EXCESSO

metódica comparativa: comparam-se as intensidades dos efeitos de interferência e dos efeitos de satisfação de soluções alternativas. Quando o juiz efetua o controlo da necessidade – isto é, compara alternativas – quais as alternativas que constituem objeto da operação de comparação? O seu poder de exame está circunscrito às alternativas que foram *efetivamente* consideradas pelo legislador?

A questão deriva da possibilidade de o legislador não ter considerado alternativas que o poderiam ter sido. Isso pode derivar de pelo menos duas circunstâncias: (i) desconhecimento, por negligência ou qualquer impedimento objetivo; (ii) não consideração deliberada. No primeiro caso, o legislador não teve em conta potenciais meios alternativos menos interferentes, por negligência na determinação das alternativas ou por desconhecimento involuntário ou qualquer tipo de impedimento motivado por razões objetivas[3010]. No segundo caso, ignorou, ou não considerou, deliberadamente, de modo injustificado, meios alternativos que poderia e deveria ter considerado.

A orientação mais consistente com um equilíbrio entre margem de manobra do legislador democrático e controlo judicial é a que aponta para a mobilização só daquelas alternativas, não consideradas por impedimento ou constrangimento, que, de acordo com um padrão médio de diligência, *deveriam ser conhecidas* pelo legislador. Por outro lado, justifica-se que os poderes instrutórios se intensifiquem em situações de desconsideração deliberada de alternativas. Nestas últimas circunstâncias, o juiz constitucional deve convocar todas as alternativas que poderiam e deveriam ter sido apreciadas, sem exceção. Por outras palavras: em regra, o juiz deve dirigir o seu poder instrutório para a identificação das alternativas que o legislador considerou ou devia razoavelmente ter considerado e não para toda e qualquer alternativa que existisse no momento da decisão, tal como no momento do controlo é possível determinar[3011]. Diferente dessa é a eventualidade de *supervenientemente*, isto é, depois da produção da norma, terem surgido *novas* alternativas que o legislador não poderia em nenhum caso ter antecipado. Essa hipótese, tal como a da superveniência de dados empíricos depois da decisão legislativa, deve ser resolvida nos termos que sugeriremos quando estudarmos, num dos próximos números, os limites temporais à delimitação das apreciações empíricas relevantes.

[3010] Como nota CLÉRICO, *El examen...*, p. 104, citando jurisprudência alemã, a capacidade de considerar todos os meios teoricamente alternativos é limitada por considerações de ordem prática – oportunidade e tempo do ato, recursos disponíveis, informação – e o legislador pode ter *boas razões* para não considerar alguns.

[3011] Não está distante GARDBAUM, «A Democratic Defense...», p. 33.

A PROIBIÇÃO DO EXCESSO COMO NORMA DE CONTROLO

4.3.1.2.2.3.3. Juízo instrumental de adequação

Inerente e incindível da delimitação do universo das alternativas a considerar em sede de controlo da necessidade da medida legislativa, é a verificação pelo juiz da adequação dessas alternativas. Também aí estão em jogo juízos essencialmente empíricos – embora não estejam ausentes, insiste-se, juízos de interpretação e qualificação.

O processo de controlo das normas é um processo que se traduz numa sequência ritualizada de operações intelectuais e materiais. Nesse âmbito, é possível (e recomendável) distinguir entre um juízo *independente* de adequação, incidente sobre a *opção eleita pelo legislador*, que constitui o núcleo do segmento da adequação, e um outro juízo de adequação incidente sobre *todas as alternativas* disponíveis delimitadas de acordo com o critério que flui dos parágrafos anteriores. Este último juízo de adequação, aliás mais complexo do que o primeiro, é *instrumental* em relação à necessidade. É *instrumental* em relação à necessidade porque a sua utilidade se reconduz ao preenchimento de um pressuposto da operação metódica da avaliação da necessidade: a definição de quais os meios hipoteticamente alternativos ao escolhido que são intrinsecamente aptos a atingir o fim a que a norma se propõe, sendo *realmente* alternativos. Por isso, este juízo suplementar de adequação tem por objeto *todas* as opções além da que foi primariamente preferida pelo legislador[3012].

Nesse contexto, aliás, fica patente uma diferença importante entre o juízo de adequação *independente* da necessidade e o juízo de adequação *instrumental* à necessidade: o primeiro tanto pode ser meramente hipotético como pode ser já baseado na execução real do meio, enquanto o segundo é sempre essencialmente hipotético, uma vez que incide sobre meios que não mereceram a preferência do legislador[3013].

4.3.1.2.2.3.4. Comparação das intensidades dos efeitos de satisfação e de interferência

As alternativas delimitadas do modo que antecede e a solução preferida pelo legislador (*MI*) são então comparadas sob dois ângulos: (i) o dos efeitos jurídicos e materiais de satisfação dos bens, interesses ou valores prosseguidos e (ii) o dos efeitos jurídicos e materiais de interferência nos bens, interesses ou valores colidentes.

[3012] Como assinalámos, poderia pensar-se que a autonomia do segmento da adequação perderia razão de ser, uma vez que a apreciação da necessidade implicaria sempre a avaliação da adequação de todas as alternativas possíveis: cfr. HIRSCHBERG, *Der Grundsatz...*, p. 59. Todavia, vimos que há razões teorético-jurídicas e práticas que justificam a manutenção deste segmento com autonomia, incidente só sobre a medida escolhida.

[3013] Assinalando este aspeto, PULIDO, *El principio de proporcionalidad...*, p. 744.

O PRINCÍPIO DA PROIBIÇÃO DO EXCESSO

O objeto da atividade instrutória do juiz, como vimos, é apurar se a norma adotada pelo legislador é *desnecessária*. Para isso tem de verificar se alguma das alternativas disponíveis era consideravelmente menos interferente e pelo menos aproximadamente tão satisfatória quanto a preferida. Recorrendo ao quadro expositivo que perfilhámos em relação à modalidade lata, o juiz deve verificar se a norma adotada (*M1*) cai no *domínio de imposição negativa*[3014], isto é, no domínio em que *M1* deveria ter sido excluída pelo legislador por haver *pelo menos uma* alternativa disponível consideravelmente menos interferente e pelo menos aproximadamente tão satisfatória. Ao juiz não cabe decidir *qual* a medida que deveria ter sido adotada; apenas lhe cabe ajuizar se aquela que foi tomada é desnecessária.

Para isso, o juiz constitucional reconstrói, na medida em que isso seja pragmaticamente possível, as operações intelectuais realizadas pelo legislador a propósito das alternativas, quer no que toca aos efeitos jurídicos, quer no que toca aos efeitos materiais que cada uma hipoteticamente desencadearia. No que toca aos efeitos jurídicos, operações técnico-jurídicas de interpretação e qualificação. No que toca aos efeitos materiais: (i) operações técnico-jurídicas de interpretação e qualificação; (ii) prognóstico dos efeitos materiais futuros decorrentes do cumprimento da norma, partindo dos dados empíricos do passado e do presente; (iii) eventualmente, valorações[3015]. Sobre a *correção* das operações técnico-jurídicas, isto é, não empíricas, o juiz tem um poder jurisdicional pleno; sobre a *verdade* ou *verosimilhança* das apreciações empíricas, a sua margem de apreciação e decisão é mais limitada, como veremos abaixo; sobre as valorações, a margem ainda é mais limitada (colocando-se, além do mais, o problema prático da destrinça entre apreciações empíricas e valorações no contexto da metódica da necessidade).

4.3.1.2.2.4. Proporcionalidade e.s.e.

A aplicação da proporcionalidade e.s.e. envolve a ponderação ou contrapeso da importância dos efeitos positivos referentes à satisfação de bens, interesses ou valores e dos efeitos negativos de interferência em bens, interesses ou valores com aqueles colidentes[3016]. Quando se fala de efeitos positivos e de efeitos negativos, abrange-se quer os efeitos jurídicos, quer os efeitos, consequências ou resultados materiais desencadeados ou causados pelo cumprimento da norma.

A distinção entre *intensidade* dos efeitos de satisfação e de interferência e *importância* dos efeitos de satisfação e de interferência foi oportunamente ex-

---

[3014] Sobre o conceito de domínio de imposição negativa, v. *supra*, capítulo 16.

[3015] Sobre as operações intelectuais realizadas pelo legislador, que o juiz deve reconstruir e, com mais ou menos limites, julgar, v. desenvolvidamente o capítulo 16, 8.1.2.2.

[3016] V. capítulo 18, 2.8.

A PROIBIÇÃO DO EXCESSO COMO NORMA DE CONTROLO

plicada. Ficou então evidenciado que, sendo dois conceitos distintos, têm uma ligação e até zonas de sobreposição (as valorações eventualmente efetuadas para a determinação do primeiro e predominantemente efetuadas para determinação do segundo). Sem o prévio apuramento da intensidade de satisfação e de interferência não é possível ponderar a importância dos efeitos de satisfação e de interferência. Assentando o conceito de intensidade de satisfação e de interferência em juízos de interpretação e de qualificação e em apreciações empíricas, pode dizer-se que a ponderação pressupõe a prévia realização dessas operações (podendo, por isso, afirmar-se que os segmentos da adequação e da necessidade desempenham uma função pré-estruturante da proporcionalidade e.s.e.), mas não as incorpora[3017]. São-lhe, portanto, metodicamente estranhas. Sem embargo, a estreita inter-relação entre momentos de apreciação e avaliação e momentos de valoração ou ponderação pode diluir as fronteiras entre essas duas operações.

É por isso que na apreciação da proporcionalidade e.s.e. não se colocam questões de prova e, concomitantemente, de delimitação do objeto do poder instrutório probatório do juiz constitucional. Não sendo as apreciações de facto (designadamente as que se reportam ao grau de certeza) e a instrução probatória sobre elas irrelevantes para a aplicação da metódica da proporcionalidade e.s.e., não a integram, uma vez que já terão sido realizadas nos momentos lógicos antecedentes.

4.3.1.2.3. *Fatores temporais*

O tempo é um dos fatores essenciais do juízo sobre o cumprimento da proibição do excesso[3018]. O juiz constitucional é chamado a debruçar-se sobre a norma num momento posterior àquele em que o autor a concebeu. Trata-se de uma apreciação *ex post facto*, isto é, depois de a solução preferida pelo legislador ter adquirido estabilidade (mesmo que a norma ainda não tenha sido publicada ou não esteja em vigor). A medida legislativa pode encontrar-se numa de várias situações: (i) ainda não está a produzir efeitos; (ii) já esgotou todos os seus efeitos (por os ter produzido instantaneamente ou por se terem esgotado entrementes); (iii) está a produzir efeitos no momento do exame pelo órgão de fiscalização, mas deixa de os produzir num momento futuro já conhecido; (iv) continuará presumivelmente a produzir efeitos por prazo indeterminado.

[3017] A circunstância de isso não resultar claramente da fórmula do peso e da denominada segunda lei da ponderação de ALEXY (*A Theory*..., pp. 418 ss.) é um dos motivos de crítica a essas construções; v., também, BARAK, *Proportionality*..., p. 358.

[3018] BEILFUSS, *El Principio*..., p. 141.

O PRINCÍPIO DA PROIBIÇÃO DO EXCESSO

A distinção entre estas hipóteses não é relevante quando se trata de delimitar os factos *passados* que constituíram a base para o diagnóstico da situação. Estando ou não a norma a produzir efeitos, os factos de que o legislador partiu podem ser apurados e avaliados pelo juiz, não se colocando a necessidade de delimitação dos seus poderes instrutórios.

Mas a distinção é relevante quando se trata de delimitar o objeto e alcance dos poderes instrutórios do juiz e, concomitantemente, o objeto da sua pronúncia, a propósito dos juízos empíricos não respeitantes a factos anteriores à prática do ato legislativo. Há diferenças, desde logo, entre o caso em que a medida ainda não produziu efeitos (hipótese (i)) e os casos em que a medida já produziu efeitos (hipóteses (ii), (iii) e (iv)). A diferença crucial reside em que no primeiro caso o juiz nunca pode pronunciar-se sobre a real eficiência, grau de sucesso efetivo ou real lesividade da medida legislativa, tendo, por conseguinte, de produzir um juízo de prognóstico que dificilmente poderá ser diferente do efetuado pelo legislador, enquanto nos outros casos os dados de facto sobre a real (in)eficiência ou lesividade da medida podem já ser inteligíveis.

O primeiro caso é plausível em sistemas de fiscalização da constitucionalidade – como o português – onde há fiscalização abstrata da constitucionalidade de normas ainda não perfeitas (fiscalização preventiva) ou já perfeitas, mas não produzindo ainda efeitos (alguns casos de fiscalização sucessiva). Aí, o juízo sobre a conformidade da medida só se pode basear nos factos tal como eram percetíveis e atendíveis no momento em que o legislador produziu a norma. A instrução probatória restringe-se a esses factos. Objeto da atividade de prova promovida pelo tribunal (ou pelas partes, se o sistema tiver matriz tendencialmente subjetiva), são as considerações empíricas em que o legislador se baseou para concluir que a medida adotada era intrinsecamente apta a causar o objetivo visado com eficiência pelo menos mínima e era necessária. Na apreciação de um meio, o juiz deve considerar os elementos de facto e os conhecimentos empíricos, técnicos e científicos disponíveis quando o ato foi praticado. Por outro lado, os juízos de prognose a sujeitar ao crivo da prova são os que o legislador fez ou deveria ter feito *naquele momento* e não outros subsequentemente realizáveis. Podemos falar aqui de uma perspetiva *ex ante* (ou *ex tunc*).

É nessa base que o exame da proibição do excesso se realiza quando o ato não tenha ainda produzido efeitos jurídicos. O juiz constitucional delimita os elementos coligidos e considerados pelo legislador e ajuíza se este deveria ter concluído pela não conformidade com a adequação ou a necessidade. Nesta perspetiva, um juízo de ilicitude da medida legislativa pode fundar-se *grosso modo* em: (i) prova de que o legislador agiu numa situação de incerteza epistémica empírica total ou radical ou de incerteza epistémica empírica parcial nega-

A PROIBIÇÃO DO EXCESSO COMO NORMA DE CONTROLO

tiva[3019]; (ii) prova de que a situação de facto passada em que alicerçou a medida legislativa foi deficientemente interpretada; (iii) prova de que o legislador não teve em conta dados – já disponíveis no momento da prática do ato – que deveria ter considerado; (iv) prova de que o juízo de prognose formulado pelo legislador, tendo em conta tudo o que ele considerou, é infundado à luz de um padrão médio de diligência e de racionalidade ou de regras científicas e técnicas por ele próprio conhecidas e aceites.

Em termos menos sistematizados, esta orientação tem sido *mutatis mutandis* sufragada pelo Tribunal Constitucional alemão e pela maior parte da doutrina, na medida em que entendem que os diagnósticos e prognósticos que contam são os realizados ou os que poderiam e deveriam ter sido realizados contemporaneamente à prática do ato[3020]. Ela cumpre o objetivo de contenção dos poderes do juiz, preservando razoavelmente a margem de livre conformação do legislador[3021].

Quando a medida legislativa já produziu todos os seus efeitos ou ainda os está a produzir, a perspetiva *ex ante* não é a única possível. Nessa situação existe também a possibilidade pragmática de uma perspetiva *ex post* (ou *ex nunc*). O órgão de controlo, além de poder dirigir o seu labor instrutório para conhecer os elementos em que o legislador assentou ou deveria ter assentado o juízo de conformidade com a proibição do excesso, pode também promover prova sobre dados supervenientes, que o legislador não poderia conhecer no momento da prática do ato: novos factos, nomeadamente factos que lhe permitem eventualmente aferir da eficiência e lesividade real da medida, ou calcular mais aperfeiçoadamente a eficiência e lesividade previsível. Em função disso, é possível conceber-se a realização de novas prognoses, que poderão divergir das realizadas antecedentemente pelo legislador.

[3019] V., estes conceitos, *supra*, capítulo 15.

[3020] A doutrina sufraga em geral uma perspetiva *ex ante*, pelo que, pelo menos neste primeiro grupo de situações, há coincidência: v. GRABITZ, «Der Grundsatz...», p. 572; CLÉRICO, *El Examen...*, p. 75; *idem*, «Sobre la prohibición por acción...», *cit.*, p. 181 (sublinhando, porém, que em casos de intervenção muito intensiva no direito fundamental se justifica uma avaliação *ex post*); LOPERA MESA, p. 44 (cfr., todavia, «Principio de proporcionalidad...» (2008), p. 302, pronunciando-se por uma perpsetiva *ex post* em casos de interferências especialmente graves); VAN DROOGHENBROECK, *La Proportionnalité...*, p. 186; MUZNY, *La Technique de Proportionnalité...*, pp. 576 ss. (os dois últimos, no contexto da CEDH); ÁVILA, *Teoria...*, 7ª ed., p. 168; ZOONIL YI, *Das Gebot der Verhältnismäßigkeit...*, p. 113; BEILFUSS, *El Principio...*, p. 127; PULIDO, *El principio de proporcionalidad...*, p. 735. Na doutrina nacional, por todos, MIRANDA/JORGE P. SILVA, «Anotação ao artigo 18º», in Miranda/Medeiros, *Constituição...*, I, 2ª ed., p. 374.

[3021] Neste sentido, entre nós, NOVAIS, *As restrições...*, p. 739; MIRANDA/JORGE P. SILVA, «Anotação ao artigo 18º», in Miranda/Medeiros, *Constituição...*, I, 2ª ed., p. 374.

O PRINCÍPIO DA PROIBIÇÃO DO EXCESSO

A questão que se coloca é se mesmo nessa situação o juízo sobre a medida deve ser alicerçado numa perspetiva *ex ante*. A alternativa é deslocar o centro da atividade instrutória para uma avaliação *ex post* dos dados conhecidos no momento do controlo[3022]. Isso pode fazer-se conjeturando a leitura que o legislador faria *agora* desses dados e da sua repercussão na avaliação da medida face aos segmentos da proibição do excesso ou pelo prisma da leitura feita pelo próprio juiz constitucional[3023]. Ora, a propriedade desta opção *atualista* acentua-se à medida que a prova sobre a intensidade de interferência e de satisfação da medida se acumula e à medida que o tempo vai criando a oportunidade de a norma produzir ou desencadear os resultados projetados, ou não[3024]. Portanto, a instantaneidade ou a continuidade da produção de efeitos, bem como a duração da vigência e a regularidade da aplicação da medida contida na norma legal contam: quanto mais se prolongar a vigência – e a produção de efeitos da norma – e mais regular e amiudadamente ela for aplicada, mais se justifica a substituição da visão histórica do legislador por uma visão atual, seja a do legislador contemporâneo tal como conjeturada pelo juiz constitucional, seja a do próprio juiz constitucional[3025]. Essas circunstâncias tornam plausível que ainda que uma norma respeitasse os segmentos da proibição do excesso no momento da sua

---

[3022] Apesar de referirmos a apreciação *ex post* ao momento do controlo (v., no mesmo sentido, BARAK, *Proportionality*..., p. 312), não é impossível que esse exame se reporte a um momento posterior ao da produção da norma, mas anterior ao do controlo, isto é, a um qualquer momento algures entre os dois.

[3023] A deteção das chamadas inconstitucionalidades deslizantes só é possível com esta deslocação do centro de gravidade do exame do juiz constitucional. Sobre as inconstitucionalidades deslizantes, v. o clássico trabalho de CHRISTIAN PESTALOZZA, «Noch "verfassungsmässige" und bloß "verfassungswidrige" Rechtslagen», in Christian Starck, *Bundesverfassungsgerich und Grundgesetz*, vol. 1, 1976, pp. 519 ss.; também o nosso *Introdução*..., 2ª ed., p. 99, *passim*; JORGE P. SILVA, *Dever de legislar e protecção*..., pp. 58 ss.

[3024] Podendo gerar-se, inclusive, o dever de o legislador corrigir a norma legislativa sob pena de inconstitucionalidade: cfr. sobre isso PETER BADURA, «Die verfassungsrechtliche Pflicht des gesetzgebenden Parlaments zur "Nachbesserung" von Gesetzen», in Georg Müller (org.), *Staatsorganisation und Staatsfunktionen im Wandel: Festschrift für Kurt Eichenberger zum 60. Geburtstag*, Helbing & Lichtenhahn, Basel, 1982, pp. 484 ss.; CHRISTIAN MAYER, *Die Nachbesserungspflicht des Gesetzgebers*, Nomos, Baden-Baden, 1996; STETTNER, «Die Verpflichtung des Gesetzgebers zu erneutem Tätigwerden bei fehlerhafter Prognose», p. 1126; MERTEN, «Der Verhältnismäßigkeitsgrundsatz», p. 554; REUTER, «Die Verhältnismäßigkeit...», p. 514; BEILFUSS, *El Principio*..., p. 142; JORGE P. SILVA, *Dever de legislar e protecção*..., pp. 62 ss.; SARTOR, «A Sufficientist Approach...», p. 25.

[3025] Nesta abertura a uma perspetiva *ex post*, adotada pelo juiz constitucional, já nos afastamos da maioria da doutrina anteriormente citada. Cfr., designadamente, PULIDO, *El principio de proporcionalidad*..., p. 735, que não distingue os vários momentos aqui diferenciados. Defendendo a aplicação de uma perspetiva *ex post* – mas sem a gradação defendida no texto –, por exemplo, PAULO BRANCO, *Juízo de ponderação*..., p. 173; JANE PEREIRA, «Os imperativos da proporcionalidade e da razoabilidade...», p. 18.

A PROIBIÇÃO DO EXCESSO COMO NORMA DE CONTROLO

emissão, isso deixe de suceder supervenientemente. O deslizamento gradual da vinculação a uma perspetiva *ex ante* para a pertinência de uma perspetiva *ex post* pode ser acelerado se puder provar-se que no momento do controlo há meios alternativos disponíveis igualmente eficientes, sendo um deles *consideravelmente* menos interferente do que o adotado (violação da necessidade)[3026]. Sem embargo, mesmo que se justifique a perspetiva *ex post*, a eventual declaração da inconstitucionalidade não pode produzir efeitos *ex tunc*[3027]. A distinção entre perspetivas *ex ante* e *ex post* tem relevo sobretudo na medida em que alicerça a invalidação de medidas que eram adequadas ou necessárias segundo a primeira perspetiva, mas deixaram de o ser sob a segunda. Nesta hipótese de substituição de uma perspetiva *ex ante* por uma perspetiva *ex post*, pode ser eventualmente exigível que, como contrapartida da modificação do objeto da atividade instrutória do juiz constitucional, este autolimite os efeitos da sua pronúncia, desprovendo-a de eficácia retroativa ou fixando para a sua eficácia um ponto que, embora anterior ao da decisão judicial, seja posterior ao do início da eficácia do ato[3028].

Uma questão que se pode suscitar é se essa distinção também pode produzir o efeito reverso. Isto é, na situação – talvez difícil de exemplificar – de uma norma ser inadequada ou desnecessária na perspetiva *ex ante*, mas adequada ou necessária numa perspetiva *ex post*, pode ou deve o juiz atender à situação atual, de não invalidade, ou à situação original, de invalidade? Não repugna que também aqui a avaliação *ex post* tenha consequências – desta vez de preservação da medida legislativa –, embora isso possa depender de uma operação de *ponderação* entre os efeitos positivos e os efeitos negativos de deixar a norma seguir o seu curso de vigência. Se os efeitos positivos suplantarem os negativos, a norma não deve ser invalidada. Eventualmente, também aqui se justificará a produção de decisões atípicas de provimento, ou de não provimento, desta vez atuando sobre efeitos já produzidos pela norma e não sobre efeitos futuros[3029].

Estas diretrizes proporcionam maleabilidade suficiente para adotar atitudes diferenciadas de acordo com o tipo de situações, designadamente qual dos casos, (ii), (iii) ou (iv), está em discussão. Assim, se o ato esgotou, instantaneamente todos, ou quase, os seus efeitos no momento da entrada em vigor, os parâmetros

---

[3026] Cfr. CLÉRICO, *El examen...*, p. 148.

[3027] Cfr., porém, NOGUEIRA, *Direito Fiscal...*, p. 92, defendendo a eficácia *ex tunc*.

[3028] No mesmo sentido, VAN DROOGHENBROECK, *La Proportionnalité...*, p. 187. Sobre a fixação dos efeitos, v. o nosso «*Introdução às decisões de provimento do Tribunal Constitucional...*».

[3029] Em sentido diverso, BARAK, *Proportionality...*, pp. 300, 312, 331, na medida em que entende que uma medida deve superar o teste da proibição do excesso sob todas as perspetivas e ao longo de toda a sua vida: o fim deve ser legítimo quer se adote o ângulo de apreciação subjetivo ou objetivo; o meio deve ser adequado e necessário quer numa perspetiva *ex ante* quer numa perspetiva *ex post*.

O PRINCÍPIO DA PROIBIÇÃO DO EXCESSO

instrutórios a que o juiz constitucional está sujeito não diferem muito dos que foram enunciados para o caso (i). Mas se a produção de efeitos se prolongou por algum tempo ou ainda perdura, a extensão objetiva dos poderes instrutórios probatórios do juiz constitucional pode sofrer acertos. Os exemplos seguintes ilustram isso.

Primeiro exemplo: em Novembro de 2008[3030] o Estado nacionalizou o Banco Português de Negócios (BPN). O efeito da lei – a passagem da propriedade das ações dos acionistas anteriores para o Estado – consumou-se instantaneamente. Se o juiz constitucional tivesse sido chamado a apreciar a proporcionalidade da medida, mesmo em ocasião posterior à data da sua produção – eventualmente quando já fosse possível verificar que alguns objetivos da nacionalização do BPN não se tinham cumprido –, o exame efetuado teria de se subordinar essencialmente à perspetiva histórica, baseada nas apreciações de facto e nas prognoses realizadas pelo legislador da época.

Segundo exemplo: o legislador inseriu no Orçamento de Estado de 2012 normas que implicaram a suspensão dos subsídios de férias e de Natal de um universo significativo de trabalhadores do setor público. Se sujeitas a fiscalização preventiva, o juiz constitucional não poderia deixar de se basear nas prognoses realizadas pelo legislador, designadamente a expetativa de que teriam um efeito de redução da despesa. Ao longo de 2012 foi-se verificando que essas medidas não eram eficientes na realização do objetivo de consolidação das contas públicas, uma vez que, de acordo com a evidência produzida pela ciência económica e com os dados da execução orçamental do lado da receita, se concluiu que deprimiam mais a economia e geravam a necessidade de cortes adicionais no orçamento de 2013, atingindo um universo mais alargado de trabalhadores. Se o exame do juiz constitucional fosse realizado num momento em que esses dados se tornavam comprovados, não poderiam deixar de ser considerados.

5. Em especial: os poderes do juiz constitucional de controlo de valorações

5.1. Os paradigmas teóricos sobre o alcance e extensão dos poderes de apreciação das valorações do legislador

Este é mais um campo de fratura em torno da "velha questão" da repartição de competências entre legislador e jurisdição constitucional. Há dois paradigmas teóricos extremos.

[3030] Lei nº 62-A/2008, de 11 de Novembro.

A PROIBIÇÃO DO EXCESSO COMO NORMA DE CONTROLO

Numa das extremidades, defende-se que a maior margem de decisão (ou de discricionariedade) para a ponderação do fim e do mal infligido ao direito fundamental cabe ao juiz constitucional[3031].

No outro extremo, rejeita-se categoricamente que a proporcionalidade e.s.e. possa ser sequer um parâmetro de controlo judicial das normas legislativas. A margem de conformação do legislador para valorações e contrapeso decorre da própria constituição. À legislação cabe a conformação política e, nessa medida, a valoração e contrapeso de deveres e recursos, fins e meios, interesses gerais, necessidades estatais e liberdade individual. O mesmo não acontece em relação ao juiz constitucional: donde é que resultaria, por conseguinte, uma eventual competência deste para controlar as valorações e contrapesos realizados pelo legislador no âmbito das suas funções constitucionais e para eventualmente as substituir pelas suas, igualmente subjetivas e intuicionistas[3032]?

Produzido sob o pano de fundo dos deveres de proteção, mas transponível para o nosso debate, HESSE alertou lapidarmente para que a conformação política através do tribunal constitucional e de decisões jurisdicionais sobre questões que não sejam suscetíveis de juízos estritamente jurídicos pode conduzir a reorientações da constituição. Pode, desde logo, influir na liberdade de conformação do legislador e colocar em questão o caráter da constituição como ordem aberta e como quadro. Por isso, é forçosa a existência de limites da jurisdição constitucional. Estas considerações podem levar à exclusão total ou parcial do controlo jurisdicional ou à limitação da sua intensidade[3033]. Designadamente, o tribunal constitucional deve estar impedido de substituir as valorações do legislador pelas suas, uma vez que, tal como nas prognoses, falta um parâmetro normativo material estabelecido pela constituição. Essa substituição não seria conciliável com a única tarefa que lhe cabe, o controlo jurisdicional. A intensidade de controlo não deveria ir além do controlo de defensabilidade ou de evidência (no quadro da jurisprudência constitucional alemã). Nos termos do controlo da defensabilidade fiscalizar-se-ia se o legislador considerou fato-

---

[3031] BARAK, *Proportionality...*, p. 459; porventura na mesma linha, NOVAIS, *As restrições...*, pp. 759-765, na medida em que rejeita que o controlo se deva confinar às desproporções mais grosseiras.

[3032] V. SCHLINK, «Der Grundsatz der Verhältnismäßigkeit», p. 461. Esta posição do autor deve ser lida à luz da tese de *ceticismo ponderativo* ou *negacionista da ponderação* que defendeu em 1976 no influente *Abwägung im Verfassungsrecht*. Era rejeitado o segmento da proporcionalidade e.s.e. como parâmetro do controlo judicial, o que dizia ser consistente com as conceções gerais de uma estado liberal. As teses de SCHLINK suscitam a adesão total ou parcial de parte da doutrina embora não em termos maioritários. Apoinates, recentemente: BERNSTORFF, «Proportionality without Balancing...», *cit.*; ŠUŠNJAR, *Proportionality...*, *cit.*; confluente, na doutrina americana, GARDBAUM, «A Democratic Defense...», p. 34. Cfr. DECHSLING, *Das Verhältnismäßigkeitgebot...*, p. 14, com várias referências.

[3033] HESSE, «Die verfassungsrechtliche Kontrolle der Wahrnehmung...», p. 555.

O PRINCÍPIO DA PROIBIÇÃO DO EXCESSO

res materiais importantes como a espécie e a intensidade das interferências nos direitos de defesa. O controlo de evidência visaria apurar se as valorações foram evidentemente erróneas. Um pleno controlo material intensivo das valorações do legislador e das suas consequências é, pelo contrário, excluído ("controlo é bom; confiança no processo democrático é melhor"[3034]).

É nestas reflexões que deve assentar uma orientação matizada, que evite os extremos[3035].

Por um lado, não pode rejeitar-se liminarmente que o juiz constitucional reavalie as valorações e contrapesos efetuados pelo legislador. Se este produzir uma norma que permita que o dono da macieira dispare contra a criança que, nela empoleirada, vai retirando, desafiadora e surda às invetivas, as melhores maçãs[3036], certamente que não se pode rejeitar que o juiz constitucional erradique tal norma, mesmo que o disparo contra a criança seja a única forma de evitar a continuação do desaforo. Realizando o legislador uma valoração e um contrapeso totalmente irracional, inaceitável e aviltante dos bens, interesses ou valores em colisão – grosseira violação da proporcionalidade –, ao juiz constitucional cabe recompor a situação nos devidos termos constitucionais. Se para isso for necessário realizar operações de valoração e contrapeso próprios e substituir os do legislador, não se vê como adotar uma posição de princípio irredutivelmente fechada.

Mas, por outro lado, as valorações do juiz constitucional não podem ultrapassar um limiar que assegure que, em última instância, a interpretação do jogo de valores e a respetiva arbitragem numa sociedade democrática seja desempenhada pelo legislador democrático[3037].

[3034] "Kontrolle ist gut. Vertrauen auf den demokratischen Prozess ist besser".

[3035] Na doutrina portuguesa, é esse também o sentido da orientação perfilhada por SAMPAIO, «The contextual nature of proportionality...», p. 188.

[3036] Recorrendo a um exemplo de SCHLINK, «Proportionality...», p. 293 (em que, em bom rigor, talvez esteja em causa uma questão de violação de um direito absoluto ou de garantia do conteúdo essencial e não de proporcionalidade).

[3037] Em que base se pode assentar a convicção de que o juiz constitucional procurará fazer uma operação de *balancing* objetiva? A resposta reside nas próprias condições institucionais em que aquele desempenha a sua função contra-maioritária. Não tendo normalmente o poder de executar as suas decisões, o juiz constitucional depende em boa parte do próprio legislador. Este só executará aquelas decisões se o tribunal disfrutar de uma forte legitimidade na comunidade. E essa legitimidade só é possível se as decisões do juiz constitucional forem vistas como legítimas, isto é, racionais, objetivas, transparentes: v. neste sentido PETERSEN, «Balancing...», p. 7 (a legitimidade é uma fonte central do poder judicial; a legitimidade dos tribunais assenta na perceção de que os tribunais são árbitros neutrais que assentam s suas decisões em considerações jurídicas).

A PROIBIÇÃO DO EXCESSO COMO NORMA DE CONTROLO

É esse equilíbrio que procuraremos no número seguinte e quando nos pronunciarmos sobre o grau de convicção exigível para a declaração de violação da proibição do excesso por incorreção das valorações do legislador (*infra*).

5.2. Fiscalização da proporcionalidade e.s.e. ou da não desproporcionalidade e.s.e.?

O tema é simétrico ao já abordado a propósito da adequação e da necessidade. O juiz averigua se a norma adotada pelo legislador é proporcional (apreciação positiva) ou é desproporcional (apreciação negativa)? A argumentação produzida no processo de fiscalização deve convencer da proporcionalidade da norma ou da não desproporcionalidade? No primeiro caso, se houver dúvida sobre a proporcionalidade, a norma é invalidada. No segundo, se houver dúvida sobre a proporcionalidade e não houver certeza sobre a desproporcionalidade, a norma subsiste.

Quando lançámos a questão no contexto da proporcionalidade e.s.e. como norma de ação, pronunciámo-nos tendencialmente pela conceção da proporcionalidade e.s.e. como norma que impõe ao legislador a emissão de normas não desproporcionais, isto é, de normas cujos efeitos positivos não são inferiores aos negativos. Todavia, deixámos aberta a hipótese de em certos domínios materiais ele estar obrigado à produção de normas (positivamente) proporcionais[3038]. No campo do poder jurisdicional do juiz constitucional, os argumentos já aventados a propósito da adequação e da necessidade são duplamente ponderosos, pois que agora se trata da questão particularmente sensível do julgamento de valorações do legislador: o objetivo de equilíbrio, anunciado no número anterior, passa por o poder jurisdicional do juiz constitucional se restringir à *apreciação da desproporcionalidade e.s.e.* da norma[3039].

5.3. A relevância da divergência entre os efeitos visados e os efeitos efetivamente ocorridos

Do mesmo modo que a propósito da adequação e da necessidade se coloca a questão de saber se a apreciação dos factos e as prognoses do legislador a apreciar e a atender são as contemporâneas à conceção da norma ou podem/devem ser posteriores, também a propósito do controlo da proporcionalidade e.s.e. se pode debater se os efeitos (positivos e negativos, particularmente materiais) da

---

[3038] V. capítulo 18, 3.

[3039] É clara nesse sentido a orientação do Tribunal Constitucional vertida no acima citado acórdão nº 362/16: "o controlo exercido deve ser [...] meramente negativo [...]: existe violação do princípio da proporcionalidade se a medida em análise for considerada [...] *desproporcionada* (convicção de que o ganho de interesse público inerente ao fim visado não justifica nem compensa a carga coativa imposta; relação desequilibrada entre os custos e os benefícios)." (nº 14).

O PRINCÍPIO DA PROIBIÇÃO DO EXCESSO

norma a ponderar pelo juiz são aqueles que o legislador quis atingir e admitiu como desejáveis ou são aqueles que, tendo havido discrepância, efetivamente ocorreram.

Esta questão, similarmente ao que se passa com a fiscalização da adequação e da necessidade, coloca-se sobretudo quando esteja em causa norma que já tenha tido algum tempo de vigência, uma vez que quando se trata de norma fiscalizada em momento quase simultâneo à sua produção, o juízo não pode deixar de incidir sobre os efeitos tal como projetados pelo legislador.

Mas, verificando-se o referido tempo de vigência, as linhas orientadoras para enfrentar a questão são as mesmas (talvez com força redobrada) que a propósito das apreciações empíricas: quanto maior for o período de vigência mais se justifica ponderar os efeitos realmente ocorridos e não os projetados (cfr. *supra*). A própria *ratio* subjacente à ideia de proporcionalidade e.s.e. robustece esta resposta. Este segmento é imposto pela necessidade de sujeitar a norma a uma certa pauta valorativa resultante da constituição. Faltar-se-ia à sua "verdade" se fossem utilizadas como referências paramétricas a importância dos efeitos de satisfação de bens, interesses ou valores que o ato não foi capaz de prosseguir de modo eficiente ou a importância dos efeitos de interferência em bens, interesses ou valores diferentes dos que foram efetivamente atingidos. A "verdade" da ponderação valorativa reivindica o contrapeso dos efeitos materiais do sacrifício de bens, interesses ou valores provocado pela utilização do meio em causa, com o resultado *efetivamente atingido* (isto é, os efeitos materiais positivos ao nível dos bens, interesses ou valores efetivamente honrados e o grau em que o foram).

5.4. Os limites do poder jurisdicional no que toca à ponderação do fator financeiro realizada pelo legislador

A circunstância de o legislador não poder descartar uma alternativa menos interferente simplesmente por ela não ser financeiramente neutra, sendo antes obrigado, ao abrigo do segmento da necessidade, a ir mais longe na ponderação de todos os bens, interesses ou valores em presença[3040], não tem a automática consequência de atribuir ao juiz constitucional o poder de controlar, anular e substituir em qualquer circunstância as valorações do legislador.

A ponderação realizada pelo legislador, abrangendo os fatores financeiros, deve considerar-se especialmente blindada. Por isso, salvo se for manifestamente errónea, infundada ou desrazoável, deve entender-se que ela está fora do poder anulatório do juiz constitucional no contexto da averiguação do respeito da necessidade. Qualquer posição que o juiz constitucional assuma pode

[3040] V. *supra*, capítulo 16, 4.2.1.5.

A PROIBIÇÃO DO EXCESSO COMO NORMA DE CONTROLO

ter apenas consequências ao nível da avaliação política a que o legislador democrático está incontornavelmente sujeito.

6. O grau de prova e de convicção exigíveis para a declaração da violação da proibição do excesso

6.1. O grau de prova e de convicção exigíveis para a declaração de violação da proibição do excesso por deficiências das apreciações empíricas do legislador

6.1.1. A referência do processo civil

Em processo civil a prova é suscetível de graduação. O *grau de prova* corresponde à medida da convicção que é necessária para que o tribunal possa julgar provados determinado facto ou afirmação sobre um facto[3041]. Ou, de outro ângulo, o grau de convicção exigido ao tribunal corresponde ao grau de exigência da fundamentação dessa convicção a partir da prova produzida.

A convicção pode fundar-se (i) na prova *stricto sensu*, (ii) na mera justificação ou (iii) no princípio de prova[3042]. Para o processo constitucional interessam particularmente os dois primeiros graus.

Prova *stricto sensu*, é aquela que se fundamenta na convicção da realidade do facto. A prova *stricto sensu* exige uma medida de convicção que não é compatível com a admissão de que a realidade pode ser distinta daquela que se considera provada. Pode a convicção fundar-se na alta probabilidade da realidade do facto. Mas o que é relevante é que esse grau de convicção permita excluir, segundo o padrão que na vida prática é tomado como certeza, outra configuração da realidade dada como provada[3043]. Esta prova exclui a mera plausibilidade e não se basta com uma probabilidade que é apenas preponderante ou maioritária[3044].

Transpondo este grau de exigência para os padrões normais do processo constitucional, o que mais se aproxima é o chamado juízo ou convicção de *evidência*: algo que é *evidente* é algo em relação ao qual há a convicção da realidade ou da verdade.

Todavia, a *univocidade* do objeto da prova – dos factos e afirmações a provar – típica das outras ordens processuais (furtou ou não, celebrou o contrato de compra e venda ou não, teve culpa no acidente ou não, cumpriu a prestação a que

---

[3041] Miguel Teixeira de Sousa, *As partes, o objecto...*, p. 200.
[3042] *Idem.*
[3043] *Idem*, p. 201.
[3044] *Idem.*

O PRINCÍPIO DA PROIBIÇÃO DO EXCESSO

se obrigou ou não, há um facto extintivo da servidão ou não), mesmo quando se trata de factos complexos, não tem paralelo no objeto da prova em processo constitucional. Aqui os chamados factos legislativos[3045] (a videovigilância aumenta a segurança, as revistas corporais diminuem a hipótese de atentados, as reduções salariais beneficiam a economia?) assumem uma irredutível complexidade que tende a acentuar-se em situações de incerteza e de extrema imprevisibilidade da situação futura[3046]. Por isso a referência a um "padrão que na vida prática é tomado como certeza", que é própria da prova plena, só pode ser transposta para o processo constitucional numa fórmula adaptada.

Enquanto a prova *stricto sensu* exige uma convicção sobre a realidade do facto, a mera justificação requer somente um convencimento baseado num juízo de verosimilhança ou plausibilidade, admitindo uma certa margem de incerteza ou de dúvida. Ao tribunal exige-se não uma plena convicção sobre a realidade de facto, mas sobre a sua probabilidade[3047]. Só é suficiente nas situações contempladas na lei[3048]. Encontra-se frequentemente prevista quando ao tribunal é exigida uma certa prognose sobre um desenvolvimento futuro[3049].

Esta noção de mera plausibilidade pode inspirar a modelação de um segundo grau de convicção em processo constitucional, menos exigente do que o juízo de evidência e, consequentemente, menos propício à subsistência da norma legislativa.

Como veremos, a adoção deste ponto de partida processual-civil permitirá uma confluência parcial com a opção terminológica que distingue entre decisões *de evidência, de mera plausibilidade* e de *defensabilidade*.

6.1.2. Graus de prova em processo constitucional

Já sabemos o que sucede se o tribunal concluir, mediante a prova pertinente, que o legislador agiu em estado de incerteza epistémica empírica parcial negativa ou incerteza epistémica empírica total: a norma legislativa é declarada inválida, sem que se coloque sequer a questão da violação da proibição do excesso.

[3045] Sobre a noção de factos legislativos aqui pressuposta, CANAS, *Os processos de fiscalização...*, pp. 151 ss.

[3046] Sobre a questão da radical incerteza da situação de facto, traduzida numa das "patologias" da proporcionalidade, isto é, no dilema da incerteza (por um lado, é uma falácia pensar que só ganhos suscetíveis de prova podem ser legitimamente visados, mas, por outro lado, algumas medidas especulativas para atingir ganhos incertos são um erro) e na impossibilidade de os interessados e as autoridades públicas corresponderem ao ónus de provar os factos que lhes aproveitam, ENDICOTT, «Proportionality and Incommensurability», pp. 335 ss.

[3047] MIGUEL TEIXEIRA DE SOUSA, *As partes, o objecto...*, p. 202.

[3048] *Idem.*

[3049] *Idem.*

872

A PROIBIÇÃO DO EXCESSO COMO NORMA DE CONTROLO

Também tomámos posição sobre se objetivo do processo de controlo da proibição do excesso é a apreciação positiva da adequação ou da necessidade ou a apreciação negativa da inadequação ou da desnecessidade, concluindo pela segunda opção.

Cabe agora saber em que condições de prova e convicção o juiz constitucional declara a inadequação ou a desnecessidade da norma. Em linha com opções já assumidas, abriremos duas opções, (i) decisões de evidência e (ii) decisões de mera plausibilidade. Recusaremos uma terceira, (iii) decisões de defensabilidade.

6.1.2.1. Prova *stricto sensu* ou evidência

A norma é declarada *inadequada* quando o juiz forma a convicção, além de qualquer dúvida, de que o meio escolhido pelo legislador não tem a qualidade, a natureza e a intensidade que o tornem intrinsecamente apto a satisfazer o fim com eficiência pelo menos mínima. Por outro lado, a norma é declarada *desnecessária* quando o juiz forma a convicção, além de qualquer dúvida, de que há pelo menos uma alternativa ao meio escolhido pelo legislador que evidentemente implica uma intensidade de interferência consideravelmente menor e assegura aproximadamente a mesma intensidade de satisfação[3050].

Na terminologia mais vulgarizada fala-se de decisões de evidência. Quando o juiz esteja apenas autorizado a uma decisão baseada em prova *stricto sensu*, ou de evidência, não pode declarar a inadequação ou a desnecessidade se a prova realizada gerar a dúvida sobre se o meio é ou não inadequado ou desnecessário, mesmo que aponte tendencialmente para a plausibilidade ou verosimilhança da sua inadequação ou desnecessidade. Por outras palavras, a exigência de que as decisões de inadequação ou desnecessidade sejam sustentadas em prova *stricto sensu* salva as medidas em relação às quais *há verosimilhança* de inadequação ou desnecessidade, mas *não há evidência* de inadequação ou desnecessidade. Pode, por conseguinte, dizer-se que em todos os casos de incerteza epistémica empírica, seja mais ou menos extrema, o meio subsiste.

Neste quadro, presumindo-se que o legislador deseja que a medida não seja declarada inválida (o que não é inexorável), o esforço argumentativo e probatório que eventualmente desenvolva pode ser simplesmente direcionado para a demonstração de que o meio não é *evidentemente* inadequado ou desnecessário, ou até para a demonstração de que existem dúvidas empíricas sobre se é ou não adequado ou desnecessário. Se, no momento da decisão, reunida toda a pro-

---

[3050] Equivalentemente (embora com um lapso material), CLÉRICO, *El examen...*, p. 160. Mas nada se alteraria substancialmente se a formulação fosse antes a seguinte: a norma é declarada *desnecessária* quando o juiz forma a convicção, além de qualquer dúvida, de que o meio escolhido pelo legislador evidentemente implica uma intensidade de interferência consideravelmente maior do que uma alternativa que assegura aproximadamente a mesma intensidade de satisfação.

O PRINCÍPIO DA PROIBIÇÃO DO EXCESSO

va carreada pelos sujeitos processuais, incluindo a que resultar das diligências instrutórias oficiosamente realizadas pelo próprio juiz, este não tiver a *certeza* de que é *patentemente inadequado* (mesmo que se incline para que é inadequado, com dúvidas), ou *patentemente desnecessário* (mesmo que se incline para que é desnecessário, com dúvidas), o meio escolhido pelo legislador subsiste.

Assim, no exemplo clássico da proibição total de publicidade ao tabaco[3051] pode haver estudos de consumo que coloquem em dúvida a adequação da medida para satisfazer o fim de interesse público da diminuição do consumo, ou até que forneçam dados parciais que sustentam o argumento de que a proibição nada adianta para a promoção desse fim. Mas se o tribunal apenas puder declarar a inadequação caso a medida seja patentemente inadequada, esta sobrevive ao crivo do segmento da adequação tal como aplicável enquanto norma de controlo[3052].

A simplicidade do juízo da adequação é frequentemente substituída pela complicação quando se chega à avaliação da necessidade, o segmento que envolve juízos mais complexos. Vejamos uma hipótese: $M1$ (meio adotado pelo legislador) afeta menos do que $M2$ (meio alternativo) os direitos $P1$ e $P2$, mas $M1$ afeta mais do que $M2$ o direito $P3$; por outro lado, $M1$ afeta tanto quanto $M3$ (outra alternativa) os direitos $P1$ e $P2$, mas $M1$ afeta mais do que $M3$ o direito $P3$; $M3$ afeta, além disso, o direito $P4$; finalmente, $M1$ afeta menos do que $M4$ (terceira alternativa) o direito $P1$ e afeta tanto quanto $M4$ o direito $P2$; $M4$ não afeta o direito $P3$, mas sim o direito $P5$, que não é tocado por $M1$. Pode suceder que a introdução de critérios valorativos induzam um juízo de evidência, mesmo que não em relação a *todas* as interferências. Mas, salvo em situações limite – porventura raras –, casos como os deste exemplo, que poderiam ser multiplicados com complexidade crescente[3053], não permitirão a conclusão de

---

[3051] V., por exemplo, o caso julgado pelo Supremo Tribunal do Canadá *RJR-MacDonald*, S.C.J, nº 68 (1995), *cit.*, por CHOUDHRY, «So What Is the Real Legacy...», p. 527.

[3052] Sem embargo, essa sobrevivência pode não ser mais do que uma vitória de Pirro. Sendo sempre possível um duplo controlo da proibição do excesso (v. XYNOPOULOS, *Le controle de la proportionnalité...*, pp. 169 ss.), isto é, o controlo abstrato da norma e o controlo da sua execução através de outras normas de valor formal inferior ou de atos individuais e concretos, pode bem suceder que a norma supere o primeiro crivo da proibição do excesso, mas que não o superem os atos de execução, designadamente em situações em que o juiz constitucional, apesar de dúvidas consistentes, não pôde declarar a sua invalidade por esta não ser evidente.

[3053] Tal complexidade aumenta se introduzirmos a questão de saber se a avaliação da interferência deve ser realizada na perspetiva do destinatário concreto ou de um destinatário médio, sendo certo que no ambiente processual do julgamento de constitucionalidade pode colocar-se com maior acuidade a consideração do ângulo do concreto sujeito processual: v. *supra* e CLÉRICO, *El examen...*, p. 159.

A PROIBIÇÃO DO EXCESSO COMO NORMA DE CONTROLO

que *M1* é *evidentemente* mais interferente do que as alternativas (*M2, M3, M4*). Nessas circunstâncias, *M1* subsiste[3054].

6.1.2.2. Plausibilidade

A mera justificação ou plausibilidade requer um convencimento baseado num juízo de verosimilhança ou plausibilidade, admitindo uma certa margem de incerteza ou de dúvida. Ao tribunal exige-se não uma plena convicção sobre a realidade de facto, mas sobre a sua probabilidade. Nas decisões de plausibilidade basta que se prove que embora o meio escolhido não seja evidentemente inadequado, pode afirmar-se com alguma plausibilidade que é inadequado; ou que embora o meio adotado não seja evidentemente desnecessário, pode entender-se plausivelmente que é desnecessário.

Ao legislador interessa agora argumentar e produzir prova de modo a que, pelo menos, se instale a dúvida no espírito do juiz sobre se o meio é ou não inadequado ou desnecessário, sem nenhuma inclinação para uma ou outra hipótese (situação característica da incerteza epistémica empírica total). Em contrapartida, a quem coloca em causa a validade da medida legislativa interessa argumentar e apresentar prova que sustente um juízo de plausibilidade da inadequação ou da desnecessidade.

Retomando o caso da proibição total de publicidade ao tabaco, se existirem os referidos estudos de consumo que apresentam dados parciais que sustentam com plausibilidade o argumento de que a proibição nada adianta para a promoção desse fim, esse grau de prova é suscetível de legitimar uma decisão de inadequação.

Em suma, o traço distintivo mais saliente das decisões de plausibilidade em relação às decisões de evidência é o da maior margem de decisão do juiz numa situação de incerteza epistémica empírica parcial, uma vez que pode declarar a invalidade quando não tem a certeza da inadequação ou da desnecessidade mas se inclina para isso.

[3054] É a conjugação destas várias incidências, designadamente *juízo de evidência* e lesões cruzadas e diferenciadas de diferentes bens, interesses ou valores por várias alternativas, que leva ALEXY, *A Theory*..., pp. 67-68, a insinuar a impraticabilidade ou mesmo a imprestabilidade do segmento da necessidade. Como nota, porém, CLÉRICO, *El examen*..., designadamente pp. 157, 161, mesmo que o segmento da necessidade revele nestas e noutras situações a sua *debilidade* como norma de decisão – não proporcionando um resultado definitivo e deixando em aberto a dúvida sobre a maior ou menor lesividade das alternativas –, remetendo a decisão final para o momento da aplicação do segmento da proporcionalidade e.s.e., ele "pré-estrutura o trabalho de informação acerca da intensidade da restrição ou limitação dos princípios" atingidos, que será aproveitado em sede de apreciação daquele segmento. Na verdade, permite determinar a intensidade da restrição do bem, interesse ou valor sacrificado e definir em que medida essa restrição poderia ter sido evitada ou suavizada se tivesse sido adotado um meio alternativo disponível.

O PRINCÍPIO DA PROIBIÇÃO DO EXCESSO

6.1.2.3. Defensabilidade

Teoricamente, é concebível uma terceira hipótese que podemos designar de decisões de *defensabilidade*[3055]. Nesse contexto, para que não haja declaração de inadequação ou desnecessidade tem de haver prova *positiva* da adequação e da necessidade da medida. A imposição de uma decisão de defensabilidade significa que a medida do legislador só passa o crivo da proibição do excesso se o juiz considerar provado que a medida é, plausivelmente ou com certeza (este segundo caso representa um acréscimo de dificuldade), adequada e necessária. Se não for provada *positivamente* a adequação e a necessidade, considera-se que o meio não se conforma com esses segmentos. Requer-se, portanto, o sucesso da *defesa positiva* da adequação e da necessidade.

Comparativamente com os dois tipos anteriores, a opção por decisões de defensabilidade representa uma maior desvitalização do princípio da prevalência da liberdade de conformação do legislador. Trata-se, por isso, de uma hipótese controversa. Se admitida, só o poderia ser de modo residual e em situações extremas.

6.1.3. Diretrizes sobre grau de prova e de convicção exigíveis

6.1.3.1. Considerações gerais

De um modo geral, a doutrina tende a identificar uma diretriz geral, aplicável por defeito. A que leva vantagem é a de que juiz constitucional se deve cingir a decisões de evidência[3056]. A jurisprudência de referência mais influente não anda longe disso[3057].

Em abono dessa orientação geral salienta-se que as decisões de evidência são as que melhor salvaguardam as opções do legislador democrático. As decisões de plausibilidade e de defensabilidade dificultam a subsistência das normas legislativas e comprimem a liberdade de conformação do legislador. Essa compressão pode ser drástica no caso das decisões de defensabilidade, atendendo às dificuldades de demonstração positiva da adequação ou da necessidade.

[3055] O termo é usado por comodidade expositiva e não para insinuar qualquer homologia com a *Vertretbarkeitskontrolle* germânica.

[3056] É orientação maioritária da doutrina que se deve utilizar um critério de evidência na avaliação da adequação: v. PULIDO, *El principio de proporcionalidad...*, p. 737, com numerosas referências; todavia, há quem introduza algumas *nuances*, distinguindo, designadamente, o grau de segurança das premissas empíricas de que o tribunal parte.

[3057] Parece ser esta a orientação do *BVerfG*: uma prognose sobre a aptidão de um ato só é considerada injustificada (sendo o ato consequentemente inadequado) quando a medida, esgotadas todas as possibilidades de conhecimento no momento da sua emissão, se pudesse considerar *manifestamente inapta*. A apreciação é *objetiva*, numa perspetiva *ex ante* e de *evidência*.

A PROIBIÇÃO DO EXCESSO COMO NORMA DE CONTROLO

Todavia, como qualquer posição de princípio, a indicação a favor de decisões de evidência pode ser superada se os pressupostos que sustentam tal opção não se verificarem. Pode não se justificar, por exemplo, uma opção de tendencial deferência para com o legislador. Nessa perspetiva, as decisões de plausibilidade podem ser uma conveniente solução de equilíbrio entre o desiderato da proteção da margem de apreciação do legislador e o interesse em garantir um escrutínio judicial não acriticamente deferente. Como se viu, a admissão de decisões de plausibilidade implica que em situações de incerteza epistémica empírica total prevalece a liberdade de conformação do legislador; mas esta não prevalece nos casos em que o juiz, em situações de vantagem institucional, tem dúvidas, inclinando-se embora para a inadequação ou para a desnecessidade.

Não havendo uma posição fechada, como definir em cada caso qual o grau de prova e de convicção exigidas?

A propósito, valem as alternativas metódicas mais frequentes: pode ensaiar-se a definição de normas precisas que definam em que circunstâncias se aplica cada uma das alternativas; pode deixar-se a questão à ponderação do juiz; ou pode desenhar-se uma metódica mista, de ponderação enquadrada por regras.

A opção que se fizer coincidirá certamente com a que se assume em relação a outros temas concernentes à aplicação da proibição do excesso como norma de controlo: não apenas, portanto, sobre o grau de prova exigível para invalidar uma medida legislativa por violação da proibição do excesso e, concomitantemente, sobre o tipo de decisão admissível no caso sob apreciação, mas também sobre a aplicação de modalidade mais ou menos apertada da proibição do excesso e sobre a extensão e alcance dos poderes de instrução probatória.

É evidente que a definição de regras estritas sobre isso não é efetuada pela Constituição. Por outro lado, a jurisprudência e a doutrina não as enunciaram ainda e é pouco provável que o possam fazer de forma exaustiva e completa. Por isso, é impossível escapar a alguma ponderação do juiz constitucional, caso a caso.

De qualquer modo, há orientações gerais que balizam a ponderação judicial.

6.1.3.2. Em regra, prova stricto sensu ou evidência

A primeira orientação, amplamente sufragada pela jurisprudência do Tribunal Constitucional – pelo menos na sua expressão *facial*[3058] –, é a de que a inadequação e a desnecessidade só podem ser declaradas quando for feita prova que as mostrem com evidência e certeza. A demonstração da mera plausibilidade da inadequação ou da desnecessidade do meio não é em regra suficiente.

[3058] V. *supra*, capítulo 5.

O PRINCÍPIO DA PROIBIÇÃO DO EXCESSO

Esta orientação recolhe o favor da doutrina dominante[3059].

A limitação do poder jurisdicional do juiz constitucional (por imposição da constituição ou em resultado de ponderação própria, nos termos acima apresentados) à produção de decisões de evidência é a opção que mais salvaguarda as escolhas do legislador. Não sendo admissível invocar uma presunção geral de constitucionalidade das leis ou das normas legislativas como razão justificativa da preferência por decisões de evidência, tal preferência só pode resultar da atribuição de relevância a fatores *materiais* ou, mais vincadamente, *institucionais*.

Como se defendeu antes, a consideração de fatores institucionais leva a que se assuma que o legislador disfruta das melhores condições para realizar as apreciações de facto pertinentes, sendo-lhe concedido *o benefício da dúvida* ou um *crédito de confiança* em situações de incerteza epistémica empírica do tribunal[3060]. A imposição de decisões de evidência veicula uma atitude de deferência perante o legislador.

Anteriormente notou-se que o legislador não está obrigado a optar por medidas menos interferentes, se a diferença das intensidades de interferência for irrisória, tal como não pode invocar que uma medida é menos satisfatória do que outra se a diferença da intensidade de satisfação for irrisória[3061]. Pergunta-se agora: como é que se cruza isso com a exigência de evidência? A resposta é simples (mas porventura praticamente fútil ou inexequível): na improvável eventualidade de aos olhos do juiz ser evidente que uma alternativa é *menos interferente*, embora *apenas irrisoriamente*, do que a escolhida pelo legislador, esta não pode ser declarada desnecessária. Em contrapartida, na, igualmente improvável, eventualidade de o juiz concluir que há uma alternativa evidentemente menos interferente do que a adotada pelo legislador, sendo essa medida evidentemente menos satisfatória, mas apenas em termos irrisórios, a medida escolhida pelo legislador deve ser declarada desnecessária.

[3059] Entre muitos, CANOTILHO, *Direito...*, 7ª ed., p. 272; MIRANDA/JORGE P. SILVA, «Anotação ao artigo 18º», in Miranda/Medeiros, *Constituição...*, I, 2ª ed., p. 374; MORAIS, *Curso...*, II, 2, p. 475; STERN, *Staatsrecht...*, III/ 2, pp. 765 ss.; REUTER, «Die Verhältnismäßigkeit...», p. 514 (com referências jurisprudenciais); BARNÉS, «El principio de proporcionalidad...», p. 16; CLÉRICO, *El examen...*, pp. 148 ss.; ÁVILA, *Teoria...*, 7ª ed., pp. 169-171; JANE PEREIRA, «Os imperativos da proporcionalidade e da razoabilidade...», pp. 15, 23. Contra, SCHLINK, «Der Grundsatz der Verhältnismäßigkeit», p. 458: uma vez que os meios só são justificados se forem necessários, a dúvida sobre a necessidade corre a favor do cidadão e contra o Estado (contra a norma legislativa).

[3060] V. o já antes citado MIRANDA, *Manual...*, IV, 5ª ed., p. 308; REUTER, «Die Verhältnismäßigkeit...», p. 514.

[3061] Capítulo 16, 7.3.

6.1.3.3. *Admissibilidade de mera plausibilidade em certas circunstâncias*

A imposição de decisões de evidência, na medida em que se constitua uma expressão automática e incondicional de deferência perante o legislador, suscita reservas. Uma diretiva geral de deferência gera o risco de abdicação da responsabilidade judicial[3062] e leva a soluções mecânicas, desligadas do efetivo contexto em que se processaram as apreciações empíricas e a decisão do legislador[3063]. Uma atitude deferencial acrítica e mecânica, em nome de uma putativa vantagem institucional do legislador, envolve o perigo de desvalorização dos direitos[3064]. Consequentemente, não é aconselhável aderir a uma posição de *deferência mecânica* ou *automática*[3065].

Antes de optar por uma atitude de deferência que fundamente a opção por decisões de evidência, o juiz deve avaliar as condições institucionais em que se processou a decisão. Se a avaliação concreta comprovar a existência de condições institucionais de vantagem do legislador em relação ao juiz relevantes para o caso, justifica-se uma atitude de deferência do segundo em situações de incerteza epistémica empírica total, mas também em situações de incerteza epistémica empírica parcial negativa (isto é, quando a prova não dissipou as dúvidas do juiz, mas aponta para a inadequação ou desnecessidade da medida). Aqui justifica-se uma atitude de deferência *substancial*[3066], materializada na adoção de uma *decisão de evidência*.

Se, ao invés, a avaliação dos fatores institucionais relevantes permitir concluir que é o juiz que está numa posição de *vantagem institucional comparativa* ou *especialização relativa*, isso deve traduzir-se no abandono da atitude de deferência daquele. Nessa situação de vantagem institucional, tendo o juiz dúvidas sobre se a medida adotada pelo legislador é adequada para produzir os efeitos visados, mas dando como provada a plausibilidade da inadequação, as apreciações empíricas do juiz suplantam as apreciações empíricas do legislador, não obstante a relativa incerteza. O legislador não beneficia, neste caso, do benefício da dúvida e pode ser produzida uma decisão de plausibilidade. As decisões de plausibili-

---

[3062] TREVOR R. S. ALLAN, «Human Rights and Judicial Review: a Critique of "Due Deference"», in *The Cambridge Law Journal*, vol. 65, nº 3 (nov. 2006), pp. 671 ss., p. 676, *apud* BRADY, *Proportionality...*, p. 27.

[3063] *Idem*, p. 688.

[3064] HICKMAN, *Public Law* ..., p. 171, *apud* BRADY, *Proportionality...*, p. 28.

[3065] BRADY, *Proportionality...*, p. 29, conclui que, tudo considerado, entre as teses resistentes à deferência – mas atentas às suas limitações – e as teses favoráveis à deferência – mas cautelosas sobre os termos de uma *due deference* – não há diferenças substanciais quanto aos resultados práticos.

[3066] A distinção é sugerida por AILEEN KAVANAGH, «Deference or Defiance? The Limits of the Judicial Role in Constitutional Adjudication», in Grant Huscroft (ed.), *Expounding the Constitution: Essays in Constitutional Theory*, Cambridge University Press, New York, 2008, pp. 184 ss.; cfr., também, YOUNG, «In Defence of Due Deference», *cit.*

O PRINCÍPIO DA PROIBIÇÃO DO EXCESSO

dade não expressam uma atitude de deferência perante o legislador uma vez que fulminam a medida legislativa nas situações de incerteza epistémica empírica parcial negativa do juiz. Nesse caso, as apreciações empíricas dadas como provadas pelo tribunal, embora com um grau de certeza menor do que a evidência, sobrepõem-se às do legislador[3067].

Há quem dê um passo adiante: mesmo quando se trate de tomar uma decisão de evidência, em resultado de ponderação própria ou de imposição constitucional, a atitude de deferência para com as apreciações empíricas do legislador só deve ser adotada quando for *devida* ou *justificada* (*due deference*)[3068]. Constatada uma situação de incerteza epistémica empírica, o juiz não deve simplesmente adotar uma atitude de deferência em relação às apreciações empíricas do legislador, sem nenhuma cautela. Isso vale para todas as situações de incerteza, mas é especialmente requerido nos casos de incerteza epistémica empírica parcial negativa.

6.1.3.4. *Rejeição da defensabilidade*

Embora não faltem exemplos de direito comparado[3069], esta terceira opção não se coaduna com o quadro geral que traçámos inicialmente. No nosso sistema, ao juiz constitucional cabe apenas a averiguação e eventual declaração da inadequação ou da desnecessidade do meio e não a apreciação e declaração positiva da sua adequação ou necessidade. Consequentemente, não tem de ser produzida prova da adequação e da necessidade.

Todavia, não repugna que em situações extremas, absolutamente raras e excecionais, se ficcione uma exigência de defensabilidade. Admita-se, por exemplo, que o legislador se exime de qualquer esforço de argumentação ou de prova e que o juiz e o opositor da norma se deparam com a total incapacidade de produ-

---

[3067] Conforme referido anteriormente (capítulo 22), a área da lei penal é uma daquelas em que se aplica o que vai exposto no texto.

[3068] BRADY, *Proportionality...*, p. 25; AILEEN KAVANAGH, «Deference...», p. 185: de alguma forma, a deferência substancial tem de ser "ganha" pelo legislador, comprovando-se em concreto, caso a caso, a sua maior competência institucional, maior especialização, maior legitimidade.

[3069] O juízo de defensabilidade parece ter sido adotado pelo Supremo Tribunal do Canadá quando declarou a inconstitucionalidade da proibição de publicação de sondagens nos últimos três dias da campanha eleitoral por não estar provado que essa proibição era adequada para impedir a influência dos eleitores por sondagens imprecisas. Apesar de o senso comum induzir que a publicação de sondagens imprecisas nos últimos dias de uma campanha eleitoral é suscetível de perverter o sentido de voto de alguns eleitores, a circunstância de isso não ter ficado demonstrado positivamente condenou a medida legislativa: v. *Thomson Newspapers*, S.C.J. nº 44 (1998). CHOUDHRY, «So What Is the Real Legacy...», p. 528, apresenta este caso como exemplo de oscilação da jurisprudência do Tribunal que, nele, ao contrário de outros, não adotou uma atitude de deferência para com o legislador em situações de incerteza.

A PROIBIÇÃO DO EXCESSO COMO NORMA DE CONTROLO

zir prova relevante; considere-se ainda que a medida sob escrutínio incide sobre bens, interesses ou valores de especial importância abstrata e relevo material[3070]. Nessas circunstâncias, como reação à atitude pouco cooperante do legislador, pode justificar-se que o juiz considere que deveria ficar provado que a medida é adequada e necessária, justificando-se a declaração de invalidade quando assim não for.

6.2. O grau de convicção exigível para a declaração de violação da proibição do excesso por incorreção das valorações do legislador

6.2.1. Os graus de convicção possíveis

Os graus de convicção aqui avançados são homólogos aos propostos para os juízos sobre as apreciações empíricas. Distinguiremos, portanto, (i) incorreção evidente, (ii) incorreção plausível e (iii) correção defensável.

6.2.1.1. *Incorreção evidente*

O juiz declara a invalidade da norma se for evidente que a ponderação realizada pelo legislador, é grosseiramente equivocada ou incorreta, tendo em conta a importância dos efeitos positivos e negativos, à luz de um critério de acréscimo de liberdade ou de outro critério comparativo. Trata-se de uma situação de *certeza* da desproporcionalidade.

6.2.1.2. *Incorreção plausível*

O juiz declara a invalidade da norma se for plausível – embora não evidente, nem certo – que a ponderação realizada pelo legislador é grosseiramente equivocada ou incorreta. Trata-se de uma situação de incerteza epistémica normativa parcial negativa (o juiz tem dúvidas, mas inclina-se para a desproporcionalidade).

6.2.1.3. *Correção defensável*

O juiz declara a invalidade da norma se não for positivamente defensável que ela é proporcional, isto é, que a ponderação realizada pelo legislador que tenha concluído pela proporcionalidade é correta.

6.2.2. O grau de convicção exigível

O Tribunal Constitucional português tem assumido desde os primórdios da sua existência uma atitude de autocontenção. Veja-se logo o acórdão nº 25/84, relatado por Costa Aroso:

[3070] Cfr. *supra*, 4.2.1., a grelha de fatores materiais a considerar.

O PRINCÍPIO DA PROIBIÇÃO DO EXCESSO

"não sendo a Constituição um código detalhado das relações que refere, *mas apenas um código de parâmetros* dentro dos quais se há-de desenvolver o poder legislativo da sua obra de conformação das relações sociais, mesmo no que toca aos direitos fundamentais, deixa a este uma margem de liberdade ou de poder discricionário mais ou menos amplo, sobretudo quando o sentido daquela é ambíguo ou equívoco e, assim, o Tribunal Constitucional só poderá censurar juridicamente tal uso quando ele *contraria manifestamente* a ordem constitucional de valores, quando o legislador adopte valorações *inequivocamente refutáveis ou manifestamente erróneas*."

Os trechos ou expressões que sublinhámos, reforçados e reiterados por jurisprudência posterior (embora por vezes em termos oscilantes)[3071], são cristalinos na afirmação de que as valorações do legislador só podem ser substituídas pelas do juiz em casos que (i) contrariam manifestamente a ordem de valores, (ii) sejam inequivocamente refutáveis ou (iii) manifestamente erróneas. A excecionalidade ou gravidade da situação não podiam ser expressas de forma mais enfática.

A desproporcionalidade e.s.e. só pode ser declarada em situações de evidência[3072] ou de grosseira desproporcionalidade[3073]. Quando não é possível afirmar nem a proporcionalidade e.s.e. nem a desproporcionalidade e.s.e. isso significa que a norma não é manifestamente ou evidentemente desproporcional, pelo que subsiste.

7. Ausência de poderes do juiz constitucional de substituição da norma violadora da proibição do excesso

O tema das competências materiais legislativas (ou da ausência delas) do juiz constitucional português sai fora do âmbito deste trabalho. Importa apenas assinalar que, como decorre das regras gerais e sem prejuízo da amplitude das competências para produção de decisões atípicas de provimento, aquele não dispõe de poder para retificar ou substituir a decisão do legislador, impondo ou fixando o teor de uma norma (ou da norma) alternativa que satisfaz os requisitos da adequação, da necessidade e/ou da proporcionalidade e.s.e.[3074]. Designadamente, tratando-se de uma questão de desnecessidade, apurada num típico

---

[3071] V., sobre isso, o que se escreveu no capítulo 5.

[3072] Gentz, «Zur Verhältnismäßigkeit...», p. 1606; Reuter, «Die Verhältnismäßigkeit...», p. 514.

[3073] Šušnjar, *Proportionality*..., pp. 238-239, sustentando, aliás, que o *BVerfG* ou não pondera ou quando pondera na terceira etapa da proibição do excesso só o faz em casos de grosseira desproporcionalidade.

[3074] Confluente, embora numa aproximação diversa ao tema, Barak, *Proportionality*..., p. 328; assinalando, todavia, a possibilidade de o juiz constitucional emitir *decisões interpretativas de não provimento* na sequência da avaliação da proporcionalidade clássica, Beilfuss, *El Principio*..., pp. 143 ss.

exercício de comparação de alternativas, o Tribunal deve limitar-se a apontar e a mostrar – com não mais do que a imprescindível fundamentação – que há pelo menos uma alternativa ao meio escolhido pelo legislador que evidentemente implica uma intensidade de interferência consideravelmente menor e assegura aproximadamente a mesma intensidade de satisfação.

Capítulo 20
Princípio, regra ou *tertio genus*?

1. Dúvidas e correntes doutrinais (síntese)
A qualificação da norma da proibição do excesso não é habitualmente objeto de tratamento aprofundado. Neste capítulo dedicamos-lhe apenas o espaço imprescindível para lançar mais alguma luz sobre a sua estrutura normativa.

Do desenvolvimento ou cruzamento das principais orientações resulta um amplo catálogo de posições[3075]. Agrupá-las-emos em quatro núcleos:
- (i) tese da proibição do excesso como princípio;
- (ii) tese da proibição do excesso como regra;
- (iii) teses do *tertio genus*;
- (iv) teses *intermédias* ou *mescladas*.

1.1. Tese da proibição do excesso como princípio
A tese da proibição do excesso como *princípio* recolhe a maioria dos sufrágios, angariando adeptos sobretudo entre os apologistas de critérios fracos para a distinção entre regras e princípios. Quem distinga regras e princípios em função de critérios que atribuem importância decisiva à *génese*, ao grau de *generalidade e abstração*, à referência a uma *ideia de direito* ou a uma lei jurídica suprema, à *importância* ou *fundamentalidade* para o ordenamento jurídico, à *abertura* e

---

[3075] Sobre o debate em geral, ALEXY, *Theorie..*, p. 100; HAVERKATE, *Rechtsfragen des Leistungstaates...*; JAKOBS, *Der Grundsatz...*, pp. 98-99; HIRSCHBERG, *Der Grundsatz...*, pp. 213 ss.; GRABITZ, «Der Grundzatz...», pp. 583 ss.; VIRGÍLIO AFONSO DA SILVA, «O proporcional...», pp. 24 ss.; ÁVILA, *Teoria...*, pp. 81-82; PULIDO, *El principio de proporcionalidad...* pp. 571 ss.; CLÉRICO, *El examen...*, pp. 29-30.

O PRINCÍPIO DA PROIBIÇÃO DO EXCESSO

expansibilidade, à *(in)determinabilidade* prévia dos casos a que se aplica, à *capacidade para enformar* toda a ordem jurídica, tende a incluir a norma da proibição do excesso no campo dos princípios.

Nesta linha, o *BVerfG* sempre falou de *Grundsatz*, seguido pela doutrina dominante, como o comprova a esmagadora maioria dos títulos e do sentido geral das obras mais representativas do período de maturação[3076]/[3077].

[3076] V. os seguintes títulos do século passado: BLECKMANN, *Begrundung und Anwendungsbereich des Verhältnismäßigkeitsprinzip, cit.*; BONAVIDES, «O princípio constitucional da proporcionalidade...», *cit.*; BONNARD, «Le principe de proportionnalité...», *cit.*; BRAIBANT, «Le principe de la proportionnalité», *cit.*; BÚRCA, «The Principle of Proportionality...», *cit.*; DAHLINGER, «Gilt der Grundsatz der Verhältnismaßigkeit...», *cit.*; DEGENER, *Grundsatz der Verhältnismässigkeit...», cit.*; DEY, *Der Grundsatz der Verhältnismäßigkeit ...», cit.*; DREYFUS, «Les limitations du pouvoir discrétionnaire par l'application du principe de proportionalité», *cit.*; EISSEN, «Le principe de proportionnalité ...», *cit.*; ELLIS, *The Principle of Proportionality ...», cit.*; EMILIOU, *The principle of proportionality...», cit.*; ERMACORA, «Le principe de proportionnalité ...», *cit.*; WILLIS SANTIAGO FILHO, *O princípio constitucional da proibição do excesso», cit.*; GALLETA, « El principio de proporcionalidad...», *cit.*; GRABITZ, «Der Grundsatz der Verhältnismäßigkeit...», *cit.*; HERDEGGEN, «The Relation between the Principles of Equality and Proportionality», *cit.*; HIRSCH, *Das Verhältnismäßigkeitsprinzip ...», cit.*; HIRSCHBERG, *Der Grundsatz der Verhältnismässigkeit, cit.*; HUBER, «Über den Grundsatz der Verhältnismäßigkeit...», *cit.*; JAKOBS, «Der Grundsatz der Verhältnismäßigkeit», *cit.*; *idem, Der Grundsatz der Verhältnismäßigkeit. Mit einer exemplarischen ...», cit.*; A. KAUFMANN, «Schuldprinzip und Verhältnismäßigkeitsgrundsatz», *cit.*; KELLNER, «Zum Grunsatz der Verhältnismäßigkeit...», *cit.*; KRAUSS, *Der Grundsatz der Verhältnismässigkeit ..., cit.*; KUTSCHER, «Du principe de proportionnalité...», *cit.*; LANGHEINEKEN, *Der Grundsatz der Verhältnismäßigkeit ..., cit.*; LÓPEZ GONZÁLEZ, *El principio general de proporcionalidad...», cit.*; LÜCKE, «Die Grundsätze der Verhältnismäßigkeit...», *cit.*; MEDICUS, «Der Grundsatz der Verhältnismäßigkeit...», *cit.*; MERTEN, «Zur verfassungsrechtlichen Herleitung des Verhältnismäßigkeitsprinzips», *cit.*; MEYER-BLASER, *Zum Verhältnismässigkeitsgrundsatz..., cit.*; METZNER, *Das Verbot der Unverhältnismäßigkeit...», cit.*; OBERLE, *Der Grundsatz der Verhältnismäßigkeit...», cit.*; OSSENBÜHL, «Der Grundsatz der Verhältnismaßigkeit (Übermaßverbot)...», *cit.*; POLLAK, *Verhältnismäßigkeitsprinzip..., cit.*; RESS, «Der Grundsatz der Verhältnismäßigkeit...», *cit.*; SCHNAPP, «Verhältnismäßigkeitsgrundsatz...», *cit.*; SCHÜTZ, «Der Grundsatz der Verhältnismäßigkeit...», *cit.*; STEIN, «Der Grundsatz der Verhältnismäßigkeit...», *cit.*; STELZER, *Das Wesensgehaltargument und der Grundsatz der Verhältnismäßigkeit, cit.*; TEITGEN, «Le principe de proportionnalité ...», *cit.*; UBERTAZZI, «Le principe de proportionnalité...», *cit.*; WEYLAND, *Der Verhältnismäßigkeitsgrundsatz..., cit.*; WIEACKER, «Geschichtliche Wurzeln des Prinzips der Verhältnismäßigen...», *cit.*; WITT, *Verhältismäßigkeitsgrundsatz..., cit.*; WITTIG, «Zum Standort des Verhältnismäßigkeitsgrundsatzes...», *cit.*; WOLFFERS, «Neue Aspekte des Grundsatz der Verhältnismäßigkeit...», *cit.*; WOSKE, *Die Prozeßökonomie als Bestandteil des verfassungsrechtlichen Grundsatzes der Verhälnismäßigkeit, cit.*; ZIMMERLI, «Der Grundsatz der Verhältnismässigkeit...», *cit.*

[3077] V., por exemplo, a argumentação de JAKOBS, «Der Grundsatz der Verhältnismäßigkeit..., p. 99; em primeiro lugar, a proporcionalidade não seria suscetível de aplicação sem exceções, uma vez que estas podem resultar de outros princípios (como o democrático) e, em segundo lugar, a proporcionalidade não se aplicaria diretamente a situações de facto concretas, isto é, não conteria um critério de decisão definitivo. V. a refutação destas alegações em CLÉRICO, *El examen...*, p. 30, nota.

PRINCÍPIO, REGRA OU *TERTIO GENUS?*

A Constituição portuguesa (artigos 19º, nº 4 e 266º, nº 2), bem como algumas normas do direito ordinário (por exemplo, o artº 7º do Código do Procedimento Administrativo[3078]), qualificam a norma da proibição do excesso/proporcionalidade como princípio. Essa é também a inclinação mais comum entre os autores nacionais[3079]. A isso não é estranha a circunstância de a designação de princípio ser predominantemente reservada para as *normas fundamentais do sistema*[3080].

1.2. Tese da proibição do excesso como regra

A tese da *regra* da proibição do excesso ou da proporcionalidade foi sufragada por Alexy[3081], mas não foi o primeiro a fazê-lo[3082]. O exato alcance do seu pensamento sobre esta matéria é, todavia, bastante esquivo uma vez que a explicitação é pouco mais do que minimalista. O autor emprega as expressões *Verhältnismäßigkeitsgrundsatz* ou *Grundsatz der Verhältnismäßigkeit*, traduzíveis em *princípio* da proporcionalidade[3083]. A orientação sobre essa questão é revelada, de modo quase incidental, numa nota de rodapé, onde esclarece que a exigência de proporcionalidade *não é um princípio* no sentido adotado no seu trabalho, tal como não são princípios os seus três segmentos, apesar da terminologia pacificamente utilizada. Quanto a estes três segmentos, refere que são *regras que ou se aplicam ou não*[3084]. A exigência da proporcionalidade não é

[3078] Na redação do Decreto-Lei nº 4/2015, de 7 de janeiro. Originalmente, v. artigo 5º da redação do Decreto-Lei nº 6/1996, de 31 de janeiro.

[3079] Como já vimos, na doutrina portuguesa a locução *princípio* da proporcionalidade é a maioritariamente preferida, falando também alguns (minoritariamente) de *princípio* da proibição do excesso: cfr. bibliografia sobre isso na introdução, 3.2.1. Na doutrina mais recente, v. DAVID DUARTE, «Drawing Up the Boundaries...», p. 59.

[3080] O critério da fundamentalidade tem uma "capacidade de resistência" apreciável, continuando muitas vezes a ser contraditoriamente utilizado mesmo pelos que aderem a critérios qualitativos, como nota VIRGÍLIO AFONSO DA SILVA, «Princípios e regras. Mitos e equívocos acerca de uma distinção», *in Revista Latino-Americana de Estudos Constitucionais*, vol. 1 (2003), p. 613.

[3081] Cfr. ALEXY, *Theorie..*, p. 100.

[3082] V. HAVERKATE, *Rechtsfragen des Leistungsstaats...*, p.11.

[3083] Por exemplo, *Theorie...*, p. 100; «Los Derechos fundamentales...», *cit.*

[3084] Todavia, a orientação de Alexy e, sobretudo, a respetiva fundamentação não são lineares. Mesmo quando teve oportunidade de clarificar o seu pensamento, como foi o caso do prólogo ao trabalho de CLÉRICO, *El examen de proporcionalidad...*, pp. 15 e ss., não foi mais longe, falando (na tradução castelhana) de *princípio* geral de proporcionalidade, de *princípio* da idoneidade, etc., em contraste com as claras referências da autora ao exame da proporcionalidade como *uma regra* de segundo grau, à *regra* da idoneidade, etc. BOROWSKI, *Grundrechte...*, pp. 77, 115, sustenta que Alexy advoga claramente que a norma da proporcionalidade é uma regra. V., também, CLÉRICO, *Die Struktur...*, p. 21; MATTHIAS KLATT/MORITZ MEISTER, *The Constitutional Structure...*, *cit.*, p. 8; VIRGÍLIO AFONSO DA SILVA, *Direitos Fundamentais...*, p. 168; WEBBER, *The Negociable*, p. 70, nota. ÁVILA, *Teoria...*, p. 81, sustenta, porém, que Alexy apenas enquadra explicitamente os segmentos

O PRINCÍPIO DA PROIBIÇÃO DO EXCESSO

ponderável face a princípios conflituantes e o seu não cumprimento dá lugar a invalidade. Não se põe a questão de essa exigência ceder face a outros princípios numa situação concreta. Todo o labor com vista a rodear a ponderação de espartilhos formais – que estudámos em momento anterior – é, aliás, consistente com a orientação da proibição do excesso como regra.

LAURA CLÉRICO, discípula de ALEXY em Kiel e igualmente adepta da tese da proporcionalidade como regra, propõe uma súmula reconstrutiva e clarificadora[3085]: (i) os princípios são comandos que devem ser optimizados ou objecto de ponderação e não comandos de optimização; (ii) as regras que especificam o modo de aplicação dos princípios são regras de segundo grau; (iii) os comandos da adequação e da necessidade são regras de segundo grau que determinam o que é possível em relação à satisfação de um princípio, tendo em conta as possibilidades fácticas; (iv) o comando de proporcionalidade em sentido estrito é uma regra de segundo grau, que determina a satisfação possível do princípio considerando as possibilidades jurídicas. Portanto, o comando de proporcionalidade em sentido amplo e os três "sub-comandos" têm carácter de regras. Acresce que não são susceptíveis de competir com outros comandos, uma vez que não são objecto de ponderação, antes determinam como devem ser contrapesados os objectos de ponderação.

Outro seguidor desta orientação, CARLOS BERNAL PULIDO, sublinha que o princípio se decompõe num conjunto de três *regras* que ordenam o respetivo cumprimento quando ocorram os pressupostos de facto em que se deve aplicar a proporcionalidade e proíbem a sua aplicação quando os referidos pressupostos não se verificam[3086].

da proporcionalidade no conceito de regras, nada dizendo sobre a proporcionalidade globalmente considerada, que continua a designar por *Verhältnismäßigkeitsgrundsatz* ou *Grundsatz der Verhältnismäßigkeit*. Noutra perspetiva, NOVAIS, *As restrições...*, p. 348, sugere que Alexy recorre à ideia de norma de duplo carácter para qualificar a norma da proporcionalidade: esta norma seria simultaneamente uma *regra*, com uma estrutura binária de aplicação e *um princípio*, cuja aplicação requer procedimentos de ponderação, particularmente por causa do subprincípio da proporcionalidade em sentido estrito. Todas estas dúvidas sobre o verdadeiro alcance do pensamento do Autor, expresso em escassas oito ou nove linhas, levam a que se compreenda que o tradutor para a língua castelhana da *Theorie* tenha optado por traduzir *Verhältnismässigkeitsgrundsatz* para "máxima" da proporcionalidade, fugindo à noção de princípio ou de regra. Contudo, nada na construção de Alexy consente a interpretação de que ele tenha querido propor um *tertio genus* enquadrador da norma proporcionalidade em sentido amplo ou proibição do excesso. Já o tradutor castelhano do «Sistema jurídico, princípios...», p. 147, opta simplesmente por "princípio da proporcionalidade" e "princípios parciais".

[3085] CLÉRICO, *El examen...*, pp. 29-30.

[3086] PULIDO, *El princípio de proporcionalidade..., cit.*, p. 593. Por outras palavras, agora especificamente direcionadas *ao controlo de constitucionalidade* de medidas legislativas: "quando concorrem as circunstâncias em que o princípio da proporcionalidade deve aplicar-se, a lei deve ser examinada

PRINCÍPIO, REGRA OU *TERTIO GENUS?*

Mesmo fora do quadro da teoria dos princípios, há adeptos da teoria da posição mínima que decompõem a proibição do excesso em várias regras aplicáveis lexicograficamente[3087].

1.3. Tese da proibição do excesso como *tertio genus*

Neste grupo abrigam-se construções de vária tiragem, como as que imputam à proporcionalidade ou proibição do excesso a natureza de *postulado normativo*, de *forma específica de regra*, de *princípio de legitimação*, de *procedimento*, etc.

A título ilustrativo, veja-se o contributo de ÁVILA[3088]. Nas suas palavras, a norma da proporcionalidade não é uma norma-princípio: a descrição abstrata do "dever de proporcionalidade não permite uma concretização em princípio gradual, pois a sua estrutura trifásica consiste na única possibilidade de sua aplicação; a aplicação dessa estrutura independe das possibilidades fáticas e normativas, já que o seu conteúdo normativo é neutro relativamente ao contexto fático; sua abstrata explicação exclui, em princípio, a sua aptidão e necessidade de ponderação, pois o seu conteúdo não irá ser modificado no entrechoque com outros princípios. Não bastasse, a proporcionalidade não determina razões às quais a sua aplicação atribuirá um peso, mas apenas uma estrutura formal de aplicação de outros princípios."[3089] Mas a norma da proporcionalidade também não é uma norma-regra, na medida em que "não estabelece tal ou qual conteúdo relativamente à conduta humana ou à aplicação de outras normas. É por intermédio das condições que ele estabelece que da interpretação de outras normas envolvidas será estabelecido o que é devido, permitido ou proibido diante de determinado ordenamento jurídico. O dever de proporcionalidade não funciona, em hipótese alguma, sem a complementação material de outras normas. O dever de agir proporcionalmente depende da determinação do meio e do fim, sobre os quais dizem outras normas jurídicas (princípios e regras), e não o dever de proporcionalidade, algo diverso de uma norma de conduta ou mesmo de estrutura."[3090]

Para o autor, a norma da proporcionalidade recairia numa terceira categoria normativa, a dos *postulados normativos*, normas estruturantes da aplicação de

---

sob a ótica dos três subprincípios e se do dito exame resulta ser inidónea, desnecessária ou desproporcionada em sentido estrito deve ser declarada inconstitucional", p. 595.

[3087] V., por todos, ŠUŠNJAR, *Proportionality*, p. 301. Note-se que esta posição de que o *princípio* da proporcionalidade se decompõe em várias *regras* que admitem a sua aplicação binária, de modo dedutivo, não se afigura totalmente consistente com a rejeição de uma dicotomia forte entre regras e princípios, defendida na mesma obra (*ob. cit.*, pp. 276 ss.).

[3088] ÁVILA, *Teoria...*, pp. 62, 79 ss.; «A distinção entre princípios e regras...», pp. 23 ss.

[3089] ÁVILA, «A distinção entre princípios e regras...», p. 23.

[3090] *Idem*, p. 25.

O PRINCÍPIO DA PROIBIÇÃO DO EXCESSO

princípios e regras[3091]. Os postulados normativos são uma categoria normativa, inspirada nos postulados *kantianos*. São "definidos como instrumentos normativos metódicos, isto é, como categorias que impõem condições a serem observadas na aplicação das regras e dos princípios, com elas não se confundindo"[3092]. Tais postulados não oferecem argumentos substanciais para fundamentar uma decisão, apenas explicam *como* (mediante a implementação de quais condições) pode ser obtido o conhecimento do Direito[3093]. O dever da proporcionalidade seria um postulado normativo aplicativo.[3094] Daí decorreria a ideia de que só elipticamente se pode afirmar que são violados os postulados da proporcionalidade, porque em rigor violadas são as normas que deixaram de ser devidamente aplicadas[3095].

Dentro deste grupo de teses enquadra-se também a da proporcionalidade como *procedimento*.

1.4. Teses intermédias ou mescladas

Expoentes mais salientes desta corrente são as teses que atribuem à norma da proibição do excesso a natureza simultânea de regra e de princípio, ou que imputam estruturas distintas a cada um dos segmentos em que se desdobra. Exemplo das primeiras é a defendida por NOVAIS[3096], quando aponta que a norma da proibição do excesso, apesar de ter uma estrutura de aplicação binária, característica das regras, não pode ser aplicada independentemente de procedimentos de ponderação[3097]. Exemplo das segundas é a de GRABITZ[3098], o qual aborda os três segmentos da proibição do excesso em termos diferenciados. A idoneidade ou adequação e a necessidade funcionariam como preceitos jurídicos que não necessitam de nenhuma concretização adicional, expressando de

---

[3091] ÁVILA, *Teoria*, p. 82.

[3092] *Idem*, pp. 62, e 79 ss.

[3093] ÁVILA, «A distinção entre regas e princípios...», p. 19.

[3094] *Idem*, p. 25.

[3095] ÁVILA, *Teoria*, p. 80.

[3096] *As restrições...*, p. 348.

[3097] Na doutrina portuguesa, v., ainda, EGÍDIO, «Análise da Estrutura...», p. 627; (considerando que o princípio da proporcionalidade, como meta-princípio, se comporta de uma forma tudo ou nada e não como mandato de otimização). Posição também mesclada, embora tendente a considerar a proporcionalidade um princípio, é a de MORAIS, *Curso de Direito Constitucional...*, tomo II, vol. 2, p. 475, uma vez que, por um lado, assinala o "conteúdo indeterminado de critérios-fim" dos segmentos da proporcionalidade, mas, por outro, realça a existência de uma pluralidade de subcritérios jurisprudencialmente densificados, de conteúdo mais ou menos denso, a partir dos quais o juiz realiza operações subsuntivas de concretização (*ob. cit.*, p. 665).

[3098] GRABITZ, «Der Grundzatz...», p. 583; para uma síntese da tese do autor, PULIDO, *Principio de proporcionalidad...*, pp. 593-594.

PRINCÍPIO, REGRA OU *TERTIO GENUS?*

maneira concreta as condições mediante as quais pode considerar-se que uma medida não é idónea ou adequada, ou não é necessária. São, assim, *regras de decisão*[3099]. Ao invés, a proporcionalidade e.s.e. não poderia entender-se como um verdadeiro preceito jurídico, uma vez que as condições em que uma medida deve considerar-se desproporcionada e.s.e. não podem ser nunca definidas de antemão, necessitando de ser concretizadas: a proporcionalidade e.s.e. não é uma regra de decisão, mas sim uma *regra de procedimento*, uma diretiva para a realização de uma ponderação entre os direitos e bens colidentes[3100].

2. A inviabilidade de uma disjunção rígida entre regras e princípios

O debate teórico atual sobre as normas jurídicas[3101] assenta em dois vetores: (i) há enunciados que integram o sistema de fontes, como as definições, classificações, qualificações legais e remissões, que ou são integrados numa categoria normativa secundária ou instrumental ou não são considerados normativos[3102]; (ii) as normas são regras ou princípios (*Exklusionstheorem*)[3110].

[3099] PULIDO, *Principio de proporcionalidad...*, p. 594; BEILFUSS, *El Principio...*, pp. 125, 128.

[3100] PULIDO, *Principio de proporcionalidad...*, p. 594; NOGUEIRA, *Direito Fiscal...*, p. 71.

[3101] V. um extenso rol de bibliografia sobre o tema no nosso «A proibição do excesso como instrumento mediador de ponderação e otimização (com incursão na teoria das regras e dos princípios)», *cit.*

[3102] As orientações sobre o alcance normativo (ou não) das *definições de palavras, declarações políticas, expressões de propósitos, regras conceituais, qualificações, classificações legais*, são muito diferenciadas. KELSEN, *Teoria Pura...*, 6ª ed., p. 41, fala de *normas* jurídicas não autónomas; ASCENSÃO, *O Direito...*, 13ª ed., pp. 516 ss., usa essa noção para os enunciados remissivos, mas rejeita-a, em geral, para os demais. A tendência maioritária é para tratar à parte e para recusar o caráter normativo daqueles enunciados: v., por exemplo, ALCHOURRÓN/BULYGIN, *Introducción...*, p. 97; *idem*, «Definiciones y normas», *cit*; LAMEGO, *Elementos de Metodologia...*, pp. 39 ss.; MORESO, *La indeterminación del Derecho*, p. 17. Todavia, aconselha-se uma posição matizada. Cada enunciado tem de ser avaliado individualmente e nas suas relações com outros, uma vez que pode acontecer que haja alguns a que *prima facie* parece escapar qualquer sentido normativo – por não estabelecerem obrigações, proibições ou permissões de condutas – mas que podem ser convertidos em enunciados normativos. Mesmo em relação às definições de palavras, declarações políticas, expressões de propósitos, regras conceituais, qualificações, classificações legais, um esforço integrativo no quadro global do ordenamento é suscetível de as tornar componentes de normas que definem critérios de conduta, segundo os modos deônticos da proibição, comando ou permissão. Quanto às normas de competência e revogatórias, ambas são enunciáveis como normas de conduta reconduzíveis àqueles modos deônticos (cfr., porém, LAMEGO, *ob. cit.*, pp. 46 ss.). As típicas normas de atribuição de competência legislativa reservada (típicas, porque dentro da categoria das normas de competência há normas de conteúdo e textura variada), por exemplo, *permitem* condutas de emissão de normas legislativas, *proibem* que quem não tenha a competência emita normas legislativas e *prescrevem* indiretamente que os destinatários das normas legislativas produzidas as cumpram. Por seu turno, as normas revogatórias também podem ser definidas com recurso a enunciados deônticos, uma vez que podem ser definidas como normas que *proibem* que normas anteriormente vigentes sejam

O PRINCÍPIO DA PROIBIÇÃO DO EXCESSO

Os critérios de distinção entre regras e princípios já foram objeto de estudo do autor destas linhas noutro local[3104]. Não retomaremos nem aprofundaremos esse debate aqui, até porque corre os riscos da inconclusão e da circularidade.

Idealmente, o critério de distinção entre regras e princípios deveria extrair-se do próprio direito positivo. No entanto, a distinção é essencialmente doutrinária. Há três tendências[3105]: (i) uma, que não reconhece diferenças entre regras e princípios (*Übereinstimmungsthese*); (ii) outra, que defende a existência de critérios *qualitativos* de distinção (*starke Trennungsthese*); (iii) uma terceira, que admite apenas critérios *quantitativos* ou diferenças de grau, quando é possível identificar diferenças (*schwache Trennungsthese*).

As teses que admitem a diferenciação (ii e iii) têm merecido ultimamente a preferência da doutrina. Afastam-se da orientação que sustenta que não há utili-

---

aplicadas doravante ou que *proibem* que normas anteriores sejam consideradas vigentes ou que *comandam* a sua não aplicação ou consideração de vigência.

[3103] ALEXY, «On the Structure...», p. 295; BÄCKER, «Regras...», p. 57; CANOTILHO, *Direito...*, 7ª ed., p. 1160; SIECKMANN, *Regelmodelle...*, pp. 69 ss.; GUASTINI, *Distinguiendo...*, p. 143. E está adquirido pela maioria da doutrina que *todas* as regras e *todos* os princípios são normas. Esta aquisição é, porém recente. Um exemplo: CANOTILHO, «Relatório sobre programa...», pp. 453-4, ainda deixava aberta a possibilidade de alguns princípios não serem normas. Essa orientação ancorava-se na disjunção clássica entre normas e princípios (que ainda transparece da Constituição: v., por exemplo, artigo 8º, nº 1, "normas e princípios de direito internacional"), a qual assentava na ideia de que os princípios não eram normas ou que eram algo *mais* que as normas (*mais* fundamentais, *mais* estruturantes, *mais* próximos da ideia de direito, *mais* gerais e abstratos, *mais* indeterminados, *mais* irradiantes, *mais* permeados por valores, *mais* ideológicos, *mais* teleológicos ou diretivos, etc.).

[3104] V. CANAS, «A proibição do excesso como instrumento mediador...», pp. 811 ss.

[3105] Assim, ALEXY, *Teoria* ..., 2ª ed., pp. 66-67. Referimo-nos apenas ao estádio atual do debate moderno. Porém, não deve ignorar-se que o tema dos princípios é estudado desde há algum tempo. Pelo menos o Código Civil austríaco de 1811 aludia já aos *princípios gerais do direito*, no que foi seguido por vários congéneres do século XIX. DWORKIN iniciou o debate moderno em «The Model of Rules», in *UCLR*, vol. 35 (1967), pp. 14 ss. Este texto foi reproduzido em «Is Law a System of Rules?», in *The Philosophy of Law*, ed. Do autor, Oxford, 1977, pp. 38 ss.; seria retomado, apenas com o aditamento de um número introdutório, em *Taking Rights Seriously*, Cambridge, Massachussets, 1977, pp. 14 ss. (texto utilizado no presente trabalho). Por outro lado, DWORKIN publicou um outro trabalho em 1972, no *YLJ*, que republicaria sob, o título «The Model of Rules II», no mesmo *Taking Rights Seriously*, pp. 46 ss. Mas antes disso vários jus-filósofos de renome, como BOULANGER («Principes généraux du droit et droit positif», in *Le Droit Français au milieu du XXe siécle, Études offerts à Georges Ripert I*, 1950, pp. 51 ss.; este autor terá sido o primeiro a ensaiar um estudo analítico sobre os tipos e categorias de princípios jurídicos), ESSER (*Grundsatz und Norm in der Richterlichen Fortbildung des Privatrechts*, Tubinga, 1956; utilizamos a versão castelhana, de 1961, *Princípio y norma en la elaboración jurisprudencial del Derecho Privado*, Barcelona), DEL VECCHIO («Sui principi generali del diritto», in *Studi sul diritto*, vol. I, Milano, 1958) e BOBBIO («Principi generali di diritto», in *Novissimo Digesto Italiano* XIII, Turim, 1966), tinham-se interessado pelo tema dos princípios.

PRINCÍPIO, REGRA OU *TERTIO GENUS?*

dade ou diferença lógica ou estrutural entre regras e princípios, seja por impossibilidade de definir um critério distintivo, seja por nenhum critério acomodar a heterogeneidade *dentro* de cada uma das categorias ou evitar as situações de dificuldade de classificação de algumas normas[3106].

Ora, ponderados os critérios diferenciadores, qualitativos ou quantitativos (todos eles, aliás, baseados em critérios enunciados através de conceitos, eles próprios, indeterminados[3107]), nenhum evita zonas de incerteza, fronteiras mal delimitadas, territórios duvidosos[3108].

[3106] V. nesse sentido, por exemplo, AARNIO, «Taking rules seriously», p. 188; ALCHOURRÓN/ BULYGIN, *Normative Systems, cit.*; POSCHER, «Aciertos...», pp. 77 ss.; HERNÁNDEZ MARÍN, *Introducción a la teoria de la norma jurídica*, Marcial Pons, Madrid, 1998.

[3107] Uma das críticas endereçáveis ao critério, muito popular (v., por exemplo, LAMEGO, *Elementos de Metodologia...*, p. 59; MORAIS, *Curso...*, II, 2, p. 528), da "superior indeterminação" (ou "maior" nível de generalidade e de abstração) dos princípios, é que esse critério se baseia, ele próprio, nas noções *altamente indeterminadas* de *indeterminação* ou de *maior nível...*

[3108] As próprias sínteses mais conhecidas dos traços caraterísticos das *regras*, de DWORKIN (as regras aplicam-se de forma *tudo ou nada*) e de ALEXY (as regras são *comandos definitivos* ou *razões definitivas para um juízo concreto de dever ser* ou *dever ser real*), sofrem numerosas atenuações, algumas até sugeridas pelos próprios: (i) há enunciados normativos donde é suposto extrair-se esse tipo de normas cuja indeterminação obsta a uma aplicação automática e sem obstáculos, antes requerendo complexas operações hermenêuticas que impedem uma aplicação tão automática quanto a anunciada (por isso, DWORKIN aceita que certas provisões podem funcionar logicamente como regra e substancialmente como princípio. É o que sucede quando essas provisões, embora tenham a natureza de regra, utilizam termos como "razoável", "negligente", injusto", "significativo" e outros conceitos vagos ou indeterminados); (ii) não se exclui que estas normas tenham uma dimensão de peso (cfr. HART, *O conceito de direito*, 6ª ed. (pós-escrito), p. 324; PECZENIK, *On Law...*, p. 249; ÁVILA, *Teoria...*, 7ª ed., p. 46; MARCELO NEVES, *Entre Hidra e Hércules...*, pp. 62, 77 ss.); (iii) a subsunção de certos factos aos pressupostos descritos na previsão pode requerer operações de ponderação (SANCHÍS, *Neoconstitucionalismo...*, p. 89); (iv) a sua aplicação pode requerer ponderação do peso das suas consequências negativas e positivas (ZORRILLA, *Conflictos...*, pp. 80-81; DAVID DUARTE, «Drawing Up Boundaries...», p. 58; ÁVILA, *Teoria...*, 7ª ed. p. 46, *passim.*); (v) dentro deste tipo de normas, há mais do que uma categoria, designadamente normas primárias e normas secundárias, tendo as segundas destinatários e funções distintas e sendo duvidosa a sua qualidade de normas de conduta; (vi) estas normas podem ser derrotadas através de exceções não inicialmente conhecidas (assim, ALEXY, «Zum Begrif...», *in Recht, Vernunft...*, cit. pp. 188 ss.; *Theorie...*, p. 89; *Teoria...*, p. 100); (vii) as normas de resolução de colisões e de identificação da norma colidente válida podem não resolver todas as colisões, designadamente as colisões *total-total* entre normas com a mesma fonte formal promanadas no mesmo momento. Este conjunto de fatores de "amolecimento" da versão forte das regras dá alguma razão a quem alvitra que a estrutura das regras tal como descrita pelos defensores da separação forte entre regras e princípios é de tal modo rígida que nem os formalistas a aceitam. Em última análise, esse conceito fortemente distintivo de regra visaria apenas forçar artificialmente um maior contraste com os princípios: FIGUEROA, «La incidencia...», p. 202; POSCHER, «Insights, Errors...», p. 439.

O PRINCÍPIO DA PROIBIÇÃO DO EXCESSO

Por outro lado, observa-se que não é fácil identificar os elementos caraterísticos dos *princípios*, devido à sua radical heterogeneidade (GUASTINI, *Distinguiendo...*, p. 144. O tópico é, aliás, consensual: v., por exemplo, GOUVEIA, *Manual...*, I, 6ª ed., p. 90; POSCHER, «Aciertos...», p. 86). A súmula dos elementos caraterizadores dos princípios apresentada por GUASTINI é uma eloquente demonstração de um número significativo de teses e de critérios, uns por ele e por muitos recusados – como os da vacuidade da formulação (GUASTINI, *ob. cit.*, pp. 102, 147; ÁVILA, *Teoria...*, 7ª ed., p. 48; ZORRILLA, *Conflictos...*, p. 71; na doutrina nacional, RAMIÃO, *Justiça...*, pp. 119 ss.; LAMEGO, *Elementos de Metodologia...*, p. 59. Diferentemente, DAVID DUARTE, «Drawing Up Boundaries...», p. 58; MARCELO NEVES, *Entre Hidra e Hércules...*, p. 15), da ausência de previsão ou da fundamentalidade (GUASTINI, *ob. cit.*, pp. 146-147; também, ZORRILLA, *Conflictos...*, p. 72) –, outros vistos como comuns a alguns, a muitos ou a quase todos os princípios. Porém, nenhum é verdadeiramente comum a *todos* os princípios (apesar de a teoria dos princípios negligenciar esse aspeto, há numerosas construções que mostram que aquilo que se designa vulgarmente por princípios se reparte por categorias muito diferenciadas. Para um ensaio de classificação v., por exemplo, LAMEGO, *Elementos de Metodologia...*, pp. 60-1, autor que, além do mais, nota o modo diverso como os princípios operam nos sistemas de *common law* e de matriz romanística: p. 69), nem radicalmente distintiva em relação às normas que GUASTINI designa de *simples normas*. Assim, recorrendo a critérios atinentes à *formulação*, à *estrutura lógica*, ao *conteúdo*, à *posição* que ocupam no ordenamento e à *função* que cumprem, sobre os princípios pode dizer-se que: (i) alguns estão privados de formulação normativa ou de possibilidade de redução a um único enunciado normativo, como os princípios da separação de poderes e da certeza jurídica (GUASTINI, *ob. ct.*, p. 148); (ii) muitos dirigem o comportamento de forma indireta, proclamando apenas um valor (GUASTINI, *ob. cit.*, p. 149); (iii) em geral, convivem mal com a forma deôntica e imperativa (GUASTINI, *ob. cit.*, p. 149); (iv) muitos são normas teleológicas, isto é comandam a obtenção de um fim (GUASTINI, *ob. cit.*, p. 149); (v) muitos não são normas de conduta comuns, mas sim meta-normas ou normas de segundo grau (GUASTINI, *ob. cit.*, pp. 149-150); (vi) frequentemente não são reconduzíveis ao esquema previsão/ estatuição (ou prótase/apódose), proclamando simplesmente uma finalidade ou valor a prosseguir (GUASTINI, *ob. cit.*, p. 150). Em qualquer caso, não se exclui de todo a possibilidade de os princípios assumirem ou serem reconstruídos de acordo com esse conteúdo normativo); (vii) são derrotáveis, uma vez que não impõem obrigações absolutas, mas apenas obrigações *prima facie* (GUASTINI, *ob. cit.*, p. 151); (viii) desempenham por vezes o papel de normas fundamentais de setores do ordenamento jurídico, estão revestidos por uma dimensão de "importância" (GUASTINI, *ob. cit*, p. 151); (ix) são entendidos em certos contextos teóricos como expressão de preceitos ou valores suprapositivos (GUASTINI, *ob. cit*, p. 154); (x) podem ser meramente implícitos (GUASTINI, *ob. cit.*, pp. 155 ss.); (xi) alguns com valor constitucional são imodificáveis ou inderrogáveis (GUASTINI, *ob. cit*, p. 160); (xii) usam-se, principalmente, na produção do direito, isto é, cumprem em geral a função de circunscrever a competência normativa de uma fonte subordinada de direito (GUASTINI, *ob cit.*, p. 162); (xiii) usam-se também como parâmetro da interpretação do direito, como norma com superioridade axiológica em relação às normas a interpretar (GUASTINI, *ob. ci*, p. 163); (xiv) e usam-se na integração das lacunas do direito (GUASTINI, *ob. cit.*, p. 163); (xv) aos seus conflitos, especialmente quando têm dignidade constitucional, não são aplicáveis as técnicas que habitualmente se usam para resolver conflitos entre normas, designadamente o recurso aos critérios de solução *lex superior derogat inferiori, lex posterior derogat priori, lex specialis derogat generali* (GUASTINI, *ob. cit*, p. 168); (xvi) na verdade, os conflitos entre princípios resolvem-se através de ponderação no caso concreto (GUASTINI, *ob. cit*, p. 169). Registe-se, contudo, que o autor

PRINCÍPIO, REGRA OU *TERTIO GENUS?*

Mais atraente do que a distinção entre duas (ou mais) categorias de normas estanques e apartadas por traços distintivos irreconciliáveis, parece ser a ideia de um *continuum* de expressões normativas, com graduações diversas no que toca à imperatividade, imediatividade, densidade, determinação e abertura. Esta orientação foge às teses da separação forte (*starke Trennungsthese*) e da separação fraca (*schwache Trennungsthese*), porque não vê viabilidade na inequívoca arrumação das normas jurídicas em duas prateleiras conceptuais. Mas também não cai na tese da convergência (*Übereinstimmungsthese*), porque não advoga que as normas são todas fenomenologicamente iguais. Pelo contrário, concede que há normas que são inequivocamente regras ou inequivocamente princípios segundo a maioria ou a generalidade dos critérios, de distinção fraca ou de distinção forte, anteriormente enunciados[3109]. Esses casos, ditos fáceis, não têm de ser nem devem ser amalgamados numa massa normativa informe. A norma segundo a qual "só podem candidatar-se a presidente da República cidadãos com mais de trinta e cinco anos" é uma regra segundo todos os critérios estudados pela doutrina. A norma segundo a qual Portugal se rege nas relações internacionais pelo princípio da independência nacional é um princípio segundo todos os critérios. Sucede apenas que no intervalo entre os exemplares inequívocos há uma sequência de gradações que nem se deixam reduzir a duas (ou algumas mais) categorias uniformes, nem parecem suscetíveis de uma diferenciação e enumeração exaustiva.

Nesta linha, num dos extremos do *continuum* de gradações, haverá normas que correspondem à mais estrita e categórica fórmula imperativo-condicional e, no outro, normas com máxima abertura, indeterminação, fundamentalidade. Mas uma multidão impressiva de normas ocupará posições intermédias ou indefinidas dessa sequência.

Por onde passa a fronteira entre as normas que são aplicáveis através de subsunção e/ou de ponderação, ou entre as que veem as respetivas colisões resolvidas com recurso a meta-normas sobre colisões ou com operações de harmonização, depende muitas vezes de variáveis ou de argumentação que tornam tal fronteira fluída e móvel[3110]. Duas (ou mais) categorias normativas assentes em

---

defende que as situações de conflito *total-parcial* são resolvidas através da regra da *lex specialis*. Em contrapartida, o conflito *total-total* seria pura e simplesmente insolúvel. A ponderação pressupõe, portanto, que os princípios sejam interpretados em termos de estarem em conflito *parcial-parcial*. Sobre estes tipos de conflitos ou colisões, que também empregamos, v. *supra*, capítulo 12).

[3109] Em última análise, mesmo os críticos mais acérrimos transigem na distinção entre regras e princípios, embora daí não extraiam qualquer ilação teórica, doutrinal ou metódica: v., por todos, POSCHER, «Insights, Errors...», p. 438.

[3110] Não sendo difícil, por isso, aderir à ideia de que a aplicação do direito e a resolução de colisões passe frequentemente pela complexa combinação de várias técnicas: assim, POSCHER, «Aciertos...», pp. 82 ss.

O PRINCÍPIO DA PROIBIÇÃO DO EXCESSO

bases tão volúveis e com fronteiras tão porosas podem ter interesse pedagógico e até utilidade analítica, mas não podem ser a chave da teoria das normas nem desencadear automáticas consequências de regime (por exemplo, no tocante a quais prevalecem sobre as outras)[3111].

3. A proibição do excesso como norma sem morfologia ou estrutura única

Em situações de colisão de algumas das normas que ocupam posições intermédias entre normas que são inequivocamente regras e normas que são inequivocamente princípios segundo os critérios menos contestados, e em situações de colisão de normas que apresentam um grau máximo de abertura, indeterminação ou fundamentalidade, o ordenamento constitucional prescreve a ponderação e harmonização. Para isso, é necessário mobilizar instrumentos mediadores de ponderação e harmonização.

Estes instrumentos de ponderação e harmonização não têm uma morfologia ou estrutura uniforme e invariável, pelo que podem oscilar, também eles, entre o tudo ou nada, a indeterminação ou abertura ou a posição intermédia. A sua qualificação como regra ou como princípio só pode cumprir funções meramente heurísticas, que visam facilitar a compreensão do modo como são aplicados e como podem influir na decisão.

Pensando especificamente na proibição do excesso como instrumento vinculado a operações de ponderação e harmonização realizadas pelo legislador, importa distinguir consoante a encaramos como norma de ação ou como norma de controlo.

O estudo do conteúdo, estrutura e metódica de aplicação de cada um dos segmentos da proibição do excesso como *norma de ação* permitiu verificar que não se limitam a uma diretiva para fazer "*the right thing*"[3112], atingindo já um grau apreciável de dosificação, embora não total.

Além disso, a circunstância de o seu conteúdo determinar a realização de operações de ponderação e harmonização que envolvem bens, interesses ou valores tutelados por outras normas, colidentes entre si, não lhes garante a natureza de princípio. Há que distinguir entre as normas cuja aplicação *pressupõe* prévias operações de ponderação e harmonização mediadas por *outra norma* e esta *outra norma*, cuja aplicação não pressupõe a prévia realização de operações de ponderação e harmonização, antes se traduz na mediação de operações de ponderação e harmonização (*normas a ser ponderadas e harmonizadas* versus *coman-*

[3111] Com conclusão confluente, ŠUŠNJAR, *Proportionality...*, p. 281; RAMIÃO, *Justiça...*, pp. 184-187.
[3112] SCHAUER, «Balancing, Subsumption...», p. 308.

896

PRINCÍPIO, REGRA OU *TERTIO GENUS?*

dos mediadores de ponderação e harmonização[3113]). Como norma de ação, a proibição do excesso cai exclusivamente nesta categoria de comandos mediadores de ponderação e harmonização. Não existe a virtualidade de entrar em colisão com outras normas ou de os bens, interesses ou valores por ela especificamente tutelados (adequação, necessidade, proporcionalidade e.s.e.) terem de ser objeto de ponderação com outros. A sua aplicação não requer operações de ponderação e harmonização desses bens, interesses ou valores com bens, interesses ou valores tutelados por qualquer outra norma, nem a qualquer operação de ponderação dos efeitos positivos que a sua aplicação provoca com outros efeitos. Nesta sua dimensão de norma de ação, a proibição do excesso pode ser aplicada de modo definitivo ou *tudo ou nada*, utilizando aqui expressões inspiradas nas distinções fortes entre regras e princípios. Por isso, de duas uma: ou a proibição do excesso como norma de ação é aplicável e tem de ser aplicada pelo legislador em toda a sua plenitude normativa, podendo traduzir-se ou não no dever de opção por uma específica solução legislativa; ou não é aplicável. Nessa medida, a norma da proibição do excesso está mais perto daquilo que DWORKIN, ALEXY (ou CANOTILHO, na doutrina nacional) e outros idealizam como sendo característico das normas-regra.

No que toca à proibição do excesso como *norma de controlo*, é certo que a jurisprudência e a doutrina universais também consolidaram uma pletora de propriedades densificadoras que, em muitos casos, permitem um exercício aplicativo formalmente semelhante à subsunção[3114]. Todavia, diferentemente do que sucede com a proibição do excesso como norma de ação, a aplicação da proibição do excesso como norma de controlo não está livre de operações de ponderação e harmonização. O conteúdo e termos de aplicação da proibição do excesso assumem aqui uma natureza *prima facie*, tendo de ser harmonizados, designadamente, com os *princípios formais* da variável liberdade de conformação do legislador e da variabilidade do poder de exame do juiz constitucional em função da natureza e do alcance da colisão resolvida pela norma legislativa examinada (ambos filiados no princípio da separação de poderes que não é, ele próprio, ponderado, diferentemente do que sustentam ALEXY e alguns seguidores). A harmonização entre a proibição do excesso como norma de controlo e este princípio formal, realizada pelo juiz constitucional, implicará que aquela possa ter de ceder em maior ou menor medida em função da natureza e alcance da

---

[3113] Propomos aqui uma adaptação fácil – mas não inócua – das noções alexianas de comandos a ser otimizados e comandos para otimizar (*commands to be optimized and commands to optimize*): ALEXY, «On the Structure of Legal Principles...», pp. 300 ss.; «My philosophy of law...», p. 39.

[3114] MORAIS, *Curso de Direito Constitucional...*, tomo II, vol. 2, pp. 665, 668, 674, referindo-se especificamente à adequação e à necessidade. Sem embargo, isso não significa supressão de toda e qualquer maleabilidade: assim, THORNBURN, «Proportionality». P. 308.

O PRINCÍPIO DA PROIBIÇÃO DO EXCESSO

colisão objeto da norma legislativa fiscalizada[3115]. Esta conjugação entre elementos aplicativos significativamente densificados e a possibilidade de a aplicação da proibição do excesso, como norma de controlo, depender de operações de ponderação e harmonização, faz com que a sua configuração tenha uma natureza híbrida, simultaneamente de comando para ponderar e harmonizar e de comando a ser ponderado e harmonizado[3116], inviabilizando uma qualificação perentória como regra ou princípio.

Num quadro de diluição da distinção entre regras e princípios a opção mais segura seria falar-se, simplesmente, de *norma* da proporcionalidade ou da proibição do excesso. Por seu turno, a opção mais próxima da verdade morfológica e fenomenológica seria a de falar de *regra* da proibição do excesso quando tivéssemos em mente a norma de ação e, tendencialmente, de *princípio* da proibição do excesso quando nos referíssemos à proibição do excesso como norma de controlo. Todavia, não vem mal ao Mundo, (nenhuma consequência de regime se desencadeia) se, acompanhando a opção da Constituição, da lei ordinária, da jurisprudência constitucional e da maioria da doutrina, falarmos simplesmente, como temos feito, de *princípio* da proibição do excesso ou da proporcionalidade clássica[3117].

[3115] Contra, CLÉRICO, *El Examen...*, pp. 30-31.

[3116] Embora reconheçamos a pertinência do ponto, não avançaremos aqui na discussão sobre se o objeto do comando (ou mandado) para ponderar e harmonizar é o próprio *comando* da proporcionalidade ou antes algum *objeto empírico* como decorre do curso argumentativo de POSCHER, «Aciertos...», pp. 81-2. Se quando se está perante comandos normativos que têm por objeto grandezas empiricamente apreensíveis, como a vida, a saúde, a segurança, é curial afirmar que o objeto do comando de ponderação e harmonização é o próprio bem, interesse ou valor e não o comando que normativamente o enquadra, já no tocante ao comando da proibição do excesso, comando sem objeto totalmente apreensível empiricamente, a questão pode suscitar outra abordagem.

[3117] Assim concluíamos já em CANAS, «A proibição do excesso como instrumento mediador...», p. 888, embora num quadro discursivo diferente.

Capítulo 21
Proibição do excesso e proibição do defeito

1. Enquadramento

Não tendo o artigo 283º da Constituição correspondência na esmagadora maioria das constituições estrangeiras[3118], ele devia constituir uma "vantagem competitiva" no que toca à fiscalização do cumprimento de deveres de legiferação e à criação de condições de maior eficácia normativa da Constituição. Todavia, esse preceito tem sido mais fator de condicionamento do desenvolvimento da dogmática dos deveres de produção de atos ou normas legislativas do que de estímulo a esse desenvolvimento. Em outras ordens jurídicas onde não existe mecanismo correspondente parece até ter-se avançado mais[3119]. O artigo 283º tem gerado desenvolvimentos ao nível da teoria da constituição – designadamente da teoria das normas constitucionais – e da garantia da constituição, bem como ao nível da organização dos poderes. A teoria dos deveres de ação do legislador, que fica logicamente a montante da teoria das omissões, tem permanecido na sombra[3120].

[3118] Cfr. a lista em MIRANDA, *Manual...*, vol. VI, 4ª ed., p. 378. Merece especial relevo a Constituição brasileira de 1988, com a sua ação de inconstitucionalidade por omissão, modalidade de fiscalização abstrata, e o seu mandato de injunção, modalidade de fiscalização concreta.

[3119] Invocaremos amiúde o exemplo alemão. Na doutrina nacional cfr. a exposição sobre esse caso de JORGE P. SILVA, *Dever de legislar e protecção...*, pp. 109 ss.

[3120] V., porém, CANOTILHO, *Constituição dirigente...*, pp. 294 ss., 331 ss.; assinalando também este aspeto, JORGE P. SILVA, *Dever de legislar e protecção...*, p. 13 (que é, aliás, o autor que na doutrina nacional mais tem procurado ultrapassar essa situação).

O PRINCÍPIO DA PROIBIÇÃO DO EXCESSO

Para além de fundamento de rigidez e de dificuldade de acionamento[3121], o artigo 283º, nº 1, tem sido o assento constitucional onde a doutrina e a jurisprudência encontram fundamento para distinguir entre normas constitucionais exequíveis por si mesmas e não exequíveis por si mesmas[3122]. Esta distinção tem passado incólume ao longo dos tempos, mas é questionável por, pelo menos, três razões. Primeiro, inculca que há normas constitucionais *totalmente* não exequíveis por si mesmas, em oposição àquelas que são *totalmente* exequíveis por si mesmas. Ora, quer do ponto de vista da teoria da Constituição, quer do ponto de vista dogmático, essa construção não é sustentável. Existem sim normas constitucionais *parcialmente* exequíveis (ou seja, parcialmente não exequíveis) e normas *totalmente* exequíveis por si mesmas (*maxime*, na parte organizatória) [3123]. Segundo, a indeterminação conteudística permite dúvidas sobre quais as normas constitucionais que se integram na categoria das ditas normas não exequíveis por si mesmas. O debate é normalmente pautado por dúvidas e as conclusões são tendencialmente limitativas, mas não eliminando a indeterminação: tem de haver uma imposição constitucional legiferante em sentido estrito[3124] ou "uma específica incumbência dirigida pela Constituição ao legislador"[3125], deve tratar-se de "omissão de atos legislativos destinados a executar as fontes constitucionais imediatamente aplicáveis"[3126], "o padrão da inconstitucionalidade por omissão deve ser composto por normas e não por princípios"[3127], estão excluídas

---

[3121] NOVAIS, *Direitos Sociais*, p. 376,

[3122] V., por todos, o ensaio de definição em MIRANDA, *Manual...*, VI vol., 2ª ed., pp. 370-371. O conceito é aceite pela doutrina brasileira: v., por exemplo, MANUEL GONÇALVES FERREIRA FILHO, *Curso de Direito Constitucional*. 37ª ed., Saraiva, São Paulo, p. 416. Equivalente é a distinção de GOUVEIA, *Manual...*, I, 6ª ed., p. 103, entre normas auto-exequíveis e hetero-exequíveis .

[3123] Na verdade, o conceito de constituição e de normas constitucionais providas de normatividade é inconciliável com a construção de que há normas constitucionais *não exequíveis*. Todas as normas constitucionais têm um mínimo de exequibilidade, desde logo porque constituem um limite negativo à atividade do legislador ordinário, que não as pode contrariar sob pena de inconstitucionalidade. E o artigo 283º, nº 1, verdadeiramente, não fala de normas (totalmente) inexequíveis. Alude sim à obrigação de emissão de "medidas legislativas necessárias para tornar exequíveis *as* normas constitucionais". O sentido literal do preceito abrange potencialmente *todas as normas* constitucionais e não apenas uma categoria de normas constitucionais, isto é, dá a entender que o problema de exequibilidade se pode, virtualmente, colocar, com maior ou menor incidência, a propósito de todas as normas constitucionais (embora não ponha de lado que algumas delas sejam plenamente exequíveis).

[3124] CANOTILHO, *Direito...*, 7º ed., p. 1034.

[3125] MORAIS, *Justiça...*, II, 2ª ed., p. 531, citando o Tribunal Constitucional.

[3126] GOUVEIA, *Manual...*, II, 6ª ed., p. 1316.

[3127] MORAIS, *Justiça...*, II, 2ª ed., p. 532; diversamente, GOUVEIA, *Manual...*, II, 6ª ed., p. 1316.

PROIBIÇÃO DO EXCESSO E PROIBIÇÃO DO DEFEITO

as omissões relativas em sentido estrito[3128]/[3129]. Terceiro, impera uma *ideia subliminar* de que o mecanismo deste artigo é utilizável apenas em certo tipo de omissões legislativas[3130], talvez apenas as "grandes" ou "grosseiras" omissões, as omissões totais, de total incumprimento pelo legislador do dever de legislar e de dar exequibilidade a preceitos constitucionais que supostamente a não têm. As "pequenas" omissões, essencialmente parciais, resultantes de o legislador ter legislado sem ter ido tão longe quanto deveria (*omissões por insuficiência*) ou de a legislação, com o tempo, se mostrar inadequada (*omissões por inadequação*), não são em regra consideradas fundamento para recurso ao referido mecanismo processual. Por outro lado, o mecanismo processual do artigo 283º tem funcionado como uma espécie de eucalipto que seca tudo à volta (leia-se, todos os mecanismos processuais alternativos ou complementares).

Em contrapartida, noutros Estados que não incorporam no seu ordenamento constitucional mecanismos processuais semelhantes ao do artigo 283º consolida-se a tendência para o desenvolvimento de uma teoria dos deveres de ação do Estado, particularmente dos deveres de legiferação. Tendência com uma origem definida: radicou na necessidade da doutrina e da jurisprudência alemãs enfrentarem a questão da eficácia dos direitos fundamentais nas relações entre particulares (a questão da *Drittwirkung*, expressão hoje desacreditada). Uma das vias com mais sucesso foi a teoria dos deveres de proteção.

Contudo, a elaboração dogmática não se ficou por aí. Hoje fala-se, mais latamente, de uma dogmática unitária dos deveres de prestação ou de ação do legislador, que vai além dos deveres de proteção. Um dos pilares recentes dessa dogmática é a figura da proibição do defeito. Atrás da dogmática dos deveres de prestação vem a proibição do defeito e outros instrumentos. E, atrás deles, novos mecanismos e vias processuais que superam em muitos aspetos o mecanismo pesado e obsoleto do artigo 283º da Constituição portuguesa.

Aqui assume-se que o meio processual do artigo 283º, apesar da sua amplitude limitada, não pode ser fator de inibição de uma teoria ampla dos deveres do legislador e da sindicabilidade jurisdicional do cumprimento desses deveres. O artigo 283º não pode ser interpretado no sentido de que só um *certo tipo* de omissões, ou só uma *categoria limitada* de incumprimentos do legislador estão

---

[3128] *Idem*, p. 533. Convém notar que o autor distingue entre omissões parciais e omissões relativas, distinção que não faremos, seguindo, nesse aspeto Canotilho, *Direito...*, 7º ed., p.1035.

[3129] Cfr., para uma exposição das várias posições e referências, Tribunal Constitucional Português, *A Omissão Legislativa...*, p. 10.

[3130] V. Tribunal Constitucional Português, *A Omissão Legislativa na Jurisprudência Constitucional...*, p. 9, sublinhando que a doutrina nacional – e, indubitavelmente, também o TC – "distingue entre a omissão legislativa e a omissão (legislativa) inconstitucional ou constitucionalmente relevante" (com as referências bibliográficas abonatórias).

O PRINCÍPIO DA PROIBIÇÃO DO EXCESSO

sujeitos a apreciação e declaração de inconstitucionalidade e que esta se processa sempre no quadro traçado por aquele preceito. A circunstância de o legislador constituinte, numa dada fase da maturação histórica dos conceitos, ter definido um mecanismo processual de controlo das omissões de medidas legislativas destinadas a tornar exequíveis normas constitucionais parcialmente não exequíveis, não deve impedir o pleno e natural desenvolvimento doutrinal e jurisprudencial sobre os deveres de ação.

Daqui decorre que está por definir de que forma se articula a dogmática substantiva dos deveres de ação do legislador, em toda a sua plenitude, com o mecanismo processual de fiscalização das omissões do artigo 283º. Trata-se, no entanto, de tema cujo aprofundamento escapa ao alcance do presente trabalho.

Em todo o caso, registam-se pelo menos quatro fatores de conexão entre o artigo 283º, a dogmática dos deveres de ação do legislador e o instrumento mediador proibição do defeito.

Primeiro: embora não possamos promover a demonstração desse tópico, é doutrinariamente viável e dogmaticamnte aconselhável evoluir para uma interpretação atualista do artigo 283º, atribuindo-lhe um âmbito mais abrangente, potencialmente inclusivo de *todas as situações* em que o legislador está sujeito a um dever de ação. Isso implicaria um alargamento daquela que parece ser a noção mais difundida de norma constitucional não exequível[3131].

Segundo, a consagração constitucional do mecanismo processual do artigo 283º não pode ser encarada como um obstáculo a que o eventual incumprimento de deveres de ação do legislador seja apreciado com recurso a meios processuais distintos do desenhado naquele preceito[3132].

Terceiro: mesmo insistindo-se na interpretação restritiva, o artigo 283º fornece subsídios importantes para a definição do regime jurídico dos poderes do juiz constitucional em caso de verificação de omissão inconstitucional por violação do princípio da proibição do defeito, qualquer que seja o dever de ação do legislador em causa e o meio processual usado.

Quarto: qualquer que seja a interpretação perfilhada, restritiva ou extensiva, nada obsta a que a figura da proibição do defeito seja adaptada à apreciação da constitucionalidade das omissões referidas no artigo 283º.

2. A sedimentação jurisprudencial e doutrinal

Tal como sucede com a proporcionalidade/proibição do excesso, a proibição do defeito tem origem na dogmática alemã. Nesse contexto tem sido deba-

---

[3131] Cfr. JORGE P. SILVA, *Dever de legislar e protecção...*, p. 145; MIRANDA, *Manual...*, vol. VI, 4ª ed., pp. 376 ss.; *idem, Curso...*, 2, pp. 291-2.

[3132] OTERO, *Direito Constitucional...*, II, p. 458.

PROIBIÇÃO DO EXCESSO E PROIBIÇÃO DO DEFEITO

tida profusamente[3133]. O mesmo não acontece, por enquanto, noutros espaços jurídicos onde ou é ignorada[3134] ou começa apenas lentamente a ser objeto de

[3133] GUNNAR FOLKE SCHUPPERT, «Funktionell-rechtliche Grenzen der Verfassungsinterpretation», Athenäum, Königstein, 1980; CANARIS, «Grundrechte und Privatrecht», *cit.*; *idem*, «Verstöße gegen das verfassungsrechtliche Übermaßverbot...», *cit.*; *idem*, «Grundrechtswirkungen und Verhältnismäßigkeitsprinzip...», *cit.*; *Direitos fundamentais...*, *cit.*; JARASS, «Grundrechte als Wertentscheidungen...», *cit.*; VOLKMAR GÖTZ, «§79 Innere Sicherheit», in Josef Isensee e Paul Kirchhof, *Handbuch des Staatsrechts der Bundesrepublik Deutschland*, vol. III, número marginal 30, C. F. Müller, Heidelberg, 1988; ERICHSEN, «Das Übermaßverbot», *cit.*; SCHERZBERG, *Grundrechtsschutz und "Eingriffsintensität"...*, pp. 208 ss.; DIETLEIN, *Die Lehre von den grundrechtlichen Schutzpflichten*, *cit.*; *idem*, «Das Untermaßverbot», *ob. cit.*; JOSEF ISENSEE, «§ 111 Das Grundrecht als Abwehrrecht und als staatliche Schutzpflicht», in Josef Isensee e Paul Kirchhof, *Handbuch des Staatsrechts der Bundesrepublik Deutschland*, vol. V, 1ª ed., C. F. Müller, Heidelberg, 1992, número marginal pp. 162 ss. (desta obra usaremos também referências da 2ª ed., de 2000, e da 3ª ed., de 2011, onde aparece no vol. XI, como § 191); DENNINGER, «Vom Elend des Gesetzgebers zwischen Übermaßverbot und Untermaßverbot», *cit.*; HAIN, «Der Gesetzgeber in der Klemme...», p. 982; *idem*, «Das Untermaßverbot in der Kontroverse», *cit.*; RUDOLF STEINBERG, «Verfassungsrechtlicher Umweltschutz durch Grundrechte und Staatsbestimmungen», in *NJW* (1996), pp. 1985 ss.; MÖSTL, «Probleme der verfassungsprozessualen Geltendmachung gesetzgeberischer Schutzpflichten...», *cit.*; *idem*, «Die staatliche Garantie für die öffentliche Sicherheit...», *cit.*; GELLERMANN, *Grundrechte im einfachgesetzlichen...*, *cit.*, pp. 342 ss.; SCHLINK, «Der Grundsatz der Verhältnismäßigkeit», p. 462; CALLIESS, *Rechtsstaat und Umweltstaat...*, *cit.*; *idem*, «Schutzpflichten § 44», *cit.*; *idem*, «Die grundrechtliche Schutzpflicht im mehrpoligen Verfassungsrechtsverhältnis», *cit.*; *idem*, «Die Leistungsfähigkeit des Untermaßverbots ...», *cit.*; MICHAEL, «Die drei Argumentationsstrukturen des Grundsatzes der Verhältnismäßigkeit...», *cit.*; CLÉRICO, *Die Struktur der Verhältnismässigkeit...*, *cit.*; *idem*, «Verältnismässigkeitsgebot und Untermassverbot...», *cit.*; *idem*, «Das Untermaßverbot und die Alternativitätsthese...», *cit.*; CREMER, «Freiheitsgrundrechte: Funktionen...», *cit.*; TZEMOS, *Das Untermaßverbot*, *cit.*; MERTEN, «Grundrechtliche Schutzpflichten und Untermaßverbot», *cit.*; *idem*, «Verhältnismässigkeitsgrundsatz», *cit.*; RASSOW, «Zur Konkretisierung des Untermaßverbotes», *cit.*; *Idem*, *Staatliche Schutzpflichten...*, pp. 92 ss.; MATTHIAS MAYER, «Untermaß, Übermaß und Wesensgehaltgarantie...», *cit.*; GRIMM, «The Protective ...», *cit.*; OLIVER KLEIN, «Das Untermaßverbot: über die Justiziabilität...», *cit.*; ALEXY, «Zur Struktur der Grundrechte auf Schutz»; *idem*, «On Constitutional Rights...», *cit.*; *idem*, «Sobre los Derechos Constitucionales a Protección», *cit.*; *idem*, «Sobre la estrutura de los derechos fundamentales de protección», *cit.*; LEE, «Grundrechtsschutz unter Untermaßverbot?» *cit.*; ENDERS, «Vorbemerkung vor Art. 1», in *Berliner Kommentar zum Grundgesetz*, Erich Schmidt Verlag GmbH & Co., Berlin, 2007; STÖRRING, *Das Untermaßverbot...*, *cit.*; LINDNER, *Theorie der Grundrechtsdogmatik*, *cit.*, pp. 513 ss.

[3134] Como sucede em geral nos ambientes jurídicos de expressão anglo-saxónica, mesmo entre os autores mais atentos e mais inovadores no contexto da teoria da proporcionalidade. V., por exemplo, as obras de RIVERS, designadamente «Proportionality and Variable...», *cit.*, onde continua a não se distinguir as situações em que há que superar uma colisão entre interesses públicos e direitos e aquelas em que há colisão entre direitos; v., também, VANDENHOLE, «Conflicting Economic and social rights...», *cit.*, mais especificamente para a colisão entre algumas dimensões (designadamente positivas) de direitos sociais e outros direitos.

O PRINCÍPIO DA PROIBIÇÃO DO EXCESSO

atenção[3135]. A discussão não gerou ainda um consenso ou posição dominante sobre questões fundamentais da teoria da proibição do defeito, designadamente sobre a sua relação com o princípio clássico da proporcionalidade ou da proibição do excesso.

O desencontro é bem espelhado pela multitude de imagens escolhidas pelos autores para caraterizar essa relação: equivalentes (DENNINGER); antípodas (MERTEN, GELLERMANN); correlativos (MERTEN, ISENSEE); contrapolos (MAYER); congruentes (HAIN); verso e reverso da medalha (HAIN); dois aspectos (ALEXY) ou duas perspetivas (KLATT/MEISTER) do mesmo princípio[3136]. Entre aqueles que lhe atribuem identidade dogmática persistem divergências de fundo sobre: (i) o fundamento; (ii) a finalidade ou função; associada a esta questão, (iii) a relação com a garantia do conteúdo essencial dos direitos fundamentais; (iv) se é simplesmente uma componente incindível do princípio da proporcionalidade ou é mais do que isso; (v) o âmbito de aplicação; (vi) os destinatários; (vii) a relação com a proibição do excesso; (viii) o conteúdo e estrutura; (ix) a existência de apenas um modelo de proibição do defeito ou vários; (x) a extensão da sua aplicabilidade pelo juiz constitucional.

A resposta diferenciada a cada uma destas questões gera um número inabarcável de combinações que não podem ser aqui compiladas e tratadas. Por isso focar-nos-emos apenas em algumas das mais representativas propostas doutrinais, desde as primitivas até às mais recentes. Analisaremos a construção doutrinária fundadora de CANARIS (1984), continuaremos com a reação crítica de HAIN (1993) e com a resposta de DIETLEIN (1995). Pela sua importância para a estruturação de uma visão mais global dos instrumentos de mediação de ponderação e harmonização, teremos uma perspetiva desenvolvida das recentes contribuições de BOROWSKI e de ALEXY (2007). Por a sua conjugação permitir uma visão de conjunto do atual estádio de maturação (e dispersão), consideraremos os desenvolvidos contributos recentes de CLÉRICO (2001, 2009), TZEMOS (2004), MAYER (2005) e STÖRRING (2009).

[3135] Cfr. CANOTILHO, «Omissões normativas ...», *cit.*; MIRANDA, *Manual...*, IV, 5ª ed., p. 310 (falando de *desproporcionalidade negativa*); MIRANDA/MEDEIROS, *Constituição...*, tomo I, 2ª ed., pp. 342 ss.; SARLET, «Constituição e Proporcionalidade...», *cit.*; BEILFUSS, *El Principio...*, pp. 113 ss.; PULIDO, *El principio de proporcionalidad...*, pp. 806 ss.; GABRIEL DOMÉNECH PASCUAL, *Derechos fundamentales y riesgos tecnológicos*, pp. 159 ss..; idem, «Los derechos fundamentales a la protección penal», *cit.*; CLÉRICO, «Proporcionalidad, prohibición de insuficiencia...», *cit.*; CASTRO, *As omissões normativas inconstitucionais...*», *cit.*; JORGE P. DA SILVA, «Interdição de protecção insuficiente...», *cit.*; idem, *Deveres do Estado..*, pp. 576 ss.; CRORIE, *Os Limites da Renúncia...*, p. 205; OTERO, *Manual de Direito Administrativo*, pp. 371-372; STRECK, «Bem jurídico e constituição: da proibição de excesso ...», *cit.*; FLÁVIO OLIVEIRA, *Controlo da omissão estatal em direitos fundamentais...*», *cit.*; SAMPAIO, *O controlo jurisdicional...*, pp. 578 ss..

[3136] Beneficiamos parcialmente da recolha de LEE, «Grundrechtsschutz...», p. 299.

PROIBIÇÃO DO EXCESSO E PROIBIÇÃO DO DEFEITO

2.1. Os primórdios

As primeiras referências à *Untermaßverbot*[3137] são imputadas a SCHUPPERT, que, todavia, não lhe dedicou tratamento aprofundado e até adotou uma posição crítica em relação à nova figura. Esta seria uma das peças de uma (nova) pré--compreensão dos direitos fundamentais (superadora da conceção dos direitos de *defesa*) como diretivas ao legislador para a ativa conformação da realidade social[3138]. Isso implicaria uma inevitável diluição das fronteiras funcionais entre o legislador e o Tribunal Constitucional[3139].

O primeiro tratamento com alguma densidade científica (ainda que incipiente) foi empreendido por um jus-civilista, CANARIS (1984)[3140], no contexto do estudo da relação entre deveres de proteção legislativa dos direitos fundamentais, tal como recebidos no direito privado e proibição da insuficiência[3141].

[3137] Cuja tradução pode ser proibição do defeito, proibição do défice de atuação ou proibição da insuficiência. Outras ainda: proibição da proteção deficiente, proibição de ação insuficiente, defeituosa ou por omissão. V. NOVAIS, *As restrições...*, p. 77; CANOTILHO, "Omissões normativas...", pp. 115 ss.; MIRANDA/MEDEIROS, *Constituição...*, tomo I, 2ª ed., p. 344; JORGE P. DA SILVA, «Interdição de protecção insuficiente...», p. 185; *idem, Deveres do Estado...*, pp. 576 ss. V., também, acórdãos do Tribunal Constitucional nºs 75/10 (Sousa Ribeiro), nº 11.4.3, e 166/10 (Lúcia Amaral), nº 12. Usaremos preferencialmente *proibição do defeito*, admitindo-se, porém, que esta, como as demais designações, não está isenta de reparos (v. a crítica de SARLET, «Constituição e Proporcionalidade...», *cit.*).

[3138] SCHUPPERT, *Funktionell-rechtliche Grenzen...*, p. 14.

[3139] Cfr. TZEMOS, *Das Untermaßverbot*, pp. 4-6; STÖRRING, *Das Untermaßverbot...*, p. 21.

[3140] «Grundrechte und Privatrecht», *cit.* O autor concretizaria algumas das suas posições em «Verstöße gegen das verfassungsrechtliche Übermaßverbot...», *cit.; Idem,* «Grundrechtswirkungen und Verhältnismäßigkeitsprinzip...», *cit.* Em português, pode ver-se, *Direitos fundamentais..., cit.*

[3141] A literatura germânica sobre a dogmática dos deveres/direitos de proteção é extensa. V., entre muitos, MURSWIEK, *Die staatliche Verantwortung..., cit.;* GEORG HERMES, *Das Grundrecht auf Schutz von Leben und Gesundheit Schutzpflicht und Schutzanspruch aus Art. 2 Abs. 2 Satz 1 GG,* C. F. Müller, Heidelberg, 1987; ROBBERS, «*Sicherheit als Menschenrecht...*», *cit.;* ECKART KLEIN, «Grundrechtliche Schutzpflicht...», *cit.;* DIETLEIN, *Die Lehre..., cit.;* ISENSEE, «Das Grundrecht...», *cit.;* HESSE, «Die verfassungsrechtliche Kontrolle der Wahrnehmung...», *cit.;* HANS KLEIN, «Die grundrechtliche...», *cit.;* UNRUH, *Zur Dogmatik der grundrechtlichen Schutzpflichten, cit.;* ERICHSEN, «Grundrechtliche Schutzpflichten...», *cit.;* JAECKEL, *Schutzpflichten im deutschen und europäischen Recht..., cit.;* GELLERMANN, *Grundrechte im einfachgesetzlichen..., cit.;* MERTEN, «Grundrechtliche Schutzpflichten...», *cit.;* SZCZEKALLA, *Die sogenannten grundrechtlichen..., cit.;* KRINGS, *Grund und Grenzen grundrechtlicher Schutzansprüche..., cit.;* POSCHER, *Grundrechte als Abwehrrechte..., cit.;* TZEMOS, *Das Untermaßverbot, cit.;* RASSOW, *Staatliche Schutzpflichten..., cit.;* MATTHIAS MAYER, *Untermaß, Übermaß..., cit.;* CALLIESS, «Schutzpflichten § 44», pp. 201-219; ULRICH VOSGERAU, «Grenzen der Liberalen Gewährleistungstheorie: Schutzpflichten und Gemeinwohl im staatlichen Risikomanagement», in Jörg Scharrer e outros (eds.), *Risiko im Recht . Recht im Risiko,* Nomos, Baden-Baden, 2011, pp. 135-156.

O PRINCÍPIO DA PROIBIÇÃO DO EXCESSO

No âmbito do direito público, a figura foi depois recebida por JARASS (1985)[3142], GÖTZ (1988)[3143], SCHERZBERG (1989)[3144] e ISENSEE (1992)[3145]. Nenhum destes autores ensaiou, sequer minimamente, a definição do alcance e estrutura da nova figura[3146]. Logo após as primeiras referências doutrinais, o *BVerfG* incorporou-a na sua jurisprudência (1993)[3147]/[3148]. Sem embargo, tem-lhe dado um uso limitado[3149], que contrasta com o profuso tratamento doutrinal – parcialmente conjetural – que tem suscitado. Num contexto constitucional particularmen-

[3142] «Grundrechte als Wertentscheidungen...», pp. 382 ss. (consultámos as transcrições oferecidas por CALLIESS, «Die Leistungsfähigkeit des Untermaßverbots...», p. 203).

[3143] «§79 Innere Sicherheit», nº marginal 30: aplicação do princípio no que toca ao desempenho das tarefas do Estado de garantia da segurança interna.

[3144] SCHERZBERG, *Grundrechtsschutz und "Eingriffsintensität"*, pp. 208 ss.

[3145] ISENSEE, «§ 111 Das Grundrecht als Abwehrrecht...», números marginais 162 ss., introduzindo o princípio no campo específico dos deveres de proteção dos direitos fundamentais. V. outras referências em TZEMOS, *Das Untermaßverbot*, pp. 7 ss.

[3146] A escassez das bases doutrinais e jurisprudenciais iniciais é unanimemente assinalada. V., por exemplo, DIETLEIN, *Das Untermaßverbot*, p. 133; CALLIESS, «Die Leistungsfähigkeit des Untermaßverbots...», p. 207.

[3147] Invocando ISENSEE e omitindo o seu uso original por CANARIS. A proibição do defeito foi a grande inovação dogmático-jurisprudencial da segunda decisão sobre o aborto, *Schwangerschaftsabbruch II*, de 29.5.93 (em BVerfGE, 88, pp. 203 ss., 254: *"Art und Umfang des Schutzes im Einzelnen zu bestimmen ist Aufgabe des Gesetzgebers. Die Verfassung gibt den Schutz als Ziel vor, nicht aber seine Ausgestaltung im Einzelnen. Allerdings hat der Gesetzgeber das* Untermaßverbot *zu beachten; insofern unterliegt er der verfassungsgerichtlichen Kontrolle"*). Cfr. CHRISTIAN STARCK, «Der verfassungsrechtliche Schutz des ungeborenen menschlichen Lebens», in *JZ* (1993), pp. 816-822; HESSE, «Der verfassungsgerichtliche...», pp. 551 ss.; TZEMOS, *Das Untermaßverbot*, p. 4; MATTHIAS MAYER, *Untermaß, Übermaß...*, pp. 20 ss.; STÖRRING, *Das Untermaßverbot...*, pp. 74 ss.; KINGA ZAKARIÁS, «Die rechtsprechung des Bundesverfassungsgerichts. Zur grundrechtswirkung im privatrecht», in *Iustum Aequum Salutare*, (2009), pp. 147–166, acessível em http://epa.oszk.hu/02400/02445/00015/pdf/EPA02445_ias_2009_4_147-166.pdf. A invocação da figura da *Untermaßverbot* de forma elíptica e sem qualquer explicação do seu conteúdo e alcance suscitou críticas imediatas: v. WALTHER HERMES, «Schwangerschaftsabbruch zwischen Recht und Unrecht. Das zweite Abtreibungsurteil des BverfG und seine Folgen», in *NJW* (1993), pp. 2337 ss. Em Portugal, v. o acórdão do Tribunal Constitucional nº 75/10 (Sousa Ribeiro), nº 11.4.3.

[3148] Alvitra-se que a receção da figura já estaria implícita na primeira decisão sobre o aborto, de 1975 (BVerfGE 39, pp. 1 ss.: o *BVerfG* julgou que a inexistência de uma reação penal à interrupção da gravidez nas primeiras 12 semanas de gestação não era compatível com uma efetiva proteção da vida), e em outras decisões precedentes: v. a enumeração em MAYER, *Untermaß, Übermaß...*, pp. 20 ss.

[3149] V. as indicações de STÖRRING, *Das Untermaßverbot...*, pp. 80-81; CLÉRICO, ao tempo de «Proporcionalidad, prohibición de insuficiencia...», p. 171, elenca oito casos, o último em 2008; porém, RASSOW, «Zur Konkretisierung des Untermaßverbotes», p. 263, fala de uso regular pelo *BVerfG*.

PROIBIÇÃO DO EXCESSO E PROIBIÇÃO DO DEFEITO

te propício (mais do que o alemão), o Tribunal Constitucional português emprega-a, ancorando-a no princípio do Estado de direito[3150].

Sem embargo, de um modo geral, o conceito começou por ser apontado como supérfluo ou sem significado autónomo (perante os deveres de proteção ou a proibição do excesso)[3151] ou foi simplesmente ignorado[3152]. O ceticismo[3153] ou a rejeição[3154] persistem em setores relevantes da doutrina. E entre os que aceitam a sua autonomia o processo de sedimentação está longe de concluído.

2.2. A discussão inicial

2.2.1. Canaris: a autonomização da proibição do defeito a partir do direito privado

A proibição da insuficiência[3155] constitui uma peça da construção de CANARIS sobre a aplicação dos direitos fundamentais no domínio das relações jurídicas privadas: destinatários das normas de direitos fundamentais são apenas as entidades públicas (legislador, administrador, juiz) e não os sujeitos de direito privado[3156]. Os direitos fundamentais vinculam direta e imediatamente o legislador do direito privado, do mesmo modo que o legislador de outros ramos do ordenamento jurídico, mas não vinculam diretamente os particulares. Salvo algumas exceções com cobertura constitucional específica, as relações jurídico-privadas sofrem o influxo dos direitos apenas através dos atos de autoridade. Em alguns casos, da vinculação direta do legislador aos direitos fundamentais decorrem deveres de proteção.

[3150] A figura foi mencionada inicialmente em declarações de voto no acórdão 288/98 (Mota Pinto, referindo-se ao princípio da proibição do défice – *Untermassverbot* – e Messias Bento, aludindo a *défice de protecção*) e esteve numa primeira declaração de inconstitucionalidade em 2002, no acórdão nº 254/02 (embora, como se notou antes, *supra*, capítulo 5, 5.1.3., nota, neste último, em rigor, estivesse aparentemente em causa aquilo que designamos por proibição do defeito em sentido impróprio). Interessante também a declaração de voto de Cura Mariano no acórdão nº 357/09. Nos acórdãos nº 75/10 (Sousa Ribeiro), nº 11.4.3, e nº 166/10 (Lúcia Amaral), nº 12, adquire estatuto de parâmetro de controlo. Significativa é a circunstância de alguns destes acórdãos incidirem sobre legislação penal do aborto. Cfr., por último, com mais indicações, MIRANDA/MEDEIROS, *Constituição...*, tomo I, 2ª ed., pp. 344-345; JORGE P. DA SILVA, «Interdição de protecção insuficiente...», pp. 185 ss.

[3151] V. a compilação em STÖRRING, *Das Untermaßverbot...*, p. 23; HARTMUT MAURER, *Staatsrecht*, 2ª ed., Beck, München, 2001, pp. 235-236; OLIVER KLEIN, «Das Untermaßverbot...», p. 961.

[3152] TZEMOS, *Das Untermaßverbot*, pp. 10-12, enuncia a extensa lista de autores e de influentes manuais alemães que há uma década nem sequer lhe faziam qualquer menção.

[3153] V. a listagem de posições céticas em STÖRRING, *Das Untermaßverbot...*, p. 27.

[3154] Assim, GELLERMANN, *Grundrechte im einfachgesetzlichen*, pp. 347 ss.; NITZ, *Private...*, p. 376.

[3155] Expressão adotada pelos tradutores de *Direitos fundamentais....*

[3156] *Direitos fundamentais...*, p. 55.

O PRINCÍPIO DA PROIBIÇÃO DO EXCESSO

Critério elementar para o reconhecimento de um dever de proteção é a necessidade ponderosa de proteção de posições jurídico-fundamentais perante intervenções fáticas por parte de outros sujeitos privados[3157]. Este critério elementar é densificado com recurso a outros critérios: o *perigo*, a *ilicitude da intervenção* no bem jurídico fundamental carente de proteção, a *dependência do exercício* de certos direitos da colaboração de outros sujeitos de direito privado; além disso, critérios valorativos respeitantes à *natureza* e *hierarquia* abstrata do direito fundamental atingido, ao *peso da intervenção*, à *intensidade da ameaça* e ao *peso* dos bens, interesses ou valores contrapostos[3158]. Quanto maior o nível do direito fundamental afetado, mais grave a potencial intervenção nele e o perigo de intervenção; quanto menores as possibilidades do titular de desencadear autoproteção eficiente e o peso dos direitos e interesses contrapostos, tanto mais será de reconhecer um dever jurídico-constitucional de proteção[3159].

A doutrina da proibição da insuficiência tem conexões com a doutrina da função de proteção dos direitos fundamentais. Todavia, dever de proteção e proibição da insuficiência são questões concetual e doutrinalmente distintas: a primeira reporta-se à vertente "se", a segunda à vertente "como" da proteção[3160].

A proibição da insuficiência tem dois pressupostos: a aplicabilidade da previsão normativa do direito fundamental em causa, que se fixa através de interpretação[3161], e o apuramento da existência de um dever de proteção.

Este apuramento é um passo metódico anterior a qualquer operação de ponderação[3162]. Diferentemente dos deveres de abstenção, que resultam diretamente do conteúdo e finalidade dos direitos de defesa, os deveres de proteção são em princípio indeterminados. A sua forma de satisfação é definida pelos órgãos do Estado, designadamente através do direito ordinário[3163]. Isto traduz-se em que a proibição de intervenção ou dever de abstenção no âmbito dos direitos de defesa não necessita de uma argumentação específica, além da que se retira

---

[3157] *Idem*, p. 107.

[3158] *Idem*, p. 114.

[3159] *Idem*.

[3160] Acentuando a distinção entre dever de proteção e proibição da insuficiência em Canaris, Tzemos, *Das Untermaßverbot*, p. 29. Crítico, Jorge P. da Silva, *Deveres do Estado...*, p. 594. Störring, *Das Untermaßverbot...*, p. 139, propõe um aperfeiçoamento: o „se" decorreria de um dever de proteção abstrato; o „como" de um dever de proteção concretamente ordenado; à proibição do defeito caberia antes o „a partir de quando" (*ab wann*) existe uma garantia de proteção jurisdicionalmente imponível.

[3161] Da construção do autor resulta que não adere a uma teoria da hipótese normativa alargada: cfr., entre outros locais, Canaris, *Direitos fundamentais...*, p. 105.

[3162] *Idem*, pp. 82, 86.

[3163] *Idem*, pp. 92 ss., citando o Tribunal Constitucional alemão, pp. 115 ss. O autor reporta-se especificamente ao direito privado comum.

PROIBIÇÃO DO EXCESSO E PROIBIÇÃO DO DEFEITO

do próprio sentido da norma constitucional, ao passo que o imperativo de proteção pressupõe uma fundamentação específica[3164]. Daí flui, designadamente, a implicação de "a eficácia da função de imperativo de tutela, em combinação com a proibição de insuficiência, ser substancialmente mais fraca que a função dos direitos fundamentais como proibições de intervenção, conjugada com a proibição do excesso"[3165]. Por isso, refletindo o princípio *do primado da sociedade em face do Estado*[3166], em caso de dúvida vigora a regra geral de que "há que partir da função defensiva dos direitos fundamentais e da proibição do excesso"[3167].

Fixada a existência de um dever de proteção, há então, do ponto de vista metódico, que fixar o alcance da *proibição da insuficiência*. Esta não coincide com o dever de proteção, tendo uma função autónoma. A proibição da insuficiência funciona como o veículo apropriado para delimitar o *núcleo mínimo de proteção* (*Schutzminimum*[3168]) do direito fundamental e evitar que o cumprimento do Estado fique abaixo dele[3169]. Não é um instrumento de ponderação e harmonização, cumprindo antes um papel simétrico ao que uma corrente atribui ao princípio da proporcionalidade na delimitação do núcleo essencial dos direitos fundamentais. Porém, mesmo na concretização desse mínimo de proteção, dada a indeterminação do dever de proteção, o legislador tem uma ampla margem de conformação, uma vez que a constituição impõe apenas a proteção como resultado *global* ou *conjunto* e não a sua conformação específica[3170]. Fora desse "espaço" de proteção mínima, o legislador movimenta-se num espaço "livre" entre a proibição do excesso e a proibição da insuficiência ("*Korridor zwischen Übermaßverbot und Untermaßverbot*")[3171].

[3164] *Idem*, p. 103.

[3165] *Idem*, p. 65; esta é a pedra de toque da construção dogmática de CANARIS. Para a sua refutação, JOHANNES HAGER, «Grundrechte im Privatrecht», in *JZ* (1994), pp. 373 ss., acessível em http:// epub.ub.uni-muenchen.de/5766/1/hager_johannes_5766.pdf; TZEMOS, *Das Untermaßverbot*, p. 21 *passim*.

[3166] *Direitos fundamentais*, p. 70.

[3167] *Idem*, p. 69.

[3168] CANARIS, *Grundrechte...*, p. 228; *Grundrechtseinwirkungen und Verhältnismäßigkeitsprinzip...*, p. 163. Fala-se também de um padrão mínimo (*Mindeststandard*): HAIN, «Der Gesetzgeber in der Klemme...», *cit.*

[3169] CANARIS, *Direitos fundamentais...*, p. 60; a conceção da proibição do defeito como instrumento de definição de um núcleo mínimo de proteção é perfilhada por outros autores: HUBER, «Art. 19 Abs. 2 GG», número marginal 132 ss.

[3170] CANARIS, *Direitos fundamentais...*, pp. 118 e 123; dando também relevo a este aspeto alegadamente diferenciador entre proibição do excesso e do defeito, SARLET, «Constituição e Proporcionalidade...», p. 28.

[3171] CANARIS, *Direitos fundamentais...*, pp. 34-35, 75, 121.

O PRINCÍPIO DA PROIBIÇÃO DO EXCESSO

Proibição do excesso e proibição da insuficiência são conceitos doutrinais *autónomos*, quer do ponto de vista funcional, quer do ponto de vista estrutural. Ambos são parâmetros de controlo que funcionam como *proibições* dirigidas ao legislador, mas as semelhanças ficam-se por aí. Do ponto de vista funcional, a primeira destina-se a salvaguardar os direitos de defesa perante intervenções (ações positivas) do Estado; a segunda, a medir se a atuação do Estado é suficiente para salvaguardar o mínimo de proteção[3172]. Do ponto de vista estrutural, o ponto de partida e referência central do controlo da proibição do excesso é o fim da lei, enquanto o ponto de partida e referência da proibição da insuficiência é o dever de proteção, isto é, um parâmetro fixado pela constituição[3173]. A proibição da insuficiência é um instrumento que visa controlar se o direito comum promove em geral uma proteção eficiente dos bens fundamentais carentes de proteção[3174].

Sobre a complexa questão da conjugação entre os dois testes nas situações em que a realização do mínimo de proteção de um direito implica intervir num direito fundamental conflituante, isto é, quando o dever de ação conflitua com o dever de abstenção, CANARIS descarta qualquer dificuldade: se "nos limitarmos mesmo a realizar, apenas, o mínimo de proteção dos direitos fundamentais jurídico-constitucionalmente imposto e se, para tal, for necessário intervir num direito fundamental conflituante, a proibição do excesso não pode logicamente, de todo em todo, ser violada por tal intervenção, de tal sorte que a sua aferição é aqui desnecessária"[3175]. Ora, esta posição apenas pode ser considerada viável na medida em que se considere o *mínimo de proteção* do direito uma dimensão absoluta e irredutível, insuscetível de colisão – e de necessária ponderação – com o conteúdo mínimo de outros direitos fundamentais. O quadro dogmático que garante essa automática harmonia não resulta evidente.

A construção dogmática de CANARIS tem o indiscutível mérito de lançar as bases para a autonomização teórica do princípio da proibição do defeito[3176]. O seu esforço de delimitação dos critérios para o apuramento da existência e da intensidade de deveres de proteção em caso de colisão de direitos dos particula-

---

[3172] *Idem*, p. 34.

[3173] Este é um dos pontos de maior atrito com as chamadas *Kongruenzethese*, isto é, as teses doutrinais (HAIN, STARCK, STERN, UNRUH, ERICHSEN, SCHULZE-FIELITZ, MAURER) que sustentam que a proibição do excesso e a proibição do defeito são "duas fases da mesma moeda", ambas com um ponto de referência constitucional e estruturalmente indistintas: cfr. *infra* e TZEMOS, *Das Untermaßverbot*, p. 32.

[3174] TZEMOS, *Das Untermaßverbot*, p. 31.

[3175] CANARIS, *Direitos fundamentais...*, p. 127.

[3176] Coincidente, TZEMOS, *Das Untermaßverbot*, p. 35, não obstante as críticas fundamentais que dirige.

PROIBIÇÃO DO EXCESSO E PROIBIÇÃO DO DEFEITO

res é iluminante e mesmo tópicos mais controversos, como o da prevalência da função de defesa sobre a função de proteção, definem linhas críticas de debate[3177]. Por outro lado, releva a constante preocupação em salvaguardar a liberdade constitutiva do legislador[3178].

Todavia, a construção do autor tem insuficiências que decorrem de alicerces dogmáticos discutíveis, de uma visão parcial, da não consideração de aspetos estruturais basilares[3179] e de algum otimismo metodológico. Alicerce dogmático discutível é, por exemplo, a não distinção, dentro de um âmbito alargado de proteção, entre um dever *mínimo de proteção* e um dever de proteção *prima facie*: o primeiro, quando determinável, tutelado através de uma proibição *absoluta* da insuficiência; o segundo tutelado através da proibição da insuficiência ou do defeito em sentido próprio, como instrumento de harmonização. Por outro lado, condicionado pelo ambiente dogmático do direito privado, CANARIS reduz a proibição do defeito a uma peça da dogmática dos deveres de proteção, desconsiderando a sua aplicabilidade em outros domínios onde o legislador está sujeito a deveres de ação[3180]. São também ignorados aspetos estruturais básicos, como os relativos aos comportamentos sobre os quais incide a proibição da insuficiência: as várias possibilidades de comportamentos – omissões totais, omissões parciais – não são analisadas nas suas especificidades e nas suas implicações, bem como nos seus diferentes enquadramentos dogmáticos. A estrutura da proibição da insuficiência, salvo referências esparsas quanto a algum dos seus segmentos[3181], não é objeto de tratamento. A relação/diferenciação entre princípio da proibição do excesso e princípio da proibição da insuficiência, embora seja um dos aspetos mais inovadores e mais relevantes, é apressadamente abordada e basicamente indemonstrada.

2.2.2. As críticas jurídico-funcional e dogmática

Um setor da doutrina criticou a gestação do novo princípio, quer do ponto de vista jurídico-funcional, quer do ponto vista dogmático. Em contrapartida, outro setor rejeitou as críticas e aprofundou os traços de autonomização.

[3177] Esta tese está longe de ser consensual na doutrina, como se verá adiante. Cfr. MATTHIAS MAYER, *Untermaß, Übermaß...*, p. 149.

[3178] Aspeto valorizado por muitos autores. Cfr., por exemplo, ANDRADE, *Direitos fundamentais*, 5ª ed., p. 148.

[3179] Já, assim, DIETLEIN, *Das Untermaßverbot*, p. 133.

[3180] TZEMOS, *Das Untermaßverbot*, p. 35.

[3181] Por, exemplo, quando descarta a aplicação da proporcionalidade (em sentido estrito), tal como desenvolvido no contexto da proibição do excesso, na execução da proibição da insuficiência (CANARIS, *Direitos fundamentais...*, p. 67).

O PRINCÍPIO DA PROIBIÇÃO DO EXCESSO

2.2.2.1. A crítica jurídico-funcional

A proibição do defeito foi vista como mais um instrumento de incremento do poder do juiz em detrimento da margem de conformação do legislador democrático, na medida em que transportava o perigo de um desproporcionado ou excessivo controlo do juiz constitucional[3182]. Um princípio de proibição do defeito que vá além da deteção de inações totais do Estado ou de insuficiências evidentes é um potencial perigo para a liberdade[3183].

2.2.2.2. As críticas dogmáticas: em especial a Kongruenzethese

A crítica dogmática à configuração primitiva da proibição do defeito foi liderada por quem adota uma determinada visão do princípio clássico da proporcionalidade como diretiva de *plena otimização* de possibilidades e como instrumento de *mediação da colisão de direitos*. Com variações, a tese da congruência, convergência ou coincidência (*Kongruenzethese*)[3184] tem dois pilares: (i) a proibição do defeito não acrescenta nada ao conteúdo dos deveres de proteção; (ii) há coincidência entre proibição do excesso e proibição do defeito[3185]. Nessa perspetiva, quando um decisor está vinculado a proteger ou proporcionar condições de exercício de certos direitos sem comprimir desproporcionada ou excessivamente outros, em casos de relações triangulares (*Dreieckskonstellationen*), não haveria lugar para a autonomização de *dois* instrumentos[3186]. A proibição do excesso teria necessariamente duas faces incindíveis: (i) proibição de com-

---

[3182] Sobre esta discussão e os vários argumentos, cfr. TZEMOS, *Das Untermaßverbot*, pp. 69 ss., negando, além do mais, que a apreciação da proibição do defeito envolva necessariamente um controlo intensivo ou, pelo menos, mais intensivo do que o da proibição do excesso.

[3183] SIEKMANN/DUTTGE, *Staatsrecht I: Grundrechte*, EuWi Verlag,Thüngersheim-Nürnberg, 2000, p. 395.

[3184] HAIN, «Der Gesetzgeber in der Klemme...», *cit.; idem,* «Das Untermaßverbot...», *cit.; Die Grundsätze...,* pp. 283 ss.; STARCK, «Der verfassungsrechtliche...», *cit.;* tendencialmente, STERN, *Staatsrecht* III/2, pp. 813 ss.; ERICHSEN, «Grundrechtliche Schutzpflichten...», *cit.;* UNRUH, «Zur Dogmatik...», *cit.;* MICHAEL DOLDERER, *Objektive Grundrechtsgehalte*, Duncker & Humblot, Berlin, 2000, pp. 238 ss.; HELMUTH SCHULZE-FIELITZ, «Art. 20 (Rechtsstaat)», in Horst Dreier (ed.), *Grundgesetz. Kommentar* II, nº marginal 199. Usaremos a tradução literal de *Kongruenzethese*, embora a conceção subjacente possa ser eventualmente melhor identificada através da denominação *teses de coincidência* ou de *convergência*.

[3185] Ou, noutra fórmula, a proibição do defeito não é mais do que uma expressão da proibição do excesso quando existem deveres constitucionais de proteção que exijam restrições de direitos fundamentais: STARCK, «Der verfassungsrechtliche...», pp. 816-817.

[3186] Nem sempre isso é devidamente relevado, mas daqui pode inferir-se que, pelo menos nos casos em que o cumprimento do dever de proteção não traz consigo a interferência em direitos fundamentais de outros, a proibição do defeito adquire autonomia dogmática: RASSOW, «Zur Konkretisierung des Untermaßverbotes», p. 268 (citando ERICHSEN, «Grundrechtliche Schutzpflichten...», pp. 85, 88).

PROIBIÇÃO DO EXCESSO E PROIBIÇÃO DO DEFEITO

pressão excessiva dos direitos de defesa afetados; e (ii) proibição do defeito na proteção dos direitos protegidos. Proibição do excesso e do defeito seriam duas faces de uma única moeda, incindíveis e não autonomizáveis, não se podendo falar de uma banda (*Korridor*) entre a vinculação à proibição do excesso e a vinculação à proibição do defeito. Esta tese pode ser concretizada através da versão original concebida por HAIN[3187].

Este autor refuta os aspetos centrais da construção de CANARIS, de ISENSEE e do *BVerfG*. Para CANARIS, como se expôs, a função da proibição do defeito é dar resposta (sem ponderação) à questão de qual o padrão mínimo (*Mindestandard*) a que o Estado está obrigado na emissão das medidas de proteção dos direitos contra interferências por outros particulares. Daí decorre o limiar inferior da liberdade de conformação. Abaixo desse limiar o legislador não pode ir na produção das medidas de proteção. Concomitantemente, ISENSEE defende que a função da proibição do defeito é a prossecução do efetivo preenchimento do dever de proteção. Mas, se estes são a função e o conteúdo da *Untermaßverbot*, esta não transporta nenhuma exigência que não resulte já do dever estadual de proteção de direitos fundamentais[3188].

Por isso, a jurisprudência do *BVerfG* é criticável na medida em que (a partir da segunda sentença sobre o aborto) distingue entre proibição do defeito e proibição do excesso. Para o Tribunal, a liberdade de conformação do legislador é delimitada por dois limiares: através da proibição do excesso fica definida a intervenção no direito de liberdade; através da proibição do defeito, a extensão da proteção exigida. A *Übermaßverbot* delimita a medida máxima da intervenção; a *Untermaßverbot* delimita a medida mínima da proteção; entre esses dois limiares vale a discricionariedade do legislador[3189]. Esta opção dogmática do Tribunal é criticada por HAIN, uma vez que recusa que se possa falar de um limiar mínimo de proteção ou de interferência máxima. Um dever é cumprido ou não é cumprido, não podendo sê-lo mínima ou maximamemte. Uma interferência é ou não é, não se podendo falar de um máximo de interferência[3190]. Diferentemente do que decorre da orientação do Tribunal, nas constelações triangulares as exigências da proibição do excesso e da proibição do defeito coincidem (ou sobrepõem-se ou confundem-se): "[d]a proibição do defeito não resulta nada

---

[3187] «Der Gesetzgeber in der Klemme...», *cit.* V., também, «Das Untermaßverbot in der Kontroverse», *cit.*; *Die Grundsätze...*, pp. 283 ss.

[3188] HAIN, «Der Gesetzgeber in der Klemme...», p. 983; diferentemente, discutindo exaustivamente, dentro da dimensão de proteção do direito fundamental, a diferença entre dever de proteção (ou tarefa de proteção) e proibição do defeito, MÖSTL, *Die staatliche Garantie für die öffentliche...*, pp. 42 ss.

[3189] HAIN, «Der Gesetzgeber in der Klemme...», p. 983.

[3190] *Idem.*

O PRINCÍPIO DA PROIBIÇÃO DO EXCESSO

que não resultasse já da proibição do excesso. Não há nenhum diferencial entre medida mínima e medida máxima, entre limiar inferior e limiar superior da ação do legislador. As duas fronteiras são apenas uma"[3191].

Esta coincidência ou convergência é ilustrada através da metódica da ponderação aplicável nos casos de constelações triangulares onde o legislador tem o dever de encontrar um compromisso ótimo que permita a satisfação equilibrada dos direitos ou bens colidentes. Nesses casos não existe nenhum diferencial entre medida mínima e medida máxima da ação do legislador. Uma solução de equilíbrio na satisfação de ambos os bens ou interesses colidentes implica que haja coincidência dos limites da realização dos interesses que devem ser protegidos e da afetação dos interesses que devem ser objeto de interferência [3192].

Estas premissas não conduzem o autor a um *tertio genus* ou à possibilidade de aplicação alternativa dos dois parâmetros (proporcionalidade/proibição do excesso ou proibição do defeito)[3193], mas sim à exclusiva aplicação do clássico princípio da proporcionalidade. Nestas constelações triangulares, o fim do ato legislativo de interferência num direito é a proteção de outro direito. O cumprimento do dever de proteção contra perturbações provocadas por titulares de direitos de defesa é o fim da interferência perpetrada pelo ato legislativo (intervenção protetiva, *schützende Eingriff*). O fim da interferência está diretamente sustentado na constituição, sendo inquestionavelmente um fim legítimo. O meio escolhido para o cumprimento deste fim legítimo, isto é, a própria interferência protetiva no direito de defesa do perturbador, está sujeito ao crivo do princípio da proporcionalidade. A intervenção protetiva deve ser *adequada, indispensável* e *proporcional e.s.e.* para atingir o fim protetivo visado[3194].

A convergência ou confluência entre as exigências das proibições do excesso e do defeito[3195] é particularmente ilustrada através do segundo passo da propor-

---

[3191] *IDEM*. Elucidativa é também a explicitação em *Die Grundsätze...*, pp. 286-287. Os conceitos de proibição do excesso e de proibição do defeito são *complementares* (*Komplementärbegriffe*, na senda de STARCK), ambos se abrigando sob o conceito de proporcionalidade e.s.e. Havendo que delimitar a controlabilidade judicial dos *padrões mínimos* (*Mindeststandards*) de não afetação de posições de princípio, a proporcionalidade em sentido amplo assume as configurações de proibição do excesso quando a perspetiva é a da restrição de direitos de defesa e de proibição do defeito quando a perspetiva é a da demarcação dos limites da moldura de proteção de direitos. Este pilar central da tese da congruência mereceu recentemente o apoio e um estruturado aprofundamento de ALEXY, «La estructura...», p. 130, como se verá *infra*, neste capítulo.

[3192] HAIN, «Der Gesetzgeber in der Klemme...», p. 983.

[3193] TZEMOS, *Das Untermaßverbot*, p. 77.

[3194] HAIN, «Der Gesetzgeber in der Klemme...», p. 983.

[3195] BOROWSKI, *Grundrechte...*, pp. 115-116, mostra as dificuldades da tese da congruência se ela for entendida num sentido forte, isto é, no sentido de que *qualquer caso* deve ser apreciado na perspetiva própria da proibição do excesso, a perspetiva de um sacrifício imposto a um direito. Esse sen-

PROIBIÇÃO DO EXCESSO E PROIBIÇÃO DO DEFEITO

cionalidade em sentido amplo: a indispensabilidade (*Erforderlichkeit*) traduz-se em que o Estado deve fazer em relação ao direito afetado exatamente o que for indispensável fazer para proteger o bem que tiver de ser protegido[3196]. Não é, por conseguinte, aceitável a ideia de CANARIS de que o exame de constitucionalidade deve ir em duas direções independentes e porventura até não confluentes: por um lado a proteção não deve ficar aquém do mínimo constitucionalmente ordenado; por outro, a intervenção no direito afetado não deve ser excessiva[3197]. Da tese da congruência decorre que não é teoricamente possível conceber *três* hipóteses: a validade total do ato legislativo, a violação do dever de proteção ou a afetação excessiva do direito de defesa. Há apenas duas suposições: ou o ato legislativo é válido por a interferência no direito de defesa não violar os segmentos do princípio da proporcionalidade, sendo adequado, necessário e proporcional na prossecução do dever de proteção; ou o princípio da proporcionalidade é violado por a interferência no direito de defesa ser excessiva por não ser exigida pelo dever de proteção[3198].

---

tido forte torna extraordinariamente complexa a configuração de uma queixa constitucional (*Verfassungsbeschwerde*) onde o queixoso pretenda a declaração da inconstitucionalidade da negação de uma prestação do Estado: como é que se pede a verificação de inconstitucionalidade de um ato negativo com fundamento de que é excessivo?

[3196] "[D]*er Staat im Hinblick auf das tangierte Grundrecht gerade noch tun darf, was er als «erforderlich» für das schützende Gut tun muß*" (*ob. cit.*, p. 983). Por outras palavras: pode fazer o que deve fazer. V., também, STARCK, «Der verfassungsrechtliche...», p. 817: uma interferência que seja necessária do ponto de vista da proibição do excesso é, por definição, também suficiente do ponto de vista da proibição do defeito; o legislador deve interferir no direito de defesa na medida em que seja indispensável para cumprir o dever de proteção; ERICHSEN, «Grundrechtliche Schutzpflichten...», p. 88: existindo vários meios adequados e necessários ou indispensáveis, serão considerados em sede da proporcionalidade e.s.e. todos os interesses colidentes, de modo a atingir um equilíbrio adequado. Este equilíbrio envolve em definitivo a conjugação entre o máximo admissível de interferência no direito de defesa e o mínimo de proteção exigível do direito que procura proteção. V., porém, a refutação por STÖRRING, *Das Untermaßverbot...*, pp. 127-128.

[3197] HAIN, «Der Gesetzgeber in der Klemme...», pp. 983-984.

[3198] O maior e mais visível calcanhar de Aquiles da tese da congruência é não considerar que o segmento da necessidade pode ser aplicado não segundo um, mas segundo dois pontos de vista (na perspetiva do legislador). Do ponto de vista da proibição do excesso, meio necessário é aquele que, entre os disponíveis, *não tem alternativa menos interferente* com intensidade de satisfação igual ou superior. Se houver um meio alternativo *menos interferente* com intensidade de satisfação igual ou superior, é esse que deve ser adotado. Diferentemente, do ponto de vista da proibição do defeito ou da insuficiência de proteção (ou de ação), a questão é saber se há alternativa igualmente (ou menos) interferente *com intensidade de satisfação superior*. Se houver alternativa igualmente ou menos interferente com *grau de satisfação maior*, é esse que deve ser adotado. Isto leva a que possa haver meios que são válidos à luz da proibição do excesso (por serem tão interferentes quanto qualquer dos demais meios alternativos), não sendo, porém, válidos perante a proibição do

O PRINCÍPIO DA PROIBIÇÃO DO EXCESSO

Uma das razões da resistência contra a nova figura dogmática era o perigo, brandido por sertos setores da doutrina, de aquela transportar consigo novas limitações ao poder de conformação do legislador[3199]. Por isso, o próprio HAIN sente a necessidade de se antecipar à eventual crítica de que a sua tese contribui para diminuir drasticamente a margem de livre conformação do legislador, na medida em que esta fique limitada à determinação de uma *medida ideal* que atinja o equilíbrio entre o que é exigido e permitido, quando há colisão entre dever e proibição[3200]. Contra isso apresenta um argumento *formal-institucional* respeitante à relação entre legislador e jurisdição constitucional. Nessa perspetiva, aquele mantém a liberdade de que goza no contexto da proporcionalidade clássica ou proibição do excesso: faz as suas próprias avaliações e valorações e dispõe de liberdade de conformação, tudo isso delimitando o controlo jurisdicional[3201]. Na ponderação própria das constelações triangulares, dispõe do poder de definição dos factos relevantes e das prognoses e goza de discricionariedade na atribuição do peso aos bens jurídicos conflituantes. Isto faculta-lhe a escolha dentro de um círculo de possibilidades[3202]. Os argumentos de HAIN não parecem, todavia, totalmente convincentes[3203].

---

defeito (por entre aqueles meios alternativos igualmente interferentes, haver pelo menos um mais eficiente) e vice-versa.

[3199] HAIN, «Das Untermaßverbot in der Kontroverse», pp. 83-84. Todavia, como bem observa TZEMOS, *Das Untermaßverbot*, p. 77, nota, não se percebe como é que um parâmetro que coincide ou é integralmente absorvido por outro já existente, sendo, por isso, inútil, pode constituir isolada ou autonomamente um perigo suplementar para a liberdade de conformação do legislador.

[3200] V., nesse sentido, MATTHIAS MAYER, *Untermaß, Übermaß...*, p. 82.

[3201] HAIN, «Der Gesetzgeber in der Klemme...», p. 984.

[3202] HAIN, «Das Untermaßverbot in der Kontroverse», pp. 83 ss. As teorias da congruência podem aparecer com variações. Uma das mais interessantes é a de EPPING, *Grundrechte*, 2ª ed, Berlin/ Heidelberg, 2005, nº margem 88 (*apud* STÖRRING, *Das Untermaßverbot...*, p. 124): há que distinguir consoante o direito de defesa objeto de interferência esteja constitucionalmente consagrado com ou sem reserva de lei. Nos casos de colisão entre um direito à proteção e um direito de defesa com reserva, existiria efetivamente margem de manobra do legislador, uma vez que a própria constituição a confere através da reserva de lei. Nos casos de ausência de reserva de lei, qualquer interferência é ilegítima e, portanto, os limites para a interferência são o mais apertado que é possível. A liberdade de ação entre proibição do excesso e do defeito não é viável. Cfr. a refutação em STÖRRING, *ob. cit.*, p. 130.

[3203] Cfr. STÖRRING, *Das Untermaßverbot...*, p. 129. Mesmo alguns dos aderentes aos fundamentos da tese de HAIN notam (e criticam) a possibilidade de a sua construção original conduzir a que a aplicação da proporcionalidade às constelações triangulares desemboque numa *única medida* proporcionada: ALEXY, «La estructura...», p. 130. Todavia, HAIN clarificou (ou retificou) posteriormente a sua tese. Em *Die Grundsätze...*, pp. 286-287, sublinha que, em situações de ponderação de posições de princípio de *respeito* e de *proteção* de direitos (a que o legislador está equivalentemente obrigado de acordo com o artº 1º, nº 1, primeira sentença, primeiro e segundo segmentos, respetivamente, da *GG*), *não tem de se gerar uma única possibilidade de ordenação*. Isto é, da ponderação de

PROIBIÇÃO DO EXCESSO E PROIBIÇÃO DO DEFEITO

2.2.3. A reafirmação da autonomia dogmática da proibição do defeito: a tese da divergência

Respondendo a HAIN, DIETLEIN envereda por um caminho distinto, defendendo a autonomia dogmática da proibição do defeito em relação à proibição do excesso (*tese da divergência*) e rejeitando a *Kongruenzethese*[3204]. Desde logo, essa diferenciação seria exigida pelo princípio democrático: a assimilação da proibição do excesso e da proibição do defeito teria como consequência que não existiria qualquer liberdade de conformação do legislador democrático na realização das missões da legislação. Mesmo as competências para a realização de prognoses assentariam em bases muito frágeis[3205].

Do ponto de vista dogmático, a argumentação avança em três direções.

Primeiro, a tese da coincidência ou congruência dos dois princípios só se coloca nos casos de constelações triangulares (*Dreieckskonstellationen*), quando o legislador, para praticar a ação constitucionalmente comandada, necessita de afetar direito fundamental de terceiro. Mas não existem constelações triangulares num número significativo de casos, como os dos deveres de criação de condições de igualdade ou deveres de prestações sociais. E mesmo em situações de proteção de direitos fundamentais não é inevitável uma constelação triangular: o dever de proteção contra riscos naturais não implica sempre a prática de atos que sacrifiquem direitos de terceiros. Nestes casos, inexistindo uma restrição, a proibição do excesso é inaplicável; em contrapartida, a proibição do defeito é um possível critério de identificação de uma insuficiência do ato legislativo[3206]. Também quando a lei não afeta direitos fundamentais ou o direito ao livre desenvolvimento da personalidade do perturbador, como direito geral de liberdade, mas limita a sua ação (por exemplo, impedindo-o de pegar fogo à casa de

---

posições de princípio colidentes não tem de resultar uma única resposta ótima "certa". Antes, a ponderação gera uma banda de respostas a partir da qual se pode proceder a uma concretização. Dentro desta moldura, o Tribunal Constitucional apenas pode examinar se o legislador respeitou os padrões mínimos de respeito e de proteção das posições de princípio conflituantes (*ob. cit.*, p. 286). De a proibição do defeito e a proibição do excesso serem apenas duas perspetivas diferentes da ponderação ou da proporcionalidade em sentido amplo não se pode deduzir que a propósito da apreciação de cada caso concreto de tensão entre um dever de respeito e um dever de proteção haja apenas uma solução (*ob. cit.*, p. 287).

[3204] DIETLEIN, «Das Untermaßverbot», *cit.*; útil também a consulta de *Die Lehre von den grundrechtlichen Schutzpflichten, cit.* Vários autores oferecem sínteses. Entre outros, TZEMOS, *Das Untermaßverbot*, pp. 78-79; MATTHIAS MAYER, *Untermaß, Übermaß...*, pp. 71-72; STÖRRING, *Das Untermaßverbot...*, pp. 125 ss.

[3205] DIETLEIN, «Das Untermaßverbot», p. 138.

[3206] *Idem*, p. 135.

O PRINCÍPIO DA PROIBIÇÃO DO EXCESSO

alguém), a proibição do defeito não pode ser entendida como um derivado ou uma parte não independente da proibição do excesso[3207].

Segundo, o segmento da necessidade do princípio da proibição do excesso não é materialmente idêntico ao segmento da medida da necessidade (*Erforderlichkeitsmaß*) da proibição do defeito. O juízo de necessidade como subprincípio da proibição do excesso incide sobre uma lei concreta, sobre o seu âmbito interno (*Innenbereich*). É examinada a necessidade de meios escolhidos pelo legislador para a promoção de fins igualmente escolhidos pelo legislador[3208]. Em contrapartida, o juízo de necessidade no contexto da proibição do defeito vai além da lei concreta (nem sempre existindo, aliás, uma lei concreta), transcende-a. Ele visa apreciar se os encargos do legislador, na forma de deveres de proteção, diretamente resultantes da constituição, são preenchidos[3209]. Isto leva a que a aplicação dos testes da necessidade conduza a resultados diferentes: por exemplo, a norma que obriga ao conhecimento pela grávida, antes da realização de aborto, do conteúdo de uma brochura sobre o desenvolvimento do feto, com o fim legítimo de garantir uma decisão informada, não viola a proibição do excesso, mas não é suficiente para se considerar cumprido o dever de proteção do nascituro.[3210]

Tal decorre das diferentes premissas e estruturas dos dois *standards*. O segmento da necessidade da proibição do excesso incide sobre a relação entre o fim e o meio da lei (*Zweck-Mittel-Relation*), ambos decididos pelo legislador. Diversamente, a aplicação da necessidade (ou *Unerlasslichkeit*) da proibição do defeito incide sobre um dever de proteção ou de ação definido pela constituição, isto é, que transcende a lei ordinária[3211]. Proibição do excesso e proibição do defeito incidem sobre planos normativos diferentes ou grandezas que não podem ser consideradas idênticas: a proibição do defeito visa a fiscalização da correspondência entre proteção estatal constitucionalmente determinada e proteção estatal efetivamente conferida, mediando a verificação do cumprimento do *mínimo de proteção* comandado; a proibição do excesso visa a fiscalização da conexão entre meio e fim da lei escolhidos pelo legislador, mediando a verificação do cumprimento do *limiar máximo* de interferência permitido. A proibição do excesso permite aferir se o legislador prosseguiu os fins por ele definidos com meios proporcionais; não contribui para ajuizar se a prossecução daqueles fins

---

[3207] *Idem*, pp. 135-136. Concordante, CALLIESS, «Die Leistungsfähigkeit des Untermaßverbots...», p. 212.
[3208] DIETLEIN, «Das Untermaßverbot», p. 136.
[3209] *Idem*.
[3210] *Idem*, p. 137.
[3211] Como resume TZEMOS, *Das Untermaßverbot*, pp. 79 e 82, o ponto de partida da aplicação da proibição do defeito é sempre uma norma constitucional (embora a doutrina divirja sobre qual) e não um fim legislativo.

PROIBIÇÃO DO EXCESSO E PROIBIÇÃO DO DEFEITO

ou a escolha dos meios adotados eram constitucionalmente ordenados ou não. Por isso, mesmo que sobre uma lei se possa dizer que ela não viola o princípio da proporcionalidade daí não se pode deduzir que todas as demais tarefas legislativas constitucionalmente estabelecidas foram cumpridas[3212].

Em terceiro lugar, proibição do excesso e proibição do defeito diferenciam-se do ponto de vista funcional. A primeira funciona como um programa condicional (*Konditionalprogramme*) do legislador, isto é, influencia condicionalmente a sua atividade. Estabelece condições para a validade de um meio: para que um meio seja válido deve preencher certas condições (adequação, necessidade, razoabilidade)[3213]. Diferentemente, a segunda é parte de um programa finalístico (*Finalprogramme*): a proibição do defeito é um meio auxiliar (*Hilfsmittel*) para se atingir um fim constitucional, contribuindo para a determinação da medida concreta de cumprimento do dever de prestação legislativa e para a execução do programa constitucional. A proibição do defeito não é um simples anexo, mas uma parte constitutiva da tarefa de legiferar[3214]. Todavia, o conteúdo normativo da proibição do defeito só pode ser muito escasso. Dela não se podem esperar ou extrair critérios exatos para a determinação da prestação concretamente comandada ao legislador[3215].

Apesar de rejeitar a absorção da proibição do defeito pela proibição do excesso, lançando, aliás, bases para distinguir "várias" proibições do defeito (consoante se esteja perante constelações triangulares ou não) e várias modalidades de relacionamento com a proibição do excesso, a doutrina de DIETLEIN assenta em considerações dogmáticas fragmentárias. O próprio autor manifesta expetativa quanto ao ulterior desenvolvimento e densificação da figura[3216]. Da sua parte fica a indicação de que a estrutura triádica da adequação, necessidade e razoabilidade não é adaptável à proibição do defeito[3217]. Por outro lado, o desenvolvimento conferido à necessidade (ou indispensabilidade, *Unerlasslichkeit*) indicia uma figura dogmaticamente centrada nesse segmento. Não fica, porém, claro se a determinação, com a mediação da necessidade, de uma medida mínima de proteção deve resultar simplesmente da interpretação da norma jusfunda-

---

[3212] DIETLEIN, «Das Untermaßverbot», p. 138; no mesmo sentido CALLIESS, «Die Leistungsfähigkeit des Untermaßverbots...», p. 212: não se trata, portanto, de uma mera diferença de perspetivas.

[3213] DIETLEIN, «Das Untermaßverbot», p. 139.

[3214] *Idem*, pp. 139-140. V. a dicotomia entre *Konditionalprogramme* e *Zweckprogramme* em NIKLAS LUHMANN, *Das Recht der Gesellschaft*, Suhrkamp, Frankfurt am Main, 1996, p. 195. Aceitando também a distinção estrutural entre esquema finalístico e esquema condicional, CALLIESS, «Die Leistungsfähigkeit des Untermaßverbots...», p. 215.

[3215] DIETLEIN, «Das Untermaßverbot», pp. 140-141.

[3216] *Idem*, p. 141.

[3217] *Idem*, p. 139.

O PRINCÍPIO DA PROIBIÇÃO DO EXCESSO

mental donde decorre o dever de proteção (como sucede quando se trata de definir e proteger o conteúdo mínimo de proteção, conforme a *Wesensgehaltsgarantie*), no quadro de uma operação lógico-subsuntiva, ou de uma operação de ponderação que contrapese os direitos/deveres de proteção com as posições jurídicas colidentes[3218].

Em todo o caso, o debate entre as teses negacionistas da autonomia e as teses autonomizadoras da proibição do excesso ficava com algumas das suas linhas essenciais definidas pelo triângulo doutrinal formado por CANARIS, HAIN e DIETLEIN[3219].

2.3. Os desenvolvimentos recentes

2.3.1. Congruência mitigada de Borowski

2.3.1.1. *Exposição*
No contexto da reconstrução dos direitos fundamentais alinhada com a teoria dos princípios, a primeira incursão com alguma profundidade na dogmática da proibição do defeito foi empreendida por BOROWSKI[3220]. Trata-se de uma construção que merece tratamento desenvolvido, seja por alguns caminhos inovadores que propõe, seja por a discussão dos seus pontos críticos iluminar parte do caminho para a posição que assumiremos ulteriormente.

Proibição do defeito e proibição do excesso entroncam ambas num pensamento de proporcionalidade[3221], decorrem ambas da estrutura de princípio das normas de direitos fundamentais (a qual abrange a vertente donde resultam direitos a prestações[3222]), são ambas veículos de otimização. Porém, não se con-

---

[3218] Interpretando aparentemente o pensamento de DIETLEIN nesse sentido, MATTHIAS MAYER, *Untermaß, Übermaß...*, p. 71.

[3219] Como veremos adiante, o debate sobre a autonomia da proibição do defeito e o debate, paralelo e indissociável, entre os partidários das teses da congruência e da divergência tem vindo a perder vivacidade à medida que que se instala a tendência para teses compromissórias ou matizadas.

[3220] A exposição do autor sofreu algumas alterações entre a primeira (1998) e a segunda (2007) edição do *Grundrechte...*, passando por «Grundrechtliche Leistungsrechte», *cit.* (2002). Na primeira, a tendência para o alinhamento com os termos essenciais da tese da congruência era mais vincada do que na segunda (notando também este aspeto, PIRKER, *Proportionality...*, p. 121). Utilizamos o texto desta última, sem prejuízo de assinalar as *nuances* mais significativas em relação à primeira.

[3221] BOROWSKI, *Grundrechte...*, p. 115, 2ª ed., p. 184.

[3222] BOROWSKI engloba numa classe genérica de *direitos a prestações* em sentido amplo (*grundrechtlichen Leistungsrechte im weiteren Sinne*) os direitos a proteção, os direitos sociais e os direitos a organização e procedimento: *Grundrechte...*, 2ª ed., pp. 209 ss., *passim*.

PROIBIÇÃO DO EXCESSO E PROIBIÇÃO DO DEFEITO

fundem porque se aplicam diferenciadamente consoante *o ângulo* de partida seja o cumprimento dos deveres jusfundamentais de ação do Estado ou o cumprimento de deveres de abstenção (decorrentes, por exemplo, da função de defesa dos direitos fundamentais). A proibição do defeito é o instrumento que se usa para determinação de comandos definitivos delimitadores do âmbito da garantia efetiva dos direitos fundamentais a prestações do Estado, designadamente do legislador[3223].

A teoria da congruência na versão mais extrema, que prescinde da proibição do defeito. é rejeitada[3224]. Todavia, a construção de Borowski descreve-se como uma variante mitigada da tese da congruência[3225], mesmo que haja indícios de que tentou construir uma alternativa que com ela não se confunda[3226]. Rejeita, por outro lado, a construção da proibição do defeito como direta *inversão* da estrutura da proibição do excesso[3227]. A proibição do defeito corresponde

---

[3223] *Idem*, p. 184.

[3224] *Idem*, p. 192.

[3225] Assim, Tzemos, *Das Untermaßverbot...*, p. 81.

[3226] Essa inclinação é mais vincada na segunda edição de *Grundrechte...*,, onde Borowski aperfeiçoa e acrescenta argumentos contra a tese da congruência, em alguns casos aproximando-se da linha argumentativa de Dietlein: (i) nem sempre a proteção de direitos é configurável num quadro de colisão de direitos de particulares ou de uma *Dreieckskonstellation* uma vez que a proteção pode ser exigível contra poderes estaduais estrangeiros; (ii) nos direitos sociais, a contraparte do dever de prestação é composta por bens coletivos. Portanto, a tese da congruência nunca poderia cobrir mais do que parcialmente o âmbito da proibição do defeito. Mas a objeção mais importante reside na incapacidade da tese da congruência para acomodar adequadamente a liberdade de conformação do legislador (*ob. cit.*, p. 192). Não é certo, porém, que essa objeção atinja o alvo, uma vez que a maioria das propostas do autor em relação ao asseguramento da liberdade de conformação do legislador são eventualmente aceites pela maior parte dos defensores das teses da congruência.

[3227] Borowski, *Grundrechte...*, 2ª ed., pp. 192 ss. A tese da direta *inversão* da estrutura da proibição do excesso (*unmittelbare strukturelle Umkehrung des Übermaßverbots*) é imputada a Hermes, *Grundrechte ...*, p. 253, e a Robbers, *Sicherheit...*, p. 171. Uma versão aperfeiçoada foi concebida por Rassow, «Zur Konkretisierung des Untermaßverbotes», pp. 273 ss. (sobre esta nos pronunciaremos ulteriormente). A proibição do excesso mediaria a apreciação da adequação, da necessidade e da proporcionalidade e.s.e de uma *ação* do legislador que interfere sobre direitos de defesa para prosseguir outros interesses (incluindo a proteção de outras posições jurídicas subjetivas); a proibição do defeito mediaria a apreciação da adequação, necessidade e proporcionalidade de uma *omissão* do legislador que visa a melhor realização possível das posições jurídicas subjetivas inerentes aos direitos de defesa (ou um maior espaço de liberdade, com menos intervenção do Estado). Borowski assinala várias dificuldades desta tese. Primeiro, a que decorre do segmento da necessidade: a aplicação da tese da inversão implicaria que a omissão seria necessária se não houvesse nenhuma medida legislativa alternativa que, afetando em igual medida o direito de defesa, sacrificasse menos as posições jurídicas colidentes carentes de proteção. Ora qualquer medida alternativa a uma omissão é sempre uma ação de prossecução do direito à proteção que interfere acrescidamente no direito de defesa. Por isso, nunca poderia haver uma alternativa menos interferente no direito de defesa do que a omissão. As omissões seriam sempre necessárias;

O PRINCÍPIO DA PROIBIÇÃO DO EXCESSO

estruturalmente à proibição do excesso apenas na medida em que a diferença entre comportamentos positivos e negativos do Estado não impliquem estrutura diferente do exame[3228].

Esta diferenciação determina desde logo uma distinção de base. O exame da proibição do excesso consiste na apreciação de *um* ato praticado pelo legislador. Diferentemente, na proibição do defeito é suposto haver várias hipóteses alternativas de comportamento que preenchem o dever de ação. Para saber se *uma específica* hipótese de ação do legislador é definitivamente comandada não basta aplicar os três segmentos da proporcionalidade em sentido amplo exclusivamente a essa hipótese de ação. As outras hipóteses alternativas de ação devem ser também consideradas[3229]. Por isso, antes de se poder adaptar aqueles três segmentos da proporcionalidade em sentido amplo como pedras de toque da proibição do defeito, há que delimitar quais são as ações que podem ser tecnicamente consideradas ações de cumprimento, nenhuma devendo ser excluída sem ponderação[3230]. São reconhecidas as dificuldades práticas desta operação de delimitação de todas as possibilidades alternativas, designadamente quando puderem ser feitas combinações de várias hipóteses de ações de cumprimento

---

nenhuma omissão poderia ser considerada inválida por violação da necessidade (*ob. cit.*, pp. 193-194). Deve notar-se, porém, que esta objeção só atinge o alvo quando a omissão é *total*. Quando a omissão do legislador é apenas *parcial*, é teoricamente possível (embora eventualmente difícil na prática) identificar *outras omissões* parciais que garantam um mesmo nível de liberdade dos titulares de posições jurídicas subjetivas de defesa e melhorem a posição dos titulares de posições subjetivas jusfundamentais decorrentes de deveres de proteção do Estado. A segunda objeção à tese da *inversão* consiste na circunstância de na proibição do defeito não existir a referência *firme* do exame que existe na proibição do excesso, isto é, um ato positivo de interferência em direitos de defesa com vista à prossecução de um fim considerado legítimo. Examinando-se se esse ato restritivo é válido ou não e concluindo-se pela invalidade, o juízo abrange tudo o que há a decidir e o caso termina aí na perspetiva da proibição do excesso. Diferentemente se passam as coisas na perspetiva da proibição do defeito. Aí não se trata de apurar se há um fim legítimo e se a omissão se coaduna com esse fim legítimo, mas sim de saber se o fim obrigatório resultante da constituição é cumprido. Por isso, quando há uma pronúncia sobre a adequação, necessidade e proporcionalidade e.s.e. da omissão de um determinado ato de proteção, isso não diz nada sobre outras possibilidades de ação com vista à prossecução do fim fixado pela constituição, pelo que a questão não se pode considerar encerrada. As outras hipóteses de ações de preenchimento disponíveis têm também de ser apreciadas, mesmo quando o Estado, em vez de uma omissão total, tenha praticado uma ação acusada de só parcial ou deficientemente cumprir o dever de proteção (*ob. cit.* pp. 195-196).

[3228] BOROWSKI, *Grundrechte...*, 2ª ed., p. 196.

[3229] *Idem*, pp. 182 ss., 196.

[3230] Isto é, nenhuma devendo ser excluída com recurso apenas a critérios *isentos de ponderação* do tipo dos seguintes: (i) "deve ser escolhida a alternativa que assegure um cumprimento ótimo do princípio" ou (ii) "deve ser escolhida a alternativa que implique uma interferência mínima nos bens e direitos opostos": *Grundrechte...*, 2ª ed., pp. 182 ss., 197.

PROIBIÇÃO DO EXCESSO E PROIBIÇÃO DO DEFEITO

do dever[3231]. Sem embargo, considera-a "manejável", uma vez que o círculo de possibilidades é delimitado pela "intuição" do aplicador do direito e pelo debate público e se confina às alternativas que garantam uma intensidade mínima de promoção do fim[3232].

A proibição do defeito é um instrumento de aferição da justificação de um comportamento omissivo do Estado. O autor averigua, portanto, se a aplicação dos três segmentos clássicos da proporcionalidade se adapta à aferição da omissão[3233].

Em primeiro lugar, a adequação. Esta implica que o comportamento omissivo do Estado prossiga pelo menos *um* fim legítimo. À cabeça coloca-se, portanto, a questão de saber se o fim relevante para aferição da respetiva legitimidade e para apreciação da adequação do comportamento omissivo é o cumprimento do direito fundamental à prestação ou se é outro fim, exterior a esse cumprimento, em nome de cuja prossecução se omite o preenchimento do dever de prestação. Se o segmento da adequação tiver por referência o primeiro fim está em causa o exame *interno* da adequação. Se tiver por referência o segundo, trata-se do exame *externo* da adequação[3234]. De acordo com o exame interno, uma medida estatal é adequada no sentido da proibição do defeito quando o fim jusfundamental subjacente ao dever de ação é alcançado ou promovido. Com o exame externo questiona-se se através da omissão voluntária ou involuntária do cumprimento do dever de ação, isto é, através da afetação do direito à prestação, é prosseguido um fim legítimo[3235].

O exame *interno* da adequação é incoerente, uma vez que a omissão do ato de proteção é justamente a forma de afetar (restringir) o direito à proteção e

---

[3231] *Grundrechte...*, 2ª ed., p. 197.

[3232] Com isto o autor parece diminuir significativamente o alcance da sua própria doutrina, tal como apresentada inicialmente. Significativa é a especificação de que, por motivos práticos, apenas têm de ser ponderados meios que garantam um determinado mínimo de intensidade de proteção, embora isso não queira dizer que os outros não sejam também comandados *prima facie*: BOROWSKI, *Grundrechte...*, 2ª ed., p. 181, nota 103. A construção parece inconsistente: como é que se traça a fasquia entre os meios que têm uma intensidade mínima e os que não a têm? E se todos são comandados *prima facie*, porque é que alguns são excluídos da operação de ponderação? Na verdade, parece apenas exigível que não deixe de ser considerada qualquer alternativa que, tendo em conta todos os dados disponíveis – incluindo normas vigentes, debate público, posições científicas, direito comparado, jurisprudência, etc. –, seja manifestamente adequada para promover o fim.

[3233] *Grundrechte...*, 2ª ed., pp. 198 ss. Com referência à 1ª edição de *Grundrechte...*, a adesão de BOROWSKI à equivalência estrutural dos dois princípios era um dos aspetos que, para alguns autores, demonstravam a proximidade com as teses da congruência: v. TZEMOS, *Das Untermaßverbot*, p. 81. Veremos de seguida se essa posição se manteve.

[3234] *Idem*, p. 198.

[3235] *Idem*, p. 199.

O PRINCÍPIO DA PROIBIÇÃO DO EXCESSO

não de o prosseguir[3236]. A omissão é, por definição, inadequada, isto é, nunca pode ser internamente adequada para prosseguir o fim do dever de proteção. Consequentemente, é preferível o exame *externo* (simetricamente, o único relevante também no exame da adequação da proibição do excesso, onde se verifica se a ação é adequada para promover o direito positivo e não se é adequada para promover o direito negativo). Mas só em casos raros pode esse exame externo representar um caso difícil no contexto da aplicação da proibição do defeito. Atendendo a que nas constelações triangulares uma medida legislativa de proteção de direitos afeta sempre negativamente os direitos de defesa com eles colidentes, a omissão daquela medida de proteção é necessariamente (externamente) adequada para a promoção de um fim legítimo, qual seja o da promoção da liberdade através da não afetação de direitos de defesa[3237].

A distinção entre exame interno e externo também se coloca no que toca à necessidade. Nos termos do exame *interno*, uma medida não é necessária quando (i) através de outra alternativa se satisfaz em igual medida o direito positivo e (ii) se interfere menos no direito negativo colidente. Nos termos do exame *externo*, uma medida omissiva não é necessária se houver outra que (i) interfere menos ou igualmente no direito negativo colidente e (ii) satisfaz o direito à prestação mais intensamente[3238].

Ora, o exame interno não é relevante na perspetiva do direito fundamental à prestação do Estado, uma vez que se centra na averiguação sobre se há comportamentos do Estado menos interferentes no direito negativo colidente com aquele direito à prestação.

[3236] *Idem*, p. 198. No entanto, na 1ª edição de *Grundrechte...*, p. 119, este exame interno tinha sido o único considerado.

[3237] BOROWSKI, *Grundrechte...*, 2ª ed., p. 199.

[3238] *Idem*, p. 200. Identicamente, ALEXY, «On Constitutional Rights...», p. 15; KLATT/MEISTER, *The Constitutional...*, p. 101. Segundo os autores, no contexto da proibição do defeito, em que está em causa o eventual défice de cumprimento do dever positivo ou de prestação, a perspetiva diz-se *interna* ao direito positivo porque parte da verificação de que (i) a medida alternativa é igualmente protetora dele, analizando-se subsequentemente se (ii) é menos interferente no direito negativo ou de defesa; diz-se *externa* ao direito positivo porque parte da verificação de que a medida alternativa (i) interfere menos ou igualmente no direito negativo, analizando-se depois se (ii) é mais cumpridora do direito positivo. Simetricamente, pressupõe-se, no contexto da proibição do excesso, em que está em causa a eventual interferência excessiva no direito negativo de defesa, a perspetiva é *interna* ao direito negativo quando, partindo da verificação de que (i) a medida alternativa interfere nele em igual grau, se averigua se (ii) ela satisfaz mais eficientemente o direito positivo; a perspetiva é *externa* ao direito negativo quando, partindo da verificação de que (i) a medida alternativa satisfaz pelo menos igualmente o direito positivo, se averigua se (ii) ela interfere menos no direito negativo. Pela nossa parte, a construção não parece auto-evidente e até poderia ser exatamente ao contrário...

PROIBIÇÃO DO EXCESSO E PROIBIÇÃO DO DEFEITO

Consequentemente, para a proibição do defeito o exame que interessa é o externo. Também aqui funciona a simetria estrutural com a proibição do excesso, onde o exame da necessidade é igualmente externo (nesse contexto, uma medida não é necessária se houver outra que, satisfazendo pelo menos igualmente os direitos positivos colidentes, interfira menos no direito de defesa)[3239].

Contudo, o critério externo da necessidade no contexto da proibição do defeito *é uma fórmula vazia*[3240]. Ele tem duas componentes: o apuramento da existência de um comportamento alternativo (à omissão) do Estado mais satisfatório para o direito à prestação; a verificação de que esse comportamento alternativo afeta menos intensamente, ou em igual medida, o direito de defesa colidente.

Quanto à primeira componente do critério externo, é forçoso partir da premissa de que, por definição, a interferência num direito a uma prestação resulta da omissão de uma ação devida. Ora, só há (e há sempre) uma alternativa à omissão do cumprimento de um dever de ação: a execução de uma ação positiva de cumprimento desse dever de ação. Nessa medida, a primeira componente do critério externo da necessidade está inevitavelmente preenchida, devido à sua indissociabilidade de um fator estrutural próprio dos direitos a prestações: há sempre forçosamente uma ação positiva que cumpre mais intensamente o direito positivo do que uma omissão[3241].

Já a segunda componente do critério externo, incidente sobre a questão de saber se a alternativa de comportamento – a prática de um ato positivo de cumprimento do dever de prestação – afeta igual ou menos intensamente o direito de defesa colidente, não tem um conteúdo viável. Por um lado, se a ação positiva preservar o direito de defesa colidente tanto quanto a omissão dessa ação positiva (situação de indiferença), isso significa que não há adequação externa. Quando é indiferente, do ponto de vista do direito de defesa, que a ação de cumprimento do dever de prestação seja praticada ou omitida, o comportamento omissivo não é adequado do ponto de vista externo. A indiferença da omissão está excluída pela adequação na forma externa. A *fortiori* pode-se fazer um raciocínio semelhante para a situação em que a ação alternativa à omissão só é externamente necessária se afetar menos o direito de defesa colidente. Daí se conclui que quando a omissão de uma medida estatal constitui uma interferência num direito a uma prestação do Estado e esta omissão também é adequada do ponto de vista externo (porque tal omissão permite manter incólumes direitos de defesa), a alternativa àquela omissão, forçosamente uma ação, será sempre não necessária do ponto de vista externo (ou seja, a continuação da omissão não

---

[3239] BOROWSKI, *Grundrechte...*, 2ª ed., p. 200.
[3240] *Idem*, p. 201.
[3241] *Idem*. p. 200.

O PRINCÍPIO DA PROIBIÇÃO DO EXCESSO

tem alternativa que possa ser considerada necessária do ponto de vista externo). Portanto, o exame da necessidade rola no vazio: por um lado, o exame interno é irrelevante; por outro lado, nunca pode ocorrer a possibilidade de a omissão do ato alternativo à omissão ser não necessária segundo o critério externo[3242].

Finalmente, a proporcionalidade em sentido estrito, que acaba por ser a única vertente atuante[3243], tem na proibição do defeito uma estrutura equivalente à proporcionalidade em sentido estrito da proibição do excesso: contrapesa-se o peso da omissão da promoção do direito à prestação com o peso dos fundamentos que justificam essa omissão[3244]. O peso da omissão da proteção é tanto mais elevado quanto mais urgente for a proteção de que os particulares carecem e quanto menor for a sua capacidade de autoajuda[3245]. A intensidade desta afetação do direito à prestação é contrapesada com os direitos e bens (nas constelações triangulares, frequentemente são direitos de defesa) que falam a favor da negação da proteção[3246]. Ora, esta operação poderia concretizar-se de duas maneiras.

A primeira consistiria em prolongar a metódica aplicada nos passos anteriores (adequação e necessidade). Nessa perspetiva, assumir-se-ia uma omissão total do cumprimento do dever/direito de prestação, apurar-se-iam os efeitos dessa omissão em termos de intensidade e importância da afetação do direito à prestação e em termos de intensidade e importância da não afetação dos bens e direitos colidentes. Apurados os pesos e valores a atribuir a cada um deles, o respetivo contrapeso permitiria verificar se aquela omissão era ou não proporcional. Se os argumentos a favor da omissão superassem os argumentos contra a

---

[3242] *Idem*, p. 201. A fidelidade ao pensamento do autor aconselha à utilização dessa fórmula, não obstante a sua complexidade. Mas poderia também dizer-se que a omissão do ato positivo alternativo à omissão *é sempre exigida* do ponto de vista do critério externo da necessidade, tendo em conta o critério da adequação externa.

[3243] Pelo exposto até aqui, fica evidente que no tratamento da matéria da estrutura da proibição do defeito se registou uma sensível evolução do pensamento do autor. Na primeira edição de *Grundrechte...*, a sustentação da equivalência estrutural das proibições do defeito e do excesso assenta em bases mais evidentes. A adequação implica que o meio adotado seja capaz de realizar o direito à proteção. Se isso não suceder e o meio impedir a realização do princípio colidente (que pode ser outro direito à proteção, um direito de defesa ou outro princípio constitucional), o meio está proibido (*ob. cit.*, p. 120). O meio não é necessário se houver outro que prossiga o fim de proteção em medida igual mas interfira menos no direito colidente (*ob. cit.*, p. 120). A proporcionalidade e.s.e. implica a ponderação do peso da omissão do atingimento do fim e do peso das razões que justificam essa omissão (*ob. cit.*, pp. 120-121). Embora na segunda edição permaneçam referências à equivalência estrutural, ela é desmentida pelo desenvolvimento subsequente.

[3244] BOROWSKI, *Grundrechte...*, 2ª ed., p. 201.

[3245] *Idem*, p. 202.

[3246] *Idem*.

PROIBIÇÃO DO EXCESSO E PROIBIÇÃO DO DEFEITO

omissão – isto é, a favor de uma ação positiva de cumprimento do direito/dever de proteção –, a omissão não seria desproporcionada e estaria justificada.

Todavia, na conceção de BOROWSKI o exame da proporcionalidade e.s.e. é estruturalmente mais complexo, implicando a sujeição a uma operação de ponderação de *todas* as alternativas à omissão do ato positivo de prestação, de modo a definir quais delas são proporcionais e quais não são. A proibição do defeito deixa de ser um critério de aferição da justificação da omissão do legislador para se transmutar em instrumento de comparação de alternativas de ação e numa componente daquilo que designa de "passagem da obrigação universal *prima facie* de ação para uma obrigação existencial definitiva de ação"[3247]. Para isso é necessário delimitar essas alternativas. Aparentemente, o momento metodicamente próprio para o fazer é o da aplicação da proporcionalidade e.s.e., nunca antes. A invocação e apreciação de alternativas (de *M1* a *M4*) não foram necessárias para a aplicação dos passos da adequação e da necessidade.

Para melhor demonstração da metódica ponderativa, classifica numericamente os graus de satisfação e de interferência de cada uma das alternativas. Quando a alternativa avaliada provoca uma intensidade de afetação dos bens e direitos colidentes superior ao da intensidade de satisfação dos direitos à prestação (no exemplo usado pelo autor, é o que sucede com *M1*), essa alternativa não é proporcional. Deve ser excluída. Quando a alternativa avaliada provoca uma intensidade de afetação dos bens e direitos colidentes cujo peso é inferior ao da intensidade de satisfação dos direitos à prestação (no exemplo usado, M_2, M_3 e M_4), a alternativa é proporcional[3248].

Em tese, após a sujeição das várias alternativas ao teste da proporcionalidade no sentido de proibição do defeito, podem existir três situações: (i) nenhuma medida preenche as exigências da proibição do defeito; (ii) apenas uma delas as preenche; (iii) várias as preenchem. No primeiro caso, nenhum meio é definitivamente comandado, o direito à prestação é completamente afetado. No segundo caso, o meio que preenche as exigências é definitivamente comandado. São duas situações fáceis. No terceiro. coloca-se a questão de saber se há critérios, e quais, que permitam ou devam circunscrever ainda mais a classe das ações definitivamente comandadas[3249].

Uma hipótese possível é renunciar a qualquer critério, podendo o Estado escolher livremente entre os meios alternativos. Contudo, esta hipótese de livre escolha de qualquer uma das alternativas que superam os passos da proibição do defeito não se coaduna com o comando da melhor realização possível

---

[3247] *Idem*, p. 208.
[3248] *Idem*, p. 202.
[3249] *Idem*, p. 203.

O PRINCÍPIO DA PROIBIÇÃO DO EXCESSO

(*bestmögliche Realisierung*) do objetivo de otimização ordenado pelos princípios jusfundamentais. Entre as várias alternativas possíveis pode haver uma mais bem situada para a realização desse objetivo, pelo que a livre escolha não é defensável[3250]. Outra hipótese é o critério da maximização da intensidade de satisfação (*Maximierung der Förderungsintensität*). Este induz a escolha do meio que ofereça maior intensidade de satisfação absoluta entre as várias alternativas disponíveis, bastando, portanto, uma lista ordinal das várias possibilidades, sem necessidade de nova ponderação[3251]. Uma terceira hipótese é a realização de um segundo nível de ponderação (*Abwägung 2. Stufe*) que compare as relações entre custos e benefícios (isto é, entre grau de interferência e intensidade de satisfação) das várias alternativas. Nestes termos, seria definitivamente ordenada a alternativa que gerasse o mais elevado diferencial entre benefícios e custos[3252].

Consideradas as vantagens e desvantagens de cada critério, é preferível o que considera definitivamente ordenada a alternativa proporcional que promova a *mais elevada intensidade de satisfação*. Contudo, este critério tem uma exceção: não se aplica se houver outro meio proporcional que possua intensidade de satisfação analogamente alta (ou quase tão alta) mas interfira em princípios constitucionais colidentes de modo evidentemente inferior[3253].

O autor procura demonstrar que a proibição do defeito não é mais um veículo para transformar a constituição num *juristisches Weltenei* (FORSTOFF[3254]) ou para construir um *Jurisdiktionsstaates* supressor do espaço de decisão do legislador democrático[3255]. A liberdade de conformação do legislador manifesta-se de várias formas: (i) margem na escolha dos meios (*Mittelwahlspielraum*) no contexto dos direitos a prestações, alegadamente sem correspondência na proibição do excesso, constituindo uma particularidade desta função dos direitos; (ii) margem de ponderação (*Abwägungsspielraum*); (iii) significativa margem epistémica empírica (*empirische Erkenntnisspielräume*); (iv) e margem epistémica normativa (*normative Erkenntnisspielräume*)[3256]. Por outro lado, pode a margem de manobra valer em diferentes lugares: na determinação da proporcionalidade

---

[3250] *Idem*, p. 203.
[3251] *Idem*, p. 204.
[3252] *Idem*, p. 204.
[3253] *Idem*, p. 205.
[3254] *Lo stato...*, p. 161.
[3255] *Grundrechte...*, 2ª ed., p. 207. Uma das principais críticas de STÖRRING é justamente que a construção de BOROWSKI se aproxima das teses da coincidência ou convergência entre proibição do defeito e proibição do excesso designadamente no que se refere à liberdade de conformação do legislador.
[3256] *Idem*, pp. 205-206; sobre estes conceitos, *ob. cit.*, pp. 123 ss.

928

PROIBIÇÃO DO EXCESSO E PROIBIÇÃO DO DEFEITO

e.s.e. no quadro da proibição do defeito; na escolha de um entre os meios que superem as exigências da proibição do defeito.

Em termos gerais, há uma margem de manobra maior do que no caso das típicas proibições de interferências em direitos de defesa, embora seja falso dizer-se que o conteúdo dos direitos a prestações seja estruturalmente (insuficientemente) indeterminado[3257].

2.3.1.2. Apreciação crítica

Complexa é a tese de BOROWSKI; sintéticas e orientadas para a ulterior construção de uma alternativa que por elas não seja atingida são seis observações críticas[3258].

Primeiro, não é nítida a função da proibição do defeito. Aquela tese estrutura o processo de transição da obrigação universal *prima facie* de ação para a obrigação existencial definitiva de ação (na sua própria expressão): dever de prestação —> omissão —> (in)justificação —> determinação da ação. Verificada a existência de um dever de prestação e a omissão de cumprimento, apura-se se essa omissão é justificada. Não o sendo, determina-se a ação que deve ser adotada. Porém, sendo claro este esquema implícito, não é totalmente nítida a função da proibição do defeito no modo como se desenrola. Aparentemente, cumpre uma função ao nível da justificação da omissão, mas também ao nível da seleção da ação que cumpre o dever de prestação. Contudo, também aparentemente, parte desta operação de seleção não é mediada pela proibição do defeito: a seleção da ação especificamente comandada ou da classe de ações de onde deve ser escolhida ou a indicação de que nenhum comando de ação existe[3259] é realizada *depois* da aplicação do crivo da proibição do defeito. Sucede, porém, que tal passo de seleção é estruturalmente semelhante à aferição da necessidade, uma vez que são *comparadas* várias alternativas para definir se alguma pode ser considerada *necessária* para o cumprimento do dever de prestação[3260]. Por outro lado, pode comportar momentos ponderativos equivalentes aos da proporcionalidade

---

[3257] *Idem*, p. 208.

[3258] Não cuidaremos aqui de questões laterais em relação à dogmática da proibição do defeito, como a questão de saber se os deveres de prestação (na terminologia do autor) são sempre correlativos a direitos a prestações. Este debate seria elucidativo, inclusive, sobre se o exemplo utilizado, referente *ao direito a prestações* de que o nascituro seria titular, é bem escolhido.

[3259] Sobre estas três hipóteses, BOROWSKI, *Grundrechte...*, 2ª ed., pp. 207-208.

[3260] A afirmação (*Grundrechte...*, 2ª ed., pp. 204, 207) de que entre as várias alternativas *deve* ser adotada a que oferecer a maior intensidade de satisfação do dever de prestação (M_2, no exemplo do autor) enquadra-se bem na formulação do segmento da necessidade (de acordo com o critério externo de BOROWSKI): não é necessária a medida em relação à qual haja uma alternativa que promova mais intensamente o princípio jusfundamental do dever de prestação e interfira menos ou, no máximo, igualmente nos direitos e bens colidentes.

O PRINCÍPIO DA PROIBIÇÃO DO EXCESSO

e.s.e. A fronteira entre o que entra no domínio da proibição do defeito e o que entra no domínio desta *pós-proibição do defeito,* com a qual se conclui o processo de determinação da ação definitivamente comandada, não é recortada – e fundamentada – de forma inequívoca.

Segundo, não distingue entre omissões totais e parciais. Não sendo essa distinção considerada, a construção é integralmente dirigida às situações em que há uma omissão *total* de cumprimento do dever de ação. Isto pode ser motivado pelo que parece ser uma estratégia doutrinária de desconsideração *do ponto de partida,* isto é, da *situação existente* no momento em que o legislador decide, ou em que o juiz controla[3261].

Terceiro, não distingue a proibição do excesso como norma de ação e como norma de controlo. Ora, há aspetos que podem ser corretos na perspetiva do legislador e não na perspetiva do controlo. Além de dificuldades dogmático-analíticas, esta indistinção suscita problemas ao nível da separação de competências entre legislador democrático e juiz constitucional, não permitindo uma clara demarcação entre aquilo que ao legislador incumbe exclusivamente, no exercício da sua margem de conformação no âmbito dos chamados deveres de prestação e o que o juiz constitucional pode fazer no contexto da sua atividade de *controlo* (distinta da escolha ou decisão política). Estabelece-se o objetivo da "melhor realização possível" da otimização (*bestmögliche Realisierung ihres Optimierungsgegenstandes*) do conteúdo do dever de proteção jusfundamental[3262], com a decorrência da adoção da solução melhor possível (*bestmögliche*). Esta supõe a melhor relação possível entre custos e benefícios. Tal enquadramento coaduna-se com o patamar de exigência a que o legislador está sujeito, mas pode não se coadunar com o alcance do poder de escrutínio do juiz constitucional[3263].

Quarto, há aspetos discutíveis no que toca à estrutura e à metódica da proibição do defeito. Salienta-se aqui o mais determinante. Como se viu, o único passo verdadeiramente relevante seria a ponderação inerente à proporcionalidade e.s.e. Nesse passo são identificadas as alternativas elegíveis para cumprimento do dever, isto é, aquelas que superam o crivo da proibição do defeito (em rigor, o crivo da proporcionalidade e.s.e.). Isto pressupõe a delimitação de um universo preliminar de alternativas de medidas a serem sujeitas ao crivo da proporcionalidade e.s.e. Ora, aquilo que o autor diz sobre o assunto faz alternar entre o receio de uma sobrecarga para o juiz constitucional[3264] e o receio de uma

---

[3261] Sublinhando este ponto, STÖRRING, *Das Untermaßverbot...,* p. 190.

[3262] STÖRRING, *Das Untermaßverbot...,* p. 189.

[3263] Até porque há situações em que a proibição do defeito, no modelo de BOROWSKI, aponta para uma determinada e definitiva ação específica, que deve ser obrigatoriamente adotada.

[3264] CREMER, *Freiheitsgrundrechte...,* p. 278.

PROIBIÇÃO DO EXCESSO E PROIBIÇÃO DO DEFEITO

impossibilidade prática[3265], de falta de solidez do critério e da metódica da identificação preliminar do universo de alternativas ou até de usurpação de funções que cabem ao legislador democrático.

Quinto, não distingue entre vários tipos de colisões. Partindo da própria enunciação do autor, os deveres/direitos fundamentais a prestações em sentido amplo distribuem-se por três categorias: direitos a proteção, direitos sociais e direitos a organização e procedimento[3266]. O cumprimento de deveres dessas categorias pelo legislador colide ou pode colidir com outros deveres ou com a prossecução de outros bens, interesses ou valores. Consoante as situações, assim se alteram as variáveis a ponderar. Por exemplo, no caso dos deveres/direitos de proteção, a colisão típica é com deveres de abstenção, todos reivindicando igual força constitucional. Aí a proibição do defeito visa garantir que os deveres de ação e de abstenção são ambos cumpridos *na medida do possível* e da forma *mais equilibrada* possível. Mas não é forçoso que suceda o mesmo em todas as hipóteses de colisão possíveis.

Sexto, a posição sobre o interface entre a proibição do defeito e a proibição do excesso é, no mínimo, ambígua. Borowski não explica, nomeadamente, porque é que no contexto da *apreciação da proibição do defeito* se conclui que há medidas que têm de ser consideradas desproporcionais por a intensidade de interferência nos bens, interesses ou valores colidentes com o dever de ação ser superior ao peso da satisfação do dever de prestação[3267]. Trata-se de uma manifestação da proibição do defeito ou da proibição do excesso ou de ambas combinadas ou justapostas?

Algumas destas críticas podem também ser endereçadas à doutrina de Alexy.

2.3.2. A congruência mitigada de Alexy

2.3.2.1. *Exposição*
Até há pouco tempo Alexy não tinha feito refletir no seu trabalho a distinção entre proibição do excesso e proibição do defeito. Tão pouco se havia pronunciado sobre o seu enquadramento ou relação. Alguns dos casos que estudou envolviam interferências estatais em direitos de defesa com vista a cumprir deveres de proteção de direitos de particulares face a interferências de outros particulares, isto é, constelações triangulares (os casos da regulação da publi-

---

[3265] Assim, Störring, *Das Untermaßverbot...*, p. 191: a aplicação prática do conglomerado de comparações proposto por Borowski é impraticável.

[3266] *Idem*, p. 209; *La estructura...*, p. 144. Adiante se mencionarão outros deveres de ação do legislador, a acrescer a estes.

[3267] É o caso de *M1*, a opção mais drástica de penalização severa de todos os intervenientes em atos de aborto: cfr. *Grundrechte...*, 2ª ed., pp. 202, 206.

cidade ao tabaco, *Titanic* e outros). Porém, quer nesses casos quer naqueles em que os direitos de defesa são objeto de interferências do Estado com vista à prossecução de fins de interesse público, o autor cingia-se estritamente a uma aplicação pouco mais do que ortodoxa (tendo ele, aliás, contribuído decisivamente para que se consolidasse como ortodoxa) do princípio clássico da proporcionalidade ou proibição do excesso. Nessa linha, a apreciação dos comportamentos do Estado visando a resolução de colisões entre bens, interesses e valores, incluindo as colisões típicas das constelações triangulares, era invariavelmente enquadrada por uma pergunta: a interferência *no direito de defesa* foi ou não proporcional (no sentido de "violou ou não a proibição do excesso")? Nenhuma atenção era dedicada a eventuais especificidades próprias daquelas constelações[3268], o que pode ser entendido como uma aceitação – não explicitamente assumida – das teorias da congruência, isto é, da ideia de que a proibição do defeito é inerente à proporcionalidade clássica.

A opção de não atribuir relevo ou autonomia à figura da proibição do defeito persistiu até recentemente. Por exemplo, a chamada fórmula do peso[3269], um dos mais originais (e discutidos) contributos para a dogmática da proporcionalidade, difundida já neste século, visou simplesmente exprimir através de uma equação matemática o raciocínio prático que subjaz à aplicação da proporcionalidade em sentido estrito, no contexto da proporcionalidade clássica.

A caminho do final da primeira década deste século registou-se uma evolução relevante. Em trabalhos sobre a estrutura dos direitos fundamentais de (ou à) proteção[3270], mas primordialmente incidentes sobre a refração do princípio da proporcionalidade em casos de constelações triangulares, aproxima-se das

---

[3268] ALEXY, *A Theory*..., p. 310, a par da alusão a um "modelo básico", que não é explicitado, aplica implicitamente um *modelo de congruência* entre a proibição do excesso e a proibição do defeito no caso de conflitos entre direitos/deveres de proteção e outros princípios (designadamente direitos/deveres de defesa). Num cenário é até totalmente suprimida aquela que designa de liberdade de conformação estrutural (*structural discretion*), tal como também decorre do figurino mais extremo das teses da congruência na medida em que recusam o espaço livre ("*Korridor*") entre proibição do excesso e proibição do defeito. Esta linha mantém-se no posfácio publicado com *A Theory*... (em 2002), pp. 388 ss., onde continua a aplicar formalmente o princípio clássico da proporcionalidade – sem distinção entre proibição do excesso e proibição do defeito – a casos de colisão entre direitos à proteção e direitos de defesa, como, por exemplo, a colisão entre os direitos à proteção dos consumidores e ao livre exercício da profissão (*ob. cit.*, p. 402) ou o direito à proteção da personalidade e a liberdade de expressão (*ob. cit.*, p. 403).

[3269] Entre outros locais, ALEXY, *A Theory*..., epílogo; «Die Gewichtsformel», *cit.* (trad. castelhana, «La fórmula del peso», *cit.*); *idem*, «The Weight Formula», *cit.*

[3270] O primeiro publicado na mesma altura em que BOROWSKI publicou a 2ª edição do seu *Grundrechte*. V. ALEXY, «Zur Struktur der Grundrechte auf Schutz» (de 2007); utilizamos quer a versão em inglês, «On Constitutional Rights...», *cit.*, quer as versões castelhanas, «Sobre los Derechos Constitucionales a Protección», *cit.*, ou «Sobre la estrutura de los derechos fundamentales

PROIBIÇÃO DO EXCESSO E PROIBIÇÃO DO DEFEITO

teses da congruência ("ambas as proibições são elementos da proporcionalidade e não normas independentes"[3271]), embora matizando-a[3272].

São distinguidas duas aplicações do princípio da proporcionalidade[3273].

A primeira, tradução direta do modelo *assimétrico* de prevalência ou exclusividade do princípio da proporcionalidade na sua aceção clássica (ou proibição do excesso), aplica-se quando se adota como ponto de partida a perspetiva da salvaguarda do direito de defesa em causa contra uma *interferência protetora* alegadamente excessiva perpetrada através de um ato de autoridade (uma lei, uma decisão judicial ou um ato da Administração) que visa a proteção de outro direito.

O princípio da proporcionalidade, nesta versão que não é mais do que proibição do excesso, além de presidir à apreciação da adequação e da necessidade da interferência no direito negativo ou de defesa (P_i), praticada com vista a atingir o fim da proteção do direito ameaçado por ações de outros particulares (P_j), assiste na avaliação do peso de P_i em relação a P_j. Apura-se se é justificada a cedência, em concreto, de P_i em relação a P_j ou se o encargo que aquele sofre é desproporcionado/excessivo quando relacionado com a proteção de P_j. O exemplo invocado é o recorrente (nos trabalhos de ALEXY) caso *Titanic*. A estrutura do princípio da proporcionalidade, apesar de estar em causa uma constelação triangular, mantém a sua fisionomia clássica, enriquecida pela fórmula do peso no que se refere à descrição da metódica de aplicação da proporcionalidade e.s.e.

A novidade reside na apresentação de um segundo modelo estrutural da proporcionalidade, aplicável quando se trata da questão *"bastante mais difícil"* de "olhar na direção oposta" à dos parágrafos anteriores e "perguntar se se vulnera o direito de proteção quando a proteção é negada por completo ou é garantida numa medida demasiado escassa"[3274].

---

de protección» (de 2011), *cit.*, onde o autor parece ter corrigido algumas sequências que na versão em inglês resultam incoerentes.

[3271] «Sobre la estructura...», p. 129; «On Constitutional Rights...», p. 11.

[3272] Cfr. *idem*, nota, concordante com HAIN, mas rejeitando que a aplicação da proporcionalidade aos direitos à proteção implique que exista sempre unicamente um meio ou medida *Mn* proporcional.

[3273] O autor especifica que os direitos de (à) proteção são apenas um dos três tipos que compõem o grupo dos *direitos a ações positivas do Estado*. Os outros dois são o dos direitos a organização e funcionamento e o dos direitos fundamentais sociais. Todos teriam diferenças de estrutura e de conteúdo, não obstante aquele traço comum («Sobre la estrutura...», p. 121). O exercício subsequente incide apenas sobre a aplicação da proporcionalidade aos direitos de proteção, não ficando esclarecido se a doutrina expendida é aplicável também aos demais tipos.

[3274] «On Constitutional Rights...», p. 10; «Sobre la estructura de los derechos fundamentales...», p. 128; KLATT/MEISTER, *The Constitutional...*, p. 94.

O PRINCÍPIO DA PROIBIÇÃO DO EXCESSO

Trata-se de um modelo que atende *simetricamente* a duas proibições – "dois aspetos" do princípio da proporcionalidade-, proibição do excesso (*Übermaßverbot*) e proibição do defeito (*Untermaßverbot*)[3275]. Viola-se a proibição de desproporção por excesso quando o princípio da proporcionalidade é ferido por um ato que lesiona um direito de defesa; viola-se a proibição de desproporção por defeito quando o princípio da proporcionalidade é vulnerado por uma omissão da proteção constitucionalmente devida[3276]. O princípio não se limita a presidir ao exame de uma eventual afetação excessiva do direito de defesa objeto de interferência, também parametriza o exame da proteção conferida para determinar se é a proteção suficiente.

Na investigação é dispensada particular atenção à aplicação da proporcionalidade e.s.e. Não resulta evidente qual a estrutura e metódica dos segmentos da adequação e da necessidade[3277].

ALEXY invoca a distinção entre a estrutura *alternativa* dos direitos à proteção e *conjuntiva* dos direitos de defesa[3278] e ilustra a conexão entre proporcionalidade e *alternatividade* com uma adaptação do caso do regime jurídico do aborto.

[3275] V. «Sobre la estructura...», p. 129; «On Constitutional Rights...», p. 11; no mesmo sentido, KLATT/MEISTER, *The Constitutional...*, p. 97.

[3276] «Sobre la estructura...», pp. 131-132.

[3277] Todavia, fica claro que ALEXY, tal como BOROWSKI (*Grundrechte...*, 2ª ed., p. 200), distingue entre perspetiva *interna* e externa da *necessidade*. A necessidade pode ser apreciada partindo-se da análise de que há dois ou mais meios que garantem um índice pelo menos igual de satisfação do fim de proteção de um direito e averiguando-se qual deles interfere menos no direito de defesa colidente. O meio que, entre os que assegurem a mesma intensidade de proteção, for o meio menos interferente é o meio internamente necessário (*necessidade interna*). Diferentemente, a necessidade pode ser avaliada partindo-se da verificação de que há dois ou mais meios com intensidades de interferência no direito de defesa equivalentes e averiguando-se qual deles garante uma maior intensidade de satisfação do fim de proteção. O meio que, entre os que imponham uma interferência semelhante no direito de defesa, garantir maior proteção é o meio externamente necessário (*necessidade externa*). Desde o ponto de vista do direito de proteção, no primeiro (interno) começa por se fixar o grau de eficiência dos meios alternativos para prosseguir a proteção de P_i; no segundo (externo) começa por se determinar a intensidade de interferência em Pj pelos meios alternativos: «Sobre los Derechos Constitucionales...», pp. 76 ss.; «On Constitutional Rights...», p. 5; «Sobre la estructura...», p. 132.V., também, KLATT/MEISTER, *The Constitutional...*, pp. 100-101. Sem aderirmos à terminologia interna/externa, que parece equívoca, admitimos o interesse da distinção, embora de forma limitada, no contexto da proibição do excesso como norma de controlo (cfr. *infra*).

[3278] A distinção é vital no contexto da construção de ALEXY, desde logo porque nela baseia um argumento contra as alegações daqueles que sustentam que a superação dos direitos fundamentais como direitos de defesa e a admissão de direitos à proteção diminui significativamente a liberdade de conformação do legislador (BÖCKENFÖRDE). Na verdade, o cumprimento dos direitos de defesa só permite *uma opção* do legislador enquanto o cumprimento dos deveres de proteção consente *várias opções* em alternativa.

PROIBIÇÃO DO EXCESSO E PROIBIÇÃO DO DEFEITO

Parte da pré-compreensão de que estão em causa a proteção do direito à vida do nascituro e a interferência no direito de defesa da mãe ao desenvolvimento da personalidade. O primeiro é identificado como P_i; o segundo é identificado como P_j^{3279}.

As diferenças fulcrais em relação à matriz anterior são: (i) o surgimento de uma nova variável, o *grau de proteção* de P_i (no caso, o grau de proteção do direito do nascituro), denotada por U_i; (ii) a "metamorfose" de I_i^{3280}, que passa a referir--se à *intensidade de não proteção* de P_i. I_j refere-se à intensidade de interferência no direito de defesa (e, no caso de uma das opções alternativas consideradas, também à intensidade de interferência em P_k, princípio da capacidade financeira). Para apreciar a adequação e a necessidade (dita "otimização paretiana") bastam U_i ou I_i e I_j. Para apreciar a proporcionalidade e.s.e., considera-se I_i e I_j^{3281}.

Para ilustrar as possíveis relações entre I_i, U_i e I_j, ALEXY configura quatro alternativas de normas (M), por ordem crescente da não proteção e decrescente de proteção da posição jurídica do nascituro e também decrescente de afetação do direito de defesa da mãe: proibição estrita de aborto nos primeiros três meses, salvo em casos de perigo de vida da mãe $(M1)$; proibição débil de aborto nos primeiros três meses, salvo nos casos de perigo de vida e por razões sociais $(M2)$; não proibição do aborto nos primeiros três meses, mas obrigação de consulta médica, com possibilidade de ajuda financeira do Estado em caso de o aborto não ser realizado $(M3)$; não proibição nos primeiros três meses $(M4$, a qual ainda é uma medida protetiva, na medida em que proíbe o aborto *além* dos três meses). Na perspetiva da intensidade de proteção do direito do nascituro (Ui), $M1$ protegeria grandemente (g), $M2$ e $M3$ moderadamente (m) e $M4$ apenas levemente (l). Na perspetiva da interferência no direito da mãe à personalidade (Ij) $M1$ interferiria grandemente (g), $M2$ e $M3$ moderadamente (m) e $M4$ apenas levemente (l).

[3279] Nesta nova, sem explicação óbvia, P_i passa a denotar o direito de proteção e U_i (ou D_i, noutras versões, sem que seja clara razão da diferença) o grau de proteção conferido a esse direito pelos vários meios alternativos. Correlativamente, P_j denota o direito de defesa objeto de interferência e I_j o grau de interferência por ele sofrido. No modelo clássico a perspetiva é diferente. Nessa medida, na fórmula do peso, a ele adaptada para demonstração matemática da metódica da proporcionalidade e.s.e, a posição passiva em que o direito de defesa se encontra é denotada por P_i e I_i e a posição ativa, do direito de proteção, por P_j e I_j. Diferente, KLATT/MEISTER, *The Constitutional...*, p. 95.

[3280] O fator mais importante para os direitos positivos ou à proteção, segundo KLATT/MEISTER, *The Constitutional...*, p. 94.

[3281] *Idem*, p. 133.

O PRINCÍPIO DA PROIBIÇÃO DO EXCESSO

Fulcral é, agora, *Ii*, isto é, a *intensidade de desproteção* ou de *não proteção* de *Pi*[3282]. Elemento vetorial da definição de *Ii, pivô* da operação de ponderação, é a *regra de negação em cadeia (rule of chain negation)*, também original[3283]. A *intensidade de desproteção* imputada a cada uma das alternativas *Mn* é medida através da intensidade de desproteção de *Pi* resultante de o legislador não adotar *Mn* ($\neg Mn$), adotando antes o meio com o grau de proteção de *Pi* mais baixo a seguir a *Mn* (adota-se *Mn+1* e não *Mn*)[3284].

Vejamos como isso se reflete nas quatro alternativas de lei sobre o aborto tipificadas pelo autor[3285].

Adoção de *M1* (não proibição de aborto só quando houver perigo de vida da mãe), em vez de qualquer *Mn* mais restritiva do aborto, implica uma intensidade de não proteção (*Ii*) *leve* e uma intensidade de proteção (*Ui*) *grande* de *Pi* (o direito do nascituro), bem como uma intensidade de interferência (*Ij*) *grande* em *Pj* (direito da mãe).

A adoção de *M2* (proibição de aborto também por motivos de ordem social e não só quando houver perigo de vida da mãe), em vez de *M1*, implica uma intensidade de não proteção (*Ii*) *leve* e uma intensidade de proteção (*Ui*) *moderada* de *Pi*, bem como uma intensidade de interferência (*Ij*) *moderada* em *Pj*.

A adoção de *M3* (não proibição do aborto nos primeiros três meses, com dever de aconselhamento e possibilidade de ajuda financeira do Estado caso o aborto não seja efetuado), em vez de *M2*, implica uma intensidade de não proteção (*Ii*) *moderada* e uma intensidade de proteção (*Ui*) *moderada* de *Pi*, bem como uma intensidade de interferência (*Ij*) *moderada* em *Pj* (apenas moderada

---

[3282] Ou intensidade de interferência em P_i resultante da sua não proteção, KLATT/MEISTER, *The Constitutional...*, p. 97.

[3283] «Sobre la estrutura de los derechos fundamentales...», p. 129; «On Constitutional...», p. 11; KLATT/MEISTER, *The Constitutional...*, p. 97.

[3284] «Sobre la estrutura de los derechos fundamentales...», p. 129; «On Constitutional Rights...», p. 11; KLATT/MEISTER, *The Constitutional...*, pp. 94-95, propõem a seguinte definição de *Ij* (na versão de ALEXY, *Ii*): "intensidade das consequências adversas para o direito positivo *Pj* (na versão de ALEXY, Pi_j que ocorreriam hipoteticamente se a autoridade, em consonância com o direito negativo, não interferisse em *Pi* (na versão de ALEXY, *P*), isto é, se uma medida específica de proteção *M* não fosse tomada".

[3285] A exposição que se segue resulta da interpretação do quadro seguinte, retirado de «Sobre los Derechos Constitucionales...», p. 60, que o autor considera suficiente para ilustrar a estrutura da operação de ponderação do modelo composto da proporcionalidade:

Pi		*Pj*	
Ii	*Ui*	*Ij*	
$\neg M1$: *l*	*s*	*M1*	*s*
$\neg M2$: *m*	*m*	*M2*	*m*
$\neg M3$: *m*	*m*	*M3*	*m (Pk)*
$\neg M4$: *s*	*l*	*M4*	*l*

PROIBIÇÃO DO EXCESSO E PROIBIÇÃO DO DEFEITO

porque é também considerado o fator financeiro Pk, que onera $M3$; se não fosse considerado Pk, a intensidade de interferência a considerar do lado do direito de defesa seria *leve*).

A adoção de $M4$ (não proibição do aborto nos primeiros três meses), em vez de $M3$, implica uma intensidade de não proteção (Ii) *grande* e uma intensidade de proteção (Ui) leve de Pi, bem como uma intensidade de interferência (Ij) *leve* em Pj.

ALEXY conclui que $M1$ e $M4$ são desproporcionados[3286].

$M1$ é desproporcionado, por violação da *proibição do excesso* (mas não da proibição do defeito), um dos aspetos do princípio da proporcionalidade. A desproporção entre a *grande* intensidade de interferência no direito negativo Pj (Ij) e a concomitante *leve* intensidade de não proteção (Ii) do direito positivo Pi que decorreria da adoção de $M1$ implica que este seja excessivo.

$M4$ é desproporcionado por violação da *proibição do defeito* (mas não da proibição do excesso), outro aspeto do princípio da proporcionalidade. A desproporção entre a *leve* intensidade de interferência no direito negativo Pj (Ij) e a concomitante *grande* intensidade de não proteção do direito positivo (Ii) que decorreria da adoção de $M4$ implica que este seja insuficiente.

Embora ALEXY não explicite, pressupõe-se que qualquer opção Mn com maior intensidade de interferência (Ij) em Pj (por exemplo, $M-1$, proibição total do aborto) ou menor intensidade de proteção (Ui) de Pi (por exemplo, $M5$, não punição do aborto por decisão da mulher até aos quatro meses) seria também violadora da proibição do excesso ou da proibição do defeito, respetivamente.

A confirmação de que pode haver violação da proibição do defeito sem violação da proibição do excesso e vice-versa é a principal manifestação da orientação mitigadora da versão mais extrema da tese da congruência.

2.3.2.2. Apreciação crítica

Através de uma descrição e reconstrução do processo ponderativo, reduzindo-o a um modelo formal, a matriz concebida por ALEXY procura demonstrar a racionalidade e a objetividade da deliberação ponderativa, mostrando que ela atinge virtuosamente o equilíbrio entre a proibição de intervir excessivamente num direito de defesa e o dever de satisfazer um direito de proteção. Todavia, o modelo, na medida em que é estritamente lógico-formal, não é suficiente para provar a racionalidade da decisão. Para isso faltaria ainda demonstrar a correção de toda a argumentação intermédia que gera os dados parciais que cons-

---

[3286] «Sobre la estrutura de los derechos fundamentales...», p. 129; «On Constitutional Rights...», pp. 11-12. V. a mesma conclusão, mas referente ao exemplo que apresentam, em KLATT/MEISTER, *The Constitutional...*, p. 97.

O PRINCÍPIO DA PROIBIÇÃO DO EXCESSO

tituem as variáveis do modelo (*justificação externa*). Por exemplo, porque é que a opção pela não proibição do aborto, embora com dever de aconselhamento, consumada através de *M3*, é uma afetação moderada (*m*) do direito à proteção do nascituro e não uma afetação grande (*g*) ou leve (*l*)?

Por outro lado, além da intenção *descritiva* ou *reconstrutiva* do processo de ponderação, o modelo de ALEXY acaba por denunciar também uma pretensão *normativa*: a de que ele estruture processos ponderativos. Essa pretensão esbarra com vários obstáculos. A acrescer à *estranheza* ou *défice de aderência* constitucional que a fórmula do peso já de si suscita[3287], juntam-se *novos contributos teóricos* cuja alta abstração ou inexistente ancoragem na argumentação prática comum, constitucional ou outra, comprometem a universalização do modelo. Um exemplo é a regra da negação (*rule of chain negation*), difícil de acompanhar e aparentando vícios lógicos que não podemos aprofundar[3288]. O autor não insistiu muito nela e não parece ter tido sequelas doutrinais entusiásticas[3289].

Embora aceite em tese geral a dicotomia entre norma de ação e norma de controlo, ALEXY não a repercute no quadro teórico que desenvolve. Consequentemente, uma das críticas que a construção de BOROWSKI suscita vale também para o modelo daquele. Não ter isso sido clarificado cria dificuldades na apreciação da plausibilidade do referido quadro teórico. Por outro lado, ALEXY não esclarece – nem deixa pistas indiciárias – se este quadro teórico se aplica a todas as situações em que estejam em causa *deveres de ação positiva* do legislador (ou deveres de prestação em sentido amplo) ou se apenas se aplica às chamadas constelações triangulares (as únicas versadas).

À primeira vista, a construção parece adaptável sobretudo ao ambiente das normas de ação. O exemplo que serve para ilustrar a conceção configura um exercício de *escolha* ou *delimitação* dos meios alternativos que são válidos à luz do que pode ser designada proporcionalidade bipolar e dos que não o são. Embora isso não pareça sobressaltar o discurso do autor, esta é uma competência

---

[3287] Cfr. *supra*, capítulo 17.

[3288] Se não erramos na interpretação do quadro e da proposta de ALEXY realizada na parte final da seção anterior, não é verdade que para a avaliação de proporcionalidade e.s.e. baste *Ii* e *Ij* (ALEXY, «Sobre los Derechos Constitucionales...», p. 77: "La proporcionalidad en sentido estricto puede determinarse completamente en la relación de *Ii* con *Ij*."). Na verdade, se o meio adotado for *M-1*, sendo o meio que protege totalmente *Pi* e interfere totalmente em *Pj* (por exemplo, proibição total e absoluta de aborto, em qualquer circunstância, modo, tempo ou lugar), não é possível apurar *Ii*, uma vez que não há mais nenhum alternativa a *M-1* menos protetora de *Pi* que possa ser usada como referência na *negação em cadeia* (qual o grau de interferência em *Pi* resultante da adoção de *M-1*?). Ou seja, não se pode afirmar que se for adotado *M-1* em vez de qualquer outra opção mais protetora de *Pi* ocorrerá uma intensidade de não proteção (*Ii*) leve, moderada ou grande de *Pi*, porque não há nenhuma opção mais protetora de *Pi* do que *M-1*.

[3289] Cfr., todavia, KLATT/MEISTER, *The Constitutional...*, p. 97.

PROIBIÇÃO DO EXCESSO E PROIBIÇÃO DO DEFEITO

própria do legislador e não do juiz constitucional. Este não *escolhe* entre meios alternativos; pronuncia-se, sim, sobre a situação normativa existente (que pode ser de omissão total) tendo em conta a eventual existência de alternativas a essa situação. A escolha entre vários meios alternativos é antes tarefa do legislador, assistida pela proibição do defeito como norma de ação. É nessas circunstâncias que o legislador parte de uma situação *contemporânea* de eventual omissão total ou omissão/cumprimento parcial da observância de deveres (incluindo um de ação, pelo menos), incumbindo-lhe identificar as alternativas possíveis e escolher aquela que lhe permite cumprir as injunções constitucionais. A seleção de *M1, M2, M3, M4, Mn* é pressuposto da realização das necessárias operações de deliberação prática para a definição da medida legislativa que deve tomar.

Mas, sendo assim (o que, repete-se, não é de todo evidente no discurso de ALEXY), como define o legislador a *perspetiva* em que se deve colocar para escolher a vertente da proporcionalidade *como norma de ação* a usar como referência paramétrica? ALEXY diz que a proporcionalidade tem duas perspetivas, a da proibição do excesso e a da proibição do defeito: às constelações triangulares vistas por um determinado ângulo aplica-se o modelo clássico de proporcionalidade; se vistas por outro ângulo (olhando para "a direção oposta"), aplica-se a proporcionalidade com os seus "dois aspetos". Trata-se, consequentemente, sempre do mesmo princípio – da proporcionalidade. Mas, de acordo com a *perspetiva* que valer assim se aplica uma de duas metódicas: a da aplicação da fórmula do peso; a da aplicação da regra da negação em cadeia. Ora, não podendo ser empregue um critério meramente processual (assente na perspetiva da parte ou da entidade que promove um processo de controlo da constitucionalidade), como é que o legislador define qual o parâmetro a seguir como instrumento mediador da sua deliberação? Isto, aliás, traz consigo outra questão intocada por ALEXY: qual é a relação entre a fórmula do peso e a regra da negação em cadeia: excluem-se mutuamente? Podem conjugar-se e articular-se? Se sim, em que termos[3290]?

Como norma de ação, coloca-se também a questão, não cabalmente respondida, da estrutura que assume a proporcionalidade nesta versão bipolar. ALEXY parece assumir que ela terá a *mesma estrutura* que a proporcionalidade como proibição do excesso. A demonstração da pertinência disso nem sequer é ensaiada, pelo que não é possível debater argumentos que sustentem tal orientação. Todavia, é possível apreciar uma das manifestações visíveis dessa orientação: a

---

[3290] Note-se que ALEXY se coibiu de conjugar a regra do peso com a regra da negação em cadeia (desconsiderando os pesos abstratos e as variáveis epistémicas relativas à intensidade de satisfação ou não satisfação de *Pi* e de interferência em *Pj*) e de transformar em grandezas numéricas a graduação triádica.

O PRINCÍPIO DA PROIBIÇÃO DO EXCESSO

indicação de que a regra da negação em cadeia, que permite excluir simultaneamente alternativas *excessivas* e *deficitárias*, rege no contexto da proporcionalidade
e.s.e.

Os resultados da aplicação da regra da negação em cadeia a *M1* podem ser
traduzidos, em última análise, da seguinte forma: a exclusão de *M1* é exigida
porque, *comparando-o* com *M2*, este é significativamente menos interferente
em *Pj* (o direito de defesa), representando um ganho de liberdade em relação a
M1[3291] e sendo apenas levemente menos eficiente na prossecução do fim de proteção de *Pi* (o direito à proteção). O saldo é favorável a *M2*: a comparação entre
o ganho de liberdade e a perda de proteção causado pela hipotética adoção de
M2, com a perda de liberdade e o ganho de proteção inerente a *M1* é favorável
a *M2*. *M1* é desproporcionado (excessivo). Ora, isto não descreve um exercício
de argumentação prática desenvolvido simplesmente no quadro da proporcionalidade e.s.e. A operação metódica exemplificada não consiste somente numa
ponderação dos efeitos (neste caso, de interferência no direito à proteção e no
direito de defesa) produzidos por *um meio* solitário previamente isolado, como
é típico da proporcionalidade e.s.e. Nela existe também *comparação entre* vários
meios alternativos disponíveis, traço essencial do segmento da necessidade[3292].
Este segmento visa a *comparação* de meios alternativos ou, mais especificamente,
a comparação da importância dos efeitos de interferência ou de satisfação dos fins
de meios alternativos. A operação desenvolvida pelo autor, mais do que simples
ponderação, é *ponderação comparativa* ou *comparação de resultados de ponderações*.
Donde se depreende que para demonstração do exercício de escolha do legislador, constrói-se um quadro metódico em que se cruzam operações de ponderação, próprias da proporcionalidade e.s.e., e exercícios de comparação, próprios
da necessidade.

O autor, enfrentando ou antecipando críticas recorrentes às suas conceções,
empenha-se em demonstrar que o seu esquema teórico não belisca a liberdade

---

[3291] ALEXY discute e admite a possibilidade (mas exclui a necessidade) de uma linha que indique
o grau de realização do direito negativo *Pj*, isto é, o grau de liberdade para se fazer ou não fazer
algo, ou o grau de liberdade em relação a uma hipotética interferência, assegurado por cada uma
das medidas alternativas: «*On Constitutional Rights...*», pp. 13-15; KLATT/MEISTER, *The Constitutional...*, p. 99.

[3292] O próprio autor fornece argumentos que favorecem esta perspetiva divergente. Assim, se
Pk deixar de constar do exercício de ponderação – com isso perdendo relevância *apenas um* dos
objetos dessa ponderação –, a exclusão de *M2* já resulta de um juízo de não necessidade («La
estructura...», p. 132; «On Constitutional...», p. 14). Por outras palavras, o que para o autor leva a
considerar-se desproporcionado *M2* já não é uma ponderação típica da proporcionalidade e.s.e.,
mas sim a comparação entre intensidades de interferência no direito de defesa, que é maior com
M2 do que com *M3*. Se a interferência é maior, permanecendo igual a intensidade de realização
da proteção, o segmento da *necessidade* determina a exclusão de *M2*.

PROIBIÇÃO DO EXCESSO E PROIBIÇÃO DO DEFEITO

de conformação do legislador. O legislador disporia de liberdade de escolha entre dois meios, *M2* e *M3*. Isso confirmaria que a aplicação da proporcionalidade não elimina a margem de conformação estrutural. Todavia, o empate entre *M2* e *M3* ocorre porque *M3* envolve o dispêndio de meios financeiros. A determinação da intensidade de intervenção de *M3* implica a ponderação da intensidade de intervenção no princípio da capacidade financeira (*Pk*) e no direito de defesa (*Pj*). Ora, *M2* pode também ser considerado desproporcionado quando, permanecendo igual a intensidade moderada de proteção de *Pi* através de *M2* e *M3*, o princípio da capacidade financeira (*Pk*) é desconsiderado na definição da intensidade de interferência de *M3*. Pondera-se, portanto, apenas a interferência no direito de defesa (*Pj*). Com isso, a interferência causada por *M3* torna-se menor (já não é relevante a interferência em *Pk*, que o onerava) porque implica uma interferência leve em *Pj*. Pode ver-se aqui um indicador de que a aplicação desta tese tende a desembocar num resultado único[3293]. Ora, a vinculação a um resultado único é discutível como expressão de uma norma de ação endereçada ao legislador.

Como demonstraremos no momento próprio, no caso de constelações triangulares (e até mais latamente), a metódica que se desenvolve no processo de delimitação dos meios alternativos que não contrariam a proibição do defeito é diferente da defendida por ALEXY. Em termos simplificados, são sucessivamente contrapesadas a intensidade de interferência num direito de defesa e a intensidade de interferência ou de não satisfação do direito à proteção[3294] provocadas por cada meio alternativo. Quando a primeira é superior à segunda ou a segunda é superior à primeira, o meio é desproporcional por violação da proibição do defeito. Quando existe *equilíbrio* (ou "*empate*") entre as duas intensidades de interferência, o meio pode ser adotado, no contexto da liberdade estrutural de conformação de que o legislador goza. A exclusão de *M1* e de *M4* não requer nenhum exercício de comparação com *M2* e *M3*. *M1* e *M4* são excluídos porque as intensidades de interferência nos deveres (de ação ou de abstenção) colidentes são desniveladas.

Se a circunstância de a metódica sugerida, na medida em que envolve seleção de alternatvas e escolhas entre elas, parece indiciar que ALEXY pensa sobretudo (ou exclusivamente) na proporcionalidade bipolar como norma dirigida

---

[3293] Embora ALEXY insista num traço nuclear do seu pensamento: a dogmática da margem de livre conformação do legislador, seja ela a margem de livre conformação estrutural (*strukturelle Spielraum*) ou a margem de livre conformação epistémica (*Erkenntnisspielraum*), cada uma nas suas várias dimensões. V. ALEXY, «Verfassungsrecht und einfaches Recht...», pp. 16 ss.; *A Theory...*, pp. 394 ss., 414 ss.; KLATT/MEISTER, *The Constitutional...*, pp. 105 ss.

[3294] Ou, equivalentemente, a intensidade de satisfação dos direitos de defesa e de proteção colidentes.

O PRINCÍPIO DA PROIBIÇÃO DO EXCESSO

ao legislador, o que vimos acima sobre a dificuldade de conceber como é que o legislador define o ângulo *por que olha para a situação material controvertida* inculca a sensação de que está a pensar em norma de controlo. Com efeito, a diferença de "perspetivas" é concebível sobretudo no contexto de controlo pelo juiz constitucional e não no contexto da ação do legislador. Embora o autor não avance praticamente nada na elucidação dos critérios de definição da perspetiva que deve prevalecer, o critério não pode deixar de ser estritamente processual. O "ponto de vista" ou a "perspetiva" é a definida pelo autor da iniciativa do processo de exame judicial (parte, juiz de reenvio, entidades com poder de iniciativa em sede de fiscalização abstrata): se essa perspetiva for a garantia de uma posição jurídica subjetiva de defesa contra a interferência do Estado, mesmo que esta vise o cumprimento de deveres de proteção, aplica-se a proporcionalidade clássica (que designámos por assimétrica, para se distinguir da nova versão apresentada pelo autor); se a perspetiva for a da proteção de um direito contra interferências de terceiros (ou, mais latamente, contra constrangimentos ao exercício dos seus direitos), aplica-se a proporcionalidade bipolar. Deve convir-se, porém, que fazer depender de uma mera contingência processual a aplicação de dois parâmetros de controlo distintos é teoricamente insatisfatório, mesmo numa perspetiva de norma de controlo. Afigura-se que, estando em causa a colisão de dois deveres constitucionais do legislador e uma mesma situação material controvertida, o controlo do seu cumprimento deve estar invariavelmente sujeito a um único parâmetro, independentemente da perspetiva, do ponto de vista ou do interesse do autor da iniciativa.

Adicionalmente, admitir que o juiz constitucional desenvolve a metódica proposta de comparação e seleção das medidas que são excessivas ou deficitárias é admitir algo que nada tem a ver com um poder juridicional que se circunscreve à deteção de *evidentes* ou *manifestas* situações de violação do defeito ou do excesso. E a *fortiori* a aceitação de que a proibição do defeito como norma de controlo permite que o juiz constitucional imponha um resultado único (como parece resultar do exercício proposto por Alexy) é uma fragilidade relevante. A tese do resultado *único*, judicialmente sindicável e imponível, num contexto em que a constituição não aponta no sentido de uma solução específica, não é plausível nem condiz com a liberdade de conformação do legislador democrático e só alimenta as críticas de sobredeterminação ou de sobreconstitucionalização, bem como os receios de passagem do Estado legislativo parlamentar para um Estado constitucional de adjudicação (BÖCKENFÖRDE) [3295].

[3295] BÖCKENFÖRDE, «Grundrechte als Grundsatznormen», p. 190; ALEXY, «La estructura...», pp. 121-122.

PROIBIÇÃO DO EXCESSO E PROIBIÇÃO DO DEFEITO

2.3.3. Estado atual: maturidade dogmática, ausência de consenso

Os trabalhos doutrinais sobre a proibição do defeito sucedem-se, as divergências sobre aspetos essenciais cavam-se. Uma recensão dos principais trabalhos de fundo da última década é elucidativa.

De seguida sintetizaremos quatro dos contributos mais recentes, que cobrem quase totalmente o espetro de posições doutrinárias concebíveis: desde a abordagem própria da teoria dos princípios (CLÉRICO), até à da posição inspirada no quadro discursivo de SCHLINCK (MATTHIAS MAYER), passando pela tentativa de encontrar um ponto de equilíbrio entre essas duas estratégias (STÖRRING) ou por uma proposta *out of the box* (TZEMOS).

De um ponto de vista mais *micro*, o espetro vai de extremo a extremo: de posições que rejeitam a diferença entre normas de controlo e normas de ação (TZEMOS), até posições de inaplicabilidade da proibição do defeito como norma de controlo (MATTHIAS MAYER), ou de aplicabilidade da proibição do defeito apenas como norma de controlo (STÖRRING); de posições próximas das teses da congruência entre proibição do excesso e proibição do defeito (CLÉRICO, MATTHIAS MAYER), até posições que rejeitam a tese da congruência (TZEMOS, STÖRRING); de posições que traçam para a proibição do defeito objetivos de otimização (CLÉRICO), até posições que visam simplesmente a garantia de um *standard* mínimo de cumprimento (STÖRRING) ou são ambivalentes (TZEMOS); de posições que acentuam os momentos de ponderação (MATTHIAS MAYER, CLÉRICO, STÖRRING), até posições que os menorizam ou rejeitam (TZEMOS); de posições que estruturam a proibição do defeito em três pilares simétricos aos da proibição do excesso (CLÉRICO, MATTHIAS MAYER), a posições que reconhecem a importância de apenas um (STÖRRING) ou praticamente prescindem deles (TZEMOS).

A sensação de fragmentação só se acentua se considerarmos outros trabalhos relevantes como os de PULIDO (2003)[3296], MERTEN (2005)[3297], RASSOW (2005)[3298], KLEIN (2006)[3299], LEE (2007)[3300], CALLIESS (por último, 2007)[3301].

[3296] *El principio de proporcionalidad...*, p. 806.

[3297] «Grundrechtliche Schutzpflichten und Untermaßverbot», *cit.*

[3298] «Zur Konkretisierung des Untermaßverbotes», *cit.*; *idem, Staatliche Schutzpflichten für geistiges Eigentum.*

[3299] «Das Untermaßverbot...», *cit.*

[3300] «Grundrechtsschutz unter Untermaßverbot?», *cit.*

[3301] *Rechtsstaat und Umweltstaat...*, *cit.*; *idem,* «Die grundrechtliche Schutzpflicht...», *cit.*; *idem* «Die Leistungsfähigkeit des Untermaßverbots...», *cit.*

O PRINCÍPIO DA PROIBIÇÃO DO EXCESSO

2.3.3.1. Clérico

Laura Clérico[3302] apresenta uma visão do princípio da proibição do defeito como *instrumento de controlo* – que designa de "proibição por ação insuficiente por omissão ou defeito" – baseada na teoria dos princípios. É aplicável sempre que o Tribunal Constitucional examine a "proporcionalidade em sentido amplo de um direito fundamental na sua função de direito a prestação, seja como direito de proteção, direito social ou direito a organização e funcionamento"[3303].

A sua análise é essencialmente estrutural. Nessa linha, procura demonstrar a aplicação das três regras da proporcionalidade em sentido amplo – idoneidade, necessidade ou meio alternativo mais idóneo e proporcionalidade em sentido estrito –, à proibição do defeito e à proibição do excesso[3304].

Distingue duas situações em que há inadequação: (i) quando as medidas atacadas sejam inidóneas ou defeituosas para alcançar o fim de proteção obrigatório, ou quando fiquem muito aquém do obrigatório; (ii) quando o poder estatal fique totalmente inativo. Em qualquer dos casos aprecia-se uma relação meio--fim[3305]. Contudo, há diferenças em relação à proibição do excesso: na proibição do defeito o fim é imposto ao legislador e o meio pode não estar determinado[3306]. Por outro lado, há uma *dupla* exigência de idoneidade na proibição do defeito, uma vez que o exame da idoneidade se aplica em relação a pelo menos dois fins que, se não coincidirem, são independentes: o fim estatal expresso ou implícito e o fim relacionado com a realização do direito fundamental à prestação[3307]. Todavia, a estrutura básica da regra da idoneidade é a desenvolvida no quadro da proibição do excesso[3308].

O segundo passo é o exame do meio alternativo mais idóneo. O meio atacado é insuficiente ou defeituoso se a insuficiência ou defeito pudessem ter

---

[3302] Inicialmente em tese académica publicada em 2001 (*Die Struktur der Verhältnismässigkeit...*, *cit.*) e 2009 (*El examen de proporcionalidad en el derecho constitucional*, pp. 319 ss.). Depois em outros escritos: «Verhältnismässigkeitsgebot und Untermaßverbot», *cit.*; «Das Untermaßverbot und die Alternativitätsthese...», *cit.*; «Proporcionalidad, prohibición de insuficiencia...», *cit.*

[3303] «Proporcionalidad, prohibición de insuficiencia...», p. 171. Trata-se, porém, do exame da proporcionalidade em sentido amplo do *comportamento* do Estado e não do direito fundamental em si.

[3304] *Idem*, pp. 172 ss. Na linha de Alexy, como se viu oportunamente, a autora entende que as componentes da proporcionalidade têm estrutura de regras.

[3305] «Proporcionalidad, prohibición de insuficiencia...», pp. 175 ss. No mesmo sentido, por exemplo, Merten, «Grundrechtliche...», p. 242; Merten, «Verhältnismässigkeitsgrundsatz», nº marginal 87. Como vimos, esta tese contraria a posição de Dietlein.

[3306] «Proporcionalidad, prohibición de insuficiencia...», pp. 177 ss.

[3307] *Idem*, p. 178.

[3308] *Idem*, p. 181.

PROIBIÇÃO DO EXCESSO E PROIBIÇÃO DO DEFEITO

sido evitados através da implementação de um meio alternativo mais idóneo. Trata-se, portanto, de examinar se há um meio alternativo que fomente o direito à prestação em maior medida que o meio atacado, mantendo embora um grau de lesividade dos direitos conflituantes idêntico ou menor[3309]. Há uma diferença relevante entre o teste da necessidade da proibição do excesso e o teste do meio alternativo mais idóneo da proibição do defeito, residente no seu primeiro passo: o teste da necessidade impõe a comprovação da *igual* idoneidade; o teste do meio alternativo mais idóneo examina se há um meio alternativo *mais* idóneo[3310].

Quanto ao exame da proporcionalidade em sentido estrito, pergunta-se, tal como na proibição do excesso, pela relação entre a intensidade da restrição ao direito à prestação e os argumentos que falam a favor do peso e importância do direito ou bem coletivo colidente[3311]. Não há diferenças substanciais entre o teste da proibição do excesso e o teste da proibição do defeito.

Sobre a intensidade do controlo dos vários segmentos da proibição do defeito, notando que a jurisprudência do Tribunal Constitucional alemão se orienta por um critério de evidência[3312], assume uma posição crítica em relação a isso, defendendo que deveria ser considerada a intensidade da restrição do direito, justificando-se por vezes um controlo intermédio (de plausibilidade) ou mais intensivo[3313].

2.3.3.2. *Tzemos*

O desenvolvimento de Tzemos é o que mais se afasta das linhas argumentativas mais difundidas. O autor identifica quatro conceções concorrenciais com relevo para a resolução de colisões de direitos: (ii) o princípio da proporcionalidade clássico; (ii) a versão maximalista do princípio da proporcionalidade, alargada através da teoria da congruência; (iii) a distinção entre a clássica proibição do excesso e a proibição do defeito, com a concomitante tese do *Korridor*; (iv) a sua tese da proibição jus-fundamental do defeito em sentido lato[3314].

O clássico princípio da proibição do excesso ou da proporcionalidade e a proibição jusfundamental do defeito são, portanto, instrumentos diferentes, dependendo as suas relações dos específicos contornos atribuídos a cada uma

---

[3309] *Idem*, p. 188.
[3310] *Idem*.
[3311] *Idem*, p. 199.
[3312] *Idem*, pp. 182 ss., 190 ss. Esta indicação não é unânime entre os autores.
[3313] *Idem*, pp. 184, 191, 202.
[3314] Tzemos, *Das Untermaßverbot*, pp. 84 ss.

O PRINCÍPIO DA PROIBIÇÃO DO EXCESSO

delas[3315]. A questão essencial não é se as duas proibições coincidem, mas sim quais os exatos contornos de cada uma delas, disso dependendo a resposta[3316].

A construção assenta em algumas asserções básicas: (i) a distinção entre normas de ação e normas de controlo não é sustentável[3317]; (ii) os direitos fundamentais nem são princípios que se materializam através da realização ou otimização das possibilidades fáticas[3318], nem são pretensões a proteção mínima coberta pela garantia do conteúdo essencial ou pela garantia da dignidade humana; (iii) a violação da garantia do conteúdo essencial de um direito significa sempre uma violação da proibição jusfundamental do defeito; (iv) para a solução de uma colisão de direitos, os limites constitucionalmente estabelecidos dos direitos colidentes jogam um papel decisivo; (v) a proibição do defeito não é concretizável através de uma estrutura tripartida semelhante ao exame da proporcionalidade, uma vez que a necessidade e a proporcionalidade e.s.e. não são compatíveis por motivos dogmáticos e a adequação na prática nada adianta[3319].

Entre os traços de maior originalidade, contam-se (i) o alargamento do sentido garantístico da proibição do defeito à função de defesa dos direitos e (ii) a configuração de duas modalidades de proibição do defeito.

O autor propõe uma conceção lata da proibição jusfundamental do defeito. O respetivo âmbito de aplicação cobre todas as funções dos direitos fundamentais: de defesa, de proteção e de prestação[3320]. O exame da proibição do defeito é executado independentemente de a norma de direito fundamental se aplicar num caso como garantia institucional, garantia de procedimento, obrigação de prestação, obrigação de promoção, obrigação de proteção ou obrigação de não interferência. Não se trata, portanto, de uma simples decorrência dos deveres fundamentais de proteção[3321]. Registe-se, designadamente, a proposta inovatória de aplicação da proibição do defeito também a situações de omissão ou de cumprimento imperfeito do *dever de não interferência* em direitos de defesa[3322], onde a doutrina dominante apenas vê a aplicação da proibição do excesso.

[3315] *Idem*, p. 195, *passim*.

[3316] *Idem*, p. 82, *passim*. Todavia, a tese da congruência não pode ser rejeitada ou aceite no seu todo. A coincidência ou a diferença entre as duas proibições depende de como forem compreendidas e concretizadas (*ob. cit.*, p. 83).

[3317] *Idem*, p. 194.

[3318] *Idem*, p. 179: os direitos fundamentais, em todas as suas funções, não são princípios, mas sim regras.

[3319] *Idem*, p. 132.

[3320] *Idem*, pp. 159 ss.

[3321] *Idem*, pp. 196-197.

[3322] *Idem*, pp. 34, 162 ss., especialmente 165.

PROIBIÇÃO DO EXCESSO E PROIBIÇÃO DO DEFEITO

Também original é a distinção entre proibição jusfundamental do defeito em sentido estrito e em sentido amplo[3323].

A proibição jus-fundamental do defeito em *sentido estrito* descreve-se como uma proibição de promoção defeituosa ou insuficiente de um dever fundamental de ação ou de um dever de não intervenção. Em causa está a eventual violação ou perturbação de *um único direito* fundamental. Um agir ou omitir estatal infringe a proibição jus-fundamental do defeito em sentido estrito quando, em primeiro lugar, o conteúdo essencial de um direito fundamental for violado num caso concreto e, em segundo lugar, o âmbito de proteção do direito relevante for no caso concreto objeto de uma interferência injustificada. Saber se a interferência é justificada é decidido com base nos limites de cada direito em particular[3324]. Quando está em causa a fiscalização da realização de um dever fundamental de ação, após o apuramento de que a medida em exame viola a proibição jus-fundamental do defeito é adicionalmente examinado se existe outra medida estatal cuja adoção possa corresponder ao dever de fundamental de ação sem violação da proibição do defeito[3325].

A proibição jusfundamental do defeito em *sentido amplo* consiste na proibição de uma ação defeituosa numa situação de *colisão de direitos fundamentais*[3326]. Quando no caso concreto forem relevantes várias normas jusfundamentais, a proibição jusfundamental do defeito em sentido estrito não é decisiva na resolução final do caso. Nestes casos há que efetuar a fiscalização da proibição jusfundamental do defeito em sentido amplo. Esta consiste numa fiscalização multipolar da constitucionalidade, examinando-se situações de proteção através da interferência, isto é, medidas de proteção estatal na perspetiva tanto do dever de proteção como do direito de defesa[3327]. Como as normas de direitos não são princípios, mas sim regras, não se realizam operações de ponderação típicas da proporcionalidade clássica, mas sim duas ou mais operações de subsunção de todas as regras relevantes, incluindo os limites próprios de cada direito[3328]. A proibição do defeito em sentido amplo é uma soma de proibições jusfundamentais do defeito em sentido estrito. A proibição do defeito em sentido amplo concretiza as exigências da concordância prática e do melhor compromisso possível[3329].

[3323] *Idem*, p. 45, *passim*.
[3324] *Idem*, pp. 54, 197.
[3325] *Idem*, p. 197.
[3326] *Idem*, p. 45, *passim*.
[3327] *Idem*, p. 198.
[3328] *Idem*, p. 179.
[3329] *Idem*, p. 178.

2.3.3.3. *Matthias Mayer*

A construção do autor, claramente inspirada nas linhas fundamentais do pensamento de SCHLINK, centra-se nas constelações triangulares. Um dos pressupostos teóricos da sua construção é a adesão à diferenciação entre normas de ação e normas de controlo como modo de tradução e materialização das diferenças funcionais entre legislador e juiz constitucional. Essas diferenças podem implicar que entre a norma de ação e a norma de controlo haja uma discrepância: o parâmetro do controlo jurisdicional das ações do legislador pode ficar aquém do parâmetro constitucional que enquadra os atos do legislador. Isto é, o legislador pode estar obrigado pela constituição a mais do que aquilo que pode ser controlado pelo juiz constitucional[3330].

Proibição do excesso e proibição do defeito são duas componentes da proporcionalidade: a primeira, associada à perspetiva da função de defesa; a segunda, à perspetiva da função de proteção dos direitos fundamentais. Estas duas funções são simétricas. Nas constelações triangulares o legislador não as pode considerar isoladamente, deve encará-las como um todo. Isso implica a aplicação articulada das duas componentes da proporcionalidade[3331].

Nos casos em que conflituem, daí decorrendo deveres colidentes do legislador e pretensões subjetivas colidentes dos particulares, as pretensões de defesa e as pretensões de proteção têm peso e significado equivalentes. As teses da assimetria favorável às posições subjetivas decorrentes dos direitos de defesa são recusadas[3332].

Como norma de ação, o princípio da proporcionalidade decorre da vinculação do legislador aos direitos fundamentais, em todas as suas funções, isto é, quer na função de defesa, quer na função de proteção[3333]. Aquela configura-se como *garantia mínima* da vinculação do legislador aos direitos fundamentais[3334]. O conceito *lerchiano* de constituição dirigente é recuperado, sendo a moderna proporcionalidade um dos seus pilares: como diretiva de ação dirigida ao legislador, nos casos de colisão de direitos de defesa e de proteção, assiste-o na resolução equilibrada dessas colisões, atendendo às várias posições em causa[3335]. Nessa perspetiva, a proporcionalidade é uma diretiva de ação com vista a uma boa política constitucional (*"gute Verfassungspolitik"*) do legislador no que toca ao solucionamento de situações de conflitos entre direitos[3336].

[3330] MATTHIAS MAYER, *Untermaß, Übermaß...*, p. 157.

[3331] *Idem*, p. 81.

[3332] *Idem*, p. 152.

[3333] *Idem*, pp. 161 ss.

[3334] *Idem*, p. 162.

[3335] *Idem*, p. 156.

[3336] *Idem*.

PROIBIÇÃO DO EXCESSO E PROIBIÇÃO DO DEFEITO

A proporcionalidade só poderia funcionar sem diferenças como norma de ação e como norma de controlo se os padrões que dela decorressem estivessem suficientemente densificados pela própria constituição[3337]. Apenas na medida em que os padrões da proporcionalidade como norma de ação dirigida ao legislador estivessem materialmente determinados na constituição e deles decorressem concretas exigências diretamente imputáveis à constituição, se poderia conceber a proporcionalidade também como norma de controlo oponível ao legislador pelo juiz constitucional[3338]. Uma posição sobre isso requer uma análise dos passos das duas componentes da proporcionalidade.

Proibição do excesso e proibição do defeito têm uma estrutura tripartida simétrica: adequação, necessidade e proporcionalidade e.s.e. na primeira; eficiência, suficiência e proporcional e.s.e. na segunda[3339].

A aplicação do primeiro teste – adequação/eficiência – assenta na imposição dos critérios ou padrões da mínima eficiência dos meios escolhidos para atingir o fim da medida e da rejeição das medidas que sejam totalmente inadequadas. Quanto a este teste, não há objeção ao controlo do juiz constitucional: na medida em que assenta essencialmente em apreciações e avaliações de facto, é funcionalmente enquadrável nas funções daquele[3340]. Trata-se de verificar se o legislador procedeu à cuidadosa determinação dos factos e se as avaliações empíricas por ele feitas são judiciosas. Controla-se se o legislador mantém uma observação permanente da evolução do cumprimento dos deveres de proteção e se se formou, algures no tempo, um dever de revisão das medidas vigentes.

Já quando aos demais dois segmentos, necessidade/suficiência das medidas e proporcionalidade e.s.e., a situação é substancialmente diversa.

Por um lado, a determinação da medida mínima de proteção e da medida máxima de interferência em direitos de defesa não resulta diretamente da constituição, ou está nos limites da interpretação constitucional[3341]. Por outro lado, a aplicação da necessidade/suficiência impõe opções valorativas: a determinação da medida máxima de interferência e da medida mínima de proteção autorizadas só pode ser feita com recurso a valorações[3342].

Valorações são também centrais no terceiro passo, da proporcionalidade e.s.e. Esta consiste em ponderação das posições jurídicas subjetivas envolvidas, na perspetiva da proteção e na perspetiva da abstenção de interferências em

---

[3337] Idem.
[3338] Idem, p. 163.
[3339] Idem, pp. 153 ss.
[3340] Idem, pp. 164 ss.
[3341] Idem, p. 166.
[3342] Idem, p. 167.

O PRINCÍPIO DA PROIBIÇÃO DO EXCESSO

direitos de defesa, e ponderação é valoração (*Abwägung ist Wertung*)[3343]. A questão está em saber se a constituição estabelece padrões vinculativos para estas valorações que possam ser opostas pelo juiz constitucional ao legislador. O autor entende que não. Por isso, em casos de colisões de posições jurídicas subjetivas que o legislador deva resolver, as valorações e ponderações que tiver de realizar não são mera concretização da constituição, mas sim exercício da vontade[3344]. O Tribunal não está autorizado a colocar em causa esse exercício da vontade do legislador, uma vez que não está autorizado a definir uma ordem de valores, no sentido de uma ordenação valorativa dos bens jurídicos, alternativa à do legislador, vinculativa e constitucionalmente oponível a este[3345]. Não estando a ponderação entre diferentes direitos vertida na constituição, as valorações necessárias cabem ao legislador como órgão representativo-cognitivo de uma sociedade democrática. O necessário compromisso ou equilíbrio (*Ausgleich*) entre direito de defesa e dever de proteção deve ser realizado pelo legislador, que recebe da constituição a competência para o fazer.

Em conclusão, o princípio da proporcionalidade (nas suas duas vertentes, de proibição do excesso e do defeito) não pode funcionar como norma de controlo, uma vez que o juiz constitucional não está autorizado a realizar as valorações e ponderações exigidas por alguns dos seus passos[3346].

Mas o facto de o princípio da proporcionalidade não poder servir de padrão de controlo judicial da legislação não quer dizer que não exista nenhum controlo judicial da posição mínima de um direito fundamental oponível ao legislador. Essa garantia mínima é assegurada através da norma de controlo resultante da garantia do conteúdo essencial dos direitos[3347].

2.3.3.4. *Störring*

Partindo da plataforma da teoria dos princípios (*Prinzipientheorie*)[3348], STÖR-RING considera que a proibição do defeito é genuinamente um instrumento cuja aplicação requer operações de ponderação[3349]. Contudo, diferentemente das versões mais difundidas da teoria dos princípios, não sustenta que aquela ponderação vise a otimização (no sentido de maximização) dos direitos, ou a procura da uma única decisão certa, correspondente à melhor solução possí-

---

[3343] *Idem*, p. 168.
[3344] *Idem*, pp. 167 ss.
[3345] *Idem*, p. 168.
[3346] *Idem*, pp. 143, 175.
[3347] *Idem*, pp. 175 ss.
[3348] *Idem*, pp. 170 ss., 235.
[3349] *Idem*, pp. 167 ss., 235.

vel[3350]. A proibição do defeito é um mecanismo que visa assegurar um limiar mínimo de proteção dos direitos fundamentais[3351].

A proibição do defeito aplica-se em situações de omissão do Estado quando este tem deveres de agir decorrentes: (i) da dimensão jurídico-objetiva dos direitos fundamentais, funcionando a proibição do defeito como garantia do preenchimento da medida mínima tutelável da obrigação de proteção e concomitante satisfação de direitos subjetivos à proteção[3352]; (ii) dos direitos a prestações sociais; (iii) de fins públicos com um núcleo sindicável[3353]. No último caso trata-se de proibição do defeito não jus-fundamental[3354].

São rejeitadas a tese da desnecessidade de distinguir entre a proibição do defeito e o conceito dogmático dos deveres de proteção do Estado[3355] e a tese da congruência ou da coincidência entre proibição do excesso e proibição do defeito. É também afastada a tese de que a proibição do defeito é assegurada através da aplicação dos segmentos da necessidade e da proporcionalidade e.s.e. da proibição do excesso[3356]. Na linha de CANARIS, ISENSEE, DIETLEIN e outros, a proibição do excesso só responde à questão de saber se o legislador prosseguiu o fim (designadamente da proteção perante terceiros) com meios proporcionais e não se os meios escolhidos são (os) *comandados* pela constituição[3357]. Entre as duas proibições (*Korridor*[3358]) persiste uma relevante liberdade de conformação do legislador, que este exerce sem sujeição ao controlo do Tribunal Constitucional[3359]. Aliás, a dogmática da proibição do defeito (tal como a da proibição do excesso) não pode deixar de compreender uma dogmática da liberdade de conformação do legislador[3360], a qual é o fator decisivo para a definição da amplitude do *Korridor*[3361].

A colisão entre as duas proibições não seria possível, uma vez que, num caso a decidir, ou predomina o aspeto da proteção ou o aspeto da defesa. Por isso é

[3350] *Idem*, pp. 185 ss.

[3351] *Idem*, pp. 41 ss., 235.

[3352] Incidentalmente, o autor pronuncia-se também pela aplicação em situações de proteção face a ameaças naturais: STÖRRING, *Das Untermaßverbot...*, p. 44.

[3353] A derivação de direitos subjetivos dos deveres de proteção é aceite pela maioria da doutrina e pelo *BVerfG*: STÖRRING, *Das Untermaßverbot...*, p. 232. V., porém, a discussão *infra*, 3.5.1.2.1.

[3354] *Idem*, pp. 232, 237.

[3355] *Idem*, p. 234.

[3356] *Idem*, pp. 127 ss.

[3357] *Idem*, p. 233.

[3358] *Idem*, p. 132.

[3359] *Idem*, p. 233.

[3360] *Idem*, pp. 180 ss., 235.

[3361] *Idem*, p. 181.

O PRINCÍPIO DA PROIBIÇÃO DO EXCESSO

impossível uma violação simultânea da proibição do excesso e da proibição do defeito[3362].

Tal como MAYER, assume a distinção entre normas de ação e normas de controlo. Mas, em sentido diametralmente oposto, sustenta que a proibição do defeito é exclusivamente uma norma de controlo[3363]. Por isso, o conteúdo garantístico da proibição do defeito é essencialmente definido através da extensão ou da densidade de controlo atribuída ao (ou assumida pelo) Tribunal Constitucional no que toca às questões com base empírica. A apreciação não se deve reduzir a um mero controlo de evidência, deferente para com o legislador (*Evidenzkontrolle*), mas também não deve chegar a um controlo material intensivo (*Intensivierte inhaltliche Kontrolle*). Por isso é proposta a aplicabilidade uniforme e constante (não variável ou deslizante consoante as circunstâncias[3364]) do padrão da defensabilidade (ou, mais rigorosamente, da indefensabilidade, *Unvertretbarkeitskontrolle*)[3365].

Também diferentemente do defendido por outra parte da doutrina, a proibição do defeito e a proibição do excesso não são simétricas no que toca à força do conteúdo garantístico[3366]. O princípio democrático, mas também a visão de uma ordenação liberal da sociedade, determinam uma força garantística menor da proibição do defeito[3367]. Em consequência, a liberdade de conformação do legislador é maior no contexto da proibição do defeito do que na proibição do excesso[3368].

Quanto à estrutura, o autor afasta-se da tese dos três passos equivalentes aos da proibição do excesso[3369]. O exame da adequação e da eficiência (ou necessidade) não tem nenhuma utilidade. Para a determinação e tutela do *standard* mínimo de proteção – aquele que é tutelado através da proibição do defeito[3370], basta a proporcionalidade em sentido estrito, ou seja, uma pura operação de ponderação. Estruturalmente, a proibição do defeito compõe-se simplesmente de uma operação de ponderação[3371]. Cruzando esta vertente com o controlo de defensabilidade, há lesão do princípio da proibição do defeito quando os interesses de proteção suplantam consideravelmente os fundamentos para a

---

[3362] *Idem*, pp. 131 ss. e 233-234.
[3363] *Idem*, pp. 140 ss., 234.
[3364] *Idem*, pp. 212 ss., 237.
[3365] *Idem*, p. 236.
[3366] *Idem*, p. 161.
[3367] *Idem*, pp. 148 ss.
[3368] *Idem*, pp. 147 ss., 234.
[3369] *Idem*, pp. 206 ss.
[3370] *Idem*, p. 40.
[3371] *Idem*, p. 236.

PROIBIÇÃO DO EXCESSO E PROIBIÇÃO DO DEFEITO

omissão ou abstenção do Estado, ou quando a ponderação realizada assenta em assunções ou prognoses reconhecidamente erróneas[3372]. O juiz constitucional apenas declara, se for o caso, a infração da proibição do defeito, sem indicar qualquer medida concreta a que o legislador fica obrigado[3373].

3. Posição adotada

3.1. Em geral

Como o estudo dos autores de referência evidenciou, os primeiros passos da proibição do defeito foram dados ao ritmo da confrontação entre duas teses[3374]. Por facilidade de identificação – embora talvez com prejuízo do rigor pleno –, identificá-las-emos com recurso a duas expressões já conhecidas, usadas nesse debate: a tese da banda ou da margem de liberdade (ou do *Korridor*[3375]), subscrita por CANARIS, JARASS, ISENSEE, DIETLEIN, CALLIESS e outros, e a tese da congruência (*Kongruenzthese*), defendida por autores como HAIN, STARCK, UNRUH, STERN, ERICHSEN, SCHULTZE-FIELITZ, MAURER e outros.

Simplificando na medida do possível, de acordo com a primeira, o legislador está apenas obrigado a cumprir o dever de proteção pelo mínimo. Só o incumprimento desse mínimo é suscetível de violar a proibição do defeito. Mas pode ir além dele, cumprindo mais do que aquilo que é exigido. Nessas circunstâncias, pode ou não violar o princípio da proibição do excesso. Não é forçoso que viole. Se viola ou não, depende de ponderação. Consequentemente, entre a proibição do defeito e a proibição do excesso há uma margem de liberdade do legislador.

Nos termos da segunda, não há diferencial entre cumprimento mínimo e cumprimento acima do mínimo ou máximo. O legislador pode e deve praticar exatamente o que determina o dever de proteção: se ficar abaixo disso, contra-

---

[3372] *Idem*, p. 237.

[3373] *Idem*.

[3374] Deixando em segundo plano, por um momento, as construções que contestam as próprias fundações das correntes centrais, designadamente a relevância ou centralidade do esquema *Schutz durch Eingriff* (sobre este esquema, WAHL/MASING, «Schutz durch Eingriff», *cit.*). Por exemplo, GELLERMANN, *Grundrechte im einfachgesetzlichen...*, pp. 344-345, recusa as compreensões de dicotomia entre direitos fundamentais como direitos de defesa e direitos à proteção e critica a visão clássica da proporcionalidade aplicável à restrição dos direitos de defesa e da proibição do defeito aplicável ao cumprimento dos deveres de proteção. O Estado *não restringe*, antes *dirige*, as relações entre particulares, cumprindo a sua obrigação de direção, atualizando os vínculos entre eles, já configurados jusfundamentalmente mas carentes de desenvolvimentos mais próximos.

[3375] Embora tenha de se advertir que este conceito, merecendo a adesão de numerosos autores, está longe de ser claro e pode assumir significado e alcance distintos de autor para autor: v., entre muitos, CANARIS, «Verstöße gegen das verfassungsrechtliche Übermaßverbot...», pp. 163 ss.; CALLIESS, «Die Leistungsfähigkeit des Untermaßverbots...», p. 216.

O PRINCÍPIO DA PROIBIÇÃO DO EXCESSO

ria a proibição do defeito; se for além disso, contraria a proibição do excesso. Se praticar exatamente o que o dever determina, que é o que a proibição do excesso também consente, respeita em simultâneo as duas proibições[3376]. O limiar máximo da proibição do excesso coincide com o limiar mínimo da proibição do defeito: uma vez que o Estado só pode restringir os direitos de terceiros perturbadores na medida em que seja necessário para proteger os bens jurídicos ameaçados, as duas proibições coincidem[3377]. Noutros termos, todas as alternativas não excluídas pela proibição do excesso são imperativas à luz da proibição do defeito e todas as alternativas não exigidas pela proibição do defeito são desconformes com a proibição do excesso. Não é concebível um *Korridor* ou espaço de liberdade do legislador que permita que uma medida fique simultaneamente abaixo do limiar da proibição do excesso e acima do limiar da proibição do defeito, pelo que a margem de conformação é, à partida, limitada ou inexistente.

Todavia, a aparentemente inconciliável oposição foi-se esbatendo, notando-se uma tendência para alguma confluência na direção de posições mais matizadas.

Por um lado, há um consenso sobre a observação de que a tese da congruência, a fazer sentido, só o faria nas situações de constelações triangulares ou assimiláveis. DIETLEIN assinalou inicialmente que quando o cumprimento de deveres do legislador, designadamente de proteção, não implica interferências em direitos de defesa (não convocando, portanto, uma ideia de contenção do excesso), a tese da congruência não é viável[3378]. Por isso, quem admite o valor teórico das teses da congruência tende a restringir o seu alcance às situações de constelações triangulares[3379]. Por outro lado, apesar de o tema continuar a ser basicamente ignorado pela doutrina anglo-saxónica ou afim que, sem discussão aparente, aplica o teste da proporcionalidade a situações em que uma das posições colidentes é um dever de ação do legislador[3380], a autonomia da proibição

---

[3376] Esta articulação inevitável entre as duas proibições poderia até justificar que se mudasse a designação do princípio da proporcionalidade para *princípio da proibição do excesso e do defeito*: cfr. WOLFGANG HOFFMANN-RIEM, «Das Grundgesetz – zukunftsfähig?», in *DVBl* (1999), pp. 657 ss. (*apud* TZEMOS, *Das Untermaßverbot*).

[3377] V. HARTMUT MAURER, *Staatsrecht*, 2ª ed., Beck, München, 2001, p. 236.

[3378] DIETLEIN, «Das Untermaßverbot», p. 135; também, CALLIESS, «Die Leistungsfähigkeit des Untermaßverbots...», p. 212.

[3379] V., por exemplo, LEE, «Grundrechtsschutz...», p. 309.

[3380] Cfr., por todos, BARAK, *Proportionality...*, pp. 422 ss. Em alguns trechos, o autor enuncia – sem desenvolver nem justificar – um modelo que se poderia designar por proporcionalidade dupla ou de via dupla: "as regras da proporcionalidade devem examinar primeiro se a limitação da liberdade de expressão é proporcional em relação à proteção conferida ao direito à privacidade e examinar depois se a proteção da boa reputação é proporcional em relação à limitação imposta ao direito à liberdade de expressão" (p. 538).

PROIBIÇÃO DO EXCESSO E PROIBIÇÃO DO DEFEITO

do defeito tem vindo a afirmar-se. Sem embargo, não deixa de se aceitar que os adeptos das teorias da congruência têm razão quando sublinham a necessidade de articulação entre o sentido normativo das duas proibições pelo menos no caso das constelações triangulares[3381]. Assim, muitas das numerosas tentativas de matização acabam por parecer próximas da tese da congruência, como é o caso das que consideram a proibição do defeito e a proibição do excesso dois "aspetos"[3382], duas versões[3383], duas vertentes[3384] ou duas dimensões[3385] da proporcionalidade em sentido amplo ou parte do comando geral de proporcionalidade[3386] ou das que constroem a proibição do defeito como uma versão invertida da proibição do excesso[3387].

[3381] V., por exemplo, CALLIESS, *Rechtsstaat...*, pp. 445 ss., *passim*; *idem*, «Die Leistungsfähigkeit des Untermaßverbots...», pp. 213, 216 (concluindo que "no que se refere ao terceiro patamar do controlo da proporcionalidade, os padrões das proibições do defeito e do excesso são na realidade idênticos", tal como os defensores das teses da congruência sustentam).

[3382] V. ALEXY, «Sobre la estructura...», p. 129; «On Constitutional Rights...», p. 11; no mesmo sentido, KLATT/MEISTER, *The Constitutional...*, p. 97.

[3383] PULIDO, *El principio...*, p. 807.

[3384] MIRANDA/MEDEIROS, *Constituição...*, tomo I, 2ª ed., p. 344.

[3385] BOROWSKI, *Grundrechte als Prinzipien*, 2ª ed., pp. 184-185.

[3386] CLÉRICO, «Proporcionalidad, prohibición de insuficiencia...», p.170.

[3387] Cfr. SCHWABE, *Probleme...*, pp. 211 ss.; MURSWIEK, *Die staatliche...*, pp. 88 ss.; RASSOW, «Zur Konkretisierung des Untermaßverbotes», pp. 273 ss. Trata-se da tese minoritária que visa, designadamente, viabilizar a submissão à proporcionalidade clássica das omissões totais de atos de cumprimento de deveres de proteção. O esquema argumentativo é o seguinte: a omissão do legislador de cumprimento de um dever de proteção é convertível num ato positivo de permissão (ou não proibição) da realização da liberdade pelo perturbador/agressor (v. uma manifestação, na doutrina nacional, em MIRANDA/JORGE P. SILVA, «Anotação ao artigo 18º», in Miranda/Medeiros, *Constituição...*, I, 2ª ed., p. 351). A restrição da liberdade dos particulares carentes de proteção que daí decorre é imputável à ficção de "ato positivo" do legislador, o qual é sujeito ao princípio da proporcionalidade entendido como proibição do excesso. Do contrapeso dos benefícios, em termos de realização da liberdade do agressor e dos sacrifícios dos bens, interesses e valores não protegidos, pode resultar a ilicitude daquele comportamento do legislador. RASSOW, «Zur Konkretisierung des Untermaßverbotes», pp. 271 ss., reconstrói essa tese para sustentar uma atraente estratégia de *inversão da proibição do excesso* (*Umkehrung des Übermaßverbotes*) como modo de definir o objeto e a estrutura da proibição do defeito. Essa estratégia de inversão traduz-se em que, enquanto na proibição do excesso o objeto é um ato positivo que intervém em direitos com vista à prossecução de certos fins, na proibição do defeito o objeto é um ato negativo – a omissão total ou parcial do cumprimento do dever de proteção pelo legislador – que visa a possibilitação da materialização ou realização da liberdade pelo eventual perturbador de direitos de terceiros, com prejuízo destes. Em termos estruturais, isto tem as seguintes consequências: o fim (realização da liberdade do eventual perturbador) tem de ser considerado sempre legítimo (*ob. cit.*, p. 273); o exame *invertido* da adequação visa verificar se a omissão total ou a omissão de medidas mais intensas de proteção da vítima (omissão parcial) proporcionam a realização da liberdade do perturbador, sendo a resposta evidentemente sempre positiva, pelo que o critério da adequação

O PRINCÍPIO DA PROIBIÇÃO DO EXCESSO

nada adiantaria, sendo por isso fútil (*ob. cit.*, p. 274); o exame adaptado da necessidade (ou efetividade) destina-se a aferir se há alguma medida alternativa à omissão total ou parcial que, permitindo a realização da liberdade do eventual perturbador em igual medida, reduza a intensidade de interferência nos direitos de terceiros (*ob. cit*, pp. 274-275); o exame da proporcionalidade e.s.e. destina-se a ponderar se as interferências causadas pelas atuações de particulares permitidas através da omissão pelo legislador das medidas de proteção são desproporcionadas em relação ao fim prosseguido com a omissão, isto é, a materialização da liberdade do perturbador. Da ponderação das posições colidentes não pode resultar um predomínio de qualquer das posições colidentes (*ob. cit.*, p. 275). Apesar da elegância intelectual das teses da inversão da estrutura da proibição do excesso e do tratamento unitário das omissões totais e parciais que elas possibilitam (vantagem sublinhada por RASSOW, *ob. cit.*, p. 272), existem objeções que afetam alguns dos seus alicerces. Primeiro, o excessivo pendor a favor de uma "ideologia" dos direitos de defesa. Quando se sustenta que o fim que preside à aplicação da proibição do defeito é primordialmente o fim da realização da liberdade do perturbador/agressor, não apenas se abre a porta à inversão estrutural da proibição do excesso, como se inverte a própria *ratio* da proibição do defeito. A *ratio* da proibição do excesso é *limitar* a atividade do legislador de forma a preservar a liberdade individual. O sentido teleológico da proibição do defeito é *fomentar* ou *comandar* a atividade do legislador, de modo a preservar ou melhorar o equilíbrio (a „partilha") global de liberdade entre os indivíduos. Com a proibição do excesso, a liberdade é defendida *da* lei; com a proibição do defeito, a liberdade é aumentada/distribuída *através* da lei. Por isso, sustentar que quando se apreciam as omissões totais ou parciais de prática de atos de proteção, à luz da proibição do defeito, o fim referencial é a realização da liberdade do agressor/perturbador através dessas omissões, parece deslocar-se indevidamente o centro de gravidade, que deve ser, antes, o fim da *distribuição equilibrada ou ótima* de liberdade entre os indivíduos. Em segundo lugar, as teses da inversão afastam a possibilidade de aplicação da proibição do defeito em situações em que não esteja em causa a possível limitação de direitos de defesa motivada pela emissão de medidas de proteção, isto é, em que não estejam em causa constelações triangulares (excluindo expressamente essa aplicação, RASSOW, *ob. cit.*, p. 280). Ora, não se vislumbra nenhuma razão dogmática, a não ser a de dar sustentação à tese da inversão (que assenta parte essencial do seu poder explicativo na ideia de que o fim das omissões é o fim da realização da liberdade do perturbador titular do direito de defesa), que justifique a exclusão da aplicabilidade daquele instrumento em situações em que há outro tipo de colisões que não as que opõem deveres do Estado de proteção e de abstenção. Mesmo que se admita que a proibição do defeito não pode ser "pau para toda a obra", nada justifica que não se recorra à proibição do defeito como instrumento mediador em outras situações de colisão, como aquelas em que ao dever do Estado de proteção de direitos fundamentais de defesa ou de materalização de direitos fundamentais sociais se opõem outros deveres (por exemplo, de manutenção do equilíbrio orçamental) ou outros fins legítimos constitucionalmente permitidos. Finalmente, são *parcialmente* pertinentes as objeções aduzidas por BOROWSKI, *Grundrechte...*, 2ª ed., pp. 193-194, designadamente a que se refere à estrutura do segmento da necessidade. O autor nota que a tese da inversão implica que qualquer omissão seja sempre considerada necessária. Qualquer medida alternativa a uma omissão é sempre uma ação positiva de prossecução do direito à proteção que interfere acrescidamente no direito de defesa. Por isso, nunca poderia haver uma alternativa menos interferente no direito de defesa do que a omissão. As omissões seriam sempre necessárias; nenhuma omissão poderia ser considerada inválida por violação da necessidade. Como já se referiu anteriormente, esta crítica só atinge o alvo quando a omissão é *total*. Quando a omissão do legislador é apenas

PROIBIÇÃO DO EXCESSO E PROIBIÇÃO DO DEFEITO

A posição que explanamos no desenvolvimento subsequente pressupõe a autonomia das duas proibições e insere-se no espírito de reconhecimento da necessidade de conciliar contributos de várias proveniências e de superação da dicotomia *Korridor/Kongruenzthese*.

A autonomia resulta de a proibição do excesso e a proibição do defeito terem pressupostos de aplicação, âmbito de aplicação, estrutura e objeto, regime jurídico e funções diversas. Por isso, pode afirmar-se que proibição do excesso e proibição do defeito não são partes, elementos, componentes, vertentes ou „aspetos" do princípio *clássico* da proporcionalidade. Quando muito, trata-se de dois princípios que expressam, cada um ao seu nível, a ideia geral de *proporcionalidade* que deve pautar o exercício do poder público. Para traduzir essa ideia, é útil recorrer ao conceito de *princípio moderno da proporcionalidade*, que abarca aqueles dois princípios autónomos (juntamente com a proporcionalidade da lei penal e das penas[3388] e a proporcionalidade equitativa[3389]) e se distingue do "velho" conceito de princípio da proporcionalidade em sentido clássico, coincidente apenas com a proibição do excesso.

A autonomia é mais marcada nas situações em que a colisão que suscita a sua aplicação é entre deveres de ação e permissões de prossecução de bens, interesses ou valores, que, por definição, não são obrigatórias; e é menos nítida nas situações em que há colisão de deveres do legislador com valor ou força abstrata semelhantes (e não apenas nas constelações triangulares). Mas, mesmo nesta segunda modalidade, em que a proibição do defeito incorpora estruturalmente uma componente de proibição do excesso, a autonomia analítico-dogmática entre os princípios da proibição do excesso e da proibição do defeito não é comprometida.

A perspetiva matizada que perfilhamos transparece: (i) na aceitação da autonomia das duas proibições; (ii) na distinção dos âmbitos de aplicação de cada uma delas, assente na diferente estrutura das colisões que requerem a sua observância; (iii) na segmentação dos vários tipos de deveres a que o legislador está contraditoriamente sujeito; (iv) na distinção entre modalidades da proibição do defeito; (v) na aplicação da distinção entre norma de ação e norma de controlo; (vi) nos objetivos traçados ao legislador decorrentes da aplicação da proibição do defeito; (vii) na estrutura da proibição do defeito; (viii) nos termos da sua

---

parcial, é teoricamente possível (embora eventualmente difícil, na prática) identificar *outras omissões* parciais que garantam um mesmo nível de liberdade dos titulares de posições jurídicas subjetivas de defesa e melhorem a posição dos titulares de posições subjetivas jusfundamentais decorrentes de deveres de proteção do Estado.

[3388] V. *infra*, capítulo 22.
[3389] V. *infra*, capítulo 23.

O PRINCÍPIO DA PROIBIÇÃO DO EXCESSO

aplicação como norma de controlo, incluindo a sua estrutura e metódica e a amplitude e intensidade do poder do juíz constitucional.

Organizaremos os números seguintes em torno dos seguintes temas: (i) autonomia entre dever de ação e proibição do defeito; (ii) âmbito de aplicação; (iii) proibição do defeito como norma de ação; (iv) proibição do defeito como norma de controlo.

3.2. Autonomia entre dever de ação e proibição do defeito

Canaris lançou as bases para a separação analítica entre deveres de proteção (ou, mais latamente, de ação) e proibição da insuficiência. Os primeiros reportam-se ao *se* (*Ob-Frage*), a segunda ao *como* (*Wie-Frage*)[3390]. Porém, a questão é controversa[3391].

Indício disso é o próprio debate interno do Tribunal Constitucional português. Dele transparecem divergências sobre a questão de saber se quando se apura defeito no cumprimento de dever de ação a inconstitucionalidade que daí decorre se reconduz à violação do *direito que deveria ser protegido* e não o foi suficientemente (ou o foi apenas defeituosamente) ou à violação autónoma *do princípio da proibição do defeito*[3392]. Aparentemente vence a segunda orientação.

[3390] *Direitos fundamentais...*, p. 114. V., também, Starck, *Praxis...*, pp. 79 ss.; Calliess, «Die Leistungsfähigkeit des Untermaßverbots...», p. 212.

[3391] Recorde-se a madrugadora contestação de Hain, «Der Gesetzgeber in der Klemme...», pp. 982-983, ou, mais recentemente, Gellermann, *Grundrechte im einfachgesetzlichen...*, pp. 347 ss., defendendo a *inutilidade* da proibição do defeito como figura autónoma em relação ao comando constitucional que impõe o dever de ação.

[3392] O tema é lançado na declaração de voto de Lúcia Amaral no acórdão nº 166/10, que ela própria relatou: "Considerei (...) que se encontrava primacialmente no nº 1 do artigo 62º da CRP o parâmetro constitucional que, no caso, fora violado.

Partindo do princípio segundo o qual *o direito do credor à satisfação do seu crédito* se inclui ainda no âmbito de protecção da norma constitucional relativa à tutela da propriedade ou do património privado, conclui que os deveres de organização e de procedimento, impendentes sobre o legislador ordinário que, nesta situação, se mostravam *deficitária* ou *insuficientemente* cumpridos, decorriam antes do mais de posições jusfundamentais tuteladas (nos termos definidos pelo ponto 11 do Acórdão) no nº 1 do artigo 62º da CRP.

É certo que a sede última dos deveres do legislador de instituir procedimentos justos e adequados à realização do Direito e à garantia do exercício efectivo dos direitos se encontra no princípio do Estado de direito, consagrado no artigo 2º da CRP. E certo é, também, que deste mesmo princípio decorre, em última análise, o imperativo constitucional da proibição da *insuficiência* ou do *deficit* de protecção. No entanto, tal não significa, a meu ver, que o princípio do artigo 2º possua, nesta situação, um alcance prescritivo tal que lhe permita ser o parâmetro único fundador do juízo de inconstitucionalidade. Entendo antes que ele é apenas o auxiliar hermenêutico que permite ao juiz constitucional censurar a decisão do legislador com fundamento em cumprimento insuficiente de deveres de "protecção" que decorrem, antes do mais, do disposto no nº 1 do artigo 62º da CRP." Confluente, na doutrina, Ávila, *Teoria...*, p. 134.

PROIBIÇÃO DO EXCESSO E PROIBIÇÃO DO DEFEITO

O Tribunal não aceitou[3393] a conceção de que o princípio da proibição do defeito é um simples *auxiliar hermenêutico* da apreciação da violação do direito fundamental. Assim sendo, pode traçar-se um paralelismo com o que ocorre com a aplicação da proibição do excesso como norma de controlo. Nesse contexto, a verificação do excesso provoca uma inconstitucionalidade primária da norma e, eventualmente, uma inconstitucionalidade contingente: inconstitucionalidade (primária) por violação da proibição do excesso e, na medida em que a existência de excesso significa que a interferência num bem, interesse ou valor é injustificada, inconstitucionalidade por violação da norma que o tutela, se esta tiver valor constitucional formal (sendo, por isso, apenas contingente)[3394]. O Tribunal parece apontar para a adaptação desta doutrina à proibição do defeito.

A questão tem cunho mais teórico do que prático, mas a exigência de rigor analítico obriga a contornos claros.

O recorte é nítido quando apreciamos a função da proibição do defeito como norma de controlo. O dever de ação não pode ser confundido com a proibição do defeito porque é um *pressuposto* da aplicação desta[3395]. Vejamos, portanto, como as duas noções se interrelacionam. Da norma constitucional resulta o dever de um comportamento do legislador. O legislador executa ou omite esse comportamento. Se o omitir, a omissão (que se distingue da simples inércia legislativa[3396]) é *prima facie* um comportamento antijurídico. O juízo sobre se a antijuridicidade desse comportamento omissivo se deve considerar consolidada ou definitiva requer que se averigue se há *uma justificação* para a omissão. Como norma de controlo, a proibição do defeito desempenha a sua função primordial no campo da justificação: se se chegar à conclusão que a omissão legislativa supera as exigências da proibição do defeito, isto é, que existe justificação para que o dever não seja concretamente cumprido pelo legislador, há incumprimento do dever de ação *prima facie*, mas não há violação da proibição do defeito. Ao invés, se a omissão legislativa não superar as exigências da proibição do defeito, não há justificação para a omissão; há uma violação da proibição do defeito

---

[3393] Pelo menos na formação que julgou o caso do acórdão nº 166/10.

[3394] Diferentemente, TORSTEN STEIN, «Der Grundsatz der Verhältnismäßigkeit...», p. 278; XYNOPOULOS, *Le controle de la proportionnalité...*, p. 152.

[3395] No mesmo sentido, JORGE P. SILVA, «Interdição de proteção insuficiente...», pp. 190 ss. Todavia, não coincidimos com o autor quando defende que a proibição do defeito "serve mais os propósitos do controlo jurisdicional do que propriamente de fio condutor para as decisões do legislador". Assim, os deveres de proteção desempenhariam "o essencial da sua função *ex ante*, durante o trabalho do órgão legislativo", enquanto "a proibição do defeito está mais vocacionada para a realização de um controlo *ex post*". No texto defendemos, ao invés, uma incidência diferenciada dos deveres de proteção e da proibição do defeito na própria atividade do legislador.

[3396] V., por todos, JORGE P. SILVA, *Dever de legislar e protecção...*, p. 12.

959

O PRINCÍPIO DA PROIBIÇÃO DO EXCESSO

e um incumprimento consolidado do dever de ação. Se a esse dever corresponder uma posição jurídica subjetiva, designadamente um direito, a violação da proibição do defeito, isto é, a omissão injustificada do cumprimento de um dever legislativo, traduz-se, em última análise, numa violação do direito.

Não parece, consequentemente, que a qualificação da proibição do defeito como mero auxiliar hermenêutico seja adequada. A orientação dominante no Tribunal Constitucional, acima exposta, merece adesão.

3.3. Fundamento da proibição do defeito

Proibição do excesso e proibição do defeito em sentido próprio decorrem ambas de uma ideia de proporção e são ambas instrumentos mediadores de ponderação e de harmonização, quer quando guiam a decisão legislativa, quer quando parametrizam a atividade de controlo. Por isso, embora haja propostas de fundamento exclusivamente aplicáveis à proibição do defeito, algumas vezes confundindo-se com o fundamento dos deveres de proteção[3397], as teses que se perfilam a propósito do fundamento da proibição do excesso valem *grosso modo* também aqui.

A doutrina maioritária aponta o princípio do Estado de direito como fundamento da proibição do defeito, tal como sucede com a proibição do excesso[3398]. Mas há quem sustente que aquela decorre ou está intrinsecamente ligada à proteção do conteúdo essencial dos direitos[3399]. Isolada ou cumulativamente, os defensores da teoria dos princípios deduzem o fundamento da proibição do defeito do caráter principial dos direitos[3400]. Pela nossa parte, retomamos a proposta, já feita a propósito da proibição do excesso, de uma fundamentação multipolar, assente no sentido *prima facie* da constituição, na conceção de direitos fundamentais e na específica precipitação do Estado de direito.

[3397] V. a construção desenvolvida por vários autores em torno das ideias do Estado como ordem de liberdade, do monopólio do poder estadual e da garantia da segurança interna: cfr., por todos, GÖTZ, «§79 Innere Sicherheit», número marginal 30 ss.; ISENSEE, «§ 111 Das Grundrecht als Abwehrrecht...», 1ª ed., 1992, número marginal 162 ss.

[3398] Com respaldo jurisprudencial. Em Portugal, v., por exemplo, acórdão nº 166/10, do Tribunal Constitucional.

[3399] V. SCHERZBERG, *Grundrechtsschutz und "Eingriffsintensität"*..., p. 210; HUBER, «Art. 19 Abs. 2 GG», in Mangolt/Klein/Starck, *Das Bonner Grundgesetz. Kommentar*, vol. I, Präambel, Artikel 1 bis 19, 4ª ed., Vahlen, München, 1999, número marginal 132 ss. Apenas parcialmente, TZEMOS, *Das Untermaßverbot*, pp. 48, 173 ss.

[3400] BOROWSKI, *Grundrechte als Prinzipien*..., 1ª ed., p. 119.

PROIBIÇÃO DO EXCESSO E PROIBIÇÃO DO DEFEITO

3.4. Aceções da proibição do defeito

3.4.1. Aceção ampla e aceção estrita da proibição do defeito

É concebível uma aceção ampla de proibição do defeito que se reporta a toda e qualquer situação em que o legislador está especificamente obrigado a uma ação positiva (emissão de normas legislativas), seja em termos categóricos ou apenas *prima facie*[3401].

Por exemplo, quando o artigo 117º, nº 3, estatui que a "lei determina os crimes de responsabilidade dos titulares de cargos políticos, bem como as sanções aplicáveis e os respetivos efeitos" ou quando o artigo 121º, nº 2, estabelece que a lei regula o exercício do direito de voto na eleição presidencial dos cidadãos portugueses residentes no estrangeiro, devendo ter em conta certos critérios materiais, a não emanação de lei cujo conteúdo satisfaça integralmente o desígnio constitucional viola a proibição do defeito nesta aceção ampla.

Do mesmo modo, agora no âmbito da vertente positivo de direitos sociais, se a Constituição define com precisão, de forma perentória, uma componente do direito (princípio do trabalho igual salário igual, estabelecimento de um salário mínimo nacional, universalidade, obrigatoriedade e gratuitidade do ensino básico, proibição de formas de publicidade oculta e enganosa, criação de um serviço nacional de saúde, etc.), a aceção de proibição do defeito que releva em caso de omissão do legislador é uma aceção ampla.

Em qualquer dos casos, é insofismável que a proibição do defeito pode ou não assumir a função de instrumento de mediação de operações de harmonização de bens, interesses ou valores tutelados por normas em situação de colisão, uma vez que abrange situações em que o dever do legislador tem caráter categórico. A figura da proibição do defeito que nos interessa tem um âmbito mais restrito, abarcando apenas alguns tipos de alegados incumprimentos do legislador ordinário.

Mas mesmo essa aceção estrita comporta dois sentidos: (i) o impróprio e (ii) o próprio.

3.4.2. Proibição do defeito em sentido impróprio

Numa certa perspetiva, quando o legislador está sujeito a um dever de agir (protegendo, materializando ou operacionalizando direitos fundamentais ou interesses públicos), pode haver (para certos modos de ver, há sempre) um

---

[3401] Todos os exemplos elencados por MIRANDA, *Manual...*, vol. VI, 4ª ed., p. 372, ficariam abrangidos: deveres de publicação de leis das grandes opções do plano, da lei do orçamento, de lei subsequente a referendo, de decreto-lei de desenvolvimento de lei de bases e outras; v., também, SAMPAIO, *O controlo...*, p. 584.

O PRINCÍPIO DA PROIBIÇÃO DO EXCESSO

nível mínimo irredutível ou categórico desse dever. Fala-se, designadamente, (i) do conteúdo mínimo ou essencial do dever de ação ou (ii) do mínimo, ou limiar mínimo, de subsistência[3402].

Partindo dessa perspetiva, há uma orientação que defende que a proibição do defeito assenta em dois pilares. Primeiro, a asserção de que só a insuficiência do cumprimento do nível mínimo contraria a proibição do defeito e a proibição do defeito apenas visa a garantia de um nível mínimo de cumprimento[3403]. Segundo, a posição de que a fixação do nível mínimo não depende nem resulta de operações de ponderação. Resulta da interpretação constitucional, representando, quando é possível extraí-lo da constituição, um reduto categórico, insuscetível de compromisso, com vista à prossecução de outros direitos. Mesmo que o cumprimento desse nível mínimo colida ou conflitue com outro direito, a resolução da colisão não é mediada por uma operação de harmonização que requeira qualquer tipo de ponderação[3404]. Nesta aceção, as omissões *totais* são à partida violadoras da proibição do defeito; as omissões *parciais* podem ser ou não ser violadoras da proibição do defeito.

Ora, entende-se que esta aceção da proibição do defeito[3405] é imprópria, desde logo porque se confunde com outras figuras dogmáticas, como as do conteúdo essencial do dever de agir, do mínimo de subsistência ou do limiar mínimo de proteção. O valor acrescentado desta aceção imprópria em relação a essas figuras é nulo ou residual[3406]. Elas têm a sua vitalidade própria como parâmetros constitucionais, parecendo meramente sumptuária a agregação de nova figura cuja função não vai além da que aquelas já desempenham. Por exemplo, o dever de proteção legal dos direitos de autor, decorrente do artigo 42º, nº 2, no contexto da liberdade de criação intelectual, artística e científica, tem porventura um núcleo mínimo, insuscetível de ponderação com outros bens, interesses ou valores, e um anel de proteção *prima facie*, exterior a esse núcleo mínimo. Tal núcleo mínimo, tem caráter categórico, não depende de harmonização com outros bens, interesses ou valores e é garantido pela cláusula constitucional da proteção

---

[3402] Sobre o gradual reconhecimento pelo Tribunal Constitucional de um mínimo de sobrevivência condigna, ancorado no princípio da dignidade da pessoa humana, v., por todos, LÚCIA AMARAL. «O Princípio da Dignidade...», pp. 12 ss. e ISABEL MOREIRA, *A solução...*, pp. 133 ss.

[3403] Cfr. SCHERZBERG, *Grundrechtsschutz und "Eingriffsintensität"*..., pp. 208 ss.; HUBER, «Art. 19 Abs. 2 GG», nº marginal 132.

[3404] Cfr. CLÉRICO, «Proporcionalidad, prohibición de insuficiencia...», p. 201.

[3405] Correspondente, *grosso modo*, ao que TZEMOS, *Das Untermaßverbot*, pp. 54, 197, designa por proibição do excesso em sentido estrito.

[3406] Só neste limitado e impróprio sentido da proibição do defeito se pode admitir algumas das críticas de autores como HAIN ou GELLERMANN à autonomia e à mais-valia dogmática da figura: cfr. HAIN, «Der Gesetzgeber...», p. 983; GELLERMANN, *Grundrechte...*, p. 349.

PROIBIÇÃO DO EXCESSO E PROIBIÇÃO DO DEFEITO

do núcleo essencial do preceito constitucional. O anel adicional de proteção está dependente de ponderação e harmonização com outros bens, interesses ou valores, realizadas sob a égide da proibição do defeito em sentido próprio.

3.4.3. Proibição do defeito em sentido próprio

A proibição do defeito em sentido *próprio* não visa garantir o cumprimento de um nível mínimo e não prescinde da aplicação de operações de ponderação[3407]. É um instrumento que medeia a harmonização legislativa de posições jurídicas contraditórias[3408]. Para a definição das posições jurídicas a harmonizar não se parte do conceito de conteúdo mínimo absoluto ou categórico[3409], mas do conceito de conteúdo *ideal* de deveres de ação, isto é, dos deveres de ação na máxima extensão, apurada através de interpretação da constituição. O conteúdo ideal do dever de proteção da situação jurídica do nascituro envolve a prevenção e evitação plena do risco de todo e qualquer aborto. O conteúdo mínimo fica aquém disso. O princípio da proibição do defeito em sentido próprio, como princípio de harmonização, reporta-se a esse conteúdo *ideal*, regendo nas situações em que há uma colisão entre a coroa periférica do conteúdo ideal do dever de ação (numa imagem gráfica, a coroa que "rodeia" o conteúdo mínimo) e outros deveres ou permissões de prossecução de bens, interesses ou valores.

Articulando isto com o que se expôs no número anterior, perfila-se o quadro seguinte. Se a interpretação constitucional revelar a existência de deveres absolutos ou categóricos, não há lugar à aplicação da proibição do defeito em sentido próprio. Se os deveres estiverem significativamente densificados na

---

[3407] É por isso que, se fosse viável – isto é, se pudesse aplicar-se efetivamente sem ponderação –, o modelo da proibição do defeito aplicável à dimensão positiva dos direitos sociais apresentado por Novais, *Direitos Sociais*, pp. 220 ss, 307 ss., integrado por dois subprincípios, realização do mínimo e razoabilidade, não recairia no que entendemos ser proibição do defeito em sentido próprio. O primeiro subprincípio corresponderia, simultaneamente, a um entendimento absoluto e "relativizado pelos níveis de desenvolvimento económico e social de determinada sociedade" (*ob. cit.*, p. 308). A dimensão de razoabilidade independeria de ponderação, de análises custo-benefício, de proporcionalidade, requerendo uma mera apreciação da tolerabilidade da situação dos afetados e seria, no contexto da tese defendida no texto, um modelo de proibição do defeito em sentido impróprio. Só que a circunstância de o autor admitir a necessidade de "relativização" da noção de mínimo exigível e também que "a determinação da situação de desrazoabilidade em que ficam, nos casos em apreço, os afetados pela omissão estatal não pode deixar de levar em conta valorações e apreciações de ordem financeira e política" (*ob. cit.*, p. 221), suscita, pelo menos, um debate sobre como é que chega à *relativização* e que *valorações* são aquelas e o que é que as distingue das *valorações* próprias da ponderação bilateral que ligamos à versão *própria* da proibição do defeito.

[3408] Frisando a importância desta assunção básica, Rassow, «Zur Konkretisierung des Untermaßverbotes», p. 270.

[3409] *Idem.*

963

O PRINCÍPIO DA PROIBIÇÃO DO EXCESSO

constituição ou, noutros termos, se esta especificar quase integralmente de que modo o dever é cumprido, não restando ao legislador mais do que uma margem mínima (ou nula) de conformação, o cumprimento desse dever não exige nem é condicionado por uma operação prévia de ponderação com bens, interesses ou valores colidentes. Nesse caso, a existência do dever vale por si, é violado ou cumprido na forma *tudo ou nada*. Alguma doutrina recorrerá nesse caso à figura da proibição do defeito, mas isso só é concebível se a noção for usada num sentido impróprio. Se houver uma colisão entre a coroa periférica do conteúdo ideal do dever de ação e outros deveres ou permissões de prossecução de bens, interesses ou valores, aplica-se a proibição do defeito em sentido próprio.

À proibição do defeito em sentido próprio dedicaremos a parte remanescente deste capítulo. Sempre que for feita referência a proibição do defeito, sem outras indicações, trata-se da proibição do defeito em sentido próprio. Como veremos, esta tem duas modalidades. Mas, antes de as enunciarmos, temos de esclarecer quais são os pressupostos que delimitam o âmbito de aplicação da proibição do defeito, constituindo denominadores comuns das modalidades que esta assume.

3.5. Âmbito de aplicação da proibição do defeito

Há dois denominadores comuns às situações sujeitas à proibição do defeito. O primeiro, é a verificação de pelo menos um *dever constitucional de ação* do legislador[3410]. O segundo, é a existência de uma *colisão normativa* a ser solucionada através de harmonização legislativa.

3.5.1. Primeiro denominador comum: verificação de pelo menos um dever constitucional de ação do legislador

A forma de verificação deste primeiro denominador comum tem duas expressões: (i) monista; (ii) plural. A primeira antecede historicamente a segunda, mas tem sido paulatinamente superada. Trataremos de seguida da primeira, para depois nos concentramos na segunda.

3.5.1.1. *A associação da proibição do defeito à doutrina dos deveres de proteção*
Numa fase inicial, a doutrina alemã começou por vincular a proibição do defeito aos chamados deveres de proteção[3411]. Vale a pena recordar alguns dos traços desse panorama teórico inicial.

[3410] A questão parece ser consensual. V., por exemplo, CALLIESS, «Die Leistungsfähigkeit des Untermaßverbots...», p. 215, que a considera uma "questão prévia" (*Vorfrage*).
[3411] A construção de CANARIS é paradigmática: cfr. *supra*.

PROIBIÇÃO DO EXCESSO E PROIBIÇÃO DO DEFEITO

O contexto era o do debate sobre se os direitos fundamentais têm eficácia nas relações entre particulares (*Drittwirkung*[3412]) e, em caso afirmativo, se essa eficácia é direta ou indireta[3413]. A controvérsia sobre o tema suscitou um número significativo de pronunciamentos doutrinários. Admite-se que há direitos fundamentais específicos que *só* são aplicáveis nas relações entre particulares e Estado[3414] e que há direitos que são aplicáveis *sobretudo* nas relações entre particulares[3415], a respeito dos quais a questão da eficácia nas relações entre particulares não se coloca. Sobre os demais direitos, circulam múltiplas teses: negacionistas de toda e qualquer eficácia dos direitos fundamentais nas relações privadas; de eficácia mediata ou indireta nas relações entre particulares; de eficácia imediata ou direta, com diversas variantes[3416]; híbridas ou matizadas, como as da eficácia direta limitada[3417] ou a teoria dos três níveis[3418].

Estas correntes doutrinárias influenciaram a interpretação do artigo 18º, nº 1, da Constituição[3419], não obstante as patentes diferenças em relação ao texto constitucional alemão (artigo 1º, nº 3)[3420]. Apesar de a redação constitucional portuguesa ser aparentemente mais favorável ou indiciadora da consagração da

---

[3412] A expressão *Drittwirkung* tem sido objeto de crítica e começa a ser abandonada; por vezes é substituída por outras igualmente criticadas, como a de efeito horizontal: cfr. IPSEN, *Staatsrecht II*, p. 22; ANDRADE, *Os Direitos...*, 5ª ed., p. 230; CANOTILHO/VITAL MOREIRA, *Constituição...*, 4ª ed., p. 384.

[3413] No contexto da CEDH, o desenvolvimento pretoriano da doutrina das obrigações positivas (também não previstas expressamente) a partir do final da década de 1970 seguiu um caminho diverso, embora se detetem categorias equivalentes às referenciadas no contexto alemão e noutros (obrigações de alteração de legislação ou de práticas administrativas, de prevenção de agressões de direitos de particulares por outros particulares, de estruturação de mecanismos processuais ou procedimentais): cfr., por todos, VAN DROOGHENBROECK, *La proportionnalité...*, pp. 135 ss.

[3414] V. uma enunciação quase exaustiva em MIRANDA/JORGE P. SILVA, «Anotação ao artigo 18º», in Miranda/Medeiros, *Constituição...*, I, 2ª ed., p. 337 (notando que, nestes casos, se pode falar, quanto muito, de uma eficácia externa quanto a terceiros semelhante à que existe no direito civil obrigacional); GOUVEIA, *Manual...*, II, 6ª ed., p. 1001.

[3415] Um dos mais notórios é o do direito de resposta (artigo 37º). V., por todos, VITAL MOREIRA, *O Direito de Resposta...*, pp. 98 ss.

[3416] NIPPERDEY, *Grundrechte...*, pp. 13 ss.; HAGER, «Grundrechte im Privatrecht», pp. 373 ss.; BLECKMANN, «Neue Aspekte der Drittwirkung...», p. 943.

[3417] LÜCKE, «Die Drittwirkung der Grundrechte...», p. 383.

[3418] ALEXY, *Theorie...*, pp. 484 ss.

[3419] Cfr. CARLOS MOTA PINTO, *Teoria Geral do Direto Civil*, 3ª ed., Coimbra Editora, Coimbra, p. 71; ANDRADE, *Direitos...*, 5ª ed., pp. 230 ss.; MIRANDA/JORGE P. SILVA, «Anotação ao artigo 18º», in Miranda/Medeiros, *Constituição...*, I, 2ª ed., pp. 333 ss; MIRANDA, *Manual...*, IV, 4ª ed., pp. 286 ss.; ABRANTES, *Vinculação...*, *cit.*; VASCO PEREIRA DA SILVA, «A vinculação das entidades privadas pelos direitos, liberdades e garantias», *cit.*; TELES, «Direitos absolutos e relativos», pp. 662 ss.; CANOTILHO, *Direito...*, 7ª ed., pp. 1285 ss.; CRORIE, *A Vinculação...*, *cit.*; GOUVEIA, *Manual...*, II, 6ª ed., pp. 1000 ss.

[3420] Realçando a diferença, CANOTILHO, *Direito...*, 7ª ed., p. 1288.

O PRINCÍPIO DA PROIBIÇÃO DO EXCESSO

eficácia imediata, nega-se que seja suficiente para resolver o problema[3421]. Compreende-se, portanto, a variedade de posições, algumas mais próximas do reconhecimento da eficácia mediata, outras da eficácia imediata. Todavia, parece haver uma matriz comum[3422] que (i) distingue o regime aplicável consoante a diversidade de situações, aceitando em alguns casos a eficácia direta dos direitos fundamentais, (ii) admite um núcleo irredutível de autonomia privada onde os direitos fundamentais não produzem efeitos diretos, (iii) sujeita as compressões de direitos por ato praticado no exercício da autonomia privada a um requisito mínimo de proibição do arbítrio[3423] e (iv) recorre a uma diretiva de concordância prática entre os vários interesses e princípios em presença em cada situação concreta de colisão entre o princípio da autonomia privada (reconhecendo-se que este é, ele próprio, apesar de não consagrado na Constituição[3424], um veículo de coordenação e equilíbrio de interesses) e direitos fundamentais[3425].

[3421] ANDRADE, *Os Direitos...*, p. 241; GOUVEIA, *Manual...*, II, 6ª ed., p. 1003.

[3422] Matriz comum que não pode ignorar que a tendência é para a constitucionalização do ordenamento, com a consequente propensão de aplicação direta das normas constitucionais de direitos nas relações entre particulares: v., por todos, GUASTINI, *La sintassi...*, pp. 206 ss. Essa tendência acentua-se até com o surgimento de novos direitos tornados necessários pelas dinâmicas das novas relações sociais, como o direito ao esquecimento ou a ser esquecido por entidades comerciais que, na posse de bases de dados cada vez mais completas, eficazes e incontroladas, perturbam a privacidade e o sossego a qualquer hora do dia com promoções especiais, ofertas, inquéritos de consumo ou de satisfação, apresentação de produtos e serviços, etc.

[3423] Isto é: no domínio dos atos de entidades *não públicas* vigora um princípio geral de liberdade (com a ressalva da aplicação do princípio da especialidade às pessoas coletivas) que, em certas zonas da vida jurídica, se manifesta através do princípio de autonomia da vontade. Teoricamente, esta dará cobertura a atos que não ostentem uma finalidade racionalmente percetível ou que revelem finalidades arbitrárias. Todavia, quando um ato praticado no exercício da autonomia da vontade tem como efeito a compressão de um bem, interesse ou valor tutelado por uma norma de direito, liberdade ou garantia, o ato tem de visar um fim identificável e esse fim não pode ser arbitrário. Trata-se de uma consequência do efeito horizontal destas normas, que vale mesmo que se adira à tese de que, em geral, as normas de direitos de liberdade não são diretamente aplicáveis nas relações entre particulares.

[3424] V. artigo 405º, nº 1, do Código Civil: "Dentro dos limites da lei, as partes têm a faculdade de fixar livremente o conteúdo dos contratos, celebrar contratos diferentes dos previstos neste código ou incluir nestes as cláusulas que lhes aprouver.". O princípio da autonomia privada tem, todavia, vários reflexos na Constituição. Por todos, MIRANDA/JORGE P. SILVA, «Anotação ao artigo 18º», in Miranda/Medeiros, *Constituição...*, I, 2ª ed., p. 336.

[3425] CANOTILHO, *Direito...*, 7ª ed., pp. 1290 ss.; ANDRADE, *Os Direitos...*, 5ª ed., p. 253; MIRANDA, *Manual...*, vol. IV, 5ª ed., pp. 339 ss.; MIRANDA/JORGE P. SILVA, «Anotação ao artigo 18º», in Miranda/Medeiros, *Constituição...*, I, 2ª ed., pp. 336 ss. No mesmo sentido, na doutrina brasileira, SARLET, «Direitos fundamentais...», p. 219.

PROIBIÇÃO DO EXCESSO E PROIBIÇÃO DO DEFEITO

Por seu turno, a conceção maioritária na Alemanha é a da eficácia mediata ou indireta nas relações entre particulares[3426]. Esta tese tem também inúmeras variantes. Aquela que associa eficácia indireta, deveres de proteção e proibição do defeito[3427] é vista como a mais sofisticada, sendo predominante[3428].

Tendo em conta este contexto e as preocupações iniciais, compreende-se que a "primeira vaga" da receção dogmática da proibição do defeito a vinculasse à doutrina dos deveres do Estado de proteção dos direitos fundamentais contra perturbações perpetradas por particulares (*Schutzpflichtenlehre*), no ambiente que se usa designar por constelações triangulares. Daí provém a tendência, que persiste, para estudar a proibição do defeito como parte da dogmática dos deveres de proteção[3429]. A maior parte dos ensaios, incluindo alguns dos mais recentes, estudam a proibição do defeito como uma vertente ou um pilar da dogmática dos deveres de proteção[3430]. A estrutura, conteúdo e metódica de aplicação da proibição do defeito são, nesse contexto, primacialmente determinados pelo sentido específico desses deveres.

3.5.1.2. *O alargamento do âmbito da proibição do defeito a situações em que estão em causa outros deveres de ação que não apenas os de proteção*

Contudo, a emancipação e maturação dogmática da figura da proibição do defeito passam por libertá-la dessa vinculação. Reconhece-se hoje que, não obstante a força gravitacional dos deveres de proteção, há outros deveres de

---

[3426] A lista de autores é extensa. V., entre muitos, DÜRIG, «Grundrechte und Zivilrechtsprechung», p. 157; HESSE, «Bedeutung der Grundrechte», nº marginal 56 ss.; STERN, *Das Staatsrecht...*, vol. III/1, § 76; MEDICUS, «Der Grundsatz der Verhältnismäßigkeit...», pp. 35 ss.; PIETZCKER, «Drittwirkung Schutzpflicht Eingriff», pp. 345 ss.; UNRUH, *Zur Dogmatik der grundrechtlichen...*, pp. 69 ss.; ERICHSEN, «Die Drittwirkung...», pp. 527 ss.; ISENSEE, «Grundrechte auf Ehre...», p. 13; *idem*, «§ 191 Das Grundrecht als Abwehrrecht und als staatliche Schutzpflicht», 3ª ed., p. 416; IPSEN, *Staatsrecht II*, p. 22; MERTEN, «Grundrechtliche...», p. 236.

[3427] Sem embargo, há vozes que notam que não existe incompatibilidade dogmática entre eficácia *direta* e deveres de proteção e até, numa visão mais extrema, que só a conceção da eficácia imediata ou direta garante bases sólidas para essa dogmática dos deveres de proteção. Nesse sentido, TZEMOS, *Das Untermaßverbot*, pp. 185 ss., 198-199.

[3428] TZEMOS, *Das Untermaßverbot*, p. 185; ANDRADE, *Os Direitos...*, p. 239.

[3429] Há mesmo quem insista que a proibição do defeito só é aplicável em casos de constelações triangulares: assim RASSOW, «Zur Konkretisierung des Untermaßverbotes», p. 280; JORGE P. SILVA, «Interdição de proteção insuficiente...», pp. 189-190.

[3430] Caso típico é o de ALEXY (e o da maioria dos seus seguidores), que se concentra quase exclusivamente nos direitos à proteção, mesmo admitindo outros deveres de ação do legislador. Cfr. MERTEN, «Grundrechtliche...», *cit.*; RASSOW, «Zur Konkretisierung des Untermaßverbotes», *cit.*; BOROWSKI, *Grundrechte...*, 2ª ed., *cit.*

O PRINCÍPIO DA PROIBIÇÃO DO EXCESSO

agir relevantes para a teoria da proibição do defeito[3431]. Surgem construções doutrinárias que recusam o seu esgotamento na dogmática dos deveres de proteção e procuram evitar a distorção concetual decorrente desse espartilhamento.

Desenvolvimentos recentes apontam para uma *dogmática abrangente e unitária* dos *deveres constitucionais de ação positiva do legislador* (deveres de ação ou deveres de legislar), daí transitando para a caraterização do princípio da proibição do defeito como instrumento de mediação uniformemente aplicável a todas as situações em que o legislador está sujeito a um dever *prima facie* de agir ou de praticar ações positivas[3432].

Neste trabalho assume-se que a proibição do defeito incide sobre colisões que envolvem outros deveres de ação além dos deveres de proteção. Todavia, entende-se que não é viável uma *teoria unitária*, uniformemente aplicável a todas as situações que caem no seu âmbito de aplicação.

Por outro lado, não importam todos os deveres constitucionais de ação do legislador. Há deveres constitucionais de ação que, por virtude da sua extrema generalidade e indeterminação[3433], não atingem um grau de espessura suficiente que permita a respetiva *sindicabilidade*. Deveres constitucionais gerais do legislador decorrentes das tarefas ou incumbências fundamentais do Estado (cfr. artigos 9º e 81º) ou deveres como os da prevenção de ameaças terroristas ou de ataques especulativos à economia nacional, de proteção contra as alterações climáticas ou contra a degradação da costa, de repressão do crime organizado, do branqueamento de capitais e da criminalidade económica e outros, não atingem o nível de densidade ou de determinação que permita a sindicabilidade do seu (in)cumprimento ou a sujeição ao crivo da proibição do defeito. Os deveres que relevam são os que decorrem de "uma concreta e específica imposição legiferante"[3434], resultando da Constituição com suficiente grau de determinação, seja expressamente (por exemplo, artigo 26º, nº 2, da Constituição), seja

---

[3431] Aliás, há mesmo quem só admita a autonomia dogmática plena da proibição do defeito nesses outros domínios, como sucede com quem entende que nos casos de constelações triangulares existe *congruência* entre proibição do excesso e proibição do defeito: cfr. LEE, «Grundrechtsschutz...», p. 309.

[3432] Não nos interessam aqui as situações em que há dever de ação de outras instâncias, designadamente da autoridade administrativa, em alguns casos exigindo prestações fáticas e não normativas. V. JORGE P. SILVA, *Dever de legislar e protecção...*, p. 38.

[3433] Não parece, todavia, que se possa falar de um *dever geral de produção legislativa* sem objeto determinado, diferentemente do que sustenta JORGE P. SILVA, *Dever de legislar e protecção...*, pp. 21 ss.; v. TRIBUNAL CONSTITUCIONAL PORTUGUÊS, *A Omissão Legislativa...*, p. 46, com indicação de jurisprudência constitucional.

[3434] Acórdão nº 474/02, uma das poucas situações em que o Tribunal Constitucional considerou registar-se inconstitucionalidade por omissão parcial de medidas legislativas (no caso, exigidas por uma norma de direito social). V., também, acórdão nº 509/02.

PROIBIÇÃO DO EXCESSO E PROIBIÇÃO DO DEFEITO

implicitamente (por exemplo, o dever de proteção do direito à vida ou à integridade física)[3435].

Reconhece-se, sem embargo, que a fronteira entre a zona de sindicabilidade e a zona de não sindicabilidade é de difícil demarcação, sendo esse um dos aspetos críticos da dogmática da proibição do defeito. Certo é que o critério da sindicabilidade não se baseia na existência de *direitos subjetivos* a uma ação do legislador[3436].

[3435] A propósito, fala-se de dever específico de atuação: v., na doutrina nacional, JORGE P. SILVA, «Interdição de proteção insuficiente...», p. 189.

[3436] Até porque, como é consensualmente admitido, a existência de um dever de ação do legislador pode não ter como contrapartida um *direito subjetivo*: CANOTILHO, *Direito Constitucional*, 7ª ed., p. 1037. Esta temática está umbilicalmente ligada à recorrente discussão doutrinal sobre se e quando é que os direitos fundamentais – normalmente considerados em globo – constituem direitos subjetivos, definidos como (adaptando, na medida do possível, a noção civilística) *faculdades de aproveitamento ou prossecução individual de um bem, interesse ou valor, no exercício livre da vontade, por via da prática de uma ação, da fruição de um estado, estatuto ou instituição ou do poder de exigir algo*: cfr., para uma resenha geral, VASCO PEREIRA DA SILVA, *Para um contencioso...*, pp. 80 ss.; NOVAIS, *As restrições...*, pp. 101 ss. (com profusas indicações bibliográficas); MORAIS, *Curso...*, II, 2, pp. 574 ss.; FREITAS, «O princípio...», pp. 790 ss. (especificamente direcionado para os direitos sociais); ISABEL MOREIRA, *A solução...*, pp. 63 ss. Mesmo que se atribua relevância a essa discussão, o que não se dá por adquirido na medida em que disso não parecem resultar consequências jurídicas precisas, sempre se deve observar que a adaptação da noção de direito subjetivo ao direito fundamental globalmente considerado é inviável. Como ALEXY, entre outros, demonstrou, os direitos fundamentais desdobram-se em feixes complexos e variáveis de posições jurídicas subjetivas ativas e passivas (ALEXY, *Theorie...*, p. 224: "*Grundrecht als Ganzes ein Bündel von grundrechtlichen Positionen ist*"; na mesmo linha, desenvolvemos o tema no quadro de uma conceção dos direitos como *relações jurídicas* fundamentais em «Relação Jurídico-Pública», *cit.*). Entre as posições subjetivas ativas encontramos algumas que se reconduzem ao conceito civilístico de *direitos subjetivos*, adaptado da forma que se viu (e normalmente com natureza *prima facie*). É o caso de: (i) direitos à abstenção de interferências, por parte do Estado e de terceiros, na vertente negativa dos direitos de liberdade; (ii) direitos à abstenção de interferências, por parte do Estado e de terceiros, na vertente negativa de direitos sociais diretamente protegida pela constituição, designadamente quando o bem, interesse ou valor tutelado pelo direito social foi já obtido pelos particulares por meios próprios; (iii) direitos às ações que promovam o conteúdo mínimo das vertentes positivas dos direitos de liberdade (por vezes, eventualmente, não apenas às ações que promovam o conteúdo mínimo); (iv) direitos a um mínimo de existência condigna e ao nível de proteção mínima resultante da vertente positiva dos direitos sociais; (v) direitos de acesso individual a prestações resultantes da concretização de direitos sociais. Sobre as várias matizações e *nuances* a doutrina é inesgotável. Cfr., por todos, NOVAIS, *Direitos Sociais...*, *cit.*. Há também simples *pretensões legítimas* (assim, JORGE P. DA SILVA, *Dever...*, p. 329; ISABEL MOREIRA, *A solução...*, pp. 236-7; MORAIS, *Curso...*, II, 2, p. 552), como a pretensão de que o legislador emita legislação no cumprimento dos deveres que decorrem da vertente positiva de alguns direitos de liberdade (sendo a este propósito controvertido se há, ou não, sempre ou em alguns casos, um verdadeiro direito subjetivo: v. *infra*, seção seguinte) ou dos direitos sociais (sendo nestes, essa vertente positiva a primordial e determinante). O que

O PRINCÍPIO DA PROIBIÇÃO DO EXCESSO

A doutrina mais representativa tende a concentrar-se em três núcleos de deveres que impõem legiferação. Com uma ou outra oscilação, são: (i) os deveres de proteção (ii); os deveres de concretização dos direitos sociais; e (iii) os deveres de organização e procedimento[3437]/[3438]. Estes núcleos são unitariamente enquadrados por alguns autores no género *deveres de prestação em sentido amplo*[3439].

Porém, embora esses sejam os mais relevantes do ponto de vista teórico e pragmático, o elenco dos *deveres de ação* do legislador é mais extenso, encontrando-se indicações na doutrina sobre os seguintes: (i) deveres de proteção dos direitos de particulares contra interferências ou perturbações perpetradas por outros particulares; (ii) deveres de proteção dos direitos de particulares contra interferências ou perturbações perpetradas por poderes estatais estrangeiros; (iii) deveres de emissão de normas estruturadoras de processos, procedimentos, organização e financiamento que possibilitem o exercício de certos direitos fundamentais; (iv) deveres de criação de condições de igualdade ou de eliminação de situações de desigualdade; (v) deveres de produção de normas legislativas que permitam a materialização dos direitos sociais, seja alocando recursos públicos, seja intervindo nas relações entre privados; (vi) deveres de produção de normas legislativas que protejam bens, interesses ou valores públicos fundamentais; (vii) deveres de produção de normas legislativas de prevenção e ação perante fenómenos (designadamente catástrofes) naturais[3440].

se propõe no texto é que a sindicabilidade não dependa da existência de direitos subjetivos neste sentido.

[3437] Ou, noutra perspetiva, *direitos* à proteção, a prestações sociais (ou a prestações em sentido estrito) e a organização e procedimento: v. HESSE, «Bestand und Bedeutung der Grundrechte in der Bundesrepublik Deutschland», in *EuGRZ* (1978), pp. 427 ss.; ALEXY, *A Theory*..., p. 296; *idem*, «On constitutional rights to protection», *cit.* Também, BOROWSKI, *Grundrechte*..., 2ª ed., pp. 209 ss., *passim*; *La estructura*..., p. 144 (considerando a tripartição consensual); CLÉRICO, «Sobre la prohibición...», p. 171; MARIBEL PASCUAL, *El Tribunal Constitucional*..., pp. 40 ss. Todavia, há *nuances* de autor para autor: cfr. HAIN, «Ockham's Razor – ein Instrument zur Rationalisierung...», p. 1041; PULIDO, *El principio*..., p. 806, falando de direitos de proteção *lato sensu*.

[3438] Ligeiramente diferente, NOVAIS, *As restrições*..., p. 77, discrimina: *a*) o dever do Estado de proteção dos titulares dos direitos fundamentais contra agressões de terceiros; *b*) a garantia da efetividade de exercício dos direitos fundamentais; *c*) as prestações normativas e fácticas de organização e procedimento a que o Estado está obrigado para criar um ambiente e condições concretas adequadas para o exercício efetivo dos direitos fundamentais. O Tribunal Constitucional português fala também de "dever de prestação de normas" (acórdão nº 166/10, nº 13).

[3439] BOROWSKI, *Grundrechte*..., 2ª ed., pp. 209 ss., *passim*; *La estructura*..., p. 144; SARLET, *A eficácia*..., pp. 185 ss.

[3440] Uma pesquisa mais fina pode revelar alguns deveres com maior especificidade e raridade, como é o caso do dever de produzir normas que correspondam ao sentido apurado em referendo vinculativo.

PROIBIÇÃO DO EXCESSO E PROIBIÇÃO DO DEFEITO

Consoante os deveres de ação pressupostos pela aplicação da proibição do defeito visem ou não a tutela direta e imediata de posições jurídicas de direitos fundamentais, assim se pode falar de proibição jus-fundamental e de proibição *não* jus-fundamental do defeito. Todavia, a distinção tem mais interesse analítico do que de regime.

3.5.1.2.1. *Deveres de proteção dos direitos de particulares contra interferências ou perturbações perpetradas por outros particulares*

Deveres de proteção (*Schutzpflichten*) são deveres do legislador de proteger os direitos fundamentais de particulares contra os riscos ou ameaças de interferências ou de lesões cometidas por entidades não públicas[3441]. Trata-se de deveres *prima facie*. A colisão mais frequente desses deveres *prima facie* de proteção de direitos fundamentais, sejam de liberdade ou sociais[3442], é com deveres *prima facie* de abstenção resultantes de outros direitos fundamentais, de liberdade ou sociais[3443]. Na situação mais comum, para cumprir o dever *prima facie* de proteção de posições jurídicas subjetivas que recaem no âmbito de direitos de liberdade, o legislador tem de interferir no conteúdo ou no exercício de posições jurídicas jusfundamentais que *prima facie* recaem no âmbito de direitos de liberdade de outros sujeitos (no limite, no âmbito do direito geral

---

[3441] Estes deveres de proteção não podem ser confundidos com aquilo que alguma doutrina qualifica como deveres do legislador de criar direitos fundamentais novos de natureza análoga aos previstos na constituição, com vista à *proteção* da dignidade da pessoa humana. Assim, JORGE P. SILVA, *Dever de legislar e protecção...*, p. 37.

[3442] Embora os deveres de proteção de posições jurídicas subjetivas cobertas por direitos de defesa (como o direito ao bom nome, a liberdade de expressão ou o direito à greve) constituam o caso mais comum e, por isso, mais tratado no texto e na doutrina em geral, não se deve perder de vista que o legislador está também sujeito a deveres de proteção de posições jurídicas subjetivas cobertas pela vertente negativa de direitos sociais (a formulação genérica da epígrafe desta secção reflete isso mesmo). Coincidentes NOVAIS, *Direitos sociais...*, pp. 43 ss., *passim*, JORGE P. SILVA, *Dever de legislar e protecção...*, p. 40; v., também, VANDENHOLE, «Conflicting economic and social rights....», pp. 560 ss. Cfr. o acórdão nº 423/08, do Tribunal Constitucional, onde se alude à dimensão negativa do direito social à proteção da saúde traduzido na proibição de condutas de terceiros – no caso, fumar – lesivas do bem jurídico saúde (nº 9).

[3443] Também aqui, a situação mais típica é a proteção contra o exercício de direitos de defesa (podendo a liberdade de expressão e o direito à greve estar também deste "lado"), mas não é a única situação. Por exemplo, o direito social à criação cultural (artigo 73º, nº 2) tem uma dimensão negativa, de liberdade, que requer que o Estado se abstenha de intervir na atividade de criação cultural dos particulares. Todavia, o legislador tem o dever de proteger os titulares do direito de propriedade contra o exercício da atividade cultural que consiste, por exemplo, em fazer *graffiti* artísticos nas paredes.

O PRINCÍPIO DA PROIBIÇÃO DO EXCESSO

de liberdade[3444]), infringindo o dever de se abster de interferências[3445]. Tipicamente, o legislador *proíbe* ou *ameaça a punição* de comportamentos, *limita ou suprime* o acesso a certos bens[3446]. É a este propósito que se fala de constelações triangulares ou multipolares *Dreieckskonstellationen*[3447]) e de proteção através de restrição (*Schutz durch Eingriff – Konstellationen*[3448]).

A questão do fundamento dos deveres de proteção é complexa. Numa perspetiva histórica, sublinha-se que a função de proteção dos direitos tem raízes mais antigas do que a função de defesa dos direitos fundamentais e do que o próprio Estado constitucional. O Estado moderno nasceu com base na aspiração de proteção da comunidade e dos cidadãos, na sua existência física em relação aos demais[3449]. Quando o Iluminismo e as revoluções liberais deram prioridade

---

[3444] No ordenamento constitucional português admite-se que o direito geral de liberdade é uma das dimensões do direito ao desenvolvimento da personalidade (artigo 26º, nº 1, da CRP). V., por todos, PAULO MOTA PINTO, «O Direito ao Livre Desenvolvimento...», p. 162; cfr., porém, ISABEL MOREIRA, *A solução*..., pp. 129 ss.

[3445] Sendo possível que a par da colisão com o dever de abstenção se coloque também a questão da colisão do dever de proteção com outros bens, interesses ou valores, eventualmente sem patente constitucional: por exemplo, o fator financeiro, o segredo militar sobre questões relevantes para a defesa nacional, as considerações relevantes para a política externa. Cfr. MATTHIAS MAYER, *Untermaß, Übermaß*..., pp. 29-30. Nestas situações, o legislador é o próprio "portador" do bem, interesse ou valor colidente com o dever de proteção (*idem, ob. cit.*, p. 31).

[3446] V., por exemplo, NITZ, *Private*..., p. 369.

[3447] Entre muitos, HERMES, *Das Grundrecht auf Schutz*..., pp. 201 ss.; HESSE, «Der verfassungsgerichtliche...», p. 546; CALLIESS, *Rechtsstaat und Umweltstaat*..., p. 256. Na realidade, pode haver diferentes relações triangulares, com mais do que uma vítima e mais do que um perturbador. Há outras expressões equivalentes, como *Rechts-Dreieck* (ISENSEE, *Das Grundrecht auf Sicherheit: zu den Schutzpflichten des freiheitlichen Verfassungsstaates*, de Gruyter, Berlin/New York, 1983, p. 34; DIETLEIN, «Das Untermaßverbot», p. 135; MATTHIAS MAYER, *Untermaß, Übermaß*..., p. 31) ou *Störerdreieck* (OLIVER KLEIN, «Das Untermaßverbot...», p. 962). As constelações triangulares são, portanto, relações jurídico-constitucionais multipolares que colocam em tensão três ângulos: o da fonte de perturbação de um direito, designadamente a ação de um particular (nunca uma autoridade pública, uma vez que nesse caso se estará no domínio da função de defesa e não de proteção: IPSEN, *Staatsrecht II*, nº margem 106) que perturba um bem jusfundamentalmente protegido de outro particular, com isso expondo o seu próprio direito de defesa perante o Estado; o do particular ("vítima") que vê o seu direito perturbado pelo exercício do direito do perturbador e que tem perante o Estado um direito à proteção contra a perturbação; o do Estado, que tem simultaneamente o dever de não intervir no direito do perturbador e o dever de proteger o direito da vítima. Importa notar, com ISENSEE, «§ 191 Das Grundrecht als Abwehrrecht und als staatliche Schutzpflicht», 3ª ed., p. 416, que o modelo *Dreieck* é apenas um modelo típico idealizado. Na doutrina nacional, MIRANDA/MEDEIROS, *Constituição*..., tomo I, 2ª ed., p. 343.

[3448] RAINER WAHL/JOHANNES MASING, «Schutz durch Eingriff», in *JZ*, vol. 45 (1990), pp. 553 ss.

[3449] ISENSEE, «§ 191 Das Grundrecht als Abwehrrecht und als staatliche Schutzpflicht», 3ª ed., p. 419; outras indicações em PASCUAL, *Derechos fundamentales y riesgos tecnológicos*..., pp. 113 ss.; *idem*, «Los Derechos...», pp. 355 ss.; MERTEN, «Grundrechtliche...», pp. 222 ss.; ŠUŠNJAR, *Proportio-*

PROIBIÇÃO DO EXCESSO E PROIBIÇÃO DO DEFEITO

à defesa dos direitos e de um espaço de liberdade e autonomia dos cidadãos perante o Estado (segurança perante o Estado), isso não tornou supérfluo nem ultrapassado o anterior objetivo da segurança *através* do Estado. O que surge de novo é a formalização constitucional desse objetivo, bem com a alteração dos seus pressupostos e consequências[3450]. Os direitos de proteção são a expressão moderna da antiga teleologia securitária do Estado constitucional, assente no monopólio do uso da força pelo Estado e na proibição da autodefesa[3451].

Não obstante as ideias claras sobre a sua proveniência, por vezes falece o consenso sobre a credencial constitucional dos deveres de proteção.

Não é o caso de Portugal, onde a sua base normativa é sólida, como se antecipou acima[3452]: desde o artigo 18º, nº 1, na parte em que vincula o legislador e entidades privadas aos direitos fundamentais[3453], até ao artigo 18º, nº 2, na medida em que aceita explicitamente leis restritivas de direitos, liberdades e garantias que têm o fim de salvaguardar *outros direitos*, passando pela generosa consagração de deveres positivos resultantes de direitos sociais que, por maioria de razão, indiciam deveres positivos de proteção de direitos negativos.

Diferentemente, noutros ordenamentos ou são geralmente rejeitados, como nos EUA[3454], ou, na ausência de alicerces normativos inequívocos, são objeto de controvérsia. Assim sucede na Alemanha, onde o debate plural e profundo tem tido o mérito de iluminar as raízes dogmáticas do instituto [3455]. Aí a ten-

---

nality..., p. 290 ss. (concluindo que a conceção dos direitos como prototípicos direitos de defesa não corresponde à conceção "tradicional", ao invés do que sustentam BÖCKENFÖRDE e outros); JORGE P. DA SILVA, *Deveres do Estado...*, p. 58 (os deveres de proteção filiam-se numa linha de pensamento que remonta às obras de Hobbes e não de autores liberais como Locke).

[3450] ISENSEE, «§ 191 Das Grundrecht als Abwehrrecht ...», p. 419.

[3451] Sobre isto, por exemplo, MURSWIEK, *Die staatliche Verantwortung...*, pp. 102 ss.

[3452] *Supra*, 3.5.1.1.

[3453] V., por todos, MIRANDA/MEDEIROS, *Constituição...*, tomo I, 2ª ed., p. 342; JORGE P. SILVA, *Dever de legislar e protecção...*, pp. 38, 44. A ancoragem dos deveres de proteção simplesmente neste preceito pode ser, porém, questionável, designadamente quando se pensa nos deveres de proteção da vertente negativa de direitos sociais.

[3454] Nos EUA a tendência é para os rejeitar ou, pelo menos, para rejeitar *direitos* à proteção: assim, CROSS, «The Error of Positive Rights», pp. 864-865. E mesmo os autores que os admitem (v., por exemplo, RICHARD POSNER, «The Cost of Rights: Implications for Central and Estern Europe – and for the United States», in *Tulsa Law Journal*, vol. 32 (1996), pp. 1 ss.), tendem a conceder que não são judicialmente oponíveis. Todavia, CROSS, *ob. cit.*, p. 873, admite que a *"state action condition"* da 14ª Emenda tem sido interpretada por alguma doutrina de modo suficientemente amplo para alicerçar um *direito à proteção contra atos de particulares*.

[3455] Por exemplo: (i) o conteúdo objetivo dos direitos fundamentais; (ii) o fim do Estado de garantia da segurança dos cidadãos; (iii) o núcleo central da dignidade humana; (iv) o princípio do Estado social; (v) a assimilação dos deveres de proteção aos direitos de defesa: v. a exposição sumária em STÖRRING, *Das Untermaßverbot...*, pp. 29 ss.

O PRINCÍPIO DA PROIBIÇÃO DO EXCESSO

dência dominante aponta para a sua radicação na conceção dos direitos fundamentais como ordem ou sistema de valores objetivos que vincula toda a ordem jurídica[3456]. Entre os subprodutos dessa conceção avulta o efeito de irradiação (*Ausstrahlungswirkung*)[3457] e uma função de "segunda geração" dos direitos fundamentais (SCHERZBERG), materializada num dever geral de garantia da respetiva efetivação atribuído ao Estado. Ao Estado, nesta sua nova faceta de "amigo dos direitos fundamentais"[3458], incumbiria "zelar, inclusive preventivamente, pela proteção dos direitos fundamentais dos indivíduos não somente contra os poderes públicos, mas também contra agressões oriundas de particulares e até mesmo de outros Estados"[3459].

[3456] Não obstante haver autores que refutam a necessidade de recorrer às teorias dos valores para justificar a extensão das funções dos direitos em relação à sua configuração de direitos de defesa: ŠUŠNJAR, *Proportionality...*, p. 294. A construção dos direitos fundamentais como ordem objetiva de valores emergiu na jurisprudência do *BVerfG* no caso *Lüth-Urteil* (1958), mas tem antecedentes no ambiente constitucional de Weimar (1919), nomeadamente nas doutrinas das garantias institucionais (MARTIN WOLFF e CARL SCHMITT) e da dimensão axiológica da Constituição (SMEND). A literatura é inabarcável. Entre outros: BÖCKENFÖRDE, *Stato, costituzione...*, pp. 212 ss.; SARLET, «Constituição e Proporcionalidade...»; ALEXY, «On constitutional rights...» *cit.*; HORST DREIER, «Subjektiv-rechtliche und objektiv-rechtliche Grundrechtsgehalte», in *JURA* (1994), pp. 509 ss.; JARASS, «Die Grundrechte...», pp. 39 ss.; RASSOW, «Zur Konkretisierung des Untermaßverbotes», p. 264. Mas continua a haver vozes críticas – muito minoritárias, é certo – em relação à fundamentação dos deveres de *proteção* na função objetiva dos direitos fundamentais: v., por exemplo, ENDERS, *in* Friauf/Höfling, *Berliner Kommentar zum Grundgesetz*, Erich Schmidt Verlag, Berlin, 2003, art. 1, número marginal 135 (*apud* MATTHIAS MAYER, *Untermass...*, p. 13); PASCUAL, «Los derechos fundamentales a la protección penal», pp. 353 ss. ("uma tese que não se demonstra"). Para o último autor, aquele argumento, além do mais, não explica por que é que os cidadãos, de acordo com a doutrina maioritária, têm um *direito subjetivo* ao cumprimento destas obrigações. A ancoragem dos deveres de proteção na dimensão objetiva dever-se-ia simplesmente à circunstância de a tese ter sido construída a partir das sentenças do BVerfG sobre o aborto (1975 e 1993), onde se fixou o dever de proteção do nascituro resultante do direito objetivo, sem contudo se poder atribuir ao mesmo nascituro um *direito subjetivo* à proteção; também, HAIN, «Ockham's Razor – ein Instrument zur Rationalisierung...», p. 1041. A ancoragem dos deveres de proteção na dimensão objetiva tem acolhimento na jurisprudência constitucional portuguesa: v., por todos, o acórdão nº 75/10 e acórdãos aí citados. Na doutrina portuguesa, NOVAIS, *As restrições...*, pp. 59 e ss.

[3457] V., entre muitos, (em alguns casos com forte sentido crítico), OSSENBÜHL, «Verfassungsgerichtsbarkeit und Gesetzgebung», in Badura/Scholz (eds.), *Verfassungsgerichtsbarkeit und Gesetzgebung. Symposium aus Anlass des 70. Geburtstags von Lerche*, Beck, München, 1998, p. 83; BÖCKENFÖRDE, *Stato, costituzione...*, p. 221; MARIBEL PASCUAL, *El Tribunal Constitucional...*, pp. 48 ss.

[3458] DIETLEIN, *Die Lehre von den grundrechtlichen Schutzpflichten*, pp. 17 ss.; STERN, *Staatsrecht III*, p. 946.

[3459] Reproduzimos a síntese de SARLET, «Constituição e Proporcionalidade...», p. 21, a partir de HESSE, *Grundzüge...*, p. 155 e MICHAEL SACHS, «Vorbermerkungen zu Abschnitt I», in Michael Sachs (org), *Grundgesetz-Kommentar*, C. H. Beck, München, 1996, pp. 79-80. Cfr., também,

PROIBIÇÃO DO EXCESSO E PROIBIÇÃO DO DEFEITO

Apesar da sua grande difusão, esta doutrina não é unânime. Desde logo, a ideia de uma pirâmide teleológica (*Stufenpyramide der Zweckebenen*), com vários patamares de objetivos do Estado, na base da qual estariam os deveres de proteção, pode suscitar relutância[3460]. Por outro lado, pesam os argumentos de quem prenuncia um enfraquecimento dos direitos fundamentais ou da sua função original de defesa, na medida em que a proteção dos direitos de alguns requeira a restrição pelo legislador dos direitos de outros. Há ainda quem alerte para o risco de se degradar a decisão do legislador a mera execução da constituição[3461]/[3462].

Estes argumentos críticos ganham particular acutilância quando se admita que os deveres *objetivos* de proteção implicam correlativamente direitos *subjetivos* dos particulares (cuja violação é sindicável nos tribunais e suscetível de recurso de amparo ou queixa constitucional[3463]) à proteção do Estado contra as interferências de outros particulares[3464]. Uma corrente relevante rejeita ou mostra-se cautelosa em relação a isso[3465]. Mas boa parte da doutrina pende para

TZEMOS, *Das Untermaßverbot*, p. 45; OLIVER KLEIN, «Das Untermaßverbot...», p. 960; LEE, «Grundrechtsschutz...», pp. 300 ss.

[3460] V. a proposta de ISENSEE, «§ 191 Das Grundrecht als Abwehrrecht und als staatliche Schutzpflicht», 3ª ed., p. 420.

[3461] Do risco de mudança da função da constituição e de alteração da organização dos poderes e da criação de um Estado jurisdicional (*verfassungsgerichtlicher Jurisdiktionsstaat*) fala BÖCKENFÖRDE, «Grundrechte als Grundsatznormen», p. 28; *idem, Stato costituzione...*, pp. 250 ss.; da "constitucionalização de toda a ordem jurídica" falam SCHUPPERT/BUMKE, *Die Konstitutionalisierung der Rechtsordnung..., cit.* Sobre isto, STÖRRING, *Das Untermaßverbot...*, pp. 56 ss. (considerando, porém, excessiva a posição de abandono total da função objetiva dos direitos, p. 60).

[3462] Na impossibilidade de desenvolver aqui o tema, v. uma súmula em PASCUAL, «Los derechos fundamentales a la protección penal», pp. 350 ss.; STÖRRING, *Das Untermaßverbot...*, pp. 29 ss.

[3463] JARASS, «Die Grundrechte...», p. 46.

[3464] Discutindo o tema mais geral da existência de *um direito à emanação de normas*, v., por todos, na doutrina nacional, CANOTILHO, *Constituição dirigente...*, pp. 339 ss.

[3465] Na doutrina alemã, JÖRN IPSEN, *Staatsrecht II...*, pp. 32-33, invoca problemas de reciprocidade e de competência e um dilema de direito processual constitucional (referente à queixa constitucional ou *Verfassungsbeschwerde*), desfavoráveis à existência de direitos subjetivos à proteção. ISENSEE sustenta que, em princípio, ao dever objetivo de proteção do Estado apenas corresponde um direito subjetivo formal à proteção. Tratar-se-ia de um direito necessariamente mediado pela lei (os direitos à proteção são direitos *perante* e *através* do Estado, enquanto os direitos de defesa são direitos *perante* o Estado: *Schutz durch den Staat, Schutz vor dem Staat*) que só sob pressupostos específicos corresponderia a um direito subjetivo a uma medida específica de proteção: «§ 191 Das Grundrecht als Abwehrrecht...», 3ª ed., p. 414. STARCK, *Praxis...*, p. 70, ensina que só há direito subjetivo à proteção quando, excepcionalmente, a constituição fala expressamente de proteção (como no caso do artigo 26º, nº 2, da Constituição portuguesa, diríamos nós); SARLET, *A eficácia...*, p. 193. Outros assinalam o desencontro entre o caráter geral e abstrato da lei e o caráter individual de qualquer pretensão à melhoria da lei (DIETLEIN, *Die Lehre von den grundrechtlichen Schutzpfli-*

O PRINCÍPIO DA PROIBIÇÃO DO EXCESSO

a aceitação da existência de direitos subjetivos[3466], havendo divergências sobre se estes têm natureza *absoluta* ou *relativa*, no sentido civilístico do termo[3467].

No entanto, fora dos casos em que a constituição consagre com suficiente objetividade um dever e um direito à proteção[3468], a automaticidade da correlação entre deveres de proteção e direitos à proteção enfrenta várias críticas. Desde logo, a crítica formal que denuncia a circularidade da argumentação: associada ao reconhecimento de direitos (subjetivos) fundamentais há uma dimensão objetiva; da dimensão objetiva das normas dos direitos fundamentais decorrem deveres objetivos de proteção[3469]; a partir dos deveres objetivos de proteção desencadeia-se um processo de "re-subjetivação" (*Re-Subjektivierung*), donde resultam direitos subjetivos à proteção pelo legislador[3470].

Por outro lado, há que ter em conta a estrutura que tais direitos subjetivos teriam. Os próprios adeptos dos direitos subjetivos à proteção reconhecem a diferença estrutural entre eles e os direitos de defesa. Uma das formulações com mais adeptos é a de ALEXY[3471]: os direitos de defesa proíbem a destruição, o impedimento ou o prejuízo de algo, impõem uma abstenção. Quando há um dever

---

chten, pp. 170-171). O *BVerfG* tem mantido alguma ambiguidade (cfr. STÖRRING, *Das Untermaßverbot...*, pp. 61-62).

[3466] ALEXY, *A Theory...*, p. 300; SCHERZBERG, «'Objektiver' Grundrechtsschutz und subjektives Grundrecht», in *DVBl* (1989), pp. 1128 ss.; *idem, Grundrechtsschutz und "Eingriffsintensität"...*, p. 221 (sustentando a tese inovadora de que o direito subjetivo é originado pela violação da proibição do defeito:); JARASS, «Die Grundrechte...», pp. 48 ss.; *idem*, «Art. 1», in Jarass /Pieroth, *Grundgesetz für die Bundesrepublik Deutschland: GG Kommentar*, 13ª ed., Beck, München, 2014; MATTHIAS MAYER, *Untermaß, Übermaß...*, p. 148; BARAK, *Proportionality...*, p. 428. Na doutrina nacional, aderindo expressamente a essa orientação "alemã", VASCO PEREIRA DA SILVA, «Todos diferentes...», pp. 40 ss.; com cautelas, ANDRADE, *Os Direitos...*, 5ª ed., pp. 144 ss.; NOVAIS, *As restrições...*, pp. 86 ss., esp. 91-2. Todavia, JORGE P. SILVA, *Dever de legislar e protecção...*, pp. 41 ss., conclui, em geral, que a doutrina se tem mostrado reticente e a jurisprudência avessa. No contexto da aceitação de direitos subjetivos à proteção, talvez a tese mais diferenciada seja a de ROBBERS, na medida em que sustenta a derivação de direitos subjetivos à proteção do primado do direito subjetivo sobre o direito objetivo e da anterioridade do primeiro em relação ao segundo (ROBBERS, *Sicherheit...*, pp. 146 ss.). Para uma visão geral da discussão, TZEMOS, *Das Untermaßverbot*, p. 36; STÖRRING, *Das Untermaßverbot...*, pp. 60 ss.

[3467] Isto é, oponíveis a *todos*, particulares e Estado, ou apenas ao Estado. V. MERTEN, «Grundrechtliche...», p. 231; para uma discussão dos conceitos, TELES, «Direitos absolutos e relativos», *cit.*

[3468] HESSE, *Grundzüge...*, p. 186, fala da necessidade de uma previsão suficientemente detalhada por parte do direito objetivo; VASCO PEREIRA DA SILVA, «Todos diferentes...», p. 32, refere-se a deveres de atuação concretos e determinados a cargo dos poderes públicos

[3469] Para KLEIN, «Das Untermaßverbot...», p. 960, os deveres fundamentais de proteção são hoje a figura central da dimensão objetiva nos direitos fundamentais.

[3470] Sobre isso, LEE, «Grundrechtsschutz...», p. 301.

[3471] «On Constitutional Rights...», p. 5; «Sobre la estructura...», p. 122. V., também, KLATT/MEISTER, *The Constitutional...*, pp. 88 ss.

PROIBIÇÃO DO EXCESSO E PROIBIÇÃO DO DEFEITO

de abstenção, *todas as ações positivas* estão em princípio proibidas (estrutura *conjuntiva*). Os direitos de defesa exigem uma não interferência, que se cumpre com a omissão de *toda e qualquer* medida. O titular do direito subjetivo tem um direito de tipo universal a que toda e qualquer ação seja omitida. A sua perturbação através de uma interferência tem forçosamente como oposto (único) a omissão dessa interferência[3472]. Em contraste, os direitos de proteção extraem-se de comandos que obrigam a proteger, salvar ou amparar algo e têm uma estrutura de *alternatividade*. Quando há um dever de proteção, não estão comandadas todas as ações possíveis; existe uma *alternativa* entre várias hipóteses (estrutura *disjuntiva* ou *alternativa*). Vendo pelo ângulo do sujeito ativo, não há um direito subjetivo dirigido a *uma* medida específica ou a *todas* as medidas que assegurem a proteção; há sim direito a *uma qualquer* ação que assegure que a proteção é atingida. Esta estrutura alternativa implica que a omissão inconstitucional não tem *um único contrário* constitucionalmente conforme, uma única possibilidade de ação, mas tantas alternativas quantas existam, havendo, em princípio, liberdade de fixação dos meios[3473]. Consequentemente, da constituição decorre, por norma, apenas o fim da proteção, cuja efetivação está sujeita a uma ampla liberdade de conformação do legislador[3474].

Concluindo, a orientação mais prudente consiste em apostar numa avaliação caso a caso. Há circunstâncias em que a própria Constituição estabelece expressamente *um direito* à proteção[3475]. Fora esses casos, vale a conceção *alexiana* de um simples direito a *uma qualquer* ação que assegure que a proteção é atingida.

[3472] V., também, KLATT/MEISTER, *The Constitutional...*, pp. 88-89 ("as ações ilegais positivas do Estado [...] têm um oposto definitivo, isto é, a omissão dessa mesma ação ilegal"); LÜBBE-WOLFF, *Die Grundrechte als Eingriffsabwehrrechte...»*, *cit.* A construção é discutível. De um certo ângulo, pode dizer-se que as ações ilegais positivas do Estado de interferência em direitos têm como oposto a omissão dessas ações ou a prática de ações positivas de interferência constitucionalmente válidas.

[3473] Contudo, diferentemente daquilo que, na senda de ALEXY, parece decorrer do que escrevem KLATT/MEISTER, *The Constitutional...*, pp. 105-106, nem se pode dizer que nestes casos há *forçosamente* liberdade de escolha dos meios, nem se pode afirmar que *só nestes* casos há liberdade de escolha dos meios.

[3474] Como defende ALEXY, *Theorie...*, p. 420.

[3475] Como sucede com o direito à proteção legal contra quaisquer formas de discriminação (artigo 26º, nº 1) e com o direito à proteção dos dados pessoais (artigo 35º, nº 2) ou um *direito à criação de garantias pela lei*, como as garantias contra a obtenção e utilização abusivas, ou contrárias à dignidade humana, de informações relativas às pessoas e famílias (artigo 26º, nº 2). Aliás, estes direitos à proteção com uma elevada determinação conteúdistica transpõem a fronteira entre direitos de liberdade e direitos sociais, como se pode ilustrar com o direito à especial proteção das mulheres durante a gravidez e após o parto (artigo 59º, nº 2, *c*) e 68º, nº 3) e outros direitos previstos no artigo 59º, nº 2, *c*). Nessas circunstâncias haverá um direito subjetivo de primeira ordem, judicialmente invocável e imponível. Em contrapartida, o dever do legislador de definir medidas de proteção, assistência ou educação de menores em estabelecimento adequado (artigo 27º, nº 3, *e*),

O PRINCÍPIO DA PROIBIÇÃO DO EXCESSO

Todavia, trata-se então de um direito subjetivo de segunda ordem ou *enfraqueci-do*, que se pode qualificar de *simples pretensão legítima* e com possibilidade de imposição judicial limitada. E há casos em que, mesmo admitindo-se que o legislador está obrigado à escolha de certos meios de proteção, como, por exemplo, sanções penais, atenta a sua eficácia preventiva e repressiva, é difícil conceber um direito subjetivo à definição legislativa de tais sanções ou tão pouco à respetiva imposição individual a certos indivíduos[3476].

3.5.1.2.2. Deveres de proteção dos direitos de particulares contra interferências ou perturbações perpetradas por poderes estatais estrangeiros[3477]

Trata-se, por um lado, de deveres gerais de criação de condições de defesa nacional de proteção do Estado e da comunidade política, bem como dos cidadãos, contra qualquer atividade de potências estrangeiras[3478]. Mas também de deveres de proteção que decorrem do artigo 14º da Constituição (embora, neste caso, limitados àqueles direitos que não sejam incompatíveis com a ausência do país)[3479].

3.5.1.2.3. Deveres de emissão de normas estruturadoras de processos, procedimentos, organização e financiamento que possibilitem o exercício de certos direitos fundamentais

De acordo com a doutrina predominante, os deveres de emissão de normas estruturadoras de processos, procedimentos, organização e financiamento[3480] que possibilitem o exercício de certos direitos fundamentais integram o núcleo de deveres cujo (in)cumprimento é passível de sujeição ao crivo da proibição do defeito. Têm como contrapartida os direitos à produção das normas de processo, procedimento, organização e financiamento[3481] que permitem materia-

não tem como contrapartida um *direito subjetivo* ou sequer uma *pretensão legítima* dos indivíduos potencialmente beneficiários da proteção.

[3476] MERTEN, «Verhältnismässigkeitsgrundsatz», nº marginal 89.

[3477] A referência à proteção contra o poder estatal externo é aditada por SARLET, «Constituição e Proporcionalidade...», p. 21, BOROWSKI, *Grundrechte...*, 2ª ed., p. 192, e outros, contrariando a tendência maioritária para colocar no vértice respetivo das constelações triangulares exclusivamente os particulares perturbadores dos direitos de outros particulares.

[3478] ISENSEE, «§ 191 Das Grundrecht als Abwehrrecht und als staatliche Schutzpflicht», 3ª ed., p. 419, fala, a este propósito, de *segurança física*, mas trata-se de mais do que isso.

[3479] Cfr., por todos, JORGE P. SILVA, «Anotação ao artigo 14º», in Miranda/Medeiros, *Constituição...*, I, 2ª ed., pp. 251 ss.

[3480] Com uma ou outra variação, esta é a terminologia geralmente usada, não obstante as críticas que se lhe podem endereçar: v. ALEXY, *A Theory...*, pp. 316-317, apontando-lhe a imprecisão técnica e a ambiguidade e admitindo que bastaria falar de direitos procedimentais ou direitos a posições procedimentais.

[3481] Não obstante a fórmula perentória do texto, a questão da subjetivização dos deveres de organização e procedimento pode ser sujeita a discussão similar à que acabámos de realizar a propósito

lizar o que Häberle crismou de *status activus processualis*[3482]. Trata-se de uma categoria dogmática que não poderemos aqui estudar desenvolvidamente[3483], mas a questão suscita algumas considerações.

As fronteiras em relação às anteriores categorias (particularmente a primeira) nem sempre são fáceis de delinear com nitidez[3484]. Estes deveres do legislador resultam de normas de direitos incidentes sobre instrumentos processuais, procedimentais ou organizativos, como sucede nos casos dos direitos processuais ou dos direitos de participação política (o direito ao sufrágio, o direito de acesso a cargos públicos ou o direito de petição), ou decorrem da necessidade de o Estado criar condições organizativas e procedimentos que sejam instrumentais ao exercício – e até, porventura, ao controlo do exercício – de outros direitos, como o direito de reunião ou à manifestação. Em todos esses casos, o legislador está obrigado a criar os quadros regulatórios e organizativos adequados a permitir que tais direitos se possam exercer: normas processuais e de organização judiciária, normas sobre organização de processos eleitorais, normas do recenseamento, normas sobre concursos e habilitações para acesso a empregos públicos, normas sobre o procedimento para o exercício do direito de petição, normas sobre a comunicação prévia da intenção de manifestação, etc. Podem ainda incluir-se nesta categoria os deveres de consagrar e regular alguns institutos de direito privado, como o abuso de direito ou a responsabilidade civil[3485].

---

dos deveres de proteção e está longe de ser consensual. Na medida em que os direitos a organização e procedimento decorrem diretamente de direitos fundamentais subjetivos (por exemplo, o direito subjetivo a votar), Alexy, *A Theory...*, pp. 319, admite, pelo menos em abstrato, a possibilidade de existência de *direitos subjetivos* à emissão pelo legislador de normas de organização e procedimento (invocando jurisprudência do *BVerfG*), mas remete para a apreciação de cada dever em concreto; em sentido inverso, admitindo apenas a natureza *objetiva* daqueles deveres, Ulrich Klaus Preuss, *Die Internalisierung des Subjekts: zur Kritik d. Funktionsweise d. subjektiven Rechts*, Suhrkamp, Frankfurt a.M, 1979, pp. 189 ss.

[3482] Häberle, *Grundrechte...*, pp. 43 ss. Cfr., também, Hesse, *Bestand und Bedeutung der Grundrechte*, pp. 434 ss.; Canotilho, «Tópicos de um curso...», p. 152.

[3483] V., em geral, Häberle, Grundrechte..., *cit.*; Goerlich, Grundrechte als Verfahrensgarantien...», *cit.*; Herbert Bethge, «Grundrechtsverwirklichung und Grundrechtssicherung durch Organization und Verfahren», in *NJW* (1982), pp. 1 ss.; Canotilho, «Tópicos de um curso...», *cit.*; Bergner, *Grundrechtsschutz durch Verfahren...*», *cit.*; Jorge P. Silva, *Dever de legislar e protecção...*, pp. 52 ss.

[3484] Assim, por exemplo, Jorge P. Silva, *Dever de legislar e protecção...*, p. 52; um exemplo claro de ausência de nitidez é o que resulta do tratamento de Gavara de Cara, *Derechos fundamentales...*, pp. 183 ss.

[3485] Alexy, *Teoria...*, pp. 467 ss., fala de quatro categorias: deveres de formulação de normas legais constitutivas de institutos de direito privado; deveres de emanação de normas processuais e procedimentais aptas a garantir uma proteção jurídica efetiva; deveres de criação de normas

O PRINCÍPIO DA PROIBIÇÃO DO EXCESSO

A consideração da fulcral importância do cumprimento destes deveres para o funcionamento do modelo de sociedade arquitetado pela Constituição e para o pleno exercício de direitos fundamentais é suficiente para lhes atribuir uma energia igual ou superior aos deveres de proteção. Em alguns casos, o chamado núcleo mínimo do dever de ação coincide em boa medida com a sua extensão ideal. Significa isso que se trata de deveres cuja componente material apenas *prima facie* é reduzida. Nessa medida, a aplicabilidade da proibição do defeito em *sentido próprio*, isto é, como instrumento racionalizador de operações de harmonização em situações de colisão, é também limitada.

Por outro lado, mesmo que contenham uma coroa normativa suscetível de acomodação, estes deveres possuem uma pretensão de prevalência perante princípios ou bens, interesses ou valores conflituantes porventura superior à dos deveres de proteção ou dos deveres de materialização dos direitos sociais.

3.5.1.2.4. *Deveres de produção de normas legislativas que permitam a materialização da vertente positiva dos direitos sociais, alocando recursos públicos ou intervindo nas relações entre particulares*

O legislador está sujeito a deveres de materialização dos direitos sociais[3486]. Isso decorre da tarefa do Estado social de organizar a sociedade ou alguns dos seus grupos específicos como *comunidade de solidariedade*[3487]. Enquanto os deveres

---

organizatórias conformes aos direitos; deveres de criação de normas que facultem aos cidadãos a possibilidade de participarem na formação da vontade estatal. Por outro lado, Canotilho, «Tópicos para um curso...», p. 20, estabelece sete tipos de relações entre procedimento-processo-organização e os direitos. Cfr., também, Jorge P. Silva, *Dever de legislar e protecção*..., p. 52.

[3486] Sendo consensual que a concretização dos direitos sociais não depende apenas de ações do legislador. Por todos, Jorge P. Silva, *Dever de legislar e protecção*..., p. 35. A expressão *materialização* (de direitos sociais), que usamos ao longo do trabalho, é aplicável no que se refere à dimensão dos direitos sociais que as normas constitucionais exprimem apenas *idealmente* ou *programaticamente*. Por essa expressão não estão, portanto, abrangidas as dimensões das normas de direitos sociais *imediatamente exequíveis* e exigíveis, como são a dimensão negativa que impõe uma *abstenção* do legislador de interferência na fruição do direito, ou a dimensão positiva que impõe diretamente prestações suficiente e originariamente determinadas na Constituição (cujo regime constitucional é equivalente ao aplicável aos deveres positivos do legislador decorrentes de direitos, liberdades e garantias), ou prestações que asseguram o mínimo de subsistência ou de existência condigna, resultante do princípio da dignidade da pessoa humana. Consequentemente, sempre que nos referimos a *materialização de direitos sociais* aludimos à ação (ou ao cumprimento dos deveres de ação) do legislador de execução da dimensão estritamente programática das normas que os recebem, em relação às quais, como é doutrina virtualmente unânime, o legislador tem uma margem de conformção e de apreciação das condições financeiras, económicas, sociais e políticas quase plena e apenas residualmente controlável pelo juiz constitucional (mas ainda assim controlável, como veremos neste capítulo).

[3487] Miranda, «Estado social, crise...», pp. 256 ss.; Novais, *Direitos sociais*..., pp. 22 ss.; Isensee, «§ 191 Das Grundrecht als Abwehrrecht und als staatliche Schutzpflicht», 3ª ed., p. 419.

PROIBIÇÃO DO EXCESSO E PROIBIÇÃO DO DEFEITO

de proteção são construídos com vista à proteção dos particulares nas relações com outros particulares, os deveres de materialização dos direitos sociais são vistos como veículo de agregação social e de proteção contra riscos sociais e do mercado[3488].

Não se pode desenvolver aqui todo o debate que a estrutura destes direitos e deveres suscita. Para efeitos do presente trabalho, importa apenas reter que o *grau de obrigatoriedade* ou de vinculatividade dos deveres de materialização destes direitos é semelhante ao que a constituição associa aos deveres de proteção. Porém, as posições jurídicas subjetivas que decorrem dos direitos sociais são normalmente mais indeterminadas, estão mais dependentes dos juízos de oportunidade do legislador e da sua liberdade de conformação e são mais sensíveis à conjuntura[3489]/[3490].

3.5.1.2.5. Deveres de criação de condições de igualdade ou de eliminação de situações de desigualdade

Alguns autores consideram que há inconstitucionalidade por omissão quando o legislador não cumpre o dever de eliminar uma desigualdade ou de repor a igualdade em situações de diferenciação injustificada[3491]: exemplo, o dever de "operar as necessárias correcções das desigualdades na distribuição da riqueza e do rendimento" (artigo 81º, *b*)). Em não poucos casos, pode suscitar-se a questão de saber onde começa a violação da proibição do defeito e onde termi-

---

[3488] ISENSEE, *idem*.

[3489] Cfr. MIRANDA, «Estado social, crise...», p. 260; NOVAIS, *Direitos sociais...*, pp. 89 ss.

[3490] Sublinhe-se que aqui tratamos apenas da *vertente positiva* dos direitos sociais, aquela que é determinante e qualificadora desses (enquanto que nos direitos de liberdade a dimensão determinante é a negativa). As várias dimensões da vertente negativa dos direitos sociais são protegidas através dos instrumentos da proteção do mínimo de subsistência ou do princípio da proibição do excesso, consoante as circunstâncias (admitindo-se que não vigora, em geral, um princípio da proibição do retrocesso social). Isso sucede com a dimensão negativa que decorre da direta normatividade ou exequibilidade das normas que consagram direitos sociais (por exemplo, proibição de impor as prestações a quem não as queira, proibição de lesar os bens, interesses ou valores objetivamente protegidos pelas normas de direitos sociais, como o ambiente ou o património cultural, proibição de interferir no grau de materialização já atingido através de meios próprios), e com a que decorre de o legislador ter cumprido total ou parcialmente o seu dever de materialização do direito, dispondo o particular não de simples *pretensões legítimas* ao cumprimento daquele dever, mas de verdadeiros direitos subjetivos ao aproveitamento ou fruição de bens, interesses ou valores tutelados através do direito social e materializados através de lei. Cfr. FREITAS, «O princípio da proibição...», p. 838; GOUVEIA, *Manual...*, II, 6ª ed., pp. 1047 ss.; MIRANDA, «Estado social, crise...», p. 262.

[3491] JORGE P. SILVA, *Dever de legislar e protecção...*, pp. 21, 58 ss., 66 ss., *passim*; MIRANDA, *Manual...*, VI vol., 2ª ed., pp. 361, 368.

O PRINCÍPIO DA PROIBIÇÃO DO EXCESSO

na a violação do princípio da igualdade. Seguramente, trata-se de duas normas de ação e de controlo do legislador que funcionam autonomamente.

3.5.1.2.6. *Deveres de produção de normas legislativas que protejam bens, interesses ou valores públicos fundamentais*

Deveres de produção de normas legislativas que protejam bens, interesses ou valores públicos fundamentais extraem-se, por exemplo, do artigo 66º, nº 2, nomeadamente quando incumbe o Estado de, através de organismos próprios e com o envolvimento e a participação dos cidadãos, "prevenir e controlar a poluição e os seus efeitos e as formas prejudiciais de erosão" (alínea *a*) e "ordenar e promover o ordenamento do território, tendo em vista uma correta localização das atividades, um equilibrado desenvolvimento socioeconómico e a valorização da paisagem" (alínea *b*)[3492]. Anteriormente observámos que a maior parte das "incumbências prioritárias" do Estado enunciadas nas alíneas do artigo 81º, não têm espessura suficiente para constituir deveres suficientemente determinados do legislador, pelo que são assimiláveis às situações sujeitas à proibição do excesso[3493]. Mas há algumas que a têm, como a da parte final da alínea *b*) (operar as necessárias correções das desigualdades na distribuição da riqueza e do rendimento, nomeadamente através da política fiscal), a da alínea *h*) (eliminar os latifúndios e reordenar o minifúndio) e talvez também *m*) (adotar uma política nacional de energia com preservação dos recursos naturais e do equilíbrio ecológico) e *n*) (adoptar uma política nacional de água, com aproveitamento, planeamento e gestão racional dos recurso hídricos).

3.5.1.2.7. *Deveres de produção de normas legislativas de prevenção e ação perante fenómenos (designadamente catástrofes) naturais*

Na doutrina não é unânime a aceitação de deveres de proteção resultantes de riscos naturais[3494]. Pelo menos, a possibilidade de direitos subjetivos parece de afastar[3495].

[3492] Cfr. o artigo 20º da GG (com vantagem para o preceito alemão, que alude à proteção através da legislação); TZEMOS, *Das Untermaßverbot*, p. 139.

[3493] Cfr. *supra*, capítulo 12, 3.

[3494] A favor, DIETLEIN, *Die Lehre...*, p. 103; PASCUAL, *Derechos...*, *cit.*; HANS KLEIN, «Die grundrechtliche...», p. 490; LEE, «Grundrechtsschutz...», p. 304; Miranda/Medeiros, *Constituição...*, tomo I, 2ª ed., p. 343; NOVAIS, *Direitos Sociais*, p. 259; JORGE PEREIRA DA SILVA, *Deveres do Estado...*, pp. 256 ss. Contra, ECKART KLEIN, «Grundrechtliche...», p. 1633; UNRUH, *Zur Dogmatik...*, p. 21; MERTEN, «Grundrechtliche...», p. 237.

[3495] JORGE PEREIRA DA SILVA, *Deveres do Estado...*, p. 270, com mais indicações.

3.5.2. Segundo denominador comum: colisão normativa entre deveres do legislador ou entre deveres de ação e permissões a ser solucionada através de harmonização legislativa

Para que a proibição do defeito seja convocada, é necessário que haja uma colisão entre deveres de ação referidos nos parágrafos anteriores e outros deveres do legislador ou permissões de promoção de certos bens, interesses ou valores não recobertos por qualquer dever de ação[3496].

Há casos de deveres do legislador a propósito dos quais é difícil conceber colisões com outros deveres ou com permissões de prossecução de outros bens, interesses ou valores que devam ser resolvidas através de lei harmonizadora.

Assim, os deveres de proteção dos direitos de particulares contra interferências ou perturbações perpetradas por potências estrangeiras não colidem, regra geral, com outros deveres do legislador ou com permissões de promoção de bens, interesses ou valores colidentes. Nestas situações, admitindo-se a existência de um dever jurídico-constitucional de ação do legislador, ele deve ser cumprido na sua extensão máxima[3497]. Não é aplicável a proibição do defeito em sentido próprio.

3.5.2.1. Modalidades de colisões normativas

Tendo em conta as categorias de deveres de ação do legislador enunciadas, relevam várias modalidades de colisão para efeitos da aplicação da proibição do defeito. Desde logo, hipóteses puras: (i) colisão entre um dever constitucional de ação e um dever constitucional de abstenção (*dever de ação* vs. *dever de abstenção*); (ii) colisão entre dois deveres constitucionais de ação (*dever de ação* vs. *dever de ação*); (iii) colisão entre um dever constitucional de ação e uma permissão de prossecução de bens, interesses ou valores não cobertos por nenhum dever constitucional (*dever de ação* vs. *permissão*).

3.5.2.1.1. Colisões entre deveres de proteção de direitos e deveres de abstenção

No caso dos deveres de proteção, a colisão é um elemento constitutivo dos próprios deveres: os deveres de proteção definem-se como os deveres de intervir sobre posições jurídicas subjetivas colidentes cobertas *prima facie* por deveres de abstenção (*dever de ação* vs. *dever de abstenção*). Um exemplo desta situação é o

---

[3496] Exemplos, eventualmente sem patente constitucional: o segredo militar sobre questões relevantes para a defesa nacional, as considerações relevantes para a política externa, a gestão dos recursos orçamentais. Cfr. Matthias Mayer, *Untermaß, Übermaß...*, pp. 29-30. Como se notou atrás, nestas situações, o legislador não é o vértice de uma constelação triangular, cujos outros dois vértices são pretensões a ele dirigidas por outros tantos sujeitos. O legislador é o próprio "portador" do bem, interesse ou valor colidente com o dever de ação/prestação (*idem, ob. cit*, p. 31).

[3497] Rassow, «Zur Konkretisierung des Untermaßverbotes», p. 270.

O PRINCÍPIO DA PROIBIÇÃO DO EXCESSO

do acórdão nº 632/08 (duração do período experimental), um dos *leading cases* da jurisprudência do Tribunal Constitucional, embora, como vimos, não tenha sido aplicado o parâmetro da proibição do defeito[3498].

3.5.2.1.2. *Colisão entre deveres de proteção de bens, interesses ou valores públicos e deveres de abstenção*

O cumprimento dos deveres de proteção de bens, interesses ou valores *públicos* pelo legislador exige frequentemente a interferência em direitos de particulares em relação aos quais existe um dever de abstenção (direito ao desenvolvimento da personalidade, direito de propriedade, liberdade de iniciativa económica, direito de deslocação e outros), gerando-se uma colisão entre deveres (*dever de ação* vs. *dever de abstenção*).

3.5.2.1.3. *Colisões entre deveres de emissão de normas estruturadoras de processos, procedimentos, organização e financiamento e outros deveres ou permissões*

No que toca aos deveres de emissão de normas estruturadoras de processos, procedimentos, organização e financiamento que possibilitem o exercício de direitos fundamentais, já se assinalou que não é raro que o núcleo mínimo do dever de ação coincida quase integralmente com a sua extensão ideal. Nesses casos, uma eventual colisão do dever de produzir essas normas com qualquer outro dever ou permissão resolve-se com a prevalência daquele dever. O Estado é obrigado a cumpri-lo na máxima extensão, sem que se possa falar de necessidade de harmonização.

Sem embargo, são concebíveis colisões entre deveres de emissão de normas estruturadoras de processos, procedimentos, organização e financiamento e deveres de abstenção (*dever de ação* vs. *dever de abstenção*): por exemplo, na organização do recenseamento eleitoral têm de ser ponderados direitos de defesa dos cidadãos. São também concebíveis colisões daqueles deveres com permissões de promoção de outros bens, interesses ou valores não cobertos por deveres (*dever de ação* vs. *permissão*) ou ainda com deveres de proteção (*dever de ação* vs. *dever de ação*).

A colisão entre um dever de emissão de normas estruturadoras de processos, procedimentos, organização e financiamento e uma permissão de prossecução de um interesse público é ilustrada pelo acórdão nº 166/10, que se reveste de particular interesse por ter sido um dos dois primeiros em que o Tribunal aplicou o parâmetro da proibição do defeito e o primeiro em que declarou a inconstitucionalidade da norma fiscalizada por sua violação. Embora a constelação deôntica não seja inequivocamente identificada no acórdão, registava-se uma colisão entre o *dever positivo* do legislador de criar através da lei condições

---

[3498] V. capítulo 5, 2.2.4. e 5.1.1.1.5.

984

PROIBIÇÃO DO EXCESSO E PROIBIÇÃO DO DEFEITO

processuais e procedimentais para que os credores pudessem ver realizado o seu direito à satisfação dos créditos – ou, mais latamente, à tutela do direito de propriedade – e a *permissão* de prosseguir o interesse público (do Fisco) da eficiente e célere cobrança de impostos.

Colisão entre um dever de emissão de normas estruturadoras de processos, procedimentos, organização e financiamento e um dever de proteção é a que ressalta do acórdão nº 254/99, do Tribunal Constitucional[3499]. Colidiam, por um lado, o dever de possibilitação do acesso a informação administrativa, com vista à viabilização do exercício de certos direitos – designadamente de tutela jurisdicional –, e, por outro lado, o dever de proteção de outros direitos, designadamente ao segredo comercial ou industrial, de autor e de propriedade industrial.

Situação que sai um pouco fora das hipóteses centrais abrangidas por esta seção é a da colisão entre o dever do Estado de criar mecanismos organizativos e materiais de proteção de cidadãos portugueses no estrangeiro (proteção diplomática e consular, designadamente) e a permissão de prosseguir outros bens, interesses ou valores, como, por exemplo, os interesses em manter boas relações diplomáticas ou económicos[3500] (*dever de ação* vs. *permissão*).

3.5.2.1.4. Colisões entre deveres de materialização de direitos sociais e outros deveres ou permissões

Os deveres de materialização de direitos a prestações sociais estão sujeitos à *reserva do sustentável*[3501], a qual se traduz em permissões dirigidas ao legislador para acautelar os bens, interesses ou valores da garantia da sustentabilidade das finanças públicas e da alocação sustentável dos recursos públicos e, mais circunscritamente, da sustentabilidade e estabilidade da atividade económica[3502].

Por norma, o legislador depara-se com uma colisão entre o *dever* de materializar o direito social e a *permissão* para acautelar interesses públicos de caráter

---

[3499] V., também, acórdão nº 2/13.

[3500] V., porém, a discussão crítica (e de outros eventuais interesses colidentes) em JORGE P. SILVA, «Anotação ao artigo 14º», in Miranda/Medeiros, *Constituição...*, I, 2ª ed., p. 258.

[3501] A expressão canónica é *reserva do possível*: v., desenvolvidamente, NOVAIS, *Direitos Sociais...*, p. 88. Preferimos falar de reserva do sustentável porque a materialização do direito social pode (ainda) ser *possível* num momento dado, pesada a situação financeira e económica, nacional e internacional, mas não ser *sustentável* num horizonte futuro, mais ou menos antecipável.

[3502] Tipicamente, relacionam-se sobretudo com a sustentabilidade da atividade económica das empresas e dos empregadores (na maioria particulares) os direitos dos trabalhadores do artigo 59º: retribuição, organização do trabalho em condições socialmente dignificantes, prestação do trabalho em condicões de higiene, segurança e saúde, salário mínimo nacional, limites à duração do trabalho, etc. NOVAIS, *Direitos Sociais*, pp. 299-300, diversamente do que defendemos, admite a aplicação da proibição do excesso nestas colisões.

O PRINCÍPIO DA PROIBIÇÃO DO EXCESSO

financeiro (*dever de ação* vs. *permissão*)[3503]. Todavia, a menção à necessidade de acautelar também – embora mais circunscitamente – a sustentabilidade e estabilidade da atividade económica alerta, desde logo, para que pode suceder que os direitos sociais de um grupo colidam com os direitos de outro grupo de particulares, obrigando o legislador a harmonizar a respetiva fruição. Com interesse para a dogmática da proibição do defeito, são configuráveis pelo menos três situações: (i) o dever de materialização de um direito social requer a interferência noutros direitos em relação aos quais o legislador tem um dever *prima facie* de abstenção de interferência (*dever de ação* vs. *dever de abstenção*); (ii) o dever de materialização de um direito social de um grupo colide com o dever de materialização de um direito social de outro grupo (*dever de ação* vs. *dever de ação*); (iii) o dever de materialização de um direito social colide com um dever *prima facie* de proteção (*dever de ação* vs. *dever de ação*).

Exemplos muito estudados da primeira situação são os de colisão entre o dever de materialização do direito à habitação e o dever de abstenção de interferência no direito de propriedade[3504]. Nessa colisão radicam as normas legislativas que, visando assegurar o direito social à habitação, limitam o direito de propriedade, comprimindo os direitos dos senhorios no caso de arrendamento ou atribuindo aos arrendatários o direito unilateral de aquisição das suas habitações mesmo contra a vontade do senhorio[3505]. Outro exemplo com afloramentos na jurisprudência constitucional portuguesa é o da colisão entre o dever do legislador de materialização do direito social à prestação do trabalho em condições de higiene, segurança e saúde e o dever, também do legislador, de abstenção de interferência na liberdade de iniciativa económica privada[3506]. O legislador está obrigado à produção de normas legislativas que, visando assegurar o primeiro direito, limitam a liberdade de iniciativa económica privada através, por exemplo, da instituição de deveres de organização do local de trabalho ou da criação de condições de salubridade e segurança. Ainda outro exemplo, igualmente recolhido da jurisprudência constitucional portuguesa, consiste na colisão entre o dever do legislador de materializar o direito social à fruição cul-

---

[3503] Sobre a aplicação da proibição do defeito aos deveres de operacionalização dos direitos sociais, v., por todos, CLÉRICO, «Das Untermaßverbot...», *cit.*, embora em termos diferentes dos do texto.

[3504] V., por exemplo, acórdãos nºs 263/00 e 302/01, do Tribunal Constitucional.

[3505] Cfr., por exemplo, MIRANDA, *Manual...*, vol. IV, 5ª ed., p. 340; ABRAMOVICH/COURTIS, «Hacia la exigibilidade de los derechos económicos, sociales y culturales. Estándares internacionales y criterios de aplicación ante los tribunales locales», descarregado em maio de 2014; VANDENHOLE, «Conflicting economic and social rights...», pp. 573 ss. (apresentando a colisão como um caso de aplicação da figura da *proporcionalidade mais*, que propõe, e não da proibição do defeito, como defendemos); aparentemente em sentido diverso, BOROWSKI, *Grundrechte...*, 2ª ed., *cit.*, p. 192.

[3506] V. acórdãos nºs 269/10, 270/10 e 222/11, do Tribunal Constitucional.

PROIBIÇÃO DO EXCESSO E PROIBIÇÃO DO DEFEITO

tural, particularmente à fruição do património cultural (artigo 78º, nº 1 e nº 2, *c*)) e a liberdade de expressão e propaganda política[3507]. O legislador deve produzir normas legislativas que salvaguardem o património cultural, permitindo o exercício do direito à sua fruição, podendo suceder que isso implique interferências na liberdade de expressão e propaganda política. Em todos esses casos também se formam *constelações triangulares* entre o Estado, titular do dever de materialização do direito social e do dever de abstenção de interferência em direitos de defesa, os particulares titulares de direitos sociais e os particulares titulares de direitos de defesa[3508]. Ligeiramente diferente, menos frequente, mas inserível nesta categoria de casos, é a situação em que o legislador está adstrito ao dever de materialização de um direito social, tendo para tanto de interferir na vertente *negativa* de outro direito social. Nessa circunstância, a *constelação triangular* que se forma é entre o Estado, titular do dever de materialização do primeiro direito social e do dever de abstenção de interferência na componente negativa do outro direito social, os particulares titulares do primeiro direito social e os particulares titulares de posições jurídicas subjetivas negativas decorrentes do outro direito social.

Exemplo da segunda situação é a do acórdão nº 309/01, do Tribunal Constitucional, sobre regime de arrendamento aplicável às IPSS. Sob apreciação estava uma norma que solucionava a colisão entre o direito social de habitação do senhorio (além do direito de fruição económica do bem objeto de propriedade) e o dever do legislador de o promover e os direitos sociais dos utentes ou beneficiários das IPSS[3509].

A terceira situação é mais rara, mas não inconcebível. Ocorre, por exemplo, quando o legislador estabelece a impenhorabilidade de salários, pensões ou outros bens, resolvendo uma colisão entre o dever de garantir um certo nível de existência condigna (acima do mínimo, uma vez que quando está em causa simplesmente a salvaguarda do mínimo de subsistência não é aplicável a proibição do defeito em sentido próprio) e o dever de proteção da propriedade, disponibilizando ao credor os meios adjetivos e substantivos para satisfazer o seu crédito[3510]; ou quando o legislador tem de criar condições para a materialização do direito social à saúde e ao mesmo tempo tem de o dever de proteger direitos

---

[3507] V. acórdão nº 475/13, do Tribunal Constitucional.

[3508] Cfr., em termos não totalmente coincidentes, mas sem divergência de fundo, NOVAIS, *Direitos Sociais...*, pp. 56 ss.

[3509] Note-se que o Tribunal não aplicou a este caso o parâmetro da proibição do defeito, mas sim a proporcionalidade clássica.

[3510] V. o acórdão nº 349/91, referido *supra*, 5.1.1.5., nota, sobre norma que estabelecia a impenhorabilidade total de pensões, mas sem fazer a distinção apresentada no texto.

O PRINCÍPIO DA PROIBIÇÃO DO EXCESSO

dos indivíduos que prestam serviço no sistema de saúde (em caso de epidemias como o Ébola e outras que representam grave risco para estes últimos).

3.5.2.1.5. *Colisões entre deveres de proteção perante fenómenos naturais e permissões ou deveres de prossecução de outros bens, interesses ou valores*

Existindo dever (o que é motivo de controvérsia[3511]), sustenta-se tendencialmente que o Estado é obrigado a cumprir o dever de produção de normas legislativas de prevenção e ação perante fenómenos naturais (designadamente catástrofes)[3512] *na máxima extensão*, sem ponderação[3513]. Por isso, não são aplicáveis instrumentos de harmonização como a proibição do defeito (ou a proibição do excesso)[3514]. No entanto, esta é uma orientação de princípio: se o cumprimento do dever envolver o dispêndio de recursos ou contender com outros interesses a cargo do Estado, pode a proibição do defeito ser chamada a mediar essa operação de harmonização de bens, interesses ou valores contraditórios (entre, por um lado, o dever de proteção e, por outro, o dever ou permissão de acautelar os interesses financeiros e materiais ou outros, *dever de ação* vs. *dever de ação* ou *permissão*). Em todo o caso, não se forma uma *Dreiecksverhältnis* entre Estado, interessado na proteção e particular atingido por uma interferência num direito[3515].

3.5.2.1.6. *Situações atípicas*

Atípica, desde logo por não envolver o *legislador em sentido próprio*, é a situação do artigo 282º, nº 4, da CRP. Reza este: "quando a segurança jurídica, razões de equidade ou interesse público de excepcional relevo, que deverá ser fundamentado, o exigirem, poderá o Tribunal Constitucional fixar os efeitos da inconstitucionalidade ou da ilegalidade com alcance mais restrito do que o previsto nos nºs 1 e 2."

Como já expusémos, se a norma apreciada e declarada inconstitucional pelo Tribunal visar a superação de uma colisão entre um dever de ação e um dever de abstenção, entre dois deveres de ação ou entre um dever de ação e uma permissão conferido ao legislador para a promoção de bens, interesses ou valores,

---

[3511] V. a apresentação das linhas argumentativas em JORGE PEREIRA DA SILVA, *Deveres do Estado...*, pp. 257 ss.

[3512] A diferenciação entre o que é ação do homem e o que é fenómeno da natureza é, todavia, cada vez mais difícil de fazer: JORGE PEREIRA DA SILVA, *Deveres do Estado...*, pp. 259 ss.

[3513] UNRUH, *Zur Dogmatik...*, p. 88; RASSOW, «Zur Konkretisierung des Untermaßverbotes», p. 270.

[3514] RASSOW, «Zur Konkretisierung des Untermaßverbotes», p. 270; LEE, «Grundrechtsschutz...», p. 305: isto é assim, como bem nota, mesmo quando o Estado se vê forçado a intervir sobre a propriedade de vítimas ou de potenciais vítimas de fenómenos naturais com vista a enfrentar riscos naturais. Neste caso há uma relação Estado-vítima-vítima.

[3515] Assim, LEE, «Grundrechtsschutz...», p. 304.

988

PROIBIÇÃO DO EXCESSO E PROIBIÇÃO DO DEFEITO

à decisão de provimento atípica do Tribunal aplica-se o esquema conceptual próprio da proibição do defeito, eventualmente com algumas adaptações. À *permissão* de promoção da segurança jurídica, de razões de equidade ou de interesse público de excecional relevo opõe-se um (ou, porventura, mais do que um) *dever de ação*: aquele(s) a que o legislador estava adstrito quando produziu a norma. Com vista à decisão atípica o Tribunal confronta a promoção dos bens, interesses ou valores que a Constituição colocou a seu cargo (segurança jurídica, equidade, interesse público de excecional relevo), eventualmente conjugados com outros invocados pelo legislador que também corram a favor da limitação de efeitos, com os bens, interesses ou valores objeto de dever de ação do legislador que seriam tutelados se a decisão do Tribunal produzisse efeitos típicos.

Mais um exemplo resulta do acórdão nº 612/11. A norma fiscalizada obrigava as instituições do setor social que pretendessem ter acesso à propriedade de farmácias e à atividade farmacêutica a constituírem sociedades comerciais. Pretendia-se solucionar a colisão entre o direito das instituições particulares de solidariedade social ao apoio do Estado (artigo 63º, nº 5) e o fim da salvaguarda do interesse da justa concorrência (*incumbência prioritária*, na linguagem do artigo 81º, *f*)). Com a emissão dessa norma, o legislador pretendia cumprir o dever de apoiar aquelas instituições e o dever de assegurar uma equilibrada concorrência (*dever de ação* vs. *dever de ação*). Esta situação não se reconduz às tipicamente cobertas por 3.5.2.1.2. ou 3.5.2.1.4.

Muitas vezes não são lineares os deveres que estão em causa e o tipo de colisão que se trava entre eles. Um caso discutido é o da colisão de deveres de proteção abstratos e concretos. Assim, o legislador tem o dever de proteger as pessoas contra raptos, designadamente aqueles que são perpetrados por grupos terroristas, por vezes patrocinados por outros Estados ou por redes terroristas internacionais altamente organizadas. Esse dever de proteção passa por impedir que se criem condições motivadoras de raptos: nomeadamente, proibindo o pagamento de qualquer resgate ou a atribuição de qualquer benefício ou facilidade aos raptores. Sabe-se que a transigência com as exigências dos raptores estimula novas iniciativas do género. Todavia, o dever de proteção abstratamente figurado pode colidir com o dever de proteção concretamente configurável quando, por exemplo, forem raptados no estrangeiro cidadãos ao serviço do Estado (diplomatas, militares ou funcionários em missão de paz)[3516].

[3516] Como nota MATTHIAS MAYER, *Untermaß, Übermaß...*, pp. 27-28, nestes casos há uma colisão entre uma posição jusfundamental concreta e atual (dos raptados ou reféns) e uma posição que, no momento da decisão, não é específica nem concretizada (dever de proteção face a todos os potenciais perigos). Cfr. RASSOW, «Zur Konkretisierung des Untermaßverbotes», p. 270.

O PRINCÍPIO DA PROIBIÇÃO DO EXCESSO

3.6. Modalidades da proibição do defeito

O quadro traçado nos números anteriores permite recortar as situações em que é aplicável a proibição do excesso e aquelas em que deve observar-se a proibição do defeito.

Vejamos como se delimitam as fronteiras, recorrendo ao caso clássico do aborto, que usaremos doravante[3517], a partir da enunciação de cinco medidas alternativas.

M1 representa a proibição total, com punição penal da mulher e dos médicos, exceto se realizado por indicação médica nas dez primeiras semanas da gravidez.

M2 é a proibição parcial, com punição penal da mulher e dos médicos, exceto se realizado por indicação médica e em casos de violação nas primeiras dez semanas.

M3 permite a realização livre, incluindo por vontade da mulher, nas primeiras dez semanas, apenas com necessidade de sujeição a um programa de aconselhamento suportado pelo Estado e com assistência financeira a quem opte por não realizar o aborto.

M4 permite a realização livre, incluindo por vontade da mulher, nas primeiras dez semanas.

M5 não estabelece qualquer penalização nem impedimento à realização do aborto.

Por exemplo, estava em vigor *M1* e altera-se para *M2, M3, M4* ou *M5*. *Quid juris*? Qual o instrumento de mediação e o parâmetro de controlo aplicável no que concerne a essa alteração?

Duas visões alternativas se oferecem.

A primeira imperou até há não muitos anos em Portugal (e impera na maioria das ordens jurídicas próximas) e traduz-se na aplicação da proibição do excesso a esta situação. O fundamento teórico só poderia ser o seguinte: a posição jurídica do nascituro decorre de um direito negativo, que requer a abstenção do legislador, designadamente a abstenção da produção de normas que permitam o aborto. Qualquer norma que autorize (ou não puna) o aborto é uma interferência no direito à vida, devendo ser avaliada à luz da proibição do excesso.

Encurtando razões, essa visão tinha vários problemas: primeiro, não retirava as devidas conclusões da circunstância de as normas proibitivas do aborto serem elas próprias uma intervenção noutro ou noutros direitos de defesa, sobretudo os detidos pela mãe; segundo, não se apercebia da impossibilidade lógica de

---

[3517] Tenha-se em conta que a jurisprudência do Tribunal Constitucional já gerou vários acórdãos sobre o aborto (acórdãos nºs 25/84, 85/85, 288/98, 617/06, 75/10), todos eles contendo elementos relevantes para o estudo da proibição do defeito. O último constitui, aliás, o veículo da receção formal do instituto da proibição do defeito pelo Tribunal Constitucional. V., também, MIRANDA/ MEDEIROS, *Constituição*..., tomo I, 2ª ed., pp. 344-345.

PROIBIÇÃO DO EXCESSO E PROIBIÇÃO DO DEFEITO

configurar uma colisão entre *dois deveres de abstenção* do legislador; terceiro, não aprofundava a questão de saber se a estrutura da proibição do excesso tinha realmente a virtualidade de se adaptar a essa situação; quarto, não dava suficiente relevo à circunstância de que o que verdadeiramente interessava à posição jurídica do feto era que o legislador o protegesse de comportamentos da mãe e de terceiros e não evitar que o legislador se abstivesse de produzir qualquer tipo de normas ou se abstivesse de qualquer tipo de interferência.

Em última análise, esses problemas levaram o Tribunal Constitucional alemão a mudar de paradigma na, já várias vezes mencionada, segunda sentença do aborto (1993) e a evoluir para a outra visão. Naturalmente que essa mudança de paradigma tem de chegar a outros domínios materiais, como defendemos no capítulo sobre a jurisprudência do Tribunal Constitucional português, sob pena de continuar a ser difícil enquadrar dogmaticamente algumas decisões daquele Tribunal. A mudança de paradigma – que, deve reconhecer-se, já deu os seus primeiros passos naquela jurisprudência – aponta para o abandono da proibição do excesso como parâmetro aplicável e para a adoção de um outro parâmetro mais adequado para apurar se foi cumprido o objetivo fundamental neste tipo de colisões: o objetivo de compromisso no cumprimento dos dois deveres colidentes, um de abstenção, outro de proteção positiva. Nos termos deste novo quadro dogmático e jurisprudencial, a adoção de *M2, M3 M4* ou *M5* em substituição de *M1* ficaria sujeita à proibição do defeito[3518].

Isto é assim porque a proibição do excesso é aplicável quando a perspetiva dominante é a do cumprimento ou controlo do cumprimento de um dever *prima facie* de *abstenção* do legislador colidente com a prossecução de fins imediatos legítimos (tipicamente, fins de interesse público), permitidos (ou não proibidos) pela constituição. Em contrapartida, a proibição do defeito tem um âmbito de aplicação diferente: *no seu sentido próprio, é aplicável quando a perspetiva dominante é a do cumprimento – ou controlo do cumprimento – de pelo menos um dever* prima facie *de ação do legislador colidente com outros deveres* prima facie *ou com a prossecução de fins imediatos legítimos, permitidos (ou não proibidos) pela constituição.*

Porém, há que decompor esta indicação, deixando de parte as situações atípicas, que podem suscitar soluções e respostas com peculiaridades que aqui não se podem indagar. Conforme defendido acima, a expressão mais comum da proibição do defeito em sentido próprio abarca três tipos de situações: (i)

[3518] Seguindo um caminho e uma argumentação muito diferentes, chega ocasionalmente à mesma solução CLÉRICO, «Proporcionalidad, prohibición de insuficiencia...», p. 176: está sujeita à proibição da proteção insuficiente a situação em que "se fez algo mas se interrompeu" caso o legislador não pratique outra ação que possibilite o exercício do direito em igual medida, isto é, quando o legislador atingiu um nível exigido de cumprimento do dever de agir, mas "retrocedeu" nesse cumprimento.

O PRINCÍPIO DA PROIBIÇÃO DO EXCESSO

colisão entre um dever constitucional de ação e um dever constitucional de abstenção do legislador (*dever de ação* vs. *dever de abstenção*); (ii) colisão entre dois deveres constitucionais de ação do legislador (*dever de ação* vs. *dever de ação*); (iii) colisão entre um dever constitucional de ação e uma permissão da prossecução de bens, interesses ou valores não cobertos por um dever constitucional (*dever de ação* vs. *permissão*)[3519].

Ora, a questão de saber se em todas essas situações se aplica a mesma modalidade da proibição do defeito ou se valem modalidades diferentes depende, antes de mais, da equivalência ou desigualdade do peso abstrato das variáveis. O assunto tem sido discutido a propósito dos deveres de proteção e dos deveres de abstenção de interferência em direitos de defesa com aqueles colidentes. Questiona-se se nessa situação conflitual um dos deveres tem uma pretensão de peso abstrato mais elevada.

As teorias da *assimetria* sustentam que a função de defesa dos direitos prevalece sobre a função de proteção. Todavia, estas teorias estão vinculadas a uma pré-compreensão da constituição que dificilmente reflete o espírito constitucional atual[3520]. Compreende-se, por isso, que as escassas indicações colhidas da jurisprudência do Tribunal Constitucional sobre o sentido da Constituição portuguesa vão em direção diversa[3521]. Os deveres jusfundamentais do legislador, decorram de funções de defesa ou de proteção, impliquem uma abstenção ou uma ação, têm *prima facie um peso abstrato equivalente*. Esta linha de argumentação abrange todos os casos em que um bem, interesse ou valor é tutelado através da sujeição do legislador a qualquer dever, incluindo os deveres de materialização dos direitos sociais ou os deveres de proteção de bens, interesses ou valores públicos. Tratar-se de uma equivalência *prima facie* significa que pode ser refutada caso a caso. Já vimos que é possível haver diferenças de importância abstrata de

---

[3519] A posição do texto está longe, é claro, de ser consensual. Talvez a maior distância seja a que a separa de teses (aliás, minoritárias) que advogam a aplicação da proibição do defeito em situações de cumprimento defeituoso dos deveres de abstenção do Estado decorrentes dos direitos fundamentais de defesa: v. por exemplo, Tzemos, *Das Untermaßverbot*, pp. 165 ss.

[3520] Para a defesa de uma apreciação *assimétrica* dos conflitos de direitos, favorável à função de defesa, por exemplo, Canaris, *Direitos...*, p. 65; Jarass, «Grundrechte als Wertentscheidungen...», *cit.* (sendo relevante relembrar que este foi o primeiro juspublicista a receber o conceito de proibição do defeito). Todavia, esta prevalência assimétrica da função de defesa teria exceções: no caso do aborto, a função de proteção sobrepor-se-ia. Contra, Matthias Mayer, *Untermaß*, *Übermaß...*, p. 149; Calliess, *Rechtsstaat...*, pp. 445 ss., *passim*; *idem*, «Die Leistungsfähigkeit des Untermaßverbots...», p. 218; Störring, *Das Untermaßverbot...*, pp. 147 ss.; Šušnjar, *Proportionality*, p. 334; Jorge P. Silva, «Interdição de proteção insuficiente...», p. 200 (com argumentação que merece adesão).

[3521] V. Acórdão nº 166/10.

PROIBIÇÃO DO EXCESSO E PROIBIÇÃO DO DEFEITO

bens, interesses ou valores *singulares*. O que aqui se recusa é a diferença de peso de abstrato de *duas categorias de deveres* globalmente consideradas.

Discutível – e só determinável caso a caso – é se os poderes do legislador de promover bens, interesses ou valores com assento constitucional não cobertos por um dever de ação têm o mesmo peso abstrato que os deveres constitucionais. Em contrapartida, é indubitável que os poderes do legislador de promover bens, interesses ou valores sem assento constitucional (necessariamente não tutelados através de um dever constitucional) *prima facie* têm valor abstrato inferior aos deveres de promoção de bens, interesses ou valores com fundamento constitucional.

Porventura mais determinante que o fator do peso abstrato é o *tipo de colisão*. Quanto a isso, decisivo é se a colisão se dá entre (i) dois (ou mais) deveres do legislador, sejam positivos ou negativos, ou (ii) entre deveres de ação e permissões de promover outros bens, interesses ou valores. Existem razões para tratar as duas situações de forma diferente, ou seja, para as submeter a modalidades diferentes da proibição do defeito.

No caso de colisão de deveres constitucionais do legislador, dispondo eles do mesmo peso abstrato *prima facie*, nenhum deles tem uma pretensão de prevalência. Por isso, não pode conceber-se que um seja integralmente cumprido à custa do sacrifício total do outro ou que se registe um desequilíbrio flagrante entre os graus de (in)cumprimento de um e de outro. Registando-se uma colisão deste tipo, a função da proibição do defeito é conduzir o legislador a cumprir o meta--dever de resolução dessa colisão através de uma harmonização concordante, igualitária ou paritária do (in)cumprimento desses deveres. Adaptando uma frase de Isensee, o Estado de direito não pode deixar de amparar igualmente os dois lados[3522]. Para esses casos, tem de existir uma modalidade da proibição do defeito que obrigue ao cumprimento simultâneo e paritário dos deveres em colisão. Designamos essa modalidade por *proibição do defeito paritária*. Como se verá a seu tempo, para garantir o equilíbrio, essa modalidade incorpora uma componente assimilável aos traços essenciais da proibição do excesso.

No caso de colisão entre deveres de ação e permissões de promover outros bens, interesses ou valores, pode não se verificar a situação de equiparação entre pesos abstratos e nunca se verifica a relativa homogeneidade deôntica, uma vez que há sempre a contraposição entre deveres e permissões tituladas pelo legislador. Para esses casos, deve conceber-se uma modalidade da proibição do defeito que transija com a eventual ausência de harmonização igualitária ou paritária dos bens, interesses ou valores colidentes. Por exemplo, o dever de

---

[3522] «§ 111 Das Grundrecht als Abwehrrecht...», número marginal 165: *"Der Rechtsstaat steht hier von zwei Seiten unter grundrechtlichem Rechtfertigungszwang..."*.

O PRINCÍPIO DA PROIBIÇÃO DO EXCESSO

materialização dos direitos sociais tem um peso abstrato superior ao interesse da sustentabilidade financeira e económica. Isso confere a esses direitos a pretensão de prevalecerem na harmonização concreta realizada pelo legislador. Ou, ao invés, pode suceder que a circunstância de serem assistidos por um peso abstrato superior não lhes garanta uma concretização concreta com predomínio em todas as situações. Pode haver (e a realidade mostra que muitas vezes há) situações de desequilíbrio se os interesses da sustentabilidade financeira e económica assumirem circunstancialmente um peso que induza a esse desequilíbrio. Em suma, nestes casos a proibição do defeito não exclui a harmonização não igualitária ou não paritária. Para esta modalidade da proibição do defeito reservamos a designação de *proibição do defeito não paritária*.

3.7. Norma de ação e norma de controlo

Entre os que admitem a sua autonomia conceptual, é opinião dominante que a proibição do defeito, a par de ser um parâmetro do controlo, rege a atividade do legislador[3523]. Para que a proibição do defeito possa valer como parâmetro de *controlo judicial* dos comportamentos do legislador tem de *conformar primariamente* os comportamentos do legislador. A proibição do defeito só pode ser um parâmetro de controlo de normas legislativas se o próprio legislador estiver obrigado a conformar os seus comportamentos ao sentido normativo daquela proibição.

No entanto, não se retiram daí todas as consequências dogmáticas. A quase generalidade dos autores que refletem sobre o tema têm como pano de fundo explícito ou implícito exclusivamente a proibição do defeito como *parâmetro de controlo* da constitucionalidade[3524].

Embora no estádio atual de maturação e interiorização da figura, bem como da ritualização do procedimento legislativo, isso requeira algum artificialismo teórico na *idealização* do exercício da função legislativa e do procedimento legislativo, o alicerce da construção dogmática da proibição do defeito é o entendimento de que esta e os passos em que se desdobre são parâmetros vinculativos do exercício da atividade legislativa.

[3523] V. Rassow, «Zur Konkretisierung des Untermaßverbotes», p. 277. É, porém, minoritária a tese de Matthias Mayer, *Untermaß...*, p. 19, *passim*, de que a proibição do defeito e do excesso, como manifestações do princípio da proporcionalidade, são adequadas apenas como normas de ação e não como normas de controlo constitucional do legislador.

[3524] Clérico, «Sobre la prohibición...», *cit.*; Gellermann, *Grundrechte im einfachgesetzlichen...*, pp. 347 ss.; Barak, *Proportionality...*, pp. 422 ss. Alguns autores consideram inclusive que o destinatário da proibição do defeito é exclusivamente o juiz constitucional. O legislador seria apenas destinatário das normas que estabelecem o dever de proteção. Assim, Oliver Klein, «Das Untermaßverbot...», p. 962.

PROIBIÇÃO DO EXCESSO E PROIBIÇÃO DO DEFEITO

Daí a convocação da distinção entre os conceitos doutrinários de norma de ação e de norma de controlo, nos mesmos termos que na proibição do excesso. Essa distinção tem na sua base a aceitação de que o conteúdo da proibição do defeito enquanto norma dirigida ao legislador não é o mesmo que o conteúdo da proibição do defeito enquanto norma dirigida ao juiz constitucional. Já se assinalaram os receios de alguns autores de que a dicotomia entre normas de ação e normas de controlo possa ter repercussões negativas na força normativa da constituição. Todavia, não há nenhum argumento decisivo que obste a que, no domínio dos deveres de ação do legislador, a extensão do dever concreto de ação resultante da norma constitucional possa ir além daquilo que é suscetível de controlo pelo juiz constitucional. Por outro lado, mesmo que se recusasse o fundo teórico da distinção entre normas de ação e normas de controlo, isso não eliminaria dois dados incontornáveis: a proibição do defeito tem como destinatário quer o legislador, quer o juiz constitucional; a refração da proibição do defeito na atividade do legislador é diferente da refração da proibição do defeito na atividade do juiz constitucional (tal como sucede com a proibição do excesso).

O primeiro aspeto relevante onde se vinca uma diferença significativa é o da função desempenhada pela proibição do defeito.

3.7.1. Função da proibição do defeito como norma de ação

Como norma de ação, a proibição do defeito estabelece um *programa final*[3525] ou diretiva sobre o objetivo a atingir pelo legislador na definição dos comportamentos a assumir perante uma colisão em que esteja envolvido pelo menos um dever de ação.

Retomemos os três tipos de colisões relevantes para efeitos da proibição do defeito: (i) colisão entre um dever constitucional de ação e um dever constitucional de abstenção do legislador; (ii) colisão entre dois deveres constitucionais de ação do legislador; (iii) colisão entre um dever constitucional de ação e uma permissão da prossecução de bens, interesses ou valores não cobertos por um dever constitucional. Como mostrámos, aos comportamentos do legislador que enfrentem os primeiros dois tipos de colisão é aplicável a modalidade da proibição do defeito paritária, aplicando-se ao terceiro a proibição do defeito não paritária.

Nas primeiras duas situações, tendo os deveres o mesmo valor formal, o legislador está obrigado *prima facie* a cumpri-los em igual medida. Pode falar-se, nessa circunstância, de um *meta-dever* do legislador: o *meta-dever* de conformar um comportamento que cumpra na *medida do possível* os deveres colidentes tão

---

[3525] Cfr. DIETLEIN, «Das Untermaßverbot», pp. 136 ss., embora sem distinguir entre norma de ação e norma de controlo.

O PRINCÍPIO DA PROIBIÇÃO DO EXCESSO

paritária ou equitativamente quanto possível. O princípio da proibição do defeito tem a função de mediar a decisão do legislador, delineando os passos para aí chegar. Para corresponder ao sentido normativo dessa modalidade da proibição do defeito, o comportamento que o legislador adotar – ação ou omissão – deve permitir que os bens, interesses ou valores que a constituição visa tutelar através de um dever constitucional sejam satisfeitos em igual medida que os bens, interesses ou valores tutelados através da consagração do dever constitucional oposto[3526]. Dito de forma reversa, mas sinónima: sendo certo que a situação de colisão não permite que os dois sejam cumpridos em pleno, o grau de não satisfação de um deve ser similar ou simétrico ao grau de não satisfação do outro[3527].

Não se ignoram os constrangimentos cognitivos que pendem sobre este objetivo: é virtualmente impossível saber com total certeza se se atingiu esse ponto de total equilíbrio de graus de satisfação ou de não satisfação/interferência[3528]. Todavia, a circunstância de não se poder ter a certeza que se atinge o objetivo não implica que ele deixe de o ser.

Na terceira situação, o legislador está sujeito a um dever de ação, mas está concomitantemente *autorizado* a (ou não está *impedido* de) considerar também a afetação de bens, interesses ou valores (sobretudo públicos) que não são objeto de um dever constitucional. Diferentemente do que sucede no tipo anterior de colisão, as posições do legislador podem não ter a mesma força formal. Consequentemente, a diretiva é que o legislador cumpra na *maior medida possível* o dever constitucional, tendo em conta o fim colidente. Isto pode significar o cumprimento do dever a um nível elevado, mas também que se fique por um mínimo, se os fins colidentes fornecerem argumentos suficientemente ponderosos que justifiquem um cumprimento apenas mínimo. Por isso, a função da proibição do defeito nesta modalidade só coincide parcialmente com a anterior. Aqui fornece um conjunto de parâmetros racionalizadores que guiam o legisla-

---

[3526] MERTEN, «Verhältnismässigkeitsgrundsatz», nº marginal 85, alude à procura de um equilíbrio ou compromisso (*Ausgleich*) entre proibição do defeito e proibição do excesso, mas, verdadeiramente, o equilíbrio é entre os bens, interesses ou valores que são objeto dos deveres constitucionais.

[3527] Pode ser difícil de distinguir na prática estas situações de outras em que também há colisão entre deveres de proteção e deveres de abstenção, mas em que essa colisão é apenas uma componente de um quadro mais vasto onde há necessidade de harmonizar globalmente o exercício de várias posições jurídicas subjetivas decorrentes de um mesmo ou de mais do que um direito fundamental. É o caso da harmonização entre o exercício das posições jurídicas subjetivas inerentes ao direito de manifestação e ao direito de livre deslocação ou circulação dos particulares não manifestantes, que já se expôs antes (capítulo 9, 2.3.5.). Nesses casos é aplicável um outro instrumento mediador de harmonização. Cfr. *infra*, capítulo 23.

[3528] GELLERMANN, *Grundrechte im einfachgesetzlichen...*, p. 349; RASSOW, «Zur Konkretisierung des Untermaßverbotes», p. 276.

PROIBIÇÃO DO EXCESSO E PROIBIÇÃO DO DEFEITO

dor no processo decisório que visa o objetivo de garantir que o seu comportamento só perturba o cumprimento do dever constitucional de ação na medida em que isso seja justificado pela prossecução de outros fins ou pela promoção de outros bens, interesses ou valores. Para corresponder ao sentido normativo da proibição do defeito, o comportamento – ação ou omissão – que o legislador adotar deve permitir que os bens, interesses ou valores que a constituição visa tutelar através de um dever constitucional sejam satisfeitos na medida do possível, tendo em conta o peso dos argumentos decorrentes da promoção dos bens, interesses ou valores concorrenciais que o legislador entende que deve concomitantemente prosseguir (ou que é obrigado a prosseguir pela força das circunstâncias).

Embora distintas entre si, a formulação das duas modalidades da proibição do defeito até aqui estudadas afasta-a das orientações que a confinam a um instrumento de garantia de um padrão mínimo do cumprimento de um dever constitucional (*Mindestposition*). Essa é a inclinação de quem entende que, em caso de colisão que envolva deveres de ação, o legislador não está sujeito a uma obrigação de cumprimento máximo ou ótimo, mas apenas de proteção mínima. Por essa orientação alinham alguns dos primeiros percursores da proibição do defeito, como CANARIS, ISENSEE ou SCHERZBERG[3529], a própria jurisprudência do Tribunal Constitucional alemão, eventualmente o Tribunal Constitucional português[3530] e boa parte da doutrina[3538].

[3529] V., por todos, CANARIS, *Grundrechtsschutz...*, pp. 208 ss. A garantia de uma posição mínima (*Mindestposition*) de proteção é antes de todos (ou principalmente) defendida por alguns daqueles que concebem os direitos fundamentais simplesmente de acordo com o modelo dos direitos de defesa, rejeitando a autonomia dogmática dos deveres de proteção e a utilidade da proibição do defeito: v. SZCZEKALLA, *Die sogenannten grundrechtlichen...*, p. 437.

[3530] Recorde-se um trecho do acórdão nº 75/10 (Sousa Ribeiro), já transcrito acima: "(...) o cumprimento [do dever de proteção] está sujeito a uma medida mínima sendo violada a proibição da insuficiência ("*Untermassverbot*") quando as normas de proteção ficam aquém do constitucionalmente exigível" (nº 11.4.3.). Diz o Tribunal mais adiante: "(...) cumpre apreciar apenas se o regime de direito ordinário, globalmente considerado, traduz ou não a realização eficiente do mínimo de protecção constitucionalmente exigido da vida intrauterina, incluindo da vida do embrião nas primeiras 10 semanas. Não importa averiguar se outras medidas alternativas às adotadas protegeriam em maior grau esse bem. O legislador era *livre* (no limite da proibição do excesso) de implantar essas medidas, mas não estava *vinculado* a fazê-lo. Contrariamente ao que se lê no pedido, a questão não está, pois, em saber se não existem outros meios "que melhor protejam o valor da vida". Está apenas em saber se o meio concretamente escolhido satisfaz ou não o mínimo de protecção." O Tribunal não se pronunciou vezes suficientes para firmar jurisprudência. Por outro lado, como não distingue entre a proibição do defeito como norma de ação e como norma de controlo, não é possível concluir se as frases transcritas têm uma abrangência global, sendo também válidas para a proibição do defeito como norma de ação, ou se traduzem simplesmente a visão do juiz constitucional sobre o seu poder jurisdicional. Como quer que seja, a última frase indicia que

O PRINCÍPIO DA PROIBIÇÃO DO EXCESSO

A ideia da proibição do defeito como instrumento *de garantia do cumprimento mínimo* dos deveres *prima facie* de ação do legislador transporta desde logo uma posição ambígua sobre a relação entre proibição do defeito e garantia do conteúdo essencial. Pode legitimamente dizer-se que se se trata apenas da exigência da estrita materialização de uma *medida mínima indisponível* ou *absoluta*, não tem de se recorrer à proibição do defeito: existe a garantia do conteúdo essencial[3532].

Por outro lado, se com a proibição do defeito como garantia do cumprimento mínimo se estiver a pensar em exigências que vão *além* da medida mínima indisponível mas ficam *aquém* da medida máxima de cumprimento do dever, isso esbarra com a circunstância de ser virtualmente impossível distinguir, do ponto de vista constitucional, entre o mínimo dos mínimos, objeto da norma que protege o conteúdo essencial, e o mínimo salvaguardado pela proibição do defeito como instrumento de ponderação[3533].

o Tribunal encara a proibição do defeito, designadamente como norma de controlo, como instrumento paramétrico da imposição do cumprimento de *um mínimo de proteção*.

[3531] Tenha-se em conta que a maior parte dos autores não distinguem entre norma de ação e norma de controlo, pelo que as posições que assumem sobre o alcance da proibição do defeito, no fundo, é aplicável às atividades de legislador e juiz. Com fundamentos e implicações que podem variar significativamente, a opção por um controlo mínimo (*Minimalkontrolle*) é perfilhada por uma parte considerável da doutrina, em harmonia com a jurisprudência do *BverfG*, designadamente com o fundamento de que o conceito vigente de constituição não consiste em atribuir ao legislador o papel de mero concretizador da constituição ou das tarefas por ela definidas: v., por exemplo, Jarass, «Grundrechte als Wertentscheidungen...», pp. 384 ss.; Gusy, *Parlamentarischer Gesetzgeber...*, pp. 76 ss.; Böckenförde, «Grundrechte als Grundsatznormen...», pp. 26 ss.; Heun, *Verfassungsgerichtsbarkeit...*, pp. 66 ss.; Lerche, «Die Verfassung als Quelle von Optimierungsgeboten...», pp. 197 ss.; Merten, *Schutzpflichten...*, pp. 28 ss.; Šušnjar, *Proportionality...*, p. 295. Em síntese, desta corrente flui que, em caso de colisões entre deveres de proteção e direitos de defesa, o legislador tem necessariamente liberdade de conformação, podendo escolher livremente entre proteção mínima e restrição maximamente permitida do direito de defesa, o que não é garantido pelas teses da otimização. Sobre as teses do nível mínimo de proteção em contraposição à obrigação de otimização, v. a síntese de Matthias Mayer, *Untermaß, Übermaß...*, pp. 51 ss., p. 82; também, Nitz, *Private...*, pp. 369 ss.; Calliess, «Die Leistungsfähigkeit des Untermaßverbots...», p. 213; Oliver Klein, «Das Untermaßverbot...», p. 961. Entre nós, Novais, *Direitos Sociais*, pp. 235, 277, *passim* (embora de alguma forma condimentando a ideia de mínimo de proteção com a ideia de razoabilidade). Na medida em que evoca a posição de Canaris e se refere à satisfação das "exigências mínimas", Canotilho, *Direito Constitucional...*, 7ª ed., p. 273, parece também aderir à ideia de proteção mínima. De certa forma dúbia é a posição de Andrade, *Os Direitos...*, 2ª ed., p. 249, 5ª ed., p. 240, que, ao mesmo tempo que atribui à proibição do defeito uma função de princípio meramente orientadora, ao invés do que sucederia com a proibição do excesso, rejeita que ela tenha de ser vista como proteção mínima.

[3532] Gellermann, *Grundrechte im einfachgesetzlichen...*, p. 349.

[3533] Esta a dificuldade da construção de Jorge P. Silva, «Interdição de proteção insuficiente...», pp. 205-206: para o autor, a proibição do defeito define, por si só, através de ponderação, um

PROIBIÇÃO DO EXCESSO E PROIBIÇÃO DO DEFEITO

Além dessa dificuldade de demarcação, a tese da proibição do defeito como definidora de um mínimo constitucional enfrenta ainda um argumento normativo. No caso de colisão de deveres constitucionais do legislador, a maximização da força normativa da constituição impõe o cumprimento dos deveres do legislador na máxima medida possível e não o cumprimento de mínimos ou a simples melhoria da situação[3534].

Falar de cumprimento máximo dos deveres na medida do possível é o mesmo que dizer cumprimento *ótimo* desses deveres. Consequentemente, como norma de ação dirigida ao legislador, a proibição do defeito na *modalidade paritária* é uma *diretiva* ou um *programa final de harmonização otimizadora*[3535], sendo aqui de toda a propriedade falar de *otimização da liberdade*[3536]. Isso não implica a redução da margem de conformação do legislador a uma expressão residual. Por um lado, as dificuldades do conceito de otimização paritária jogam a favor dessa margem. As capacidades cognitivas das instituições (ou, mais propriamente, das pessoas que as compõem) só muito dificilmente permitirão certeza sobre o que é solução *ótima* (a melhor solução possível) e, mais ainda, o que é solução *ótima paritária*. Está muito longe de ser possível matematizar ou quantificar (mesmo que apenas através de amplas bandas de variação[3537]) o grau de cumprimento deste

---

mínimo, enquanto "o conteúdo essencial define tão somente o mínimo dos mínimos", de forma absoluta, inderrogável e tendencialmente (?) inflexível; "dito de outro modo, aquele aponta para um mínimo concreto, considerando os condicionalismos jurídicos e empíricos do caso, enquanto este indica um mínimo que tem de ser respeitado em todas e quaisquer circunstâncias", havendo uma sobreposição apenas parcial. Se já é difícil dizer, em alguns casos, o que é e como se apura o *mínimo dos mínimos*, recorrer a um conceito adicional de *mínimo*, diferente, portanto, de *mínimo dos mínimos*, só acrescenta perplexidade e aleatoriedade ao sistema.

[3534] Crítico, v., por todos, GELLERMANN, *Grundrechte im einfachgesetzlichen...*, pp. 348-349.

[3535] Sobre este conceito, v. *supra*, introdução, 3.2. Esta a única forma de fugir a desenlaces como o admitido por JORGE P. SILVA, defensor da tese da garantia do cumprimento mínimo, em *Deveres do Estado...*, pp. 613 ss.: entre duas opções, uma mais interferente e menos protetora (por exemplo, *M6*, na hipótese que apresenta), outra menos interferente e mais protetora (por exemplo, *M4*), o legislador poderia sempre optar pela primeira (*M6*) no âmbito da sua liberdade de conformação e sem violação da proibição do defeito. Todavia, nenhum argumento constitucional justifica que o legislador, estando sujeito a dois deveres constitucionais contraditórios, possa optar por cumprir ambos num limiar mínimo, havendo alternativas que permitem um cumprimento de ambos num limiar superior. No exemplo apresentado pelo autor, a opção *M4*, aquela que, entre todas, faculta um grau de não satisfação dos dois deveres mais equilibrado (a soma entre os dois graus de não satisfação, 25+5, é a que dá um resultado menor) deveria ser adotada.

[3536] A expressão é empregue por GENTZ, «Zur Verhältnismäßigkeit...», p. 1604, mas tem mais propriedade aqui do que no contexto da proporcionalidade clássica ou proibição do excesso.

[3537] BOROWSKI, *Grundrechte...*, 2ª ed., p. 206, atribui percentagens à margem epistémica (de 10% ou 20%) e alude a bandas de variação, expressas através de grandezas numéricas que denotam a intensidade de satisfação e a intensidade de interferência (por exemplo, bandas entre limiares mínimo e máximo de 99 a 121 ou 108 a 132). Todavia, isso só pode entender-se como um exercício

O PRINCÍPIO DA PROIBIÇÃO DO EXCESSO

ou daquele dever ou as reais intensidades de satisfação e de interferência nos bens, interesses ou valores colidentes[3538]. Ora, como vimos anteriormente, em situações de incerteza o legislador usufrui de um crédito favorável às suas avaliações empíricas – diagnósticos e prognósticos – e valorações que se repercute, desde logo, na limitação da sindicabilidade dessas avaliações e valorações pelo juiz constitucional. A compressão da liberdade de conformação do legislador resultante da obrigação de adotar a *escolha ótima e paritária* é, por consequinte, menos draconiana do que parece *prima facie*[3539]. Por outro lado, quando se fala de solução ótima paritária não se pretende inculcar que haja sempre *apenas uma* solução ótima paritária. Aquela margem de avaliação empírica e de valoração de que o legislador usufrui permitirá frequentemente identificar várias alternativas qualificáveis como tal. Entre elas, cabe ao legislador escolher[3540].

Em contrapartida, no que toca à modalidade *não paritária*, não se verifica a situação de colisão de dois deveres constitucionais do legislador, não se pode dizer que este está obrigado ao cumprimento ótimo de dois deveres ou à harmonização ótima de dois bens, interesses ou valores colidentes. A circunstância de

---

meramente figurativo, com finalidades heurísticas, uma vez que a atribuição de valores numéricos rigorosos a este tipo de variáveis é impossível.

[3538] Não pode deixar de se realçar que, ao invés do que ensaiou com a fórmula do peso, ALEXY não tentou qualquer tipo de quantificação das variáveis que escolheu para as ponderações respeitantes à aplicação da proibição do excesso, limitando-se a convocar a sua escala triádica (embora com indisfarsável vontade de experimentar outra mais completa...). Cfr. *supra*, neste capítulo, 2.3.2.1.

[3539] Veja-se a orientação da jurisprudência constitucional alemã, a qual reconhece ao legislador margem para apreciação das relações materiais subjacentes ao processo de decisão legislativa, para as prognoses necessárias e para a escolha do meio. A amplitude dessa margem de avaliação, valoração e conformação deixa espaço para a consideração de interesses públicos e privados concorrentes e depende da espécie e do âmbito material em causa, das possibilidades de se atingir uma decisão suficientemente segura e do significado dos bens jurídicos envolvidos. A avaliação dos aspetos sociais e económicos relevantes para o caso, bem como a antevisão dos desenvolvimentos futuros e da eficiência das normas, cabe na responsabilidade política do legislador. Isso vale igualmente para a valoração dos interesses, isto é, para a atribuição de peso aos interesses colidentes e a determinação da intensidade da sua pretensão de proteção.

[3540] Não significa isso que se ponha definitivamente de parte a possibilidade de situações em que o cumprimento do dever só se pode realizar através de um único meio possível ou de um específico tipo de meios: cfr. CLÉRICO, «Proporcionalidad, prohibición de insuficiencia...», p. 185; MERTEN, «Verhältnismässigkeitsgrundsatz», nº marginal 89. A discussão sobre se há obrigatoriedade de escolha de meios específicos, como os de natureza penal, é acesa: entre muitos, v. MARIA DA CONCEIÇÃO FERREIRA DA CUNHA, *Constituição...*, pp. 289 ss.; JORGE P. SILVA, *Dever de legislar e protecção...*, pp. 46 ss. (com especial incidência na proteção penal do nascituro); PASCUAL, «Los derechos fundamentales a la protección penal», pp. 333 ss., salientando designadamente que o TEDH tem entendido que, em certas circunstâncias, há obrigação de adotar disposições de natureza penal sancionadoras de violações de direitos fundamentais, por exemplo, em casos de estupro. V. *infra*, capítulo 22.

PROIBIÇÃO DO EXCESSO E PROIBIÇÃO DO DEFEITO

um dos bens, interesses ou valores colidentes prosseguidos não ser objeto de um dever mas de uma permissão e de caber ao legislador definir com alta liberdade qual o nível de realização que pretende ou considera necessário não permite falar de diretiva ou programa de cumprimento otimizado dos bens, interesses ou valores colidentes (mesmo que o legislador se guie por essa orientação auto-regulativa). Neste caso há simplesmente uma *diretiva* ou *programa final* de exibição *de razões suficientes* que justifiquem a solução ou de *cumprimento satisfatório* do dever constitucional de ação tendo em conta os bens, interesses ou valores concretamente colidentes que o legislador está constitucionalmente autorizado a salvaguardar ou a prosseguir.

Em suma, em nenhuma das duas modalidades se visa garantir o cumprimento *mínimo*: a proibição do defeito paritária traça ao legislador a meta do cumprimento *paritário e ótimo* dos deveres a que está vinculado; a proibição do defeito não paritária traça ao legislador a meta do cumprimento *satisfatório* do dever a que está vinculado.

3.7.2. Função da proibição do defeito como norma de controlo

A proibição do defeito como norma de controlo pauta a atividade de controlo do juiz constitucional. Nesse contexto, a questão central é saber se o alegado ou efetivo comportamento omissivo do legislador, objetivado numa *situação* contemporânea ao momento do controlo, é *justificado*. Se for justificado, o comportamento é válido. A proibição do defeito fornece o quadro metódico dos vários passos de avaliação ou controlo dessa justificação. Como norma de ação, a proibição do defeito tem necessariamente uma vocação *introspetiva e prospetiva*; como norma de controlo tem uma intenção *retrospetiva*. No primeiro caso, é destinatário o legislador e objeto um comportamento presente que se projeta para o futuro. No segundo caso, é destinatário o juiz constitucional e objeto um comportamento ou uma situação legislativa pré-dada. A perspetiva do juiz constitucional está marcada pela circunstância de não estar a moldar um comportamento novo, materializado numa decisão legislativa positiva ou negativa, mas a avaliar um comportamento já assumido ou uma *situação legislativa* preexistente. Algo de simétrico sucede, aliás, com a proibição do excesso[3541].

[3541] OLIVER KLEIN, «Das Untermaßverbot...», p. 962, sustenta que proibição do excesso e proibição do defeito se distinguem de acordo com o ponto de vista do *tempo*. A proibição do defeito adotaria uma perspetiva *ex ante*, enquanto a proibição do excesso só poderia ser controlada numa perspetiva *ex post*, isto é, algum tempo depois das valorações e avaliações do legislador. No caso da proibição do excesso, seria, consequentemente, possível avaliar todas as prognoses e avaliações realizadas, diferentemente da proibição do defeito. Esta posição não pode ser acolhida: a proibição do excesso pode ser controlada antes mesmo de a medida legislativa produzir

O PRINCÍPIO DA PROIBIÇÃO DO EXCESSO

A circunstância de, num caso, se tratar do legislador democrático e, no outro, do juiz constitucional, influi no modo como a proibição do defeito se repercute no processo decisório, na distribuição de poderes e na margem de decisão.

3.8. A proibição do defeito como norma de ação

Como norma de ação, a proibição do defeito é o instrumento normativo de mediação racionalizadora de operações de ponderação e harmonização efetuadas pelo legislador na definição de comportamentos relacionados com colisões em que estejam envolvidos certos deveres constitucionais. Esses comportamentos podem ser ações ou omissões.

3.8.1. Pressupostos: o fim legítimo em particular

As duas modalidades da proibição do defeito têm repercussões sobre como se equaciona o tema da *legitimidade* do fim.

Tal como na proibição do excesso, distinguem-se fins *imediatos* e fins *mediatos* do comportamento do legislador. Fins imediatos são a causação ou desencadeamento de efeitos materiais de satisfação de bens, interesses ou valores. Fim mediato é a resolução harmonizada da colisão. Porém, no contexto da proibição do defeito estas noções sofrem uma precisão quando está em causa a modalidade paritária. Nesta, fim mediato é o cumprimento do meta-dever de superação da colisão entre deveres e entre bens, interesses ou valores através de uma solução que os satisfaça de forma *ótima* e *paritária*.

Quando, como sucede com a modalidade paritária, o legislador está sujeito a, pelo menos, dois deveres constitucionais contraditórios, a questão da *legitimidade* do fim, pressuposto da aplicação (ou, para alguns, componente estrutural) da proibição do defeito[3542], não se coloca. Nessa modalidade há (pelo menos) dois fins imediatos de causação ou desencadeamento de efeitos materiais de satisfação de bens, interesses ou valores colidentes, correspondentes ao cumprimento de (pelo menos) dois deveres constitucionais. Em última instância, não é incorreto dizer-se que se regista um conflito de fins (*Ziel-Konflikte*[3543]): os fins correspondentes ao cumprimento de dois deveres contraditórios, constitucionalmente impostos e não escolhidos pelo legislador. Tendo ambos o mesmo

qualquer efeito (fiscalização preventiva, *ex ante*) e a proibição do defeito pode incidir sobre uma situação pautada pela existência de algumas medidas legislativas.

[3542] Sobre se a proibição do defeito se refere a uma relação meio-fim da mesma forma que, alegadamente, a proibição do excesso, v. a discussão em Tzemos, *Das Untermaßverbot*, pp. 98 ss.; Clérico, «Proporcionalidad, prohibición de insuficiencia...», p. 176; Merten, «Verhältnismässigkeitsgrundsatz», nº marginal 87.

[3543] Cfr. Schuppert, «Funktionell-rechtliche Grenzen...», p. 40: (*Ziel-Konflikte* a ser resolvido através de ponderação).

PROIBIÇÃO DO EXCESSO E PROIBIÇÃO DO DEFEITO

valor formal, o legislador está obrigado *prima facie* a cumpri-los em igual medida. Por isso, os fins imediatos *são necessariamente legítimos.* É através da sua prossecução que o legislador promove o fim mediato do cumprimento do *meta-dever* de conformar um comportamento que cumpra os deveres colidentes tão paritária ou equitativamente quanto possível.

Embora nela também estejam em causa *dois fins* colidentes, o tema da legitimidade do fim coloca-se diferentemente no âmbito da modalidade não paritária da proibição do defeito, aplicável às situações em que o legislador está sujeito a um dever de ação e está concomitantemente *autorizado* a (ou não está *impedido* de) considerar também a afetação de bens, interesses ou valores (sobretudo públicos) que não são objeto de um dever constitucional. Também aí há um conflito de fins, mas com configuração diferente. Por natureza, a *legitimidade* do fim de cumprimento do dever de ação não é suscetível de disputa, atenta a sua fonte constitucional. Em contrapartida, tem de ser aferida a legitimidade do fim imediato que com ele colide, identificado pelo legislador no exercício da sua liberdade de conformação.

3.8.2. Metódica de aplicação

Como se referiu atrás, o atual estádio de maturação da figura da proibição do defeito e da sua interiorização pelo procedimento legislativo obriga a que a elaboração teórica sobre a sua metódica de aplicação assente em boa parte num exercício de *idealização* do procedimento de produção legislativa.

Um legislador *ideal* não está sujeito a um dever pontual, mas sim a um dever permanente ou contínuo de ação[3544]. Por isso, deve realizar exercícios regulares de monitorização do cumprimento dos seus deveres constitucionais, promover (pré-)ponderações do peso relativo dos deveres de ação e de abstenção a que está adstrito, apreciar a eficiência das medidas vigentes e produzir oportunamente as normas legislativas necessárias se as até aí vigentes não corresponderem à exigência constitucional[3545].

Indistintas neste momento ideal de pré-ponderação, confundem-se dimensões de exegese constitucional e de ponderação político-constitucional. Mais precisamente: a verificação da existência de um dever *prima facie* de ação do legislador depende não apenas de pressupostos normativos – a consagração constitucional de um dever – e de valorações, mas também de apreciações

---

[3544] Salientando este aspeto a partir da jurisprudência do Tribunal Constitucional alemão, MATTHIAS MAYER, *Untermaß, Übermaß...*, pp. 49, 166.

[3545] Fala-se, a propósito, de uma "imposição de observação" e, eventualmente, de um "dever de revisão" pendente sobre o legislador e sujeito a controlo judicial: HESSE, «Der verfassungsgerichtliche...», p. 556; MATTHIAS MAYER, *Untermaß, Übermaß...*, p. 166; RASSOW, «Zur Konkretisierung des Untermaßverbotes», p. 276.

O PRINCÍPIO DA PROIBIÇÃO DO EXCESSO

fáticas. Como escreveu em tempos CANARIS (referindo-se especificamente aos deveres de proteção[3546] e, portanto, requerendo adaptações quando se trate de outros tipos de deveres), a aferição da exigibilidade e premência da proteção está dependente da aplicação de critérios valorativos (*natureza* e *hierarquia* abstrata do direito fundamental ameaçado, *peso da intervenção*, *peso* dos bens, interesses ou valores contrapostos) e de avaliações empíricas da *ameaça de perigo de intervenções* de outros sujeitos e respetiva intensidade, da *dependência do exercício* de certos direitos da colaboração de outros sujeitos de direito privado, da possibilidades de o titular desencadear *autoproteção* eficiente, entre outras[3547].

Detetados – através de interpretação constitucional conjugada com o influxo da realidade constitucional – deveres *prima facie* de ação e colisões deles com outros deveres ou com a promoção autorizada de bens, interesses ou valores que o legislador considera legítimos, há que aquilatar se a eventual promoção do cumprimento do dever *prima facie* de ação em grau superior ao existente (que pode ser nulo) suplanta em importância as razões que concorrem a favor da manutenção da situação atual[3548]. Esta pré-ponderação tem um caráter essencialmente meta-jurídico, mas não é juridicamente irrelevante. Se o legislador optar pela inércia ou omissão de comportamentos que visem o cumprimento do dever de ação[3549], a reconstrução da ponderação, real ou presumida, em sede de controlo da constitucionalidade é relevante.

Pensando num legislador menos idealizado, os seus impulsos tendem a ser mais casuísticos e menos ordenados, mais sensíveis a estímulos sociais e políticos circunstanciais[3550], o que dificulta a definição da exata localização e metódica da proibição do defeito no contexto da atividade da feitura das leis. E aqui vale o quadro já evidenciado a propósito da proibição do excesso[3551]: em todas as fases da preparação das normas legislativas, a proibição do defeito funciona como

---

[3546] CANARIS, *Direitos fundamentais...*, pp. 107 ss., 114.

[3547] *Idem*.

[3548] MIRANDA, *Manual...*, vol. VI, 4ª ed., p. 383, enfatiza especialmente o fator tempo e a questão da "mora" do legislador; aparentemente admitindo também este momento de pré-ponderação, MIRANDA/MEDEIROS, *Constituição...*, tomo I, 2ª ed., p. 344.

[3549] CLÉRICO, «Proporcionalidad, prohibición de insuficiencia...», p. 176, nota que esta inércia ou omissão pode assumir várias modalidades. Entre outras, pode ser: uma omissão total sem mais; uma omissão que se segue a uma discussão e reconhecimento do dever de agir, mas sem se chegar à decisão de fazer algo; uma omissão que se segue a uma discussão e reconhecimento do dever de agir e ao estabelecimento dos meios, mas sem implementação destes.

[3550] Para uma tentativa de sistematização dos critérios e fatores que condicionam a perceção, identificação e definição do "problema impulsionante" da iniciativa legislativa, CANOTILHO, «Relatório sobre programa...», pp. 437 ss.; MORAIS, *Manual de Legística*, pp. 293 ss.

[3551] O que se disse no capítulo 14 a propósito da proibição do excesso vale integralmente para a proibição do defeito.

PROIBIÇÃO DO EXCESSO E PROIBIÇÃO DO DEFEITO

quadro paramétrico, mas há fases em que isso tem condições propícias de lograr visibilidade ou relevância procedimental, enquanto noutras não. Ao momento de pré-ponderação – seja ele mais de acordo com o modelo ideal, ou mais difuso, ao ritmo da realidade – que conclua pela necessidade de medidas legislativas que definam um (novo) quadro normativo de superação da colisão, segue-se a definição desse quadro, isto é, do conjunto de medidas e soluções legislativas. É a partir daí que vale o instrumento paramétrico da proibição do defeito, com a sua função diretiva e racionalizadora.

A fase, relativamente difusa, informal e marcada pela *arcana praxis*, da conceção de normas[3552] é aquela em que a dinâmica de *"aller-retour"* típica da redação das normas legislativas se manifesta mais livremente, rendendo-se a uma aplicação irreflexiva e, quando muito, *condensada* da proibição do defeito (ou de qualquer outro instrumento mediador de harmonização). Uma vez suplantada essa fase e formalizada uma eventual iniciativa legislativa junto do órgão com poder legislativo, é possível dar expressão procedimental e ritualizada à proibição do defeito (embora talvez ainda não estejamos perto disso, inclusive nos ordenamentos mais progressivos e tecnicamente mais avançados[3553]). Mas mesmo não se podendo ainda falar de *passos* ou *segmentos* perfeitamente delimitados num *iter* ritualizado, não deixa de haver *critérios* de decisão e de escolha entre alternativas fornecidos por este teste. Tais critérios racionalizam o processo argumentativo. Quando for o caso, induzem a *otimização* dos bens, interesses ou valores em causa e, por essa via, o cumprimento *ótimo* dos deveres colidentes a que o legislador está vinculado. Noutros casos, induzem a prossecução mais *satisfatória* dos bens, interesses ou valores objeto de um dever de ação, colidentes com outros que o legislador tem permissão para prosseguir.

3.8.3. Critérios

3.8.3.1. Em geral
Particularmente numa fase não formalizada, quando ainda está em equação o tipo de comportamento que o legislador assumirá (o qual, no limite, pode vir a ser totalmente omissivo, isto é, nem sequer se materializar numa iniciativa legislativa), a tendência é para a aplicação *condensada* dos passos lógicos ou critérios que decorrem da proibição do defeito. Não é inevitável que assim seja, particularmente se no curso do procedimento decisório for formalizada uma

---

[3552] Sobre a respetiva decomposição e *locus* propício à aferição da observância da proibição do excesso – e, analogamente, da proibição do defeito –, v. introdução e capítulo 14.

[3553] É plausível e desejável que o aprofundamento científico do perfil destes instrumentos, bem como a crescente nitidez dos seus contornos e funções, conduzam a uma gradual integração formalizada e consciente no procedimento legislativo *real*.

O PRINCÍPIO DA PROIBIÇÃO DO EXCESSO

iniciativa legislativa sobre a qual passe a incidir o debate, mas a inclinação é essa. Consideraremos, por isso, essa hipótese condensada, não excluindo, porém, que ela possa ser reconvertida num modelo cumulativo, passo a passo, uma vez que os segmentos da proibição do defeito podem ser individualizados.

Operação central comandada ou guiada pela proibição do defeito como norma de ação é a comparação dos vários comportamentos alternativos disponíveis (e, dentro deles, das várias alternativas de medidas legislativas).

Para que essa operação se possa realizar, é necessário que o legislador delimite, tanto quanto possível, as medidas adequadas para prosseguir os fins relevantes, tal como acima enunciados. Mesmo que na versão condensada de aplicação não se possa falar de um passo destacável de apreciação da *adequação*, nem por isso o legislador deixa de estar vinculado a um critério de adequação na escolha das alternativas que são comparadas.

Já expressámos reservas a respeito da posição de que a aplicação da proibição do defeito impõe ao juiz a delimitação de *todas* as opções que possam ser tecnicamente consideradas ações de cumprimento dos deveres[3554]. Essas reservas são menos vincadas quando se trata do legislador, em função quer das suas capacidades institucionais quer das suas competências. Mas, mesmo no caso do legislador, a ideia de que nenhuma alternativa pode ser descartada sem consideração cria uma fasquia desnecessariamente elevada. Quando muito, pode dizer-se que o legislador não deve excluir nenhuma hipótese que *manifestamente* ofereça uma solução capaz de corresponder aos objetivos da proibição do defeito.

A comparação das alternativas envolve o prévio contrapeso da intensidade dos efeitos de satisfação (ou de não satisfação) prometido por cada uma das alternativas consideradas[3555], como na proporcionalidade e.s.e. Mesmo que numa versão condensada não se possa falar de dois passos destacáveis da necessidade e da proporcionalidade e.s.e., os dois critérios estão presentes. Pode-se falar de uma operação de comparação ponderativa, a qual difere consoante se trate de proibição do defeito paritária ou não paritária.

3.8.3.2. *Proibição do defeito paritária*

Admitamos que os comportamentos alternativos equacionados são várias hipóteses de soluções normativas. Recordemos o exemplo de *M1* a *M5*.

[3554] DIETLEIN, «Das Untermaßverbot...», p. 137; BOROWSKI, *Grundrechte...*, 2ª ed., pp. 182 ss., 197.

[3555] Na medição da intensidade de satisfação ou da não satisfação atende-se, designadamente, a uma escala de significado dos bens, interesses ou valores (*Bedeutungsskala*) e a uma escala do perigo (*Gefahrenskala*), que considera a espécie, proximidade e medida do perigo em que incorrem os bens, interesses ou valores colidentes. V. sobre estes conceitos (mas com emprego restrito aos bens objeto de proteção), MERTEN, «Verhältnismässigkeitsgrundsatz», nº marginal 92.

PROIBIÇÃO DO EXCESSO E PROIBIÇÃO DO DEFEITO

M1 representa a proibição total do aborto, com punição penal da mulher e dos médicos, exceto se realizado por indicação médica nas dez primeiras semanas da gravidez; *M2* é a proibição parcial, com punição penal da mulher e dos médicos, exceto se realizado por indicação médica e em casos de violação nas primeiras dez semanas; *M3* permite a realização livre, incluindo por vontade da mulher, nas primeiras dez semanas, apenas com necessidade de sujeição a um programa de aconselhamento sustentado pelo Estado e com assistência financeira do Estado a quem opte por não realizar o aborto; *M4* permite a realização livre, incluindo por vontade da mulher, nas primeiras dez semanas; *M5* não estabelece qualquer penalização nem impedimento à realização do aborto.

Consideremos que a posição jurídica do nascituro é denotada por *P1* e os direitos de defesa da mulher são denotados por *P2*.

3.8.3.2.1. *Escala qualitativa ou quantitativa?*

A matriz deôntica das colisões normativas que recaem no âmbito de aplicação da modalidade paritária da proibição do defeito impõe que esta desempenhe uma função de mediação na descoberta de uma solução ótima, ou da melhor solução possível, ou de uma solução que esteja entre as ótimas. Isso implica que não basta comparar as intensidades dos efeitos de satisfação e de interferência de várias alternativas ou a importância dos efeitos positivos e negativos da medida legislativa adotada. A proibição do defeito, procurando a medida ótima, pressupõe a ordenação das várias alternativas considerando simultaneamente as intensidades de satisfação e de interferência que cada uma delas implica no que respeita a cada um dos bens, interesses ou valores colidentes (*P1, P2*). Essa ordenação supõe o desenvolvimento de uma metódica que não se contenta com uma ordenação entre maior, menor ou igual, em contraste com o que sucede com a aplicação dos segmentos da proibição do excesso[3556].

Para isso, há que optar entre a adoção de (i) uma escala numérica ou de (ii) uma escala qualitativa.

Adotando-se uma escala numérica[3557], ela tem de refletir necessariamente a incerteza epistémica inerente à maior parte das avaliações empíricas e das valorações, admitindo-se, por exemplo, uma margem de variação de 10% acima

---

[3556] Como verificámos, a aplicação dos segmentos da proibição do excesso, quando algum escalonamento for exigido, não força a mais do que um escalonamento ordinal, que permita qualificar intensidades dos efeitos de satisfação e de interferência de hipóteses alternativas (na necessidade) ou da importância dos efeitos de satisfação ou de interferência (na proporcionalidade e.s.e.) como maiores, menores ou iguais (ou mais, menos ou igual). Esse traço metódico é um dos fatores a ter em conta quando formos averiguar se a proibição do excesso é um instrumento de otimização: v. *infra*, capítulo 29.

[3557] Como a proposta por Borowski, *Grundrechte...*, 2ª ed., pp. 202 ss.

O PRINCÍPIO DA PROIBIÇÃO DO EXCESSO

ou abaixo de um ponto central[3558]. Todavia a aplicação de uma escala numérica, complexificada com a margem de variação, aumenta substancialmente a complicação do modelo e pode colocar questões de justificabilidade mais sérias do que se for adotada uma escala qualitativa. É mais difícil chegar a acordo sobre a asserção de que *M1* assegura uma intensidade de satisfação de *P1* entre 81 e 99 (posição média 90) e uma intensidade de interferência em *P1* entre 5 e 15 (posição média de 7,5) do que sobre a asserção de que *M1* assegura uma intensidade alta de satisfação e baixa de interferência em *P1*.

Em alternativa, pode preferir-se uma escala qualitativa[3559], que permita a ordenação das medidas de acordo com a classificação da intensidade dos seus efeitos. Por exemplo, muito baixa, baixa, média, alta, muito alta. Isso afere-se a partir da intensidade máxima da satisfação e da interferência idealmente possível: a intensidade máxima de satisfação do dever de proteção da posição jurídica do nascituro é atingida com a proibição total do aborto e a respetiva sanção penal, enquanto a intensidade máxima de interferência nessa posição jurídica é atingida com a liberalização total do aborto; a intensidade máxima de satisfação do dever de abstenção de interferência nos direitos de defesa da mãe é conseguida com a ausência de qualquer medida legislativa constrangedora do exercício incondicionado desses direitos e a intensidade máxima de interferência neles é atingida com as medidas legislativas que proíbam quase integralmente o aborto.

3.8.3.2.2. *Aplicação de uma escala qualitativa*
Vejamos agora um exercício argumentativo possível.

M_1 assegura uma intensidade muito alta de satisfação de *P1* e muito baixa de *P2*[3560]. O aborto nunca pode ser realizado por vontade da mulher e apenas pode ser efetuado em situações extremas de indicação médica (eventualmente por inviabilidade do feto ou risco de vida da mãe). A posição jurídica do nascituro fica altamente salvaguardada; a da mãe só é salvaguardada em situações limite, designadamente de risco da própria vida.

[3558] É uma das hipóteses de BOROWSKI, *Grundrechte...*, 2ª ed., p. 206. No entanto, essa margem de variação pode variar, ela própria, de acordo com o que estiver em jogo no caso concreto. Há situações em que a incerteza epistémica é maior, devendo a margem de variação ser maior; há outras em que é menor, sendo a margem de variação menor, eventualmente próxima do zero.

[3559] Como nominalmente proposto por ALEXY, «Sobre la estructura de los derechos fundamentales...», p. 129; «On Constitutional Rights...», p. 11, embora, na verdade, as posições na escala possam ser cardinalmente traduzidas.

[3560] Como se explicou *supra*, capítulo 17, 11.3.1.2.2.4., nota, quando necessária e aplicável, preferimos uma escala de cinco posições ou graus de intensidade de satisfação ou de interferência: muito baixa, baixa, média, alta e muito alta.

PROIBIÇÃO DO EXCESSO E PROIBIÇÃO DO DEFEITO

M2 garante uma intensidade alta de satisfação de *P1* e assegura uma intensidade baixa de satisfação de *P2*. A posição jurídica do nascituro continua altamente salvaguardada, embora não tanto como em *M1*; a da mãe só limitadamente (mas não tão limitadamente como em *M1*), uma vez que, só em casos extremos de indicação médica ou, por sua vontade, em situações de violação, o aborto pode ser realizado.

M3 garante uma intensidade média de satisfação de *P1* e uma intensidade média de satisfação de *P2*. Nas primeiras dez semanas, a posição jurídica do nascituro é só minimamente salvaguardada, já que a vontade da mulher prevalece, havendo contudo a possibilidade de ser fortemente influenciada por virtude do aconselhamento e do incentivo financeiro à não realização de aborto, enquanto, depois de dez semanas de gestação, a posição jurídica do nascituro é totalmente salvaguardada.

M4 garante uma intensidade baixa de satisfação de *P1* e alta de satisfação de *P2*, pois nas primeiras dez semanas, a posição jurídica do nascituro não é acautelada de forma nenhuma, só o sendo a partir daí; nas primeiras dez semanas, a vontade da mulher exerce-se livremente, isto é, sem constrangimentos.

Finalmente, com *M5* a salvaguarda da posição jurídica do nascituro é inexistente ou totalmente omissa.

Esta argumentação implica que *M5* – omissão total de proteção – seja excluída, por violadora do limite absoluto ou categórico da garantia do conteúdo essencial da posição jurídica do nascituro. Quanto a essa, não é a proibição do defeito em sentido próprio que rege. O mesmo ocorreria com uma hipotética *M1* –, proibição total do aborto, sem sequer estar salvaguardada a realização por indicação médica. Nesse cenário, seria violado o conteúdo essencial da posição jurídica subjetiva da mãe.

M1 e *M2* têm de ser excluídas, por projetarem uma situação não paritária ou não igualitária. Em ambas, *P1* é desproporcionalmente satisfeito em relação a *P2*. É aqui que se manifesta a ideia de invalidade do excesso (de proteção) ou de medidas (de proteção) excessivas, que a modalidade da proibição do defeito paritária ou igualitária incorpora.

Por seu turno, *M4* tem de ser excluída, também por projetar uma situação não paritária ou não igualitária. Desta feita, *P2* é desproporcionadamente satisfeito em relação a *P1*. A vertente de proteção é deficitária em relação à vertente defesa.

Resta *M3*, que garante uma intensidade média de satisfação da posição jurídica do nascituro e uma intensidade média de satisfação da posição jurídica da mãe. As intensidades de satisfação estão niveladas: por isso, esta é uma alternativa que proporciona ao legislador a possibilidade de *fazer o que deve fazer* (HAIN). O comportamento consolidadamente obrigatório face ao imperativo da proi-

O PRINCÍPIO DA PROIBIÇÃO DO EXCESSO

bição do defeito *coincide* com o comportamento consolidadamente *permitido* por não ser excessivo[3561]. Esta medida respeita a proibição do defeito, enquanto as outras não o fazem.

Este exemplo visa apresentar a metódica e o sentido normativo da proibição do defeito de forma simplificada. A vida real é sempre mais dilemática, por vários motivos. Salientaremos apenas alguns.

Primeiro, o legislador enfrenta necessariamente incertezas epistémicas, quer no que toca às avaliações, quer no que toca às valorações. Tomemos $M3$, medida conforme com a proibição do defeito. Assume-se o dado empírico de a decisão da mãe de realizar ou não o aborto ser fortemente influenciável pelo aconselhamento ou pelo incentivo financeiro à não realização de aborto. Todavia, esse dado é incerto: depende de quem procede ao aconselhamento, se é neutral ou votado ao convencimento da indesejabilidade do aborto, se é persuasivo ou não, se é diligente, exaustivo e focado ou simplesmente rotineiro e pouco empenhado (e de muitos outros aspetos). Por outro lado, o incentivo financeiro pode ser mais ou menos determinante, consoante numerosos fatores: montante, duração, situação e motivação da mulher, condições sociais circundantes, etc. Embora o legislador seja quem está melhor colocado para estas avaliações, nunca chegará à absoluta certeza de que o nível de satisfação do dever de proteção do nascituro é médio e não muito baixo, baixo, elevado ou muito elevado. Por outro lado, a dimensão valorativa ou de atribuição de peso e de contrapeso é também insuscetível de certezas absolutas. A comparação da intensidade de satisfação da posição jurídica do nascituro resultante de ela ser protegida integralmente a partir das dez semanas e apenas parcialmente até lá, com a intensidade de satisfação da posição jurídica da mãe resultante de ela ser satisfeita durante as primeiras dez semanas, depende de juízos valorativos sobre a importância ou peso a atribuir a cada um dos graus de satisfação. A conclusão de que se trata de uma intensidade média pode ser intersubjetivamente partilhada, mas não é indiscutível. Um legislador mais impressionado pelo valor "vida pré-natal" pode entender que a intensidade de satisfação de $P1$ promovida por $M3$ é apenas leve e, por isso, desproporcionada em relação à intensidade de satisfação de $P2$[3562].

Segundo, o legislador pode querer considerar outros fins legítimos concorrentes. O mais notório é o interesse ou fator financeiro[3563] que, neste contexto,

---

[3561] Cfr. PULIDO, *El principio...*, p. 811; CALLIESS, «Die Leistungsfähigkeit des Untermaßverbots...», p. 216 (pode falar-se aqui de ponderação conjunta, *Gesamtabwägung*, dos padrões da proibição do defeito e da proibição do excesso). Cfr., porém, CREMER, *Freiheitsgrundrechte...*, pp. 314 ss.

[3562] É com este sentido que se pode aderir à tese da existência de uma "espécie de corredor" (*Art Korridor*).

[3563] O P_k do exemplo de ALEXY estudado alguns números atrás. Cfr. «Sobre la estrutura de los derechos fundamentales...», *passim*.

PROIBIÇÃO DO EXCESSO E PROIBIÇÃO DO DEFEITO

assume um papel apenas concorrencial, diferentemente do que sucede em muitos casos sujeitos à proibição do defeito não paritária. Consideremos de novo *M3*. A possibilidade de a mulher efetuar aborto no exercício de posições jurídicas subjetivas de defesa ou de liberdade pode implicar que o Estado tenha de manter e disponibilizar meios adequados para isso no sistema de saúde público. Por outro lado, tem de providenciar os meios de aconselhamento e de sustentar o sistema de incentivos. Numa visão estritamente utilitarista, poderia dizer-se que este sistema de aconselhamento e de subsídios poderia ser equilibrado se não se realizasse o aborto e se a pessoa que nascesse contribuísse no futuro para o produto interno e para os orçamentos de Estado e da segurança social. O argumento poderia ainda refinar-se mais, mas o que releva é que há que encontrar um momento próprio para inserir a variável do fator financeiro, qualquer que seja a sua configuração. No caso de *M3*, as intensidades de satisfação dos deveres contraditórios são equivalentes. Nessa perspetiva, conformam-se com a proibição do defeito. Todavia, *M3* tem um impacto ao nível do interesse financeiro do Estado (que pode variar, consoante a dimensão quantitativa desse impacto, entre incomportável, muito alto, alto, médio, leve e muito leve). É óbvio que o legislador está autorizado a utilizar o fator financeiro como critério de "desempate" entre várias medidas conformes com a proibição do defeito. A questão crítica, porém, é se está também autorizado a optar por uma medida que não seja equilibrada, mas seja mais económica, isto é, preferível do ponto de vista do interesse financeiro[3564]. Por exemplo, *M2* garante uma intensidade alta de satisfação de *P1* e assegura uma intensidade baixa de satisfação de *P2*, implicando presumivelmente menores encargos financeiros para o Estado. Pode o Estado adotá-la, invocando o superior interesse financeiro e com isso furtando-se à violação da proibição do defeito?

A resposta não pode ser categórica num ou noutro sentido. Se estiver em causa um encargo financeiro incomportável, será positiva. Se o encargo financeiro for de pouca monta ou despiciendo, a resposta será negativa. Mas entre essas duas balizas há um mundo inteiro de tonalidades.

Terceiro, mesmo que houvesse certeza epistémica e que o fator financeiro fosse irrelevante, o leque de opções só muito dificilmente se reduziria às que apreciámos e só excecionalmente as alternativas conformes com a proibição do defeito não passariam de uma. Por norma, não há *apenas uma* alternativa elegível.

Todas estas indicações apontam no sentido de uma significativa liberdade de conformação do legislador, apesar de a proibição do defeito funcionar como programa final ou diretiva de otimização.

[3564] Embora colocada de outro modo, é essa a questão que está subjacente à construção de ALEXY, *idem*.

O PRINCÍPIO DA PROIBIÇÃO DO EXCESSO

3.8.3.3. *Proibição do defeito não paritária*

Se o paradigmático (mas não exclusivo) campo de aplicação da proibição do defeito paritária é o das colisões entre deveres de proteção e de abstenção – constelações triangulares –, os mais típicos (mas não os únicos) exemplos de aplicação da proibição do defeito não paritária são fornecidos pelos deveres de materialização dos direitos sociais, na medida em que não impliquem interferências sobre posições jurídicas subjetivas de terceiros (já que nestas situações é também aplicável a proibição do defeito paritária).

Nesse domínio fala-se genericamente de uma *reserva do sustentável*. O legislador e outras autoridades têm o dever constitucional de tomar as medidas necessárias para materializar as prestações que aqueles direitos implicam, mas podem sempre contrapesar o cumprimento do dever (naquilo que vá além de um mínimo irredutível) com os interesses públicos que se contraponham, designadamente os financeiros (fator financeiro)[3565].

Quer isso significar o seguinte: como em relação a qualquer dever constitucional isoladamente considerado, o programa final *prima facie* que vigora é o cumprimento pelo legislador do dever constitucional na sua máxima extensão. Todavia, se, ponderados os interesses públicos colidentes, estes exibirem, nas circunstâncias concretas, *um peso e importância maiores* do que o peso e importância do pleno cumprimento do dever constitucional de ação, levando a que este seja cumprido no seu núcleo mínimo mas não possa ser cumprido na sua máxima extensão, o programa final passa a ser o do cumprimento *satisfatório* de tal dever nessas circunstâncias concretas.

3.9. A proibição do defeito como norma de controlo

3.9.1. Pressupostos

A aplicação do parâmetro da proibição do defeito requer do juiz constitucional alguns passos prévios, nomeadamente: interpretação da constituição, para verificar se dela decorre algum dever de agir relevante para o caso, delimitação dos argumentos conflituantes, apuramento de qual o resultado da ponderação realizada pelo legislador, seja através dos elementos carreados por este, seja através de outros elementos disponíveis.

Por outro lado, ressaltam dois aspetos.

[3565] Não se exclui que a ponderação possa ter de ser *mais rica* (envolvendo outras variáveis) e que a formulação do texto constitui uma simplificação para efeitos expositivos. Para uma explicitação mais completa, BOROWSKI, *Grundrechte...*, 2ª ed., pp. 363 ss.; crítico, NOVAIS, *Direitos Sociais*, pp. 224 ss. (invocando problemas de incomparabilidade, de imponderabilidade do princípio da separação de poderes, de impossibilidade de aplicação em situação de inexistência de verdadeira e própria restrição).

1012

PROIBIÇÃO DO EXCESSO E PROIBIÇÃO DO DEFEITO

O primeiro decorre da circunstância de na metódica da proibição do defeito estar em causa uma alegada, indiciada ou suspeitada *situação* de omissão, total ou parcial[3566], intencional ou não intencional[3567], instantânea ou persistente, de normas legislativas destinadas a cumprir um dever constitucional de agir. Em contrapartida, na aplicação da proibição do excesso o comportamento que normalmente está em causa (o "meio") é sempre um ato positivo do legislador, sob a forma de uma ou várias normas[3568].

Para efeitos do regime jurídico e da dogmática da proibição do defeito como norma de controlo, a distinção com mais implicações é entre omissões totais e omissões parciais.

Omissão total consiste na ausência de normas legislativas que intentem ou logrem cumprir pelo menos minimamente o dever de ação.

Omissão parcial verifica-se quando existem normas que intentam e logram o cumprimento do dever de ação, embora sem o realizar completamente[3569].

A circunstância de o objeto de apreciação ser uma omissão pode suscitar problemas processuais. Primeiro, em Portugal a fiscalização da constitucionalidade incide sobre *normas* (v. artigos 278º, nºs 1, 2 e 4, 279º, nºs 1, 3 e 4, 280º,

---

[3566] Sobre as tipologias das omissões, v., por todos, Tribunal Constitucional Português, *A Omissão Legislativa...*, pp. 13 ss.; Jorge P. Silva, *Dever de legislar e protecção...*, pp. 88 ss. Gouveia, *Manual...*, II, 6ª ed., pp. 1314 ss.

[3567] A imputabilidade subjetiva da omissão não é aqui essencial, ao invés do que sucede, por exemplo, na apreciação da responsabilidade civil do legislador: cfr. Jorge P. Silva, *Dever de legislar e protecção...*, p. 13.

[3568] O objeto do exame da proibição do defeito é um dos temas em que há desencontros na doutrina. Por exemplo, Dietlein, «Das Untermaßverbot», p. 136, aludindo ao plano específico da necessidade, exprime a diferença entre o objeto do exame da proibição do excesso e o objeto do exame da proibição do defeito desta forma: enquanto o segmento da necessidade no contexto da proibição do excesso incide sobre uma lei concreta, o segmento da *medida da necessidade (Erforderlichkeitsmaß)* no âmbito da proibição do defeito iria além de uma lei concreta, transcendendo-a. Nesse contexto seria averiguado se o legislador cumpriu suficientemente o dever de proteção. Todas as medidas disponíveis neste sentido seriam consideradas neste exame da medida da necessidade. Diferente, Oliver Klein, «Das Untermaßverbot...», p. 962, quando sustenta que a proibição do excesso incide sobre uma medida concreta, enquanto a proibição do defeito tem por objeto apenas um fim concreto e um número indeterminado de atos possíveis. Clérico, «Sobre la prohibición...», p. 177, sublinha a indeterminação do meio, em contraste com o que sucede com a proibição do excesso. Cfr. Tzemos, *Das Untermaßverbot*, p. 78.

[3569] No texto consideram-se incindíveis as noções de omissão parcial de cumprimento e de ação parcial de cumprimento, não parecendo defensável a orientação, comum na doutrina portuguesa, de distinguir dogmaticamente as duas figuras em termos que conduzem a resultados artificiais (e com consequências de regime, refletidas na aplicação da disciplina ou da inconstitucionalidade por omissão ou da inconstitucionalidade por ação, designadamente por violação do princípio da igualdade): cfr. o debate em Medeiros, *A Decisão...*, pp. 511 ss; Jorge P. Silva, *Dever de legislar e protecção...*, pp. 80 ss.; Tribunal Constitucional Português, *A Omissão Legislativa...*, pp. 16 ss.

O PRINCÍPIO DA PROIBIÇÃO DO EXCESSO

nºs. 1, 2, 3 e 5, 281º, nºs 1 e 3)[3570]. Só em casos circunscritos pode incidir sobre situações de omissão (artigo 283º). Isso implica que, além do limitado contexto processual que o artigo 283º proporciona, qualquer episódio de fiscalização da omissão do cumprimento de deveres do legislador tem de ter sempre como epicentro pelo menos *uma norma* legislativa[3571]. Pode é suceder que esta seja uma componente de uma *situação* mais vasta de omissão total ou parcial de legiferação. Isso pode suscitar situações de algum inevitável artificialismo. Para desencadear a apreciação da constitucionalidade por ação – o veículo mais frequente e mais manejável –, o autor da iniciativa pode ser forçado a identificar uma norma legislativa, mesmo que essa norma seja relativamente lateral ou seja um mero componente, porventura secundário, de uma *situação* de omissão total ou parcial do cumprimento de um dever de ação.

Segundo aspeto, o juiz constitucional não promove normalmente a fiscalização da constitucionalidade por iniciativa própria, mas sim por iniciativa externa (*nemo judex sine actore*). A quem assume a iniciativa caberá, em princípio, configurar os termos essenciais do objeto da apreciação jurisdicional e os parâmetros constitucionais de referência (as normas constitucionais alegadamente infringidas)[3572]. Isso processa-se através da alegação de omissão total ou parcial de cumprimento de um dever do legislador. Em casos em que o legislador tenha participação processual, o objeto de apreciação pode evoluir, designadamente em consequência dos elementos que forneça sobre avaliações ou ponderações que tenha efetuado.

Nestes termos, a primeira *fixação da perspetiva* depende do autor do processo.

Nos casos típicos que recaem no âmbito da proibição do defeito, ou seja, nos casos de colisões entre um dever de ação e outros deveres de ação ou abstenção, ou outros bens, interesses ou valores não cobertos por nenhum dever constitucional, é razoável admitir que o autor ou requerente do pedido de fiscalização adote uma perspetiva especificamente preocupada com o defeituoso cumprimento de *um* dos deveres em presença.

Isto é particularmente nítido nas constelações triangulares. Se o legislador tiver adotado *M1* – proibição total do aborto, com punição da mulher e dos médicos, exceto se realizado por indicação médica nas dez primeiras semanas –, pode ocorrer que alguém solicite ao tribunal constitucional que verifique se as posições jurídicas subjetivas atinentes aos direitos de defesa da mulher são ou

---

[3570] Como sublinhámos na introdução, 3.1., nota, o Tribunal Constitucional tem atribuído ao conceito de norma um sentido muito lato: v. TRIBUNAL CONSTITUCIONAL PORTUGUÊS, *A Omissão Legislativa...*, p. 26; MORAIS, *Curso...*, I, 3ª ed., pp. 96 ss.; OTERO, *Direito Constitucional...*, II, p. 172.

[3571] Vejam-se, em contraste, os §92º e 95,º, nº 1, da Lei do Tribunal Constitucional alemão.

[3572] Desenvolvemos o tema em *Os processos de fiscalização da constitucionalidade...*, pp. 103 ss.

PROIBIÇÃO DO EXCESSO E PROIBIÇÃO DO DEFEITO

não justificadamente afetadas. Alguma doutrina dirá, a propósito, que está em causa a violação ou não da proibição do excesso[3573].

Diferentemente, se o legislador tiver optado por *M4* – realização livre, incluindo por vontade da mulher, nas primeiras dez semanas –, pode ocorrer que alguém solicite ao tribunal constitucional que se pronuncie sobre se a posição jurídica subjetiva do nascituro é ou não justificadamente afetada[3574]. Alguma doutrina dirá, agora, que está em causa a violação ou não da proibição do defeito.

Em qualquer destes casos, o tribunal não pode deixar de se pronunciar sobre o *thema decidendi*, isto é, tem de responder à questão de saber se o dever de abstenção ou o dever de proteção foram ou não injustificadamente incumpridos. Contudo, mesmo que a perspetiva de partida do requerente seja unilateral (isto é, preocupada com o eventual incumprimento de apenas um dos deveres colidentes), a apreciação tem de incidir conjugadamente sobre *as duas perspetivas*. Não pode decidir-se se, do ponto de vista constitucional, o dever de abstenção é injustificadamente incumprido com *M1*, ou se o dever de proteção é injustificadamente incumprido com *M4* sem colocar as duas variáveis da colisão em confronto, verificando se a solução legislativa afeta desproporcionadamente uma em benefício da outra. Por isso, mesmo que a perspetiva de partida seja unilateral, o óculo pelo qual o juiz constitucional observa a situação é bilateral, utilizando para isso um único instrumento: a proibição do defeito paritária. Nesta modalidade, a proibição do defeito cobre simultaneamente o processo de avaliação do eventual defeito de cumprimento do dever de proteção e o eventual defeito de cumprimento do dever de abstenção.

É certo que o defeito de cumprimento do dever de abstenção pode ser reversamente descrito como uma *interferência excessiva* nesse direito. Mas esta componente do excesso integra o próprio instrumento da proibição do defeito na sua arquitetura mais adequada à apreciação das constelações triangulares.

O instrumento da proibição do defeito é, aliás, igualmente aplicável no caso de o legislador ter substituído *M1* por *M2*, *M3* ou *M4*, ou inversamente. Em qualquer dos casos, está em análise se os deveres colidentes foram paritariamente cumpridos pelo legislador, como decorre da proibição do defeito paritária.

3.9.2. Estrutura

O tratamento do tema da estrutura é particularmente relevante, na medida em que a aplicação da proibição do defeito como norma de controlo ocorre num contexto ritualizado e, consequentemente, propício à segmentação em

---

[3573] Em certa medida, esse parece ter sido o foco principal do Tribunal Constitucional no acórdão nº 85/85, relatado por Vital Moreira.
[3574] V. acórdão nº 75/10, do Tribunal Constitucional.

O PRINCÍPIO DA PROIBIÇÃO DO EXCESSO

"passos", "fases", "elementos". Sem embargo, inicialmente foi tema que não mereceu grandes atenções. CANARIS quase o ignora. Hoje, em contraste, é um dos temas que gera mais divergências.

Os defensores das teses (iniciais) mais extremas da congruência entre proibição do defeito e proibição do excesso consideram os três segmentos comuns a ambas[3575], embora possa haver discrepâncias, particularmente no que se refere ao segmento da necessidade[3576].

Em contrapartida, os que não aderem às teses da congruência nessa versão inicial ou as rejeitam em qualquer versão adotam uma pluralidade de posições. Um setor rejeita a referência a uma estrutura argumentativa semelhante à da proibição do excesso[3577], concebendo uma estrutura própria, com mais ou menos pontos de coincidência[3578]. Ao invés, outro setor admite uma estrutura tripartida, com nomenclatura diversa ou não[3579], a que acrescem por vezes questões prévias[3580]. Entre estes, há quem entenda que alguns dos segmentos sofrem alterações, designadamente a adequação e a necessidade[3581]. Ainda outro setor, partindo de uma identidade estrutural formal entre proibição do excesso e proibição do defeito, acaba por considerar realmente relevante apenas o teste de proporcionalidade em sentido estrito[3582], não obstante este estar praticamente

---

[3575] HAIN, «Der Gesetzgeber in der Klemme...», p. 983.

[3576] TZEMOS, *Das Untermaßverbot*, p. 82, nota, justamente, que nem sempre é claro que haja exata coincidência quanto à estrutura dos três passos, designadamente o da necessidade.

[3577] DIETLEIN, «Das Untermaßverbot», p. 139; NOVAIS, *Direitos Sociais*, p. 299.

[3578] TZEMOS, *Das Untermaßverbot*, parece apontar para a incompatibilidade dogmática entre a necessidade e a proporcionalidade e.s.e. e para a inutilidade prática da adequação (p. 32); todavia, recupera nominalmente a proporcionalidade e.s.e. como último passo da sua proibição jusfundamental do defeito em sentido amplo (pp. 181, 184); JORGE P. SILVA, «Interdição de proteção insuficiente...», pp. 208-209, propõe os passos da aptidão e da efetividade, não sendo claro onde coloca o momento de ponderação que a proibição do defeito comporta; NOVAIS, *Direitos Sociais*, pp. 307 ss., distingue duas máximas ou subprincípios, realização do mínimo e razoabilidade .

[3579] Por exemplo, MATTHIAS MAYER, *Untermaß, Übermaß...*, p. 154: a medida do Estado de cumprimento do dever de proteção deve ser eficiente, suficiente e adequada (*wirksam, ausreichend, angemessen*); RASSOW, «Zur Konkretisierung des Untermaßverbotes», p. 273, no contexto da sua tese da proibição do defeito como inversão da proibição do excesso; MERTEN, «Verhältnismässigkeitsgrundsatz», pp. 563 ss., adequação, mínimo de proteção e proporcionalidade e.s.e.

[3580] V. MÖSTL, «Probleme der verfassungsprozessualen...», pp. 1038-1039; MICHAEL, «Die drei Argumentationsstrukturen...», p. 151; CLÉRICO, «Proporcionalidad, prohibición de insuficiencia...», *cit.*; MERTEN, «Grundrechtliche...», p. 239; CALLIESS, «Die Leistungsfähigkeit des Untermaßverbots...», pp. 215-216; PULIDO, *El principio...*, p. 808.

[3581] CALLIESS, «Die Leistungsfähigkeit des Untermaßverbots...», pp. 215-216; CLÉRICO, «Proporcionalidad, prohibición de insuficiencia...», p. 172.

[3582] BOROWSKI, *Grundrechte als Prinzipien...*, 1ª ed., pp. 119 ss.; 2ª ed., pp. 196 ss.

PROIBIÇÃO DO EXCESSO E PROIBIÇÃO DO DEFEITO

ausente do *case law*[3583]. Diferente é a posição daqueles que reconhecem somente coincidências estruturais parciais, reduzindo a estrutura a dois segmentos, efetividade e proporcionalidade e.s.e.[3584], ou a apenas um, proporcionalidade e.s.e.[3585] ou adequação[3586].

Este breve apanhado revela a falta de consenso, inclusive sobre tópicos básicos como o da estrutura argumentativa. Desse ponto de vista, o estado de maturação da proibição do defeito está longe daquele que foi atingido pela proibição do excesso.

Como veremos de seguida, a resposta sobre a estrutura da proibição do defeito depende de estar em causa a avaliação da justificação de uma omissão total ou de uma omissão parcial. Sempre se admitirá, porém, que, quando possível, a estruturação tripartida permite rentabilizar a mais-valia de racionalidade inerente à adaptação de esquemas de argumentação já estabelecidos a propósito da proibição do excesso.

3.9.2.1. Omissão total

Há quem confira um tratamento unitário ao controlo das omissões parciais e das omissões totais[3587]. Contudo, esta opção negligencia diferenças fundamentais entre essas duas classes, com implicações ao nível dos segmentos estruturais da proibição do defeito ou até da própria possibilidade de justificação através desta.

Qualquer das modalidades da proibição do defeito pressupõe uma determinação do fim ou dos fins prosseguidos pelo legislador através do comportamento alegadamente omissivo. A identificação de um qualquer fim da omissão é uma condição para que o comportamento não seja considerado arbitrário. Não sendo a omissão justificada pela intenção do legislador de prosseguir um fim, determinado ou determinável, o comportamento omissivo é arbitrário e, consequentemente, inválido por violador da proibição do arbítrio[3588].

[3583] PIRKER, *Proportionality...*, p. 121.

[3584] RASSOW, «Zur Konkretisierung des Untermaßverbotes», p. 280 (uma vez que, no desenvolvimento da tese da proibição do defeito como inversão da proibição do excesso, conclui que a apreciação da adequação é fútil).

[3585] STÖRRING, *Das Untermaßverbot...*, p. 236 (no contexto da sua conceção da proibição do defeito como garantia mínima).

[3586] NITZ, *Private und öffentliche Sicherheit*, p. 376 (excluindo a aplicabilidade da proporcionalidade e.s.e e, parcialmente, da necessidade, no contexto da sua tese da proibição do defeito como veículo da garantia da obrigação de proteção mínima, sem otimização).

[3587] Cfr. CANOTILHO, *Direito...*, 7º ed., p. 1033. Também se pode dizer omissões inautênticas e omissões autênticas: STÖRRING, *Das Untermaßverbot...*, p. 41. Há quem distinga entre omissões (absolutas) parciais e omissões relativas: MORAIS, *Justiça...*, II, 2ª ed., pp. 498 ss.

[3588] Diferentemente, CLÉRICO, «Sobre la prohibición...», p. 177.

O PRINCÍPIO DA PROIBIÇÃO DO EXCESSO

Além da existência de um fim, é necessário que ele seja *legítimo*. Uma omissão motivada por um fim ilegítimo (sendo ilegítimo, desde logo, o fim de simplesmente incumprir o dever constitucional[3589]) é uma omissão à partida insuscetível de justificação.

As omissões totais suscitam, além do mais, o problema do cumprimento do conteúdo mínimo do dever de ação. Se tal conteúdo mínimo puder ser determinado através da interpretação, tem de ser cumprido, não podendo o incumprimento ser justificado. Ora, uma omissão total viola por natureza o conteúdo mínimo[3590]. Só na medida em que não seja possível delimitar um núcleo mínimo *absoluto* do dever de ação – isto é, só na medida em que toda a sua extensão seja *prima facie* –, as omissões totais são sujeitas ao crivo da proibição do defeito para efeitos de eventual (in)justificação[3591]. Isto diminui, porventura drasticamente, o âmbito da aplicação da proibição do defeito em situações de omissão total.

3.9.2.1.1. Adequação

Já no ambiente da metódica aplicativa da proibição do defeito começa por se colocar a questão de saber se tem sentido útil a apreciação da adequação do comportamento. A adequação de um comportamento afere-se em função de um fim legítimo: diz-se adequado o comportamento que, em abstrato[3592], se pode considerar capaz da promover minimamente um fim legítimo.

Qual, porém, o fim a considerar? O fim que corresponde ao cumprimento do dever de ação? O fim que corresponde ao cumprimento do dever de abstenção ou de tutela de bens, interesses ou valores não cobertos por um dever constitucional? O fim da superação da colisão entre deveres, quando seja esse o caso?

Ato adequado para cumprir o dever de ação será necessariamente um ato positivo. Portanto, uma omissão total é, por inferência lógica, um comportamento não adequado para prosseguir esse dever. Por isso, a omissão total do comportamento não pode ser justificada pelo objetivo do cumprimento do dever de ação[3593]. O mesmo se deve concluir sobre a adequação para atingir o fim da supe-

---

[3589] BARAK, *Proportionality...*, p. 431.

[3590] Aparentemente em sentido diverso, NOVAIS, *Direitos Sociais...*, pp. 202, 207.

[3591] BARAK, *Proportionality...*, pp. 430-431, não faz esta precisão, sustentando que, em caso de omissão total, *nunca* pode haver justificação da omissão. A posição do texto não vale no contexto da já apresentada tese da inversão da proporcionalidade clássica com vista à sua adaptação às omissões totais da emissão de atos de cumprimento de deveres de proteção: cfr., por todos, RASSOW, «Zur Konkretisierung des Untermaßverbotes», pp. 271 ss., e a crítica de BOROWSKI, *Grundrechte...*, 2ª ed., pp. 193-194.

[3592] MERTEN, «Verhältnismässigkeitsgrundsatz», p. 563: em abstrato, porque não é possível garantir que, em cada caso, os efeitos são atingidos ou são atingíveis de facto.

[3593] Assim, BOROWSKI, *Grundrechte...*, 2ª ed., pp. 198-199, referindo-se ao que designa por *exame interno* da adequação.

PROIBIÇÃO DO EXCESSO E PROIBIÇÃO DO DEFEITO

ração da colisão entre dois deveres constitucionais. Por natureza, a omissão total do legislador mantém a colisão inalterada, não contribui para a sua superação.

Quanto ao fim do cumprimento do dever colidente, designadamente o dever de abstenção, ou outro fim legítimo livremente prosseguido pelo legislador, a omissão total de comportamento é por natureza adequada. Se a promoção desses fins é afetada por uma qualquer ação do legislador em cumprimento do dever de ação, a omissão total do legislador evita integralmente a afetação. Todavia, um teste cuja aplicação produz invariável e automaticamente o mesmo resultado (para uns fins a omissão total é *sempre* inadequada, para outros é *sempre* adequada) é um teste supérfluo[3594].

3.9.2.1.2. *Eficiência exigível*
Admitindo que a omissão total não é invalidada pela aplicação prévia do parâmetro da garantia do conteúdo essencial do dever de ação e verificada a inocuidade do passo da adequação, importa ver em que termos se coloca a questão do segundo passo do exame do cumprimento da proibição do defeito. Diferentemente da proibição do excesso, o que está em causa, em primeira linha, não é se o meio ou comportamento adotado é necessário para prosseguir um certo fim, mas sim se ele é suficiente para atingir fins constitucionalmente devidos, isto é, se ele é *compatível com a eficiência exigível* na satisfação de fins resultantes da constituição. Na dogmática da proibição do defeito, em vez de necessidade, são mais apropriadas expressões como efetividade (*Effektivität*) ou eficiência exigível[3595].

A apreciação da *eficiência exigível* de uma omissão total enfrenta problemas similares aos referenciados a propósito da adequação.

Também neste contexto se coloca a questão da referência finalística: a eficiência afere-se em função de que fim? O fim que corresponde ao cumprimento do dever de ação? O fim que corresponde ao cumprimento do dever de abstenção ou de tutela de bens, interesses ou valores não cobertos por um dever constitucional? O fim da superação da colisão entre deveres, quando seja esse o caso? A virtual coexistência desses vários fins implicaria uma construção do segmento da eficiência exigível que os tivesse a todos em referência. Por isso, esse segmento teria de se desdobrar em duas componentes. Por um lado, apurar-se-ia se existe um comportamento alternativo à omissão total que afete menos ou garanta melhor o cumprimento do dever de ação. Por outro lado, verificar-se-ia

---

[3594] Coincidente BOROWSKI, *Grundrechte...*, 2ª ed., p. 199, a propósito do exame externo.

[3595] Cfr. MÖSTL, «Probleme der verfassungsprozessualen...», p. 1039; MICHAEL, «Die drei Argumentationsstrukturen...», p. 151. Outra possibilidade seria a sugestão de DIETLEIN, «Das Untermaßverbot», p. 136, que distingue entre o segmento da necessidade (*Erforderlichkeit*) da proibição do excesso e o segmento da *medida* da necessidade (*Erforderlichkeitsmaß*) da proibição do defeito.

O PRINCÍPIO DA PROIBIÇÃO DO EXCESSO

se esse comportamento alternativo à omissão total afeta menos intensamente ou em igual medida o cumprimento dos deveres ou os bens, interesses ou valores colidentes[3596]. Se existisse uma tal alternativa, a omissão não seria justificável à luz da proibição do defeito.

Ora, no caso das omissões totais (mas não no caso das omissões parciais, como veremos), a existência de uma alternativa com tal configuração é impossível. Há sempre alternativas a uma omissão total capazes de promover mais eficientemente o fim obrigatório *prima facie*, se este for um fim possível (jurídica e faticamente). Todavia, é esperável que todos os meios legislativos que favorecem a realização do fim correspondente ao dever de ação *prima facie* em grau superior à conseguida com a omissão total de ato legislativo produzam necessariamente um impacto negativo sobre os deveres ou os bens, interesses ou valores colidentes.

Esse panorama é particularmente incontornável nas constelações triangulares. Isso pode ser demonstrado com o auxílio das alternativas *M5* e *M4*, embora aí não esteja em causa uma omissão total (a não ser que esteja em vigor *M5*). *M5* não estabelece qualquer penalização nem impedimento à realização do aborto; *M4* permite a realização livre, incluindo por vontade da mulher, nas primeiras dez semanas. *M4* realiza melhor o cumprimento do dever de proteção do que *M5*, na medida em que proíbe o aborto a partir das dez semanas. Inevitavelmente, *M4* afeta mais intensamente do que *M5* o cumprimento do dever de abstenção do legislador.

Por conseguinte, em caso de omissão total, a verificação da primeira vertente do teste da eficiência exigível – menor afetação do dever de ação – é inconciliável com a verificação da segunda vertente – menor ou igual afetação do cumprimento dos deveres ou dos bens, interesses ou valores colidentes[3597]. A estrutura da proibição do defeito como norma de controlo de *omissões totais* não inclui o segmento da eficiência exigível.

3.9.2.1.3. *Proporcionalidade em sentido estrito*
O curso argumentativo seguido até aqui – ou outros convergentes – implica que, dos três segmentos virtualmente "importáveis" da proibição do excesso,

---

[3596] Cfr. Borowski, *Grundrechte...*, 2ª ed., pp. 199 ss., distinguindo também, tal como a propósito da adequação, entre exame interno e externo.

[3597] A posição do texto coincide parcialmente com a de Borowski, *Grundrechte...*, 2ª ed., pp. 200-201, quando qualifica a necessidade como uma fórmula vazia de conteúdo. No contexto das *omissões totais*, a apreciação do autor é indiscutível: uma alternativa a uma omissão total é sempre uma ação que, particularmente no caso das constelações triangulares, terá um efeito mais intenso sobre os bens, interesses ou valores colidentes. Sem embargo, como veremos, isso não é tão forçoso nas *omissões parciais*.

PROIBIÇÃO DO EXCESSO E PROIBIÇÃO DO DEFEITO

o único que pode eventualmente assumir um papel relevante no controlo da justificação de omissões totais do legislador é o da proporcionalidade e.s.e.[3598].

Numa certa visão, tratar-se-ia de ponderar se o peso do interesse na satisfação do dever de ação *prima* facie supera o peso dos argumentos que falam contra essa satisfação[3599] ou de ponderar o peso da omissão da promoção do direito à prestação com o peso dos fundamentos que justificam essa omissão[3600].

Essa perspetiva não é a preferível.

Por um lado, havendo que avaliar a omissão à luz do objetivo de satisfação de deveres constitucionais, o que se pondera e contrapesa é a importância dos efeitos jurídicos e materiais resultantes da satisfação ou não satisfação dos deveres colidentes e dos bens, interesses ou valores sobre os quais incidem ou, caso não haja dever mas mera permissão, dos bens, interesses ou valores sobre os quais incide tal permissão. Tratando-se de omissão total um dos termos da ponderação é, necessariamente, a importância dos efeitos jurídicos e materiais da integral não satisfação de algum dos deveres e dos bens, interesses ou valores seu objeto. Os termos da ponderação são, assim, análogos aos da proporcionalidade e.s.e. no contexto da proibição do excesso.

Por outro lado, é relevante a distinção entre as situações de colisão de deveres constitucionais (proibição do defeito paritária) e as situações de colisão de deveres constitucionais de ação com bens, interesses ou valores não tutelados através de um dever constitucional do legislador (proibição do defeito não paritária). É inevitável concluir que uma omissão total, na medida em que representa uma solução de desequilíbrio desfavorável a um dos deveres em causa, um dever de ação (designadamente um dever de proteção) que é integralmente incumprido, *é sempre violadora* do segmento da proporcionalidade em sentido estrito. Já se se tratar de um caso de colisão entre deveres de ação (por exemplo, deveres de materialização de direitos sociais) e permissões de prossecução de outros bens, interesses e valores que o legislador possa legitimamente acautelar, se não houver garantia de conteúdo mínimo e se a importância da salvaguarda destes bens, interesses ou valores fornecer argumentos manifestamente superiores, *em tese* não é impossível (mas é altamente improvável) que a omissão total resista ao crivo da proibição do defeito e seja, portanto, justificada.

Não obstante esta última (remota) possibilidade, é de concluir que mesmo que a omissão total suplante com êxito parâmetros prejudiciais, como a proi-

---

[3598] Cfr., por todos, STÖRRING, *Das Untermaßverbot...*, p. 236: há lesão do princípio da proibição do defeito apenas quando os interesses de proteção suplantam consideravelmente os fundamentos para a omissão ou abstenção do Estado ou quando a ponderação realizada assenta em assunções ou prognoses reconhecidamente erróneas. Cfr., também, BOROWSKI, *Grundrechte...*, 2ª ed., p. 201.

[3599] STÖRRING, *Das Untermaßverbot...*, p. 236.

[3600] BOROWSKI, *Grundrechte...*, 2ª ed., p. 201.

O PRINCÍPIO DA PROIBIÇÃO DO EXCESSO

bição do arbítrio e a garantia do conteúdo essencial, as hipóteses de lograr justificação à luz do parâmetro da proibição do defeito são escassas.

3.9.2.2. Omissão parcial

Na omissão parcial a situação de partida é a existência de medidas produzidas pelo legislador alegadamente direcionadas para o cumprimento de deveres de ação. Todavia, são suscitadas dúvidas sobre se os promovem ao nível e com a intensidade concretamente exigível e em termos suficientes[3601].

Logicamente, uma omissão parcial do cumprimento é incindível de uma ação de cumprimento parcial[3602]. Fixada a omissão/ação parcial, a proibição do defeito estrutura o processo de apreciação da *justificação constitucional* da parcialidade do (in)cumprimento. A intercambialidade lógica entre omissão e ação parciais permite que os segmentos da proibição do defeito convoquem, umas vezes, o ângulo do comportamento negativo (a omissão), outras, o do positivo (a ação).

O apuramento do pressuposto do fim conflitual tem relevo exclusivamente quando se trate de colisões entre deveres de ação e fins de interesse público, uma vez que, detetando-se colisão de deveres constitucionais (designadamente de proteção e de abstenção), pode presumir-se que a omissão parcial promove o fim legítimo do cumprimento do dever constitucional contraposto, mesmo que isso não seja intuído pelo próprio legislador. Qualquer fim prosseguido com o ato parcialmente omissivo tem de ser legítimo, o que pressupõe a sua determinabilidade. Se o fim prosseguido não estiver expressamente identificado e determinado, deve ser, pelo menos, determinável. Nos desenvolvimentos subse-

---

[3601] Os dois casos de aplicação da proibição do defeito, julgados pelo Tribunal Constitucional, que temos vindo a citar (acórdãos n°s 75/10 e 166/10), situam-se nesta categoria.

[3602] Por isso, pode ser difícil e artificial destrinçar no caso concreto o que constitui uma inconstitucionalidade por omissão e o que constitui uma inconstitucionalidade por ação. O artificialismo da distinção e da concomitante dicotomia entre fiscalização da inconstitucionalidade por ação e por omissão em situações de omissão parcial/cumprimento parcial é ilustrado por um desigual debate doutrinal travado em tempos por um grande mestre do Direito Constitucional e um jovem aprendiz. Defendia o primeiro (CANOTILHO, *Curso*..., 7ª ed., p. 1036 – mas as referências vêm de edições anteriores) que certa omissão parcial deveria ser julgada como inconstitucionalidade por omissão; argumentava o segundo (CANAS, *Introdução às decisões*..., pp. 44 ss.) que deveria sê-lo como inconstitucionalidade por ação, designadamente para fugir à rigidez do artigo 283°. Na verdade, o que se nos afigura hoje é que nenhuma das posições estava totalmente correta. A intercomunicabilidade da omissão parcial/cumprimento parcial torna fútil a discussão sobre qual a figura e mecanismo processual mais apropriado. Nada obsta a que se enverede por qualquer das vias e por qualquer das perspetivas. O que interessa é que haja *uma qualquer via* de verificar se a Constituição está a ser cumprida e que a fiscalização de eventuais inconstitucionalidades não esbarre com argumentos estritamente conceptuais. Cfr. JORGE P. SILVA, *Dever de legislar e protecção*..., p. 58.

1022

PROIBIÇÃO DO EXCESSO E PROIBIÇÃO DO DEFEITO

quentes partiremos do princípio de que é possível isolar com precisão suficiente os fins conflituais que o legislador quis fomentar em termos que o inibiram do cumprimento integral do dever de ação *prima facie* na sua extensão ideal. Os fins não obrigatórios estão frequentemente relacionados com a proteção dos interesses financeiros do Estado e com a boa gestão dos recursos disponíveis.

Omissão parcial não justificada pela promoção de fim contraditório com o dever de ação viola a proibição do arbítrio[3603].

A propósito das omissões totais, verificámos que a aplicação da proibição do defeito consiste, quando muito, numa operação de ponderação bilateral. Já no caso das omissões parciais do cumprimento do dever de ação é viável a aplicação da estrutura tridimensional, como veremos de seguida[3604].

3.9.2.2.1. *Adequação*
Por definição, diz-se adequado o comportamento parcialmente omissivo que, numa apreciação abstrata, se mostra capaz da promover minimamente um fim legítimo.

Tal como nas omissões totais, pergunta-se qual o fim a considerar: o fim do cumprimento do dever de ação? O fim do cumprimento do dever colidente ou de tutela de bens, interesses ou valores não cobertos por um dever constitucional? O fim da superação da colisão entre deveres, quando seja esse o caso?

Consoante as modalidades da proibição do defeito, assim importam diferentes tipos de fins. Mas há um traço comum: em contraste com o que sucede com a proibição do excesso, há sempre pelo menos dois fins prosseguidos (nuns casos, obrigatoriamente, noutros, em parte, facultativamente)[3605] pelo legislador, com referência aos quais se afere a adequação.

Diferentemente da omissão total, o comportamento parcialmente omissivo ou, mais exatamente, a dimensão de cumprimento parcial que lhe é inerente, deve sempre ser adequado para prosseguir minimamente o fim do cumprimento do dever de ação, qualquer que seja a colisão em que esteja envolvido.

Quando esse dever de ação colidir com um dever de abstenção (situação mais frequente) ou com outro dever de ação, o comportamento parcialmente

---

[3603] Admitindo, todavia, a validade de uma omissão parcial quando o legislador não teve simplesmente consciência da possibilidade de ir mais longe, não prosseguindo, portanto, qualquer fim deliberado, GELLERMANN, *Grundrechte im einfachgesetzlichen...*, p. 348.

[3604] Numa primeira leitura, poderia parecer que o Tribunal Constitucional aplica apenas dois segmentos: a adequação e a proporcionalidade e.s.e.: v. acórdão nº 166/10, nº 13. No entanto, uma leitura atenta revela que há também a aplicação do segmento da necessidade, que, aliás, no caso concreto foi violado, determinando a declaração da inconstitucionalidade da norma apreciada.

[3605] Cfr., por todos, BOROWSKI, *Grundrechte...*, 2ª ed., pp. 198-199, distinguindo exame interno e externo.

O PRINCÍPIO DA PROIBIÇÃO DO EXCESSO

omissivo deve ser adequado para atingir minimamente o fim da superação da colisão entre os dois deveres constitucionais.

Quando o dever de ação colidir com a prossecução de um fim legítimo autorizado mas não devido, o comportamento omissivo, na sua dimensão de omissão parcial, deve ser adequado para prosseguir minimamente tal fim legítimo.

A consequência da inadequação do comportamento parcialmente omissivo para prosseguir o fim do cumprimento de um dever de agir é a sua apreciação como omissão total.

Consequentemente, o segmento da adequação reporta-se à capacidade de as medidas já adotadas pelo legislador, *vistas pelos seus ângulos positivo e negativo*, promoverem os vários fins relevantes, designadamente o fim do cumprimento do dever *prima facie* de ação e os demais fins prosseguidos pelo legislador através da medida parcialmente omissiva[3606]. Para que a norma legislativa supere este primeiro teste da proibição do defeito, tem de ser adequada quer para o fomento do fim de prestação em sentido amplo, quer para o fomento de outros fins conflituais[3607].

Pode questionar-se, porém, se o segmento da adequação não representa uma exigência que já decorreria do conteúdo mínimo absoluto do dever do legislador, particularmente quando esse conteúdo mínimo absoluto for determinável[3608].

Qual o grau de adequação? Basta uma adequação *mínima*, como na proibição do excesso, ou é exigível um nível mais elevado do que um mínimo de adequação/eficiência?[3609] Uma exigência de grau máximo implicaria obviamente redu-

---

[3606] Para uma orientação diferente, BARAK, *Proportionality*..., pp. 430 ss. (considerando como fins a atender apenas os da abstenção de intervenção em direitos negativos ou de proteção de interesses públicos).

[3607] É isto que leva MICHAEL, «Die drei Argumentationsstrukturen...», p. 151, a observar que a adequação em sede de proibição do defeito coincide parcialmente (como sustenta a *Kongruenzthese*) com a adequação em sede da proição do excesso quando esteja em apreciação um meio que vise a proteção de um direito restringindo outro direito. Nesse caso, o meio só pode ser adequado no contexto da proibição do excesso se também for adequado no contexto da proibição do defeito.

[3608] É só nesse cenário – determinabilidade do conteúdo mínimo do dever – que o argumento de GELLERMANN, *Grundrechte im einfachgesetzlichen*..., p. 347, produzido no quadro de demonstração da *inutilidade* da proibição do defeito como figura autónoma, é válido. Nesse caso, a exigência de adequação não transporta nada que não resulte já diretamente do comando jusfundamental de ação. Sendo a medida totalmente inadequada, não corresponde à exigência mínima que ele está obrigado em absoluto a materializar, isto é, ao patamar indisponível mínimo de cumprimento; coincidente, NITZ, *Private*..., p. 375.

[3609] CLÉRICO, «Proporcionalidad, prohibición de insuficiencia...», p. 180, considera também relevante distinguir entre a idoneidade do meio para fomentar o fim em *geral e em abstrato* e a idoneidade para fomentar em *concreto e no caso individual* aquele fim. Da consideração dos diversos fatores resultariam juizos débeis de idoneidade e juízos claros de (in)idoneidade. A base teórica não é

PROIBIÇÃO DO EXCESSO E PROIBIÇÃO DO DEFEITO

zir o exame da proibição do defeito ao primeiro passo, alienando a possibilidade de beneficiar integralmente de todas as instâncias indutoras de racionalidade da decisão que este dispositivo de mediação da ponderação e harmonização faculta[3610].

Porém, não se vê razão para excluir liminarmente a possibilidade de, em certas situações, se exigirem modulações do segmento da adequação superiores à eficiência mínima na causação dos efeitos visados.

3.9.2.2.2. *Eficiência exigível*

Trata-se de examinar se o comportamento omissivo foi eficiente na medida do concretamente exigível na prossecução dos fins relevantes: os fins do cumprimento do(s) dever(es) de ação ou dele(s) e do dever de abstenção e da superação da colisão entre eles, quando for esse o caso; ou os fins do cumprimento do dever de ação e da prossecução de bens, interesses ou valores colidentes não cobertos por um dever constitucional.

O segmento da eficiência exigível da proibição do defeito como norma de controlo não impõe, nem permite, que o juiz constitucional aplique como parâmetro de apreciação a melhor solução possível, ou seja, *a medida mais eficiente disponível na prossecução dos fins relevantes*[3611]. A proibição do defeito como norma de controlo não habilita o juiz a uma tarefa que deve competir exclusivamente ao legislador: a descoberta da melhor solução ou da solução ótima[3612]. Há que evitar que o juiz se transforme num legislador de substituição (*Ersatzgesetzgeber*).

Como sucede com o segmento da necessidade da proibição do excesso, a operação central do segmento da eficiência exigível é uma *comparação* de meios alternativos disponíveis[3613]. Bastante do que a propósito daquela se deixou escrito – designadamente quanto ao fator financeiro – é aplicável *mutatis mutandis*.

Mais uma vez, há que distinguir entre a proibição do defeito paritária e a proibição do defeito não paritária.

Nos termos da primeira, ao juiz compete exclusivamente determinar, através dessa operação comparativa, se se verifica alguma de duas situações, ambas invalidantes da omissão parcial: por um lado, a evidente existência de medida(s) alternativa(s) à(s) vigente(s) que satisfaça(m) mais eficientemente o dever

---

suficientemente clara: por exemplo, admite que um meio possa ser idóneo em concreto para atingir fins mas não em abstrato, hipótese difícil de conceber.

[3610] CLÉRICO, «Sobre la prohibición...», p. 179.

[3611] MICHAEL, «Die drei Argumentationsstrukturen...», p. 151.

[3612] Embora partindo de pressupostos teóricos distintos, neste aspeto há coincidência com GELLERMANN, *Grundrechte...*, pp. 348-349.

[3613] Assim, CLÉRICO, «Sobre la prohibición...», p. 189.

O PRINCÍPIO DA PROIBIÇÃO DO EXCESSO

de ação, satisfazendo em igual medida que as vigentes os deveres colidentes (alguns autores reduzem o segmento da eficiência exigível a esta vertente[3614]); por outro lado, a evidente existência de medida(s) alternativa(s) à(s) vigente(s) que satisfaça(m) com igual eficiência o dever de ação, satisfazendo em maior medida que as vigentes o cumprimento dos deveres colidentes. Esta segunda vertente, quando o dever colidente for um dever de abstenção, incorpora na estrutura da proibição do defeito uma componente de garantia contra o excesso, na medida em que induz à adoção de alternativas menos interferentes no direito de defesa[3615]. Se se verificar que há *pelo menos uma* medida alternativa com esses predicados, o comportamento parcialmente omissivo objeto de apreciação não é justificável à luz da proibição do defeito[3616].

Note-se que se entende que é improvável a existência de alternativas que satisfaçam mais o dever de ação e, simultaneamente, satisfaçam *mais* o dever colidente[3617]. Mas não é impossível a existência de medidas que satisfaçam mais o dever de ação, satisfazendo em igual medida os deveres colidentes[3618], ou de

---

[3614] MÖSTL, «Probleme der verfassungsprozessualen...», p. 1039; MICHAEL, «Die drei Argumentationsstrukturen...», p. 151; PULIDO, *El principio...*, p. 810 (abrindo a hipótese não demonstrada de, além de uma medida alternativa mais eficiente, poder haver uma *abstenção* mais eficiente); CALLIESS, «Die Leistungsfähigkeit des Untermaßverbots...», pp. 215-216; BOROWSKI, *Grundrechte...*, 2ª ed., p. 200; CLÉRICO, «Proporcionalidad, prohibición de insuficiencia...», p. 188 (propondo até a denominação „exame do meio alternativo mais idóneo", de modo a expressar que na proibição do defeito o foco central da necessidade não é a procura de uma alternativa *menos lesiva*, mas sim de uma alternativa *mais idónea* ou mais eficiente). Esta fórmula afasta-se das que imputam ao segmento da necessidade um sentido idêntico, esteja-se no âmbito da proibição do defeito ou do excesso, em alguns casos mudando apenas a perspetiva, isto é, partindo da perspetiva do direito de defesa ou partindo da perspetiva do dever de ação, como BOROWSKI, *Grundrechte als Prinzipien...*, 1ª ed., p. 120 (cfr., porém, segunda edição, citada acima).

[3615] Cfr., em sentido aparentemente diverso, BOROWSKI, *Grundrechte...*, 2ª ed., p. 200.

[3616] Como já se expôs (*supra*, 3.7.1.), no acórdão nº 75/10 o Tribunal Constitucional rejeitou a procura da *melhor solução possível* ou da *medida mais eficiente* disponível na prossecução dos fins relevantes e confinou o parâmetro da proibição do defeito à apreciação da *realização eficiente do mínimo de proteção* constitucionalmente exigido. Ora, a forma como se desenha no texto o segmento da eficiência exigível não cai em nenhum desses (aparentes) extremos: nem visa a identificação da medida mais eficiente, nem se contenta com a garantia do mínimo, antes possibilita que o juiz averigue se há *outra* ou *outras* medidas alternativas evidentemente mais eficientes em alguma das duas perspetivas em que o podem ser. Portanto, pode estar garantido o mínimo de proteção mas, ainda assim, o juiz constitucional verificar que há alternativa(s) que evidentemente cumpre(m) melhor a exigência da proibição do defeito, cabendo, então, a invalidade da norma existente. Olhando agora para o outro acórdão da proibição do defeito, o nº 166/10, ele é, à primeira vista, ilustrativo desta operação: v. *supra*, capítulo 5.

[3617] BOROWSKI, *Grundrechte...*, 2ª ed., pp. 200-201.

[3618] Cfr., porém, BOROWSKI, *idem*.

PROIBIÇÃO DO EXCESSO E PROIBIÇÃO DO DEFEITO

medidas que satisfaçam em igual medida o dever de ação, satisfazendo em maior medida os deveres colidentes.

Suponha-se que a par de *M3*, que permite a realização livre do aborto nas primeiras dez semanas, apenas com necessidade de sujeição a um programa de aconselhamento indiferenciado e com assistência financeira do Estado, há *M3ᵃ*, que especifica que o aconselhamento é realizado por assistentes sociais altamente especializados. É plausível considerar que *M3ᵃ* satisfaz mais eficientemente que *M3* o dever de proteção, satisfazendo em igual medida o dever de abstenção.

Suponha-se, por outro lado, que *M3* não inclui o dever de sigilo para os médicos envolvidos, enquanto *M3ᵃᵃ* impõe o dever de sigilo. É plausível considerar que *M3ᵃᵃ* satisfaz tanto quanto *M3* o dever de proteção, mas satisfaz melhor os direitos de defesa da mulher.

Por seu turno, nos termos da proibição do defeito não paritária compete ao juiz determinar, através da operação comparativa, se existe(m) evidentemente medida(s) alternativa(s) à(s) vigente(s) que satisfaça(m) mais eficientemente o dever de ação, afetando em igual ou menor medida a satisfação dos fins colidentes. Neste contexto não tem aplicação a segunda vertente da proibição do defeito paritária, uma vez que os bens, interesses ou valores colidentes não estão protegidos por um dever constitucional do legislador.

Alguns autores, sublinhando a raridade das situações de aplicação do segmento da eficiência exigível, propõem, pura e simplesmente, que a proibição do defeito se resuma a um teste de proporcionalidade em sentido estrito.

3.9.2.2.3. *Proporcionalidade em sentido estrito*

Para alguns, a inconsequência da adequação e da eficiência exigível conduz a que o teste mais relevante seja o da proporcionalidade em sentido estrito[3619].

Contrapesa-se *a importância dos efeitos jurídicos e materiais de satisfação* dos bens, interesses ou valores objeto dos deveres colidentes ou dos bens, interesses e valores não cobertos por deveres, produzidos ou atingíveis com os comportamentos do legislador.

[3619] Porém, o *case law* constitucional alemão mostra a ausência deste terceiro nível de apreciação: cfr. PIRKER, *Proportionality...*, p. 121. O panorama não é substancialmente diferente em Portugal. Apesar disso, uma tendência não maioritária da doutrina considera que o conteúdo garantístico da proibição do defeito se resume quase exclusivamente a uma operação de ponderação do peso das razões a favor do acréscimo do nível de proteção e das razões a favor da inércia (STÖRRING, *Das Untermaßverbot...*, p. 223). Do ponto de vista estrutural, a proibição do defeito prescindiria dos exames da adequação e da necessidade e consistiria simplesmente numa operação de ponderação equivalente à da proporcionalidade e.s.e.

O PRINCÍPIO DA PROIBIÇÃO DO EXCESSO

Como noutras vertentes já estudadas, é relevante a distinção entre a proibição do defeito paritária e não paritária.

No primeiro caso o juiz constitucional verifica se a situação existente de omissão parcial se traduz num evidente desequilíbrio desfavorável a um dos deveres em causa, o dever de ação ou os deveres contrapostos (como em *M5*).

Já se se tratar de um caso de colisão entre deveres de ação (por exemplo, deveres de materialização de direitos sociais) e outros bens, interesses ou valores que o legislador possa legitimamente acautelar, examina se os argumentos que fundamentam a satisfação destes últimos têm um peso e importância manifestamente inferiores ao peso e importância da satisfação do dever constitucional *prima facie*, na componente em falta[3620].

Em qualquer dos casos, se a resposta for positiva, a omissão parcial não é justificada, havendo violação da proibição do defeito.

Alguns autores propõem uma correção desta orientação através de uma regra de *"sobreproporcionalidade"*: quanto mais baixo for o grau de incumprimento do dever de agir, menos fortes têm de ser as razões que justificam o incumprimento; à medida que aquele grau de incumprimento for aumentando, aproximando-se do grau máximo de incumprimento, cresce mais do que proporcionalmente a exigência de peso das razões justificadoras desse incumprimento[3621].

3.9.3. Extensão e alcance dos poderes do juiz constitucional

Se respeitássemos integralmente a arrumação das matérias que seguimos a propósito da proibição do excesso, concluída a exposição sobre a estrutura, conteúdo e metódica da proibição do defeito como norma de ação e norma de controlo, procederíamos ao estudo da extensão e alcance dos poderes do juiz constitucional na respetiva aplicação. Não cabendo aqui um desenvolvimento exaustivo dessa matéria, deixamos alguns apontamentos sobre os seguintes tópicos: (i) delimitação da competência de exame da proibição do defeito pelo juiz constitucional; (ii) intensidade de controlo; (iii) grau de prova necessário

---

[3620] A equação ponderativa assume formulações que variam de autor para autor. Borowski, *Grundrechte als Prinzipien...*, 1ª ed., pp. 120-121: o princípio da proporcionalidade em sentido estrito da proibição do defeito exige uma ponderação do peso da omissão do fim a atingir com os fundamentos que justificam essa omissão. Clérico, «Sobre la prohibición...», p. 199, alude à importância e intensidade da *satisfação de* bens, interesses ou valores que tenha sido conseguida à custa do *sacrifício parcial* do dever de prestação *prima facie* do legislador. Outra possibilidade é a perfilhada pelo Tribunal Constitucional no acórdão nº 166/10: "a ponderação é efectuada, portanto, através do confronto entre a *intensidade do sacrifício imposto à posição jusfundamental* e a *necessidade e vantagem para o interesse público resultante desse mesmo sacrifício*" (itálico aditado).
[3621] Clérico, «Sobre la prohibición...», p. 201. A autora defende ainda que, em certos casos de cumprimento extremamente baixo, há uma presunção ilidível de violação da proibição do defeito (*ob. cit.*, p. 202).

PROIBIÇÃO DO EXCESSO E PROIBIÇÃO DO DEFEITO

para a declaração de inconstitucionalidade por violação da proibição do defeito; (iv) consequência da declaração de inconstitucionalidade por violação da proibição do defeito.

3.9.3.1. *Delimitação da competência de exame da proibição do defeito pelo juiz constitucional*

No contexto constitucional português trava-se um debate doutrinal sobre a existência de competência e de via processual adequada para a apreciação do cumprimento dos deveres de ação do legislador, de omissões legislativas ou da violação da proibição do defeito como veículo racionalizador do juízo sobre a existência e justificação dessas omissões[3622].

Preconizamos a interpretação flexibilizadora das normas constitucionais pertinentes sobre fiscalização da constitucionalidade em três domínios.

Primeiro, no que respeita ao artigo 283º. Como observámos no início do presente capítulo, o preceito, reflexo de preocupação com as omissões legislativas superior àquela que vemos na maior parte das Constituições congéneres, não pode ser interpretado como um fator impeditivo ou limitativo da apreciação de eventuais incumprimentos de deveres de ação do legislador no âmbito da Constituição. Por isso, merece aplauso e adesão a doutrina que propõe uma interpretação extensiva/corretiva do mencionado preceito, por forma a abarcar todas as possibilidades de incumprimentos de deveres de legiferação[3623].

Segundo, considerando a intercambialidade entre os conceitos de ação de cumprimento parcial e de incumprimento parcial (omissão parcial), as vias de fiscalização abstrata da inconstitucionalidade por ação devem ser entendidas como adequadas para a apreciação pelo juiz constitucional dos incumprimentos parciais do legislador, mediada pela pela proibição do defeito.

Terceiro, sobre a questão, mais difícil, de saber se pode haver fiscalização concreta da constitucionalidade de omissões legislativas, como alguma doutrina propõe[3624], mas outra rejeita[3625]. Tendo em conta o atual regime da responsabi-

---

[3622] Para uma discussão e visão geral do tema do controlo das omissões legislativas, numa perspetiva comparada e nacional, JORGE P. SILVA, *Dever de legislar e protecção...*, pp. 95 ss.

[3623] Assim, JORGE P. SILVA, *Dever de legislar e protecção...*, p. 145; MIRANDA, *Manual...*, vol. VI, 4ª ed., pp. 376 ss.

[3624] FAUSTO DE QUADROS, «Omissões legislativas...», p. 59; JORGE P. SILVA, *Dever de legislar e protecção...*, pp. 167 ss., assentando o seu raciocínio na ficção da existência, em caso de omissão legislativa, de uma norma legal implícita contrária à Constituição, que, por isso, os tribunais devem desaplicar (*ob. cit.*, pp. 195 ss.).

[3625] MIRANDA, *Manual...*, vol. VI, 4ª ed., p. 398, frisando a inaceitabilidade de "qualquer juiz, em qualquer caso concreto [...] emanar ele próprio, por interpretação ou por integração, a norma que o órgão legislativo, e só ele, deveria emitir"; v., também, NOVAIS, *Direitos Sociais*, p. 375; CARLOS BLANCO DE MORAIS, *Justiça...*, vol. II, p. 551; TRIBUNAL CONSTITUCIONAL PORTUGUÊS, *A Omissão*

O PRINCÍPIO DA PROIBIÇÃO DO EXCESSO

lidade civil extracontratual do Estado, ainda que tal fiscalização nunca se possa traduzir na substituição do legislador pelo juiz, a simples verificação e declaração da situação de omissão é relevante para o particular, pelo que não se exclui liminarmente aquela possibilidade, particularmente quando se trate de omissões parciais (ou, mais uma vez, cumprimentos parciais)[3626].

3.9.3.2. Intensidade de controlo

Referindo-se especificamente à realização dos deveres de proteção, HESSE escreveu há alguns anos que essa é uma tarefa primária do legislador. Por isso, a necessidade de limites da jurisdição constitucional reveste-se aí de maior premência[3627]. A exclusão total ou parcial do controlo jurisdicional ou a limitação da sua intensidade pode ser estabelecida pela constituição sem que por isso esta perca o seu caráter de ordem fundamental ou de quadro normativo[3628]. A norma de controlo que parametriza o exame jurisdicional da realização dos deveres constitucionais de legiferação tem um alcance menor do que o da norma material vinculativa (de ação) dirigida ao legislador. Por outras palavras, pode dizer-se que a proibição do defeito obriga o legislador a mais do que aquilo que o tribunal constitucional pode controlar. Não existe congruência ou identidade entre a norma material (de ação) e a norma de controlo[3629].

Do ponto de vista da intensidade do controlo pelo juiz constitucional, não parece que devam existir diferenças de regime, delineadas em abstrato, con-

---

Legislativa..., p. 36, *passim*. Na jurisprudência constitucional, na forma de *obiter dictum*, v. acórdão do Tribunal Constitucional nº 269/10, nº 6, parte final.

[3626] V. artigo 15º da Lei nº 67/2007, de 31 de Dezembro, nºs 3 e 5:
"3 – O Estado e as regiões autónomas são também civilmente responsáveis pelos danos anormais que, para os direitos ou interesses legalmente protegidos dos cidadãos, resultem da omissão de providências legislativas necessárias para tornar exequíveis normas constitucionais. 5 – A constituição em responsabilidade fundada na omissão de providências legislativas necessárias para tornar exequíveis normas constitucionais depende da prévia verificação de inconstitucionalidade por omissão pelo Tribunal Constitucional."
Esta possibilidade é sustentada pela grande latitude conferida pelo Código de Processo nos Tribunais Administrativos ao princípio da tutela jurisdicional efetiva. Mesmo assumindo – como assumimos – que o julgamento da responsabilidade civil extra-contratual do Estado-legislador deve pautar-se pela máxima contenção, a aceitação da possibilidade da verificação em sede de fiscalização *concreta* de uma omissão inconstitucional é a única que permite extrair consequências significativas destes preceitos. Interpretá-los no sentido de ver neles exclusivamente uma referência implícita à verificação de inconstitucionalidades por omissão no quadro restrito do artigo 283º seria condená-los à irrelevância prática. Admitindo também que a nova legislação abriu uma porta inexistente até aqui, NOVAIS, *Direitos Sociais*, pp. 375-6.

[3627] HESSE, «Die verfassungsrechtliche Kontrolle der Wahrnehmung...», p. 554.

[3628] *Idem*, p. 559.

[3629] *Idem*, pp. 557-558.

PROIBIÇÃO DO EXCESSO E PROIBIÇÃO DO DEFEITO

soante se trate de situações abrangidas pela proibição do defeito paritária ou pela proibição do defeito não paritária. Todavia, pode suceder que o juiz constitucional tenha de fazer repercutir na extensão e alcance dos poderes de controlo, caso a caso, a circunstância de a liberdade de conformação do legislador não ser uniforme em todos os tipos de deveres de ação. Assim, em média a liberdade de conformação é menor na produção das normas de processo, procedimento, organização e financiamento do que na produção de normas de proteção; e a liberdade de conformação dessas normas é menor do que quando se trata de materializar direitos sociais ou, mais latamente, normas programáticas.

Todavia, em qualquer caso, a matriz referencial de partida é sempre a seguinte: *o grau de intensidade do exame consentido ao, ou requerido do, juiz constitucional é mínimo*[3630].

Não deve confundir-se *grau mínimo de intensidade do exame judicial* com uma conceção da proibição do defeito como garantia do *conteúdo mínimo* ou do núcleo mínimo ou essencial da norma de direitos donde flui o dever do legislador[3631]. Como se sustentou acima, o conteúdo mínimo do direito não é garantido através da proibição do defeito em sentido próprio.

Grau de intensidade mínimo do exame significa que no controlo da proibição do defeito se espera do juiz uma atitude de deferência para com o legislador ou, mais rigorosamente, para com a sua margem de avaliação empírica (diagnósticos, prognósticos). Por outro lado, o juiz constitucional está impedido de substituir as valorações do legislador pelas suas próprias, uma vez que, tal como nas prognoses, falta um parâmetro normativo material estabelecido pela Constituição. Como se especifica na seção seguinte, a expressão mais saliente da orientação do grau mínimo de controlo é a aplicação de um critério de evidência[3632].

[3630] Com fundamentos e implicações que podem variar significativamente, a opção por um controlo mínimo (*Minimalkontrolle*) é partilhada por uma parte considerável da doutrina, em harmonia com a jurisprudência do *BVerfG*: v. OLIVER KLEIN, «Das Untermaßverbot...», p. 961.

[3631] Reitera-se a divergência com a doutrina vertida pelo Tribunal Constitucional no acórdão nº 75/10, mesmo que ela cubra apenas a perspetiva da proibição do defeito como norma de controlo. Tal como se assinalou (v. *supra*, neste capítulo, 3.7.1., nota), o Tribunal circunscreve o seu poder jurisdicional a apurar "se o meio concretamente escolhido satisfaz ou não o mínimo de protecção". Entendemos que embora o juiz constitucional disponha apenas de poder de controlo mínimo ou de intensidade mínima, isso não quer dizer que o Tribunal não possa declarar a invalidade de uma norma que, embora cumpra o mínimo de proteção, tem alternativa(s) que evidentemente cumpre(m) melhor a exigência da proibição do defeito.

[3632] STÖRRING, *Das Untermaßverbot...*, p. 223, vai mais longe e propõe a adoção como norma de uma intensidade de controlo identificada com o conceito de *defensabilidade*. Neste caso, o juiz constitucional poderia sobrepor as suas próprias valorações às do legislador quando estas fossem indefensáveis (*Unvertretbar*), o que seria o caso quando o peso dos deveres de ação superasse cla-

O PRINCÍPIO DA PROIBIÇÃO DO EXCESSO

Não se exclui, todavia, que, excecionalmente, quando estiver em causa a proteção, operacionalização ou materialização de direitos de maior significado (como o direito à vida), o controlo se intensifique[3633].

3.9.3.3. *Grau de prova necessária para a declaração de inconstitucionalidade por violação da proibição do defeito*

As decisões de inconstitucionalidade por violação da proibição do defeito devem ser, em regra, sustentadas num critério de *evidência*[3634]. Esta opção é ainda mais imperativa do que no caso da proibição do excesso.

De acordo com um critério de evidência, as apreciações anteriormente realizadas pelo legislador, na medida em que seja possível reconstruí-las (*maxime* através da sua própria intervenção processual), só são superáveis se o juiz puder atingir a convicção de que aquelas são *evidentemente* incorretas ou assentam *evidentemente* em avaliações e prognoses erróneas[3635]. O mesmo se diga em relação às valorações do legislador.

---

ramente o peso dos fundamentos da omissão do legislador ou a ponderação realizada por este assentasse em assunções empíricas ou prognoses claramente equivocadas.

[3633] OLIVER KLEIN, «Das Untermaßverbot...», p. 961; CLÉRICO, «Proporcionalidad, prohibición de insuficiencia...», p. 184.

[3634] MICHAEL, «Die drei Argumentationsstrukturen...», p. 151; MATTHIAS MAYER, *Untermaß, Übermaß...*, p. 36; OLIVER KLEIN, «Das Untermaßverbot...», p. 961, citando a jurisprudência do *BVerfG*. Cfr., porém, RASSOW, «Zur Konkretisierung des Untermaßverbotes», pp. 266-267, e CALLIESS, «Die Leistungsfähigkeit des Untermaßverbots...», p. 205, notando que não é claro se o controlo de evidência é considerado pelo Tribunal Constitucional um parâmetro diferente ou alternativo à proibição do defeito. Todavia, alguns autores advertem para que é indesejável cair numa tese de evidência *altamente deferente*.

[3635] Cfr. acórdão nº 269/10, do Tribunal Constitucional: "quando não se trate de conteúdos de protecção constitucionalmente necessários (por directamente impostos ou por ser manifesto que só uma única medida é concebível como eficiente), só pode falar-se de "deficit" de protecção censurável pelo juiz constitucional perante a *patente ou indiscutível insuficiência das medidas normativas* adoptadas" (nº 9). Essa é também a tendência da jurisprudência do Tribunal Constitucional alemão sobre a proibição do defeito (embora não seguida na sua decisão "fundadora", a segunda decisão sobre o aborto: cfr. MÖSTL, «Probleme der verfassungsprozessualen Geltendmachung...», p. 1037; MICHAEL, «Die drei Argumentationsstrukturen...», p. 151; MATTHIAS MAYER, *Untermaß, Übermaß...*, p. 36), com apoio de apenas parte da doutrina: há violação da proibição do defeito quando as provisões do poder público não atingem em geral o fim de proteção comandado ou as medidas são totalmente inadequadas ou insatisfatórias. Sobre isso, OLIVER KLEIN, «Das Untermaßverbot...», p. 962. Críticos, além de STÖRRING (v. nota acima): TZEMOS, *Das Untermaßverbot*, pp. 89 ss. (a autolimitação do Tribunal Constitucional a um critério de evidência não é conforme à Constituição, *ob. cit.*, p. 96); CLÉRICO, «Proporcionalidad, prohibición de insuficiencia...», pp. 184-185.

1032

PROIBIÇÃO DO EXCESSO E PROIBIÇÃO DO DEFEITO

3.9.3.4. *Consequência da declaração de inconstitucionalidade por violação da proibição do defeito*

No caso do princípio da proibição do excesso, apurada a sua violação por uma norma, o juiz declara a respetiva invalidade, com a (tendencial) consequência da sua erradicação do ordenamento jurídico.

A situação é menos linear na proibição do defeito.

Nas omissões totais não há norma sobre a qual incida uma declaração de invalidade.

Nas omissões parciais há norma. Todavia, embora não see possa excluir de pleno que a verificação de uma violação da proibição do defeito se traduza na invalidade de uma norma, a consequência pode não ser a sua erradicação do ordenamento jurídico, uma vez que a invalidade não resulta dos seus efeitos positivos, mas da sua insuficiência.

Quer nas omissões totais, quer nas parciais, uma primeira possibilidade é limitar o poder do juiz constitucional à *simples declaração da inconstitucionalidade* da situação de defeito ou de insuficiência, deixando ao legislador liberdade de avaliação, valoração e conformação da forma como a supera. Outra hipótese, é o juiz estabelecer balizas materiais suscetíveis de enquadrar as futuras opções do legislador. Uma possibilidade extrema pode ser a indicação do único meio suscetível de resolver a situação de cumprimento defeituoso[3636].

A primeira orientação[3637] tem acolhimento no artigo 283º, nº 2[3638]. Ela poderia ser adotada em todo o tipo de omissões, totais ou parciais, qualquer que fosse a via processual trilhada. Não obstante, há que admitir que essa resposta fica aquém de plúrimas fórmulas que os tribunais constitucionais conceberam, sobretudo a propósito das omissões parciais. Em várias ordens jurídicas não faltam exemplos de decisões "aditivas", "substitutivas" ou rotuladas de outro modo[3639]. Apesar da persistente controvérsia que as rodeia, essas modalidades decisórias

---

[3636] CLÉRICO, «Proporcionalidad, prohibición de insuficiencia...», p. 203.

[3637] V. MATTHIAS MAYER, *Untermaß, Übermaß...*, p. 146 e STÖRRING, *Das Untermaßverbot...*, p. 224.

[3638] Apesar do seu alcance limitado e da sua quase irrelevância na jurisprudência constitucional, este preceito é bem explícito na delimitação restritiva dos poderes do Tribunal Constitucional que se deve limitar a dar conhecimento da inconstitucionalidade por omissão do legislador. Na doutrina nacional v., por todos, MIRANDA, *Manual...*, vol. VI, 4ª ed., pp. 380 ss.; LUÍS NUNES DE ALMEIDA, «El Tribunal Constitucional...», p. 875; CANOTILHO, «A Concretização da Constituição pelo Legislador ...», p. 353; MEDEIROS, *A Decisão de Inconstitucionalidade...*, pp. 494-5; TRIBUNAL CONSTITUCIONAL PORTUGUÊS, *As Omissões Legislativas...*, pp. 21 ss.

[3639] Sobre estas decisões, v. CANAS, *Introdução...*, pp. 92 ss.; LUÍS NUNES DE ALMEIDA, «El Tribunal Constitucional...», p. 876; MORAIS, *Justiça Constitucional*, tomo II, pp. 363 ss. (1ª ed.); JORGE P. SILVA, *Dever de legislar e protecção...*, pp. 120 ss., focando especialmente os casos italiano e espanhol.

O PRINCÍPIO DA PROIBIÇÃO DO EXCESSO

parecem hoje ser mais toleradas[3640]. É certo que foram concebidas para acorrer a situações de inconstitucionalidade por omissão num contexto em que a apreciação desta possivelmente ainda não é mediada pela utilização do instrumento racionalizador da proibição do defeito. Mas, em termos gerais, elas indiciam que o juiz constitucional se sente legitimado ou impulsionado a ir mais longe do que uma simples declaração da inconstitucionalidade, ou até do que uma recomendação, diretiva ou injunção dirigida ao legislador, chegando a construir ele próprio *uma norma* que supre a situação (parcialmente) omissiva.

Sem embargo e sem prejuízo da conveniência de manter alguma abertura a essas opções que permita ocorrer a situações extremas[3641], sendo decisiva a sensibilidade do juiz às circunstâncias do caso[3642], não se deve perder de vista que a orientação geral constitucionalmente adequada é a *simples declaração da inconstitucionalidade* da situação de defeito ou de insuficiência[3643].

3.10. Súmula conclusiva

3.10.1. Em geral

Proibição do excesso e proibição do defeito têm autonomia analítico-dogmática.

A *vexata quaestio* da escolha entre as teses da congruência e as teses da autonomia propende a ser ultrapassada. Na verdade, embora a proibição do defeito numa das suas modalidades *incorpore* estruturalmente freios limitadores da capacidade expansiva dos deveres de ação, freios esses que traduzem a *ratio* da proibição do excesso, proibição do defeito e proibição do excesso são duas figuras autónomas, com âmbitos e perspetivas de aplicação, estruturas, funções e metódicas aplicativas diferentes.

Deve distinguir-se entre sentido próprio e alguns sentidos mais latos e impróprios de proibição do defeito. A proibição do defeito em sentido próprio

---

[3640] Embora haja setores do ordenamento em que os princípios constitucionais as excluam, como é o caso do princípio da legalidade em matéria de incriminações: v. Palma, *Direito Constitucional* ..., p. 120, nota.

[3641] Conforme defendemos em *Introdução às decisões de provimento...*, 1ª ed., pp. 43 ss. V., por todos, Miranda, *Manual...*, vol. VI, 4ª ed., p. 394.

[3642] Cfr. Clérico, «Proporcionalidad, prohibición de insuficiencia...», p. 203; em sentido diverso, Störring, *Das Untermaßverbot...*, pp. 212 ss.

[3643] Reafirmando-se que em caso de verificação de defeito ou insuficiência do cumprimento de deveres do legislador reconduzível à noção de omissão, total ou parcial, se se admitir que essa verificação pode acontecer em sede de fiscalização concreta da constitucionalidade (como admitimos *supra*), a simples declaração da omissão não é inócua do ponto de vista do particular dada a possibilidade de responsabilidade civil extracontratual do Estado-legislador prevista no artigo 15º, nºs 3 e 5, da Lei nº 67/2007, de 31 de Dezembro, transcritos em nota anterior.

é um instrumento de harmonização que envolve operações de ponderação. A proibição do defeito em sentido lato ou impróprio comporta aplicações que não envolvem ponderação. A proibição do defeito em sentido próprio tem fundamento semelhante à proibição do excesso e, tal como esta, filia-se num pensamento de ponderação e harmonização. Não se confunde com a figura dos deveres de proteção.

Dicotomia essencial para a delimitação das modalidades da proibição do defeito é a que aparta a proibição do defeito como norma de ação e como norma de controlo.

3.10.2. Proibição do defeito como norma de ação

O destinatário da proibição do defeito como *norma de ação* é o legislador (e, embora tal não interesse para esta investigação, outras entidades do Estado).

Para efeitos da proibição do defeito *como norma de ação*, importa distinguir consoante os comportamentos – ativos ou omissivos – do legislador respeitam: (i) a situações de colisão entre dois deveres seus com igual força constitucional, um de ação, outro de ação ou de abstenção; ou (ii) a situações de colisão entre um dever de ação e a permissão de promoção de um bem, interesse ou valor que não é objeto de nenhum dever constitucional.

Esta distinção tem pelo menos uma implicação relevante: a colisão entre dois deveres com igual força retratada em (i) desencadeia um meta-dever do legislador de a superar.

À modalidade (i) atribui-se a designação proibição do defeito paritária; à modalidade (ii), proibição do defeito *não paritária*. A primeira visa uma *harmonização* paritária. A segunda permite uma *harmonização não paritária*. Na primeira modalidade o princípio guia a decisão do legislador por forma a que esta atinja o desiderato final do cumprimento do referido meta-dever; na segunda modalidade, guia e limita a decisão de incumprimento ou de não cumprimento integral de um dever de ação.

Tal como sucede com a proibição do excesso como norma de ação, a metódica da proibição do defeito como norma endereçada ao legislador parece propender para uma aplicação *condensada*, mas tal não é inevitável, uma vez que isso decorre de questões institucionais e não de fatores materiais ou estruturais. Mediante adaptações das normas de procedimento legislativo, os vários segmentos da proibição do defeito podem ser individualizados na fase mais ritualizada do procedimento de feitura das leis, a fase posterior à formalização de uma iniciativa legislativa, particularmente se o órgão competente para o respetivo debate e aprovação for o parlamento[3644]. Em qualquer caso, independentemen-

---

[3644] V. a explicação destes conceitos nos capítulos 2, 14 e 19.

O PRINCÍPIO DA PROIBIÇÃO DO EXCESSO

te de haver ou não uma ritualização que dê visibilidade à metódica aplicativa da proibição do defeito, esta vale como programa final ou diretiva de cumprimento ótimo (na modalidade paritária) ou satisfatório (na modalidade não paritária) dos deveres em causa.

Fim imediato do comportamento do legislador sujeito à proibição do defeito é a causação ou desencadeamento de efeitos materiais de satisfação de bens, interesses ou valores. Fim mediato é a resolução harmonizada da colisão. Estas noções sofrem uma adaptação quando está em causa a modalidade paritária. Nesta, fim mediato é o cumprimento de um meta-dever de superação da colisão entre deveres e entre bens, interesses ou valores através de uma solução que os satisfaça de forma *paritária e ótima*.

A proibição do defeito impõe que o legislador identifique as alternativas adequadas e as compare. Se houver uma alternativa de comportamento – ativo ou omissivo – que inequivocamente represente um cumprimento *mais satisfatório* do dever de ação (na modalidade não paritária) ou o compromisso *ótimo* no cumprimento dos deveres colidentes (na modalidade paritária), o sentido normativo da proibição do defeito aponta para a sua adoção.

A proibição do defeito, pelo menos na modalidade paritária, é um instrumento de harmonização optimizadora. A compressão da liberdade de conformação do legislador que parece decorrer daí é mais nominal do que real. Primeiro, porque o legislador conserva uma ampla margem de apreciação e de valoração. Segundo, porque será raro cair na conclusão de que uma determinada medida é a única que garante um compromisso ótimo, noção, aliás, significativamente indeterminada (além de doutrinariamente controversa). Acresce que há que ter em conta o conteúdo da proibição do defeito como norma de controlo.

3.10.3. Proibição do defeito como norma de controlo

O destinatário da proibição do defeito como *norma ou parâmetro de controlo* é o juiz constitucional. Atendendo à ritualização processual da apreciação judicial da constitucionalidade, a aplicação da proibição do defeito como norma de controlo desenrolar-se-á, em regra, através de passos correspondentes aos segmentos estruturais, segundo uma metódica *cumulativa*.

Como norma de controlo, a função primordial da proibição do defeito é a parametrização de juízos sobre a justificação de omissões totais ou parciais, isto é, sobre a justificação de cumprimento deficitário dos deveres do legislador, nas várias configurações referidas. Significa isso que no âmbito da aplicação da proibição do defeito *como norma de controlo* sobressai a dicotomia entre (i) situações de (alegada) omissão parcial e (ii) situações de (alegada) omissão total do cumprimento dos deveres do legislador. Do ponto de vista estrutural e metódico, há diferenças entre a proibição do defeito como norma de controlo de omissões totais e de omissões parciais.

PROIBIÇÃO DO EXCESSO E PROIBIÇÃO DO DEFEITO

No caso de apreciação de omissão total deve apurar-se o fim – na ausência do qual a omissão é arbitrária – e verificar-se se é legítimo. No caso de apreciação de eventual omissão parcial, o mesmo é dizer, de controlo de uma norma já vigente que incide sobre a colisão de bens, interesses ou valores que pede uma intervenção do legislador, é metodicamente relevante apurar o fim imediato e o fim mediato daquela norma.

As omissões totais, se resistirem ao teste do *standard* mínimo, do conteúdo mínimo ou da garantia mínima e ao teste da proibição do arbítrio, estão sujeitas a um teste sintético de proibição do defeito. Sintético, porque o segmento da adequação é praticamente inócuo, o segmento da necessidade é vazio, sendo atuante e consequente apenas o segmento da proporcionalidade e.s.e.

As omissões parciais (também se pode dizer cumprimentos parciais) são apreciadas através da aplicação dos segmentos da adequação, da necessidade e da proporcionalidade e.s.e.

A intensidade e amplitude do controlo judicial não variam em função das modalidades da proibição do defeito. E também aqui – tal como na proibição do excesso – se nota um desnivelamento entre o que a norma de ação exige do legislador e o que o parâmetro de controlo permite ao juiz constitucional. Em qualquer das duas modalidades de proibição do defeito, a regra é um controlo de evidência, embora não se exclua, em casos limite, o deslizamento para controlos de defensabilidade.

Capítulo 22
Proibição do excesso e proporcionalidade
da lei penal e das penas

1. As duas refrações da proporcionalidade no domínio penal

O direito de polícia foi o primeiro a sujeitar-se à ideia de proporcionalidade (circunscrita à necessidade). Depois veio o domínio do *ius puniendi*. O antepassado mais direto é o princípio da necessidade da pena defendido por BECCARIA[3645]. Também relevante, é o contributo de LISZT[3646]. No campo do processo penal, na Alemanha há notícia da aplicação do princípio à imposição de medidas

---

[3645] BECCARIA, *Dei delitti e delle pene* (1764). A filiação de Beccaria é na corrente utilitarista – e não retributiva –, muitas vezes imputada originalmente a BENTHAM. Este, em *The principles of Morals and Legislation* foi, eventualmente, mais explícito que Beccaria na defesa da proporcionalidade. Beccaria, como refere RISTROPH, «Proportionality as a Principle...», pp. 272 ss., apresenta dois tipos de argumentos a favor da proporcionalidade das punições: políticos e penais. Por um lado, de acordo com um princípio – político – de máxima utilidade, para terem os resultados desejáveis as punições devem ser proporcionadas ao crime de modo a serem eficazes, a deixarem uma impressão duradoura no espírito do agente e uma impressão o menos penosa possível no seu corpo: "tudo o que vai além do necessário para prevenir é supérfluo e, portanto, tirânico". Por outro lado, em termos de considerações de política penal, diferentes crimes devem ter diferentes penas, de forma proporcionada, de modo a introduzir incentivos que levem eventuais agentes criminosos a cometer ofensas menos graves.

[3646] VON LISZT, «Der Zweckgedanke im Strafrecht» (1883) (*apud* SOUSA BRITO, «A Lei penal...», p. 220).

O PRINCÍPIO DA PROIBIÇÃO DO EXCESSO

de coação desde, pelo menos, o último quartel do século XIX[3647]/[3648]. Domesticamente, impressiona a modernidade da Constituição de 1822 quando consagra os princípios da necessidade de lei penal (artigo 10º) e da proporcionalidade da pena ao delito (artigo 11º), mostrando não apenas clara consciência das pautas da necessidade e da proporcionalidade e do seu significado, mas também frisando a diferença entre os planos da *lei penal* e da *pena* individualizada.

Algumas precisões se impõem.

Primeiro, quando aludimos a domínio penal pensamos estritamente nas normas que tipificam condutas e lhes ligam sanções penais e na individualização judicial destas sanções. Os subsistemas de prevenção especial, assentes em medidas de segurança, tutelares educativas e outras, partilham traços fundamentais da proporcionalidade aplicável ao domínio penal no sentido estrito aqui empregue, mas requerem cuidados especiais que não podemos dispensar[3649]. O mesmo se pode dizer sobre outros domínios do direito coativo e sancionatório[3650].

Segundo, distinguem-se duas refrações do princípio da proporcionalidade no domínio da conformação dos crimes e das penas[3651]. Ele vale como (i) ins-

---

[3647] SCHÜTZ, *Der Grundsatz...*, pp. 12 ss.; SERRANO, *Proporcionalidad y derechos fundamentales...*, pp. 22 ss.

[3648] Como sublinha PALMA, *Direito Constitucional...*, p. 135, verdadeiramente só a pena de prisão para as pessoas singulares e a pena de dissolução de pessoas coletivas são sanções penais específicas. Compreende-se, pois, que alguns dos traços da aplicação da proporcionalidade ao direito penal possam ser estendidos a outras áreas do direito sancionatório: disciplinar, contraordenacional ou tutelar sancionatório das autarquias.

[3649] V., por todos, GARCIA PÉREZ, «La racionalidad de la proporcionalidad...», *cit.*, com muitas referências.

[3650] Mas não podem ignorar-se diferenças importantes: realçando algumas, atinentes à refração do princípio da culpa, MIR PUIG, «El principio...», p. 1379.

[3651] Alguma bibliografia: HANS-HEINRICH JESCHECK, *Lehrbuch des Strafrechts*, 3ª ed., Duncker & Humblot, Berlin, 1978 (trad. de Puig/Conde, *Tratado de Derecho Penal – Parte General*, Bosch, Barcelona, 1986, pp. 28 ss.); A. KAUFMANN, «Schuldprinzip und Verhältnismäßigkeitsgrundsatz», *cit.*; SCHÜTZ, *Der Grundsatz der Verhältnismässigkeit bei strafprozessualen Maßnahmen ...*, *cit.*; HIRSCHBERG, *Der Grundsatz...*, *cit.*; DEGENER, *Grundsatz der Verhältnismässigkeit und strafprozessuale...*, *cit.*; KLAUS TIEDEMANN, *Verfassungsrecht und Strafrecht*, Müller, Heidelberg, 1991; IVO APPEL, *Verfassung und Strafe. Zu den verfassungsrechtlichen Grenzen staatlichen Strafens*, Duncker & Humblot, Berlin, 1998; WINFRIED HASSEMER, «Rasgos y crisis del Derecho Penal moderno», in *Anuario de Derecho Penal y Ciencias Penales*, vol. XLV (jan./ab. 1992), pp. 235 ss.; ISABEL SÁNCHEZ GARCÍA, «El principio constitucional de proporcionalidad en el Derecho Penal», *cit.*; MANUEL COBO DEL ROSAL/TOMAS S. VIVES ANTON, *Derecho Penal: parte general*, 5ª ed., Tirant lo Blanch, 1999; SERRANO, *Proporcionalidad y derechos fundamentales...*, *cit.*; CORREA, *El principio de proporcionalidad en Derecho penal, cit.*; MIR PUIG, «O principio...», *cit.*; LOPERA MESA, *Principio de proporcionalidad y control constitucional de las leyes penales ...*, *cit.*; idem, «Principio de proporcionalidad y control constitucional de las leyes penales. Una comparación...», *cit.*; idem, «Proporcionalidad de las penas ...», *cit.*; idem, «Principio de proporcionalidad y control constitucional de las leyes penales», in Miguel Carbonell, *El principio de proporcionalidad y la interpretación constitucional*, Quito, 2008, pp. 269-306; ARNAU, «Aproxima-

PROIBIÇÃO DO EXCESSO E PROPORCIONALIDADE DA LEI PENAL E DAS PENAS

ción al principio de proporcionalidad en Derecho penal», *cit.*; Lascuraín Sánchez, «La proporcionalidad de la norma penal», *cit.*; *idem*, «¿Restrictivo o deferente? El control de la ley penal por parte del Tribunal Constitucional», in *InDret* (2012), acedido em http://www.indret.com/pdf/902a.pdf; Pascual, «Los derechos fundamentales a la protección penal», *cit.*; Barranco, *El principio de proporcionalidad penal*, *cit.*; Antonio García-Pablos de Molina, «Sobre el principio de intervención mínima del Derecho penal como límite del "Ius Puniendi"», in Juan José González Rus (coord.), *Estudios penales y jurídicos: homenaje al Prof. Dr. Enrique Casas Barquero*, Universidad de Córdoba, Córdoba, 1996, pp. 249 ss.; Olaechea, «Principio de proporcionalidad penal», *cit.*; Frías, «El principio de proporcionalidad en sentido estricto...», *cit.*; Cubillos, «El principio de proporcionalidad en Derecho penal...», *cit.*; Cruz, «El juicio constitucional de proporcionalidad de las leyes penales...», *cit.*; Maria Teresa Castiñeira y Ramón Ragués, «*Three Strikes* El principio de proporcionalidad en la jurisprudencia del Tribunal Supremo de los Estados Unidos», in Miguel Carbonell, *El principio de proporcionalidad y la interpretación constitucional*, Quito, 2008, pp. 189-220; Garcia Pérez, «La racionalidad de la proporcionalidad...», *cit.*; José Luis Díez Ripollés, «El control de constitucionalidad de las leyes penales», in *REDC*, vol. 75, (2005), pp. 59-106, acessível em http://www.cepc.gob.es/gl/publicaci%C3%B3ns/revistas/revistas-electronicas?IDR=6&IDN=597&IDA=26117 (tambem *in* García Valdés (coord.), *Estudios penales en homenaje a Enrique Gimbernat*, I, Edisofer, Madrid, 2008, pp. 221 ss.). Querendo-se conhecer aqueles que parecem ser os sustentáculos doutrinais principais da jurisprudência constitucional portuguesa, v. Figueiredo Dias, «O sistema sancionatório do Direito Penal Português no contexto dos modelos da política criminal», in *Estudos em Homenagem ao Prof. Doutor Eduardo Correia*, I, *BFDUC*, número especial (1984), pp. 783 ss.; *idem*, *Direito Penal 2 – Parte Geral. As Consequências Jurídicas do Crime*, policop., Coimbra, 1988; *idem*, «Breves Considerações Sobre o Fundamento, o Sentido e a Aplicação das Penas em Direito Penal Económico», in *Direito Penal Económico*, CEJ, Coimbra, 1985; *idem*, «O Movimento da Descriminalização e o Ilícito de Mera Ordenação Social», in *Jornadas de Direito Criminal – O Novo Código Penal Português e Legislação Complementar*, CEJ, Lisboa, 1983, pp. 389 ss.; *idem*; «Os Novos Rumos da Política Criminal», separata da *ROA*, vol. 43 (1983); *idem*, «Direito Penal e Estado-Material-de-Direito», *in Revista de Direito Penal*, Forense, Rio de Janeiro (1982), pp. 38 ss.; *idem*, «Sobre o Estado Actual da Doutrina do Crime», *in RPCC*, vol. 1 (1991), pp. 9 e ss (1ª parte) e vol. 2 (1992), pp. 7 e ss. (2ª parte); *idem*, «O 'Direito Penal do Bem Jurídico' como princípio jurídico-constitucional. Da doutrina penal, da jurisprudência constitucional portuguesa e das suas relações», in *XXV anos de jurisprudência constitucional portuguesa*, Coimbra Editora, Coimbra, 2009, pp. 31 ss.; Figueiredo Dias/Costa Andrade, *Direito Penal. Questões Fundamentais. A Doutrina Geral do Crime. Apontamentos e Materiais de Estudo da Cadeira de Direito Penal (3º Ano)*, policop., Faculdade de Direito da Universidade de Coimbra, Coimbra, 1996; José de Sousa e Brito «A Lei Penal na Constituição [Artigos 29º, n.ᵒˢ 1, 2, 3, 4, 107º, alínea *e*)]», *cit.*; Eduardo Correia, «Estudos sobre a reforma do Direito Penal depois de 1974», *in Revista da Legislação e Jurisprudência*, vol. 118, pp. 353-356 e vol. 119, pp. 5 ss.; Eduardo Correia /Anabela Miranda Rodrigues /A. M. Almeida Costa, *Direito Criminal*, III – (1), policop. Coimbra, 1980; Costa Andrade, «A dignidade penal e a carência de tutela penal como referências de uma doutrina teleológico-racional do crime», *RPCC*, vol. 2 (1992), pp. 173 ss. V., também, Maria Fernanda Palma, «Constituição e Direito Penal – As questões inevitáveis», in Jorge Miranda (org.), *Perspectivas Constitucionais – Nos 20 anos da Constituição de 1976*, vol. II, Coimbra Editora, Coimbra, 1996, pp. 227 ss.; *idem*, *Direito Constitucional...*, *cit.*; *idem*, *Direito Penal*, *cit.*; Maria da Conceição Ferreira da Cunha, *Consti-*

O PRINCÍPIO DA PROIBIÇÃO DO EXCESSO

trumento de harmonização que guia a conformação e o controlo da lei penal (princípio da proporcionalidade da lei penal) e como (ii) critério que guia a individualização judicial das penas (princípio da proporcionalidade da pena)[3652]. Tendo isso em mente, as questões que se colocam são as seguintes[3653]: (i) o princípio de proporcionalidade vigente no domínio penal é o mesmo que se aplica nos demais domínios materiais ou tem conteúdo, estrutura e metódica aplicativa diferentes? (ii) O princípio da proporcionalidade da lei penal tem o mesmo conteúdo, estrutura e metódica aplicativa que o princípio da proporcionalidade das penas?

Sobre a primeira questão, verificámos que o Tribunal Constitucional não fornece resposta linear: em alguns casos aponta para a aplicação do princípio da proporcionalidade clássica à lei penal, tomada esta como vulgar lei limitativa de direitos igual às demais leis limitativas de direitos; noutros, vê na ideia de necessidade ou de subsidiariedade da intervenção penal uma tradução da proporcionalidade, assentando a respetiva metódica aplicativa nos segmentos do princípio da proporcionalidade clássica; noutros ainda, substitui a proporcionalidade pela necessidade da intervenção penal como princípio específico autónomo e autossuficiente das limitações introduzidas pela lei penal; finalmente, noutros dilui a proporcionalidade num conjunto assistemático e flutuante de princípios. De nenhuma destas conceções resulta uma resposta perentória à pergunta feita. Impõe-se, consequentemente, uma proposta reconstrutiva da jurisprudência do Tribunal (e da doutrina em que se apoia).

Sobre a segunda questão, não sendo objeto deste trabalho a aplicação do princípio da proporcionalidade na individualização da pena, não podemos ir mais longe do que a enunciação dos tópicos essenciais.

2. Proporcionalidade da lei penal

Anteriormente apreciámos criticamente o modo assistemático como o Tribunal Constitucional espraiou em alguns arestos um profuso conjunto de princípios e de noções. Sem embargo, muitas delas são imprescindíveis para a integral compreensão e domínio teórico dos limites materiais à lei penal na

---

tuição..., *cit.*; Faria Costa, *O Perigo...*, pp. 256 ss.; Canotilho, «Teoria da legislação geral...», *cit.*; Maria João Antunes, «A problemática...», *cit.*; Pinheiro, «As liberdades fundamentais...», *cit.*

[3652] Entre inúmeras formulações possíveis de individualização judicial da pena: o processo mediante o qual o juiz apura o conteúdo concreto do injusto, culpabilidade e punibilidade de um determinado facto, traduzindo-o numa determinada medida da pena (Cubillos, «El principio de proporcionalidad...», p. 33, citando Silva Sànchez).

[3653] O presente capítulo deve ser lido em articulação com o que expusémos *supra*, capítulo 5, 5.3., uma vez que não se reproduzirá de novo a jurisprudência do TC.

PROIBIÇÃO DO EXCESSO E PROPORCIONALIDADE DA LEI PENAL E DAS PENAS

sua qualidade de lei interferente em direitos[3654]. O problema que imputamos à jurisprudência constitucional não reside, portanto, na profusão, mas na ausência de uma visão sistemática. Crucial é, consequentemente, a dilucidação e articulação das seguintes noções: (i) direito penal como direito de proteção de bens jurídicos; (ii) congruência axiológica; (iii) fragmentariedade; (iv) necessidade ou subsidiariedade da intervenção penal; (v) proporcionalidade[3655]. Elas assumem sucessivamente relevo em dois momentos metodicamente distintos.

2.1. Primeiro momento: conformação do fim

O princípio do direito penal como *direito de proteção de bens jurídicos*[3656] integra o "bloco de constitucionalidade"[3657]. Todavia, a delimitação de *quais* os *bens jurídico-penais* não é consensual.

Essa delimitação não se pode fazer com recurso a conceções da moral ou da ética ou de natureza suprapositiva[3658]. A indicação suprema sobre os bens com dignidade penal resulta da Constituição. Há, desde logo, casos em que a produção das medidas penais decorre diretamente desta, quando prescreve a incriminação de condutas específicas ou o uso de meios criminais em certos domínios: assim, artigo 117º, nº 3, referente aos crimes de responsabilidade dos titulares de cargos políticos (ou, relativamente aos Deputados, artigo 160º, nº 1, *b*)). São casos excecionais, que fogem à regra da inexistência de um sistema constitucional de incriminações[3659]. Por outro lado, sendo certo que a intervenção jus-penal

---

[3654] Embora não se ignore que certos corolários do "Direito Penal moderno" podem pôr em crise algumas das heranças do Direito Penal clássico cristalizadas nos princípios e noções enunciados no texto: cfr. HASSEMER, «Rasgos y crisis...», pp. 236 ss.

[3655] Outros limites materiais à lei penal, designadamente os princípios da humanidade e da culpa, assumem relevo a outros níveis. O princípio da humanidade no tratamento do criminoso tem vários afloramentos constitucionais: artigos 24º, nº 2, 25º, nº 2, 33º, nº 1; v., também, JESCHECK, *Tratado...*, p. 35. O princípio da culpa transporta o fundamento legitimador e limite ou, pelo menos, um dos fundamentos irrenunciáveis da aplicação de qualquer pena (v. acórdão 95/01; v., também, acórdãos nºs 426/91, 83/95, 527/95, 202/00, do Tribunal Constitucional, entre outros), decorrendo do princípio da dignidade da pessoa humana e do direito à liberdade: SOUSA BRITO, «A Lei Penal...», p. 109; LÚCIA AMARAL, «O princípio da Dignidade...», pp. 8/9; PALMA, *Direito Constitucional...*, p. 44; *idem, Direito penal...*, p. 60; MARIA JOÃO ANTUNES, «A problemática...», p. 108.

[3656] A que está associado o princípio da lesividade: v., por exemplo, RIPOLLÉS, «El control...», p. 92.

[3657] Assim, MARIA JOÃO ANTUNES, «A problemática...», p. 101. Cfr. CANOTILHO, «Teoria da Legislação...», pp. 852 ss.; FIGUEIREDO DIAS, «O 'Direito Penal do Bem Jurídico'...», *cit.*; PALMA, *Direito Penal...*, pp. 35 ss.; MIR PUIG, «El principio...», p. 1362; RIPOLLÉS, «El control...», pp. 91-2.

[3658] Cfr., em contraste, HANS WELZEL, «Über den substantiellen Begriff des Strafgesetzes», in *Probleme der Strafrechtserneuerung. Festschrift für Ed. Kohlrausch*, Berlin, 1944, pp. 101 ss. (*apud* SERGIO POLITOFF, «Fines de la pena y racionalidad en su imposición», in *Ius et Praxis*, vol. 4, nº 2 [1998], pp. 9-16).

[3659] Cfr. CANOTILHO, «Teoria da Legislação...», p. 855.

O PRINCÍPIO DA PROIBIÇÃO DO EXCESSO

representa normalmente uma interferência em dimensões negativas de direitos fundamentais[3660], os bens jurídicos com aspiração a adquirir relevância penal são os bens, interesses ou valores constitucionalmente protegidos, conforme resulta do artigo 18º, nº 2, da Constituição. Não constando do texto constitucional nenhuma delimitação negativa que recorte, dentro deles, através de proibições específicas de criminalização[3661], aqueles que são suscetíveis de tutela penal e aqueles que não o são, o limiar máximo a que o direito penal pode aspirar é à proteção de todo e cada um dos "direitos ou interesses constitucionalmente protegidos"[3662]. Isto permite que se fale de um *princípio de congruência axiológica* entre os valores constitucionalmente positivados e os valores protegidos pela lei penal.

Mas pode não se ficar por aí e adotar-se uma perspetiva reducionista, talhando dentro dos bens, interesses ou valores constitucionalmente protegidos aqueles que podem almejar à proteção penal e aqueles que não. *Grosso modo*, uma inclinação liberal-individualista elege os direitos fundamentais de liberdade como bens jurídicos suscetíveis de proteção jus-penal; outra tendência, mais comunitarista ou menos individualista, admite que são suscetíveis de proteção jus-penal valores coletivos[3663]. A jurisprudência do Tribunal Constitucional não exclui nenhuma destas conceções e não cabe aqui fazer uma opção. Importa antes sublinhar a eventualidade de uma primeira diferença entre os limites materiais a que estão sujeitos o legislador penal e o legislador de outros setores da ordem jurídica: para alguns autores, quando o primeiro traça os fins da intervenção legislativa limitativa de direitos não pode invocar a proteção de *todo e qualquer* bem, interesse ou valor constitucionalmente protegido. No âmbito da política criminal, a previsão do artigo 18º, nº 2, sofre uma redução, subordinada a critérios que a doutrina (e alguma jurisprudência[3664]) adianta e que andarão

---

[3660] LOPERA MESA, «Principio de proporcionalidad...» (2008), p. 274. O vocábulo "normalmente" é usado a título cautelar, uma vez que se discute se todas as intervenções penais interferem em direitos fundamentais: assim, MIR PUIG, «El princípio...», p. 1364, nota. Na medida em que a intervenção penal não interfira num direito fundamental, toda a construção que se segue no texto tem de sofrer as devidas adaptações.

[3661] CANOTILHO, «Teoria da Legislação...», p. 855.

[3662] A esta luz, a recente criminalização dos maus tratos a animais de companhia (artigos 387º a 389º do Código Penal) enfrenta dificuldades no plano constitucional. Diferentemente, LOPERA MESA, «Principio de proporcionalidad...» (2008), p. 293; RIPOLLÉS, «El control...», p. 92 (a Constituição só deve desempenhar um função negativa e não positiva na seleção de bens jurídico-penais).

[3663] Sobre esta e outras tensões teóricas, PALMA, *Direito Penal...*, pp. 35 ss.; HASSEMER, «Rasgos y crisis...», p. 241 (defendendo a funcionalização dos bens jurídicos coletivos aos individuais, *ob. cit.*, p. 248).

[3664] V. *supra*, capítulo 5, 5.3.

PROIBIÇÃO DO EXCESSO E PROPORCIONALIDADE DA LEI PENAL E DAS PENAS

geralmente em torno dos bens constitucionalmente protegidos, individuais ou coletivos, que *asseguram as condições básicas de vida em sociedade*[3665]. Por outro lado, a delimitação das *condutas* lesivas ou ameaçadoras do bem jurídico merecedoras de censura jurídico-penal depende de critérios ético-jurídicos restritivos. É nesta medida que se justifica falar de *dupla fragmentariedade* do direito penal: a que decorre da fragmentariedade do direito constitucional; a que é acrescentada pelo quadro valorativo e teleologia do direito penal[3666].

O que antecede não encerra definitivamente a questão da legitimidade ou da justificação da intervenção penal. Na verdade, pode concluir-se que certos bens são bens constitucionalmente protegidos, individuais ou coletivos, que asseguram as condições básicas de vida em sociedade e, todavia, prognosticar-se que a sua proteção pode ser atingida com medidas legislativas igualmente eficientes mas menos gravosas que as leis penais[3667]. A liberdade de conformação do legislador está também condicionada pelo *princípio da subsidiariedade*[3668].

Agrupamos esse conjunto de exigências ou limites materiais à lei penal sob a designação de *necessidade externa*. A liberdade de conformação do legislador está mais condicionada do que noutros domínios[3669]. Adiando retomaremos este tópico.

Embora estejam "arrumadas" de um modo que não coincide com a doutrina dominante (uma vez que são aqui imputadas ao momento da *conformação do*

[3665] Similar, CANOTILHO, «Teoria da Legislação...», p. 853. Acentuando uma vertente mais subjetiva, FIGUEIREDO DIAS, «O sistema sancionatório do Direito Penal Português...», pp. 806-807 (citado pelo acórdão nº 634/93): «num Estado de Direito material, de raiz social e democrática, o direito penal só pode e deve intervir onde se verifiquem lesões insuportáveis das condições comunitárias essenciais de livre desenvolvimento e realização da personalidade de cada homem». V., todavia, a problematização da noção tradicional de bem jurídico em PALMA, *Direito Penal*, pp. 75 ss.

[3666] CANOTILHO, «Teoria da Legislação...», p. 854.

[3667] Sendo aí importante distinguir entre os as medidas legislativas alternativas que tenham caráter sancionatório e as que não o tenham: para demonstração das implicações, LOPERA MESA, «Principio de proporcionalidad...» (2008), pp. 280-1.

[3668] CANOTILHO, «Teoria da Legislação...», p. 853. FIGUEIREDO DIAS, *O Movimento da Descriminalização e o Ilícito* ...», p. 323: não devem constituir crimes – ou, sequer, caber no objeto do direito penal – as condutas que, «violando embora um bem jurídico, possam ser suficientemente contrariadas ou controladas por meios não criminais de política social; com o que a necessidade social se torna em critério decisivo de intervenção do direito penal: este, além de se limitar à tutela de bens jurídicos, só deve intervir como *ultima ratio* da política social». Mais bibliografia: ANTONIO GARCÍA-PABLOS DE MOLINA, «Sobre el principio de intervención mínima del Derecho penal como límite del "Ius Puniendi"», in Juan José González Rus (coord.), *Estudios penales y jurídicos: homenaje al Prof. Dr. Enrique Casas Barquero*, Universidad de Córdoba, Córdoba, 1996, pp. 249-260.

[3669] A visão restritiva que as sucessivas barreiras erguem contrastam, obviamente, com o facto do sucessivo alargamento e intensificação da reação penal que algumas sociedades parecem conhecer na atualidade: v. CUBILLOS, «El principio de proporcionalidad...», p. 17, com mais referências.

O PRINCÍPIO DA PROIBIÇÃO DO EXCESSO

fim da intervenção legislativa)[3670], as exigências ou limites materiais da política legislativa criminal até aqui enunciadas não fogem muito aos padrões teóricos convencionais.

Mas há alguns desenvolvimentos doutrinais recentes que de algum modo perturbam esses padrões.

Um fator de perturbação poderia decorre de se aceitar que além das *obrigações constitucionais expressas* de lei penal (como as que decorrem dos referidos 117º, nº 3 e 160º, nº 1, *b*)) há obrigações constitucionais *implícitas* de incriminação diretamente decorrentes de deveres de proteção a que o legislador está adstrito. Porém, não se vislumbra base constitucional para semelhante orientação, potenciadora de grande insegurança no crítico domínio das intervenções penais[3671]. Em contrapartida, fator de significativa reformulação dos quadros doutrinais expostos pode resultar de se concluir pela exigibilidade da adoção de meios penais, não por imposição direta – expressa ou implícita – da Constituição, mas por efeito da aplicação da proibição do defeito (na modalidade paritária)[3672]. Tratando-se de uma colisão onde seja aplicável a proibição do defeito paritária, o guião a seguir não é saber se um bem, interesse ou valor *pode* ser tutelado por meios penais, cabendo ao legislador uma ampla margem de conformação sobre se *efetivamente* envereda por essa via[3673]; o guião é averiguar se um bem, interesse ou valor (por exemplo, o da vida intrauterina) *deve* ser protegido através de meios penais por ser esse o modo de o legislador atingir o equilíbrio exigível no cumprimento de deveres colidentes. Isso impõe um alerta: o que se disse até aqui tem cabimento integral apenas quando se trata de pressupostos de aplicabilidade do princípio da proporcionalidade clássica ou proibição do excesso (estudados sob a epígrafe de *conformação do fim*).

[3670] Cfr. diferentemente, por todos, LOPERA MESA, «Principio de proporcionalidad...» (2008), pp. 275 ss.

[3671] Para a apresentação e discussão dos argumentos, DIAS, *Direito Penal...*, I, 2ª ed., p. 129; MARIA JOÃO ANTUNES, «A problemática...». p. 102; HEINZ MÜLLER-DIETZ «Verfassungsrechtliche Schutz- und Pönalisierungspflichten», in Karl Heinz Gössel/Otto Triffterer (org.), *Gedächtnisschrift für Heinz Zipf*, Müller, Heidelberg, 1999, pp. 123 ss.; MARIA DA CONCEIÇÃO FERREIRA DA CUNHA, *Constituição...*, pp. 291 ss.; PALMA, *Direito Constitucional...*, pp. 50 ss. Para a defesa de que os direitos fundamentais à proteção compreendem *prima facie* o direito subjetivo à proteção penal: DIETLEIN, *Die Lehre...*, pp. 216 ss.; Szczekalla, *Die sogenannten grundrechtlichen...*, pp. 57 ss.; PASCUAL, *Derechos...*, p. 147 e «Los derechos fundamentales a la protección penal», pp. 360-1; cfr., também, JORGE P. SILVA, *Dever de legislar e protecção...*, pp. 46 ss. (com especial incidência na proteção penal do nascituro).

[3672] A transição do princípio da proteção do bem jurídico de princípio negativo para princípio positivo é um dos traços da passagem de um Direito Penal clássico para o moderno: assim, HASSEMER, «Rasgos y crisis...», p. 239.

[3673] CANOTILHO, «Teoria da Legislação...», p. 855.

PROIBIÇÃO DO EXCESSO E PROPORCIONALIDADE DA LEI PENAL E DAS PENAS

Nas considerações que se seguem continuaremos a concentrar-nos na refração do princípio da proporcionalidade clássica nas intervenções legislativas penais. Deve ter-se em conta, porém, que algumas dessas intervenções estão sujeitas ao crivo da proibição do defeito, nos termos oportunamente esplanados[3674].

2.2. Segundo momento: aplicação do princípio da proporcionalidade

Só depois de verificados os *pressupostos* apresentados na seção anterior, que podemos condensar sob a epígrafe de *conformação do fim*, se coloca a questão da aplicação do princípio da proporcionalidade. A distinção entre os dois momentos não é geralmente reconhecida pela doutrina e pela jurisprudência. Tomando como adquirida a superação das teorias absolutas da retribuição[3675] e deixando de parte (mas não menosprezando) o setor doutrinal que propõe alternativas alegadamente mais sólidas que o princípio da proporcionalidade[3676], as tendências mais proeminentes são; (i) amalgamar os limites materiais estudados na seção anterior, e outros adicionais, em dois princípios, a subsidiariedade ou necessidade e a proporcionalidade[3677]; ou (ii) convocar o princípio da proporcionalidade e a sua estrutura tripartida prototípica, manipulando os respetivos segmentos de modo a acomodar as pautas materiais específicas construídas pela doutrina penal[3678]; ou, ainda, (iii) importar simplesmente o prin-

[3674] *Supra*, capítulo 21; cfr. a explanação sumária de algumas implicações em PASCUAL, «Los derechos fundamentales a la protección penal», pp. 361 ss.

[3675] As teorias absolutas da retribuição (e até mesmo as teorias da *reafirmação do direito* sem uma evidente perspetiva utilitária ou consequencialista) tenderiam a uma combinação dos princípios da culpa e da proporcionalidade, entendido este último como um princípio de mera ponderação e equilíbrio da gravidade do crime e da gravidade da pena, sendo desconsideradas finalidades pragmáticas de política criminal. Para os fundamentos da rejeição das teorias retribucionistas, v. DIAS, *Direito Penal...*, I, 2ª ed., p. 47; PALMA, *Direito Penal*, pp. 51 ss.; *idem, Direito Constitucional...*, pp. 122 ss.; POLITOFF, «Fines de la pena y racionalidad...», pp. 11 ss. Entretanto, há um recrudescimento daquelas correntes, sob uma capa *neo-retribucionista*: v. referências em PALMA, *ob. cit.* Em primeiro lugar, p. 63.

[3676] V., por todos, RIPOLLÉS, «El control...», pp. 98 ss. (propondo, em alternativa, o princípio da proibição da arbitrariedade). Também parece estranha à dogmática constitucional a diluição do princípio da proporcionalidade em mera manifestação do princípio da igualdade, como defende PALMA, *Direito Penal...*, pp. 93 ss.

[3677] Trata-se daquele sector que, considerando descartável a noção aglutinadora de proporcionalidade em sentido amplo, compacta a idoneidade e a necessidade num princípio de subsidiariedade (ou necessidade), distinguindo-o do princípio da proporcionalidade (ou proporcionalidade e.s.e.): justificando e adotando esta orientação, GARCIA PÉREZ, «La racionalidad de la proporcionalidad...», pp. 13-14 (implicitamente, é a orientação predominantemente seguida pelo TC português).

[3678] Neste caso, reconduzem-se aos segmentos típicos da proporcionalidade os limites materiais geralmente reconhecidos pelos penalistas, como os da necessidade da pena, subsidiariedade,

O PRINCÍPIO DA PROIBIÇÃO DO EXCESSO

cípio da proporcionalidade clássica ou proibição do excesso na configuração aplicável nos demais domínios[3679].

A última opção é a preferível se não passarem inatendidas algumas peculiaridades da aplicação da proporcionalidade na conformação e controlo da lei penal.

Admitida a necessidade *de* lei penal, a *concreta* lei penal pode assumir uma variedade de conteúdos. Designadamente quanto à tipificação da conduta, ao tipo de pena adotado (por exemplo, privativa de liberdade ou outra) [3680] e a outros aspetos que tornam a medida abstrata da pena e as suas condições de individualização e execução mais ou menos graves. Para a aplicação do princípio tem de se partir da ideia de que o direito penal está sujeito ao princípio da proteção de bens jurídicos (finalidade geral que todas as normas penais têm de prosseguir), mas também tem de se ter em consideração quais os *efeitos materiais* imediatos que se pretende provocar para atingir aquele desiderato mais geral. Esta é uma das portas de entrada do tema dos fins das penas: fim da censura ou *retribuição*, da *prevenção geral positiva* ou integração (tutela das expetativas da comunidade na reafirmação da norma violada, potenciando a confiança na eficácia do ordenamento jurídico-penal e da proteção dos bens por este tutelados), de *prevenção geral negativa* (intimidação dos potenciais delinquentes com vista a dissuadi-los de violar os bens) ou de *prevenção especial ou individual* (prevenção da reincidência do agente), a que pode ligar-se a *reinserção*[3681]. No chamado Direito Penal moderno, são os fins de prevenção que assumem predomínio[3689].

---

ultima ratio, fragmentariedade e intervenção mínima, lesividade e exclusiva proteção de bens jurídico-penais: assim, LOPERA MESA, «Principio de proporcionalidad...» (2008), pp. 274 e ss. e MIR PUIG, «El principio...», pp. 1362 ss.; RIPOLLÉS, «El control...», pp. 86 ss., 92 ss. (no contexto da sua exposição critica da textura analítica do princípio da proporcionalidade aplicado pelo Tribunal Constitucional espanhol).

[3679] Essa é a orientação que decorre, por exemplo, implicitamente, dos contributos de BEILFUSS, *El Principio de Proporcionalidad...*, *cit.*, ou de CANOTILHO, «Teoria da Legislação...», p. 855.

[3680] Cfr. LOPERA MESA, «Principio de proporcionalidad...» (2008), pp. 275 ss., distinguindo também entre « norma de conduta » e « norma de sanção »

[3681] Cfr. LOPERA MESA, «Principio de proporcionalidad...» (2008), p. 277. Não se ignora o infindável debate sobre os fins do direito penal e, mais delimitadamente, os fins das penas. Não o podemos reatar aqui, mesmo na sua expressão mais rudimentar, pelo que nos limitamos a esta indicação genérica dos fins das penas, sem cuidar das *nuances* que poderiam ou deveriam ser introduzidas, desde logo por força do Direito Constitucional Penal. Na doutrina nacional v. TEREZA PIZARRO BELEZA, *Direito Penal*, 1º vol., AAFDL, Lisboa, 1980, pp. 410 ss.; FIGUEIREDO DIAS, *Direito Penal...*, I, 2ª ed., pp. 43 ss.; AMÉRICO TAIPA DE CARVALHO, *Direito penal. Parte geral*, 2ª ed., Coimbra Editora, Coimbra, 2008, pp. 59 ss.; A. LOURENÇO MARTINS, *Medida da Pena. Finalidades Escolha*, Coimbra Editora, Coimbra, 2011, pp. 63 ss.; PALMA, *Direito Penal*, pp. 49 ss.; *idem, Direito Constitucional...*, pp. 122 ss. (numa perspetiva constitucional). Na doutrina estrangeira, ROXIN, *Strafrecht Allgemeiner Teil*, vol. I, 3ª ed., Beck, München, 1997, pp. 37 ss.; *idem, Problemas Fundamentais do*

PROIBIÇÃO DO EXCESSO E PROPORCIONALIDADE DA LEI PENAL E DAS PENAS

Os fins empíricos das penas assumem importância, desde logo, para efeitos da adequação e da necessidade (*interna*). No que toca à adequação, trata-se de apurar se a forma como a conduta está tipificada e o tipo de sanção estabelecida são suscetíveis de aproximar aquelas finalidades. Este segmento obriga, por exemplo, a averiguar se a previsão de pena de prisão para jovens delinquentes primários autores de certos crimes contribui para a promoção de fins de prevenção e de reintegração. Ou se é idónea para atingir fins de prevenção a previsão de uma sanção penal para a tentativa idêntica à da consumação do delito[3683].

No que concerne à necessidade, há uma particularidade a assinalar: no âmbito da produção (e controlo) da lei penal, o segmento da necessidade não impõe a comparação de todas as medidas alternativas, penais e não penais. A comparação com as medidas não penais é esgotada no contexto da necessidade externa, ou seja no momento da escolha entre intervenção penal e não penal, processada a um nível de superior abstração. A comparação típica da metódica da necessidade que se realiza a propósito de normas penais é uma comparação *no interior* da gama possível de medidas penais alternativas no que se refere à tipificação de condutas e de sanções: compara-se, por exemplo, se, para atingir o nível pretendido de proteção de determinado bem jurídico, prevenindo a sua lesão ilícita e culposa, é suficiente optar por crime de lesão ou se tem de se ir até ao crime de perigo; se basta pena de multa ou tem de se prever pena de prisão; se basta uma pena de prisão suspensa ou se tem de ser prevista pena efetiva; se basta uma moldura de um a três anos ou se tem de se estabelecer uma moldura abstrata maior. Como é óbvio, as opções penais são inesgotáveis, mas são elas, exclusivamente, que relevam para a metódica aplicativa do segmento da necessidade[3684].

Direito Penal, Vega, Lisboa, 1986, pp. 15 ss.; GÜNTHER JAKOBS, *Derecho Penal. Parte General*, 2ª ed., Marcial Pons, Madrid, 1997, pp. 9 ss.; *idem*, *La Pena Estatal: Significado y Finalidad*, Civitas, 2006; WESSELS/BEULKE, *Strafrecht Allgemeiner Teil. Die Straftat und ihr Aufbau*, 31ª ed., C. F. Müller, Heidelberg, 2001, p. 4; LUIGI FERRAJOLI, *Derecho y razón*, Editorial Trotta, Madrid, 1995, pp. 253 ss.; POLITOFF, «Fines de la pena...», *cit.*

[3682] HASSEMER, «Rasgos y crisis...», p. 239. Para o autor isto traria dificuldades à aplicação do princípio da proporcionalidade mas, como se verá de seguida, tal não é uma fatalidade se entendido esse princípio com a estrutura e conteúdo aqui propostas.

[3683] Cfr. MIR PUIG, «El principio...», p. 1363; RIPOLLÉS, «El control...», pp. 86, 93. Mais desenvolvidamente, LOPERA MESA, «Principio de proporcionalidad...» (2008), pp. 275 ss.; *idem*, «Principio de proporcionalidad y control constitucional de las leyes penales. Una comparación...», pp. 120, 124.

[3684] Diferentes, LOPERA MESA, «Principio de proporcionalidad...» (2008), pp. 278 ss. (incluindo na metódica da necessidade também a indagação de alternativas à *intervenção penal* que, na nossa construção, é um tema da *necessidade externa*, respeitante à conformação do fim); MIR PUIG, «El principio...», p. 1364; RIPOLLÉS, «El control...», pp. 87-88, 94 ss.

O PRINCÍPIO DA PROIBIÇÃO DO EXCESSO

A apreciação da necessidade toma como referência o grau de satisfação do fim visado pelo legislador. Isto significa, por exemplo, que se para erradicar quase integralmente o tráfico de droga o legislador entender que a única forma eficaz de o fazer é sujeitar essa conduta ilícita à pena máxima de prisão, a medida pode não soçobrar sob a perspetiva da necessidade, dada a lógica utilitária desta[3685].

Quanto ao segmento da proporcionalidade e.s.e., crucial é saber quais os elementos considerados e contrapesados. Três orientações (com inúmeras variantes) se perfilam.

A primeira é a orientação que descarta da operação ponderativa os fins de utilidade social da pena. A proporcionalidade e.s.e. é uma pauta corretiva de excessos utilitários não neutralizados pela aplicação da idoneidade e da necessidade. Visa garantir que a gravidade da pena e dos seus efeitos guarde relação com a gravidade do crime, tal como abstratamente projetados, não sendo a pena apenas determinada pelo critério da eficiência preventiva. A reação a um evento *passado*, o crime, através da aplicação de uma pena concretamente definida, deve ser proporcional à gravidade desse crime[3686]. É bem embregue a expressão *Verhältnismässigkeit mit zurückgewendetem Blick* (proporcionalidade com vista para o passado ou *retrospetiva*)[3687]. Conclui-se facilmente que esta proporcionalidade e.s.e. retrospetiva, tributária de uma racionalidade ético-valorativa, se distingue do segmento da proporcionalidade e.s.e. da proibição do excesso. Aquela consuma-se numa operação de contrapeso que coloca em confronto dois *males*, dois atos *agressores* de bens, interesses ou valores, um praticado no passado, já consumado, outro praticado depois. Já a proporcionalidade e.s.e. da proibição do excesso coloca em relação os efeitos positivos (*um bem*) e os efeitos negativos (*um mal*) ocorridos ou a ocorrer no passado, no presente ou no futuro. Estas considerações apartam os dois institutos. Embora subjacente à proporcionalidade retrospetiva persista uma intenção garantística dos bens, interesses ou valores do agente a que é aplicada a pena, que não devem ser sacrificados com excesso, falta a identificação de bens, interesses ou valores, designadamente direitos fundamentais ou outros interesses constitucionalmente garantidos, cuja tutela futura justifique a prática do ato punitivo.

[3685] Cfr., porém, LOPERA MESA, «Principio de proporcionalidad...» (2008), p. 279.

[3686] Cfr. HANS-LUDWIG GÜNTHER, *Strafrechtswidrigkeit und Strafunrechtsausschluß: Studien zur Rechtswidrigkeit als Straftatmerkmal und zur Funktion der Rechtfertigungsgründe im Strafrecht*, Heymann, Köln, 1983, pp. 200 ss.; RIPOLLÉS, *La racionalidad...*, pp. 158 ss.; *idem*, «El control...», pp. 88, 96.

[3687] HIRSCHBERG, *Der Grundsatz...*, p. 46 (a autoria da expressão pertence a GÜNTHER JAKOBS, «Schuld und Prävention», in *Recht und Staat in Geschichte und Gegenwart*, Mohr, Tübingen, 1976, p. 7).

PROIBIÇÃO DO EXCESSO E PROPORCIONALIDADE DA LEI PENAL E DAS PENAS

No desenvolvimento desta e, bem assim, de outras orientações pode haver dissonâncias sobre o que cabe na categoria dogmática *gravidade do crime*[3688]: uma das questões mais discutidas é se envolve só aspetos relativos à gravidade do facto antijurídico ou injusto típico ou também aspetos referentes à culpabilidade (como faculdade de imputar ao sujeito o injusto)[3689].

A segunda é a orientação *utilitária* e *prospetiva*: uma vez comprovada a idoneidade e necessidade, a proporcionalidade e.s.e. implica a ponderação da importância da afetação do bem, interesse ou valor potencialmente atingido pela intervenção penal e da importância dos bens, interesses ou valores cuja proteção é visada pela mesma intervenção penal. Colocando a questão de um modo mais familiar ao sentido que imputámos anteriormente à proporcionalidade e.s.e. da proibição do excesso, tratar-se-ia simplesmente de contrapesar a importância dos efeitos negativos de interferência em certos bens, interesses ou valores e dos efeitos positivos de proteção de outros, através da prevenção. Substitui-se a perspetiva exclusivamente retrospetiva por uma perspetiva exclusivamente *prospetiva*, própria das teorias relativas, viradas para os fins de prevenção: contras-

---

[3688] V. sobre o conceito de gravidade do crime para efeitos de avaliação da proporcionalidade, MIR PUIG, «El principio...», p. 1369; CUBILLOS, «El principio de proporcionalidad...», pp. 33 ss.; GARCIA PÉREZ, «La racionalidad de la proporcionalidad...», p. 21.

[3689] A questão do relacionamento entre os princípios da culpa e da proporcionalidade é controversa (assumindo contornos particularmente complexos na individualização judicial da pena): v. A. KAUFMANN, «Schuldprinzip und Verhältnismäßigkeitsgrundsatz», *cit.* Várias linhas têm sido adiantadas sobre isso: a substituição (GÜNTER ELLSCHEID/WINFRIED HASSEMER, «Strafe ohne Vorwurf. Bemerkungen zum Grund strafrechtlicher Haftung», in *Civitas. Jahrbuch für Sozialwissenschaften*, vol. 9 (1970), pp. 27-49) ou absorção do princípio da culpabilidade pelo da proporcionalidade; a proporcionalidade como um dos aspetos da culpabilidade (ROXIN, *Derecho Penal Parte General*, tomo I, tradução castelhana da 2ª ed., Civitas, Madrid, pp. 100 ss.); o funcionamento autónomo dos dois princípios. Neste último sentido, v. a explanação eloquente de MIR PUIG, «El principio...», pp. 1365 ss., demonstrando que o princípio da culpa é um limite material absoluto, *autónomo* em relação ao princípio da proporcionalidade, ou seja, não dependendo nem sendo relativizado pela metódica aplicativa deste. O princípio da proporcionalidade teria em conta apenas a gravidade do crime, em sentido estrito (só desvalor do resultado e da conduta), que não inclui a culpabilidade (*ob. cit.*, pp. 1378 ss.). Admitindo, porém, alguma relativização do princípio da culpa, FIGUEIREDO DIAS, «Breves considerações sobre o fundamento, o sentido e aplicação das penas em direito penal económico», in *Direito Penal Económico*, CEJ, Coimbra, 1985, p. 40 (citado no acórdão nº 83/91 do TC): as decorrências do princípio da culpa podem ser relativizadas pela aplicação do princípio da proporcionalidade. Assim, o juiz só pode impor, por força da lei (ou, parece, mesmo que não haja lei que o determine), uma pena que corresponda ao limite mínimo ditado pela culpa se essa imposição da pena mínima ditada pela culpa não impedir a proporcionalidade entre a pena e a infração, quando esta seja de pequena gravidade. Ou seja, a proporcionalidade limita – relativiza – as decorrências da culpa. Sobre o tema da relação entre culpa e proporcionalidade, ademais: SERRANO, *Proporcionalidad...*, p. 32; CUBILLOS, «El principio de proporcionalidad...», pp. 29 ss.

O PRINCÍPIO DA PROIBIÇÃO DO EXCESSO

tando com a orientação anterior, a proporcionalidade e.s.e. assenta no contrapeso das interferências *futuras* em bens, interesses ou valores (do criminoso) e da proteção *futura* dos bens, interesses ou valores que a norma penal visa tutelar. Sobreleva a dimensão finalística ou consequencialista, traduzida nas finalidades (*futuras*) de prevenção geral positiva, de prevenção geral negativa e/ou de prevenção especial ou individual, a que pode estar ligada a reinserção, visando a desvitalização das condições de lesão *futura* dos bens, interesses ou valores cuja proteção jurídico-penal o legislador pretende[3690].

A terceira é talvez a tese com mais adeptos, sendo a que, pela sua natureza híbrida, comporta mais variantes[3691]. *Grosso modo*, veicula que a exigência de proporcionalidade e.s.e. das normas penais impõe que estas definam penas cuja gravidade seja simultaneamente proporcional à gravidade do crime abstratamente tipificado (gravidade do ataque a um bem jurídico penal, pelo seu desvalor de resultado e pelo seu desvalor de conduta[3692]) e à importância dos bens, interesses ou valores jurídico-penais que se pretende proteger através dos efeitos preventivos da norma penal. Trata-se de uma orientação *retrospetiva/prospetiva*, com muitas variações e especificações[3693].

Esta última tese é a que perfilhamos neste trabalho[3694]. Dela flui mais uma (ligeira) peculiaridade da aplicação do princípio da proporcionalidade clássica

---

[3690] Certos autores excluem veementemente do juízo de proporcionalidade alguns dos fins enunciados no texto: Cubillos, «El principio de proporcionalidad...», p. 39, rejeita a consideração de fins de prevenção especial. Em contrapartida, Palma, *Direito Constitucional...*, pp. 125-6, recorre às ideias de adequação e proporcionalidade das limitações aos direitos fundamentais para responder à questão de saber se se pode extrair da Constituição "um dever de o Estado proceder à reinserção social do condenado, em contraposição às meras soluções retributivas ou preventivas-gerais". As penas totalmente retributivas ou preventivas gerais seriam inconstitucionais por violação dessas ideias, salvo no caso de a reinserção social não ser concretizável ou ser inadequada como resposta. Esta orientação implicaria que o princípio da proporcionalidade clássica poderia receber *conteúdos adicionais*, especiais do Direito Penal, que poderiam traduzir-se em cominações automáticas de inconstitucionalidade (por violação do princípio da proporcionalidade?) sempre que as penas se limitassem a fins retributivos ou de prevenção geral.

[3691] Um modelo teleológico puro enfrenta grande contestação. Por isso, a base comum das várias versões desta orientação é a inevitabilidade de conjugar juízos valorativos e utilitários ou consequencialistas, doseados em termos variáveis: cfr., Garcia Pérez, «La racionalidad de la proporcionalidad...», p. 10.

[3692] Mir Puig, «El principio...», p. 1369.

[3693] Para um ensaio desta conjugação de duas racionalidades, teleológica (*Zweckrationalität*) e valorativa (*Wertrationalität*), cfr. Garcia Pérez, «La racionalidad de la proporcionalidad...», pp. 10 ss.; Manuel Cobo del Rosal/Tomas S. Vives Anton, *Derecho Penal...*, pp. 88 ss.; Lopera Mesa, «Principio de proporcionalidad...» (2008), p. 288; Mir Puig, «El principio...», p. 1369.

[3694] Sem prejuízo de nos afastarmos de algumas das construções que militam neste terceiro grupo de orientações. Por exemplo, Mir Puig, «O princípio..., p. 15, sustenta que o princípio da propor-

PROIBIÇÃO DO EXCESSO E PROPORCIONALIDADE DA LEI PENAL E DAS PENAS

no domínio penal. Verificámos que em regra se contrapesa a importância dos efeitos negativos e a importância dos efeitos positivos desencadeados pela norma[3695]. Pois bem: aqui contrapesa-se a importância dos efeitos negativos provocados pela tipificação penal da conduta e pela definição de penas e a importância dos efeitos positivos de prevenção. Mas esta dimensão de importância dos efeitos positivos tem de ser cruzada e condimentada com as noções deontologicamente densificadas de gravidade do crime e de desvalor ou censura ético social associados à conduta[3696]. Numa perspetiva puramente consequencialista da proporcionalidade e.s.e., o efeito *positivo* de prevenção do tráfico de droga pode justificar o efeito *negativo* da previsão de uma pena de prisão de 25 anos (e, nalguns Estados, até a pena de morte ou de prisão perpétua...). Todavia, a previsão abstrata dessa pena não pode deixar de ser limitada pela noção da *gravidade do crime* de tráfico de droga.

2.3. A liberdade de conformação do legislador

Compulsada a jurisprudência constitucional relevante[3697], ela parece guiar-nos à conclusão de que a liberdade de conformação de que o legislador usufrui no que toca às intervenções penais é *exatamente* a mesma de que goza nos demais setores[3698]. Embora admita que na conformação da lei penal o legislador não beneficia de liberdade irrestrita e absoluta[3699], o juiz constitucional português tem recorrido a juras contundentes de deferência ("larga margem de liberdade

---

cionalidade e.s.e. se destina a *"comprovar que o custo da intervenção penal, representado pela limitação dos direitos implicados, não seja superior ao benefício (proteção) que com ela se pode alcançar".* Mais adiante: *"trata-se de evitar que o custo que representa a limitação de um direito seja superior ao benefício que se supõe para outro direito"* (*ob. cit.*, p. 23). Para LOPERA MESA, *Principio...*, p. 241, entre outros locais, do lado dos custos poderia inscrever-se o próprio efeito dissuasório do exercício legítimo de direitos fundamentais, ou os custos económicos – para o Estado e os contribuintes – da execução de certas penas. Vemos aqui uma manifestação da conceção da proporcionalidade como instrumento aferidor de "custos-benefícios". A dificuldade de matematização plena do processo de ponderação leva-nos a preferir uma fórmula menos "econométrica". V., por todos, FRÍAS, «El principio...», pp. 8-10, notando a dificuldade em qualificar adequadamente o que se inscreve do lado dos custos e do lado dos benefícios, para efeitos do contrapeso.

[3695] Capítulo 18, 2.8.

[3696] Cfr. LOPERA MESA, «Principio de proporcionalidad...» (2008), p. 288.

[3697] *Supra*, capítulo 5, 5.3. Sobre o caso espanhol, interessante pela grande similitude com o caso português, MIR PUIG, «El principio...», pp. 1376 ss.

[3698] Cfr. o tratamento do tema no capítulo 19. É certo que também é possível encontrar indicações ocasionais que estabelecem uma diferença entre a liberdade de conformação no domínio penal e processual penal e a de outros domínios: assim, acórdão nº 20/10, nº 6.

[3699] Esta ideia está bem traduzida, por exemplo, no já várias vezes convocado acórdão nº 99/02: *"também em matéria de criminalização o legislador não beneficia de uma margem de liberdade irrestrita e absoluta, devendo manter-se dentro das balizas que lhe são traçadas pela Constituição".*

O PRINCÍPIO DA PROIBIÇÃO DO EXCESSO

de conformação ou, se se quiser, [...] ampla margem conformativa"[3700]) e de adstrição a juízos de evidência (o juízo de censura constitucional só pode ocorrer quando a gravidade do sancionamento se mostre inequívoca, patente ou manifestamente excessiva[3701]). Também não é difícil encontrar posições doutrinais que prescrevem uma especial deferência do juiz constitucional para com o legislador neste domínio.

Mas, como alertava CANOTILHO há algum tempo, essa orientação tem de ser entendida *cum grano salis*[3702]. Apesar das manifestações de deferência para com a "sabedoria" do legislador[3703] e da reiteração, acórdão após acórdão, de que aquele dispõe de uma ampla margem de conformação, este é um campo onde o reconhecimento de uma vantagem institucional do legislador tem de ser *merecido*, sendo recomendáveis algumas cautelas. Contrastando com o que se passa quando a liberdade de conformação do legislador atinge um patamar máximo, no domínio da conformação dos fins e dos meios inerentes à política legislativa

---

[3700] Acórdão nº 99/02, nº 8.

[3701] Acórdão nº 634/93: "[...]a limitação da liberdade de conformação legislativa, no que se refere à opção de criminalizar determinada conduta, só pode ocorrer quando a punição criminal se apresente como *manifestamente* excessiva"; v., também, acórdãos nºs 99/02 e 494/03, entre muitos. Por vezes, a deferência do juiz parece ir até além do que resulta dos princípios limitativos reiteradamente anunciados. Cfr., por exemplo, o anteriormente citado acórdão nº 604/99, sobre penalização da utilização de prestações obtidas a título de subvenção ou subsídio para fins diferentes daqueles a que legalmente se destinam: não se vê qual o bem jurídico tutelado pela Constituição protegido pela norma penal. A situação é idêntica noutras latitudes, como o mostram MIR PUIG, RIPOLLÉS e LOPERA MESA quando se debruçam sobre os casos espanhol e chileno. MIR PUIG («O princípio...», p. 30), referindo-se ao Tribunal Constitucional espanhol, nota que este parte da premissa de que o legislador democrático é em princípio competente para saber se as penas ou medidas de segurança são proporcionais à sua finalidade de proteção, considerando excecional a possibilidade de declaração de inconstitucionalidade de uma lei penal; v., também, RIPOLLÉS, «El control...», p. 104, *passim* (sublinhando com especial ênfase a necessidade de reforço da racionalidade legislativa e respetivo controlo). LOPERA MESA («Principio de proporcionalidad ...», de 2011, pp. 116 ss., particularmente p. 123) refere que, à data em que escreve, o Tribunal Constitucional chileno, quando aprecia a constitucionalidade de normas penais, renuncia expressamente a efetuar alguns dos juízos, como o da necessidade, e aplica os demais subprincípios (idoneidade e proporcionalidade e.s.e.) com um nível mínimo de intensidade. Tudo isso leva a que o papel da proporcionalidade neste domínio seja pouco mais do que residual, como conclui BARNÉS, «El principio de proporcionalidad...», pp. 29 ss. Sem embargo, escrevendo numa altura em que ainda integrava o Tribunal Constitucional, PALMA, *Direito Constitucional...*, p. 119, nota que a jurisprudência constitucional portuguesa revela "uma evolução entre uma perspetiva de total liberdade de opção do legislador na escolha das condutas incriminadas e uma perspetiva moderadamente constitucionalizadora do conteúdo dos crimes, sob a égide do princípio da necessidade da pena".

[3702] CANOTILHO, «Teorias da legislação...», p. 852.

[3703] Acórdão do Tribunal Constitucional nº 108/99.

PROIBIÇÃO DO EXCESSO E PROPORCIONALIDADE DA LEI PENAL E DAS PENAS

criminal a intensidade do controlo judicial e os poderes instrutórios do juiz constitucional são superiores àquilo que tem sido reconhecido[3704].

2.4. Conclusão sobre os pressupostos e a aplicação do princípio da proporcionalidade na conformação e controlo da lei penal

Em suma, rejeitamos construções que procuram alternativas ao princípio da proporcionalidade como fator de racionalidade no domínio penal[3705], bem como as que sustentam que no domínio penal vigora o princípio da proporcionalidade clássica ou da proibição do excesso numa modalidade transfigurada, que absorve e condensa todos os princípios e contributos que a teoria e dogmática penais traçam para limitar materialmente a lei penal. E não vemos viabilidade nem fundamento dogmático para a simplificação sob uma designação artificial, mesmo que inspirada na dogmática penal mais consolidada, de necessidade ou subsidiariedade.

Do artigo 18º, nº 2, decorre um comando de harmonização de bens, interesses ou valores constitucionais que entrem em colisão. Nos termos gerais, o legislador deve usar os instrumentos de mediação da operação de harmonização que sejam requeridos tendo em conta o tipo de colisão. A intervenção penal representa inevitavelmente uma interferência gravosa em bens, interesses ou valores subjetivados. Por isso, tem de ser justificada por fins ponderosos, designadamente de tutela ou de proteção de bens, interesses ou valores especialmente qualificados do ponto de vista constitucional e acompanhada de persuasiva argumentação[3706]. Isso traduz-se no seguinte: no momento da conformação do fim vigora um conjunto de ónus e de barreiras que coartam a liberdade de conformação do legislador mais intensamente do que noutros domínios; a esse momento segue-se o da aplicação do princípio da proporcionalidade clássica com algumas particularidades[3707]. Por exemplo: no primeiro momento verifica-se se a criminalização da utilização de prestações obtidas a título de subvenção ou subsídio para fins diferentes daqueles a que legalmente se destinam é cons-

---

[3704] Confluente, LOPERA MESA, «Principio de proporcionalidad...» (2008), p. 299, alinhando argumentos contra « um controlo de mínimos ».

[3705] RIPOLLÉS, «El control...», pp. 98 ss.: aparentemente, também PALMA, *Direito Constitucional...*, p. 134, distinguindo claramente princípio da necessidade da pena e proibição constitucional do excesso.

[3706] Sobre o tema, v., por todos, PALMA, *Direito Constitucional...*, esp. pp. 71 ss.

[3707] Em boa verdade, já são esses dois momentos que estão retratados num trecho muito citado de SOUSA BRITO, «A lei penal...», p. 218: (i) o momento da decisão da "existência" da intervenção penal (é neste momento lógico que o legislador decide criar um tipo de crime e não uma mera contraordenação, por exemplo: v. o caso do acórdão nº 99/02, do Tribunal Constitucional, onde estava em causa a punição criminal da exploração de jogo ilegal) e (ii) o momento da decisão sobre a "medida".

1055

O PRINCÍPIO DA PROIBIÇÃO DO EXCESSO

titucionalmente admitida[3708]; no segundo, aprecia-se a proporcionalidade dos termos da tipificação abstrata da conduta e da pena.

3. Proporcionalidade das penas

Por não incidir especificamente sobre a conformação da lei penal, nem sobre o respetivo controlo, não dedicaremos ao princípio da proporcionalidade das penas, especificamente aplicável à individualização judicial da pena, mais do que alguns parágrafos meramente mapeadores da sua relação com as outras ramificações da proporcionalidade moderna que identificámos na introdução.

Neste plano não se coloca a necessidade de distinguir dois momentos, o da conformação do fim e o da aplicação da proporcionalidade. O fim está à partida dado e adquirido. Ao juiz cabe, dentro da margem que a lei lhe concede[3709], aplicar uma pena que respeite o princípio da proporcionalidade e seja ajustada à culpa.

Com vista à observância da proporcionalidade, o juiz determina, através da interpretação, quais os fins de política criminal que a lei prossegue. Tratando-se de decisões de casos concretos, o doseamento da importância dos vários fins da lei penal pode variar de caso para caso, competindo ao juiz assegurar que a pena que impõe ao agente seja *adequada* e *necessária*. O sentido geral destas noções não varia em relação ao que vimos a propósito da proporcionalidade da lei penal. Acresce que a pena aplicada, além de adequada e necessária, deve ser *proporcional e.s.e.* Também a esse respeito se colocam as várias opções em relação aos elementos a considerar: acontecimentos passados (proporcionalidade e.s.e. retrospetiva), fins empíricos a atingir no futuro (proporcionalidade e.s.e. prospetiva), ou ambos[3710]. Não há razões ponderosas para alterar a preferência por esta terceira opção: por um lado, a gravidade da pena deve estar numa relação de justa medida com a gravidade do crime, aferida pela gravidade do ataque a um bem jurídico-penal, pelo desvalor do resultado e pelo desvalor da conduta; por outro lado, a importância dos efeitos de proteção dos bens jurídico-penais não pode ser inferior à importância dos efeitos desvantajosos que a pena causa na esfera do agente (o acréscimo de liberdade e segurança socialmente obtido não pode ter importância inferior ao decréscimo de liberdade do agente).

[3708] V. acórdão nº 604/99, do Tribunal Constitucional.
[3709] Em princípio as penas fixas são inconstitucionais. Aparentemente o TC português entende que a instituição de penas fixas viola os princípios da culpa e/ou da proporcionalidade (acórdãos nºs 70/02, 22/03, 124/04, 163/04). A discussão do tema requeriria desenvolvimento que não podemos fazer aqui. Cfr. MARIA JOÃO ANTUNES, «A problemática...», p. 110, nota.
[3710] *Supra*, 2.2.

Capítulo 23
Proibição do excesso e proporcionalidade equitativa

1. O âmbito de aplicação da proporcionalidade equitativa

Com uma ou outra nuance que assinalámos no momento próprio, a *proibição do excesso* incide sobre a produção (e controlo) de normas legislativas que prossigam o fim legítimo de harmonização de interesses públicos e de posições subjetivas jusfundamentais colidentes, quando se verifique colisão normativa parcial-parcial entre a permissão de satisfação dos primeiros e a proibição de interferência nos segundos[3711].

Por outro lado, a *proibição do defeito* aplica-se às normas legislativas que prossigam o fim legítimo de superar colisões normativas entre (i) deveres de ação e deveres de abstenção *prima facie* do legislador ou (ii) dois ou mais deveres de ação *prima facie* do legislador ou (iii) um dever de ação e a permissão de promoção de um bem, interesse ou valor que não é objeto de nenhum dever constitucional[3712]. Em alguns casos, pode apenas falar-se de dever num sentido débil.

Diferentemente, a *proporcionalidade equitativa*, de que agora cuidamos, é aplicável em situações de sobreposição cruzada e multipolar de deveres de ação e deveres de abstenção do legislador que não geram pretensões subjetivas de preferência *prima facie*, sustentadas na constituição ou na lei, cabendo àquele criar condições de harmonização do seu exercício pelos respetivos titulares.

Há pelo menos quatro tipos de colisões entre posições do legislador abrangidas por essa caraterização genérica: (i) colisões de deveres cruzados de ação e de abstenção decorrentes de diferentes direitos fundamentais; (ii) colisões de

---

[3711] V. *supra*, capítulo 13.
[3712] V. *supra*, capítulo 21.

O PRINCÍPIO DA PROIBIÇÃO DO EXCESSO

deveres cruzados de ação e de abstenção decorrentes do mesmo direito fundamental; (iii) colisões de deveres cruzados de ação e de abstenção e, eventualmente, de permissões, inerentes a relações poligonais; (iv) colisões de deveres de proteção de posições jurídicas subjetivas encabeçadas numa mesma pessoa.

1.1. Colisões de deveres cruzados de ação e de abstenção decorrentes de diferentes direitos

Trata-se de uma das situações mais frequentes. Vejamos algumas ilustrações.

Tome-se a imbricação entre o direito à prova e os direitos à dignidade pessoal ou à imagem e à reserva da intimidade da vida privada e familiar. Do direito à jurisdição do artigo 20º, nº 1, decorre o direito à prova[3713]. Daí flui que o legislador, por um lado, deve abster-se de criar obstáculos, através da lei civil e/ou processual, a que o direito à prova seja exercido. Por outro lado, tem o dever de criar, através das normas materiais da prova e do processo, condições processuais propícias a que esse direito seja exercido pelas partes. Todavia, esse direito à prova, e o uso de certos meios de prova que ele abrange, colide ocasionalmente com direitos fundamentais, designadamente alguns dos consagrados no artigo 26º, nºs 1 e 2, como a dignidade pessoal ou a imagem, a reserva da intimidade da vida privada e familiar[3714]. Por isso, o legislador, além do dever de se abster de interferir em todos estes direitos, tem o dever de criar condições para o exercício do direito à prova, mas também o dever de impedir o uso de meios de prova eventualmente intrusivos.

Outro exemplo, na mesma linha, é o da harmonização entre o exercício das posições jurídicas subjetivas inerentes ao direito de manifestação e ao direito de livre deslocação ou circulação dos particulares não manifestantes. Na regulação dessa relação de potencial colisão, o legislador deve ter em consideração que o direito à manifestação tem uma vertente de imposição da abstenção do Estado e de terceiros, que não devem interferir no exercício desse direito; e tem uma vertente de dever de proteção do Estado, que é obrigado a praticar os atos necessários para que o direito de manifestação possa ser exercido sem perturbações, riscos ou impedimentos resultantes do exercício de outros direitos, *maxime* de terceiros. Em contrapartida, quem não se manifesta tem o direito de deslocação. Este tem uma vertente de direito à abstenção do Estado e de terceiros, designadamente dos participantes em manifestações, de atos que perturbem o exercício desse direito de deslocação; e uma componente de dever de proteção do Estado, obrigando a que este crie condições de livre deslocação, mesmo em casos em que isso implique uma interferência no direito de manifestação. Pode falar-se

---

[3713] MIGUEL TEIXEIRA DE SOUSA, *As partes, o objeto...*, p. 228.
[3714] *Idem*, p. 232.

1058

PROIBIÇÃO DO EXCESSO E PROPORCIONALIDADE EQUITATIVA

de reciprocidade ou bilateralidade porque as posições jurídicas subjetivas colidentes umas vezes geram pretensões dirigidas a uma abstenção, outras vezes pretensões de proteção do Estado legislador.

Ainda um outro exemplo, este mais controverso uma vez que foi julgado pelo Supremo Tribunal de Justiça como um caso de proporcionalidade. O aresto[3715] reportava-se a normas que visavam assegurar o direito das pessoas a conhecerem com segurança os laços de paternidade, nomeadamente através da submissão forçada das pessoas investigadas a exames de sangue e outros. No caso concreto, o STJ entendeu que não havia contradição com o princípio da proporcionalidade, sendo legítimo ordenar a comparência forçada de mãe de menor, acompanhada deste, no Instituto de Medicina Legal, para a submissão a exames de sangue, em nome da descoberta da verdade da filiação. De acordo com o sumário do acórdão, a restrição à liberdade decorrente da "comparência forçada bem como a constrição da integridade física que a extracção forçada do sangue constitui, se tal exame ao sangue é necessário à descoberta da verdade da filiação, e se respeita, na sua realização, a dignidade da pessoa humana, representa o recurso a um meio de prova, proporcionado, não excessivo, sendo, assim, uma restrição permitida pelos nºs. 2 e 3 do artigo 18 da Constituição da República Portuguesa". Porém, afigura-se que, uma vez que estavam em causa direitos colidentes de particulares, a nenhum deles devendo ou podendo o legislador atribuir qualquer tipo de prevalência, estaria em causa o que designamos por proporcionalidade equitativa.

1.2. Colisões de deveres cruzados de ação e de abstenção decorrentes do mesmo direito fundamental

O segundo grupo de casos pode ilustrar-se, mais uma vez, com o direito de manifestação. O legislador tem o dever de assegurar que esse direito possa ser exercido por todos, em qualquer momento e em qualquer lugar. Isso pode traduzir-se em colisões entre pretensões concretas de vários grupos, se quiserem exercer o direito de desfilar no mesmo dia, à mesma hora, no mesmo local, com objetivos incompatíveis ou, mesmo que não no mesmo local, em locais cuja proximidade pode perturbar a tranquilidade pública. A lei tem de prever mecanismos legais de superação dessas potenciais colisões no exercício de um (mesmo) direito em termos que garantam um grau de satisfação e de interferência equilibrado.

[3715] Acórdão de 11.3.1997 do STJ (relator Fernando Fabião), publicado no BMJ nº 465, ano 1997, p. 589.

O PRINCÍPIO DA PROIBIÇÃO DO EXCESSO

1.3. Colisões de deveres cruzados de ação e de abstenção e, eventualmente, de permissões, inerentes a relações poligonais

A ilustração mais conhecida, mais importante e mais frequente, do terceiro grupo de casos é fornecida pelas chamadas relações poligonais que a lei disciplina através da legislação do ordenamento do território e do urbanismo, nos casos específicos em que procura harmonizar equilibradamente posições jurídicas subjetivas de vários grupos ou universos subjetivos, às vezes em coordenação com o interesse público[3716].

1.4. Colisões de deveres de proteção de posições jurídicas subjetivas encabeçadas numa mesma pessoa.

Aqui talvez se possa colocar em dúvida se existem verdadeiros deveres do legislador e se, existindo, não são deveres enfraquecidos, na fronteira com as simples opções paternalísticas do legislador[3717]. Esta situação pode ser exemplificada com as medidas de combate ao endividamento excessivo dos privados, com as normas sobre o uso obrigatório de cinto de segurança ou de capacete e até, recorrendo à jurisprudência do Tribunal Constitucional, com as condições estabelecidas pela lei para a remição de pensões anuais vitalícias atribuídas em caso de acidentes de trabalho incapacitantes[3718]. Numa situação de colisão entre o exercício da autonomia da vontade de trabalhador sinistrado e a necessidade de acautelar a subsistência condigna desse mesmo trabalhador ao longo de toda a sua vida, o Tribunal entendeu que é aplicável o princípio da proporcionalidade, pelo que apreciou se são proporcionais as normas que limitam a autonomia da vontade de trabalhador sinistrado (impedindo-o, por exemplo, de requerer e obter a remição), com vista a garantir o que o Tribunal considera outro interesse constitucionalmente fundado, a saber, a necessidade de acautelar a subsistência condigna desse mesmo trabalhador ao longo de toda a sua vida. Não obstante o caminho tomado pelo Tribunal, a estrutura do princípio da proporcionalidade clássica não convive bem com esta situação.

2. Conteúdo e estrutura da proporcionalidade equitativa

Apesar da sua textura diferenciada, estes casos têm em comum a circunstância de que, mais do que uma contraposição entre um bem, interesse ou valor (designadamente, uma posição jurídica subjetiva jusfundamental) que neces-

---

[3716] Sobre a ponderação da pluralidade de interesses, com vista ao respetivo compromisso (numa perspetiva essencialmente administrativa), v., por todos, ALVES CORREIA, *O Plano Urbanístico...*, pp. 275 ss.

[3717] Deixando uma nota de dúvida, NOVAIS, *Direitos Sociais*, p. 260; NABAIS, *Por uma Liberdade...*, p. 95; PASCUAL, *Derechos...*, pp. 153-4.

[3718] V., por exemplo, acórdão nº 314/13.

1060

PROIBIÇÃO DO EXCESSO E PROPORCIONALIDADE EQUITATIVA

sita de garantia contra agressões e outro bem, interesse ou valor que tem de ser limitado para conter aquelas agressões, há várias pretensões cruzadas dirigidas ao legislador, simultaneamente de proteção e de abstenção, sem que nenhuma delas ou grupo delas possa reinvidicar qualquer tipo de primazia ou prevalência. Isto postula a necessidade de um *equilíbrio* entre o nível ou intensidade de proteção conferida a cada um deles e o nível ou intensidade de interferência nos outros. Não é possível atribuir primazia à perspetiva do *dever de ação positiva* ou, ao invés, à perspetiva do *dever de abstenção*.

Nesses casos em que a perspetiva subjacente é a do equilíbrio entre os níveis de satisfação e de interferência definidos para cada bem, interesse ou valor, é aplicável um outro instrumento mediador de harmonização que não a proibição do excesso ou a proibição do defeito: trata-se, agora, da proporcionalidade equitativa.

O dado de partida não é uma avaliação ou ponderação que tenha indicado uma prevalência *prima facie* de um dever de proteção ou de abstenção, mas sim a tarefa que a constituição confia ao legislador de assegurar que todos os bens, interesses ou valores imbricados em relações cruzadas de colisão são exercidos, fruídos ou realizados de modo *equilibrado*. O legislador não está primariamente obrigado a dar prevalência a uma ou outra de duas ou mais pretensões subjetivas contraditórias, mas a criar um quadro *abstrato* que permita a utilidade e o exercício conjugados e compatíveis, *na medida do possível*, das várias posições jurídicas subjetivas colidentes. Daí decorre a necessidade de desenhar soluções de superação *equilibrada* da colisão, isto é, soluções em que os direitos colidentes fazem cedências reciprocas em termos tendencialmente igualitários, quando *global* ou *conjuntamente* considerado o tratamento legislativo[3719].

Nestes casos, o tratamento *equitativo* ou *equilibrado* decorre de a constituição lhes atribuir natureza, peso e importância equivalentes, sem preferência, ou de o próprio legislador interpretar o sentido objetivo do conjunto dos direitos fundamentais de modo a atribuir um tratamento equivalente ou equilibrado a posições jurídicas subjetivas sem arrimo constitucional.

Embora com sentidos diferentes, também é possível decompor este teste em três segmentos, adequação, necessidade e proporcionalidade e.s.e.

A norma é *adequada* quando fomenta ou promove a satisfação de *todos* os bens, interesses ou valores colidentes, ou faz parte de uma constelação unitária de normas que, conjunta e conjugadamente, fomentam ou promovem a satisfação daqueles bens, interesses ou valores.

A norma é *necessária* quando não há nenhuma outra alternativa que, mantendo pelo menos aproximadamente igual a intensidade de satisfação de todos

---

[3719] V. acórdão nº 75/10, do Tribunal Constitucional, nº 11.4.4.

O PRINCÍPIO DA PROIBIÇÃO DO EXCESSO

os bens, interesses ou valores colidentes, é capaz de garantir uma sensivelmente menor afetação de um ou vários.

O meio é *proporcional e.s.e.* quando, pesadas as intensidades dos efeitos de satisfação e de interferência em cada um dos bens, interesses ou valores colidentes, se conclui que são equivalentes (atingiu-se um equilíbrio ótimo).

Pode talvez dizer-se que a proporcionalidade equitativa é uma das mais fiéis interpretações de uma ideia de otimização[3720].

[3720] Mesmo autores que recusam quer a doutrina dos princípios como comandos de otimização (ou objeto de comandos de otimização) quer a construção teórica do princípio da proporcionalidade como instrumento de otimização, admitem que há domínios em que se requere ponderação optimizadora. Um dos exemplos mais frequentemente invocados é o do domínio do planeamento ou planificação (urbanística, por exemplo), um dos referidos no texto. Cfr. KOCH, «Rechtsprinzipien...», *cit.*; POSCHER, «Insights, Errors...», p. 446.

Capítulo 24
Proibição do excesso e proporcionalidade quantitativa

1. Aspetos gerais

A ideia de proporcionalidade assume em vários domínios um sentido *matemá-tico-contabilístico* ou *calculativo*[3721]. Assim sucede com a proporcionalidade do direito eleitoral, a proporcionalidade dos impostos, a proporcionalidade das taxas ou a proporcionalidade no cálculo de indemnizações por nacionalização ou expropriação. Todas essas noções referem-se a uma relação contabilística ou matemática entre duas grandezas cardinalmente expressáveis. Nesse caso, não há a relação causa-efeito entre um meio e um fim que subjaz a alguns segmentos da proibição do excesso[3722], estabelecendo-se antes relações entre variáveis comensuráveis. Assim, diz-se que o *número* de deputados eleitos por um partido é proporcional ao (relaciona-se proporcionalmente com o) *número* de votos obtidos, sendo a proporcionalidade assegurada pela aplicação de um *ratio* uniforme ao número de sufrágios atingidos por cada concorrente; ou que o *montante* do imposto devido é proporcional à *quantidade* do rendimento tributável sobre que o imposto incide, sendo isso resultante da aplicação de uma taxa uniforme aos rendimentos; ou que o valor da taxa deve ser proporcional ao custo ou ao valor da prestação estadual[3723]; ou, ainda, que o *montante* da

---

[3721] Existe uma relação proporcional em sentido matemático quando há igualdade de rácios entre dois pares de quantidades: v. entrada *proportion* do *Concise Oxford Dictionary*.

[3722] ÁVILA, *Teoria...*, 7ª ed., p. 163, parece querer exprimir esta noção quando diz que o fim que se pretende atingir com a proporcionalidade quantitativa é um *fim interno*.

[3723] Consequentemente, está também mais próxima da proporcionalidade quantitativa do que da proporcionalidade juridico-garantisitica a situação identificada por SÉRVULO CORREIA, *Legalidade...*, p. 748: imperatividade de uma equivalência mínima e objetiva entre o valor da prestação

O PRINCÍPIO DA PROIBIÇÃO DO EXCESSO

indemnização é proporcional ao *valor real ou contabilístico* do bem expropriado ou nacionalizado.

Diferentemente, com a proibição do excesso pretende-se garantir que quando há que sacrificar bens, interesses ou valores para atingir fins de concretização ou satisfação de outros bens, interesses ou valores, esse sacrifício é proporcional (ou não desproporcional). Só que a "proporção" não é suscetível de expressão quantitativa ou matemática, desde logo porque não há comensurabilidade, apenas comparabilidade e possibilidade de valoração qualitativa. A metódica da proibição do excesso supõe simplesmente operações estritamente técnico-jurídicas, umas de pura valoração ou contrapeso valorativo (*ponderação*), outras de qualificação e de apreciação e avaliação empírica, mas sempre dentro de parâmetros jurídicos.

2. Aplicação alternativa ou conjunta

Proibição do excesso e proporcionalidade quantitativa podem assumir relevância em *alternativa* ou em *conjunto*.

Assim, por vezes diz-se que às taxas se aplica o princípio da proporcionalidade[3724]. Isso não é contestável, mas é necessário especificar. Se o que estiver em causa for simplesmente a proporcionalidade em relação aos custos ou ao valor da prestação estadual de que é contrapartida (por exemplo, a taxa não pode exceder 1 se a prestação estadual custa ou vale 1), trata-se de proporcionalidade quantitativa. Se, ao invés, a taxa visar, exclusiva ou principalmente, outras funções além ou diferentes da cobertura do custo (por exemplo, as taxas moderadoras do SNS), então a sua imposição e conteúdo deve obedecer ao princípio da proibição do excesso[3725]. Se a taxa tiver ambas as finalidades, avalia-se a exis-

---

da entidade administrativa e o valor da contraprestação do particular resultantes de uma relação contratual administrativa.

[3724] NABAIS, *O Dever Fundamental...*, p. 345.

[3725] Coincidente, NABAIS, *O Dever Fundamental...*, p. 478. Todavia, a jurisprudência do Tribunal Constitucional não tem estabelecido devidamente esta distinção. Como caso paradigmático pode ver-se o acórdão nº 846/14, relatado por Lúcia Amaral (v. também, entre muitos outros, acórdão nº 362/16). Em apreciação, uma norma que fixa as taxas pela emissão de licenças de exploração de posto de combustível. O Tribunal começa por afirmar o (insofismável) princípio de que "o exercício, por parte do Estado, do poder de tributar não pode ser concebido como uma afetação ou *restrição* de direitos fundamentais, face à qual seja legítimo invocar o regime dos requisitos ou exigências que valem, constitucionalmente, para as leis restritivas de direitos, liberdades e garantias" (nº 7). Mas depois acrescenta: "se a «conceção constitucional de tributo» – a qual inclui impostos e taxas – é inimiga de qualquer construção que veja similitudes entre estas imposições e as vulgares *restrições a direitos, liberdades e garantias,* tal como estas últimas são reguladas pelo artigo 18º da CRP, *nem por isso se dispensa, quanto a elas, o requisito ou crivo da proporcionalidade,* enquanto expressão de um princípio que, como já se disse, vale em Estado de direito (artigo 2º) para todo o agir esta-

1064

PROIBIÇÃO DO EXCESSO E PROPORCIONALIDADE QUANTITATIVA

tência de proporcionalidade quantitativa, após o que, se esta não existir, sendo a taxa mais elevada do que o requerido pela cobertura do custo ou do valor da prestação, é aferida a sua conformidade com a proibição do excesso.

No caso da apreciação de um ato de nacionalização (ou, *mutatis mutandis*, de expropriação[3726]), proporcionalidade quantitativa e proibição do excesso têm uso repartido ou conjunto. Estando em causa a colisão entre os direitos das pessoas prejudicadas ou atingidas pela nacionalização e o interesse público, há que verificar se o sacrifício dos primeiros é proporcional às vantagens daí resultantes para a comunidade, ou se há violação da proibição do excesso. No contrapeso dessas grandezas concorrem vários fatores. Para a avaliação da dimensão do sacrifício dos direitos ou interesses afetados pela nacionalização será, designadamente, imprescindível tomar em consideração a indemnização a que a nacionalização dá lugar[3727]. Quanto mais essa indemnização for matematicamente proporcionada ao prejuízo, mais a dimensão do sacrifício de bens e interesses se

---

dual" (nº 7, itálico aditado). O Tribunal fornece clara indicação que *este princípio da proporcionalidade* aplicável às taxas e outros tributos é *mutatis mutandis* o mesmo princípio da proporcionalidade que se aplica às interferências restritivas em direitos, embora lhe negue o fundamento do artigo 18º, nº 2 e a defina como cláusula paramétrica de *"não manifesta desproporcionalidade"*. É essa orientação indistintiva que se rejeita no texto: às taxas e outros tributos aplica-se *uma outra* modalidade de proporcionalidade, a quantitativa.

[3726] Sobre a distinão entre nacionalização e expropriação v., por todos, LÚCIA AMARAL, *Responsabilidade do Estado...*, pp. 607 ss.

[3727] O conceito de indemnização *proporcionada* ou *desproporcionada* é corrente em arestos do TC incidentes sobre a constitucionalidade de normas dos vários instrumentos normativos que regularam a matéria das indemnizações devidas aos titulares de bens nacionalizados após o 25 de Abril de 1974. Cfr., por todos, acórdão nº 39/88 (M. Bento). A par dessas expressões, surgiram também as de indemnização "justa", "não irrisória", "razoável ou aceitável", "substitutiva", etc. Sobre o tema, v. NUNO SÁ GOMES, *Nacionalizações e privatizações*, Cadernos de Ciência e Técnica Fiscal, 1988; DIOGO FREITAS DO AMARAL/JOSÉ ROBIN DE ANDRADE, «As indemnizações por nacionalização em Portugal», in *ROA*, vol. 49 (abr. 1989), pp. 5 ss.; MARCELO REBELO DE SOUSA, «As indemnizações por nacionalização e as comissões arbitrais em Portugal», in *ROA*, vol. 49, 2 (Set. 1989), pp. 369 ss.; também o debate protagonizado, entre outros, por DIOGO FREITAS DO AMARAL, «Indemnização justa ou irrisória?», in *DJ*, vol. V (1991), pp. 61 ss.; MARCELO REBELO DE SOUSA, «Comissões arbitrais, indemnizações e privatizações», *idem*, pp. 91 ss.; FAUSTO DE QUADROS, «O direito de reversão», *idem*, pp. 101 ss.; ANTÓNIO SOUSA FRANCO, «As indemnizações e as privatizações como institutos jurídico-financeiros», *idem*, pp. 115 ss.; mais voltados para os temas vizinhos das expropriações e indemnizações, FERNANDO ALVES CORREIA, «As Garantias do Particular na Expropriação...», *cit.*; *idem*, «A Jurisprudência do Tribunal Constitucional sobre Expropriações por Utilidade Pública e o Código de Expropriações de 1999», in *RLJ*, vol. 3904 (2000); LÚCIA AMARAL, *Responsabilidade do Estado e Dever de Indemnizar do Legislador, cit.*; TELES PEREIRA, «A indemnização por expropriação: o caso especial do artigo 26º, nº 12, do Código das Expropriações de 1999 na jurisprudência do Tribunal Constitucional» *in Estudos em Memória do Conselheiro Artur Maurício*, Almedina, Coimbra, 2014, pp. 441 ss.

O PRINCÍPIO DA PROIBIÇÃO DO EXCESSO

reduzirá e maiores serão as hipóteses de o ato de nacionalização ser considerado conforme com o princípio da proibição do excesso. Na verdade, se o sacrifício de bens ou interesses é integral e satisfatoriamente compensado por uma indemnização, a justificação para esse sacrifício não tem de ser tão forte como teria se a indemnização não chegasse a compensar o valor material do bem perdido. São claras as manifestações da proporcionalidade quantitativa e da proibição do excesso. Nesta situação, a averiguação da primeira é instrumental em relação à averiguação da segunda.

3. O caso especial do dever de pagar impostos

No domínio tributário o legislador produz normas – genericamente, normas tributárias – que visam definir o enquadramento e conteúdo das obrigações tributárias. Na medida em que essas normas constituam interferência na liberdade de ação ou nas esferas jurídicas ou imponham comportamentos aos particulares (obrigações de declaração de rendimentos, prazos e condições de pagamento, garantias, penalizações, organização e procedimento contabilístico, etc.) podem estar sujeitas à proibição do excesso na configuração comum. Aliás, essa é uma área onde com mais frequência pode haver sobreposição de aplicações da proibição do excesso nas versões internas dos Estados membros e da proporcionalidade do direito da União Europeia[3728]. De momento não nos interessam todas essas normas, mas apenas aquelas que, isolada ou conjugadamente, fixam *o montante do imposto* a pagar. Estão essas normas sujeitas ao crivo da proibição do excesso?

O imposto e o seu montante podem ter fins (i) exclusivamente fiscais, (ii) principalmente fiscais e secundariamente extrafiscais, (iii) paritariamente fiscais e extrafiscais, (iv) secundariamente fiscais e principalmente extrafiscais ou (v) exclusivamente extrafiscais[3729].

Quando o imposto tem finalidades exclusivamente tributárias ou financeiras (destina-se apenas a cobrir as despesas do Estado e demais setor público, despesas essas que visam garantir as funções vitais e o bem estar coletivo), falha à partida um pressuposto essencial da aplicabilidade da proibição do excesso: a identificação de um fim suficientemente específico (isto é, que não seja tão geral quanto o fim "prover o Estado com meios para prestar as suas atividades de interesse público e servir a comunidade ")[3730].

[3728] V. o estudo exaustivo de Nogueira, *Direito Fiscal...*, pp. 263 ss., incidente sobre as aplicações da proporcionalidade a normas tributárias internas eventualmente conflituantes com as liberdades fundamentais do direito europeu.

[3729] Nabais, *O Dever Fundamental...*, p. 227.

[3730] Assim, Nabais, *O Dever Fundamental...*, p. 552.

PROIBIÇÃO DO EXCESSO E PROPORCIONALIDADE QUANTITATIVA

Por outro lado, mesmo que fosse possível prescindir de um fim mais preciso do que aquele, a aplicação dos vários segmentos teria resultados pré-estabelecidos[3731]: primeiro, a cobrança de impostos é inevitavelmente adequada; segundo, é antecipável que não há outro meio pelo menos igualmente eficiente para atingir o fim que sacrifique menos o direito de propriedade (ou, *rectius*, o património), uma vez que a circunstância de haver um dever fundamental de pagar impostos gera condições de imposição e cobrança inigualáveis; terceiro, os efeitos positivos do imposto (prover o Estado com meios para desempenhar as suas atividades de interesse público e servir a comunidade) são iguais ou superiores aos negativos, uma vez que o cidadão, mantendo o montante do imposto ao seu dispor, não conseguiria, presumivelmente, usufruir das mesmas condições de vida em comunidade.

No domínio dos impostos com fins exclusivamente fiscais funciona como parâmetro primacial o princípio da igualdade na repartição dos encargos ou da tributação conforme a capacidade contributiva[3732] e, complementarmente, outros princípios como o da não afetação do rendimento e património necessário ao mínimo de existência condigna[3733] ou, segundo um setor da doutrina, o princípio da razoabilidade subjetiva[3734]. O princípio da proibição do excesso terá, quanto muito, uma repercussão simplesmente reflexa, por via da ponderação do fator financeiro na aplicação da necessidade e da proporcionalidade e.s.e. a normas que prossigam determinados interesses públicos. Como se expôs, o fator ou interesse financeiro do Estado (dos contribuintes) é um dos interesses a ponderar na escolha da medida menos interferente e na avaliação da proporcionalidade e.s.e.[3735]. A tolerância ou até imposição pela proibição do excesso de medidas menos interferentes nas posições jurídicas subjetivas dos particulares mesmo quando são mais dispendiosas, implica mais impostos, isto é, indireta-

---

[3731] Sobre isto, v. GUNNAR FOLKE SCHUPPERT, «Verfassungsrechtliche Prüfungsmaßstäbe bei der verfassungsgerichtlichen Überprüfung von Steuergesetzen», in *Festschrift für Zeidler*, 1987, pp. 691 ss.; coincidente, NABAIS, *O Dever Fundamental...*, p. 552, com mais referências, embora sustente esta posição numa decisão do próprio legislador constituinte. Sobre o tema da viabilidade da aplicação de uma versão da proibição do excesso como comando de otimização (tal como defendida pela teoria dos princípios) nas situações em que esteja em causa a eventual desproporção de *montantes* de impostos, taxas, sanções pecuniárias ou seguros obrigatórios, v HOLLÄNDER, «El princípio...», pp. 215 ss.

[3732] Sobre esse princípio, por todos, NABAIS, *O Dever Fundamental...*, pp. 435 ss.

[3733] V., por último, SUZANA TAVARES DA SILVA, *Direito Fiscal*, 2ª ed., Imprensa da Universidade de Coimbra, Coimbra, 2015, p. 66.

[3734] Cfr. *infra*, capítulo 26, 2. Na doutrina, OSSENBÜHL, «Zumutbarkeit als Verfassungsmaßtab», pp. 316 ss.; EMILIOU, *The Principle...*, p. 39; ÁVILA, *Teoria...*, pp. 94 ss.

[3735] Cfr. *supra*, capítulos 16 e 18.

O PRINCÍPIO DA PROIBIÇÃO DO EXCESSO

mente, transigência da proibição do excesso em relação a acréscimos da carga fiscal.

Todavia, quando os impostos visam prosseguir exclusiva, principal, concomitante ou secundariamente objetivos extrafiscais e na medida em que os visem, coloca-se a aplicabilidade da proibição do excesso em certas circunstâncias[3736].

Essas circunstâncias prendem-se, essencialmente, com a questão de saber se os objetivos extrafiscais são *devidos* ou são *livremente* conformados pelo legislador. Os artigos 103º, nº 1 e 104º, nºs 1, 3 e 4, mencionam expressamente outras finalidades além das fiscais, mas não são claros sobre se a prossecução delas constitui um dever do legislador ou uma mera faculdade. Na medida em que se trate de meras faculdades, que o legislador é livre de prosseguir ou não, ou de verdadeiros deveres, assim será aplicável à vertente da norma tributária que puder ser suficientemente isolada o princípio da proibição do excesso ou o princípio da proibição do defeito. Nesta desagregação do segmento da norma que visa atingir fins extrafiscais reside a principal dificuldade da operação metódica de aplicação daquele(s) princípio(s).

[3736] Dependendo de vários enquadramentos doutrinais, esta distinção entre as situações em que se aplica o princípio da capacidade contributiva e situações em que se aplica o princípio da proibição do excesso (e outros parâmetros aplicáveis a interferências em posições jurídicas subjetivas fundamentais) é reconhecida. Assim: DIETER BIRK, *Das Leistungsfähigkeitsprinzip als Maßstab der Steuernormen*, Steuerwissenschaft Deubner, Köln, 1983, pp. 56 ss. (*apud* NABAIS, *O Dever Fundamental...*, p. 250), distinguindo entre efeitos oneradores e efeitos conformadores das normas fiscais; NABAIS, *idem*, pp. 251, 479.

Capítulo 25
Proibição do excesso e concordância prática

1. As origens

O conceito de concordância prática (*praktischen Konkordanz*) é profusamente empregue no discurso jusfundamental, mas também no dicurso político, interno e internacional[3737]. Tal como a proibição do excesso, é visto como um dos veículos que viabilizam a "auto-anulação" dos direitos fundamentais de liberdade[3738] e o deslizamento para um modelo de "tolerância repressiva" (*repressiven Toleranz*). O conceito é atribuído a dois discípulos de SMEND[3739]: RICHARD BÄUMLIN[3740] e KONRAD HESSE[3741]. A sua raiz histórica recua até fórmulas canónicas católicas do século XII (*concordantia disconcordantium*)[3742]. A respetiva assimilação à ideia *lerchiana* de *equilíbrio ótimo* (*schonendsten Ausgleichs*)[3743] tem algum arrimo jurisprudencial[3744] e doutrinal[3752].

[3737] V. exemplos em FISCHER-LESCANO, «Kritik der praktischen Konkordanz», pp. 167 ss.

[3738] *Idem*, p. 169 (os direitos fundamentais transformaram-se em normas de autorização da intervenção estatal, *"Ermächtigungsnormen für den Interventionsstaat"*).

[3739] Assim FISCHER-LESCANO, «Kritik der praktischen Konkordanz», p. 169; v., também, MARAUHN/RUPPEL, «Balancing Conflicting Human Rights: Konrad Hesse's...», *cit.*

[3740] RICHARD BÄUMLIN, *Staat, Recht und Geschichte: Eine Studie zum Wesen des geschichtlichen Rechts, entwikkelt an den Grundproblemen von Verfassung und Verwaltung*, EVZ-Verlag, Zürich, 1961, p. 30 (*apud* Fisher-Lescano, *loc. cit.*).

[3741] *Grundzüge...*, 20ª ed., p. 28.

[3742] V. a demonstração em FISCHER-LESCANO, «Kritik der praktischen Konkordanz», p. 170.

[3743] LERCHE, *Übermass...*, p. 153.

[3744] V. a primeira decisão do *BverfG* sobre o aborto, de 1975: "Folge man der inzwischen herrschend gewordenen Lehre von der praktischen Konkordanz und des nach beiden Seiten hin

O PRINCÍPIO DA PROIBIÇÃO DO EXCESSO

A ambivalência da concordância prática suscita o debate sobre a sua relação com outras figuras, designadamente a da proporcionalidade e, mais especificamente, a da proporcionalidade em sentido estrito[3746]. Nesse contexto, encontram-se posições variadas: há quem assimile concordância prática e proporcionalidade em sentido amplo[3747] ou associe a concordância prática a um critério de proporcionalidade, sem especificar *qual proporcionalidade* (em sentido amplo, em sentido estrito ou outra?)[3748] ou considere a concordância prática um caso especial de ponderação (ou proporcionalidade e.s.e.)[3749] ou aparte claramente concordância prática e proporcionalidade[3750] ou lhes atribua conteúdo, densidade e utilidade distintas[3751].

---

schonendsten Ausgleichs, so müßten kollidierende Rechtsgüter einander so zugeordnet werden, daß jedes von ihnen Wirklichkeit gewinne" (*BVerGE*, 39, § 87).

[3745] Cfr. Matthias Mayer, *Untermaß, Übermäß...*, p. 38; Clérico, *Die Struktur...*, p. 218; Reuter, «Die Verhältnismäßigkeit...», p. 513; Pirker, *Proportionality...*, p. 131.

[3746] Para o debate das relações entre os dois princípios v., entre muitos, Grabitz, «Der Grundsatz...», p. 576; Jakobs, *Der Grundsatz...*, p. 99; Harald Schneider, *Güterabwägung...*, p. 203; Dechsling, *Das Verhältnismäßigkeitsgebot*, pp. 57 ss.; Serrano, *Proporcionalidad y derechos fundamentales*, pp. 231 ss.; Canotilho, *Constituição dirigente...*, pp. 199-200; Novais, *As restrições...*, vários locais; Clérico, *Die Struktur...*, pp. 217 ss.; *idem, El examen...*, pp. 265 ss.; Matthias Mayer, *Untermaß, Übermäß...*, pp. 38 ss.; Emiliou, *The principle...*, p. 36.

[3747] Na jurisprudência constitucional portuguesa, onde se usa o conceito desenvoltamente, veja-se, neste sentido, por todos, o acórdão nº 632/08 do Tribunal Constitucional: "A bem dizer, a exigência de que uma medida restritiva de um direito satisfaça, de forma equilibrada, o imperativo da concordância prática entre bens ou interesses conflituantes (e de igual relevo constitucional) não vale, apenas, para a densificação do conteúdo do segundo *teste* de proporcionalidade. Pelo contrário. Contendo ela, afinal de contas, a corporização da própria ideia de proporcionalidade, a inevitabilidade da sua presença faz-se sentir, transversalmente, na aplicação de todos os subprincípios que integram o valor constitucional em causa: isto mesmo se extrai, aliás, da parte final do nº 2 do artigo 18º da Constituição, que determina que as restrições se devem limitar ao necessário para salvaguardar *outros direitos ou interesses constitucionalmente protegidos.*"

[3748] V. Miranda, *Manual...*, vol. II, 3ª ed., p. 258; Andrade, *Direito...*, p. 203; *Os direitos...*, 1ª ed., p. 223; 2ª ed., pp. 314 ss.; Reuter, «Die Verhältnismäßigkeit...», p. 513; Pirker, *Proportionality...*, p. 131.

[3749] Clérico, *El examen...*, p. 266.

[3750] Veja-se o caso nítido de Emiliou, *The Principle...*, p. 36, que traça a diferença entre concordância prática e proporcionalidade sustentando que a primeira implica otimização e a segunda não. O princípio da concordância prática requer uma harmonização dos dois objetos que são ponderados em caso de colisão, não podendo nenhum deles ser promovido a expensas do outro, desse modo se garantindo a efetividade ótima ou otimização de ambos; ao invés, o princípio da proporcionalidade assegura que não estão em desproporção, mas não que estejam numa relação ótima.

[3751] Grabitz, «Der Grundsatz...», p. 576; Jakobs, *Der Grundsatz...*, p. 99; Emiliou, *The Principle...*, p. 36; Ávila, *Teoria...*, 7ª ed., p. 165,

1070

PROIBIÇÃO DO EXCESSO E CONCORDÂNCIA PRÁTICA

2. O sentido e o alcance na construção de Hesse

O conceito foi originariamente lançado por BÄUMLIN, mas a formulação de HESSE[3752] está mais difundida. Iremos concentrar-nos nela, apesar de o número de citações dessa formulação original ser diretamente proporcional à sua ambiguidade[3753] e de esta persistir na jurisprudência e na doutrina que, aliás, para ela contribuem com a multiplicação de interpretações ampliativas ou reconstrutivas[3754].

Na formulação original, a concordância prática é simultaneamente uma *diretiva* e um *resultado* a atingir[3755]. A sua sede própria é a teoria da interpretação constitucional. Um dos princípios que aí regem é o da unidade da constituição. Este obriga a que, em casos de colisões, os bens constitucionalmente protegidos sejam coordenados. Nesses casos deve evitar-se o recurso a ordens de valores abstratas e ponderações precipitadas, bem como que um dos bens constitucionais seja realizado à custa do outro. O princípio da unidade da constituição impõe otimização: devem definir-se os limites de ambos os bens em colisão de modo a que ambos logrem eficácia ótima. A definição de limites deve ser feita de

---

[3752] *"Die Grenzziehungen müssen daher im jeweiligen konkreten Falle verhältnismässig sein: sie dürfen nicht weiter gehen als es notwendig ist, um die Konkordanz beider Rechtsgüter herzustellen. "Verhältnismässigkeit" bezeichnet in diesem Zusammenhang einer Relation zweier variablen Grössen".*

[3753] Essa ambiguidade torna-se por vezes bem patente nas traduções da frase da nota anterior. Comparem-se, por exemplo, as de KOMMERS/MILLER, *The Constitutional Jurisprudence...*, p. 68 e de COHEN-ELYA/PORAT, «The Hidden Foreign Law Debate in *Heller*. The Proportionality Approach...», p. 25, *"The principle of the constitution's unity requires the optimization of [values in conflict]: Both legal values need to be limited so that each can attain its optimal effect. In each concrete case, therefore, the limitation must satisfy the principle of proportionality; that is, they may not go any further than necessary to produce a concordance of both legal values"*; e a de BARAK, *Proportionality...*, p. 239 (trocando "concordância", por "unidade", na parte final), *"The principle of constitutional unity requires an optimization of conflicting values. The limitations on these values should be such that each value may achieve its own optimal effect. Accordingly, in each concrete case, those limitations must abide by the requirements of proportionality. Thus these limitations should require no more than is necessary to achieve unity between the conflicting values."*

[3754] Tanto quanto sabemos, o próprio HESSE não procurou ir mais longe no esclarecimento da relação entre concordância prática e proporcionalidade.

[3755] Na doutrina nacional, é especialmente relevante a elucidação de CANOTILHO, *Direito Constitucional...*, 2ª ed., 1998, p. 1098: "Reduzido ao seu núcleo essencial, o princípio da concordância prática impõe a coordenação e combinação dos bens jurídicos em conflito de forma a evitar o sacrifício (total) de uns em relação aos outros. (...) O campo de eleição do princípio da concordância prática tem sido até agora o dos direitos fundamentais (colisão entre direitos fundamentais ou entre direitos fundamentais e bens jurídicos constitucionalmente protegidos). Subjacente a este princípio está a ideia do igual valor dos bens constitucionais (e não uma diferença de hierarquia) que impede, como solução, o sacrifício de uns em relação aos outros, e impõe o estabelecimento de limites e condicionamentos recíprocos de forma a conseguir uma harmonização ou concordância prática entre estes bens." V., também, LÚCIA AMARAL, *A Forma...*, p. 115.

O PRINCÍPIO DA PROIBIÇÃO DO EXCESSO

forma *proporcional* em cada caso concreto. Não se deve ir além do que for *necessário* para estabelecer a concordância de ambos os bens jurídicos.

A melhor compreensão da ideia de concordância prática, na versão *hessiana*, passa pela clarificação dos seguintes pontos: (i) o domínio de aplicação do princípio da concordância prática é apenas o da interpretação constitucional? (ii) A concordância prática convive apenas com alguma(s) das modalidades de otimização possíveis? (iii) A exigência de concordância prática vale apenas quando se trata de direitos fundamentais? (iv) A proporcionalidade a que HESSE alude é a proporcionalidade e.s.e. ou é outra coisa?

Vejamos qual é a leitura plausível da construção de HESSE.

Primeiro, a concordância prática é um instrumento hermenêutico específico da teoria da constituição. Representa uma projeção do clássico *elemento sistemático* no contexto específico da interpretação constitucional, impondo que, na concretização das disposições constitucionais (e não de outras), estas sejam coordenadas com as demais componentes do sistema, de forma a que todas conservem a sua identidade e potencial normativos e não sejam sacrificadas em benefício de outras[3756].

Segundo, o princípio da concordância prática visa atingir um certo tipo de otimização dos bens, interesses ou valores tuteladas pelas normas constitucionais.

Já em mais que uma ocasião mostrámos preferência por uma definição possível (mas não incontroversa) de otimização: *promoção da melhor solução possível ou de uma das melhores soluções possíveis de equilíbrio entre os bens, interesses ou valores colidentes ou, havendo desequilíbrio, da melhor solução ou de uma das melhores soluções de desequilíbrio entre os bens, interesses ou valores colidentes*[3757]. Desta definição decorre que o conceito de *equilíbrio* não é constitutivo da noção de otimização, abrindo-se a possibilidade de duas modalidades de otimização: a paritária e a não paritária. A primeira implica equilíbrio dos bens, interesses ou valores envolvidos, a segunda não[3758].

[3756] Cfr. HESSE, «La interpretación constitucional», in Konrad Hesse *Escritos de derecho constitucional...*, *cit.*, pp. 45 ss.; PULIDO, *El principio...*, p. 555; CANOTILHO, *Direito...*, 7ª ed., pp. 1187-1188. Essa é a linha que leva BARAK, *Proportionality...*, p. 239, a invocar o ensino de HESSE no contexto da exposição sobre o alcance do que designa por *interpretive balancing*.

[3757] V. introdução, 3.2.

[3758] Ilustração quantitativa da otimização não paritária: se $M1$ satisfaz $P1$ em 70% e $P2$ em 65%, ao passo que $M2$ satisfaz $P1$ em 70% e $P2$ em 68%, não havendo outras alternativas, não restam dúvidas que $M2$ otimiza a satisfação de $P1$ e $P2$, não obstante $P2$ ser menos satisfeito em qualquer das hipóteses (o exemplo, com percentagens cardinalmente expressas, tem efeitos meramente expositivos e não ambiciona nem pode espelhar qualquer situação real).

PROIBIÇÃO DO EXCESSO E CONCORDÂNCIA PRÁTICA

Da frase de Hesse anteriormente transcrita resulta que, através da interpretação da constituição[3759], devem desvendar-se os limites dos bens, interesses ou valores em colisão. Afigurando-se inviável a satisfação plena ou a cem por cento de todos, vale o objetivo da *operação de concordância prática*, sendo por isso necessário calibrar as cedências mútuas que cada qual deve admitir, de modo a conseguir-se a respetiva otimização. Pode dizer-se, eventualmente, que dali não se retira inequivocamente aquilo que boa parte da doutrina dá como certo, ou seja, que a diretiva de concordância prática aponta para a otimização *paritária*[3760]. Todavia, também não se aponta na direção inversa.

Terceiro, Hesse alude à concordância de bens jurídicos (*die Konkordanz beider Rechtsgüter herzustellen*). Embora isso não resulte diretamente, tem sido entendido que a intenção é atender apenas a bens jurídicos *constitucionalmente garantidos*[3761]. Mas mesmo a noção de bens jurídicos constitucionalmente garantidos pode ser entendida de forma restritiva ou ampliativa. De acordo com uma leitura restritiva, que alguns imputam ao autor, a concordância prática visa a otimização de bens jurídicos constitucionalmente garantidos em relação aos quais se possa falar de equivalência, isto é, em termos gerais, de direitos fundamentais. Sob o seu radar não cabem outros bens, interesses ou valores, designadamente interesses públicos ou comunitários[3762]/[3763].

[3759] Sendo inegavelmente o legislador, particularmente o parlamentar, o *primeiro intérprete* e o *primeiro aplicador* da constituição: v., por todos, Ossenbühl, «Bundesverfassungsgericht und Gesetzgebung», in Badura/Dreier (eds.), *Festschrift 50 Jahre Bundesverfassungsgericht*, vol. 1, Mohr Siebeck, Tübingen, 2001, pp. 35 ss.

[3760] Por exemplo, Clérico, *Die Struktur...*, pp. 220 ss.; *idem, El examen...*, p. 268, falando de mandado de solução intermédia ou equilibrada, *Zwischenlösung* (mas sem exigência da melhor solução). Apontando também nessa direção, Canotilho, *Constituição dirigente...*, pp. 199-200 (distinguindo concordância prática e *ponderação de bens*, mas não parecendo abusiva a interpretação de que onde o autor se refere a ponderação de bens se poderia ler antes *proporcionalidade e.s.e.*): a concordância prática exigiria, "em vez da unilateral valoração de um bem constitucional em desfavor do outro, que se proceda a uma otimização equilibrada e equalizante, de modo a assegurar a eficácia de ambos os bens em conflito". Em *Direito...*, p. 228, o autor frisa a subjacência ao princípio da concordância prática da "ideia do *igual valor dos bens*"; cfr., no entanto, Andrade, *Os Direitos...*, 2ª ed., p. 315.

[3761] Clérico, *Die Struktur...*, p. 218.

[3762] Dechsling, *Das Verhältnismäßigkeitsgebot*, p. 58. Todavia, a orientação de Bäumlin, o outro "pai" da concordância prática, não seria essa: assim, Fischer-Lescano, «Kritik der praktischen Konkordanz», p. 170 (citando «Das Grundrecht der Gewissensfreiheit», in *VVdStRL*, vol. 28 (1970)).

[3763] Isto consente uma leitura da concordância prática em contraposição a certos tipos de ponderação (cfr. Novais, *As Restrições...*, p. 560, falando especificamente da ponderação de bens, invocando Hesse, Müller e Lerche). A concordância prática dá por adquirida – como elemento *dado*, de partida, sem resultar de ponderação dos pesos – a idêntica força e peso normativo das normas

O PRINCÍPIO DA PROIBIÇÃO DO EXCESSO

Finalmente, HESSE entende que a busca de proporcionalidade (na definição dos limites dos bens jurídicos colidentes) é uma dimensão metódica da *Konkordanz*: é através do tratamento proporcional que se atinge a concordância. Daí a questão antes enunciada: a noção de proporcionalidade a que apela coincide com a do princípio da proporcionalidade e.s.e.?

DECHSLING advoga que não: a proporcionalidade própria da concordância prática é a que se refere a uma relação ótima entre duas grandezas variáveis (*variablen Grössen*, diz HESSE)[3764]. Isto quereria dizer o seguinte: do ponto de vista metódico, o legislador, quando interpreta a constituição sob o imperativo da concordância prática, manipula os bens, interesses ou valores como variáveis móveis cuja otimização requer um processo de ajustamento recíproco e infixo até à solução final; diferentemente, quando legisla sob o imperativo da proporcionalidade e.s.e. fixa e estabiliza à partida um fim para a norma, a partir do qual define o meio – que funciona como elemento móvel do processo deliberativo.

3. A concordância prática como ideia regulativa plurifuncional

Da exposição dos parágrafos anteriores ressaltam pelo menos dois pontos salientes: (i) a inviabilidade da assimilação entre proibição do excesso (ou mesmo proporcionalidade e.s.e.) e concordância prática; (ii) a discrepância entre a *modéstia* das funções que lhe foram atribuídas pelos seus mentores iniciais e o uso *extensivo* da concordância prática.

A concordância prática eleva-se ao mesmo meta-nível que a ideia de harmonização, cumprindo uma função de referencial regulativo quanto ao tipo de resultados a atingir em certas circunstâncias. Daí decorre um corolário estrutural: enquanto a concordância prática se limita a expressar uma diretiva sobre um resultado a atingir, a proibição do excesso desdobra-se num conjunto de normas de aplicação[3765]. Além disso, a concordância prática assenta numa ideia de otimização que, como veremos, está ausente da proibição do excesso.

---

e bens por elas protegidos. Diferentemente, no contexto da ponderação o peso dos bens em confronto não é um *dado*, um adquirido, um *prius*, mas um *resultado* da sua realização. De acordo com o peso que o processo ponderativo atribuir aos vários bens em colisão, peso que pode variar na situação concreta (a noção de situação concreta abrange as situações em que o legislador, antecipando em abstrato o conflito, o procura resolver), assim será a solução legislativa, a qual pode, inclusive, de acordo com a leitura do peso e importância, traduzir-se no sacrifício total ou quase total de um dos bens em colisão.

[3764] DECHSLING, *Das Verhältnismäßigkeitsgebot*, p. 58.
[3765] Cfr. ÁVILA, *Teoria...*, 7ª ed., p. 165; CLÉRICO, *Die Struktur...*, pp. 218-9. Um outro fator eventualmente distintivo, também formal, poderia ser o do destinatário dos dois princípios. JAKOBS, *Der Grundsatz...*, p. 99, sustenta, por exemplo, que o princípio da concordância prática se dirige primariamente ao legislador, ficando os órgãos de controlo limitados ao julgamento da proporcionalidade.

PROIBIÇÃO DO EXCESSO E CONCORDÂNCIA PRÁTICA

Quais as circunstâncias em que a concordância prática desempenha aquela função de referencial regulativo?

À concordância prática *hessiana* atribui-se a função limitada de referencial regulativo da *interpretação* constitucional. É apresentada como diretiva de otimização de direitos ("bens jurídicos") colidentes, atingível através de uma modalidade específica (mas não suficientemente especificada...) de proporcionalidade. Nesse domínio, a concordância prática vale como ideia regulativa que induz à adaptação de elementos clássicos da interpetação de preceitos constitucionais sobre direitos de liberdade colidentes, particularmente os elementos sistemático e teleológico.

Todavia, a concordância prática pode ser convocada para outras funções. Quando a colisão de posições jurídicas subjetivas fundamentais não é solúvel através de simples interpretação, há situações em que tem de se limitar o alcance normativo original de dois ou mais preceitos constitucionais. Em alguns casos requer-se harmonização otimizadora paritária, isto é *concordância prática*. A concordância prática *é uma forma específica de harmonização*, sendo o mesmo que *harmonização otimizadora paritária*. Em vez de harmonização otimizadora paritária pode dizer-se, de uma forma mais familiar ao discurso jurídico, concordância prática. A proibição do defeito paritária e a proporcionalidade equitativa são precipitações normativas da ideia regulativa da harmonização otimizadora paritária/concordância prática. O que a proibição do defeito paritária e a proporcionalidade equitativa têm de comum é serem instrumentos mediadores da conformação legislativa da ordem jurídica privada. Nesta, o legislador lida com sujeitos de direito com diferentes interesses e múltiplos fins, não inseridos numa ordem hierárquica e com pretensões de usufruir igualitariamente de liberdade e autonomia, competindo-lhe assegurar a realização ótima e equilibrada de posições jurídicas contraditórias[3766].

Acresce que, sendo a concordância prática indissociável do princípio da unidade da constituição, não se justifica circunscrever o seu âmbito, como ideia regulativa, às situações em que estejam em causa colisões de posições jurídicas subjetivas decorrentes de direitos fundamentais. Pelo menos quando a colisão envolver outros bens, interesses ou valores com credencial constitucional a cuja prossecução o legislador esteja obrigado, a *ratio* da concordância prática é invocável[3767].

[3766] Coincidente, MATTHIAS MAYER, *Untermaß, Übermäß...*, p. 41.

[3767] Admite-se inclusive que a ideia regulativa de concordância prática valha também quando esteja em causa a repartição de competências entre órgãos: assim, CANOTILHO/VITAL MOREIRA, *Os poderes do Presidente...*, pp. 41-42, 79. Cfr., por todos, o trabalho de fundo de KLATT, *Die Praktische Konkordanz...*, cit.

Capítulo 26
Proibição do excesso e razoabilidade

1. Os múltiplos significados da razoabilidade

O conceito de razoabilidade assume múltiplos significados, em várias áreas do pensamento jurídico e filosófico[3768].

Tem sido longamente debatida a delimitação entre a proibição do excesso ou proporcionalidade clássica e a razoabilidade[3769] (bem como entre esta e a racionalidade[3770]), mas continua a ser fator de discordância na doutrina e na jurispru-

[3768] Numa perspetiva filosófica, ALEXY, «Ragionevolezza im Verfassungsrecht...», *cit.*; *idem*, «The Reasonableness of Law», *cit.* Numa perspetiva jusconstitucional v., entre muitos, ALBRECHT, *Zumutbarkeit als Verfassungsmasstab...*, *cit.*; LÜCKE, *Die (Un-) Zumutbarkeit...*, *cit.*; OSSENBÜHL, «Zumutbarkeit als Verfassungsmaßstab», *cit*; WILHELM WEBER, «Zumutbarkeit und Nichtzumutbarkeit als rechtliche Maßstabe», in *Juristen-Jahrbuch*, vol. 3 (1962-3), pp. 212 ss.; CLÉRICO, *Die Struktur...*, pp. 223 ss.; LEONA SOFIE WOLLSCHLÄGER, *Unzumutbarkeit als Rechtsgedanke im Rahmen der außerordentlichen Kündigung*, Peter Lang, Frankfurt, 2009; JANE PEREIRA, «Os imperativos da proporcionalidade e da razoabilidade...», pp. 2 ss.; numa perspetiva eclética, SILVIA ZORZETTO, «Reasonableness», *cit.*

[3769] V., desde logo, KRAUSS, *Der Grundsatz...*, p. 16 e bibliografia citada adiante. Saliente-se o relevo que a literatura latino-americana tem atribuído ao princípio da razoabilidade e à sua relação com a proibição do excesso/proporcionalidade: v., por exemplo, CIANCIARDO, *El principio de razonabilidad ...*, *cit.*; CLÉRICO, *El examen...*, pp. 271 ss. No Brasil, a tendência é para a assimilação (v. nota *infra*), mas há também manifestações desse debate doutrinal.

[3770] V. ALEXY, «The Reasonableness.», pp. 5 ss., 6 (racionalidade prática e razoabilidade são mais ou menos a mesma coisa, referindo-se aos critérios que a razão prática tem de aplicar para determinar se um juízo prático é correto; a razoabilidade limita-se a focar mais intensamente determinados atributos da racionalidade prática); SARTOR, «A Sufficientist Approach...», pp. 17 ss. (não há coincidência; para que algo seja razoável, tem de ser simultaneamente racional e moralmente correto); GEORG H. VON WRIGHT, «Images of Science and Forms of Rationality», in *idem*, *The Tree*

O PRINCÍPIO DA PROIBIÇÃO DO EXCESSO

dência, que, aliás, usam frequentemente as duas expressões sem clarificar o seu sentido, alcance e relação[3771]. Em certos ambientes dogmáticos, razoabilidade e proporcionalidade são expressões que tendem a designar o mesmo objeto[3772], enquanto noutros a (i)razoabilidade é umas vezes assimilada à (in)adequação[3773], outras à (des)proporcionalidade e.s.e.[3774] ou é um teste "multiusos"[3775]. Em alguns casos (i)razoabilidade equivale a qualquer forma de evidente injustiça[3776]. Ainda noutra perspetiva, a proporcionalidade é um dos desdobramentos

of Knowledge and Other Essays, Brill, Leiden, 1993, pp. 172 ss., 173, *apud* ALEXY, *ob. cit.* (a racionalidade respeita aos fins – à correção formal do raciocínio, à eficiência dos meios para os atingir –, enquanto a razoabilidade é orientada aos valores; por isso, algo pode ser racional sem ser razoável). V., entre muitos, W. M. SIBLEY, «The Rational versus the Reasonable» in *The Philosophical Review*, vol. 62 (1953), pp. 554 ss.; CHAIM PERELMAN, «The Rational and the Reasonable», in *The New Rhetoric and the Humanities. Essays on Rhetoric and its Applications*, Reidel Publishing Company, Dordrecht, 1979, p. 117; AARNIO, *The Rational as Reasonable...*, *cit.*; MANUEL ATIENZA, «Para una razonable definición de razonable», p. 193.

[3771] Apontando justamente esse aspeto da jurisprudência do *BVerfG*, OSSENBÜHL, «Zumutbarkeit als Verfassungsmaßtab», pp. 316-320.

[3772] Deteta-se essa tendência na doutrina e na jurisprudência do Reino Unido e dos outros Estados onde a razoabilidade (*reasonableness*) chegou primeiro do que a proporcionalidade, por exemplo através do *Wednesbury test*. Aí a convivência entre os dois testes é manifestamente intranquila e equívoca, oscilando entre a coincidência e a diferenciação: cfr. SULLIVAN/FRASE, *Proportionality Principles...*, p. 37; BARAK, *Proportionality...*, pp. 371 ss. A questão foi avivada pela circunstância de a Constituição sul-africana de 1996, uma das que mais aprimoradamente recebem instrumentos de ponderação e harmonização, usar o termo *reasonable* em alguns dos preceitos (26º, nº 2, 27º, nº 2, 29º, nº 2, 32º, nº 2, 36º, nº 1), particularmente aquele que é geralmente entendido como o recetáculo do princípio da proibição do excesso (o último referido), o que tem gerado um extenso debate doutrinal e jurisprudencial relevante para a definição das relações entre as duas figuras. Boa leitura é BILCHITZ, *Poverty and Fundamental Rights*, *cit.*; entre nós, NOVAIS, *Direitos Sociais*, pp. 210 ss. No Brasil muitos autores consideram-nas sinónimas: para resenha e bibliografia exaustivas, FROTA, «O proporcional e o razoável...», *cit.*, e JANE PEREIRA, «Os imperativos da proporcionalidade e da razoabilidade...», pp. 2 ss., bem como a bibliografia elencada *supra*, capítulo 1, 2.2.1.3. No que concerne a outros espaços jurídicos, cfr. EMILIOU, *The Principle...*, pp. 37-39; CRAIG, «The Nature of Reasonableness Review», in *Current Legal Problems*, vol. 66 (2013), pp. 131-167.

[3773] BARAK, *Proportionality...*, p. 376, referindo-se ao que designa razoabilidade num sentido fraco, distinta da razoabilidade em sentido forte, que coincidiria largamente com a proporcionalidade clássica.

[3774] MARCELO REBELO DE SOUSA/ANDRÉ SALGADO DE MATOS, *Direito Administrativo Geral*, tomo I, 2ª ed., p. 211.

[3775] Como parece suceder nas jurisprudências constitucionais espanhola e italiana. Sobre a primeira, TRIAS/RUIZ, «Los principios de razonabilidad y proporcionalidad en la jurisprudencia constitucional española», p. 12; sobre a segunda, v. a bibliografia aconselhada no capítulo 1, 2.2.2.2.

[3776] SCHLINK, «Der Grundsatz der Verhältnismäßigkeit», p. 452.

1078

PROIBIÇÃO DO EXCESSO E RAZOABILIDADE

do teste de razoabilidade[3777]. Não cabendo aqui apreciar todas as *nuances*, limitar-nos-emos a distinguir, a traço grosso, as visões (i) autonomizadora e (ii) integracionista.

2. A visão autonomizadora da razoabilidade

A visão autonomizadora[3778] admite a existência de uma relação estreita entre proibição do excesso e razoabilidade, ambas tributárias de uma ideia mais geral e mais antiga de *equidade*[3779]. No entanto, traça uma diferença qualitativa de raiz entre a *razoabilidade individuada*[3780] e a proibição do excesso (em particular, o segmento da proporcionalidade e.s.e.), considerando-as dois princípios autónomos[3781].

A visão autonomizadora assume que a proporcionalidade e.s.a. atende às *relações* entre um meio e um fim, entre meios alternativos e entre efeitos jurídicos negativos e efeitos jurídicos positivos. Incide, assim, sobre tensões relacionais entre variáveis, algumas delas sujeitas a operações de ponderação bilateral. Ora, uma primeira linha de argumentação sublinha que a avaliação de um meio sob esse prisma relativo ou relacional pode não ser suficiente. Há situações em que uma medida legislativa supera os vários segmentos da proibição do excesso,

---

[3777] FABBRINI, «Reasonableness as a test for judicial review of legislation...», p. 40.

[3778] Cfr. LANGHEINEKEN, *Der Grundsatz der Verhältnismäßigkeit...*, pp. 17 ss.; ZIMMERLI, «Der Grundsatz der Verhältnismässigkeit...», p. 16; BARNÉS, «El principio de proporcionalidad...», pp. 35 ss.; HARALD SCHNEIDER, *Die Güterabwägung...*, p. 249; LÜCKE, *Die (Un-) Zumutbarkeit...*, pp. 55 ss.; *idem*, «Die Grundsätze der Verhältnismässigkeit und der Zumutbarkeit», pp. 769 ss.; OSSENBÜHL, «Zumutbarkeit als Verfassungsmaßstab», pp. 316 ss.; JAKOBS, *Der Grundsatz der Verhältnismäßigkeit. Mit einer exemplarischen...*, pp. 86 ss.; ÁVILA, *Teoria...*, 1ª ed., pp. 94-104, 7ª ed., pp. 151 ss.; NOVAIS, *As restrições...*, pp. 765 ss.; *idem*, *Os Princípios...*, pp. 188 ss.; EMILIOU, *The Principle...*, p. 39; MERTEN, «Der Verhältnismäßigkeitsgrundsatz», pp. 520, 558-559; PIRKER, *Proportionality...*, p. 131. Em «Proporcionalidade...», pp. 57 ss., chegámos a propor a autonomização, distinguindo entre proporcionalidade *tout court* e proporcionalidade-razoabilidade.

[3779] EMILIOU, *The Principle...*, p. 39.

[3780] Que num certo ângulo se pode também designar de *razoabilidade-equidade* para realçar a sua função mediadora de equidade no caso concreto. ÁVILA, *Teoria...*, 1ª ed., pp. 94-103, alude também a razoabilidade como *congruência* (referente à exigência de a norma ter um suporte empírico real) e razoabilidade como *equivalência* (equivalência entre a medida adotada e o critério que a dimensiona).

[3781] Na doutrina nacional aproxima-se desta tese, NOVAIS, *As restrições...*, pp. 765 ss.; *idem*, *Os Princípios...*, p. 188; *Direitos Sociais*, p. 220. Contudo, as circunstâncias de qualificar a razoabilidade como uma dimensão autónoma da garantia da proibição do excesso (ou, quando aplicável, da proibição do defeito), mas integrada nela, de admitir que também a proibição do excesso pode operar segundo uma perspetiva concreta e individual e, por outro lado, de reconhecer que a razoabilidade não dispensa a necessidade de eventuais ponderações dos interesses relevantes no caso concreto, parecem confluir numa diluição da orientação autonomizadora.

O PRINCÍPIO DA PROIBIÇÃO DO EXCESSO

incluindo o da proporcionalidade e.s.e., mas é desrazoável pelo *impacto subjetivo* que produz[3782]. Isso é assim por o exame da razoabilidade individuada ou subjetiva não se preocupar com, nem pressupor, uma relação entre variáveis de meio e fim ou de efeitos positivos e negativos. É simplesmente um *standard* para avaliar se é exigível, *em termos absolutos* ou *categóricos*, o cumprimento por uma pessoa de um dever, ou se lhe podem ser impostos um encargo ou desvantagem, em certas circunstâncias peculiares em que se encontre[3783].

A razoabilidade funciona, por conseguinte, como corretivo na aplicação de uma norma, tendo em conta as circunstâncias subjetivas individualizadas do caso concreto[3784]. A grande diferença entre proporcionalidade e.s.e. e razoabilidade reside no seguinte: o controlo da proporcionalidade e.s.e. da interferência assenta no contrapeso dos *efeitos positivos* e dos *efeitos negativos* da norma, com vista a verificar se há uma relação proporcional entre eles; diversamente, a verificação da razoabilidade centra-se exclusivamente na apreciação do impacto dos efeitos *negativos* na esfera jurídica do(s) indivíduo(s) afetado(s), com vista a verificar se são toleráveis, independentemente dos efeitos positivos gerais que se produzam . Desse modo, um ato com caraterísticas gerais e abstratas pode ser adequado, necessário e objetivamente não desproporcional e, todavia, ser desrazoável, por a sua incidência na esfera pessoal de um individuo ser inadmissível ou intolerável por razões essencialmente atinentes à sua subjetividade ou ao impacto subjetivo da medida[3785].

Para ilustrar esta situação são invocados vários exemplos, como o do estrangeiro que é expulso sem atender à sua situação familiar, profissional e habitacional, ou o das testemunhas de Jeová que recusam quer o serviço militar quer o serviço cívico, ou o do avião controlado por terroristas[3786].

Vejamos este último caso: as autoridades de um país obtêm informação inequívoca de que se dirige para a sua capital um avião controlado por um grupo de terroristas armado com bombas nucleares que serão lançadas sobre a cidade, provocando destruição incalculável e, presumivelmente, a morte de dezenas ou centenas de milhares de pessoas. Aos comandos do avião está um piloto que foi raptado e obrigado a pilotar, sob a ameaça de a família, também raptada, ser morta. Como única hipótese eficaz e viável, as autoridades decidem abater o avião sobre o mar, antes de entrar no espaço aéreo nacional. Os defensores da

---

[3782] LÜCKE, «Die Grundsätze...», p. 770; JAKOBS, *Der Grundsatz der Verhältnismäßigkeit. Mit einer exemplarischen...*, pp. 86 ss., 94; OSSENBÜHL, «Zumutbarkeit...», pp. 315 ss.; MERTEN, «Der Verhältnismäßigkeitsgrundsatz», pp. 558-559.

[3783] Assim, EMILIOU, *The Principle...*, p. 39.

[3784] ÁVILA, *Teoria...*, pp. 94 ss.

[3785] NOVAIS, *As restrições...*, pp. 765-766.

[3786] V. SCHLINK, «Der Grundsatz der Verhältnismäßigkeit», p. 452; NOVAIS, *Os Princípios...*, p. 188.

PROIBIÇÃO DO EXCESSO E RAZOABILIDADE

diferenciação entre proibição do excesso e razoabilidade admitem eventualmente a adequação, necessidade e proporcionalidade em sentido estrito desta decisão, tendo em conta os bens, interesses ou valores em colisão, as alternativas e o fim – legítimo – que se pretende atingir, a proteção da vida de milhares de pessoas. Mas a medida não é razoável na perspetiva, subjetiva e situacionalmente *atípica*, do piloto do avião. O princípio da razoabilidade, como princípio autónomo e vinculante, determinaria a invalidade de uma medida com este sentido e alcance, não obstante a sua conformidade com a proibição do excesso.

Ainda no sentido da sustentação da autonomização da razoabilidade e da operação metódica que ela envolve, alega-se que há situações em que não só não é suficiente, como não é viável, a aplicação de um teste como a proporcionalidade e.s.e. É o caso da imposição de tributos aos particulares. Aí pondera-se se o contribuinte foi demasiado sobrecarregado, ou seja, se o tributo tem um impacto desrazoável na sua esfera patrimonial, sem importarem (nem, eventualmente, serem determináveis) os efeitos positivos do referido tributo.

Há até situações em que não está em causa se a tributação é muito elevada e se tem um impacto desrazoável no património, mas simplesmente se é razoável que exista, *de todo*, uma imposição ou obrigação. Por exemplo (caso tipicamente alemão), quando o marido, assalariado, não pertencente a nenhuma igreja, tem de pagar imposto religioso destinado a uma igreja a que a sua mulher, não assalariada, pertence. A proibição da desrazoabilidade encontra sentido útil autónomo nestes casos[3787].

O Tribunal Constitucional português deu já indicações de aderir à tese da autonomização[3788], mas também já emitiu inúmeros sinais contrários.

[3787] V. o desenvolvimento desta posição em OSSENBÜHL, «Zumutbarkeit als Verfassungsmaßstab», pp. 316 ss.; também, EMILIOU, *The Principle...*, p. 39; ÁVILA, *Teoria...*, pp. 94 ss.

[3788] Salientemente, no acórdão nº 413/14, onde o *princípio da razoabilidade* é invocado como parâmetro único de invalidação de uma norma legislativa. Todavia, como expusemos anteriormente (Capítulo 5, 5.5.), com assinalável ambiguidade. Tratava-se da constitucionalidade de contribuições sobre prestações de doença e de desemprego, incluídas no Orçamento do Estado de 2014. O Tribunal, recorde-se, parece aderir à orientação da autonomização do princípio da razoabilidade, aplicando-o sem a apreciação das relações entre variáveis próprias da proporcionalidade/ /proibição do excesso, isto é, aplicando-o de forma categórica e apenas com a avaliação do impacto *subjetivo* da interferência Todavia, refere que o "princípio da razoabilidade surge relacionado com o princípio da proporcionalidade em sentido estrito" e que é um "critério atinente ao princípio da proporcionalidade" (*idem*). Finalmente, considera *desrazoáveis* as normas em causa e declara-as inconstitucionais *por violação do princípio da proporcionalidade*. A orientação não foi pacífica no interior do TC, como o demonstra a declaração de voto de Lúcia Amaral: " a invalidação da medida legislativa surge assim fundada em violação do artigo 2º – sede do princípio da proporcionalidade – a partir de um 'subparâmetro' que o Tribunal nele encontrou, sem que se saibam ao certo quais os instrumentos hermenêuticos que foram utilizados para o autonomizar, qual o seu conteúdo rigoroso, e o que esperar por isso da sua futura evolução".

O PRINCÍPIO DA PROIBIÇÃO DO EXCESSO

3. A visão integracionista da razoabilidade

A autonomização da razoabilidade nos termos propostos pela visão apresentada no número anterior não parece, todavia, nem aceitável do ponto de vista dogmático, nem útil do ponto de vista da coerência do sistema[3789]. A construção de um novo instituto, a par dos já existentes, requereria, desde logo, um critério sólido que permitisse traçar a fronteira entre o tipo de situações que estão apenas sujeitas ao princípio da proibição do excesso e aquelas em que também é possível convocar a ideia de razoabilidade[3790].

Os temas lançados a propósito da razoabilidade não são estranhos nem insolúveis no quadro de outras figuras, designadamente no da própria proibição do excesso.

Não se nega que uma norma jurídica, na sua generalidade, possa projetar efeitos especialmente gravosos sobre categorias singulares ou pessoas concretas. Na medida em que isso possa ser antecipado através de uma conjetura abstrata, ou detetado a propósito da aplicação da norma a um caso concreto, a circunstância de a norma atingir com maior contundência bens, interesses ou valores titulados por sujeitos suficientemente individualizados deve ser objeto da atenção e de resposta do Direito[3791].

A via dessa resposta pode variar. Aquela que parece mais imediata é a que decorre da aplicação do princípio da igualdade, nas suas várias vertentes. Mas mesmo que esse princípio não forneça o quadro propício para certas situações (não totalmente imagináveis, diga-se), não é necessário recorrer a nenhum instrumento alternativo a outros que a jurisprudência e a doutrina foram definindo.

Pode haver situações em que a esfera jurídica individual dos sujeitos – ou aspetos dela – tenha de ser protegida de forma *absoluta* e *categórica*, sem dependência de operações de contrapeso, como sustentam os defensores da autonomização da razoabilidade. Mas para isso existem outras categorias dogmáticos e utensílios jurídicos. Figuras como a garantia do conteúdo essencial do preceito constitucional[3792], ou a proibição absoluta de certos meios, designadamente

---

[3789] Para algumas notas críticas v. HIRSCHBERG, *Die Grundsatz...*, pp. 97 ss.; DECHSLING, *Das Verhältnismäßigkeitsgebot...*, pp. 9 ss.; CLÉRICO, *El examen...*, pp. 272 ss.; SCHLINK, «Der Grundsatz der Verhältnismäßigkeit», p. 452, tem também uma postura crítica, embora baseada em postulados diversos dos autores anteriores.

[3790] HIRSCHBERG, *Die Grundsatz...*, p. 101. Esta dificuldade é acentuada quando, por exemplo, se admite que a proporcionalidade e a razoabilidade se aplicam quer às normas legislativas quer a decisões individuais e concretas: v. NOVAIS, *As restrições...*, p. 768.

[3791] Mas pode ficar sem essa resposta: v. a jurisprudência do TJUE referida por ŠUŠNJAR, *Proportionality...*, p. 176.

[3792] Assinalando "afinidades" entre a garantia de razoabilidade (seja numa versão absoluta ou relativa) e garantia do conteúdo essencial, ALBRECHT, *Zumutbarkeit...*, p. 230; NOVAIS, *As restrições...*, p. 769.

PROIBIÇÃO DO EXCESSO E RAZOABILIDADE

aqueles que ofendam aspetos intocáveis da pessoa, cumprem essa função, sem que se tenha de recorrer a outros institutos ou argumentos normativos, encapsulados na fórmula da razoabilidade ou em outra.

Salvaguardado esse núcleo essencial irredutível e inacessível ao legislador, seja na sua projeção sobre a generalidade dos destinatários da norma, seja na projeção sobre destinatários especialmente atingidos devido às suas condições singulares, nada impede que se concentre o esforço de apreciação da legitimidade da norma na aplicação do princípio da proibição do excesso. Pelo contrário, uma apreciação que não ignore as circunstâncias em que essa decisão é tomada, o fim que visa e os efeitos que produz – todos os efeitos, positivos e negativos, qualquer que seja a sua incidência – é aquela que permite uma decisão mais equilibrada e não cega[3793].

Aquilo que os defensores da autonomização consideram ser o traço próprio da razoabilidade, "o dever de harmonização do geral com o individual" (ÁVILA), através da avaliação do impacto *individualizado* do ato restritivo na esfera pessoal de destinatários, incorpora a metódica dos vários segmentos da proibição do excesso, nomeadamente a proporcionalidade e.s.e.[3794]. Esta implica a ponderação dos efeitos negativos provocados em relação à generalidade dos destinatários afetados pela intensidade da interferência concreta, aferidos por parâmetros *objetivos*, mas não exclui que possam ou devam ser ponderados os efeitos negativos projetados sobre indivíduos ou grupos especificamente delimitados, aferidos por parâmetros *subjetivos*[3795]. Isso pode até considerar-se imperativo quando estejam em causa interferências em direitos moldados de acordo com as pró-

---

[3793] HIRSCHBERG, *Die Grundsatz...*, pp. 97 ss.; DECHSLING, *Das Verhältnismäßigkeitsgebot...*, p. 10.

[3794] O exemplo da importação de quatro pés de sofá, para um só sofá uma única vez, reiteradamente invocado por ÁVILA, *Teoria...*, 7ª ed., p. 145, *passim*, é bom para mostrar como a proibição do excesso "absorve" as preocupações da razoabilidade como salvaguarda de posições individuais específicas. Uma norma jurídica determinava a supressão de certos benefícios fiscais a empresas que importassem produtos estrangeiros. Uma pequena empresa importou em certo momento quatro pés de sofá, para um só sofá, uma única vez, perdendo por isso o benefício fiscal de que gozava. Ora, esta norma viola o princípio da proibição do excesso, pelo menos no segmento da proporcionalidade e.s.e.: os efeitos jurídicos que projeta na esfera de alguns dos seus destinatários (como a empresa em causa) são manifestamente desproporcionados e.s.e. (e talvez desnecessários) em relação aos efeitos concretos de satisfação dos fins de interesse geral visados, a proteção da indústria e da produção nacionais. Não tem de se recorrer a nenhuma figura adicional, sob a epígrafe de razoabilidade ou outra. O "dever de harmonização do geral com o individual" (ÁVILA, *ob. cit.*, p. 159) cumpre-se através da aplicação da proibição do excesso.

[3795] Tendo em conta a diferença de ângulos e de óticas há mesmo quem distinga *grau de interferência* (visão geral) e *intensidade de interferência* (visão subjetiva, individual, concreta): CLÉRICO, *El examen...*, pp. 228-9. Todavia, essa distinção não é geralmente perfilhada pela doutrina.

O PRINCÍPIO DA PROIBIÇÃO DO EXCESSO

prias pré-compreensões dos seus titulares, como a liberdade de pensamento ou de conhecimento[3796].

Cabe ao decisor – legislador ou juiz constitucional – selecionar o ângulo de apreciação ou conjugar os dois, atribuindo-lhes igual relevo, ou reconhecendo supremacia a um deles. Se no caso concreto a intensidade da afetação de um bem, interesse ou valor, apreciado pelo ângulo *subjetivo* dos destinatários que suportam a interferência (ou seja, avaliada pelos próprios[3797]), incluindo eventualmente pessoas ou grupos especialmente atingidos, for intolerável, isso será normalmente determinante para o resultado da ponderação. Sob pena da invalidade da interferência, os bens, interesses ou valores em nome dos quais se procede à interferência terão, nesse caso, de apresentar importância e peso iguais ou, eventualmente, superiores, hipótese talvez difícil de atingir se os bens, interesses ou valores sacrificados o forem numa dimensão intolerável.

Deste ponto de vista, a preocupação de aferir "a *razoabilidade* da imposição, dever ou obrigação restritiva da liberdade na exclusiva perspetiva das suas consequências na esfera pessoal daquele que é desvantajosamente afetado pela restrição"[3798], que move os defensores da autonomia da razoabilidade nos termos vistos, pode ser refletida na estrutura da proibição do excesso[3799]. A razoabilidade individuada não aporta à argumentação prática nada que a proibição do excesso ou outras figuras suficientemente estabelecidas não cubram[3800].

[3796] Cfr. Borowski, *Grundrechte...*, 2ª ed., p. 190.
[3797] Clérico, *El examen...*, p. 278.
[3798] Novais, *As restrições...*, p. 765.
[3799] Para um ensaio disso, Clérico, *El examen...*, pp. 276 ss.; *idem, Die Struktur...*, pp. 228 ss.
[3800] Acaba por o admitir Ávila, *Teoria...*, 7ª ed., p. 160.

Capítulo 27
Proibição do excesso e igualdade[3801]

1. O princípio da igualdade em traços gerais (contrastes com o princípio da proibição do excesso)

O princípio da igualdade[3802] e o princípio da proibição do excesso são ambos tributários de uma ideia de justa medida que pauta a materialização da cons-

---

[3801] As linhas essenciais deste capítulo começaram por ser propostas em CANAS, «Constituição *prima facie..*», *cit.* Todavia, evitaremos a citação sistemática desse trabalho.

[3802] Sobre princípio da igualdade v., especialmente, MIRANDA, «Igualdade, princípio da», *cit.*; *idem*, «Igualdade», in *DJAP*, V vol., pp. 100 ss.; *idem*, *Manual de Direito Constitucional*, tomo IV, 5ª ed., *cit.*, pp. 265 ss. (com abundante bibliografia); CASTANHEIRA NEVES, *O instituto dos assentos...*, pp. 118 ss.; CANOTILHO, *Constituição dirigente...*, pp. 380 ss.; CLARO, *Introdução ao estudo do princípio da igualdade...*, *cit.*; *idem*, «O princípio da igualdade», in *Nos Dez Anos da Constituição* (ob. coletiva), INCM, Lisboa, 1987, pp. 31 ss.; MARIA DA GLÓRIA GARCIA, «Princípio da Igualdade, Fórmula vazia...», *cit.*; *idem*, *Estudos sobre o princípio da igualdade*, *cit.*; ALBUQUERQUE, *Da Igualdade...*, *cit.*; JORGE P. SILVA, *Dever de legislar e protecção...*, pp. 66 ss.; LÚCIA AMARAL, «O princípio da igualdade...», *cit.*; FERNANDO ALVES CORREIA, *O plano urbanístico...*, *cit.*; DRAY, *O Princípio da Igualdade...*, *cit.*; *idem*, «O sentido jurídico do princípio da igualdade: perspectiva luso-brasileira», in *Revista Brasileira de Direito Constitucional*, vol. 2 (2003), pp. 113 ss.; NOVAIS, *Os princípios constitucionais...*, pp. 101 ss.; RAPOSO, *O Poder de Eva...*, *cit.*; CANOTILHO/VITAL MOREIRA, *Constituição da República Portuguesa anotada*, vol. I, 4ª ed., pp. 333 ss.; MIRANDA/MEDEIROS, *Constituição Portuguesa anotada*, tomo I, 2ª ed., *cit.*, pp. 213-41; RAVI PEREIRA, «Igualdade e proporcionalidade...», *cit.*; MACHETE/VIOLANTE, «O princípio da Proporcionalidade e da Razoabilidade...», cit; NOGUEIRA DE BRITO/COUTINHO, «A 'Igualdade Proporcional'...», *cit.*; NOGUEIRA DE BRITO, «Medida e Intensidade...», *cit.* Na doutrina estrangeira, com particular realce da continental europeia, continua essencial a dissertação de LEIBHOLZ, *Die gleichheit vor dem gesetz...*, *cit.* V., também, HEINRICH TRIEPEL, *Goldbilanzverordnung und Vorzugsaktien*, De Gruyter, Berlin-Leipzig, 1924; ERICH KAUFMANN, «Die Gleichheit vor dem Gesetz...», *cit.*; TUSSMAN/tenBROECK, «The Equal Protection of the Laws», *cit.*; H. P. IPSEN «Gleichheit», *cit.*; PALADIN, *Il principio costituzionale d'egualianza, cit.*; ROSSANO, *L'eguaglianza giuri-*

O PRINCÍPIO DA PROIBIÇÃO DO EXCESSO

dica..., cit.; ARYE L. MILLER, «Equality as an Integral Part of Social Justice», *Archiv für Rechts und Sozialphilosophie*, vol. LXXII, (1968), pp. 482 ss.; PODLECH, *Gehalt und Funktionen des allgemeinen verfassungsrechtlichen Gleichheitssatzes*, *cit.*; KLOEPFER, *Gleichheit als Verfassungsfrage*, *cit.*; ROBBERS, *Gerechtigkeit als Rechtsprinzip...*, *cit.*; *idem*, «Der Gleichheitssatz», *cit.*; GÉRARD, *Droit, égalité et idéologie...*, *cit.*; CHRISTOPH LINK, *Der Gleichheitssatz im modernen Verfassungstaat: Symposion zum 80. Geburtstag von Bundesverfassungsrichter i. R. Professor Dr. phil. Dr. iur. Dr. h. c. Gerhard Leibholz am 21. November 1981*, Nomos, Baden-Baden, 1982; WESTEN, «The empty idea of equality», *cit.*; DONALD P. KOMMERS, «Der Gleichheitssatz: Neuere Entwicklungen im Verfassungsrecht der USA und der Bundesrepublik Deutschland» in Christoph Link (ed.) *DerGleichheitssatz im modernen Verfassungsstaat*, Nomos, Baden-Baden, 1982, pp. 31 ss.; KRIELE, «Freiheit und Gleichheit», *cit*; HÄBERLE, «Der Gleicheitssatz», *cit.*; KONRAD HESSE, «Der Gleichheitssatz in der neueren deutschen Verfassungsentwicklung», in *AöR*, 109 (1984), pp. 174 ss.; *idem*, «Der allgemeine Gleichheitssatz in der neueren Rechtsprechung...», *cit.*; JOUANJAN, *Le principe d'égalité devant la loi...*, *cit.*; KIRCHHOF, «Gleichmaß und Übermaß», *cit.*; *idem*, «Allgemeiner Gleichheitssatz», *cit.*; MICHAEL SACHS, *Grenzen des Diskriminierungsverbots*, Vahlen, München, 1987; MARTIN/ MAHONEY, *Equality and Judicial Neutrality*, *cit.*; HERBERT GOTTWEIS/WOLFGANG C. MÜLLER, *Gleichheit durch Gesetz?*, Siegen, 1988; CHRISTOF GUSY, «Der Gleichheitssatz», in *NJW* (1988), pp. 2505 ss.; KLAUS BERCHTOLD, «Der Gleichheitssatz in der Krise», in Manfred Nowak e outros (ed.), *Fortschrift im Bewusstsein der Grund und Menschenrechte. Festschrift für Felix Ermacora*, Engel, Kehl am Rhein, 1988, pp. 327 ss.; THOMAS WÜRTEMBERG, «Equality», in Ulrich Karpen (ed.), *The Constitution of the Federal Republic of Germany. Essays on the Basic Rights and Principles of the Basic Law with a Translation of the Basic Law*, Nomos, Baden-Baden, 1988, pp. 67 ss.; RUDOLF WENDT, «Der Gleichheitssatz», in *NVwZ* (1988), pp. 778 ss.; REINHOLD ZIPPELIUS/GEORG MÜLLER, «Der Gleichfreiheitssatz. Berichte u. Diskussionen auf der Tagung der Vereinigung der Dt. Staatsrechtslehrer in Tübingen vom 5. bis 8. Okt. 1988», in *Veroffentlichungen der Vereinigung der Deutschen Staatsrechslehrer*, 47 (1989), pp. 7 ss.; FRIEDRICH SCHOCH, «Der Gleichheitssatz», in *DVBl* (1988), pp. 863 ss.; BARBARA BOTTGER, *Das Recht auf Gleichheit und Differenz. Elisabeth Selbert und der Kampf der Frauen um Art. 3.2 Grundgesetz*, Westfälisches Dampfboot, Münster, 1990; HUSTER, *Rechte und Ziele...*, *cit.*; CHRISTIAN KOENIG, «Die gesetzgeberische Bindung an den allgemeinen Gleichheitssatz – Eine Darstellung des Prüfungsaufbaus zur Rechtsetzungsgleichheit», in *JuS*, vol. 35 (1995), pp. 313 ss.; PELLISSIER, *Le principe dégalité en droit public*, LGDJ, Paris, 1996; SACKSOFSKY, *Das Grundrecht auf Gleichberechtigung...*, *cit.*: DASHWOOD/O'LEARY, *The principle of equal treatment in EC law...*, *cit.*: MICHAEL, *Der allgemeine Gleichheitssatz...*, *cit.*; *idem*, «Los derechos de igualdad...», *cit.*; BRUN-OTTO BRYDE/RALF KLEINDIEK, «Der allgemeine Gleichheitssatz», in *Jura* (1999), pp. 36 ss.; JULIANE KOKOTT, «Gleichheitssatz und Diskriminierungsverbote in der Rechtsprechung des Bundesverfassungsgerichts», in Badura/Dreier (eds.), *Festschrift 50 Jahre Bundesverfassungsgericht*, Bd. 2: *Klärung und Fortbildung des Verfassungsrechts*, Mohr Siebeck, Tübingen, 2001, pp. 127 ss.; BOROWSKI, *La estructura...*, pp. 186 ss.; HEINZE, *The Logic of Equality...*, *cit.*; ALEXY, *A Theory* ..., pp. 260 ss.; FERRAJOLI, *Derechos y garantias. La ley del más débil*, *cit.*; GAVARA DE CARA, *Contenido y Función del Término de Comparación...*, *cit.*; MANCEBO, «Principio de igualdad y legislador: arbitrariedad y proporcionalidad como límites (probablemente insuficientes)», *cit.*; MELLO, *Conteúdo Jurídico do Princípio da Igualdade*, *cit.*; MAGDALENA PÖSCHL, «Probleme des Gleichheitssatz aus östereichischer Sicht», in Merten/Papier, *Grundfragen der* Grundrechtsdogmatik, C. F. Müller, Heidelberg, 2007, pp. 101 ss.; PIEROTH/ SCHLINK, *Direitos Fundamentais...*, *cit.*; SADURSKI, *Equality and Legitimacy*, *cit.*; BEATTY, *The Ultimate Rule of Law*, pp. 76 ss.; YOSHINO, «The new equal protection».

PROIBIÇÃO DO EXCESSO E IGUALDADE

tituição *prima facie*, encontrando-se frequentemente nas respetivas trajetórias de aplicação. Pode falar-se de uma base comum de racionalidade[3803]. Por isso, há autores que veem o princípio da proibição do excesso como decorrência do princípio da igualdade[3804], outros que não distinguem claramente os dois princípios, outros ainda que incorporam na estrutura do princípio da igualdade elementos estruturais do princípio da proibição do excesso. Mas, materialmente, correm por linhas que divergem frequentemente. Apesar das dificuldades muitas vezes sublinhadas, a linha divisória fica traçada se olharmos para os respetivos conteúdo material e intencionalidade, pressupostos, estrutura e metódica de aplicação. Embora em rigor não seja um campo donde resultem diferenças marcadas, o próprio tema do controlo pode ajudar a vincar os traços distintivos[3805].

1.1. Conteúdo material

O princípio da igualdade é uma norma (ou um feixe de normas) de repartição de direitos e de deveres.

Na relação com as normas legislativas, identificam-se três vertentes do princípio geral da igualdade: a igualdade *perante* as normas, a igualdade *nas* normas e a igualdade *através* das normas[3806].

A igualdade perante as normas reporta-se em última análise à respetiva aplicação. Os seus destinatários são o juiz e as autoridades administrativas. Essa vertente não será focada nesta investigação.

[3803] Na Itália, esta base comum de racionalidade é bem expressa pelo facto de a igualdade e a proporcionalidade serem comumente colocadas sob a égide aglutinadora do princípio da *ragionevolezza*: v., por exemplo, Cariglia, «L'operatività del principio di ragionevolezza...», p. 174; Gregorio, «L'identità strutturale tra il principio di ragionevolezza e il Verhältnismässigkeitsgrundsatz», pp. 239 ss. Mais bibliografia, *supra*, capítulo 1, 2.2.2.2.

[3804] Cfr. Wittig, «Zum Standort des Verhältnismäßigkeitsgrundsatzes...», p. 821; Wieacker, «Geschichtliche Wurzeln...», p. 877; Kellner, «Zum Grunsatz der Verhältnismäßigkeit...», p. 110. Recusando a possibilidade de deduzir ou derivar a proibição do excesso ou proporcionalidade da ideia de igualdade, Lerche, *Übermass.*, pp. 29 ss., 40 ss.; Grabitz, «Der Grundzatz der Verältnismäßigkeik...», p. 585; Hirschberg, *Der Grundsatz...*, p. 122; Robbers, «Der Gleichheitssatz», p. 752.

[3805] V. o desenvolvido debate sobre a relação entre os dois princípios, entre muitos, em Hirschberg, *Der Grundsatz...*, pp. 111 ss. (relação entre proporcionalidade e.s.e. e igualdade); Herdeggen, «The Relation between the Principles of Equality and Proportionality», *cit.*; Kirchhof, «Allgemeiner...», *cit.*; Huster, «Gleichheit und Verhältnismäßigkeit...», *cit.*; Brüning, «Gleichheitsrechtliche Verhältnismäßigkeit», *cit.*; Albers, «Gleichheit und Verhältnismässigkeit», *cit.*; Michael, «Los derechos de igualdad», *cit.*; Lerche, *Übermass.*, pp. 51 ss.; Pöschl, «Probleme des Gleichheitssatz ...», *cit.*

[3806] V., por exemplo, Pellissier, *Le principe dégalité...*, pp. 24 ss.

O PRINCÍPIO DA PROIBIÇÃO DO EXCESSO

Em contrapartida, os postulados da igualdade *nas* normas e *através* das normas jurídicas interpelam em primeira instância o emissor de normas legislativas, funcionando como parâmetro de controlo da constitucionalidade. De acordo com o primeiro – igualdade nas normas –, o legislador deve tratar igualmente o que é igual e desigualmente o que é desigual. De acordo com o segundo – igualdade através das normas –, o legislador deve tratar desigualmente o que é faticamente desigual de modo a corrigir as desigualdades de facto, gerando igualdade fática e não apenas jurídica. Pode discutir-se se são logicamente indissociáveis[3807].

Atenta a marcada matriz social da Constituição portuguesa, apesar de o artigo 13º, nº 1, utilizar a expressão "iguais perante a lei", não deve fazer-se uma interpretação restritiva, vendo ali apenas a vertente da igualdade *perante as normas da lei*. O princípio geral da igualdade, ali consagrado, desdobra-se em igualdade *perante, na* e *através* de qualquer norma jurídica, especialmente legislativa.

O princípio geral da igualdade costuma ser sintetizado através da fórmula clássica "dever de tratar o igual de forma igual e o desigual de forma desigual"[3808]. A reversibilidade dos modos deônticos obrigação/proibição permite dizer, com o mesmo alcance, "proibir o tratamento desigual do que é igual e o tratamento igual do que é desigual". Esta fórmula clássica é muitas vezes considerada insuficiente para cobrir todas as vertentes que se referiram[3809]. Por essa e outras razões de apuro dogmático são propostos ajustamentos. A consciência de que nada é integralmente igual, ou diferente, encoraja fórmulas aperfeiçoadas ou enriquecidas pela consideração da *substancialidade* da igualdade ou da desigualdade.

[3807] *Idem*, p. 30.

[3808] ARISTÓTELES, *Política*, trad. de António Campelo Amaral e Carlos Carvalho Gomes, livro III, pp. 217, 231; de leitura essencial continua a ser também o Livro V da *Ética a Nicómaco*, "ponto de partida para qualquer reflexão séria sobre a questão da justiça" (ARTHUR KAUFMANN, *Filosofia...*, p. 231), sendo, para Aristóteles, a igualdade o cerne da justiça.

[3809] Particularmente a vertente da igualdade através da lei, na fórmula adotada no texto. Devido à sua ambiguidade e abertura, a máxima clássica tanto pode ser exclusivamente colocada ao serviço da igualdade jurídica, como pode ser adaptada a um objetivo de atingimento da igualdade fática. No primeiro caso, trata-se de forma juridicamente igual o que é juridicamente igual e de forma juridicamente desigual o que é juridicamente desigual, de modo a que o resultado possa ser considerado consentâneo com a igualdade *jurídica*. No segundo caso, trata-se de forma juridicamente igual o que é jurídica e faticamente igual e de forma juridicamente desigual o que é juridicamente e/ou faticamente desigual, de modo a que, quando se parta de uma desigualdade de facto, se possa atingir um resultado de igualdade *de facto*. Isto é, o tratamento juridicamente desigual pode visar um resultado de *igualdade fática*. Como nota JORGE P. SILVA, *Dever de legislar e protecção...*, p. 73, nisto consiste o paradoxo da igualdade, já que se requer uma desigualdade de *iure* para atingir a igualdade fática. Sobre se naquela máxima está apenas coberta a igualdade jurídica ou também a fática, entre muitos, ALEXY, *A Theory...*, pp. 276 ss.; BOROWSKI, *La estructura...*, pp. 188 ss. (elaborando sobre disposição equivalente da Lei Fundamental alemã, o artigo 3º, nº 1).

PROIBIÇÃO DO EXCESSO E IGUALDADE

Por exemplo: "proibir o tratamento substancialmente desigual do que é substancialmente igual e o tratamento substancialmente igual do que é substancialmente desigual"[3810]. Ou então, a formulações daqueles que, como CERRI, aludem a situações *análogas* evitando falar de situações iguais[3811]. Porém, *mutatis mutandis*, continuaremos a usar essa máxima para enunciar o conteúdo do princípio geral da igualdade.

Questão debatida é se o sentido normativo daquelas vertentes tem caráter *prima facie* ou definitivo. Quando o seu destinatário é o legislador, o caráter *prima facie* implica que este esteja sujeito à proibição de tratamentos diferenciados, bem como de tratar igualmente situações diferentes, salvo *se houver uma justificação constitucionalmente válida*. O caráter definitivo implica a impossibilidade de justificação válida para a diferenciação ou indiferenciação. A conceção de que partimos é a de que, no essencial, os segmentos normativos e as posições jurídicas subjetivas que emergem do princípio geral da igualdade, nas vertentes igualdade na lei e igualdade através da lei, têm caráter *prima facie*[3812].

Do princípio geral da igualdade derivam as manifestações específicas do princípio, designadamente os chamados *direitos especiais de igualdade*[3813]. Em

[3810] Jurisprudência do *BVerfG, cit.*, por HUSTER, «Gleichheit und Verhältnismäßigkeit...», p. 541. Outra possibilidade: tratamento igual do que é igual e diferente do que é proporcionalmente diferente, ARTHUR KAUFMANN, *Filosofia...*, p. 226 Estas fórmulas clássicas podem ser sujeitas a maior precisão, mas também, a versões mais reducionistas. No primeiro sentido, MIRANDA, «Igualdade...», p. 406; PULIDO, «El juicio de la igualdad en la jurisprudencia de la corte constitucional colombiana», p. 1, acedido em http://portal.uexternado.edu.co/pdf/2_icrp/elJuicioDe-LaIgualdadEnLaJurisprudencia.pdf; RAPOSO, *O Poder...*, p. 243. No segundo sentido, PODLECH, *Gehalt und Funktionen...*, pp. 57 ss., propondo a redução da fórmula da igualdade apenas ao primeiro segmento, do tratamento igual de situações iguais; v. a discussão dessa tese em HIRSCHBERG, *Der Grundsatz...*, pp. 115 ss.

[3811] "Tratamento igual para situações *análogas* e diverso para situações diversas" (itálico aditado): AUGUSTO CERRI, *L'egualianza nella giurisprudenza della Corte Costituzionale. Esame analitico ed ipotesi ricostruttive*, Giuffré, Milão, 1976, p. 44 (*apud* CLARO, *Introdução ao estudo...*, p. 32)

[3812] Esta posição geral, que é discutível (e discutida), não osbta a que haja núcleos do princípio da igualdade cobertos por segmentos normativos absolutos ou categóricos, isto é protegidos de forma definitiva, sejam eles decorrências diretas do princípio geral da igualdade ou de manifestações específicas. Cfr. sobre isto MARIA DA GLÓRIA GARCIA, *Estudos...*, p. 61, nota; LÚCIA AMARAL, «O princípio...», p. 54 (admitindo que haja algumas características pessoais que *valham sempre* como proibições absolutas de discriminação); JORGE P. SILVA, *Dever de legislar e protecção...*, p. 74 (admitindo o caráter *prima facie*, mas frisando que o princípio se aproxima muito de "uma imperativo definitivo e, portanto, da natureza própria das regras jurídicas"); NOGUEIRA DE BRITO, «Medida e Intensidade...», p. 131 (falando de proibição tendencialmente absoluta de discriminação); MICHAEL, «Los derechos de igualdad ...», p. 147; PELLISSIER, *Le principe d'égalité...*, pp. 26 ss. Em sentido inverso ao do texto, no contexto alemão, PIEROTH/SCHLINK, *Direitos Fundamentais...*, p. 132.

[3813] O tema do conteúdo material do princípio da igualdade suscita complexos desenvolvimentos em que se entrecruzam contributos de natureza lógica, filosófica, sociológica, política e outros,

O PRINCÍPIO DA PROIBIÇÃO DO EXCESSO

constituições *simpatizantes* da igualdade, esta é materializada de um modo crescentemente denso[3814]/[3815]. No caso português[3816], o legislador constituinte, ciente da suspeita de que o princípio da igualdade é uma fórmula desprovida de conteúdo, um artifício formal neutro onde cabe qualquer vontade do legislador ordinário[3817], consagrou profusas especificações do princípio geral da igualdade: (i) *proibições especiais de discriminação*, como a proibição de discriminação dos filhos nascidos fora do casamento (artigo 36º, nº 4), a proibição de a lei ou as repartições oficiais usarem designações discriminatórias relativas à filiação, a proibição de discriminação (prejuízo) em virtude do exercício de direitos políticos ou do desempenho de cargos públicos; (ii) *proibições de diferenciação* (positiva ou negativa) em função das qualidades, situações ou circunstâncias especialmente elencadas no artigo 13º, nº 2 (ascendência, sexo, raça, língua, território de origem, religião, convicções políticas ou ideológicas, instrução, situação económica, condição social ou orientação sexual); (iii) como decorrência específica da obrigação geral de tratamento desigual de situações desiguais, *obrigações específicas de discriminação positiva*, como a do artigo 109º (discriminação positiva do sexo menos representado no acesso e exercício de cargos políticos); (iv) *obrigações específicas de diferenciação*, como as que decorrem do artigo 104º, referente aos vários impostos; (v) *autorizações específicas de discriminação positiva* (de proteção especial), como as dos artigos 59º, nº 2, *c*), 69º e 70º. Destes preceitos especifi-

---

além da jurídica. Aqui não podemos ir além de uma menção genérica: na doutrina nacional v. a síntese oferecida por Claro, *Introdução ao estudo...*, pp. 27 ss.

[3814] Para alguns demasiado ambicioso: cfr. Jorge P. Silva, *Dever de legislar e protecção...*, p. 73. O processo de complexificação e enriquecimento sucessivo do âmbito de proteção do princípio da igualdade é investigado, por exemplo, por Maria da Glória Garcia, *Estudos...*, pp. 7 ss.

[3815] A densidade é acompanhada, porém, pela acentuação do caráter *prima facie* de muitas das expressões normativas do princípio da igualdade. Isso reflete-se, por exemplo, na transformação dos fins *internos da igualdade* – isto é, a procura ativa do estabelecimento de condições de igualdade jurídica e real ou fática – em pontos móveis do firmamento constitucional, desprovidos de caráter absoluto e não podendo ser entendidos como verdadeiras *obrigações* de discriminação positiva insuscetíveis de adaptabilidade às alternâncias de programa político ou às evoluções do sentimento social. A igualdade como *objetivo* a ser prosseguido ativamente através de medidas legislativas especificamente dedicadas assume uma configuração aberta ao *pluralismo* programático. Reportando-se a esta "abertura" do princípio da igualdade em termos não totalmente coincidentes, Maria da Glória Garcia, *Estudos...*, pp. 64 ss.

[3816] Cfr. o caso alemão, que teve manifesta influência na Constituição portuguesa. Por todos, Pieroth/Schlink, *Direitos Fundamentais...*, p. 132.

[3817] V., por exemplo, Westen, «The empty idea ...», p. 537; *idem, Speaking of Equality: An Analysis of the Rhetorical Force of Equality in Moral and Legal Discourse*, Princeton University Press, Princeton N.J., 1990. Rebatendo a ideia, Maria da Glória Garcia, *Estudos...*, pp. 42 ss.

PROIBIÇÃO DO EXCESSO E IGUALDADE

camente concretizadores do princípio geral de igualdade[3818] pode entender-se que decorrem outras proibições/obrigações específicas[3819]. Por exemplo, do artigo 13º, nº 2, em conjugação com outros preceitos consagradores de proibições específicas de discriminação, pode extrair-se a (vi) *proibição de discriminação* com fundamento em traços distintivos não enunciados no artigo 13º, nº 2, de que as pessoas não possam libertar-se de todo, ou de que não possam libertar-se a não ser através de abandono, adulteração ou modificação da sua identidade pessoal.

Um tema menos estudado é o da interseção entre os direitos de liberdade e o princípio da igualdade. A estrutura dos direitos de liberdade incorpora uma componente de igualdade[3820]. O direito à manifestação implica, por exemplo, o direito de toda e qualquer pessoa a manifestar-se *em termos igualitários*, a que o Estado, se tiver de restringir esse direito, o faça em termos *igualitários* e que garanta o seu exercício em *termos igualitários*. O direito à segurança, é o direito à segurança em termos igualitários, isto é, o direito a que o Estado crie condições de segurança *iguais* para todos. Mais do que uma tensão permanente entre liberdade e igualdade, há uma interseção entre liberdade e igualdade que se reflete no conteúdo e na estrutura do princípio da igualdade e no conteúdo e na estrutura dos próprios direitos de liberdade (e, em rigor, também de outros direitos fundamentais).

1.2. Pressupostos de aplicação

Na enunciação dos pressupostos de aplicação (bem como no estudo da estrutura e das metódicas de aplicação e de controlo, que se seguirão) reportar-nos-
-emos, no essencial, ao primeiro segmento do princípio geral da igualdade: "dever de tratamento igual de situações iguais (ou análogas)". Parte significativa do que se disser sobre este segmento vale simetricamente para o segmento do "dever de tratamento diferente de situações diferentes", cuja violação pode estar em causa quando o legislador ignora ou não considera uma desigualdade existente à partida[3821]. Focaremos, pois, a situação em que a lei diferencia ou

---

[3818] O elenco não é exaustivo. V., por exemplo, MIRANDA, «Igualdade...», pp. 403-404 (reportando-se ao texto constitucional tal como estava em 1985).

[3819] Sustentando que os fatores do artigo 13º, nº 2, são meramente exemplificativos, MIRANDA, «Igualdade...», p. 406.

[3820] O artigo 14º da Convenção Europeia dos Direitos do Homem reflete isso mesmo com particular clareza, mas a primeira parte do nº 2 do artigo 13º da CRP também pode ser invocada.

[3821] A simetria entre as duas vertentes do princípio geral da igualdade é muitas vezes dada por adquirida. Sublinhando as discrepâncias entre as duas vertentes, BOROWSKI, *La estructura...*, p. 193, traça a diferenciação entre princípio geral da igualdade *stricto sensu*, integrando apenas a vertente do tratamento igual e princípio geral da igualdade *lato sensu*, integrando essa vertente e a do "tratamento diferente de situações diferentes" (bem como outras razões justificativas da restrição do comando do tratamento igual). Não cabe aqui aprofundar o tema das diferenças.

O PRINCÍPIO DA PROIBIÇÃO DO EXCESSO

pressupõe a diferenciação de categorias, classes ou situações, não obstante a existência de similitudes *parciais* relevantes entre elas, de acordo com alguns critérios[3822].

O pressuposto de aplicabilidade relevante para efeitos de distinção entre princípio da proibição do excesso e princípio da igualdade é a existência ou não de uma colisão ou conflito de bens, interesses ou valores.

A aplicação do princípio da proibição do excesso na produção ou controlo de uma norma legislativa pressupõe *sempre* uma colisão ou conflito de bens, interesses ou valores que antecede a norma e é *sempre* a *razão justificativa* da interferência legislativa[3823]: a resolução daquela colisão, com harmonização ou composição dos bens, interesses ou valores colidentes, constitui *sempre* o fim mediato da norma legislativa[3824]. A distinção entre *razão justificativa* da interferência legislativa e *fim* da interferência legislativa (ou fim da norma legislativa interferente) é analiticamente relevante, mas não tem consequências ao nível da estrutura do princípio da proibição do excesso, uma vez que a razão justificativa da interferência (a verificação de uma colisão) tem sempre um nexo incindível com o fim da interferência (a satisfação de um bem, interesses ou valor e a resolução da colisão).

Em contrapartida, a aplicação do princípio da igualdade não pressupõe a existência de um conflito ou colisão de bens, interesses ou valores[3825]. Pressuposto exclusivo da aplicação do princípio da igualdade é uma *diferenciação* que se pretende estabelecer ou foi estabelecida[3826]. De forma deliberada e consciente, ou involuntariamente, como mero efeito colateral e não especificamente desejado[3827], a norma deverá delimitar um âmbito subjetivo ou objetivo que implique um tratamento diferenciado de grupos de pessoas ou situações. Assim, no primeiro caso, dentro de um universo subjetivo caraterizado por similitudes parciais (*género próximo*: por exemplo, os trabalhadores por conta de outrem), a

---

[3822] E não obstante a existência de dissimilitudes *parciais* dentro da categoria, classe ou situação diferenciada, uma vez que por norma nunca há similitude total. Trata-se de um lugar comum, salientado, por todos, os autores. V., por exemplo, PIEROTH/SCHLINK, *Direitos Fundamentais...*, p. 133; desenvolvendo o ponto, MARIA DA GLÓRIA GARCIA, *Estudos...*, pp. 45 ss.

[3823] V. *supra*, capítulo 12.

[3824] V. *supra*, capítulo 8, 1.3.

[3825] Alguns autores partem daqui para falar de uma relação bilateral (Estado/titulares de direitos subjetivos) como típica da proibição do excesso e de uma relação trilateral ou multilateral (Estado/cada um dos dois ou mais grupos diferenciados) como típica da igualdade: cfr., entre os mais recentes, BRÜNING, «Gleichheitsrechtliche...», p. 670.

[3826] PELLISSIER, *Le principe dégalité...*, p. 31.

[3827] É consensual que as diferenciações podem ser consciente e deliberadamente desejadas pelo legislador ou resultar apenas indiretamente da interpretação sistemática das normas da lei ou até um efeito colateral não pretendido: assim, ROBBERS, «Der Gleichheitssatz», p. 752; ALBERS, «Gleichheit ...», p. 948.

PROIBIÇÃO DO EXCESSO E IGUALDADE

norma circunscreve um grupo caraterizado por uma *differentia specifica* em relação aos demais (os trabalhadores remunerados por verbas públicas), aplicando-lhes um tratamento qualificável como diferenciado à luz de um critério comparativo (*tertium comparationis*: sujeição ou não a reduções salariais). A verificação deste pressuposto está incindivelmente ligada a um aspeto estrutural fundamental do princípio da igualdade: a *comparação* entre grupos ou situações[3828]. Em contraste, a aplicação do princípio da proibição do excesso não pressupõe uma diferenciação normativa entre grupos de pessoas ou situações[3829].

Crucial na dogmática do princípio da igualdade, diferentemente do que sucede com o princípio da proibição do excesso, é a distinção entre *razão justificativa* da diferenciação e *fim* da norma que contém a diferenciação. Para o tratamento diferenciado, ou diferenciação, terá de ser identificada (mesmo nos casos em que a diferenciação seja um mero efeito colateral, não diretamente desejado) *uma razão justificativa*, que variará de norma diferenciadora para norma diferenciadora, *não é sempre a mesma*. Entre razão justificativa da diferenciação e fim da norma legislativa que contém a diferenciação, o nexo pode ser ou não tão direto quanto o que se verifica entre a razão da interferência e o fim da interferência no caso da aplicação do princípio da proibição do excesso. Isso depende de se saber se o fim da norma que diferencia é um *fim interno* ou um *fim externo* ao princípio da igualdade[3830].

Se a medida legislativa visar um fim de justiça ou de (r)estabelecimento da igualdade jurídica ou material, isto é, um fim vinculado ou instrumental à própria teleologia do princípio da igualdade numa das suas precipitações, trata-se de um fim *interno*[3831]. Isso sucede quando o legislador visa corresponder a uma obrigação de prossecução de certo fim de igualdade (exemplo: a igualdade entre homens e mulheres no acesso a cargos públicos, artigo 109º).

[3828] BOROWSKI, *La estructura...*, p. 117.

[3829] KIRCHHOF, «Gleichmass.», p. 143; PIRKER, *Proportionality...*, p. 106.

[3830] A distinção entre fins internos e externos começou por ser proposta por HUSTER, «Gleichheit und Verhältnismäßigkeit...», pp. 543 ss. (também, *Rechte und Ziele*, pp. 163 ss.), em termos não totalmente coincidentes designadamente no que toca às consequências dogmáticas; aderindo também a esta distinção, NOGUEIRA DE BRITO, «Medida e Intensidade...», p. 114, *passim*. Esta distinção não tem nenhuma relação com a que separa *igualdade externa* e *igualdade interna*: cfr. acórdão nº 413/14 do Tribunal Constitucional: a primeira referir-se-ia aos sujeitos não afetados, a segunda aos sujeitos afetados pela opção legislativa, ou seja à igualdade de tratamento *dentro do grupo* objeto de diferenciação por parte da opção legislativa (nºs 47 e 97). Esta distinção parece, todavia, criticável, uma vez que sempre se pode dizer que a diferenciação dentro do grupo diferenciado se traduz, em última análise, no estabelecimento de várias diferenciações entre vários grupos, mais atomizados, e não apenas dois.

[3831] Esta é uma das razões porque se pode dizer que a igualdade *é um objetivo em si mesmo*: ROBBERS, «Der Gleichheitssatz», p. 752.

O PRINCÍPIO DA PROIBIÇÃO DO EXCESSO

Aí, a *razão justificativa* da diferenciação é a existência de uma desigualdade de base e o *fim* a superação dessa desigualdade de base. O nexo entre razão justificativa e fim da intervenção legislativa que introduz a diferenciação é um nexo similar ao que existe entre razão justificativa e fim das interferências legislativas em bens, interesses e valores que interessam ao princípio da proibição do excesso. A este importam, sempre e só, as situações em que há uma colisão (razão justificativa) cuja superação se visa (fim mediato) através de uma solução legislativa harmonizadora (meio). Ao princípio da igualdade importam, nesta manifestação específica e só nela, as situações em que há uma desigualdade de partida (razão justificativa) cuja superação se visa (fim mediato) através da diferenciação favorável de um grupo (meio). Em ambos os casos, o meio legislativo – de harmonização ou diferenciação – visa a prossecução de um fim de eliminação da situação que é a razão da intervenção legislativa.

Essa similitude nem sempre se verifica. Quando a norma que introduz a diferenciação visa um *fim externo* ao princípio da igualdade, isto é, não um fim de estabelecimento de igualdade mas de natureza política, económica, social, financeira, ideológica, cultural ou outra, a ligação entre a razão justificativa da diferenciação e o fim da norma pode ser mais ou menos remota.

Veja-se a situação em que o legislador estabelece normas que "cortam" o valor das pensões pagas pela Caixa Geral de Aposentações (CGA), sem tocar nas pensões pagas pelo regime geral. Os fins da norma podem ser vários, mas suponha-se que o fim nominal ou real das normas é o *fim externo* de consolidação ou redução do défice orçamental, através da redução das transferências financeiras do Orçamento de Estado para a CGA. A razão justificativa da diferenciação entre as pensões (e os pensionistas) pagas pelos dois sistemas públicos de proteção social não é certamente a consolidação orçamental (que, porventura, se atingiria mais facilmente se não houvesse diferenciação, isto é, se o "corte" atingisse todos os pensionistas). Podem conceber-se várias razões alternativas justificativas da diferenciação (ao invés do que sucede com a razão justificativa das interferências legislativas que suscitam a aplicação do princípio da proibição do excesso, que é *sempre a mesma*, a existência de uma colisão ou conflito): a ideia de que os pensionistas da CGA têm pensões mais generosas, ou de que os trabalhadores públicos são mais responsáveis pelo desequilíbrio das contas públicas do que os trabalhadores privados, ou de que os pensionistas da CGA são menos (ou mais) reivindicativos, ou de que o sistema da CGA está em piores condições de sustentabilidade do que o sistema geral ou até a pura posição ideológica de que o setor público deve ser mais sacrificado do que o privado e muitas outras, mais ou menos discutíveis, mais ou menos relacionáveis com o fim da norma.

Esta variabilidade das relações possíveis entre razões justificativas da diferenciação e fins da norma reflete-se numa estrutura argumentativa significativa-

1094

PROIBIÇÃO DO EXCESSO E IGUALDADE

mente mais complexa do princípio da igualdade. As mais relevantes consequências dizem respeito à (in)adaptabilidade dos segmentos da proibição do excesso à estrutura do princípio da igualdade, que estudaremos no número seguinte. Por ora, salienta-se apenas a repercussão ao nível da questão da *legitimidade do fim* prosseguido pela norma legislativa.

A questão da legitimidade do fim (e sua apreciação) é exterior ao princípio da proibição do excesso. A ilegitimidade do fim gera a inconstitucionalidade da norma, não por violação do princípio da proibição do excesso, mas por violação da norma constitucional que exclui o fim prosseguido.

Em contrapartida, isso nem sempre é assim no caso do princípio da igualdade. Há situações em que a legitimidade do fim é *tema* interno ao próprio princípio. O conteúdo normativo da igualdade desdobra-se em proibições, obrigações e permissões. Em alguns casos o legislador está obrigado à específica prossecução de certo fim de igualdade (exemplo, a igualdade entre homens e mulheres no acesso a cargos públicos), ou especificamente proibido de prosseguir fins de desigualdade (exemplo, diferenciar filhos nascidos no casamento e filhos nascidos fora do casamento), ou sujeito a uma proibição geral de prossecução de fins de discriminação negativa especificamente direcionados[3832]. Nesses casos, a legitimidade do fim não é um fator externo ao princípio da igualdade, mas um fator *interno*, isto é, um *elemento estrutural*. Saber se o fim é ilegítimo ou legítimo é uma questão a ser resolvida à luz do princípio, com consequências ao nível da sua violação ou não. A situação é diferente quando a norma legislativa visa prosseguir fins *externos* ao sentido normativo do princípio da igualdade. Aí, a legitimidade do fim é um *pressuposto* de aplicação desse princípio e não um seu elemento estrutural. A ilegitimidade do fim, verificando-se, não constituí violação do princípio da igualdade mas da norma constitucional que proíbe aquele fim.

1.3. Estrutura

A alegação de laços entre igualdade e proibição do excesso não é de hoje[3833], tal como não é de hoje a rejeição de relações de fundamentação, assimilação

---

[3832] V. Tussman/tenBroek, «The Equal Protection...», p. 357: isto é, normas cujos fins são direta e inequívoca expressão do antagonismo ou da hostilidade contra certos grupos de pessoas, não tendo outro fim do que exprimir esse antagonismo ou hostilidade.

[3833] Procurando demonstrar o valor constitucional do princípio da proibição do excesso, algumas vozes doutrinais começaram por o ancorar mais ou menos esplicitamente no princípio da igualdade: v., por exemplo, Krauss, *Der Grundsatz der Verhältnismässigkeit ...*, p. 29. As raízes da relação entre as ideias de igualdade e proporcionalidade recuam até à Antiguidade: v. Aristóteles, *Política*, trad. de António Campelo Amaral e Carlos Carvalho Gomes, livro V, p. 349 (referência a justiça e igualdade proporcional); *idem*, *Ética a Nicómaco*, livro V. Mais recentemente, no pensamento jurídico do século XIX a ligação entre os pensamentos da igualdade e da proporcionalidade foi

O PRINCÍPIO DA PROIBIÇÃO DO EXCESSO

ou incorporação, recíprocas[3834]. As diferenças dos pressupostos de aplicação repercutem-se na estrutura dogmática dos dois princípios, realçando as diferenças e as semelhanças. Embora essas designações genéricas corram o risco de excessiva simplificação, a literatura identifica *grosso modo* duas versões do princípio da igualdade do ponto de vista da sua estrutura[3835]. Mantê-las-emos como ponto de partida, sublinhando algumas *nuances* quando oportuno. Por facilidade, designá-las-emos de *fraca* e *forte*[3836].

feita pelo menos por K. S. ZACHARIÄ, *Vierzig Bucher vom Staate*, vol. 4, 2ª ed., Winter, Heidelberg, 1840, p. 24 (*apud* MICHAEL, «Los derechos de igualdad ...», p. 153) e por KARL VON ROTTECK, «Gleichheit», in Karl Welcker (org), *Das Staats-Lexikon*, 3ª ed., 6º vol., p. 1862, p. 658 (*apud* ROBBERS, «Der Gleichheitssatz», p. 752). Por outro lado, são recorrentes na doutrina as expressões "igualdade proporcional" e outras equivalentes. LEIBHOLZ emprega aquela expressão pelo menos na segunda edição do seu *Die Gleichheit...*, p. 45 (*„unter dem Gleichheitsbegriff nur eine verhältnismässige Gleichheit zu verstehen sei"*). LERCHE, *Übermass.*, p. 29, em 1961 e ROBBERS, «Der Gleichheitssatz», p. 752, referenciaram decisões do *BVerfG* e autores que o faziam. Na doutrina portuguesa não era desconhecida. Por exemplo, MANUEL DE ANDRADE invocou-a na sua oração de sapiência lida em 1953, publicada sob o título «Sentido e Valor da Jurisprudência», no *BFDUC*, vol. xlviii (1972), pp. 255-294, ensinando que a ideia de justiça se reconduziria «a um princípio de *igualdade* no sentido de *proporcionalidade*» (p. 262) e referindo-se à "ideia de *igualdade-proporcionalidade*, como ingrediente essencial do conceito de justiça" (p. 278) (itálico no original). Também RUI DE ALARCÃO, *Introdução ao Estudo do Direito*, Coimbra, lições policopiadas de 1972, p. 29: "O princípio da igualdade é um corolário da igual dignidade de todas as pessoas, sobre a qual gira, como em seu gonzo, o Estado de Direito democrático (cf. artigos 1° e 2° da Constituição). A igualdade não é, porém, igualitarismo. É, antes, igualdade proporcional. Exige que se tratem por igual as situações substancialmente iguais e que, a situações substancialmente desiguais, se dê tratamento desigual, mas proporcionado: a justiça, como princípio objectivo, «reconduz-se na sua essência, a uma ideia de igualdade, no sentido de proporcionalidade» (citação recolhida do acórdão nº 39/88 do Tribunal Constitucional, porventura o primeiro em que a expressão é empregue). Mais recentemente, v. FERNANDO ALVES CORREIA, *O Plano Urbanístico...*, pp. 443 ss. (falando de igualdade proporcional *e adequada*); CLARO, *Introdução ao estudo...*, pp. 54, 58; MIRANDA, «Igualdade...», p. 406; RAPOSO, *O Poder...*, pp. 254 ss. A expressão também não é desconhecida na literatura americana: v. NAN D. HUNTER, «Proportional Equality: Readings of Romer», in *Kentucky Law Journal*, vol. 89 (2000-2001), pp. 885 ss.

[3834] Assim, LERCHE, *Übermass.*, p. 30.

[3835] O tratamento não é, todavia, unânime. Por exemplo, BOROWSKI, *La estructura...*, pp. 198 ss., enuncia três versões ou "fórmulas": "fórmula da arbitrariedade", "nova fórmula" e "nova variante da nova fórmula".

[3836] Terminologia adotada por ALEXY, *Theory...*, p. 269. No entanto, a exposição subsequente afastar-se-á de alguns dos aspetos da construção do autor. Para ele, a versão *forte* do princípio da igualdade impõe a adoção da *solução mais justa e apropriada*. Nesse contexto, dois casos são sempre substancialmente o mesmo quando o seu tratamento similar satisfaz requisitos de justiça ou *appropriateness* em maior medida do que tratando-os de forma diferente. Nos termos da versão *fraca*, procura-se apenas manter os limites da liberdade de conformação legislativa (*legislative discretion*) estabelecidos pelo conceito de arbitrariedade. Isto é, o controlo da igualdade visa apenas garantir o exercício não arbitrário da discricionariedade legislativa e não ir mais longe, garantindo, positi-

1096

1.3.1. A versão *fraca*

Na versão fraca, o princípio da igualdade confunde-se ou reduz-se a uma instância da *proibição geral do arbítrio (Willkür-Formel)*[3837]. O princípio geral da igualdade traduz-se na proibição de tratar aquilo que é essencialmente igual de forma *arbitrariamente* desigual e aquilo que é essencialmente desigual de forma *arbitrariamente* igual[3838]. Pretende-se assegurar que (i) há uma razão para a diferenciação e (ii) que essa razão não é arbitrária, isto é, constitui uma motivação *objetiva* que justifica o *seu conteúdo*, tendo em conta o *contexto* que confere sentido à norma diferenciadora e o *fim* que esta prossegue[3839]. Não basta que a diferenciação tenha algum fundo de racionalidade ou de plausibilidade, isto é, que sejam aduzíveis *razões para diferenciar*. Exigência tão modesta apenas excluiria diferenciações baseadas em critérios absurdos, ou improváveis, como as dos nascidos em Marte, das pessoas capazes de respirar debaixo de água, ou dos portugueses com mais de 150 anos. A racionalidade de uma classificação, considerada *per se*, não é suficiente para garantir a observância do princípio da igualdade. Mesmo na versão fraca do princípio, a diferenciação e as razões que a enformam têm de ter uma relação racional, razoável ou não arbitrária com o contexto que condicionou a decisão legislativa e com o fim que o legislador escolheu prosseguir[3840].

Para ajuizar sobre isso não é requerida nenhuma operação de ponderação bilateral ou de fundamentação ponderativa[3841]. Se o legislador, querendo prosseguir fins de consolidação orçamental, impõe um corte de pensões que atinge

---

vamente, a medida mais justa e apropriada. Outra hipótese é a dicotomia proposta por Nogueira de Brito, «Medida e Intensidade...», p. 123: modelo simples e modelo complexo.

[3837] Inicialmente criticada por ameaçar uma considerável limitação do legislador: por todos, Forsthoff, *Der Staat der Industriegesellschaft...*, p. 136.

[3838] V., por exemplo, Brüning, «Gleichheitsrechtliche...», p. 669; Albers, «Gleichheit ...», p. 945; Borowski, *La estructura...*, p. 191.

[3839] Enfatizando que a avaliação da arbitrariedade não deve ser feita por ângulo subjetivo (tendo em conta a intenção subjetiva do legislador), mas sim objetivo, v., por exemplo, Claro, *Introdução ao estudo...*, pp. 55 ss.

[3840] O conceito jurídico de arbitrariedade é objeto de discussão, valendo a indicação do texto como mera base para o desenvolvimento subsequente e não como indicação definitiva. Sendo um conceito universal, tem suscitado ultimamente particular interesse da doutrina espanhola por a Constituição de 1978 conter, no artigo 9º, nº 3, uma referência à interdição da arbitrariedade dos poderes públicos. V. Milagros Otero Parga, «La arbitrariedad», in *Anuario de Filosofia del Derecho*, vol XII (1995), pp. 387 ss.; Tomas-Ramon Fernandez, *De la arbitrariedad del legislador*, Civitas, Madrid, 1998; Alejandro Nieto García, *El arbitrio judicial*, Ariel, Barcelona, 2000; Pulido, *El principio...*, pp. 608 ss. Antes da Constituição espanhola, Eduardo García de Enterría, «La interdicción de la arbitrariedad en la potestad reglamentaria», in *RAP*, vol. 30 (1959), pp. 131 ss.

[3841] Alexy, *A Theory...*, p. 265: visto o princípio da igualdade desta forma, os pares comparativos, a comparação e a diferenciação não são o seu ponto focal.

O PRINCÍPIO DA PROIBIÇÃO DO EXCESSO

apenas os ex-trabalhadores do setor público com um metro e setenta de altura, é óbvio que o critério ou *differentia specifica* que preside à delimitação do universo subjetivo de aplicação – ter um metro e setenta ou não – não está fundado em nenhuma razão justificativa racionalmente sustentável ou relacionável com o contexto da norma ou com aqueles fins. Essa norma teria de ser considerada violadora do princípio da igualdade, independentemente de qualquer ponderação. Já se os atingidos pela diferenciação de tratamento forem ex-trabalhadores cuja *differentia specifica* em relação aos demais indivíduos abrangidos pelo *genus proximum* "ex-trabalhador" é a circunstância de as suas pensões serem pagas pela CGA, pode haver razões justificativas da diferenciação, objetivas, racionais ou não arbitrárias, mais ou menos remotamente relacionadas com o contexto e o fim da norma, que a salvem à luz do princípio da igualdade na versão da proibição do arbítrio, mais uma vez sem necessidade de ponderação bilateral.

A estrutura do princípio da igualdade como proibição do arbítrio não foi vista por LEIBHOLZ e outros percursores na Europa, ou pela primeira jurisprudência constitucional produzida ao abrigo da Constituição portuguesa de 1976[3842], como protótipica de uma relação causal meio-fim[3843]. Não obstante referências incidentais à desproporção ou inadequação, o juízo sobre a natureza arbitrária (ou não) da lei não visava apurar se a diferenciação por ela introduzida era adequada para *causar* os efeitos que o legislador pretendia atingir, mas sim se era adequada a parâmetros materiais e fáticos, segundo a consciência jurídica da época[3844]. Avaliava-se a sua racionalidade tendo em conta "a natureza das coisas" ou qualquer outra consideração material[3845]. Esta corrente doutrinal é secundada por aqueles que, como LERCHE ou ROBBERS, entendem que uma das diferenças primordiais entre princípio da proibição do excesso e princípio da

[3842] V. a declaração de voto de FIGUEIREDO DIAS no parecer nº 2/81 da Comissão Constitucional, in Pareceres da Comissão Constitucional, 14º vol., p. 150. Para uma listagem dos pareceres e acórdãos da Comissão Constitucional relacionados com o princípio da igualdade, CLARO, *Introdução ao estudo...*, pp. 21 ss., 182 ss.

[3843] Cfr. porém, na doutrina, ambiguamente, MARIA DA GLÓRIA GARCIA, *Estudos...*, p. 57 (falando em insuficiência ou desrazoabilidade do critério comparativo *para atingir o fim*).

[3844] A insistência de LEIBHOLZ (por exemplo, *Die gleichheit...*, p. 84) em vincular o conceito de proibição do arbítrio à consciência jurídica da época, como forma de salientar que aquele conceito não pode ser definido de maneira precisa, definitiva e intemporal, é realçada por MANCEBO, «Igualdad..., p. 167.

[3845] ALEXY, *A Theory...*, p. 270, citando a jurisprudência do TC alemão; v. várias formulações em MANCEBO, «Igualdad...», p. 170, bem como o debate crítico sobre elas ocorrido na Alemanha, normalmente centrado em torno da excessiva indeterminação e amplitude, propensa a fazer do princípio da igualdade uma espécie de Robin dos Bosques do Estado de Direito (GEIGER), ou de facilitar uma forma arbitrária da aplicação e controlo da proibição do arbítrio.

1098

PROIBIÇÃO DO EXCESSO E IGUALDADE

igualdade reside justamente em que o primeiro envolve a apreciação de uma relação meio-fim, ao contrário do que sucede com o segundo[3846].

Nos EUA, cujo desenvolvimento doutrinal tem trilhado vias diferentes mas que por vezes se cruzam com as europeias[3847], a questão não é totalmente clara. Aí a perspetiva usada no estudo das questões respeitantes ao princípio da igualdade é prevalentemente processual e não estrutural, pelo que a comparabilidade não é total[3848]. Por outro lado, os testes utilizados para apreciação do cumprimento da *equal protection clause* da 14ª Emenda são também os utilizados para examinar as restrições ou limitações de direitos fundamentais, designadamente os da 1ª Emenda (questões dogmáticas que, aliás, aparecem muitas vezes indistintas no *case law*)[3849]. A jurisprudência constitucional das últimas décadas fixou-se em três níveis de escrutínio: *rational basis, intermediate level of scrutiny* e *strict scrutiny*[3850], com configurações de geometria algo variável (nuns casos incorporando dimensões assimiláveis às do princípio da proibição do excesso, noutros dimensões próprias do que na Europa se considera a metódica específica do controlo da igualdade). Na doutrina usa-se por vezes a expressão *means-ends tests*, mas a sua complexidade estrutural, a necessidade que têm de se adaptar a circunstâncias díspares (restrições de direitos e diferenciações ou classificações, em alguns casos tratadas indistintamente), provoca uma dificuldade endémica na dilucidação do tipo de relação *means-end* que lhes está subjacente. Em alguns casos aqueles testes têm uma componente de escrutínio de relações meio-fim de tipo *causal*, tipicamente quando são empregues na apreciação da constitu-

---

[3846] LERCHE, *Übermass.*, p. 30: a apreciação do cumprimento do princípio da igualdade incide sobre a "relação horizontal" entre diferenças e similitudes e outras questões factuais, as circunstâncias em que se ancora a medida legislativa. Diferentemente, o princípio da proibição do excesso descreve-se como uma ponderação entre fim (benefício) e meio (sacrifício); ROBBERS, «Der Gleichheitssatz», p. 752: o princípio da igualdade não se pode identificar com o princípio da proporciobalidade porque não se esgota numa relação meio-fim (*Zweck-Mittel-Relation*); no mesmo sentido, na doutrina portuguesa, FERNANDO ALVES CORREIA, *O Plano Urbanístico...*, p. 443 (embora acrescentando que "a ideia de proporcionalidade assume um significado especial para o princípio da igualdade, tanto no domínio da a actividade legislativa, como da acção administrativa").

[3847] Sobre isso, KOMMERS, «Der Gleichheitssatz...», p. 35; ROBBERS, «Der Gleichheitssatz», p. 751. É seguro que a experiência constitucional dos EUA influenciou a construção doutrinal de LEIBHOLZ, como ressalta de vários passos do *Die gleichheit...*, cit.

[3848] TUSSMAN/TENBROEK, «The Equal Protection...», p. 365.

[3849] Esta indistinção de alguma forma parece ter contaminado a jurisprudência constitucional mexicana. Quer no primeiro caso de evidente aplicação do princípio da proporcionalidade (embora com algumas deficiências conceptuais), datado de 2004, quer noutros seguintes (com maior apuro), o Supremo Tribunal mexicano aplicou um misto dos subprincípios da proporcionalidade e dos *scrutiny tests* americanos na apreciação de alegadas violações da igualdade: cfr. a clara (e crítica) exposição de GARGARI, «Principio de proporcionalidad...», pp. 79 ss.

[3850] Cfr. *supra*, capítulo 3 e bibliografia aí citada.

O PRINCÍPIO DA PROIBIÇÃO DO EXCESSO

cionalidade de restrições de direitos de liberdade com força constitucional. Mas quando se trata da apreciação da constitucionalidade de eventuais violações do princípio da igualdade, a questão é menos líquida.

Por exemplo, a propósito do *rational basis test* que, pelo seu teor de baixa intensidade (v. *infra*), pode ser visto como o contraparte processual da versão fraca do princípio da igualdade, diz-se que tem de haver *"a rational relationship between the disparity of treatment and some legitimate governmental purpose"*[3851]. Consequentemente, requer-se uma conexão entre a diferenciação e os fins, mas o exato alcance dessa conexão é incerto[3852]. Parece, porém, que pelo menos nestes casos de escrutínio de baixa intensidade não se pode falar da apreciação de uma relação meio-fim, no sentido de relação causa-efeito entre diferenciação e fim[3853]. Por isso, não se excluem perentoriamente situações de *under-inclusiveness* e de *over-inclusiveness*, isto é, situações em que a medida diferencia um grupo com menos ou mais membros do que o adequado para atingir o fim, donde pode concluir-se que a relação racional entre meio e fim não tem de ser de *tipo causal*[3854/3855].

Em suma, a circunstância de se dizer comumente que os testes de escrutínio judicial da igualdade são testes que examinam a relação entre meios e fins (*means-end tests*) não é determinante. Os *means-ends tests* norte-americanos tanto incidem sobre relações meio-fim de tipo causal, como sobre relações de meio-fim de tipo não causal.

Como quer que seja, nas suas roupagens europeias o princípio da igualdade não aparece estruturado em torno de uma relação meio-fim, embora haja posições doutrinárias que põem essa observação em causa. Por exemplo, há quem sustente que a versão fraca da igualdade se reconduz a um *exame limitado à adequação ou idoneidade*, aparentemente assimilável ao da proporcionalidade clássica

---

[3851] *Heller v. Doe* (1993), *apud* BISHOP, «Rationality is dead!...» p. 4.

[3852] BISHOP, «Rationality is dead!...» p. 4.

[3853] V. o trabalho que se pode considerar um dos primeiros marcos da teorização do doutrinal da *equal protection*: TUSSMAN/TENBROEK, «The Equal Protection...». Alguns trechos elucidativos: *"a reasonable classification is one which includes all persons who are similary situated with respect to the purpose of the law"* (*ob. cit.*, p. 346); *"it is impossible to pass judgment on the reasonableness of a classification without taking into consideration, or identifiying the purpose of the law"* (*idem*, p. 347), *"the equal protection clause is a demand that [...] the classifications [the legislator] creates be reasonably related to the purpose of the law"* (*idem*, p. 365). Em nenhum caso se fala de uma relação causa efeito entre a criação de categorias ou de classificações e a fim da lei.

[3854] V. a definição em TUSSMAN/TENBROEK, «The Equal Protection...», pp. 347 ss.

[3855] Esta afirmação não é, porém, incontroversa e podem ser encontradas situações em que o juiz constitucional vai mais longe, mesmo em casos em que a eventual violação da *equal treatment clause* não se combina com a restrição de direitos fundamentais. V. a exposição bem documentada de BISHOP, «Rationality is dead!...» pp. 5 ss.

1100

PROIBIÇÃO DO EXCESSO E IGUALDADE

ou proibição do excesso[3856]. Esse ponto de vista só pode ser aceite se for possível concluir que, afinal, o princípio da igualdade tem por objeto uma relação meio-fim. E se tiver por objeto uma relação meio-fim, terá de se demonstrar que é uma relação meio-fim *idêntica* àquela que interessa ao princípio da proibição do excesso, através do segmento da adequação.

A aferição da correção desta orientação exige que se distinga entre relações meio-fim em sentido autêntico e em sentido inautêntico. Na aceção *autêntica*, a solução legislativa em apreciação constitui o meio capaz de causar os efeitos materiais que constituem o fim do ato. Na aceção *inautêntica*, diversamente, não se impõe que a solução legislativa em apreciação seja o meio capaz de causar os efeitos materiais visados, exige-se apenas que tenha uma qualquer relação com eles.

A proibição do excesso, através do segmento da adequação, postula que a medida legislativa – ou a solução nela contida – seja intrinsecamente apta a promover de forma causal os efeitos materiais visados. Quando se diz que subjacente à proibição do excesso está uma relação meio-fim, trata-se de uma relação meio-fim *autêntica*, enunciada nestes termos causais.

Como vimos a propósito dos pressupostos de aplicação, o princípio da igualdade pode ter por objeto situações em que a solução diferenciadora é o próprio meio para atingir um fim *interno*. Se a medida legislativa visar um fim de justiça ou de (r)estabelecimento da igualdade material, isto é, um fim vinculado ou instrumental à própria estrutura do princípio da igualdade numa das suas precipitações, o apuramento do cumprimento do princípio exige forçosamente que se aprecie se a diferenciação é *adequada* para prosseguir o fim interno, isto é, o fim de justiça ou de igualdade material. Se não o for, há violação do princípio da igualdade. Nessas circunstâncias, Lerche e outros não têm razão. Nestes casos há alguma analogia estrutural entre o segmento da adequação tal como funcionalmente adaptado à *proibição do excesso* e a adequação como *componente estrutural* do princípio da igualdade[3857].

Porém, a analogia estrutural do princípio da igualdade com o princípio da proibição do excesso fica por aí.

[3856] Michael, «Los derechos de igualdad ...», p. 154; Pirker, *Proportionality*..., p. 118. Entre nós, Lúcia Amaral, «O princípio da igualdade...», p. 42: na dimensão de exigência de razoabilidade ou de proibição do arbítrio, o julgamento da igualdade resume-se à averiguação sobre se há um "qualquer elo de adequação *objetiva e racionalmente* comprovável entre" fim (o propósito legal que justificaria a diferença) e meio (a diferença mesma e a sua medida). Compreende-se, pois, que logo a seguir a autora admita dificuldade em distinguir entre princípio da igualdade como proibição do arbítrio e princípio da proporcionalidade.

[3857] Concordante, Nogueira de Brito, «Medida e Intensidade...», p. 114.

O PRINCÍPIO DA PROIBIÇÃO DO EXCESSO

Por um lado, não há possibilidade de adaptar ou incorporar nada de parecido com um teste de necessidade[3858]. Para isso, teria de se considerar que a diferenciação introduzida é uma interferência ou afetação, ou equivalente a uma afetação, do sentido material do princípio da igualdade, a ser confrontada com outras afetações menos sacrificadoras desse princípio. Daí decorreria que a aplicação de um segmento de necessidade suporia que se averiguasse se há uma medida alternativa à escolhida que ao mesmo tempo que é *tão diferenciadora* quanto ela, dessa forma propiciando o mesmo nível de cumprimento do fim interno inerente ao princípio da igualdade, é *menos diferenciadora* do que ela e, portanto, menos sacrificadora (ou não sacrificadora) do princípio da igualdade[3859]. A simples explicitação da operação põe a nu a impossibilidade lógica.

Por outro lado, não se vê como adaptar algo parecido com o segmento da proporcionalidade em sentido estrito: seria absurdo contrapesar o benefício obtido em termos de igualdade material com o "prejuízo" eventualmente sofrido (se algum pudesse identificar-se) por quem beneficiava anteriormente de uma situação de desigualdade[3860] ou mais latamente os efeitos positivos e negativos da diferenciação.

Em contrapartida, quando o fim da norma é *externo* em relação à estrutura da igualdade, a negação da centralidade de uma relação meio-fim *autêntica* na avaliação da igualdade é fundamentalmente correta.

Em alguns casos, o fim da norma legislativa tanto pode ser alcançado havendo diferenciação, como não, e até pode suceder que soluções não diferenciadoras sejam presumivelmente mais eficientes do que soluções diferenciadoras (v.g. o "corte" de pensões de todos, em alternativa ao "corte" de pensões de apenas alguns). Algumas vezes, a diferenciação não foi deliberadamente pretendida pelo legislador, constituindo um mero efeito colateral, não necessariamente desejado e até eventualmente indesejado. Outras vezes, só muito remotamente pode ser considerada como o meio através do qual se pretende *causar* os efeitos que constituem fim da norma legislativa.

Apreciemos um exemplo: admitamos que o legislador, com o fim de melhorar a qualidade do ar dos centros históricos das cidades, a fluidez do trânsito e a utilização de transportes coletivos, proíbe a circulação de carros com mais de vinte anos (*M1*). Há uma diferenciação entre os proprietários de carros com mais de vinte anos e com menos de vinte anos. Essa diferenciação, *em si*, não contribui em nada para a prossecução do fim. A diferenciação não é ela própria

[3858] Assim, NOGUEIRA DE BRITO, «Medida e Intensidade...», p. 126.
[3859] Cfr., sobre isto, MICHAEL, «Los derechos...», p. 157; HUSTER, «Gleichheit und Verhältnismäßigkeit...», pp. 543 ss.; MANCEBO, «Igualdad...», p. 192. Para um enquadramento global, ROBBERS, *Gerechtigkeit...*, esp. pp. 88 ss.
[3860] Coincidente, NOGUEIRA DE BRITO, «Medida e Intensidade...», p. 127.

PROIBIÇÃO DO EXCESSO E IGUALDADE

o meio para atingir o fim (o meio é antes a introdução de limitações à circulação *tout court*). Se não houvesse diferenciação entre dois grupos de "proprietários de carros", ou seja, se todos os carros ficassem abrangidos pela proibição, é manifesto que o fim se atingiria até com mais eficiência. Mas para efeitos da apreciação do cumprimento do princípio da igualdade isso não importa. A relação meio-fim em *sentido autêntico* não é central nem determinante na metódica do princípio da igualdade. Para se apurar se este foi cumprido atende-se à existência ou não de motivos justificativos razoáveis para a diferenciação. Por isso, mesmo que tal diferenciação não possa ser entendida *em si* como *meio adequado* para atingir um fim (porque até dificulta a sua satisfação plena ou máxima), é possível que ela sobreviva ao crivo do princípio da igualdade, pelo menos na versão fraca (por exemplo, porque é *razoável* que tendo em conta o contexto e o fim que se pretende atingir os veículos mais poluidores sejam mais penalizados e sofram mais limitações).

Outro exemplo, este clássico, retirado do *case law* norte-americano: em *Craig v. Boren* (1976)[3861], o Supremo Tribunal americano apreciou normas que proibiam o consumo de cerveja por homens menores de 21 anos, enquanto que no caso das mulheres a proibição vigorava só até aos 18. À luz do segmento da adequação do princípio da proibição do excesso, a norma que estabelecia a proibição de consumo a homens menores de 21 e a mulheres menores de 18 anos não é inconstitucional. Toda a norma proibitiva do consumo de qualquer tipo de álcool, independentemente do seu teor, com ou sem diferenciação de destinatários, presumivelmente contribui para o fim de diminuição do consumo e da sinistralidade rodoviária sendo, consequentemente, adequada. Já a diferenciação estabelecida, em si, não era justificada por nenhuma base factual, como o Tribunal concluiu. Não era demonstrável que proibir os homens de beber cerveja até aos 21 e as mulheres apenas até aos 18 tivesse uma relação racional com o fim da norma: esta era inconstitucional por violação do princípio da igualdade. Neste caso, não havia violação da proibição do excesso, mas havia violação do princípio da igualdade.

Objeto do princípio da igualdade – pelo menos na versão fraca que agora estudamos, repete-se – não é uma relação causa-efeito, ou meio-fim em sentido autêntico, mas sim a apreciação das razões que sustentam a diferenciação e da relação dessas razões com outras variáveis, entre as quais o contexto que dá sentido à norma legislativa e o fim prosseguido, relação essa que só podemos designar de meio-fim num sentido *inautêntico* e impreciso. Não se diz: "a diferenciação realizada por *M1* não é adequada para prosseguir o fim de *M1*, por isso viola o princípio da igualdade"; diz-se "a diferenciação realizada por *M1* não é racional-

---

[3861] V. *supra*, capítulo 3, 4.5.

O PRINCÍPIO DA PROIBIÇÃO DO EXCESSO

mente ou razoavelmente justificada tendo em conta o fim de *M1*, por isso viola o princípio da igualdade". No primeiro caso, estaria a averiguar-se a existência de uma relação de causa-efeito entre a diferenciação e o fim; no segundo aprecia-se a diferenciação em si, a sua racionalidade ou razoabilidade, conhecendo e considerando o fim que *M1* visa, mas sem cuidar de decidir se *M1* e a diferenciação por ela realizada é mínima, média ou maximamente eficiente para atingir esse fim. As razões justificativas devem ser racionais ou não arbitrárias e devem ter uma relação *racional ou não arbitrária* com o contexto que dá sentido à medida legislativa e com o fim dela. Salvo no caso da norma apreciada prosseguir fins internos, o princípio da igualdade não exige que a diferenciação seja adequada ou idónea para promover – no sentido de causar – o fim prosseguido[3862].

Assim, no acórdão nº 396/11, relatado por SOUSA RIBEIRO, o Tribunal Constitucional considerou que a diferenciação a que eram sujeitos especificamente os trabalhadores do setor público era racionalmente justificada (não era arbitrária) tendo em conta o fim de diminuição imediata e instantânea da despesa pública. Mas no contexto da estrita apreciação do cumprimento do princípio da igualdade o Tribunal não teve de apreciar (não obstante alguma ambiguidade semântica) se essa *diferenciação em si* entre vários grupos de trabalhadores era adequada a promover ou aproximar o fim da diminuição da despesa pública.

Em conclusão, se não se pode dizer que à igualdade é indiferente a relação meio-fim entre a medida ou solução legislativa e o fim visado, também não se pode dizer que a igualdade na sua versão fraca – proibição do arbítrio – é estruturalmente equivalente ao segmento da adequação do princípio da proibição do excesso[3863].

1.3.2. Versão *forte*

1.3.2.1. *A formação e sentido da versão forte na jurisprudência constitucional alemã*
A igualdade proibição do arbítrio não resolve os problemas de «desigualdade» que não se reconduzem a uma solução arbitrária[3864]. Daí a sua superação através de uma versão *forte*.

[3862] Diferentemente, NOGUEIRA DE BRITO, «Medida e Intensidade...», pp. 114, 126.

[3863] Por todos, MICHAEL, «Los derechos de igualdad ...», p. 154; v., também, com significado especial por realizar uma interpretação quase autêntica da jurisprudência do Tribunal Constitucional espanhol, TRIAS/RUIZ, «Los principios de razonabilidad y proporcionalidad en la jurisprudencia constitucional española», p. 19. Próximo do texto, ALBERS, «Gleichheit...», p. 947.

[3864] CANOTILHO, *Direito...*, 7ª ed., p. 428, defendendo a insuficiência daquela versão e, consequentemente, a sua superação.

PROIBIÇÃO DO EXCESSO E IGUALDADE

Esta versão inspira-se na *neue Formel* adotada pela primeira Câmara (*erste Senat*) do Tribunal Constitucional alemão no início da década de 1980[3865], seguida pelo Tribunal Constitucional português a partir da década de 1990[3866]: há uma violação do princípio geral da igualdade quando um grupo de destinatários da norma é tratado diferentemente em comparação com outro grupo de destinatários da norma, apesar de não haver entre os dois grupos diferenças cuja espécie e peso justifique o tratamento desigual[3867]/[3868]. A definição do princípio

[3865] Sentença de 7 de Outubro de 1980. Referências a outras em ROBBERS, «Der Gleichheitssatz», p. 751 e HUSTER, «Gleichheit...», p. 542. O debate sobre se a *neue Formel* (ou "fórmula do destinatário da norma": BOROWSKI) constituiu uma mudança substancial da jurisprudência do *BVerfG* tem sido inconclusivo, com vozes a pronunciar-se em sentido afirmativo e outras contra: v. o rol em LENZE, «Gleichheitssatz und Generationengerechtigkeit», pp. 89 ss., nota 22. Para várias visões sobre a *neue Formel*: MAASS, «Die neuere Rechtsprechung des BVerfG zum allgemeinen Gleichheitssatz...», *cit.*; HESSE, «Der allgemeine...», *cit.*; SACKSOFSKY, *Das Grundrecht auf Gleichberechtigung...*, *cit.*; SACHS, «Die Maßstäbe des allgemeinen Gleichheitssatzes...» *cit.*; JARASS, «Folgerungen aus der neueren Rechtsprechung...», p. 2549; KISCHEL, «Systembindung des Gesetzgebers und Gleichheitssatz», *cit.*; ODENDAHL, «Der allgemeine Gleichheitssatz: Willkürverbot und "neue Formel"...», *cit.*; BRÜNING, «Gleichheitsrechtliche ...», *cit.*; ALBERS, «Gleichheit...», *cit.*; MICHAEL, «Los derechos de igualdad ...», pp. 154 ss.; WERNER HEUN, «Art. 3», in H. Dreier (ed.), *Grundgesetz Kommentar*, vol. I, 3ª ed., Mohr Siebeck, Tübingen, 2013 (2ª ed., 2004); PIEROTH/SCHLINK, *Direitos Fundamentais...*, p. 136; BOROWSKI, *La estructura...*, p. 199; MANCEBO, «Igualdad...», pp. 178 ss; RAVI PEREIRA, «Igualdade...», p. 323; DIMITRI SCHAFF, *Entwicklung von der Willkürformel zur Gruppenvergleichsformel*, GRIN Verlag, 2013 (eBook).
[3866] Pelo menos desde o acórdão nº 330/93 (nº 6), relatado por V. N. Almeida, onde se dá explicitamente conta da (na altura, recente) evolução da jurisprudência constitucional alemã e se distingue entre a modalidade da igualdade como proibição do arbítrio e uma modalidade diferente, assente num "critério mais compreensivo do que o da proibição do arbítrio", aplicada ao caso *sub judice*.
[3867] A frase mais citada é a seguinte: *"Diese Verfassungsnorm* [artigo 3º, nº 1, sobre princípio geral da igualdade] *gebietet, alle Menschen vor dem Gesetz gleich zu behandeln. Demgemäß ist dieses Grundrecht vor allem dann verletzt, wenn eine Gruppe von Normadressaten im Vergleich zu anderen Normadressaten anders behandelt wird, obwohl zwischen beiden Gruppen keine Unterschiede von solcher Art und solchem Gewicht bestehen, daß sie die ungleiche Behandlung rechtfertigen könnten"*. BOROWSKI, *La estructura...*, p. 200, nota que, não obstante se ter visto esta nova fórmula como uma receção do princípio da proporcionalidade, na decisão do Tribunal não é feita qualquer referência a um exame de proporcionalidade ou a uma ponderação. O uso da metáfora do *peso* (das diferenças) remete apenas, implicitamente, para estruturas de ponderação bilateral ou de contrapeso entre variáveis.
[3868] Numa decisão de 26 de janeiro de 1993 o *BVerfG* especificou a *neue Formel* em termos que alguns consideram configurar uma nova variante daquela fórmula: assim, BOROWSKI, *La estructura...*, pp. 200 ss. O Tribunal passou a distinguir, em vez de dois níveis apenas, três níveis: o tratamento desigual de pessoas ou grupos de pessoas; o tratamento desigual de situações de facto que implica indiretamente o tratamento desigual de pessoas ou grupos de pessoas; as demais situações de tratamentos desiguais de situações de facto. Por outro lado, agora sim, integra o exame de proporcionalidade na estrutura da nova fórmula (*ob. cit.*, p. 204).

O PRINCÍPIO DA PROIBIÇÃO DO EXCESSO

geral da igualdade tem de sofrer um ajustamento: passa a consistir na proibição de tratamento desigual quando não há *razões de diferenciação com peso suficiente para justificar* o tratamento desigual e na proibição de tratamento igual quando há *razões de diferenciação com peso suficiente* para justificar o tratamento desigual. Na versão fraca trata-se de igualdade como *proibição da diferenciação* (ou da igualitariazação) *arbitrária*. Na versão forte, de igualdade como *proibição da diferenciação* (ou da igualitarização) *desproporcionada* ou *desequilibrada*[3869].

A emergência da *neue Formel* cruza-se com a trajetória expansiva do princípio da proporcionalidade clássica ou proibição do excesso, já inequívoca na década de 1980. Consequentemente, é explicável a tentação do *BVerfG*, de outros tribunais constitucionais e de boa doutrina de incorporarem a ideia (ou até o princípio) da proibição do excesso na estrutura do princípio da igualdade[3870].

1.3.2.2. As relações entre a versão forte e o princípio da proibição do excesso de acordo com a doutrina alemã

Sobre a relação entre a *neue Formel* da estrutura dogmática do princípio da igualdade e o princípio da proibição do excesso, a doutrina germânica pode ser organizada em quatro correntes principais[3871]: (i) integração total; (ii) integração limitada; (iii) integração em termos modificados; (iv) separação[3872].

1.3.2.2.1. Integração total

Uma corrente *totalmente integradora da proibição do excesso*[3873] defende que também no exame do princípio da igualdade se devem aplicar *mutatis mutandis* os

---

[3869] Concordante, Nogueira de Brito, «Medida e Intensidade...», p. 120; Ravi Pereira, «Igualdade...», p. 324, propõe *razoabilidade como equilíbrio*, em contraposição a razoabilidade como fundamento material bastante. Como veremos, falar-se de igualdade como *proibição da desproporção* não significa integrar o princípio da proibição do excesso na estrutura do princípio da igualdade.

[3870] Notando este aspeto, Machete/Violante, «O princípio da Proporcionalidade...», p. 10; na doutrina da época v. Kloepfer, «Gleichheit...», p. 58.

[3871] Para a síntese que se segue beneficiamos essencialmente da exposição de Michael, «Los Derechos...», pp. 155 ss. Cada uma das correntes referidas tem ramificações e versões diferenciadas, não havendo, além disso, absoluta estanquicidade entre elas, o que possibilita posições doutrinais dificilmente enquadráveis numa ou noutra.

[3872] Questão simétrica à eventual integração da proibição do excesso na estrutura da igualdade é a da *integração de um juízo de igualdade na estrutura da proibição do excesso*, designadamente na necessidade: v., sobre isso, Clérico, *El examen...*, pp.143 ss. As conclusões sobre as relações entre os dois princípios a que chegaremos mais adiante são *mutatis mutandis* aplicáveis a essa outra perspetiva.

[3873] Por todos, Jarass, «Folgerungen...», p. 2549. Na doutrina nacional v. Canotilho, *Direito Constitucional...*, 7ª ed., pp. 1297-1298, sustentando o contributo da proporcionalidade para a metódica da igualdade. Tendo em conta que o critério que conduz à desigualdade é sempre desenhado em função de um fim, surgindo essas desigualdades também em função do fim que se pretende atingir com a medida, haveria que verificar a adequação e necessidade dessa desigualdade em relação

PROIBIÇÃO DO EXCESSO E IGUALDADE

três segmentos da proibição do excesso, adequação, necessidade e proporcionalidade e.s.e. A única adaptação a fazer é, em lugar de se ponderar a proporcionalidade da interferência num direito, ponderar-se a proporcionalidade da diferenciação, assimilada a uma interferência: a diferenciação deve ser adequada a prosseguir o fim da norma legislativa, não deve haver nenhuma diferenciação alternativa menos interferente e igualmente adequada e devem ponderar-se os benefícios da diferenciação com os sacrifícios por ela provocados.

1.3.2.2.2. *Integração limitada*

A segunda corrente, *limitadamente integradora da proibição do excesso*[3874], sustenta que o exame de proibição do excesso só pode incorporar-se na estrutura do exame da igualdade nas situações em que se possa falar de paralelismo estrutural entre os dois princípios. Isso sucederia apenas quando a norma legislativa diferenciadora visasse alcançar fins externos. Nesses casos de equivalência estrutural, os segmentos da proibição do excesso seriam aplicáveis com a configuração que têm quando se trata de examinar interferências em direitos de liberdade.

1.3.2.2.3. *Integração em termos modificados*

A terceira corrente, *integradora da proibição do excesso em termos modificados*, sustenta que o exame de proibição do excesso só pode ser inserido na estrutura do princípio da igualdade se for construída uma estrutura dos segmentos da proibição do excesso específica, adaptada àquele princípio. Contudo, a possibilidade de se adaptar *todos* os três segmentos da proibição do excesso é desigual.

À cabeça, para se viabilizar um juízo de *adequação*, faz-se uma adaptação ao nível da relação meio-fim: se não houver uma relação *real* entre a diferenciação e o fim pretendido (isto é, se não se tratar, por exemplo, de uma norma que vise um fim interno ao princípio da igualdade), ficciona-se uma relação equivalente entre a diferenciação, as razões que a sustentam e o fim externo que a norma persegue. Nesse panorama, a proibição do arbítrio funcionaria isoladamente (como versão fraca) ou como componente estrutural da versão forte e teria o mesmo conteúdo que uma exigência de idoneidade ou adequação, traduzindo-se na proibição de proceder a diferenciações não adequadas para promover o fim interno, ou não conformes com as razões e o fim externo (cfr. *supra*).

Já quanto à *necessidade*, a adaptação é impossível na maior parte dos casos. Uma adaptação passaria por uma operação orientada a verificar se existe uma

---

a esse fim, bem como a proporcionalidade do tratamento desigual em relação aos fins a obter ou obtidos; v., também, Maria da Glória Garcia, *Estudos...*, p. 17; Nogueira, *Direito fiscal europeu ...*, p. 118. Esta posição tem reflexos na jurisprudência do TC português, como se verá adiante.
[3874] Por todos, Huster, «Gleichheit...», pp. 541 ss.

O PRINCÍPIO DA PROIBIÇÃO DO EXCESSO

medida menos diferenciadora com igual eficiência na obtenção do fim. Mas se o fim é interno, isto é, se a diferenciação visa suplantar desigualdades existentes, procurar uma solução menos diferenciadora igualmente eficiente seria um contrassenso, como se demonstrou anteriormente[3875]. E se o fim da norma for um fim externo, a dificuldade de adaptação também se coloca, pelo menos quando se trate do princípio geral de igualdade. No contexto deste não se pode falar de uma ideia geral de igualitarização. Não se pode dizer, à partida, que o tratamento igual é "melhor", ou menos "oneroso", ou menos "interferente", do que o tratamento diferenciado. A diferenciação não é necessariamente um *minus*. Por isso, estabelecer como intuito de uma adaptação do segmento da necessidade a procura de uma alternativa "menos diferenciadora", presumindo que é o mesmo que "menos onerosa", não é sustentável do ponto de vista dogmático. Nestes casos não há exame de necessidade ou algo equivalente. Só não se pode dizer o mesmo em relação às vertentes do princípio da igualdade que proíbem discriminações ou diferenciações específicas ou baseadas em critérios suspeitos (cfr. artigo 13º, nº 2), uma vez que nesses casos o sentido jurídico-constitucional é de facto igualitarizador. Aí, a diferenciação só é válida se não houver outras soluções alternativas menos diferenciadoras, ou não diferenciadoras, que permitam atingir o fim com igual eficiência.

Finalmente, para esta corrente é crucial a adaptação do segmento da *proporcionalidade em sentido estrito*, que pondera as diferenciações face às razões objetivas que as justificam: quanto maior for o peso das razões objetivas que justificam o tratamento desigual, tanto maior será a legitimidade das diferenciações jurídicas[3876].

1.3.2.2.4. *Separação*

A quarta corrente, *negacionista da integração*, sustenta que o exame da proibição do excesso não cabe na estrutura do princípio da igualdade. Os princípios da igualdade e da proibição do excesso têm estruturas diversas e não intercambiáveis, correndo paralelamente e incidindo sobre objetos distintos: o princípio da igualdade pronuncia-se sobre a validade das diferenciações, o princípio da proibição do excesso sobre a validade das interferências em direitos[3877].

[3875] *Supra*, neste capítulo, 1.3.1.

[3876] Por todos, MICHAEL, «Die drei Argumentationsstrukturen des Grundsatzes der Verhältnismässigkeit», *cit.*; *idem*, «Grundfälle zur Verhältnismässigkeit, Teil III»., p. 866; *idem*, «Los derechos...», pp. 157 ss.

[3877] Esta corrente entronca na doutrina original de LERCHE, *Übermass.*, pp. 29 ss., desenvolvida mesmo antes da *neue Formel*. Por todos, mais recentemente, HEUN, «Art. 3», *cit.*; entre nós, aparentemente, RAVI PEREIRA, «Igualdade...», pp. 360 ss.

PROIBIÇÃO DO EXCESSO E IGUALDADE

1.3.2.3. *Posição assumida: distâncias e proximidades estruturais*

O facto de a *neue Formel* ter nascido *semanticamente* associada a uma ideia de proporcionalidade, por via da jurisprudência do Tribunal Constitucional alemão, tem, de alguma forma, condicionado a doutrina na busca de uma delimitação clara da estrutura dogmática dos dois princípios.

Abstraindo tanto quanto possível da *neue Formel* e do ambiente germânico, as teses que melhor correspondem ao interesse em delimitar rigorosamente a estrutura dos dois princípios, particularmente quando está em causa a estrutura do princípio da igualdade na sua versão forte, são as que realçam as diferenças (que desembocam na impossibilidade de partilharem os segmentos da adequação e da necessidade em muitos casos) *sem ignorar a proximidade* (mas não identidade) *estrutural dos momentos de ponderação* de cada um deles.

Sobre a possibilidade de "adaptabilidade" ou "transformação" dos segmentos da adequação e da necessidade, de modo a absorverem o sentido teleológico do princípio da igualdade, vale em boa medida o que se expôs a propósito da versão fraca, no caso da adequação, bem como a dificuldade que os próprios defensores das teses integracionistas reconhecem a propósito da adaptabilidade da necessidade. Tal como na versão fraca, não é sempre possível falar-se no contexto da versão forte de uma relação *autêntica*, de natureza causal, entre a diferenciação introduzida pela norma e o fim desta.

Esta divergência estrutural de partida entre igualdade e proibição do excesso tem implicações no que toca à viabilidade dogmático-estrutural do segmento da necessidade como elemento estrutural da igualdade na versão proibição do desequilíbrio. Na metódica do princípio da proibição do excesso, averiguar se a medida é necessária é ajuizar se o meio adotado não tem alternativa igualmente ou superiormente adequada (ou eficiente) que sacrifique menos os bens, interesses ou valores objeto de interferência legislativa. Esta formulação suscita à partida um argumento lógico-formal: a necessidade pressupõe uma *comparação* de medidas igual ou superiormente *adequadas*. Todavia, como o princípio da igualdade não integra por norma um juízo sobre a adequação do tratamento diferenciado para prosseguir o fim, falece à cabeça o sustentáculo metódico para efetuar a comparação dos níveis de adequação de eventuais medidas alternativas.

Mas mais comprometedor da "adaptabilidade" da necessidade é outro argumento. Não cabendo na metódica do princípio da igualdade a averiguação da existência de alternativas menos onerosas, menos interferentes, menos drásticas ou mais suaves, como é caraterístico do segmento da necessidade do princípio da proibição do excesso, também não parece possível conceber-se algo *assimilável*, centrado na averiguação da existência de alternativas *menos diferenciadoras*

O PRINCÍPIO DA PROIBIÇÃO DO EXCESSO

ou não diferenciadoras[3878]. Como já se alegou, essa opção nem sempre é dogmaticamente enquadrável no sentido teleológico do princípio da igualdade. Não o é, certamente, quando a medida sob escrutínio visa alcançar fins internos. Mas também não o é na maior parte dos casos em que a norma diferenciadora prossegue fins externos. Voltemos ao exemplo da proibição de circulação de carros com mais de 20 anos. Ao invés do que sucederia se vigorasse algo similar ao segmento da necessidade da proibição do excesso, a circunstância de haver outras medidas menos diferenciadoras ou não diferenciadoras (como, por hipótese, proibição para todos os carros, independentemente da idade), adequadas para atingir no mesmo grau (ou até em maior grau) o fim de diminuição da poluição, não condena automaticamente a norma diferenciadora dos carros com mais de 20 anos à luz do princípio da igualdade. O que é típico da metódica da igualdade não é a realização de uma operação comparativa para ver se há medidas menos diferenciadoras com igual eficiência na satisfação do fim, mas sim analisar se a *diferenciação* em si tem justificação razoável e (no caso da versão forte) se essa justificação *tem o peso exigível*. A diferenciação dos carros com mais de 20 anos pode ter alternativas mais eficientes, mas nem por isso ser condenável à luz do princípio da igualdade, se houver razões com peso suficiente para justificar essa diferenciação. A questão que se coloca é, em suma, se é razoável a justificação *que os mais poluidores sejam os mais onerados ou penalizados* e se essa justificação tem *peso* equivalente ou superior às desvantagens suportadas pelo grupo diferenciado.

Esta última frase permite-nos transitar para a questão de saber se a versão forte da igualdade tem realmente em comum com o princípio da proibição do excesso o segmento da proporcionalidade e.s.e. A versão forte não se limita a impor que a diferenciação tenha alguma base de racionalidade ou de não arbitrariedade. De acordo com essa versão, a diferenciação ou tratamento desigual deve ser proporcional. Para se verificar se há *proporção*, é efetuada uma operação de *ponderação multipolar cruzada*, em que são contrapesadas (i) as razões justificativas da diferenciação, (ii) as razões que poderiam justificar uma não diferenciação, ou uma diferenciação diferente, (iii) a espécie, profundidade, extensão e significado dos efeitos do tratamento desigual sofrido por um dos grupos componentes do par comparativo em relação ao outro e (iv) a intensidade da relação de tudo isso com o contexto normativo e factual que dá sentido à decisão do legislador e com o fim da norma[3879].

[3878] V. Brüning, «Gleichheitsrechtliche...», p. 670; cfr., também, Nogueira de Brito, «Medida e Intensidade...», p. 127.
[3879] Cfr. Albers, «Gleichheit...», p. 947.

PROIBIÇÃO DO EXCESSO E IGUALDADE

Esta versão forte não postula que a opção diferenciadora adotada seja *a mais justa* das alternativas disponíveis[3880]. Mas o resultado da ponderação deve permitir concluir que as razões que fundamentam o tratamento diferenciado sob exame, com aquela *espécie* e com *aquela extensão*, têm um peso suficiente para justificar tal tratamento. Não basta que a diferenciação seja racional, razoável ou não arbitrária: se a ponderação desembocar na conclusão de que o peso das razões da diferenciação (peso essencialmente dependente da sua relação com o contexto e o fim da norma) não é superior ao peso atribuído à profundidade, extensão e significado do tratamento diferente sofrido, a norma legislativa diferenciadora claudica[3881]. Um exemplo: se o legislador, querendo diminuir o défice orçamental com urgência, procede a um corte instantâneo dos salários dos trabalhadores do setor público, pode entender-se que há uma razão justificativa do tratamento diferenciado suficientemente racional para superar a versão fraca do princípio da igualdade[3882]. Já a aplicação de uma versão estruturalmente mais forte pode conduzir a resultados diferentes se se entender, após ponderação, que o peso das razões justificativas não é suficiente para contrabalançar a espécie, intensidade, extensão e significado da diferenciação sofrida pelo grupo atingido[3883].

Subjacente à ponderação está a ideia de que quanto mais intensa, extensa e lata for a diferença de tratamento, mais forte ou "pesada" deve ser a razão justificativa ou o fundamento dessa diferenciação[3884]. Não escapa a semelhança entre esta fórmula e a (primeira) lei da ponderação de ALEXY, construída a pensar especificamente no segmento da proporcionalidade em sentido estrito: "quanto maior for o grau de não satisfação ou de afetação de um dos princípios, tanto maior deve ser a importância da satisfação do outro"[3885].

[3880] Diferentemente, ALEXY, *A Theory*..., p. 269; no sentido do texto, POSCHER, «Aciertos...», p. 86, sublinhando a impossibilidade de o princípio da igualdade ser entendido como um comando de otimização; cfr. SOMEK, «Eine egalitäre Alternative zur Güterabwägung», *cit.*

[3881] BOROWSKI, *La estructura*..., p. 207.

[3882] Cfr. acórdãos nºs 396/11 e 187/13 (particularmente ponto 30) do Tribunal Constitucional.

[3883] Cfr. o acórdão nº 187/13 do Tribunal Constitucional, nºs 36 e ss. Já o acórdão nº 413/14 (nºs 22 e ss.), que declarou a inconstitucionalidade de normas do Orçamento de Estado que reduziam remunerações de trabalhadores do setor público com fundamento na violação do princípio da igualdade, apesar de indiciar a aplicação da versão forte suscita dúvidas sobre o cumprimento de todos os respetivos passos metódicos: nesse sentido v. a declaração de voto de Lúcia Amaral, alegando justamente que a maioria do coletivo de juízes não procedeu à necessária comparação ponderativa entre os níveis remuneratórios de grupos distintos de pessoas, mas sim à comparação da situação de um grupo com a situação do mesmo grupo nos anos transatos.

[3884] V. acórdão nº 353/12 do Tribunal Constitucional.

[3885] Cfr. ALEXY, «Los derechos fundamentales y el principio de proporcionalidad», p. 15; *idem*, «On constitutional rights to protection», p. 6. Em certas circunstâncias a força das razões justificativas deve crescer de forma *progressiva*. À medida que a diferenciação se torna mais marcada, a *resistência à diferenciação* aumenta, obrigando a que a força justificativa das razões aumente mais do que pro-

O PRINCÍPIO DA PROIBIÇÃO DO EXCESSO

Mas a semelhança gráfica entre leis formais de ponderação não significa que os princípios da igualdade e da proporcionalidade clássica ou proibição do excesso (através do segmento da proporcionalidade e.s.e.) envolvam *ponderações sobre a mesma coisa* ou com a *mesma estrutura*[3886].

Para aplicação do princípio da proibição do excesso – que tem entre os seus pressupostos de aplicabilidade uma colisão entre bens, interesses ou valores – contrapesam-se as importâncias dos efeitos de *sacrifício* de bens, interesses ou valores e de *satisfação* de *outros* bens, interesses ou valores. Para aplicação do princípio da igualdade – não despoletada por uma colisão de bens, interesses ou valores –, pesa-se o que representa a diferenciação para cada um dos membros do par comparativo e contrapesa-se a *espécie, intensidade e extensão da diferenciação* com as *razões da diferenciação*. A circunstância de haver um momento ponderativo na estrutura dogmática do princípio da igualdade, na versão forte, apesar de crucial, não implica automaticamente que haja aplicação de qualquer segmento da proibição do excesso[3887].

Tudo visto, pode admitir-se a ideia de princípio da igualdade como *proibição da desproporção*, na medida em que sublinhe simplesmente o momento ponderativo que a versão forte envolve[3888]. Mas são escassos os argumentos que sustentam o conceito de *igualdade proporcional* entendido como versão mesclada do princípio da igualdade que incorpora o princípio da proibição do excesso ou a maior parte dos traços estruturais desta[3889].

Na sua versão fraca, insofismavelmente, mas também na forte, o princípio da igualdade tem uma estrutura que, refletindo as diferenças de pressupostos de aplicação, não se confunde com a do princípio da proibição do excesso.

São estas diferenças estruturais que explicam que uma mesma medida possa contender com o princípio da proibição do excesso *qua tale* sem contrariar o princípio da igualdade e vice-versa: uma medida que proiba que todo e qualquer indivíduo consuma álcool (zero álcool) viola a proibição do excesso sem que se coloque a questão da violação do princípio da igualdade; uma medida que

---

porcionalmente ou sobreproporcionalmente: assim CLÉRICO, «Sobre la prohibición por acción insuficiente...», p. 201, embora noutro contexto.

[3886] Cfr., em sentido não coincidente, BOROWSKI, *La estructura...*, p. 221, sustentando que a ponderação entre as entidades normativas que interessam ao princípio geral da igualdade (isto é, na sua perspetiva, a pretensão *prima facie* de tratamento igual e todas as razões que joguem em sentido contrário) tem a mesma estrutura que a da proporcionalidade em sentido estrito.

[3887] V. NOGUEIRA DE BRITO, «Medida e Intensidade...», p. 128.

[3888] Ou, como refere NOGUEIRA DE BRITO, «Medida e Intensidade...», p. 115, a igualdade proporcional é afinal uma rejeição da igualdade absoluta.

[3889] Na leitura de MORAIS, *Curso...*, II, 2, p. 728. Convergente com o texto, NOGUEIRA DE BRITO, «Medida e Intensidade...», pp. 126 ss.

1112

PROIBIÇÃO DO EXCESSO E IGUALDADE

proiba jovens homens com menos de 16 anos e jovens mulheres com menos de 18 anos de consumir álcool viola o princípio da igualdade mas não a proibição do excesso[3890].

1.3.3. Critérios de aplicação das versões forte e fraca

No ambiente constitucional americano, o tipo e intensidade de intervenção na posição jurídica subjetiva tutelada pela cláusula constitucional da igualdade determinam o *standard* de controlo e, por essa via, a intensidade de controlo. Quanto mais forte o *standard* aplicável, mais exigente o conjunto de testes que a norma legislativa tem de superar. Por exemplo, o *standard* mais apertado (*strict scrutiny*) exige que o legislador demonstre a prossecução de fins *imperiosos* (*compelling*); os outros *standards* (*intermediate, rational basis*) exigem fins *importantes* ou simplesmente *legítimos*[3891].

Com alguma homologia, no nosso quadro constitucional a aplicação de uma ou outra das versões estruturais do princípio da igualdade atende primacialmente ao *tipo de diferenciação*, qualificado de acordo com o sentido axiológico da Constituição. Por um lado, o caráter fundante da dignidade da pessoa humana (artigo 1º) implica que todas as diferenciações baseadas em características *das pessoas* (as que elas inevitavelmente têm, as que só dificilmente podem deixar de ter ou as que escolhem e querem ter), ou em características *referidas às pessoas* ou *às situações das pessoas* (se estão ou não desempregadas, se são ou não casadas, se vivem neste ou naquele sítio, se têm filhos ou não, se são trabalhadores do setor público ou do setor privado, se são trabalhadores *white collar* ou *blue collar*) por princípio requerem um diapasão mais intenso do que as diferenciações baseadas em *circunstâncias ou aspetos objetivos* não referidos às pessoas (a interioridade versus a litoralidade, o pequeno comércio versus as grandes superfícies)[3892]. Sem embargo, a distinção é problemática, uma vez que qualquer situação objetiva toca sempre as pessoas[3893] (o tratamento diferenciado do interior do País afeta necessariamente as pessoas que aí vivem). Por outro lado, se a diferenciação afetar o exercício de um direito fundamental isso suscita um controlo mais intenso[3894]. Além disso, deve atender-se à extensão ou grau da diferenciação,

---

[3890] Reiteramos o que já defendíamos em «Proporcionalidade...», pp. 603-4. Concordante, FREITAS DO AMARAL, *Curso...*, II, 2ª ed., p. 145.

[3891] V. *supra*, capítulo 3. Para uma comparação crítica, PULIDO, «El juicio de la igualdad...», pp. 10 ss.

[3892] V. MANCEBO, «Igualdad...», p. 184.

[3893] HESSE, *Der allgemeine Gleichheitssatz...*, p. 128; BRÜNING, «Gleichheitsrechtliche...», p. 669; MANCEBO, «Igualdad...», p. 185; BOROWSKI, *La estructura...*, p. 202; ALBERS, «Gleichheit ...», p. 946 (citando HERZOG).

[3894] V. BOROWSKI, *La estructura...*, p. 202; MANCEBO, «Igualdad...», p. 185.

O PRINCÍPIO DA PROIBIÇÃO DO EXCESSO

tendo em conta a sua importância para as pessoas afetadas[3895] e a própria profundidade com que a norma constitucional especifica certa aplicação do princípio da igualdade.

Tendo isso em conta, pode propor-se a seguinte *matriz indicativa*, que vai de hipóteses que requerem a aplicação da versão mais forte do princípio da igualdade (que, na sua máxima força, se traduz, na prática, numa quase total e absoluta improbabilidade de que qualquer diferenciação seja capaz de passar pelo crivo), até hipóteses que admitem versões mais fracas (de simples proibição do arbítrio):

1º nível: proibições *especiais* de discriminações, como a proibição de discriminação dos filhos nascidos fora do casamento (artigo 36º, nº 4) e a proibição de discriminação (prejuízo) em virtude do exercício de direitos políticos ou do desempenho de cargos públicos;

2º nível: proibições de discriminação (positiva ou negativa) em função das qualidades, situações ou circunstâncias especialmente elencadas no artigo 13º, nº 2;

3º nível: proibições de discriminação com fundamento em traços distintivos de que as pessoas não possam libertar-se de todo, ou de que não possam libertar-se a não ser através de abandono, adulteração ou modificação da sua identidade, não enunciadas no artigo 13º, nº 2;

4º nível: deveres ou obrigações decorrentes do princípio geral de igualdade do artigo 13º, nº 1, obrigação de tratar de forma desigual o que é substancialmente desigual e obrigação de tratar de forma igual o que é substancialmente igual, com distinção entre:

(i) tratamento conferido a grupos de pessoas com base nas suas caraterísticas ou de aspetos referidos às pessoas;

(ii) tratamento conferido a circunstâncias objetivas consideradas distintas.

5º nível: obrigações específicas de discriminação positiva como a do artigo 109º ("devendo a lei ..."), discriminação positiva do sexo menos representado no acesso e exercício de cargos políticos.

Nenhuma das versões do princípio da igualdade, fraca ou forte, elimina a liberdade de conformação do legislador, embora a versão forte seja mais constrangedora dessa liberdade do que a fraca[3896]. O legislador dispõe sempre de uma ampla margem de conformação do fim. O princípio da igualdade, fora a exclusão de fins de direta discriminação de um grupo definido através de critérios proibidos pela constituição, é neutro em relação à liberdade de conformação dos fins

---

[3895] HESSE, «Der Gleichheitssatz...», p. 190.
[3896] Assim, MANCEBO, «Igualdad...», p. 180.

PROIBIÇÃO DO EXCESSO E IGUALDADE

da lei. É certo que o princípio exige, em qualquer das suas versões estruturais, mais do que uma base racional para as classificações ou diferenciações. Mas essa exigência continua a deixar ao legislador uma ampla margem para "definir ou qualificar as situações de facto ou as relações da vida que hão de funcionar como elementos de referência a tratar igual ou desigualmente"[3897].

1.4. Intensidade do controlo do cumprimento do princípio da igualdade

Não se deve confundir a *estrutura dogmática* do princípio da igualdade – com as suas versões fraca e forte – e a *intensidade do controlo* do respetivo cumprimento[3898]. Em princípio, a versão forte supõe um controlo intenso e a versão fraca suscita um controlo mais leve. Mas teoricamente pode haver desencontro: pode suceder que a aplicação pelo legislador de uma versão forte da igualdade seja submetida a um controlo de (apenas) média ou baixa intensidade pelo juiz constitucional[3899]; ou, diversamente, que a aplicação de uma versão fraca do princípio seja submetida pelo juiz constitucional a um controlo com alguma intensidade[3900].

A intensidade de controlo afere-se através de alguns indicadores: (i) a liberdade usada pelo juiz constitucional para determinar o fim prosseguido pela norma, aceitando pelo seu valor facial o fim declarado pelo legislador ou averiguando sem restrição a sua integridade; quando não declarado em termos explícitos, a disponibilidade para desvendar o fim ou, em alternativa, para assumir *prima facie* que ele não é legítimo ou que deve ser dado como existente e legítimo; (ii) a margem usada pelo juiz constitucional para a determinação, ou para a aceitação da configuração previamente feita pelo legislador, da classificação dos grupos ou situações relevantes (par comparativo), tratadas diferenciadamente pela lei e dos traços de similitude e de dissimilitude parcial entre elas; (iii) dependendo essa determinação de apreciações empíricas e competindo ao tribunal apurar quais as que o legislador realizou, a opção pela atitude deferente de as admitir salvo prova em contrário, ou por as apreciar livremente, substituindo-

---

[3897] Acórdão nº 187/13, do Tribunal Constitucional, nº 35.

[3898] V. CANOTILHO, *Direito Constitucional...*, 7ª ed., p. 429; NOGUEIRA DE BRITO, «Medida e Intensidade...», pp. 118, ss., p. 124 (invocando a tese de FORSTHOFF, HESSE e outros, diferenciadora da igualdade enquanto norma de função – ou de ação – e norma de controlo, distinção que acolhemos em várias partes deste texto).

[3899] Um exemplo desta discrepância: o acórdão nº 353/12 do Tribunal Constitucional materializa um juízo de acordo com os parâmetros estruturais da versão forte, mas faz um controlo com intensidade abaixo da máxima, baseado num "critério de evidência".

[3900] Aparentemente, ALEXY, *A Theory...*, p. 269, parte da posição de que entre versão forte e intensidade elevada de controlo e entre a versão fraca e intensidade reduzida há um nexo incindível; v., também, ALBERS, «Gleichheit...», v. p. 946, com referências à jurisprudência do *BVerfG*.

O PRINCÍPIO DA PROIBIÇÃO DO EXCESSO

-as, no limite, por apreciações da sua própria iniciativa e responsabilidade; (iv) a atitude mais ou menos deferente perante as apreciações do legislador quanto à racionalidade ou não arbitrariedade da ligação entre as razões que sustentam a diferenciação, o contexto factual e normativo e o fim. No caso da versão forte da igualdade, releva também (v) a atitude deferente para com a ponderação realizada pelo legislador, partindo da assunção da sua justeza ou, em alternativa, a predisposição para fazer "tábua rasa" da ponderação do legislador, substituindo--a pela sua própria ponderação independente.

A definição da intensidade de controlo aceitável ou exigível atende a vários aspetos normativamente significativos. Primeiro, o juiz constitucional deve apurar a versão estrutural do princípio da igualdade que o legislador seguiu, ou deveria ter seguido, tendo em conta a natureza do caso. Como vimos, em princípio a versão forte da igualdade pede um controlo de alta intensidade e a versão fraca um controlo de menor intensidade, mas não pode excluir-se liminarmente que alguns dos aspetos que trataremos de seguida possam atenuar essa posição de partida.

Em segundo lugar, importa a estrutura do processo de controlo da constitucionalidade. Em certas ordens jurídicas (EUA e ordenamentos onde há queixa constitucional, recurso de amparo ou *Verfassungsbeschwerde*), os processos de controlo da constitucionalidade são processos *de partes*. Nesses casos é expectável que vigorem normas sobre a repartição da carga de argumentação ou de prova pelas partes. Sendo útil definir um princípio de repartição, parece aceitável que, no âmbito do controlo do cumprimento do princípio da igualdade, a carga de argumentação ou da prova caiba *prima facie* a quem sustenta a diferença de tratamento, seja o legislador, seja quem se opõe à norma legislativa: nessa linha, quem sustenta que uma categoria com similitude parcial ou com dissimilitude parcial em relação ao seu par comparativo deve ser tratada *desigualmente* suporta aquela carga de argumentação[3901].

[3901] V. ALEXY, *A Theory*..., pp. 271-273; MAIHOFER, «Princípios de una democracia en libertad». p. 298; BOROWSKI, *La estructura*..., p. 191; JORGE P. SILVA, *Dever de legislar e protecção*..., p. 71. O ónus de argumentação traduz-se na seguinte proposição: "se não há uma razão adequada para permitir um tratamento diferencial, então é requerido o tratamento similar". Por outras palavras: ficando o ónus da argumentação a cargo de quem sustenta o tratamento diferencial, o *insucesso da argumentação* a favor essa diferenciação traduz-se em proibição da diferenciação. Para ALEXY, desse modo assegura-se que o princípio da igualdade seja verdadeiramente o princípio da *igualdade*, o qual requer *prima facie* igualdade de tratamento e só exige ou permite tratamento diferenciado se isso puder ser justificado por razões atendíveis. Contudo, deste princípio processual sobre *ónus de argumentação* não pode extrair-se a ilação *substantiva* de que uma diferenciação ou tratamento diferenciado constitui sempre *afetação* do princípio da igualdade, daí se partindo para a adaptação do segmento da necessidade (cfr. *supra*).

PROIBIÇÃO DO EXCESSO E IGUALDADE

Ora, a entrega às partes da responsabilidade principal (ou de uma dose significativa de responsabilidade) da prova e da argumentação diminui a *centralidade* do papel do juiz constitucional e pode influir na própria questão da intensidade do controlo: por exemplo, quando a carga da prova ou da argumentação cabe a quem se opõe à lei, o insucesso no carreamento dessa prova e argumentação não pode, em princípio, ser superada pela juiz através de um controlo intenso da sua responsabilidade.

Em muitos casos, porém, os processos de controlo da constitucionalidade não são processos de partes, como é o caso paradigmático de Portugal. Então, além da versão estrutural do princípio da igualdade concretamente aplicável, decisivos são o conjunto de condições histórico-dogmáticas e das conceções gerais em vigor sobre a relação entre o legislador e o juiz constitucional: a margem de conformação de que disfruta o legislador e os limites dos poderes de escrutínio do juiz constitucional, as normas de distribuição de competências num quadro de separação de poderes e de diferentes responsabilidades e capacidades institucionais e o grau de *self restraint* que o tribunal deve observar na sua atividade de controlo. Desse quadro decorrem indicações sobre se existe uma *presunção de constitucionalidade* da lei[3902] e das escolhas e apreciações do legislador (como no *rational basis test* dos EUA), questão umbilicalmente ligada à de saber se a inconstitucionalidade é declarada apenas em casos de *evidência*.

Do cruzamento de todas estas variáveis – indicadores, existência ou não de regras sobre a carga de argumentação e prova, condições histórico-dogmáticas, conceções gerais vigentes – resultam os vários graus de intensidade de controlo da igualdade.

1.4.1. Do controlo (dito) da proibição do arbítrio...

Na Europa, o reconhecimento da necessidade de diferenciação de várias intensidades de escrutínio foi atrasada por um processo, mais prolongado e mais lento do que nos EUA, de afirmação da igualdade como parâmetro da atividade do legislador. Num primeiro patamar desse processo de afirmação, a estratégia processual é essencialmente minimalista, aliás associada a uma conceção *fraca* da própria estrutura do princípio da igualdade (v. *supra*). Ao abrigo das orientações clássicas (esculpidas sob influência de LEIBHOLZ, TRIEPEL, RÜMELIN e outros), sob a designação indeterminada e maleável de controlo da *proibição do arbítrio* (*Willkürverbot*), o juiz constitucional sujeita a apreciação do cumprimento da igualdade a um crivo tendencialmente minimalista, marcado por indicadores variavelmente combinados: abertura a uma ideia de presunção de

---

[3902] Numa expressão mais específica, o parecer nº 26/82 da Comissão Constitucional fala de "presunção de racionalidade" (*cit.* por CLARO, *Introdução ao estudo...*, p. 26).

O PRINCÍPIO DA PROIBIÇÃO DO EXCESSO

constitucionalidade; aceitação irreflexiva da legitimidade do fim alegado pelo legislador ou tacitamente imputável à norma legislativa; admissão das classificações e das bases empíricas selecionadas e apuradas pelo legislador; imposição da carga de argumentação (ou de prova, quando aplicável) a quem invoca a violação da igualdade; atitude deferencial para com as ponderações do legislador; declaração da violação do princípio da igualdade apenas em situações de evidente desrazoabilidade ou arbítrio. Nesses termos, o juiz constitucional limita-se a escrutinar se as categorias ou diferenciações explícita ou implicitamente recortadas pela lei e os critérios em que assentam são arbitrários, tendo em conta a natureza das coisas, os preceitos da razão e da justiça, a consciência jurídica da comunidade. A margem de conformação do legislador é amplamente preservada.

Esta inclinação tem óbvia correspondência com a intensidade de controlo da violação da *equal protection clause* nos termos do teste norte americano da *rational basis* (descontando, por um momento, toda a controvérsia sobre inconsistências e imprecisões de que o teste é acusado pela doutrina).

Esta atitude de autocontenção e de frouxidão do crivo, baseada simplesmente numa preocupação genericamente identificada como *proibição do arbítrio* (embora o léxico associado a essa perspetiva inclua também referências à *razoabilidade*, à *proporcionalidade*, à *igualdade-proporcional*[3903]), é insatisfatória em muitas situações, particularmente quando estão em causa diferenciações baseadas em critérios que apelam a características ou circunstâncias *suspeitas* (*suspect classifications*), ou quando os tratamentos diferenciados afetam o exercício igualitário de direitos fundamentais. Daí a formação de fórmulas de controlo intensificado.

1.4.2. ...ao controlo intensificado...

Também a identificação das circunstâncias em que o controlo da igualdade pelo juiz constitucional deve ser mais intenso e mais apertado sofreu, no contexto europeu, o impulso decisivo de decisões do Tribunal Constitucional alemão. Já expusemos que a partir da década de 1980, afastando-se da orientação clássica de Leibholz, vinculada simplesmente à proibição do tratamento arbitrário e aproximando-se da posição de GEIGER[3904], aquele Tribunal adotou a dita *neue Formel*. A nova fórmula, além de representar uma reconstrução da estrutura do princípio da igualdade, teve implicações processuais marcantes que, todas somadas, representaram o acréscimo da intensidade de controlo e o reforço da posição do juiz constitucional (mesmo continuando a empregar a linguagem da proibição do arbítrio), uma vez que este passa a corrigir mais a

---

[3903] Como resulta da jurisprudência constitucional, incluindo a mais recente.

[3904] V. o debate em «CHRISTOPH LINK, *Der Gleichheitssatz ...*», *cit.*

1118

ação do legislador, diminuindo-lhe a margem de conformação[3905]. Esta evolução, na medida em que acentua a possibilidade de o juiz substituir as noções de correto, justo e razoável do legislador pelas suas, configura uma transferência de competências do legislador para o órgão de controlo que é objeto de persistente debate na doutrina constitucional[3906].

1.4.3. ... até uma conceção assimétrica das intensidades de controlo

Trata-se do modelo coerente com o ambiente de uma constituição *prima facie*.

O paradigma deste modelo vem dos Estados Unidos. Como estudámos detidamente[3907], vigora aí, por impulso jurisprudencial, um sistema de testes de escrutínio da observância do princípio da igualdade ordenados segundo uma *escala de intensidades* (as *sliding scales*, escalas ou balanças variáveis, propagadas pelo juiz Thurgood Marshall). O Supremo Tribunal aplica seletivamente três níveis de escrutínio (*tiers of scrutiny*) nos casos de *equal protection*. Embora nem

---

[3905] V. Maass, «Die neuere Rechtsprechung...», pp 16 ss.; Mancebo, «Igualdade...», p. 180; Albers, «Gleichheit ...», p. 946.

[3906] V. a discussão em Alexy, *A Theory...*, pp. 273 ss., e autores citados; Medeiros, *A Decisão de Inconstitucionalidade...*, pp. 456 ss. Esta versão intensificada permite enfrentar as críticas de quem adverte que por vezes não basta analisar a classificação em si mesma (isto é, realizar um simples controlo da razoabilidade da discriminação à luz do fim que se pretende atingir), mas é necessário ter em conta os interesses que são afetados ou servidos pela discriminação/classificação e corrigir soluções legislativas através de decisões judiciais ampliativas, por exemplo, em casos de manifesta *underinclusiveness*. Para ver onde isto nos leva, são ilustrativos dois casos de *underinclusiveness* conhecidos da doutrina universal, ambos apreciados criticamente por Beatty, *The Ultimate...*, *cit.* O primeiro foi julgado pelo Supremo Tribunal do Canadá (*R v. Hess*, 1990). Incidiu sobre a discriminação entre raparigas e rapazes realizada por uma norma legislativa que penalizava as agressões sexuais às primeiras mas não aos segundos. Esta discriminação pode parecer justificada à luz do critério de que as agressões sexuais contra raparigas têm características, perigosidade e frequência específicas que justificam uma especial atenção e tratamento, mas depois não resiste a uma ponderação dos interesses satisfeitos e não satisfeitos pela medida. Qual o interesse que é beneficiado por uma lei só conter medidas contra a agressão sexual contra raparigas e não contra rapazes (caso de *underinclusiveness*)? A comparação entre um eventual interesse das raparigas beneficiarem de um regime exclusivamente dedicado à prevenção de agressões sexuais contra elas, em contraponto com o interesse dos rapazes também receberem esse tipo de proteção legal não mostra supremacia daquele primeiro (*ob. cit.*, p. 96). O segundo (*President of the Republic of South Africa and Another v. Hugo*, 1997), foi um caso julgado ao abrigo da lei sul-africana, emitida por Nelson Mandela aquando da sua posse como presidente, que indultava as mães de filhos pequenos (mas não os pais) que tivessem sido presas por crimes não violentos (*ob. cit.*, p. 97). Embora neste segundo caso o motivo de censura da lei e o concomitante *apelo* à intervenção corretiva do juiz seja menos nítido (pelo menos nos casos em que os pais não fossem o único progenitor vivo ou conhecido ou disponível), a questão que se coloca é se o juiz constitucional não deve assumir em situações claras uma atitude de ativa correção da lei.

[3907] Capítulo 3.

O PRINCÍPIO DA PROIBIÇÃO DO EXCESSO

sempre seja claro o critério, o sentido geral é a ligação de cada um dos testes a diferentes graus de importância dos fins prosseguidos com a norma diferenciadora (*compelling*, ou somente importantes ou constitucionalmente legítimos) e, sobretudo, à maior ou menor proximidade em relação ao núcleo central de proteção da cláusula da *equal protection*. Por exemplo: os casos em que há classificações diferenciadoras baseadas na raça, condição social e na origem geográfica ou nacionalidade (*suspect classifications*), ou que afetam o exercício igualitário de direitos fundamentais, são sujeitos ao *strict scrutiny*, em princípio (há alegações de que nem sempre isso sucede); os casos em que é feita diferenciação na base de critérios *quase-suspeitos*, como o género e o nascimento fora do casamento, num contexto de discriminação positiva (*affirmative action*), são sujeitos ao *intermediate scrutiny*; a *rational basis* ou *minimal scrutiny* aplica-se por defeito às situações não cobertas pelos demais testes, de classificações *não suspeitas*, designadamente aos casos de diferenciação económica ou em que é feita diferenciação em razão da saúde mental[3908]. Por vezes fala-se de um teste de *rational basis* reforçado (*with a bite*).

Na Alemanha, o *BVerfG* procedeu a um processo de gradação da aplicação da *neue Formel* que acabou por relativizar a distinção entre as expressões processuais desta e da *Willkürverbot*, podendo falar-se de uma escala de exame deslizante aplicável consoante o caso de que se trate[3909]. Por outro lado, a aplicação deixou de estar estritamente vinculada a critérios gerais e abstratos para adquirir flexibilidade perante o caso concreto[3910].

2. Colisões entre posições jurídicas subjetivas derivadas do princípio da igualdade e outros bens, interesses ou valores

É tema de controvérsia se o princípio da igualdade tem natureza essencialmente objetiva ou subjetiva. Há reflexos dessa controvérsia na doutrina nacional[3911].

De um dos ângulos possíveis, poderia sustentar-se que o princípio da igualdade se desdobra num conjunto de proibições, comandos e permissões dirigi-

---

[3908] PULIDO, «El juicio de la igualdad...», pp. 8 ss.; BISHOP, «Rationality is dead!...», *cit.*; PRICE, «The content and justification of rationality review», *idem*, pp. 37-74.

[3909] Assim, ALBERS, «Gleichheit ...», p. 946: com esse fundo, a jurisprudência da primeira e da segunda câmara tendeu a aproximar-se.

[3910] ALBERS, «Gleichheit ...», p. 946.

[3911] V. MIRANDA, *Manual*..., IV, 5ª ed., p. 284; diferentemente, CANOTILHO/VITAL MOREIRA, *Constituição*..., I, 4ª ed., p. 337. Sem tomar posição clara, mas falando de princípio "em certa medida subjetivizado", LÚCIA AMARAL, «O Princípio...», p. 36; MARIA DA GLÓRIA GARCIA, *Estudos*..., p. 67, aludindo a "verdadeiras pretensões jurídicas para os particulares", decorrentes das normas especiais de igualdade.

PROIBIÇÃO DO EXCESSO E IGUALDADE

das ao legislador, sem que isso tenha como contrapartida a geração de qualquer posição jurídica subjetiva dos particulares. O legislador tem o *dever* de tratar situações iguais de forma igual, sem que possa dizer-se que há um *direito* ou uma posição jurídica subjetiva de cada indivíduo a ser tratado igualmente em situações iguais; ou o legislador tem o *dever* de tratar desigualmente situações desiguais sem que possa afirmar-se que há um *direito* ou uma situação jurídica subjetiva de cada indivíduo a receber tratamento diferente (sendo, eventualmente, positivamente discriminado) em situações diferentes. Aceite esta perspetiva, o princípio da igualdade teria uma estrutura essencialmente objetiva, não obstante os *reflexos subjetivos* que o seu (in)cumprimento possa provocar.

Outra possibilidade seria dizer-se que o princípio da igualdade se materializa em reais posições jurídicas subjetivas, ativas e passivas[3912]. Sem pretensões de exaustividade, seria o caso do *direito* a ser tratado de forma igual em situações iguais, ou do *direito* (ou *imunidade*) a não ser prejudicado ou privado de um direito em razão de ascendência, sexo, raça, língua, nascimento fora do casamento, etc., ou do *direito* a ser positivamente discriminado em certas situações de desigualdade objetiva[3913]; ou do *não direito* a ser privilegiado, beneficiado ou isento de um dever em razão de ascendência, sexo, raça, língua, nascimento fora do casamento (etc.)[3914]. Não ofuscando o sentido *objetivo* inerente à natureza de princípio geral do Estado de Direito, a decomposição estrutural subjetivista do princípio da igualdade permitiria o seu enquadramento nos direitos negativos, de liberdade ou de defesa e até nos direitos positivos, quando se pudesse falar de *direitos* a ações de promoção da igualdade ou até de prestação do legislador[3915].

A leitura subjetiva do princípio tem, contudo, limitações.

Por um lado, a concretização da maioria das posições jurídicas subjetivas derivadas do princípio da igualdade depende de conformação legislativa, sujeita a uma liberdade do legislador em regra mais extensa do que a que vigora nos direitos de liberdade[3916].

[3912] Numa linha que remonta a LEIBHOLZ, *Die Gleichheit...*, *apud* ALEXY, *A Theory...*, p. 285: para aquele autor, os direitos subjetivos que resultam do princípio da igualdade têm uma natureza essencialmente negativa, como os direitos de defesa; v., também, BOROWSKI, *Grundrechte...*, pp. 364 ss.; *idem*, *La estructura...*, p.186; PULIDO, «El juicio de la igualdad...», p. 1.

[3913] Sobre as objeções que se têm erguido contra esta subjetivação de um direito à discriminação positiva e a forma de as superar v., em geral, BOROWSKI, *La estructura...*, pp. 189 ss.

[3914] Cfr. ALEXY, *A Theory...*, pp. 285 ss.; BOROWSKI, *La estructura...*, pp. 117 ss.

[3915] ALEXY, *A Theory...*, pp. 280, 285. O autor elabora sobre o direito *prima facie* à igualdade legal e o direito *prima facie* à igualdade factual. Todos estes direitos se inserem num dos três tipos de direitos que resultam do princípio geral de igualdade: direitos de igualdade abstratos definitivos, direitos de igualdade concretos definitivos e direitos de igualdade abstratos *prima facie*.

[3916] Frisando este ponto, RAVI PEREIRA, «Igualdade...», p. 360.

O PRINCÍPIO DA PROIBIÇÃO DO EXCESSO

Por outro lado, há posições jurídicas subjetivas dogmaticamente inviáveis. Não parece, por exemplo, que se possa conceber um *direito* dos indivíduos a que os *demais* sejam tratados de forma desigual ou de forma igual pela lei: os trabalhadores do setor público não veem inscrito na sua esfera jurídica individual o *direito* a que os trabalhadores do setor privado sejam tratados da mesma forma ou a que sofram reduções salariais ou perdas de rendimento equivalentes.

Porém, aceitando com as devidas cautelas e distâncias a derivação de posições jurídicas subjetivas do princípio da igualdade, tem de se admitir que podem sobrevir colisões entre essas posições jurídicas subjetivas e outros bens, interesses ou valores cuja superação requeira operações de ponderação[3917].

A situação pode ser vista como eminentemente académica, mas não o é totalmente, como já o demonstrou o Tribunal Constitucional quando, apesar de ter apurado que algumas normas violavam o princípio da igualdade, limitou os efeitos da sua decisão com fundamento na necessidade de proteção de interesses públicos de excecional relevo (artigo 282º, nº 4)[3918]. Para produzir uma decisão com semelhante teor, o Tribunal teve de *ponderar*, contrapesando: de um lado, os bens, interesses ou valores cobertos por posições jurídicas subjetivas decorrentes do princípio da igualdade na sua dimensão negativa, donde decorrem *deveres de abstenção* (de violação do princípio da igualdade) do legislador que a norma julgada inconstitucional violava; do outro lado, os bens, interesses ou valores, designadamente os que se abrigam sob a designação de "interesses públicos de excecional relevo", que a Constituição *permite* que o Tribunal promova. Dessa ponderação resultou a atribuição de precedência a estes últimos e a sucumbência concreta das posições jurídicas subjetivas filiadas ou decorrentes da aplicação do princípio da igualdade. Com este perfil, esta situação recai no âmbito de aplicação do princípio da proibição do excesso[3919].

[3917] V., porém, MICHAEL, «Los derechos de igualdad...», p. 147, sustentando que as componentes centrais do princípio geral de igualdade têm a natureza de regras e não de princípios (o que excluirá, dentro do quadro da teoria dos princípios, a ponderação).

[3918] Cfr. acórdão nº 353/12: o Tribunal Constitucional decidiu limitar os efeitos da declaração de inconstitucionalidade, determinando que eles não se aplicassem à suspensão do pagamento dos subsídios de férias de Natal, ou prestações equivalentes, de 2012. Trata-se de uma decisão de provimento fictício: cfr. os nossos *Introdução às decisões de provimento do Tribunal Constitucional. Os seus efeitos em particular, cit.*, pp. 100 ss.; *Introdução às decisões de provimento do Tribunal Constitucional, cit.*, pp. 203 ss.

[3919] Nesta situação específica coincidimos com a doutrina que sustenta que o próprio Tribunal Constitucional está sujeito ao princípio da proibição do excesso quando recorre ao artigo 282º, nº 4: assim, RUI MEDEIROS, *A decisão de inconstitucionalidade*, pp. 716 ss.; MIRANDA, *Manual...*, p. 306. Esta conclusão não é de todo incomum. V., por exemplo, GUERRERO, «El principio de proporcionalidad y el legislador...» p. 139, afirmando que o princípio da proporcionalidade é um parâmetro de controlo da ação do próprio juiz constitucional.

Capítulo 28
Proibição do excesso e proteção da confiança

1. O princípio constitucional de proteção geral da confiança

O princípio da proteção da confiança (*Vertrauensschutz*)[3920] interessa-nos porque é um instrumento de mediação de operações de ponderação e harmonização[3921] efetuadas pelo legislador e um parâmetro de controlo da constitucionalidade de normas legislativas[3922]. Trata-se da norma de gestação essencialmente

---

[3920] Na exposição subsequente desenvolvemos as linhas essenciais apresentadas em CANAS, «Constituição *prima facie*..», *cit*. Dispensamo-nos, porém, de remissões sistemáticas para esse trabalho.

[3921] Eventualmente um comando de otimização: POSCHER, «Aciertos...», p. 86.

[3922] O princípio tem aplicações que vão além disso, valendo em vários setores do ordenamento jurídico, regidos pelo direito privado ou público. Entre extensa bibliografia em relação ao direito público, v. MAINKA, *Vertrauensschutz ....*, *cit*.; GÖTZ, «Bundesverfassungsgericht und Vertrauensschutz», *cit*.; HUBER, «Vertrauensschutz – Ein Vergleich zwischen ....», *cit*.; WEBER-DÜRLER, *Vertrauensschutz ...*, *cit*.; BORCHARDT, *Der Grundsatz des Vertrauensschutzes ...*, *cit*.; MUCKEL, *Kriterien des verfassungsrechtlichen ...*, *cit*.; CALMES, *Du Principe de Protection de la Confiance...*, *cit*.; ROBERT THOMAS, «*Legitimate Expectations and Proportionality...*», *cit*.; MORAIS, «Segurança Jurídica e Justiça Constitucional», *cit*.; *idem, Curso...*, *cit*., II, 2, pp. 750 ss.;SCHWARZ, *Vertrauensschutz als Verfassungsprinzip. ...*, *cit*.; LUENGO, *El Principio de Protección de la confianza ...*, *cit*.; SCHAAL, *Vertrauen, Verfassung...*, *cit*.; NOVAIS, *Os princípios...*, pp. 261 ss.; LÚCIA AMARAL, *A forma da República...*, *cit*., pp. 180 ss.; *idem*; «A proteção da confiança», *cit*.; BARAK-EREZ, «The Doctrine of Legitimate Expectations ....», *cit*. (com referências bibliográficas da literatura anglo-saxónica); MAURER, «Kontinuitätsgewährung und Vertrauenschutz», *cit*.; ARNAULD, *Rechtssicherheit – Perspektivische ...*, *cit*.; LOUREIRO, «Proteger é preciso, viver também...», *cit*.; VALTER SHUENQUENER DE ARAÚJO, *O Principio da Proteção da Confiança, cit*.; *idem*, «O princípio da proteção da confiança»,*cit*.; OTERO, *Direito Constitucional...*, pp. 87 ss.; GOUVEIA, *Manual...*, II, pp. 806 ss.; PAULO MOTA PINTO, «A proteção...», *cit*.

O PRINCÍPIO DA PROIBIÇÃO DO EXCESSO

jurisprudencial, com raiz no princípio do Estado de direito (artigo 2º[3923]), que determina que *as autoridades públicas não contrariem ou afetem com os seus atos as expetativas legítimas dos particulares, a não ser que um interesse de peso superior justifique essa afetação*[3924].

Também este instrumento medeia operações que conduzem a que aquilo que é *prima facie* tutelado pela Constituição – neste caso, expetativas de particulares –, ceda perante razões com maior peso[3925]. Com esta configuração, pode, aliás, falar-se de um *princípio constitucional de proteção geral da confiança* vigente nas relações jurídicas públicas[3926]

2. As sucessivas "fórmulas" da proteção da confiança

Como se referiu em momento anterior[3927], o Tribunal Constitucional desenhou o princípio da proteção da confiança em quatro etapas (não necessariamente cronológicas), que correspondem a quatro fórmulas sucessivamente mais aperfeiçoadas e densificadas: (i) fórmula antiga; (ii) fórmula intermédia ou dos dois critérios; (iii) nova fórmula, ou dos quatro requisitos; (iv) nova fórmula mais ou dos quatro requisitos mais um.

[3923] Cfr. MIRANDA/MEDEIROS, *Constituição...*, I, pp. 99 e 102 ss.; PAULO MOTA PINTO, «A proteção...», pp. 163-164 (sublinhando, porém, a *dificuldade*, *fluidez* e *não positivação* expressa do princípio). A difusão do princípio é relativamente limitada fora do espaço germânico, o que leva ALEXANDRINO, «Jurisprudência da Crise...», pp. 66-67, a considerar "suspeito o facto, de no universo dos Estados constitucionais, não ser generalizada nem frequente a utilização da "fórmula" *germânica* da proteção da confiança".

[3924] Outras definições em LUÍS ROBERTO BARROSO, «Mudança da Jurisprudência do Supremo Tribunal Federal em Matéria Tributária. Segurança Jurídica e Modulação dos Efeitos Temporais das Decisões Judiciais», in *Revista de Direito do Estado*, nº 2, 2006, p. 276; ARAÚJO, «O princípio da proteção...», pp. 73 ss.

[3925] Converge-se com LÚCIA AMARAL, «A proteção da confiança», p. 26, no ponto em que sublinha a *instrumentalidade* do princípio e escreve que ele é "antes do mais um método de ponderação" que habilita a "resolver antinomias [...] entre interesses individuais e bens comunitários."

[3926] A existência de um princípio de proteção *geral* da confiança é, contudo, contestado por boa parte da doutrina, com base nos desenvolvimentos do direito privado: cfr. PAULO MOTA PINTO, «A proteção...», pp. 165, 168, com referências à doutrina privatística (entre nós, por exemplo, MANUEL CARNEIRO DA FRADA, *Teoria da confiança e responsabilidade civil*, Almedina, Coimbra, 2007). Todavia, é duvidoso que se possa invocar um paralelo estrito entre as vinculações próprias do espaço privado e aquelas que decorrem da relação entre o Estado e os particulares. Por outro lado, o princípio geral que se menciona no texto comporta o caráter *prima facie* e está sujeito à *derrotabilidade* que decorre do desenvolvimento subsequente do texto, pelo que não se vê que se possa traduzir em "artificialidade e rigidez inadmissível".

[3927] V. *supra*, capítulo 5.

1124

2.1. A fórmula antiga

O princípio da proteção da confiança teve aplicações iniciais na doutrina da Comissão Constitucional[3928]. A sua primeira âncora foi o *primado do Estado de Direito democrático*. Na ausência de consagração expressa deste princípio no articulado original da Constituição, já que só foi introduzido no artigo 2º pela revisão constitucional de 1982, valia o preâmbulo daquela. O Tribunal Constitucional retomaria essa referência, quase sem alterações, nos seus primeiros acórdãos[3929]. Já nesta ocasião há alusões a uma estreita ligação entre o princípio da proteção da confiança e uma ideia de proporcionalidade[3930], embora em termos difusos.

2.2. A fórmula intermédia

A fórmula intermédia não constituiu uma rutura em relação à antiga, mas antes uma tentativa de maior precisão. No acórdão nº 287/90[3931] o Tribunal fixou que há violação do princípio se se verificar uma afetação *inadmissível, arbitrária* ou *demasiadamente onerosa* de expetativas juridicamente tuteladas. Para aferição da inadmissibilidade, arbitrariedade ou onerosidade da afetação, definiu uma *fórmula de dois critérios*:

> "a) afectação de expectativas, em sentido desfavorável, será inadmissível, quando constitua uma mutação da ordem jurídica com que, razoavelmente, os destinatários das normas dela constantes não possam contar; e ainda

---

[3928] V. a listagem de pareceres e acórdãos relevantes da Comissão Constitucional no acórdão nº 20/83, nº 2.2.

[3929] Desde logo no acórdão nº 11/83 (Martins da Fonseca), incidente sobre uma questão de retroatividade de impostos, sendo também relevante o acórdão nº 141/85 (Jorge Campinos). Na altura não vigorava ainda a proibição da retroatividade da lei fiscal, tendo os acórdãos discutido se o princípio da confiança obstava ou não a essa retroatividade. V., também, os acórdãos nºs 20/83 (com declaração de voto relevante de José Magalhães Godinho, frisando pontos que mantêm centralidade na jurisprudência do Tribunal) e 23/83, ambos especificamente sobre a alteração retroativa de regimes de aposentação.

[3930] Esta orientação foi fixada pela Comissão Constitucional, em cujo parecer nº 14/82 se pode ler: «(...) a retroactividade das leis fiscais será constitucionalmente legítima, quando semelhante retroactividade não for arbitrária ou opressiva e não envolver assim uma violação demasiado acentuada do princípio da confiança do contribuinte. Equivale isto a dizer – visualizada a questão de outro ângulo – que a retroactividade tributária terá o beneplácito constitucional sempre que razões de interesse geral a reclamem e o encargo para o contribuinte se não mostrar desproporcionado – e mais ainda o terá se tal encargo aparecia aos olhos do contribuinte como verosímil ou mesmo como provável.»

[3931] Relatado por Sousa Brito, incidente sobre normas que alegadamente restringiam retroativamente o direito de recurso.

O PRINCÍPIO DA PROIBIÇÃO DO EXCESSO

b) quando não for ditada pela necessidade de salvaguardar direitos ou interesses constitucionalmente protegidos que devam considerar-se prevalecentes (deve recorrer-se, aqui, ao princípio da proporcionalidade, explicitamente consagrado, a propósito dos direitos, liberdades e garantias, no nº 2 do artigo 18º da Constituição, desde a 1ª revisão)."

Mesmo relevando a indeterminação de muitos dos conceitos utilizados, porventura inevitável, estes dois critérios suscitam comentários e interrogações. Embora o segundo critério aponte explicitamente para a incorporação de um juízo de proporcionalidade[3932], não é esclarecido se esse juízo é o mesmo que vale para a restrição de direitos de liberdade ou se tem uma estrutura diferente, designadamente no que concerne aos seus segmentos.

Quanto ao momento ponderativo (ou de "proporcionalidade", no dizer do Tribunal[3933]), por um lado o Tribunal indica que a variável a contrapesar do lado da *componente ativa*, isto é, dos bens, interesses ou valores que a norma sob julgamento visa satisfazer ou tutelar, é a dos "direitos ou interesses constitucionalmente protegidos"[3934]. Essa formulação abarca, por conseguinte, quer direitos fundamentais quer interesses de ordem geral constitucionalmente protegidos. Mas logo de seguida precisa que "é necessário averiguar se o *interesse geral* que presidia à mudança do regime legal deve prevalecer sobre o interesse individual sacrificado, na hipótese reforçado pelo interesse na previsibilidade de vida jurídica, também necessariamente sacrificado pela mudança"[3935]. Nesta precisão fica pelo caminho a vertente dos direitos.

Por outro lado, quanto à *componente passiva* da equação ponderativa, isto é, aos bens, interesses ou valores sacrificados pela norma, também não há uma indicação inequívoca: fala-se de "*interesse individual*", o que parece traduzir uma abordagem predominantemente *subjetivista*; mas essa abordagem é logo mesclada por uma referência ao *interesse na previsibilidade de vida jurídica*, que tem uma manifesta componente *objetiva*, vinculada ao interesse geral da comunidade num ambiente de previsibilidade da evolução e contexto normativo.

[3932] Com referência ao artigo 18º, nº 2, que a jurisprudência do Tribunal invoca (impropriamente) quando estão em causa restrições de direitos, liberdades e garantias.

[3933] Em alguns casos, acrescenta-se menção à "razoabilidade", sem explicitação do que isso significa *a mais* ou *diferente* da proporcionalidade: v. acórdão nº 302/06.

[3934] V. essa fórmula, também, nos acórdãos nºs 303/90 e 99/99.

[3935] Acórdão nº 287/90, nº 28, itálico aditado.

PROIBIÇÃO DO EXCESSO E PROTEÇÃO DA CONFIANÇA

2.3. A nova fórmula

Quase vinte anos depois, o Tribunal reequacionou a sua posição através de uma nova fórmula (*fórmula dos quatro requisitos*)[3936]. Tal como sucede com a nova fórmula do princípio da igualdade, também a nova fórmula do princípio da proteção da confiança é geralmente apresentada como uma mera reconstrução ou clarificação da orientação anterior. No entanto, ela representa uma evolução significativa[3937]. Vejamos como é explicitada pelo Tribunal:

«Para que haja lugar à tutela jurídico-constitucional da «confiança» é necessário, em primeiro lugar, que o Estado (mormente o legislador) tenha encetado comportamentos capazes de gerar nos privados «expectativas» de continuidade; depois, devem tais expectativas ser legítimas, justificadas e fundadas em boas razões; em terceiro lugar, devem os privados ter feito planos de vida tendo em conta a perspetiva de continuidade do «comportamento» estadual; por último, é ainda necessário que não ocorram razões de interesse público que justifiquem, em ponderação, a não continuidade do comportamento que gerou a situação de expectativa»[3938].

Os quatro requisitos são de verificação sucessiva e cumulativa. Para que a proteção *prima facie* das expetativas se torne *definitiva* em concreto, é necessário que esteja preenchido o primeiro requisito, da *existência de expetativas*, mais o segundo requisito, *da legitimidade das expetativas*, mais o terceiro requisito, *da causalidade das expetativas* em relação a planos dos particulares, mais o quarto requisito, do *maior peso das expetativas* em relação ao bem, interesse ou valor prosseguido pela norma legislativa. Como veremos, isto pode ser formulado de forma reversa, se privilegiarmos o ângulo dos *requisitos necessários à prevalência* do bem, interesse ou valor *prosseguido* pela norma legislativa.

A falha de algum dos requisitos é prejudicial em relação à apreciação dos subsequentes[3939]. Isto é particularmente notório na transição entre os três primeiros e o quarto: quando algum daqueles não está preenchido, o Tribunal não procede à operação de ponderação exigida por este.

A delimitação dos três primeiros requisitos prolonga alguma indeterminação sobre o respetivo sentido e elementos densificadores e não suprime nem reduz significativamente o principal problema que eles suscitam: a prova,

---

[3936] Acórdão n.º 128/09. A relatora, Lúcia Amaral, havia já enunciado *mutatis mutandis* esta interpretação dos critérios do princípio da proteção da confiança em *A forma da República...*, *cit.*, p. 183.

[3937] Diferentemente, PAULO MOTA PINTO, «A proteção...», pp. 140, 167.

[3938] Acórdão n.º 128/09. Note-se, todavia, que a enunciação dos requisitos não segue sempre o mesmo figurino: v., por exemplo, acórdão n.º 187/13, n.º 32. Alguma doutrina frisa, adicionalmente, que o critério só releva como fundamento de inconstitucionalidade quando "o desequilíbrio entre princípios em tensão *seja evidente*": MORAIS, *Curso...*, II, 2, p. 487 (itálico aditado).

[3939] LÚCIA AMARAL, «A proteção da confiança», p. 25.

O PRINCÍPIO DA PROIBIÇÃO DO EXCESSO

demonstração ou fundamentação do *facto* da existência de expetativas e da respetiva intensidade[3940]. Quanto ao quarto requisito ou teste, mantém na penumbra alguns aspetos fundamentais da respetiva *estrutura*[3941]. No entanto a nova fórmula constitui uma mais-valia em termos de estruturação *racionalizadora* do processo discursivo do Tribunal Constitucional[3942]. A continuidade do esforço de aperfeiçoamento dessa estruturação racionalizadora parece crucial num domínio em que a jurisprudência do Tribunal tem emitido indicações não lineares[3943].

Por exemplo, no acórdão 3/16, em que o Tribunal declarou a inconstitucionalidade de normas respeitantes às subvenções mensais vitalícias de ex-titulares de cargos políticos, por violação do princípio da proteção da confiança, afirma-se *carrément* que a ponderação inerente a este quarto teste é levada a cabo de acordo "com os critérios do princípio da proibição do excesso"[3944]. Já o acórdão nº 187/13 parece reduzir o quarto teste a uma operação de ponderação equivalente ao controlo da *proporcionalidade em sentido estrito*, confrontando o peso e

---

[3940] Essa supressão ou redução significativa seria, aliás, impossível. As apreciações de facto, através de diagnósticos ou prognósticos, sobre a existência de uma *expetativa*, circunstância do foro espiritual e subjetivo de cada um, sem manifestações palpáveis no mundo sensível, revestem na maior parte dos casos um caráter meramente conjetural ou presuntivo, fazendo assentar o princípio da proteção da confiança em bases empíricas ainda mais incertas do que as que geralmente sustentam a aplicação da proibição do excesso ou da proibição do defeito, para citar apenas outros dois instrumentos de ponderação e harmonização. Acentuando este aspeto na leitura da "jurisprudência da crise" sobre proteção da confiança e adotando uma perspetiva geralmente crítica em relação às avaliações do Tribunal Constitucional (quase "impressionistas"), PAULO MOTA PINTO, «A proteção...», pp. 169 ss.; aparentemente mais contemporizador, MORAIS, *Curso...*, II, 2, p. 488.

[3941] Convergente, PAULO MOTA PINTO, «A proteção...», pp. 167-168. Como parece ser o sentido das palavras de LÚCIA AMARAL, «A proteção da confiança», p. 28, talvez boa parte da indeterminação seja inevitável.

[3942] PAULO MOTA PINTO, «A proteção...», p. 167, expressa uma visão mais cética: o facto de a jurisprudência se ter "aparelhado" com os quatro "testes" não constitui qualquer garantia de maior certeza ou previsibilidade das decisões do Tribunal Constitucional.

[3943] É significativo o reconhecimento por LÚCIA AMARAL, «A proteção da confiança», p. 25, de que persistem aspetos da aplicação do princípio pouco definidos e problemáticos.

[3944] Acórdão *cit.*, nº 14. Todavia, apesar da referência aos "critérios da proibição do excesso" e admitindo-se que estes "critérios" correspondam aos três segmentos, o desenvolvimento subsequente não os desagrega nem identifica (v., sobretudo, nº 20). Mas deteta-se um juízo sobre a (in)adequação, uma vez que se aponta que a norma em causa não contribuia significativamente para a prossecução do fim da diminuição da despesa pública. Por outro lado, talvez se possa ver um juízo sobre a (des)necessidade da medida na frase que alega que "terminado o PAEF já não são tão evidentes e intensos os constrangimentos orçamentais". E, por último, entremostra-se implícito um juízo de proporcionalidade e.s.e. no trecho que refere que as consequências da norma na esfera jurídica dos ex-titulares de cargos políticos parecem excessivas em confronto com os interesses públicos por aquela prosseguidos.

PROIBIÇÃO DO EXCESSO E PROTEÇÃO DA CONFIANÇA

intensidade de satisfação e sacrifício dos bens, interesses ou valores conflituantes. Nenhuma referência é feita a outros segmentos que poderiam ser assimilados aos segmentos do princípio da proporcionalidade em sentido amplo[3945].

Por seu turno, o que no acórdão nº 862/13 se entende ser a operação de ponderação própria do quarto teste é diferente.

Primeiro, porque o juiz constitucional não chegou a efetuar uma verdadeira operação de valoração e confrontação do *peso* das expetativas e do *peso* dos bens, interesses ou valores efetivamente prosseguidos (no entender do Tribunal)[3946] pelas normas apreciadas ou os nominalmente invocados pelo legislador[3947].

Segundo, porque dentro daquele quarto teste o Tribunal inseriu a averiguação e demonstração do *verdadeiro* fim prosseguido pelo legislador. Nesse contexto, o juiz constitucional apurou um desvio de fim, ou *"desvio funcional"*[3948]: as normas apreciadas prosseguiam efetivamente o fim conjuntural de consolidação orçamental e não os (alegados) fins de sustentabilidade financeira do sistema de proteção social da Caixa Geral de Aposentações, de convergência dos dois sistemas públicos de proteção social ou a justiça intra e intergeracional[3949].

[3945] Acórdão nº 187/13, nº 66: "Sendo certo que se verificam, de forma clara e em grau elevado, todos os pressupostos exigíveis do lado da tutela da confiança, a dúvida só pode residir na relevância do interesse público que determinou a alteração legislativa, questão que remete para um controlo da *proporcionalidade em sentido estrito*, e para a ponderação entre a frustração da confiança, com a extensão de que esta se revestiu, e a intensidade das razões de interesse público que justificaram a alteração legislativa" (itálico no original). Na doutrina, v., também, Morais, *Curso...*, II, 2, p. 665, embora noutros locais não seja tão explícito (por exemplo, *ob. cit.* p. 579, onde se refere genericamente ao princípio da proporcionalidade).

[3946] Evidenciando algumas "perplexidades" que o acórdão nº 862/13 suscita no que toca ao valor e alcance do princípio da proteção da confiança, Alexandrino, «Jurisprudência da Crise...», p. 65. O autor sustenta, designadamente, que o "Tribunal Constitucional absolutizou a proteção da confiança, procedendo à respetiva aplicação, não segundo uma fórmula de ponderação, mas como se de uma verdadeira regra se tratasse."; também, Coutinho, «Formular e Prescrever...», *cit.*, pp. 250 ss.

[3947] A certo passo o Tribunal usa a imagem do peso, mas trata-se do peso da adoção da medida concreta e não do peso dos próprios interesses prosseguidos pela medida: "[a]ssim, a adoção da medida concreta não reveste um peso importante para efeitos da prossecução dos interesses públicos da sustentabilidade, do equilíbrio intergeracional e da convergência dos regimes de proteção social" (nº 42).

[3948] Acórdão nº 862/13, nº 39.

[3949] Expõe o Tribunal no mesmo acórdão: "[s]oluções sacrificiais motivadas por razões de insustentabilidade financeira dirigidas apenas aos beneficiários de uma das componentes do sistema (...) são, por isso, necessariamente assistémicas ou avulsas e enfermam de um desvio funcional: visam fins – evitar, com o sacrifício exclusivo dos pensionistas da CGA, o aumento das transferências do Orçamento do Estado – que não se enquadram no desenho constitucional de um sistema público de pensões unificado" (nº 39); "[a] igualação da taxa de formação da pensão, considerada isoladamente, não pode ser vista como uma medida estrutural de convergência de pensões nem

O PRINCÍPIO DA PROIBIÇÃO DO EXCESSO

Ora, o enquadramento dogmático desse tema no contexto do quarto teste suscita algumas questões: a determinação do fim não é um *elemento estrutural* do princípio da proteção da confiança, mas sim um *pressuposto* da sua aplicação. Isso tem consequências do ponto de vista da metódica aplicativa. Se na fase de escrutínio do fim se verificar a sua inexistência, indeterminabilidade ou ilegitimidade, a norma é inválida, ficando prejudicada a aplicação dos quatro testes. Ao invés, se o Tribunal concluir simplesmente pela ocorrência de *desvio de fim*, isso em princípio não tem relevância invalidante autónoma. Dispondo o legislador de liberdade de conformação do fim, o desvio de fim não constitui fundamento invalidante da norma, salvo situações que, a existirem, serão sempre excecionais. A verificação do desvio de fim é apenas indiretamente relevante, na medida em que prenuncie uma relação provavelmente inconsistente entre o meio adotado e os fins invocados (mas não prosseguidos, ou não prosseguidos principalmente) pelo legislador: quando os meios adotados são adequados para prosseguir o fim real, presumivelmente não o são para satisfazer os fins nominais e vice-versa. Neste contexto, a verificação do desvio finalístico *pré-estrutura* ou precondiciona a aplicação do quarto teste, mas não o integra.

Terceiro, a ponderação (essa sim pertencente à estrutura do princípio da proteção da confiança) que o Tribunal realizou foi somente a "ponderação" da *adequação* das soluções resultantes das normas apreciadas. Sem nunca aludir a um eventual segmento da adequação ou idoneidade, o Tribunal debateu exaustivamente se a medida legislativa era ou não *adequada* para prosseguir os fins *nominalmente* invocados pelo legislador, isto é, a convergência entre regimes de proteção social (da Caixa Geral de Aposentações e do regime geral), a sustentabilidade do sistema da Caixa e a justiça intra e intergeracional, concluindo pela negativa. A "ponderação" inerente ao quarto requisito circunscreveu-se a isso: um juízo essencialmente empírico-factual. Não foi efetuada uma verdadeira ponderação, entendida como uma operação de balanceamento do peso de bens, interesses ou valores colidentes.

Acresce ainda, em quarto lugar, que o juízo de adequação efetuado parece mais próximo daquele que é estruturalmente típico do segmento da eficiência exigível da *proibição do defeito*, do que daquele que pertence à estrutura da *proibição do excesso*: as normas legislativas são declaradas inconstitucionais por *afetação desproporcional* do princípio da proteção da confiança[3950] por não serem suficien-

---

tem qualquer efeito de reposição da justiça intergeracional ou de equidade dentro do sistema público de segurança social. Representa antes uma mera medida avulsa de redução de despesa (...)" (nº 40); " (...)a redução de pensões é uma *medida conjuntural* para resolução de problemas imediatos de equilíbrio e consolidação orçamental e não uma medida que vise a sustentabilidade financeira da Caixa." (nº 43).

[3950] Acórdão *cit.*, nº 45.

PROIBIÇÃO DO EXCESSO E PROTEÇÃO DA CONFIANÇA

temente eficientes ou por não terem virtualidade suficiente para atingir aqueles fins[3951]. Por outras palavras, não basta que as normas legislativas sejam adequadas a aproximar ou promover minimamente os fins visados, como impõe em regra o segmento da adequação da proibição do excesso. Mais do que isso, aquelas normas têm de ser suficientemente eficientes na satisfação daqueles fins, o que só é possível, diz o Tribunal, através de "reformas sustentáveis e duradouras no tempo" e não de "medidas abruptas e parcelares", com efeitos "volatilizáveis". A prossecução daqueles interesses, "pelo seu caráter estrutural, exige [...] medidas pensadas num contexto global dos regimes de proteção social".

A jurisprudência constitucional deixa, portanto, em aberto relevantes questões sobre a estrutura do quarto teste: trata-se da aplicação do mesmo princípio da proporcionalidade que se aplica às interferências em direitos ou de um teste igual? Se sim, a expressão "igual" deve ser levada às últimas consequências ou a "igualdade" é uma igualdade na diversidade? Trata-se de proporcionalidade como proibição do excesso ou de proporcionalidade como proibição do defeito? Quais os segmentos de que se decompõe? Qual a estrutura desses segmentos?

As zonas de penumbra são, aliás, mais extensas. Tomada à letra, a nova fórmula indica que a vertente ativa da equação ponderativa é preenchida pelas "*razões de interesse público* que justifiquem, em ponderação, a não continuidade do comportamento que gerou a situação de expectativa". Mais uma vez, servem de bons exemplos os acórdãos nºs 187/13 e 862/13, quando aludem, respetivamente, à "relevância do interesse público que determinou a alteração legislativa" ou às "razões de interesse público que justificam a não continuidade das soluções legislativas"[3952]. Aparentemente, a hesitação que transparecia da fórmula intermédia terá sido superada a favor de uma orientação objetivista: as expetativas a que a Constituição confere tutela *prima facie* só têm de ceder se houver

---

[3951] Parece poder extrair-se essa ilação de alguns locais onde o tema da adequação encontra expressão. Por exemplo: "[A] redução de pensões *não é uma medida com virtualidade* para garantir a sustentabilidade de um sistema que, por ser fechado, é em si mesmo insustentável a médio e longo prazo" (nº 39, itálico aditado); "[a] circunstância da redução de pensões abranger apenas uma parte dos beneficiários do sistema social convergente – os inscritos antes de agosto de 1993 – isolada dos demais elementos que formam o sistema de segurança social, acaba por ser uma *solução inadequada* e potencialmente injusta perante o sistema" (nº 42, itálico aditado); "uma solução «isolada» e em contradição com o princípio da responsabilidade coletiva pelo sistema, *não é uma solução adequada* à unidade do sistema, nem é capaz de assegurar, só por si, a necessária equidade." (nº 42, itálico aditado); "as medidas legislativas que visem atingir esses objetivos devem ser ponderadas e concebidas dentro do próprio sistema como uma sua reforma estrutural, sob pena de não alcançarem os referidos desideratos e traduzirem-se apenas em *reduções imediatas de despesa*, que, face aos seus efeitos imediatos, pouco se adequarão a produzir efeitos de base." (nº 42, itálico no original).

[3952] Acórdãos nºs 187/13, nº 66, e 862/13, nº 27. V., também, acórdãos nºs 396/11, nº 8, e 794/13, nº 23.

O PRINCÍPIO DA PROIBIÇÃO DO EXCESSO

um *interesse público* que sobre elas deva prevalecer em concreto[3953]. Se assim for, o que não é seguro (desde logo porque se continua a invocar em simultâneo a fórmula intermédia[3954]), tratar-se-á de opção que não é de pequena monta e cujo fundamento material não é autoevidente.

A matriz *objetivista* da estrutura da ponderação tem reflexos no modo como o Tribunal define a *vertente passiva*, ou seja, a vertente dos bens, interesses ou valores negativamente afetados pela norma legislativa, que são objeto de contrapeso com os bens, interesses ou valores prosseguidos pela lei.

Analisando os arestos onde é revelado o objeto da ponderação concreta – o que nem sempre sucede[3955] –, pode concluir-se que o Tribunal desenvolve, não uma, mas pelo menos duas orientações: uma que realça traços *objetivos* e outra que realça traços *subjetivos*. De acordo com a primeira, são ponderadas "*a frustração da confiança, com a extensão de que esta se revestiu e a intensidade das razões de interesse público que justificaram a alteração legislativa*"[3956]. Esta formulação inculca que a ponderação se faz entre a dimensão, extensão ou intensidade da frustração da confiança, enquanto bem, interesse ou valor *objetivo* do Estado de direito protegido *prima facie*, e as razões de interesse público justificativas dessa frustração[3957]. De acordo com a segunda, "há que proceder a um balanceamento ou ponderação entre os interesses particulares desfavoravelmente afetados pela alteração do quadro normativo que os regula e o interesse público que justifica

---

[3953] Vai no mesmo sentido NOVAIS, *Os princípios...*, p. 269, mencionando também o princípio da liberdade constitutiva do legislador, como um dos elementos a ponderar no lado ativo.

[3954] V. acórdãos nºs 3/10, nº 4, 396/11, nº 8, e 187/13, nº 31.

[3955] V., por exemplo, acórdão nº 3/10, nº 4. O Tribunal adota uma atitude exigente no que toca à verificação dos três primeiros requisitos, que leva a que frequentemente a apreciação da observância do princípio não passe daí, prejudicando a operação ponderativa (cfr. acórdãos nºs 128/09 e 188/09, nº 5). Por outro lado, mesmo quando a "barreira" daqueles três requisitos é superada, o Tribunal é cauteloso nas operações de ponderação, evitando ao limite desafiar os juízos do legislador e substituí-los pelos próprios, mesmo em situações em que o peso das expetativas parece elevado, como sucede em alguns casos de "cortes" de pensões. Note-se, também, que quando as operações de ponderação são realizadas, por vezes ou não há explicitação das variáveis (ou de todas as variáveis) que são objeto de contrapeso ou é desenvolvida uma argumentação pouco mais do que minimalista (cfr. acórdão nº 188/09). Um dos poucos casos em que aquela atitude extremamente cautelosa foi abandonada e em que as magnitudes "ponderadas" são exaustivamente expostas é o do acórdão nº 862/13.

[3956] Acórdão nº 187/13, nº 66.

[3957] Uma formulação alternativa, também tendencialmente objetivista, poderia ser a do acórdão nº 304/01, nº 9: "Haverá, assim, que proceder a um justo balanceamento entre a protecção das expectativas dos cidadãos decorrentes do princípio do Estado de direito democrático e a liberdade constitutiva e conformadora do legislador".

PROIBIÇÃO DO EXCESSO E PROTEÇÃO DA CONFIANÇA

essa alteração"[3958]. Ou seja, a operação de ponderação consiste no contrapeso dos interesses particulares *subjetivados* sacrificados e do interesse público que a norma visa proteger. Bem interpretada a jurisprudência do Tribunal, onde se lê "interesses particulares" deve ler-se "expetativas dos particulares".

2.4. A nova fórmula *mais*

O acórdão nº 862/13 é também relevante por dele resultar com clareza a nova fórmula *mais*. Essa fórmula tem duas vertentes, uma respeitante aos requisitos, outra de natureza processual.

A segunda vertente será focada a propósito da intensidade do controlo.

Quanto à primeira vertente, traduz-se num regime de *quatro requisitos mais um*. De acordo com um recorte *negativo* dos quatro requisitos ou testes da nova fórmula, para que o bem, interesse ou valor prosseguido pela norma legislativa possa ser tutelado sem lesão do princípio da proteção da confiança: (i) não podem existir expetativas; (ii) se existirem expetativas, não podem ser consideradas legítimas; (iii) se existirem expetativas legítimas, não podem ter tido efeitos causais relevantes na planificação da vida dos particulares; (iv) se existirem expetativas legítimas com efeitos causais relevantes, não podem ter maior peso do que o bem, interesse ou valor prosseguido pela norma legislativa.

Ora, o acórdão nº 862/13 parece ter atendido a mais um requisito, exigível em certas circunstâncias: (v) a medida legislativa deve conter um regime transitório que assegure a sua implementação de forma gradual e diferida no tempo.

Embora o discurso do Tribunal não seja claramente no sentido da *autonomização* desse requisito em relação ao quarto requisito da nova fórmula[3959], a interpreação não pode deixar de ser nesse sentido. A *aplicação imediata ou diferida* poderia ser um elemento do juízo de proporcionalidade: bastaria que fosse um fator relevante para a graduação do sacrifício das expetativas dos particulares, a ser considerado juntamente com outros, podendo dessa ponderação resultar maior peso dessas expetativas ou maior peso do bem, interesse ou valor que a norma visa acautelar (ou pesos iguais). Contudo, o que ressalta do acórdão é que em certas circunstâncias a inexistência de gradualismo ou de regime transitório

---

[3958] Acórdão nº 396/11, nº 8. A orientação subjetivista era a que já avultava no acórdão nº 287/90, nº 28, como se mencionou acima.

[3959] Veja-se a seguinte frase: "No juízo de ponderação que é imposto pela proteção da confiança, onde se confronta e valora a *condição de pensionista*, em princípio, sem possibilidade ou impossibilidade de regressar a uma vida ativa que permita recuperar o que lhe é retirado, com os referidos interesses públicos, que podem ser satisfeitos no horizonte mais alargado, a solução justa à luz do princípio da proporcionalidade imporia também que a implementação da medida se fizesse de *forma gradual* e *diferida* no tempo. Aplicá-la de uma só vez, seria ultrapassar, de forma excessiva, a medida de sacrifício que a natureza do direito à pensão poderá admitir."

O PRINCÍPIO DA PROIBIÇÃO DO EXCESSO

implica *sempre* violação da proteção da confiança, independentemente do peso do bem, interesse ou valor cuja satisfação a norma visa. Ou seja, a adoção de um regime transitório é uma exigência *categórica* e não fator sujeito a ponderação juntamente com outros fatores no âmbito do referido juízo de proporcionalidade.

Na prática, o reconhecimento da natureza apenas *prima facie* dos chamados *direitos adquiridos*[3960] – um reforço relevante do caráter *prima facie* da Constituição –, é compensado pelo aditamento de um requisito adicional à estrutura do princípio da proteção da confiança: mesmo que o peso do bem, interesse ou valor prosseguido pela norma legislativa seja superior ao das expetativas dos particulares, se estas tiverem tutela reforçada, como sucede quando o "corte" incide sobre pensões já a pagamento, *terá de haver um regime transitório, que assegure o gradualismo da execução da medida*[3961].

[3960] O Tribunal admite neste acórdão a possibilidade de reduções ou "recálculos" de pensões já atribuídas, se isso for feito num contexto global: "[s]endo necessário – e o Tribunal não discute essa necessidade – alargar o «ónus da insustentabilidade financeira do sistema» – sistema entendido, neste contexto, como qualquer uma ou ambas as componentes do sistema público de pensões que ao Estado cabe organizar e garantir de harmonia com a Constituição e a Lei de Bases da Segurança Social – aos *atuais beneficiários, procedendo a reduções e recálculos de pensões já atribuídas*, as soluções a equacionar não podem deixar de ser perspetivadas em termos do sistema público globalmente considerado, exigindo respostas que salvaguardem a justiça do mesmo sistema, tanto no plano *intrageracional* como no plano *intergeracional.*" (acórdão *cit.*, nº 39; a ênfase da expressão *procedendo a reduções e recálculos de pensões já atribuídas* foi aditada). O Tribunal insiste na ideia noutros trechos. Por exemplo: "[u]ma medida que pudesse intervir de forma a *reduzir o montante de pensões a pagamento* teria de ser uma medida tal que encontrasse um forte apoio numa solução sistémica, estrutural, destinada efetivamente a atingir os três desideratos acima explanados: sustentabilidade do sistema público de pensões, igualdade proporcional, e solidariedade entre gerações"; "o questionamento dos direitos à pensão já constituídos na ótica da sustentabilidade do sistema público de pensões no seu todo e da justiça intergeracional *não se opõe à redução das pensões. Tais interesses públicos poderão justificar uma revisão dos valores de pensões já atribuídas* (...)" (nº 45, ênfase acrescentada). O Tribunal admite, assim, que não há posições jurídicas subjetivas inatingíveis e insuscetíveis de ponderação com outros bens, interesses ou valores. Mesmo os designados *direitos adquiridos* (noção proveniente do direito privado e que, apesar do seu emprego em alguns acórdãos, não tem significado ou assento constitucional) podem ter de ceder se houver razões de *peso superior* que devam prevalecer em concreto. Defendendo esta posição, LOUREIRO, «Proteger é preciso...», pp. 376-377.

[3961] Na doutrina, dando por adquirido este requisito, embora sem o autonomizar em relação ao critério da proporcionalidade, MORAIS, *Curso...*, II, 2, pp. 486-7 (invocando doutrina e jurisprudência alemãs); no mesmo sentido, OTERO, *Direito Constitucional...*, p. 89. Não obstante a postura crítica em relação ao acórdão em causa, PAULO MOTA PINTO, «A proteção...», p. 177, manifesta concordância com a adição desta exigência suplementar.

PROIBIÇÃO DO EXCESSO E PROTEÇÃO DA CONFIANÇA

3. A intensidade de controlo do cumprimento do princípio da proteção da confiança

De um modo geral, o padrão de controlo do princípio da proteção da confiança tem-se pautado por uma assumida autocontenção. Isso tem feito com que raramente as apreciações de facto – diagnósticos e prognósticos – realizadas pelo legislador sejam colocadas em causa. Por outro lado, as ponderações do legislador são por regra protegidas em nome do reconhecimento de extensa liberdade de conformação, traduzida numa ampla liberdade de alteração de regimes legais, mesmo quando isso afeta expetativas de não modificação da lei.

Porém, o padrão de controlo que o Tribunal adotou no acórdão nº 862/13 foi mais intenso[3962]. As apreciações de facto realizadas pelo legislador, mesmo aquelas que eram sustentadas por relatórios técnicos enviados pelo Governo (autor da iniciativa legislativa), foram apertadamente escrutinadas. Os fins invocados foram sujeitos a apreciação aprofundada, não aceitando o Tribunal sem discussão aqueles que foram invocados pelo legislador e antes apontando outros como sendo os verdadeiros. A "ponderação" das soluções adotadas, designadamente a sua adequação, foi exaustiva, não se tendo o Tribunal limitado a apreciar (e a rejeitar) a adequação das soluções legislativas, antes definindo o sentido daquelas que *devem ser* adotadas para prosseguir os fins invocados pelo legislador.

Trata-se de uma fórmula de controlo que toca o limiar superior do poder jurisdicional do juiz constitucional[3963]. Isso é admissível num quadro excecional (de "crise"), onde a contrapartida à legitimidade de o legislador explorar até ao limite a natureza *prima facie* da constituição não pode deixar de ser a ampliação da competência do juiz constitucional e a legitimidade de este recorrer a instrumentos reforçados de escrutínio[3964]. Porém, essencial é que a estrutura dogmática e argumentativa destes instrumentos seja clara, transparente e estável, de modo a enfrentar as críticas de irracionalidade ou até de veiculação das inclinações ideológicas dos juízes, críticas amiúde dirigidas contra os instrumentos de harmonização[3965].

[3962] Assim, também, PAULO MOTA PINTO, «A proteção...», pp. 177 ss.

[3963] Talvez além do ativismo moderado de que fala MORAIS, «Segurança Jurídica ...», p. 626.

[3964] Esta é apenas uma forma de traduzir a bem estabelecida conceção *gradativa*, de acordo com a qual quanto mais intensa seja a intervenção do legislador nos bens, interesses ou valores constitucionais, incluindo os protegidos através de direitos, tanto maior deve ser a proteção do juiz constitucional: assim, HESSE, «Funktionelle Grenzen...», pp. 311 ss.

[3965] V. sobre a proibição do excesso, mas aplicável a todos os instrumentos de harmonização, a exposição de PULIDO, *El principio...*, pp. 163 ss.

O PRINCÍPIO DA PROIBIÇÃO DO EXCESSO

4. Princípio da proteção da confiança como versão enfraquecida ou fortificada do princípio da proibição do excesso, ou parâmetro autónomo?

O princípio da proteção da confiança é o princípio aplicável quando não está em causa o sacrifício de bens, interesses ou valores objeto de posições jurídicas subjetivas decorrentes de um direito, liberdade ou garantia ou de outros direitos fundamentais, mas sim expetativas eventualmente merecedoras de tutela jurídica[3966]. Apesar de a estrutura argumentativa da proteção da confiança aparecer por vezes mesclada com o discurso da proteção *de direitos*, o princípio vale em situações em que *não há um direito tutelável*. Diferentemente, há uma *mera expetativa legítima* dos particulares de continuidade de um regime jurídico (por exemplo, manutenção de um certo nível da pensão ou do salário[3967], continuação de subvenção mensal vitalícia[3968], imutabilidade do elenco legal dos feriados obrigatórios[3969], manutenção dos efeitos dos instrumentos convencionais de regulação coletiva das relações de trabalho[3970], não supressão de um regime de exceção que impossibilita a cessação do vínculo de nomeação definitiva na administração pública com base em razões objetivas[3971] ou continuidade de certos benefícios fiscais), que é *afetada* por uma intervenção legislativa (em si não proibida, uma vez que o legislador tem liberdade de conformação da lei, que abrange a faculdade de a alterar[3972]).

À partida, essas situações são merecedoras de uma tutela constitucional menos intensa do que a conferida aos direitos fundamentais. A aplicação dos *limites às restrições* (*Schranken-Schranke*), designadamente a aplicação do princípio da

---

[3966] Cfr. Novais, *Os princípios...*, p. 269. A afirmação não é incontroversa. Por exemplo, Morais, *Curso...*, II, 2, pp. 578 ss., *passim*, sustenta que o princípio da proteção da confiança é aplicável em caso de restrições retroativas e retrospetivas dos direitos sociais (concomitantemente, o princípio da proibição do excesso não seria aplicável autonomamente, mas apenas como elemento componente da proteção da confiança) e a restrições retrospetivas de direitos de liberdade. Nessas suas vocações, o princípio seria até insuficientemente convocado pelo Tribunal Constitucional (*ob. cit.*, p. 750). O entendimento que ressalta do presente trabalho, é antes que às interferências em direitos fundamentais (de liberdade ou sociais) se aplicam os limites da garantia do conteúdo mínimo e da proibição da restrição retroativa, quando se estejam em causa posições jurídicas subjetivas qualificáveis como direitos subjetivos. No caso de interferências não inviabilizadas por algum daqueles dois limites aos limites – particularmente as chamadas interferências retrospetivas – são aplicáveis os princípios que integram a proporcionalidade moderna.

[3967] Acórdãos nºs 396/11, 187/13 e 794/13.

[3968] Acórdão nº 3/16, nº 14.

[3969] Acórdão nº 602/13, nº 26.

[3970] *Idem*, nº 46.

[3971] Acórdão nº 474/13, nº 14.

[3972] Acórdão nº 287/90: "não há (...) um direito à não-frustração de expectativas jurídicas ou à manutenção do regime em relação a relações jurídicas duradouras ou relativamente a factos complexos já parcialmente realizados".

PROIBIÇÃO DO EXCESSO E PROTEÇÃO DA CONFIANÇA

proibição do excesso, com a *malha apertada* que o carateriza, seria, ela própria, *desproporcionada* ou *excessivamente lesiva* da liberdade de conformação do legislador.

Essa é a linha diretriz que deve presidir ao acabamento do processo de definição da estrutura da proteção da confiança. A jurisprudência constitucional mantém em aberto pelo menos três possibilidades de evolução.

A primeira é a configuração do princípio da proteção da confiança como uma *versão enfraquecida* do princípio da proibição do excesso. Nesta linha de desenvolvimento, o princípio da proteção da confiança ergue simplesmente uma barreira reforçada de requisitos para a aplicação do princípio da proibição do excesso em situações merecedoras de uma tutela jurídica menos enérgica. Superados esses requisitos, segue-se a aplicação do princípio da proporcionalidade clássica ou da proibição do excesso (ou algo "igual"), tal como, de uma forma ou de outra, tem estado latente desde a fórmula intermédia[3973].

A segunda, é a configuração do princípio da proteção da confiança como um parâmetro *distinto* do princípio da proibição do excesso. Enfatizar-se-á então que a circunstância de haver um momento ponderativo na metódica do primeiro não implica uma recondução ao segundo[3974]. Essa eventualidade obrigaria a aditar uma nova figura à lista de parâmetros que se abrigam sobre o conceito de proporcionalidade em sentido moderno, que se poderia designar, por hipótese, *proteção proporcional da confiança*.

Também esta possibilidade tem pontos de sustentação em alguma jurisprudência constitucional. Nesta hipótese, o princípio da proteção da confiança tem malha menos apertada do que a proibição do excesso (isto é, malha mais propícia à viabilização das normas legislativas). Isso manifesta-se quer nos requisitos que constituem os três primeiros passos da sua metódica de aplicação, quer na

---

[3973] V. o acórdão nº 396/11, onde se alude à averiguação da "observância das exigências de proporcionalidade", se cita "a necessária conjugação do princípio da protecção da confiança com o princípio da proibição do excesso" e se averigua da idoneidade, da necessidade e da não excessividade das normas em causa (nº 8); ou o acórdão nº 3/2016 que, como vimos, afirma sem hesitações que a ponderação inerente ao quarto teste da proteção da confiança é levada a cabo de acordo "com os critérios do princípio da proibição do excesso (nº 14). Na doutrina, no mesmo sentido, Novais, *Os princípios...*, p. 269.

[3974] Embora não seja impossível encontrar na doutrina usos do conceito de ponderação num sentido *amplíssimo*, equivalente a avaliação, consideração ou análise dos argumentos a favor e contra uma proposição juridicamente relevante, com vista a tomar uma decisão, podendo ou não recorrer-se à imagem do peso relativo (sentido amplíssimo esse capaz de abranger as operações próprias dos três segmentos da proporcionalidade em sentido amplo ou proibição do excesso), normalmente emprega-se o conceito de ponderação num sentido mais *restrito* (cfr. *supra*, capítulo 17). É nesse sentido mais restrito que pode haver dúvida sobre a relação com a proporcionalidade em sentido estrito.

O PRINCÍPIO DA PROIBIÇÃO DO EXCESSO

circunstância de o quarto passo consistir numa simples operação de ponderação ou de *balancing* de bens, interesses ou valores concretamente colidentes e não na aplicação do princípio da proporcionalidade em sentido amplo[3975], ao invés do sucede com a primeira possibilidade de evolução.

Esta ponderação está sujeita a uma "lei": quando mais intensa for a ocorrência dos três primeiros critérios, maior exigência será empregue na demonstração do peso prevalecente das razões invocadas como justificativas da afetação das expetativas[3976]. A malha mais larga repercute-se na estrutura da ponderação. Do lado passivo, situam-se expetativas, noção bastante fluída. Do lado ativo, como já se viu, embora a fórmula intermédia tenha parecido dar como adquirido que os fins da norma poderiam ser a salvaguarda de *direitos* e interesses constitucionalmente protegidos, a nova fórmula corrigiu essa indicação, concentrando--se nas "razões de interesse público" e esquecendo a salvaguarda de direitos. Essa conceção tem-se consolidado[3977], até porque talvez seja raro encontrar situações em que possa estar em causa não a prossecução de interesses públicos ou gerais mas de bens, interesses ou valores de outra natureza[3978]. Em todo o caso, as razões de interesse público invocáveis têm um espectro largo, para além de que não parece de todo impróprio defender que a proteção da confiança visa a proteção contra a prossecução de quaisquer *interesses que o legislador possa legitimamente tutelar* (incluindo interesses subjetivos não tutelados por direitos fundamentais) e não apenas de *interesses públicos* ou *gerais*.

Finalmente, a terceira possibilidade de evolução é a configuração do princípio da proteção da confiança como uma antecâmara ou uma derivação da proibição do defeito. Nessa perspetiva, o preenchimento dos três primeiros requisitos desencadeia a aplicação dos segmentos da proibição do defeito. Mencionamos esta hipótese porque também tem manifestações (decerto limitadas) na juris-

---

[3975] Esta hipótese tem a oposição de NOVAIS, *Os princípios...*, p. 268.

[3976] V. acórdão nº 474/13, nº 41.

[3977] Embora falte debate sobre o tema, essa orientação corresponderá a uma inclinação da própria doutrina. Para além da mentora da solução jurisprudencial, LÚCIA AMARAL, *A Forma...*, p. 183, v.: WEBER-DÜRLER, *Vertrauensschutz im öffentlichen Recht...*, p. 118 (*apud* ARAÚJO, «O princípio da proteção...», p. 106.); NOVAIS, *Os princípios...*, p. 270. Contra uma perspetiva binária, nos termos da qual "o princípio da proteção da confiança envolve um confronto entre o interesse privado, apoiado na confiança, e o interesse público contrário à tutela da expetativa legítima", v. ARAÚJO, «O princípio da proteção...», p. 106.

[3978] Por outro lado são legítimas dúvidas sobre se a proteção da confiança pode ser realmente erguida contra normas do legislador que visem "salvaguardar *direitos* [...] *constitucionalmente protegidos*". Pode eventualmente argumentar-se que quando se trate de normas legislativas que visem a "salvaguarda" de *direitos fundamentais* (através do cumprimento pelo legislador dos seus deveres em relação àqueles direitos), não é aplicável o princípio da proteção da confiança, já que não é viável invocar expetativas de particulares de que o legislador incumpra os seus deveres.

prudência constitucional. Mas é a possibilidade que mais choca com a sua raiz, não se vendo como conciliar num mesmo instituto a verificação da existência, legitimidade e relevância das expetativas legítimas de particulares de que um regime jurídico seja mantido e a apreciação sobre se a norma legislativa ficou aquém do que era constitucionalmente devido pelo (e esperado do) legislador.

Capítulo 29
Proibição do excesso como instrumento de otimização?

1. Razão de ordem

Cumpridos os vários passos de recorte positivo da proibição do excesso como norma de ação e como norma de controlo e de recorte negativo, através da confrontação com algumas figuras afins, é chegado o momento de tirar conclusões sobre o sentido geral da proibição do excesso como instrumento de ponderação e harmonização. A melhor forma de retirar essas conclusões é verificar se pode ser considerada um instrumento de *otimização*, como uma influente corrente (em certa medida quase hegemónica) sustenta.

2. A maximização dos efeitos como vocação da norma jurídica

A aplicação ou cumprimento de uma norma isolada não suscita dúvidas, qualquer que seja a estrutura dessa norma: o seu conteúdo normativo deve ser cumprido na *máxima* extensão. Todas as pretensões que nela encontrem suporte normativo devem atingir plena realização nas situações em que se coloque essa eventualidade. Em contrapartida, havendo colisão entre bens, interesses ou valores – e, mais abstratamente, entre normas que direta ou indiretamente os tutelem –, não é exigível nem possível a maximização isolada de cada um. Nessas circunstâncias tem de se superar a colisão normativa através da aplicação de meta-normas de resolução de colisões ou através de harmonização normativa. No segundo caso, a aplicação das normas depende de uma operação de harmonização (de cariz legislativo ou outra) que permita balizar e definir até que ponto as consequências normativas de cada uma das normas colidentes podem ir. É a este propósito que intervêm instrumentos como a proibição do excesso ou a proibição do defeito.

O PRINCÍPIO DA PROIBIÇÃO DO EXCESSO

Conforme se viu, o princípio da proibição do excesso é aplicável quando há uma colisão entre um fim de tutela de certos bens, interesses ou valores coletivos que o legislador pretende prosseguir e outros bens, interesses ou valores, designadamente (não exclusivamente, mas com exceções muito limitadas) os tutelados por normas de direitos fundamentais que requeiram a abstenção do legislador[3979]. É pressuposto que na pré-ponderação da fase de conformação do fim o legislador tenha podido atribuir e tenha atribuído importância superior *prima facie* àqueles primeiros bens, interesses ou valores.

A conceção doutrinal europeia da proibição do excesso, particularmente aquela que é influenciada pelo trabalho de ALEXY, anda vulgarmente associada ao conceito de otimização importado da teoria económica das escolhas[3980]. Em boa medida, esta conceção limitou-se a dar nova roupagem a conceções da doutrina e da jurisprudência constitucionais alemãs do pós-Guerra[3981].

Mas essa conceção da proibição do excesso não está sozinha no mercado das ideias. As competidoras mais salientes são as correntes que aceitam resultados subótimos ou infraótimos, isto é, que admitem medidas legislativas de resolução de colisões normativas que não correspondem a qualquer aceção ou modalidade de *ótimo*. Fala-se, assim, em conceções de proteção mínima, satisfatória ou suficiente. Inventam-se até palavras novas como "satisficiente" (*satisficient*), expressando a simbiose entre satisfatórias e suficientes[3982].

[3979] V. *supra*, capítulos 12 e 13.

[3980] A ideia de otimização é uma ideia europeia (alemã, mais propriamente). DWORKIN, por exemplo, não traça o objetivo da otimização dos princípios ou dos bens, interesses ou valores por eles tutelados. Isso não obsta a que autores provenientes da cultura jurídica norte-americana vejam a proporcionalidade como instrumento de otimização, pelo menos em algumas das suas manifestações. Um caso interessante é o de JACKSON, «Constitutional Law...», p. 3147, que, distinguindo entre a proporcionalidade nas perspetivas do legislador e do juiz constitucional, considera que o primeiro está vinculado à descoberta da *"best achievable solution"* enquanto o segundo tem a cargo a anulação de *"serious disproportionalities"*. Além de europeia, é uma conceção doutrinal, porque não é fácil encontrar claras adesões jurisprudenciais, designadamente do Tribunal Constitucional alemão (assim, ŠUŠNJAR, *Proportionality...*, p. 129). No caso português, o objetivo da otimização emerge de alguns acórdãos, mas nem de perto se pode considerar uma orientação estabelecida: v. acórdãos nºs 177/92 ("otimização ponderada") e 113/97 ("otimização equilibrada").

[3981] Cfr. *supra*, capítulo 17. Como fórmula sintetizadora do espírito de otimização predominante na jurisprudência e na doutrina constitucionais alemãs a partir da década de 1950, não se pode ignorar também a influência da construção teórica de HESSE com o seu princípio da concordância prática (estudado *supra*, capítulo 25). Enfatizando esta influência, DECHSLING, *Das Verhältnismäßigkeitsgebot*, pp. 57 ss.

[3982] A inspiração destas correntes remonta à visão de SCHLINK, *Abwagung...*, pp. 76–78, 192–195; «Freiheit...», *cit.* Mais recentemente, v., por todos, PIEROTH/SCHLINK, *Grundrechte*, 21ª ed., C. F. Müller, Heidelberg, 2005, § 294; HAIN, *Die Grundsätze des Grundgesetzes*, p. 157; POSCHER, *Grundrechte als Abwehrrechte*, p. 204; *idem*, «Insights, Errors and Self-Misconceptions...», p. 435, argu-

1142

PROIBIÇÃO DO EXCESSO COMO INSTRUMENTO DE OTIMIZAÇÃO?

3. A construção alexiana da proibição do excesso como veículo de otimização

Recordemos os vetores essenciais da tese de ALEXY: (i) os princípios são comandos de otimização[3983]; (ii) a definição dos princípios como comandos de otimização desemboca diretamente na necessária conexão entre princípios e proporcionalidade; (ii) a otimização requerida pelos princípios é relativa ao que é factualmente possível e ao que é juridicamente possível; (iii) todos os subprincípios do princípio da proporcionalidade – adequação, necessidade e proporcionalidade e.s.e. – exprimem a ideia de otimização; (iv) os princípios da adequação e da necessidade referem-se à otimização no que toca às possibilidades factuais; (v) a otimização promovida através da adequação e da necessidade corresponde ao ótimo de PARETO; (vi) o princípio da proporcionalidade e.s.e. exprime a otimização relativa às possibilidades jurídicas[3984].

Esta síntese reflete *mutatis mutandis* o discurso do autor em vários locais, registando-se neste aspeto específico alguma estabilidade[3985]. Tem sido reproduzida em incontáveis ensaios académicos, muitas vezes sem análise crítica[3986].

mentando que existem alternativas à otimização, como a "proibição de uma desproporcionalidade grave" (*Verbot grosser Disproportionalität*) ou "garantia de uma posição mínima" (*Garantie einer Mindestposition*); SARTOR, «A Sufficientist Approach...», *cit.*; ŠUŠNJAR, *Proportionality...*, *cit.* Em resposta, ALEXY, «Los derechos...», pp. 21 ss. (reportando-se especificamente à construção de POSCHER), alerta que a "proibição de uma desproporcionalidade grave" é o mesmo que o mandato de proporcionalidade e.s.e., entendido como mandato de otimização com liberdade nos casos em que a desproporcionalidade não seja grave; quanto à "garantia de uma posição mínima", rejeita-a, com a argumentação que destrói a proporcionalidade e.s.e.

[3983] Já se referiu anteriormente (*supra*, capítulo 6) que o autor evoluiu no sentido de passar a entender que os princípios não são comandos de otimização, mas sim normas que devem otimizar-se *de acordo com comandos de otimização*: "[a] distinction between commands to optimize and commands to be optimized is the best method for capturing the nature of principles" (ALEXY, «On the Structure of Legal Principles...», p. 304). Nessa ocasião (v., também, capítulo 20, 2.), sublinhámos o impacto significativo que tal reconhecimento tem na consistência do discurso do autor, afetando designadamente a distinção por ele proposta entre regras e princípios (como nota SIECKMANN, «Los derechos fundamentales...», p. 29, essa evolução retira aos princípios a sua estrutura lógica específica, distintiva das regras, peça chave da teoria dos princípios). Talvez por isso, essa retificação não se reflete em todos os ensaios recentes de Alexy que, "por razões de simplicidade" (?), continua a descrever os princípios como comandos de otimização, ainda que isso cubra os dois níveis referidos.

[3984] ALEXY, «Direitos constitucionais...», pp. 513 ss. Trata-se de um dos últimos escritos conhecidos no momento em que escrevemos.

[3985] V. *A Theory...*, pp. 66 ss., e posfácio, p. 397.

[3986] Só uma pequena amostra: KLATT/MEISTER, *The Constitutional Structure...*, p. 10 (embora com a adição de que o segmento do fim legítimo também se reporta à otimização das possibilidades jurídicas); MIR PUIG, «El principio...», pp. 1371 ss.; HOLLÄNDER, «El principio de proporcionalidad...», pp. 212 ss.; CURRIE, «Balancing...», p. 259; FEYEN, «Proportionality...», pp. 94 ss.; em

O PRINCÍPIO DA PROIBIÇÃO DO EXCESSO

Todavia, isso não significa que seja clara. Requerem aprofundamento os seguintes aspetos: (i) a relação entre normas de ação e de controlo e otimização; (ii) a relação entre *otimização* e *maximização*; (iii) significado da noção de "*possibilidade*" (fática ou jurídica); (iv) otimização *dentro* das (ou atendendo às) possibilidades jurídicas e fáticas[3987] ou otimização *das* possibilidades? (v) O que é que se otimiza? (vi) Como se define otimização?

3.1. Relação entre normas de ação e de controlo e otimização

ALEXY adere à distinção entre norma de ação (*Handlungsnorm*) e norma de controlo (*Kontrollnorm*)[3988]. Subjacente a essa distinção está a eventualidade de uma norma de ação tutelar um bem, interesse ou valor de uma forma mais ampla do que aquela que é suscetível de imposição pelo órgão de controlo. Consequentemente, nem todas as pretensões cobertas pela norma de ação são imponíveis, designadamente pelo juiz constitucional. As normas-princípio, como quaisquer normas, podem assumir uma daquelas duas modalidades. Todavia, do discurso de ALEXY não resulta claramente se os princípios são *sempre* comandos de otimização, sejam normas de ação ou normas de controlo, ou se o são só em alguma dessas duas modalidades[3989].

3.2. Otimização *versus* maximização

A demarcação entre os conceitos de maximização e otimização é insatisfatória[3990]. Da exposição do pensamento do autor parece decorrer que o conceito de otimização é mais abrangente ou inclusivo do que o de maximização[3991]. O conceito de otimização tanto se refere às possibilidades jurídicas como às fáticas, enquanto o conceito de maximização se refere apenas às possibilidades

---

Portugal, por exemplo, MORAIS, *Curso...*, II, 2, p. 519. Mas veja-se, diferentemente, BILCHITZ, «Does Balancing...», pp. 277 ss.

[3987] Como sustenta MÖLLER, «Balancing...», p. 455: "principles are optimization requirements *within* the legally and factually possible" (ênfase nossa).

[3988] V., por exemplo, ALEXY, *A Theory...*, p. 422.

[3989] ŠUŠNJAR, *Proportionality...*, p. 267, admite que no sistema de ALEXY as normas-princípio (designadamente de direitos) só são comandos de otimização quando funcionam como normas de ação. Todavia, como o autor também adverte, isso introduziria uma importante brecha nos alicerces da teoria dos princípios.

[3990] Parte da doutrina tende a considerar estes conceitos equivalentes. Assim, ŠUŠNJAR, *Proportionality...*, p. 201. Implicitamente, MORAIS, *Curso...*, II, 2, p. 680, atendendo à noção de otimização que adota: "realização máxima de um direito, na medida do possível". Também a *maximização* se define como a realização máxima de algo, na medida do possível. O conceito de otimização, para ser autónomo, tem de ser *diferente* e eventualmente *menos* (?) do que maximização.

[3991] Esse pensamento é expresso numa simples nota de rodapé, não totalmente clara (seja na edição alemã, seja nas edições castelhana ou inglesa): cfr. *A Theory...*, p. 51, nota 37.

PROIBIÇÃO DO EXCESSO COMO INSTRUMENTO DE OTIMIZAÇÃO?

fáticas. Quando houver uma colisão de princípios, está em causa a otimização das possibilidades fáticas e também das jurídicas. Quando um princípio for o único critério de decisão aplicável a um caso, está apenas em causa a maximização das possibilidades fáticas.

Porventura, para ser claro, o autor deveria dizer que nuns casos os princípios são apenas comandos de maximização (das possibilidades fáticas) e noutros comandos de otimização (das possibilidades jurídicas e fáticas). Contudo, isso ofuscaria a sua tese de que os princípios se caraterizam por serem comandos de otimização das possibilidades jurídicas e fáticas (porque, na verdade, esse atributo só se manifesta em casos de colisão e não em todos os casos de aplicação dos princípios), pelo que o rigor e clareza são sacrificados à simplificação[3992].

3.3. Significado da noção de *"possibilidade"* (fática ou jurídica)

O significado da noção de *"possibilidade"* (fática ou jurídica) é equívoco[3993]. Tratando-se de uma expressão polissémica com inegável aptidão evocativa – irresistível mesmo para quem tem dúvidas sobre o seu significado preciso –, a teoria dos princípios nunca achou imprescindível esclarecê-la cabalmente[3994].

3.4. Otimização *dentro* ou *das* possibilidades fáticas e jurídicas?

A expressão reiteradamente utilizada por ALEXY – "os princípios enquanto exigências de otimização requerem a otimização relativa tanto ao que é factualmente possível como ao que é juridicamente possível"[3995] – é ambígua. Está em causa a otimização *dentro* das (ou atendendo às) possibilidades jurídicas e fáticas tal como conhecidas no momento da prática do ato[3996] ou a otimização *das* possibilidades jurídicas e fáticas de realização dos princípios concorrentes[3997]? Quando acrescenta que "os princípios da adequação e da necessidade referem-se à otimização no que toca às possibilidades factuais"[3998], parece dar força à primeira interpretação. Todavia, quando diz que os três

---

[3992] *Idem*: "the general definition as optimization requirements adopted here has the advantage of simplicity...".

[3993] BILCHITZ, «Does Balancing...», p. 278. No entanto, essas expressões são usadas até por críticos da construção de ALEXY: cfr. POSCHER, «Insights. Errors...», p. 437.

[3994] E também teremos de aguardar por outra ocasião para desenvolver o tema.

[3995] ALEXY, «Direitos constitucionais...», p. 514.

[3996] Como sustenta MÖLLER, «Balancing...», p. 455: "principles are optimization requirements *within* the legally and factually possible" (ênfase nossa).

[3997] Esse parece ser o entendimento de NOGUEIRA, *Direito Fiscal...*, p. 100. Ainda um outro (terceiro) entendimento é o de ÁVILA, *Teoria...*, p. 38, que liga a referência às possibilidades fáticas, não às condições de aplicação, mas à determinação do próprio conteúdo dos princípios, porque esse conteúdo "só pode ser determinado quando diante dos fatos".

[3998] ALEXY, «Direitos constitucionais...», p. 514.

O PRINCÍPIO DA PROIBIÇÃO DO EXCESSO

segmentos exprimem uma ideia de otimização e que é através da proibição do excesso que a exigência de otimização dos princípios se exprime, ganha plausibilidade a segunda interpretação[3999]. Não parece excessivo dizer-se que, quando se fala de otimização das possibilidades jurídicas e fáticas, o conceito de otimização pode assumir pertinência sobretudo se se referir à capacidade da norma legislativa otimizar as possibilidades jurídicas e fáticas de realização *futura* dos princípios concorrentes.

Mas, qualquer que seja a interpretação ajustada, se estiver em causa a produção ou controlo de *normas jurídicas*, isto é, de normas que se traduzem em alterações da ordem jurídica através da produção de efeitos jurídicos, não é exato que a adequação e a necessidade se refiram *só* à otimização dentro do factualmente possível e que a proporcionalidade e.s.e. se refira *só* à otimização do juridicamente possível.

A adequação da norma depende dos efeitos jurídicos que produz. E os efeitos jurídicos que possa produzir dependem da situação jurídica e da situação fática. Na produção de uma norma (e no controlo da sua adequação) atende-se necessariamente às possibilidades fáticas, mas também às jurídicas, uma vez que antes de se verificar se ela aumenta as possibilidades fáticas de realização dos princípios concorrentes, tem de se verificar se ela tem aptidão intrínseca para alterar a ordem jurídica no sentido pretendido, isto é, no sentido de causar previsivelmente aquele aumento das possibilidades fáticas de realização dos princípios colidentes. O mesmo se pode dizer *mutatis mutandis* em relação à necessidade e à proporcionalidade e.s.e.

3.5. O que é que se otimiza?

Persiste também a dúvida sobre *o que é que se otimiza*: os princípios? Os bens, interesses ou valores que são seu objeto? É defensável que, a haver efetivamente qualquer tipo de comando de otimização (seja ele o princípio em si, como ALEXY propôs originalmente, ou um comando para otimizar extraído de outra norma), ele se reporta aos bens, interesses ou valores tutelados pelas normas-princípio e não às próprias normas. O conceito de otimização de normas (ou da redação, sistematização ou codificação de disposições normativas) é um conceito de técnica ou de política legislativa e não um conceito doutrinal ou normativo[4000].

[3999] ALEXY, *A Theory*..., p. 66: "The nature of principles [como exigências de otimização] implies the principle of proportionality and vice versa. That the nature of principles implies the principle of proportionality means that the principle of proportionality (...) logically follows from the nature of principles; it can be deduced from them.".

[4000] V. POSCHER, «Insights. Errors...», pp. 436-437.

PROIBIÇÃO DO EXCESSO COMO INSTRUMENTO DE OTIMIZAÇÃO?

3.6. Como se define otimização?

Talvez a questão mais relevante seja a que se prende com o conceito vetorial de *otimização*, cujo sentido e alcance é menos que evidente[4001]. No esforço de definição do conceito de otimização radica parte das querelas entre ALEXY e alguns críticos[4002]. Para procurar ilustrar as suas posições neste domínio específico, o autor e alguns seguidores recorrem a critérios e modelos inspirados nas teorias das escolhas económicas, designadamente ao critério do ótimo de PARETO[4003] (aliás, experimentado por SCHLINK há algumas décadas na metódica da necessidade[4004]) e à curva de indiferença, que exprime as condições em que um agente racional aceita a substituição de uns bens por outros. Na metódica da proporcionalidade e.s.e., a curva de indiferença mostra os diferentes graus de satisfação de um princípio que são capazes de justificar ("substituir") correspondentes graus de interferência noutro princípio[4005]. Não se afigura, porém, que isso introduza clareza quanto à metódica seguida pelo legislador e pelo juiz constitucional quando se trata de aplicar a proibição do excesso em

---

[4001] MÖLLER, «Balancing...», p. 462; SIECKMANN, «Los derechos fundamentales...», p. 30: na teoria de ALEXY falta uma definição do que deve entender-se por otimização.

[4002] A dificuldade de interpretação desse conceito está na origem de uma das mais intrigantes e inconclusivas polémicas entre ALEXY e alguns críticos da teoria dos princípios. Há quem critique a doutrina de Alexy na medida em que a noção de otimização adotada implica o cumprimento das normas colidentes na *maior medida possível*. Isto desembocaria, alega-se, na redução drástica da margem de conformação do legislador -que se veria obrigado à adoção da *única* solução em que os princípios colidentes são otimizados- e na atribuição de poderes acrescidos ao juiz constitucional, uma vez que lhe competiria ajuizar se a medida legislativa atingiu o *ponto de otimização* (sobre isto, STARCK,«Die Verfassungsauslegung», in Isensee/Kirchhof [ed.], *Handbuch des Staatsrechts der Bundesrepublik Deutschland*, C. F. Müller, Heidelberg, pp. 194 ss.; LERCHE, «Die Verfassung...», p. 205; HAIN, *Die Grundsätze des Grundgesetzes...*, pp. 131 ss.; SCHERZBERG, *Grundrechtsschutz...*, p. 174; PULIDO, *El principio...*, p. 587). ALEXY (ocasionalmente coadjuvado por alguns dos seus mais próximos seguidores: v. VIRGÍLIO AFONSO DA SILVA, «Teoria de los principios, competencias para la ponderación y separación de poderes», pp. 245 ss.) tem usado o melhor do seu poder argumentativo para demonstrar que a sua conceção de ponderação otimizadora não elimina a margem de conformação do legislador, recorrendo a vários artefactos: à tese dos princípios formais (que devem ser ponderados juntamente com os materiais), à redefinição do conceito de otimização, à construção da liberdade de conformação estrutural e da liberdade de conformação epistémica (com as suas diversas ramificações) ou à distinção entre normas de ação e normas de controlo: cfr. ALEXY, *A Theory...*, p. 396, *passim*. V. a discussão em ŠUŠNJAR, *Proportionality...*, pp. 262 ss.

[4003] Uma distribuição é eficiente ou *Pareto-optimal* se nenhuma outra distribuição pudesse satisfazer melhor uma pessoa sem piorar a situação de outra (RIVERS, «Proportionality...», p. 198). Ou, numa adaptação à linguagem do direito: se a regra 1 serve pelo menos um valor melhor que a regra 2 e não serve nenhum valor menos bem que a regra 2, deve escolher-se a regra 1 (MATHER, «Law-making...», p. 356). V. outras considerações e referências *supra*, capítulos 15 e 16.

[4004] *Abwägung im Verfassungsrecht...*, pp. 168 ss.

[4005] *A Theory...*, p. 103.

O PRINCÍPIO DA PROIBIÇÃO DO EXCESSO

situações de colisão entre bens, interesses ou valores e princípios que os tutelam ou permitem a sua tutela.

4. Retorno ao conceito de otimização

As interrogações específicas que a tese de ALEXY levanta somam-se às questões que o significado e implicações do conceito de otimização suscitam em geral: (i) a otimização refere-se a uma das normas colidentes ou a ambas? (ii) O conceito de otimização supõe a satisfação (ou não satisfação) *equilibrada* das duas normas[4006], ou admite o colapso integral ou quase integral do sentido normativo de uma delas? (iii) Solução ótima é a *melhor solução possível*? (iv) Se sim, é cognitivamente viável a descoberta da melhor solução possível? (v) Nesse caso, como se define e descobre a melhor solução possível? (vi) Mesmo que se admita um desequilíbrio na realização dos princípios colidentes, requer-se *o melhor desequilíbrio possível*? (vii) Só há *uma* solução ótima ou é concebível a existência de *mais do que uma* solução ótima?

As teses que aceitam e recorrem ao conceito de otimização normalmente não arriscam ou não logram encontrar resposta para todas ou a algumas destas questões. A incontornável indeterminação de conceitos como "satisfação equilibrada", "melhor solução possível", "melhor desequilíbrio possível", impede uma resposta inequívoca. Alguns partem dessa insuficiência para concluir pela impossibilidade humana de reunir as capacidades cognitivas necessárias para responder satisfatoriamente à maior parte daquelas questões e para rejeitar que isso se possa superar através de algoritmos, fórmulas ou modelos econométricos[4007]. Em qualquer caso, parece pelo menos prudente evitar, tanto quanto possível, que a teoria, a dogmática e a metódica da proibição do excesso (e até a teoria das normas) dependam significativamente do conceito de otimização.

Sem embargo, não se foge a ensaiar alguma indicação sobre se a proibição do excesso e os seus segmentos são realmente um instrumento de otimização, como ALEXY e muitos outros defendem.

Para tanto, retomamos a base conceptual já usada como referência noutras ocasiões: (i) a harmonização ótima ou otimização atinge-se através de uma solução ótima; (ii) *solução ótima é a melhor solução, ou uma das melhores soluções possíveis, de equilíbrio entre os bens, interesses ou valores colidentes ou, havendo desequilíbrio,*

[4006] Assim, BILCHITZ, «Does Balancing...», p. 278.

[4007] V. SARTOR, «A Sufficientist Approach to Reasonableness.», p. 36. Para uma construção que procura superar radicalmente o recurso ao conceito de otimização, v., por todos, ŠUŠNJAR, *Proportionality...*, p. 242, *passim*, propondo alternativamente uma tese baseada no conceito de *satisfatório*, que não implicaria as exigências cognitivas (impossíveis de alcançar) da otimização, proporcionaria ganhos de simplificação metódica e aumentaria a transparência e a racionalidade da decisão.

1148

PROIBIÇÃO DO EXCESSO COMO INSTRUMENTO DE OTIMIZAÇÃO?

a melhor solução ou uma das melhores soluções de desequilíbrio entre os bens, interesses ou valores colidentes.

5. A aplicabilidade do conceito de otimização à metódica da proibição do excesso

Averiguemos se a operação de cada um dos segmentos da proibição do excesso – e, concomitantemente, a proibição do excesso globalmente considerada – incorpora caraterísticas normativas que induzam a uma solução que possa subsumir-se àquele quadro conceptual.

5.1. Adequação

A adequação visa assegurar que os efeitos negativos de uma norma sobre determinados bens, interesses ou valores tenham como contrapartida a produção de (quaisquer) efeitos positivos no que se refere à promoção dos bens, interesses ou valores visada pelo legislador. Se houver essa relação entre efeitos negativos e positivos (mesmo que mínimos) a norma é adequada. Se não houver, a norma não é adequada.

Vejamos como isso se reflete nas decisões que o legislador e o órgão de controlo podem tomar em cada situação e se alguma dessas decisões contribui para a realização ótima dos bens, interesses ou valores (ALEXY diria dos princípios) colidentes.

Se o legislador concluir pela adequação da solução e optar pela emissão da norma que a incorpora, daí não decorre forçosamente uma situação de realização ótima dos bens, interesses ou valores. A adequação da norma inculca que ela não produz apenas efeitos negativos, mas também efeitos positivos que concorrem para os fins visados. Não se verifica obviamente nenhuma otimização dos bens, interesses ou valores negativamente afetados. E, quanto aos bens, interesses ou valores positivamente tocados, a adequação apenas assegura que a norma contribui para a sua promoção, não garantindo, todavia, a sua realização ótima (e também não a inviabilizando)[4008].

O mesmo vale para o caso em que juiz constitucional não declara a inconstitucionalidade por inadequação.

Por outro lado, se o legislador concluir que uma certa norma (ou, mais rigorosamente, projeto de norma) não é adequada, está proibido de a produzir. A não produção daquela norma, em si, não contribui obviamente para a otimização dos bens, interesses ou valores que o legislador pretende satisfazer. Por outro lado, a não produção da norma impede que seja inviabilizada a possibilidade

---

[4008] Sublinhando também este ponto, ŠUŠNJAR, *Proportionality*, p. 288.

O PRINCÍPIO DA PROIBIÇÃO DO EXCESSO

de o bem, interesse ou valor potencialmente sacrificado ser otimizado, mas não garante que ele seja otimizado.

Do ângulo do juiz constitucional vê-se algo semelhante: se declara a inconstitucionalidade por inadequação[4009], daí não decorre nenhum contributo para a otimização dos bens, interesses ou valores que o legislador pretende promover e apenas resulta que o bem, interesse ou valor afetado retoma a possibilidade de ser otimizado que tinha no momento da emissão da norma inadequada, sem nada acrescer, nem diminuir, em relação a esse momento.

O contributo indutor da otimização global dos bens, interesses ou valores colidentes ou tão só de algum dos bens, interesses ou valores isoladamente considerados decorrente da aplicação do segmento da adequação é, por conseguinte, nulo.

Veja-se, aliás, que diferentemente do que é voz corrente entre muitos autores adeptos das teses da proibição do excesso como veículo de otimização, a correspondência da adequação à otimalidade de PARETO é *parcial*, uma vez que se equaciona em termos diferentes consoante se adote o prisma do juiz constitucional ou o prisma do legislador.

Vista a questão sob o prisma do juiz constitucional, ele tem duas opções (opções apenas em sentido impróprio, uma vez que o seu exercício não depende de um ato de vontade livre) no âmbito da apreciação da inadequação de uma concreta norma legislativa: ou conclui pela inadequação e invalida a norma; ou conclui pela não inadequação e viabiliza a continuação da sua vigência e aplicação. No primeiro caso, não há nenhuma alternativa que prossiga melhor um dos princípios sem prejudicar o outro: não declarar inválida a medida inadequada, implicando que ambos os princípios não sejam satisfeitos, não é obviamente uma alternativa que prossiga melhor um dos princípios sem prejudicar o outro. No segundo caso, também pode dizer-se que não há nenhuma alternativa que prossiga melhor um dos princípios sem prejudicar o outro: a alternativa de declarar inválida a medida, não obstante a sua adequação, nem é juridicamente subsistente, nem pode ser considerada uma alternativa que permite que uma posição seja melhorada sem detrimento da outra. Até aqui, parece confirmar-se que o segmento da adequação é uma expressão do critério de PARETO.

Todavia, não se pode fazer raciocínio idêntico quando se encara a questão sob o prisma do legislador. Este não tem ao seu dispor apenas as duas opções que se abrem ao juiz constitucional. Tem certamente a opção (mais uma vez, em sentido impróprio, já que juridicamente é um dever vinculado de um comportamento) de descartar *uma determinada* solução ou hipótese inadequada e a opção de adotar *uma determinada* solução adequada. Mas pode suceder que

---

[4009] Confira-se o que se disse sobre o objeto da apreciação pelo juiz constitucional, capítulo 19.

PROIBIÇÃO DO EXCESSO COMO INSTRUMENTO DE OTIMIZAÇÃO?

tenha também ao seu dispor a faculdade (mas não a obrigação) de adotar *outras* soluções adequadas mais eficientes. Não pode, pois, afirmar-se, sem exceção, que quando o legislador pratica qualquer daqueles dois comportamentos não existe nenhuma outra alternativa que prossiga melhor um dos princípios sem prejudicar o outro. A repetida associação do ótimo de PARETO à adequação não é sustentável quando se trata da observância deste segmento pelo legislador.

A posição que exprimimos no parágrafo anterior pressupõe a rejeição da *tese da simetria*. Esta tese consiste no seguinte: em caso de colisão, o aumento do grau de satisfação de um bem, interesse ou valor provoca sempre o simétrico ou correspondente *igual* aumento do grau de interferência em outro[4010]. Por isso, nunca sucede que o legislador tenha a opção de adotar outra medida mais adequada para a satisfação de um bem, interesse ou valor sem maior interferência no outro. Essa tese não pode, todavia, ser aceite. Observe-se o seguinte exemplo: o legislador tem à sua disposição *M1* e *M2*. Ambas permitem a instalação de câmaras de videovigilância em certos locais públicos, interferindo na liberdade (*P1*) com vista ao reforço da segurança pública (*P2*). *M1* implica que as imagens sejam captadas e imediatamente visualizadas em tempo real por um agente da polícia. Cada agente tem a seu cargo a monitorização de uma única câmara. Há gravação, mas esta destrói-se automaticamente, através de mecanismos digitais, ao fim de um período curto, se o agente responsável não o evitar. *M2*, em contrapartida, implica que todas as câmaras captam imagens que são centralizadas numa sala, vigiada por um único polícia. É efetuada uma gravação que se destrói automaticamente, por meios digitais, ao fim de 15 dias. Não parece que se possa dizer que *P1* é mais afetado por *M1* do que por *M2*. Todavia, pode dizer-se que *M1* é mais eficiente que *M2*. Se o legislador adotar *M2* estará a adotar uma medida adequada, mas existe uma outra alternativa que prossegue melhor um dos princípios sem prejudicar o outro. A adoção de *M2*, apesar de respeitar o segmento da adequação, não cumpre o ótimo de PARETO.

5.2. Necessidade

Simplificando, a necessidade visa garantir que, mantendo-se pelo menos iguais os efeitos positivos, se adote a alternativa que, entre as disponíveis, provoque os efeitos negativos menos intensos. Se com a adequação se pretende evitar um *saldo negativo* de efeitos, adveniente de só haver efeitos negativos e nenhum efeito positivo, com a necessidade pretende-se evitar que os efeitos negativos sejam superiores aos necessários para atingir os efeitos positivos com o nível

---

[4010] É esse o sentido que resulta, por exemplo, de SIECKMANN, «Balancing...», p. 104: "quando ocorre um conflito de dois princípios *P1* e *P2*, o possível grau de preenchimento de um princípio é tanto maior quanto menor for o preenchimento do outro princípio".

O PRINCÍPIO DA PROIBIÇÃO DO EXCESSO

que o legislador preconiza. Também aqui não está em causa a otimização de todos ou de um dos bens, interesses ou valores colidentes. Tal como este segmento é entendido pela doutrina dominante, ele não contribui em nada para a otimização do bem, interesse ou valor cuja satisfação se pretende. Em relação a ele, o segmento da necessidade é neutro.

Já no que toca ao bem, interesse ou valor objeto de interferência, também não parece que se possa dizer simplesmente que a necessidade corre a favor da sua otimização. Isto seria assim mesmo que vigorasse uma modalidade estrita de necessidade, traduzida na ideia de meio adequado menos restritivo, diferente daquela que é aceite pela teoria da proibição do excesso. A única forma de falar de otimização a propósito da necessidade seria adotar uma aceção bastante imprópria: *otimização nas circunstâncias concretas* de satisfação de outro bem, interesse ou valor com ele colidente (e incompatível), ou otimização como o *menor sacrifício possível* ou a *menor interferência possível* dado o nível que o legislador pretende para o outro bem, interesse ou valor.

A recondução ao ótimo de PARETO, também a este propósito repetidamente ensaiada, só é possível com as mesmas reservas que na adequação.

Sob o prisma do juiz, há também duas "opções": declarar a desnecessidade e concomitante invalidade ou concluir pela não desnecessidade. Em ambos os casos, essa decisão é a que, entre as hipóteses de decisões disponíveis para o juiz, mais beneficia um bem, interesse ou valor sem qualquer detrimento para o outro.

Sob o prisma do legislador, optar por uma alternativa conforme com os ditames da necessidade não exclui a possibilidade de haver outra ou outras alternativas capazes de satisfazer melhor um dos bens, interesses ou valores sem maior prejuízo para o outro. Se a alternativa que escolheu dentro do rol disponível é uma das menos interferentes, mas há outra ou outras mais eficientes igualmente interferentes, pode dizer-se que, não obstante o cumprimento do segmento da necessidade, há outra ou outras medidas alternativas que asseguram que uma das posições pode ser melhorada sem detrimento da outra. A única forma de assegurar a integral propriedade da invocação do ótimo de PARETO seria reconverter o segmento da necessidade num segmento que obrigasse à adoção *da melhor medida possível* na perspetiva da otimização, isto é, aquela que entre as menos interferentes fosse a mais eficiente ou, havendo várias maximamente eficientes, uma das mais eficientes.

Quando lidámos com o segmento da necessidade[4011] pronunciámo-nos sobre a modalidade da necessidade ponderada, que, em última análise, conduz à escolha da alternativa disponível que se aproxima da noção ideal de solução

---

[4011] V. *supra*, capítulo 16.

1152

ótima (na medida em que, no contexto da proibição do excesso, é solução ótima aquela que constitui *a melhor solução ou uma das melhores soluções de desequilíbrio entre os bens, interesses ou valores colidentes*). Em termos gerais, esta modalidade (não paretiana, mas com analogias com o esquema de escolhas económicas de KALDOR-HICKS) rejeita que tenha forçosamente de se adotar o meio adequado menos interferente, mas também rejeita que, à partida e por princípio, seja sempre permitido adotar um meio mais interferente só por ser (o) mais eficiente. A versão *ponderada* da necessidade compara os '*saldos*' entre as intensidades de interferência e as intensidades de satisfação produzidos por cada uma das alternativas e opta por aquela que revele uma relação *mais justa* ou equilibrada.

Porém, vimos que a modalidade ponderada da necessidade enfrenta dificuldades metódicas que se afiguram insuperáveis. Por outro lado, mesmo que tais dificuldades metódicas pudessem ser ultrapassadas, a circunstância de ser potencialmente mais constrangedora da atividade do legislador do que a versão lata[4012] levaria a que o seu âmbito de aplicação fosse muito limitado. Em qualquer caso, a eventual exceção, tendencialmente optimizadora[4013], não anularia a regra não optimizadora.

5.3. Proporcionalidade e.s.e.

Em relação à proporcionalidade e.s.e., os autores que recorrem ao ótimo de PARETO na exposição do conteúdo da adequação e da necessidade admitem que não é viável replicar esse exercício para ilustrar o que se pretende dizer quando se fala de otimização dos bens, interesses ou valores e se avança a proporcionalidade e.s.e. como veículo dessa otimização. Em contrapartida, recorrem à imagem da curva da indiferença, que mostra as condições em que um agente racional aceita a substituição de uns bens por outros[4014]. Em tese, é também adaptável o critério de KALDOR-HICKS.

Na linguagem da proporcionalidade e.s.e., a curva da indiferença mostraria os diferentes graus de satisfação de um bem, interesse ou valor necessários para justificar ("substituir") correspondentes graus de interferência (não satisfação) noutro bem, interesse ou valor. Para serem justificados, aqueles graus de satisfação teriam de aumentar exponencialmente à medida que aumentasse a interferência no bem, interesse ou valor contraposto, até se tornarem virtualmente incapazes de justificar essa interferência[4015]. A curva de indiferença mostraria as hipóteses de equilíbrio entre interferência num bem, interesse ou valor e satis-

---

[4012] No mesmo sentido, VAN DROOGHENBROECK, *La Proportionnalité...*, p. 212.

[4013] Essa exceção é, aliás, recusada por alguns autores: assim, ŠUŠNJAR, *Proportionality...*, p. 288.

[4014] *A Theory...*, p. 103.

[4015] KLATT /MEISTER, *The Constitutional...*, p. 68.

O PRINCÍPIO DA PROIBIÇÃO DO EXCESSO

fação do outro, isto é, diferentes hipóteses de otimização – ou de realização máxima possível – daqueles bens, interesses ou valores quando entram em colisão. Aparentemente, qualquer uma dessas hipóteses de equilíbrio seria igualmente conforme à proporcionalidade e.s.e.

Ora, isto pode ser expresso de outra forma: a proporcionalidade e.s.e. obriga a que o saldo entre efeitos positivos e efeitos negativos, jurídicos e materiais, da norma não seja deficitário (versão negativa) ou seja superavitário (versão positiva)[4016].

Coloca-se a questão de saber se o saldo tem de ser superavitário ou se basta que não seja deficitário. Isto é: os efeitos positivos têm de ter um peso superior aos efeitos negativos (têm de ser superavitários) ou basta que os efeitos positivos sejam pelo menos mais ou menos iguais aos negativos (situação de empate ou paridade[4017]), só não sendo admissível um saldo negativo entre eles? Esta questão também pode ser colocada da seguinte forma: para que uma medida respeite o segmento da proporcionalidade e.s.e., tem de ser (positivamente) proporcional ou basta que não seja desproporcional?

A resposta pode ser matizada. Vejamos primeiro o ângulo do legislador. Como se sustentou anteriormente[4018], há circunstâncias em que a proporcionalidade e.s.e. pode exigir do legislador que as normas que adote produzam efeitos positivos cuja importância seja superior à dos efeitos negativos. Há outras em que basta que os efeitos positivos tenham *pelo menos* importância semelhante aos efeitos negativos. Neste segundo cenário, incluem-se as situações em que o legislador tem condições cognitivas suficientes para concluir pela paridade de pesos e as situações em que o legislador é afetado por uma situação de incerteza epistémica (predominantemente normativa).

Todavia, deve convir-se que este segundo cenário tem um relevo prático residual quando nos colocamos sob o ponto de vista do legislador e da proibição do excesso como norma de ação. Presumivelmente, um legislador racional sensível ao escrutínio democrático não adota uma solução sobre a qual tem apenas uma perceção, pontuada pela incerteza epistémica, de que produzirá efeitos positivos que não excedem os negativos ou sobre a qual tem uma leitura razoavelmente segura de que produz efeitos positivos com importância equivalente aos negativos. Nessas circunstâncias, muito provavelmente, o legislador optará por não adotar uma norma com *aquele* conteúdo.

[4016] V. capítulo 18, 3.

[4017] Recorde-se o conceito de empate ou paridade que vale para efeitos da metódica do princípio da proporcionalidade, enunciado *supra* (capítulo 17), inspirado em CHANG, «Introduction», pp. 26-27; «Incommensurability...», p. 1597: A e B são *precisamente* iguais ou, pelo menos, *aproximadamente* iguais ou *mais ou menos* iguais.

[4018] Capítulo 18.

1154

PROIBIÇÃO DO EXCESSO COMO INSTRUMENTO DE OTIMIZAÇÃO?

Em qualquer dos casos, porém, para o que aqui interessa, o legislador não está obrigado a adotar uma solução ótima.

Considere-se o seguinte cenário: o legislador tem à sua disposição *M1*, *M2* e *M3*.

M1 é mais interferente do que *M2*, mas é mais eficiente do que *M2*.

Por seu turno, *M1* é tão interferente quanto *M3*, mas menos eficiente que *M3*.

Isto é, *M3* é tão interferente quanto *M1*, sendo, por isso, também mais interferente que *M2*, mas é mais eficiente que *M1* e acrescidamente mais eficiente que *M2* (na medida em que *M3* é mais eficiente que *M1* e *M1* é mais eficiente que *M2*).

Na perspetiva do segmento da necessidade (modalidade lata), o legislador pode adotar *M1*, *M2* ou *M3*. O segmento da necessidade não obsta a que o legislador, no uso da liberdade de conformação do meio, escolha qualquer uma das três alternativas, mas também não o obriga a optar por qualquer uma.

Vejamos, porém, o que se passa à luz da proporcionalidade e.s.e.

Admita-se que os efeitos positivos de *M1*, *M2* e *M3* superam sempre os efeitos negativos. Pode o legislador optar por *M1*, que é tão interferente quanto *M3*, mas menos eficiente que *M3*? Ou o segmento da proporcionalidade e.s.e. impõe-lhe a adoção da medida *ótima* entre as alternativas disponíveis, isto é, *M3*, aquela que talvez estabeleça um melhor equilíbrio (ou um melhor saldo) entre efeitos positivos e efeitos negativos?

A resposta é a seguinte: mesmo que o legislador fosse capaz de desincumbir-se da tarefa hercúlea (ou, mais do que hercúlea, talvez inalcançável, por insuficiência cognitiva) de identificar todas as possibilidades concebíveis, de modo a isolar a medida ótima, a proporcionalidade e.s.e. na sua modalidade comum contenta-se com qualquer medida cujos efeitos positivos não sejam deficitários em relação aos negativos (e, na sua modalidade mais exigente, cujos efeitos positivos sejam superavitários, como sucede com *M1*, *M2* e *M3*). A norma não tem de ser optimizadora dos princípios ou dos bens, interesses ou valores colidentes, ou a melhor medida possível, ou uma das melhores medidas possíveis. O legislador pode adotar como ideia *autoregulativa* a procura de uma solução ótima, mas não está obrigado a tal.

Assumamos agora o prisma do juiz constitucional. Como vimos[4019], este não está inibido de controlar as ponderações do legislador – realizando, para isso, as suas próprias –, mas, em regra, a sua competência invalidante não vai além das situações em que há manifesta ou evidente desproporção ou manifesto ou evidente défice dos efeitos positivos. Mesmo nas situações em que do legislador

---

[4019] Capítulo 19.

1155

O PRINCÍPIO DA PROIBIÇÃO DO EXCESSO

se possa exigir a adoção de normas superavitárias quanto aos efeitos positivos, o juiz só pode pronunciar-se pela violação da proporcionalidade e.s.e. em situações em que a situação deficitária ou de desproporcionalidade é evidente.

6. Conclusão: a proibição do excesso não induz otimização

Do que se expôs nos números anteriores flui que a proibição do excesso não tolera apenas medidas ótimas. O princípio da proibição do excesso não exige nem garante que o legislador descubra e adote:

(i)   a *melhor medida possível*;

(ii)   a *única resposta* correta;

(iii) o *ponto de otimização*;

(iv)   a (única) resposta que *maximiza ou otimiza* os bens, interesses ou valores (ou princípios) que colidem[4020];

(v)   *uma* das respostas que maximizam ou otimizam os princípios colidentes;

(vi)   a medida que garanta uma maior diferença entre os efeitos positivos e os efeitos negativos.

(vii) a medida que melhor otimize o fim que se pretende atingir;

(viii) a medida mais proporcional.

Tudo o que o princípio da proibição do excesso impede é que o legislador adote uma norma: (i) que só produza efeitos negativos e não também positivos; (ii) cujos efeitos negativos sejam mais extensos do aquilo que é necessário tendo em conta os efeitos positivos que o legislador espera alcançar; (iii) cujo saldo entre efeitos negativos e efeitos positivos seja deficitário ou (em alguns casos) não seja superavitário.

Por natureza, o princípio da proibição do excesso como parâmetro de controlo não autoriza o juiz constitucional a ir mais longe do que isso na aplicação do princípio. O princípio da proibição do excesso como norma de controlo não é uma fórmula vazia (*Leerformel*) a ser preenchida pelo juiz constitucional a gosto[4021].

[4020] Até aqui, há coincidência com a teoria dos princípios: cfr., por exemplo, VIRGÍLIO AFONSO DA SILVA, «Teoria de los principios...», p. 250 (embora os opositores dessa teoria neguem por vezes que ela possa chegar a tal conclusão).

[4021] Cfr., diferentemente, RESS, «Der Grundsatz...», p. 34.

PROIBIÇÃO DO EXCESSO COMO INSTRUMENTO DE OTIMIZAÇÃO?

Respeitados aqueles indicadores (e indutores) de racionalidade da decisão legislativa[4022], a medida respeita o princípio da proibição do excesso, *mesmo que não integre a hipótese mais otimizadora* eventualmente concebível[4023].

O que antecede não obsta a que a otimização possa ser tomada pelo legislador como uma orientação autoregulativa. Este pode fixar para si próprio o objetivo de produzir uma norma que satisfaça o máximo possível o bem, interesse ou valor prosseguido, ao mesmo tempo que interfere noutros bens, interesses ou valores o mínimo possível compatível com a obtenção daquele máximo. Isto é, o legislador pode fixar o objetivo do máximo ou do ótimo. Naturalmente, em termos pragmáticos, isso só está ao alcance do legislador perfeito ou em condições cognitivas perfeitas, que domina todos os contornos da situação, designadamente os empíricos, e é capaz de identificar a medida (ou, se não for única, as medidas) ótima, ou a melhor medida. Com esta configuração, o desiderato da otimização não pode deixar de ser autoregulativo, isto é, um desiderato definido pelo próprio legislador, não imposto pela constituição, nem imponível pelo juiz constitucional, através do princípio da proibição do excesso. A proibição do excesso não requer otimização, nem paretiana, nem alexiana[4024]. Basta o cumprimento de preceitos mínimos de racionalidade, expressos através dos três segmentos.

[4022] Como sugere SARTOR, «A Sufficientist Approach...», p. 17, a racionalidade não requer otimalidade cognitiva nem moral. O que se exige é que qualquer determinação – epistémica ou prática – seja suficientemente boa (aceitável, ou não inaceitável). A proibição do excesso está ao serviço de uma racionalidade global (com componentes de racionalidade teleológica, económica, consequencialista), contribui para ela, mas não a garante em toda a extensão.

[4023] Distintas fórmulas podem encontrar-se em DECHSLING, *Das Verhältnismäßigkeitsgebot*, p. 154, *passim*; RAABE, *Grundrechte...*, pp. 198 ss.; REUTER, «Die Verhältnismäßigkeit...», p. 514; CLÉRICO, *El examen...*, p. 293; GARDBAUM, «A Democratic Defense...», p. 30.

[4024] A posição agora assumida é mais complexa do que a que adotámos em «Proporcionalidade...», separata, p. 18. Nesse local não ensaiávamos ainda a distinção entre vários instrumentos agregados sob o conceito de proporcionalidade moderna. Agora distinguimos instrumentos mediadores de otimização (proibição do defeito paritária, proporcionalidade equitativa) e princípios não otimizadores (proibição do excesso, proibição do defeito não partitária).

100 Conclusões

Sobre o enquadramento global

1. O princípio clássico da proporcionalidade ou da proibição do excesso é um dos subprodutos da tensão dialética entre as escolas formalistas e anti-formalistas.

2. A sua aplicabilidade à atividade legislativa está adquirida, alicerçando a distinção entre proibição do excesso como norma de ação e proibição do excesso como norma de controlo.

3. Conceito vetorial é o de harmonização legislativa. Através desta pretende-se que na composição legislativa de bens, interesses ou valores colidentes nenhum seja desatendido ou integral e permanentemente sacrificado. As operações de harmonização podem resultar em vários tipos de harmonização: igualitária, paritária, equitativa ou equilibrada, se os bens, interesses ou valores colidentes logram graus de realização, satisfação ou proteção equivalentes; ou não igualitária, não paritária, não equitativa ou desequilibrada, se os bens, interesses ou valores colidentes atingem graus de realização, satisfação ou proteção não equivalentes.

4. Decorre um processo de enriquecimento, ramificação e diversificação da ideia de proporcionalidade. Esse processo gerou a proporcionalidade moderna. Sob a proporcionalidade moderna abrigam-se distintos instrumentos de harmonização: proibição do excesso ou proporcionalidade clássica, proibição do defeito, proporcionalidade equitativa e proporcionalidade da lei penal e das penas.

Sobre a formação histórica da proibição do excesso

5. Com raízes no direito administrativo de polícia e no direito penal, a proibição do excesso é uma criação alemã da década de 1950. Propagou-se depois para

O PRINCÍPIO DA PROIBIÇÃO DO EXCESSO

outros Estados europeus, incluindo Portugal e para outros continentes e Estados, como o Canadá, o Brasil, Israel ou a África do Sul, podendo hoje dizer-se que se trata de um dos denominadores comuns do constitucionalismo global.

Sobre a proibição do excesso em rede

6. Na medida em que o princípio da proibição do excesso (e até outros instrumentos também tributários da proporcionalidade moderna) é profusamente aplicado no contexto dos ordenamentos jurídicos da União Europeia e da CEDH, pode falar-se de um princípio aplicável em rede, com sobreposições e interconexões complexas.

7. Isto obriga a recortar as relações entre o princípio da proibição do excesso de direito interno e as versões aplicáveis naqueles espaços jurídicos.

8. A completa dilucidação do modo como funciona aquela rede é por enquanto improfícua por causa da fluidez e da instabilidade concetual, estrutural e metódica que ainda se regista nesses níveis de aplicação.

Sobre o excecionalismo dos EUA

9. Não obstante a difusão quase universal da proibição do excesso, os EUA permanecem um caso à parte.

10. Nos EUA, quando está em causa o controlo judicial da limitação de direitos constitucionais pela lei há uma corrente jurisprudencial e doutrinal que aceita a realização de operações de *balancing* e outra que perfilha uma aproximação definicional. A construção de três níveis de escrutínio, *rational basis, strict scrutiny* e *intermediate scrutiny*, está essencialmente associada à segunda.

11. Sem embargo, discute-se se alguns destes *standards* não incorporam na sua estrutura operações de *balancing*.

12. Há quem defenda que alguns destes testes são sucedâneos da aplicação da proibição do excesso, mas isso não resiste a um exercício de confrontação das respetivas estruturas.

Sobre a doutrina portuguesa

13. Na doutrina portuguesa existem referências ao princípio da proibição do excesso (sob o *nomen iuris* de proporcionalidade) desde antes da Constituição de 1976. No entanto, foi depois desta que se acentuou o interesse em torno do princípio.

Sobre a jurisprudência do Tribunal Constitucional

14. O Tribunal Constitucional tem aplicado, com crescente frequência e rigor, o princípio da proibição do excesso, pressupondo-lhe um âmbito de aplicação bastante extenso.

15. Todavia, a insistência em aplicar o princípio a todo o tipo de colisões, sem distinguir as várias configurações que podem revestir, tem prejudicado o rigor conceptual e a qualidade da argumentação e da justificação das suas decisões, podendo isso ser, todavia, mitigado pela recente introdução da figura da proibição do defeito.

Sobre o fundamento

16. A constituição como ordem total e aberta interessa-se tendencialmente por todo o tipo de relações sociais, que são transformadas em relações constitucionais ou constitucionalmente relevantes. Isso traduz-se na eclosão de um conjunto cada vez mais numeroso e frequente de colisões normativas.

17. Para que não se criem situações de persistente bloqueio, atribui-se a largas zonas da constituição uma normatividade *prima facie*.

18. Uma das manifestações dessa normatividade *prima facie* é a consagração de comandos de harmonização. Da Constituição portuguesa, bem como de outros textos constitucionais e de direito internacional, constam vários.

19. A operacionalização dos comandos de harmonização realiza-se através de instrumentos mediadores de harmonização, entre os quais os que se abrigam sob a noção de proporcionalidade em sentido moderno. A proibição do excesso ou proporcionalidade clássica é um deles.

Sobre a conformação do fim

20. A conformação de um fim da norma pelo legislador é um dos pressupostos – e não uma componente estrutural – da aplicação da proibição do excesso.

21. Essa conformação está sujeita a limites externos e internos.

22. Os limites externos são, por um lado, a legitimidade do fim, traduzida na sua determinabilidade, consistência e validade e, por outro, o peso ou importância abstrata dos bens, interesses ou valores cuja prossecução constitui o fim da norma, bem como dos que afetará.

23. Para que o fim seja legítimo é necessário que seja permitido, prescrito ou não proibido pela constituição.

24. O cumprimento dos limites externos está sujeito a controlo pelo juiz constitucional.

25. Os limites internos, fixados pelo legislador e não sujeitos, em regra, a controlo judicial, são a necessidade da realização do fim, a importância da realização do fim nas circunstâncias concretas, a intensidade desejada de satisfação do fim nas circunstâncias concretas e a relação entre o fim e os bens, interesses ou valores indiciariamente sacrificáveis.

O PRINCÍPIO DA PROIBIÇÃO DO EXCESSO

Sobre o conceito de interferência

26. Conceito central da dogmática da proibição do excesso é o de interferência, que se define como toda e qualquer intervenção legislativa que sacrifique, suprima, reduza ou, em geral, afete desvantajosamente bens, interesses ou valores.

27. Como um dos tipos de interferência avulta o conceito de restrição de direitos, liberdades e garantias e, mais geralmente, de direitos fundamentais.

28. A definição de restrição conforme com a pretensão de normatividade plena da Constituição e dos direitos é uma definição ampla: para efeitos de aplicação do princípio da proibição do excesso e dos outros limites às restrições, é intervenção legislativa restritiva toda aquela que, independentemente da intenção do legislador, atenue ou afete o conteúdo, a extensão e o alcance ou as condições de gozo, fruição ou exercício de uma posição jurídica subjetiva de vantagem, ou acentue posições jurídicas subjetivas de desvantagem, ou aligeire as posições jurídicas de desvantagem das entidades públicas (mesmo as não relacionais), decorrentes do âmbito de proteção ideal do direito, tal como resulte de interpretação constitucional subordinada a critérios de evidência.

29. A dinâmica constitucional gerou uma cláusula geral de restrições semelhante a cláusulas congéneres vigentes noutros ordenamentos.

Sobre a relação entre conteúdo essencial e proibição do excesso

30. A figura da garantia do conteúdo essencial dos preceitos de direitos fundamentais é distinta da figura da proibição do excesso.

31. A conceção constitucionalmente correta é a de um conteúdo essencial protegido categórica ou absolutamente, isto é, independentemente de ponderação. Com esse perfil constitucional, a proteção do conteúdo essencial é uma das formas de cerco deontológico à proibição do excesso.

Sobre a proibição absoluta de meios

32. Outra forma de cerco deontológico à proibição do excesso, parcialmente sobreponível à referida na conclusão anterior, é a proibição absoluta ou categórica de determinados efeitos jurídicos da norma, independentemente dos fins ou efeitos materiais visados.

33. Se o meio – os efeitos jurídicos da norma – for, em si, categórica ou absolutamente proibido, não se põe a questão da sua avaliação à luz da proibição do excesso.

Sobre as intervenções legislativas a que se aplica a proibição do excesso

34. A proibição do excesso como parâmetro da ação do legislador é aplicável à produção de normas legislativas harmonizadoras de interesses públicos e posi-

ções subjetivas jusfundamentais colidentes, quando se verifique colisão normativa parcial-parcial entre a permissão de satisfação dos primeiros e a proibição de interferência nas segundas.

Sobre as funções da proibição do excesso

35. A proibição do excesso desempenha a função de instrumento de mediação e racionalização da produção e controlo de normas legislativas superadoras de colisões normativas.

36. A proibição do excesso cumpre funções instrumentais: (i) estruturadoras; (ii) racionalizadoras e objetivadoras; (iii) constitutivas; (iv) de transparência; (v) de delimitação de competências.

37. Todas estas funções, gerais e instrumentais, da proibição do excesso confluem numa função global de justificação, legitimação e integração das decisões do legislador e do juiz constitucional.

Sobre o segmento da adequação

38. Meio adequado é aquele que é intrinsecamente capaz de desencadear ou causar efeitos materiais positivos de promoção de bens, interesses ou valores visada pelo legislador. É requerida apenas uma eficiência mínima.

39. A adequação supõe a realização de juízos essencialmente qualitativos e empíricos, estando ausentes as ponderações.

Sobre o segmento da necessidade

40. Meio elegível como necessário é o que, entre os disponíveis, não tem alternativa consideravelmente menos interferente com intensidade de satisfação pelo menos aproximadamente igual.

41. A necessidade é, em Portugal (como noutros ordenamentos), o centro nevrálgico da proibição do excesso.

42. A necessidade pode assumir pelo menos três modalidades: lata, estrita e ponderada. A que vale, em regra, é a lata, aquela que preserva mais a liberdade de conformação do legislador. No entanto, em certas circunstâncias e domínios materiais, pode ter de ser mitigada. A necessidade ponderada deve ser afastada por razões metódicas e democráticas.

Sobre a ponderação

43. Ponderação é um método de argumentação e de deliberação que, verificando-se verificando-se colisão normativa e não sendo esta resolvida por norma jurídica sobre colisões, visa a definição de relações de prevalência ou de igualdade, em abstrato ou em concreto, entre magnitudes normativamente significativas. A proporcionalidade e.s.e. envolve uma modalidade específica de ponderação, de natureza bilateral ou plurilateral, com um objeto específico.

O PRINCÍPIO DA PROIBIÇÃO DO EXCESSO

44. A ponderação é atacada nos seus pressupostos (designadamente pela incomensurabilidade dos bens, interesses ou valores ponderados), na sua pertinência, na sua praticabilidade e por ser incapaz de conduzir a resultados racionais.

45. As teses deontológicas, especificacionistas e outras que reivindicam o exclusivo ou predominante emprego de métodos lógico-silogísticos em situações de colisão (ou, para alguns dos seus defensores, de aparente colisão) perfilam-se como alternativas à ponderação.

46. Essencial à metódica da ponderação é a comparabilidade e não a comensurabilidade.

47. As tentativas de total formalização da ponderação – especialmente a da proporcionalidade e.s.e. – através da respetiva matematização são excessivas e não têm sucesso. No entanto, é possível conceber um modelo minimamente formalizado que assegure a racionalidade da ponderação.

48. Esse modelo deve ser subsidiado e complementado com teorias materiais, uma vez que a técnica da ponderação é axiologicamente neutral.

Sobre o segmento da proporcionalidade em sentido estrito

49. Meio proporcional e.s.e. é aquele cujos efeitos marginais positivos não têm importância inferior aos efeitos marginais negativos.

50. Na esfera do segmento da proporcionalidade e.s.e. valoram-se e contrapesam-se os efeitos positivos referentes à satisfação de bens, interesses ou valores e os efeitos negativos de interferência em bens, interesses ou valores com aqueles colidentes, com o auxílio de um *tertium comparationis* que permita estabelecer uma relação ordinal, de mais/menos (ou maior/menor) ou igual, entre a importância daqueles efeitos.

51. No contexto de uma constituição de *liberdade* (e de uma Constituição portuguesa de liberdade), um *tertium comparationis* quase incontornável é o do impacto que os efeitos produzem sobre o *ambiente geral de liberdade*.

52. De acordo com a formulação negativa aplicável ao segmento da proporcionalidade e.s.e., visa-se assegurar a não desproporcionalidade entre os termos de comparação e não, positivamente, a proporcionalidade.

53. A corrente cética em relação ao potencial de racionalidade e objetividade da proporcionalidade e.s.e. degrada-a a mero *instrumento de assistência à razão* na escolha entre incomensuráveis.

54. Todavia, a proibição do excesso e, designadamente, a proporcionalidade e.s.e. é mais do que isso: é uma técnica racionalmente estruturada, catalisadora de um processo racional de decisão, mediadora de decisões racionais.

55. A proporcionalidade e.s.e. induz à adoção de decisões que correspondem a três exigências: racionalidade formal, racionalidade substantiva (ou adequação moral), coerência contextual.

Sobre a amplitude e intensidade do controlo judicial

56. A amplitude do poder de controlo judicial da observância da proibição do excesso pode variar segundo vários fatores.

57. Em geral, tratando-se de processos a que preside uma orientação objetivista, os poderes instrutórios do juiz constitucional suprem e permitem ir além dos elementos – designadamente de prova – carreados pelos demais agentes processuais.

58. A apreciação da adequação, da necessidade e da proporcionalidade e.s.e. é, primariamente, uma apreciação negativa (da inadequação, da desnecessidade e da desproporcionalidade).

59. A declaração de invalidade de normas por violação de qualquer dos segmentos assenta, em regra, numa convicção de evidência.

Sobre a qualificação da norma da proibição do excesso

60. Não existe um critério indiscutível que permita distinguir, em todos os casos, regras e princípios. Embora haja normas que, à partida, se enquadram na maioria dos critérios propostos, designadamente funcionais e estruturais, outras escapam a esses critérios.

61. Em muitos casos, só em episódios de aplicação concreta é possível determinar se uma norma se aproxima mais daquilo que os critérios dominantes indicam ser uma regra ou um princípio.

62. A proibição do excesso, com o seu hibridismo estrutural, quer como norma de ação quer como norma de controlo, dificilmente se enquadra em algum daqueles critérios dominantes, aproximando-se nuns casos da natureza de regra, noutros da natureza de princípio.

Sobre a relação entre proibição do excesso e proibição do defeito

63. Proibição do excesso e proibição do defeito têm autonomia analítico--dogmática.

64. A *vexata quaestio* da escolha entre as teses da congruência e as teses da autonomia propende a ser ultrapassada. Na verdade, embora a proibição do defeito incorpore estruturalmente freios limitadores da capacidade expansiva dos deveres de ação quando está em causa uma colisão entre um dever de ação e um dever de abstenção do legislador, proibição do defeito e proibição do excesso são duas figuras autónomas, com âmbitos e perspetivas de aplicação, estruturas, funções e metódicas aplicativas diferentes.

65. Deve distinguir-se entre sentido próprio e alguns sentidos mais latos e impróprios de proibição do defeito. A proibição do defeito em sentido próprio é um instrumento de harmonização que envolve operações de ponderação. A proibição do defeito em sentido lato ou impróprio comporta aplicações que não requerem ponderação.

O PRINCÍPIO DA PROIBIÇÃO DO EXCESSO

66. O destinatário da proibição do defeito como norma de ação é o legislador.

67. Para efeitos da proibição do defeito como norma de ação, importa distinguir consoante os comportamentos – ativos ou omissivos – do legislador respeitam: (i) a situações de colisão entre dois deveres seus com igual força constitucional, um de ação, outro de ação ou de abstenção; ou (ii) a situações de colisão entre um dever de ação e a permissão de promoção de um bem, interesse ou valor que não é objeto de nenhum dever constitucional.

68. À modalidade da proibição do defeito aplicável em (i), atribui-se a designação proibição do defeito paritária; à modalidade aplicável em (ii), proibição do defeito não paritária. A primeira visa uma harmonização paritária. A segunda permite uma harmonização não paritária.

69. Independentemente de haver ou não uma ritualização que dê visibilidade à metódica aplicativa da proibição do defeito como norma de ação, esta vale como programa final ou diretiva de cumprimento ótimo dos deveres em causa.

70. Fim imediato do comportamento do legislador sujeito à proibição do defeito é a causação ou desencadeamento de efeitos materiais de satisfação de bens, interesses ou valores. Fim mediato é a resolução harmonizada de uma colisão. Estas noções sofrem uma adaptação quando está em causa a modalidade paritária. Nesta, fim mediato é o cumprimento de um meta-dever de superação da colisão entre deveres e entre bens, interesses ou valores através de uma solução que os satisfaça a todos de forma paritária e ótima.

71. A proibição do defeito impõe que o legislador identifique as alternativas adequadas e as compare.

72. Se houver uma alternativa de comportamento – ativo ou omissivo – que represente um cumprimento mais satisfatório do dever de ação (na modalidade não paritária) ou o compromisso paritário ótimo entre os deveres colidentes (na modalidade paritária), o sentido normativo da proibição do defeito aponta para a sua adoção.

73. A proibição do defeito na modalidade paritária é um instrumento de harmonização optimizadora. Todavia, a compressão da liberdade de conformação do legislador que parece decorrer daí é mais nominal do que real.

74. O destinatário da proibição do defeito como norma ou parâmetro de controlo é o juiz constitucional.

75. Atendendo à ritualização processual da apreciação judicial da constitucionalidade, a aplicação da proibição do defeito como norma de controlo desenrolar-se-á, em regra, através de passos correspondentes aos segmentos estruturais, segundo uma metódica cumulativa.

76. Como norma de controlo, a função primordial da proibição do defeito é a parametrização de juízos sobre a justificação de omissões totais ou parciais, isto é, sobre a justificação do não integral cumprimento dos deveres do legislador, nas várias configurações referidas.

100 CONCLUSÕES

77. No âmbito da aplicação da proibição do defeito como norma de controlo sobressai a dicotomia entre (i) situações de (alegada) omissão total e (ii) situações de (alegada) omissão parcial do cumprimento dos deveres do legislador.

78. Do ponto de vista estrutural e metódico, há diferenças entre a proibição do defeito como norma de controlo de omissões totais e de omissões parciais.

79. As omissões totais estão sujeitas a um teste sintético de proibição do defeito, uma vez que o segmento da adequação é praticamente inócuo e o segmento da necessidade é vazio. Atuante e consequente é apenas o segmento da proporcionalidade e.s.e.

80. As omissões parciais são apreciadas através da aplicação dos segmentos da adequação, da necessidade e da proporcionalidade e.s.e., na configuração específica da proibição do defeito.

81. A intensidade e a amplitude do controlo judicial não variam em função das modalidades da proibição do defeito.

82. Há um desnivelamento entre o que a norma de ação exige do legislador e o que o parâmetro de controlo permite ao juiz constitucional.

83. Em qualquer das duas modalidades de proibição do defeito, a regra é um controlo de evidência, embora não se exclua, em casos limite, o deslizamento para controlos de defensabilidade.

Sobre a proporcionalidade no domínio penal

84. O princípio da proibição do excesso aplica-se às normas penais (e, com adaptações, ao demais direito sancionatório), com algumas especificidades.

85. A proporcionalidade das penas tem uma estrutura tripartida semelhante à proibição do excesso, mas o segmento da proporcionalidade e.s.e. é um misto de proporcionalidade retrospetiva e prospetiva.

Sobre a proporcionalidade equitativa

86. A proporcionalidade equitativa é aplicável em situações de sobreposição cruzada e multipolar de deveres *prima facie* de ação e deveres *prima facie* de abstenção do legislador que não desencadeiam pretensões subjetivas de preferência *prima facie*, sustentadas na constituição ou na lei, cabendo ao legislador criar condições de harmonização do seu exercício pelos respetivos titulares.

Sobre a relação entre proibição do excesso e proporcionalidade quantitativa

87. A ideia de proporcionalidade quantitativa tem um sentido matemático--contabilístico. Reporta-se a situações em que não existe a relação causa-efeito entre um meio e um fim que subjaz a alguns segmentos da proibição do excesso, importando antes relações entre variáveis comensuráveis.

1167

O PRINCÍPIO DA PROIBIÇÃO DO EXCESSO

Sobre a relação entre proibição do excesso e concordância prática

88. Preservando o espírito *"hessiano"* inicial, mas indo além dele, a concordância prática é uma ideia regulativa sobre resultados a atingir que coincide com a harmonização otimizadora paritária.

Sobre a relação entre proibição do excesso e razoabilidade

89. Há teses de separação e de integração.

90. As teses da separação invocam uma diferença estrutural. A proibição do excesso tem subjacente uma relação entre meios e fins e efeitos positivos e efeitos negativos, implicando a realização de ponderação, enquanto a razoabilidade se preocupa simplesmente com os efeitos negativos que uma medida provoca sobre universos subjetivamente individualizados.

91. As teses da integração salientam que as preocupações que motivam a proposta de autonomização da razoabilidade são atendidas por outros institutos já suficientemente densificados, como a proibição da afetação do conteúdo essencial ou do emprego de certos meios ou, noutra vertente, a proibição do excesso.

Sobre a relação entre proibição do excesso e igualdade

92. A associação entre o princípio da igualdade e uma ideia de proporcionalidade é antiga: daí a expressão igualdade proporcional. Contudo, confrontando as estruturas das versões fraca (igualdade como proibição do arbítrio) e forte (igualdade com ponderação) do princípio da igualdade e da proibição do excesso não há coincidência ou justaposição.

93. O momento de ponderação incorporado pela versão forte do princípio da igualdade não se confunde com a ponderação de efeitos positivos e de efeitos negativos realizada no contexto da proporcionalidade e.s.e.

94. Por outro lado, os outros segmentos da proibição do excesso não têm correspondência na estrutura do princípio da igualdade.

Sobre a relação entre proibição do excesso e proteção da confiança

95. O princípio da proteção da confiança, princípio de gestação jurisprudencial, conheceu até ao momento quatro formulações: (i) antiga; (ii) intermédia ou dos dois critérios; (iii) nova ou dos quatro requisitos; (iv) nova *plus* ou dos quatro requisitos mais um.

96. O processo de definição da relação com o princípio da proibição do excesso ainda não está concluído. A jurisprudência constitucional mantém em aberto pelo menos três possibilidades: (i) configuração do princípio da proteção da confiança como uma *versão enfraquecida* do princípio da proibição do excesso; (ii) configuração do princípio da proteção da confiança como um parâmetro *distinto* do princípio da proibição do excesso; (iii) configuração do princípio da

proteção da confiança como uma antecâmara ou uma *derivação* da proibição do defeito.

Sobre a não exigência de otimização

97. A proibição do excesso não tolera apenas normas legislativas ótimas.

98. O princípio da proibição do excesso impede simplesmente que o legislador adote uma norma: (i) que só produza efeitos negativos e não também positivos; (ii) cujos efeitos negativos sejam mais extensos do que aquilo que é indispensável, tendo em conta os efeitos positivos que o legislador espera alcançar; (iii) cujo saldo entre efeitos negativos e efeitos positivos seja deficitário ou (em alguns casos) não superavitário.

99. Respeitados estes critérios (indutores) de racionalidade da decisão legislativa, a medida respeita o princípio da proibição do excesso, mesmo que não traduza a hipótese mais optimizadora eventualmente concebível.

100. Por natureza, o princípio da proibição do excesso como parâmetro de controlo não autoriza o juiz constitucional a ir tão longe na sua aplicação quanto aquilo que é inerente ao princípio da proibição do excesso como norma de ação.

Bibliografia

BIBLIOGRAFIA ESTRANGEIRA SOBRE O PRINCÍPIO DA PROIBIÇÃO DO EXCESSO E TEMAS ADJACENTES

AAVV, *Il principio di ragionevolleza nella giurisprudenza della Corte costituzionale. Riferimenti comparatistici*, Giuffrè, Milano, 1994.

AAVV – *Le príncipe de proportionnalité en droit belge et en droit français. Actes du colloque organisé par les Barreaux de Liége e de Lyon*, Jeune Barreau de Liége, 1995.

ADAMOVICH, LUDWIG – «Marge d'appréciation du législateur et principe de proportionnalité dans l'apréciation des restrictions prévus par la loi au regard de la Convention européenne des droits de l'homme», in *RTDH*, vol. 7 (1991), pp. 291-300.

D'ANDREA, LUIGI – *Contributo ad uno studio sul principio di ragionevolezza*, Giuffrè, Milano, 2000.

ALBERS, MARION – «Gleichheit und Verhältnismässigkeit», in *JuS*, vol. 48 (2008), pp. 945-949.

ALBRECHT, RÜDIGER KONRADIN – *Zumutbarkeit als Verfassungsmasstab. Der eigenständige Gehalt des Zumutbarkeitsgedankens in Abgrenzung zum Grundsatz der Verhältnismässigkeit*, Duncker und Humblot, Berlin, 1995.

ALEINIKOFF, ALEXANDER T. – «Constitutional Law in the Age of balancing», in *YLJ*, vol. 96 (abril, 1987), pp. 943-1005.

ALEINIKOFF, ALEXANDER T. – «Balancing», in Garvey/Aleinikoff (eds.), *Modern Constitutional Theory*, West Publishing Company, Saint Paul, 1994, pp. 184-196.

ALEXY, ROBERT – «Constitutional Rights, Balancing and rationality», in *Ratio Juris*, vol. 16, nº 2 (junho 2003), pp. 131–140.

ALEXY, ROBERT – «On Balancing and Subsumption. A Structural Comparison», in *Ratio Juris*, vol. 16, nº 4 (dezembro 2003), pp 433–449.

ALEXY, ROBERT – «Die Gewichtsformel», in Joachim Jickeli *et al* (eds.), *Gedächtnisschrift für Jürgen Sonnenschein*, De Gruyter, Berlin, 2003, pp. 771-792; trad. castelhana, «La fórmula del peso», in Miguel Carbonell (ed.), *El princípio de pro-*

O PRINCÍPIO DA PROIBIÇÃO DO EXCESSO

porcionalidad y la interpretación constitucional, Ministerio de Justicia y Derechos Humanos, Quito, 2008, pp. 13-42.

ALEXY, ROBERT – *Epílogo de la Teoria de los Derechos Fundamentales*, trad. de Carlos Bernal Pulido, Colégio de Registradores de la Propriedad, Mercantiles y Bienes Muebles de España, Madrid, 2004.

ALEXY, ROBERT – «The Weight Formula», in J. Stelmach/B. Brożek/ W. Załuski (eds.), *Studies in the Philosophy of Law*, vol. 3, Jagiellonien Universiy Press, Kraków, 2007, pp. 9-27.

ALEXY, ROBERT – «Zur Struktur der Grundrechte auf Schutz», in Jan-R. Sieckmann (ed.), *Die Prinzipientheorie der Grundrechte. Studien zur Grundrechtstheorie Robert Alexys*, Nomos, Baden-Baden 2007, pp. 105-121;

— «On constitutional rights to protection», in *Legisprudence*, vol. III, nº 1 (2009), pp. 1-17;

— «Sobre los Derechos Constitucionales a Protección», in Robert Alexy (ed.), *Derechos Sociales y Ponderación*, 2ª ed., Fundación Coloquio Juridico Europeo, Madrid, 2009, pp. 45-84;

— «Sobre la estrutura de los derechos fundamentales de protección», in Jan-R. Sieckmann (ed.) *La teoria principialista de los derechos fundamentales. Estudios sobre la teoria de los derechos fundamentales de Robert Alexy*, Marcial Pons, Madrid, 2011, pp. 119-135.

ALEXY, ROBERT – «The Construction of Constitutional Rights», in *Law & Ethics of Human Rights*, vol. 4, nº 1 (2010), pp. 20–32.

ALEXY, ROBERT – «Two or Three?», in *ARSP*, vol. 119 (2010), pp. 9-18.

ALEXY, ROBERT – «Los derechos fundamentales y el principio de proporcionalidade», in *REDC*, vol. 91 (janeiro-abril 2011), pp. 11-29.

ALEXY, ROBERT – «Direitos Constitucionais e Fiscalização da Constitucionalidade», in *BFDUC*, vol. LXXXVIII, tomo II (2012), pp. 511-526.

ALEXY, ROBERT – «The Absolute and the Relative Dimensions of Constitutional Rights», in *OJLS*, vol. 37 (2017), pp. 31-47.

ALLAN, TREVOR R.S – «Democracy, Legality, and Proportionality», in Huscroft/Miller/Webber (eds.), *Proportionality and the Rule of Law: Rights, Justification, Reasoning*, Cambridge University Press, New York, 2014, pp. 205-233.

ALMEIDA, MARIA CHRISTINA DE – «Uma reflexão sobre o significado do princípio da proporcionalidade para os direitos fundamentais», in *Revista da Faculdade de Direito da Universidade Federal do Paraná*, vol. 30 (1998), pp. 350-394.

AMADO, JUAN GARCIA – «El Juicio de Ponderación y sus Partes. Una Crítica», in Robert Alexy (ed.), *Derechos Sociales y Ponderación*, 2ª ed., Fundación Coloquio Juridico Europeo, Madrid, 2009, pp. 249-331.

ANDENAS, MADS/UEDA, JUNKO – «Balancing Free Trade and the Environment: Assessing Proportionality Review in the EU», in *Asia-Pacfic Journal of EU Studies* vol. 4, nº 1 (2006), pp.1-26.

BIBLIOGRAFIA ESTRANGEIRA SOBRE O PRINCÍPIO DA PROIBIÇÃO DO EXCESSO E TEMAS

ANDENAS, MADS/ZLEPTNIG, STEFAN – «Proportionality: WTO Law in Comparative Perspective», in *Texas International Law Journal*, vol. 42 (2007), pp. 371- 423.

D'ANDREA, LUIGI – *Ragionevolezza e legittimazione del sistema*, Giuffré, Milano, 2005.

ANDREESCU, MARIUS – «Principle of Proportionality, Criterion of Legitimacy in the Public Law», in *Lex et Scientia International Journal*, vol. 18 (2011), pp. 113-120.

ANDREESCU, MARIUS – *Proportionality in Constitutional Law*, Publishing House C.H. Beck, Bucureşti, 2007.

ANTAKI, MARK – «The Rationalism of Proportionality's Culture of Justification», in Huscroft/Miller/Webber (eds.), *Proportionality and the Rule of Law: Rights, Justification, Reasoning*, Cambridge University Press, New York, 2014, pp. 284-308.

ANTIEU, CHESTER JAMES – *Adjudicating Constitutional Issues*, Oceana, London/New York/Roma, 1985.

ANZON, ADELE – «Modi e tecniche del controllo di ragionevolezza», in Roberto Romboli (ed.)., *La giustizia costituzionale a una svolta*, Giappichelli Editore, Torino, 1990, pp. 31-38.

ARAI-TAKAHASHI, YUTAKA – *The Margin of Appreciation Doctrine and the Principle of Proportionality in the Jurisprudence of the ECHR*, Intersentia, Antwerp/Oxford/New York, 2002.

ARAI-TAKAHASHI, YUTAKA – «Scrupulous but Dynamic'–the Freedom of Expression and the Principle of Proportionality under European Community Law», in *YEL*, vol. 24, nº 1 (2005), pp. 27-79.

ARLAND, KATHARINA CZERWENY VON – *Die Arbeitskampfmittel der Gewerkschaften und der Verhältnismäßigkeitsgrundsatz*, Peter Lang, Frankfurt, 1993.

ARNAU, MARIA LUISA CUERDA – «Aproximación al principio de proporcionalidad en Derecho penal», in *Estudios jurídicos en memoria del Dr. D. José Ramón Casabó Ruiz*, tomo I, Universidad de Valencia, Valencia, 1997, pp. 447-491.

ARNAULD, ANDREAS VON – «Die normtheoretische Begründung des Verhältnismäßigkeitsgrundsatzes», in *JZ*, vol. 55, nº 6 (2000), pp. 276-280.

ARNDT, ADOLF – «Zur Güterabwägung bei Grundrechten», in *NJW* (1963), pp. 869-872.

ARROYO, LUIZ – «Tailoring the Narrow Tailoring Requirement in the Supreme Court's Affirmative Action Cases», in *CSLR*, vol. 58 (2010), pp. 648-684.

ATTARAN, AMIR. – «A Wobbly Balance – A Comparation of Propotionality Testing in Canada, the United States, the European Union and the World Trade Organization», in *University of New Brunswick Law Journal*, vol. 56 (2007), pp. 260-306.

AUFFERMANN, PETER – *Der Grundsatz der Verhälnismäßigkeit im Arbeits- und Sozialversicherungsrecht*, Duncker & Humblot, Berlin/Würsburg, 1975.

ÁVILA, HUMBERTO, «A distinção entre principios e regras e a redefinição do dever de proporcionalidade», in *Revista de Direito Administrativo* 215 (1999), pp. 151-179; v. também, mesmo título, in *Revista Diálogo Jurídico*, ano 1, vol. 1, nº 4 (jul. 2001), acessível em http://www.direitopublico.com.br/pdf_4/DIALOGO-JURIDI-CO-04-JULHO-2001-HUMBERTO-AVILA.pdf

O PRINCÍPIO DA PROIBIÇÃO DO EXCESSO

ÁVILA, HUMBERTO – *Teoria dos princípios: da definição à aplicação dos princípios jurídicos*, Malheiros, São Paulo, 2003; 7ª ed., 2007.

ÁVILA, HUMBERTO – *Theory of legal principles*, Springer, Dordrecht, 2007.

BAKER, AARON – «Proportional, Not Strict, Scrutiny: Against a U. S. Suspect Classifications Model under Article 14 ECHR in the U.K.», in *AJCL*, vol. 56, 4 (2008), pp. 847-894.

BAKER, AARON – *Proportionality under the UK Human Rights (Human Rights Law in Perspective)*, Hart Publishing, Oxford, 2012.

BARAK, AHARON – «Proportionality and Principled Balancing», in *Law and Ethics of Human Rights*, vol. 4 (2010), pp.1-16.

BARAK, AHARON – *Proportionality: Constitutional Rights and their Limitations*, Cambridge University Press, Cambridge, 2012.

BARCELLOS, ANA PAULA – *Ponderação, racionalidade e atividade judicial*, Renovar, Rio de Janeiro, 2005.

BARENTS, RENÉ. – «The System of Deposits in Community Agricultural Law: Efficiency v. Proportionality», in *ELR* 10 (1985), pp. 239-249.

BARILE, PAOLO – «Il principio di ragionevolezza nella giurisprudenza della Corte costituzionale: riferimenti comparatistici», in *Atti del seminario svoltosi in Roma, Palazzo della Consulta, nei giorni 13 e 14 ottobre 1992*, Giuffrè, Milano, 1994, pp. 21-42.

BARNÉS, JAVIER – «Introducción al principio de proporcionalidad en el Derecho comparado y comunitario», in *RAP*, vol. 135 (1994), pp. 495-535.

BARNÉS, JAVIER – «El principio de proporcionalidad. Estudio preliminar», in *CDP*, vol. 5 (1998), pp. 15-50.

BARNÉS, JAVIER – «Jurisprudencia constitucional sobre el principio de proporcionalidad en el ámbito de los derechos y libertades. Introducción, selección y análisis crítico», in *CDP*, vol. 5 (1998), pp. 333-370.

BARRANCO, NORBERTO-JAVIER DE LA MATA – *El principio de proporcionalidad penal*, Tirant lo Blanch, Valencia, 2007.

BARROS, SUSANA DE TOLEDO – *O Princípio da Proporcionalidade e o Controlo de Constitucionalidade de Leis Restritivas de Direitos Fundamentais*, Brasília Jurídica, Brasília, 1996.

BARROS, WELLINGTON PACHECO/BARROS, WELLINGTON GABRIEL ZUCHETTO – *A Proporcionalidade como Princípio de Direito*, Livraria do Advogado, Porto Alegre, 2006.

BARROSO, LUIS ROBERTO – «Os princípios da razoabilidade e da proporcionalidade no direito Constitucional», in *Revista dos Tribunais*, ano 6, vol. 23 (abr-jun. 1998); acessível em http://www.acta-diurna.com.br/biblioteca/doutrina/d19990628007

BASTRESS JR., ROBERT M. – «The less restrictive alternative in constitutional adjudication: an analyses, a justification and some criteria», in *VanLR*, vol. 27 (1974), pp. 971-1041.

BIBLIOGRAFIA ESTRANGEIRA SOBRE O PRINCÍPIO DA PROIBIÇÃO DO EXCESSO E TEMAS

BASTRESS JR., ROBERT M., "El principio de «la alternativa menos restrictiva» en *Derecho constitucional norteamericano*", in CDP, vol. 5 (1998), pp. 239-254, acessível em http://revistasonline.inap.es/index.php?journal=CDP&page=article&op=view &path%5B%5D=517

BEADE, GUSTAVO/CLÉRICO, LAURA (eds.) – *Desafíos a la ponderación*, Universidad Externado de Colombia, Bogotá, 2011.

BEATTY, DAVID M. – *The Ultimate Rule of Law*, Oxford University Press, USA, 2005.

BECKER, FLORIAN – «Verhältnismäßigkeit», in Hanno Kube et al. (eds.), *Leitgedanken des Rechts. Paul Kirchhof zum 70. Geburtstag. Band I*, C. F. Müller, Heidelberg, 2013, pp. 12-27.

BECKER, HANS JOACHIM – «*Das verfassungsmäßige Prinzip der Verhaltnismäßigkeit. Bericht und Betrachtungen über die Helgoldnder Richtertagung*» 1977, in *SchlHA* (1977), pp. 161-166.

BEILFUSS, GONZÁLEZ MARKUS – *El principio de proporcionalidad en la jurisprudencia del Tribunal Constitucional*, Aranzadi-Thomson, Navarra, 2003.

BELLEY, NATHALIE – «L'émergence d'un príncipe de proportionnalité», in *CD*, vol. 38, nº 2 (1997), pp. 245-313.

BENDER, BERND – «Verhälnismäßigkeit und Vermeidbarkeit des Verwaltungshandelns», in *NJW* (1955), pp. 938-939.

BENDOR, ARIEL/SELA, TAL – «How proportional is proportionality?» in *International Constitutional Law*, vol. 13, nº 2 (2015), pp. 530-544.

BENITO, VITORIA ORTEGA – *El Principio de proporcionalidad y su aplicación judicial. Especial consideración del proceso penal* (tese), Universidad de Valladolid, Valladolid, 1989.

BENVINDO, JULIANO ZAIDEN – *On the limits of constitutional adjudication. Deconstructing balancing and judicial activism*, Springer, Berlin, Heidelberg, 2010.

BERKA, WALTER – «Das "eingriffsnahe Gesetz" und die grundrechtliche Interessenabwägung», in Heinz Mayer (org.), *Staatsrecht in Theorie und Praxis. Festschrift Robert Walter*, Manz, Wien, 1991, pp. 37-61.

BERMANN, GEORGE A. – «The principle of proportionality», in *AJCL*, vol. 26, supl. (1977-1978), pp. 415-432.

BERNSTORFF, JOCHEN VON – «Proportionality without Balancing – Why Judicial ad hoc-balancing is unnecessary and potentially detrimental to the realization of individual and collective self- determination», in Liora Lazarus/Christopher McCrudden/Nigel Bowles (eds.), *Reasoning Rights: Comparative Judicial Engagement*, Hart Publishing, Oxford, 2014, pp. 63-86.

BETTERMANN, KARL AUGUST – *Grenzen der Grundrechte*, De Gruyter, Berlin, 1968 (2ª ed., 1976).

BHAGWAT, ASHUTOSH – «The Test that Ate Everything: Intermediate Scrutiny in First Amendment Jurisprudence», in *University of Illinois Law Review*, vol. 3 (2007), pp. 783-838.

O PRINCÍPIO DA PROIBIÇÃO DO EXCESSO

BICE, SCOTT H. – «Rationality analysis in constitutional law», in *MinnLR*, vol. 65, 2 (1980-1981), pp. 1-62.

BIHAN, VALÉRIE GOESEL –LE – «Réflexion iconoclaste sur le contrôle de proportionnalité exercé par le Conseil Constitutionnel», in *RFDC* (1997), pp. 227-267.

BIHAN, VALÉRIE GOESEL –LE – «Le contrôle de proportionnalité exercé par le Conseil constitutionnel», in *Cahiers du Conseil constitutionnel* (2007), pp. 141-145.

BIHAN, VALÉRIE GOESEL –LE – «Le contrôle de proportionnalité dans la jurisprudence du Conseil constitutionnel: figures récentes», in *RFDC* (2007), pp. 269-295.

BIHAN, VALÉRIE GOESEL –LE – «Le contrôle de proportionnalité exercé par le Conseil Constitutionnel. Présentation Génerale», in *Petites Affiches*, vol. 46, nº especial (2009), pp. 62-69.

BIHAN, VALÉRIE GOESEL –LE, – «Le contrôle de proportionnalité exercé par le Conseil constitutionnel, technique de protection des libertés publiques?», acessível em http://institutvilley.com/IMG/pdf/Valerie_Goesel-Le_Bilhan.pdf

BILCHITZ, DAVID – «Does Balancing Adequately Capture the Nature of Rights?», in Stu Woolman/David Bilchitz (eds), *Is this Seat Taken? Conversations at the Bar, the Bench and the Academy about the South African Constitution*, Pretoria University Law Press, Pretoria, 2012, pp. 267-289, acessível em http://www.pulp.up.ac.za/pdf/2012_08/2012_08.pdf

BILCHITZ, DAVID – «Necessity and Proportionality: Towards a Balanced Approach», in Liora Lazarus/Christopher McCrudden/Nigel Bowles (eds.), *Reasoning Rights: Comparative Judicial Engagement*, Hart Publishing, Oxford, 2014, pp. 41-62.

BIN, ROBERTO – *Diritti e argomenti. Il bilanciamento degli interessi nella giurisprudenza costituzionale*, Giuffrè, Milano, 1992.

BIN, ROBERTO – «Ragionevolezza e divisione dei poteri», in *Diritto e questioni pubbliche* (2002), pp. 115-131.

BINDI, ELENA – «Test di ragionevolezza e tecniche decisorie della corte costituzionale (a margine della dichiarazione d'incostituzionalità della legislazione elettorale)», acessível em http://www3.unisi.it/ianus/numero%2010/01%20bindi.pdf

BLAAUW-WOLF, LOAMMI – «The 'balancing of interests' with reference to the principle of proportionality and the doctrine of Güterabwägung – a comparative analysis», in *SA Public Law*, vol. 14 (1999), pp. 178-214.

BLECKMANN, ALBERT – «Begrundung und Anwendungsbereich des Verhältnismäßigkeitsprinzip», in *JuS* (1994), pp. 177-183.

BLOCHER, JOSEPH – «Categoricalism and Balancing in First and Second Amendment Analysis», in *NYULR*, vol. 84, 2 (maio 2009), pp. 375-439.

BÖCKENFÖRDE, ERNST-WOLFGANG – «Schutzbereich, Eingriff, verfassungsimmanente Schranken: zur Kritik gegenwärtiger Grundrechtsdogmatik», in *Der Staat*, vol. 42 (2003), pp. 165-192.

BOMHOFF, JACCO – «Genealogies of Balancing as Discourse», in *Journal of Law & Ethics of Human Rights*, vol. 4, 1 (2010), pp. 125-140.

BOMHOFF, JACCO – *Balancing Constitutional Rights: The Origins and Meanings of Postwar Legal Discourse*, Cambridge University Press, Cambridge, 2013.

BOMHOFF, JACCO – «Beyond Proportionality : Thinking Comparatively About Constitutional Review and Punitiveness», in Vicki C. Jackson/Mark Tushnet (eds.), *Proportionality: New Frontiers, New Challenges*, Cambridge University Press, 2017, acessível em http://ssrn.com.abstract=2800345

BONAVIDES, PAULO – «O princípio constitucional da proporcionalidade e da proteção dos direitos fundamentais», in *Revista da Faculdade Livre de Direito do Estado de Minas Gerais*, vol. 34 (1994), pp. 275-291.

BONGIOVANNI, GIORGIO/ SARTOR, GIOVANNI/VALENTINI, CHIARA (eds.) – *Reasonableness And Law: Legal And Constitutional Theory/private, Public And International Law*, Springer, Dorderecht/Heidelberg/London/New York, 2009.

BONNARD, ALEXANDRE – «Le principe de proportionnalité en droit public Suisse», *in* Emil Wilhelm Stark (ed.), *Recueil de travaux du Xéme Congrés international de droit comparé*, Helbing & Lichtenhahn, Basel, 1979, pp. 201-219.

BOROWSKI, MARTIN – «Absolute Rights and Proportionality», in *German Yearbook of International Law*, vol. 56 (2013), pp. 385-423.

BOROWSKI, MARTIN – «Limiting clauses: on the continental European tradition of special limiting clauses and the general limiting clause of artigo 52(1) Charter of Fundamental Rights of the European Union», in *Legisprudence*, vol. 1, nº 2 (2007), pp. 197-240.

BOUSTA, RHITA – «La "spécificité" du contrôle constitutionnel français de proportionnalité», in *RIDC*, nº 4 (jan. 2007), pp. 859-877.

BOUSTA, RHITA – «Contrôle constitutionnel de proportionnalité. La spécificité française à l'épreuve des évolutions récentes», *in* RFDC, vol. 88 (2011), pp. 913-930.

BOYRON, SOPHIE – «Proportionality in English Administrative Law: A Faulty Translation?» in *OJLS*, vol. 12, nº 2 (1992), pp. 237-264.

BRADY, ALAN – *A Structural, Institutionally Sensitive Model of Proportionality and Deference under the Human Rights Act 1998*, tese, Londres, 2009, acessível em http:// etheses.lse.ac.uk/255/1/Brady_A%20structural%20institutionally%20sensitive%20model%20of%20proportionality%20and%20deference%20under%20 the%20human%20rights%20act%201998.pdf

BRADY, ALAN – *Proportionality And Deference Under The Uk Human Rights Act. An Institutionally Sensitive Approach*, Cambridge University Press, Cambridge, 2012.

BRAGA, VALESCHKA DA SILVA – *Princípios da Proporcionalidade e da Razoabilidade*, 2ª ed., Juruá, Curitiba, 2008.

BRAIBANT, GUY – «Le principe de la proportionnalité», in *Mélanges offerts à Marcel Waline*, II, Pichon et Durand-Auzias, Paris, 1974, pp. 297-306.

BRAMMER, GERNOT – *Das Verhältnismäßigkeitsprinzip nach deutschem und belgischem Recht*, Shaker, Aachen, 2001.

BRANCO, PAULO GUSTAVO GONET – *Juízo de ponderação na jurisdição constitucional*, Editora Saraiva, São Paulo, 2009.

O PRINCÍPIO DA PROIBIÇÃO DO EXCESSO

BROOME, JOHN – *Weighing Goods: Equality, Uncertainty, and Time*, Basil Blackwell Press, Oxford, 1991.

BRÜNING, CHRISTOPH – «Gleichheitsrechtliche Verhältnismässigkeit», in *JZ*, vol 56 (2001), pp. 669-673.

BUECHELE, PAULO ARMÍNIO TAVARES – *O princípio da proporcionalidade e a interpretação da Constituição*, Renovar, Rio de Janeiro, 1999.

BÚRCA, GRÁINNE DE – «The Principle of Proportionality and its Aplication in Community Law», in *YEL* (1993), pp. 105-150.

BÚRCA, GRÁINNE DE – «Wednesbury Unreasonableness and Proportionality», in Mads Andenas (ed), *English Public Law and the Common Law of Europe*, Key Haven, London, 1998, pp. 53-82.

BÚRCA, GRÁINNE DE – «Proportionality and Subsidiarity as General Principles of Law», in Bernitz/Nergelius (eds), *The General Principles of EC Law*, Kluwer Law International, The Hague, 2000, pp. 93-112.

ÇALI, BASAK – «Balancing Human Rights? Methodological Problems with Weights, Scales and Proportions», in *Human Rights Quaterly*, vol. 29 (2007), pp. 251-270.

CALLIESS, CHRISTIAN – «Die Leistungsfähigkeit des Untermaßverbots als Kontrollmaßstab grundrechtlicher Schutzpflichten», in Rainer Grote (org), *Die Ordnung der Freiheit: Festschrift für Christian Starck zum siebzigsten Geburtstag*, Mohr Siebeck, Tübingen, 2007, pp. 201-219.

CANARIS, CLAUS-WILHELM – «Grunderecht und Privatrecht», in *AcP*, vol. 184 (1984), pp. 201-246.

CANARIS, CLAUS-WILHELM – «Verstöße gegen das verfassungsrechtliche Übermaßverbot im Recht der Geschäftsfähigkeit und im Schadensersatzrecht», in *JZ*, vol. 42 (1987), pp. 993-1004.

CANARIS, CLAUS-WILHELM – «Grundrechtswirkungen und Verhältnismäßigkeitsprinzip in der richterlichen Anwendung und Fortbildung des Privatrechts», in *JuS* (1989), pp 161-172.

CANARIS, CLAUS-WILHELM – *Direitos fundamentais e direito privado*, Almedina, Coimbra, 2012.

CANNIZZARO, ENZO – *Il principio di proporzionalità nell'ordinamento internazionale*, Giuffrè, Milano, 2000.

CANNIZZARO, ENZO/ DE VITTOR, FRANCESCA – «Proportionality in the European Convention on Human Rights», in Robert Kolb/Gloria Gaggioli (eds.), *Research Handbook on Human Rights and Humanitarian Law*, Edward Elgar, Northampton, 2013, pp. 125-145.

CARA, JUAN CARLOS GAVARA DE – «El principio de proporcionalidad como elemento de control de la constitucionalidad de las restricciones de los derechos fundamentales», in *Repertorio Aranzadi del Tribunal Constitucional*, nº 3 (2003), pp. 1803-1830.

BIBLIOGRAFIA ESTRANGEIRA SOBRE O PRINCÍPIO DA PROIBIÇÃO DO EXCESSO E TEMAS

CARBONELL, MIGUEL (coord.) – *El principio de proporcionalidad en el estado constitu-cional*, Universidade Externado de Colombia, Bogotá, 2007.

CARBONELL, MIGUEL (ed.) – *El principio de proporcionalidad y la interpretación consti-tucional*, Ministerio de Justicia Y Derechos Humanos, Quito, 2008.

CARBONELL, MIGUEL/ CASTRO, P.P. GRÁNDEZ (eds.) – *El principio de proporcionalidad en el Derecho contemporáneo*, Palestra Editores, Lima, 2010.

CARBONELL, MIGUEL (coord.) – *Argumentación jurídica. El juicio de ponderación y el principio de proporcionalidad*, 2ª ed., Editorial Porrúa, México D.F., 2011.

CARDOSO, HENRIQUE RIBEIRO – *Proporcionalidade e argumentação: a teoria de Robert Alexy e seus pressupostos filosóficos*, Juruá, Curitiba, 2009.

CARIGLIA, MICHELA – «L'operatività del principio di ragionevolezza nella giurispru-denza costituzionale», in Massimo La Torre/ Antonino Spadaro (eds.), *La ragio-nevolezza nel diritto*, G. Giappichelli, Torino, 2002, pp. 173-205.

CARIGLIA, MICHELA – *Ragionevolezza e legitimazione del sistema*, Giuffrè, Milano, 2003.

CARRASCO PERERA, ANGEL – «El "juicio de razonabilidad" en la justicia constitucio-nal», in *REDC*, vol. 11 (maio/agosto 1984), pp. 39-106.

CASTILLO BLANCO, FREDERICO A. – *Principio de proporcionalidad e infracciones discipli-narias*, Tecnos, Madrid, 1995.

CASTRO, CARLOS ROBERTO DE SIQUEIRA – *O devido processo legal e a razoabilidade das leis na nova Constituição do Brasil*, Forense, Rio de Janeiro, 1989.

CASTRO, CARLOS ROBERTO DE SIQUEIRA – *O devido processo legal e os princípios da razoabilidade e da proporcionalidade*, 4ª. ed., Forense, Rio de Janeiro, 2006.

CERRI, AUGUSTO – «Ragionevolezza delle leggi», *in Enciclopedia giuridica*, Treccani, Roma, XXV, 1994, pp. 1-27.

CERRI, AUGUSTO – *La ragionevolezza nella ricerca scientifica ed il suo ruolo specifico nel sapere giuridico*, Aracne, Roma, 2007.

CHAPMAN, BRUCE – «Incommensurability, Proportionality, and Defeasibility», aces-sível em https://www.academia.edu/2091238/Incommensurability_Proportio-nality_and_Defeasibility

CHELI, ENZO – «Eguaglianza, ragionevolezza e bilanciamento negli sviluppi della giurisprudenza costituzionale italiana», in *Scritti in onore di G. Guarino*, Padova, 1998, pp. 579-590.

CHELI, ENZO – *Stato costituzionale e ragionevolezza*, Edizioni Scientifiche Italiane, Na-poli, 2011.

CHOUDHRY, SUJIT – «So What Is the Real Legacy of *Oakes*? Two Decades of Propor-tionality Analysis under the Canadian *Charter's* Section 1», in *Supreme Court Law Review*, vol. 34 (2006), pp. 502- 535.

CHRISTOFFERSEN, JONAS – *Fair Balance: Proportionality, Subsidiarity and Primarity in the European Convention on Human Rights*, Martinus Nijhoff Publishers, Leiden, 2009.

CHRISTOFFERSEN, JONAS – «Straight Human Rights Talk – Why Proportionality does (not) Matter?», in *Scandinavian Studies in Law*, vol. 55 (2010), pp. 11-44.

O PRINCÍPIO DA PROIBIÇÃO DO EXCESSO

CIANCIARDO, JUAN – *El principio de razonabilidad: del debido proceso sustantivo al moderno juicio de proporcionalidad*, Editorial Ábaco de Rodolfo Depalma, Buenos Aires, 2004.

CIANCIARDO, JUAN – «The Principle of Proportionality: the Challenge of Human Rights», in *Journal of Civil Law Studies*, vol. 3 (janeiro 2010), pp. 177-186.

CICIRIELLO, MARIA CLELIA – *Il Principio di Proporzionalità nel Diritto Comunitario*, Editoriale Scientifica, Napoli, 1999.

CIYILTEPE-PILARSKY, DENIZ – *Der Grundsatz der Verhältnismäßigkeit und seine Auswirkungen auf Beweisanordnungen*, Peter Lang, Frankfurt a.m./Berlin/Bern/New York/Paris/Wien, 1995.

CLASSEN, CLAUS DIETER – «Das Prinzip der Verhältnismäßigkeit im Spiegel europäischer Rechtsentwicklungen», in Michael Sachs/Helmut Siekmann (eds.), *Der Grundrechtsgeprägte Verfassungsstaat. Festschrift für Klaus Stern zum 80. Geburtstag*, 2012, pp. 651-667.

CLAYTON, RICHARD – «Regaining a sense of proportion: the Human Rights Act and the proportionality principle», in *European Human Rights Law Review*, vol. 5 (2001), pp. 504-525.

CLÉRICO, LAURA – *Die Struktur der Verhältnismässigkeit*, Nomos, Baden-Baden, 2001.

CLÉRICO, LAURA – «Verältnismässigkeitsgebot und Untermassverbot», in Jan-R. Sieckmann, *Die Prinzipientheorie Der Grundrechte, Studien zur Grundrechtstheorie Robert Alexys*, Nomos, Baden-Baden, 2007, pp. 151-178.

CLÉRICO, LAURA – *El examen de proporcionalidad en el derecho constitucional*, Eudeba, Buenos Aires, 2009.

CLÉRICO, LAURA – «Das Untermaßverbot und die Alternativitätsthese: einige Überlegungen aus der Perspektive des Gesundheitsrechts», in Laura Clérico/ Jan-R. Sieckmann, *Grundrechte, Prinzipien und Argumentation. Studien zur Rechtstheorie Robert Alexys*, Nomos, Baden-Baden, 2009, pp. 151-164.

CLÉRICO, LAURA – «Sobre la prohibición por acción insuficiente, por omisión o defecto y el mandato de proporcionalidad», in Jan-R. Sieckmann (ed.) *La teoria principialista de los derechos fundamentales. Estudios sobre la teoria de los derechos fundamentales de Robert Alexy*, Marcial Pons, Madrid, 2011, pp. 169-206.

CLÉRICO, LAURA – «Proporcionalidad, prohibición de insuficiencia y la tesis de la alternativa» in Laura Clérico/Jan-R. Sieckmann/Oliver Lalana (coords.), *Derechos fundamentales, principios y argumentación: estudios sobre la teoría jurídica de Robert Alexy*, Ed. Comares, Granada, 2011, pp. 177-198.

CLÉRICO, LAURA – «Sobre „casos" y ponderación. Los modelos de Alexy y Moreso, ?más similitudes que diferencias?», in *Isonomia*, vol. 37 (out. 2012), pp. 113-145.

COGNETI, STEFANO – *Principio di proporzionalitá. Profili di teoria generale e di analisi sistematica*, Giappichelli, Torino, 2010.

COFFIN, FRANK N. – «Judicial Balancing: The Protean Scales of Justice», in *NYULR*, vol. 63 (1988), pp. 16-42.

1182

BIBLIOGRAFIA ESTRANGEIRA SOBRE O PRINCÍPIO DA PROIBIÇÃO DO EXCESSO E TEMAS

COHEN-ELIYA, MOSHE/PORAT, IDDO – «The Hidden Foreign Law Debate in Heller. The Proportionality Approach in American Constitutional Law», *in SDLR*, vol. 46 (2009), pp. 367 ss; acessível em http://ssm.com/abstract=1317833

COHEN-ELIYA, MOSHE/PORAT, IDDO – «American Balancing and German Proportionality: The Historical Origins», in *ICon*, vol. 8 (2010), pp. 263-286.

COHEN-ELIYA, MOSHE/PORAT, IDDO – «Proportionality and the Culture of Justification», in *AJCL*, vol. 59, 2 (2011), pp. 463-490.

COHEN-ELIYA, MOSHE/PORAT, IDDO – *Proportionality and Constitutional Culture*, Cambridge University Press, New York, 2013.

COLLA, EMMANUEL – «Le principe de proportionnalité en droit constitutionnel belge» in *Le principe de proportionnalité en droit belge et en droit français. Actes du colloque organisé par les Barreaux de Liége e de Lyon*, Jeune Barreau de Liége, Liége, 1995, pp. 85-101.

CONCI, LUIZ GUILHERME ARCARO «Colisões de direitos fundamentais nas relações jurídicas travadas entre particulares e a regra da proporcionalidade», in Maria Elizabeth Guimarães Teixeira Rocha/Samantha Ribeiro Meyer-Pflug (coord.), *Lições de direito constitucional: em homenagem ao professor Jorge Miranda*, Forense, Rio de Janeiro, 2008; também «Colisões de direitos fundamentais nas relações jurídicas travadas entre particulares e a regra da proporcionalidade: potencialidades e limites da sua utilização a partir da análise de dois casos», in *Revista Diálogo Jurídico*, vol. 17 (2008), acessível em http://www.direitopublico.com.br/pdf_seguro/guilherme_conci_dir_fundamentais.pdf

CONTIADES, XENOPHON/FOTIADOU, ALKMENE – «Social rights in the age of proportionality: Global economic crisis and constitutional litigation», in *ICon*, vol. 10, nº 3 (2012), pp. 660–668.

CORASANITI, ALDO – «Introduzioni ai lavori del seminario "Il principio di ragionevolezza nella giurisprudenza della Corte Costituzionale"», in *Atti del seminario svoltosi in Roma, Palazzo della Consulta nei giorni 13 e 14 Ottobre 1992*, Giuffrè, Milano, 1994.

CORASANITI, ALDO – *La ragionevolezza come parametro del giudizio di legittimita costituzionale*, CEDAM, Padova, 1995.

CORREA, TERESA AGUADO – *El principio de proporcionalidad en Derecho penal*, Edersa, Madrid, 1999.

COSTA, ALEXANDRE ARAÚJO – *O controlo da razoabilidade no Direito Comparado*, Brasília, Thesaurus, 2008.

COSTA, JEAN-PAUL – «Le principe de proportionnalité dans la jurisprudence du Conseil d'Etat», in *AJDA*, vol. 7/8 (1988), pp. 434-437.

CRAIG, PAUL – «Unreasonableness and Proportionality in the UK Law», in Evelyn Ellis (ed.), *The Principle of Proportionality in the Laws of Europe*, Hart Publishing, Oxford, 1999, pp. 85-106.

CRAIG, PAUL – «Proportionality, Rationality and Review», in *New Zealand Law Review*, número temático (2010), pp. 265-301.

O PRINCÍPIO DA PROIBIÇÃO DO EXCESSO

CREMONA, JOHN JOSEPH – «The proportionality Principle in the Jurisprudence of the European Court of Human Rights», in *Recht zwischen Umbruch und Bewahrung. Völkerrecht, Europarecht, Staatsrecht. Festschrift für R. Bernhardt*, Springer, Berlin/Heidelberg/New York, 1995, pp. 323-327.

CRISTÓVAM, JOSÉ SÉRGIO DA SILVA – *Colisões entre princípios constitucionais: razoabilidade, proporcionalidade e argumentação jurídica*, Juruá, Curitiba, 2009.

CRUZ, J. A. FERNÁNDEZ – «El juicio constitucional de proporcionalidad de las leyes penales: la legitimación democrática como medio para mitigar su inherente irracionalidad», in *Revista de Derecho Universidad Católica del Norte*, vol. 17, nº 1 (2010), pp. 51-99.

CUBILLOS, FUENTES, H. – «El principio de proporcionalidad en Derecho penal. Algunas consideraciones acerca de su concretización en el ámbito de la individualización de la pena», in *Ius et praxis*, vol. 14, nº 2 (2008), pp. 1-24.

CURRIE, IAIN – «Balancing and the Limitation of Rights in the South African Constitution», in Stu Woolman/David Bilchitz (eds), *Is this Seat Taken? Conversations at the Bar, the Bench and the Academy about the South African Constitution*, Pretoria University Law Press, Pretoria, 2012, pp. 251-265, acessível em http://www.pulp.up.ac.za/pdf/2012_08/2012_08.pdf

DAHLINGER, ERICH – «Gilt der Grundsatz der Verhältnismaßigkeit auch im Bereich der Leistungsverwaltung?», in *DÖV* (1966), pp. 818-820.

D'AVOINE, MARC – *Die Entwicklung des Grundsatzes der Verhältnismässigkeit: insbesondere gegen Ende des 18. Jahrunderts* (tese), Trier, 1994.

DALY, PAUL – «Blown Out of Proportion: The Case against Proportionality as an Independent Ground of Judicial Review», in Cian Murphy/Penny Green (eds.), *Law and Outsiders: Norms, Processes and "Othering" in the 21st Century*, Hart Publishing, Oxford, 2011, pp. 23-42.

DE FAZIO, FEDERICO – «Sistemas normativos y conflictos constitucionales: es possible aplicar derechos fundamentales sin ponderar?», in *Isonomia*, vol. 40 (abril 2014), pp. 197-226.

DECHSLING, RAINER – *Das Verhältnismäßigkeitsgebot: eine Bestandsaufnahme der Literatur zur Verhältnismäßigkeit staatlichen Handelns*, Franz Vahlen, München, 1989.

DEGENER, WILHELM – *Grundsatz der Verhältnismässigkeit und strafprozessuale Zwangsmaßnahmen*, Duncker & Humblot, Berlin, 1985.

DELBRÜCK, JOOST – «Proportionality», in R. Bernhardt (ed.), *Encyclopedia of Public International Law*, vol. III, Elsevier, Amsterdam, pp. 1140-1144.

DELPERÉE, FRANCIS/BOUQUEY-REMION, V. – «Liberté, égalité et proportionalité. Licéité en droit positif et références legales aux valeurs», in *Travaux des Xèmes journées d'études juridiques Jean Dabin*, Bruylant, Bruxelles, 1982, pp. 475 ss.

DENNINGER, ERHARD – «Vom Elend des Gesetzgebers zwischen Übermaßverbot und Untermaßverbot», in Herta Däubler-Gmelin/Klaus Kinkel/Hans Meyer/

BIBLIOGRAFIA ESTRANGEIRA SOBRE O PRINCÍPIO DA PROIBIÇÃO DO EXCESSO E TEMAS

Helmut Simon (org.), *Gegenrede. Aufklärung – Kritik – Öffentlichkeit. Festschrift für Ernst Gottfried Marenholz*, Nomos, Baden-Baden, 1994, pp. 561-572.

DENNINGER, ERHARD – *Normbestimmtheit und Verhältnismässigkeitsgrundsatz im Sächsischen Polizeigesetz*, Leipziger juristische Vorträge, Leipzig, 1995.

DENZEL, UWE – *Übermaßverbot und srafprozessuale Zwangsmaßnahmen*, dissert., Heidelberg, 1969.

DI GREGORIO, LAURA – «L'identità strutturale tra il principio di ragionevolezza e il Verhältnismässigkeitsgrundsatz», in Massimo La Torre/Antonino Spadaro (eds.), *La ragionevolezza nel diritto*, G. Giappichelli, Torino, 2002, pp. 237-254.

DIETLEIN, JOHANNES – «Das Untermaßverbot», in *ZG*, vol. 9 (1995), pp. 130-141.

DOMÉNECH, I. PERELLO – «El principio de proporcionalidad y la jurisprudencia constitucional», in *Jueces para la Democracia*, vol. 28 (1997), pp. 69-75.

DREYFUS, FRANÇOISE – «Les limitations du pouvoir discrétionnaire par l'application du principe de proportionnalité», in *RDP*, vol. 3 (1974), pp. 691-719.

DUCLERCQ, JEAN-BAPTISTE – *Les mutations du contrôle de proportionnalité dans la jurisprudence du Conseil Constitutionnel*, LGDJ, Paris, 2015.

DUVIGNEAU, FLORENCE – *Le principe de proportionnalité en droit comparé (Europe, États-Unis)*, (tese), Aix-en-Provence, 1994.

DYZENHAUS, DAVID – «Proportionality and Deference in a Culture of Justification», in Huscroft/Miller/Webber (eds.), *Proportionality and the Rule of Law: Rights, Justification, Reasoning*, Cambridge University Press, New York, 2014, pp. 234-258.

EGGER, ALEXANDER – *The principle of proportionality in community anti-dumping law*, in *ELR*, vol. 18 (1993), pp. 367-387.

EISSEN, MARC-ANDRÉ – «The principle of proportionality in the case-law of the European Court of Human Rights», in MacDonald/Matscher/Petzold (eds.), *The european system for the protection of human rights*, Martinus Nijhoff, Dordrecht/Boston/London, 1993, pp. 125-146.

EKINS, RICHARD – «Legislating Proportionality», in Huscroft/Miller/Webber (eds.), *Proportionality and the Rule of Law: Rights, Justification, Reasoning*, Cambridge University Press, New York, 2014, pp. 343-369.

ELLIOT, MARK – «Proportionality and Deference. The importance of a Structured Approach», in Christopher Forsyth e outros (eds.), *Effective Judicial Review*, Oxford University Press, Oxford/New York, 2010, pp. 264-286.

ELLIS, EVELYN (ed.) – *The Principle of Proportionality in the Laws of Europe*, Hart Publishing, Oxford, 1999.

EMILIOU, NICHOLAS – *The principle of proportionality in European Law. A comparative study*, Kluwer Law International, London/The Hague/Boston, 1996.

EMMERICH-FRITSCHE, ANGELIKA – *Der Grundsatz der Verhältnismäßigkeit als Direktiv und Schranke der EG-Rechtsetzung: mit Beiträgen zu einer gemeineneuropäischen Grundrechtslehre sowie zum Lebensmittelrecht*, Duncker & Humblot, Berlin, 2000.

O PRINCÍPIO DA PROIBIÇÃO DO EXCESSO

ENDE, MONIKA – *Der Individualrechtsschutz des Unionbürgers – Gleichheitssatz und Verhältnismäßigkeitsgrundsatz als Elemente des gemeineuropäischen ordre public*, Shaker Verlag, Aachen, 1997.

ENDICOTT, TIMOTHY – «Proportionality and Incommensurability», in Huscroft/Miller/Webber (eds.), *Proportionality and the Rule of Law: Rights, Justification, Reasoning*, Cambridge University Press, New York, 2014, pp. 311-342.

ENGEL, CHRISTHOF – «Das legitime Ziel als Element des Übermaßverbots Gemeinwohl als Frage der Verfassungsdogmatik», in Winfried Brugger/Stephan Kirste/Michael Anderheiden (org.), *Gemeinwohl in Deutschland, Europa und der Welt*, Nomos, Baden-Baden, 2002, pp. 103-172.

ENGLE, ERIC – «The History of the General Principle of Proportionality: an Overview», in *The Dartmouth Law Journal*, vol. X (2012), pp. 1-11, acessível em http://ssrn.com/abstract=1431179

ENGLE, ERIC – «The General Principle of Proportionality and Aristotle», in Liesbeth Huppes-Cluysenaer/Nuno M.M.S. Coelho, *Aristotle and The Philosophy of Law: Theory, Practice and Justice*, Springer, Dordrecht, 2013, pp. 265- 276.

ENTERRÍA, EDUARDO GARCÍA DE – «El principio de proporcionalidad en la extradición», in *Poder judicial*, vol. 15 (1989), pp. 35-52.

ERICHSEN, HANS-UWE – «Allgemeine Rechtsgrundsätze, Gleichheitssatz und Übermaßverbot beim Hartfall», in *VArch*, vol. 65 (1974), pp. 423-427.

ERICHSEN, HANS-UWE – «Das Übermaßverbot», in *Jura* (1988), pp. 387-388.

ERMACORA, FELIX – «Le principe de proportionnalité en droit autrichien et dans le cadre de la Convention européenne des Droits de l'Homme», in *Der Grundsatz der Verhältnismässigkeit in europäischen Rechtsordnungen: Europäische Gemeinschaft, Europäische Menschenrechtskonvention, Bundesrepublik Deutschland, Frankreich, Italien, Österreich: Vorträge und Diskussionsbeitrag auf der Deutsch-Französischen Juristenkonferenz am 26./27. November 1982 in Strassburg*, C.F. Müller, Heidelberg, 1985, pp. 67-78.

EVANS, SIMON/ STONE, ADRIENNE – «Balancing and Proportionality: A Distinctive Ethic?», acessível em http://www.google.pt/url?sa=t&rct=j&q=&esrc=s&sourc e=web&cd=1&ved=0CCYQFjAA&url=http%3A%2F%2Fcamlaw.rutgers.edu% 2Fstatecon%2Fworkshop11greece07%2Fworkshop15%2FEvans.pdf&ei=mwqk VJPvLoG3UMbPgKgN&usg=AFQjCNH_bd15EzB1Z65pP0WonZHPQD1rMQ &sig2=mvwVasKirNi0dV881cmyXQ

FABBRINI, FEDERICO – «Reasonableness as a test for judicial review of legislation in the jurisprudence of the French Constitutional Council», *Journal of Comparative Law*, vol. 4 (1) (2009), pp. 39-69.

FAIGMAN, DAVID L. – «Madisonian Balancing: A Theory of Constitutional Adjudication», in *Northwestern University Law Review*, vol. 88, nº 2 (1994), pp. 641-694.

FALLON, RICHARD H. – «Strict Judicial Scrutiny», in *UCLA Law Review*, vol. 54 (2007), pp. 1267-1337.

BIBLIOGRAFIA ESTRANGEIRA SOBRE O PRINCÍPIO DA PROIBIÇÃO DO EXCESSO E TEMAS

FAN, JIANHONG – *Rechtsgrundlage und Kontrollstruktur der Arbeitgeberkündigung nach den Grundsätzen deutscher Verhältnismässigkeit und chinesischer beilegungsimmanenten Schiedsentscheidung*, Peter Lang, Frankfurt/Berlin/Bern/New York/Paris/Wien, 1997.

FASSBENDER, BARDO – «El principio de proporcionalidad en la jurisprudencia del tribunal europeo de derechos humanos", in *CDP*, 5 (1998), pp. 51-73: acessível em http://revistasonline.inap.es/index.php?journal=CDP&page=article&op=view&path%5B%5D=510

FELDENS, LUCIANO – *A constituição penal: a dupla face da proporcionalidade no controle de normas penais*, Livraria do Advogado, Porto Alegre, 2005.

FELDMAN, DAVID – «Proportionality and the Human Rights Act 1998», in Evelyn Ellis (ed.), *The Principle of Proportionality in the Laws of Europe*, Hart Publishing, Oxford, 1999, pp. 117-144.

FERRER, JUAN DE LA CRUZ – «Una aproximación al control de proporcionalidad del Consejo de Estado francés: el balance costes-beneficios en las declaraciones de utilidad pública de la expropriación forzosa», in *REDA*, vol. 45 (1985), pp. 71-84.

FERRAZ, LEONARDO DE ARAÚJO – *Da teoria à crítica: princípio da proporcionalidade: uma visão com base nas doutrinas de Robert Alexy e Jürgen Habermas*, Dictum, Belo Horizonte, 2009.

FETERIS, EVELINE T. – «Weighing and Balancing in the Justification of Judicial Decisions», in *Informal Logic*, vol. 28, n.º 1 (2008), pp. 20-30.

FEYEN, STEF – «Proportionality: A Matter of Principle», acessível em SSRN: http://ssrn.com/abstract=1986135 or http://dx.doi.org/10.2139/ssrn.1986135

FILHO, WILLIS SANTIAGO GUERRA – *O princípio constitucional da proibição do excesso*, in *Ensaios de Teoria Constitucional*, Imprensa Universitária (UFC), Fortaleza, 1989.

FISCHER-LESCANO, ANDREAS – «Kritik der praktischen Konkordanz», in *Kritische Justiz*, vol. 41 (2008), pp. 166-177.

FIGUEIREDO, SYLVIA MARLENE DE CASTRO – *A interpretação constitucional e o princípio da proporcionalidade*, RCS, São Paulo, 2005.

FITZGERALD, BRIAN F. – «Proportionality and Australian Constitutionalism», in *University of Tasmania Law Review*, vol. 12, n.º 2 (1993), pp. 263-322.

FLACH, MICHAEL – *As duas faces do princípio da proporcionalidade e as normas penais: entre a proibição do excesso e a proibição da proteção deficiente* (tese), FDPUCRS, Porto Alegre, 2009.

FOLEY, BRIAN – «The Proportionality Test: Present Problems», in *Judicial Studies Institute Journal*, vol. 1 (2008), pp. 67-94, acessível em http://www.jsijournal.ie/html/Volume%208%20No.%201/2008[1]_Foley_Proportionality.pdf

FORDHAM, MICHAEL/MARE, THOMAS DE LA – «Identifying the Principles of Proportionality», in Jeffrey L. Jowell e outros (eds.), *Understanding Human Rights Principles*, Hart Publishing, Oxford, 2001, pp. 27-90.

O PRINCÍPIO DA PROIBIÇÃO DO EXCESSO

FRAISSE, RÉGIS – «Le Conseil Constitutionnel exerce un contrôle conditionné, diversifié, et modelé de la proportionnalité», in *Les Petites Affiches*, vol. 46, nº especial (2009), pp. 74-85.

FRANCK, THOMAS – «On proportionality of countermeasures in international law», in *AJIL*, vol. 102 (2008), pp. 715-767.

FRÍAS, IRENE NAVARRO – «El principio de proporcionalidad en sentido estricto: ¿principio de proporcionalidad entre el delito y la pena o balance global de costes y beneficios?», in *InDret* 2 (2010), pp 1-33, acessível em www.raco.cat/index.php/InDret/article/viewFile/225386/306697

FROCH, M./GUSY, C. – «Das Übermaßverbot als Maßtab staatlicher Subventionsvergabe?», in *V. Arch.*, vol. 81 (1990), pp. 512-531.

FROMONT, MICHEL – «Le principe de proportionnalité», in *AJDA*, nº especial (1995), pp. 156-166.

FROTA, HIDEMBERG ALVES DA – *O princípio tridimensional da proporcionalidade no Direito Administrativo: um estudo à luz da Principiologia do Direito Constitucional e Administrativo, bem como da jurisprudência brasileira e estrangeira*, GZ, Rio de Janeiro, 2009.

FROTA, HIDEMBERG ALVES DA – «O proporcional e o razoável: a contribuição pioneira de Rui Barbosa ao estudo do critério da necessidade e do princípio da razoabilidade», in *Âmbito Jurídico*, vol. XIV, nº 92 (set 2011), acessível em http://www.ambito-juridico.com.br/site/?n_link=revista_artigos_leitura&artigo_id=10350&revista_caderno=27

GALLETA, DIANA-URANIA – «El principio de proporcionalidad en el Derecho Público italiano», in *CDP* 5 (1998), pp. 299-329.

GALLETA, DIANA-URANIA – *Principio di Proporzionalità e Sindacato Giurisdizionale nel Diritto Amministrativo*, Giuffré, Milano, 1998.

GALLETA, DIANA-URANIA – «Il principio di proporzionalità nella Convenzione europea dei diritti dell'uomo, fra principio di necessarietà e dottrina del margine di apprezzamento statale: riflessioni generali su contenuti e rilevanza effettiva del principio», in *Rivista italiana di diritto pubblico comunitario*, vol. 3 (1999), pp. 743-771.

GALLOWAY, RUSSELL W. – «Means-End Scrutiny in American Constitutional Law», in *Loyola Law Review Los Angeles*, vol 21 (1988), pp. 449-496.

GARCÍA, FERNANDO SILVA – *Deber de ponderación y principio de proporcionalidad en la práctica judicial*, Editorial Porrúa, Mexico D.F., 2012.

GARCIA, I. IBÁNEZ – «Delito fiscal y princípios de proporcionalidad y de intervención mínima», in *AP*, vol. 24 (1993), pp. 331-342.

GARCÍA, ISABEL SÁNCHEZ – «El principio constitucional de proporcionalidad en el Derecho Penal», in *La Ley*, vol. 4 (1994), pp. 114 -124.

GARDBAUM, STEPHEN – «Limiting Constitutional Rights», in *UCLA Law Review*, vol. 54 (2007), acessível em http://ssrn.com/abstract=971024

GARDBAUM, STEPHEN – «A Democratic Defense of Constitutional Balancing», in *Law and Ethics of Human Rights*, vol. 4 (2010), pp. 78-106, acessível em http://ssrn.com/abstract=1345348

GARDBAUM, STEPHEN – «Proportionality and Democratic Constitutionalism», in Huscroft/Miller/Webber (eds.), *Proportionality and the Rule of Law: Rights, Justification, Reasoning*, Cambridge University Press, New York, 2014, pp. 259-283.

GARGARI, RODRIGO DIEZ – «Principio de proporcionalidad, colisión de principios y el nuevo dicurso de la Suprema Corte» in *Revista Mexicana de Derecho Constitucional*, vol. 26 (jan-jun 2012), pp. 66-103, acessível em https://revistas.juridicas.unam.mx/index.php/cuestiones-constitucionales/article/view/5986/7927

GENTZ, MANFRED – «Zur Verhältnismäßigkeit von Grundrechtseingriffen», in *NJW* (1968), pp. 1600-1607.

GIL, RUBÉN SÁNCHEZ – *El principio de proporcionalidad*, Instituto de Investigaciones Jurídicas (UNAM), México D.F., 2007.

GLITZ, HUBERTUS – *Gesetzmäßigkeitsprinzip und Übermaßverbot in ihrer Bedeutung für die Sachgemäßheit verwaltungsrechtlicher Auflagen* (tese), Münster, 1975.

GONZALEZ, JOSE IGNACIO LOPEZ – *El principio general de proporcionalidad en el derecho administrativo*, Universidad de Sevilla, Sevilla, 1988.

GOTTLIEB, STEPHEN E. «Compelling Governmental Interests: An Essential But Unanalyzed Term in Constitutional Adjudication», in *BULR*, vol. 68 (1988), pp. 917-978.

GRABITZ, EBERHARD – «Der Grundsatz der Verhältnismäßigkeit in der Rechtsprechung des Bundesverfassungsgerichts», in *AöR*, vol. 98 (1973), pp. 568-616.

GREEN, NICHOLAS – «Proportionality and the Supremacy of Parliament in the UK», in Evelyn Ellis (ed.), *The Principle of Proportionality in the Laws of Europe*, Hart Publishing, Oxford, 1999, pp. 145-164.

GREER, STEVEN – «"Balancing" and the European Court of Human Rights: a Contribution to the Habermas-Alexy Debate», in *The Cambridge Law Journal*, vol. 63 (2004), pp 412-434.

GRIBBOHM, GÜNTER – «Der Grundsatz der Verhältnismässigkeit bei dem mit Freiheitsenziehung verbundenen Maßregeln der Sicherung und Besserung», in *JuS* (1967), pp. 349-354.

GRIMM, DIETER – «Proportionality in Canadian and German Constitutional Jurisprudence», in *University of Toronto Law Journal*, vol. 57, 2 (2007), pp. 383-397.

GROUPE D'ETUDES ET DE RECHERCHES SUR LA JUSTICE CONSTITUTIONNELLE – CENTRE LOUIS FAVOREAU – Annuaire International de Justice Constitutionnelle 2009, *Le juge constitutionnel et la proportionnalité – Juge constitutionnel et droit penal*, Economica Presses Universitaires d'Aix-Marseille, 2010.

GUERRERO, M. MEDINA – *La vinculación negativa del legislador a los derechos fundamentales*, Mc. Graw Hill, Madrid, 1997.

O PRINCÍPIO DA PROIBIÇÃO DO EXCESSO

GUERRERO, M. MEDINA – «El principio de proporcionalidad y el legislador de los derechos fundamentales», in *Quadernos de derecho público*, vol. 5 (1998), pp. 119-142.

GUIBAL, MICHEL – «De la proportionalité», in *ADJA* (1978), pp. 477-487.

GUIBOURG, RICARDO – «Alexy y su fórmula del peso», in Gustavo Beade /Laura Clérico (eds.), *Desafíos a la ponderación*, Universidad Externado de Colombia, Bogotá, 2011, acessível em http://www.aafder.org/wp-content/uploads/2015/02/Guibourg_Alexy.pdf

GUNN, T. JEREMY – «Deconstructing Proportionality in Limitations Analyses», *in Emory International Law Review*, vol. 19 (2005), pp. 465-498.

GUTHKE, MICHAEL P. – *Ökonomische Gesichtspunkte im Rahmen der Herstellung der Verhältnismäßigkeit staatlichen Handelns im multipolaren Verhältnis*, Duncker & Humblot, Berlin, 2003.

HAIN, KARL-EBERHARD – «Der Gesetzgeber in der Klemme zwischen Übermaß – und Untermaßverbot», in *DVBl* (1993), pp. 982-984.

HAIN, KARL-EBERHARD – «Das Untermaßverbot in der Kontroverse», in *ZG*, vol. 11 (1996), pp. 75-84.

HAIN, KARL-EBERHARD – «Konkretisierung der Menschenwürde dürch Abwägung?», in *Der Staat*, vol. 45 (2006), pp. 189-214.

HANAU, HANS – *Der Grundsatz der Verhältnismäßigkeit als Schranke privater Gestaltungsmacht. Zu Herleitung und Struktur einer Angemessenheitskontrolle von Verfassungs wegen*, Mohr Siebeck, Tübingen, 2004.

HARBO, TOR-INGE – «The Function of the Proportionality Principle in EU Law», in *European Law Journal*, vol. 16, nº 2 (Março 2010), pp. 158–185.

HAVERKATE, GÖRG – *Rechtsfragen des Leistungsstaats. Verhältnismäßigkeitsgebot und Freiheitsschutz im leistenden Staatshandeln*, Mohr (Paul Siebeck), Tübingen, 1983.

HEINSOHN, STEPHANIE – *Der öffentlichrechtliche Grundsatz der Verhältnismäßigkeit: historische Ursprünge im deutschen Recht, Übernahme in das Recht der Europäischen Gemeinschaften sowie Entwicklungen im französischen und im englischen Recht* (tese), Münster, 1997.

HEINTZEN, MARKUS – «Die einzelgrundrechtlichen Konkretisierungen des Grundsatzes der Verhältnismäßigkeit», in *DVBl* (2004), pp. 721-727.

HEINTZEN, MARKUS – «Konstitutionalisierung der rechtsordnung einfachgesetzliche wurzeln des Grundsatzes der Verhältnismäßigkeit in Deutschland», in *Annales de la Faculté de Droit d'Istanbul*, vol. 60 (2011), pp. 47-54, acessível em http://journals.istanbul.edu.tr/iuafdi/article/view/1023016882/0 em Março de 2014.

HEISE, JOHANNES – *Die Verhältnismäßigkeit im Sinne des §25 der Königlich Sächsischen Revidierten Ständeordnung* (tese), Dresden, 1908.

HENKIN, LOUIS – «Infallibility under Law: Constitutional Balancing», in *CoLR*, vol. 78, nº 5 (Jun. 1978), pp. 1022-1049.

HERDEGGEN, MATHIAS – «The Relation between the Principles of Equality an Proportionality», in *Commom Market Law Review*, vol. 22., nº 4 (1985), pp. 683-696.

BIBLIOGRAFIA ESTRANGEIRA SOBRE O PRINCÍPIO DA PROIBIÇÃO DO EXCESSO E TEMAS

HESSICK, F. ANDREW – «Rethinking the Presumption of Constitutionality», in *Notre Dame Law Review*, vol. 85 (2010), pp. 1447-1504.

HEUSCH, ANDREAS – *Der Grundsatz der Verhältnismäßigkeit im Staatsorganisationsrecht*, Duncker & Humblot, Berlin, 2003.

HICKMAN, TOM – «Proportionality: Comparative Law Lessons», in *JR*, vol. 12 (2007), pp. 31-55.

HICKMAN, TOM – «The Substance and the Structure of Proportionality», in *Public Law* (Winter 2008), pp. 694-716.

HICKMAN, TOM – «Problems for Proportionality», in *New Zealand Law Review*, número temático (2010), pp. 303-326.

HIMSWORTH, CHRIS M.G. – «La proporcionalidad en el Reino Unido», in *CDP*, 5 (1998), pp. 273 – 286.

HIRSCHBERG, LOTHAR – *Der Grundsatz der Verhältnismässigkeit*, Verlag Otto Schwartz, Göttingen, 1981.

HOFFMANN, Lord – «A Sense of Proportion», in *Irish Jurist*, vol. 32 (1997), pp. 49-59.

HOFFMANN, Lord – «The Influence of the European Principle of Proportionality upon UK Law», in Evelyn Ellis (ed.), *The Principle of Proportionality in the Laws of Europe*, Hart Publishing, Oxford, 1999, pp. 107-115.

HOFFMANN-BECKING, MICHAEL – «Die Begrenzung der wirtschaftlichen Betätigung der öffentlichen Hand durch Subsidiaritätprinzip und Übermaßverbot», in *Fortschritte des Verwaltungsrechts, Festschrift für Hans J. Wolff zum 75. Geburtstag*, Beck, München, pp. 445-462.

HOFMANN, EKKEHARDT – *Abwägung in Recht*, Mohr, Tübingen, 2007.

HOLLÄNDER, PAVEL – «El principio de proporcionalidad: variabilidad de su estrutura?», in Jan-R. Sieckmann (ed.), *La teoria principialista de los derechos fundamentales. Estudios sobre la teoria de los derechos fundamentales de Robert Alexy*, Marcial Pons, Madrid, 2011, pp. 207-222.

HOLOUBEK, MICHAEL – «Zur Begründung des Verhältnismäßigkeitsgrundsatzes –verfassungs- und verwaltungsrechtliche Aspekte», in St. Grill/K. Korinek/M. Potacs (ed.), *Grundfragen und aktuelle Probleme des öffentlichen Rechts: Festschrift für Heinz Peter Rill zum 60. Geburtstag*, Orac, Wien, 1995, pp. 97 ss.

HOLZLÖHNER, HELMUT – *Die Grundsätze der Erforderlichkeit und Verhältnismäßigkeit als prinzipien des Strafverfahrens* (tese) Kiel, 1968.

HOTZ, WERNER FRIEDRICH – *Zur Notwendigkeit und Verhältnismässigkeit von Grundrechtseingriffen* (tese), Zurique, 1977.

HUBER, HANS – «Über den Grundsatz der Verhältnismäßigkeit im Verwaltungsrecht», in *Zeitschrift für schweizerisches Recht*, vol. 96, I (1977), pp. 1-29.

HUBMANN, HEINRICH – «Grundsätze der Interessenabwagung», in *AcP*, vol. 155 (1956), pp. 85-134.

HUBMANN, HEINRICH – «Methode der Abwägung», in *Festschrift für Ludwig Schnorr von Carolsfeld zum 70. Geburtstag*, Carl Heymanns Verlag KG, Köln/München, 1972, pp. 173-197.

O PRINCÍPIO DA PROIBIÇÃO DO EXCESSO

HULSROJ, PETER – *The Principle of Proportionality*, Springer, Dordrecht, 2013.

HUSCROFT, GRANT – «Proportionality and Relevance of Interpretation», in Huscroft/Miller/Webber (eds.), *Proportionality and the Rule of Law: Rights, Justification, Reasoning*, Cambridge University Press, New York, 2014, pp. 186-202.

HUSCROFT, GRANT/MILLER, BRADLEY/WEBBER, GREGOIRE – «Introduction», in HUSCROFT/MILLER/WEBBER (eds.), *Proportionality and the Rule of Law: Rights, Justification, Reasoning*, Cambridge University Press, New York, 2014, pp. 1-20.

HUSTER, STEFAN – «Gleichheit und Verhältnismäßigkeit: der allgemeine Gleichheitssatz Als Eingriffsrecht», in *JZ*, vol. 49, nº 11 (1994), pp. 541-549.

HWANG, SHU-PERNG – «Verfassungsgerichtliche Abwägung: Gefährdung der gesetzgeberischen Spielräume? Zugleich eine Kritik der Alexyschen formellen Prinzipien», in *AöR*, vol. 133 (2008), pp. 606-628.

ISENSEE, JOSEF – *Subsidiaritätsprinzip und Verfassungsrecht. Eine Studie über das Regulativ des Verhältnisses von Staat und Gesellschaft.*, Duncker & Humblot, Berlin, 1968.

JACKSON, VICKI C. – «Being Proportional about Proportionality», in *Constitutional Commentary*, vol. 21 (2004), pp. 803-859.

JACKSON, VICKI C. – «Constitutional Law in an Age of Proportionality», in *YLJ*, vol. 124 (2015), pp. 3094-3196, acessível em http://www.yalelawjournal.org/pdf/h.3094.Jackson.3196_fteiok9v.pdf

JACKSON, VICKI C./TUSHNET, MARK – *Proportionality: New Frontiers, New Challenges*, Cambridge University Press, 2017.

JACOBS, FRANCIS G. – «Recent Developments in the Principle of Proportionality in European Community Law», in Evelyn Ellis (ed.), *The Principle of Proportionality in the Laws of Europe*, Hart Publishing, Oxford, 1999, pp. 1-22.

JAKOBS, MICHAEL – «Der Grundsatz der Verhältnismässigkeit», in *DVBl*, vol. 100 (jan. 1985), pp. 97-102.

JAKOBS, MICHAEL – *Der Grundsatz der Verhältnismäßigkeit. Mit einer exemplarischen Darstellung seiner Geltung im Atomrecht*, Heymanns, Köln, 1985.

JANS, JAN H. – «Proportionality Revisited», in *Legal Issues of Economic Integration*, vol. 27, 3 (2000), pp. 239–265.

JANSEN, NILS – «Die Abwägung von Grundrechten», in *Der Staat*, vol. 36 (1997), pp. 27-54.

JANSEN, NILS – «Los fundamentos normativos de la pondración racional en el derecho», in Jan-R. Sieckmann (ed.), *La teoria principialista de los derechos fundamentales. Estudios sobre la teoria de los derechos fundamentales de Robert Alexy*, Marcial Pons, Madrid, 2011, pp. 51-70.

JESTAEDT, MATTHIAS – «Die Abwägungslehre – ihre Stärken und ihre Schwächen», in Otto Depenheuer/Markus Heintzen/Matthias Jestaedt/Peter Axer (eds.), *Staat im Wort. Festschrift für Josef Isensee*, C. F. Müller Verlag, Heidelberg, 2007, pp. 253–275.

BIBLIOGRAFIA ESTRANGEIRA SOBRE O PRINCÍPIO DA PROIBIÇÃO DO EXCESSO E TEMAS

JESTAEDT, MATTHIAS – «The Doctrine of Balancing – its Strengths and Weaknesses», in Matthias Klatt, *Institutionalized Reason. The Jurisprudence of Robert Alexy*, Oxford University Press, New York, 2012, pp. 152- 172.

JIMÉNEZ, LUIS ARROYO – «Ponderación, proporcionalidad y Derecho administrativo», *InDret*, 2 (2009), pp. 1-32, acessível em http://www.raco.cat/index.php/InDret/article/viewFile/130917/180683

JORI, MARIO – «Razionalità e ragionevolezza del diritto», in *Sociologia del diritto* (1975), pp. 438-442.

JOWELL, JEFFREY/LESTER, ANTHONY. – «Proportionality: Neither Novel nor Dangerous», in Jeffrey L. Jowell and Dawn Oliver (eds.), *New directions in Judicial Review*, Taylor & Francis, Londres, 1988, pp. 51-72.

JOWELL, JEFFREY – «Is proportionality an Alien Concept?», in *European Public Law*, vol. 2, nº 3 (1996), pp. 401-414.

KAHL, WOLFGANG -«Von Weiten Schutzbereich zum engeren Gewährleistungsgehalt. Kritik einer neuen Richtung der Deutschen Grundrechtsdogmatik», in *Der Staat*, vol. 43 (2004), pp. 167-202.

KATROUGALOS, GEORGES/AKOUMIANAKI, DAPHNÉ – «L'application du principe de proportionnalité dans le champ des droits sociaux», in *RDP*, nº 5 (2012), pp. 1381-1404.

KAUFMANN, ARTHUR – «Schuldprinzip und Verhältnismäßigkeitsgrundsatz», in Günter Warda/Heribert Waider/Reinhard von Hippel/Dieter Meurer (eds.), *Festschrift Richard Lange zum 70. Geburtstag*, de Gruyter, Berlin/New York, 1976, pp. 27-38.

KELLNER, HUGO – «Zum Grundsatz der Verhältnismäßigkeit. Begriff, Ableitung, Geltungskraft», in *SchlHA* (1978), pp. 109-111.

KENNEDY, DUNCAN – «A Transnational Genealogy of Proportionality in Private Law», in Roger Brownsword *et all*, *The Foundations of European Private Law*, Hart Publishing, Oxford/Portland, 2011, pp. 185-220.

KHOSLA, MADHAY – «Proportionality: An assault on human rights?: A reply», in *International Journal of Constitutional Law*, vol. 8 (2010), pp. 298-306.

KIEFEL, SUSAN – «Proportionality: A Rule of Reason», in *Public Law Review*, vol. 23 (2012), pp. 85 ss.

KING, JEFF – «Proportionality: A Halfway House» in *New Zealand Law Review*, número temático (2010), pp. 327-368.

KIRCHHOF, PAUL – «Gleichmaß und Übermaß», in Peter Badura e Rupert Scholz (org.), *Wege und Verfahren des Verfassungslebens, Festschrift für Peter Lerche*, München, 1993, pp. 133-149.

KIRK, JEREMY – «Constitutional Guarantees, Characterisation and the Concept of Proportionality», in *Melbourne University Law Review*, vol. 21 (1997), pp. 1 ss.

O PRINCÍPIO DA PROIBIÇÃO DO EXCESSO

KISCHEL, UWE – «Die Kontrolle der Verhältnismäßigkeit durch den Europäischen Gerichtshof», in *EuR*, vol. 35, 3 (2000), pp. 380-402.

KLATT, MATTHIAS (ed.) – *Institutionalized Reason. The Jurisprudence of Robert Alexy*, Oxford University Press, New York, 2012.

KLATT, MATTHIAS – «Robert Alexy's Philosophy of Law as System», in Matthias Klatt (ed.), *Institutionalized Reason. The Jurisprudence of Robert Alexy*, Oxford University Press, New York, 2012, pp. 1-26.

KLATT, MATTHIAS (ed.) – *Prinzipientheorie und Theorie der Abwägung*, Mohr Siebeck, Tübingen, 2013.

KLATT, MATTHIAS – *Die praktische Konkordanz von Kompetenzen*, Mohr Siebeck, Tübingen, 2014.

KLATT, MATTHIAS/MEISTER, MORITZ – *The Constitutional Structure of Proportionality*, Oxford University Press, Oxford, 2012.

KLATT, MATTHIAS/MEISTER, MORITZ – «Proportionality–a benefit to human rights? Remarks on the I·CON controversy», in *International Journal of Constitutional Law*, vol. 10, nº 3 (2012), pp. 687-708.

KLATT, MATTHIAS/MEISTER, MORITZ – «Verhältnismässigkeit als universelles Verfassungsprinzip», in Mathias Klatt (org.), *Prinzipientheorie und Theorie der Abwägung*, Mohr Siebeck, Tübingen, 2013.

KLATT, MATTHIAS/MEISTER, MORITZ – «Der Grundsatz der Verhältnismäßigkeit. Ein Strukturelement des globalen Konstitutionalismus», in *JuS* (2014), pp. 193–200 (trad. para lingua portuguesa: «A Máxima da Proporcionalidade: um elemento estrutural do constitucionalismo global», in *Observatório da Jurisdição Constitucional*, ano 7, vol. 1 [2014], pp. 23-41).

KLATT, MATTHIAS/SCHMIDT, JOHANNES – *Spielräume im Öffentlichen Recht. Zur abwägungslehre der Prinzipientheorie*, Mohr Siebeck, Tübingen, 2010.

KLATT, MATTHIAS/SCHMIDT, JOHANNES – «Epistemic discretion in constitutional law», in *International Journal of Constitutional Law*, vol. 10 (2012), pp. 69-105.

KLEIN, OLIVER – «Das Untermaßverbot: über die Justiziabilität grundrechtlicher Schutzpflichterfüllung», in *JuS* (2006), pp. 960-964.

KLUTH, WINFRIED – «Prohibición de Exceso y Principio de Proporcionalidad en Derecho Alemán», in *CDP*, vol. 5 (1998), pp. 219-237; também em http://revistasonline.inap.es/index.php?journal=CDP&page=article&op=view&path%5B%5D=516

KNIGHT, CHRISTOPHER – «The Test that Dare Not Speak its Name: Proportionality Comes Out of the Closet?», in *Judicial Review*, vol. 12 (2007), pp. 117-121.

KNIGHT, CHRISTOPHER – «Proportionality, the Decision-Maker and the House of Lords»,in *Judicial Review*, vol. 12 (2007), pp. 221-227.

KNIGHT, DEAN R – «Mapping the Rainbow of Review: Recognising Variable Intensity», in *New Zealand Law Review*, número temático (2010), pp. 393 ss.

KNILL, CHRISTOPH e BECKER, FLORIAN – «Divergenz trotz Diffusion?: rechtsvergleichende Aspekte des Verhältnismässigkeitsprinzips in Deutschland, Grossbritannien und der Europäischen Union», in *Die Verwaltung*, vol. 36 (2003), pp. 447-481.

KOCH, HANS-JOACHIM – «Die normentheoretische Basis der Abwägung», in Erbguth/Oebbecke/Rengeling/Schulte (eds.), *Abwägung im Recht. Symposium und Verarbschiedung von Werner Hoppe am 30. Juni 1995 in Münster aus Anlass seiner Emeritierung*, Carl Heymanns Verlag, Köln/Berlin/Bonn/Munich, 1996, pp. 9 ss.

KOCH, OLIVER – *Der Grundsatz der Verhältnismässigkeit in der Rechtsprechung des Gerichtshofs der Europäischen Gemeinschaften*, Duncker & Humblot, Berlin, 2003.

KOUTNATZIS, G./ STYLIANOS-IOANNIS – «Verfassungsvergleichende Überlegungen zur Rezeption des Grundsatzes der Verhältnismäßigkeit Übersee», in *Verfassung und Recht in Übersee*, vol. 44 (2011), pp. 32-59.

KRAFT, INGO – «Der Grundsatz der Verhältnismässigkeit im deutschen Rechtsverständnis», in *BayVBL* (2007), pp. 577-581.

KRAUSS, RUPPRECHT VON – *Der Grundsatz der Verhältnismässigkeit in seiner Bedeutung für die Notwendigkeit des Mittels im Verwaltungsrecht* (tese), Ludwig Appel, Hamburgo, 1955.

KREBS, WALTER – «Zur verfassungsrechtlichen Verortung und Anwendung des Übermaßverbotes», in *Jura* (2001), pp. 228-234.

KREUZ, HARALD – *Der Grundsatz der Verhältnismäßigkeit im Arbeitskampfrecht*, Duncker & Humblot, Berlin, 1988.

KRUGMANN, MICHAEL – *Der Grundsatz der Verhältnismäßigkeit im Völkerrecht*, Duncker & Humblot, Berlin, 2004.

KUMM, MATTIAS – «What Do You Have in Virtue of Having a Constitutional Right? On the Place and Limits of the Proportionality Requirement», in *New York University Public Law and Legal Theory Working Papers*, Paper 46 (2006), acessível em http://lsr.nellco.org/nyu_plltwp/46

KUMM, MATTIAS – «Jenseits des Verhältnismäßigkeitsgrundsatzes: Grundrechtlicher Strukturpluralismus im Verfassungsrecht der Vereinigten Staaten», in J-R. Sieckmann (ed.), *Die Prinzipientheorie der Grundrechte: Studien zur Grundrechtstheorie Robert Alexys*, Nomos, Baden-Baden, 2007, pp. 241 – 262.

KUMM, MATTIAS – «Political Liberalism and the Structure of Rights: On The Place And Limits of the Proportionality Requirement», in S. Paulson, G. Pavlakos (eds.), *Law, Rights, Discourse: Themes of the Work of Robert Alexy*, Hart Publishing, Oxford, 2007, pp. 131-166.

KUMM, MATTIAS – «Democracy is Not Enough: Rights, Proportionality and the Point of Judicial Review», in M. Klatt (ed.), *The Legal Philosophy of Robert Alexy*, Oxford University Press, New York, 2009; NYU School of Law, Public Law Research Paper nº 09-10, acessível em http://ssrn.com/abstract=1356793

KUMM, MATTIAS – «The Idea of Socratic Contestation and the Right to Justification: The Point of Rights based Proportionality Review», in *Law and Ethics of Human Rights*, vol. 4, 2 (2010), pp. 142–175.

O PRINCÍPIO DA PROIBIÇÃO DO EXCESSO

KUMM, MATTIAS – «Más allá del principio de proporcionalidad. El pluralismo estructural de los derechos fundamentales en el derecho constitucional de los Estados Unidos», in Jan-Reinard Sieckmann (ed.), *La teoria principialista de los derechos fundamentales. Estudios sobre la teoria de los derechos fundamentales de Robert Alexy*, Marcial Pons, Madrid, 2011, pp. 273-296.

KUMM, MATTIAS/WALEN, ALEC – «Human Dignity and Proportionality: Deontic Pluralism in Balancing» in Huscroft/Miller /Webber (eds.), *Proportionality and the Rule of Law: Rights, Justification, Reasoning*, Cambridge University Press, New York, 2014, pp. 67-89.

KUNIG, PHILIP, «Menschenwürde und Verhältnismäßigkeit: eine Gegenüberstelung», in Matthias Mahlmann (org.), *Gesellschaft und Gesellschaft und Gerechtigkeit: Festschrift für Hubert Rottleuthner*, Nomos, Baden-Baden, 2011, pp. 152- 163.

KUTSCHER, HANS – «Du principe de proportionnalité dans le droit des Communautès européenes», in Kutscher/Ress/Tertgen, *Der Grundsatz der Verhälnismäßigkeit in europaïschen Rechtsordnungen*, C. F. Müller, Heidelberg, 1985, pp. 89-97.

LADEUR, KARL-HEINZ – «Abwägung–ein neues Rechtsparadigma? Von der Einheit der Rechtsordnung zur Pluralität der Rechtsdiskurse», in *ARSP*, vol. 69 (1983), pp. 463-483.

LADEUR, KARL-HEINZ – *Kritik der Abwägung in der Grundrechtsdogmatik. Plädoyer für eine Erneuerung der liberalen Grundrechtstheorie*, Mohr Siebeck, Tübingen, 2004.

LAJOIE, ANDRÉE/QUILLINAN, HENRY – «Emerging Constitutional Norms: Continuous Judicial Amendment of the Constitution – The Proportionality Test as a Moving Target», in *Law & Contemporary Problems*, vol. 55 (1992), pp. 285-302.

LAMBERT, PIERRE -«Marge nationale d'appréciation et contrôle de proportionnalité», in F. Sudre (ed.), *L'interpretation de la Convention*, Bruylant, Bruxelles, 1998, pp. 63-89.

LANGHEINEKEN, UWE – *Der Grundsatz der Verhältnismäßigkeit in der Rechtsprechung des Bundesverfassungsgerichts. Unter besonderer Berücksichtigung der Judikatur zu Art. 12 Abs. 1 Satz 2 GG* (tese), Freiburg, 1972.

LA TORRE, MASSIMO – «Sullo spirito mite delle leggi. Ragione, razionalità, ragionevolezza (prima parte)», in *Materiali per una storia della cultura giuridica* (2011), pp. 495-515.

LA TORRE, MASSIMO – «Sullo spirito mite delle leggi. Ragione, razionalità, ragionevolezza (seconda parte)», in *Materiali per una storia della cultura giuridica* (2012), pp. 123-154.

LA TORRE, MASSIMO/SPADARO, ANTONINO (eds.) – *La ragionevolezza nel diritto*, G. Giappichelli, Torino, 2002.

LANGSDORFF, WILLI VON – *Das allgemeine Notstandsprinzip der Verhältnismäßigkeit*, Georg-August-Universität zu Göttingen, 1919.

LAVAGNA, CARLO – «Ragionevolezza e legittimitá costituzionale», in *Studi in memoria di Carlo Esposito*, vol. III, CEDAM, Padova, 1973, pp. 1573-1578.

BIBLIOGRAFIA ESTRANGEIRA SOBRE O PRINCÍPIO DA PROIBIÇÃO DO EXCESSO E TEMAS

LEE, CHIEN-LIANG – «Grundrechtsschutz unter Untermaßverbot?» in Grote e outros (org), *Die Ordnung der Freiheit, Festschrift für Christian Starck zum siebzigsten Geburtstag*, Mohr Siebeck,Tübingen, 2007, pp. 297-317.

LEGG, ANDREW – *The Margin of Appreciation in International Human Rights Law: Deference and Proportionality*, Oxford University Press, Oxford, 2012.

LEISNER, WALTER – *Der Abwägungsstaat. Verhältnismässigkeit als Gerechtigkeit?*, Duncker & Humblot, Berlin, 1997.

LEISNER, WALTER – «"Abwägung überall" – Gefahr für den Rechtsstaat», in *NJW* (1997), pp. 636-639.

LEMASURIER, JEANNE – «Vers un nouveau principe géneral du droit: le principe «bilan coûts avantages»», in *Le juge et le droit public. Mélanges offerts à Marcel Waline*, II, ob. col., Librairie générale de droit et de jurisprudence, Paris, 1974, pp.551-562.

LERCHE, PETER – *Übermass und Verfassungsrecht*, Carl Heymanns, Köln/Berlin/München, 1961 (2ª ed., Keip Verlag, Goldbach, 1999).

LERCHE, PETER – «Die Verfassung als Quelle von Optimierungsgeboten?», in Joachim Burmeister e outros (org.), *Verfassungsstaatlichkeit, Festschrift fur Klaus Stern zum 65. geburtstag*, C. H. Beck'sche Verlagsbuchhandlung, München, 1997, pp. 197- 210.

LINDAHL, LARS – «On Robert Alexy's Weight Formula for Weighing and Balancing», in Augusto Silva Dias (ed.), *Liber Amicorum de José de Sousa e Brito*, Almedina, Coimbra, 2009, pp. 355-375.

LÜBBE-WOLFF, GERTRUDE – «The Principle of Proportionality in the Case-Law of the German Federal Constitutional Court». in *Human Rights Law Journal*, vol. 34 (2014), pp. 12–17.

LUCATUORTO, PIER LUIGI M. – «Regole Aritmetiche per il Bilanciamento Giudiziale del Conflitto fra Principi Costituzionali: Dalla Formula Del Peso all'Informatica Giuridica Decisionale», in *Rivista di Diritto, Economia e Gestione delle Nuove Tecnologie*, vol. 3, nº. 2 (2007), pp. 171-181.

LÜCKE, JÖRG – *Die (Un-) Zumutbarkeit als allgemeine Grenze öffentlich-rechtlicher Pflichten des Bürgers*, Duncker und Humblot, Berlin, 1973.

LÜCKE, JÖRG – «Die Grundsätze der Verhältnismässigkeit und der Zumutbarkeit», in *DöV* (1974), pp. 769-771.

LUIZZI, VINCENT – «Balancing of Interests in Courts», in *Jurimetrics Journal*, vol. 20, nº. 4 (1980), pp. 373-404.

LUTÉRAN, MARTIN – «Towards Proportionality as a Proportion Between Means and Ends», in Cian Murphy/Penny Green (eds.), *Law and Outsiders: Norms, Processes and "Othering" in the 21st Century*, Hart Publishing, Oxford, 2011, pp 3-22.

LUTÉRAN, MARTIN – «The Lost Meaning of Proportionality», in Huscroft/Miller//Webber (eds.), *Proportionality and the Rule of Law: Rights, Justification, Reasoning*, Cambridge University Press, New York, 2014, pp. 21-42.

LUTHER, JÖRG – «Ragionevolezza e Verhältnismäßigkeit nella giurisprudenza costituzionale tedesca», in *Diritto e società* (1993), pp. 307-327.

O PRINCÍPIO DA PROIBIÇÃO DO EXCESSO

LUTHER, JÖRG – «Ragionevolezza (delle leggi)», *Digesto delle discipline pubblicistiche*, XII, Utet, Torino, 1997, pp. 341-362.

LYNETT, EDUARDO MONTEALEGRE/PIZARRO, NATHALIA BAUTISTA/PEÑA, LUIS FELIPE VERGARA (eds.) – *La ponderación en el derecho. Evolución de una teoría, aspectos críticos y ámbitos de aplicación en el derecho alemán*, Universidad Externado de Colombia, Bogotá, 2014.

MALDONADO, MARCO AURELIO GONZALEZ – *La proporcionalidad como estrutura argumentativa de ponderación: un análisis crítico*, Editorial Novum, México, 2011.

MANCEBO, LUIS VILLACORTA – «Principio de igualdad y legislador: arbitrariedad y proporcionalidad como límites (probablemente insuficientes)», in *REP*, vol. 130 (2005), pp 35-75.

MANIACI, GIORGIO – «Note sulla teoria del bilanciamento di Robert Alexy», *in Diritto & questioni pubbliche*, vol. 2 (2002), pp. 47-73.

MANIACI, GIORGIO – (ed.), *Eguaglianza, ragionevolezza e logica giuridica*, Giuffrè, Milano, 2006.

MARAUHN, THILO/RUPPEL, NADINE – «Balancing conflicting human rights: Konrad Hesse's notion of «Praktische Konkordanz» and the German Federal Constitutional Court», in Eva Brems (ed.), *Conflicts between fundamental rights*, Intersentia-Hart, Antwerp, Oxford, Portland, 2008, pp. 273-296.

MARTIN, MAIK/HORNE, ALEXANDER – «Proportionality: Principles and Pitfalls – Some Lessons from Germany», in *Judicial Review*, (2008), pp. 169-179.

MARTINS, LEONARDO – «Proporcionalidade Como Critério de Controle de Constitucionalidade: Problemas de Sua Recepção Pelo Direito e Jurisdição Constitucional Brasileiros», in *Cadernos de Direito*, vol. 3 (2003), pp. 15-45.

MÁS, JOAQUÍN TORNOS – «Infracción y sanción administrativa: el tema de su proporcionalidad en la jurisprudencia contencioso-administrativa», in *REDA*, vol. 7 (1975), pp. 607-624.

MASSEY, CALVIN – «The new Formalism: Requiem for Tiered Scrutiny», in *University of Pennsylvania Journal of Constitutional Law*, vol 6. (2004), pp. 945-997, acessível em http://ssrn.com/abstract=540122 ou http://dx.doi.org/10.2139/ssrn.540122

MASSINI-CORREAS, CARLOS IGNÁCIO – «Derechos humanos "debiles" y derechos humanos "absolutos"», in *O Direito*, vol. 123 (janeiro – março 1991), pp. 21-40.

MATHER, HENRY – «Law-Making and Incommensurability», in *McGill Law Journal*, vol. 47 (2002), pp. 345-388.

MATHIS, J. H. – «Balancing and Proportionality in US Commerce Clause Cases», in *Legal Issues of Economic Integration*, vol. 35 (2008), pp. 273-282.

MAYER, MATTHIAS – *Untermaß, Übermaß und Wesensgehaltgarantie: die Bedeutung staatlicher Schutzpflichten für den Gestaltungsspielraum des Gesetzgebers im Grundrechtsbereich*, Nomos, Baden-Baden, 2005.

MCBRIDE, JEREMY – «Proportionality and the European Convention on Human Rights», in E. Ellis (dir.), *The Principle of Proportionality in the Laws of Europe*, Hart Publishing, Oxford, 1999, pp. 23-36.

BIBLIOGRAFIA ESTRANGEIRA SOBRE O PRINCÍPIO DA PROIBIÇÃO DO EXCESSO E TEMAS

McFADDEN, PATRICK – «The Balancing Test», in *Boston College Law Review*, vol. 29 (1988), pp. 585-656.

MEDICUS, DIETER – «Der Grundsatz der Verhältnismässigkeit im Privatrecht», in *AcP*, vol. 192 (1992), pp. 35-70.

MEINERT-BROCKMANN, KARIN – *Die Einschränkung von Grundrechten. Eine rechtsvergleichende Studie über den Schutz der Grundrechte vor übermässigen Eingriffen durch den Gesetzgeber in der Bundesrepublik Deutschland und in den Vereinigten Staaten von America* (tese), Münster, 1985.

MEKHANTAR, JOËL – *Le controle juridictionnel da la proportionnalité dans l'action administrative unilaterále* (tese), Universidade Paris II, versão copiografada, 1990.

MENDELSON, WALLACE – «On the Meaning of the First Amendment: Absolutes in the Balance», in *CLR*, vol. 50 (1962), pp. 821-828.

MENDONCA, DANIEL – *Los derechos en juego: conflicto y balance de derechos*, Tecnos, Madrid, 2003.

MERTEN, DETLEF – «Zur verfassungsrechtlichen Herleitung des Verhältnismäßigkeitsprinzips», in Johannes Hengstschläger e outros (org), *Für Staat und Recht, Festschrift für Herbert Schambeck*, Duncker & Humblot, Berlin, 1994.

MERTEN, DETLEF – «Grundrechtliche Schutzpflichten und Untermaßverbot», in Klaus Stern/Klaus Grupp (org.), *Gedächtnisschrift für Joachim Burmeister, Gedächtnisschrift für Joachim Burmeister*, C. F. Müller, Heidelberg, 2005, pp. 227-243.

MERTEN, DETLEF – «Der Verhältnismäßigkeitsgrundsatz», in Detlef Merten/Hans-Jürgen Papier/Peter Axer/Wilfried Berg, *Handbuch der Grundrechte in Deutschland und Europa*, vol. III, *Grundrechte in Deutschland*, C. F. Müller, Heidelberg, 2009.

MESA, GLORIA PATRICIA LOPERA – «Los derechos fundamentales como mandatos de optimización», in *Doxa, Cuadernos de Filosofía del Derrecho*, vol. 27 (2004), pp. 211-243.

MESA, GLORIA PATRICIA LOPERA – *Pincipio de proporcionalidad y control constitucional de las leyes penales*, Centro de Estudios Politicos y Constitucionales, Madrid, 2006.

MESA, GLORIA PATRICIA LOPERA – «Principio de proporcionalidad y control constitucional de las leyes penales. Una comparación entre las experiencias de Chile y Colombia», in *Revista de Derecho (Valdivia)*, vol. XXIV, nº 2 (Dez. 2011), pp. 113-138.

MESA, GLORIA PATRICIA LOPERA – «Proporcionalidad de las penas y principio de proporcionalidad en Derecho Penal», in *Jueces para la democracia*, vol. 70 (2011), pp. 23-32.

METZNER, RICHARD – *Das Verbot der Unverhältnismäßigkeit im Privatrecht*, Erlangen-Nuremberg, 1970.

MEYER-BLASER, ULRICH – *Zum Verhältnismässigkeitsgrundsatz im staatlichen Leistungsrecht*, Stämpfli & Cie AG, Bern, 1985.

MEYERSON, DENISE – «Why Courts Should Not Balance Rights against the Public Interest», in *Melbourne University Law Review*, vol. 31 (2007), pp. 873-902.

MICHAEL, LOTHAR – «Die drei Argumentationsstrukturen des Grundsatzes der Verhältnismäßigkeit – Zur Dogmatik des Über und Untermaßverbotes und der

O PRINCÍPIO DA PROIBIÇÃO DO EXCESSO

Gleichheitssätze", in *JuS*, 2001, pp. 148-155; trad. em português, «As três estruturas de argumentação do princípio da proporcionalidade – para a dogmática de proibição de excesso e de insuficiência e dos princípios da igualdade», in Luís Afonso Heck, *Direito natural, direito positivo, direito discursivo*, Livraria do Advogado, Porto Alegre, 2010, pp. 189-206.

MICHAEL, LOTHAR – «Grundfälle zur Verhältnismässigkeit», in *JuS* (2001), pp. 654 (I), 764 (II), 866 (III).

MICHAEL, LOTHAR – «Verhältnismäßigkeit», in *Evangelisches Staatslexikon*, 4ª ed., Stuttgart, 2006, pp. 2571-2577.

MICHAEL, LOTHAR – «Los derechos de igualdad como principios iusfundamentales», in Jan-R. Sieckmann (ed.), *La teoria principialista de los derechos fundamentales. Estudios sobre la teoria de los derechos fundamentales de Robert Alexy*, Marcial Pons, Madrid, 2011, pp. 137-167.

MILLER, BRADLEY – «Proportionality's Blind Spot: 'Neutrality' and Political Philosophy», in Huscroft/Miller/Webber (eds.), *Proportionality and the Rule of Law: Rights, Justification, Reasoning*, Cambridge University Press, New York, 2014, pp. 370-396.

MODUGNO, FRANCO – *La ragionevolezza nella giustizia costituzionale*, 2ª ed., Edizioni Scientifiche Italiane, Napoli, 2008.

MÖLLER, KAI – «Balancing and the structure of constitutional rights» in *ICon*, vol. 5, 4 (2007), pp 453-468.

MÖLLER, KAI – «Abwägungsverbote im Verfassungsrecht», in *Der Staat* 45 (2007), pp. 109–128.

MÖLLER, KAI – «The Right to Life Between Absolute and Proportional Protection», in *LSE Law, Society and Economy Working Papers*, 13/2010, acessível em www.lse. ac.uk/collections/law/wps/wps.htm

MÖLLER, KAI – «Proportionality: Challenging the critics», in *ICon*, vol. 10, nº 3 (2012), pp. 709-731.

MÖLLER, KAI – *The Global Model of Constitutional Rights*, Oxford University Press, Oxford, 2012.

MÖLLER, KAI – «Proportionality and Rights Inflation», in Huscroft/Miller/Webber (eds.), *Proportionality and the Rule of Law: Rights, Justification, Reasoning*, Cambridge University Press, New York, 2014, pp. 155-172.

MÖLLER, KAI – «Constructing the Proportionality Test: An Emerging Global Conversation», in Liora Lazarus/Christopher McCrudden/Nigel Bowles (eds.), *Reasoning Rights: Comparative Judicial Engagement*, Hart Publishing, Oxford, 2014, pp. 31-41.

MÖLLER, KAI – «U.S. Constitutional Law, Proportionality, and the Global Model», acessível em http://ssrn.com/abstract=2747222

MONTALIVET, PIERRE DE – *Les objectifs de valeur constitutionnelle*, Dalloz, Paris, 2006.

MONTERO, PEDRO DORADO – «Sobre la proporción penal», in *Revista General de Legislación y Jurisprudencia*, vol. 64, nº 129 (1916).

BIBLIOGRAFIA ESTRANGEIRA SOBRE O PRINCÍPIO DA PROIBIÇÃO DO EXCESSO E TEMAS

MONTINI, MASSIMILIANO – «The Nature and Function of the Necessity and Proportionality Principles in the Trade and Environment Context», in *Review of European Community and International Environmental Law*, vol. 6, 2 (1997), pp. 121-130.

MOOR, PIERRE – «Systématique et illustration du principe de proportionnalité», in *Les droits individuels et le juge en Europe, Mélanges offerts à M. Fromont*, P.U.F., Paris, 2001, pp. 319- 342.

MORESO, JOSÉ JUAN – «Alexy y la Aritmética de la Ponderación», in Miguel Carbonell (ed.), *El princípio de proporcionalidade y la interpretación constitucional*, Ministerio de Justicia y Derechos Humanos, Quito, 2008, pp. 69-83; ou «Alexy y la Aritmética de la Ponderación», in Robert Alexy (ed.), *Derechos Sociales y Ponderación*, 2ª ed., Fundación Coloquio Juridico Europeo, Madrid, 2009, pp. 223-249.

MORESO, JOSÉ JUAN – «Conflictos entre derechos constitucionales y maneras de resolverlos», in *ARBOR Ciencia, Pensamyento y Cultura*, CLXXXVI (2010), pp. 821-832.

MORESO, JOSÉ JUAN – «Ways of Solving Conflicts of Constitutional Rights: Proportionalism and Specificationism», in *Ratio Juris*, vol. 25, 1 (março 2012), pp. 31-46.

MORRONE, ANDREA – *Il custode della ragionevolezza*, Giuffrè, Milano, 2001.

MORRONE, ANDREA – «Bilanciamento (giustizia costituzionale)», in *Enciclopedia del diritto*, vol. II, tomo II, Annali, Milano, 2008, pp. 185-204.

MOSCARINI, ANNA – *Ratio legis e valutazioni di ragionevolezza della legge*, Giappichelli, Torino, 1996.

MÖSCH, REINHOLD – *Gilt der Grundsatz der Verhältnismässigkeit im Arbeitskampfrecht?*, Centaurus-Verlag, Pfaffenweiler, 1991.

MOSCHETTI, GIOVANNI – «El principio de proporcionalidad en las relaciones Fisco-Contribuyente», in *Revista española de derecho financiero*, vol. 140 (out-dez. 2008), pp. 727-799.

MULLAN, DAVID – «Proportionality – A Proportionate Response to an Emerging Crisis in Canadian Judicial Review Law?», in *New Zealand Law Review*, número temático (2010), pp. 233-264.

MULLENDER, RICHARD – «Theorizing the Third Way: Qualified Consequencialism, the Proportionality Principle and the New Social Democracy», in *Journal of Law and Society*, vol. 27 (2000), pp. 493-516.

MULLER, PIERRE – «Le principe de la proportionnalité», in *Revue de Droit Suisse/Zeitschrift für schweizerisches Recht*, vol. 97, II (1978), pp. 200-274.

MUZNY, PETR – *La technique de proportionnalité et le juge de la Convention européenne des droits de l'homme: essai sur un instrument nécessaire dans une société démocratique*, Presses Universitaires, Aix- Marseille, 2005.

NERI, SERGIO – «Le principe de la proportionnalité dans la jurisprudence de la Cour relative au droit communautaire agricole», in *RTDE*, vol. 4 (1981), pp. 652-683.

NETO, CHADE REZEK – *O Princípio da proporcionalidade no Estado Democrático de Direito*, Lemos e Cruz, São Paulo, 2004.

O PRINCÍPIO DA PROIBIÇÃO DO EXCESSO

NETTESHEIM, MARTIN – «Die Garantie der Menschenwürde zwischen metaphysischer Überhöhungund bloßem Abwägungstopos», in *AöR*, vol. 130 (2005), pp. 71–113.

NEUMANN, DIETER – *Vorsorge und Verhältnismässigkeit. Die kriminalpräventive Informationserhebung im Polizeirecht*, Dunker & Humblot, Berlin, 1994.

NEUMANN, ULFRIED – «Die Tyrannei der Würde. Argumentationstheoretische Erwägungen zum Menschenwürdeprinzip», in *Archiv für Rechts-und Sozialphilosophie*, vol. 84 (1998), pp. 153–166.

NEVES, MARCELO – *Entre Hidra e Hércules. Princípios e Regras Constitucionais*, Martins Fontes, São Paulo, 2013.

NEWTON, MICHAEL/MAY, LARRY – *Proportionality in International Law*, Oxford University Press, New York, 2014.

NIETO, JOSEFA FERNÀNDEZ – *La Aplicación Europea del Principio de Proporcionalidad*, Dykinson, Madrid, 2009.

NIETO, JOSEFA FERNÁNDEZ – *Principio de proporcionalidad y derechos fundamentales: una perspectiva desde el derecho común europeo*, Universidad Rey Juan Carlos, Madrid, 2008.

NOSKE, THOMAS – *Die Prozeßökonomie als Bestandteil des verfassungsrechtlichen Grundsatzes der Verhälnismäßigkeit* (tese), Johannes-Gutenberg-Universität, Mainz, 1989.

NOTA – «Less Drastic Means and the First Amendment», in *YLJ*, vol. 78 (1969), pp. 464-474.

NOVAK, MARKO – «Three Models of Balancing (in Constitutional Review)», in *Ratio Juris*, vol. 23, 1 (2010), pp. 102-112.

OBERLE, MAX – *Der Grundsatz der Verhältnismäßigkeit des polizeilischen Eingriffs* (tese), Affoltern am Albis, 1952.

OBRA COLECTIVA, *Der Grundsatz des Verhälnismäßigkeit in europaïschen Rechtsordnungen*, C. F. Müller, Heidelberg, 1985 (contribuições de: F. Ermacora, H. Kutscher, G. Ress, F. Teitgen, G. Ubertazzi; v. referências individualizadas).

OLAECHEA, JOSÉ URQUIZO – «Principio de proporcionalidad penal», in José Luis Díez Ripollés (coord.), *La ciencia del derecho penal ante el nuevo siglo: libro homenaje al profesor doctor don José Cerezo Mir*, Tecnos, Madrid, pp. 193-210.

OLIVEIRA, FÁBIO CORRÊA SOUSA DE – *Por uma teoria dos princípios: o princípio constitucional da razoabilidade*, Lumen Juris, Rio de Janeiro, 2003 (2ª ed., 2007).

OLIVEIRA, FLÁVIO – *Controlo da omissão estatal em direitos fundamentais: Conteúdo, estrutura e o problema da justiciabilidade dos deveres de proteção* (tese), Faculdade de Direito da Universidade de São Paulo, São Paulo, 2013.

OLIVEIRA, JOSÉ ROBERTO PIMENTA – *Os princípios da razoabilidade e da proporcionalidade no direito administrativo brasileiro*, Malheiros, São Paulo, 2006.

OLIVEIRA, RENATA CAMILO DE – *Zur Kritik der Abwägung in der Grundrechtsdogmatik: Beitrag zu einem liberalen Grundrechtsverständnis im demokratischen Rechtsstaat*, Duncker & Humblot, Berlin, 2013.

BIBLIOGRAFIA ESTRANGEIRA SOBRE O PRINCÍPIO DA PROIBIÇÃO DO EXCESSO E TEMAS

OSSENBÜHL, FRITZ – «Intervenção na discussão», in *VVDStRL*, vol 39 (1981), p. 189.

OSSENBÜHL, FRITZ – «Zumutbarkeit als verfassungsmasstab», in B. Ruthers/K. Stern (eds.), *Freiheit und Verantwortung im Verfassungsstaat*, C.H. Beck, München, 1984, pp. 315-327.

OSSENBÜHL, FRITZ – «Maßhalten mit dem Übermaßverbot», in Peter Badura/Rupert Scholz (org.), *Wege und Verfahren des Verfassungslebens, Festschrift für Peter Lerche zum 65. Geburtstag*, Beck, München, 1993, pp. 151-164.

OSSENBÜHL, FRITZ- «Abwägung im Verfassungsrecht», in *DVBl* (1985), pp. 904-912.

OSSENBÜHL, FRITZ – «Abwägung im Verfassungsrecht», in Wilfried Erguth e outros (org.), *Abwägung im Recht*, Heymann, Köln, 1996, pp. 25-41.

OSSENBÜHL, FRITZ- «Der Grundsatz der Verhältnismaßigkeit (Übermaßverbot) in der Rechtsprechung der Verwaltungsgerichte», in *Jura* (1997), pp. 617-621.

PACHE, ECKHARD – «Der Grundsatz der Verhältnismäßigkeit in der Rechtsprechung der Gerichte der Europäischen Gemeinschaften», in *NVwZ* (1999), pp. 1033-1040.

PALADIN, LIVIO – «Ragionevolezza (principio di)», in *Enciclopedia del diritto*, I, Giuffrè, Milano, 1997, pp. 899-911.

PANACCIO, CHARLES-MAXIME – «In Defense of Two-Step Balancing and Proportionality in Rights Adjudication», in *The Canadian Journal of Law & Jurisprudence*, vol. XXIV, nº 1 (2011), pp. 109-128.

PANAGIS, NIKIFOROS – «Putting Balancing in the Balance», 2014, acessível em http://ssrn.com/abstract=2423378

PASCUAL, GABRIEL DOMENECH – *Derechos fundamentales y riesgos tecnologicos*, Centro de Estudios Constitucionales, Madrid, 2006.

PASCUAL, GABRIEL DOMENECH – «Los derechos fundamentales a la protección penal», in *REDC*, vol. 78 (2006), pp. 333-372.

PASCUAL, MARIBEL GONZÁLEZ – *El Tribunal Constitucional alemán en la construcción del espacio europeo de los derechos*, Civitas Thomson Reuters, 2010.

PÄTZOLD, LUDWIG – *Die Eingriffsvoraussetzungen bei freiheitsentziehenden Maßregeln unter besonderer Berücksichtigung des Prinzips der Verhältnismäßigkeit* (tese), Tübingen, 1975.

PAVLAKOS, GEORGE – «Between Reason and Strategy: Some Reflections on the Normativity of Proportionality», in Huscroft/Miller/Webber (eds.), *Proportionality and the Rule of Law: Rights, Justification, Reasoning*, Cambridge University Press, New York, 2014, pp. 90-119.

PEDRA, ANDERSON SANT'ANA – *O controle da proporcionalidade dos atos legislativos: a hermenêutica constitucional como instrumento*, Del Rey, Belo Horizonte, 2006.

PENALVA, PEDRAZ E. – «Principio de proporcionalidad y principio de oportunidad», in Ernesto Pedraz Penalva, *Constitución, jurisdicción y proceso*, Akal, Madrid, 1990, pp. 313-375.

1203

O PRINCÍPIO DA PROIBIÇÃO DO EXCESSO

PENALVA, PEDRAZ E./BENITO, V. ORTEGA – «El princípio de proporcionalidad y su configuración en la jurisprudencia del TC y literatura especializadas alemanas», in *Poder Judicial*, vol. 17 (1990), pp. 69-100.

PENNICINO, SARA – *Contributo allo studio della ragionevolezza nel diritto comparato*, Maggioli Editore, Bologna, 2012.

PEREIRA, JANE GONÇALVES REIS – *Interpretação constitucional e direitos fundamentais*, Renovar, Rio de Janeiro, 2006.

PEREIRA, JANE GONÇALVES REIS – «Os imperativos da proporcionalidade e da razoabilidade: um panorama da discussão atual e da jurisprudência do STF», in Daniel Sarmento/Ingo Sarlet (org.), *Direitos Fundamentais no Supremo Tribunal Federal*, Lumen Juris, Rio de Janeiro, 2011, pp. 167-206, acessível em https://works.bepress.com/janereis/

PÉREZ, OCTAVIO GARCÍA – «La racionalidad de la proporcionalidad en sistemas orientados a la prevención especial», in *Revista Electrónica de Ciencia Penal y Criminología*, nº 09-09 (2007), acessível em http://criminet.ugr.es/recpc/09/recpc09-09.pdf

PERJU, VLAD – «Proportionality and Freedom – An Essay on Method in Constitutional Law», in *Journal of Global Constitutionalism*, vol. 1(2) (2012), pp. 334–367, acessível http://ssrn.com/abstract=2033281

PERJU, VLAD – «Proportionality and Stare Decisis: Proposal for a New Structure», in Vicki C. Jackson/Mark Tushnet (eds.), *Proportionality: New Frontiers, New Challenges*, Cambridge University Press, 2017, acessível em poseidon01.ssr.com

PESENDORFER, WOLFGANG – «Das Übermaßverbot als rechtliches Gestaltungsprinzip der Verwaltung. Zugleich ein Beitrag zur Bildung eines "inneren Systems" der Verwaltung», in *Österreichische Zeitschrift für öffentliches Recht und Völkerrecht*, vol. 28 (1977), pp. 265 ss.

PETERSEN, NIELS – «How to Compare the Length of Lines to the Weight of Stones: Balancing and the Resolution of Value Conflicts in Constitutional Law», in *German Law Journal*, vol. 14 (2013), acessível em http://www.germanlawjournal.com/index.php?pageID=11&artID=1559

PETERSEN, NIELS – «Balancing and judicial self-empowerment – on the rise of balancing in the jurisprudence of the german constitutional court», in *NYU School of Law, Jean Monnet Working Paper 20/14* (2014) (também: «Balancing and judicial self-empowerment: A case study on the rise of balancing in the jurisprudence of the German Federal Constitutional Court», in *Global Constitutionalism*, vol. 4, nº 1 [março 2015], pp 49-80).

PETERSEN, NIELS – «Proportionality and the Incommensurability Challenge – Some Lessons from the South African Constitutional Court», in *New York University Public Law and Legal Theory Working Papers* nº 384 (2013), acessível em http://lsr.nellco.org/nyu_plltwp/384

BIBLIOGRAFIA ESTRANGEIRA SOBRE O PRINCÍPIO DA PROIBIÇÃO DO EXCESSO E TEMAS

PETERSEN, NIELS – *Verhältnismäßigkeit als Rationalitätskontrolle: Eine rechtsempirische Studie verfassungsrechtlicher Rechtsprechung zu den Freiheitsgrundrechten*, Mohr Siebeck, Tübingen, 2015.

PHILIPPE, XAVIER – *Le contrôle de proportionnalité dans les jurisprudences constitutionelle et administrative françaises*, Economica PUAM, Paris, 1990.

PHILIPPE, XAVIER – «El principio de proporcionalidad en Derecho Público francês», in *CDP*, nº 5 (1998), pp. 255-272.

PHILIPPE, XAVIER – «Le contrôle de proportionnalité exercé par les juridictions étrangères: l'exemple du contentieux constitutionnel», in *Revista Studii Juridice Universitare*, nº 1-2 (2011), pp. 20-40, acessível em http://studiijuridice.md/wp-content/uploads/2012/05/SJU-nr-1-2-2011-p20-40.pdf

PILDES, RICHARD – «Avoiding Balancing: The Role of Exclusionary Reasons in Constitutional Law», in *Hastings Law Journal*, vol. 45 (1994), pp. 711-751.

PINO, GIORGIO – *Derechos fundamentales conflictos y ponderación*, Palestra, Lima, 2013.

PILLAI, K. G. JAN – «Incongruent Disproportionality», in *Hastings Constitutional Law Quarterly*, vol. 29 (2002), pp. 645-720.

PIRKER, BENEDICT – *Proportionality Analysis and Models of Judicial Review*, Europa Law Publishing, Groningen, 2013.

POHL, OTTMAR -*Ist der Gesetzgeber bei Eingriffen in die Grundrechte an der Grundsatz der Verhältnismäßigkeit gebunden?* (tese), Köln, 1959.

PIZZORUSSO, ALESSANDRO – «Ragionevolezza e razionalità nella creazione e nell'applicazione della legge», in Massimo La Torre/Antonino Spadaro (eds.), *La ragionevolezza nel diritto*, G. Giappichelli, Torino, 2002, pp. 45-55.

POLLAK, CHRISTIANA -*Verhältnismäßigkeitsprinzip und Grundrechtsschutz in der Judikatur des Europäischen Gerichtshofs und des Verfassungsgerichtshofs*, Nomos, Baden-Baden, 1991.

PONTES, HELENILSON CUNHA – *O Princípio da Proporcionalidade e o Direito Tributário*, Dialética, São Paulo, 2000.

POOLE, THOMAS – «Proportionality in Perspective», in *New Zealand Law Review*, número temático (2010), pp. 369-392.

PORAT, IDDO – *Balancing in constitutional law: a sugested analytical framework applied to American Constitutional Law* (tese), Stanford University, 2003.

PORAT, IDDO – «The Dual Model of Balancing: A Model for the Proper Scope of Balancing in Constitutional Law», in *Cardozo Law Review*, vol. 27 (2006), pp. 1393 ss., acessível em http://ssrn.com/abstract=783384

PORAT, IDDO – «Some Critical Thoughts on Proportionality», in Bongiovanni/Sartor/Valentini (eds.), *Reasonableness And Law: Legal And Constitutional Theory/Private, Public And International Law*, Springer, Dorderecht/Heidelberg/London/New York, 2009, pp. 243-250.

POSNER, RICHARD A. – «The Meaning of Judicial Self-Restraint», in *ILJ*, vol. 59, 1 (1983), pp. 1-24.

O PRINCÍPIO DA PROIBIÇÃO DO EXCESSO

Poto, Margherita – «The Principle of Proportionality in Comparative Perspective», in *German Law Journal*, vol. 8, nº 9 (2007), pp. 835-870.

Puhl, Adilson Josemar – *Princípio da proporcionalidade ou da razoabilidade*, Pillares, São Paulo, 2005.

Puig, Santiago Mir – «O princípio da proporcionalidade enquanto fundamento constitucional de limites materiais do Direito Penal», in *RPCC*, vol. 19, nº 1 (2009), pp. 7-38 (versão em castelhano, «El principio de proporcionalidad como fundamento constitucional de límites materiales del Derecho penal», acessível em http://www.ub.edu/dpenal/Principio_de_proporcionalidad.pdf)

Pulido, Carlos Bernal – *El principio de proporcionalidad y los derechos fundamentales*, Centro de Estudios Políticos y Constitucionales, Madrid, 2003.

Pulido, Carlos Bernal – «On Alexy's Weight Formula», in Agustín José Menéndez/Erik Oddvar Eriksen (eds.), *Arguing fundamental rights*, Springer, Dordrecht, 2006, pp.101-110.

Pulido, Carlos Bernal – «The rationality of balancing», in *ARSP*, vol. 92 (2006), pp. 195-208.

Ramm, Thilo – «Drittwirkung und Übermassverbot», in *JZ* (1988), pp. 489-494.

Rassow, Reinhard – «Zur Konkretisierung des Untermaßverbotes», in *ZG*, vol. 20 (2005), pp. 262-280.

Raue, Frank – «Müssen Grundrechtsbeschränkungen wirklich verhältnismäßig sein?», in *AöR*, vol. 131 (2006), pp. 79-116.

Rautenbach, I. M. – «Proportionality and the Limitation Clauses of the South African Bill of Rights», in *Potchefstroom Electronic Law Journal*, vol. 17, nº 6 (2014), pp. 2229-2267.

Réaume, Denise – «Limitations on Constitutional Rights: the Logic of Proportionality», in *University of Oxford Legal Research Paper Series*, vol. 26 (2009), acessível em http://ssrn.com/abstract=1463853

Reich, Norbert – «Verhältnismäßigkeit" als „Mega-Prinzip" im Unionsrecht? Überlegungen zur Rechtsprechung des Gerichtshofes der Europäischen Union (EuGH) zum Verhältnis der Grundfreiheiten zur Autonomie des Nationalstaates?» in Bull/ Mehde (eds.), *Staat, Verwaltung, Information: Festschrift für Hans Peter Bull zum 75. Geburtstag*, Duncker & Humblot, Berlin, 2011, pp. 259-278.

Reich, Norbert – «How Proportionate is the Proportionality Principle? Some Critical Remarks on the Use and Methodology of the Proportionality Principle in the Internal Market Case Law of the ECJ», in Hans-W. Micklitz/Bruno De Witte (eds.), *The European Court of Justice and the Autonomy of the Member States*, Intersentia, Cambridge, 2012, pp. 83-111, acessível em: www.jus.uio.no/ifp/.../2011/.../norbert-reich.pdf=

Remmert, Barbara – *Verfassungs –und verwaltungsrechtsgeschichtliche Grundfragen des Übermassverbotes*, C. F. Müller, Heidelberg, 1995.

Ress, Georg – «Der Grundsatz der Verhältnismäßigkeit im deutschen Recht», in Kutscher/Ress/Teitgen (eds.), *Der Grundsatz der Verhältnismäßigkeit im europäis-*

BIBLIOGRAFIA ESTRANGEIRA SOBRE O PRINCÍPIO DA PROIBIÇÃO DO EXCESSO E TEMAS

chen Rechtsordnungen, C. F. Müller, Heidelberg, 1985, pp. 5-52; também in *Rechtsstaat in der Bewährung, Schriftenreihe der Deutschen Sektion der Internationalen Juristen--Kommission*, vol. 15, 1984.

REUTER, THOMAS – «Die Verhältnismäßigkeit im engeren Sinne – das unbekannte Wesen», in *Jura* (2009), pp. 511-518.

RIEGEL, REINHARD – «Die Bedeutung des Grundsatzes der Verhaltnismassigkeit und der Grundrecht fur das Polizeirecht», *Bay VBl* (1980), pp. 577-580.

RIEHM, THOMAS – *Abwägungsentscheidungen in der praktischen Rechtsanwendung: Argumentation, Beweis, Wertung*, Beck, München, 2006.

RIESS, PETER – «Legalitätsprinzip – Interessenabwägung – Verhältnismäßigkeit: über die Grenzen von Strafverfolgungsverzicht und Strafverfolgungsverschärfung zur Aufrechterhaltung des inneren Friedens», in Ernst-Walter Hanack (ed.), *Festschrift für Hanns Dünnebier zum 75 Geburstag*, de Gruyter, Berlin/New York, 1982, pp. 149-169.

RIPOLLÉS, JOSÉ LUIS DÍEZ – «El control de constitucionalidad da las leyes penales», in *REDC*, vol. 75 (2005), pp. 59-106.

RISTROPH, ALICE – «Proportionality as a Principle of Limited Government», in *DLJ*, vol. 55 (2005), pp. 262-331.

RIVERS, JULIAN – «Proportionality and Variable Intensity of Review», *in Cambridge Law Journal*, vol. 65 (2006), pp. 174 – 207.

RIVERS, JULIAN – «Proportionality, Discretion and the Second Law of Balancing», in George Pavlakos (ed.), *Law, Rights and Discourse. Themes from the Legal Philosophy of Robert Alexy*, Hart Publishing, Oxford/Portland, 2007, pp. 167-188.

RIVERS, JULIAN – «Proportionality and Discretion in International and European Law», in N. Tsagourias (ed.), *Transnational Constitutionalism*, Cambridge University Press, Cambridge, 2007, pp. 107-131.

RIVERS, JULIEN – «Grundrechtsprinzipien in England. Verhältnismäßigkeit und richterliche Kontrollkompetenzen», in Jan-R. Sieckmann (ed), *Die Prinzipientheorie der Grundrechte*, Nomos, Baden-Baden, 2007, pp. 231-240; trad., «Los principios de derecho fundamental en Inglaterra: proporcionalidade y competencias de control judicial», in Jan-R. Sieckmann (ed.), *La teoria principialista de los derechos fundamentales. Estudios sobre la teoria de los derechos fundamentales de Robert Alexy*, Marcial Pons, Madrid, 2011, pp. 261-272.

ROTHENBURG, WALTER CLAUDIUS – «O tempero da proporcionalidade no caldo dos direitos fundamentais», *in* Olavo de Oliveira Neto/Maria Elizabeth de Castro Lopes (coord.), *Princípios processuais civis na Constituição*, Elsevier, Rio de Janeiro, 2008, pp. 283-319.

RUBIN, PETER J. – «Reconnecting doctrine and purpose: a comprehensive approach to strict scrutiny after Adarand and Shaw», in *UPLR*, vol. 149, nº 1 (nov. 2000), pp. 1-169.

RUGGERI, ANTONIO – «Ragionevolezza e valori, attraverso il prisma della giustizia costituzionale», in *DS*, vol. 4 (2000), pp. 567-611.

1207

O PRINCÍPIO DA PROIBIÇÃO DO EXCESSO

RUIZ, RAMÓN RUIZ/LOURDES DE LA TORRE MARTINEZ – «Algunas aplicaciones e implicaciones del principio de proporcionalidad», in *Revista Telemática de Filosofía del Derecho*, vol. 14 (2011), pp. 27-44.

SÁEZ, CAROLINA PEREIRA – "Una contribución al estudio del empleo del principio de proporcionalidad en la jurisprudencia reciente del Tribunal Constitucional español", *in Anuario da Facultade de Dereito da Universidade da Coruña*, vol. 8 (2004), pp. 1043-1061.

SALES, PHILIP – «Rationality, Proportionality and the Development of the Law», in *Law Quaterly Review*, vol. 129 (2013), pp. 223-241.

SALES, PHILIP/ HOOPER, BEN – «Proportionality and the Form of Law», in *Law Quaterly Review*, vol. 119, 3 (2003), pp. 426-454.

SALVIA, MICHEL DE – «La notion de proportionnalité dans la jurisprudence de la Commission et de la Cour des droits de l'homme», in *Diritto communitario e degli scambi internazionali* (1978), pp. 463-493.

SÁNCHEZ, JUAN-ANTONIO LASCARAÍN – "La proporcionalidad de la norma penal", in *CDP*, vol. 5, número dedicado ao princípio da proporcionalidade (1998), pp. 159-89.

SANCHÍS, LUIS PRIETO – *Sobre principios y normas. Problemas del razonamiento jurídico*, Centro de Estudios Constitucionales, Madrid, 1992.

SANCHÍS, LUIS PRIETO – «Ley, Principios, Derechos», *Cuadernos "Bartolome de las Casas"*, vol. 7, Dykinson, Madrid, 1998.

SANCHÍS, LUIS PRIETO -«El constitucionalismo de los derechos», in *REDC*, vol. 71 (2004), pp. 47-72.

SANCHÍS, LUIS PRIETO – *El constitucionalismo de los derechos. Ensayos de filosofia juridica*, Trotta, Madrid, 2013.

SANCHÍS, LUIS PRIETO – *Neoconstitucionalismo, Principios y ponderación*, Editorial Ubijus, Mexico, 2014.

SANDULLI, ALDO – «Il principio di ragionevolezza nella giurisprudenza costituzionale», in *DS*, nºs 3/4 (1975), pp. 561-577.

SANDULLI, ALDO – «Eccesso di Potere e controlo di Proporzionalità. Profili Comparative», in *RTDP*, vol. 2 (1995), pp. 329-370.

SANDULLI, ALDO – *La proporzionalità dell'azione amministrativa*, Cedam, Padova, 1998.

SANTOS, GUSTAVO FERREIRA. *O princípio da proporcionalidade na jurisprudência do Supremo Tribunal Federal: limites e possibilidades*, Lumen Juris, Rio de Janeiro, 2004.

SARLET, INGO WOLFGANG – «Constituição e Proporcionalidade: o direito penal e os direitos fundamentais entre proibição de excesso e de insuficiência», in *Revista de Estudos Criminais*, vol. 12 (2003) pp. 86 ss, acessível em http://www.mundo juridico.adv.br/sis_artigos/artigos.asp?codigo=53

SARLET, INGO WOLFGANG – «Constituição, Proporcionalidade e Direitos Fundamentais: o Direito Penal entre a Proibição do Excesso e de Insuficiência», in *BFDUC*, vol. 81 (2005), pp. 325-386.

BIBLIOGRAFIA ESTRANGEIRA SOBRE O PRINCÍPIO DA PROIBIÇÃO DO EXCESSO E TEMAS

SARMENTO, DANIEL – *A Ponderação de Interesses na Constituição Federal*, Lumen Juris, Rio de Janeiro, 2002.

SARTOR, GIOVANNI – «A Sufficientist Approach to Reasonableness in Legal Decision-Making and Judicial Review», in Bongiovanni/Sartor/Valentini (eds.), *Reasonableness and law*, Springer, Dorderecht/Heidelberg/London/New York, 2009, pp. 17- 68.

SARTOR, GIOVANNI – «Doing justice to rights and values: teleological reasoning and proportionality», in *Artificial Intelligence and Law*, vol. 18 (Junho 2010), pp. 175-215.

SARTOR, GIOVANNI – «The Logic of Proportionality: Reasoning with Non-Numerical Magnitudes», in *German Law Journal*, vol. 14 (2013), pp. 1419-1456, acessível em http://www.germanlawjournal.com/index.php?pageID=11&artID=1570

SAURER, JOHANNES – «Die Globalisierung des Verhältnismässigkeitsgrundsatzes», in *Der Staat*, vol. 51, nº. 1 (2012), pp. 3-33.

SAUTER, WOLF – «Proportionality in EU law: a balancing act?», acessível em http://ssrn.com/abstract=2208467

SCACCIA, GINO – «Il bilanciamento degli interessi come tecnica di controllo costituzionale», in *Giurisprudenza Costituzionale* (1998), pp. 3953-4000.

SCACCIA, GINO – *Gli "strumenti" della ragionevolezza nel giudizio costituzionale*, Giuffré, Milano, 2000.

SCACCIA, GINO – «Motivi teorici e significati pratici della generalizzazione del canone di ragionevolezza nella giurisprudenza costituzionale», in Massimo La Torre/ /Antonino Spadaro (eds.), *La ragionevolezza nel diritto*, G. Giappichelli, Torino, 2002, pp. 387-413.

SCHAUER, FREDERICK – «Balancing, Subsumption, and the Constraining Role of Legal Text», in Matthias Klatt, *Institutionalized Reason. The Jurisprudence of Robert Alexy*, Oxford University Press, New York, 2012, pp. 307-316, acessível em http://ssrn.com/abstract=1403343

SCHAUER, FREDERICK – «Proportionality and the Question of Weight», in Huscroft/ Miller/Webber (eds.), *Proportionality and the Rule of Law: Rights, Justification, Reasoning*, Cambridge University Press, New York, 2014, pp. 173-185.

SCHILLER, KLAUS-VOLKER – «Der Verhältnismäßigkeitsgrundsatz im Europäischen Gemeinschaftsrecht nach der Rechtsprechung des EuGH», in *Recht der Internationalen Wirtschaft* (1983), pp. 928-930.

SCHLINK, BERNHARD – *Abwägung im Verfassungsrecht*, Duncker und Humblot, Berlin, 1976.

SCHLINK, BERNHARD – «Freiheit durch Eingriffsabwehr – Rekonstruktion der klassischen Grundrechtsfunktion», in *Europäische Grundrechte Zeitschrift* (1984), pp. 457-468.

SCHLINK, BERNHARD – «Grundrechte als Prinzipien?» in *Osaka University Law Review*, vol. 39 (1992), pp. 41-57.

O PRINCÍPIO DA PROIBIÇÃO DO EXCESSO

SCHLINK, BERNHARD – «Der Grundsatz der Verhältnismäßigkeit», in Peter Badura/ Horst Dreier (eds.), *Festschrift 50 Jahre Bundesverfassungsgericht*, vol. II, Mohr Siebeck, Tübingen, 2001, pp. 445-466.

SCHLINK, BERNHARD – «Proportionality in Constitutional Law: Why everywhere but here?», in *Duke Journal of Comparative & International Law*, vol. 22 (2012), pp. 291- 302 (também Bernstein Lecture 2011, acessível em https://www.youtube.com/watch?v=MzOvVEtR0Tk).

SCHLINK, BERNHARD – «Proportionality (1)», in Michel Rosenfeld/András Sajó (org.), *The Oxford Handbook of Comparative Constitutional Law*, Oxford University Press, 2012.

SCHNAPP, FRIEDRICH – «Verhältnismäßigkeitsgrundsatz und Verwaltungsverfahrensrecht», in Norbert Achterberg e outros (org.), *Recht und Staat im sozialen Wandel. Festschrift für Hans Ulrich Scupin zum 80. Geburstag*, Duncker & Humblot, Berlin, 1983, pp. 899-922.

SCHNAPP, FRIEDRICH – «Die Verhältnismässigkeit des Grundrechtseingriffs», in *JuS*, vol. 23 (1983), pp. 850-855.

SCHNEIDER, HANS – «Zur Verhältnismässigkeits – Kontrolle insbesondere bei Gesetzen», in Christian Starck (ed.), *Bundesverfassungsgericht und Grundgesetz, Festgabe aus Anlass des 25jährigen Bestehens des Bundesverfassungsgerichts*, vol. II, J.C.B. Mohr, Tübingen, 1976, pp. 390-404.

SCHNEIDER, HARALD – *Die Güterabwägung des Bundesverfassungsgerichts bei Grundrechtskonflikten. Empirische Studie zu Methode und Kritik eines Konfliktlösungsmodells*, Baden-Baden, Nomos, 1979.

SCHNYDER, BERNHARD – «Die Stufenfolge der vormundschaftlichen Massnahmen und die Verhältnismässigkeit des Eingriffes», in *ZGB Lehren* (2001), pp. 287-300.

SCHOLLER, HEINRICH – «O princípio da proporcionalidade no direito constitucional e administrativo da Alemanha», in *Interesse Público*, vol. 1, nº 2 (1999), pp. 93-107, acessível em http://www.amdjus.com.br/doutrina/administrativo/173.htm.

SCHOLLER, HEINRICH – «Der Grundsatz der Verhälnismässigkeit im deutschen Verfassungs- und Verwaltungsrecht», in N. Alivizatos (org.), *Essays in honour of Georgios I. Kassimatis*, Berliner Wissenschafts-Verlag, Berlin, 2004, pp. 307-322.

SCHÜTZ, DIETRICH – Der Grundsatz der Verhältnismässigkeit bei strafprozessualen Maßnahmen (tese), Tübingen, 1969.

SCHWAB, FLORIAN – *Der Europäische Gerichtshof und der Verhältnismässigkeitsgrundsatz: Untersuchung der Prüfungsdichte: insbesondere in der Gegenüberstellung der Kontrolle von Gemeinschaftsakten und von Maßnahmen der Mitgliedstaaten*, Lang, Frankfurt am Main, 2002.

SCHWARZE, JÜRGEN – «The Principle of Proportionality and the Principle of Impartiality in European Administrative Law», in *RTDP*, nº 1 (2003), pp. 53-75.

BIBLIOGRAFIA ESTRANGEIRA SOBRE O PRINCÍPIO DA PROIBIÇÃO DO EXCESSO E TEMAS

SEETZEN, UWE – «Zur Verhältnismäßigkeit der Untersuchungshaft», in *NJW* (1973), pp. 2001-2006.

SERRANO, NICOLAS GONZALEZ-CUELLAR – *Proporcionalidad y derechos fundamentales en el processo penal*, Colex, Madrid, 1990.

SHAMAN, JEFFREY M. – «Cracks in the Structure: The Coming Breakdown of the Levels of Scrutiny», in *Ohio State Law Journal*, vol. 45 (1984), pp. 161-183.

SHAPIRO, L./SOBER, E., – «Against proportionality», in *Analysis*, vol. 72, 1 (2012), pp. 89-93.

SIECKMANN, JAN-REINARD – «Abwägung von Rechten», in *ARSP*, vol. 81 (1995), pp. 164-184.

SIECKMANN, JAN-REINARD – «Zur Begründung von Abwägungsurteilen», in *Rechtstheorie*, vol. 26 (1995), pp. 45-69.

SIECKMANN, JAN-REINARD – «Grundrechtliche Abwägung als Rechtsanwendung--Das Problem der Begrenzung der Besteuerung», in *Der Staat*, vol. 41 (2002), pp. 385-405.

SIECKMANN, JAN-REINARD – *El modelo de los principios del derecho*, Universidad Externado de Colombia, Bogotá, 2006

SIECKMANN, JAN-REINARD (ed.) – *La teoria principialista de los derechos fundamentales. Estudios sobre la teoria de los derechos fundamentales de Robert Alexy*, Marcial Pons, Madrid, 2011.

SIEGEL, STEPHEN A. – «Origin of the Compelling State Interest and Strict Scrutiny», in *The American Jounal of Legal History*, vol. 48, nº 4 (2006), pp. 355-407.

SIEGEL, STEPHEN A. – «The Death and Rebirth of the Clear and Present Danger Test», in Alfred Brophy/Daniel Hamilton (eds.), *Transformations in American Legal History: Essays in Honor of Professor Morton J. Horwitz*, Harvard University Press, Cambridge, 2008, pp. 211-245.

SILVA, VIRGÍLIO AFONSO DA – «O proporcional e o razoável», in *Revista dos Tribunais*, vol. 798 (2002), pp. 23-50.

SILVA, VIRGÍLIO AFONSO DA – «Comparing the Incommensurable: Constitutional Principles, Balancing and Rational Decision», in *OJLS*, vol. 31 (2011), pp. 273-301.

SILVA, VIRGÍLIO AFONSO DA – «Ponderação e objetividade na interpretação constitucional», in Ronaldo Porto Macedo Jr./Catarina Helena Cortada Barbieri (org.), *Direito e interpretação: racionalidades e instituições*, Direito GV/Saraiva, São Paulo, 2011, pp. 363-380.

SILVA, VIRGÍLIO AFONSO DA – «Teoria de los principios, competencias para la ponderación y separación de poderes», in Jan-Reinard Sieckmann (ed.), *La teoria principialista de los derechos fundamentales. Estudios sobre la teoria de los derechos fundamentales de Robert Alexy*, Marcial Pons, Madrid, 2011, pp. 243-259.

SINGER, RICHARD G. – «Proportionate Thoughts About Proportionality», in *Ohio State Journal of Criminal Law*, vol. 8 (2010), pp. 217-250.

O PRINCÍPIO DA PROIBIÇÃO DO EXCESSO

SOMEK, ALEXANDER – «Eine egalitäre Alternative zur Güterabwägung» in Bernd Schilcher/Peter Koller/Bernd-Christian Funk (eds.), *Regeln, Prinzipien und Elemente im System des Rechts*, Verlag Österreich, Wien, 2000, pp. 193-221.

STARCK, CHRISTIAN – «Übermaß an Rechtsstaat?», in *ZRP* (1979), pp. 209-214.

STEIN, TORSTEN – «Der Grundsatz der Verhältnismäßigkeit», in *Deutsche öffentlich-rechtliche Landesberichte zum X Internationalen Kongreß für Rechtvergleichung in Budapest*, Tübingen, 1978.

STEINMETZ, WILSON ANTÓNIO – *Colisão de direitos fundamentais e princípio da proporcionalidade*, Livraria do Advogado, Porto Alegre, 2001.

STELZER, MANFRED – *Das Wesensgehaltargument und der Grundsatz der Verhältnismäßigkeit*, Springer, Wien/New York, 1991.

STERN, KLAUS – «Zur Entstehung und Ableitung des Übermaßverbots», in Peter Badura/Rupert Scholz (org.), *Wege und Verfahren des Verfassungslebens, Festschrift für Peter Lerche zum 65. Geburtstag*, Beck, München, 1993, pp. 165-175.

STETTNER, RUPERT – «Die Verpflichtung des Gesetzgebers zu erneutem Tätigwerden bei fehlerhafter Prognose», in *DVBl* (1982), pp. 1123-1128.

STÖRRING, LARS PETER – *Das Untermaßverbot in der Diskussion. Untersuchung einer umstrittenen Rechtsfigur*, Duncker & Humblot, Berlin, 2009.

STRECK, LENIO LUÍS – *Jurisdição Constitucional e Hermenêutica. Uma Nova Crítica do Direito*, Livraria do Advogado, Porto Alegre, 2002.

STRECK, LENIO LUIZ – «Bem jurídico e constituição: da proibição de excesso (*übermassverbot*) à proibição de proteção deficiente (*untermassverbot*) ou de como não há blindagem contra normas penais inconstitucionais», acessível em http://ensaiosjuridicos.files.wordpress.com/2013/04/bem-jurc3addico-e-consti tuic3a7c3a3o-da-proibic3a7c3a3o-de-excesso-lenio.pdf

STRUVE, GUY MILLER – «The Less- Restrictive-Alternative Principle and Economic Due Process», in *HLR*, vol. 80, nº 7 (1967), pp. 1463-1488.

STUBBE, ANDREA – *Der Grundsatz der Verhältnismäßigkeit im Privatrecht*: dargestellt anhand des Ausschlusses von Gesellschaftern aus Personengesellschaften (tese), Würzburg, 2002.

STUMM, RAQUEL DENIZE – *Princípio da proporcionalidade no direito constitucional brasileiro*, Livraria do Advogado, Porto Alegre, 1995.

STÜRNER, MICHAEL – *Der Grundsatz der Verhältnismäßigkeit im Schuldvertragsrecht. Zur Dogmatik einer privatrechtsimmanenten Begrenzung von vertraglichen Rechten und Pflichten*, Mohr Siebeck, Tübingen, 2010.

SULLIVAN, E. THOMAS/FRASE, RICHARD S. – *Proportionality Principles in American Law: Controlling Excessive Government Actions*, Oxford University Press, New York, 2008.

SULLIVAN, KATHLEEN M. – «Post-Liberal Judging: The Roles of Categorization and Balancing», in *University of Colorado Law Review*, vol. 63 (1992), pp. 293-317.

SULLIVAN, KATHLEEN M. – «Categorization, Balancing, and Government Interests», in S. Gottlieb (ed.), *Public Values in Constitutional Law*, University of Michigan Press, Ann Arbor, 1993, pp. 241-266.

ŠUŠNJAR, DAVOR – *Proportionality, fundamental rights, and balance of powers*, Martinus Nijhoff, Leiden, 2010.

SWEET, ALEC STONE – «All Things in Proportion? American Rights Doctrine and the Problem of Balancing», in *Emory Law Journal*, vol. 60 (2011), pp. 797-875 (também, *Faculty Scholarship Series*, Paper 30 (2010), acessível em http://digital-commons.law.yale.edu/fss_papers/30)

SWEET, ALEC STONE/MATHEWS, JUD – «Proportionality Balancing and Global Constitutionalism» *Faculty Scholarship Series*, Paper 14, (2008), acessível em http://digitalcommons.law.yale.edu/fss_papers/14; também em Bongiovanni/Sartor/Valentini (eds.), *Reasonableness and law*, Springer, Dorderecht/Heidelberg/London/New York, 2009.

SWEET, ALEC STONE/MATHEWS, JUD – «All Things in Proportion? American Rights Review and the Problem of Balancing», in *Emory Law Journal*, vol. 60 (2011), p. 797- 875.

TAGGART, MICHAEL – «Proportionality, Deference, *Wednesbury*», in *New Zealand Law Review* (2008), pp. 423-478.

TAPIA, MARIA INMACULADA RAMOS/WOISCHNIK, JAN – «Principios constitucionales en la determinación legal de los marcos penales: especial consideración del principio de proporcionalidad», in *Anuario de derecho constitucional latinoamericano/ Fundación Konrad Adenauer*, Buenos Aires (2001), pp. 143-156.

TEIFKE, NILS – «Human Dignity as an "Absolute Principle"?», in *ARSP*, vol. 119 (2010), pp. 93-103.

TEIFKE, NILS – *Das Prinzip Menschenwürde: Zur Abwägungsfähigkeit des Höchstrangigen. Die Frage, ob die Menschenwürde absolut gilt oder abwägungsfähig ist*, Mohr Siebeck, Tübingen, 2011.

TEITGEN, FRANCIS – «Le principe de proportionnalité en droit français», in Kutschen/Ress/Teitgen (org.), *Der Grundsatz der Verhältnismäßigkeit in europäischen Rechtsordnungen*, C. F. Müller, Heidelberg, 1985, pp. 53-66.

THOMAS, ROBERT – *Legitimate Expectations and Proportionality in Administrative Law*, Hart Publishing, Oxford/Portland, 2000.

THOMAS, TRACY A. – «Proportionality and the Supreme Court's Jurisprudence of Remedies», *University of Akron Legal Studies Research Paper nº 07-07*; in Hastings Law Journal, vol. 59, nº 20 (2007), pp. 73-135.

THORBURN, MALCOLM – «Proportionality», acessível em https://www.researchgate.net/publication/303691304_Proportionality

TOSI, ROSANNA – «Spunti per una riflessione sui criteri di ragionevolezza nella giurisprudenza costituzionale», in *Giurisprudenza costituzionale*, vol. 38, nº 1 (1993), pp. 545-568.

O PRINCÍPIO DA PROIBIÇÃO DO EXCESSO

Trias, Encarnación Roca/Ruiz, Maria Angeles Ahumada – «Los principios de razonabilidad y proporcionalidad en la jurisprudencia constitucional española», texto apresentado em nome do Tribunal Constitucional espanhol na Conferência trilateral dos Tribunais de Itália, Portugal e Espanha, em 2013, acessível em http://www.tribunalconstitucional.es/es/actividades/Documents/XV%20Trilateral/PONENCIA.pdf

Tridimas, Takis – «The Principle of Proportionality in Comunity Law: From the Rule of Law to Market Integration», in *Irish Journal*, vol. 31 (1996), pp. 83-101.

Tridimas, Takis – «Proportionality in European Community Law: Searching for the Appropriate Standard of Scrutiny», in Evelyn Ellis (ed.), *The Principle of Proportionality in the Laws of Europe*, Hart Publishing, Oxford, 1999, pp. 65-84.

Troiano, Stefano. – «Ragionevolezza», in *Enciclopedia del diritto*, Ann. VI, Giuffrè, Milano, 2013, pp. 763-808.

Trstenjak, Verica/Beysen, Erwin – «Das Prinzip der Verhältnismassigkeit in der Unionsrechtsordnung», in *EuR* (2012), pp. 265-284.

Tsakyrakis, Stavros – «Proportionality: an assault on human rights?», in *Icon*, vol. 7, nº 3 (jul. 2009), pp. 468-493, acessível em http://ssrn.com/abstract=1429230 ou http://www.elibrary.humanrightshouse.org/index.php/en/human-rights-protection-system-established-by-the-european-convention-on-human-rights/general-section/articles-and-books/450-stavros-tsakyrakis-proportionality--an-assault-on-human-rights-

Tsakyrakis, Stavros – «The Balancing Method on the Balance. Human Rights Limitations in the ECHR», acessível em http://www.law.nyu.edu/sites/default/files/upload_documents/sgenftsakyrakispaper.pdf

Tsakyrakis, Stavros – «Total Freedom: the Morality of Proportionality», 2013, acessível em http://ssrn.com/abstract=2220255

Tzemos, Vasileios – *Das Untermassverbot*, Lang, Frankfurt an Main/Berlin/Bern, 2004.

Ubertazzi, Giovanni Maria – «Le principe de proportionnalité en droit italien», in Kutschen/Ress/Teitgen (org.), *Der Grundsatz der Verhältnismäßigkeit in europäischen Rechtsordnungen*, C.F. Müller, Heidelberg, 1985, pp. 79-88.

Ueda, Junko – «Is the Principle of Proportionality the European Approach?: A Review and Analysis of Trade and Environment Cases before the European Court of Justice», in *European Business Law Review*, vol. 14, nº 5 (2003), pp. 557–593.

Urbina, Francisco – «A critique of proportionality», in *The American Journal of Jurisprudence*, vol. 57 (2012), pp. 49-80, acessível em http://ssrn.com/abstract=2173690

Urbina, Francisco – *A Critique of Proportionality and Balancing*, Cambridge University Press, Cambridge, 2017.

Valentini, Chiara/Bongiovanni, Giorgio – «Reciprocity, Balancing and Proportionality: Rawls and Habermas on Moral and Political Reasonableness», in

BIBLIOGRAFIA ESTRANGEIRA SOBRE O PRINCÍPIO DA PROIBIÇÃO DO EXCESSO E TEMAS

Giorgio Bongiovanni/Giovanni Sartor/Chiara Valentini (eds.), *Reasonableness And Law*, Springer, Dorderecht/Heidelberg/London/New York, 2009, pp. 79-107.

VALLEJO, MANUEL JAÉN – «Considerciones generales sobre el princípio de proporcionalidad penal y su tratamiento constitucional», *Revista general de derecho*, vol. 507 (1986), pp. 4923-4935.

VAN CLEAVE, RACHEL A. – «"Death is Different" – Is Money Different? Criminal Punishments, Forfeitures, and Punitive Damages – Shifting Constitutional Paradigms for Assessing Proportionality», in *Southern California Interdisciplinary Law Journal*, vol. 12 (2003), pp. 217-278.

VAN DROOGHENBROECK, SÉBASTIAN – *La Proportionnalité dans le Droit de la Convention Européenne des Droits de l'Homme. Prendre l'idée simple au sérieux*, Bruylant, Bruxelles, 2001.

VAN GERVEN, WALTER – «The Effect of Proportionality on the Actions of Member States of the European Community: National Viewpoints from Continental Europe», in Evelyn Ellis (ed.), *The Principle of Proportionality in the Laws of Europe*, Hart Publishing, Oxford, 1999, pp. 37-64.

VANDENHOLE, WOUTER – «Conflicting Economic and Social Rights: The Proportionality Plus Test», in Eva Brems (ed.), *Conflicts Between Fundamental Rights*, Intersentia, Antwerp/Oxford/Portland, 2008, pp. 559- 589.

VAROL, OZAN O. – «Strict in Theory, But Accommodating in Fact?», in *Missouri Law Review*, vol. 75 (2010), pp. 1243-1295.

VARUHAS, JASON – *Keeping Things in Proportion: The Judiciary, Executive Action and Human Rights*, Victoria University of Wellington, 2003.

VEEL, PAUL-ERIK – «Incommensurability, Proportionality, and Rational Legal Decision-Making», in *Law and Ethics of Human Rights*, vol. 4 (2010), pp. 177-228.

VILLAVERDE, IGNACIO – «La resolución de conflictos entre derechos fundamentales. El principio de proporcionalidad», in Miguel Carbonell (ed.), *El princípio de proporcionalidade y la interpretación constitucional*, Ministerio de Justicia y Derechos Humanos, Quito, 2008, pp. 175-187.

VIOLA, FRANCESCO – «Costituzione e ragione pubblica: il principio di ragionevolezza tra diritto e politica», in *Persona y Derecho*, vol. 46 (2002), pp. 35-71.

VIPIANA, PIERA M. –, *Introduzione allo studio del principio di ragionevolezza nel diritto pubblico*, Cedam, Padova, 1993.

VOSSKUHLE, ANDREAS – «Der Grundsatz der Verhältnismäßigkeit», in *JuS* (2007), pp. 429-431.

WEBBER, GRÉGOIRE C. N. – *The Negotiable Constitution. On the Limitation of Rights*, Cambridge University Press, Cambridge, 2009.

WEBBER, GRÉGOIRE C. N. – «Proportionality, Balancing, and the Cult of Constitutional Rights Scholarship», in *Canadian Journal of Law and Jurisprudence*, vol. 23 (2010), pp. 179-202.

WEBBER, GRÉGOIRE C. N. – «Proportionality and Absolute Rights», acessível em http://ssrn.com/abstract=2776577

O PRINCÍPIO DA PROIBIÇÃO DO EXCESSO

WEBER-DÜRLER, BEATRICE – «Zur neuesten Entwicklungen des Verhältnismässigkeitsprinzips», in Benoit Bovay/Minh Son Nguyen (org.), *Mèlanges en l'Honneur de Pierre Moor, théorie du droit, droit administratif, organisation du territoire*, Stämpfli, Bern, 2005, pp. 593–608.

WELLHÖFER, CLAUS – *Das Übermassverbot im Verwaltungsrecht grundsätzliches und Tendenzen zu den Prinzipien der Notwendigkeit und Verhältnismässigkeit*, Schmitt & Meyer, Würzburg, 1970.

WENDT, RUDOLF – «Der Garantiegehalt der Grundrechte und das Übermaßverbot», in *AöR*, vol. 104, 3 (1979), pp. 414-474.

WEYLAND, PETER – *Der Verhältnismäßigkeitsgrundsatz in der Zwangsvollstreckung*, Duncker & Humblot, Berlin, 1987.

WIEACKER, FRANZ – «Geschichtliche Wurzeln des Prinzips der Verhältnismäßigen Rechtsanwendung», in *Festschrift für Robert Fischer*, W. De Gruyer, Berlin/New York, 1979, pp. 867-881.

WIESER, EBERHARD – *Der Grundsatz der Verhältnismässigkeit in der Zwangsvollstreckung*, Heymanns, Köln, 1989.

WINKLER, ADAM – «Fatal in Theory and Strict in Fact: An Empirical Analysis of Strict Scrutiny in the Federal Courts», in *VanLR*, vol. 59 (2006), pp. 793-871, acessível em http://ssrn.com/abstract=897360

WITT, JÜRGEN. – *Verhältismäßigkeitsgrundsatz. U-Haft, körperliche Eingriffe und Gutsachen über den Geisteszustand* (tese), Mainz, 1968.

WITTIG, PETER – «Zum Standort des Verhältnismäßigkeitsgrundsatzes im System des Grundgesetz», *DÖV* (1968), pp. 817-825.

WOLFFERS, ARTUR – «Neue Aspekte des Grundsatz der Verhältnismäßigkeit», in *Zeitschrift des Berner Juristenvereins*, vol. 113 (1977), pp. 297 ss.

WONG, GARRETH – «Towards the Nutcracker Principle: Reconsidering the Objections to Proportionality», in *Public Law*, vol. 1 (2000), pp. 92-109.

XYNOPOULOS, GEORGES – *Le controle de la proportionnalité dans le contentieux da la constitutionnalité et de la légalité, en France, Allemagne et Angleterre*, LGDJ, Paris, 1995.

XYNOPOULOS, GEORGES – «Réflexions sur le contrôle de proportionnalité en Europe continentale et en Grèce», in Pararas/Sakkoulas (eds.), *État-loi-administration. Mélanges en l'honneur de Epaminondas P. Spiliotopoulos*, Bruylant, Bruxelles, 1998, pp. 461 ss.

YETANO, ANTONIO MARZAL – *La dynamique du principe de proportionnalité: Essai dans le contexte des libertés de circulation du droit de l'Union européenne*, Université Panthéon-Sorbonne, Paris I, 2013.

YI, ZOONIL (ou Chun-il) – *Das Gebot der Verhältnismäßigkeit in der grundrechtlichen Argumentation*, Peter Lang, Frankfurt/Main, 1998.

YOUNG, ALISON – «Proportionality is Dead: Long Live Proportionality», in Huscroft/Miller/Webber (eds.), *Proportionality and the Rule of Law: Rights, Justification, Reasoning*, Cambridge University Press, New York, 2014, pp. 43-66.

BIBLIOGRAFIA ESTRANGEIRA SOBRE O PRINCÍPIO DA PROIBIÇÃO DO EXCESSO E TEMAS

YOUNG, KATHARINE – «Proportionality and Economic and Social Rights», acessível em http://works.bepress.com/katharine_young/28/

YOUNG, KATHARINE – «Proportionality, Reasonableness and Economic and Social Rights», in Vicki C. Jackson/Mark Tushnet (eds.), *Proportionality: New Frontiers, New Challenges*, Cambridge University Press, 2017, acessível em https://ssrn.com/abstract=2892707

YOWELL, PAUL – «Proportionality in United States Constitutional Law», in Liora Lazarus/Christopher McCrudden/Nigel Bowles (eds.), *Reasoning Rights: Comparative Judicial Engagement*, Hart Publishing, Oxford, 2014, pp. 87-116.

ZALUSKI, WOJCIECH – «Remarks on Giovanni Sartor's Paper, The Logic of Proportionality: Reasoning with Non-Numerical Magnitudes», in *German Law Journal*, vol. 14 (2013), pp. 1457-1461, acessível em de http://www.germanlawjournal.com/index.php?pageID=11&artID=1561

ZILLER, JACQUES. – «Le principe de proportionnalité», in *L'Actualite juridique Droit administratif*, nº especial (1996), pp. 185-188.

ZIMMERLI, ULRICH – «Der Grundsatz der Verhältnismässigkeit im öffentlichen Recht», in *Zeitschrift für schweizerisches Recht*, vol. 97, II (1978), pp. 1-131.

ZIPPELIUS, REINHOLD – «Das Verbot übermäßiger gesetzlicher Beschränkung von Grundrechten», in *DVBl* (1956), pp. 353-355.

ZOLLER, ELISABETH – «Congruence and Proportionality for Congressional Enforcement Powers: Cosmetic Change or Velvet Revolution?», in *ILJ*, vol. 78 (2003), pp. 567-586.

ZORRILLA, DAVID MARTINEZ – *Conflictos constitucionales, ponderación e indeterminación normativa*, Marcial Pons, Madrid, 2007.

ZORRILLA, DAVID MARTINEZ – «Alternativas a la ponderación. El modelo de Susan L. Hurley», in *REDC*, vol. 86 (2009), pp. 119-144.

ZORZETTO, SILVIA – «Reasonableness», in *The Italian Law Journal*, vol. 1 (2015), pp. 107- 139.

BIBLIOGRAFIA ESTRANGEIRA GERAL

AARNIO, AULIS – *On legal reasoning*, Turku, Loimaa, 1977.

AARNIO, AULIS – *The Rational as Reasonable. A Treatise on Legal Justification*, Reidel, Dordrecht, 1987; trad., *Le rationnel comme raisonnable. La justification en droit*, LGDJ, Paris, sd.

AARNIO, AULIS – «Taking rules seriously», in *ARSP*, vol. 42 (1989), pp. 180-192.

AARNIO, AULIS – *Reason and Authority. A Treatise on the Dynamic Paradigm of Legal Dogmatics*, Ashgate, Aldershot, 1997.

AARNIO, AULIS – *Essays on the Doctrinal Study of Law*, Springer, Dordrecht, 2011.

AA.VV, *Reasonableness and interpretation*, Lit Verlag, Münster/Hamburg/London, 2003.

ABRAMOVICH, VICTOR/COURTIS, CHRISTIAN – «Apuntes sobre la exigibilidad judicial de los derechos sociales», acessível em http://www.derechoshumanos.unlp. edu.ar/assets/files/documentos/apuntes-sobre-la-exigibilidad-judicial-de-los- -derechos-sociales-2.pdf

ABRAMOVICH, VICTOR/COURTIS , CHRISTIAN – *Los derechos sociales como derechos exigibles*, 2ª ed., Trotta, Madrid, 2004.

ALCHOURRÓN, CARLOS E./BULYGIN, EUGENIO – *Normative Systems*, Springer Verlag, Wien/New York, 1971.

ALCHOURRÓN, CARLOS E./BULYGIN, EUGENIO – «Definiciones y normas», in Eugenio Bulygin/Martín D. Farrel/Carlos S. Nino/Eduardo Rabossi (eds), *El lenguaje del Derecho. Homenaje a Genaro R. Carrió*, Ed. Abeledo-Perrot, Buenos Aires, 1983, pp. 12-42.

ALCHOURRÓN, CARLOS E./BULYGIN, EUGENIO – *Introducción a la metodologia de las ciencias jurídicas y sociales*, Astrea, Buenos Aires, 1987, acessível em www.biblio teca.org.ar/libros/154933.pdf

ALEXY, ROBERT – *Theorie der juristischen Argumentation. Die Theorie des rationales Diskurses als Theorie der juristischen Begründung*, Shurkamp, Frankfurt am Main, 1978;

O PRINCÍPIO DA PROIBIÇÃO DO EXCESSO

— *Teoria de la argumentacion juridica,* trad. de Manuel Atienza e Isabel Espejo, Centro de Estudios Constitucionales, Madrid, 1997;

— *A Theory of Legal Argumentation. The Theory of Rational Discourse as Theory of Legal Justification*, Oxford University Press, Oxford, reimp. 2011;

— *Teoria da Argumentação Jurídica*, trad. de Zilda Silva, Landy Editora, São Paulo (s.d);

— *Teoria da Argumentação Jurídica. A Teoria do Discurso Racional como Teoria da Fundamentação Jurídica*, 3ª ed., Forense, Rio de Janeiro, 2011.

ALEXY, ROBERT – *Theorie der Grundrechte*, Baden-Baden, Nomos, 1985;

— *Teoria de los derechos fundamentales*, Madrid, Centro de Estudios Constitucionales, 1993;

— *A Theory of Constitutional Rights*, trad. Julian Rivers, Oxford University Press, Oxford, 2002;

— *Teoria de los derechos fundamentales*, 2ª ed, tradução e estudo introdutório de Carlos Bernal Pulido, Centro de Estudios Constitucionales, Madrid, 2007.

ALEXY, ROBERT – «Sistema jurídico, principios jurídicos y razón práctica», in *Doxa*, vol. 5 (1988), pp. 139-151.

ALEXY, ROBERT – «Grundrechte als subjektive Rechte und als objektive Normen», in *Der Staat*, 1990, pp. 49-68 (também em *Recht, Vernunft, Diskurs: Studien zur Rechtsphilosophie*, Shurkamp, Frankfurt am Main, 1995, pp. 252-287).

ALEXY, ROBERT – «Individual Rights and Collective Goods», in Carlos Nino (ed.), *Rights*, New York University Press, New York, 1992, pp. 163-184.

ALEXY, ROBERT – «Rights, Legal Reasoning and Rational Discourse», in *Ratio Juris*, vol. 5, nº 2 (Julho 1992), pp. 143-152.

ALEXY, ROBERT – *Derecho y razón práctica*, 2ª ed., Fontamara, México D.F., 1998.

ALEXY, ROBERT – «My Philosophy of Law: The Institutionalisation of Reason», in Luc Wintgens (ed.), *The Law in Philosophical Perspectives*, Kluwer, Dordrecht, 1999, pp 23-45.

ALEXY, ROBERT – «On the Structure of Legal Principles», in *Ratio Juris*, vol. 13, nº 3 (2000), pp. 294-304.

ALEXY, ROBERT – «Verfassungsrecht und einfaches Recht – Verfassungsgerichtsbarkeit und Fachgerichtsbarkeit», *in Verfassungsrecht und einfaches Recht – Verfassungsgerichtsbarkeit und Fachgerichtsbarkeit. Primär- und Sekundärrechtsschutz im Öffentlichen Recht, VVDStRL*, vol. 61 (2001), pp. 7-30.

ALEXY, ROBERT – «Entrevista a Robert Alexy: Antworten auf Fragen von Manuel Atienza», in *Doxa*, vol. 24 (2001), p. 671, acessível em http://publicaciones. ua.es/filespubli/pdf/02148678RD22661887.pdf

ALEXY, ROBERT – «Ragionevolezza im Verfassungsrecht. Acht Diskussionsbemerkungen», in Massimo La Torre/Antonino Spadaro (eds.), *La ragionevolezza nel diritto*, G. Giappichelli, Torino, 2002, pp. 143-50.

ALEXY, ROBERT – «Discourse Theory and Fundamental Rights», in Agustín J. Menéndez/Erik O. Eriksen (eds.), *Arguing Fundamental Rights*, Springer, Dordrecht, 2006, pp. 15-29.

BIBLIOGRAFIA ESTRANGEIRA GERAL

ALEXY, ROBERT – «The Reasonableness of Law», in Bongiovani/Sartor/Valentini (eds.), *Reasonableness and Law*, Springer, Dorderecht/Heidelberg/London/New York, 2009, pp. 5-15.

ALEXY, ROBERT – «Derechos individuales y bienes colectivos» in *El concepto y la validez del derecho*, Gedisa, Barcelona, 2009, pp. 179-208.

ALEXY, ROBERT – *Constitucionalismo Discursivo*, org./trad. de Luís Afonso Heck, 3ª ed., Livraria do Advogado, Porto Alegre, 2011.

ALEXY, ROBERT – «Comments and Responses», in Matthias Klatt (ed.), *Institutionalized Reason. The Jurisprudence of Robert Alexy*, Oxford University Press, New York, 2012, pp. 319-356.

ALFONSO, LUCIANO PAREJO – «El contenido esencial de los derechos fundamentales en la jurisprudencia constitucional», in *REDC*, vol. 1, 3 (set./dez. 1981), pp. 169-190, acessível em http://www.google.pt/url?sa=t&rct=j&q=&esrc=s&source=web&cd=1&ved=0CB8QFjAAahUKEwid5OXr8qjHAhVBs5QKHa4vAB8&url=http%3A%2F%2Fdialnet.unirioja.es%2Fdescarga%2Farticulo%2F249648.pdf&ei=WgrOVZ3PFsHm0gSu34D4AQ&usg=AFQjCNHvOz27am3FoEAcbVj0Q3J6IBRiA&sig2=Jc2uxVyb4OWg3_bTz3e0MQ.

ANTIEAU, CHESTER JAMES – *Adjudicating Constitutional Issues*, Oceana Publications, London, 1985.

ARAÚJO, VALTER SHUENQUENER DE – *O Princípio da Proteção da Confiança*, Impetus, Niterói, 2009.

ARAÚJO, VALTER SHUENQUENER DE – «O princípio da proteção da confiança», acessível em http://www.impetus.com.br/atualizacao/download/122/material-de-apoio---o-principio-da-protecao-da-confianca

ARNAULD, ANDREAS VON – *Die Freiheitsrechte und ihre Schranken*, Nomos, Baden-Baden, 1998.

ARNAULD, ANDREAS VON – *Rechtssicherheit – Perspektivische Annaherungen an eine idee directrice des Rechts*, Mohr Siebeck, Tübingen, 2006.

ATIENZA, MANUEL, – «Para una razonable definición de razonable», *in* DOXA – *Cuadernos de filosofia del derecho*, vol. 4 (1987), pp. 189-200.

ATIENZA, MANUEL – «Sobre lo razonable en el Derecho», in *REDC*, vol. 27 (jan.-ab. 1989), pp. 93-110.

ATIENZA, MANUEL – *O direito como argumentação*, Escolar Editora, Lisboa, 2014.

ATIENZA, MANUEL/MANERO, J. RUIZ – *Las piezas del derecho. Teoría de los enunciados jurídicos*, Ariel, Barcelona, 1996.

AUSTIN, JOHN – *The province of jurisprudence determined* (1832), ed. H.L.A. Hart, Londres, 1954.

AUSTIN, JOHN LANGSHAW – *How to do things with words*, Harvard University Press, Cambridge, 1962 (2ª ed., 1976).

BACHOF, OTTO – «Zum Apothekenurteil des BVerfG», in *JZ* (1958), pp. 468-471.

BACIGALUPO, ENRIQUE – «Colisión de derechos fundamentales y justificacion en delito de injuria», in *REDC*, vol. 7, nº 20 (maio/agosto, 1987), pp. 83-98.

O PRINCÍPIO DA PROIBIÇÃO DO EXCESSO

BÄCKER, CARSTEN – «Regras, princípios e derrotabilidade», in *Revista Brasileira de Estudos Políticos*, vol. 102 (2011), pp. 55-82.

BALDASSARRE, ANTONIO – «Diritti inviolabili», in *Enciclopedia Giuridica*, vol. XI, Istituto dell'Enciclopedia italiana, Roma, 1989, pp. 1-43.

BAMBERGER, CHRISTIAN – «Vorbehaltlose Grundrechte unter staatlichem Vorbehalt?», in *Der Staat*, vol. 39 (2000), pp. 355-379.

BARAK-EREZ, DAPHNE – «The Doctrine of Legitimate Expectations and the Distinction between the Reliance and Expectation Interests», *in European Public Law*, vol. 11 (2005), pp. 583-602.

BARILE, PAOLO – *Diritti dell'uomo e libertá fondamentali*, Il Mulino, Bologna, 1984.

BARROSO, LUÍS ROBERTO – *Interpretação e aplicação da Constituição*, 6ª ed., Saraiva, São Paulo, 2004.

BAYERTZ, KURT – «"Die Idee der Menschenwürde": Probleme und Paradoxien», in *ARSP*, vol. 81 (1995), pp. 465-481.

BEATTY, DAVID M. – *Talking Heads and the Supremes. The Canadian Production of Constitutional Review*, Carswell, Toronto, 1990.

BERG, WILFRIED – *Konkurrenzen schrankendivergenter Freiheitsrechte im Grundrechtsabschnitt des Grundgesetzes*, Vahlen, Berlin, 1968.

BERGNER, DANIEL – *Grundrechtsschutz durch Verfahren: eine rechtsvergleichende Untersuchung des deutschen und britischen Verwaltungsverfahrensrechts*, Vahlen, München, 1998.

BETHGE, HERBERT – «Probleme des Zitiergebots des Art. 19 GG», in *DVBl* (1972), pp. 365-371.

BETHGE, HERBERT – *Zur Problematik von Grundrechtskollisionen*, Vahlen, München, 1977.

BETHGE, HERBERT – «Grundrechtsverwiklichung und Grundrechtssicherung durch Organisation und Verfahren», in *NJW* (1982), pp. 1-7.

BETHGE, HERBERT – «Aktuelle Probleme der Grundrechtsdogmatik», in *Der Staat*, vol. 24 (1985), pp. 351-382.

BETHGE, HERBERT – «Der Grundrechtseingriff», in *VVDStRL*, vol. 57 (1998), pp. 9-56.

BETTERMANN, KARL AUGUST – *Grenzen der Grundrechte*, De Gruyter, Berlin, 1968 (2ª ed., 1976).

BICKEL, ALEXANDER M. – *The Least Dangerous Branch: the Supreme Court at the Bar of Politics*, Bobbs-Merrill, Indianapolis, 1962 (2ª ed., Yale University Press, 1986).

BILCHITZ, DAVID – *Poverty and Fundamental Rights*, Oxford University Press, Oxford, 2007.

BIRK, DIETER – «Die Finanzverfassungsrechtlichen Vorgaben und Begrenzungen der Staatsverschulung», in *DVBl*, vol. 99 (ag. 1984), pp. 745-749.

BIX, BRIAN – *Jurisprudence: theory and context*, 6ª ed., Sweet & Maxwell, London, 2012.

BLECKMANN, ALBERT – «Neue Aspekte der Drittwirkung der Grundrechte», in *DVBl* (1988), pp. 938-946.

BLECKMANN, ALBERT – *Staatsrecht II – Die Grundrechte*, 3ª ed., Carl Heymanns, Köln, 1989.

BLOCH, ERNST – *Naturrecht und menschliche Wurde*, Suhrkamp, Frankfurt am Main, 1961; trad. *Natural law and human dignity*, MIT Press, Cambridge (Mass.), 1986.

BOBBIO, NORBERTO – *El tiempo de los derechos*, Editorial Sistema, Madrid, 1991.

BÖCKENFÖRDE, ERNST-WOLFGANG – «Grundrechtstheorien und Grundrechtsinterpretation», in *NJW*, vol. 27 (1974), pp. 1529-1538.

BÖCKENFÖRDE, ERNST-WOLFGANG – «Die Methoden der Verfassungsinterpretation – Bestandsaufnahme und Kritik», in *NJW*, vol. 29 (1976), pp. 2089-2099.

BÖCKENFÖRDE, ERNST-WOLFGANG – «Zur Lage der Grundrechtsdogmatik nach 40 Jahren Grundgesetz: erweiterte Fassung eines Vortrages, gehalten in der Carl--Friedrich-von Siemens-Stifung», Nymphenburg, München, 1990.

BÖCKENFÖRDE, ERNST-WOLFGANG – «Grundrechte als Grundsatznormen. Zur gegenwärtigen Lage der Grundrechtsdogmatik», in *Der Staat*, vol. 29 (1990), pp. 1-31.

BÖCKENFÖRDE, ERNST-WOLFGANG – *Staat, Verfassung, Demokratie*, Suhrkamp, Frankfurt a.M., 1991.

BÖCKENFÖRDE, ERNST-WOLFGANG – *Escritos sobre Derechos Fundamentales*, Nomos, Baden-Baden, 1993.

BÖCKENFÖRDE, ERNST-WOLFGANG – «Schutzbereich, Eingriff, verfassungsimmanente Schranken: zur Kritik gegenwärtiger Grundrechtsdogmatik», in *Der Staat*, vol. 42 (2003), pp. 165-192.

BÖCKENFÖRDE, ERNST-WOLFGANG – «Bleibt die Menschenwürde unantastbar?», in *Blätter für deutsche und internationale Politik*, vol. 10 (2004), pp. 1216-1227.

BÖCKENFÖRDE, ERNST-WOLFGANG – *Stato, costituzione, democrazia. Studi di teoria della costituzione e di diritto costituzionale*, Giuffrè, Milano, 2006.

BONAVIDES, PAULO – *Curso de Direito Constitucional*, 25ª ed., Malheiros, São Paulo, 2010; 31ª ed., 2016.

BORCHARDT, KLAUS-DIETER – *Der Grundsatz des Vertrauensschutzes im Europäischen Gemeinschaftsrecht*, Schriftenreihe Europa-Forschung, vol. 15, N. P. Engel, Kehl/ Strassburg/Arlington, 1988.

BOROWSKI, MARTIN – *Grundrechte als Prinzipien: Die Unterscheidung von Prima-facie--Position und definitiver Position als fundamentaler Konstruktionsgrundsatz der Grundrechte*, Nomos, Baden-Baden, 1998.

BOROWSKI, MARTIN – «La restricción de los derechos fundamentales», in *REDC*, vol. 20, 59 (2000), pp. 29-56.

BOROWSKI, MARTIN – «Grundrechtliche Leistungsrechte», in *JöR*, vol. 50 (2002), pp. 301-329.

BOROWSKI, MARTIN – *Grundrechte als Prinzipien*, 2ª ed., Nomos, Baden-Baden, 2007.

O PRINCÍPIO DA PROIBIÇÃO DO EXCESSO

BOROWSKI, MARTIN – *La estrutura de los derechos fundamentales*, Universidade Externado de Colombia, Bogotá, 2007.

BOROWSKI, MARTIN – «The structure of Formal Principles – Robert Alexy's 'Law of Combination'», in M. Borowski (ed.), *On the Nature of Legal Principles*, Franz Steiner Verlag, Stuttgart, 2010, pp. 19-36.

BOROWSKI, MARTIN – «The Charter of Fundamental Rights in the Treaty on European Union», in Luca Rubini/Martin Trybus (eds.), *The Treaty of Lisbon and the Future of European Law*, Elgar, Cheltenham, 2012, pp. 200-219.

BREMS, EVA (ed.) – *Conflicts Between Fundamental Rights*, Intersentia, Antwerp/Oxford/Portland, 2008.

BRIDEL, MARCEL – *Sur les limites des libertés individuelles*, separata de *Recueil des Facultés de droit, La liberté du citoyen en droit suisse*, Lausanne, 1948.

BROWNSTEIN, ALAN – «How Rights Are Infringed: The Role of Undue Burden Analysis in Constitutional Doctrine», in *Hastings Law Journal*, vol. 45 (1994), pp. 867-959.

BRYDE, BRUN-OTTO/KLEINDIEK, RALF – «Der allgemeine Gleichheitssatz», in *Jura* (1999), pp. 36-44.

BUCHANAN, JAMES M. – *The limits of liberty. Between Anarchy and Leviathan*, The University of Chicago Press, Chicago, 1975.

CALLIESS, CHRISTIAN – *Rechtsstaat und Umweltstaat. Zugleich ein Beitrag zur Grundrechtsdogmatik im Rahmen mehrpoliger Verfassung*, Mohr Siebeck, Tübingen, 2001.

CALLIESS, CHRISTIAN – «§ 44 Schutzpflichten», in Detlef Merten/Hans-Jürgen Papier (org.), *Handbuch der Grundrechte in Deutschland und Europa*, vol. II, C. F. Müller, Heidelberg, 2006, pp. 964-991.

CALLIESS, CHRISTIAN – «Die grundrechtliche Schutzpflicht im mehrpoligen Verfassungsrechtsverhältnis», in *JZ* (2006), pp. 321-330.

CALMES, SYLVIA – *Du Principe de Protection de la Confiance Legitime en Droits Allemand, Communautaire et Français* (tese), 2000, acessível em http://www.u-paris2.fr/html/recherche/Theses%20en%20ligne/DR0010.pdf

CARA, JUAN CARLOS GAVARA DE – *Derechos fundamentales y desarrolo legislativo. La garantia del contenido esencial de los derechos fundamentales en la Ley Fundamental de Bonn*, Centro de Estudios Politicos y Constitucionales, Madrid, 1994.

CARA, JUAN CARLOS GAVARA DE – *Contenido y Función del Término de Comparación en la Aplicación del Principio de Igualdad*, Aranzadi, Cizur Menor, Navarra, 2005.

CARBONELL, MIGUEL (ed.) – *Neoconstitucionalismo(s)*, 4ª ed., Trotta, Universidade Nacional Autónoma de Mexico, 2009.

CAVANAUGH, THOMAS A. – *Double-effect reasoning. Doing Good and Avoiding Evil*, Oxford University Press, Oxford, 2006.

CELANO, BRUNO – «Possiamo scegliere tra particolarismo e generalismo?», in *Ragion Pratica*, vol. 25 (2005), pp. 439-468.

CHANG, RUTH – «Introduction», in Ruth Chang (ed.), *Incommensurability, Incomparability, and Practical Reasoning*, Harvard University Press, Cambridge, 1997, pp. 1-34.

CHANG, RUTH – «Incommensurability (and Incomparability)», in Hugh LaFollette (ed.), *The International Encyclopedia of Ethics*, Blackwell, 2013, pp. 2591–2604, acessível em http://ruthchang.net/wp-content/uploads/2012/11/INCOMMEN-SINTLENCYCLOPEDIAETHICS.pdf

CHEMERINSKY, ERWIN – *Constitutional Law: Principles and Policies*, 4ª ed., Wolters Kluwer, New York, 2011.

CIANCIARDO, JUAN – «Los limites de los derechos fundamentales», in AA.VV, *Reasonableness and interpretation*, Lit Verlag, Münster/Hamburg/London, 2003, pp. 197-220.

CICALA, GIUSEPPE – *Diritti sociali e Crisi del Diritto Soggettivo nel Sistema Costituzionale Italiano*, Jovene, Napoli, 1965.

COING, HELMUT – *Die obersten Grundsätze des Rechts. Ein Versuch zur Neubegründung des Naturrechts*, Schneider, Heidelberg, 1947.

COING, HELMUT – *Grundzüge der Rechtsphilosophie*, 3ª ed., De Gruyter, Berlin/New York, 1976.

CORNILS, MATTHIAS – *Die Ausgestaltung der Grundrechte*, Mohr Siebeck, Tübingen, 2005.

CREMER, WOLFRAM – *Freiheitsgrundrechte: Funktionen und Strukturen*, Mohr Siebeck, Tübingen, 2003.

CROSS, FRANK – «The Error of Positive Rights», in *UCLA Law Review*, vol. 48 (2007), pp. 857- 924.

DAES, ERICA-IRENE – *Restrictions and Limitations on Human Rights*, in René Cassin *Amicorum Discipulorunque Liber*, III, Pédone, Paris, 1971, pp. 79-93.

DASHWOOD, ALAN/O'LEARY, SÍOFRA – *The principle of equal treatment in EC law: a collection of papers by the Centre for European Legal Studies (Cambridge)*, Sweet & Maxwell, London, 1997.

DAVIS, DENNIS/CHASKALSON, MATTHEW/WAAL, JOHAN DE – «Democracy and constitutionalism: the role of constitutional interpretation», in Van Wyk/ Dugard/ De Villiers/ Davis – *Rights and Constitutionalism. The New South African Legal Order*, Juta, Cape Town, 1994, pp. 45-52.

DELRUELLE, ÉDOUARD – *Le consensus impossible. Le différend entre éthique et politique chez H. Arendt et J. Habermas*, Ousia, Bruxelles, 1993.

DERRIDA, JACQUES – «Force of Law: The "Mystical Foundation of Authority"», in *Cardozo Law Review*, vol. 11 (1989-1990), pp. 230-298, acessível em *http:// www.google.pt/url?sa=t&rct=j&q=&esrc=s&source=web&cd=3&ved=0CDEQFjAC &url=http%3A%2F%2Fusers.polisci.wisc.edu%2Favramenko%2Fmethods%2Fderri da_theforceoflaw.pdf&ei=JPlAVcLMKsfzUKflgLAF&usg=AFQjCNGlO25asbExF--PbbOyliI35IYtOyQ&sig2=7eA4IGeIHa23-weE8xDnHA*

O PRINCÍPIO DA PROIBIÇÃO DO EXCESSO

DIETLEIN, JOHANNES – *Die Lehre von den grundrechtlichen Schutzpflichten*, Duncker & Humblot, Berlin, 1992.

DREWS, CLAUDIA – *Die Wesensgehaltgarantie des Artikels 19 II GG*, Nomos, Baden--Baden, 2005.

DÜRIG, GÜNTER – «Der Grundrechtssatz der Menschenwürde. Entwurf eines praktikablen Wertsystems der Grundrechte aus Art. 1 Abs. 1 in Verbindung mit Art. 19 Abs. 2 des Grundgesetzes», in *AöR*, vol. 81 (1956), pp. 117-157.

DÜRIG, GÜNTER – «Grundrechte und Zivilrechtsprechung», in *Von Bonner Grundgesetz zur gesamtdeutschen Verfassung, Festschrift Hans Nawiasky*, Isar Verlag, München, 1956, pp. 157-190.

DWORKIN, RONALD – *Taking Rights Seriously*, Harvard University Press, Cambridge (Mass.), 1977.

DWORKIN, RONALD – «Rights as trumps», in Jeremy Waldron (ed.), *Theories of Rights*, Oxford University Press, Oxford, 1984, pp 152-167.

DWORKIN, RONALD – *A Matter of Principle*, Harvard University Press, Cambridge (Mass.), 1985.

DWORKIN, RONALD – *Law's Empire*, Harvard University Press, Cambridge (Mass.), 1986.

ECKHOFF, ROLF – *Der Grundrechtseingriff*, C. Heymanns, Köln/Berlin/München, Bonn, 1992.

EKINS, RICHARD, «What is legislative intent? Its content and structure» (2008), acessível em http://www.statutelawsociety.co.uk/wp-content/uploads/2014/01/RichardEkins.pdf

EKINS, RICHARD – *The Nature of Legislative Intent*, Oxford University Press, Oxford, 2012.

ELY, JOHN HART – *Democracy and Distrust. A theory of Judicial Review*, Harvard University Press, Cambridge (Mass.), 1980.

ELY, JOHN HART – «Flag Desecration: A case study in the roles of categorization and balancing in First Amendment analysis», in *HLR*, vol. 88 (1975), pp. 1482-1508.

ENDERLEIN, WOLFGANG – *Abwägung in Recht und Moral*, Verlag K. Alber, Freiburg, 1992.

ENDERS, CHRISTOPH – *Die Menschenwürde in der Verfassungsordnung*, Mohr Siebeck, Tübingen, 1997.

ERASMUS, GERHARD – «Limitation and suspension», in Van Wyk/ Dugard/ De Villiers/ Davis, *Rights and Constitutionalism. The New South African Legal Order*, Juta, Cape Town, 1994, pp. 629-663.

ERICHSEN, HANS-UWE – «Die Drittwirkung der Grundrechte», in *Jura* (1996), pp. 527-533.

ERICHSEN, HANS-UWE – «Grundrechtliche Schutzpflichten in der Rechtsprechung des Bundesverfassungsgerichts», in *Jura* (1997), pp. 85-89.

BIBLIOGRAFIA ESTRANGEIRA GERAL

ESPÍNOLA, RUY SAMUEL – *Conceito de princípios constitucionais*, 2ª ed., Editora Revista dos Tribunais, São Paulo, 2002.

FALLON, Richard H. – «The Core Of An Uneasy Case For Judicial Review», in *HLR*, vol. 121 (2008), pp. 1693-1736, acessível em http://nrs.harvard.edu/urn-3:HUL. InstRepos:11222677

FERRAJOLI, LUIGI – *Los fundamentos de los derechos fundamentales*, Trotta, Madrid, 2001.

FERRAJOLI, LUIGI – *Derechos y garantias. La ley del más débil*, 4ª ed., Trotta, Madrid, 2004.

FERRAJOLI, LUIGI/STRECK, LENIO/TRINDADE, ANDRÉ (org.) – *Garantismo, hermenêutica e (neo)constitucionalismo*, Livraria do Advogado, Porto Alegre, 2012.

FERRER, JUAN DE LA CRUZ – «Sobre el control de la discrecionalidad en la potestad reglamentaria», in *RAP*, vol. 116 (mayo-agosto 1988), pp. 65-105.

FÉRRIZ, REMÉDIO SÁNCHEZ – «Las libertades públicas como grupo de derechos con caracteristicas propias no susceptible de ser confundido con los restantes derechos constitucionales», in *RDP*, vol. 30 (1989), pp. 55-73.

FERRY, LUC/RENAUT, ALAIN – *Philoshophie politique, Des droits de l'Homme à l'idée republicaine*, Presses Universitaires de France, Paris, 1988.

FIGUEROA, ALFONSO GARCÍA – *Principios y positivismo jurídico*, Centro de Estudios Políticos y Constitucionales, Madrid, 1998.

FIGUEROA, ALFONSO GARCÍA – «¿Existen diferencias entre reglas y principios en el estado constitucional? Algunas notas sobre la teoría de los principios de Robert Alexy», in Ricardo García Manrique (ed.), *Derechos sociales y ponderación*, Madrid, Fundación Coloquio Jurídico Europeo, 2009, pp. 333-370.

FILHO, JOSÉ CLÁUDIO CARNEIRO – «Intervenção e omissão restritivas – uma proposta de conceito e classificação», in Vasco Pereira da Silva/Ingo Wolfgang Sarlet (coord.), *Direito Público sem Fronteiras, ebook*, Instituto de Ciências Jurídico-Políticas, Lisboa, 2011, pp. 167- 208.

FINNIS, JOHN – Natural Law and Legal Reasoning», in Robert P. George (ed.), *Natural Law Theory: Contemporary Essays*, Clarendom Press, Oxford, 1992, pp. 134-137.

FINNIS, JOHN – *Natural Law & Natural Rights*, 2ª ed., Oxford University Press, Oxford, 2011.

FLEINER, FRITZ – *Institutionen des Deutschen Verwaltungsrechts*, Mohr, Tübingen, 1928.

FORSTHOFF, ERNST – «Die Umbildung des Verfassungsgesetz», in Barion/Forsthoff/ Weber (eds.), *Festschrift für Carl Schmitt zum 70. Geburtstag*, Duncker und Humblot, Berlin, 1959, pp. 35-62.

FORSTHOFF, ERNST – *Der Staat der Industriegesellschaft: dargestellt am Beisp. d. Bundesrepublik Deutschland*, 2ª ed., Beck, Munique, 1971; trad. *Lo stato della società industriale*, Giuffré, Milano, 2011.

FORSTHOFF, ERNST – *Traité de Droit Administratif Allemand*, trad. de Michel Fromont, Émile Bruylant, Bruxelles, 1969.

O PRINCÍPIO DA PROIBIÇÃO DO EXCESSO

FRANTZ, LAURENT – «The First Amendment in the Balance», in *YLJ*, vol. 71 (1962), pp. 1424-1450.

FRANTZ, LAURENT – «Is the First Amendment Law? A reply to Professor Mendelson», in *CaLR*, vol. 51 (1963), pp. 729-754.

FREY, RAYMOND G. – *Interests and Rights*, Oxford University Press, Oxford, 1980.

FREY, RAYMOND G. (ed.) – *Utility and Rights*, Blackwell, Oxford, 1984.

GALLWAS, HANS-ULLRICH – *Faktische Beeinträchtigungen im Bereich der Grundrechte. Ein Beitrag zum Begriff der Nebenwirkungen*, Duncker & Humblot, Berlin, 1970.

GARCIA, EMERSON – *Conflito entre Normas Constitucionais. Esboço de uma Teoria Geral*, Lumen Juris Editora, 2008.

GARCIA, E. ALONSO – *La interpretácion de la Constitución*, Centro de Estudios Constitucionales, Madrid, 1984.

GARVEY, JOHN H. /ALEINIKOFF, T. ALEXANDER (eds.) – *Modern Constitutional Theory*, West Publishing Company, Saint Paul, 1994.

GAUTHIER, DAVID – *Morals by Agreement*, Clarendon Press, Oxford, 1986.

GAUTHIER, DAVID – *Moral dealing*, Cornell University Press, Ithaca, 1990.

GELLERMANN, MARTIN – *Grundrechte im einfachgesetzlichen Gewand. Untersuchung zur normativen Ausgestaltung der Freiheitsrechte*, Mohr Siebeck, Tübingen, 2000.

GERBER, KARL FRIEDRICK WILHELM VON – *Über öffentlichen Rechte* (1852), trad. italiana *Diritto Pubblico*, Giuffrè, Milano, 1971.

GEDDERT-STEINACHER, TATJANA – *Menschenwürde als Verfassungsbegriff: Aspekte der Rechtsprechung des Bundesverfassungsgerichts zu Art. 1 Abs. 1 Grundgesetz*, Duncker & Humblot, Berlin, 1990.

GÉRARD, PHILIPPE – *Droit, égalité et idéologie. Contribution à l'étude critique des principes généraux de droit*, Facultés universitaires Saint-Louis, Bruxelles, 1981.

GERHARDT, MICHAEL J./ROWE, JR., THOMAS D. – *Constitutional Theory: Arguments and Perspectives*, Michie Company, Charlottesville, 1993; 4ª ed, 2013 (com STEPHEN GRIFFIN E LAWRENCE SOLUM).

GEWIRTH, ALAN – *Human Rights. Essays on justification and applications*, University of Chicago Press, Chicago, 1982.

GEWIRTH, ALAN – «Are there any absolute rights?», in Jeremy Waldron (ed.), *Theories of Rights*, Oxford University Press, Oxford, 1984, pp. 91-109.

GOERLICH, HELMUT – *Wertordnung und Grundgesetz. Kritik einer Argumentationsfigur des Bundesverfassungsgerichts*, Nomos Verlagsgesellschaft, Baden-Baden 1973.

GOERLICH, HELMUT – *Grundrechte als Verfahrensgarantien: ein Beitrag zum Verständnis des Grundgesetzes für die Bundesrepublik Deutschland*, Nomos, Baden-Baden, 1981.

GÖTZ, VOLKMAR – «Bundesverfassungsgericht und Vertrauensschutz», in Christian Starck (ed.), *Bundesverfassungsgericht und Grundgesetz. Festgabe aus Anlass des 25 jährigen Bestehens des Bundesverfassungsgerichts. Zweiter Band. Verfassungsauslegung*, J. C. B. Mohr, Tübingen, 1976, pp. 421-452.

GÖTZ, VOLKMAR – «Grundpflichten als Verfassungsrechtliche Dimension», in *VVDStRL*, vol. 41 (1983), pp. 8-36.

BIBLIOGRAFIA ESTRANGEIRA GERAL

GRABITZ, EBERHARD – «Vertrauensschutz als Freiheitsschutz», *in DVBL*, vol. 88, caderno18 (1973), pp. 675-684.

GRABITZ, EBERHARD – *Freiheit und Verfassungsrecht: krit. Unters. zur Dogmatik u. Theorie d. Freiheitsrechte*, Mohr, Tübingen, 1976.

GRAY, JOHN N. – «Indirect utility and fundamental rights», in John Gray, *Liberalisms: Essays in Political Philosophy*, Routledge, London, 1989, pp. 120-139.

GREENE, JAMAL – «The Rule of Law as a Law of Standards», in *GLJ*, vol. 99 (2011), pp. 1289-1299.

GREER, STEVEN – *The European Convention on Human Rights: Achievements, Problems and Prospects*, Cambridge University Press, Cambridge, 2006.

GREY, THOMAS C. – «Judicial Review and Legal Pragmatism», in *WFRL*, vol. 38 (2003), pp. 473 ss., acessível em http://papers.ssrn.com/abstract=390460

GRIFFIN, JAMES – «Towards a Substantive Theory of Rights», in R. G. Frey (ed.), *Utility and Rights*, Basil Blackwell, Oxford, 1985, pp. 137-160.

GRIMM, DIETER – *Die Zukunft der Verfassung*, Suhrkamp, Frankfurt, 1994.

GRIMM, DIETER – «The Protective Function of the State», in G. Nolte (ed.), *European and US Constitutionalism*, Cambridge University Press, Cambridge, 2005, pp. 137-155.

GRONDONA, MARIANO F. – *La reglementación de los derechos constitucionales*, Depalma, Buenos Aires, 1986.

GROSSI, PIERFRANCESCO – *Introduzioni ad uno studio sui diritti inviolabili nella Costituzione italiana*, CEDAM, Padova, 1972.

GRUPP, KLAUS – «Das Angebot des anderen Mittels», in *V. Arch.*, vol. 69 (1978), pp. 125-148.

GUASTINI, RICCARDO – *La sintassi del diritto*, Giappichelli, Torino, 2011.

GUASTINI, RICCARDO – *Distinguiendo. Estudios de teoria y metateoría del derecho*, Gedisa Editorial, Barcelona, 1999, acessível em http://minhateca.com.br/sdnnvs/Documentos/203961769-Guastini-Distinguiendo,114182779.pdf

GUNTHER, GERALD – *Constitutional Law*, 11ª ed., Foundation Press, Mineola, New York, 1985.

GÜNTHER, KLAUS – *Der Sinn für Angemessenheit: Anwendungsdiskurse in Moral und Recht*, Suhrkamp, Frankfurt, 1988.

GÜNTHER, KLAUS – «Un concepto normativo de coherencia para una teoria de la argumentación jurídica», in *Doxa*, vol. 17-18 (1995), pp. 274-302.

HÄBERLE, PETER – «Grundrechte im Leistungsstaat», in Wolfgang Martens e outros (eds.), *Grundrechte im Leistungsstaat. Die Dogmatik des Verwaltungsrechts vor den Gegenwartsaufgaben der Verwaltung*, VVDStRL 30, de Gruyter, New York, 1972.

HÄBERLE, PETER – «Die offene Gesellschaft der Verfassungsinterpreten – Ein Beitrag zur pluralistischen und ‹prozessualen› Verfassungsinterpretation», in *JZ* (1975), pp. 297-305.

HÄBERLE, PETER – *Verfassung als öffentlicher Prozeß: Materialien zu einer Verfassungstheorie der offenen Gesellschaft*, Duncker & Humblot, Berlin, 1978.

O PRINCÍPIO DA PROIBIÇÃO DO EXCESSO

HÄBERLE, PETER – «Der Gleicheitssatz im modernen Verfassungsstaat», in *AöR*, vol. 107 (1982), pp. 1-14.

HÄBERLE, PETER – *Die Wesensgehaltgarantie des art 19 Abs. 2 Grundgesetz*, 3ª ed., C. F. Müller, Heidelberg, 1983;

— trad. *Le libertà fondamentali nello Stato costituzionale*, La Nuova Italia Scientifica, Roma, 1993;

— trad. da 3ª ed., *La garantía del contenido esencial de los derechos fundamentales*, com estudo preliminar de Francisco Fernàndez Segado, Dykinson, Madrid, 2003.

HÄBERLE, PETER – *Rechtsvergleichung im Kraftfeld des Verfassungsstaats: Methoden und Inhalte, Kleinstaaten und Entwicklungsländer*, Duncker & Humblot, Berlin, 1992.

HABERMAS, JÜRGEN – *The structural transformation of the public sphere. An inquiry into a category of bourgeois society.* (trad. de *Strukturwandel der Offentlicheit*, 1962), Polity Press, Cambridge (Mass.), 1989.

HABERMAS, JÜRGEN – *Erkenntnis und interesse*, Suhrkamp, Frankfurt a.M., 1968.

HABERMAS, JÜRGEN – *Facticidad y validez. Sobre el derecho y el Estado democrático de derecho en términos de teoria del discurso*, 2ª ed., Editorial Trotta, Madrid, 2000 (trad. de *Faktizität und Geltung. Beiträge zur Diskurstheorie des Rechts und des demokratischen Rechtsstaats*, Suhrkamp Verlag, Frankfurt am Main, 1992 e 1994).

HAGER, JOHANNES – «Grundrechte im Privatrecht», in *JZ* (1994), pp. 373-383.

HAIN, KARL-EBERHARD – *Die Grundsätze des Grundgesetzes Eine Untersuchung zu Art. 79 Abs. 3 GG*, Nomos, Baden-Baden, 1999.

HAIN, KARL-EBERHARD – «Ockham's Razor – ein Instrument zur Rationalisierung der Grunrechtsdogmatik», in *JZ* (2002), pp. 1036-1045.

HART, HERBERT LIONEL ADOLPHUS – *O Conceito de Direito* (trad. port. de *The Concept of Law*, 1961), Gulbenkian, Lisboa, s.d.

HART, HERBERT LIONEL ADOLPHUS – *The Concept of Law*, 2ª ed., Clarendon Press, Oxford, 1994 (com um pós-escrito editado por Penelope A. Bulloch e Joseph Raz).

— *O Conceito de Direito* (trad. port. da 2ª ed.), 6ª ed., Gulbenkian, Lisboa, 2011.

HEINZE, ERIC – *The Logic of Equality: A Formal Analysis of Non-discrimination Law*, Ashgate, Aldershot, 2003.

HELD, VIRGINIA – *The Public Interest and Individual Interests*, Basic Books, Inc., New York, 1970.

HERBERT, GEORG – «Der Wesensgehalt der Grundrechte», in *EuGRZ* (Jun. 1985), pp. 321-335.

HESSE, KONRAD – *Grundzüge des Verfassungsrechts der Bundesrepublik Deutschland*, 17ª ed., C. F. Müller, Heidelberg, 1990 (20ª ed., 1995).

HESSE, KONRAD – *Escritos de Derecho Constitucional*, Centro de Estudios Políticos y Constitucionales, Madrid, 1983.

HESSE, KONRAD – «Funktionelle Grenzen der Verfassungsgerichtsbarkeit» (1981), in *Ausgewählte Schriften*, C. F. Müller, Heidelberg, 1984, pp. 311-322.

HESSE, KONRAD – «Der allgemeine Gleichheitssatz in der neueren Rechtsprechung des Bundesverfassungsgerichts zur Rechtsetzungsgleichheit», in Peter Badura/Rupert Scholz (org.), *Wege und Verfahren des Verfassungslebens. Festschrift für Peter Lerche zum 65. Geburtstag*, Beck, München, 1993, pp. 121-131.

HESSE, KONRAD – «Bedeutung der Grundrechte», in Benda/Maihofer/Vogel (org.), *Handbuch des Verfassungsrechts*, 2ª ed., de Gruyter, Berlin/New York, 1994, pp. 127-160.

HESSE, KONRAD – «Die verfassungsrechtliche Kontrolle der Wahrnehmung grundrechtlicher Schutzpflichten des Gesetzgebers», in Herta Däubler-Gmelin/Klaus Kinkel/Hans Meyer/Helmut Simon (org), *Gegenrede. Aufklärung – Kritik – Öffentlichkeit. Festschrift für Ernst Gottfried Marenholz*, Nomos, Baden-Baden, 1994, pp. 541-559.

HEUN, WERNER – *Funktionell-rechtliche Schranken der Verfassungsgerichtsbarkeit. Reichweite und Grenzen einer dogmatischen Argumentationsfigur*, Nomos, Baden-Baden, 1992.

HICKS, JOHN – «The Foundations of Welfare Economics», *The Economic Journal*, vol. 49, n.º 196 (1939), pp. 696–712.

HILLGRUBER, CHRISTIAN – «Der Staat des Grundgesetzes – nur bedingt abwehrbereit? – Plädoyer für eine wehrhafte Verfassungsinterpretation», in *JZ*, vol. 62, n.º 5 (2007), pp. 209-218.

HIPPEL, EIKE von – *Grenzen und Wesensgehalt der Grundrechte*, Duncker & Humblot, Berlin, 1965.

HIPPEL, FRITZ von – «Vorbedingungen einer Wiedergesundung heutigen Rechtsdenkens», in Fritz von Hippel, *Rechtstheorie und Rechtsdogmatik*, Klostermann, Frankfurt a.M., 1964.

HOFFMAN, DANIEL – «What makes a Right Fundamental», in *The Review of Politics* (1987), pp. 515-529.

HOFMANN, HASSO – «Die versprochene Menschenwürde», in *AöR*, vol. 118 (1993), pp. 353-377.

HOFMANN, HASSO – «Grundpflichten und Grundrechte», in Isensee/Kirchhof (eds.), *Handbuch des Staatsrechts der Bundesrepublik Deutschland*, vol. V, C. F. Müller Juristischer Verlag, Heidelberg, 1992, pp. 321-352.

HOHFELD, WESLEY NEWCOMB – *Fundamental legal conceptions as applied in judicial reasoning*, Westport, Greenwood Press, 1919 (impressão de 1963, com prefácio de Arthur L. Corbin e introdução de Walter Wheeler Cook)

HOLMES, STEPHEN/SUNSTEIN, CASS R. – *The Cost of Rights: Why Liberty Depends on Taxes*, W. W. Norton, New York, 1999.

HUBER, HANS – «Vertrauensschutz – Ein Vergleich zwischen Recht und Rechtsprechung in der Bundesrepublik und in der Schweiz» in Bachof/Heigl/Redeker (coord.), *Verwaltungsrecht zwischen Freiheit, Teilhabe und Bindung. Festgabe aus Anlass des 25 jährigen Bestehens des Bundesverwaltungsgerichts*, C. H. Beck, München, 1978, pp. 317-336.

O PRINCÍPIO DA PROIBIÇÃO DO EXCESSO

HUBMANN, HEINRICH – *Wertung und Abwägung im Recht*, Heimann, Köln, 1977.

HURLEY, SUSAN – *Natural Reasons*, Oxford University Press, Oxford, 1989.

HURLEY, SUSAN – «Coherence, Hypothetical Cases, and Precedent», in *OJLS*, vol. 10 (1990), pp. 221-251; reimpresso in Michael Arnheim (ed.), *Common Law, International Library of Essays in Law and Legal Theory: Legal Cultures*, vol. 6, Dartmouth, Aldershot, Hampshire, 1994.

HUSTER, STEFAN – *Rechte und Ziele: Zur Dogmatik des allgemeinen Gleichheitssatzes.* Duncker & Humblot, Berlin, 1993.

IPSEN, HANS PETER – *Das Verbot des Massengütertransports im Straßenverkehr: Rechtsgutachten zum Regierungsentwurf eines Straßenentlastungsgesetzes d. Arbeitsgemeinschaft Güterfernverkehr im Bundesgebiet e.V*, ed. própria, Frankfurt a.M., 1954.

IPSEN, HANS PETER – «Gleichheit», in F. L. Neumann/H. C. Nipperdey/U. Scheuner (eds.), *Die Grundrechte*, vol. II, Duncker & Humblot, Berlin, 1954, pp. 111-198.

IPSEN, JÖRN – *Staatsrecht II. Grundrechte*, 16ª ed., Vahlen, München, 2013.

ISENSEE, JOSEF – «Das Grundrecht als Abwehrrecht und als staatliche Schutzpflicht», in Isensee/Kirchhof (eds.), *Handbuch des Staatsrechts der Bundesrepublik Deutschland*, vol. V, C. F. Müller, Heidelberg, 1992; 2ª ed., 2000, pp. 143 ss.

ISENSEE, JOSEF – «Grundrecht auf Ehre», in Burkhardt Ziemske e outros (org), *Festschrift für Martin Kriele zum 65. Geburstag*, Beck, München, 1997, pp. 5-48.

ISENSEE, JOSEF – *Subsidiaritätsprinzip und Verfassungsrecht Eine Studie über das Regulativ des Verhältnisses von Staat und Gesellschaft*, 2ª ed, Duncker & Humblot, Berlin, 2001.

ISENSEE, JOSEF – *Die bedrohte Menschenwürde: Betrachtungen zur höchsten Norm des Grundgesetzes*, Presseamt des Erzbistums, Köln, 2005.

JÄCKEL, HARTMUT – *Grundrechtsgeltung und Grundrechtssicherung. Eine rechtsdogmatische Studie zu Artikel 19 Abs. 2 GG*, Duncker & Humblot, Berlin, 1967.

JAECKEL, LIV – *Schutzpflichten im deutschen und europäischen Recht. Eine Untersuchung der deutschen Grundrechte, der Menschenrechte und Grundfreiheiten der EMRK sowie der Grundrechte und Grundfreiheiten der Europäischen Gemeinschaft*, Nomos, Baden-Baden, 2001.

JARASS, HANS – «Grundrechte als Wertentscheidungen bzw. objektiv- rechtliche Prinzipien in der Rechtsprechung des Bundesverfassungsgerichts», in *AöR*, vol. 110 (1985), p. 363-397.

JARASS, HANS – «Folgerungen aus der neueren Rechtsprechung des BVerfG für die Prüfung von Verstößen gegen Art. 3 Abs. 1 GG», in *NJW* (1997), pp. 2545-2550.

JELLINEK, GEORG – *System der subjectiven öffentlichen Rechts* (1892), trad. italiana *Sistema dei Diritti Pubblici Subbietivi*, Milano, 1912.

JELLINEK, GEORG – *La déclaration des droits de l'homme et du citoyen; contribution à l'histoire du droit constitutionnel moderne*, trad., A. Fontemoing, Paris, 1902.

JELLINEK, WALTER – *Gesetz, Gesetzesanwendung und Zweckmässigkeitserwägung: eine staats- und verwaltungsrechtliche Studie: von drei Kapiteln die beiden ersten der hohen*

Juristen-Fakultät der Universität Leipzig zur Erlangung der venia legendi vorgelegt, Pierer'sche Hofdruckerei, Altenburg, 1912.

JERUSALEM, FRANZ WILHELM – «Die Grundrechte des Bonner Grundgesetzes und ihre Durchsetzung in der Rechtsprechung», in *Süddeutsche Juristen-Zeitung*, vol. 5 (1950), pp. 1-8.

JESTAEDT, MATTHIAS – *Grundrechtsentfaltung im Gesetz. Studien zur Interdependenz von Grundrechtsdogmatik und Rechtsgewinnungstheorie*, Mohr Siebeck, Tübingen, 1999.

JOUANJAN, OLIVIER – *Le principe d'égalité devant la loi en droit allemand*, Economica P. U.A. M., Paris, 1992.

KALDOR, NICHOLAS – «Welfare Propositions in Economics and Interpersonal Comparisons of Utility», *The Economic Journal*, vol. 49, nº 195 (1929), pp. 549-552.

KAUFMANN, ARTHUR – «Über den Wesensgehalt der Grund – und Menschenrechte», in *ARSP* (1984), pp. 384-399.

KAUFMANN, ARTHUR – «Die Lehre vom negativen Utilitarismus: Ein Programm», *in ARSP*, vol. 80, nº 4 (1994), pp. 476-488.

KAUFMANN, ARTHUR – *Filosofia do Direito*, 5ª ed., Gulbenkian, Lisboa, 2014.

KAUFMANN, ERICH – «Die Gleichheit vor dem Gesetz im Sinne des Art. 109 der Reichsverfassung», in *VVDStRL*, Caderno 3, Walter de Gruyter, Berlin/Leipzig, 1927, pp. 2-23.

KELSEN, HANS – *Teoria Pura do Direito*, 6ª ed., trad. de João Batista Machado, Livraria Martins Fontes Editora, São Paulo, 1998, acessível em https://portalconservador. com/livros/Hans-Kelsen-Teoria-Pura-do-Direito.pdf

KIRCHHOF, FERDINAND – *Private Rechtsetzung*, Duncker & Humblot, Berlin, 1987.

KIRCHHOF, PAUL – «Allgemeiner Gleichheitssatz», in Paul Kirchhof/Josef Isensee, *Handbuch des Staatsrechts der Bundesrepublik Deutschland*, vol. 8, 3ª ed., C. F. Müller, Heidelberg, 2010, pp. 697-838.

KISCHEL, UWE – «Systembindung des Gesetzgebers und Gleichheitssatz», in *AöR*, vol. 124 (1999), pp. 174-211.

KLATT, MATTHIAS – «Taking Rights less seriously. A structural analysis of judicial discretion», in *Ratio Juris*, vol. 20 (2007), pp. 506-529.

KLEIN, ECKART – «Grundrechtliche Schutzpflicht des Staates», in *NJW* (1989), pp. 1633-1640.

KLEIN, HANS – «Die grundrechtliche Schutzpflicht», in *DVBl* (1994), pp. 489-497.

KLOEPFER, MICHAEL – *Gleichheit als Verfassungsfrage*, Duncker & Humblot, Berlin, 1980.

KNIES, WOLFGANG – «Auf dem Weg in den "verfassungsgerichtlichen Jurisdiktionsstaat», in Joachim Burmester (ed.), *Verfassungsstaatlichkeit, Festschrift für Klaus Stern zum 65. Geburtstag*, Beck, München, 1997, pp. 1155-1182.

KOCH, HANS-JOACHIM – «Rechtsprinzipien im Bauplanungsrecht», in Schilcher/ Koller/Funk (eds.), *Regeln, Prinzipien, und Elemente im System des Rechts*, Verlag Österreich, Wien, pp. 245-58.

O PRINCÍPIO DA PROIBIÇÃO DO EXCESSO

KOKOTT, JULIANE – «Gleichheitssatz und Diskriminierungsverbote in der Rechtsprechung des Bundesverfassungsgerichts», in Peter Badura/Horst Dreier (org.), *Festschrift 50 Jahre Bundesverfassungsgericht*, vol. 2, Mohr Siebeck, Tübingen, 2001, pp. 127-162.

KOMMERS, DONALD P./MILLER, RUSSEL A. – *The Constitutional Jurisprudence of the Federal Republic of Germany*, 3ª ed., Duke University Press, Durham/London, 2012.

KRAUSE, PETER – «Die Rechtsprechung des Bundesverfassungsgerichts zum Privatrecht» , *JZ* (1984), pp. 656 ss, 711 ss, 828 ss.

KRIELE, MARTIN – «Freiheit und Gleichheit», in Benda/Maihofer/Vogel (org.), *Handbuch des Verfassungsrechts*, de Gruyter, Berlin/New York, 1984, pp. 129-168.

KRINGS, GÜNTER – *Grund und Grenzen grundrechtlicher Schutzansprüche: Die subjektiv-rechtliche Rekonstruktion der grundrechtlichen Schutzpflichten und ihre Auswirkung auf die verfassungsrechtliche Fundierung des Verbrauchervertragsrechts* (tese), Duncker & Humblot, Berlin, 2002.

KRÜGER, HERBERT – «Die Einschränkung von Grundrechten nach dem Grundgesetz», in *DVBl* (1950), pp. 625-629.

KRÜGER, HERBERT – «Der Wesensgehalt der Grundrechte i.S. des Art. 19 GG», in *DöV* (1955), pp. 597-602.

KRÜGER, HERBERT/SEIFERT, JÜRGEN – *Die Einschränkung der Grundrechte, Untersuchungen zu Artikel 19 des Grundgesetzes für die Bundesrepublik Deutschland*, Niedersächsische Landeszentrale f. Polit. Bildung, Hannover, 1976.

LADEUR, KARL-HEINZ – *Kritik der Abwägung in der Grundrechtsdogmatik: Plädoyer für eine Erneuerung der liberalen Grundrechtstheorie*, Mohr Siebeck, Tübingen, 2004.

LARENZ, KARL – *Metodologia da Ciência do Direito*, trad. port. de *Methodenlehre der Rechtswissenschaft*, 5ª ed., Gulbenkian, Lisboa, 1983.

LARENZ, KARL – *Derecho justo. Fundamentos de ética jurídica* (trad. de *Richtiges Recht*, München, 1979), Madrid, 1985.

LEIBHOLZ, GERHARD – *Die gleichheit vor dem gesetz; eine studie auf rechtsvergleichender und rechtsphilosophischer grundlage*, O. Liebmann, Berlin, 1925; 2ª ed., Beck, München/Berlin, 1959.

LEISNER, WALTER – *Grundrechte und Privatrecht*, Beck, München, 1960.

LEISNER, WALTER – «Die Gesetzmäßigkeit der Verfassung», in *JZ*, vol. 19 (1964), pp. 201-205 (também in *Staat: Schriften zu Staatslehre und Staatsrecht 1957-1991*, Duncker & Humblot, Berlin, 1994, pp. 276-289).

LENZE, ANNE – «Gleichheitssatz und Generationengerechtigkeit», in *Der Staat*, vol. 46, nº 1 (2007), pp. 89-108.

LEON, JOSÉ MARIA BAÑO – «La distincion entre derecho fundamental y garantia institucional en la Constitución española», in *REDC*, vol. 24 (set-dez., 1988), pp. 155-179.

LERCHE, PETER – «Das Bundesverfassungsgericht und die Verfassungsdirectiven – Zur den «nicht erfülten Gesetzgebungaufträgen»», in *AöR*, vol. 90 (1965), pp. 311-372.

BIBLIOGRAFIA ESTRANGEIRA GERAL

LERCHE, PETER – «Grundrechtlichen Schutzbereich, Grundrechtsprägung, und Grundrechtseingriff», in Isensee/Kirchhof, *Handbuch des Staatsrechts* (eds.), vol. V, C. F. Müller, Heidelberg, 1992, pp. 739-773.

LERCHE, PETER – «Grundrechtsschranken», in Isensee/Kirchhof (eds.), *Handbuch des Staatsrechts,* vol. V, C. F. Müller, Heidelberg, 1992, pp. 775-804.

LERCHE, PETER – «Facetten der 'Konkretisierung' von Verfassungsrecht», in Koller/Hager/Junker/Singer/Neuner (eds.), *Einheit und Folgerichtigkeit im juristischen Denken,* Beck, München, 1998, pp. 7-26.

LINDAHL, LARS – *Position and change. A study in Law and Logic,* Reidel, Dordrecht, 1977.

LINDNER, JOSEF FRANZ -*Theorie der Grundrechtsdogmatik*, Mohr Siebeck, Tübingen, 2011.

LÜBBE-WOLFF, GERTRUDE – *Die Grundrechte als Eingriffsabwehrrechte. Struktur und Reichweite der Eingriffsdogmatik im Bereich staatlicher Leistungen,* Nomos, Baden--Baden, 1988.

LUCHTERHANDT, OTTO – *Grundpflichten als Verfassungsproblem in Deutschland Geschichtliche Entwicklung und Grundpflichten unter dem Grundgesetz,* Duncker & Humblot, Berlin, 1988.

LÜCKE, JÖRG – «Die Drittwirkung der Grundrechte an Hand des Art. 19 Abs. 3 GG», in *JZ* (1999), pp. 377-384.

LUENGO, JAVIER GARCÍA – *El Principio de Protección de la confianza en el Derecho Administrativo,* Civitas, Madrid, 2002.

LUHMANN, NIKLAS – *Zweckbegriff und Systemrationalität,* Mohr, Tübingen, 1968.

LUQUE, LUIS AGUIAR – «Los limites de los derechos fundamentales», in *RCEC*, vol. 14 (jan.-ab., 1993), pp. 9-34.

LYONS, DAVID (ed.) – *Rights,* Wadsworth, Belmont (Cal.), 1979.

LYONS, DAVID – «Utility and rights», in Pennock/Chapman (ed.), *Nomos XXIV: Ethics, Economics and the Law,* New York University Press, New York, 1982, pp. 107-138.

LYOTARD, JEAN FRANÇOIS, *A condição pós-moderna,* trad. port. de *La condition postmoderne,* Lisboa, Gradiva, s.d.

MAASS, RAINALD – «Die neuere Rechtsprechung des BVerfG zum allgemeinen Gleichheitssatz – Ein Neuansatz?», in *NVwZ* (1988), pp. 14-21.

MACINTYRE, ALASDAIR – *After Virtue. A study in moral theory,* University of Notre Dame Press, Notre Dame, 1981.

MACINTYRE, ALASDAIR – *Whose virtue. Which rationality?,* University of Notre Dame Press Notre Dame, 1988.

MAIHOFER, WERNER – «Princípios de una democracia en libertad», *in* E. Benda *et al., Manual de derecho constitucional,* Marcial Pons, Madrid, 1996, pp. 217-323.

MAINKA, JOHANNES – *Vertrauensschutz im öffentlichen Recht,* Ludwig Röhrscheid, Bonn, 1963.

O PRINCÍPIO DA PROIBIÇÃO DO EXCESSO

MAJEWSKI, OTTO – *Auslegung der Grundrechte durch einfaches Gesetzesrecht?*, Duncker & Humblot, Berlin, 1971.

MANCEBO, LUIS VILLACORTA – «Principio de igualdad y legislador: arbitrariedad y proporcionalidad como limites (probablemente insuficientes)», *in REP*, vol. 130 (2005), pp. 35-75.

MANCEBO, LUIS VILLACORTA – *Principio de igualdad y Estado social*, Universidad de Cantabria, 2006.

MARAUHN, RUPPEL, – «Balancing Conflicting Human Rights: Konrad Hesse's Notion of "Praktische Konkordanz" and the German Federal Constitutional Court», in Eva Brems (ed.), *Conflicts Between Fundamental Rights*, Intersentia, Antwerp/Oxford/Portland, 2008, pp. 273-296.

MARTIN, SHEILAH/MAHONEY, KATHLEEN (eds.) – *Equality and Judicial Neutrality*, Carswell, Toronto/Calgary/Vancouver, 1987.

MARTINS, LEONARDO – «Introdução à Jurisprudência do Tribunal Constitucional Alemão», in *Cinquenta Anos de Jurisprudência do Tribunal Constitucional Alemão*, Konrad-Adenauer Stifung, 2005, acessível em http://www.kas.de/wf/doc/kas_7738-544-4-30.pdf

MAUNZ, THEODOR – «Die Suche nach den Schranken der Grundrechte», in *Verfassung, Verwaltung, Finanzkontrolle: Festschrift für Hans Schäfer zum 65. Geburtstag am 26. Januar 1975*, Carl Heymann Verlag, Köln, 1975, pp. 7-23.

MAURER, HARTMUT – «Kontinuitätsgewährung und Vertrauensschutz», in Isensee/Kirchhof (eds.), *Handbuch des Staatsrechts*, vol. 3, 2ª ed., C. F. Müller, Heidelberg, 1996, § 60.

MAYER, OTTO – *Deutsches Verwaltungsrecht*, 1º vol., Duncker & Humblot, Leipzig, 1895.

MELLO, CELSO ANTÔNIO BANDEIRA DE – *Conteúdo Jurídico do Princípio da Igualdade*, 3ª ed., Malheiros, São Paulo, 2006.

MENDES, GILMAR FERREIRA – «O princípio da proporcionalidade na jurisprudência do Supremo Tribunal Federal: novas leituras», in *Revista Diálogo Jurídico*, vol. I, nº 5 (agosto 2001), acessível em http://www.direitopublico.com.br/pdf_5/DIALOGO-JURIDICO-05-AGOSTO-2001-GILMAR-MENDES.pdf

MENDES, GILMAR FERREIRA – *Estado de Direito e Jurisdição Constitucional 2002-2010*, 1ª ed., Saraiva, São Paulo, 2011.

MENDES, GILMAR FERREIRA/BRANCO, PAULO GUSTAVO GONET – *Curso de Direito Constitucional*, 9ª ed., Saraiva, São Paulo, 2014.

MICHAEL, LOTHAR – *Der allgemeine Gleichheitssatz als Methodennormen komparativer Systeme*, Duncker & Humblot, Berlin, 1997.

MICHAEL, LOTHAR – «Los derechos de igualdad como principios iusfundamentales», in Jan-R. Sieckmann (ed.), *La teoria principialista de los derechos fundamentales. Estudios sobre la teoria de los derechos fundamentales de Robert Alexy*, Marcial Pons, Madrid, 2011, pp. 137-167.

BIBLIOGRAFIA ESTRANGEIRA GERAL

MICHAEL, LOTHAR – «El contenido esencial como común denominador de los derechos fundamentales en Europa?», in *Revista de derecho constitucional europeo*, vol. 6, nº 11 (2009), pp. 165-187, acessível em http://www.ugr.es/~redce/RED-CE11pdf/06_LOTHAR%20MICHAEL.pdf, pp. 166 ss.

MÖLLER, KAI – *The Global Model of Constitutional Rights*, Oxford University Press, Oxford, 2012.

MÖLLERS, CHRISTOPH – «Wandel der Grundrechtsjudikatur – Eine Analyse der Rechtsprechung des Ersten Senats des BVerfG», in *NJW* (2005), pp. 1973-1979.

MORAND, CHARLES-ALBERT – «Les exigences de la méthode législative et du droit constitutionnel portant sur la formation de la législation», in *Droit et Societé*, vol. 10 (1988), pp. 407-423.

MORAND, CHARLES-ALBERT – «Vers une Méthodologie de la pesée des valeurs constitutionnelles», in *De la Constitution, ètudes en l'honneur de J-F Aubert*, Helbing et Lichtenhahn, Bâle Francfort-sur-le-Main, 1996, pp. 57-75.

MORAND, CHARLES-ALBERT – «Pesée d'intérêts et décisions complexes» (1996), acessível em http://www.reds.msh-paris.fr/communication/textes/morand01. htm

MORESO, JOSÉ JUAN – *La indeterminación del Derecho y la interpretación de la Constitución*, 2ª ed., Palestra, Lima, 2014.

MÖSTL, MARKUS – «Probleme der verfassungsprozessualen Geltendmachung gesetzgeberischer Schutzpflichten – Die Verfassungsbeschwerde gegen legislatives Unterlassen», in *DÖV* (1998), pp. 1029-1038.

MÖSTL, MARKUS – *Die staatliche Garantie für die öffentliche Sicherheit und Ordnung. Sicherheitsgewährleistung im Verfassungsstaat, im Bundesstaat und in der Europäischen Union*, Mohr Siebeck, Tübingen, 2002.

MUCKEL, STEFAN – *Kriterien des verfassungsrechtlichen Vertrauensschutzes bei Gesetzesänderungen*, Duncker & Humblot, Berlin, 1989.

MÜLLER, FRIEDRICH – *Normstruktur und Normativität*, Duncker & Humblot, Berlin, 1966.

MÜLLER, FRIEDRICH – *Die Positivität der Grunrechte*, 2ª ed., Duncker & Humblot, Berlin, 1990.

MÜLLER, FRIEDRICH – *Discours de la méthode juridique* (trad. de *Juristische Methodik*), PUF, Paris, 1996.

MÜLLER, JÖRG PAUL – *Elements pour une théorie suisse des droits fondamentaux*, Editions Stæmpfli, Bern, 1983.

MURSWIEK, DIETRICH – *Die staatliche Verantwortung für die Risiken der Technik.: Verfassungsrechtliche Grundlagen und immissionsschutzrechtliche Ausformung*, Duncker & Humblot, Berlin, 1985.

MYRDAL, GUNNAR – «Das Zweck/Mittel-Denken in der Nationalökonomie», in *Zeitschrift für Nationalökonomie*, vol. 4 (1933), pp. 305-329.

O PRINCÍPIO DA PROIBIÇÃO DO EXCESSO

NADALES, PORRAS – *Introducción a una teoria del Estado postsocial*, PPU, Barcelona, 1988.

NAGEL, ROBERT F. – *Constitutional Cultures. The Mentality and Consequences of Judicial Review*, University of California Press, Berkeley, 1989.

NEUPERT, MICHAEL – *Rechtmäßigkeit und Zweckmäßigkeit*, Mohr Siebeck, Tübingen, 2011.

NIMMER, MELVILLE B. – «The Right to Speak from Times to Time: First Amendment Theory Applied to Libel and Misapplied to Privacy», in *CaLR*, vol. 56 (1968), pp. 935-967.

NINO, CARLOS SANTIAGO – *Introducción al análisis del derecho*, Editorial Astrea, Buenos Aires, 1980.

NINO, CARLOS SANTIAGO – *Etica y Derechos Humanos*, Editorial Paidós, Buenos Aires, 1984.

NIPPERDEY, HANS CARL – *Grundrechte und Privatrecht*, Scherpe, Krefeld, 1961.

NITZ, GERHARD – *Private und öffentliche Sicherheit*, Duncker & Humblot, Berlin, 2010.

NOLL, PETER – *Gesetzgebungslehre*, Rowohlt-Taschenbuch-Verlag, Reinbek bei Hamburg, 1973.

ODENDAHL, KERSTIN – «Der allgemeine Gleichheitssatz: Willkürformel und „neue Formel "als Prüfungsmaßstäbe», in *Jura* (2000), pp. 170-176.

ORUCU, ESIN – «The Core of Rights and Freedoms: The Limit of Limits», in Tom Campbell e outros *Human Rights, From Rethoric to Reality*, Basil Backwell, Oxford, 1986, pp. 37-59.

OSSENBÜHL, FRITZ – «Die Kontrolle von Tatsachenfeststellungen und Prognoseentscheidungen durch das Bundesverfassungsgericht», in Christian Starck (ed.), *Bundesverfassungsgericht und Grundgesetz, Festgabe aus Anlass des 25jährigen Bestehens des Bundesverfassungsgerichts*, vol. I, J. C. B. Mohr, Tübingen, 1976, pp. 458-518.

PALADIN, LIVIO – *Il principio costituzionale d'egualianza*, Giuffré, Milano, 1965.

PAPIER, HANS-JÜRGEN – «Aktuelle grundrechtsdogmatische Entwicklungen in der Rechtsprechung des Bundesverfassungsgerichts. Schutzbereich – Eingriff. Gesetzesvorbehalt», in Detlef Merten/Hans-Jürgen Papier (eds.), *Grundfragen der Grundrechtsdogmatik*, C. F. Müller, Heidelberg, 2007, pp. 81-100.

PARDO, IGNACIO DE OTTO Y – «La regulación del ejercicio de los derechos fundamentales. La garantía de su contenido esencial en el artículo 53.1 de la Constitución», in L. Martin-Retortillo/I. de Otto y Pardo (eds.), *Derechos fundamentales y Constitución*, Civitas, Madrid, 1988, pp. 95-172.

PASCUAL, GABRIEL DOMÉNECH – *Derechos fundamentales y riesgos tecnológicos*, Centro de Estudios Políticos y Constitucionales, Madrid, 2006.

PAVLAKOS, GEORGE – «Constitutional rights, balancing, and the structure of autonomy», in *Canadian Journal of Law and Jurisprudence*, vol. 24 (2011), pp. 129-154.

PECZENIK, ALEKSANDER – *On Law and Reason*, Kluwer, Dordrecht/Boston/London, 1989; 2ª ed., Springer, 2008.

BIBLIOGRAFIA ESTRANGEIRA GERAL

PERELMAN, CHAIM – *Logique juridique, nouvelle rhétorique*, Dalloz, Paris, 1999.

PETERS, HANS – *Die Verfassungsmäßigkeit des Verbots der Beförderung von Massengütern im Fernverkehr auf der Straße. Gutachten zum Entwurf eines Straßenentlastungsgesetzes*, Kirschbaum, Bielefeld, 1954.

PIEROTH/SCHLINK – *Grundrechte. Staatsrecht II*, 9ª ed., C. F. Müller, Heidelberg, 1993; *idem*, 18ª ed., 2002.

PIEROTH/SCHLINK – *Direitos Fundamentais. Direito Estadual II*, trad. da 23ª ed., Universidade Lusíada Editora, Lisboa, 2008.

PIETZCKER, JOST – «Drittwirkung Schutzpflicht Eingriff», in *Das akzeptierte Grundgesetz, Festschrift Günter Dürig*, Beck, München, 1990, pp. 345-363.

PINTO, ILENIA MASSA – «La discrezionalità politica del legislatore tra tutela costituzionale del contenuto essenziale e tutela ordinaria caso per caso dei diritti nella più recente giurisprudenza costituzionale» in *Giurisprudenza costituzionale*, vol. 43 (1998), pp. 1309-1334.

PLESSIS, LOURENS M. DU/DE VILLE, JACQUES – «Personal rights: life, freedom, and security of the person, privacy, and freedom of movement», in Van Wyk/ Dugard/ De Villiers/ Davis (eds.), *Rights and Constitutionalism. The New South African LegaL Order*, Juta, Cape Town, 1994, pp. 212-263.

PODLECH, ADALBERT – *Gehalt und Funktionen des allgemeinen verfassungsrechtlichen Gleichheitssatzes*, Duncker & Humblot, Berlin, 1971.

POSCHER, RALF – *Grundrechte als Abwehrrechte. Reflexive Regelung rechtlich geordneter Freiheit*, Mohr Siebeck, Tübingen, 2003.

POSCHER, RALF – «Insights, Errors and Self-misconceptions of the Theory of Principles», *in Ratio Juris*, vol. 22, nº 4 (Dezembro 2009), pp. 425-454 (trad. de «Einsichten, Irrtümer und Selbstmissverständnisse der Prinzipien-theorie», in Jan-R. Sieckmann (ed.), *Prinzipientheorie der Grundrechte*, Nomos, Baden-Baden, 2007, pp. 59-79);

— «Aciertos, errores y falso autoconcepto de la teoria de los principios», in Jan-R. Sieckmann (ed.), *La teoria principialista de los derechos fundamentales. Estudios sobre la teoria de los derechos fundamentales de Robert Alexy*, Marcial Pons, Madrid, 2011, pp. 71-92.

POSCHER, RALF – «The Principles Theory. How Many Theories and What is their Merit?», in Matthias Klatt (ed.), *Institutionalized Reason. The Jurisprudence of Robert Alexy*, Oxford University Press, New York, 2012, pp. 218-247.

POSNER, RICHARD A. – «The Meaning of Judicial Self-Restraint», in *ILJ*, vol. 59, nº 1 (1983), pp. 1-24, acessível em http://chicagounbound.uchicago.edu/cgi/viewcontent.cgi?article=2855&context=journal_articles

POSTEMA, GERALD J. – «Objectivity Fit for Law», in Brian Leiter (ed.), *Objectivity in Law and Morals*, Cambridge University Press, Cambridge, 2001, pp. 99-143.

PREVEDOUROU, EUGENIE – *Le Principe de Confiance Légitime en Droit Public Français*, P. N. Sakkoylas, Atenas, 1998.

O PRINCÍPIO DA PROIBIÇÃO DO EXCESSO

PUJALTE, ANTONIO-LUIS MARTINEZ – *La garantia del contenido esencial de los derechos fundamentales*, Centro de Estudios Políticos y Constitucionales, Madrid, 1997.

QUANTE, MICHAEL – *Menschenwürde und personale Autonomie. Demokratische Werte im Kontext der Lebenswissenschaften*, Meiner, Hamburg, 2010.

RAABE, MARIUS – *Grundrechte und Erkenntnis: der Einschätzungsspielraum des Gesetzgebers*, Nomos, Baden-Baden, 1998.

RADBRUCH, GUSTAV – «Gesetzliches Unrecht und übergesetzliches Recht», in *Süddeutsche Juristenzeitung*, vol. 1 (1946), pp. 105-108.

RADBRUCH, GUSTAV – *Filosofia do Direito* (trad. Cabral Moncada), A. Amado, Coimbra, 1944-45.

RAO, NEOMI – «On the Use and Abuse of Dignity in Constitutional Law», in *Columbia Journal of European Law*, vol. 14 (2008), pp. 201-255.

RASSOW, REINHARD – *Staatliche Schutzpflichten für geistiges Eigentum*, Verlag Dr. Kovac, Hamburg, 2006.

RAU, CHRISTIAN – *Selbst entwickelte Grenzen in der Rechtsprechung des United States Supreme Court und des Bundesverfassungsgerichts*, Duncker& Humblot, Berlim, 1996.

RAUTENBACH, I. M.- *General provisions of the South African bill of rights*, Butterworths, Durban, 1995.

RAWLS, JOHN – *A Theory of Justice*, Belknap Press, Cambridge (Mass.), 1971.

RAWLS, JOHN – «The Basic Liberties and their priority», acessível em http://tanner-lectures.utah.edu/lectures/documents/rawls82.pdf

RAWLS, JOHN – *Political Liberalism. With a new Introduction and the "Reply to Habermas"*, Columbia University Press, New York, 1996.

RAZ, JOSEPH – *The Morality of Freedom*, Clarendon Press, Oxford, 1986.

ROBBERS, GERHARD – *Sicherheit als Menschenrecht: Aspekte der Geschichte, Begründung und Wirkung einer Grundrechtsfunktion*, Nomos, Baden-Baden, 1987.

ROBBERS, GERHARD – *Gerechtigkeit als Rechtsprinzip. Über den Begriff der Gerechtigkeit in der Rechtsprechung des Bundesverfassungsgerichts*, Nomos, Baden-Baden, 1980.

ROBBERS, GERHARD – «Der Gleichheitssatz», in *DÖV*, vol. 41 (1988), pp. 749-758.

RODRÍGEZ-ARMAS, MAGDALENA LORENZO – *Análisis del contenido esencial de los derechos fundamentales enunciados en el art. 53.1 de la Constitución española*, Editorial Comares, Granada, 1996.

ROELLECKE, GERD – «Prinzipien der Verfassungsinterpretation in der Rechtsprechung des Bundesverfassungsgerichts», in Christian Starck (ed.), *Bundesverfassungsgericht und Grundgesetz, Festgabe aus Anlass des 25jährigen Bestehens des Bundesverfassungsgerichts*, vol. II, J. C. B. Mohr, Tübingen, 1976, pp. 22-49.

ROSS, ALF – *On Law and Justice*, University of California Press, Berkeley, 1959 (versão em dinamarquês, *Om Ret og Retfærdighed*, 1953).

ROSSANO, CLAUDIO – *L'eguaglianza giuridica nell'ordinamento costituzionale*, E. Jovene, Napoli, 1966.

BIBLIOGRAFIA ESTRANGEIRA GERAL

Rousseau, Dominique – *Le contrôle de l'opportunité de l'a action administrative par le juge administratif* (tese), Poitiers, 1979.

Rubel, Rüdiger – *Planungsermessen. Norm- und Begründungsstruktur*, Metzner, Frankfurt am Main, 1982.

Ruffert, Matthias – *Vorrang der Verfassung und Eigenständigkeit des Privatrechts. Eine verfassungsrechtliche Untersuchung zur Privatrechtsentwicklung des Grundgesetzes*, Mohr Siebeck, Tübingen, 2001.

Rusteberg, Benjamin – *Der grundrechtliche Gewährleistungsgehalt. Eine veränderte Perspektive auf die Grundrechtsdogmatik durch eine präzise Schutzbereichsbestimmung*, Mohr Siebeck, Tübingen, 2009.

Rütsche, Bernhard – *Rechtsfolgen von Grundrechtsverletzungen. Mit Studien zur Normstruktur von Grundrechten, zu den funktionellen Grenzen der Verfassungsgerichtsbarkeit und zum Verhältnis von materiellem Recht und Verfahrensrecht*, Helbing Lichtenhahn Verlag AG, Basel , 2002.

Sachs, Michael – *Grenzen des Diskriminierungsverbots*, Vahlen, München, 1987.

Sachs, Michael – «Die Maßstäbe des allgemeinen Gleichheitssatzes – Willkürverbot und sogenannte neue Formel», in *JuS* (1997), pp. 124-130.

Sachs, Michael – *Verfassungsrecht II. Grundrechte*, 2ª ed., Springer, Berlin/Heidelberg/New York, 2002.

Sacksofsky, Ute – *Das Grundrecht auf Gleichberechtigung: Eine rechtsdogmatische Untersuchung zu Artikel 3 Abs. 2 des Grundgesetzes*, 2ª ed, Nomos, Baden-Baden, 1996.

Sadurski, Wojciech – *Equality and Legitimacy*, Oxford University Press, New York, 2008.

Saladin, Peter – *Grundrechte im Wandel. Die Rechtsprechung des Schweizerischen Bundesgerichts zu den Grundrechten in einer sich ändernden Umwelt*, 3ª ed., Verlag Stämpfli, Bern, 1982.

Santiago, J. M. Rodriguez de – *La ponderación de bienes e intereses en el derecho administrativo*, Marcial Pons, Madrid, 2000.

Sarlet, Ingo Wolfgang – *A eficácia dos direitos fundamentais*, Livraria do Advogado, Porto Alegre, 1998.

Sarlet, Ingo Wolfgang – «Direitos fundamentais e direito privado: algumas considerações em torno da vinculação dos particulares aos direitos fundamentais», in *Boletim Científico da Escola Superior do Ministério Público da União*, vol. 16 (jul./set. 2005), pp. 193-259.

Sartor, Giovanni – «Defeasibility in legal reasoning», in *Rechtstheorie*, vol. 24 (1993), pp. 281-316.

Sartor, Giovanni – *Legal Reasoning: A Cognitive Approach to the Law*, Springer, Berlin, 2005.

Schaal, Gary S. – *Vertrauen, Verfassung und Demokratie. Über den Einfluss konstitutioneller Prozesse und Prozeduren auf die Genese von Vertrauensbeziehungen in modernen Demokratien*, VS Verlag für Sozialwissenschaften, Wiesbaden, 2004.

O PRINCÍPIO DA PROIBIÇÃO DO EXCESSO

SCHARFFS, BRETT G. – «Adjudication and the Problems of Incommensurability», in *William & Mary Law Review*, vol. 42, (2001), pp. 1367-1435, acessível em http://scholarship.law.wm.edu/wmlr/vol42/iss4/6

SCHAUER, FREDERICK – «Freedom of Expression Adjudication in Europe and America: A Case Study in Comparative Constitutional Architecture», acessível em http://ssrn.com/abstract=668523 ou http://dx.doi.org/10.2139/ssrn.668523

SCHAUER, FREDERICK – «A Comment on the Structure of Rights», in *GLR*, vol. 27 (1993), pp. 415 -434.

SCHAUER, FREDERICK – «The Boundaries of the First Amendment: a Preliminary Exploration of Constitutional Salience», in *HLR*, vol. 117 (2003-4), pp. 1765-1809.

SCHAUER, FREDERICK – «The Exceptional First Amendment», 2005, acessível em http://ssrn.com/abstract=668543 or http://dx.doi.org/10.2139/ssrn.668543

SCHERZBERG, ARNO – *Grundrechtsschutz und "Eingriffsintensität" das Ausmass individueller Grundrechtsbetroffenheit als materiellrechtliche und kompetenzielle Determinante der verfassungsgerichtlichen Kontrolle der Fachgerichtsbarkeit im Rahmen der Urteilsverfassungsbeschwerde*, Duncker & Humblot, Berlin, 1989.

SCHMIDT, EBERHARD – «Der Strafprozeß. Aktuelles und Zeitloses», in *NJW* (1969), pp. 1137-1146.

SCHMIDT, WALTER – *Einführung in die Probleme des Verwaltungsrechts*, Beck, München, 1982.

SCHNEIDER, LUDWIG -«*Der Schutz des Wesensgehalts von Grundrechten nach Art. 19 Abs. 2 GG*», Duncker & Humblot, Berlin, 1983.

SCHOCH, FRIEDRICH – «Der Gleichheitssatz», in *DVBl* (1988), pp. 863-882.

SCHOLZ, RUPPERT – «Karlsruhe im Zwielicht – Anmerkungen zu den wachsenden Zweifeln am BVerfG», in Joachim Burmester (ed.), *Verfassungsstaatlichkeit, Festschrift für Klaus Stern zum 65. Geburtstag*, Beck, München, 1997, pp.1201-1223.

SCHUPPERT, GUNNAR FOLKE/BUMKE, CHRISTIAN – *Die Konstitutionalisierung der Rechtsordnung. Überlegungen zum Verhältnis von verfassungsrechtlicher Ausstrahlungswirkung und Eigenständigkeit des -einfachen- Rechts*, Nomos, Baden-Baden, 2000.

SCHWABE, JÜRGEN – *Probleme der Grundrechtsdogmatik*, edição própria, Darmstad, 1977.

SCHWARZ, KYRILL-A. – *Vertrauensschutz als Verfassungsprinzip. Eine Analyse des nationalen Rechts des Gemeinschaftsrechts und der Beziehungen zwischen beiden Rechtskreisen*, Nomos, Baden-Baden, 2002.

SCHWERDTNER, PETER – *Das Persönlichkeitsrecht in deutschen Zivilrechtsordnung*, J. Schweitzer Verlag, Berlin, 1977.

SCHYFF, G. VAN DER – *Limitation of Rights: A Study of the European Convention and the South African Bill of Rights*, Wolf Legal Publishers, Nijmegen, 2005.

SEETZEN, UWE – «Der Prognosespielraum des Gesetzgebers», in *NJW* (1975), pp. 429-434.

BIBLIOGRAFIA ESTRANGEIRA GERAL

SEGADO, FRANCISCO FERNANDEZ – «Naturaleza y regimen legal de la suspensión de los derechos fundamentales», in *RDerP*, vol. 18/19 (Verão/Outono 1983), pp. 31-58.

SEITER, HUGO – *Streikrecht und Aussperrungsrecht*, Mohr, Tübingen, 1975.

SIECKMANN, JAN-REINARD – *Regelmodelle und Prinzipienmodelle des Rechtssystems*, Nomos, Baden-Baden, 1990.

SIECKMANN, JAN-REINARD – «Legal System and Practical Reason. On the Structure of a Normative Theory of Law», in *Ratio Juris*, vol. 5 (1992), pp. 288-307.

SIECKMANN, JAN-REINARD – *Modelle des Eigentumsschutzes. Eine Untersuchung zur Eigentumsgarantie des Art. 14 GG*, Nomos, Baden-Baden, 1998.

SILVA, VIRGÍLIO AFONSO DA – *Grundrechte und Gesetzgeberische Spielräume*, Nomos, Baden-Baden, 2002.

SILVA, VIRGÍLIO AFONSO DA – *Direitos Fundamentais: Conteúdo Essencial, Restrições e Eficácia*, 2ª ed., Malheiros, São Paulo, 2010.

SILVA, VIRGÍLIO AFONSO DA – «O conteúdo essencial dos direitos fundamentais e a eficácia das normas constitucionais», in *Revista de Direito do Estado*, vol. 4 (2006), pp. 23-51.

SMEND, RUDOLF – "Das Recht der freien Meinungsäußerung", in *Berichte: Verhandlungen der Tagung der Deutschen Staatsrechtslehrer zu München am 24. und 25. März 1927; mit einem Auszug aus der Aussprache, VVDStRL 4*, W. de Gruyter, Berlin, 1928, pp. 44-73.

SMEND, RUDOLF – *Verfassung und Verfassungsrecht*, Duncker & Humblot, München, 1928.

SOMMERMANN, KARL-PETER – *Staatsziele und Staatszielbestimmungen*, Mohr Siebeck, Tübingen, 1997.

SPECCHIA, MARINA CALAMO – *La Costituzione garantita. Dalla sovranità alla ragionevolezza: itinerari francesi*, Giappichelli, Torino, 2000.

SPENDEL, GÜNTER – «Über eine rationalistische Geisteshaltung als Voraussetzung der Jurisprudenz», in *Beiträge zur Kultur- und Rechtsphilosophie: Festschrift für Gustav Radbruch zum 70. Geburtstag*, Rausch, Heidelberg, 1948, pp. 68-89.

STARCK, CHRISTIAN- «Menschenwürde als Verfassungsgarantie in modernen Staat», in *JZ*, vol. 36 (1981), pp. 457-464.

STARCK, CHRISTIAN – *Praxis der Verfassungsauslegung*, Nomos, Baden-Baden, 1994.

STARCK, CHRISTIAN – *Verfassungen. Entstehung, Auslegung, Wirkungen und Sicherung*, Mohr Siebeck, Tübingen, 2009.

STERN, KLAUS – *Das Staatsrecht der Bundesrepublik Deutschland*, vol. III, Allgemeine Leheren der Grundrechte, C. H. Beck, München, 1988.

SZCZEKALLA, PETER – *Die sogenannten grundrechtlichen Schutzpflichten im deutschen und europäischen Recht: Inhalt und Reichweite einer "gemeineuropäischen Grundrechtsfunktion"*, Duncker und Humblot, Berlin, 2002.

TRIBE, LAURENCE H. – *American Constitutional Law*, Mineola, Foundation Press, New York, 1978 (2ª ed., 1988).

O PRINCÍPIO DA PROIBIÇÃO DO EXCESSO

TUSSMAN, JOSPEH/TENBROECK, JACOBUS – «The Equal Protection of the Laws», in *CLR*, vol. 37 (1949), pp. 341-381, acessível em http://scholarship.law.berkeley.edu/cgi/viewcontent.cgi?article=3493&context=californialawreview.

UNRUH, PETER – *Zur Dogmatik der grundrechtlichen Schutzpflichten*, Duncker & Humblot, Berlin, 1996.

USHER, J. A. – «The influence of national concepts on decisions of the European Court», in *ELR*, vol. 5 (1976), pp. 359-374.

VAN WYK/DUGARD/ DE VILLIERS/ DAVIS – *Rights and Constitutionalism. The New South African Legal Order*, Juta, Cape Town, 1994.

VILLA, JESÚS LEGUINA – «Principios generales del Derecho Y Constitución», in *RAP*, vol. 114 (1987), pp. 7-37.

VILLA, VITTORIO – «Legal Theory and Value -Judgements», in *Law and Philosophy*, vol. 16 (1997), pp. 447-477.

VITZTHUM, W. GRAF – «Menschenwürde als Verfassungsbegriff», in *JZ* (1985), pp. 201-209.

VON WRIGHT, GEORG HENRIK – «Deontic Logic», in *Mind*, New Series, vol. 60, nº 237 (jan. 1951), pp. 1-15, acessível em http://links.jstor.org/sici?sici=00264423%28195101%292%3A60%3A237%3C1%3ADL%3E2.0.CO%3B2-C

VON WRIGHT, GEORG HENRIK – *Norm and Action. A Logical Enquiry*, Routledge and Kegan Paul, London, 1963.

WALDRON, JEREMY – *The Right to Private Property*, Clarendon Press, Oxford, 1988.

WALDRON, JEREMY – «Fake Incommensurability: A Response to Professor Schauer», in *Hastings Law Journal*, vol. 45 (1994), pp. 813-824.

WALDRON, JEREMY – «The Core of the Case Against Judicial Review», in *YLJ*, vol. 115 (2006), pp. 1346- 1360.

WEBER-DÜRLER, BEATRICE – *Vertrauensschutz im öffentlichen Recht*, Helbing und Lichtenhahn, Basel/Frankfurt am Main, 1983.

WERNSMANN, RAINER – «Wer bestimmt den Zweck einer grundrechtseinschränkenden Norm – Bundesverfassungsgericht oder Gesetzgeber?», in *NVwZ* (2000), pp. 1360-1364.

WESTEN, PETER – «The empty idea of equality», in *HLR*, vol. 95 (1982), pp. 537- 596.

WOOLMAN, STUART/WAAL, JOHAN – «Freedom of assembly: voting with your feet», Van Wyk/Dugard/De Villiers/Davis – *Rights and Constitutionalism. The New South African Legal Order*, Juta, Cape Town, 1994, pp. 292-337.

WOOLMAN, STUART/WAAL, JOHAN – *Freedom of association: the right to be we*, Van Wyk/Dugard/De Villiers/Davis – *Rights and Constitutionalism. The New South African Legal Order*, Juta, Cape Town, 1994, pp. 338-386.

WRÓBLEWSKI, JERZY – «Legal Decision and its Justification», in *Logique and Analyse*, vol. 14, nº 53-54 (1971), pp. 409-419, acessível em http://virthost.vub.ac.be/lnaweb/ojs/index.php/LogiqueEtAnalyse/article/view/551

BIBLIOGRAFIA ESTRANGEIRA GERAL

WRÓBLEWSKI, JERZY – «Legal syllogism and rationality of judicial decision», in *Rechtstheorie* (1974), pp. 33-46.

YOSHINO, KENJI – «The new equal protection», in *HLR*, vol. 124 (2011), pp. 747-803, acessível em http://www.pulp.up.ac.za/pdf/2012_08/2012_08.pdf

YOUNG, ALISON L. – «In Defense of Due Deference», in *The Modern Law Review*, vol. 72 (2009), pp. 554–580.

ZAGREBELSKY, GUSTAVO – *La giustizia costituzionale*, Il Mulino, Bolonha, 1988.

ZIPF, HEINZ – *Die Strafmaßrevision*, Beck, München, 1969.

ZIPPELIUS, REINHOLD – *Allgemeine Staatslehre. Politikwissenschaft*, 10ª ed., Beck, München, 1988.

ZIVIER, ERNST – *Der Wesensgehalt der Grundrechte*, E. Reter, Berlin, 1960.

ZUCCA, LORENZO – *Constitutional Dilemmas – Conflicts of Fundamental Legal Rights in Europe and the US*, Oxford University Press, Oxford, 2007.

ZUCCA, LORENZO – «Conflicts of Fundamental Rights as Constitutional Dilemmas», in Eva Brems (ed.), *Conflicts Between Fundamental Rights*, Intersentia, Antwerp/Oxford/Portland, 2008, pp. 19-37.

BIBLIOGRAFIA PORTUGUESA

ABRANTES, J. J. NUNES – *Vinculação das entidades privadas aos direitos fundamentais*, AAFDL, Lisboa, 1990.

ALBUQUERQUE, MARTIM DE – *Da Igualdade. Introdução à Jurisprudência*, Almedina, Coimbra, 1993.

ALEXANDRINO, JOSÉ DE MELO – *Estatuto Constitucional da Atividade de Televisão*, Coimbra Editora, Coimbra, 1998.

ALEXANDRINO, JOSÉ DE MELO – *A estruturação do sistema de direitos, liberdades e garantias na Constituição Portuguesa*, Almedina, Coimbra, 2006.

ALEXANDRINO, JOSÉ DE MELO – «Perfil constitucional da dignidade da pessoa humana: um esboço traçado a partir da variedade de conceções», in *Estudos em Honra do Professor Doutor José de Oliveira Ascensão*, vol. I, Coimbra, Coimbra Editora, 2008, pp. 481-511.

ALEXANDRINO, JOSÉ DE MELO – *Direitos Fundamentais. Introdução Geral*, 2ª ed., Principia, Cascais, 2011.

ALEXANDRINO, JOSÉ DE MELO – «Jurisprudência da Crise. Das Questões Prévias às Perplexidades», in Gonçalo de Almeida Ribeiro/Luís Pereira Coutinho (org.), *O Tribunal Constitucional e a crise. Ensaios críticos*, Almedina, Coimbra, 2014, pp. 51-68.

ALEXANDRINO, JOSÉ DE MELO – *Lições de Direito Constitucional*, AAFDL, Lisboa, 2015.

ALMEIDA, CARLOS FERREIRA DE – *Os direitos dos consumidores*, Almedina, Coimbra, 1982.

ALMEIDA, JOSÉ M. F. – «Procedimento Administrativo», in *DJAP*, vol. VI, pp. 470-536.

ALMEIDA, LUÍS NUNES DE – «El Tribunal Constitucional y el contenido, vinculatoriedad y efectos de sus decisiones», in *Revista de Estudios Politicos*, vol. 60-61 (1988), pp. 859-889.

AMARAL, DIOGO FREITAS DO – «Direitos fundamentais dos administrados», in Jorge Miranda (org.), *Nos dez anos da Constituição*, Lisboa, 1986, pp. 11-28.

O PRINCÍPIO DA PROIBIÇÃO DO EXCESSO

AMARAL, DIOGO FREITAS DO – *Curso de Direito Administrativo*, vol. II, Almedina, Coimbra, 2007; 2ª ed., 2011.

AMARAL, MARIA LÚCIA – «O problema da função política dos grupos de interesse (do pluralismo ao neocorporativismo)», in *O Direito*, vols. 106º – 119º (1974/1987), pp. 147-222.

AMARAL (PINTO CORREIA), MARIA LÚCIA – *Responsabilidade do Estado e Dever de Indemnizar do Legislador*, Coimbra Editora, Coimbra, 1998.

AMARAL, MARIA LÚCIA – «O princípio da igualdade na Constituição Portuguesa», in *Estudos em Homenagem ao Prof. Doutor Armando M. Marques Guedes*, Coimbra Editora, Coimbra, 2004, pp. 35-57.

AMARAL, MARIA LÚCIA – *A forma da República. Uma introdução ao estudo do Direito Constitucional*, Coimbra Editora, Coimbra, 2005.

AMARAL, MARIA LÚCIA – «O Princípio da Dignidade da Pessoa Humana na Jurisprudência Constitucional», in *Jurisprudência Constitucional*, vol. 13 (2007), pp. 4-16.

AMARAL, MARIA LÚCIA – «A proteção da confiança», in Carla Amado Gomes (org.), *V Encontro dos Professores Portugueses de Direito Público*, ICJP, Lisboa, 2012, pp. 21-29 (*e-book* acessível através da internet)

ANDRADE, J. C. VIEIRA DE – *Direito Constitucional*, policop., Coimbra, 1977.

ANDRADE, J. C. VIEIRA DE – «Os direitos fundamentais nas relações entre particulares», separata de *Documentação de Direito Comparado*, nº 5 (1981).

ANDRADE, J. C. VIEIRA DE – Os *Direitos fundamentais na Constituição Portuguesa de 1976*, Coimbra, 1983 (1ª edição); 2001 (2ª edição); 2012 (5ª edição).

ANDRADE, J.C. VIEIRA DE – *Autonomia regulamentar e reserva de lei*, separata do número especial do *BFDUC, Estudos em Homenagem do Prof. Doutor Afonso Rodrigues Queiró*, Coimbra Editora, Coimbra, 1987.

ANDRADE, J.C. VIEIRA DE – *O dever de fundamentação expressa de actos administrativos*, Almedina, Coimbra, 1991.

ANDRADE, J. C. VIEIRA DE – «Direitos e garantias fundamentais», in Baptista Coelho (org.), *Portugal. O sistema político e constitucional*, Instituto de Ciências Sociais Lisboa, pp. 685-700.

ANDRÉ, ADÉLIO PEREIRA – *A defesa dos direitos e o acesso aos tribunais*, Livros Horizonte, Lisboa, 1980.

ANTUNES, LUÍS FILIPE COLAÇO – «Interesse público, proporcionalidade e mérito: relevância e autonomia processual do princípio da proporcionalidade», in *Estudos em Homenagem à Professora Doutora Isabel de Magalhães Collaço*, vol. II, Almedina, Coimbra, 2002, pp. 539-575.

ANTUNES, MARIA JOÃO – «A problemática penal e o Tribunal Constitucional», in Alves Correia/Jónatas Machado/João Loureiro (org.), *Estudos em Homenagem ao Prof. Doutor José Joaquim Gomes Canotilho*, vol I, Coimbra Editora, Coimbra, 2012, pp. 97-118.

BIBLIOGRAFIA PORTUGUESA

Ascensão, José de Oliveira – *Teoria Geral do direito Civil, vol. IV (Título V – As situações jurídicas)*, policop., Lisboa, 1985.

Ascensão, José de Oliveira – *O Direito. Introdução e Teoria Geral*, 13ª ed., Almedina, Coimbra, 2005.

Batista, Eduardo Correia – *Os Direitos de Reunião e de Manifestação no Direito Português*, Almedina, Coimbra, 2006.

Beleza, Maria Leonor/Sousa, Miguel Teixeira de – «Direito de Associação e Associações», in Jorge Miranda (org.), *Estudos Sobre a Constituição*, vol. III, Petrony, Lisboa, 1979, pp. 121-194.

Brito, José de Sousa e – «A lei penal na Constituição», in Jorge Miranda (org.), *Estudos sobre a Constituição*, vol. II., Petrony, Lisboa, 1978, pp. 197-254.

Brito, José de Sousa – «Droits et utilité chez Bentham», in *Filosofia do Direito e do Estado*, Lisboa, 1981/2, pp. 289-315.

Brito, José de Sousa – «O princípio da utilidade, razão e direito», in *Filosofia*, vol. 4 (1990), pp. 33-51.

Brito, José de Sousa – «É o princípio de utilidade racional?», in *Telos – Revista Ibero--Americana de Estudios Utilitarios*, vol. 1 (1992), pp. 55-72.

Brito, Miguel Nogueira de – *A Justificação da Propriedade Privada numa Democracia Constitucional*, Almedina, Coimbra, 2007.

Brito, Miguel Nogueira de – «Medida e Intensidade do Controlo da Igualdade na Jurisprudência da Crise do Tribunal Constitucional», in Gonçalo de Almeida Ribeiro/Luís Pereira Coutinho (org.), *O Tribunal Constitucional e a crise. Ensaios críticos*, Almedina, Coimbra, 2014, pp. 107-131.

Brito, Miguel Nogueira de/Coutinho, Luís Pereira – «A 'Igualdade-Proporcional', Novo Modelo no Controlo do Princípio da Igualdade? Comentário ao Acórdão do Tribunal Constitucional nº 187/2013», in *Direito e Política*, vol. 4 (2013), pp. 182-191.

Brito, Miguel Nogueira de – «O novo constitucionalismo dirigente», in *Colóquio comemorativo do 40º aniversário da Constituição da República Portuguesa*, realizado em 21 de Abril de 2016 no Tribunal Constitucional, pp. 59-74, acessível em http://www.tribunalconstitucional.pt/tc/content/files/tc_ebook_crp40/index.html#ebooktcebookcrp40

Cabral, Margarida Maria de Olazabal – «Poder de expropriação e discricionariedade», in *RJUA*, nº 2 (dez. 1994), pp. 77-143.

Caetano, Marcello – *Direito Constitucional*, I, Forense, Rio de Janeiro, 1977.

Caetano, Marcello – *Manual de Direito Administrativo*, vol. II, 9ª ed., Almedina, Coimbra (reimp. 1980).

Canas, Vitalino – *Introdução às decisões de provimento do Tribunal Constitucional. Os seus efeitos em particular*, Cognitio, Lisboa, 1984.

Canas, Vitalino – *Os processos de fiscalização da constitucionalidade e da legalidade pelo Tribunal Constitucional*, Coimbra Editora, Coimbra, 1986.

O PRINCÍPIO DA PROIBIÇÃO DO EXCESSO

CANAS, VITALINO – *Introdução às decisões de provimento do Tribunal Constitucional*, AA-FDL, Lisboa, 1994.

CANAS, VITALINO – «Princípio da proporcionalidade», separata do vol. VI do *DJAP*, Lisboa, 1994, pp. 591-649.

CANAS, VITALINO – «Relação Jurídico-Pública», separata do vol. VII do *DJAP*, Lisboa, 1996, pp. 207-234.

CANAS, VITALINO – «O princípio da proibição do excesso na Constituição: arqueologia e aplicações», in Jorge Miranda (org.), *Perspectivas Constitucionais*, vol. II, Coimbra Editora, Coimbra, 1997, pp. 323-357.

CANAS, VITALINO – «Os efeitos das decisões do Tribunal Constitucional: a garantia da segurança jurídica, da equidade e do interesse público», in *Revista Brasileira de Direito Constitucional*, nº 2 (jul./dez. 2003), pp. 225-239.

CANAS, VITALINO – «Princípio da proibição do excesso e polícia», in Manuel Monteiro Guedes Valente (org.), *I Colóquio de Segurança Interna*, Almedina, Coimbra, 2005, pp. 187-211.

CANAS, VITALINO – «A actividade de polícia e a proibição do excesso: as forças e serviços de segurança em particular», in Jorge Bacelar Gouveia/Rui Pereira (coord.), *Estudos de Direito e Segurança*, Almedina, Coimbra, 2007, pp. 445-481.

CANAS, VITALINO – «A actividade de polícia e a actividade policial como actividades limitadoras de comportamentos e de posições jurídicas subjectivas», separata dos *Estudos em Homenagem ao Prof. Doutor Sérvulo Correia*, Coimbra Editora, Coimbra, 2011, pp. 1253-1294.

CANAS, VITALINO – «Os limites gerais da atividade de polícia", in Jorge Bacelar Gouveia (coord.), *Estudos de Direito e Segurança*, vol. II, Almedina, Coimbra, 2012, pp. 449-469.

CANAS, VITALINO – «A proibição do excesso como instrumento mediador de ponderação e otimização (com incursão na teoria das regras e dos princípios)», in *Estudos em Homenagem ao Prof. Doutor Jorge Miranda*, vol. III, Coimbra Editora, Coimbra, 2012, pp. 811-893.

CANAS, VITALINO – «Proporcionalidade», in Jorge Bacelar Gouveia/Francisco Pereira Coutinho (org.), *Enciclopédia da Constituição Portuguesa*, Quid Juris, Lisboa, 2013, pp. 304-310.

CANAS, VITALINO – «Constituição *prima facie*: igualdade, proporcionalidade, confiança (aplicados ao 'corte' de pensões)», in *e.pública – Revista Eletrónica de Direito Público*, nº 1 (jan. 2014).

CANOTILHO, J. J. GOMES – *O problema da responsabilidade do Estado por actos lícitos*, Almedina, Coimbra, 1974.

CANOTILHO, J. J. GOMES – *Direito Constitucional. Tópicos de estudo*, policopiado, Coimbra, 1976/1977.

CANOTILHO, J. J. GOMES – «Ordem Constitucional, Partidos Políticos e Direitos Fundamentais», in *Nação e Defesa*, vol. 10 (ab./jun. 1979), pp. 81-105.

BIBLIOGRAFIA PORTUGUESA

CANOTILHO, J. J. GOMES – *Constituição dirigente e vinculação do legislador. Contributo para a compreensão das normas constitucionais programáticas*, Coimbra Editora, Coimbra, 1982.

CANOTILHO, J. J. GOMES – «Teoria da legislação geral e teoria da legislação penal» in *Estudos em Homenagem ao Prof. Doutor Eduardo Correia*, I, *BFDUC*, número especial (1984), pp. 827-858.

CANOTILHO, J. J. GOMES – «A Concretização da Constituição pelo Legislador e pelo Tribunal Constitucional», in Jorge Miranda (org.), *Nos Dez Anos da Constituição*, IN-CM, Lisboa, 1986, pp. 345-372.

CANOTILHO, J. J. GOMES – «O círculo e a linha – da 'liberdade dos antigos' à 'liberdade dos modernos' na teoria republicana dos direitos fundamentais», in *O Sagrado e o Profano, Homenagem ao Prof. Silva Dias, Revista de História das Ideias*, vol. 9 (1987), pp. 733-758.

CANOTILHO, J. J. GOMES – «Relatório sobre programa, conteúdos e métodos de um curso de teoria da legislação», in *BFDUC*, vol. LXIII (1987), pp. 405-494.

CANOTILHO, J. J. GOMES – «Tomemos a sério os direitos económicos, sociais e culturais», separata dos *Estudos em homenagem ao Professor Ferrer Correia*, vol. I, número especial do *BFDUC*, Coimbra Editora, Coimbra, 1988.

CANOTILHO, J. J. GOMES – «Tomemos en serio los derechos economicos, sociales y culturales», in *RCEC*, vol. 1 (set./dez. 1988), pp. 239-260.

CANOTILHO, J. J. GOMES – «Constituição e défice procedimental», in *Estudos Sobre Direitos Fundamentais*, Coimbra Editora, Coimbra, 2008.

CANOTILHO, J. J. GOMES – «Tópicos de um Curso de Mestrado sobre Direitos Fundamentais, Procedimento, Processo e Organização», in *BFDUC* (1990), pp. 151-163.

CANOTILHO, J. J. GOMES – *Direito Constitucional*, 2ª ed., Almedina, Coimbra, 1980.

CANOTILHO, J. J.GOMES – «Relações jurídicas poligonais ponderação ecológica de bens e controlo judicial preventivo», in *RJUA*, vol. 1 (jun. 1994), pp. 55-66.

CANOTILHO, J. J.GOMES – «¿Revisar la/o romper con la constitución dirigente? Defensa de un constitucionalismo moralmente reflexivo», in *REDC*, vol. 15, nº 43 (1995), pp. 9-23.

CANOTILHO, J. J.GOMES – «Omissões normativas e deveres de protecção», in *Estudos em homenagem a Cunha Rodrigues*, vol. II, Coimbra Editora, Coimbra, 2001, pp. 111-124.

CANOTILHO, J. J.GOMES – *Direito Constitucional e Teoria da Constituição*, Almedina, Coimbra, 1997 (2ª ed., 1998; 5ª ed., 2000; 7ª ed., 2003).

CANOTILHO, J. J. GOMES/MOREIRA, VITAL – *Constituição da República Portuguesa anotada*, 1ª ed., Coimbra Editora, Coimbra, 1978; 3ª ed., 1993; 4ª ed., 2007.

CANOTILHO, J. J. GOMES/MOREIRA, VITAL, *Os poderes do Presidente da República*, Coimbra Editora, Coimbra, 1991.

O PRINCÍPIO DA PROIBIÇÃO DO EXCESSO

CANOTILHO, J. J. GOMES/MOREIRA, VITAL – *Fundamentos da Constituição*, Coimbra Editora, Coimbra, 1991.

CARVALHO, JOÃO SOARES DE – *Em volta da Magna Carta. Textos originais, tradução e estudo*, Inquérito, Mem Martins, 1993.

CARVALHO, ORLANDO DE – «A teoria geral da relação jurídica. Seu sentido e limites», in *RDES.*, vol. XVI (1969), pp. 55 ss. e 249 ss.

CARVALHO, ORLANDO DE – *Os direitos do homem no Direito Civil Português*, Coimbra, 1973 (*Les Droits de l'homme dans le Droit Civil Portugais*, in *BFDUC*, vol. XLIX [1973], pp. 1-24).

CASTRO, RAQUEL ALEXANDRA DE JESUS GIL MARTINS BRÍZIDA – *As omissões normativas inconstitucionais no Direito Constitucional Português*, Almedina, Coimbra, 2012.

CASTRO, RAQUEL ALEXANDRA – *Constituição, Lei e Regulação dos Media*, Almedina, Coimbra, 2016.

CAUPERS, JOÃO – *Os direitos fundamentais dos trabalhadores e a Constituição*, Almedina, Coimbra, 1985.

CLARO, J. MARTINS – «*Introdução ao Estudo do princípio da igualdade em Direito constitucional*» (tese, inédita), FDUL, Lisboa, 1983.

CORDEIRO, ANTÓNIO MENEZES – *Da boa fé no direito civil*, Almedina, Coimbra, 1984.

CORREIA, FERNANDO ALVES – «As Garantias do Particular na Expropriação por Utilidade Pública», separata do *BFDUC*, vol. XXIII (1982).

CORREIA, FERNANDO ALVES – *O plano urbanistico e o princípio da igualdade*, Almedina, Coimbra, 1989.

CORREIA, SÉRVULO – *Legalidade e autonomia contratual nos contratos administrativos*, Almedina, Coimbra, 1987.

CORREIA, SÉRVULO – *Direito de Manifestação. Âmbito de protecção e restrições*, Almedina, Coimbra, 2006.

CORTÊS, ANTÓNIO – *Jurisprudência dos Princípios. Ensaio sobre os Fundamentos da Decisão Jurisdicional*, Universidade Católica Editora, Lisboa, 2010.

COSTA, JOSÉ FRANCISCO DE FARIA – *O Perigo em Direito Penal*, Coimbra Editora, Coimbra, 1992.

COSTA, JOSÉ MANUEL CARDOSO DA – *A tutela dos direitos fundamentais*, separata de *Documentação e Direito Comparado* (1981).

COSTA, JOSÉ MANUEL CARDOSO DA – «A hierarquia das normas constitucionais e a sua função na protecção dos direitos fundamentais», separata do *BMJ*, vol. 396 (maio 1990), pp. 5-27.

COUTINHO, LUÍS P. PEREIRA – *A Autoridade Moral da Constituição. Da Fundamentação da Validade do Direito Constitucional*, Coimbra Editora, Coimbra, 2009.

COUTINHO, LUÍS P. PEREIRA – «Sobre a Justificação das Restrições aos Direitos Fundamentais», in *Estudos em Homenagem ao Prof. Doutor Sérvulo Correia*, vol. I, Coimbra Editora, Coimbra, 2011, pp. 557-574.

BIBLIOGRAFIA PORTUGUESA

COUTINHO, LUÍS P. PEREIRA – «Formular e Prescrever: a Constituição do Tribunal Constitucional», in Gonçalo de Almeida Ribeiro/Luís Pereira Coutinho (org.), *O Tribunal Constitucional e a crise. Ensaios críticos*, Almedina, Coimbra, 2014, pp. 246-261.

CRORIE, BENEDITA MAC – *A Vinculação dos Particulares aos Direitos Fundamentais*, Almedina, Coimbra, 2005.

CRORIE, BENEDITA MAC – *Os Limites da Renúncia a Direitos Fundamentais nas Relações entre Particulares*, Almedina, Coimbra, 2013.

CUNHA, MARIA DA CONCEIÇÃO FERREIRA DA – *«Constituição e crime». Uma perspectiva da criminalização e descriminalização*, Universidade Católica Portuguesa, Porto, 1995.

CUNHA, PAULO FERREIRA DA – *Pensar o direito. II. Da Modernidade à Postmodernidade*, Almedina, Coimbra, 1991.

DIAS, JORGE DE FIGUEIREDO – *Direito Penal, Parte Geral*, tomo I, 2ª ed., Coimbra Editora, Coimbra, 2007.

DRAY, GUILHERME MACHADO – *O Princípio da Igualdade no Direito do Trabalho – sua aplicabilidade no domínio específico da formação de contratos individuais de trabalho*, Almedina, Coimbra, 1999.

DUARTE, DAVID – *Procedimentalização, participação e fundamentação: para uma concretização do princípio da imparcialidade administrativa como parâmetro decisório*, Almedina, Coimbra, 1996.

DUARTE, DAVID – «Os Argumentos da Interdefinibilidade dos Modos Deônticos em Alf Ross: a Crítica, a Inexistência de Permissões Fracas e a Completude do Ordenamento em Matéria de Normas Primárias», in *RFDUL*, vol. XLIII, nº 1 (2002), pp. 257-281.

DUARTE, DAVID – *A Norma de Legalidade Procedimental Administrativa*, Almedina, Coimbra, 2006.

DUARTE, DAVID – «Drawing Up the Boundaries of Normative Conflicts that Lead to Balances», in Jan-Reinard Sieckmann (ed.), *Legal Reasoning: The Methods of Balancing*, Franz Steiner Verlag, Nomos, Stuttgart, 2010, pp. 51-62.

DUARTE, DAVID/PINHEIRO, ALEXANDRE SOUSA/ROMÃO, MIGUEL LOPES/DUARTE, TIAGO – *Legística. Perspetivas para a conceção e redação de atos normativos*, Almedina, Coimbra, 2002.

DUARTE, MARIA LUISA – *A liberdade de circulação das pessoas e a ordem pública no direito comunitário*, Coimbra Editora, Coimbra, 1992.

EGÍDIO, MARIANA MELO – «Análise da Estrutura das Normas Atributivas de Direitos Fundamentais. A Ponderação e a Tese Ampla da Previsão», in *Estudos em Homenagem ao Prof. Doutor Sérvulo Correia*, vol. I, Coimbra Editora, Coimbra, 2011, pp. 611-636.

FERNANDES, LUÍS A. CARVALHO – *Teoria geral do direito civil*, vol. I., 2ª ed., Lex, Lisboa, 1995.

O PRINCÍPIO DA PROIBIÇÃO DO EXCESSO

FERREIRA, EDUARDO PAZ – *Da dívida pública e das garantias dos credores do Estado*, Almedina, Coimbra, 1995.

FERREIRA, M. CAVALEIRO DE – *Do exercício e da tutela dos direitos*, conferência policopiada, Lisboa, 1968.

FIGUEIREDO, ANDRÉ – «O princípio da proporcionalidade e a sua expansão para o direito privado», in *Estudos Comemorativos dos 10 Anos da Faculdade de Direito da Universidade Nova de Lisboa*, Coimbra, Almedina, 2008, pp. 23-52.

FREITAS, TIAGO FIDALGO DE – «O Princípio da proibição do retrocesso social», in *Estudos em memória do Professor Doutor Marcello Caetano*, vol. II, Coimbra Editora, Coimbra, 2006, pp. 783-850.

GAMEIRO, ANTÓNIO – *O Papel dos Parlamentos Nacionais na União Europeia*, Coimbra Editora, Coimbra, 2012.

GARCIA, MARIA DA GLÓRIA – «Princípio da Igualdade, Fórmula vazia ou Fórmula «carregada» de «conteúdo»», in *BMJ*, vol. 358 (1986), pp. 19-64.

GARCIA, MARIA DA GLÓRIA – *Da Justiça Administrativa em Portugal. Sua origem e evolução*, Universidade Católica Portuguesa, Lisboa, 1994.

GARCIA, MARIA DA GLÓRIA – *Estudos sobre o princípio da igualdade*, Almedina, Coimbra, 2005.

GOMES, CARLA AMADO/FREITAS, DINAMENE DE – «Portugal. En contredisant Machiavel: le principe de proportionnalité et la légitimation de l'action publique», in *Annuaire International de Justice Constitutionnelle*, vol. 25 (2009), pp. 317-340.

GOUVEIA, JORGE BACELAR – *A cláusula aberta de direitos fundamentais*, policopiado (inédito), Lisboa, 1990.

GOUVEIA, JORGE BACELAR – *O valor positivo do acto inconstitucional*, AAFDL, Lisboa, 1992.

GOUVEIA, JORGE BACELAR – *Os direitos fundamentais atípicos*, Aequitas, Lisboa, 1995.

GOUVEIA, JORGE BACELAR – *O Estado de Excepção no Direito Constitucional. Entre a eficiência e a normatividade das estruturas de defesa extraordinária da Constituição*, Almedina, Coimbra, 1998.

GOUVEIA, JORGE BACELAR – «A afirmação dos direitos fundamentais no Estado Constitucional Contemporâneo», in Paulo Ferreira da Cunha (coord.), *Direitos Humanos*, Coimbra, 2003, acessível em http://www.fd.unl.pt/Anexos/Conteudos/eads_es01.pdf

GOUVEIA, JORGE BACELAR – *Manual de Direito Constitucional*, 2ª ed., Almedina, Coimbra, 2007; 6ª ed., 2016.

GOUVEIA, JORGE BACELAR – «O princípio da dignidade da pessoa humana», in Bertoldi/Sposato (coord.), *Direitos humanos: entre a Utopia e a Contemporaneidade*, Editora Fórum, Belo Horizonte, 2011, pp. 155-162.

GOUVEIA, JORGE BACELAR/PIÇARRA, NUNO – *A Crise e o Direito*, Almedina, Coimbra, 2013.

1254

BIBLIOGRAFIA PORTUGUESA

HÖRSTER, HEINRICH EWALD – «O imposto complementar e o Estado de Direito», in *RDE*, vol. 3, 1 (jan./jun. 1977), pp. 59-92.

HÖRSTER, HEINRICH EWALD – *A parte geral do Código Civil português. Teoria geral do direito civil*, Almedina, Coimbra, 1992.

LAMEGO, JOSÉ – *Elementos de Metodologia Jurídica*, Almedina, Coimbra, 2016.

LEÃO, ANABELA – «Notas sobre o Princípio da Proporcionalidade ou da Proibição do Excesso», *in Estudos em comemoração dos 5 anos da Faculdade de Direito da Universidade do Porto*, Coimbra Editora, Coimbra, 2001, pp. 999-1039.

LEITÃO, JOÃO SILVA – *Constituição e Direito de Oposição*, Almedina, Coimbra, 1987.

LOPES, DULCE – «Proporcionalidade, um instrumento fraco ou forte ao serviço do direito do urbanismo», in *Estudos em Homenagem ao Prof. Doutor José Joaquim Gomes Canotilho*, vol. IV, Coimbra Editora, Coimbra, 2012, pp 307-333.

LOUREIRO, JOÃO CARLOS – «Proteger é preciso, viver também: a jurisprudência constitucional portuguesa e o direito de segurança social», in *XXV Anos de Jurisprudência Constitucional Portuguesa*, Coimbra Editora, Coimbra, 2009, pp. 255-398.

MACHADO, JOÃO BAPTISTA – *Introdução ao direito e ao discurso legitimador*, Almedina, Coimbra, 1990.

MACHADO, JOÃO BAPTISTA – *Lições de introdução ao Direito Público*, in *Obra Dispersa*, vol. II, Scientia Iuridica, Braga, 1993.

MACHADO, JÓNATAS E. M. – *Liberdade de expressão. Dimensões constitucionais da esfera pública no sistema social*, Coimbra Editora, Coimbra, 2002.

MACHETE, PEDRO/VIOLANTE, TERESA – «O princípio da Proporcionalidade e da Razoabilidade na Jurisprudência Constitucional, também em relação com a Jurisprudência dos Tribunais Europeus. Relatório do Tribunal Constitucional de Portugal», apresentado na *XV Conferência trilateral dos Tribunais Constitucionais de Espanha, Itália e Portugal*, 2013, acessível através do sítio do TC www.tribunal-constitucional.pt

MACIERINHA, TIAGO – *Proporcionalidade Implícita. O Princípio da Proporcionalidade no Direito Administrativo Francês*, Policopiado, Lisboa, 2011.

MACIERINHA, TIAGO – «Avaliar a avaliação custo-benefício: um olhar sobre a concepção francesa do princípio da proporcionalidade», in *Revista Duc In Altum, Caderno de Direito*, vol. 5, nº 7 (jan./jun. 2013), pp. 9-54.

MARTINEZ, PEDRO SOARES – *As liberdades fundamentais e a revisão constitucional*, Ordem dos Advogados, Lisboa, 1971.

MARTINS, MARGARIDA SALEMA D'OLIVEIRA – *O princípio da subsidiariedade em perspectiva jurídico-política*, Coimbra Editora, Coimbra, 2003.

MARTINS, TIAGO ROLO – «Estudo de lógica deôntica – as normas, a interdefinibilidade deôntica e as inferências deônticas», in *RFDUL*, vol. LIV, 1 e 2 (2013), pp. 103-162.

MATOS, ANDRÉ SALGADO DE – «Recurso hierárquico necessário e regime material dos direitos, liberdades e garantias», in *Scientia Iuridica*, vol. 50, nº 289 (jan./ab. 2001), pp. 78-124.

O PRINCÍPIO DA PROIBIÇÃO DO EXCESSO

MEDEIROS, RUI – *A Decisão de Inconstitucionalidade. Os autores, o conteúdo e os efeitos da decisão de inconstitucionalidade da lei*, Universidade Católica, Lisboa, 1999.

MEDEIROS, RUI – «A Jurisprudência Constitucional Portuguesa sobre a Crise: Entre a Ilusão de um Problema Conjuntural e a Tentação de um Novo Dirigismo Constitucional», in Gonçalo Ribeiro de Almeida/Luís Pereira Coutinho (org.), *O Tribunal Constitucional e a crise. Ensaios críticos*, Almedina, Coimbra, 2014, pp. 265-288.

MEDEIROS, RUI – *A Constituição portuguesa num contexto global*, Universidade Católica Editora, Lisboa, 2015.

MELO, A. BARBOSA DE – *Notas de contencioso comunitário*, policop., Coimbra, 1986.

MELO, A. BARBOSA DE – *A protecção jurisdicional dos cidadãos perante a Administração Pública*, policop., Coimbra, 1987.

MENDES, JOÃO DE CASTRO- «Direitos, liberdades e garantias. Alguns aspectos gerais», in Jorge Miranda (org.), *Estudos sobre a Constituição*, vol. I, Petrony, Lisboa, 1977, pp. 93-117.

MENDES, JOÃO DE CASTRO – «O Direito à integridade pessoal – Um esboço de comentário constitucional», in *RFDUL*, vol. XXX (1989), pp. 27-31.

MIRANDA, JORGE – «Igualdade, princípio da», in *Polis*, vol. 3, Verbo, Lisboa, pp. 402-410.

MIRANDA, JORGE – «Garantias Constitucionais», in *Enciclópia Verbo*, vol. IX, pp. 173-174.

MIRANDA, JORGE – «Deputado», in *DJAP*, Coimbra, 1974, pp. 483-549.

MIRANDA, JORGE – *Direito Constitucional*, policop., Lisboa, 1977.

MIRANDA, JORGE – *A Constituição de 1976 – Formação, estrutura, princípios fundamentais*, Petrony, Lisboa, 1978.

MIRANDA, JORGE – «O quadro dos direitos políticos da Constituição», in Jorge Miranda (org.), *Estudos sobre a Constituição*, vol. I, Petrony, Lisboa, 1977, pp. 177-187.

MIRANDA, JORGE – *Direito Constitucional – Introdução geral*, policop., Lisboa, 1978/79.

MIRANDA, JORGE – «O regime dos direitos liberdades e garantias», in Jorge Miranda, *Estudos sobre a Constituição*, vol. III, Petrony, Lisboa, 1979, pp. 41-102.

MIRANDA, JORGE – *Direito Constitucional. – Direitos, liberdades e garantias*, policop., UCP, Lisboa.

MIRANDA, JORGE -*Textos históricos do Direito Constitucional*, IN-CM, Lisboa, 1980.

MIRANDA, JORGE – «Relatório com o programa, os conteúdos e os métodos do ensino de Direitos Fundamentais», separata da *RFDUL*, vol. XXVI (1985), pp. 385-559.

MIRANDA, JORGE – *As associações públicas no direito português*, Cognitio, Lisboa, 1985.

MIRANDA, JORGE – «Os direitos fundamentais na ordem constitucional portuguesa», in *REDC*, vol. 18 (1986), pp. 107- 140.

MIRANDA, JORGE – «Direitos fundamentais – Liberdade religiosa e Liberdade de Aprender e Ensinar», in *DJ*, vol. III (1987/88), pp. 39-54.

BIBLIOGRAFIA PORTUGUESA

MIRANDA, JORGE – «Liberdade de trabalho e profissão», separata da *RDES*, vol. XXX, III, 2ª série, nº 2 (1988),

MIRANDA, JORGE – «Introduction à l'etude des droits fondamentaux», in *La Justice Constitutionnelle au Portugal*, Economica, Paris, 1989, pp. 161-175.

MIRANDA, JORGE – «Sobre o poder paternal», in *RDES*, vol. 32, nºs 1-4 (1990), pp. 23-56.

MIRANDA, JORGE – *Funções, órgãos e actos do Estado*, Lisboa, 1990.

MIRANDA, JORGE – *Manual de Direito Constitucional*, tomo II (*Constituição e inconstitucionalidade*), Coimbra Editora, Coimbra, 1991.

MIRANDA, JORGE – «Direitos fundamentais», in *DJAP*, vol. IV, pp. 71-101.

MIRANDA, JORGE – *Manual de Direito Constitucional*, tomo IV (*Direitos fundamentais*), Coimbra Editora, Coimbra, 1993; 3ª ed., 2000; 5ª ed., 2012.

MIRANDA, JORGE – «Estado social, crise económica e jurisdição constitucional», in *RFDUL*, vol. LIII, 1 e 2 (2012), pp. 255/283 (também vol. LV, 1 e 2, 2014, pp. 375-403).

MIRANDA, JORGE – *Curso de Direito Constitucional*, 1, Universidade Católica Editora, Lisboa, 2016.

MIRANDA, JORGE/MEDEIROS, RUI – *Constituição Portuguesa Anotada*, tomo I, 2ª ed., Wolters Kluwer, Coimbra Editora, Coimbra, 2010.

MORAIS, CARLOS BLANCO DE – *As Leis Reforçadas. As leis reforçadas pelo procedimento no âmbito dos critérios estruturantes das relações entre atos legislativos*, Coimbra Editora, Coimbra, 1998.

MORAIS, CARLOS BLANCO DE – «Os direitos, liberdades e garantias na jurisprudência constitucional – Um apontamento», in *O Direito*, vol. 132, nºs 3/4 (jul./dez. 2000), pp. 361-380.

MORAIS, CARLOS BLANCO DE – «Segurança Jurídica e Justiça Constitucional», in *RFDUL*, vol. XLI, nº 2 (2000), pp. 619-630.

MORAIS, CARLOS BLANCO DE – «Fiscalização da constitucionalidade e garantia dos direitos fundamentais: apontamento sobre os passos de uma evolução subjetivista», in *Estudos em Homenagem do Prof. Doutor Inocêncio Galvão Teles*, vol. V, Almedina, Coimbra, 2003, pp. 85-111.

MORAIS, CARLOS BLANCO DE – *Direito Constitucional II – Sumários Desenvolvidos*, AAFDL, Lisboa, 2004.

MORAIS, CARLOS BLANCO DE – *Justiça Constitucional*, tomo I, 2ª ed., Coimbra Editora, Coimbra, 2006.

MORAIS, CARLOS BLANCO DE – *Manual de Legística*, Editorial Verbo, 2007.

MORAIS, CARLOS BLANCO DE – *Justiça Constitucional*, tomo II, 2ª ed, Coimbra Editora, Coimbra, 2011 (1ª ed., 2005).

MORAIS, CARLOS BLANCO DE – «As Omissões Legislativas e os Efeitos Jurídicos do Mandado de Injunção: um ângulo de visão português», in Mendes/Do Vale/ Quintas (org.), *"Mandado de Injunção"*, Saraiva, São Paulo, 2013, pp. 352 ss.

O PRINCÍPIO DA PROIBIÇÃO DO EXCESSO

MORAIS, CARLOS BLANCO DE – *Curso de Direito Constitucional. Teoria da Constituição em Tempo de Crise do Estado Social*, tomo II, vol. 2, Coimbra Editora, Coimbra, 2014.

MORAIS, CARLOS BLANCO DE – *Curso de Direito Constitucional. Funções do Estado e o Poder Legislativo no Ordenamento Português*, tomo I, 3ª ed., Coimbra Editora, Coimbra, 2015.

MOREIRA, ISABEL – *A Solução dos Direitos, Liberdades e Garantias e dos Direitos Económicos, Sociais e Culturais na Constituição Portuguesa*, Almedina, Coimbra, 2007.

MOREIRA, VITAL – *A ordem jurídica do capitalismo*, 1ª ed., Centelha, Coimbra, 1973; 2ª ed., 1976.

MOREIRA, VITAL – «Princípio da maioria e princípio da constitucionalidade: legitimidade e limites da justiça constitucional", in *Legitimidade e legitimação da Justiça Constitucional*, Coimbra Editora, Coimbra, 1995, pp. 167-198.

MOREIRA, VITAL – *O direito de resposta na comunicação social*, Coimbra Editora, Coimbra, 1994.

MOREIRA, VITAL – *Administração Autónoma e Associações Públicas*, Coimbra Editora, Coimbra, 1997.

MOTA, HENRIQUE – «Le principe de la liste ouverte en matiére de droits fondamentaux», in *La justice constitutionnelle au Portugal*, Economica, Paris, 1989, pp. 177-210.

NABAIS, JOSÉ CASALTA – «Os direitos fundamentais na jurisprudência do Tribunal Constitucional», in *BFDUC*, vol. LXV (1989), pp. 61-120.

NABAIS, JOSÉ CASALTA – *O dever fundamental de pagar impostos*, Almedina, Coimbra, 1998.

NABAIS, JOSÉ CASALTA – *Por uma Liberdade com Responsabilidade. Estudos sobre Direitos e Deveres Fundamentais*, Coimbra Editora, Coimbra, 2007.

NETO, ANA MARIA – *Algumas considerações sobre as funções do princípio da proporcionalidade no Direito Comunitário* (tese), FDL, 1997.

NEVES, CASTANHEIRA – *Questão de facto – questão de direito ou o problema metodológico da juridicidade*, Almedina, Coimbra, 1967.

NEVES, CASTANHEIRA – «O papel do jurista no nosso tempo», in *BFDUC*, vol. 44 (1968), pp. 83-142.

NEVES, CASTANHEIRA – *Curso de introdução ao estudo do direito (extractos)*, policop., Coimbra, 1971/2.

NEVES, CASTANHEIRA – *O instituto dos assentos e a função jurídica dos Supremos Tribunais*, Coimbra Editora, Coimbra, 1983.

NEVES, CASTANHEIRA – «Método jurídico», in *EP*, vol. 4 (1986), pp. 211-286.

NEVES, CASTANHEIRA – *Metodologia jurídica. Problemas fundamentais*, Coimbra Editora, Coimbra, 1993.

NOGUEIRA, JOÃO FÉLIX PINTO – *Direito fiscal europeu – o paradigma da proporcionalidade*, Wolters Kluwer/Coimbra Editora, Coimbra, 2010.

BIBLIOGRAFIA PORTUGUESA

Novais, Jorge R. – *Contributo para uma teoria do Estado de Direito. Do Estado de Direito liberal ao Estado e social e democrático de Direito*, Universidade de Coimbra, Coimbra, 1987.

Novais, Jorge R. – «Renúncia a direitos fundamentais», in Jorge Miranda (org.), *Perspectivas constitucionais. Nos 20 anos da Constituição de 1976*, vol. I, separata, Coimbra Editora, Coimbra, 1996.

Novais, Jorge R. – *As restrições aos direitos fundamentais não expressamente autorizadas pela Constituição*, Coimbra Editora, Coimbra, 2003; 2ª ed., 2012.

Novais, Jorge R. – *Os princípios constitucionais estruturantes da República Portuguesa*, Coimbra Editora, Coimbra, 2004.

Novais, Jorge R. – *Direitos Sociais – Teoria jurídica dos direitos sociais enquanto direitos fundamentais*, Coimbra Editora, Coimbra, 2010.

Novais, Jorge R. – *Direitos Fundamentais e Justiça Constitucional em Estado de Direito Democrático*, Coimbra Editora, Coimbra, 2012.

Oliveira, Mário Esteves de – *Direito Administrativo*, I, Almedina, Coimbra, 1980.

Oliveira, Mário Esteves de/Gonçalves, Pedro Costa/Amorim, J. Pacheco, *Código do Procedimento Administrativo Comentado*, Almedina, Coimbra, 1993 (2.ª ed., 1997).

Otero, Paulo – «Declaração Universal dos Direitos do Homem e Constituição: a inconstitucionalidade de normas constitucionais?», in *O Direito*, vol. 122 (1990), pp. 603-619.

Otero, Paulo – *A Democracia Totalitária. Do Estado totalitário à sociedade totalitária*, Principia, Cascais, 2001.

Otero, Paulo – *Legalidade e Administração Pública. O Sentido da Vinculação Administrativa à Jurisdicidade*, Almedina, Coimbra, 2003.

Otero, Paulo – *Instituições Políticas e Constitucionais*, vol. I, Almedina, Coimbra, 2007.

Otero, Paulo – *Direito Constitucional Português. Volume I Identidade Constitucional.* Almedina, Coimbra, 2010.

Otero, Paulo – *Direito Constitucional Português. Volume II Organização do Poder Político*, Almedina, Coimbra, 2010.

Otero, Paulo – *Manual de Direito Administrativo*, vol. I, Almedina, Coimbra, 2014.

Palma, Maria Fernanda – *A justificação por legítima defesa como problema de delimitação de direitos*, AAFDL, Lisboa, 1990.

Palma, Maria Fernanda – *Direito Constitucional Penal*, Almedina, Coimbra, 2006.

Palma, Maria Fernanda – «O legislador negativo e o intérprete da Constituição», in *O Direito* (2008), pp. 523-535.

Palma, Maria Fernanda – *Direito Penal*, AAFDL, Lisboa, 2016.

Pereira, Ravi Afonso – «Igualdade e proporcionalidade: um comentário às decisões do Tribunal Constitucional de Portugal sobre cortes salariais no sector público», in *REDC*, vol. 98 (2013), pp. 317-370.

O PRINCÍPIO DA PROIBIÇÃO DO EXCESSO

PINHEIRO, ALEXANDRE S. – «Restrições de Direitos Liberdades e Garantias», in *DJAP*, vol VII, 1996, pp. 280-285.

PINHEIRO, ALEXANDRE S. – «As liberdades fundamentais e o perigo de um Estado "musculado"», in Pedro Gonçalves/Carla Amado Gomes/Helena Melo/Filipa Calvão (coord.), *A Crise e o Direito Público*, Instituto de Ciências Jurídico-Políticas, Lisboa, 2013, pp. 47-80.

PINTO, LUZIA MARQUES DA SILVA CABRAL – *Os limites do poder constituinte e a legitimidade material da constituição*, Coimbra Editora, Coimbra, 1994.

PINTO, PAULO MOTA – «O Direito ao Livre Desenvolvimento da Personalidade», in *Portugal-Brasil ano 2000*, Coimbra Editora, Coimbra, 1999, pp. 149-246.

PINTO, PAULO MOTA – «A Proteção da Confiança na "Jurisprudência da Crise"», in Gonçalo de Almeida Ribeiro/Luís Pereira Coutinho (org.), *O Tribunal Constitucional e a crise. Ensaios críticos*, Almedina, Coimbra, 2014, pp. 135-181.

PIRES, FRANCISCO LUCAS – *Teoria da Constituição de 1976: a Transição Dualista*, Coimbra, 1988.

RIBEIRO, GONÇALO DE ALMEIDA/COUTINHO, LUÍS PEREIRA (org.) – *O Tribunal Constitucional e a crise. Ensaios críticos*, Almedina, Coimbra, 2014.

QUADROS, FAUSTO DE – «Omissões legislativas sobre direitos fundamentais», in *Nos dez anos da Constituição*, IN-CM, Lisboa, 1987, pp. 55-66.

QUEIRÓ, AFONSO/MELO, BARBOSA DE – «A liberdade de empresa e a Constituição», *RDES*, vol. XIV (1967), pp. 218-258.

QUEIRÓ, AFONSO – *Lições de Direito Administrativo*, vol. I, policop., Coimbra, 1976.

QUEIROZ, CRISTINA – *Direitos Fundamentais. Teoria Geral*, 2ª ed., Wolters Kluwer--Coimbra Editora, Coimbra, 2010.

RAMIÃO, RÚBEN MIGUEL PEREIRA – *Justiça, Constituição & Direito*, Quid Juris, Lisboa, 2013.

RAPOSO, VERA – *O Poder de Eva – O princípio da igualdade no âmbito dos direitos políticos; problemas suscitados pela discriminação positiva*, Almedina, Coimbra, 2004.

REGO, CARLOS LOPES – «Os princípios constitucionais de proibição da indefesa, da proporcionalidade dos ónus das cominações e o regime de citação em processo civil», in *Estudos em Homenagem ao Conselheiro José Manuel Cardoso da Costa*, Coimbra Editora, Coimbra, 2004, pp. 835-859.

RIBEIRO, GONÇALO DE ALMEIDA – «O Constitucionalismo dos Princípios», in Gonçalo de Almeida Ribeiro/Luís Pereira Coutinho (org.), *O Tribunal Constitucional e a crise. Ensaios críticos*, Almedina, Coimbra, 2014, pp. 71-103.

RIBEIRO, JOAQUIM SOUSA – «A tutela de bens da personalidade na Constituição e na jurisprudência constitucional portuguesas», in *Estudos em Homenagem ao Prof. Doutor José Joaquim Gomes Canotilho*, vol. III, Coimbra Editora, Coimbra, 2012, pp. 835-859.

RIBEIRO, VINÍCIO – *Constituição da República Portuguesa*, Almedina, Coimbra, 1993.

RODRIGUES, SANDRA – *A Interpretação Jurídica no Pensamento de Ronald Dworkin, Uma Abordagem*, Almedina, Coimbra, 2005.

BIBLIOGRAFIA PORTUGUESA

SAMPAIO, JORGE SILVA – *O controlo jurisdicional das políticas públicas de direitos sociais*, Coimbra Editora, Coimbra, 2014.

SAMPAIO, JORGE SILVA – «The Contextual Nature of Proportionality and Its Relation with the Intensity of Judicial Review», in Coutinho/La Torre/Smith (eds.), *Judicial Activism An Interdisciplinary Approach to the American and European Experiences*, Springer, 2015, pp. 137-159.

SILVA, GERMANO MARQUES DA– *Direito Penal Português*, 3 vols., 2ª ed., Verbo, Lisboa, 2001, 2005, 2008.

SILVA, JORGE PEREIRA DA – *Dever de legislar e protecção jurisdicional contra omissões legislativas*, Universidade Católica Editora, Lisboa, 2003.

SILVA, JORGE PEREIRA DA – «Interdição de protecção insuficiente, proporcionalidade e conteúdo essencial», in *Estudos em Homenagem ao Prof. Doutor Jorge Miranda*, vol. II, Coimbra Editora, Coimbra, 2012, pp. 185-210.

SILVA, JORGE PEREIRA DA – *Deveres do Estado de Protecção de Direitos Fundamentais*, Universidade Católica Editora, Lisboa, 2015.

SILVA, SUZANA TAVARES DA – «O Tetralemma do Controlo Judicial da Proporcionalidade no Contexto da Universalização do Princípio: Adequação, Necessidade, Ponderação e Razoabilidade», in *BFDUC*, vol. LXXXVIII, tomo II (2012), pp. 639-678.

SILVA, VASCO PEREIRA DA – «A vinculação das entidades privadas pelos direitos, liberdades e garantias», in *RDES*, vol. XXIX, II, nº 2 (1987), pp. 259-274.

SILVA, VASCO PEREIRA DA – *Para um contencioso administrativo dos particulares*, Almedina, Coimbra, 1989.

SILVA, VASCO PEREIRA DA – *A Cultura a que tenho Direito – Direitos Fundamentais e Cultura*, Almedina, Coimbra, 2007.

SILVA, VASCO PEREIRA DA – «"Todos diferentes, todos iguais" breves considerações acerca da natureza jurídica dos direitos fundamentais», in *Direitos Fundamentais & Justiça*, vol 5, nº 16 (2011), pp. 23-51.

SOARES, ROGÉRIO GUILHERME EHRHARDT – *Interesse público, legalidade e mérito*, Petrony, Coimbra, 1955.

SOBREIRA, CARLOS PEDRO -*O Juiz Comunitário e o recurso aos princípios da subsidiariedade e proporcionalidade enquanto limites ao exercício das competências comunitárias*, Vislis, Lisboa, 2003.

SOUSA, FRANCISCO DE – *Conceitos indeterminados» no direito administrativo*, Almedina, Coimbra, 1994.

SOUSA, FRANCISCO DE – «Actuação policial e princípio da proporcionalidade», in *Polícia*, vol. 113, ano LXI (1998), pp. 15-20.

SOUSA, MARCELO REBELO DE – *Direito Constitucional*, policop., Lisboa, 1977/78.

SOUSA, MARCELO REBELO DE – *Direito Constitucional – I – Introdução à teoria da constituição*, Livraria Cruz, Braga, 1979.

O PRINCÍPIO DA PROIBIÇÃO DO EXCESSO

SOUSA, MARCELO REBELO de – *O valor jurídico do acto inconstitucional*, s.i. editora, Lisboa, 1988.

SOUSA, MARCELO REBELO de – *Privatizações e Constituição*, Editora Gráfica Portuguesa, Lisboa, 1991.

SOUSA, MARCELO REBELO DE – *Constituição da República Portuguesa e legislação complementar*, Aequitas Editorial Notícias, Lisboa, 1992.

SOUSA, MARCELO REBELO DE – «A lei no Estado contemporâneo», in *Leg.*, vol. 11 (out.-dez. 1994), pp. 5-18.

SOUSA, MARCELO REBELO DE – *Lições de Direito Administrativo*, s.i. editora, Lisboa, 1994/5.

SOUSA, MARCELO REBELO DE – *Constituição da República Portuguesa comentada*, Lex, Lisboa, 2000.

SOUSA, MIGUEL TEIXEIRA DE – «A Livre Apreciação da Prova em Processo Civil», in *Scientia Ivridica*, vol. XXXIII, nºs 187-8 (1984), pp. 115-146.

SOUSA, MIGUEL TEIXEIRA DE – *As partes, o objeto e a prova na acção declarativa*, Lex, Lisboa, 1994.

SOUSA, MIGUEL TEIXEIRA DE – *Introdução ao Direito*, Almedina, Coimbra, 2013.

SOUSA, NUNO E – *A liberdade de imprensa*, separata do vol. XXVI do *BFDUC*, Coimbra, 1984.

SOUSA, RABINDRANATH V. A. CAPELO DE – *O direito geral de personalidade*, Coimbra Editora, Coimbra, 1995.

TELES, MIGUEL GALVÃO – «Direitos absolutos e relativos», in *Estudos em Homenagem ao Prof. Doutor Joaquim da Silva Cunha*, Coimbra Editora, Coimbra, 2005, pp. 649-676.

TRIBUNAL CONSTITUCIONAL PORTUGUÊS – *A Omissão Legislativa na Jurisprudência Constitucional. Relatório Português para o XIVº Congresso da Conferência dos Tribunais Constitucionais Europeus*, Vilnius, 2008, acessível em http://www.confeuconstco.org/reports/rep-xiv/report_Portuguese%20_po.pdf

TRINDADE, CLÁUDIA – «Prova, justificação e convicção racional – A propósito do conceito de verdade proposicional no processo decisório jurisprudencial», in *Estudos em Homenagem ao Professor Doutor Alberto Xavier*, vol. III, Almedina, Coimbra, 2013, pp. 149-185.

URBANO, MARIA BENEDITA – «A Jurisprudência da Crise no Divã. Diagnóstico: Bipolaridade?», in Gonçalo de Almeida Ribeiro/Luís Pereira Coutinho (org.), *O Tribunal Constitucional e a crise. Ensaios críticos*, Almedina, Coimbra, 2014, pp. 11-48.

VALLE, JAIME – *O Poder de Exteriorização do Pensamento Político do Presidente da República*, AAFDL, Lisboa, 2013.

VAZ, MANUEL AFONSO – *Lei e reserva da lei. A causa da lei na Constituição Portuguesa de 1976*, Universidade Católica, Porto, 1992.

VELOSO, JOSÉ ANTÓNIO – «Concurso e conflito de normas», in *DJ*, vol. XVII (2003), p. 205-272.

VICENTE, LAURA NUNES – *O Princípio da Proporcionalidade. Uma Nova Abordagem em Tempos de Pluralismo*, Faculdade de Direito da Universidade de Coimbra, Instituto Jurídico, Coimbra, 2014, acessível em http://www.ij.fd.uc.pt/publicacoes/premios/pub_1_ms/numero1_pms.pdf

ACÓRDÃOS DO TRIBUNAL CONSTITUCIONAL UTILIZADOS[4025]

Acórdão nº 11/83, M. Fonseca (imposto extraordinário sobre o rendimento)

Acórdão nº 4/84, M. Diniz (inelegibilidades locais)

Acórdão nº 25/84, C. Aroso (despenalização da interrupção voluntária da gravidez-primeiro acórdão)

Acórdão nº 81/84, M. Bento (limites à liberdade de expressão)

Acórdão nº 76/85, M. Diniz (propriedade das farmácias*)

Acórdão nº 85/85, V. Moreira (interrupção voluntária da gravidez – segundo acórdão)

Acórdão nº 145/85, C. Mesquita (número de assinaturas para constituição de partidos políticos)

Acórdão nº 230/85, L. N. Almeida (inelegibilidades em eleições locais)

Acórdão nº 282/86, V. Moreira (técnicos de contas)

Acórdão nº 325/86, C. Costa (detenção de possível extraditando)

Acórdão nº 342/86, M. Bento (aplicação de regras do CC a associações sindicais*)

Acórdão nº 7/87, M. Brito (normas do Código de Processo Penal)

Acórdão nº 35/87, M. Brito (inadmissibilidade de liberdade provisória)

Acórdão nº 103/87, C. Costa (restrições aos direitos de pessoal militarizado da PSP)

Acórdão nº 174/87, L. N. Almeida (restrição a direito constante de lei)

Acórdão nº 439/87, M. Brito (suspensão de funções e vencimento)

Acórdão nº 455/87, C. Costa (liberdade de organização das associações sindicais)

Acórdão nº 11/88, M. Afonso (crimes incaucionáveis)

Acórdão nº 39/88, M. Bento (privação do direito à indemnização)

Acórdão nº 64/88, V. Moreira (submissão das associações sindicais às regras gerais)

Acórdão nº 69/88, L. N. Almeida (prazo máximo da prisão preventiva)

Acórdão nº 99/88, C. Costa (prazos de caducidade de ações de paternidade ou maternidade*)

[4025] Todos acessíveis em www.tribunalconstitucional.pt .

O PRINCÍPIO DA PROIBIÇÃO DO EXCESSO

Acórdão nº 189/88, M. Diniz (inelegibilidades de Deputados à AR)

Acórdão nº 223/88, C. Costa (aplicação do CC a associações sindicais**)

Acórdão nº 329/89, M. Bento (transição de trabalhadores de empresas de limpeza)

Acórdão nº 413/89, C. Costa (caducidade da ação de investigação da paternidade ou maternidade**)

Acórdão nº 451/89, L. N. Almeida (caducidade da ação de investigação da paternidade ou maternidade***)

Acórdão nº 474/89, C. Costa (inscrição de agente de seguros)

Acórdão nº 497/89, C. Costa (obrigatoriedade de inscrição na Ordem dos Advogados)

Acórdão nº 198/90, M. Diniz (perda de vencimento em caso de processo disciplinar)

Acórdão nº 221/90, A. Correia (proibição de sindicatos da PSP)

Acórdão nº 287/90, S. Brito (limitação retroativa do direito de recurso)

Acórdão nº 37/91, M. Brito (valor de indemnização por expropriação)

Acórdão nº 62/91, S. Brito (restrição de acesso aos tribunais)

Acórdão nº 83/91, R. Mendes (penas fixas)

Acórdão nº 349/91, A. Correia (impenhorabilidade total das pensões de segurança social)

Acórdão nº 363/91, R. Mendes (objeção de consciência)

Acórdão nº 370/91, A. Correia (prazos de caducidade do direito de ação de paternidade ou maternidade****)

Acórdão nº 476/91, A. Esteves (custas judiciais*)

Acórdão nº 123/92, M. Diniz (suspensão automática de funções e vencimentos)

Acórdão nº 151/92, M. Bento (regime do arrendamento)

Acórdão nº 177/92, B. Serra (acesso a documentos administrativos)

Acórdão nº 275/92, M. Brito (exclusão de promoção)

Acórdão nº 285/92, A. Vitorino (racionalização do emprego de funcionários e agentes)

Acórdão nº 289/92, A. Esteves (aviso prévio e serviços mínimos em caso de greve)

Acórdão nº 473/92, T. Costa (incompatibilidades de Deputados ao PE)

Acórdão nº 147/93, A. Esteves (regime das expropriações)

Acórdão nº 152/93, R. Mendes (lei de amnistia)

Acórdão nº 330/93, V. N. Almeida (adoção da *versão forte* do princípio da igualdade)

Acórdão nº 456/93, T. Costa (combate à corrupção e criminalidade económica)

Acórdão nº 458/93, R. Mendes (classificação como segredo de Estado)

Acórdão nº 634/93, L. N. Almeida (criminalização de conduta de embarcadiço*)

Acórdão nº 370/94, G. Fonseca (pena do Código de Justiça Militar)

Acórdão nº 479/94, M. Diniz (obrigatoriedade de porte de documentos de identificação)

Acórdão nº 494/94, M. Bento (impenhorabilidade de créditos)

Acórdão nº 13/95, B. Serra (liberdade de imprensa e direito de resposta)

ACÓRDÃOS DO TRIBUNAL CONSTITUCIONAL UTILIZADOS

Acórdão nº 83/95, M. Bento (condução sem carta)

Acórdão nº 211/95, F. Palma (criminalização de conduta de embarcadiço**)

Acórdão nº 237/95, R. Mendes (inibição da faculdade de conduzir como sanção acessória automática)

Acórdão nº 451/95, G. Fonseca (impenhorabilidade de créditos, abstrato)

Acórdão nº 527/95, V. N. Almeida (criminalização de conduta de embarcadiço, abstrato***)

Acórdão nº 572/95, B. Serra (criminalização de comportamentos do devedor)

Acórdão nº 574/95, M. Bento (valores de coimas)

Acórdão nº 758/95, L. N. Almeida (participação pessoal em assembleia geral)

Acórdão nº 956/96, M. Diniz (efeito preclusivo automático de não pagamento de taxa)

Acórdão nº 1182/96, S. Brito (violação do acesso à justiça)

Acórdão nº 113/97, B. Serra (liberdade de imprensa e direito ao bom nome e à reputação)

Acórdão nº 274/98, R. Mendes (crime de desobediência)

Acórdão nº 288/98, L. N. Almeida (referendo sobre a despenalização da interrupção voluntária da gravidez)

Acórdão nº 644/98, B. Serra (superação de caso julgado)

Acórdão nº 108/99, M. Bento (crime de insubordinação por ameaças)

Acórdão nº 254/99, S. Brito (recusa de acesso a documentos administrativos)

Acórdão nº 604/99, Tavares da Costa (penalização da utilização de prestações obtidas a título de subvenção ou subsídio para fins diferentes daqueles a que legalmente se destinam)

Acórdão nº 176/00, B. Serra (sanção de perda do veículo)

Acórdão nº 202/00, P. M. Pinto (crimes de caça)

Acórdão nº 205/00, M. P. P. Beleza (acessão como modo de aquisição da propriedade)

Acórdão nº 263/00, B. Serra (realização e proteção do direito à habitação)

Acórdão nº 484/00, P. M. Pinto (indeferimento tácito)

Acórdão nº 532/00, S. Brito (endividamento líquido regional)

Acórdão nº 91/01, M. Bento (pena disciplinar de dispensa de serviço)

Acórdão nº 95/01, M. Bento (pena fixa para crime de pesca*)

Acórdão nº 187/01, P. M. Pinto (propriedade das farmácias**)

Acórdão nº 200/01, P. M. Pinto (emolumentos)

Acórdão nº 302/01, H. Brito (subarrendamento)

Acórdão nº 309/01, A. Maurício (estatuto das IPSS)

Acórdão nº 65/02, M. P. P. Beleza (poderes dos governos de gestão)

Acórdão nº 99/02, L. N. Almeida (punição criminal da exploração de jogo ilegal)

Acórdão nº 254/02, H. Brito (competências do Conselho de Opinião da RTP)

Acórdão nº 275/02, P. M. Pinto (compensação por danos não patrimoniais)

O PRINCÍPIO DA PROIBIÇÃO DO EXCESSO

Acórdão nº 391/02, F. Palma (Código dos Processos Especiais de Recuperação da Empresa e de Falência)

Acórdão nº 474/02, B. Serra (inconstitucionalidade por omissão parcial do cumprimento de dever de legislar)

Acórdão nº 491/02, P. M. Pinto (aquisição potestativa de ações)

Acórdão nº 509/02, L. N. Almeida (rendimento social de inserção)

Acórdão nº 20/03, F. Palma (taxas municipais)

Acórdão nº 22/03, B. Serra (pena fixa para crime de pesca**)

Acórdão nº 195/03, P. M. Pinto (pensão de sobrevivência em caso de união de facto*)

Acórdão nº 594/03, H. Brito (direito de retenção do promitente comprador)

Acórdão nº 88/04, G. Galvão (pensão de sobrevivência em caso de união de facto**)

Acórdão nº 486/04, P. M. Pinto (restrição à ação de investigação da paternidade e da maternidade)

Acórdão nº 96/05, P. M. Pinto (remuneração de eleitos locais)

Acórdão nº 159/05, P. M. Pinto (pensão de sobrevivência em caso de união de facto***)

Acórdão nº 376/05, B. Rodrigues (subvenções aos partidos)

Acórdão nº 614/05, (pensão de sobrevivência em caso de união de facto****)

Acórdão nº 03/06, M. Torres (intangibilidade de caso julgado em processo penal)

Acórdão nº 23/06, P. M. Pinto (restrição à ação de investigação da paternidade e da maternidade, abstrato)

Acórdão nº 302/06, V. Gomes (pensões de aposentação)

Acórdão nº 646/06, B. Serra, (admissão exclusiva de prova documental)

Acórdão nº 681/06, P. M. Pinto (exclusão de prova testemunhal*)

Acórdão nº 67/07, F. Palma (exigência de cartão de utente do SNS para acesso às prestações*)

Acórdão nº 157/07, M. Torres (exclusão da prova testemunhal**)

Acórdão nº 159/07, H. Brito (remição da propriedade a favor do rendeiro)

Acórdão nº 530/07, A. G. Martins (decisão sumária quanto a questões simples)

Acórdão nº 609/07, B. Soeiro (impugnação da paternidade presumida)

Acórdão nº 512/08, C. Cadilha (exigência de cartão de utente do SNS para acesso às prestações**)

Acórdão nº 595/08, Benjamim Rodrigues (crime de detenção de arma proíbida)

Acórdão nº 632/08, L. Amaral (duração do período experimental)

Acórdão nº 128/09, L. Amaral (revogação de isenção de sisa)

Acórdão nº 173/09, J. S. Ribeiro (inabilitação de administradores de sociedades insolventes)

Acórdão nº 188/09, C. F. Cadilha (cálculo de pensões)

Acórdão nº 221/09, C. F. Cadilha (cartão de utente SNS)

Acórdão nº 357/09, B. Rodrigues (não reconhecimento de indemnização por dano infligido em nascituro)

ACÓRDÃOS DO TRIBUNAL CONSTITUCIONAL UTILIZADOS

Acórdão n.º 596/09, B. Rodrigues (responsabilidade de concessionárias de auto-estradas, ónus de prova)

Acórdão n.º 651/09, L. Amaral (pensão de sobrevivência em caso de união de facto*****)

Acórdão n.º 20/10, L. Amaral (contagem de prazos)

Acórdão n.º 75/10, Sousa Ribeiro (interrupção voluntária da gravidez)

Acórdão n.º 119/10, C. S. Castro (auditorias sobre ONGA)

Acórdão n.º 135/10, C. F. Cadilha (prescrição de dívida de IRC)

Acórdão n.º 154/10, L. Amaral (regime laboral dos trabalhadores que exercem funções públicas)

Acórdão n.º 166/10, L. Amaral (dispensa de audição dos credores providos com garantia real)

Acórdão n.º 269/10, V. Gomes (revogação de sanção contraordenacional aplicável a empregadores)

Acórdão n.º 95/11, A. G. Martins (crime de condução em estado de embriaguez)

Acórdão n.º 163/11, A. G. Martins (condição para a realização de audiência de julgamento de recurso)

Acórdão n.º 286/11, C. P. Oliveira (efeito suspensivo de licenças ou autorizações)

Acórdão n.º 396/11, Joaquim Sousa Ribeiro (orçamento de Estado de 2011)

Acórdão n.º 577/11, Borges Soeiro (penalização da venda, importação, exportação, distribuição ao público de obra usurpada ou contrafeita ou cópia não autorizada de fonograma ou videograma)

Acórdão n.º 612/11, C. S. Castro (imposição às entidades do sector social de constituição de sociedades comerciais para acesso à propriedade das farmácias)

Acórdão n.º 179/12, J. C. Barbosa (criminalização do enriquecimento ilícito)

Acórdão n.º 353/12, J. C. Mariano (orçamento de Estado de 2012)

Acórdão n.º 387/2012, V. Gomes (suspensão de normas de execução do Plano de Ordenamento Turístico da Região Autónoma da Madeira)

Acórdão n.º 2/13, M. J. R. Mesquita (acesso a documentos administrativos)

Acórdão n.º 187/13, C. F. Cadilha (orçamento de Estado de 2013)

Acórdão n.º 313/13, P. Machete (coimas pela não disponibilização de livro de reclamações)

Acórdão n.º 314/13, F. Ventura (remição de pensão anual vitalícia)

Acórdão n.º 340/13, J. C. Mariano (direito de não contribuir para a sua própria incriminação)

Acórdão n.º 341/13, J. C. Mariano (acumulação de penas de prisão)

Acórdão n.º 418/13, C. S. Castro (recolha de sangue de condutor inconsciente)

Acórdão n.º 421/13, C. F. Cadilha (custas judiciais em caso de desistência)

Acórdão n.º 474/13, F. Ventura (cessação de vínculo contratual de emprego público)

Acórdão n.º 475/13, C. Cadilha (proteção do património cultural e propaganda política)

O PRINCÍPIO DA PROIBIÇÃO DO EXCESSO

Acórdão nº 602/13, P. Machete (Código do Trabalho)

Acórdão nº 794/13, P. Machete (período normal de trabalho em funções públicas)

Acórdão nº 862/13, Lino Ribeiro (redução de pensões)

Acórdão nº 413/14, C. F. Cadilha (orçamento de Estado de 2014)

Acórdão nº 574/14, J. P. Caupers (mecanismos das reduções remuneratórias temporárias e condições da sua reversão)

Acórdão nº 575/14, C. F. Cadilha (contribuição para a sustentabilidade das pensões)

Acórdão nº 846/14, L. Amaral (taxas de postos de combustível*)

Acórdão nº 858/14, C. F. Cadilha (sanção disciplinar de perda da pensão)

Acórdão nº 90/15, M.J.R. Mesquita (taxas de postos de combustível**)

Acórdão nº 260/15, F. V. Ventura (regras e princípios aplicáveis ao setor público empresarial)

Acórdão nº 377/15, L. Amaral (penalização do enriquecimento injustificado)

Acórdão nº 2/16, J. P. Caupers (subvenção mensal vitalícia)

Acórdão nº 362/16, P. Machete (contribuições para a Caixa Geral de Aposentações)

ÍNDICE

INTRODUÇÃO	17
1. A idade da proporcionalidade	17
1.1. A proporcionalidade como reação ao formalismo dedutivista	18
1.2. O paradoxo	19
1.3. A urgência da síntese	25
1.4. Consciência das origens	28
1.5. O irresistível processo de enriquecimento, ramificação e aplicação geral	28
2. Aplicabilidade à atividade do legislador	31
3. O léxico	37
3.1. Harmonização	38
3.2. Otimização	40
3.3. Proporcionalidade ou proibição do excesso?	40
3.3.1. Orientações aglutinadoras	40
3.3.2. Orientações diferenciadoras	43
3.3.2.1. Proibição do excesso como conceito mais amplo	43
3.3.2.2. Proporcionalidade como conceito mais amplo	44
3.3.3. Terminologia adotada	45
3.3.3.1. Proporcionalidade clássica ou princípio clássico da proporcionalidade	45
3.3.3.2. Proporcionalidade moderna ou princípio moderno da proporcionalidade	45
3.3.3.3. Proporcionalidade quantitativa	46
3.3.3.4. Princípio da proporcionalidade	46
3.3.3.5. Proporcionalidade em sentido estrito	46
3.4. Segmentos da proibição do excesso	46
3.4.1. Questão prévia: dois, três, quatro ou cinco?	47
3.4.2. Variantes	51

O PRINCÍPIO DA PROIBIÇÃO DO EXCESSO

3.5.	Avaliação, qualificação, valoração, ponderação, contrapeso	54
	3.5.1. Avaliação	54
	3.5.2. Qualificação	54
	3.5.3. Valoração, ponderação, contrapeso,	54
3.6.	Fim, meio, efeitos	55
3.7.	Norma de ação e/ou norma de controlo	57
3.8.	Regra, princípio ou *tertio genus*?	59
4.	Apontamento epistemológico e metodológico	59

CAPÍTULO 1. A "DESCOBERTA" E IMPLANTAÇÃO DO PRINCÍPIO AO NÍVEL GLOBAL — 65

1. As ideias de adequação, necessidade, proporcionalidade e ponderação alicerçadas em preocupações não garantísticas — 65
2. Da intuição de proporção ou de necessidade até ao princípio da proibição do excesso — 67

2.1. Primeiro espaço de difusão – Direitos nacionais da Europa central	
2.1.1. Alemanha	71
2.1.2. Suíça	84
2.2. Segundo espaço de difusão	85
2.2.1. Os rendidos	85
2.2.1.1. Canadá	85
2.2.1.2. África do Sul	90
2.2.1.3. Brasil	91
2.2.1.4. Israel	94
2.2.2. Os renitentes	94
2.2.2.1. França	94
2.2.2.1.1. A progressiva instalação do princípio da proporcionalidade	94
2.2.2.1.2. O *bilan côut-avantages*	96
2.2.2.2. Itália	99
2.2.2.3. Reino Unido	99

CAPÍTULO 2. O DESENVOLVIMENTO NO ESPAÇO EUROPEU — 103

1. A proibição do excesso em rede	103
2. A Comunidade/União Europeia	104
2.1. Da prática jurisprudencial aos Tratados	105
2.1.1. A prática jurisprudencial	105
2.1.1.1. Atos comunitários interferentes em direitos	105
2.1.1.2. Atos das autoridades dos Estados membros	107
2.1.2. Incorporação nos tratados	107
2.2. Princípio da proporcionalidade e princípio da subsidiariedade	108

ÍNDICE

2.3. Os domínios de aplicação do princípio da proporcionalidade
no Direito europeu 109
2.3.1. Atos das instituições da União 109
2.3.2. Atos dos Estados-membros 112
2.4. Um ou vários princípios da proporcionalidade? 113
2.5. A intensidade de controlo 116
2.6. A articulação entre o princípio da proporcionalidade de direito
europeu e o princípio da proibição do excesso de direito interno 117
3. A Convenção Europeia dos Direitos do Homem 118
3.1. A origem pretoriana 118
3.2. Traços essenciais do modelo convencional de proporcionalidade 121
3.3. A articulação entre o princípio convencional da proporcionalidade
e o princípio da proibição do excesso de direito interno 126

CAPÍTULO 3. OS TESTES GERADOS PELO "CASE LAW"
NORTE-AMERICANO 127
1. *American Exceptionalism* 127
2. O fim do *excepcionalism*? 135
3. *Balancing* 139
3.1. O rasto histórico 139
3.2. Distinção entre balancing e categorização 143
3.3. O elogio e a crítica 145
3.3.1. O elogio 145
3.3.2. A crítica 146
3.3.2.1. Críticas internas 147
3.3.2.2. Críticas externas 148
3.3.2.3. Avaliação das críticas 149
4. Os três níveis de escrutínio 151
4.1. A formação dos três níveis de escrutínio 151
4.2. Estrutura e funções 159
4.3. *Rational basis* 161
4.4. *Strict scrutiny* 164
4.4.1. Caraterização geral e âmbito de aplicação 164
4.4.2. As várias versões do *strict scrutiny* 166
4.4.3. Estrutura e metódica de aplicação 169
4.4.3.1. O direito fundamental afetado 170
4.4.3.2. Determinação da aplicabilidade do *strict scrutiny* 170
4.4.3.3. Determinação e apreciação do *compelling state interest* 171
4.4.3.4. Necessidade ou *narrow tailoring* 173
4.4.3.4.1. Avanço na prossecução do interesse ... 175
4.4.3.4.2. *The least restrictive alternative* ... 175

O PRINCÍPIO DA PROIBIÇÃO DO EXCESSO

4.4.3.4.3. Proibição de *underinclusiveness*	175
4.4.3.4.4. Proibição de *overinclusiveness*	176
4.5. *Intermediate scrutiny*	180
5. A proporcionalidade na América (*Constitutional Law in the age of proportionality*)?	187
5.1. A América ainda sem proporcionalidade	189
5.2. Seria possível a proporcionalidade na América?	196
5.3. O instrumento mediador proporcionalidade é mais protetor dos direitos do que os testes americanos?	198

CAPÍTULO 4. O DESPERTAR DA DOUTRINA PORTUGUESA PARA O PRINCÍPIO (ATÉ AO VIRAR DO SÉCULO XX) 201

1. Até ao final da década de 1970	201
1.1. Marcello Caetano	202
1.2. Afonso Queiró e Barbosa de Melo	202
1.3. Vital Moreira	203
1.4. Gomes Canotilho	203
1.5. Afonso Queiró	204
1.6. Vieira de Andrade	204
1.7. Marcelo Rebelo de Sousa	205
1.8. Gomes Canotilho e Vital Moreira	205
1.9. José de Sousa Brito	205
1.10. Jorge Miranda	206
2. A consolidação do princípio na doutrina portuguesa (a partir da década de 1980, até ao virar do século)	206
3. O "caderno de encargos" para a doutrina	220

CAPÍTULO 5. A JURISPRUDÊNCIA DO TRIBUNAL CONSTITUCIONAL 223

1. Enquadramento geral	225
2. A formação histórica da jurisprudência sobre a proibição do excesso	225
2.1. Os primeiros acórdãos	225
2.2. Os acórdãos estruturantes	228
2.2.1. O acórdão nº 103/87, sobre restrições aos direitos de pessoal da PSP	228
2.2.2. O acórdão nº 634/93, sobre criminalização de conduta de embarcadiço	230
2.2.3. O acórdão nº 187/01, segundo acórdão sobre a restrição da propriedade das farmácias	230
2.2.4. O acórdão nº 632/08, sobre duração do período experimental	238
2.3. Os acórdãos da jurisprudência da crise (2011-2014)	241

2.3.1.	A proibição do excesso na crise	242
2.3.2.	A igualdade proporcional na crise	245
	2.3.2.1. Acórdão nº 396/11	245
	2.3.2.2. Acórdão nº 353/12	246
	2.3.2.3. Acórdão nº 187/13	248
	2.3.2.4. Acórdão nº 413/14	250
	2.3.2.5. A "fuga" à igualdade (proporcional, ou outra) no acórdão nº 862/13	251
2.3.3.	A proteção da confiança na crise	252
2.3.4.	A razoabilidade na crise	252

3. O fundamento, a estrutura, a terminologia e o conteúdo, o âmbito de aplicação e a aplicação da proibição do excesso — 253

3.1.	Fundamento	254
3.2.	Estrutura, terminologia e conteúdo	255
	3.2.1. A versão comum da proporcionalidade	255
	3.2.2. Versão necessidade e proporcionalidade	259
	3.2.3. Versão reduzida	260
	3.2.4. Versão longa	260
	3.2.5. Versão extralonga	261
	3.2.6. Dupla (des)proporcionalidade	261
3.3.	Âmbito de aplicação	263
	3.3.1. Atividades	263
	3.3.2. Colisões	265

3.3.2.1. Colisões entre bens, interesses ou valores que o legislador tem permissão para prosseguir e bens, interesses ou valores tutelados através de normas que estabelecem deveres constitucionais *prima facie* de abstenção de interferência — 266

3.3.2.1.1. Bens, interesses ou valores públicos e direitos, liberdades e garantias — 266

3.3.2.1.2. Bens, interesses ou valores públicos conjugados com direitos, liberdades e garantias e outros direitos, liberdades e garantias — 267

3.3.2.2. Colisões entre bens, interesses ou valores tutelados por normas constitucionais que estabelecem deveres positivos, ou positivos e negativos, do legislador — 268

3.3.2.2.1. Colisões entre bens, interesses ou valores tutelados por normas que estabelecem deveres de proteção e bens, interesses ou valores tutelados por deveres de abstenção — 269

O PRINCÍPIO DA PROIBIÇÃO DO EXCESSO

3.3.2.2.2. Colisões entre bens, interesses ou valores
cujo exercício implica o cumprimento pelo legislador
de dever de produção de normas sobre processo,
procedimento, organização e financiamento e outros
bens, interesses ou valores 270
3.3.2.2.3. Colisões entre direitos sociais e outros bens,
interesses ou valores 271

    3.3.2.2.3.1. Direitos sociais e bens, interesses
    ou valores públicos 271
    3.3.2.2.3.2. Direitos sociais e outros bens,
    interesses ou valores titulados por terceiros 271
      3.3.2.2.3.2.1. Direitos sociais de uma
      classe e direitos, liberdades e garantias
      de outra classe de particulares 271
      3.3.2.2.3.2.2. Direitos sociais de uma
      classe e direitos sociais de outra classe
      de particulares 272

3.3.2.3. Colisões entre bens, interesses ou valores públicos
ou coletivos tutelados por uma norma constitucional
de comando e bens, interesses ou valores subjetivos
sem natureza de direito fundamental 272
3.3.2.4. Colisões entre bens, interesses ou valores cuja tutela
é *autorizada* ao legislador, sem que em relação
a qualquer deles exista um dever positivo ou negativo
específico deste 273

    3.3.2.4.1. Colisões de bens, interesses ou valores
    públicos não tutelados por nenhuma
    norma constitucional de comando 273
    3.3.2.4.2. Colisões de bens, interesses ou valores
    subjetivados sem natureza de direito
    fundamental 274
    3.3.2.4.3. Colisões de bens, interesses ou valores
    subjetivados sem natureza de direito
    fundamental, associados a bens, interesses
    ou valores públicos que o legislador está
    autorizado a prosseguir 274

3.3.2.5. Colisões entre direitos e interesses de uma mesma
pessoa 276
3.4. Aplicação dos pressupostos e dos segmentos 277
    3.4.1. Rara autonomização e apreciação da legitimidade do fim 279
    3.4.2. Raras situações de declaração de inadequação 282

ÍNDICE

3.4.3. Hipertrofia do segmento da necessidade 285
3.4.4. A incomodidade (?) na avaliação da proporcionalidade e.s.e. 289
   3.4.4.1. Não avaliação 290
   3.4.4.2. Fuga ao reconhecimento de que se pondera 290
   3.4.4.3. Ponderação sem alicerces seguros 291
   3.4.4.4. Tendência para a não declaração da violação
     da proporcionalidade e.s.e. 292
   3.4.4.5. Raras situações de ponderação e de conclusão
     pela violação da proporcionalidade e.s.e. 294
   3.4.4.6. Oscilação sobre o que se pondera 295
4. Extensão e alcance dos poderes do Tribunal 297
  4.1. Os poderes do Tribunal perante o legislador 297
  4.2. O grau de prova e de convicção exigíveis 299
5. Confrontação com figuras afins 301
  5.1. Proibição do defeito 301
    5.1.1. O tratamento anterior a 2010 das situações em que o legislador
      está sujeito a deveres de ação positiva 301
      5.1.1.1. Situações em que o legislador está simultaneamente
        adstrito a deveres de proteção e de abstenção 302
        5.1.1.1.1. Acórdão nº 25/84 302
        5.1.1.1.2. Acórdão nº 13/95 303
        5.1.1.1.3. Acórdão nº 288/98 303
        5.1.1.1.4. Acórdão nº 486/04 305
        5.1.1.1.5. Acórdão nº 632/08 308
      5.1.1.2. Situações em que o legislador está adstrito a deveres
        de produção de normas sobre processo,
        procedimento, organização e financiamento 316
        5.1.1.2.1. Acórdão nº 254/99 316
        5.1.1.2.2. Acórdão nº 20/10 318
      5.1.1.3. Síntese do padrão de comportamento do Tribunal
        no julgamento de normas emitidas em situações
        em que o legislador está simultaneamente adstrito
        a deveres de proteção e de abstenção e em situações
        em que o legislador está adstrito a deveres de
        produção de normas sobre processo, procedimento,
        organização e financiamento 319
      5.1.1.4. Situações em que o legislador está adstrito a deveres
        de materialização ou de não interferência em direitos
        sociais 321
        5.1.1.4.1. Acórdão nº 88/04 322
        5.1.1.4.2. Acórdãos nº 67/07, 512/08 e 221/09 323

O PRINCÍPIO DA PROIBIÇÃO DO EXCESSO

	5.1.1.4.3. Acórdão nº 612/11	323
5.1.1.5.	As insuficiências e cautelas da aplicação da proibição do excesso em situações de deveres de materialização de direitos sociais	324
5.1.2.	A necessidade de clarificação e refinamento analítico dos vários parâmetros de controlo	328
5.1.3.	A receção formal da proibição do defeito	328
5.2. Proibição do desequilíbrio global manifesto		333
5.2.1.	Acórdão nº 99/88	334
5.2.2.	Acórdão nº 594/03	335
5.2.3.	Acórdão nº 314/13	336
5.3. Proporcionalidade e lei penal		336
5.4. Igualdade		343
5.5. Razoabilidade		344
5.6. Proporcionalidade quantitativa		347
5.7. Irredutibilidade do conteúdo essencial do direito		350
5.8. Proteção da confiança		351

CAPÍTULO 6. FUNDAMENTO — 353

1. As propostas doutrinais e jurisprudenciais		353
1.1. A fundamentação na ideia de justiça		355
1.2. A fundamentação no princípio da igualdade		355
1.3. A fundamentação na racionalidade/proibição do arbítrio		356
1.4. A fundamentação na democracia		356
1.5. A fundamentação na dignidade da pessoa e nos direitos 357 fundamentais		357
1.5.1.	A fundamentação na dignidade da pessoa humana	357
1.5.2.	A fundamentação na proteção do núcleo essencial dos direitos	358
1.5.3.	A fundamentação no conteúdo, significado, vinculatividade ou estrutura dos direitos fundamentais	359
1.6. A fundamentação na estrutura das normas-princípio		360
1.6.1.	Os princípios são comandos de otimização	360
1.6.2.	Em caso de colisão entre princípios, deve estabelecer-se uma relação de precedência condicionada	362
1.6.3.	A relação de precedência condicionada deve corresponder à solução ótima exigida pelos princípios como comandos de otimização	365
1.6.4.	Solução ótima é a que respeita e corresponde à aplicação do princípio da proporcionalidade	365
1.6.5.	Apreciação crítica sumária	368

1.7.	A fundamentação no princípio do Estado de direito	368
1.7.1.	O Estado de direito liberal e o princípio da proporcionalidade	370
1.7.2.	A conceção material de Estado de direito e o princípio da proporcionalidade	371

2. Fundamento no sentido geral do ordenamento de constituição *prima facie* — 374

3. O comando de harmonização como alicerce normativo da proporcionalidade moderna — 382

   3.1. Noção de comando de harmonização — 382

   3.2. Destinatários do comando de harmonização — 383

   3.3. Modo de positivação do comando de harmonização — 384

   3.4. Os comandos de harmonização na Constituição portuguesa — 385

      3.4.1. O comando de harmonização genérico do artigo 18º, nº 2 — 385

      3.4.2. Os comandos de harmonização com indicação do instrumento de harmonização dos artigos 19º, nº 4 e 266º, nº 2 — 388

         3.4.2.1. Artigo 19º, nº 4 — 388

         3.4.2.2. Artigo 266º, nº 2 — 389

      3.4.3. O comando de harmonização com indicação implícita do instrumento de harmonização do artigo 272º, nº 2 — 390

      3.4.4. Comando de harmonização apenas implícito — 390

      3.4.5. Comando de harmonização e conceitos indeterminados — 391

   3.5. Autorização de harmonização? — 392

CAPÍTULO 7. OS PRESSUPOSTOS DA APLICABILIDADE DA PROIBIÇÃO DO EXCESSO EM GERAL — 393

CAPÍTULO 8. CONFORMAÇÃO DO FIM — 393

1. A conformação do fim como pressuposto de aplicação da proibição do excesso — 399

   1.1. Conformação do fim: pressuposto e não segmento — 399

   1.2. Fim e meio — 402

   1.3. Fim imediato e mediato — 407

   1.4. O cariz pré-estruturante da fixação do fim — 407

   1.5. Fins múltiplos — 409

   1.6. Bens, interesses ou valores — 409

   1.7. Limites externos e internos à conformação do fim — 413

2. Limites externos à conformação do fim — 414

   2.1. Legitimidade do fim — 414

      2.1.1. Determinabilidade e consistência — 414

      2.1.2. Validade — 417

         2.1.2.1. Fins imediatos proibidos, prescritos ou permitidos — 418

O PRINCÍPIO DA PROIBIÇÃO DO EXCESSO

2.1.2.1.1. Intervenções proibidas de forma absoluta   421
2.1.2.1.1.1. Intervenções que atingem os fundamentos do Estado ou que promovem bens, interesses ou valores cuja promoção caia fora das atribuições do Estado   422
2.1.2.1.1.2. Intervenções que representam interferências em direitos absolutos   423
2.1.2.1.1.3. Intervenções que suprimem ou reduzem limites internos de direitos, constitucionalmente previstos   423
2.1.2.1.2. Intervenções proibidas *prima facie*   423
2.1.2.1.2.1. Intervenções de promoção do *bem* individual a que se associa a promoção colateral de interesses públicos   424
2.1.2.1.2.2. Promoção de bens, interesses ou valores de "tradição, convenção ou preferência"   425
2.1.2.1.2.3. Interferência em direitos, liberdades e garantias   425
2.1.2.1.3. Intervenções prescritas *prima facie*   426
2.1.2.1.4. Intervenções permitidas *prima facie*   428
2.1.2.1.4.1. Intervenções permitidas *prima facie* com direta cobertura constitucional   428
2.1.2.1.4.2. Intervenções permitidas *prima facie* sem direta cobertura constitucional   428
2.1.2.2. Fins imediatos de satisfação de bens, interesses e valores públicos ou de posições jurídicas subjetivas   430
2.2. Peso ou importância abstrata   430
2.2.1. A controvérsia da diferenciação da importância abstrata   430
2.2.2. Peso ou importância de quê?   434
2.2.3. Critérios para a definição do peso ou importância abstrata   434
2.2.4. O peso ou importância abstrata tem caráter absoluto ou relativo?   435
2.2.5. Caráter *prima facie* ou definitivo?   438
2.2.6. Síntese da orientação adotada   438
2.2.7. Quem e como determina o peso ou importância abstrata?   439
3. Limites internos à conformação do fim   440
3.1. A necessidade da realização do fim   443

3.2. A importância da realização do fim nas circunstâncias concretas	443
3.3. A intensidade desejada de satisfação do fim	445
3.4. A relação entre o fim e os bens, interesses ou valores indiciariamente sacrificáveis	445

CAPÍTULO 9. A INTERFERÊNCIA EM BENS, INTERESSES OU VALORES

	447
1. Intervenção, interferência	447
1.1. Intervenção	448
1.2. Interferência	450
2. A "fuga" ao conceito de restrição	450
2.1. O lastro histórico	450
2.2. As vias de fuga ao conceito e ao regime da restrição de direitos	453
2.2.1. A interpretação restritiva do âmbito de proteção da norma de direitos	455
2.2.2. A aplicação da teoria dos limites imanentes	457
2.2.3. A distinção entre resolução de colisões de direitos e restrição de direitos	459
2.2.4. A distinção entre limite ao exercício de direitos e restrição de direitos	462
2.2.5. A exclusão da aplicabilidade do conceito de restrição em certos domínios	463
2.3. As vias alternativas à fuga ao conceito e ao regime da restrição de direitos	463
2.3.1. A reação crítica da doutrina mais recente	464
2.3.2. Crítica quer às conceções restritivas, quer às ilimitadamente alargadas, do âmbito de proteção dos direitos; adesão a uma conceção tendencialmente alargada	467
2.3.3. Crítica à teoria dos limites imanentes	472
2.3.4. Crítica à construção das leis harmonizadoras	473
2.3.5. Crítica à distinção entre *restrições* ao conteúdo e *limites* ao exercício, adesão a um conceito de restrições ao conteúdo ou ao exercício	476
2.3.6. Crítica à exclusão da aplicabilidade do conceito de restrição em certos domínios	480
3. O conceito lato de restrição de direitos	481
3.1. Conceito amplo de intervenção legislativa restritiva	482
3.2. Intervenções legislativas sem caráter restritivo	486
3.3. Cláusula geral de restrições	487
3.4. Aplicação plena do regime das restrições, na parte em que não tenha sido derrogado pela prática constitucional	493

O PRINCÍPIO DA PROIBIÇÃO DO EXCESSO

3.5. Modulação da aplicação da proibição do excesso consoante o tipo de restrição	494
4. Conclusão: a interferência como pressuposto da aplicabilidade da proibição do excesso	494

CAPÍTULO 10. NÃO DIMINUIÇÃO DA EXTENSÃO E ALCANCE DO CONTEÚDO ESSENCIAL DOS PRECEITOS CONSTITUCIONAIS SOBRE DIREITOS, LIBERDADES E GARANTIAS — 495

1. A garantia do conteúdo essencial no artigo 18º, nº 3, da Constituição	495
1.1. Correntes objetivistas e subjetivistas do conteúdo essencial	497
1.2. Correntes absolutas e relativas do conteúdo essencial	498
1.3. A desvalorização da garantia do conteúdo essencial	499
1.4. Posição adotada	500
1.4.1. Face à Constituição, é possível e necessário distinguir entre proibição do excesso e garantia do conteúdo essencial	501
1.4.2. A força normativa da Constituição acalenta a ideia de um conteúdo essencial absoluto e irredutível	503
1.4.3. A interpretação é um instrumento suficientemente potente para delimitar coroas ou níveis de proteção no interior do âmbito ideal de proteção do direito	504
1.4.4. Nada impõe que haja um único critério material delimitador do conteúdo essencial garantido	506
1.4.5. Nada impõe que em relação a todos os direitos seja identificado um conteúdo essencial absolutamente garantido	509
1.4.6. O conteúdo essencial pode evoluir historicamente	510
1.4.7. A coroa tutelada apenas idealmente ou *prima facie* não está ilimitadamente ao dispor do legislador, sendo protegida pela proibição do excesso	511
1.4.8. Não existe nenhum impedimento, teorético ou de outra ordem, a que a aplicação de uma mesma norma se processe parcialmente através de subsunção, parcialmente através de ponderação	511
2. As colisões de bens, interesses ou valores garantidos de forma absoluta	512
2.1. Conteúdo essencial (absoluto) e direitos absolutos	512
2.1.1. Um único bem, interesse ou valor absoluto	514
2.1.2. Os direitos só são absolutos na sua função de defesa	517
2.1.3. Conclusão	520
2.2. Aplicação à colisão entre núcleo essencial de direito e deveres de prestação	520

ÍNDICE

CAPÍTULO 11. NÃO PROIBIÇÃO CATEGÓRICA DO MEIO 523

CAPÍTULO 12. COLISÃO NORMATIVA, EM ESPECIAL DE BENS, INTERESSES OU VALORES 531
1. Noção geral de colisão normativa 531
2. Tipos de colisões 536
3. A resolução das colisões 539
4. Colisões de bens, interesses ou valores 542
    4.1.Tese restritiva 542
    4.2. Tese ampliativa 543
5. Posição adotada 546

CAPÍTULO 13. COLISÃO DE DIFERENTES POSIÇÕES DO LEGISLADOR 553
1. Insuficiência do critério do tipo de colisão de bens, interesses ou valores 553
2. A identificação dos instrumentos de harmonização aplicáveis de acordo com o critério do tipo de colisão de posições jurídicas do legislador tendo em conta a estrutura deôntica das normas que definem a sua conduta 554
3. Especificação das colisões a que se aplica a proibição do excesso, tendo em conta a posição do legislador perante a colisão e os bens, interesses ou valores em causa 557
4. Conclusão sobre os pressupostos da aplicabilidade 567

CAPÍTULO 14. ESTRUTURA E FUNÇÕES DA PROIBIÇÃO DO EXCESSO COMO NORMA DE AÇÃO 569
1. Estrutura 569
    1.1. As limitações à adoção de um modelo cumulativo 569
    1.2. Cadeia de racionalidade, possível ausência de solidariedade interna 573
2. Funções 573

CAPÍTULO 15. ADEQUAÇÃO 577
1. Adequação como relação empírica causa/efeito 577
    1.1. O juízo de adequação como juízo assente em apreciações empíricas 577
    1.2. Adequação como norma de ação e norma de controlo 578
        1.2.1. Adequação como norma de ação 578
        1.2.2. Adequação como norma de controlo 579
    1.3. A adequação em caso de pluralidade de fins 580
    1.4. Adequação e ótimo de Pareto 580
2. A densificação material da adequação 581
    2.1. Identificação precisa dos bens, interesses ou valores ativos e passivos 582
    2.2. Capacidade intrínseca do meio para atingir o fim visado 582

O PRINCÍPIO DA PROIBIÇÃO DO EXCESSO

2.2.1.	Recorte negativo, recorte positivo	582
2.2.2.	Recorte qualitativo ou quantitativo?	582
	2.2.2.1. Intensidades de satisfação e de interferência	583
	2.2.2.2. Graus de eficiência	584
2.3.	Margem de escolha do autor do ato	586
2.3.1.	Os casos de único meio adequado	586
2.3.2.	Os casos de pluralidade de meios adequados	586
	2.3.2.1. Função básica do princípio da proibição do excesso	587
	2.3.2.2. Margem de livre conformação do legislador	588
	2.3.2.3. Especial dignidade dos bens, interesses ou valores sacrificados	589
	2.3.2.4. A exigência de eficiência mínima e as funções da adequação	591
2.4.	Estatuto epistémico das decisões do legislador	592
2.4.1.	O risco epistémico	592
2.4.2.	A excecionalidade da certeza absoluta	595
2.4.3.	O acesso à certeza relativa ou razoável	595
2.4.4.	As incertezas epistémicas	596
2.4.5.	Conclusão sobre estatutos epistémicos das decisões	598
3.	Autonomia do segmento da adequação em relação ao segmento da necessidade?	600
3.1.	Juízo amplo de adequação e "pequena adequação"	600
3.1.1.	Os juízos amplo e de "pequena adequação" e o legislador	601
3.1.2.	A "pequena adequação" e a atividade de controlo	602
3.2.	Demonstração da autonomia lógica e concetual da adequação	602
4.	Conclusão sobre as funções do segmento da adequação	604

CAPÍTULO 16. NECESSIDADE — 605

1.	Necessidade como comparação entre meios referidos a um fim	605
1.1.	A centralidade da necessidade	605
1.2.	Necessidade *interna* versus necessidade *externa*	606
1.3.	O centro de gravidade da metódica da necessidade	607
2.	Quem compara	608
2.1.	A perspetiva do legislador	608
2.2.	A perspetiva do juiz constitucional	609
3.	Como se compara	611
4.	O que se compara	612
4.1.	Objeto imediato da comparação: intensidades dos efeitos de interferência e de satisfação	612
4.1.1.	Operações intelectuais para aferição e comparação das intensidades de interferência e de satisfação	612

ÍNDICE

4.1.2. Graduação e comparação da intensidade de interferência   613

4.1.3. Graduação e comparação da intensidade de satisfação   614

4.1.4. Correlatividade entre intensidades de satisfação
e de interferência   615

4.1.5. Efeitos jurídicos e materiais colaterais   615

4.2. Objeto mediato da comparação: alternativas disponíveis de meios   615

   4.2.1. Os requisitos das alternativas disponíveis   616

      4.2.1.1. Conhecidas e determináveis   616

      4.2.1.2. Adequadas   616

      4.2.1.3. Com intensidade de satisfação pelo menos
equivalente   617

      4.2.1.4. Não abrangidas por uma proibição absoluta
do meio   618

      4.2.1.5. Financeiramente sustentáveis   618

         4.2.1.5.1. Fator financeiro como limite interno ou
como limite externo   618

            4.2.1.5.1.1. Fator financeiro como limite
interno   619

            4.2.1.5.1.2. Fator financeiro como limite
externo   619

            4.2.1.5.1.3. Vantagem da consideração
do fator financeiro como limite interno   620

         4.2.1.5.2. Exclusão de alternativas que envolvam
o emprego de meios exorbitantes   620

         4.2.1.5.3. Não exigência de neutralidade financeira   621

         4.2.1.5.4. Vias para a consideração do fator financeiro
na metódica da necessidade   622

            4.2.1.5.4.1. Consideração separada   622

            4.2.1.5.4.2. Consideração agregativa   624

            4.2.1.5.4.3. Indiferença da opção pela
consideração separada ou agregativa   625

         4.2.1.5.5. Limites ao poder do juiz constitucional   625

      4.2.1.6. Comparáveis   625

         4.2.1.6.1. Em especial: conceções restritivas
e conceções ampliativas da comparação   625

            4.2.1.6.1.1. Conceções restritivas   625

               4.2.1.6.1.1.1. Conceção restritiva de
índole subjetivista   626

               4.2.1.6.1.1.2. Conceção restritiva de
índole objetivista   627

O PRINCÍPIO DA PROIBIÇÃO DO EXCESSO

4.2.1.6.1.1.3. Combinação de conceções restritivas subjetivistas e objetivistas	627
4.2.1.6.1.2. Conceções ampliativas	627
4.2.1.6.1.3. Adoção de posição intermédia, não excludente de variações limitadas, subjetivas e objetivas	628
4.2.1.6.1.4. As críticas às ponderações comparativas no contexto da necessidade	631
4.2.1.6.1.4.1. Inexequibilidade resultante da incomensurabilidade	632
4.2.1.6.1.4.2. Adulteração estrutural do segmento da necessidade	632
4.2.1.6.1.4.3. Abertura a maior intrusão na liberdade de conformação do legislador	634
4.2.1.6.1.5. As situações de disjuntividade e de complementaridade	634
4.2.1.6.1.5.1. Disjuntividade	635
4.2.1.6.1.5.2. Complementaridade	635
5. Os critérios de aplicação dos indicadores de intensidade	636
6. Exigibilidade de um juízo de proporcionalidade e.s.e. das alternativas?	637
7. Os objetivos e os resultados possíveis da comparação	637
7.1. A questão da única resposta válida (elegível)	638
7.2. Todos ou alguns indicadores?	639
7.3. A (ir)relevância das diferenças mínimas	640
7.4. O grau de (in)certeza dos resultados	641
7.4.1. Todas as alternativas disponíveis são objeto de certeza (absoluta ou relativa)	642
7.4.2. Algumas das alternativas disponíveis são objeto de certeza empírica e normativa (absoluta ou relativa), enquanto outra ou outras são objeto de incerteza epistémica parcial positiva	648
7.4.2.1. Variantes da hipótese 1	650
7.4.2.2. Variantes da hipótese 2	652
7.4.2.3. Variantes da hipótese 3	652
7.4.2.4. Variantes da hipótese 4	654
7.4.2.5. Variantes da hipótese 5	654
7.4.2.6. Variantes da hipótese 6	656
7.4.2.7. Variantes da hipótese 7	657
7.4.2.8. Variantes da hipótese 8	658
7.4.2.9. Variantes da hipótese 9	660
7.4.3. Incerteza sobre todas alternativas disponíveis e elegíveis	661

8. As modalidades da necessidade	661
8.1. Modalidade lata	662
8.1.1. O domínio de indiferença	662
8.1.1.1. Indiferença absoluta	663
8.1.1.2. Indiferença relativa	663
8.1.2. O domínio de imposição	664
8.1.2.1. Domínio de imposição positiva	664
8.1.2.1.1. Preeminência absoluta	664
8.1.2.1.2. Preeminência relativa	664
8.1.2.2. Domínio de exclusão ou imposição negativa	665
8.1.2.2.1. Exclusão absoluta	665
8.1.2.2.2. Exclusão relativa	665
8.2. Modalidade estrita	665
8.2.1. Domínio de imposição positiva	666
8.2.1.1. Preeminência absoluta	666
8.2.1.2. Preeminência relativa	667
8.2.2. Domínio de exclusão ou de imposição negativa	667
8.2.2.1. Exclusão absoluta	667
8.2.2.2. Exclusão relativa	667
8.3. Modalidade ponderada	667
8.3.1. A estrutura da necessidade ponderada	667
8.3.2. Crítica à necessidade ponderada	671
8.4. Conclusão: a conceção preferível	672

CAPÍTULO 17. NA ANTECÂMARA DA PROPORCIONALIDADE EM SENTIDO ESTRITO: SOBRE A PONDERAÇÃO EM GERAL

CAPÍTULO 17. NA ANTECÂMARA DA PROPORCIONALIDADE EM SENTIDO ESTRITO: SOBRE A PONDERAÇÃO EM GERAL	675
1. Noção preliminar de ponderação	675
2. As teses sobre a relação entre proibição do excesso e ponderação	675
2.1. Proibição do excesso (ou proporcionalidade e.s.a.) e ponderação são a mesma coisa	677
2.2. Proporcionalidade e.s.e. e ponderação são a mesma coisa	677
2.3. Pode haver ponderação fora do quadro da proibição do excesso	678
2.4. Pode haver aplicação de um teste de proibição do excesso dentro do quadro da ponderação	682
2.5. Pode haver aplicação da proporcionalidade e.s.e. com ponderação unilateral (sem contrapeso)	683
2.6. Proporcionalidade e.s.e. e ponderação são *standards* independentes	686
2.7. A aplicação da proporcionalidade e.s.e. envolve sempre específicas operações de ponderação bilateral	687
3. A ponderação como reação e alternativa à radical formalização do pensamento jurídico	688

O PRINCÍPIO DA PROIBIÇÃO DO EXCESSO

4. Objeto da ponderação — 691
5. Objetivos da ponderação — 683
6. Particularismo e universalismo dos resultados da ponderação — 695
7. Refutação dos pressupostos da ponderação — 697
   7.1. A inexistência de reais colisões — 697
      7.1.1. Monismo valorativo — 697
      7.1.2. Estruturalismo — 699
   7.2. A alegação da incomensurabilidade do objeto da ponderação — 699
      7.2.1. A colocação da questão da incomensurabilidade — 702
      7.2.2. Aceções, definição e relevância da incomensurabilidade — 703
8. As atitudes perante a incomensurabilidade — 706
9. A refutação da racionalidade da ponderação mas não do seu emprego — 708
10. A refutação da racionalidade da ponderação e do seu emprego — 709
   10.1. Os problemas metódicos e estruturais da ponderação — 710
      10.1.1. Ausência de autonomia como técnica de descoberta
           e aplicação do direito — 711
      10.1.2. A ponderação coloca os direitos numa relação transitiva
           com qualquer bem, interesse ou valor — 714
      10.1.3. Ausência ou dificuldade de definição do que se pondera,
           por falta de critério delimitador dos bens, interesses
           ou valores que entram em competição — 714
      10.1.4. Obscurecimento do discurso prático — 717
      10.1.5. Relação ambígua com juízos morais — 719
      10.1.6. Estímulo ao ativismo judicial — 720
      10.1.7. Insegurança — 722
      10.1.8. Enfraquecimento da força normativa da constituição — 722
   10.2. Alternativas à ponderação — 723
      10.2.1. As orientações deontológicas — 723
          10.2.1.1. Os pilares fundamentais — 723
          10.2.1.2. Apreciação crítica — 729
      10.2.2. O especificacionismo — 733
          10.2.2.1. Constituição negociável: o especificacionismo
               legislativo — 734
               10.2.2.1.1. Apresentação — 734
               10.2.2.1.2. Apreciação crítica — 736
          10.2.2.2. O especificacionismo na versão de Moreso e outros — 738
               10.2.2.2.1. Apresentação — 738
               10.2.2.2.2. Apreciação crítica — 738
11. A ponderação como forma institucionalizada de razão — 739
   11.1. A distinção entre (in)comensurabilidade e (in)comparabilidade — 739

ÍNDICE

11.2. As condições operacionais de ponderação   744
11.3. A adoção de uma metódica formalmente racionalizadora
da ponderação   745
    11.3.1. Teoria dos princípios: demonstração da racionalidade
da ponderação através de um algoritmo matemático   746
        11.3.1.1. A ponderação condicionada por "leis"   747
            11.3.1.1.1. Primeiro passo: apuramento da intensidade
de interferência num dos princípios   749
            11.3.1.1.2. Segundo passo: apuramento da importância
da satisfação do outro princípio   750
            11.3.1.1.3. Terceiro passo: apuramento do grau de
certeza das premissas empíricas e
normativas que fundamentam a
interferência   752
            11.3.1.1.4. Quarto passo: contrapeso das variáveis
apuradas e apuramento do princípio
concretamente prevalecente   754
        11.3.1.2. Apreciação da viabilidade do modelo formal de
ponderação de Alexy   758
            11.3.1.2.1. Aspetos favoráveis   759
            11.3.1.2.2. Críticas   763
                11.3.1.2.2.1. Críticas, dirigidas ao modelo
ou a componentes do modelo, que atingem
a sua consistência global   763
                11.3.1.2.2.2. Primeiro passo   767
                11.3.1.2.2.3. Segundo passo   767
                11.3.1.2.2.4. Quarto passo: a fórmula
do peso   768
            11.3.1.2.3. Saldo entre os aspetos positivos e as
críticas   774
    11.3.2. O modelo de deliberação coerente de Susan Hurley   776
11.4. A identificação de um valor de cobertura   779
    11.4.1. O meio caminho entre comparabilidade e comensurabilidade   780
    11.4.2. A comparabilidade com base no critério da importância
social   781
    11.4.3. A comparabilidade com base no critério da importância
atribuída pelos interessados   782
11.5. A complementaridade de uma teoria substantiva
constitucionalmente conforme   782

O PRINCÍPIO DA PROIBIÇÃO DO EXCESSO

CAPÍTULO 18. PROPORCIONALIDADE EM SENTIDO ESTRITO 785
1. Razão de ordem 785
2. O objeto da proporcionalidade e.s.e. 786
    2.1. A proporcionalidade e.s.e. como ponderação de razões ou argumentos? 789
    2.2. A proporcionalidade e.s.e. como ponderação de meios e fins? 790
    2.3. A proporcionalidade e.s.e. como ponderação de custos e benefícios? 791
    2.4. A proporcionalidade e.s.e. como ponderação de normas? 792
    2.5. A proporcionalidade e.s.e. como ponderação de interesses? 793
    2.6. A proporcionalidade e.s.e. como ponderação da importância de certos fatores? 793
    2.7. A proporcionalidade e.s.e. como ponderação de consequências ou de efeitos da norma legislativa? 794
    2.8. Posição assumida 794
        2.8.1. Ponderação dos efeitos positivos e negativos da norma 794
        2.8.2. O conceito de efeitos *marginais* positivos ou negativos 796
        2.8.3. O *tertium comparationis* 797
        2.8.4. Relação ordinal entre efeitos 799
        2.8.5. Efeitos negativos: valoração singular e agregada 800
        2.8.6. Ponderação dos efeitos produzidos no âmbito dos princípios formais 802
        2.8.7. Ponderação dos efeitos médios e dos efeitos individuais 802
3. Proporcionalidade ou não desproporcionalidade? 802
4. Proporcionalidade e.s.e. comparativa? 805
5. A racionalidade e objetividade do juízo da proporcionalidade e.s.e. 806
    5.1. Rejeição da conceção da proporcionalidade e.s.e. como simples auxiliar do decisionismo e como modelo matemático 806
    5.2. A conceção pluralista do momento ponderativo da proibição do excesso 809

CAPÍTULO 19. A PROIBIÇÃO DO EXCESSO COMO NORMA DE CONTROLO: ESTRUTURA, EXTENSÃO E ALCANCE DOS PODERES DO JUIZ CONSTITUCIONAL 813
1. Razão de ordem 813
2. A estrutura da proibição do excesso como norma de controlo 814
    2.1. Os três segmentos como imperativo de racionalidade 818
    2.2. Distribuição equilibrada da carga funcional 820
    2.3. Apreciação/depreciação sucessiva 820
    2.4. Ordem de apreciação 820
    2.5. Operações intelectuais envolvidas 821
3. Extensão e alcance dos poderes do juiz constitucional 823

3.1.	A extensão dos poderes jurisdicionais como objeto e resultado parcial de ponderação	823
3.2.	Ónus de alegação, de prova, de demonstração ou de argumentação	826
3.3.	A jurisdição constitucional como veículo de justificação	827

4. Em especial: os poderes instrutórios do juiz constitucional — 829

4.1.	Extensão dos poderes instrutórios	832
	4.1.1. Os paradigmas subjetivista e objetivista	832
	4.1.1.1. Traços comuns	832
	4.1.1.2. O paradigma subjetivista	833
	4.1.1.3. O paradigma objetivista	838
	4.1.1.4. As versões híbridas	840
	4.1.2. Visão geral do modelo português	841
4.2.	Intensidade dos poderes instrutórios	842
	4.2.1. Fatores materiais	843
	4.2.2. Fatores institucionais	843
	4.2.3. Fatores circunstanciais	847
4.3.	Objeto dos poderes instrutórios	848
	4.3.1. A questão do duplo nível das questões empíricas	848
	4.3.1.1. Primeiro nível	848
	4.3.1.2. Segundo nível	849
	4.3.1.2.1. Objeto da atividade probatória	849
	4.3.1.2.1.1. Formulações positiva e negativa do objeto da atividade probatória	849
	4.3.1.2.1.1.1. Superação do *non liquet* na formulação positiva	850
	4.3.1.2.1.1.2. Superação do *non liquet* na formulação negativa	850
	4.3.1.2.1.2. Regime vigente	850
	4.3.1.2.2. Fatores estruturais	852
	4.3.1.2.2.1. Fim legítimo	852
	4.3.1.2.2.2. Adequação	856
	4.3.1.2.2.3. Necessidade	857
	4.3.1.2.2.3.1. Relevância da distinção entre modalidades lata e estrita	857
	4.3.1.2.2.3.2. Medidas alternativas a considerar pelo juiz	857
	4.3.1.2.2.3.3. Juízo instrumental de adequação	859
	4.3.1.2.2.3.4. Comparação das intensidades dos efeitos de satisfação e de interferência	859

O PRINCÍPIO DA PROIBIÇÃO DO EXCESSO

4.3.1.2.2.4. Proporcionalidade e.s.e.	860
4.3.1.2.3. Fatores temporais	861
5. Em especial: os poderes do juiz constitucional de controlo de valorações	866
5.1. Os paradigmas teóricos sobre o alcance e extensão dos poderes de apreciação das valorações do legislador	866
5.2. Fiscalização da proporcionalidade e.s.e. ou da não desproporcionalidade e.s.e.?	869
5.3. A relevância da divergência entre os efeitos visados e os efeitos efetivamente ocorridos	869
5.4. Os limites do poder jurisdicional no que toca à ponderação do fator financeiro realizada pelo legislador	870
6. O grau de prova e de convicção exigíveis para a declaração da violação da proibição do excesso	871
6.1. O grau de prova e de convicção exigíveis para a declaração de violação da proibição do excesso por deficiências das apreciações empíricas do legislador	871
6.1.1. A referência do processo civil	871
6.1.2. Graus de prova em processo constitucional	872
6.1.2.1. Prova *stricto sensu* ou evidência	873
6.1.2.2. Plausibilidade	875
6.1.2.3. Defensabilidade	876
6.1.3. Diretrizes sobre grau de prova e de convicção exigíveis	876
6.1.3.1. Considerações gerais	876
6.1.3.2. Em regra, prova *stricto sensu* ou evidência	877
6.1.3.3. Admissibilidade de mera plausibilidade em certas circunstâncias	879
6.1.3.4. Rejeição da defensabilidade	880
6.2. O grau de convicção exigível para a declaração de violação da proibição do excesso por incorreção das valorações do legislador	881
6.2.1. Os graus de convicção possíveis	881
6.2.1.1. Incorreção evidente	881 ·
6.2.1.2. Incorreção plausível	881
6.2.1.3. Correção defensável	881
6.2.2. O grau de convicção exigível	881
7. Ausência de poderes do juiz constitucional de substituição da norma violadora da proibição do excesso	882

CAPÍTULO 20. PRINCÍPIO, REGRA OU *TERTIO GENUS*? 885

1. Dúvidas e correntes doutrinais (síntese)	885
1.1. Tese da proibição do excesso como princípio	885
1.2. Tese da proibição do excesso como regra	887

ÍNDICE

1.3.	Tese da proibição do excesso como *tertio genus*	889
1.4.	Teses intermédias ou mescladas	890

2. O debate da disjunção entre regras e princípios ... 891

3. A proibição do excesso como norma sem morfologia ou estrutura única ... 896

CAPÍTULO 21. PROIBIÇÃO DO EXCESSO E PROIBIÇÃO DO DEFEITO ... 899

1. Enquadramento ... 899

2. A sedimentação jurisprudencial e doutrinal ... 902

   2.1. Os primórdios ... 905

   2.2. A discussão inicial ... 907

      2.2.1. Canaris: a autonomização da proibição do defeito a partir do direito privado ... 907

      2.2.2. As críticas jurídico-funcional e dogmáticas ... 911

         2.2.2.1. A crítica jurídico-funcional ... 912

         2.2.2.2. As críticas dogmáticas: em especial a *Kongruenzethese* ... 912

      2.2.3. A reafirmação da autonomia dogmática da proibição do defeito: a tese da divergência ... 917

   2.3. Os desenvolvimentos recentes ... 920

      2.3.1. Congruência mitigada de Borowski ... 920

         2.3.1.1. Exposição ... 920

         2.3.1.2. Apreciação crítica ... 929

      2.3.2. A congruência mitigada de Alexy ... 931

         2.3.2.1. Exposição ... 931

         2.3.2.2. Apreciação crítica ... 937

      2.3.3. Estado atual: maturidade dogmática, ausência de consenso ... 943

         2.3.3.1. Clérico ... 944

         2.3.3.2. Tzemos ... 945

         2.3.3.3. Mayer ... 948

         2.3.3.4. Störring ... 950

3. Posição adotada ... 953

   3.1. Em geral ... 953

   3.2. Autonomia entre dever de ação e proibição do defeito ... 958

   3.3. Fundamento da proibição do defeito ... 960

   3.4. Aceções da proibição do defeito ... 961

      3.4.1. Aceção ampla e aceção estrita da proibição do defeito ... 961

      3.4.2. Proibição do defeito em sentido impróprio ... 961

      3.4.3. Proibição do defeito em sentido próprio ... 963

   3.5. Âmbito de aplicação da proibição do defeito ... 964

      3.5.1. Primeiro denominador comum: verificação de pelo menos um dever constitucional de ação do legislador ... 964

O PRINCÍPIO DA PROIBIÇÃO DO EXCESSO

3.5.1.1.	A associação da proibição do defeito à doutrina dos deveres de proteção	964
3.5.1.2.	O alargamento do âmbito da proibição do defeito a situações em que estão em causa outros deveres de ação que não apenas os de proteção	967

3.5.1.2.1. Deveres de proteção dos direitos de particulares contra interferências ou perturbações perpetradas por outros particulares 971

3.5.1.2.2. Deveres de proteção dos direitos de particulares contra interferências ou perturbações perpetradas por poderes estatais estrangeiros 978

3.5.1.2.3. Deveres de emissão de normas estruturadoras de processos, procedimentos, organização e financiamento que possibilitem o exercício de certos direitos fundamentais 978

3.5.1.2.4. Deveres de produção de normas legislativas que permitam a materialização da vertente positiva dos direitos sociais, alocando recursos públicos ou intervindo nas relações entre particulares 980

3.5.1.2.5. Deveres de criação de condições de igualdade ou de eliminação de situações de desigualdade 981

3.5.1.2.6. Deveres de produção de normas legislativas que protejam bens, interesses ou valores públicos fundamentais 982

3.5.1.2.7. Deveres de produção de normas legislativas de prevenção e ação perante fenómenos (designadamente catástrofes) naturais 982

3.5.2. Segundo denominador comum: colisão normativa entre deveres do legislador ou entre deveres de ação e permissões a ser solucionada através de harmonização legislativa 983

3.5.2.1. Modalidades de colisões normativas 983

3.5.2.1.1. Colisões entre deveres de proteção de direitos e deveres de abstenção 983

3.5.2.1.2. Colisão entre deveres de proteção de bens, interesses ou valores públicos e deveres de abstenção 984

ÍNDICE

	3.5.2.1.3. Colisões entre deveres de emissão de normas estruturadoras de processos, procedimentos, organização e financiamento e outros deveres ou permissões	984
	3.5.2.1.4. Colisões entre deveres de materialização de direitos sociais e outros deveres ou permissões	985
	3.5.2.1.5. Colisões entre deveres de proteção perante fenómenos naturais e permissões ou deveres de prossecução de outros bens, interesses ou valores	988
	3.5.2.1.6. Situações atípicas	988
3.6.	Modalidades da proibição do defeito	990
3.7.	Norma de ação e norma de controlo	994
	3.7.1. Função da proibição do defeito como norma de ação	995
	3.7.2. Função da proibição do defeito como norma de controlo	1001
3.8.	A proibição do defeito como norma de ação	1002
	3.8.1. Pressupostos: o fim legítimo em particular	1002
	3.8.2. Metódica de aplicação	1003
	3.8.3. Critérios	1005
	3.8.3.1. Em geral	1005
	3.8.3.2. Proibição do defeito paritária	1006
	3.8.3.2.1. Escala qualitativa ou quantitativa?	1007
	3.8.3.2.2. Aplicação de uma escala qualitativa	1008
	3.8.3.3. Proibição do defeito não paritária	1012
3.9.	A proibição do defeito como norma de controlo	1012
	3.9.1. Pressupostos	1012
	3.9.2. Estrutura	1015
	3.9.2.1. Omissão total	1017
	3.9.2.1.1. Adequação	1018
	3.9.2.1.2. Eficiência exigível	1019
	3.9.2.1.3. Proporcionalidade em sentido estrito	1020
	3.9.2.2. Omissão parcial	1022
	3.9.2.2.1. Adequação	1023
	3.9.2.2.2. Eficiência exigível	1025
	3.9.2.2.3. Proporcionalidade em sentido estrito	1027
	3.9.3. Extensão e alcance dos poderes do juiz constitucional	1028
	3.9.3.1. Delimitação da competência de exame da proibição do defeito pelo juiz constitucional	1029
	3.9.3.2. Intensidade de controlo	1030

1295

O PRINCÍPIO DA PROIBIÇÃO DO EXCESSO

	3.9.3.3. Grau de prova necessária para a declaração de inconstitucionalidade por violação da proibição do defeito	1032
	3.9.3.4. Consequência da declaração de inconstitucionalidade por violação da proibição do defeito	1033
3.10.	Súmula conclusiva	1034
	3.10.1. Em geral	1034
	3.10.2. Proibição do defeito como norma de ação	1035
	3.10.3. Proibição do defeito como norma de controlo	1036

CAPÍTULO 22. PROIBIÇÃO DO EXCESSO E PROPORCIONALIDADE DA LEI PENAL E DAS PENAS — 1039

1.	As duas refrações da proporcionalidade no domínio penal	1039
2.	Proporcionalidade da lei penal	1042
	2.1. Primeiro momento: conformação do fim	1043
	2.2. Segundo momento: aplicação do princípio da proporcionalidade	1047
	2.3. A liberdade de conformação do legislador	1053
	2.4. Conclusão sobre os pressupostos e a aplicação do princípio da proporcionalidade na conformação e controlo da lei penal	1055
3.	Proporcionalidade das penas	1056

CAPÍTULO 23. PROIBIÇÃO DO EXCESSO E PROPORCIONALIDADE EQUITATIVA — 1057

1.	O âmbito de aplicação da proporcionalidade equitativa	1057
	1.1. Colisões de deveres cruzados de ação e de abstenção decorrentes de diferentes direitos	1058
	1.2. Colisões de deveres cruzados de ação e de abstenção decorrentes do mesmo direito fundamental	1059
	1.3. Colisões de deveres cruzados de ação e de abstenção e, eventualmente, de permissões, inerentes a relações poligonais	1060
	1.4. Colisões de deveres de proteção de posições jurídicas subjetivas encabeçadas numa mesma pessoa	1060
2.	Conteúdo e estrutura da proporcionalidade equitativa	1060

CAPÍTULO 24. PROIBIÇÃO DO EXCESSO E PROPORCIONALIDADE QUANTITATIVA — 1063

1.	Aspetos gerais	1063
2.	Aplicação alternativa ou conjunta	1064
3.	O caso especial do dever de pagar impostos	1066

ÍNDICE

CAPÍTULO 25. PROIBIÇÃO DO EXCESSO E CONCORDÂNCIA PRÁTICA — 1069

1. As origens — 1069
2. O sentido e o alcance na construção de Hesse — 1071
3. A concordância prática como ideia regulativa plurifuncional — 1074

CAPÍTULO 26. PROIBIÇÃO DO EXCESSO E RAZOABILIDADE — 1077

1. Os múltiplos significados da razoabilidade — 1077
2. A visão autonomizadora da razoabilidade — 1079
3. A visão integracionista da razoabilidade — 1082

CAPÍTULO 27. PROIBIÇÃO DO EXCESSO E IGUALDADE — 1085

1. O princípio da igualdade em traços gerais (contrastes com o princípio da proibição do excesso) — 1085
  1.1. Conteúdo material — 1087
  1.2. Pressupostos de aplicação — 1091
  1.3. Estrutura — 1095
    1.3.1. A versão *fraca* — 1097
    1.3.2. Versão *forte* — 1104
      1.3.2.1. A formação e sentido da versão forte na jurisprudência constitucional alemã — 1104
      1.3.2.2. As relações entre a versão forte e o princípio da proibição do excesso de acordo com a doutrina alemã — 1106
        1.3.2.2.1. Integração total — 1106
        1.3.2.2.2. Integração limitada — 1107
        1.3.2.2.3. Integração em termos modificados — 1107
        1.3.2.2.4. Separação — 1108
      1.3.2.3. Posição assumida: distâncias e proximidades estruturais — 1109
    1.3.3. Critérios de aplicação das versões forte e fraca — 1113
  1.4. Intensidade do controlo do cumprimento do princípio da igualdade — 1115
    1.4.1. Do controlo (dito) da proibição do arbítrio... — 1117
    1.4.2. ...ao controlo intensificado... — 1118
    1.4.3. ... até uma conceção assimétrica das intensidades de controlo — 1119
2. Colisões entre posições jurídicas subjetivas derivadas do princípio da igualdade e outros bens, interesses ou valores — 1120

CAPÍTULO 28. PROIBIÇÃO DO EXCESSO E PROTEÇÃO DA CONFIANÇA — 1123

1. O princípio constitucional de proteção geral da confiança — 1123

1297